安徽省地方志丛书

宿州市志

1988-2007

上

宿州市地方志编纂委员会 编

方志出版社

图书在版编目（CIP）数据

宿州市志. 1988-2007 / 宿州市地方志编纂委员会编. -- 北京：方志出版社，2015. 3
ISBN 978-7-5144-1562-9

Ⅰ. ①宿… Ⅱ. ①宿… Ⅲ. ①宿州市－地方志－1988-2007 Ⅳ. ①K295.43

中国版本图书馆CIP数据核字（2015）第042297号

宿州市志（1988-2007）

编　　者：宿州市地方志编纂委员会
责任编辑：王笃银
出 版 人：冀祥德
出 版 者：方志出版社
地址　北京市朝阳区潘家园东里9号（国家方志馆4层）
邮编　100021
网址　http://www.fzph.org
发　　行：方志出版社发行中心
电话（010）67110500
经　　销：各地新华书店
印　　刷：安徽省快马印务有限责任公司
开　　本：787 × 1092　1/16
印　　张：40
字　　数：1975千字
版　　次：2015年3月第1版　2015年3月第1次印刷
印　　数：0001～6000册
ISBN 978-7-5144-1562-9　定价：880.00元

市花——月季

市树——银杏

宿州政务新区

三角洲公园

迎宾大道

市职工运动中心少年宫、老干部活动中心

港利住宅小区

两淮住宅之夜

宿州大道

市区夜景

沱河两岸

晨练

宿城烈士陵园

市博物馆

大鹏展翅

国际网球中心

三角洲

艺术中心

汴河两岸

宿城东门城楼全景

农业职业学校正门

1938年的宿州

古符离

古城墙

民国宿县政府

1938 年的宿州

大河南街东段民居

20 世纪 60 年代宿城鸟瞰

大河南街民居

时村老街

20 世纪 60 年代的“东方红影剧院”

①②　③④　⑤

① 出土的蕲县古界碑
② 通济渠泗县段遗存
③ 宿州古运河码头遗址
④ 埇桥古运河发掘现场
⑤ 泗州古城遗址

①② ①灵璧县渔沟镇的宋代摩崖石刻 ②苏轼·墨竹图
③④ ③埇桥五柳雪景 ④扶疏亭
⑤ ⑤灵璧张氏园亭

①　① 闵子骞祠
②　② 陈胜、吴广大泽乡起义浮雕
③④　③ 垓下古战场遗址
④ 虞姬墓园

埇桥区草场村

①③
②

① 萧县皇藏峪瑞云寺
② 砀山宴嬉台
③ 白居易塑像

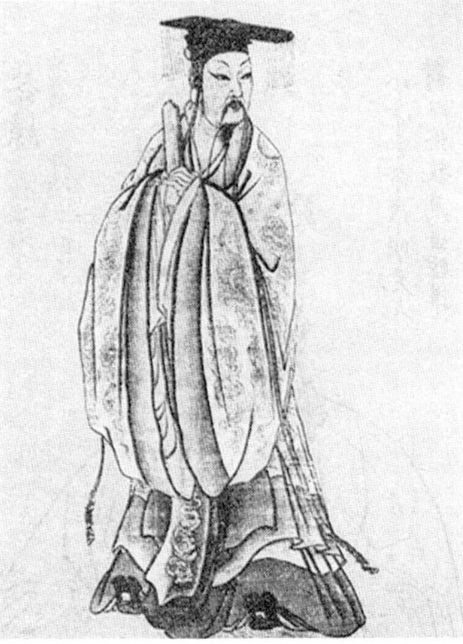
夏禹

闵子骞

嵇康

白居易

明太祖后

苏东坡

①
②④
③

① 淮海战役总前委在萧县蔡洼的合影
② 宿州烈士陵园
③ 彭雪枫纪念馆
④ 彭雪枫将军雕像

赛珍珠

赛珍珠作品《大地》

赛珍珠故居

赛珍珠纪念馆

民国初年宿州农家（赛珍珠 摄）

宿州古城东门魁星楼（布克摄于1916年）

唐·莲花纹瓦当(右上)
汉·谷纹玉璧（右中）
唐·酱黄釉纹胎皮枕（右下）

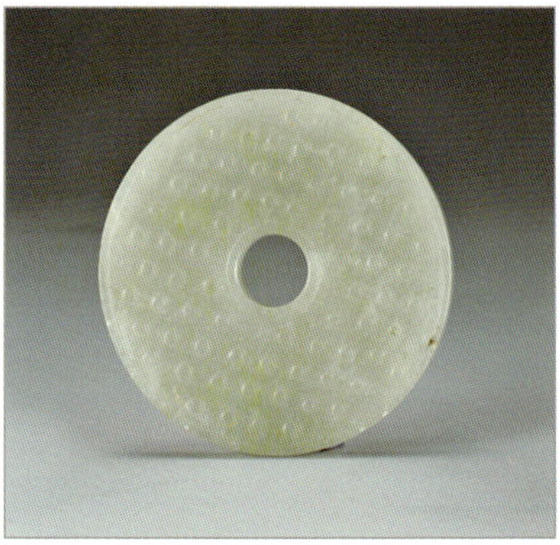

宋·米白釉圈足瓜棱形罐(左上)
唐·青釉刻花礼钉钵 （左下）

①② ①唐·宝相花纹铜镜 ②新石器时代·紫晶刀
③④ ③宋·纹胎丸 ④唐·黑釉枕

一组出土文物

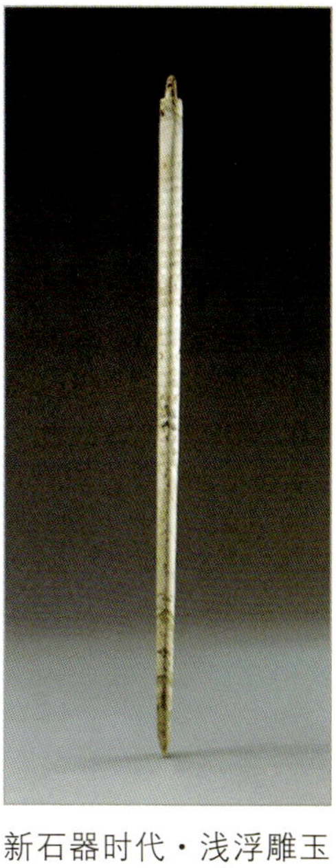

新石器时代·浅浮雕玉锥形器

一组出土文物

大禹图

鹤鸟捕鱼图

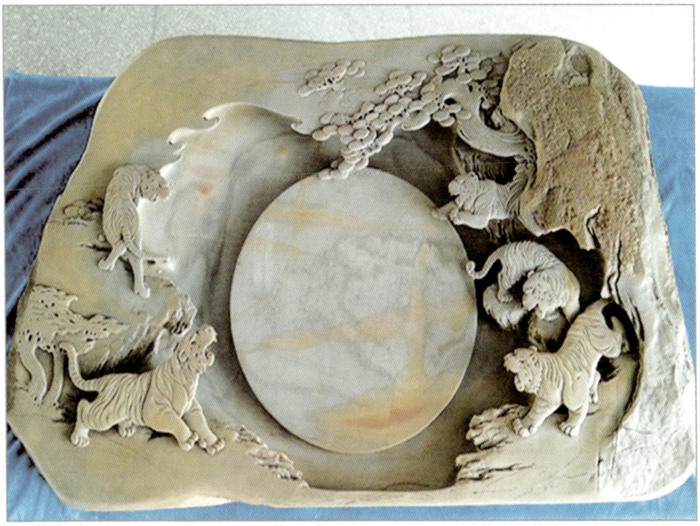

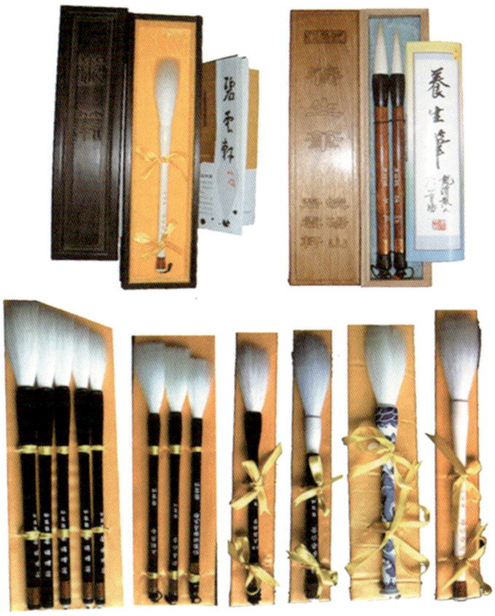

①③
②④
⑤

①③ 灵璧石工艺品
② 铁画《老子出关》
④ 宿州乐石砚
⑤ 碧云轩毛笔

①
②③
④

① 泗州戏《霸王别姬》
② 马戏演出
③ 唢呐吹奏
④ 杂技——转碗

①
②
③ ④

① 符离集烧鸡
② 砀山酥梨
③ 萧县葡萄
④ 夹沟香稻米

油画・朱德群

版画・吴燃

国画・欧阳南荪

国画・萧龙士

国画・王少石

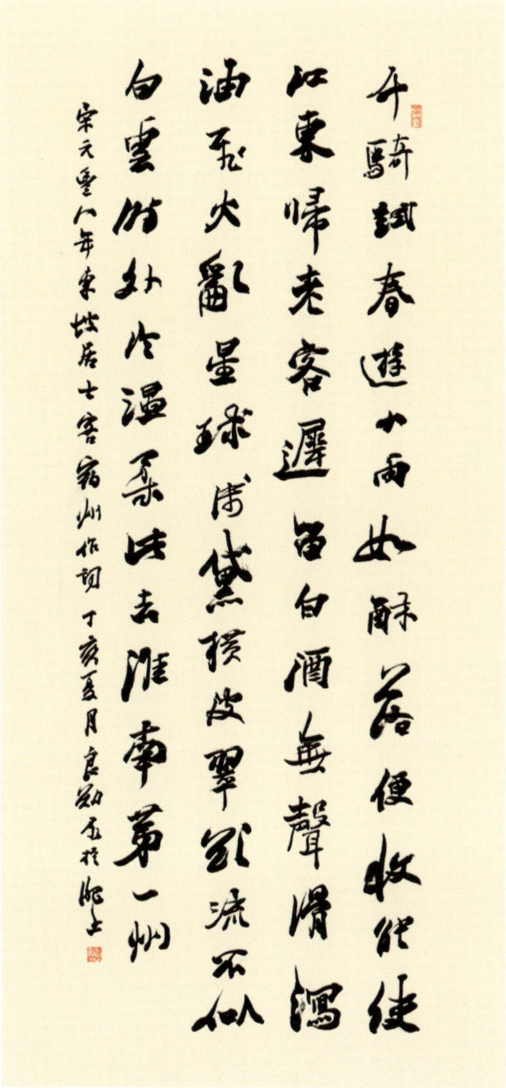

书法·张良勋

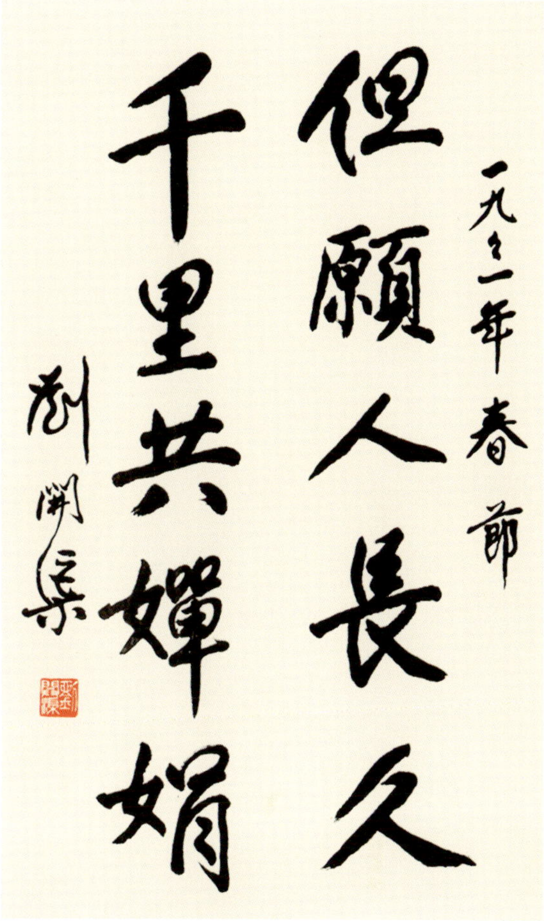

书法·刘开渠

版画·蔡世明

漫画·吕士民

油画·王肇民

国画·梅雪峰

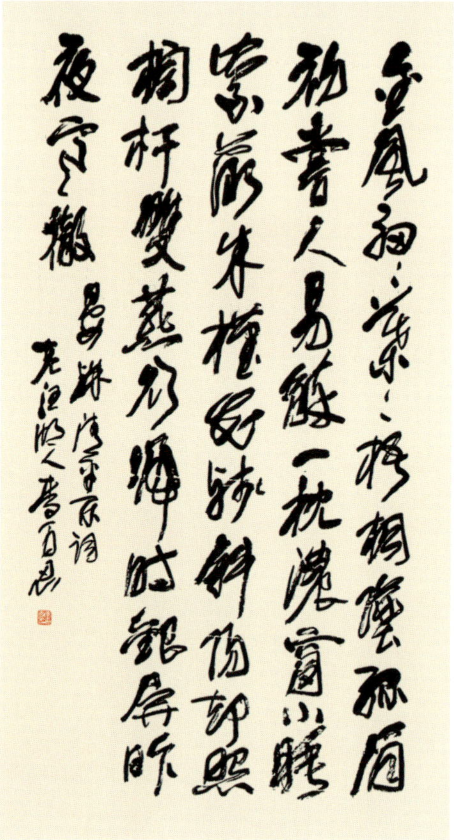

书法·李百忍

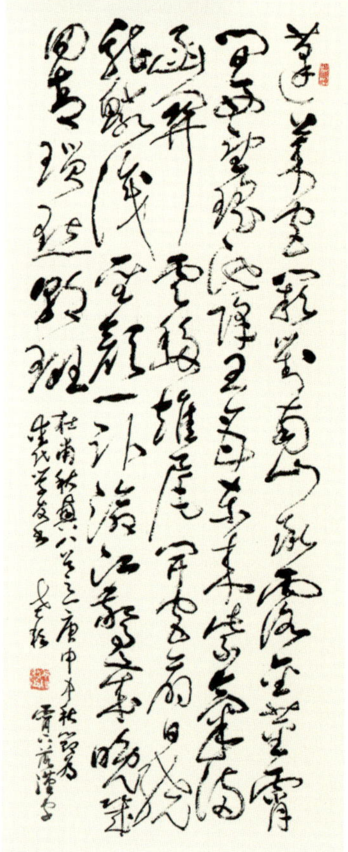

书法·老耘

国画·欧阳龙

国画·梅纯一

国画·薛志耘

灵璧奇石

洞天福地

迎客松

灵璧奇石

吉祥（鸡象）

人与兽

灵璧奇石

十二生肖

《宿州市志（1988-2007）》编审人员

主　　编	居永立
副 主 编	任杰进　徐　艳　张　民
特邀编辑	欧兴安　张登高　王成俊
编　　校	张友伟　赵红萍　张学志
	柴培华　李　茜　牛竞文
审　　稿	孟　方　唐爱华　傅华辰
	周　勇　张良斌　王连功
	周艳青
图片编辑	宋建国　许　晗
摄　　影	高传业　韩　飞　武正润
编　　务	杨　军　肖　静

审定单位　安徽省地方志办公室

批准出版　宿州市人民政府

序一

《宿州市志（1988-2007）》出版发行，是宿州文化建设的一件大事。今为之作序，甚感欣慰。

《宿州市志（1988-2007）》记述的20年，正是改革开放向纵深发展、社会主义现代化建设日新月异的20年。这20年，是宿州思想大解放、经济大发展、社会大进步、人民生活水平大提高的20年。志书以朴实无华的语言，真实地记录了20年来宿州所发生的巨大变化。

宿州地处中原，北连孔孟之乡，西接老庄故里，历史悠久，文化底蕴深厚。“中庸之道、孝悌诚信”的儒家思想，“天人合一、无为而治”的老庄哲学，普渡众生、引人向善的佛学教义，楚文化、汉唐文化、黄河文化、战争文化在这里都留下了深深的印记，深刻地影响着宿州的社会生活。隋唐大运河的开挖，使宿州成九省通衢之地，货通天下、客走八方、南北融合、东西交流，从而形成了讲信修睦、海纳百川的运河文化。中华民族的母亲河黄河，曾哺育了宿州儿女，又因其野性张狂而给宿州人民带来一次次的灾难。在与滔滔黄水的抗争中，形成了居安思危、穷则思变、大气磅礴、自强不息的黄河文化。宿州历来为兵家必争之地，多次大的战役均系于政权的更迭、社会的转型，军政雄杰纵横捭阖，仁人志士振拔于时代风云，在这英雄沃土之上，又形成了特殊的战争文化。各种文化基因、思想学术流派在这里交集融汇、互鉴共容，从而孕育出多元包容、风格独具的宿州文化。这种文化所崇尚的是道法自然、和而不同、自强不息、居安思危、诚实守信、仁者爱人、以民为本、天下大同，这是历史留给宿州的最珍贵的精神财富。

古人云："治天下者以史为鉴，治郡国者以志为鉴"。志书具有资政、教化、存史的价值。志书是一面镜子，当政者以史为鉴，可以知兴衰、明得失、察未来；志书是一本教材，它能教化一方，激励人们热爱家乡、建设家乡，胸怀大义，建功立业。志书又是一座桥梁，它帮助我们回顾过去，启迪未来。

翻开宿州的历史，在唐宋500年间，凭借优越的地理位置，宿州曾有过繁荣辉煌，一段时间内曾雄居周边各州之上。今天的宿州又有了几百年难得的发展机遇，便捷的交通、区位的优势、资源的富庶、历史的悠久、文化的积淀，都是宿州发展的基础条件。今天，宿州人追梦的脚步声令人振奋，而梦想成真的明天，更令人期待。

中共宿州市委书记　张曙光

2015年8月

序二

历经数度寒暑，《宿州市志（1988–2007）》终得以付梓，值得庆贺。

宿州，地处皖苏鲁豫四省接壤的中原腹地，区位优越、交通便捷，是连接南北、沟通东西的通衢要冲，向有皖北锁钥、徐南形胜之誉。宿州，历史悠久，文化厚重，物华天宝，人杰地灵，资源丰饶，环境优美，是一方神奇的沃土。厚重的人文积淀，1200多年的建置历史和独特优越的区位环境，孕育了宿州人民勤劳智慧、英勇顽强的秉赋气质，自强不息、拼搏进取的精神风貌，海纳百川、开放包容的博大胸怀。数千年的薪火相传、沧桑历尽，谱写了宿州大地经济社会兴衰发展、曲折前行的壮丽历史画卷。

改革开放以来，尤其是建市以来，勤劳智慧、开拓进取的宿州人民，齐心合力，奋发图强，取得了辉煌的业绩。宿州市的经济发展已步入了振兴腾飞的快车道，综合实力迈上一个又一个新台阶，成果喜人。至2013年底，全市国民生产总值已由1978年的7.42亿元猛增到1014.33亿元；第一、第二、第三产业结构比已由1978年的61.4：17.6：21.0调整为24.8：42.0：32.2；财政收入由1978年的0.69亿元增长到100.31亿元；城镇居民人均可支配收入由1978年的480元提高到21713元，农民人均纯收入由1978

的80元提高到7521元；城市规模由1978年的10平方公里6万人，增加到50平方公里50万人，城市建设日新月异，城市功能大大增强。

宿州历史悠久，文化灿烂。早在元代就诞生了第一部宿州志，明代又先后于永乐、景泰、弘治、嘉靖、万历年间修了五部《宿州志》。清代分别有康熙、乾隆、道光和光绪四部州志。其中，明嘉靖《宿州志》、清光绪《宿州志》已经点校出版。时隔百年，1995年编纂出版了《宿县地区志》。本次修志工作启动以来，方志部门及编修人员精心谋篇布局，反复核查史实，力求记事详切有据，叙述典雅得体，寒来暑往，笔耕不辍。值此志书出版之时，冀全市人民能够珍惜这一宝贵的文化成果，潜心读志、用志，以志为鉴，从中吸取力量，受到启迪，领悟昭示，用历史的智慧，推进我市治理体系和治理能力的现代化，推动经济建设、政治建设、文化建设、社会建设、生态文明建设全面发展、全面进步。

昨天已成为历史。宿州人民将把握好今天，创造更美好的明天。

宿州市人民政府市长　史　翔

2015年8月

凡　例

一、本志坚持运用辩证唯物主义、历史唯物主义的立场、观点和方法,力求全面、客观、真实地记述20世纪80年代以来宿州市行政区域内自然、政治、经济、文化和社会各领域的发展变化,突出地方特色,力争思想性、科学性、资料性相统一。

二、本志系1995年版《宿县地区志》之续志。记述时限为1988年至2007年。个别章节适当上溯或下延。1999年5月撤销宿县地区,建立省辖宿州市（原县级宿州市改为埇桥区）,故本志名为《宿州市志（1988–2007）》。

三、本志体裁采用述、记、志、传、图、表、录等形式,以志为主。全志由卷首、专志和附录三部分组成。卷首和附录不设章节,专志按篇、章、节、目四个层次分类,个别地方根据需要设子目和细目。志书内容以文字记述为主,佐以图表。各类图片置于卷首。

四、本志采用语体文记述体,表述力求准确、朴实、简洁、流畅。语言文字、标点符号、数字数据、计量单位的使用按《安徽省第二届志书编纂行文规范》和国家相关规定执行。

五、本志涉及的数据以统计部门数据为准。

六、本志中的地名、机构、职务等均采用当时的称谓。古地名括注今地名。人名一般直书姓名,必要时冠以职务或职称。会议、机构等名称首次出现时用全称,重复出现时采用简称,如“中华人民共和国”简称为“新中国”。

七、本志记述人物采取生不立传的原则。在世人物以人物简介或人物表的形式入志。入传人物的排序以卒年先后为序。人物简介以生年先后排序。

八、本志书的各种图表以篇为单位统一编号。

九、本志资料来源于各类史志、档案、报刊、文献、专著和口碑资料。

总目录

上册

卷　首

序一…………………………… (1)
序二…………………………… (3)
凡例…………………………… (5)
概述…………………………… (1)
大事记 ………………………… (14)

第一篇　自然地理

第一章　建置　区划 ……… (82)
　第一节　历史沿革 …… (82)
　第二节　行政区划 …… (84)
第二章　自然　环境 ……… (90)
　第一节　地质　地貌 … (90)
　第二节　山脉　河流 … (92)
　第三节　气候　土壤 … (93)
第三章　自然资源………… (104)
　第一节　动物………… (104)
　第二节　植物………… (104)
　第三节　中药材……… (105)
　第四节　矿藏………… (105)
　第五节　水资源……… (107)
第四章　自然灾害………… (110)
　第一节　灾害种类…… (110)
　第二节　主要自然灾害纪略……………… (111)

第二篇　政　治

第一章　党委……………………（127）
第一节　组织机构……（127）
第二节　代表会议……（130）
第三节　决策…………（131）
第四节　组织…………（136）
第五节　宣传…………（145）
第六节　政法…………（157）
第七节　统战…………（161）
第八节　政策研究……（164）
第九节　党史研究……（171）
第十节　地（市）直工委…………………（173）
第十一节　老干部工作…………………（179）
第十二节　档案………（181）
第十三节　党校………（184）
第二章　人大……………………（195）
第一节　组织机构……（195）
第二节　代表会议……（199）
第三节　依法监督……（201）
第四节　议案建议……（202）
第五节　代表工作……（203）
第三章　政府……………………（204）
第一节　组织机构……（204）
第二节　会议制度……（208）
第三节　施政纪略……（208）
第四节　利民工程……（215）
第五节　依法行政……（218）
第六节　政务信息……（220）
第七节　政务服务……（222）
第八节　外事侨务……（223）
第九节　招商引资……（225）
第十节　行政事务……（232）
第十一节　人民来信来访……………（234）
第十二节　地方志……（238）
第四章　政协……………………（241）
第一节　组织机构……（241）
第二节　全体会议……（245）
第三节　常务委员会会议………………（247）
第四节　提案　建议案………………（248）
第五节　视察调研……（251）
第六节　重要活动……（252）
第五章　纪检监察……………（255）
第一节　组织机构……（255）
第二节　案件检查……（256）
第三节　廉政建设……（257）
第四节　纠风治乱……（261）
第五节　执法监察……（265）
第六节　党风党纪宣传教育

…………………（267）

第七节　预防与治理腐败…………………（270）

第六章　民主党派　工商联…………………（272）

第一节　民革…………（272）

第二节　民盟…………（274）

第三节　民建…………（275）

第四节　民进…………（277）

第五节　农工民主党…（278）

第六节　九三学社……（279）

第七节　工商联………（281）

第七章　人民团体…………（286）

第一节　工会…………（286）

第二节　共青团………（290）

第三节　妇联…………（294）

第四节　科协…………（299）

第五节　文联…………（305）

第六节　残联…………（306）

第七节　红十字会……（308）

第八章　军事…………………（313）

第一节　军分区与人武部…………………（313）

第二节　军队建设……（315）

第三节　征兵…………（321）

第四节　预备役………（328）

第五节　民兵…………（329）

第六节　国防动员……（333）

第七节　拥政爱民……（337）

第八节　人民防空……（338）

第九节　武警…………（340）

第十节　消防…………（343）

第九章　公检法司…………（347）

第一节　公安…………（347）

第二节　检察…………（359）

第三节　审判…………（371）

第四节　司法行政……（381）

第十章　劳动　人事………（391）

第一节　劳动…………（391）

第二节　人事…………（394）

第三篇　经　济

第一章　综合经济管理……（420）

第一节　经济综述……（420）

第二节　发展改革……（424）

第三节　统计…………（426）

第四节　工商管理……（429）

第五节　审计…………（433）

第六节　质量监督……（438）

第七节　物价管理……（442）

第八节　安全生产管理…………………（451）

第九节　国土资源管理…………………（453）

第十节　食品药品监管 ………………（461）
第二章　城乡建设 …………（467）
第一节　城乡规划 ……（467）
第二节　市政建设 ……（470）
第三节　村镇建设 ……（480）
第四节　公用事业 ……（484）
第五节　建筑业 ………（491）
第六节　房地产业 ……（503）
第三章　环境保护 …………（512）
第一节　管理机构 ……（512）
第二节　环境管理 ……（512）
第三节　环境治理 ……（515）
第四节　环境质量 ……（519）
第五节　生态建设 ……（520）
第六节　环保宣传与环境能力建设 ………（522）
第四章　交通 ………………（524）
第一节　基础设施建设 ………………（524）
第二节　铁路 …………（526）
第三节　公路 …………（527）
第四节　航运 …………（538）
第五节　交通管理 ……（542）
第六节　交通工程质量管理 ………………（548）
第五章　电力 ………………（550）
第一节　发电 …………（551）
第二节　供电 …………（561）
第六章　水利 ………………（573）
第一节　水资源管理与开发利用 …………（574）
第二节　水利工程 ……（576）
第三节　防汛抗旱 ……（584）
第四节　农田水利 ……（586）
第七章　邮政　电信 ………（599）
第一节　邮政 …………（599）
第二节　电信 …………（600）
第三节　无线电管理 ………………（607）
第八章　农业 ………………（609）
第一节　农村经济体制改革 ………………（609）
第二节　种植业 ………（610）
第三节　畜牧业 ………（613）
第四节　渔业 …………（620）
第五节　农业产业化 …（625）
第六节　农业科技示范园 ………………（627）
第七节　林业 …………（628）
第八节　农业机械 ……（642）
第九节　乡镇企业 ……（644）
第九章　工业 ………………（646）
第一节　工业综述 ……（646）
第二节　工业经济体制改革 ………………（648）
第三节　煤炭 …………（649）
第四节　建材 …………（652）
第五节　食品 …………（655）
第六节　纺织 …………（666）

第七节 医药化工…… (670)
第八节 机械电子…… (674)
第十章 财税 金融……… (684)
第一节 财政………… (684)
第二节 税务………… (705)
第三节 银行………… (713)
第四节 证券………… (731)
第五节 保险………… (733)
第十一章 商贸……………… (737)
第一节 商贸市场…… (737)
第二节 国内贸易…… (738)
第三节 对外贸易…… (739)
第四节 供销合作社商业 ……………… (741)
第五节 商品专营…… (742)
第六节 物资经营…… (746)
第七节 粮油购销…… (749)
第十二章 旅游…………… (754)
第一节 旅游线路…… (754)
第二节 旅游市场开发 ……………… (755)
第三节 旅游业建设… (755)
第四节 旅游管理…… (757)

第四篇 教科文卫体

第一章 教育……………… (759)
第一节 教育改革…… (759)
第二节 教育规模…… (761)
第三节 教育经费与设施 ……………… (762)
第四节 教育结构…… (765)
第五节 教学研究…… (779)
第六节 教育行政管理 ……………… (781)
第二章 科学技术………… (796)
第一节 科技机构与队伍 ……………… (796)
第二节 科技成果与开发 ……………… (799)
第三节 科普活动…… (813)
第四节 科技管理…… (815)
第五节 气象服务…… (818)
第六节 防震减灾…… (825)
第七节 农业科学研究与推广 ……………… (828)
第八节 地质水文勘探 (830)
第三章 文化……………… (833)
第一节 文化机构…… (833)
第二节 文艺创作…… (838)
第三节 群众文化…… (844)
第四节 文化市场管理 ……………… (846)
第五节 文物保护…… (847)

第六节　电影放映与图书发行……………… （848）
第七节　考古发掘…… （850）
第四章　广播电视报刊…… （854）
第一节　机构体制…… （854）
第二节　广播………… （859）
第三节　电视………… （861）
第四节　报刊………… （862）
第五章　卫生………………… （868）
第一节　医疗卫生体制与机构……………… （868）
第二节　卫生防疫保健……………… （871）
第三节　医疗服务和管理……………… （879）
第六章　体育……………… （882）
第一节　体育机构…… （882）
第二节　群众体育…… （882）
第三节　学校体育…… （886）
第四节　竞技体育…… （887）
第五节　体育设施…… （889）

第五篇　社　会

第一章　民政………………… （890）
第一节　机构设置…… （890）
第二节　基层政权建设……………… （890）
第三节　救灾救济…… （891）
第四节　社会福利…… （894）
第五节　社会管理…… （897）
第六节　军人安置…… （901）
第七节　拥军优属…… （903）
第八节　优抚………… （906）
第九节　老龄工作…… （915）
第二章　人口和计划生育…………………… （917）
第一节　人口………… （917）
第二节　人口构成…… （918）
第三节　计划生育…… （921）
第三章　社会生活………… （931）
第一节　人民生活…… （931）
第二节　社会保险…… （932）
第三节　精神文明建设 （934）
第四章　民族　宗教……… （947）
第一节　民族………… （947）
第二节　宗教………… （950）
第五章　方言　民俗……… （954）
第一节　方言………… （954）
第二节　民俗………… （972）

第六篇 特色宿州

第一章 特色经济…………（980）
第一节 水果产业……（980）
第二节 特色农产品…（985）
第二章 地方文化…………（989）
第一节 书画之乡……（989）
第二节 奇石文化……（991）
第三节 地方戏………（992）
第四节 马戏之乡……（996）
第三章 名胜古迹…………（998）
第一节 风景名胜……（998）
第二节 古遗址 古墓葬 古建筑 ……（1002）
第四章 文化节与饮食 …（1016）
第一节 文化节 ……（1016）
第二节 特色饮食 …（1019）

第七篇 县区和开发区简介

一、埇桥区 …………（1024）
二、砀山县 …………（1029）
三、萧县 ……………（1036）
四、灵璧县 …………（1041）
五、泗县 ……………（1049）
六、市经济技术开发区 ……………………（1055）

第八篇 人 物

第一章 人物传 …………（1060）
第一节 古代人物 …（1060）
第二节 现代人物 …（1068）
第二章 人物简介 ………（1112）
第三章 人物表 …………（1148）

第九篇　宿州丛谈

一、渊源深厚的宿州文化 ……………………（1167）
二、隋唐大运河与宿州 ……………………（1173）
三、宿州城池的历史变迁 ……………………（1180）
四、蹇叔 ……………（1183）
五、朱温与砀山 ……（1185）
六、白居易与宿州 …（1188）
七、朱元璋出生地考 ……………………（1189）
八、马皇后 …………（1190）
九、赛珍珠与宿州 …（1192）
十、武念兹与“万言书” ……………………（1194）
十一、宿州商代“截”地考 …………………（1204）
十二、子贡山与会盟台 …………………（1204）
十三、垓下古战场遗址考 …………………（1207）
十四、宋代宿州虹桥考 …………………（1209）
十五、《圆明园全景图》画案始末 ……（1210）
十六、割股奉母 ……（1211）

附　录

一、宿州旧志综录与旧志序选 ……………………（1212）
二、宿州历史上的重大事件 ……………………（1230）
三、历代文选 ………（1245）
四、诗词选 …………（1250）
五、历史图辑 ………（1264）
六、“十一五”经济社会发展简述 ……………（1279）
七、宿州市2013年国民经济和社会发展统计公报 ……………………（1281）
八、重要文件辑存 …（1291）
九、撤地建市纪略 …（1318）

编委名单 ……………（1320）
撰稿人员名单 …………（1322）
索引 ……………………（1334）
编后记 …………………（1365）

Contents

Volume One

PROLOGUE

Preface 1 ······ 1

Preface 2 ······ 3

Notes ······ 5

Introduction ······ 1

Chronological Events ······ 14

PART 1 PHYSICAL GEOGRAPHY

Chapter 1 City Establishment, Administrative Division ······ 82

Section 1 City Establishment ······ 82

Section 2 Administrative Division ······ 84

Chapter 2 Nature and Environment ······ 90

Section 1 Geology and Geomorphology ······ 90

Section 2 Mountains and Rivers ······ 92

Section 3 Climate and Soils ······ 93

Chapter 3 Natural Resources ······ 104

Section 1 Animals ······ 104

Section 2 Plants ······ 104

Section 3 Chinese Herbal Medicines ······ 105

Section 4 Mineral Resources ······ 105

Section 5 Water Resources ······ 107

Chapter 4 Natural Disaster ······ 110

Section 1 Types of Disaster ······ 110

Section 2 Major Natural Disasters ······ 111

PART 2 POLITICS

Chapter 1 Suzhou City Committee of the Communist Party of China ………… 127
Section 1 Committee Structure ……………………………………… 127
Section 2 Congress of the Communist Party of China ……………………… 130
Section 3 Policy Decision ……………………………………………… 131
Section 4 Organization ………………………………………………… 136
Section 5 Publicity……………………………………………………… 145
Section 6 Politics and Law……………………………………………… 157
Section 7 United–Fronts ………………………………………………… 161
Section 8 Policy Research ……………………………………………… 164
Section 9 Research on History of the Communist Party of China………… 171
Section 10 Work Committee of Prefectural (City) Departments ………… 173
Section 11 Bureau of Retired Veteran Cadres……………………………… 179
Section 12 Archives …………………………………………………… 181
Section 13 Party School of the CPC……………………………………… 184
Chapter 2 Suzhou City People's Congress……………………………………… 195
Section 1 Congress Structure …………………………………………… 195
Section 2 Sessions of City People's Congress …………………………… 199
Section 3 Supervision of Deputies to the City People's Congress According to Law……………………………………………………………… 201
Section 4 Proposal and Suggestion of Deputies to the City People's Congress 202
Section 5 Work for Deputies to the City People's Congress ……………… 203
Chapter 3 Suzhou City People's Government ………………………………… 204
Section 1 Government Structure………………………………………… 204
Section 2 Government Meeting System ………………………………… 208
Section 3 Major Government Affairs …………………………………… 208
Section 4 People's Livelihood Projects ………………………………… 215
Section 5 Administration According to Law …………………………… 218
Section 6 Information of Government Affairs …………………………… 220
Section 7 Administrative Services ……………………………………… 222
Section 8 Foreign Affairs and Overseas Chinese Affairs ………………… 223
Section 9 Investment Attraction………………………………………… 225
Section 10 Logistics Service …………………………………………… 232
Section 11 Complaint Letters and Calls ………………………………… 234
Section 12 Chorography………………………………………………… 238

Chapter 4 Suzhou City Committee of the Chinese People's Political Consultative Conference …… 241
Section 1 Committee Structure …… 241
Section 2 Plenary Session …… 245
Section 3 Conferences of the Standing Committee …… 247
Section 4 Proposal and Suggestion of CPPCC Members …… 248
Section 5 Investigation …… 251
Section 6 Major Events …… 252
Chapter 5 Suzhou City Commission for Discipline Inspection of the CPC …… 255
Section 1 Commission Structure …… 255
Section 2 Case Inspection …… 256
Section 3 Construction of An Honest and Clean Government …… 257
Section 4 Work of Correcting Unhealthy Tendencies …… 261
Section 5 Law-enforcement Supervision …… 265
Section 6 Publicity and Education of Party Conduct and Discipline …… 267
Section 7 Preventing and Rectifying Corruption …… 270
Chapter 6 Democratic Parties, Federation of Industry and Commerce …… 272
Section 1 The Revolutionary Committee of the Chinese Kuomintang …… 272
Section 2 China Democratic League …… 274
Section 3 China National Democratic Construction Association …… 275
Section 4 China Association for Promoting Democracy …… 277
Section 5 Chinese Peasants and Workers Democratic Party …… 278
Section 6 JiuSan Society …… 279
Section 7 Federation of Industry and Commerce …… 281
Chapter 7 Mass Organizations …… 286
Section 1 Labor Union …… 286
Section 2 Communist Youth Leaguer …… 290
Section 3 Woman's Federation …… 294
Section 4 Association of Science and Technology …… 299
Section 5 Federation of literary and art circles …… 305
Section 6 Disabled Person's Federation …… 306
Section 7 Red Cross Society …… 308
Chapter 8 Military Affairs …… 313
Section 1 Military Subarea, People's Armed Forces Department …… 313
Section 2 Military Construction …… 315

Section 3 Conscription …… 321
Section 4 Reserve Duty …… 328
Section 5 Militia …… 329
Section 6 National Defense Mobilization …… 333
Section 7 Support the Government and Cherish the People …… 337
Section 8 Civil Air Defense …… 338
Section 9 Armed Police …… 340
Section 10 Fire Control …… 343
Chapter 9 Legal Institutions …… 347
Section 1 Public Security …… 347
Section 2 Procuratorate …… 359
Section 3 Court of Justice …… 371
Section 4 Judicial Administration …… 381
Chapter 10 Labour and Personnel …… 391
Section 1 Labour …… 391
Section 2 Personnel …… 394

PART 3 ECONOMY

Chapter 1 Comprehensive Management of Economy …… 420
Section 1 Summary of Economy …… 420
Section 2 Development and Reform …… 424
Section 3 Statistics …… 426
Section 4 Business Administration …… 429
Section 5 Audit …… 433
Section 6 Quality Surveillance …… 438
Section 7 Commodity Prices …… 442
Section 8 Safety Production Management …… 451
Section 9 Land and Resources Administration …… 453
Section 10 Food and Drug Administration …… 461
Chapter 2 Urban and Rural Construction …… 467
Section 1 Urban and Rural Planning …… 467
Section 2 Municipal Construction …… 470
Section 3 Construction of Villages and Small Towns …… 480
Section 4 Public Utility …… 484
Section 5 Building Industry …… 491

Section 6 Real Estate …… 503
Chapter 3 Environmental Protection …… 512
Section 1 Regulatory Authority …… 512
Section 2 Environmental Management …… 512
Section 3 Comprehensive Ecological Improvement …… 515
Section 4 Environmental Quality …… 519
Section 5 Ecological Construction …… 520
Section 6 Publicity and Capacity-building …… 522
Chapter 4 Transportation …… 524
Section 1 Infrastructure Construction …… 524
Section 2 Railway …… 526
Section 3 Highway …… 527
Section 4 Shipping …… 538
Section 5 Transportation Management …… 542
Section 6 Engineering Quality Control …… 548
Chapter 5 Electricity …… 550
Section 1 Electric Power Generation …… 551
Section 2 Electric Power Supply …… 561
Chapter 6 Water Conservation …… 573
Section 1 Water Resources Management, Development and Utilization …… 574
Section 2 Water Conservancy Project …… 576
Section 3 Flood Control and Drought Relief …… 584
Section 4 Irrigation and Water Conservancy …… 586
Chapter 7 Post and Telecom …… 599
Section 1 Post …… 599
Section 2 Telecom …… 600
Section 3 Radio Management …… 607
Chapter 8 Agriculture …… 609
Section 1 Rural Economic Reform …… 609
Section 2 Corp Farming …… 610
Section 3 Animal Husbandry …… 613
Section 4 Fishery …… 620
Section 5 Agriculture Industrialization …… 625
Section 6 Demonstration Garden of Agricultural Science and Technology 627
Section 7 Forestry …… 628

Section 8 Agricultural Machinery ······ 642
Section 9 Township Enterprises ······ 644
Chapter 9 Industry ······ 646
Section 1 Summary of Industry ······ 646
Section 2 Industrial Economic Reform ······ 648
Section 3 Coal ······ 649
Section 4 Building Materials ······ 652
Section 5 Food ······ 655
Section 6 Textile ······ 666
Section 7 Medicine and Chemical Industry ······ 670
Section 8 Mechanical and Electrical Industry ······ 674
Chapter 10 Finance,Taxation and Banking ······ 684
Section 1 Finance ······ 684
Section 2 Taxation ······ 705
Section 3 Banks ······ 713
Section 4 Securities ······ 731
Section 5 Insurance ······ 733
Chapter 11 Commerce and Trade ······ 737
Section 1 Commerce Market ······ 737
Section 2 Internal Trade ······ 738
Section 3 Foreign Trade ······ 739
Section 4 Supply and Marketing Cooperatives ······ 741
Section 5 Commodity Monopoly ······ 742
Section 6 Sales of Materials and Equipment ······ 746
Section 7 Purchase and Sale of Grain and Oil ······ 749
Chapter 12 Tourism ······ 754
Section 1 Tourist Route Development ······ 754
Section 2 Tourist Market Development ······ 755
Section 3 Tourism Construction ······ 755
Section 4 Tourism Management ······ 757

Volume Two

PART 4 EDUCATION, SCIENCE, CULTURE, HYGIENE AND SPORTS

Chapter 1 Education ······ 759
Section 1 Education Reform ······ 759
Section 2 Education Scope ······ 761
Section 3 Education Appropriations and Facilities ······ 762
Section 4 Educational Structure ······ 765
Section 5 Teaching Research ······ 779
Section 6 Educational Administration ······ 781
Chapter 2 Science and Technology ······ 796
Section 1 Institutions and Personnel ······ 796
Section 2 Development and Achievement ······ 799
Section 3 Scientific Popularization ······ 813
Section 4 Management of Science and Technology ······ 815
Section 5 Weather Service ······ 818
Section 6 Earthquake Relief ······ 825
Section 7 Agrotechnical Research and Promotion ······ 828
Section 8 Hydro-geological Exploration ······ 830
Chapter 3 Culture ······ 833
Section 1 Institution of Culture ······ 833
Section 2 Literary and Artistic Creation ······ 838
Section 3 Mass Culture ······ 844
Section 4 Management of Cultural Products and Services Market846
Section 5 Preservation of Cultural Relics ······ 847
Section 6 Moving Showing,Books Distribution ······ 848
Section 7 Archaeological Excavation ······ 850
Chapter 4 Broadcast,Television and Newspaper ······ 854
Section 1 Agency and System ······ 854
Section 2 Broadcast ······ 859
Section 3 Television ······ 861
Section 4 Newspaper ······ 862
Chapter 5 Hygiene ······ 868
Section 1 Medical and Health System and Institutions ······ 868
Section 2 Hygiene and Disease Control ······ 871

Section 3 Medical Service and Management ········· 879
Chapter 6 Sports ········· 882
Section 1 Sports Organization ········· 882
Section 2 Mass Sports ········· 882
Section 3 School Sports ········· 886
Section 4 Competitive Sports ········· 887
Section 5 Sports Facilities ········· 889

PART 5 SOCIETY

Chapter 1 Civil Administration ········· 890
Section 1 Organization of Civil Affairs ········· 890
Section 2 Construction of Government Authority at the Township Level ··· 890
Section 3 Relief System ········· 891
Section 4 Social Warfare ········· 894
Section 5 Social Management ········· 897
Section 6 Veteran Placement ········· 901
Section 7 Supporting the Army and Giving Preferential Treatment to the Families of the Armyman and Martyrs ········· 903
Section 8 Preferential Treatment ········· 906
Section 9 Care for Aged People ········· 915
Chapter 2 Population and Family Planning ········· 917
Section 1 Population ········· 917
Section 2 Population Composition ········· 918
Section 3 Family Planning ········· 921
Chapter 3 Social Life ········· 931
Section 1 People´s Livelihood ········· 931
Section 2 Social Insurance ········· 932
Section 3 Spiritual Civilization ········· 934
Chapter 4 National Minorities and Religions ········· 947
Section 1 National Minorities ········· 947
Section 2 Religions ········· 950
Chapter 5 Dialect and Folk-custom ········· 954
Section 1 Dialect ········· 954
Section 2 Folk-custom ········· 972

PART 6 FEATURES OF SUZHOU

Chapter 1 Territorial Economy …… 980
Section 1 Fruit Industry …… 980
Section 2 Agricultural Products …… 985
Chapter 2 Regional Culture …… 989
Section 1 Calligraphy and Painting …… 989
Section 2 Rare Stone …… 991
Section 3 Local Opera …… 992
Section 4 Circus …… 996
Chapter 3 Scenic Spots and Historical Sites …… 998
Section 1 Scenic Spots …… 998
Section 2 Ancient Relics,Tombs and Architecture …… 1002
Chapter 4 Cultural Festival and Local Diet …… 1016
Section 1 Cultural Festival …… 1016
Section 2 Local Diet …… 1019

PART 7 COUNTY, DISTRICT AND DEVELOPMENT ZONE

1 Yongqiao District …… 1024
2 Dangshan County …… 1029
3 Xiaoxian County …… 1036
4 Lingbi County …… 1041
5 Sixian County …… 1049
6 Suzhou Economic and Technological Development Zone …… 1055

PART 8 FIGURES

Chapter 1 Biography …… 1060
Section 1 Figures in Ancient Times …… 1060
Section 2 Figures in Modern and Contemporary Times …… 1068
Chapter 2 Brief Introduction of Figures …… 1112
Chapter 3 Figure's Category …… 1148

PART 9 SUZHOU FORUM

1 Suzhou Culture with Profound Historical Origin …… 1167
2 Sui & Tang Grand Canal in Suzhou Area …… 1173
3 Historical Changes of Towns and Cities in Suzhou …… 1180
4 Biography of Jianshu …… 1183

5 The Relationship Between ZhuWen and Dangshan County ················ 1185
6 The Relationship Between BaiJuyi and Suzhou City ······················ 1188
7 Textual Research on Zhuyuanzhang's Birthplace ························ 1189
8 Empress Ma ·· 1190
9 The Relationship Between Pearl S. Buck and Suzhou························ 1192
10 Wunianzi's Letter of 10 Thousand Words································ 1194
11 Textual Research on the Place of Zi in Shang Dynasty ······················ 1204
12 Zigongshan and Huimengtai ·· 1204
13 Textual Research on the Relic of Ancient Gaixia Battlefield ··············· 1207
14 Textual Research on Hongqiao Bridge in Suzhou in Song Dynasty ········ 1209
15 The Whole Story of Panoramic view of the old Summer Palace ············ 1210
16 The Story of Dutiful Son's Cutting His Thigh to Serve his Mother··········· 1211

APPENDIX

1 Union Catalogue and Selected Prefaces of Ancient Suzhou Chorographies ··· 1212
2 Major Events in the History of Suzhou ································ 1230
3 Selected Works of Past Dynasties ·· 1245
4 Selected Poems ·· 1250
5 Historical Atlas ·· 1264
6 Introduction to Economic and Social Development During the Eleventh Five-Year Plan·· 1279
7 Statistical Communique on the 2013 National Economic and Social Development of Suzhou ·· 1281
8 Documents ·· 1291
9 A Brief History of Establishment of City with Revocation of Prefecture ······ 1318

Editorial Board Members ·· 1320
Writers of Chorography ·· 1322
Index ·· 1334
Epilogue··

概　　述

宿州市隶属于安徽省，位于皖苏鲁豫四省接壤的黄淮平原的中南偏东地区，素有安徽北大门、皖北锁钥之称。地理坐标为：北纬33°18′-34°38′、东经116°09′-118°10′。东西184.6公里，南北151.2公里，面积9787平方公里，约占全省总面积的7.6%。东连江苏省宿迁市、西接河南省商丘市、南界蚌埠市、西南紧靠淮北市、北邻江苏省徐州市和山东省菏泽市。下辖砀山、萧县、灵璧、泗县和埇桥区等四县一区、105个乡镇（办事处）、2056个村（居）民委员会。2013年年底，全市总人口641.93万人。全市地区生产总值1014.33亿元，按可比价格计算，比上年增长10.5%，三次产业结构比为24.8∶42∶32.2，人均生产总值18784元，比上年增加1746元；全年市级财政收入100.31亿元，比上年增长20.8%；城镇居民人均可支配收入21713元，比上年增长10%；农民人均纯收入7521元，比上年增长13.4%。

一

宿州市地貌以平原为主体，平畴沃野、坦荡如砥。主要由黄河南泛的冲击平原和淮河水系的河间平原及湖洼洪积平原构成，面积8897平方公里，占国土面积的91%。其次尚有少部分低山丘陵台地，面积890平方公里，占总面积的9%，地势呈西北高、东南低的态势，坡降比为五千分之一至万分之一。

宿州市地处暖温带半湿润季风气候区。四季分明，年平均气温14.3℃，舒适宜人；光照充足，全年日照总时数年平均为2403.6小时，日照率为50%-60%；无霜期长，自北向南渐增，约在201至210天；雨量较为丰沛，年均降雨量为774毫米至895毫米，夏季雨量多而集中，年均为440至500毫米，春季、秋季降水量大体接近，冬季雨水少，年均为40至70毫米，属雨热同季型气候，有利于农作物、林果菜类的生长。粮、油、棉类农作物一般为一年两熟或两年三熟。境内有大小河流70多条，大多属淮河水系北坡的支流。其中最大河流为20世纪70年代初完全由人工开凿的新汴河，横跨豫皖苏三省，为一条排洪、灌溉、航运兼顾的河流，在宿州市境内全长127公里，境内流域面积2943.3平方公里。

宿州市地处中原腹地，东临沿海经济发达地区，是连接南北、沟通东西，经济文化交流融汇的枢钮冲要之区，亦是东部沿海发达地区向中西部延伸转移的第一梯级过渡带。域内铁路有京沪高铁和京沪、陇海两大干线纵横其间，还有符夹、青芦支线和即将建成通车的郑徐高铁及宿（州）淮（安）铁路穿越过境，将宿州和周边的淮北、蚌埠、阜阳、徐州、商丘、淮安、宿迁等大中城市连接成片。公路交通境内有（北）京福（州）、连（云港）霍（尔果斯）和泗（洪）许（昌）高速公路及即将建成的徐

（州）明（光）、济（宁）蕲（春）等高速公路穿越其境；此外还有4条国道、9条省道、60多条县道和密如蛛网的乡村公路交织其间，基本实现了市县乡村全覆盖，公路网密度和人均通公路里程在全国都处于领先地位。水路运输可借用新汴河、浍河、濉河、沱河等通航水道进入淮河、洪泽湖、大运河，然后可入长江、东海。航空方面，东北距徐州观音机场仅70多公里，也可以南下合肥、南京机场。宿州地区已基本形成铁路、公路、水运、航空互为依存、相互补充的立体交通网络体系，是东进西出南下北上的交通要道。通讯方面已实现了光缆有线固话、无线移动电话和宽带互联网的全覆盖，信息交流便捷、快速、通畅安全。

宿州市是传统的农业大市，农副产品资源十分丰富。粮食作物盛产小麦、玉米、水稻、山芋和各种旱作小杂粮，年总产量400万吨左右，是国家级重要的商品粮生产基地；油料作物主要以油菜、花生、大豆、芝麻等类为主，年总产量40万吨左右；经济作物主要是棉花、烤烟和少量麻类等。棉花年均总产量约为6.5万吨。养殖畜牧业主要有猪、牛、羊和鸡、鸭、鹅等家畜家禽类。年出栏率：猪400万头，羊380万只，牛30万头，家禽年出栏率6000万只。肉类年均产量近50万吨，禽蛋总产量25万吨。宿州市是全国重要的水果生产基地，主要集中于沿黄河故道的砀山县、萧县，果园面积100万亩，水果产量年均120万吨，水果产业成为宿州市农业生产的支柱产业，砀山酥梨、萧县葡萄名扬世界。各种蔬菜瓜类种植面积10万公顷，年均总产400万吨，是全国重要的商品菜基地。林木总面积21.6万公顷，木材年采伐量46.3万立方米，是全国平原绿化、植树造林先进地区，亦是华东地区极为重要的木料板材加工基地。农牧林等各种农副产品资源异常丰富，地方性名特优产品很多，具有代表性的食品有符离集烧鸡、夹沟香稻米、马蹄酥烧饼、泗县粉丝等，医药则有宿全蝎、宿半夏、孟仁寿八宝眼药水等，水果深加工则有砀山、萧县的黄桃罐头等。

宿州市矿产资源比较丰富，已发现的矿产有28种，其中已探明具有一定储量和工业开采价值的有17种，已开发利用的有11种。已探明的矿产有煤、煤层气、铁、铅、钾、白云石、石灰石、石英、高岭土、耐火黏土、大理石、瓷石、金刚石等，大部分都已被开发利用。储量较多的为煤、煤层气、白云石、石灰石、大理石、高岭土和铁矿等。煤、煤层气储量居全省前列，白云石、大理石、耐火黏土位居全省第一，瓷石居全省第四，灵璧奇石居全国四大名石之首，享誉海内外。“中国宿州灵璧石文化节”自2004年开办以来，全国各地商贾云集宿州，推动着宿州的对外贸易与合作。储煤面积达2000多平方公里，矿产地41处，其中有大中型矿床20多处。煤种齐全，主要有气煤、肥煤、焦煤、烟煤、无烟煤等；煤质优良，为低硫、低磷、中灰、高发热量。已探明工业开采保有储量32亿吨，预测远景储量为135亿吨；煤炭储量占淮北煤田储量的75%，占全省煤炭总储量的三分之一以上。有30处煤床矿体被开发利用，投产或在建矿井23对，年开采能力1200万吨。宿州市是华东地区最重要的煤电能源基地之一。

二

宿州，历史悠久。早在万余年前的新石器时代，中华民族的先人们就在这里繁衍生息，开发着这片神奇的土地。远古的原始社会时期，这里是氏族部落较为密集的地区。尧封大禹的食邑就在今泗县境内。禹子启废氏族部落禅让制而为世袭制，建立夏王朝，故泗县古名“夏邱”。可以说，这一带是中国社会制度由蛮荒走向文明的发祥地。夏、商、西周时期，这里为东方九夷中的徐夷、淮夷部落聚居区，置有众多的诸侯小方国。东周春秋时期，该地域为商代后裔宋国所辖。周庄王十三年（公元前684年），宋湣公将原封地在今山东东平县一带同是商族后裔的风姓男爵、诸侯小国的宿国，强迁入宋国辖区内以为附庸，这是今宿州地域和“宿”字结缘之始。

战国时期，宋为楚灭，该地属楚。秦统一中国后，此处分属砀郡、泗水郡。西汉时属梁国、沛郡。东汉时分属梁国、沛国、下邳国。三国两晋南北朝时，今宿州辖区隶属多变。隋统一后，该区域分属梁郡、徐州和泗州。唐初至中唐，延袭隋制，该地隶属变化不大。隋炀帝开凿大运河，又称“通济渠”，即唐宋以后世人称之为“唐宋汴河”。古汴河通航，漕运兴盛，遂使原处南北官道、古蕲河码头的驿站小镇——埇桥，一跃而成为舟车会聚、商旅云集的水陆码头和扼控汴河漕运的冲要之地。唐宪宗元和四年（809年）诏令在此设州，割原属徐州的符离、蕲县（今皆为埇桥区）和原属泗州的虹县（今泗县），在古符离县治埇桥置州以镇守，因其地古为“宿国”，故以“宿州”命名，此为宿州建置之始。唐元和九年（814年）又割原属亳州的临涣县（辖区为今濉溪县南部和涡阳县东部一带）隶属。自此以后直至清末辛亥革命爆发，宿州一直是州的建置，也是州治所在。民国元年（1912年）改“宿州”为“宿县”。民国时期宿县、泗县、灵璧属安徽省，砀山、萧县属江苏省。抗日战争期间，中共抗日政权、民国政权和日伪政权并存。抗战胜利后，宿县、泗县、灵璧属安徽省第四专员公署，砀山、萧县属江苏省徐州专员公署。新中国建立后，宿县地区辖永城、砀山、萧县、宿县、濉溪、灵璧、泗县、五河、怀远、泗洪等十县。1953年，永城划归河南，其余各县隶属不变。1955年，泗洪划归江苏淮阴地区，1956年，宿县地区和滁县地区合并为蚌埠地区，1961年3月，撤销蚌埠专区，重新设立宿县地区，辖濉溪、宿县、萧县、砀山、灵璧、泗县、五河、怀远等八县，1964年增置固镇县。1977年濉溪县划归淮北市。1979年建置县级宿州市。1983年7月，五河、固镇、怀远划归蚌埠市。此时，宿县地区辖宿州市和泗县、灵璧、宿县、萧县、砀山等五县一市。

1998年年底，国务院正式批准宿县地区撤地建市，1999年5月，省辖地级宿州市正式挂牌成立。若从唐元和四年（809年）宿州建置算起，至今已有1205年的历史。

三

宿州文化底蕴丰厚。数千年悠久历史的积淀，加之地处中原腹地的独特区位，南方的温柔婉约，北方的雄浑豪放，沿海的开放外向，内陆的沉稳内敛，各个地域的文化基因，思想学术流派，都在这里交集融汇、共存共容，孕育出多元包容、丰富多彩、风格独具的宿州文化。“中庸仁爱、孝悌诚信”的儒家思想，“天人合一、无为而治”的老庄哲学和“慈悲为怀、普渡众生”的佛教精神，共同影响着这里的社会生活、文化发展。宿州人朴实善良、英勇顽强、吃苦耐劳、乐观开朗。

宿州地域是中华文明发祥地之一。境内已发现的以小山口、古台寺、花甲寺、佘家台、三山蒋庙等为代表的100多处新石器时代各个时期的文化遗址（其早期遗址据考证距今应在8000年以上，为安徽省年代最久远的新石器时期文化遗址），就是最有力的佐证。其间出土的大量石器、骨器和带有绳纹模压、象形刻画的装饰图案的陶器、陶片，也充分显示了当时此地域农耕文明的发展和古人们的文化审美的水平。这一时期是宿州文化、文明的原始萌发期。进入周朝以后，更多的名胜古迹都在彰显着该地域文化、文明的发展脉络。闵（子骞）祠松风，播扬着孝悌仁爱的儒家美德；吴鲁会盟的古台（子贡山）隐现出春秋战国时期诸侯间的攻战守和的动荡时局；蕲县古城遗址，尽显秦汉郡县制下的县城风貌；大泽乡涉故台，中国历史上第一次农民起义的首发之地，陈胜、吴广揭竿而起，撞响了暴秦灭亡的丧钟；垓下之战，奠定了两汉王朝四百年的基业；霸王城、虞姬墓在向后人们诉说着项羽霸业成空，佳人难保的无奈悲歌。以九女坟为代表的众多汉墓出土的画像石、画像砖，标志着宿州地域的雕刻艺术，已从先秦的具像描摩写实手法，向形神刻画的意象展现的变化，传递着秦汉时期文化艺术已渐趋走向成熟的信息；古汴隋堤，泗县境内东西蜿蜒28公里左右的古汴河遗迹，仍在发挥着排灌的作用，同时也在诉说着历史的沧桑巨变；埇桥遗址和汴河码头的发掘，再现了当年的古汴河和宿州古城帆樯如林、商旅云集、漕运兴盛的繁荣景象。宴嬉台，李白纵酒狂欢，赋诗述怀，尽显诗仙豪爽不羁的神态；东林草堂，白居易吟唱出“野火烧不尽，春风吹又生”的千古名篇；皮日休的《汴河怀古》，感慨古汴兴废事关国家盛衰的独特功用；苏轼的《白土石炭歌》把宿州地区煤炭开采、瓷器制造和冶铁业的繁兴，溯源到北宋中期。宋金对峙、宿州鏖兵的古战场老营湖，人们仍可在荒野田沟里拾取当年遗失的箭镞或挖得作战用的镭石与断矛残剑。磬石山摩崖造像，展示着宋代佛教文化的风行和精湛的石雕艺术。在古建筑方面，瑞云寺、天门寺、镇疃寺、泗县文庙大成殿、泗县释迦寺大殿、萧县孔庙等，仍可供人们参观浏览，研讨古建筑艺术、宗教文化和儒学源流。

在哲学、文学、艺术方面，宿州地域亦是英才辈出，名士云集。孔门弟子70贤人中宿州地域就有闵子骞、子张和颜子柳等人，儒风之盛可见一斑。汉代刘向、刘歆父子撰《别录》、《七略》为中国图书目录学最早集成，亦是世界图书目录学的先河。后汉哲学家桓谭，力倡“形灭神亡”的“无神论”，就有老庄哲学的因子。倡“越名教而任自然”的嵇康，通音律、善鼓琴，一曲“广陵散”成千古绝唱。东晋南北朝时期的戴逵、戴颙父子，工书画，善雕塑，尤以雕塑形神兼备的佛像见长，实为中国雕塑艺术的开山鼻祖。唐代的白居易、皮日休、李敬方、韩愈、李益、胡曾，宋代的陈希亮、苏轼、范成大、梅尧臣、刘克庄等大诗人、大文学家，都曾游历、为官於此，或长期寓居於此，都曾留下许多脍炙人口的诗词文章。尤其是苏轼的《乞罢宿州修城状》一文，对灵璧县的建置及后来宿州地域的社会经济发展、历史走向，都有着很大影响。北宋仁宗时期，宿州知州陈希亮为方便航运和陆路交通，在汴河上创建无柱木拱大桥，如长虹卧波飞跨两岸，俗称“虹桥”或“飞桥”，受到仁宗的嘉奖，并诏令在京都汴梁及汴河沿线建起多座木拱飞桥。其木拱桥建造技术在中国乃至世界造桥史上都堪称一绝。

南宋以降至清末民初时期，王朝更替、战乱频仍，加之黄河南泛夺淮入海，洪旱蝗瘟灾害踵连祸接，国内经济、文化、政治中心南移北迁。宿州地域的经济社会发展，由此前在国内处于相对繁荣发达之域，步入了长达800年之久的发展滞后的衰落期。但其文化发展的脉络并未受到太大的影响，反而进入了一个复苏发展相对较快的阶段。涌现出一大批生长于斯、活动于斯的文化、文学、艺术界的名流大师。如金元素、陈君佑、王之麟、许辉相、杨继盛、史可法、周廷栋、梅奎璧、史颖超、任柔节、吴作幛、吴柳庵、牛北瞻、李心锐、傅二槐、侯方域、王渔洋、袁牧、郑板桥、高其佩等。尤其值得一提的是，在明清期间，宿州区域崛起了宿州书法、龙城画派、灵璧钟馗画等书画群体，一些地方戏曲如泗州戏、淮北梆子、坠子戏、淮北花鼓等，民间曲艺如大鼓书、评书、渔鼓道情等，还有马戏、杂技、民间文学等，也在蓬勃地萌发兴起，并逐渐形成自己的特色风格。

现当代的宿州文化界更是群星荟萃，先贤后学、代有才俊。曾先后涌现出诸如孙叔平、王可风、邓伟志、刘光禄等为代表的在国内文史哲等社科领域颇有建树的专家学者；以杨在葆、李炳淑、刘瑞龙等为代表的演艺明星；书画界更有以王子云、朱德群、王肇民、王青云、刘开渠、萧龙士、李百忍等为代表的享誉海内外的艺术大师；有在国内书坛画界声名卓著的梅雪峰、梅纯一、吴燃、卓然、尉天池、刘浚川、张传凯、陈传习等；有在省内颇具影响力的张良勋、郭公达、郑正、刘惠民、王天铎、杨剑华、孙淮滨、葛庆友、朱秀坤、孟繁青、黄振铎、王少石、蔡世明等人。萧县是国家命名的“中国书画艺术之乡”，全县能施丹青者3万余人。埇桥区是“中国书法之乡”“中国马戏之乡”，书法活动相当普及，人才众多；民营马戏团300余家，从业人员2万余人。泗县是“中国泗洲戏之乡”，“泗州戏”已被列入国家级非物质文化遗产。灵璧县是“中国观赏石之乡”“中国　民间艺术（钟馗画）之乡”，灵璧石的价值、声誉盛况空前，钟馗画则创作人员众多，国内外影响甚大。砀山县是“武术之乡”，群众习武风气浓厚，拳师胡敬章声名卓著。砀山县又是中国唢呐之乡，唢呐艺人张连生誉满全国。

宿州文化最为突出的特色就是多元共容、和谐发展，大多融入了全国各地许多地方的文化因子、风情元素，再按照当地人欣赏习惯、趣味爱好进行改造创新、发展完善，最终形成了一种有别于原产地的艺术风格特色。比如流行于宿州地域的“摘石榴”、“打菜苔”等民间情歌风格就和南方、北方大为迥异。既不像东北的“大姑娘美哟大姑娘浪”那样火辣热烈、奔放直白；也不似南方“茉莉花”“相思调”那样缠绵委婉、欲说还休；流传于宿州当地的许多情歌，既有真情流露，却又含蓄内敛、爱意浓浓，因此更为当地人所钟爱。

数千年的文脉传承，独特的区位和自然环境，造就了勤劳智慧的宿州人善於学习、勤於思考、勇于探索创新的性格秉赋。他们在学习中汲取养分，在思考感悟中提高自己，经历史的打磨、时代的焠取、厚积后发终于创造出风格独具、特色鲜明、丰富多彩的宿州文化。

四

在改革开放的新时期，各领域的改革不断向纵深推进。改革已成为新时期宿州市经济社会发展的内生动力。

农村经济改革，最早可以追溯到20世纪60年代，原宿县符离区委一班人就曾向中共中央主席毛泽东呈报关于推行责任田承包制建议的万言书，并在宿县地区的一些地方进行试点。但由于“四清”运动和“文化大革命”中断。实行改革开放后，宿县地区於1979年和1980年，全面推行联产承包责任制。进入20世纪90年代以后，农村的改革继续向纵深发展。1994年，宿县地区在学习外地经验的基础上，开展农村合作基金会试点工作，成为农业生产投入不可忽视的力量。1995年，开展农村土地二轮承包工作，全区农村土地承包合同书全部发放到户，较好地解决土地承包纠纷，进一步稳定农村土地承包关系。2002年，市政府再次发文，强调全面落实土地承包制，切实保护农民的根本利益。为减轻农民的负担，1998年宿县地区全面进行城乡电网改造和农电管理体制改革，认真落实城乡居民生活用电同网同价；2000年，取消三提五统等涉农收费项目，在安徽省率先进行农村税费改革；2001年，对农业税计税实行上限控制；2002年，继续降低农业特产税；2003年，全面取消农业特产税；2004年，取消农业税附加，并降低农业税税率2.2个百分点；2005年，全面取消农业税，同时逐渐增加对农民种粮的直接补贴。为加快发展农民合作经济组织，市政府2005年专门出台鼓励、引导办法，全市农民专业合作经济组织呈现出快速发展势头。在农民专业合作经济的带动下，规模经营迅速发展，农村经济日益繁荣、兴旺。

宿州市国有企业产权制度改革始于1994年。2000年6月16日，安徽省科苑集团在深圳证券交易所成功上市，成为全国首家由民营科研单位转制进入资本市场的科技型上市公司，也是宿州市第一家上市公司。2000年，按照“有进有退，以退为主”的调整思路积极探索、大胆推进国有经济结构的战略改组。通过不同的退出通道，当年就有5家大中型企业完成公司制改革，初步建立起现代企业制度。到2006年，全市完成改制企业162家，其中国营112家，集体50家，盘活存量资产32.6亿元。改革促进社会资源的有效配置，使大批困难企业走出困境，重新焕发生机；改革为企业带来新的理念，突显管理创新的机制创新，培育一大批骨干企业；改革也对外地资金产生巨大的吸引力，外地大企业纷纷投资宿州，对部分企业进行重组，使宿州的工业规模迅速壮大。

流通领域的改革瞄准计划经济向市场经济转轨的总趋势逐步向前推进。第一次战略大调整是以零售市场为主，批零结合，以零售带动批发。第二次调整向上游生产企业、经营主体延伸，开展总代理、总经销，减少环节，减少库存，减少资金占用。第三次是立足本业、多种经营，形成工商一体化，走入大市场。第四次调整是大胆走“连锁经营、集团发展、规模效益”的道路，华夏集团等十余家连锁店相继开业。改革促进流通领域的快速崛起，一批零售过亿元的大型商业企业改写了长期只有千万元销售业绩的历史。

财税体制改革的重头戏是从1994年逐步建立起分税制财政管理体制，中央地方两套税收体制也在分税制中逐年完善。财政工作变单纯的一收一支，向前延伸到生产领域，参与财源培植、产业结构调整；向后扩展到对国有资产、预算外资金的管理，大财政局面逐步形成，促进了财政税收大幅度增长和财政运行质量的提高。

对外贸易方面，出口规模较小。1993年，地区对外贸易公司获得自营业务出口权，一箭双雕。1998年，有9家企业获得自营进出口权，同十多个国家和地区建立长期贸易关系。利用外资规模不断扩大。2000年为634万美元；2003年为2030万美元；2007年为5473万美元。与此同时，国内横向经济合作同步发展，积极融入多个经济协作区，与兄弟地区互通有无，协进协出，对全市经济发展作出重要贡献。

社会保障制度在改革中不断建立和完善，发挥经济和社会的“减震器”、“稳定器”的重要作用。宿州市的养老保险开始于1987年，2007年参保人数达12.18万人，国有企业覆盖率达100%。医保制度改革启动于2000年，短短几年就实现由福利型公费劳保医疗制度向保险型城镇医疗保障制度的平稳转换。失业保险制度的建立，为失业群体的生活救助、再就业提供保障。工伤保险的建立为企业因公致伤致残职工提高保险待遇。2007年，开始实施的十二项民生工程，涵盖农村居民的多项保障制度建设。住房制度改革开始于1993年，通过提租发补贴、出售公有住房、建立住房公积金制度、货币分房、建设经济适用房等不同方式，实现安居和惠民。

政治体制改革也在探索中前进。20年来，经过几次大的改革，精简机构，提高了效能。机关实行公务员制度以后，引入竞争机制，使公务员队伍的整体素质有所提高。对机关的行政审批制度改革，为企业健康稳定发展，创造了良好的社会环境。法制和信息化建设提高了决策的科学性和前瞻性。

改革促进经济、社会的迅速发展，也改变着人们的思维方式和生活方式。由于市场经济体制的逐步确立，人们在各行各业、各个领域中的竞争意识明显增强，生活节奏明显加快。面对改革带来的巨大变化，人们接受新理念、新事物的素质和能力空前地提高，整个社会生活更加趋于多样化。改革开放已成为社会经济发展进步的强大推动力。

五

城市面貌日新月异，城区规模不断扩大。改革开放30年间，特别是1999年撤地建市后，大力推进城市建设，坚持经济开发区、主城区和汴河新区“三区联动”，做大做强中心城市，市区建成面积由1978年的不足10平方公里、6万人，发展到2007年的45

平方公里、45万人，城市化水平由1978年的7.3%提升到2007年的27.1%，增长了2.56倍。城市功能不断完善。城市道路、供水、供电、供气、公交、环卫等基础设施发展迅速，城市载体功能不断完善。城市道路长度由1978年的200公里发展到2007年的693公里，人均道路面积由1978年的6.0平方米提高到12.6平方米。城市供水能力、供水人口、用水普及率分别由1978年的5万立方米/日、12万人、60%提高到2007年的29万立方米/日、73.94万人、95.64%。建成市区污水处理厂1座，污水处理率76.11%。市区燃气普及率达68.1%。城市公交从1978年的不足10标台发展到431标台，运营线路网长度由1978年的不足50公里提高到312公里，每万人拥有公交车4.89标台。垃圾日产日清，垃圾清运率和无害化处理率均达到100%。

城市综合开发全面推进。按照“南抑、北拓、东调、西扩”的发展方向，城市规划编制和管理工作不断提高，旧城改造开发如火如荼，已完成北关旧城改造、南关菜场改造、行政中心搬迁等重大项目建设，环城河、运粮河水系综合治理成效显著，“碧水蓝天”工程进展顺利。房地产开发投资从当初的3家发展到现在的130余家。“十五”期间，投资额年均增速为18.03%；“十一五”以来，房地产年均竣工130余万平方米，年均完成投资15亿元。房地产业的快速发展，改善了城镇居民居住环境，加快了城市化建设进程，促进了服务业的发展。城市形象不断提升。大力开展争创省级文明城市、园林城市和卫生城市“三城同创”活动，城市环境有了明显改观，城市公用事业得到飞速发展。新建改造了一大批城市路网、城市绿化、城市水系、公园、广场、景观带等形象工程，建成了邮政大楼、华夏商社、武夷商城、光彩大市场、皖北煤电大楼、广电大楼、市行政中心、市博物馆等一批标志性建筑，开工建设了港利、同科、环宇等一批环境好、质量高、管理优、配套全的大型居住小区。城市建成区绿化覆盖率由1978年的7.6%提高到21.8%，提高了2倍。

小城镇建设蓬勃发展，规模不断扩大，实力不断增强。在加快建设中心城市和四个县城的同时，重点发展22个中心镇，带动其他小城镇，逐步形成以宿州市为中心、县城为次中心、中心镇为卫星城镇、其他小集镇为基础的梯次分布、协调发展的城镇体系。到2007年年底，县城以下小城镇由1978年的2个增加到68个，其中国家级试点镇2个，省重点扶持镇5个，省级镇14个，建成区由1978年的4万人增加到100.5万人，砀山、萧县、灵璧、泗县四个县城建成区面积分别为13.1、9.64、10.14、13.5平方公里，县城居住人口44.12万人。小城镇规划进度加快，规划水平明显提高。全市县城以下68个建制镇总体规划编制不断加强，其中25个中心镇总体编制已完成100%，27个乡政府所在地集镇规划完成60%，1234个行政村建设规划完成35%。形成埇桥区符离镇、泗县大庄镇、萧县黄口镇、砀山县李庄镇等一批特色鲜明、功能完善、个性突出的小城镇。小城镇基础设施进一步完善，载体功能日趋健全。“十五”期间，全市完成小城镇建设总投资41.04亿元，较“九五”期间28.5亿元，增加12.54亿元，增幅高达43.7%。小城镇住宅建设持续快速发展，居民居住条件和居住质量进一步改善，其中住宅中楼房比例已由“九五”末的40.12%提高到68.5%，城镇人均住房由1978年的7.8平方米提高到21.3平方米。近10年间，全市先后新建、改建小城镇自来水厂100余个，铺筑道路500公里，兴建专业市场200余个，房屋竣工面积达900万平方米。小城镇基础设施、城镇功能、住宅建设、公共事业建设取得了长足发展。

交通运输全面发展。1978年由国家投资养护的公路有1500公里，在广大农村连接主干道直接服务于农村的道路只有90多公里，绝大多数地方交通仍依赖自然形成的村间小道和土路。2007年全市公路通车里程已达11864.9公里，公路平均密度为每百平方公里66.24公里，共有村道5957公里，所有乡镇和行政村，全部铺通了公路，82%的行政村建成渣油路。全市已形成以高速公路和干线公路为主骨架，以县、乡、村道为连接线的较高标准公路交通网络，公路结构达到中等发达国家水平。合徐、连霍两大高速公路呈“十”字贯穿全市，更加奠定了宿州市现代物流和交通枢纽的地位。2007年公路客运量8201万人，旅客周转量37.63亿人公里，公路货物运输量5874万吨，货物周转量44.09亿吨/公里。水上运输年吞吐能力100多万吨。铁路总长度210多公里，年通过能力3000万吨，境内铁路站点23个，年货运量8005万吨，客运量400多万人次。省及国家重点项目工程泗永高速公路、京沪高铁已开通运营。

电力事业快速发展。相继建成宿东电厂、朱仙庄煤矸石发电厂、华电宿州电厂一期工程、华电宿州生物质发电厂一期工程等，形成火电、热电、节能电力项目的统合发展格局。2007年年底，宿州境内共有公用发电装机153.7万千瓦，比1978年增长127倍；35–220千伏公用输电线路总长1906.7公里，比1978年增长1.83倍；变压器总容量199.87万千伏安，比1978年增长16.85倍；全市用电量25.11亿千瓦时，比1978年增长10.67倍；全市人均年用电量40.63千瓦时，比1978年增长6.16倍。华电宿州电厂是全市容量最大的发电厂，规划容量320万千瓦，是国家“皖电东送”的主力电厂和省“861”工程重点建设项目之一。1996年全市实现了村村通电。

邮电通信事业突飞猛进，综合通讯能力明显增强。邮电通讯技术装备水平显著提升，通讯服务进一步改善，由当初的邮电一家发展到邮政、电信、移动、联通、铁通、网通竞相发展的新格局。邮电业务总量由1978年的301万元提高到2007年的26.3亿元，提升了873.6倍；市话交换机总容量由1978年5035门发展到2007年的113.5万户，增加了225.4倍；1993年邮电通信完全实现电话交换程控化、长途传输数字化的“两化”目标。2007年，全市移动电话101.1万部，计算机互联网用户9.52万户，村庄通电话率100%。

六

中华人民共和国的诞生，结束了宿州人民不堪回首的灾难史，揭开了宿州地域经济社会发展的历史新篇章，特别是中共十一届三中全会后，宿州改革开放风生水起，气象万千。从改革开放至2007年，宿州市经济总量持续扩大，财政收入显著增加，发展质量不断提高，综合实力迈上了一个又一个新台阶。地区生产总值（GDP）从1978年的7.42亿元提高到2007年的424.9亿元；财政收入从1978年的0.69亿元，提高到2007年的21.3亿元，增长了30.8倍；三次产业结构由1978年的61.4：17.6：21.0调整为2007年的35.6：29.0：35.4。

农村经济全面发展，效益农业初具规模。全市粮食总产由1978年的124.9万吨增加到2007年的373.2万吨，增长了2倍；亩均产量从1978年的116.5公斤上升到2007年的553.1公斤，增长了3.58倍；油料总产从1978年的1.65万吨提升到2007年的19.7万吨，增长了4.9倍；棉花总产量从1978年的1.2万吨增长到5.6万吨，增长了近3.7倍；肉类总产从1978年的3.2万吨增长到2007年的48.59万吨，增长了14.2倍；水果总产从1978年的4.1万吨增长到2007年的144.2万吨，增长了34.2倍；农业总产值由1978年的6.02亿元上升到2007年的242.3亿元，增长了39.2倍。主要农业经济指标始终位居全省前列，水果和蛋类总产分别占全省总量的71%、18.9%，居全省第一位。棉花、肉类总产居全省第三位。粮食、油料总产居全省第四位。四县一区先后成为全国粮棉大县、养殖大县和水果大县。

农田水利林网基础设施建设不断完善。全市共有河道70条，分属六大水系，堤防总长2691公里，保护人口382万人，保护耕地609万亩。全市有效灌溉面积544万亩，节水灌溉面积169万亩，旱涝保收面积329万亩。全市有林地面积424万亩，森林覆盖率28.8%，农田林网庇护面积700万亩，建网率89%，公路绿化率91%，村庄绿化率62.5%，初步形成了点、片、网、带结合的综合农田防护体系。

农业产业化经营快速发展。大力调整农业结构，北部水果生产，中部棉、瓜、菜等高效经济作物生产，南部优质小麦和花生等生产已形成规模，粮经比例最高达5:5。着力实施“五个百万亩”农产品优质化工程和“一村一品”为重点的“农业双百工程”，建成万亩以上的特色农业种植基地93个，规模化、标准化养殖场（小区）67个，规模养殖场15513个，规模养殖比重达45%；市级以上农业产业化龙头企业113家，其中国家级2家，省级19家，亿元以上企业25家，年营销收入96.8亿元，上缴税金I.32亿元，出口创汇2200万美元。全市基本形成了砀山水果加工、萧县面粉加工、灵璧畜牧养殖加工和埇桥板材加工四大产业集群。

劳务经济成为农民增收的主渠道。劳务经济经历了自发外出、有序输出和品牌劳务三个阶段，形成了萧县防腐、埇桥轻纺、灵璧家政等知名劳务品牌，工资性收入持续快速增长，成为农民收入的主要增长源。全市外出务工人数132万人，年劳务收入80多亿元。2007年农民工资性收入达到1438元，比1985年增长了12.5倍，占农民纯收入的比重由1985年的10.3%，提高到2007年46.3%，提高36个百分点。外出务工人员在学得一技之长后纷纷返乡创业，掀起农村创业的热潮。全市已有4000多名农民工返乡创办各类企业1500余家，占现有农村企业的50%。

工业经济快速发展，工业化进程逐步加快。工业企业由1978年的708家发展到2007年的2500家，增加了2.53倍。其中规模以上企业344家，规模以上工业资产总额120亿元，职工人数7.9万人。工业产值由1978年的3.81亿元增长到2007年的220亿元，增加了56.7倍，占GDP的比重从1978年的17.6%上升到2007年的29%；工业利税总额从1978年的0.31亿元增长到2007年8.9亿元，提高了27.7倍。工业对国民经济的带动作用明显增强，成为推动经济增长的主动力。

支柱行业逐步形成，骨干企业初具规模。已形成煤炭、电力、化工医药、纺织、建材、机械等一批对全市经济发展具有较强牵动作用的主导产业。其中，煤炭和电力产业2007年完成产值51.1亿元，占规模产值的15.5%；以上七大行业合计占全市规模以上工业总量的70%。2007年全市新增规模以上企业103家，工业产值超亿元的企业46家，超5亿元的企业9家，超10亿元的企业1家，对全市经济发展和社会进步起到了明显的支撑和拉动作用。

重点项目建设卓有成效，发展后劲显著增强。一批事关全局的重大项目取得历史性突破。皖北制药、安徽车桥、特酒总厂、新锦丰集团、皖王面粉等一大批企业建成投产；华电一期2×60万千瓦机组并网发电。汇源果汁、中粮集团环氧乙烷、雨润生猪屠宰、博洋纺织、森发纸业等项目纷纷落户宿州；建成科苑集团、宝龙电器、新锦丰集团等9家省级技术中心。这些重大项目的顺利推进，确保了有效投入的持续扩大，推动了经济结构的持续改善。

园区工业从无到有，已成为宿州工业发展的生力军。先后开工兴建了宿州市省级经济技术开发区和五个县区经济技术开发区。在部分乡村建立了乡村工业集聚区（试验区）。园区基础设施建设不断完善，项目和企业加快集聚，经济效益不断提升。2007年全市开发区（工业园）建成面积11.1平方公里，已投产企业267家，完成固定资产投资额22.44亿元，实现销售收入37.16亿元，上缴税金1.51亿元。

商贸流通繁荣活跃。皖东北商贸中心地位初步确立，市场建设成绩斐然，辐射集聚能力不断增强。市场总数从142个发展到392个，增长了176%，市场面积位居全省前列。1978年市场交易额只有8600万元，1991年突破6亿元，1995年猛增到15亿元。现已形成农资专业市场、家具专业市场、建材大市场、汽配城、商贸城、贸易广场、服装城等一大批大型专业市场；大型综合超市、购物中心、连锁超市等新型零售业发展迅速，苏果、家乐福、商之都、联华等大型连锁超市相继落户宿州，以连锁经营为主体的现代流通方式已初具规模。万村千乡市场工程建设成就喜人，连续多年名列全省先进行列。2007年社会消费品零售额114.8亿元，是1978年3.08亿元的37.27倍。

市场主体不断优化，多种经济竞相发展。个体经济和私营经济、外商和港澳台等其他经济从无到有，市场份额逐步扩大。1981年年底工商业户实有数7621户，2007年个体工商户52392户，从业人员101712人，资金4.87亿元；私营企业7048家，从业人员74291人，注册资本78.68亿元；外商投资企业累计登记注册233户，投资总额2.12亿美元，注册资本为2.14亿美元，其中外方为0.87亿美元。2007年，全市有效注册商标2000余件，省级以上著名商标26件。

经济外向度逐渐扩大，外贸进出口成效喜人。大力开拓国内和国际贸易市场，发展对外贸易，出口产品档次不断提高，由最初的原始农产品到农副产品深加工、医药、化工和机械设备等，进出口额逐年扩大。2007年全市外贸进出口总值5571万美元，是1995年485万美元的12倍，其中进口总额964万美元，出口总额4607万美元。全年实际利用外资总额5473万美元，外商直接投资5208万美元。2005年以来，宿州利用外资额年均递增42%，对外经济合作经营额年均递增15%以上。

七

精神文明建设成效明显。宿州市委、市政府始终坚持“两个文明一起抓”的指导思想，在狠抓物质文明建设的同时，毫不放松地坚持抓好精神文明建设。20世纪80年代，结合中央提出的以“五讲四美三热爱”为主要内容的社会主义精神文明建设活动，当时的地委、行署在全区组织开展了“三优一创”（优良秩序、优美环境、优质服务，创建文明集镇）竞赛活动；围绕培育社会主义“四有”新人，组织开展了城乡社会主义教育、革命传统教育、改革开放教育、职业道德教育活动。进入90年代，社会主义精神文明建设的重点放在了移风易俗上，通过广泛开展学雷锋、学先进活动，不断深化思想道德教育，主要开展了农村集镇“十佳十差评比活动”，“扫黄打非”活动，农村开展“十星级文明户”评选活动。20世纪90年代后期，地委、行署学习张家港经验，在城市建设上大力开展了“三个起来”（把马路让出来、把垃圾装起来、把门前包起来）活动。进入21世纪，市委、市政府主要开展了市容环境综合治理“百日会战”活动，“文明县城、文明单位、文明行业”创建活动，“未成年人思想道德建设”活动，“创建省级文明城市”活动等等。20世纪80年代后，围绕精神文明建设开展的多种专项活动，取得了明显成效，全市上下，政治上安定团结，人民群众安居乐业，广大干部群众道德素质、科学文化素质明显提高，科教文卫体事业快速发展，生活环境不断改善。全市涌现出一大批精神文明创建活动的先进典型。泗县大庄镇被命名为“全国文明村镇先进镇”，萧县交警大队被命名为“全国精神文明建设先进单位”，砀山县唐寨镇自办残疾人康复医院的李清纯、砀山县曹庄镇魏庙小学义务支教的上海女工查文虹，被省委、省政府命名为“精神文明十佳人物”。宿州市与全国少工委、深圳电影制片厂联合摄制的电影《我们手拉手》，被国家作为加强和改进未成年人思想道德建设的优秀教材，向广大青少年推荐。

教育改革发展成效突出。2004年，宿州学院的建立标志宿州本科院校从无到有的历史性突破。自1992年以来，宿州高考连续16年稳居全省前列。1987年全国高校在宿州市录取1851人，1997年录取4411人，2007年录取30459人，其中本科15503人。“两基”成果得到巩固，九年义务教育进一步发展，素质教育全面实施。现有小学1484所，普通初中312所。小学适龄儿童入学率100%，初中阶段入学率99%。现有普通高中52所，在校学生130677人。中等和职业教育发展迅速，各类中等技术学校达到40所，职业学校在校学生63688人，宿州职业技术学院、宿州职业技师学院（筹）、职业中学、技工学校等跨入国家重点职业学校行列，培养的学生供不应求。民办学校蓬勃发展，现有各类民办学校282所，在校学生118851人。文化体育卫生事业活跃繁荣。中华人民共和国成立，尤其是改革开放后，随着宿州地域经济社会的发展繁荣崛起，宿州文化也迎来了大发展、大繁荣的黄金时代，呈现出前所未有的生机活力。报刊、电视、广播、网络等各种传媒基本实现全覆盖；市县区乡镇文化馆站、公共图书馆、村级文化大院基本普及；文学创作和各种群众文化活动蓬勃发展，市县区级文联、作协、书协、美协、曲艺、摄影、诗社书画院等各种文学艺术社团如雨后春笋，遍布城乡，队伍齐整，人才济济。各种文学体裁，文艺形式如百花争艳、异彩纷呈。每年都会有大批为人民群众喜闻乐见的佳作名篇涌现，流传于世。中共十一届三中全会以后，文化事业呈现出戏曲杂剧、广播影视、文学艺术、图书文物、群众文化共同发展的新局面。相继建成电视台、有线电视网络和广播电台，广播人口覆盖率为90.85%，电视人口覆盖率为93.21%。群众体育活动和全民健身运动广泛开展，中小学校国家体育锻炼标准达标率由1980年的74.8%提高到2007年的99.2%。竞技体育屡获佳绩，涌现出王箛、刘美丽、任桂香、许莉等一批国家级教练员、优秀运动员。宿州市残疾人乒乓球队共参加国家和国际残奥会比赛24场次，获得团体和个人金牌75枚、银牌22枚、铜牌16枚。卫生医疗条件大大改善。卫生应急体系逐步健全，疾病预防控制措施有效落实，妇幼保健工作扎实开展，农村卫生服务水平稳步提高，城市社区卫生服务发展迅速，新型农村合作医疗制度实现全面覆盖。卫生机构由1978年的268个上升到2007年的618个，床位数由1978年的3630张提高到2007年的7072张，卫生技术人员由1978年的4741人增加到2007年的11364人。2007年全市参加新型合作医疗农民426万余人，参合率84.14%。社会保障稳步推进。以扩大就业和加强社会保障为重点，着力促进和保持社会和谐与稳定。2007年，城镇登记失业率降低到4.3%以下，全市基本养老保险参保人数12.3万人，医疗保险21.7万人，失业保险参保人数19.8万人，工伤保险参保人数12.5万人，生育保险参保人数4.6万人，城镇居民基本医疗保险参保人数28.67万人。2007年年末城镇居民最低生活保障人数48987人，最低生活保障支出5172.43万元，农村低保人数11万人。以养老、失业、医疗、工伤、生育保险和社会救助为主要内容的城乡社会保障体系基本建立，全市社会保险覆盖面不断扩大。

居民收入和消费持续快速增长，人民生活水平显著提高。宿州城市居民人均可支配收入由1978年的480元增长到2007年的10562元，农村居民人均纯收入由1978年的80元增长到2007年的3102元，居民收入实现了快速增长。消费水平和储蓄余额大幅增加，城市居民和农民人均生活消费支出分别由1978年的385元、75元提高到2007年的7113元和2057元。城乡居民全部储蓄余额由1978年的0.23亿元上升到2007年的284.6亿元；人均储蓄由1978年的5.75元提高到2007的4906.9元。

人民生活水平迅速跨过温饱阶段，并向富裕阶段发展。在饮食上，从食仅果腹到注重质量和健康。牛羊肉和鱼虾类食品、奶及奶制品消费量明显增加，水果渐成新宠，杂粮、粗粮由淡出渐又回归餐桌。膳食结构精细搭配、荤素搭配，城市上班族和学生外出早餐者占相当比例，节假日到酒店用餐渐成时尚。在穿着上，从衣仅保暖遮体到注重舒适时尚。服装款式、面料、花色、制造工艺多样化，“男人重品牌，女人赶时尚”，穿着彰显个性化，但中老年人穿着档次较低。在用品上，从简陋实用到高档享受。家庭耐用消费品全面普及，品质不断提升。现代交通及通讯设备广泛应用，家庭用小汽车已不鲜见，保健美容渐趋潮流，高收入者则追求豪华享受。在住房上，从拥挤简陋到宽敞高档。城乡居民住房条件极大改善，农村居民平均每户拥有住宅面积122.4平方米，城市居民拥有多套住房者已不鲜见，且装修渐趋豪华。在娱乐上，从单调枯燥到丰富多彩。城镇公园、娱乐设施不断增加，多种健身器材大幅增长，城市中大妈广场舞已成时尚，外出旅游者渐多。

回首往昔，岁月峥嵘，沧桑巨变。勤劳智慧、勇于开拓、积极进取的宿州人民，在建设家园、推动经济社会发展的历史进程中，已取得了骄人的业绩、巨大的成就。

展望未来，任重道远，前程似锦。朴实善良、英勇顽强、乐观开朗的宿州人民，为实现民族振兴、国家富强、人民幸福的伟大梦想，将再立功业，谱写更加壮丽的新篇章。

大事记

夏

唐尧封禹为夏伯，始邑虹乡（今泗县）。

禹“娶”“涂山氏女”；禹会诸候于涂山，执玉帛者万国。禹死后，诸侯拥戴他的儿子启，废除氏族制度，建立夏王朝。

夏封伯翳（益）子若木于徐（包括今泗县、灵璧）。

商

帝乙征人方所经“甾”地是商代邑名，即今宿州市东北30公里夹沟、支河附近（北纬34°52′东经117°03′）。西汉名甾丘，东汉为菑丘县（此为宿州地域历史记载最早的地名）。

周　朝

周初（前11世纪）周公东征伐淮夷、徐夷。

周宣王三十六年（前792年）

周宣王出兵伐东南淮夷、徐夷，兵败。宿地属徐夷、淮夷。

周平王五十一年（前720年）

2月23日朔，日蚀。为世界有确切日期的日蚀记录之始。

周庄王五十三年（前684年）

宋闵公迁宿于畿内以为附庸，遂国于此。此为宿州地域和“宿”字结缘之始。

周庄王五十四年（前683年）

宋大夫南宫长万弑君宋闵公，并率兵攻亳，欲杀宋公子御说等，以绝后患。诸公子避难于萧。冬，萧邑宰萧叔大心率诸公子并五族之众合曹国之师救亳，长万大败。萧叔大心迎御说即位，是为宋桓公。宋桓公因萧邑宰萧叔大心有平乱迎立之功，升萧邑为萧国，封大心为国君，附庸于宋。

周襄王八年（前645年）

鲁僖公十五年，楚伐徐。楚败徐于娄林（今泗县）。

周定王十年（前597年）

萧国为楚所灭，仍为萧邑。

周敬王八年（前512年）

冬十二月，吴灭徐，徐子章（禹）奔楚。

周赧王二十九年（前286年）

齐、魏、楚三国灭宋而分之，宿地属楚。

秦　朝

秦王政二十二年（前225年）

秦将李信、蒙武率军20万攻楚，兵至城父（今亳州东南）为楚将项燕所破，项燕军进驻蕲县（今宿州市蕲县集）。

秦王政二十三年（前224年）

秦将王翦率60万大军攻楚，取楚陈以南地，至平舆（今河南平舆）大破楚军，追至蕲县南，楚将项燕兵败自杀。

秦王政二十三年（前224年）置泗水郡（治相）领十六县，宿州地有僮（泗县）、蕲、符离（灰古）、竹邑（老符离）相、铚、萧（萧县）、取滤（灵璧高楼）。

秦王政二十六年（前221年）

秦始皇统一中国后，在全国推行郡县制。今砀山县地属砀郡，宿州市、萧县、泗县均在泗水郡境内，当时，宿境内设置有相县、铚县、阳城县、蕲县、符离县等。

秦二世元年（前209年）

七月，蕲县大水。陈胜、吴广领导的秦末农民起义在蕲县大泽乡爆发。起义军首先攻占了蕲县城，至陈地，建立张楚政权。

汉　朝

汉高祖二年（前205年）

春，刘邦联合五路诸侯兵56万，攻占楚都彭城。项羽率3万精兵从齐地驰回，大破汉军，追至灵璧东濉水上，杀死汉军无数，濉水为之不流。

汉高祖五年（前202年）

韩信布置十面埋伏，把项羽团团围困在垓下（灵璧县东南与固镇濠城交界处），在四面楚歌声中，项羽仅带八百骑突围。

是年，革砀郡为梁国，下设砀县。

汉高祖十二年（前195年）

淮南王英布反，刘邦率军亲征，击英布于蕲县西南会甀乡，英布败走。

元狩六年（前117年）

夏丘、僮县（今泗县境内僮城集）属临淮郡。

地节元年（前69年）

沛郡更为彭城郡，黄龙元年（前49年），复改为沛郡。

河平二年（前27年）

正月，沛郡铁官炼铁，铁不下，隆隆如雷声，工匠惊走，音止，地陷数尺，铁炉崩溃，铁销散如流星皆飞去。

王莽始建国元年（9年）

王莽改梁国为陈定，改砀县为节砀县，改符离为符合，改蕲县为蕲城，改竹县为笃亭，改夏丘为思归，改杼秋为予秋，改甾丘为善丘、下邑为下治等，一度造成地名的大混乱。

更始三年（25年）

封刘秀为萧王。

建初四年（79年）

迁梁国于下邑，砀县属之。

建安二十四年（219年）

曹操分沛国置谯郡，以竹邑、相城、符离等县属沛国，以铚县、蕲县等属谯郡。

三　国

黄初二年（221年）

追封曹熊为萧公。

二月，遣使巡行许昌以东，至沛郡问民疾苦，贫者赈贷之。

太和三年（229年）

追封曹熊为萧王，称萧国，其子嗣六年殁，无子，国除。

青龙二年（234年）

改萧国为萧县，属豫州谯郡。

景初二年（238年）

分沛国置汝阴郡，阳城废。

是时，今泗县地属徐州下邳国。

景元三年（262年）

魏大将军司马昭以“言论放荡，害时乱教”罪名，杀害名士宿地铚人嵇康。广陵散遂为绝唱。

吴末帝孙皓元兴元年（264年）

蕲县人娄玄因言直，触怒吴主孙皓，皓遣人鸩杀之。

晋　朝

西晋元康五年（295年）

268年，晋武帝泰始四年九月晋青、徐、兖、豫四州大水，乃立常水仓。此后数年，淮北屡有大水。

夏，沛郡（宿地属沛郡）大水，八月间，沛郡雨雹，小如卵，大如拳，伤害人畜性命。

是年，砀县并入下邑，仍属梁国。

西晋永安元年（304年）

成都王起兵叛乱，宿地名士嵇康之子嵇绍（官侍中），随惠帝与成都王交战于汤阴，晋兵败。嵇待中以身卫帝，血溅帝衣，被封建帝王推为忠君的典范。

东晋建武元年（317年）

萧县属沛郡，郡治由相县徙于萧。东晋时期，北方各少数民族的统治者相继逐鹿中原，战乱不已，宿地先后为后赵、前燕、前秦所占，北方流民大量南迁，郡多侨置。变化频繁，政区混乱。

东晋大兴元年（318年）

周坚以沛郡、彭城郡降于后赵石勒。

沛郡连年蝗灾，伤禾殆尽，造成荒年凶岁。

东晋大兴二年（319年）

沛郡复归晋。

东晋咸康元年（335年）

沛郡大水。

东晋升平元年（357年）

沛郡、谯郡陷于前燕。

东晋太和五年（370年）

燕灭，宿地尽入前秦。

东晋太元九年（384年）

宿地复入于东晋。

东晋义熙元年（405年）

魏遣义州刺史索度真、大将军斛斯兰率众攻徐州、相县等地，刘道邻领兵救之，索度真、斛斯兰败退。

东晋义熙七年（411年）

今泗县地属南兖州，州治在夏丘。

南北朝

南朝宋元嘉二十年（443年）

在宿地蕲县获白鹿，太守邓琬以献。

北魏和平六年（465年）

北魏攻占萧县，属徐州沛郡。

南朝齐建元二年（480年）

齐高帝萧道成遣陈靖率军攻北魏竹邑县（县治在符离西）未克。

北魏孝昌二年（526年）

废下邑，置砀郡，下设砀县、安阳两县。

南朝大通元年（527年）

梁武帝遣成隽北伐魏，克宿地竹邑县。
梁攻占萧县，旋又入于北魏。

东魏武定六年（548年）

在夏丘置临潼郡，北齐又易名为夏丘郡，后置潼州，北周时又改为宋州，改夏丘县为晋陵县。

北齐天保元年（550年）

辛述为东徐州刺史，经略淮南，蕲城镇将犯法，辛述按奏斩之。

南梁承圣三年（554年）

北齐遣高涣率军南下攻梁，南梁以裴之横坚守蕲城。裴之横至蕲，营垒未周，北军大至，裴军战至兵尽粮绝，全军覆没。

北齐天保七年（556年）

改萧县为承高县，属徐州彭城郡。

南朝陈太建五年（573年）

陈宣帝遣吴明彻北伐，克仁州、蕲城，又克谯郡城等地。

隋　朝

开皇三年（583年）

改郡为州，全国实行以州统县的二级地方行政机构，改变全国的政区混乱状况。宿州地域属徐州、泗州。

开皇六年（586年）

改承高县为龙城县，属彭城郡。

开皇十八年（598年）

改龙城县为临沛县。

大业元年（605年）

隋炀帝命皇甫议发河南、淮北民众百余万，开挖通济渠自洛阳引谷洛水入黄河，又自板渚引黄河水达于淮，后名汴河（古汴河横贯今宿城中心）。是年八月，隋炀帝坐龙舟到江都，往返均经过宿地（新中国成立后，群众在隋堤兴修农田水利，曾多处挖出船桅、船板、瓷器、陶器等物）。

是年，复改临沛县为萧县。

大业三年（607年）

废安阳，置砀山县。砀山县名始此。

将全国所置州县加以省并，并改州为郡，推行郡县二级制，宿地分属于彭城、梁、下邳诸郡。

复置夏丘县，属泗州，大业时改属下邳郡，后又属仁州。

唐　朝

武德四年（621年）

唐初沿隋制，改郡为州，实行州县二级制，本地区分属徐州、宋州、泗州辖地。

析夏丘县置虹县。六年（623年）省夏丘入虹县（夏丘县废）。

贞观十三年（634年）

移虹县治于夏丘故城，以虹县属泗州。

砀山县属宋州睢阳郡（今商丘县南）。

开元九年（721年）

齐瀚为汴州刺史，开广济新渠，自虹县至淮阴入淮，以便漕运，因水流湍急不可行，遂废。

天宝元年（742年）

改徐州为彭城郡，萧县属之。

天宝三年（744年）

李白游砀山宴喜台，并吟诗记之。

大历十四年（779年）

盐铁度支使刘宴，在埇桥设铁巡院。

建中二年（781年）

叛藩淄青节度使李正已，遣兵扼徐州埇桥断绝江淮漕运。李正已死，其子李纳为帅称王，仍派兵控制汴水咽喉埇桥镇（今宿州市），使东南漕运受阻，唐王朝的东南贡赋改道由蔡水漕运而上。

建中三年（782年）

沛郡大旱，麦枯草竭，树木点火即燃。

是年，白居易之父白季庚任徐州别驾、徐泗观察判官，白居易随家父移居符离。

贞元三年（787年）

16岁的白居易生活在符离毓村的东林草堂，写下千古名篇《赋得古原草送别》诗。贞元五年（789年）携诗作去长安拜谒著作郎顾况，顾看到其诗大加赞尝，因为之延誉，声名大振。

贞元四年（788年）

唐德宗，宣布实施李泌提出的“埇桥部署”，以张建封为徐、泗、濠节度使，镇徐州，派兵保护漕运道咽喉汴水埇桥（今宿城）。

贞元八年（792年）

河南、江淮40余州大水，六月淮水溢，平地七尺，没泗州城，徐州平地水深丈余。

贞元十年（794年）

白居易在襄阳料理完父亲白季庚的丧事，送家人回到符离家中，触景生情，写下《《重到毓村有感》。

贞元十五年（799年）

韩愈寓居符离濉上，时符离安皋屯获白兔，韩愈写《贺符离白兔状》一文，献给徐州节度使张建封。

元和四年（809年）

为防御淮西叛藩的窜扰，遏其势力扩张，保护汴河漕运，析原徐州之符离县、蕲县，原泗州属之虹县置宿州，初治虹县，后移治埇桥镇（今宿州市埇桥楼处为古埇桥遗址，1939年打井时，曾挖出桥基），属河南道，擢李光弼之子李汇为宿州刺史。

元和九年（814年）

划亳州属之临涣县入宿州。

长庆四年（824年）

白居易从杭州离刺史任北归，取道大运河达宿州符离故园，目睹家业败落，悲从中来，挥毫写下《埇桥别业》。

大和三年（829年）

宿州废，太和七年（833年）复置，仍领四县。

大中12年（858年）

徐、泗大水，水深五丈，漂没数万家。

咸通九年（868年）

秋，驻桂林徐州戍卒，因久戍不得还乡，遂乱。杀都将王仲甫，推徐州人庞勋为主将率众北还，与唐将乔翔战于符离，乔翔败，庞勋攻占宿州。

十二月，庞勋起义军攻占泗州。

咸通十年（869年）

庞勋军溃于柳子镇（今濉溪县境内），其部将张元稔以宿州降唐，庞勋战死于蕲县集附近。

乾符四年（877年）

汴河在埇桥东南溃堤，使附近沦为沼泽。

广明元年（880年）

六月，宿州人鲁景仁率众起义，在攻占宿州后，又率所部加入黄巢起义军转战各地。

光启元年至大顺年间（885-891年）

徐、泗、蔡三郡民无耕稼，频岁水灾，人丧十之六七。

光启三年（887年）

杨行密据淮甸，自埇桥东南决汴，汇为污泽，运河断流。

光化四年（901年）

朱温上表朝廷，请求在其家乡砀山置辉州，砀山县属之。
朱温与杨行密反复交战于宿州。

五　代

后唐同光三年（925年）

十一月二十五日夜，宿州地震。
砀山县划入单州（今山东单县）。

后晋天福八年（943年）

宿州飞蝗抱草干死。

后晋开运三年（946年）

契丹灭晋，入汴京（今开封），辽太宗见中原人难制，乃令武定军节度使符彦卿归回本镇，至埇桥，义兵欲劫之。

后汉天福十二年（947年）

冬十二月，宿州上奏，民饿死者867人。

后周显德二年（955年）

周世宗遣李谷督军伐南唐，为方便军粮运输，先发民伕开挖运粮河由宿州达浍河，疏浚汴渠宿州段。

后周显德五年（958年）

二月，发宿、徐二州民夫数万，疏浚宿州汴水数百里东至泗上，导河流达于淮，舟辑始通。

是时，萧县属徐州武宁军节度。

宋 朝

建隆元年（960年）

设宿州防御使。升宿州为防御。

秋，宿州大火，焚毁民房无数，太祖遣使抚恤，恤灾三年。

建隆二年（961年）

四月，宿州一日昼夜无雨，然雷霆大作，军校傅韬震死。

开宝二年（969年）

宿地大水，平地水深数尺，田禾尽没。

开宝五年（972年）

宿州设置保靖军节度，属淮南路。

至道三年（997年）

萧县属京东西路徐州武宁军节度。

景佑三年（1036年）

欧阳修被贬夷陵，取道汴水，游灵璧张氏园亭。

庆历八年（1048年）

宿州知州陈希亮，始造飞桥（虹桥）跨汴河。“诏赐缣以褒之，乃下其法，自畿邑至于泗州皆为飞桥。

熙宁五年（1072年）

宿州属淮南东路。

熙宁十年（1077年）

诏命苏轼任徐州知州。约5月中偕其弟苏辙同到宿州，而后转往徐州，受到宿州知州曹九章、州学教授刘泾的热情款待。后曹九章之子与苏辙三女儿结为婚姻。

元丰元年（1078年）

萧县白土镇之北发现石炭（即煤炭），时任徐州知州的苏轼喜作《石炭》诗一首，对石炭的作用大加赞扬。

元丰二年（1079年）

苏轼改任湖州知州，从徐州达宿州，会州学教授刘泾（字巨济），写下《宿州次韵刘泾》和诗一首。

同年三月二十七日到灵璧张氏园，应园主之子张硕之邀作《张氏园亭记》。

同年七月底，受乌台诗案之灾，苏轼被勾摄回京受审。约八月中旬沿汴河达宿州，案情有变，苏轼在宿州遭到逮捕，押解汴京。宿州知府官员应声配合。

元丰八年（1085年）

苏轼结束黄州6年的贬谪生涯，移任汝州知州，由水路沿江而下，再溯汴而上。十二月达泗州，次年正月初六到灵璧，二次进张氏园，在一块高大的奇石“小蓬莱”上题词：“东坡居士醉后观此，洒然而醒”。此后堪察水利的京官蒋之奇、宿州知州吴师礼又先后在苏轼题词旁题词。经三位书法家题词的“小蓬莱”，遂被徽宗皇帝派官员用船运往京城开封，置于皇帝花园中。

同年正月十五前，苏轼达宿州访友并在宿州过上元节（元宵节），乘兴写下《南乡子·宿州上元》词一首，以奔放的语言，描述宿州上元节的热闹景象。并应邀以在黄州新起别号“东坡居士”之名，挥写“墨竹图”一幅，后被好事者刻诸石，并构亭贮之，曰“扶疏亭”，遂为宿州一景。

同年四月初，苏轼由宋城赴常州阳羡的田园，途中再次在灵璧上岸，在刘氏园中见一“作麋鹿宛颈状”的奇石，甚为喜爱，遂在主人墙壁上作了一幅丑石风竹图，主人欣然以奇石相赠。

同年，苏轼长子苏迈蒙准到徐州养病，于今埇桥区杨庄乡苏家湖村安家。后苏迈辞官回苏家湖，乐过“静居山林、仰食田园”的生活。晚年又移居萧县皇藏峪北侧龙岗泉（后改无艳泉）边。苏迈墓为萧县文物保护单位。

元祐元年（1086年）

析虹县所属零壁镇置零壁县，零壁县之名始，属淮南东路宿州所辖。

是年七月，废零壁为镇，仍属虹县。

元祐七年（1092年）

诏命苏轼卸扬州守任兵部尚书，衔命途中在宿州停留考察宿州拓展城池和灵壁由镇升县二事。苏轼八月底、九月初达宿，经实地勘察，写成《乞罢宿州修城状》呈皇帝。不同意宿州拓展城池，倾向于灵壁镇改镇为县。

复置零壁县。政和七年（1117年），改县名“零壁”为“灵璧”。

建炎二年（1128年）

六月，王善率起义军攻宿州，被宋统领王冠战败之。是年汴京留守杜充，决黄河阻金兵，黄河改道南迁夺汴，至清咸丰五年（1855年），在兰考县铜瓦厢决口改道北流，其间七百多年流经砀山、萧县及宿、灵北部，频频溃堤，造成无穷灾难。

绍兴六年（1136年）

正月，韩世忠奉张浚令，引军渡淮，至宿州符离，为金兵所围，宋军奋战溃围出，宋将呼延通与金将牙合索堇肉搏，扼其喉而擒之。

绍兴九年（1139年）

金宿州守将赵荣降宋。

虹县属淮南东路泗州。

绍兴十年（1140年）

五月，金复取河南地宿州入于金。

六月，张浚命王德取宿州，王德倍道自寿春驰至蕲县，偃旗息鼓，潜师趋宿州，夜半至敌营，与敌激战，王德子王顺率先登上城头，敌遂降。

宋将杨沂忠引兵宿州驻防。金骑数百，屯柳子镇（今属濉溪县）。杨沂忠率五百骑兵，夜袭柳子镇，被金伏兵击溃，杨沂忠仓惶渡淮遁去，金遂屠宿州。

绍兴十一年（1141年）

宋金和议成，以淮水中流为界，宿州属金，南宋爱国诗人杨万里在《初入淮河》里“中流以北即天涯”的悲愤诗句指此。

隆兴元年（1163年）

四月，张浚遣李显忠、邵宏渊出师北伐，一举收复泗州、灵璧、宿州、符离等地。

淳熙十五年（1188年）

五月，灵璧大水灾。

金章宗明昌五年（1194年）河决阳武，南支由南清河（泗水）取道淮河入海，形成长期黄河夺淮入海的局面。

金兴定元年（1217年）

砀山县城被黄水荡没。县治迁至虞山保安镇（今河南永城界）。

元 朝

宪宗七年（1257年）

砀山县迁回旧治，隶东平路。

至元元年（1264年）

宿州领临涣、蕲县、灵璧、符离四县。

至元二年（1265年）

废临涣、蕲县、符离三县入宿州。废萧县、永固县入徐州。因砀山县又被水害，人口稀少，遂废砀山县，并入单县。

至元三年（1266年）

复置砀山县，属济州。

至元四年（1267年）

拨宿州之灵璧县属泗州。

至元十二年（1275年）

复置萧县，属河南行省归德府。

至元十三年（1276年）

拨泗州之虹县属宿州。

至元十四年（1277年）

砀山大水，平地丈余。

至元十七年（1280年）

复拨虹县属泗州，灵璧属宿州。

元泰定元年（1324年）

是年，宿州始建文庙。

黄河行故汴渠，仍在徐州合泗水至清口入淮，泗州之汴口遂废，汴水湮塞，宿州埇桥亦废。

元统元年（1333年）

河决东镇，破濉而下。宿州境内全部受害。

至正十一年（1351年）

萧县芝麻李（李二）起兵反元，拥众十余万，占徐属各县。

是年九月，红巾军攻占宿州，杀官吏。

至正二十四年（1364年）

张士诚据宿州。

至正二十六年（1366年）

徐达袭破张士诚，宿州守将陆聚以城降。

明　朝

明太祖洪武元年（1368年）

宿州属河南临濠府。

明太祖洪武二年（1369年）

朱元璋追封马皇后之父马二公为徐王，岳母郑媪为徐王夫人。四年（1371年）在宿州茔次立庙，设奉祀、祀承各一人。

洪武四年（1371年）

萧县属中都临濠府。

洪武七年（1374年）

宿州属凤阳府。

洪武八年（1375年）

砀山县改隶徐州。

洪武十年（1377年）

宿州垒石为城，加以大砖，周围六里三十步，长一千一百一十五丈。城高连垛三丈三尺。

洪武十四年（1381年）

萧县、砀山县属南直隶徐州。

惠帝建文四年（1402年）

燕王朱棣兵攻宿州。

明永乐七年（1409年）

明成祖朱棣北巡，途经宿州，亲到徐王陵祭祀，并下令拓展陵垣，广植花木，陵区规模扩大，遂为宿州胜迹。

明永乐十五年（1417年）

明成祖朱棣再次到宿州祭祀徐王陵。

成化十七年（1481年）

秋淫雨伤禾，后又大旱，民饥且疫。

成化二十三年（1487年）

凤阳府灵璧县地震。

孝宗弘治二年（1489年）

五月，河决黄龙岗，泛滥宿州、萧县、灵璧、泗县、符离等地，田庐淹没，民多溺死。户部侍郎白昂奉命疏浚宿州古濉河，以分引徐州水势。

弘治六年（1493年）

宿州大雨雪，自九月至次年二月不止，民毁房屋以供柴烧。

弘治七年（1494年）

黄河正流夺汴（汉魏汴渠）入淮，使淮河承受全部黄河水，北流断绝。经两次大改道，宿地受黄泛影响特重。

弘治十六年（1503年）

夏四月不雨，至秋九月始雨。

正德四年（1509年）

春夏大旱，蝗灾，田禾食尽，大饥。

嘉靖二年（1523年）

泗州陨石如雨，红光铺地。

嘉靖三年（1524年）

春大饥，大疫，死者枕籍，商旅不通，人相食。

嘉靖十四年（1535年）

濉河决于符离，南北驿路冲断十余里，弥漫皆成水乡。

嘉靖十六年（1537年）

四月五日戌时，宿州地震，墙壁倒塌，子时复震尤甚。

嘉靖二十六年（1547年）

七月，徐、肖、砀大水。二十七（1548年）、二十八（1549年）、二十九（1550年）及三十年（1551年），徐肖均大水。

嘉靖四十一年（1562年）

砀山县城再度被黄水淹没，迁治小神集（今县治东南二十四里）。

嘉靖四十四年（1565年）

砀山县治迁回原址。

隆庆二年（1568年）

五月初一，宿州尽晦如暝。八月二十三日，有流星大如斗，光烛天地，自西北至江南止，响声移时乃止。

万历五年（1577年）

黄河在砀山崔家道口溃决，萧县城没于黄水，迁至三台山南今址。河又决崔镇，宿、沛、清、桃两岸多坏、黄河淤垫、淮河被河水所迫、南移。时淮安、凤阳二府灾多，民多逃之，二千里都成灌莽。

万历七年（1579年）

连续三年大旱，民以草根树皮充饥。

万历二十一年（1593年）

河决虞城，符离堤桥俱溃，宿州半为泽国。灵璧城墙多倒塌。

万历二十六年（1598年）

砀山县城又遭大水，荡然如洗，万历二十八年（1600年）在旧城西一里许秦家堂重建新城。城墙高一丈五尺，基宽达三丈，可抗洪御灾。

万历三十八年（1610年）

发生旱灾，蝗灾，禾苗枯死。捕蝗，捕蝗一石，给粮一石。

万历四十六年（1618年）

淫雨，秋旱蝗虫、青虫并起，食禾殆尽，岁大饥。

万历四十八年（1620年）

砀山县城重新加固，改筑砖城，城墙之外，有护城堤，高一丈二尺，堤基宽四丈，遍植杨柳，为求牢固，护城堤等于第二道城墙，完全为防洪而建。

天启元年（1621年）

夏，大雨，黄河泛滥，黄水顺濉河故道东流，萧、宿、灵、泗等地深受其害。

天启二年（1622年）

山东白莲教起义军欲攻宿州，知州李齐松率众守城，日夜不懈，且颍州道又移镇宿州，起义军知有备，遂退去。

六月，黄河决堤，民房多被毁，人畜伤亡无数。

崇祯九年（1636年）

正月，高迎祥起义军攻滁州失利后，退至灵璧等地休整，补充粮草，欲攻宿州，训导廖文义率众御之，起义军绕境北上。

七月，有大星西陨，如电如雷。

清 朝

顺治七年（1650年）

七月萧县河溢，八、九月大雨水。

顺治八年（1651年）

二月十五日，宿州地震。

顺治十二年（1655年）

夏，宿州淫雨二月，大饥。

顺治十八年（1661年）

宿州隶属江南左布政使司凤阳府，辖灵璧一县。

康熙六年（1667年）

分置安徽承宣布政使司，以宿州之灵璧归属凤阳。从此，宿州无辖县。

是年，萧县属江苏承宣布政使司。

康熙七年（1668年）

六月十七日戌时，宿州地震，倒房伤人甚多。

康熙十六年（1677年）

河决砀山毛城铺，宿民多巢居。

康熙十八年（1679年）

由于淮水倒涨，泗州城中水深丈余。

康熙十九年（1680年）

淮河上游山洪暴发，洪泽湖决堤，泗州城陷没于洪泽湖中，泗州寄治于盱眙城。

康熙四十八年（1709年）

宿州大雨，水暴涨，田庐淹没，岁大饥，草根树皮食尽，斗米千钱，道殣相望。

雍正十一年（1733年）

砀山县、萧县属江苏省徐州府。

雍正十三年（1735年）

十一月宿州地震。

乾隆元年（1736年）

八月彗星见，十月灭。秋，大水。冬，民大饥。

乾隆十四年（1749年）

冬十月二十九日古双堆集降陨星一颗。

乾隆二十年（1755年）

砀山知县梅云程创建安阳书院。乾隆五十九年（1794年）迁城外北土山，改称北山书院。

乾隆四十二年（1777年）

抚臣闵鄂元奏请迁泗州治于虹县，并虹县入泗州，初称泗虹州，原虹县降为虹乡。

乾隆五十年（1785年）

四月十日，黑风从西北来，昼晦，自未时至戌时，腥气袭人。

自五月至冬不雨，岁饥，人相食。

乾隆五十一年（1786年）

知州赵霖建培菁书院（原行署大院处）

乾隆五十五年（1790年）

黄河大溢，宿州隋堤以北庐舍尽没。

嘉庆七年（1802年）

十二月一日，白莲教徒王朝名率白莲教起义军，乘夜攻进宿州城，袭杀知州章鼎、营都司杨全、卫守备金振等。放火劫狱，城遂陷。

嘉庆十年（1805年）

蒙城人刘茂修等聚众起义，两江总督坐镇宿州镇压起义军。

嘉庆二十四年（1819年）

1810年-1819年宿州连续9年大水。

四月三十日，地震，地下有声自东北来，如雷至、摇器鸣，移时方定，数日复震。

道光元年（1821年）

宿州大疫，人死过半，十室九空。

道光四年（1824年）

六月，宿大旱，蝗虫遍野。

道光二十二年（1842年）

宿州大水，州北百里平地水深数尺。

咸丰三年（1853年）

正月二十六日，清元朝派周天爵驻宿州，欲招安捻党首张乐行，以御太平军，张乐行不受，回雉河集起义。

四月，太平天国北伐军林凤祥部经宿州西境北上。

咸丰四年（1854年）

二月，太平天国后援部队数万人进驻萧县黄口至砀山境内，连营数十里，六天后，渡河北上。

咸丰五年（1855年）

黄河在兰考铜瓦厢决口北移，原黄河故道渐淤。

咸丰六年（1856）

正月初八，捻军蓝旗首领夏白、任乾率众与清军战于宿州南三里湾，清军败，捻军遂围城，至十九日撤退。

全省大旱，淮北遍野如焚，沟荡无水，飞蝗遮天，淮南河断流，河湖枯竭。飞蝗、土蚕同时为害。范围之广，灾情之重，甚于乾隆五十年（1785年）。

咸丰七年（1857年）

二月，捻军攻克大店。五月，捻军攻战宿境王家留。七月，张乐行率兵第三次袭取临涣，杀清军报甲武浚云，多隆武，清军败退瓦子口。八月初一，捻军罗和尚与清兵战于龙山集。九月，捻军将领夏红率兵攻克濉溪口。

宿地飞蝗蔽天，官府督民扑打。

咸丰八年（1858年）

正月二十三日，捻军与清兵大战于百善集，清兵败。尔后在柳子、铁佛一带与清兵战数日。

咸丰九年（1859年）

正月，张乐行率捻军攻泗州，不克。

五月下旬，宿州城河南街火灾延烧数十家，西门火灾延烧数百家。

咸丰十年（1860年）

夏，大水，城内工北隅泡倒房屋无数。八月，捻军孙贵心攻占宿北灵鹫寺。十一月，捻军刘天祥攻占宿北解家集。

同治元年（1862年）

正月，捻军逼近宿州，屯城四隅，月余始退。

同治二年（1863年）

二月，捻军首领张乐行与清军战于符离。后住李勤邦圩中，被叛徒李勤邦、刘天祥、张慎德、王凤朝等诱捕，其子张喜、义子王宛儿均遇难。

同治三年（1864年）

拨宿州西南十九集入新建置的涡阳县。

同治五年（1866年）

苗沛霖地主武装苗罄部在灵璧县东南境内抢粮，骚扰百姓。捻军蓝旗首领任柱、太平天国遵王赖文光率部汇同攻克灵璧县城，一日后，复与清军战于宿州任桥，败，撤离。

光绪二年（1876年）

闰五月二十九日，宿州捻军首领旷同、接小猴在封山（今濉溪县宋町）竖旗起义。

六月初七，旷同被圩董诱捕，接小猴逃脱。

光绪六年（1880年）

宿州创设牛痘局。

九月十日，宿州南门口火灾，延烧数百家。

是年，宿州设立水龙会，以防火灾。

光绪十四年（1888年）

法国传教士首次至萧县传布天主教，同时，意大利传教士到酒店乡郑庄传教，相继在老黄口，孟庄、王双楼等二十多个村庄发展教徒。

光绪十五年（1889年）

法国神甫艾来沃（译音）到萧县马井传教。次年，法国神甫童师中在马井西北隅购地四十亩，建造天主教堂，取名“圣母领抱堂”。

是年，因教堂纵容教民欺压民众，马井爆发反洋教斗争，数百农民手持长矛、板斧、大刀等围攻教堂，高呼打倒洋人的口号。但在封建势力和教堂方面的联合镇压下，群众伤亡惨重，斗争失败。

宿州知州何庆钊修《宿州志》三十六卷。

光绪二十四年（1898年）

全宿境大饥，人相食。

光绪三十一年（1905年）

清政府下诏“停科举，以广学校”，在举人王鸿弼等人主持下，开始于砀山安阳书院处等办高等小学堂。

宿州始设邮局，隶南京总局。

三月十三日，宿州创设习艺所，收容流民。

秋，大水。

光绪三十二年（1906年）

五月初至十月初，阴雨连绵，小麦霉烂，秋不得种，大饥。

萧县人孟昭潜（明川）赴日本东京宏文师范留学。

清政府颁发劝学令，各县设立劝学所。

光绪三十三年（1907年）

是年，同盟会员早年毕业于日本早稻田大学的宿县符离人王雪渔，在金公祠处创办幼幼两等小学。

光绪三十四年（1908年）

春，荒。秋，淹禾过半。

为修筑津浦铁路，英国人在符离集黄山头建立采石厂。此为宿州较早具有一定规模的工厂。

宣统元年（1909年）

英国人在宿城东关设立大同蛋厂。

萧县设劝学所，孟昭潜任所长。

宣统二年（1910年）

夏末，蝗灾，蝗群起时蔽日如夜，所过田禾尽。秋，大水。

六月二十六日，连下三天大雨，平地水深数尺，秋禾全被淹没。接着又是连绵阴雨，直到八月十五日才止。城内及四郊房屋倒塌甚多，尤以小河南街西首最甚，居民死亡二百余人。

宣统三年（1911年）

春，大饥。民谣“宣统二年半，大家（指富室）小户喝稀饭”。

10月10日，辛亥革命爆发。12月16日，宿州光复。

年底，津浦铁路通车后，宿城相继设立恒隆号、王公和、常吉庆等几家大商号。

是年，萧县人刘云昭在龙城镇创第一所女子小学，有学生三四十名。

中华民国

民国元年（1912年）

4月26日，袁世凯任命萧县人徐树铮为陆军部秘书长。

4月，废府州，泗州改称泗县。宿州改称宿县。

民国4年（1915年）

自6月始，全区旱，蝗。

是年，灵璧钟馗画参加巴拿马艺术赛会，获金质奖章。

民国5年（1916年）

中国长途汽车公司宿县分公司设立。

夏秋间，霍乱流行，百姓死亡无数。

民国6年（1917年）

5月，赛珍珠与丈夫布克到宿县定居，为创作《大地》三部曲奔走于城乡之间，搜集素材，考察民风民俗。

是年，段祺瑞政府对德国宣战，在宿县招收华工百余人赴法国。

民国9年（1920年）

6月11日，宿县各界在省立第四农校集会，声援安庆“六三”惨案受害学生，声讨军阀马连甲。

民国11年（1922年）

春，宿县旅外学生江善夫，在上海中华职业学校由张涤中介绍加入中国社会主义青年团。江利用暑假带回大量进步书刊，如《共产党宣言》、《向导》等。从此，宿县开始有了团的活动。马克思列宁主义得以在宿传播。

是年，赛珍珠移居南京。

民国12年（1923年）

夏，宿县旅外学生中的中共党员和团员江善夫、吴可、朱务平、李一庄、孔禾青、刘道行、王洁民等利用暑假回宿县宣传革命思想，发展江汉伯为团员，为宿县党组织的建立奠定基础。

民国13年（1924年）

夏，江善夫、李宜春、李一庄、孔禾青、刘道行等六人组成宿县团小组。江善夫任组长。

5月5日，广东黄埔陆军军官学校第一期开学。萧县淮海区寿楼乡王衔庄人王仲廉考入该校学习，至11月30日毕业。

是年，中共党员江善夫、李一庄、孔禾青以个人身份参加国民党。并由他们主持在县教育会召开大会，正式成立国民党宿县县党部。

民国14年（1925年）

6月，砀山、灵璧、泗县、萧县、宿县人民先后在县城举行集会，声援“五卅”运动，纷纷罢课、罢工、罢市，游行示威，开展募捐活动，邮汇上海，救援烈士家属，仅灵璧一地募集银元1000多块。

是年，冯玉祥部将领韩复榘率国民革命军与张宗昌部直鲁联军在萧县激战，联军大败。

民国16年（1927年）

5月底，北伐军第十军军长王天培率所部潘善斋师进占宿城。宿县人民召开欢迎大会，李一庄、王天培在会上讲话。

6月19日，蒋介石率李宗仁等将领自徐州西迎冯玉祥，在萧县黄口车站举行隆重欢迎仪式。

民国17年（1928年）

2月，宿县总工会成立。

6月，萧县人刘开渠受南京教育部资遣，以驻外著作郎的身份，又得到蔡元培的帮助前往法国留学。次年考入巴黎高等美术学校雕塑系。

民国18年（1929年）

2月，灵璧共产党员戴文生回家乡开展革命活动，于5月创建灵璧第一个党小组。

孙中山先生灵柩经宿县运南京时，在宿停留，全城各界前往迎送。

民国19年（1930年）

6月20日，萧县成立苏维埃政府和红军第十五军第一师，纵翰民任苏维埃主席兼红一师政委，张圣和任师长，7月10日发动黄口暴动取得胜利，缴获长短枪200余支，俘敌百余名。暴动使陇海路交通中断三天。

萧县县长王公屿与宿县、灵璧联合，率县警队督剿豫、皖、苏边土匪，历30余战，悉平。

民国20年（1931年）

10月，经中共长淮特委批准，成立中共灵璧独立区委（县级），戴文生任书记，田恒修任副书记，由7人组成。

是月，蒋、冯、闫中原大战，蒋介石赴前线督战途中，视察宿县省立第四职业中等学校（原宿县行署处）。

民国26年（1937年）7月7日，芦沟桥事变，抗日战争全面爆发。在中共地方党组织的领导下，本区各地迅速掀起抗日救亡运动。宿县党组织恢复活动，由原宿县中心县委委员戴晓东任特支书记。

10月，第五战区司令长官李宗仁到萧县、宿县等地作抗日动员报告。

民国26年（1937年）

8月1日，山东菏泽大地震。苏皖北部强烈地震。

民国27年（1938年）

3月1日，日军出动30多架次飞机，对宿城进行狂轰滥炸，居民死伤无数。

5月19日，日军侵占宿城。日军侵入夹沟时，于夹沟东门外火神庙内屠杀群众200多人，又在夹沟西小涂庄用刺刀捅死80多人，有21户被杀绝。群众四处躲避，时称“跑日本反”。该日，日军飞机轰炸灵璧县城。

8月23日，抗日十七大队突袭黄庙日军据点，全歼日军一小队，缴获三八式步枪18支，手枪一支，歪把子机枪一挺。这是抗战以来，全区抗日武装取得的第一次重大胜利。

秋，砀山养正中学教师谭庆琰，率领一支学生宣传队，在官庄坝北胡庄一带被日军包围，经激战，全部壮烈牺牲。

民国28年（1939年）

3月，中共山东分局派特派员杨纯（女）、江彤（女）来皖东北与江上青联系，建立皖东北特委，杨纯任特委书记（公开身份是盛子瑾专署的民运科长），隶属于中共苏皖边区。下辖泗县、五河、宿东（灵宿）三个县委。

5月，皖东北特委决定成立宿县县委，孔子寿任书记。

8月29日，发生"小湾子事件"。8月中旬，张爱萍、刘玉柱为帮助解决盛子瑾与灵璧县长许志远之间的矛盾，在灵北张大路推动盛许谈判。会后，盛子瑾带百余人乘船走水路返回青阳，经过小湾时，突遭王仲涛、吴国宝、王健飞等地主武装600余人的伏击，中共地下党员江上青、朱伯庸和国民党进步人士蒋茂林、张愚飞等遇难。

11月4日-10日，张爱萍在灵北组织八路军、新四军及盛子瑾部6个团的兵力，讨伐伪军雷杰三部，歼其大部，雷仅带百余人逃往宿县境内。

民国29年（1940年）

1月，中共灵北县委成立，李济民任书记。

3月18日，在泗洪青阳正式成立中共领导的第六行政区督察专员公署，陈粹吾任代理专员，刘玉柱任秘书，陈国栋任泗县县长。

5月，刘少奇化名胡服，到本地区视察工作，分别召开地方干部和军队干部会议，就建立抗日根据地，成立民主政府，扩大地方武装等问题作重要讲话。

9月，成立中共皖东北地委和专署，张彦任书记、刘玉柱任专员。

民国30年（1941年）

5月，新四军四师师长彭雪枫率部进入皖东北。三师九旅与四师十旅对调。随之，正式成立皖东北区党委，邓子恢任书记，刘子久任副书记兼组织部部长，刘瑞龙任行政公署主任，刘玉柱任副主任。四师带来的大批干部组成工作队，分到各地发动群众，开展各项工作，皖东北地委遂撤销。

12月19日，新四军四师参谋长张震到宿东视察工作，夜宿盛圩子村，由于叛徒告密，黎明时，突被日军包围，经激战，张震脱险。警卫连连长史良及宿东游击队参议老秀才李文宗等18名战士为掩护张震等撤退而英勇牺牲。

民国31年（1942年）

3月3日，萧铜独立营配合四师四旅进攻灵璧小张圩子，全歼反共顽军赵觉民、许志远部。回师时，又拔掉赵庄日伪据点，迫使驻宿县杨楼的日伪军连夜撤逃，使津浦路东萧宿铜根据地连成一片。

民国32年（1943年）

4月3日，中共萧铜县委书记曹介在葛王村被捕遇害。王学义继任萧铜县委书记。

是月，中共淮北军区决定，以宿东游击队为基础，成立淮北军区第四军分区。

民国33年（1944年）

7月，砀山县抗日民主政府成立，选举史晓召为县长。

8月15日，为解救津浦路西人民于水火之中，新四军四师师长彭雪枫，在泗洪半城誓师西进。20日夜，从曹村、夹沟间顺利通过津浦铁路，首战小朱庄，全歼国民党顽固派王传绶部，解放路西大片地区。

9月11日，彭雪枫在夏邑八里庄战斗中，不幸中流弹牺牲。

12月17日，中共淮北区党委将淮北第三地委（邳、睢、铜地区）和第四地委（宿东地区）合并为苏皖边区三地委。书记张太生，副书记刘玉柱。

民国34年（1945年）

4月，中共灵北县委在薄林召开万人大会，悼念新四军四师师长彭雪枫。

9月5日，灵璧县城解放，中共灵北县委、县政府迁驻县城。李任之任灵璧县委书记，农超谋任县长。

民国35年（1946年）

8月12日，晋冀鲁豫野战军七纵司令员杨勇调集5个团的兵力，一举攻克砀山县城，野战军政委邓小平进城与军民一起欢庆胜利，并召开干部会议，总结战斗的经验教训。会后，主力部队为追击敌人，作了战略转移。破击陇海路徐商段，使铁路一个月不能通车。

11月，国民党军冯治安等部重兵围歼中共地方武装。26日，中共灵璧县委书记农超谋等在洪泽湖畔突围时牺牲。

民国36年（1947年）

5月，淮北挺进支队和泗县等地武工队千余人，在小新庄与敌4个团的兵力激战二天一夜，歼敌270余人，打击敌人的嚣张气焰。

11月10日，华东野战军第一纵队司令员叶飞率部攻克砀山县城，歼敌4000多人。

12月17日，砀山贾庄地道战开始。县长张世珠脱险，侯体备、孟庆礼等72人落入敌手，惨遭杀害。

民国37年（1948年）

1月9日，“淮北挺进支队”一部在灵璧北部大冉家，歼灭灵璧县保安队第三、第六中队。

5月16日，泗县解放。

11月13日，萧县全境解放。

11月16日，中原野战军三纵队陈锡联部攻占宿城，全歼守敌，生俘少将护路副司令兼城防司令张绩武。

11月20日，江淮军区党委决定把宿城划为宿城市，隶属于宿东县。12月25日正式设县级市。由三分区副政委王凤舞兼书记，马骏任市长，王友钊任副市长。

11月25日，灵璧解放。歼敌二三八师及县保安队。宿县地区全境解放。

12月17日，淮海战役总前委成员刘伯承、邓小平、陈毅、粟裕、谭震林在萧县蔡洼村杨台子召开总前委会议，并合影留念。

民国38年（1949年）

1月6日，华东野战军开始向杜聿明集团发动总攻，10日，全歼该敌，生俘杜聿明。战役结束后，萧永边界中心战场40里内，900多个村庄，尽成废墟。中共豫皖苏三地委成立救灾委员会，大力开展善后修复工作。

3月25日，江淮三专署和豫皖苏三地委、六地委之一部合并，建立宿县地委。下辖邳睢铜、泗阳、淮宝、泗南、怀远、宿西、盱凤嘉、洪泽湖、宿迁市、宿城市等20个县级单位。地委书记李任之，副书记吴云培。专员赵一鸣，副专员张祚荫。

4月21日，宿东县、宿西县、宿城市合并为宿县。

6月5日，县制调整，宿县地委辖永城、砀山、萧县、宿县、灵璧、泗县、泗洪、怀远、五河9个县。宿县地委隶属于皖北区党委，驻宿城。

中华人民共和国

1949年

10月1日，**中华人民共和国成立**。宿县地区各县均举行隆重的庆祝活动。

1950年

元月，宿县地区第一次推销人民胜利公债7.8万元。

2月，萧县创办皖北农林学校。萧县县政府利用皇藏峪瑞云寺僧舍，创办皖北农林学校，设中专班和初中班。1951年，地委决定中专班迁至宿县老符离集西小张庄，改名为宿县农业学校。

4月20日，宿县军分区、地委、行署为维持地方治安，做好土地改革前的准备工作，向所属的宿县、萧县、砀山、永城、五河、怀远、灵璧、泗县、泗洪县发出指示，全区发展民兵5万人。

6月10日，宿县地区第一次党代表大会在宿城召开。根据党中央关于召开党的各级代表大会及党章的规定和皖北区党委的指示，地委于6月10日在宿城召开了宿县地区第一次党代表会议。会议主要内容：总结半年来的生产救灾工作，向到会代表报告半年来的工作，听取代表的意见，检查地委的工作，检查生救、春耕及水利工作执行的情况，研究如何加强对新灾区生救工作的领导，研究如何做好土改前应做的各项准备工作，布置夏收征粮减租工作。地委书记李任之作报告。各县党代表会议于5月底先后召开。

6月23日，宿县划为宿西、宿县两县。因宿县面积过大，宿县专员公署将其津浦路以西设立宿西县，后又改名为濉溪县，县政府驻口子镇（即今濉溪镇）；宿县县政府驻宿城市。11月宿县县政府移至符离镇（即新符离集）。

8月25日至9月12日，宿县专区治淮指挥部成立。中央人民政府水利部遵照毛主席根治淮河的指示，在政务院总理周恩来指导下，于8月25日召开治淮会议，主要研究根治淮河的方略。会议制定了“蓄泻兼筹”的治淮方针，研究了治淮工程的步骤和实施计划等。会议建议成立治淮委员会，统一领导治淮工作。9月初，宿县专区治淮指挥部成立，专员王烽舞任指挥，地委副书记吴云培任政委。

10月，美国侵朝战争爆发后，宿县地区各县掀起反美示威游行和百万人参加的反对侵略战争，保卫世界和平的签名运动。全区土改工作全面展开。专区共集中土改干部10486人，分别编成土改工作队派赴各地。地委决定先在津浦路西萧县、砀山、濉溪、永城等县进行，路东各县由于受灾，暂缓进行。在分配土地时，土地改革工作委员会即向农民颁发土地证，以固定土地所有权。

11月，宿县地区普遍开展镇压反革命运动。

1950年，皖北区宿县师范学校设立。校长裴干元。以后全区恢复中等教育。

1951年

1月，萧县部分行政区划归江苏省徐州市管辖。萧县所属的郝寨、北望、棠张、桃山、褚兰5个区划归江苏省徐州市郊区。

春，泗县城南乡金秀兰被评为治淮模范，同年出席柏林世界青年学生联欢会。途经苏联时，受到斯大林的接见。次年，金秀兰又被治淮委员会评为全国劳动模范，并被推选为团中央委员。

5月31日，经政务院批准，再次建立县级宿城市。

7月，宿县地区各地暴雨成灾，仅泗县境内有23处河堤决口，毁民房600余间，人畜皆有伤亡。

10至12月，中央和华东局从北京、上海抽调一批干部、知识分子到宿县地区参加土改。著名哲学家艾思奇在宿县张山区参加土改。

是年，各县捐款购买飞机、大炮，支援抗美援朝战争。志愿军报告团高巢、王友根等代表到宿县地区作报告。

1952年

2月，砀山县所辖新兴区的7个乡及雨亭区的12个乡划归永城县管辖。

6月3日，永城县划属河南省商丘专区。

10月15日，江苏省徐州市属褚兰、桃山两区划归宿县。

1953年

2月，砀山、萧县划归江苏省徐州专区管辖。

3月，砀山县区划调整。江苏省华山县建制撤销，其所辖的第六、七两区划归砀山县管辖，改称为高寨区、周寨区。

3月9日，宿县地区各地群众集会，悼念斯大林逝世。

4月12日凌晨，全区各县发生严重霜冻灾害，正在拔节的小麦经霜打后遍地枯黄。不久天降春雨，枯萎后的小麦重新分蘖抽穗，午季收成仍较好。

7月17日，灵璧籍战士张学栋，在福建东山岛战斗中英勇牺牲，被授予战斗英雄称号。灵璧县人民政府将烈士家乡固塘乡命名为“学栋乡”。

9月5日，江苏省单县所辖第六区划归砀山管辖，称为大寨区。

9月，撤销宿城市，改为宿县城关区。

1954年

1月28日，地委作出试办农业生产合作社的部署。要求除巩固原有69个社外，再试办新社442个（包括原有自发社59个），争取在春耕播种前分两批完成。计划秋收前再办300个左右新社。到那时，全区组织起来的农户，要求占总农户的70%，其中常年互助组占总农户的30%。

5月，经普查，仅萧县的皇藏、龙城、朔里、陶楼、祖楼、丁里六个区，有血丝虫患者28500人。

7月，全区各县召开第一次人民代表大会。选举产生了正、副县长，并将县人民政府改称县人民委员会。

1955年

春，全区各地春荒严重，宿县救济人口达85%。

3月，开始兑换人民币工作，新币一元兑换旧币一万元。

4月1日，宿县专区辖砀山、萧县、濉溪、宿县、灵璧、泗县、五河、怀远8县。砀山、萧县复划归宿县专区。为统一洪泽湖的综合利用，泗洪县划归江苏省淮阴地区。

秋，毛泽东主席南下考察合作化运动，途经宿县，地委书记田世五、专员单劲之应召登车汇报工作，并陪同至蚌埠火车站。

1956年

1月14日，中共砀山县第一次代表大会召开。选举产生了中共砀山县第一届委员会，委员有21名，刘钦鑑当选为书记。

1月底，全区私营工商业的社会主义改造进入高潮。对小商小贩分别纳入三种形式：一是约有15%的公私合营，二是约有25%的组成了合作商店，三是约有60%的组成了合作小组。小手工业者，也加入了合作社和生产小组。

2月，宿县、滁县两专区合并，成立蚌埠专区，驻蚌埠市，辖16个县（萧县、砀山县、灵璧县、泗县、濉溪县、宿县、怀远县、五河县、肥东县、凤阳县、嘉山县、全椒县、天长县、来安县、定远县、滁县）。

5月，灵璧县孟山乡治保主任毛安俊出席全国公安战线群英会，毛泽东、刘少奇、邓小平等党和国家领导人接见会议代表。萧县、灵璧、泗县分别召开第一次党代会，选举产生了第一届委员会。巩本廉当选为萧县县委书记，陈乃胜当选为灵璧县委书记，陈建喜当选为泗县县委书记。宿县成立政治协商会议委员会。于1956年5月、1958年12月、1961年12月分别召开了第1、2、3届政协委员会会议，至“文化大革命”被迫中止工作。

8月21日至23日，宿县、濉溪、灵璧降雨100毫米以上，洼地积水数月不退，全区农田受灾面积达1137万亩。

8月，进行工资改革，取消干部供给制、包干制待遇，实行薪金制。

是年，省第三监狱建立，狱址在宿城西关。

1957年

1月，各县先后召开了县第二次人民代表大会，选举产生县人民委员会和正、副县长。

5月，泗县泗洲戏剧团演员、优秀小生马方元赴京，向党中央、毛主席作汇报演出。

1958年

4月，以宿县三八乡陈淑贞合作社为题材的故事片电影《三八河边》，开始在宿县拍摄（编剧：鲁彦周，导演黄祖谟，主演张瑞芳）。

5月，各县召开第三次人民代表大会，选举县人民委员会和正副县长。

8月8日，毛泽东途经砀山，砀山县委汇报工作。毛泽东视察河南省农村之后，专列途经砀山车站，在火车上接见中共砀山县委第一书记刘钦鑑、副书记薛兆本、刘思常和县长张启明。听取县委汇报后，毛泽东指出："你们这里的土壤适宜栽植梨树，今后要大发展。"

8月，全区各地开展大炼钢铁运动。各机关、学校、企事业单位，纷纷建立团、营、连制的组织形式，不分昼夜，轮班作业。

9月始，宿县地区各县先后成立"工农兵学商五位一体""一大二公""政社合一"的人民公社。人民公社硬性规定以生产队为单位建立公共食堂，要求"组织军事化、行动战斗化、生活集体化"。仅泗县一地建立食堂2271个，造成极大浪费。至1961年年底柴缺粮断，公共食堂被彻底废止。

10月16日，国家副主席刘少奇到宿县地区视察，在地委第一书记李坚、专员单劲之的陪同下，察看濉溪县卧龙湖和宿县三八人民公社，听取党委书记谷宗勤、社长陈淑贞、副社长郝长顺等汇报。

1959年

2月25日，党和国家领导人邓小平、彭真、刘澜涛、杨尚昆等到宿，在省委第一书记曾希圣、地委第一书记李坚、专员单劲之等陪同下，视察当年的淮海战场双堆集。

2月中共濉溪市委成立。高心太任市委第一书记。

3月12日，省委通知濉溪市隶属蚌埠地委领导。

3月22日，萧县、砀山两县撤销，合并为萧砀县。实际上并未实行。国务院于1961年12月15日批准，撤销萧砀县，恢复萧县、砀山县。

3月，萧县葡萄酒厂酿造的"中国红葡萄酒"，首次出口9吨到联邦德国。

10月，三八人民公社社长陈淑贞、全国劳动模范黄景堂赴苏联参加十月社会主义革命42周年庆祝活动。

12月，宿县发现特大煤田。此块煤田，与蒙城接壤，两地合计有效面积为800多平方公里。首先筹备建设宿县东三铺煤田。

是年，在全国第一届运动会上，宿县杂技团演员朱继德等夺得技巧团体冠军，受到国家体委主任贺龙的接见。

是年，萧县著名植棉能手、全国劳动模范孙景厚，当选为全国人民代表大会代表，出席第二届全国人民代表大会。

1960年

春，各县召开第三届党代表会议，进行换届选举。

4月，浮肿病、干瘦病在全区城乡蔓延。农村人缺口粮、畜缺草料，大饥荒。中共中央派员到皖了解情况。

8月30日，地委转发给“右派”甄别平反的中央通知，确定对1957年以来在各项政治运动中受批判和处分的党员和干部进行甄别平反。9月17日，地委成立甄别领导小组，下设办公室。全区从1957年以来共处分和批判干部（包括不脱产的干部）52330人，要求分两批甄别，1962年年底结束。一些党员干部得以分别平反，到1963年年底复查，甄别平反“右派”分子686人，占全区4626名“右派”的12.9%，大部分“右派”，没有得到甄别平反。

1961年

3月，撤销蚌埠专区后，重新设立宿县专区，辖宿县、砀山、萧县、濉溪、灵璧、泗县、五河、怀远八县。蚌埠专区3月15日宣布撤销，宿县地委、行署仍暂住在蚌埠，当年7月全部迁回宿县办公。

5月，宿东电厂1.2万千瓦发电机组建成投入发电。

8月，全区各县按照中央制定的《农村人民公社工作条例（草案）》（即“农业六十条”）的规定，将耕地面积的5%至10%划为自留地，归社员自收自种。

11月，共青团中央第一书记胡耀邦等一行自河南到宿县地区考察。

冬，中共中央副主席朱德一行，一路视察水利灾情至宿县地区，稍事停留，地委、专署负责人孟亦奇、单劲之到火车上汇报工作。

1962年

2月，地委书记孟亦奇、副书记单劲之和地委工交部部长方忠国及各县委书记、副书记等人赴京参加中央工作扩大会议（即7000人大会）。

7月2日，符离区委上书中央政治局《关于“责任田”问题的报告》，即“万言书”。

是年，宿县自来水厂建成，市民开始饮用自来水。

1963年

5月至7月，全区各地暴雨成灾，百余处河道决口，农田大部分被淹。几条干线公路被水冲断，交通阻隔。3000多个村庄浸于水中，房屋倒塌千余间，数十万人无处栖身，人畜皆有死亡。中国人民解放军南京军区部队多次派舟桥部队赴灾区抢险救人。

各级政府及时派大批干部深入农村领导防汛救灾。

8月，各县建立计划生育领导小组，并开始宣传计划生育工作。

11月，各县召开第五次县人民代表大会，选举县人民委员会委员和正、副县长。

是年，萧县、永城进行区划调整。河南省永城县林楼公社14个大队，120个生产队划归萧县，萧县石林公社李庄大队的5个生产队划归永城县。

1964年

2月22日，省委第一书记李葆华到萧县朔里、赵庄、黄口等地检查灾区生产和灾民生活安排情况。

4月，宿县、商丘地委商定边界水利处理意见。地委书记孟亦奇、副专员钱亦山与河南省商丘地委书记纪登奎、专员张学清在商丘商定边界水利问题处理意见。5月份，达成协议，调整了萧县、砀山和永城县、夏邑县的行政区划，永城境西洪河以东55个村庄、118个生产队、5695户、14204人、30754亩土地划入萧县行政区划。萧县境内王引河西岸5个村庄、8个生产队、209户、849人、2239亩土地划入永城县行政区划。砀山县巴清河以南、王引河以西6个村庄、390户、1396人、4744亩土地，划入夏邑县区划。处理意见得到两省委的同意。5月，双方进行交接。11月18日，交接完毕。宿县、商丘专区各自将划出地区的基本情况连同地图4份，一并呈报安徽、河南两省人民委员会。

10月，地区“四清”（清政治、清组织、清思想、清经济）试点工作在砀山县开始，全区组织数千名“四清”工作队员赴砀山。地委书记孟亦奇、副书记任慎修、郭永锡和各县县委书记均带队参加。

1965年

1月，脑炎、麻疹等传染病在全区蔓延流行。据统计，仅泗县有患者4000多人，死亡70余人。

5月13日，地委提出开挖新汴河方案。为根治水患，改变旱涝频繁的被动局面，地委提出“高水高走、低水低排”开挖新汴河的治水方针，并把大办水利放在首位。

7月1日，固镇县正式建县。经国务院批准，将宿县、灵璧县、五河县、怀远县之边缘部分行政区域划出设置固镇县。共有37个公社，27万人，120万亩土地。方忠国任县委书记，胡德文任县长。

7月，全区各县开始建立学习毛主席著作领导小组，并相继召开学“毛著”积极分子代表大会。

7月，安徽省委听取宿县专区提出的开挖《新汴河方案》。

8月，在全区农村推行修筑台田、条田的农田建设工作。

12月，灵璧、泗县召开第六次人民代表大会。选举县人民委员会和正、副县长。砀山、萧县原定于1966年1月召开，宿县由于“文化大革命”运动开始，未能召开。

12月，煤炭部三十三工程处、七十一工程处、二十九工程处相继在宿城东郊营建基地。

是年，地委、专署派专员郑淮舟、副书记张有奇，先后分赴北京、上海，向水电部副部长钱正英、华东局农委主任刘瑞龙汇报“新汴河”方案，以尽快促进新汴河工程动工。

1966年

6月12日，宿城一中的学生贴出全区第一张大字报之后，“文化大革命”在全区迅速展开。

7月1日，地、县委有关负责人，参加济南铁路局举行的符（离）夹（夹河寨）线通车典礼。

10月29日，地区新汴河工程指挥部成立并正式办公。14日国务院下达《关于新汴河工程设计任务的批复》，开挖新汴河主要是为彻底解决宿县地区的行洪排涝问题及保证河南客水畅通下泄，消除上下游的治水矛盾，减轻平原地区的内涝灾害。该工程是一条以引洪为主除害兴利的人工河道，流经宿县、灵璧、泗县和江苏省泗洪等4县，全长135.8公里，宿县地区境内长127.1公里。

10月，横贯宿县地区的新汴河工程破土动工。全区九个县组织30多万民工大干三冬四春，于1970年春竣工。

1967年

3月26日，宿城各造反组织实行“大联合”，成立宿县专区革命委员会。旋即又分裂成拥护革委会的“好派”和反对革委会的“屁派”。两派斗争日趋激烈，由“文斗”发展到武斗。城乡处于混乱之中不久，“三二六”革委会解体。

9月4日、5日，宿城造反派发生武斗。

9月，解放军6408部队，奉命进驻宿县地区，开展“三支两军”工作。

1968年

3月，宿县城郊大型水利工程沱河引河穿汴地下涵竣工。

6月，横跨新汴河的灵西闸工程开工。该闸为宿泗、灵固公路和新汴河航运的枢纽，整个工程由公路桥、橡胶坝、船闸、翻水站四项主体工程组成，其中橡胶坝当时居全国同类工程之首，次年12月竣工。

8月，工人宣传队进驻学校“支左”，农村学校由贫下中农宣传队管理。

9月，动员城镇知识青年上山下乡。这一工作持续到1977年。

1969年

元月15日，首批上海知识青年862人，下放宿县地区泗县插队落户。

12月，乘火车从新汴河工地返回砀山县的民工，因车行至萧县段失火，烧死57人。

是年，遵照毛泽东的“五七”指示，成立各级“五七”小组，负责对下放干部、知识青年的管理教育，地、县均设立“五七”干校，强迫干部劳动改造。

1970年

2月23日，地区革委会主任吴文瑞，因公出差，自灵璧返宿时，因雨后路滑，汽车失事，在大店东触树身亡，以身殉职，被追认为烈士。

2月，“一打三反”运动在全区开始（即打击现行反革命、反贪污盗窃、反投机倒把、反铺张浪费）。

是年，在宿城南关建成全区第一个火葬厂。

1971年

3月底，按照九大党章要求，宿县地区召开第一次党代表大会，选举产生中共宿县地委成员。

8月，新汴河正式通航。

1972年

2月，《拂晓报》停刊。

7月26日，地委向全地区发出“向李月华同志学习”的通知。李月华系泗县丁湖卫生院医生，全心全意为病民服务，积劳成疾，光荣殉职。《安徽日报》《人民日报》发表《白衣红心李月华》的长篇通讯。李月华被追认为共产党员、革命烈士。

12月25日，全省农业学大寨先进代表大会和农业学大寨工作会议在萧县召开。3800多人参加大会。

1973年

3月6日凌晨，全区普降雨雪，一、二级干线全阻54小时，宿县、灵璧县、泗县、五河县、固镇县、怀远县、濉溪县各县三级线路均不通，倒杆988根，断杆1066根，断线2654处，固镇断线尤重，至11日方大部恢复。

7月始，中国人民解放军6408部队停止在全区的“三支两军”工作，陆续撤回部队。

1974年

2月，煤炭部在宿城成立淮北煤炭基本建设局。

5月下旬至6月初，灵璧、泗县遭冰雹狂风袭击，15个公社的40多万亩小麦受灾，个别地方颗粒无收。

8月10日，泗县境内突降暴雨，个别社队24小时内降水600多毫米，造成民利河、小黄河多处决口，180多个村庄的20余万人困陷于泽国之中，伤30多人，死9人。南京军区及时派舟桥部队赴灾区抢险。

是年，雪枫公园烈士纪念碑重建工程告竣。

1975年

4月，宿县地区各县建立人工降雨、防雹领导小组。6月20日，萧县发射带催化剂的土火箭进行人工降雨，获得成功，降雨量20-50毫米。

是年，各县设立预防地震办公机构。

1976年

1月8日，周恩来总理逝世，全区广大干部群众纷纷自发举行悼念活动。

春，灵璧工艺厂制作的大理石工艺品首批销往日本。

7月6日，朱德委员长逝世，广大干部群众举行悼念活动。

8月，全区各地开展防震工作，并从地直和各县抽调人员，专门负责接待安置、医治唐山地震伤病员工作。

9月9日，毛泽东主席逝世，各地遍设灵堂举行悼念活动，停止娱乐活动一周。

1977年

9月，泗县造船厂正式成立。

11月，废除“文化大革命”以来的招生推荐办法，恢复考试制度。地区及各县成立“招生委员会”，具体负责高等、中等、技工学校的招生工作。

12月22日，省委第一书记万里到宿县地区视察，并至萧县郭庄召开部分干部、职工及社员代表座谈会。

是年，安徽大学宿县地区师范专科班在原地区师范的基础上创办。

1978年

4月8日，宿县地区“五七”大学改为宿县地区农业学校。

5月，泗县鞋厂试制的粘胶布底鞋年产达30万双，畅销于省内外。

7月6日，全区各地持续高温。宿城气温达摄氏40度。

是年，全区错划右派摘帽平反工作基本结束。

1979年

6月9日，省委书记万里到宿县地区视察，在萧县白土公社召集基层干部参加关于农业生产合同制的座谈会。

9月10日，国务院批准，以宿县城关镇区划为基础设立宿州市，属地区领导。12月10日，地区组成以郝长顺为组长的宿州市筹备领导小组。

是年，宿县地区部分农村开始实行联产承包责任制。

1980年

1月20日，经国务院批准，濉溪县划归淮北市管辖，交接工作2月24日完成。

1月，宿县地区开始提倡一对夫妻只生一个孩子，大力宣传计划生育工作。

3月7日，宿县地区行政公署挂牌。地委、行署通知：根据省委指示精神，设置宿县地区行政公署，作为安徽省人民政府的派出机构，宿县地区革命委员会即不存在，原地区革委会组成人员即自然消失，不再办理免职手续。3月14日，地区行政公署党组建立。原地区革委会所属单位，均归地区行政公署领导。5月12日，“安徽省宿县地区行政公署”印章启用，原“安徽省宿县地区革命委员会”印章停止使用。

4月26日，地区中学教师进修学院成立。为宿州师范附设，由师专统一领导，一个单位，两个牌子。

5月19日，中共早期党员、国民党国大代表、立法委员刘道行、王立文夫妇之子，美国马里兰州大学教授、等离子核聚变研究所所长刘金生博士到宿县探亲访友，地委书记孟亦奇会见他。

5月26日，美国加州大学地质系教授克劳德博士携夫人珍妮，到宿县考察。

5月，宿州师范专科学校成立。宿州师专是在原安徽师范大学宿州教学点的基础上，经省教育厅批准成立。这是宿县地区第一所高等院校。学校设有中文、数学、外语、物理、化学、史地等系。

11月，省委第一书记张劲夫到宿县地区视察。

12月6日，地委决定《拂晓报》从1981年元旦复刊。

1981年

3月，宿县地区应用技术研究所成立。该所实行企业化管理，率先进入市场。成为全国科研体制改革的典范。

4月2日，地委机关报《拂晓报》出刊6000期。地委书记孟亦奇发表纪念文章。

4月21日。把萧县的朔里、坡里、北山、窦庄、钱庄五个公社及吴庄、牛眠等公社的部分大队，124476亩耕地，10万多人口，划归淮北市，实行以矿带社，淮北矿务局每年补偿萧县二万吨煤。

5月，淮北市设在宿州市东郊的沱河、铁路两个街道办事处，划归宿州市管辖。经行署批准，在宿州市体制下设立沱河街道办事处。

6月1日，萧县皇藏峪被省政府批准为自然保护区。

6月10日，灵璧、五河、宿县、泗县、固镇、宿州市部分地方遭受风雹灾害。冰雹大似拳头，一般的象鸡蛋，小的象豆粒，降雹时间约20分钟。此次风雹在历史上也是少见的，各种农作物成灾面积近30万亩，房屋、树林毁坏严重。17日下午，灵璧、宿县、宿州市三县市部分社队，再次遭到暴风雨和冰雹的袭击。灾害波及7个区、26个公社，161个大队，各种农作物受灾面积约12万亩，其中灵璧县灾情较严重。

7月28日，中国人民解放军副总参谋长张震到宿县地区访故，到盛圩孜烈士陵园凭吊为掩护他而牺牲的史良等18位烈士。

10月，以家庭联产承包责任制为主体的农村“大包干”在宿县地区全面推行。把土地统一经营与分散经营结合起来，使集体经济的优越性和个人的积极性同时得到发挥。实行家庭联产承包责任制以后，生产队将耕地、牲畜、农具等生产资料按人口和劳动力分配到户，除耕地外，以质论价，由社员分期偿还，承包户自行安排使用。在生产上实行指导性计划，搞好技术、信息、物资供应等各项服务，社员的生产直接与经济利益挂起钩来，经济上以户核算，自负盈亏，在完成上交国家任务和集体提留以后，农产品和农产品交换的现金收入完全由农民自行支配。这种办法极大地调动了农民的生产积极性。

11月，各县相继建立地方志编纂委员会和党史征集领导小组，开始编史修志工作。

12月，各县市召开人代会，撤销县革委会，成立县（市）人民政府。砀山、宿县召开第七次县人民代表大会，萧县、灵璧、泗县召开第八次人民代表大会，宿州市召开第一次人民代表大会，选举产生了县市人民代表大会常务委员会，并选举产生了县市长。同时各县市召开了政治协商委员会第一届会议（宿县是第四届），推选政协常务委员会，从此各县市都成立了政协组织。

12月29日，宿州市电视台一千瓦彩色、黑白电视发射机试播。

1982年

5月1日，津浦铁路宿城立交桥竣工通车。

7月1日，全区进行第三次人口普查。

7月10日，全区各地暴雨成灾，新汴河水位猛涨，超过铁路大桥28.5米警戒水位线，洪水冲破汴河公路桥南引水闸。地、市、县委紧急动员民工护堤，奋战五昼夜，新汴河首次洪峰安全渡过。

10月25日，中共中央总书记胡耀邦、书记处候补书记乔石、郝建秀以及商业部副部长姜习、团中央书记处书记陈昊苏等到砀山、萧县等地视察，省委代理第一书记、省长周子健等陪同。

12月26日，年产120万吨的宿县朱仙庄煤矿建成投产。

1983年

2月，宿城彩色电视塔正式落成，塔高113米，覆盖半径30公里。

5月24日，国际知名肿瘤学家、美国明尼苏达大学肿瘤医院肯尼迪教授偕夫人到宿县地区讲学，并参观了幼儿园和基督教堂。

5月，萧县葡萄酒罐头联合公司工程师孙毓芳被选为第六届全国人大代表。当年9月该厂生产的红双喜牌干白葡萄酒获国家银质奖。

7月，国务院决定把五河、固镇、怀远三县划归蚌埠市管辖。

是月，地委、行署领导成员调整，周祖昌任地委书记，唐震、武秀玲、徐振宾任副书记，原地委书记陈海楼调出。行署负责人也进行了调整，经省人大常委会批准，任命唐震为行署专员，金耀宗、杨传玺为副专员。地委不再设置常务委员，由10名委员组成。

是月，在省第二届评酒会上，宿县酒厂生产的“宿县头曲”，被评为安徽名酒。

8月23日凌晨三点，全区开始打击刑事犯罪的“拉网”斗争，收审了一大批为害社会的案犯。9月26日，萧县召开万人公判大会，依法判处5名抢劫、强奸、杀人犯死刑。

12月28日，宿（县）南桃园煤矿举行开工典礼。设计年产量90万吨。

1984年

1月，全区进行县级机构改革工作。新组建的6个县、市委党委班子，平均年龄下降了6.7岁，大专以上文化程度的占46.6%，基本上符合干部队伍“四化”的要求。

3月15日，安徽省皖北矿务局成立，机关办公地点设在宿州市。

8月14日至19日，中国唐史学会组织的唐宋运河考察队一行40人进入宿县地区，沿古汴河故道考察，参观了石梁河地下涵和灵西闸。

8月27日，在宿城召开由各界人士参加的纪念彭雪枫殉国40周年座谈会。

1985年

2月，宿州市西关办事处居民汪先敏，将1000元现金寄往云南老山，慰问前线战士。

4月4日，砀山县李庄镇前刘屯村农民彭彦章，在平整过去土地时，发现一个象人脸形铁物埋在地下，挖掘后发现是一口古铁钟，经县文物组鉴定，这口古钟，双面佛首钮，通体布满花纹，高130厘米，腰围208厘米，重达1000斤，保存完好，铸造工艺精良。根据钟上铭文，此钟铸于明崇祯七年，距今有351年，这样大件的出土文物，在宿县地区尚属首次发现，较为珍贵。

4月，国家有关部门投资600万元，在符离镇建宿县符离集烧鸡总厂。

5月1日，灵璧县尹集贺家小学教师刘夫培创办《农村孩子报》试刊发行。国防部部长张爱萍为该报题写报名，全国妇联主席康克清等为该报题词。经省委宣传部批准，该报面向农村，兼顾城市，全国发行。

7月，蕲县古城被列入省重点文物保护单位。蕲县古城具有2500多年的历史。据有关史料记载，蕲在秦、晋、南北朝、唐、元、明等朝代设置郡县。今蕲县为宿县南部一个区，地下文物较多。宿县县委和蕲县区委采取多种措施，严禁挖取城墙土，以保护古文化遗址。

9月9日，全区各地党政部门隆重集会，庆祝第一个教师节，表彰先进教师和30年以上教龄的老教师。

12月，皖北制药厂开始动工兴建。该厂项目总投资为2113万元。建筑面积为1100多平方米，由国家机械工业委员会北方设计院设计，采用华北制药厂的工艺技术，生产洁霉素及系列产品，原料主要采用宿县地区的玉米、山芋等粮食作物。该厂1990年年底投产。

1986年

2月14日，中共中央政治局委员胡乔木为宿县地区《农村孩子报》题词。

8月19日，全国著名雕塑家刘开渠回家乡，参观母校萧县实验小学。

8月21日，相声表演大师侯宝林到宿县地区。在宿州大戏院演出四场。

8月26日，陈胜、吴广大理石雕像奠基仪式在大泽乡涉故台举行。

12月14日，地区医院肿瘤防治所为54岁女病人谢文纯成功摘除一颗重达800克的甲状腺肿瘤。

12月22日，刘伯承元帅的部分骨灰伴随着花瓣撒在他曾战斗过的宿县大地上。

1987年

4月18日，宿县地区蕲县农民在古城垣上，为淮海战役烈士建造纪念碑，地、县负责人参加揭碑仪式。

4月，被列入国家“星火计划”科研开发项目的符离集烧鸡软包装，被首都人民大会堂定为特销商品。

6月，国务委员、国家科委主任宋健为安徽省宿县地区应用技术研究所题词。

9月18日，英国、法国、苏联等六国地质科学家在九顶、栏杆、褚兰等地，进行前寒武纪和寒武纪现场地层剖面考察。

11月27日，宿县地区骤降雨雪，气温连续十余日降至零下10度左右，全区500多万亩小麦、近90万亩油菜普遍受冻。未及时收获的蔬菜皆被冻坏。致使菜价飞涨，春节后，大白菜竟卖四角多钱一斤，萝卜三角多钱一斤，菠菜每斤一元左右。

1988年

1月，宿县地区电视台建立。

2月26日，宿县无水酒精厂开始兴建。该厂引进法国斯啤亚姆公司成套设备，采用连续发酵、真空蒸馏技术，生产高蛋白、干酒精等产品，在国内尚属第一家。

4月，全区颁发居民身份证工作全面展开。全区300万名年满16周岁的公民，领到根据国家立法而颁发的具有法律效力的个人身份证。

5月2-4日，萧县、砀山、宿县、泗县等32个区镇61个乡遭受严重的冰雹风灾。据初步统计，各类农作物成灾72万亩，其中绝收的18万亩，房屋倒塌2.2万间，线杆刮倒1150根，树木刮倒27.5万棵，砸伤38人，死亡1人，造成直接经济损失8000余万元。这次暴风和冰雹是几十年罕见的，灾区风力达10级以上，冰雹下了1小时之久，大如拳头，小如鸡蛋，最大的1公斤多，地面积冰3厘米。灾情发生后，地县各级领导深入灾区，组织群众生产自救。

8月11日，全区开始城镇住房制度改革。

1989年

1月，电视剧《彭雪枫》在宿州试映。

3月28日，南斯拉夫驻中国大使馆商务参赞留博德拉格·米莱诺维奇和夫人到宿县地区参观访问。主要和有关部门就加强经济合作、联办养鸡场等进行商谈。

4月13日，宿县地区被列为黄淮海平原综合开发治理区。开发项目被省批准立项的有18个，总投资9800万元。

6月，在法国举办的国际评酒会上，萧县葡萄酒厂生产的双喜牌桂花酒和双喜牌干红葡萄酒，受到外国专家们的较高评价，并获奖牌。

8月，全区所辖5县被列为全国粮食生产基地县；宿县、灵璧被列为全国优质棉、优质烟、出口烟生产基地；砀山县、萧县、泗县被列为全国棉花生产技术推广中心。

9月26日，全区4名全国劳模和2名先进工作者赴京参加全国劳模和先进工作者表彰大会。

10月1日，宿州烈士纪念馆举行开馆典礼。地、县、市党政军领导及社会各界群众1000多人参加。

1990年

2月20–24日，全区农村公路建设在全国交通工作会议上受到表彰。至1989年年底，宿县地区农村公路密度位居全国地区之首。

7月1日，第四次全国人口普查在全区全面展开。2万余名普查员分别深入到3294个普查区、15046个调查小区，逐户逐人进行登记。普查工作于7月10日结束。据统计全区总人口为496万，其中宿州市257705人，砀山县765860人，萧县1093626人，宿县1160806人，灵璧县956229人，泗县728743人。

7月3日，宿县地区书画家向北京亚运会捐赠书画。在迎亚运基金会举办的“宿县地区向亚运会损赠书画仪式”上，省书协主席李百忍、地区文联名誉主席梅纯一以及孟繁青等书画家挥笔疾书，向亚运会捐献书画。

7月20日，泗县遭受特大暴雨袭击。从7月18日凌晨1时至20日上午8时，泗县突遇百年罕见的特大暴雨袭击，全县降雨量在200至350毫米之间，全县142万亩农作物、被洪水完全淹没和半淹没的重灾面积达81.8万亩，部分农田成一片汪洋。49个工业企业有27个因暴雨成灾而停产或半停产，直接经济损失达515万元。城乡有700户被洪水围困，倒塌房屋750间，伤亡4人。

9月14日，亚运火炬传递到宿州，交接点火仪式隆重举行。

11月17–19日，全国农村小学作文研讨会在灵璧召开。参加会议的有来自云南、新疆、黑龙江、广东等25个省、市的720多名教研教学人员。会议就全国农村小学作文教学的现状和存在的问题进行交流和研讨。大会收到学术论文100多篇。

12月2–5日，商业部部长胡平到宿县地区视察。

12月13日，舍己救人的好青年李士华被省政府追认为革命烈士。李士华是宿县紫芦湖乡李寨村人。4月18日上午，他在宿（县）固（镇）公路干活时，在一辆载重卡车就要碾过一个2岁儿童的千钧一发之际，奋不顾身飞步冲上公路救出儿童，自已却倒在车轮下献出年仅15岁的宝贵生命。

12月，安徽特级酒精总厂伏特加酒出口乌兹别克斯坦。

1991年

1月28日，上海卢湾区捐赠衣被运抵宿城。为救助灾区，上海市卢湾区开展捐献衣被活动。一个多月时间，捐献衣被12万多件，重达75吨，上海派车队运往宿县地区。

2月5日，林业部授予宿县地区平原绿化先进单位称号。

3月28日，宿县地区新四军历史研究会成立。大会一致通过《宿县地区新四军历史研究会章程》，通过研究会人员组成名单，推选单劲之为会长。

5月27日，“秦末农民起义2200周年学术研讨会”在宿州举行。来自全国10个省、市、自治区的40多位专家、学者出席会议，并提交论文20多篇。与会代表参观考察起义军在宿县大泽乡留下的遗迹涉故台和义军首仗攻克的蕲县古城遗址，并对起义的社会背景、性质、军事行动、失败原因等问题进行广泛深入研讨。

7月7日，纪念陈胜、吴广农民起义2200年邮票首发式在宿州举行。

7月11日，解放军三总部救灾药品运抵宿县地区。

9月22日，安徽省政府在宿州举行北京捐赠衣被交接仪式。

9月25日，邮电部、中国有色金属工业总公司、国家海洋局、国务院法制局、国家海洋石油总公司等单位组成的121辆满载198121件过冬衣被的车队到达宿县。

10月14日，安徽省欢送首都党政机关捐献过冬衣被车队返京仪式在宿州举行。9月19日至10月4日，中央党政军机关、北京市及其他省市派出慰问人员5700多人，出动运输车2200多辆，150节火车皮，飞机14架次，运送衣被750多万件，支援安徽省灾区人民。

10月31日，全区纪念新四军第四师暨淮北抗日根据地建立50周年大会在宿州举行。

11月16日，怀洪新河工程开工。地委、行署对做好这项工程非常重视，于1991年10月成立“宿县地区怀洪新河工程指挥部”。全区施工任务分别由宿县、灵璧、泗县、宿州市承担。5期工程完成土方1330万立方米，累计筑堤长约70公里，完成国家投资4822.5万元，工程总投资12.4亿元。宿县地区全段于1995年6月完工，1996年受到省政府通令嘉奖。

11月，安徽省计委主任张平率团赴国外考察宿县地区合成洗涤剂项目。

12月18日，中央政治局常委、书记处书记乔石到宿县地区考察。

1992年

1月22日，由哈萨克斯坦共和国外贸公司第一副总经理乔吉娜女士率领的贸易代表团一行5人到宿州考察特酒总厂。经双方商定，安徽特酒总厂每年向哈萨克共和国出口250万瓶伏特加酒。哈萨克共和国以石油、天然气等物品与特酒总厂进行易货贸易。

3月31日，宿县地区撤区并乡工作结束，52个区公所全部撤销，原330个乡、镇、街道办事处合并为118个，其中乡39个，镇71个，街道办事处8个。

6月8日，宿县地区合成洗涤剂原料项目合同在芬兰正式签约。这项合同是由中国技术进出口总公司、宿县地区合成洗涤剂原料厂建设指挥部和芬兰雅哥贝利国际公司在中国政府和芬兰政府关于利用芬兰政府贷款协议的签字仪式上签署的。国务院副总理田纪云和芬兰外贸部部长出席签字仪式。该项目是经国家计委批准利用芬兰政府贷款的安徽省“八五”重点建设项目，总投资5.9965亿元，其中利用外资4908万美元。

7月27日，经省委、省政府同意，淮北市杜集区孟庄乡的二庄村和牛眠乡的邵庄村划归萧县龙城镇管辖。

8月28日，华夏商社奠基开工。商社是建设部“八五”期间重点工程，占地1.3万平方米，总投资3000万元，分为商场、宾馆、酒店，集购物、住宿、饮食、娱乐于一体。建成后将成为皖北最大的综合性现代化商业中心。

10月15日，地委、行署表彰参加省“七运会”有功人员。在省“七运”会上，宿县地区运动员获得金牌39枚、银牌35枚、铜牌23枚，获总分1162分，打破五项省纪录，总分和金牌总数名列全省第4位，并获省“七运会”体育道德风尚奖，取得运动成绩和精神文明的双丰收。

10月27日，安徽宿州国家粮食储备库举行命名挂牌仪式。该库命名挂牌后，将直接受国家粮食储备局、省粮油食品局共同管理。

10月，在《农村孩子报》创刊7周年，出版300期之际，中共安徽省委书记卢荣景为该报题词：“开发智力，寓教于乐。”

12月3日，宿县地区举行1981年前军队离休干部授勋仪式。

12月8日，中韩合资安徽亚鑫皮革印花有限公司在宿州投产开业。

12月11日，经国务院批准，撤销宿州市、宿县，县市合并，重新组建县级宿州市。

1993年

2月20日，宿县地区面粉厂动工兴建。该厂占地20亩，其中建筑面积6500多平方米，总投资1200多万元，是安徽省皖北地区规模较大、设备最先进的面粉加工厂。

3月10日，宿县地区合成洗涤剂原料项目正式开工。国家计划委员会瞿友章、胡祖才、安徽省政府副省长汪洋及省直有关厅局负责人骆惠宁等参加开工仪式。

3月，全区城镇住房制度改革方案正式出台。

5月，电视连续剧《西楚霸王》联合摄制协议书在宿城签订。宿县地区剧作家黄孝义、尹洪波创作的10集电视连续剧《西楚霸王》，由上海东华影视公司与宿县地区行政公署联合录制。行署副专员李祥珍代表行署在协议书上签字。

6月，民政部部长多吉才让考察宿县地区民政工作。考察参观萧县皮革厂、萧县化工防腐材料厂等民政福利企业和宿州市符离镇薛庵村的民主管理、依法治村情况。

9月26日，华夏商场举行开业典礼。

10月14日，上海证券交易所异地交易业务在宿州营业。该营业部是地区建行信托投资公司于1991年报经省人民银行批准正式开办的。

1994年

3月下旬，电视连续剧《梨花湾》在砀山开拍。该剧8集，着重反映在中共十一届三中全会前后，地处黄河故道的梨花湾村农民，在对待农机化事业认识上的矛盾、发展和统一的过程，反映农村改革中新一代农民科技意识和致富意识的提高，美好愿望的实现。该剧由长春电影制片厂、行署农机局和砀山县人民政府联合摄制。

3月23-24日，芬兰雅哥贝利国际公司副总裁阿波拉和现场总代表埃乐到宿县地区轻工化学厂实地察看项目建设现场。

5月13日，中央军委副主席张震到宿县地区视察工作，参观彭雪枫纪念馆，与地区党政军领导进行座谈。

8月24日，宿县行署地方税务局、宿县地区国家税务局分别成立，标志着宿县地区两套税务机构分设工作全部完成。

9月10日，地委、行署隆重举行纪念彭雪枫殉国50周年大会。省地主要领导人，彭雪枫的战友林颖以及儿子彭小枫出席大会，杨尚昆、张震、张爱萍等为纪念活动题词。

9月21日，安徽银丰塑胶有限公司成立。该公司由安徽百通集团公司、新加坡银江投资有限公司和香港丰事达投资有限公司3家共同投资260万美元建成，外资占76%。该企业主要生产UPVC注塑管件。

1995年

4月，砀山跻身全国水果总产百强县行列。国家统计局正式公布根据1993年指标排序的“中国100个水果总产量最高县（市）”，砀山县榜上有名。

7月19-20日，为纪念中国抗日战争和世界反法西斯战争胜利50周年，经中宣部批准，由晋、冀、鲁、豫、苏、皖6省广播电台联合组成的“抗战老区南北行”大型采访团访问宿县地区，参观雪枫公园，瞻仰抗日名将彭雪枫烈士塑像，并到宿州市百通集团公司采访。

7月24日，萧县妇联代表58万萧县妇女向第四次世界妇女大会中国筹委会捐赠百米书画长卷——《百花争妍图》。国务院副秘书长、大会中国组委会副主席兼秘书长徐志坚，全国妇联副主席赵地代表大会组委会接受捐献，并向萧县妇联颁发荣誉证书。

7月27日，地委办公室、行署办公室联合下发文件，由财政担保，向地直单位工作人员集资，筹建"万年新"涂料项目。

8月15日，地委召开纪念抗战胜利50周年大会。地委、行署领导及参加过抗日战争的老同志参加纪念大会。

8月18日，地委、行署召开地直机关机构改革推行国家公务员制度动员大会。宣布《关于宿县地区党政机构改革方案的通知》，明确地区党政机构设置44个，比现有68个减少24个，地委办事机构设置7个，行署办事机构设置37个。10月底完成机构改革工作。

8月29日，江上青烈士铜像在泗县揭幕。江上青曾任中共皖东北特支书记，是皖东北根据地的创建者和奠基人。省人大常委会副主任江泽慧，江上青生前战友、卫生部原副部长杨纯，以及省、地、泗县各界代表出席揭幕仪式。

1995年秋，地委、行署引进“万年新”涂料项目，在地直机关干部中集资，以筹措资金。后来该项目未能建成，干部集资款如数退还。

12月18日，宿东电厂220千伏输变电工程竣工投入运营。

12月，国务院批准砀山县为开放县。

1996年

1月30日，宿州市、灵璧县被评为全国粮食生产先进市县。

1月，中共宿县地区纪委监察局被评为“全国纪检监察系统先进集体”。1月24日，地纪委书记王玉阶赴京参加“全国纪检监察系统先进集体和先进个人”表彰大会，受到党和国家领导人接见。

3月4日，国家环保局批准砀山县为全国首批生态示范区建设试点县。

3月中旬，五柳风景区被省旅游局批准为旅游开发区。

7月，世界无国界医生组织比利时分部代表，在省红十字会秘书长杨德普陪同下，分别到宿州市、灵璧县察看灾情。

1997年

1月30日，砀山县生态示范区建设总体规划通过专家评审。

2月25日，地直干部群众沉痛悼念邓小平逝世。

6月7-8日，全区首次招考国家公务员。全区有40个职位（其中地直35个，县级5个）招考，涉及专业10多个，其中以文秘、计算机、财会为多。招考打破地域、身份界限，凡符合国家规定的资格条件的均可报名应考。在报名的276人中，外地人占1/3。

6月15日，为了迎接香港回归，在灵璧县工艺厂以灵璧磬石刻制完成的《中华人民共和国香港特别行政区基本法》巨型碑屏，由中国对外友协赠给香港特别行政区第一届政府。这套石刻长屏每块长136厘米，宽71厘米，厚3.2厘米，总计100块，刻字镏金，红木底座，排列总长近180米，被中国历史文化研究所定名为：“中国最长的名刻条屏”。碑屏为97位国内书法家书写作，寓意97香港回归，百块碑屏寓意洗雪香港百年国耻。

6月18日，安徽宿州安特集团挂牌成立。

6月29日，中共中央政治局常委、国务院副总理朱镕基到宿县地区考察粮食收购工作。

7月16日，全区出现强降水天气过程。从16日8时至21日8时，全区连续出现暴雨天气过程，宿州市为276.8毫米，是有历史记录以来日降水量的第二位，造成沱河芦岭段两处决口，煤矿、地方及武警、驻军同心协力，与洪魔搏斗53小时，终于堵住决口，化险为夷。

11月1日，萧县乒乓球队13岁的残疾运动员刘美丽参加远东及太平洋地区伤残人乒乓球锦标赛，获TT9级女子单打冠军和公开赛单打第三名。

11月，安徽省科苑应用技术开发（集团）股份有限公司成立。其前身是安徽省宿县地区应用技术研究所，以安徽省科苑生物工程有限公司等8家国内公司和一家海外控股公司组建而成的高新技术企业集团，主要从事生物技术、精细化工、食品加工、饲料添加剂、新型建材、机械制造及计算机软件的技术开发、技术推广、工业生产及进出口贸易。

11月22日，宿州汇源发电有限公司三期扩建工程3号机组竣工投产，宣告宿县地区结束长期以来没有较大火力发电的历史。该机组为每小时12.5千瓦火力发电机组，1995年12月18日动工兴建。

11月30日，安徽宿州鸿鹏纺织（集团）有限责任公司创立。该公司的前身是宿州市纺织厂，为宿县地区国有大型企业。该厂于1994年8月以经济实力强、经营状况好被省委、省政府选作现代企业制度的首批试点单位。

1998年

8月13-16日，宿州、灵璧、泗县三县市中北部普降大到暴雨，局部大暴雨，灾情严重，地委、行署派4个检查组奔赴抗洪救灾第一线。

9月24日，《拂晓报》创刊60周年纪念大会在宿州召开。

10月30日，宿州国家粮库扩建工程动工。该项工程属于国家重点项目建设，扩建计划为1.5亿斤仓容，总投资为4812万元，其中中央财政投资4272万元，地方投资580万元，中央直接派监管人员进驻施工现场，负责监督工程的质量、进度和资金的投入情况。该项工程于1999年9月16日竣工。成为全省第一大粮库。

12月6日，国务院批准设立地级宿州市。撤销宿县地区和县级宿州市，原县级宿州市更名为埇桥区，宿州市下辖萧县、砀山、灵璧、泗县、埇桥区四县一区。

12月20日，连霍高速公路萧县段开工建设。国家两纵两横国道主干线之一的连云港至霍尔果斯高速公路萧县段全长54公里，总投资13.1亿元。设计标准为全封闭全立交高速公路，设计车速120公里/小时，路基顶宽28米，路面为沥清混凝土路面，宽23.5米。于2002年7月1日建成通车。

是年，灵璧县在全国率先进行城乡电网改造和农用电管理体制改革，实行城乡居民生活用电同网同价。

1999年

1月12日，全区城镇职工医疗保险制度改革启动。

1月28日，宿州市埇桥区正式揭牌成立。

4月27-29日，中共宿州市委第一次代表大会召开。大会选举产生宿州市委领导成员。书记徐立全，副书记陈树德、孙育海、刘长功，常委：武正宜、姜元、雷光鹏、祝会光、顾秉生、吴贞堂、刘晓云（女）。5月16日，杨传玺任市委副书记。

5月18-22日，宿州市第一届人民代表大会召开。会议选举产生第一届宿州市人大、政府领导。徐立全当选为宿州市人大常委会主任，李祥珍、李永侃、李书坦、孙金道、唐新忠、王敬安、张纶（女）当选为副主任，牛厚勤为秘书长。陈树德当选为市人民政府市长，武正宜、王建、刘统海、李兴民、李晨阳、李卫华当选为副市长。秦隆兴当选为宿州市中级人民法院院长，徐文艾当选为宿州市人民检察院检察长。

5月20-22日，政协宿州市第一届委员会召开。大会选举产生市政协第一届委员会。武秀玲（女）当选为主席，周家富、王彦、孔庆福、陈瑞君当选为副主席，时学爱为秘书长。

5月25日，宿州市正式挂牌成立。

9月6日，国务院外国专家局领导到紫芦湖科技示范园考察验收。紫芦湖科技示范园初步被定为全国农业引智示范基地。

12月4-5日，中共中央政治局常委、国家副主席胡锦涛到萧县考察调研。安徽省委书记回良玉、宿州市委书记徐立全、萧县县委书记胡兴超分别作汇报。徐立全就农村税费改革和计划生育立法问题向胡锦涛提出建议。

12月13日，萧县残疾人乒乓球运动员任桂香在西班牙世界残疾人乒乓球锦标赛上夺得3块金牌，成为本次锦标赛上40多个国家和地区、200多名运动员中年龄最小，夺冠最多的队员。

2000年

3月3日，宿城中心广场建设工程（科技文化广场扩建）破土动工。

3月5日，九届全国人大三次会议期间，胡锦涛在会见安徽代表团时，对徐立全说：你提的两条建议很好。农村税费改革就在安徽试点，计划生育立法工作已经启动。

3月16日，经省委批准、省编委下文批复宿州市委党校为大专体制规格。

4月11-13日，砀山县被国家命名为国家级生态示范区。

4月22日，宿州市广播电视中心正式开工建设。

5月12-13日，科苑集团上市定价发行、向二级市场投资者配售发行4000万股A股股票，成功募资4亿多元，中签率创安徽省公司上市筹资中签新纪录。

5月29日，由中联公司、美国德士古中国公司、淮北矿业集团联合开发的淮北煤层气项目先导实验井排采仪式在宿州市埇桥区桃园镇举行。

6月16日，常务副省长张平、科苑集团董事长汪德荣敲响开市铜铃，科苑集团公司发行的4000万股股票在深圳证券交易所上市。科苑集团为宿州市第一家上市公司。

9月1日，经铁道部批准，原宿县站更名为宿州站。

9月17-22日，代表安徽省参赛的宿州市夕阳红艺术团在2000年全国首届中老年广场舞蹈大赛上，表演的民间舞蹈花鼓灯《我们正年轻》获一等奖。

10月27日，宿州市萧县籍乒乓球运动员刘美丽、任桂香在第十一届残奥会上获2枚银牌。

10月28日，宿州市体育代表团在省第九届运动会上取得52.5枚金牌、43.25枚银牌、39枚铜牌，团体总分1559.5分，首次位居全省金牌数和总分数第四位，并被评为“精神文明代表团”。

是月，第十一届残疾人奥运会中国体育代表总结表彰大会在人民大会堂举行。宿州市萧县残疾人乒乓球队运动员刘美丽、任桂香在残奥会上分别获团体金牌和个人单打银牌，她们被授予“全国三八红旗手”“中国青年五四杰出贡献奖”。任桂香还被授予“五一”劳动奖章，刘美丽被授予优秀运动员奖。

11月25–26日，应宿州市政府邀请，由加拿大魁北克省里穆斯市副市长佛罗斯特先生率领的访问团一行8人对宿州市进行友好访问，并签署“关于缔结友好城市与发展经贸文化合作的会谈纪要”。

12月12–15日，经外经贸部和安徽省人民政府批准，由宿州市人民政府主办，香港《大公报》协办的宿州市灵璧奇石展暨招商会在香港展览中心举行。

12月21日，宿州市与中央电视台七套节目联合制作的春节晚会在宿州市埇桥区大五柳开拍。

2001年

1月1日，合徐高速公路宿州段正式开工。

2月16日，宿州市奎濉河近期治理工程项目建议书得到国务院批准，27日通过国家计委审批立项，工程投资5.9亿元，国家补贴3.54亿元。

3月23日，在砀山县西关梨园小区施工现场发现清代古墓一座，出土保存完好的清代女尸一具。

4月18日，市肉联厂与南京雨润集团资产重组协议签字仪式在宿州宾馆举行。

6月26日，宿州职业技术学院举行挂牌仪式。

7月11日，省政府同意设立宿州经济技术开发区。

7月14日，北京申奥成功后，砀山县西关小学学生李朝安给总书记江泽民写一封祝贺信，并把100元压岁钱捐给申奥会，江泽民委托中央办公厅打电话表扬李朝安。

7月，萧县残疾人运动员刘美丽、任桂香在日本大阪第三届“远南”残疾人乒乓球比赛中获5金1银。

8月17日，第五届全国残疾人艺术汇演安徽赛区比赛闭幕，宿州市泗州剧团代峰的唢呐独奏《一枝花》代表安徽队参赛，获一等奖。

8月，萧县残疾人运动员刘美丽、任桂香在福州获全国残疾人乒乓球锦标赛女子团体冠军。

9月20日，宿州市武夷商业城开工建设。

9月25日，市委、市政府举行宿州经济技术开发区授牌仪式，开发区总体规划面积6.8平方公里。

是月，市梆子剧团《大树参天》《穆桂英》剧组70多人赴山西太原参加第六届全国“映山红”戏剧节。《大树参天》获8个一等奖，《穆桂英》获8个二等奖，市文化局获“育花奖”，这是新中国成立后，宿州市创作演出的大戏首次参加全国比赛。

11月2日，宿州市动物表演团的大型驯兽节目《驯狮虎》在第八届吴桥国际杂技节上获特别奖。

11月，萧县残疾人运动员刘美丽、任桂香在中国台北残奥会积分赛中获3金1银1铜。

12月26日，宿州市举行管道燃气启用仪式。

2002年

1月，《人民日报》、新华社、中央电视台、中央人民广播电台、《光明日报》、《经济日报》、《科技日报》等10多家中央新闻媒体，到砀山县采访义务助教的查文虹。

3月14日，市一届人大四次会议举行第三次大会，选举陈树德为市人大常委会主任，梁卫国为宿州市政府市长，吴庆香为市检察院检察长。

3月29日，宿州铁路新客站建设工程开工典礼在火车站站前广场举行。

4月25日，全省首座具有现代科技水平的220千伏综合自动化变电所——砀山县陇海变电所竣工送电。

5月22日，皖北煤电集团公司举行祁东煤矿投产庆典，省委、省政府发来贺电、贺信。

5月，萧县籍运动员任桂香在法国“世界轮椅十强赛”中获公开级金牌一枚。

8月23日，市政府举行市行政办公中心开发建设项目签字仪式，标志西北新区建设进入实质性实施阶段。

是月，萧县籍运动员任桂香、刘美丽在由中国台北市举办的“国际残奥会世界乒乓球锦标赛”中获6枚金牌。6次在台北体育馆升起国旗、奏响国歌，这是新中国成立以来的第一次。

9月12日，由市文化局尹洪波创作、赵士鼎执导的《大树参天》研讨会在京举行。《大树参天》成为宿州市第一次晋京演出的大戏，剧本被中央电视台确定为安徽省唯一在国庆、中共十六大期间献礼的电视连续剧。

10月，在韩国举办的第八届远东及南太平洋地区残疾人运动会上，萧县籍运动员任桂香、刘美丽、王彩丽代表国家队获5金、1银、1铜。

是月，省卫生厅副厅长权循珍一行30多人，率省直7家单位捐赠的20多万元现金、4卡车衣被，从合肥抵达埇桥区，开展扶贫济困送温暖活动。省卫生厅组织的省立医院14名医学专家，同时在市第一人民医院开展义务诊治活动。

是月，中国红十字总会、澳门特别行政区红十字会捐赠给宿州市的救济大米30.66吨，由宿州市红十字会分发给在夏秋季受灾最重的埇桥区曹村镇和萧县新庄镇。

12月10日，宿州师专在东校区举行一期工程落成典礼。

是年，宿州市的埇桥区、灵璧县、泗县被认定为省级扶贫开发工作重点县。

2003年

2月24日，萧县圣泉乡圣泉村发现两座大型汉墓。

3月31日，列入2003年市委、市政府九项重点实事之一的宿州市运粮河水系综合治理工作拉开建设帷幕。运粮河水系是宿州市城区防洪排涝主要河道，污染严重。运粮河水系全长26公里，流域面积54平方公里。列入整治计划8.5公里，工程总概算1.1614亿元。

4月8日，市经济技术开发区、澳门天宝国际有限公司项目入区协议签字仪式在宿州度假村举行。该项目投资总额为4000万元，固定资产为3000万元，规划占地约50亩，是开发区成立后第一个签约的利用外资项目。

4月26日，市行政中心开工奠基典礼在宿州西北新区举行。

5月10日，安徽商之都副总经理郭松与宿州宏源百货有限公司董事长杨剑，代表双方在协议书上签字，约定合作组建宿州商之都。10月1日，作为安徽商之都在省内的第七家百货零售加盟连锁企业，宿州商之都开业。

5月21日，宿城东环公园向游人开放，标志市重点工程之一的“两路两场”改造圆满结束。东环公园长1300米，面积约2.6万平方米，投资430万元。

6月24日，苏果超市有限公司宿州投资项目签约仪式在宿州宾馆举行。

8月11日，市体育综合训练楼在市体校开工，这是宿州市近30年来建设的第一项大型体育设施，设计建筑面积约8000平方米，总预算513万元。

9月17日，经省政府批准，《宿州市城市总体规划（2002—2020）》正式颁布实施。

10月28日，在新西兰举行的2003年世界轮椅运动会上，宿州市运动员任桂香获乒乓球比赛3枚金牌。

12月25日，火车站广场竣工典礼举行。火车站广场改造工程于4月开工，建设面积5万平方米，投资700万元。

2004年

1月8日，安徽绿洲人造板有限公司年产8万立方米中高密度纤维板生产线建设工程奠基。该工程坐落在埇桥区东二铺北，占地约200亩，由上海绿洲实业有限公司和上海中盛投资管理有限公司共同兴建，总投资约8000万元。项目建成后，预计年产值达1亿元以上。

2月18日，位于宿州市区西南方向约30多公里处的安徽省界沟煤矿开工。界沟煤矿井田面积16平方公里，可采储量6460万吨，设计年产60万吨。

2月26日，市二届人大一次会议举行第三次全体会议，选举梁卫国为市人大常委会主任，选举唐承沛为市人民政府市长，周榕为市中级人民法院院长，吴庆香为市人民检察院检察长。

2月27日，市政协二届一次会议闭幕，姜元当选市政协二届委员会主席，王建、孔庆福、陈瑞君、宋同美、苏兴佳、王克金、韩春明、胡兴超、何平当选副主席，通过市政协二届一次会议有关决议等，市党政军领导梁卫国、唐承沛等到会祝贺。

3月28日，安徽省宿州市汇源电热有限公司4号机组热电联产扩建工程开工。

4月15日，安徽宿州金砀线材有限公司年产60万吨高速线材项目开工，这是砀山县招商金额最大、洽谈时间最短、签约速度最快的引资项目。

4月25日，宿州电视台与深圳电影制片厂联合摄制的电影《我们手拉手》在北京举行首映式，被国家有关部委列为“加强未成年人思想道德教育优秀教材”，获第24届中国电影金鸡奖最佳儿童片提名奖，12月又被评为全国首届希望工程宣传奖。

4月27日，宿州光彩大市场、光彩美庐花园开工建设，占地1000亩，总建筑面积80万平方米，第一期20万平方米，2005年春节交付使用。

4月28日，市污水处理厂投产运营。

6月23日，宿州市第一所本科院校——宿州学院，在东校区举行成立庆典暨揭牌仪式。

7月10日，彭雪枫纪念馆维修改造工程动工。2004年9月11日是彭雪枫将军殉国60周年纪念日。省政府、市政府及省民政厅拨180万元专款用于纪念馆维修改造。

9月10日，由省委召开的纪念彭雪枫将军殉国60周年大会在市委礼堂举行，彭雪枫之子、二炮政委彭小枫中将和夫人李维莉、女儿彭冗，张震之子张小阳，邓子恢之子邓淮生等应邀出席大会，省委副书记王明方、省人大常委会原主任王光宇、省军区副司令员王明礼少将、市领导梁卫国、唐承沛等出席大会，参加过抗日战争的老战士及各界人士参加纪念大会。上午10时，彭小枫、王明方一行到宿州雪枫公园祭悼彭雪枫将军。

11月8日，首届中国灵璧石文化节在灵璧县龙山广场举行开幕式。

2005年

3月8日，国家发展和改革委员会批复，核准安徽宿州电厂新建工程，并要求按照基本建设程序完成初步设计等项工作，办理信贷、土地等开工前的有关手续。安徽华电宿州电厂工程项目规划装机容量4×600兆瓦，总投资约100亿元，在宿城以北18公里的王楼选址建设。一期建设2×600兆瓦机组，总投资50亿元，年可实现发电量60亿千瓦时。

5月28日，安徽华电宿州发电有限公司一期工程2×600兆瓦机组开工典礼在埇桥区符离镇举行。

6月17日，泗县大庄镇300多名小学生因接种甲肝疫苗，引发群体性心因反应，累计住院311人，其中一名6岁学童住院期因突发重症死亡。温家宝总理作出批示，卫生部长高强率专家组现场调研处理。市委、市政府全力做好医疗救治工作，群众恐慌情绪很快平复。

6月29日，汇源大酒店隆重举行四星级旅游饭店挂牌仪式，成为宿州市首家四星级酒店。

9月2日，宿州市各界人士在雪枫公园举行盛大集会，向革命烈士敬献花篮，隆重纪念中国人民抗日战争暨世界反法西斯战争胜利60周年。

10月13日，华电国际宿州秸秆发电项目签约仪式在北京举行。该项目为热电联产项目，采用可再生能源秸秆为燃料，规划容量为2×25兆瓦，总投资约5亿元。

10月24日，国家质检总局发布公告，批准“符离集烧鸡地理标志产品保护”的申请。

11月25日，中国工业防腐蚀技术协会在北京人民大会堂重庆厅举行新闻发布会，命名萧县为“中国防腐蚀业第一县”。萧县成为中国第二个防腐蚀区域品牌，并将于2008年承办第四届中国国际腐蚀控制大会。

12月11日，宿州市立医院眼科与上海舜春杨科技贸易有限公司违规合作，开展超声乳化白内障手术，导致10位患者眼球感染，并被摘除。有关人员分别受到刑事或党纪、政纪处分。随后，全市立即开展整顿医疗秩序工作。

12月28日，安徽华电宿州电厂二期2×1000兆瓦机组工程初步可行性研究报告顺利通过华东电网有限公司组织的审查。

2006年

1月18日，斥资1000万元组建的宿州星辰巴士有限公司宣布成立。新公司由合肥星辰巴士有限公司和宿州公交公司合资组建，这是合肥星辰巴士有限公司在省内首次跨区域合作成立的新公司。新公司于1月26日挂牌，届时，将有40辆大容量、低底盘的新型公交车亮相宿城。

2月18日，由省农业委员会、宿州市人民政府主办的第三届中国宿州黄淮海地区农资交易会开幕式暨安徽省放心农资下乡进村活动启动仪式在宿州光彩城农资大市场举行。

2月20日，宿州市五柳省级重点风景名胜区总体规划通过评审。

3月7日，省长王金山与宿州市埇桥区夏刘寨村党支部书记王化东一家三口，在中央电视台新闻频道演播厅，参加崔永元主持的《小崔会客》节目录制。

3月29日，万千饲料等18个项目集中开工暨安徽科立华等4家企业落成庆典仪式在宿州经济技术开发区隆重举行。

6月16日，宿州快客汽车站正式运营。车站站房面积5000平方米，普通候车室1100平方米，豪华候车室300平方米，拥有普客发车位12个，快客车位6个，设计日发送旅客1万人次以上。

6月，泗州戏被列入国家级非物质文化遗产保护名录。

8月7日，中央电视台国际频道大型电视文化栏目《走遍中国》摄制组到达宿州。11日，开机仪式在市中心广场举行。央视派7个摄制组，对宿州市的历史、文化、民俗风情以及自然物产等进行全方位、多角度报道。20日采访活动结束。市委书记唐承沛会见摄制组成员。11月13日至19日，央视四套播出《走遍中国·走进宿州》7集大型专题片。

9月19日，500多件瓷器、陶器、铜器、铁器、骨器、玉器、琉璃器等珍贵出土文物在市展览馆向公众免费展出，这些文物是隋唐大运河宿州段暨华电宿州电力首次考古发掘取得的部分成果。

9月22-24日，第三届世界杯武术散打锦标赛在西安市举行。来自灵璧县的选手杨明明获90公斤以上级散打冠军。

9月27日，中国文联、中国杂技家协会在北京人民大会堂举行命名授牌仪式，授予宿州市埇桥区为“中国马戏之乡”。

10月18日，第二届中国宿州灵璧石文化节在光彩城大市场中心广场举行开幕式，文化节为期7天，节庆活动由招商引资、展示宣传、奇石展览和文艺活动四大板块构成。

10月19日，中国埇桥首届马戏艺术节在北关体育场开幕，23日闭幕。

11月8日，沱河景观带开工仪式在银河二路东侧举行。沱河景观带全长9.9千米，投资1.5亿元，计划于2008年6月建成并投入使用。

12月28日，丰原宿州生化公司年产18万吨乙醇项目开行贷款签约暨开工奠基仪式隆重举行。

2007年

2月4日，中国文联、中国杂技家协会“送欢乐、下基层”慰问演出活动在市体育场拉开序幕。刘兰芳、吴雁泽、姜昆、小香玉等全国知名艺术家，冒着严寒为群众献上美妙的歌声、精彩的曲艺、杂技和书画佳作。

2月9日，市二届人大四次会议选举唐承沛为市二届人大常委会主任、吴旭军为市人民政府市长、夏忠道为市二届人大常委会副主任、齐功博为市二届人大常委会秘书长。大会通过《关于政府工作报告的决议》等6项决议。

3月27日，砀山籍运动员许莉在自由式摔跤世界杯比赛中获自由式摔跤55公斤级冠军。

3月，由省政府公布的安徽省第一批非物质文化遗产保护名录在合肥博物馆授牌，宿州市泗州戏、花鼓灯、马戏、萧县民间书画、灵璧钟馗画、民间故事《鞭打芦花》、宿州乐石砚制作技艺名列其中。

8月14日，安徽珍珠集团曹村水泥项目（2×4500吨/日生产线）签约仪式在市政府第一会议室举行，市领导唐承沛、吴旭军出席签约仪式。该项目投资7亿元。

9月2日，由安徽电建二公司承建的华电宿州发电厂（2×600nw）一号机组圆满完成168小时满负荷试运行，正式投产发电。

9月6日，宿州市在雪枫广场举行彭雪枫将军铜像揭幕仪式，纪念彭雪枫诞辰100周年。省委副书记王明方、解放军二炮某基地政委郝道海为彭雪枫将军铜像揭幕，市委书记唐承沛致词。

是日，中国人民解放军第二炮兵文工团在市体育场举行“雪枫百年”——纪念彭雪枫将军百年诞辰专题文艺演出，解放军二炮某地政委郝道海、二炮文工团政委刘永江、省新四军历史研究会副会长马文翠，市领导唐承沛、吴旭军等万名观众观看演出。

是日，市委、市政府举行“宿州市形象大使”新闻发布会，聘任国家一级演员、解放军二炮文工团青年歌唱家陈思思为“宿州城市形象大使”，市委副书记、市长吴旭军为陈思思颁发聘书。

9月11日，市委、市政府、宿州学院隆重举行孟二冬纪念馆开馆仪式暨全市教师节庆祝大会。

10月18日，由中共安徽省委宣传部、安徽省文学艺术界联合会、中共宿州市委、市人民政府联合举办的宿州书画晋京展在中国美术馆中央大厅开幕。

10月，砀山籍运动员许莉在全国第六届城市运动会上获自由跤55公斤级冠军。砀山籍运动员苏二萨在全国第六届城市运动会上，获男子古典摔跤项目金牌。刘岗在全国第六届城市运动会上获自由跤74公斤级冠军。

11月19日，由安徽皖能股份有限公司、北京国宏华安能源投资公司、皖北煤电集团公司联合投资的安徽宿州皖能发电项目（2×660兆瓦超临界燃煤空冷试验机组）合作开发协议签字仪式在南苑宾馆隆重举行。

11月22日，家乐福中国区副总裁唐柏德一行9人到宿州市考察，市委书记、市人大常委会主任唐承沛和副市长张冬云在宿州宾馆会见唐柏德一行。

2008年

1月7–8日，创新商业广场暨家乐福宿州综合超市项目在宿城成功签约。家乐福成为第一家入驻宿州的世界500强企业。

1月12日，泗县至许昌高速公路宿州段开工典礼举行。泗许高速公路宿州段全长91.47公里，预算投资36.89亿元，东起泗县104国道大彭庄，经过泗县、灵璧、埇桥区，在埇桥区郝庵庄与合徐高速公路形成互通枢纽，向西延伸进入淮北市境内。

1月18日，皖北煤电集团钱营孜煤矿举行开工典礼仪式。矿井设计年生产能力180万吨，服务年限70年，总投资15亿元，是淮北地区设计开采量最大的煤矿。

2月17日，全市领导干部会议召开。省委巡视组副组长汪卫东在会上宣读了省委关于唐承沛、李宏鸣同志职务任免决定，新任市委书记李宏鸣和市委副书记、市长吴旭军分别讲话。

3月9日，获“中国观赏石之乡”称号的灵璧县，在古镇渔沟举行揭牌仪式。

3月22日，埇桥区获“中国书法之乡”殊荣，命名授牌仪式在市文化广场举行。

4月5日，彭雪枫将军之子、第二炮兵部队政委彭小枫上将及家人到宿州祭奠彭雪枫将军。

4月9日，市重点工程——冠军磁砖（宿州）生产基地项目成功签约。

4月11日，中国邮政储蓄银行宿州市分行正式挂牌成立并举行揭牌仪式。

5月28日，中国雨润（宿州）食品产业化项目奠基典礼在宿州经济开发区举行。

6月20日14时28分左右，灵璧县灵城镇突遭龙卷风袭击，风力达12级，持续时间5分钟，造成严重损失。

8月16日，宿州籍选手许莉在北京奥运会摔跤项目女子自由式55公斤级决赛中，获得银牌，是宿州市选手在奥运会上获得的首枚单项比赛奖牌。

9月26日，徽商银行宿州支行举行开业庆典。

11月8日，第三届中国宿州灵璧石文化节开幕式在市政府广场举行。

12月3日，浍河蕲县船闸建设工程开工仪式在埇桥区蕲县镇浍河南岸举行。

12月11日，中国书画之乡——安徽省宿州书画展，在上海图书馆展览大厅开幕，为安徽省首个在上海图书馆举行书画展的城市。

2009年

2月24日，新百丽鞋业宿州生产基地项目在南苑宾馆签约。

3月28日，“民生光彩之春”第五届中国宿州黄淮海地区农资博览会在宿州光彩城大市场开幕。此次农博会签约招商项目46个，金额28.43亿元，签订购销协议合同金额10.22亿元，农产品现场交易39万元，农机现场交易642万元。

6月19日，安徽戈尔管业有限公司PE管件生产等5个项目集中开工典礼和宿州金田农机大市场京田联合收割机下线仪式在市经济开发区举行。

8月15日，电光冶金（宿州）有限公司投产。

9月28日，“百丽”（集团）鞋业宿州工业园项目奠基。

10月20日，在第十一届全运会男子自由跤84公斤级的金牌决赛上，宿州籍运动员张峰夺得金牌，为宿州市夺得建国以来的首枚全运会金牌。

10月25日，“中国山芋之乡”授牌仪式暨泗县优质农产品展示会在泗县举办。

11月25日，国家开发银行、商务部调研组张祥一行到宿州市，就华夏世贸广场暨物流综合基地项目建设基本情况进行调研，华夏世贸广场是省委、省政府重点支持的项目，已列入省政府861工程，也是宿州市重点项目。

2010年

1月18日，徐州——明光高速公路安徽段开工仪式在泗县举行。

1月，中央组织部决定，追授沈浩同志“全国优秀共产党员”称号，中央组织部、人力资源和社会保障部、国家公务员局决定，追授沈浩同志全国“人民满意的公务员”荣誉称号。

2月26日，宿州市海螺水泥2条日产5000吨新型干法熟料生产线项目签约仪式在南苑宾馆举行。

3月26日，中豪五金钢材市场、时代商贸城等11个项目在宿州市经济开发区集中开工。

4月3日，砀山生物质能发电项目奠基。

5月14日，“宿州大讲堂”首场报告会——“温州模式与温州人精神”开讲。浙江温州正泰集团党委书记、副总裁林可夫应邀作报告。

5月20日，韩国国际综合机械株式会社与安徽京田机械股份有限公司合作投资农业机械项目签约仪式举行。项目总投资2000万美元，预计5年内实现销售收入16亿元人民币。

6月9日，百丽鞋业（宿州）有限公司开工。

6月28日，宿州市承接产业转移重大项目集中开工仪式在宿州经济开发区内举行，省委书记张宝顺启动开工仪式。

7月6日，市西北新区中学（宿城一中新校区）开工奠基典礼。

7月10日，由宿州市自主编排、以沈浩事迹为题材的大型现代泗州戏《母亲的嘱托》在省黄梅戏剧院演出。

7月14日，宿州市城市人口和用地规模核定会在合肥举行。宿州市中心城区城市人口和用地规模通过专家核定，到2030年城市人口规模110万人，用地规模110平方公里。

7月28日，安徽国际京田机械有限公司农业机械制造项目奠基仪式在宿州经济开发区金田农机大市场举行。

8月18日，合肥骆岗国际机场宿州城市候机楼开业仪式举行。

是日，国电宿州第二热电有限公司揭牌仪式举行。

9月6日，宿州国际大酒店奠基仪式在市开发区举行。

9月16日，桑铌国际财富广场和易初莲花超市奠基仪式在市经济开发区内举行。

9月30日，市供水公司10万立方米水厂通水仪式举行。

10月28日，淮北矿业（集团）宿州千亩居住区开工奠基仪式举行。

10月29日，第四届中国宿州灵璧石国际文化节开幕式举行。宿州百大王古堆农产品物流园等8个项目集中开工奠基仪式举行。

11月24日，安徽省党政代表团在宿州市召开赴江苏考察座谈会。省委书记张宝顺主持会议并作讲话，省长王三运出席会议并作讲话。

11月29日，全市领导干部会议召开。省委组织部副部长陈松林宣布张曙光任宿州市委委员、常委、副书记，吴旭军不再担任宿州市委副书记、常委、委员职务。

12月6日，广州亚运会中国女子手球队成员、宿州籍运动员黄红带着宿州市第一块亚运会金牌载誉归来，副市长赵琳接见黄红一行。

2011年

1月6日，宿州百丽鞋业配套项目集中签约仪式在南苑宾馆举行。

1月22日，马鞍山市、宿州市合作共建园区签约仪式举行。

1月30日，中国中部（宿州）鞋业生产基地新闻发布会在市经济开发区举行。

3月17日，湛蓝集团安徽宿州光电产业园专家组成立仪式在南苑宾馆举行。3月18日，湛蓝集团安徽宿州光电产业园奠基仪式举行。

3月28日，徽香源·第六届中国宿州黄淮海地区农资博览会开幕。第六届农博会投资环境说明暨项目签约仪式在政务中心礼堂举行。在本次签约仪式上.共签约农超对接项目28个，合作协议金额2.5亿元.签约招商引资项目87个，签约投资总额194.54亿元。

4月28日，安徽宿州鞋业基地建设暨重大项目签约仪式举行。

5月6日，宿州神游世界动漫产业园项目框架协议在南苑宾馆签约。

5月14日，马鞍山市政府、宿州市政府共建工业园区举行揭牌仪式。

6月2日，市委书记、市人大常委会主任李宏鸣亲切会见鸿星尔克集团董事局主席吴荣光率领的鞋服行业知名企业考察团一行。

7月19日，市人民政府、浙江富春江通信集团有限公司和市经济开发区管委会，签约林浆纸一体化项目。

8月8日，中国中部（宿州）纺织服装产业城建设总体规划审查会议在南苑宾馆举行并顺利通过专家评审。

9月21日，中共宿州市第四次代表大会胜利闭幕。

9月21-23日，《宿州市城市总体规划（2010-2030）》纲要评审会在南苑宾馆召开。

10月17日，宿州文化园·砚湖生态小镇项目在南苑宾馆签约。

10月18日，汴河新区项目暨宿州三角洲国际饭店开工仪式举行。市委书记李宏鸣、市长张曙光、首钢总公司总经理王青海出席开工仪式。

10月19日，央视《走遍中国》栏目组再次来到宿州市拍摄电视专题片，集中宣传宿州市的人文历史和经济社会发展成就。

11月5日，宿州家乐福世纪广场开业。

11月6日，中国中部（宿州）纺织服装产业城开工奠基典礼举行。

11月11日，国家网球训练基地宿州国际网球中心奠基。

12月7日，宿州市申报争取全国农村改革试验区工作正式获得批复，宿州市作为安徽省唯一市级试验区，具体承担“创新现代农业经营组织体系”试验项目。

12月12日，安徽宿州淮海村镇银行股份有限公司开业。宿州神游世界动漫产业园开工。

2012年

1月14日，市委、市政府在北京举办宿州籍在京人士迎新春联谊团拜会。市领导李宏鸣、张曙光、姜元、刘晓云、刘统海、张冬云、孙勇、张旭等与宿州籍在京的各界代表欢聚一堂，畅叙乡情，共谋发展，同迎新春佳节。

2月18日，来自东艺、意尔康、泰马等温州部分制鞋行业企业家荟萃东艺鞋业有限公司，就中国中部（宿州）鞋业基地建设相关话题举行恳谈。市领导张曙光、刘统海、张冬云、陈大峰等出席恳谈会。

2月29日，市委书记李宏鸣在南苑宾馆会见家乐福全球副总裁、新兴市场总裁唐嘉年一行。市委副书记、市长张曙光等市领导参加会见。

3月22日，市委书记李宏鸣在南苑宾馆亲切会见安徽大学党委书记黄德宽、副校长杜先能和世纪互联集团总裁杨海峰等教育界、科技界和企业界朋友，各方围绕充分发挥宿州区位、交通、人力资源等优势，就推进产学研合作、加速高新技术产业发展进行深入而广泛的商谈。

4月10日，由安徽省旅游局、省文化厅、宿州市人民政府共同主办的2012中国·砀山梨花旅游暨民俗文化节拉开帷幕。市委副书记、市长张曙光宣布2012中国·砀山梨花旅游暨民俗文化节开幕。

4月13日，市长张曙光主持召开市政府第38次常务会议，听取“4·12”萧县重大道路交通事故情况汇报。4月12日萧县境内发生一起死亡24人的重大道路交通事故。

4月20日，中国华东（宿州）家居产业基地奠基，副省长黄海嵩宣布基地开工并挥锹奠基。市领导李宏鸣、刘晓云、刘统海、史翔、张冬云、孙勇等出席奠基仪式。

4月28日，蚌埠海关驻宿州工作组揭牌仪式在宿州百丽鞋业隆重举行。市领导李宏鸣、张曙光、刘统海、史翔、张冬云、孙勇出席仪式。

5月29日，国务院国资委与安徽省人民政府合作备忘录签字暨安徽省与中央企业合作项目签约仪式举行。宿州市参加集中开工仪式项目两项、集中签约项目8项，总投资规模194.46亿元。市委书记李宏鸣、市长张曙光等出席十余家央企贵宾参加的招待宴会。

6月7日，2012安徽省“投贷结合、助力中小、合作共赢”银企对接会在合肥开幕。市长张曙光率宿州代表团参会。宿州市参与对接项目647个，对接金额超过295亿元；签署意向合约194个，金额254亿元。

6月10日，以“转移与转型，机遇与挑战”为主题的2012中国制鞋产业转移与转型高层论坛在宿州开幕。本次论坛是宿州市历史上举办的首个国家级论坛。国家有关部委领导，省直相关部门负责人，行业协会及企业嘉宾代表出席论坛。市领导李宏鸣、张曙光、刘晓云、刘统海、史翔等出席论坛开幕式。

6月28日，宿州市浙江商会成立庆典大会暨“2012千名浙商进宿投资促进年”活动启动仪式举行。省政协副主席郑牧民，市委书记、市人大常委会主任李宏鸣为宿州市浙江商会揭牌。

7月6日，市“正风气提效能”活动领导小组会议召开，总结活动开展情况，深入推进“保持党的纯洁性”主题教育实践活动全面开展。市委书记李宏鸣出席并讲话。

7月17日，宿州市“十佳公仆”和“道德模范”表彰报告会召开。会议表彰全市首届“十佳公仆”和“道德模范”。市委书记李宏鸣出席会议并作讲话，市长张曙光主持会议。

8月10-12日，宿州市现代农业示范区规划建设国家级专家考察组到宿州考察现代农业发展。市委书记李宏鸣陪同考察。

9月14日，青岛农业大学与宿州市现代农业“两区”建设合作签约仪式在南苑宾馆举行。

10月17日，淮河路跨京沪铁路立交桥正式通车。市领导及中铁二十四局集团公司总经理朱赤等出席通车仪式并剪彩。

10月29日，宿州教育园区一期工程暨逸夫师范新校区正式开工，宿州教育园区建设正式拉开帷幕。市委书记、市人大常委会主任李宏鸣出席奠基仪式。

11月9日，在京出席十八大的宿州市委书记李宏鸣在安徽代表团开放日接受中外记者采访，深入阐述了他对“四化同步”这一战略决策的独特思考。

11月28日，“2012华商安徽行”宿州市项目推介暨投资环境说明会在宿州国际大酒店举行，市长张曙光、省侨联专职副主席关向明分别致辞。来自西班牙、美国、瑞典等国的华商安徽行成员蔡永廉、骆汉生、管必红、叶意平、郑勤连、顾春娟等出席会议。

12月4日，宿马现代产业园区瑞年健康食品产业园、深圳光电产业园等10个重点项目开工典礼举行。市领导李宏鸣、张曙光出席仪式，并为项目开工剪彩。

是年，宿州市的灵璧县、泗县、萧县、砀山县被认定为“国家扶贫开发工作重点县，埇桥区为省级扶贫开发工作重点区，四县一区为省集中连片开发区。”

2013年

3月28日，市第一次归侨侨眷代表大会开幕。省侨联专职副主席吴向明，市领导李宏鸣、张曙光等出席开幕式。吴向明、李宏鸣在开幕式上分别作讲话。

是日，宿马现代产业园区与合工大农产品研究院签订战略合作协议。合肥工业大学党委书记李廉，市委书记、宿马现代产业园区党工委第一书记李宏鸣热情致辞。

是日，宿马现代产业园区十个重点项目集中签约仪式举行。市委书记、宿马现代产业园党工委第一书记李宏鸣致辞。市领导刘晓云、张冬云、王启荣等出席签约仪式并见证签约。

是日，市委书记李宏鸣在市委接待室会见华为云服务业务部总裁杨瑞凯一行，副市长、高新区管委会主任罗宏会见时在座。

5月28日，宿州义乌国际商贸城列入中国市场“百城万亿”增长计划重点培育项目授牌仪式在该项目现场举行。市政协主席刘晓云、副市长邵郁、中国商业联合会名誉会长何济海等出席授牌仪式。

6月14日，中共宿州市委召开全市领导干部会议。省委常委、组织部部长王炯出席会议并作讲话，省委组织部常务副部长汤林祥宣布省委关于宿州市委主要负责同志职务调整的决定。省委决定：张曙光同志任宿州市委书记、宿州马鞍山现代产业园党工委第一书记。提名张曙光为市人大常委会主任候选人。

6月25日，中共宿州市委召开全市领导干部会议。省委组织部常务副部长汤林祥宣布省委关于宿州市人民政府主要负责同志调整的决定并作讲话。省委决定，提名史翔为宿州市人民政府市长候选人。市委书记张曙光主持并作讲话，史翔出席会议并作重要讲话。

6月26日，以“转移升级，创新发展”为主题的第二届（2013）中国制鞋产业发展高层论坛在宿州国际大酒店开幕。本届论坛由中国轻工业联合会、中国皮革协会、中国皮革和制鞋工业研究院、安徽省经信委、宿州市人民政府主（承）办，全国制鞋工业信息中心、国家鞋类质量监督检验中心协办。国家有关部委领导钱桂敬、于学军、李玉中、张立群、梅新育等，副省长杨振超及省直相关部门负责人，市领导张曙光、刘晓云、史翔、张冬云等出席论坛开幕式。

7月19日，宿州市第四届人民代表大会第二次会议，选举张曙光为宿州市人大常委会主任，选举史翔为宿州市人民政府市长。

8月6日，中国中部（宿州）纺织服装产业城举行部分企业开工奠基、投产仪式。市委书记张曙光，市长史翔，市委副书记、常务副市长张冬云，市委常委、埇桥区委书记孙勇等出席仪式。

12月9日，中共宿州市第四届委员会第五次全体（扩大）会议召开。市委书记张曙光主持会议并代表市委常委会向全委会作工作报告。市委副书记、市长史翔传达省委九届九次全体（扩大）会议精神。

第一篇　自然地理

第一章　建置　区划

第一节　建置沿革

宿州历史悠久，早在八千多年前的新石器早期，先民们就在这方土地上繁衍生息。埇桥区的古台寺、萧县的花甲寺、灵璧县的三山蒋庙、泗县的佘家台等地属于大汶口文化时期、龙山文化时期的历史遗存就是明证。在夏、商、西周时期，这里是徐夷、淮夷等部落的居住区。春秋末期，东周庄王十三年（公元前684年），宋国宋湣公将原封地于今山东东平境内的伏羲后裔风姓男爵小国——宿国强迁于宋地（今宿州辖区）以为附庸，此为今宿州地域和“宿”字结缘之始。春秋时期，现宿州境内就置有宿国、萧国、徐国等诸侯小国。宋国都城曾一度迁于宿地相山（今淮北市）。战国时期宿地属楚。秦朝一统后，辖区分属泗水郡、砀郡，置有符离县、蕲县、相县、取虑、铚县、僮县、下邑等县。汉高帝五年（公元前20年），革砀郡为梁国，设砀县。西汉初设甾丘县（在今埇桥区支河），杼秋县（在今萧县黄口），在今泗县境内置夏丘县和虹县。王莽新朝始建国元年（9年），改砀县为节砀县，改符离县为符合县，不久复原称。更始三年（24年），封刘秀为萧王。建初四年（79年），迁梁国于下邑，砀县属之。建安二十四年（219年），析沛国置谯郡，以竹邑、相城、符离等县属沛国，以铚县、蕲县等县属谯郡。太和三年（229年），追封曹熊为萧王，称萧国。太和六年（234年）国除。青龙二年（234年），复置萧县，属豫州谯郡。景初二年（238年），分沛国汝阴郡，阳城废。元康五年（295年）砀山并入下邑县。东晋建武元年（317年），萧县属沛郡，郡治由相县徙于萧。东晋升平元年（357年），沛郡、谯郡陷于前燕。东晋太和五年（370年），燕灭，宿地尽入前秦。太元九年（384年），东晋北伐，复宿地。义熙七年（411年），泗县地属南兖州，治夏丘。北魏孝昌二年（526年），废下邑，置砀郡，下设砀县、安阳两县。东魏武定六年（548年），置新丰县（今宿州市北新丰村），竹邑县（今宿州城北20里老符离）属睢南郡，改夏丘县为晋陵县。北齐天保七年（556年），改萧县为承高县，属彭城郡。开皇六年（586年），改承高县为龙城县。开皇十八年（598年），废安阳置砀山县。大业元年（605年），改龙城县为临沛县，后又复改临沛县为萧县。武德四年（623年），析夏丘县置虹县。六年（625年）夏丘县入虹县，夏丘县废。贞观八年（634年），虹县属泗州。元和四年（809年），析原徐州属之符离县、蕲县，原泗州属之虹县置宿州，因此地域古属“宿国”疆域，故取名“宿州”。治埇桥镇。元和九年（814年），以亳州属之临涣县入宿州。太和三年（829年），宿州废。太和七年（833年）复置。光化四年（901年），于砀山县置辉州。砀山县属之。后唐同光三年（925年），砀山县属单州。后周显德五年（958年），萧县属徐州武定军节度。宋开宝五年（972年），宿州为保靖军节度，属淮南路。熙宁五年（1072年），属淮南东路。元祐元年（1086年），析虹县属零壁镇巡检司置零壁县，隶宿州。政和七年（1117），因其地盛产如美玉般的磬石，故改县名零壁为“灵璧”。金兴定元年（1217年）砀山县城被黄水湮没，县治迁虞山保安镇（今属河南永城）。元宪宗七年（1257年），迁回旧治。至元二年（1265年），废蕲县、临涣、符离三县入宿州，属河南归德府（今河南商丘）。废萧县、永固县入徐州。因砀山县屡遭水患，人口稀少废入单县。至元三年，复置砀山县，属济州。至元四年，拨宿州属之灵璧县归泗州。至元十二年，复置萧县，属河南行省归德府。至元十三年，拨泗州属虹县入宿州。至元十七年，复拨虹县属泗州，灵璧属宿州。泰定元年（1324年），黄河行故汴渠仍与徐州泗水合，至清口入淮。宿州汴渠湮废。明洪武元年（1368年）宿州及灵璧、虹县属临濠府，七年属凤阳府。洪武十二年（1379年），萧县、砀山县属南直隶徐州。清顺治十八年（1661年），宿州属江南左布政使，灵璧属凤阳府宿州辖。雍正三年（1725年），升泗州为直隶州。雍正十一年（1733年），砀山县、萧县属江苏省徐州府。乾隆四十二年（1777年）。迁泗州于虹县，并虹县入泗州，初称泗虹州，后为泗州，原虹县降为虹乡。宣统三年（1911年）辛亥革命爆发，12月16日宿州光复。民国肇建，宿州称宿县，泗州改泗县，与灵璧县均属安徽省。砀山县、萧县属江苏。民国21年（1932年），萧县、砀山属江苏省铜山行政督察区，宿县、灵璧、泗县属安徽省第六行政督察区。民国27年（1938年）5月，今宿州所属各县先后沦陷。日伪、国民党、抗日人民政府三方政权并存直至抗日战争结束。国民党政权则在县城以外乡集设立流亡政府，宿、灵、泗隶属国民政府第六行政督察区，萧、砀则隶属江苏徐州专区。共产党则在各县交界毗邻处建立抗日政权，如宿东县、宿西、萧宿铜、灵睢泗、泗五县、泗南县、泗宿等，隶属于中共淮北地委。民国32年（1943年）日伪在苏皖北部设淮海省，今宿州各县均属淮海省。抗日战争胜利后，宿县、灵璧、泗县属安徽省第四行政督察专员公署。砀、萧属江苏省徐州专员公署。

1949年1月，淮海战役结束，今宿州各县相继解放。各县分别属于豫皖苏边区三专署、六专署和江淮边区二专署、三专署。1949年3月25日，江淮二专署并入三专署和豫皖苏三地委、六地委之一部合并，成立宿县专区，属皖北行署。辖邳睢、睢宁、泗阳、淮宝、泗南、泗宿、泗灵睢、萧铜、灵璧、宿东、五河、永城、砀山、萧县、怀远、宿西、宿城市和盱凤嘉、洪泽湖工委、宿迁市二十个县级政权。1949年6月，经过合并、调整后，邳睢、睢宁、泗阳、宿迁市归属江苏建制。宿县专区辖永城、砀山、萧县、宿县、灵璧、泗县、五河、怀远、泗洪九县，宿城市撤销。1950年，析宿县西部置濉溪县。1951年重置宿城市。1953年，砀山、萧县划归江苏，永城划归河南，宿县专区属安徽省。1953年撤销宿城市。1955年泗洪划江苏，砀山、萧县划回安徽省宿县专区。1956年2月，宿县、滁县两专区合并为蚌埠专区。1961年3月，蚌埠专区撤销，重新设立宿县专区，辖濉溪、砀山、萧县、宿县、灵璧、泗县、五河、怀远八县。

1964年，析宿县、灵璧、五河、怀远衔接处各一部，置固镇县。1971年，宿县专区更名为宿县地区。1977年，濉溪县划归淮北市。1979年10月，析宿县城关镇及城郊、城西区之一部置县级宿州市。1983年7月，五河、固镇、怀远三县划归蚌埠市。宿县地区辖砀山、萧县、宿县、灵璧、泗县、宿州市计五县一市。1992年12月11日，国务院批准县级宿州市与宿县合并，仍为县级宿州市。1998年12月国务院批复，撤销原宿县地区，设立省辖宿州市；辖泗县、灵璧、萧县、砀山和埇桥区（原县级宿州市）等四县一区，治所驻宿州市城区。1999年元月埇桥区挂牌成立。1999年5月中共宿州市第一次党代表大会和宿州市第一届人民代表大会、政协会议相继召开，省辖宿州市正式宣告成立。

第二节　行政区划

1999年地改市至2007年末，宿州市下辖砀山县、萧县、灵璧县、泗县和埇桥区，有94个乡镇和11个街道办事处，土地总面积9787平方公里。

1988年年末宿县地区行政区划和国土面积

表1-1-1

县市	国土面积(平方公里)	县区数(个)			乡镇(街道办事处)数(个)			居民委员会(个)	村民委员会(个)
		合计	县级市	县	街道办事处	区/标准镇	乡镇		
总计	9787	—	1	5	8	67	352	139	3120
宿州市	125	—	—	—	8	1	6	67	49
宿　县	2743	—	—	1	—	16	88	26	789
砀山县	1193	—	—	1	—	12	63	5	471
萧　县	1861	—	—	1	—	13	70	29	792
灵璧县	2054	—	—	1	—	14	77	6	561
泗　县	1787	—	—	1	—	11	48	6	458

1988年年末宿县地区乡镇、街道办事处名录

表1-1-2

县市	区、乡、镇、街道办事处名称
宿州市	区：城郊区 街道办事处：南关、市北、西关、东关、道东、沱河、埇桥、市南 乡镇：西二铺乡、三八乡、城西乡、城南乡、城东乡、城北乡
宿　县	镇：符离、芦岭、朱仙庄 区：褚兰、永安、曹村、夹沟、时村、苗安、灰古、大店、西寺坡、大营、蕲县、桃园、栏杆 乡镇：杨庄、支河、柏山、贡山、解集、栏杆镇、张山、小集、路町、阚町、后程、桂山、褚兰镇、褚北、刘楼、桃山、曹村镇、陈町、闵贤、程庄、褚庄、丁集、黄山、老符离、十里、五柳、夹沟镇、鹳山、青龙、棒场、冲町、永安镇、夏桥、薛庙、大许、大秦、王堂、孙瓦房、桃园镇、东平、运河、紫芦湖、刘合、前付、西寺坡镇、大泽乡、高口、龙王庙、水池、花庄、丁桥、芦岭、三铺、二铺、二郎、后场、新河、大店镇、张庙、苏庙、昌圩、四铺、八里、苗安、王集、李圩、石桥、蕲县镇、白安、浍南、团结、耿湾、大营镇、陈李、方店、永镇、梅庵、秦圩
砀山县	区：城关、李庄、陇海、唐寨、大寨、朱寨、梁寨、官庄、赵屯、玄庙、关帝庙、周寨 乡：陈寨、朱楼、刁楼、王屯、回龙、梁寨、衡楼、周寨镇、汪庄、李新庄、张庄、孙老家、张王庄、龙坛、官庄镇、谢集、吴集、朱兰店、毛雷庄、葛集镇、贾寨、豆集、张庄、汪林、赵屯、陈庄、薛口、杜阁、曹庄、玄庙镇、西刘、郭楼、马良镇、刘暗楼、汤寺、黄楼、徐庙、邵楼、范集、汪大楼、毛园、范庄、候楼、李屯、范寨、徐井、西南门镇、李庄、朱寨、双集、潘坝、文庄、夹提、唐寨镇、朱店、卞楼、汪阁、卢庄、訾庄、李阁、良梨镇
萧　县	镇区：龙城、黄口、杨楼、皇藏、丁里、圣泉、王寨、祖楼、淮海、赵庄、大屯、马井、新庄 乡：王寨镇、李楼、祖楼镇、刘其、丁楼、双楼、张楼、芦庄、杜楼镇、吴丛、白楼、洪河、张庄寨镇、寿楼、崔口、孙楼、青龙集镇、石林、王汉集、赵桃园、大屯、李集、新庄、东阁、杜集、孙庙、徐洼、黄口、酒店、东镇镇、刘店、李楼、马井镇、郝庄、阎集镇、道口、朱集、木集、杨集、郝集、纵庄、朱庄、刘套镇、芋集、孔城、梅村、帽山、业庄、陶楼、郭庄、郑腰庄、魏楼、王典、孤山、官桥镇、高庄、庄里、赵楼、白土镇、丁里镇、胜利、瓦口、吴庄、永固镇
灵璧县	镇区：灵城镇、韦集、黄湾、娄庄、杨町、尹集、浍沟、尤集、王集、九顶、渔沟、高楼、冯庙、城关 乡：冯庙镇、卓场、冯北、冯东、大王、良集、郑楼、申场、渔沟镇、崔楼、朝阳镇、马集、唐庄、陆圩、程庙,丁阁、王集、谢楼、洛涧、九集、尤集镇、李场、刘寨、朱集、童山、禅堂、土山、陈场、大路、浍沟镇、马庄、田路、尹集镇、尹楼、圩疃、尹西、大庙、沙滩、孟山、高楼镇、卓海、张营、灵西、七里、界沟、十里、凤河、范桥、三山、虞姬、杨疃镇、双河、郑庙、小吴、张圩、邱庙、大吴、张宅、韦集镇、向阳、官庄、金圩、藕庄、单圩、城后、位集、黄湾镇、大山、红星、晏路、沙坝、娄庄镇、蒋圩、宣圩、戈店、司房、长集
泗　县	镇区：城关镇、山头、大庄、黄圩、长沟、屏山、黑塔、草庙、墩集、丁湖、草沟 乡：黄圩镇、高集、巩沟、曹场、大庄镇、万安、王集、新集、瓦坊、小路、山头镇、骆庙、四山、刘圩镇、找沟、黑塔镇、杨圩、马场、长沟镇、前李、彭铺、朱彭、通海、草庙镇、汴光、三湾、丁湖镇、吴圩、索滩、樊集、杨集、圩集、坝王、大路口、九里沟、草沟镇、于韩、大梁、小良、大安、瓦坊、夏庆、屏山镇、大李、吴店、徐贺、老山、大魏

1998年宿县地区行政区划和国土面积

表1-1-3

县市	国土面积（平方公里）	县市数（个）			乡镇（街道办事处）数（个）			居民委员会（个）	村民委员会（个）
		合计	县级市	县	街道办事处	镇	乡		
总计	9787	5	1	4	8	73	37	154	2871
宿州市	2868	—	1	—	8	16	13	113	772
砀山县	1193	—	—	1	—	14	5	9	386
萧　县	1861	—	—	1	—	18	4	17	702
灵璧县	2054	—	—	1	—	13	8	8	557
泗　县	1787	—	—	1	—	12	7	7	454

1998年宿县地区乡镇、街道办事处名录

表1-1-4

县市	乡、镇、街道办事处名称
宿州市	街道办事处：埇桥、南关、北关、西关、东关、道东、沱河、三里湾 镇：符离、汴河、灰古、大店、朱仙庄、芦岭、西寺坡、桃园、蕲县、大营、褚兰、曹村、夹沟、栏杆、时村、永安 乡：城东、三八、西二铺、杨庄、支河、解集、桃沟、顺河、蒿沟、苗庵、龙王庙、北杨寨、永镇
砀山县	镇：城关、李庄、唐寨、葛集、周寨、玄庙、程庄、西南门、曹庄、关帝庙、朱楼、文庄、官庄坝、良梨 乡：刘暗楼、权集、赵屯、黄楼
萧　县	镇：龙城、白土、官桥、丁里、永堌、杜楼、祖楼、青龙、张庄寨、大屯、赵庄、黄口、新庄、阎集、马井、杨楼、刘套 乡：庄里、孙圩子、酒店、圣泉、石林
灵璧县	镇：灵城、韦集、黄湾、娄庄、杨疃、尹集、尤集、下楼、朝阳、渔沟、冯庙、高楼、浍沟 乡：向阳、长集、朱集、大路、大庙、禅堂、灵西、虞姬
泗　县	镇：泗城、黄圩、大庄、黑塔、屏山、草庙、草沟、丁湖、墩集、山头、刘圩、长沟 乡：大杨、瓦坊、小梁、徐贺、三湾、大路口、瓦坊

2000年宿州市行政区划和国土面积

表1-1-5

县市	国土面积（平方公里）	县区数（个）			乡镇（街道办事处）数（个）			居民委员会（个）	村民委员会（个）
		合计	区	县	街道办事处	镇	乡		
总计	9787	5	1	4	8	73	37	139	2904
埇桥区	2868	1	1	—	8	16	13	97	781
砀山县	1193	1	—	1	—	14	5	9	394
萧　县	1885	1	—	1	—	18	5	17	718
灵璧县	2054	1	—	1	—	13	8	8	563
泗　县	1787	1	—	1	—	12	6	8	448

2000年宿州市乡镇、街道办事处名录

表1-1-6

县　区	乡、镇、街道办事处名称
埇桥区	街道办事处：埇桥、南关、北关、西关、东关、道东、沱河、三里湾 镇：符离、汴河、灰古、大店、朱仙庄、芦岭、西寺坡、桃园、蕲县、大营、褚兰、曹村、夹沟、栏杆、时村、永安 乡：城东、三八、西二铺、杨庄、支河、解集、桃沟、顺河、蒿沟、苗庵、龙王庙、北杨寨、永镇
砀山县	镇：城关、李庄、唐寨、葛集、周寨、玄庙、程庄、西南门、曹庄、关帝庙、朱楼、文庄、官庄坝、良梨 乡：陇海乡、刘暗楼、权集、赵屯、黄楼
萧　县	镇：龙城、白土、官桥、丁里、永堌、杜楼、祖楼、青龙、张庄寨、大屯、赵庄、黄口、新庄、阎集、马井、杨楼、刘套 乡：庄里、孙圩孜、酒店、圣泉、石林
灵璧县	镇：灵城、韦集、黄湾、娄庄、杨疃、尹集、尤集、下楼、朝阳、渔沟、冯庙、高楼、浍沟 乡：向阳、长集、朱集、大路、大庙、禅堂、灵西、虞姬
泗　县	镇：泗城、黄圩、大庄、黑塔、屏山、草庙、草沟、丁湖、墩集、山头、刘圩、长沟 乡：大杨、瓦坊、小梁、徐贺、大路口、瓦坊

2004年宿州市行政区划和国土面积

表1-1-7

县市	国土面积（平方公里）	县区数（个）			乡镇（街道办事处）数（个）			居民委员会（个）	村民委员会（个）
		合计	区	县	街道办事处	镇	乡		
总计	9787	5	1	4	11	71	34	124	2851
埇桥区	2868	1	1	—	11	15	9	70	792
砀山县	1193	1	—	1	—	14	5	19	379
萧　县	1885	1	—	1	—	17	5	17	718
灵璧县	2054	1	—	1	—	13	8	4	514
泗　县	1787	1	—	1	—	12	7	14	448

2004年宿州市乡镇、街道办事处名录

表1-1-8

县　市	乡、镇、街道办事处名称
埇桥区	街道办事处：埇桥、南关、北关、西关、东关、道东、沱河、三里湾、三八、城东、汴河 镇：符离、灰石、大店、朱仙庄、芦岭、西寺坡、桃园、祁县、大营、褚兰、曹村、夹沟、栏杆、时村、永安 乡：西二铺、杨庄、支河、解集、桃沟、顺河、蒿沟、苗庵、永镇
砀山县	镇：城关、李庄、唐寨、葛集、周寨、玄庙、程庄、西南门、曹庄、关帝庙、朱楼、文庄、官庄坝、良梨 乡：陇海乡、刘暗楼、权集、赵屯、黄楼
萧　县	镇：龙城、白土、官桥、丁里、永堌、杜楼、祖楼、青龙、张庄寨、大屯、赵庄、黄口、新庄、阎集、马井、杨楼、刘套 乡：庄里、孙圩子、酒店、圣泉、石林
灵璧县	镇：灵城、韦集、黄湾、娄庄、杨疃、尹集、尤集、下楼、朝阳、渔沟、冯庙、高楼、浍沟 乡：向阳、长集、朱集、大路、大庙、禅堂、灵西、虞姬
泗　县	镇：泗城、黄圩、大庄、黑塔、屏山、草庙、草沟、丁湖、墩集、山头、刘圩、长沟 乡：大杨、瓦坊、小梁、徐贺、三湾、大路口、瓦坊

2007年宿州市行政区划和国土面积

表1-1-9

县市	国土面积（平方公里）	县区数（个）			乡镇（街道办事处）数（个）			居民委员会（个）	村民委员会（个）
		合计	区	县	街道办事处	镇	乡		
总计	9787	5	1	4	11	71	23	118	1938
埇桥区	2868	1	1	—	11	15	9	65	772
砀山县	1193	1	—	1	—	13	—	14	151
萧　县	1885	1	—	1	—	18	5	17	257
灵璧县	2054	1	—	1	—	13	6	8	310
泗　县	1787	1	—	1	—	12	3	14	448

2007年宿州市乡镇、街道办事处名录

表1-1-10

县区	乡、镇、街道办事处名称
埇桥区	街道办事处:埇桥、南关、北关、西关、东关、道东、沱河、三里湾、三八、城东、汴河 镇:符离、灰古、大店、朱仙庄、芦岭、西寺坡、桃园、祁县、大营、褚兰、曹村、夹沟、栏杆、时村、永安 乡:西二铺、杨庄、支河、解集、桃沟、顺河、蒿沟、苗庵、永镇
砀山县	镇:城关、李庄、唐寨、葛集、周寨、玄庙、程庄、曹庄、关帝庙、朱楼、官庄坝、良梨、赵屯
萧　县	镇:龙城、白土、官桥、丁里、永堌、杜楼、王寨、祖楼、青龙、张庄寨、大屯、赵庄、黄口、新庄、阎集、马井、杨楼、刘套 乡:庄里、孙圩孜、酒店、圣泉、石林
灵璧县	镇:灵城、韦集、黄湾、娄庄、杨疃、尹集、尤集、下楼、朝阳、渔沟、冯庙、高楼、浍沟 乡:向阳、朱集、大路、大庙、禅堂、虞姬
泗　县	镇:泗城、黄圩、大庄、黑塔、屏山、草庙、草沟、丁湖、墩集、山头、刘圩、长沟 乡:大杨、大路口、瓦坊

第二章　自然　环境

第一节　地质　地貌

宿州市位于安徽省最北部，地处华北平原南部的黄淮地区的中南部。东部与江苏省宿迁市毗邻，西部与淮北市及河南省商丘市接壤，南与蚌埠市相接，北与山东省荷泽市及江苏省徐州市互连。地理坐标：北纬33°18′-34°38′，东经116°9′-118°10′，全市东西长约184.6公里；南北宽约151.2公里。总面积9787平方公里，约占全省总面积的7.6%。宿州市地处中原腹地，毗邻东部沿海地区，域内铁路、公路纵横交错，河网密布，交通便捷。

一、地质

在大地构造单元上属华北地台南部、郯庐断裂带西侧的徐（州）蚌（埠）断褶带。丘陵地区基岩局部出露，岩性以寒武、奥陶、震旦纪白云质灰岩为主。含有部分页岩、砂岩、石英岩。由于受多次地壳运动的影响，岩石多支离破碎、裂隙溶洞发育，透水性强。第四系松散沉积物分布较广，岩性为黏性土，砾石及砂。自南向北有蚌埠、固镇、沛县三个东西向隆起，隆起之间为相对的凹陷区。宿州市埇桥区北部的苗安、灰古至四铺一线，有东西断层，此断层对淮北水文地质条件起着控制作用。断层以北的相对上升区，为基岩地下水强径流交替带，断层以南基岩地下水径流滞缓，水质水量较北部有明显差异。

二、地貌

宿州市在黄淮平原中南部，地貌要素的差异较大，大体上可分为丘陵、台地、平原三大类型。

丘陵主要集中分布在濉河以北，面积597平方公里，占全市总面积的6.1%，丘陵地的基岩除极少数为酸性和基性岩浆岩外，主要为震旦纪-奥陶纪的石灰岩及少量砂岩、页岩。水热条件虽不足以使灰岩发育成大规模的喀斯特地貌，但崎岖石牙和小型溶洞发育相当普遍。高丘：主要分布在濉河以北的京沪铁路两侧，海拔高度一般为200-250米，少数为250-395米。其发育受褶皱构造的影响，成带状；灰岩岩性较坚硬，难破碎，其坡度多在25°上下，使陡坡高丘与缓坡高丘相互交叉存在，其残积、坡积物除山麓部分能连片较厚外，一般仅呈鸡窝状。基岩裸露地占有很大比例，故其有相当一部分难以利用。低丘：主要分布在濉河以北宿州市埇桥区东北部和灵璧县九顶、渔沟一带。海拔高度一般为100-200米，只有黑峰岭略超过200米。低丘基岩虽然亦以灰岩为主，但坡度一般在25°以下，坡积、残积物较厚而连片，林牧业利用条件较好。

台地主要分布于丘陵地的四周，面积292平方公里，占全市土地总面积的2.9%，全市台地根据其台面组成的物质不同可分为两类：一是剥蚀堆积台地，其地面先被夷平，后抬升，再经剥蚀堆积的台地，主要紧挨丘陵分布，分为二级。第一级台地高出洪积扇、洪积平原或砂礓黑土平原，或黄泛平原5米左右，台面堆积物主要为黄色黏土，属坡积物，台面坡度一般多在5°以下，切割深度常可达3-5米。第二级台地，高出第一级台地2-5米，台面堆积物主要为红色黏土，属于残积、坡积物。台面坡度一般多在5°以上，切割深度常5米以上。剥蚀堆积台地地势较高，而土层又黏重易旱，水土流失较严重。二是沉积台地，主要分布于泗县东南的墩集一带，分为二级，茅一级为高出平原5米左右，台面较窄，但平坦，组成物质主要为综黄色黏土，含钙质结核和铁锰结核；第二级台地高出第一级台地5米左右。台地台面广，亦较平，偶见土状突出物。台面组成物质主要为黄色、黄褐色亚黏土，并含有大量的钙质结核和铁锰结核。

平原是全市地貌主体，8897.06平方公里，占全市土地总面积的91%。以五千分之一至万分之一比降由北向南，由西向东呈缓倾斜状；各地中、小地貌形态及沉积物性质各自迥异。大致分为三种类型：一是洪积扇和与洪积平原。由丘陵地区河溪洪水沉积作用所形成的洪积扇及由洪积扇联合组成的洪积平原，面积260平方公里。存在于丘陵间和丘陵、台地的边缘，其形成时间长，覆盖于砂礓黑土之上，为一种现代沉积，土质较肥，为丘陵地边缘重要耕作地。二是黄泛平原：黄泛平原是因黄河在数千年千百次溃堤决口改道南泛所形成，面积5657平方公里。黄泛平原沉积物质主要来源于黄土高原，可溶性盐类含量较多，地表易于盐化、碱化，根据地貌分类，又分为黄泛高滩地、黄泛决口扇、黄泛缓坡地、黄泛洼地等四种类型。黄泛高滩地主要有两条：一条废黄河高滩地，一条为汴堤高滩地。废黄河高滩地位于砀山县和萧县北部，宽约5-10公里，高出堤外面6-8米。滩地中部为宽1-1.5公里的废河槽。废河槽两旁对称的依次为高0.5-1米，宽20-50米的天然堤带和宽1-8公里波状起伏滩地。地面组成物质为中沙、细沙、粉沙、黏质沙土与沙质黏土，局部地方有小型沙丘。汴堤高滩地大致自西向东横穿宿州市埇桥区、灵璧县和泗县中部，宽约0.5-2公里，高出于两侧1-3米，地面组成物质主要为粉沙土、黏质沙土和沙质黏土。两处高滩地土壤质地均较好，是农耕较好的土壤。黄泛决口扇：黄河故道河床高出两岸平地，常有决口，决口洪水带来的大量泥沙出堤后又迅速沉积。因此，故黄河大堤两旁常有决口扇形成，决口扇主要有三个，一个在黄河故道北岸苗城河上游地区，第二个在砀山县城西沙河、利民河上游地区，第三个在砀山县城东李庄以北。形态呈扇形，坡度在3°-5°间，组成物质主要为粉沙及少量中、细沙，易旱，水土流失严重。黄泛缓坡地：缓坡地为本区黄泛平原主体，由黄水泛滥形成，主要分布于砀山县、萧县大部分地区及埇桥区、灵璧县、泗县北部。坡度以五千分之一至万分之一的比降，由北向南，由西向东缓斜外，又由于黄泛水流无序，沉积杂乱，故地面形成大平小不平，地面组成物质，在故道两旁的相当范围内泛滥主流的两旁为沙土、粉沙土，随离故道主流线渐远，则逐渐更替为黏质沙土和沙质黏土及黏土。泛道洼地：主要集中分布于萧县西部及宿州市埇桥区、灵璧县北部，存在于黄河泛滥时为大溜刷深低谷中，地势低洼，易渍、易碱化、盐化，是低产农业区。三是黄泛砂礓黑土平原，主要分布于埇桥区、灵璧县、泗县的南部，面积2980平方公里。砂礓黑土平原以七千五百分之一、万分之一比降由西北向东南倾斜，又自河岸向河间地区微凹，又称为缓倾斜微凹平原。多条淮河支流平行穿过，地面被分割成多块而位于两河间，故又称为河间平原。砂礓黑土平原发育的土壤为砂礓黑土，根据其成因，又分为河岸高地、河间洼地、缓倾地。

第二节　山脉　河流

一、山脉

濉河以北地区的萧县、宿州市埇桥区、灵璧县、泗县部分，分布着绵延的岛状低山残丘，属于淮阳山脉余脉，系古生代构造带。250万年前开始的新构造运动中，为缓升降交替区，大部分地区沉陷，少数地区相对隆起而形成。高度多在200米左右，最高的大官山在萧县境内，海拔395米。高度超过200米的山岳有高山、独山、歪头山、长山套、马山、两辫山、轿顶山、轿山、锦屏山、大龙暴峪、黄包山、寨山、凤山、官山、萝卜山、圣泉山、岱山、老虎山、灵山、五洞山、程蒋山、黄山、鹰咀山、龙虎峪、皇藏峪、大虎山、龙王山、老鹰窝、天门山、乌牛山、秤砣山、灵鹫山、灵蛇山、卧虎山、老龙脊、八山、青山、鹤山、二郎山、芳岩山、孤山、唐山、武里山、茭山、亮山、骞山、齐山、马湾山、瞻凤山、望山、大黄山、鱼山、白虎山、尚山、桂山、东平山、广龙山、马山、九顶山、梅山、湖山、老海寺山、大望町山、宣山、青铜山、蝙蝠山、大龙山、张山、香山、黑风峪、塔山、贡山、藕圹山、巍山、柏山、仓山、刁山等。较为著名的有萧县皇藏峪自然保护区内的诸山、圣泉山，宿州市埇桥区夹沟的武里山、镇町寺山，灵璧县的凤山、九顶山，泗县的鹿鸣山、阴陵山等。

二、河道水系

全市有中、小河道70条，排水大沟354条，分为6大水系。

（一）怀洪新河水系

怀洪新河水系市内流域面积3372.7平方公里，主要河流有浍河、沱河、北沱河、唐河、澥河、石梁河。浍河为跨省河道，主要承泄上游河南省来水。浍河、沱河、北沱河、唐河、澥河是在新中国成立初期建设的五河内外水分流工程，由入淮河改经漴潼河汇入洪泽湖。

（二）奎濉河水系

奎濉河水系市内流域面积2975.5平方公里，主要河流有奎河、濉河、拖尾河、老濉河。奎河发源于江苏省徐州市云龙山麓，呈南北走向，在宿州市埇桥区时村镇汇入濉河。濉河呈东西走向，在江苏省泗洪县境内注入洪泽湖的溧河洼。

（三）新汴河水系

新汴河全长127公里，市内流域面积2493.3平方公里，主要河流有沱河、王引河、萧濉新河。新汴河流域跨河南、安徽、江苏三省，干流从戚岭子截沱河至江苏省泗洪县付圩子流入洪泽湖溧河洼，是一条人工开挖的大型河道。

（四）南四湖水系

南四湖水系市内流域面积439.0平方公里，主要河流有复新河、苗城河、废黄河，均为跨省河道。复新河、苗城河源于砀山县玄庙镇南，流经江苏省丰县，山东省单县、鱼台县，注入昭阳湖。废黄河由豫、皖、鲁三省交界处入境，经江苏省丰县、沛县大沙河入昭阳湖。

（五）安河水系

安河水系市内流域面积313.0平方公里，主要河流有潼河、龙河。潼河发源于灵璧县花山子，流经江苏省睢宁县和安徽省泗县，在泗洪县经安河入洪泽湖。龙河发源于江苏省睢宁县龙集，在泗县小王庄北成为皖、苏两省边界河道，在高庄处汇入徐洪河。

（六）故黄河水系

故黄河水系市内流域面积193.5平方公里，系指萧县故黄河段。故黄河上段在砀山县高寨东进入大沙河汇入南四湖。下段为皖、苏两省边界河道，向东经江苏省的徐州、宿迁、淮安、滨海流入黄海。

市内河流受地势制约，多流经平原。除砀山县北部复兴河流向东北入南四湖水系外，其他河流均自西北流向东南，先后汇入淮河、洪泽湖。市辖区中南部处在淮河各大支流下游，每逢暴雨来临，河水猛涨，常造成洪涝灾害。宿州市埇桥区、灵璧县、泗县历史上最严重的自然灾害就是水灾。冬春季节中上游许多河、沟断流，砀山县、萧县常有旱灾发生。

第三节　气候　土壤

一、气候

宿州市地处暖温带与北亚热带的过渡带，在中国气候区划中属于暖温带半湿润季风气候区。主要气候特点是：四季鲜明，雨热同季，光照充足，降雨适中，无霜期长。在气象学上常按阳历划分季节，即3–5月为春季，6–8月是夏季，9–11月为秋季，12–翌年2月为冬季。而气候学对四季的划分标准是：以平均气温<10℃为冬季，>22℃是夏季，介于10–22℃之间为春秋季。按此标准，宿州市则冬夏长而春秋短，春秋一般不足2个月，夏季110–115天，冬季137天左右。

宿州市气候适宜多种农作物、果树和林木的生长，对发展多种经营极为有利。雨热同季的气候特征为农业生产提供良好的条件。但是，由于宿州市地处南北气候过渡带，同时又受黄河、淮河两大水系及海陆气候的影响，冷暖空气交汇频繁，天气变化剧烈，气候对农业生产的影响较为强烈，干旱、洪涝、大风、冰雹、连阴雨、低温霜冻、病虫害等自然灾害常有发生，给工农业生产、人们的日常生活带来较大影响。

（一）气温

1.平均气温

全市历年平均气温14.5℃左右，年平均最低的是1956年和1957年，全市各地12.9℃　–13.2℃；最高年份是2006年，宿州站达到16.3℃，其余各县在15.5℃左右。1月是全年最冷月份，自北向南平均气温0.2–0.8℃；最热月份是7月，平均气温27.2℃左右。

以宿州站为例，1994年以来的年平均气温在15℃以上，均高于历年平均值，说明宿州气候变暖的趋势明显。20世纪90年代冬季平均气温2.8℃，是60年代的4倍；2001–2007年平均为3.5℃，是60年代的5倍。

2.极端气温

平均极端最高气温是指多年极端最高气温的平均值，宿州站37.9℃，其余各地37.5-37.6℃。全市各地每年都会出现35℃以上的高温天气，高温日数和持续天数有所不同。极端最高气温全市各地均在40℃以上，其中多数超过或等于41℃，泗县1988年7月9日极端最高气温41.7℃，是全市有记录以来的最高值；极端最高气温的最低值在35℃以上，最低的是35.1℃，时间是出现在萧县1963年7月1日。日最高气温≥35℃日数各地平均为9.9天至13.0天，宿州站最多，萧县最少。

平均极端最低气温是指多年极端最低气温的平均值，全市各地均在-10.9--11.7℃之间，相差不大，且有自北向南逐渐降低的趋势。全市极端最低气温除砀山不足-20℃外，其余各地均在-23℃以下；极值为灵璧县的-23.9℃，出现在1969年2月6日。日最低气温≤-10℃的寒冷天气日数历年平均2天左右。20世纪90年代冬季日最低气温≤-10℃的寒冷天气日数平均不足2天，不到60年代的三分之一；1999-2007年连续9年没有出现≤-10℃的寒冷天气。

宿州站各月气温要素

表1-2-1

气温月份	1	2	3	4	5	6	7	8	9	10	11	12
平均气温(℃)	0.8	3.0	8.0	15.0	20.5	25.2	27.3	26.7	22.0	16.2	9.1	3.0
极端最高气温(℃)	20.1	25.2	30.0	34.3	37.6	40.3	40.9	39.8	37.1	35.1	30.0	22.1
极端最低气温(℃)	-23.2	-22.3	-11.7	-3.9	3.1	11.3	16.7	14.6	7.1	-3.0	-8.6	-18.7
最高气温≥35℃的平均日数(天)	0	0	0	0	0.6	3.7	5.7	2.7	0.3	0	0	0
最低气温≤-10℃的平均日数(天)	0.9	0.5	0	0	0	0	0	0	0	0	0	0.5

3.无霜期

宿州市的无霜期较长，有利于农作物生长。历年平均无霜期202-209天，砀山县最少，萧县最多。无霜期最多的一年有244天（1984年），出现在萧县，最少的一年只有164天（1965年），出现在泗县。全市各地平均终霜期4月5日左右，最迟出现在灵璧（1961年5月4日）；平均初霜期10月26-30日，相差3-4天，最早出现在砀山县（1968年9月29日）。

4.地温

（1）地面温度。历年平均地面温度16.0℃-17.6℃，泗县站最高，砀山县最低；北部比历年平均气温偏高1.8℃左右，中东部偏高2.8℃上下；各月变化基本与气温同步。全市各地地面极端最高温度70℃左右，极值为73.7℃，出现在泗县，日期为1988年7月9日；地面极端最低温度大多接近-26℃，极值为泗县的-28.0℃，出现在1969年2月6日。

（2）5厘米地温。春季3-4月，地中浅层5厘米地温变化与农业生产关系十分密切。北部5厘米地温升至10℃在3月下旬后期，中东部在3月下旬中期；升至12℃大都在4月上旬初。

（3）冻土。冻土一般出现在每年的11月至翌年3月，为期5个月，发生冻土的日数一般为40天左右。全市各地最大冻土深度超过15厘米，最大值为28厘米，出现在砀山县（1967年1月6-7日）。出现冻土深度≥10厘米的年份，灵璧县最多为31年，占有观测资料年份的65%；泗县最少14年，不足30%。

（二）降水

1.降水量

宿州市年平均降水量在728-900毫米之间。具有明显的南多北少特征，灵璧县最多，接近900毫米，北部的砀山最少，只有728毫米，比灵璧偏少170毫米左右。降水的年际变化很大，全市年降水量最大为泗县的1620.5毫米（2003年），该县年降水量最少为465毫米（1978年）；全市年降水量最少的是砀山县的414.7毫米（1966年），砀山县年降水量最大为1333.9毫米（2003年）。

降水的季节分布有明显差异：夏季最多，春、秋季相近，冬季最少。夏季（6-8月）降水占全年降水量的54.5%，春季（3-5月）占19.4%，秋季（9-11月）占19.3%，冬季（12-2月）占6.8%。各月平均降水量7月最多，176.5-229.2毫米；12月降水最少，14毫米左右。

汛期（6-8月）历年平均降水量396-493毫米，砀山县最少，灵璧最多。汛期降水量最多的是灵璧站的1134.3毫米（2003年），最少的是砀山站的150.3毫米（1999年）。

2.降水日数

全市各地年降水日数84-102天，泗县最多，砀山最少，中、东部都在95天以上，只有泗县超过100天，南北相差较多。全年最多降水日数123天，出现在泗县（1958、1985、2003年3年）；最少降水日数58天，出现在砀山县（1988年）。最长连续降水日数16天，出现在灵璧县（1965年7月7-22日）；最长连续无降水日数88天，出现在萧县（1987年11月29日至1988年2月24日）。

宿州站各月平均降水量、降水日数、暴雨日数

表1-2-2

项目月份	1	2	3	4	5	6	7	8	9	10	11	12	年
降水量(毫米)	19.3	27.6	45.7	54.7	64.3	115.4	218.2	115.7	81.8	56.4	29.2	14.0	841.8
降水日数(天)	4.9	6.3	7.4	8.0	8.2	9.5	14.0	11.	8.4	6.9	5.9	4.7	95.2
暴雨日数(天)	0	0	0	0.2	0.1	0.5	1.2	0.5	0.2	0.1	0	0	2.9

3.降水强度

（1）平均状况。降水强度是指单位时间内降水量最大值，降水强度与降水的有效性和危害性的关系很大。气象上将日降水量在0.1-9.9毫米作为小雨，10.0-24.9毫米作为中雨，25.0-49.9毫米为大雨，50毫米以上为暴雨，100毫米以上为大暴雨。按此标准统计，全年各级降水量的历年平均分布是：自北向南小雨62.4-77.3天，中雨12.6-15.6天，大雨5.1-7.2天，暴雨2.3-2.6天，大暴雨0.3-0.5天。

（2）一日最大降水量。一日最大降水量之冠是萧县的374.6毫米（1982年7月22日），其次为泗县的239.8毫米（1962年7月8日），其他各地均在221-229毫米之间。

（3）一小时最大降水量。一小时最大降水量是萧县的106.5毫米（1982年7月22日），其次为泗县的106.2毫米（1966年7月22日），其他各地在85-101毫米之间。

（4）十分钟最大降水量。十分钟最大降水量之最属砀山的33.8毫米（1985年8月22日），其次为泗县的32.0毫米（1972年7月4日），其他各地均在30-31.4毫米之间。

（5）一次最大连续降水量。一次最大连续降水量的统计标准是：凡连续5-9天降水，中间可1天无雨；10-14天降水，中间可2天无雨（不能连续2天）；15天以上的降水，中间可3天无雨（不能连续2天、3天无雨）。按这个标准，宿州市一次连续最大降水量为萧县的437.6毫米（1982年7月20-24日），灵璧县最小为287.5毫米，其他各地均在324-381毫米之间。

宿州各站降水强度资料（建站至2005年）

表1-2-3　　单位：毫米

项目站	砀山县	萧县	宿州站	灵璧县	泗县
一日最大降水量	229.0	374.6	221.6	221.1	239.8
出现年、月、日	2000.6.26	1982.7.22	2005.7.8	1965.7.3	1962.7.8
一小时最大降水量	101.4	106.5	85.3	89.6	106.2
出现年、月、日	1985.8.22	1982.7.22	1978.7.25	1990.8.2	1966.7.22
十分钟最大降水量	33.8	30.5	31.4	30.0	32.0
出现年、月、日	1985.8.22	1998.4.24	1976.7.27	2000.7.28	1972.7.4
一次连续最大降水量	323.7	437.6	334.0	287.5	381.2
出现年、月、日	2000.6.25~29	1982.7.20~24	1965.6.30~7.3	1990.7.17~19	2003.6.29~7.6

4.降雪与积雪

（1）降雪。多年平均初雪期常年出现在12月中旬初，终雪期在3月上旬。平均年降雪日数萧县、砀山县10-11天，其余各地12天左右；降雪日数最多是1968-1969年的冬季26-31天。全市最早降雪出现在1987年10月20日（泗县）；最迟降雪出现在1955年4月18日（宿州站）。

（2）积雪。历年平均积雪日数泗县、砀山县10.7–11.0天，其余各地9.5天左右，差异不大。全市各地最多积雪日数42–47天，主要出现在1956–1957年冬季的1–2月份。

（3）雪深。北部积雪最深为23–24厘米，出现在1964年2月中旬；中部最大雪深28厘米，出现在1989年2月23–24日；南部积雪最深达30–31厘米，出现在1989年2月下旬。

（三）日照

年平均日照时数2179.4–2261.5小时，中部偏多，东南部偏少，相差80小时左右。一年之中，日照时数最多月为5月，一般在218–230小时；北部砀山县、萧县1月日照时数最少，中东部2月最少；最多月与最少月相差75.3–86.6小时，砀山县相差最多，泗县相差最少。2月日照时数南北差异最小，有4.6小时，8月差异最大，达13.9小时。

（四）风向风速

1.风向

宿州市属于季风气候区，风向有明显的季节性变化。以宿州站为例，全年以东北至东风居多，频率在10%–12%；春季多是东北至东风，频率为9%–14%；夏季6–7月盛行东至东南风，频率8%–12%；8月多是东至东北风，频率达到13%–17%，是风向频率最为集中的月份；秋季东北风较多，频率14%–17%，是单一风向频率最高的季节；冬季盛行东北风，频率为13%–14%；静风频率除3–7月不足10%外，其余各月均在10%–16%。

2.风速

全市年平均风速在2.3–3.0米/秒之间。年平均风速以宿州站较小，与测站位置及周围环境影响有关。地理位置偏东南方的灵璧县、泗县年平均风速较大，较能客观反应全市平均风速状况。

月平均风速，一年之中以春季最大，尤其是3–4月，平均风速在2.7–3.5米/秒之间，夏季和冬季风速次之，秋季风速最小。

（五）蒸发量

累年平均蒸发量为1279–1568毫米，最多与最少相差289毫米，全市各地分布较为均匀。一年之中，蒸发量以夏季最大，冬季最小，且春季大于秋季。从逐月分配看，各地以6月蒸发量最大，占年蒸发量的14.5%左右；冬季1月蒸发量最小，仅45毫米上下。春种4月与秋种10月相比，4月蒸发量明显大于10月，在北部更为明显。

说明：1.气象要素的多年平均值（即历年值）：根据中国气象局统一规定，一律使用1971–2000年资料；2.极值是建站至2007年的；3.建站时间：宿州站1953年、砀山站1955年、其余3站为1957年。

二、土壤

宿州市以平原为主，面积约8890多平方公里，占总面积的91%；丘陵约600平方公里，占6.1%，集中分布在濉河北岸；台地面积较小，仅292平方公里，占2.9%，分布在丘陵四周。

1998年，宿县地区耕地面积9427620亩，占全区土地总面积的63.23%；林果业面积为1224391亩，占全区土地总面积的8.21%；工矿业占地面积为87814亩，占全区土地总面积的0.59%；城镇及乡村居住地面积为1721579亩，占全区土地总面积的11.55%；道路、河道等公用设施占地面积为378840地，占全区土地总面积的2.54%。

1998–2007年宿州市土地资源情况一览表

表1–2–4　　单位：亩

年度	耕地面积	占比(%)	林果业面积	占比(%)	工矿业占地面积	占比(%)	城镇及乡村居住地面积	占比(%)	道路、河道等公用设施占地面积	占比(%)
1998	9427620	63.23	1224391	8.21	87814	0.59	1721579	11.55	378840	2.54
1999	9421050	63.19	1224351	8.21	87482	0.59	1724106	11.56	379921	2.55
2000	9450267	63.38	1208146	8.10	86022	0.58	1725016	11.57	379967	2.55
2001	9461195	63.46	1203089	8.07	85642	0.57	1724527	11.57	386001	2.59
2002	9423826	63.21	1240581	8.32	86265	0.58	1725817	11.58	386761	2.59
2003	9343583	62.67	1337566	8.97	87160	0.58	1726568	11.58	387153	2.60
2004	9339992	62.64	1339065	8.98	90501	0.61	1728060	11.59	388350	2.60
2005	9332622	62.59	1337798	8.97	92815	0.62	1730031	11.60	390113	2.62
2006	9325674	62.55	1341450	9.00	97765	0.66	1727549	11.59	391484	2.63
2007	9331280	62.59	1334851	8.95	101178	0.68	1729801	11.60	391077	2.62

全市土壤有6个土类，12个亚类，26个土属，近70个土种。

（一）潮土

全市潮土面积609.7万亩，占土地总面积的41.5%，占耕地总面积的60.2%。

1.潮土的主要特征

一是质地变化大，有沙、壤、黏土之分，同时冲积物由于“紧沙慢淤”的沉积，呈现岗砂、洼淤的分布规律；二是全剖面有石灰反应，土壤呈碱性至强碱性，pH值一般为7.8–8.5，碱化潮土亚类pH值9以上；三是土壤无明显发生层次，有机养分含量不高，而矿质养分如钾的含量丰富，磷中等，铁、钙、镁等元素能满足作物需要；四是土壤代换量变幅大，为3–30毫克当量；五是土壤有机质、全氮、全钾、代换量等均与黏粒含量成正相关，其相关系数分别为0.584、0.622、0.701、0.754，达到极显著标准。

2.潮土的类型

按土壤分类原则，全市潮土可分为潮土、盐化潮土、碱化潮土三个亚类，并续分为飞沙土、沙土、两合土、淤土、山淤土、盐化潮土、碱化潮土、苏打盐化潮土八个土属37个土种。

（1）潮土亚类

面积为475.9万亩，占土地总面积32.4%，占潮土类面积78%，根据冲积母质类型及质地差异，分为五个土属：

①飞砂土

集中分布在砀山县和萧县黄河故道的大沙河、小沙河、苗城河等河床两侧。灵璧县北部也有少量分布。全市共196578亩，占潮土亚类的1.91%。可细分为飞沙土、泡沙土两个土种。飞沙土多为荒地，有时可见到月形小砂丘，仅生长耐旱耐砂的野生草类。泡沙土主要种植耐沙作物，条类果树。耕层有机质和全氮的含量很低，分别为0.25%-0.6%、0.015%-0.035%，全磷含量一般为0.05%-0.07%，速效磷含量不足3ppm，全钾含量相对较高，多为1.7%-1.9%，速效钾多为50ppm左右。因渗透性强，不保肥、水，无盐碱化现象。

②沙土

面积1578876亩，占耕地面积15.77%。以砀山县、萧县面积较大，分别为523606亩、3877297亩，宿州市埇桥区、灵璧、泗县有小面积分布。地下水位2米以下，雨季可上升1米左右，矿化度小于1克/升，多属HCO_3—CI—Ca—Mg（或Na）型水。按土体构型和肥力状况，可分为沙土、上位夹淤沙土、下位夹淤沙土、同层沙土等土种。质地大多为沙壤土，结构性差，易滞水受渍。pH值3.3左右。土壤养分含量低，有机质含量一般为0.6%-0.9%、全氮0.04%-0.06%、全磷0.05%-0.075%、全钾1.7%-1.9%，速效磷一般为1-5ppm，速效钾50-90ppm。适耕期长，熟化度不高，保肥能力弱，“发小苗，不发老苗”。

③两合土

面积99501亩，占耕地面积0.97%。主要分布在废黄河高淤地和以南的缓坡平地上，质地为轻壤到中壤，耕层有机质含量1%，全氮0.06%左右，全磷中等，全钾较丰富，速效磷含量不高，多在3-5ppm，速效钾100ppm左右，为高产土壤，土层耕性良好，水分、养分协调，自然保水量和有效水分较高，“既发小苗，又发老苗”。

④淤土

面积为1655543亩，占耕地面积的6.11%，占潮土类的27.15%。以灵璧县、埇桥区、萧县面积较大，多分布在距河道较远的低平洼地或碟形洼地。耕层以重壤土为主，结构良好，pH值在8.3-8.4。耕层有机质1.32%，全氮0.09%左右，全磷0.06%-0.1%，高于全市其它土壤。而速效磷含量仅4-5ppm，全钾2%-2.5%左右，速效钾在200ppm以上。潜在肥力高，保肥性能好。但耕性较差，通气不良，易涝易旱，“湿了粘，干了硬，过了三天犁不动”。

⑤山淤土

面积为333134亩，占耕地的3.24%，占潮土亚类的6.9%。以萧县、宿州市埇桥区、泗县面积较大。多集中在山前冲积扇和山间谷地，地势较低、坡度平缓，可细分为山淤土、黄泛山淤土、黑底山淤土等七个土种。其中以红花山淤土和黄泛土肥力较高，但面积很小，全市仅632亩。

（2）盐化潮土和碱化潮土亚类

盐化湿土和碱化潮土是潮土形成过程中附加盐化或碱化过程的土壤，多呈花斑状，分布在砂土和轻质两合土之中，面积大小不一，特别是在同一块地内，常有几种盐基类型或盐碱化程度不同的土壤，故又称“花碱土”，习惯称为“扯碱土”。面积133.38万亩，占耕地面积的12%，占潮土类的21.9%。其中盐化潮土25万亩、碱化潮土108.8万亩，主要分布在砀山和萧县，其次是宿州市埇桥区、灵璧县和泗县，从地貌上看，主要集中在黄河故道两侧的背河洼地和黄泛平原缓坡地段，其它河流近河的低洼处也有少量分布，地势一般高于淤土，低于砂土，或同砂土和轻质的两合土插花分布。

盐碱土包括盐化和碱化潮土两个亚类。分类型，可分为盐化潮土、苏打盐化潮土、碱化潮土三个土属。盐化潮土以氯化物根据盐硫酸盐或硫酸盐——氯化物为主，按盐分含量分轻（0.1%-0.2%）、中（0.2%-0.6%）、重（>0.6%）。苏打盐化潮土以重碳酸盐和碳酸盐为主，耕层全盐量大于1%。碱化潮土盐份以苏打和小苏打为主，按碱化度分为弱（<10%）、中（10%-20%）、强（20%-40%）三个土种。

盐化潮土全市有249358亩，占盐化潮土亚类的99.6%。全盐量变幅较大，一般为0.1-0.8%，积盐季节可达1.5%以上，质地多为砂壤土，剖面全盐量较高，多在0.2%以上，盐结皮可达5%左右，山上而下逐渐减少。碱性较小，pH值8.5-9。土壤有机质含量和其它养分含量均很低，全钾含量较高，在积盐季节难以立苗。苏打碱化潮土面积很小，全市仅720亩。碱化度大，呈强碱性，pH值高达9.51以上，多为重盐碱荒地。

（二）砂礓黑土

宿州市砂礓黑土分布较广，面积为354.04万亩，占总耕地面积的35.5%。

砂礓黑土又分为礓砂黑土和碱化砂礓黑土两个亚类，并续分为黑土、黄土、青白土、淤黑土、山淤黑土、白碱土六个土属十三个土种。

1.砂礓黑土亚类

砂礓黑土主要亚类，面积为350.1万亩，占砂礓黑土类的98.9%，集中分布在南部河间平原区，包括灵璧、泗县的南部和宿州市埇桥区的一部分。剖面主要特征具有明显的黑土层和砂礓层。黑土层厚度一般30-40cm，砂礓层一般为70cm左右。耕作层呈灰褐色，或棕灰色重壤，或轻黏碎块，或屑粒状结构；犁底层灰黑色紧实，棱块状结构明显，有少量锈纹和锈斑或铁锰结核，心土层黄褐色或黑黄杂色，多为轻黏土，出现砂礓。物理、化学性状不良，耕层浅薄，质地偏重，湿时泥泞、干时坚硬，适耕期短。耕区除含钾较丰富外，有机质为1.2%、全氮量为0.08%左右，速效磷很少，平均不到5ppm，微量元素中的锌有效形态含量在临界值以下。

砂礓黑土亚类可划分为黑土、黄土、青白土、淤黑土、山淤黑土五个土属。

（1）黑土

黑土是砂礓黑土主要土属，1209450亩，占总耕地面积11.78%，占砂礓黑土亚类的34.55%。主要分布在宿州市埇桥区、灵璧县、泗县南部的河间平原，母质为黄土性古河湖相沉积物。所处地势低洼，地下水位1-2米，雨季在1米以内，地表和地下水流不畅，地下水矿化程度小于0.5克/升，为HCo_3—Ca—Mg型水。根据熟化程度和砂礓层部位不同，分上位砂礓土，下位砂礓黑土和下位砂礓死黑土三个土种。下位砂礓黑土多分布在宿州市埇桥区村庄附近、下位砂礓死黑土多为远湖薄地。

黑土是砂礓黑土亚类的典型代表土属，群众称为“潮黑土”。所处地势低洼。残留的潜育化特征较强，有黑土层和砂礓层两个典型层次，黑土层厚度30-50cm，70cm左右为小而少的面砂礓，1米左右为大而多的硬砂礓，再向下有的出现砂礓盘。全剖面质地较为均一，多为重壤至轻黏土。通气孔隙多低于10%，呈微碱性。耕层有机质一般为1-1.4%、全氮为0.06-0.08%。全磷和速效磷含量低，分别为0.025-0.05、2-6ppm。钾素较丰富，全钾为1.4-1.6%，速效钾为150ppm左右。下位砂礓黑土的养分含量和物理性状均优于下位砂礓死黑土。

（2）黄土

分布在河间平原地势较高部位，群众称“黄土岗”。主要在宿州市埇桥区、砀山县、灵璧县、泗县南部313593亩，占总耕地面积的3.05%，占砂礓黑土亚类面积的8.9%。根据熟化程度可分为下位砂礓黄土、下位砂礓死黄土两个土种，前者地形部位稍高，多靠近村庄，肥力较好，后者多为远湖薄地。

（3）青白土

分布在宿州市埇桥区、灵璧县、泗县南部界于黑土和黄土之间的缓坡地段，有一部分与白碱土构成复区，906739亩，占耕地面积的8.8%，占砂礓黑土亚类的25.9%。按其土体构成及耕层质地和白土化程度分为下位砂礓青白土和下位砂礓白淌土两个土种。

青白土处于缓坡地段，耕层受水流漂洗作用，将一些黏粒和铁锰等物质淋失，砂粒及粉砂含量增高，雨后呈灰白色，并有淀浆板结现象。耕层以下的黑土层较为明显，与黑土剖面相似。

青白土耕性好，但土地有效成分不高，保水保肥性不如黑土。施肥见效快，多施易“疯长”，少施易脱肥，雨后易板结，比黑土、黄土耐涝抗旱。

（4）淤黑土

系在砂礓黑土上覆盖有小于50厘米厚的近代黄泛物质所形成。主要分布在潮土与砂礓黑土之间的过渡地带，多沿新汴河、濉河呈东西带状分布，埇桥区、灵璧县、泗县面积较大，912062亩，占全区耕地面积的8.88%，占砂礓黑土亚类的26.3%。

剖面上层具有潮土的特征，有明显的石灰反应，pH值8.5左右，覆盖层以下保持着黑土和黄土的基本性状，但砂礓层埋藏较深，一般在1米以下，耕层肥力较高，一般优于砂礓黑土类的其他土属，有机质含量1%-1.5%，全氮0.06%-0.1%，全磷0.04%-0.08%，全钾2%左右，速效磷不高，只有5ppm左右，速效钾为150-200ppm。耕层质地粘重，结构不良，适耕期短，耕性差。不耐旱，通透性差。自然肥力高，供肥能力差，而保肥性能强。群众称淤黑土“发老苗，不发小苗”。

（5）山淤黑土

主要分布在萧县、灵璧县、宿州市埇桥区，泗县丘陵地区的山前洼地，面积为150484亩，占耕地面积1.47%，占砂礓黑土亚类的4.3%。质地黏重，耕层有机质含量为1.18%，全氮0.086%，全磷0.045%，全钾1.97%，速效磷含量为3.5ppm，速效钾167ppm，土壤潜在养分含量高，全剖面无石灰反应，pH值7.6-7.9。土质黏重，耕性不良，土体下部漏水漏肥，限制产量提高。

2.碱化砂礓黑土亚类

碱化砂礓黑土是砂礓黑土的形成过程中，伴随碱化过程的土壤，全市只有白碱土一介土属。母质为河湖相沉积物，所处地形多为河间平原湖地中的洼地，面积很小，斑点状零星夹杂在砂礓黑土之间。全市仅39422亩，占耕地的0.39%，占砂礓黑土类的1.11%。

根据表层碱性大小、对作物危害程度，可分为轻碱土和重碱土两个土种。重碱地形成一层黑色结皮，pH值高于9。全盐含量并不高，最高的土层仅在0.1%以内，故盐化作用不明显。土壤有机质和其它养分含量甚微。

白碱土是低产土壤之一，耕层碱性大，物理性状差，由于碳酸钠的毒害作用，对作物生长极为不利，出苗困难，雨后易澄板，遇大雨或连阴雨易包浆渍苗，久旱后遇小雨大量盐分下渗，聚积在根际周围，易使苗受害死亡。

（三）棕壤

棕壤为淮北地带性土壤。面积为495766亩，占土地面积的3.4%，占耕地面积的4.8%。除砀山县外，其他县均有零星分布。但主要集中在丘陵、岗地和南部古河流两侧缓坡地段。土壤成土母质，除少数酸性结晶盐类风化物残积、坡积物外，大多是黄土性古河流沉积物。

可分棕壤和潮棕壤两个亚类。棕壤亚类有麻石棕壤、麻石棕土、岗黄土三个土属，潮棕壤有坡黄土、淤坡黄土、白黄土、山黄土四个土属。

1.棕壤亚类

全市25087亩，占棕壤类的5.1%，集中分布在丘陵岗地。地下水位较深，不参与成土过程。母质为酸性盐类的残积、坡积物和黄土状沉积物。表土层多为中壤土，心土层为黏土。土壤呈中性到微酸性，盐渍饱和度较高，有机质因母质不同差异明显，全钾含量高，全磷含量偏低。

2.潮棕壤亚类

全市470679亩，占棕壤类面积的94.9%。主要分布在山麓残留阶地和沿河两侧缓坡地段。成土母质为黄土性古河流沉积物，分布在比棕壤低而缓平的地段。地下水位2-3米，参与成土过程，有潮化现象，是区别棕壤亚类成土过程中的主要因素。

潮棕壤全剖面无石灰反应，土体成中性或微酸性，剖面上部有铁锰结核，中下部可见到锈纹锈斑，结构面上有轻微的浅灰色胶膜，但锈纹锈斑和铁锰结核没有砂礓黑土多。心土层黏化明显。

潮棕壤含盐量较少，一般无盐碱威胁，表层有机质含量不高，一般在1%左右，全钾量较为丰富，全磷量很低，速效磷更少，碳化钙的淋溶比较彻底，pH值低于砂礓黑土。

潮棕壤亚类又可细分为以下四个土属：

（1）坡黄土

坡黄土系河湖相沉积物所发育，主要分布在浍河、沱河沿岸及岗地的中下部，以泗县面积最大，其次是埇桥区，共54834亩，占耕地面积0.35%，占潮棕壤亚类的

11.6%。耕层鲜艳，一般呈黄棕色，心土层坚实、黏重，多棱块状结构，耕性差，透气性不良，pH值为6.5-7.5。质地多为重壤土，犁底层以下为黏土，黏粒的含量耕层低于25%，向下有逐渐增多的趋势，超过30%，有的40%以上，说明黏粒向下移动，有明显的黏化过程，容重1.48，总孔隙度44%，耕层有机质含量0.6%-1.0%、全氮0.05%-0.07%、全磷0.016%-0.029%（平均不到4ppm），全钾1.42%-1.54%。代换是25毫克当量左右。

（2）淤坡黄土

淤坡黄土是在坡黄土上覆盖一层近代黄泛物质所形成的土壤。分布地区同坡黄土，但地势稍低于坡黄土，面积仅270亩，只有淤黄土一个土种。

（3）白黄土

白黄土成土母质系黄土性古河流沉积物，多分布在缓坡地的中上部或岗地的中部较高处，地势较坡黄土稍高，较平坦，受侵蚀程度比黄土轻，全市仅泗县有，面积136974亩，占耕地面积的1.33%，占潮棕壤亚类的29.1%。

（4）山黄土

成土母质为黄土性古河流沉积物，多分布在岛状残丘的山脚缓坡地或较平坦地带，其上是山红土，其下与潮土或砂礓黑土相接，土体内外排水性比较好，地下水矿化度低于0.5克/升，多为HCo_3—Cu—CI—Mg型淡水，故无盐碱现象。除砀山县外，其余各县区均有分布，面积278601亩，占总耕地面积的2.75%，占潮棕壤亚类的29.2%。分山黄土、白淌山黄土两个土种，山黄土为代表性土种。耕层质地较轻，多为中壤至重壤，心土层黏化明显。全剖面无石灰反应，土壤呈中性至微碱性，pH值7.8。耕层比较疏松深厚。善分状况好于山红土，耕层有机质含量1%，全氮0.07%左右；全磷含量较低，多在0.025%-0.035%，平均为0.031%，速效磷4ppm，速效钾在100-150ppm。

（四）红色石灰土（山红土）

红色石灰土只含山红土一个土属。山红土是由红色石灰土经旱耕熟化而发育成的土地，除砀山县外，其余各县区均有零星分布，全市有127572亩，占耕地面积的1.2%。山红土是分布地势较高的土壤类型，多在残丘的中部或山脚的上坡，上接黑色石灰土，下连山黄土或淤土。

山红土耕层质地重壤土至黏土，黏拉含量在40%以上。耕层养分含量低，有机质一般在1%以下，全氮0.05%左右，全磷仅在0.02%-0.03%之间，全钾1.6%-1.8%，速效钾120-160Ppm。

山红土所处地势倾斜，土流失严重，土壤肥力不高，吃肥不保肥，肥效迟缓。因无涝渍和淀板现象，一般出苗、保苗较好，但心土黏实，缺乏有效水分，根难以往下扎，发棵性差。应加强土壤培肥，保持水土，应选种抗旱耐瘠薄的山芋、芝麻、花生等作物，面积过小的可发展林果业或其他多种经营。

（五）水稻土

水稻土在宿州市面积很小，仅泗县零碎分布，面积12344亩，占全市耕地面积的0.12%。其中黑土田3865亩，淤黑土田3395亩，白黄土田3354亩，白土田1730亩。种植多为麦、稻一年两熟，或麦—稻—绿肥—稻两年三熟，以麦—稻轮作为主。

第三章　自然资源

第一节　动　物

全市人工饲养的畜禽有牛（黄牛、水牛、奶牛）、驴、骡、马、猪、羊（山羊、绵羊）、鸡、鸭、鹅、兔等数十种。品种有本地种、引进种和杂交种。1949年后，从外地引进大量种畜：牛有南阳牛、秦川牛、荷兰牛等；马有伊犁马、蒙古马、顿河马、汗血马；驴有关中驴、米脂驴等；猪有长白猪、巴克夏、约克夏、内江猪等；绵羊有美利奴、考力代、波尔山羊、新疆细毛羊等；鸡有来杭、白洛克、小麻鸡、罗蚯288等；兔有西德长毛兔、安哥拉兔等，野生动物有獾猪、獾狗、狐狸、野猫、黄鼠狼、野兔等。

1957年，北部山区曾有狼出现，近二三十年来未曾发现。鸟类有鹰、雁、白鹭、鸳鸯、灰鹤、斑鸠、鸽、灰喜雀、燕、喜鹊、鹌鹑、黄莺、麻雀、画眉、鹞鹰、猫头鹰、百灵、布谷鸟、鸬鹚、鸦、托白练鵻鸏、鹁鸽、雉等110多种。由于20世纪70年代以后，农药广泛使用和滥捕滥杀及成片高大树木减少，鸟类总数随之渐少。

鱼类有7目15科49种，主要鱼种有草鱼、鲢鱼、青鱼、鳙鱼、鲤鱼、鲫鱼、鳝鱼、泥鳅、鳜鱼等。底栖生物11种，有螺、蚌、水蚯蚓等。还有中华新米虾、秀丽虾等类和蟹、龟、鳖等。

第二节　植　物

宿州市辖区种植的农作物主要有小麦、大豆、玉米、高粱、山芋、绿豆、杂豆、稻、荞麦等粮食作物，有棉花、花生、油菜、芝麻、瓜果、蔬菜等经济作物。

蔬菜有60多种，300多个品种。主要种植的有白菜、萝卜、大葱、辣椒、苋菜、豆角、蕃茄、黄瓜、苞菜、韭菜、元葱、菠菜、莴苣、茄子、芹菜、花菜。以辣椒、白菜、萝卜数量最多，且质量好。宿州市埇桥区实心芹菜，叶茎充实肥嫩，质脆耐储，风味特佳。砀山县的黄花菜，萧县的芦笋、韭黄、帽山青萝卜和宿州市埇桥区的高滩青萝卜等均较有名。

砀山县尤为重视塑料大棚蔬菜种植，1987年建成的“万亩大棚菜”远销邻省各市县。大棚菜经济效益高，当地农民誉之为“一处大棚菜，一个小银行”。萧县、灵璧县、泗县和宿州市埇桥区大棚菜发展很快，总面积达数万亩。

树种有53科270余种。天然林仅存于皇藏峪和大方寺、秦山等地区，有140余种。高大乔木有黄檀、青檀、黄连木、栓皮栎、五角枫、椴、黄桢，并有楝树、山槐、大果榆、枫杨、八角枫等。小乔木层，林下灌木主要有鸡麻、卫茅、山胡椒、五加、小叶鼠李、二色胡枝子等。村庄附近，道路两旁常见树种有侧柏、水杉、榔榆、刺槐、槐、臭椿、香椿、苦楝、泡桐、梓楸、小叶杨、旱柳、银杏、桂花、白榆、大官杨、意大利黑杨、梧桐等。常见灌木有腊条、杞柳、紫穗槐等。

果树有11科20属277种。主要以梨、苹果为主，葡萄次之，还有樱桃、杏、桃、石榴、枣、柿、李、沙果、山楂、木瓜、核桃、银杏、板栗、无花果、文冠果等。

第三节　中药材

中药材资源较丰富，有中药材236科1065种。总蕴藏量约61750吨左右，其中植物药材162科893种；动物药材74科115种；矿物药材9种；其他类药材84种，新发现民间药材35种，蕴藏量以中部黄泛丘陵区最多，黄泛平原区次之，河间平原区较少。低山残丘地带药材藏量较小，但品种数量较多。中部黄泛丘陵区是本区药材分布最集中、数量最多的一个自然区，全市种植和野生药材1012个品种，占全市总蕴藏量的52%。

中药材种类

（1）名贵药材有：牛黄、黄精、玉竹、杜仲、酸枣仁、半夏、蟾蜍、全虫，银环蛇（家养）、祁蛇（家养）、灵猫（家养）、鹿（家养）等。

（2）种栽培的有：生地、白芍、白术、板兰根、款冬花、红花、紫苑、玄胡、金银花、滁菊花、亳菊花、川楝、黄柏、杜仲、知母、麦冬、川芎、黄芪、丹参等。

（3）种植野生兼有的药材有：百合、半夏、射干、知母、丹参、玄胡、麦冬、黄芪、杜仲、金银花、紫苏、全虫、土元、蜈蚣等。

（4）大宗地道药材有：柴胡、远志、地丁、白茅根、葛根、商陆、狼毒、漏芦、南沙参、茜草、地榆、半夏、天南星、香附、薤白、瞿麦、威灵仙、扁蓄、节节草、茵陈、佩兰、翻白草、艾叶、仙鹤草、益母草、大小蓟、旱莲草、桑叶、白头翁、青蒿、蛇莓、野菊花、千里光、旋花、点地悔、柏子、瓜娄、白扁豆、女贞子、山楂、苍耳子、八月扎、槐米、青箱子、葶苈子、地骨皮、蟾酥、鸡内金、蛇蜕、仑虫、蝉蜕、鳖甲、狗肾等。

（5）矿物药材有：龙骨、磁石、芒硝，寒水石等。

（6）新品种有：香茶菜（王枣子）、葎叶蛇葡萄（老妈妈液）、錾菜（白花益母草）、黄连木、木香、白藓皮、徐长卿、土贝母、茯苓、及巳、雅葱、（野葡萄）、兔耳伞、阴地蕨、阴行草、牡荆等。

第四节　矿　藏

一、矿产资源分类

宿州市境内矿产资源丰富，2007年年底，发现矿种32种，其中能源矿产3种：煤、煤层气、地热，金属矿产4种：铁、铜、铅、锌，非金属矿产23种：水泥用灰岩、高岭土、陶瓷土（瓷石）、冶金用白云岩、砖瓦用页岩、耐火黏土、制灰用灰岩、建筑石料用灰岩、砖瓦用黏土、建筑石料用砂岩、饰面（大理石）用灰岩、建筑石料用砂、建筑石料用花岗岩、建筑石料用闪长岩、水泥用泥灰岩、电石用灰岩、制碱用灰岩、水泥配料用黏土、水泥配料用砂、石膏、石英岩、金刚石、灵璧石，水气矿产2

种：地下水、矿泉水；查明有一定储量规模的矿产20种。2007年底资源储量统计表列入矿区306处，其中大型矿床9处、中型16处、小型32处、小型以下249处。

二、矿产资源储量及分布

（一）能源矿产

煤：矿区30处，其中大型7处、中型6处、小型8处、小型以下9处。查明资源储量307426.3万吨，保有资源储量272268.9万吨。宿州市埇桥区9处，砀山县2处，萧县19处。资源储量位居全省前列。

煤层气：分布于宿州市埇桥区南部和萧县西部。

地热（热水）：矿区1处，天然资源量1431立方米/天，水温26℃。

（二）金属矿产

铁：矿区1处，查明资源储量1400.4万吨。分布于萧县旗杆楼，为中型富铁矿。处于筹备开采阶段。

（三）非金属矿产

水泥用灰岩：矿区6处，其中中型1处、小型2处、小型以下3处。查明资源储量3811.09万吨，保有资源储量3650.71万吨。分布于宿州市埇桥区北部和萧县中东部、灵璧县北部。

高岭土：矿区7处，其中中型1处、小型3处、小型以下3处。查明资源储量296.72万吨，保有资源储量275.36万吨。分布于宿州市埇桥区北部和萧县东南部。

陶瓷土（瓷石）：矿区2处，其中中型1处、小型以下1处。查明资源储量310万吨，保有资源储量266.3万吨。分布于宿州市埇桥区北部和萧县中部。

冶金用白云岩：矿区3处，其中中型1处、小型2处。查明资源储量2557.8万吨，保有资源储量1675.9万吨。分布于埇桥区北部。

建筑石料用灰岩：矿区128处，其中中型1处、小型5处、小型以下122处。查明资源储量9649.05万立方米，保有资源储量8626.25万立方米。主要分布于宿州市埇桥区北部和萧县中东部，其次是灵璧县中、北部，泗县东北部。

饰面用灰岩：矿区6处，其中小型3处、小型以下3处。查明资源储量261.47万立方米，保有资源储量249.47万立方米。主要分布于灵璧县北部、宿州市埇桥区北部。

制灰用灰岩：矿区3处，均为小型以下矿区。查明资源储量62.24万吨，保有资源储量59.68万吨。主要分布于萧县南部。

建筑石料用花岗岩：矿区3处，均为小型以下矿区。查明资源储量134.82万立方米，保有资源储量121.52万立方米。主要分布于萧县中部、宿州市埇桥区北部。

建筑石料用闪长岩：矿区3处，均为小型以下矿区。查明资源储量158.37万立方米，保有资源储量156.14万立方米。主要分布于宿州市埇桥区北部。

石英岩：矿区2处，其中小型1处、小型以下1处。查明资源储量132.35万吨，保有资源储量128.4万吨。主要分布于宿州市埇桥区北部。

水泥配料用泥岩：矿区1处，为小型以下矿区。查明资源储量14.63万吨，保有资源储量12.63万吨。主要分布于宿州市埇桥区北部。

水泥配料用黏土：矿区2处，为中型矿区。查明资源储量1406万吨，保有资源储量1406万吨。主要分布于萧县南部、宿州市埇桥区北部。

耐火黏土：矿区1处，为小型矿区。查明资源储量158.9万吨，保有资源储量150.2万吨。主要分布于萧县南部。

砖瓦用页岩：矿区2处，其中小型1处、小型以下1处。查明资源储量30.72万吨，保有资源储量28.52万吨。主要分布于萧县南部、埇桥区北部。

砖瓦用黏土：矿区99处，其中小型5处、小型以下94处。查明资源储量3988.17万吨，保有资源储量1127.41万吨。

第五节　水资源

宿州市多年平均降水量为866.1毫米，多年平均地表水资源量为16.171亿立方米，产水系数仅为0.336。宿州市水资源总量为28.491亿立方米，人均资源占有量仅为449立方米/年，是安徽省的1/3、全国的1/6。

一、地表水资源

地表水资源量是指河流、湖泊、冰川等地表水体中由当地降水形成的、可以逐年更新的动态水量，用天然河川径流量表示。

宿州市地表水系较发达，区内河流属淮河流域，自北向南依次分布有废黄河、利民河、大沙河、王引河、潼河、龙河、老濉河、濉河、新汴河、沱河、浍河、澥河等自然和人工河道，水流自西北流向东南，注入洪泽湖，多数河道为跨境河道，有些不止一次出入境，王引河最为典型，大型河道新汴河为人工河道，为宿州市的重要主干河道。全市现有中小河道70余条，主干河道总长约990公里，两岸配套排水大沟355条，分为六大水系。据1956-2009年计算成果，宿州市多年平均降雨量为866.1毫米、降雨总量为84.77亿立方米，地表径流深为165.2毫米、地表水资源量为16.171亿立方米。宿州市地表径流系数为0.191，产水模数为16.52万立方米/平方公里，多年平均地表水资源可利用量为5.182亿立方米。

二、浅层地下水资源

浅层地下水是水资源的重要组成部分，是指赋存于地表面以下岩土空隙中的饱和重力水。宿州平原地下水类型基本是以其赋存介质及水动力条件为基础划分的，地下水与地层岩性、地质构造及地貌关系密切，地层岩性决定着地下水的介质、构造及形态、地貌条件决定着地下水的运动条件。宿北东西大断裂的南侧属于洪冲积平原，接受第三系、第四系巨厚层的沉积，富含孔隙水。现按第一、二、三层含水组说明如下。

第一含水层组由Q_3和Q_4组成，顶板埋深6-14米，底板埋深20-27米，含水层岩性为粉细砂，发育2-3层，总厚度5-15米，最厚达21.06米（宿州市东约10公里处），为潜水-弱承压水，静止水位埋深2.5-3.5米。水质属HCO_3-Ca · Mg型淡水，是农灌和农村人畜生活的主要供水水源。古河道主要分布于西二铺→宿州城→城东→二铺→三铺一带，在濉河一线也有分布，前者分布面积约140平方公里，后者约60平方公里，单井涌水量40-80立方米/小时。

第二含水层组由Q_1和Q_2组成，含水层顶板埋深43-58米，底板埋深70-97米，属承压水，静止水位埋深4–6米。导水系数200–500平方米/天。水质属HCO_3–Ca·Na型淡水。含水层岩性为中细砂，局部粗砂，结构松散，分选性好。发育3–4层，总厚度10–40米，最厚达48.5米（宿州市西南2公里处），其中自西二铺经城西向南至桃园一带（面积75公里）、东二铺–东三铺至朱仙庄一带（面积80平方公里）和西三铺–宿州城至东南一带（面积约90平方公里），为古河道，砂层厚度30.0–45.0米，当降深为14.2米时，单井涌水量60–90立方米/小时。导水系数200–500平方米/天。宿州市的自来水厂建设在宿州城区西南古河道上。第一、二含水层组之间的弱透水层厚度10–30米，岩性为亚黏土夹亚砂土。

第三含水层组由第三系组成，含水层总厚度15–30米，岩性主要为中细砂，多为泥、钙质胶结，发育1–2层。导水系数小于150平方米/天，静水位埋深10–12米。水质属HCO_3·SO_4–Na·Mg型淡水，不宜作供水水源。第二、三层之间为厚20–50米的灰绿色、灰白色、棕红色黏土层，透水性极弱。本层主要分布在新汴河以南。据个别勘探孔试验，降深21.6米时，涌水量为29.0立方米/时。

三、中深层、深层地下水资源量

该层地下水为宿州市厂矿及城镇集中供水主要目的层，水质较好。按抽水试验资料分析，本含水层可分为强富水区、富水区、中等富水区。

强富水区（单井涌水量　2000立方米/天）：主要分布在宿州古河道带的中部。其中，由西二铺沿宿永公路向东经市区转向南到桃园展布的强富水带，面积最大，为74平方公里，富水带宽度一般为2.5–3.5公里，发育3–4层砂，砂层累计厚度一般为40米，岩性以中细砂为主，结构松散，分选性好。水质为中性微硬的淡水，是集中供水的主要层位，宿州市一水厂及大部分单位自备水井，以及朱仙庄、桃园煤矿供水水源地均分布在本区。

富水区（单井涌水量1000–2000立方米/天）：含水层顶板埋深42–55米，主要为细中砂，厚度16–35米。宿州市主要沿北西—南东向的古河道带分布，面积86平方公里。此外，在东部朱仙庄强富水区周边分布的富水区经东二铺、东十里铺与古河道带富水区相接，其面积75平方公里。

中富水区（单井涌水量100–1000立方米/天）：分布在富水区的周边。

中深层含水层组砂层厚度分布见图。

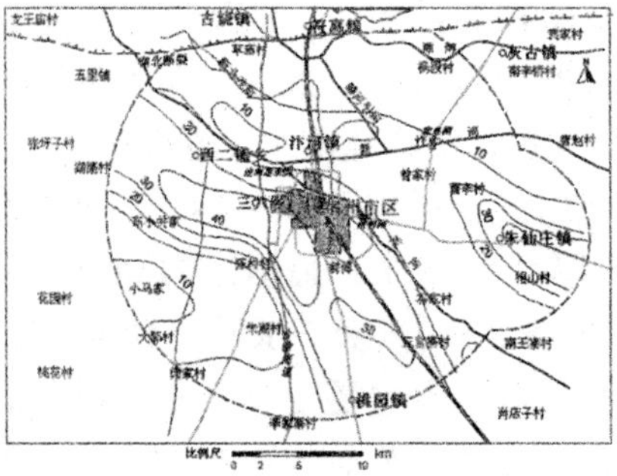

图中深层含水层组砂层累计厚度等值线图

宿州市中深层、深层地下水资源量为2.921-4.107亿立方米，平均约3.514亿立方米/年，折合近96万立方米/天，其中越流补给量、弹性释水量、侧向补给量分别占中深层孔隙地下水资源量的80.7%、18.6%、0.7%。越流补给量占了绝对大的比例，充分说明深层地下水通过含水层自身的补给是有限的，因此对这部分的水量的开采要慎重。

四、岩溶裂隙水资源量

基岩裂隙岩溶水的富水性，主要受地层岩性、构造、地形地貌及水源补给条件控制。一般中寒武-下奥陶、中上石碳统中厚层较纯质的石灰岩，处于向斜轴部（正地形）或背斜核部（负地形——洼地或河谷）以及断层破碎带，属浅隐伏类型，有丰富的水源补给来源，具有垂直补给带、水平径流带及水源汇集区域。这种类型的基岩裂隙岩溶水最丰富。

宿州市岩溶水资源的补给来源主要是大气降水，局部地段接受地表水补给。其基岩裂隙岩溶水补、径、排条件及动态特征：（1）裸露的基岩裂隙岩溶水分布区，直接接受大气降水、地表水的补给。通过溶蚀构造、落水洞、层面及构造裂隙岩溶带、盲河、盲沟，汇集的雨水、地表水直接垂直入渗补给基岩裂隙、岩溶地下水中；其排泄途径以泉流、排入深切河流或通过隐伏、埋藏区间，以水平径流形式，向下游储水构造排泄或人工开采。（2）上覆2-50m第四系松散含水层的基岩裂、溶隙地下水，直接接受上覆浅层孔隙型地下水的垂直补给及其本身侧向径流的补给，入向斜盆地、单斜山构造等，岩溶水分布区，以水平方式向下游排泄或人工开采，有时出现承压水状态，向上越流排泄。（3）基岩裂隙、岩溶水埋藏较深的，其主要补给来源有上覆含水层的越流补给、侧向补给，主要排泄途径有向上越流、侧向排泄、人工开采。对于裸露型和连通型的岩溶水源地，大气降水可通过裂隙和落水洞直接补给下覆岩溶水，对于隐伏型的岩溶水，可通过上部地下含水层入渗补给下覆岩溶水。宿北断裂为本区域东西向最大的一条断裂带，同时它对地下水起阻隔作用，其北侧地下水比较富集。

宿州市境内基岩裂隙岩溶水富水段自西向东主要分布在符离集岩溶水源地的横口、黄桥和夹沟岩溶水源地的张庄——赵集、康湖西和城孜集（支河），在萧县东北及灵璧、泗县等地，基岩裂隙岩溶水有一定的储存量。采用水均衡法计算，宿州市岩溶水资源量为20271万立方米/年、折合55.5万立方米/天，符离集水源地和夹沟水源地岩溶水资源之和为7941万立方米/年、折合21.8万立方米/天，其中符离集水源地水资源量为2367万立方米/年、折合6.5万立方米立方米/天，降雨入渗补给量、越流补给量、侧向补给量分别占符离集水源地岩溶水资源量的38.1%、53.6%、8.3%，而夹沟水源地岩溶水资源量为5573万立方米/年、折合15.3万立方米/天。

第四章　自然灾害

第一节　灾害种类

影响宿州市农业生产的自然灾害主要是旱、涝，其次是霜冻、寒潮、低温连阴雨、干热风、冰雹等。旱、涝出现的频率高，范围广，灾情超过其他自然灾害。据新中国成立的有关资料统计，涝年明显多于旱年，大涝年平均五年一遇，偏涝年三年一遇。大旱十年一遇，偏旱年在局部地区几乎是年年有，北部多于南部，相对泗县较少，而砀山县较多。

一、干旱

干旱在宿州市几乎每年都有发生。统计表明，平均每年干旱面积在5万公顷以下的年份占55.9%，5万–20万公顷的32.2%，20万公顷以上的占11.9%，最严重的干旱在1994年，全市成灾面积50万公顷。

二、洪涝

绝大多数年份有大面积或局部洪涝灾害出现。统计显示，平均每年洪涝面积在5万公顷以下的占39%，5万–20万公顷的37.3%，20万公顷以上的23.7%，最严重的洪涝是1998年，全市成灾面积60万公顷以上。

三、暴雨

全市各地暴雨日数平均每年有2.7–3.1天，主要集中在5–9月，其中6–8月各地暴雨日均在2天以上，最多月为7月，全市平均暴雨日1天以上。从统计结果看，灵璧站年暴雨日比其他各站多0.2–0.4天。

全市历年暴雨日数最多的是2003年的33天（站次），其次是1996年、2000年的28天（站次）；暴雨日数最少的是1975年的7天（站次），其中宿县、泗县全年没有出现暴雨。单站一年最多的是宿州的1996年，达到11天暴雨，其次是砀山县2003年的9天。

四、连阴雨

主要有春季连阴雨、午季连阴雨和秋季连阴雨。春季连阴雨约4–6年一遇，南部多于北部，主要影响春播及小麦、油菜的开花授粉。午季连阴雨约3年一遇，主要出现在6月上中旬，影响午收和夏钟。秋季连阴雨2–3年一遇，南部略多于北部，重点影响秋收秋种。

五、冻害

冻害是冬小麦、蔬菜越冬农作物生产中的主要气象灾害之一，寒潮和霜是引起冻害的主要原因。冻害主要发生在初冬及春季的3月中旬至4月。近50多年来，较轻的冻害几乎每年都有发生，中等的冻害约2–3年一遇，偏重的冻害发生10次左右，平均约5年一遇。

六、冰雹

各地年平均降雹次数1–3天，北部少，中部多。冰雹主要出现在4–7月，6月最多，几乎占全年的近一半；北部萧砀降雹比较集中，多数出现在5–6月。灵璧县1974年降雹多达11次，为全市之最。降雹时间主要出现在午后至傍晚，夜间及上午的冰雹极为少见。

七、雷暴

雷电灾害是联合国列出的10种最严重的自然灾害之一。宿州市平均每年观测到的雷暴日数32.8天（约占实际发生的30%），属于多雷暴地区。有资料表明，每年平均有5起以上雷击事故发生。

八、龙卷风

龙卷风几乎每年发生，造成人员伤亡的主要有：1989年7月10日，泗县大路口乡的邓圩等4个行政村，遭受龙卷风袭击。瓦房倒塌72间，砸死1人，重伤3人。1992年7月15日，泗县草沟镇遭受龙卷风袭击，死亡2人，伤51人。2005年7月30日，灵璧县韦集等5个乡镇遭雷雨、龙卷风袭击，16人死亡，51人受伤。2006年6月29日，泗县长沟朱彭小学遭龙卷风袭击，死亡2人，重伤4人，轻伤42人。

九、大风

全市8级或8级以上的大风日数（风速≥17.2米/秒），宿州站最少，年平均1.9天，北部砀山县、萧县3.1–6.1天，东南部的灵璧县、泗县平均每年10–14天，是宿州站的5–7倍。平均每年风雹灾害造成5.2万公顷的农作物和蔬菜大棚受灾，经济损失高达22553万元。

十、干热风

干热风是春末夏初出现的一种高温、低湿并伴有一定强度风力的气象灾害。干热风主要出现在5月下半月至6月5日，历年平均2–3天，呈北多南少态势。5月20日前后，冬小麦进入乳熟时期，对干热风危害特别敏感，此时干热风出现几率增大，各地平均每年1天以上的干热风日。

十一、大雾

大雾除影响人的身体健康外，主要影响交通安全。宿州大雾冬季最多，春秋季次之，夏季最少。主要分布特点是东部南部多，北部少，历年平均16–29天。2天以上的连续性雾平均每年出现1–2次，1月份最多，约占总数的三分之一；最长的一次9天，出现在泗县。

第二节　主要自然灾害纪略

1988年

干旱。1987年11月底到2月25日，全市近90天基本无降水，土壤干旱严重。泗县小麦死亡废弃面积达30余万亩。

6月初至7月上旬，灵璧县、泗县干旱严重，造成夏播推迟。灵璧县有40万亩推迟近1个月，致使秋季作物减产。晚播大豆减产60%，晚播玉米减产30%，晚栽甘薯减产

50%以上。

8月初至10月14日，两个半月的降水只有历年同期的3-4成左右，长期干旱造成秋作物大面积减产；小麦播种期推迟10-15天。

10月18日-12月19日，灵璧县63天基本无降水，干旱致使小麦、油菜弱苗干死严重。

大风、冰雹。5月2日，萧县淮海等11个乡镇遭受大风、暴雨、冰雹袭击。小麦16.2万亩，棉花、油菜、玉米等11.7万亩，水果2.9万亩受灾，蔬菜绝收0.9万亩。倒塌房屋988间，刮断树木104969棵、电线杆90根、广播线杆808根；全县118人受伤，158头牲畜受伤，损坏砖坯126.8万块，97部机器砸毁。

7月12日，灵璧县王集等乡镇冰雹大风，6个行政村受害。1533公顷农作物受害，其中有66.7公顷果园受害85%左右，蔡塘村有一7岁女孩在降雹时乱跑，掉到水里被淹死。

干热风。6月7日泗县出现干热风天气、9日的降雨使晚熟小麦雨后死亡，千粒重下降。

1989年

大雪。2月21-25日，全市普降大雪，中东部最大积雪深度28-31厘米。泗县最大，是有气象记录以来最大积雪深度。公路交通被迫中断3天，直接经济损失达100多万元。泗县磷肥厂30多间仓库和草沟供销社一座仓库被大雪压塌，直接经济损失近20万元。

暴雨。4月20日，泗县黄圩等地普降大暴雨。20万亩小麦受淹；油菜受灾0.8万亩；已播的5.5万亩棉花无法出苗。倒房40余间，2人死亡，1人重伤，直接经济损失800万元。

午收连阴雨。6月3-16日，各地均有10天左右的降水，阴雨不断使成熟收获的小麦不见阳光，致使小麦霉烂、发芽，仅萧县损失小麦0.5亿公斤。灵璧县未收割的小麦发芽、霉变29%，割倒在地里未来得及收的，发芽霉变48%；全县减产8.7%。泗县除一小部分早熟小麦收获入仓外，其余发芽霉变率高达30%以上，千粒重下降2.9克，全县减产1905.5万公斤，因雨严重霉变不能食用的约为总产量的2.8%。

大风、龙卷风。6月14日，泗县草沟等乡镇，因大风倒塌房屋97间，折断刮倒树木2万余棵，通信、高压线杆42根，刮走吹散麦草10万余斤，直接经济损失23万多元。

7月10日，泗县大路口乡的邓圩等4个行政村，遭受龙卷风袭击。倒房72间，砸死1人，重伤3人，掀掉房屋上盖3000余间，刮倒刮断树木1.8万余棵、高压线杆30多根，各种农作物2500余亩，直接经济损失88.4万元。

秋旱。8月到12月底，砀山、萧县5个月干旱少雨，秋粮减产严重，棉花品质下降，小麦播种推迟10天左右，越冬时小麦一类苗只有1/4。9月至11月初，灵璧、泗县少雨干旱，小麦到11月上旬才播完。泗县80%以上小麦未能适时播种，全县为抗旱种麦耗资828万元。

1990年

大雪。元月底，全市普降大雪，雪后持续低温，极端最低气温-18.1℃，为近20年来的最低值。道路积雪经人踩车压后冻成冰层，交通受阻。泗县有千余辆客、货车停开。河水封冻，航运被迫中断。

霜冻。4月24日，全区出现晚霜冻，100多万亩小麦严重受害，部分弱质的小麦出现死苗现象，减产严重。

连阴雨。5月，泗县出现3次阴雨过程，小麦白粉病、赤霉病大发生。早熟、晚熟小麦发芽。全县小麦减产500万公斤左右。

干热风。5月末，萧县小麦雨后青枯逼熟减产。全县平均亩产仅为145公斤，比上一年减产30%。6月初，灵璧干热风，加速小麦青枯死亡，小麦减产。全市夏粮平均比上一年减产22.2%。

暴雨。7月中旬至8月中旬，全市大部地区普降大到暴雨，中东部雨量最大。灵璧县农作物受灾约180万亩，其中减产3-5成的有16.7万亩，减产5-7成的16.8万亩，绝收13.7万亩；县城不少仓库进水，损失近百万元。全县保险业因自然灾害造成的损失赔款高达300万元。泗县105万亩农作物受灾，占总面积的74%，重灾81.8万亩，夏大豆减产43%。民房倒塌10500间，民房进水受淹6000多户，死8人，伤32人。城区49个工业企业停产或半停产，占27.6%，直接经济损失500多万元，商业损失280多万元。全县因自然灾害保险赔款220多万元，其中农业索赔120多万元。

大风。6月28日早晨，泗县国营西关轮窑厂遭狂风袭击，11间机砖车间在瞬间倒塌，化为废墟，直接经济损失40余万元。

雷电。7月9日傍晚，泗县九里沟乡西李村西南湖一瓜棚遭雷击，3人死亡。

秋旱。9月中旬（砀山8月下旬）至11月上旬，全市出现严重秋旱，小麦无法播种。冬前小麦二三类苗占60%。泗县60%的小麦到11月中旬播完，抗旱耗资百余万元。

1991年

霜冻。4月26日，砀山、萧县出现历史上最晚的晚霜冻，对小麦造成严重冻害，有的不能抽穗，有的虽然抽穗，但有一多半小穗不能结实。砀山酥梨花期推迟5-7天，部分果树花果受冻。

暴雨。5月23-25日，萧县普降暴雨、大暴雨。63万亩小麦受淹，其中43万亩重灾，减产7500万公斤。工商企业因地势低洼积水受淹，直接经济损失6万元；公路、桥涵被冲毁54公里，被迫停电12小时；倒塌房屋5000余间，2人受伤，1人死亡。

9月2日，灵璧县大暴雨，并伴有大风出现。全县178万亩秋季农作物有121万亩被淹受灾，近100万亩成灾；倒塌房屋6400间，刮倒刮断树木5万多棵，淋毁砖坯30万块，流失煤炭70吨，刮毁输电线路140公里，冲毁桥涵6座，直接经济损失（含午季）3.5亿元。

连阴雨。3月、5月、6月上中旬，全市各地出现6个时段的连阴雨时段，以5月下旬至6月中旬的影响最大，严重影响小麦的灌浆成熟及收获晾晒，造成千粒重下降，穗粒数减少，成熟期推迟7-10天，早熟小麦田间发芽，不少小麦干枯死亡，籽粒干瘪。灵璧大部分农田被淹，病虫害暴发；全县防吸浆虫害69.2万亩，纹枯病41万亩，白粉病44.8万亩；小麦比上一年减产3-4成，油菜减产7成左右，是近年来午季损失最为严重的一年。萧县小麦比正常年份减产0.5亿公斤以上。泗县小麦减产50%。保险赔偿71万多元。全市夏粮平均比上一年减产8.6%。

大风、冰雹。5月14日，萧县新庄等地出现冰雹。小麦受害面积3.14万亩，绝收1000亩；棉花受灾1.79万亩，绝收11050亩；水果受灾2560亩，其中60%为重灾。另有5人受伤，部分鸡、鸭被砸死。

6月29日，泗县吴店雷雨大风。毁房159间，砸伤5人，损失粮食15万公斤，刮断大树1000多棵，玉米等农作物严重受损，直接经济损失26万元。

7月14日，泗县草沟、丁湖区的高圩等三个村遭受雷雨大风袭击。毁房953间、树10余万棵、粮食25万公斤；毁坏35千伏线路1条，长度600米，直接经济损失48万元。砸死4人，重伤10人，轻伤31人，死亡大牲畜3头。全县保险赔偿55万元。

7月28日，萧县遭遇大风袭击。全县毁树200余棵，毁房20余间，刮倒农作物3000余亩。

秋旱。9月中旬至12月中旬，全市连续百天干旱少雨，中北部雨量只有常年同期的1-1.5成，东部2-3成，土壤干旱严重，小麦播种进度缓慢，播种后难以出苗，越冬时一、二类苗不足50%，是1986年以来最差的一年。泗县抗旱保苗投入劳力9万余人次，耗资500多万元。

大雪。12月下旬，全市普降大雪，最大积雪深度14-31厘米，雪后气温骤降14.4℃-23.1℃，灵璧县极端最低气温-21.3℃。有1000多个蔬菜大棚被压塌，冻坏蔬菜60多亩。汽车交通被迫中断，部分通讯线路中断。

1992年

干旱。春旱造成泗县300多万株新植树苗成活率只有50%左右，损失60多万元。

5月中旬至6月上旬，砀山、宿州降水量为常年平均值的20%左右，其余3县不足常年值的1成，旱情严重。

10月中旬至12月底，中东部秋旱，对晚播小麦的出苗、生长极为不利，部分旱死；泗县10月植树10多万棵，几乎全部死亡。

大风、龙卷风。4月21日凌晨，砀山县北部受龙卷风、冰雹袭击，灾害严重。

5月5日，泗县草沟等乡镇先后出现暴风天气。造成1死1伤，小麦倒伏2.5万亩，折断树木1.7万余棵，倒屋480余间，直接经济损失300多万元。

5月23日，萧县大风，1万多间房屋受损，5500间倒塌；农作物减产5万公斤；中断供电达24小时。

7月11日，萧县黄口、龙城镇遭龙卷风袭击。毁树近4000棵，损坏供电线路2.4万余米；毁房300余间，倒墙600多米；5278人受灾，伤2人，部分畜禽死亡；农作物受灾4000余亩，直接经济损失85万元。

7月15日，泗县草沟镇赵代、王楼两村龙卷风，死2人，伤51人；毁房728间，倒塌137间；大牲口、猪死亡6头；农作物受灾4200亩，经济损失400余万元。

7月19日，萧县马井等8个乡镇109个行政村遭大风、冰雹袭击。16万亩秋作物受灾，7万亩果树受灾，不少果园几乎绝收；10万棵树被刮倒、刮断；6400余间房屋被毁坏，2人死亡，24人受伤；部分禽畜被砸死、砸伤。直接经济损失1300万元以上。

7月22日，砀山东部遭龙卷风、暴雨夹带冰雹的袭击，损失惨重。

雷电。5月5日，泗县黄圩中学院内发生雷击事件，2学生1死1伤。

暴雨。7月12日，萧县暴雨，并伴有大风。县磷肥厂仓库、车间进水，被迫停产，直接经济损失2万元，砖瓦厂损失砖坯5万块。

9月1日，全市各地普降大到暴雨。其中萧县23万亩农田被淹，1000吨磷肥遭雨淋，县砖瓦厂损失砖坯50万块，直接经济损失2万元。

连阴雨。9月，全市阴雨日18天左右，气温偏低1-2℃，日照偏少5成左右。宿州9月中旬日照5.4小时，是有史以来的最低值。秋季作物的生长、严重影响产量。

大雾。泗县全年大雾41次，一般能见度小于1000米，浓雾时不足10米。全县因大雾出现交通事故8次，直接经济损失10余万元。

1993年

大雪。1月12日至14日，全市普降大雪，积雪14-24天；极端最低气温-18.5℃，-10℃以下5-10天。公路交通被迫中断，部分通讯线路受到破坏，积雪压塌大部分蔬菜大棚，城市蔬菜供应一度紧张。泗县中断交通2天以上，县汽车站少发客货车200台次；路面遭破坏损失达80多万元。

11月19-21日，全市出现暴雪天气，小雪节气未到下大雪，实为40多年来少见。雪后气温急剧下降，11月24日最低气温达-9℃左右。蔬菜受冻损失50%-70%，菜价猛涨近10倍。小麦、油菜受灾严重。砖坯冻坏严重，损失数百万元。

霜冻。4月连续出现3次霜冻，全市150万亩小麦受冻（主要是西安8号），减产50%左右。萧县25万亩水果受冻，减产1亿公斤，经济损失84万多元；被风刮开的蔬菜大棚受冻，经济损失达400多万元。占砀山县小麦面积60%以上的西安8号，受冻后的田块70%-80%不能抽穗，造成严重减产；砀山县梨花90%受冻，其中70%冻死，产量大幅度下降，经济损失3.5亿元。全市10万亩棉苗受冻。

干旱。5月下旬至6月中旬，中部地区初夏旱，严重影响秋作物的适时播种。

9月17日-10月12日，全市26天无降水，旱情较重，对小麦、油菜播种出苗极为不利。

暴雨。5月25日，暴风雨夹带冰雹袭击灵璧、泗县北部的部分乡镇。灵璧的朝阳、泗县的大庄、瓦坊等乡镇3.26万公顷小麦受灾，绝收1万公顷；棉花被砸0.25万公顷；损坏民房16300间，伤13人，重伤5人；毁树6.3万棵，倒断各种线杆274棵。直接经济损失12600万元。

1994年

大风、冰雹、龙卷风。2月8日，萧县出现大风扬沙天气。蔬菜大棚受到不同程度的破坏；部分地区电线杆刮断，停电24小时，通讯中断达几十小时。

5月2日，砀山官庄等5个乡镇32个行政村遭受冰雹、大风袭击。砸坏水果2.12万亩，刮倒小麦14万亩，油菜0.24万亩，打坏棉花0.45万亩；刮坏蔬菜大棚109个，刮倒拔起果树4000余棵。

5月10日，灵璧县出现大风冰雹天气。小麦、油菜被砸，杨疃、尹集两镇受灾较重。

7月9日，砀山部分乡镇遭冰雹、大风袭击。房屋损毁342间，刮倒折断树木1.9万余棵、电线杆168根，水果受灾0.9万亩，平均损失60%–70%，个别农户几乎绝收，累计损失1350万元。

7月29日，萧县白土镇遭受百年未遇的龙卷风及冰雹灾害，农作物、房屋、树木、人畜均受到严重损害，直接经济损失达1500余万元。

8月26日，龙卷风袭击萧县张庄寨57个行政村。刮坏民房600余间，电线杆折断350根，毁坏供电线路2万米。

8月26日，灵璧县朝阳镇遭受龙卷风、冰雹袭击。倒房43间，伤19人，折断大树1400余棵，农作物重灾2.1万亩，畜禽死亡1200多只，高压线路损坏4公里，有线通讯全部中断。

8月30日，萧县龙城镇、王寨镇暴雨大风。2人死亡，1人受伤；毁房152间，作物倒伏9万亩，供电中断12小时。

霜冻。3月中下旬，萧县出现两次较强的冷空气，最低气温分别达到-3.5℃和-3.6℃，为明显的倒春寒天气。小麦严重受冻5万亩，轻度受冻9万亩左右；未及时加盖草毡的大棚，棚内辣椒几乎全部冻死。

干旱。4月下旬–6月7日，宿州、泗县雨量不足常年同期的1成，其余各地在2成左右，干旱明显。春播大豆、花生、玉米等作物出现旱死现象。

6月中旬至7月上旬初夏旱。灵璧县、泗县雨量不足常年值的1成，田块干裂，禾苗枯死，旱情严重到了极点。7月全市≥35℃的高温日数平均22天，这是历史上没有的，其中灵璧、宿州出现历史最高值41.0℃和40.9℃，其余各县也在40℃左右。7月上旬北部降水比常年同期偏少5–6成，中东部偏少近9成；18–29日全市无雨。

8月上中旬中东部地区雨水只有常年的17%–26%。伏旱严重，高温干旱使玉米、棉花等作物部分旱死，人畜饮水发生困难。埇桥区146万亩秋季作物全部受灾，其中减产8成以上至绝收的50万亩。灵璧玉米减产6成以上，棉花减产3成以上，大豆减产2成以上。泗县90%以上的田块减产，部分村庄人畜饮水发生困难；3.5万亩新植树苗验收合格率仅1.3万亩。

9月中旬至10月7日全市无雨，秋旱不利于秋种。

连阴雨。4月17–23日全市连阴雨，阴雨天气使中、晚熟苹果花粉破裂，无法授粉受精，座果率极低，萧县、砀山苹果因此减产30%左右。

干热风。5月中旬至6月初，全市出现3–10天的干热风天气。严重影响小麦的灌浆和成熟，千粒重下降，小麦严重减产。萧县小麦减产4000万公斤。灵璧小麦减产2–3成。

大雾。萧县11月出现大雾7天，为历史之最。全县因大雾造成8起交通事故，伤亡7人。

1995年

霜冻。4月3日，砀山县出现“倒春寒”天气。小麦严重冻害。

干热风。5月5–8日，砀山县出现干热风天气，对小麦开花、授粉、灌浆不利，高岗沙地小麦出现干死现象。全县小麦减产。

干旱。全市元月至4月上旬雨量偏少6成以上，春旱明显，春播困难。

6月-7月6日，砀山县雨量偏少8成以上，形成初夏旱。

10月下旬至翌年2月，全市降水量只有常年同期的23.5%左右，形成秋冬连旱。已播的小麦、油菜难以齐苗、壮苗，甚至干死；未及时播种的无法下种，三类苗达40%左右。

大风、冰雹。6月17日，埇桥区符离镇等7个乡镇受风雹袭击，农作物、房屋、输电线路损失严重，人员有伤亡。

7月1日，灵璧县的杨疃、娄庄两镇遭受冰雹、龙卷风袭击，造成重大经济损失。

8月下旬，砀山县部分乡镇雷雨大风，大面积倒伏的玉米减产50%左右。

11月7日，全市出现大风天气。70%-80%的蔬菜大棚被刮坏，蔬菜严重受冻，损失很大。萧县刮倒树木2000多棵，刮倒损坏、房屋150多间，供电中断12小时，经济损失百万元。灵璧县不少房屋倒塌，树木刮倒，供电、通讯中断，砖坯被毁，全县经济损失近千万元。

暴雨。7月10日，萧县大暴雨，部分乡镇降水量在300毫米以上。14人受伤，3500头牲畜死亡，2500间房屋受损，500间房屋倒塌，50万亩农田受淹，14万亩绝收，损坏电信、供电线路70公里，电信中断16小时，供电中断10小时，直接经济损失约5000万元。

1996年

大风、龙卷风。5月，砀山曹庄镇龙卷风，80%左右的树木被刮倒、撕裂、折断，损失较重。

6月29日，泗县大风。刮倒房屋50多间，院墙200米，很多蔬菜大棚被刮坏，城关镇汴光板材厂新建130万元的厂房被刮塌，砸死1人，伤1人，经济损失严重。

夏涝。6月16日-7月21日，全市先后连降暴雨。全市84个乡镇受灾，受灾人口293万人，成灾人口246万人；被水围困和进水村庄1936个，倒塌房屋6681间，损失粮食5405万公斤；死亡大牲畜202头。一般农田积水20-30厘米，部分达到1米以上，全市农作物受灾面积536万亩。夏种作物三种三淹，大片的农田绝收；迟收的小麦无法凉晒，部分发霉。暴雨伴随大风，刮倒刮断数万棵树木，使大量的供电、通讯线路中断，建材行业的大量成品、半成品受损。

夏旱。7月下旬后期至8月底，全市降水偏少5成以上，其中有18-30天的连续无雨日，伏旱严重，对夏秋作物生长发育极为不利。大豆花荚脱落，花生无法下针，“卡脖子”旱使玉米抽穗困难，严重影响秋季作物收成。

连阴雨。9-11月中旬，全市出现5个时段连阴雨天气，甘薯无法起收、凉晒，大量霉变腐烂；棉花产量、品质受损；砖瓦窑厂损失惨重。萧县几十万公斤未晒干的山芋片霉烂。

1997年

干旱。5月中旬至6月29日，中北部地区降水偏少9成以上，泗县偏少近8成，夏种困难。多数推迟到7月初播种，个别地方到7月23日后才播种完毕。

7月22日至8月18日，中北部地区雨水偏少8成以上，伏旱严重，大豆、玉米等农作物减产。

9月3日到11月上旬，北部砀山县雨量偏少64%，其余地区偏少9成左右，秋旱影响秋作物的灌浆成熟，减产明显；秋旱严重影响小麦的播种出苗。萧县抗旱播种小麦总投入高达3400万元。

夏涝。7月17-18日，全市普降大暴雨，灵璧的娄庄、高楼两镇高达260毫米。中部3县区农作物受灾130万亩，一半属于重灾，水泡粮食20万公斤；淹死大牲畜1200多头，冲倒树木1万余棵，冲毁公路23处，100多个村庄被水围困；损毁、倒塌房屋1700余间，30多万人受灾，1000多人无家可归；直接经济损失2亿元以上。宿州市区许多工厂和居民住宅进水，经济损失巨大。

大风、冰雹。4月15日，砀山县文庄、唐寨冰雹，部分梨园幼果受害，砸烂瓜菜大棚210个。

8月19-20日，萧县、砀山大风、暴雨。萧县倒伏庄稼10余万亩，倒塌房屋500余间，折断树木、电线杆2000多棵，线路损坏500米，停电20小时；砀山水果损失10%左右，刮倒玉米约5万亩，减产达50%左右。

大雾。11-12月，全市平均大雾天气11天，严重影响交通运输。多次发生恶性交通事故，人车伤亡惨重。

1998年

霜冻。3月18-20日，全市48小时平均气温下降13℃左右，最低气温-1℃上下，大部分地区粮油、蔬菜等作物出现严重霜冻。

大风、冰雹、龙卷风。4月22-23日，萧县大风、冰雹。白土、张庄寨等13个乡镇215个行政村受灾，小麦严重倒伏、果树折枝落果。16.7万亩小麦受灾，绝收3.7万亩；损坏房屋300余间，刮倒树木、电线杆1.5万多棵，直接经济损失6900万元，其中农业损失4100万元。

7月2日，灵璧县郑庙等10多个村遭受强龙卷风袭击，并伴有大雨。造成1.2万人受灾，毁坏房屋3820间，重伤7人，刮倒树木3800棵，损坏供电线路2500米，直接经济损失336万元。

8月4日，砀山关帝庙、李庄、良梨、萧县马井、赵庄等乡镇龙卷风，并伴有暴雨。近4万人受灾，农作物受灾5500公顷，刮掉水果1800万公斤，刮倒树木15340棵，刮倒低压线杆152棵，损坏房屋741间，死伤8人，直接经济损失5908万元。

连阴雨。4月至6月2日，全市出现4-5个连阴雨时段，春雨绵绵，涝渍成灾，严重影响小麦等作物的正常生长和灌浆成熟，致使夏粮减产43.8%。梨黑星病连续2次暴发，砀山县50万亩酥梨普遍受害，品质下降，普遍增收不增益，5万亩西瓜座果率普遍降低，尤其是西农8号品种减产50%左右。

暴雨。6月1日，灵璧、泗县暴雨、大暴雨，且有大风，大面积成熟待收的小麦泡在水里，倒伏十分严重，机械无法作业。受灾最重的泗县有68万亩小麦泡在水里无法收割，20万亩绝收，棉花等春播作物全部受灾，累计经济损失2.5亿元。

8月13-15日，埇桥区、灵璧、泗县北部暴雨，雨量最多的乡镇达300毫米以上，近20个乡镇达200毫米以上，加上上游客水压境，河水顶托，形成倒灌，田间积水无法排出，农田积水平均深度达0.5米左右，最深处达1.5-1.7米，形成严重内涝，致使受灾作物多达29.8万公顷，成灾面积24.6万公顷，绝收10.7万公顷；被水围困村庄445个，损坏房屋21850间，倒塌房屋5467间；死亡6人，受伤30余人，受灾人口272.7万人，成灾人口211.1万人；直接经济损失22.1亿元，农业损失18.1亿元。

干旱。6月2日至7月29日，砀山县连续58天降水不足，仅为常年值的2成，严重影响秋季作物和水果的生长发育。

9月至翌年3月5日，全市各地秋冬连旱，时间长达180余天，雨量为同期的1.5-3成，长期干旱严重影响冬小麦的播种、出苗和越冬。

1999年

干旱。7月8日-9月10日，砀山雨量为常年值的15%左右，其他地区2-3成。水库塘河干涸，稻田干裂，农作物萎蔫卷叶，个别地区出现人畜饮水困难。9月8-10日，连续3天出现≥35℃的高温，“秋老虎”加重对农业生产的危害，秋季作物减产。全市受灾52万亩以上，绝收5万多亩，受灾人口18.08万人，成灾人口7.83万人，直接经济损失2.5亿元，其中农业损失1.7亿元。

大风、冰雹、龙卷风。5月25日，灵璧、泗县各有5个乡镇遭受风雹袭击。灵璧的灵城、向阳、虞姬等乡镇较重。地面积雹平均厚度5-6厘米，并伴有10级以上大风。灵璧受灾面积1.4万公顷，重灾0.53万公顷，绝收0.33万公顷，折断高压线杆180棵，损毁房屋840间，伤6人，重伤2人。直接经济损失840万元。

8月16日，砀山官庄镇至曹庄镇，发生龙卷风，玉米大面积倒伏、水果落果，胸围60-70厘米粗的大树连根拔起，损毁民房15间，受灾面积2.2万亩，直接经济损失1000万元。

8月30日，砀山城东、西、北部7个乡镇出现冰雹大风。受灾人口27.8万人，受灾面积20万亩（其中水果9.5万亩、玉米6.8万亩、其他3.7万亩），刮掉水果约3000万公斤，玉米减产1350万公斤，损毁塑料大棚250个，毁房、倒房200余间，直接经济损失4956万元。

秋涝。9月28日-10月16日，各地降水83-159毫米，是常年同期的3倍左右；日照时数偏少4-5成。连阴雨天气给砖瓦生产、秋收和北部的秋种带来不利影响，但对南部秋种影响不大。

大雾。砀山11-12月发生5次大雾。每次大雾均有撞车事故，其中以11月23日发生在砀城—园艺场的车祸最为惨重，造成1死1伤。

冻害。12月19-23日，连续5天日最低气温低于-5℃以下，其中22日极端最低气温-9.3℃--11.6℃。由于降温幅度大，时间长，砀山3万多亩塑料大棚辣椒普遍受冻，其中1000多亩全部冻死，直接经济损失500万元；陇海乡三里河张庄村，一家3棚辣椒全部冻坏，损失惨重，有1人喝农药死亡。

2000年

干旱。2月下旬-5月下旬，全市降水量26-37毫米，比常年同期偏少6-8成以上；砀山砂土干土层深达30-40厘米，是有记录以来同期最严重的干旱。长期干旱严重影响冬小麦等作物的生长发育，小麦、油菜、瓜果等成片死亡，造成普遍减产，一些地区河塘干涸，人畜饮水一度告急。全市午季受灾面积达400万亩以上，直接经济损失3.3亿元，其中农业损失2.7亿元。

大风、冰雹、龙卷风。3月27日，全市出现大风天气，大风夹带扬沙，严重影响塑料大棚蔬菜等农业生产。全市20个乡镇6.16万公顷大棚蔬菜瓜果受损，2.53万公顷成灾；农作物受灾4.87万公顷；房屋损毁1520间，倒塌226间，倒塌院墙3000多米，砸死2人，伤23人；萧县白土镇引起山林大火，烧毁经济林木2000余亩。合计损失折款11785万元。

6月22日，大风冰雹袭击砀山县境内的西南门、权集、周寨等乡镇。苹果、酥梨落果50%左右，严重的达到绝收。受灾人口1.45万人，成灾0.9万人；农作物受灾880公顷，成灾650公顷；酥梨受灾650公顷，苹果受灾270公顷。损失折款4255万元。

7月2日，砀山出现龙卷风，朱楼、关帝庙等乡镇受灾。受灾人口4.2万人，成灾1.8万人；农作物及水果受灾面积4.5万亩，成灾1.9万亩；倒塌房屋53间，损坏房屋310间；通讯、电力设施损坏。经济损失3136万元。

7月9日，砀山县连续两次遭受风雹袭击，有8个乡镇56个村庄受灾。

霜冻。4月10日，砀山最低气温降到近20天以来的最低值。大风刮坏塑料大棚，冻死各种菜苗数万亩。全县损失7000余万元。

干热风。5月20-24日，全市出现干热风天气，5月21日、22日，均达到重干热风日。严重威胁小麦后期的正常灌浆成熟，致使全市小麦较上一年减产25%左右。

连阴雨。6月上旬连阴雨，灵璧50万亩小麦发芽。

6月21-29日，全市连阴雨，雨量220-340毫米，影响夏种。

9月下旬到11月中旬，全市出现3个长达9-13天的秋季连阴雨。长期的阴雨寡照，严重影响秋季作物的后期生长发育、成熟收获，并导致冬小麦播种比常年推迟10-15天。

暴雨。6-7月，全市各地出现暴雨、大暴雨5次左右。萧县农作物受灾面积达50多万亩，40多万人受灾，80余座桥梁被毁，倒塌房屋3000余间，直接经济损失5000多万元，其中农业损失3000万元；砀山县工矿企业、民房进水，个体户受损，县保险公司赔偿200多万元。

2001年

冻害。2月24-25日，砀山县出现-2.7℃的最低温度，黄梨花芽受害达3-7成，梨农不得不高价外购花粉，用于砀山酥梨授粉。

3月28日，出现-0.9℃的最低气温，砀山酥梨花序受冻，花柄下垂，花托似开水烫。全县受灾9.5万亩，成灾7.2万亩，直接经济损失615万元。

干旱。全市从3月1日至6月11日出现春旱，时间长达103天，降水比常年同期偏少6-9成以上；最旱时砀山砂土干土层深达30厘米上下，是有记录以来同期最严重的干旱之一。长期干旱严重影响冬小麦等作物的生长发育，小麦、油菜、瓜果等成片死亡，造成大面积减产，一些地区河塘干涸，人畜饮水一度告急。全市午季受灾面积达200万亩以上。

7月，灵璧、泗县降水偏少一半以上。

8月，砀山降水偏少6成，埇桥区偏少70%以上，伏旱严重。

9月上旬至12月初，出现秋旱。其中灵璧86.8万亩农作物受灾，受灾人口21.8万人，直接经济损失3.4亿元，其中农业损失2.9亿元。

大风、冰雹。砀山全年发生9次大风。主要危害果树、大棚蔬菜、农作物、房屋、人、畜、通讯电力设施等，经济损失达27704万元。

萧县7月2-3日出现雷雨大风，并带有冰雹，9个乡镇受灾，受灾人口8万多人，因灾死亡3人，6人重伤，82人轻伤；砸死牲畜389头，损毁房屋2800余间，倒塌房屋1939间；砸坏变压器4台、农机11台、家电80余台、供电和通信线路3万余米，10多万亩农作物受损，直接经济损失7200万元。

灵璧县全年出现5次大风，以7月25日受灾最重。8个乡镇45个行政村遭受龙卷风、暴雨袭击，致使26万亩农作物受灾，绝收0.43万亩；受灾人口15.92万人，2人重伤，轻伤13人；倒塌民房583间；刮倒刮断树木38800余棵；刮倒刮断高低压、通信、广播线杆179棵，刮断线路29890米，雷击烧毁变压器1台。直接经济损达1100万元，其中农业直接经济损失870万元。

2002年

低温连阴雨。4月下旬至5月中旬，全市各地平均气温均偏低1.3℃-2.6℃；并伴有3次连阴雨过程，严重影响冬小麦的生长发育，小麦灌浆进程受阻，日最大增重减少20%左右，千粒重较常年偏低5%左右，穗结实率偏少8%上下。全市夏粮减产1成以上。

大风、冰雹。全市各地出现14次大风，对工农业生产产生较大影响。

3月20日，灵璧、埇桥区、萧县相继出现大风。萧县农作物受灾面积100公顷，成灾30公顷，刮毁塑料棚1000余个，直接经济损失110万元。

5月27日、7月18日、10月5日，灵璧先后出现3次大风冰雹天气，虞姬乡235公顷玉米倒伏，25个蔬菜大棚严重倒塌，部分电线线路和通讯电缆受损，300余棵大树被刮倒。

6月15日，砀城东北发生狂风暴雨，并夹带冰雹，4个乡镇16个村受灾，受灾人口4.8万人，农作物受灾3267公顷，直接经济损失3546万元。

7月18日，萧县新庄等乡镇遭受大风冰雹袭击，4.5万人受灾，农作物受灾3600公顷，绝收1600公顷，损毁房屋183间，高低压线路2000余米，砸死家禽2000余只，直接经济损失4800万元。

酸雨。7月18日砀山暴雨（酸雨），李庄镇东南董屯一带的2.7公顷树木（杨树、桃树、梨树等）、农作物（棉花、大豆、甘薯、玉米、高粱等）、动物（青蛙、蟾蜍等）均遭到不同程度的毁灭性危害。其危害症状为：植物、农作物叶绿素全部遭到破坏，颜色呈黑褐、黄褐、白色。蛙类窒息死亡，草干枯。

秋旱。9月中到12月初，全市大部分地区降水只有常年值的2成左右，是有记录以来同期最严重的秋旱年份之一。主要影响冬小麦的播种、出苗及冬前壮苗的形成。全市各地冬小麦壮苗越冬的1成左右，形成一、二类苗越冬的约2-3成，70%左右为三类苗。

2003年

干旱。中北部5月20日前后至6月21日、东部5月10日前后至6月10日，降水为历年同期的10%左右，形成干旱，主要影响夏种。

大风、龙卷风。7月19日，灵璧大风，13个乡镇受灾，倒塌房屋716间，高压线损毁6650米，线杆104根，变压器3台，蔬菜大棚2万公顷，直接经济损失320万元。

7月20日，萧县马井等乡镇遭受龙卷风及暴雨的袭击。农作物成灾面积7.9万亩，绝收2万亩，成灾人口8.3万人。倒塌房屋104间，损毁房屋319间，墙头1500米，高低压线路5000余米，损毁变压器2台，砸死大牲畜45头，伤20余人，其中1人重伤，直接经济损失6400万元，其中农业经济损失4400万元。

暴雨。全市各地年暴雨日数除萧县3天外，其余都在5-7天。危害较重的是7-8月的暴雨加连阴雨，各地洪涝灾害严重。全市456.26万人受灾，380.04万人成灾，260.1万人被困，1.66万人无家可归；倒塌房屋40878间，损失粮食7773吨，死亡大牲畜573头，直接经济损失261358万元。

连阴雨。全年较长的连阴雨时段有10次左右，从春到秋一直未断。因暴雨、连阴雨全市农作物成灾面积高达341527公顷，农业直接经济损失174333万元，近20年来极为少见。

4月20日前后和5月上旬的低温连阴雨，日照偏少70%-80%，严重影响冬小麦的生长发育、干物质的积累和籽粒的形成，品质下降。

最长的两个连阴雨时段为6月下旬中至7月下旬初和8月9日至9月上旬，各地日照时数偏少60%以上。夏季的阴雨寡照，致使各种夏播作物营养生长严重不良，大面积渍涝成灾，严重减产。秋季发生的多次连阴雨，给原本受重灾的秋季作物雪上加霜。

2004年

干旱。中北部地区在3月22日至4月底的40天左右时间里，降水不足历年同期的1成，对小麦生长发育有明显影响。

9月下旬至11月下旬，各地降水只有历年同期的3成左右，对冬小麦播种出苗有较大影响。

大风、冰雹。全市各地全年21次大风，9次成灾。3月17日，灵璧大风。城区损坏太阳能4个，城北尤集损坏蔬菜大棚12个，虞姬乡近4公顷蔬菜大棚倒塌，直接经济损失64万元。

4月22日，萧县黄口等地大风，近0.5万公顷农作物（主要是大棚）受灾，受灾人口12万人。

6月7日，埇桥区支河乡大风，倒塌房屋16间，刮倒大小杨树360棵，倒伏小麦25公顷。

6月20日，砀山大风，唐寨等8个乡镇灾情发生较重，受灾人口9.7万人，农作物受灾面积0.6万公顷，房屋倒塌20间，损坏55间，造成经济损失2300万元，其中农业损失1950万元，主要损失是砀山酥梨等水果。

6月21日，萧县大风，马井等6个乡镇受灾。受灾人口4.5万人，因灾伤3人，其中重伤1人；受灾农作物170公顷；倒塌民房210间（80户）；损毁房屋1450间。造成直接经济损失640万元，其中农业损失240万元。

7月5-6日，砀山大风冰雹。胸围70-80厘米粗的大树连根拨起或拦腰折断、扭曲成麻花状；水果刮落、西瓜砸烂，棉花、玉米、红芋不同程度的受到影响；房屋倒塌27间，损毁750间；电力通讯设施部分损毁。受灾人口10.5万人。农作物受灾面积0.71万公顷，绝收面积0.04万公顷，损失折款计7349万元。

7月6日，萧县23个乡镇普遍遭受严重的风雹袭击，瞬间最大风速达32.7米/秒，风力12级，为历史罕见。大屯等12个乡镇受灾最为严重。受灾人口85.3万人，伤143人，死亡3人；受灾面积5.7万公顷，其中果树受灾2.03万公顷，绝收面积2067公顷；树木折断106万棵；损毁房屋1.8万间，其中倒塌房屋6800间、校舍损毁300余间；砸死大牲畜376头、家畜家禽9.2万只（头）；损毁农用车40辆；高低压线路断线1205处，损坏导线60吨，断杆1.1万根，损坏变压器33台，2000门程控交换机受损，1000根通信线杆折断，多处机房倒塌。直接经济损失32761万元，其中农业经济损失24370万元。

7月8日，砀山官庄等6个乡镇大风冰雹。其中曹庄镇受灾最重，棉花、大豆、玉米等农作物的叶枝几乎被剥光，绝大多数的砀山梨被打落在地，该镇0.13万公顷水果基本绝收。10万余株树木被毁，1200多间房屋倒塌损毁。造成1人死亡，6人受伤，直接经济损失9000万元。

暴雨。全市各地9次暴雨，2次成灾。砀山7月16-20日集中降水近300毫米，大部分农田积水内涝，部分乡镇和砀城低洼地区积水深度在0.5米-1.2米，80余个村庄被水围困。7月中旬至11月，定点测定的土壤相对湿度均为100%，长期渍害对水果、蔬菜、农作物影响明显。全县受灾人口45.2万人，紧急转移安置人口1890人，受灾面积3.45万公顷，绝收面积0.12万公顷。倒塌房屋551间，损坏房屋4325间。全县直接经济损失为1.45亿元，其中农业损失为1.21亿元。

2005年

低温冻害。2004年12月下旬至2月，全市极端最低气温-12.1℃，日平均气温≤0℃的日数29-48天，是近年来比较少见的。砀山部分春性小麦大茎、叶片冻死。

春旱。4-5月，全市降水普遍偏少2-6成。砀山最长连续无降水日14天，部分地区达到大旱标准，对小麦生长发育造成较大影响。

大风、冰雹、龙卷风。全年23站次大风，9站次成灾。3月10日，灵璧杨疃镇冰雹，对拨节期小麦，抽苔、现蕾期油菜造成灾害。

4月20日，泗县南部丁湖等3乡镇遭受冰雹、大风袭击。1600公顷农作物受灾，折断树木220棵；线路损坏4处；电伤2人。

5月19日，灵璧浍沟镇冰雹，1人死亡，10人受伤。

6月14日至15日，埇桥区符离镇至芦岭等15个乡镇陆续出现冰雹、大风。受灾人口16.5万，14人受伤，2人重伤，1人死亡。农作物受灾面积5730公顷，其中绝收1270公顷，倒塌房屋283间，房屋损坏3202间，树木折断3.4万棵，部分供电线路损坏，直接经济损失9600万元，其中农业损失5600万元。

6月19日、21日，萧县两次大风，2万多人受灾，伤5人；农作物受灾1400公顷，张庄寨10亩大棚辣椒损坏；倒塌民房48间，损毁民房200间。直接经济损失1600万元，其中农业经济损失1400万元。

6月21日，灵璧渔沟等5个乡镇大风、冰雹，3440公顷农作物受灾，1100多棵树木折断，180多间房屋倒塌，直接经济损失1000多万元。

7月16日，砀山唐寨等5个乡镇大风，受灾人口达5.7万人；农作物受灾面积2787公顷，其中绝收80公顷；倒塌房屋20间，损毁房屋172间。直接经济损失482万元，其中农业经济损失417万元。

7月30日，泗县草沟镇大风、暴雨，3.1万人受灾；3070公顷农作物受灾，其中80%是玉米；损坏、倒塌民房1935间；折断树木3.09万棵；损坏变压器1台；折断刮倒高低压线杆80根；损坏通讯电缆及高低压线路4000米；伤亡牲畜28头；轻伤5人。经济损失2551.5万元，其中农业直接损失1648万元。

7月30日，灵璧韦集等5个乡镇遭雷雨、龙卷风袭击，其中韦集受灾最重。造成16人死亡，51人受伤，9.5万多人受灾，约20公顷农作物受灾，倒塌房屋16间，死亡牲畜家禽31300只，成树折断83棵，刮倒折断通讯供电线路60多千米，直接经济损失达4210万元，其中农业损失3900万元。

暴雨。全市21站次暴雨，6站次成灾。8月1-2日，全市48个乡镇普降暴雨，埇桥区、灵璧县中部的大多数乡镇降雨量均超过200毫米。埇桥区符离，灵璧尹集、浍沟等8个乡镇特大暴雨，位于暴雨中心的夹沟镇达270.2毫米。59个乡镇受灾，埇桥区、灵璧中北部，泗县中南部、萧县南部为重灾区。受灾人口达193.8万人，其中埇桥区死亡4人；被水围困人口13508人，村庄28个；紧急转移安置2250人。全市农作物受灾面积19.2万公顷，农田积水6.2万公顷，绝收面积5.06万公顷。全市倒塌房屋3007间，损坏房屋14809间。直接经济损失51819万元，其中农业直接经济损失占全部经济损失的86%。

连阴雨。7月下旬至10月上旬，全市各地均出现5-6时段的连阴雨天气。最严重的两个时段是7月30日至8月8日和9月25日至10月7日。长期连阴雨天气使土壤湿度长期饱和偏大，严重影响秋季农作物、蔬菜和水果生长发育，使大面积果园泡在水中，部分砀山酥梨等水果不能及时采摘而烂掉，较低洼地桃树受淹死亡；秋季农作物不能及时收获，霉烂严重，欠收较多。长期连阴雨使小麦播种期推迟15天左右，且多是撒播，冬前小麦苗情普遍较差。

雷电。7月31日，位于埇桥区南部的某煤矿办公大楼出现雷击事故，造成部分通讯、显示屏等设备损坏，总价值约40多万元。

2006年

大雪。1月16-21日出现较长时间雨雪天气，对交通运输产生较为严重的影响。

低温冻害。3月13日，全市各地最低气温-1.7℃--4.4℃。偏春性小麦及播期较晚、抗寒性较差、处于较洼地段的小麦受冻偏重，危害症状较明显，植株受害率60%左右，单株受冻叶片30%上下。

大风、冰雹、龙卷风。全年11站次大风，5站次成灾。3月28日，萧县大风，受灾人口15万人，受灾面积12200公顷，绝收1330公顷，损毁房屋319间，直接经济损失6400万元，其中农业经济损失4400万元。

4月28日，砀山、萧县、灵璧先后遭受冰雹袭击。砀山良梨等6个乡镇、萧县黄口等10个乡镇、灵璧尤集等7个乡镇受灾。16350公顷水果、塑料大棚瓜菜、棉花、小麦等农作物受损，受灾18万人，直接经济损失为4280万元。

6月27日，宿州城区出现强对流天气，瞬时最大风速26.6米/秒，并伴有强降水，1小时最大降雨量接近90毫米，为有资料记录以来所罕见，城区内许多大树、广告牌、电线杆和简易临时房被大风摧毁，城区内数十处积水，造成交通拥堵等，仅市政公司损失就高达35万元左右。

6月29日，灵璧县娄庄等3个乡镇和工业园区遭受雷雨大风袭击。造成220余间房屋倒塌，刮倒成树2000余棵；春玉米、瓜菜受灾5340公顷，受灾人口4.75万人，因灾受伤6人，直接经济损失1400万元，其中农业经济损失1200万元。

6月29日，泗县长沟朱彭小学遭龙卷风袭击，倒塌校舍6间，死亡2人，重伤4人，轻伤42人。

8月3日，砀山官庄等3个乡镇雷雨大风。受灾人口9.7万人，受灾农作物6200公顷，房屋倒塌103间，损毁321间，部分电力、通讯设施损毁。经济损失达4748万元，其中农业损失4600万元。

连阴雨。6月下旬至9月上旬，全市出现5次以上的连阴雨天气，主要影响秋季作物的生长发育。低洼地区大面积内涝，大豆、玉米等秋季作物死亡、倒伏现象较为严重。

秋旱。砀山、泗县9月中旬（其余各地10月初）至11月中，全市基本无降水，出现严重秋旱。各地整地困难，抗旱播种增加了种地成本，个别整地粗造不灌溉播种田块，仅出苗20%左右，严重影响小麦出苗。部分黏性较重的淤土、黑土地缺苗断垄的达50%左右。

暴雨。全年15站次暴雨，3站次成灾。7月3日，萧县大暴雨，23个乡镇均出现不同程度的灾情，龙城等5个乡镇受灾严重。40万人受灾；46670公顷农作物受灾，绝收6670公顷；倒塌房屋240间；1500多个村庄不同程度进水，损失粮食650万公斤。直接经济损失4900万元，其中农业经济损失4500万元。

雷电。全年全市报告雷击事故6起，直接经济损失100多万元，办公电子电器成为主要被袭击目标。

2007年

低温冻害。3月3-6日，受北方较强冷空气影响，全市日平均气温下降8℃-10℃左右，最低气温下降12℃-13℃，极端最低气温-3.2℃--5.6℃。部分提前拔节的偏春性小麦品种及近几年从河北、河南等地新引进的推广品种受到严重冻害，部分田块主茎冻死达50%-60%，减产在2成左右。全市小麦受冻面积大约在1万-1.33万公顷。

冻害主要原因是暖冬：小麦播种后气温持续偏高。特别是1-2月份≥0℃活动积温多达290℃左右，是有气象记录以来最多的年份之一，比常年平均值偏多180℃，比2005年、2006年分别偏多240℃、150℃，实属特殊气候年型。冬季气温持续偏高，导致小麦生育进程加快，返青起身过早，抗寒能力下降。其次是新品种的气候适应性较差，从北方引进的小麦在冬季抗冻能力强，在春季抗倒春寒能力较差。

干热风。5月25-28日，全市各地出现2-4个干热风日，其中萧县出现2个重干热风日，小麦灌浆速度下降20%以上，对小麦灌浆成熟产生一定不利影响。

大风。7月25日8时，灵璧县出现雷雨大风天气，黄湾镇庙里村倒塌房屋两间、损毁房屋10余间、刮倒树木200余棵、刮倒通讯及电线杆30余根。韦集镇西南村庄刮倒树木大小5000多棵、倒塌房屋10户25间。

8月2日12时，砀山县朱楼镇出现大风天气，风力18.0米/秒，伴有雷阵雨。3万人受灾，受伤2人；农田受灾0.6万公顷，树木刮倒800余棵，房屋损毁130余间。经济损失390余万元。

暴雨。7月3-9日，砀山及萧县北部各出现1场暴雨，雨量100-200毫米，灾情较轻；中东部地区均连续出现3场暴雨，雨量都在300毫米以上，各地灾情严重。萧县受灾较为严重的有白土、庄里、丁里、张庄寨、孙圩孜等乡镇。农作物受灾面积0.68万公顷，受灾人口3.3万人，被水围困自然村庄3个，被困人口700人，紧急转移安置灾民100人；倒塌民房52间，损坏房屋295间，直接经济损失1591万元，其中农业直接经济损失1530万元。

埇桥区农作物受灾面积7.33万公顷，绝收面积3万公顷；受灾人口72万人，23个自然庄被水围困，5000多人饮水困难，转移安置灾民12100人；倒塌民房1540间，损坏房屋7000多间，直接经济损失27800万元，其中农业直接经济损失2亿元。

灵璧农作物受灾面积10万公顷，绝收面积3.7万公顷；受灾人口82.85万人，韦集、娄庄、浍沟、灵城等4个乡镇11个自然庄1.2万人被洪水围困，5200人饮水困难，紧急转移安置灾民2430人；倒塌民房920间，损坏房屋1370间，倒塌损毁校舍1832平方米，水毁县乡道路210公里，直接经济损失17670万元，其中农业直接经济损失12280万元。

泗县农作物受灾面积7.36万公顷，绝收面积2.62万公顷；受灾人口52.05万人，被水围困自然村庄41个，转移人口10050人，饮水困难人口5820人；倒塌房屋302间，损毁房屋1200间，水毁桥梁179座、道路36条，直接经济损失11186万元，其中农业直接经济损失8982万元。

连阴雨。6-10月，全市各地出现7-10个连阴雨时段，主要集中在7、8月份；7-8月降雨量除砀山420毫米外，其余都在620-900毫米之间，是常年同期值的1.8-2.7倍，雨日都在31天以上。长期连阴雨致使各旬气温日较差只有5.4℃-8.3℃，与常年平均值相比长期偏低2℃-2.8℃，对大豆等秋季作物干物质的积累和产量的形成产生较大不利影响，定点测定的大豆单株干物质重量只有近5年平均值的51%。

第二篇　政　治

第一章　党　委

第一节　组织机构

一、中共宿县地委（1988年1月–1999年4月）

1988年，地委工作机构设置：纪律检查委员会、办公室、组织部、宣传部、统战部、政法委员会、政策研究室、老干部局、地直党委会。1995年，机构改革，地委工作机构设置：纪律检查委员会机关、办公室、组织部、宣传部、统一战线工作部、政法委员会、来信来访办公室、直属机关工作委员会。

宿县地委办事机构设7个，其中：办公室与政策研究室、政法委员会与社会治安综合治理委员会办公室一个机构两块牌子；纪律检查委员会机关与监察局合署办公，一个机构两块牌子。

中共宿县地区委员会书记、副书记、委员

表2–1–1

职务	姓名	任职时间
书记	王昭耀	1987年5月–1989年2月
	吕保成	1989年2月–1992年2月
	耿光宽	1992年2月–1998年2月
	徐立全	1998年2月–1999年4月
副书记	吕保成	1987年5月–1989年2月
	张家宝	1987年5月–1991年10月
	吴立义	1989年3月–1995年2月
	陈树德	1989年3月–1999年4月
	杨传玺	1991年10月–1999年4月
	陈维席	1994年5月–1995年12月

续表2-1-1

职务	姓名	任职时间
副书记	孙育海	1996年8月-1999年4月
	徐立全	1996年8月-1998年2月
委员	武秀玲	1983年7月-1998年4月
	李祥珍	1983年7月-1988年7月
	袁家厚	1983年7月-1989年12月
	陈维灿	1989年12月-1992年6月
	杨万兴	1993年2月-1994年5月
	姜　元	1994年5月-1999年4月
	吴立义	1983年7月-1989年3月
	陈树德	1983年7月-1989年3月
	孙育海	1983年7月-1996年8月
	耿光宽	1989年3月-1992年3月
	杨传玺	1988年2月-1991年10月
	武正宜	1991年10月-1999年4月
	陈维席	1991年10月-1994年5月
	王玉阶	1991年10月-1997年6月
	雷光鹏	1997年5月-1999年4月
	周家富	1993年12月-1998年12月
	赵永生	1996年6月-1999年4月
	祝会光	1998年12月-1999年4月

二、中共宿州市委（1999年4月-2013年12月）

2002年，机构改革，市委工作机构：纪律检查委员会机关、办公室、组织部、宣传部、统一战线工作部、政法委员会、政策研究室、市委市政府信访局、直属机关工作委员会。市委设置工作机构9个，其中：社会治安综合治理委员会办公室与政法委员会合署办公；机构编制委员会办公室为市编制委员会的常设办事机构，既是市委的工作机构，又是市政府的工作机构，列入市委机构序列，与人事局合署办公。此外，市委设置部门管理机构1个；老干部局由组织部管理。

中共宿州市委书记、副书记、常委

表2-1-2

职 务	姓名	任职时间
书 记	徐立全	1999年4月-2001年4月
	陈树德	2001年4月-2003年4月
	梁卫国	2003年4月-2006年4月
	唐承沛	2006年4月-2008年2月
	李宏鸣	2008年2月-2013年6月
	张曙光	2013年6月-
副书记	陈树德	1999年4月-2001年4月
	杨传玺	1999年5月-2003年12月
	孙育海	1999年4月-2003年12月
	刘长功	1999年4月-2002年7月
	梁卫国	2001年4月-2003年4月
	唐承沛	2003年12月-2006年4月
	姜 元	2002年7月-2006年9月
	张国富	2002年7月-2008年4月
	刘晓云	2003年12月-2006年9月 2008年6月-2012年1月
	吴旭军	2006年9月-2011年11月
	张曙光	2010年11月-2013年6月
	史 翔	2011年11月-
	张冬云	2013年10月-
常 委	武正宜	1999年4月-2003年2月
	姜 元	1999年4月-2002年7月
	雷光鹏	1999年4月-2000年3月
	祝会光	1999年4月-2003年4月
	顾秉生	1999年4月-2005年8月
	吴贞堂	1999年4月-2000年6月
	刘晓云	1999年4月-2003年12月
	金寿虎	2000年3月-2003年12月

续表2-1-2

职　务	姓名	任职时间
常　委	訾金雷	2003年12月-2011年6月
	刘统海	2003年12月-2008年1月
	李晨阳	2003年12月-2011年2月
	王子宜	2003年12月-2010年11月
	沈　强	2003年12月-2007年8月
	丁明德	2005年8月-2009年3月
	陈卫东	2006年9月-2011年12月
	孟宪会	2007年8月-2012年12月
	施汉生	2007年6月-2011年12月
	张冬云	2008年8月-2013年10月
	史　翔	2008年5月-2011年8月
	杨成山	2009年3月-2011年11月
	包锡胜	2009年-2010年9月
	周　勇	2011年6月-
	孙　勇	2011年8月-
	周忠华	2011年12月-
	张志宏	2011年12月-
	王启荣	2012年4月-
	许广斌	2013年6月-
	蒋昌盛	2013年10月-

第二节　代表会议

一、党代表大会

（一）第一次党代表大会

中国共产党宿州市第一次代表大会于1999年4月27日至29日举行。出席大会的代表应到351名，实到348名，列席人员124名。大会议程：听取和审议中国共产党宿县地委工作报告；听取和审议中国共产党宿县地区纪律检查委员会工作报告；选举中国共产党宿州市第一届委员会和中国共产党宿州市纪律检查委员会。徐立全代表宿县地委在会上作题为《高举邓小平理论伟大旗帜，为实现跨世纪的宏伟目标而努力奋斗》的工作报告，姜元代表中共宿县地区纪律检查委员会向大会作题为《加大力度，标本兼治，深入开展反腐败斗争》的工作报告。大会选举产生中共宿州市第一届委员会委员35名，候补委员6名；中共宿州市纪律检查委员会委员25名。

（二）第二次党代表大会

中国共产党宿州市第二次代表大会于2003年12月28日至31日举行。出席大会的代表应到356名，实到353名，列席人员150名。大会议程：听取和审议中国共产党宿州市第一届委员会工作报告；听取和审议中国共产党宿州市纪律检查委员会工作报告；选举中国共产党宿州市第二届委员会和中国共产党宿州市纪律检查委员会。市委书记梁卫国代表中共宿州市第一届委员会作题为《深入实践“三个代表”重要思想，奋力推进两个跃升，为实现宿州在皖北崛起而奋斗》的工作报告，姜元代表中共宿州市纪律检查委员会，向大会作题为《坚定信心，扎实工作，进一步开展党风廉政建设和反腐败斗争》的工作报告。大会选举产生中共宿州市第二届委员会委员35名，候补委员7名；中共宿州市纪律检查委员会委员29名。

（三）第三次党代表大会

中国共产党宿州市第三次代表大会于2006年9月11日至14日举行。出席大会的代表应到363名，实到359名，列席人员170名。大会议程：听取和审议中国共产党宿州市第二届委员会工作报告；听取和审议中国共产党宿州市纪律检查委员会工作报告；选举中国共产党宿州市第三届委员会和中国共产党宿州市纪律检查委员会；选举宿州市出席中国共产党安徽省第八次代表大会代表。市委书记唐承沛代表中共宿州市第二届委员会作题为《全面追赶，重点突破，局部超越，为实现“两个跃升、一个崛起”宏伟目标而努力奋斗》的工作报告，刘晓云代表中共宿州市纪律检查委员会，向大会作题为《坚持惩防并举，深入反腐倡廉，为全面实现“两个跃升、一个崛起”提供坚强保证》的工作报告。大会选举产生中共宿州市第三届委员会委员53名，候补委员10名；中共宿州市纪律检查委员会委员35名；出席省第八次党代表大会代表47名。

二、地委、市委常委会

1988年1月至1999年4月，宿县地委累计召开地委会议92次；1999年5月至2007年年底，宿州市委累计召开常委会议126次。除传达学习有关文件、会议精神和领导人讲话外，着重听取党政群各工作部门及重点企业的情况汇报，就全市党的建设和发展、政治体制和经济体制改革、社会主义精神文明建设、经济发展和城市建设以及科技、教育、文化、体育、卫生、民政等各项社会事业有关问题进行研究和部署。同时也对相关人事任免及案件进行讨论。

第三节 决 策

一、地委决策

1988年11月21日，地委会议作出砀山县群众集资百余万元挖顺堤河工程意见。顺堤河重点水利工程位于黄河故道南岸，全长24.7公里，流域面积80.6平方公里，有防洪、排涝、改碱的作用，因多年失修，这些功能丧失。顺堤河开挖竣工后，有10余万亩土地受益，每年增收粮食1500万斤。

1988年12月15日，地委同意在全区检察机关设立7个经济犯罪案件举报中心。为方便公民投诉，使检察机关及时发现违法犯罪线索，有效惩治犯罪，清除腐败现象，使国家机关和工作人员保持廉洁奉公，地区检察院和6个县、市检察院设立经济罪案举报中心，受理全区各地的罪案举报。

1989年8月15日，地委、行署决定，在保持廉洁、惩治腐败斗争中，抓好八项实事。即：严格禁止用公款请客送礼；坚决刹住违纪建房风；认真查处贪污受贿、投机倒把等违法违纪案件；进一步清理整顿公司；加强对车辆管理，严格用车制度；切实减轻农民负担；认真抓好乡镇企业、国有企业、集体单位以及党政机关和事业单位私人欠款的归还工作；切实抓好农业生产资料的专营工作。

1989年11月14日，地委选派300名干部到农村任职锻炼。为改变贫穷落后村的面貌，培养锻炼中青年干部，地委决定在全区党政群机关和事业单位选派300名中青年干部到长期贫穷落后的后进村和边远地区进行为期两年的任职锻炼。

1990年2月26日，地委决定在地直机关中抽调干部到农村开展形势、任务和政策教育。地直机关抽调一批政治素质好、具有农村工作经验有一定宣传能力的干部，组成农村工作队，到宿县、砀山、灵璧、泗县农村基层工作。主要任务是：抓教育，搞调研，办实事。

1992年9月15日，地委、行署选派干部任科技副乡（镇）长、副村长。选派人员参加派往乡镇的人代会选举，不占所在乡镇编制，任期3年。

1993年12月2日，地委、行署作出全区工业发展规划的重大决策。明确全区工业发展方向，理清发展思路，筛选产值达亿元、利润逾千万元的大型项目20个，分析制约全区经济发展的主要原因，认为要有自己的拳头产品和骨干项目。

1994年1月15日，地委决定从地、县、市机关抽调人员组成工作组进驻各乡、镇，集中三个月时间抓好以村党支部为核心的村级组织建设。加强基层组织建设整顿“以不换思想就换人，没有实绩就让位”为原则，以能全面贯彻党的基本路线，适应社会主义市场经济的需要，带领群众脱贫致富奔小康为主要标准，全面建设社会主义新农村。

1994年4月15日，地区农村信息中心成立，由行署农经委、气象局、农业局等23个单位组成，委托行署气象局主办。主要任务是及时、准确、有效地收集、整理、发布各种农村经济信息，为农业发展搞好服务，为政府决策当好参谋。

1994年5月5日，地委、行署就做好减轻农民负担工作作出重大决策。要求：进一步提高贯彻减轻农民负担的认识；继续把好农民负担的预算项目关，坚决堵住加重农民负担的关口；加强审计监督，管好用好提留款，乡镇农经站要对提取资金实行“筹、管、用”一体化管理，坚持一支笔审批，推行村账乡管，民主理财；对一些地方存在的农民负担突出问题，结合反腐、纠风工作开展专项治理。

1995年2月，地委、行署制定教育改革和发展新措施。要求从1995年起，中小学公办教师工资和民办教师的国拨部分，全额纳入财政预算，不得留有缺口，保证足额如期发放；民师工资的民助部分从农村的教育附加税中保证按照全额支付，使民办教师同工同酬。对男满30年，女满25年教龄的中小学退休教师，按原工资的100%发给退休金。

1995年12月15日，地委集体研究“九五”规划和2010年远景目标及96年目标任务和重点工程；关于环城河治理问题的汇报，并研究和制定相关措施。

1996年1月9日，地委、行署出台计划生育工作新举措。决定在全区开展以摸清底数为主要内容的大清理，以统一台账为主要内容的大整顿，以落实长效节育措施为主要内容的“一上二扎”大服务。

1996年5月27日，地委、行署召开减负和反腐败工作会议。总结回顾全区1995年减负工作和反腐败工作情况，安排部署1996年工作。地委委员、纪委书记王玉阶传达全国纠风工作会议精神。地委委员、行署副专员武秀玲作工作报告并与各县、市签订治理公路“三乱”责任状。

1996年9月15日，地委、行署就推进殡葬改革作出决定。总的要求是：推行火化，改革土葬，破除封建迷信，大力倡导节约，文明办丧事。开展平坟还田，切实保护耕地。要求从1996年11月1日起，全区城乡范围内的死亡人员（国家、省及有关规章另有规定的除外）的遗体一律实行火化，不准入棺土葬。地委、行署要求各县、市要层层建立殡葬管理和改革领导小组，切实加强领导，形成齐抓共管的局面。

1997年1月6日，地委、行署召开地直机关推进公务员制度动员大会。行署专员徐立全指出，建立和推行国家公务员制度，是进行干部人事改革的重大举措，宿县地区实施入轨工作要贯彻“公平、平等、竞争、择优”的原则，实行“竞争上岗、双向选择”，坚定不移地引入竞争机制，为优秀人才脱颖而出创造有利条件。

1997年11月23日，全区广泛推广节水灌溉技术。宿县地区属水资源贫乏地区，人均水资源占有量420立方米，仅占全省平均数的1/3。为节约利用有限的水资源，宿县地区重视发展节水灌溉，经过多次试验，设计低压管灌中活动低压装置，还设计出单位工程造价成本仅为石渠1/3左右的“U”型混凝土防渗渠等。

1998年5月15日，地委要求在全区范围推进以村务公开、财务公开、民主监督和农民负担卡为主要内容的村务公开、民主管理制度。全区各地试行建立乡镇机关政务公开制度，进一步拓展到乡镇企业和七站八所的业务公开。

二、市委决策

1999年5月16日，宿州“110”报警服务台正式开通运行。“110”的开通，提高公安机关打击违法犯罪的机动灵活性，一批恶性案件得到及时侦破。积极有效地解决群众求助，受到社会各界广泛赞誉。

2000年2月12日，市委研究决定2000年的工作要点，并对2000年几项主要经济工作的具体任务进行领导分工，研究增选市人大代表候选人。

2001年3月11日，为加快省级宿州经济技术开发区筹备步伐，由宿州市计划委员会抽调人员组织调研小组，到外地调研学习，并形成调研报告。3月29日，市委、市政府召开会议，专门听取市计划委的汇报，研究宿州经济技术开发区建设问题，作出《中共宿州市委、宿州市人民政府关于加快省级宿州经济技术开发区建设的决定》。

2002年7月2日，为大力培育农村致富带头人，促进农村经济大发展，根据省农村致富带头人会议精神，宿州市审定为50名，每县10名。

2002年8月8日，市委决定召开宿州市区创建文明城市攻克“两薄”（薄弱时段、薄弱环节）、百日会战动员大会。宣布《关于集中整治和攻克“两薄”的实施方案》，并安排部署当前和今后一个时期文明城市创建工作。

2002年10月18日，宿州市确定农产品安全目标，用五年左右的时间，对农产品从“农田到餐桌”全程质量安全控制，实现农产品无公害和标准化生产，让城乡居民吃上“放心菜”和“放心肉”。

2002年11月5日，宿州市作出鼓励外商投资规定，指出为进一步加大招商引资力度，扩大对外开放，更好地吸引外商投资，加快全市经济发展，根据国家有关规定和省委、省政府《关于进一步扩大对外开放和加快招商引资的若干意见》，结合宿州实际，制定14条外商在开发区投资兴办企业，按市经济技术开发区的优惠政策执行，以及引荐外来投资项目的12条奖励办法。

2003年2月12日，举行宿州市人民政府、中国华电集团公司合作建设桃园电厂协议签字仪式。总投资约100亿元，预计2008年底竣工验收。

2003年7月15日，选派干部到经济发达地区挂职锻炼。目的：加强宿州市与经济发达地区的联系与协作；主要选派市直经济部门负责人，县区分管经济工作负责人，乡、镇、街道党政正职，大学专科以上学历，身体健康，年龄一般在45岁至50岁；每批挂职2个月。

2003年12月23日，省委作出继续选派优秀年轻党员干部到村任职的战略部署后，宿州市各级党委、政府高度重视，精心组织，各有关部门分工负责、密切配合，选派第二批优秀年轻党员干部到村任职工作启动迅速，进展顺利，开局良好。做到严格筛选、层层把关，足额选派、好中选优。按照省委组织部要求，选派干部经市委审批后，全市第二批选派的534名党员干部定人定村工作。

2004年4月2日，市委制定做好乡镇事业单位分流人员安置工作的意见。根据省委、省政府《关于乡镇事业单位机构改革的意见》（皖发［2000］16号）及《关于进一步做好乡镇事业单位机构改革分流人员安置工作的意见》（皖办发［2003］28号）文件规定，结合宿州实际，制定安置意见；拓宽分流安置渠道，多方安置分流人员；落实优惠政策，加大政策扶持力度；切实加强领导，保证分流安置工作顺利进行。

2004年4月25日，宿州电视台与深圳电影制片厂联合摄制的电影《我们手拉手》在北京举行首映式，该影片被国家有关部委列为“加强未成年人思想道德教育优秀教材”，荣获第24届中国电影金鸡奖最佳儿童片提名奖，12月又被评为全国首届希望工程宣传奖。

2004年5月9日，制定在全市领导干部中集中开展反腐倡廉警示教育活动的意见。教育活动的指导思想，以邓小平理论和“三个代表”重要思想为指导，深入查摆和解决存在的突出问题；教育活动的对象是全市科级以上领导干部，时间为40天；具体要求：加强领导，精心组织；明确责任，通力协作；统筹兼顾，科学安排；严明纪律，狠抓落实。

2004年7月10日，彭雪枫纪念馆维修改造工程动工。2004年9月11日是彭雪枫将军殉国60周年纪念日。省政府、市政府及省民政厅拨专款180万元用于纪念馆维修改造。

2004年12月17日，制定2005年重点工程建设计划安排原则。突出路网、突出主干（道路）、形成框架；注重建设关键道路节点；量力而行，多渠道筹集建设资金。2005年上半年续建工程八项；2005年底计划建成的工程六项；2005年计划启动建设的工程七项；2005年加紧前期准备的工程四项；市体育馆建设；污水处理项目建设；城区小街小巷建设。

2005年11月29日，制定宿州经济技术开发区范围调整的意见。宿州经济技术开发区是经省人民政府2001年7月13日批准设立的省级开发区，总体规划面积6.8平方公里。随着发展步伐不断加快，原批准开发区的面积严重不足。调整增加的范围：铁路以东，沱河以西，浍水路以南，纺织路以北，总面积约2.6平方公里。调整意见经市委常委会批准后，由市政府分管负责人牵头，市开发区及国土、建设、民政等部门和埇桥区政府联合组织实施，年内完成调整工作。

2006年5月12日，市委听取有关部门汇报宿州市社会主义新农村建设工作情况：全省新农村建设“千村百镇”示范工程工作会议精神；起草《宿州市社会主义新农村建设规划》过程；关于新农村建设工作的几点建议：调整加强领导小组和办事机构；增设新农村建设示范点，由原来的5镇50村增至10镇100村；选派干部指导包扶；增加投入；组织赴外地考察学习；关于召开新农村建设工作会议等。

2006年5月25日，市委研究《宿州市社会主义新农村建设规划和宿州市新农村建设“百村十镇示范工程”实施意见》，主要内容为全市新农村建设面临的形势；新农村建设的指导思想、基本原则和发展目标；新农村建设的主要任务：新农村建设的保障措施。

《宿州市新农村建设“百村十镇示范工程”实施意见》，总体要求：在全市选择100个村和10个镇开展试点示范；实施步骤：分起步、集中建设、深入发展三个阶段；建设重点：生产发展；生活宽裕；乡风文明；村容整洁；管理民主。保障措施：加强领导，明确部门职责；整合资源，加大支持力度；严格考核，加大监督力度。

2007年1月18日，市委决定举办第四届中国宿州黄淮海地区农资交易会（博览会）。由中华全国供销合作总社和安徽省人民政府共同主办，安徽省农业委员会、安徽省供销合作社和宿州市人民政府联合承办，中国农资流通协会协办。

2007年6月25日，市委制定《关于三个百亿元产业基地专题规划的意见》。为了贯彻落实“两个跃升、一个崛起”和工业强市战略，确保全市“工业三年倍增计划”和“十一五”工业发展目标的实现，组织编制三个百亿元产业基地发展专题规划工作。该规划以“十一五”总体规划为依据，同时也是“十一五”总体规划和“6+3”工程（指六大产业基地：煤电产业基地、农副产品生产加工基地、加工制造业基地、劳务供应基地、商贸流通基地、旅游经济和文化产业基地；三项基础设施：道路交通、社会公共事业、农田水利）的细化和延伸。经过认真讨论和修改，最后形成《宿州市“十一五”煤电产业基地发展规划》《宿州市“十一五”加工制造业基地发展规划》《宿州市

"十一五"农副产品加工发展规划》三个专题规划。

第四节 组 织

一、组织建设

（一）农村党的基层组织建设

1991年提出"围绕经济抓党建、抓好党建促经济"的工作方针，在村党组织和党员中开展"达标升级"和"达标合格"的双达标管理活动。1988年2月，在砀山县试点撤区并乡工作，出台《关于进一步调整和改进农村党的基层组织设置的通知》；1992年2月，撤区并乡工作全面推开，设立118个乡镇、街道，新设乡镇直属县委和人民政府领导。1994年制发《中共宿县地委关于加强和改进农村党的基层组织建设的决定》，得到安徽省委负责人的充分肯定，省委组织部全文转发。1993年，农村党建形成"四个一"工作思路，即"选准培养好一个人——村支部书记，开展一项活动——脱贫致富奔小康竞赛活动，建立一支队伍——村级后备干部队伍，抓好100个村——50个先进村、50个后进村"。1995-1997年，开展基层组织建设三年达标活动，实行党建目标管理责任制。从1996年开始，实行大党建考评制，由纪检、组织、宣传、统战等部门组成考评组，深入县区、乡镇、村居，就各地各单位落实党建责任制情况进行考评，2012年开始将机关和各工委纳入大党建考评。1999年12月4日至5日，中共中央政治局常委、国家副主席胡锦涛到萧县白土镇及所属花甲寺村、董店村考察，对宿州市农村基层党建工作给予充分肯定。同年开展第四届村委会换届选举，压缩精简村干部13000多人，2005年全面实行村党组织"两推一选"，试点开展村委会村民直选。2006年全面推进"五个载体"建设。同时，全市100个乡镇党委相继换届，并在泗县试点乡镇党代表常任制和发展党员票决制。自1989年起，试点从乡直单位选调人员担任村党组织书记，从党政群机关选派优秀青年干部到后进村任职，或派工作组进驻整顿，推动农村党的基层组织建设全面提高。1995年建立领导干部联系点制度，采取挂乡联村的方法，一个领导联系一个乡镇，并联系该乡镇的先进村和后进村，包扶期为三年；1999年下发《关于从优秀村干部中选拔乡镇干部的通知》，公开招考14名优秀村党组织书记为国家公务员；2000年开展"入百乡、进千村、访万户"专题调研，采取"领导联系、部门包扶、干部驻村"办法集中整顿后进村，2001—2006年，分三批从省、市、县、乡选派1029名年轻干部到村任职，任期为三年，第一、二、三批分别为270名、534名、225名，其中1019人任村党组织第一书记或书记，10人任乡镇党委副书记。2004年起每年开展一次农村"小学教"活动。1998年普遍推行以村务公开、财务公开、民主监督和农民负担卡为主要内容的村务公开、民主管理制度。

（二）街道、社区党的基层组织建设

2000年，开展争创"六个好"街道党委和"五个好"居民区党支部活动。2004年，开展街道、社区党建示范点建设、"连心工程"建设活动。2007年，11个街道党委全部改设为街道党工委，形成由街道党工委、社区党支部（总支）、社区党建联席会、党小组四级组成的社区党建工作网络。2001年以来，砀山县西城社区党支部被命名为全国先进基层党组织，马号社区被评为全国万家社区读书活动先进社区，观李社区被命名为第二批全国文化先进社区，南关街道党委、北关街道校场社区党支部被命名为全省街道社区党建工作示范点。

（三）企事业单位党的基层组织建设

1988年，制发《关于加强乡镇企业党的建设的意见》；1997年组织企业职代会对国有、集体、国有资产控股企业领导班子进行民主评议。2000年，开展“身在企业爱企业”和“双文明达标”、“让党旗在企业飘扬，让党徽在岗位闪光”等活动。2001年，在全市92家国有企业领导班子中开展“三讲”学习教育活动；制发《关于加强非公有制经济组织党建工作的若干意见（试行）》，建立非公有制经济组织党建工作联席会议制度。2005年12月成立市直企业工委，加强对企业党组织的管理。2007年出台《关于加强和改进全市非公有制企业党的建设工作意见》。

（四）机关党的基层组织建设

2000年，制发《关于市直机关实行党建责任制的规定》，对机关党组织和党员实行“双目标”管理。2006年开展市直机关党组织机构改革，撤销市直10个分工委，成立43个机关党委，9个直属党总支和20个直属党支部。2007年在市直机关开展“从我做起，向我看齐”主题教育活动。

二、党员教育与管理

（一）党员教育

1991年，开展“忆传统，作贡献，争做新时期合格共产党员”教育活动；在全体党员干部中开展“学习焦裕禄、郭新吉，争做党的好干部”活动，涌现出优秀党员干部76名，受省委表彰的优秀党员干部7人。1998年，深入开展“做新时期合格共产党员”专题大讨论，以及针对“法轮功”问题的党内教育活动。2000年，在农村党员中普遍推行党员活动日和村支部书记读书日制度，开展“三学三带”活动，组织优秀共产党员先进事迹报告团开展巡回宣讲。自2001年开始，开展“三个代表”学教活动，受教育对象4.5万人。2004年，开通《宿州先锋网》，开展农村党员干部现代远程教育试点工作。2005—2006年，在全市分批开展先进性教育活动。

1992年，宿县地区党员电化教育中心正式成立，隶属地委组织部管理。党员电教工作立足“三个服务”的原则，坚持制片和宣传并举，建管学用并行，不断拓展党员电教工作的内涵，连续12年被省委组织部评为“先进单位”。1996年，全面推行党员电教工作目标管理制度，并纳入党建和组织工作目标责任制内容，层层签订目标管理责任书，从机构设置、人员配备、网点建设、制片供片、播放收看等多方面制定配套的目标考核体系，实施严格的考评。1998年，全地区所有行政村建成党员电教活动“两机一室”（电视机、录像机、电教活动室），当年，全省党员电教网站建设现场会在砀山县召开。2000年，在全省率先实现城乡基层党组织“两机一室”全覆盖。2001年，与市电视台联合开办党建电视专栏节目《党旗飘飘》，每月固定播出一期，每期15分钟，连续3次被省委组织部评为“全省优秀党建栏目”。2004年5月31日，正式开通《宿州先锋网》，进一步拓展党建网络宣传教育阵地，连续两次被评为“全省优秀党建网站”。同年，市委组织部被评为“全国党员电化教育工作先进单位”。2005年，全市所有村级电教站点播放设备全部更新为VCD机，并开展农村党员干部现代远程教育试点工作。2006年，以电信宽带连接、配备“电视机+机顶盒”为主要模式的新型党员干部现代远程教育工作全面展开。2006年8月，《宿州先锋网》各县区分站、乡镇（街道）“先锋在线工作站”全部建成，部分行政村（社区）试点开通“先锋在线信息点”，至此，《宿州先锋网》网络体系基本建成。同年，以反映“全省优秀共产党员”、“革命烈士”、原符离镇党委书记蔡玉昊同志先进事迹为主要内容的党员教育电视片《生命之重》被评为全国第九届党员教育电视片观摩评比三等奖，并入选全国保持共产党员先进性百部电视教材。2007年，市委研究出台《关于进一步加强和规范全市党员干部远程教育工作意见》。至2007年底，全市共建成远程教育终端站点2433个，实现了农村基层党组织远教工作全覆盖和城市基层党组织基本覆盖。

（二）党员管理

1989年，积极推广民主评议党员试点工作经验。1997年，在农村党员中开展“双学双评”活动；2004年，全面实施“双培双带”先锋工程，建立示范基地347个。2000年，实行发展党员公示制、基层党委委员列席支部大会、发展党员季报、民主推荐发展对象等制度，严把党员“入口关”；2002年，试行发展党员联名推荐制、预警通报制和发展党员目标责任制，制发《关于加强党费收缴、管理和使用工作的意见》；2003年，出台《关于进一步规范发展党员工作的意见》，健全完善发展党员全程联名推荐制、公示制等8项制度；2005年，制定《宿州市2005—2010年发展党员工作规划》。2004年，制发《关于加强对全市农村流动党员教育管理的实施意见》；2005年，建立“宿州流动党员管理之家”网页；2007年，依托市政府7个驻外招商联络处建立“流动党员服务中心”。2001年，萧县公安局交警大队副大队长况保华被授予“全国优秀共产党员”称号；2002年，砀山县葛集镇白蜡园村党总支书记刘瑞莲获评全国“三个代表”学习教育活动农村基层干部标兵，当选党的十六大代表；2005年，省委组织部追授符离镇党委书记蔡玉昊“全省优秀共产党员”称号；2006年，埇桥区夹沟镇夏刘寨村党支部书记王化东被授予“全国优秀党务工作者”称号，2007年当选党的十七大代表。

三、班子建设及干部选拔任用

（一）党政领导班子建设

1989年，对全区县级领导班子和成员进行全面、认真考察，积极建议地委充实完善地直24个单位的党委、党组，调整加强三个县（市）和地直27个县级领导班子，其中提拔23人，平均年龄46.9岁，大专以上文化程度12人。

1991年，调整充实县级领导班子26个，提拔县级领导干部25人，平级调整县级领导干部26人。

1994年，对地直51个单位的150名县级干部和109名正科级干部进行考察，交流调整县级干部20名，提拔干部79名，其中正县14名，副县65名。

1999年下半年，在市四大班子和市直县处级领导干部中开展“三讲”教育活动，并在市委党校进行为期一周的封闭式集中学习。

2000年调整县处级党政领导干部96人，其中提拔69人，调整后的五县区党政领导班子中，45岁以下的干部占50%，35岁左右的占10%。上半年，在县区领导班子和领导干部中开展“三讲”集中教育。

2002年，以县区换届为契机，新进班子成员34人，提拔25人，交流20人。全年交流县处级干部86人，其中女干部4人，非党干部3人。

2004年，在各级领导班子中开展民主集中制教育。出台《宿州市县以上党和国家机关党员领导干部民主生活会实施办法》，指导、督促各县区委和市直单位党委（党组）召开年度民主生活会，进一步增强领导干部法制观念、廉洁从政意识。

2006年，县区党委换届。县区党委班子平均年龄43.2岁；55名常委中，45岁以下的37名，占67.3%，45岁以下干部占班子成员一半以上；有3个县区选举产生35岁左右的县区委常委。55名县区委常委全部具有大专以上文化程度。

2007年，县区人大、政府、政协换届后，5个县区人大领导班子平均年龄53.22岁；53岁以下的干部18名，少数民族干部1名。5个县区政府领导班子平均年龄43.02岁，45岁以下干部25名，35岁左右干部5名，少数民族干部1名。5个县区政协领导班子平均年龄51.78岁，党外干部15名，少数民族干部1名。

（二）企事业单位领导班子建设

地委十分重视国有企业领导班子建设，注重在如何理顺、规范管理体制、工作关系以及加强日常管理上下功夫。1991年，在对全区24个中型企业深入调研分析的基础上，出台文件，规定中型企业领导班子由地委组织部从总体上把关，正职由地委管理，副职由主管部门报地委组织部同意后再进行任免或调动。全年充实调整了9个中型企业的党委和行政领导班子。1996年，地委、行署下发《关于对全区工商企业划档分级及动态管理的意见》和《宿县地区国有企业领导人员管理暂行办法》，进一步理顺企事业干部管理体系。

以换届、集中调整等为契机，加大提拔充实优秀年轻干部进班子的力度，使企业领导班子的年龄、知识等结构得到明显优化。1994年，地直12个企事业单位的党委班子进行换届选举，占应换届党委数的74%。地直和宿州市21个大中型企业领导班子进行调整，充实调整面占全区大中型企业的61.8%；新调整和提拔的23名党政一把手，平均年龄42岁，比原来下降14岁；多数企业实行“党政一肩挑”的管理体制。1999年，对72家企事业单位领导班子中的341人进行调整；提拔的27人中，40岁左右的接近80%，大专以上文化程度的接近98%。

注重抓好载体建设，通过开展创建活动，提升国有企业领导班子建设的档次和水平。2005-2007年，全市广泛深入开展国有企业“四好”班子创建活动，市汽运公司领导班子因政绩和考核评比情况比较突出，经上报推荐并被省评为“四好”领导班子。

（三）年轻干部、后备干部培养

1993年，研究确定县级后备干部32名，地厅级后备干部20名，进行重点培养。1994年至2003年，先后下发《关于在全区范围内开展推荐优秀青年干部的通知》、《关于选拔县处级后备干部的通知》、《关于调整充实市管后备干部队伍工作的意见》等文件。2000年6月，在全市范围内开展“优秀人才推荐月”活动，推荐优秀青年干部172名，专家及科技人才库收录各类科技专家近600名，县处级后备干部823名。1995年9月至1996年7月，委托中国人民大学培训地厅级后备干部和县级后备干部21人。1996

年，地、县（市）委都分别确定培养选拔年轻干部的“九五”规划及年度工作计划。1999年，以地改市为契机，选拔45岁以下、大专以上文化程度的年轻干部62名，占提拔总数的50%，比1998年增加39人。不断加强年轻干部、后备干部实践锻炼，1990年至2007年，先后选派338名青年干部到农村基层、企业园区挂职锻炼；1997年7月至1999年4月，选派一批县处级干部到县（市）挂职任副书记；2006年，制定《宿州市县处级后备干部工作实施细则（试行）》，选派51名干部到沿海经济发达地区机关及企业挂职锻炼，选派15名干部参与市委、市政府中心工作、重点项目建设；2007年，选派市直党政群机关33名干部到全市25家支柱企业帮助工作，学习锻炼，选派8人到上海宝山区和闸北区挂职学习，选派2名县区长到山东东营、烟台挂职学习。

（四）女干部及党外干部工作

1988年，地区召开县（市）委组织部长、妇联主任会议，要求加强女干部培养选拔工作。要求县（市）、乡换届选举时，县（市）五大班子中都有女领导干部；乡镇党委、政府领导班子中要有一名女同志；机关、企事业单位领导班子中的女干部不少于20%。1991年，地委组织部会同地区妇联会和地委统战部，建立妇女和党外干部人才名单；同地区妇联会共同研究制定1991年至1993年全区妇女干部培养目标和使用计划。全区有28名党外干部进入县级领导班子。1999年，撤地建市后，新成立的市委抓住“三会”机遇，加大女干部和党外干部的选拔力度。提拔女干部16人，党外干部4人。2000年，女干部、党外干部选拔工作取得新突破，市直机关31个领导班子配备女干部，占总数的44%；5个单位配备党外干部。2005年，制定《宿州市2005—2008年党外干部培养选拔工作规划》。2006年，县区党委换届时，女干部所占比例明显提高，新进5名女干部，各县区党委常委班子中均有1名女干部。2007年，以县区人大、政府、政协换届为契机，进一步加大女干部、党外干部选拔力度。5个县区人大领导班子、政府领导班子中均配备了1名以上女干部、1名党外干部；政协领导班子均有1名以上女干部、3名党外干部。

四、干部教育培训

1988年以来，干训工作紧紧围绕全区发展大局，依托党校主阵地，通过不断改革创新，建章立制，采取切实有效举措，开展大规模培训干部工作，为地区经济社会发展提供了强有力的组织保证和智力支持。1990年，印发《关于制定在职党的领导干部学习规划的通知》，为全区干部培训工作走上正规化、制度化奠定基础。1994年6月，印发《关于强化乡村领导干部学历教育的通知》，进一步完善和规范了村干部学历教育，提高了村干部引领发展的能力。1995年—1996年，在上海经济干部管理学院举办两期企业青年干部培训班，培训厂长、经理90多人。1997年，干训工作被评为全省理论教育先进单位。1998年4月—6月，在全区县处级领导干部中开展以解决领导干部中存在的精神不振、心中无数、作风不实三个问题为主要内容的工作作风整顿活动。二季度，在全区县处级领导干部中开展“为什么人、依靠什么人、做什么人”的大讨论活动。7月，在全区科以上干部中开展“树立好形象、争做好公仆”主题活动。新的市委成立后，高度重视干部的教育和培训工作，1999年4月，在全市乡镇领导干部中开展“树立好形象，争做好公仆”活动。2000年上半年，在市直机关举办了学习“三个代表”重要思想轮训班，对1140名科级干部进行培训。为使广大干部尽快适应我国加入世贸组织的新形势、新要求，2002年，举办了世贸组织知识轮训班39期，培训14227人，对市、县、乡（镇）三级党政干部轮训一遍。2004年，在全市党员干部中开展以“增强发展意识、开放意识、创新意识、为民意识，树立科学发展观”为主要内容的“四增一树”学习教育活动，整个集中教育活动历时3个月，进一步把各级领导班子的思想和行动统一到加快发展上来，把广大党员干部的智慧和力量凝聚到富民强市的实践中来。2004年，实行党校教员挂职调研制度，选派党校教师到有关部门、单位挂职锻炼。建立干部培训效果跟踪反馈制度，培训机构及时与学员所在单位联系，全面了解掌握学员的思想、工作等情况，科学评估培训效果，进一步改进培训工作，提高培训质量。2006年，印发《关于实行领导干部担任干部教育培训兼职教师制度的通知》，明确了担任兼职教师的人员范围、授课范围、课程设计、组织管理等，全年有60多位领导干部进行专题讲座，培训干部2000多人次。为增强干部教育培训的针对性和实效性，根据培训需求，市委组织部对党校课程及时更新、调整，除在本地开展培训外，还在异地建立培训基地，充分利用外地培训资源。2007年6月，印发《关于在市直单位开展干部菜单式培训的通知》，规定在市直党政群机关科级以上干部和事业单位中层以上干部中实行菜单式培训制度，全年设置58个专题班、10个专题讲座，内容涉及政治、经济、法律、领导能力、经济管理等方面知识，有效落实了中央大规模培训干部的要求，增强了干部培训的针对性，提高了培训质量。实行县处级领导干部年度调研制度。要求各县区、市直各单位55岁以下的在职县处级领导干部每年年初，结合工作实际确定年度调研课题，年底上报，市委组织部组织专家评审，进一步增强了县处级领导干部的理论学习和作风建设，提高了解决复杂问题、驾驭全局的能力和水平。

五、人才工作

人才选拔。1999年3月，地委、行署制发《关于选调优秀应届大学生、研究生的意见》，决定每年选调70名大学生、研究生（市直20人，每县区10人）到宿州工作。2000年、2002年分别从高等院校选调16名和15名“双优生”充实到人才紧缺部门。2000年，下发《关于开展优秀青年干部推荐活动的通知》，建立市、县区和乡镇三级人才选拔网络体系，充实到市级人才库262人，对人才信息库实行动态管理，落实领导干部联系专家制度，对入库人员进行重新摸底排队、充实调整，新充实进库60余人，调整出库30多人。

人才培养。2003年，依托合工大举办1期由50名企业管理人员参加的工商管理职业资格培训班，选派4名企业高层管理人员到美菱、徽商集团挂职锻炼。同年，出台《宿州市科学技术进步奖励办法》和《实施细则》，市财政每年拿出10万元奖励为宿州市科技进步作出突出贡献的科技人员。2004年，成立市人才工作领导小组，办公室设在市委组织部，加大了组织部门对人才工作牵头抓总的作用，开展宿州籍在外人才摸底工作，建立宿州籍在外人才信息库，编印外地宿州籍人员名录，加强与在外人才的沟通与联系，积极引导他们为家乡的经济和社会发展作贡献。2005年，市委出台《关于进一步加强人才工作的意见》，力争5年引进、接收发展急需的高校统招本科毕业生8000名，对事业单位引进紧缺急需的具有博士、硕士学位的人才可暂超编进人，以后逐步纳入编内管理，提高引进高层次人才的各项待遇；实施“绿色证书”工程和“阳光工程”，提高乡土人才的文化、科技水平。2006年，举办首届民营企业家培训班，对规模以上民营企业主要负责人进行免费高层次培训，开展第二届宿州青年科技奖评选活动，马虹等10名第二届宿州青年科技奖的获得者受到表彰；组织中青年人才普查和领导人才调查。2007年，以培养新农村建设致富带头人为重点，实施农村实用人才培养工程，全年培训人才400多人次。

六、干部监督

1988年，制发《关于党政群机关实行干部近亲回避的通知》和《严格干部调配纪律的规定》，并在全区逐步推行干部交流。

1993年，出台《关于做好新时期干审工作的暂行意见》，干部审查工作逐步实施工作重点转移，由过去着重审查干部的历史问题，转移到干部监督工作上来。

1994年，建立与监督部门联络员制度，全区地、县市委组织部与纪委（监察）、人事、公安、检察、法院、司法、审计、税务等10多家职能部门建立联系通报制度，及时了解和掌握干部的情况。制发并实施《关于建立县处级领导干部个人生活重大事项报告制度的规定（试行）》，对领导干部在日常生活中可能出现的重大事项，提出了10个方面需向组织报告的内容，并对报告方式和监督检查等作了明确规定。这项制度得到了省委组织部的肯定，向全省各地市予以了转发，《安徽日报》、《安徽组工信息》等先后作了报道介绍。

1995年，在全省率先制定《防止选拔任用干部工作中不正之风的十项规定》，对1990年以来提拔任命的313名正副县级干部逐一进行分析，该做法引起省委组织部和中组部的重视，《安徽日报》作了宣传报道。出台实施《关于在科级领导干部中实行诫勉的试行办法》，仅1997年全地区组织部门就对36名科级以上干部实施了诫勉。

1996年，制定《领导干部个人生活重大事项报告制度》、《关于防止选拔任用干部工作中不正之风的十项规定》等七项监督管理制度，研究制定《企事业单位和党政机关领导干部离任审查（含审计）制度》。

1997年，出台《关于建立完善领导干部个人重大事项报告制度的决定》，正式下发《中共宿县地委关于建立完善同县级领导干部谈话制度的规定》。

1998年1月，中共宿县地委制定《中共宿县地委关于对领导干部实行诫勉的规定》，并以地委名义对41名干部实行诫勉，期限一年，明确规定诫勉期内不提拔、不调动、不评先、不晋级、不调资。

1999年7月，市纪委、组织部、监察局、人事局、审计局联合制发《宿州市领导干部任期经济责任审计暂行办法》，对11名县级“一把手”进行离任审计。制发《关于实行领导干部任前公示制的暂行办法》，当年连续对3批83名拟提任正、副县级的干部进行公示，并对群众反映问题进行了认真查核，在社会上引起了较大的反响。随后又制发《关于规范干部任前公示制的意见》、《宿州市县处级干部任前公示暂行办法》等制度，对公示对象、公示范围、方式、内容、时间、公示主体、对群众反映意见的调查处理等公示的各个环节进一步作了明确的规定，形成比较完备的工作程序和办法，筑起了一道有效防止“带病提拔”的屏障。地委组织部对诫勉制度落实情况进行了跟踪调查，严肃纠正涉及18名干部违反诫勉规定的错误做法，宣布诫勉期内提拔和调资无效，并通报全区。

2000年，制发《党政领导干部选拔工作程序》，严格按照“形成调整意见—确定考察对象—组织考察—讨论决定—公示任用”程序开展选拔任用工作。制发《党群机关及事业单位领导干部任期经济责任审计暂行办法》和《国有企业厂长经理任期责任审计办法》，对22名县级“一把手”进行离任审计。

2001年，制发《拟任（免）县处级干部审批程序登记表》、《关于实行干部考察情况反馈制度的通知》、《关于印发〈宿州市经济责任审计工作联席会议制度〉的通知》、《关于印发〈宿州市县、区党委、政府主要负责人任期经济责任审计暂行办法〉和〈宿州市县、区党委、政府主要负责人任期责任审计评价指标〉的通知》。出台《关于进一步完善和落实领导干部个人重大事项报告制度的通知》，把各中心镇暂享受副县级待遇的干部也纳入了报告范围。出台了《关于建立党政领导班子正职年度总结报告制度的通知》，结合干部考察和平时掌握的情况，对班子和党政正职工作、学习、生活情况进行深入分析并作出综合评价，作为提拔、使用干部的重要依据。实行《拟任（免）县处级干部资格审查及程序登记表》制度，由干部监督科调阅考察对象的档案，按照《干部任用条例》和有关规定审查任职资格、条件等情况，加强对干部任职资格的审查。制定实施《关于对拟考察对象征求部内干部监督科意见的实施办法》，在干部考察对象确定后、考察前，由干部监督科梳理考察对象日常信访等情况，经分管部长同意后，将需要进一步调查的问题提交给考察组在考察中了解核实，对调查中发现影响使用问题的，坚决否决，并及时查处。2001年7月，组织部干审科更名为干部监督科，并设立干部人事和机构编制工作纪律监督电话。建立干部监督特约信息员制度，聘请17人为干部监督特约信息员。

2002年，制定《市委组织部实施干部监督工作暂行规定》、《部分干部选拔任用事前报告制度》，规定县区委和市直单位党委（党组）在选任领导干部亲属及身边工作人员等9种情况的干部时，要事前征得市委组织部审批后，方可决定任命，这项制度被中组部《领导参阅》采用。制发《印发〈关于规范干部任前公示制的意见〉的通知》、《关于印发〈干部监督工作职责分工暂行办法〉的通知》。

2003年制发《关于县区科局级领导职数设置几个问题的意见》、《关于印发〈宿州市领导干部任期经济责任审计结果运用暂行办法》的通知；修订《拟任县处级干部资格审查及程序登记制度》。

2004年，设立12380干部监督专用举报电话，制定出台《群众反映领导干部和干部选拔任用工作问题来信（来电）来访处理办法》。

2005年10月，制发《干部监督重要信息报送制度》、《干部监督工作有关统计数据报送制度》；11月，制发《关于试行入党考察、评先评优和领导干部监督工作进社区的意见》，并在埇桥区进行试点。成立宿州市委组织部干部监督举报中心，配备专职副主任，实现干部监督信息的归口管理。

2006年，建立干部监督联系通报制度，拓展干部监督信息渠道。

2007年，实施党员领导干部个人有关事项报告制度，全市560多名市管党员领导干部报告个人有关事项。

七、干部制度改革

1989年，组织部与行署人事局选择地区机关行管局进行科级干部聘任制试点工作，择优聘任11名科级干部。

1993年，制发《关于进一步改进干部选拔工作的通知》，打破“论资排辈、求全责备、平衡照顾”等旧的用人观念。

1995年，对企业领导干部提出实行划档分级动态管理意见。1997年初，联同经贸委开展企业划档分级评审工作。经过自行审报、组织考评、兑现待遇三个阶段，明确4户一档企业、21户二档企业。

1996年，在企事业单位积极推行聘用制，一级聘一级，一级对一级负责。

1998年，举办全区干部科长研讨班，制定《党政领导干部工作实绩考核暂行办法》和《考察选拔领导干部工作程序图》，使考核工作科学化、规范化。

1999年制发《关于贯彻党政领导干部交流工作暂行规定的意见》、《关于实行领导干部任前公示的暂行规定》等制度。

2000年，制定《关于中心镇干部管理工作的意见》、《关于实行干部考察工作责任制的暂行办法》、《中共宿州市委关于深化干部人事制度改革的意见》。在市法院、检察院、市中医院等单位拿出50多个职位，推行中层干部竞争上岗。

2002年，实施党政机构改革，制定《关于党政机关推行竞争上岗的意见》。8月，出台《部分事业单位领导成员实行聘任制的初步意见》，对市管事业单位新任行政领导人员实行聘任制。对职业技术学院急需配备的10个副处级中层岗位，进行竞争上岗。

2003年，对市中医院院长实行任期目标管理，签订责任书，兑现奖惩，使中医院从濒临倒闭转变为年经营收入、社会效益大幅提升和职工收入明显提高的二甲中医院。

2004年，市委出台《中共宿州市委全委会任用县（区）党政正职投票表决办法》、《中共宿州市委常委会任免干部投票表决暂行办法》。

2005年，对市委常委会拟任免干部投票表决办法进行修订，出台《中共宿州市委常委会任免干部投票表决办法》；制定《市委、市政府工作部门正职拟任人选实行市委全委会投票表决的决定》和《中共宿州市委关于调整不胜任现职领导干部暂行办法》；出台《中共宿州市委关于民主推荐提名正县级党政正职人选暂行办法》、《宿州市管党政领导干部和县处级领导干部年度考核实施办法（试行）》；出台《干部考察文书档案材料收集归档与管理暂行办法》。在市管企事业单位领导班子及领导干部中全面试行年度目标管理，在市直18家事业单位积极开展中层岗位聘任制试点。

2006年，出台《宿州市县处级后备干部工作实施细则》。推行事业单位领导班子成员和中层干部聘任制。干部人事制度改革工作被评为全省先进。

2007年，出台《宿州市乡镇党政正职调整变动备案审批制度》。与市立医院院长签定《市立医院院长任期目标管理责任书》，试行目标管理，得到省委组织部肯定。

第五节　宣　传

一、理论教育

（一）理论学习

1988年6月，举办以学习中共十三大文件为主要内容的培训班，581名县级以上干部、区委书记和部分理论骨干参加。8月，举办以中共十三届三中全会精神为中心内容的形势任务教育培训班，280名县级干部和90名区（镇）委书记参加。

1989年7月8日，举办全区中等学校骨干培训班。

1990年，开展马克思主义哲学和社会主义理论教育活动。

1991年7月，召开千名干部理论学习经验交流会，3588名干部参加理论学习考试，普及率达到98%。

1992年4月，在灵璧县召开社教工作会议。9月，对全区干部进行学习邓小平视察南方谈话和中共党史党建为内容的书面考试，参考人员近3000人，及格率100%。举办三期领导干部轮训班，轮训干部2000多人。

1993年，组织党员干部学习中国特色社会主义理论。

1994年，狠抓社会主义市场经济理论、中共十四届四中全会“决定”和《邓小平文选》一、二卷的学习。5月，举办社会主义市场经济知识电视辅导讲座。

1995年5月，在泗县召开县市委中心组学习经验交流会。

1997年，党教“四个一工程”建设4项成果在省里获奖，农村中国共产党党员参训面达到90%，“双学”成果得到巩固和发展。

1999年1月，在全区开展社会主义初级阶段基本理论和基本纲领教育。

2000年，开展形势报告会、机关半日制学习、“天天一小时”读书、县级干部“星期六读书班”等理论学习活动。举办学习“三个代表”重要思想轮训班3期，市直正科以上干部1400多人参加。

2001年，扎实开展青年学理论活动，成立青年学理论读书小组300余个。9月，市委宣传部举行专题报告会，邀请省宣讲团成员、安大教授凌有江作专题辅导。

2002年，组织保持共产党员先进性教育、“三个代表”重要思想和中共十六大，十六届三中、四中全会精神的学习。

2003年，举办市直县处级干部学习“三个代表”重要思想轮训班，570名县处级干部参加轮训。开设周末空中课堂和双周大课堂。邀请省委宣讲团成员程必定作专题报告，邀请国家行政学院领导艺术研究中心主任、经济学博士生导师刘峰作创新问题专题报告。

2004年，邀请中科院院士、著名物理学家何祚庥、中央党校教授陈高桐、国防大学教授丁士峰等一批知名专家学者到宿州市作专题报告。

2006年，向各级党委中心组赠送《科学发展观学习读本》5000册、《理论热点面对面·2006》1500册。

2007年，深入开展“落实科学发展观大讨论”活动。编写《“落实科学发展观大讨论”和“作风建设年”活动学习读本》（理论部分）下发全市副科级以上干部。

（二）理论宣传

1991年，开展反和平演变的教育，受教育4万多人。抽调5000多名干部成立社教工作队，下到3228个村。普遍开展三忆（忆村史、家史、个人成长史）一评（评选社会主义建设积极分子）活动。全区农村“五大硬仗”的宣传广泛深入，兴修水利、植树造林、修乡村公路、科技兴农、计划生育工作都取得很大成效。抽调3702名干部组成368个工作组，进驻2137个行政村，进行社会主义思想教育。

1994年，《春风又绿黄河滩》电视专题片在全省获提名奖。在电视台开办理论讲座“点将台”栏目。

1995年，5所先进基层党校、4部优秀电教片等16项入选党教“四个一工程”建设奖，组织编写《党员教育通俗讲话》一书。

1996年2月，开展“三观”（世界观、人生观、价值观）教育。

1997年，编印发行《江泽民同志在党的十五大上的报告学习提要》18万册。

1998年，结合工作作风整顿和“话改革、忆变化、求发展”大讨论活动，重点学习毛泽东、邓小平、江泽民等18篇著作和中共十五大报告。

2000年，开展理论下基层活动，组建宣讲团130个，举办各种类型报告会1000余场，发放宣讲材料100多万份。广泛开展（四入户）活动，增强渗透力。

2001年，集中开展“加快发展、富民强市”和解放思想的教育。组织编写《加快发展富民强市　宿州市2001年干部学习读本》。

2003年，把学习贯彻“三个代表”重要思想不断向广度和深度拓展，开展理论宣传教育。

2004年，积极参与全市开展的“四增一树”〈增强发展意识、开放意识、创新意识、为民意识，树立科学发展观〉学习教育活动，举办骨干培训班，组织宣讲团深入县区、机关宣讲，组织全市“四增一树”教育主题演讲比赛。

2006年，开展贯彻落实科学发展观、构建社会主义和谐社会等重大战略思想的宣传普及，精心组织理论下基层、社科知识普及工作。广泛开展“宿州精神”大讨论活动，努力提炼和形成为广大群众认同的新时期“宿州精神”。精心组织第三批保持共产党员先进性教育活动宣传工作。开展“全民创业、奋力崛起”宣传教育活动。

2007年，坚持重心下移，多渠道、多层次、多形式地开展理论宣传教育活动和以“和谐文化·魅力宿州”为主题的社会科学知识普及活动。

（三）理论研究

1990年，参加省级学术交流会4次，在省级刊物发表5篇理论文章。

1991年6月，举办50多人参加的纪念中共建党70周年学术讨论会。

1994年，在《拂晓报》组织两版关于党的思想建设专版，撰写3份调查报告，参加省委宣传部组织的《社会主义市场经济通俗讲话》编写工作。

1995年，开展学习邓小平理论“金利杯”征文活动。活动收到论文68篇，发表25篇，评出优秀论文10篇。召开2次理论研讨会，开展第三次社会科学评奖工作，评出一、二、三等奖49项。

1996年，组织论文参加省“邓小平理论研讨会”评选，其中两篇获奖。

1997年，开展纪念邓小平视察南方谈话发表五周年征文活动，收到论文70篇。

1998年，开展“纪念改革开放20周年征文活动”，收到稿件近百篇，发表30多篇。其中一篇入选省纪念十一届三中全会召开20周年研讨会。

2002年，召开加强党的执政能力建设研讨会。是年6月，组织开展优秀理论工作者和优秀理论文章评比评选活动。

2003年，开展学习“三个代表”重要思想优秀理论文章征文和评选活动，征集理论文章近40篇。

2004年，组织开展纪念邓小平诞辰100周年理论文章征文和评选活动，全市有4篇文章入选全省邓小平生平与思想研讨会。

2007年，市委宣传部组织人员精心凝练新时期“宿州精神”。市委常委会研究决定，以凝聚全市干群智慧和强烈心声的“和睦和衷，尚贤尚信，大志大气，决战决胜”作为新时期“宿州精神”表述语。撰写《穷山沟飞出金凤凰——夏刘寨村科学发展调查》，在《求是》杂志2007年19期发表。撰写的两篇论文入选省社科知识普及工作研讨会，理论研究取得积极成果。

二、宣传教育

（一）社会宣传

1.重大活动宣传

1990年，大力开展“迎亚运”活动宣传。6月23日，召开“迎亚运”捐资集资会议。7月3日，举办向亚运会捐赠书画活动，省书协主席李百忍、地区文联名誉主席梅纯一、书画家孟繁青等捐献书画作品。

1991年，在陈胜、吴广农民起义2200周年之际，组织陈胜、吴广农民起义纪念邮票发行宣传，召开纪念秦末农民起义2200周年学术研讨会。开展纪念中共建党70周年理论研讨会、文艺晚会、诗歌朗诵会、演讲会、故事会、音乐会等系列活动。推选出20位优秀共产党员的先进模范事迹，汇编成《党旗在潮头飘扬》报告文学集。

1992年，广泛开展邓小平理论宣传。

1993年，开展毛泽东同志诞辰100周年纪念活动的宣传，举行“毛泽东同志理论研讨会（座谈会）”8次，举办“纪念毛泽东诞辰100周年书画、摄影展”9次，组织毛泽东诗词朗诵会、纪念毛泽东诞辰100周年歌咏比赛20多场。

1996年，开展纪念长征胜利60周年系列活动。

1997年，以《中华三德歌》为教材，在广大群众中大力开展社会公德、职业道德、家庭美德教育活动，参加人数近80万人。

1998年，开展社会主义初级阶段理论专题教育的宣传。9月，举行“辉煌的20年”成就展。

1999年，围绕建国50周年、澳门回归祖国，开展“爱我中华、振兴中华”“一国两制，统一祖国”的形势政策教育。开展马列主义的唯物论和无神论教育。

2001年，开展纪念中共建党80周年的宣传。

2004年，组织建国55周年宣传。

2005年，组织开展纪念中国人民抗日战争胜利60周年系列活动。组织策划“民族魂”革命歌曲大合唱比赛，编辑制作、宣传发行具有本地特色的纪念中国人民抗日战争胜利60周年专题邮品。

2006年，组织开展中国共产党成立85周年、国庆57周年系列活动。

2.先进典型和主题活动宣传

1990年，编写《贯彻五中全会精神，稳定农村经济政策宣传提纲》2007年，《加强社会主义宣传教育》宣传材料，印8000册。7月7日，发出《开展向焦裕禄同志学习的决定》。推出舍己救人的好青年李士华、全国敬老好儿女金马奖获得者范天荣、张振同夫妇等先进典型。

1995年4月18日，开展学习宣传孔繁森事迹的活动。

1996年，组织“黄山松精神”宣传教育活动。

1997年，开展学习、宣传刘桥一矿活动。

1998年，组织“全省抗洪救灾先进事迹报告团”在宿县地区的报告会。

2001年，开展“加快发展，富民强市”宣传教育活动。对皖北药业集团、鸿鹏纺织有限责任公司、大庄镇小顾村等15个先进典型进行宣传。9月，举办“解放思想、加快发展”报告会。深入开展“领会‘讲话’实质，实践‘三个代表’重要思想，转变机关作风，强化服务意识”的主题活动。召开“解放思想找差距，求真务实促发展”座谈会。开展“解放思想，抓住机遇，加快发展”主题大讨论。

2002年，广泛开展“解放思想、实事求是，优化环境、加快发展”宣传教育活动。举办WTO知识培训班；邀请中央党校张绪文教授作“解放思想、实事求是”专题报告会。围绕“双项活动”扎实开展“我就是宿州形象、我就是投资环境”大讨论活动。

2003年，组织开展“弘扬和培育民族精神，全面建设小康社会”主题教育活动。组织开展“纪念开展向雷锋同志学习四十周年”系列活动。同年，组织开展“认真实践‘三个代表’重要思想，全面建设小康社会”主题演讲活动。抓好预防和控制非典型肺炎宣传工作。做好“整治和改善经济发展环境暨政风建设”宣传工作。

2004年，围绕“弘扬和培育民族精神”主题，广泛开展群众性宣传教育活动。

2005年，向省里推荐并在全省范围宣传刘瑞莲先进事迹。在全市集中宣传夹沟镇夏刘寨村党支部和况保华、边亮亮、李清纯、杨剑等的先进事迹。

2006年，重点推出王荣辉先进典型和王化东等新农村建设领头人并加以宣传。其中，灵璧县检察院反贪局局长王荣辉被省委宣传部作为重大典型在全省宣传。

2007年，献身抗洪抢险的埇桥区符离镇原党委书记蔡玉昊被评为全省第五届精神文明建设“十佳人物”，在安徽日报、新华网、中国文明网等媒体上掀起宣传高潮。砀山县葛集镇人大主席、白腊园村党支部书记刘瑞莲被作为全省作风建设先进典型。埇桥区夹沟镇夏刘寨村党支部书记王化东当选党的十七大代表。成功推出卢丙会先进典型宣传。

（二）思想政治工作

1989年7月，各学校普遍加强社会主义教育、爱国主义教育、艰苦奋斗教育和民主与法制教育，较好地改变学校思想教育相对薄弱的状况。

1990年9月18日至19日，宿县地区职工思想政治工作会议暨职工思想政治工作研究会首届年会在宿州召开。11月13日，召开农村社会主义教育活动会议。

1992年，派出4758名干部组成工作组深入到3700个村，普遍开展“解放思想换脑筋，加快发展奔小康”大讨论。

1995年，开展以《中华五千年美德》为主要内容的爱国主义读书教育活动和读《新三字经》活动。

1996年，在中小学广泛开展青少年“热爱祖国立志成才”爱国主义读书教育活动。在企业开展职工“爱岗建功”活动。

1997年，配合“万村书库”建设，在全区20个行政村建立“万村书库”图书室。

1998年，在大中型企业开展“我与企业改革共命运”主题教育活动。

1999年，围绕国有企业扭亏脱困，加强和改进企业思想政治工作。开展以“光辉的五十年”为主题的爱国主义读书教育活动，活动用书发行102万册，学生参与面达到100%，名列全省第一。爱国主义读书教育活动连续四年获得全省组织工作一等奖。

2000年，市委成立由市委主要领导任组长，市直相关部门组成的思想政治工作领导小组，层层建立思想政治工作领导责任制，制定思想政治工作考核评比和督促制度，建立健全思想政治工作领导体制和工作运行机制。建立全市思想政治工作联席会议和思想政治工作联系点制度。启动全市农村文化阵地建设“百千万”工程，即建立健全100个设施配套、功能齐全的乡镇文化科技中心；建设2000个文化科技大院；配备10000个宣传栏。成立“三下乡”活动领导小组，建立联席会议制度。开展“迎接新世纪”青少年爱国主义读书教育活动。

2001年，命名宿州市雪枫小学等13所学校为首批“宿州市爱国主义示范学校”。在青少年中开展“四好”主题活动。开展“四入户”活动，建立民情联络制度。

2002年，开展“五下基层”活动，即文艺下基层、理论下基层、记者下基层、卫生下基层、领导下基层。

2003年，组织宣传党中共十六大精神“文艺千里行”活动。市委宣传部获“全国‘三下乡’先进集体”，市委宣传部、市直工委、宿州师专和灵璧县法院四家单位被评为“全省思想政治工作先进集体”。组织开展“走向世界的中国”青少年爱国主义读书教育活动。

2004年，确立8个爱国主义教育示范基地、9所爱国主义教育示范学校。市委召开“加强和改进未成年人思想道德建设工作会议”，并制定实施意见。

2005年，组织开展“中小学生弘扬和培育民族精神月”活动。

2006年，组织参加“红色之旅”青少年爱国主义读书教育活动。埇桥区东关街道观李社区获“全国文化先进社区”称号。

2007年，以“百城万店无假货”活动为抓手，进一步抓好“诚信宿州”建设。90多万中小学生参加新一届青少年“知荣辱、树新风”爱国主义读书教育活动。

（三）党员教育

1996年，在全区党员干部中分阶段开展“三观”教育。完成党教“四个一工程”

成果21项，《科技花开春满园》被省里评为优秀党教专题片。

1998年，贯彻落实全区党教“四个一工程”建设规范化意见，召开现场会，推出50个优秀党员和先进党组织典型进行宣传，推出近百部优秀电教专题片进行展播。

1999年，组织编印《中共中央关于农业和农村工作若干重大问题的决定学习提要》11万余份发给全市农村党员。

2000年，开展共产党员“金点子”评选活动和共产党员先锋岗活动。

2001年，开展“百场党课下基层”和领导干部讲党课活动。宣传全国优秀共产党员况保华、优秀村支部书记刘瑞莲等一批共产党员和领导干部自觉实践“三个代表”重要思想要求的先进典型。

三、新闻宣传管理

（一）新闻宣传

1988年，开展纪念淮海战役胜利40周年活动。拂晓报举办50周年报庆活动。1月，宿县地区电视台建立，4月投入使用。7月16日，举行抗灾新闻发布会。

1989年，大力宣传改革和建设的新经验、新成就。大力宣传“扫黄”活动。

1990年，加强和改进经济宣传。组织开展学雷锋、学焦裕禄、学先进活动的宣传报道。

1991年，精心组织中共十三届七中全会精神宣传报道工作。强化经济建设和改革开放的宣传，大力宣传五个深化改革搞得较好、经济效益较高的企业，组织“抗灾夺粮”“以秋补夏”“抗旱抢种”“治虫夺粮”等宣传活动。集中抓好抗洪救灾宣传报道工作。开展纪念中共建党七十周年宣传报道工作。

1992年，突出做好邓小平同志视察南方谈话精神宣传报道工作。10月，《农村孩子报》创刊7周年，中共安徽省委书记卢荣景为该刊题词：“开发智力，寓教于乐。”

1993年，以地直和各县市新闻单位及信息部门为依托建立地区新闻信息中心。6月24日，《关于建立和完善新闻发布会制度的通知》出台。

1996年，围绕“九五”开局和迎接中共十四届六中全会，抓好“学习邓小平理论武装全党、教育干部和人民”“地委扩大会议精神”“精神文明建设”宣传。10月，《农村孩子报》赴京参加“中国少儿出版物成就展”。12月，新华社、人民日报等7家中央主流媒体到宿集中采访，地委书记耿光宽接受采访。

1997年，精心组织地委扩大会议精神和精神文明建设宣传。开展庆祝香港回归、党的十五大宣传。4月7日，首都新闻单位记者团到砀山县采访。

1998年，做好纪念改革开放20周年宣传。做好深化国有企业改革和下岗职工分流安置及再就业宣传。深入宣传中共十五届三中全会精神。7月，农村孩子报社获全国百家地方报社管理先进单位。9月24日，《拂晓报》创刊60周年，中华全国新闻工作者协会常务副主席、党组书记郑梦熊题词：“发扬好传统，办出新水平。”

1999年，重点组织撤地建市及国庆50周年等集中宣传。3月，安徽日报等七家新闻单位到宿进行“江淮行”集体采访活动。

2000年，组织开展“回顾‘九五’、展望‘十五’”“省辖宿州市成立一周年”、“十大经济成果评选”等六大主题宣传。

2001年，做好庆祝中国共产党成立八十周年纪念大会精神、中共十五届六中全会精神、省七次党代会精神宣传。围绕建设“新兴工业城、现代农业市、皖东北商贸中心”战略开展报道。扎实开展农村税费改革宣传。突出抓好中国加入世贸组织的宣传。

2002年9月，市、县电视台同步推出40集大型系列专题片《宿州新跨越》，集中反映宿州市十五大以来成就。

2003年，开展“整治和改善经济发展环境暨政风建设活动”宣传。精心组织防治“非典”、抗洪救灾和生产自救等重大突发事件宣传。做好市第二次党代会宣传。

2004年，围绕市委、市政府“两个跃升、一个崛起”奋斗目标开展宣传报道。做好“四增一树”学习教育活动宣传。精心组织建国55周年宣传。

2005年，深入宣传中共十六届五中全会精神。深入宣传抗战胜利暨世界反法西斯战争胜利60周年纪念活动。开展“6+3”工程和“东向战略”宣传。

2006年，开展新农村建设、“加强招商引资、推进宿州崛起”、回顾“十五”展望“十一五”等主题宣传。

2007年，组织开展“工业三年倍增”计划的宣传。集中开展中国文联“送欢乐，下基层”慰问演出、“第四届中国宿州黄淮海地区农资博览会”“宿州书画晋京展”“第四届国际徽商大会”“江淮情大型慰问演出”“雪枫百年纪念慰问演出”“孟二冬纪念馆揭牌仪式”等重大活动宣传。

（二）新闻管理

1988年，继续开展对《拂晓报》和《农村孩子报》整顿工作，目的是端正新闻、舆论阵地思想政治方向，反对资产阶级自由化。

1994年1月，建立新闻通气会制度和报纸、广播电视节目阅评制度。建立新闻发布会审批制度，严格履行新闻发布会审批程序，指导各业务主管部门、各企事业单位举办新闻发布，严格执行新闻宣传纪律，加强对全区报社、电台、电视台参加新闻发布会的审批。

1995年1月，《宿州有线电视》印刷出版。

1996年，进一步完善舆论导向管理，建立新闻调研制度、新闻线索分析会制度、谈话制度。4月，开展非正式出版物整顿工作。

1997年5月22日，宿县地区新闻出版管理办公室挂牌成立，同时挂地区“扫黄办”牌子，统筹管理全区新闻出版、音像、娱乐等文化市场，指导全区“扫黄打非”工作。地委副书记陈树德、省新闻出版局副局长蒋正萌、地委委员、宣传部部长武正宜等领导出席成立挂牌仪式。

1998年，正式启动新闻阅评工作，下发《关于开展新闻阅评工作的实施意见》，成立由分管副部长邵长富为组长的阅评工作领导小组，聘请原拂晓报社副总编刘德先、总编办公室主任蔡星辉为专职阅评员，每月编发一期阅评简报。

2002年，严禁有偿新闻、虚假新闻和不负责任的广告，切实做好热点难点问题的引导。积极开展净化荧屏和“扫黄打非”工作，清理整顿内部资料性出版物，坚决封堵和查缴政治性非法出版物，大力整顿文化市场。

2003年，进一步健全新闻宣传宏观管理制度，出台《关于进一步加强新闻舆论宏观管理工作的意见》。加强报刊散滥现象治理，对小报小刊和内部出版物进行整治。1月1日，宿州有限电视网络中心在公共频道中播出《埇桥新闻》，标志为“宿州—3”。

2007年，健全和完善新闻管理制度，对全市性的重大宣传战役，及时召开新闻通气会、制定宣传报道意见、策划宣传方案，加强宣传的组织指导和协调工作。下发《关于进一步加强新闻宣传有关问题的通知》，明确新闻从业人员资格审核、稿件审签等。

（三）新闻队伍建设

1992年至2002年，对拂晓报优秀通讯员进行表彰。

1994年6月，召开新闻工作者职业道德研讨会。

1995年5月，调整充实宿县地区通讯员队伍。

1996年，以加强职业道德建设为重点，对地直新闻队伍进行自纠和检查。

1999年4月，表彰35名勤奋笔耕、成绩突出的优秀通讯员。

2001年，开展“一线练兵”活动，历时四个多月。开展马克思主义新闻观学习教育活动。

2003年，在全市新闻宣传战线开展“三个代表”重要思想、马克思主义新闻观、职业精神职业道德“三项学习”教育活动。

2005年3月到2006年5月，按照省委宣传部统一部署，在全市新闻战线集中开展以学理论、学知识、学技能、练思想、练业务、练作风为主要内容，推动全市新闻出版战线练一流本领，育一流作风，建一流队伍，创一流业绩为主要目标的“大练兵”活动。

2007年，扎实开展“三项学习教育活动”。

（四）激励机制建设

2003年，下发《关于开展“宿州市十佳新闻工作者”评选活动的实施意见》，启动宿州市十佳新闻工作者评选表彰活动。

2004年3月，沈小梅等十人被评为首届“宿州市十佳新闻工作者”。制定《关于对在中央、省主要新闻媒体刊播稿件的奖励办法》，2005年1月1日起正式实施。

（五）报刊发行

1996年，党报党刊发行受到省委宣传部通报表扬，《安徽日报》头版予以报道，《人民日报》奖励宿县地区15000字，《安徽日报》奖励宿县地区6个专版。

2004年，党报党刊发行工作采取“集订分送”“财政垫支”等办法，扭转发行工作被动局面。

2005年至2007年，宿州连续三年完成省以上党报党刊发行任务，均受到省委宣传部通报表彰。

四、文化建设

（一）文化事业

1990年，创作出一批反映时代精神带有浓郁地方特色的文艺作品，《淮北妞》《遥指杏花村》等剧目获奖，并参加北京亚运会等演出。电视覆盖率达80%以上，广播覆盖率达98%，建成乡级文化站248个，覆盖率达70%以上。

1993年5月23日，开展纪念毛主席在延安文艺座谈会上的讲话发表五十周年活动。排演大型现代戏《刘胡兰》。4次组织民间歌舞团应邀赴广州、汕头、厦门、九华山等地交流演出。

1995年，与中央电视台等单位联合摄制的电视连续剧《西楚霸王》，获省精神文明建设“五个一工程”奖。MTV《老侉头》获省精神文明建设“五个一工程”歌曲奖，被推荐到中宣部参评。

1997年，拍摄6集电视剧《地火》。泗州小戏《八月桂》获省“五个一工程”奖。宿县地区宣传部在全省“爱我家乡、爱我家”摄影大赛中获“组织奖”。在20个行政村建立“万村书库”图书室。

1998年，出版《成吉思汗》《突围》等长篇小说。儿童文学《大青石板飘起来》在台湾出版。与中央电视台合作摄制电视剧《村支书》。泗州戏歌《拉魂腔》获“全国戏歌电视邀请赛”二等奖。歌曲《妈妈教我剪窗花》获全省“爱祖国、讲文明”歌咏大赛创作一等奖。

1999年，现代梆子剧《大树参天》、歌曲《妈妈教我剪窗花》获得精神文明建设“五个一工程”奖。

2000年，举办“宿州市第一届文化艺术节”。在第六届全省文化艺术节上，夺得6金6银10铜，金牌总数第一。与中央七套联合录制“宿州春晓”，春节期间在中央电视台7套节目中播出。启动农村文化阵地建设“百千万”工程。

2001年，梆子戏《大树参天》在全国映山红戏剧艺术节上获7个一等奖，《穆桂英》获8个二等奖。创作演出《青春之歌》《人生配方》。投入6万余元，为农民群众放映科教电影片3380场，观众约199万人次。12月6日，宿州市赏石学会成立。12月31日，李百忍书法艺术研究会成立。

2002年，创作泗州戏《爱心如虹》、长篇儿童文学《好家伙，木木球》等近10部文学作品，创作歌曲25首。张晓东获全国戏剧最高奖——“中国戏剧梅花奖”。《大树参天》由中央电视台、安徽省宣传部、安徽电视台拍摄成6集电视剧，被中宣部、中央电视台选定作为安徽省唯一一部向十六大献礼影片。泗州戏《二嫂上轿》获全国戏曲小品最高奖——中国曹禺戏曲奖。

2003年，泗州戏《爱心如虹》获全省精神文明建设“五个一工程”奖，坠子戏《人生配方》在全国第七届映山红艺术节比赛中获银奖。9月8日至10月10日，举办宿州市第二届文化艺术节。灵璧县被文化部命名为“中国民间艺术，（钟馗画）之乡”。韩非被中国文联、中国摄影家协会授予“全国德艺双馨摄影家”荣誉称号。

2004年，与全国少工委、深圳电影制片厂联合摄制电影《我们手拉手》，在北京、深圳、合肥首映，并在全国公映。该片获第11届中国电影华表奖“优秀儿童故事片奖”第一名，第24届中国电影金鸡奖最佳儿童故事片入围奖，首届希望工程宣传奖，国家“五个一工程”奖。在市中心广场举办“激情广场大家唱”活动。11月2日，市委书记梁卫国前往市体育局、市文化局和坠子剧团、泗县剧团、梆子剧团调研宣传文化工作。

2005年，泗州戏《秋月煌煌》在全省规划题材创作中获得最高名次。泗州戏《二嫂上轿》入围中央电视台举办的第五届戏曲小品电视大赛。《二嫂挡车》《懒大嫂赶会》《打赌》和《日照东窗》等“三农”题材剧目，在第八届中国映山红戏剧节上分别获得2个一等奖、2个二等奖，获奖总数位居各参赛团队榜首。编撰出版《话说宿州》一书。全书分“历史风云”“文明胜迹”“山川览秀”“人物春秋”“艺苑繁花”“天泽物阜”“民风轶闻”七大篇章和附录“诗咏宿州”，计26万余字，120幅图片。

2006年，在市第三次党代会期间，组织赶排音乐话剧《荣辱，就在你的身边》，并汇报演出。3月15日，从宣传教育科分离出文化事业、文化产业发展工作，成立文化事业发展科。9月25日，宿州市书画院成立。9月，埇桥区被中国杂技家协会正式授予“中国马戏之乡”称号。

2007年10月10日，《宿州书画》出版发行，全书分为宿州书画发展史略、宿州书画大观、宿州书画文论辑要、附录四部分，28万字。举办“宿州书画晋京展”为主要内容的宿州书画年活动。10月17日至23日，在北京中国美术馆举行“宿州书画晋京展”，展书画名家作品110幅，参观人数近万人。承办中国文联“送欢乐、下基层”、省“江淮情”艺术团“宿州新歌”以及二炮文工团“纪念彭雪枫将军百年诞辰”演出活动。在雪枫公园文化墙建造《宿州历史画廊》。

（二）文化产业

2005年，确立文艺表演业、艺术品加工业、文化旅游业、广播影视业、出版发行业、节庆会展业等六大文化主导产业。积极做好“十一五”文化产业项目的征集和申报工作，在全市累计征集、筛选项目42项，项目总投资额181306万元。

2006年，加强文化产业项目库建设。2006中国国际徽商大会期间，精选13个文化项目参加省委宣传部举办的安徽省文化产业对外合作说明会暨项目推介会，7个项目入选全省文化产业项目册。

2007年，参加第十三届中国艺术博览会合肥展暨2007合肥文化产业博览会和中国国际徽商大会，成功签订“白居易东林草堂”和“萧国书画特色美食城”项目。引进外资兴建的“皖北图书城”项目，于5月动工。

（三）扫黄打非

1988年，组织力量抓录像放映管理和停业整顿工作。

1990年，深入开展“扫黄”和除“六害”的教育和斗争。

1991年，重点抓好文化市场管理和整顿工作。理顺全区音像管理体制，地直和六个县市建立文化市场管理机构，配备文管人员373人。对全区集体、个体书店、摊点重新登记，重新颁发360个营业许可证。

1994年，调整地区书报刊及音像市场清查整顿工作领导小组及办事机构。

1997年5月，“宿县地区新闻出版管理办公室”挂牌成立。

2001年，突出打击音像市场盗版行为，对音像零售、出租单位实行购货卡制度。

2007年，充实调整市“扫黄打非”领导小组。积极开展“网吧治理”专项行动和“反盗版”百日行动，有效净化宿州市音像图书市场，强化网吧经营者法制意识。

五、对外宣传

（一）对外宣传

1991年，在全国发行陈胜、吴广起义纪念邮册，会同宿县、宿州市、地区邮电局举办陈胜、吴广农民起义纪念邮票首发式。协助中国农民战略研究会，召开纪念秦末农民起义2200周年学术研讨会。

1992年，积极参与接待台商代表团的工作，组织举办两场大型文艺晚会和三场舞会，摄制并赠送反映宿县地区经济建设和社会发展状况的录像带，为扩大影响增进了解起到积极作用。

1995年，围绕安徽95上海招商恳谈会、厦门招商、香港招商等开展外宣，先后在《香港商报》《中国法制报》《安徽日报》开办5个专版，在《人民日报（海外版）》、浦江之声、金陵之声发稿52篇。制作电视片《故黄明珠》，为中央电视台“天涯共此时”专栏提供2个节目。制作外宣折页8000套（册）。

1996年，围绕皖港投资贸易洽谈会和厦门招商会，制作多种外宣品。会同萧县县委宣传部拍摄外宣片《萧县农民爱书画》，获省“开放的安徽”外宣电视片大奖赛三等奖。外宣风光片《皇藏峪》在省电视台播出。在香港大公报安徽新闻栏目刊发宿县地区专版。

1997年，围绕地委、行署“大外经贸战略”，利用专栏、专题刊播外经贸政策、知识文章25篇。完成外宣折页《中国一瞥》组稿任务。

1998年，对外宣传用稿120篇。外宣折页《灵璧石》获第一届“安徽对外传播奖”（外宣读物）三等奖。完成《今日安徽》光盘3万字、5分钟录像组稿任务。组织140幅照片参加《迈向21世纪的安徽》摄影大赛，并获组织奖。在《人民日报》《安徽日报》推出宣传专版。

1999年，邀请中央、省级新闻单位和境外媒体到宿州采访，集中宣传宿州50年特别是改革开放20年两个文明建设取得的巨大成就，在《人民日报》《安徽日报》《香港大公报》《香港文汇报》等重要媒体刊发10个专版，开展“建设新宿州、树立新形象、创造新业绩、迈向新世纪”宣传活动。制作出版《中国·宿州》画册。宿州市农业引智结硕果图片获1998-1999年全省对外好新闻三等奖。

2000年，《中国·宿州》获第三届“安徽对外传播奖”（外宣读物）一等奖。《乒乓姊妹花》获第三届“安徽对外传播奖”（电视）二等奖。《四世同奏欢乐曲》《灵璧一石天下奇》获第三届“安徽对外传播奖”（电视）优秀奖。《茶》获“安徽风光风情摄影大赛”一等奖。《唢呐声声庆丰年》获“安徽风光风情摄影大赛”优秀奖。市电视台与安徽电视台联合制作《灵璧石》专题片在中央电视台和安徽电视台播出。聘请五洲传播中心制作中英文对照本《宿州投资指南》画册。12月中旬，市政府与香港大公报社联合在香港举办为期五天的灵璧奇石展暨招商会。在《大公报》《信报》《明报》做专版2版。

2001年，在“安徽省对外传播奖”（电视）评选活动中，获二等奖一个、三等奖一个、优秀奖二个。在省委外宣办、省摄影家协会举办的“可爱的安徽”风情摄影大赛中获一等奖一个、二等奖一个、三等奖一个。

2002年，正式设立市委对外宣传办公室（市人民政府新闻办公室），副县级规格。

2003年，《河江耕石》《寻找渔鼓的人》《与河为伴》等九部电视专题片，在美国斯克拉卫星电视网播出。

2004年，邀请省以上新闻媒体，做好灵璧石文化节、萧县书画艺术节、砀山梨花节宣传。做好皖鲁经济合作活动宣传，在山东《大众日报》推出宣传专版。

2005年，在宿州之窗网站开通《新闻频道》。积极做好首届中国国际徽商大会宿州分团的各项宣传工作，邀请多家省及中央驻皖新闻媒体宣传推介宿州。精心组织蔡玉昊先进事迹宣传。

2006年，《开放的中国宿州》获第四届"安徽对外传播奖"（外宣读物）一等奖。

2007年，成立市网络文化建设领导小组。11月29日，"宿州新闻网"正式挂牌并试运行。

（二）新闻发布

2003年，坚持并健全新闻发布会审批制度，规定除市委、市人大、市政府、市政协、市纪委、军分区以外，其他各类在市政府所在地举行、并邀请市直新闻单位记者参加的新闻发布会，必须提前报市委宣传部审核，领取新闻发布会批准书。

2005年，积极应对宿州市立医院眼科手术感染事件，主动向省委宣传部、省委外宣办汇报，及时启动新闻预案，指导并协助市卫生局、市立医院开展新闻应对。积极应对泗县疫苗事件。积极指导、协助泗县完善新闻接待、建立记者档案、设立新闻中心、举行新闻发布、提供通稿，积极应对45家媒体记者的采访报道。积极协助卫生部、泗县县政府举办多场新闻发布会。

2006年5月10日，在北京人民大会堂举行第二届中国宿州灵璧石文化节新闻发布会，境内及香港的38家媒体参加新闻发布会。邀请中央电视台拍摄大型系列专题片《走遍中国·走进宿州》，并于11月13日至17日在央视国际频道播出。

2007年8月30日，在人民大会堂举行宿州书画晋京展活动新闻发布会。

六、干部工作

（一）宣传系统县级干部管理和科级干部审批

每年年底，会同组织部对宣传系统副县级以上机关、企事业单位领导班子及其成员开展年度考察工作。对宣传系统机关、企事业单位提拔、平调县级干部，市委宣传部会同组织部开展民主推荐、考察、任前谈话及宣布等工作。对宣传口机关、企事业单位科级干部实行任前审核备案。

（二）干部培训及人才培养

2001年，制定《2001年—2005年全市宣传文化系统干部培训规划》。

2004年8月，对市直宣传文化系统人才队伍建设情况进行调研，形成《关于宿州市市直宣传文化系统人才队伍建设情况的调研报告》。推荐选拔市坠子剧团青年演员李琳洁赴南京艺术学院培训深造。

2005年，配合市委组织部选拔16名中学校长及后备干部跨地区、跨单位挂职锻炼。推荐选拔全省青年专业人才涂乔赴上海信仁艺术交流中心古字画鉴定中心进行培训深造。

2006年，在全市宣传文化系统开展全省“六个一批”双百人才选拔，推荐高层次拔尖人才20人、优秀青年专业人才8人。制定“十一五”全市宣传干部培训规划。

2006年5月，举办全市宣传干部培训班。6月，制定《2006——2010年全市宣传文化系统干部培训规划》。邀请省委讲师团教授董玉田、省社科院教授邸乘光到宿州市作全民创业知识大型讲座。

2007年5月，举办为期10天的县区委宣传部长业务培训班。加强干部实践锻炼，选派部机关一名优秀年轻干部到中煤三建总委工作部挂职锻炼。2007年，在全省首届“六个一批”双百人才评比中，评出拔尖人才4人，青年拔尖人才1人，人数为全省最多。

（三）政工职评和新闻职评工作

1990年，企业政工职评工作开始。2000年，市委一届四次全会决定在宿州市事业单位中开展政工职评工作。坚持岗前函授培训，对评审通过的政工人员，在发证上岗之前，进行统一时间、统一教材、统一考试的函授培训。

市委宣传部设市新闻播音专业评审委员会，从2002年开始由评审制改为认定制。建立“宿州市新闻播音专业中级职务认定委员会（专家库）”。

（四）机关党委

2006年3月22日，中共宿州市委宣传部机关委员会成立，下设新华书店党总支，宣传部、文明办、讲师团、文联、红十字会、农村孩子报社、农村孩子报社印刷厂等1个党总支，7个党支部，101名党员。

2007年，4月至12月，扎实开展“落实科学发展观大讨论”和“作风建设年”活动。召开以作风建设为主题的领导班子民主生活会，认真执行科以上干部重大事项报告制度，机关作风建设进一步加快。6月29日至7月3日，组织党员赴延安等地开展革命传统教育活动。

全市城乡基层党组织“结对共建”活动中，市委宣传部与埇桥区夹沟镇镇头村、埇桥区东关街道办事处北苑社区，建立定期对接和沟通制度，促进信息互通、资源共享，落实共建规划。

第六节 政 法

一、综合治理

1991年，宿县地区社会治安综合治理委员会及其办公室成立，成员单位37个，主要工作由综治办谋划、组织和协调。

为加大社会治安综合治理工作覆盖面和工作效率，综治委相继成立专门工作领导小组和若干联席会议。“严打”整治斗争工作领导小组，办公室设在市公安局；流动人员治安管理工作领导小组，办公室设在市公安局治安支队；预防青少年违法犯罪工作领导小组，办公室设在团市委；学校及周边环境综合治理工作领导小组，办公室设在市教育局；刑释解教人员安置帮教工作协调小组，办公室设在市司法局；铁路护路联防工作领导小组，办公室设在宿州火车站铁路公安派出所。各专项工作联席会议有烟草打假工作联席会议，打击盗窃“三电”设施联席会议，打击“传销”活动联席会议等。

各专项工作取得较优异成绩，为全省提供不少经验，特别是铁路护路工作，多次获得全省全国先进。1993年12月，进一步明确社会治安综合治理委员会部门成员单位的职责任务，并对各地各部门实行社会治安综合治理领导责任制，出台若干规定，强化各级领导的政治责任。此后每年地、市主要领导和县区主要领导签订综合治理工作责任状，年终予以考核。1991年12月25日，中央综治委第四次全体会议通过《关于实行社会治安综合治理一票否决权制的决定》，综治办严格按照中央和省的要求，实行一票否决权制，充分调动社会各方面力量维护社会治安的积极性。

从1996年起，开展创建社会治安综合治理模范乡镇、模范街道活动，把综治工作重心放到农村，强化基层基础建设，每年进行综合性考核、评比和表彰，平时加以动态管理，不断提升创建活动质量，被评为模范乡镇、模范街道的比例逐年提高，促进各县区综治工作的总体水平提升。

1998年，各级党委、政府积极开展"争创综合治理模范县市、乡镇，创建安全文明小区"工作。年底，地区对拟命名的3个模范县市、21个模范乡镇考核验收，对新创达标的2000个安全文明小区挂牌命名。全区创建安全文明小区近4000个，"创安"实际达标覆盖率占40%以上。

1999年，新建安全文明小区2000多个，全市命名和挂牌的安全文明小区达5600个，占创建规划总数的56%。同年，市委、市政府命名表彰第二批11个综治模范乡镇（街道），埇桥区在全市率先通过省综治委验收，被省委、省政府命名为全省综治模范区县。

2000年，综治工作攻坚克难，努力破解三项重点工作，即：青少年法制教育工作，刑释解教人员帮教工作，流动人口管理工作。全市创建安全文明村镇、单位6500多个，覆盖率达到65%。积极开展各种类型的严打斗争和区域性治理，先后开展以"打拐"为龙头、打黑除恶为重点的"百日整治"等十余次专项斗争和重点治理活动，取得重大战果。

2001年，"严打"整治斗争取得阶段性成果。全年打掉犯罪团伙51个，其中流氓恶势力团伙16个。侦破一批严重危害人民群众生命财产安全的大要案。破获公安部挂牌案件5起。综治工作领导责任制和工作机制逐步健全，全市一票否决3个单位，黄牌警告5个单位，限期整改6个单位。加强百万名青少年法制宣传教育，规范20多万名外出、2万多名外来流动人口双向管理。在全市范围内逐步建立和完善乡镇（街道）、村（居）和村组三级治安防控网络、三级民事调解网络。全市创建6个省级安全文明小区示范点，基层"创安"达标覆盖率近70%。

2002年，严打整治斗争向纵深发展，"两年为期"的目标基本实现。深入开展打击"两抢一盗"专项斗争，人民群众反映的热点问题得到进一步解决，重点地区集中整治，区域性治安秩序持续好转，治安管理力度进一步加大，社会治安环境得到有效净化。综治基层组织建设得到加强；"创安、创模"活动有效开展，灵璧县申报全省综治模范县通过省综治委验收；学校、企业、铁路治安整治成效明显，为全市3000多所中小学聘请法制副校长或法制辅导员；总结推广埇桥区从下岗失业人员中选聘513名社区治安巡逻队员的经验，加强群防群治工作。

2003年，进一步强化“打黑除恶”的龙头地位，有针对性地组织开展“破案百日会战”、“追逃”、打击车匪路霸、“反扒”“打击盗抢诈”等多次专项行动，解决一批人民群众反映强烈的问题；开展“治爆缉枪”“强化特行管理”“打击制售三假”“禁毒禁娼”“打非”等专项行动，治安环境进一步净化。探索新形势下群防群治工作机制，大力推行城乡治安防控体系建设，加强综治基层基础建设，全市乡镇（街道）全部设立综治办，基层“两所一庭”建设得到新进展。全市有省级综治模范县2个、模范乡镇54个。

2004年，加强乡镇（街道）综治办建设，从机关行政在编人员中选配1–2名任综治专职干部；加强城乡治安卡点建设，全市新建8个市级治安卡点；开展联合执法行动，整治卷烟市场，查获各类违法卷烟3000条；开展为重点工程“创平安”活动，对62个重点工程建设单位开展创平安活动；对3名见义勇为先进分子，分别追授或授予荣誉称号、发放奖金；继埇桥区、灵璧县之后，泗县通过省综治委检查验收，被省委、省政府命名为全省综治模范县。

2006年，建立各类治安卡点（报警点）210个，总结推广泗县“65432”的城乡治安防控体系建设经验，适应农村综合改革运行新机制，切实加强基层基础建设，总结推广“萧县经验”，加强矛盾纠纷排查调处工作，调处各类矛盾纠纷9621起，成功率95%以上，防止民转刑案件195起，有力推动平安宿州创建活动深入开展。

2007年，全市有四个县区被评为全省社会治安综合治理先进县，灵璧县申报全国平安建设先进县，并通过中央综治委考核验收。据国家统计局公布的数据，在全国中等城市群众安全感社会调查中，宿州市群众安全感指标数据排在第五位。

二、维护稳定

根据省委政法委《关于进一步做好维护稳定工作的通知》和省委办公厅《转发省委政法委关于当前影响稳定的突出问题和做好维护稳定工作的意见》，宿州市于1999年成立维护稳定工作领导小组，下设办公室，为临时机构，挂靠市委政法委。

1999年，在全市范围内开展清理、纠正超期羁押问题的专项治理工作。清理出超期羁押案件23件33人，分别变更强制措施。加大执法监督力度，制定《宿州市在押人犯换押证制度》。

2001年，建立健全矛盾纠纷排查制度，排查各类纠纷15800件，调处成功率90%以上，防止民转刑案件161起，防止群体性上访36起。积极稳妥处置砀山“5·09”聚众上访、试图阻断陇海铁路事件，萧县赵庄镇“5·09”劫持扣留人质事件和“6·21”灵璧县部分群众围攻乡政府事件等。

2002年，强化政治责任，全力做好社会稳定各项工作。各级党委政府高度重视，落实维护稳定包保责任制，有效做好企业军转干部的稳定工作，深入开展矛盾纠纷排查和化解工作，做到月有月排、季有季排、半年有半年排。成功处置埇桥区北苑小区、褚兰镇、矿建33处、萧县官桥镇等地发生的集体上访、暴力妨碍公务、封门堵路等群体性事件近200余起。

2003年，进一步健全覆盖全市的情报信息网络，在重大节日、敏感日前期，开展不稳定因素排查化解工作。市维护稳定领导小组负责人与各县区签订《维护部分企业军转干部等方面人员稳定工作责任书》。

2004年，大力开展矛盾纠纷排查调处活动，排查各类纠纷9346件，调处成功率93.7%，防止民间纠纷激化280件，防止群体性上访和械斗246件。开展政策宣传、法纪教育、思想政治工作和实行包保责任制，全力做好企业军转干部稳定工作。开展集中处理涉法信访活动，全年审查处理224件，完成任务的97.8%。成功处置市区185起群体性事件。

2006年，不断完善“三三四”矛盾排查机制，排查各类矛盾9621件，调处成功率95%。实现涉法信访降量退位，省交办进京去省案件27件，下降50%，息访22件，息访率87.4%。

三、队伍建设

1992年，认真贯彻落实中央六部委关于《清调不适合做政法工作的人》通知，经核查确定清理人员48名，其中公安30人，检察系统4人、法院11人、司法系统3人，全部清理出政法系统，做妥善安置。

1995年12月，为认真贯彻落实中共十四届五中全会和省委六届二次会议精神，进一步提高基层政法、综治干部的政治、业务素质，地区政法委、综治委在党校举办为期一周的基层政法、综治干部业务培训班，各县、市委政法委书记、乡镇政法委书记（综治办主任）计110人参加培训。

1999-2000年，在全市政法系统组织开展“争当人民满意的政法干警，创建人民满意的政法单位”活动。加强考核，修订完善各项规章制度。

2003年2月，为认真贯彻落实省委组织部、政法委联合下发的《关于加强省、市政法机关领导干部交流工作的意见》，市委组织部和政法委联合下发《关于加强市、县（区）政法机关领导干部交流工作的意见》，进一步加大政法机关领导干部交流力度，切实加强政法机关领导班子和干部队伍建设。

2004年2月，为深入贯彻“三个代表”重要思想，认真落实“立党为公、执政为民”的要求，按照省委政法委的要求在全市政法系统开展“坚持执法为民大讨论”活动，举办演讲比赛、征文评选等活动并通过召开座谈会等形式征求意见，深入查摆问题，对照整改，活动开展过程中与政法系统正在开展的“公正执法树形象活动”紧密结合起来，活动的开展使得队伍整体素质和执法水平有明显提高。9月，市委政法委和组织部下发《关于加强政法部门领导班子建设和干部管理工作的意见》，政法委专门制定《关于加强政法干部协管工作程序的若干规定》。

2005年1月-6月，在全市政法系统中开展保持共产党员先进性教育活动和 首届“十佳政法人物”和“优秀干警”评选活动。4月，在全市政法系统开展社会主义法治理念教育活动，市委政法委下发教育活动实施方案，召开专题会议进行安排部署。

2007年，为进一步推进政法机关领导干部交流工作，优化政法机关领导班子结构，提高政法机关领导干部的素质和能力，加强政法机关党风廉政建设，市委政法委和组织部根据中央、省市的相关文件精神，专门下发《关于加强政法机关领导干部交流工作的意见》。

第七节　统　战

中共宿州市委统战部是中共宿州市委主管统一战线工作的职能部门。1951年7月，建立统战机构，为中共宿县地委统一战线工作部。1956年，宿、滁两地委合并，改称中共蚌埠地委统一战线工作部。1961年3月，宿、滁两地区分开，恢复中共宿县地委统一战线工作部。1973年，地区革委会下设一个统战小组，隶属于地区革命委员会政工组。1976年，重建中共宿县地委统一战线工作部。1999年4月，撤地建市后，设置统战机构，为中共宿州市委统一战线工作部。

一、民主党派工作

市委统战部始终坚持贯彻落实中国共产党领导的多党合作和政治协商制度，支持并指导市各民主党派地方组织加强自身建设和进行换届选举工作，组织市各民主党派、市工商联积极参政议政，就促进地方经济社会又好又快发展提出议案，以改进各方面的工作。统战部经常邀请民主党派、工商联负责人参加民主协商会、情况通报会和座谈会等，就全市大政方针的制定和重要决策倾听他们的意见和建议，共同协商做好工作。同时，积极倡导各民主党派人士充分发挥自身优势，投身社会公益事业，促进社会全面进步。

1981年年末开始，中国民主促进会中央委员会直属的安徽支部在宿州师专联系组织发展对象。1982年，陈金鉴、戴兴华经民进中央批准先后成为宿州中国民主促进会种子会员，1987年10月，民进会员7人，同时，经上级批准成立民进宿州市支部委员会。1989年5月，宿州民进会员达39人，经民进安徽省委批准成立民进宿州市委员会筹委会。1999年5月，民进宿州市委员会筹委会组织上划省辖宿州市，继续筹备民进宿州市委员会。1999年9月，陈金鉴主持召开民进宿州市第一次会员大会，民进宿州市委成立。

1986年4月，中国农工民主党宿县支部成立，直属农工党安徽省委会，党员9人；1988年8月，成立直属宿州市总支，党员30人，划编为3个支部；1992年6月底，召开党员大会，选举产生第二届总支委员会，党员43人，划编为3个支部，总支设有专职工作人员1人。1999年9月，召开党员代表大会，选举产生第一届宿州市委员会，党员65人，划编为3个支部，设有专门办公室，办公室工作人员1人。

1953年3月，民盟安徽省筹委会批准三位盟员申请，建立民盟安徽省筹委会直属宿县地区小组（后改称省委会直属小组）。1954年，小组盟员有4人。1957年至1960年，因反右派斗争扩大化与“反右倾”斗争等原因，盟员受到牵联，小组不复存在。直至1987年8月，成立民盟安徽省委员会直属宿州市小组筹备组。2001年1月8日，宿州市第一次盟员大会召开，成立第一届省直宿州支部委员会，有盟员11人。

1989年6月26日，九三学社省直宿州小组成立，有社员8人。1991年12月19日，成立九三学社省直宿州支社，有社员10人，以农业科学技术界为主。1996年1月9日，九三学社省直宿州支社换届，有社员25人，以农业科技、医疗卫生界为主。1999年11月23日，九三学社宿州市筹委会成立，有社员43人。2001年3月29日，九三学社宿州市第一届委员会成立，有社员50人。

2001年，出台《中共宿州市委关于加强统一战线工作的意见》，要求各级党委结合新时期特点，进一步做好与民主党派政治协商工作，尤其在重大决定作出前应主动征求市各民主党派负责人和无党派人士意见。同年，由市委统战部牵头，组织相关政府部门与民主党派初步建立对口联系制度，由政府部门出面聘请民主党派人士担任特约监督员、监察员、审计员等职务；邀请党派负责人列席政府部门负责人会议，并定期召开民主党派人士参加的座谈会、情况通报会；邀请民主党派人士参与部门重要问题的调查研究、重要决策的咨询、重大项目的论证等。进一步拓宽民主党派参政议政和民主监督的渠道。

2002年，实行市级党政领导与各民主党派、工商联和无党派人士的联系交友制度。市委常委分别于民主党派市委、工商联主要负责人和无党派代表人士结成交友对象，一般每年约谈1-2次，听取民主党派人士对市委市政府工作的意见建议，增进相互了解，达成团结共识。

1987年11月19日，在原宿州市人大会议室，民建与民革、民进三个民主党派在同一会场由各自省委和原宿县地委、原宿州市委统战部宣布三个民主党派基层组织正式建立，并宣布民建支部委员会组成人员，会机关与原市工商联合署办公。1997年12月28日，民建宿州支部升格为民建宿州市总支部委员会。1999年民建与兄弟民主党派组织一起上划到宿州市，民建会机关与工商联机关分离设立民建机关。2002年2月22日，民建宿州市第一次会员大会召开，成立民建宿州市委员会，选举产生民建宿州市第一届委员会组成人员。

2003年4月，民革市委会成立。全市6个民主党派，除民盟外均成立市委会。

2004年，市委下发《关于建立和完善市委、市政府同民主党派、工商联及无党派人士联系制度的意见》。

2006年，市委常委会研究通过《中共宿州市委关于贯彻落实〈中共中央关于进一步加强中国共产党领导的多党合作和政治协商制度建设的意见〉的实施意见》，对做好民主党派工作起到重要的指导作用。

2007年，印发《关于聘请党外特约人员工作办法》，使特约人员工作逐步规范。

在统战部门的指导帮助下，各民主党派组织不断健全，素质全面提高。2007年，全市民主党派成员444名，基层组织33个。担任市人大代表或政协委员的各民主党派成员，通过提出议案、提案，积极建言献策，服务党委政府科学民主决策，较好地推动宿州市的建设和发展。

二、党外人士工作

1988年以后，各级统战部门继续加强党外人士工作，对党外人士在政治上一视同仁，在生活上给予关心照顾。地委、市委坚持在各级人大代表、政协委员中确定一定比例的党外人士，提拔他们在各级领导岗位上担任实职。高度重视党外人士的培训工作，定期举办培训班，提高党外干部的政治素质和理论水平。

1999年，地委统战部协助地委筹备召开政协宿州市第一次会议。考察、推荐9名党外干部当选宿州市第一届人大常委会委员；考察、推荐一名党外干部为第一届人民政府副市长。

2001年，出台《关于选配党外人士担任各级政府及其部门和司法机关领导职务的工作规划》《“十五”期间党外干部培训规划》文件。按照干部“四化”方针和德才兼备的标准，深入细致的调查摸底，建立一支数量充足、结构合理、素质良好的党外后备干部队伍，其中科级后备干部230余人，县处级以上后备干部146人，向党委和组织部门推荐一批优秀的党外后备干部。

2002年，通过全市范围的党外人物、党外知识分子的全面调查摸底，掌握全市可供各级干部职务安排的党外后备干部380多人，其中县处级以上后备干部140余人；党外知识分子12044人，其中高级职称650人；非公有制重点代表人物82人。

2003年，在党外干部实职安排方面，推荐配备3名党外副县长，安排50名党外副科级以上领导干部。在全市面向社会公开选拔的16个领导职位中，拿出4个职位供党外干部报考，有1名党外科级干部通过公开选拔担任市监察局副局长。

2004年，在市人大、市政协换届中圆满完成党外人士政治安排的推荐考察工作。其中市人大常委8名，市政协委员248名、常委47名。举办市各民主党派骨干和党外干部培训班，培训民主党派市委领导班子成员和市直、县区副科级以上党外干部70多人。7月13日、10月8日组织召开2次党外人士通报会。

2005年7月，市委常委研究决定为萧县和埇桥区配备党外副县（区）长，至此全市四县一区人大、政府、政协全部按要求配齐党外副职。市委组织部与市委统战部会商形成《宿州市党外干部培养选拔管理暂行办法》，使宿州市民主党派工作进一步规范化、制度化。

2007年，党外人士任职基本覆盖各级政权机关和政治协商机构。全市有科级以上实职安排（含事业）在职党外干部179名。其中民主党派成员29人，无党派人士150人。副市级党外干部7人（副市长1人、人大常委会副主任1人、政协副主席5人）。政治安排方面：全市有党外全国人大代表1人；党外省人大代表13人，省政协委员12人、其中常委3人；党外市人大代表109人、常委8人，党外市政协委员251人、常委55人；党外县区人大代表308人、其中常委41人，党外政协委员748人、其中常委152人。市检察院、法院、公安、工商、国税、地税、质监、物价、环保、民政、城管、电信、药监、建委、财政、人事、文化等17个部门聘请特约人员88人。其中，民主党派46人、无党派人士42人。

三、非公有制经济人士工作

20世纪90年代后，随着私营企业和外资企业的增多，将非公有制经济代表人士纳入新时期统战工作的重点对象。按照“团结、帮助、教育、引导”的方针，在非公有制经济人士中加强思想政治教育，倡导守法经营，不断提高他们的自身素质。

1998年夏季，中国部分地区发生特大洪水灾害，全区各级统战部门组织发动个体、私营企业者捐款捐物计数十万元。1998年，举办非公有制经济代表人士培训班。

2002年，全年新增“三资”企业8家，总投资额4782.5万美元，注册资本2118万美元，协议利用资金1902万美元，实际到位1533.1万美元。

2005年8月，在全市非公有制经济人士中深入开展“争当优秀社会主义建设者”

活动。通过评选表彰，进一步激发广大非公有制经济人士服务社会的热情。9月初，召开新闻发布会，一批非公有制经济人士在活动中起到良好的示范作用。

2006年5月，召开“争当社会主义优秀建设者”萧县现场交流会，进一步拓展宣传报道的广度和深度，对各县区的争创活动起到典型引路和推动促进作用。

2007年4月，组织召开首届宿州市“优秀中国特色社会主义事业建设者表彰大会”。活动期间，全市民营企业捐助社会公益事业达400万元，招商引资总额超过8000万元。11月，举办全市非公有制经济人士培训班，市、县（区）工商联会长、党组书记，副会长40多人参加培训。

四、对台工作

历届宿县地区对台工作领导小组均由地委、行署及统战、宣传、公安、外交、财政等部门负责人担任，下设办公室。1996年以前称中共宿县地委对台工作领导小组办公室，1996年为中共宿县地委台湾工作办公室、宿县地区行署台湾事务办公室，1999年地改市以后称宿州市台湾工作办公室、宿州市台湾事务办公室，属副县级机构。

宿州市在台人员约1万余人，在宿州市台属约3万余人。

对台宣传工作主要是利用“金陵之声”“浦江之声”“海峡之声”中央电视台台播部、《人民日报（海外版）》、《团结报》等媒体，宣传宿州城市建设、农村建设、文化建设等方面的巨大成就，让更多台湾同胞了解宿州，熟悉宿州。《老梨农的笑声》获金陵之声系列报道二等奖。

1996年组织拍摄专题片《一方水土，一方人》。

对台交流工作。充分利用报告会等多种形式，发挥三胞亲属联谊组织的作用，把党的对台方针政策传达到台属中去，不断加强与去台人员的联系。1997年4月，萧县组织两岸书画展活动，

台属接待工作。坚持热情接待，提供优质服务。对台胞定居工作坚持“从严掌握，妥善安置”。2006年，接待台湾记者到宿州采访工作。

对台经济工作。改革开放以来，加强与台湾的交流，鼓励台属自办经济实体，吸引台胞到宿州投资。1992年8月，宿县地区第一家台资企业“尹升养殖”落户灵璧。到1998年年底，全地区涉台企业达387家，注册资金8674万元，当年营销收入7242万元，实现利税524万元。2006年，全市涉台企业8家，注册资金228.8万美元。

2007年，组织广大台商参加安徽省农资博览会，扩大对台交流成果，配合中央人民广播电台到宿州采访，开展入岛宣传和推介。

第八节　政策研究

1987年12月，设置地委政策研究室，作为地委工作机构。1995年机构改革，地委政策研究室与地委办公室合署办公，为一个机构，两块牌子。2002年，党政机构改革，设置中共宿州市委政策研究室，作为市委、市政府决策服务、从事综合性研究的市委工作部门。市委办公室原来承担的城市经济、农村经济和政治、党建、文教、科技等方面调查研究职能划入政策研究室。市委政策研究室内设办公室（编辑部）、经济

发展科和社会事业科三个职能科室。

一、政务服务

1988年，会同行署农经委、财贸小组等有关部门，拟定六个有关发展宿县地区农村经济的地方性政策规定：《关于鼓励企事业单位和科技人员以及其他各类人员承包领办乡镇企业和从事开发农业的若干规定》《关于农村股份合作企业若干问题的暂行规定》《关于农民进城镇务工经商的若干规定》《关于放宽对乡镇企业工商行政管理的暂行规定》《关于扶持、保护私营经济发展的暂行规定》和《关于地直机关包扶乡镇企业有关问题的规定》。通过调研提出的加强村级班子建设和落实党的农村政策问题的建议，多数被转化为地委的决策；在对全区棉花收购工作调研基础上，提出加强棉花收购工作的意见，以地委文件下发。

1989年，起草《中共宿县地委关于加强政策研究工作的意见》，以地委文件印发；参与起草地委主要领导在全区党建和廉政工作、治理整顿和深化改革工作、经济工作、精神文明建设工作等会议上的讲话材料；在全区范围聘请99名特约政研员，为地委领导科学决策提供优质高效服务。

1990年，起草地委领导在全省政研工作会议的发言材料和全区农业工作会议材料。

1991年，多次参与全区经济、政治、社会发展方面的政务服务和文稿起草工作。

1992年，起草全区村级集体经济情况，被地委、行署印发；参与制订地委、行署《关于发展股份经济的若干意见》文件的起草工作；参与地委组织的关于地直机关转变职能、兴办经济实体情况汇报材料的起草工作；选派人员参加泗县长沟乡农村科教工作组、地委撤区并乡领导小组办公室工作和砀山县换届选举的考察指导工作等。

1995年，抽调一人参加撤地建市的文秘工作。

1996年，起草地委主要负责人在全省农村奔小康座谈会和在中央党校举办的“三农”问题研讨会上的发言材料；完成《中国农业·安徽卷·宿县地区专版》材料的撰写任务；完成《中国对外贸易·安徽专辑·宿县地区专版》文字和广告的征集任务。

1997年，为地委扩大会议准备典型材料；为地委负责人起草县市人大、政府换届讲话材料；为地委负责人参加中央农村工作会议起草发言材料，参与全区小康典范村工作会议的筹备工作等。为地委负责人编发的《构筑龙型经济格局》在《领导决策参考》上发表；《加强我区社会治安的几点经验和做法》在新华社《内部参考》发表。

1998年，起草学习萧县庄里乡、许岗村的先进经验材料，以地委文件印发全区各乡镇；参与起草地委向省委汇报上半年工农业经济运行情况和下半年工作部署的汇报材料；参与起草地委向省委主要负责人的汇报材料；搜集编写省情资料宿县地区部分，参与联系省委办公厅《当代徽商》摄制内容的工作。

1999年，承担成立省辖宿州第一次党代会报告、决议、通知、领导讲话、简报等文字材料工作；编写出版《中国共产党宿州市第一次代表大会文件汇编》一书；参与全市经济工作，小城镇建设、治理经济环境等会议报告的起草；抽派人员参加全市“三讲”教育学习活动，负责该活动的综合文字工作和督查指导工作；参加地委组织的到萧县乡镇信访工作的督查。

2000年，起草《中共宿州市委关于深入开展农村思想政治工作“四入户”活动的意见》和《中共宿州市委关于在农村建立党政干部联络民情、解决难题工作机制的意见》等文件；承担市委一届五次全会上领导讲话的起草工作；单位主要负责人带领市委、市政府农村工作组赴埇桥区支河乡王塘村，调查处理一起规模较大的群体性上访事件；抽调一名副主任参与省委、省政府组织的赴农村税费改革试点工作，并负责六安市叶集改革发展试验区的农村税费改革试点工作；抽派人员参与市直和县区县处级干部“三讲”教育活动的督查指导工作；抽调人员全过程参加市委驻砀山县为期3个月的市委农村工作督查；负责和参与有关县区、市直党风廉政建设的考评及县区农村税费改革指导督查工作等。为市委主要负责人撰写近2万字的关于《一把手怎样做好思想政治工作》书稿，作为重要章节编入中共中央组织部、中央党建研究所联合编写的《怎样当好一把手》一书。

2001年，参与《市委“十五”计划建议》的起草和《市“十五”计划》的制订工作，参与市委2002年度工作思路的论证起草工作，参与起草市委、市政府领导在全省“加快淮北地区经济发展座谈会”上讲话；选派人员参加全市农村“三个代表”重要思想学教活动赴埇桥区指导组工作；参与全市农村税费改革督查活动。

2002年，起草或参与起草市委主要领导在全市农村工作会议上的讲话、全市致富带头人表彰大会上的主题报告、全市县处级干部WTO培训班上的讲话等文稿以及市委、市政府《关于培育农村致富带头人、促进农村经济发展的意见》等重要文件的制定；抽调一名副主任参加全省税费改革赴亳州组的督查活动；抽调人员参加市委包扶后进村赴埇桥区前程村工作组。

2003年，制定《市委、市政府负责同志2003年集中调研活动方案》；起草和参与起草市委负责人在全市八一纪念大会上的讲话、全市经济工作会议上的主题报告；参加市第二次党代会筹备工作，并参与起草党代会上市委负责人的报告和党代会文件材料、信息整理工作等。

2004年，为市委、市政府起草《关于促进农民增加收入的意见》《关于发展劳务经济的意见》和《关于发展农村合作经济组织的意见》三份文件；抽调一名副主任到市“双项活动”办公室工作，负责文字材料的整理、文件的编发；选派一人到埇桥区朱仙庄镇进行为期三年的赴农村任职工作；精心组织全市“四增一树”集中宣传教育活动。

2005年，起草或参与起草中共宿州市委、宿州市人民政府《关于实施东向发展战略，奋力推进宿州崛起的若干意见》《关于加快发展农民专业合作组织的意见》；主持起草市委主要负责人在全市政协工作会议上的讲话稿和《中共宿州市委关于全市政协工作的意见》。参与起草《中共宿州市委关于全市人大工作意见》；参与起草全市保持共产党员先进性教育活动有关文件和学习材料等；提出的《关于埇桥区行政区划和城市道路名称的建议》，基本思路被市委、市政府采纳。

2006年，为全市开展纪律作风集中教育活动进行调研，并参与有关文件起草工作；抽调两人参与市第三次党代会市委工作报告的起草工作和秘书组工作，执笔起草《党代会报告解读》，编发大会简报15期；参与全市新农村建设有关文件、“宿州精神”“话说宿州”等材料的起草修订工作。在对宿州东向发展中与发达地区对接融合开展多次调研，提出许多切实可行的意见和建议，其中“启动民资”的建议转化为市委、市政府决策。

2007年，深入研究中小城市应急管理课题，完成20多万字的课题报告《中小城市突发公共事件应急管理体系与方法》，填补国内外中小城市应急管理研究的空白；积极推动市第三次党代会精神的贯彻落实，牵头组织有关部门开展调研10次；为市委领导起草或参与起草关于应对自然灾害工作会议讲话、全市新农村建设现场会讲话、市委党校秋季班开学典礼讲话、全市党建工作会议讲话、全省信访稳定工作会议发言材料等讲话稿、署名文章12篇。

二、调查研究

1988年4月，调研形成《宿县杨庄乡农村经济现状剖析与思考》。6月，组织力量对边缘政策问题进行调查，形成《关于全省边缘政策的调查》。7月，开展发展全区创汇农业调研、关于全区发挥铁路优势情况调查、对宿州市九家私营企业的调查和赴萧县、砀山开发黄河故道，综合开发治理黄淮海平原问题进行调研。12月，组织力量对当时全区农村政权建设和农村贯彻执行党的政策情况进行问卷调查，针对全区农村实行家庭联产承包责任制情况进行调研，开展村级班子建设的问卷调查，赴灵璧县围绕重大形势教育、思想政治工作、党的建设等问题进行调查，形成《农村经济形势良好，思想政治工作亟待加强》《各县区委是怎样做好农村思想政治工作的》等一系列文章。

1989年1月，就宿州市农田水利建设和发展乡镇企业、家庭经济的情况及全区乡镇企业在新形势下如何抓住机遇进行调研，提出宿县地区乡镇企业的根本出路。2月，加强村级班子建设进行两次调研，组织力量对农村贯彻执行党的农村政策情况进行调研。3月，对全区十大农业商品基地进行调研总结；对宿州市税务局加强党风廉政建设情况进行调查。4月，对全区各地发挥科技作用建设农业商品生产基地情况开展调研。6月，会同行署乡镇企业局赴泗县调研乡镇企业清收欠款工作。7月，组织人员对6个县市开展廉政工作情况进行调研。9月，对宿县加强土地管理工作情况进行调查，对萧县夏楼、三座楼两个行政村发展情况进行调查。10月，针对宿县地区引导农民稳妥推进农业适度规模经营情况调查和全区土地管理工作进行调研。11月，对宿州九中加强德育教育工作进行调查和企业青工思想状况进行系列调查，提出加强企业青工思想教育的思考与对策。12月，针对控制耕地锐减问题到宿县大店区张庙乡调研。

1990年2月，针对青年职工在思想教育方面存在问题进行调查。3月，对地区二轻工业保持旺盛增长势头原因进行调研。4月，联合砀山县委政研室调研砀山县依靠科技发展水果生产情况，联合地区纪委调研泗县党风廉政情况。5月，对宿县4个村实行宅基地有偿使用的做法进行调查。6月，对宿县丝绸毛纺厂加强企业民主管理情况进行调查；与地委宣传部、行署教委联合调研加强中小学党组织建设情况。8月，对宿县地区化肥生产及销售情况开展调查。11月，加强对农民进行社会主义教育活动问题进行调研，形成《稳定和发展农村经济形势的一个重要课题》。

1991年，开展砀山县实行土地承包合同签证制的调研，宿州压力容器厂发展情况调研，砀山建立果蔬批发市场的调研，泗县完善联产承包责任制情况调查，全区工业企业利润下降情况调查等调研活动10多次。

1992年，联合农委及有关部门，对全区村级集体经济的现状进行全面调查，形成的材料被地委、行署以〔1992〕1号文件印发全区贯彻执行；对砀山县深化农村改革，搞好社会化服务的情况进行调查；组织各县、市政研室对地委、行署直接抓的50个大村进行调查总结；对全区现有三资企业生产经营情况进行调查；对撤区并乡后农村基层组织建设和各项农村工作情况进行调查；对灵璧县乡镇企业发展情况进行调查；对全区乡镇企业股份合作制情况进行调查，参与全区工业、商业、供销和乡镇企业四系统股份制发展情况的调查；对全区粮食系统进行调查研究，对全区的饲料资源优势利用情况、饲料工业和畜牧养殖业的发展现状进行全面调查；调查农村经济发展中存在的问题及值得引起注意的倾向性问题；参与地委组织的关于地直机关转变职能、兴办经济实体的情况调查；调查总结砀山县发展高效农业的成功做法和经验。

1993年，开展农民负担过重成因调研，用足用活用好各项改革开放优惠政策的调查，全区推进股份制情况调查，转变机关职能、兴办第三产业的调查，把工商企业推向市场的调查，农村经济如何和市场经济接轨问题的调查，在市场经济条件下如何搞好精神文明建设、实现“两手硬”的调查等调研活动10多次。

1996年，进行奔小康样本村调查，形成调查材料7篇。其中《宿县地区三个样本村的调查》，在全省政研室主任会议上交流，在《安徽调研》上发表；《关于六镇百村发展集体经济情况的调查》，以两办文件转发全区；《许岗子现象初探》被地委主要负责人在全省农村奔小康座谈会上交流；《灵璧县奔小康情况》在《安徽日报》头版发表。

1997年，参与省委调查组开展企业党的建设调查，进行城市卫生情况的调查，开展萧县许岗子村和灵璧县能人带动型经济调查；参与省委政研室开展的科技工作及小城镇建设典型调查，陪同省政府负责人调查农业产业化。开展千户农民收入状况及分析调查，全区国有企业党的建设调查，宿州市蒿沟乡产业结构升级调查，泗县万兴养殖场调查等。其中蒿沟乡产业结构升级调查和万兴养殖场调查以地委办公室文件转发全区，蒿沟乡产业结构升级调查还被《安徽日报》头版头条刊载，被《安徽工作》作为重要文章刊登。

1998年，参加地委、行署组织的1998年上半年经济工作督查调研，对萧县圣泉乡乡镇企业发展情况进行调研，对部分乡镇企业兴衰变化的原因进行调研，开展关于科技市场调查和萧县工商企业改革调查；撰写改制企业几个问题的思索调研报告；围绕学习中共十五届三中全会精神，撰写关于稳定农村政策要澄清四种认识的调研文章。

1999年，参与开展全市乡镇机构改革、农村产业结构调整、跨世纪农业产业化、农村基层组织建设、工业结构调整、计生、信访等工作调研活动10多次。到山东寿光考察聘请专家，成立咨询委员会，到沭阳考察投资环境，将调研成果充分吸收进全市经济工作、小城镇建设、治理经济环境等会议报告。

2000年，参与省委及省委政研室下达的关于农业产业化、农民负担、农村党的基层组织建设、农副产品流通等重要调研课题的调查研究；参与省委、省政府组织的赴农村税费改革试点工作，形成《农村税费改革中存在的问题及对策与建议》综合调研报告。协调有关部门就农民教育问题赴县区和湖北宜昌市进行调研；围绕各级党政干部如何改进工作作风等问题赴萧县开展调研；组织开展关于农村“三化”（即农村工业化、农村城镇化和农村现代化）系列调查、城镇下岗职工再就业情况分析、工青妇发挥党的参谋助手作用以及乡镇机构改革试点的跟踪调查等。

2001年，组织力量赴砀山开展专题调研，形成《砀山县水果流通情况的调查与思考》；针对全市工业化短腿问题组织专题调研，形成《适应经济发展阶段性要求，大力推进宿州工业化进程》；针对税费改革工作中存在的问题赴各县区开展专题调研，形成《妥善处理六个关系，完善农村税费改革》《化解乡村债务的几条对策》；针对县区机构改革后人员分流难的问题，组织人员赴山东调研考察；针对入世后全市农业面临的挑战，组织力量赴山东寿光、滕州等地学习调研考察其发展经验；赴萧县开展调研思想政治工作，形成《情到深处自感人》调查报告；赴灵璧开展调研村级机构改革、减轻农民负担等问题，形成《黄湾镇并村及精简村组干部的调查》。

2002年，重点选择灵璧县虞姬乡、埇桥区符离镇进行乡村债务情况调研。为探讨应对农业入世挑战的具体措施，联合市直有关部门组成5个调研组，围绕农业产业化、标准化生产、科技兴农、个私经济、农民增收、劳务输出等16个课题，分赴县区、乡镇、村开展为期10天的调查研究，形成调查报告14篇，为全市农村工作会议的召开，提供第一手材料准备；对砀山县就如何提升水果产业化、促进县域经济发展等问题进行典型调研，向省委提出《关于发展县域经济的几点政策建议》。4–5月，针对农村中介组织和致富带头人问题分赴各县区、乡镇、村开展专题调研。9月，如何大力发展畜牧业及畜牧加工业，提高出口能力和市场竞争力，组织专题调研；全市如何加快建设小康社会步伐，同农委等有关部门组织专题调研。围绕市委中心工作，先后开展发展个私经济、乡镇机构改革、经营城市等专题调研活动。

2003年，牵头制订《市委、市政府负责同志2003年集中调研活动方案》。5月，赴北京、山东、河南等地参观考察牧草业，形成《以牧草业为突破口，不断优化农业产业结构》调查报告。6月，组织开展农村经济合作组织专题调研。9月，开展经营城市专题调研。11月，就劳务输出问题分赴各县区、乡镇、村开展专题调研，到江苏淮安等地进行学习考察，为市委起草《关于进一步做好劳务输出工作的意见》讨论稿；联合市劳动局、民政局、农委、扶贫办等一起开展全市农村贫弱群体问题专题调研，形成《关注农村贫弱群体，促进农村社会公平》。开展发展农业产业化龙头企业、乡镇机构改革、完善农村税费改革等专题调研活动。

2004年，组织开展发展县域经济集中调研活动，形成《关于我市发展县域经济若干问题的思考》。3月，组织劳务输出调研，形成《我市劳务输出工作中存在的问题和建议》，为市委、市政府起草《关于发展劳务经济的意见》（初稿）。4月，深入到全市农村专业合作搞得好的地方开展典型调研，赴浙江台州市参观考察，形成调查报告《构建通往市场的桥梁》《我市农村专业合作组织建设的情况和建议》，为市委、市政府起草《关于发展农村合作经济组织的意见》（初稿）。5月，开展农民增收问题调研和中小型企业改革体制的调研。10月，组织人员对欠发达地区如何落实科学发展观问题进行分析研究，形成《发挥优势全面创新，努力实现科学发展》。

2005年3月，实施东向发展战略，到江苏徐州、连云港、宿迁三市进行调研，形成《关于宿州市融入长三角、加快与毗邻地区全方位对接的思考》调研报告。4月，农村税费改革后，围绕农村基层工作方式和乡村机构职能应如何创新问题，深入五个县区几十个乡镇进行专题调研，形成《宿州市关于建立农村基层工作新机制的调查与思考》调研报告，以宿明电〔2005〕5号上报省委、省政府。6月，组织部分县区委政研室负责人对湖南宁乡和江西九江市的招商引资工作进行全面调研，形成《关于湖南宁乡和江西九江招商引资情况的调查报告》。赴宣城市广德县就“广德速度”进行专题调研，全面总结其县域经济快速发展的经验。8月份，与市发改委等相关部门就加快皖北地区发展战略决策的落实情况进行联合调研，提出加快皖北地区发展的具体政策建议。全程参与全市政协工作会议市委专题调研组，主持起草《关于全市政协工作的调研报告》。深入调研宿州市农村合作经济问题，形成《宿州市发展农村合作经济组织的思考》。对全市农业产业化龙头企业进行调研，形成《关于宿州市发展农业产业化龙头企业的调查》。

2006年，组织开展赴江苏宿迁、山东菏泽等地考察，形成《欠发达地区实现超常规发展的路径及启示》调查报告；与市委组织部向浙江温州、台州选派挂职干部工作联合调研，形成调研报告《学习温台经验，促进宿州崛起》；围绕全市“两风”建设情况和社会上广泛关注的责任心、事业心问题，赴市立医院进行典型调研；针对全市招商引资工作中存在的新情况、新问题进行调研；与市委办公室联合开展先期调研，形成《关于我市纪律作风集中整顿的调研与思考》；对全市非公有制经济发展情况进行深入调研，形成领导署名文章《以创办企业、培育老板为重点，加快推进全民创业》，被《江淮》刊载；围绕如何建设新农村，促进农业发展、农民富裕等问题开展一系列调研，形成多篇文章，在《安徽日报》《安徽调研》上发表；如何在东向发展中与发达地区对接融合开展多次调研，形成《对接先对比，东向抓流向》，提出切实可行的意见和建议；对农村科技服务体系应如何在促进农业农村发展中发挥作用进行调研，基本思路被市领导决策采用；赴泗县就如何保持信访稳定，为经济社会的快速发展创造良好的环境进行调研。

2007年3月，到萧县费村进行构建和谐农村典型调研，形成《鲜活的经验，生动的启示》调研报告，在人民网、《安徽调研》上发表。5月，对宿州市如何发展现代农业、促进农民增收等问题，与市农委组成联合调研组，深入四县一区入户调查，形成《关于发展现代农业、促进农民增收的调查与思考》调研报告，《安徽调研》全文刊登；对全市新农村建设问题开展多次调研。9月，围绕农村资源盘活问题在全市进行为期一个月的调查研究，形成《关于盘活农村资源、推进新农村规划与建设的调查报告》。

三、载体建设

1988年，编发《呈阅件》38期。1989年，编发《宿县地区情况》37期，增刊5期。1990年，编发《宿县地区情况》26期，《呈阅件》21期。1991年，编写《宿县地区情况》16期，主持或参与编写反映宿县地区经济发展形势的《经济政策、法规知识问答》《名珠荟萃》《探索集》《群星璀璨》等6本书；承担全区各县市《中国县市改革与发展丛书》编审任务。1992年，编印《宿县地区情况》《呈阅件》2个刊物20多期；

编写《希望之光》《农机驾驶员实用手册》《经商指南》等书，30多万字。1993年，编印《宿县地区情况》《呈阅件》2个刊物20多期；编印《探索集》《宿县地区饲料工业发展十年》。1994年，编印《宿县地区情况》《呈阅件》两个刊物25期。1995年，编发《宿县地区情况》12期，刊登各类文章20多篇，近40多万字。1996年，创办地委机关刊物《宿县地区工作》，全年编发12期，40万字。1997年，编校《宿县地区工作》12期，36万字。1998年，编发《宿县地区工作》6期40余万字，编写《呈阅件》4期；负责编写《小康示范村建设之路》。1999年，编写出版《中国共产党宿州市第一次代表大会文件汇编》。2000年，创办市委机关刊物《宿州工作》，全年编发12期，编印《探索与实践》。2001年，编发《宿州工作》12期，刊发各类文稿240多篇；创办编发《政研内参》8期。2002年，编发《宿州工作》12期，60多万字；《政研内参》6期。2003年，编发《宿州工作》12期，刊物在全国党刊研究会第十二届年会上被评为“全国地市优秀党刊”；编发《政研内参》10期。2004年，编发《宿州工作》6期，刊发各类文稿140多篇；编发《政研内参》4期。2005年，编发《宿州工作》12期，文稿260多篇；编发《政研内参》11期。2006年，编发《宿州工作》12期，刊登各类文稿280多篇，在第15届全国城市党刊研究年会上，《宿州工作》再次被评为“全国城市优秀党刊”；编发《政研内参》4期。2007年，编发《宿州工作》12期，刊登各类文稿290多篇；编发《政研内参》10期；完成20多万字的课题报告《中小城市突发公共事件应急管理体系与方法》；整理汇编《2006-2007重点课题研究成果选编》，12万字。

第九节 党史研究

1981年，中共宿县地委党史资料征集小组成立，下设秘书室、地方党史研究室。1982年，中共宿县地委党史资料征集小组办公室（简称党史办公室）成立，行政编制5人。1984年，地委党史办公室和地区地方志办公室合并成立地委史志办公室，事业编制10人，设立党史科、方志科。1986年，党史、地方志办公室分开，地委仍设置党史办公室，编制6人。1987年，地委撤销原豫皖苏三分区党史办公室和宿东党史办公室，将人员编制和工作任务并入地委党史办公室，1990年，正式并入，人员编制10人。1996年，机构改革，中共宿县地委党史办公室更名为中共宿县地委党史研究室，正县级建制，人员编制8人。1999年，中共宿县地委党史研究室更名为中共宿州市委党史研究室。2002年7月，机构改革，仍设置中共宿州市委党史研究室，为市委直属事业单位，正县级建制，设办公室、编研科2个职能科（室），机关事业编制6人。

一、党史编研

编辑出版党史书籍。编辑出版《豫皖苏边抗日民主根据地史略》（1988年3月出版，16.3万字）；《豫皖苏边抗日烽火》（1988年8月内部版，24.4万字）；《豫皖苏三分区党史资料送编》（1989年10月内部出版，20.3万字）；《豫皖苏三分区党史资料选》（1993年1月内部版，30.5万字）；《豫皖苏三分区的革命斗争》（1993年1月安徽人民出版社出版16.5万字）。编辑出版《党史党建文汇》（1992年3月安徽人民出版社出版，40万字），《中共宿县地区组织史资料》（1993年1月安徽人民出版社出版，60万字），

《宿东抗日烽火》（1993年1月安徽人民出版社出版，30万字），《碧血霜天——宿县地区党史人物传》（1997年5月内部出版，28.5万字）、《古汴春晓——宿县地区改革开放二十年》（1998年10月内部出版，45万字）、《中共宿州党史大事记（1919——1949）》（1999年5月内部出版，13.3万字）、《中国共产党宿州史（第一卷）》（2001年3月中共党史出版社出版，28万字），《中共宿州党史大事记（1949—1999）》（2003年11月内部出版，26万字），《誓师东征》（1998年内部出版，13.7万字），《魂系皖东北——江上青殉国六十周年祭》（1999年中共党史出版社出版），《回忆郑良瑞》（1999年内部出版，13.9万字），《淮海决战中的蔡洼》（2000年内部出版，18万字），《风范长存——纪念纵翰民、陈聿敏专辑》（2001年内部出版，36万字），《怀念赵一鸣》（2004年内部出版，13万字），《怀念王烽午》（2004年内部出版，11.5万字），《艰辛集——王烽午回忆录》（2004年内部出版，26万字），《党和国家领导人与宿州》（2008年内部出版，18万字）。

编纂上报党史专题资料。1983年3月-1988年12月，完成中央下达的民主革命时期协作专题资料4个，5.9万字；完成省委党史研究室下达的民主革命时期专题资料14个，56.6万字；完成自立专题5个，2.32万字。1993年9月，完成省委党史研究室下达《安徽革命史辞典》有关宿州部分约200个条目，近6万字；1997年，为省委党史研究室编纂《安徽中共党史人物传》提供2篇人物传记资料；完成省委党史研究室交办的《一项造福淮北人民的水利工程——新汴河工程纪实》专题征编任务；1998年为《安徽改革开放纪实》提供1篇综述材料和8篇典型材料；2000年，为省委党史研究室编纂的《安徽之最》提供资料；2003年，完成省委党史研究室下达的《建国初期宿州剿匪斗争》专题征编任务。

二、党史宣传活动

研讨会、纪念会。1984年9月，地委史志办公室与省党史征集工作委员会、宿县地委联合举办“纪念彭雪枫同志殉国40周年”学术座谈会，参加人数150人，收到论文26篇。1985年9月，举办“纪念抗日战争胜利40周年座谈会”，参加人数40人。1988年11月，举办“纪念淮海战役胜利40周年座谈会”，参加人数50人。1991年6月，与地委宣传部、党校、讲师团联合举办“纪念中国共产党成立70周年理论研讨会”，参加人数80人，收到论文40篇；10月，举办“新四军第四师暨淮北抗日民主根据地建立50周年”纪念活动，参加人数1000人。1992年8月，与新四军历史研究会联合举办“纪念延安整风50周年座谈会”，参加人数40人。1993年12月，与新四军历史研究会联合举办“纪念毛泽东同志诞辰100周年座谈会”，参加人数50人。1994年9月，协助市委举办“彭雪枫将军殉国50周年”纪念活动，全程参与活动的各项工作，参加人数1000人。1996年9月，与新四军历史研究会联合举办“缅怀老一辈革命家座谈会”，参加人数40人。1997年6月，举办“迎接建党76周年和香港回归座谈会”，参加人数40人。1998年，协助市委举办“宿城解放50周年”纪念活动，参加人数1800人；9月，与新四军历史研究会联合举办“纪念新四军游击队东征60周年大会”，参加人数80人；12月，与新四军历史研究会联合举办“纪念淮海战役胜利50周年”纪念会，参加人数80人。1999年9月，与新四军历史研究会联合举办“庆祝建国50周年座谈会”，参加人数40人。2000年3月，与新四军历史研究会联合举办“纪念皖东北抗日根据地创建60周年”，参加人数100人；8月，与新四军历史研究会联合举办“纪念黄克诚率部东征60周年座谈会”，参加人数80人。2001年6月，举办“纪念中国共产党建党80周年座谈会”，参加人数40人。2004年9月，协助市委举办“彭雪枫将军殉国60周年”纪念活动，全程参与活动的各项工作，参加人数1500人；与新四军历史研究会合作，举办“彭雪枫与新四军四师及淮北根据地”研讨会，参加人数60人。2005年1月，与新四军历史研究会联合举办“纪念张爱萍诞辰95周年座谈会”，参加人数30人；9月，市委党史研究室牵头举办“纪念抗日战争胜利60周年研讨会”，协作单位有市委宣传部、市教育局、市委党校、市教育学院、军分区、新四军历史研究会，参加人数30人，收到论文8篇。2006年6月，举办“纪念中国共产党成立85周年座谈会”，参加人数30人。2007年，与新四军历史研究会联合举办“新四军建军70周年”、“抗日战争爆发70周年”纪念活动；9月协助省、市委举办“彭雪枫将军诞辰100周年”纪念活动，全程参与纪念活动的各项工作，参加人数1500人。

报告会。1982年至1995年，作地方党史报告12次，受教育听众数千人次。1996年，党史研究室抽专人到人事局军转干部培训中心作地方党史报告，受教育军转干部30人。

知识竞赛。2001年5月，与市关工委、市教育局合作在全市中学生中开展党史知识竞赛。

拍摄党史电视片。1995年8月，与宿县地区电视台合作拍摄电视片《永远的怀念》，片长45分钟，是宿州市第一部党史教育电视片。2001年，协助省市电视台、市直工委拍摄《宿州党史专题片》。2007年，协助中央电视台拍摄大型记录片《彭雪枫》，中央电视台7套播出。

图片展。1984年9月，举办彭雪枫生平图片展览及纪念彭雪枫书画展，展板面积200平方米，展出图片164幅。1990年5月，举办纪念建党69周年展览，展板面积60平方米，展出图片28幅。1995年8月，与老干部局联合举办纪念抗日战争胜利50周年书画展，展板面积60平方米，展出书画36幅。1997年，与新四军历史研究会联合举办纪念新四军建军60周年图片展，展板60平方米，展出图片112幅；与地直工委联合举办迎接香港回归图片展，展板面积60平方米。2000年-2001年，为宣传宿州，提高宿州知名度，举办党和国家领导人与宿州图片展，展板20平方米，共展出图片20幅。

纪念文章。2001年6月，在《拂晓报》发表《光辉的历程，辉煌的成就——中国共产党在宿州80年》，介绍中共宿州党史；2007年9月，在《拂晓报》发表《彭雪枫和淮北根据地》，介绍彭雪枫在淮北活动情况。

第十节 地（市）直工委

1988年，为地直机关党委。1992年5月，地直机关党委改为地直机关工委。1999年5月，撤区建市，地直机关工委改为市直机关工委。

一、思想建设

1989年，地直机关党委在地直机关党员干部中开展党的基本路线、基本理论和坚持四项基本原则教育，组织18次辅导、培训，直接受教育者1.2万多人次；对党员进行党性观念教育，开展“向党交心”活动，增强党性观念；推广和发展电化教育，地直机关党员干部参加电化教育8000多人次。地直机关党委加强和改进思想政治工作，定期分析研究机关党员干部思想状况，召开4次分析讨论和2次座谈会；刊出《思想动态》七期；配合有关部门做好普法宣传工作；开展“学习雷锋精神”活动，邀请雷锋生前所在连连长胡献臣及雷锋班副班长郑金保为地直机关党团员作“雷锋精神报告会”3场；组织开展“纪念五四运动七十周年”系列活动，“革命歌曲演唱会”及组团参加地区“首届文明杯”运动会等大型活动；继续抓“文明单位”竞赛活动，评选精神文明建设先进单位；认真抓党报党刊的征订发行工作，全年发行党刊13种1800份。

1990年，地直机关党委对党员进行马列主义基本理论的教育，举办5期轮训班，880人参加培训；建立中心组，抓好领导干部的理论学习，在各部、委、办、局建立60多个领导干部理论学习中心组，组建率在90%以上；对广大党员进行职业道德教育，加强对党员的党风党纪和党的基本知识教育，从党费历年节余中拿出近2万元，为7个分党委配备录像机、电视机，组织党员收看《民主评议党员程序》《党的基本路线教育》《党风党纪教育》《发展新党员程序》《党的基本知识》《优秀共产党的事迹》等专题片100多场次，受教育的党员达1.2万多人次。

1992年，地直机关党委改为地直机关工委。3月初下发《关于学习中共党史、党建理论的安排意见》，举办领导干部为主130多人骨干培训班。组织党员和机关干部收看《党的光辉历程》《马克思主义党的建设理论学习纲要》《十四大辅导材料》《党的基本知识》《党风党纪教育》《发展党员程序》《东欧苏联局势的报告》等专题录像片300多场次，受教育达2.5万多人次。

1996年，地直机关工委认真开展建设有中国特色社会主义理论和党章的学习活动，举办1期由各分工委书记、企事业党委、总支书记和独立支部书记150人参加的“双学”培训班。深入学习中共十四届六中全会和省委六届三次会议精神，地直机关有500多人参加党校培训，100多个单位组织电视收看，近万名干部职工受到教育。开展爱党、爱祖国、爱人民、爱社会主义教育，树立爱岗敬业精神。在中国共产党成立七十五周年前夕，地直工委组织部分离退休老同志、优秀党务工作者参加“迎七一、话党建”座谈会。举办地直机关庆“七·一”文艺联欢会。全区出现历史上罕见的洪涝灾害，地直机关向灾区捐款86.8万元、捐物516593件，及时地发放到灾民手中。

2000年，市直机关工委与市委组织部、宣传部、市委党校共同举办3期市直县处级领导干部“星期六读书班”，培训人员600人。与市委组织部共同举办第五期市直机关青年干部业务读书班，74人参加学习。会同市委组织部、宣传部、纪检会、党校共同举办3期科级以上干部学习“三个代表”重要思想培训班。加强对党组（党委）中心组学习的指导，制定下发《关于加强党组（党委）中心组理论学习的意见》，推广汇源发电有限责任公司党委中心组学习的经验。市直工委两次对18个党政机关和12个企业单位的思想政治工作进行调研，制定《关于加强和改进机关思想政治工作的意见》印发到市直各级党组织贯彻执行。12月，召开市直机关思想政治工作研讨会，机关的思想政治工作得到全面加强。会同有关部门举办3期科以上干部学习“三个代表”重要思想培训班，每期5天，参加学习的干部达1140人。

2003年6月，召开市直机关兴起学习贯彻“三个代表”重要思想新高潮动员会议，下发《关于在市直机关兴起学习贯彻“三个代表”重要思想新高潮的安排意见》及部委办局党组（党委）中心组学习计划。工委会同有关部门举办三期“三个代表”重要思想培训班，市直机关620多名县处级以上和600余名科级党员干部参加培训。举办“三个代表”重要思想和“加快发展、富民强市”两场报告会，市直科以上干部2000多人受到教育。开展创建学习型机关活动，召开创建学习型机关理论研讨会。

2004-2006年，宿州市直工委深入扎实地开展“创建学习型机关活动”，制定方案，明确学习内容和形式，举办“树立和落实科学发展观”“树立科学的世界观、权力观和政绩观”等六场专题报告会，开播创建学习型机关“周末课堂”电视讲座。深入扎实地开展好共产党员先进性教育活动，工委有4名班子成员和18名机关党务干部参加市委先进性教育活动领导小组及其办公室、协调组工作。配合教育，编印出版《共产党员手册》1.2万本。举办蔡玉昊、查文虹事迹报告会。组织开展《公民道德实施纲要》、“诚信宿州”、清理城市“牛皮癣”等重大活动，为争创省级文明城市工作先进市做出贡献。配合中心工作，组织开展“四增一树”“树组工干部形象”“我为宿州发展献一策”、扶贫帮困、救灾捐助献爱心等重大活动，服务中心的能力得到加强。

二、组织建设

1988年，地直机关党委根据工作需要，将原党群分党委分开，重新设立党办、党群分党委。新建党支部23个，党总支1个，81个支部如期换届。全年发展新党员140名，其中第一线职工和各类专业技术人员67名，占发展总数的48%。在民主评议党员基础上，命名表彰287名“优秀共产党员”。命名表彰28人为地直机关“热心共青团工作者”。民主评议党员，上半年，抓8个支部的评议试点工作，摸索经验；下半年165个支部的3221名党员参加评议，分别占支部总数的50.8%和党员总数的53.3%。合格党员2676名，占85.3%，基本合格党员351名，占0.4%。不合格党员立足帮教，限期改正。开展内清工作，进一步纯洁党的组织。

1990年，调整部分党的基层组织，新建2个党委、2个总支、10个党支部，调整充实部分党委成员；做好发展新党员工作，全年发展新党员134名，其中第一线职工40名，占总数的30%；开展“创先进党支部”“争当优秀党员”和“我为党旗争光辉”的活动，命名表彰23个党支部、78名优秀共产党员；进行民主评议党员工作，从1988年年底开始试点，先后分2批进行，参加评议的党支部339个，占总数的90%；党员5919名，占总数的97%。经过自评、互评、民主测评，评出合格党员4321名，占党员的76%；基本合格的1358名，占23.4%；基本不合格的35名，不合格1名。不合格党员立足帮教，按政策作出处理，限期改正。

1992年，一是调整党组织的设置，新建党总支2个，党支部26个，有56个支部如期换届。二是积极慎重地做好发展新党员工作。发展新党员248名，其中生产第一线职工55名，占发展党员总数的22.2%；女党员62名，占发展党员总数的25%；学生党员

55名，占发展党员总数的22.2%。三是做好副县级以上党员领导干部民主生活会的管理工作，上半年进行督促检查，下发《关于县级以上单位党员领导干部上半年召开民主生活会情况的通报》。对重点单位召开的民主生活会，地直机关工委配合有关部门派员参加。

1996年，按照“围绕经济抓党建，抓好党建促经济”的指导思想，把党支部的各项工作进行量化、细化，采取百分制的办法进行动态管理，并提出奖惩措施和评比办法。机关党的组织建设工作采取目标管理办法，取得明显成效。把争先创优活动引入竞争机制，使活动更加扎实。有的单位根据目标内容一月或一季对照评比一次，把分数打出来，记录在案，半年进行集中打分评定。地直机关表彰35个先进基层党组织，54名优秀共产党员和21名优秀党务工作者。

2000年，市直机关工委深入贯彻《中国共产党和国家机关基层组织工作条例》，加强机关党的基层组织建设。大力推进“双目标”管理工作，定期进行检查考核，促进各项工作任务的落实。新设2个党总支、32个党支部和2个机关党委，有2个党总支和167个党支部进行换届选举。抓好各类培训。举办入党积极分子培训班，培训发展对象355名，推广并实行发展党员公示制，全年发展党员462名。首次举办新党员培训，对220名预备党员和刚转正党员进行再培训。举办新任党支部书记培训班，提高党支部书记业务素质。

2003年，市直机关工委主要做4项工作。第一，着力抓好基层组织建设。为4个党委、分工委增补委员；新成立党委1个；改选党总支、党支部325个，举办一期入党积极分子培训班，培训384人。全年发展新党员413名。先后举办新任党支部书记和新党员培训班。党费收缴工作做到季末督办，季初通报，半年讲评。对市直机关1万多名党员交纳党费基数进行重新核定，实现计算机管理，评比并通报表彰38个党费收缴管理工作先进单位和个人。第二，采取多种形式，加大《条例》贯彻落实的力度。工委先后组织开展一系列活动：对机关党的建设进行专题座谈、调研；召开由部分党组书记、分工委书记、企事业党委书记及有关部门和科室负责人参加的座谈会，专题研究探讨机关党建工作；制定《关于加强和改进市直机关党建工作的意见》。第三，完成市直党代表会议和出席市第二次党代表大会代表推选工作。第四，广泛开展党史党建知识教育，党的宗旨、先进性及“两个务必”教育。6月30日在宿州宾馆十三楼举行建党82周年暨“两优一先”表彰大会，对2002年涌出来的49个先进基层党组织、64名优秀共产党员、41名优秀党务工作者和12个指导机关党的工作先进党组织进行表彰。

2004-2006年，宿州市直机关工委强化“双目标管理”制度的实施，基层党组织建设得到加强。一是认真抓好“双目标管理”工作。二是认真抓好基层组织建设，夯实机关党建工作的基础。新成立基层党组织82个，调整基层党组织149个，换届选举587个。三是积极慎重做好党员发展工作。制定下发《市直机关2005—2010年发展党员五年规划》，发展党员758名。四是着力抓好党务干部和党员队伍建设。坚持每年举办党务干部、入党积极分子、新党员培训班，受训人员达1800多人次。五是改进组织活动方式，增强党组织活动的吸引力。组织开展“市直机关升国旗仪式”“邓小平诞辰100周年图片展”“为党员过政治生日”“重温入党誓词”等活动，参加人数3万多人

(次)。六是广泛开展“争先创优”活动，评选表彰先进基层党组织44个，优秀共产党员84个，优秀党务工作者26名，党费收缴先进单位76个，党费收缴先进个人105名。七是全面开展党员奉献日和心系群众走访慰问活动。从党费中拨出专款171600元，对市直570名生活困难的党员和老党员进行走访慰问。4次开展“救灾捐助”“生产救灾社会捐助对口支援”和“冬衣暖人心”活动，共捐款1751588元，过冬衣被15030件。

三、廉政建设

1989年，地直机关党委认真查处地直机关违纪党员干部。全年受理案件7起，全部处理结案，其中开除党籍2人，党内警告5人；办理恢复党员权利的2人。积极配合有关部门进行廉政检查、党风大检查、清理干部违纪等工作，开展评选先进纪检单位和优秀纪检干部工作。

1990年，地直机关党委认真做好人民群众来信来访工作。直接办理来信19件，接待来访29人。其中办结来信18件，办结来访29件，信访优质结案率达到90%以上，按期结案率达到80%以上。做好各种案件的查处、协查、催办工作。1990年地直机关需要处理、催办和协查的案件12起，其中处理4件，催办7件，协查1件。在处理4件中，警告处分3件、留党察看1件。

1992年，一是加强党风党纪教育，不断提高广大党员干部反腐防变能力。用党费为9个分工委和66个单位的党组织订购《党风与党纪》《安徽党风》等杂志2000册；自筹资金发展电化教育，组织观看《苏联剧变启示录》《党风党纪》等专题教育片，播放6场，受教育党员干部4000多人。二是严肃查处党内违纪案件，受理党员违纪案件14件，结案8件。在处分的党员干部中，一般党员干部4人，科级干部8人，其中警告2人，留党察看4人，开除党籍1人。三是进行党风和廉政工作大检查。重点对地直37个单位公款大吃大喝、请客、送礼等方面的情况进行督促检查，有力促进机关廉政建设，受到群众好评。

1993年，在地直单位开展清理干部挪借公款和公车送子女上学工作，即“双清”工作。地直机关清理出挪借公款1699人，计款784.8万元，清退公款764.6万元，占应清退的97.9%；清理出公车送子女上学21人，计款3.7万元，清还2.6万元，占应清还的70%。

1996年，开展党风党纪、廉洁自律教育。一是开展党纪党风条规教育。购买150本《党员干部廉洁自律必读》发到纪检监察组。购买《中国纪检监察报》2000多份发到基层进行条规知识竞赛考试。二是开展反腐倡廉宣传月活动。利用电教片对党员进行更加直观、形象的反腐倡廉教育。三是利用案例进行警示教育，使广大党员从中吸取教训，达到预防警示的目的。四是开展演讲活动，进行勤政廉政教育。严肃查处党内违纪案件。全年受理人民来信21件，接待来访65人次，基本做到事事有交待，件件有着落，当年信访办结率达到100%，信访案件办结率达96.7%，受到地纪委表扬。受理各类违纪案件33件，结案32件，待处1件，结案率达96.9%，办理恢复党员权利1件，受党纪处分的17人，其中给予党内警告处分的2人，党内严重警告处分的4人，撤销党内职务的3人，留党察看的4人，开除党籍的4人，给予批评教育和免予纪律处分的14人。受处分党员中科级干部9人，一般干部6人，工人2人，移交地纪委处理的1

件2人。加强对县以上党员领导干部民主生活的监督管理。派员出席一些单位的民主生活会，掌握情况，并及时综合报送。

2003年，市直机关工委狠刹国家公职人员拖欠公款和利用公款为个人购买商业保险等不正之风。市直机关“双清”工作历时两个多月，有256个单位的29871名公职人员参加，清理拖欠公款3060191元，购买商业保险1130410元、支付住房公积金和医疗保险214844元。还款1999794元，分期还款937988元，占应还款总数的96%；收回购买商业保险资金1130410元，占应收回总数的100%；收回公款支付“两金”214844元，占应收回总数的100%。严肃查处党内违法违纪案件。市直工委自办案件9起，办结8起，办结率达90%。其中开除党籍4人，留党察看1人，撤职1人。处理人民来信14件，接待来访46人次。在全体党员干部中开展为期三个月的警示教育活动，印制《学习材料》2300册，订购新党章1.2万册，集中收看警示电教片，编发《简报》8期。市直工委与电信局联合举办宿州市“小灵通”杯党纪政纪条规知识竞赛活动。组织2.7万名党员参加测试，平均得分86分。举办书面竞答抽奖仪式，有14支代表队参加，决出一、二、三等奖及优秀组织奖。

2004年至2006年，邀请省纪委副书记、监察厅长陈履祥为市直860名县处级和机关科级干部上廉政党课；组织对市直单位176名纪检监察干部进行业务考核；组织开展“移动杯”党的法规知识竞赛、宿州女子监狱5名服刑人员现身说法报告会、观看反腐倡廉图片展览等活动，市直机关8426人受到教育；抓好市直个别党员公车私用、挪用专项资金赌博、私设小金库、清理干部住房、生活作风不正、“机关网吧”等方面的专项治理工作。

四、群团活动

1989年，地直机关团委筹备召开第七次代表大会，组织“五四”国庆等节日的庆祝纪念活动。组织开展“学雷锋、树新风”活动。

1990年，地直机关团委紧紧抓住地区技校学生杨志伟舍己救儿童的动人事迹，在地直机关掀起学习杨志伟事迹的活动。组织开展多种形式的文体活动，如春节老干部文艺团拜会、乒乓球比赛、篮球比赛、党团知识竞赛、第二届韵律操大奖赛、让雷锋精神在校园闪光讲座”等活动。

1992年，地直机关团工委组织参加由团中央举办的“纪念建团70周年”知识竞赛，开展歌咏、演讲系列活动，举办羽毛球、篮球等比赛。

1993年，地直机关团工委围绕党的中心工作开展适合青少年特点的活动。3月组织万名青少年开展“学雷锋、树新风”“走伟人足迹、学雷锋活动”系列活动；5月份组织23名基层团干部外出考察，学习先进地区团的工作经验；7月份开始，进行“希望工程爱心券”发行工作，发售爱心券57600元，受到上级团委的表彰；9月份举办技工培训班，招收学员40余名，为青年就业创造条件；11月份举办由40名团干部参加的《邓小平文选》第三卷培训班，系统研讨市场经济下共青团工作的新途径；12月组织革命歌曲卡拉OK大奖赛等活动。地直机关妇工委系新建机构。1993年，积极参与“三八”妇女节活动的筹办工作，选举产生出席省第八次妇代会的代表，并出席省第八次妇代会。

1994-2007年，市直机关工委内不再设置群团组织。

第十一节 老干部工作

1983年12月1日，地委老干部工作领导小组办公室（组织部内设）更名为中共宿县地委老干部局，内设科室有：老干部科、接待安置科、办公室。1988年成立宿城老干部活动中心。1989年成立宿县地区关心下一代协会、宿县地区老年大学，1997年设立老年大学办公室，为副处级事业单位，老干部活动中心与老年大学办公室一个机构两块牌子。1997年设立关心下一代工作委员会办公室，为副处级事业单位。2002年机构改革后，老干部局内设科室有：老干部科、综合调研科、办公室。

一、落实老干部政治待遇

1982年，对新中国建立前参加中国共产党所领导的革命战争、脱产享受供给制待遇和从事地下革命工作的老干部，达到离职休养年龄的，实行离职休养制度，老干部离休后基本政治待遇不变。

1983年，对全区离休干部进行登记，发放由国务院统一制定的“老干部离休荣誉证”。

1984年，组织老干部编写革命史、回忆录，参加处理一些重大案件和重要的来信来访。

1985年，为解决老干部的医疗床位困难，组织部、财政局、卫生局和地区医院共同筹建“老干部病房”。

1988年，地委、行署印发《关于离休干部管理服务试行办法》。

1989年，坚持和完善老干部阅文学习制度。地委专门为地直机关老干部配发一套文件，专人管理。老干部活动中心把每月20日定为老干部文件学习日。

1990年，地委决定，每年由地委、行署负责人向离休干部通报政治、经济形势；每年“春节”、“七一”，地委、行署负责人亲自走访慰问老干部；重要会议和重大活动请老干部参加。

1992年，地委印发《关于进一步做好老干部工作的若干规定》。

1995年，地委、行署印发《关于特困企业离休干部离休费解决办法的通知》。

1996年，地委、行署印发关于转发《进一步加强和改进老干部工作的报告》的通知，地委将老干部党支部建设，列入党建目标责任制进行考核。

1997年，地委、行署印发《关于进一步解决企业离休干部离休费、医药费办法的通知》。

1999年，市委印发《关于加强老干部思想政治工作的通知》。

2000年，市委印发《关于加强当前老干部工作几个问题的通知》。

2001年，市委、市政府印发《关于贯彻落实中办［2001］61号和皖老明电［2001］3号通知情况报告》。

2004年，全市召开组织工作和老干部工作会议，表彰老干部先进集体5个、先进个人12名。

2005年，抗日战争胜利60周年，市委组织在雪枫公园开展纪念活动。向抗战前期老同志发放抗战纪念章。砀山程庄镇老干部党支部受中组部表彰。

2006年，邀请部分担任实职市厅级老干部参加第二届灵璧奇石文化节。

2007年，市领导向老干部通报全市经济和社会发展形势，传达中共十七大会议精神。

二、落实老干部生活待遇

1982年，根据老干部离休后生活待遇略为从优的原则，规定1949年以前参加革命工作的老干部离休后原工资照发，其中1937年7月6日以前参加革命工作的老干部按本人离休前工资标准，每年增发两个月的工资，作为生活补贴。1937年7月7日-1942年12月31日参加革命工作的每年增加一个半月工资。1943年1月1日-1945年9月2日参加革命工作的，每年增加一个月工资。

1983年，离休干部所需的各项经费（包括工资、生活补贴、粮价补贴、福利费、公用经费等）由所在单位列入预算，易地安置的离休老干部所需各项经费由原单位汇交接受安置单位支付。

1985年，全国实施第二次工资制度改革。宿县地区机关、事业单位和企业离休人员分别与原单位在职人员同步由原等级工资套入新的结构工资和企业工资标准。

1990年，明确对一部分微利、亏损、承包、停产半停产的企业中出现兑现老干部待遇有困难的，由上级主管部门帮助解决，使老干部的生活费、医疗费落在实处。

1993年，企业发放离休人员待遇有困难的，主管部门和财政部门应予以适当帮助，应确保离退休人员离退休金的发放，所需费用，凡参加离退休费用社会统筹的，从养老保险基金中支付。

全国实施第三次工资制度改革，其重要特征是机关、事业、企业分别执行三类不同的工资制度。宿县地区机关、事业、企业的离休人员与在职人员同步，按照其原编制性质，分别套入新的职级工资标准。

1995年7月1日起，宿县地区按省统一规定，企业离休人员的离休金，本着与国家机关离休人员离休金水平大体相当的原则进行调整，即企业离休人员的离休金按国家机关同等条件离休人员1993年工改后离休金水平进行套改和补齐。企业离休人员的离休金支付渠道，改由社会保险机构从统筹基金中支付，未参加社会养老保险统筹的，依然由企业从管理费中支付，由统筹基金增加支付的费用，由社保确定统筹基金征缴比例时一并列入统筹基金征缴基数予以征缴，以保证企业离休人员离休金的正常支付。全区离休人员1200名，根据省劳险字［1995］315号文件规定进行套改后，离休金的发放得到基本保证。

1996年，地委下文，明确离休干部的政治、生活待遇的具体内容，其中包括：离休干部交通费和保留津贴分开后的具体标准。

1997年，对全区企业离休干部采取参加一次性终身投保的方式，解决当前企业离休干部离休费发放困难的实际问题，按照单位50%、财政35%、社保15%，按5年一次性交社保，彻底解决老干部的后顾之忧。

1997-1999年，市委老干部局会同市委组织部、财政局、劳动和社会保障局对全市拖欠离休干部“两费”进行清欠，解决拖欠“两费”近300万元。

2000年，市委、市政府办公室印发《关于切实解决好乡镇拖欠离休干部“两费”问题的通知》（宿办发〔2000〕30号）。

2001年，加强全市老干部信息库建设，完成老干部信息的录入、校改和汇总。

2003年，全市老干部工作会议在泗县召开，主要是离休干部医药费统筹管理的经验交流会、现场会，泗县在会上介绍经验。

2004年，根据中央和省委两个61号文件的要求，把全市企业离休干部的各项补贴全部纳入社保局进行社会化发放，企业离休干部非常满意。

2005年，市直机关离休干部全部参加医药费统筹，困难企业交不起的由财政支付，解决老干部的后顾之忧。

2006年，离休干部“两费”拖欠问题彻底解决，市直机关、事业单位与市属企业离休干部全部纳入医疗统筹，从根本上保证离休干部医药费按规定补报实销。

2007年，行政、事业单位离休干部离休费全部纳入财政年度预算，由财政统一支付。企业离休干部离休费全部纳入社会养老保障统筹，由各社保机构统一发放。

三、发挥老干部作用

全市老年教育工作，全市有老年大学8所，老年学校20所，招收学员9326人。

全市各级关工委组织56个报告团，2006年作报告1174场，受教育37.7万人次。全市建立法制关爱工作团（法制教育报告团）43个，成员210名，作法制报告587场，有30多万青少年受到教育。建立帮教小组291个，参加成员2570人，对1284名失足青少年进行帮教，使他们改过自新，成为社会有用人才。全市办家长学校2245所，参加学习的家长60多万人次，参与办学的关工委老同志达5590人。全市1422名关工委老同志被聘为校外辅导员，接受辅导的学生7.9万人。全市关工委104名老同志受聘担任义务监督员，参与网吧的管理监督工作。全市关工委系统筹集资金262万元，帮助困难学校46所，扶助贫困学生就学3360人。

2007年，全市关工委（关协）组织发展到4283个，会员发展到46185人，成为发挥余热、奉献社会的一支重要力量。

第十二节　档　案

一、管理机构

宿县地区档案局于1979年12月15日成立。1984年9月经宿县地委批准，地区档案局内设管理科、业务指导科。1985年9月，地委、行署决定地区档案局受地委、行署双重领导，列入政府编制序列。1989年11月6日，宿县地区地方志办公室并入地区档案局，1990年2月合署办公，对外一个机构，两块牌子。1991年6月，经地委、行署批准，地区档案局除保留业务指导科、管理科外，增设办公室和编研科，地方志日常工作由编研科承担。1997年11月19日，地区档案局参照公务员管理体制进行机构改革，明确档案局为地委、行署直属事业单位，纳入党委序列管理，内设办公室、监督指导科、档案管理科、档案征集利用科、方志科5个职能科室。1999年5月25日，撤销宿县地区行署，成立省辖宿州市，原“宿县地区档案局”“宿县地区档案馆”和“宿县地区地方志办公室”分别更名为“宿州市档案局”“宿州市档案馆”和“宿州市地方志办公室”，对外一个机构，三块牌子。市档案局（市档案馆、市地方志办公室）是市委、市政府授权承担全市档案、地方志工作行政管理的直属事业单位（正县级），履行档案事业行政管理、档案保管利用和地方志、年鉴编纂三种职能。市档案局（市档案馆、市地方志办公室）机关事业编制15名。其中局长1名，副局长2名；科级领导职数6名。

二、执法检查

按照《中华人民共和国档案法》的要求，加强市直及各县区档案管理，制发规范性文件，建立档案执法检查队伍。全市有档案执法检查人员14名，其中市档案局4名。从1999年开始，坚持每年对市直单位及各县区进行档案执法检查。截至2007年，进行9次档案执法检查活动。对检查中发现的问题及时提出整改意见，对问题较多的单位下达《整改通知书》，依法开展帮助教育，限期整改，促进档案工作健康发展，形成良性循环。

三、监督指导

（一）农业农村档案

各级档案部门加强与农业、农村主管部门及涉农单位的联系，建立联席会议制度，通过召开会议、发布文件、编辑简报、拍摄电视专题片、举办培训班等手段，促进乡镇和村级建档。全市110个乡镇全部建立档案室，建档率、合格率均达到100%；行政村建档率100%，合格率85%以上。小城镇建设档案在全市29个中心镇全面展开，建档率达100%。农村税费改革、农业产业化龙头企业、农村富余劳动力、农业科技、退耕还林等档案工作得到全面落实。各县区档案局尤其把农业产业化龙头企业的档案工作作为工作重点。灵璧县作为省档案局、农业厅开展农村科技档案信息三级网络工作的试点县，农民在三级网络中享受到实惠。

（二）机关档案

市档案局根据国家档案局制定的《机关档案工作业务建设规范》，制定《宿州市各级机关档案工作业务建设规范实施细则》。截至2007年，市直机关125个单位全部建立档案室，并配备专、兼职档案员，机关各种门类、各种载体的档案实现由综合档案室集中统一保管，有专用档案库房、装具和设施，符合保管档案要求。36个单位达到高标准档案室规范要求。机关档案资料综合管理得到加强。

（三）社区档案

2004年6月14日，市档案局和市民政局联合制发《关于加强社区档案工作的意见》，对社区文件材料的归档范围和合格标准作出明确具体规定，6月24日召开全市社区档案工作会议。对各项管理工作处于起步阶段的社区坚持“有档案、有制度、有装具、有人管”的四有标准，社区档案工作全面展开。至2007年年底，全市98个社区建档94个，建档率95%以上，合格89个，合格率94%。

四、档案学会

宿县地区档案学会于1984年7月20日成立。1999年5月撤地建市后，更名为宿州市档案学会。截至2007年，召开4次会员大会。学会主要开展档案理论研究、学术交流和咨询活动。2004年学会会员186人。

五、馆藏和设备

（一）馆藏

2007年，全市各级档案馆馆存档案223498卷，其中宿州市档案馆28725卷；以件为保管单位的档案12089件，其中市档案馆402件；声像档案149盘，其中市档案馆38盘；照片档案4274张，其中市档案馆780张；全市馆藏资料80566册，其中市档案馆13398册。

全市各级档案馆馆藏档案中，新中国建立前档案262卷，其中宿州市档案馆65卷；新中国建立后档案223236卷，其中宿州市档案馆28660卷。档案门类主要有文书档案、科技档案、财会档案、声像档案、照片档案等。

全市各级档案馆初步形成多种检索工具互相配合的检索体系，编制案卷目录873本，其中市档案馆202本；全引目录1431本；专题目录145本，其中市档案馆3本；专题卡片686352张，其中市档案馆41万张；重要文件目录180007本；重要文件卡片62413张；机读目录500480条，其中市档案馆60600条。

1999–2007年宿州市档案馆馆藏档案资料表

表2-1-5

年份	档案（卷）	资料（册）	声像（盘）	照片（张）
1999	26058	12688	2	410
2000	26058	12783	2	413
2001	26058	12873	2	410
2002	26058	12873	5	426
2003	26945	13063	9	489
2004	26945	13132	16	523
2005	28611	13267	19	596
2006	28611	13267	29	638
2007	28725	13398	38	780

（二）设备

1985年前，全市各级档案馆档案管理和保护设备比较简易，1985年后逐步添置现代化管理和保护设备。2006年以后，市档案馆加大档案库房基础设施投入，争取市财政资金约100万元，新上档案密集架300立方米，档案资料架100立方米，配备自动灭火装置、防盗门、防盗窗、遮阳窗帘以及库房大功率空调等，档案库房的基础设施和保管条件得到改善。至2007年，全市各级档案馆配备电脑65台、复印机8台、空调机24台、去湿机9台。

六、档案开放

根据《中华人民共和国档案法》“国家档案馆保管的档案，一般应当自形成之日起满30年向社会开放”的规定，宿州市各级国家档案馆现存年满30年，符合开放条件的档案按时向社会开放。全市各馆现开放档案39667卷，其中宿州市档案馆6081卷。开放档案的门类主要有文书档案、科技档案、会计档案、统计档案等。

宿州市档案馆于1987年开展档案开放准备工作，对1976年前的档案，先后分3次进行对外开放，6081卷。第一次是对馆藏1957年前的档案，于1988年1月1日起向社会开放，开放档案1493卷；第二次是对馆藏1958年-1966年的档案，于l997年7月3日起向社会开放，开放档案2581卷；第三次是对馆藏1967年-1976年的档案，于2003年12月1日起向社会开放，开放档案2007卷。

七、档案征集与利用

（一）档案征集

各级档案馆认真做好档案征集工作，丰富馆藏。2004年，征集宿州籍知名书画家字画100多幅，为24名宿州籍书画家建立档案。2006年3月，市委、市政府下发《关于认真做好我市重大活动和特色档案征集工作的通知》。2007年，编辑出版《宿州籍在外人员通讯录（北京篇）》《宿州之窗》等，征集李先念、陈毅、张震、张爱萍等老一辈革命家的题词4幅，“纪念彭雪枫将军诞辰一百周年”书画作品展板3幅。

（二）档案利用

1988年至2007年，全市各级档案馆接待查档、调阅271415人次，查找档案资料484124卷（册）次。其中宿州市档案馆接待调阅44610人次，查找档案资料79422卷（册）次。

（三）现行文件利用中心

2002年12月，“宿州市现行文件利用服务中心”挂牌成立。收集市委、市政府、市直有关部门关于政治、经济、人事等方面的政策性、法规性现行文件和资料3261份。截至2007年，累计利用1152人次，2980件次。

第十三节　党　校

中共宿州市委党校前身为中共宿县地委党校，成立于1949年6月。1969年9月，宿县地区根据干部教育工作的需要，成立中共宿县地委毛泽东思想学习班。1978年1月，宿县地委决定，正式恢复中共宿县地委党校。1999年5月6日，中共宿县地委党校更名为中共宿州市委党校。2000年3月，省机构编制委员会批复市委党校为大专体制规格。2007年6月，市委决定成立市社会主义学院，由党校兼办。

中共宿州市委党校坐落在宿州市汴河路中段，校园占地面积40亩，校舍建筑面积31670平方米，现有教学楼、教学综合楼、办公楼、学员宿舍楼、图书馆、学员食堂、微机教学室及各种辅助教学、生活、设施，可供500名学员同时上课、食宿接待能力为300人和150人。

一、机构沿革

1978年1月，宿县地委决定恢复宿县地委党校建制后，于4月建立中共宿县地委党校党委会，党委第一书记、第一校长由地委书记兼任，党委第一副书记、第一副校长由地委副书记兼任，副校长、党委副书记1名（主持党校工作、正处级）。内部职能科室3个，即：办公室、组教科、教研室。科室主任3名（副处级）。行政科隶属于办公室，主任由办公室副主任兼任。当年9月，教研室划分为哲学、政治经济学、党史党建3个教研室（主任3名，副处级，副主任3名，正科级）。年底职工总人数32人，1980年5月，行政工作从办公室分出，单独成立行管科，科长1名（副处级），副科长1名（正科级）。

1983年10月，按照中央［1983］14号文件要求，党校取消党委会，实行校委制。机关党务工作，暂设机关党支部。内部职能科室于1984年4月建立。培训规模400人，教职工与培训规模比例为1：3.5，事业编制。人员序列编制：校长1人（正处级），副校长2人（正处级），科室正职7人（副处级），副职9人（正科级）。内部机构设2科5室，即：办公室、组教科、行管科和哲学教研室、政治经济学教研室、党史党建教研室、科学社会主义教研室。9月，增设经济管理教研室和文史教研室。年底职工总人数59人（其中干部44人，工人15人；干部中专职教员20人）。1986年4月，图书资料工作从组教科分出，单独成立图书资料室。

1989年7月20日，地委决定建立中共宿县地委党校校务委员会（简称校委会）。校委会暂由校长、副校长组成。

1990年5月14日，根据干部教育工作发展，将文史教研室撤销，成立理论研究室和函授工作办公室。

1994年上半年，地委党校机构改革，确定党校为全额事业单位，编制71人。校长1人，由地委副书记兼任，常务副校长1人（正处级），副校长2人（正处1人，副处1人）。内部职能科室设7室5处1馆和机关党委。即：办公室、政治处、教务处、社会办学处、行政处、科研处、图书馆和马列主义教研室、党史党建教研室、国民经济管理教研室、政法教研室、行政管理教研室、科学文化教研室。机关党的工作设立中共宿县地委党校机关委员会，下设办公室、教务、教学、行政、离退休5个党支部。

1997年3月，地委决定对党校领导班子再次进行改革，对内部职能科室，进行必要的调整。设2科9室2处和机关党委，即：办公室、政治处、教务处、行管科、财务科、函授办公室、电化教研室、图书资料室、马列主义教研室、党史党建教研室、经济管理教研室、法学教研室、理论研究室。校领导职数5人，校长1人，由地委副书记兼任，常务副校长1人（正县级），副校长3人（副县级）。

1998年1月20日，宿县地区编制委员会根据决定，地委党校增加事业编制23名，编制总人数为143人。2000年3月16日，省机构编制委员会下文。5月，市委下发《中共宿州市委党校职能设置、内部机构和人员编制规定的通知》，批准中共宿州市委党校为大专体制（副厅级规格），列入中共宿州市委直属事业单位管理序列。

2002年，党校内设12个机构，即：办公室（党校工作处）、组织人事处、教务处、行政处、机关党委、财务科（以上6个机构为机关行政处室，参照执行公务员制度管理。其中机关党委、财务科为校直属科级机构，其他为副处级建制）；马列主义基本理论教研室，党史党建教研室，综合教研室，函授部，理论研究室，图书资料室（以上为教学、教辅机构，其人员执行事业单位工资标准，其中图书资料室为校直属科级机构，其他为副处级建制）。党校事业编制为115人。其中校长1名（由市委副书记兼任）；常务副校长1名（副厅级）；副校长3名（正处级）；教育长1名（正处级）；处长9名（副处级）。科级领导职数19名。2003年3月，按照大专体制规格编制逐步实施定岗工作，7月全部完成。

二、干部教育

（一）干部轮训、培训

1978年，党校恢复后，第一期干部轮训班于11月25日开学，学员136人，其中县级干部13人，各县局长24人，公社书记、主任99人。学习时间60天。

1978年-1982年，主要组织党员干部学习毛泽东“实践论”“矛盾论”、农业科技知识、政治经济学理论、中国共产党建设问题理论、中国社会经济问题研究、法律知识和党的路线、方针、政策等学习内容。举办干部轮训班8期，轮训全区各级党政领导干部1320人次。

1987年以后，党校的干部培训、轮训工作，始终坚持以邓小平理论、“三个代表”重要思想和科学发展观为指导，以提高教学质量为中心，密切联系改革开放和现代化建设的实际，围绕市委、市政府的中心工作，使干部轮训、培训工作逐步走向制度化、规模化道路。从1978年恢复党校至2007年，举办多种轮训、培训班206期，轮训、培训人数达19106人次。

1978-2007年党校干部轮训、培训情况一览表

表2-1-6

期数序号	名　称	总期数	总人数
1	党政干部轮训班	33	3702（其中县处级干部约930人）
2	中青年干部培训班	26	1075
3	宣传理论干部培训班	5	499
4	乡、镇党委书记培训班	7	808
5	乡、镇长培训班	5	567
6	市直机关科级干部培训班	27	5593
7	理论骨干培训班	7	654
8	副县级以上干部短训班	20	3125
9	科技副乡、镇长培训班	5	458
10	妇女干部培训班	8	745

续表2-1-6

期数序号	名　　称	总期数	总人数
11	共青团干部培训班	4	380
12	纪检干部研讨班	3	273
13	统战系统干部研讨班	3	174
14	市直公务员轮训班	2	88
15	全市公务员轮训班	8	775
16	科委主任研讨班	1	87
17	科技干部研讨班	1	120
18	市直、乡、镇组工干部培训班	5	295
19	厂长、经理研讨班	2	93
20	政法干部培训班	1	101
21	乡、镇、城市办事处信访干部研讨班	1	124
22	乡、镇、城市办事处办公室主任研讨班	1	123
23	大中型企业党委书记研讨班	1	35
24	高级知识分子培训班	8	440
25	重点中学校长培训班	1	125
26	重点中学高级知识分子培训班	1	127
27	卫生系统高级知识分子培训班	14	36
28	市直中级职称知识分子培训班	1	75
29	市直副县级以上干部业余读书班	6	1102
30	市直青年干部业余读书班	3	182
31	小康示范村党支部书记研讨班	2	102
32	小城镇建设研讨班	1	135
合计		206	19106

（二）函授教育

中共宿州市委党校函授教育从1986年开始，经安徽省教育委员会和安徽省委党校批准，首先在在职干部中招收中专生，设党政、经管两个专业，辖区内5个县区党校同时设置教学点，全区招生354人。1987年第二次招生1436人。1987年，首次招收中函县处级干部大专函授生，设党政、经管二个专业。1989年4月，经安徽省委批准，省委党校成立中央党校函授学院安徽分院，宿县地委党校设立中央党校函授学院安徽分院宿县学区，并当年招收中函本科学员。中央、省、地（市）三级办学网络基本形成，有力推动党校函授教育的发展。1992年，大专函授教育延伸到有条件的县级党校招生，由地市党校设立教学点。

宿县地委党校于1988年正式成立函授工作办公室，全室人员8人。其中，副教授职称5人，讲师职称3人。形成在省委党校函授分院的直接领导下，以县（区）党校（灵璧县、泗县、萧县、砀山县、埇桥区五个县级党校）为教学点的办学格局。截至2007年，中专函授毕业生1970人，大专函授毕业8463人，在校1409人，本科函授毕业7853人，在校生2074人。

2004年，中共安徽省委党校在宿州市委党校设立安徽省委党校在职研究生班宿州教学点，开设法学和经济管理两个专业，当年招生87人。2006年招收省委党校在职研究生94人，其中经管专业64人、法律专业30人。

中共安徽省委党校函授学院宿州市委党校教学区大专函授办学统计表

表2-1-7

年　级	专　业	毕业人数	合　计
1987中函	党政	61	79
	经管	18	
1988中函	党政	77	114
	经管	37	
1989中函	党政	67	120
	经管	53	
1992中函	党政	84	312
	经管	228	
1993中函	党政	64	340
	经管	276	
1994中函	党政	142	548
	经管	406	
1994省函	党政	48	98
	经管	50	
1995省函	党政	392	1545
	经管	1153	
1996省函	党政	271	1245
	经管	974	

续表2-1-7

年 级	专 业	毕业人数	合 计
1997省函	党政	90	1145
	经管	775	
	政法	280	
1998省函	党政	65	933
	经管	622	
	政法	246	
1999省函	党政	25	717
	经管	454	
	政法	238	
2000省函	党政	23	714
	经管	471	
	法律	220	
2001省函	经管	269	552
	法律	283	
2002省函	经管	376	在校生706
	法律	330	
2003省函	经管	212	432
	法律	220	
2004省函	经管	121	271
	法律	140	
2005省函	经管	113	239
	法律	126	
2006省函	经管	114	197
	法律	73	
	人口与计生	10	
2007省函	经管	86	258
	法律	54	
	农村经济管理	118	

续表2-1-7

年　　级	专　业	毕业人数	合　　计
合　　计			毕业9157人， 在校生774人

中共安徽省委党校函授学院宿州市委党校教学区本科函授办学统计表

表2-1-8

年　　级	专　业	毕业人数	合　　计
1989	党政	229	392
	经管	163	
1990	党政	169	290
	经管	121	
1993	党政	154	774
	经管	620	
1994	党政	98	706
	经管	561	
1995	党政	48	1047
	经管	790	
	政法	309	
1996	党政	118	633
	经管	319	
	政法	196	
1997	党政	68	493
	经管	272	
	政法	153	
1998	行管	104	739
	经管	417	
	法律	218	
1999	行管	120	735
	经管	286	
	法律	329	

续表2-1-8

年　　级	专　业	毕业人数	合　　计
1999省函在职本科	行管	8	71
	经管	13	
	法律	50	
2000	行管	88	909
	经管	364	
	法律	457	
2000 省函在职本科	行管	35	382
	经管	136	
	法律	211	
2001	行管	79	509
	经管	162	
	法律	268	
2001 省函在职	行管	14	113
	经管	92	
	法律	7	
2002	行管	89	763
	经管	268	
	法律	406	
2002 省函在职	行管	9	121
	经管	48	
	法律	64	
2003	行管	77	654
	经管	233	
	法律	344	
2003 省函在职	行管	7	57
	经管	28	
	法律	22	

续表2-1-8

年　级	专　业	毕业人数	合　计
2004	行管	38	479
	经管	156	
	法律	285	
2005	经管	187	506
	法律	300	
	公共管理	19	
2006	经管	222	565
	法律	343	
2006 省函在职	纪检	25	90
	人口与计生	65	
2007	经管	237	676
	法律	439	
合计			已毕业9690人 在校生1397人

三、理论研究工作

1990年5月，理论研究室成立。随着党校教育事业的发展，理论科研工作受到校委的重视，1997年10月创刊《新视点》，季刊。设《卷首语》《党的建设》《和谐社会建设》《法制建设》《观察与思考》《问题探索》和《安徽省情分析》等版块，深受广大读者和理论研究工作者的欢迎。2000年以后，党校积极推进教学科研一体化进程，围绕“教学出题目、科研做文章、成果进课堂”的要求，科研中注意把教学中遇到的难点问题，学生关注的热点问题列为重点，鼓励支持教学人员及时将科研成果运用于教学，实现教学专题引导科研选题，科研专题充实教学专题的良性互动。围绕市委中心工作，积极开展调研，理论研究的针对性得到有效提升。

1980-2007年理论科研成果一览表

表2-1-9

年　度	发表论文数	其　中			
		国家级	省、部级	市级	内刊
1980	1	—	1	—	—

续表2-1-9

年　度	发表论文数	其　　中			
		国家级	省、部级	市级	内刊
1981	4	—	1	3	—
1982	6	—	1（教材）	5	—
1983	7	—	7（文学专著1）	—	—
1984	11	—	1（教材）	10	—
1985	5	—	2	3	—
1986	2	1	1（教材）	—	—
1987	7	—	3（教材）	4	—
1988	2	—	1	1	—
1989	2	—	2（教材）	—	—
1990	3	1（教材）	2	—	—
1991	6	—	5（教材2）	1	—
1992	9	1	1	7（教材文学专著1）	—
1993	20	6（教材2）	9（教材2）	5（文学专著1）	—
1994	13	3	6	4（文学专著3）	—
1995	24	5	16	3	—
1996	1	—	—	1（文学专著）	—
1997	30	6	13（文学专著1，调查报告2）	11（文学专著）	—
1998	39	2	18	19（调查报告）	—
1999	42	4	30	8	—
2000	68	—	55	—	13
2001	68	4	29	—	35
2002	84	2	49	—	33
2003	65	2（重点成果）	53	10	—
2004	55	1	38	16	—
2005	51	3	24	24	—
2006	43	2	20	21	—

续表2-1-9

年　度	发表论文数	其　　中			
		国家级	省、部级	市级	内刊
2007	34	2	23	9	—
总计	702	45	411	165	81

第二章　人　大

第一节　组织机构

宿州市人民代表大会（以下简称市人大）成立于撤地建市后的1999年5月，是依法设立的本市地方国家权力机关。宿州市人民代表大会常务委员会（以下简称市人大常委会），是同期成立的市人大的常设机关，对其负责并报告工作。其前身是1985年12月成立的宿县地区人大联络处，为正县级单位。1992年10月，撤处建委，成立地区人大联络委员会。1996年11月，改为地区人大工作委员会，为地厅级单位。联络处、联络委员会及人大工作委员会均属省人大派出机构。

一、联络处、联络委员会、工作委员会

（一）机构设置

联络处未设办事机构；联络委员会设办公室；工作委员会下设办公室，办公室设秘书科和代表联络科。

（二）工作职责

联络处、联络委员会和工作委员会作为省人大的派出机构，其主要职责：负责检查了解中央、省委和地委关于人大工作指示与决定的贯彻落实情况；联系和组织本地区的全国和省人大代表开展视察活动；接待人民代表的来信来访，反映他们的意见、建议和要求；加强与县人大及其常委会的联系，并会同有关单位做好人大的换届选举工作，以及承办省人大和地委交办的其他工作。

（三）机构领导：

安徽省宿县地区人大联络处

主　任：朱　伟（1986年4月–1987年7月）

　　　　王知理（1988年5月–1990年12月）

　　　　石继光（1990年12月–1992年10月）

安徽省宿县地区人大联络委员会

副主任：裴恒俊（1992年10月–1995年12月）

　　　　刘锡志（1993年10月–1996年10月）

安徽省宿县地区人大工作委员会

主　任：吴立义（1996年11月–1999年5月）

副主任：刘锡志（1996年11月–1999年5月）

　　　　王玉阶（1997年7月–1999年5月）

　　　　陈　勇（1996年11月–1999年5月）

秘书长：梁茂松（1997年3月–1999年5月）

二、市人大常委会

从1999年到2013年，市人大常委会历经第一至第四届，每届任期5年。市第一届人大常委会于1999年5月由市一届人大一次会议选举产生，组成人员名额35人，实有人数31人。市第二届人大常委会于2004年2月由市第二届人大一次会议选举产生，组成人员名额35人，实有人数35人。市第三届人大常委会于2009年2月市三届人大一次会议选举产生，组成人员实有42人。市第四届人大常委会于2013年1月市第四届人大一次会议选举产生，组成人员实有42人。

（一）市人大常委会组成人员

宿州市第一、二、三、四届人大常委会组成人员

表2-2-1

届别	任期	主任	副主任	秘书长	委员
一届	1999.5-2004.2	徐立全（1999.5-2001.4） 陈树德（2002.3-2003.5） 孙育海（2003.5-2004.2代理主任）	李祥珍（1999.5-2002.5） 孙育海（2002.3-2004.2） 李永侃 李书坦 孙金道 唐新忠 王敬安 张　纶 张立柱	牛厚勤（1999.5-2004.2）	孔雪飞　尹　黎 冯书棠　李长锋 李云龙　李学斌 吴淑芳　汪怀志 沈维佩　邱坤秀 张　旭　张忠义 陈　乐　邵长富 胡忠杰　赵德超 施夏生　夏金叶 党广利　徐敬武 徐殿强　高广信 黄家宏　程大文 曾广田　靳乔胜
二届	2004.2-2009.2	梁卫国（2004.2-2006.4） 武正宜（2006.4-2007.2代理主任） 唐承沛（2007.2-2009.2）	武正宜 孙金道（2004.2-2007.2） 唐新忠 张　纶 张立柱 程大文 尹　黎 张　旭 夏忠道（2007.2-2009.2）	夏忠道（2004.2-2007.2） 齐功博（2007.2-2009.2）	于光明　孔宪备 孔雪飞　石文庆 叶振山　冯书棠 李长锋　李月姝 李学斌　邱坤秀 沈维佩　张瑞刚 陈　民　周茂兴 赵　琳　胡家驹 侯家营　夏金叶 党广利　徐敬武 高　强　黄家宏 董福永　窦桂芳 黎红帽　靳乔胜 潘友辉

续表2-2-1

届别	任期	主任	副主任	秘书长	委员
三届	2009.2 - 2013.1	李宏鸣 （2009.2-2013.1）	刘统海 唐新忠 张　旭 王子宜 （2011.1-） 王克金 尹　黎	齐功博	于光明　马鹏飞 王玉平　方鸿义 孔雪飞　石文庆 刘　萌　孙杏仪 孙建辉　李长锋 李月姝　李芳茹 李锐元　连　琦 佟　涛　谷化龙 张　生　张子诚 张亚伦　张步才 张宝平　张祥斌 周茂兴　饶兴民 耿世杰　顾卫东 党广利　殷继良 黄启明　黄忠超 梁丽君　靳乔胜 黎红帽　潘友辉
四届	2013.1 -	李宏鸣 （2013.1-2013.6） 张曙光 （2013.6-）	孟宪会 张　旭 王克金 张忆秋 石文庆	王保华	饶兴民　陈传国 刘洪森　袁　波 徐　颖　张存秀 杨维祥　李玉宏 王旭东　杨立瑾 桂兴超　陈　民 王超英　殷玉林 刘　化　张亚伦 孔雪飞　巩　辉 朱　敏　刘　萌 李　鸣　李长锋 杨松涛　佟　涛 谷化龙　张　生 张子诚　范晓慧 段正明　施　进 贾立峰　曹　俊 梁丽君　靳乔胜

（二）市人大常委会机构设置

市人大及其常委会根据《中华人民共和国宪法》《中华人民共和国地方各级人民代表大会和地方各级人民政府组织法》（以下简称宪法、地方组织法），逐步建立和健全了工作机构和办事机构。1999–2013年，市人大常委会设立秘书长和副秘书长，办公室、研究室两个综合办事机构和内务司法、财政经济、农村和农业、城乡建设环境与资源保护、教育科学文化卫生、民族宗教侨务外事、人事代表选举7个工作委员会。

人大常委会秘书长和副秘书长

市人大常委会秘书长由市人大在市人大代表中选举产生。市人大常委会副秘书长，由市人大常委会任命。市历届人大常委会设立秘书长1人、副秘书长1–4人。

市人大常委会办公室、研究室

市人大常委会依照地方组织法有关规定，设立办公室、研究室等办事机构。办公室内设综合科、人秘科、信访科、行财科；研究室内设宣传科、信息科、《宿州人大》编辑部。

市人大常委会各工作委员会

市人大常委会先后设立内务司法、财政经济、农村与农业、城乡建设环境与资源保护、教育科学文化卫生、民族宗教侨务外事、人事代表选举等7个工作委员会。根据实际工作的发展需要，2002年8月，改原来的法制工作委员会为内务司法工作委员会、城乡建设工作委员会为城乡建设环境与资源保护工作委员会、农村工作委员会为农业和农村工作委员会。市人大常委会各工作委员会设立初期均未设内设机构，2002年6月，各工作委员会分别内设1个办公室。

市人大常委会代表资格审查委员会

代表资格审查委员会是市人大常委会依照地方组织法规定设立的专门工作机构，由主任委员1人、副主任委员和委员若干人组成。其组成人员由市人大常委会主任会议提名，市人大常委会会议通过。

（三）市人大常委会会议

市人大常委会会议由主任召集。每两个月举行一次，议程由市人大常委会主任会议提请会议表决通过。市一、二届人大常委会会议由全体会议和分组会议两种形式进行，分组会议审议的意见，由各组推选出代表向全体会议报告。

市人大常委会会议的主要内容是听取和审议市“一府两院”的有关工作报告，讨论和决定重大事项，决定任免市国家机关工作人员。1999年–2008年，市历届人大常委会共举行会议66次，审议议题336项，其中包括听取和审议报告285项，作出决议和决定65项。

（四）市人大常委会主要工作

讨论、决定重大事项

2000年和2005年，市人大常委会制定和修改完善履职细则和决定重大事项的若干规定，明确讨论、决定重大事项的范围和程序。1999年–2004年，市人大常委会根据经济和社会发展的需要，对实施监督中发现的重大事项和依法行使职权的重大问题，对人民群众普遍关心和迫切要求解决的热点难点问题，及时进行讨论并作出相应的决议、决定32项，内容涉及工农业生产、财政经济、教育科学文化卫生、城市规划建设管理、环境和资源保护、法制建设和人大工作等方面。

监督法律实施和“一府两院”工作

市人大常委会通过听取和审议工作报告、视察、专题调查、执法检查、述职评议等方式监督“一府两院”工作和法律实施情况。听取和审议工作报告，是市人大常委会实施监督的基本形式。1999年到2007年，市人大常委会听取和审议工作报告和专项工作报告168项。为把工作报告审议意见落到实处，2002年3月，市人大常委会研究制定常委会审议意见和主任会议讨论意见交办反馈办法。另外，市人大常委会还对围绕法律实施、经济和社会发展中突出问题开展视察活动、针对各项法律实施情况开展执法检查和对市人民政府部分组成成员进行政绩考核、述职评议制定并不断完善实施办法，使很多项活动依法规范进行。

任免市国家机关工作人员

市人大常委会按照“四化”标准和德才兼备的原则，依照法定程序行使法律赋予的人事任免权，并在工作中不断改进和完善任免程序和办法。从1999年以来，市人大常委会任免市国家机关组成人员528人次。

组织代表开展工作

市人大常委会通过建立代表组织、完善代表活动制度、组织代表开展多种活动等形式，联系市人大代表，为代表依法履行代表职责提供服务，接受代表和人民群众监督。

受理人民群众来信来访

随着人民群众对人大的地位、职能和作用的认识不断提高，市人大常委会的信访量逐年增多，受理人民群众的来信来访成为市人大常委会的一项重要工作。2000年，市人大常委会办公室就确定专人负责信访工作。2004年，市人大常委会设立专门信访工作机构，建立了信访工作制度。市人大常委会在信访工作中，既帮助群众解决实际问题，又注重向群众宣传有关法律和政策，引导群众正确行使申诉、控告和检举的权利，维护自己的合法权益。1999年至2007年，市人大常委会受理群众信访6300余件次，接待群众来访2.8万人次，基本做到事事有交待，件件有着落。

第二节 代表会议

1999–2008年，市人大历经第一届到第二届，每届任期五年，每年召开一次会议，共召开10次会议，听取和审议市人大常委会、“一府两院”工作报告和经济社会发展计划、财政预算及其执行情况的报告计49项；选举省人大代表107名，市人大常委会组成人员79名，市人民政府市长4名、副市长18名，市中级人民法院院长2名，市人民检察院检察长3名；通过决议、决定67项。

一、代表选举和代表人数

1999–2007年，全市进行了1999年、2004年2次市人大代表选举。在市人大常委会主持下，市辖各县、区人大和中国人民解放军驻宿州部队军人代表大会或军人大会，按照法定程序和省人大常委会确定的代表名额及构成比例，选举产生一、二届人大代表876名，其中1999年选举产生市一届人大代表431名，2004年选举产生二届人大代表449名。

每届代表的选举名额，按城镇6000人选举1名代表，农村25000人选举1名代表的比例分配，驻宿州部队代表名额按全市分配代表名额的1%分配。由市辖各县、区和驻宿部队分别召开人大会议、军人大会和军人代表大会选举产生本届人大代表。各县、区人大会议主席团将各政党、人民团体的代表十人以上联名推荐的代表候选人提交全体代表酝酿、讨论，根据多数代表的意见，按照法定差额确定正式候选人，以无记名投票的方式进行选举。市历届人大任期内代表出现缺额的，由原选举单位依法补选。

二、市历届人大会议的主要内容和选举结果

（一）市第一届人大会议

1999年5月-2004年2月，其间每年召开1次会议。历次会议的主要议程是：听取和审议、批准市“一府两院”和市人大常委会工作报告，听取和审查、批准市年度经济社会发展计划及其报告、市年度财政预算、决算及其报告。此外，第一次会议选举市国家机关领导人员，第二次会议审议通过《宿州市人民代表大会议事规划》《宿州市人民政府关于城市规划工作的报告》。选举产生省十届人大代表53人，市国家机关领导人员52人，其中市人大常委会主任2人、副主任9人、秘书长1人、委员26人，市人民政府市长2人、副市长8人，市中级人民法院院长1人，市人民检察院检察长2人；接受市人大常委会主任1人、副主任1人以及市人民政府市长1人的辞职，罢免市人民政府副市长1名。历次会议收到代表10人以上联名提出的议案239件，其中作为议案处理的17件，主要内容是：农业产业结构调整、发挥农技人员作用、奎濉河污染治理、农村义务教育、城镇食品卫生管理、城市规划和街道绿化、保护非公有制企业发展、社会治安和法制宣传等。

（二）市第二届人大会议

2004年2月-2007年，历次会议的主要议程除听取和审议批准“一府两院”和市人大常委会工作报告，审查和批准市年度经济社会发展计划及其报告、年度预算、决算及其报告外，第一次会议选举省十届人大代表和市国家机关领导人员，第三次会议审议和批准《宿州市国民经济和社会发展第十一个五年总体计划纲要》。选举产生省十一届人大代表54人，市国家机关领导人员55人，其中市人大常委会主任2人、副主任9人，秘书长2人、委员28人，市人民政府市长2人、副市长10人，市中级人民法院院长1人，市人民检察院检察长1人；接受市人大常委会关于5名市国家机关领导人辞职和免职报告，其中市人大常委会副主任1人、秘书长1人，市人民政府市长1人、副市长2人。收到10人以上联名提出的议案231件，其中作为议案处理有12件，主要内容是社区建设，净化校园周边环境，财政经济、内务司法、文物保护、民宗侨外政策，建立红色旅游基地，解决失地农民就业，理顺老龄工作机构等。

第三节 依法监督

一、法律监督

1999年-2008年，市人大常委会听取和审议市“一府两院”执法工作报告135项，内容涉及工业、农业、矿产资源、土地管理、环境保护、教育、科技、文化、计划生育、食品卫生、药品管理、道路交通、社会治安、行政诉讼、预算、税收、审计等法律法规的实施情况。市人大常委会还注重围绕党和国家的中心工作，每年都有计划有重点地开展执法检查和专题调查，并根据工作需要安排各工作委员会进行执法检查，同时，认真配合省人大常委会开展全省性的执法检查活动。对在检查中发现的问题，市人大常委会随时向有关执法机关提出处理意见和建议，要求其及时处理并报告结果。为保证人大常委会审议意见的落实，提高监督实效，市人大常委会于2005年6月研究制订《关于实行审议意见书暂行办法》。为维护法律尊严，推进司法公正，市人大常委会于2005年4月在对全市司法机关错案责任追究制执法调查的基础上，作出关于进一步推行错案责任追究制的决议。2001年4月，市人大常委会制定规范性文件备案审查办法，要求市“一府两院”和各县、区人大常委会从该办法公布之日起，将各自制定的规范性文件报送市人大常委会备案审查，由市人大常委会相关工作机构对其合法性进行依法审查。

二、工作监督

1999年-2008年，市人大常委会听取和审议市“一府两院”工作报告168项，内容涉及财政经济、城建与环保、农业和农村工作、教育、科技、文化、卫生、交通安全、工商管理、劳动保护、民族宗教等方面。每年的工作安排，市人大常委会都注重围绕党和国家的中心工作以及人民群众普遍关心的热点、难点问题，听取和审议相关工作报告。视察和专项调查是市人大常委会监督“一府两院”工作的重要手段。2000年5月，市人大常委会制定关于人大代表的视察办法，除在历次人大会议前组织代表就法律实施、经济建设和社会发展问题进行视察外，市人大常委会还经常在每次常委会会议召开之前，组织常委会组成人员或部分成员，结合会议审议的议题进行视察或专题调查，并向常委会报告，为常委会审议有关议题提供事实依据和参考意见。一些视察和专题调查活动在实际工作中产生较大影响。如2002年9月对农村税费改革后《中华人民共和国义务教育法》实施情况的视察、2004年11月对《中华人民共和国农村土地承包法》等执法检查活动。2000年2月，市人大常委会研究制定关于所任命的地方国家机关工作人员述职评议办法。从9月开始，市人大常委会每年组织开展一次对市政府组成人员的述职评议活动，每次评议3至5人，通过政绩考核、听取和审议他们的述职报告，并对其德、能、勤、绩逐一作出公正评价，对政绩突出、评价优良的，建议组织人事部门给予表彰。按此办法对“两院”副职领导人也进行述职评议。到2003年，市一届人大常委会完成对所任命的市国家机关工作人员的述职评议工作。2001年9月，市人大常委会组织部分市人大代表评议公安局社会治安管理工作和市工商局市场监督管理工作，2004年9月，市人大常委会组织部分市人大代表评议市城管局城市供水工作。为使评议工作规范化、制度化，市人大常委会于2004年6月制定评议工作暂行办法。

第四节　议案建议

1999-2007年，市人大代表向市人大会议提出议案470件，其中经市人大会议议案审查委员会审查、主席团通过作为议案处理的29件；建议385件。市人大常委会在市人大会议后将议案、建议交付市“一府两院”和有关单位办理，并在下一次人大会议前听取和审议市“一府两院”的办理情况报告。市人大常委会每年都进行一次议案、建议办理工作检查和现场交流，督促市“一府两院”和有关单位认真办理议案、建议并及时答复提出议案、建议的代表。市人大常委会2006年9月制定并通过《宿州市办理人大代表议案和建议、批评、意见的办法》，经过多年的实践、总结和不断完善，市人大常委会形成督办议案、建议基本程序，即人大会议后年初及时交办、年中组织代表视察督办、年末听取和审议办理情况报告，议案、建议办理工作逐步走上程序化、规范化的轨道，较好地解决一些人民群众密切关注的热点难点问题，有力地推动全市各项事业发展。

一、议案及其办理情况

（一）市一届人大议案及其办理

市一届人大历次会议收到代表10人联名提出和代表团提出的议案239件，其中被作为议案处理的17件，包括农业与农村方面1件、城建环资方面4件、教科文卫方面2件、内务司法方面1件、民宗侨外方面3件、财经方面4件、其他2件。到2003年，这些议案基本办理完毕，并将办理结果答复提出议案的代表。

（二）市二届人大议案及其办理

市二届人大1至4次会议收到10人以上联名提出和代表团提出的议案共231件，其中被作为议案交办处理的12件，包括农业与农村方面3件、财经方面2件、教科文卫4件、城建环资方面2件、其他1件。到2007年，议案基本办理完毕，并答复提出议案的代表。

二、建议及其办理情况

（一）市一届人大代表建议及其办理

市一届人大历次会议收到代表建议347件，其中，农业与农村方面48件，城建环资方面142件、教科文卫81件、内务司法16件、民宗侨外5件、财经47件、其他方面8件。建议均在各次会议召开的当年全部办理完毕并答复提议代表，其中被采纳实施的建议约占建议总数的98%。

（二）市二届人大代表建议及其办理

市二届人大1至4次会议收到代表建议338件，其中农业与农村方面51件、财经48件，教科文卫80件、内务司法17件、民宗侨外5件、其他42件。建议均在各次会议召开的当年全部办理完毕并答复提案代表，其中被采纳实施的建议约占建议总数的98%。

第五节　代表工作

1999-2007年，市人大常委会十分重视做好代表工作，通过建立代表组织、提高代表素质、完善代表活动制度、组织代表开展视察活动等，密切与代表的联系，为代表依法履职创造条件、提供服务，更好地接受代表和人民群众的监督，发挥代表当家作主、管理国家和社会事务的重要作用。

一、代表活动

视察活动是代表在人大会议闭会期间履行代表职责的一种重要形式。市人大代表进行视察的主要方式有三种：集中视察。市人大常委会在每年举行市人大会议之前，分县、区组织代表对当地经济和社会发展情况进行视察，为代表出席人大会议参政议事、建言献策作准备。专题视察。市人大常委会根据实际需要，有步骤地组织有关代表就一个或几个方面的问题进行比较全面、深入的视察。分散视察。代表平时根据人民群众反映的突出问题，持代表证就有关方面的工作进行视察。市人大代表视察的内容主要是宿州市范围内法律法规和人大及其常委会决议、决定的贯彻情况，市人大会议通过的经济和社会发展计划、预算执行情况，以及人民群众反映强烈、普遍关心的热点难点问题。从1999年-2007年，市人大常委会每年还有计划地邀请部分代表参加当年开展的执法检查活动、评议“一府两院”工作活动和市政府组成人员述职评议活动。市人大常委会议事规则明确规定人大代表为市人大常委会会议的列席人员，市人大常委会每次举行会议都根据会议议程邀请3至5名基层的市人大代表列席会议，参与对一些重大问题的审议和讨论。

二、代表联络工作

市人大常委会把与代表的联系作为一项经常性工作常抓不懈。从2000年到2007年，市人大常委会先后建立组织、完善制度、采取多种形式保持与市人大代表的密切联系，为代表履职创造条件、提供服务。建立代表小组并开展争先创优活动制度，全市建立52个代表小组；建立常委会组成人员联系代表制度，确定联系代表，定期进行走访；建立代表接待制度。常委会相关机关随时接待代表来访和处理代表来信。常委会领导成员定期接待代表来访，听取代表意见、建议和要求，帮助代表解决在履职中遇到的问题；开展代表培训工作，提高代表依法履职的能力；千方百计为代表的学习、工作和生活提供服务。如及时给代表发送市人大常委会会刊和《宿州人大》等资料，让代表了解常委会工作情况，为市人大代表制发专用信封，方便与市人大常委会及时联系等等。

第三章　政　府

第一节　组织机构

一、宿县地区行政公署（1988年1月-1999年4月）

1988年，行署工作部门设：办公室、计划委员会、统计局、科学技术委员会、劳动局、人事局、民政局、司法局、公安处、农牧渔业局、林业局、水利局、经济委员会、交通局、财政税务局、审计局、商业局、工商行政管理局、粮油食品局、城乡建设环境保护局、文化局、教育局、计划生育委员会、卫生局24个部门。

行署工作部门，撤销、合并、改变名称的单位是：撤销农村工作部，工作并入有关部门；对台工作办公室、民族宗教事务科，并入统战部；撤销机关行政事务管理局、外事（侨务）办公室，工作交给行署办公室；物价委员会、农业区划办公室并入计委；编委办公室并入人事局；农业局、水产局、多种经营办公室、沼气办公室合并为农牧渔业局；体委并入教育局；基本建设局、环境保护办公室合并为城乡建设环境保护局；粮食局改为粮油食品局；计划生育办公室改为计划生育委员会；撤销农林办公室、财贸办公室，工作并入有关部门。

行署工作部门改为事业、企业单位、经济组织以及划归有关部门代管的是：地委党史资料征集办公室，改为史志办公室，系事业单位，由地委办公室代管；档案局改为档案局（馆），事业单位，由地委办公室领导；工业局改为化学工业公司；农机局改为机械工业公司和农机管理站；社队企业局改为社队企业公司；标准计量管理局改为标准计量管理所；轻纺手工业局改为轻纺工业公司，与手工业联合社一个机构两块牌子；医药管理局改为医药管理公司，均由经委代管；广播事业局改为广播电视管理局，事业单位，由地委宣传部代管；物资管理局改为物资管理公司，由计委代管；外贸局改为对外贸易公司，供销合作社改为经济组织，由行署直接领导；地震局改为事业单位，由科委代管。

1996年，机构改革后，行署工作机构：行署办公室、计划委员会、经济贸易委员会、经济体制改革委员会、教育委员会、科学技术委员会、公安局、监察局（与纪委合署）、民政局、司法局、财政局、人事局（机构编制委员会办公室与人事局合署）、劳动局、建设委员会、交通局、农村经济委员会、水利局、农业局、林业局、商务局、对外贸易经济委员会、文化局、广播电视局、卫生局、地质矿产局（煤炭工业局）、计划生育委员会、审计局、统计局、工商行政管理局、乡镇企业管理局、环境保护局、土地管理局、地方税务局、技术监督局、外事办公室（侨务办公室、旅游局）、农业机械化管理局、粮食局、物价局，共36个工作部门。

地委、行署管理机构：老干部局、保密委办公室（国家保密局）、台湾工作办公室（台湾事务办公室）、工商联办事处、法制局（复议应诉办公室）、国有资产管理局、民族事务委员会（宗教事务局）。

1998年-1999年，地方税务局、技术监督局、工商行政管理局先后划归省垂直管理。

部分行署机构的调整：在原经济委员会基础上组建经济贸易委员会。在原商业局基础上组建商务局，不再直接管理局属企业，各公司不再承担行政管理职能。撤销城乡建设环境保护局，分别组建建设委员会和环境保护局。物资局整建制转为经济实体，有关行政职能转移到商务局等部门。一轻局、二轻局合并，组建轻工总会；纺织工业局改为纺织总会，均为行署直属事业单位。档案局改为地委、行署直属事业单位，由地委办公室管理，与档案馆一个机构两块牌子，同时挂地方志编纂委员会办公室的牌子。化学工业局、机械电子工业局分别改为化学工业管理局、机械电子工业管理局，均为行署直属事业单位。地区住房制度改革办公室改为地委、行署直属事业单位，由行署管理。接待处与地直机关事务管理局一个机构两块牌子，改为地委、行署直属事业单位，由行署管理。体育运动委员会、医药管理局、经济协作办公室均改为行署直属事业单位。

宿县地区行政公署专员、副专员

表2-3-1

职务	姓名	任职时间
专员	吕保成	1987年5月-1989年2月
专员	张家宝	1989年2月-1991年10月
专员	杨传玺	1991年10月-1994年5月
专员	陈维席	1994年5月-1996年8月
专员	徐立全	1996年8月-1998年2月
专员	陈树德	1998年2月-1999年4月
副专员	杨传玺	1983年7月-1991年10月
副专员	武秀玲	1987年9月-1998年12月
副专员	高明德	1987年5月-1991年10月
副专员	李祥珍	1987年8月-1997年8月
副专员	李永侃	1991年10月-1999年4月
副专员	李书坦	1992年2月-1999年4月
副专员	陈维席	1993年5月-1994年5月
副专员	吴昌贤	1994年10月-1997年3月
副专员	刘长功	1996年8月-1999年4月
副专员	王　建	1997年6月-1999年4月

续表2-3-1

职务	姓名	任职时间
副专员	刘统海	1998年7月-1999年4月
副专员	李兴民	1998年11月-1999年4月
副专员	武正宜	1998年12月-1999年4月

二、宿州市人民政府（1999年4月-2007年12月）

按照中共宿州市委、宿州市人民政府关于市、县、区机构改革的实施意见（宿发〔2001〕23号），宿州市人民政府机构设置：发展计划委员会、经济贸易委员会、教育局、科学技术局、民族事业委员会、公安局、监察局、民政局、司法局、财政局、人事局、劳动和社会保障局、国土资源局、建设委员会、交通局、农林委员会、水利局、林业局、对外贸易经济合作局、文化局、卫生局、计划生育委员会、审计局、环境保护局、广播电视局、体育局、统计局、物价局、粮食局、外事办公室、城市管理局31个工作部门。

2005年，市政府机构改革：将市发展计划委员会改组为市发展和改革委员会，为市政府组成部门；撤销市经济贸易委员会；组建市工业经济委员会，为市政府组成部门，挂市政府国有资产监督委员会的牌子；撤销由市农委管理的市乡镇企业局，其职能划入市工业经济委员会；撤销市对外贸易经济合作局；组建市商务局，为市政府组成部门；组建市安全生产监督管理局，为市政府直属机构；市计划生育委员会更名为市人口和计划生育委员会。经过调整，市政府机构共设32个，另设部门管理机构、议事协调机构的办事机构各1个。

管理机构：政府法制办公室由政府办公室管理，乡镇企业局由农业委员会管理。市政府设置议事协调机构的常设办事机构，人民防空办公室为市国防运动委员会的常设办事机构，也是政府人民防空工作主管部门。

市政府办公室内设11个职能科（室）：文秘科、综合调研科、秘书一科、秘书二科、秘书三科、信息宣传科、督查室、市长热线电话办公室、值班室、行政科、离退休老干部科。

宿州市人民政府市长、副市长

表2-3-2

职　务	姓名	任职时间
市　长	陈树德	1999年5月-2001年9月
市　长	梁卫国	2001年9月-2003年10月
市　长	唐承沛	2003年10月-2006年4月
市　长	吴旭军	2006年4月-2010年11月

续表2-3-1

职　务	姓名	任职时间
市　长	张曙光	2010年12月-2013年6月
市　长	史　翔	2013年6月-
副市长	武正宜	1999年5月-2004年2月
副市长	王　建	1999年5月-2004年2月
副市长	刘统海	1999年5月-2009年2月
副市长	李兴民	1999年5月-2003年8月
副市长	李晨阳	1999年5月-2004年2月
副市长	李卫华	1999年5月-2007年9月
副市长	陈卫东	2003年10月-2011年12月
副市长	魏令波	2003年12月-2006年6月
副市长	李令臣	2004年2月-2013年1月
副市长	高　莉	2004年2月-2008年6月
副市长	魏晓明	2004年1月-2007年3月
副市长	孙福庆	2006年6月-2008年6月（挂）
副市长	罗　宏	2007年11月-2013年11月
副市长	张冬云	2007年3月-2013年7月
副市长	赵　琳	2009年2月-
副市长	许广斌	2009年2月-2013年6月
副市长	周　勇	2013年11月-
副市长	邵　郁	2012年5月-
副市长	李朝晖	2013年1月-
副市长	吕　剑	2013年11月-
副市长	施汉生	2007年5月-2009年7月（挂）
副市长	包锡盛	2009年7月-2010年9月（挂）
副市长	于卫佳	2008年12月-2011年2月（挂）
副市长	朱灿平	2009年12月-2011年7月（挂）
副市长	陈大峰	2010年6月-2012年11月（挂）
副市长	吴奇志	2013年12月-（挂）

续表2-3-1

职　务	姓名	任职时间
副市长	汪春生	2010年1月-2010年7月（挂）
副市长	吴晓勤	2011年5月-2012年7月（挂）
副市长	王　琦	2013年8月-2013年11月（挂）
副市长	杜昌智	2012年7月-2013年7月（挂）

第二节　会议制度

专员办公会议由专员主持，由专员、副专员和秘书长组成。行署办公室主任、副主任及会议有关部门、单位负责人列席（行署顾问有时也列席）会议。按照议程，逐项研究、讨论、统一意见后决定重要事项。决定后的各事项由有关部门处理。

1988-1998年，专员办公会议召开70次，研究讨论的议题245项。议题多为全区范围内的重大问题，如1992年2月7日，由专员杨传玺主持的专员办公会议的两项议程：一是听取行署计委关于全国、全省计划会议精神和贯彻意见的汇报；二是听取水利部门关于唐河治理方案汇报。

市政府常务会议由市长或市长委托负责常务工作的副市长召集和主持，由市长、副市长和秘书长组成。副秘书长，市政府办公室正、副主任及会议内容有关的部门、单位负责人列席，主要研究、讨论、决定有关经济发展的重大事项，有关行政规章、政策。对于会议议题，主办部门事先协调，协调不能取得一致时，将分歧意见如实汇报，列明各方意见和理由，并提出办理意见。政府常务会议一般每月召开1-2次。出席市政府常务会议人员必须过半数。1999-2007年，召开市政府常务会议77次，研究的议题304项。

第三节　施政纪略

一、宿县地区行政公署施政纪略

1978-1998年，宿县地区行政公署深入贯彻党的基本路线，解放思想，拨乱反正，深化改革，扩大开放，同心同德，开拓进取，经济建设成就辉煌，社会事业全面进步，人民生活明显改善，城乡面貌变化巨大，全区呈现出政治安定、社会稳定、经济繁荣、文明向上的良好局面。

综合经济增强。1998年，全区国内生产总值达到187.2亿元，按可比价格计算，年均增长10.8%，是1978年的6.8倍；财政收入实现10.45亿元，年均增长14.3%，是1978年的14.5倍；1998年底，各项存款余额达到96.72亿元，是1978年的208倍，其中，城乡居民储蓄存款余额达75.67亿元，是1978年的328倍，人均储蓄存款1353元，比1978年净增1347元；职工年均工资由1978年的480元增加到4258元；农民人均纯收入由80元增加到1635元。改革开放二十年，全区人民摆脱了贫困，解决了温饱问题。

优化经济结构。一、二、三产业比重由1978年的61.4：20.9：17.7调整为1998年的37.4：31.6：31。农村经济结构变化明显。在粮、棉、油等主要农产品稳步增长的同时，果、瓜、菜等经济作物产量成十倍地增长；畜牧业产值占农业总产值的比重，比1978年提高16.4个百分点；乡镇企业从无到有，由弱到强，发展迅速。工业经济逐步壮大。20年来，全区工业资产总量增长35倍，工业增加值增长10.3倍，实现利税增长22.2倍。第三产业快速发展，1998年，实现增加值58亿元，年均增长14%；社会消费品零售总额达到49.3亿元，是1978年的11.3倍。

基础设施建设。全区国有固定资产投资累计完成86亿元，相当于新中国建国后前30年总和的20.5倍。公路、电力、通信等基础设施建设。到1998年，全区公路通车里程达13800公里，是1978年的9.2倍，实现乡乡通油路；发电量达到8.3亿千瓦时，用电量12.85亿千瓦时，分别比1978年增长10倍和6.29倍，行政村全部通电；城乡电话交换机总容量达22.416万门，用户达14.87万部，96%以上的行政村开通程控电话。水利建设成效明显，一批骨干工程相继竣工，面上工程逐年拓展，1998年全区有效灌溉面积达444万亩，除涝面积达503万亩。实现“五八”造林绿化目标，城乡林木覆盖率达23.7%。全区农业机械总动力达261万千瓦，农机化综合水平比1978年提高59个百分点。城镇面貌大为改观，市场建设成就显著。

深化各项改革。农村改革成效巨大，实行家庭承包责任制和统分结合的双层经营体制，解放了农村生产力，促进农村经济迅猛发展。国有企业改革从承包经营到着手建立现代企业制度，经历一个逐步深入、不断深化的过程，部分企业开始走出困境。财税、金融、外贸、粮食流通体制改革和社会保障体系建设、住房制度改革进展顺利。

扩大对外开放。1998年，12家企业获准进出口自营权，进出口总额达到1600万美元。全区审批外商投资企业107家，累计利用各类外资1.31亿美元。

精神文明建设。全区广泛开展各种形式文明创建活动，人民精神面貌发生深刻变化。民主法制建设和社会治安综合治理成效显著。廉政建设和纠正行业不正之风力度加大。科技进步对经济增长的贡献率明显提高。教育事业快速发展，教育质量稳步提高，五县区全部实现“两基”目标。20年来为国家培养输送大中专人才8.96万人。文化、卫生、体育和广播电视、新闻出版等各项事业都有很大进步。计划生育成绩显著，20年少生人口40多万人。土地管理和环境保护逐步走上法制轨道，并取得较大成效。

二、宿州市人民政府施政纪略

1999-2003年是撤地设市建设宿州市的五年。全市人民聚精会神搞建设，一心一意谋发展，较好地完成市一届人大会议确定的目标任务，经济社会发展取得令人瞩目的成就。

经济实力。全市国内生产总值年均增长7%，2003年达到219.2亿元。财政收入按可比口径年均增长4.6%，收入规模达到11.7亿元。农村经济结构进一步优化，农产品品牌、流通、产业化三项工程扎实推进，新创国家、省级名优农产品20多个，新增产业化龙头企业24家。林业结构进一步优化，森林覆盖率达到25%。农机化综合水平位居全省前列。工业总量扩张与结构调整同步加快，规模以上工业增加值年均增长7.9%，先后实施548项技改项目，开发新产品400多种，纺织、医药、化工和农产品深加工等优势产业主导作用增强。第三产业比重稳步上升，商贸流通繁荣活跃，交通运输、金融保险、旅游、社区服务业加速成长。全社会固定资产投资完成235.6亿元，争取国债项目50个，实施奎濉河治理、优质小麦基地等投资千万元以上项目26个，发展条件明显改善，经济增长多点支撑格局正在形成。

改革开放。国有企业改革脱困目标基本实现，239家国有企业完成股份制或民营化改造，企业资产负债率下降24个百分点。民营经济成为新的亮点，私营企业、个体工商户分别新增1077家和4.9万户。农村税费改革、粮棉流通体制改革、粮食补贴方式改革稳步实施，农民人均负担下降47.9%。财政体制改革全面推进，公共财政框架初步建立。行政管理体制改革向纵深推进，削减市级行政审批事项339项，市县区行政服务中心全部建成运行。招商引资规模逐年扩大，五年实际利用外资5253万美元，到位内资47.6亿元，中国华电、南京雨润、伊春光明、安徽丰原等一批知名企业落户宿州。市经济技术开发区的载体作用日益凸显，各县工业园区建设全面启动。外贸出口增势加快，有42家企业获得进出口经营权，五年累计完成出口7083万美元，年均增长51.5%。

基础设施建设。交通建设突飞猛进，新建和改造县乡公路1900公里，连霍、合徐高速公路宿州段全线贯通，交通区位优势进一步增强。农村电网改造基本完成，城市电网建设加快。邮电通信快速发展，宽带数据通信网基本覆盖全市，固定电话网覆盖所有行政村。经营城市迈出新的步伐，高标准完成新一轮宿城总体规划修编，形成老城区改造和城市新区、经济技术开发区建设“三区”联动格局。城市路网建设全面拉开，先后改造胜利路、淮海路等8条城市干道。城市环境综合整治加强，建成中心广场、火车站广场和南环、东环、运粮河、滨河公园、新增城区绿地面积30万平方米。城市功能不断完善，新上8万吨污水处理厂、10万吨水厂、城市燃气工程和一批环卫、公交设施。城市住宅与房地产业健康发展，北苑小区、武夷商城、金茂商城等投入使用。县城和小城镇建设取得新成效，城镇化率达到19.5%。

社会事业。大力实施科教兴市战略，科技开发和成果转化能力增强，五年共获省级以上科技成果43项。高新技术企业、民营科技企业分别达到19家和378家。市农业科技示范园发展为国家级示范园。教育事业蓬勃发展，“两基”水平全面提升，高中阶段教育持续扩容，宿州职业技术学院成功组建，宿州师专申报宿州学院进展顺利。农村中小学危房改造三年目标基本实现，累计改造危房100万平方米。广播电视、新闻出版和群众性文化活动繁荣活跃，成功举办两届文化艺术节，一批优秀艺术作品获得国家级殊荣。全民健身运动广泛开展，竞技体育成果丰硕，获省级以上比赛金牌242枚。卫生事业健康发展，初级卫生保健实现阶段性目标，城乡医疗卫生条件不断改善，无偿献血连续两届获全国先进城市称号。计划生育工作扭转被动局面，控制人口过快增长，实现了低生育水平。国防和人防建设、优抚安置得到加强，四次蝉联“全国双拥模范城”。国土资源与环境保护进一步加强，环境恶化的趋势得到有效遏制。防震工作获全国先进。属地统计顺利解决。妇女儿童、老年人和残疾人的权益得到有效保障。外事侨务、民族宗教、审计、对台、档案、气象、红十字会、地方志等工作也取得新的成绩。

群众生活。城镇居民人均可支配收入年均增长14%，农民人均纯收入前四年年均增长5.3%，2003年，在遭受大灾的情况下实现1707元。全市居民储蓄存款达到148.5亿元，五年新增72.9亿元。居民消费结构升级加快，居住条件和生活环境明显改善，社会消费品零售总额年均递增6.7%。社会保障体系初步形成，养老、失业、医疗保险参保人数分别达到10.8万、20.5万、14.2万人，城市居民最低生活保障基本实现应保尽保。就业和再就业稳步推进，新增就业岗位5万个，安置下岗失业人员2.6万人。多渠道转移农村富余劳动力，2003年劳务输出规模达到70万人。投入各类扶贫开发资金1亿多元，惠及35万人。兴建农村饮水工程268处，解决了17万人的饮水困难。

依法治市。"三五"普法全面完成，"四五"普法深入开展，全民法律意识和法制观念普遍增强。市政府自觉接受市人大及其常委会的法律监督和市政协的民主监督，五年累计办理人大代表议案和建议454件，政协委员提案833件。强化社会治安综合治理，有效组织"打黑除恶""重点治乱"等专项斗争，严厉打击重大刑事犯罪和严重经济犯罪，依法取缔"法轮功"等邪教组织，维护社会稳定。

2004年，全市生产总值达到279亿元，增长14%。财政收入12.6亿元，按可比口径增长12.7%。城镇居民人均可支配收入7013元，农民人均纯收入2130元，分别增长13.5%和24.8%。(一) 着力培育发展后劲。制定出台煤电产业、民营经济、诚信宿州建设等10多个专题实施方案，研究提出"6+3"工程，规划储备230多个重大项目。切实采取有效措施，努力缓解宏观调控带来的土地、资金制约，千方百计扩大投入，全社会固定资产投资67.5亿元，增长18.5%。规模以上工业企业完成增加值27.7亿元，增长21.3%。丰原生化环氧乙烷、砀山果蔬速冻罐头、明丽水泥、光明木材大市场等一批项目相继投产。引进博洋集团、锦丰集团、三狮集团等一批知名企业。汇源4号机组、中南钢铁、申博木业、界沟煤矿建设加快。宿州电厂一期工程、丰原小麦深加工前期工程取得重大进展。明睢和泗永高速公路、宿淮铁路、淮水北调、湖洼地治理、林浆纸一体化等重大项目筹备工作有序推进。(二) 持续扩大对外开放。把招商引资作为推动经济发展的突破口，强化目标管理。精心组织了苏北鲁南学习考察、皖鲁经济合作洽谈等招商活动，对外坚持不懈地抓好浙江、广东等重点区域的小分队招商，对内全面推进与皖北煤电集团、中煤三建公司等驻宿大企业的合作，招商规模实现新的突破。全年实际到位内资30.5亿元，利用外资2330万美元。民间投资日趋活跃，新增私营企业760家，个体工商户9001户，注册资本7亿元。外贸出口完成2159万美元，同比增长6.3%。集中实施重点企业、重点项目、重点工程周边环境、城区违法建设等专项整治，严肃查处一批损害经济发展环境的案件，社会各界对优化经济发展环境的信心普遍增强。(三) 加速推进城市建设。把加快城市化进程作为统筹城乡发展、融合工业文明、活跃经济全局的重大举措。着力提升城市的功能和形象，城区规划不断加强，政务中心等3项控制性规划、沱河大市场等32项修建性详规编制完成。城区路网建设全面推进，汴河中路和汴河路立交桥改建工程顺利完工，淮河路、三八路、银河二路、纺织东路建成通车，外环路、宿怀路、张仙庙路中段、银河一路、汴河西路及雪枫广场改造开工。宿州经济技术开发区基础设施建设加快，农业科技示范园和宿州循环经济示范园规划全面启动。城市综合开发势头良好，当年竣工房地产面积58万平方米。行政中心主体封顶，光彩城大市场、城隍庙商城等项目建设加快。（四）全面发展农村经济。认真贯彻落实中央1号、省委8号文件精神，全年粮食总产332万吨，油料总产356万吨，创1997年以来最好水平。畜牧业克服禽流感影响平稳发展，肉类总产44万吨，增长7.2%。农业产业化取得了积极进展，省市级产业化龙头企业发展到36家，农村经济合作组织和专业协会发展到324家。全年劳务输出总量超过85万人，比年初净增15万人。农田水利基本建设成效显著，奎濉河五期治理顺利完成，水毁工程全部修复。绿色长廊工程建设和农机化综合水平继续保持全省领先地位。全面落实“两减免三补贴”政策，农民人均政策性增收60元。（五）统筹经济社会协调发展。就业、再就业工作力度加大，全年新增就业岗位2.3万个，城镇登记失业率控制在4.2%。教育事业健康发展，宿州学院成功挂牌，宿州高专正在筹建。文化事业繁荣活跃，文艺创作在省内外一系列重大赛事中获奖，成功举办首届中国灵璧石文化节。竞技体育、群众性体育成果丰硕，宿州市运动员在第十二届雅典残奥会上获得4枚金牌。红十字会工作受到国家表彰，疾病预防控制体系和医疗救治体系建设进展顺利。计划生育专项清理成效明显，基础工作进一步夯实。生态市建设开始启动，砀山县被列为省首批综合示范基地。（六）加强政府自身建设。围绕建设学习型、服务型、效率型、责任型政府，修订完善《宿州市人民政府工作规则》，积极贯彻落实《中华人民共和国行政许可法》，改革行政审批，扩大政务公开，改进政风评议，有效促进行政提速。

2005年，全市人民紧紧围绕“抢抓机遇、乘势而上、奋力崛起”总体要求，努力破解发展难题，较好地完成年初确定的各项任务。（一）整体经济保持较快增长。全市生产总值完成313亿元，增长8.3%。农村经济受到局部灾害影响略有下降，粮棉油因灾减产，瓜果蔬菜和畜牧产品增效显著。工业经济快速增长，规模以上工业增加值增长30.1%，年销售收入超亿元的企业达到17家，其中超5亿元的企业达到5家。财政收入完成13.4亿元，按可比口径增长19.3%。金融机构存贷规模双增，不良贷款比率下降10个百分点。社会消费品零售总额达到85.4亿元，增长11.6%。（二）项目建设取得重大突破。全社会固定资产投资完成85亿元，增长25.5%。在建和新开工千万元以上项目233个，比上年增加67个。汇源电厂4号机组、砀山果蔬罐头、鲁皖成品油管道宿州段等一批项目建成；华电宿州电厂一期、锦丰食品二期等项目建设加快；交通基础设施完成投资5.2亿元，建设里程608公里。华电宿州电厂二期、丰原生物化工项目、泗永和睢明高速公路、宿淮铁路等重大项目前期工作扎实推进。（三）东向发展开局良好。坚持把融入徐州经济圈作为东向发展的突破口，与徐州市政府签署了全面合作框架协议，两市合作取得良好开端。招商引资规模持续扩大，全年实际到位内资45亿元，增长47.5%。实际利用外资2720万美元，增长16.7%。进出口总额完成4945万美元，增长90%。宿州经济开发区建设快速推进，新开工项目30个，实际到位资金6亿元。泗县、灵璧县、萧县开发区在规范中加快发展，埇桥区、砀山县经济开发区开始启动。（四）城市面貌变化显著。城市基础设施建设步伐加快，外环路主路面全线贯通，银河一路、银河二路、张仙庙路南段、汴河西路、宿怀路和东昌路改造全面竣工，雪枫广场、运粮河景区正式开放。政务新区建设初具雏形，行政中心即将交付使用。城区小街小巷五年整治计划进展顺利，改造街巷17条。城市综合开发势头强劲，在建房地产面积277万平方米，竣工85.9万平方米。创建省级文明城市工作先进市取得阶段性成果。（五）县域经济竞相发展。经济活力明显增强，部分主要经济指标保持了较高增速。（六）和谐宿州建设扎实推进，群众生活进一步改善。城镇居民人均可支配收入7910元，增长12.8%；农民人均纯收入2156元，与上年持平略有增长。（七）民主法制和政府自身建设全面加强。深入贯彻《中华人民共和国行政许可法》，取消行政许可项目116项，行政审批和行政性收费进一步规范。

2006年，宿州市生产总值完成359亿元，增长11.5%；财政收入16.8亿元，增长25.7%；城镇居民人均可支配收入8945元，农民人均纯收入2495元，分别增长13.1%、15.7%。各项社会事业协调发展，在新的起点上实现了新的跨越。（一）农村经济全面发展。农业生产喜获丰收，粮食总产达到368万吨，创历史最好水平。产业化经营取得新突破，新增省市级龙头企业34家。农产品质量安全和标准化建设得到加强，埇桥区获得国家绿色农产品生产示范基地认证。“村村通”工程建成1446公里，万里绿色长廊二期建设、粮食产业化、农机化综合水平居全省前列。（二）工业带动持续增强。大力实施工业三年倍增计划和全民创业行动，工业增速逐季攀升。规模以上工业增加值完成55.5亿元，增长26.7%。实施皖北药业、雪龙化纤、安特生化、润达纺织、新锦丰食品、惠丰电源等千万元以上企业技改和扩建项目85个，完成投资42.5亿元，增加规模企业52户、产值超亿元企业10家；县区规模以上工业增速均超全市平均水平，增幅创近六年新高。民营经济快速发展，新增私营企业782家、个体工商户9082户。（三）项目支撑更加有力。固定资产投资增势强劲，达到109.3亿元，增长28.6%。奎濉河干流治理基本完工；华电一期两台机组年内将实现投产，博洋纺织、电光防爆电气、虹光粮食深加工等项目加快建设；丰原60万吨农产品加工、金黄庄煤矿等项目正式开工；华电国际秸秆发电、泗永高速公路、钱营孜煤矿等项目即将开工；林浆纸一体化已落实投资主体，明徐高速、宿淮铁路列入苏皖交通合作协议，形成了重大项目相继开工、滚动发展的良好态势。（四）对外开放深入推进。全面加快东向发展，融入徐州经济圈取得新的进展。招商引资成效显著，全年落地300万元以上项目673个，实际到位内资62.5亿元、外资3250万美元，分别增长40%、19.5%。第三届中国宿州黄淮海地区农资交易会和第二届中国宿州灵璧石文化节成功举办，《走进宿州》专题片在央视播出，宿州的知名度和美誉度进一步提升。对外贸易持续增长，进出口总额完成4136万美元，按可比口径增长9%。（五）城市形象显著提升。政务中心投入使用，汴河新区规划开始启动。城市基础设施建设完成投资6亿元，迎宾大道、淮海南路等12项工程先后竣工，雪枫公园、银河公园等12项工程正在加紧施工。全年竣工房地产面积116万平方米。各县县城建设步伐加快，泗县东城新区、萧县凤山新区、砀山县政务新区、灵璧县滨河新区建设陆续启动，旧城改造全面推进。朱仙庄、黄楼、圣泉、下楼、黄圩等一批乡镇工业功能区建设初具规模，城镇化率提高3个百分点。（六）社会事业长足进步。科技创新步伐加快，科技创业服务中心投入运行。普通高考本科上线人数连续15年居全省前列，10.4万名学生领用免费教科书，13万平方米中小学危房得到改造。市、县两级疾病预防控制和医疗救治体系基本建成，县、乡、村三级卫生服务网络进一步健全。泗州戏和萧县农民画、灵璧钟馗画等7个项目分别入选国家、省级非物质文化遗产名录，埇桥区被命名为“中国马戏之乡”。竞技体育成绩显著，在省十一届运动会上获得金牌51枚，杨明明获第三届世界杯武术散打比赛冠军。国土资源、计划生育、环境保护等基本国策得到较好落实，埇桥区、萧县被批准为省级生态综合示范区。

2007年，宿州市政府牢牢抓住经济建设这个中心，始终坚持加快发展、和谐发展、引领发展，各项工作都取得显著成效。（一）工业总量快速扩张，支撑作用初步呈现。规模以上工业增加值完成75亿元，增长30%，净增规模以上工业企业93户。工业综合效益指数达140%，提高12个百分点。完成工业技改投资40亿元，增长22.7%，一批重点技改项目建成投产。“皖王”小麦粉、雪龙棉浆等5个产品分别获中国和安徽名牌产品称号。（二）新农村建设扎实推进，县域经济竞相发展。全年粮食总产372.7万吨，再创历史新高。农业结构进一步优化，农产品优质率稳步提高，畜牧规模养殖比重和效益大幅攀升。农业产业化经营迅速发展，市级以上龙头企业达113家。新农村建设加快推进，“村村通”道路工程建成1160公里，农村用电全部实现同网同价；各类补贴资金按时足额发放。各县区规模以上工业增加值、固定资产投资、财政收入等主要经济指标增幅均高于全市平均水平，为全市经济发展提供了有力支撑。（三）招商规模大幅跃升，开放领域不断拓宽。深入实施东向发展战略，强化专业招商和重点领域招商，到位内资突破100亿元，增长70%，增幅位居全省前列；实际利用外资5300万美元，增长63%，落地千万元以上项目437个，其中亿元以上项目57个。宿州经济开发区路网日趋完善，生产总值实现翻番；各县区开发区共落实开行贷款4.6亿元，基础设施建设累计投入2.2亿元，落地投资千万元以上项目62个，承载能力明显增强；黄圩、朱仙庄、黄楼、尤集、张庄寨等一批特色鲜明的乡镇工业功能区初具雏形，集聚效应开始显现。对外贸易平稳增长，外贸进出口4800万美元，增长16%。（四）重点项目建设卓有成效，发展后劲显著增强。华电一期2×600兆瓦机组并网发电，新锦丰集团、皖王面粉、汉森荷金来、海升果业、虹光玉米、惠丰电源等一批企业建成投产，奎濉河治理等重点水利工程基本竣工；华电宿州生物质能发电、信诚化工、金黄庄煤矿建设进展顺利；汇源果汁、中粮集团环氧乙烷、雨润生猪屠宰、博洋纺织等项目开工建设；泗许高速公路宿州段用地获国务院批准，宿淮铁路、钱营孜煤矿、森发纸业分别通过国家和省发改委核准；华电二期具备评优核准条件。重大项目的顺利推进，确保了有效投入的持续扩大，推动了经济结构的持续改善。（五）城乡建设全面提速，人居环境日益改善。市区基础设施建设投入完成5亿元，淮海南路、西昌南路等12条道路建成通车，拂晓大道北延、西昌路北延等4条道路正在施工，雪枫公园、银河公园对市民开放，博物馆、市立医院和皖北煤电总医院综合楼开工建设。城市综合开发势头强劲，市区旧城改造拆迁50万平方米，房地产开发竣工110万平方米，居住环境不断改善。围绕创建省级园林城市，投入1.5亿元，实施10项园林绿化工程，新增绿地面积200万平方米，绿地率提高5个百分点。（六）社会事业长足进步，民主法制与政府自身建设得到加强。全市用于科技、教育、卫生、文化支出21.6亿元，社会保障支出12亿元，分别增长42%、32%。全市养老、失业、医疗、工伤等参保人员达到80万人。

科技进步步伐加快，与合工大开展了产学研合作，萧县获“国家科技入户工程样板县”称号。“两基”成果持续巩固，教育质量不断提高，职业教育成效显著，教育资源整合取得积极进展。公共医疗卫生服务水平明显提升，第三次荣获“全国无偿献血先进城市”称号。文化体育事业加快发展，成功举办“江淮情”“雪枫百年”文艺演出、书画进京展和市第三届运动会等重大活动。

第四节 利民工程

1988年，为抓好高品质养猪基地的建设，行署采取一手抓千家万户，一手抓养殖大户，搞好集约经营。有关部门各负其责，搞好服务，以食品部门为主体，以流通促生产、促防疫、促饲料生产发展。食品部门根据有关政策，和养猪专业户签订合同；饲料部门提高饲料质量，和食品部门签订合同，直接服务到户；防疫部门负责培育优良猪种，定期上门进行疫情普查和疫病防治，促进养猪事业的发展，满足人民群众的生活需要。1990年在全省首次引进日光温室反季节栽培，成立全省第一家日光温室推广中心。1991年，宿县地区首次提出蔬菜产销“四长负责制”（市长、县长、乡长、村长），在全省首次一、二线菜地建立菜田档案，作为先进经验在全省推广；由于反季节蔬菜生产获得大发展，在全省率先取消冬储菜政府补贴的做法后，全省各地纷纷效法相继取消冬储菜供应。为加快地区商业综合大楼的工程建设，宿县地区行署成立筹建领导小组。地区商业综合大楼是国家计委审批、商业部投资的部建项目，建成后对改变全区商业经营设施陈旧落后的状况，繁荣市场、服务人民、发挥国营商业的主渠道作用，振兴全区经济起着很大作用。商业部下达150万元的建设计划，地方负责安排计划资金1006万元，其中800万元由建行贷款和自筹。

1993-1994年，在宿县地区召开全省日光温室生产现场会和全省第九次菜篮子工程会议，日光温室生产技术日渐成熟，在全省推广；1994年，在宿县地区召开淮海经济区菜篮子工作联谊会。1995-1998年，宿县地区采取政府提供贴息贷款、统一购进建棚物资、统一技术等做法，大力推广、发展日光温室生产技术，全区进入日光温室大发展时期。1999年，撤地建市后由宿州市农业局组建宿州市菜篮子工程办公室。2000-2007年，全市每年蔬菜种植面积均保持在180-230万亩之间，总产220-300万吨之间。

2003年，火车站广场建成。其工程由宿州市规划设计院设计，中煤三建中标承建。2003年4月，为了解决农民购买优质的种子问题，宿州市决定成立宿州市浍水路农资市场办公室，对农资市场进行统一协调，统一管理。

2004年2月2日，宿州市政府常务会议同意成立汴河路改造工程指挥部。汴河路改造工程任务重、困难多，要求充分调动有关方面的积极因素，加强调度，加强协调，加强监督，保证质量，保证安全，保证廉洁。

2004年8月6日，宿州市政府要求加大污水处理费的征收力度，提高征收率。责成市建委召开各县政府分管负责人和相关部门参加的工作会议，加强对各县污水处理项目的监督和帮助。

2005年，雪枫广场建成。雪枫广场总面积为4万平方米（含体育场），其中绿地面积占1万余平方米。它与东部的雪枫公园，南部的北环公园，西部的北关社区，北部的体育场自然融为一体。广场中间为铜质彭雪枫将军塑像及战争支前、双拥建设主体群雕，四周为花坛及群众休闲娱乐场地。总投资约1500万元，于2004年9月开工建设，2005年6月建成并投入使用。

2005年4月13日，宿州市政府常务会议研究关于《胜利路改造工程实施方案》。把胜利路建设成为高标准文明示范路，对提高宿城品位，改善城区环境，方便广大群众出行都具有十分重要意义。

2005年5月，浍水路农资市场整体搬迁到光彩城。光彩城占地面积57万平方米，经营农资的商户共226家。

2007年，银河公园建成。位于银河一路与人民路交叉处西南角，东西长310米，南北宽170米，总占地面积5.27万平方米。绿地面积占总园区的二分之一，约2.6万平方米。沱河景观带全面建成。沱河景观带工程由“河流之歌”“城市之歌”“生活之歌”“自然之歌”四个景观段组成。整个景观带以绿地及小型灌木、乔木为主，辅以花坛、花架、小品、亲水平台、木栈桥、奇石广场园林建筑，体现开放式生态景观。

2007年4月19日，宿州市决定在全市实施十二项民生工程：

农村居民最低生活保障工程。制定出台《农村居民最低生活保障实施办法》和实施细则。落实配套资金，实行专户管理。全市农村低保资金共筹集5341.84万元，其中县区配套1096.55万元，按要求设立财政专户。把好入口关，确保公开、公平、公正。实行分类施保，保障类别上划分A、B、C三个档次，合理救助。补助金额年人均不低于380元。实行“一卡式”发放。2007年农村低保补助金全部打卡发放到140584名低保对象手中。建立县乡村三级档案。

农村五保户供养。制定《农村“五保”供养资金管理实施意见》，明确“本人自愿申请，村委会民主评议，乡镇政府审核，民政部门审批”的程序，每年开展一次普查，实行动态管理。实行集中供养与分散供养相结合，落实供养标准。集中供养比例为9.1%，供养标准不低于1416元；分散供养的大部分“五保户”由村组分配口粮地折款350-450元，加上省补助850元，达到或超过1200元的标准。规范资金管理和发放。设立财政专户，实行“一卡式”发放，杜绝挤占挪用。全市筹集资金2843.08万元，全部发放，33448人享受“五保”供养待遇。市县区建立五保户数据库，并根据新的审批情况进行调整，实行动态管理。

城镇未参保集体企业退休人员基本生活保障。建立和完善城镇未参保集体企业退休人员基本生活保障机制，为3532名符合条件的人员办理相关手续，全年发放基本生活费718万元，做到了应保尽保。制定城镇未参保集体企业退休人员基本生活费的申请、评议、审核、公示、审批办法，并实行动态管理。建立基础信息库和档案资料。

新型农村合作医疗。按照宿州市《全面建立新型农村合作医疗制度实施方案》规定，2007年埇桥区、砀山县和泗县实施新农合，参合农民226万人，参合率76.4%。筹集11312万元，其中地方财政配套1132万元。

城镇居民医疗保障。一是建立制度；二是稳步扩大覆盖面，全市参保登记28.7万人；三是积极筹措资金，全市筹集资金2845万元，其中地方财政配套417万元，个人自筹1759万元。

城乡特困群众医疗救助。制定《城乡特困群众医疗救助实施意见》及实施细则，明确了救助对象、范围、标准、办法、申请审批程序及资金管理等内容；按比例落实配套资金82.5万元，共筹集1072万元；按照个人申请、乡镇（办事处）审核、县区民政部门批准、财政部门打卡发放的程序，实施救助，重点实施“医前、医中”救助。对城乡低保对象、五保对象、特困优抚对象实行医前救助，资助参加新农合，代其缴纳个人应负担的全部或部分参保资金。遇突发性大病患者，特事特办，及时审批、发放救助金；2007年，全市救助166328人次，支付救助金1041.8万元，其中救助大病患者3902人，支出841.9万元，人均2158元，比2006年提高108%。

重大传染病病人医疗救治和艾滋病病人生活救助。制定《重大传染病病人医疗救治与艾滋病病人生活救助实施办法》，全市筹集资金383万元，实施医疗费用和生活费用部分救助。2007年救治结核病病人515人，支出40.3万元；救助艾滋病病人93人，支出60.3万元。

城乡卫生服务体系建设。一是制定《农村卫生服务体系建设实施意见》，明确2007年至2011年五年时间，全面完成省下达的90所乡镇卫生院、1050个建制村卫生室业务用房建设和设备添置与更新“填平补齐”任务。2007年国家和省先后安排全市乡镇卫生院建设项目16个，村卫生室建设任务105所；二是出台《城市社区卫生服务体系建设实施方案》，到2011年社区卫生服务机构总数达到108个，其中2007年达到60个；三是加强人才培养，以宿州卫校为培养基地，全面普及农村在岗卫生人员中专学历教育，2007年招生2529人，三年后全市农村卫生人员将基本达到中专学历水平。

城乡义务教育经费保障。制定《义务教育经费保障机制改革实施办法》，从2007年春季学期起，逐年度实施改革。两免一补资金累计下拨24403万元，占全年预算100%，受益学生962142人。免费提供教科书资金支付951.1万元，受益学生104288人。拨付贫困寄宿生生活费补助资金398.8万元，受益学生17950人。

农村中小学危房改造。制定《农村中小学危房改造实施办法》，确定危改规划、年度计划。筹集资金12567万元，其中地方配套398万元，开行贷款8111万元，实行专户管理。2007年度危改任务主体工程完工，消除D级危房212268平方米。

农村饮水安全工程建设。制定《农村饮水安全工程建设实施意见》，明确今后五年农村饮水安全工程建设目标和措施，筹集资金8582万元，其中地方财政配套1153.96万元。新建农村饮水安全项目主体工程187处，完成投资9248.6万元，其中2006年度134处工程全部完成，完成投资7185万元；2007年度新建工程53处，完成投资2064万元。

农村部分计划生育家庭奖励扶助。一是足额发放奖扶资金。发放奖扶资金363万元，其中上级下达资金287万元，市级32.57万元，县级43万元，惠及5429名实行计划生育的群众。专项资金一次性划拨到奖扶对象个人账户。

第五节　依法行政

1990年成立宿县地区行政公署法制处，1999年更名为宿州市人民政府法制局，2002年更名为宿州市人民政府法制办公室。市政府法制办公室是负责市政府法制工作的部门管理机构，内设法规科、复议应诉科、法制监督科3个职能科。2007年6月，为加强对依法行政工作领导，市政府成立依法行政工作领导小组，由市长任组长，常务副市长、分管副市长、政府秘书长任副组长，市直20多个部门主要负责人为成员。领导小组办公室设在市政府法制办公室，负责日常工作。

一、政府职能转变和行政管理体制改革

行政审批制度改革。依法界定和规范经济调节、市场监管、社会管理和公共服务职能，推进政企分开、政事分开，充分发挥市场在资源配置中的基础性作用。2002年、2003年和2005年，三次对市直单位行政审批项目进行清理，取消行政审批项目465项，有效解决审批过多过滥的问题。

预警和应急机制。2006年，成立应急办公室，先后制定突发环境事件、公共卫生事件、食品安全事故等应急预案17个，提高政府应对突发事件和风险的能力。

相对集中行政处罚权工作。根据《安徽省城市管理领域相对集中行政处罚权办法》和国务院、省政府有关规定，制定《宿州市城市管理领域相对集中行政处罚权工作方案》，并于2007年11月获省政府批准在城市管理领域开展相对集中行政处罚权工作。

政务信息公开。制定措施，逐步推进政府信息公开工作。

二、行政决策机制建设

制定并严格执行政府工作规则，确保政府重大决策的程序化、制度化，避免决策随意性，减少决策失误。

2005年，组建政府法律顾问组，聘请8位具有较高素质的法学专家和法律工作者担任政府法律顾问，并制定法律顾问组的工作规则，提高政府依法决策水平。

2006年，印发《宿州市人民政府部门行政首长问责暂行办法》，建立决策监督和责任追究制度，以切实做到“有权必有责，用权受监督，违法要追究”。

三、制度建设

2002年，制定《宿州市人民政府规范性文件制定程序规定》，严格规范性文件制定程序。

统筹规范性文件制定工作。在继续加强经济发展、市场监管方面立规同时，更加重视社会管理、公共服务方面的规范性文件制定。特别是高度关注当前社会的热点、难点问题，突出加强如保障农民权益，促进就业和完善社会保障制度，发展科技、教育、文化、卫生等社会事业，应对各种突发公共事件等方面的立规。

创新工作方式，提高制度建设质量。在起草规范性文件草案过程中，重视调查研究，深入基层，广泛听取基层行政机关、社会团体、行业组织和人民群众意见，力求把握事物的本质和发展规律。坚持和完善法制工作者、实际工作者和专家学者相结合的规范性文件制定工作机制，对专业性、技术性较强的规范性文件，组织专家论证；对涉及人民群众利益、影响重大的规范性文件，召开各个层面的听证会、论证会，充分听取民意。

建立和完善规范性文件定期清理制度。2002年，对原行署和行署办公室1980年至1999年制发的规范性文件进行清理，决定废止108件。

建立和完善规范性文件备案审查、前置审查、异议审查制度，积极开展规范性文件实施效果测评工作。

四、行政执法

推行行政执法责任制。1997年、1998年，在原地直行政执法机关建立和推行行政执法责任制，取得初步成效。2006年，市政府印发《关于进一步推行行政执法责任制的通知》，进一步完善“权责明确、行为规范、监督有效、保障有力”的行政执法体制。

按照法定权限和程序行使职权、履行职责。2000年，出台《宿州市开展行政执法检查和实施行政处罚若干规定》《宿州市行政执法错案责任追究办法》《宿州市行政执法督查办法》等制度，形成了较为严密的规范行政执法行为的制度体系。

建立健全行使执法主体资格制度。清理、确认并向社会公告行政执法主体。凡未经确认并公告的行政执法主体，一律不得从事行政执法活动。从事行政执法工作的人员，必须通过行政执法资格考试并取得省政府颁发的行政执法证件。

建立行政执法案卷评查制度。对行政机关建立的有关行政处罚、行政许可、行政强制等行政执法的案卷进行评查。评查内容包括执法主体是否合法、适用法律是否正确、程序是否合法、案卷归档是否规范等方面。

五、行政监督

自觉接受人大监督和政协民主监督。

自觉接受人民法院的审判监督。对以市政府为被告的行政诉讼，积极应诉，及时履行生效判决。2006年，印发《关于推行行政首长出庭应诉工作的通知》，在全市各级行政机关逐步推行行政首长出庭应诉工作，对行政首长出庭应诉工作提出具体要求和保障措施。

做好行政复议工作。认真贯彻行政复议法，畅通行政复议渠道，凡符合行政复议申请受理条件的，全部受理。对违法或不当的行政行为，坚决予以撤销或变更。自《中华人民共和国行政复议法》实施以来，受理行政复议案件472件，案件主要涉及土地、房产纠纷、房屋拆迁、行政性收费、行政处罚、劳动教养等方面。

拓展行政监督渠道。1999年开通市长热线，受理人民群众反映的热点难点问题。整合投诉受理中心资源，强化投诉受理中心职能，赋予投诉受理中心必要的调查权、建议权、处理权。从人大代表、政协委员、民主党派等社会各界人士中聘特邀行政执法监督员，充分发挥民主监督、群众监督和舆论监督的作用。发挥审计和监察作用，切实保证执法活动的廉洁和公正。

第六节　政务信息

一、组织机构

宿县地区经济信息中心成立于1994年11月，其前身是地区计委信息科，归口地区计委管理。1996年8月，成立宿县地区信息化领导小组，领导小组办公室设在市信息中心。2003年9月，更名为宿州市信息中心，与市信息化领导小组办公室两个机构一块牌子，承担信息化领导小组办公室的日常工作。2005年1月，市信息中心由市发展计划委员会整建制划归市政府办公室管理。市政府根据人事变动多次及时调整信息化领导小组成员。领导小组成员单位19家，形成信息办牵头相关职能部门密切协作工作机制。2004年-2007年，市长担任市信息化领导小组组长，常务副市长、秘书长任副组长，信息化的组织领导得到进一步加强。

二、建章立制

为加强对信息化工作的组织、管理和指导，制定下发《关于宿州市政府网建设的实施意见》《关于加强信息化工作的通知》《关于进一步深化政府上网工程有关问题的通知》《做好网上政务公开工作的通知》《宿州市政府网站管理办法》《宿州市信息化建设管理办法》等一系列加强信息化建设的文件和信息化管理制度。制定宿州市信息化建设“九五”规划、“十五”规划、“数字宿州”建设五年规划纲要、“十一五”发展规划等，提出信息化建设的发展方向和目标。

三、基础设施建设

2003-2007年，全市通信基础设施建设投资16.4亿元；新铺设光纤8100公里，光纤总长度17750公里；固定电话用户105万户；宽带用户5万户；移动电话用户113万户，全市形成一个技术先进、业务种类齐全、适度超前的基础通信网络。广播电视基础设施建设有了新的进展。2003-2007年，广播电视基础设施投资5867万元；新铺设光纤1993公里，总长度达2269公里；有线电视用户达19.97万户；拥有市级广播电台、电视台各1座，县级广播电台、电视台各4座，中央及省台的广播电视节目在宿州市的综合覆盖率达100%。新建的13000平方米的市广播电视中心大楼A区正式投入使用，中心成为设施齐全、装备精良、功能完善的现代化传媒基地。

四、电子政务建设

宿州市认真贯彻落实《国家信息化领导小组关于中国电子政务建设的指导意见》，以网络为基础，以应用为重点，大力推动职能转变和政务公开，提高工作效率，电子政务建设和应用水平取得长足进展。

政府网站建设逐步完备。宿州市政府网站于2000年3月15日正式开通，按照《安徽省政府网站管理办法》的要求，逐步规范网站建设，不断提高网站建设水平。2007年，全市所有的政府工作部门都在网上制作主页或建立网站。政府网站成为承载市政府信息资源的主要门户。在国务院信息化工作办公室2005年、2006年中国政府网站绩效评估中，宿州市政府网站分别在全国333个地市级网站中排名第137和148位。

着力推进网上政务信息公开。市政府办公室下发《关于加强市政府网站非涉密信息报送工作的通知》《做好网上政务公开工作的通知》和《关于进一步做好市政府门户网站信息报送工作的通知》，对政务公开提出具体的要求，有力地促进全市政务公开工作。为方便市民和企业办事，对有关市民和企业办事的项目和表格下载进行梳理和整合，收集办事指南271条，制作表格下载计31类共115个。“百件实事网上办”栏目囊括社会公众关心的教育、医疗卫生、社会保障、交通出行和公用事业五个重点领域内的100项服务事项，社会认知度和满意度进一步提高。2004年，新开辟“市民论坛”栏目，以加强政府和市民的互动，架起政府联系群众的又一座桥梁，建立政府督办对市民意见回复与办理情况的定期通报反馈制度，构建起政府工作与市民需求的良性互动机制。“市民论坛”栏目开辟后，市政府收到市民咨询、投诉、建议1700余条，处理回复1450余条，回复率达85%以上。2006年3月，开通在线访谈栏目，市卫生局、公安局、教育局等9个单位的主要负责人分别接受访谈，就广大网民关注的热点、难点等问题，开展互动交流。

电子政务应用逐步深化。电子政务应用系统的建设一直是市政府电子政务建设的重点。宿州市电子政务的应用主要有以下几个方面：一是面向公众服务的业务系统，这是体现阳光政府的电子政务主要手段，主要通过政府的门户网站实现；二是部门间以数据交换为主的业务系统，提高工作效率和质量；三是各部门内部的应用系统，包括办公自动化系统和具有行业特点的业务系统。全省电子政务专网正式运行后，全市电子政务应用系统建设得到了快速发展。联网办公系统、数据传输系统都得到较广泛应用，初步实现内部视频会议、文件公文传输和访问省厅局内部网络的功能。全面开通全市公务员电子邮件服务，市直机关的工作人员可以免费申请和使用。市科技、人防、公安、工商、国税等单位都在网上实行业务表格下载或在线申请等服务。金财、金保、金税等国家十二个重要业务系统建成。全市党政机关中有近80%的单位通过多种技术手段连入互联网，大约70%的单位开展部门电子政务系统应用。

五、电子政务基础网络建设

2002年，市电子政务专网一期工程建成开通。2004年4月，电子政务专网带宽由4M升级到155M。8月27日，电子政务专网与省同步开通运行，实现省、市、县三级连通并进行初步应用，开通文件传输和视频会议系统。市委办、政府办、发改委、统计局、信访局等部门和单位均可在专网上完成与省厅局的信息交换和文件传输。2006年，投入700多万元进行政务新区网络建设，使全市电子政务水平上了一个新台阶。整个工程全部由电信出资建设，政务新区内外网端口达3200个，全部按照国家标准建设，严格实行内、外网物理隔离规则，主干采用千兆光纤，百兆六类线到桌面，充分保证市委和政府部门的办公需要。政务新区内各单位全部接入内、外网，IP地址和VLAN规划合理，带宽充足，保证OA和无纸化办公以及后续升级服务的开展。信息中心机房建设投资逾百万，新增服务器、核心交换机、防火墙及IDS数台，使中心的硬件配置有质的飞跃，为市政府网站的发展和电子政务工作的开展奠定坚实的基础。2007年，电子政务城域网开始建设。政务中心外的46家单位通过光纤与专网平台连通，初步构成上连省厅、局，下连各县区、市直各单位的内外网分离的城域电子政务专网，形成党政信息传输的主通道。

第七节　政务服务

一、机构及窗口设置

宿州市政务服务中心（以下简称中心）是市委、市政府为方便人民群众，提高办事效率，优化投资环境，推进政务公开，规范行政行为，促进依法行政，加强党风廉政建设而设立的市政府直属机构，主要负责为外来投资者、公民、法人和其他组织办理各类行政审批和便民服务事项及有关政策法规咨询服务等。2001年8月29日正式运行。32个市直有关部门在中心设立办事窗口42个：市工商局、市地震局、市国土局、农行窗口、市公路局、市人社局、市卫生局、市气象局、市文广新局、市民政局、市质监局、市发改委、市房管局、市地税局、市烟草局、市国税局、市农委、市体育局、市文广新局、市残联、市住建委、市安监局、市城管局、市经信委、市海事局、市药监局、市林业局、市农机局、市公安局、市商务局、市人防办、市供水公司、市交通局、市物价局、市环保局、市水利局、市供电公司、市消防支队，占保留审批事项的市直单位的84.6%，受理办理各类行政审批事项182项，占市政府文件规定保留审批事项（197项）的92.4%。

二、职责与制度

中心的服务宗旨是：便民、高效、廉洁、规范。中心的职责：代表市政府对职能部门行政审批工作实施督办和协调；负责制定政务服务中心的各项规章制度、管理办法，并组织实施；负责对服务窗口、工作人员的管理和考核；负责对进入政务服务中心服务项目的确定和调整；负责对涉及两个以上单位的行政审批项目实行并联审批，全程负责项目联办的督查和协调；履行市政府赋予的组织、监督、管理、协调职能。中心的业务实行七公开：公开办事内容、公开办事依据、公开办事条件、公开办事程序、公开办事资料、公开承诺时限、公开收费标准。对外实行五项服务制度：一是即时办理制度，对于资料齐全、符合规定的业务当场办结；二是承诺办理制度，对需要现场勘查或申报资料需要评审的业务，承诺办理时限；三是联合办理制度，对涉及几个部门的事项，采取“一家受理、抄告相关、联合服务”的方式办理；四是报批办理制度，对需要上报审批的业务，由受理窗口单位负责转报；五是禁办答复制度，对有规定不能办理的事项，给予明确答复。中心坚持以科学发展观为指导，以服务经济发展和方便群众办事为出发点，不断加强自身建设，制定一系列管理制度，做到以制度管人、以制度管事，创新服务方式，提高服务水平。一是制定并进一步完善并联审批制度、联席会议制度、特别办理制度和专人协助办理制度。对重大招商引资项目，在办理有关行政许可过程中，开通“绿色通道”，实行前置后移、承诺补办。严格执行项目申报、受理、审核、协调、督办等制度。二是实行首问责任制和责任追究制。三是加强窗口标准化建设，努力完善窗口软硬件建设，做好展示标准化和服务规范化。四是完善考核、考勤、学习、卫生等制度。根据窗口工作人员的出勤情况、服务质量、办事能力等方面评选季度、年度“服务明星”“红旗窗口”，努力在中心形成创先争优的工作氛围。

三、服务创新

围绕经济建设中心，加强效能建设。市政务服务中心以效能建设为抓手，不断提高窗口的服务质量和水平，窗口服务更加高效快捷，效能建设措施更加完备。1.认真贯彻《行政许可法》，贯彻落实中办发〔2011〕22号、皖办发〔2011〕37号、宿秘〔2012〕25号文件精神，切实提高办事效率。对已进驻中心的行政审批项目和便民服务项目，严格按照公开、公平和“一个窗口对外”的原则，加大促进部门整建制进中心的力度，促窗口单位完善与窗口的运行机制，加强窗口与机关科室的衔接，缩短办事时限，提高办事效率。2.配合法制部门做好行政审批事项的清理工作。对保留的市级行政审批事项进行深入细致的调查摸排，按照市委、市政府的要求，做到审批事项应进必进。进一步规范办事流程，简化办事程序。3.进一步提高窗口的办事能力。把好新进窗口工作人员的入口关，对已进窗口工作人员重新进行登记，做好对窗口工作人员的培训管理工作。认真落实首席代表制，要求窗口单位一定要选派政治素质好、业务水平高、协调能力强的工作人员担任首席代表，根据项目的特点，授权到位，使首席代表能够办好事、办成事，人进权进、服务前移，提高现场办结率，真正体现效能建设的成果。

创新审批服务方式，服务经济发展。市政务服务中心认真组织实施政务服务“四个一工程”，巩固深化“两集中、两到位”改革成果，完善基建项目联合审批平台，全面推行政务服务标准化建设。为推动审批服务体制和机制创新，中心主要负责人和市直相关部门负责人多次赴省内外考察学习，结合宿州实际、深入调研、总结经验、逐步实施，审批服务效率显著提高。宿州市实施的政务服务“四个一工程”得到省政务公开办的充分肯定，并做为典型经验编发简报在全省推广，先后有云南、河北、山东等省市组织人员到宿州市考察学习交流。1.认真实施政务服务“四个一工程”。利用市政务服务中心综合服务平台，强力推行“一门进、一费清、一人包、一章结”服务机制（四个一工程）。对企业注册登记实行“一表制”；对市本级权限内涉及两个以上部门办理的行政审批事项，由牵头单位主动协调涉及部门，推行并联审批，完备所有手续，一章办结；对重大投资项目开通“绿色通道”，实行后备干部与企业“一对一”帮扶的保姆式服务。2.巩固提高“两集中、两到位”改革成果。在12个市直部门全面推行改革成功经验的基础上进行扩面推广，巩固提高改革成果。3.完善基建项目联合审批平台。以市住建委为牵头单位，整合涉及平台建设的15个部门的资源，实行一门受理，统一收费，做到“一统四联”。

第八节 外事侨务

宿州市人民政府外事（侨务）办公室，正处级行政机构，一个机构两块牌子，属市政府直属部门。1993年，下属事业单位外事侨务服务中心，经批准成立。1993年，旅游局成立，与外侨办合署办公。1995年8月，机构改革后，行署外事办公室、侨务办公室、旅游事业管理局，一个机构三块牌子，合署办公。2007年，经编委会研究同意在市侨办挂宿州市归国华侨联合会牌子。

机构情况：依据2002年“三定方案”，内设机构及科室有：外事侨务科和外事服务中心。

编制情况：市外侨办与市旅游局2002年“三定方案”，确定行政编制7名。其中：主任（局长）1名，副主任（副局长）2名，科级领导职数3名，机关后勤行政管理服务人员编制单列1名。外事服务中心事业编制3名。

一、外事

（一）重要外事接待

1988年10月6日，宿县地区军分区司令员、宿县地区行政公署外事办公室主要负责人等接待孟加拉国将军考察团。

1989年9月27日，为庆祝中华人民共和国成立40周年，宿县地区行政公署举办国庆招待会，邀请并接待来自德、法、日等国友人，安徽省外办主任杨多良、专员张家宝、市外办主任高杰及有关部门负责人等出席招待会。

（二）外事管理

加大外事归口管理工作力度。为认真贯彻中纪委、外交部、监察部《关于对跨地区、跨部门团组加强管理、监督和检查、坚决制止公款出国境旅游的通知》精神，建立严格的外事管理制度，加强对宿州市人员参加双跨团组出国境的管理。根据宿州市近年来外事出国形势需要，出台《宿州市因公出国（境）管理办法》，并由市委办公室和市政府办公室联合下发至各县区及市直各单位，使出国审批有更明确的依据和程序。鉴于宿州市2006年遭遇特大自然灾害，各项救灾工作和生产恢复工作任务繁重，市政府对出访人员从严审批，出访任务不明确或无实质内容的出国团组不予批准。

从严把关，严格审批程序。根据新的《宿州市因公出国（境）管理办法》，制定外事出访专办员制度，确定出访审批工作专人专办。在接到出访报告后，由专办员提出初步意见，再报主任审批。凡正县级以下领导干部出访，一律由办主任审核，报市政府。正县级领导干部，必须经市主要领导同意，副县级干部经分管副市长（副书记）同意。严格办事程序，严格把关，有效地控制无目的出访。

2005年，市直机关开展“先进性教育活动”。对各单位报的出国人员严格审查，除任务明确的经贸活动的项目考察外，其余出访人员一概不予以审批。活动开展以来，按照《宿州市因公出国（境）管理办法》和《关于从严审批我市公派员出国（境）考察的意见》文件精神，对因公出国（境）审批工作进行从严管理。

利用外事广泛性的渠道，积极开展捐款助学活动。2006年，获得日本一会社捐款1万元，救助宿州市第十二小学贫困小学生；争取一位外商捐款1万元，援助砀山县一个后进村几十名贫困小学生。上述捐款助学活动获得良好的社会影响，具有积极的社会意义，对于宿州市构建和谐社会起到较好推动作用。

二、侨务

认真抓好“侨法”的宣传工作，用涉侨法律政策凝聚侨心。加大对《中华人民共和国归侨侨眷保护法》的宣传，通过召开归侨侨眷座谈会、问卷调查等多种形式深入宣传侨法，宣传侨务政策，增强对侨务工作积极性的认识。

深入贯彻落实“侨法”，努力开展爱侨、护侨、为侨服务工作。把深入贯彻落实

“侨法”与为侨服务结合起来，认真落实各项涉侨优惠政策，努力为侨排忧解难，妥善处理侨务信访工作，在归侨的生活安置上给予优先照顾，联系侨情，温暖侨心。

充分发挥侨务优势，为宿州市经济建设服务。充分利用侨务部门对外交往渠道，积极加强与海外侨胞、侨属的联系，深入、详细地开展侨属企业调查工作，对宿州市籍海外侨胞中重点人物重新建卡立档。通过利用以侨引侨、以侨引外、以侨引资工作，邀请华商、侨商到宿州考察。接待侨领投资考察事宜，取得良好效果，努力达成意向型协议，并争取项目落地。

加大向省侨办、侨联争取扶助资金和项目援助工作力度，继续做好对贫困侨属的困难救济、扶贫金发放和侨联助学工作，加强侨务信访处理工作。通过努力，争取省归国华侨联合会援助灵璧县、泗县贫困小学生140名，援助资金10万元。

第九节　招商引资

一、招商引资

1986年7月24日，宿县地区经济协作办公室成立。1999年5月撤地建市后，改为宿州市经济技术协作办公室。1999年10月，成立宿州市招商引资局，与宿州市经济协作办公室合署办公，一个机构两块牌子，共同履行招商引资工作任务。

（一）抓机遇

宿州市大力实施开放型经济，突出工业项目招商重点，积极优化发展环境，出重拳整治投资环境，营造高效的政务环境，公平的市场环境，优质的服务环境，公正的执法环境，开明的政策环境，为引资创造良好的基础条件。宿州市招商局配合市委、市政府“两个跃升、一个崛起”奋斗目标，抓住全面建设小康社会、东向发展战略大好机遇，全市招商引资工作再次实现提速。招商引资成为全市人民心目中一件头等大事，形成“人人都是投资环境，事事关系宿州形象”的浓厚氛围。信诚化工、雨润肉食品、爱得葡萄、绿洲板材、汇源果汁、电光防爆等一大批工业项目建成投产，对全市经济发展起到极大推动作用。

（二）创新招商方式

宿州市不断完善招商机制，创新招商方式，拓展招商领域，全方位引进资金、项目、高新技术、外向型人才和先进管理方式。2001年，提出“引进来、走出去”的口号，拉开多渠道招商的序幕。1.会展招商。积极参加国家和省里组织的招商活动，先后参加皖苏沪、皖粤、皖浙、皖鲁等各大经济技术合作活动，签约项目189个，实际到位资金40.1亿元。2.小分队招商。从2003年开始，宿州市陆续派出招商小分队25批180多人次，分赴广东、浙江、江苏、福建、山东、上海等沿海经济发达地区开展招商引资活动，累计签订协议、意向160个。3.载体招商。高品位的招商载体是吸引外资的重要前提，宿州市先后成立宿州经济开发区、祁东工业园和国家级农业科技示范园。此外，通过“以商引商”“委托招商”“网络招商”等多种方式，为全市经济持续快速健康发展及社会全面进步提供有力支撑。

（三）优化投资环境

为增强招商引资竞争力，市委、市政府下大决心、花大力气着力改善软环境，在全社会积极营造“亲商、富商、安商”的浓厚氛围。宿州市先后制定并出台《宿州市鼓励外商投资规定》《宿州市损害经济发展环境行为处理暂行办法》等文件，深入开展“双项活动”，实行多家牵头、市区联动、重点推进，并将开展情况纳入各级政府、各个部门责任制考核；推行市级领导联系重点项目、重点企业制度，设立经济“110”和宿州市外商投诉中心；建立“宿州市行政服务中心”，真正实现“一个窗口”办事、“一站式”办公、“一条龙”服务；严格贯彻落实《中华人民共和国行政许可法》，取消、调整一批审批项目，办事程序得到进一步简化。

（四）主攻大项目

宿州市在招商引资工作中主攻大项目。大项目科技含量高、配套企业多、产业链长，招进一个，即能带动一片，引进一串。2001年至2007年，招商引资工作发生质的飞跃，成功引进水果罐头加工、煤矿开发等项目，中国防爆电气、森发纸业、华电集团、汇源果汁等投资上亿元大项目落户宿州。有效地拉动宿州市经济快速增长，促进宿州城市化建设，为宿州富余劳动力就业创造条件。

二、经济协作

1991年，宿县地区与外地的友好往来和经济技术协作有一定发展。地区经协办先后接待新疆、宁夏、福建莆田、海南、无锡、巢湖、安庆、宣城等地、市考察团来访，彼此交流业务，加深友谊，签订一些项目。先后两次出访宁夏，与银川、吴忠两市结成友好关系，并达成1100吨尿素协议。1991年，全区开展协作项目118个，落实34个，占30%。引进资金1731万元，协进协出物资煤炭18000吨，钢材360吨，化肥5140吨，水泥1200吨，木材260方，棉花1090吨（包括部分陈棉和短棉绒）；棉纱900吨，农药260吨，山羊板皮7万张，粮食2165吨，山芋干6000吨，协进协出物资总金额2073万元。

1996年，全区签订协作项目66个，引进资金4.5亿元，协进协出物资折合人民币4.1亿元，新办实体14个。山东泰安市举办的苏鲁豫皖接壤地区十八个地市经贸洽谈会是淮海经济区为搞好区域经济和经济技术协作的重大举措。行署领导决定参加会议并由经协办牵头筹备和组建经贸团参加。宿县地区经协办精心准备，组织15家企业、43人组成的代表团参加会议。会议期间产品成交额10余万元，合同60多万元。宿县地区参展商品门类齐全，在安徽省四个参展的地市中摊位最多，产品最受欢迎，收效最大。安徽省真丝针织总厂的真丝服装、宿州乐石砚厂的乐石砚等多家企业产品成为热门货，深受客户青睐。地区经协办所属企业“安徽小黑熊文具有限公司”的产品——小黑熊不断铅笔得到副委员长费孝通的赞誉。

1997年，全区签订经济协作项目62个，引进资金8060万元，协进协出物资折合人民币6600万元，项目库储存招商引资项目40个。4月在西安召开的中国东西部合作与投资贸易洽谈会，全区组织33家企业，精选40多项合作项目参加会议。会议期间全区商品贸易成交9600万元，安徽省大会签约项目11个，宿县地区占3个。

1997年，下半年，经协办先后组织15家企业分别参加在山东日照召开的“淮海经济区第十二届市长专员会议及商贸洽谈会”“合肥金秋招商经贸洽谈会”，在河北沧州举办的“京沪沿线经济协作带第六届理事会”等。

1998年，紧紧围绕宿县地区国民经济和社会发展的主要目标以及行署制定的打好三个硬仗，坚持“走出去、请进来”的方针，加大招商引资力度，全方位开展横向经济联合，取得较好成绩。全区全年签订经济技术协作项目42个，引进资金4.38亿元，协进协出物资折合人民币5724万元，储备地区级招商引资项目45个。

2000年，全市签订经济技术协作、贸易、产权转让及招商引资项目311个，协议引进资金119342.7万元，落实资金45841.6万元，协进协出物资折合人民币12500万元，储备市级招商引资项目86个。年初，全面贯彻市委、市政府工作会议精神，抢抓机遇，优化环境，搞好服务，进一步解放思想，拓宽思路，加大招商引资力度。局领导带领科室人员先后到芜湖、宿迁、徐州、合肥等地进行考察学习。加强信息交流，办好市、县区的招商简报，以《宿州招商》为窗口，介绍宿州招商动态和市内外招商引资的经验，报道宿州市招商引资新成果。2000年编发《宿州招商》12期，报送市委、市政府领导和发送市直各部门以及各县区有关领导。泗县、灵璧、埇桥区招商简报办得十分活跃，他们将招商简报散发到县、乡机关，有力地推动招商引资工作。

参加一年一度的西安、厦门、深圳全国招商会议和淮海经济区域经贸洽谈会是宿州市重要的招商活动。1999年12月中旬，宿州市又成功地在香港举办“宿州市灵璧奇石展暨招商会”。宿州市招商局对每次会议都做周密安排和精心组织，为开好招商会奠定坚实基础。2000年4月在西安举行的中国东西部合作与投资贸易洽谈会上，宿州市招商局会同有关部门组织轻工、化工、纺织、机械、医药、建材、食品、旅游、养殖、技术转让等10大类共86个项目，名特优新产品20多个品种参会。会议期间，省有关领导视察宿州市展台，对宿州市参会的组织工作给予高度评价。这次洽谈会宿州市取得较好成绩：一是招商引资和经贸洽谈会的宣传比前三次洽谈会力度大、效果好。安徽省经贸代表团优选的全省169个经济技术合作项目中宿州市占37个。二是科技成果转让项目得到较好效果，市科苑集团、百通集团、建明高新技术研究所等单位的科技成果转让展台前洽谈的客商接连不断，技术转让成果显著。三是参会人员十分重视国家实施西部大开发战略，认真考察西部市场行情，广泛征集信息。四是招商成果显著。宿州市在东西部合作与投资贸易洽谈会上签约内贸项目19个，合同成交额8325万元，技术转让项目5个，合同成交额2480万元，招商引资项目4个，协议引资4250万元。对立项的招商项目实行主题招商、跟踪招商，委托招商、网上招商等多种形式的招商。安徽宏利建筑工程有限公司开发城隍庙（总投资1.2亿元，到位资金3055万元）、北京市华大集团投资的“宿州综合农贸大市场”项目（总投资1.1亿元）、印美贸易公司（印尼）独资建设市外环路（总投资4.8亿元）等一批项目成功签约。宿州市招商局多次为项目到北京国家计委、经贸委、财政部跑资金，为市饲料厂和泗县落实国家拨款1000多万元。

三、推介宿州

2002年，为增加宿州市招商引资的吸引力，市委、市政府结合宿州市的实际，先后出台一系列对外招商引资的政策性文件：《宿州市关于改善投资环境，扩大招商引资的若干规定》《宿州市进一步规范政务管理，改善投资环境的决定》和《宿州市关于鼓励国内客商投资的规定》等。一些重大的和对全市经济发展起牵动作用的项目，市委、市政府采取更加灵活的“一个项目一种政策”的办法。市政府针对一些重点项目及时召集工商、税务、土地、环保、城建、供电、供水等部门进行专门协调，保障外商投资项目存在的问题得到及时解决。市委、市政府把规范行政行为，优化投资环境作为一项重点工作来抓。开展多次较大规模的集中整治活动，并成立“宿州市外来投资者投诉受理中心”和“经济110”“市长热线电话”等，在治理经济环境中发挥重要作用。简化审批程序，取消202项行政审批项目，同时取消125项收费项目，全面实行行政事业性“收费许可证”和“收费登记卡”制度，把所有保留的行政审批事项一律纳入“行政服务中心”集中办理，做到“一门服务、并联审批、两审终结、一口收费”。宿州市行政服务中心实行“一站式”审批制，大大提高办事效率。

2007年2月，宿州市成功举办第四届中国宿州黄淮海地区农资交易博览会。“农博会”邀请客商480余人。一批在全国有影响的知名企业前来参会，“农博会”签约项目67个，其中招商引资项目11个，协议投资总额36.5亿元，超亿元项目11个。市招商局先后五次组织市直相关部门同客商接触和磋商，较好地宣传、推介宿州。

2007年2月19日，利用灵璧石文化节、新闻媒体等宣传宿州。以“自然、和谐、发展”为主题的第二届中国灵璧石文化节，打奇石牌、搭文化台、唱经济戏，800余名来自全国各地的经济界嘉宾齐聚宿州，为古老的宿州聚集人气，带来勃勃生机、累累硕果。

2007年5月18日，徽商大会开幕式当天集中签约4个大的招商引资项目后，宿州市投资环境说明会及项目签约仪式，有28个项目在仪式上再次成功签约。共签约项目32个，总投资额高达52亿元。投资环境说明会上，各位嘉宾观看宿州市精心制作的宣传、推介宿州专题片《扬帆奋进的宿州》。人民网、《中国改革报》《安徽日报》以及香港《文汇报》、香港《大公报》等中央和省内外的主流媒体还对宿州市进行跟踪报道。

四、引进重点项目

（一）2001年：

1.宿州市公路局引进香港瑞发集团投资5804万美元进行外环路建设；

2.澳门骏达集团投资开发武夷商城，项目总投资1209万美元；

3.宿州市污水处理厂引进挪威政府贷款360万美元进行城市污水处理项目。

4.宿州市农机局引进申安房地产开发公司合作开发建设金茂商城，项目总投资3500万元；

5.南京雨润食品有限公司租赁经营宿州市肉联厂，总计投资3000万元；

6.浙江省台州客商余卫明先生与市生资公司合作建设华美装饰材料大世界，项目总投资1200万元；

7.北京北方中油石油销售公司投资5000万元建设京皖润滑油化工产品仓储中心。

（二）2002年：

1.宿州市行政中心开发项目，由浙江环宇集团有限公司投资12000万元，浙方按工程进度注入资金，开工建设；

2.山东信诚化工公司投资的宿州信诚化工有限责任公司的化工总厂尿素生产线项

目，投资总额3000万元；

3.宁波银亿集团投资6000万元建设虹都购物中心项目；

4.申安房地产开发公司投资3500万元开发金茂商城；

5.江苏睢宁客商投资3000万元建设广志外国语学校；

6.深圳市康达尔公司投资2500万元建设萧县康达尔饲料公司项目；

7.澳门骏达集团投资12000万元开发武夷商城项目；

8.东方石化集团投资2250万元生产DDGS高蛋白饲料；

9.徐州天能集团投资5500万元开发建设萧县岱桥矿。

（三）2003年：

1.工业项目：中国华电集团投资新建4×60万千瓦桃园电厂项目，投资总额100亿元；杭州锦江集团投资5.8亿元年产15万吨麦草造纸的项目，合同签订，一期工程总投资4亿元，注册资本金1.2亿，当年完成投资8000万元；丰原生化公司恢复建设乙烯及环氧乙烷装置，总投资6500万元，2003年年初投入生产。

2.农业项目：丰原集团投资1.5亿元的砀山县年产2.5万吨浓缩梨汁项目正式投产；丰原宿州生化公司120万吨/年小麦深加工项目，一期工程加工小麦60万吨/年，总投资14亿元，完成各项前期准备工作，2003年年初开工建设。

3.第三产业项目：香港富俊投资置业有限公司投资2.5亿元的大龙泉寺风景旅游开发项目，到位资金5300万元，项目开工建设；江苏苏果集团大型超市项目总投资6000万元，2003年正式开业。

4.房地产项目：江西民生集团投资6亿元的光彩大市场项目，2003年开工建设；浙江环宇集团有限公司投资1.2亿元的宿州市行政中心开发项目，其中政府办公楼工程开工建设；上海贺庆建设发展有限公司投资1.3亿元建设“聚龙花园”项目；江苏张家港华源开发公司投资2亿元的西关大街改造项目；浙江绍兴勤业开发公司投资1.8亿元的“国际广场”开发项目。

（四）2004年：

1.广东锦丰集团投资5000万元建设宿州华东锦丰有限公司面粉厂项目；

2.皖北煤电集团公司投资6290万元进行毛郢孜矿高岭土开发；

3.黑龙江省爱得投资发展公司投资11000万元建设萧县爱得葡萄深加工项目；

4.铜陵客商投资12500万元建设中南钢铁有限公司项目；

5.安徽开源路桥公司投资7000万元建设华灵油脂有限公司项目；

6.上海新高潮集团投资12000万元建设申博木业公司板材加工项目；

7.河南仁和集团投资25000万元建设年产60万吨高速钢材加工项目；

8.杭州客商投资47500万元成立宿州金康纸业有限公司，从事麦草纸浆生产项目；

9.上海绿洲实业有限公司投资7500万元建设安徽绿洲中高密度板生产线建设项目。

（五）2005年：

1.华电集团投资100亿的4×60兆瓦发电机组项目；

2.宁波博洋集团投资5500万元的宿州博洋纺织有限公司服装加工生产线和物流中心项目；

3.浙江省临海市通益包装机械有限公司投资9000万元的砀山县通宇印铁制罐有限公司印铁制罐项目；

4.安徽皖王集团投资6500万元的安徽润发面业有限公司面粉加工项目；

5.浙江爱斯曼有限公司投资7000万元的欣诚食品有限公司食品罐头加工项目；

6.美国客商投资10000万元的南虹棉纺厂棉纺加工项目；

7.山东元邦金属制造有限公司投资26000万元的年产30万吨轧钢项目；

8.山东泰山复合材料有限公司投资5100万元的年产24万吨高岭土生产项目；

9.南京客商投资6000万元的安徽桑铌科技股份有限公司重型钢结构项目；

10.北京朝阳矿山设备制造公司与淮北矿业集团投资8000万元的北杨寨矿山机械设备制造项目；

11.河南省洛阳市植物纤维公司投资8000万元的圣泉植物纤维生产项目；

12.山东新汶矿业集团投资5800万元的金黄庄煤矿开采项目；

13.江苏省盐城市新光投资发展有限公司投资9800万元的锦桥煤矿开采项目。

（六）2006年：

1.中国电光集团投资1.2亿元的煤矿防爆电器项目；

2.台湾客商投资1500万元的兰花基地项目；

3.浙江温岭鸿泰石业公司投资1000万元的石料加工项目；

4.希望集团投资3000万元的万千饲料生产项目

5.浙江三狮集团投资5亿元的水泥熟料生产线项目；

6.江苏雨润食品产业集团有限公司年加工300万头生猪项目；

7.宿州飞跃物流有限公司投资3.5亿元的年产10万台柴油发动机项目；

8.陕西海升果业发展股份有限公司投资2.5亿元的果蔬深加工项目；

9.丰原集团投资13.18亿元的乙二醇生产项目；

10.虹光集团投资2亿元的玉米淀粉及配套发电项目。

（七）2007年：

1.浙江浦大电缆公司投资15.4亿元的板材加工项目；

2.安徽省天陟投资有限公司投资的2.6亿元的板材加工项目；

3.安徽惠丰国际铸钢有限公司1.6亿元收购泗县中南特钢有限公司项目；

4.浙江宁波神农有限公司投资1.2亿元的肉鸡饲养加工项目；

5.黄山强英鸭业有限公司2亿元的肉鸭养殖加工项目。

五、招商引资主要举措

解放思想，拓宽思路，动员全市上下齐心协力、全力以赴抓招商。全市招商引资工作在科学发展观的指导下，深入推进东向发展步伐，围绕“全面追赶、重点突破、局部超越”的总体思路，加大招商引资的密度和力度，在全市营造“人人招商、人人知商、人人安商”的浓厚氛围。

加强招商引资工作的组织和领导，建立健全领导责任制度。市招商引资工作领导小组建立例会制度，对重大招商引资项目及重点工程实行不定期调度，协调解决项目在土地、规划、建设等方面的实际问题。进一步强化各级党政主要负责人和各部门主要负责人是招商引资工作第一责任人的意识，全面贯彻落实“一把手”负责制和“一岗双责”制。重大项目、重点工程要继续实行领导联系责任制。市直各目标任务单位要落实班子成员专职负责抓招商引资工作，明确专人负责，对所签约项目实行项目跟踪落实责任制度。同时，进一步完善激励和约束相结合的运行机制，以促进全市各级各部门对招商引资工作的重视。

突出招商重点区域，继续开展驻点招商和小分队招商工作。宿州市进一步突出招商重点区域，继续精心选派外出招商小分队赴重点区域开展招商工作，继续巩固温、台地区招商成果，抓好项目线索跟踪，加大协议项目的落实，积极促成一批重大项目的开工、投产，同时积极开拓苏南和其他地域招商活动，适时在经济发达地区举办投资环境说明会或项目推介会。

创新招商引资工作机制，形成多元化的招商引资模式。通过大型活动招商、网上招商、委托招商、领导招商、联合招商、全民招商等多种招商方式，开展全方位的招商引资活动，努力提高宿州市招商引资工作实效和水平。同时，认真研究小分队派出机制、目标任务分配机制、考核奖惩机制、经费使用机制、队伍建设机制等招商引资工作机制，使之更科学、更合理、更有效。修订完善《宿州市关于进一步加强招商引资工作的意见》《宿州市招商引资目标任务考核奖惩办法》《宿州市引荐外来投资项目奖励办法》等相关文件，使宿州市招商引资工作逐步步入良性循环的科学发展轨道。

加大宣传力度，营造招商引资的良好氛围。通过编印招商指南，建立招商网络、招商平台和开展招商会、推介会、洽谈会活动，组织多层次、多形式的招商宣传活动，不断向国内外宣传推介宿州的投资环境、区位优势、资源优势和政策优势，宣传各项重点招商引资活动和取得的丰硕成果，不断提高宿州的知名度。通过宣传，进一步增强全市人民的招商意识，在全市范围内形成人人关心招商引资，人人支持招商引资的良好氛围。

抓好投资环境建设，增强外资吸引力。宿州市重点从基础设施、生态环境、政策环境、政务环境、法制环境、市场环境、社会治安环境、人文环境、舆论环境等几个方面入手，推进软、硬投资环境建设，进一步改善和优化宿州市的投资发展环境，建立公平、规范、透明、创业成本低、市场秩序好、社会信用高、安全保障好的现代投资环境，增强宿州市对外开放和招商引资的综合竞争力。

做好项目的跟踪服务工作。对宿州市在谈项目及奇石节期间的签约项目，分门别类、有的放矢地做好跟踪服务工作。对签订协议的项目，做好各方面服务，进一步促成双方签订合同；对签订合同的项目，想办法促成合作双方资金到位以及项目的开工和实施；对在建项目在执行过程中出现的问题深入了解，及时进行协调并向分管领导和有关部门反映，确保项目的顺利实施。通过优质的服务吸引更多的客商来宿州市投资，参与宿州市的经济建设。

加强全市招商引资工作督查、考核力度。在招商引资工作中，宿州市更加严格执行项目“报建报验”制度，对于县区招商项目继续坚持实行“一月一考核，一季一通报，半年一小结，全年一兑现”制度，凡材料不齐全、虚报谎报、“切蛋糕”分任务的项目一律不予确认，对弄虚作假现象予以全市通报。同时强化年终考核工作，凡目标任务完不成的单位，将提请市委、市政府进行督促查办。另外，对各地、各单位招商引资进展情况、经验做法，宿州市招商局通过《招商简报》《政务信息》等有效形式，及时进行通报，以激励先进，鞭策后进。

第十节　行政事务

一、机构设置

1988年12月，宿县地区地直机关事务管理局成立，接待科作为一个内设科室具体承担宿县地委、行署的接待服务工作。1995年9月，中共宿县地委、宿县地区行署接待处（县处级）正式成立，与宿县地区地直机关事务管理局一个机构、两个牌子，具体承担宿县地委、行署的接待服务工作。1999年4月，更名为宿州市市直机关事务管理局，中共宿州市委、宿州市人民政府接待处，具体承担市直机关的财务管理、会议、服务、安全保卫、保洁绿地、设备设施的维修维护等后勤保障工作和宿州市委、市人大、市政府、市政协的接待服务工作，同时承担市纪委、省及省以上的考察组，省以上新闻媒体和招商引资进来的客商的接待服务工作。

二、接待工作

1995年9月，为更好地做好接待服务工作，接待处不断完善自身制度和工作方法，形成一套完整的规章制度和工作程序。2003年6月，按照省纪委及宿州市委、市政府要求，市接待处对自身工作进行改革：凡公务招待（招商引资任务除外），中午用餐一律不安排酒水。接待任务一律实行实名登记，严格审批手续。所有接待任务一律凭市四大班子和市纪委分管负责同志填写的接待任务通知单安排。实行“三单合一”的报账制度，在报销入账时必须做到接待任务通知单、原始菜单和接待经费结算单三张单据齐全，超过标准的不予报销。

宿州宾馆和南苑宾馆是宿州市政府的接待基地，也是宿州市的门面和招商引资的对外窗口。市领导十分重视宾馆的接待工作，经常检查指导宾馆的接待工作，提高接待水平。宾馆年年检修、更新设备，月月培训、考核服务人员，以新面貌、高水平搞好会议接待和为客商服务，使与会人员和客商住得舒适、吃得满意。为高水平地搞好接待工作，宾馆转变观念，提高经营水平，建立客户档案，为嘉宾提供个性化服务；开拓经营渠道，增加收入；在节约降耗上做文章，努力把费用降至最低点；餐饮部增添必要设备、设施，购买展示柜、海鲜池和其他餐具，改善硬件设施，提高服务档次；加强业务培训，提高服务水平和服务质量；加强思想政治工作，激发员工敬业爱岗的精神，切实为宾馆提供优质食宿服务；加强治安、消防管理，进行安全知识培训，加大检查力度，确保宾馆和客人的安全。总理朱镕基下榻宿州宾馆时对宿州宾馆高水平的接待称赞道：“宿州宾馆陈设和装饰，花钱不多、简朴大方、不豪华，但很高雅，符合中国国情。”

三、经费管理工作

行管局财务科经管市直机关40多个单位的经费支出，随着全市招商引资力度加大，业务量不断增加。一是年初按有关标准，分配各单位经费指标，保障单位经费重点开支，年底准确及时编报单位经费收支预算和年终结算。二是严格执行财经纪律，加强对各项经费管理，制定各单位分月用款计划，严格执行“一支笔”审批制度，使有限的资金发挥最大的效益，保障机关工作正常高效运转。三是热情为机关干部职工服务，做到符合规定的借款随到随办，在不违反原则的前提下尽量为报账人员提供方便。四是全面更新升级会计软件，提高工作效率，更好地为机关服务。五是配合财政局做好小汽车保险统一招标统计工作，使小汽车保险费率降低34%左右。六是配合有关单位对机关单位的固定资产进行清理、登记，防止国有资产流失。七是组织各单位管账人员学习新的会计业务知识，并进行评比表彰，促进各单位做好财务工作，共同管好、用好经费。财务科坚持每月与各单位、银行、财政局对账，做到月清月结，账账、账款、账实相符，做到财政局满意、报账单位满意。

四、会议服务

宿州市直机关事务管理局肩负着党委、人大、政府、政协、市直部门及招商引资所召开会议服务工作，会议服务好与差，直接影响会议效果。行管局对每场会议都精益求精，在工作中抓好以下几个方面：一是每次接到会议通知，及时与会议承办方进行联系、沟通，按要求精心准备；二是会场布置做到规范、大方、美观，包括主会标、副会标、主席台布置、花草摆放、席卡制作、摆放顺序等都有严格要求；三是提前做好灯光、音响调试，保证线路畅通、万无一失；四是会场做到整洁、干净，会议进行中茶水供应及时，服务热情周到；五是加强日常管理工作，音响设备定期保养，会议室用电设备每天检查，确保状态良好，席卡及常用公物分类存放，损坏的桌椅及时维修等。

五、做好机关安全保卫工作

一是实行值班制，坚持24小时值班。下班后检查各办公室门窗关闭情况，把一些事故消除在萌芽状态。晚上、节假日加强对政务中心全方位巡视，及时处理各种突发事件；二是严抓各项工作制度的落实，经常对值班保安及监控人员的工作进行检查、监督，确保各项制度落到实处，做到常抓不懈，防患于未然；三是对外来人员和车辆管理实行通行证制度，对非工作时间驶出政务中心的车辆严格做到人、车对号，防止盗窃案件的发生；四是增强消防意识，进行消防知识培训，正确使用消防水袋及灭火器，杜绝火灾发生；五是积极配合信访部门维护上访秩序，一方面告知和引导上访群众到信访接待中心反映问题，另一方面帮助做好耐心细致的劝解工作。

六、加强水电设施的维修维护

房管所为切实做好政务新区水、电、空调等设施的维护保养等服务保障工作，严格制度，加强管理。一是对维修人员实行签到制，采取水、电分片承包责任制度，实行派工单制度，作为出勤依据月底结算，如出现返工，不再增加维修工时，促进了服务质量的进一步提高。二是采取有效措施，大力开展节能降耗工作。积极开展技术改造和资源循环利用活动，更换节能水龙头和节能灯管；对政务中心40台开水器合理安排开停时间，月节约电费4000余元；通过技术手段对4部电梯运行参数进行调整，合理安排停靠楼层，节约电费，节能降耗取得显著效益。三是在水电及各种设施的维护、保养方面做了大量工作，如修换办公区域灯具、更换、维护开关、线路，定期对新区院内路灯、线路检修、疏通、维修清理卫生间冲水阀、角阀，修换抽屉锁、门锁等，为机关的正常高效运转提供优质的后勤保障服务。

七、优化机关环境

政务中心是宿州市党政机关办公重地，机关分为8个办公区、56个部门和单位、近千人办公，为机关创造一个良好办公环境是行管局的重要任务。

用半年时间，在机关大院种植各种花草和树木，确保四季花香流芳。在机关大院内的道路和草丛中安装路灯、射灯，使机关大院绿化、美化、亮化。

2006年，市委、市政府搬迁至政务新区。行管局按照“日周月卫生清洁活动”要求，做到随脏随清，保持室内外环境卫生整洁，车辆停放有序，垃圾袋装密封处理。坚持经常性的除“四害”活动，每周药灭蚊、蝇、蟑螂等，切实做好保洁工作。建立恶劣天气应急预案和消防安全预案机制，为机关办公人员做好后勤服务。

八、为老干部服务

干休所的管理人员，始终坚持做到爱心、热心、细心、耐心为老干部服务，受到老干部的称赞和市领导的好评。一是做好安全保卫、卫生保洁、车辆保障、水电维修等日常服务保障工作。二是不断完善老干部活动中心的功能，加强对医务室、棋牌室、台球室、健身房的管理。三是开展丰富多彩的活动，分期分批组织老干部参观市政建设、开发区建设和新农村建设，引导老干部为宿州的经济发展献计献策，发挥余热。四是加强思想沟通，使老干部生活上有人照顾，思想上有人关心，情感上有人慰藉，安享晚年。

第十一节　人民来信来访

宿县地委、行署人民来信来访办公室成立于1982年。1984年，行政编制10名，内设信访科、调研科，各配科长1名，办公室配秘书1名。1996年，行政编制7人，其中主任1名，副主任1名，科级领导职数3名。2001年，宿州市委、市政府人民来信来访办公室更名为宿州市委、市政府信访局。内设办公室、信访科、督查调研科。行政编制7名。其中局长1名，副局长2名，科级领导职数3名。2002年，核定机关行政编制7名。局长1名、副局长2名，科级领导职数3名。机关后勤行政管理服务人员编制单列1名。

一、来信来访

1987年，受理来信来访1884件人次。其中来信1605件，来访279人次。其中地区领导批办676件次，摘呈阅批724件次，信访办直接处理26件次，转部门处理331件次，转下级处理1463件次，转外地处理14件次。其中反映干部作风299件次，占15.8%，检举揭发413件次，占21.9%；申诉369件次，占19.5%；工农业生产104件次，占5.5%；居民下放、要求工作76件次，占4%；群众生活、优抚、户粮关系133件次，占7%；房产、民事纠纷263件次，占13.9%。

1988年，受理来信来访1747件人次。其中来信1216件，来访531人次。其中地区领导批办432件次，摘呈阅批372件次，直接处理60件次，转部门处理205件次，转下级处理1474件次，转外地处理8件次。其中反映干部作风260件次，占14.8%；检举揭发343件次，占19.6%；申诉314件次，占17.9%；工农业生产200件次，占11.4%；科教文卫55件次，占3.1%；群众生活、优抚121件人次，占6.9%；房产、民事纠纷234件次，占13.3%。

1989年，受理来信来访2070件次。其中来信1558件，来访512人次。其中集体上访13批，344人次。申诉189件次，占9.1%；检举揭发963件次，占46.5%；四化建设122件次，占5.8%；个人要求324件次，占15.6%；纠纷329件次，占15.8%；其他143件次，占6.9%。

1990年，受理来信来访1367件人次。其中来信1240件，来访127人次。其中集体上访3批，24人次。申诉89件次，占6.5%；检举揭发781件次，占57.1%；四化建设28件次，占2.0%；个人要求279件次，占20.4%；纠纷70件次，占5.1%；其他120件次，占8.7%。

1991年，受理来信来访1434件人次。其中来信1239件，来访195人次。其中集体访8批57人次。申诉132件次，占9.2%；检举揭发772件次，占53.8%；四化建设27件次，占1.8%；个人要求160件次，占11%；纠纷84件次，占5.8%；其他259件次，占18%。

1992年，受理来信来访1312件人次。其中来信1109件，来访203人次。其中集体访14批，110人次。地区领导阅批323件次，占24.6%。申诉83件次，占6.3%；检举揭发607件次，占46.2%；四化建设32件次，占2.4%；个人要求213件次，占16.2%；纠纷100件次，占7.6%；其他277件次，占21.1%。

1993年，受理来信来访1711件人次。其中来信979件，来访732人次。其中集体访22批，546人次。地区领导阅批365件次，占21.3%。反映建议171件次，占9.9%；检举揭发633件次，占36.9%；申诉130件次，占7.6%；求决303件次，占17.7%；其他474件次，占27.7%。

1994年，受理来信来访1648件人次。其中来信936件，来访712人次。其中集体访18批，528人次。地区领导阅批581件次，占35.3%。反映建议115件次，占6.9%；检举揭发571件次，占34.6%；申诉105件次，占6.3%；求决487件次，占29.5%；其他370件次，占22.4%。

1995年，受理来信来访2196件人次。其中来信1437件，来访759人次。其中集体访22批，533人次。领导阅批570件次，占26%。反映建议267件次，占12%；检举揭发1005件次，占45.8%；申诉171件次，占7.7%；求决645件次，占29.3%；其他108件次，占4.9%。

1996年，受理来信来访3060件人次。其中来信1681件，来访1379人次。其中集体访36批，953人次。地区领导阅批925件次，占30.2%。反映建议868件次，占28.3%；检举揭发1116件次，占36.4%；申诉229件次，占7.4%；求决638件次，占20.8%；其他209件次，占6.8%。

1997年，受理来信来访4796件人次。其中来信1312件，来访3484人次。其中集体访71批，3037人次。地区领导阅批2334件次，占48.7%。反映建议1392件次，占

29%；检举揭发2476件次，占51.6%；申诉166件次，占3.4%；求决403件次，占8.4%；其他359件次，占7.4%。

1998年，受理来信来访4099件人次。其中来信1379件，来访2720人次。其中集体访70批，2130人次。地区领导阅批1660件次，占40.5%。反映建议437件次，占10.6%；检举揭发2370件次，占57.8%；申诉240件次，占5.8%，求决925件次，占22.5%；其他127件次，占3%。

1999年，受理来信来访6333件人次。其中来信2094件，来访4239人次。其中集体访90批，3630人次。市领导阅批2298件次，占36.3%。反映建议1697件次，占26.7%；检举揭发2769件次，占43.7%；申诉191件次，占3%；求决1276件次，占20.1%；其他400件次，占6.3%。

2000年，受理来信来访4366件人次。其中来信1686件，来访2680人次。其中集体访75批，2105人次。市领导阅批1346件次，占30.8%。反映建议848件次，占19.6%；检举揭发1532件次，占35%；申诉267件次，占6.1%；求决1500件次，占34.3%；其他219件次，占5%。

2001年，受理来信来访6471件人次。其中来信1681件，来访4790人次。其中集体访102批，4177人次。市领导阅批1926件次，占29.8%。反映建议1093件次，占16.8%；检举揭发1689件次，占26.1%；申诉737件次，占11.3%；求决2739件次，占42.3%；其他213件次，3.2%。

2002年，受理来信来访5383件人次。其中来信1668件，来访3715人次。其中集体访129批，3135人次。市领导阅批1524件次，占28.3%。反映建议279件次，占5.1%；检举揭发2313件次，占42.9%；申诉354件次，占6.5%；求决1893件次，占35.1%；其他544件次，占10.1%。

2003年，受理来信来访5386件人次。其中来信1744件，来访3642人次。其中集体访130批，3099人次。市领导阅批1429件次，占26.5%。反映建议782件次，占14.5%；检举揭发1741件次，占32.3%；申诉229件次，占4.2%；求决1929件次，占35.8%；其他705件次，占13%。

2004年，受理来信来访6454件人次。其中来信1719件，来访4735人次。其中集体访198批，4180人次。市领导阅批1653件次，占25.6%。反映建议1062件次，占16.4%；检举揭发1287件次，占19.9%；申诉286件次，占4.1%；求决3026件次，占46.8%；其他793件次，占12.2%。

2005年，受理来信来访4711件次。其中来信1620件，来访3091人次。其中集体访111批，1621人次。市领导阅批1328件次，占28.1%。反映建议512件次，占10.8%；检举揭发1253件次，占26.6%；申诉272件次，占5.8%；求决2154件次，占45.7%；其他520件次，占11%。

2006年，受理来信来访4305件人次。其中来信1242件，来访3063人次。其中集体访119批，1522人次。市领导阅批903件次，占20.9%。反映建议491件次，占11.4%；检举揭发925件次，占21.4%；申诉244件次，占5.6%；求决1879件次，占43.6%；其他766件次，占17.7%。

2007年，受理来信来访7450件人次。其中来信1806件，来访1542批5644人次。其中集体访252批3400人次。

性质分类：揭发检举干部违纪、坏人坏事；四化建设指体制改革、工农业生产、财经贸易、科教文卫、批评建议；个人要求指人事劳资、城镇就业、户粮关系、精减下放、房屋等；纠纷指山林土地、经济合同、民事等方面纠纷。

二、信访制度、队伍建设

（一）四级信访网络

1988年，地直建立信访机构13个，配备专（兼）职信访干部23人；县（市）建立信访机构47个，配备专（兼）职信访干部267人；区、乡、镇建立信访机构38个，专（兼）职信访干部644人，村建民调小组3807个。

1992年，地、县（市）直建立信访机构202个，配备专（兼）职信访干部327人；乡、镇、街道建立信访机构111个，配备专（兼）职信访干部204人；村建民调小组3301个。

2006年，市直建立信访工作领导小组矛盾纠纷排查小组1个，有专职信访干部32人，兼职74人。县、区建立信访工作领导小组矛盾纠纷排查小组5个，有专职信访干部58人，兼职128人；乡、镇、街道建立信访工作领导小组矛盾纠纷排查小组110个，有专职信访干部13人，兼职97人；村建民调小组2626个。

2007年，市两办印发《宿州市乡镇（街道）信访工作暂行办法》，市委、市政府在砀山县召开全市信访工作基层基础建设现场会。全市111个乡镇（街道）全部建立“五位一体”（纪检、信访、综治、司法、派出所）办信访工作机制。

（二）地市级领导接访日

1989年，实行地委、行署负责人预约接待来访群众制度。参加人员：地委正副书记、委员、行署正副专员及顾问。接访内容，信访中重大疑难案件和信访老户；涉及面较广，需要几个部门和单位处理的问题；带有苗头性、倾向性、政策性的问题。

1998年，地委、行署决定，每月10日、20日、30日为地区领导接访日。参加接访领导为地委、行署、人大、政协的负责人。

2004年，市委、市政府印发《进一步完善市级领导信访接访日制度》。主要内容：信访接待的方式、时间和地点；预约接待范围；预约接待的方法和程序。

2005年6月1日-30日，市委、市政府领导开门大接访，15位领导接访17次。其中主要领导2人，接访2次。共接待群众270批，413人次。现场解决问题101件，限期解决169件。

当年，市信访工作领导小组印发《关于进一步完善市级党政领导信访接访日制度的通知》，确定每周二、四作为市级党政领导信访接访日，并作为一项长效机制。

2006年，印发《关于坚持和完善市党政领导干部信访接访日制度的意见》。规定接访时间、基本原则、接访程序及相关措施。

2006年，市级领导接待以约访为主，每周两次（周二、周四）。全年市级领导干部接访381批694人次，其中市委、市政府主要领导接访156批352人次。

2007年，市级领导干部接访255批799人次，其中市委、市政府主要领导接访35

批141人次。

（三）信访干部培训

2000年，市信访办与市委党校联合举办首次乡镇、街道办事处信访干部培训班。全市119个乡镇、街道124个信访办主任参加培训。

2005年，为贯彻落实国务院新修订的《信访条例》，市信访局、市法制办、市委党校联合举办培训班。市直机关县处级以上单位分管信访工作的负责人和信访机构工作人员，各县、区分管信访工作的副书记、副县（区）长，信访局长、法制办主任，各乡、镇、街道分管负责人，共222人参加培训。

2006年12月，全国信访信息系统开始试用，市、县（区）信访局选派8名业务骨干参加省信息系统应用培训。

2007年，市信访局在全市信访系统开展岗位大练兵活动。组织各县区信访局长分别到江苏徐州、山东济宁、河南商丘及本省亳州、阜阳市信访局参观学习当地以服务群众为理念，做好新时期信访工作的做法和经验。组织市及县、区信访局近50名信访干部集中到市局参加岗位练兵知识测试。

第十二节　地方志

一、地方志编纂

（一）修志机构

1982年5月4日，中共宿县地委下发《关于成立宿县地区地方志编纂领导小组的通知》（宿地发〔1982〕49号），郑英保兼任组长，领导小组下设办公室。1983年5月，成立地区史志办公室。1986年8月，地方志从地区史志办公室分离出来，单独成立行署地方志办公室。1989年11月6日，宿县地区地方志办公室并入地区档案局，1990年2月合署办公，对外一个机构，两块牌子。1999年撤地建市，宿县地区地方志办公室更名为宿州市地方志办公室，与宿州市档案局、档案馆一个机构三块牌子。

（二）志书编纂

1983年元月，省政府召开第一次地方志工作会议，启动第一轮修志，1983年2月4日，宿县地区地方志编纂领导小组下发《关于编修专业志的通知》，要求地直各有关部门编修专志，专志在三年内定稿，为地区简志提供材料。要求各口、局成立编志领导小组，落实编写人员，拟定规划和篇目，着手搜集整理资料。1986年，以主编负责制形式对搜集的资料进行分类筛选着手编写。1989年志稿初成。1991年5月，邀请省内外专家学者召开志稿评议会，广泛征求各方面意见，五易其稿。1992年10月形成送审稿，经省地方志编纂委员会审查，《宿县地区志》于1995年9月公开出版发行。

《宿县地区志》门类设置以反映概貌为主，卷首置概述、大事记，按地理、政治、经济、军事、文化、社会、人物顺序分列大类。志书纪事统合古今，详今略古，以现状为主，适当追溯历史，编纂重点放在新中国成立以后，特别是十一届三中全会以后的发展变化，突出地方特点和时代特点。下限一般至1987年，个别地方延至截稿之日。全书80万字，由中国人民大学出版社出版，主编周道斌。

宿州市、县（区）志书出版情况表

表2-3-3

书名	主编	字数(千字)	出版时间(年)	出版社
宿县县志	周道斌	680	1988	黄山书社
萧县志	吴孝桐	1049	1989	中国人民大学出版社
泗县志	黄　韬	808	1990	浙江人民出版社
灵璧县志	方道启	1040	1991	浙江人民出版社
宿州市志	杨承志	746	1991	上海古籍出版社
宿县地区志	周道斌	804	1995	中国人民大学出版社
砀山县志	张明富	800	1996	方志出版社

2003年4月2日，市政府召开全市方志工作会议，启动第二轮修志。2003年10月、11月，市志办举办两期培训班，对市直党政群机关、企事业单位及驻宿单位的修志撰稿人、各县（区）志书主编进行业务培训。

2006年，市委、市政府加大对四县一区及市直单位续修工作的督促力度，全市四县一区全部启动续修工作。2007年7月24日，市政府再次召开全市方志工作会议。市政府下发《关于印发〈宿州市志〉（1988—2007）编纂工作实施方案的通知》，对志书的指导思想、编纂任务、方法步骤、编纂组织、志书的内容范围、编纂要求都作出具体规定。

二、年鉴编纂

宿县地区的年鉴编纂工作从1997年开始，最早的一部是灵璧县地方志办公室编纂的《灵璧年鉴》（1986-1995）。1999年，市地方志办公室开始编纂《宿州年鉴》。《宿州年鉴》是由宿州市人民政府主办、宿州市地方志办公室编纂的综合性地方年鉴，集资料性、信息性、实用性于一体，并逐年编纂连续出版。到2007年，《宿州年鉴》出版发行9部。首部《宿州年鉴》即1999《宿州年鉴》在全省年鉴评奖活动中获二等奖。从1997年到2007年，全市出版年鉴16部。

全市年鉴出版情况一览表

表2-3-4

书名	主编	字数(千字)	类目(个)	彩版(页)	出版时间	出版社
1999宿州年鉴	叶德全	500	28	44	1999.5	珠海出版社
2000宿州年鉴	叶德全	600	28	36	2000.10	黄山书社
2001宿州年鉴	叶德全	600	25	32	2001.10	黄山书社
2002宿州年鉴	徐　艳	700	26	64	2002.11	黄山书社

续表2-3-4

书名	主编	字数(千字)	类目(个)	彩版(页)	出版时间	出版社
2003宿州年鉴	殷玉林	740	27	32	2003.12	内部出版
2004宿州年鉴	殷玉林	500	23	52	2004.11	内部出版
2005宿州年鉴	殷玉林	600	22	80	2005.9	内部出版
2006宿州年鉴	殷玉林	600	23	24	2006.9	内部出版
2007宿州年鉴	殷玉林	700	22	40	2007.9	内部出版
砀山年鉴(1997-1998)	王志勤	690	25	64	1999.9	中国对外翻译出版社
砀山年鉴(1999-2001)	王志勤	800	26	68	2002.9	方志出版社
砀山年鉴(2002-2004)	王志勤	780	25	46	2006.6	方志出版社
灵璧年鉴(1986-1995)	潘有庆	1210	24	40	1997.5	方志出版社
灵璧年鉴(1996-1998)	焦秀銮	1200	25	64	1999.9	黄山书社
灵璧年鉴(1999-2000)	焦秀銮	1000	25	56	2002.1	黄山书社
埇桥年鉴(2005-2006)	赵建国	600	22	20	2007、10	内部出版

三、旧志整理

砀山地方志办公室于1999年1月开始整理清乾隆三十二年（1767年）版《砀山县志》，一年脱稿，成书70万字。2001年，砀山县志办整理出版发行明崇祯十二年版《砀山县志》。这两部砀山县旧志，由山东省德州师范学院中文系教授萧旭执笔点简、直译，体例、观点不变。志书的纪年，除照抄原文外，并附公元纪年，以供参照，重编了目录，便于阅读。

第四章　政　协

第一节　组织机构

中国人民政治协商会议宿州市委员会于1999年5月成立，其前身是1986年4月成立的安徽省政协宿县地区联络处，为正县级单位。1992年10月，撤处建委，成立安徽省政协宿县地区联络委员会；1996年11月，撤联络委建工委，成立安徽省政协宿县地区工作委员会，为地厅级单位。联络处、联络委员会和工作委员会均属省政协派出机构。1999年5月，随着撤地建市，成立中国人民政治协商会议宿州市委员会（以下简称宿州市政协或政协宿州市委员会），属中国人民政治协商会议的一级地方委员会，是宿州市地方爱国统一战线组织。

一、联络处、联络委员会、工作委员会

（一）机构设置

联络处、联络委员会未下设办事机构；工作委员会下设办公室，办公室下设秘书科、行政科。

（二）工作职责

联络处、联络委员会和工作委员会作为省政协的派出机构，其主要职责：传达贯彻中国共产党的路线、方针、政策和全国政协、省政协的会议精神；按照省政协的统一安排，结合地区实际，组织在本地的全国政协委员和省政协委员进行学习、调查、视察和参观考察活动，反映委员的意见和建议并办理委员的来信来访；加强同本地区的民主党派、无党派人士和有关人民团体的联系与合作，开展联谊活动，巩固发展爱国统一战线；协调指导县（市）政协工作，推动县（市）政协各项工作；总结交流本地政协工作经验，参与县（市）政协的换届工作等。

（三）机构领导

安徽省政协宿县地区联络处

代理主任：李明月（1986年4月-1987年10月）

主　　任：郭长康（1987年11月-1990年1月）

　　　　　侯先法（1990年12月-1993年10月）

安徽省政协宿县地区联络委员会

副主任：杜庆业（1992年10月-1995年12月）

　　　　年介亮（1993年10月-1996年10月）

安徽省政协宿县地区工作委员会

主　　任：陈树德（1996年11月-1998年4月）

　　　　　武秀玲（1998年4月-1999年4月）

副 主 任：李祥珍（1997年7月-1999年4月）

戴如珠（1996年10月-1999年4月）
年介亮（1996年10月-1997年12月）
王　彦（1997年7月-1999年4月）

秘 书 长：耿培元（1997年3月-1999年4月）

委　　员：李汉斌　梁克振　王茂华　徐振民

二、政协宿州市委员会

政协宿州市委员会由中国共产党、各民主党派、无党派人士、人民团体、社会各界和特邀界人士组成；政协委员由各党派、团体和界别相关组织推荐，经政协宿州市委员会常务委员会会议协商通过后产生。

宿州市政协一届一次会议委员326人，选举产生常委会组成人员60人，其中：主席1人、副主席4人、秘书长1人、常委54人。宿州市政协一届二次会议委员342人，补选委员16人，补选副主席4人、常委4人；常委会组成人员68人，其中：主席1人、副主席8人、秘书长1人、常委58人。宿州市政协一届三次会议委员342人。宿州市政协一届四次会议委员354人，补选委员12人。宿州市政协一届五次会议委员352人，此前2人辞职。

宿州市政协二届一次会议委员403人，选举产生常委会组成人员73人，其中：主席1人、副主席9人、秘书长1人、常委62人。宿州市政协二届二次会议委员403人。宿州市政协二届三次会议委员395人，此前8人辞职。宿州市政协二届四次会议委员412人，补选委员17人；补选副主席2人、补选常委12人，补选秘书长1人；常委会组成人员84人，其中：主席1人、副主席10人、秘书长1人、常委72人；四次会议期间补选委员8人，计420人。

（一）机构设置

第一届宿州市政协工作机构设八个专门委员会，即：经济委员会、提案委员会、文史和学习委员会、科教文卫体委员会、人口资源环境委员会、社会和法制委员会、民族和宗教委员会、港澳台侨联络委员会；办事机构设二个，即：办公室、专门委员会工作室；中共党组织设：中共宿州市政协党组，中共宿州市政协分工委（后改为中共宿州市政协总支）。

第二届宿州市政协工作机构设八个专门委员会，即：提案委员会、经济委员会、人口资源环境委员会、教科文卫体委员会、社会和法制委员会、民族和宗教委员会、港澳台侨联络委员会、文史资料和学习委员会；办事机构设二个，即：办公室、专门委员会工作室（后撤销，成立研究室）；中共党组织设：中共宿州市政协党组，中共宿州市政协机关党委。

（二）机构领导

1.政协第一届宿州市委员会常务委员会

主　席：武秀玲（女）

副主席：周家富　王　彦　孔庆福　陈瑞君
（以下为2000年5月宿州市政协一届二次会议补选）
宋同美（女）张道保　苏兴佳　王克金

秘书长：时学爱

常务委员：（按姓氏笔画排序）

王　洁（女）	王士民	王克金	王茂华	王彩法
尤加林	邓端亭	石文庆	田福贵	巩　辉（女）
朱长洁（女）	刘永海	闫　旭	苏文学（回）	苏兴佳
苏怀洲	杨念恩	杨保全	杨蕴秋（女）	李子文
何　平	汪训道	汪蓓蕾（女）	宋天祥	宋同美（女）
宋凌云（女）	张　铎	张道保	张德信	武　敏（女）
金自翔	周贻君	郑雨亭	单乃我	孟广实
赵承金	胡学政	费建民	晁　芳（女）	钱旭久
殷继良	徐振民	高　强	高惠春（女）	常　洪
梁　钢	梁克振	梁丽君（女）	葛元民	温绍东
黎红帽（女）	薛志耘	戴永生	戴晓培	

（以下为2000年5月宿州市政协一届二次会议补选）

刘西元　　沙世金（回）　　佟　涛　　薛守书

2.政协第二届宿州市委员会

主　席：姜　元

副主席：王　建（2004年2月-2008年10月）

孔庆福（2004年2月-2008年4月）

陈瑞君（2004年2月-2008年4月）

宋同美（2004年2月-2007年2月）

苏兴佳　　王克金　　韩春明　　胡兴超　　何　平

（2007年2月宿州市政协二届四次会议补选）

王胜华、高德刚

秘书长：高德刚（2004年2月-2007年2月）

刘烈忠(2007年2月宿州市政协二届四次会议补选)

常　委：（按姓氏笔画）

马　杰（女）	尤计富	尤加林	牛洪杰	王洁（女）
王心建	王志刚	王彩法	王雪春	邓端廷
卢传云	石向才	石继光	刘　光	刘永海
刘西元	刘秀丽（女，回族）	巩　辉（女）	朱　松	江荣福
祁　宦	闫　旭	佟　涛	宋天祥	宋凌云（女）
张　生	张久飞	张亚伦（女）	张忠义	张晓东（女）
李士杰	李子文	李纯明	杨立新	杨念恩
杨保全	杨蕴秋（女）	沈少纯	苏怀洲	谷化龙
陈光林	陈庆斌	陈洪志	陈新民	单乃我
周忠谦	周润南（2004年2月-2006年1月）			

孟凡敬　孟广实　林元民　武敏（女）　武德廉
施　进　胡浪涛　赵承金　赵劲松　赵新田（女）
夏年光　晁　芳（女）殷继良　高凌燕（女，回族）　高惠春（女）
常　洪　梁　钢　梁丽君（女）黄　莉（女）　温绍东
葛元民　葛思广　谢　安（女）薛守书　薛志耘
戴永生　戴晓培　顾秉生（2005年2月宿州市政协二届二次会议补选）
（以下为2007年2月宿州市政协二届四次会议补选）
王志刚　石向才　祁　宦　朱　松　谷化龙
张晓东（女）陈新民　武德廉　赵劲松　黄　莉（女）
谢安（女）　葛思广

3.政协第三届宿州市委员会

主　席：姜　元（2009年2月-2011年12月）
　　　　刘晓云（2012年1月宿州市政协三届四次会议补选）
副主席：胡兴超　苏兴佳　何　平　王胜华
　　　　高德刚　高士宏　武　敏（女）
　　　　李晨阳（2012年1月市政协三届四次会议补选）
秘书长：孟凡敬
常　委：（按姓氏笔画）
马　杰（女）　马士凯（回族）　尤计富　尤加林　尹光思
方　波（2009年2月-2010年7月）
牛洪杰　王　洁（女）　王心建　王彩法　王雪春
邓端廷　石向才　刘　光　刘秀丽（女，回族）
刘明军　刘烈忠　巩　辉　朱　松　祁　宦
许保民（回族）　许继侠（女）　闫　旭　吴玉华　宋天祥
宋凌云（女）　张传贝　张安文
张忠义（2009年2月-2012年10月）
张晓东（女）　李勇抗　李理化　杨　林　杨玉洁（女）
杨立新　杨保全　杨蕴秋（女）　杨燕萍（女）
汪　丽（女）　沈少纯（2009年2月-2010年12月）
陈光林　陈新民　周忠谦　周道斌　武德廉
姚玉峰　施　进　祝美（女）胡浪涛　赵劲松
赵志柱　赵明辉　赵新田（女，2009年2月-2010年7月）
赵德超　郝　杰　夏金叶（女）
徐成法（2009年2月-2012年10月）
晁　芳（女）　高昌淼　高惠春（女）　屠益均
曹达龙　梁　钢　黄莉（女）　黄敬玺
温绍东　葛元民　葛思广
董贤学（2009年2月-2011年12月）

董靖华（女）　谢　安（女）　魏建华
（以下为2012年1月宿州市政协三届四次会议补选）
张明南　　　孟　方　　　孟广实
4.政协第四届宿州市委员会
主　席：刘晓云（女）
副主席：李令臣　苏兴佳　　何　平　　王胜华
　　　　高士宏　武敏（女）　唐庆明　　马杰（女）
秘书长：周　舒
常　委：（按姓氏笔画）

丁　勇	丁杏灿	马士凯（回族）	马鹏飞	王　伟
王　金	王汉武	王雪春	王彩法	尤计富
牛洪杰	邓端廷	刘　超	刘小阳	刘秀丽（女，回族）
刘明军	刘晓丽（女，回族）		闫　旭	祁　宦
孙爱华（女）	李传营	李芳茹（女）	李希珍	李勇抗
杨　林	杨玉洁（女）		杨立新	吴玉华
吴国秀（女）	宋天祥	宋凌云（女）	张　磊	张召龙
张安文	张宏亮	张明南	张晓东（女）	
张爱民	陈光林	陈新民	陈曙光	邵　迪（女）
武德廉	周更生	孟　方	孟广实	赵天明
赵志柱	赵劲松	赵素华（女）	郝　杰	郝晓军
胡大为	胡开安	胡浪涛	侯姝琛（女）	
祝　美（女）	姚玉金	耿志国	夏金叶（女）	
晁　芳（女）	徐海浩	徐淑敏（女）	高昌淼（2013年1月-11月）	
黄　莉（女）	黄正祥	梁　钢	葛思广	董靖华（女）
韩　冰	程　军	温绍东	谢　安（女）	
戴永生				

第二节　全体会议

全体会议是中国人民政治协商会议宿州市委员会围绕团结和民主两大主题，履行政治协商、民主监督、参政议政职能的最高形式。根据《中国人民政治协商会议章程》的有关规定，全体会议每年举行一次，常务委员会认为必要时可临时召集；参加人员除当届全体委员外，根据工作需要，经常务委员会决定邀请有关人员列席会议。1999年5月至2007年2月，政协宿州市委员会共召开了2届9次全体会议。其主要任务：（一）选举政协宿州市委员会的主席、副主席、秘书长和常务委员，决定常务委员会组成人员的增加或者变更；（二）协商讨论全市的大政方针以及政治、经济、文化和社会生活中的重大问题，提出建议和批评；（三）听取和审议常务委员会工作报告、提案工作情况的报告和其他报告；（四）讨论本会重大工作方针、任务并作出决议。全体会议由常务委员会召集并主持，每届第一次全体会议由预备会议选举产生的主席团主持。

一、政协第一届宿州市委员会

宿州市政协一届一次会议于1999年5月19日至22日举行，有委员326人，分别代表中共、各民主党派、无党派人士、工商联、工会、共青团、妇联、科协、科学技术、社会科学、农业、经济企业、文化艺术、教育体育、医药卫生、新闻出版、民族宗教和特邀人士。驻宿州省政协常委、委员，原地区政协领导等列席会议。

19日举行预备会议，周家富作《政协第一届宿州市委员会筹备工作报告》；通过武秀玲、周家富、王彦、宋同美等37人为主席团成员，周家富为秘书长；通过王彦等17人组成的提案审查委员会。主席团第一次会议审议通过常务主席、副秘书长等事项。5月20日，宿州市政协一届一次会议在市委礼堂开幕。大会主席团常务主席武秀玲主持会议，周家富致开幕词。会议议程：选举政协第一届宿州市委员会主席、副主席、秘书长和常务委员；审议通过宿州市政协一届一次会议提案审查委员会关于宿州市政协一届一次会议提案审查情况的报告；列席宿州市第一届人民代表大会第一次会议；通过政治决议。5月22日，会议以无记名投票的方式，选举武秀玲为主席，周家富、王彦、孔庆福、陈瑞君为副主席，时学爱为秘书长以及54名常务委员；会议还通过《政治决议》和王彦作的《提案审查情况的报告》。市委书记徐立全到会祝贺并作讲话。

会议收到委员提案285件，经提案审查委员会审查立案224件，立案率为78.6%。会后交有关单位办理，办结率为100%，满意率和基本满意率为98.7%。

宿州市政协一届二次会议　于2000年5月17日至21日举行，实到322名委员。会议议程：听取和审议政协第一届宿州市委员会常务委员会工作报告；听取和审议政协第一届宿州市委员会常务委员会关于一届一次会议以来提案工作情况的报告；列席宿州市一届人大二次会议；补选政协第一届宿州市委员会常务委员、副主席；大会发言；听取并审议通过会议提案审查情况的报告；审议通过会议各项决议。

会议补选副主席4人和常务委员4人。

第一届宿州市政协于2001年2月23日至27日、2002年3月10日至14日、2003年1月2日至6日分别召开第三次、第四次、第五次会议。其中，第四次会议补选常务委员9名。

二、政协第二届宿州市委员会

宿州市政协二届一次会议　于2004年2月22日至27日举行，有378名委员，分别代表中共、各民主党派、无党派人士、工商联、工会、共青团、青联、妇联、科协、科学技术、社会科学、农业、经济企业、文化艺术、教育体育、医药卫生、新闻出版、民族宗教和特邀人士。

2月22日下午，举行宿州市政协二届一次会议预备会议，听取《关于宿州市政协二届一次会议筹备工作情况的报告》；通过宿州市政协二届一次会议议程；通过姜元等41人为主席团成员，王建为大会秘书长；通过宋同美等12人组成的提案审查委员会。主席团第一次会议通过宿州市政协二届一次会议日程；协商通过主席团常务主席和常委主席会议主持人名单；协商通过各次大会执行主席和主持人名单；决定大会副秘书长名单。

2月23日至27日，举行宿州市政协二届一次会议。会议议程：听取并审议政协第一届宿州市委员会常务委员会工作报告；听取并审议政协第一届宿州市委员会常务委员会提案工作情况的报告；列席宿州市二届人大一次会议，听取并讨论政府工作报告及其他报告；选举政协第二届宿州市委员会主席、副主席、秘书长和常务委员；审议通过宿州市政协二届一次会议各项决议；听取提案审查委员会提案征集情况的通报。选举姜元为主席，王建、孔庆福、陈瑞君、宋同美、苏兴佳、王克金、韩春明、胡兴超、何平为副主席，高德刚为秘书长及62名常委；审议通过会议各项决议。

会议收到委员提案295件，经提案审查委员会审查立案248件，立案率为84%。会后交有关单位办理，办结率为100%，满意率和基本满意率为98.7%。

第二届宿州市政协于2005年2月24日至27日、2006年2月6日至9日、2007年2月7日至11日分别召开第二次、第三次、第四次会议。其中，第二次会议补选常务委员1人；第四次会议补选王胜华、高德刚为副主席，刘烈忠为秘书长和12名常务委员。

第三节 常务委员会会议

政协常务委员会主持政协宿州市委员会的会务，在政协宿州市委员会全体会议闭会期间处理政协宿州市委员会的工作；由政协主席、副主席、秘书长和常务委员组成。

常务委员会会议一般每季度举行一次，必要时可临时举行。常务委员会会议由主席主持，也可由主席委托的副主席主持。其主要任务：（一）执行政协宿州市委员会全体会议决议；（二）审议政协宿州市委员会及常务委员会会务和工作中的重大事项；（三）协商讨论全市重大方针政策以及社会生活中的重大问题，听取中共宿州市委、市人民政府以及有关部门的负责人对有关重要问题的报告或说明，提出意见和建议；（四）审议提交政协宿州市委员会全体会议的文件；（五）审议通过重要的建议案、提案、视察报告、调查报告和制度等；（六）政协有关人事任免。

常务委员会会议闭会期间，由政协宿州市委员会主席、副主席、秘书长组成的主席会议主持常务委员会的日常工作。

政协第一届宿州市委员会常务委员会于1999年5月由宿州市政协一届一次会议选举产生，组成人员60人，其间召开28次常委会议。政协第二届宿州市委员会常务委员会于2004年2月由宿州市政协二届一次会议选举产生，组成人员73人，截至2007年年底，召开了23次常委会议。

第四节 提案 建议案

一、提案

1999年5月至2007年期间（市政协一届一次会议至二届四次会议），收到提案2012件、审查立案1780件。

（一）基本情况

第一届宿州市政协收到提案1056件、审查立案938件。其中：

一次会议收到提案285件、审查立案224件、立案率为78.6%。在立案的提案中，经济建设方面的100件、占44.6%；教科文卫体方面的61件、占27.2%；统战综合方面63件、占28.1%；61件作为委员来信或转为社情民意处理。

二次会议收到提案202件、审查立案191件、立案率为94.6%。在立案的提案中，经济建设方面的97件、占51%；教科文卫体方面的54件、占28.2%；统战综合方面的40件、占21%；11件作为委员来信或转为社情民意处理。

三次会议收到提案169件、审查立案155件、立案率为91.7%。在立案的提案中，经济建设方面的80件、占51.2%；教科文卫体方面的39件、占25.2%；统战综合方面的36件、占23.2%；14件作为委员来信或转为社情民意处理。

四次会议收到提案225件、审查立案208件、立案率为92.4%。在立案的提案中，经济建设方面的115件、占55.3%；教科文卫体方面的62件、占29.8%；统战综合方面的31件、占14.9%；17件作为委员来信或转为社情民意处理。

五次会议收到提案175件、审查立案160件、立案率91.4%。在立案的提案中，经济建设方面的83件、占51.9%；教科文卫体方面的37件、占23.1%；统战综合方面的40件，占25%；15件作为委员来信或转为社情民意处理。

第二届宿州市政协（一至四次会议）收到提案956件、审查立案842件。其中：

一次会议收到提案295件、审查立案248件、立案率84%。在立案的提案中，经济建设方面的120件、占48.4%；教科文卫体方面的89件、占35.9%；统战综合方面的39件、占15.7%；47件作为委员来信或转为社情民意处理。

二次会议收到提案207件、审查立案178件、立案率86%。在立案的提案中，经济建设方面的82件、占46%；教科文卫体方面的50件、占28%；统战综合方面的46件、占26%；29件作为委员来信或转为社情民意处理。

三次会议收到提案195件、审查立案172件、立案率88%。在立案的提案中，经济建设方面的93件、占54%；教科文卫体方面的45件、占26%；统战综合方面的34件、占20%；23件作为委员来信或转为社情民意处理。

四次会议收到提案259件、审查立案244件、立案率94.2%。在立案的提案中，经济建设方面的113件、占46%；教科文卫体方面的88件、占36%；统战综合方面的43件、占18%；15件作为委员来信或转为社情民意处理。

（二）提案提出

提高认识，扩大影响。宿州市政协组织推动政协参加单位和政协委员，认真学习《政协章程》，贯彻《政协宿州市委员会提案工作条例》，提高政协参加单位和委员对提案工作性质、地位、作用和重要意义的认识；利用报刊、广播、电视和网络媒介做好宣传，扩大政协提案的社会影响，增强政协参加单位和委员提出提案及提案承办单位办理提案的积极性、主动性。

注重质量，严格要求。提案质量是提案工作的基础，是办好提案、发挥提案作用的先决条件。要求要把握重点、讲求实效，力求有情况、有分析、有解决问题的具体建议。

严格立案，注重交办。2000年以来，市委办、市政府办、市人大办和市政协办四家联合召开提案交办会，市政府负责人就提案办理工作提出具体要求。对全会后征集的提案，随时进行审查交办。

（三）提案办理

政协提案的办理是提案工作的重点环节。提案办理质量是实现提案目的的关键。宿州市政协提案委员会在主席会议和常务委员会的领导下，积极协调市委、市政府各有关部门，采取灵活多样的形式，对提案办理情况严肃认真地督查和督办，不断提高办理质量和提案人满意率以及意见建议采纳率。

领导重视、重点批办。市委、市政府领导十分重视政协提案工作，把办理提案摆上重要议事日程，审阅重要提案，领办重点提案。

健全制度、督促落实。1999年，宿州市政府制定办理人大代表建议和政协提案工作规定；2005年7月，宿州市政协一届九次常委会修订《政协宿州委员会提案工作细则》，进一步促进了提案工作的“三化”建设。

重点提案、跟踪督办。第一届市政协每年都筛选10件重点提案，由主席、副主席领衔督办，取得较好的效果；提案办结后，分管主席率提案委成员和市委、市政府督查室负责人以及提案人对提案办理大户进行视察、督促提案的落实。2007年，市政协主席会议确定16件重点提案，送市长、副市长阅批，市政府副秘书长领办，市政协主席、副主席督办，收效显著。同年，市政协主席、副主席又对7家提案办理大户（提案办理数量占当年立案的87%）进行视察。主席会议专题听取5家办理单位的汇报，推动提案办理质量的提高。

（四）提案表彰

评选表彰活动每届进行两次，以政协宿州市委员会的名义，市政协全体会议上对先进单位和个人进行通报表彰。第一届会议期间，表彰二次，表彰优秀提案33件。二届会议期间，表彰二次，表彰优秀提案43件，提案办理先进单位22个，提案办理先进个人33人。

二、建议案

政协建议案是市政协履行职能的一种重要方式，是经政协常务委员会议或主席会议审议通过，并以政协名义向党委、政府提出的重要意见建议。宿州市政协成立以来，先后就水资源、农村民营经济和服务业课题开展调研，分别提出建议案。

城区地下水资源开发、利用与保护。2002年10月，宿州市政协一届二十二次常委会议审议通过《政协宿州市委员会常务委员会议关于城区地下水资源开发、利用与保护的建议案》并以宿协〔2002〕5号文提交市政府办理。是宿州市政协历史上第一次提出建议案。建议案反映宿州市水资源开发利用的客观实际和保护的紧迫性，提出合理开发、利用和保护城区地下水资源，促进经济和社会的可持续发展的建议。8月，市政协就城区地下水资源的开发、利用和保护情况进行专题调研。调研组通过与方方面面的座谈以及实地查看，摸清宿州市地下水资源现状，对一个地下水资源较匮乏地区，在水资源开发、利用与保护方面重要性认识不足，缺乏危机感和忧患意识；生产、生活主要依靠地下取水，形成深层和浅层漏斗；缺少统一的开发、利用总体规划，布局混乱，过量、无序开采地下水；水资源管理混乱且管理不善；水资源浪费严重等。政协委员给予高度关注，建议案从加强水资源的开发、利用和保护，促进可持续发展的战略高度，就近期任务和远期目标，最终实现水资源的科学、合理、高效和可持续利用，达到良性循环提出7条建议。建议案要求提高认识，统一思想，切实把水资源的开发、利用与保护作为可持续发展战略的一个重要方面来抓，增强危机感、紧迫感和责任感。扎扎实实地做好普查工作，制定切实可行的总体规划，为可持续发展创造前提条件。推进现行管理体制的改革，统一管理，依法治水。合理开发、利用和保护水资源，增强全民节水意识，引入市场机制，公平竞争，打破行业垄断。

建议案的办理工作得到市政府的高度重视和支持。提交后，市政府即召开相关部门负责人会议，研究办理事宜，提出办理要求。12月，相关部门作出回复。

解决农村民营经济融资难问题。2004年6月，宿州市政协二届二次常委会议审议通过《政协宿州市委员会常务委员会关于解决农村民营经济融资难问题的建议案》，并以宿协办〔2004〕23号文呈送市政府办理。建议案反映当前农村民营经济发展由于受社会信用环境、国家宏观金融政策、农村经济状况等多种因素影响，融资十分困难的突出问题，成为制约民营企业和种养加（工业）大户发展的“瓶颈”；反映金融机构市场化管理后，零风险管理和贷款责任终身追究制，存在惧贷、惜贷心理，以及农村信贷环境不良，市场主体信用缺失的实际问题。为切实解决农村发展民营经济融资难的问题，推动农村民营经济健康、快速发展，促进农民增收，实现宿州“两个跃升、一个崛起”的奋斗目标，建议建立信用工程体系，打造“诚信宿州”，营造融资良好社会信用环境；进一步转变观念，积极作为，构建融资方便、快捷、有效的服务平台；启动民间资本以满足农村民营经济不断增长的资金需求以及提高农村民营企业投资决策、生产经营、财务管理、收入分配等方面的能力和综合素质，规范管理行为，排除获得信贷准入自身障碍。10月，市政府正式作出答复。

加快服务业发展。2007年8月，宿州市政协二届二十二次常委会议审议通过《政协宿州市委员会常务委员会关于加快服务业发展的建议案》，并以宿协〔2007〕6号文呈送市政府办理。建议案共提出20点建议：1.理清现代物流业发展思路。2.扶持专业化物流企业做大做强。3.深化物流体制改革。4.优化物流市场环境。5.强化规划执行力度。6.推进发展模式创新。7.加强专业市场建设。8.规范市场经营秩序。9.进一步实施农产品品牌建设。10.充分发挥农民专业合作经济组织、行业协会和农村经纪人的作用。11.认真做好农村经济信息服务工作。12.进一步完善农村合作医疗制度。13.大力加强社区服务业基础设施和体制建设。14.加快发展社区养老服务业。15.积极推进社区卫生服务业。16.努力提高社区物业管理水平。17.加强信贷政策与财政政策协调配合。18.大力提高中小企业融资能力。19.健全完善农村金融体系及信贷管理制度。20.大力加强融资担保服务。

建议案提出后，市政府高度重视，市长吴旭军作出批示；副市长张冬云主持召开建议案交办工作会议，将办理任务分解到36个责任单位落实并作出安排部署。12月，市政府以宿政秘〔2007〕108号文作出正式答复。

第五节　视察调研

一、委员视察

1999年，宿州市政协成立以来，组织委员视察38次。政协委员紧紧围绕全市政治、经济和社会发展大局，深入企业、农村、社区、学校、医院和重点工程、重点项目等，了解民情民意，关注热点焦点问题，切实履行委员职责，积极建言献策。

政协第一届宿州市委员会视察

1999年5月至2003年，宿州市政协组织委员视察14次。宿州市政协组织驻宿州市省政协委员对芜湖市国有企业改制工作进行视察并向市委呈送书面报告。市委主要负责人高度重视并批示，市委办公室在《宿办通报》上全文印发该报告。科教文卫体委员会组织委员视察市体委备战省九运会工作情况、宿州卫校新校区建设、市中医院医疗体制改革情况。人口资源环境委员会两次组织委员视察环城河综合治理工程、市政项目和热点工程。社会和法制委员会先后组织委员视察贯彻实施《残疾人保障法》情况和市监所管理工作；与省政协社会和法制委联动对全市社会治安综合治理工作进行专题视察。港澳台侨联络委员会组织部分委员对市"三资"企业进行视察。民族和宗教委员会三次视察宗教工作，先后视察埇桥区基督教培训基地和省宗教事务条例贯彻实施情况以及萧县宗教管理工作。

政协第二届宿州市委员会视察

2004-2007年，宿州市政协组织委员视察24次。其中省政协4次。2004年9月，省政协副主席秦德文率领省妇联、司法厅有关负责人及部分省政协委员视察省女子监狱。2006年5月，省政协副主席陈心昭率科技界部分委员视察宿州市科技创新工作；11月，省政协副主席卢家丰视察宿州市小城镇建设和乡村规划情况；12月，省政协主席方兆祥视察宿州市开发区建设、工业企业及城区道路交通建设并走访慰问住宿省政协委员。

"为促进民营经济发展献计出力"是第二届宿州市政协确立的工作重点，市政协和有关专委会开展20次视察。2004年，市政协专题视察灵璧、泗县、萧县农业产业化14家不同类型民营龙头企业的发展情况，并针对农村民营龙头企业发展中的四点问题，提出提高认识，营造民营龙头企业发展良好氛围；加大扶持力度，发挥龙头带动作用；多渠道筹集资金，增强龙头企业发展后劲；注重标准化生产，加快民营龙头企业与市场的有效对接；优化经济发展环境，为民营龙头企业发展保驾护航的建议。民族和宗教委员会视察砀山县少数民族民营经济发展情况，并将少数民族民营企业要求落实的优惠政策，期盼政府帮助解决融资难和减轻负担愿望等，向市委、市政府作出反映。2005年，港澳台侨联络委员会部分委员视察砀山县、埇桥区港澳台侨企业发展情况，建议做好"以商引商、以商招商"工作，搭建银企协作与沟通桥梁。

在新农村建设方面积极建言献策，2004年，人口资源环境委员会视察耕地保护、开发、整理工作，提出8点建议。2007年，市政协主席姜元，副主席陈瑞君、苏兴佳带领教科文卫体委员会和民主党派、无党派、工商联、教育体育、医药卫生界别委员，视察埇桥区新型农村合作医疗试点工作。副主席王建带领人口资源环境委员会和民主党派、科协、科技、农业、经济企业界委员，视察社会主义新农村建设情况。

宿州市政协及各专委会高度关注民生，市政协主席会议视察中山街火灾隐患的整治情况；副主席胡兴超、王胜华率新闻出版、工青妇、民族宗教界委员视察城镇居民医疗保险和未参保集体企业退休职工生活保障工作。社会和法制委员会视察就业和再就业工作、埇桥区和萧县视察残疾人综合服务设施建设、基层司法所建设情况。教科文卫体委员会视察市直和萧县妇幼保健工作。人口资源环境委员会视察计划生育专项清理工作。

宿州市政协还就政府部门的纪律作风集中整顿、城市规划建设和预防职务犯罪开展视察。民族和宗教委员会视察埇桥区基督教活动场所管理和萧县天主教情况；提案委员会两次对政府部门办理政协提案情况进行视察。

二、调查研究

宿州市政协始终坚持紧紧围绕党委、政府的中心工作，结合自身的特点和条件，充分发挥人民政协的优势，组织政协委员就宿州市政治、经济和社会发展中迫切需要解决的课题，选择人民群众关心的热点、难点问题开展深入地调查研究，提出一些有深度、有较高资政价值的意见建议供市委、市政府决策参考。同时，一些具有全局性、宏观性和前瞻性课题的调研报告，提交主席会议、常委会议审议，形成建议案。据统计，1999年5月至2007年，开展调研活动47次。

第六节　重要活动

一、政协论坛

政协论坛是政协第二届宿州市委员会创新履行职能形式，搭建的参政议政平台。开展两次，分别就全市新农村建设和推进服务业发展建言立论，收到论文38篇，28位委员作专题发言。

2006年11月1日，宿州市政协举行“建设社会主义新农村”政协论坛会。市委副书记张国富、副市长李令臣，市政协副主席王建、孔庆福、陈瑞君、宋同美、苏兴佳、胡兴超、何平，秘书长高德刚以及论坛课题组成员参加会议，姜元主席主持会议。从4月下旬开始，市政协“建设社会主义新农村”论坛各课题组分别就农业产业化、农民增收、乡村建设、农村义务教育、农村社会治安等16个课题组织专题调研，并在认真研究分析基础上形成16篇论文。论坛会上，陶建理、卢传云、张志翔等16位委员发言。

2007年8月21日，宿州市政协举行“推进服务业发展”政协论坛会。市委书记唐承沛，副书记、市长吴旭军出席会议，市政协主席姜元、副市长张冬云出席会议并分别讲话，市政协副主席王建、苏兴佳、王克金、韩春明、胡兴超、何平、王胜华、高德刚及秘书长刘烈忠出席会议。

自4月中旬开始，论坛领导小组从生产服务业、生活服务业、公共服务业拟定50多个选项角度中确定调研课题，以专委会、党派、界别组为主和县区政协联动组成课题组；派员参加国家发改委培训，组织开展专题调研，形成1篇综合调研报告和22篇论文。论坛会上，王和忠、王美荣、张永恒、范晓慧等12位委员依次发言，另有10篇论文作书面发言。

二、民主评议

民主评议是政协第二届宿州市委员会创新履行民主监督职能的一种形式。其主要内容是对政府行政执法部门公正廉洁、文明执法、职业道德、职业纪律、行业作风、制度建设和工作实绩方面进行评议。2004-2007年开展四次民主评议活动，评议政府12个部门，促进政府执法部门的作风转变。2004年12月，宿州市政协二届四次常委会议评议市工商局、质量技术监督局、公安局。2005年11月，宿州市政协二届十次常委会议评议市教育局、城管局、卫生局。2006年11月，宿州市政协二届十六次常委会议评议市物价局、食品药品监督管理局、劳动和社会保障局。2007年11月，宿州市政协二届二十三次常委会议评议市农委、工业委、商务局。常委会上，政协常委们对上述单位的工作进行认真评议并提出进一步改进工作的意见和建议。

三、反映社情民意信息

1999年，宿州市政协成立至二届四次会议以来，广大政协委员围绕市委、市政府的中心工作和人民群众关心关注的社会热点、难点问题，开展调查研究，了解民情、集中民智、反映民意，提出一些有价值的意见和建议，对促进全市经济社会快速协调发展，起到积极的作用。截至2007年12月底，收到委员反映社情民意信息700多条，编报《社情民意》《宿州政协信息》168期，其中被省级信息刊物采用29条、省级领导批示6人次，被市级信息刊物采用73条、市级领导批示45人次。

四、文史工作

人民政协文史资料是历史当事人亲历、亲见、亲闻的资料，具有存史、资政、团结、育人作用。人民政协文史工作是一项新型史料工作。宿州市政协成立后即设立文史和学习委员会，其中一部分职能为征集、整理和编辑“三亲”资料，成为文史资料。1999-2007年，征集整理编辑史料80余万字，先后出版《宿州文史资料》第一辑统一战线专辑、第二辑教育专辑、第三辑、第四辑（《苏轼与宿州》）和第五辑纪念宿州建置1200周年专辑。

五、重要会议

2001年11月12日，中共宿州市委召开全市政协工作会议。会议回顾总结全市政协工作经验，对进一步加强和改善党对政协工作的领导作出部署。市委副书记孙育海主持会议。市委、市人大、市政府、市政协负责人，各县、区委分管书记、政协主席、统战部长，市直各委、办、局及企事业单位党组（党委）分管负责人参加会议。

2005年11月9日，中共宿州市委召开全市政协工作会议。市委书记梁卫国就新形势下加强和改善党对政协工作的领导作讲话。市领导唐承沛、姜元、张国富、刘晓云、刘统海、李晨阳、訾金雷、丁明德、王建、孔庆福、陈瑞君、宋同美、苏兴佳、王克金、胡兴超、何平等出席会议。市委副书记、市政协主席姜元作《围绕中心、服务大局，在全市经济社会发展中发挥积极作用》的讲话。全面回顾五年来市政协工作情况，并对各级政协工作提出要求。

会前，中共宿州市委出台《关于进一步加强人民政协工作的意见》。

五、其他活动

省市政协联手共建希望小学。2003年8月6日，省市政协援建的埇桥区解集乡前李小学教学楼举行奠基仪式，省政协常委、港澳台侨和外事委员会主任胡继铎，省政协副秘书长魏志光，港澳台侨和外事委员会副主任张剑，宿州市政协副主席周家富，秘书长时学爱及埇桥区有关负责人参加奠基仪式。

埇桥区解集乡前李村是市政协牵头包扶的村。前李小学始建于1985年，由于工程标准低，年久失修，经市房屋安全办公室鉴定属D级危房，不能继续使用。为使前李小学学生尽快结束在危房上课的历史，市政协主席武秀玲多次协调有关部门争取资金，并积极向省政协反映，请求帮助解决前李小学危房改建资金问题。经省政协港澳台侨和外事委员会联系，香港“丘耀西教育及慈善基金会”捐助资金10万元，地方配套资金13万元，建二层砖混结构标准校舍24间，总建筑面积650平方米。

成立宿州市政协老委员联谊会。2005年6月6日，举行宿州市政协老委员联谊会成立大会。姜元、武秀玲、吴立义、刘统海、周家富、王建、王彦、高德刚等出席成立大会。大会通过宿州市政协老委员联谊会章程，聘请武秀玲、姜元为名誉会长，选举王建为会长，周家富、王彦为副会长，桂兴超为秘书长，选举产生10名理事会成员。

第五章　纪检监察

第一节　组织机构

1980年2月，重建宿县地委纪律检查委员会。委员会内设办公室、纪检科、审理科三个科室，配备工作人员22人。地委副书记周尽农兼任纪委书记，戴尔珍、葛培雅、赵宋任副书记。1983年12月，建立宿县地区纪律检查委员会，为地级领导班子之一。地委副书记徐振宾兼任纪委书记，葛培雅、吕传新、高贤美任副书记。1986年11月至1989年3月，地委委员陈树德任纪委书记，吕传新、高贤美、张立棠任副书记。1989年3月至1991年10月，地委委员耿光宽任纪委书记，高贤美、张立棠任副书记。1991年10月至1993年4月，地委委员王玉阶任纪委书记，高贤美、张立棠任副书记。

1988年1月，宿县地区成立监察局，配备工作人员34名。

1993年4月，宿县地区纪委、宿县地区监察局合署办公，纪检监察机关内设办公室、信访室、审理室、纪检监察一室、纪检监察二室、研究室、宣教室、党风廉政室、执法监察室、监察综合室、干部室、纪检分工委12个室、委，配备工作人员47名。地委委员王玉阶任纪委书记，吕传新、高贤美、张立棠任副书记，吕传新任监察局长。

1994年2月至1996年2月，地委委员王玉阶任纪委书记，高贤美、薛守书任副书记，高贤美任监察局长，李令臣任地纪委委员、秘书长。

1996年2月，地委委员王玉阶任纪委书记，薛守书、刘晓云、李令臣任副书记，李令臣兼秘书长，薛守书任监察局长。

1996年5月，成立宿县行署纠正部门和行业不正之风办公室，配备工作人员4名。

1997年11月，地委委员王玉阶任纪委书记，薛守书、刘晓云任副书记。薛守书任监察局长。

1998年7月，地委委员姜元任纪委书记，薛守书、刘晓云任副书记，薛守书任监察局长。

1999年5月，宿县地区纪律检查委员会更名为宿州市纪律检查委员会，宿县地区监察局更名为宿州市监察局，宿县行署纠风办更名为宿州市纠风办。

1999年4月，中共宿州市第一次党代表大会选举产生宿州市纪律检查委员会，市委常委姜元任纪委书记，薛守书、叶振山任副书记。薛守书任监察局长。纪检监察机关内设机构：办公室、监察综合室、纪检监察一室、纪检监察二室、审理室、信访室、党风廉政室、执法监察一室、执法监察二室、宣教室、研究室、法规室、干部室、纪检分工委14个室（委），配备工作人员53名。

2003年12月，中共宿州市第二次党代表大会选举产生市纪律检查委员会，市委副书记刘晓云任纪委书记，牛洪杰、刘志华任副书记。2004年4月，牛洪杰任监察局长。

2006年至2007年，中共宿州市第三次党代表大会选举产生市纪律检查委员会，刘晓云任纪委书记，牛洪杰、刘志华、李卫星任副书记。牛洪杰任监察局长。

2008年5月，史翔任纪委书记，2011年8月张祥根任纪委书记。

2011年9月，中共宿州市第四次党代表大会选举产生市纪律检查委员会，张祥根任纪委书记，牛洪杰、李卫星、孟伟任副书记。牛洪杰任监察局长。

2011年12月，张志宏任纪委书记。2013年2月孟伟任监察局长。

第二节　案件检查

地区纪委监察局按照党中央、国务院《关于开展反腐败斗争的决定》和中纪委部署的反腐败三项工作格局（领导干部廉洁自律、查办案件、纠正部门和行业不正之风），在全区开展反腐败斗争工作。全区各级纪检监察机关始终把查处违法违纪案件作为反腐败斗争的重中之重，促进办案工作的开展。实行领导包案制度，加强系统内外合作办案，进行督查督办。在查处案件中突出三个重点：第一突出查处党政机关领导干部的违纪案件。1993年到1995年，全区查处地（厅）级干部违纪案件1件，县（处）级干部违纪案件5件，乡（科）级干部违纪案件12件。第二突出查处经济案件。各级纪检监察机关立案查处经济违纪案件158件，占立案总数的37.3%；第三突出查处“热点”问题。“热点”问题影响面广、群众反映强烈，各级狠抓这类问题的查处。灵璧县水利局由于管理严重失控，7名职工动用水利经费15万元建住房，并存在多头审批发票、弄虚作假、无账开支、公款被盗等问题，群众反映强烈，县纪委进行严肃查处。

1996年，全区受理信访举报2804件次，立案查处各类违纪案件427人，处分违反党纪政纪人员412人。其中，受党纪处分的277人，受政纪处分的168人；受党纪撤职以上重处分的145人，占受党纪处分人数的52.3%；受政纪撤职以上重处分的66人，占受行政处分人数的39.2%；处分县级领导干部3人，科（局）级领导干部25人。1999年，全市各级纪检监察机关立案查处1141件，较上年增加176件。处分党员干部992人，较上年增加314人。其中县（处）级干部3人，乡（科）级干部40人。查处党员干部违反计划生育政策案件成为当年的一大特点。全市清理计生案件14956件，处分党员、干部14037人，其中给予党纪处分7802人，政纪处分4206人，其他处理2173人，处分乡（科）级以上干部204人。

2000年，全市各级纪检监察机关受理信访举报4066件（次）；初核案件线索1217件，较上年增长16.1%；立案查处774件，比上年增长21.7%；初核转立案63.7%；处理各类违纪人员843人，较上年增长15.5%，其中党纪处分609人，政纪处分316人，双重处分82人。通过查办案件，挽回经济损失730.26万元。

2002年，全市纪检监察机关受理信访举报4140件（次），新立案712件，处分人员765人，其中县（处）级干部2人，乡（科）级干部24人。挽回经济损失438.92万元。对受处分的37名乡（科）级干部进行回访教育。

2003年，全市纪检监察机关继续加大违纪违法案件查处力度，受理信访举报3037

件（次），立案717件，处分人员735人，挽回经济损失1274.75万元。全市纪检监察机关在查清事实的基础上，为32名干部澄清了问题。对113名有一般问题的干部进行批评教育，对受处分的83名党员干部进行回访教育。

2004年，全市纪检监察机关受理信访举报2688件（次），初核信访件1257件，立案1243件，处分1203人，组织处理63人，挽回经济损失402万元。

2005年，全市纪检监察机关认真贯彻落实从严治党、从严治政的方针，注重多层次、全方位地排查线索，挖掘案源，着力提高办案质量和效率。全市纪检监察机关受理信访举报2356件（次），初核信访件1032件，立案723件，处分712人，移送司法机关处理28人，给予组织处理35人。对440名受处分人员进行回访教育，对2002年至2004年4044名受纪律处分人员的处分决定执行情况进行检查，对执行处分决定不到位的予以纠正，维护纪律的严肃性。

2006年，全市纪检监察机关受理信访举报2853件（次），初核信访件1102件；立案801件，处分802人，其中乡（科）级干部40人，县（处）级干部11人。移送司法机关42人。注重发挥保护职能，为177名受到不实举报的党员干部澄清问题，对49名有一般问题的干部进行批评教育，对101名受处分人员进行回访教育。收缴违纪款779万元。

2007年，全市纪检监察机关接受信访举报3128件，初核1151件，转立案894件，查结889件。全市给予党政纪处分870人，其中党纪处分689件，政纪处分216人，双重处分35人。在受处分人员中，县（处）级干部4人，乡（科）级干部44人。免予纪律处分35人，组织处理42人。移送司法机关予以刑事处理40人。各级纪检监察机关在查清事实的基础上，为174名受不实举报的党员干部澄清了问题，对83名有一般问题的干部进行批评教育，对191名受处分人员进行回访教育。

第三节　廉政建设

一、领导干部廉洁自律

1993年，宿县地区开展县（处）级以上领导干部廉洁自律工作。全区696名县（处）级以上领导干部参加自查自纠，有38名县（处）级以上领导干部就涉及到的问题主动向组织承认错误并予以纠正。其中，经商办企业1人，辞去所兼董事职务，并抽回股金；在各类经济实体中兼职的36人，26人辞去名誉职务，10人因工作需要，限期纠正；在下属企业报销费用1人，将报销的200元药费上缴地纪委。

1996年，重点围绕“车子、房子”等突出问题，扎实开展领导干部廉洁自律工作。一是清理纠正领导干部在住房方面以权谋私问题。地纪委、监察局召开全区“清房”工作动员大会，地直机关和各县市认真进行自查自纠。全区19名地（厅）级干部的住房，基本符合规定要求；县（处）级干部有110人超过75平方米的规定，3人有两处住房，7人在住房面积达标准的情况下，又在原住处建私房；在科级干部中，有10人参加集资建房，乡镇领导干部在县城建私房的有17人，购房3人，涉及资金198.2万元。经过纠正处理，退出多占住房6套，党纪、政纪处分6人。二是清理纠正领导干部违规乘坐超标准小汽车问题。全区清理出县（处）级以上领导干部超标准用车11部，除按规定可以使用到报废的5部外，其余6部卖掉、更换或改为工作用车。三是清理纠正乡镇领导干部使用“大哥大”（移动电话）问题。地纪委组织调查组，分赴各县（市）调查督办，收缴“大哥大”89部。宿县地区认真执行民主生活会、重大事项报告、廉政档案等各项监督制度。地委认真落实地纪委书记参加地委书记办公会议制度，在使用干部时主动征求纪委意见；全区654名县（处）级领导干部大都参加专题民主生活会，579名县（处）级领导干部报告个人收入、建房及子女结婚情况；地纪委会同地委组织部对全区586名县（处）级干部勤政廉政情况进行全面考核，逐人建立党风廉政建设档案。

1999年，撤地建市后，宿州市认真落实中共中央、国务院《关于党政机关厉行节约、制止铺张浪费的若干规定》，重点抓公务招待费管理、通信工具管理、公车送子女上学和住房违纪查处等项工作。一是规范公务招待管理。在全市范围内取消村级公务招待，实行招待费在财务上单独列支，总结推广灵璧县公务招待费向纪检监察机关、单位职工“双报告”的做法。二是规范通讯工具使用管理。市委办、市政府办下发《市直机关住宅电话、无线移动电话管理暂行办法》，要求移动电话“统一管理、外出借用、用后归还、限额报销”。7月，市纪委对通讯工具使用情况进行检查，向年话费超过4800元的16名县级领导干部发出廉洁自律通知书，要求其说明情况，及时纠正。三是规范公车使用和管理。市纪委下发“严禁用公车接送子女上学”通知，设立举报电话，对用公车接送子女上学情况进行检查，严肃处理8起用公车接送子女上学的问题。四是严肃查处违规建房行为。对4起违规建房案件进行重点查处，对28名县（处）领导干部进行廉政谈话，调整12套住房的分配，退还原产权单位住房6套。

2002年，宿州市继续严格落实领导干部廉洁自律有关规定。一是认真落实严禁领导干部违规收受“红包”的规定。全市有41名厅级干部、800余名县（处）级干部和6537名科级干部填报登记表，有7人上交收受的现金、有价证券9.1万元。二是认真落实严禁领导干部到企业和单位报销应由个人支付费用的规定。科以上领导干部进行自查，涉及金额3.0076万元。5名违反规定在企业报销费用的领导干部受到严肃处理。三是认真落实领导干部配偶、子女从业规定。按照中央“三个不准”的规定，对领导干部配偶、子女从业情况进行清理和登记，全市没有发现领导干部配偶、子女违反从业规定的情况。四是认真落实国有企业领导人员廉洁自律有关规定。调整充实市国有企业廉洁自律工作领导小组，召开全市国有企业领导人员廉洁自律工作会议，市纪委会同市经贸委对各县区和市直10余家国有大中型企业的廉洁自律工作进行专项检查，全市90%以上的国有企业建立企廉工作内部责任制，95%以上的企业定期召开廉洁自律专题民主生活会，125家国有企业建立企业廉政档案，495名企业领导干部建立个人廉政档案，国有企业廉洁自律各项规定得到较好落实。

2003年，一是抓好领导干部廉政谈话工作。在继续抓好领导干部任前谈话和诫勉谈话的同时，认真开展纪委负责人同下级党政主要负责人谈话活动。全市进行各类廉政谈话1005人次。其中，纪委负责人同下级党政主要负责人谈话411人次；对171名县（处）级、409名科级领导干部进行任前廉政谈话；对14名科级领导进行诫勉谈话。二是抓好领导干部述职述廉工作。全市有453名党政“一把手”进行述职述廉，其中厅级干部2人，县级干部44人、科级干部407人。三是抓好重大事项报告工作。收到重大事项报告43件次，全部按照有关规定和程序进行办理。

2004年，一是认真清理纠正党政机关领导干部在企业兼职和企业领导人员在党政机关兼职问题。全市清理纠正党政机关领导干部在企业兼职10人，其中，厅级干部2人、县级干部3人、科级干部5人；清理纠正企业领导人员在党政机关兼职18人，其中，县级干部4人、科级干部14人。二是认真抓好党政机关和企事业单位领导干部配偶、子女从业情况的申报和公示工作。全市有1名厅级干部、10名县处级干部、28名科级及科级以下干部申报配偶、子女从业情况，市、县两级纪委按照干部管理权限在一定范围内予以公示。三是认真落实公款出国（境）有关规定。严格执行公费外出审批规定，控制压缩公费出国（境）团组1个，43人，节约资金19万元。查处违规用公款出国（境）案件2起。

2005年，一是严格执行领导干部任前谈话制度。全市廉政谈话188人，其中县（处）级干部18人、科以下干部170人。二是严格执行市纪委负责人同县区和市直单位党政主要负责人谈话制度。市、县区纪委负责人同下级党政主要负责人谈话126人，其中县级领导干部35人、科级领导干部91人。三是严格执行领导干部述职述廉制度。利用党风廉政建设责任制年度工作考核等形式，组织开展领导干部述职述廉工作。全市有640名党政“一把手”进行述职述廉，其中厅级干部2人，县级干部120人、科级及科以下干部518人。1名市委主要负责人、5名县委主要负责人还向全委会报告、向下级党组织通报本人及领导班子廉洁从政的情况。

2006年，一是认真抓好市、县两级党代会代表的资格审查工作。出具廉政结论866件次，其中，涉及县区党委班子换届68人次、县区常委拟任人选38人次。二是认真抓好换届工作纪律执行情况的监督检查。对换届中涉嫌违规的10名干部进行调查，其中，5人被诫勉谈话，5人受到党政纪处分。

2007年，在全市进行楼堂馆所专项清理，对个别单位存在的办公楼部分面积超标问题，进行了纠正处理。下发《关于严肃党员干部生活纪律的通知》，对党员干部生活作风进行专项治理。继续抓好公务接待管理，对19名违反午间禁酒规定的党政干部进行了处分，对16家接待费超支的单位主要负责人进行廉政谈话。对2004年至2006年三年的清房工作进行全面总结，表彰1个先进县、8个先进单位和29名先进个人。

二、党风廉政建设责任制

1999年，宿州市以“三抓三到位”为重点，认真贯彻落实党风廉政建设责任制。一是抓宣传教育，做到认识到位。通过下发通知，召开党风廉政建设动员会、专题民主生活会和举办专题讲座、专题讨论等形式，组织各级领导干部认真学习党中央、国务院《规定》和省委、省政府的《实施意见》，进一步提高各级领导干部贯彻落实党风廉政建设责任制的自觉性。二是抓责任分解，做到措施到位。市委成立由市委书记徐立全任组长的落实党风廉政建设责任制工作协调领导小组，由市纪委党风廉政室具体承担领导小组办公室职能。市委、市政府制定下发《关于落实党风廉政建设责任制规定的实施办法》，明确责任内容、责任考核、责任追究等相关内容；制定《党风廉政建设责任制考核办法及评比标准》，先行在萧县试点，随后在全市推开。各县区和市直各部门全部成立以党委一把手为组长的反腐败工作协调领导小组。各县区委还与各乡镇、办事处以及县区直部门签订党风廉政建设责任状，做到一级抓一级，逐级抓落实。三是抓责任追究，做到处理到位。按照责任追究有关规定，提出对23类违纪行为进行责任追究的具体办法。加强与组织人事部门协调联系，积极运用纪律处分和组织处理两种手段，加大责任追究力度。1999年上半年，对9名应承担领导责任的乡（科）级“一把手”进行严肃的党政纪处分。组织部门对33名乡（科）级干部作出诫勉处理。省纪委对宿州市健全制度、严格考核、严格追究的做法给予充分肯定，并在全省推广。

2000年以后，对党风廉政建设责任制工作不断探索，总结经验，逐步形成贯彻落实党风廉政建设责任制的工作思路和方法，主要是：一是加强组织领导，党风廉政建设责任制工作领导小组每年年初，都要召开专题会议，听取汇报，分析形势，制订年度计划，把反腐败工作任务细化，进行责任分解，形成主要领导亲自抓、分管领导协助抓、主要责任单位和部门具体抓、协同责任单位配合抓。二是强化督促检查，促进任务落实。每年春节前后，市委都要从纪委、组织部等有关单位抽调人员，组成联合考核组，对县区进行考核。方法是听取汇报、召开座谈会、民主测评、查阅相关资料、调查走访等，全面掌握当地党风廉政建设责任制工作情况，对照考核标准，逐项打分。每年七八月份，领导小组办公室都要对这项工作进行专项督查。三是处理违规行为，落实责任追究。四是建立完善制度，保证工作落实。

1999-2007年。全市党风廉政建设责任制追究743人，其中涉及厅级领导干部1人，县（处）级领导干部37人，科级以下领导干部705人，较好地维护党风廉政建设责任制工作的严肃性。

1999-2007年宿州市党风廉政建设责任制追究统计表

表2-5-1　　单位：人

年度	追究人数	厅级干部	县级干部	科级以下干部
1999	110	1	3	106
2000	164	—	9	155
2001	148	—	1	147
2002	97	—	6	91
2003	62	—	4	58
2004	58	—	3	55
2005	12	—	3	9
2006	46	—	4	42
2007	46	—	4	42
合计	743	1	37	705

三、廉政档案建设

1999年，宿州市认真贯彻省纪委、省委组织部和省监察厅《建立地（厅）县（处）级干部党风廉政档案的暂行办法》，进一步加强党风廉政档案建设和管理。全市党政机关、事业单位、国有大中型企业建廉政档案8148份，其中，县（处）级干部855份，科级干部3832份，股级干部3461份。

第四节　纠风治乱

1990年8月23日，国务院召开全国电话会议，部署加强党风廉政建设、纠正部门和行业不正之风工作。1991年5月，宿县地区成立纠风治乱工作领导小组。1996年5月27日，设立宿县行署纠正部门和行业不正之风办公室，在全区（市）相继开展治理“三乱”、减轻农民负担、治理公路“三乱”、治理中小学乱收费、纠正医药购销中的不正之风等项工作，取得明显成效。1997年，宿县行署纠风办公室被评为全国纠风工作先进集体。

一、治理“三乱”

1991年5月，宿县地区开展治理乱收费、乱罚款、乱摊派工作。经过自查自纠和重点检查清理出行政事业性收费项目7279项（重复项），资金1709万元；清理出罚款文件86件，罚款项目273项，资金927万元；清理乱摊派项目74项，资金429万元，上缴国库1036万元，退还企业和群众104万元，减轻企业和群众负担3906万元。查处涉及“三乱”案件162件，政纪处分119人，党纪处分6人，移送司法机关处理17人。1998年5月，宿县地区继续清理不合理收费项目，取消不合理收费文件72件，收费项目98项，涉及金额2644.28万元。另外降低收费标准16项，涉及金额95.06万元。

二、清理乱着装

1992年，宿县地区按照国务院统一着装管理委员会《关于严肃处理擅自统一着装问题的通知》要求，全面开展清理整顿统一着装工作。发现全区擅自着装单位87个，2204人，制装工料费784126元，扩大范围着装51个单位，2917人，制装工料费296863元。经过自查自纠，自动脱装摘除标志的有93个单位，2431人。宿县纠风治乱办公室对全县22个着装单位进行检查，责成5个自查不合格单位限期整改。全区收缴制装工料费246681.8元，服装30套，标志4237套，大沿帽91顶。未上缴的制装，摘除标志以作便装穿戴。

三、清理车号牌

1995年3月，皖监明电《关于清理使用军警和外籍车号牌》文件下发后，宿县行署及时召开地区监察局、纠风办、军分区、公安处、武警支队、交警支队等有关单位负责人会议，各有关单位汇报对违反规定使用军警车号牌、外籍车号牌的清理情况。行署纠风办公室组织检查组对全区违反规定使用军警车号牌、外籍车号牌情况进行检查。全区清理出违反规定使用军警车号牌19副，其中：军车号牌5副、公安车号牌8副、消防车号牌6副。

四、治理公路“三乱”

1996年，行署纠风办认真贯彻落实国务院和省政府召开的制止公路“三乱”反弹紧急电话会议精神，加强宣传教育，落实领导责任制，抓源头治理，从快从严查处公路“三乱”案件。全区设举报电话18部、举报路牌22块，聘请社会监督员12人，增设举报办公室1处。组织人员716人次，分成18个小组，21次上路检查。查处公路“三乱”案件9起（包括省交办的4起），处分19人。其中，党纪处分1人，政纪处分11人，辞退7人，收缴罚金5.6万元。8月31日，宿县地区被省委、省政府公布为首批国道、省道基本无“三乱”的地区。《中国纪检监察报》刊登《宿县地区治理公路“三乱”成效显著》的报道文章。

2000年，宿州市查处“三乱”案件19起，党纪、政纪处分28人，结案率和及时报结率均达到100%。公安、交通等部门对收费站、稽查站等执法人员加强培训，提高法律法规意识和职业道德素养，做到规范执法，文明执法。纠风办设立举报电话，聘请义务监督员，加强综合治理。公路“三乱”现象基本消失。

五、治理教育乱收费

1996年，宿县地区开展治理中小学乱收费。地、县（市）纠风办、教委、物价局和财政局联合组织人员对中小学乱收费进行全面清理。抽调243人，检查中学244所、小学1240所。查处违规违纪16人，政纪处分9人。退还学生不合理收费73.2万元。制止不合理收费项目21项，减轻学生负担172万元。1997年，进一步对教育乱收费进行治理。组织72个检查组，检查829所小学、174所初中、38所高中，取消收费项目10项、金额54.5万元，降低标准1项、金额7.7万元，制止强行征订辅导材料和降低教材价格减轻学生负担252.3万元，实行“一费制”后减轻学生负担350万元。查处教育行政部门和学校乱收费案件34件、金额127.9万元；查处义务教育乱收费案件157件、金额98.5万元；查处政府和有关部门摊派，搭车收费案件2件、金额7.3万元，党纪政纪处理46人。

2005-2007年，宿州市认真贯彻落实全国治理教育乱收费工作电视电话会议精神，深入推进治理教育乱收费工作。全市组织85个检查组，检查388所中学、771所小学，查出违规收费金额110.48万元，清退63.64万元。同时，对群众来信、来访、来电以及“行风热线”所反映的中小学乱收费行为，认真组织核查。查处乱收费案件33件，涉及违规金额5.3万元，党政纪处分18人，其中撤职3人。

六、清理预算外资金

1996年，宿县地区开展清理预算外资金和小金库工作，采取全面自查和重点检查的方法，推动清理工作深入开展，取得显著成效。清理预算外资金46263万元，违规违纪金额485万元，将应转入预算内的预算外资金转回28万元，“小金库”收缴91万元；发现案件线索5件，党纪处分1人，政纪处分2人。

2003年，宿州市进一步巩固和完善“收支两条线”管理成果，将行政事业性收费、罚没收入全部纳入财政管理。市财政、物价、监察、收费管理局等部门联合开展2002年度行政事业性收费和政府性基金的年审及稽查工作，重点检查57个单位，涉及收费金额5862万元，其中行政性收费1000.4万元，事业性收费4861.6万元，检查发现违纪收费项目13项，违纪金额99.08万元，对查出的问题逐一进行整改处理。

七、政务公开

1998年，宿县地区在全区推行公开办事制度。各行政执法部门对本部门本系统的办事程序、有关规定等进行张榜公布。乡和村两级全面推行政务公开、民主管理制度，进一步密切干群关系，促进农村社会稳定，受到群众好评。

撤地建市后，宿州市于1999年全面推行政务公开制度。一是政府机关以公开栏为主要方式推行政务公开。市政府带头做到，凡重大事项决策、重要人事任免、重大项目投资、大额度资金使用一律经集体研究，在一定范围内公开和通告后实施。各县（区）把政务公开的重点放在批钱、办证、收费（税）的单位和部门。二是行政执法部门以公示制的形式推行政务公开。全市建立行政公示制239项，主要包括执法行为内容和期限、执法行为准则、执法人员廉洁守则、责任追究、监督举报五个方面的内容。三是公用事业单位以社会服务承诺制推行政务公开。各“窗口”单位普遍通过服务承诺，扩大服务范围，提高服务质量。通过推行政务公开活动，规范各级党政机关、行政执法部门、公用事业单位和垄断性行业行政行为。

八、纠正医药购销中不正之风

纠正医药购销中的不正之风工作，紧紧围绕保护群众用药安全、有效把社会医药费用不合理负担减下来这个总目标进行深入治理。一是抓医药市场整治。市纠风办组织卫生、医药、工商、物价、公安等部门重点对市内医药市场进行整顿，全市取缔无证照或证照不全的药品生产、批发企业72个，清理销毁过期、假劣药品价值62.75万元，清理取缔私人诊所603个，清理取缔非法私人广告321条，清理、废止不符合国家政策规定的文件10件，查处医药购销中的违法违纪案件8件，涉及违法违纪金额151.02万元。二是抓药品管理。市卫生局召开县（区）卫生局长会议，贯彻《药品管理法》和省卫生厅纠正药品购销中不正之风工作实施意见。全市各家医院通过药品采购公开招标、创建“放心药房”、推行“医药分离”等举措，降低虚高定价的药品1161种，降低药价金额1081.67万元。三是抓医疗管理。各医院均制定了诊疗规范制度，建立健全医疗护理质量控制组织和体系。四是抓财务管理。市直和各县（区）卫生、财政部门给医院核定药品收入总额及超收上缴管理办法，并制定相应管理措施。全市17家医院全部落实了药品“收支两条线”管理规定，医药市场进一步规范有序，医疗单位医风医德大大好转，确保群众用药安全有效。

2005年，市纠风办把实行药品集中招标采购工作作为重点，先后3次对全市14家县以上医疗机构进行药品集中招标采购，1600多个品种规格的药品中标，药品价格与国家最高零售价相比下降38%。全市签定中标药品合同7500余万元，让利患者3000余万元。同时，对全市6家二级综合医院行风专项治理情况进行督查，召开行风专项治理工作专家座谈会。市直单位的27名专家向全市医务人员发出“廉洁行医、优质服务”的倡议。全市医疗单位全面推行“病人住院费用一日清单”制度。有的医院还实行单病种限价收费标准。宿州市食品药品监督管理局加大对药品市场的稽查力度，查获假药品种57类、劣质药品种110类，捣毁制假窝点2个、售假窝点1个，移送司法案件2件，收缴罚没款143.78万元。

九、开办“行风热线”

2001年，宿州市在市广播电台开办“行风热线”节目，协调办公室设在市纠风办。首批确定市建委、教委等21个“上线”单位。“行风热线”10月16日开播，至12月13日，接听热线电话188个，反映各类问题228个；“上线”单位负责人当场解答、答复的占90%以上。对一些热点难点问题，有关单位认真研究解决，尽可能给群众一个满意的答复。2003年，“行风热线”把政府各部门聆听群众呼声、解决实际问题当作实践“三个代表”重要思想的重要工作来抓。全市有27个政府部门和单位上线，接听热线电话1904个，当场解答问题1490个，事后调查处理414个，调查处理完结403个，办结率达到98%，信息反馈率达到100%。

十、减轻农民负担

1997年，宿县地委从农经委、监察局、物价局、纠风办等部门抽出力量，组成4个督查组，对全区五县（市）1997年度各项减负政策、法规贯彻、农民负担监督管理的情况，村级财务清理、整顿、管理情况进行督查，基本掌握了全区农民负担的实际情况。1997年度，全区农民人均负担72.6元，占上年全区农民人均纯收入的4.88%。农民承担义务工2194万个、农村积累工3693万个、劳均两工2667个，全部控制在国务院92号令和省《条例》规定的限额以内。泗县1997年度农民人均负担86.25元，灵璧县64.3元，宿州市70.94元，萧县78.36元，砀山县75.6元。

2000年，全面推行农村税费改革。一是开展农民负担调研活动，掌握农民负担的基本情况。二是认真推行农村税费改革，清理和取消涉及农村集体和农民出钱、出物、出工的达标升级活动。经过整顿农村电价，全市减轻农民不合理负担2685.7万元；整顿农村教育集资收费942万元，纠正摊派减少农民订报不合理负担414.9万元，取消达标升级活动5项，减负335万元，精减乡镇编外人员和村组补贴干部10544人，减少经费开支2040.2万元。

2001年，全市减轻农民负担19007万元，其中实行税费改革减轻农民负担14340万元，整治农村乱收水电费减轻农民负担47620万元，整治报刊征订中乱摊派减轻农民负担167.8万元，取消达标升级活动项目4项，减轻农民负担800万元，查处涉及农民负担的违纪违法案件28件，处分36人。

十一、减轻企业负担

1997年，宿县地区为贯彻落实《中共中央、国务院关于治理向企业乱收费、乱罚款和各种摊派等问题的决定》，在全区开展减轻企业负担工作，对1995年以来“三乱”问题进行清理。1998年，全区取消涉企乱收费文件72个、乱收费项目98项，涉及金额2644.28万元，降低收费标准16项，涉及金额95.06万元，减少培训和书刊资金18.2万元。为防止涉企“三乱”问题的反弹，地县（市）各级纪检、监察机关会同有关部门下发一系列保护企业、防止“三乱”的文件，对新发现的涉企“三乱”行为，除进行经济处罚外，还要追究直接责任人及其领导人的责任，情节严重的给予党纪政纪处分；触犯刑律的，移交司法机关处理。

1999年，撤地建市后，宿州市减轻企业负担领导小组专门召开会议，部署全市企业治乱减负大检查活动，深入开展企业减负工作。2000年，取消不合理收费项目5

项，涉及金额55万元；清理整顿政府部门脱钩的中介机构12个，查处加重企业负担违法违纪案件5件，涉及违纪金额15.4万元，党纪政纪处分2人。市纪委、监察局、经贸委制定《关于保护工商企业合法权益的通知》，对全市375户重点企业授牌和挂牌保护。

十二、行风评议

1996年，宿县地区的行风评议工作在宿州市先行试点。

1998年，宿县地区、县（市）成立行风评议领导小组，聘请行风评议员115名，对执法监督、行政执法、经济管理和公用事业等19个部门进行了评议。供电局加价收取的电费78万元被收缴财政，邮电局自立项目多收市话费250万元也按照有关规定进行处理。为巩固行风建设成果，各被评单位健全完善监督制约机制。

2000年，对市电业局、工商局、电信局、教委、土地局、公安局、技术监督局、土地局8个部门和行业进行行风评议。市电业局、工商局、电信局等7个部门和行业的群众满意率均在60%以上，市技术监督局的群众满意率为11.43%。市政府责成市技术监督局限期整改，并通报批评。2002年，对工商、交通、供电等27个部门和行业开展行风评议工作，各被评单位对群众反映的问题，认真整改，对职工加强职业道德教育，杜绝吃拿卡要行为，完善监督制约机制，人民群众满意率逐渐提高。

十三、政风评议

2002年3月，按照《宿州市人民政府机关政风评议办法》对政府执法部门和管理部门的50个单位进行评议，评议出满意单位23个，最后等次单位10个。市城管局、市烟草局受到批评，主要负责人向市委、市政府写出检查。

2005年，对市公安局、交通局等25个政府部门及市邮政局、市立医院等15家窗口服务行业分别开展政风、行风评议。对2004年行风评议排名靠后的重点行业和部门，派出专人指导，指定专人督查。搞好基层站所的评议，规范基层站所的行政行为和执法执纪行为，坚决纠正严重损害群众利益的各种不正之风。重点解决影响党和政府形象，门难进、脸难看、话难听、事难办、多头审批、弄权渎职、吃拿卡要、以权谋私等问题。40个市直单位的评议结果均达到较满意以上等次，其中满意等次33个。

第五节 执法监察

一、工程建设监察

1996年，宿县地区按照国务院、监察部和省监察厅统一部署，在全区开展工程建设执法监察，对建筑市场情况调查摸底、自查自纠，对重点单位检查和抽查，加大对建筑市场的治理力度，遏制私授发包、权钱交易的腐败行为。

1999年，对宿城内建筑面积1000平方米以上或投资额50万元以上的在建工程项目进行拉网式检查。检查在建工程170个，总投资1.8亿元，涉及建设单位70家，施工企业30家，设计单位10多家。市监察局会同市建委、公安局对国家粮库工程、市房改办北苑小区开发工程、工商银行大楼工程、市财政局大楼、香港玉生街开发等10多个施工重点工程实行挂牌保护。执法监察室派员进驻宿州市建设工程交易中心，对招投标全过程实施执法监察。

2001年，进一步规范和健全有形建筑市场，全市实现公开招标投标工程项目77个，工程造价14600万元，建筑面积26.5857万平方米。查处在建工程中发生的强装强卸阻挠施工8件，有效遏制了乱收费、乱摊派、乱罚款等违规行为。检查建筑施工65处，单位工程83个，施工企业21家，补办报建手续项目15个，处理建设业主和施工企业18家。

2003年，选派党风党纪监督员、特邀监察员参与对全市建筑市场进行执法检查，检查市区在建工程60多个，通报、处罚和纠正违规工程项目30多家。对重点建设工程的正当权益进行保护。当年，宿州市纪委对公路工程建设情况进行执法监察，建立由45人组成的市级公路工程建设评标专家人才库，加强标后的监督管理，对工程建设中存在的问题，及时提出整改意见，收到一定实效。

2005年，对全市公路工程建设情况进行专项执法监察。开展对老汪湖安全建设、湖内拖尾河拆迁安置、沱河河道治理、夏桥闸、枯河电灌站、柏山进水闸、小李庄退水闸、浍塘沟闸及上下游河道治理等治淮工程项目进行督查。

二、对“两金”监察

2001年，市监察局会同市计委、市财政局组织检查组对全市国债资金管理和使用情况专项检查，重点检查奎濉河治理二、三期工程及宿州市城市燃气工程、宿州市污水处理工程、四县一区国家粮食储备库工程、农电网改造工程和砀山县、萧县节水灌溉工程等16个项目，涉及国债资金8.2亿元，实际使用4.8亿元。对检查中发现的问题，提出整改建议，对严重违纪违规问题进行调查和处理。

2001年，宿州市对“四项”社会保障资金管理使用情况进行专项检查。全市征集“四项”保障资金10535万元，其中：养老保险金7281万元，失业保险金542万元，筹集下岗职工基本生活保障金2461万元，城市居民最低生活保障资金521万元。全市享受四项保障待遇人员49255人，发放保障资金12149万元。在四项保障资金管理方面，市财政、劳动、民政等部门能够按照“收支两条线”的规定，纳入财政专户，严格资金管理。

2002年，对四县一区及市直有关单位使用国债资金情况进行专项检查，全市实施国债项目工程10项，总投资37313万元，其中使用国债17081.6万元，地方配套资金20231.4万元。各项目工程国债资金拨付能够做到专人负责专人保管，按工程进度拨款，程序规范，手续齐全。

三、经济环境监察

1999年，撤地建市后，市委、市政府为彻底改善宿州市软环境，促进经济发展，决定全面开展治理经济环境工作，1999年10月19日召开“全市治理经济环境，扩大对外开放”大会。成立治理环境工作领导小组，在监察局设立工作办公室，成立“宿州市外（内）商投资企业投诉中心”。

2002年，成立市政风建设、内外商企业、个体私营企业、台侨企业投诉受理中心，四个“中心”合署办公。根据省纪委、监察厅统一部署，经市编委批准，市纪委、监察局设立执法监察二室，人员编制3人。四个“中心”放在执法监察二室，对内称“市纪委、监察局执法监察二室”，对外称“宿州市人民政府投诉受理中心”，具体业务由市纪委监察局牵头，确定16家执法单位为投诉受理中心成员单位，联合办公，为投诉受理工作的顺利开展提供有力地保证。受理投诉中心受理各类投诉171件，办结157件，其中办结省批转的投诉件3件，查处案件6件，处理6人，其中党纪处分2人，政纪处分4人，为企业挽回经济损失750万元。办理宿州福润肉类食品有限公司生猪运输车辆被乱收费的投诉，金贸商城拆迁受阻和被阻工的投诉，东武房地产开发公司对开发小区内治安环境不满的投诉，信诚化工责任有限公司来宿州投资优惠政策未能落实的投诉，市电信局综合大楼施工被当地群众两次非法阻工的投诉，市石油公司加油站、液化气站被非法阻工的投诉，市碳纤维厂经营受干扰的投诉等。

2003年，全市受理投诉案件591件，办理571件，查处违纪案件6件，处理9人，党纪5人，政纪4人，挽回经济损失1128万元。

四、行政效能监察

2002年，宿州市纪委监察局制发《宿州市市直机关行政效能监察实施意见》，将工商、国税、地税、公安、国土、建委、城管、交通、教育、质检、卫生、环保12个政府部门纳入整治重点。认真清理行政审批事项，尤其是各类收费项目让利给企业。提高行政服务运行质量，强化服务功能，进一步规范“四个要素市场”运作，建立完善土地批租市场，实行经营性土地使用权出让招标拍卖制度。建立产权交易市场，实行国有资产产权交易公开拍卖制度；加强有形建筑市场规范化管理，建立标底评审专家人才库制度，确保政府招标管理机构与工程交易中心脱钩、人员职务分离。建立健全政府采购网络，严格执行招标投标制度。

2005年，投诉受理中心对《中华人民共和国行政许可法》的贯彻执行情况开展行政效能监察，对群众反映问题较多的部门和单位实行重点监控，对出现的行政效能问题责令限期整改。每年结合政风评议，对行政机关进行效能评议，评议结果向社会公布，并作为衡量行政机关主要负责人和领导班子政绩的重要内容。自市行政效能监察投诉受理中心成立以来，受理行政效能方面的投诉46件，主要包括行政不作为、行政乱作为、行政迟作为和行政效率低下的问题，对有关人员，市纪委监察局进行严肃处理。如市投诉受理中心接到安徽省华电宿州发电有限公司投诉，反映埇桥区林业局对其违规行政处罚，立即成立调查组进行调查。查明埇桥区林业局城市资源站违反《林业行政处罚程序规定》，存在执法程序错误，没有正式立案就进行行政处罚程序。8月18日，宿州市监察局根据错误事实分别给予埇桥区林业局局长、副局长和两名当事人行政记过、记大过和警告处分，在全市发出通报，通过新闻媒体曝光。9月，市投诉受理中心还查处市路桥公司管理混乱、违规发年薪、奖金的案件，追缴违纪款130余万元，公司法人被检察机关批捕。

第六节 党风党纪宣传教育

1993年，宿县地区开展普及党风党纪教育，分5个专题，即党的理论教育，党的纲领、宗旨教育，党的组织原则教育，党的权利义务教育，有关法规政纪教育，全区有27367名党员干部参加活动。

1995年，围绕“廉洁奉公做贡献，争当人民好公仆”主题教育活动，举办全区中型企业厂长、经理“市场经济与反腐倡廉”研讨班，37位厂长、经理参加，并写出24篇研讨文章；开展表彰勤政廉政优秀党员领导干部活动，50名领导干部受到通报表彰；组织案例教育185场，受教育达32483人次；举办知识竞赛、知识考试112场次，参加人数达22900人次。

1996年，开展“五个一”活动，即反腐倡廉演讲比赛、文艺调演、廉洁自律知识测试、电教片播放月、党纪政纪条规知识竞赛。按照省纪委的安排，宿县地区纪委组织全省江北片八地市的演讲比赛，历时3天，近100人参加，宿州市获第一名。之后，参加全省演讲比赛决赛，宿县地区获1个一等奖、2个二等奖、1个优胜奖。全省10人宣讲团中，宿县地区有3人参加。地区纪委组队到各地巡回演讲。全省县（市）委书记党风廉政建设经验交流暨理论研讨会在宿县地区召开，灵璧县委书记刘统海在会上作经验介绍。在县（处）级以上领导干部廉洁自律知识测试中，有19名地（厅）级干部、500多名县（处）级领导干部参加测试。参加中纪委、监察部党纪政纪条规知识竞赛，发放试卷12500份，收回10750份，科以上干部5958人参加知识竞赛，获得二等奖1名，三等奖1名，鼓励奖6名。在全省反腐倡廉文艺调演中，泗县歌颂孔繁森的大合唱、萧县渔鼓《吹牛》均获演出一等奖，宿县地区纪委、组织部、宣传部获最佳组织奖。

1997年，宿县地区在全区党员领导干部中广泛开展以“讲学习、讲政治、讲正气”为主要内容的党性党风党纪教育。全区540名县（处）级干部，近4000名科级干部接受教育。

1998年，开展党风廉政、法律法规教育活动，编写7个法律法规学习材料4000册，购买《邓小平论党风廉政建设和反腐败》1500册，与华夏集团联合举办“正气之歌”摄影书画展，参展作品有100多幅。宿县地区纪委组织党风廉政法律法规知识测试，地（厅）、县（处）干部630人参加。

1999年围绕“三讲”教育，做好纪检监察宣传教育工作。重点是协助各级党委抓好“三讲”教育工作，发挥纪检监察自身的特点和优势，开展对32个案例的反面典型的剖析教育，购买《警鉴——领导干部违法违纪案例剖析》4000册，作为“三讲”教育辅导读本发给科级以上党政干部。组织观看《中国共产党纪律处分条例》系列电视片，用电视艺术的形式阐释党的纪律条文，寓教于乐，深受欢迎。继续抓好正面典型的宣传教育工作，结合“三讲”教育，组织曹锦强先进事迹巡回报告会，1000多名党员干部受到深刻教育。

2000年，市纪委与市委宣传部联合下发《关于加强和改进党风廉政宣传教育工作的意见》，形成由党委宣传部门牵头，纪委、组织、文化、新闻媒体等部门参与的纪检监察宣教格局。市纪委、市委党校拟定《关于在全市各级党校开设党风廉政建设和反腐败斗争宣传教育课程的意见》，开展形式多样的警示教育。全市发放警示教育教材1144套，近10万人观看反腐倡廉电影《生死抉择》。对县（处）级党员干部进行党风廉政条规测试，有760人参加并获得良好成绩。邀请省纪委副书记张家安到宿州市作反腐败斗争形势专题报告。

2001年4月，市纪委召开纪检监察宣教工作座谈会，强调依靠社会各方面的力量，形成纪检监察宣教工作的整体合力，即在党委统一领导下，宣传、文化、新闻等部门共同参与，形成协调一致的大宣教工作格局。8月，市纪委、市委组织部、市委宣传部三家组成市党风廉政教育协调小组，确定9家有关单位的领导和有关干部为成员。举办宿州市首届党风廉政建设书画展，380余幅作品参展，4000人次观看。组织全市党员领导干部开展党纪政纪条规学习测试，有758名县（处）级干部、5288名科级干部参加测试。

2002年，认真组织开展学习贯彻中共十六大精神活动。组织6万余人参加全省开展的十六大精神知识测试，4人获省二等奖、7人获省三等奖，市纪委获组织奖。深入开展“强化党的意识，正确行使权力”主题教育活动，编发6000册学习材料，购置200套光盘，印制900套主题教育知识测试复习题，对6000多名乡科级以上党员干部进行测试，有3篇学习体会文章被省纪委编入《三想集》一书。发放《纪检监察业务简明教程》950套，做到纪检干部人手一册。

2003年，组织开展《中国共产党党内监督条例（试行）》和《中国共产党纪律处分条例》的学习活动。开展“移动杯”两个条例知识测试，“两个条例”知识竞赛，抽调县（区）选手组成宿州代表队到蚌埠赛区比赛；组织全市各级领导干部参加全省开展的“两个条例”知识测试活动，35名地（厅）级党员干部参加测试。

2005年，为进一步适应反腐倡廉宣传教育新形势新任务的需要，将反腐倡廉宣传教育工作“联席会议”更名为“领导小组”，并调整充实领导小组成员。结合开展保持共产党员先进性教育活动，进一步开展学习贯彻两个“纲要”的活动，全市购买“两个纲要”试题集1000本，《建立健全教育、制度、监督并重的惩治和预防腐败体系宣传图片》220套，开展反腐倡廉漫画展、廉政歌曲作品评比活动，全市创作19首歌曲，8首入选《廉政歌曲大家唱》百首歌曲之中，其中由市纪委、监察局创作的《党的利益高于天》获全省二等奖。参加全省反腐倡廉专题栏目评比活动，拂晓报开设的专栏《宿州纪检》、宿州电视台开办的《宿州风纪》分别获二等奖，市电台开办的《纪检之声》获优秀奖。根据勤廉兼优先进人物李久治的典型事迹编排泗洲戏《李久治》，在城乡巡回演出，并结合符离镇委书记蔡玉昊先进事迹，开展宣传教育活动，形成反腐倡廉宣教工作的整体合力。

2006年，进一步发挥“大宣教”的作用，召开全市反腐倡廉宣传教育工作暨领导小组会议，表彰2005年度反腐倡廉宣传教育工作获奖单位和个人。扎实开展“党风廉政学习教育月”活动，发放《学习贯彻党章知识问答》1600套，《树立社会主义荣辱观》240套，《警示录》25盘和《忏悔录》13盘，《居安思危——苏联共产党的历史教训》党内参考片10套，全市受教育人数达3万多人次。组织撰写“学习贯彻党章、推进反腐倡廉工作”等各类征文20多篇，为《江淮风纪》组织各种小说、诗歌、经典短文、典型事例50多篇。大力开展廉政文化“六进”活动，组织全市廉政文化“六进”活动调研，总结推出一批示范点。

第七节　预防与治理腐败

一、政府采购工作

1999年，宿州市为加强政府廉政建设，开始推行政府集中采购工作，建立市政府采购管理中心（临时），配备9名工作人员。2000年，为增强政府宏观调控能力，推进党风廉政建设，强化财政支出管理，宿州市机构编制委员会批准成立宿州市政府采购中心，为科级单位。2001年，全面推行政府集中采购。2003年，宿州市编委批准宿州市政府采购中心升格为副县级单位。全市强化对政府采购的监督力度，招投标一律聘请监察、公证、特邀监督员现场监督，以保证政府采购工作的公开、公平、公正。

2004-2006年，政府采购工作范围不断扩展，新增加建筑工程和良种等公开招标采购项目，完成政府采购金额29800万元，节约资金3766万元。

二、"三项制度"改革

1999年，宿州市开展行政审批制度改革、财政制度改革、干部人事制度改革。市直取消539项行政审批项目，配合物价部门清理各类收费项目，归并重复收费，降低收费标准，并向全市公布行政收费目录；严格执行"收支两条线"管理规定，改革财政支出管理方式，实行国库集中支付。市直52个部门172个预算单位的预算内资金全部实行国库集中支付，提高资金使用效率，强化财政监管力度；严格实行干部考察预告制、任前公示制和考察责任制，严格《党政领导干部选拔任用工作条例》的监督检查，有效地遏制干部任用中的不正之风。

2000年，清理行政审批项目876项，公布取消544项。市级财政全面推行部门预算管理和国库集中收付制度。全市清理取消行政收费项目300个和银行帐户194个，行政事业性收费和罚没收入"收支两条线"管理工作得到加强。深入贯彻《党政领导干部选拔任用工作条例》和《深化干部人事制度改革纲要》，积极推行公开选拔、竞争上岗等制度。全市任职公示干部2147名，取消27名干部的任职资格，查处70多件违反组织人事纪律案件。

2003年，取消行政审批项目200多项。配合物价部门清理各种收费项目，并向全市公布行政收费目录。严格执行"收支两条线"管理规定，市直52个部门174个单位的资金全部纳入财政支付中心。加强对《党政干部选拔任用工作条例》执行情况的监督检查，全市公示干部100名，全部得到任用。

2004-2006年，继续深化干部人事制度改革，实行县（区）和市直党政正职拟任人选无计名投票制度。

三、领导干部经济责任审计工作

1999年年初，宿县地委、行署召开全区领导干部经济责任审计工作会议，制发《宿县地区党政群机关、事业单位领导干部经济责任审计暂行办法》和《宿县地区国有企业厂长（经理）任期经济责任审计办法》。2001年，制定《宿州市经济责任审计工作联席会议制度》，市纪委领导担任联席会议召集人，市纪委、市审计局为联席会议牵头单位。2003年5月，制发《宿州市领导干部任期经济责任审计成果运用暂行办法》。领导干部任期经济责任审计工作不断得到加强和提高，经济责任审计的范围和深度持续扩展。

2004年至2006年，对297名经济责任人进行经济责任审计，查出各类违纪违规资金23346万元。

四、“两员”工作

1988年，宿县地区监察局为深入开展反腐败斗争，在全区组建特邀监察员队伍，从民主党派人员中聘任“特邀监察员”10名。

1993年4月，宿县地区纪委、监察局，组建“党风党纪监督员、特邀监察员”（以下简称“两员”）队伍。从民主党派和离退休老干部中聘任10名特邀监察员、6名党风党纪监督员。

1999年6月，宿州市纪委、监察局又重新聘任10名特邀监察员、6名党风党纪监督员。“两员”队伍建立以来，重点开展“五个一”活动，即：组织“两员”参与查办一起违纪案件，参加一项执法检查工作，参与一次纠风治乱活动，写一篇有关纪检监察工作的调研文章，提出一条党风廉政建设的意见或建议。同时参加政风评议、行风评议以及执法检查等各项工作。“两员”在治理经济发展环境和党风廉政建设方面发挥积极作用。

第六章　民主党派和工商联

第一节　民　革

中国国民党革命委员会（简称民革）是由原中国国民党民主派和其他爱国民主人士于1948年在香港创建的，是具有政治联盟性质的，致力于建设中国特色社会主义和祖国统一的参政党，是中国共产党领导的多党合作和政治协商制度中的参政党。参政议政，民主监督是基本职能。多年来，全体党员团结一致，认真履行参政党职能，发挥民革的特点和优势，为宿州政治经济文化建设做出贡献。

一、组织沿革

1961年，宿州民革学习小组成立，成员5名。“文化大革命”期间，民革小组活动因故停止。

中共十一届三中全会后，宿州民革重新恢复活动。

1987年11月，民革宿州市第一届支部成立，共有党员8人。地、市委领导，统战部负责人及各兄弟民主党派负责人到会祝贺。

1995年6月7日，民革宿州市总支成立大会在宿州市（原县级宿州市）人大会议室召开。大会选举出民革宿州市总支委员会领导班子。

总支下设地区医院、文教、财贸三个支部。

2000年1月25日，经民革安徽省九届二十六次主委会研究决定，成立民革宿州市委筹备委员会，负责成立民革宿州市委筹备工作。

2003年4月27日，民革宿州市第一次党员大会在宿州宾馆召开。会议采取无记名投票的方式，选举民革宿州市委领导班子。

二、加强参政党建设，发挥参政党作用

（一）换届工作

根据“关于民革省直支部换届工作通知”的精神，经过充分酝酿、筹备，对总支委候选人进行认真考察、广泛听取群众意见，候选人名单三上三下充分协商，得到地、市委统战部的大力支持和帮助，1995年6月7日，换届并成立总支委员会。成为省直支部第一个进行换届的支部，也是全省第一个总支委员会，为省直支部换届工作开好头。

（二）领导班子建设

民革市委班子在加强自身建设的前提下，积极促进各支部班子建设的制度化、规范化，逐步建立科学的评估体系和干部培养、培训的机制，一批德高望重的老领导、老委员对后备干部主动传、帮、带。政治交接方式与谦虚、谨慎的学习态度在宿州民革蔚然成风。2005年，在民革安徽省委开展的创“三优”活动中，医农支部被授予“先进支部”称号，武德廉被评为优秀党员、优秀党务工作者。

（三）发展新党员

1987年，民革支部成立，党员8人，至2007年12月，党员人数增加到70名。在民革安徽省委和中共宿州市委统战部的大力支持下，民革市委规范组织发展程序，先后培养发展50余名新党员。为宿州民革的发展及履行参政党职能奠定了基础，为民革后备干部队伍培养提供更大空间。

（四）参政议政

2003-2007年，在宿州市和埇桥区每年的人大、政协会议上，党员中的人大代表和政协委员积极建言献策，共提出议案、提案近百件，民革市委会班子成员积极带头撰写。内容涵盖宿州市经济社会发展和城市建设管理、新农村建设、医疗制度改革、城市低保、职业教育、失地农民安置等方方面面，多数提案得到市政府采纳。其中，民革宿州市委会提出的《尽快在全市全面启动新型农村合作医疗制度的建议》《关于沱河（城区段）综合治理的建议》《关于校园周边环境治理应纳入政府常态管理》《全面建设小康社会必须大力关注农民增收的建议》《关于维护失地农民权益、保障失地农民利益的建议》等6件集体提案被市政协列为重点提案，受到市委、市政府高度重视。

宿州民革广大党员特别是一些民革老党员，就宿州市经济社会各方面提出建议80余件，民革党员反映的社情民意《工商罚没物品怎能一烧了之》等10件被市领导批示，其中《对中国农业旅游健康发展的几点建议》被民革中央采纳。

在2003年抗击“非典”的日子里，民革党员中的医务工作者置生死于度外，纷纷递交请战书，要求到第一线，日夜坚持在工作岗位上，表现出高度的政治责任感。民革各支部组织党员捐资助学，为埇桥区汴河镇四名家庭困难的小学生捐款2000多元，保证他们正常学习。关清芳数年如一日，义务抚养一名孤寡老人，感动该社区。

民革是以促进祖国和平统一为工作重点的参政党，宿州民革时刻牢记自己的重任，密切关注台海形势，积极做好对台工作。市委会组织党员反复学习胡锦涛总书记两次在全国政协分组讨论会议上的有关台海关系的重要讲话，中共十六大、十七大报告中关于台湾问题的章节、《中华人民共和国反分裂国家法》、民革中央寄送的《台湾研究》等，要求党员收看中央四套的电视节目《海峡两岸》，使党员深入了解中央对台方针政策和台湾局势的发展变化，充分发挥自身优势，积极参与促进祖国和平统一的工作。

宿州民革在中共中央对台工作方针政策的指引下，为反“独”、遏“独”，促进两岸交流合作，联合宿州市黄埔同学会先后10余次接待台胞台属数十人，加强联络，增进友谊，宣传祖国和平统一的光明前途。为理解贯彻胡锦涛总书记提出的要“在对台工作中贯彻寄希望于台湾人民的方针”。宿州民革邀请在台人士杨廷云介绍台湾局势和民间情况，同时请宿州市台湾问题专家共同研讨两岸民间交流问题。党员中很多人通过各种渠道，给台湾和海外亲人、朋友、同学写信、打电话，有的党员利用去台探亲的机会，宣传大陆的对台政策，使他们增强“反独促统”共识。在统战部门召开的台胞台属联谊茶话会上，民革党员积极发言，加强与台胞的交流和沟通，宣传大陆经济社会发展成就，广交朋友，主动为台胞和海外侨胞来宿投资兴业牵线搭桥。

第二节　民　盟

一、组织沿革

中国民主同盟（简称民盟）主要是由从事文化、教育和科学技术工作的高、中级知识分子组成，具有政治联盟特点，接受中国共产党领导，同中国共产党通力合作，进步性与广泛性相统一，致力于中国特色社会主义事业的参政党，是中国共产党领导的爱国统一战线的组成部分。

1950年至1952年，有盟员调入宿州辖区。1953年3月，民盟安徽省筹委会批准，建立民盟安徽省筹委会直属宿县地区小组（后改称省委会直属小组），共有盟员4人，吴芝庭任组长。1958年以后，小组因故不复存在。

中共十一届三中全会以后，统一战线政策得到落实。1979年，民盟安徽省委会恢复工作，1987年8月，民盟省委批准成立民盟安徽省委员会直属宿州市（原县级宿州市）小组筹备组。

1996年以后，民盟在宿州的组织发展较快。2001年1月8日，宿州市第一次盟员大会召开，成立第一届省直宿州支部委员会，选举胡忠杰为主任委员，有盟员11人。2006年6月21日，宿州市第二次盟员大会召开，成立第二届省直宿州支部委员会，选举王彩法为主任委员，盟员34人。

二、主要活动

1953年民盟在本地建立组织以后，盟务工作逐步开展。宿地小组时期，按月召开小组会。当时中共宿县地委统战部不定期组织民盟小组与民革小组（此时宿县地区只有这两个民主党派组织）举行联席会议，共同学习重要的时事政策和统战文件。盟员立足本职工作，并完成盟中央和盟省委布置的工作和学习任务。1987年以后，筹备组成立，盟员按月参加组织活动，并领取盟省委逐月寄发的《中央盟讯》和《安徽盟讯》。从1981年至1999年，县级宿州市存在期间，盟员与小组均参加中共宿州市委统战部、宿州市政协组织的各种会议、学习及活动。1999年5月，省辖宿州市成立后，小组与其他民主党派组织划归中共宿州市委统战部联系工作。2001年1月，省直宿州支部成立以后，盟务工作得到充分开展，定期和不定期的组织活动正常进行，组织、财务、活动、会议制度不断完善。

1953-1998年，民盟成员中先后有6人次当选为县市政协常委，2人次当选为省人大代表。1999年，省辖宿州市成立，两名委员在埇桥区政协参加活动至2002年。因民盟宿州支部在埇桥区所属各单位没有盟员，埇桥区七、八两届政协均未安排盟员参加。

20世纪80年代，民盟积极参加政协各项活动，以提案等形式参政议政，吴芝庭、梅焕亭委员在落实统战政策等方面做很多工作，尤其是在文史资料的征集、整理和出版方面卓有建树。90年代以后，市区政协工作进入新阶段，王彩法、马士凯等委员在教育、文化、环保、民族宗教、社会管理等方面撰写提案，受到有关方面重视，得到较好办理。同时还参加物价、水利、小城镇建设、公路建设等专题调研和视察，提出具有党派特色的意见与建议。六届一至五次会议期间，王彩法委员三次获优秀提案奖。

1999年5月撤地建市以来，民盟在省辖宿州市的组织发展和政治活动进入到新的历史时期。截至2007年年底，民盟宿州支部的34名成员中，有高级职称20人，中级职称12人。盟员主要集中在教育界。盟员中有市人大代表1名（其中含市人大常委一名），市政协委员6名（其中含市政协常委2名）。

省辖宿州市成立以来，民盟宿州支部参政议政工作和社会活动得到充分开展。8年来，支部主委积极参加中共宿州市委统战部组织的各种形式的座谈会和意见征求会，为全市经济社会发展献计献策。支部充分利用人民政协这个政治舞台，在每年的年会上，围绕中共宿州市委和市政府的中心工作和稳定与发展的大局，发挥界别优势，就社会热点、难点、焦点以及冷点问题，积极提交组织提案与委员提案。支部先后两次获提案先进单位奖。反映的社情民意受中共宿州市委、市政府和市政协主要负责人的高度重视，多数材料都得到领导批示，其中有些材料被报送省政协并被采用。

2004年以来，在中共安徽省委统战部组织的年度理论调研活动中，王彩法代表支部撰写并提交的论文先后获二等奖3次，三等奖和优秀奖各1次。

第三节　民　建

一、组织发展

1987年11月19日，中国民主建国会（简称民建），与民革、民进三个民主党派在同一会场由各自省委和原宿县地委、原宿州市委统战部宣布三个民主党派基层组织正式建立，民建支部委员会组成人员6人。

1997年12月28日，民建宿州支部升格为民建宿州市总支部委员会，选举驻会干部赵承金为主任委员。1999年5月，宿县地区行政公署撤销，成立省辖宿州市，民建与兄弟民主党派组织一起上划到省辖宿州市。

2002年2月22日，民建宿州市第一次会员大会召开，成立民建宿州市委员会，选举产生民建宿州市第一届委员会组成人员，全国人大代表、市教育学院院长、副教授何平任主任委员，赵承金、闫旭任副主任委员。为完善组织结构，在市、区两级统战部的指导和帮助下，设立“民建宿州市埇桥区总支部委员会”和“民建宿州市直属总支部委员会”，选举产生总支部委员会领导班子。后又分别设置“城市建设支部”“工商支部”“财政金融支部”“律师支部”“经济支部”和“文化教育支部”等6个支部，选举产生支部主任和副主任。根据工作需要成立“民建市委中心学习组”；由政协委员、人大代表和骨干会员组成“调研工作委员会”，设置“妇女工作委员会”“老会员工作委员会”和“社会工作服务部”，筹建“民建之友联谊会”等工作机构。

2007年8月16日，民建宿州市第二次会员大会召开，选举产生第二届市委班子组成人员，何平为主任委员。为进一步做好民建的各项工作，市委换届后，及时组织各总支、支部、专委会进行换届，把年富力强、热心会务工作的人员充实到基层组织的领导班子。

2007年，有会员74人。其中大专以上学历57人，占会员总数77.2%，研究生学历3人。具有中高级专业技术职称60人，占会员总数73%。中共十六大以后，要求加入民建组织的民营企业创业人员、私营企业主、中介组织从业人员及自由职业者等人士逐渐增多，律师、评估师、艺术界人士等从空白发展到12人，从事经济工作和与经济工作有密切联系的会员有56人，占会员总数的75.7%，体现了以经济界为主的党派特色。

二、参政议政

民建宿州市委主要领导十分重视参政议政工作，始终把参加市委、市政府召开的各种会议作为参政议政的有效途径，将民主监督寓于参政议政工作之中。为此，民建宿州市委在每次情况通报会、征求意见会、政治协商会、座谈会之前都会认真收集会员意见、整理材料，提出合理化建议和意见，为经济、社会发展建言献策，履行参政党地方组织的职责。民建市委就有关新农村建设、如何应对经济危机、宿城城区基础设施建设、新型乡村工业园区建设、贯彻落实中共中央〔2005〕5号文件以及失地农民补偿办法等问题，向市委、市政府提出诸多建议，受到市委、市政府的采用和重视。民建宿州市委领导还积极参加市政府、市人大、市政协组织的各种视察、考察活动和提案落实调研活动。民建宿州市委领导充分利用这些机会，在反映意见的同时，认真开展调查研究，为民建参政议政工作收集相关信息材料，为政协大会发言和民建的集体提案选题。

（一）提案议案

2007年，民建宿州市委有市人大代表3人，其中市人大常委2人；市政协委员18人，其中市政协副主席1人，市政协常委6人；埇桥区政协委员6人，其中区政协常委2人。主委何平为九届、十届全国人大代表。在埇桥区政协一至八届期间，提出提案145件（其中团体提案10件，大会发言8件），获个人优秀提案奖9件，团体优秀提案奖5件，其中“下岗职工再就业的建议”被中共宿县地委采纳实施，并在《安徽统一战线》杂志上发表。“关于符离铁路立交桥配套工程的建议”获安徽省政协优秀提案成果奖。

成立市委会以后，会员中的各级人大代表、政协委员积极参政议政，提出个人议案、提案、建议266件，市委会集体提案62件，政协大会上发言12次，内容涉及经济发展、“三农”、环境保护和教育事业等热点问题。这些提案在质量和数量上都有较大提高，不仅立案率高，而且多数引起政府部门的高度重视。其中获个人优秀建议、优秀提案奖26人次，团体优秀提案奖8次。

（二）反映社情民意

广大会员和政协委员积极反映社情民意，上报社情民意140多件。其中被全国政协采纳1件，省政协采纳5件，民建安徽省委采纳20件，市政协采纳80多件。民建宿州市委员会被市政协聘为反映社情民意信息点。

（三）开展课题调研

民建宿州市委十分重视调研工作，把调研工作作为各项工作的重中之重来抓，当成参政议政工作不可缺少的重要环节来抓。换届后及时整合资源，将参政议政专委会和调研专委会合并，成立调研工作委员会，何平任主任。一是每年年初及时召开有主委、副主委、调研工作委员会委员参加的调研工作会议，审议调研课题，落实调研课题，尽早开展调研工作，尽早形成调研报告（或提案）。二是对确定的课题及提案落实到人（或支部），明确相关人员的任务，同时注意合理用人，充分发挥专业特长作用。在安排人员参与调研课题时，倡导“人尽其才，专业优先”原则，充分发挥和调动会员的积极性，使调研工作能够及时地完成，调研质量得到提高。三是针对调研课题制订相应的调研方案，包括调研目的、调研方式、调研方法和对象、调研时间、调研人员等内容，并发给调研人员和相关单位，使他们心中有数，一目了然，大大提高调研效率。四是给调研提供一定的经费和其他有利条件，以保证调研工作的顺利开展。每年都完成中共宿州市委的调研课题2篇，多篇得到中共宿州主要负责人的签批，由有关部门落实；完成民建安徽省委调研课题15篇。开展调研50多项，并形成调研报告上报中共宿州市委、埇桥区委，受到重视，并被采纳和落实。

第四节　民　进

中国民主促进会（简称民进）是以从事教育文化出版工作的高中级知识分子为主的、具有政治联盟性质的、致力于建设中国特色社会主义事业的政党，是同中国共产党通力合作的参政党。

一、组织沿革

1981年年末，中国民主促进会中央委员会直属的安徽支部在宿州师专联系组织发展会员。至1987年10月，民进会员达17人，同时，经上级批准成立民进宿州市（原县级宿州市）支部委员会。

1989年5月，宿州民进会员达39人，经民进安徽省委批准成立民进宿州市委员会筹委会。1999年5月，撤销宿县地区，建立省辖宿州市，民进宿州市委员会筹委会组织上划省辖宿州市，继续筹备民进宿州市委员会。

1999年9月，召开民进宿州市第一次会员大会，当时有民进会员72人。会上，选举产生了由7人组成的民进宿州市第一届委员会。李卫华当选为主任委员。

2004年9月，召开民进宿州市第二次代表大会，当时有会员125名。会上，选举产生由11人组成的民进宿州市第二届委员会。李卫华再次当选为主任委员。

从1989年7月至2007年12月，先后成立11个支部：宿州三中支部、宿州一职高支部、宿州学院支部、宿州一小支部、宿州文卫支部、宿州二职高支部、宿州一中支部、宿州八中支部、宿州经济支部、宿州区直支部、宿州二中支部。一个总支：宿州埇桥区直总支。

二、参政议政

1984–1998年，宿州市民进会员先后有13人次当选为县级宿州市政协常委，3人次当选为省人大代表。1999年5月，省辖宿州市成立，李卫华当选为宿州市人民政府副市长。1999年至2007年，先后有14人次当选为市政协常委，2人次当选为市人大常委。政协大会发言有：《重视文化建设，发展文化产业，以催人奋进的先进文化打造宿州新形象》《关注“空心村”，推进乡村住宅建设逐步走向统一规划实施的科学之路》《发展民办教育事业，开发优质教育资源》《开发铸就宿州孝文化，促进和谐社会建设》等。向市委、市政府提交《宿州市民办职业教育调研报告》《关于促进我市职业教育发展的调研报告》两篇。

第五节　农工民主党

中国农工民主党（简称农工党），是以医药卫生、人口资源和生态环境领域高、中级知识分子为主，具有政治联盟特点，接受中国共产党领导，同中国共产党通力合作的亲密友党，是致力于中国特色社会主义事业的参政党。

一、组织机构

（一）组织沿革

1986年4月，成立中国农工民主党宿县支部，直属农工党安徽省委会，党员9人；1988年8月，成立直属宿州市（县级）总支，党员30人，划编为3个支部；1992年6月底，召开党员大会，选举产生第二届总支委员会，党员43人，划编为3个支部，总支设有专职工作人员1人。1999年9月，召开党员代表大会，选举产生第一届宿州市委员会，党员65人，划编为3个支部，设有专门办公室，办公室工作人员1人；2006年8月，召开党员代表大会，选举产生第二届宿州市委员会，设有专门办公室及办公室主任1人。截至2007年，全市有党员92人，划编为一个总支和两个支部，分别是埇桥区总支和市直医卫支部、市直教育科技支部，埇桥区总支又划编为三个支部，分别是区医卫支部、区教育科技支部和皖北医院支部。

（二）委员会工作机构

1998年以前，农工党宿州市支部、总支无专职机关工作人员，1998年设机关办事机构，即总支办公室，设有办公室副主任1名，1999年设市委会办公室，有办公室副主任1名，2007年，有办公室主任1名。

二、主要工作和活动

（一）参政议政活动

截至2007年年底，担任各级政协委员、人大代表的农工党党员共有26人，农工党宿州市委在参政议政、民主监督、政治协商、社会服务等方面都做出了突出成绩，广大政协委员、人大代表也都立足自身优势，通过多种渠道，多建言，建良言，献良策。

农工党宿州市委十分重视政协提案工作，每年都把它作为工作重点来抓。贯彻“围绕中心、服务大局、提高质量、讲求实效”的工作方针，1999年市委会成立以后，向各级政协大会提交200多件有质量、有份量的集体提案和大量的委员个人提案，内容主要涉及到经济、政治和社会生活的各个方面。市委会充分发挥人才优势，在预防传染病、重视城市建设、整顿交通秩序、宣传节约用水、治理餐桌污染、建立贫困生资助体系、加强医保卡使用管理、长效治理网吧和群众关心的医疗保健、身心健康等诸多方面提出了切实可行的具体建议，受到市政协的表彰，得到了市委、市政府的高度重视。

市委会采取“横向组织调研，纵向联合调研”方式，通过多种形式、多渠道地开展调研活动。为了全面了解和掌握宿州市民主党派基层组织的现状，分析存在的问题，市委会开展对全市民主党派基层组织建设工作的课题调研，撰写《我市民主党派基层组织建设工作的思考》调研报告，并呈报有关领导参考，受到高度重视。2007年，在市政协举办的“推进服务业发展”政协论坛上，农工党宿州市委深入基层和有关单位调研，撰写《关于我市农村经济信息服务工作情况的调研报告》，受到市领导高度关注。

在履行民主监督职能上，充分利用部分农工党党员担任“五员”的途径，积极参加有关部门组织的座谈会、通报会、评议会和明察暗访等活动形式，履行参政议政、民主监督职能，对反腐倡廉、扭转行业不正之风、促进精神文明建设等方面起积极作用，受到有关部门好评。

（二）社会服务活动

在认真履行参政党自身职能的同时，利用党内医卫界专业技术人才优势和特点，1989年9月，创办“前进卫校”，先后六届培养出200多名优秀医疗卫生工作人才。积极组织医务专家参加对口扶贫工作，从2000年起，到宿州市埇桥区西寺坡医院进行定点帮扶。每年12月，响应农工民主党中央号召，举办以“发展科学、振兴中华、保卫和平、造福人类”为主旨的“国际科学与和平周”活动。活动期间，组织专家赴基层为群众做常规体检，进行科学教育和文明宣传。

第六节 九三学社

为纪念1945年9月3日抗日战争和世界反法西斯战争的胜利而命名的九三学社，是以科学界高、中级知识分子为主的具有政治联盟特点的政党，是自觉接受中国共产党领导、同中国共产党亲密合作、致力于建设中国特色社会主义事业的参政党。

一、组织沿革

1980年前，原宿县地区九三学社成员仅2人，分别是原宿县地区农科所所长马鸣琴和泗县中学高级教师周庆炜，二位社员均为在外地参加九三学社后随工作调动转来宿县地区。1987年以后，宿县地区九三学社组织有了较快的发展，先后有7人加入九三学社，其中在马鸣琴推荐下宿县地区农科所研究员、玉米研究室主任樊贵义于1987年加入九三学社，为便于开展组织活动，经九三学社安徽省委员会批准，1989年6月26日，成立九三学社省直宿州小组，樊贵义当选为组长。为推动九三学社在宿县地区的组织建设，1991年12月19日，成立九三学社省直宿州支社，樊贵义当选为主委，共有成员10人，1996年发展到25人。社员以农业科技、医疗卫生界为主。1999年宿县地区撤地建市后，九三学社组织在宿州市进入第二个较快发展时期。在九三学社安徽省委员会和中共宿州市委的大力支持下，1999年11月23日，成立九三学社宿州市筹委会，有社员43人。2001年3月29日，成立九三学社宿州市第一届委员会，王克金当选为主委（市政协副主席），共有社员50人。2006年8月19日，九三学社宿州市委员会召开换届大会，选举产生九三学社宿州市第二届委员会，王克金再次当选为主委，共有社员64人。

到2007年年底，宿州九三学社社员发展到74人（其中女社员24人），涉及农业、医疗、教育、环保、法律、金融、财政等多个界别，社员中高、中级职称的比例分别为58%和42%，有博士3人，硕士12人；有省人大代表1人，市人大常委会副主任1人、常委1人、代表1人，省政协常委1人：市政协常委4人、委员6人；区政协常委3人、委员3人；省、市工会代表5人；省青年联合会代表2人；市、区行风、政风特约监督员7人；市妇代会代表（包括执委）4人；市、区法院陪审员、监督员6人。

二、参政议政

自1989年成立九三学社省直宿州小组以来，九三学社宿州市委积极履行参政党职能，充分发挥九三学社社员人才资源优势，致力于参政议政、社会服务。社市委领导和本社各级人大代表、政协委员、监督员积极参加中共宿州市委、市政府、市政协和市委统战部召开的协商会、征求意见会、情况通报会和政协各类会议，参与有关方针、政策、法规的制定、审议与贯彻落实、执行，并提出过很多意见和建议。

（一）提案、议案

九三学社宿州市委紧紧围绕市委、市政府中心工作和社会热点、难点问题，结合自身特点，组织社员深入开展有针对性的调查研究活动，积极参政议政、建言献策。自社市委成立至2007年，先后提交省、市人大议案和政协提案197件，其中省人大议案40件，市人大议案、建议33件；市政协提案120件；被列为优秀提案12件，重点督办提案8件。

（二）专项调研

按照社省委和中共宿州市委的部署，社市委认真组织本社有关专家深入到企业、农村、学校、社区，对涉及宿州经济建设、社会发展、民生工程等方面的重大问题进行调查研究，积极向市委、市政府提出建设性意见和建议，并得到重视和采纳。累计报送社省委参政议政专项课题20多件，2007年，社市委向社省委报送的两个课题《搞好农村金融，促进我省由农业大省向农业强省转变》和《关于完善我省城市社区卫生服务体系的建议》分别获一等奖、二等奖；张安文撰写的《农业科研单位服务三农的工作现状及存在的问题》和《科学使用土地，促进土地流转》分别获社省委二、三等奖。

三、社会服务

九三学社宿州市委结合本社工作实际，把“三下乡”（送科技、医疗、法律知识）、捐资助学、科技和医疗保健知识讲座等多种形式的社会服务活动，作为九三学社宿州市委为社会服务的一项主要工作内容。社市委和支社多次被社省委授予社会服务工作先进集体，社市委报送的信息获得社中央和省政协一等奖；先后有20多名科技工作者荣获国家、省、市级50多项科技成果奖；10多位社员获社中央和社省委优秀社员、社会服务工作先进个人、建功立业先进个人、“百名专家乡村学堂讲科普”活动优秀专家；5位社员被授予市“三八”红旗手；3位社员获宿州市“十大杰出科技青年”荣誉称号。

（一）开展科普宣传日活动

社市委把“三下乡”与科普宣传日相结合，每年至少开展6次活动，组织该社农业科技、医疗卫生、气象、法律等方面专家参加科技活动周、国际科学与和平周、非典防治、爱滋病预防宣传日等宣传活动，到农村、社区、学校、文化广场、雪枫公园等场所宣传科普知识，接受咨询服务，为群众解疑释惑，累计接受咨询服务1万多人次，免费发放宣传资料万余份、常用药品价值8000元，受到广大农民朋友和市民一致好评。

（二）扶贫济困

社市委非常关心群众生产生活，为贫困群众排忧解难、奉献爱心，先后发动社员为受灾群众、贫困学生等捐款近万元，帮助特困群众度过难关，资助贫困学生完成学业。2007年，社市委为支持新农村建设，给新农村建设联系点埇桥区灰古镇付湖村委会送去4000元，用于村委会建设。此后，社市委会又购置7台电脑捐赠给灵璧县尹集镇王井小学，用于信息技术课教学，为乡村学生了解世界、拓宽视野提供载体，为促进乡村小学教育事业发展做出积极贡献。

（三）开展科普宣传活动

为更好地履行参政党职能，发挥九三学社优势，全面实施《全民科学素质行动计划纲要》，进一步做好社会服务工作，提升九三学社社会影响力，社市委积极响应社中央开展的以“提高青少年科学素质，培养创新能力”为主题的“百名专家乡村学堂讲科普”活动。九三学社宿州市委组织多位社员专家先后到埇桥区、灵璧、泗县、萧县、砀山等地十几所中小学开展讲科普活动，内容丰富形式多样，累计听课师生5000人次。在扩大学生知识面的同时，传播科学思想、弘扬科学精神、普及科学知识，营造崇尚科学、尊重知识、尊重人才、探索科学的良好环境。

第七节　工商联

1997年6月，宿县地区工商联办事处成立。1999年5月，宿县地区撤地建市后，宿州市委决定成立宿州市工商联（总商会）筹备工作领导小组，市委副书记孙育海任组长。1999年12月，宿州市工商联正式成立（同时挂宿州市总商会牌子）。至此，全市工商联组织形成市县（区）两级工商联及部分乡镇街道工商联分会的组织网络。

一、组织建设

截至2007年年底，全市工商联会员从1999年年底的7223名增加到10896名。企业会员从1061名增加到1390名，个人会员从6093名增加到9308名。全市共有工商联基层组织82个，比1999年增加20%，其中乡镇、街道分会78个。行业商会20个，其中以20世纪90年代初期成立的符离集烧鸡商会、90年代中期成立的砀山县烹饪商会、砀山县美容美发商会、90年代末期成立的灵璧石油商会为代表，在行业自律、自我服务、自我管理、维权等方面发挥了较好的作用，促进了行业的发展。2004年以后，宿州市相继成立了种子商会、农药商会及酒店餐饮协会。异地商会建设逐步推进，2005年成立北京市宿州商会，2007年12月，成立上海市宿州商会筹备组。

二、会员代表大会

1999年12月2-3日，宿州市工商联第一届会员代表大会在宿州宾馆召开，出席会议的代表115名。市各民主党派和有关人民团体负责人应邀参加会议。会议讨论通过第一届执行委员会工作计划报告，选举产生宿州市工商联第一届执行委员会，会长1名、副会长10名、常务委员23名、执行委员47名，会长苏兴佳。中共安徽省委统战部向会议发来贺电。

2005年12月6-7日，宿州市工商联第二届会员代表大会在宿州宾馆召开，出席会议的代表140名。市各民主党派和有关人民团体负责人应邀参加会议。会议审议通过宿州市工商业联合会第一届执行委员会工作报告，选举产生第二届执行委员会，会长1名、副会长12名、常务委员33名、执行委员63名，苏兴佳再次当选为会长。

宿州市工商联在第一、二届期间（截至2007年），共召开7次执行委员会全体会议（每年一次）。会议学习贯彻上级重要会议和文件精神，听取审议工作报告，全面总结一年来各项工作，对新的一年工作进行部署等。主席会议和常委会议根据需要不定期召开，专题会议和培训会议多以会长扩大会、常委扩大会和会议合并形式召开。

三、主要工作

（一）参政议政

市工商联紧紧围绕宿州市委、市政府提出的战略目标，服务改革发展稳定的大局，积极贯彻落实市委、市政府的各项政策措施，大力促进非公有制经济快速健康发展。2000年年初，市委、市政府印发《关于加强工商联工作的意见》的文件；同年，《把非公有制经济的发展纳入宿州市国民经济和社会发展第十个五年计划纲要》的建议得到采纳；参与修改市委、市政府《关于进一步加快发展个体私营经济的若干意见》和《宿州市开展行政执法检查和实施行政处罚若干规定》；2003年向市委、市政府提出《关于定期召开私营企业大户恳谈会的建议》和《关于在招商引资中防止本地资金被“挤出”的建议》；2004年参与制定《宿州市民营经济发展实施方案（2004-2008）》。此外，驻会领导均被聘为省、市党政部门的特邀监督员、监察员。多次参加市委、市人大、市政府及有关部门召开的政治协商会、情况通报会、征求意见会、议政会、座谈会，就全市大政方针、机构改革、人事安排、招商引资、反腐倡廉、社会稳定等方面的问题，发表意见，反映民意，提出建议。

2000年年初，驻会的三位正副会长到各县区进行深入调研，摸清全市非公有制经济发展现状，形成调研报告呈送给市四大班子。此报告一些数据，被市政府领导在有关会议上引用；同年12月，又会同各民主党派，对全市非公有制经济发展情况进行一次调研，同时参加市政协组织的赴温州参观活动，两次活动结束后，市工商联参与调研、考察报告起草工作，为市政协的建议案提供基础性材料；2003年，省政协和省人大分别到宿州市进行个私经济环境调研和《安徽省个体工商户和私营企业权益保护条例》的执法检查，市工商联全程参加，在下发的“调查问卷”回收后，对全市510份问卷作汇总分析，撰写出“2003年春季省政协加快民营经济发展”调查问卷统计分析，与“加快民营经济发展”调查问卷综合数据材料，呈送四大班子；2003年以后，每年对全市民营经济发展情况进行调研，撰写《安徽民营经济发展报告（宿州篇）》。2007年，编撰《宿州民营经济发展报告（2006）》。报告既有全市民营经济的发展现状的全局性分析，又有抽样数据分析；既有全市民营经济情况的综合报告，又有各县区情况的分报告，涵盖宿州民营经济发展的重要方面，呈送给市四大班子领导和各县区委书记、县区长及市直相关部门。同年，参加市政协组织的“推进服务业发展”专题调研活动，承办“金融服务业”课题，在调研基础上提交调研报告“关于我市中小企业融资担保服务体系的调查与思考”，并在8月21日的市政协“推进服务业发展”论坛上发言。

截至2007年年底，全市工商联系统的人大代表和政协委员利用“两会”平台参政议政，共提议案、建议、提案200多件，仅市工商联就提交集体提案21件，如：《关于尽快建立信用担保体系的建议》《建议把促进个私经济发展纳入各级政府及相关部门目标考核》，还就公开评税增加征税透明度、发挥个私经济领导小组作用、帮助民企提高管理水平等问题提交提案，得到市委、市政府及有关部门高度重视，多被市委、市政府采纳，多个集体提案被市政协评为优秀提案。同时，认真准备每次政协大会发言，就宿州市的经济，特别是非公有制经济，认真剖析，诚恳建议，引起很大反响，并受到市委、市政府领导关注。

加大非公经济人士的培养、选拔和推荐工作力度，做好党联系非公经济人士的桥梁，政府管理非公经济的助手，较好履行推荐非公经济人士政治安排的职责，新的面孔不断出现在省市县人大政协的舞台上。全市工商联会员安排在各级人大政协的有255人，其中非公经济人士228人：省人大代表19人；市人大常委2人，代表13人；县级人大常委3人，代表18人；省政协常委1人，委员2人；市政协副主席1人，常委5人，委员26人；县级政协副主席3人，常委30人，委员131人。

（二）维权服务

维护非公有制企业合法权益是工商联的一项重要工作。2002年，同《法制日报》合作，对全市部分民营企业进行定点挂牌保护，让企业拿起舆论和法律武器保护自己合法权益，切实促进和优化非公有制企业生存环境。多年间，对发生的侵权案件，及时与相关部门和市领导协调，促使尽快得到解决，如灵璧民营加油站油款问题、农机公司的土地问题、路桥公司的政府拖欠工程款问题、埇桥区农机经销商反映技术监督部门和工商部门违规执法问题、台属企业门面楼拆迁问题、市区酒店企业经营纠纷、会员企业拆迁纠纷等等。

（三）光彩事业

2003年“非典”期间，市工商联号召全市民营企业家踊跃捐款捐物，仅市华康医药有限公司和市残疾人康复医院就捐出近20万元的医疗物资。同年，宿州市遭受特大洪涝灾害，市工商联在当年一届四次执委会上，向全市民营企业家发出倡议，号召大家积极奉献爱心，帮助灾后群众重建家园，仅在全市赈灾义演现场，市工商联组织的民企就捐款五万多元。埇桥区工商联也在全区开展“送温暖、献爱心”的募捐活动中，捐款1.7万元。多年间，全市广大非公经济人士爱心回报社会，积极投身扶贫捐助、光彩事业和新农村建设，产生良好社会效果。

（四）“三个一”活动

从2000年开始，为响应“致富思源，富而思进”号召，连续两年在全市工商联执委以上成员中开展“扶持一个弱小企业或个体户，救助一个或一批失学儿童，安排一批下岗职工”的“三个一”活动。活动得到各县区工商联和市联执委以上成员的热烈响应，并得到省工商联的充分肯定，产生很好的社会影响。在市工商联一届二次、三次执委会议上表彰了此次活动的60名先进个人，授予他们在“三个一”活动中“为社会公益事业作出突出贡献先进个人”荣誉称号。

（五）评选诚信标兵

2003-2004年，会同市工商局、国税局、地税局、物价局、质监局，发起组织在全市个体工商户和民营企业中“诚信标兵”评选活动，经过推荐、审查、公示，以市政府名义，采用电视电话会议的形式，表彰全市民营企业“诚信标兵”55家，个体工商户“诚信标兵”204户，市政府常务副市长作讲话，各县设立分会场，受表彰代表在表彰会上向全市发出“做诚信公民，共同打造诚信宿州”的倡议。两次活动，各媒体公开报道，广泛宣传，有力促进非公经济健康发展，非公经济人士健康成长，受到市县区领导、参评单位和全社会广泛好评。

（六）评比表彰

从1999年开始，省联会同省经贸委等七家单位，连续七年开展安徽民营企业百强排序活动，市联积极推荐民营企业参选，先后有30多家企业被授予“安徽省百强民营企业”称号，展示宿州民营经济发展实力。从2001年开始，省工商联与省工会共同表彰全省新建企业“双爱双评”活动先进单位、优秀个人，每年市工商联与市总工会共同推荐，全市有20多家单位和个人受到表彰；2004年，省妇联、工商联、女企业家协会组织表彰“优秀女民营企业家”，市工商联推荐的两名女民营企业家受到表彰；2001年和2003年，市工商联先后两次会同市人事局表彰全市工商联系统先进集体和先进工作者，进一步激发全市工商联组织和干部的积极性、创造性，推动工商联各项工作的开展；2004年，与市经贸委、市妇联共同开展“十佳女企业家”评选表彰活动，并号召全市女经济工作者再展巾帼风采，再创辉煌业绩，为全市经济社会发展努力奋斗。2005年，会同市委统战部等6家单位，全面启动宿州市“争当优秀中国特色社会主义事业建设者”活动。通过召开新闻发布会、发布倡议书、现场交流会，媒体宣传报道，显示了很大的社会效应。2006年11月，安徽省对全省“优秀中国特色社会主义事业建设者”进行表彰，全市有四位民营企业家获此殊荣；2007年4月，全市“优秀中国特色社会主义事业建设者”表彰大会召开，四大班子主要领导参加会议，市委书记唐承沛会见31位受表彰人员，并发表讲话。

（七）考察培训

为帮助企业提高经营管理水平，拓宽经营管理视野，每年组织非公经济人士参加各类培训班和MBA高管课程班。先后到非公经济发达的江、浙、粤等省市考察学习，组团到新马泰等国家和中国港澳台地区进行商务考察活动。参加培训和考察的共有320人次。

（八）其他工作

从2005年开始，按照省统一安排，会同市劳动和社会保障局、市总工会，每年五六月，举办一场民营企业招聘周活动，现场招聘暨政策咨询宣传；深入会员企业建言献策，经常到会员企业了解生产经营情况，帮助拓宽经营管理思路，提出合理建议，鼓励做大做强，并通过各种会议和信件，向企业提供政策信息和商务信息，保证信息及时通畅；帮助会员企业融资，通过提案、专题报告等形式，呼吁尽快建立中小企业融资担保体系，同时帮助有实力、有信誉的企业与银行疏通，帮助企业融资；2007年，与市酒店餐饮协会共同编辑出版《宿州名吃名点》，发掘、整理、展示全市各地传统和现代的经典小吃及美味佳肴，提高宿州名小吃在省内外的知名度和影响力。被市劳动和社会保障局、市农委、市扶贫办列为宿州市创业培训、再就业培训、农民工培训、阳光工程培训、雨露计划培训指定教材。

第七章　人民团体

第一节　工　会

一、工会组织建设

（一）市总工会内设机构

1989年，宿县地区工会内设：秘书、组织部、宣传部、生产劳保部、地直工会。1994年，将组织部、宣传部合并为组宣部，成立事业部，增设财务部。2002年，市总工会内设机构为5部2室1委：办公室、组织部、宣教法律部、财务部、经济工作部、生活事业部（女工部）、工会经费审查委员会办公室、市直机关工会工作委员会。

（二）县、区总工会

市总工会下辖5个县、区总工会，即砀山县总工会、萧县总工会、灵璧县总工会、泗县总工会和埇桥区总工会。

（三）基层工会

2007年年底，全市基层工会组织2793个，涵盖法人单位3103个，覆盖职工339576人，工会会员328125名。2006年，全市基层工会组织2342个，涵盖法人单位1595个，覆盖职工259234人，工会会员247624名。2005年，全市基层工会组织1931个，涵盖单位2104个，覆盖职工231212人，工会会员220575名。

二、工会代表大会

宿州市工会第一次代表大会于2000年9月15日在宿州市委礼堂举行，出席会议的正式代表284名，特邀代表58名。会议选举产生宿州市工会第一届委员会委员29人，一届一次全委会选举产生主席1人，副主席2人，常务委员8人。

宿州市工会第二次代表大会于2005年10月22日在宿州市委礼堂举行，出席会议的正式代表276名，特邀代表32名。会议选举产生宿州市工会第二届委员会委员29人，二届一次全委会选举产生主席1人，副主席2人，常务委员8人。

三、主要工作

（一）市总工会与市政府联席会议

1999年起，市政府与市总工会建立联席会议制度，至2006年召开7次联席会议。每次联席会议，除互相通报工作情况外，市总工会在充分调研的基础上，着眼于反映职工最为关注的问题，如关于对宿州市职工基本医疗保险制度改革的意见和建议、关于未进医保的患大重病职工困难状况的调查报告、关于两节“送温暖”的安排意见、工会建设职工活动中心用地等，提请政府关心和支持，从源头上为职工排忧解难。

（二）开展两节送温暖活动

市总工会从2003年开始组织元旦、春节期间向困难职工、困难企业送温暖活动。至2007年，全市五年来送温暖救助失业困难职工11.97万户次（市直9786户次），困难企业647家次、特困企业474家次（市直76家次），发放慰问金947.5万元（市直259万元）；救助困难大学生754名，救助金124.06万元（2005年全市142户次，市直49户次）。五年来筹集送温暖资金1031.984万元（市直297万元，款物折价65.8万元），各级政府拨款1416万元，社会募集787.1万元，其他筹集178.67万元（2003-2004年两年政府拨给市直4万元）。

（三）开展“育才关怀行动”

从1998年起，为帮助考上大学的困难职工子女跨入高校完成学业，市总工会连续九年在全市范围内实施以资助困难职工子女上大学为主要内容的“育才关怀行动”，并把这项活动纳入到工会送温暖工程中，形成制度，上下联动，整体推进。九年间，全市筹集助学资金134.9万元，帮助1066名困难职工子女顺利地跨入高校大门。一大批考上北京大学、清华大学、中国科技大学、复旦大学等重点院校的特困生，在工会组织的帮助下顺利完成大学学业，有的已经走上工作岗位，成为国防战线上的尖兵，有的成为教育战线上的中坚力量，有的成为各条战线上的骨干，还有的继续深造攻读硕士、博士。

（四）推进下岗职工再就业

2003-2005年，按照省总工会推进三年“三个十万，六个一批”和市委、市政府的就业目标任务的要求，各级工会通过多种渠道、多种形式，帮助和扶持了一大批下岗职工通过技能培训、职业介绍、劳务输出、家庭养殖、个体联办家庭作坊等多种形式实现了再就业。2003年11月14日，专门下发关于开展全市三年“三个五千”再就业目标完成情况自查工作的通知。并召开各县区工会主席保障部长会议，强调要求对照自身的任务完成情况进行全面的总结，数字要实事求是，有台账、有档案、有资料。书面材料在12月21日全市保障工作会议上汇报交流。全市工会协助政府实现下岗职工就业再就业9379人次（包括劳务输出），举办再就业政策宣传78场次，发放就业再就业及就业优惠政策宣传资料1074万份；举办下岗职工技能培训班104期次，受培训下岗失业职工10977人次。通过培训职介实现再就业6247人次，联办职业介绍机构8个，三年间工会主办、与劳动工商联部门联合举办各类民营企业用工招聘会68场次，通过招聘会签订协议3784人次，达成就业2324人次。建立再就业示范基地21个，市级15个（含省级4个）、县级6个，吸纳下岗职工1308人次。三年选树再就业带头人61人，参加省级成果展览8人，通过工会牵线全市领导干部和领导机关结对帮扶786户，达成再就业1033人，其中427户基本脱贫。

（五）开展就业指导和职业技能培训

创建再就业培训基地。市总工会及各县区工会通过实地考察、申报认证，先后在全市建立起有实力、有规模、有培训能力的培训学校和基地。有花木繁殖、家禽养殖、汽车修理、服装缝纫、厨师培训、电气焊、微机管理、家电维修、家政服务等16个再就业培训基地，对下岗职工进行免费技术培训。使下岗职工心态逐渐成熟，掌握一技之长，增强就业能力。2007年先后针对市场需求，在外出劳务输出就业路子上狠下功夫、大做文章，对口免费培训。仅服装缝纫、家政服务就免费培训56期，培训下岗、失业人员584人次。通过培训劳务输出下岗职工492人，其中输送到北京从事家政服务86人。

培育一批再就业示范基地。为近一步帮助下岗失业人员尤其是大龄就业困难群众实现再就业，2006-2007年全市培育再就业示范基地21个，给予无偿资金支持4万余元。基地在各级工会组织的帮助和支持下，生产规模日益扩大，吸纳能力不断增强，在促进再就业工作中充分发挥示范引导作用。

协助政府加快再就业步伐。市总工会通过联席会议积极向市政府建议和有关部门反映，督促再就业扶持政策的落实，尽量使那些按规定要求吸纳下岗失业人员的企业都能享受到扶持政策。协助有关单位逐步完善社会保障制度，与有关单位协商制定相关政策，严格执行社会保障制度，多渠道为下岗职工创建就业平台，使下岗失业职工能够获得应有的帮助。

动员社会各方面力量支持再就业培训。组织更多的下岗困难失业人员接受培训，对支持困难下岗职工失业人员给予免费或减免费用培训的个私培训组织，工会给予表彰奖励及资金的补贴。

成立职工再就业指导中心。指导中心由市总工会主席任主任，一名副主席任副主任，成员由市总工会经济保障部、办公室和四县一区工会主席组成。形成一个上下联动，内外互通的就业网络和再就业体系，做到及时、快速服务下岗职工，有效促进劳务输出再就业工作的快速发展。

（六）开展困难职工帮扶工作

市总工会成立困难职工帮扶中心，县区总工会也先后成立困难职工帮扶中心，通过全方位、多渠道、一条龙、一站式服务，为下岗失业职工提供求职登记、就业指导、职业介绍、技能培训、档案管理等方面的便利服务。中心免费介绍再就业职工526人次，另外，中心开展领导干部和领导机关结对帮扶876户次。全市结对帮扶下岗困难职工1033人次。通过小额贷款等形式扶持个体再就业47人，314人通过各种信息自谋职业。

（七）加强工会基层组织建设

2004年，市委发《关于转发〈市总党组关于在新形势下加强工会组建工作的意见〉的通知》、市委组织部和市总工会联合发《关于加强非公有制经济组织“党建带工建、工建促党建”工作的意见》，各县区委也相继下发系列工会组建文件，工会组织建设氛围环境空前优化。并先后发关于深入开展“基层工会组织建设年”活动的通知、开展职工之家建设和工会组织建设目标责任制考核细则等规范性文件，促进全市基层组织建设工作健康有序发展。2004年7月，在灵璧县召开全市基层工会组织建设现场经验交流会议。灵璧县光明电力服务有限公司在华东电网和全省率先成立第一家农电工工会，其经验在全省和全国供电系统进行介绍。灵璧县后朱村、灵西乡采石和红砖行业工会、砀山县翟寺村工会组建典型经验在《安徽工人日报》《新安晚报》《拂晓报》等多家媒体报道。为进一步拓宽工会组建思路，提出了“开展四项活动，召开四个会议，建立六项制度”的具体要求，完善领导责任制、目标责任制、定期检查制度、学习考察制度、定期通报制度和档案管理制度，并把工会组织建设工作纳入县区工会目标责任制考核一票否决。各级工会不拘形式，灵活多样，大小并举，整体推进工会组建工作，取得阶段性成果。通过表彰模范职工之家、优秀工会工作者、优秀工会积极分子、双爱双评先进集体、先进个人、示范先进乡镇街道、特别贡献奖先进单位和关心支持工会工作好领导等多种形式，社会各界对工会工作的支持和关心良好氛围逐步形成。

（八）开展职代会民主管理工作

全市有988家企事业单位建立职代会制度，建制率为77.3%，其中国有、集体及其控股企事业单位815家均建立职代会制度，建制率为100%。非公有制企业408家，开展职工民主管理工作381家，其中173家建立职代会制度，建制率为42.4%。90%以上的国有、集体及其控股的企业和事业单位建立厂级、车间、班组（科室）二、三级民主管理网络。62家建会的公司制企业中，设职工董事的公司14家，设职工监事的公司37家，职工董事为41人，职工监事为51人，其中工会正副主席进董事会的有23人，进监事会的有30人。民主评议企业领导干部形成制度化、规范化、经常化。

（九）厂务公开工作

齐抓共管，强化运行机制，增强推行厂务公开的整体合力。市委、市政府高度重视厂务公开工作，先后四次调整充实领导小组成员，领导力量不断加强，始终保持高规格的强劲态势。全市341家国有集体及其控股企业和474家事业单位已全面推行厂务公开制度，408家非公企业中，有134家开展厂务公开工作。全市厂务公开工作形成领导高度重视、行政积极支持、工会组织协调、职工热情参与的工作运行机制。

全市各级工会全程参与企业改制，在改制、重组、兼并、破产企业中坚持职代会的基础性作用，突出发挥厂务公开民主管理的稳定协调作用。改制方案、职工安置方案提交职代会审议通过率为100%。全市91%的国有企业和85%的集体企业能够依托职代会，规范程序，规范操作，规范审议企业改制方案。

（十）组织职工开展群众性劳动竞赛活动

全市各级工会以百万职工跨世纪赶超工程、发展创新工程为载体，发动职工围绕各个时期经济工作重点，广泛开展各种形式的劳动竞赛和合理化建议、技术革新、技术协作以及普及计算机知识为主要内容的技术比武、技术练兵活动，极大地激发广大职工立足岗位建功立业的积极性。各级工会还举办各类技术创新及培训班300多期，培训职工3万余人；组织职工开展读书自学活动和形式多样的职工文体活动，先后建立读书组织1290个，使职工思想教育迈上新的台阶。积极贯彻《公民道德建设实施纲要》，把窗口行业职工职业道德竞赛深化和延伸为创建文明行业，参赛行业部门由2000年的10个，拓展到2007年的近50个。通过开展明查暗访、万人评行风、表彰“双十佳”、创建“人民满意基层站所”和诚信行业、诚信企业等活动，引导职工把良好的职业道德规范变为自觉的行动，进一步提高职工队伍的整体素质和文明程度，在推动社会全面进步和协调发展中，充分展示广大职工的主力军风采。1988-2007年，全市先后涌现出150名市级以上劳动模范和先进工作者，全国劳模22名，省级劳模166名；有19人获得全国五一劳动奖章；36人获得市五一劳动奖章；有16个单位获市创新工程先进集体。

（十一）维护职工劳动经济权益

2000年以后，各级工会按照党委、政府的安排，积极参与完善城镇社会保障制度改革试点工作，协助政府完善城镇居民最低生活保障制度，协助政府做好“两个确保”“三条保障线”的衔接，特别是“低保”政策的落实工作。做好对离退休人员养老金和下岗职工基本生活费发放的监督检查工作，确保“两金”按时足额发放。协助民政部门对企业“低保”金发放，促进“低保”政策落实，实现应保尽保，维护广大职工的经济利益。进一步加强工会劳动安全监督工作。全面落实工会劳动保护监督检查“三个条例”，依法参与职工伤亡事故调查处理，依法参与安全生产监督检查和“三同时”审查验收工作。

第二节　共青团

共青团宿县地委是宿县地区共青团工作的领导部门。团地委机关行政编制为7名。其中：书记1名，副书记1名；科级领导职数5名（含地直团工委书记1名）。内设办公室、组宣部、青农青工部、学少部。全区未成年人保护委员会和全区希望工程工作领导小组的办公室设在团地委。共青团宿州市委员会成立于1999年4月。团市委机关编制增加到11名（其中行政编制10名，事业编制1名）。其中：书记1名，副书记2名；科级领导职数5名（含市直团工委书记1名），机关后勤行政管理服务人员编制单列1名。机关设置办公室、组宣部、青工青农部、学少部四个部室。

一、共青团代表大会

2000年5月23-24日，召开共青团宿州市第一次代表大会，出席大会代表人数216名。大会选举出共青团宿州市第一届委员会委员32名、候补委员4名。共青团宿州市第一届委员会选举产生常委11人。

2005年10月20-21日，召开共青团宿州市第二次代表大会，出席大会代表人数218名。大会选举出共青团宿州市第二届委员会委员32名、候补委员4名。共青团宿州市第二届委员会选举产生常委9人。

二、主要活动

1988年，开展“植树造林突击周”活动；砀山县被团中央命名为全国农村青年实用技术培训工作先进县；全地区四个街道团支部被评为省级先进团支部，团地委获全省街道团的工作“进取杯”；共青团安徽省水果技术培训基地在砀山县园艺场落成；全地区六名代表出席团十二大；全省团办经费现场研讨会在萧县召开；举办“全区少先队辅导员技能技巧竞赛”；在暑期组织少先队员开展“爱校、护校、整校日”活动；“五小”活动中全区收集上报成果分获省一等奖一项，二等奖两项。

1989年，开展“战百日、献百元、迎国庆”立功竞赛和“双争双创”活动；开展“信得过个体青年”和“先进团支部”评选表彰活动；开展“青年爱国储蓄”活动；团地委学少部被全国少工委授予“少先队达标创优先进单位”称号；团地委被授予省级“农村实用技术培训工作最佳单位”；在全省颁发团员证工作检查评比中，团地委被团省委授予颁证工作“红旗单位”；青年企业家李安生当选为“安徽省青年乡镇企业家协会”会长；全区团员青年开展向“共和国卫士”学习活动。

1990年1-5月，组织实施“学赖宁、见行动，为红领巾添光彩”实践活动；组织开展“以学习雷锋为主要形式的社会公德教育”系列活动。配合地委组织部在省团校举办为期一周的区级团干培训班；开展“五提倡五反对”教育活动，促进精神文明建设；配合有关部门开展“迎亚运，保交通安全”交通法规宣传活动；举办一期近200人参加的星火带头人骨干培训班；全地区团组织约投入人力200万人次，植树近千万株，兴建青年绿色工程近千余个，绿化农田林网800余万亩；团地委在税法宣传普及教育工作中被团中央、国家税务局命名为“组织优胜单位”，灵璧团县委、宿州市团市委被团中央、国家税务局命名为税法宣传先进单位，两位个体青年被评为全国“守法纳税模范户”，15位个体青年被评为省“守法纳税模范户”，8位税务团干部被评为“省先进工作者”，1位被评为全国“先进工作者”；在全国故事大王比赛中，全区有8个少先队大、中队，6位辅导员和22名少先队员受到全国少工委的表彰；团地委被省委宣传部、省教委、团省委命名为暑期大学生社会实践活动“先进单位”。

1991年，开展“万组千队学雷锋”实践活动，团地委被团省委授予学雷锋活动组织奖；五四期间为348对青年组织五场集体婚礼；与公安交警合作开展交通法规宣传教育活动，团地委在活动中被评为全国“红旗单位”。

1992年，团地委参加全省“道路交通安全知识竞赛”，取得第3名；组织专业农技人员1150名为团员青年授课，培训团员青年30多万人；在争当“科技星火带头人”活动中，2人被国家科委、团中央授予国家级“科技星火带头人”称号，9人获省部级表彰；5月份团地委被评为全国税法宣传教育红旗单位；成立青年科技文化发展中心；开办青年夜市。

1993年，3月5日组织开展学雷锋“社会服务日”活动；开展“万名农场青年致富奔小康”活动，300余名团员青年受到各级表彰；成立“青年企业家协会”，促进企业团的工作；灵璧中学教师林树森被团中央等单位评为全国各族青年团结进步奖，代表安徽省青年出席全国先代会。

1994年3月上旬，开展青年志愿者“维权与奉献”宣传服务活动；华夏商场被团省委确定为首批省级“青年文明号”示范单位；开展“农村青年致富奔小康竞赛活动”，启动实施“青年小康工程”；组织开展“雏鹰行动”，全区首批三个优秀大队被全国少工委命名为“雏鹰大队”。

1995年，开展爱国主义教育活动，命名宿州市雪枫烈士陵园等6个青少年爱国主义教育基地；指导地直机关组织团员青年开展“十乡百村”科技服务活动，狠抓城乡互助，受到团中央表扬；印发“雏鹰奖章奖励实施意见”，组织实施少先队“手拉手322工程”，部分学校和学生受到国家和省级表彰；积极推进青年志愿者活动，组织开展新春志愿者行动、青年志愿者活动周、青年志愿者授旗仪式等大型青年志愿者服务活动，筹建宿县地区青年志愿者协会；成立地区及县市级未成年人保护委员会，为青少年维权提供组织保障。

1996年3月，举办为期一周的专职团干培训班；团地委会同地区农行组织实施“爱心储蓄”活动，全区收储200余万元；加大“青年小康工程”工作力度，召开“宿县地区团组织服务万村行动暨农村青年奔小康工作会议”，确立沿汴河、黄河故道两岸40个重点乡镇，开展“两河科技行”活动。

1997年，以香港回归为契机，以“征文、诗歌朗诵会、知识竞赛”等活动为载体，激发团员青年的民族精神和爱国热情；联合地委组织部举办乡镇以上专职团干部培训班；开展“美化家园三月行”志愿者活动，进一步深化“一助一”长期结对服务和文明城镇创建活动；以“倡职业文明、树行业新风”为主题，分行业评比表彰青年文明号示范单位；全区6家单位获省“手拉手”互助活动先进单位称号，10人获省“手拉手”互助活动先进个人称号；联合地区农行开展“爱心储蓄”活动，为希望工程吸储300余万元，团地委被评为第三届全省希望工程建设奖机构。

1998年，评选表彰宿州市“十大杰出青年”和“十佳优秀青年”，树立先进青年典范；深入开展“创三好”和“手拉手”活动，4所小学被命名为“安徽省红领巾示范学校”、6名学生被授予“省优秀少先队员”称号、3名教师被授予“安徽省优秀少先队辅导员称号”；科苑集团汪蓓蕾的木糖生产新技术、地区农业局马虹的日本矮化苹果伞形整形技术改进分获省第八届青工“五小”竞赛活动一等奖、二等奖；开展争创青年科技星火带头人活动，17人获省级表彰。

1999年，开展“美化家园三月行”活动，巩固精神文明创建成果，拓展活动范围；开展纪念“五四”运动80周年系列活动，加强爱国主义和社会主义教育；深化青年文明号活动，8家窗口单位被命名为省级青年文明号；率先超额完成希望工程邮资明信片发行工作，被团省委、省邮政局在全省通令嘉奖；积极选树青年典型，高峰等5人被评为安徽省优秀青年企业家；重点开展“创三好”活动，30名学生获得省级三好学生称号，6名同学获省级优秀学生干部称号，3个班集体被评为省级“先进班集体”；成立市青少年集邮协会；深化培养“青年岗位能手”，欧阳滨等5人被评为省级岗位能手，5家单位被评为安徽省优秀QC小组；组建果树栽植、蔬菜种植销售、养殖等青年组织和实体600多个，推动创建小康团支部活动健康开展；加强基层团组织建设，全市乡镇团委专职团干配备率达96%以上，三位一体村支部书记配备率达90%，新经济组织建团率达98%。

2000年，建立宿州青年农业科技示范园，被国家、省、市媒体相继报道；萧县辣椒制种、食用菌培训基地被团中央、中青农业发展中心命名为“中青农业高科技示范园”；开展“青年志愿者三月行”活动，全市50万名志愿者参与活动，其中两个服务队被评为“安徽省首届青年志愿者服务先进集体”；5月24日，成功召开共青团宿州市第一次代表大会；开展“东方杯”未成年人保护法律法规宣传教育和知识竞赛活动；举办庆“六一”大型少儿游园系列活动；宿州市青少年宫被团中央、文化部评为全国先进青少年宫；埇桥区青年农民陈怀庆被授予“安徽省十大杰出青年农民”称号；施文涛同学被授予“全国优秀共青团员”称号，连琦等人被授予“全省优秀团干部”称号；全年发展团员6.5万名，推优入党2788名。

2001年，组织青年志愿者开展以老红军、老党员、老干部、老模范为主要服务对象的“为奉献者奉献”主题志愿活动；举办纪念建党80周年的“党在我心中”青少年征文比赛和中小学生演讲比赛；组织师专、农校及部分回乡大学生在农村开展送科技、文化、卫生“三下乡”活动；选树优秀青少年典型，发挥典型示范作用，年内获得省级以上荣誉称号的三好学生30人，优秀学干5人，先进班集体3个。

2002年，全市开展纪念建团80周年宣传教育系列活动；开展庆“六一”大型少儿文艺演出；8月组织大中专学生深入基层宣讲“三个代表”重要思想和党的富民政策；深化青年“四个带头人”培养工作，帮助青年增收致富；规范“青年文明号”运行，8个青年集体被授予省级青年文明号，72个集体被授予市级青年文明号；组织开展社区青年志愿者“扶弱助困”行动和“一助一”长期结对服务；开展“我为亲友送安康”捐建卫生厕所活动；举办“汇源杯”大中专环保辩论赛。

2003年，联合市委组织部、市委宣传部、市人事局开展宿州市首届“十大杰出青年”评选活动；以纪念学雷锋活动开展40周年暨青年志愿者行动实施10周年为契机，开展“弘扬雷锋精神、参与志愿服务、建设精神文明”主题活动；组织“青春在行动——志愿抗非典”活动；实施“青年文明号信用建设示范行动”；实施“社区青少年远离毒品行动”；切实帮助困难青少年群体，深化“一助一”结对扶助工作。

2004年，市烈士陵园和泗县烈士陵园被命名为安徽省首批“民族精神代代传”少先队体验教育基地；4月12日，团市委联合市司法局等部门在省第三监狱建立“宿州市预防未成年人犯罪教育基地”；召开加强和改进未成年人思想道德建设暨“手拉手”活动推进座谈会；灵璧县人民法院刑二庭等4家单位被命名为省级“优秀青少年维权岗”；举办纪念“五四”运动85周年暨市首届十大杰出（优秀）青年表彰大会；“六一”期间，开展“民族精神代代传”“养成道德好习惯”等主题教育活动和“未来创业者”初中生创业体验教育活动；7月16日成立宿州市青年创业就业服务中心；通过市青年创业就业服务中心培训开办6期青年外出务工技能培训班，700余人得到系统培训，输出农村青年劳动力500余人；开展“青工创新创效行动”，启动实施“轻工技能振兴计划”，四名青工被评为“安徽省青年岗位能手”，选树和培养了一批国家、省和市、县级“青年文明号”；联合市文明委、市教育局启动“携手1+4（孩子与爸爸、妈妈、爷爷、奶奶），共建美好家园”青少年文明创建活动。

2005年，举办“看我宿州新变化，我为崛起做准备”主题教育活动，被团省委授予“百万少年看安徽”主题教育活动优秀组织奖；埇桥区青年农民王化东被评为第十届全国十大杰出青年；6月组织优秀青年企业家代表团参加首届淮海经济区青年创业论坛；引资90万元建成希望小学3所；举办“动感地带杯”青少年书画大奖赛；以“参与志愿服务，建设和谐社会”为主题，组织1万人次的青年志愿者开展志愿服务公益活动。

2006年，开展“植树植绿营造生态宿州”主题活动，创建青少年生态教育基地，成立雏鹰假日植绿护绿队；建立宿州青年人才库，对人才库实行动态管理；开展为期四个月以“对人民负责、让群众满意”为主题的纪律作风集中整顿活动；举办宿州市首届青少年文化艺术节；实施“八项工程”服务新农村建设；举办宿徐青年创业发展论坛。

2007年，开展“真情助困进万家”活动；开展“我与祖国共奋进、我为崛起献青春”“祖国发展我成长”“民族精神代代传”等主题教育活动；开展纪念国庆58周年和建团85周年系列活动；开展“立足新起点、创造新业绩”学习贯彻党的十七大精神主题活动；在社区举办优秀青少年维权岗在行动、“深化志愿服务、促进社会和谐”等活动；全面实施“八项工程”，推进青春建功新农村行动；开展“青少年暑期自护教育”，提高青少年自护能力和维权意识；举办宿州市首届集体婚礼；组织青年志愿者成功地为农博会、“江淮情”慰问演出、中国水果加工论坛等大型活动提供志愿服务。

第三节　妇　联

一、组织机构

（一）内设机构

1988年，安徽省妇联宿县地区办事处内设宣传部、权益部、儿少部、办公室三部一室。1989年增设法律顾问组。1997年，内设机构为办公室、组宣部、城乡工作部、儿童工作部四个职能部室，机关行政编制7名。1999年成立省辖宿州市，内设办公室、城乡部、组宣部、儿童部、权益部、市直妇工委6个部室。2002年机关机构改革，内设5个职能部（室）：办公室、城乡部、组宣部、儿童部、权益部。机关编制11名。

（二）基层组织

1988年，全区有妇联组织395个。至2007年年底，全市四县一区112个乡镇（街道）全部建立妇联组织，社区妇联91个，农村妇代会1604个，机关企事业单位妇委会148个；团体会员中，女职工委员会77个，登记注册社团3个。

二、妇女代表大会

2000年9月27-29日，宿州市妇女第一次代表大会召开，出席大会的正式代表289名，特邀代表20名。大会选举产生市妇女第一届代表大会执行委员会委员40名，召开一届执委会一次全会，选举产生第一届常务委员会委员11名。

2005年10月26-28日，宿州市妇女第二次代表大会召开，出席大会的正式代表266名，特邀代表34名。大会选举产生市妇女第二届代表大会执行委员会委员45名。召开二届执委会一次全会，选举产生第二届常务委员会委员8名。

三、主要工作

（一）参与经济建设

“双学双比”与巾帼示范村创建活动。1989年8月10日，由地区妇联、农委、科委等15个单位组成的宿县地区农村妇女“双学双比”竞赛活动协调小组成立。至年底，全地区五县一市，73个区镇，294个乡镇全部建立了协调小组，并有一名政府负责人任组长，3205个行政村有2673个相继建立组织。各级妇联自办技术培训班504期，联办1475期，参加实用技术培训班288233人，其中掌握1-2项技术274880人，被授予农民技术员职称415人。

至1990年12月29日，全区“双学双比”活动实现五大目标：（1）全区扫除妇女文盲2.5万人，占计划扫盲2.3万人任务的109%。（2）受到1-2项技术培训的妇女30万人，完成计划培训21.36万人任务的140%。（3）达标竞赛活动实现千名达省标、万名达地标的奋斗目标。(4) 新建50亩以上“三八”林12片，妇女义务植树近300万棵，超额完成当地造林任务。(5)“双学双比”活动宣传率85%以上。

1991年，全区开展“金叶、银花、一麦一稻创高产高值赛”“千户庭院经济达标赛”“千名女能手帮贫致富活动”，11310名农村妇女参加各类学习，千余名妇女达到农民技术员水平。1992年“三八”节期间，地区“双学双比”领导小组表彰110名“双学双比”先进个人、17个先进集体。五县一市共表彰“双学双比”先进个人594名、先进集体48个。1993年3月，全区近万名妇女参加省农村实用技术知识竞赛，地区妇联获组织二等奖，泗县、灵璧妇联分别获竞赛一、二等奖。10月19-20日，全区农村妇女庭院经济竞赛活动现场经验交流会在灵璧召开。1994年6月20日，地区妇联《宿县地区“双学双比”活动开展五年来的成果和经验》调研报告获省“双学双比”调研文章征集评选一等奖。1995年3月5日，举办全区“双学双比”成果展，收集图片200余幅，展示广大农村妇女新的精神风貌和业绩。1996年2月，“三万二千”工程（即扫除一万名妇女文盲，开展万名养殖女能手赛和万亩棉花高产赛，开展千名女能手扶贫致富活动、千户庭院经济达标赛活动）启动，到年底有2.1万名妇女脱盲，2801个村有女农民技术员、女农艺师2989人。1997年8月，地区妇联抓住土地调整有利时机，争取全市61个行政村划进妇代会经费田246亩。全区建成种、养、加工、水产、林业等基地306个（其中县级3个，乡镇级27个，村级276个）。1998年3月，全区开展千名女农技员帮贫结对活动，共接扶贫对子2330个。1999年9月，宿州市妇联与农科教办公室、农广校联合举办农村妇女科技培训班，培训骨干105人，经考试合格，全部颁发绿色证书。2000年，市妇联与有关部门共同制定“巾帼科技致富工程”实施意见。重点组织开展绿证培训和村级妇干上两校。全市办起两个农广校女子中专班，在校学员300多名，对500多名妇女进行绿证培训和农技员培训。2001年，全市妇联系统协调发放小额信贷3538万元，受益农户10046户。2002年3月7日，表彰10个科技致富带头人、12个小额信贷活动先进工作者。8月20日，市妇联联合农委成立“宿州市农村妇女科技指导服务中心”。

2004年3月，联合市扶贫开发领导小组办公室、市农业银行、市中国银行表彰农村妇女小额信贷工作先进集体和先进个人，表彰萧县妇联等6个农村妇女小额信贷工作先进集体、王玉兰等21名农村妇女小额信贷工作先进工作者。9月，完成省妇联“关于农村妇女小额信贷推动产业结构调整的研究”课题，2006年3月，在萧县召开“庆三八、展硕果、促发展”现场经验交流会，部署全市实施“百万妇女创业”行动的意见。4月初，制定下发宿州市“百万妇女创业行动”实施方案，提出小额信贷工作“1235”（市妇联抓好1个示范县，县妇联抓好2个示范乡镇，乡镇妇联抓好3个示范村，村妇联抓好5个示范户）工程。据统计，2001-2007年，全市妇联系统协调落实小额贷款3.5亿元，受益农户10万多户；落实妇女连环脱贫贷款655万元，帮带3000多个农户增收。

2003年，市妇联把劳务输出基地建设和打造宿州缝纫工品牌作为劳务输出重点。2004年5月，建立时村凌志劳务输出培训基地。2005年10月10日下发《关于开展“培育缝纫工品牌，大力推进劳务输出”活动通知》，指导各县区妇联建立基地，并加强对基地的督导和管理，使妇联劳务输出品牌不断做大做强。至2007年年底，全市建立妇联劳务输出培训基地15个，培训妇女26850名，输出务工人员24053名。省市电视台对此进行专题报道，在省妇联十届三次执委会和省“双学双比”协调小组会议上，宿州妇联先后两次作典型经验发言。

2007年8月，市妇联向市直各单位妇委会发出《关于向留守儿童爱心书屋捐赠图书的通知》，市计生委、教育局、农委、供电公司等多家单位分别为留守儿童购买3000多元的少儿读物，各单位女干部、女职工也积极捐赠家中闲置的少儿图书，市直捐图书1.1万余册，价值5万余元。在12个市级以上巾帼示范村建立“留守儿童爱心书屋”，为农村留守儿童提供丰富的精神食粮。9月12-15日召开全市“巾帼示范村”创建工作观摩推进会。与会人员参观5个县区12个巾帼示范村的妇女活动室、科技示范基地、女性创业典型、特色家庭（绿色之家、洁美之家、平安之家）、查看示范村创建活动台账资料，听取示范村创建工作汇报。会议展示各地创建特色，交流经验，激励先进，鞭策落后，有效地推进全市“巾帼示范村”创建工作的创新发展。全市树立省“巾帼示范村”5个，市“巾帼示范村”10个，县区“巾帼示范村”50个。宿州妇联“巾帼示范村”活动的创新做法，先后在全省“巾帼示范村”观摩推进会和省“双学双比”协调小组会议上做经验介绍。

巾帼建功与再就业。1991年2月1日，地区妇联下发《关于在城镇妇女中开展“巾帼建功”活动的通知》。5月，与企业局、商业局、供销社、农行、交通局等单位开展“爱祖国、比贡献、挂奖章”、“创优质服务、争一流水平”等劳动竞赛活动，将“巾帼建功”与系统劳动竞赛有机结合。1992年“三八”节期间表彰“巾帼建功”活动先进个人80名，先进集体32个。10个部门成立系统领导小组；大的厂矿企业也相继成立26个“巾帼建功”领导小组。1993年8月，重点在经贸、商业、交通系统开展“巧手奉献赛”“我为企业添光彩赛”“优质服务赛”等活动，以活动促学习，全年有480名妇女取得大学学历，1300人达中专水平。1994年5月，宿州市、砀山县拍摄“巾帼风采”专题片。1995年7月，联合地区工会对经贸系统、商业系统24个企业进行女职工下岗情况调查，帮助下岗职工再就业成为“巾帼建功”的工作重点。1996年“三八”期间，表彰“巾帼建功”标兵10名，“巾帼建功”先进单位6个，全市树立20个行业标兵和10个市级巾帼示范岗，成立“巾帼服务公司”“巾帼职业介绍所”，安置下岗职工180人。1997年3月8-16日，在市内繁华地带设立再就业咨询点，为下岗职工提供政策咨询服务。1998年3月6日，在《拂晓报》刊登4个再就业先进典型，表彰“巾帼建功”标兵10名、“巾帼建功”先进集体7个。3月8日，联合劳动、工会开展“下岗女职工再就业活动周”活动。2000年3月3日表彰贺广英等20个“巾帼建功”标兵、埇桥区妇幼保健所等4个巾帼文明示范岗。2001年2月27日，联合市经贸委、工商局、地税局等单位表彰百名巾帼行业“十佳”。2002年3月5日，表彰17个巾帼文明示范岗，100名行业先进工作者。萧县公安局张梅获安徽省巾帼建功先进个人、泗县卫生局获先进集体、宿州市房地产交易大厅获安徽省“巾帼文明示范岗”称号。2003年8月，在城隍庙开展“巾帼文明示范一条街”争创活动。10月10日，与市劳动和社会保障局、工商局、财政局联合开展“巾帼创业”项目援助活动，大力推动下岗女工创业和再就业。截至2007年年底，全市有“巾帼示范岗”101个，其中全国8个，省级18个、市级75个。

（二）精神文明与五好文明家庭创建

1988年，全区红白协调会（理事会）和禁赌协会普遍成立，全区举办集体婚礼162次，旅游等其他文明婚礼761次，2167对新婚夫妇参加活动。厚养薄葬纳入“五好文明家庭”创建内容，全区评选五好文明家庭15757户。“六一”期间，组织全区第一次儿童少年文艺调演，特等奖作品《淮北妞》《赶鸭子》被省电视台采用。1989年4月，地区妇联下发《关于加强精神文明建设活动的通知》。全区评选五好文明家庭8725户，文明楼院35个。举办集体婚礼37次，有4428人婚事新办、1698名女青年退彩礼；1990年9月17-18日，在灵璧召开“三会一家”（读书会、演唱会、故事会、妇女之家）现场会。地区妇联联合电视台拍摄《徐桥十姑娘》《敬老好儿女范天荣》电视专题片，《徐桥十姑娘》获省《江淮巾帼颂》电视专题片二等奖。举办好妈妈摄影展、“我区妇女在两个文明建设中前进”图片展、妇女书画展。评选五好文明家庭21021户。1991年，从抓树立“五好家庭标兵户”，给“五好家庭挂红花”活动到创建“红五星文明之家”，双“十星级文明户”活动，评出五好家庭25748户。1992年，地区妇联围绕家庭“和、乐、新、美”，开展家家学（学文化、学科学）、家家新（树文明新风）、家家美（美化居室、阳台）、家家乐（开展文体活动）活动。1993年，开展以五好家庭为基础的家庭文化建设活动，“三八节”期间，举办家庭保险杯文艺演唱会。12月，在原宿州市召开全区“家庭文化建设现场会”。全年表彰五好家庭户、特色家庭户810户。1994年，开展“四进四赛”活动，推动思想教育进家庭，赛对家庭的贡献；科学技术进家庭，赛科技致富和科技生产；文化艺术进家庭，赛文明健康科学生活方式；传统美德进家庭，赛好的家风。全区组织4000多人参加省妇联举办的“迎95家庭知识有奖大赛”，推动家庭文化活动健康发展。1997年，开展“万名妇女读书活动”。1998年，将创建文明家庭活动纳入全区精神文明建设总体规划。全区表彰五好文明家庭10580户。2000年，宿州市妇联以六进家为内容，实施“家庭文明工程”。配合教育电视台拍摄《话说母亲》实话实说专题，组织捐款10万余元，资助300名贫困母亲。2002年，成功承办全国第二届家庭文化艺术节安徽分会场工作，《剪纸》等优秀节目被中央电视台选调进京参加演出。2005年，开展“家庭美德进万家”活动，评选各类文明家庭280户，好母亲、好媳妇等398人。2007年，评选、命名10个市“美德在农家”示范点，表彰市五好文明家庭20户，平安家庭20户，开展“十佳好军嫂”评选表彰活动。

（三）妇女权益保护

社会化维权机制逐步建立。1988年10月，在地区妇联的积极建议下，针对妇女参政问题，召开县、市组织部长、妇联主任会议。1989年2月，联合地委组织部下发《关于选拔培养妇女干部的通知》。1990年，配合地委组织部对全区妇女干部参政状况开展调查，制定全区培养选拔女干部的三年规划。地、县两级建妇女人才档案17卷，掌握各类妇女人才2763名。1991年，配合地委组织部对全区女干部参政的现状进行调查，制定《宿县地区女干部现状及1991-1993年培养目标和措施》。1992年6月20日-7月20日，开展《中华人民共和国妇女权益保障法》宣传月活动，印发宣传材料11428

份，举办培训班187期，培训骨干28720人。1993年9月，召开《中华人民共和国妇女权益保障法》和两个《决定》执法检查情况汇报会。10月中旬-11月中旬，配合公安、民政等部门在全区范围内集中力量开展打击拐卖妇女儿童犯罪专项斗争。1994年10月，在《妇女法实施办法》宣传周活动中，地区妇联在《拂晓报》发表评论员文章和全区维权工作综合报道。1995年3月，与地区人大联络处配合，对《中华人民共和国妇女权益保障法》的贯彻实施情况进行全面调查。1996年上半年，与地区公安处建立联系制度。10月，在萧县举办以会带训基层妇女工作现场经验交流会，请安徽大学教授作婚姻家庭的专题报告。1997年与《拂晓报》社联合举办"政坛巾帼风采录"有奖征文活动。组织各级妇干近百人到全国妇干校接受培训。1998年3月与168台联合，开通妇女法律知识咨询栏。11月16日，与地区广播电视台联合开辟《法制园地》妇女维权专栏，22日"妇女儿童合法权益保护神"专题片开拍。1999年广泛开展妇女读书和"计生政策"进万家活动。2000年开设"148"妇女维权专线电话，由妇女维权的专家、律师、公证人员33人，在"148"值班，进行咨询服务。2002年3月，举办新《中华人民共和国婚姻法》知识竞赛。10月，与司法局联合成立"宿州市法律援助中心妇女工作站"。2003年，与人大法工委联合开展预防和制止家庭暴力研讨活动。9月，与公安部门联合成立"110"家庭暴力报警中心、"家庭暴力伤情鉴定中心"。2004年11月，联合市司法局、市教育局等单位在女子监狱建立"宿州市青少年预防犯罪基地"。2005年4月，24名妇女担任人民陪审员。2006年3月，建立妇女维权志愿者队伍，百余名志愿者在科技广场举行"宿州市妇女维权志愿者行动"启动仪式。10月，制定下发《宿州市妇联创建"平安家庭"活动方案》。2007年，在埇桥区观李社区建立平安家庭创建示范点，定期指导示范点开展活动。

实施春蕾计划。1994年，地区妇联在全区启动"春蕾计划"，开展"一元爱心献春蕾"活动，资助276名贫困儿童。1998年5月25日，泗县瓦坊乡周庄小学衣光勤被评为"安徽省十佳春蕾女童"、泗县妇联、萧县公安局交警大队被授予省"春蕾计划"先进集体、6人被命名为省"春蕾计划"先进个人；6月1-30日，在《拂晓报》开辟"春蕾热线"，刊登失学女童的照片及简介，寻求热心人士的资助，先后5期112名女童受到资助。2001年"六一"前夕，市妇联与市电视台联合制作一期"宿州大舞台"专题节目，对部分春蕾女童进行回访。2002年9月，宿州市联通公司捐助2万元在埇桥区栏杆镇成立全市第一个春蕾班"联通春蕾班"。2003年，市妇联筹资1万元，资助20名正在服刑女犯的子女；2003年7月，"爱民春蕾班"成立，9月，"建设春蕾班"成立。2004年9月，开展"春蕾计划九月行"活动，资助258名儿童就学。2005年3月，启动"党旗护春蕾"活动，接受捐款14万元，资助340名儿童。2006年6月1日，市妇联将长期受到资助的13名春蕾女童从县（区）接到城里，开展了"春蕾女童"回访和探亲游园活动。2007年国庆节前夕，与团市委联合，在市科技文化广场为20对新人举行集体婚礼，现场接受新人捐款7500元。从1996年至2007年年底，全市接受春蕾计划捐款261.67万元，成立9个春蕾班，9993名贫困儿童得到捐助。

妇女儿童纲要的实施。1994年4月25日，宿县地区妇女儿童工作委员会成立，20个成员单位参加，副专员李祥珍任主任，办公室设在妇联。成立后的妇儿工委积极筹备起草《宿县地区妇女发展纲要》。1993年7月，《宿县地区九十年代儿童少年事业发展规划纲要》（简称“儿童纲要”）颁布。至1996年年底，全区各县市均制定“两个纲要”，把妇女儿童发展目标纳入经济和社会发展的总体规划。地区妇儿工委成立后，两次印发《妇儿工委成员单位职责分工》，每年召开一次妇儿工委工作会议，对“两纲”实施情况开展监测、检查。2001年9月完成《宿州市妇女发展纲要》《宿州市九十年代少年儿童事业发展规划纲要》终期监测评估报告。至2000年年底，《中国妇女纲要》的11项主要目标，全市有8项达标，3项基本达标。“儿童纲要”中，所规定的各项目标基本完成。儿童发展的24项指标，有22项达标或接近达标。

2001年7月，市政府妇女儿童工作委员会办公室制定《宿州市2001-2010年妇女儿童发展纲要》。经市政府常务会议审议通过后，2001年12月11日以宿政发〔2001〕36号文件印发《宿州市妇女发展纲要（2001-2010年）》和《宿州市儿童发展纲要（2001-2010年）》。

2002年，市妇儿工委制定印发《〈宿州市妇女儿童发展纲要（2001-2010年）〉目标任务分解方案》和《宿州市人民政府妇女儿童工作委员会各成员单位职责分工》。2004年，鉴于各成员单位人事变动较大，市政府调整宿州市妇女儿童工作委员会成员，成员单位由1994年的20家增加为36家。

2006年4月，市妇儿工委及时调整《宿州市妇女儿童发展纲要（2001-2010年）》专家评估组和《宿州市妇女儿童发展纲要（2001-2010年）》统计监测人员名单，制定监测评估方案，对监测评估的内容、方法及步骤提出明确要求，按照“两纲”涉及的领域，制定监测统计指标体系，明确资料提供单位。

2005年、2006年，市妇儿工委牵头对新“两纲”的目标达标和实施情况开展中期监测评估工作。2006年5月完成《宿州市妇女发展纲要（2001-2010年）》《宿州市儿童发展纲要（2001-2010年）》中期评估报告。至2005年底，《宿州市妇女发展纲要（2001-2010年）》的6大领域30项指标主要目标基本实现，其中有两项指标到2010年达标难度较大；儿童纲要四大领域18项指标中，13项达标，4项通过努力可以达标，1项（婚检率）达标难度大。

第四节 科 协

1997年1月15日，中共宿县地委办公室印发《宿县地区科学技术协会机关机构改革方案的通知》，规定科协机关行政编制为6名，其中主任1名、副主任1名、科级领导职数2名。内设机构为：办公室（学会部）、科普部。

2000年3月22日，宿州市机构编制委员会批复同意市科协核定编制10名，内设办公室、学会部、科普部3个部室。领导职数设主席1正2副，科级职数3名。

2002年3月，市委决定成立市科协党组。7月，中共宿州市委办公室印发宿州市科学技术协会机关主要职责、内设机构和人员编制方案，内设机构为：办公室、学会部、科普部。编制9名。其中，行政编制7名，离退休干部服务人员编制单列1名，机关后勤行政管理服务人员编制单列1名。主席1名，副主席2名，科级职数3名。明确市科协非领导职数为：处级职数1名、副主任科员1名。

截至2007年年底，宿州市科学技术协会内设办公室、学会部、科普部，编制9名。所属市级学会、协会、研究会28个，会员13150人。四县一区科协独立建制。

一、科技大会

2000年5月29日至31日，宿州市科协第一次代表大会在宿州召开。参加会议代表222名，特邀代表37名。选举产生由37名委员组成的第一届委员会，其中常委15名。大会审议通过《宿州市科学技术协会章程》，会上表彰21个科协工作先进集体和60名科协系统先进个人。

2007年5月23-25日，宿州市科协第二次代表大会在宿州召开。参加会议的代表265名，特邀代表30名。选举产生由49名委员组成的第二届委员会，其中常委23名。会上表彰10名全市科协工作先进个人和20个科协工作先进集体、50名科协系统先进个人。

二、科普活动

市科协一直把送科技下乡、科普展览、科普报告会、全国“科普日”、科技活动周作为科普工作中的重要活动抓实抓好，提高公民科学素质，为构建社会主义和谐社会服务。

（一）送科技下乡活动

从1998年到2006年，宿州市科协共组织了9次送科技下乡活动。

送科技下乡活动表

表2-7-1

时间	地点	组织单位和内容
1998.2.9	宿州市大营镇	地区科协、市科协(现埇桥区)二级联动
1999.1.1	宿州市桃沟乡	市委宣传部、市科协文化、科技、卫生“三下乡”
2001.1.10	泗县长沟镇	市委宣传部、市科协“三下乡”活动
2001.2.26	埇桥区蕲县镇	省、市、区三级联动“科普大篷车下乡万里行”
2001.11.8	埇桥区芦岭镇	市委宣传部、市科协“三下乡”活动
2004.1.14	埇桥区朱仙庄镇	市委宣传部、市科协“三下乡”活动
2005.1.13	埇桥区蕲县镇	市委宣传部、市科协“三下乡”活动
2005.12.26	埇桥区西寺坡镇谷家村	市委宣传部、市科协“三下乡”活动
2006.12.28	萧县白土镇	市委宣传部、市科协“三下乡”活动

（二）科普展览

从2001年到2007年，市科协每年都举办科普展览，重点向中小学生传播科技知识。

科普展览活动表

表2-7-2

时间	地点	内容
2001.9.23~26	萧县黄口职高、刘套初中、萧县中学	科普大篷车展品展教
2001.10.10~13	埇桥区芦岭中学、朱仙庄中学	科普大逢车展品展教
2002.5.14~15	灵璧中学、灵璧一中	科普大篷车展品展教
2003.4.21	泗县中学	科普大篷车展品展教
2004.9~10	市直及各县区重点中学	科学发展观巡回展览
2004.11.7~21	宿城一中、宿州二中	预防艾滋病暨全省青少年创新大赛优秀作品展
2005.8.24~11.20	宿城一中、宿州二中、灵璧一中、砀山中学、萧县中学	世界物理百年展
2006	宿城一中、宿州二中、十一中	科普日展览
2007	宿州二中、十一中、宿州一小	科普日展览

（三）科普报告会

从2000年到2006年，市科协共举行了14次科普报告会，向青年学生传播科普知识。

科普报告会表

表2-7-3

时间	地点	主题和报告人
2000.10.21~22	宿州师专、宿城一中、宿州二中	生物多样性、新材料、巡视太阳系,中科院专家报告团钱迎倩、王宁寰、李竞
2001.11.5~6	宿城一中、宿州二中、宿州十一中、宿州师专	生物技术、计算机科学,中科院专家报告团潘厚任、孙万儒,宿州师专教授刘宁
2002.12.5~6	宿城一中、宿州二中、宿州十一中、宿州农校	生物技术与未来、发明创造就在你身边,中科院专家报告团王宁寰、赵惠田、孙万儒
2005.12.31	宿州十一中	登月飞行与载人航天,中科大教授李永
2006.4.12	市委党校	科技与文化,中科院机关党委书记郭曰方
2006.12.29	宿州十一中	青少年科普报告会,中科大李志超教授、中科院张厚英研究员

（四）全国“科普日”

为进一步宣传贯彻落实《中华人民共和国科学技术普及法》，大力宣传科学发展观，提高全民族科学文化素质，促进经济社会全面协调可持续发展和人的全面发展，中国科协于2003年开始在全国开展“全国科普日”活动。2005年，中国科协决定在每年9月的第三周公休日开展“全国科普日”活动。2005年，泗县科协被评为2005年全国科普日活动先进单位。2006年，萧县科协被评为2006年全国科普日活动先进单位。

（五）科技活动周

根据国务院批复，每年5月第三周为“科技活动周”，由科技部会同中宣部、中国科协等19个部门和单位在全国范围内组织实施。自2001年始，市科协按照中国科协、省科协的部署在全市开展了轰轰烈烈的“科技活动周”活动，营造浓厚的科普氛围。2001-2006年科技活动周主题为：科技在我身边、科技创造未来、依靠科技战胜非典、科技以人为本全面建设小康、携手建设创新型国家等。

（六）科普示范创建

贯彻落实《中共中央、国务院关于加强科学技术普及工作的若干意见》和“科普法”，中国科协在全国开展科普示范县（市、区）创建活动。整体推动科普工作的开展，市科协在全市开展一系列科普示范创建活动。

全国科普示范县（区）

埇桥区　　创建及命名时间　　1999-2003年

萧　县　　创建及命名时间　　2001-2004年

全市科普示范乡镇

2000-2002年，全市开展科普示范乡镇创建活动，市级科普示范乡镇有10个：埇桥区杨庄乡、朱仙庄镇，砀山县唐寨镇、周寨镇，萧县张庄寨镇、孙圩子乡，灵璧县朱集乡、大庙乡，泗县大杨乡、屏山镇。

（七）农技协建设

农技协是农民在自愿互惠的基础上成立的，实行民主管理和民主决策的新型经济合作组织。市科协强化对农技协的服务与指导，积极举办各类培训班，传授市场经济知识、科技知识、法律知识，提高农技协带头人的科技素质、生产经营能力，依法活动水平，充分发挥他们带领农民致富的作用。至2007年年底，全市有农技协543个、会员108331人。

2004年，宿州市科协科普部获全省农技协工作先进集体。

2005年，宿州市科协获全国农村科普工作先进集体。

2006年，萧县农技推广中心朱克响获全国科普惠农兴村计划农村科普带头人称号。

2007年，泗县龙牧猪业有限公司被批准为全国“科普惠农兴村计划”农村科普示范基地。

（八）科普志愿者队伍

建档在册的科普志愿者635人，其中农村科普志愿者329人，社区科普志愿者78人，青少年科普志愿者228人。

三、学术活动

（一）论文评选

1994年12月12日，宿县地区科协下发《关于开展优秀论文评选活动的通知》。1995年上半年在全地区开展论文评选活动，评选出优秀论文188篇，其中一等奖9篇，二等奖38篇，三等奖105篇，优秀奖36篇，论文涉及农业、水利、气象、数、理、化等方面。

1996年4月10日，宿县地区科协下发《关于开展优秀学术论文评选的通知》，共评选论文54篇，其中被评为二等奖以上的论文占50%以上。

1999年，宿县地区科协组织科技人员撰写的论文有4篇入选“安徽省第三届兴皖之光青年学术年会”论文集。

2000年，宿州市科协、宿州市人事局和宿州市科技局共同组织市科技人员参加“安徽省第三届自然科学优秀学术论文评选活动”，推荐上报论文61篇，其中有2篇获二等奖，15篇获三等奖。

2001年3月1日，宿州市科协下发《关于宿州市1997-2000年度自然科学优秀学术论文表彰的决定》，对69篇获奖论文的作者颁发了宿州市1997-2000年度自然科学优秀学术论文证书。

2002年4月9日，中共宿州市委组织部、宿州市人事局、宿州市科学技术协会联合下文转发《关于召开安徽省第四届兴皖之光青年学术年会的通知》，按要求上报论文10篇，其中5篇被编入大会论文集。

2003年3月28日，宿州市科学技术协会、宿州市人事局、宿州市科技局联合下发《转发“关于开展安徽省第四届自然科学优秀学术论文评选工作的通知”的通知》，组织推荐涉及工业、农业、医学和教育等方面的30篇论文参加评选活动，其中10篇获三等奖。

2006年5月24日，市科协下发《转发“关于开展‘安徽省第五届自然科学优秀学术论文评选’工作的通知”的通知》，共组织上报科技论文51篇，其中14篇被评为优秀论文。

（二）科技论坛

1996年12月1日，宿县地区科协、宿县地区科协灾害防御协会和中保财产保险宿州分公司联合下发《关于召开“灾后反思”学术研讨会及征文的通知》；研讨会于1998年1月8日召开，其中有12篇论文在大会上进行交流。

2000年9月4日，市科协下发《关于举办“适应市场需求，加快水果产业化进程”科技论坛的通知》。宿州市科协、市农业局主办，砀山县科协承办。论坛于10月31日在砀山县召开，论坛收到论文16篇，其中12篇在会上进行交流，有50多人参加本次论坛活动。论坛编印论文集。论坛形成“关于加快推进全市水果生产发展意见”上报市政府，市政府发文全市贯彻执行。

2000年9月20日，宿州市科协下发《关于举办科技论坛的通知》，由市科协主办、省水利学会协办、市水利学会承办的“水资源优化配置与可持续发展论坛”于10月12日在市水利局举行，论坛收到论文8篇，其中5篇在论坛上进行学术交流，50多人参加论坛。

2003年9月1日，市科协下发《关于举办宿州市科技创新与农业科技成果转化论坛的通知》，于9月10日在市农科所举办主题为：科技创新与农业科技成果转化论坛，省科协副主席程荣朝、省农科院水稻首席专家朱启新等领导及有关科技人员50多人参加论坛。论坛收到论文38篇，编印论文集，形成对农业发展具有可操作性、前瞻性和指导性建议。

2003年12月23日，宿州市科协与市灾害防御协会联合下发《关于召开2003年灾后反思研讨会的通知》，研讨会于2004年3月23日在宿州举办，有29篇论文被评为优秀论文，会后形成宿州市防灾减灾建议报告上报相关部门供决策参考。

2005年9月5日，宿州市科协、市农科所和安徽省遗传学会联合下发《关于举办“生命科学与农业”科技论坛的通知》，论坛于9月24日在南苑宾馆举办，论坛邀请安徽省遗传学会理事长杨其光，安徽农业大学马传喜教授等作学术报告。论坛征集论文46篇，其中35篇论文被评为优秀论文。有关领导及科技人员50多人参加论坛活动。论坛编印论文集。

2006年9月7日，宿州市科协、市建筑业协会联合下发《关于举办“绿色建筑与建筑节能”科技论坛的通知》，论坛的主题是：绿色建筑与建筑节能。论坛于2006年9月26日在市汇源大酒店举行，论坛征集论文42篇，其中26篇分获二、三等奖及鼓励奖。论坛邀请上海市建筑科学研究院的汪维院长、陆善后教授作学术报告。有关领导及科技工作者180人参加论坛活动。论坛编印论文集。

2007年3月22日，在政府礼堂召开宿州市自然灾害应急能力建设论坛暨“3·23”世界气象日纪念大会，论坛由市政府主办，市政府应急办、市科协、市灾害防御协会、市气象局和市气象学会联合承办，论坛征集论文46篇，其中15篇被评为优秀学术论文，并编印论文集；论坛邀请省气象台首席预报员、正研级高工郑媛媛和省气象科学研究所所长、正研级高工张爱民作学术报告，市委、市人大、市政府、市政协的领导以及来自气象、农业、环保、水利等80多个单位100多名专家参加会议。

2007年10月31日，由安徽省科协主办，宿州市科协和市药学会联合承办的2007年安徽省科协年会——宿州“合理用药与药学服务”论坛在泗县人民医院举办。论坛收到50多篇选题准确、建言真切的学术论文。市科协对学术委员会评出的19篇优秀论文进行表彰奖励。安徽省立医院药剂科主任、教授姜玲和蚌埠医学院副院长、教授夏伦祝先后作题为《加强药物警戒保障用药安全》和《医院药学的现实解读》学术报告。对药学服务发展提出积极建议。

（三）金桥工程

“金桥工程”实施以来，多个项目获省级科技进步奖。推动全市科学技术与经济社会发展。

金桥工程获奖项目表

表2–7–4

项目名称	承担单位	获奖时间及等次
无籽西瓜嫁接稀植高产栽培技术推广	宿州市科协(现埇桥区)	1999年度全国金桥工程三等奖
砀山县酥梨优质无公害生产技术	宿州市农学会	2005年省级一等奖
油桃设施栽培技术推广	砀山县科协	2005年省级二等奖
瘦肉型猪高效生产综合技术产业化	泗县畜牧学会	2005年省级二等奖
无籽西瓜工厂化育苗推广应用	埇桥区科协	2005年省级三等奖
灵璧县节水增效灌溉示范项目	灵璧县水利学会	2005年省级三等奖

（四）学会组织建设

加强学会组织建设，科协相继批准成立以下学会：宿县地区珠算协会（1987年9月1日）、宿县地区印刷技术协会（1987年10月10日）、宿县地区灾害防御协会（1993年4月26日）、宿州矿山机器厂建立厂科协（1993年10月25日）、宿县地区航海学会（1995年12月20日）、宿县地区消防协会（1996年5月9日）、宿州市遗传学会（2001年4月23日）、宿州市兰花协会（2004年7月8日）、宿州市科普保健学会（2005年12月6日）、宿州市地质测量学会（2006年5月23日）、宿州市航模协会（2005年12月29日）、宿州市德龙种植业协会（2006年2月7日）。至2007年年底，市科协批准成立市级学会达28个。

四、青少年进步科技教育

（一）建立示范学校

2000年至2007年，建立青少年科技活动示范学校18个，即宿州二中、宿城一中、宿州十二小、宿州十一中、宿州九中、宿州城西中学、宿州一小、萧县刘套中学、萧县实验小学、萧县中学、灵璧县实验小学、灵璧三中、泗县中学、泗县泗城一小、泗县屏山中学、砀山县实验小学、砀山中学、砀山果树职高。

（二）建立示范基地

2000年，市科协、市教育局、市科委、市委宣传部在全市开展青少年科技活动示范学校、科技教育基地创建活动。

2000年至2007年，建立青少年科技活动示范基地5个，即宿州青少年宫、萧县黄口职业高中、砀山曹庄镇科技教育基地、灵璧县娄庄职业高中、泗县长沟职业中学。

五、宿州青年科技奖

为全面实施科技兴国战略，加强人才队伍建设，选拔培养青年科技人才，增强科学技术事业发展的后劲，2001年，中共宿州市委、宿州市人民政府在《关于进一步加强知识分子工作的若干意见》文件中明确规定设立宿州青年科技奖，每两年一届，每届10名。中共宿州市委组织部、市人事局、市科学技术协会于2002年、2005年联合开展两届宿州青年科技奖的评选活动。

首届宿州青年科技奖。有10人获奖：谢林、汪蓓蕾（女）、李利、钟平、尤计富、李明兵、蒋凤英（女）、王向阳、张莉（女）、卢灿坤。对获奖者颁发证书、奖金每人2000元。有5人获首届宿州青年科技奖提名奖：王爱政、马良刚、朱克响、赵晓春、蒋进。对提名奖获奖者颁发证书。

第二届宿州青年科技奖。有10人获奖：马虹、王友富、王兵、王顺建、刘志、刘瑞华、朱卫生、吴立清、周光明、高贵珍（女）。对获奖者颁发证书、奖金每人2000元。有5人获第二届宿州青年科技奖提名奖：范宏伟、杨杰（女）、刘小阳、张灿、吴仲奇。对提名奖获奖者颁发证书。

第五节 文 联

宿州市文学艺术界联合会（简称宿州市文联），是中共宿州市委领导下的专业性人民团体，是全市各文艺家协会的联合组织。它的最高权力机构是市文学艺术界会员代表大会（代表大会由各协会的代表及本会特邀的代表组成）及由大会选举产生的常务委员会。在代表大会闭会期间，由常务委员会行使职权。

宿州市文联成立于1964年，“文化大革命”期间停止正常活动，1982年恢复。1986年在编干部10人。2002年，市编办核定行政编制数5人，下属市书画院事业编制2人，全额拨款事业单位，机关内设一室一科，即办公室、组联科，在编干部、职工7人。下辖《春泥》编辑部，《春泥》为文艺双月刊，大16开本，省批内部刊物。

2002年，文联所属专业性文艺家协会13个，即：市作家协会、市美术家协会、市书法家协会、市摄影家协会、市音乐舞蹈家协会、市戏剧家协会、市民间文艺家协会、市李百忍书法研究会、市二梅（梅雪峰、梅纯一）书画研究会、市观赏石协会、市女书法家协会、市少儿书法美术培训中心、市美伦书画院，有会员1680余名，有企事业团体会员7个，即：市公安局文联、皖北矿务局文联，灵璧县、泗县、砀山县、萧县、埇桥区文联。

一、主要活动

1982年至2007年，市文联组织开展全国花鼓戏研讨会（凤阳），李百忍书法应邀在日本、上海、南京、徐州、菏泽展出，赵琦书法合肥展，宿州书画北京、上海、合肥展，全省女书协第三次展、美术50周年展、六地市书法巡回展均在宿州展出，完成宿州第二、三、四届奇石节所交办的各项书画、摄影、钟馗、奇石展等重大活动。《春泥》杂志为更多的艺术家搭建了展示平台，起到较好的宣传效果。每年春节前夕“送文化下乡、下基层”活动有声有色地认真落实，先后赴四县一区12个乡镇、8个社区、6个学校、部队机关演出。

宿州先后被文化部命名为萧县“全国书画之乡”、埇桥“全国书法之乡”、“灵璧钟馗画之乡”（民间艺术）、泗县泗州戏之乡等。据不完全统计，近二十年来，市文联及所属协会举办各类展览（书法、美术、摄影、奇石）百余次；开展各类大赛事38场次；举办笔会、作品研讨会50余次；举办各类演出40场，组办各协会采风活动60多次。

二、主要创作成果

文学方面：1988-2005年，出版发行近450本小说、散文、报告文学、诗歌，获得省部级文学奖，金、银、铜奖，一、二、三等奖28项。

美术方面：国家级获奖8件，参展入选作品489件，出版各类画册168部。

书法方面：获国家奖14件，参加国家级获奖24件，参展入选38件作品，省级获奖123件，参展作品800余件，华东地区参展赛获奖5人，省级获奖68次。

戏剧方面：国家级获奖8项，省级获奖14项。

摄影方面：国家级（世界教科文）获奖1项，省级12项。

第六节　残　联

1990年以前，残疾人工作由行署民政局管理。1990年9月地区行署批准成立“宿县地区残疾人工作办公室”，简称“残联”。副县级事业单位，编制6名，由民政局代管。1997年4月，经行署编委批准设立“宿县地区残疾人康复中心”“宿县地区残疾人劳动就业服务中心”科级事业单位，编制各3名，隶属于残联领导。1997年6月，经地区行署批准设立“宿县地区残疾人联合会”，残联升格为正县级单位，事业编制8名，为地区行署直属事业单位。残联参照公务员管理，成立了残联党组、党支部、团支部。1999年撤地建市，更名为“宿州市残疾人联合会”。

一、代表大会

2005年11月16日，宿州市残疾人联合会召开第一次代表大会，出席大会代表共140名，特邀代表35名，列席代表20名，大会听取赵德超所作《以人为本，求真务实为我市残疾人事业的全面、协调、可持续发展而努力奋斗》的工作报告，并讨论通过报告。会议以投票方式选举产生市残联第一届主席团。市残疾人联合会主席团第一次会议选举高莉为残联主席，并选举副主席8名，推举赵德超为理事会理事长，聘请名誉主席1名，名誉副主席2名。

二、主要活动

宿州市有38万残疾人，占总人口比例6%以上。

残疾人康复工作。全市共建立健全了综合性残疾人康复医院2个；残疾人康复站、点29个；眼病防治院、所3个；低视力康复机构11个；普及型假肢装配站1个；用品用具供应服务机构6个。初步形成了以残疾人家庭康复为依托，社区康复为基础，康复机构为骨干的康复训练服务网络。积极开展了白内障复明，儿麻矫治、肢残训练、聋儿康复训练、智残儿童与家长训练、配用助视器和矫形器装配等多项康复与训练，共完成白内障复明手术1804例，12名低视力患者配带助视器后提高了视力；装配普及型假肢装配241例，从福彩公益金项目中争取了66条假肢安装任务，残疾人受益约243.6万元；发放了价值近60万元的盲杖、盲表、运动鞋、助听器等助残物品和350辆轮椅。

残疾人教育工作。全市共建特教学校6所，特教班7个，乡、镇普遍推行随班就读，初步形成了以特教学校为骨干，随班就读为主体的教育格局。全市城镇、农村盲、聋、弱智三类残疾人儿童入学率分别达到91%、78%。多年间，残联主动配合教育部门，使全市83名达线残疾人考生全部被各大中专院校录取，近两年为各类残疾人大学生争取救助资金15.4万元。积极争取“长江新里程行动计划”，使全市75名低视力儿童获得入学资助。重点帮助在校特困聋儿参加语言训练，全市受助聋儿130名，争取资金7.8万元，让这些孩子走进阳光、走进有声的世界。

残疾人就业工作。市残联采取分散与集中结合的办法，多渠道、多层次、多形式地开展残疾人就业工作。一是健全各残疾人劳动就业服务机构，全市共建立残疾人就业服务中心、所6个；二是兴办残联福利企业，集中安置残疾人就业，全市共创办福利企业31家，安排480名残疾人就业；三是实施“万人就业工程”，积极引导扶持600名残疾人发展个体私营经济，走自谋职业之路；四是组织残疾人劳务输出，共安排500多名残疾人外出打工就业；五是抢抓机遇，使宿州市残疾人按比例就业实现突破，省政府165号令颁布后，市委、市政府高度重视，并结合宿州市实际出台了市政府11号令，把残疾人按比例就业推向了法制化的轨道。据统计，全市总计收保障金378.8万元，安置5718名残疾人就业，其中按比例安排就业924人，集中就业835人，个体从业3959人。

残疾人维权工作。维护残疾人合法权益，保障残疾人享有平等参与、共享成果的权利。广泛宣传《中华人民共和国残疾人保障法》，利用广播、电视、报刊、宣传车、标语、橱窗等形式进行宣传，每年的“助残日”作为重点宣传，引起社会各界的高度关注；制定各项优惠政策，使残疾人在康复、就业、入学和生产劳动方面享有一定的优惠条件；建立维权机构，做到有专门办案人员，有机构牌子，有办公场所，有一定的经费。全市共接待来访1670人次，来信500余件，受理案件36例，其中经济纠纷案11例，刑事案件3例，移交公安、司法部门的处理8例，对残疾人反映的案件做到有案必接、有理必争、有冤必申，事事有交代，件件有着落；加强执法检查和调研，通过人大与政协的执法检查与调研，督促了各级政府对各项政策的落实，维护了残疾人的合法权益。

残疾人抽样调查工作。2006年，第二次全国残疾人抽样调查，宿州市抽中三个县（区）十二个乡镇（街道），共24个调查小区，1773户、10406人，约占全省十分之一。经调查统计，全市残疾人共37.83万人，其中肢体残疾11.11万人、听力语言残疾9.23万人、视力残疾5.82万人、智力残疾2.55万人、精神残疾2.89万人、多重残疾和其他残疾6.23万人。

第七节　红十字会

1992年3月20日，宿县地区机构编制委员会下发《关于设立地区红十字会办公室的批复》，批准设立地区红十字会办公室，定事业编制3名，其中配主任1名（科级），所需人员编制从地区卫生局内部调剂解决。全市所辖6个县（市）全部成立红十字会组织，人员隶属关系都挂靠在卫生局。

1992-2007年，宿县地区行政公署副专员李祥珍，宿州市副市长刘统海、李卫华、施汉生先后担任红十字会会长。

2002年4月8日，宿州市机构编制委员会下发《关于市红十字会机构编制问题的通知》，同意宿州市红十字会依法独立建会，由市政府领导负责联系，为正县级事业单位。核定全额拨款事业编制3名，配正处级领导职数1名。2002年9月2日，宿州市人事局同意市红十字会依照公务员制度管理。非领导职务设主任科员1名。

2002年8月23日，召开宿州市红十字会筹备会暨第一届会员代表大会，130多名代表出席会议，大会审议通过工作报告和《宿州市红十字事业2002-2006年发展规划》，选举产生了第一届理事、常务理事、副会长、会长，决定聘请市委书记陈树德、市长梁卫国为宿州市红十字会名誉会长，市人大常委会副主任张纶、市政协副主席陈瑞君为名誉副会长。副市长刘统海当选为会长。

2005年2月5日，宿州市机构编制委员会下发《关于市红十字会内设机构、编制的批复》，同意市红十字会内设办公室、赈济救护部两个正科级机构，增加事业单位编制2名（财政供给），配科级领导职数2名。

2007年6月4日，宿州市机构编制委员会下发《关于宿州市红十字会增加编制的批复》，同意市红十字会增加事业编制1名。

2007年10月19日，中共宿州市委组织部下发《关于宿州市红十字会列入参照公务员法管理范围的通知》，同意市红十字会列入参照公务员法管理范围。

2007年8月27日，市机构编制委员会办公室同意成立萧县红十字会，为全额拨款事业单位，正科级建制。萧县红十字会的独立建制，标志县级红十字会理顺管理体制实现“零”的突破，对推动全省县级红十字会理顺管理体制起到积极作用。

至2007年年底，宿州市所辖埇桥区、泗县、灵璧县、萧县、砀山县红十字会，全部理顺管理体制。市红十字会有事业编制6名，自筹资金编制1名；内设办公室、赈济救护部两个正科级机构；有基层组织63个，团体会员单位29个，成人会员6307人，青少年会员12348人。

一、主要工作

（一）救灾救助

宿州市是一个自然灾害频发的地区。市红十字会始终把自然灾害的救助工作放在首位。2002年至2007年，市红十字会共接收救灾款物和灾后重建项目款价值514.3万元，全部遵循公开、公正、公平和重点使用的原则，及时规范地发放到灾区，援建江上青博爱小学等6所中小学、1个敬老院、2个乡镇卫生院、10个公路急救站。1991年夏和1998年6月，长江流域两次发生特大洪涝灾害，全市各级红十字会积极协助政府开展赈济工作。市红十字会通过中国红十字会接收国际红十字会和国际红新月联合会捐赠救灾物资价值88.2万元，1992年获其捐赠日产豪华型面包车1辆；获省红十字会和香港红十字会捐款28万元，建1个自来水塔、10个公路急救站和埇桥区西二铺乡红十字卫生站。2007年夏天，宿州市连续遭受强降雨袭击，全市80%以上的乡镇遭受内涝，累计经济损失达5.58亿元。灾情发生后，市红十字会立即召开紧急会议，布置救灾工作，全力以赴做好赈灾工作；加强灾情及救灾统计，及时、准确地向省红十字会上报灾情和救灾情况；通过媒体公布募捐账号，广泛呼吁捐款捐物，争取价值139万元的救灾款物及灾后重建项目款，第一时间全部发放到灾区，为夺取全市抗洪救灾斗争的胜利做出积极贡献。

2003年，“非典”疫情发生后，全市各级红十字会踊跃投入抗击“非典”斗争，募集款物价值64万余元，全部用于“非典”防治。2005年年初为印度洋海啸灾区募集人民币17.9万元，支持海啸灾区的人道援助工作。

2001–2005年，先后救助特困家庭、重大疾病患者、特困学生等466户4014人，发放救助款物价值50.9万元。2006年5月，开展救助身患白血病的贫困硕士生张岩活动，募集善款16万元，使其病情得到及时治疗，9月重返大学继续学业；每年两节前，向定向帮扶户——灵璧县三胞胎特殊家庭送去现金、奶粉、棉被、大米等物品；积极筹措资金，开展“红十字博爱送万家”活动，并与市委、市政府组织的两节“送温暖”活动紧密结合，把党和政府的关怀和红十字会的关爱送进千家万户。各级红十字会还结合各种节日庆典，积极开展形式多样的捐赠和慰问孤残儿童、贫困学生、孤寡老人活动。

2007年5月，市政府办公室下发《关于在全市开展博爱在江淮公益募捐活动的通知》，市红十字会以此为契机，着力把“博爱在江淮”公益募捐活动打造成响亮的公益品牌。65家单位踊跃捐款，共募集善款29.4万元。相继开展“博爱在江淮·关爱进百户”“博爱在江淮·救助白血病儿童”“博爱在江淮·救助特困家庭”等活动，救助大病重病患者118人和2个重灾乡镇，发放救助金13.6万元；争取省红十字会“博爱在江淮”资金10.7万元，救助2个重灾乡镇、9名贫困大学生和2名白血病患儿。

（二）救护培训

自1999年开始，坚持在机动车驾驶员中开展应急救护培训工作。2003年，市红十字会和市交通局联合下文，在所有的驾驶学校开展救护培训工作，在源头上保证培训质量。救护培训工作一直未间断，截至2007年，全市培训高危行业人员11.9万余人，在机关、社区、学校和高危人群中大力开展救护知识普及工作，6万人受益，救护培训工作成为市红十字会的品牌项目。2003年和2005年，承办4期总会彩票公益金项目救护师资培训班，培训救护师资132人；全市有82人参加总会和省红十字会举办的培训班，取得中国红十字会救护培训师资证书；宿州一职高、宿州卫校、马号社区红十字会成立“救护大队”，在学校运动会和外出活动、社区安全巡逻中发挥着重要作用。

2005年，市红十字会和交警支队联合开展“万只急救包免费发放”活动。

（三）社区服务

2004年8月，市红十字会和市文明办、民政局共同运作，在埇桥区东关街道办事处马号社区成立安徽省第一家社区红十字会——马号社区红十字会。市红十字会在人、财、物各方面给予全力支持，重点做到“三抓三落实”。一抓机构建设，落实分工；二抓骨干培训，落实队伍建设；三抓规范化管理，落实三项服务。马号社区红十字会把社区红十字工作纳入社区建设整体布局，做到“六有三化”。即：有会牌，有会员、志愿者名单，有专职人员，有弱势人群名单，有红十字橱柜，有服务活动记录；社会服务常年化，宣传活动经常化，学习培训制度化；三年多来开展大型义诊活动23次，红十字知识传播、卫生救护培训46次，各类帮扶活动144次，救助特困人员935人次，被服务和救助对象达3982人次。

2006年8月，市红十字会、文明办、民政局，在马号社区召开宿州市社区红十字服务工作现场会。会后，埇桥区各社区相继成立社区红十字会，截至2007年年底，埇桥区建立57个社区红十字会、9个社区红十字服务站。2007年4月，市红十字会组织埇桥区8个街道办事处负责人，赴全国社区红十字服务示范区——河南省焦作市解放区考察社区红十字会建设；和区红十字会联合，举办27期社区培训班，1247人接受红十字运动基本知识、应急救护知识、常见疾病急救知识、逃生避险常识和社区红十字服务工作基本方法的学习和培训。

（四）红十字青少年活动

2006年12月，成立宿州市学校红十字工作委员会，于2007年年初制定红十字青少年五年发展规划、红十字模范校标准和评审表彰办法、2007年工作计划。随后，宿州卫校、宿城一中、宿州二中、实验中学、宿州六中、宿州一职高6所学校相继成立学校红十字会，制定学校红十字会章程和规章制度；通过校园广播、网页、黑板报等形式进行广泛宣传动员，招募红十字青少年会员；配合学校德育教育和素质教育，结合"5·8"世界红十字日、爱国卫生宣传月等纪念日，开展关爱困难群体、志愿服务、救护培训、预防艾滋病、红十字知识传播等丰富多彩、富有特色的红十字青少年活动。2007年暑假，市红十字会举办首期"红十字青少年夏令营"，42名红十字青少年参加夏令营。利用高一新生军训时机，对4800名高一学生进行救护知识培训，提高学生的自救互救能力。宿州卫校红十字会举办《中华人民共和国献血法》颁布10周年知识竞赛。

（五）红十字宣传

各级红十字会与新闻媒体建立良好的合作关系，积极向媒体提供报道素材，邀请新闻媒体参加各项重要活动。结合救灾、抗击非典、遗体捐献、红十字博爱送万家等工作和新闻媒体策划组织一系列宣传活动，进行广泛深入的报道，使广大群众加深对红十字事业和红十字会工作的了解，弘扬红十字精神。独立建会五年来，报纸登载145篇，电视广播播报节目130条。

市红十字会注重自身宣传阵地的培育和发展。先后编辑印发《红十字会员必读》，《初级卫生救护知识》，红十字会法、红十字运动基本知识、救护知识宣传折页共10万份，每年编辑印发12期《宿州市红十字会简报》，报送市委、市政府、全体理事、会员单位及新闻单位，广泛宣传红十字会工作。

每年"5·8"世界红十字日、世界急救日、世界艾滋病日等纪念日，各级红十字会都举行各种活动，开展救护演示、义诊、无偿献血、文艺宣传等活动，并通过大量的展板、资料向群众宣传红十字会法、国际人道法、红十字运动基本知识、救护知识等，寓红十字精神于活动中，内容丰富多彩。

（六）其他工作

《中华人民共和国献血法》实施以后，全市各级红十字会与卫生部门联合开展一系列宣传纪念活动，推动无偿献血工作的普及和深入。1999年，全市1.4万人次参加无偿献血，临床用血全部来自无偿献血，宿州市被评为全国无偿献血城市，受到国家的表彰。2000年，全市无偿献血8100人次；9月，市政府隆重表彰全市51个无偿献血先进单位、141名先进个人、31名优秀组织者。2001年，全市无偿献血1.1万人次，实现无偿献血占临床用血百分之百、街头自愿献血百分之百、无政府计划献血百分之百。宿州市再次获卫生部、中国红十字会授予的"全国无偿献血市"称号。截至2007年12月底，全市有16家超市、宾馆设置红十字募捐箱。苏果超市三次开启红十字募捐箱，募集善款4193.7元。有14位遗体（器官）捐献志愿者，市红十字会经常组织遗体捐献志愿者开展联谊活动。

二、获得荣誉

2003年12月，宿州市红十字会被省红十字会授予"2002–2003年度宣传工作先进集体"称号。

2004年10月，中国红十字会在北京召开第八次全国会员代表大会，市红十字会获"全国红十字会系统先进集体"称号，成为全省唯一获此殊荣的单位，受到人事部、中国红十字会总会的表彰。市政府下发嘉奖令予以表彰和嘉奖。市政府副秘书长、市红十字会副会长李华民，市红十字会常务副会长徐淑敏参加中国红十字会"八大"，受到胡锦涛总书记、温家宝总理等党和国家领导的亲切接见。

2006年9月，在中国红十字会和卫生部联合召开的全国红十字卫生救护工作会议上，市红十字会获“全国红十字卫生救护工作先进集体”称号。

2006年12月，省红十字会在合肥召开安徽省红十字会第七次全省会员代表大会，市红十字会常务副会长徐淑敏被授予“全省红十字会系统先进工作者”称号。

2007年11月，宿州一职高获中国红十字会、教育部首批命名表彰的“全国红十字模范校”称号，同时获首批“全省红十字模范校”称号。

2007年12月，省红十字会在合肥召开七届二次理事会，市红十字会获“全省红十字会系统2007年度抗洪救灾先进集体”称号。泗县红十字会许良杰被授予“全省红十字会系统2007年度抗洪救灾先进个人”称号。

第八章　军　事

第一节　军分区与人武部

一、宿州军分区

宿州军分区是中国人民解放军在宿州市一级行政区域设立的军队一级组织。隶属于安徽省军区，同时受中共宿州市委、市政府领导，是市委的军事工作部门、市政府的兵役工作机构，为正师级单位。设司令部、政治部、后勤部，辖埇桥区、萧县、灵璧县、泗县、砀山县5个人武部。其主要任务是负责宿州市民兵、预备役、兵役和动员工作。

宿州军分区的前身是宿县军分区。1999年7月，随省辖宿州市的设立，宿县地区军分区更名为宿州军分区。

1988–2007年宿州军分区历任领导人名录

表2-8-1

职务	姓　名	任职时间
司令员	胡朝栋	1983年5月–1991年7月
	阙正义	1991年7月–1993年2月
	汪怀志	1993年2月–2000年1月
	胡家驹	2000年1月–2005年8月
	朱文富	2005年8月–
政治委员	袁家厚	1983年5月–1989年8月
	陈维灿	1989年8月–1992年6月
	杨万兴	1993年2月–1994年5月
	姜　元	1994年5月–1998年7月
	顾秉生	1999年2月–2005年4月
	丁明德	2005年4月–

（一）司令部

司令部是军分区的本级首长指挥机关，主管军事工作的领导机关。负责作战指挥、行政管理和军事训练等工作，基本职能是保障首长定下决心和实现首长决心。在本级首长领导下，负责作战指挥，行政管理和军事训练等工作，对部队、民兵、预备役部队的战备、兵员征集、战时动员、军事训练、行政管理、装备工作、军事学术研究等军事建设实施统一领导；对作战以及防暴、维护社会治安、抢险救灾等军事行动实施统一指挥。

1988-2007年间，历任军分区参谋长为：金守亭、周桂清、吴治龙、曹志庆。

（二）政治部

政治部是军分区政治工作的领导机关，在上级政治机关、军分区党的委员会和政治委员的领导下，组织进行民兵和兵役的政治工作。

1988-2007年间，历任军分区政治部主任为：任大文、于建新、崔泗志、刘永海、董贤学。

（三）后勤部

后勤部是军分区主管后勤工作的领导机关。在军分区党委、首长的领导下，负责领导和管理各项后勤业务，组织实施后勤保障工作等。其基本任务是筹划和运用人力、物力、财力，从经费、物资、卫生、交通运输、基建、营房等方面，保障军队建设、作战和其他活动的需要。

1988-2007年间，历任军分区后勤部部长为：魏乃贤、马一芳、刘贵如、刘化、姚贵飞、蕲克云、孙亚军、黄亮。

二、县（区）人武部

县（区）人武部是中国人民解放军在宿州市所属4县1区设立的军队一级组织，隶属于宿州军分区。是县（区）的军事领导指挥机关，同级地方党委的军事工作部门和同级地方人民政府的兵役机关，受上级军事机关和同级地方党委、人民政府的双重领导。主要负责辖区内的民兵、预备役、兵役和动员工作。

（一）埇桥区人武部

埇桥区人武部的前身为宿州市人武部，1999年5月，随省辖宿州市的设立，撤县级宿州市设立埇桥区，根据南司字〔1999〕第27号批复精神，宿州市人民武装部更名为“中国人民解放军宿州市埇桥区人民武装部”。并自1999年8月15日起按新的编制体制运行。

1979年11月，建立县级宿州市的同时建立宿州市人武部，归属宿县军分区建制，执行团级权限。1986年6月，人武部改归地方建制，其机构称“安徽省宿州市人民武装部”，接受地方、军队的双重领导，为副县级单位。

1986年6月，宿县人武部改归地方建制，其机构称“安徽省宿县人民武装部”，接受地方、军队的双重领导，为副县级单位。

1992年12月，宿州市人武部与宿县人武部合并，仍称“宿州市人民武装部”。1996年4月，人武部收归军队建制，为正团级单位。

（二）灵璧县人武部

灵璧县人武部成立于1950年9月，隶属于宿县军分区。1986年6月，人武部改归地方建制，其机构称“安徽省灵璧县人民武装部”，接受地方、军队的双重领导，为副县级单位。1996年4月，人武部收归军队建制，为正团级单位。

（三）萧县人武部

萧县人武部成立于1950年9月，隶属于宿县军分区。1986年6月，人武部改归地方建制，其机构称“安徽省萧县人民武装部”，接受地方、军队的双重领导，为副县级单位。1996年4月，人武部收归军队建制，为正团级单位。

（四）砀山县人武部

砀山县人武部成立于1950年9月，隶属于宿县军分区。1986年6月，人武部改归地方建制，其机构称“安徽省砀山县人民武装部”，接受地方、军队的双重领导，为副县级单位。1996年4月，人武部收归军队建制，为正团级单位。

（五）泗县人武部

泗县人武部成立于1950年9月，隶属于宿县军分区。1986年6月，人武部改归地方建制，其机构称“安徽省泗县人民武装部”，接受地方、军队的双重领导，为副县级单位。1996年4月，人武部收归军队建制，为正团级单位。

第二节 军队建设

一、军事建设

（一）战备建设

战备教育。结合形势发展变化、担负的任务和官兵思想实际进行。其内容主要是进行国际、国内的政治、经济和军事形势教育；党和国家在各个时期的总目标、总任务、总路线和方针政策教育。通过教育，增强军事斗争准备的紧迫感和责任感。教育通常每半年安排1次，节假日、敏感时期和特殊情况下都要及时进行战备教育。

战备制度。战备制度包含战备值班、请示报告、检查考评等。1993年，军分区颁发《宿县军分区战备工作规定》，以制度规范全区的战备工作。平时军分区、人武部设有首长和机关值班，节假日和战备期指定有民兵应急分队值班。部队、民兵的战备行动，上级规定批准权限。凡属权限内的部队行动必须报上一级司令部备案。凡超出批准权限的，一律要履行报批手续。

战备设施。军分区和人武部两级机关都建有用于保障作战指挥方面的基本设施。包括：作战室、作战值班室、战备资料室、战备物资库、图库及通信建设、指挥自动化建设等。

战备资料。1988年，军分区组织力量重新调查核实兵要地志资料和数据。1998年，对辖区内资料的采集整理，推广国防动员、战役通道保障、城市防空和抗洪抢险数据库软件，建立并完善本区内的战备资料分布式数据库。

军事设施建设、管护。为加强军事设施建设和管护，成立宿县地区军事设施保护领导小组，后改为军事设施保护委员会，由常务副专员（副市长）担任主任，地方市政府秘书长和军分区参谋长担任副职，地方宣传、政法、保密、公安、土地矿产等有关部门主要领导和军分区司令部作训科长为成员。下设办公室，军分区作训科长兼任办公室主任，负责具体业务工作。有设防工程的县、区和乡镇都成立相应组织。1991年完成3个军事禁区、12个军事管理区的划定任务。1999年，宿州市人民政府、宿州军分区下发《关于原宿县地区军事设施保护委员会更名和成员调整》的通知。将宿县地区军事设施保护委员会更名为宿州市军事设施保护委员会。7月，按总参谋部、南京军区和省军区指示，结合全区国防工程军民共管实际，军分区司令部下发《关于做好国防工程军民共管质量评定工作的通知》。1998年在纪念《国防法》颁布一周年暨“国防教育宣传月”活动中，将《军事设施保护法》放大印制，张贴在国防工程所在地，并编制300本《军事设施保护宣传手册》，发给基层管护人员，制作40盒录音带发到相关乡镇，用有线广播进行宣传。地区广播电台连续15天，每天进行一个专题的《军事设施保护法》知识讲座。

（二）军事训练

20世纪80年代后期，机关首长在职训练主要是集中学习毛泽东人民战争思想游击战部分，组织演练快速兵员动员课题。其中泗县、萧县、宿县、宿州市人武部演练游击战；灵璧县、砀山县人武部演练反空降。着重演练干部、机关的组织指挥、协同动作和各种保障能力，研究反条件下的作战行动。这一时期的训练方法采取学习理论、战例分析、探讨问题、学术交流、实兵演练、总结提高6步进行。20世纪90年代初，主要进行补充、扩编战役军团时战争动员为课题的两级首长和机关演习。2000年后，本着人才为本、强化素质、着眼质量、着力落实的指导思想，结合内陆军分区军事斗争准备任务，着眼“打赢”目标，进行以高科技学习、敌我军研究、战法演练和计算机操作为主的新知识、新技能训练。

为提高军人素质，增强部队战斗力，军分区组织部队认真学习贯彻执行军队“共同条令”（《内务条令》《纪律条令》《队列条令》），落实机关“四个秩序”（战备、训练、工作、生活）的规定和“两防”（防政治事故、防重大责任事故）工作目标责任制，强化小散单位和勤杂人员的经常性管理，突出抓好以暑期安全和车辆、人员、重要部位为重点的安全管理，防止重大事故和案件的发生。

（三）武器装备建设

军分区的武器装备由司令部机关相应部门具体负责，实施正规管理秩序，以保证军分区机关和所属人武部遂行任务的需要。1987年，重新修订《民兵通信仓库管理制度》《保管员职责》《民兵通信仓库评比标准》和《优秀仓库保管员评比条件》。同时，建立装备器材、训练器材、器材出入库（室）、人员交接和擦拭保养等五种登记。1988年，制定下发《军分区军械仓库管理制度》。1990年，制订《仓库管理制度》。以后相继制订《机关干部住库值班制度》《仓库值班员制度》《定期检查制度》《双人双锁制度》《保管人员定期审查制度》《武器技术状况抽查制度》《进出库人员登记制度》《武器弹药的使用审批制度》《训练中武器管理制度》等。1989年，全区民兵武器装备，基本上集中到县、市以上仓库保管，连续实现第五个安全年。军分区在宿州市人武部召开民兵武器库正规化建设现场会，在全区范围内推广宿州市人武部的经验和做法。1992年，武器装备管理体制进行调整。将由原来军分区后勤部军械科主管改由司令部主管，军分区司令部军务动员科分工一名参谋具体负责。7月，军分区在灵璧县正规化建设现场经验交流会上，对武器库的设施建设做进一步统一。1993年，军分区按照上级关于部队精简整编的部署，完成军分区军械办公室、军械修理所及民兵武器装备仓库的隶属变更，物资、账目及各项技术档案的移交工作。所属各县、市人武部于6月1日完成民兵武器装备仓库转隶军事科工作。全区武器装备管理实现第10个安全年。

二、政治工作

（一）党组织设置

军分区党委。军分区设立师级党委。宿州军分区党委由地（市）委书记、军分区首长及各人武部部长、政治委员组成。地（市）委书记兼任军分区党委第一书记，军分区政治委员、司令员分别任军分区党委书记、副书记。军分区司令部、政治部、后勤部首长为委员，并与上述人员组成党委。宿州市军分区党委实行民主集中制和集体领导下的首长分工负责制。

1988–2007年军分区党委主要领导人名录

表2-8-2

职务	姓　名	任职时间
第一书记	王昭耀	1987年6月–1989年3月
	吕保成	1989年3月–1992年3月
	耿光宽	1992年3月–1998年3月
	徐立全	1998年3月–2001年6月
	陈树德	2001年6月–2003年2月
	梁卫国	2003年6月–2006年3月
	唐承沛	2006年3月–
书记	袁家厚	1983年5月–1989年8月
	陈维灿	1989年8月–1992年6月
	杨万兴	1993年2月–1994年5月
	姜　元	1994年5月–1998年7月
	顾秉生	1999年2月–2005年4月
	丁明德	2005年4月–
副书记	胡朝栋	1983年5月–1991年7月
	阚正义	1991年7月–1993年2月
	汪怀志	1993年2月–1999年12月
	胡家驹	2001年1月–2005年8月
	朱文富	2005年9月–

军分区纪律检查委员会。军分区纪律检查委员会，由军分区党代表大会选举产生，名额7至11人，设书记、副书记，不设常务委员会。书记一般由政治部主任担任。军分区党代会选举产生的纪律检查委员会报安徽省军区党委、纪律检查委员备案。书记、副书记，由军分区党委通过后上报安徽省军区党委批准。纪委每届任期与军分区党委相同。

（二）宣传教育

理论学习。军分区党委的理论学习，主要由军分区党委制定学习计划，具体组织实施。方法采取军分区党委中心组带机关、军分区带人武部的办法，建立学习日制度，交流学习经验，保证人员、时间、学习内容和学习效果的落实。20世纪80年代中期，军分区和人武部党委中心组学习主要是学习中央规定的哲学、政治经济学、科学社会主义和中国革命史四门基础课程，每月安排学习2天。到20世纪80年代末，掀起学习马列、毛泽东思想的热潮。至20世纪90年代初，根据总政治部《关于加强团以上党委理论学习的意见》，党委中心组和机关坚持每月2天集中学习制度，全区上下读马克思主义原著，写学习心得体会的风气越来越浓。到1992年，学习《中国共产党的七十年》《毛泽东选集》一至四卷（第二版）和江泽民在建党七十周年大会上的讲话，进一步深化党对军队绝对领导和社会主义信念教育。20世纪90年代，学习邓小平建设有中国特色社会主义理论、新时期军队建设思想和《邓小平文选》、《邓小平关于新时期军队建设论述选编》。进入21世纪，认真抓“三个代表”重要思想和科学发展观的学习。

专题教育。1995年，军分区和人武部以中共十四届四中、五中全会和军委扩大会议精神为指导，开展爱国奉献教育、革命人生观教育、尊干爱兵教育和艰苦奋斗教育（以下简称“四个教育”），把“四个教育”作为加强思想政治建设的中心环节。开展“在职干什么，走后留什么”的专题大讨论，请老干部讲传统，作抵制资产阶级思想侵蚀的专题报告。坚持把反对拜金主义、享乐主义、极端个人主义和抵制“酒绿灯红”影响作为教育重点，着重解决领导干部“为谁当官，怎样用权”、机关干部“工作图什么，进步靠什么”，战士“为谁当兵，怎样当兵”的问题。1998年3月，军分区、人武部开展“顾大局、讲奉献、拥护和支持地方经济体制改革”的专题教育。开展怎样看待军人后路、怎样看待家属下岗等大讨论。1999-2000年，组织实施“讲政治、讲正气、讲学习”教育。

进入21世纪后，先后开展“聚精会神干事业转变作风抓落实”“与现役部队同步建设、同步准备”“忠诚实践‘三个代表’重要思想，自觉做模范当表率”“牢记‘两个务必’，做艰苦奋斗模范”等专题教育。通过教育，强化指战员们奋发进取、艰苦奋斗、爱国敬业、听党指挥、报效祖国的责任感、事业心。

文化学习。军分区和人武部党委都把干部学习科学文化知识和培养两用人才作为一项战略任务摆到党委议事日程上，统筹安排。1988年，军分区组织125名人武干部参加函授学习。宿县和宿州市人武部抓在职干部函授学习成绩显著，被军分区评为先进单位。军分区机关有11名干部坚持在职自学大专课程。

（三）干部管理

1988年8月，根据省军区党委部署，顺利完成34名现役军官授衔（大校4人、上校2人、中校4人（其中专业技术军官1人）、少校7人、上尉13人（其中专业技术军官1人）、中尉3人、少尉1人）、41名离休干部授勋和7名现役军官改文职干部任务。1996年4月，宿县军分区所辖4县1市人武部收归干部即被授予军衔。其中被授予上校军衔4人、中校3人、少校13人、上尉8人、中尉1人。宿县军分区干休所7名现役干部于1988年7月正式改为文职干部；8月1日，文职干部改穿便服，上班时间内佩戴文职干部胸章。1992年4月，恢复穿军装，并统一佩戴文职干部肩章和领花。1999年《中国人民解放军文职干部条例》正式颁发，文职干部制度进一步完善。安徽省军区1988年7月军勋字第139号命令转南京军区1988年7月25日、7月20日军勋字第12号、28号命令，奉中华人民共和国中央军事委员会主席邓小平命令，授予花怀真等41人功勋荣誉章：

授予下列人员中国人民解放军独立功勋荣誉奖章

花怀真	李贵兴	张朝璞	庞洪福
成　谭	王克聪	朱贤荣	许世光
王治邦	郭高玉	冯玉璞	吴云瑞
李良宽	李迎春	谢俊卿	胡　斌
王　琦	吴信水	蒋家荣	周正美
宋在举	刘福兴	潘成焕	高洪志
白荣秀	高峻岭	韩绵云	梁文洲
周宗琏	汪启箴	刘文典	杨玉林
张秉忠	房玉殿	申文思	周生友

授予下列人员中国人民解放军胜利功勋荣誉奖章

李玉堂	刘长收	胡振福
阎春楼	褚冬柏	

三、后勤工作

军粮。1987年后，总后勤部根据市场物价不断变化的情况，先后6次调整伙食定额标准，保持部队生活水平基本稳定。2001年1月起，军分区食堂按照总后制定的一类地区一类灶标准执行。国务院、中央军委根据国家粮食购销政策调整的实际情况，于1996年12月14日印发《关于深化军粮供应体制改革的通知》，明确规定军供粮源安排及军粮品质要求，军粮价格及差价补助，军粮财务管理，军粮供应机构，军用粮票的印发与管理。军分区从1997年1月起，按照国务院、中央军委通知精神及总后勤部、财政部、国内贸易部、国家粮食储备局的具体要求，管好军粮及军用粮票和军粮差价补贴款的计划、请领、发放、决算等工作。

被装。被装物资的供应，包括筹划、申请、领取、运输、发放等内容。正常的被装供应，每年分夏装和冬装，根据其实力和标准，编造预算，向省军区后勤部申请，由上级按计划调拨，实施供给。从1987年起，由夏冬两次发放改为一次性供应，人武部被装在归地方建制间，则实行价拨供应，所需经费由地方财政解决，收归军队建制后由军分区请领发放。对离休干部和免职但未办退休手续的干部不再发给被装实物，而是按照应发服装的数（质）量折价发给现金。军队的被装供给标准按气候区域划分的不同其供给标准不同。宿州军分区地处南温区，其供给标准按南温区的标准执行。

营院建设。军分区营院建设自1986年以后，经历2次大的变迁。1994年，军分区与地方政府等面积置换八一路东区地皮，使分区大门改向胜利路主干道，1995年建成集大门、办公、住宿、餐饮一体化的人武系统干部训练基地，建筑面积4600平方米。

第二次是新建宿州军分区指挥中心。中心始建于2002年9月，2004年4月竣工投入使用。地处宿州市南三里湾，原军分区教导队旧址。中心占地69亩，建筑6200平方米，绿化35亩。中心由办公区和生活区两部分组成，总投入1200万元。办公楼建筑3290平方米，主体建筑五层。配套有值班室、作战室、通信机房、指挥自动化工作站、电视电话会议中心等。综合楼设有单身干部宿舍、电视室、学习室、储藏室、车库等。生活保障中心配套有机关食堂、浴室、理发室、健身房等。

军人医疗。军分区系统的干部、战士、职工患病一般情况下到军分区卫生所就医，患重病或需住院治疗的，到就近的部队医院就诊。人武部收归后，其机关干部的就医也参照军分区机关的办法执行。1985年后，卫生所编配所长、军医、医助、司药、卫生员。主要负责机关、部队、人武部官兵、职工、家属的医疗保健、卫生防病以及计划生育工作。卫生所设备有医用冰箱、心电图机、B超机、X光机、超短波机、音频治疗仪、TDP灯、超声雾吸入机、射频治疗仪、针灸治疗仪、分光光度计、离心器等几十万元的医疗设备，能基本满足干部、战士、职工及其家属平常就医的需要。卫生所每年组织机关干部、战士、职工进行身体健康检查，或邀请部队医院的医护人员来宿州巡诊，组织离退休干部去医院体检。

后勤保障社会化。2000年5月，根据省军区后勤保障社会化改革工作会议精神，后勤部制定《关于后勤保障社会化改革工作实施意见》，军分区成立社会化保障领导小组。组长由司令员胡家驹担任，副组长由参谋长吴治龙、政治部主任刘永海、后勤部部长姚贵飞担任，机关各科科长为成员。后勤社会保障办公室设在后勤部战勤科，刘亚担任办公室主任。2000年10月，为贯彻落实总后勤部《关于军队进行政府采购试点意见》，军分区决定从当年11月1日起，实施军分区机关通用物资集中统一采购，物资采购的范围包括：日常办公和日常会议用品、办公自动化设备、空气调节器、音像制品、通讯工具、医疗设备、办公家具、交通工具及配件、营房常用物资、给养器材。采购程序为：计划申报、审核审批、定点采购、验收登记、结算报销。军分区机关成立通用物资采购办公室，由各部门抽人参加，办公室设在后勤部供应科，负责通用物资的采购工作。

生产经营。20世纪80年代中期，军分区及各县人武部都规模不等的开展生产经营活动。军分区还成立有生产经营领导小组，在后勤部设有生产经营办公室，抽出2名编余干部承办具体业务。生产经营的收益除干休所外，统一纳入财务管理，其开支和使用由军分区生产经营领导小组统一安排。司、政、后三大部都有经营项目。司令部设有对外招待所、教导队、礼堂对外出租、无线电修理门市部、印刷厂；政治部有小卖部；后勤部有修械所、北山仓库、农场、卫生所、小卖店等。1999年8月，军分区接到省军区《关于规范有偿服务项目管理，进一步做好不经商工作的通知》后，对照检查并及时整改。军分区保留的长城宾馆明确不专门对外接待、不经商，按总部要求只保障过往军人、老干部、各类工作组。并将长城宾馆更名为宿州军分区招待所，拆除门面的铜字招牌。各县区人武部所办的长城大酒店也更名为人武部餐厅或训练基地餐厅，并主要用于内部招待。

第三节　征　兵

一、征兵机构

（一）市征兵领导机构

市征兵领导小组。市征兵领导小组是负责全市征兵工作的领导机构。组长一般由政府领导担任，副组长一般由兵役机关（军分区）的领导担任，成员通常是与征兵工作相关的宣传、公安、卫生、教育、交通、财政、民政等部门的领导。每年征兵工作开始前，根据上年度征兵领导小组成员的工作变更情况，适时进行调整。征兵领导小组的主要职责是：认真贯彻执行上级征兵命令和有关规定，制定地区性政策，审定征兵工作计划并督促实施；负责协调各方面的力量共同做好征兵工作，从有关部门抽调人员组成征兵办公室，审定落实征兵经费；深入搞好调查研究，及时解决征兵中的重大问题；对违反征兵政策的问题作出处理。

征兵办公室。宿州市征兵办公室是负责办理征集兵员日常工作的机构，是市征兵领导小组的办事机关。它以兵役机关为主，吸收公安、卫生、交通等有关部门人员组成。每年在征兵工作开始前，对征兵办公室人员进行调整。征兵办公室一般设主任和副主任，主任通常由军分区参谋长担任，副主任由卫生局、公安局和军分区司令部、政治部、后勤部机关的有关领导担任。成员从军分区机关、市政府及地方宣传、公安、卫生、民政、交通等有关部门抽调业务干部担任。征兵办公室的日常工作由军分区负责，设有秘书组、宣传组、政审组、体检组、纪检组和后勤组。

征兵临时党委。为实施对征接兵人员的统一领导和管理，从1997年冬季征兵开始，宿州市征兵工作征接双方成立临时党委，由军分区司令员或政治委员任书记、军分区参谋长、政治部主任任副书记、宿州市征兵办公室成员及部队接兵负责人任委员。各县（区）比照成立征接兵临时党委。

（二）县（市、区）征兵领导机构

县（市、区）同样也建立有征兵领导小组和征兵办公室。其职责和任务类同于市级征兵领导机构。所不同的是：县（市、区）人民武装部作为该级人民政府的兵役机关，在征兵工作中，既是领导指挥机关，又是执行实施机关，责任非常重大。县（区）征兵领导机构由县（区）长和人民武装部及有关局的负责人组成。组长由县（区）长担任，为本县（区）征兵工作的第一责任人，对新兵质量负全责；副组长由县（区）人武部部长、纪检书记或副书记担任。县（区）征兵领导小组下设办公室，办公地点设在人民武装部，主任由人民武装部军事科长担任和县（区）卫生、公安局的有关领导人担任，成员从人武部和地方有关单位抽调，日常工作由县（区）人武部负责。县（区）以下乡、镇（城市街道），没有常设征兵机构。征兵开始，成立临时征兵小组，由乡、镇（街道）负责人和专职武装干部组成，负责办理本辖区的兵役登记，报名参军人员的体格、政治条件初检等事宜。

二、征兵法规

（一）征兵政策法规

大学生入伍优待政策。2005年，安徽省出台大学生入伍优待政策。主要内容：（1）学业安排。在校大学生入伍前，学校应尽可能安排他们参加本学期所学课程考试，也可根据其平时学习情况，对本学期所学课程免试，直接确定成绩和学分。对入伍前已修完规定课程或已修满规定学分，符合毕业条件的，学校可准予毕业；对未达到修业年限或尚不具备毕业条件的，可保留学籍至退出现役后1年内，也可根据学生本人实际，按现行学籍管理规定，作肄业、结业等处理。在校大学生入伍后，学校可针对性的组织开展函授教育，也可指导有条件的入伍大学生自学原专业课程，经部队团以上单位批准，可参加学校组织的考试。（2）学费减免。在校大学生应征入伍后，其已交学杂费的剩余部分，根据本人自愿，由学校退还本人，或由学校负责管理。退出现役复学，其家庭经济困难的，由学校酌情减免学费，对荣立1次三等功奖励的，复学后按不低于50%的标准减免学费；荣立2次三等功或受到二等功以上奖励的，复学后免交全部学费。（3）退伍复学。要保证退役大学生士兵能及时复学。对原就读学校撤销的，由省教育厅安排转入同等学历相关专业高等学校复学；原所学专业撤销的，由学校安排转入其他专业复学；对专升本、本科报考研究生的，在同等条件下优先录取。在部队受到三等功以上奖励的，原是本科生的可申请转到本校其他专业学习，原是专科生的，可以免试转入本校同专业或相近专业的本科学习。受到二等功以上奖励的，所学本科专业毕业后，可免试保送所学专业研究生。（4）优待安置。批准入伍的在校大学生，属本省籍的，由征集地人民政府按照城镇义务兵政策给予优待和安置。退出现役后愿意复学的，视同自谋职业，发给一次性助业补助；不愿复学的，实行货币化安置，发给一次性自谋职业补助金，并优先推荐、扶持就业。属外省籍的入伍在校大学生，由入伍前户口所在地县（市、区）人民政府负责优待安置。本省籍在外省（市）全日制高等学校入伍的在校大学生，在征集地未享受优待安置政策的，由入学前户口所在地的县（市、区）人民政府按照国家和省有关政策给予优待安置。

优抚和进藏优惠政策。1986年，宿县地区征兵领导小组规定：对批准入伍的青年，在发给入伍通知书的同时，发给优待证书，同时规定对征集城镇入伍的工人，按照本人工资标准发给一定数量的优待金。1996年，宿县行署下发文件，对进西藏兵实行特殊优抚。

廉洁征兵。1986年，宿州市在征兵工作中张榜公布，把体检合格青年和预定批准入伍对象名单张榜公布于众。让群众监督。1998年，宿县地区行政公署征兵办公室下发文件，制定《宿县地区廉洁征兵措施》。1990年，为加大廉政建设力度，宿县地区征兵办公室和宿县地区监察局联合制定下发《关于处理征兵工作中违反政纪问题的有关规定》。1992年，军分区联合宿县地委、行署下发《纠正不正之风，确保新兵质量》的通知。1998年，切实加强征兵廉政建设，确保兵员质量和征兵任务的完成，制定《宿县地区廉洁征兵措施》。1999年，宿州市针对征兵体检、政审、定兵阶段各种违纪、违规问题易发的实际，制订"五严"规定，确保依法廉洁征兵。2000年，宿州市及所属各县（区）都专门成立了征兵工作纪律监察组，负责接待和处理群众来信来访。2001年11月，宿州市征兵办公室和监察局联合制定关于加强征接兵廉政建设"六个严禁"印发各县、区征兵办公室。

（二）征兵责任状

征兵工作目标责任书。目标责任书由行署（市）征兵领导小组组长、军分区司令部分别代表市政府和军分区分别与4县1区的县（区）长、征兵领导小组组长及人武部的主要领导签订"宿州市征兵工作目标责任书"。内容：（1）县（区）人民政府县（区）长为本县（区）征兵工作第一责任人，对新兵质量负全责；人武部部长为本地区征兵工作主要责任人，对新兵质量负主要责任。（2）坚决执行征兵命令，按时完成新兵的征集、交接与启运。（3）普通兵、条件兵的质量均符合上级规定的征集条件。坚决做到"三无"：户籍无以"非"冒"农"，身体无精神病、癫痫病、传染病，年龄无"小龄"和"超龄"的青年被征入部队。杜绝政治退兵，身体责任退兵。（4）抓好征兵所需经费、车辆、器材的落实，做到不扯皮、不推诿，按时到位。（5）检查督促征兵工作人员严格执行征兵政策、纪律，廉洁自律，严防各种违法违纪现象的发生。

政治审查责任书。内容：（1）县（区）公安局（分局）为本县（区）征兵政审工作第一责任人，对征集新兵政治审查工作质量负主要责任。（2）认真贯彻军委江泽民主席关于"征集兵员，要严格政治审查，绝不能让那些有劣迹的人混入部队"的指示精神，根据公安部、总参谋部、总政治部《关于征集公民服现役的政治条件的规定》，严格审查应征青年的政治条件，杜绝政治退兵。做到无"小龄"和"超龄"青年被征入部队。（3）保证征兵政审工作组织领导、人员的落实到位，选调政治思想好、作风正、工作责任心强、业务精的干警参加政审工作；保证各项政审制度和措施落实，确保每个应征青年都经过"三级政审"和"区域联审"，层层把关，一级对一级负责，不留任何政治疑点。（4）切实加强对乡（镇）政审工作的检查督促，严格执行征兵政审政策、纪律，教育政审工作人员廉洁自律，严防各种违法违纪现象的发生。（5）坚决保质保量、按时完成政治审查任务。保证完成宿州市人民政府、宿州军分区征兵命令赋予的政治审查任务，确保所征新兵的政治素质符合规定的征集条件。根据工作情况，按照有关规定予以奖惩。

体格检查责任书。实行体检责任制，县（区）征兵办与卫生局和担负体检任务的医院分别签订责任书，明确规定卫生局和医院对新兵体检负全责，并把责任分解到科室和个人，做到谁检查，谁签字，谁负责。明确奖惩办法，增强医院和医生的责任感。为强化兵役机关和体检工作人员职责，保证所征集兵员身体素质符合征集条件，规定：（1）县（区）卫生局分管局长及医院分管院长为本县（区）征兵体检工作第一责任人，对新兵身体质量负主要责任。（2）选调政治思想好、作风正、工作责任心强、业务精的医务人员参加体检工作，做到从事征兵工作5年以上的人员占70%以上。（3）坚决执行《应征公民体格检查标准》和《应征公民体格检查办法》等有关规定，实行规范化、标准化体检，无精神病、癫痫病、传染病、慢性病人被征入部队，无身体责任退兵。(4) 检查督促医务人员严格执行征兵政策、纪律，严防各种违法违纪现象的发生。(5) 坚决保质保量、按时完成体格检查任务。

文化审核责任书。强化兵役机关和文化审核工作人员职责，保证征集兵员文化素质符合征集条件，市教育委员会负责人与各县（区）教育委员会负责人签订《征兵文化审核工作目标责任书》。内容：(1) 县（区）教委分管主任为本县（区）征兵文化审核工作第一责任人，对新兵文化质量负全责。主任为本县（区）征兵文化审核工作主要责任人，对新兵文化质量负主要责任。(2) 选调政治思想好、作风正、工作责任心强、业务精的人员参加文化审核工作。(3) 坚决按照省教委颁布的学籍管理及毕业证书发放的有关规定，严格学历审查，防止假文凭、假学历和冒名顶替等现象发生。(4) 检查督促征兵文化审核工作人员严格执行征兵政策、纪律，严防各种违法违纪现象的发生。(5) 坚决保质保量、按时完成文化审核任务。保证完成宿州市人民政府、宿州军分区征兵命令赋予的文化审核任务，确保本县（区）所征新兵的文化符合规定的征集条件。根据工作情况，按照有关规定予以奖惩。

（三）征兵命令

征集任务分配

根据省政府、省军区当年的征兵命令下达征集任务数和征集非农业户口青年数，结合宿州市各县区的人口数量和兵役登记的具体情况，由市兵役机关分配给各县、区征集任务，确定征集解放军、武警部队新兵数量和非农业青年的数量，报征兵领导小组审批后，以征兵命令的形式下达。

征集对象、范围

20世纪80年代中期开始，对征集新兵文化程度有要求，征集农业户口的青年，应具备初中毕业以上文化程度，并尽量多征集具有高中毕业文化程度的青年；征集非农业户口的青年，应具备高中（含职业高中）毕业文化程度。对女青年征集只限应届高中毕业生。企事业单位具有高中毕业文化程度的青年职工也可征集。少数民族居住集中的地方，要尽量多征集一些少数民族青年入伍。确保兵员质量，解决军队院校招生生源不足的问题。南京军区1992年起，结合每年征兵，在军区驻地六省（市）范围内，开展部队与省军区系统共同选征优秀高中毕业青年的工作。对女青年征集只限应届高中毕业生。要尽量多征集企事业单位具有高中毕业文化程度的优秀青年职工。

征集年龄

1986-1995年，男青年18-20岁，企事业单位的青年职工可放宽到21岁；女青年为18-19岁；应届高中毕业生年满17周岁。1996-1997年，男青年18-20岁，高中毕业以上文化程度放宽到21岁；女青年为18-19岁；应届高中毕业生年满17周岁。1998-2000年，大专以上文化程度可放宽到22岁。2001年，放宽征兵最低年龄为当年12月31日之前，年满17岁未满18岁的男女青年可以征集。2004年，对自愿要求参军的全日制高等学校本科毕业生，征集年龄放宽至23周岁。

征集条件

身体条件。1986年起，体格条件按照国防部1986年8月8日颁发的《应征公民体格条件》执行。1990年7月12日，国防部颁发《关于应征公民体格条件的补充规定》作为当年冬季征兵的体格条件的补充。1991年起，体格条件按照国防部1991年9月29日颁发的《应征公民体格检查标准》执行。2000年，国防部征兵办公室降低对高中毕业以上青年视力标准，右眼裸视由4.9放宽到4.8，左眼裸视由4.8放宽到4.6，其他相当于高中毕业（职高、中专、技校）的青年视力不得放宽。2004年冬季新兵征集条件对个别体格条件比较优秀的应征男青年，体重可放宽至不超过标准体重的25%、不低于标准体重15%；对大学生专科以上文化程度的青年、在校大学生应征入伍为普通兵的男青年，右眼裸眼视力可放宽至4.6，左眼裸眼视力可放宽至4.5；对自愿要求参军的全日制高等学校本科毕业生，征集年龄可放宽至23周岁。从源头上防止患有精神疾病和严重心理障碍青年进入部队。2004年应征青年体格检查在执行2003年9月1日《应征公民体格检查标准》和有关规定的基础上，应征青年中首次进行心理检测试。分计算机检测和心理访谈两项。计算机检测采用人机对话的形式，应征青年独立完成运算能力、数字搜索、词推理三方面的测验。心理访谈主要有神经科的有关专家担任主检，对计算机检测判定为不合格的青年进行访谈并下终审结论。

政治条件。公安部、总参谋部、总政治部1984年8月25日颁发的《关于征集公民服现役的政治条件的规定》及其有关规定和要求，作为征兵政治审查的基本依据。1990年1月24日，公安部、总参谋部、总政治部下发《关于征集公民服现役的政治条件的补充规定》。1991年后，政治条件按照公安部、总参谋部、总政治部1990年10月6日颁发的《关于征集公民服现役政治条件的规定》和其他有关规定执行。

三、兵员征集

（一）兵役登记

兵役登记是对役龄青年所进行的专门登记。在每年12月31日以前年满18岁的男性公民应当在当年9月30日以前，按照县（市、区）兵役机关的安排，进行兵役登记。主要目的是摸清适龄公民的政治、身体状况，确定其是否应服兵役。经过兵役登记的公民，除被征集服现役者外，其余应编入民兵组织或服预备役，有利于民兵、预备役建设。公民参加兵役登记，可以增强公民的国防观念和依法服兵役的观念。2003年开始，鉴于农村外出打工适龄青年9月间在家少，春节前后集中在家多的情况，将一次登记时间改为从年初到9月的多次登记，主要是年初结合民兵整组进行。

（二）宣传发动

征兵宣传是对广大人民群众特别是适龄青年进行国防教育、依法服兵役的教育。宿州市、县（区）两级兵役机关在坚持依法征兵的同时，积极会同当地的宣传部门、新闻单位和其他社会组织、认真抓好征兵的宣传教育工作。宣传教育主要以爱国主义、革命英雄主义和依法服兵役为主要教育内容。在宣传教育的形式上，一方面，通过广播、板报、标语、宣传车等传统的方式进行宣传，大造声势。另一方面，充分利用报纸、电台、电视台和举办动员会、演讲会、国防知识竞赛、宣传周和宣传月等形式，扩大宣传的覆盖面，做到家喻户晓，人人皆知。

（三）应征报名

征兵开始后，乡镇、街道即组织参加过兵役登记的适龄青年（或预征对象）报名应征。对在外打工的适龄青年，由其家长或基层干部联系通知其回乡应征。对报名应征青年体格检查，先由乡镇、街道征兵工作人员进行目测和初检。初检合格者，按市、县、区征兵办公室安排，集中到县以上征兵体检站正式体检。

（四）体格检查

目测。在体检以前，各基层单位对应征公民进行目测和病史调查，经过目测和病史调查合格后的应征公民，进体检站体检。并根据上级布置的征集任务和当地公民体质情况确定送检人数，一般规定为1：2.5。

设立体检站。以县（市、区）为单位，设立体检站，对应征青年进行全面体检。体检站下设主检、内、外、五官、检验等科。卫生局一名领导在体检站全面负责体检工作。县（市、区）人武部抽调人员成立联络组、接待组，具体负责联络、接待、维护秩序工作。为保证新兵体检质量，体检站实行封闭式管理，由武警派员负责大门警卫。体检医生、工作人员及接兵部队人员持通行证出入。

体检医生岗前培训。体检医生选派思想好、作风正派、工作认真负责，有一定临床经验的人员。且历年参加过征兵体检的医生要占70%以上。体检医生上岗前，接受岗前培训。

实施体检。体检时由县（市、区）征兵办公室指定专人引检，专人传表，单科不合格人员不淘汰，做出标记，由主检定论。实行岗位责任制，谁检查、谁签字、谁负责，出现责任问题，追究当事人的责任。

抽查复查。体检结束后，由市卫生局和军分区卫生所医生对体检合格人员进行抽查，抽查人数一般不少于体检合格人数的三分之一，复检或抽查有超过5%以上（含）不合格，则全部重检。

（五）政治审查

征兵政审工作在各级人民政府的领导下，由公安部门负责，各级兵役机关及有关单位予以协助。政治审查的标准，1986年至1989年执行公安部、总参谋部、总政治部1984年8月25日颁发的《关于征集兵员政治条件的规定》。1990年执行的是公安部、总参谋部、总政治部1990年10月6日颁发的《关于应征公民服现役政治条件的规定》和有关规定。1996年始，依据1996年9月18日颁发的《关于征兵政治审查组织实施工作的规定》和公安部、总参谋部、总政治部10月6日颁发的《征集公民服现役政治条件的规定》、关于征集北京卫戍区警卫一师和武警北京一总队担负重要目标警卫任务部队新兵政治条件的规定及其他有关规定实施。《应征公民入伍政治审查表》中增设“就读学校对本人在校期间表现及文化程度鉴定意见”“村（居）委会或企事业单位鉴定意见”“常住户口所在地公安派出所审查意见”三项。凡体检合格的应征青年参加政治审查。

征兵期间征兵办公室设有政治审查组，在征兵办公室统一领导下开展工作。由公安部门领导担任组长，兵役机关派人担任副组长，抽调教育、监察、民政的人员参加政审组工作。乡（镇、街道）和（社区居委会）及有征集任务的企事业单位分工领导组织专门人员负责征兵政治审查工作。

征兵期间的政治审查工作实行村（社区居委会）、乡（镇、街道）、县、市、区三级政审和区域联审制度，实行谁审查、谁签字、谁负责的责任制。村（社区居委会）及有征集任务的企事业单位应由主要领导负责，组织人员对应征公民的年龄、户别、职业、现实表现、宗教信仰、文化程度和家庭主要成员、主要社会关系及政治状况等情况进行审查，在《应征公民政治审查表》（由国防部征兵办公室制发，以下简称“审查表”）内填写鉴定意见，向乡（镇、街道）推荐政治审查合格的应征公民。学校应对应征公民在校期间的表现和文化程度做出证明，并在“审查表”内填写鉴定意见。应征公民在外地就学，其学校无法直接在“审查表”内填写鉴定意见的，应附有调查证明材料。

公安派出所对本辖区内的应征公民的年龄、户别、有无违法、违纪行为及家庭主要成员、主要社会关系有无政审条件规定的影响公民服现役的问题等情况进行审查，并在“审查表”内签署审查意见。乡（镇、街道）确定领导负责，组织专人对经过村、社区居委会、企事业单位、学校、公安派出所审查的应征公民的政治情况进行复审，对有疑点的问题进行重点调查取证，在“审查表”内签署审查意见，向县级人民政府征兵办公室推荐政审合格的应征公民。县级人民政府征兵办公室政审组会同司法、教育、工商、税务、社会治安综合治理等部门，对经基层单位推荐的政治审查合格的应征公民进行政治联审。对经过综合审定确认符合政治条件的应征公民，由县级人民政府征兵办公室政审组负责人在“审查表”签署政治审查结论。对准备批准服现役的应征公民，在定兵及批准入伍后，接到人民来信反映的问题应进行政治复审，对有疑点的青年，问题一时查不清的，一律不得批准入伍，确保每个新兵政治可靠。

宿州市通常采取的政审方法有以下三条：取“三证”，即户口本、毕业证、乡镇或街道及工作单位证明；张“三榜”，经过目测、初审合格的对象，送检名单张榜，体检合格人员张榜，政审合格人员张榜，以加强社会监督；搞“三审”，初审、复审、交叉联审。通过公安、检察、法院、民政、教委、接兵单位、武装部等多家会审，全方位、多层次的审查，消灭个别青年现实表现情况的“死角”，防止“灯下黑”，增强政审材料可靠性。

（六）新兵审定

审定新兵是保证新兵质量的关键环节。首先由乡（镇、街道）根据县征兵办下达的任务数，对本单位体检、政审双合格青年提出推荐意见；县（区）征兵办公室召开定兵会议，对合格青年进行全面衡量，择优定兵。定兵会议吸收体检、政审负责人和接兵部队的负责人参加。审批新兵贯彻择优的原则，优先批准政治思想好、身体素质好、文化程度高和有专长的青年入伍。

被批准服现役的应征公民，由县（市、区）征兵办公室填写《应征公民入伍批准书》，将《入伍通知书》填发给应征公民，明确报到集中的时间、地点，由基层武装部带队前往交接地点。县征兵办公室同时整理新兵的档案材料。新兵的档案材料包括以下内容：《应征公民入伍批准书》；《应征公民政治审查表》，对特种政治条件兵，附政审调查证明材料；《应征公民体格检查表》；批准入伍的新兵是党（团）员的，应有入党（团）志愿书。

宿州市在定兵环节上，对以下10种情况的应征青年优先选送：

1.表现好、思想觉悟高、三好学生。
2.担任基层干部的。
3.家庭劳动力充裕的。
4.参加乡、镇、基干民兵训练成绩优异的。
5.文化程度高的。
6.历年来出兵率低的乡镇或村。
7.烈属荣誉军人的子弟。
8.连续两年合格的。
9.专业户劳动模范或受过乡镇以上单位表彰奖励的。
10.侨眷、侨属中的合格人员。

（七）兵员交接

新兵的交接工作采取以县（市、区）为单位集中交接的办法。由县（市、区）征兵办公室和接兵部队干部进行，在新兵启运前办理好交接手续。交接手续包括：《新兵花名册》；一式二份，一份交给部队，一份由县（市、区）人武部保存；交接双方在《新兵花名册》上签名盖章。新兵的档案材料和组织介绍信一并交给部队。

新兵起运时，县（区）人民政府组织欢送，新兵胸前佩戴大红花，在亲朋好友陪同下，到集结点报到，鞭炮轰鸣，场面十分壮观。20世纪末，农村孩子当兵，家长包一场电影，召集全村老少观看，以示庆贺。

1988年以前的一段时期，除少数部队来人接兵外，主要由地方干部组织送兵。地方送兵干部随同新兵一同前往部队，到部队办理交接手续。1989年春季征兵工作恢复部队派干部接兵制度。

新兵的服装，由军分区后勤部负责制订计划，调拨至县（区）人武部，由人武部后勤科（1996年以前为办公室）组织发放。武警的新兵服装，由省武警总队后勤部负责制定计划并调拨到县、区，由县（区）人武部组织发放。

第四节　预备役

一、预备役登记

预备役登记工作，分为军官预备役登记统计和士兵预备役统计，由人武部负责办理，军分区汇总。军官预备役登记统计的对象主要包括：转服预备役军官的转业军官。士兵预备役登记统计的对象主要包括：转服预备役的退伍军人；民兵（基干民兵、普通民兵）；35岁以下的地方与军事专业对口的技术人员；经过兵役登记的其他未服现役的公民。登记时先将登记内容填写在统一下发的“预备役登记表”上，然后再填写卡片。退伍军人由所在部队根据其条件，按照全军统一规定，确定服或免服预备役，并在《退伍军人登记表》和“退伍军人证明书”上填写专业号码和专业名称。退伍军人到地方报到时，由人武部会同安置部门进行核实，填写卡片，并在“退伍证明书”上加盖“服预备役”或“免服预备役”的专用章。基干民兵训练结束时，由民兵营负责登记，建立花名册。从1992年4月1日以后转业的干部，凡符合登记条件的，由所在部队在批准其转业的同时，批准服预备役。由人武部办理登记、分类、归档。人武部按照其种类、军兵种、专业号码、专业名称、年龄、单位按顺序进行分类专柜存放，以便平时查找，保障战时动员的需要。定期核对，统计上报。

二、预备役军官授衔

1996年8月，地委办公室、行署办公室、宿县军分区政治部联合下发《关于成立宿县地区评定预备役军官军衔工作领导小组的通知》，成立由行署副专员李祥珍任组长、政治部主任崔泗志、地委副秘书长吴宪聚、行署副秘书长宋同美任副组长的评授小组。1996年10月，中共宿县军分区委员会宿党字第31-33号请示，建议省军区党委：

1.建议批准张部才等10名预备役军官授予预备役上校军衔（其中陆军5名、空军2名、陆军专业技术军官2名、空军专业技术军官1名）。

2.建议批准张新建等79名预备役军官授予预备役中校军衔（其中陆军48名、空军14名、预备役专业技术军官10名、武警7名）。

3.建议批准刘庆民等86名预备役军官授予预备役少校军衔（其中陆军54名、空军5名、武警9名、预备役专业技术军官18名）。

1996年12月，宿县军分区发出〔1996〕政干令字第12-16号命令：

1.批准宿州市薛培等54名预备役军官改授预备役上尉军衔。8名预备役军官改授预备役中尉军衔。1名预备役军官改授预备役少尉军衔。

2.批准灵璧县刘銮彬等12名预备役军官改授预备役上尉军衔。4名预备役军官改授预备役中尉军衔。

3.批准萧县董平等21名预备役军官改授预备役上尉军衔。3名预备役军官改授预备役中尉军衔。

4.批准泗县胡跃增等22名预备役军官改授预备役上尉军衔。

5.批准砀山县李良斌等7名预备役军官改授预备役上尉军衔。1名预备役军官改授预备役中尉军衔。

第五节 民 兵

一、组织建设

民兵编组。1981年，中央下发有关民兵组织调整改革的通知规定，符合参加民兵组织的公民以男性公民为主，年龄条件为18-35岁，基干民兵的年龄为18-28岁；女民兵按基干民兵的要求适当选编，限定一般不超过县（市、区）基干民兵总数的10%。按照《民兵工作条例》的规定，宿州市各县（区）、乡镇、街道、企事业单位及厂矿都组建有民兵组织。“民兵按照便于领导，便于活动，便于执行任务的原则进行编组”。着眼市场经济的发展和适应新时期军事战略及军事斗争的需要，1997年9月，总参谋部、总政治部联合下发《关于深化民兵工作调整改革的意见》，对有关民兵编组的调整改革做出明确规定。其中基干民兵的编组要本着有利于领导、有利于提高质量、有利于开展活动、有利于执行任务、有利于平衡负担的原则进行调整。民兵按年龄划分，分为普通民兵和基干民兵。“兵役法”第三十八条规定，民兵分为基干民兵和普通民兵。28岁以下的退出现役的士兵和经过军事训练的人员，以及选定参加军事训练的人员，编为基干民兵；其余18岁至35岁符合服兵役条件的男性公民，编为普通民兵。农村一般在行政村建立民兵连（营），领导本行政村的基干民兵和普通民兵。基干民兵和普通民兵分别编组。基干民兵一般以乡（镇）为单位编营，行政村编排；普通民兵以村民小组为单位编排、班。城市民兵的组建对象主要是厂矿、企事业单位、街道办事处的退伍军人和经过专业训练的对口人员。依据民兵数量的多少，合理编组。随着经济体制和用工制度的改革，城市民兵因人员变动大，编组困难。1999年，军分区成立的民兵工作调整改革领导小组对城市民兵、企业民兵编组问题进行调研。2001年2月，军分区部署城市民兵调整改革任务。3月，组织城市民兵工作改革调研，对国有企业改制和城市社区管理改革后的民兵组织建设、企业武装部设置、民兵军事训练和民兵工作领导关系等方面的问题进行分析研究，为上级提供决策依据。2002年，军分区继续抓城市民兵调整改革工作，及时向市委、市政府主要领导汇报全国城市民兵工作会议主要精神，成立由市委、市政府、军分区主要领导挂帅、有关职能部门人员参加的城市民兵调整改革领导小组。军分区先后召开常委会、首长办公会和由各级主官、主管人员参加的全市城市民兵调整改革任务部署会，并在埇桥区进行试点。修订《宿州市城市民兵调整改革实施方案》。

组织整顿。对民兵组织进行整顿，简称民兵整组。民兵组织每年整顿一次。其主要内容是：宣传教育、总结工作、表扬先进、出入转队、调整组织、改选干部、清点装备、登记统计、健全制度。宿州市从1986年至2003年间，一般每年8月至9月底结合兵役登记工作，对全市民兵组织进行整顿。每年整组工作开始后，由军分区按照省军区整组工作指示，结合实际向各县（区）人武部下达整组工作指示。明确整组工作的目的、方法、任务和完成时限，提出具体要求。由各县（区）人武部按照军分区的整组工作指示，组织基层人武部开展整组工作。

为使参加民兵整组的工作人员熟练掌握整组工作的程序和方法，在整组前，军分区司令部一般要召开会议，采取以会代训的形式，对各县（区）人武部的军事科长、军事参谋进行集训；各县（区）人武部也相应召开会议，对各基层武装部长进行培训和整组工作布置。军分区和县（区）人武部也采取以会代训的形式抓整组试点。各基层武装部根据县（区）民兵整组工作的布置，将不符合基干民兵条件的人员进行调整。选配民兵干部。民兵干部的选配由基层武装部考核任命。选配民兵干部时，一般坚持年龄轻、军政素质好、热爱武装工作的标准。最后填写各类花名册和卡片。各基层武装部整组结束时，通常组织基干民兵进行集中点验，各县（区）人武部科以上领导分组参加。点验的议程为：按照花名册进行呼点、人武部领导宣读基干民兵营干部任免、清点装备、新老民兵代表讲话、民兵宣誓、人武部领导讲话等。部分基层武装部利用点验时机，搞一次政治教育。通过点验，做到官兵相识。点验结束后，各基层武装部向各县（区）人武部上报各种报表和整组工作总结，由各县（区）人武部汇总上报军分区司令部。为检验整组效果，在整组工作即将结束时，军分区一般组成2-3个工作组参加基层武装部的民兵点验大会，或对全市部分民兵集中进行抽查点验。从2004开始，每年的民兵整组改为春季进行。一般从2月开始至5月底前总结上报。

二、民兵分类建设与训练

民兵干部、骨干训练。民兵干部的训练，由县（区）人武部组织实施，是对民兵干部进行基本技能、动员工作业务和组织指挥的教练活动。一般时间为30天。训练目标：能组织本分队的训练、能带领民兵执行一般作战任务和战斗执勤。训练的内容主要有：军事理论知识，包括人民战争思想、军事高科技知识、军兵种知识等；基本技能，主要有队列、射击、通信装备使用、军事地形学等；动员工作业务；组织指挥。

民兵应急分队建设与训练。宿州市民兵应急分队的组建工作初始于1989年，当年全区建立18个民兵应急分队。1990年，军分区首先在宿州市交通局先行试点，后以行署、军分区名义印发《关于加强民兵应急分队建设的指示》。军地双方领导和机关先后有56人（次）到基层具体指导。制定《宿县地区民兵应急分队总体行动方案》。1992年7月中旬，地区行署、军分区举行全区应急分队部分队员军事技术比赛。1993年，军分区重点抓民兵应急分队建设，调整全区民兵应急分队组织，建立1个应急营，有5个连队。制定《应付突发事件紧急行动方案》《抢险救灾方案》等行动预案，并以此为依据狠抓专业技术训练和快速反应的协同演练。砀山县、萧县、泗县人武部还组织民兵应急分队阅兵、比武。1996年，军分区制定《宿县地区民兵应急分队编制系统表》，7月初，在全区范围内进行训练。各县（市）人武部在“八一”前夕，进行实弹实兵检验性演习，邀请县（市）委、政府领导和有关部门负责人观看训练成果表演。1999年，为提高民兵应急分队“两个能力”，对全区民兵应急分队进行升级训练，6月18日在紫芦湖综合训练场，组织首届全市民兵应急分队收拢集结演练和军事技能比武。全市五个建制民兵应急排200余名队员参加包括收拢集结、机动演练、投弹、轻武器和60迫击炮实弹射击等14个课目的比武演练。市、县（区）党政军领导50余人出席观看，省军区沈善文司令员观看比武全过程。2000年，围绕参战支前、抢险救灾、维护社会治安、防暴处突等任务，进行工兵爆破、防化救援、擒拿格斗、警棍盾牌术的强化训练，增强应急反应能力。

专业技术分队建设与训练。民兵专业技术分队，是基干民兵中的一支重要力量。1997年，完成民兵专业分队组建任务。

专业技术兵主要训练形式是在岗训练。利用地方科技力量和军民通用装备，进行本单位、本系统或同行业的专业技术兵训练。如卫生系统的战地救护、金融系统的计算机操作、化工系统的防化演练、邮电系统的应急通信等。训练主要结合单位技术培训、考评、竞赛等时机进行，由各单位具体组织，人武部分类指导并组织考核验收。每年平均落实30个训练日，把未来作战可能担负的动员支前、纵深防卫、战场保障、消除空袭后果等作为重点训练内容，新组建的15个高技术含量分队初步形成整体遂行任务的能力。2004年，5月24日至6月20日，组织两期民兵专业技术分队成建制基础化训练，由教导队统一组织教学、管理，集中授课、训练，训练结束后，教导队建立学员训练档案。军分区把各县（区）民兵专业技术分队分批次成建制集中组织在训练基地训练，主要是摸索和探讨民兵专业技术分队训练的路子和方法，为实现民兵专业技术分队成建制的训练“基础化、模拟化、网络化、规范化”训练奠定基础。

基干民兵训练。1986年，制订《宿县军分区民兵训练四年规划》。采取基地训练与联片训练、区镇集训相结合的方式，稳步向全面普及基地训练过渡。8月，宿县军分区和人武部的领导到民兵训练比较领先的河南、河北等地参观学习。回来后，各县（市）人武部从实际出发，由过去小型、就地、分散训练改为县（市）区集中训练。把每年训练15天、年完成一个周期30个训练日，改为集中一次使用，一次完成训练任务。各人武部开展民兵规范化训练，精简训练内容，严格限制训练对象，突出训练重点，成立民兵教学协作网，建立岗位责任制，健全训练计划、备课试教、评教评学、安全执勤、考核、登记、发证等制度。1992年，军分区在组织民兵训练中，和行署联合下发《关于进一步做好民兵军事训练工作的通知》。要求各县（市）人武部坚决执行上级规定，严格训练时间，坚持基地集中训练，按照规范化要求，进行规范化训练。坚持考核验收，专门制定《民兵训练考核评比细则》。

专职人武干部训练。专武干部培训包括岗前培训、在岗培训、离岗培训、参加函授、自学、专业集训等。专武干部培训由军事机关和地方党委、政府共同负责，以军事机关为主。专武干部的政治理论学习，纳入地方党政干部培训计划，统一安排。军事训练和业务培训，由军分区、县（市）人武部组织实施。

军分区于1989年10月25日至11月5日举办一期新任职的区、乡武装部长集训。参训人员54名，主要进行民兵组织建设、兵员征集、战争动员、民兵政治工作等业务知识学习和队列、射击等共同科目训练。专题开展“新时期如何当好武装部长”研讨。对先进单位和个人进行通报表彰。1993年，宿县行署“撤区并乡”，专武干部调整面大，于5月12日至20日，组织61名新任职的专武部长进行培训。主要进行民兵组织建设、兵员征集、战争动员、国防教育、民兵政治工作以及轻武器射击等课目的学习和训练。地委组织部和军分区政治部联合下发《关于在全区专职武装干部中开展评选“优秀专职武装干部标兵”活动的通知》。灵璧县加强基层武装干部队伍建设的经验，南京军区予以推广。1995年，军分区举办一期新转干、新任职、新招聘65人参加的专武干部集训。重点学习军事高技术知识，研究和了解现代技术特别是高技术条件下的局部战争的特点和规律，增强围绕打赢高技术条件下局部战争搞好民兵军事工作的自觉性。宿县地委组织部、军分区政治部联合表彰5名“优秀专武干部标兵”。2002年8月30日至9月9日，军分区组织全市乡（镇）、街道办事处专职武装部长集训。参训人员120人。

民兵训练基地。1985年8月，军分区教导队提前完成建设，改建民兵训练基地，增添生活、训练、教学设施。2000年，新建市民兵训练基地。工程建设2001年3月开工，经过半年多的施工，完成训练基地的宿舍、教室、食堂的建设，建筑2235平方米，满足200名参训人员的吃、住、训的要求。

三、民兵政治教育

军分区政治部做出教育安排，编写补充教材，总结交流经验；县（市）区人武部和基层人民武装部负责教育的组织实施，制定教育计划，编写教案，抓好教育的落实。政治教育的时间：基干民兵每年集中进行政治教育16个课时，每年集中教育分四个季度进行，每季度安排一次。其内容主要是《东海民兵》所刊的教育内容。基干民兵集中训练期间，政治教育纳入训练计划，统一安排和组织实施。其中民兵干部、专业技术分队政治教育时间为3天；民兵应急分队和专业分队、步兵分队新入队的民兵政治教育时间为2天；对口专业分队政治教育时间为半天。普通民兵政治教育，主要是结合整组、征兵、重大节日活动进行，每年安排2次，每次教育时间4个小时。

1989年，《安徽省全民国防教育条例》颁发，广泛进行全民国防教育。开展国防政治、国防精神、国防义务的普及教育，举办国防知识竞赛，使广大民兵增强居安思危的国防意识和保卫祖国的责任感。军分区政治部与宿县地委宣传部、团地委一起，邀请雷锋生前所在连的代表作巡回报告，听众达万余人，推动全区民兵学雷锋活动的深入开展。1990年，军分区组织民兵预备役人员继续深入学习领会中共十二届四中、五中、六中全会和军委扩大会议精神，进一步教育大家认清当前国际国内的形势，认清治理整顿深化改革的重大意义，坚决拥护党中央、中央军委作出的各项重大决策，坚定克服困难的信心，服从国家经济建设大局，正确对待治理整顿中利益关系的调整。进一步加强爱国主义教育、国情教育和军队优良传统以及军队职能教育，使广大民兵预备役人员牢固树立全心全意为人民服务的思想。是年，军分区开展学雷锋、“南京路上好八连”和学习基干民兵李士华、孟顺利的活动。进一步弘扬忠于党、忠于祖国、忠于人民、无私奉献、助人为乐、艰苦奋斗的精神，充分利用各种宣传工具，采取各种有效方式，开展学习雷锋做好事活动。正确引导广大民兵预备役人员读雷锋日记，讲雷锋故事，学雷锋思想，实践雷锋精神，做雷锋式的革命新人。宿县桃园区基干民兵李士华舍己救人，光荣献身，被追认为革命烈士。砀山县赵屯乡基干民兵孟顺利在维护社会治安巡逻中，面对火药瓶即将爆炸的危险，挺身而出，保护在场3名民兵，自己却身负重伤。从1990年开始，青年民兵之家逐渐向综合型发展，成为农村民兵、共青团员和青年学习活动的综合阵地。1993年，组织民兵预备役人员学习邓小平建设有中国特色的社会主义理论，抓党的基本路线的教育、光荣传统教育、形势战备教育和国防教育，提高全区民兵、预备役人员的政治觉悟。1995年，开展“为改革发展稳定做贡献”的专题教育和爱国主义、革命人生观教育。2000年，在民兵中组织开展“认清李登辉分裂祖国的罪恶图谋，以实际行动为维护祖国统一做贡献”“积极拥护和支持改革，在深化改革中当骨干、做模范”和“以坚定的理想信念为核心，提高民兵思想政治素质”教育，全区参训民兵受教育面达到100%。2002年，全区继续开展以“三个同步”为主题的根本职能教育和形势战备教育，进一步强化广大民兵预备役人员的忧患意识、真打意识、时间意识、责任意识和龙头意识，牢固确立“后备必用、首批动用、全程使用”的思想。建立和完善战时政治工作方案，为“打得赢”“不变质”提供强大动力和可靠保证。

第六节 国防动员

一、设立国防动员委员会

1996年5月，中共宿县地委下发《关于成立宿县地区国防动员委员会的通知》。通知指出：根据国发〔1994〕63号、皖发〔1996〕16号文件精神，经地委、行署、军分区研究决定，成立宿县地区国防动员委员会。

宿县地区国防动员委员会在宿县地委、宿县行署领导下开展工作，平时是国防动员的议事、协调机构，战时是组织指挥各级国防动员工作主管职权机构。

2001年9月，设立秘书长，由军分区参谋长担任。

国动委主要领导人

表2-8-3

领导职务	姓名	任职时间	地方或军队职务
第一主任	耿光宽	1996年5月-2000年11月	地委书记
	徐立全	2000年11月-2002年4月	市委书记
	陈树德	2002年4月-2003年4月	市委书记
主任	陈维席	1996年5月-2000年11月	地委副书记、行署专员
	陈树德	2000年11月-2002年4月	市委副书记、市长
	梁卫国	2002年4月-2003年4月	市委副书记、市长
副主任	陈树德	1996年5月-2000年11月	地委副书记
	汪怀志	1996年5月-2000年1月	军分区司令员
	姜　元	1996年5月-1998年7月	军分区政委
	武秀玲	1996年5月-2000年11月	地委委员、行署常务副专员
	李祥珍	1996年5月-2000年11月	行署副专员
	刘长功	2000年11月-2002年4月	市委副书记
	胡家驹	2000年11月-2005年8月	军分区司令员
	顾秉生	2000年11月-2005年4月	市委常委、军分区政委
	李兴民	2000年11月-2004年8月	副市长
秘书长	吴治龙	2002年4月-2005年8月	军分区参谋长

宿县地区国防动员委员会与宿县地区人民武装委员会系一个机构两个名称。委员会下设秘书组和人民武装动员、人民防空、交通战备、经济动员四个办公室。2001年9月，根据省国动委关于成立综合办公室的通知精神，宿州市国动委秘书组调整为宿州市国防动员综合办公室，实行军地合署办公。落实人员、办公场所和经费，2001年10月挂牌办公。并随即就政治动员办、科技动员办、信息动员办的组建及宿州市国动委的各项工作计划、规章制度的制订展开工作。国防动员委员会由原来的一组（秘书组）四办（人民武装动员办公室、人民防空办公室、交通战备办公室、经济动员办公室）变为8个办公室，称一委（国防动员委员会）八办（综合办公室、人民武装办公室、经济动员办公室、人民防空办公室、交通战备办公室、科技动员办公室、信息动

员办公室、政治动员办公室）。2002年3月，在市国动委专业办公室人员调整的同时，市国动委新组建的专业办公室和各县（区）的综合办公室相继成立。各县（区）综合办公室正、副主任都是政府办公室主任和部队人员。2002年9月26日，宿州市召开第一次国动委综合办公室工作会议，市政府副秘书长汪慎坤任国动委综合办公室主任。

二、法规制度

2002年，宿州市国防动员委员会下发《宿州市国防动员委员会工作制度》。宿州市国防动员委员会工作制度根据国防动员委员会的基本职责和任务，建立6项制度，为规范工作程序、完善运行机制、有效地发挥职能作用提供保证。

会议制度。宿州市国防动员委员会实行全市国防动员工作会议、委员会全体（扩大）会议、办公会议、各办公室领导会议和成员单位联络员会议制度。

1.市国防动员工作会议。会议由市政府、军分区审批，市国防动员委员会主持召开。市国防动员委员会领导、委员，各县、区国防动员委员会领导及各办公室领导参加；根据会议内容，可邀请政府、军队有关部门人员出席。会议根据需要召开，主要是总结工作，交流经验，表彰先进，研究部署国防动员全局性的工作任务。

2.委员会全体（扩大）会议。会议由主任或主任委托副主任主持召开，全体委员参加。会议根据需要召开，主要是研究确定国防动员工作的重大事项。

3.委员会办公会议。会议一般由副主任或秘书长主持召开，参加人员根据会议议题确定。会议根据需要召开，主要研究、协调和处理国防动员工作中的重要事项。

4.委员会各办公室领导会议。会议由秘书长或秘书长委托综合办公室主任主持召开，各办公室领导和有关人员参加。会议根据需要召开，主要是研究、协调各办公室的工作，解决各办公室工作中的问题。

5.委员会成员单位联络员会议。会议由办公室主任或主任委托副主任主持召开，各成员单位承办国防动员工作的部门领导及联络员参加。会议一般每年召开1次，可根据需要临时召开，主要是研究、通报国防动员工作中的有关情况。

教育训练制度。教育训练主要是所属人员的政治教育、业务学习和各种专业、应急保障分队的训（演）练等。各办公室要抓好对所属人员的专题教育和经常性教育，认真学习马列主义、毛泽东思想、邓小平理论和“三个代表”重要思想，深入贯彻党中央、国务院、中央军委关于新时期国防动员建设的路线、方针、政策和上级的有关指示，以及国家有关国防法律、法规、条例等，加强国防教育，提高思想觉悟，增强政治意识。各办公室要经常组织本业务系统单位、部门和下级业务办公室的所属人员，进行业务培训和高新科技知识学习。

战备值班制度。在遇有重大军事行动、抢险救灾或应付突发事件等情况下，各办公室应设昼夜值班，及时处理和报告有关情况；平时值班由各办公室根据情况自行确定。

资料档案制度。应对各项建设和工作等情况，及时进行搜集、整理和归档，按时间顺序或业务性质建立规范的资料档案，并指定专人管理；文件、电报等重要资料的归档、保管、借阅、销毁等，严格按照有关规定执行。

工作联系制度。综合办公室负责承办国防动员委员会领导和委员的联系事宜，综合协调各专门办公室的工作；及时向各专门办公室通报有关工作情况，协商提请委员会研究解决有关问题；视情况具体协调组织国防动员委员会领导、成员和各专门办公室领导参加重要国防动员活动。人民武装动员、经济动员、人民防空、交通战备、科技动员、信息动员、政治动员7个办公室要定期或不定期向本级国防动员委员会领导汇报工作，向综合办公室通报工作进展情况，特殊情况及时汇报和通报。

保密制度。经常对所属人员进行保密教育，增强保密观念，加强保密监督，定期检查，确保国家机密绝对安全。严格执行《保密守则》，按工作需要控制知密范围；秘密载体的形成、办理归档、销毁等，应按规定履行保密手续；绝密载体必须专人承办保密，不得随意复制；建立专门保密室或保密文件柜；使用自动化指挥和办公设备，必须采取防护措施，严防失泄密。

三、国防教育

开办国防教育讲座。1988年，全市广播喇叭入户率达90%，基本形成村村有广播，户户喇叭响，乡乡有自办节目。始终坚持定期播放“国防教育知识”，在全社会营造国防教育氛围，近500万人次受到国防知识教育。

建立教育网络。各县（区）通过以民兵训练基地、农村青年之家和各级党校、大中小学校为主体的国防教育网络，拓宽民兵、群众接受教育的渠道。举办国防知识竞赛5200场次。雪枫小学每年举办军事夏令营，有的单位还开设国防教育电影周。投资10万元，建立国防教育资料片库，向各县（区）免费提供国防教育片，坚持定期播放。全市播放电教片7460多场次，参加收视人员达1400万余人次。

发挥舆论作用。市电视台、《拂晓报》开辟“国防天地”“当代军人”“国防教育知识”等专栏和专题节目，编写教育材料2600多份，购买教育书刊5万多册，印制国防知识试卷10万多份，编发简报6400余期，交流教育信息和经验4000多条。在民兵组织中建立国防教育宣传小组500多个，书写标语口号7万多条，办墙报、黑板报、宣传栏2万多期，宣传橱窗670个。全市每年近6万名基干民兵宣传员活跃在家庭、学校、工厂和田间地头，国防教育知识传遍千家万户。1990年，全区编演国防教育文艺节目50余个，其中，宿县代表地区参加省“我爱国防”首届民兵文艺汇演，两个节目全部获奖。1993年，军分区与《拂晓报》举办“双拥工作双十佳新闻人物”征文评选活动。

主动配合搞好教育。配合宣传部门把国防教育纳入全民教育计划，普遍对干部群众进行教育。配合党校和各级干部培训上好国防教育课，军分区、人武部领导和乡镇武装部长亲自为各级干部上课8000余场次，受教育人员达9万余人次。配合教育部门把国防教育纳入学生教学计划，组织学生军训200余期，训练学生达4万人。配合民政部门把增强国防观念纳入拥军优属工作中，建立以民兵为主体的军人家庭服务中心530个，上下形成服务网络。配合党团组织把强化国防意识纳入对党团员教育议题。配合妇联把增强国防观念、支持国防建设纳入妇女工作内容，共同组织争做“军人好妻子”、“乐为军队作贡献”活动。配合工会把落实国防教育纳入企业评比先进单位和先进个人的条件，从而使国防教育形成齐抓共管、全方位展开的局面。

办好国防教育基地。宿州是淮海战役主战场，邓小平、粟裕等老一辈无产阶级革命家曾在此浴血奋战过，各县区都有英雄纪念碑、纪念塔等。市委、市政府拿出30余万元对烈士陵园纪念碑、纪念塔等进行修缮，建立“国防教育基地”“国防教育中心”，使之成为国防教育的固定场所。

第七节　拥政爱民

驻宿州部队派出数千名官兵、上千台次车辆，为宿州市清理卫生死角，绿化、美化市区环境。1998年以来，驻宿州部队和全市民兵预备役人员派出130万人次，投入68万个劳动日，支援地方建设重点工程项目4个，支援社会公益事业63项，植树354万余棵，为地方培训各类科技致富人员5万人次，累计出动车辆、机械8620台次，消耗油料约201.6吨。为贫困群众捐款47.6万元、捐衣被等物品4万余件，先后组织3270人次献血。为支援宿州市经济建设和市政改造，为地方爆破水塔、烟囱13个，清理河流障碍62公里，为市区清除垃圾12830立方米。1998年5月，宿县军分区协调驻宿州部队出台《拥政爱民公约》，各县（区）以人武部为主成立维护军人合法权益办公室。2003年5月，宿州军分区两次组织500余人次参加市委、市政府在全市开展的“防非典型肺炎综合治脏”活动。开展扶贫助学活动。军分区及各县（区）人武部都到地方挂钩扶贫，赠予贫困小学价值近2万元的体育器材、图书资料等。宿州军分区及所属县（区）人武部单位和个人为帮助受灾群众重建家园，捐款近10万元，衣被500多件。资助失学儿童捐款近万元。在“严打整治斗争”中，宿州市武警支队以维护社会稳定为己任，先后执行各种执勤和临时性治安保卫任务872次，出动兵力1800余人次，抓获犯罪嫌疑人267人，押解人犯303名，完成“015”“602”等重大警卫勤务任务，各人武部组织180个民兵治安小分队，出动32万人次，打更巡逻、看厂护院和协助公安机关抓捕罪犯，为维护社会治安作出了应有的贡献。2002年3月份，宿州军分区开展为贫困地区中、小学捐赠电脑活动，带头捐赠电脑8台。驻宿州各部队在军分区的统一协调下，帮助大、中专院校和中、小学搞好军训和国防教育，为市、县两级城区大、中、小学派出辅导员，20年来，完成学生军训15万余人。不定期应邀为党政机关、政法部门和商业、企业单位的干部、职工进行军训。

1991年，人武干部和民兵预备役人员积极参加治理淮河和兴修水利工程。全区兴修水利投入民工50余万人，其中，民兵达30余万人。泗县、灵璧县、宿县、宿州市组织4个民兵团、35个民兵营、183个民兵连，6.5万民兵参加怀洪新河复建工程。总指挥部在宿州市工地召开工程质量现场会，总结推广宿州市民兵团加强工程质量管理的先进经验，先后被国家治淮委员会、省水利厅等部门树为样板工程。中央政治局常委乔石视察治淮工程期间，参观灵璧县民兵团治淮工段，对成建制动用民兵参加兴修水利，给予高度评价。

1992年6月，宿县地区大部分地区先后遭到大暴雨、龙卷风和冰雹的袭击。军分区和各县、市人武部及时组织民兵夏收夏种、抗灾救灾，全区先后成立755个以民兵为主体的防汛抢险突击队，组织民兵19.5万人次，抢收抢种农作物21.8万亩，清除沟河阻坝4万余处，加固堤坝106处，组织1.1万余个帮困小组，为7048户烈军属排忧解难。泗县2名专武干部在省军区抗洪救灾先进单位、先进个人表彰大会上，分别被记三等功。冬，全区组织10余万民兵参加怀洪新河第二期工程和唐河治理。2000年6月，砀山县人武部组织350名民兵参加抗洪救灾活动，先后疏通利民河、陈庄沟等十多处河段淤泥，抢救受灾居民200余户，搬运多种物资40余吨。2003年7月2日，全市普降暴雨，处于浍河下游的蕲南煤矿塌陷区300米范围内的圩堤出现严重险情，严重威胁着埇桥区蕲南镇的大吴庄、岱安、白屯、徐楼等附近村庄人民群众的安全。军分区接到汛情后，司令员胡家驹、政委顾秉生、参谋长吴治龙亲临一线，靠前指挥，迅速组织指挥埇桥区民兵抢险救灾应急大队620人，协助地方政府，加固圩堤、抢运物资、疏散群众，转移人民群众2100余人及大部分生产生活物资。7月6日，泗县的草沟、丁湖、小梁三个乡镇，受灾人口达11.69万人，被水围困2500人，受淹房屋1144间，倒塌房屋154间。军分区领导在泗县受灾地区一线指挥抢险救灾工作，泗县人武部组织民兵预备役1800人，动用车辆、机械38台次，军分区调集2艘冲锋舟增援，转移群众1280人，排除险情1处，加固堤坝0.63公里，抢运物资92.5吨，挽回经济损失45万元。

第八节　人民防空

1984年10月，宿州市人民防空办公室成立，为正科级单位，编制4人，设主任1名，副主任1名。

1999年5月撤地建市，宿州市人民防空办公室上划，为正处级单位。2000年3月，宿州市人民防空办公室机关设人秘科、指挥通信科、工程科（挂法制科牌子）、财务科，核定事业编制14名，设主任1名，副主任2名，科级职数4名。宿州市人民防空办公室下辖人防通信站为正科级单位，设站长1名；人民防空平战结合管理处成立，为正科级单位，设主任1名，两单位合计定编10名，经费渠道不变。

2002年6月，宿州市人民防空办公室机关设办公室、指挥通信科、工程科、法制科、财务科，人员编制14名（其中行政编制11名、事业编制3名）。其中：主任1名、副主任2名、科长职位5名、非领导职位主任科员职位1名、副主任科员2名，纪检员专职干部职位1名。

2006年3月，人防通信站设副站长1名，人民防空平战结合管理处设副主任1名。

2007年6月，宿州市人民防空工程质量监督站成立，为自收自支的正科级事业单位，编制5名，站长一正一副。

一、人民防空指挥通信

（一）人民防空指挥通信及设备

1989年，宿州市人防通信站建有模拟供电式程控交换机50门，为有线战备通信网。1992年6月，完成宿县地区人防有线通信平台建设，改由200门模拟程控交换机进入信息系统，和平时期主要作为人防系统及党政机关的通信联络，战时转为保障城市防空袭指挥警报通信网，一网二用，平战结合。1999年11月，完成人民防空警报网建设。2004年5月，完成宿州市人民防空指挥自动化平台建设，为各级指挥人员提供完整详尽的背景资料。2006年7月，市人防办开通与省人防办的通信光缆及视频会议系统，构建省市两级互联互通的人防通信网。坐在市人防指挥中心就能迅速及时地实现与省人防办及重点城市的声音与图像的交流，实现人防通信的一体化。2007年9月，完成人防移动指挥所建设，提高人防通信指挥的机动能力。

（二）防空预案

根据《中华人民共和国人民防空法》及国家人防办《二〇〇〇年人防工作要点》（国人防字〔1997〕第201号）的要求，在宿州市人民政府、军分区的直接领导下，从政府、消防、公安、建委等相关单位抽调20多人，组建宿州市制定防空预案领导小组，10多名工作人员具体参与。2001年5月，完成《宿州市人民防空预案》的制定工作，是自人防办成立以来宿州市制定的第一部防空预案。

2005年11月，制订《宿州市人民防空应急行动方案》，主要包括基本方案、保障计划和附图三部分，其中基本方案是应急行动方案的核心。2006年10月，在《宿州市人民防空应急行动方案》的基础上，制定出《宿州市战时城市人口防空袭疏散方案》。2007年10月，制订《宿州市重要经济目标防护基本方案》。本方案分为总则、情况分析、重要经济目标防护的基本原则和要求、重要经济目标防护的组织实施四个部分。

（三）人民防空警报通信

2000年年底，人防办购置电声警报器，分区域分别安装在规划区范围内。12月28日，经市政府批准，对全市人防警报进行第一次警报试鸣，获得成功。

2001年宿州市政府第15次常务会议决定，从2002年开始，每年的3月1日定为宿州市人防警报试鸣日。2002年3月1日，为配合警报试鸣，宿州市人民防空办公室在宿州九中门前组织战时医疗救护、供电抢修和市第二中学二百余名学生疏散隐蔽等防空演练，2004年3月1日的警报试鸣，人民防空办公室成功地利用广播、电视等现代化科技手段，实现多媒体发放、发送和传递防空警报信号。

根据《中共安徽省委　安徽省人民政府　安徽省军区关于积极推进人民防空改革和发展若干问题的意见》，每年的9月18日被定为全省统一的防空警报试鸣日。2007年9月18日，全省举行代号为FK-2007的全省人民防空研究性演习，进行了第一次全省统一的警报试鸣，市人防办参加演习。演习中组织人防专业队200余人、各种车辆12台，参加军分区组织的战时兵员集结演练。

（四）人民防空专业队

2004年11月，组建7个人防专业大队，分别是抢险抢修大队、医疗救护大队、消防专业大队、防化专业大队、治安专业大队、交通专业大队、通信专业大队，编制为总队、大队、中队、排、班的建制。人防专业分队是担负人民防空勤务的群众性组织，是平时抢险救灾和战时消除空袭后果的骨干力量。

2005年3月1日，市人民防空办公室在科技广场举行人防各专业分队点验大会，接受各级领导的检阅。

二、人民防空工程

2007年，市人民防空办公室起草《宿州市人防工程规划》，10月29日宿州市政府第38次常务会议通过。《宿州市人防工程规划》主要由规划文本、图集、文本说明三大部分组成。规划期限至2020年，规划范围为宿州市城市规划区范围，总面积341平方公里。

三、人民防空法制宣传

2000年，结合纪念《中华人民共和国人民防空法》颁布四周年，在市区设立3个宣传点，制作宣传图板10块，散发宣传资料5000余份，向市民宣传《中华人民共和国人民防空法》。2003年，主要是抓好“省政府155号令”的宣传工作，印刷1000张“省政府155号令”通告，贴于大街小巷、闹市区，让社会了解政府令内容；在市区主要干道悬挂宣传横幅，利用报纸、电视进行宣传。2006年5月，在安徽省人民防空知识竞赛活动中，宿州市人防办获团体一等奖。

四、人民防空知识教育

宿州市人民防空教育工作自1999年开始在市区内中小学、大专院校、各级党校、街道、社区、社会团体、企事业单位开展，将人防教育纳入国防教育体系和普法教育内容，将人防知识纳入学校素质教育和党校的教学课程，使人防宣传教育进一步规范化、经常化，更具有针对性、时效性。中小学人防知识教育先后在17所学校实施，受教育人数达3.6万余人。2002年12月，市人防办、市教育局、市广播电视局、市司法局联合举办全市中学生人防知识竞赛。2007年，全市人防教育走进社区，确定沱河街道办事处的4个社区为试点。充分利用黑板报、墙报、宣传栏等形式，开设人防教育专栏，举办防空知识讲座，布置防空知识图片展览。发放人防知识教育挂图20套、《人防知识》读本2000本。

第九节　武　警

武警宿州市支队前身是皖北行署公安大队。1950年4月成立宿县专署，皖北行署公安大队更名为宿县专署公安大队，后迭经变更，于1983年组建成立中国人民武装警察部队宿县地区支队，1999年更名为中国人民武装警察部队宿州市支队，隶属于中国人民武装警察部队安徽省总队。支队下设司令部、政治处、后勤处，辖宿州市、灵璧县、泗县、萧县、砀山县5个县（区）中队和一、二中队、勤务中队和教导队。主要担负宿州市和四个县看守所武装看守任务、宿州监狱和女子监狱的看押任务以及驻地范围内的处突反恐任务。

支队先后有3个单位立集体二等功，55个班以上单位185次立集体三等功；1人被评为“革命烈士”，1人获“全军优秀士官人才”一等奖，10人立二等功，210人325次立三等功。市支队连续19年被武警总部评为“三无”单位，曾连续9年被省武警总队表彰为“基层建设先进支队”，灵璧县中队连续9年被总队表彰为“基层建设标兵中队”，一中队、二中队、宿州市中队、泗县中队、萧县中队、砀山县中队均多次被总队表彰为“基层建设先进中队”。

一、值勤

（一）临时安保勤务

武警支队，主要担负党和国家领导人、重要外宾到宿州视察的住地、随行警卫以及地方党委政府召开重要会议或组织重大活动的临时安保勤务。每年市召开人大、政协“两会”期间，市支队都抽调30人担负会场和代表、委员驻地的安全警卫任务。每年春运期间，支队都抽调40名官兵担负火车站执勤任务。1988年至2007年，担负多起调犯专列途径宿州期间安全警戒任务。如2006年，首届中国宿州灵璧奇石国际文化节在宿州市开幕，来自全国各界的赏石、玩石、爱石名家齐聚宿城，支队出动150名兵力担负活动现场安全任务，确保活动顺利进行。

（二）看守、看押勤务

支队主要担负宿州市5个看守所、2所监狱的看守、看押任务。全年7个固定目标安全无事故，连续17年被省总队评为“执勤安全无事故先进单位”，其中砀山县中队连续28年执勤安全无事故。2001年，支队对所有对角哨全部安装三级网远程查勤监控系统，目标安全系数显著提高。2002年，支队积极与地方政府和公安部门协调配合拆除违章建筑10处。2005年，支队投资50余万元，改善照明、通信、报警系统，更换所有中队程控线路，为各单位更换执勤综合指挥台，并加强对三级网监控系统的改进和维修，增强目标安全系数。2006年，支队抓好执勤隐患治理，采取逐个哨位查、逐项设施抠、逐一目标过的办法，对所有执勤单位进行拉网式排查和全面整治，并会同市公安局、检察院监察科、各目标单位组成联合工作组，先后10次深入部队检查督导，49处执勤设施隐患基本排除。2007年，先后8次采取逐个哨位过、逐项制度查的形式，对6个执勤中队进行专项治理。6次协同市检察院监所、市公安局，对二中队、灵璧县2处执勤目标的执勤隐患进行检查鉴定。2007年，支队在各哨位、兵器室安装联动报警系统，实现支队、中队值班室对所属的报警信息能够一点触警、多点联动，进一步拓展三级网功能。

（三）巡逻、处置突发事件

1988-2007年，每年出动兵力2000人次，出动车辆数百台次，完成临时性勤务50余次。1996年7月21日，入夏以来暴雨连绵，灵璧县禅堂乡紧靠浍河，河水加剧上涨，高出地面水位1.5米，受灾10个自然村5000余户2.5万人，3万亩农田受淹，大部分人员、牲畜急需转移。接到上级命令后，支队出动130名兵力现场抢险救灾，官兵克服干渴、饥饿、水泡、蚊虫叮咬困难，以坚强的毅力、顽强的作风、旺盛的斗志，帮助群众抢运出粮食50万公斤，各类电器、家具1000件。1999年8月15日，远离宿州市5公里以外宿固公路东侧宿州市桐木加工厂浓烟滚滚，火光冲天。支队立即出动120名兵力，经过2小时奋战，终将大火扑灭，为国家挽回经济损失100万元。2005年7月30日，灵璧县遭龙卷风袭击，灵璧县中队出动20名兵力，参与抢险救灾任务，救出受灾群众20人，为群众减少损失50万元。8月29日，灵璧县中队参与灵璧沉船事故遇难群众搜索任务，打捞遇难群众9人。2006年6月4日，在抓捕“6·04”特大杀人嫌犯和“6·05”雇凶杀人主犯过程中，支队长刘长涛身先士卒，带领反恐班运用灵活战术，不费一枪一弹，成功抓获3名犯罪嫌疑人，受到总队党委、宿州市委、市政府和人民群众高度评价。支队反恐作战班立集体二等功，班长谢豪杰立个人二等功。

二、军事训练

支队严格按照训练大纲锤炼官兵过硬的军事技能，坚持以干部骨干为先导，对士官队伍和预提骨干采取勤训轮换、分批集训、干部轮训等方式，大力提高干部、骨干组训、施训能力。2002年8月1日，在支队教导队举行迎“八一”军事业务汇报表演，对擒敌技术、射击、捕歼战斗、班组战术、应急术、快速反应等实战色彩强烈的科目进行全面验收，参训官兵训练成绩总评达到优秀。2004年，反恐班进行强化训练，先后完成队列、擒敌技术、战术、警棍术、警棍盾牌术、摔擒技术、搏击和反恐等课目训练。2007年，支队开展勤训轮换和专勤专训，官兵能力素质得到有效提高，反恐训练逐步走上正轨，在省武警总队组织的反恐作战分队比武中获总评第一名。支队坚持全力以赴抓中心、保中心，大力加强军事业务训练，摸索总结出“分层次细训、分课目集训、成建制随训、全员额普训”4种训法，极大地提高官兵军事技能。2007年，支队认真贯彻落实武警部队中心工作网上集训精神，积极参加总队网上演习；落实机关早操、训练制度，抓好首长机关训练；按照分层次系统训练法，新兵入伍训练、专勤专训、勤训轮换、专业兵训练，成效明显；认真制定防卫作战训练计划和实施方案，严格落实训练科目和时间。10月，组织首长机关率机动分队防卫作战拉动演练，开展“分类科目巡回考、部分科目集中考”自我综合考评，总评成绩优秀。支队突出抓好打牢官兵执勤和处突军事技术基础，严密组织首长机关带部队应急出动演练和预提骨干集训，积极与市公安局举行反恐实战演习。

三、军械管理

2004年，根据省总队要求，支队统一对6个执勤中队军械库进行调整和巩固，进一步提高军械管理的安全系数。9月，支队参加省武警总队组织的后勤专业兵比武，取得优异的成绩。支队军械库被省武警总队评为“红旗军械库”，砀山县中队兵器室被评为“红旗兵器室”，3人被总队评为“优秀军械员”。支队注重后勤人员培训，每年都举办各类后勤培训20次，后勤综合保障能力显著提高。2006年，着眼执勤和“处突”任务的需要，积极加强战备建设。2007年，支队坚持以任务为牵引，以岗位为平台，分3批对军械员进行轮训，提高专业技术素质。

四、拥政爱民

支队积极参加驻地“三个文明”建设，自1999年以来，连年被市委、市政府、宿州军分区表彰为“拥政爱民先进单位”，多名个人被表彰为“拥政爱民先进个人”。支队连续5年被省武警总队评为“双拥工作”先进单位。2006年2月，支队与市双拥办创建宿州市淮河路警民共建一条街，组织挂牌仪式。2006年7月26日，宿州市委专门召开“市委常委加强武警支队建设会议”，一致通过把反恐装备、四项设施、营房维修、车辆保养、生活补助等60万元经费列入财政预算，并在此基础上逐年增加，解决支队射击训练场用地60亩等事关支队长远发展的11项实际问题。同年，支队长刘长涛当选宿州市市委委员，政委朱晓宏进入市军转安置领导小组，支队主官全部进入市人大、政协组织。

支队党委始终坚持在群众工作中要做到：坚持政治共建、注重政治影响、淡看经济效益。每年，政治处都认真制定年度拥政爱民教育计划，全面指导基层积极做好拥政爱民工作。支队还将拥政爱民工作纳入部队的“双争”及“夺红旗”活动中，作为年终考核和评比先进单位的一项重要内容，促进支队拥政爱民教育深入开展。在元旦、春节、“五一”“八一”“十一”等重大节日，支队政治处都要对拥政爱民教育内容、活动重点提出明确要求。各基层单位充分利用地方共建单位教育资源，采取开展形势教育，办板报、成果展、走出去看、请进来教等方法，及时帮助官兵摒弃错误思潮的影响，端正官兵对人民群众的根本态度，真正做到视人民如父母，把驻地当故乡，打牢拥政爱民思想基础。支队抽出一名部门副职领导负责组建舞龙队、文艺宣传队、篮球队、乒乓球队和国旗护卫队，积极参加驻地组织举办的各种文化体育活动。2007年国庆前夕，支队出动70名兵力，担负宿州市广场升旗仪式和现场警卫任务。在重大节日期间，支队篮球队都参加地方共建单位举行的篮球比赛，参赛官兵发扬敢打敢拼的优良作风，取得优异成绩，为支队树立良好形象。支队机关利用宿州学院师资力量优势，聘请具有丰富教学经验的教师为机关干部进行计算机知识辅导，定期对机关干部进行公文写作和电脑知识培训，提高机关干部业务能力；二中队与共建单位宿州轻工技校紧密协作，组成专门培训班，帮助中队官兵学有所成。砀山县、萧县、灵璧县中队主动请学校老师来中队对战士进行文化辅导，帮助战士通过自学考试。2007年，支队有120名官兵接受驻地组织各类培训，有76人通过自学考试。通过借助地方教育资源优势搞好官兵自身文化建设，提高官兵文化素质。支队机关及基层各单位与共建单位广泛开展共建共育活动，促进群众工作深入开展。每年，支队都派专人担任各类学校校外辅导员，为学校举行升国旗仪式，定期对学生进行国防教育，为学校、厂矿、企业、公安机关组织军训，培训各类人员1.1万人。2007年，支队出动兵力500人，积极参加节日期间值勤和巡逻勤务，义务植树1万棵，帮助群众抢收小麦120亩，抢种玉米70亩。2007年7-8月，支队出动兵力200人，远赴阜阳、淮南等地抗洪抢险，官兵冒酷暑、战高温、斗风雨、抗疲劳，圆满完成上级交付的各项任务。

第十节　消　防

一、消防机构

1988年宿县地区消防大队为正营编制，下属单位有市消防中队、灵璧县消防中队、砀山县消防中队、泗县消防中队、萧县消防中队、宿县消防股。

1992年，成立宿县地区消防支队（正团编制），下属单位有市消防中队、灵璧县消防中队、砀山县消防中队、泗县消防中队、萧县消防中队、消防科。

1999年，成立宿州市消防支队（正团编制），下属单位有埇桥区消防中队、灵璧县消防大队、砀山县消防大队、泗县消防大队、萧县消防大队、埇桥区公安分局消防科。

2007年，市区的埇桥消防科改为埇桥大队（副团编制），下设埇桥区中队，新增加开发区分局公安消防科、市一中队。至此宿州市消防支队下属单位有埇桥区消防大队、灵璧县消防大队、砀山县消防大队、泗县消防大队、萧县消防大队、开发区消防科、市消防一中队。

二、消防设施

1988年，县级宿州市消防中队、宿县消防股设在同一处，位于火车站附近，中队的消防车库、战斗班在一座二层四间的楼内，消防股、中队办公区、中队厨房、食堂都是瓦房，计10余间。

1994年，投资近90余万元，在淮河西路建设宿县地区消防支队综合办公楼，1996

年年底，消防支队、市区中队搬迁至淮河西路。后经过改建、扩建，至2007年11月，支队综合办公楼六层，建筑面积2560平方米，厨房、餐厅楼三层，建筑面积734平方米，办公、生活、训练环境大大改善。

2002年，北关新建消防站综合楼，主体工程建筑面积3300平方米。2002年，全市消防部门新建营房4046平方米。

2007年，消防支队新建消防指挥中心项目启动，首期建设用地30亩，建筑面积6400平方米，总投资1500万元。消防设施配备不断加强，1988年配备的车辆装备有中型水罐车5辆，中型泡沫车3辆，供水车2辆，运输车3辆，吉普车3辆，摩托车1辆，报话机8个。到2007年11月，宿州消防支队共配备各类消防车24辆。其中举高平台消防车1辆、抢险救援车1辆、排烟照明车1辆、轻型水罐车3辆、中型水罐消防车14辆，重型水罐消防车1辆，泡沫消防车3辆，通信指挥车1辆。主要装备有灭火器材21类1082件，防护器材42类2249件套，侦检器材3类5件套，警戒器材6类126件套，救生器材12类60件套，堵漏器材13类16件套，剖拆器材18类109件套，洗消器材11类16件套，照明器材2类5件套，排烟器材2类6件套，牵引起重器材2类3件套，攀登器材5类71件套。主要器材有：脉冲水枪4只，空气呼吸器143具，过滤式综合防毒面具79套，消防员呼救器133个，轻型防化服21套，内置式重型防化服6套，避火服4套，隔热服49套，抢险救援服38套，热成像仪1具，有毒气体探测仪2具，等离子切割器18具等。

三、防火管理宣传

1988年，宣传手段主要是通过广播电台、电视播发消防新闻，向广大群众宣传消防安全知识，提高人民群众的消防安全意识。举行各类培训班，提高单位安全保卫人员、消防装备操作人员的消防技能。消防官兵深入到机关、企事业单位、农村、社区授课，传授防火知识、消防器材的使用方法，提高全社会的自防自救能力。

1994年，开始使用宣传车沿街道宣传，悬挂街道横幅，在电视荧屏上打字幕等形式开展消防宣传。

2000年，宿州市消防支队坚持经常性宣传与随机宣传相结合，以《安徽消防》杂志为宣传主阵地，以防火灭火为宣传窗口，以新闻单位为依托，以宣传报道小组为骨干，抓住重点火灾、典型案例和重大活动为宣传热点，基本上做到有声音、有文字的立体化宣传报道。2001年，消防支队以洛阳“12·25”、科苑药业“9·23”等典型案例，大张旗鼓地开展消防宣传活动。同时以消防站开放的形式，向社会群众宣传消防部队和消防工作。支队把埇桥消防中队作为消防宣传教育基地，5月12日隆重举行开放仪式，当年接待参观群众1500人次。

2002年，消防支队认真抓好《机关、团体、企业、事业单位的消防安全管理规定》的宣传工作。印发“规定”手册350份、公告2000份，出动宣传车上门指导10余次，悬挂横幅22条，与市电视台联合摄制公安部61号令宣传专访，作为新闻视点在电视台连续播放4次。

2003年，以消防站开放为重点，深入开展消防宣传工作。消防宣传教育基地进行扩建，先后投资5万元，新增模拟逃生、火灾自动报警、火灾模拟报警等项目。2月9日，支队拟订《宿州市社区消防建设工作的实施意见》，以市公安局和市民政局的名义下发。

2004年9月8日，市教育局与市公安局联合下发《关于开展“消防进学校”宣传教育活动的通知》。10月12日，市公安局下发《宿州市开展消防宣传“四进”活动实施方案》。从11月5日开始，宿州市消防支队开展以“整改火灾隐患，珍爱生命安全”为主题的“119消防宣传周”活动。

2005年，消防部门与移动、联通、小灵通公司联系，使用短信高科技手段向广大群众宣传消防安全常识。

2006年，消防支队开始建立消防宣传档案库，及时将本地重特大火灾、重大抢险救援、大型消防活动的影像、录音、图片、文字资料等进行收集整理、归档，建立宣传档案库。

2007年，中共十七大召开期间，在全市范围内开展“‘蝻吻’行动”，全市检查单位285个，发现隐患301条，整改隐患71条。消防部门严格执行消防安全培训合格上岗制度。当年，支队先后安排4批50多人参加总队举办的消防安全管理人员培训班，先后21次在企事业单位举办消防知识讲座或消防安全培训，受教育者达8000多人。

四、重大火灾

1989年8月27日13时15分，萧县葡萄酒厂发生火灾，原因为驾驶员在家中从油桶抽油，妻子在厨房做饭，靠厨房较近，明火发生爆炸燃烧，死7人。

1989年6月25日21时31分，砀山县朱楼镇窑厂发生火灾，原因为仓库存放煤油和汽油，肇事者在仓库内吸烟，不慎把火柴棒丢弃，大量油蒸气聚集在仓库引起爆炸，死2人伤1人。

1989年10月31日14时36分，宿州市自来水公司宿舍发生火灾，原因为肇事者因家庭琐事与爱人发生口角，一气之下倒出家中存放的汽油，用打火机点燃导致汽油发生爆炸，影响扑救的因素为消防通道堵塞不能迅速接近火场，死2人伤2人。

1995年11月7日9时40分，宿州市西二铺乡大周村杨家庄发生火灾，受灾10户，烧毁草房19间，小麦7700斤、玉米2800斤、黄豆300斤、衣物、手扶拖拉机等，损失折款3.5万元。

1995年11月7日6时30分，宿州市解集乡贡山村贡东庄发生火灾，受灾59户，其中重灾35户，烧草房111间，小麦50500斤、黄豆23100斤、山芋干8800斤、籽棉2400斤，家具、农具、衣被等物品，损失折款221730元。

2003年1月13日19时38分，宿州市埇桥区中山街药店巷一住宅楼三楼发生火灾，大火和浓烟围困住在四、五楼的多名群众。埇桥消防中队接到报警后，先后出动5部消防车、25名官兵赶赴火场灭火，并调集市石油公司专职消防队（1辆消防车、8名消防队员）前往增援灭火。支队长卢安生、政委赵争鸣及时赶到现场，成立以公安局局长许刚为总指挥，卢安生、赵争鸣为副总指挥，王怀林、李根信为成员的火场指挥部，组织指挥灭火救援工作。市委书记陈树德、市长梁卫国、副市长刘统海、李晨阳等市领导于20时30分赶到火灾现场组织指挥。经过近两个半小时紧张激烈的战斗，大火于22时20分左右全部扑灭。火灾除一人因不懂消防常识在消防队赶到前逃至楼道内窒息死亡，其他5名被困群众全部被消防队员成功营救。

五、应急抢险

2003年7月22日凌晨5时40分，宿州市环城北路老城墙西段发生坍塌事故，有11名民工被埋压在废墟中。消防支队接到抢险救援指挥部的命令后，埇桥区消防中队出动15名官兵、2辆消防车赶往现场施救。支队长张庆华、政委赵争鸣及参谋长王怀林及时乘指挥车，火速赶往事故现场，指挥抢险救援工作。全体官兵在城墙有再次倒塌危险的情况下，持续战斗近4个小时，上午9时50分，11名遇难民工尸体被全部找到。

2005年7月30日11时10分，灵璧县韦集镇遭龙卷风袭击，当时风力达12级。韦集镇7处房屋倒塌，造成15人死亡、46人受伤。11时57分许，灵璧县消防大队接到报警，迅速调集1辆指挥车、1辆消防车13名官兵及部分抢险救援器材急速赶赴现场。途中，大队又接到110报警，韦集镇工业小区、韦集镇东刘村面粉厂多个村庄，有多人被压。由于灾情较大，大队指挥员郑卫国随即与110、120取得联系，请求公安、武警、医疗等部门增援，及时向支队汇报情况。距韦集镇约3公里处，被龙卷风拦腰折断横在公路两侧的数十棵直径在40公分左右的树木严重阻塞交通，官兵迅速边清障边前进。到达现场后，大队及时赶赴受灾最为严重、埋压群众最多的韦集镇工业小区，经过3个多小时的拽、拖、拉、扒，寻找出6具遇难者尸体。灾情发生后，支队长张庆华、参谋长周如岗及时赶到现场参加和指挥救灾工作。宿州市、灵璧县的领导赶赴现场慰问官兵并指导抢险救援工作。

2005年8月2日凌晨2时许，宿州市突降暴雨，雨带主要聚集在符离集20平方公里的范围内，4小时内降水量达264毫米，位于206国道符离段西部的大型输电工程——华电集团的施工地和中石油宿州销售有限公司油库均被洪水淹没，情况十分危急。9时55分，支队接到宿州市政府抗洪抢险指挥部的紧急救援指令后，支队政委赵争鸣、支队副支队长曹金东和参谋长周如岗率领1部指挥车、2部消防车，29名官兵，火速赶往灾害事故现场。全体官兵发挥抢险救援主力军的作用，与油库职工、武警官兵一起，冒着大雨在深达1.6米的污水中奋战近7小时，保护总价值3300万元的物资和设备，有效阻止灾害事故的扩大，确保企业的正常经营。

2005年8月29日11时40分左右，灵璧县杨疃镇大曾庄大曾村段新汴河发生翻船事故，有数十人落水。灵璧县消防大队接到报警后，迅速出动2辆消防车、10名水性较好的官兵，携带救生衣、安全绳等装备器材赶往事故现场。经过6个多小时施救，打捞出8具尸体和沉没船只。

第九章 公检法司

第一节 公 安

1988年，宿县行署公安处内设办公室、政保、内保、治安、刑侦、预审、警卫、外事、政治处、纪检组、行财装备、公安干校、收审所。7月，增设技术侦查科、机要通讯科、信访科、交通警察支队，17个科、室、所、队，编制121人。

1989年4月，行署公安处党组更名为“中共宿县行署公安处党委”，并增设法制科、培训中心。

1991年6月，行署公安处纪检组更名为“宿县行署公安处纪律检查委员会”。

1993年，安徽省区划调整，撤销宿县，并入县级宿州市，宿县公安局随之撤销。

1994年，刑警大队更名为“刑事警察侦查支队”，各县、市公安局刑警中队亦更名为“刑事警察大队”。4月，宿县行署公安处更名为“宿县地区行署公安局”。

1995年，为确保国家安全，增设国家安全科。刑侦支队升格为副处级。

1997年机构改革，设立17个职能科室，武警现役编制1个，直属机构8个。为统一调动警力，及时处理各类突发事件，增设“110”报警指挥中心。

1999年5月，撤销宿县地区设立省辖宿州市，行署公安局更名为“宿州市公安局”。撤销县级宿州市设立“宿州市埇桥区”，原宿州市公安局亦更名为埇桥区公安分局。同年，因打击经济犯罪工作需要，成立经济犯罪侦查支队。

2000年，为确保重点企事业单位内保安全，增设保安支队，从社会上招考、聘用保安队员，派驻重点要害部门，开展保卫、押运、巡防等工作。

2002年，市公安局完成机构改革。经侦支队升格为副处级建制。

2003年3月，为打击毒品犯罪，成立“禁毒警察支队”。

2004年6月，埇桥区公安分局全建制划入市公安局。10月，经济技术开发区公安分局挂牌。

2007年，市公安局内设办公室、政治部、纪委、团委、行财装备、出入境管理、法制、信访、信息通讯、审计、警卫、安全等12个科室；直属机构16个：督察支队、指挥中心、刑事警察支队、治安警察支队、经济犯罪侦查支队、巡逻防暴警察支队、行动技术支队、国内安全保卫支队、监管支队、禁毒支队、反邪教支队、交通警察支队、网络警察支队、保安支队、消防支队、人民警察培训学校；派出机构2个：埇桥公安分局、经济技术开发区公安分局；市区设11个派出所、2个看守所、1个行政拘留所。

一、刑事侦查

（一）严打斗争

1988-1991年，全区公安机关开展严厉打击各类刑事犯罪活动，破获各类重大案件

3152起，捣毁犯罪集团496个。瓦解成员2684人。抓获各类犯罪分子14037人，其中依法逮捕7014人；缴获赃款、赃物折款74万余元，收缴凶器613件。

20世纪90年代初期，刑事案件出现反弹，盗窃案件发案数高，集团犯罪突出，占全部立案数的80%左右。1992年，行署公安处组织开展“反盗窃、挖团伙、追逃犯、破大案”专项斗争和夏季攻势，抓获各类违法犯罪分子1498人，打掉犯罪团伙154个，瓦解成员617人，破获案件1141起，带破积、隐案件936起，追缴赃款140万元，破获“5·13”萧县特大盗窃案。1993-1995年专项斗争中，查获犯罪集团598个，抓获成员2897人。其中，盗窃集团413个，2007人。1999年，针对农村社会治安问题突出情况，开展“农村社会治安百日整治”活动，打击农村“市霸、村霸、路霸”，打掉犯罪集团107个，抓获成员414人，破获案件825起。2000年8月，市委、市政府召开“全区社会治安综合整治”会议，公安机关4个月时间破获案件851起，抓获犯罪嫌疑人1871人，缴获赃款1867.6万元。2003年后，本着“什么问题突出，就解决什么问题”的原则，先后开展“打黑除恶”“命案侦破”“两抢一盗”“重点治乱”“挖团伙，追逃犯”等专项斗争。2005-2006年，破获刑事案件10065起，抓获犯罪嫌疑人6156人。其中，依法拘留5460人，依法逮捕2723人，依法起诉3183人；侦破命案165起，抓获命案逃犯72人。2007年，破获命案86起，抢劫案件290起，抢夺案件229起，盗窃案件2886起。命案侦破率达97.1%。破获埇桥区“9·05”抢劫杀人案；“06·8·29”“8·31”特大杀人案；“07·5·15”萧县特大袭警抢劫杀人案，4名犯罪嫌疑人被缉拿归案。

（二）打流窜、追逃犯斗争

1989年5月，省委政法委部署开展打击流窜犯罪、缉捕逃犯工作，全地区公安机关立即行动，抓获1461人。其中：劳改劳教在逃24人，批捕在逃55人，收容审查在逃53人，流窜犯216人，窝主29人，其他1084人。捣毁流窜犯罪团伙17个，抓获成员83名，缴获枪支69支，各类凶器114件。破获持刀拦路抢劫案件11起。7月15日，公安部部署全国开展打流、追逃工作，至年底，全区公安机关抓获流窜犯94名，各类在逃案犯88人，打掉团伙38个164人，破获案件607起。

进入20世纪90年代，公安机关每年都组织开展打流、追逃工作，1996年，抓获在逃案犯436人，其中，部、省、地区三级挂牌逃犯43人，破三级挂牌案件27起。1999年7-9月三个月，在全国追逃专项斗争中，抓获逃犯1684人。其中，网上逃犯1119人，部级挂牌逃犯3人，省级挂牌逃犯7人，市级挂牌9人，破案2033起，敦促逃犯投案自首679人，位居全省第4名。2001年，继续开展网上追逃作战，抓获逃犯2101人。其中网上逃犯1862人，部、省、市三级挂牌逃犯20人，全省排名第二。2006-2007年，抓获网上逃犯873人。

（三）打黑除恶

黑恶团伙、有组织的犯罪，对社会危害极大，一直是公安机关打击的重点。1996年，捣毁各类犯罪团伙349个，抓获成员1648人。其中涉黑团伙7个27人，破获案件2008起，三级挂牌案件27起。1999年，铲除横行乡村恶势力团伙107个，瓦解成员414人。成功侦破埇桥区“11·27”团伙系列持刀抢劫案；萧县“3·20”特大杀人焚尸案。2000年9月，公安部在全国部署为期三年的打黑除恶专项斗争，至2003年年底，全市打掉黑恶团伙186个，抓获成员917名，破获案件1382起，缴获赃款赃物折款4900万余元。

（四）打击拐卖妇女、儿童犯罪

20世纪80年代中后期，宿县地区拐卖妇女、儿童犯罪越来越突出，尤其是集团犯罪严重，多发生在农村地区。据调查，全区流入妇女儿童32679人。其中，妇女32632人，儿童47人。1988-1989年流入11483人，被拐骗来的10132人，占流入数的31%。这些妇女儿童主要来自云南、贵州、广西、四川、陕西、湖北、甘肃等17个省，也有少数来自越南、缅甸等国家。除汉族妇女外，还有壮、傣、苗、土家等9个少数民族妇女。外省区30481人，安徽省其他地市2147人；14岁以下623人；14-18岁10879人；18岁以上21130人；年龄最小的12岁，最大53岁；直接受卖主、买主摧残的妇女2345人，迫切需要解救的1073人，全区排查出人贩子900多人。1989年11月，宿县地区公安机关组织开展打击行动，至1990年年底，抓获人贩子1101人，捣毁拐骗团伙67个，破获案件1700余起，解救妇女2248人，儿童45人。1991年，再次集中开展打拐行动，解救妇女1396人，儿童17人。宿县公安局动用警力500余人次，历时190天，侦破一起特大拐卖人口案，抓获成员74人，解救妇女97人，受到国务院总理李鹏批示嘉奖，公安部给予荣记一等功。1994年10月，省委、省政府部署打拐斗争，至1995年年底，抓获人贩子137人，解救妇女482人。泗县捣毁特大拐卖妇女儿童团伙1个，抓获成员36人。2000年，抓获人贩子520人，解救妇女1926人，就地安置13739人。被公安部、省公安厅评为打拐先进单位。2003年后，打击拐卖妇女儿童犯罪，转为公安机关日常工作。

（五）打击经济犯罪

1988年起，多次组织开展打击“偷逃税款”“盗窃国家、集体资财”“车匪路霸”专项斗争。1994年8月，集中开展反诈骗、追骗款专项打击行动，抓获犯罪嫌疑人8名，追缴赃款54万元，查封被诈骗物资20余万元。1995年，破获经济案件131起，查封“皮包公司”126家，挽回经济损失480余万元，追缴赃款300余万元。

1999年6月，市公安局成立经济犯罪侦查警察支队。10月，市委、市政府召开“治理经济环境，扩大对外开放”会议，市公安局以“皮包公司”诈骗为打击重点，集中开展专项行动，至2000年年底，破获各类经济案件258起，抓获犯罪嫌疑人332人，刑事拘留231人，依法逮捕87人，移送起诉114人，挽回经济损失2300余万元。2001年4月，开展打击合同诈骗、伪造金融票据、虚开增值税发票、涉税、制假、售假等斗争，破获影响较大的“8·8”特大信用证诈骗案；“4·01”特大虚开增值税发票案；“12·29”特大合同诈骗案；“9·24”特大制售假烟案。2007年，破获泗县四通物资回收有限公司开具废旧品销售发票、涉及金额达亿元的犯罪案件。2007年，破获经济案件125起，抓获犯罪嫌疑人89人，依法拘留80人，依法逮捕38人，移送起诉61人，为国家、集体、个人挽回经济损失1.34亿元。

二、治安管理

（一）查禁黄、赌、毒

1988-2003年，打击、防范毒品犯罪由刑侦部门承担。2003年3月，市公安局成立禁毒警察支队，下设基础、侦查两个大队。埇桥区、萧县成立禁毒大队；砀山县、灵璧县、泗县禁毒工作仍由刑侦承担。

打击毒品犯罪。1988-2002年间，主要是铲除毒品种植原植物，掌握、控制吸毒人员，治安处罚2013人。1998年，打击处理种毒、吸毒人员92人，收缴海洛因36克，杜冷丁20支，爱多菲60支。2003年，破获毒品案件38起，打掉团伙6个，抓获毒品犯罪嫌疑人56人，缴获海洛因156.32克、毒资1.2万元。2005年4月，国家禁毒委部署开展为期三年的禁毒人民战争，全市三年破获涉毒案件60起，捣毁团伙6个，抓获成员83人，缴获海洛因504.41克、K粉29克、冰毒178粒、杜冷丁700毫克、三唑仑片80050片、毒资22万余元。2006年3月，市区两级禁毒部门严密布控，抓获毒贩2人，当场搜出海洛因204.8克、巴比妥209.5克，从其住处搜出海洛因24.7克。

创建无毒社区。市公安局认真落实《全民教育禁毒实施意见》和《中小学生毒品预防专题教育大纲》，利用多种形式，广泛宣传毒品危害性。市公安局还以禁毒戒吸为重点，开展无毒社区创建工作。2003年，全市摸底登记注册吸毒人员676人。至2007年，登记入网完成96.3%。其中，劳教戒毒37人，收戒66人，强戒16人，限戒116人。经考核、考察，全市118个乡镇、街道办事处已授无毒社区牌74个。

毒化药品及场所管理。2003年，市公安、药监、卫生、安监四部门联合开展企业排查，全市有易制毒化学品生产厂1家，使用单位9家；麻、精药品使用110家。对这些厂家逐个登记造册，建立台账。2005年，再次开展联合排查，全市易制毒化学品企业上升至25家。其中，生产企业2家，经营企业5个，使用单位18家。麻、精药品使用单位125个。全市公安禁毒部门与“三品”生产企业及使用单位签订管理岗位责任书，帮助精、麻药品仓库安装报警系统，与“110”指挥中心并网联动，对19个管理上出现漏洞的单位发出整改意见通知书。组织民警加强对歌厅、宾馆、桑拿等公共休闲娱乐场所检查，防止毒品流入。

1988年，组织打击卖淫嫖娼和禁毒、铲毒专项斗争。当年铲除毒品罂粟原植物120万株，治安行政处罚2013人。1989年11月，部署开展“扫六害”专项行动，至1990年年底，查获“六害”案例648起。其中，卖淫嫖娼162起，传播淫秽录像187起，赌博169起，种植罂粟130起。抓获违法人员3121人，审理后逮捕287人，收容226人，治安处罚1604人，批评教育1935人。1997年，开展“扫黄打非”专项斗争，清理VCD放映及出租点137家，收缴非法出版物721册，淫秽光盘、录像带374盘，端掉卖淫窝点51处，查处违法人员187人，取缔整顿娱乐业、美容院58家。1999年，组织开展“扫黄”行动，查获制作贩卖淫秽录像案件156起、346人，卖淫嫖娼案件311起、578人，介绍容留妇女卖淫案件61起、106人，赌博案件896起、3785人。2005年，集中开展打击赌博活动，查处赌博案件449起，捣毁赌窝77个，端掉赌博团伙39个，抓获涉赌人员2018个。刑事拘留50人，治安拘留605人；处理参赌人党员22人。查获赌博机129台，电脑板54块，各类赌具593副，缴获赌资53万元，罚款170余万元。2007年，查获赌博案件304起，卖淫嫖娼案件69起，毒品案件21起，打击处理违法犯罪人员1314名。

（二）危爆物品管理

对爆破物品、枪支弹药、管制刀具和剧毒危险化学品，始终实行严管、严查和严处。1990年，清查涉爆单位2903家，收缴炸药2821公斤，雷管21456枚，导火索800余米，枪支930支，手榴弹3枚。1996年开展专项整治，收缴枪支4143支，子弹3154发，炸药2326公斤，雷管2402枚，管制刀具930把，处罚违法人员1274人。2001年4月，开展治爆缉枪和查禁“毒鼠强”专项斗争，收缴各类枪支4898支，子弹32906发，炸药11768.3公斤，雷管26395枚，导火索50388.7米，烟花358600个，爆竹422.3万头，毒鼠强85.24公斤；打击处理违法犯罪人员1869人，其中，刑事拘留167人，移送起诉20人，治安拘留372人。缉枪制爆成绩名列全省第一。2006年5月，市公安局在埇桥区符离羊山销毁枪支1000余支，手榴弹7枚，地雷2枚，信号弹7发，废旧炮弹79发。2007年，对1156个单位专项检查，发现隐患124处，发出整改通知书121份，取缔非法生产、存储、使用涉爆物品部门166个，查处案件191起，打击处理违法犯罪人员617人。

（三）特种行业、场所管理

1988年，全区纳入管理特种行业1172家，主要集中在旅馆、刻字、废旧物品收购、录像出租放映、危险物品等行业。随着经济发展，特种行业范围不断扩大，至1998年，新增典当、拍卖、网吧、文化娱乐、机动车拆旧等。进入21世纪，又增加茶楼、美容美发、洗浴、足疗、游戏厅、二手手机市场、旧机动车交易等。至2007年，全市登记在册管理的特行有旅店业648家、文化娱乐场所426家、旧货业489家、刻字业73家、印刷业195家、机动车修理业418家、网吧1031家、洗浴业1700家，二手手机交易市场（店）63家，旧机动车交易市场7个，信托寄卖13家。对特行管理，坚持“合法保护，非法取缔”原则。1993年，清查特行2260家，查获违法线索166条，抓获违法犯罪分子527人。1998年，清查特行1151家，查封56家，查处违法经营87家，取缔歌舞厅、美容院27家，吊销营业执照13家，停业整顿36家，抓获违法犯罪嫌疑人1291人，收缴非法出版物6万余册，缴获赃款46.13万元。2007年，为特种行业上门办理证照2900余家，发整改通知书136份，抓获处理违法犯罪人员383人。

（四）内部单位安全保卫

1988年，行署公安处在企事业单位内部推行保卫责任或安全承包责任制，建立组织，落实人员，加强监督检查。20世纪90年代中后期，商业银行金融网点伸延较快，内部单位治安防范管理日益重要。1999年，市公安局以金融系统安全保卫为重点，对全市1120家金融网点、金库库点、运钞车开展隐患检查，帮助金融系统商业网点建立自动报警装置930个，与公安机关联网252个，营业大厅安装电视监控摄像105个，安装防弹玻璃网点181个，防动互锁门265个，购置制式运钞车，提高防入侵能力。对1880个企事业单位2980名保卫人员，分期分批轮训，并签订安全防范责任书。2006年，整治校园周边秩序，破获抢劫、抢夺、殴打、调戏学生、破坏学校设施事件49起，抓获违法犯罪嫌疑人73人。2007年，全市有企事业单位1786个，专职保卫人员3264个，形成“三防一保”式单位内部安全防范新格局。

（五）“110”指挥中心

1997年6月，宿州市组建“110”指挥中心。1998年，并入宿县行署公安局，5月16日，宿州“110”报警服务正式运作，年底，接警9246起，处警9216次，出动警力3.6万余次，破获案件338起，抓获犯罪嫌疑人1599人，救助群众1274次。2004年4月，明确“110”指挥中心为副处级建制，内设综合科、指挥调度室、直属出警大队。2003年，“110”出警大队移交市局巡逻防暴警察大队。2006年12月，“110、119、112”三台合一并线运转，形成集公安指挥、交通管理、火灾扑救为一体的现代化公安指挥体系。2007年，三台接警297189起，出警32194起，查处案件1821起，处置突发事件6起，调解民事纠纷13907起，为群众排忧解难1457人次。

（六）巡逻防控

1988-1996年，宿州市建立巡警中队，对市区重点路线，公共复杂场所、商业网点进行巡逻防范，处置突发事件。其间，出动巡逻警力16300人次，车辆3470余台次，抓获现行违法犯罪嫌疑人1076人，破获和协破各类案件2117起，收缴各类凶器843件，处置突发事件243起，参与公安大型保卫活动320余次，为群众做好事3094件。1997年，市公安局增设巡逻警察支队。1999年9月，埇桥区公安分局巡警整建制移交市局巡警支队。2000年，出警巡逻588次，查破刑事案件271起，抓获违法犯罪人员821人，调解民事纠纷386起，救助群众276人次。2005年，巡警支队创新巡逻模式，实行三级防线制，强化对整个社会面控制，当年处置事件80余起，抓获违法犯罪嫌疑人130人。2006年，救助群众443人次，调解纠纷590起。2006年6月，为增加街面警力，招收100名协警员充实巡逻队伍。12月，市公安局特警支队挂牌成立，与巡警支队一个机构两块牌子。市公安局投入资金，配置巡逻车17台，电瓶巡逻车10台，防暴、防弹头盔75只，盾牌50面，橡皮警棍70支，防毒面具10套，防弹背心6件，增强处置突发事件能力。2007年，巡逻出警1.3万人次，处置突发事件20起，破获案件27起，抓获犯罪嫌疑人280人，调解纠纷123起，为群众做好事267件。

（七）治安辅助力量建设

1988年，全区有治保组织2008个16486人；治安联防队、护村队423个3841人。1994年，对联防队和各级治安组织整顿，至年底有治保组织4255个16592人；治安联防队126个1101人。建立由公安机关管理的保安服务公司，招聘保安员281人。2004年8月，对公安机关治安联防队伍进行专项治理，将原先承担巡逻工作、符合条件的治安员转为保安，由保安公司管理；将优秀的乡镇派出所治安员转为乡镇综合治理人员；承担重点部位防范的治安员，过渡为社区和用人单位管理的保安员。至2007年10月，全市保留治安员577人，清退和转岗620人。市公安局保安支队聘用保安员415人，为159个单位提供保安服务。

（八）社区警务

2002年，公安部决定在全国公安机关实施社区和农村警务战略。10月，市公安局在全市推行社区警务工作，以民政部门整合后设置的社区居民委员会数量合理布局，一名社区民警管辖实有人口1000户或3000人左右。社区警务室建立警务台账、工作日志、检查监督、责任倒查、勤绩考核等制度。到2007年，全市城区建立社区警务室91

个，社区民警102人，社区专职治安协管员274人；农村社区警务室945个，民警122人，专职治安协管员115人，全面完成宿州市社区警务室建设任务。

三、户籍管理

（一）颁发居民身份证

1988年，行署公安处开始颁发居民身份证。颁发范围是居住在宿县地区境内城乡常驻户口、年满16周岁以上的中国公民。16周岁-25周岁发有效期10年居民身份证；26-45周岁发有效期20年居民身份证；46周岁以上发长期有效居民身份证。到1989年年底，全区277.02万人领取居民身份证，占应颁证人数的98.3%。1999年，市公安局开展居民身份证编号纠错，并将号码由15位上升到18位，清理出重错号41805个，其中重号14441个，错号20492个，一人多证号6872个。开展10年有效期满身份证全面换发工作，核对升位换发185606人。2005年12月，市公安局全面启动二代证换发工作，到2006年年底，全市换发二代证1845810人，2007年，全市核发二代证803974人。

（二）暂住人口管理

1988年，公安机关以城市、县城和集镇为重点，对暂住人口、流动人口摸底登记造册，全区共登记暂住人口10387人。1997年，全区登记暂住人口20573人，发暂住证19171人。其中，列管重点人口353人。2005年，全市开展暂住人口、出租房屋清理整顿，清查新登14967人，补办暂住证2245人，清理出租房屋4814户，建立流动人口、出租房屋管理站135个，聘用专职协管员178人，发现查获违法犯罪线索76条，破刑事案件35起，抓获违法犯罪嫌疑人50人。2007年，全市有暂住人口28483人，发暂住证11092人，列管重点人口20人。市公安局将暂住人口纳入实有人口管理，全面采集录入暂住人口信息。

（三）微机管理户口

1988年以前，户口管理工作一直是手工操作，烦琐，工作效率低。从1988年起，全区各级公安机关推进人口信息实行微机化管理，录入人口560万人。2000年，宿州市城乡37个派出所及所属4县公安派出所，完成“百城联网”工程，录入常住人口5889496人，暂住人口15339人，工作对象6983人，出租房屋718户，实现全市公安信息网查询，数据共享。2004年，强力推进全市人口信息入库核对和照片采集录入工作，录入人口信息5954417人，核对入库率达100%；纠正错位信息267344条，采集扫描照片3134517张。2007年，录入人口信息609.668万人，录入人像427.84万人。

（四）户籍管理制度改革

为建立适应市场经济体制下新型户籍管理制度，1999年，市公安局制定《关于解决当前户口管理中几个突出问题的意见》，规定：对到市建制镇投资、兴办实业、购买商品房的公民及随其共同生活的直系亲属，只要有合法固定场所、合法稳定职业或生活来源，可给予落户。2001年，市公安局继续深化户籍制度改革，放开引进人才户口迁移限制。到2002年，全市办理户口6937人，其中小城镇户口1818人，大学毕业生户口772人，紧缺人才户口29人，购买商品房人员户口768人，大型企业内部人员户口703人。办理户口78300人。其中，因放宽城市户口迁移条件农民进城落户11212人，亲属投靠、子女随迁37525人，投资195人。

四、出入境管理

1988年，行署公安处内设外事科，加强对外国人、出入境人员及赴港、澳、台定居人员管理。1997年，外事科更名为宿县行署公安局出入境管理科。1999年，更名为宿州市公安局出入境管理科。

（一）办理出境审批

1988年，审批去港澳探亲、旅游102人，自费出国留学、探亲17人。接待30多个国家和地区外国人、外籍华人、华侨等135人次，港澳同胞186人次，台胞114人次，来访1000余人次。1990年，审批办理出国、出境117人，946名港澳同胞到宿州探亲、旅游，未发生涉外事件。2名非法入境外国人被依法遣送出境。2002年，省公安厅下放公民团队赴港澳旅游和应邀赴台申请审批权，出境人员剧增，外事部门创造和谐管理模式，方便出入境人员手续办理。2007年，全市办理出国4194人，赴港澳5514人，赴港澳定居15人，赴台147人，赴台定居4人。

（二）管理入境人员

1988年后，入境进入宿县地区的外国人和港澳同胞逐渐增多，1992年接待入境人员1200多人次，其中外国人37人。2006年，入境人员1053人次，其中港澳人员984人，台胞33人，华人华侨37人。对非法入境、非法居留、非法就业人员，按照涉外法规予以清理。到2007年，调查处理涉外事件4起，遣送非法入境人员8人。

1999–2007年宿州市出入境人员统计表

表2-9-1

年度	出国人数	赴港澳人数	赴港澳定居人数	赴台人数	赴台定居人数	合计
1999	145	99	5	90	—	339
2000	343	112	—	190	—	645
2001	428	115	—	174	2	719
2002	1372	254	8	192	—	1826
2003	1629	860	11	129	—	2629
2004	2174	1674	21	124	—	3993
2005	2549	1750	13	82	1	4395
2006	3464	5342	31	102	1	8940
2007	4194	5514	15	147	4	9874
合计	16288	15720	104	1230	8	33340

五、法制与劳教审批

（一）法制工作

1989年，行署公安处成立法制科。1990年，全区公安机关配备专职法制民警23

人。举办法制培训班19期，参训民警1086人。受理行政复议案件39件，维持原裁决25件，变更后重新裁决10件，撤销2件，申请人自撤2件。1996年，举办法制培训37次，参训民警3651人。全年发生行政复议案件6起，预审办案准确率达100%。

1997年，行署公安局法制建设步伐加快，法制宣传教育投入加大。全区公安机关购买各类法律书籍5700余册，征订《公安法制建设》2500份，编印公安常用《法律法规汇编》2000册。举办培训班49期，参训民警4392人；举办法律知识竞赛12场，参赛民警843人；出复习题875份，印制考卷2276份。制发《宿县地区公安机关执法内部监督暂行规定》，省委常委、政法委书记、公安厅厅长陈瑞鼎专门批示转发全省公安机关参照执行。全区法制部门审理各类案件2705件，纠正235件。1999年，开展执法检查26次，查阅刑事案件1108卷，治安行政案件3045卷，发现问题纠正631卷。2004年10月，开展全市执法质量考评。检查各类案卷5732件，纠正问题275卷，评出执法质量优秀公安局2个，通报批评21个，16名民警被取消年终评优资格。2007年，组织全市376名基层所队长参加全省法律业务知识会考，全市2400多名民警参加法律法规知识闭卷考试。加大执法质量检查力度，重点调阅案卷卷宗1780卷。对查出的问题，采取通报反馈、典型案例评析、办案民警参加旁听、庭审等方式，以案释法，全面提升公安民警执法素质和执法能力。全年受理复议案件40起，维持原裁决28起，申诉人自撤1起，撤销2起，无败诉案件。

（二）劳动教养审批

1988年，宿县地区设有劳动教养审批委员会，由分管政法工作的行署副专员任主任，公安处（局）长任副主任。公安、司法、民政、劳动、教育、财政等为成员单位。下设办公室，是劳教审批常设机构，办公地点设在行署公安处。1988-1994年，审查批准决定劳动教养1159人，收容教养158人。批准劳教人员投送南湖茶林场，少年收容教养投送省少管所，劳教最高期限为3年。1995年5月，对抓获的村霸、路霸，集中审查。3个月时间审批劳教人员177名，合格率达100%。1996年，劳教办注意团伙案件和有影响的涉及成员较多的案件审查核批工作，当年批准的137人劳教中有6人属扩批范围。1999年，撤地建市，重新设立宿州市公安局劳动教养审批办公室，担负4县1区呈报劳动教养、收容教养案件审核审批和劳教所外执行管理。2002年6月，成立由分管副局长任主任、各业务部门负责人为成员的劳教审批委员会。2003年，市公安局实行劳教办与法制科合并办公，集劳教审批、劳教复议、法律运用把关、法律文书制作、开证、诉讼为一体，使劳教审批工作更加制度化、规范化、法律化。2005-2007年，全市审核呈请劳教委批准，决定劳教415人，收容教养25人，所外教养执行36人，申请复议4人，无一例行政诉讼。

六、监所管理

（一）监所管理警察支队

1988年后，监所管理经历几次变动。宿县行署公安处设置收容审查所（站）。主要是收容审查流窜违法犯罪嫌疑人、投送劳动教养人员、外省市流入人员清查、收容转运及县法院处拘役、短刑处罚罪犯关押等，业务归行署公安处预审科管理和指导。1997年，实行侦审合一，撤销预审科，并入刑事侦查。9月成立监所管理科，负责全区

4县1市监管场所管理和业务指导，承担全区投送劳教任务，年均投劳700人左右。1998年，完成全区6个看守所等级化评定。2005年，埇桥区2个看守所和行政拘留所，全建制划入市局序列。2006年2月，监管科更名为“监所管理警察支队”，下辖3个正科级建制单位：宿州市看守一所、看守二所、宿州市公安局治安行政拘留所。

（二）看守所

1988年，宿州市（县级）公安局、宿县公安局各设置一个看守所。1993年8月，成立新的县级宿州市，宿县看守所更名为宿州市第一看守所，原宿州市看守所更名为看守二所。第一看守所经逐年改造扩建，2007年占地面积6864平方米，分设监管区、办公区和警卫营房区；第二看守所始建于1985年，占地面积7.6亩，设计关押量200余人。

（三）治安行政拘留所

1988年，治安行政拘留所分属宿州市公安局、宿县公安局领导。1993年撤销宿县行政拘留所，合并为县级宿州市治安行政拘留所。拘留所占地3亩，所内建筑面积666平方米，有标准化拘室7个。实现管理工作电脑化，是一座现代化的二级拘留所。

（四）监所管理

看守所平均每所年收押量3600人次。2003年后，看守所、行拘所没有发生在押人员脱逃、自杀、自残等重大事件。两所先后多次被省、市、区评为“人民满意执法单位”“文明单位”。在等级化考核评定中，被公安部授予“二级看守所”。看守所在确保安全的同时，积极配合公安机关开展打击犯罪、深挖犯罪、挤清余罪斗争。1989年，收集犯罪线索272条，协破各类刑事案件356起，其中重大案件59起。2005年，获取犯罪信息605条，协破重大案件65起，抓获犯罪嫌疑人32人，追缴赃款及赃物折款51万余元。看守一所、二所先后被省公安厅、公安部评为全省、全国监管战线深挖犯罪工作先进单位。

七、交通安全管理

（一）机构设置和队伍管理

1988年，宿州地区交通警察支队，下设办公室、交管科、车辆管理所、机动车驾驶员培训中心，6个公安交通检查站，交通警察34人。1993年，增加法制宣传科、车辆检测中心。1995年设驾驶员考试中心，并率先在全省成立第一个女子交警值勤班。1997年，交警支队升格为副处级建制。1999年，埇桥区交警大队全建制移交市公安局交警支队。根据市区道路交通变化和警力增加情况，设立公安交警大队4个，交警巡逻执勤中队由6个增加到12个，警力比原来增加242人。2003年，合徐高速公路建成通车，宿州市辖路段134公里，3月，组建交通高速公路警察大队，下设4个巡逻执勤中队。2007年，市公安交通警察支队内设纪检监察室、政治处、办公室、装备财务、交通管理、事故处理、法制宣传7个科室；直属机构为车辆管理所、车辆检测中心、5个交通警察大队，均为正科级建制。

1999年，通过公开招考，择优录用100名人民警察。2006-2007年，支队涌现出先进集体12个，立功个人4名，36人受嘉奖，有2人被评为全国劳模，1人被授予“全国三八红旗手”，6名省级先进工作者，1个全国先进集体。市区小隅口岗点连续多年被评为省级“青年文明号”。

（二）交通设施管理

1988年，全市道路里程国道266公里，省道524公里，县道1702公里。市区交通执勤岗亭3座，使用自动信号控制灯。1991年，在市区宿怀路口、西昌路与汴河路交叉处、宿泗路口和西城门口，安装4座程控式灯光岗亭。车辆行驶主要依靠民警手势指挥。2007年，市区道路增至180.26公里，交通岗亭也随城市道路拓宽、改造面积增大、路网增多而逐步撤销。交警支队在原有9个路口安装红绿灯和监控系统基础上，在新增25处主干道十字路口，安装悬臂式智能交通信号灯控，安装人车隔护栏1.6万米，划道路交通标线5.5万米，人行斑马线1260米，交通标桩690根，过路门5个，悬臂98副。交通标志牌由1989年的98块，增加到2007年的344块。其中指路标志51块，地名风景标志15块，警告标志125块，禁令标志17块，停车标志75块，提示牌40块，宣传牌17块。在公共场所较多、人车流量较大的地方，设立道路临时停车泊位139个，4个停车场泊位160个。为便民服务和违章处理，在市区主要路口设立9个警务值勤室。

为加强道路交通有效管理，增强机动性，专门配置事故处理车辆14台，清障车4台，交通巡逻车辆22台，其他警用车辆64台。2005-2007年，随着金盾工程战略实施，在市区24个路口设置违章车辆自动拍摄电子眼。其中6个路口为双项监控，值勤交警配车台36个，基地固定站2个，手持对讲机110个，车辆自动检测设备2套，驾驶员桩考仪4套，桩考场地4万平方米。

（三）车辆和驾驶员管理

1988年，全区有汽车26133辆、摩托车421辆，驾驶人员193107人。2007年，全市有汽车139847辆，其中，大客车14678辆，大小型货车4.8万辆，小型（面包车）7.3万余辆，出租车4169辆，摩托车14.86万辆。驾驶员819344人。1990年，全区全面完成机动车检验和驾驶员审验换证工作，新换证210126人，占审核换证98.7%。机动车辆必须通过检测线检测。当年检验大小型机动车8717台，占87.5%；挂车2201台，占90.3%；检验两、三轮摩托车3666台，占92%。1999年，全市把农用运输车辆和拖拉机纳入管理范围。

1988年，成立宿县地区机动车驾驶员培训中心。1993年，培训中心改为“宿县地区驾驶员培训学校”。当年培训驾驶员3000多人次，以后每年递增。1995年，成立“宿县地区机动车驾驶员考试中心”。1996年，成立“宿县地区驾驶员适应性检测中心”。2000年，对全市持有机动车驾驶证人员实行违章记分制度，启用机动车辆和驾驶员违章数码摄像，进一步规范车辆和驾驶人员行为管理。2005年4月，市驾驶员桩考仪投入使用。2007年，全市机动车辆和驾驶员全部完成数据信息入库。启用驾驶员IC卡管理系统，使全市车管和驾驶员管理工作查询步入微机化。

（四）交通违章和事故处理

1988年，宿县地区公安交警支队开展“压高速、限超载、反违章、除隐患、保安全”的交通秩序整顿专项行动，查扣车辆1300余台，其中超载车辆307台，查纠各种违章993起，处罚769人，吊销驾驶证34本，批评教育531人。1994年至1996年，集中开展公路“三乱”及两、三轮摩托车、农用运输车辆、社会运输车辆、长途客运车辆整治活动，查扣无牌、无证车辆8397台，纠正违章5.9万余人次，警告1700余人，罚款38481人，批评教育8819人，举办违章驾驶员培训2943人。2001年，交警支队对使用警车混乱和不按规定使用警灯、警报装置等现象进行多次治理，拆除非法安装警灯、警报器72个，查扣挂户警车53台，没收警用标志100余个。2006-2007年，对酒后驾驶、无证驾驶、违章停车、行人交通违章、闯红灯等问题进行治理，采用在电视台、报纸上曝光违章车辆名单、持小型摄像机巡拍、“电子警察”监控等方式，有效治理各种交通违章，改善道路交通环境。

宿州市道路交通事故。2000-2002年，交通事故达历史高峰。其中2002年发生1569起，死亡240人，伤902人，造成直接经济损失330余万元。事故高发的原因，主要是车辆增多，驾驶员队伍多元化，驾驶员技术不过关的比例增多；酒后驾驶、无证行驶、病车上路、超速、超载等违章严重；机动车辆种类繁多，性能差异较大，受混合交通限制，交通流量和道路基础建设矛盾日益突出；社会综合预防协调能力不足，交通设施欠账大。对交通事故的处理，始终严格按照法律、法规办事。同时，积极开展道路、事故情况分析、研判，制定《交通事故定期分析》制度，为有效预防和遏制交通事故提供科学依据。

1988-2007年道路交通事故四项指标统计表

表2-9-2

年度	事故起数	伤人数	死亡人数	经济损失(元)
1988	660	—	163	1696564
1989	635	439	149	1189316
1990	381	288	105	641998
1991	243	193	86	597138
1992	166	122	84	624476
1993	116	94	70	700720
1994	131	92	67	663105
1995	116	94	69	787350
1996	157	145	110	930390
1997	245	210	123	1714209
1998	186	180	85	864600
1999	180	183	94	581400
2000	1079	869	111	2059125
2001	2306	920	19	2821914

续表2-9-2

年度	事故起数	伤人数	死亡人数	经济损失(元)
2002	1569	902	240	3304013
2003	784	796	231	2023017
2004	355	392	174	1270000
2005	861	995	324	2285995
2006	801	985	269	1588870
2007	617	735	215	2909300

第二节 检 察

宿州市检察机关始建于1951年3月，名称为“皖北人民检察署宿县专区分署”。后经合并更迭，至1961年更名为“安徽省人民检察院宿县分院”。1978年6月恢复重建，名称不变。1983年6月，五河、怀远、固镇划归蚌埠，宿县分院辖五县一市六个检察院；1999年6月，宿县分院改称安徽省宿州市人民检察院，辖四县一区五个检察院。

内设机构由宿县分院恢复重建时的刑事检察、经济检察、监所检察、法纪和办公室四科一室，逐步扩大到1998年的17个处室局。2002年，宿州市院内设机构为：办公室、法律政策研究室、政治部、纪检组、监察室、反贪污贿赂局、侦查监督处、公诉处、监所检察处（2005年1月全国统一更名为反渎职侵权局）、渎职侵权检察处、控告申诉检察处、民事行政检察处、检察技术处、职务犯罪预防处、干部处、宣传教育处、老干部处、计划财务行政装备处、警务处等部处局室。

配备的人员，由1978年的12人，发展到2004年的77人，2007年，市院机关有干警76人。全市人员配备由1979年的180人增加到2004年的515人，2007年，全市有检察干警509人。

1978年恢复重建到2007年，市检察院历任检察长依次为：陈乃胜、李石、裴恒俊、陈怀安、徐文艾、吴庆香。

一、刑事检察

（一）审查批捕

1988年，受理公安机关提请逮捕的犯罪嫌疑人1494人，经审查批准逮捕1256人。其中共同犯罪案犯712人，重特大案犯344人，不捕95人，退查111人，公安机关撤回12人，追捕54人。1989年，认真贯彻执行高检、省院的通知，把打击反革命分子和打、砸、抢、烧、杀犯罪分子作为当年刑检工作的一项突出任务，重点抓好。为稳定社会秩序，1989年5月中旬，地委决定在全区范围内开展打击流窜犯的专项斗争。专项斗争中公安机关报捕1214人，检察机关全部在法定时限内办结。为依法从快处理案件，坚持提前介入，一年里，提前介入公安机关重大案件的侦查、预审工作130件142人，占重大案件的35%。1990年，受理公安机关提请逮捕的犯罪嫌疑人2182人，经审查批准逮捕1895人，不捕140人，退查128人，公安机关撤回4人，追捕30人。1991年，受理公安机关提请逮捕的犯罪嫌疑人1817人，经审查批准逮捕1774人，不捕121人，追捕39人。总体上说，1991年，全区社会治安稳定，刑事案件发案率稳中有降，重大刑事案件下降幅度大，509人，比1990年下降17.24%。1992年，受理公安机关提请逮捕的人犯1823人，经审查批准逮捕1671人，不捕106人，追捕41人。1993年，受理公安机关提请逮捕的犯罪嫌疑人1466人，经审查批准逮捕1395人，不捕77人，追捕52人。1994年，受理公安机关提请逮捕的人犯1785人，经审查批准逮捕1599人，不捕113人，追捕50人。全区检察机关积极参与“挖团伙、打流窜、追逃犯、破大案”、围歼“车匪路霸”“扫黄”、除“六害”等专项斗争和城乡结合部及案件多发地区的区域性治理，依法批捕盗窃、抢劫、拐卖人口等案件869人，较好地发挥检察机关在专项斗争中的职能作用。1995年，受理公安机关提请逮捕的犯罪嫌疑人1636人，经审查批准逮捕1372人，不捕148人，追捕35人。其中批捕杀人、爆炸、强奸、伤害等暴力型犯罪案犯624人，提前介入重特大案件182件。1996年，受理公安机关提请逮捕的人犯1493人，经审查批准逮捕1253人，不捕156人，追捕69人。1997年，受理公安机关提请逮捕的犯罪嫌疑人1356人，经审查批准逮捕1152人，不捕185人，追捕30人。

1998年，受理公安机关提请批准逮捕案件1014件1646人，经审查批准逮捕832件1270人，不批捕142件315人，通知补查50件120人，纠正漏捕7件18人，介入重大案件侦查5件10人。1999年，全年受理公安机关提请批准逮捕案件1149件1750人，经审查批准逮捕939件1366人，不批捕181件333人，通知补查68件130人，纠正漏捕3件17人，介入重大案件侦查10件14人。2000年，全市审查逮捕部门受理公安机关提请批准逮捕案件1109件1797人，经审查批准逮捕906件1391人，不批捕177件369人，通知补查49件80人，纠正漏捕10件18人，介入重大案件侦查8件8人。是年，全市审查逮捕部门贯彻依法“从重从快”的方针，把打击重点放在危害国家安全、扰乱社会治安秩序的犯罪以及危害社会主义市场经济秩序犯罪上。批捕放火、爆炸、投毒等危害公共安全案犯94人，其中重大案犯8人；批捕杀人、伤害、强奸、绑架、拐卖妇女、儿童等侵犯公民人身权利和民主权利案犯562人，其中重特大案犯122人。当年，全市审查逮捕部门受理公安机关提请批准逮捕案件1674件2727人，经审查批准逮捕1381件2187人，2002年，受理公安机关提请批准逮捕案件1195件1816人，经审查批准逮捕1059件1598人，不批捕51件88人，通知补查30件51人，纠正漏捕50件95人，介入重大案件侦查141件264人。全市审查逮捕部门继续突出打击三类重点犯罪，全年批捕“严打”三类重点案犯970人，占总数的60.7%。当年，全市侦查监督部门受理公安机关提请批准逮捕案件1085件1643人，经审查批准逮捕1003件1513人，不批捕11件17人。2004年，受理公安机关提请批准逮捕案件1084件1546人，经审查批准逮捕1021件1437人，不批捕7件13人，通知补查4件7人，纠正漏捕7件11人，介入重大案件侦查27件66人。

2005年，两级侦监部门受理各类审查逮捕案件1209件1708人，同比分别上升

11.5%和10.5%，经审查批准或决定逮捕1128件1589人，同比分别上升10.5%和10.6%，不批捕42件57人，不捕率为3.5%和3.3%。2006年，受理各类审查逮捕案件1310件2007人，同比分别上升8.4%和17.5%，经审查批准或决定逮捕1149件1720人，同比分别上升1.9%和8.2%，不批捕91件153人，不捕率为6.9%和7.6%。2007年，全市侦查监督部门受理各类审查逮捕案件1402件2048人，同比分别上升7%和2%，经审查批准或决定逮捕1171件1685人，同比分别上升为1.9%和-2%，不批捕166件279人。

（二）审查起诉

1988年，刑检工作一个突出的特点是案件多，特别是共同犯罪案件多。全年受理公安机关移送起诉案件775件1379人，审结737件1317人，其中决定起诉597件961人，追诉2人，免予起诉19件70人，不起诉2件4人。与1987年相比，受理数增加237件471人，起诉数增加163件302人，免诉人数增加13人，追诉漏犯16人。1989年，受理公安机关移送起诉的案件959件1915人，决定起诉849件1376人，追诉2件3人，免诉44件136人，不起诉2件4人，退查91件230人，公安机关撤回7件13人，移送其他检察院66件156人。1990年，受理公安机关移送起诉的案件1229件2298人，经审查决定起诉963件1617人，免诉63件141人，不起诉3件4人，退查124件352人。受理自侦案件178件278人，决定起诉31件39人，免诉113件148人，不起诉1件3人，退查25件76人。1991年，受理公安机关移送起诉、免诉案件1056件1896人，审结955件1704人，其中决定起诉895件1563人，追诉2件4人，免诉57件133人，不起诉3件8人。1992年，受理公安机关移送起诉、免诉案犯1678人，决定起诉1312人，免诉105人，不起诉7人，追诉10人。受理自侦部门移送起诉、免诉的案犯257人，决定起诉53人，免诉178人，不起诉2人。1993年，受理公安机关移送起诉、免诉案犯1426人，决定起诉1286人，免诉134人，不起诉5人，追诉12人。受理自侦部门移送起诉、免诉的人犯178人，决定起诉64人，免诉110人，不起诉4人。1994年，受理公安和检察机关自侦部门移送起诉、免诉的案件1225件1781人，决定起诉1213人，免诉262人，追诉29人，不起诉198人，退查83件。1995年，受理公安机关移送起诉的案件999件1617人，审结879件1282人，决定起诉797件1165人，免诉80件114人，不起诉4人，追诉46人，退查101件。1996年，受理公安机关移送起诉、免诉案件1025件1599人，审查后提起公诉813件1270人，免诉107件143人，不起诉7人，追诉53人。1997年，受理公安机关移送起诉的案件766件1139人，审结621件885人，提起公诉852人，决定不起诉29人，追诉3人。受理自侦部门移送起诉或不起诉的经济犯罪案件90件114人，法纪犯罪案件19件29人，经审查提起公诉58人，不起诉7人。1998年，刑检处分为批捕处、审查起诉处，全区两级审查起诉部门受理公安机关及检察机关自侦部门移送起诉案件1029件1432人，移送不起诉案件2件2人（其中自侦部门移送起诉82件97人，移送不起诉2件2人），审结810件1170人，其中提起公诉783件1135人，不起诉27件35人，公安及自侦部门撤回31件38人，追诉4人，退查448件。1999年，宿县地区撤销，成立宿州市。全市两级审查起诉部门受理公安机关及检察机关自侦部门移送起诉的案件1444件1980人，同比上升40.3%和38.3%，移送不起诉案件2件2人（其中自侦部门移送起诉105件113人，移送不起诉2件2人），审结1177件

1575人，其中提起公诉1105件1470人，不起诉72件105人，公安及自侦部门撤回29件54人，追诉16人，退查630件922人。2000年，全市两级审查起诉部门受理公安机关及检察机关自侦部门移送审查起诉的案件1281件1744人，移送不起诉案件1件2人。审结1180件1610人，决定起诉1121件1508人，不起诉102人，退回补充侦查机关建议作撤案处理24件32人，追诉3人。2001年，受理公安机关及检察机关自侦部门移送审查起诉的案件1827件2615人，受理移送不起诉案件1件1人，审结1766件2528人，决定起诉1444件1946人，不起诉209人，退回侦查机关建议作撤案处理的55件82人。在审查起诉环节，建议扩捕60余人，直接扩捕10余人，追诉25人。2002年，全市两级审查起诉部门受理公安机关及检察机关自侦部门移送起诉的案件1656件2414人，审结1466件2059人，决定起诉1351件1851人，不起诉208人，退回侦查机关建议作撤案处理50余件60余人，追诉14人。2003年，审查起诉处更名为公诉处。两级公诉部门共受理公安机关及检察机关自侦部门移送审查起诉案件1346件1918人（其中自侦部门移送起诉112件129人），审结1201件1656人，决定起诉1177件1605人，不起诉51人。审查起诉环节直接决定逮捕的37件38人，建议侦查机关扩捕11件11人，追诉3件7人。2004年，全年两级公诉部门受理审查起诉案件1412件1933人（其中自侦案件96件118人），审结1205件1589人，提起公诉1170件1534人，决定不起诉35件55人。审查起诉环节直接决定逮捕5人，追诉11人。2005年，市两级公诉部门受理审查起诉案件1438件1972人，审结1149件1514人，其中提起公诉1110件1455人。2006年，全市两级公诉部门受理审查起诉案件1473件2127人，审结1140件1552人，其中提起公诉1128件1536人。2007年，全市两级公诉部门受理起诉案件1512件2172人，审结1174件1628人。其中提起公诉1162件1600人。

（三）刑事诉讼监督

1. 立案监督

修改后的刑事诉讼法赋予检察机关立案监督新职权，即检察机关依据刑事诉讼法87条对侦查机关立案活动是否合法进行监督。1997年，地区检察机关开始对公安机关、国家安全机关等刑事立案活动是否合法进行法律监督，并把有案不立、有罪不究作为监督重点。截至2002年，全市两级检察机关向公安机关发出要求说明不立案理由通知书97件，公安机关主动立案93件。随着立案监督工作的深入发展，立案监督开始以明显构成犯罪而不立案或明显不构成犯罪而立案以及徇私枉法等严重违法情形为重点开展监督，取得明显成效。2003-2007年，全市检察机关累计要求公安机关说明不立案理由825件，公安机关主动立案782件，通知公安机关立案6件，建议检察机关自侦部门立案14件，立案12件，对公安机关不应当立案而立案的提出纠正17件，纠正16件。全市检察机关根据省院和市委、市政府的部署，认真开展打击制售假冒伪劣商品、侵犯知识产权犯罪专项活动以及对行政执法机关移送涉嫌犯罪案件专项监督活动，切实履行立案监督职能，严厉打击经济犯罪。

2. 侦查活动监督

1988-2007年，全市检察机关对应当逮捕而未提请逮捕的，累计纠正漏捕573人；对不符合逮捕条件的，累计决定不批准逮捕2857人。

二、职务犯罪检察

（一）贪污贿赂检察

1988年，全区受理各类经济案件199件，立案侦查109件，重特大案件32件，挽回经济损失172.75万元，协助有关单位追回各种款项100余万元；其中，贪污案件33件，贿赂案件4件，偷税抗税案件37件。年初，针对全市国营集体及个体工商户偷税抗税比较严重的情况，与税务部门联合开展查处偷税抗税犯罪的专项活动。全年偷税抗税案件受理105件，立案查处37件，挽回经济损失110万元，有效地促进全区税收任务的完成。

1989年，两高“通告”发布后，全年受理各类经济案件294件，立案侦查183件，其中重特大案件59件，贪污案件92件，贿赂案件19件，为国家挽回经济损失254万余元，集中力量重点把经济犯罪问题较多的粮食、金融、供销三系统作为突破口，三系统立案查处贪污、贿赂等经济犯罪案件89件，重特大案件27件，特大案件2件。

1990年，宿县地区分院根据省院指示成立反贪污贿赂局。全地区受理案件277件，立案侦查180件，为国家挽回经济损失300.87万元；其中贪污案件85件，贿赂17件，偷税抗税案件19件。

1991年，全地区检察机关受理贪污贿赂犯罪案件212件，立案侦查162件，通过办案为国家集体挽回经济损失302万元；其中，贪污案件82件，贿赂案件17件，重特大案件60件。

1992年，全年受理各类犯罪案件323件，立案侦查191件，为国家挽回经济损失394万元；其中贪污案件95件，贿赂案件7件，偷税抗税案件30件，万元以上的重特大案件54件，占立案总数的28.2%。

1993年，受理各类犯罪案件354件，立案侦查226件，其中贪污案件98件，贿赂案件5件，挪用公款案件71件，偷税抗税案件40件42人；大案要案立案88件，占立案总数的38.9%。

1994年，受理各类经济犯罪案件311件，立案侦查207件，为国家挽回经济损失357.76万元；其中贪污案件121件，贿赂案件7件，挪用公款案件50件，偷税抗税案件22件。

1995年，受理各类经济犯罪案件271件，立案侦查192件，为国家挽回经济损失678万元；其中贪污案件99件，贿赂案件17件，挪用公款案件37件，偷税抗税案件33件。特别是查处“三机关一部门”犯罪案件有新的起色。查处发生在党政机关、司法机关、行政机关和经济管理部门的犯罪案件31件，占立案总数的15.3%。

1996年，受理各类犯罪案件334件，立案侦查192件，挽回经济损失453.93万元；其中贪污案件95件，贿赂案件20件，挪用公款案件45件，涉税案件22件。全年办案成绩显著，在查处窝案、串案上有新突破。

1997年，受理各类经济犯罪案件254件，立案侦查115件，为国家挽回经济损失289.34万元；其中贪污案件57件，贿赂案件25件，挪用公款案件25件。

1998年，按照全国检察机关集中教育整顿工作部署，进行为期8个月的教育整顿，受理贪污贿赂等职务犯罪案件182件，立案侦查94件102人，挽回直接经济损失

400余万元；其中贪污案件65件71人，贿赂案件13件13人，挪用公款案件16件18人。

1999年，全市检察机关反贪部门受理贪污贿赂等各类案件154件，立案侦查90件93人，挽回经济损失103.92万元；其中贪污案件62件，贿赂案件4件，挪用公款案件26件，“三机关一部门”案件27件。

2000年，受理贪污贿赂犯罪案件162件，立案查处108件119人，为国家挽回直接经济损失443.4万元；其中贪污案件72件、贿赂案件8件、挪用公款案件27件。

2001年，全市检察机关受理各类贪污贿赂案件139件，立案侦查99件112人，通过办案为国家挽回经济损失320万元；其中贪污案件68件，贿赂案件2件，挪用公款案件29件，贪污贿赂5万元以上，挪用公款10万元以上重特大案件40件，科级以上干部案件9件9人，“三机关一部门”案件13件14人。年初全市检察机关统一组织一次为期百日的反贪“春季战役”。其间立案侦查贪污贿赂案件36件38人，其中科级以上国家工作人员6人。

2002年，受理各类贪污贿赂犯罪案件162件，立案侦查100件109人，在全省检察机关办案数量普遍下降的情况下，保持稳中有升。

2003年，全市检察机关受理各类贪污贿赂案件142件，立案侦查108件119人，其中贪污案件77件，贿赂案件10件，挪用公款案件21件，为国家挽回直接经济损失368.8万元。

2004年，全市检察机关受理各类贪污贿赂案件133件，立案侦查107件127人，其中贪污案件54件，贿赂案件20件，挪用公款案件33件，为国家挽回直接经济损失311万元。

2005年，受理各类案件111件，立案侦查94件118人，其中贪污案件58件70人，贿赂案件16件20人，挪用公款案件20件28人，办理要案7件，为国家挽回直接经济损失1200余万元。

2006年，全市检察机关受理各类案件线索107件，立案侦查80件92人，其中贪污案件54件57人，贿赂案件16件17人，挪用公款案件9件13人，办理要案1件，为国家挽回直接经济损失600余万元。

2007年，受理各类贪污贿赂案件线索91件，立案79件92人，其中贪污案件34件44人，贿赂案件34件34人，挪用公款案件11件14人，立案案值在5万元以上的大案57件，查处科级以上干部案件11人。为国家挽回直接经济损失960余万元。

（二）渎职侵权检察

1988年，受理各类法纪案件76件97人，立案44件61人（特大案件3件4人，重大案件6件8人）办结43件57人（含积案10件12人）。在立案的44件中，玩忽职守7件8人，重大责任事故5件6人，侵权案件20件30人，三类案件占70%，其他12件17人。

1989年，全区受理各类法纪案件92件117人，其中立案48件71人，占受理的52%，在立案48件中，“三类”案件占立案数的77%，重特大案占21%，结案37件51人（起诉9件16人，免诉28件35人），结案率为77%，逮捕罪犯21人。受理、立案、结案比1987年上升21%、9%、12%。

1990年，全区受理各类法纪案件176件，立案侦查74件118人，侦结86件126人

（含历年积案26件）移送起诉18件27人，移送免诉41件64人，撤销案件1件2人。其中特大案件5件11人，重大案件8件14人，在侦查中逮捕犯罪嫌疑人33人，拘留2人。

1991年，受理各类法纪案件185件，立案侦查76件。其中，特大案件2件，重大案件8件，逮捕犯罪嫌疑人38人。侦结63件102人（含1990年积案11件18人）。其中移送刑检部门起诉免诉59件88人，决定起诉16件30人，决定免诉33件53人。

1992年，全区受理各类案件161件，其中立案侦查78件101人（含立案查处经济案件8件9人，查处特大案件2件10人，重大案件8件9人），结案77件100人（含办结积案21件26人），其中移送审查起诉18件23人，移送免诉48件65人，撤销案件11件12人。

1993年，全区法纪部门受理案件138件162人，立案侦查75件91人（查处重大玩忽职守案5件7人），侦结案件81件92人（含办结积案15件17人），移送审查起诉17件21人，移送免诉51件55人，撤销案件10件12人，转处3件4人。

1994年全区受理各类法纪案件149件179人，立案侦查78件101人，其中，重大案件4件5人，特大案件1件2人。侦结71件89人（含积案6件8人），结案率为91%，移送审查起诉案件14件16人，移送免诉46件55人，撤销案件7件8人，转处4件9人。

1995年，全区立案侦查“侵权”渎职犯罪案件71件，其中刑讯逼供、非法拘禁、徇私舞弊和玩忽职守、重大责任事故等“五类”案件39件，占立案数的54.8%，突出查办15名司法人员犯罪案件，并把查处徇私舞弊案件作为法纪监督的重中之重。

1996年受理各类法纪案件90件，立案侦查56件，侦查终结50件，其中移送审查起诉15件，移送审查免诉30件，撤案5件。为国家、集体挽回经济损失56万元，解救人质12人。妥善处理容易激化矛盾、影响社会安定尚不构成犯罪的法纪案件19件。

1997年，受理法纪案件79件，立案侦查42件，侦查终结38件，移送起诉25件，移送不起诉3件，撤销案件8件，转其他部门处理2件，为国家和集体挽回经济损失29万元。

1998年，全区检察机关受理法纪案件62件，立案15件20人，其中枉法追诉、裁判案件3件，民事行政枉法裁判案1件，国家机关工作人员徇私舞弊案件1件，非法拘禁案9件，玩忽职守案1件。

1999年，受理初查各类法纪案件线索41件，立案侦查15件18人，其中徇私枉法1件，民事枉法裁判1件，玩忽职守5件，滥用职权1件，非法拘禁6件，破坏选举1件。

2000年，全市检察机关法纪检察部门受理初查案件33件，立案查处20件26人，其中滥用职权5件8人，玩忽职守6件7人，非法拘禁4件6人，徇私枉法1件1人，徇私舞弊不征少征税款1件1人，徇私舞弊不移交刑事案件1件1人，暴力取证1件1人，签订履行合同失职被骗1件1人。

2001年，全市受理初查渎职侵权案件线索37件，立案侦查24件29人，其中滥用职权2件3人，玩忽职守5件5人，徇私枉法3件4人，帮助犯罪分子逃避处罚案4件4人，非法拘禁8件10人，刑讯逼供1件2人，其他案件1件1人。侦结19件25人，移送起诉17件23人，撤案2件2人。

2002年，全市受理初查渎职侵权案件线索33件，立案侦查21件24人，其中滥用职权5件5人，玩忽职守4件5人，非法拘禁4件5人，失职致使在押人员脱逃3件4人，徇私枉法2件2人，刑讯逼供2件2人，帮助犯罪分子逃避处罚1件1人。所立案件侦结14件15人，全部移送起诉。

2003年，全市两级检察机关受理各类渎职案件线索43件，初查31件，立案侦查15件17人，超额完成省院要求平均每个办案单位立案2件的任务。滥用职权1件1人，玩忽职守5件5人，徇私枉法2件2人，商检徇私舞弊1件1人，签订履行合同失职被骗案1件3人，非法拘禁5件5人。

2004年，受理各类渎职侵权案件26件，初查20件，立案侦查15件24人，查处犯罪嫌疑人数比2003年同期上升41%。其中滥用职权6件8人，玩忽职守2件3人，徇私枉法2件2人，帮助犯罪分子逃避处罚1件1人，刑讯逼供2件4人，非法拘禁、非法搜查2件6人，重特大案件2件3人。

2005年，全市两级渎检部门以开展“严肃查处侵权犯罪专项活动”和“严肃查处破坏社会主义市场经济秩序渎职犯罪专项工作”为契机，突出办案重点，全年受理案件25件，初查12件，立案侦查12件26人。

2006年，受理案件17件，立案10件16人，侦结移送起诉12件15人；经起诉部门审查，向法院起诉7件9人；经法院审理作有罪判决6件6人。

2007年，受理案件22件，立案15件26人；侦结移送起诉14件26人；向法院提起公诉14人；经法院审结作有罪判决4人。

（三）职务犯罪预防

预防职务犯罪工作始于1985年，1991年后，逐步得到重视和加强，当时未设立专门机构，其工作部署随严惩经济领域严重经济犯罪活动一起部署。1998年，设立预防犯罪科，为反贪污贿赂局下属二级机构。2003年，升格为市院一级机构，全称为“职务犯罪预防处”。主要职责：结合查办案件，分析研究职务犯罪发生的原因、特点和规律，提出预防对策和措施，在职务犯罪易发、多发的行业和领域开展预防活动，向管理和制度上存在问题的有关单位提出检察建议，并督促、协助有关单位开展预防职务犯罪的宣传、教育和咨询活动。

1985年年底，地区检察院要求全区检察机关要“着眼于综合治理，注意打防结合”，认真总结经济犯罪的原因，善于发现发案单位在管理和制度上的漏洞，及时掌握经济领域犯罪的新动态、新倾向，结合检察建议，提出预防犯罪的具体意见，消除新的犯罪萌芽。

1991年，在打击经济领域犯罪的同时，地区检察分院总结两级检察机关开展预防工作的成效，认为开展预防工作是减少和遏制经济领域犯罪的一种必要的手段，提出“发动举报、侦查工作、预防犯罪三者并举”的工作方针，要求检察机关要加大开展预防工作的力度，以办案、调研等为预防经济犯罪的切入点，堵塞制度漏洞，提出预防对策。

1998年，地区检察院根据经济工作的新形势，要求两级检察机关要“坚持打防结合，标本兼治，以防为主的方针”，再次将预防工作提到一个新高度。全区两级检察院分别在反贪污贿赂局内设立预防犯罪科，确定专人负责预防工作。全区两级检察院预防部门深入各地金融、建筑、国企等系统和单位开展预防宣传和调研活动，协助他们完善各项规章制度和内部监督制约机制。全区检察机关与金融、国企等10多家单位建立共防关系，并在建筑领域开展“两个协议同签”活动。预防工作作为检察机关的一种职能补充，全面展开。

2000年，面对金融系统职务犯罪案件不断上升的趋势，市检察院率先与金融系统监察室成立“预防金融系统违法犯罪指导委员会”，是全市检察机关在系统内建立的第一个预防职务犯罪的工作机制。

2001年，市委成立“宿州市预防职务犯罪领导小组”，各县、区也先后成立由党委统一领导的预防工作小组；两级院成立内部预防工作领导小组，负责检察机关内部预防职务犯罪工作的指导和协调，预防工作步入系统化、规范化的正轨。全市两级检察院加大预防工作力度，努力从源头上遏制职务犯罪，把预防工作作为服务大局的重要职责。

2002年11月30日，省九届人大常委会第34次会议审议通过《安徽省预防职务犯罪工作条例（试行）》，2003年1月1日施行。预防工作程序更加规范化、程序化、系统化。

2003年3月，市检察院成立职务犯罪预防处，将预防犯罪科升格为院一级机构；各县区检察院也相继成立职务犯罪预防科，全市预防职务犯罪工作得到进一步的完善和加强，并呈现出健康发展的态势。

2004年，全市检察机关积极贯彻执行《安徽省预防职务犯罪工作条例（试行）》和《安徽省检察机关实施〈安徽省预防职务犯罪工作条例〉细则（试行）》，职务犯罪预防工作逐步全面展开。

2005年，全市检察机关就5个问题进行专题调研，会同有关系统、行业写出专题调研报告5份。

针对在人、财、物等管理和制度上存在突出问题的单位，发生职务犯罪大案、要案的单位，职务犯罪易发、多发的行业和领域，其他应当被依法提出检察建议的单位，发出检察建议26份次，收到较好的社会效果和法律效果。

全市检察机关先后6次组织干警走上街头、乡镇，开展大型宣传咨询和预防措施咨询活动。在各行业、系统、单位开办法制讲座60余场次，受教育人员达8千余人。2003年12月，市检察院与安徽省宿州监狱、安徽省女子监狱分别成立“预防职务犯罪警示教育基地”，使全市预防教育工作更加制度化、规范化。

分别与金融、工商、税务、医药卫生等多家部门建立预防职务犯罪工作机制，与电信、烟草等国企建立共防机制，两级检察院建立行业预防机制68个，将检察机关自身的优势与共建单位的优势形成互补，保持预防工作信息渠道的畅通，有力推动社会预防网络的建设，促进部门、单位、系统的职务犯罪预防工作。

对23项规模较大的建筑工程项目实施专项预防，对招投标实施监督30余次，涉及标的金额上亿元。

个案预防：以“办理一案，教育一片，治理一方”为工作目标，对15件有较大影响的职务犯罪案件开展个案预防。

三、监所检察

驻所检察工作从20世纪80年代初开始建立，逐步完善规范，健全宿州市检察机关驻所检察若干规则。

全市6个看守所，检察机关均实行驻所检察，20多年間，对看守所的检察监督，大体经历三个发展阶段：

第一阶段（1980-1990年），一是进行安全检查；二是加强法律政策教育；三是配合公安机关治理整顿监管秩序，制止牢头狱霸对其他在押人员的打骂、体罚、虐待；四是清理纠正超期羁押。

第二阶段（1991-1997年），一是加强制度化建设；二是认真贯彻落实看守所检察工作规范，进一步推动看守所检察工作向着规范化、制度化、经常化方面发展；三是认真执行安全检查；四是加强对在押人员的教育转化工作，收到举报线索280余条，其中经过公安机关侦查立案58件；五是配合看守所开展创建“文明看守所”活动，纠正单人提审、违法接见会见，违法留所服刑、乱收费、违法办理保外就医等违法行为。

第三阶段（1998-2003年），一是彻底清理和纠正超期羁押，实现由纠到防的转变。1998年以前，超期羁押和久押不决现象较为严重，超期羁押或久押不决3年以上的案犯就有30余人，市检察院专门成立清案小组，先后纠正一批近百名超期羁押案件，其中60余人为2年以上超期羁押或久押不决的案件。进一步预防超期羁押，实现由纠到防的转变，全市公检法于2000年3月联合领发《关于对羁押在看守所的犯罪嫌疑人、被告人实行换押制度的规定》等一系列规章制度，在全市看守所实行换押制度，全市看守所在2000年10月首次实现无超期羁押。二是加大刑罚执行监督力度，将一批判刑后未交付执行的罪犯交付劳改单位执行。纠正45名判刑后未交付执行罪犯。三是开展对罪犯减刑、假释、保外就医的专项检察。开展6次对罪犯减刑、假释、保外就医情况的专项检察。发现不按法律程序办理的41件，均提出纠正意见，向监狱发检察建议10份，向法院发收监建议1份，向公安机关发收监建议25份，全部收监。四是加强对罪犯监外执行情况的监督，维护社会治安稳定。每年组织开展1-2次对全市近500名监外执行罪犯的考察。2001-2004年，督促有关单位建立监管组织138个，建立档案152份，对监外执行罪犯表现不好，监外执行条件消失的罪犯收监执行21人，办理又犯罪案件12件12人。

2005年，纠正刑罚执行和监管活动违法12件次，审查起诉罪犯又犯罪案件6件8人。

2006年，纠正刑罚执行和监管活动违法61件次，办理服刑人员又犯罪案件2人。

2007年，纠正刑罚执行和监管活动违法153件次，办理罪犯又犯罪案件6件6人。

四、民事行政检察

1990年，地区检察院开始民行检察工作的试点，抽调专人负责该项工作和控申部门联合办公。1992年成立民事行政检察科，各县、市院先后设立民事行政检察科。1998年宿州市人民检察院检察机关的机构改革，民事行政检察科更名为民事行政检察处。

自民行检察部门成立以来，全市检察机关受理民事、行政申诉案件2039件，立案审查1828件，向人民法院提出抗诉475件，并派员出席再审法庭；人民法院再审审结240件，其中改判、撤销原判决发回重审和调解结案204件，占再审审结数的85%。在办理民事、行政抗诉工作的同时，检察机关以对人民群众高度负责的精神，处理一大批缠诉案件，做大量的服判决息诉工作，为维护社会稳定做出积极的贡献。民行检察工作的发展历程，可以分为三个阶段。

试点阶段（1990-1992年10月），1990年12月，根据高检院和省院的要求，地区院开始筹建民事行政检察科，和控告申诉科合署办公，开始受理民事、行政申诉案件。这一阶段的主要任务是积极宣传民事、行政检察工作的性质、地位、作用，探索开展民事、行政检察工作的方式和方法。受案24件。

初步发展阶段（1992年11月-1997年），1992年11月，地区检察院依法办理第一起提请省院抗诉案件，宿州市家具二厂因和浙江省天台县平镇建材物资供应站购销合同货款纠纷一案。经再审改判，民行检察工作取得突破性进展。1995-1997年间，办理此类案件7件，民行检察工作的内容得到充实和完善。

发展创新阶段（1998-2004年），1998年以后，抗诉案件数量逐年上升。1998年为27件、1999年为34件、2000年为74件、2001年为78件、2002年为75件、2003年为84件、2004年为83件。1998年，全市民行部门受理各类不服人民法院生效裁判的民事、行政申诉1851件，立案审查769件。经审查，对确有错误的裁判提请或建议省院提请抗诉106件，向市中级人民法院提出抗诉393件。其中，1998年抗诉23件，1999年抗诉26件，2000年抗诉58件，2001年抗诉60件，2002年抗诉64件，2003年抗诉78件，2004年抗诉84件。

突飞猛进阶段（2005-2007年），2005年，重点办理民事、行政抗诉案件，受理367件，立案215件，提请抗诉155件，建议提抗115件，抗诉135件，提出再审检察建议15件。2006年，全面履行民行检察职责，受理申诉案件468件，立案208件，提请抗诉142件，建议提抗7件，抗诉121件，坚持“一手抓抗诉，一手抓息诉”，调解结案11件。2007年，受理案件505件，立案170件，提请抗诉118件，抗诉93件，提出再审检察建议18件。

2005-2007年，市检察院民行检察工作一直名列全省前3名。

五、控告申诉检察

（一）信访接待

1987-1988年，全区检察机关受理群众来信来访3065件次，其中，属检察机关管辖的只有942件，占30.7%。1989-2004年，全区检察机关受理来信来访23311件，其中，属检察机关管辖的举报线索13047件，占56%。

2005年，全市检察机关控申部门受理群众来信来访965件次，其中贪污贿赂线索560件，控告申诉线索388件。

2006年，全市检察机关控申部门受理群众来信来访960件次。其中，举报贪污、贿赂、渎职侵权案件线索478件；控告申诉线索463件；受理赔偿申请19件。

2007年，全市检察机关控申部门受理群众来信来访844件次。其中，举报线索405件；控告申诉线索431件；受理赔偿申请8件。

1996年，泗县检察院被高检院授予全国检察系统“文明接待室”称号。1998年，省检察院决定对连续三届被省检察院授予“文明接待室”称号的泗县检察院、砀山县检察院控申举报接待室记集体一等功。

（二）控告举报受理

宿县地区检察机关于1988年年底在全区建立举报网络，分院成立举报中心。

为拓宽举报线索来源，1988-1997年，县、地区检察机关按照省检察院部署，把每年的8月15日作为举报宣传日，1998年后，为加大宣传力度，根据最高人民检察院统一规定，改为每年的6月下旬最后一周为举报宣传周。

举报中心自成立以来，检察机关查处的自侦案件80%来源于人民群众的举报。

1988-1992年，受理各类举报3386件，举报中心初查117件，年均初查23件。

1993-1996年，受理各类举报线索4848件，举报中心初查349件，年均初查87件，是前一阶段年均初查的3.8倍。

1997-2004年，受理各类举报线索8639件，举报中心初查2887件，是前两个阶段初查案件总和的6.2倍。年均初查举报线索360件，分别是第一、二阶段年均初查案件的16倍和4.1倍。

2005-2007年，受理各类控告举报线索1443件，举报中心初查786件，

1997年，宿县地区检察举报奖励协会成立，筹集奖励基金26万元，并制定奖励协会的章程和奖励举报有功人员办法。1997年以来，先后奖励55名举报有功人员。

（三）刑事申诉受理

1979-2004年，受理申诉案件2389件，均依法做出处理，其中，够立案条件的，立案复查500件，取得申诉人基本满意的良好效果。

2001年以后，全市检察机关实行首办责任制，2001-2004年，全市检察机关控申部门立案复查刑事申诉案件230件。

2005年，受理控告申诉线索388件。立案复查刑事申诉案件29件。2006年，受理控告申诉线索463件。办理刑事申诉案件37件，办理控告案件3件。2007年，受理控告申诉线索431件。办理刑事申诉案件19件。办理市院交办的案件6件，市人大交办案件7件。妥善处理集体访16件，告急访3件，上访老户2件。

（四）刑事赔偿受理

分院于1995年年初成立刑事赔偿工作办公室，各县配备专门工作人员，保障刑事赔偿工作的顺利起步和正常开展。

1997年10月，宿县地区检察院受理张影申请赔偿案，按《中华人民共和国国家赔偿法》规定给予赔偿，支付赔偿金10136.66元，是全区检察机关办理的首例赔偿案件。1998年、1999年，两年办理4件，2000-2004年，办理赔偿案件的数量比较平稳，五年办理52件，其中最少的年份7件，最多的13件。2005年，办理17件。2006年，19件。2007年，8件。

六、检察技术

检察技术处的前身为技术科，1990年3月挂牌设立。1998年3月，技术科改名为技

术处。技术专业由过去的2大类增至6大类。分别是：法医学检验鉴定、文件检验鉴定、司法会计检验鉴定、痕迹检验鉴定、视听技术和检察信息技术。

（一）法医检验

技术机构设立时没有配备法医学技术人员，1994年，配备1名法医学技术人员开展检察工作。截至2002年年底，法医学专业受理法医学检验鉴定173件，办理一批具有重大社会影响的案件。截至2007年年底，法医学专业受理法医学检验鉴定、文证审查2647件，办理一批具有重大社会影响的案件。

（二）司法会计鉴定

司法会计鉴定工作于1991年开展。从其他业务部门抽调1名具有会计师资格的专业人员，送最高人民检察院举办的培训班学习。截至2007年，办理司法会计案件1753件，协助侦查部门查办案件500余次。

（三）文件检验鉴定

1990年，技术科设立时配有文检技术人员1人，后因工作关系调出，1998年培训一名文检技术人员，现从事文检鉴定工作仍为1人。截至2007年，受理文检案件788件；参与自侦案件的侦查和审查批捕、审查起诉案件中有关证据的审查与复核；在为各业务部门提供技术服务的同时，为其他司法、行政机关和企事业单位提供大量的技术服务，受理一批有一定影响的案件。

（四）视听技术

起步于1990年，截至2002年年底，为自侦部门固定证据805件，为批捕和起诉部门提供视听资料1021次。至2007年，为自侦部门固定证据1904件，为批捕、起诉部门提供视听资料1184次。

2005年11月1日，市检察院正式实行全程同步录音录像。

（五）检察信息化建设

宿州市人民检察院检察信息网络于2002年7月建成。

2004年，市检察院被省院评为“全省检察机关信息化建设先进单位”，全省信息化工作会议在宿州市召开。是年6月，市检察院机关安装使用信息发布系统。

2005年3月，市检察院机关政法网专线电话安装完成实现市政法机关电话互通。是年8月，全市两级检察机关全部完成局域网建设。是年9月，市检察院与省检察院二级机要通道建设完成，实现上下级之间各种文件、信息无纸化传输。

2006年，市检察院机关被市委评为“全市信息化建设先进单位”。是年6月，升级长白信息发布系统实现市县两级电话拨号联网。

2007年1月，全市政法专网电话建成投入使用与县级联网。是年6月，全市政法网视频会议系统综合联调成功。是年7月，全市三级政法专网数据联网运行，实现市县两级检察院之间数据交换。

第三节 审 判

1973年，安徽省宿县地区中级人民法院恢复，下辖萧县、砀山县、濉溪县、宿县、灵璧县、泗县、五河县、固镇县、怀远县9个县人民法院。1977年，濉溪县人民法院划归淮北市人民法院管辖。1979年，宿县地区增设宿州市（县级市）。1980年设宿州市人民法院。1983年，安徽省调整行政区划，将原属宿县地区管辖的五河县、固镇县、怀远县3县划归蚌埠市管辖。宿县地区中级人民法院所辖基层人民法院为萧县、砀山县、宿县、宿州市、灵璧县、泗县6个基层人民法院。1993年，宿县地区行政区划调整，撤销宿县建制，合并为宿州市（县级市），原宿县人民法院与宿州市（县级市）人民法院合并为宿州市人民法院（县级市）。1999年，撤销宿县地区行政公署，设立宿州市（省辖市），1999年，经最高人民法院批准，宿县地区中级人民法院更名为宿州市中级人民法院，原宿州市（县级市）人民法院更名为宿州市埇桥区人民法院。

1987年前，宿县地区中级人民法院内设刑事审判一庭，刑事审判二庭，民事审判庭、经济审判庭、执行庭、行政审判庭、办公室、人事科，全国法院干部业余法律大学宿县地区分部。1988年，增设驻安徽省第三监狱派出庭、研究室。1990年，增设告诉申诉审判庭（告申庭与刑二庭一个机构两块牌子），撤销人事科，设政治处，增设纪检组、监察室。1992年，增设少年刑事审判庭。1993年，增设经济纠纷案件调解中心。1995年，增设赔偿委员会及其办公室，赔偿办公室与行政庭一个机构两块牌子。同时增设经济审判二庭，撤销调解中心。1996年，增设立案庭。1997年，告诉申诉审判庭更名为审判监督庭。刑事审判二庭与少年刑事审判庭一个机构两块牌子。驻安徽省第三监狱派出庭更名为驻安徽省宿州监狱法庭。1998年，增设宣传教育处，技术室、法警支队。2000年，设执行局，与执行庭一个机构两块牌子。2001年，撤销民事审判庭、经济审判庭、经济审判二庭，改设民事审判一庭、民事审判二庭，增设民事审判三庭。撤销业余法律大学宿县地区分部，改设安徽省法官学院宿县分院。

2003年，改驻三监狱法庭为刑事审判三庭。执行局内设执行、协调、综合三个处。政治处更名为政治部，内设组织人事处、法官管理处、宣传教育处。2004年，设年鉴办公室，2005年，撤销宣传教育处，增设老干部处（政治部内设机构），司法行政装备处。并内设案件评查室和联络督查室。

宿州市中级人民法院审判委员会是中级人民法院内部的最高审判组织。1988年有9名委员。至2007年，委员增至19名。人民法院负责审判国家赔偿案件。赔偿委员会于1995年成立，2007年有委员7名。

一、刑事审判

1988年，全区两级法院在依法从重从快方针指引下，坚持不懈地严厉打击刑事犯罪活动，依法严惩经济犯罪活动。受理案件635件，936人，受处罚的912人，其中处无期徒刑以上的33人。有期徒刑15年至20年的11人，10年至15年的33人，5年至9年的222人，4年以下有期徒刑的558人，其他55人。免予刑事处罚和无罪的24人。1988年受理的案件中故意杀人案32件，较上年增长39.1%；强奸、奸淫幼女案144件，较上年增长11.6%；抢劫48件，较上年增长2倍；重大盗窃270件，较上年增长64.6%；诈骗39件，较上年增长8.3%。两级法院对严重刑事犯罪进行严厉打击。

1989年，最高人民法院和最高人民检察院联合发出通知，告诫经济犯罪分子在规定的时间内坦白交待问题，给予从轻减轻或者免予处罚。通知规定的时间内，投案自首的2案2人，坦白退赃的12件12人。10月31日召开宽严兑现大会，宣判宽严典型案件11件11人，从宽处理9人，从严处理2人。全区两级法院受理一审刑事案件778件，1231人，判处无期徒刑以上刑罚的34人，10年以上有期徒刑的84人，9年以下有期徒刑的977人，其他处理的119人，合计受刑罚处罚的1214人。无罪和免予刑事处罚的17人。

1990年，受理案件951件，1496人，判处无期徒刑以上的61人，10年以上有期徒刑153人，9年以下有期徒刑1131人，其他处理的130人，处罚1475人。无罪和免予刑事处罚的21人。在全年受理案件中杀人、抢劫、强奸、流氓团伙等重大案件居高不下，经济犯罪案件大幅上升，两级法院适时召开公判大会58场，判案172件，惩罚犯罪分子274人，旁听群众达24万人。通过多次公开宣判和公判人犯，教育群众，遏制住犯罪分子的嚣张气焰，收到良好的社会效果。

1991年，全区两级法院针对拐卖人口犯罪活动严重的形势，及时审理抓紧结案，严厉打击犯罪分子的嚣张气焰。全年审结拐卖人口案件72件，惩处犯罪分子109人，占受理案件人犯1267人的9%。1991年，受理案件776件，1267人，判处无期徒刑以上的62人，判处10年以上有期徒刑的151人，判处9年以下有期徒刑的890人。

1992年，盗窃案件上升，城乡各地都有重大盗窃案件发生。两级法院把审判盗窃案件作为刑事审判的重点，同时也把打击重点放在贪污、受贿的犯罪案件上，体现审判工作为经济建设服务的指导思想。1992年，受理一审刑事案件880件，1376人，判处无期徒刑以上的57人，判处有期徒刑10年以上的150人，判处9年以下有期徒刑的972人。

1993年，全区两级法院受理一审刑事案件789件，1221人，判处无期徒刑以上的71人，判处10年以上有期徒刑的111人，判处9年以下有期徒刑的880人。全区法院审判工作重点是打击拐卖人口犯罪活动、流氓犯罪活动和“车匪路霸”。

1994年，全区法院把杀人、抢劫、强奸、重大盗窃、拐卖人口、爆炸等严重刑事犯罪作为打击的重点。全年审结850件刑事案件，1061人，判处无期徒刑以上的60人，判处10年以上有期徒刑的155人，9年以下有期徒刑的745人。全区两级法院积极开展青少年犯罪的审判工作。中级法院和萧县法院成立“少年庭”，其他法院成立少年刑事审判合议庭。与妇联、共青团配合，到中小学校宣讲法律，预防青少年犯罪；中级人民法院少年刑事审判庭被最高人民法院授予“少年刑事审判先进集体”称号。萧县法院少年刑事审判庭庭长被最高人民法院授予“少年刑事审判先进个人”称号。

1995年，两级法院坚决贯彻党中央国务院《在全国开展严厉打击严重危害社会治安的犯罪分子的决定》。5月15日，中院召开各县、市法院院长会议，研究部署严打斗争。5月21日至6月21日在砀山县、萧县、灵璧县、泗县和宿州市对13名严重危害社会治安犯罪分子判处重刑，公开宣判，大造声势。7月、10月在四个县公开宣判9名罪恶严重的犯罪分子。全年审结“严打”案件650件，1092人，其中判处无期徒刑以上刑罚的67人。召开公开宣判大会49场，审判案件266件。全年审结各类刑事案件809件，1166人。判处无期徒刑以上67人，判处10年以上有期徒刑的106人，判处9年以下有期徒刑的823人。全区两级法院积极配合公安、检察机关开展“扫黄打非”和打击盗窃、拐卖人口的专项斗争。灵璧县公安机关破获犯罪嫌疑人张勇组织他人卖淫案，中院提前了解案情，公诉后及时审理，依法从重判处无期徒刑。两级法院严惩经济犯罪，全年审结此类案件68件。对开设虚假公司利用合同进行诈骗的行为配合公安、检察机关开展专项整治，仅宿州市法院就审结“皮包”公司诈骗案18件，判处犯罪分子19人。

1996年，全区两级法院为认真贯彻执行新的《中华人民共和国刑事诉讼法》，抓刑事审判人员培训，抓试点，抓模拟开庭，为执行新《中华人民共和国刑事诉讼法》做充分的准备。同时，两级法院刑事审判工作继续把重点放在“严打”上。全年受理一审刑事案件913件，1325人，判处无期徒刑以上的80人，判处10年以上有期徒刑的123人，判处9年以下有期徒刑的957人。

1997年，全区两级法院全面贯彻执行新《中华人民共和国刑事诉讼法》，新庭审方式改以前庭审由法官“纠问式”为“控辩式”，庭审透明度增强，保障当事人合法权益，案件质量有保证。1997年3月14日，第八届全国人民代表大会第五次会议通过修改《中华人民共和国刑法》的决定，全区法院认真开展学习培训，贯彻执行。两级法院继续开展严打，全年审结案件669件，1087人，判处无期徒刑以上的113人，判处10年以上有期徒刑的109人，判处9年以下有期徒刑的677人。

1998年，严打斗争重点是严重暴力犯罪、有组织犯罪、带有黑社会性质的犯罪和毒品犯罪，坚决遏制杀人、抢劫、强奸等犯罪，严厉打击贪污、贿赂、渎职等国家机关工作人员利用职务的犯罪，重点惩处“三机关一部门”中的犯罪活动（党政机关、行政执法机关、司法机关和金融经济管理部门），特别是县（处）级以上领导干部犯罪要案。严厉打击破坏社会主义市场经济秩序的犯罪，特别是破坏金融秩序的犯罪，同时开展打击走私犯罪的专项斗争。全年审结刑事一审案件755件，1078人，判处无期徒刑以上的101人，判处10年以上有期徒刑的118人，判处9年以下有期徒刑的606人。

1999年，刑事案件发案率居高不下，两级法院受理案件数超过千件大关。全年审结刑事一审案件1045件，1270人，判处无期徒刑以上的107人，判处10年以上有期徒刑的158人，判处9年以下有期徒刑的616人。刑事审判在参与社会治安综合治理方面成效显著，中院被安徽省共青团委员会和安徽省高级人民法院共同授予“优秀青少年维权岗”称号，被推荐为共青团中央和最高人民法院在全国法院系统命名的100家“青少年维权岗示范点”之一。

2000年，审结刑事一审案件1080件，1135人，判处无期徒刑以上的128人，判处10年以上有期徒刑的175人，判处9年以下有期徒刑的604人。

2001年，全市法院进一步落实党中央，国务院关于开展严打整治斗争的部署，全年审结刑事一审案件1422件，1541人，判处无期徒刑以上的90人，判处10年以上有期徒刑的137人，判处9年以下有期徒刑的1021人。

2002年，全市法院深入开展严打整治斗争，依法从重从快严惩一大批刑事犯罪分子。成功审理一批在社会上产生重大影响的涉黑案件。两级法院围绕整治市场经济秩序专项斗争和反腐败斗争，加强对破坏市场经济犯罪和职务犯罪的打击力度，依法严惩一批制售假冒伪劣商品、走私贩私、利用经济合同诈骗、偷税抗税、制造贩卖假币等犯罪分子。审结此类案件48件，判处71人。全年审结一审刑事案件1294件，1884人，判处无期徒刑以上的46人，判处10年以上有期徒刑的78人，判处9年以下有期徒刑的1154人。

2003年，全市法院审结一审刑事案1176件，1649人，判处无期徒刑以上57人，判处10年以上有期徒刑的99人，判处9年以下有期徒刑的997人。

2004年，审结刑事案件1489件，给予刑事处罚的1351人。判处无期徒刑以上的74人，判处10年以上有期徒刑90人。

2005年，审理一审刑事案件1460件，给予刑事处罚1286人。判处无期徒刑以上的79人，10年以上有期徒刑的70人。刑事审判坚持“严打”方针不动摇，打击重点始终放在杀人、抢劫、绑架等严重影响社会稳定的暴力犯罪，审结上述案件44件，判处犯罪分子87人。严惩破坏市场经济的犯罪和职务犯罪，审结破坏市场经济秩序案件10件，审结职务犯罪案件27件。

2006年，审结刑事案件1050件，给予刑事处罚的1206人，判处无期徒刑以上的43人，判处10年以上有期徒刑的81人。刑事审判始终把打击重点放在有组织犯罪，流窜犯罪，严重暴力犯罪以及盗窃、抢劫、抢夺等多发性犯罪，同时搞好教育防范，开展以案讲法15场次，对未成年犯罪进行“教育、感化、挽救”的工作。

2007年，审结一审刑事案件1343件，给予刑事处罚的1283人，判处无期徒刑以上的37人，判处10年以上有期徒刑的101人。受理的刑事案件，故意杀人、抢劫、强奸、盗窃、故意伤害等刑事案件发案数量仍居突出位置。

二、民商事审判

1988-1993年，民事案件逐年大幅度上升。1988年，受理3392件，1993年增至7355件。两类民事案件居高不下。一是离婚案件。1988年，受理的民事案件中，离婚案件占民事案件的40%，比上年增长73%。在离婚案中，中老年离婚占一定比例。1991年，占离婚案件的51.7%，萧县占34%，砀山县占57%。二是债务纠纷案件。1988年，债务纠纷案件占整个受理案件的30%。1991年萧县法院受理的案件，债务纠纷案件占34%，砀山县债务纠纷案件占整个受理案件的37%。还有损害赔偿、土地山林、果园承包、继承和房产宅基纠纷等也逐年增长。经济合同纠纷案件大量增加，1986-1988年，上升到1700余件，其间两级法院积极审理经济纠纷，调整经济关系，为本地经济发展做出积极贡献。

1994年，两级法院受理民事案件9481件，较上年增长29.26%。民事案件发案率明显增加，民事审判力量矛盾突出，解决矛盾只有采取改革民事审判方式的路子，两级法院从以下四个方面解决：一是推行民事审判公开开庭，凡依法应公开开庭的，全部开庭审理；二是积极适用法定的保全措施；三是强化当事人举证责任；四是充分发挥调解结案的优势。在审结的9481件案件中调解结案的7111件，占结案数的75.6%。1994年全区法院受理经济纠纷案件1192件，诉讼标的额5470余万元。购销合同纠纷和借款合同纠纷分别为318件和358件，诉讼标的分别为2690余万元，均占案件数和标的50%以上，对维护经济秩序和金融秩序发挥了重要作用。加强经济体制改革中出现的新型案件的审理，如破产、股票、票据、融资、租赁纠纷等。两级法院先后设立“经济纠纷”调解中心，当年处理经济案件1000余件。

1995年，民事审判方式改革在全区法院进一步推行。重点加强对婚姻家庭、抚养、赡养、继承和债务纠纷案件的审判，化解矛盾，维护家庭关系和社会稳定。两级法院受理各类民事案件9416件。两级法院在1994年开展的依法清贷审判活动的基础上，进一步加大对这类案件的审判、执行力度。上半年审理和执结借贷纠纷案件697件，标的额250万元。全区法院经济纠纷立案数上升到3775件，较上年增长216.6%，诉讼标的达9078余万元。1996年，两级法院受理民事案件9188件，调解结案5283件，占案件数的50%以上。民事案件仍然以借款和婚姻家庭纠纷居多。全区经济案件数量又创新高，全年受理案件达到7058件，比1995年增长86.97%。其主要增长点仍是借款合同纠纷案件。此类案件总数达5364件，约占总收案数的76%。

1994-1996年，全区法院开展的依法清欠专项整治取得阶段性成果，此类纠纷大幅减少，全区经济纠纷案件数回落到正常水平，1997年，全区受理经济纠纷2483件。虽然案件收案数回落，但争议的标的大，总标的达1.43亿元。企业改制中的破产、承包、租赁纠纷显著增加，达79件。农村承包合同纠纷突出，受理20余件。这些类型的经济纠纷案件诉至人民法院，反映社会主义市场经济的发展，需要法院依法调节经济关系的范围越来越广的趋势。1997年，全区法院民事一审立案数在历史上首次突破一万件大关，达11253件，其中婚姻家庭案件居首位，达5015件，占总案件数的44.5%。

1998年，受理经济纠纷2263件，其中受理企业承包租贷纠纷案件26件，受理借贷、票据、债券、股票纠纷案件971件，受理农村联产承包合同纠纷案件137件，受理民事案件达11243件，结案10962件，调解结案6302件，调解结案达50%以上。

1999年，知识产权纠纷及名誉权纠纷等新型案件呈上升趋势，两级法院受理此类案件16件。全市法院受理民事案件10421件，结案9754件。两级法院受理经济纠纷案件2565件，结案2352件，结案率在95%以上。

2000年，全市法院受理民事纠纷案件8058件，较上年10421件下降20%左右。审结民事案件7540件，结案仍以调解结案为主，调解结案2842件。全市两级法院受理经济纠纷案件1561件，结案1466件。

2001年，经济审判开始纳入“大民事”范畴，统称“民商事审判”。全市法院受理民商事案件12838件，结案10940件。

2002年，民商事审判工作，全市法院注重发挥三种职能：一是依法履行调节职能，促进经济与社会协调发展，依法妥善处理各类群体纠纷案件，化解涉案人数多、社会影响大的矛盾；二是充分发挥依法调节保护和规范市场经济的职能，维护市场经济秩序，重点审理涉及改革、改制过程中发生企业租赁、金融、破产等案件82件，涉及金融领域借款、票据纠纷案件2483件，涉及农村稳定和农村经济发展的承包合同纠纷案件104件；三是妥善处理普通民事纠纷案件，及时化解各类社会矛盾。审理涉及婚姻家庭纠纷的案件3795件，维护社会稳定。全年全市两级法院受理民商事案件9710件，结案9334件。

2003年，全市法院受理民商事案件9476件，结案9055件。两级法院贯彻执行最高人民法院《关于民事诉讼评据若干规定文书式样（试行）的通知》，使民商事案件的审理在审判程序上，更加公开透明，保证民商事案件的审判质量。2003年3月，最高人民法院发出《关于参照（医疗事故处理条例）审理医疗纠纷民事案件的通知》，在审理医疗事故纠纷案件中，依照国务院公布的《医疗事故处理条例》的规定审理，统一司法标准。

2004年，全市法院受理民商事案件9423件，结案8236件，收案较上年同期下降6.72%，结案率下降2.14%。审理民商事案件主要突出抓好两个方面：一是充分发挥调节、保护和规范经济活动的职能，审理一大批有可能影响经济发展的经济纠纷案件，促进企业改制顺利进行。二是妥善处理民事纠纷，及时化解各类社会矛盾，大量的婚姻家庭纠纷案件得到及时处理。

2005年，全市法院受理民商事案件9330件，结案8338件。制定《关于加强调解工作的若干意见》，加大调解力度。如灵璧县165位农民土地承包合同纠纷案，当事人情绪激动，意欲采取极端措施抢收小麦，并到省高院上访。中级人民法院及时派员深入了解情况，主持调解，与群众面对面交流，成功调解解决这起对抗激烈的涉诉上访案件。审理民事案件，加强对当事人诉讼指导，引导当事人正确行使诉讼权利，保护自己的合法权益。重点审理涉及企业改革改制案件，保护和规范经济活动，保护企业依法改制，巩固改革开放成果。

2006年，全市法院受理一审民商事案件8816件，结案6972件，收案较2005年同期增长6.16%。

2007年，全市法院受理一审民商事案件11956件，结案9497件，收案较2006年增长35.62%。结案增长0.35%。

三、行政审判与国家赔偿审判

（一）行政审判

1987年，地县（市）两级人民法院设立行政审判庭。1987-1990年，两级法院主要是组织筹建行政审判机构，学习、宣传《中华人民共和国行政诉讼法》。1989年开始，全区法院行政审判工作正式启动。1989-1995年，全区法院受理行政案件很少。行政审判案件量少的原因，主要有：一是群众对行政诉讼不了解，不知通过行政诉讼维护自身权益，不懂如何进行行政诉讼。二是行政诉讼，基本是“民告官”，不敢告，怕法院官官相护。三是干部对行政诉讼思想认识不到位。1995年前，绝大多数案件仅限于治安管理方面。1996年，行政诉讼有长足的发展，全区法院年受理行政案件101件。1997年，受理行政案件196件；1998年，受理行政案件249件；1999年，受理行政案件758件；2000年，受理行政案件429件；2001年，受理行政案件777件；2002年与2003年，受理案件均在300件以上。受理案件的范围扩大到技术监督、房屋登记、物价、税务、宅基地使用、劳教、土地、工商等领域。2004年，受理一审行政案件383件，结案336件，结案率为92.50%。2005年，受理一审行政案件392件，结案325件，结案率82.91%。2006年，受理一审行政案件395件，结案270件，结案率为68.35%。2007年，受理一审行政案件552件，结案419件，结案率75.91%。从统计分析看，自2004-2007年行政审判有以下几个特点：行政案件逐年呈增长趋势；土地方面的行政案件占多数且成逐年增长趋势；治安行政案件收案数量较大，占各类收案数第二位；因行政许可形成的案件占多数。

（二）国家赔偿

宿县地区中级人民法院1995年3月成立赔偿委员会及其办公室，开展国家赔偿案件的受理审判工作。1995-1996年，中院赔偿委员会基本没有受理过刑事赔偿及非刑事赔偿案件。决定赔偿的第一起刑事赔偿案件是张影因被错逮捕申请原宿州市人民检察院赔偿案。宿州市人民检察院于1994年6月2日以张影挪用公款罪将其刑事拘留，6月10日转逮捕，后经宿州市人民法院宣告无罪。宿州市人民检察院向中院提出抗诉，中级法院驳回抗诉，维持原判决。张影被错误逮捕由赔偿义务机关宿州市人民检察院赔偿张影人民币10136.66元。

1997-2001年，受理审结刑事赔偿案件及非刑事赔偿案件49件，其中决定赔偿的案件10件。刑事赔偿案件审判情况反映，大部分刑事赔偿案件是由检察院错误逮捕造成的，少量的刑事赔偿案件是由法院一审判决有罪，二审改判无罪产生的，也有因法院经再审改判无罪产生的。2002年，各县、区人民法院建立理赔小组，完善国家司法赔偿制度。2003年7月后，中级人民法院普遍推行司法赔偿听证制度，依法组织并听取当事人就侵权事实充分发表意见，增强赔偿案件的透明度，保证赔偿案件审判的公开公正，保障赔偿申请人的合法权益。2002年，受理赔偿案件32件，决定赔偿的12件，决定不予赔偿的8件。2003年，受理赔偿案件18件，决定赔偿的案件4件，决定不予赔偿的7件。2004年，受理赔偿案件19件，结案19件，决定赔偿的9件，不予赔偿的案件10件。赔偿金额3.4442万元。2005年，受理赔偿案件15件，结案11件，决定赔偿的5件，决定不予赔偿的6件。2006年，受理赔偿案件20件，结案20件，决定赔偿的案件12件，决定不予赔偿的5件。2007年，受理赔偿案件38件，结案15件。决定赔偿的5件，决定不予赔偿的3件。2002年-2007年，赔偿案件审判中的特点：赔偿案件的数量逐年增长；决定赔偿案件数增多；赔偿案件多数由错捕、错判、再审改判造成；赔偿额度增多。

四、执行

1986年，中级法院建立执行庭，各县、区法院也陆续成立执行庭。执行庭建立初期，每年执行案件数量较少，全区法院每年仅能执结300余件，每个法院平均执结只40余件。1993年，年执行案件2390件，执行结案数量增加6.5倍。1986-1993年收案6254件，执结4734件，执结率占75.8%，执结标的3682.8万元。1989年，受理执行案件539件，执结390件。1990年，受理执行案件545件，执结374件。1991年，受理执行案件694件，执结540件。1992年，受理执行案件1210件，执结876件。1993年，受理执行案件2390件，执结1963件。1994年，受理执行案件2132件，执结1816件，执结率占85.1%，执行标的1345万元。为保证执行案件的质量，全区法院对执结的案件进行自查抽查，自查案件535件，合格率为95%以上，抽查案件140件，合格率为96.4%。

1995年，受理执行案件1697件，执结1602件，执结率比1994年升约9个百分点。5月与10月，全区法院两次开展执行积案的清理工作，清理历年积案1176件，标的2666万余元，占历年积案的67%。对拒不执行法院判决，又无正当理由的，法院依法强制执行。砀山县法院在执行砀山法院〔1992〕砀经字67号民事判决书过程中，河南省信阳地区三利农副产品公司法人代表齐山对砀山县先后依法给他的6次传唤通知书视而不见，对送达的执行通知书置若罔闻，对到其公司执行的执行人员当面抗拒。砀山县法院认为齐山的行为触犯了刑法，决定对其逮捕。极大地震动了那些有能力执行却采取拖延、观望态度的被执行人。

1996年，受理执行案件1958件，执结1563件。12月，中院制定《关于实行审执分立的暂行办法》，从制度上规范执行秩序，彻底改革长期以来又审又执的做法。基层人民法庭审结的案件由本庭执行，执行中需采取强制措施的案件，应一律经执行庭合议作出决定，报院长或院长授权的分管副院长批准。

1997年，全区法院全面实行审执分立，受理执行案件的数量较1996年明显增长，受理执行案件增至2679件。1992年以来，受理外地法院委托执行案件106件。1997年，执结外地委托执行案件39件。中院执结委托执行案件7件。1998年，受理执行案件4379件，执结4267件。

1999年，最高人民法院把这一年确定为“执行年”。全区法院受理执行案件4908件，执结4267件，执行标的1.3亿元，执行年活动取得阶段性成果，初步实现执行收结案比例的良性循环。

2000年，中院成立执行局，与执行庭合署办公，一个机构两块牌子。受理执行案件3945件，执结3596件。2001年，受理执行案件5129件，执结4447件。2002年，全市法院狠抓执行队伍建设，对执行人员集中整顿教育，提高思想和业务素质，受理执行案件5553件，执结5081件，创执行工作历史新高点。2003年，受理执行案件4496件，执结4349件。2004年，受理执行案件4477件，执结案件3620件，执结率80.85%。2004年，执行工作认真开展三清理活动，即清理执结案件、执行款物，执行案件卷宗。清理历年中止执行案件1237件，其中具备恢复执行条件的598件，全部恢复执行，完成执行款物和执行案件的卷宗清理工作。为切实解决“执行难”，中院制定完善委托公安机关协助查找被执行人下落制度，财产调查令制度，举报被执行人财产奖励制度和提级执行制度，制定执行制度，并召开新闻发布会向社会公布，推动执行工作开展。2005年，全市两级法院开展为期半年的“规范执行行为，促进执行公正”专项整改活动，加大执行监督力度，在原执行听证制度的基础上，严格听证规程，加大听证案件的开庭审查，办理听证案件8件，给当事人、案外人合理的司法救助。建立执行工作考评机制，鼓励先进。全年受理执行案件3707件，执结案件2963件。

2006年，创新执行工作机制，维护经济秩序发展。运用现代电子信息技术手段，初步建立全市法院执行案件信息管理系统暨执行威慑机制。全年受理执行案件3214件，执结2436件。2007年，两级法院受理执行案件3795件，执结2327件。

五、审判监督与立案

（一）审判监督

早期的审判监督工作主要是刑事案件的申诉复查，由地区中级人民法院刑事审判二庭负责。1988年以前，刑事申诉复查工作，主要是复查历史上的各类冤假错案，落实统战政策。1988年起，主要集中复查《中华人民共和国刑法》、《中华人民共和国刑事诉讼法》实施以来错判的案件。1989年后，严打期间判处的刑事案件的申诉大量增加，地区两级法院高度重视，集中人力进行复查工作，实事求是纠正错判错处案件。

1990年4月，地区中级法院设立告诉申诉庭，主要承担民事、经济、刑事、行政等案件的申诉复查工作及再审工作，接待人民群众来信来访，指导各基层人民法院告诉申诉工作。1991年至1993年期间，继续贯彻中央关于对冤假错案落实政策的指示，并认真执行最高人民法院关于刑事申诉暂行条例，分级负责处理原则，层层落实，各方配合，采取上清档、下查访的办法，把申诉的、需要复查复议的案件全部找出查清，逐一落实。

1994年，告诉申诉庭的工作重点转移到处理好正常的申诉复查工作上来，杜绝新的上访老户，接待群众来访1205人次，受理申诉598件。其中涉及刑事案64件，民事案件45件，经济纠纷18件，行政案1件，均进行复查。1995年，告诉申诉庭审结再审案件98件，对其中22件做出改判。

1996年12月，中级法院成立立案庭，实行立审分立，原告诉申诉庭负责受理的申诉收案及接待来信来访工作划归立案庭的职责范围。告诉申诉审判庭更名为审判监督庭。工作重点由原来的接待群众来信来访，审查申诉转变为审判监督，强化内部监督机制。1997-1999年，全区法院审判监督庭审理再审案件255件，有力推动“审判质量年”活动的开展。

2000-2003年，每年受理审判监督案件均在200件以上。其间加强审判监督人员的业务培训，保证审判监督案件质量。审判监督庭工作重点：一是办好再审案件；二是办好领导和人大代表过问的重点案件，办好当前有重大影响甚至影响一方稳定的案件；三是通过检查案件的方式来提高一、二两审的质量；四是研讨与实践再审案件开庭审理的改革问题；五是研讨人民检察院依照审判监督程序提出抗诉的相关问题。

2004年，审判监督收案222件，结案189件。2005年审判监督收案220件，结案167件。2006年，审判监督收案323件，结案207件。2007年审判监督案件收案391件，结案242件。

（二）立案

1996年12月，中级法院制定《宿县地区中级人民法院关于立案工作的暂行办法》，对全区法院立案工作改革有关问题作出规范，决定在法院设立“立案庭”。开始“立审分立”。1999年，全区法院所有案件的立案工作均由立案庭受理，立案总数达13581件。立案庭负责统一收取诉讼费，并决定能否减免。

改革信访接待，完善信访制度，规范信访接待责任，是立案庭工作的重点之一。立案庭成立以后，制定《信访接待制度》《信访接待责任制》《院长接待日制度》《处理党委、人大及上级法院交办案件及时反馈的暂行规定》《复查听证制度》等规定，把信访接待引入制度化、规范化的轨道。立案庭成立4年接待群众来访9738人次。中级法院2002年年底初步达到各类案件无超审限，决定司法救助案件435件，减免诉讼费达105.9万元。2003年上半年，对63件缠诉案件全部查清，分配各庭、处、室审查，报告逐案研究，确保难题解决。

2004年，加强立案信访工作。规范各类案件的立案标准，认真审查，及时登记，保障群众诉权。坚持“一信两回”制度，认真处理群众来信来访工作，仅中级法院2004年处理来信394件，接待群众来访1000余人次。强化信访工作责任制，中院设立信访办公室，抽调一名副庭长三名审判员，专门负责涉诉信访工作的接待、审查、答复及院长预约接待工作，切实做好息诉罢诉工作。在排查交办的122件案件中，中院自办92件，依法进入再审14件。经过回访，息诉罢访的9件。坚持有错必纠原则，受理再审案件101件，审结96件。

2005年，建立健全信访工作机制，把信访工作纳入审判流程管理系统，重点解决重复访、集体访等难点。制定《涉诉信访工作暂行规定》，实行院领导包案责任制和首办责任制，全年接待来访群众2300人次，处理来信780件，院长预约当事人380人次。6月1日–20日院领导开门接待，带案下访，接访案件150件，带案下访14件次。抽调20多名审判骨干清查282件涉诉信访积案，决定再审34件。制定《便民诉讼暂行办法》《审判流程管理若干规定》《案件质量评查规定》《违法审判责任追究办法》等制度，从源头上解决涉诉信访问题。

2006–2007年，打造“阳光诉讼工程”，增强司法公信度。继续实行立案公开，庭审公开，结果公开。实行《诉讼风险告知制度》与《诉讼风险提示书》，帮助当事人明明白白打官司。打造“绿色救助工程”，积极实行司法救助，为困难诉讼当事人减、缓、免诉讼费30多万元。打造“信访稳控工程”畅通信访渠道，源头预访，中间控制，末端息诉，减少涉诉信访案件产生。

第四节　司法行政

一、法制宣传

1986年，向全体公民基本普及法律常识的第一个五年规划开始实施，全区成立各级普法领导小组2879个，普法办公室2178个，培训普法骨干103000人。至1988年，全区430万普法对象中，303万人普及五法一例，其中普及“十法一例”的达107万人；地区、县市、乡44000名干部中，接受法律常识学习培训的38532人，其中县处级以上领导干部384人，普及率93%；全区2200所中小学校开设法制课。1990年“一五”普法工作总结验收时，全区有303万人接受“十法一例”普及教育，基本完成“一五”普法任务。

1991年，“二五”普法启动实施。全区各级司法行政机关认真组织开展《宪法讲话》《社会主义法制建设若干问题》（简称“两本书”）学习活动，举办培训班386期，36568名干部参加学习。地区普法办编印发行《法规选编》单行本4.8万册。1994年，在萧县进行依法治村、民主管理试点工作，随后在全区推广。至1995年，全区54个乡镇、1610个村开展依法治理工作，为依法治县市打下良好基础。经省检查验收小组验收，完成“二五”普法各项任务。地区司法局、萧县退休教师唐世朴分别被司法部评为“二五”普法先进单位和先进个人。

1996–2000年，全市开展“三五”普法工作。全市举办领导干部学法讲座137次，各级党校、干校举办安排有法制课内容的干部培训班、进修班、读书班303期，参加学习的各级干部达3万余人次。在依法治理工作中，开展每个县、区各3个乡镇、5个行业、100个行政村实行普法依法治理的“351”试点工程。2000年，各类试点单位达到801个。全市260个部门和单位推行执法责任制，7100多名行政执法人员取得行政执法资格证书，持证上岗率达到95.2%。“三五”普法期间，全市统一开展宣传月（周）、送法下乡、法制文艺调演等宣传教育活动100余次，举办法律知识考试40余次，参考达12万多人次。举办各类法律知识竞赛10余次，参赛约20万人次。在2000年举办的宪法知识竞赛中，市代表队取得皖北片第一名，获得全省总决赛三等奖。

2001年，“四五”普法在全市启动实施。全市建立市、县级普法讲师团6个，建立省、市、县级普法依法治理联系点110多个，举办普法骨干培训班20余期，培训普法骨干1500多人次。征订发放“四五”普法干部读本3098套，公民法律读本1.1万册，青少年法制教材2.5万册。举办县处级以上干部大型法制讲座37场。全市各级各类学校聘请兼职法制副校长、法制辅导员2163名，占全部学校的95%以上。2003年，市司法局、教育局、团市委与宿州监狱配合，在宿州监狱建立“宿州市预防未成年人犯罪教育基地”，截至2005年，全市中小学建立法制教育基地近百个。“四五”普法中，市政府先后两批取消339项行政许可项目，制定出台依法行政规范性文件近30件。全市举办各类司法和行政执法人员法律知识培训班300多期，360多个单位全面推行执法责任制。897个村被分别授予国家、省、市、县级“民主法治示范村”称号，其中萧县龙城镇姬村、砀山县葛集镇白腊园村被司法部、民政部授予“全国民主法治示范村”。市级财政投入普法依法治理经费60余万元，为顺利开展并完成普法依法治理工作提供保障。2005年11月，全市“四五”普法工作顺利通过省检查组的考核验收。

2006年，市委印发《宿州市“十一五”依法治市实施意见》，并批转《市委宣传部、市司法局关于在全市公民中开展第五个五年法制宣传教育的规划》，市人大常委会审议通过《关于在全市公民中开展第五个五年法制宣传教育的决议》。10月，全市“十一五”依法治市和“五五”法制宣传教育工作会议召开。2007年，市司法局联合市委宣传部、市人大常委会内司委，对市法院、工商局等十家单位的“五五”普法工作进行检查，联合广播电台共同推出大型法治服务节目《与法同行》。全市各级司法行政机关在会同有关部门开展“三八”维权周、“3·15”消费者权益保护日、综合治理宣传月和劳动法、交通法等法律法规宣传咨询活动的同时，进一步加大对农民的法制宣传教育力度，开展多种形式的“送法下乡”活动。

二、律师工作

1980年，恢复建立法律顾问处，1988年，全区律师执业机构达到8个，其间于1984年成立的“宿县地区法律顾问处”，是全省第一个地区级法律顾问处。1989年1月，全区法律顾问处统一更名为律师事务所。1993年，宿县地区第一个集体性质，“不占国家编制、不要国家经费，自愿组合、自收自支、自我发展、自我约束”的合作制“宿县地区拂晓律师事务所”成立，1995年，与合作制所同样性质的合伙制“灵璧光明律师事务所”成立。2001年，经脱钩改制，全市的国资律师事务所均改制为合作制律师事务所。到2007年，全市有注册律师执业机构23个，其中律师事务所22个，公司律师事务部1个。全市注册执业律师174人（其中公司律师4人）、实习律师12人。

1995年12月25日，宿县地区第一届律师代表大会在宿县地区宾馆召开，出席会议的律师代表45名。大会讨论通过《宿县地区律师协会章程》，选出17名理事组成宿县地区律师协会第一届理事会。第一届理事会一次会议选举陈若鲁等9人为常务理事，陈若鲁任会长，张培坤、潘友辉任副会长，王国庆任秘书长。1999年5月，宿县地区律师协会更名为宿州市律师协会。

2001年3月6日，宿州市第二届律师代表大会召开，45名律师代表出席会议。会议审议并通过市律师协会第一届理事会的工作报告，选出19名理事组成宿州市律师协会第二届理事会。理事会选举张培坤等9人为常务理事，张培坤任会长，王国庆任副会长，李强任秘书长。

2001年12月22日，市律师协会二届二次理事会召开。会议同意张培坤辞去会长职务，选举王国庆任会长，薛鹏任副会长。

2003年4月7日，市律师协会二届四次理事会研究决定，成立宿州市律师协会“维护律师执业合法权益委员会”和“律师纪律委员会”。为适应律师事务所脱钩改制后律师管理工作的需要，全市各县、区先后建立律师协会联络组，在县、区司法局领导和监督下，对律师实行行业管理。

2005年1月，宿州市第三届律师代表大会召开，50名律师代表出席会议。会议选出21名理事组成宿州市律师协会第三届理事会。理事会选举王国庆等9人为常务理事，王国庆任会长，李成俊、薛鹏、陈晨任副会长，刘洪涛任秘书长。

2007年，宿州市律师协会有个人会员184人，团体会员29个，其中律师事务所22个，公司律师事务部1个，法律援助中心6个。

全市律师事务所名录

表2-9-3

地 区	名 称
市 直	安徽光大律师事务所
	安徽三联律师事务所
	安徽拂晓律师事务所
	安徽黄淮律师事务所
	安徽云飞律师事务所
	安徽安康律师事务所
埇桥区	安徽大泽律师事务所
	安徽君光律师事务所
	安徽民之声律师事务所

续表2-9-3

地　区	名　　称
埇桥区	安徽梨苑律师事务所
	安徽梨都律师事务所
	安徽龙啸律师事务所
	安徽序力律师事务所
砀山县	安徽益友律师事务所
	安徽法理律师事务所
	安徽玉金律师事务所
灵璧县	安徽山石律师事务所
	安徽鑫光律师事务所
	安徽安友律师事务所
萧　县	安徽汇龙律师事务所
	安徽烁光律师事务所
	安徽画乡律师事务所

1988-2007年律师业务统计表

表2-9-4

年份	刑事辩护(件)	民事代理(件)	行政代理(件)	非诉讼代理(件)	法律咨询(件)	代写法律文书(件)	法律顾问(家)	收费(万元)
1988	540	813	—	182	5611	2100	269	42.06
1989	591	889	—	165	8621	2651	339	62.71
1990	699	777	—	118	—	—	362	—
1991	450	818	55	467	4874	1647	359	68.9
1992	272	437	31	856	3337	729	317	70
1993	—	—	—	—	—	—	—	—
1994	391	1200	58	1879	6543	1342	680	126.68
1995	376	1395	60	2670	9391	2335	609	150.1
1996	659	1872	68	2810		2828	628	193
1997	—	—	—	—	—	—	—	—
1998	746	2120	88	773	—	—	592	260

续表2-9-4

年份	刑事辩护(件)	民事代理(件)	行政代理(件)	非诉讼代理(件)	法律咨询(件)	代写法律文书(件)	法律顾问(家)	收费(万元)
1999	756	2400	90	2100	—	—	684	—
2000	—	—	—	—	—	—	—	—
2001	1260	2700	70	1200	—	—	392	—
2002	1200	2490	280	1400	—	—	395	350
2003	874	1998	209	650	—	—	408	380
2004	997	—	—	—	1735	21338	5195	432
2005	—	—	—	—	—	—	—	—
2006	705	—	—	2224	—	—	312	—
2007	816	—	—	93	—	—	314	—

三、公证工作

全区所辖各县、市公证处1980年至1981年间先后建立。1992年，宿县和宿州市合并，宿县和宿州市公证处合并为宿州市公证处。1992年11月，宿县地区公证处成立，1999年5月更名为宿州市公证处，原宿州市公证处更名为宿州市埇桥区公证处。2005年，埇桥区公证处与市公证处合并。至2007年，全市有公证处5个，其中市级公证处1个，县级公证处4个。有公证员22人，助理公证员10人。

1984年，司法部《关于加强和改革公证工作的意见》开始实施，全市在各公证处先后进行主任负责制、全员岗位目标责任制、公证员聘任制以及效益浮动工资制等项改革。2002年，根据省司法厅《关于公证工作改革的实施意见》，市司法局对符合条件的公证处进行公证体制改革试点。2004年，市公证处和砀山县公证处由行政体制改为事业体制，成为实行自主开展业务、独立承担法律责任、民主管理、按市场规律和自律机制运行自收自支的法律服务机构。

为加强公证事业发展，市司法局制定《关于进一步加强我市公证管理工作的若干意见》等多项规章制度，并先后向市政府提出“关于为企业体制改革提供法律服务的意见书”“关于开展农民负担合同公证的意见书”“关于开展建筑工程招标公证意见书”“关于开展计划生育合同公证意见书”“关于为下岗职工再就业合同公证意见书”等多项有关公证业务工作方面的意见和建议。全市各级司法局会同有关部门联合下发十余项有关公证工作文件，为全市公证事业的发展提供政策依据。全市各公证处针对农村工作重点开展农村土地承包、义务教育、农民负担、计划生育合同等大宗公证。1995年，砀山县公证处在全县范围办理计划生育合同公证9955件，保证该县计划生育工作的顺利进行，《安徽人口报》在头版头条对其经验进行详细报道。1999年，泗县公证处在全县办理农民负担合同公证13万7千户，办证农户达到83%，农民负担总额比上年减少1500万元，较好地解决农民负担长期居高不下的问题，得到司法部、省委办公厅的充分肯定。

为提高公证办证质量，全市每年均开展公证质量检查，及时纠正存在的问题。同时积极开展公证员培训工作，提高公证员业务水平。市司法局先后举办25期业务培训班，培训公证人员400人次。参加省司法厅公证业务培训800多人次。

1988-2007年公证业务统计表

表2-9-5

年份	国内		涉外	涉港澳台	合计(件)
	民事	经济			
1988	1106	3193	—	—	4299
1989	1815	3077	—	62	4954
1990	2204	3744	—	88	6036
1991	1652	6422	—	61	8135
1992	1394	7156	—	133	8683
1993	4113	26329	45	87	30574
1994	3697	5690	124	102	9613
1995	17932	7107	129	124	25952
1996	12630	5089	267	120	18112
1997	41683	9269	223	103	51278
1998	47382	4424	175	193	52174
1999	37941	121340	236	111	159628
2000	117536	7047	266	150	124999
2001	69725	3518	362	99	73704
2002	20838	7716	435	136	29125
2003	5488	6058	447	100	12093
2004	2985	4540	649	155	8329
2006	—	—	—	—	7912
2007	—	—	—	—	9112

四、基层司法行政

（一）工作机构和司法助理员

司法所

20世纪80年代司法行政机关恢复重建后，全区依托乡镇、街道法律服务所逐步展开司法所建设工作。1995年3月，地区司法局制定《基层司法所（法律服务所）建设规划》，明确司法所与法律服务所实行一个机构两块牌子。1998年，地区行署下发《关于建立健全司法行政机构的通知》，对司法所的建设进行统一和规范，同时解决司法所及其人员的立户列编问题。全区建立规范化的司法所89个，占应建所的73.9%。1999年，全市119个乡镇、街道司法所全部建立。2005年，全市司法所建设国债项目21个（总投资128.7万元）全部建成投入使用。至2007年，全市乡镇、街道司法所共110个。

法律服务所

法律服务所是基层开展法律服务的工作机构。1988年，全区建乡镇、街道法律服务所32个。1994年，基层法律服务所明确为自收自支事业性法人机构。5月，省司法厅在宿县地区召开现场会，总结推广全区法律服务所建设经验。1999年，全市各乡镇、街道法律服务所全部建立。2007年，全市有注册法律服务所114个，法律服务工作者422人。

司法助理员

司法助理员制度始于20世纪50年代，是乡镇政府、城市街道办事处中负责基层司法行政工作的人员。1985年，全区各乡镇、街道配备专职司法助理员92人，兼职司法助理员133人。到2004年，全市专职司法助理员达到195人，兼职司法助理员67人。专职司法助理员中，司法行政编制167名，地方行政编制28名。2007年，全市司法助理员有254人，其中司法行政编制223名，地方行政编制31名。

（二）基层法律服务

基层法律服务工作与律师工作、公证工作同为法律服务业的重要组成部分。全市基层法律服务工作者积极开展法律顾问，代理民事、经济、行政案件，代理非诉讼法律事务，协助办理公证事务，解答法律咨询，代写法律文书等法律服务业务，并协助司法处理员进行法制宣传和依法治理工作。

1988–2007年基层法律服务所业务情况

表2-9-6

年份	担任法律顾问	代理诉讼	协办公证	调解纠纷	解答法律咨询	代写法律文书	法律宣传	法律援助
1988	—	—	—	—	—	—	—	—
1989	168	50	1410	—	—	—	—	—
1990	306	656	—	2685	1138	—	—	—
1991	712	521	4983	14044	—	1793	1220	—
1992	993	1064	15934	—	12195	3114	—	—

续表2-9-6

年份	担任法律顾问	代理诉讼	协办公证	调解纠纷	解答法律咨询	代写法律文书	法律宣传	法律援助
1993	987	2010	13482	—	—	3215	1650	—
1994	1367	3324	1039	5001	11908	3470	1763	—
1995	1754	5765	17692	4700	22488	5584	—	—
1996	1599	5498	27930	4102	—	2945	—	—
1997	—	—	—	—	—	—	—	—
1998	2462	4751	30000	2786	32951	4047	—	—
1999	2464	7741	168925	4786	28000	5180	—	186
2000	2466	5799	—	3380	10530	—	—	—
2001	2153	7078	63176	4117	46416	7766	—	195
2002	1932	5178	24490	4726	25494	3458	—	139
2003	1641	5202	2673	2089	25228	5426	—	61
2004	—	—	—	—	—	—	—	—
2005	1513	2099	609	3592	17316	5664	—	486
2006	1610	2719	494	9621	15927	4941	—	62
2007	2203	2436	—	—	21028	7319	—	168

（三）人民调解

全市有人民调解委员会3078个，其中村调委会2805个，乡镇街道调委会118个，社区居民调委会105个，厂矿企业调委会40个，联合调委会1个，集市贸易调委会1个，行政接边区调委会1个，县区调委会1个，其它调委会7个。有人民调解员9627人，高中以上文化程度的4810人。

（四）刑释解教人员安置帮教

1997年7月，刑释解教人员安置帮教工作划归司法行政机关管理，地区成立刑释解教人员安置帮教工作领导小组。各级司法行政机关成立安置帮教工作指导站，同时建立由基层领导、调解组织、共青团、妇联、刑释解教人员家属参加的志愿者组织。到2007年，全市建立乡镇安置帮教工作指导站和市、县（区）级安置帮教工作小组161个，帮教管理人员351名，全市帮教刑释解教人员1043人，安置909人。

（五）社区矫正

2006年，在埇桥区开始社区矫正试点工作，把减刑、假释、保外就医、暂予监外执行、缓刑剥夺政治权利的五种犯罪人员，放在社区内就地进行改造和帮教。

（六）“148”法律服务专线

1999年6月，全市四县一区司法局全部建立“148”专线指挥中心，开通“148”法律服务专线电话，有“148”专用平台5个、微机8台、专用电话16部。当年即接收法律咨询电话3243次，接待群众来访439人次。“148”法律服务专线电话改为“12348”法律服务热线，2004年，改由法律援助中心负责。

五、法律援助

1997年12月，宿县地区法律援助中心成立，隶属于地区司法局领导，具体实施并负责组织、协调、指导全区法律援助工作的开展。1999年5月，宿县地区法律援助中心更名为宿州市法律援助中心，6月，宿州市埇桥区法律援助中心成立。到2000年，各县法律援助中心全部建立。2004年3月，国际司法桥梁基金会与安徽省合作，萧县法律援助中心被确定为合作单位暨示范中心。全市有法律援助中心6个，法律援助工作站137个，法律援助工作者23人，其中执业律师15人。

法律援助工作始于1996年，法律援助业务由各级司法行政机关组织律师事务所承担办理。市法律援助中心成立后，步入规范和有序发展的轨道。全市各级法律援助中心通过法律咨询、代拟法律文书，刑事辩护和刑事代理，民事、行政诉讼代理，非诉讼法律事件代理等形式，为经济困难者、残疾者、弱者、经人民法院指定的特殊对象提供大量的法律援助服务。

1996–2007年法律援助工作情况

表2-9-7

年份	机构	人员(人)	办理法律援助案件(件)				法律咨询(人次)
			合计	民事	刑事	行政	
1996	—	—	60	—	—	—	—
1997	1	—	78	—	—	—	—
1998	2	10	186	20	166	—	370
1999	3	16	214	28	183	3	560
2000	4	18	312	44	262	6	770
2001	4	23	318	115	177	26	1320
2002	4	31	323	171	134	18	1480
2003	6	31	338	160	158	20	1680
2004	6	30	367	158	189	20	2080
2005	6	33	438	233	184	21	3030
2006	6	30	486	266	199	21	3700
2007	6	23	533	—	—	—	4456

附：

安徽省宿州监狱

安徽省宿州监狱坐落在宿州市西关，占地面积11.25万平方米。宿州监狱始建于1950年3月。当时，宿县专员公署公安处在宿城成立劳改队，没有监房，犯人住在泰山庙兴福寺或临时借用的民房。1951年春天，经宿县地委批准，征用大王庙山西会馆及周围土地，同时调集宿县地区当时所属10县1市已判有期徒刑犯800余人，营建大墙监房，6月竣工。开始收押判处有期徒刑15年以上的男女重刑犯进行改造。1956年3月，定名为安徽省第三监狱。1995年11月9日，安徽省第三监狱更名为安徽省宿州监狱。为纠正男女犯混押混管的弊端，2001年8月20日，男犯与女犯分开，成立安徽省女子监狱。两座监狱以原来的隔离墙为界，隔离墙以东为安徽省女子监狱，隔离墙以西为安徽省宿州监狱。2003年2月，宿州监狱被司法厅命名为省级现代文明监狱。监狱对外用名，1956年，初称为安徽省地方国营布厂，1964年5月26日，改称为安徽省地方国营宿县新生布厂，1990年10月6日，更名为安徽省宿州色织印染总厂。为建立现代化监狱企业制度，2002年10月22日，改制为安徽华腾染织制衣有限责任公司，隶属于安徽皖中集团，2007年，监狱进行两级管理改革试点取得成功。

安徽省女子监狱

安徽省女子监狱成立于2001年8月20日，是安徽省唯一一所关押、改造成年女性罪犯的监狱。女监自成立后，坚定不移地贯彻执行党的监狱工作方针政策，充分发扬“自尊高洁、自信求实、自立进取、自强超越”的女监精神，坚持以安全稳定为首任，以提高改造质量为根本，以队伍建设为保障，依法治监，从严治警，公正文明执法，严格规范管理，罪犯改造秩序持续稳定，教育改造成效显著，为社会的和谐稳定做出了积极贡献。多年来受到全国、省级、部级以及厅、局表彰多次，并成功创建省级现代化文明监狱。2003年，被司法部评为“全国司法行政系统抗击非典保稳定先进集体”；2004年，被省司法厅记集体二等功；2005年，被司法部评为“全国司法行政系统文明执法先进集体”；2006年，被授予“全国维护妇女儿童权益贡献奖”；2006年、2009年两次被司法部授予“全国监狱工作先进集体”。

监狱所属企业名称为安徽省武鹰制衣有限公司。自1995年以来，该企业一直是公安部、国家安全部、司法部警服定点生产企业、“全国用户满意工程先进单位”，连续六年被中国服装协会评为“中国服装行业百强企业”。武鹰牌西裤获“国家免检产品”资格。2002年，武鹰牌职业服被评为安徽省名牌产品。2004年，“武鹰”商标被认定为安徽省著名商标。

第十章 劳动 人事

第一节 劳 动

一、劳动用工制度改革

（一）用工制度

1986年，国务院发布劳动制度改革四项“暂行规定”以后，开始改革劳动计划体制，先后废除“内招”和“子女顶替”等制度，在国营企业新招用工人中全面实行劳动合同制。1995年，宿县地区行署办公室转发行署劳动局《关于全面完成我区推行劳动合同制工作的意见》，全面改革企业固定工制度，推行全员劳动合同制。2006年，深入开展劳动合同三年行动计划，全面加强劳动合同管理，切实加强劳动用工登记。2007年8月到10月，用3个月时间，集中开展“签合同参保险百日会战”活动。到年底，全市各类用人单位实现用工登记6961户，劳动用工登记人数145536人，登记率98%；签订劳动合同142569人，签订率96%；其中农民工签订劳动合同34465人，签订率85%。全市还被省厅确定为全省第一批劳动合同管理软件试点地区，全市劳动用工登记、劳动合同管理初步实现信息化管理。

（二）企业工资分配制度

1992年，根据国务院《全民所有制工业企业转换经营机制条例》规定，开始推行企业内部工资分配制度改革，把过去由政府管理的工资分配权放给企业实行自主分配。1994年后改革企业工资总量宏观管理，改进“工效挂钩”和“工资总额包干”办法。1995年，推行最低工资保障制度，开始发布企业劳动者最低工资标准。1999年起，在企业内部分配上推行岗位工资制度，在工资水平调控上推行工资指导线，在劳动力市场价格指导上实行劳动力市场工资指导价位，在企业经营者收入上推行国有企业经营者年薪制。2007年10月，再次调整全市最低工资标准，调整后市区月最低工资执行四类标准：460元/月，非全日制小时最低工资执行四类标准：5.00元/小时；各县调整后月最低工资执行六类标准：390元/月，非全日制小时最低工资执行六类标准：4.2元/小时。

（三）劳动争议处理

1986年，开始建立劳动争议处理机构。1988年年底，全区四县一市包括市直陆续建立6个劳动争议仲裁委员会，配备专职仲裁人员17人。同时，为预防和减少劳动争议，全区120余家企业建立劳动争议调解组织。至2007年年底，全市国有企业建立的劳动争议调解组织达到560个，配备专兼职调解人员2008人，努力维护劳动关系和谐稳定。2006年至2007年，全市建立健全《宿州市劳动保障群体性突发事件应急预案》，完善劳动争议处理“三方”协商机制，由劳动保障、经贸、工会三部门仲裁员共同组庭，共同研究处理意见。各类劳动争议案件调解结案率在90%以上。

二、劳动就业

（一）新生劳动力安置

1986年，国家实行劳动制度改革以后，全市新生劳动力的管理和安置发生很大变化。特别是1992年以来，确立培育和发展劳动力市场、充分开发和合理利用劳动力资源的战略。到2007年年底，全市累计安置城镇新生劳动力就业20万人，全市城镇从业者人数达45万，职工总数达27.2万人，其中国有企业职工20.09万人，集体企业职工6.11万人，股份制企业3.7万人，其他企业职工5.7万人，个体劳动者9.6万人，城镇登记失业率始终控制在4.3%以内。

对于农村剩余劳动力，除发展农村经济、乡镇企业，就地就近转移和消化以外，还积极开展劳务输出工作。为全面推动劳务经济发展，市委、市政府下发《宿州市2004-2008年劳务产业发展实施方案》和相关配套政策文件，提出今后5年劳务输出净增60万人的发展目标。选择21个乡镇作为劳务供应示范试点乡镇，大力加强基础建设，成效显著。建立以市场化劳务输出为主城乡劳务输出工作联动机制，加强与沿海发达地区用工衔接，使大批下岗失业人员实现异地转移就业。从1992年年底到2007年，全市向广东、福建、深圳、珠海、上海、浙江、江苏、天津、北京、新疆、东北等地输出劳务人员126万人，其中技术人才占22%，管理人才占8%，其余80%左右为粗壮工，劳务输出的质量和层次还有待于进一步提高。

（二）再就业工作

1997年，地委、行署成立国有企业解困和再就业工作领导小组，1998年改为国有企业下岗职工基本生活保障和再就业工作领导小组，下设办公室。

一是积极完善就业再就业扶持政策，为下岗失业人员提供政策支持。2003年，全市制定一系列促进就业再就业的政策措施，包括税费减免、小额信贷、社会保险补贴、岗位补贴、职业介绍与培训补贴、主辅分离等政策。2006年3月，市政府下发《关于进一步加强就业再就业工作的意见》。

二是千方百计开发就业岗位，努力促进下岗失业人员再就业。重点把发展非公有制经济和劳动密集型产业作为吸纳下岗失业人员的主攻方向；充分发挥就业和社会保障服务所（站）作用，形成社区就业“三保”（保洁、保安、保绿）、“三托”（托老、托幼、托病）、“三大服务”（家政服务、配送服务、保健服务），“三管”（物业管理、车辆管理、公共管理）等社区就业岗位。同时有针对性地开展职业技能培训、创业培训，提高下岗失业人员的就业技能和市场就业竞争力。

三是充分发挥社区平台作用，实现就业网络化。2003年，全市11个街道和109个乡镇普遍建立就业和社会保障事务所，99个社区居委会建立就业和社会保障工作站。全市建立社区非正规就业组织112个，吸纳下岗失业人员1182人。各社保所负责社保补贴的调查核实、初审，帮助2587名实现灵活就业的“4050”人员申报办理社保补贴；调查核实再就业小额贷款工作，为企业和个体推荐再就业小额贷款2415万元；组织辖区符合享受免费培训的下岗失业人员免费培训1.1万人；利用社区优势开展再就业扶持政策咨询7.2万余人次。

2002年至2007年，全市累计新增城镇就业岗位12.5万个，安置下岗失业人员再就业2.1万人，其中“4050”人员等就业困难对象再就业1.4万人。累计为11882名下岗失业人员和43户企业减免税收1113.6万元，为12975名从事个体经营的下岗失业人员免收行政事业性收费857万元。全市累计发放小额贷款2612.3万元，回收到期贷款1660万元。为52217名下岗失业人员提供免费职业技能培训，为1397名具有创业愿望和创业能力的有志创业人员提供创业培训。全市已建或在建创业园5家，建筑面积23500平方米，入驻企业7家，吸纳83名下岗失业人员再就业。建立创业街7条，经营面积8926平方米，安排227名下岗失业人员入街经营，带动405名下岗失业人员再就业。

（三）劳动力市场

1992年，地区及五个县（市）先后建立劳务市场，行署劳动部门成立“宿县地区劳务市场管理中心”。每年通过劳务市场走向就业岗位的平均达6000人以上。1999年，省计委和省劳动厅将宿州劳动力市场列入“一十百工程”中的第二批劳动力市场试点项目。全市投资200万元，于2000年6月，动工兴建一个740平方米的市级劳动力市场。全市除萧县劳动力市场正在紧张建设中以外，泗县、灵璧县、砀山县劳动力市场均已建成并投入使用。全市社会团体、企业和个人举办的民间职介机构达71家。2003年以来，全市各类职介机构充分发挥桥梁作用，累计介绍近7.6万名求职人员就业，促进全市就业和再就业工作开展。

（四）职业技能培训

1985年，建立宿县地区技工学校，同时在劳动局内设置培训科。1989年至1993年，相继在宿州市、泗县、萧县建立技术学校，扩大培训基地。1995年，成立宿县地区职业技能鉴定指导中心。撤地建市后，更名为宿州市职业技能指导中心。加快技工学校教育改革和发展步伐，把技工学校办成培养高技能人才的重要阵地。狠抓社会力量办职业技能培训机构。市培训中心认真贯彻《中华人民共和国民办教育促进法》，大力扶持和发展民办职业培训机构。加强新技师培养，加快高技能人才培训基地建设。按照“统一标准，自主申报，社会考核，单位聘任”的原则，扩大技师考评范围，着力开展焊工、车工等7个职业技师社会化考评工作。积极开展“职业技能进万家”活动，累计培训农村剩余劳动力4.5万人。加强职业技能鉴定工作，大力推进职业资格证书制度。2004年3月3日成立，“职业技能鉴定自查领导小组”，出台《职业技能鉴定质量检查记录单》，形成制度。积极进行职业培训资源整合。2006年，对全市职业培训资源进行整合，成立宿州市职业培训协会，将全市2所职业院校、33家民办职业培训学校整合起来，实行教材、师资、报名、广告、安置就业“五统一”，实现各类职业学校优势互补。

到2007年年底，社会办职业培训机构84家，年培训4万人以上。全市两所技工学校招生人数均达千人以上，毕业生当年就业率达到98%以上。累计考核鉴定各类技术人员64143人次，其中53631名人员考核合格，颁发“职业资格证书”。积极组织实施技师社会化考评，完成新技师培养300多人。

第二节 人 事

一、党政机构改革

（一）1983年地、县党政机构改革

1983年7月至1984年6月，宿县地区进行地、县两级党政机构改革。改革主要内容是：撤销委办中间层次，撤并经济管理部门和业务相近部门，加强、完善综合协调和监督执法部门，将一些部门改为行政性公司、经济组织和事业单位；同时，对各种非常设性机构进行清理。改革后，地直党政机构共设38个，其中地委机构7个，行署机构31个，另设群团机构5个，法院、检察院各1个。地直党政机构比改革前减少26个，精简40.6%。县市党政机构设30-31个，比改革前减少10-11个，平均精简24.9%。地、县市党政群机关行政编制4368名，比改革前减少1965名，精减31%，其中：地直机关编制750名，比改革前减少582名，精减43.7%；县市机关编制3618名，比改革前减少1383名，精减27.6%。本次机构改革还较大幅度精简了部门内设机构和领导职数。地直机关内设机构减至154个，比原有229个减少75个，精简32.8%；部门领导职数减至118名，比原有206名减少88名，精减42.7%。县市部门内设机构减至627个，比原有739个减少112个，精简15.2%；部门领导职数减至738名，比原有839名减少101名，精简12%。

1985年5月和1986年4月，分别设立宿县地区人大工作联络处和政协安徽省宿县地区联络处，均为正处级规格。

1988年，清理整顿非常设性机构，地、县市两级撤销各种非常设性机构403个，占非常设性机构总数的70%，少数必须保留名义的，不单设办事机构，不单列人员编制，在有关部门挂牌办公。

1992年，依据撤区并乡后乡镇区划、人口规模、经济发展等因素，重新确定乡镇机构建制、编制标准及限额，完成全区乡镇机构编制调整工作。

1992年11月，宿县和宿州市合并为地辖宿州市，宿县地区辖四县一市。

（二）1996年地、县市和乡镇党政机构改革

1983年机构改革后，部分原已精简撤并的机构先后恢复设置，增设若干省地对口机构，机构设置不断增多，人员编制总数反弹。1994年年底，地直党政机构共设68个，其中地委机构11个、行署机构57个；另设群团机构5个，人大联络委办公室、政协联络委办公室、法院、检察院各1个。全区党政群机关行政编制11137名，实有13258人。其中：地直机关编制1049名，实有1458人；县市机关编制5472名，实有7285人；乡镇机关编制4616名，实有4515人。

1995年7月-1997年9月，完成地直、县市和乡镇党政机构改革。本次机构改革重点是转变职能、理顺关系，要求大幅度精简机构和人员编制，贯彻政企分开、政事分开和精简、统一、效能的原则。改革后，地直党政机构共设45个，其中地委机构8个，行署机构37个，另设部门管理机构7个，直属事业单位15个，设人大工作委员会办公室、政协工作委员会办公室各1个，群团机构5个，法院、检察院各1个。地直党

政机构比改革前减少24个，精简34.8%；县市党政机构平均设36个，比改革前平均减少24个，平均精简40%；乡镇党政机构设6–7个，比改革前减少2–3个，平均精简27.8%。全区党政群机关行政编制8620名，比改革前减少2517名，精减22.6%。其中：地直机关编制850名，比改革前减少199名，精减19%；县市机关编制3600名，比改革前减少1872名，精减34.2%；乡镇机关编制4170名，比改革前减少446名，精减9.7%。

地直各部门、单位职能配置。按照建立社会主义市场经济体制要求，结合自身的职责任务，重点强化宏观管理职能，弱化微观管理职能，将涉及分指标、立项目和具体人事管理等微观事务尽可能转移出去；同时，注意理清党政之间、上下之间、部门之间的工作关系，解决40多项职能重叠、交叉的问题。在编制配备上，经济综合部门和监督执法部门相对稳定或略有增加，单纯的业务管理部门适当减少。

地委机构的调整。政策研究室与地委办公室一个机构两块牌子；老干部局改由组织部管理；保密委员会办公室由地委办公室管理，挂国家保密局牌子；台湾工作办公室由统战部管理，保留台湾事务办公室牌子。

部分行署机构调整。在原经济委员会基础上组建经济贸易委员会。在原商业局基础上组建商务局，不再直接管理局属企业，各公司不再承担行政管理职能。撤销城乡建设环境保护局，分别组建建设委员会和环境保护局。物资局整建制转为经济实体，有关行政职能转移到商务局等部门。一轻局、二轻局合并，组建轻工总会；纺织工业局改为纺织总会，均为行署直属事业单位。档案局改为地委、行署直属事业单位，由地委办公室管理，与档案馆一个机构两块牌子，同时挂地方志编纂委员会办公室牌子。化学工业局、机械电子工业局分别改为化学工业管理局、机械电子工业管理局，均为行署直属事业单位。地区住房制度改革办公室改为地委、行署直属事业单位，由行署管理。接待处与地直机关事务管理局一个机构两块牌子，改为地委、行署直属事业单位，由行署管理。体育运动委员会、医药管理局、经济协作办公室均改为行署直属事业单位。

地委工作机构。纪律检查委员会机关、办公室（政策研究室）、组织部、宣传部、统战部、政法委、直属机关工作委员会、地委行署来信来访办公室。

行署工作机构。办公室、计划委员会、经济贸易委员会、经济体制改革委员会、教育委员会、科学技术委员会、公安局、监察局（与纪委合署）、民政局、司法局、财政局、人事局（机构编制委员会办公室与人事局合署）、劳动局、建设委员会、交通局、农村经济委员会、水利局、农业局、林业局、商务局、对外贸易经济委员会、文化局、广播电视局、卫生局、地质矿产局（煤炭工业局）、计划生育委员会、审计局、统计局、工商行政管理局、乡镇企业管理局、环境保护局、土地管理局、地方税务局、技术监督局、外事办公室（侨务办公室、旅游局）、农业机械化管理局、粮食局、物价局。

地委、行署部门管理机构。老干部局、保密委办公室（国家保密局）、台湾工作办公室（台湾事务办公室）、工商联办事处、法制局（复议应诉办公室）、国有资产管理局、民族事务委员会（宗教事务局）。

地、县市分别制定机关富余人员分流安置办法及政策待遇。

1998年至1999年，地方税务局、技术监督局、工商行政管理局先后划归省垂直管理。

（三）2000年乡镇党政机构改革

1996年，机构改革后，乡镇党政机关人员偏多，机构设置不适应农村实际的问题依然存在，尤其是实行农村税费改革以后，这方面的问题显得更加突出，从1998年10月至2001年5月，进行新一轮乡镇机构改革。

清理清退乡镇不在编人员。清理清退工作从1998年10月开始，至1999年10月基本结束。全市各乡镇清退不在编人员14390人，其中乡镇机关1959人，各类事业单位12431人（含代课教师8993人）。清退不在编人员后，全市每年可减少财政支出3562万元。清退对象得到了妥善安置或经济补偿。

乡镇党政机构改革试点与上述工作同步，市里决定在埇桥区灰古镇等6个乡镇进行乡镇党政机构改革试点；1999年下半年，试点乡镇扩大到18个。试点乡镇大幅度精简机构，党政内设机构由原来的7个减至4个以下，平均精简50%，有的乡镇只设一个党政办公室（挂计划生育办公室牌子），其他改设助理员制；普遍推行竞争上岗制度，优化人员结构和素质；建立农业科技示范园，积极安置机关分流人员。试点工作得到省里充分肯定，安徽电视台、《安徽日报》《人民日报》《经济日报》等省和国家级媒体先后给予报道。

2000年，全市乡镇党政机构改革。2000年上半年至2001年5月，完成全市乡镇党政机构改革。全市乡镇党政内设机构由改革前的777个减至174个，精简77.6%，副科级以上领导职数由改革前的1569名减至1219名，行政编制由改革前的4170名减至3753名，精减10%；实有人员由改革前的4451人减至3726人，精减16.3%；人员平均年龄由改革前的42.7岁降至39.7岁，文化结构也有明显改善。截至2001年年底，乡镇党政机关分流人员619人，其中：提前退休或离岗331人，到村任职76人，科技示范园安置69人，领办企业29人，去中小学任教9人，自谋职业6人，办理辞职手续、享受一次性补助99人。

2003年12月，中央机构编制委员会办公室三司副司长刘正雷等一行3人到宿州考察、调研乡镇机构编制综合改革工作，对宿州市乡镇机构改革给予较高评价。

（四）埇桥区部分机构、编制和人员上划

1998年12月，经国务院批准，撤销宿县地区，建立省辖宿州市，原地辖宿州市改为市辖埇桥区，宿州市辖四县一区。

1999年，埇桥区部分机构、编制和人员上划市直管理。上划移交单位47个，其中：人防办、房管局、市政公用事业管理局上划后升格为正处级；市政工程管理处、园林处、环卫处、市容管理办公室上划后升格为副处级，均隶属于市政公用事业管理局；一职高、工业学校、逸夫师范学校上划后升格为副处级，均隶属于市教委。划转行政、事业编制1546名，实际划转2822人，其中干部1293人，工人1529人；划转人员实行竞争上岗，富余人员多渠道分流。2002年7月，市政公用事业管理局更名为城市管理局。

根据城市建设和管理的实际需要，2000年3月，增设市规划设计院、市测绘管理处、市房屋拆迁办、市城建管理监察支队，均为副处级规格，隶属于市建设委员会；增设市土地勘测规划设计院、市土地监察支队，均为副处级规格，隶属于市土地管理局。人员从埇桥区原相应单位中调配。

（五）2002年市、县区党政机构改革

市、县区两级党政机构改革工作从2001年7月开始，至2002年10月全面结束。市直党政机构共设40个，其中市委机构9个，市政府机构31个；另设部门管理机构3个，议事协调机构的办事机构1个，群团机构6个；市人大常委会机关设综合办事机构和工作机构各1个，市政协机关设办事机构2个；设法院、检察院各1个；设直属事业单位10个。市直党政机构比改革前减少3个，精简7%。部门管理机构比改革前减少4个，精简57%；直属事业机构比改革前减少5个，精简33.3%。县区党政机构设31-32个，比改革前减少2-3个，平均精简8.8%。市、县区党政群机关行政编制3404名，比改革前减少1392名，精减29%。其中：市级行政编制1457名（市本级使用903名、区直机关使用554名），比改革前减少743名，精减33.8%，市辖四县机关编制1947名，比改革前减少649名，精减25%。县区直属事业机构平均精简35%，事业编制平均精减20%。全市法院、检察院系统和公安、司法机关专项编制均精减10%。通过提前离岗、提前退休、离职学习、挂职锻炼、充实企事业单位和自谋职业等分流途径，机关工作人员实际分流995人，其中：市直机关分流45人（大多是提前离岗人员）；县区机关分流950人。分流人员享受相应优惠政策。

2002年，经市、县区政府审议批准，取消956项行政审批项目，其中市级机关取消220项，县区机关取消736项。

部分市委机构的调整：设置政策研究室；保密委办公室（国家保密局）并入市委办公室，保留牌子；台湾工作办公室（台湾事务办公室）并入统战部，保留牌子；市委市政府人民来信来访办公室更名为市委市政府信访局。

部分市政府机构的调整：不再保留农村经济委员会、农业局，组建农业委员会；不再保留土地管理局、地质矿产局（煤炭工业局），组建国土资源局；在原劳动局基础上组建劳动和社会保障局；农业机械化管理局改为政府直属事业单位；计划委员会更名为发展计划委员会；不再保留经济体制改革委员会、国有资产管理局，其职能分别由相关部门承担；不再保留商务局、轻工总会、纺织总会、机械电子工业管理局、化学冶金工业管理局，分别组建行业协会，隶属经贸委管理；环境保护局改为省、市双重领导，以市政府领导为主的管理体制；不再保留医药管理局，省里组建垂直管理的食品药品监督管理局。

市委工作机构：纪律检查委员会机关、办公室（挂保密委办公室、国家保密局牌子）、组织部、宣传部、统战部（挂台湾工作办公室、台湾事务办公室牌子）、政法委、市委市政府信访局、政策研究室、直属机关工作委员会、机构编制委员会办公室。

市政府工作部门：办公室、发展计划委员会、经济贸易委员会、教育局、科学技术局、民族事务委员会（与宗教事务局一个机构两块牌子）、公安局、监察局（与纪委合署）、民政局、司法局、财政局、人事局（机构编制委员会办公室与人事局合署）、劳动和社会保障局、国土资源局、建设委员会、交通局、农业委员会、水利局、林业局、对外贸易经济合作局、文化局（挂新闻出版局、版权局牌子）、卫生局、计划生育委员会、审计局、统计局、环境保护局、广播电视局、体育局、粮食局、物价局、外事办公室（与侨务办公室、旅游局一个机构三块牌子）、城市管理局。

市委、市政府部门管理机构：老干部局由市委组织部管理；法制办公室由市政府办公室管理，乡镇企业局由农业委员会管理。

市政府议事协调机构的常设办事机构：人民防空办公室。市供销社原为企业性组织，根据国务院国发〔1999〕5号文件精神，明确为“全市供销合作社的联合组织，由市政府领导”。2002年5月，市政府批准了市供销社的“三定”规定。

2001年7月，根据省政府《关于同意设立宿州经济技术开发区的批复》，设立宿州经济技术开发区管理委员会，为宿州市市政府的派出机构，同时设立中共宿州经济技术开发区工作委员会，为中共宿州市委的派出机关，对辖区内的党务、政务、经济和社会事务实行统一领导、统一管理。2002年6月，市委、市政府批准了宿州经济技术开发区管理委员会的“三定”规定。

2003年6月，市委办公室、市政府办公室印发《关于改进和加强市直机关事业单位人员调配管理制度的意见》，提出一系列措施，防止人员编制反弹，巩固机构改革成果。同年10月，针对县区机构改革后存在的个别突出问题，市纪委、组织、人事、编制部门制定《关于县区科（局）级领导职数设置的意见》，并派出督查组，督促整改纠正。2005年，根据中编办要求，市、县区开通了全国统一的机构编制“12310”举报电话。2006年，市编办获全省机构编制和财政供给人员管理二等奖。

2002年市、县区机构设置和编制分配情况表

表2-10-1

	机构设置(个)				行政编制(人)
	党政机构	部门管理机构	议事协调机构	直属事业单位	
市　直	40	3	1	10	903
埇桥区	32	3	0	9	554
砀山县	31	3	0	10	455
萧　县	31	3	0	10	516
灵璧县	31	3	0	10	521
泗　县	31	3	0	10	455
合　计	196	18	1	59	3404

说明：人大机关、政协机关、群团机关和法院、检察院机构设置未计入

（六）2005年市政府机构改革

本次机构改革主要解决部分经济综合部门职能交叉、重叠，职能配置和机构设置

不够合理的问题，进一步理顺工作关系，提高政府行政效率。经省编委批复同意：将市发展计划委员会改组为市发展和改革委员会，为市政府组成部门；撤销市经济贸易委员会；组建市工业经济委员会，为市政府组成部门，挂市政府国有资产监督管理委员会、市中小企业发展局的牌子；撤销由市农委管理的市乡镇企业局，其职能划入市工业经济委员会；撤销市对外贸易经济合作局；组建市商务局，为市政府组成部门；组建市安全生产监督管理局，为市政府直属机构；市计划生育委员会更名为市人口和计划生育委员会。经过上述调整，市政府机构共设32个，另设部门管理机构、议事协调机构的办事机构各1个。

（七）完善市区公安管理体制

根据市委《关于进一步加强和改进公安工作的决定》，2004年11月，将原埇桥区公安分局整建制划归市公安局直接管辖，更名为市公安局埇桥分局（正科级规格，局长按副处级配备），由市公安局统一领导和管理埇桥区公安工作，完善市辖区公安分局由市局直接领导的公安管理体制。埇桥分局上划编制522名（其中地方事业编制103名），上划人员578人，超编56人。

二、事业单位改革

（一）实行经济承包和“两个过渡”

1988年，行署召开全区事业单位推行经济承包责任制会议，成立地区推行经济承包责任制领导小组。当年全区事业单位实现承包630个。1989年至1990年继续推进这项工作，卫生、文化、广播电视、交通运输、科研系统大多数事业单位及农林水系统部分事业单位先后实行经济承包责任制，全区事业单位实现承包950个。经济承包增强事业单位自我发展能力，打破财政拨款事业单位长期实行统收统支的“大锅饭”弊端。

1991年至1992年，对各类事业单位进行清理整顿，重点是财政拨款事业单位。会同劳动部门对非劳动部门设立的劳动服务公司等单位，明确为企业性质，不列入事业单位管理范围；核减了部分事业单位人员编制，全区各类事业单位由财政全额拨款改为差额拨款20个。由差额拨款改为自收自支37个，转为企业21个。另有27个事业单位撤并。

1993年，地、县区编办会同财政部门对事业单位进行全面调查，按照“脱钩、放权、分类、搞活”的原则和事业单位的自然属性、社会功能、运营情况、经费来源等不同特点，重新界定机构性质和管理类型。明确社会公益性事业单位，其经费由财政全额供给；兼有社会公益性和服务经营性事业单位，其经费由财政给予差额或定额补助；服务经营性事业单位，原则上转为自收自支，有条件的实行企业化管理或直接转为企业。与之相适应，事业单位的编制增减、人员调动和工资基金也实行分类管理，细化规章制度。1995年，全区实现“两个过渡”和转企的事业单位有162个，其中：由财政全额拨款改为差额拨款90个，由差额拨款改为自收自支41个，转为企业31个。另有35个单位撤并。

1998年，全区实现“两个过渡”和转企的事业单位有239个，职工6297人。其中：由财政全额拨款改为差额拨款150个，直接过渡为自收自支3个；由差额拨款改为自收自支46个；转为企业40个。另有46个单位撤并。

2001年，全市有各类事业单位2088个，职工80886人。其中：财政全额拨款单位1196个，差额拨款单位391个，自收自支（含企业化管理）单位501个。截至当年5月底，实现“两个过渡”的单位增至411个，职工11255人。其中：由全额拨款改为差额拨款223个，直接过渡为自收自支15个；由差额拨款改为自收自支119个；转为企业54个。另有74个单位撤并。

市直事业单位有170个，职工7443人。截至2001年5月底，实现“两个过渡”和转企的单位有34个，职工2334人。其中：由全额拨款改为差额拨款10个，直接过渡为自收自支1个；由差额拨款改为自收自支13个；转为企业10个。另有2个单位撤并。2004年12月，市种子公司、市紫芦湖良种场转为企业；2005年11月，市农委所属农牧技术服务公司和招待所转为企业，市直事业单位转企增至14个。2006年11月，市城管局所属市政职工医院转为企业；2007年6月，市水利水电建筑安装公司转为企业；同年7月，安徽省新马桥原种场转为企业，市直事业单位转企增至17个。

（二）乡镇事业单位改革

1989年，乡镇事业单位包括中小学校的人员编制纳入编制部门统一管理，实行“准予调入人员卡”制度；乡镇事业单位的工资基金由人事部门依据编制部门核定的人员编制，会同财政、主管部门审核、审批。

1992年撤区并乡后，将原以县里管理为主的农业、林业、水利、文化、教育、卫生等13个部门设在乡镇的机构，全部下放给乡镇管理。

1994年至1999年，各县区进行乡镇事业单位改革试点，主要内容包括：撤并机构，放权搞活，减少财政供给人员，组建经济实体，探索构建农村社会化服务体系等。试点工作为全面改革积累了经验。1999年，全市乡镇在原有农技站、畜牧兽医站、水产站、农经站的基础上组建了农业经济技术服务中心；水利站、农机站仍按乡镇设置，林业站按区域设置。

2001年，完成全市乡镇事业单位改革。机构设置由原来的每个乡镇11-12个，减至5-6个，平均精简50%；财政供给人员编制由原来的每个乡镇50-60名，减至25-30名，平均精简53%；职工由原来的6614人减至3209人，精减51.5%。改革后，乡镇不再设自收自支单位。各乡镇采用考试考核、竞争上岗的办法，分别确定在岗人员和分流人员，名单在乡镇范围内公布，接受群众监督。分流人员有三年安置过渡期。通过改革，解决政事不分问题，事业单位不再承担行政管理职能；同时，将党政机关不该行使的技术性、服务性、辅助性职能归还事业单位。如计划生育办公室和计划生育服务站，过去是政事合一的单位，改革后，将行政管理职能归还政府，计划生育服务站不再挂计生办牌子；民政所原是事业单位，改革后，乡镇设民政助理员，行政管理职能归还政府，其他事务性职能由公益性服务所承担。

2004年，全面组织实施乡镇事业单位分流人员安置工作。本着“无情分流、有情操作”和以人为本的精神，多渠道妥善安置分流人员，解决分流人员的实际困难和后顾之忧。截至当年6月底，有2469人得到妥善安置，其中：通过考试考核、择优补充空缺岗位295人，符合师资条件、改任乡镇中小学教师778人，录用高速公路交通警察15人，办理提前退休395人，办理辞职手续、发给一次性补助金986人。2004年9月全面完成分流人员安置工作。

（三）事业单位管理体制改革

1997年4月，在地区社会保险所基础上，成立地区社会保险事业管理局，副处级规格，负责城镇企业职工的养老保险等项工作；1997年5月，地区劳动服务公司、地区劳务输出公司合并，成立地区劳动就业管理局，副处级规格，负责城乡劳动力资源开发利用和就业等项工作；1999年10月，根据省政府皖政〔1999〕27号文件精神，成立市城镇职工基本医疗保险基金管理中心，副处级规格，负责城镇职工医疗保险基金的筹集、运行和管理等项工作。上述机构均隶属于市劳动和社会保障局。

2003年4月，实施疾病预防控制和卫生监督体制改革。撤销市卫生防疫站，以原卫生防疫机构为基础，对分散的疾病预防控制职能进行集中重组，组建疾病预防控制中心，承担全市疾病预防控制与公共卫生技术管理服务工作；将原分散的公共卫生监督职能以及对医疗卫生保健机构的监督管理职能集中，组建卫生监督所，依法在公共卫生、医疗保健等领域开展综合性卫生监督执法工作。市疾病预防控制中心和市卫生监督所均为副处级规格，隶属于市卫生局。2007年6月，市卫生监督所更名为市卫生监督局。

2007年9月，实施兽医管理体制改革。撤销市农委内设畜牧水产局，组建市畜牧兽医水产局，副处级规格，由市农委管理；市动物检疫站更名为市动物卫生监督所，市畜牧兽医站更名为市动物疫病预防与控制中心（加挂市畜牧兽医技术推广中心牌子），均为正科级规格，隶属于市畜牧兽医水产局。

2007年12月，实施乡镇（街道）国土资源管理体制改革。全市乡镇（街道）国土资源管理所计117个，职工1261人。按照2005年年末乡镇（街道）人口总数重新核定人员编制：人口在5万以下的，编制为5名；人口在5万-7万的，编制为6名；人口在7万以上的，编制为8名；街道国土资源管理所编制均为8名。核定编制计690名。人员定岗实行竞争上岗的办法，省和地方财政分别拨付资金，妥善安置分流人员。改革后，全市乡镇（街道）国土资源管理所统一由自收自支单位改为公益性事业单位，财政全额供给，经费从土地出让金收益中列支。

（四）事业单位法人登记和年检

1997年，全市事业单位实行法人登记和年检制度。2001年4月，成立市事业单位登记管理局，隶属于市机构编制委员会办公室。截至2005年年底，全市符合法人登记条件的事业单位有2030个，办理法人登记1940个，登记率为96%，需要年检的事业单位1910个，办理年检1820个，年检率为95%，事业单位管理初步实现正常化、规范化。2003年至2007年，除中央和省政府有明文规定外，全市基本上没有新增事业机构（包括内设机构）和事业编制。2007年7月，经市编委会研究，市事业单位登记管理局明确为副处级规格。2007年12月，市直事业单位法人登记公告方式，由在市政府网站和市人才网站上公告改为在《拂晓报》上公告。

三、人事制度改革

（一）干部管理制度改革

1976年至1984年，干部制度实行高度集中的管理体制。宿县地区党政机关和企事业单位干部由组织、人事部门统一管理，地委组织部管理县处级干部，行署人事局管理科级以下干部，职务任免和工作调动均按干部管理权限分别由组织、人事部门批准并办理相关手续。

1984年年初，行署人事局提出《关于改革当前干部管理制度的几点意见》。经地委、行署同意，同年10月，地直单位科级以下干部改由各主管部门管理，各县市相继下放干部管理权限，随着改革开放不断深入，干部身份逐渐淡化，取而代之的是干部队伍的分类管理。国有企业：1984年后，宿县地区全民所有制国有企业经营管理人员，除少数企业主要领导干部外，由所在企业自主聘任、自主管理，并按所任岗位确定工资待遇，干部的任用完全打破身份界限。事业单位：从1986年起，实行专业技术职务聘任制，专业技术人员由所在单位依据聘约进行管理，并放开人才流动，用人双方可通过人才市场，公开招聘、双向选择。1990年，总结推广宿县地区应用技术研究所实行全员聘用制经验。全区农业、卫生、科研和广播电视等系统的部分事业单位进行这方面的试点工作。截至2004年年底，市直有20个事业单位实行全员聘用制或新进人员聘用制。从2006年起，市直事业单位新进人员一律实行考试考核和聘用制，同时，实行人事代理，逐步向全员聘用制过渡。党政机关：在长期进行人事制度改革的基础上，从1997年起，全区党政机关先后实行国家公务员制度，组织部门负责党委、群团机关和人大、政协、法院、检察院机关的公务员综合管理工作，人事部门负责政府机关的公务员综合管理工作。公务员管理权限参照原有规定执行。从1998年起，市直机关事业单位晋升科级职务的人员，须事先报经组织、人事、编制部门审核任职资格条件及职数余缺情况，经审核同意，由所在单位按规定权限和程序履行任职手续。

（二）引入竞争机制

1. 年度考核

1982年，宿县地区开展党政机关岗位责任制试点工作。1984年6月，地委、行署印发《关于迅速建立和全面推行岗位责任制的通知》，年底，全区各级党政机关基本上都建立岗位责任制，但具体形式有所不同，地、县市机关主要实行联系职责综合考评制或计分考评制，区、乡镇机关主要实行任务包干计分考评制。1984年至1992年，全区各级党政机关依据岗位责任制对干部进行年度考核和奖惩。全区事业单位自1986年起，实行专业技术职务聘期考核制度，管理人员参照党政机关实行岗位责任制考核。

根据《国家公务员暂行条例》，从1993年起，全区政府机关实行正常年度考核制度，其他机关和事业单位参照执行，考核对象包括所有工作人员。考核内容有德能勤绩四个方面，以考德和考绩为主。考核结果分为优秀、称职（合格）、基本称职（基本合格）、不称职（不合格）四个等次，优秀等次所占比例，根据各部门、单位年度目标考核等次分别确定，平均不超过参加考核人数的15%。经同级人事部门复核后，考核结果与职务升降、工资待遇、续聘解聘等直接挂钩。

2. 考试录用

从1989年起，全区党政机关补充工作人员试行公开考试、择优录用办法。1989年，行署审计局和宿州市审计局公开招考选调13名工作人员；同年，全区财政系统考录82名农税助征员，全区公安系统考录72名人民警察。1992年，全区机关事业单位从优秀工人、农民中考录干部128人。1994年12月，地区法院、检察院按照《国家公务员暂行条例》规定的程序和办法，面向社会、公开考录75名工作人员。

1994年以来，全市党政机关考试录用公务员1138人，其中招考人民警察696人，法院、检察院工作人员75人，其他机关公务员367人。宿州经济技术开发区、拂晓报社以及教育、卫生、劳动、广电、民政、水利等系统的市直事业单位也采用公开招考、平等竞争的办法择优聘用各类工作人员1550多人。

3. 竞争上岗和轮岗

1997年，全区大部分党政机关实行公务员竞争上岗和轮岗。2002年3月，市委办公室、市政府办公室印发《市委组织部、市人事局关于党政机关推行竞争上岗的意见》，规定机构改革后，党政机关“凡是中层领导岗位出现空缺，或新增中层领导岗位，一般都要经过竞争上岗选拔”；并明确了竞争上岗人员应具备的基本条件和资格以及竞争上岗的程序和办法。之后，根据机构改革“三定”规定确定的职位，全市党政机关普遍推行竞争上岗和轮岗。市直党政机关参与竞争上岗的人员占公务员总数的40%，轮岗面达到90%以上。2003年以来，竞争上岗和轮岗成为全市党政机关公务员管理的正常工作。

（三）推行国家公务员制度和职称制度改革

1. 推行国家公务员制度

从1989年开始，根据中组部、人事部有关通知精神，地直党政机关进行考试录用和考核、培训方面的改革试点工作。1993年8月14日，国务院第125号令发布《国家公务员暂行条例》，同年10月1日起，各级政府机关自上而下推行国家公务员制度，这是中国干部人事制度重大改革。之后，宿县地区精心组织实施推行国家公务员制度的各项准备工作。1998年年底，全区各级政府机关完成原有工作人员向公务员的过渡，全面实行国家公务员制度；党委机关、群团机关、人大工委机关、政协工委机关和法院、检察院机关以及主要行使行政管理职能的少量事业单位参照实行公务员制度。经过多年努力，公务员录用、考核、奖励、培训、交流、回避、工资、退休等项制度的实施，基本实现正常化、规范化。2005年4月，全国人大常委会颁布《中华人民共和国公务员法》，从2006年1月1日起实施。根据“公务员法”，宿州市列入公务员管理范围的单位是：党委机关、人大机关、政府机关、政协机关和法院、检察院机关以及民主党派机关，群团机关以及主要行使行政管理职能的少量事业单位参照实行“公务员法”管理。

2. 职称制度改革

1981年，宿县地区各类事业单位开始进行职称评审工作。1986年，事业单位进一步完善职称制度，全面实行专业技术职务聘任制，规定专业技术人员评定职称后，可由用人双方签订聘约，明确各自的责任、权利和义务，聘任相应的专业技术职务，并与工资待遇直接挂钩。评聘名额的确定，主要依据各单位的编制人数和行政规格；实行企业化管理的事业单位，不受评聘名额的限制。1998年，地直部分事业单位进行评聘分开试点工作，规定专业技术人员符合资格条件的，可申报评定相应的职称，但应在所设岗位的限额内，通过平等竞争、择优聘任，允许高职低聘或低职高聘；各县市也进行试点工作。2002年，取消专业技术职务岗位指标控制，实行专业技术职务结构比例管理，根据事业单位的编制、工作任务、技术含量、人才结构等因素，按照“因事设岗、合理配置、分类管理、分级实施”的原则，合理设置专业技术岗位。2003年，评聘分开在面上推开。2005年，修订《宿州市专业技术职务聘任管理办法》，结合任职条件和专业实际，进一步规范专业技术人员聘期期满考核和职务聘任工作。

1992年后，对职称评审制度也逐步进行改革。艺术、群众文化、文物博物等系列的中、初级职称资格实行考核认定；会计、经济、卫生、审计、统计、律师等11个国家规定的系列先后实行统一的以考代评，专业技术人员符合报名资格、参加职称考试合格的，即可取得应试专业的职称资格，但也要视其是否符合聘任专业技术职务的各项条件，并按规定的程序、办法决定能否聘任。2005年，制定《宿州市专业技术职称资格评审（考试）管理办法》，进一步规范职称资格评审和考试工作。

四、干部管理与国家公务员队伍建设

（一）干部管理

1. 老案复查

1978年，行署人事局组织人员审理历史老案。要求复查人员逐渐增多，涉及到新中国成立后土改、整党、镇反、三反五反、思想改造、肃反审干、合作化等历次运动，以及不正当男女关系、丧失立场、贪污盗窃、投机倒把、脱党脱伍等多方面情况。此项工作至1985年基本结束，全区受理历史老案1700余件，收回安排工作180余人，办理离休、退休和退职670人。

2. 吸收录用干部

宿县地区各级和各部门、单位干部数量严重短缺。1979年至1985年，经行署人事局审批，吸收录用干部2146人，其中：金融系统589人，财税和工商行政管理系统414人，政法系统235人，其他党政机关、企事业单位908人。吸收录用的对象主要包括：全民所有制工人，历届和应届高中毕业生，社会闲散科技人员等。1983年至1984年，全区开展“以工代干”整顿工作，行署人事局制定《干部岗位划分的意见》，举办“以工代干”人员文化补习班，先后组织两次“以工代干”人员转干考试，通过考试考核，全区批准转干3864人，清退安置“以工代干”人员1470人。

1986年至1993年，全区机关、企事业单位吸收录用干部3280人，吸收录用对象主要包括：“五大”毕业生，“以工代干”人员，依法选举担任乡镇党政领导职务、任职两届以上的乡镇选任（聘）制干部，全民所有制事业单位的先进模范人物和企业优秀厂长、经理、拔尖人才，社会上的城镇知识青年等。1994年后，根据干部队伍分类管理的要求和国家公务员制度的规定，除党政机关录用国家公务员（机关工作人员）外，其他单位不再办理吸收录用干部工作。

3. 吸收录用专业技术（管理）人员

1994年后，企事业单位不再办理“以工代干”人员转干工作，但是，由于改革措施尚不完善配套，加上思想观念的滞后，那些原来不具有干部身份，但长期从事专业技术和管理岗位的人员，要求转干的呼声仍然十分强烈。1995年，行署人事局制定吸收录用专业技术（管理）人员的办法，主要内容是：在全民所有制企事业单位专业技术和管理岗位连续工作三年以上，并具有中专以上学历或初级以上职称资格的人员，经培训和考试考核合格的，可由所在单位根据工作需要（县市需经同级人事部门同意），报行署人事局批准吸收录用为专业技术人员或管理人员。培训和考试由行署人事局统一组织安排，所在单位负责考核工作。企事业单位专业技术（管理）人员与原具有干部身份的人员同等对待。1995年至1997年，全区吸收录用专业技术（管理）人员累计2300多人。1997年后不再办理此项工作。

4. “农转非”工作

“农转非”是指由农业户口转为非农业户口，并由国家按照城镇粮食定量供应办法供应口粮的政策。1981年至1984年，行署人事局报省批准，办理中级以上科技人员家属子女户口“农转非”223户。之后，“农转非”审批权限下放地市。1984年至1985年，行署人事局会同有关部门，批准中教五级、小教三级的教师（相当中级科技人员）家属子女户口“农转非”450户。1985年，根据新的政策规定，为调到乡镇企业工作或与乡镇企业签订五年技术服务合同的助理级科技人员家属子女办理户口“农转非”1274户。1986年后，“农转非”政策进一步放宽，适用对象包括其他干部的家属子女，解决配偶在农村的干部夫妻分居及家庭生活困难，1986年至1999年，全区办理各类干部家属子女户口“农转非”1250户。2000年后未办理“农转非”。

5. 民师选招

1980年至1982年，连续三次从民办教师中选招公办教师，采用以县市为单位分配名额、组织统一考试、从高分到低分择优录用的办法，选招公办教师1127名。1981年还选招一批幼儿教养员，并明确干部身份。1998年至1999年，对符合教师资格条件和其他规定条件的民办教师，组织统一考试，考试考核合格的，由行署人事局、行署教委一次性批准转为公办教师，全区选招公办教师7273人。1999年年底此项工作全部结束。

6. 选聘乡镇干部

宿县地区从1983年下半年开始，对乡镇干部逐步试行聘用合同制。试行范围包括乡镇机关和财政拨款事业单位。1984年，地委作出《关于从农村优秀青年中选聘乡镇干部的决定》。选聘乡镇干部由县级组织、人事部门审查报名资格，组织考试考核，在选聘名额内择优审批。截至1990年年底，全区在职乡镇选聘制干部计1651人。试行选聘制以来，先后解聘147人，有350名选聘制干部录用为正式干部，250名选聘制干部担任乡镇机关或事业单位领导职务。1990年后，部分乡镇突破编制限额，违反规定自聘干部，致使乡镇干部人数严重失控。1992年，根据地委、行署要求，组织、人事部门对选聘制工作进行调查和整顿，全区清退自聘干部4759人。在职选聘制干部重新办理聘用手续。之后，没有吸收新的选聘制干部，一些符合条件的选聘制干部陆续转为正式干部，选聘制干部人数逐年下降。1998年至2001年，乡镇推行公务员制度，实施党政机构改革和事业单位改革，选聘制干部分别参与竞争上岗或列为分流安置对象。

7. 干部调动

干部调动是经常性的人事管理工作，主要有组织安排和个人请求调动两种情形。1979年至1985年，全区人事部门办理干部调动9088人，其中：调入1636人，调出

2061人，本辖区内调动5391人。1986年至1996年，经行署人事局办理干部调动4520人，其中：调入920人，调出1120人，本辖区内调动2480人。1996年后，地委、行署多次发出通知，要求各级加强机构编制管理、严格控制人员增长，党政机关和财政拨款事业单位原则上不再增加人员。1997年至2007年，经市人事局办理干部调动共1025人，其中：调入145人，调出189人，本市内调动691人。

（二）国家公务员队伍建设

1994年起，宿县地区各级政府机关开展推行国家公务员制度工作。广大机关工作人员深入学习国家公务员制度知识，经过考试考核过渡为国家公务员。各级机关认真贯彻推行国家公务员制度的政策规定和法律法规，努力建设一支廉洁、精干、高效的公务员队伍。

1. 推行公务员制度前期准备工作

《国家公务员暂行条例》发布后，行署人事局迅速组织各部门、单位深入学习、宣传，普及公务员制度知识。1995年5月，组织1.2万名地、县市和乡镇机关干部参加全省国家公务员制度知识竞赛，取得良好成绩，获省人事厅颁发的“优秀组织奖”。1995-1996年，分期分批派员参加全省推行国家公务员制度领导干部研修班和骨干培训班。

1994-1997年，全区党政机关积极实施国家先后发布的11个公务员制度单项法规，重点做好公务员录用、考核、培训、交流、回避等项工作。地、县市人事部门结合工资套改审批，督促各有关单位给2120名达到退休年龄的人员办理退休手续，其中党政机关办理退休手续431人。

1996年，在深入调查研究，摸清全区各级党政机构、编制和实有人员情况的基础上，行署人事局拟定《宿县地区国家公务员制度实施方案》，经地委、行署审议通过后，报省人事厅批准。

2. 全面推行公务员制度

1997年1月，地委、行署召开全区推行国家公务员制度动员大会，全面部署推行国家公务员制度实施工作。地直机关批准实施公务员制度和参照公务员制度管理的部门、单位73个，其中：党委部门8个，政府部门37个，群团部门5个，部门管理单位7个，直属事业单位12个和人大工委机关、政协工委机关、法院、检察院。地直各部门、单位于1997年年底结束人员过渡考核工作，1998年4月，完成原有工作人员向国家公务员的过渡，经过考核及履行审批手续，批准过渡1895人。1998年年底，各县（市）基本完成人员过渡工作。国家公务员制度在全区各级机关顺利入轨实施。

1998年至2002年，市人事局会同市委组织部出台录用、考核、奖励、职务升降、职务任免、培训、轮岗、回避等各个单项法规的具体实施办法。

2006年10月至2007年5月，全市党政机关进行公务员登记工作。市、县区政府系统审批公务员登记6197人，其中市直政府系统1948人。

（三）考试录用公务员

按照“凡进必考”的原则，1994年至2006年，全市面向社会公开招考录用担任主任科员以下非领导职务的国家公务员（机关工作人员）1138人。

1994-2006年全市考试录用国家公务员（机关工作人员）情况

表2-10-2

年份	招考类别	录用人数
1994	地区法院、检察院增编补员招录工作人员	75
1999	选拔优秀高校毕业生到农村基层工作	38
2000	1.选拔优秀高校毕业生到农村基层工作 2.市县党政机关从高校双优生中招录公务员 3.市公安系统招录人民警察	38 57 98
2001	1.选拔优秀高校毕业生到农村基层工作 2.市县党政机关从高校双优生中招录公务员 3.市公安系统招录人民警察	38 24 78
2002	1.市县党政机关从高校双优生中招录公务员 2.市公安系统招录人民警察	14 35
2004	1.市县政府机关招录公务员 2.市公安系统招录人民警察 3.选拔优秀高校毕业生到农村基层王作	48 64 38
2005	市县党政机关招录公务员	29
2006	1.市县党政机关招录公务员 2.市公安系统招录特警和高速公路交警 3.市公安系统从合同民警等人员中招录人民警察	43 98 323

说明：机关工作人员系指党群机关考试录用的人员

（四）公务员培训

公务员培训分为四种类型，即初任培训、任职培训、专门业务培训和更新知识培训。1998年，公务员培训工作全面进行。当年，举办初任培训班1期，公务员参训172人；举办任职培训班1期，公务员参训54人；举办各类专门业务培训班和更新知识培训班30期，公务员参训2280人。

1999年，举办任职培训班12期，公务员参训631人；举办各类专门业务培训班和更新知识培训班20期，公务员参训1520人。从1999年起，分期分批举办计算机应用能力培训班，当年举办68期，公务员参训3573人。全市公务员培训工作取得明显效果，在当年召开的全省培训工作会议上作经验介绍。

2000-2007年，全市举办初任培训班16期，公务员参训1151人；举办任职培训班15期，公务员参训1310人。举办各类专门业务培训班和更新知识培训班累计338期，公务员参训51874人次，其中：2000年至2002年，人事部门会同各主管部门举办培训班99期，公务员参训8720人；2000年至2005年举办计算机应用能力培训班129期，公务员参训6501人次，全市中青年公务员普遍参加1-2次计算机应用能力培训。依法行政培训班56期，公务员参加培训和结业考试15278人次；2003年，举办青年骨干英语培训班7期，公务员参训780人；2004年，举办《中华人民共和国行政许可法》师资骨干培训班6期，公务员参训650人，同年6月，组织全市7527名公务员参加《中华人民共和国行政许可法》考试；2005年，根据普及《中华人民共和国公务员法》的要求，举办《中华人民共和国公务员法》培训班6期，公务员参训7500人；2005年至2006年，举办信息化与电子政务培训班20期，公务员参训6945人。2006年，宿州市选手参加全省公务员信息化与电子政务技能大赛，获团体二等奖；2007年，举办《中华人民共和国知识产权法》培训班15期，公务员参训5500人，同年，再次组织7500名公务员参加依法行政考试。

五、人才资源开发

（一）人才机构和人才市场

1984年2月，宿县地区人才交流服务公司成立，正科级规格，隶属于行署人事局。1993年2月，更名为宿县地区人才交流服务中心，并升格为副处级。人才中心服务项目包括人才交流、人才培训、人事代理、聘约鉴证和大中专毕业生就业派遣等。1993年4月，宿县地区人才市场正式挂牌，由地区人才交流服务中心负责管理；2003年3月，人才市场迁入市淮河中路182号，市场总面积1200平方米，设有220平方米的招聘大厅，20个标准洽谈席位，2个洽谈室、1个会议室。2004年建立宿州人才网站，开展网上登记、查询、招聘、应聘和人事人才政策宣传、人事人才论坛等项服务。

（二）人才交流

1983年，宿县地区开始人才引进工作。1984年7月，行署人事局连续两次在《光明日报》刊登大型人才招聘启事，拉开了大规模人才引进的帷幕。1983–1985年，全区引进各类人才586人，调整用非所学、用非所长的专业技术干部693人。1984年11月和1985年5月，分别在宿县和北京举办宿州藉在外埠工作人才联谊会，编印对口支援项目意见书和通讯录，登记各类宿州藉人才4545人，其中国内3457人，国外399人，港澳台689人；中级以上职称936人，县团级以上领导干部1079人。通过多次宿州籍人才联谊活动和异地技术协作活动，签订技术成果转让和合作项目80个，引进资金4370万元。1985–1990年，全区开展智力支乡活动，先后组织3500多名科技干部到农村服务，培训农村人才6500多人次，提供技术咨询12600多人次，帮助乡镇企业和农村专业户解决很多生产难题，受到农民的普遍欢迎。1985年11月，全省智力支乡经验交流会在地区宾馆召开，宿县地区行署人事局作重点发言。1986–1992年，人才引进仍是人才交流的重点，地、县市出台优惠政策，引进各类人才1150人（不含接收分配的大中专毕业生）。1993年开放人才市场后，人才交流迅速活跃，趋向经常化、正常化。1993–2007年，市人才中心举办大型人才交流会31场，专题性人才招聘会15场，组团参加全省人才交流会38场，组团参加外省人才交流会10多场；入场招聘单位累计2100多家次，提供职位累计2.2万多个。非集市期间，承办企事业单位人才招聘900多家次，求职登记8500多人。通过人才市场双向选择，实现人才交流15200人次，其中：引进各类人才2400人，大中专毕业生就业8900人，因岗位调整、重新择业等原因正常流动3900人次。2005年至2007年，宿州人才网站举办网上招聘会15次，招聘各类人才400多人。截至2007年年底，有45家用人单位在宿州人才网站注册，近3万人在网上发贴求职。

（三）人事代理

宿州市人事代理工作始于1999年，重点是代管在“三资企业”工作和其他自谋职业人员的人事档案。市人才中心承办各类人事代理总人数250多人，其中集体户人数63人，代管人事档案280多份。从2004年起，市人才中心为市直事业单位实行全员聘用制或新进人员聘用制提供全方位人事代理业务，减少用人单位人事管理方面的繁琐事务。

截至2007年年底，市人才中心承办各类人事代理总人数累计3500人，其中集体户总人数300人，代管人事档案累计2100份。

（四）农村人才开发

1990年至1993年，行署人事局会同有关部门，安排乡镇农技人员分批培训，三年轮训一遍。1993年以来，采用专家巡回讲课、就地举办培训班、选送进修学习等方法，实施乡土人才培训规划，截至2006年年底，培训乡土人才1.3万多人次。开展农民技术职称评审工作，具有农民技师以上职称的乡土人才纳入各级人才库管理。1999年进行乡土人才普查，建立农村人才档案。

1996年，部分乡镇建立人才服务站，挂靠政府，工作人员兼职，乡镇不增设机构、不增加编制。1998年8月，地区人才中心在灰古镇召开现场经验交流会。1999年、2000年市人才中心先后制定《乡镇人才服务站管理办法》《加快培育和发展农村人才市场的意见》，2001年年底，全市121个乡镇、街道全部建立人才服务站，登记在册、经常组织活动的乡土人才达15500多人。

（五）毕业生就业

1979年至1984年，宿县地区接收非师范类高校毕业生1133人、中专毕业生2910人，绝大多数分配到基层企事业单位和乡镇工作。

1985年后，大中专毕业生分配工作先后交由行署教委和行署计委负责，行署人事局主管自费毕业生分配工作。1993年开放人才市场后，高校计划内自费毕业生的分配派遣工作及国家不包分配的大中专毕业生推荐就业工作交由地区人才中心负责；1997年起接转行署计委的非师范类高校毕业生分配职责，与行署教委共同负责高校毕业生分配派遣工作；2000年中专毕业生就业工作由市计委划入市人事局；2002年起大中专毕业生就业工作全部由市人事局管理，毕业生的接收、就业方案的编制、派遣等具体工作委托市人才中心办理。

1999–2007年宿州市人事局接收非师范类高校毕业生基本情况

表2-10-3

年份	接收人数	其中		
		硕士生	本科生	专科生
1999	317	—	191	126
2000	125	—	66	59
2001	141	—	68	73

续表2-10-3

年份	接收人数	其中		
		硕士生	本科生	专科生
2002	84	—	50	34
2003	173	—	89	84
2004	203	1	131	71
2005	396	2	245	149
2006	574	9	415	150
2007	476	2	198	276
合计	2489	14	1453	1022

（六）机关事业单位技工等级考试考核

1993年工资改革后，机关事业单位工人岗位分为技工和普工两大类，技工有初级工、中级工、高级工、技师和高级技师5个等级。技工取得技术等级并由单位聘用后可享受相应的工资待遇。

1993年11月，开展全区机关事业单位技术工人技术等级考试考核工作。列入首批考试考核的有驾驶、烹饪两个技术工种。报名参加考试考核的技术工人计3480人，评定技术等级的计3080人，其中高级工850人，中级工1260人，初级工970人。1994-1995年，组织实施机关事业单位所有全省统考工种的技术工人等级考试考核，报名参加培训、考试的技术工人计1.2万多人，考试考核合格评定技术等级的共计10720人，其中高级工1910人，中级工5640人，初级工3170人。1999-2000年，评定或晋升技术等级的计6914人。2002年，评定或晋升技术等级的计2766人，其中全省统考工种2310人，非统考工种456人。2005年，评定或晋升技术等级的计1310人，其中全省统考工种890人，非统考工种420人。截至2005年年底，全市机关事业单位评定技术等级的技术工人计7262人，其中技师2人，高级工2020人，中级工2220人，初级工3020人。

（七）创办“地区联大”

1990年后，各地相继出台吸引人才的优惠政策，人才竞争日趋激烈，宿州籍高校毕业生流失严重。1990年至1992年，全区每年考取本科院校的宿州籍学生达2000多人，但返回地区分配的不足10%；大专层次的毕业生返回地区分配的比例也偏低，而且总量较少。1993年5月，地委决定依托本地区和省内高校，创办宿县地区联合大学，培养一批留得住、用得上的本地人才。1993年9月，宿县地区联合大学正式成立。“联大”学制两年，学生从应届或历届高中毕业生中按高考成绩和“联大”最低录取分数线，从高分到低分择优录取；学生毕业后自主择业，在本地区内承认大专学历，享受国民教育同等待遇。首届招生500多人，开设财会、计算机、外贸、工商管理等专业。之后，办学规模逐年扩大，开设专业增至10多个。1993-1997年，“联大”招收五届学生，毕业学生5200多人。毕业生经人才市场推荐和双向选择，绝大多数在本地区企事业单位就业。1998年停止招生，1999年“联大”停办。

（八）委托高校培养人才

1998年6月，行署人事局与安徽工学院、安徽大学、蚌埠食品专科学校签订大专层次人才委培合同，按略低于当年高考录取分数线的标准，择优选送委培生98人，主修财会、计算机应用、法律和市场营销等专业。截止1996年底，选送委培生计1620人。委培生毕业后大多返回生源所在地就业，解决了部分企事业紧缺人才的需求。1997年，因省内高校取消计划外委培名额，此项工作停止。1999-2004年，又与湖北职业技术学院建立委培关系，先后选送委培生120人。2006年，市人才中心与中国矿业大学MPA教育中心联合建立“中国矿业大学MPA教育中心宿州教育基地”，2007年，有17名学员进修深造。

六、专业技术人员队伍建设

（一）职称评审和职称考试

1981年6月，宿县地区成立会计、统计、经济等系列职称评审委员会21个，开始进行职称评审工作。1981-1983年，评定职称的专业技术人员计6738人，其中高级职称3人，中级职称833人，初级职称5902人。1983年8月，暂停职称评审工作。

1986年起，宿县地区恢复专业技术职称评审工作。截至1988年年底，具有职称的专业技术人员计13236人，其中高级职称329人，中级职称2795人，初级职称10112人。高、中、初级职称人员的比例为1：8.5：30.7，高、中级专业技术人员所占比重明显偏低。1989年至1991年，暂时中断职称评审工作。

1992年重新启动职称评审工作，成立宿县地区职称改革工作领导小组及办公室，办公室设在行署人事局。

通过历年职称评审和职称考试，各层次专业技术人员均有较多增加。1996年年底，全区专业技术人员计42199人，其中高级职称1606人，中级职称12184人，初级职称28409人。高、中、初级职称人员的比例为1：7.6：17.7，专业技术人员构成比例明显改善。2006年年底，全市专业技术人员计92300人，其中高级职称5576人，中级职称34195人，初级职称52529人，高、中、初职称人员的比例为1：6.1：9.4，专业技术人员的构成比例又有明显改善，人员构成比例接近安徽省经济发达城市。

2006年，宿州市专业职称系列增至30个。

（二）专业技术人员继续教育

从1993年起，全区开展专业技术人员继续教育工作。2000年，制定《宿州市专业技术人员继续教育实施细则》。2001年，市、县区相继开展这项工作，当年，参加继续教育的专业技术人员达15600人。自2001年起，实行专业技术人员继续教育证书验证制度。专业技术人员接受继续教育每年不低于72学时，作为其职称评定和年度考核、职务聘任、工资晋升的重要条件。2001-2007年，完成学时任务，发给“继续教育证书”的专业技术人员累计8万多人次。

（三）专家管理

1990年，党中央、国务院决定给做出突出贡献的专家、学者、技术人员发放政府津贴。截至2007年，宿州市有31人享受政府津贴，其中享受国务院津贴16人，享受省政府津贴15人。

1990-1994年，终身享受国务院特殊津贴的人员，按照原来逐月发放的方式（每人每月100元标准）发给政府特殊津贴；1995年后选拔的享受国务院特殊津贴的人员，按照每人每月100元发给，享受期5年；1998年改为每人一次性发给津贴5000元，2001年提高为1万元，2004年提高为2万元。2000年以前选拔的享受省政府特殊津贴的人员，按每人每月100元标准发给，享受期为5年。2001年起每人一次性发给津贴8000元，2004年提高为1.2万元。享受国务院和省政府特殊津贴的人员每2年评审一次。

2002年，市委、市政府决定实行市政府特殊津贴制度。享受市政府特殊津贴的人员，按每人每月100元标准发给，享受期为2年，截至2005年年底，有20人享受市政府特殊津贴。

2006年，修订出台《宿州市享受市政府特殊津贴人员选拔管理办法》。享受市政府特殊津贴的人员每5年选拔一次，每次不超过50人，每人每月发放津贴200元。截至2007年年底，宿州市有43人享受市政府津贴。

七、工资和福利保险

1976年至1984年，宿县地区各级机关和企事业单位实行等级工资制。党政机关实行行政等级工资制，企事业单位按行业和工种实行不同名目的等级工资制，工资种类和标准繁多，工作人员调动单位或变动职务（岗位）后，工资不作相应变动，总体工资水平很低，难以体现按劳分配原则。1985年10月，进行工资制度改革，企业工资与机关事业单位脱钩，机关事业单位实行以职务（岗位）工资为主结构工资制，基本工资由职务（岗位）工资、基础工资、工龄工资和奖励工资四部分组成，职务工资随职务的变动而变动，较好地体现了职级相符原则。1985年后，陆续出台一系列苦脏累险岗位津贴制度。1993年10月，机关事业单位进行新的工资制度改革。机关公务员实行公务员工资制度即职级工资制，基本工资由职务工资、级别工资、基础工资和工龄工资四部分组成；机关工人实行岗位等级工资制，基本工资由岗位工资、技术等级工资和奖金组成。事业单位按行业的区分，实行五种不同类型的工资制度，大多数行业的专业技术人员实行专业技术职务等级工资制，管理人员实行职员职务等级工资制，工人实行岗位等级工资制，基本工资由职务（岗位）等级工资和津贴两部分组成；职务（岗位）工资是固定发放部分，津贴作为活工资部分，可由各单位根据按劳分配原则及实际情况自主分配，活工资部分占基本工资的比例，依照经费预算形式分别确定，其中：全额拨款单位占30%，差额拨款单位占40%，自收自支单位占50%，收取规费的自收自支单位，津贴所占比例原则上应按30%核定，最高不超过40%。改革后，机关事业单位实行正常增资制度。从2001年开始，机关事业单位工作人员年度考核称职（合格）的，按上年度12月份基本工资数额，发给年终一次性奖金。2006年7月，根据新颁布的《中华人民共和国公务员法》，对机关公务员工资制度进行改革，公务员实行职级工资制，基本工资由职务工资和级别工资两部分组成，级别工资的薪金含量有较多增加，进一步增强级别工资激励功能；改革后，原省、市出台的津贴补贴项目统一归并，在职人员发给工作性津贴和生活性补贴，离退休人员发给相应补贴。

（一）工资

1993年工资改革，机关实行职级工资制，事业单位按其性质、特点，分别实行五种不同类型的工资制度。地直机关事业单位职工7606人，其中机关1716人，事业单位5890人。经过工资套改，机关人均月工资381元，人均月增资91元；事业单位人均月工资391元，人均月增资121元。离休人员人均月增资142元，退休人员人均月增资112元。机关事业单位还执行各项工资性津贴补贴，人均每月64元。改革后，按国家规定，宿县地区统一执行六类工资区标准。

2006年工资改革，机关事业单位工资分别实行新的标准。市直机关事业单位职工11420人，其中机关2560人，事业单位8860人。经过工资套改，机关人均月工资1838元，人均月增资286元；事业单位人均月工资1785元，人均月增资261元；离休人员人均月增资450元，退休人员人均月增资278元。

1993年工资改革后，全区机关事业单位实行正常增资制度。正常增资包括正常升级和国家根据城镇居民生活费用增长幅度以及企业相当人员工资水平的增长情况适当调整工资标准两方面内容。

1995年10月，全区机关事业单位职工首次正常晋升职务工资档次或职务（岗位）工资等级。市直机关晋升职务工资档次或职务（岗位）工资等级。市直机关晋升职务工资档次1620人，人均月增资21元；事业单位职工及机关工勤人员职务（岗位）工资升级5200人，人均月增资24元；机关事业单位离休人员按在职人员标准升档或升级，退休人员每月增加20元。同年9月，根据省人事厅规定，提高职务补贴标准，市直机关事业单位职工7990人，人均增加28元；离退休人员人均增加29元。

1996年10月，调整职务补贴标准，市直机关事业单位人均增加33元。

1997年7月，机关公务员基础工资由每月90元调整为110元；事业单位职工职务工资标准提高14元。机关事业单位离退休人员按每月20元增加离退休费。同年10月，调整职务补贴标准，市直机关事业单位人均增加36元。

1998年1月，全区机关公务员首次正常晋升级别工资，市直机关晋升级别工资1503人，人均月增资24元。

1999年7月，全市机关事业单位调整工资标准。机关公务员基础工资由每月110元提高到180元，级别工资标准由55-470元提高到85-720元；事业单位调整职工工资构成中的固定部分，活的部分按确定的比例相应提高。机关事业单位离休人员按照同职务、同条件在职人员的增资额增加离休费，增加数额不足120元的，按120元增加；退休人员按原职务增加退休费。市直机关事业单位列入调整范围的9101人，其中机关2001人，人均月增资115元；事业单位7100人，人均月增资109元。离退休人员人均增加116元。

2000年10月，调整职务补贴标准，市直机关事业单位职工9202人，每人增加100元。离退休人员每人增加100元。

2001年1月和10月，全市机关事业单位先后两次调整工资标准。从2001年1月起，机关公务员基础工资由每月180元提高到230元；级别工资标准由85-720元提高到115-1166元。事业单位调整职工工资构成中的固定部分，活的部分按确定的比例相应提高。离退休人员调整办法与1999年7月增加离退休费办法相同，其中离休人员增加数额不足100元的，按100元增加。从2001年10月起，机关公务员调整职务工资标准；事业单位调整职工工资的固定部分，活的部分按确定的比例相应提高。离退休人员调整办法与1999年7月增加离退休费办法相同，其中离休人员增加数额不足80元的，按80元增加。市直机关列入2001年1月调整范围的10020人，其中机关2200人，人均月增资113元；事业单位7820人，人均月增资115元。离退休人员人均增加119元。列入2001年10月调整范围的10091人，其中机关2231人，人均月增资91元；事业单位7860人，人均月增资83元。离退休人员人均增加89元。

2001年6月，调整职务补贴标准，市直机关事业单位职工10022人，每人增加100元。离退休人员每人增加100元。

2003年7月，机关公务员调整职务工资标准；事业单位调整职工工资构成中的固定部分，活的部分按确定的比例相应提高。离退休人员调整办法与1999年7月增加离退休费办法相同，其中离休人员增加数额不足50元的，按50元增加。市直机关事业单位职工列入调整范围的10955人，其中机关2285人，人均月增资63元；事业单位8670人，人均月增资61元。离退休人员人均增加65元。

2004年1月，调整职务补贴标准，市直机关事业单位职工11120人，人均月增资122元。离退休人员人均增加128元。

1985年、1993年和2006年宿州市直机关事业单位工资基本情况

表2-10-4

年份	职工人数		基本工资(元/月)		津补贴(元/月)		人均工资(元/月)	
	机关	事业单位	机关	事业单位	机关	事业单位	机关	事业单位
1985	1450	3900	87	79	5	5	92	84
1993	1716	5890	320	328	62	65	382	393
2006	2560	8860	1190	1152	648	633	1838	1785

说明：1.表列津补贴系指按人发放的工资性津补贴（暂按原发放标准统计），不含岗位性津补贴

2.表列机关人数包括执行机关工资制度的事业单位人数，统计口径与编制部门不一致

（二）福利、保险

1978年，国务院国发104号文件，对机关事业单位职工福利保险制度作出规定，福利制度除补充个别项目外，长期未作调整。主要有：（1）福利费制度。福利费按单位工资总额的2.5%提取，主要用于解决职工及其家庭遇到的特殊生活困难，也可用于慰问因病住院职工等；（2）探亲假制度。（3）病假制度。（4）婚（丧）假制度。（5）冬季取暖补贴制度。（6）年休假制度。（7）工时制度。

保险制度的部分项目仍沿用1978年的规定，但大多提高执行标准，有的项目已进

行改革。主要有：（1）生育保险制度。（2）养老保险制度。（3）医疗保险制度。（4）因公伤残保险制度。（5）死亡保障制度。截至2007年年底，经市人事局审批市直机关事业单位享受遗属生活困难补助386人，人均月补助金额181元。

八、考核奖惩

（一）表彰奖励

奖励工作长期执行1957年国务院颁布的《国家行政机关工作人员奖惩暂行规定》，事业单位参照执行。奖励种类有：记功、记大功、授予奖品（奖金）、升级、升职、通令嘉奖。

1981年，各地恢复奖励工作。当年，宿县地区受到各种奖励的有920人，其中记功180人，授予奖品或奖金740人。截至1985年年底，全区受到各种奖励的有4733人，其中记功462人，授予奖品或奖金4229人，升级42人。1986年后，除执行上述奖励种类外，评选先进，授予荣誉称号逐渐成为主要的奖励方式。1986年至1993年，全区获得市厅级以上荣誉称号的先进个人736人，其中获得省部级荣誉称号的152人；获得市厅级以上荣誉称号的先进集体计234个，其中获得省部级荣誉称号的64个。

1993年，《国家公务员暂行条例》规定，公务员符合九种奖励条件的，应当给予奖励，奖励种类分为五种：嘉奖、记三等功、记二等功、记一等功、授予荣誉称号。事业单位参照执行。1995年7月，人事部发布《国家公务员奖励暂行规定》，进一步规范奖励工作。但是，在实际执行过程中，评选先进、授予荣誉称号的奖励方式，仍被广泛运用。1994-2007年，全市机关事业单位获得市厅级以上荣誉称号的先进个人2124人，其中获得省部级荣誉称号的288人；获得市厅级以上荣誉称号的先进集体计590个，其中获得省部级荣誉称号的62个。1999年以来，由市政府给予记二等功的65人，由市政府表彰的“人民满意的公务员”10人、“人民满意的公务员集体”10个；由省政府表彰的“人民满意的公务员”3人，“人民满意的公务员集体”2个。

从2002年起，由市人事局牵头，会同有关部门开展创建“人民满意基层站所”活动。同年9月，全省“群众满意的计划生育办公室、服务所”评议活动现场会和全省公路征费稽查站创建工作现场会先后在宿州召开，本市的创建工作成绩得到省有关部门的较好评价。2006年8月，市政府办公室印发《关于进一步做好创建“人民满意基层站所”工作的通知》，继续规范创建工作。2002-2006年，经过民主评议和考核筛选，评选和表彰58个“人民满意基层站所”。

（二）目标考核

1992年3月，成立宿县地区岗位责任制考评委员会及办公室，办公室挂靠行署人事局，副处级规格。1993年，全区党政机关实行目标管理责任制，列入地区考核的目标责任单位包括：各县市政府、地直党政机关、直属事业单位和省条条单位。主要做法是：将地委、行署制定的全区经济、社会发展目标任务合理分解，由各县市政府和地直各部门、单位分别与地委、行署签订年度工作目标任务责任书，要求各部门、单位紧紧围绕大局做好各项工作；目标管理考核实行统一的考核评比程序、考核计分方法、考核等次及奖惩办法。各县市政府年度工作目标任务完成情况由行署办公室、行署计委组织考核；地直各部门及省条条单位由地区目标考核办组织考核。目标管理责任制突出了对部门、单位重点工作及团队表现的考核，量化工作任务，明确个人职责，有力地促进各部门、单位勤政廉政，争创第一流工作业绩的主动性、积极性。1996年10月，撤销地区岗责办，目标管理考核工作由行署人事局负责；1997年12月，成立宿县地区目标管理考核委员会及办公室，办公室设在行署人事局；2002年7月，经市编委会研究，市考核办明确为副处级规格。

1999年10月，市委办公室、市政府办公室印发《宿州市政府工作部门（直属事业单位）目标管理考核奖惩暂行办法》，进一步规范目标考核工作，党群部门参照执行。“暂行办法”规定，考核内容包括：与市委、市政府签订的年度工作目标任务完成情况，部门主要职责履行情况，计划生育、社会治安综合治理、廉政建设情况，承办市委、市政府重点工作目标任务完成情况，招商引资情况等。目标考核采取部门季报、跟踪检查、半年重点督查、年度计分考核等形式，自下而上、上下结合进行。考核分数分为标准分和奖励分两种（标准分为百分制）。其中业务工作标准分为80分（含招商引资15分），自身建设标准分为20分，奖励加分最高为20分。单位综合得分最高为120分。考核设优秀、良好、合格、不合格四个等次。年度考核获优秀单位的，市委、市政府奖励单位主要负责人奖金1000元，单位从自有经费中奖励副职800元，其余工作人员600元；获良好单位的，市委、市政府奖励单位主要负责人奖金800元，单位从自有经费中奖励副职600元，其余工作人员400元。对当年度评为不合格的市属管理单位，给予通报批评；连续两年评为不合格的，给予主要负责人免职、降职或责令辞职处理，目标管理考核奖惩办法后来根据情况的变化不断修改完善。另外，还设立招商引资先进集体奖、先进个人奖，规定了具体奖励办法。

九、军队转业干部安置

1979-1988年，军转干部安置去向为机关和企事业单位；根据不同的安置岗位，军转干部分别参加党政机关、工业企业、财贸金融和专职武装干部等岗前培训班。1988年12月，成立宿县地区军转干部培训中心，副处级规格，隶属于行署人事局。1989-1998年，接收安置任务逐步恢复正常，每年不超过百人。1997年5月，市军转办升格为副处级。1999年、2000年，接收安置人数有所增加，分别接收安置120人、104人，之后，接收安置任务恢复正常。1990年以来，军转干部安置去向大部分集中在党政机关（其中又以政法系统居多），其次为财政拨款事业单位。1996年10月，新建军转干部培训大楼在市淮河中路182号落成，建筑面积5000多平方米，配置计算机70台；1998年建成集餐饮、娱乐和住宿为一体的综合楼，建筑面积1200平方米。

2001年，军转干部安置采取计划分配和自主择业相结合的办法。2001年至2007年全市接收自主择业军转干部31人。至2007年年底，经军转安置部门积极推荐、牵线搭桥，有29名自主择业军转干部重新就业。1986年至2007年，接收安置2056人，有师职4人，团职223人，营职660人，连排职857人，技干281人，自主择业31人。

2003-2006年，开展企业军转干部生活解困工作。2003年，市、县区军转办对全市1173名企业军转干部的基本情况进行调查摸底，采集相关数据，并组成核查组分别到40多个企业核查；在此基础上，提出贯彻皖办发〔2003〕29号文件的具体意见，报请市委、市政府批准。从2004年4月起，给全市符合条件的企业军转干部每月发放生活补贴。2006年，按“双社平”标准（系指全市上年度社会平均养老金水平和在职职工上年度社会平均工资水平），调整补贴标准，办理养老保险、医疗保险和失业保险，建立解决企业军转干部生活困难的长效机制。2006年，在岗企业军转干部人均月工资1022元，退休企业军转干部人均月养老金737元。从2007年1月起，在岗企业军转干部月工资不足1194.5元、退休企业军转干部月养老金不足898元的，不足部分由财政给予补助，以后逐年调整。

1985年以来，宿州市获省、市表彰的模范军转干部65人，先进军转工作者25人，接收安置军转干部先进单位20个。其中，由国务院军转办、人事部、总政治部表彰的模范军转干部3人；由省军转安置工作领导小组、省人事厅、省军区政治部表彰的模范军转干部37人，先进军转工作者13人，接收安置军转干部先进单位8个。1997年，宿县地区军转办评为全省军转安置工作先进单位。

1986-2007年，全市接收安置军转干部2056人。

十、引进国外智力

1989年，引进国外智力工作由科委划归人事部门管理。同年9月，成立宿县地区引进国外智力领导小组及办公室，办公室设在行署人事局。2002年7月，市引智办明确为副处级规格。

（一）引智交流活动

1989-1998年，先后有12名日本、以色列农业专家来宿讲学，进行技术指导，或考察、洽谈引智项目；同期，本地区专家和技术骨干派出境外培训212人次。

1999年后，引智工作进一步发展，农业引智交流活动更加活跃。1999-2007年，全市引进技术项目44个，其中农业项目42个、工业项目2个。农业项目包括果树栽培、花卉培育、水产养殖、蔬菜病虫害防治、农作物组培、胚胎移植、新品种试种、推广和选优等方面的先进技术；引进国外农业优良品种110多个；外国农业专家来宿工作累计68人次，其中日本农业专家65人次、以色列农业专家3人次；外国农业专家举办技术讲座38场次，农民和农技人员参加讲座累计3100人次，接受外国农业专家现场技术指导累计9500人次。同期，本市专家和技术骨干派出境外培训295人次。

（二）主要引智成果

1988年来，农业引智项目取得重要成果，主要有：1997年，引进日本脱毒山芋新品种及山芋脱毒技术，增产效果达三成以上，截至2007年年底，全市推广面积77万亩，其中埇桥区推广30万亩；辐射、带动河南、山东、江苏邻近地区推广50万亩。2001年，经日本教授高山觉先生指导培育的蝴蝶兰组培苗生产填补安徽省花卉生产的一项空白，年创产值10万元，市场前景十分看好。2004年，推广从日本引进的侨化矮化苹果栽培技术18万亩，平均每亩增收300元，年增收5400万元；推广日本红小豆、白小豆栽培技术改造5000亩，亩产量比本地豆类品种提高一倍以上，生产的红小豆、白小豆全部返销日本。经多年试验示范，至2007年，引进的10个优质果树品种，推广面积5万多亩，其丰产性、抗病性及果品品质都比当地品种好，效益明显，深受市场及果农欢迎。本市农业引智项目数量、质量、效益及争取国家经费均在全省名列前茅。1998年8月，全省农业引智成果推广会在宿州召开，会议对宿州市农业引智工作情况作重点介绍，并安排与会人员现场考察。1993年3月，省政府召开全省引智工作电视电话会，宿州市作为引智工作先进单位特邀在主会场作典型发言。工业引智也有突破，取得一定成效。2006年，安徽车桥股份有限公司引进日本挂车焊接技术，年增效益40多万元；2007年，安徽华洋啤酒有限公司引进德国啤酒酿造技术，年增效益100多万元。

1989年以来，在宿工作的外国专家多次获得中方荣誉奖状，其中，日本农业专家熊谷俊一、酒德重夫先生获中国政府颁发的“国家友谊奖”，日本农业专家大竹通男、高山觉先生获安徽省政府颁发的“黄山友谊奖”。

1999-2007年宿州市农业引智工作情况

表2-10-5

年份	引进项目	引进外国专家人数	外国专家举办讲座(场)	接受技术指导人数	争取国家省引智经费(万元)	派出培训人员
1999	4	7	4	1700	6.8	42
2000	4	6	3	1300	10.5	36
2001	6	9	4	1520	11.5	38
2002	6	9	5	1650	10	40
2003	4	7	5	1340	6.6	32
2004	5	8	5	1200	6.8	18
2005	5	9	3	900	12.3	44
2006	5	8	5	1610	5	23
2007	3	5	4	1380	6.6	22
合计	42	68	38	12600	76.1	295

说明：表列接受技术指导人数包括参加专家讲座和接受现场技术指导的人数

十一、人事考试工作

人事考试工作由人事部门主管。2002年9月，成立市人事考试中心，副处级规格，隶属于市人事局。考试中心负责的考试种类包括：各类专业技术职称资格考试，执（职）业资格考试，职称外语考试和职称计算机应用能力考核，国家公务员（机关工作人员）录用考试，技术工人技术等级评定或晋升考试，事业单位招聘人员考试等各类社会化考试。

随着人事制度改革的深入和各项事业的发展，参加各类人事考试的人员不断增加。1992年后，先后实行职称资格以考代评和职称外语考试、技工等级考试，应试人员有较多增加，全市各类人事考试应试人员每年近万人次；1998年后，相继实行职称计算机应用能力考核和部分行业执（职）业资格考试，应试人员又有较多增加，全市各类人事考试应试人员每年超过1.3万人次。2002-2007年，市人事考试中心完成各类人事考试考务工作190多项，应试人员累计6万多人次。

人事考试社会关注度高，涉及到广大应试人员的切身利益。市考试中心采取一系列措施，严格考场纪律，严肃考风考纪，创造了公平竞争的良好环境。2002年，加强了考务管理和考场监督。各考点严格执行“封闭考点、考场验证、手机封袋管理、填写考生信息留验单”等考场规定；邀请纪检会、监察局、保密局负责人巡查考场，对考场秩序、试卷管理和监考情况进行全程监督；设立举报信箱、举报电话，接受群众监督。2003-2004年，开展创建示范考点的活动，确定市实验中学、二中、一职高、十一中为全市人事考试的定点考点，实验中学和一职高为示范考点，建立起一支经验丰富、责任心强、执纪严格的监考人员队伍。2006年起，所有考点使用手机信号屏蔽仪，杜绝利用现代技术手段舞弊的行为。2002年以来，对有舞弊行为的应试人员和个别监考人员，分别给予取消三年考试资格和晋升职称资格的处罚。

第三篇　经　济

第一章　综合经济管理

第一节　经济综述

从1988年到2007年的20年间，宿州和全国一样，逐步走出计划体制，开始在社会主义市场经济制度下运行。经济体制的大变革，为宿州市的经济发展注入强大的动力。

一、总量上台阶，结构起变化

1978年，全地区国内生产总值仅有7.4亿元，1987年发展到26.3亿元。1995年，跨上百亿元台阶，达109.46亿元；2002年，又登上200亿元台阶，达211.36亿元。从2003年到2007年，四年中连跨两个台阶，达424.27亿元。1978年，人均GDP185元，1987年578元，2007年达7430元。第一产业由于受天气的影响较大，年际间有起伏，总趋势是一路走高，增加值从1978年的4.56亿元提升到2007年的138亿元。第二产业增加值，1978年只有1.56亿元，2007年上升到127.4亿元。作为经济发展“晴雨表”的财政收入，1978年只有0.72亿元，1987年1.2亿元，2007年上升到21.34亿元。以上数字表明，宿州市的经济总量大幅度提升，特别是从1988年到2007年的20年，经济总量上升较快。

从产业结构看，20年中，一产独大的局面发生根本性变化。1987年，一产占GDP总量的61.6%，撤地建市前的1998年降至47.1%，2007年再降为32.6%，20年中下降了29个百分点。与此相对应的是，1987年二产占GDP总量的19.5%，2007年上升到30%；1987年三产占比为18.9%，2007年上升到37.4%，三产在20年中提升18.5个百分点，是三次产业中增速最快的产业。在二产还不太强的情况下，三产超越一产，成为三次产业中的最大产业。

二、前期多起伏，后期稳增长

从1988年到省辖宿州市成立的1999年，经济发展在年际间起落较大。开始的1989年和1990年，因一产增速分别只有1.3%和2.1%，两年的GDP增速均在6%以下，特别是1994-1998年的5年中，经济运行如同过山车，大起大落。1994年农业受灾，1995年一产增速高达25%，导致GDP增速由上年的6.8%陡升至17.2%；1996年，一产增速回落到-0.2%，GDP增速亦回落到5.5%；1997年，一产增速再次跃升到20%，GDP增速又一次被拉到高位，达14.3%；1998年，一产增速跌破0点，GDP增速亦降到3%。

从2000年到2007年，全市经济发展趋于平稳，后期开始提速。2000年开始的农村税费改革，为农村经济的稳定发展注入了强大动力。工业在产权制度改革中淘汰了一批落后企业，引导一批困难企业走出困境，焕发了生机。如皖北制药厂、贝斯特公司、市化工厂等。企业改制重组，对外地资本亦产生巨大的吸引力，雨润集团、山东信诚化工、丰原集团等纷纷投资宿州企业。改革使地方工业迅速走向复苏，并蕴育着新的发展。

三、农业渐走强，工业大提升

这20年，国家对农业的支持力度逐步加大。一是实行各种直补，不断加大工业反哺农业的力度；二是大力推广应用新品种、新技术、新农机，特别是重要增产技术的推广应用；三是积极调整农业内部结构。宿州市种植业在农业中的比重，由1987年的80%下降到2007年的54%，养殖业所占比重相应地由15%提升到39%，这对农业趋稳和农民增收起到了重要作用；四是粮食等收购价格不断提高，农民从中受益；五是大力发展农产品加工业，作为农业产业化的龙头，既实现了加工增值，让农民受益，又缓解了农产品的“卖难”问题。如随着水果加工业的发展，砀山“卖梨难”的情况已不复存在。2007年，全市粮食总产由1987年240万吨增加到327万吨；水果总产由12万吨增加到144万吨；肉类总产从5.55万吨增加到37.7万吨，农产品加工能力逐步增强。

1987年，宿州市工业还十分弱小，到1995年增加值仅17.4亿元，占GDP的15.9%，2000年29.39亿元，占GDP的16.4%。世纪之交，全市工业发展面临两大机遇：一是在产权制度改革中，私营经济快速崛起，民营经济开始从传统的餐饮业向制造业进军，先后出现了砀山县的水果加工集群，符离集的烧鸡加工集群，萧县、灵璧等地的面粉加工集群，埇桥顺河、砀山县周寨等地的木业加工集群等。二是沿海企业大量向中西部地区转移，宿州市在承接产业转移中，各开发区、工业园区一片繁忙，大批沿海企业像雁阵一样落户宿州，使宿州市的工业蛋糕迅速做大，工业增加值占GDP的比重，2007年达25.3%。全市形成农产品加工、煤电、建材、医药化工、机械电子和轻纺鞋服等六大支柱产业。

四、服务领域宽，三产稳增长

在市场固有规律的作用下，宿州市第三产业一直呈现良好的发展势头。1978年，三产增加值只有1.3亿元，占GDP总量的17.6%，低于一产和二产；到2000年，三产增加值达到60.6亿元，占GDP总量的33.9%。2007年，三产增加值占GDP总量的36.5%，成为高于二产和一产的最大产业。第三产业对地方经济发展的贡献率也很可观，2000年达到34.98%，2005年农业受灾，三产贡献率达到61.92%的最高值，起到了经济发展的“稳定剂”和“减震器”的作用。到2007年，三产的贡献率仍为43.6%，虽低于二产，但大大高于一产。纵观20年来第三产业的发展，总的趋势是平稳、快速，稳中趋快。

宿州地处中国东西和南北两大通道的交汇处，区位优势明显，再加上一、二产业的发展客观上要求服务业将其产品推向终端消费市场，宿州市服务业呈现出全面、快速发展的态势。特别是物流仓储业、批发零售业、房地产业、居民服务业等。大物流、大市场、大商场、大酒店迅速崛起，家乐福、乐天玛特等称霸世界的零售商纷纷入驻，标志着宿州市的服务业登上一个新的台阶。服务业在服务工农业生产、人民生活中发挥着愈来愈重要的作用。

五、投资力度大，发展有支撑

经济发展离不开投入。1978年全社会固定资产投资只有3077万元，2007年提升到126.9亿元。其中，第二产业投资58.3亿元，比上年增长35.7%，工业投资完成56.6亿元，比上年增长33.1%；第三产业投资66.4亿元。较上年增长46.4%。第三产业投资占比较高，且增幅较大，标志着投资愈来愈重视民生的改善。由于投资的大幅度增加，30年来，一大批基础设施和基础产业项目，如汇源电厂、华电宿州电厂、朱仙庄、芦岭、祁东的煤泥煤矸石电厂、界沟煤矿、电网建设和改造、城乡路网建设、污水处理厂等建成并投入运营。一大批工业项目，如市轻工化学厂（后为丰原集团重组）、特酒厂、润达纺织、中元化工（重组后）、福润肉食品（重组后）、皖北药厂等建成投产，成为工业强市的有力支撑。第一产业的农水亦有一大批项目建成投产。2007年，宿州市城区面积由1988年的12.5平方千米扩大到50.7平方千米，市区道路总长409千米，供水管道长248千米，绿化面积717公顷，人均绿地2.87平方米，绿化覆盖率由1988年的13.7%增加到29.7%。中心文化广场、银河广场、沱河景观带、雪枫公园、运粮河公园等一批市政建设的标志性工程先后建成并投入使用。

六、收入稳增长，生活大改善

随着经济的发展，城乡居民的收入水平大幅度提高。城镇居民人均可支配收入2000年为4177元，2007年达10562元。农村居民人均纯收入，1995年为1327元，2007年达3102元。恩格尔系数，城镇居民2000年为45%，2007年降到39%；农村1995年为57%，2007年降到46%。职工的平均工资由1995年的3549元上升到2007年的18296元。城乡居民人均储蓄存款，1995年只有912元，2007年上升到4611元。以上数字表明，20年间，城乡居民的收入增长较快，生活水平大大提高。

当然，和全国平均水平比，宿州市还有一定的差距。但辩证地看，收入上的差距不等于生活上的差距。宿州市人均GDP较低，但GDP的含金量（人均收入与人均GDP之比）较高，且多数指标均接近小康目标；宿州市的人均收入不高，但地处传统农区，农业是一把双刃剑，它既拉低了整个经济的增速，又给人民生活带来诸多方便和实惠，果蔬新鲜、副食多杂、地产地销，价格低廉，居民安居乐业；宿州的公共服务水平不高，但人居环境月月新，民生福利年年好，人民比较满意；宿州城市不大，但环境较好，宜业宜居，2007年大气环境质量主要指标达标率在91%以上，优良天数331天。

宿州市主要年份生产总值及构成

表3-1-1

年份	地区生产总值（万元）				地区生产总值构成（%）			人均地区生产总值（元）
	合计	第一产业	第二产业	第三产业	第一产业	第二产业	第三产业	
1978	74247	45580	15587	13080	61.4	21.0	17.6	185
1980	92736	56070	19969	16697	60.5	21.5	18.0	227
1985	201454	124035	42164	35255	61.5	21.0	17.5	464
1990	390156	185064	92385	112707	47.4	23.7	28.9	751
1995	1091619	585900	210337	298392	53.5	19.2	27.3	2041
2000	1788168	712388	369534	606246	45.4	20.7	33.9	3096
2001	1961172	894520	399773	666879	45.6	20.4	34.0	3364
2002	2113611	937702	429227	746682	44.4	20.3	35.3	3663
2003	2290025	883399	535497	871129	38.6	23.4	38.0	4004
2004	2885700	1222684	646900	1016116	42.4	22.4	35.2	4958
2005	3187182	1266200	769300	1151682	39.7	24.2	36.1	5553
2006	3594832	136944	926059	1299129	38.1	25.8	36.1	6285
2007	4242700	1380600	1274000	158100	32.6	30.0	37.4	7430

宿州市主要年份固定资产投资

表3-1-2　　单位：万元

年份	全社会固定资产投资额	固定资产投资占GDP比重(%)
1978	3077	4.14
1980	3374	3.64
1985	11078	5.50
1990	21839	5.60
1995	247983	22.73
2000	430275	24.30
2001	455055	23.55
2002	494847	23.86
2003	569272	25.88

续表3–1–2

年份	全社会固定资产投资额	固定资产投资占GDP比重(%)
2004	677585	24.28
2005	850360	27.17
2006	1093487	30.42
2007	1269122	29.91

第二节　发展改革

一、机构设置

1983年机构改革，计委内设办公室、综合计划科、基建科和物资财贸科。1985年，增设国土科（与综合计划科合署办公）。当年批准设立“宿县地区基本建设标准定额站”，隶属于计委，1994年，将该机构（已更名为宿县地区计划委员会工程造价管理站）全建制划归建委管理。1994年，批准设立“宿县地区经济信息中心”，为副县级事业单位，隶属于计委。

1996年机构改革，行署计委定编19人，内设办公室、综合计划科（国土科）、利用外资科、固定资产投资科、社会事业科、物资财贸科（第三产业办公室）6个职能科室。1998年7月，成立宿县地区重点项目办公室，副处级事业单位，编制7人，隶属于计委。1999年2月，改隶属行署，10月改隶属计委。

2001年12月机构改革，将使用数十年的计划委员会更名为发展计划委员会，不再保留经济协作办公室，其管理职能仍划归发展计划委员会。发展计划委员会内设7个科室，即办公室（人教法规科）、综合计划科（经济动员办公室）、农村经济发展科、工业经济发展科、固定资产投资科、社会事业发展科、经贸流通科（第三产业发展办公室）。

2005年，市发展计划委员会又更名为市发展改革委员会。

二、体制

计划管理体制是经济管理体制的核心。中国的计划管理体制经历了不同的发展阶段。

（一）计划经济时期

早在新中国成立之初的第一个五年计划时期，经过探索和实践，实行计划为模式的计划管理制度。“大计划、小自由”，“大权独揽、小权分散”，“统一领导，分级管理”是计划经济时期的基本要求。计划管理的范围较宽，管理的形式较严。凡是纳入国家计划的各项指标，可分为三种，即指令性指标，可以调整的指标和参考性指标。

年度计划一直是地区一级计划管理的主要形式。一般年度计划有：综合指标（含工农业总产值计划等），农业生产计划，工业生产计划，基本建设（固定资产投资）计划，主要商品调、销、存计划，外贸收购计划，财政、金融计划，主要物资分配计划，社会事业发展计划，增产节约（能源节约）计划等。

计划程序一般是“两下一上”，即自上而下颁发控制指标，自下而上逐级编报计划草案，自上而下逐级下达正式计划。如工业计划，地方国营、公私合营工业，以企业为基层计划单位，由专（地）直属部门汇总报同级计委，同时上报省主管部门。计划内容有产品计划、劳动用工计划、物资供应、成本、财务、基建计划等。有的还要上报季度计划、甚至月计划。合作社经济的计划单位为县联社、专署联社，个体手工业以县为单位，由专署“手管局”汇总报计划部门。

（二）计划经济与市场调节相结合时期

从1978年年底中共十一届三中全会召开，到1992年中共十四大明确提出实行社会主义市场经济体制，是中国计划管理体制发生重大变化的时期。根据国家和省的基本要求，宿县地区的计划管理体制进一步改革。

1.大幅度减少指令性计划指标，扩大指导性和市场调节的范围。凡是国家、省下达的指令性计划，地区照下，主要生产物资可以增加供应的，适当加码。如粮食征购任务一般和化肥、柴油、预购定金“三挂钩”。

2.在物资分配数量逐年减少的情况下，实行倾斜政策，保重点。对指令性计划所需物资实施“双保”，即保数量、保价格（平价）。

3.加大对外开放的步伐，对利用外资和引进技术的项目，纳入计划管理，从生产、建设条件上尽可能予以保证。

4.基本建设计划的管理，坚持上下一盘棋，从严管理。包括审批范围、用地指标等。

5.积极开展信息服务和开展调查研究。

（三）社会主义市场经济体制确立后

1992年10月，中央明确提出建立社会主义市场经济体制，国民经济的计划管理又跨入一个崭新的发展阶段。在社会主义市场经济条件下，计划管理体制改革的总原则是：真正把企业的职能放给企业，把市场的职能还给市场，把社会的职能转给社会，把基层的职能交给基层，同时强化计委的宏观调控职能。计委的任务是：研究战略、制订规划、宏观调控、总量平衡、产业政策、培育市场、重点建设、协调服务。

根据以上的职能转变原则，宿县地区计委工作做大幅度调整：

1.把年度计划总体上作为指导性计划，指令性指标只转达国家和省下达的计划指标，如20世纪90年代的高校、中专招生计划、“农转非”计划、人口计划、企业债券发行计划、重大商品进口配额计划等。

2.把年度计划分解到县，并制订奖惩办法。政府负责人签目标责任状，以这种办法落实计划任务。

3.加大力度，为地方和企业争取更多的资金和项目。

4.为地方经济发展争取项目，特别是在国家的国债资金和以工代赈资金落实项目上，计划部门的职能发挥效果明显。

5.加强调查研究，认真编制好地方的中长期经济社会发展规划。

三、计划的编制与实施

（一）计划经济时期

1953年，开始实行计划经济，到1978年年底，中共十一届三中全会的召开，中国实行完全的计划经济管理体制。宿县地区计划编制和实施的特点：一是“一五”时期刚刚起步，计划属于摸索阶段；二是经济发展起伏大，计划管理工作难度较大；三是计划管理主要是下达年度计划和日常的审批来进行计划掌控，没有制订五年计划。

（二）计划经济与市场调节相结合时期

从1979年起，计划开始关注市场，指标开始留有余地，到后来计划指标逐步减少。如1985年，工农业总产值计划25亿元，实现第一个翻番，执行结果达到27.73亿元。工业计划安排77个产品，属于指令性计划的只有3个。“六五”和“七五”两个五年计划时期，经济以改革为动力，发展是好的。如从1986年到1990年的“七五”时期，GDP计划年均增长9.6%，实际增长7%；工农业总产值计划年均增长11.6%，实际增长8.3%；工业计划年均增长17%，实际增长18.26%；财政收入计划年均增长6.1%，实际增长10.46%。

（三）社会主义市场经济时期

全区从“七五”时期开始制订五年发展计划，在进入社会主义市场经济以后，“五年计划”被提到重要日程上来，特别是成立省辖宿州市后，五年计划经过市人民代表大会审议通过，即成为指导全市经济发展的重要文件和依据。

“十五”计划的制订和执行结果是好的，如国内生产总值计划年均增长8.5%，实际增长8.6%；财政收入计划到2005年实现10亿元，执行结果达到13.4亿元；全社会固定资产投资计划年均增长11.8%，实际增长14.6%；城镇居民人均可支配收入5600元，年均计划6.5%，实际结果达7910元，年均增长13.6%。但农民人均纯收入增速只有3.7%。整个“十五”时期，是宿州市经济发展速度最快、改革开放程度最高、城乡面貌变化最大、群众得到实惠最多的五年，全市经济迈上持续、快速、健康发展的轨道。

2006年开始的第“十一五”规划时期，宿州市面临重要的发展机遇期，总的目标是实现经济发展又好又快，社会事业全面进步，人民生活不断改善，生态环境持续优化。主要预期指标是：全市生产总值超600亿元，比2005年翻一番，人均生产总值达到1200美元；三次产业结构由40.5：24.35：35.5调整到30：40：30；工业增加值年均增长25%左右，其中，规模以上工业实现三年倍增；全社会固定资产投资年均增长25%。从2006年和2007年实施情况看，新的五年规划期间经济实力显著增强，投资保持高速增长，经济运行质量不断优化，对外开放步伐加快，社会和谐不断推进，整个计划的实施是好的。

第三节　统　计

宿州市统计机构最早设立于1954年，即宿县专员公署统计科。1961年，撤销蚌埠专署，重新建立宿县专署，成立专员公署统计局。1968年，撤销后并入计委，为统计科。1981年5月，从计委中析出，恢复成立宿县地区统计局，编制15人。1998年，国家统计局宿州企业调查队挂牌成立，下设综合科、产业调查科、专项调查科。1999年7月，成立宿州市城市经济调查队，编制10人，下设综合科、物价调查科和住户调查科。2005年3月，成立宿州市普查中心。

一、大型普查活动

（一）农业普查

第一次农业普查从1996年开始，1999年结束，历经4年。是一次大规模的国情国力调查，以调查农业生产要素为基础内容，同时全面了解农村经济和社会发展的基本情况。普查中动员组织3.2万名调查人员，调查结果汇总于《安徽省第一次农业普查宿县地区资料汇编》。

第二次农业普查从2005年开始。首先从组织上落实，接着进行深入宣传，开通农业普查网站，培训普查人员，进行普查编码，组织入户调查，科学组织光电录入。

（二）工业普查

1985年5月到1987年5月，参与第二次全国工业普查。1995年5月到1997年5月，进行第三次工业普查，对境内27420个各类工业企业和工业生产活动单位进行直接发表调查，普查结果编印成《宿县地区第三次工业普查汇编》一书。

（三）基层单位普查

1996年12月，开展宿县地区第一次基本单位普查。1999年，开展基本单位清查核对工作，录入汇总显示，全市有法人单位13079个，其中企业法人3636个，非企业法人9443个，全市有产业活动单位22958个。全市有个体经营户43467个，其中从事工业生产8886个，从事批发零售贸易事业21672个。

第二次基本单位普查于2001年12月31日进行。普查结果显示，全市有法人单位12400个，其中企业法人单位4410个，事业法人单位3506个，机关社团法人964个，其他法人单位3520个，不具备法人资格的产业活动单位数为7338个。

（四）经济普查

2005年1月1日，为全国第一次经济普查正式登记的第一天。全市6000多名普查员对全市个体工商户、法人单位以及产业活动单位进行种类数据填表登记。由于普查前的准备工作做得充分，经省检查组抽查，法人单位和产业活动单位没有发现遗漏情况，经济普查报表做到机表一致，重要指标误差值率低于质量控制标准。

第二次全国经济普查于2008年进行。

（五）人口普查

第五次人口普查从1998年12月起，经过宣传、培训等前期工作，全市培训“五普”业务人员2082人，普查指导员3768人，普查员17055人。2000年10月31日，在全市范围内对居无定所流动人员进行清查登记“零点行动”，11月1日，人口普查登记工作全面展开，2001年6月，普查数据处理工作通过省级验收。

二、统计改革

（一）农村统计改革

1987年，农村统计办法改革，在统计方法上采取全面调查、抽样调查和典型调查相结合，用抽样调查和典型调查来验证全面统计数字，提高农产量统计数字质量。

1994年，农村统计改革，建立乡、镇统计站，配备专（兼）职统计人员；落实统计经费；扩大调查点，全区由原来的550个调查点扩大到3480个；建立健全统计台账和相关制度；加强垂直领导，严把质量关。

1997年，农村统计改革，通过改革，乡镇统计机构进一步完善，统计队伍进一步加强，经费进一步落实，网络进一步扩展，抽样调查数据超汇工作全面开展，统计信息自动化建设有新突破，数据质量有很大提高。

（二）工业统计改革

1987年，工业年报开始超级汇总，结束人工汇总的历史。1992年，改革工业生产评价考核指标体系，1993年，开始报送工业企业主要经济指标月报。1998年，工业定期报表由乡以上工业企业报送改为全部国有工业及年销售收入500万元以上非国有工业企业报送。1997年，全区工业企业数为1336户，1998年缩减为225户。2002年，计算工业发展速度时在使用不变价的同时，试行价格缩减法。

（三）综合性统计改革

2002年，市政府下发《关于进一步加强和改进统计工作的通知》，强调统计工作的重要性，强化统计基础工作，加强统计队伍建设，就统计监督、统计服务社会等方面作明确规定。同时决定在统计制度上，建立规模以上工业企业统计预备制度。对年销售收入在300万-500万元的企业，确定为预备企业，适时列入统计范围。

2007年，市政府再次下文，要求加强统计网络建设，加大经费投入，加强统计基础建设。由于市政府重视，统计队伍加强，硬件设施改观，信息程度有所提高，经费有保障。

三、统计执法

全市开展统计执法工作，通过各种方式和载体广泛宣传《中华人民共和国统计法》，使法规深入人心；加强执法组织和执法队伍建设；大力开展统计培训；实行统计执法责任制；建立健全统计执法制度，认真开展执法大检查。

2001年，查出各类统计违法行为195起，立案查处36起。

2002年，查出各类违法案件226起，立案查处41起。

2003年，7个驻宿单位拒报2002年城市建设年报，统计执法人员通过调查取证，听证会等，最终胜诉，争得“在地统计权”，获得年均20多亿的GDP增量。

2004年，执法检查989家，查出各类统计违法行为196起，立案查处虚报、瞒报、篡改统计资料的违法案件84起，全部结案。依据《中华人民共和国统计法》分别予以通报62件，警告12件，经济处罚10件，申报法院强制执行6件。当年被评为全省统计系统先进单位。

2005-2007年，市查处统计违法行为628件，分别进行立案处理，或经济处罚，或通报批评。

四、统计服务

（一）编发统计信息

1998年，全区统计局编发各类信息487期，其中被省级刊物采用5篇，地级刊物采用54篇，省统计局采用58篇，《中国信息报》采用2篇。

2000年，编发各类信息127期，900余条，其中国务院办公厅采用2篇，省局两刊采用21篇，省局办公室采用19条，市委办公室采用23条，市府办采用12条，地级刊物采用21篇。

2006年，编发《统计信息》185篇，在统计网上发布信息110条，其中89条被市委、市政府采用，55篇被省局采用，32篇被市以上报刊采用。

（二）撰写统计分析

市统计局根据各项报表、检查、抽样调查和大型普查所获得的珍贵数据资料，展开统计分析活动，努力探索研究经济运行深层次的问题。所形成的分析文章如《宿州市产业结构特征及调整方向选择》《宿州市民营企业发展现状及对策分析》《关于“实现工业五年扩张战略”的思考》等分析报告，先后在省、市报刊上发表，得到市委、市政府领导的高度重视和批转，分别获得全省统计系统优秀论文一、二、三等奖。

（三）编印国民经济和社会发展月度监测资料

市统计局利用数据优势，坚持在每月15日之前，编发《宿州市月度经济运行监测》手册，内容涵盖国民经济和社会发展的各个领域，近20个栏目，得到市、县党政部门和社会各界的称赞认可。

服务党政工作、服务社会的其他方面做法还有印发两会服务资料、参与考核县区及乡镇经济运行情况、发布统计公报、编纂统计年鉴等。

第四节 工商管理

伴随着中国改革开放的不断深入，工商行政管理部门实现由监管农贸市场，向监管服务型工商的历史性转变。市工商局1986年机关定编93人，事业编制528人。到1998年整编，原使用的事业编制一律核销，统一列入财政供应范围，基层工商所转变成行政机关，进入国家公务员系列。1999年，工商体制实行省以下垂直管理。2001年，国家工商行政管理总局进一步提高工商行政管理执法的权威性和有效性，强化市场监管，规范市场秩序。2003年，机构改革，制订三定方案，市局通过精简人员、竞争上岗等手段，使工商管理队伍更加精干，为促进地方经济发展做出更大的贡献。

一、市场主体准入与监管

（一）企业登记管理

1988年至1989年，对党政机关兴办实体进行脱钩。1996年至1998年，对公司制企业进行清理，特别是对各类三无“皮包”公司的清理，使各类企业数由1986年的23816户缩减到1999年的13586户。2000年9月，市工商局印发《关于进一步支持国有企业改制工作若干意见的通知》，积极支持国有企业改革、改组、改造，帮助解决改制中的登记注册问题。从2002年到2007年，企业的发展由不规范走向规范，由单一经济成份走向多种经济成份并存，企业数量先由多到少，后又呈现缓慢增加的发展轨迹。2002年，全市有内资企业9176户，2005年有8102户，2007年有7683户。

1999年，市工商局设注册大厅，后进入政务中心窗口，工商部门坚持便民、规范、廉洁、高效的自律要求，大大提高注册效率，办件率为100%。2006年，对企业信用实行分类监管，2007年，信息库建立，达到四级联网，逐步实现网上登记、网上查询、网上年检、网上服务，使企业登记管理逐步走向现代化、规范化、制度化、法制化。

（二）个体私营经济管理

1988年，国务院发布《中华人民共和国私营企业暂行条例》，连同1987年的《城乡个体工商户管理暂行条例》，使个体私营经济走上依法规范管理的健康轨道。1986年全区个体工商户40877户，从业人员74313人，注册资金5018万元。至2007年发展到65923户，从业人员131443人，注册资金76601万元。1988年发照私营企业42户，从业1077人，注册资金290万元。至2007年发展到7570户，从业65692人，注册资金854026万元。

1994年，《中华人民共和国公司法》颁布实施，当年登记注册私营有限责任公司94家，从业2461人，注册资金2855万元。2007年发展到6179家，从业49669人，注册资金810189万元。

1997年，《中华人民共和国合伙企业法》颁布实施，当年注册442家，注册资金7667万元。2007年年底下降到180家，注册资金达到10899万元。

2000年，《中华人民共和国个人独资企业法》颁布实施，当年注册企业有418家，2007年年底发展到1211家。

工商部门严格履行职责，2000年换证时，挤压“水分”，注销一批长期不经营、不年检的个体工商户。从1986年到2007年的四次清理整顿活动，查处无照经营户10913户，有照未悬1061户，取缔123户，补办执照23365户。支持下岗职工再就业，近10年中增加28600个就业岗位，凭优惠证办理个体工商户11431人，减免各种规费2000余万元。在“红盾帮扶行动”中，2005年到2007年，全市帮扶个私企业416户；支持企业改制15家，培育个私重合同、守信用企业30家；帮扶注册商标15家；参与农业开发275家；发展执照农民850户等。

（三）外商投资企业登记管理

1986年，颁布实施《中华人民共和国中外合资企业法》及“条例”“规定”等，为外商投资企业落地创造更为宽松的环境。1986年，第一家外资企业华利箱包有限公司在宿州设立。宿州市工商行政管理局自2000年4月1日起，正式行使外商投资企业核准登记权。到2007年年底，全市实有外商投资企业56户，其中，中外合资企业13户，中外合作有限公司1户，外国法人独资有限公司7户，外国自然人独资有限公司3户，台港澳与境内合资有限公司11户，台港澳与境内合作有限公司1户，台港澳合资有限公司3户，台港澳法人独资有限公司11户，台港澳自然人独资有限公司6户。投资总额为2.17亿美元，注册资本为1.17亿美元。

二、市场管理

1986年到1999年，是市场大发展时期。工商机关在做好市场监管的同时，还承担建设市场、搞活市场、管理市场和创建文明市场等多项任务。以1999年工商机关与所办市场脱钩为标志，其工作的重心和重点转移到市场监管服务、行政执法上来。1999年，全市登记注册各类市场321个，其中，消费品综合市场174个，农副产品市场109

个，工业品市场22个，生产资料市场14个，生产要素市场2个。

生产资料市场管理，涵盖粮食、棉花、蚕茧、棉花加工、种子、种苗、化肥、农药、兽药、农膜、饲料和饲料添加剂，农机及配件、渔具渔机、汽油、柴油、汽车等，重点是对企业主体资格的确认和监督，严格准入管理，深入开展打假执法检查。2003年，由市政府牵头将市区农资商户整体搬迁到光彩大市场，形成辐射安徽、江苏、山东、河南四省40多个县市的农资批发市场。

1994年，监管的要素市场包括房地产企业16户，建筑企业31户，装饰业18户。到2003年发展到204户，同时还监管各类中介78户，金融、保险、证券178户。2007年年底，监管运转企业68户，汽车销售企业35户，出租公司9户，航运公司8户，报废汽车拆解1户，维修企业及个体户20户。

三、合同管理

1995年，《中华人民共和国仲裁法》颁布实施后，工商部门从事多年的合同仲裁工作移交给新成立的仲裁委员会，执行合同争议的调解工作。1999年新合同法颁布后，打击合同欺诈、查处违法合同案件成为工商监督的一项十分重要的工作，全市查处一批违法合同案件。

2003年，市工商局对拍卖市场监管进入正常化、规范化的轨道。全市5家（法人企业2家，分公司3家）拍卖企业，到2008年年底举办拍卖活动260场次，成交金额50340万元。

从2001年起，市工商局对“订单农业”开展监管服务，重点培育农业产业化龙头企业。到2007年年底，全市拥有省、市级龙头企业113户。全市涉农龙头企业每年签订各类订单7万多份。经营100多亿元，订单履约率在95%以上。

从1996年工商行政部门开展企业动产抵押物登记以来，到2007年年底，办理企业抵押物登记2980件，抵押物价值1221779万元。

全市工商部门在企业中广泛开展“守合同重信用”活动，会同有关部门成立评审组织，对所辖企业进行评审认定。中煤三建（集团）有限公司等5家先后获国家工商总局认定的“守合同重信用”荣誉称号；8家获省政府“守合同重信用”称号；33家获省局认定，65家获市局认定。

四、商标管理

1990年，开始设立商标广告管理机构，1996年，初步进入规范化管理，工商部门在指导企业注册商标、争名牌上，做了大量工作。1992年，全市第一件个体私营企业注册商标。1998年，“砀山酥梨”商标经国家商标局核准，实现全省以农产品注册商标零的突破。至2008年年底，有效注册商标2000余件。“符离集”烧鸡商标，“双喜”葡萄酒商标被评为首届安徽省著名商标。2007年年底，全市拥有“武鹰”“东鼎”“刘老二”等省著名商标26件。

从1986年到2007年，多次开展商标专项整治活动，查处各类商标侵权案件1104件。工商部门对辖区印刷企业实行动态监督，从源头上堵住假冒商标出笼，并与之签订“不印制假冒注册商标”等管理协议，有效制止假冒、侵权行为。

五、广告监督管理

1986年，全市有广告经营单位7家。1993年32家。到2007年年底，全市有广告经营单位110家，广告从业人员808人，广告经营额2883万元。其中，新闻媒体11家，从业人员95人；广告公司85家，从业人员625人；兼营广告企业10家，从业人员61人，省级广告诚信单位12家。逐步形成综合性广告公司、广告代理公司、广告策划创意公司、户外广告制作公司等多种专业群体。

2001-2007年，围绕维护消费者合法权益和社会公共利益，监管和查处的重点是：欺骗和误导消费者的虚假违法广告，直接关系人身健康和生命的广告，如连续几年治理整顿的医疗、药品、奶粉、保健品、化妆品类广告。2007年，对此类广告开展“零违法”的专项治理活动；规范重大事件与推销商和规范服务相联系的广告。

六、公平交易执法

1993年，《中华人民共和国反不正当竞争法》颁布实行后，工商部门将打击侵犯商业秘密、虚假宣传、不正当有奖销售等违法行为作为公平交易执法的重点。2004年至2007年，把执法的重点聚焦在食品安全整治、治理商业贿赂、打击传销以及“红盾护农”。1999年至2007年，市工商局公平交易局系统立案查处各类经济违法案件2600余件，涉案金额8000余万元，查处不正当竞争案320件，商业贿赂案63件，“傍名牌”案件258件，假劣农资203件，非法拼装汽车案31件。2003年到2007年，市公平交易局取缔传销窝点474个次，驱散传销人员8813人次。

2003年至2007年，全市流通环节抽查食品、成品油类、农资类等18类3051组样品，立案查处1000余件不合格产品案，维护消费者利益。

七、消费者权益保护

1989年年底，地区消费者协会成立。连同各县协会，依据条例全面开展保护消费者合法权益工作。1999年，开展“安全健康消费”年活动；2000年，开展“明明白白消费”年活动；2001年，开展“绿色消费”年活动；2002年，开展“科学消费”年活动；2003年，开展“营造放心消费环境”年活动；2004年，开展“诚信·维权”年活动；2005年，开展“健康·维权”年活动；2006年，开展“消费与环境”年活动；2007年，开展“消费和谐”年活动；受理消费者投诉近3万起，调解成功率达98%以上，为消费者挽回经济损失630多万元，接待咨询37万人次。

1998年，12315申诉举报中心成立，通过进商店、企业、社区、村镇、学校等办法，设立申诉举报点，在全市范围内形成纵向到底、横向到边、覆盖城乡、纵横联动的举报网络，有效地维护消费者权益。市局选送参加“全国千万家庭食品安全知识大赛”的家庭代表在激烈角逐中夺得第一名。消协所处理的案件中，一件入选全国“2007年消协组织富有成效十大建议”，一件入选省消协十大群体投诉案件。200家企业入网省“诚信承诺企业联盟”。

第五节　审　计

一、财政预算执行和决算审计

1989年，全区审计机关对财政预算和决算的审计陆续展开。1990年，地区审计局审计市财政税务，组织力量审计萧县、砀山县、灵璧县、泗县和省局安排的金寨县、舒城县计6个赤字县的财政税务。自1991年起，对县、市财政决算审计逐步走上经常化、制度化。地区审计局每年审计两个县级财政，对税务系统1987-1991五年来的集贸市场税收分成、工商税超收分成以及代收、代扣手续费提成等情况作专项调查。1996年，《中华人民共和国审计法》颁布实施，根据国家审计署统一部署和省审计厅有关要求，市审计局把对本级财政预算执行情况审计作为年度重头戏，首次进行预算执行情况的审计。1997-1998年，同级财政预算执行情况依然是审计工作的重点。对查出的违纪金额，通过审计处理，收缴和补缴入库的资金，归还原资金渠道，做出调账处理。1999年，在对同级财政的审计中，进一步总结经验，突出重点审计内容，使财政审计得到深化。2000-2002年，继续深化财政审计，从审计情况看，擅自减、缓财政预算收入，应缴未缴税费、虚列财政收入及挪用预算资金依然存在。针对存在问题做出审计处理，并向人大作出报告，提出整改意见。2003-2004年，以推进公共财政建设、规范预算管理秩序、促进财政资金有效使用为目标，重点对预算编制、税收征管、政府采购、收支大户、国库集中支付、专项资金使用和预算收入等进行审计。2005年，全市各级审计机关依法组织对本级预算执行和其他财政收入的审计，同时对地税系统税收征管、稽查、减免税等情况和预算资金收支较多的土地、农水、城管、教育等部门进行审计及调查。2006年，继续进行这一重点内容的审计。2007年，按照省审计厅的要求，重点对税收征管、预算编制、转移支付、专项资金使用、预算收入等重点内容进行审计，审计及调查49个单位，审计资金总额15亿元，查出违规收费431万元、管理不规范资金3649万元。

二、行政事业审计

行政事业审计是宿州市审计局成立后最早开展的审计工作之一。1989年，审计监督与治理整顿、深化改革结合得更加紧密，行政事业定期审计工作进一步完善。1990年，开始对行政事业单位实行定期审计，对资金数量多、管理乱、执行财经纪律差的单位实行重点审计。全区对公安、交通、物价、工商、城市监察等5个系统117个单位规费罚没收入进行审计。1991年，全区审计机关把救灾款物的审计列入重要议事日程。1993年，全区审计140个有资金分配权、有预算外收入和罚没收入的行政事业单位。重点抓公检法和希望工程的审计；加强对经费支出额较大和预算外资金较多单位的审计监督；对全区119个行政事业单位进行审计。2000-2002年，进一步拓展和加强行政事业审计工作，全市开展普教经费专项审计和调查、发现存在的乱收费情况，引起各级政府的高度重视，并采取措施进行整改。对社会保障资金单位和住房资金单位的审计中，发现存在的主要问题是：挤占挪用专项资金、预算外收入未缴专户等，及时提出切实可行的审计建议，被有关单位采纳。2003年，新华书店和工商行政管理行业的审计均被省审计厅评为优秀审计项目。2005年，行政事业审计明显加强，全市审计教育主管部门5个、抽审学校55个；对中小学D级危房改造资金的审计，全市审计和调查20个部门、单位，抽审376个学校、抽审项目421个；对法院系统进行审计，查出一批违纪违规金额。2007年，进一步加大专项资金审计和审计调查的力度，特别是涉及人民群众切身利益的财政涉农资金、粮食直补、良种补贴、农村养老保险、城镇职工基本医疗保险、阳光工程补助费、奎濉河治理工程拆迁赔偿费等的审计和审计调查，揭示问题，查找原因，引起领导机关和有关部门的重视，及时抓好整改。

三、企业审计

国有企业审计工作起步较早，市、县审计局成立后，即开展企业的审计工作。1989年，全区各级审计机关继续围绕企业承包经营和厂长（经理）离任，审计调查30多个单位。通过审计促进增收节支和制止损失浪费金额4339万元。1991年，地区审计局制定《全民所有制企业承包经营审计实施办法》。1992年，组织力量对17个大中型工业企业开展审计和审计调查，审计和调查面占全区工业企业亏损大户的74%。1993-1995年，对278个重点工商企业、9个国营大型骨干企业经营情况和邮电、航运系统进行审计。1996-1997年，在完成146个单位的审计任务后，对机械、建材、纺织行业的6个重点企业进行审计。通过对全区7个棉麻公司、48个基层棉花收购站的资产、负债、损益情况审计，编写《宿州市棉花生产经营中存在的主要问题及对策》简报，被市和省厅转发。1998年，对全区6家酿酒企业上年度的资产、负债、损益情况进行审计调查，对4家工业股份制企业和8家商业股份制企业进行审计调查。对带有普遍性、倾向性、典型性的重大问题，及时向同级党委、政府提交审计报告。根据国家审计署等八部门的部署及省审计厅的具体要求，全市审计机关抽调115名审计人员，奔赴巢湖地区进行粮食财务挂账异地审计。1999年，为促进企业转变机制，宿州市审计局组织力量对全市96家工业、交通、外贸、粮食、供销、化工、纺织等国有或国有控股企业进行审计，同时对部分国有股份制商业企业进行审计调查。市审计局的纺织行业审计综合报告，被省审计厅评为优秀报告。2000-2001年，组织力量开展全市电力行业财务收支情况的审计，从对11户商业、医药、棉花、物资、饲料行业审计的情况看，盈亏不实的现象较为普遍，存量资产中的不良资产比率较高，向企业乱摊派现象依然存在。2003年，在全省粮食清查审计中，宿州市审计局抽调110名审计人员，赴六安市进行审计，审计结果受到省审计厅的认可。2004年，通过对市建筑安装工程总公司、市印刷厂、华源电力股份有限公司、安徽宿州供水股份有限公司等企业的审计，查出的问题，分别进行审计处理。2005年，重点配合省审计厅对皖北煤电集团2004年度财务收支情况进行审计。2006年，重点开展盐业系统、烟草行业、交通建设资金的审计，同时还参与路桥公司的清产核资。

四、经济责任审计

1986年，对大中型骨干企业厂长（经理）进行离任审计。1990年，全地区对重点企业的8位厂长（经理）进行承包经营审计和离任审计，查出违纪金额1040万元。1991年，市审计局对亏损较大的水泥厂进行审计后，地方党委根据审计部门提出的问题，派出工作组，对厂班子作整顿和调整。1999年，制定宿州市党政和企事业单位领导干部任期经济责任制审计的实施办法，对31个单位的47名党政机关和企事业单位的领导人进行任期审计，查出违纪违规金额4399.16万元。2001年，经济责任审计工作稳步推进。全市审计110个单位，涉及领导干部142名，查出违规行为资金4497万元，审计后晋升26人、平调84人，免职14人，移送纪检监察机关及司法部门处理的5人。2003年，全市各级审计机关在纪检、监察和组织、人事部门的积极配合下，对164个单位的216名经济责任人进行经济责任审计，查出各类违规金额10638.13万元，其中主管责任9797.66万元、直接责任870万元。2005年，全市完成158个单位164人的经济责任审计，查出违规违纪资金7552万元。市审计局完成本级22个单位的经济责任审计，查出违规违纪资金2321万元。各级组织部门依据审计结果分别对被审对象作出安排和处理。2007年，完成各级党委、政府交办的经济责任审计项目66个、查出违纪违规金额1375万元，管理不规范金额201万元。

五、重点建设审计

（一）开工前及项目建设预（概）算执行情况审计

1989年，全区各级审计机关对213个自筹基建、停缓建项目、楼堂馆所进行跟踪审计和自筹资金来源审计。停建、缓建、削减项目47个，压缩基建投资4296万元。1991–1993年，地区审计局重点抓大型企业皖北制药厂的基建审计和开发公司的审计。1996年，固定资产投资审计有突破性的进展，全区审计120个基建工程，审计总金额达16298万元，核减金额达1688.7万元。1997年，有较大扩展，全区审计153个基建项目，审计总金额达21699.4万元，核减金额1248.6万元。1998年，全区审计机关审计基建项目113个，审计资金达1.8亿元，为建设单位核减资金1084万元，审减率为8.2%。1999年，重点审计宿州粮库工程和连霍高速公路工程，发现和纠正资金管理和使用中存在的问题，保证专项资金的合理利用。2000–2007年，市重点工程项目招投标，项目预算等“事前审计”。

（二）建设项目竣工决算审计

1991年，宿县地区审计局在对皖北制药厂进行基本建设审计中，总结探索基建工程决算审计方面的经验。2001年，全市审计74个建设单位，核减工程结算资金627万元，归还原渠道资金906万元。2003年和2004年，核减工程结算金额分别为165万元、865万元。2005年，全市审计决算资金15090万元，累计核减金额753万元。在对教育系统建设项目、市县区工业园、经济技术开发区的道路与厂房建设项目的审计中，核查项目竣工决算的真实性、合法性和效益性，揭露项目施工过程中虚列决算、截留、挪用专项资金等问题。2007年，全市审计机关开展农村公路、治淮资金工程价款结算等143个项目的审计和审计调查，涉及资金15.2亿元，查出违规违纪资金2393万元，核减工程价款1657万元。市审计局在对市行管局南苑宾馆改造、市公安局交警支队办公楼和看守所工程、市政府新办公楼等工程价款结算审计时，核减工程造价623万元。

六、金融审计

（一）国家金融机构审计

根据国家审计署授权，1987年，宿县地区审计局对全区建设银行财务收支进行行业性审计，重点审计其真实性、合规性，严肃财经法纪。1989年，审计署下发文件，要求各级审计机关将国家金融机关所属分支机构财务收支纳入经常性审计范围，不再采取授权审计方式。1990年，全区对金融系统的15个银行和保险公司财务收支进行审计，查出违纪金额287万元。1995年，审计署对国有金融机构审计方式做了变更，恢复审计署授权方式。1996年至1998年，根据审计署授权和省审计厅统一部署，先后组织实施金融系统11个单位的审计。对查出的违规经营、漏交税款、账外设账、信贷资产质量较差等方面的问题，有的做出处理，有的逐级上报审计署处理。2003年，首次对华安证券财务收支进行审计，同时对全市中国人寿保险公司资产负债进行全面审计。2004年，对国元证券公司宿州营业部2003年度的经济业务及自营业务进行审计。

（二）地方金融机构审计

1999年，宿州市审计局根据《安徽省地方金融机构财务审计暂行规定》，抽调104人，组成30个审计组，对辖区内123个农村、城市信用社进行审计，查出违规资金717万元，收缴财政处理资金188万元，负债总额31.3亿元，亏损额3984万元，属高风险信用社59家。2002年，组织力量对35个地方金融机构进行审计，针对存在问题进行审计处理和提出整改意见。

七、社会保障审计

事关民生工程的社会保障资金审计，主要是对城镇职工养老保险基金、失业保险基金、医疗保险基金、工伤保险基金、社会救助和社会福利进行审计。1991年，把救灾款物的审计列入重要议事日程，组织全地区审计机关审计6个县以上救灾主管部门，抽查13个重点乡村，审计救灾款物2290万元。1993年，对全区12个单位的待业保险基金和退休养老基金进行审计。1998年，在救灾款物审计调查中，全区调查16个单位，抽查47个乡镇，走访灾民360户，对救灾款物的管理、使用、发放等方面存在的问题，提出审计意见，被各级政府和民政部门采纳。2000-2003年，对社会保障资金、扶贫资金、救灾防汛防疫资金、住房资金、失业保险基金、医疗保险基金以及“非典”防治资金和社会捐赠款物收入管理使用情况等，进行专项审计，取得显著成效。2005年，社保资金审计不断拓展，审计查出违纪违规金额799万元。2007年，实施城镇职工基本养老保险基金、农村养老保险基金、农电系统养老保险基金，奎濉河治理工程赔偿费及土地开垦费等项目的审计和审计调查。农村养老基金审计，纠正违规资金；奎濉河工程移民安置补偿标准过低的问题揭示，引起有关部门的重视；城镇职工养老基金移交审计，查出违规挪用资金的问题，省领导作了批示，市领导召开专题会议进行研究解决，地区审计调查被省审计厅评为表彰项目。

八、农业与资源环保审计

1990年，地区审计局组织力量对全地区95个单位的农业发展基金、农田水利建设经费等进行专项审计，对查出的违纪问题写出专题审计报告和综合分析报告。1994年，重点审计47个黄淮海农业综合开发项目。促进农业专项资金的专款专用，强化管理。1995年，农业审计是重点审计项目之一，地区审计局审计砀山县1993-1994年，两年度的农业投入情况，审计查清农业投入资金的来源、总量及构成情况。全区审计机关还对农资行业进行审计，重点检查国家关于化肥、农药等农业生产资料购销政策的执行情况，揭示市场经营不规范、价格上涨过快、农民负担较重等问题。1997-1998年，重点抓乡镇资金的审计，对全市水利专项资金、农业综合开发续建项目资金进行审计。2000-2001年，完成农业专项资金审计任务。2003年，加大对涉农资金的审计力度。2004年，全市首次开展对国土资源部门的土地出让金及财务收支审计。2007年，宿州市审计局组织各级审计机关进行涉农资金审计调查，查出一批违纪违规资金，及时做出审计处理。

九、外资运用审计

（一）国际金融组织贷款项目审计

按照中国同国际金融组织签定的贷款协议规定和根据安徽省审计厅授权，地区审计局承担辖区内所有世界银行贷款项目审计。1990年，地区审计局组织审计人员对全区7个单位的世界银行贷款项目进行审计，审计资金总额为4606万元，写出调查报告。1993年，对全地区8个单位的世行贷款审计，查出挪用外汇资金和配套资金42万元。1995年，全区审计外资运用项目8个，查出违纪金额232万元。2001年，审计3个利用世界银行贷款发展“肉牛项目”。2002年，市审计局对外债重点项目宿州污水处理厂进行审计，提出12条整改建议，均被采纳。2003-2004年，完成外资运用审计项目26个。2006年，全市完成固定资产投资与外资审计项目79个。

（二）外国政府贷款项目审计和审计调查

2001年，宿州市审计局根据省审计厅的要求，对全市4个运用外国政府贷款的建设项目进行审计或审计调查，审计总金额达10亿多元，其中外资规模为6200万美元。在深入分析、研究建设效益的基础上，提出审计意见和建议，向市委、市政府及安徽省审计厅进行报告。2003年，市审计局对政府外债管理体制进行审计调查，审计报告被市政府领导批示采用。2004-2007年，完成外资审计和审计调查项目8个，查出主要问题是地方资金不到位，项目效益较差等。审计机关提出审计整改意见和建议48条，增促被审计单位加强整改。

十、内部审计和社会审计

（一）内部审计

1990年，全区建立内审机构75个，配备专职内审人员155人、兼职内审人员140人，对58个单位开展承包经营审计和财务收支审计，查出损失浪费金额和违纪金额，将2件贪污贿赂案件移交司法机关处理。1991年，全区内审机构增至184个、配备内审人员432人。1995年，审计228个单位，查出损失浪费资金347万元，纠正违纪资金358万元。1999年，全年完成内审项目480个。2004年，召开宿州市内部审计协会成立大会，全市内审机构对361个单位（项目）进行审计，查出损失浪费资金189万元，促进增收节支399万元，纠正违规资金2189万元。2005-2007年，全面实施宿州市内部审计协会制订的工作计划，开创全市内审工作的新局面。全市有380名内审人员取得岗位资格证书、12人取得CIA证书。

（二）社会审计

1988年，着手建立作为审计体系重要组成部分的社会审计，1989年至1990年，成立7个审计事务所，开展801个服务项目。1992年审计局成立社审、内审指导科，5月成立社审协会。1993年，全区6个审计事务所完成财务收支审计、承包离任审计和验资年检、经济案件鉴定等委托事项审计1287项。1996年至1997年，全区社会审计完成的项目和实现的业务收入均保持增长势头。6个审计事务所核减基建预决算829万元，为委托单位挽回损失185万元。1999年，宿州市审计局与全市6个审计事务所脱钩。

第六节　质量监督

宿州市质量技术监督局在1986年至1992年，称为宿县地区行署标准计量局，主要工作是对计量器具的监督管理、推行法定计量单位、制定和组织实施产品标准、开展产品质量监督。1992年4月，更名为宿县地区行署技术监督局。1999年，按照国家行政机构改革统一部署，省以下技术监督局统称质量技术监督局，全系统实施省以下垂直管理。2001年，市政府将特种设备安全监察职能及相关机构建制从市劳动局划转到市质监局。2002年8月，由市经贸委负责的质量管理职能调整由市质监局承担。2004年，国家明确质监部门负责食品生产加工环节的监管，由卫生部门承担的生产加工环节的食品卫生监管职责划归质监部门。市质监局下辖5个县级质量技术监督局和市产品质量监督检验所、市计量检定测试所、市纤维检验所、市锅炉压力容器检验所4个检验机构和市质监局稽查支队。是产品质量法、标准化法、计量法、食品卫生法和特种设备安全监察条例、工业产品生产许可证管理条例、棉花质量监督管理条例、认证认可条例等法律法规的执法主体。

一、计量管理

1986年12月，宿县地区第一家领取“制造计量器具许可证”的企业是地区衡器厂，接着轻工机械厂、中天明丽电表厂、安徽省新安达高新技术研究所、宿州市石油计量器具维修检定站、华盛中天科技有限公司等一批企事业单位陆续领取“制造（修理）计量器具许可证”。1995年，全区土地面积单位制改制结束。废除非法定计量单位“斤”主要措施有两条：坚持不允许制造以“斤”为单位的计量器具（木杆秤）；在集贸市场上大量收缴以“斤”为单位的计量器具（木杆秤）。从1987年开始到1991年，全区完成压力非法定计量单位“公斤力/平方厘米”向帕斯卡（pa）的全面过渡。2004年，市质监局对《拂晓报》《农村孩子报》等新闻单位法定计量单位使用情况进行监督检查，规范法定计量单位。宿县地区行署及宿县地区行署标准计量局1988年至1999年，先后分三批发布《强制检定的工作计量器具通告》，内容基本覆盖生产、流通领域所使用的各种强检工作计量器具，认真组织实施，确保全地区计量器具的准确可靠。

1990年，相继开展燃油加油机、电能表、汽车电子衡、水表、出租车计价器、X光机、B超、心脑电图仪、CT机、燃气表、瓦斯计等计量器具的强制检定工作，每年检定各类计量器具10万多台件。抓好企业计量管理工作，1988-1997年，在全地区生产企业中组织开展计量定升级活动，在商业企业中开展物价计量信得过活动。2000年，在全市生产企业和商业企业中组织开展企业计量水平确认活动，2007年，全市有一级计量企业1家，二级计量企业6家，三级计量企业13家，有9家企业通过“C”标志确认，18家加油站通过计量保证能力合格确认。

二、标准化管理

1988年2月，宿县地区行署标准计量局召开贯彻和实施《食品标签通用标准》（GB7718—1987）大会。1988-1990年，组织开展标准化法及标准化法实施条例宣传贯彻活动，印发宣传材料3000多份，开展执行标准化法大检查活动。1985年开始，配合企业上等级、产品评优，普遍在生产企业开展标准化整顿验收，1992年，停止企业标准化验收，开展企业标准化水平确认，至1999年企业标准化水平确认为三级1家、四级2家。2004年，实施企业标准化良好行为确认，2007年，评定（AAA）级企业1家。1996-2003年，在生产企业中开展为期8年的“消灭无标生产”活动，通过省级考核验收，企业标准化工作基础得到明显提高。2007年，全市受理企业产品标准备案86项，受理采用国际标准或国外先进标准产品验证确认6个，其中6家企业使用采标标志。全市规模以上企业产品标准覆盖率达到98%以上。合格评定监管工作加强，5家企业5个产品通过国家强制性安全认证（3C认证），78家企业取得ISO 9001标准认证证书。办理全国统一组织机构代码证12059家，商品条码注册60多家。

1998年，全区第一个国家级农业标准化示范区——砀山酥梨标准示范区建立，2000年10月，通过国家验收。2002年4月，市政府发布《宿州市农业标准化三年实施意见》，全市农业标准化工作得到进一步加强。2003年4月，国家质检总局根据市政府的申请，批准对“砀山酥梨”实施原产地域保护（后改为“地理标志产品保护”），“砀山酥梨”原产地域范围包括砀山县及萧县所属的新庄镇、杨楼镇、刘套镇现辖行政区域。2005年8月，国家质检总局根据埇桥区人民政府的申请，批准对“符离集烧鸡”实施地理标志产品保护。“符离集烧鸡”地理标志产品保护范围为埇桥区现辖行政区域。2007年，凡符合法律保护条件的“砀山酥梨”和“符离集烧鸡”，在销售时相继使用“地理标志产品专用标志”。2007年，全市建立国家级农业标准示范区3个（砀山酥梨、砀山黄桃、萧县萧国圣桃），并全部通过验收；省级农业标准示范区5个（埇桥区小麦播种、埇桥区无籽西瓜、萧县葡萄、埇桥区龙翔生猪养殖、灵璧兴程肉鸭养殖），市级农业标准示范区2个（灵璧县优质双抗棉花、泗县无公害山芋）。

三、产品质量监督

1985年起，全地区产品质量监督抽查工作开始进行。自1989年起，省标准计量局每年发布《安徽省定期监验督检产品计划》，定期监督检验的产品和企业覆盖面不断扩大。从1990年开始，每年都要对元旦、春节市场、春季农资市场、夏季饮料市场、新棉收购、秋季农资市场、国庆中秋市场进行集中市场监督抽查。1991年，全区产品抽检合格率仅为34.78%。1993年，全国人大常委会通过《中华人民共和国产品质量法》，宿县地区通过各种形式进行广泛宣传。配合1993中国质量万里行，由宿县地区行署技术监督局牵头，会同地区电视台、地区消费者协会，以电视采访宣传报道的形式，开展宿县地区产品质量追踪活动。活动行程2000多公里，历时两个多月，涉及生产、经销企业、政府各有关部门、行政事业单位上百家；电视采访专题表扬近30家生产、经销产（商）品质量好的企业；曝光批评一批生产经销假冒伪劣产（商）品的典型；对个别执法单位搞地方保护主义，袒护小团体利益，坑害农民的行为进行专题报道。1997年，宿县地区行署技术监督局对生产企业进行产品质量监督抽查，抽查产品

1844个批次，合格率71.9%，抽查商品2637批次，合格率有所提高。2001年，全市开展“查农资、保春耕”、“查市场、保两节”、“查建材、保建设”的“三大战役”，严厉打击质量违法行为。

2001年至2007年，市政府每年都组织对各县、区质量工作和打假工作进行考核，促进全市质量工作和打假工作。2003年，国家对小麦粉、大米、食用植物油、酱油、食醋等5类食品实行质量安全市场准入制度，规定食品生产企业必须加印全国统一的“QS”质量安全标志，才可进入市场销售。2004年5月，市质量技术监督局制定《宿州市质量技术监督局源头质量监管、辖区打假工作实施方案》，建立和实施源头质量监管、辖区打假工作责任制。全市划分26个责任区，分片包干，责任到人。根据企业规模、生产条件、检测能力的不同，实行ABCD分类监管，建立市场准入、巡查、抽查、强制检验等监管制度。通过两个责任体系一起抓，全市构筑起源头质量监管、辖区打假的责任网络，有效预防制假售假行为的发生。符离集烧鸡作为宿州市的特色产业，市质量技术监督局和埇桥区局通过帮助企业制订产品标准，规范生产工艺，改善食品生产加工卫生条件，实施地理标志产品保护，建立烧鸡工业园区，使烧鸡企业从传统的作坊模式走向现代化的规模生产之路。符离镇获得食品生产许可证的烧鸡生产企业达26家，年产值过亿元。

2007年，全市有257家食品生产企业取得食品生产许可证，95家工业企业取得工业产品生产许可证。安徽省东方面粉厂“东鼎”牌系列小麦粉、安徽古井集团有限责任公司“古井”牌干红（白）系列葡萄酒、安徽皖王面粉集团有限公司“皖王”牌小麦粉、安徽新锦丰投资集团有限公司“味之家”系列方便面、安徽科苑门窗工程有限公司的PVC建筑型材、安徽武鹰制衣有限公司的职业服装等6家企业7种产品获得“国家免检产品”称号。

2007年8月至12月，按照国务院统一部署，全市开展产品质量和食品安全专项整治工作。全市食品生产加工企业257家，实现100%取得食品生产许可证；小作坊99家，100%签订食品质量安全承诺书；所有有营业执照或者有卫生许可证的企业479家，100%建立电子监管档案；涉及人身健康安全的10类产品生产企业10家，100%建立质量档案；所有获得工业产品生产许可证的企业95家，100%建立质量档案；使用食品添加剂的食品生产加工企业和小作坊378家，100%落实备案。

四、质量兴市

2001年，市政府发布《宿州市质量振兴计划》和《关于实施质量立市战略的决定》，分别确定到2010年全市质量工作目标和2001年至2005年全市质量工作任务。2004年，市政府印发《关于开展质量兴市工作的意见》。2005年8月，市政府出台《宿州市知名产品管理及质量奖励办法》，决定对获得宿州知名产品称号的企业给予嘉奖。2007年9月，市政府召开全市质量工作会议，全市质量工作总的目标是：到“十一五”末，质量工作基本适应国内市场竞争需要，质量工作服务经济社会发展的有效性和贡献率显著提升。工业产品质量稳定提高；工程质量全面提高；服务质量初步实现制度化、程序化、标准化；名牌战略全面实施。2007年12月，市政府办公室印发《宿州市质量兴市活动实施方案》，明确到“十一五”末全市质量工作的目标任务和工作措施。

2007年，宿州市安徽皖王面粉集团有限公司的“皖王”牌小麦粉被评为“中国名牌产品”，实现宿州市国家名牌产品“零”的突破。

从2002年至2007年宿州市有16家企业17个产品获“安徽省名牌产品”称号，1个产品获“中国名牌产品”称号。

1990-2007年宿州市获得安徽名牌产品生产企业及产品名录

表3-1-3

序号	生产企业	产品名称	获证时间
1	安徽车桥有限公司	“安桥”牌汽车挂车车轴总成	1999年
2	安徽安特生物化学有限公司	“安特”牌无水乙醇试剂	2000年
3	安徽古井双喜葡萄酒有限责任公司	“古井”牌干红葡萄酒	2000年
		“双喜”牌桂花酒	2003年
4	安徽武鹰制衣有限公司	“武鹰”牌职业服装	2002年
5	安徽科苑门窗工程有限公司	“科苑”牌塑料型材、塑钢门窗	2003年
6	安徽省东方面粉厂	“东鼎”牌小麦粉	2004年
7	萧县银海粉业食品有限公司	“黄山松”牌小麦粉	2004年
8	安徽皖王面粉集团公司	“皖王”牌小麦粉	2005年
9	安徽宿州科技食品有限公司	“科技”牌果蔬罐头	2006年
10	萧县金鸽面粉有限责任公司	“慈鸽”牌小麦粉(特一粉)	2006年
11	安徽新锦丰企业投资集团有限公司	“味之家”牌方便面	2006年
12	安徽省砀山兴华电缆有限公司	“德凯”牌矿用阻燃通信电缆	2006年
13	丰原宿州生物化工有限公司	“贝斯特”牌环氧乙烷	2007年
14	安徽华洋啤酒有限责任公司	“华洋”牌系列啤酒	2007年
15	安徽雪龙纤维科技股份有限公司	“雪麟”牌特种棉浆	2007年
16	安徽省萧县滤清器厂	“双叶”牌滤清器	2007年

五、特种设备安全监察

1984年，成立宿县地区锅炉检验所，1988年，成立宿县地区压力容器检验所，1991年，两所合并为宿县地区锅炉压力容器检验所。1992年，成立宿县地区劳动安全卫生检测站，从事电梯、起重机械及职业卫生安全业务。1995年，宿县地区劳动局将锅炉压力容器检验所与劳动安全卫生检测站合署办公，综合开展锅炉、压力容器、电梯、起重机械、厂内机动车检验业务。2001年6月，特种设备安全监察及检验机构由市劳动局整建制划转至市质量技术监督局。

1992年年底，锅炉压力容器检验所通过劳动部检验资格认可。1997年，劳动安全卫生检测站通过检验资格认可。1997年，锅炉压力容器检验所与劳动安全卫生检测站同时取得计量认证证书。2006年，加入安徽省特检联盟，负责全市范围内的特种设备检测检验工作及特种设备制造、安装、维修、改造的监督检验工作。

2001-2007年，全市组织开展锅炉压力容器普查整治、气瓶安全普查整治、起重机械专项整治、压力管道普查整治、承压罐车充装单位专项整治、非煤矿山特种设备专项整治、生活锅炉专项整治、冶金起重机械专项整治等。全市普查锅炉720台，压力容器837台，压力管道88.5千米，电梯203台，起重机械157台，大型游乐设施7台，场（厂）内机动车辆87台，各类气瓶19.2万只，铲除土锅炉149台，治理重大事故隐患53起。2007年，全市建立特种设备安全监察数据库，实现省、市、县安全监察机构及检验机构联网，数据共享、信息即时更新。2002-2007年，全市未发生一起特种设备重特大安全事故，市质量技术监督局连续5年被市政府评为安全生产先进单位。

第七节　物价管理

宿州市物价局前身是宿县地区行署计划委员会物价科、宿县地区行署物价委员会。1984年，撤销计委物价科、物价委，成立“宿县地区行政公署物价局”，同时将宿县地区物价检查所划归行署物价局领导。1999年，宿县地区撤地建市，原行署物价局更名为“宿州市物价局”，内设机构有办公室、价格管理科、收费管理科，2002年，增设综合法规科。下属单位有物价检查所、价格事务所。2001年，价格事务所更名为价格认证中心。2003年，宿州市物价检查所更名为宿州市物价局价格监督检查分局。2005年，成立价格成本调查队。

一、价格改革

1986年后，随着经济体制改革的不断深入，价格改革在探索中全面推开。价格管理机构、职能、方式发生了巨大的变化。改革过去相对集中的价格管理体制，从高度集权的计划经济转向社会主义市场经济，逐步缩小政府定价的范围，扩大市场调节价的范围。

1986年，价格改革后，放开大部分农产品价格，实行工业生产资料价格“双轨制”，少数省以上价格主管部门管理的商品和服务价格，按照分级管理的原则，委托地、市、县价格主管部门管理。一是放开蔬菜、生猪、鲜蛋等城镇主要副食品销售价格；二是放开自行车、缝纫机、电视机、电冰箱、洗衣机、棉织品、纤维布等工业品价格；三是放开名烟、名酒的价格；四是下放饮食服务业价格管理权，由餐饮业主管部门自主定价；五是放开部分药品价格；六是放开全部小商品价格。

从1988年起，实行物价控制目标负责制，对乱涨价、乱收费、乱摊派、乱集资、乱罚款等行为进行清理整治。至1990年社会总供求趋于平衡，市场价格秩序明显好转，治理整顿取得一定成效。1991年至1993年，物价部门的工作重点为疏导价格矛盾，理顺价格关系，进一步放开部分商品市场价格，扩大企业定价自主权，加快价格形成机制的转换。

1994年，全国出现物价涨幅过大的现象。各级政府加大宏观调控力度，抑制通货膨胀，控制物价上涨，对重要的生产资料实行计划内与计划外价格“并轨”，对放开的部分生产资料实行指导价格，国家定价、政府指导价的比重有所上升。

1995年，将控价重点放在以粮食为主的食品类和农业生产资料上，物价过快上涨的势头得到有效控制，物价涨幅回落。

1996年和1997年，全区继续巩固价格调控成果，制定以抑制通货膨胀为中心，以加强农村物价管理为重点，以抓好价格监督检查为手段的工作思路。同时，继续完善物价控制目标责任制，严格控制调价方案出台。全面建立价格调节基金制度，两年征收价调基金780余万元，用于平抑市场物价和扶持菜篮子工程。

广泛推行明码标价制度，对所有商品和服务实行明码标价。对经济适用房价格进行审核；对农作物种子、液化气等实行提价申报制度；对计划外优质化肥价格实行差率控制。全面整顿农村电价，宿县地区降低农村到户电价做法和经验在全国推广。

1998年，市场物价持续低位运行，给经济发展带来诸多不利。物价部门跳出传统的“定价、审价、管价”圈子，转到“调控、监管、服务”轨道上来，价格政策开始由限制消费转为鼓励消费，一是把副食品价格和生活必需品价格退出审核范围；二是将宾馆、酒店、招待所的客房价格全部放开，由经营者自主定价；三是运用价格政策，支持个体私营经济的发展；四是扩大《收费登记卡》发放范围；五是加强粮价管理，做好粮改工作；六是做好价格服务，引导结构调整和需求增长。

1998年5月，《中华人民共和国价格法》颁布实施。2000-2002年，全市物价系统积极转变职能，转移工作重心，把工作思路从传统的“定价、调价”转到“定规则、当裁判、搞服务”上来。围绕简政放权，清理商品价格管理范围，开展清费治乱，实行“涉农收费公示”制度、企业《缴费登记卡》制度，制定实施《关于加强收费管理的实施意见》。

2003-2005年，围绕群众关心的热点价格问题，积极疏导价格矛盾，加强农资价格管理。对化肥批发零售环节实行差率控制，对粮食作物种子实行最高限价。规范收费行为，制定《宿州市物业管理等级划分标准》《宿州市物业管理收费管理办法》，印制《城市居民缴费明白卡》3万余册、《涉农收费公示牌》3万张，免费发放到各县区、乡镇、村，使城乡居民缴费有依据、知标准。

2006年，价格工作重点是加强价格监测和分析，强化价格监督检查，规范市场价格管理，从严控制提价项目出台，确保价格总水平基本稳定。贯彻落实九年义务教育阶段“一费制”和高中阶段择校生限分数、限钱数、限人数的“三限”政策，强化药品和医疗价格管理，规范房地产价格管理，努力维护群众价格权益。正确处理稳价和调价的辩证关系，适时调整城市出租车运价和公交票价，维护出租车和客运行业的稳定和发展。

2007年，价格主管部门以维护价格总水平基本稳定为首要任务，严格控制公用公益型价格上涨，暂缓出台调价项目。加强监管，主动介入，严格查处餐饮业串通涨价行为，加强对灾区价格的监管，积极应对市场价格异常波动。创新方式，前移价格管理的关口，实行“价格政策提醒会”制度。关注民生，化解价格热点难点问题。强化药品和医疗服务价格管理，调整一千多种药品的最高零售价格，平均降价幅度20%。下发《关于实施义务教育经费保障机制改革后进一步加强收费管理的通知》，整顿改制学校收费，严格规范学校代收费和服务性收费行为。落实商品房销售“一价清”政策，对涉及房地产建设项目的行政事业性收费和经营服务性收费项目、标准进行全面清理，印制《涉房收费项目标准手册》，免费发放到各县（区）、市直有关部门和企业。

二、价格管理

1986年至2007年间，价格管理经历从计划经济到社会主义市场经济的转换，物价局职能从调控监管更多地转为监管服务。

（一）农电价格管理

1997年，开始全面整顿农村电价。整顿前，由于农村电网质量差，电能损耗大，收费环节多，居民生活用电每千瓦时一般在1.1元左右，有的台区高达2-3元。

争取政府推动，实行目标管理。物价部门会同供电部门积极争取政府对整顿农村电价工作的支持和推动。1997、1998、1999连续三年，地区行署将“整顿降低农村电价”列入为群众办的实事之一，向社会承诺。连续三年，行署负责人与县（市）长签订整顿农村电价目标责任书，最高限价水平三年迈出三大步，即1998年0.99元、1999年0.89元、2000年0.85元。年初确定目标，年底考核，兑现奖惩。

坚持典型引路，破解“同价”难题。行署物价、供电部门积极支持灵璧县供电局向银行贷款，统一整改农村低压电网，在短时间内，降损不降价或少降价，鼓励供电部门“贷款整改、差价还贷、限期降价”。地区行署还总结推广灵璧县“四统一、三公开”“微机开票、坐收电费”等经验。灵璧县经验得到省政府的肯定。

建立督查制度，确保政策落实。为落实目标任务，1997年至2000年，每年四季度由政府组成督查组，深入台区督查，发现问题，及时解决，并将督查情况及时通报县、区政府，确保电价政策落到实处。

在电价整顿和农网整改的基础上，2005年，宿州市在全省率先实现同网同价，其中，居民生活电价每千瓦时由1.1元左右降为0.557元，每年减轻农民负担约6500万元。2006年，物价部门会同供电部门开展两次大规模同网同价电价政策执行情况督查活动，重点督查存在问题的整改落实情况。2007年，物价部门会同供电部门在全市范围内又开展一次电价专项督查活动，采取听汇报、查资料、实地看等方式对全市各县区电价电量和农网改造情况进行调研，对城乡各类用电同网同价政策执行情况进行督查，对发现的问题及时纠正。由于整顿农村电价工作成绩突出，2005年年底，宿州市物价局被评为全省城乡居民生活用电同价工作先进单位，并获奖金5万元。

（二）市场价格管理

理顺部分商品价格管理权限，制定小化肥批零价格，统一核定各县、区用电价格，审核商品房价格，推进住房制度改革。对计划外农资、议价粮油实行差率控制，对燃料类实行提价审报制；对副食品价格实行提价备案制，对电力、成品油、食盐价格和邮电资费等做了调整。

（三）农产品价格管理

加强粮价管理。为使粮食价格正确执行，物价部门深入收购现场，督查粮价执行情况，协调解决存在问题，对粮改工作中出现的新情况进行深入调研，《宿县地区粮改工作存在的问题不容忽视》的调查报告被省政府办公厅采用，国家定购粮收购价格和粮食最低收购保护价政策得到全面落实。

（四）房地产价格管理

为降低房产价格，扩大商品房销售，自1997年起，对公有住房价格进行全面审核，规范商品房价格构成，促进住房制度改革。

强化灾后重要建材价格管理，对灾区建材价格进行干预，实行进销差率控制。加强对经济适用房价格管理，2001年，将涉房收费控制在22项。规范物业管理服务收费行为，对城市住宅小区物业管理实行分等定价，出台《宿州市物业管理暂行办法》，规范物业服务收费行为。

2003年至2007年，市物价局制定实施“商品房销售备案制”“商品房销售一价清”制度。对房地产价格跟踪监测，对遏制房价过快上涨起到一定作用。

（五）医药价格管理

针对“药价高、看病贵”问题，物价局强化医疗单位医药价格监管，实行住院医药费用“一日清单制”，药品按规定加成管理。同时，在医疗单位设置药品价格公示栏，将最终零售价格向社会公示，对乱涨价和变相涨价等价格违法行为依法查处。

2005年，制定《宿州市医院制剂价格管理办法》，规范药价合理形成。加强对全市定点医院和定点零售药房的药品价格督查，对药价虚高问题，及时责令整改。进一步落实药品招标采购政策。制定50个品种的药品临时价格，招标采购药品临时零售价与原执行价相比，降幅达50%，减轻了患者负担。

为进一步降低医疗费用，减轻患者负担，2005年，在公立医疗机构实行“单病种限价收费”，督促全市医院严格执行国家规定的医疗服务价格和药品价格政策，全面实行药品价格和医疗收费公示制度。

2006年，采取下查一级的方式，加大对药品和医疗服务价格的监督检查力度，重点查处部分药品价格超过规定限价、不按规定降价、违规搞二次议标、超过规定加价率作价等问题。召开由定点医院和药房负责人参加的价格政策提醒会，要求全市医院严格执行国家规定的医疗服务价格、药品价格政策，全面实行住院费用一日清单制和药品价格、医疗收费公示制。

2007年，强化药品和医疗价格管理，先后调整1000多种药品的最高零售价格，平均降价幅度20%。

（六）客运价格管理

2005年，调整出租车起步价格和每公里租价，实施公交月票改IC卡，促进出租车行业和城市公交行业健康发展。在调研的基础上，清理涉及出租车行业的收费，取消运管费、计价器检验收费等，为出租车主每年减轻负担3200余元。2006年，先后调整城市出租车运价和公交票价，出台《宿州市出租汽车运价与油价联动方案》。2007年，开展对公路客运价格执行情况专项督查，及时依法处理哄抬票价等价格违法行为，建立客运价格管理、检查、举报与新闻舆论互动机制。

三、行政事业性收费管理

（一）收费年审

依据《安徽省行政事业性收费年审管理办法》，从1992年起开展收费年审工作，至2007年，审查收费资金83.53亿元。

在收费年审中，严把收费项目和收费标准关，坚持审验与整治相结合，取消收费项目367项，降低收费标准296项，275个收费单位进行整改，138个收费单位移交价格监督检查机构查处。

实行持证上岗，亮证收费，严把“收费许可证”的变更与换发关。

（二）收费公示

为规范收费行为，减轻企业和农民负担，使广大企业和群众缴费有依据、知标准，1997年9月在全地区首批挂牌保护的32家企业实行“收费登记卡”制度，向个体工商户和私营企业发放《缴费明白卡》3.2万多个，有效地遏制乱收费行为。

1999年，将教育收费项目和标准在《拂晓报》上公示，并公布监督电话，接受社会监督。2000年，全市印刷3万本《涉农收费公示册》，1万张涉农收费公告，免费发放到农民手中，将教育、医疗、土地等部门的收费项目和标准公示到每个自然村。2003年，印制《城市居民缴费明白卡》3万余册，制作《涉农价格和收费公示牌》5000个，发到全市所有行政村。2004年，报请市政府批准下发《规范审批收费完善一站式服务工作的意见》，对各级行政服务窗口单位的收费进行公示。在全市各乡镇设立涉农收费公示栏，制作涉农收费价目表，公示收费政策。结合政府机关政务公开，全面推进党政机关和事业单位收费公示制度，公示面达到90%以上。2007年，全市印制20万份涉农收费公示宣传单、30万册《涉农价格和涉农收费公示册》，设立1542个公示栏，以电视流动字幕、设立乡镇价格服务站、聘请价格监督员等方式，向农民公示、宣传价格收费政策。

（三）涉农收费管理

2001年，围绕清费治乱、减轻农民负担目标，开展涉农收费专项清理工作，取消涉农收费12项，有效地遏制乱收费行为，进一步减轻农民负担。

2001年至2007年，涉农收费管理主要做以下工作：一是规范涉及农民负担的行政事业性收费管理，严格实行涉农价格与收费公示制度。二是规范农村教育“一费制”相关标准，规定除向学生收取教科书费、作业本费、寄宿生住宿费外，不得收取其他任何费用。三是清理规范农村计划生育服务、婚姻登记、殡葬服务、治安管理、农机监理等收费。

（四）教育收费管理

2005年秋，全市实行教育收费“一费制”，市物价局印发《关于全面落实九年义务教育阶段“一费制”的通知》，印制5万余份《中小学收费明白册》发放给学生及家长。全面推行教育收费公示制度。从2007年起，全部免除农村义务教育阶段公办学校学生学杂费。加大教育收费监管力度，对全市“一费制”收费政策执行情况进行检查，对自立项目、搭车收费的给予严肃处理。执行公办高中招收择校生“三限”政策，确定择校生收费标准。同时，加大民办教育收费管理力度，对民办教育收费实行一年一审核，规范收费行为，促进民办学校健康发展。

（五）清理整顿收费

自1986年开始，对收费项目和收费标准进行清理。1996年，对206国道宿州收费处、310国道砀山县收费处、311国道萧县收费处的收费标准，报经省物价局批准后给予调整。

1998年，为促进企业发展，遏制涉企乱收费现象的发生，全地区分两批对313家工商企业试行“行政事业性收费登记卡”制度。坚持涉企收费审批，凭“收费许可证”、“收费员证”合法收费。向个体工商户和私营企业发放“收费明白卡”，抵制乱收费现象的发生。

2005年，清理取消涉及出租车的运输管理费、城区营运客运附加费，重新印发涉及机动车的收费项目和收费标准，对普通公路运送鲜活农产品的收费做出调整。在全市开展涉企收费清理，落实企业收费减免措施，规范面向企业的收费行为。走访企业，召开座谈会，发放调查问卷，广泛征求企业对价费监管的意见和建议，尽力解决企业在价费方面的诉求。在全面清理规范的基础上，修订印制《宿州市行政事业性收费标准目录》，并在《拂晓报》等媒体上公布。

2006年，降低收费标准36项，将9项原行政事业性收费项目转为经营服务性收费项目。

2007年，对涉及房地产建设项目的行政事业性收费和经营服务性收费项目、标准进行全面清理，为编制“涉房收费明白卡”奠定基础。重点加强对律师服务收费等经营性服务收费的管理，在清理的基础上为19个律师服务单位办理“经营性收费许可证”，从源头上规范收费行为。

四、价格监督检查

（一）实行财政税收物价检查

1986–1995年，连续开展财政、税收、物价大检查，维护公平竞争的市场价格秩序。1986–2005年，突出对粮、油、肉、蛋、菜、水、电、液化气价格的检查，遏制乱涨价行为，维护群众的合法价格权益。坚持节假日市场价格检查，保证节假日市场价格稳定。积极应对突发性事件，开展价格应急检查。2003年，抗击“非典”期间，连续对药品价格、食盐价格、实行限价的副食品价格进行全面检查。对1998年和2003年灾后重建的钢材、水泥、红砖等建筑材料价格进行检查，对乘机乱涨价行为依法予以处理。

（二）价格专项检查

1986年以来，抓住社会关注、群众关心的热点价格问题，组织开展各类专项检查，有效遏制乱收费、乱涨价行为。1986年至1995年，坚持每年春、秋两季对化肥、农药、农膜、农机具、种子等农资价格进行检查。1994年，针对粮食价格不稳定的情况，开展大规模粮食价格专项检查，抽调90名检查人员，组成19个检查组，分赴全地区131个乡镇、粮站、公司、粮食加工厂，对粮食收购价格进行全面检查，对稳定粮价起到了重要作用。1996年，农村电价过高过乱，成为广大群众反映的焦点。行署物价局抽调精干力量，对全地区供电系统的电价进行专项检查，查出非法所得1978万元，没收非法所得170万元。1996年春耕期间，农资价格出现大幅上涨，行署物价局抽调57名专职检查人员，组成20个检查组，进行一次大规模农资价格执法检查。检查范围是省计划分配的调控化肥价格、各县化肥厂碳氨出厂价、供销社自采化肥销售价格等，查出非法所得477.81万元，实行经济制裁293.48万元。1998年，开展农村电价专项检查，抽查88个台区的各类农村用电价格。1999年，以治理农村电价为重点，查出违法金额1512万元，没收305万元，保证农村电价平稳运行。2000年至2005年，大部分农资价格放开，化肥价格上涨过快，种子行业垄断经营，损害农民的种粮利益。为此，重点对化肥、柴油、种子等市场价格进行检查，遏制乱涨价势头，维护广大农民利益。2006年，相继开展对医疗、医药、电信、成品油、教育等行业的专项价格检查，全市查处各类价格违法案件261起，查出各种违法所得797.27万元，实施经济制裁269.58万元。2007年，继续开展对医疗、医药、电信、住房、教育等行业的专项价格检查，查出各类价格违法案件157起，查处违法所得1046.06万元，实施经济制裁234.66万元。

（三）收费监督检查

1986-2005年，相继开展行业和部门收费的专项检查，重点检查与人民群众相关的收费，包括涉农收费、涉企收费、教育收费、医疗收费、建设收费、金融收费、电信资费、交通收费、工商收费等检查。通过检查，规范行业和部门的收费行为，遏制乱涨价、乱收费现象的发生。

2005年，全市实行教育收费“一费制”政策。为确保“一费制”政策的顺利落实，价格检查人员分赴各学校，宣传收费政策，跟踪督查收费全过程，对违反“一费制”收费政策的学校给予严肃查处。

2006年查处教育乱收费案件194件，查出违法所得341.99万元，退还消费者7.173万元，上缴财政158.38万元。

（四）明码标价检查

1987年起，在企业单位和个体经营者中建立明码标价制度，并被列入物价检查内容。1988年，将商品标价签推广到集贸市场、超市、门店。1994和1995年，市场物价出现持续上涨的态势，在全地区范围内开展实行明码标价的宣传，出动宣传车50余次，印发宣传资料3万份，对稳定物价起到积极作用。

1996年和1997年，重点抓好明码标价和“双信”（物价计量信得过）工作，通过市场检查与规范，全市商品明码标价率明显上升。在“双信”活动中，帮助全地区商业、供销、物资等系统建立价格管理制度，规范明码标价行为。萧县百货大楼、华夏商场、环宇商厦、萧国商城、灵璧县生资公司被评为全地区“执行物价计量政策法规先进单位”。

1998年，开展以明码标价为重点的市场大检查，全地区检查1.1万个经营户，对未按规定明码标价的依法给予处罚。

2005-2007年，为推进明码标价工作，着力开展价格诚信建设，实施“五个一”工程，即：选择城区一条街、一个医院、一个企业、一个物业小区、一所学校，大力推进明码标价工作，使明码标价率在90%以上。

（五）“12358”价格举报工作

2001年4月，全市物价系统开通“12358”价格投诉举报电话，为群众投诉乱涨价、乱收费提供服务平台。为使“12358”投诉举报电话发挥应有的功效，物价局建立《投诉举报工作制度》，制定投诉受理、登记、立案、查处、结案、反馈等工作程序，坚持24小时值班，有诉必接，有接必处，做到件件有落实、事事有答复，投诉办结率达到95%以上。

2005年，建立网上举报制度，安排专人每天登录市政府网站“市民论坛”栏目搜索，发现涉及价格投诉的及时办理，被市政府评为“网上答复工作先进单位”。

2006-2007年，全市价格主管部门受理各类价格投诉举报600多件，办结率98%以上。

五、价格服务

随着政府职能的逐步转换，价格部门的工作重点由重监管向监管服务并重转变。

（一）价格认证

1992年11月，成立价格事务所。随着市场价格的逐步放开，各种价格矛盾和纠纷日益突出，价格认证的业务面也随之扩展。为适应业务发展的需要，2001年3月，宿州市价格事务所更名为“宿州市物价局价格认证中心”。2007年12月，价格认证中心由自收自支事业单位转为全额拨款事业单位。

不断开拓工作新领域，面向司法机关和社会提供价格服务。价格认证中心坚持公平、公正、诚信的原则，接受公、检、法、司和行政执法机关的委托，对刑事、民事、经济类标的进行价格鉴定。1986年至2005年，价格认证中心受理价格评估鉴定12300宗，标的金额约7.38亿元。

2006至2007年，全市物价系统受理业务总量1874件，标的金额约3.15亿元。

（二）价格监测

1994年，市场物价涨幅较大，价格部门将监测重点放在以粮食为主的食品类和农业生产资料类价格上。1995年，增加小麦、玉米、生猪、液化气等群众生活必需品价格的监测，使监测品种扩大到52个。1997年，坚持每月三次上报市场价格监测数据，并在《拂晓报》上公布。

1998年，物价局微机与省局信息中心联网，对输入微机的411个监测品种的价格实行定时、定点、定人员、定品种上报。2001年，各县、区的监测信息实现网上报价。2003年，完善重要商品价格监测报告制度，坚持常规监测与专项监测相结合，对市场210种主要食品、副食品、生产资料价格实行定期监测分析，为社会提供价格信息服务。

2004年，制定实施《宿州市粮食价格异常波动应急预案》，重点监测农产品收购价格、副食品价格、工业消费品价格、涉农价格和收费，为政府决策提供参考。建立《价格监测报告制度》，在全市设立15个价格监测点，发布重要商品价格信息，引导公众消费和价格心理预期，为农民种植结构调整提供帮助。

2005年，建立《价格监测预警制度》，增加监测品种，包含粮食、化肥、煤炭、钢材、电力、成品油、房地产、药品、副食品、蔬菜等。对市场出现的苗头性、倾向性、趋势性价格问题，做到早报告、早预警。在2005年禽流感引发的商品价格波动期间，实行24小时值班，加大生活必需品价格监测力度，为开展市场价格检查提供详实的依据。2006年，对粮食、石油、农资、药品等重要商品价格进行重点监测，全年完成106次价格监测，定期对价格走势进行分析。

2007年，以提高价格监测质量为中心，健全完善价格监测网和监测制度，定期对商品价格走势进行分析，应对市场价格波动，对猪肉等9个重要副食品的价格进行应急监测，实行每周一、三、五监测报告制度。

（三）成本调查

全市价格系统设立农调点，配备调查设备，结合宿州实际，对粮、油、生猪、水果等大宗农产品的成本收益情况进行调查，及时准确地反映农业种植结构、农民存粮结构、农户购买结构、农民负担等变化情况，保证常规调查和直报调查资料的代表性、准确性和时效性，为政府指导农业生产、调整农业产业结构提供服务。

（四）开展价格公共服务

2006年开始，全市物价系统开展“价格服务进万家”活动，把价格服务工作延伸到农村、社区、医院、学校、商场、企业、景区。建立价格公共服务规章制度及长效机制，完善价格信息发布、价格诚信、价格举报投诉、价格公示等系列台账，积极推动价格公共服务数字化建设，搭建了网络、广播电视、报刊等九大服务平台，健全价格公共服务网络，设立价格公共服务站点3800多个，价格政策公示牌4300多个，聘请价格义务监督员4100多名。到2007年年底，全市价格公共服务覆盖面达到95%以上。

1990—2007年宿州市居民消费价格指数一览

表3-1-4

年份	居民消费价格指数	年份	居民消费价格指数
1990	104.4	1999	96.6
1991	105.5	2000	104.8
1992	108.7	2001	102.4
1993	113.1	2002	100.9
1994	125.1	2003	106.5
1995	122.1	2004	104.3
1996	110.7	2005	100.6
1997	99.3	2006	101.1
1998	99.8	2007	105.2

第八节　安全生产管理

宿县地区于1985年建立宿县地区安全生产委员会，具体安全监察职能由劳动局劳动保护安全监察科承担。几经变更，到2000年，划入宿州市经济贸易委员会，成立委管宿州市安全生产监督管理局（副县级，编制5人），3月，锅炉压力容器安全监察职能移交市技术质量监督局。2005年5月，成立独立的宿州市安全生产监督管理局。2006年年底，各县区成立独立的安全生产监督管理局，正常开展工作。

一、安全生产措施

市政府于2001年11月15日发布《宿州市人民政府安全生产职责暂行规定》。市安委会制定下发《宿州市安全生产目标管理考核办法》，开始推行安全生产目标管理责任制，层层分解安全生产目标，明确责任人，签订责任书。2002年，与5个县区政府和市直12个部门及6家省属企业签订目标责任书，开始对签订目标责任书的单位进行目标管理考核，对先进单位进行表彰。

2004年，《安徽省人民政府关于进一步加强安全生产工作的决定》下发后，市政府及时制定下发《实施意见》，落实“政府统一领导、部门依法监管、企业全面负责”的工作责任，建立健全安全生产“一票否决”。

根据相关法律、法规的规定，从2005年开始，宿州市全面实行企业新建、改建、扩建工程“三同时”制度。

2004年，《安全生产许可证条例》颁布后，宿州市根据“条例”的要求，严格对矿山企业、建筑施工企业和危险化学品、烟花爆竹、民用爆破器材生产企业实行安全生产许可制度。严把安全生产源头关。

2005年，市安委会办公室修订《宿州市安全生产目标管理考核办法》，对与市政府签订目标责任书的单位进行考核，把目标管理同责任追究结合起来，实行“一票否决”制度。

2006年1月，国家安监总局颁布新的《生产经营单位安全培训规定》，宿州市严格按照规定的要求，积极开展三类人员培训工作，每年培训三类人员5000多人次。

2006年7月，市安监局与市发改委联合出台《宿州市安全生产十一五规划》，为宿州市安全生产在五年中完成的任务定出目标。

为搞好安全生产教育，按照国务院统一部署，宿州市每年都要抓好“安全生产月”宣传教育活动。

根据省财政厅、省安全监管局、中国人民银行合肥中心支行联合下发的《关于印发<安徽省企业安全生产风险抵押金管理实施办法>的通知》要求，宿州市在煤矿、非煤矿山、危险化学品等行业率先实行风险抵押金制度。

为防止安全生产突发事件造成损失的扩大，及时抢救人民生命财产，2006年，宿州市下发《关于建立宿州市应急管理工作联席会议制度的通知》，成立以市政府主要领导为组长的应急管理工作联席会议办公室，9月市政府办公室下发《关于印发宿州市突发公共事件处置规程的通知》。对全市做好应急管理工作、规避安全生产事故风险起到积极作用。

2007年，国务院《生产安全事故报告和调查处理条例》颁布实施后，宿州市严格执行事故调查处理“四不放过”原则，全市建立健全造成人身伤亡事故报告、调查、处理、统计分析等工作制度。当年全市因生产安全责任事故受到行政处分的公务人员有19人，3人被司法机关追究刑事责任。

二、安全生产监管

按照国家的统一部署，宿州市的安全生产监管工作在所有领域全面铺开。从2000年开始，每年在重要时段、节日前开展安全生产大检查活动，市政府也要召开安全生产工作会议进行安排部署。2002年，国家颁布《中华人民共和国安全生产法》，按照要求市政府每季度召开一次全市安全生产大会，研究解决安全生产方面的相关问题。从2002-2007年，每年都认真开展安全生产大检查活动，如在春季、“五一”、夏季汛期、“十一”、冬季和春节来临前开展安全生产检查、督查活动。

2006年，宿州市开展三次全市性的安全生产大检查，并在高危行业开展“百日专项整治”活动，在煤矿、非煤矿山、危险化学品、人员密集场所等9个行业开展隐患排查治理活动，排查治理隐患1万余条，特别是在高危行业开展百日会战，严把安全生产准入关，对103家存在安全生产问题的非煤矿山企业实行关闭。

2007年，是国家安监总局提出的安全生产“落实年”和“攻坚年”。宿州市在重点行业领域继续开展专项整治活动，全年排查治理安全隐患2万余个。特别是8月3日符离镇一个加油站发生火灾事故后，市政府在全市范围内开展声势浩大的“打非”活动。关闭非法加油站点、烟花爆竹经营单位4000多家，消除安全隐患8000多个。市安办按照省政办〔2007〕50号文的要求，制定《宿州市非煤矿山安全专项整治方案》。按照方案的实施步骤，全市组织专项检查5次，检查宕口2585个次，查出事故隐患127处，下达整改通知书、停产整顿通知书330余份。吊销安全生产许可证43家，关闭小型露天采石场110多个，资源整合87个。市工业委依法关闭煤矿一对。全市对新建、扩建的60余家非煤矿山企业、危险化学品生产储存企业，按规定进行安全审查和安全竣工验收。

经过多年的整治，死亡人数从2005年359人下降到2007年的301人，减少58人，下降幅度达到16%；亿元GDP生产安全事故死亡率从2006年的0.9下降到2007年的0.75；道路交通万次死亡率从2006年5.55下降到2007年4.58；工矿商贸企业从业人员万人生产安全事故死亡率从2006年1.80下降到2007年1.49；煤矿百万吨生产安全事故死亡率从2006年的6.06下降到2007年的3.22。

三、典型事故

2003年7月22日，宿州市北环西段古城墙受汛期雨水影响，突然坍塌，造成11人死亡。2004年5月30日，在埇桥区朱仙庄镇（省道303线）发生一起道路交通重大事故，造成当场9人死亡、25人受伤。2007年2月6日18时许，萧县杭湖水泥有限责任公司在放炮时发生事故，当场1人死亡，3人昏迷，2人送到县医院后经抢救无效死亡。2007年3月9日凌晨5时，宿州市灵璧县境内（省道201线）发生一起道路交通重大事故，因车辆追尾造成面包小客车上驾乘人员3人当场死亡，4人因伤重经医院抢救无效死亡，1人轻伤。

第九节　国土资源管理

1987年8月，根据省政府文件成立宿县地区矿产资源管理处，由省地矿局和地区计委两部门抽调人员组建，主要职责是依法对全区矿产资源勘查、开采实施监督管理。11月，经省人民政府批准，成立“宿县地区行署土地管理局”，负责全地区土地的统一规划、管理，维护土地的社会主义公有制，保护开发合理利用土地资源。

1992年6月，宿县地区矿产资源管理处更名为宿县地区矿产资源管理局，同时设立宿县地区煤炭工业管理局，一个机构两块牌子。煤炭工业管理局主要职责是：对全区乡镇煤矿进行行业管理。10月，将宿县地区农业区划办公室合并到宿县行署土地管理局，对内一套机构，对外两块牌子。1993年9月、12月，先后成立宿县地区土地咨询中心和宿县地区土地评估事务所，一个机构两块牌子，承担全区土地技术咨询、土地基准地价制订和土地价格评估工作。

1994年6月，宿县地区矿产资源管理局更名为宿县地区地质矿产局，与煤炭工业局为一个机构两块牌子。

1999年2月，成立“宿州市土地勘测规划设计院”，承担土地调查、规划、开发、复垦、技术服务等。成立“宿州市土地监察支队”，负责土地利用的监察执法。成立“城市建设用地管理办公室”，县级宿州市土地矿产资源管理局城区八个办事处的土地管理上划到宿州市土地管理局，列入宿州市城区建设用地管理办公室管理序列。

2002年1月，机构改革，煤炭局划入经济委员会，宿州市土地管理局和宿州市地质矿产局合并成立“宿州市国土资源局”，主管土地资源、矿产资源等自然资源的规划、管理、保护、合理利用和测绘行政管理。

2002年9月，成立“宿州市土地储备发展中心”，负责全市国有土地有偿使用、收购、储备及土地资产处理，国有土地资本运营资金的筹集、调度、运作等。2004年7月，成立“宿州市土地开发整理复垦中心”。2004年10月，成立“宿州市国土资源局经济技术开发区分局”，负责开发区范围内土地征用、农用地转用、土地出让、划拨、核发“国有土地使用证”等土地管理工作。

2007年12月，中共宿州市委办公室下发《宿州市委办公室、宿州市人民政府办公室关于做好乡镇（街道）国土资源管理所管理体制改革工作的意见》，明确：全市乡镇（街道）国土资源管理所统一由自收自支事业单位改为公益性事业单位，财政全额供给。乡镇国土资源管理所为县区国土资源主管部门的派出机构，机构编制由县区人民政府统一管理；市城区国土资源管理所为市国土资源局的派出机构，机构编制由市人民政府统一管理。

根据2005年年末乡镇（街道）人口数，重新核定人员编制：人口在5万以下的乡镇（含5万），编制为5名；人口在5万-7万的乡镇（含7万），编制为6名；人口在7万以上的乡镇，编制为8名；8个街道办事处每所为8名。

一、土地、矿产资源总体规划

（一）土地利用总体规划

宿州市土地利用总体规划的编制，始于1996年8月。经过几个月的筹备，于1997年上半年开始进入规划的专题研究和部门规划阶段，下半年开始编制。1998年10月经省级组织的评审会审议通过，1999年10月，省政府正式批准，历时3年多，工程浩繁。

宿州市及灵璧县、泗县、萧县、砀山县、埇桥区以及砀山县城关镇、萧县城关镇、灵璧县城关镇、泗县城关镇的《土地利用总体规划》，以1996年为基期，规划目标期分为2000年和2010年两个阶段。

宿州市土地利用总体规划的主要目标是：划定基本农田保护区535435.0公顷，基本农田保护率为85%，逐步建立和完善基本农田保护制度；实现耕地总量动态平衡，耕地总量达630389.3公顷，净增耕地465.8公顷；保证国家和省重点建设项目用地，压缩城乡居民点建设用地总规模，增加能源、交通、水利和工矿等基础设施用地，适度增加城镇建设用地，各项建设占用耕地控制在5333.3公顷以内；积极开展土地整理和复垦，根据条件适度开发未利用土地，实现新增耕地5799.1公顷，并在逐渐提高耕地质量上改善土地生态环境；合理调整土地利用结构和布局，提高土地利用总体效益，基本实现土地资源优化配置，土地利用率达到98.8%左右，人口城镇化水平达到45%。

2000年3月15日，宿州市土地管理局将宿州市除县人民政府所在地建制镇外107个乡镇（管理区）土地利用总体规划，呈报市人民政府审批。市、县（区）、乡（镇）三级土地利用总体规划全部完成。

2007年，按照国家规定31号文件和149次常务会议精神，组织各县区上报“土地利用规划修编基础数据”，严格审核、汇总，按时上报，部署开展现行规划，实施评价和规划修编前期工作，积极推进土地利用总体规划修编工作。

（二）土地开发整理规划

2002年11月，根据《中华人民共和国土地管理法》、国土资源部国土资发〔2002〕57号、139号和215号文件精神，市国土资源局从2002年年底到2004年8月，根据土地利用总体规划，编制宿州市土地开发整理规划。各县、区土地开发整理规划编制工作由各县、区土地资源部门负责，与市级土地开发整治规划同步进行。

宿州市土地开发整理规划以2001年为规划基期年，规划期限为2001-2010年；规划近期目标年为2005年，规划远期目标年为2010年。

宿州市土地开发整理规划的主要目标是：规划期内，土地开发整理面积达到61989.46公顷，通过土地开发整理可实现增加农用地面积为7863.98公顷，其中增加耕地面积为5145.38公顷。平均每年开发整理土地6198.95公顷，可实现增加农用地面积为786.40公顷，其中增加耕地面积为514.54公顷。

耕地待整理面积41747.82公顷，通过耕地整理可增加耕地面积841.92公顷。居民点待整理面积17395.00公顷，通过居民点整理可增加农用地面积4864.83公顷，其中增加耕地面积3077.20公顷。土地待复垦面积1751.66公顷，通过土地复垦可增加农用地面积1255.18公顷，其中增加耕地面积712.31公顷。土地待开发面积1094.98公顷，通过土地开发可增加农用地面积902.05公顷，其中增加耕地面积513.95公顷。

（三）矿产资源规划

矿产资源规划始于2002年8月，市国土资源局与省地勘局三二五地质队的协作，2003年2月提交初稿，10月完成预审稿。2004年7月，获省厅批准。各县、区矿产资源的规划编制工作从2003年10月起步，2005年，省厅正式批准。至此，市、县级第一轮矿产资源总体规划全部完成。

规划目标任务：加强地质矿产调查评价与勘查，提高矿产资源对国民经济发展可供性；有效调控矿产资源开发利用总量，优化资源利用结构，保障能源、原材料矿产供应安全；实现资源利用方式转变，促进矿产资源的有效保护和合理开发利用，提高资源利用效率；改善矿山生态环境，促进矿产资源开发利用与生态建设和环境保护协调发展；初步建立适应社会主义市场经济体制要求的宏观调控体系、矿业市场体系。

规划的主要指标：依2001年矿产品总量为基数，按年均10%增长，到2005年矿产品总量达2066万吨，其中煤炭开采量达1215万吨。到2010年矿产品总量达2230万吨，其中煤炭达1400万吨。“十五”末，水泥产量达到50万吨/年。矿业总产值按年均10%增长，到2005年达到22亿元。

淘汰、关闭一批规模小、效益差、环境破坏严重的矿山企业，到2005年，压缩小矿山总数137个，占矿山总数的20%，到2010年小矿山数量在2005年的基础上再减少30%，全市矿山总数约为368个左右。

对新建、生产和在建矿山设置准入条件。新建煤炭小矿山不小于9万吨/年，水泥用灰岩矿山不小于30万吨/年。

到2005年固体矿产采选综合回收率比现状提高3%-5%，矿产综合利用水平显著提高。

矿山“三废”做到达标排放，“三废”治理率达到国家的要求。

到2005年，规划复垦土地面积600公顷，新增耕地154公顷，矿山生态环境恢复治理率达到25%以上，生态环境严重的矿山治理率达到60%；不再新建对生态环境有不可恢复的破坏性影响的矿山，使矿区环境污染得到有效控制。

2007年，开展市级第二轮矿产资源规划编制前期工作，积极参加第二轮矿产资源规划业务培训，认真学习国土资源部和省国土资源局有关文件精神，提出第二轮矿产资源规划编制初步方案，完成省级第二轮矿产资源规划市级工作任务和各县区矿产资源总体规划上报备案工作。

二、地籍、测绘管理

（一）地籍管理

1.地籍调查

1988年9月，行署办发布《关于全面开展土地申报登记工作的通知》，围绕国有土地初始登记工作开展地籍调查。全区完成地籍调查19625宗地，面积372.87万平方米。1990年，全区完成地籍调查36072宗，其中确权9255宗。

从1996-2002年，萧县、泗县、灵璧县、砀山县先后完成城关镇的地籍调查。2003年，宿州市城区开展城镇地籍调查，调查面积38.21平方公里，227个街坊，调查26264宗地，编制1∶500数字地籍图650幅。查清每一宗地的权属、界址点位置、面积及土地利用类别等基本情况，按规定填写每宗地地籍调查表。2004年11月18日通过省级验收。

2005年，萧县、泗县、灵璧县对城镇地籍调查成果进行更新调查。开展15个中心建制镇地籍调查，调查面积53.35平方公里。2007年，全市全部完成中心建制镇地籍调查工作，2005-2007年，对采集的数据进行建库工作，实现地籍管理的现代化、科学化、规范化。

2.地籍登记

2007年，组织城区八个国土资源所，对宿州市2003年城区地籍调查后的变化情况进行调查，为宿州市城区地籍更新测量做好准备，据统计发生变化的面积约10平方公里。

1989年，全区国有土地登记工作在四县一市全面开展。1993年，全区开展农村土地申报登记工作。1997年，全区开展集体土地所有权登记。1999年，全市开展土地证书查验工作，查验国有土地证书5.2万本，集体土地证60.8万本。查验发现非法占地974宗，非法转让土地3613宗，违法改变用途265宗。截至2006年，全市土地登记累计1041746宗。

（二）测绘管理

2002年1月，成立宿州市国土资源局，测绘管理职能由市建委划归市国土资源局管理。12月，开展城区及周边城区结合部60平方公里范围1：500比例尺地形测量，完成控制测量三等GPS控制面积150平方公里，三等GPS控制点49个，四等GPS控制面积70平方公里，四等GPS控制点60个，GPS点342个，图根控制点6596个，四等水准路线长175.72平方公里，完成地形图图幅963幅。

2004年5月，开展全市第一次大规模测量标志普查工作，历时5个月，摸清全市测量标志现状，建立档案，健全测量标志保管制度，签订托管人员责任书，全市普查分布在9787平方公里土地上测量标志计1548个，找到915个。

截至2007年，全市有测量资质单位13个，其中甲级1个，乙级2个，丙级1个，丁级9个。承担各级测量任务。

三、用地审批管理

1999年1月至2007年11月，全市供应建设用地4533宗，面积2849.4415公顷，成交金额247454.28万元。

1994年，城区公布基准地价后，全区四县一市于1998年年底完成城镇土地定级估价工作。1997年，地区土地局与省规划院联合重新对城区土地进行定级估价，与中国矿业大学联合对市区土地级别基准地价进行更新调整，建立科学的地价动态监测网络。

2006年宿州市城区综合定级土地级别面积统计

表3-1-5　　　　单位：公顷

土地级别	一	二	三	四	五	六	非定级区域	总计
土地面积	323.07	442.97	1381.77	1745.50	1585.27	1770.30	387.45	7636.33
占总面积比例（%）	4.23	5.80	18.10	22.86	20.76	23.18	5.07	100

2006年1月1日宿州市城区级别基准地价更新成果

表3-1-6

用途	单位	一级	二级	三级	四级	五级	六级
商业	元/平方米	2230	1400	935	530	385	230
	万元/亩	148.67	93.33	62.33	35.33	25.67	15.33
住宅	元/平方米	965	730	470	395	255	180
	万元/亩	64.33	48.67	31.33	26.33	17.00	12.00
工业	元/平方米	—	405	300	215	145	120
	万元/亩	—	27.00	20.00	14.33	9.67	8.00
综合	元/平方米	1485	860	460	355	230	165
	万元/亩	99.00	57.33	30.67	23.67	15.33	11.00

说明：1.根据城市总体规划，城北沱河和汴河之间区域将成为未来几年开发的热点，从加强土地管理方面考虑，该区域级别地价在实际操作中可适当上调。

2.考虑到发展的需要，城南工业园区的六级工业地价在实际操作中可适当下调。

1995年，行署出台《宿县地区开发及土地市场管理暂行规定》，国有土地有偿使用全面展开。

2002年，市政府相继出台《关于加强国有土地资产管理实施土地资本运营的决定》等4个规范性文件，加强国有土地资产管理，建立适应社会主义市场经济体制的国有土地资本运营机制，实现政府对土地市场的宏观调控，确保土地资产的保值、增值，促进经济发展。建设用地一律由市政府统一征地，统一供地。

2002年5月9日，成立宿州市国有土地资本运营管理委员会。8月，成立宿州市土地储备发展中心，具体承办城市规划区内的土地收购储备招拍挂工作，标志着宿州市土地有形市场的正式建立。土地市场发布土地供应信息，办理土地出让、出租、抵押等手续，受理土地征用、土地整理等报批材料，城市规划区内非农业建设用地，一律由市国土资源部门代表市政府统一供应。

2003-2007年宿州市区土地挂牌出让金收入情况

表3-1-7

年度	土地面积（亩）	出让金总额（万元）	土地成本（万元）	出让金纯收益（万元）	缴入财政（万元）
2003	1440.8091	25600.4846	6648.757	18951.7279	18951.7279
2004	1176.7866	17281.5588	683.728	16597.83	16597.83
2005	722.2354	19458.5575	5988	13468.5575	13468.5575
2006	1246.2348	37977.993	10620.683	27357.31	27357.31
2007	1621.0358	93789.1	42505.0837	45664.172	58501.1
合计	6207.1017	194305.6939	66446.2517	122039.596	134876.524

四、耕地保护

（一）农用地转用及征用

1999年1月至2006年12月31日，宿州市报经国务院批准农用地转用4宗，农转用面积902.6148公顷，其中耕地806.8915公顷。同期报省政府直接批准农用地转用并征用205宗，总用地2228.3417公顷，其中农转用面积2017.3193公顷。同期经省政府授权由市政府批准农用地转用6宗，农转用面积7.9634公顷，其中耕地1.038公顷。

（二）基本农田保护

根据《中华人民共和国土地管理法》《中华人民共和国农业法》和国务院《基本农田保护条例》以及有关法律、法规规定，结合上级工作部署和地区实际，对基本农田实行特殊保护，稳定耕地面积，促进全区农业生产和国民经济持续、快速、健康发展，全市基本农田保护多次调整。

1996年，根据省厅下达的控制指标，全区划定基本农田56.8万公顷，保护率占耕地总量的90.2%。1999年，全市基本农田保护面积和保护率分别调整为53.5万公顷和85%。

2003年，市与各县签订基本农田目标责任书2506份，执行土地管理法和《基本农田保护条例》，确保基本农田保护面积不减。2004年，要求各县区国土资源部门坚决制止任意改变基本农田用途的行为，切实做好保护基本农田"五不准"，坚决制止在基本农田种树、挖鱼塘等乱占滥用基本农田行为。全市划定基本农田保护面积53.5万公顷，保护地块11474块，在交通沿线及村庄、集镇周边集中连片的基本农田保护区增设保护标志牌1914个。从而有效地将基本农田落实到图上、落实到村组、落实到地块、落实到农户。2005-2007年，进一步落实各级政府的责任目标，并建立考核办法。

（三）土地开发复垦整理及耕地占补平衡

2000年，市政府对土地开发复垦整理工作十分重视，把土地复垦工作列入考核内容，组织对因挖损、塌陷、压占等造成土地破坏进行复垦。当年收取土地复垦费1942万元，全部用于土地开发、整理和复垦。

2001年，完成开发复垦整理项目197个，新增耕地面积1340.1225公顷。2002年，开发复垦整理项目70个，新增耕地面积440.8658公顷。2003年，全市土地开发整理项目84个，新增耕地面积710.633公顷。经省国土资源厅批准，以有偿方式向合肥市易地调剂新增耕地储备指标833公顷，支持兄弟市经济建设。2004年7月14日，成立宿州市土地开发整理复垦中心。全市完成开发整理项目132个，新增耕地面积765.0503公顷。2005年，全市完成土地开发整理项目166个，新增耕地面积达1107.4611公顷。2006年，完成土地开发整理项目101个，新增耕地面积798.5904公顷。2007年，完成土地开发整理项目62个，新增耕地面积429.8856公顷。

五、矿产资源管理

（一）*矿产资源分布*

宿州市矿产资源比较丰富，矿产种类较多。矿产有25种：能源矿产有煤、煤层气、地热。金属矿产有铜、铁、铅。非金属矿产有金刚石、冶金用白灰岩、水泥用灰岩、饰面用灰岩、制灰用灰岩、建筑材料用灰岩、建筑用闪长岩、建筑用花岗岩、含钾岩石、石英岩、灵璧石、石膏、耐火黏土、高岭土、陶瓷土、砖瓦用黏土、水泥配料用黏土、建筑用砂。水气矿产有地下水、矿泉水。

石油、天然气在萧县至砀山县一带的黄口凹陷，有油气生、储、盖的较好条件；金、铜在埇桥区褚兰猫头山一带有较强的异常带，找矿前景可观，有待于进一步工作。

列入省市矿产资源储量表的矿区有387处。煤炭产地45处，全市含煤面积约2000平方公里。探明的资源储量约34亿吨。主要分布在埇桥区南部的芦岭、朱仙庄、桃园、蕲县、北部的曹村，萧县东部的庄里、永堌、白土、龙城，西部的圣泉、杜楼、王寨、张大屯、石林，砀山南部的程庄、朱楼、关帝庙等乡镇。煤层气分布在埇桥区南部、萧县西部和砀山一带的煤系地层中。铁矿主要分布在萧县的旗杆楼、埇桥区的栏杆、解集等地有矿点出露。铅分布在萧县县城东北的老猫沟。金刚石分布在埇桥区栏杆的金山寨、柏山、泗县的山头、屏山一带。白云岩分布在埇桥区符离镇北部。饰面用灰岩分布在灵璧的九顶、娄庄的菜玉山、埇桥区夹沟的赵村、栏杆解集的巍山等地。水泥用灰岩分布在埇桥区曹村的大荆山，符离灵寺的东山，解集、栏杆的龙骨山、萧县永堌的黄包顶、龙城的龙山、凤山、灵璧县的朱集，九顶及泗县长沟的鹿鸣山、徐贺老山等地。高岭土分布在埇桥区、萧县、砀山等地的煤系地层中，萧县白土镇一带的高岭土质量最好。陶瓷土分布在萧县的帽山、龙山和埇桥区乾山和狼山等地。石英岩分布在泗县的屏山、朱山，埇桥区二郎山等地。石膏分布在埇桥区东部的李圩孜，含钾岩石产在埇桥区和灵璧县交界的红山头一带。花岗岩主要产在萧县的丁里，埇桥区夹沟的磨山，闪长岩分布在埇桥区北部的尖山，建筑用砂分布在泗县山头一带。矿泉水主要分布在萧县姬庄、梅村、宿州市城北、城东和灵璧县的凤凰山等地。地热分布在埇桥区的东二铺。其它建筑石料资源在萧县、埇桥、灵璧、泗县都有分布，砖瓦用黏土和地下水等类矿产全市各地均有分布。

（二）*矿产资源开发管理*

1988年3月，成立矿产资源管理处，正式启动矿山资源管理工作。当年开始发放矿山资源开采许可证，到1991年全面完成登记发证任务，国营、集体、个体矿业协调发展，矿业秩序明显好转。

1993年，查处徐州矿务局义安煤矿越界开采。全地区完成1∶5万地质构造图，1∶10万地质矿产图和1∶25万矿山企业分布示意图的编制工作。

1995年，全区炸封29个采矿坑口，取缔非法采矿163家，注销采矿许可证41户，查处萧县老孤山煤矿越界非法开采。

1996-1997年，取缔5个乱采滥挖非法开采的小煤窑，先后关闭矿井4对，停产整顿2对。

2001年，治理整顿后，全市在册矿山688家，矿山工业总产值13.11亿元。

2005年，全市开展煤炭资源回采率检查和整顿矿山开采秩序工作，排查出无证采矿93起，越界开采5起，责令停产整顿278家，关闭整改不合格矿山80家。

2007年，全市开展砖瓦窑厂专项清理，清理窑厂231家，总占地规模710公顷，办理用地手续的13家。持采矿许可证152家，无证窑厂89家。此次清理，对于符合矿产规划和土地利用规划的督促办理相关手续；不符合规划的，要求各县区坚决取缔。截至年底，取缔无证22家。

（三）地质环境管理

1998年，开始地质环境监测评价监督管理工作，制定《宿县地区地质灾害防治预案》，建立地质灾害防治工作汛前调查、汛期巡查、专业监测及群测群防体系，落实地质灾害危险点乡镇政府监测任务。

2004年，国务院颁布实施《地质灾害防治条例》，市国土资源局加强条例宣传，帮助矿山企业申请地质环境治理资金，评估建设项目的地质灾害危险性，防止产生新的地质灾害隐患。2007年5月，完成《宿州市地质灾害防治规划》编制工作，并报省国土资源厅审批，市政府印发实施。

（四）矿产资源储量管理

1998年4月，全市全面开展采矿许可证的换证工作，在换领新的采矿许可证中必须提交原矿区范围内进行的地质勘查情况、矿山开发方案和矿产资源开发利用情况及矿区范围内累计探明储量、保有储量情况。全年对800多家集体企业和个体户开始进行储量占用补登记工作。

2001年，对全市新办、延续矿山企业开展矿产资源储量认定工作，到2003年完成100多家矿山企业矿产资源储量的认定。截至2001年，对新办、延续35家煤矿及甲类矿山企业进行矿产资源储量的评审及备案工作。全市全面完成544家矿山企业矿产资源储量数据库建设。

六、土地监察

2002年8月中旬-9月上旬，市国土资源局等7家单位联合组成检查组，集中对城区23家房地产开发公司33个开发项目及8个非开发企业项目进行“拉网式”检查，检查出未办理土地出让手续的开发项目9宗（其中非开发企业3宗），拖欠土地出让金的企业5宗（其中非开发企业1宗），违规的经济适用房项目7宗。

2003年2月，宿州市认真开展治理整顿土地市场秩序工作，建立经营性用地招标拍卖挂牌出让制度，明确宿州市“依法、规范、有序、透明、活跃”的土地市场秩序治理原则，对以前制定的不符合国家法律法规的规范性文件进行清理和整改，取消10项行政审批事项。追缴拖欠的土地出让金221.17万元。

2006年11月-12月期间，全市国土资源系统对2005年以来土地违法违规案件进行全面清理排查。通过排查发现，宿州市土地违法案件的主体以个人、企事业单位为主，违法案件的类型以非法占用为主，约占到土地违法案件的40%-50%，非法占用土地的新特点是“以租代征”和未批先建。2005年至2006年，发现土地违法行为342件，通过动态巡查制止51件，立案查处291件，结案274宗，结案率为94%，罚款295.40万元。

2007年，全市开展工业用地招标拍卖挂牌执法监察工作，对2006年8月31日以来供应的工业用地情况进行全面清理，依法依规确保全市工业用地招拍挂出让制度落到实处。2007年1月-12月，全市发现土地违法12起，现场制止42起，立案查处78起，结案32起，收取罚没款23.56万元。违法用地中90%以上为个人非法占用。

第十节　食品药品监管

2001年12月，省政府决定组建全省市、县药品监督管理机构，实行垂直管理。在省药品监督管理局领导下，统一履行药品（含医疗器械）监管职能。不再保留市、县级医药管理部门，其药品生产流通监督管理职能和卫生部门的药政、药检职能一并划入同级药品监督管理机构。

2004年12月1日，在宿州市药品监督管理局的基础上，组建宿州市食品药品监督管理局。其主要职责是：负责食品安全的综合监督、组织协调，依法组织开展食品安全重大事故查处。农业部门负责初级生产环节的监督；食品生产加工环节的监管，由卫生部门划归质检部门；工商部门负责食品流通环节的监管；卫生部门负责餐饮业、食堂等消费环节的监管。药品部分是对本辖区内药品、医疗器械的研究、生产、流通、使用进行全方位监管。宿州市食品药品监督管理局是省局在宿州市综合监督食品、保健品、化妆品安全管理和主管药品监管的直属机构。

截至2007年年底，宿州市有持证药品生产企业10家，其中原料药和化学药生产企业2家，中成药生产企业6家，中药提取4家，医用氧气2家，医疗器械和药用辅料生产企业2家，中药饮片生产企业2家。全市药品经营企业946家，其中法人批发企业26家，非法人批发企业14家，药品零售企业905家。

一、监督管理

（一）药品生产企业监管

2004年年底，宿州市仅有安徽省皖北药业股份有限公司的小容量注射剂和上海庆安药业集团宿州制药有限公司的片剂、胶囊剂、颗粒剂通过国家GMP认证。宿州市局加大监管帮扶力度，至2004年6月，宿州市6家原料药和制剂生产企业均如期通过GMP认证，取得药品GMP证书。2004年，宿州市有药品生产企业9家，其中原料药和化学药制剂生产企业2家，中药制剂生产企业5家，中药饮片1家，药用辅料生产企业2家。2007年药品工业企业9家，总产值29715万元，上缴利税4869万元。

2005年，进一步扩大GMP认证工作成果。深入基层，对企业进行有针对性的指导，使技术力量比较薄弱的聚圆堂药业有限公司于3月份一次性通过许可证验收和GMP认证现场检查。安徽省皖北药业股份有限公司的盐酸班布特罗原料和片剂、胶囊剂、颗粒剂生产线也于5月通过GMP认证。宿州市药品生产企业GMP认证工作基本完成。医疗器械不良事件监测、上报与药品不良反应报告工作成效显著。对医疗器械生产、经营企业和使用单位加强培训，提高认识，督促各企业务必及时报告本单位生产、经营和使用的医疗器械不良事件，并填写《可疑医疗器械不良事件报告表》。宿州市上报ADR报告居全省第一。特别是6月17日，泗县大庄镇发生接种甲肝疫苗疑似药品群体不良反应，宿州市药品监督管理局接到报告后，立即组织人员赶赴泗县大庄镇卫生院、泗县人民医院进行调查，并在现场对县政府有关领导及有关人员进行《药品不良反应报告及监测管理办法》法律法规宣传，并向ADR监测中心有关领导汇报。市药监局安监科及监测中心人员三次到现场，帮促、指导医疗机构填报药品不良反应报表，上报药品群体不良反应报告4份，270人次，及时为国家局、省局调查处理事件提供信息。加强特殊药品的监督管理。在对全市多家使用单位申请2005年度麻醉药品购用计划的审批工作中，从严要求，凡在上年度麻醉药品使用情况专项检查达不到“五专”要求的一律不予审批。进一步规范各麻醉药品使用单位的“五专”，专门设计“麻醉药品、一类精神药品登记台帐”“麻醉药品、一类精神药品使用记录”发给使用单位。

2006年，进一步加大对药品生产企业监管力度，强化GMP动态监管。通过与药品生产企业签订《药品生产质量安全目标责任书》，不定期对药品生产企业进行日常监督检查，加强药品生产全过程管理和质量监控，保证药品质量。对在现场检查中发现的违规生产药品行为，市药监局即责令药厂立即停产进行全面整顿，并建议省局暂时收回《药品GMP证书》。依法加强医疗机构制剂室监督管理工作，继续加强药品不良反应监测工作。对辖区内所有医疗机构制剂室进行两次以上的监督检查。2006年，上报ADR报告3550例，报表的质量也有很大的提高。进一步做好特殊药品监督管理工作。继续做好禁毒人民战争严管战役指导组的牵头工作，分解工作任务，切实履行职责。对麻醉药品经营企业资格重新认定，全市12家企业重新核定了经营资格。进一步做好规范药品名称管理和药品说明书标签管理的监督检查工作。

2007年，为完善日常监督制度、杜绝药品质量隐患、保持药品生产秩序良好状态，向全市药厂派遣驻厂监督员。驻厂监督员原则上采取二人小组形式，对相关企业包片巡查，加大监督检查频次，实行有效监督。为提高驻厂监督员的业务水平和检查技巧，确保派驻工作扎实有效，宿州市药监局对抽调的15名驻厂监督员进行岗前培训。坚持分类监督、突出重点，全面推行药品生产企业GMP飞行检查制度。对安徽省皖北药业股份有限公司小容量注射剂（含特殊药品）等高风险品种生产企业加强日常监管和动态监管，飞行检查覆盖面达100%，其他类别药品生产企业飞行检查覆盖面不低于50%。加强对重点企业、重点品种、重点环节的监督检查，对在上年飞行检查中存在违规行为的企业，作为重点监控对象。当年对安徽新陇海药业有限公司、安徽孟仁寿制药有限公司还进行跟踪检查。扩大药品GMP认证成果，督促企业GMP证书到期复认证工作。对GMP证书到期的企业，市药监局提前督促企业做好复认证的各项准备工作。上海庆安药业集团宿州制药有限公司硬胶囊剂（含头孢菌素类）、软胶囊剂、片剂、颗粒剂（含中药前处理、提取）于2月中旬通过省局GMP复认证；安徽省皖北药业有限公司小容量注射剂于5月下旬通过国家局GMP复认证。继续加强药品不良反应监测工作，全市ADR病例报告的数量和质量较上年又有较大提高，全市上报ADR病例报告2389份，其中新的严重的不良反应报告23份。6月份在市药监局网站顺利开通药品不良反应监测专题网页。该网页的开通，使宿州市药品不良反应监测工作更加科学化，时效化，为广大市民安全用药提供一个学习、交流的平台。进一步做好特殊药品管理工作。6月26日，宿州市禁毒委、市公安局、市食品药品监督管理局、市卫生局、市妇女联合委员会、市电视台、拂晓报社等单位在宿州市科技文化广场联合举办国际禁毒日宣传活动，以多种形式宣传毒品的危害及吸毒给家庭造成的痛苦，号召广大群众特别是青少年远离毒品，珍爱生命，主动参与禁毒人民战争，严厉打击吸食贩卖毒品违法犯罪行为。市药监局在萧县公安局禁毒大队的配合下，对安徽新陇海药业有限公司使用的咖啡因原料药进行监督检查并现场销毁。经查，该批药品剩余399.925千克超过有效期。与各县局和市直、埇桥区特殊药品经营、生产使用单位，各县局与辖区内特殊药品经营、生产使用单位层层签订《宿州市2007年特殊药品监管工作责任书》和《宿州市特殊药品经营、生产使用目标责任书》，完善特药监管责任制。

（二）药械经营企业监管

2004年，有6家药品批发企业，1家药品零售连锁企业和318家药品零售企业通过GSP认证，“两P”认证驶入快车道。

2005年，建立四县一区乡、镇药品监管网络。聘用社会监督员200名、乡镇协管员129名、村级信息员2651名，2000多家涉药单位挂上药品监督公示牌，104个乡（镇）挂上药品监管供应网络图、药品监督组织示意图。有6家药品批发企业直接与农村药品零售企业和村级卫生诊所签订药品质量保证协议，所需药品由协议单位直接供货。药品监督网络覆盖率达100%行政村，供应网覆盖率达92%行政村，实现国务院在《2005年全国食品药品专项整治工作安排》中提出的年底实现“两网”覆盖80%以上行政村的目标及省局部署的阶段性工作目标。积极开展创建“规范药房”活动，零售药店GSP认证360家。

2006年，继续推进农村药品“两网”建设工作和“规范药房”建设工程。开展培训教育85次，接受培训人员2313人次。制定出台《宿州市医疗机构“规范药房”现场检查标准》，将规范药房建设作为申报基本医疗保险定点机构的必备条件之一。年底，全市乡镇医疗机构规范药房达标80家，占全部乡镇医疗机构的77%，村级达标961家，占全部村级医疗机构的36%，基本完成全年规范药房建设目标。加大GSP认证企业的跟踪检查力度，将飞行检查作为GSP跟踪检查的重要形式，跟踪检查药品批发企业61家，零售企业658家，对发现的违法违规行为给予行政处罚，收回GSP证书1家，停业整顿4家。全年监测违法药品广告86例，及时移送工商部门查处。对16家违法广告药品经营企业加大监督检查力度，责令改正10家，立案处理4家。进一步推进药品分类管理工作，制定药品零售企业药品分类管理行为准则，结合行政许可和GSP认证指导零售药店分类管理工作。加强药品安全诚信体系建设试点工作，加大重点品种，特别是终止妊娠药品的专项检查，发现违法行为及时查处，全年立案20起，予以罚款处罚。

2007年，加强药品协管员、村级药品信息员队伍建设，全市举办培训班75次，接受培训协管员184人，参训率100%，信息员1767人，占所有信息员的68%。完善药品供应网络建设，配送网络覆盖率达100%；对参与违法广告宣传的10家药品零售企业开展专项检查，对3家问题严重企业给予立案处理。加强药品安全诚信体系试点工作。将灵璧县、萧县定为全市药品零售企业诚信建设示范县。逐步在全市推进药品安全诚信体系建设。积极开展“规范药房”验收工作。全市评定乡镇规范药房86家，占所有乡镇医疗机构80%，村级医疗机构规范药房1038家，占所有村级医疗机构41%，完成年初制定的目标。积极开展家庭过期失效药品回收工作，回收并销毁过期药品3905种，货值金额3.45万元。

（三）药品技术监督

2000年到2007年，宿州市食品药品监督部门认真履职，每年都超额完成省下达的任务。

2000-2007年宿州市药品药材技术监督任务完成情况

表3-1-8

<table>
<tr><th>年份</th><th>省局监督检验任务指标</th><th>实际完成监督检验</th><th>送检验品数</th><th>年完成检品数</th><th>ADR上报病例</th><th>医疗器械不良事件</th></tr>
<tr><td>2000</td><td>400批次</td><td>418批次</td><td>0批次</td><td>418批次</td><td colspan="2" rowspan="6">该项工作自2006年开始</td></tr>
<tr><td>2001</td><td>400批次</td><td>422批次</td><td>0批次</td><td>422批次</td></tr>
<tr><td>2002</td><td>500批次</td><td>567批次</td><td>0批次</td><td>567批次</td></tr>
<tr><td>2003</td><td>500批次</td><td>527批次</td><td>0批次</td><td>527批次</td></tr>
<tr><td>2004</td><td>550批次</td><td>555批次</td><td>0批次</td><td>555批次</td></tr>
<tr><td>2005</td><td>555批次</td><td>573批次</td><td>0批次</td><td>573批次</td></tr>
<tr><td>2006</td><td>600批次</td><td>626批次</td><td>0批次</td><td>626批次</td><td>4878例</td><td>49件</td></tr>
<tr><td>2007</td><td>700批次</td><td>744批次</td><td>1批次</td><td>745批次</td><td>7013例</td><td>139件</td></tr>
</table>

（四）食品安全监管

2004年12月1日，宿州市食品药品监督管理局挂牌成立，承担对食品安全的“综合监督，依法开展重大事故查处”的职能。2005年，根据省政府的统一部署，市政府及时调整市食品安全协调委员会，制定《宿州市食品安全监管责任追究暂行办法》和《宿州市重大食品安全事故应急预案》，并与县（区）政府及相关部门签订食品安全目标管理责任书，初步建立“地方政府负总责、部门协调指导、各方联合行动”的工作机制。在各相关部门日常监管的基础上，市食品安全协调委员会整合执法力量，进行联合执法检查，查获一批假劣食品，有力地打击制售假劣食品的不法行为，保障人民群众的饮食安全。为强化各级政府食品安全监管责任意识，市食品安全协调委员会按照市政府统一部署对四县一区的食品安全监管工作落实情况进行督察。督察结果显示，各县、区政府均能按照国务院、省、市政府的统一部署，以实施食品放心工程为切入点，深入扎实开展食品安全专项整治工作，各地制售假劣食品违法行为得到很大程度的遏制，食品市场秩序明显好转。

2006年，成立宿州市重大食品安全事故应急处理专家咨询组，市食品安全协调委员会扩大监管领域，将学校周围的小饮食摊点、街边大排档以及和人民群众生活息息相关的食盐纳入监管领域。起草制定《宿州市2006年食品放心工程实施方案》《宿州市2006年食品安全监管工作要点》《宿州市食品安全信息管理办法》等有关加强食品安全工作的文件；修改和完善《宿州市重大食品安全事故应急预案》，印发《宿州市2006年夏季食品安全专项整治工作方案》《宿州市食品安全专项整治方案》。牵头组织“元旦”“春节”“五一”“十一”期间的食品安全联合执法检查；夏季食品安全联合执法检查；市区大桶水专项整治活动等。加大对违法保健食品广告监测力度，对监测到的奥悦美体宝、角燕G蛋白、脑白金、美约牌唐子太胶囊（又名清血平糖胶囊）、黄金搭档保健食品5例违法广告，及时移送到市工商部门进行查处。

2007年，组织协调各部门对重点区域、重点品种、重点对象，开展食品生产、流通、消费各环节的专项整治行动，查处不合格白酒135件，封存捆扎啤酒1.5万瓶，假冒、伪劣、无证、过期饮料1000公斤，不合格奶制品、儿童食品、保健食品360件，白条肉100公斤，病害肉442公斤，劣质调料、糕点、炒货12199公斤，183家食品生产经营企业被责令限期整改，127家被取缔，立案查处56家。稳步推进食品安全信用体系建设，全市乡镇、行政村群众食品安全监督协管员达468人。

二、专项整治

2001年年底至2002年，根据省药品经营秩序整顿工作会议精神，宿州市开展以打击假劣药械为重点的整顿规范药械经营秩序工作。

2003年，市药监局出动人员1762人次，检查药械生产企业9家、药械经营企业276家、使用单位835家。当场处罚174件，立案处罚67件，案件累计241件，没收药械总值46.7万元，稽查监督抽样181批，阳性率36.5%，销毁假劣药械83.59万元，涉及药械品种5279个。接收举报6件，查处6件，移交司法机关2件。7月，与邮政部门联合制定《开展严厉打击制造邮售假药违法行为监督检查实施办法》，查处河南台前县某专科门诊等邮售假药1起，货值3100元，罚款18600元。

2004年，为贯彻国家五部委（局）“关于加强农村药品监督和管理工作的意见”和省局皖食药监市〔2004〕54号文件精神，从5月9日–7月5日，检查药品企业314家次，检查器械企业46家次，检查医疗机构132家次，查获假药12个品种，查获劣药59个品种。10月下旬开始，再一次集中时间、集中人员、集中精力，开展中药饮片市场专项检查，检查经营单位52家，医疗机构20家，重点抽检6个品种。

2005年，开展“药械安全在基层”专项稽查行动，检查药品生产、经营企业692家次，医疗器械经营企业61家次，医疗机构1927家次，查获假药106个品种，劣药

102个品种。办理汪永章销售假药一案，查获“特效风湿关节胶囊”等3种假药和制假工具字钉、打码机、防伪标志、包装盒、胶囊壳、标签等，涉嫌“12·7”案件品种吗丁啉、万通筋骨片、地奥心血康等和其他涉嫌假劣药品脑心通胶囊、利君沙等79个品种和涉嫌售假运输工具等物品，涉案金额为82029.8元，移交公安机关处理。

2006年，开展“打假治劣·清源”专项稽查行动，检查涉药涉械单位2229家，立案85起，责令整改624家，取缔无证经营药品及医疗器械5家，查获假药15个品种（批次），劣药159个品种（批次）。期间相继开展“口腔科诊所用药用械专项稽查行动”“眼科医院用药用械专项稽查行动”“隐形眼镜市场专项稽查行动”“保健品店宣传、销售药品专项稽查行动”“终止妊娠药品专项稽查行动”“齐二药专项稽查行动”。

2007年，开展“打假治劣·正源”行动，开展医疗器械、特殊药品、生物药品、疫苗、中药材中药饮片、妊娠药品等专项检查行动。依法查处假“A型肉毒素”、假“人血白蛋白”、无证生产药用酒精等案件。全市办理案件1939件，检查药品生产、经营企业2562家次，医疗器械经营企业215家次，医疗机构3415家次，查获假药129个品种，劣药375个品种，取缔药品无证经营2家、药品无证生产1家，移送司法机关处理3件。

第二章　城乡建设

第一节　城乡规划

一、城市总体规划

宿州市城市总体规划编制工作始于1981年。1983年和1997年，宿州市编制两轮城市总体规划。省辖宿州市成立后，着手对原总体规划进行修编，2003年，经省政府批准实施，2005年、2007年两次对城市总体规划进行局部调整。2003版城市总规获全省城市总体规划编制一等奖。

宿县地区总体规划（1983-2000年）。城市性质：近期是地区政治、经济、文化中心，淮北煤炭基地会战和矿区煤炭生产指挥中心，以发展轻纺工业为主的小城市。远期为以煤炭工业为主相应发展轻工业的城市。城市人口规模：近期1983-1990年，14万人，远期1991-2000年，20万人以下。用地指标：远期100.4平方米/人。用地规模：近期14平方公里，远期20平方公里。发展方向：适当控制向南向西发展，重点转向汴河沱河之间。城市结构：四片区。

宿县地区总体规划（1997-2020年）。城市性质：皖北煤炭生产指挥中心，皖东北商贸中心和重要的物资集散地，以煤炭、轻纺工业为主的城市。城市人口规模：近期1995-2000年，30万人，远期2001-2010年，50万人。用地指标：近期100.0平方米/人，远期94.1平方米/人。用地规模：近期30平方公里，远期52平方公里。发展方向：主要向北发展，适当向西发展，停止向南发展。城市结构：七片，形成一个中心、四个次中心、两个三级中心。新规划南北向道路有：西外环路（拂晓大道）、张仙庙路（磬云路）、南坪路（人民路）；新规划东西向道路有：澥河路（鹏程路）、南外环路（迎宾大道）、唐河路、拱辰路。

宿州市城市总体规划（2002-2020年）。城市性质：皖东北的中心城市，淮海经济区和京沪铁路沿线重要的加工业基地和商贸物流中心之一。城市人口规模：近期2002-2010年，55万-60万人，远期2011-2020年，70万-75万人。用地指标：近期90.0平方米/人，远期100.0平方米/人。用地规模：近期52-57平方公里，远期70-75平方公里。发展方向：主城区重点向北、西北方向发展，适当向东发展，控制向南发展；符离镇区重点向南、西南方向发展，控制向北、东北发展。城市结构：三大主要功能区。道路系统：城市干道网为方格网式，其中主干路形成“一环、四纵十横”的空间分布格局。

二、近期建设规划（2007-2010年）

2007年，委托省城乡规划设计研究院编制，确定城市近期空间发展方向及建设重点区域。

确定城市空间发展方向。老城区组团：更新改造完善老城区，开发区重点向东南方向发展，控制向南发展。外环路东南片主要作为发展备用地。汴河新区组团：沿拂晓大道、人民路、汇源大道、银河路、胜利西路，重点向北、西北方向发展，建设城市新城区。符离镇组团：完善现有中心镇区，适当发展。

近期建设重点区域。老城区组团：以西昌南路、纺织中路为重点，充实拂晓大道以西和南外环路沿线区域，加快实施西南片区建设，尽快形成城市“L”型区域空间格局。以淮河东路、浍水东路为突破，启动道路片区改造。以迎宾大道和南外环路为依托，以开发区为基础，向南呈东西带状延伸，向东南跨外环路在铁路与沱河之间区域呈组团状扩展，建成以现代新型工业为主体的产业职能区。

三、专业规划与详细规划

在总体规划指导下，2006年，编制完成三八路—高开路区域控制性详细规划，2007年，编制完成汴河新区概念性规划及核心区城市设计、人民路开发改造等规划及6项专项规划编制工作，为科学合理指导城市建设起到了重要作用。

宿州市控制性详细规划编制一览表

表3-2-1

规划名称	编制单位	编制时间	编制范围	功能定位
三八路-高开路区域控制性详细规划	深圳市规划设计研究院上海分院 宿州市规划设计研究院	2006年	规划范围包括银河一路、濉河路、张仙庙路、规划六路、规划七路、南外环、三八路围合的区域,规划总面积565.87公顷,规划总人口5.55万人	三八路是以城市生活性景观为主的经济轴廊,三八路沿线以居住、商贸、教育产业为功能单元为主。高开路地区是以城市产业性景观为主的经济轴廊,高开路沿线以物流、工业以及相关的配套服务等功能单元为主

宿州市专项规划编制一览表

表3-2-2

序号	规划名称	组织编制单位	委托编制单位	编制时间
1	商业布点规划	市商务局	宿州市规划设计研究院	2005年
2	中小学布点规划	市教育局	宿州市规划设计研究院	2006年
3	城市绿地系统规划	市城管局	省城乡规划设计研究院	2006年
4	加油站布点规划	市商务局	宿州市规划设计研究院	2007年
5	城市公共交通规划	市城管局	宿州市规划设计研究院	2007年
6	有线电视规划	市广播电视局	宿州市规划设计研究院	2007年

四、规划管理

规划管理体制。宿州市城市规划管理工作，成立地级宿州市以前，由县级宿州市建设行政主管部门负责。1998年12月设立省辖宿州市以后，城市规划管理职权上划宿州市建设委员会。全面负责城市规划区内规划审批和管理工作。根据《中华人民共和国城市规划法》的规定，实行城市规划集中统一管理，宿州经济技术开发区规划统一纳入市建委审批，日常管理工作由开发区规划建设局负责。由于行政区划体制问题，城市规划区内符离镇规划管理由埇桥区建设局负责。为加强对重大建设项目的规划审理，在设立省辖宿州市初期就成立宿州市城乡规划审查委员会，由市长担任主任委员，建委、发改委、规划、城管、环保、交通、水利、国土、房管、供电、消防、邮政及埇桥区政府负责人为成员。规划委员会下设城市规划技术审查小组，组长由建委主任担任。同时制定《宿州市城乡规划审查委员会议事规程》，定期对全市重大规划项目进行集体审理，体现了规划的科学性和民主性。

规划审批程序。城市规划审批职能上划市建委以后，逐步制定和完善了城市规划审批程序，建立规划公示、听证、社会监督、后期管理等一系列措施，全面实行。规划设计要求通知书制度。对建设项目申报，首先由规划局拿出初步审查意见，报市建委规划专题会议研究，需要上报市规委会审查的上报市规委会审定。对各类规划方案，首先由规划局初审提出意见，再召开规划技术审查小组会议审查，然后上报市规委会审定。在完善规划审批程序的同时，加强规划的宣传工作，每年利用《中华人民共和国城市规划法》宣传月活动，采取各种形式宣传《中华人民共和国城市规划法》和城市规划，全面实行规划批前公示、批中征求意见和批后公示，对提高规划水平、加强社会监督起到了很好的作用。

一书两证。城市规划管理核心是落实“一书两证”制度。自《中华人民共和国城市规划法》颁布实施以来，在城市各项建设中，城市规划管理部门严格依法执行“一书两证”制度，使城市建设在城市规划指导下，健康有序发展，使城市总体规划得到较好执行。

五、城建监察

宿州市城市管理队伍变化较为频繁。1987年9月，宿州市（县级）成立城市建设管理监察中队，1988年4月改为宿州市城市建设管理监察队，编制10人，隶属宿州市城乡基本建设局领导。1993年3月被撤销。1996年2月成立宿州市（县级）市容环境管理办公室，内设宿州市城市建设管理监察大队。1999年8月，成立宿州市城市建设管理监察支队、宿州市市容管理办公室，分别隶属于市建委、市城管局。市园林处、市环卫处，分别设监察中队。2006年6月，成立宿州市埇桥区城市管理局，下设宿州市埇桥区建设管理大队与宿州市埇桥区市容管理监察大队，各街道办事处分别设立“城市建设监察中队”与“市容管理中队”，一个机构两个牌子。

1999年8月，宿州市城市建设管理监察支队成立后，受建委委托，依法对城市规划、建筑市场等进行管理，负责城市规划区内违法建设查处工作。2006年6月，市委、市政府决定将小街、小巷内违法建设、市容环境卫生等交由埇桥区城市管理局管理。执法部门采取定人、定岗、定责等措施，设立举报投诉电话，便于人民群众参与城市管理。

1999–2007年宿州市规划区内查处违法建设情况

表3–2–3

年度	查处违法建设情况		拆除情况	
	处数	面积(立方米)	处数	面积(立方米)
1999	83	5240	35	1920
2000	610	63210	187	12000
2001	713	62370	230	13700
2002	734	58900	253	18913
2003	1025	80135	286	12300
2004	1143	133300	319	16000
2005	823	89438	323	39000
2006	937	89104	296	31122
2007	1226	108000	405	30823
合计	7294	689697	2334	175778

六、城建档案管理

宿州市城建档案管理机构成立于撤地建市后，2000年经市编办批准成立市城建档案馆，隶属于市建委领导，业务上接受市档案局监督、指导，受委托管理全市城建档案工作，是全市城建档案存储、利用中心。

2002年城建档案管理工作正式开展，宿州市工程档案资料质量逐年提高，为实体工程质量提供了保障，2003年发布《宿州市城市建设档案管理办法》，市建委出台《关于进一步加强城建档案管理的通知》等文件，建立工程档案预验收和归档制度，使全市工程有档可查。至2007年，市城建档案馆集中保管规划管理、施工管理、勘察设计、市政工程、房屋建筑工程档案8718卷，底图11609张，年均利用档案300多人次，调阅档案1400多卷，并于2005年通过省一级城建档案馆评估，初步建立以市城建档案馆为中心，各县区城建档案馆（室）、建设系统各档案室为网络的城建档案保管网络体系。

第二节　市政建设

一、城市概况

宿州市，古名埇桥。隋炀帝大业元年（605年）开通济渠（汴渠），横穿符离县，于汴水上建埇桥，连通南北驿道，埇桥遂成重镇。唐宪宗元和四年（809年），朝议埇桥地当汴泗之要冲，路为舟车之会，左揽徐豫，右控江淮，诏割徐州之符离、蕲县、亳州之临涣，泗州之虹县（泗县）置宿州，属河南道，州治埇桥，埇桥自此易名为宿州，成为古代中原地区和江南地区联系的交通枢纽和商旅要地，并为历代州、县治所。

宿州市作为一座具有1200年历史的古城，尽管地处南北交通要道，饱受战争与黄河泛滥之害，但在新中国成立前城墙依然高固。城区面积1.2平方公里，城内有东西走向的街道4条，南北走向的街道1条，街道狭窄，为石板路面，高低不平。新中国成立后，为适应城市的发展，于1952-1955年逐步将城墙拆除（保留墙池西北角埇桥区政府大院后一段），建成环城路。1949年到1978年，建城区面积在5-6平方公里，人口徘徊在5-6万。1983年建城区面积12平方公里，人口12万。1988年，市区建成区面积12.5平方公里，人口14万。到2007年，建成区面积跃升到50.7平方公里，人口45万。

随着城市建设的快速发展，城市基础设施和市政公用事业首先得到长足的发展。到2007年，城市供水管道长达248公里，年供水量4374万立方米，用水普及率91.24%。城市公交营运车辆从30台增加到207台，营运路线从106公里增加到176公里。绿化面积从155公顷增加到717公顷，在人口增长近4倍的情况下，人均公共绿地由1.1平方米增加到2.87平方米，绿化覆盖率从13.7%增加到29.7%。中心文化广场、银河广场等一批城市基础设施标志性工程相继建成。

二、城市道路

撤地建市后，宿州市的城市道路建设进入快速发展时期，城市面貌随之发生巨大变化。长24公里的宿城外环路主路面全线贯通，城市西部路网工程基本建成，南部路网工程陆续启动，城市交通条件发生历史性变化。2007年，宿州市区道路长度达到409公里，道路面积666万平方米，人均城市道路面积15.13平方米。4个县城道路长度共284公里，道路面积445万平方米，人均道路面积9.9平方米。其中，砀山县103公里，道路面积156万平方米，人均城市道路面积13平方米；萧县38公里，道路面积110万平方米，人均城市道路面积9.25平方米；灵璧县54公里，道路面积61万平方米，人均城市道路面积6.24平方米；泗县89公里，道路面积118万平方米，人均城市道路面积10.95平方米。

重点道路简介：

（一）迎宾大道。是宿州市城市总体规划中的一条东西向主干道，西起合徐高速公路出入口，东与宿州经济技术开发区相接，是城市“L”形框架发展的重要组成部分。道路全长3.74公里，设计道路宽度55米，其中：机动车道宽12米×2，非机动车道宽5米×2，人行道宽5米×2，中间绿带宽6米，两侧分离带各宽2.5米。道路外侧分别建有宽22.5米的绿化景观带，道路和景观带总宽度达到100米。工程总投资约1亿元，主车道2006年12月底建成通车，整个土建工程2007年7月底全面完成。

迎宾大道的建成有效拉动宿州市经济发展特别是宿州经济技术开发区的建设和发展，体现了“一疏散，两集中”（人口从老城区疏散，建设向新城区集中，工业向开发区集中）的发展要求。同时，迎宾大道也是一条城市景观大道，对拓展城市规模、完善城市功能、改善人居环境、提高城市品位具有十分重要的意义。

（二）拂晓大道。南起南外环，北至拱辰路，全长8.4公里，主车道为沥青混凝土路面，道路宽50米。其中唐河路以南部分建成投入使用，唐河路至拱辰路段1.2公里待修建。拂晓大道的建设，有利于进一步拉大城市框架，推进宿城跨汴河向北发展。

（三）人民路。南起南外环，北至唐河路，长约7.8公里，中段约5.5公里于2006年前建成通车，人民北路工程（沱河1号桥–汴河大堤）于2008年建成使用，人民路汴北段（汴河大桥–唐河路）、南段人民路取直工程（迎宾大道–南外环）待修建。人民路是宿州市城市南北向的两条景观轴线之一，也是推动城区跨汴河向北发展的三条主要道路之一，成为展现城市活力、城市形象的重要载体。

（四）银河一路。西起拂晓大道，东至淮海路，全长约3公里，宽50米，2003年7月，拂晓大道至西昌路段先期动工建设，随后开工建设西昌路到淮海路段，2007年10月全线贯通。银河一路是连接新老城区的重要通道，对推动西北新区发展起到重要作用。

2003–2007年宿州市区城市道路建设统计一览

表3–2–4

序号	工程名称	起止点	长度（米）	宽度（米）	建设时期	备注
1	南外环西段	拂晓大道–大陈沟桥	2210	27	2005.7–2006.9	
2	迎宾大道	拂晓大道–宿怀路	3735	55	2005.2–2007.5	
3	纺织路	金海大道–拂晓大道	4842	34	2004.2–2009.8	已建工程为分段实施，人民路–拂晓大道段待建
4	淮河路	金海大道–拂晓大道	4900	45	2003.5–2004.12	宿蒙路–拂晓大道1200米为新修道路
5	浍水西路	拂晓大道–宿蒙路	1330	40	2005.3–2006.4	该段为新增道路
6	汴河西路	拂晓大道–宿蒙路	1700	42	2004.6–2005.5	该段为主路面改造，增加排水、人行道、绿化、路灯
7	胜利西路	拂晓大道–环城西路	2300	40	2005.3–2006.9	含薛园桥一座，跨度20米宽30米
8	银河一路	拂晓大道–淮海路	3000	50	2003.7–2007.10	拂晓大道–西昌路为先期、西昌路–淮海路为后期
9	银河二路	拂晓大道–沱河路	2150	34	2003.6–2004.10	
10	银河三路	拂晓大道–人民路	1950	40	2005.3–2006.6	
11	沱河西路	拂晓大道–西昌北路	2820	12	2007.6–2007.12	人民路–拂晓大道段在建中

续表3-2-4

序号	工程名称	起止点	长度（米）	宽度（米）	建设时期	备注
12	拂晓大道	拱辰路-南外环	8400	50	2003.7-2008.11	唐河路-拱辰路1200米待修建
13	磬云路	沱河路-南外环	6000	34	2004.5-2010.11	中段（银河一路-汴河路），南段（大王庄-南外环）待修
14	西昌中路	沱河路-淮河路	3000	34	2005.5-2006.6	该段为老路维修
15	人民路	唐河路-南外环	7839	50	2005.5-2008.11	北段（汴河北堤-唐河路）在建，南段（迎宾大道-南外环）待建
16	西昌路南段	淮河路-南外环	1740	34	2006.12-2007.10	该段为新建道路
17	西昌北路（含沱河桥）	沱河路-洪河路	1530	25	2007.8-2008.7	该段为新建道路
18	汇源大道	新汴河桥南-沱河桥北	2000	50	2002.7-2003.12	该段为主路面改造，配套慢车道、人行道、绿化带、路灯
19	淮海南路	淮河路-南外环	2348	40	2005.12-2007.5	该段为新建道路
20	宿怀路	沱河路-南外环	4500	50	2004.10-2005.12	全段为配套工程，增加慢车道、人行道、绿化带、路灯
21	东昌路	环城南路-汴河路	503	34	2005.5-2005.8	全段为维修改造工程

三、休闲广场和公园桥梁

省辖宿州市成立后，投资逾亿元实施运粮河水系综合治理工程，建成雪枫公园、银河公园、运粮河景区等十多个公园、广场。2007年，市委、市政府提出力争用三年时间实现省级园林城市的目标，全市掀起大规模的城市绿化建设热潮。政务中心等绿化工程相继建成使用；沱河景观带工程基本建成；三角洲公园启动建设。是年，城区新增绿地面积近200万平方米，绿化覆盖率提高5个百分点，累计完成创园建设投资1.5亿元。

（一）沱河景观带。全长约10公里，上起三角洲公园，下至南外环高架桥，两侧景观带平均宽度约70米（含水面），由“河流之歌”“城市之歌”“生活之歌”“自然之歌”四个部分组成。建设内容以绿地及小型灌木、乔木为主，辅以花坛、花架、亲水平台、木栈桥等。2007年3月开始建设，2008年9月建成使用，十里沱河景观长廊，是宿城的重要绿地，将沱河打造成宿州的景观之河、生态之河。

（二）雪枫公园。西接雪枫广场，北邻沱河公园，占地10.4万平方米，原为烈士陵园，始建于1952年。2006年至2007年，市政府投资3000万元分两期对雪枫公园进行改造。工程建设内容主要包括：拆除杂乱建筑4000余平方米，搬迁敬老院、骨灰堂等，进一步突出园区北部的纪念功能；整合南部游乐区，人工湖面积扩大近两倍；新增树木1万余株，种植草皮3万余平方米；新建宿州名人长廊、南大门入口广场、牌楼、影壁、木栈道、亲水平台、拱桥等景观；增加了灯光、背景音乐和建筑小品，完善了道路、给排水等基础设施。雪枫公园改造完成后，与北关体育场、雪枫广场、沱河公园连成一体，总面积达20万平方米，至2007年是宿州市最大的爱国主义教育基地和开放式公园。

（三）银河公园。位于银河一路与人民路交叉处的西南角，东西长310米，南北宽170米，总占地面积49320平方米。工程总投资为1500万元，由宿州市规划设计院设计，浙江环宇建设集团公司承担施工，2006年6月开工建设，2007年7月投入使用。银河公园是政务新区广场式公园，园区内建设主要有广场、花坛、喷泉、道路、灯饰及绿化。园区的绿化工程苗木品种丰富，有高大的乔木、低矮的灌木、艳丽的花卉、翠绿的草坪，错落有致，相映成趣，与广场坪台和园中的喷泉、灯饰自然融为一体，环境宽敞，格调高雅，是一座天然氧吧，为广大市民提供了一个较好的休闲、健身的好去处，美化了市民的生活居住环境。

（四）运粮河公园。为运粮河水系综合治理国债项目的组成部分，连同拆迁、清淤、护坡、泵站、绿化等工程，总投资约5000万元，完成绿化长约5公里。

2003-2007年宿州市区广场、公园、桥梁工程建设统计一览

表3-2-5

序号	工程名称	建设内容	建设规模	建设时间
1	运粮河水系综合治理	北关引水河、环城河、二里庄闸以北运粮河段；三八沟等四处河道清淤、护砌、环城路改造，环城公园及运粮河东侧景区建设	河道清淤9710米 河岸护砌2300米 维修道路3700米 新增道路1400米（宽7米） 新增绿地37800平方米（淮河路-二里庄闸）运粮河东岸	2003.4-2005.6
2	汴河路立交桥引道工程	铁路部门将原来（5+9+5）19米的地下道箱体改为（7+15+7）29米的地下道箱体后,宿州方完成地下道的道路工程	全长500米	2003.12-2004.12
3	雪枫广场	广场范围:南起环城河,北至体育场,东起雪枫公园西沟边,西至育才路。建设内容有小广场、停车场、园区小路、亭子、雕塑、绿地、花草、植树、管理用房	东西约100米 南北约180米 约2000平方米	2004.9-2005.12

续表3-2-5

序号	工程名称	建设内容	建设规模	建设时间
4	火车站广场改造	广场铺装绿化灯饰、雕塑、喷泉、停车场、管理房、道路	26000平方米	2003.5-2004.5
5	雪枫公园整治	扩大(加深)湖面、堆造假山、建入口广场,立石雕大门、增加文化墙、修公厕、建管理房,完善排水设施。新添引水管闸,更新灯饰,加大绿化面积。铺园区小路,建休憩石凳,安装健身器,改造园区道路,更换广场石材	104000平方米	2006.5-2006.12
6	银河广场	广场花岗岩铺装,程控音乐喷泉安装、修花池、种花草、植树栽竹。建管理房(含公厕)、立高杆灯、庭院灯、太阳能灯	39480平方米	2006.6-2007.5
7	沱河景观带	西起沱河1号桥,沿沱河右岸蜿蜒至沱河出城段,建8个节点广场,铺设园区小路,植树、栽花、种草扩大绿化面积,安装各种灯饰,增添亮化工程	—	2007.3-2008.9
8	胜利路薛园桥	拆老桥建新桥	跨度20米 宽度30米	2005.3-2006.5

四、城市供气

宿州市从20世纪90年代开始管道燃气的建设工作。管道燃气最早起源于宿州市城市煤气一期工程，是在原地区行署领导下进行筹建的，项目设计最终规模日供气6万立方米，利用原宿州市化工总厂驰放气和水煤气作为气源。省计委于1992年正式批准项目初步设计，项目一期工程设计规模为5000户，工程总投资800余万元。1994年6月，地区正式批准项目的开工报告，7月份正式开工实施。经过一年建设，北关储配站、湿式低压螺旋储气柜及部分城区干管建成。后来由于资金及气源的原因，11月中途停建。

1999年，城市燃气工程在市委、市政府的领导下开始迅速发展。1999年3月，宿州市城市燃气工程通过国家计委立项，项目气源采用液化气混空气和化肥厂驰放气，站址选择在宿州市东南宿固路，工程总造价1.2亿元。12月，燃气工程正式开工建设。2001年11月，经过近二年的施工建设，储配站区正式竣工，一期管网工程顺利建成。28日，宿州燃气管网首次向城区北苑小区供气，向居民用户供应液化气混空气，气源由液化石油气与空气按1∶1比例混合而成。2004年8月26日，经过多方努力，宿州中燃城市燃气发展有限公司正式挂牌，标志着宿州城市燃气的发展迈入一个新阶段。宿州中燃城市燃气发展有限公司由中国燃气控股有限公司出资控股，进行宿州市区内的城市燃气运营，中国燃气控股占比例75%，地方占25%。2005年，宿州中燃自筹资金新建的CNG接收站开始接收天然气。4月18日，正式向城区输送天然气，宿州市市民首次用上了清洁、安全、经济的优质天然气。

宿州市城市燃气的气源原为液化石油气混空气（以下简称空混气），液化气空混站（以下简称空混站）于2001年建成投产，站址位于市区东南角S101省道旁边，毗邻京沪铁路。空混站内设2座1000立方米球罐、5座100立方米卧罐、3台XF125型空压机、2台LFW300型汽化器、2台FVO6100型混气机、2台ICW-80型燃气锅炉等配套设备。储配站区内还具备液化石油气钢瓶充装能力，设计钢瓶罐装的年产能力为单班充装瓶装液化气8万瓶。空混站设计规模为1106×104m/a空混气，届时居民气化人口为21万人（约6万户）。为加快利用西气东输天然气的步伐，宿州中燃城市燃气发展有限公司在充分利用现有设备的基础上，在长输管线供气正式实施前，投资200余万元，通过技术改造，将宿州中燃原有供应空混气的门站改造为压缩天然气接收站，利用撬车从淮南运输压缩天然气至现有门站，通过现有管网供应给用户，作为长输管线到达宿州前的气源供应。

气化范围及供气规模。在城市燃气供应中，用户的种类一般有居民用户、公建用户、工业用户和其他用户（如采暖、空调、汽车等）。其中公建用户是指医院、宾馆、餐饮、学校等社会服务行业。一般工业用户指能源消耗不是特别大，而且距城市管网较近的企业。为了改善城市环境，使天然气资源能获得更充分有效利用，一些宾馆、饭店和洗浴中心等小锅炉也推广使用城市燃气。建设CNG汽车加气站，加快汽车用气的发展，也是燃气使用的重要方面。至2007年，宿州市城市燃气管网敷设至城市各个区域，东至沱河桥、西至三八路、南到迎宾大道、北至北关收费站，遍布大街小巷和各个集中的小区，年供气量达到400万立方米。宿州市整个市区安装居民用户达5万户，其中在册用气户1.8万户，工业用户1家，工商用户76家，CNG汽车加气站正在建设中，预计2008年年初能够进行汽车加气。

五、城市标志性建筑

宿州市经济发展水平不高，城市发育也相对滞后。1988年之前，全市基本无高层建筑，连5层砖混结构房屋也极少见。随着经济的发展和社会的进步，市区面貌在20年内发生了翻天覆地的变化。至2007年，全市10层以上的高层建筑达30余幢，最高的是22层的皖北煤电大厦。

宿州市高层建筑（15层以上）一览

表3-2-6

建筑名称	层高	设计单位	施工单位	坐落位置	建成年月
皖北煤电集团办公楼	22	安徽现代建筑设计院	中煤第七十二工程处	淮河路与西昌路交叉口西北角	—
汇源大厦	15	合肥冶金设计院	江苏南通六建	汇源大道	—
人行综合楼	16	皖建筑设计院	中建三局、省水建公司	市淮海路	—
恒丰大厦	16	省建筑设计研究院	浙江广厦建设集团	汴河路	—
林泉苑	16	省医药设计院	安徽华俊建筑工程公司	汴河西路	2007.9
工商银行	16	—	核工业第二十四公司	淮海路	2004
中煤大厦1#楼	17	山东省建筑设计院	中煤三建集团有限公司	汴河路	2006.3
金鼎花园	17	煤炭部杭州建筑设计研究院	宿州市建筑安装工程总公司	宿怀路与淮河路交叉路口	2006.12
广电中心	20	广电部设计院	核工业第二十四公司	淮河路	

六、城市照明

（一）路灯线路

1988年，市区路灯架空线20公里，主要集中在老城区及汴河路（铁路至西昌路），且架附在供电部门的电力杆上。

1990年，随着市区框架拉大，路灯与电力杆分离，路灯改造、架空线路逐年增加，至1998年底，架空线路达100公里。

1999年，市区道路改造，净化城空上空，架空线路取消改为地下铺设电缆，至2007年，电缆铺设总长达160公里。

（二）灯具及数量

1988年，市区有400盏路灯，1990–1998年，路灯增加至4000多盏，主要为高压钠灯，高压汞灯占25%左右。

1999年以后市区道路改造，尤其是2003年至2005年，市区5条主干道为多火组合花灯，至2007年，路灯盏数达到2.5万盏，其中75%为节能灯，80%的高压钠灯使用节能型电子镇流器。

（三）路灯控制

1988年，市区路灯控制使用机械化石英控制钟。

1998年，开始使用智能化微电脑经纬仪控制钟。

2008年，分别建设无线GPRS监控室及5条主路的17个监控点（含视频监控）。

七、城市排水与防洪

宿州市城区位于新汴河以南，京台高速公路以东，2007年城区建成面积50平方公里，人口50万人。按宿州市城市总体规划（规划水平年：2020年），宿州市城区分为汴南主城区、汴北新区和符离区3区，2020年城区面积达70-75平方公里，人口70万-75万人。

（一）城市水利设施

1.城市水系

宿州城区主要河流有新汴河、沱河、环城河等。

新汴河是1966年至1970年人工平地开挖的大型河道，自宿州主城区西北的戚岭子至江苏省泗洪县洪泽湖溧河洼，全长127.1公里。城区受戚岭子至宿县闸段右堤保护，堤长12.7公里，堤顶高程30.38-29.33米，顶宽10米，迎水坡1∶4，背水坡1∶3，防洪堤为土堤，防洪标准为20年一遇。

沱河位于京台（合徐）高速公路东侧，新汴河南，宿州老城区北侧，左岸堤长11.24公里，右岸堤长11.11公里，主要控制建筑物有沱河进水闸、宿东闸。1951年冬，沱河整修改道治理工程，废弃一段旧河道，从城西北5公里处起开挖新河道，修建堤防，堤顶宽5-6米。1959年2月建宿东闸，1967年3月建沱河进水闸。右堤顶为混凝土路面，左堤顶为简易土路面；堤顶高程29.54-28.33米，顶宽8米，内外边坡均为1∶3，防洪堤均为土堤。防洪标准为50年一遇，除涝标准为5年一遇。

宿州市城区的环城河全长4.3公里，环绕宿州市老城区四周，北与沱河相接，南入运粮河，注入浍河，接纳城区内外排水面积25.4平方公里。

宿州城区防洪工程主要有新汴河、沱河大堤。洪水威胁主要来自新汴河汛期暴雨所致。

汴南主城区防洪排涝河道有新汴河、沱河，沟洫有三八河、运粮河、大陈沟、宿蒙运河、小洪河、界洪河、薛堂沟、戚家沟等；汴北新区防洪排涝河道有新汴河、唐河上段、北沱河，沟洫有小黄沟、十里沟等；符离区防洪排涝河道有濉河上段，沟洫有黄涧沟、股河等。

2.节制闸工程

新汴河宿县闸：宿县闸位于宿州市东北15公里朱仙庄镇小刘家庄北新汴河干流上，控制流域面积6562平方公里。枢纽工程包括节制闸、船闸、翻水站，是一座集灌溉、排涝、航运综合利用工程，闸上为混凝土双曲拱公路桥，桥面宽6.0米。兴建于1966年，1970年5月完成。

沱河进水闸：位于宿州市埇桥区西北3公里任井子新汴河右堤上，沱河下段进口处，是新汴河穿堤建筑物及沱河的主要控制建筑物之一。1967年3月兴建，9月完成。建闸的目的是从新汴河引水入沱河，供城市工业和沱河下段沿线灌溉使用，设计引水流量112立方米/秒。2007年10月-2008年10月，中央、省、市三级投资445万元对沱河进水闸进行除险加固。设计泄洪流量180立方米/秒，相应闸上水位28.62米，闸下水位28.47米；设计正常蓄水位闸上25.87米，闸下24.87米。共3孔，孔宽6.4米，闸底板高程23.00米。

沱河宿东闸：位于宿州市埇桥区东3公里，宿灵公路与沱河交叉处。1959年2月兴建，10月竣工。距上游沱河进水闸8公里，主要作用是节制蓄水，保持上游水位。设计排涝流量193立方米/秒，相应闸上水位26.28，闸下水位26.02米；设计排洪流量376立方米/秒，相应闸上水位27.77米，闸下水位27.27米；设计正常蓄水量150万立方米，相应闸上水位25.00米，闸下水位23.00米。共7孔，孔宽4.0米，孔高5.7米，闸底板高程22.00米。

运粮河二里庄闸：位于宿州市运粮河二里庄，是一座集排涝、灌溉、生态功能为一体的建筑物工程。主要作用：调蓄三八河、宿蒙运河、运粮河来水供农业灌溉；城市排涝；调节环城河的循环水，改善市区生态环境。兴建于1964年3月，7月竣工。2006年3月在原闸址下游1公里处新建一座新闸，2007年3月1日完工，结构为钢筋混凝土箱型结构。设计排涝流量为68.86立方米/秒，相应闸上水位为24.60米，闸下水位为24.50米，设计正常蓄水位闸上25.50米，闸下23.00米。共3孔，每孔净宽4.0米，孔高4.0米，底板高程21.10米；桥面宽8.5米，行车道7米。

（二）城市防洪

1.防洪工程

宿州市城区防洪工程主要有新汴河、沱河大堤。新汴河为人工开挖河道，自宿州主城区西北的戚岭子至江苏省泗洪县洪泽湖溧河洼，全长127公里。其中宿州城区防洪河段自戚岭子至宿县闸12.7公里。现状为河道排水能力不足5年一遇、大堤为20年一遇防洪标准。沱河城区段9.9公里，大堤为50年一遇防洪标准。

宿州市城区排涝大沟有运粮河、铁路运河等14条，总长96公里，排水能力除运粮河达到5年一遇除涝标准外，其余均不足5年一遇标准，环城河滚水坝、三八河箱涵以及部分河沟上的桥梁排涝标准偏低。

2.重点防护对象

宿州市城区重点防护对象为党政机关要地、驻宿州部队，城市金融中心，医院、电台、电视台等单位；宿州市供电公司、宿州市供水公司、安徽华电宿州公司、汇源电热公司等大中型企业；城区居民小区等。

3.预防与预警

城市防洪贯彻以人为本的方针和行政首长负责制，坚持以防为主，防抢结合；坚持因地制宜，突出重点；坚持统一领导、统一指挥、统一调度；坚持服从大局、分工合作、各司其职；坚持公众参与、国民联防；坚持工程与非工程措施相结合等工作原则。

预警信息：包括气象、水文、河道堤防、市内排涝工程、洪涝灾害等。当有可能发生灾害时和发生灾情后，有关部门要及时报告，重大险情30分钟内报到市防指，1小时内报市政府和省防指。

预警级别分为四级，用红、橙、黄、蓝色表示。市内防洪成员单位、办事处要健全防汛指挥机构，落实抢险队伍，检查维护防汛工程设施，储备足够的抢险物资。当灾害发生时要立即行动，组成现场抢险指挥机构，做好人员和重要物资转移工作。

4.主要防御方案（新汴河、沱河洪水防御方案）

（1）当新汴河宿县闸上水位达到设防水位26.8米，沱河宿东闸上水位达到25.6米时，所在乡镇、街道办事处要组织人员巡堤检查，抢险物资器材集中到险段，以备抢险之用。当水位仍在上涨或预报后期有大范围降雨时，宿县闸、宿东闸全部开启，作好随时封堵沱河城区段堤防自排涵闸和下水道出口的准备，防止洪水倒灌进入城区。

（2）当新汴河宿县闸达警戒水位27.3米，沱河宿东闸达警戒水位26.0米时，一线防汛人员日夜在堤上巡查，做好抢险的各项准备工作，各闸管所应昼夜值班，密切注意水位变化，按照防汛指挥部门的调度控制水位，做好检查维护工作，确保工程正常运行。

（3）当新汴河宿县闸达保证水平27.96米，沱河宿东闸达保证水位26.78米，所有防汛民工全部到堤，日夜坚守，防汛物资分段集中，预备必要抢险物料，作好抢险堵口准备，同时准备转移居民、厂矿企业人员及财产。

（4）当洪水达保证水位后仍持续上涨，依法宣布进入紧急防汛期，并采取分洪措施。在濉河张树闸下不超过设计防洪水位时，启用张树闸向濉河分洪，控制下泄流量，使闸下濉河防洪水位不超过设计水位。如水位继续上涨并超过29米时，可视需要研究利用薛堂大沟向浍河分洪。同时新汴河新北沱河地下涵——宿县闸段左堤上的所有涵洞开户泄洪，有控制地向洼地沟河排洪，以确保大堤安全。

关于城市污水排放，2000年，成立排水公司，主要负责全市污水管网的建设与养护、运营，把收集到的污水输送到市城南污水处理厂。到2005年，实现4万吨/日的收水能力。

第三节　村镇建设

村镇规划与建设是城乡建设的一项重要内容，1986年至2007年，经过22年的发展，特别是2003-2007年，围绕着发展农村经济，开拓农村市场，提高市域城镇化水平，促进农村产业结构调整，增加农民收入的目标，宿州市积极贯彻“工业向园区集中、土地向规模经营者集中、农民向小城镇集中”的发展战略，小城镇建设步伐不断加快。至2007年，宿州市域内有99个乡镇，其中：城关镇4个，建制镇68个，乡集镇27个；建成区人口2万人以上的有10个，1.5万人的有35个；建成区面积在2.5平方公里以上的有18个；全市建制镇城镇人口达到198万人，建成区面积达205平方公里。宿州市小城镇住宅总面积达7860万平方米，人均住宅居住面积达16.5平方米；小城镇拥有自来水厂76个，有65个乡镇用上自来水，用水人口近300万人，用水普及率达76%；小城镇道路总长度达1650公里，道路面积达5630万平方米，道路铺装率达85%；建制镇镇区人均绿地3.1平方米；小城镇的文化、教育、医疗卫生与体育设施等基本配套。小城镇经济快速发展，结构调整步伐加快，全市建各类市场360多个，私营企业近1500家，个体工商近20万户。小城镇在整体规模和建设水平上有了很大的发展和提高，逐步形成县城发展型、工业主导型、市场带动型、综合发展型和城市辐射型等多种类型、各具特色的小城镇群体。

一、村镇规划

宿州市城乡规划历经多轮编制和完善。1984年至1986年间，市辖四县一区进行了第一轮总体规划编制，规划期限为1985年至2000年。1999年市委、市政府确立25个中心镇进行总体规划修编，规划期限为1999年至2010年。规划的发展目标主要是：

（一）继续加大建设投入。通过对农村深化改革和加大工作力度，保持建设投入适度加快增长，促进投资结构优化和投资效益的提高，尤其是加大对农村道路、供水、排水和公共服务设施投入。努力实现乡村环境明显改善，各项基础设施功能明显增强。

（二）全面提高村镇规划建设管理水平。切实抓好乡村规划建设和管理工作，增强乡村的综合服务功能，开展村庄规划建设和村庄整治工作，推进社会主义新农村建设。以抓好重点镇、中心镇为基础，加快发展一批特色明显、优势明显的小城镇。村镇建设管理制度和工作机制趋于完善。到2005年，全市25个中心镇第二轮总体规划调整全部完成，43个建制镇和27个乡镇总体规划完成85%以上，2000多个行政村编制建设规划完成60%以上。重点镇建设取得实效，小城镇基础设施进一步完善，村庄规划建设和整治工作取得成效。小城镇镇区道路铺装率达到80%以上；农村道路铺装率达到65%，安全饮水普及率达到75%，绿化率达到35%，小城镇人均住房面积达到26平方米，农村居民人均住房面积达到28平方米。

（三）坚持统筹城乡区域发展，充分发挥城乡规划的综合调控作用和指导服务功能。科学规划，严格管理，构建布局合理的城乡体系，推进社会主义新农村建设，推动大中小城市和小城镇协调发展。

砀山县在1986年集镇规划的基础上，于1996年完成14个建制镇4个乡总体规划，2001年，又修编调整10个乡镇的总体规划。1999年，砀山县李庄镇、葛集镇确立为省级重点中心镇；周寨镇、唐寨镇、良梨镇确定为市级中心镇，其中：李庄镇城镇性质是以发展果品的集散、加工及相关产业为主体的工贸型区域中心镇。城镇发展方向在现有建成区的基础上，向东、西、南三个方向同时扩展，近期老城区的控制改造可与新区建设同步进行，该镇充分利用现有水果产地自然条件，从创造具有“田园风光”特征的生态型城镇和宜人的居住环境出发，注意城镇生态绿地环境建设，形成独具特色的城镇风貌。葛集镇的定位是依托高寨河建成萧、丰、砀三县及周围区域的休闲疗养旅游中心，以当地优质果品生产、加工、贸易为主的生态农业镇和苏皖交界区域的休疗养基地。

萧县在1986年乡镇总体规划的基础上，于1995-1996年，完成各乡镇总体规划的调整工作。2000年，在小城镇经济快速发展的背景下，为加快县域中心镇的发展，对张庄寨镇、新庄镇、赵庄镇、杨楼镇、丁里镇等进行第二轮总体规划调整，在人口、用地规划和建设规模上，均以2005-2015年为规划期限。其中，张庄寨镇地处皖豫交界处，省道101公路及连霍高速从城镇经过，并在镇区设有立交出入口。该镇性质定为，公路交通枢纽型、工贸并举的区域中心镇。新庄镇远期发展（2015年）人口规模2.5万人，用地规模2.3平方公里。鉴于新庄镇现状及自然地理条件，城镇性质确定为：以农副产品生产、加工为主的边贸型小城镇。

灵璧县在1986年-1996年，连续两次完成13个建制镇和6个乡的总体规划修编调整。1999年，渔沟镇、朝阳镇、冯庙镇确定为省级重点中心镇。尹集镇、杨疃镇确立为市级中心镇。其中：渔沟镇因奇石资源丰富，城镇性质确定为：以“奇石”文化为特色的旅游、商贸型中心镇。该镇主要建设发展方向，“以龙山路、灵双路为依托，东进、北拓、西缓、南抑”镇区发展形态呈十字型，形成“一心、两轴、双核、多组团”的总体布局。在建设中主要突出灵璧石资源优势，着力打造“奇石”这一特色品牌。

埇桥区在1986年乡镇总体规划完善的基础上，1990-1996年，先期完成朱仙庄镇、芦岭镇、符离镇3个卫星城镇的总体规划。1998年，行政区划调整后，为合理使用土地，又分别完善了12个建制镇总体规划。其中：符离镇性质定为皖东北重点中心镇，以食品业加工为特色的综合性工业、建材、商贸型城镇，重点做好名牌烧鸡兴镇，壮大烧鸡产业化推动城镇化。芦岭镇、蕲县镇在总体规划的指导下，依托煤矿开采，重点开发建设商贸和服务业为主的工矿型中心镇。时村镇、大店镇依托区位优势，城镇性质确定为“以农产品贸易和加工为主，做大做强皖东北粮食贸易经营市场建设”，以此带动区域二、三产业发展。

泗县1986年后，集镇建设快速发展，1990年，该县完成一批建制镇总体规划。1999年大庄镇、草沟镇确立为省级中心镇，刘圩镇、长沟镇确定为市级中心镇，黄圩镇、丁湖镇等8个镇定为建制镇。其中：大庄镇的定位是“以工富镇，以商活镇”，围绕板材加工，做好工业园区建设，大力发展集镇商业贸易，兴建皖北第一农贸大市场。

二、村镇建设

1986年，宿县地区村镇建设步伐逐步加快，特别是进入90年代中期以后，在房地产开发与经营城镇理念的带动下，村镇建设资金来源逐步实现多元化，投入不断加大，小城镇基础设施逐步配套完善，社会事业同步发展，居民生产、生活条件得到较大的改善。

（一）小城镇建设试点。小城镇建设试点工作是推进村镇建设与提高小城镇发展质量的一项重要工作。宿州市有14个中心镇分别被省政府、省建设厅和国家建设部列为试点。中心镇加以重点扶持，有25个小城镇被列为市政府重点发展的中心镇。不同类型、不同经济发展水平的小城镇被列为试点后，根据城镇总体规划，不断加大基础设施和公共服务设施的投入，加快商品流通和市场体系建设，改善投资环境，促进二、三产业的发展，加速农村剩余劳动力的转移，为提高全市小城镇建设水平起到很好的示范作用。

砀山县：省级中心镇2个，即李庄镇、葛集镇；市级中心镇3个，即唐寨镇，周寨镇、良梨镇；其中李庄镇2003年被省政府确定为全省重点中心建制镇，2006年被省政府列为全省新农村建设示范镇。唐寨镇是酥梨集中产业区之一，具有百年建镇历史的商贸重镇，该镇连续九次被市文明委评为“十佳集镇”。

萧县：省级中心镇3个，即黄口镇、张庄寨镇、新庄镇；市级中心镇2个，即赵庄镇、杨楼镇。其中黄口镇1997年被确定为国家建设部重点中心镇；2003年，因城镇建设发展慢，被省建设厅建议建设部批准退出建设部重点中心镇。2000年，张庄寨镇被省政府确定为全省重点中心镇；2006年，杨楼镇被省新农村建设领导小组办公室确定为省级新农村建设示范镇。

埇桥区：建设部试点镇1个，即符离镇；省级中心镇3个，即芦岭镇、符离镇、夹沟镇。符离镇2000年被确定为全国村镇建设先进镇。2001年，芦岭镇、蕲县镇被省建设厅确定为全省村镇建设先进单位。符离镇于1994年被国家建设部列为全国小城镇建设试点镇，1995年被国家体改委、国家科委、建设部和农业部4部委评为全国投资环境300佳乡镇，1999年被省列为中心建制镇，2001年被省政府确立为省级综合示范镇，2002年被省列为全省63个重点中心镇之一，2004年被国家五部委命名为“全国小城镇重点镇”，2006年被省政府确立为埇桥区唯一的省级社会主义新农村建设试点镇。

灵璧县：省级中心镇3个，即渔沟镇，朝阳镇，冯庙镇；市级中心镇2个，即杨疃镇、尹集镇。其中渔沟镇被建设部确定为全国小城镇建设试点镇，被确定为国家11个部委综合改革试点镇和省级文明中心镇。

泗县：省级中心镇2个，即大庄镇、草沟镇；市级中心镇2个，即刘圩镇，长沟镇。大庄镇2003年被省政府确定为全省重点中心镇，2005年被省发展改革委员会列为全省土地流转试点镇。

（二）小城镇住宅建设。宿州市小城镇住宅建设可分为三个阶段：1986年至1992年，为第一阶段。这一时期计划经济占主导地位，各乡镇的经济发展较慢，企业不景气，集镇人气不旺，二、三产业不发达，居民收入不高，集镇建房尤其居民住宅规模不大。1992年年底，宿州市小城镇住宅建筑面积3201.4万平方米，人均居住面积10.84平方米，砖混结构占56.6%。1993年至1997年，为第二阶段。此阶段计划经济与市场经济并存，市场经济占主导地位，乡镇工业发展加快，乡镇综合实力得以提高，集镇基础设施建设投入加大，二、三产业得以发展，农民进镇人数增加，居民收入普遍提高，居民私人建房及房地产开发进入良性发展阶段，建设规模不断扩大。1997年年底，宿州市小城镇实有住宅建筑面积5080.3万平方米，人均居住面积15.2平方米，砖混结构占70.2%。1998年至2002年年底，为第三阶段。集镇基础设施配置日趋完善，二、三产业更加繁荣，集镇的载体功能和集聚功能更加完善，民间资金及外资纷纷加入房地产开发行业之中，小城镇住宅建设进入高速发展阶段。2006年，宿州市小城镇实有住宅建筑总面积7520.5万平方米，人均居住面积18.85平方米，砖混结构占85%。

（三）小城镇基础设施建设。随着经济发展与改革开放的深入，宿州市小城镇基础设施建设与小城镇住宅建设同步发展。1985年至1992年，宿州市小城镇道路总长286公里，道路面积496万平方米；小城镇水厂26个，自来水受益乡镇26个，用水人口15.73万；排水管道长度26公里。1993-1997年，宿州市小城镇道路总长410公里，道路面积635万平方米；小城镇水厂36个，自来水受益乡镇42个，用水人口31.05万；排水管道长度184公里；建制镇绿化覆盖面积1011公顷，公共绿地面积185公顷，人均公共绿地面积3.01平方米。1998-2006年，宿州市小城镇道路总长662.3公里，道路面积814万平方米；小城镇水厂59个，用水人口59.32万；排水管道长度328.75公里；建制镇绿化覆盖面积1766公顷，公共绿地面积273公顷，人均公共绿地面积3.35平方米。

第四节　公用事业

一、城市供水

1958年，在宿东电厂水处理车间的基础上筹建自来水厂，于1962年竣工投产。1981年由自来水厂改制成立宿县地区自来水公司，1995年由自来水公司改制成立宿县地区供水股份有限公司。

公司的主要职能：一是根据城市发展需要，做好供水专项规划；二是根据地下水资源情况，科学合理开发城市用水；三是负责饮用水质监测检查和管理工作，确保水质，保障供水安全；四是负责全市各单位和居民用户的供水设施安装、供水及水费收缴工作；五是负责公共供水设施的管理维护工作；六是健全完善服务机制，确保优质供水服务；七是查处各种违章用水和破坏供水设施的行为；八是做好城市供水的应急救援工作。

随着城市的扩大，供水设施不断发展。1999年开始筹建6万吨供水厂，包括二级泵房、清水池、沉砂池、给水井、消毒车间等，2000年水厂及其配套管网开工建设，2002年投入使用。位于市建集团公司附近新打深井2眼，高速公路以东、西三里村、拂晓大道西侧新打深井10眼。

2003年，完善10万吨水厂建设，新打深井7眼，合理调整城市局部管网。铺设人民路、银河一路、银河二路输配水管道；延伸淮河东路、淮河西路、胜利路、汴河路、浍水路、淮海路供水管道，提高城市管网普及率；搞好开发区三水厂建设；推进“一户一表，抄表到户”工作进程，提高城市供水能力。开工建设开发区管网，2007年陆续铺设供水管道7.5公里。

2004年，恢复4万立方米水厂建设（计划投资2700万元）；搬迁重建供水一厂（计划投资1800万元）；筹建开发区5万立方米水厂（计划投资3200万元）；申请国债项目改造城区供水管网（计划投资1200万元）；完成一户一表改造1.6万户；加快西北行政新区、经济技术开发区、南坪路等处输配水管网建设。加大水质监测力度，提高供水水质。恢复重建供水调度中心、维修车间、水质化验中心、加氯车间等供水设施，加强水质动态检测和源水井取水检测。强化水表使用监管，确保计量准确。严格水价标准，公正、公开收费。依法管理水资源，加强水资源保护。加大污水费征收力度，及时足额缴入财政专户。规范服务行为，提高服务质量。

从2003年到2005年，因城市道路扩建、房地产开发等原因，拆掉供水一厂深井在内的10眼深井及淮河路4万立方米水厂的部分水源井。于2005年，在拂晓大道西侧、高速路以东打深井一眼。2006年，改造深井1眼，以确保市内供水。

二、公共交通

宿州公交成立于1976年，在城区建立公共汽车站，有江淮客车3辆，每辆17座。1985年发展到客车18辆，营运线路从1976年的15公里增加到51.6公里。

1988年，由于客运市场竞争激烈，公司经营出现大滑坡。经过停产整顿，决定放弃竞争激烈的区乡线路，转向以城市线路为主、逐步向重点郊区线路扩展的发展思路。7月1日开通火车站到三十三处、火车站到化肥厂两条市内线路，这是真正意义上的城市公共交通的开端。两条线路的开通，深受市民欢迎，运营很快出现转机。

1990年以后的10年间，公司以改革为动力，在生产经营、企业管理、优质服务等方面采取了一系列重要举措，企业步入全面发展的轨道。按照城市规划要求，公司继续巩固发展市区内营运，扩大城市线路覆盖面，加快公交网络化建设。营运线路逐步向重点郊区、矿区延伸，公交车辆重点向大中型发展，公交与城市同步发展。

进入21世纪，随着企业改革、改制的逐渐深入，公司于2005年与合肥市公交集团实现资产重组，成立宿州市星晨巴士有限公司，注册资本1000万元，其中，合肥市公交集团投入现金800万元，控股80%，宿州市国资委用原公交公司改制后剩余的净资产200万元，委托宿州市工业投资有限责任公司投资，占注册资本的20%。投资双方均属国有企业，宿州市星晨巴士公司属于国有股份公司。

宿州市星辰巴士公司成立后，全面推行无人售票，发行IC卡5.8万张，精减一部分职工，树立星辰巴士的品牌形象。2006年新的公司开始营运后，投入1000万元购置新车60台，调整9条线路，新开多条线路，完成公交车与开发区、政务中心、车站、商业中心、文化教育中心等客流集散点的对接。卫星定位自动报站系统，使服务水平达到新的高度。其他硬件如市内站台、候车亭、站牌、停车场等，都进行新的建设。为照顾老人、伤残军人、盲人等伤残群体，公司推行免费IC卡2万余张，受到社会各界的一致好评。

1988–2007年宿州市公交公司经营实绩

表3-2-7

年份	线路（条）	车辆（台）	营运里程（万公里）	客运量（万人）	营运收入（万元）
1988	2（11.1公里）	19	—	430	102.67
1999	—	76	420	2300	660
2000	—	132	485	2160	750
2001	—	142	620	2550	956
2002	—	130	741	2830	1160
2003	—	150	780	2950	1350
2004	—	165	800	3309	1640
2005	—	175	850	3500	1870
2007	19（190公里）	300	—	3500	2800

2007年宿州市公交车营运线路一览表

表3-2-8

线路名称	起点	终点	主要停靠站点	全程（公里）	开通时间
1路	快客站	沱河东停车场	三八乡—西门口—供电大楼—市立医院—宿固路口—矿建总医院—三十三处	8.3	1988.7
2路	汇源新区	物资供应总公司	汇源电厂—宿州宾馆—火车站—宿州汽车站—宿州学院（西）—东方面粉厂	6.5	1988.7
3路	驾校	北十里	污水厂—公交公司—区公路局—市立医院—宿州宾馆—市第一人民医院—特酒厂	11.7	1989.3
5路	快客站	物资供应总公司	西三里—轻工业学校—西门口—供电大楼—市立医院—宿固路口—肉厂宿舍	9.3	1990.1
6路	火车站	西二铺	小隅口—薛园—三八乡—西十里—花家—十五里铺—乡政府—街里	12.6	1991.10
7路	火车站	桃园	宿州汽车站—公交公司—前付—大张家—北杨寨—四号沟—工人村	15	1993.7
8路	政务中心	光华园	绿苑新村—中医院—西门口—小隅口—南关菜场— 一中—东华食品厂	6.8	1996.1
9路	快客站	快客站	光彩城—区法院——中南门—区公路局—火车站—西门口—明丽园—供电局——建公司—西三里	11.8	1996.4
10路	光彩城	雪枫公园	宿蒙路口—交警大队—南关菜场—市立医院—东仙桥—环城东路	5.9	1999.10
11路	新北方服装厂	雪枫公园	陈营村—圣玛帝苑—南苑宾馆—农科路— 一中东门—华夏商场—环城北路	4.7	2001.5
12路	光彩城	职业技术学院	园林处—皖北总医院—科苑工业园——中南门—宿州宾馆—皖北药厂—汽服务站—梅庵路口—十里检查站	14.6	2004.8

续表3-2-8

线路名称	起点	终点	主要停靠站点	全程（公里）	开通时间
13路	九中	滨河路	科苑工业园—皖北矿务局—区委—武夷商城—市立医院—商之都—宿州汽车站—火车站—北苑小区	5.7	2001.9
15路	火车站	宿州学院（东区）	原市委—区政府—明丽园—市立医院—宿州学院（西区）—三十三处—车桥厂—东十里—塑胶厂—东二铺—卫校新区	14.2	2003.10
16路	矿建总医院	汇源新村	东汽服务站—宿固路口—宿州学院（西）—火车站—宿州宾馆—汇源电厂—化肥厂	7.3	2004.8
17路	蕴才中学	沱河二桥	胡家村—下关中学—市妇幼保健站—埇桥区委—市立医院—商之都—宿州学院（西）—东关商场—崔园	6.6	2006.1
18路	南方国际花园	政务中心	绿园新村—宿城三中—武夷商城—南关菜场—平安保险—宿城二中—中国保险—星辰公司—军分区—十八小学	10.5	2006.1
19路	火车站	薛堂	雪枫公园—东仙桥—三中—华洋集团—市法院—三十处—三里庙—九里湾—小张家—葛林	13.0	2006.6
20路	火车站	政务中心	北苑小区（东）—雪枫公园—市第一人民医院—中医院—绿苑新村	4	2006.8
21路	圣玛帝苑	明日世纪花园	师专路—南苑宾馆—区公路局—商之都东昌宾馆—东门口—西门口—宿州教院—政务中心	7	2006

三、园林绿化

“七五”后三年（1988-1990年），继续对汴河路、淮海路、宿怀北路等主要干道进行绿化、补植相关树种；对沱河滩地进行平整、种植苗木3.2万多株；新植绿篱5700米，滨河公园和西环公园完成绿化建设；初步实现城市主干道三季有花、四季常青。

“八五”（1991-1995年）时期，一是继续进行城市主要道路的绿化和补植相关树种；二是建设百亩沱河滩地苗圃；三是对汴河中路花坛和其它道路的花坛、街头游园进行建设；四是于1993年秋季进行了一次大型菊花展，美化市民生活。

2001年，对长950米的滨河路进行改造，对环城公园南环西段进行拆迁、改造、建设，在东环设置雕塑、花坛、硬地铺装等。

2002年，动员社会力量“见缝插绿”，完成胜利路和汇源大道的绿化带改造，南环公园西段增植遮荫乔木，公园绿地量明显提升。

2003年，对市内多条主要路段进行绿地改造。

2004年，主要完成“一园一道四路”的绿化任务。“一园”即运粮河公园（浍水路至淮河路），公园面积1.2万平方米。“一道”即宿州市第一条景观大道拂晓大道（宿蒙路至银河二路，全长3500米，绿化宽度16米，绿化面积5.6万平方米。“四路”即淮河路、银河二路、汴河路、纺织路。淮河路（拂晓大道至金海路）全长7350米，绿化面积1.5万平方米；银河二路3580米，绿化面积3700平方米。

2005年，扩大绿地总量，注重景观品位。开发区和政务新区的路网建设和道路绿化全面铺开，“十里长廊”沱河景观带立项，运粮河景区向南延伸到二里庄桥共600米，城区3200株法梧树进行增荫扩冠。

2006年，《宿州市城市绿地系统规划》获省建设厅专家评审通过，并纳入城市总体规划。启动银河公园建设和雪枫公园改造一期工程，完成迎宾大道、银河三路、浍水西路、淮海南路等4条道路绿化。其中，迎宾大道最西端400米绿化面积为22400平方米，是宿州市道路绿地率最高，景观设计最优美的景观大道。东沱河滩地80亩苗圃开工建设。

至2006年，建成城市各类绿地740万平方米，公共绿地140万平方米，其中，公园绿地面积105万平方米，道路绿化面积43.5万平方米，主干道绿化率100%，居住小区绿化面积80万平方米，单位庭院绿地面积388万平方米，城区外围防护林绿地25.2万平方米。人均公共绿地3.33平方米，绿地率17.6%，绿化覆盖率29.66%。2006年年底市委市政府正式提出，从2007年起，在全市开展创建省级园林城市工作，力争用3年左右的时间实现创建目标，以改善城市的生态环境，提升城市形象，促进经济发展。

2007年，《宿州市创建省级园林城市工作实施方案》实施，方案规定：从2007年至2009年，每年扩绿300万平方米，达到1650万平方米，其中公共绿地面积396万平方米，人均公共绿地7.2平方米，绿地率30%，绿化覆盖率36%，中心区人均公共绿地5平方米，三大核心指标分别比省级园林城市标准提高0.2平方米、2%和3%。9月，当年所实施的十大工程完成投资1.55亿元，城区累计新增绿地196.89万平方米，其中公共绿地增加80.2万平方米，绿地率提高4.96个百分点，达到22.29%，覆盖率提高2.6个百分点，达到31.96%。人均公共绿地增加1.92平方米，达到5.25平方米。

在宿州市园林绿化工作中，市园林处多次获省建设厅、市政府的奖励和表彰。

四、市容管理

（一）主要职责

1998年以前，市容管理部门主要职责是对市容秩序、环境卫生、城市规划、园林绿化、市政设施、建筑装潢、散装水泥等方面进行监察管理。1998年以后的工作职责是受城管局委托，对城市规划区内22条主干道两侧及街巷结合部5米范围内占道经营、出店经营等有损市容市貌的违法、违规行为依法进行查处，对各类户外广告、占道宣传、占道摊点、棚亭进行规划、设置、管理，对主干道两侧“门前三包”进行督促、督查。

（二）执法管理情况

由于城市基础设施差、执法环境差、摆摊设点多等客观情况，2000年之前主要整治私搭乱建、占道经营，私自摆摊设点等影响市容的行为；对户外大型广告的设置进行规范；对夜市摊点在全省首推“摊点自治”；彻底根治西昌南路长达10年的脏、乱、差局面。

2001年，按照“疏堵结合、标本兼治”的原则，搬迁花鸟市场、宠物市场，疏通环城北路、环城东路，治理环城南路西段，南环公园如期建成，车辆畅通。在汴河路试行“门前三包”试点。

2002年，对少年宫门前摊点群采取补偿费用、异地安置的方法加以疏导，取缔东环小商品占道、南关菜市入口等多处占道经营市场，对夜市摊点群实行“摊点群自治”，在全省成一亮点。

2003年，重点整治淮海路，使之成为市容管理的一大亮点。对渣土车进行建制、审批管理，净化城市环境。

2004年，先后搬迁、取缔淮河东路花鸟市场、汴河西路竹木市场、东环铁器市场等6处影响市容、阻碍交通的骑路市场。

2005年，依法取缔主干道两侧未经批准、擅自设置的各类违章占道摊点和出店商品，规范东环、南环、青少年宫小商品市场及浍水路、蓝天商场等多处农贸市场。

2006年，一是强力整治商品出店、占道经营及其它有损城市容貌的不文明行为；二是严抓“门前三包”工作落实；三是整顿门头灯箱及户外广告；四是严格规范非机动车停放秩序；五是规范摊点设置，全面推行“摊点群自治”。并完成宿州市第三届艺术节、第二届奇石文化节、一中百年校庆及淮海经济开发区城市管理工作联谊会等重大活动的服务保障工作。

2007年，先后开展对汴河西路、淮河路、汇源大道、胜利西路、环城路、浍水东路等专项治理50余次，全面转移浍水东路菜市场。并完成市黄淮海农资博览会、江淮情演出、彭雪枫诞辰一百周年纪念活动等重大活动的服务保障工作，以良好的市容秩序顺利通过省文明委对宿州市省级文明城市工作先进市的考核验收工作。

五、环卫管理

1999年，环卫处整建制上划新成立的宿州市，2000年批准为副处级建制的财政全额拨款事业单位。

1999年，刚划入大市即新购垃圾自卸车5部，缓解垃圾车严重不足的问题。着手筹建北杨寨前付城市垃圾综合处理场，项目可行性研究顺利通过省级评审，征地46620平方米，建设进场道路等。

2000年，在推进环卫体制改革中，将路面清扫划分为胜利、汴河、淮河、晚间4个保洁公司，并成立公厕管理、垃圾中转两个公司，加快环卫管理的市场化进程。3月份北杨寨垃圾处理场建成投入使用，可日处理垃圾400吨。当年还兴建火车站、西仙桥、原文化馆等3座水冲式公厕。

2001年，新置3台摆臂式垃圾车及配套垃圾集装箱12只，着手进行6座垃圾中转站的选址建设工作。首次向社会融资建设公厕。负责清扫保洁的城区主干道11条，37340米，1610258平方米，管理水冲式公厕26座、旱厕80座、垃圾中转站13座。

2002年，负责保洁的11条主干道长度达46350米、1999758平方米，路面一日三清扫、“百米一岗”全天不间断卫生保洁。新建并投入使用的垃圾中转站3座。

2003年，配合淮海路改造新添置400只果皮箱，又有一批公厕和垃圾中转站投入使用。

2004年，皖北煤电集团捐助价值38.5万元道路清扫车1台，填补这一领域的空白。宿州市举办第一届灵璧石文化节，环卫处上下努力，确保文化节期间的环境卫生质量。

2005年，负责清扫的市区道路增加到17条、56940米、2543500平方米，一日四清扫，16小时不间断卫生保洁，5月至10月坚持洒水降尘，卫生质量基本做到经常化、常态化。为加快环卫作业市场化进程，对淮河西路等新建道路的清扫公开向社会招标，全年中标路段中标额计150万元。

2006年，负责保洁的主干道增至22条、63490米、2857400平方米。市委、市政府提出三年创建省级文明城市目标后，环卫处开展“抓三包、治五乱”的路段领导人包干制，签订责任书，使环卫不留死角。环卫作业机械化步伐加快，半年新增环卫型推土机1台，电动清扫保洁车2台，小型冲洗车1台，并新增钢木果皮箱500只。

2007年，负责保洁主干道22条，长度63490米，面积2857400平方米，水冲式公厕26座，垃圾中转站15座。垃圾中转站向压缩式转变，公厕建设向水冲式发展。按照“新建一批、改造一批、提升一批”的思路，集中建设一批国家三类以上公厕，基本消灭旱厕。公厕在选址、外部造型、内部设施上都体现了人性化要求。

六、其他市政管理

（一）市政工程管理。其主要职责有参与市政发展规划、设施建设计划、实施市政工程维护计划、市政设施的维护等。1999年，完成投资807.5万元，包括铺设水泥路面、人行道板、安装改造路灯等。2000年，完成投资749万元，包括宿怀路、淮河东路、浍水西路、港口路的慢道铺设、窨、雨井建设、下水道、铺彩砖等。安装大立交桥灯14柱，淮海南路26柱。2001年，完成南环公园建设、运粮河改造、滨河西路绿化带建设、更新宿怀路170柱新式路灯等。2002年，完成投资700万元，主要是港口路改造、东关大街配套等。2003年，火车站清淤填塘、三八路配套工程、环城路改造工程以及路灯更新、电缆埋设等，工程总额1893.45万元。2004年，进行4条道路改造、烈士陵园道路改造、立交桥排水清淤、淮海北路高杆灯安装等，完成工程总量1988.6万元，其中基础设施维修158.07万元。2005年，完成1546万元。2006年，完成运粮河路新建、十条路的路灯安装、主要路口改造等，总工程额1982.5万元。2007年，完成迎曦桥改造工程，路灯安装581柱2670盏，全年完成建筑、维护工程总量1184万元。

（二）公园广场管理。到2007年年底，公园广场管理专门机构管辖5个公园广场，总面积972516平方米，其中，银河公园49700平方米，雪枫广场26520平方米，火车站广场23768平方米，科技广场3.4万平方米。公园广场为人流聚散中心，管理部门重点是抓好环境卫生，社会治安，安排好公益活动，为市民与过境客人（火车站广场）提供一个安全舒适的休憩活动、娱乐场所。

（三）河道管理。主要管辖沱河、引河、环城河、运粮河、三八河、火车站西塘、铁路运河建成区河段，全长41.3公里，总面积91万平方米。2000–2007年，完成砌石护岸2100米，环城河清淤，清除水面浮珠草，水面蚊蝇捕杀，河道垃圾清除，河道安全护栏安装等，确保河道整体安全、干净。

（四）城市燃气安全管理，严格行政执法，确保人民群众的人身与财产安全。

（五）渣土管理。宿州市渣土管理部门成立于2006年。成立之初，对内建章立制，对过去散乱运输立即进行整顿，落实建筑垃圾运输准入制度，严禁各类无承运条件的单位和个人从事渣土运输。2007年，市城管局、公安局和建委联合印发《关于加强建筑垃圾管理的通告》，有力地遏制渣土处理的违章行为。

第五节　建筑业

1987年，宿县地区建筑企业仅12家，6441人，建筑业总产值3900万元，全员劳动生产率6055元/人。20世纪90年代平稳发展，到2000年全市建筑企业67家，从业人员38566人，建筑业总产值134748万元，全员劳动生产率34931元/人。到2007年，建筑业企业达到72家、63992人、产值636102万元、劳动生产率108990元/人，总量扩大，技术水平上升，劳动生产率大幅提高。

宿州主要年份建筑业总产值

表3–2–9

年份	企业个数(个)	从业人员(人)	总产值(万元)	利润总额(万元)	全员劳动生产率(元/人)
1987	12	6441	3900	50	6055
1990	12	5592	4236	–43	10226
1995	38	6500	8601	126	13233
2000	67	38566	134748	5939	34931
2005	74	53152	409158	17508	83223
2007	72	63992	636102	29785	108990

一、建筑技术

（一）城市测绘

受地理位置、资源条件的影响，20世纪50年代国家沿京沪、陇海铁路沿线布设的Ⅰ等三角锁（环）测量，在宿州市近万平方公里的区域范围内，测设了吕家、张陈庄等相当数量的高等级三角测量控制网点。60年代，随着矿产勘探、开发以及备战需要，由军队、地矿等部门在宿州北起砀山县、萧县，南到灵璧县、泗县范围内测设的Ⅱ、Ⅲ、Ⅳ等等级三角测量控制网点，高等级水准点，布设全面，分布均衡。在全面布设有等级控制网点基础上，1964年，宿县建设委员会组织实测了城区近10平方公里1/1000地形图，适应旧城改造的需要。70年代，适应城市建设和发展的需要，城建部门在以煤炭系统所做宿南基线网的基础上，按照城市测量规范的技术要求测设宿城首级三角测量控制网（Ⅳ），有大吴家、地下涵、五里庄等，并沿城区主要街道布设了各等级三角及导线控制网点，为城市的规划、建设、管理提供可靠的测绘基础保障。1985年，县级宿州市组织水利测量队实测城区1/2000比例尺地图37平方公里。1989年，由县级市测管处和省测绘局组织安排对宿州建成区20.5平方公里进行1/1000、1/500比例尺地形图航测工作。1995年，由县级宿州市财政安排经费对宿州市区400平方公里面积，进行1/10000比例尺地形图航测。为利用以三S（全球定位系统GPS，地理信息系统GIS，遥测遥感RS）为代表的现代测绘的高精度、高效率等高技术，1998年，市测绘管理处采用先进的GPS测量方法对全市的原有控制网点进行重测，启用与国际接轨的新的地理信息框架系统，保证了宿州市测绘行业紧跟时代的先进性，并为数字宿州的建设奠定基础。启用新的座标系统后，2000年，市测绘设计研究院和省第一测绘院对宿州市区50.5平方公里面积进行了1/1000、1/500比例尺地形图航测。该航测成果成图是宿州市城市规划、建设、管理、城市拆迁和领导决策的重要基础依据。

测绘工作服务于城市建设的全过程。宿州市城市建设项目所需的拨地、放线、定点等测绘服务，城市基础测绘的基础上，一直采用差座标放样的先进方法，及时、精确地为城市规划建设管理实施测绘保障服务。从20世纪90年代起，为保证城市规划确定的城市主干道的建设，建立了城市主干道路中线坐标方程，按坐标放样，极其快速地满足了建设城市，全线开工所需的测绘保障，完成了旧城改造所需的各项测绘任务。主要完成了光彩城大市场、银河绿苑、裕城花园、仁和花园、城隍庙商场、同科城市花园、西关商业步行街、三勘小区等40多处小区建设的大比例尺规划用图的测绘。完成了西北政务新区、东南经济技术开发区、汴河新区、银河公园、雪枫公园、三角洲公园等规划建设征用地的测绘任务。还完成了灵璧县城13平方公里、芦岭矿区36平方公里等多处1/1000地形图测绘任务，以及市政府安排的镇、乡、村规划所需测绘任务。宿州市基础测绘及项目测绘，一直严格执行国家相关的规范和技术标准，工作做的踏实有序，服务及时精确，成绩显著。市测绘设计研究院于2004年顺利通过了ISO 9001：2000国际质量认证体系的认证，成为质量信誉信得过的单位。

（二）建筑设计

20世纪80年代，宿州市共有建筑设计单位8家。其中乙级2家、丙级6家。8家设计单位分别是：宿州市建筑勘察设计院（建筑、装饰、岩土工程勘察乙级）、宿州市规划设计研究院（规划乙级、建筑丙级）、宿州工程设计室（丙级）、03设计室（丙级）、灵璧县建筑设计室（丙级）、泗县建筑设计室（丙级）、砀山县建筑设计室（丙级）、萧县建筑设计室（丙级）。

宿州市建筑勘察设计院为副县级事业单位。院部设一级科室6个，院部建有小型局域网，设计手段先进。1988年以后，主营代表性业绩有宿州市劳动服务公司办公楼、宿州市立医院外科手术楼、宿州市城隍庙文化街、宿州市纺织厂两万锭厂房、宿州市工商银行金融大楼、宿州市建设银行综合楼、宿州市政府行政中心办公大楼、宿州市交警支队122指挥中心大楼、宿州市建委办公大楼、同科城市花园小区、五冶昆泰天鹅湾小区、上河城住宅小区等一批大中型工业、民用建设工程项目。1988年至2008年，完成建筑、规划、岩土工程勘察项目1200余项。获安徽省优秀设计项目20余项，获市级优秀设计项目40余项。随着设计水平的不断提高，业务量年年攀升。2005年，设计总产值为300万元，2007年为400余万元。

宿州市规划设计研究院为副县级事业单位。拥有皖北地区最先进的惠普大型彩色喷绘仪、惠普激光打印机、大型扫描仪及各类电脑40余台。自1999年建院起，完成了市西北政务新区、东南经济技术开发区、汴河新区、汴南片区、道东片区等200余项规划设计任务，完成了市科技文化广场、市政府广场、三角洲公园、开发区道路等150余项市政道路设计任务，完成了怡海花园、磬云花园、东城康居苑、明日新城等300余项建筑工程设计任务。取得了城市规划、风景园林、道路工程、桥梁工程设计乙级、建筑工程丙级资质。2000年，院设计总产值为40余万元，经过十年的发展，2008年，院年设计总产值突破300万元。

宿州工程设计室、03设计室、灵璧县建筑设计室、泗县建筑设计室、砀山县建筑设计室、萧县建筑设计室承担着所在行业及所在县的建筑工程设计任务，随着人才的引进，设计技术力量的不断增强，业务正逐渐向周边地区扩展。

二、建筑工程

随着经济的快速发展，市区建设大量建筑工程、市政基础工程，市区面貌发生了巨大变化。1987年，建筑业总产值3900万元，2007年达到636102万元，20年中增长162倍。

工程质量逐步提高，创优工作不断加强。特别是自1999年撤地建市至2007年年底，宿州市建筑工程获省优“黄山杯”奖、“省级科技示范工程”“省级用户满意工程”“省级安全文明工地”“省级安全文明施工小区”等省级以上奖100余项。

省优“黄山杯”工程情况表

表3-2-10

序号	年度	工程名称	承建单位
1	1998	宿州宾馆	宿县地区建筑公司
2	2000	国家粮食储备库	宿州市建安总公
3	2001	师专图书馆	江苏长安集团
4	2002	财政局办公楼	中建七局
5	2002	埇桥区国家粮库	中煤七十二工程处
6	2003	国税局办公楼	宿州市建安总公司

续表3-2-10

序号	年度	工程名称	承建单位
7	2004	教育综合大楼	南通六建
8	2004	污水处理厂工程	中建四局
9	2005	皖北煤电大楼	中煤七十二工程处
10	2005	工商银行办公楼	核工业二十四公司
11	2005	银河二路	浙江环宇建设集团
12	2006	宿州学院图书馆	宿州市建安总公司
13	2006	金桂佳苑1#楼	宿州市建安总公司
14	2006	雪枫广场入口	宿州市建安总公司
15	2006	汴河西路	浙江环宇建设集团
16	2007	宿州市行政中心工程	浙江环宇建设集团
17	2007	宿州市电信生产调度楼	中国建筑第五工程局
18	2007	宿州市公安局交警支队122信息指挥中心	宿州市建安总公司
19	2007	宿州市凌枫大厦	安徽省皖北建筑工程公司
20	2007	S305宿蒙路宿州出口段改建工程	中国建筑第四工程局第五建筑工程公司
21	2007	宿州市银河三路市政工程	赣榆县市政建筑园林总公司

省级标化工地情况表

表3-2-11

序号	年度	工程名称	承建单位
1	2004	中煤大厦	中煤第三建设集团有限公司
2	2005	宿州学院艺术楼	江苏长安建设集团有限公司
3	2005	汇源新村小区	宿州建工集团有限公司
4	2006	宿州市灵璧县中沛大厦暨龙山庄园1#楼工程	中煤第三建设(集团)有限公司
5	2006	宿州学院图书馆	宿州市建筑安装工程总公司
6	2007	宿州市现代嘉苑工程二期6#、7#、14#楼工程	江苏长安建设(集团)华夏分公司
7	2007	宿州市河畔一号1#、4#、5#、6#楼工程	安徽省皖北建筑工程公司

获得省级“用户满意工程”的项目情况表

表3-2-12

序号	年度	工程名称	承建单位
1	1999	泗县保险公司住宅楼	泗县万厦建安公司
2	2000	宿州师专16#宿舍楼	江苏铜山建筑工程总公司
3	2000	宿州市邮电局1#住宅楼	宿州市第三建筑安装工程公司
4	2001	砀山供电局宿舍楼	砀山县城关第一建筑工程公司
5	2001	省煤田三勘28#楼	宿州市第五建筑安装工程公司
6	2002	宿州监狱17#宿舍楼	宿州市第三建筑安装公司
7	2003	安徽省宿州逸夫师范学校住宅楼	江苏长安建设集团有限公司
8	2004	宿州市汇源新村2期工程12#楼	宿州市第五建筑安装工程公司
9	2004	宿州市埇桥区检察院宿舍楼	宿州市第一建筑安装工程公司
10	2004	宿州市北苑小区B7#楼	安徽省宿州市建筑安装工程总公司
11	2004	宿州市北苑小区B18#楼	宿州市第一建筑安装工程公司
12	2004	灵璧县光明小区4#住宅楼	中煤第三建设(集团)有限责任公司
13	2005	灵璧龙固花园小区北楼	中煤第三建设(集团)有限责任公司
14	2005	宿州农科苑A区5#楼	宿州市第八建筑安装工程有限公司
15	2005	宿州阳光小区3#住宅楼	安徽省宿州市建筑安装工程总公司
16	2005	宿州阳光小区2#住宅楼	安徽省宿州市建筑安装工程总公司
17	2005	宿州人和花园3#楼	江苏长安建设集团有限公司
18	2005	宿州北苑小区C9#楼	中煤第七十二工程处
19	2006	宿州市环宇·银河绿苑15#楼	浙江环宇建设集团有限公司
20	2006	宿州市温馨花园3#楼	浙江勤业建工集团有限公司
21	2006	宿州市怡海花园小区5#楼	浙江万峰建设工程有限公司
22	2006	宿州市怡海花园小区10#楼	浙江万峰建设工程有限公司
23	2006	宿州市环宇·银河绿苑29#楼	浙江环宇建设集团有限公司
24	2006	宿州市北苑小区C区4#楼	宿州市第一建筑安装工程有限公司
25	2006	宿州市裕城花园2#楼	江苏苏润建设集团有限公司
26	2007	宿州市港利锦绣江南8#	连云港市外贸建筑安装有限公司
27	2007	宿州市金桂佳苑2#	宿州市第二建筑公司
28	2007	宿州市环宇·银河绿苑28#	浙江环宇建设集团有限公司

续表3-2-12

序号	年度	工程名称	承建单位
29	2007	宿州市港利锦绣江南9#	连云港市外贸建筑安装有限公司
30	2007	宿州市梅苑小区C#	中煤第七十一工程处
31	2007	泗县登达雅苑7#楼	江苏登达建设集团有限公司
32	2007	灵璧县龙山庄园2#	中煤第三建设(集团)有限责任公司
33	2007	宿州市安置楼4#	安徽省皖北建筑工程公司

三、建筑管理

（一）建筑企业资质管理

1989年，建设部颁发《施工企业资质管理规定》后，宿县地区于1990年完成新资质就位工作。根据该规定，建筑业企业资质分等级和非等级两类，等级企业发给“资质等级证书”，非等级企业发“资质审查证书”。1996年年底，完成第三次新资质就位工作，取消非等级企业的资质管理规定，将建筑业企业分为工程施工总承包企业、施工承包企业和专项分包企业三类。2007年年底，全市企业规模、数量都进一步扩大，资质建筑业企业由2002年的83家增加到121家。2006年，印发《宿州市建设工程劳务管理暂行规定》，按规定要求规范本地劳务市场，并鼓励企业申报劳务资质，发展劳务企业18家。

（二）建设工程招投标管理

建设工程招标投标工作始于1993年。市建设工程招投标办公室以规范招投标行为、提高招投标监管水平为目标，以加强国有资金项目监管为重点，切实抓好资格预审和评标监督两个重点环节，加强对业主、招标代理机构和评标委员会三方的监管，取得了较好成效。在监管工作中转变思维，将有形建筑市场建设的工作重点转移到抓规范、抓管理、抓监督和强化服务上来，狠抓有形建筑市场规范化建设，建立健全内外部监督制约机制；建立各部门联动机制，加强执法检查，对招投标全过程进行跟踪管理；实行场内监督、场外检查，有形建筑市场和施工现场“两场”联动，确保建筑市场健康有序发展。在紧抓规范和服务的同时，制定了新的监管手段和方法，如运用电子开评标系统、计算机随机抽取评委系统、电子监控系统，通过探索和创新，提高了建设工程开、评标活动的效率、公正性和权威性，有效地抑制了不规范行为的发生，取得较好的成效。同时为进一步加强对招投标市场的监管，市招标办还与纪检监察部门密切配合，实行纪检监察部门驻场办公，按照各自的职能从不同角度依法加强对招投标活动的监督管理，严厉打击和有效遏制招投标活动中各种违法违规及腐败行为的发生。据统计，自2001年6月，宿州市建设工程交易中心挂牌后，进场交易工程共348项，投资额为33.75亿元，工程招投标覆盖率2001年为92.6%，2002年为97.8%。2003年后，招投标覆盖率年年达100%，工程招标率和应公开招标率达100%。

（三）建筑市场管理

1986-2002年，市建委、市建管处根据建设部和省建设厅的部署，结合各个时期的特点，在强化建筑市场管理方面重点进行五次整顿并印发了相关管理规定。1986-1987年，开展了整顿建筑市场活动。重点是无证设计、无证施工、越级承担工程任务、内外勾结、上下串通、行贿受贿、出卖营业执照和资质证书、非法转包、偷工减料等不法行为。1989-1992年，开展了整顿建设市场秩序活动。查处违法经营，解决危害改革和社会生活，严重干扰建设市场秩序的行为。1996-1997年，开展了建设工程项目执法检察工作。市政府成立了市建设工程项目执法检察领导小组，执法检察的范围是1995以后竣工和1996年在建及新开工（工程投资总额在50万元以上）的建设工程项目，重点围绕建设工程项目的立项、报建、招标投标、工程质量和竣工验收五个方面，检查存在的严重违法违纪和不正当竞争行为。1998年3月1日，《中华人民共和国建筑法》颁布实施，6月，市政府转发省政府《关于印发<安徽省建筑工程施工许可管理暂行办法>的通知》和《安徽省关于违反建筑市场管理法规处分规定（试行）》。1999年，开展整顿和规范建筑市场活动。2001至2002年，开展了整顿和规范建筑市场秩序工作。将规避招标和在招标投标活动中弄虚作假、勘察、设计、施工单位转包、违法分包和监理单位违法转让监理业务、以及不执行工程建设强制性标准、违反法定建设程序等作为整顿和规范的重点，收到了较好的效果。2005年，印发《宿州市建筑市场不良行为记录和公示暂行办法》，对建筑市场不良行为的记录、公布，作了明确规定。2007年，下发行政审批简化方案，在涉及建管方面的10项审批中，4项取消，1项下放各县区，并将办理时限由15个工作日改为5个工作日。通过对宿州市建筑市场的多次整治和加大依法管理力度，宿州市的建筑市场管理已逐步进入规范化轨道。

（四）建筑安全管理

1999年以前，宿县地区城乡建设环境保护局具体实施建筑安全管理。主要是上传下达宏观调控。具体实施内容仍由各县、区建设局进行。管理主要内容有：监督建筑企业建立安全管理制度、对从业人员开展安全培训、组织开展安全大检查、开展“安全生产月”和劳动竞赛等活动。

1999年，建筑安全管理职能由上传下达转移到具体实施对建筑企业的安全监督管理。建筑业开始推行创建文明工地活动。由宿州市第四建筑安装工程公司施工的宿州市委党校综合楼工程获“省级安全文明工地”称号。1999年5月，市建委印发了《宿州市建筑业安全生产文明施工管理暂行办法》。2000年，印发《宿州市建筑工程文明施工管理办法》。为加强创建工作，市建委印发《关于申报宿州市“市级安全文明工地”的通知》，明确规定创建规模、过程控制、中间验收及申报材料等申报验收程序。通过加强考核，2006年，有7项工程被授予“省级安全文明工地”称号。为加强建筑施工安全管理，2000年1月，市建委印发《关于对全市建设工程实行安全生产文明施工监督管理的通知》，开始对新开工项目实行安全生产文明施工报监制度。2003年3月，市建委转发了省建设厅《关于进一步完善建筑工程施工安全监督管理的通知》，修订安全报监审查的内容，确定安全报监工作由建设单位负责，审查内容增加了安全文明施工有关费用、项目安全机构设立、安全管理制度建立、施工组织设计（方案）编审、特种作业人员持证上岗、意外伤害保险办理等，市施工安全管理工作已纳入制度化考核。

2000年，全市外脚手架就全部采用钢管扣件式脚手架，在全省率先淘汰毛竹脚手架，走在全省前列。2001年，所有施工现场均使用省建设厅推广使用的制式电箱；淘汰现场拆装式塔吊，推广使用龙门架连锁装置等。通过连续多年开展建筑施工安全专项治理，宿州市建筑安全管理工作在全省位居前列，2002年，市建管处被建设部评为“全国安全生产先进集体”。

（五）建设科技

1999年9月，市建委成立科技示范工程领导小组，下设办公室，办公室设在市建管处，负责科技示范工程和新技术的推广应用工作。宿州市工商银行办公楼、宿州师专图书馆、皖北煤电公司办公楼等荣获“省级科技示范工程”称号。全市新型墙体材料的使用率达60%。2003年以后，特别是2005年下半年以后，按照省建设厅和市政府的要求，大力开展建筑节能工作。建筑节能施工图设计率为100%，竣工工程执行节能标准为80%。宿州市第一个执行节能施工的“省级节能示范工程”为明日世纪花园工程，第一个执行公共建筑节能标准的工程为宿州市建设技术中心办公楼。

（六）建设监理

宿州市1996年开始建设监理工作。首家建设监理公司宿县地区建设监理公司成立于1997年12月。首个实行建设监理的工程为安徽省工商银行宿县地区分行办公楼。为规范宿州建设监理工作，提高工程建设监理水平，保证建设工程质量，充分发挥投资效益，2000年7月，市政府出台《宿州市建设工程监理管理办法》。2004年4月，制定《宿州市建设监理行业自律公约》。经过近10年的发展，宿州除砀山县之外，均已成立监理公司。全市有监理企业7家，监理范围包括房屋建筑工程、市政基础设施工程和装饰装修工程等。全市共有全国注册监理工程师资格人员56人，省级监理师25人，省级监理员260多人。2007年，全市监理费合同额1000万元左右。建设监理工作的推行，对提高宿州市的建设工程质量，促进安全文明生产，推进建设节能和建筑科技工作，发挥了重要作用。

（七）建设工程质量管理

1984年，制定并颁布《宿县地区工程质量监督暂行办法》《宿州市建筑工程质量监督条例实施细则（试行）》《预制构件质量监督规定》《监督员工作手册》等一系列制度及地方规定，较为有效地规范了建筑市场，使工程质量监督工作有章可循。1999年，省辖宿州市成立，城市建设发展迅速，建设工程规模迅速扩大，经市政府和市建委批准，相继制定并发布《宿州市建设工程质量管理办法》等法规文件，市质监站在监督工作中认真地贯彻落实，规范了宿州市工程质量管理工作和各方责任主体的质量行为。从建站至2000年，工程质量监督工作主要依靠尺量、锤敲、眼观等简单方法，结合经验判断，对工程实体质量进行监督，与国内、外先进技术相比，监督手段十分落后，且不具备科学性。2002年7月，市质监站按照建设部和省厅要求，根据实际需要和能力，陆续添置了钢筋保护层测定仪、楼板厚度测定仪、激光测距仪、超声波检测仪、混凝土强度回弹仪、经纬仪、水准仪、绝缘电阻检测设备、预制构件结构性能检测设备等各项较为先进的仪器设备，以及摄像机、照像机、望远镜和其他小型检测、检查工具。基本满足建设工程质量监督工作需要，使质量监督工作更加具有权威性、科学性，为确保工程质量和结构安全提供有力保障。

1986–2006年间，宿州市建设工程质量水平不断提高。1986年，工程合格率为35%左右，至2002年，宿州市建设工程质量合格率达100%。工程质量水平从落后状态，提升至全省先进水平。自1986年质监站开展监督工作以来，宿州市建设工程从未发生严重结构质量事故。

2005年3月，宿州市在全省率先推行工程质量保证金管理制度，加强管理部门对建设工程保修期内工程质量缺陷或事故的处理手段，责任单位履行维修义务的自觉性得到了强化，同时也消除了承包单位对工程尾款能否收回的担心。2006年10月，在全市范围实行了住宅工程逐户验收制度，规定在住宅工程组织正式质量验收前，建设、监理、施工单位必须对工程质量实行逐户验收，必须每户均达到合格标准，并将验收资料报监督站备案。

从1995年起，宿州就将抓精品工程创建作为质量监督管理工作的重点，通过以创建省优"黄山杯"、市优"金鸡杯"奖工程为龙头，加大监督检查力度，提高质量要求尺度和标准，有力地推进了宿州市建设工程质量健康发展，工程质量通病亦随之大幅减少。经过多方面的共同努力，创优工作取得丰硕成果。自1998年，宿州宾馆营业楼首获省优工程"黄山杯"奖以后，宿州市每年均有工程获此殊荣。截至2006年，宿州市共有15项工程获"黄山杯"、18项工程获省"用户满意"工程奖，在全省同类地市中名列前茅。

（八）工程造价管理

1995年以前，宿州市工程造价咨询业尚处于初始阶段，主要由审计局及财政局下属的会计事务所、审计事务所从事工程造价咨询。1996年，根据省建设厅安排，对工程造价咨询业进行规范管理。全区申报成立13家工程造价咨询事务所，其中专营1家。2000年，根据建设部第74号令《工程造价咨询单位管理办法》的要求和建设部《关于工程造价咨询机构与政府部门实行脱钩改制的通知》精神，对十三家工程造价咨询事务所脱钩改制工作进行全面布置。1989年，《工程造价简讯》创办，招标投标、预决算、审价提供价格参考依据，内容由原单纯发布建筑安装工程主要材料价格扩展到建筑安装、仿古园林、市政、装饰等工程常用一千多种材料价格。1990年，为便于工程造价专业人员管理，对全区从事工程造价专业技术人员进行培训、考试，对合格人员360余人颁发了《宿县地区概预算员资格证书》。1998年开考全国注册造价师，宿州地区通过7人。2001年，省建设厅批准宿州市六家脱钩咨询单位。随着建筑市场规模不断扩大，从事工程造价人员不断增多，市定额站建立全市造价专业人员档案。实行动态管理，加强业务培训。至2007年，全市有造价师33人，造价员664人。

四、建筑企业

（一）发展概况

1988年，宿县地区只有上等级建筑企业20余家，且施工地点均在本地，很少有外向经营行为。经过多年的发展，2007年，宿州市拥有上等级企业119家，其中一级企业6家（1家房建总承包企业，1家公路工程总承包企业，4家防腐专业企业），二级企业31家，三级企业82家。

（二）企业简介

宿州市建筑安装工程总公司

公司前身为1952年年初成立的宿城营造厂，1953年改为宿县建筑公司。1956年，宿县建筑公司与滁县建筑公司合并归属蚌埠建工局，更名为蚌埠建工局第二工程处。1961年，更名为宿县地区建筑公司。1999年，改为宿州市建筑安装工程总公司，隶属于宿州市建设委员会。为国家房屋建筑工程施工总承包一级企业，经营范围为：土木工程建筑、建筑设计与装潢、路桥施工、工业设备与安装、建材加工与销售等。总公司2007年有从业人员3000余人，工程技术和经营管理人员316人，其中：高级职称的技术人员近20人，注册一级建造师12人。总公司下辖一处、二处、三处、基础公司、设备公司、房地产开发公司、三联装潢公司、建材供销公司、木材加工厂、水泥构件厂、涂料厂和设备租赁站。总公司注册资金5000万元，资产总额1.35亿元，施工用主要机械设备518台（套），总功率23940千瓦，动力装备率3.15千瓦/人。

1988年至2007年期间，公司立足本市，积极向省内外拓展，先后在新疆、北京、大庆、巢湖、淮南、淮北、芜湖等地承接工程。工业建筑方面承建的有吐鲁番七泉湖化工总厂、安徽省轻工化学厂等。连续12年一次检验合格率100%，优良品率在80%以上。由其施工的宿州宾馆、雪枫广场等九项工程荣获安徽省建筑工程质量最高奖“黄山杯”奖，数十个工程获市工程质量奖“金鸡杯”奖。获得省级安全文明工地9个，市级安全文明工地26个。该公司为安徽省建筑业五十强，于2005年4月，通过ISO 9001国际质量体系认证、ISO 4001环境管理体系认证、GTB/T28001职业健康安全管理体系认证，被安徽省列为全省重点扶持优势建筑企业。

安徽省宿州市防腐安装有限公司

公司在一个施工队的基础上经过30多年的发展，成为具有一定规模的防腐蚀一级、化工石油安装二级资质企业。2007年，有员工1512人，有资质的项目经理32人，公司先后在全国29个省、市、自治区的油田、石化、化工、冶金、电力、煤气、供热、造船、制药、军工及机场等大中型企业中施工。还先后受到大庆、华北、新疆、中原等油田，镇海原油储备库等化工、炼油、制药、造船、电厂等几十个单位的表扬和奖励。

宿州市水利水电建筑安装公司

公司始建于1956年，具有水利水电工程施工总承包二级、房屋建筑工程施工总承包三级和预应力工程专业承包三级资质，是沿淮淮北地区治淮骨干施工企业，公司注册资本金7020万元，净资产总额7842万元。2007年，有职工1120人，有职称的工程技术和经济管理人员260人，其中：工程技术人员203人、高级职称20人、中级职称109人。公司成立50多年间，先后在本省及河南、江苏、浙江、山东、上海、河北、湖北等省、市建成了近千项水利水电、市政、路桥、房屋建筑等大中型项目工程。

2002年，公司顺利通过ISO 9001国际质量体系认证。

中煤第七十二工程处

中煤第七十二工程处始建于1957年5月，隶属于中煤能源集团公司，是拥有国家一级资质的房屋建筑工程施工总承包和矿山工程总承包的建筑企业。2007年，有职工1386人，其中各类专业技术人员427人，具有高中级职称人员185人，国家一级注册建造师79人，所辖4个辅助生产单位及20余个施工项目，分别分布在安徽、河南、山东、陕西、甘肃、吉林、内蒙古、云南等省直辖市（矿）区，年完成施工产值逾8亿元，并多次通过了国家质量、环境和职业健康管理体系认证。

50多年间，工程处始终奉行“追求卓越、奉献精品，关爱生命、造福社会”的管理方针，以承建技术含量高、施工难度大、工程结构复杂的煤矿地面建筑工程为主，先后转战祖国大江南北，承担了两淮、国投新集集团、河南永煤集团等煤炭基地的主要建设任务，建成300万吨以上大型选煤厂和矿井30余座，建设污水处理厂、矸石热电厂及各类厂房、储存池、沉淀池等各类附属工程200余项，获煤炭行业“太阳杯”和优质工程奖40余项，其中刘庄煤矿地面建筑工程被评为2007年度“鲁班奖”、2009年“新中国成立60周年百项经典精品工程”，获国家企业新纪录3项。

在立足矿区的同时，工程处积极拓展非煤市场，先后承建商丘市建设银行、工商银行、淮北市行政中心大楼、淮北市中级法院审判大楼、上海东方出版大厦、皖北煤电集团办公大楼、宿州市土地局办公楼、西安中煤能源大厦等一批具有影响力的社会工程，充分展示了工程处在高标准、高等级、公用与民用建筑领域的综合实力。获全国用户满意工程6项，近20个施工现场被评为省级安全文明工地，其中，宿州学院教授住宅楼工程被中国建筑业协会评为“AAA”级安全文明标准化诚信工地。企业获“全国重合同守信用企业”“全国优秀施工企业”“煤炭行业优秀施工企业”“安徽省安全生产先进单位”“安徽省诚信施工单位”“宿州市先进单位”“宿州市优秀施工企业”等荣誉称号。

中煤第三建设（集团）有限责任公司

中煤第三建设（集团）有限责任公司，是一家跨行业、多元经营的大型建筑企业集团。集团始建于20世纪50年代。1974年2月，为开发建设安徽“两淮”煤炭基地，原煤炭工业部从全国抽调煤炭基建队组建“淮北煤矿基本建设局”，1977年，更名为“淮北煤矿建设指挥部”，1985年，更名为“淮北煤矿建设公司”，1993年，煤炭工业部对煤炭基建行业进行调整，命名为“中煤第三建设公司”，1998年8月，划归安徽省管理，2001年，企业进行了公司制改造，变更为“中煤第三建设（集团）有限责任公司”。

2007年，集团下辖全资子公司8个、分公司9个、控股和参股公司2个，资产总额33亿元，从业人员1.4万余人，各类专业技术人员近3000余人，拥有施工设备12600余台套，具有进出口经营权，通过了质量、环境、职业健康安全“三标一体”认证；持有矿山工程施工总承包特级资质和房屋建筑、市政公用、机电安装、公路工程施工总承包资质以及隧道、钢结构、路面养护、铁路、装饰、建材、化工、电力等各类地面工业建筑，公路、铁路、隧道、城市地铁、房屋建筑、市政公用等基础设施建筑，机电设备制作及安装、房地产开发、仓储、农业、商贸服务等。

集团先后参加了20多个省区和蒙古国、土耳其、巴基斯坦等国外的煤矿和金属矿山建设，建成大中型矿井200多对，总设计生产能力超亿吨；建成选煤厂30多座，总设计入洗能力5000多万吨；建成铁路400多公里，公路及高速公路400多公里，输油气管道200多公里；建成各类大中型工业项目100多座及一大批民用建筑工程，不仅为中国的煤炭建设事业和安徽省的经济社会发展做出了巨大贡献，还培育出全国煤炭战线十面红旗之一——“猛虎掘进队”和全国人大代表、特级劳动模范陈登明等一大批先进集体和个人。

集团加大了装备投入，提升科技水平，提高队伍素质，夯实集团发展基础，增强了企业核心竞争力。在装备投入上，集团投入10多亿元资金，购置更新大量施工装备。在井筒施工中，广泛采用了大提升机、大抓岩机、大模板、大吊桶和伞钻深孔爆破等先进凿井技术；在巷道施工中，推广使用了以综掘机、凿岩台车为主的机械化作业线；在地铁和铁路隧道施工中配置了日本小松土压平衡盾构机和瑞典凿岩台车等技术先进的大型施工机械；在公路施工中，购置了国内一流的沥青混凝土摊铺机、沥青混凝土拌合站、双钢轮振动压路机。在科技创新上，围绕制约施工的瓶颈问题，积极组织技术攻关，先后获得国家和省、部级科技成果奖290项次。通过应用新技术、新工艺和新工法，不仅大大加快了施工速度，提高了工程质量，而且攻克了许多罕见的施工技术难题。在队伍建设上，通过招聘、竞聘、返聘、“量体培训”等方式，广揽企业发展需要的各类人才，以导师带徒、自主培训、岗位练兵、技术比武、MBA培训等促进手段，不断提高员工的思想、文化和技术素质。鼓励职工岗位成才，自学成才；坚持把业绩考核作为评价优劣、实施奖惩和调整升降的重要依据，并为各类人才成长提供优良的环境。

通过多年的努力，集团经济规模不断扩大、综合实力不断增强、品牌形象不断提升、职工生活不断改善，企业经济规模和综合实力连续三年在全国煤炭基本建设行业中排名第一位。2007年，集团实现总产值37.08亿元，同比增长40.5%，并实现了连续六年40%以上的增幅。

在取得显著经济效益的同时，集团也获得良好的社会效益。集团获得了“全国五一劳动奖状”“全国守合同重信用单位”“全国优秀施工企业”“全国煤炭行业优秀企业”“全国施工企业设备管理先进单位”“全国设备管理先进单位”“安徽省先进单位”“安徽省诚信施工单位”和“安徽省环境保护优秀施工单位”等荣誉称号，并被工商部门评为“AA级信用企业”，被安徽省银行业协会评为“诚信客户”，获建筑行业的中国工程建设社会信用“AAA”最高等级。

第六节　房地产业

一、住房制度改革

根据《国务院关于印发在全国城镇分期分批推行住房制度改革实施方案的通知》精神，1992年年初，宿县地区行署成立城镇住房制度改革领导小组，下设办公室，在全区范围内开始实施住房制度改革工作。1993年3月，设立地区住房制度改革办公室和地直机关住房制度改革办公室，由临时机构变成正式常设机构。1999年撤地建市后，宿州市住房制度改革办公室和住房公积金管理中心，一个机构、两块牌子，为市政府直属事业单位。2002年11月20日，市政府召开市住房公积金管理委员会成立大会。2003年4月7日，市委常委会议研究决定设立宿州市住房公积金管理中心，加挂市房改办牌子，正县级机构，各县设管理部，埇桥区设办事处。2003年4月16日，市管理中心正式挂牌成立。2006年对县区管理部（办事处）实行“事权上划”，由中心实行法人内部授权管理。

宿县地区的住房制度改革从1988年开始启动，1993年11月10日，正式进入实施阶段。

（一）提租发补贴

房改起步时，公有住房的租金标准调整到每平方米使用面积0.5元；1995年，提高到1.2元；1997年，又提高到2元；1999年，提到3元。租金调整后，对几种对象按规定给予减免。

（二）出售公有住房

公有住房出售的价格分为市场价和标准价。职工购房在规定面积内的，按标准价计，超过规定面积标准以上的部分实行市场价。1998年，开始取消标准价购房，一律实行成本价。1999年1月起，执行成本价每平方米建筑面积640元，可继续享受相关优惠折扣；从2004年11月起，执行每平方建筑面积740元的成本价，取消机关优惠折扣。

（三）建立住房公积金制度

住房公积金是指国家机关、国有企业、城镇集体企业、外商投资企业、城镇私营企业及其他城镇企业、事业单位、民办非企业单位、社会团体及其在职职工缴存的长期住房储金。1994年1月1日，宿县地区正式推行住房公积金制度，职工个人交存的和职工所在单位为职工缴存的公积金都属于个人所有。到2006年度，全市累计归集住房公积金8.3亿元，归集余额5.3亿元，从2002年以后，全市累计向5000名职工发放个人住房公积金贷款2亿元，4万多名职工支取个人住房公积金3亿元，增强职工购房的支付能力，促进房地产事业发展。2007年，全市住房公积金归集24839.45万元，归集余额68077.87万元。当年发放个人住房贷款14083.33万元，贷款余额22491.82万元。

（四）住房分配货币化

从1998年下半年开始，停止住房实物分配，逐步实行住房分配货币化，住房制度改革取得历史性突破。2000年3月，市政府发文规定1998年12月31日，全市停止住房实物分配。停止住房实物分配后，可以对无房户和住房面积未达到标准的职工实行补贴。住房补贴的方式为一次性发放和按月发放。1999年度，每平方米补125元，每年工龄补贴3.84元。1999年1月1日入住的职工，房补按月发放，补贴额为职工本人月工资的9%。住房补贴面积的计算标准为：科以下70平方米；副科75平方米；正科80平方米；副处85平方米；正处90平方米；副厅级100平方米；正厅级110平方米（以上均含对应的技术职称）。

（五）廉租住房保障制度

2005年下半年，市政府组织机关部门开展大规模的最低收入家庭住房情况调查，完成全市1.5万户低保家庭住房情况的调查摸底。全市共有16%的低保家庭住房困难，2006年6月28日，市颁布《宿州市城区最低收入家庭廉租住房保障办法》，自8月1日起实施。2006年11月30日，宿州市举行城区首批廉租住房租赁补贴发放仪式，188户无房户、422人领到廉租住房租赁补贴和廉租住房资格证。2007年，全市累计已实施住房保障家庭1031户，为2314人发放廉租住房租赁补额77.47万元。

（六）经济适用房（安居工程）建设

国务院〔1994〕43号文件规定："各地人民政府要十分重视经济适用房开发建设，加快解决中低收入家庭的住房困难。"1995年，宿县地区各县、市经济适用房建设正式开始启动。1999年第一个安居工程——北苑小区开建。该小区占地20万平方米，建筑面积27.6万平方米，由市房改办安居工程处开发建设。2007年，小区建设正式结束，近百幢高楼拔地而起，近3000户居民在这里实现了安居，约400家商号落户小区门面，一大批人实现再就业。开创了宿州市旧城改造规模化、小区化建设的历史先河。

（七）集资建房

集资建房是指经市、县人民政府批准，住房困难较多、无住房补贴资金的工矿区和困难企业组织符合房改政策的职工，利用单位自用土地进行全额出资建房。集资建房不同于商品房开发，必须按实际建设成本向职工集资，不准有盈利行为，建筑面积控制在80平方米左右，超出部分按商品房价格计算。

（八）清房工作

根据省统一部署，从2004年开始，宿州市用三年时间开展以房改价超标准购买公有住房、集资建房和易地交流干部重复享受房改优惠政策的专项清理工作。到2007年，清理纠正违规购买房改房319户，超标集资建房1919户，重复享受房改优惠政策5户，同城无偿占用公有住房20户。175人退出住房，2128人补交房款，4人退出多领住房补贴，涉及金额549.3万元。

二、房地产开发

（一）房地产开发产业发展概况

房地产开发产业是在宿州市改革开放中产生的新型产业。1988年前，全地区有6家房地产企业，房地产企业规模小，开发产品单一，尚未形成独立的产业门类。1991年3月，成立宿州市城市综合开发领导小组，下设办公室。办公室隶属于宿州市城市基本建设局，负责宿州市区综合开发管理与实施工作。1992年2月，《安徽省建设厅关于加强城市建设房地产综合开发行业管理工作的意见》下发后，市委、市政府确定"全面规划、合理布局、综合开发、配套建设"的方针，积极协调引导各开发企业踊跃参与城市建设、房地产开发，出台《宿州市房地产开发经营管理办法》《宿州市开发项目资本金管理办法》等规范性文件。在行业管理上，实施房地产开发企业准入及清出制度，住宅小区综合验收及验收备案制度，住宅质量保证书和住宅使用说明书制度等，为促进宿州市房地产开发行业的健康有序发展，起到了引导和推动作用。

宿州市房地产业发展主要经历了三个发展阶段。第一阶段，1991年至1998年撤地建市前，主要是以拓宽淮海路、胜利路及改造老环城以内、东关街道等棚户区为重点，以逐步改善市民居住环境为突破口，推进宿州市住宅产业发展。第二阶段，1998年至2002年，主要是以打通“外环路”东西环，改造主干道两侧旧城区，提升宿州市容形象，启动市政务新区建设为重点，落实土地招标、挂牌、拍卖。第三阶段，2003年至2007年，在市委、市政府的高度重视下，改善投资环境，加大外资入市力度，是房地产业规范发展最快的阶段。通过三个阶段的政策引导和市场培育，宿州市房地产开发企业由最初6家发展到125家。至2007年，城市住宅小区建成80个，总建筑面积600万平方米，房地产投资完成60亿元。解决23万居民的住房问题。

（二）房地产市场

1999年后，全市房地产产业加快发展，房地产市场日趋活跃。2000年，市区完成房地产开发投资2.8亿元，竣工商品房30万平方米。到2007年，市区完成房地产投资12.5亿元，竣工商品房105万平方米。8年间，市区累计竣工商品房485万平方米，为4万户居民改善住房，人均住房面积由19平方米提高到28平方米。在房地产快速发展过程中，房地产市场监管进一步强化。建立由市政府分管领导牵头，房管、土地、规划、物价、工商等部门参加的房地产调控联席会议制度。在全市实施商品房预售合同网上备案制度，实现预售许可网上申请、房源网上公开、签订合同网上备案、交易信息网上公示，定期发布房地产市场运行月报、周报，提高市场信息透明度。市房地产管理局联合相关部门开展经常性市场巡查，定期开展房地产市场秩序专项整治活动，发现违规行为严肃查处，维护市场秩序，促进房地产市场健康有序发展。到2007年，市区房地产交易总额达41亿元，其中新建商品房交易面积67.8万平方米，交易额16亿元，二手房交易面积52.3万平方米，交易额13亿元，房屋抵押面积107.3万平方米，抵押额11.7亿元。

（三）房地产开发企业资质管理

1992年年底，以开发企业资质审查工作为重点，规范了开发企业资质管理工作，使宿州市的房地产开发初步纳入管理范畴。2002年至2007年，宿州市城市建设发展提速，房地产开发也逐步形成支柱产业。2002年12月5日，经市委、市政府批准，市城市综合开发管理办公室设立，在市建委的领导下，开展对全市房地产开发企业实施资质管理。市开发办严格按照国家、省、市管理规定，以年度考核为手段，实施企业动态管理，为提高开发企业的整体素质，规范房地产开发秩序，作出了积极的努力。至2007年，全市房地产企业从1992年的6家增加到125家。

宿州市房地产开发企业资质一览表

表3-2-13

序号	企业名称	资质等级	企业地址
1	宿州市惠丰房地产有限责任公司	贰级	宿州市汴河西路159号
2	宿州电力明丽房地产开发有限公司	贰级	宿州市汴河路752号
3	安徽省皖北煤电恒馨房地产开发公司	贰级	宿州市西昌南路西侧
4	中煤三建集团安徽安厦房地产有限公司	贰级	宿州市淮河西路188号
5	安徽省万厦房地产开发有限公司	贰级	宿州市泗县国防路79号
6	宿州市鸿业房地产开发有限责任公司	叁级	宿州市淮河中路
7	宿州市房屋修建开发公司	叁级	宿州市东风商场二楼
8	安徽省宿州第一国际经济技术合作公司	叁级	宿州市汴河西路607号
9	宿州市东方房地产开发有限公司	叁级	宿州市汴河路492-6号
10	安徽省房地产开发公司宿州市公司	叁级	宿州市南苑小区综合楼
11	宿州市恒丰房地产开发有限公司	叁级	宿州市汴河路恒丰大厦
12	宿州市安居工程开发处	叁级	宿州市顺河路26号
13	安徽东武房地产开发有限公司	叁级	宿州市宿怀路花园大厦
14	宿州市宏大房地产开发有限公司	叁级	宿州市丰收路39号
15	宿州市房地产开发公司	叁级	宿州市东昌路12号
16	宿州市祥居房屋开发建设有限公司	叁级	宿州市怀远路274号
17	宿州市城市建设综合开发有限责任公司	叁级	宿州市胜利路667号
18	宿州市城乡建设房地产开发公司	叁级	宿州市东昌路2号
19	宿州市埇桥区城市建设综合开发公司	叁级	宿州市东昌路2号
20	宿州市美利特房地产开发有限公司	叁级	宿州市汴河路437号
21	宿州市华丰房地产开发有限公司	叁级	宿州市淮海北路125号
22	宿州市大地房地产开发有限公司	叁级	宿州市宿怀路16号
23	宿州市经济适用房发展中心	叁级	宿州市胜利路451号
24	宿州市淮光房地产开发公司	叁级	宿州市环城路东环新村
25	宿州市振兴房地产开发有限责任公司	叁级	宿州市西关秦巷口
26	安徽奔达时房地产开发有限公司	叁级	宿州市顺河路
27	宿州市平安房地产开发有限责任公司	叁级	宿州市环城南路

续表3-2-13

序号	企业名称	资质等级	企业地址
28	安徽宏利房地产开发有限公司	叁级	宿州西昌路乐天苑酒店
29	宿州市金皖房地产开发有限公司	叁级	宿州市东仙桥市场
30	宿州城市建设工程有限责任公司	叁级	宿州市银河一路
31	宿州市凌枫房地产开发有限公司	叁级	宿州市怀远路火车站南
32	安徽骏达房地产开发有限公司	叁级	宿州市汴河路492号
33	宿州市馨苑房地产开发有限责任公司	叁级	宿州市皖北煤电集团小区
34	宿州市春风房地产开发有限公司	叁级	宿州市淮河西路188号
35	宿州市百人和房地产开发有限公司	叁级	宿州市西昌南路
36	宿州市龙胜房地产开发有限公司	暂定	宿州市顺河路龙德苑小区
37	安徽金裕房地产开发有限公司	暂定	宿州市委党校院内
38	宿州生生置业有限公司	暂定	宿州市淮河中路182号
39	宿州市环宇房地产开发有限公司	暂定	宿州市胜利路417号
40	安徽裕城房地产开发有限公司	暂定	宿州市恒丰大厦9楼
41	宿州市天宇房地产开发有限公司	暂定	宿州市三八路中段
42	宿州市博大房地产开发有限公司	叁级	宿州市浍水路121号
43	宿州市华原房地产开发有限公司	暂定	宿州市汴河西路30号
44	宿州市勤业建设开发有限公司	暂定	宿州市委党校院内
45	宿州银厦房地产开发有限公司	暂定	宿州市汴河路建行东侧
46	宿州市京华房地产开发有限公司	暂定	宿州市汴河路武夷商城
47	安徽省沪丰实业投资有限公司	暂定	宿州市金海大道8号
48	安徽港利房地产开发有限公司	暂定	宿州市银河二路
49	宿州东都房地产开发有限公司	暂定	宿州市淮河路北侧
50	宿州群生房地产开发有限公司	暂定	宿州市宿怀路138号
51	安徽宿州强生房地产开发有限公司	暂定	宿州市淮河西路
52	宿州市鑫厦房地产开发有限责任公司	暂定	宿州市汴河西路113号
53	宿州市天工房地产开发有限公司	暂定	宿州市浍水路246号
54	宿州德全房地产开发有限公司	暂定	宿州市胜利中路军供站
55	安徽裕丰置业有限公司	暂定	宿州市浍水路271号

续表3–2–13

序号	企业名称	资质等级	企业地址
56	宿州市柏华置业有限公司	暂定	宿州市汴河东路140号
57	宿州市莲都房地产开发有限公司	暂定	宿州市淮河中路108号
58	安徽省博文置业有限公司	暂定	宿州市淮河中路352号
59	宿州银杏房地产开发有限公司	暂定	宿州市胜利西路
60	安徽省宿州市信诚房地产开发有限公司	暂定	宿州市淮海路782号
61	宿州中天置业投资有限公司	暂定	宿州市开发区金海大道
62	宿州市南方置业投资开发有限公司	叁级	宿州市开发区金海大道
63	宿州闽润房地产开发有限公司	暂定	宿州市金海大道8号
64	安徽省宿州市富茂特房地产开发公司	暂定	宿州市宿怀路113号
65	宿州市天衢房地产开发有限责任公司	暂定	宿州市浍水路培新巷71号
66	宿州市恒厦房地产开发有限公司	叁级	宿州市经济开发区
67	安徽同科置业有限责任公司	暂定	宿州市恒丰大厦10楼
68	安徽省圣玛房地产开发有限公司	暂定	宿州市淮河中路6号
69	宿州市华峰房地产开发有限责任公司	暂定	宿州市金茂商城1号楼
70	宿州纵横置业有限公司	暂定	宿州市武夷商城
71	宿州明日房地产开发有限公司	暂定	宿州市胜利路118号
72	宿州市鑫宇置业有限公司	暂定	宿州市金湖大道8号
73	宿州市源源房地产开发有限公司	暂定	宿州市宿怀路99号
74	宿州市博洋置业有限公司	暂定	宿州市纺织路54号
75	宿州市新都房地产有限公司	暂定	宿州市顺河路砚窝池巷
76	安徽宿州华厦房地产开发有限公司	暂定	宿州市汴河路378号
77	宿州市林泉房地产有限公司	暂定	宿州市南苑小区16号
78	宿州国信房地产开发有限公司	暂定	宿州市汴河路290号
79	安徽万融房地产开发有限公司	暂定	宿州市淮海中路778号
80	安徽泓信房地产开发有限公司	暂定	宿州市恒丰大厦10楼
81	安徽天蕴房地产开发有限公司	暂定	宿州市宿怀路西侧
82	宿州市中盛房地产有限公司	暂定	宿州市胜利路明丽大厦
83	安徽省宿州市新世纪置业有限公司	暂定	宿州市胜利西路58号

续表3-2-13

序号	企业名称	资质等级	企业地址
84	宿州市中升房地产有限公司	暂定	宿州市胜利路明丽大厦
85	五冶坤泰(宿州)置业有限公司	暂定	宿州市北苑小区A区
86	泗县安泰房地产开发有限公司	叁级	房改办2楼
87	泗县房管房地产综合开发公司	肆级	泗县国防路43号
88	泗县房地产开发公司	叁级	泗城镇环城西路9号
89	安徽省泗县东港实业有限公司	肆级	泗县泗州宾馆
90	泗县环球房地产开发有限公司	暂定	泗县汴河路58号
91	安徽银亿置业有限公司	暂定	泗县汴河路42号
92	安徽省泗县顺泰房地产开发有限公司	暂定	泗县塑料厂
93	安徽省泗县金源房地产开发有限公司	暂定	泗城环城南路26号
94	泗县经济开发区永安房地产开发公司	暂定	泗县开发区管理委员会
95	泗县中都房地产开发有限公司	暂定	泗县环城西路9号
96	宿州市泗县新厦房地产开发有限公司	暂定	泗县环城路生资宿舍楼
97	灵璧县舒康房地产开发有限责任公司	肆级	灵城解放街27号
98	灵璧县城建房地产开发有限责任公司	肆级	灵城西关街
100	安徽朝阳房地产开发有限公司	叁级	灵城凤河中路
101	安徽省中沛房地产开发有限责任公司	叁级	灵璧县光明小区
102	灵璧县中楠房地产开发有限责任公司	暂定	灵璧县劳动局宿舍
103	宿州市梨园房地产开发有限责任公司	暂定	灵城西关停车场
104	安徽远发房地产开发有限责任公司	暂定	灵城龙山中路1号
105	灵璧庄氏房地产有限公司	暂定	灵璧县
106	灵璧县南都置业有限公司	暂定	灵璧县太平南街19-6号
107	萧县房地产开发公司	叁级	萧县龙城镇交通路东段
108	萧县城镇房地产开发公司	肆级	萧县龙城镇民治街18号
109	萧县津龙房地产开发有限公司	暂定	萧县龙城镇健康路
110	砀山县经济适用房开发公司	叁级	砀城中原路意发小区
111	砀山县城镇房地产开发公司	叁级	砀城芒砀南路93-1号
112	砀山县房地产开发公司	叁级	砀城振兴路南
113	砀山县城关房地产开发公司	叁级	砀城红山路18号
114	安徽省砀山县城镇建设综合开发公司	叁级	砀城民主东街17号

续表3-2-13

序号	企业名称	资质等级	企业地址
115	安徽元亨房地产开发有限公司	叁级	砀城人民路元亨大厦
116	安徽元通房地产开发有限公司	叁级	砀城人民路元亨大厦
117	安徽省砀山嘉华置业有限公司	暂定	砀山县隆昌大厦三楼
118	安徽省东通置业有限公司	暂定	砀城原烟厂宿舍楼
119	安徽省砀山政合房地产开发有限公司	暂定	砀山县邮政局办公楼
120	砀山县汇洋房地产开发有限公司	暂定	砀山县砀城镇
121	砀山中恒置业发展有限公司	暂定	砀山县隆昌大厦四楼
122	砀山神龙置业有限公司	暂定	砀城人民中路10号
123	砀山县丽都房地产开发有限公司	暂定	砀城人民中路32号
124	友联置业(砀山)有限公司	暂定	砀城红山路红山宾馆
125	砀山县诚信投资有限公司	暂定	砀城健康路中段

（四）房地产开发建设管理

1988年至1992年，房地产开发企业开发商品房，必须在国家计划指导下从事房地产开发建设经营活动。商品房计划作为固定资产投资计划一部分，分成商品房生产和销售计划，以销定产，在不同程度上制约了房地产业的发展。1992年11月，国务院《关于房地产业若干问题的通知》下发后，放开了房地产市场，鼓励以多种形式推进城镇房地产综合开发。1993-1998年，市委、市政府号召大力推动宿州市旧城改造和新区建设并举，激活了房地产开发市场，并制定一系列的优惠政策，加大对外开放和招商引资力度。以宿州市综合开发公司为主体的淮海路改造拉开了城市旧区改造的序幕。随后中山街、东关大街的改造相继开始，先后建成百惠园小区、花园小区、中山街商住区、城隍庙商城、八一路住宅区、西仙桥、东仙桥、南苑小区等商住区，兴建华夏商场、人行、工行、农行、邮电、广电等一批大型办公、商业性建筑。施工总面积达210万平方米，拆迁旧房95万平方米，完成投资17.3亿元，初步实现旧区改造和新区建设的同步发展。

1999年撤地建市后，市政府为规范房地产开发市场行为，成立市城市综合开发管理办公室，制定出台《宿州市城市房地产开发经营管理办法》，调整宿州市新的城市开发规划，规范房地产开发土地市场行为，实施旧城区改造、政务新区、经济开发区建设三区联动和“两集中一疏散”的建设方针。市建委制定《宿州市房地产开发项目资本金制度实施办法》《宿州市住宅小区综合验收管理办法》等规范性文件，加强房地产开发市场的管理，创造了公平、公正、公开的房地产开发市场环境。其中美庐花园、锦绣江南、现代嘉苑、裕城花园、明日世纪花园、北苑小区、同科城市花园、金鼎花园、众德祥福园、南方国际花园、东方明珠等一批质量优、品位高、别具特色的住宅小区逐步交付使用。新都市华庭、河畔一号、瑞隆城市花园、奥林匹克花园、西关商业街、城隍庙商城、华电小区、尚街、怡心苑、天鹅湾、绿洲嘉园等一批高规格的商住小区正在加紧建设之中。

（五）城市房屋拆迁管理

城市房屋拆迁管理工作起步于20世纪90年代初，随着经济与城市建设的不断发展，房屋拆迁管理工作历经初创、发展和整顿规范三个阶段后，拆迁管理工作日趋成熟。在政策引导上，1991年，国务院颁布《城市房屋拆迁管理条例》后，市政府于1993年下发《宿州市房屋拆迁管理实施办法》。2003年3月1日，宿州市根据国务院305号令《城市房屋拆迁管理条例》、安徽省153号令《安徽省城市房屋拆迁管理办法》，发布宿州市人民政府1号令《宿州市城市房屋拆迁管理办法》，并制定配套实施的《宿州市城市房屋拆迁货币补偿基准价格及相关修正系数》《宿州市城市房屋拆迁补助、补偿标准》等规范性文件；在制度建设上，先后实行拆迁、拆除资质管理市场准入制度、年检制度、人员培训上岗制度、行政许可、行政裁决、强制拆迁听证制度等，内部管理上也形成一系列较完整的规章制度；在行业管理上，宿州市在全省率先实行拆迁实施单位的脱钩改制，2000年4月7日市建委发布《关于对宿州市房屋拆迁资格单位审核整顿的公告》，要求拆迁事务所脱离原主管单位，转变为人、财、物独立的中介服务机构。2007年，全行业从业人员达200余人，拆迁队伍11家。

1992-1998年，市拆迁办共核发房屋拆迁许可证125件，拆迁房屋面积45.7万平方米，主要工程有宿县地区新华书店综合楼、魁星阁商住综合小区、东风商城、北苑小区、东关大街、中山街改造、淮海北路改造等。1999-2007年，市拆迁办共核发房屋拆迁许可证157件，拆迁房屋面积165.8万平方米，涉及居民1.5万余户，主要工程有城隍庙商城、香港玉生步行街、恒丰大厦、龙德苑、武夷商业城、污水处理厂、金茂商城、滨河路拓宽改造、外环路、环城河治理、电信大楼、南环小区、北关新城、两淮同科城市花园、两淮同科城市广场、市博物馆、国际广场、雪枫广场、平安商厦等。1999年，撤地建市后是宿州市大建设、大发展的阶段，市政府不断加大市政道路建设、招商引资及旧城改造力度，拆迁任务较为繁重，市拆迁办累计受理行政裁决案件1067件，实施强制拆迁29件，保证了各项建设工程顺利进行，有力地推动了宿州市的城市发展。

三、物业管理

20世纪80年代初期到90年代初期，宿州市的物业管理几乎是一片空白，由于居民住房基本为单位福利房和公房租赁房，物业管理方式为：单位福利房有单位自己管理；公房租赁房一部分由房管局维修并收取廉价租金，另一部分由居民自主维修，不收取资金。1996年，随着房屋制度改革的深入进行，房屋渐渐转入居民个人手中，物业管理提上日程，宿州市房管局1996年5月8日，成立“宿州市物业管理公司”，是宿州市第一家正式意义上的物业管理公司，宿州市物业管理开始进入发展阶段。

物业管理从无到有，到2007年，物业服务企业发展到50余家，其中市区41家。市区物业管理小区70多个，物业管理面积近500万平方米。新建3万平方米以上住宅小区物业管理覆盖率达100%，物业管理服务水平不断改进。

第三章　环境保护

第一节　管理机构

一、宿州市环境保护机构

宿州市环境保护局的前身是宿县地区行政公署环境保护办公室，局级机构，事业编制。1980年年初组建，由城建局代管。环保工作正式启动。1980年年底，成立环保监测站，定为事业编制。

1983年12月与城建局合并，成立宿县地区城乡建设环境保护局，内设环保科，工作人员从1980年年初的4人增加到13人，再扩大到18人。

1993年行署城乡建设环境保护局下设宿县地区环境监理所，负责指导各县（市）的环保工作，但不承担具体的环境监理工作。

二、宿州市环境保护机构的发展

1995年9月成立宿县地区环境保护局，行政编制10名，其中局长1名，副局长2名，科级领导职数3名。内设办公室、污染控制科、计划财务科和环境监测站、环境监理所等。

1997年至2000年，宿州市环保系统不断地充实和加强力量，先后成立市环境科学研究所、市环保产业中心，为市环保局下属单位，管理机构不断调整，管理力量逐年增强。

2002年宿州市环保局内设办公室、污染控制科、规划监督管理科、自然生态保护科。行政编制11名，其中局长1名，副局长2名，纪检组长1名，总工程师1名，科级领导职数4名。

至2007年，全市环保系统职工79人。

三、环境保护科学学会

宿州市环境科学学会于2001年8月20日成立，学会是由环境科技工作者、环境管理人员和环保科技实业家自愿组织起来的学术性非营利社会组织，先后多次组织学术交流，组织开展环境科学技术研究。其中市环科所承担的《电解催化氧化降解废水中染料新技术的研究》和《经济实用型麦草制浆污水处理工艺》课题，均获市级科技成果奖。

第二节　环境管理

一、环境规划

1.宿州市环境保护“九五”计划。1996年6月，环保局提出环境保护“九五”规划和2010年远景目标，规划以污染防治为重点，以城市环境综合整治为中心，以改善宿州辖区环境质量为目标，以关停“十五”小企业为突破口，强化监督管理，推行两个制度（污染物排放总量控制制度、排污许可证制度）建设，实行一个工程（碧水蓝天工程）建设，使环境污染和生态破坏加剧的趋势得到基本控制，城市的环境质量有所改善。

“九五”期末，宿州辖区环境恶化的趋势基本得到控制；污染物排放总量控制目标全面完成；工业污染源达标排放任务基本完成；重点区域环境质量明显改善；城市环境综合整治初见成效；生态保护的建设取得进展；取缔、关停130多家“十五”小企业；2001年年底，工业废水、废气和固体废物达标率分别达到90.3%、88.2%和96.5%。宿州市污水处理厂和燃气工程等城市环保基础设施开工建设。实施农村安全饮水工程，在奎河沿岸等重污染地区打深井63眼，基本解决20多万人的饮水和部分灌溉养殖用水的困难；砀山生态示范区通过国家环保总局验收命名，全市有6个行政村获全省百佳生态村称号。“九五”目标任务全面完成。

2.宿州市环境保护“十五”计划。2002年6月11日，宿州市政府制定并下发宿州市环境保护“十五”规划，以经济建设为中心，坚持可持续发展战略，以改善环境质量、维护生态平衡、保护人民群众健康为目标，依靠经济增长方式转变和科技进步，大力加强污染控制和生态保护力度，依法保护环境，全面促进社会、经济和环境的协调发展。

“十五”期末，工业及生活污水排放量为6295万吨，比2000年的6924万吨减少529万吨；化学需氧量（COD）排放量为0.96万吨，比2000年的1.63万吨减少0.67万吨；万元产值排放量为62吨，比2000年的98吨减少36吨；工业废水处理回用率为88%，比2000年的72%提高16个百分点。“十五”期末，大气中主要污染物二氧化硫为0.5万吨；烟尘为0.96万吨，比2000年的1.03万吨减少0.07万吨；工业粉尘0.37万吨，比2000年的0.4万吨减少0.03万吨。“十五”期末，工业固体废物排放量为零，处置量50万吨，处置量比2000年的80万吨，减少30万吨；综合利用量50万吨，比2000年的20万吨增加30万吨；粉煤灰的综合利用率达到85%以上。宿州市和各县城环境空气、地面水环境质量分别稳定达到二级四类环境质量标准，噪声质量全部按功能区达标。全市森林覆盖率达25%以上，国家和省级生态示范区面积达到3000平方公里，自然保护区面积占全市总面积的6%以上。

3.宿州市环境保护“十一五”规划。2006年，宿州市政府制定并下发了宿州市环境保护“十一五”规划。

“十一五”期末，省政府和市政府所签定的总量控制目标为，化学需氧量入河量为8570吨，氨氮为3400吨。化学需氧量、氨氮按照总量控制要求进行削减；通过城市污水处理厂的建设和运转、清洁生产、污染源的进一步削减等措施，到2010年全市化学需氧量排放量控制在13536吨，氨氮排放量控制在4695吨。

4.水环境功能区划。2002年10月，根据宿州市政府确定的辖区内各河流水环境功能区划规定和南水北调东线工程入河水质要求，宿州市划分水环境功能区划，新汴河全程、奎濉河泗县段执行地面水三级标准，奎濉河其他河段、浍河、沱河、新濉河、石梁河执行地面水四级标准；各县城主要纳污河道执行地面水五级标准。

重点防治污染的河流为：新汴河、濉河、沱河、石梁河、浍河；重点污染控制区域为：宿州市城区、宿州市埇桥区中南部、灵璧县城、泗县县城和南部乡镇；敏感控制区域为：奎濉河沿岸、灵璧县、泗县。

5.宿州市饮用水水源保护规划。为保护宿州地下饮用水水源环境，保障人民身体健康，有效利用水资源，缓解供水需求矛盾，2000年，由政府组织，市环保局牵头编制《宿州市饮用水水源保护规划》，划定生活饮用水地下水源环境保护区（以取水井为中心，半径30米内为一级保护区、半径30米外有明显水位降落漏斗区60米范围内为二级保护区）。

二、排污收费

排污收费制度是中国环保法律规定的一项重要制度，自国务院1982年发布《征收排污费暂行办法》和1988年发布《污染源治理专项基金有偿使用暂行办法》开始，宿州市即开展排污收费工作，对控制和治理环境污染发挥积极作用，1993年宿州市排污费130万元，1995年244万元，1997年338万元，1998年达到477万元。5年间增长3.6倍，五年间收排污费1589万元，平均增长率为53%，每年平均递增69万元。征收面从重点工业企业发展到乡镇企业，从饮食服务业到施工噪声，开征率达到95%。

2004-2007年宿州市重点污染企业的排污费收费情况表

表3-3-1

年度	2004	2005	2006	2007
收费额(万元)	157.65	305.65	325.9	389.084

三、环境影响评价制度

宿州市“环境影响评价”执行情况表

表3-3-2

年度	1998	2001	2002	2003	2004	2005	2006	2007
项目总数	11	35	39	48	77	58	80	120
环评执行率(%)	—	80	82	91.6	92.2	94.8	96.2	97.3

四、排污申报和许可证制度

排污申报登记是一项独立的环境行政管理制度，是环境现状管理和实施定量目标管理和总量控制及排污许可证制度的基础，宿县地区环保局于1996年9月30日起，历时7个月对辖区范围内的企事业单位按有关规定要求，开展第一次全区排污申报登记工作，以后每年进行变更申报。至2007年，全市企业705家完成申报任务排污申报。

2000–2007年宿州市污染企业排污申报情况表

表3-3-3

年份	2000	2001	2002	2003	2004	2005	2006	2007
申报数（家）	265	360	466	557	580	686	698	705

第三节 环境治理

随着乡镇企业和工业的快速发展，环境问题日见突出，治理污染、保护环境成为政府的愿望和群众的呼声。宿州市2000年以前主要的污染源治理，多是单一的初级环境治理，企业更多的是通过技术改造和综合利用来防止污染。2000年以后，宿州市污染防治进入新的阶段。由重点污染行业治理发展到了区域环境综合整治，实行了限期治理，使污染治理带有强制性。

2007年3月，宿州市委、市人民政府出台《关于落实科学发展观加强环境保护的意见》，提出：一、加强饮用水源保护，确保饮水安全；二、加强流域、区域治理，深化工业污染防治；三、加快基础设施建设，加强城市环境保护；四、控制农业方面化肥、农药使用中对空气、水源等环境的污染，强化农村生态环境保护；五、大力发展循环经济，加快推进生态市建设；六、完善环境监测预警机制，确保环境安全。同时建立健全环境保护的长效监管机制，统筹区域经济与环境协调发展；加大环保投入力度；建立污染治理市场化运营机制；完善环境管理体制；强化环境执法力度；完善环境保护协调机制。意见的出台对于推动宿州市经济社会全面协调可持续发展，加快构建宿州市生态文明的新机制，具有重大意义。

一、工业污染治理

1.关停“十五小”。关停“十五小”是淮河规划削减化学需氧量入河量的措施，从1995年到1997年年底，宿县地区共关停116家“十五小”企业，5000吨以下的小造纸厂109家，小制革3家，小电镀4家，其中萧县80家，灵璧县18家，埇桥区8家，泗县6家，砀山县4家。通过关停“十五小”，减少草浆生产能力近30万吨，减少废水排放200万吨，减少化学需氧量排放2万多吨。1997年后，加大明察暗访力度，至2007年，全市关停“十五小”企业。

2.限期治理，一控双达标。宿县地区行署于1998年6月对19家水泥企业下达限期治理的决定。

1997年按照国务院治理三河、三湖的统一部署，宿县地区作为淮河流域的重要组成部分，日排废水100吨以上的重点污染源有58家被列入省控限期治理名单。经过限期治理，工业企业废水达标排放削减化学需氧量1.28万吨，减少污水排放量1078万吨，前两个阶段削减的化学需氧量量占1995年化学需氧量排放量的44%。

1997–2000年，在经济状况十分困难的情况下，宿州市58家日排废水100吨以上的化工、酿造、制革、造纸、印染等工业企业，通过企业自筹、政府拨款、银行信贷、引进外资等方式，多方筹措资金计3.63亿元，进行污染治理，其中48家通过达标排放验收。

2000年年底，宿州市开展“一控双达标”工作（控制污染排放，二氧化硫、化学需氧量排放达标），被列入全省限期达标排放名录的所有工业企业308家中，170家治理达标，136家被依法关停，列入省调度的65家重点企业中，完成治理任务53家，关停11家，工业企业达标率99.4%，重点企业达标率98.46%，全市共投入治理资金24399万元，完成“一控双达标”目标任务。

3.环保专项行动。自2003年开始，市委、市政府按环保总局、国家发改委、监察部、工商总局、司法部、安全监管总局、电监会的要求，成立以分管副市长为组长的专项行动领导小组，连续5年深入开展专项行动，目的是解决一批影响群众健康的突出环境污染问题，推动污染治理和环境质量的改善，促进产业结构调整和经济发展方式的转变，专项行动作为每年6–9月份环保工作重点，重点对达标的工业企业，查治污设施是否正常运转，污染物排放是否达标，有没有偷排偷放；对未完成达标的企业，查是否真正停产。2004年，宿州市重点行业专项检查共查处违法企业29家，其中依法关停取缔24家，停产整顿、治理4家，补办环保手续1家。2005年专项行动取缔24家炼焦企业；取缔22家小炼铜、小炼钢、小炼铁。关闭小矿山51家，取缔小炼油2家，小油膏1家，拆除5000吨以下酒精生产线1条。

2006年，开展整治“城区小锅炉改造”“城区交通噪音”专项行动；对造纸行业进行分流整治，全市造纸行业16家进行工艺改造，10家关闭。2007年，对重点行业，饮用水源保护区和工业园区进行督促检查，8家造纸企业实行市级挂牌督办，其中关闭5家，2家超标企业受到处罚。

二、环境统计

全国自1983年开展环境统计工作，在综合反映环境状况、服务环境管理和科学决策方面起到了基础性作用，20世纪80年代初建立的环境统计综合年报指标体系主要是对县及县以上工业“三废”排放及其治理情况进行统计。

2001–2007年宿州市主要污染指标环境统计表

表3–3–4

项目全部	2001年	2002年	2003年	2004年	2005年	2006年	2007年
一、废水	–	–	–	–	–	–	–
1.废水排放总量（万吨）	4400	4511	4707	5865	4598.11	3328.33	5576.44
其中:工业废水（万吨）	1400	1411	1395	1251	1375.11	1017.74	1692.84
城镇生活污水（万吨）	3000	3100	3312	4614	3223	2310.59	3883.6
2.COD（化学需氧量）排放总量（吨）	15400	15500	16333	20880	11536.9	11566.49	11355.34
其中:工业COD（吨）	2500	2500	2339	2280	2060.7	2144.39	2533.29

续表3-3-4

项目全部	2001年	2002年	2003年	2004年	2005年	2006年	2007年
城镇生活COD（吨）	12900	13000	14000	18600	9476.2	9422.1	8822.05
3.氨氮排放总量（吨）	–	–	–	–	–	2734.03	2812.09
其中:工业氨氮（万吨）	–	–	–	–	–	1032.27	1071.09
城镇生活氨氮（万吨）	–	–	–	–	–	1701.76	1741
4.工业废水排放达标率（%）	95	95	98	96.8	83.9	84.9	86.1
5.城镇生活污水处理率（%）	16.6	21.2	24.7	35.7	40.2	45.3	50.2
二、废气	–	–	–	–	–	–	–
1.二氧化硫排放总量（吨）	5100	4281	4279	9518	9511.3	15988.86	17433.54
其中：工业二氧化硫排放量（吨）	2600	2214	2224	7503	7446.3	11158.86	13603.54
生活二氧化硫排放量（吨）	2500	2077	2055	2015	2065	4830	3830
2.烟尘排放总量（吨）	7910	7668	7069	10379	10732.44	11503.08	12863.12
其中：工业烟尘排放量（吨）	6210	6018	5549	8929	9215.44	9600.08	10863.12
生活烟尘排放量（万吨）	1700	1650	1520	1450	1517	1903	2000
3.工业粉尘排放总量（万吨）	3500	3423	3230	3500	3470	4191.44	4733.54
三、工业固体废物	–	–	–	–	–	–	–
1.产生量（万吨）	90	93	93	138	143.8	159.56	155.34
2.综合利用量（万吨）	90	93	93	138	143.8	159.56	155.34
3.综合利用率（%）	100	100	100	100	100	100	100
4.排放量（万吨）	0	0	0	0	0	0	0

三、城市环境综合整治

宿州市是奎濉河污染受害最为严重的地区。20世纪70年代，不仅河流丧失正常使用功能，沿岸地下水也受到污染，人民群众生产、生活和身体健康受到危害。1995年开始，宿县行署环保局通过环保渠道争取改水工程补助资金，累计投入资金3215万元，打深井93眼，建成村镇水厂65家，为26.7万人生活及部分农田灌溉和养殖提供优质水源，解决部分群众的饮水问题。

奎濉河拓宽清淤工程于1999年开始施工，完成泗县段和灵璧段大部分。萧县龙河、宿州市埇桥区三八河均进行清淤。

1999年，宿州市环保局、宿州市公安局联合发布《关于在市区主要路段禁止机动车使用声响装置的通告》，规定市区胜利路、汴河路、淮海路、宿怀路等主要路段实行24小时禁止机动车鸣笛；非执行任务的警车，消防车、救护车等禁止使用警报器，从事商业广告宣传车，禁止使用扩音从事商业和宣传活动。自10月25日起正式施行。

2000年，宿州市政府发布《宿州市人民政府关于城市规划区内锅炉烟尘实现达标排放的通告》，规定锅炉烟尘达标区为东起沱河、西至西外环城路，南起三八河、北至北沱河城市建成区。规定未办理环保手续或无治污设施锅炉于2000年4月15日前停止使用；其余锅炉治理完成期限为2000年9月30日。进行执法检查，依法关停33家1吨以下小锅炉。

2000年，市环保局与市计委、经贸委联合下发《宿州市关于建设项目环境管理的规定》，与工商部门联合下发《宿州市关于加强饮食、娱乐、服务行业环境管理规定》，与市监察局联合制定《关于环境保护违法行政责任追究的暂行规定》，市政府转发《关于环境保护违法行政责任追究的意见》。

2006年12月19日，市政府发布《关于市区内推广清洁能源限制锅炉燃用高污染燃料的通告》，对4吨/小时以下（含4吨/小时）锅炉强制使用天然气、液化石油气、电等清洁能源，禁止燃用原煤、散煤、煤矸石、粉煤、煤泥、高硫型煤、高硫含量的柴油、煤油、重油、渣油等高污染燃料。全市114家4吨以下燃煤锅炉，改水的41家，改气的15家，改型煤锅炉的4家，改电的1家，改太阳能的2家，改6吨锅炉的1家，拆除或停业的50家。

2005年，市环保局提出造纸企业的关闭改造方案。根据方案，市政府办公室于9月26日下发《关于对我市造纸企业分类整治的通知》。对萧县26家造纸企业中的19家进行改造整合后保留为12家（其中1家符合产业政策，6家进行生产工艺改造，12家整合为5家）、关闭7家；灵璧县9家造纸企业保留4家（但必须进行生产工艺改造）、关闭5家。

宿州市城南污水处理厂设计规模日处理废水16万吨，一期工程日处理废水8万吨，投资1.2亿元，2005年3月投入运行。

2001年，宿州市首次开展城市环境综合整治定量考核试行工作，经过环境综合整治，2007年安徽城市环境综合整治定量考核宿州市排名第九。

实施蓝天碧水工程。2007年1月，宿州市在市区范围内全面实施蓝天碧水工程，“蓝天工程”以控制尘污染、燃煤及粉尘污染、机动车污染等为重点，大幅度降低大气环境污染，环境空气质量达到国家二级标准要求。“碧水工程”以保护饮用水源、治理水污染和开展城区河流综合整治为重点，以确保饮用水源水质达标为目标，加强主城区河流综合整治，实施主城区生活废水、工业废水治理，改善水环境质量。市区集中饮用水源地水质达到《地下水质量标准》（GB/T14848-93）中的三类标准。加快市区集中供热管网工程建设，市区集中供热率达到60%。2007年年底前，完成饮用水源地一、二级保护区和准保护区划分，确保集中式饮用水源地地下水安全。彻底取缔一级保护区内的排污口，确保城市集中式饮用水源地水质达标率达到95%。开展城区河流污染综合治理，河道不得新增污水排放口，并对排污口和两岸垃圾、河道内污染物等影响河流水质的各项内容进行清理，加快污水管网建设进度，实现城区污水全部进入污水处理厂，确保河流水质达到规定要求。对新汴河、沱河、环城河、运粮河、三八河、铁路运河实行综合治理。

完善宿州市污水处理厂管网建设，确保城市生活污水不进入市区河流。污水处理厂出水水质达到国家规定的标准。

重点抓丰原集团、皖北药业、信诚化工、汇源电厂、福润肉类加工公司、雪龙化纤、华洋啤酒、安特集团、华腾制衣、科苑集团等水污染重点工业企业的污染治理，确保企业排放各种污染物必须达到国家排放标准。

建立自动监控网络，加强监督管理。城区工业企业和污水处理厂必须安装烟尘（电厂）和水质自动监控装置，与环保厅联网。

四、解决淮河流域群众饮水困难

“九五”以后，宿州市为解决境内主要河流污染严重，浅层地下水受到污染而造成的群众饮水困难问题，积极争取淮河流域打井项目，1995年至2007年，宿州市共投入资金4119万元（其中国家打井补助经费490万元，地方自筹资金3629万元），打深井84眼，井深80-230米，单井出水量为30-90立方米/小时，建村镇水厂84家，配有50-150立方米的水塔，塔高30米左右；并配套输水管网及高低压输电线路，供水站房，深潜水泵动力设施等，共解决29.7万人饮水困难及养殖和15万亩农田灌溉用水。

第四节 环境质量

一、水环境质量

宿州市地面水1996-2000年度污染较严重，全部断面污染指数都大于1.0，其中新汴河七里井、刘闸、泗县汴河桥，新濉河时村南大桥、尹集、枯河桥属于重污染；奎河杨庄桥、时村北大桥，新濉河符离闸，沱河东十里闸、芦岭，浍河祁县闸属于严重污染。尤其奎河杨庄断面综合污染指数高达6.28，十分严重。五条河流各断面主要污染物都为有机污染，CODMn、BOD5、溶解氧等各项目都超标严重，主要原因为宿州市各河流上游入境水质有机污染本身就相当严重。随着“九五”规划的实施，2007年全市几条主要河流恢复养殖、灌溉等正常功能。浍河、奎濉河、新汴河、沱河的化学需氧量污染负荷降低幅度达30%以上，龙河、利民河、宿州环城河、运梁河、石梁河有机污染负荷降低达35%以上。2007年，经过城区环境综合治理，市区空气质量优良天数为346天，空气质量优良率为94.89%。

二、大气环境质量

全市各种窑炉、锅炉、火力发电和居民煤炉的燃烧排放大量烟尘，宿州市的大气环境污染特征是以颗粒物为主要污染物，所占污染比重达80%左右，次要污染物为氮氧化物占18%，最小污染物为二氧化硫。

由于城镇机动车辆的增加，氮氧化物的污染程度增加较明显。

三、声环境

随着城市规模的扩大，机动车拥有量迅速增加，广播音响的普及，城市环境噪声越来越成为一突出的环境问题。“九五”期间，宿州市的市区环境噪声一直处在较高的声级，铁路沿线的火车噪声，主要交通干线道路两侧的机动车噪声，街道商店的音响噪声，使宿州市城区的噪声一直居高不下。

四、区域环境噪声污染

在不同功能区环境噪声中，各功能区环境噪声超标倍数有逐年升高的趋势，居民、文教区和工业集中区超标倍数最高达0.13倍，其次为交通干线两侧超标0.09倍。工业集中区超标0.07倍。

第五节　生态建设

自然保护作为环境保护的重要工作，自地区环保机构建立起就引起应有的重视，提出以生态保护为突破口，以“保护优先、预防为主、防治结合”和“在保护中开发，在开发中保护”作为生态保护方针，小城镇建设和自然保护区建设取得成效，20世纪90年代以后，生态示范区、生态农业建设试点、生态功能区保护、自然资源开发得到加强，有机食品、绿色食品和无公害农产品快速发展，农村生态环境保护得到重视。

1992年，萧县皇藏峪被林业部批准建立为国家级森林公园。以萧县城东南约20公里龙岗山的皇藏峪省级自然保护区为主，包括老寨山、乾山、灵山等低山丘陵区，面积为22.76平方公里，是暖温带南缘落叶阔叶林生态系统保存较为完好的区域，景区内有木本植物190多种，700多种中草药，58种鸟类和野兔、刺猬、蛇、獾等野生动物。

2000年，砀山酥梨种质资源自然保护区经安徽省人民政府批准建立，编制30人。开展砀山酥梨遗传基因、保护区野生动物资源、植物多样性（野生草本植物、木本植物、农业资源、植物的数量、种群、分布）、生态环境状况、湿地保护与利用、社会经济状况、果树（农作物、林木）病虫害及天敌、文化多样性、砀山酥梨梨史考证及黄河故道变迁与砀山酥梨考证10项专题研究工作。在唐寨镇杨庄村、程庄镇柴市村以及国营果园场、园艺场部分分场，建立保护区砀山酥梨绿色食品、有机食品生产示范基地，严格生产全过程技术指导和监测控制，成立保护区管委会有机食品开发技术中心，开展“送绿色科技下乡活动”。

2004年5月，为认真落实建设生态宿州的重大决策，促进全市经济社会与人口资源、环境协调和可持续发展，市政府决定成立以市长唐承沛为组长，副市长、市政府秘书长为副组长，24个市直部门主要负责人为成员的宿州生态市建设领导小组，全面谋划实施宿州市生态创建工作。

一、生态示范区

2000年，砀山县为全国首批生态示范县；砀山县白腊园村、柴市村、张马吴村、石赵庙村，泗县蒋杨村、三侯村、萧县丁庄村，埇桥区大曹村、大五柳村获全省“百佳生态村”称号。

2001年，农村生态环境建设蓬勃发展。形成一个生态县、六个生态乡（镇），二十五个生态村、三个生态农场和萧砀百里黄河故道生态经济带以及五个自然保护区的生态建设新格局。

2001年，省政府把宿州市埇桥区确定为全省无公害农产品生产示范区。区政府决定重点在曹村、西寺坡、永安、解集、桃园、杨庄、汴河、三八乡、西二铺、城东乡建立10个无公害蔬菜基地。在永安、解集、西二铺建立马铃薯、西瓜、蔬菜无公害食品生产基地，总面积30万亩。

2003年，灵璧县被批准为省级生态示范区建设试点县，是全省实施生态建设战略以后批准的首批生态示范区建设试点地区。2004年9月，砀山县被批准为"生态省建设首批综合示范基地"。

二、循环经济

市委、市政府结合资源禀赋、生态状况、人口数量、环境容量等市情，作出集中力量建设煤电能源、加工制造、农副产品加工三大产业的发展战略决策，以工业园区为平台，坚持整体规划，分片启动，特色立市，滚动发展的原则，以发展循环经济为主线，以现代化、专业化、生态型为目标，实行"依托城镇（或工矿企业），联动发展，一区多园专业集群"的开发建设模式，主要围绕生态工业、生态农业、能源综合利用，探索和规划了三种循环经济类型，并积极推进规划实施。

2007年12月，市委、市政府下发《关于加快循环经济发展的意见》，建立健全促进循环经济发展的政策保障体系和激励约束机制，积极支持循环经济示范园建设，以点带面推进全市循环经济发展。提出以特色鲜明的循环经济产业加速工业化进程，加快煤电能源领域、加工制造领域、农副产品加工领域的循环经济产业发展；按照循环经济的要求建设管理城市，强化城市规划建设，构筑城市生态系统，推进城市废弃物的再生利用；大力发展循环经济型生态农业，发展绿色、无公害、有机农产品，保护和优化农业生态环境，围绕新农村建设改善农村面貌；推动循环经济重大项目建设，抓紧研究规划循环经济重点项目，规划建设循环经济型开发区和工业园区。

宿州市循环经济示范区主要依托国家大型现代化企业——祁东煤矿、祁南煤矿和朱仙庄煤矿，实施"精干煤炭主业、实施多元发展"的思路，规划实施循环经济模式，实现煤与非煤的同步规划、同步建设、同步发展。主要以煤矿能源为基础，通过不同的转化方式变成电能、气体燃料、液体煤料等洁净能源。然后从其转化成的气体、液体、固体中，提取富含的化工原料，再对发电、逐级利用转化后的固体废渣，进行墙体砖生产。

三、构筑煤炭资源利用圈

祁东工业园区针对以燃煤为主的能源结构和传统煤化生产的"煤炭-产品-污染排放"的单向流动线性经济落后模式，构筑以物质闭环流动为特征的生态型经济框架结构，使物质和能量流在整个经济活动中得到优化。进一步提高资源、能源效率，显著减轻对环境的压力，最大限度的提高资源利用率，实现园区综合效益的最大化和废物排放最小化。引进国内先进的瓦斯发电技术，开发煤层气，实施能源再生工程，投资1500万元，建设了全省唯一一家装机容量7200千瓦的瓦斯电厂，2004年年初正式投入运营，当年发电12万千瓦时，销售收入500万元，实现利税260万元。

四、砀山县果、草、牧、沼、菌循环经济生态示范区

砀山县生态示范区建设“果、草、牧、沼、菌”生态良性循环示范工程，以猪（牛、羊、禽）—沼（沼气池）—果（菜瓜）—草（苜蓿、皖草1号）—菌（废弃枝条粉粹生产食用菌）实现良性互动，促进区内循环经济的发展。

在果园中运用节水灌溉技术，种植绿肥、牧草，饲养食草性家畜、家禽，畜禽粪肥发展沼气，沼液，沼渣用于果树施肥，同时用冬剪枝条粉碎栽培香菇，下脚料又是果树的优质堆肥，达到了肥土、壮树、增产、增收的目的。并且沼液作叶面肥喷施果树上，还能较好地抑虫治病，减少果园的用药量和用药次数，从而减少或避免化学肥料、化学农药的施用。达到物质能量多层利用，经济、生态、社会效益十分显著。

五、生态家园富民计划

宿州市积极开展以沼气应用为纽带的生态家园富民计划，以沼气国债项目为契机，大力推进农村能源建设。全市农村能源国家资金投入超千万元，进行“一池三改”（在建设一口沼气池的同时，改建厨房、厕所、畜圈，使四者达到有机结合）的农户超万户。

六、资源综合利用

宿州市是煤炭资源大市，伴随着煤矿的不断开采，煤炭衍生资源逐年增多，大量的煤矸石堆积不仅占用农田，还污染环境，破坏自然生态系统。宿州市调整煤炭产业结构，大力发展循环经济，努力延长产业链条，采取多种形式开发利用煤炭衍生资源，提高资源利用率，取得了显著的经济和环境效益。

七、煤碳衍生资源利用

朱仙庄煤矸石发电厂装机容量为1.2万千瓦，年发电6794千瓦时，实现产值2063万元以上，年消耗煤矸石18万吨，相当于节约标准煤6万吨，减少煤矸石占地20多亩。芦岭煤矿依托丰富的煤泥资源，建成装机容量为2.4万千瓦的芦岭煤泥电厂，利用洗煤厂洗末煤、煤泥为燃料，年发电1.24亿千瓦时，燃料来源丰富，且价格低廉，解决煤泥污染问题。在建的煤炭衍生资源利用项目有祁东煤矸石电厂、祁南煤矸石电厂、芦岭煤层气电站、祁东煤层气电站等。

第六节　环保宣传与环境能力建设

2005年，举办全市青少年环保书画大赛，全市五百多名青少年选手参加比赛。

2006年，由市环保局、市教育局联合举办的青少年环保手工艺制作大赛在市科技广场拉开帷幕。来自宿州学院、宿州三中、雪枫小学等20多所学校的青少年参加现场制作。参赛选手采用废纸、废塑料、一拉罐等生活中随处可见的废弃资源，精心设计，制作精巧，立意新颖，充分体现垃圾是放错地方的资源，同时，参赛者坚持以人为本，设计制作的作品充分体现实用价值。受到参观者一致好评。

一、绿色社区创建

市环保局连续多年组织开展“环保进社区、进校园、进企业”的主题宣传活动。

与市级绿色社区同步开展“提起菜篮子，丢掉塑料袋”主题倡议活动；与市级绿色学校联合开展“我参与、我快乐”环保主题实践活动，组织少年小朋友上街开展红领巾一条街清洁活动，以实际行动参与文明创建。与工业园区开展环保进园区、进工厂活动，为企业解决污染治理难题，帮助解决污染治理资金，为企业提供项目审批等职能服务。2005年，祁东社区被命名为宿州市首个绿色社区。

二、绿色学校创建

“九五”期间，宿州市开展绿色学校创建工作，把绿色环保理念和可持续发展思想有机融入到校园管理和中学生教育当中，并积极指导、引导中小学校开展环保渗透式教育和环保实践活动，着力提高广大师生的环境意识，经过多年创建，基本形成6所省级绿色学校、30所市级绿色学校、100余所县区级绿色学校的创建格局。

三、环境能力建设

2002年，宿州市完成自动监测子站（监测楼监测点）建设，2003年1月1日起正式对外发布空气质量日报。项目总投资约50万元。监测污染因子有可吸入悬浮颗粒物（飘尘PM10）、二氧化硫（SO_2）、二氧化氮（NO_2），监测系统为24小时连续监测，形成当日的空气质量日报，通过媒体发布污染指数、首要污染物、空气质量级别、空气质量状况等内容。

2005年9月，市环保局对全市的污染现状、工业能源结构、经济发展趋势进行调查，在充分考虑城市布局、城市规划、自然地理、气象状况等影响因素的基础上，进行环境空气质量自动监测点位优化布点课题研究，选定科学自动监测点位，市环境空气质量自动监测网全面建成并投入运行。

2005-2006年，先后投资800万元，分别建成浍河东坪、濉河符离闸、奎河杨庄和新汴河泗县闸四个国家级水质自动监测站。监测的污染因子为酸碱、溶解氧、电导率、水温、浊度、氨氮、总有机碳，监测系统每天监测6次，数据采取无线传输实时上报国家环境监测总站数据库，并实时对外发布。自动站的建成，实现对浍河入境、濉河入境水质、奎河苏皖入境、新汴河皖苏出境水质的实时连续监测和远程监控，及时掌握入境水质状况，预警预报重大水质污染事故，解决跨行政区域的水污染事故纠纷起到积极作用，并且使全市监测能力得到大幅度的提高，初步构成宿州市水质自动监测网络。

宿州市的污染源自动监控建设始于2003年，当时有部分企业安装化学需氧量在线监测仪器。宿州市省控、国控企业共安装污染源自动监控设备22台套，其中污水监控共计20家，废气监控共计2家。化学需氧量在线监控17台、总有机碳在线监控2台、氨氮1台，烟气在线监测2台。数采仪共安装23个。

2006年，宿州市初步完成污染源自动监控中心建设，由环境数据中心、重点污染源在线监控系统、环境质量自动监控系统、信息发布系统、环境投诉和咨询管理系统组成。建设资金采取国家投资、地方配套筹资方式，累计使用资金为210万元，其中中央财政专项补助资金为120万元，市财政资金为90万元，通过以环境地理信息系统（GIS）为平台，以污染源在线监测等现代信息为主要监控手段，为管理决策服务。

2007年，建成环境保护专网链路，顺利和省环境网对接；完成宿州市公文商秘通信网络建设，实现与政府及各单位公文信息交换处理。

第四章　交　通

1989年，宿县地区公路里程达9206.8公里，平均每百平方公里有公路93.9公里。二级路258.3公里，三级路584公里，其余为四级以下公路。全区共有永久式桥梁1064座，长27047延米，其中大桥10座1490.1延米，中桥124座7117.9延米。

2007年，宿州市公路里程增至12538.3公里，其中国道主干线（高速公路）121公里，一般国道268.7公里，二级路985.7公里，三级路1082.7公里，分别比1989年增长2.8倍和1.2倍。按路面等级分：高级路2727.2公里，次高级路3106.9公里，分别比1989年增长1362.6倍和2.4倍。宿州市公路密度每百平方公里增至128.1公里。全市公路永久性桥梁共1368座，长37054延米，其中大桥20座3110.7延米。

宿县地区航运事业，因新汴河航道经常断航，致使水上运输徘徊不前。1999年4月浍河蓟县闸以下通航后，是宿州市水上对外运输的主要通道。至2007年，全市航道里程176.2公里，其中通航航道143.2公里。注册营运船舶1439艘54万载重吨，单船最大载重吨级达3000吨。

1988年，宿县地区交通运输部门营运车辆841辆，其中：客车307辆13878客位；货车534辆2802载重吨位。至2007年，全市民营客货车辆增至20882辆，其中：客车3970辆，货车16912辆，客货运量、客货周转量分别完成70706万人、5403万吨和345204万人公里、397177万吨公里。公路运输部门客货车辆为2675辆，其中客车953辆，货车1722辆，客货运量、客货周转量分别完成3704万人、453万吨和212604万人公里、39210万吨公里。1992–2007年，宿州市汽车运输有限责任公司，先后投资新建、改（扩）建6个汽车站，其中宿州宿城新建2个汽车站，4个县各改（扩）建1个汽车站，总建筑面积为23215平方米，日发客总量约为2.3万人次。2007年1月，宿州快客汽车站投入运营后，成为皖北地区较大的公路客运枢纽之一。

第一节　基础设施建设

宿州市在公路、桥梁、航道、码头、汽车站等交通基础设施建设方面，日臻完善，功能基本齐全。至2007年，宿州市交通基础设施建设如下表：

2007年宿州市交通基础设施建设一览表

表3–4–1

	名称	里程（公里）	高等级路（公里）	高级路（公里）	次高级路（公里）	未铺装路（公里）
公路	高速公路	121	121	—	—	—
	一般国道	268.7	—	120	148.7	—

续表3-4-1

	名称	里程（公里）	高等级路（公里）	高级路（公里）	次高级路（公里）	未铺装路（公里）
公路	省道	524.9	—	28	496.9	—
	县道	1700.9	—	27.6	1545.6	127.7
	乡道	3979.5	—	69.8	510.2	3399.5
	村道	5904.1	—	2460.2	402.1	3041.8
	专用公路	39.2	—	—	24.8	14.4
	合计	12538.3	121	2705.6	3128.3	6583.4
	高等级公路	121	121	—	—	—
	一级公路	—	—	—	—	—
	二级公路	985.7	—	152.8	832.9	—
	三级公路	1082.7	—	23.1	1059.6	—
	四级公路	8499.8	—	2529.7	1235.8	4734.3
	等外公路	1849.1	—	—	—	1849.1
桥梁	类型		座	延米	拱桥	梁桥
	大桥		20	3110.7	1515.2/11	1494.4/8
	中桥		225	12633.2	6893.5/125	5739.7/100
	小桥		1123	21310.2	—	—
	合计		1368	37054.1	—	—
水路	航道等级	里程（公里）	通航里程（公里）	备注		
	四级	26.9	—	—		
	五级	115.5	—	—		
	六级	15.7	—	—		
	七级	18.1	—	—		
	合计	176.2	143.2	—		
水路	港口	港区	码头	靠泊能力	年吞吐量	
	宿州	3	27	100~300吨级	50万~100万吨	
	灵璧	1	3	100吨级	20万吨	
	泗县	2	3	100吨级	15.5万吨	

续表3-4-1

船闸	5道（通航船只100~300吨级）渡口:147道
汽车站	公营汽车站6个，其中：市区2个，日发客量5000人次。 社会汽车站13个

第二节　铁　路

一、线路与设施

宿州市境内有京沪线、陇海线和符夹线三条铁路，境内总长度为181千米。京沪线前称津浦线，1908年，由英国修建，1911年建成，1912年正式通车。陇海铁路分段修建，洛阳至开封段183千米建成后，北洋政府与比利时签订向东、西延伸的协议，于1913年5月同时开工，1915年，开封至徐州177千米建成通车。砀山、黄口等车站同步建设，并于1916年投入运营。符夹线全长85千米，1961年建成通车。1988年前，三条铁路在境内共有21个站点，其中京沪线10个，陇海线9个，符夹线2个。1988年以后，为解决铁路运力饱和问题，短途运输交由公路承担，铁路客货运站点大幅度减少，至2007年，只剩下宿州、符离、芦岭、黄口、砀山和萧县6个站点。

矿区专线芦岭车站到芦岭矿、朱仙庄矿的专线铁路全长14千米，承担这两个大矿的煤炭外运任务。青芦铁路西起亳州起涡阳县的青町车站，东至芦岭车站，全长18千米，承担了桃园、祁南、祁东等多座煤矿的煤炭外运任务。

符离铁路特大立交桥位于符离车站北2千米处，为国家“七五”重点工程。1987年7月破土动工，1988年4月1日竣工通车。立交桥占地206亩，全长6.4千米，桥身长1642米，高10米，它的建成通车，使符夹线、青蚌线的列车直接进入京沪线，解决了京沪线与符夹线在符离车站的平面交汇问题，使京沪铁路运输能力由日通过110对上升到132对。

为解决宿州市内道路与铁路的平交问题，建成地下立交桥3座和外环高架桥2座。从1996年3月起，境内铁路陆续进行路基修整、曲线改造、桥梁加固和安装提速道岔等工作，1997年4月，实现第一次提速，京沪线车速由每小时100千米提到120千米。2004年4月，实现了第五次提速。

2005年，京沪线实施电气化改造工程，为电力机车投入运行做准备。

二、宿州车站

宿州火车站位于京沪线从北京站起877公里188米处，为国家铁路客货运输二等站，隶属于上海铁路局淮北车务段管辖。宿州站占地总面积114万平方米，有站场股道10条，其中，到发线6条，货物线（调车线）4条，日均接发列车116对；客运候车室面积1883平方米，能容纳1712人侯车；有旅客站台3个，地下通道1座，天桥通道1座。行车采用计算机联锁设备，使用无线灯显设备指挥调车机进行调车作业。

站内拥有货场2个（北货场和南货场），其中高站台仓库占地面积9940平方米，零担仓库377平方米。南货棚占地面积2250平方米，北货棚占地面积1200平方米，军用站台占地面积323平方米。车站共拥有货场仓库9座2735平方米，货物雨棚9座4847平方米；货物站台5座，装卸作业8条，配备装卸机械41台。

三、客货运输

由于皖北地区人口比较密集，特别是20世纪90年代以来农民工外出打工数量大幅度增加，宿州站每年客流量都在400万人以上，最高峰时宿州站一年仅发送旅客就达409万人次。砀山车站1985年旅客发送25.7万人次，2001年升格为二等站，当年发送旅客37.4万次，2007年39.8万人次。黄口站2005年发送旅客20万人次。

1986年，宿州站共完成货运量108万吨，到达货物以煤炭、木材、油品、化肥为主，发送货物以粮食为主。从2004年起，宿州站对集装箱装运的粮食实现了“门对门”运输的全程代理服务，进一步扩大了运输量，当年完成货运量154.1万吨。2007年，宿州站货运量160.8万吨。黄口车站2002年货物装卸累计42万吨，2005年高达100万吨以上。砀山车站1997年最高发货27.8万吨，2007年发货16.28万吨。

第三节 公 路

一、线路

（一）国道主干线（高速公路）

2007年，宿州市过境高速公路建成通车两条，即连（云港）霍（尔果斯）、（北）京台（湾）高速公路，长121公里。在建高速公路1条，泗（洪）许（昌）高速公路，长114.8公里。

1.连（云港）霍（尔果斯）高速公路宿州段

连霍高速公路东起江苏省连云港，经江苏、安徽、河南、陕西、甘肃、青海至新疆霍尔果斯，途经六省一区，是连接欧亚大陆的交通主干道之一，国家编列序号为G045。安徽宿州段东起苏皖交界皖境的老山口，向西沿孤山北，在朱圩子与京台高速公路宿州段互通，经白土、龙城、永堌、丁里、孙圩子、王寨、张庄寨等7个乡镇，中间经淮北市沈集185米，止于皖豫交界的洪河集（朱大厂），辖区段长47.9公里，是宿州市东向发展与连接西部省份的快速通道。设计标准为全封闭、全立交高速公路，双向四车道，设计时速为120千米/小时。2002年7月1日建成通车。

2.（北）京台（湾）高速公路宿州段

京台高速公路起自北京，经河北、天津、山东、江苏、安徽、浙江、福建、跨台湾海峡至台湾，国家编列序号为G3。辖区段原为合徐高速公路北段，南自蚌埠市怀远县君王进入埇桥区境，经永镇、大营、祁县、桃园、北杨寨、三八、汴河、符离8个乡（镇），31个行政村，向北跨越淮北市濉溪县境，入萧县栾庄南村，经庄里乡、白土镇至朱圩子与连霍高速公路对接。辖区段长73.1公里，其中，埇桥区45.9公里，萧县27.2公里，系安徽省“十”字形南北快速通道的组成路段。设计标准为全封闭、全立交高速公路，双向四车道，设计时速为120千米/小时。2003年12月18日建成通车。

3.泗（洪）许（昌）高速公路宿州段（在建）

泗许高速公路东起江苏省泗洪县，经安徽省宿州市、淮北市，跨河南省永城市，再入安徽省亳州市，西至河南省许昌市，全长204.5公里。辖区段东起苏皖省界泗县黑塔镇小梁乡，经泗县、灵璧县至埇桥区与京台高速公路形成互通枢纽。建设规模114.9公里，工程投资47.5亿元，是连接苏皖豫三省的省际通道，辐射整个淮海经济区。

（二）一般国道

2007年，宿州市过境一般国道4条，即京福线、烟汕线、连天线、徐峡线，共计266.24公里，二级路，高级路面216公里，次高级路面50公里。

1.（北）京福（州）线宿州段

京福线起自北京，经天津、河北、山东、江苏、安徽、浙江至福建省福州市，国家编列序号为G104。辖区段北起江苏省睢宁县与泗县交界处，经大庄、新集、屏山、泗县城关、大路口至泗县与五河县交界处止，长45.2公里（不含泗县环城路），为二级路，其中，高级路面23.2公里，次高级路面24.4公里。

辖区内泗城北段始建于民国22年（1933年）春，泗城南段始建于民国9年（1920年），均在古道基础上改建。泗城南段为皖北乃至安徽省最早通行汽车的公路。

2007年年底，G104线辖区段路基宽16–33米，水泥混凝土和沥青路面宽12–15米，最大纵坡3%，平曲线最小半径250米，为二级公路，有永久性桥23座，长788.5延米，涵洞21道。日平均交通量泗城北段为6357车次，泗城南段为8541车次。管理、养护隶属泗县公路分局。

2.烟（台）汕（头）线宿州段

烟汕线北起山东省烟台市，经山东、江苏、安徽、江西至广东省汕头市，国家编列序号为G206。辖区段北起江苏省铜山县与埇桥区交界处，经桃山、曹村、夹沟、符离、宿州城区、桃园、蕲县、永镇至埇桥区与怀远县交界处止，长96.8公里，为二级路，其中，高级路面64公里，次高级路面32.8公里。

该路宿州市以北始建于民国23年，在宿州至彭城（今徐州）古驿道基础上修建，宿州市以南始建于20世纪50年代初，基本沿宿州至寿春古道走向修建。

2007年，G206线辖区段路基宽16–23米，水泥混凝土和沥青路面宽12–15米，平曲线最小半径125米，最大纵坡2%。有永久性桥28座，长1551.2延米，涵洞58道。路线在符离集、桃园分别与京沪铁路和青芦矿区专用铁路成立交。沟通埇桥区8个乡（镇）和桃园、蕲县2个煤矿区。日平均交通量符离集北段为6504车次，宿符段为21995车次，宿怀段为14726车次。管理、养护隶属埇桥区公路分局。

3.连（云港）天（水）线宿州段

连天线东起江苏省连云港市，经安徽、河南、陕西至甘肃省天水市，国家编列序号为G310。辖区段东起江苏省铜山县与萧县交界处，经杨楼、黄口、李庄、砀山城关、曹庄至安徽省砀山县与河南省夏邑县交界处止，长77.2公里，其中，萧县35.5公里，砀山县41.7公里，由徐（州）商（丘）路萧县、砀山段组成，是中国第一条“公路、铁路分流”路段。

310国道宿州段，始建于民国23年（1934年）3月，至1987年，形成路基宽9.5–12米。

2007年，G310线辖区段路基宽12–30米，水泥混凝土路面和沥青路面宽9–20米，平曲线最小半径250米，最大纵坡2%，为二级路，其中，高级路面23.1公里，次高级路面54.1公里。有永久性桥21座，长382.4延米，涵洞79道。日平均交通量萧县刘店段为5592车次，砀山县李庄、赵屯分别为4871、5723车次。管理、养护隶属于萧县、砀山公路分局。

4.徐（州）栖（峡）线宿州段

徐峡线东起江苏省徐州，经安徽省至河南省栖峡，国家编列序号为G311。该线自徐州偏西南方向入淮北市境，辖区段起自淮北市与萧县交界处，经萧县城关、红庙、王寨、青龙集至萧县与河南永省城市交界处止，长47公里，其中，高级路面9.3公里，次高级路面37.7公里，由萧（县）徐（州）路、萧（县）永（城）路萧县段组成。

2007年，G311线宿州段，路基宽12–44米，水泥混凝土和沥青路面宽9–23米，平曲线最小半径125米，最大纵坡2.5%，为二级公路。有永久性桥20座，长487延米，涵洞24道。路线在萧县城关与符夹铁路立交，在王寨下穿连霍高速公路。日平均交通量萧县青龙集段为7091车次。该路段沟通萧县4个乡（镇），其中青龙集镇为全国4大皮毛专业市场之一。管理、养护隶属于萧县公路分局。

（三）省道

2007年，宿州市境内省道9条，即合相路、房固路、萧淮路、砀丰路、桃唐路、大符路、泗永路、宿阜路、泗固路，长524.9公里，二级路511.9公里，三级路13公里；高级路面28公里，次高级路面496.9公里。

1.合（肥）相（山）路宿州段

合相路南起合肥，经滁州市、蚌埠、宿州市至淮北市相山，并向北延伸至砀山县马良皖鲁交界处止，安徽省编列序号为S101。辖区段起自埇桥区与蚌埠市固镇县交界处，经龙王庙、西寺坡、宿州城关、符离集，跨越淮北市濉溪县，入萧县青龙集、张庄寨、大屯，再经砀山县朱楼、关帝庙、砀城、园艺场至皖鲁交界处止，长117.9公里（不含与206国道重复段）。其中，埇桥区31.9公里，萧县34.4公里，砀山县51.6公里。

2007年，S101线宿州段，路基宽12–15米，路面宽12–15米，平曲线最小半径60米，最大纵坡3%。有永久性桥22座，长557.24延米，涵洞88道。二级路117.9公里，高级路面117.9公里。日平均交通量，埇桥区水池为5034车次，萧县张庄寨为5819车次、砀山县关帝庙（庞桥）、李洼分别为4819、7241车次。路线在埇桥区龙王庙与青芦铁路专用线平交、在萧县张庄寨上跨连霍高速公路、在砀山城关与陇海铁路成立交。管理、养护分别隶属埇桥区、萧县、砀山公路分局。

2.房（村）固（镇）路宿州段

房固路北起自江苏省铜山县房村，经灵璧县至蚌埠市固镇县，安徽省编列序号为S201。辖区段起自灵璧县与铜山县交界处，经夏楼、王集、尤集、朱集、尹集、灵璧城关、晏路口、黄湾至灵璧县与固镇县交界处止，长80.7公里。2001年，经省交通主管部门批准，该路段由县道升格为省道。

2007年，S201线辖区段路基宽12–18米，沥青路面宽9–12米，平曲线最小半径800米，最大纵坡2.5%，为二级公路，次高级路面。有永久性桥23座，长1202.9延米，涵洞49道。日平均交通量灵璧县夏楼、尹集、高桥段分别为8315、7097、7498车次。管理、养护隶属于灵璧县公路分局。

3.萧（县）淮（滨）路宿州段

萧淮路起自萧县城关，经丁里、淮北、亳州、阜阳至河南省淮滨，安徽省编列序号为S202。辖区段起自萧县城区（汽车站），经丁里至萧县与淮北市交界处纵瓦方止，长16.2公里，是萧县与淮北、阜阳及河南省的重要联络线。

4.砀（山）丰（县）路宿州段

砀丰路起自砀山城关，经朱寨、周寨、张老家至砀山县与江苏省丰县交界处止，长22.0公里（0K+000–21K+977），安徽省编列序号为S223，是宿州市砀山县与江苏省重要联络线。

2007年，S223线辖区段路基宽10米，沥青路面宽7.5–9米，平曲线最小半径150米，最大纵坡3%，为二级公路，高级路面。有永久性桥5座，长127.3延米，涵洞14道。日平均交通量为3252车次。管理、养护隶属于砀山县公路分局。

5.桃（山）唐（庄）路宿州段

桃唐路起自埇桥区桃山，经萧县至江苏省丰县，安徽省编列序号为S301。辖区段起自埇桥区桃山，经官桥、淮北市段、萧县城关、岱山口、马井、黄口至萧县与丰县交界处的后唐庄止，宿州市境内长56公里（不含与311线重复段）。其中，埇桥区2.8公里，萧县53.2公里。由符（离集）萧（县）路埇桥区段、萧县段和萧（县）丰（县）路萧县段组成，是宿州市埇桥区及萧县与江苏省丰县的省际联络线。

2007年，该段路基宽12–15米，沥青路面宽9–12米，平曲线最小半径30米，最大纵坡3%，为二级公路，次高级路面。有永久性桥11座，长480.24延米，涵洞57道。路线在桃山、黄口分别与京沪、陇海铁路成立交。日平均交通量萧县官桥、岱桥、黄口分别为4757、6616、4890车次。管理、养护隶属于埇桥区、萧县公路分局。

6.大（李集）符（离集）路宿州段

大符路东起江苏省睢宁县大李集，经灵璧县境至埇桥区符离集，安徽省编列序号为S302。辖区段东起睢宁县与灵璧县交界处，向西经灵璧县大庙、浍塘沟、尹集，埇桥区时村、顺河至符离集止，长75.4公里，其中，灵璧县38.8公里，埇桥区36.6公里。由冯大路、符禅路、灵璧县、埇桥区段组成。2001年，宿州市公路局将S302线路走向，由原来从浍沟、禅堂、冯庙至大庙，改为浍沟、大路至大庙。是宿州市埇桥区和灵璧县北部地区通往江苏的重要联络线。

2007年，S302线辖区段路基宽12–16米，路面宽7.5–9米，平曲线最小半径800米，最大纵坡2.5%，为二级公路，次高级路面。有永久性桥16座，长521.6延米，涵洞60道。日平均交通量灵璧尹集、埇桥区桃沟分别为1572车次、875车次（2004年）。管理、养护隶属于灵璧县、埇桥区公路分局。

7.泗（洪）永（城）路宿州段

泗永路东起江苏省泗洪县，经安徽省宿州市、淮北市，西至河南省永城市，安徽省编列序号为S303。辖区段起自皖苏两省交界处，经泗县、灵璧县、埇桥区至淮北市濉溪县交界处止，长114.8公里（不含与省道101线和201线重复段里程），其中，泗县40.4公里，灵璧县34.1公里，埇桥区40.3公里，由宿（县）泗（洪）路、宿（县）永

（城）路泗县、灵璧、埇桥区段组成，历来是苏、皖、豫三省联络的重要通道。

2007年，303线辖区段路基宽15-22米，沥青路面宽12-15米，平曲线最小半径500米，最大纵坡1%，为二级公路，次高级路面。有永久性桥16座，长462.48延米，涵洞56道。日平均交通量泗县草庙、彭铺，灵璧县娄庄、埇桥区东十里、西十里分别为3813、4414、4975、17826、9181车次。线路在朱仙庄与矿区铁路平交；在宿州外环路与京沪铁路高架桥立交；在西十里铺下穿合徐高速公路。管理、养护隶属于泗县、灵璧县、埇桥区公路分局。

8.宿（州）阜（阳）路宿州段

宿阜路起自宿州市城关，经埇桥区刘合、行宫铺至埇桥区与淮北市濉溪县交界处止，长7.4公里，安徽省编列序号为S305，是宿州与亳州、阜阳的主要联络线。

2007年，沥青路面宽12米，平曲线最小半径500米，最大纵坡1%，为二级公路，高级路面。有永久性小桥2座，长33.08米，涵洞2道。管理、养护隶属于埇桥区公路分局。

9.泗（县）固（镇）路宿州段

泗固路起自泗县新汴河胜利大桥，经灵璧县境至固镇县，安徽省编列序号为S329。辖区段自泗县新汴河胜利大桥，经大吴圩、草沟，灵璧县老庄胡村坟下至灵璧县与固镇县交界处止，长34.5公里，其中泗县26.8公里、灵璧县7.7公里，是泗县与固镇县的重要联络线。

2007年，S329线辖区段路基宽12-18米，沥青路面宽9米，平曲线最小半径125米，最大纵坡3%，为一级公路，次高级路面。有永久性桥12座，长229.8延米，涵洞24道。日平均交通量为1206车次（2004年）。管理、养护隶属于泗县、灵璧县公路分局。

（四）县道

2007年，县道里程为1700.9公里，其中：重要县道17条，448.6公里，一般县道43条，1252.3公里。二级路205公里，三级路640.7公里，四级路855.2公里；高级路面27.6公里，次高级路面1545.6公里，未铺装路面127.7公里。

二、桥梁

1989年，全区公路永久性桥共1038座（含2座并列），长26412延米，其中：大桥8座1145.5延米、中桥124座7117.9延米、小桥904座17804延米。20世纪90年代后，建桥技术不断提高。1995年5月，辖区最长的灵璧新汴河大桥建成通车后，不断引进新技术、新工艺、新桥型，使桥梁建设迈上了新台阶。至2007年，全市拥有公路永久性桥梁1367座36953延米，其中：大桥19座（含复线桥）3009.6延米，中桥225座12633.2延米，小桥1123座21310.2延米。

1989-2007年，宿州市境内新建公路永久性大桥10座，长1680.1延米。

（一）泗县新汴河钢筋混凝土刚架拱桥（复线桥）

位于泗县城南G104线K913+108处，在原桥下游8米处与双曲拱桥并列，跨新汴河，桥纵轴线与水流正交，是宿州市新建的第一座钢筋混凝土钢架拱桥。该桥上部结构为钢筋混凝土钢架拱，7孔，每孔净跨30米，全长251.0米。桥面铺装水泥混凝土，宽12.5米，行车道宽9米，两侧人行道各宽1.75米。下部构造为桩（柱）式墩、U型桥台，设计荷载为汽-超20、挂-120，桥下净空高9.4米，按6级通航标准设计，工程投资1484.73万元。1997年7月竣工。

（二）宿州市北关新汴河T型梁桥（复线桥）

位于G206线K779+456处，跨新汴河，与空腹式钢筋混凝土双曲拱桥并列，桥纵轴线与水流方向成正交，系辖区第一座实行“过桥收费、收费还贷”的公路大桥。建于1988年6月，桥上部结构由6孔30米预应力钢筋混凝土T型梁和2孔10米、1孔4米的钢筋混凝土板梁组成，全长207.5米。水泥混凝土桥面，行车道宽9米，两侧人行道各宽1.5米。桥下部结构为钢筋混凝土双柱式墩、台、钻孔灌注桩基础。设计荷载：汽-20、挂-100。桥下净空按6级通航标准设计。1988年6月竣工。

（三）灵璧县新汴河大桥

位于S201省道K60+833处，跨新汴河，桥纵轴线与水流方向正交，是宿州市最长的预应力混凝土T型桥梁。上部结构为T型梁，13孔，孔径为4×20+6×30+3×20（m），为预应力混凝土30MT型梁+普通钢筋混凝土20MT型梁结构，全长332米。桥面铺装为水泥混凝土，桥面宽12米，行车道宽9米，两侧人行道各宽1.5米。下部构造采用桩基础、双柱式墩、重力式桥台。设计荷载为汽-20、挂-100。桥下净空高11.9米，按6级通航标准设计。1995年5月竣工。

（四）泗县窦井桥

位于泗县瓦韩乡窦井村，腊（条韩）向（阳）路K12+000，跨唐河，桥纵轴线与水流方向成正交，是泗县乡镇公路上主要桥梁之一。建于1992年9月，为黄淮海农业开发区项目工程，桥上部结构为钢筋混凝土双曲拱，长127米，共4孔，每孔净跨25米，矢跨比1/5。桥面铺装为沥青表处面层，净宽7米，两侧人行道各宽0.75米。下部结构为重力式石砌墩台，浆砌块石基础。设计荷载为汽-15、挂-80。1992年9月竣工。

（五）泗县侍圩桥

位于泗县草沟乡侍圩，侍（圩）孙（巷）路K3+614处，跨唐河，桥纵轴线与水流方向成正交，是泗县乡（镇）公路上主要桥梁之一。

建于1992年10月，是黄淮海农业开发区项目工程。桥上部结构为钢筋混凝土双曲拱，长127米，共4孔，每孔净跨25米，矢跨比1/5。桥面铺装为泥结碎石面层，净宽7米，两侧人行道各宽0.8米。下部结构为重力式石砌墩台，浆砌块石基础，设计荷载为汽-15、挂-80。

（六）埇桥区宋桥

位于埇桥区朱仙庄镇，朱（仙庄）宋（桥）路K4+300处，跨沱河，桥纵轴线与水流方向成正交。建于1995年11月，上部结构为钢筋混凝土桁架拱，长66.5延米，1孔，净跨43米。桥面铺装为泥结碎石面层，净宽7米，两侧人行道各宽80厘米。下部结构为重力式台。设计荷载为汽-10、履-50。

（七）埇桥区蕲县桥

位于埇桥区蕲县镇，G206国道线K806+950处，跨浍河，弯桥，为预应力混凝土T形梁桥。该桥原为闸带中型石拱桥，建于1968年，共17孔，净跨4-5米，全长105

米。因该桥行车道宽仅7米，且线型不顺适，既不利于安全行车，也不能满足交通量日益增长的需要。为此，宿州市公路局于2004年10月在闸桥下游约50米处另建新桥，2005年6月竣工。桥上部结构为予应力混凝土T形梁，5孔，每孔跨径30米，长157米。水泥混凝土桥面，净宽为12.2米。下部结构为钢筋混凝土双柱式墩台。设计荷载：汽-20、挂-100。桥梁主体工程竣工后，桥头接线工程搁置，至2007年底尚未通车。

（八）萧县马井桥

位于萧县马井镇、S301线K39+504处，跨利民沟，桥纵轴线与水流方向斜交（斜度68度），为宿州市第一座预应力混凝土连续箱梁桥。桥上部结构为预应力混凝土连续梁，4孔，每孔跨径30米，全长130.12米。水泥混疑土桥面，净宽11米。下部结构为桩基础，无底板空箱台身，独柱式桥墩。设计荷载：汽-20、挂-100。2001年6月竣工。

（九）泗县枯河头桥

又称思红桥，位于8048线K32+370处，跨新濉河，桥纵轴线与水流方向成正交，是宿州市第一座预应力混疑土组合箱梁桥。桥上部结构为预应力混凝土组合箱梁，6孔，每孔净跨25米，长171米。水泥混凝土桥面，净宽9米。下部结构为重力式桥台、双柱式墩。设计荷载：汽-20、挂-100。2005年6月竣工。

（十）灵璧县田路桥

位于灵璧县房（村）固（镇）路K27+434处，跨拖尾河，弯桥，桥纵轴线与水流方向正交，为钢筋混凝土T形梁。上部结构为钢筋混凝土T形梁，5孔，每孔净跨20米，全长111.04米。水泥混凝土桥面，净宽12米。下部结构为重力式桥台，钢筋混凝土三柱式墩。设计荷载汽-20、挂-100。2004年10月竣工。

三、公路运输

（一）运输企业

1.宿州市公路专业运输企业

宿州市汽车运输有限责任公司系市唯一一家国家二级经营资质道路运输企业。前身为安徽省宿县地区运输公司，建立于1951年9月，为省属运输企业。

1984年6月，安徽省人民政府将省属企业宿县地区汽车运输公司下放到地方，隶属于行署交通局管理。1988年，辖6个汽车队，1个修理厂及宿州、符离、灵璧、泗县、萧县、砀山6个汽车站。1992年12月，更名为宿县地区汽车运输总公司，1994年1月，将宿县客运总站划分为宿州汽车站及宿州汽车西站。1995年，总公司以市场经济为杠杆，不断扩展经营范围，先后组建金轮出租公司、金轮液化气公司、汽车驾驶技术学校。1998年7月，实行企业股份制改革，成立宿县地区汽车运输有限责任公司，股民依法选举董事会和监事会组成人员，企业性质由国有转为股份制。

2007年，公司内设处室沿承原制，辖第一客运、第二客运、货运、旅游、灵璧、泗县、萧县、砀山8个分公司及宿州汽车站、宿州快客站、灵璧、泗县、萧县、砀山6个汽车站，另辖物资供销公司、经贸公司、金轮液化气公司、汽车修理厂、汽车驾驶技术学校。拥有载客汽车793辆24604座位，载货汽车减至84辆1098.7吨位。公司基本形成了以客运为主业，集旅游运输、货物运输、汽车维修、驾驶员培训、商贸营销为一体的多元化经营实体。

2.县、区运输企业

宿州市四县一区运输企业共计9家，其中国营3家，集体5家，民营1家。

2007年县、区公路运输企业一览表

表3–4–2

企业名称	企业性质	载客汽车		载货汽车		成立时间
		辆	座位	辆	吨位	
中联交通运输(集团)公司①	集体	126	2954	1474	16114	1949.1
灵璧县灵运有限责任公司②	民营	—	—	380	4200	1950.4
泗县汽车运输公司	国有	104	704	264	2451	1971.5
泗县第二运输公司	集体	50	650	70	500	1951
萧运集团	国有	—	—	180	—	1978.7
砀山县第一汽车队	国有	—	—	63	350	1971.9
砀山县第二汽车队	集体	—	—	84	465	1976.1
砀山县运输公司	集团	50	650	70	500	1949.6

说明 ①中联运输（集团）公司于2002年9月，由埇桥区集体运输业联会组建而成

②灵运有限责任公司于2000年9月，由集体转为民营

1988–2007年宿州市交通部门营运车辆数量表

表3–4–3

年份	载客汽车				载货汽车				专用汽车	
			大型				大型			
	辆	客位	辆	客位	辆	吨位	辆	吨位	辆	吨位
1988	307	13878	—	—	534	2802	—	—	—	—
1991	374	16318	—	—	563	3219	—	—	2	12
1993	413	16821	—	—	588	3322	—	—	3	17
1995	461	16715	—	—	1118	5969	—	—	3	17
1998	570	17719	—	—	2079	10490	—	—	10	55
2000	629	17777	—	—	2382	11821	—	—	5	25

续表3-4-3

年份	载客汽车				载货汽车				专用汽车	
			大型				大型			
	辆	客位	辆	客位	辆	吨位	辆	吨位	辆	吨位
2003	870	22398	—	—	2809	15414	—	—	4	20
2005	877	25286	267	10360	1816	15514	1286	14081	51	408
2007	953	28666	370	14302	1722	21550	1041	19496	61	561

说明：表内数据来自《宿县地区国民经济统计资料》，2000年全国第二次公路普查资料，《2005年安徽省公路统计资料》

（二）公路客运

宿州市汽车运输有限责任公司第一客运分公司驻宿怀路353号，系国营客运企业，是宿州市从事公路客运的主要力量。前身为宿县地区汽车运输有限责任公司第一客运分公司。

2007年，公司营运客车增至224辆7239客位，经营班线102条，其中：省际班线40条，区际班线35条，区内班线27条，年客运量、客运周转量分别完成1670万人、17376万人公里。年上缴公司线路租金1398.6万元。在岗职工375人，其中管理人员91人，另退体职工132人。

改革开放后，公路运输市场面向社会，公路客运业发展迅速，至2007年，从事公路客运的有：宿州市汽车运输有限责任公司第二客运分公司、灵璧、泗县、砀山、旅游分公司，宿州市埇桥区第一运输公司客运分公司，营运区域由区内、区际，不断延伸拓展至省际班线。

1988-2007年宿州市交通部门客运运量表

表3-4-4

年份	载客汽车(辆)	客运量(万人)	旅客周转量(万人公里)
1988	307	1671.0	70359.0
1991	374	1994.0	75110.0
1993	413	2246.0	81609.0
1995	461	1867.0	68460.0
1998	570	2637.0	102018.0
2000	629	2733.0	106057.0
2003	870	3116.0	132657.0

续表3–4–4

年份	载客汽车(辆)	客运量(万人)	旅客周转量(万人公里)
2005	877	3941.0	164512.0
2007	953	3740.0	212604.0

说明：表内数据来自《安徽地方交通统计资料》《宿县地区国民经济统计资料》

（三）公路货运

1.经营企业

1988年，宿县地区货运企业共16家，其中地区1家，五县一市15家；全民所有制企业7家，集体所有制企业9家。至2007年，宿州市货运企业减至10家，其中全民5家、集体4家、民营1家。这10家分别是：宿州市汽车运输有限责任公司货运分公司、萧县分公司，泗县汽车运输公司、泗县第二运输公司、萧运集团、宿州市中联交通运输（集团）公司、灵璧县灵运有限责任公司、砀山县运输公司、砀山县第一汽车队、砀山县第二汽车队。其货运车辆，1988年，534辆、2802吨位。2000年，增至2382辆、11821吨位。至2007年，货运车辆减至1722辆、21550吨位，其中大吨位1041辆、19496吨位。

2.货类与运量

1988年，全区交通运输部门货运总量为306.9万吨，其中煤炭类109.8万吨，石油类0.6万吨，金属矿石类2.4万吨，钢铁类9.8万吨，矿物性建筑材料23.5万吨，水泥13.5万吨，非金属矿石类4.4万吨，化肥及农药31.3万吨，盐3.1万吨，日用工业品类7.6万吨，粮食32万吨，木材8.9万吨，其他货类60万吨。

1998年，辖区交通运输部门货运总量为551万吨；2005年，交通运输部门货运总量为481万吨，其中煤炭及制品226万吨；2007年，交通运输部门货运总量为453万吨，其中煤炭221万吨，钢铁13万吨，矿物性建筑材料19万吨，水泥16万吨，化肥及农药52万吨，盐7万吨，粮食53万吨，机械设备、电气8万吨，轻工医药产品6万吨（其中日用工业品3万吨），农林牧渔产品13万吨（其中棉花6万吨），木材14万吨，其他货类31万吨。

1988–2007年宿州市交通部门货运运量表

表3–4–5

年份	载货汽车(辆)	货运量(万吨)	货物周转量(万吨公里)
1988	534	306.9	17758.0
1991	563	212.0	14524.0
1993	588	267.6	15194.0
1995	1118	381.1	24912.0

续表3-4-5

年份	载货汽车(辆)	货运量(万吨)	货物周转量(万吨公里)
1998	2079	551.0	46980.0
2000	2382	800.3	60551.0
2003	2809	1048.0	99233.0
2005	1816	481.0	70547.0
2007	1722	453.0	39210.0

说明：表内数据来自《安徽地方交通统计资料》《宿县地区国民经济统计资料》

（四）公路客运站

1.宿州汽车西站

宿州汽车西站位于胜利路与内环城东路交会处南侧（宿城小东门），建立于1951年10月，其前身为宿县汽车站，是辖区建国后最早建立的汽车站，也是辖区客流量较多的客运站之一。

2000年，日发班车312班次，日发客量近1万人次，年营收697.3万元。

该站坐落于宿州老城闹市区，因受场地限制，加之站前混合交通，致使进出客运班车经常拥堵。2007年1月1日，根据宿州市城建规划，市人民政府决定关闭停运。从此，经营半个多世纪，新中国成立后建立最早的客运站不复存在。

2.宿州汽车站

宿州汽车站位于宿州市汴河路与宿怀路交会处东北角，建于1992年12月，占地2万平方米，总建筑面积7850平方米，停车场面积5290平方米，站前广场1800平方米。主站房座北朝南，宽敞明亮，站房正上方镶嵌的解放军名将杨成武将军题写的“宿州汽车站”格外醒目。站房内设售票、候车、行李托运、服务四个大厅。停车场紧连候车厅，可同时停靠16辆客车，营运线路42条，日发班车112班次，日发客量4000人次。

2000年，该站开往省内外客运班线增至54条，日发班车269班次，日发客量1万人次，年营收1185.3万元。

2005年，启用空调候车室，配置电子显示系统、监控系统等现代设施。

2007年，根据宿州市客运站点运营规划，该站专营区内客运班线66条，日发班车572班次，日发客量5000人次。另在第一客运分公司南侧新辟宿州公用汽车站，专营宿州至蕲县矿区、大营及固镇方向短途繁忙班线。

3.宿州快客汽车站

宿州快客汽车站位于京台高速公路宿州收费站出口北、拂晓大道东侧。2007年1月1日正式运营，系公路客运一级客运站，是皖北地区最大的长途公路客运枢纽之一，也是宿州市交通基础设施建设的新亮点。

该站于2003年破土动工，占地面积6.67公顷，一期工程投资3000多万元，站房建筑面积近5000平方米，其中普通候车室1100平方米，豪华侯车室300平方米。候车室两端设置公厕和洗盥室。站前广场宽阔，站内拥有普通发车位12个，快客发车位6个，设计日发客量1万人次以上，并配备大屏电子显示系统、条屏显示系统、微机售检票系统、报班系统、结算系统、电子监控系统和自动语言广播系统等现代信息管理设施。2006年6月，开始试运营。2007年元月1日，正式营运，日发班车139.5班次，其中：省际班车69.5班次，区际班车70班次，日发客量4100人次，年营收3800万元。

第四节 航 运

一、航道

根据2003年全国第三次内河航道普查，辖区内河航道计7条，即新汴河、浍河、沱河、沱河引河、濉河引河、萧濉新河、新濉河等，航道里程176.2公里，其中：四级26.9公里，五级115.5公里，六级15.7公里，七级18.1公里。通航里程143.2公里。

（一）新汴河

新汴河依照古汴河的走向，于20世纪60年代后期开挖，流经埇桥区，起点于宿州市城区西北七岭子截沱河流经灵璧县、泗县及江苏省泗洪县溧河注入洪泽湖，全长127公里。辖区航道段上游起自埇桥区七岭子，下游至皖苏交界处，长111.2公里。规划为5级航道，通航船舶等级为100吨级。

为了保障航道全年通航，一是在宿县闸、灵西闸、团结闸以下分别开挖32公里、16公里、16公里计64公里复式航槽；二是在上述三座闸处建翻水站3座，翻水量分别是3立方米/秒、4立方米/秒和10立方米/秒。由于水源不足等，只能保持季节性通航，2006年全线断航。

（二）浍河

浍河系天然河流，属淮河水系，发源于河南省商丘地区，经河南省永城市，安徽省淮北市濉溪县，宿州市埇桥区，蚌埠市固镇县至五河县入淮河。辖区内航道上起黄沟，下至前楼，里程26.9公里。其中通航航段，为六级航道（规划为四级航道），是宿州市对外正常通航的水上通道。浍河原为直航河流。

1964年后，因兴修水利，在浍河航道上修建五河、固镇、蕲县等节制闸，固镇以上航段断航。20世纪90年代后期，淮河水利委员会根据国家谁设障谁复航的原则，启动浍河复航工程。1998年，固镇船闸建成通航，1999年4月5日，蕲县港由泗县航运公司13号拖队一轮十驳，装载1200吨煤炭至江苏兴化试航成功。从此，该航段经固镇船闸至五河入淮至洪泽湖，百吨级以上船舶即可通江达海。该航道复航以来运输量逐年增加。1999年运输量为10万吨，其中发运量6.5万吨。2000年增至100万吨，其中发运量50.3万吨。2006年运输量超过200万吨，仅发运量就达到106万吨。

（三）沱河

沱河系天然河流，属淮河水系，发源于河南省商丘地区的刘堤，经河南省永城市、安徽省淮北市濉溪县，宿州市埇桥区、灵璧县至泗县樊集入沱湖，辖区河道段长约100公里。其通航航道上至大周排灌，下起埇桥区七岭子接新汴河站止，长4.3公里，为5级航道。

新中国成立前，沱河下游由樊集入口十吨以下木帆船可直达河南省永城县，一般水深1.5–2.1米，新中国成立初期尚有部分河段通航。1958年以后，水利部门为蓄水灌溉和防洪排涝的需要，在沱河上游永城以下修建了八座节制闸，切断航道，使沱河航运陷于瘫痪。从濉溪县四铺至宿县（今埇桥区）的河段，河宽40–60米，其间有岱桥四铺、七岭节制闸，闸上河道水深约有1.5–2米。该段系1966–1969年在原河基础上人工开挖，由于碍航闸坝多，无专业运输船航行，仅有少量农副渔船从事区间短途运输或捕捞作业。埇桥区至沱河集50多公里，其间有宿东、王桥、青龙、沱河集四座节制闸，河面宽25–30米，水深0.3–0.5米，因闸多水浅，航道断航。

（四）新濉河

2007年，全国第三次内河普查，该航道段上起泗县八里桥，下至五里戴，长18.1公里，为内河七级航道，暂未通航。

（五）萧濉新河

萧濉新河上起萧县岱河口，经淮北市濉溪县黄桥至老符离集菜园止，该航道段上起埇桥区与濉溪县交界处闸河口，下至老符离集止，长3.76公里，为内河六级航道，在老符离集建有节制闸，后配建符离船闸，通航船舶等级为100吨级。

（六）濉河引河

濉河引河上起埇桥区老符离集菜园，下至小吴家入新汴河，航道段长8.8公里，为内河六级航道，通航船舶等级为100吨级。萧濉新河上游从淮北市青龙山港，经符离船闸至濉河引河入新汴河，为淮北煤炭、符离石灰石和农副产品的外运提供方便。

（七）沱河引河

沱河引河位于宿州市京沪铁路沱河桥东侧，南起北园，向北经沱引河船闸至张房入新汴河，航道段长3.2公里，为内河六级航道，通航船舶等级为100吨级。

二、港口

根据2008年3月批准实施的《宿州港总体规划》宿州港分为埇桥、灵璧、泗县、蕲县四个港区，码头主要分布在新汴河和浍河航道上，码头最大靠泊能力设计为300吨级。

（一）埇桥港区

1.新汴河码头

新汴河码头位于宿州市新汴河公路大桥下游左岸208米处，1987年兴建，1988年竣工运营。从该港顺流而下经灵璧、泗县入洪泽湖，可直达苏、浙、沪等水域。码头自然岸线长240米，水域面积7200平方米，前沿水深3米。陆域面积15200平方米。码头为浆砌块石直立式码头，三个装卸泊位。码头总延长101米，最大靠泊能力100吨级，普通堆场2座，面积730平方米，简易堆场2处，2000平方米。码头建成启用后，多因下游航道水位原因，始终不能发挥其应有的作用。仅有1990年，最大吞吐量为22.6万吨。1996年后，基本断航。

2.浍河蕲县港区

蕲县港区由蕲东海事码头和众多个体码头组成，个体码头主要是1999年以后民间投资，规模和装卸工艺落后，共有大小码头22座，28个泊位，靠泊能力600吨级。蕲东海事局码头，由市海事局与龙王庙乡政府共同投资230.9万元兴建而成。码头岸线长95米，水域面积5700平方米，陆域面积8800平方米，两个堆场6400平方米。码头两个泊位设计最大靠泊能力为300吨级。另建有站房、宿舍两层楼房10间370平方米。

（二）灵璧港区

灵璧港区位于灵城镇新汴河航段上，由航运、南李、灵西三个码头组成。最大靠泊能力100吨级，年吞吐量为70万吨。

1.灵璧县航运码头

该码头位于灵城西新汴河灵西闸上游左岸300-400米处，逆流而上47公里抵宿州市，顺流而下经泗县入洪泽湖口，可直达苏、浙、沪等地。

码头陆域面积宽广，占地20多亩，东西长200米，南北宽140米，装卸泊位4个，堆物场2个约7000平方米。建候船室263平方米，办公室118平方米，生活区宿舍200平方米，仓库两座570平方米。

生产作业区码头前沿长104米，为直立和斜坡混合重力式码头。西为高水位码头，有三吨固定吊车1台，东为中水位和低水位码头，前沿后方有港区公路302米×10米。另有进港道路1000米×12米及20米×10米货台1个。河东岸有无阶码头2个泊位，靠近码头上游有1053平方米的毛石护坡。

码头水域29940平方米。因新汴河以行洪为主，设计滩地宽而低，汛期滩地行洪，给建码头带来困难。当时为了解决这一问题，开挖了170×60米的港池。码头前沿水深一般为2米，最低为1.5米，设计水位最高23.24米，最低20米。1985年，灵璧县在灵西闸上网箱养鱼把水位又提高到正常水位，不低于21.6米。

2.灵璧县南李码头

该码头又称灵璧县航运公司码头，位于灵城南1公里处南李村新汴河左岸。

1986年8月，由灵璧县交通局所属航运公司征地28亩，建前沿线长110米，靠船泊位3个，设施标高20米，码头高30米，前水位深1.8米，设计水位高18.5米，最低12米，港池宽80米，最大靠泊能力100吨级。有堆物场1个7700平方米，停货台6个计400平方米，配备活动吊车1台，皮带输送机1台，机械化装卸达到70%以上。1987年1月竣工并投入使用。

3.灵西乡码头

该码头位于灵城西紧邻灵西闸下游新汴河右岸，占地5.6亩，前沿线长60米，靠船泊位2个，设计标高14米，码头高20米，前沿水位深1.5米，设计水位高13米，最低7.5米，最大靠泊能力为90吨级。有堆物场1个1000平方米，停货台2个计100平方米，全为人工装卸。进口货物主要为黄沙、建材、化肥等，出口货物主要为小麦、黄豆、山芋干等农产品。1993年封港。

（三）泗县港区

泗县港区由泗县码头、泗县粮食局码头、山头港区的3座码头组成，最大靠泊设计能力为300吨级，年吞吐量为15.5万吨。

泗县港区位于泗城南新汴河胜利大桥下游左岸200-394米之间，出口货物主要为小麦、山芋干、粮食、棉花、黄麻等农副产品，进口货物主要是化肥、磷肥、食盐、石油、黄沙和矿物性建筑材料等。1985年，年吞吐量为20.7万吨，创历史最高。此后，运量便逐年减少，1998年吞吐量减至3万吨。1999年后，虽地处下游航段，仍受水位和通航设施的制约，无法保证全年正常通航。

1.泗县码头

该码头原最大靠泊设计能力为100吨级，年吞吐量为15万吨。码头为直立和斜坡相结合、浆块与部分混凝土相结合的重力式码头，自然岸线长194米，水域面积1.2万平方米，陆域面积1.7万平方米。码头岸线长97米，前沿水深1.70米，最大靠泊能力100吨级，有3个装卸泊位，普通堆场5处面积计1885.8平方米，容量2640.1吨，主要用于堆积粮食。简易堆场2处，天然地面结构，面积2700平方米，容量3780吨，2005年，宿州市港航局将该码头改建为2个3000吨级泊位。

2.泗县粮食局直属库码头

该码头位于泗城南新汴河胜利大桥下游右岸，建于1986年，主管机关为泗县粮食局，管理机构为泗县航运管理站，属企业自备码头，主要用于粮食运输，年综合货运能力为15万吨。该码头自然岸线长130米，水域面积0.6万平方米，陆域面积2.5万平方米。码头为浆砌块石直立式，总延长100米，前沿水深2.0米，最大靠泊能力100吨级，有3个装卸泊位，生产用堆场5351.4平方米。

3.山头码头

山头码头位于泗县山头镇小高村徐洪新河右岸，上承江苏省徐州，向下经江苏省泗洪县入洪泽湖，可直达苏、浙、沪等地。无枯水期，可常年通航，1997年建成使用，码头设计靠泊能力100吨级，年设计吞吐能力3万吨。

码头自然岸线长20米，水域面积0.4万平方米，陆域面积2.5万平方米。码头为浆砌条石直立式，总延长30米，前沿水深1.5米。有1个装卸泊位，多用普通堆场1200平方米，容量1680吨，简易堆场2000平方米，属天然地面，用于堆存非金属矿石，容量2800吨。港口基本为人力装卸。码头开港运营以来，年综合吞吐能力3万吨，主要用于非金属矿石运输，销往江苏省淮阴、洪泽、涟水等地的水泥厂、石灰厂。

三、水运企业

至2007年年底，宿州市水运企业有集体企业7家，民营企业10家。

2007年宿州市水上运输集体和民营企业统计表

表3-4-6

企业名称	企业性质	船舶（艘）	载重（吨）	功率（千瓦）	经营区域	成立时间
宿州市航运公司	集体	175	31229	15005	长江中下游	1954.2
宿州市顺达航运有限公司	民营	61	11445	4782	长江中下游	1958.3

续表3-4-6

企业名称	企业性质	船舶（艘）	载重（吨）	功率（千瓦）	经营区域	成立时间
宿州市江海航运公司	有限责任	27	6980	3490	长江中下游	2004.10
宿州市蕲县兴实航运有限责任公司	有限责任	44	10193	5096	长江中下游	2004.10
宿州市中航船务有限公司	有限责任	53	13395	6697	长江中下游	2004.7
宿州市江河航运有限责任公司	民营	24	4850	2425	长江中下游	2004.10
宿州市安诚航运有限责任公司	有限责任	126	35462	17713	长江中下游	2006.6
宿州市浍河航运有限公司	有限责任	60	15000	—	—	2005.12
灵璧县航运公司	集体	167	39000	—	—	1972.2
灵璧县第二航运公司	民营	185	27872	—	—	1998.2
灵璧县华联航运公司	集体	165	30009	10128	长江中下游	1993.1
灵璧县启荣航运有限责任公司	有限责任	7	2210	1470	长江中下游	2004.11
泗县航运公司	集体	65	14445	4499	长江中下游	1956.4
泗县泗州航运公司	集体	20	8864	3287	长江中下游	1972.11
泗城航运公司	集体	174	35120	14572	长江中下游	1985.6
泗县汴河航运公司	集体	18	3424	1456	长江中下游	1994.8
泗县江海船舶有限公司	有限	14	4110	2100	长江中下游	2004.12
个体船户	个体	19	15210	5070	—	2007.12

第五节　交通管理

一、管理机构

宿州市交通局建于1961年3月，前身为宿县专署交通科，宿县行署交通局，系主管地方公路和水路交通运输行业管理的行政职能部门。

1988年，宿县行署交通局内设纪检组、监察室、人秘科、工程科、运管科，企管科、计财科。辖宿县地区汽车运输公司、宿县地区公路管理总站、宿县地区航运管理局，及5县1市交通局。

1993年3月，人秘科改称办公室，工程科、运管科、计财科分别更名为工程处、运管处、稽征处（正科级），增设宿县地区交通系统工会工作委员会（副处级）。1994年，恢复工程科、运管科、计财科称谓，增设宿县地区公路运输管理处（副处级事业单位）。1996年，计财科改称财务科，增设交管科。

1999年7月，撤地建市，宿县地区行署交通局遂更名为宿州市交通局。2000年，增设车购办、重点工程招投标办公室、工程质量监督站。

2002年6月，交管科更名为安全交管科，增设人事法规科。9月，根据《中华人民共和国公路法》和《安徽省公路分级管理实施意见》，经宿州市编委批准，同意设立宿州市县乡公路管理处，为副处级事业单位。2002年10月，宿州市航运管理局更名为宿州市地方海事局。2005年4月，宿州市人民政府决定市路桥工程公司由市公路局划归市交通局管理。

2007年，局机关科室沿承原制。直属单位有宿州市公路运输管理处、宿州市县乡公路管理处、宿州市公路管理局、宿州市汽车运输有限责任公司、宿州市路桥工程公司（以上为副处级）、宿州市交通职工学校、东昌宾馆、宿州市交通局出租车管理办公室、宿州市交通基本建设工程招投标办公室、宿州市交通基本建设工程质量监督站（以上为正科）、上海大众汽车宿州销售服务有限责任公司、宿州市大众汽车综合性能检测有限责任公司（以上为企业）。辖宿州市地方海事局及4县1区交通局。

二、运输市场管理

20世纪80年代前，宿县地区公路客货运输，系“独家经营”，条条管理。

1983年、1984年，中共中央下达《允许农民个人或联户购置大、中型汽车、拖拉机从事生产和运输》文件后，个体、联户运输业从乡村到城市迅猛发展，运输市场发生根本性地变化，继续延用“三统”政策，已不能适应运输市场的发展需求。

1984年，安徽省宿县地区汽车运输公司（省属运输企业）下放地方管理，行署交通局遂将集管科更名为运管科，对道路运输市场进行行业规范管理。

1986年7月，安徽省第八届人大常委会通过《安徽省道路运输管理条例》。1986年12月，交通部、国家经委发布《公路运输管理暂行条例》。两个“条例”明确提出道路运输市场实行多家经营、统一管理、协调发展、平等竞争的原则。公安、工商、财政、税务、物价、建设等有关部门应当按各自职责，协助交通行政主管部门做好道路运输管理工作。“条例”规定，对从事营业性道路运输经营者实行开业颁证、歇业报停及年度审验制度。

（一）开业颁证

凡申请从事营业性道路运输及运输服务的单位和个人，必须持当地乡（镇）以上人民政府和主管单位的证明，并附身份证、驾驶证、车购费及新增车辆审批表等相关资料，向当地县级以上道路运政管理机构提出开业申请，经审查批准的发给经营许可证、道路运输证、技术合格证。从事营业性道路运输经营者持道路运输经营许可证，向工商行政管理部门申领营业执照，并按国家规定分别向税务部门申办税务登记，向保险机构办理车辆保险事宜。

（二）歇业报停

根据“条例”规定，对从事道路运输经营者，因故向道路运政管理机构申报暂时停业的，应本着实事求是的原则，只要理由正当，准予临时停业，停业时间原则上一般不得超过两个月。如情况特殊，确需延长停业期的，必须提供相关有效证明，方可批准。

（三）年度审验

1987年，辖区交通部门根据交通部、国家经委颁布的《公路运输管理条例》规定，交通运管部门对机动车辆年度审验范围涉及四个方面，主要包括营运证件、经营行为、经营条件和各种交通规费的交纳。辖区运政管理部门，每年第二季度，组织运政人员，赴县、市对机动车辆集中时间巡回年检。1987年，辖区年度审验机动车9800多辆次。随着机动车辆的逐年增加，至2007年，年度审验机动车辆增至近2万辆次。

三、路政管理

公路路政管理工作，其职能主要是依法管理和保护路产、路权的完好。

（一）路政法规宣传

1987年1月，《安徽省公路管理条例》公布实施。10月，国务院颁发《中华人民共和国公路管理条例》，辖区公路管理部门进行广泛深入地宣传活动，并在交通繁忙路段和城区、集镇悬挂过街宣传条幅，并利用广播、电视、报纸等新闻媒体广为宣传，使“条例”精神，家喻户晓，深入人心。

1997年始，安徽省公路管理局确定每年5月份为全省“路政宣传月”。开局之年，宣传月活动主题是“创建文明公路，穿集镇路段实施‘一隔三化’”。此后，公路部门每年以“路政宣传月”为载体，以不同内容为主题，力求在宣传的深度、广度上收到实效。

（二）设标清障

1.路标设置

1990-1998年，设置省际、市（地）际、县际交界处钢质龙门架11处，警告标志68块，指向标志78块，地名牌93块，举报点牌4块。1992年，还在G104、G206、G310等国道干线公路上更新添置各种标志560多块，并划道路中心线150多公里，辖区部分路段路容路貌出现了新气象。1998年，根据“公路法”的相关规定，辖区开始在干线公路埋设公路控制界桩372公里1688根（其中，国省道公路控制界桩136公里），重点路线标志更新56公里。

1999-2000年，辖区埋设干线公路控制界桩719公里，新设公路标志200多块，规范公路非标志50多块，实施GBM工程300多公里，并对公路险段、险桥、急弯设置警戒标志。

2002年，随着公路技术等级和路网水平的提升，原设标志已不符合规范要求，市公路局投资60万元，先后在国道干线路段更新地名牌、指向标志、警告标志、宣传牌和道口标桩256块（根）。

2004年，市公路局更新和新设地名牌、指路、警告及道口标桩等公路标志1024块（根）。按照省公路局统一规定，埋设省际公路分界标志11块，并在重要国省道交通繁忙路段设置若干超限警告标志。对辖区道路封闭施工路段，埋设封闭施工公告牌19块，制作安装施工标志200块，确保工程施工期间的通行安全。

2005年后，随着农村公路等级的不断提高，根据国家“公路法”和“安徽省公路路政管理条例”有关规定，对农村县乡公路逐步按照标准化、规范化的要求，开始设置各类交通标志牌。

2.路障清除

1987年5-6月，各县（市）按照省交通厅、公安厅联合发出的“关于严禁在公路上打麦晒粮的通知”精神，组织人员，清除路障，保护公路设施的完好，并对违章建筑、侵占路基和破坏公路设施等侵犯路产、路权的行为积极采取措施，结合实施GBM工程（即标准化、美化工程）维护公路完整。对穿集镇路段实行“一隔三化”管理：即住宅、店面与公路分隔和路政巡查制度化、边沟浆砌规范化、非交通标志统一化。辖区公路路障清除工作，路政管理部门每年均实施规范化、常态化管理。1998年，完成重点线路8个穿集镇路段23.2公里“一隔三化”的治理，拆除各种非交通标志396块，清理违章堆积物300余处6700平方米，拆除违章建筑45处520平方米。至2001年，完成穿集镇路段“一隔三化”33处，建设路政管理示范道班25个，并完成路政管理达标县的创建工作。

2004-2007年，辖区路政执法人员不断加大路政管理力度，有效打击侵占路产路权的非法行为，路容路貌整洁美观，给道路运输提供了“畅、洁、绿、美”的交通环境。

（三）路政管理措施

1992年前，公路路政管理部门，主要履行养路费征收和路政管理两项职能。在日常工作中，偏重于养路费征收，而对路政管理则是集中时间阶段性治理，缺乏常态化的管理。1992年11月，地区公路局为加大路政管理力度，将地、县（市）路政科（股）养路费征收析出，路政科（股）成为辖区公路路政依法行政管理的职能部门。

2000年，公安、国土资源、建设、规划、工商、水利、环境保护、林业等行政主管部门，依照各自职责，协助交通行政主管部门和公路管理机构做好公路路政管理工作，建立政府及有关部门协调配合、专兼结合、群众参与的路政管理措施，强化路政管理，维护公路及其公共设施的完好。

2001年后，在路政管理工作中，坚持“依法治路、防治结合、综合治理、保障畅通”的方针，树立路政管理为巩固公路建设和养护成果服务的思想，正确处理路政管理与公路建设之间的关系和预防管理与事后处理的关系，建立精干、高效的路政管理体系，全面实行公路路政行业管理；依法维护路产路权，加大执法力度；实施“队伍建设工程”，加强执法人员教育，提高执法人员综合素质。至2007年，全市路政执法部门坚持与地方政府联手共管，建立属地段长责任制，形成“人民公路人民管”的长效机制。市辖四县一区路政管理达标合格率为100%，非标规范化率达95%以上。

（四）路损理赔

20世纪90年代前，对造成公路路产路权损坏者，按实际损坏程度，由公路部门收取一定数额的路损赔偿费，并用于公路的维护或修复。2001年，根据国家、省相关法规，公路管理部门对路政稽查中和投诉举报的各类路政案件依法立案、调查、处理时，均按照路损理赔程序，做到事实清楚，证据确凿，适用法律法规准确，处理结果公正合法。1993-1995年，受理查处各类路政案件160起，累计收取路政案件赔偿费

450多万元。1996-2000年，立案查处各类路损案件150多起，查处率96%，结案率100%，路政案件理赔费额达400多万元。

2002年10月，宿州市政府下发《关于开展集中治理整顿客货运输车辆严重超载超限活动的通告》。2005年，市公路局印发《关于加强治超工作的通知》，对超限车辆在治超站点实行卸载并收取路损费。是年，出动路政执法人员10160人次，检查车辆15928辆次，其中查处超限车辆1420辆次，卸载车辆1240辆次，卸载重量4254吨。另查处各类路政案件132起，收取路损费550万元。2007年，查处超限车辆5170辆，卸载20790吨。超载超限运输车辆由治超前的80%下降至20%左右，减少了超载车辆对公路造成的危害。

四、出租车业管理

宿州市城区出租车客运业的发展，是在改革开放城乡运输市场中应运而生的新生产业。20世纪80年代中后期，宿城火车站广场出现少量出租车辆，并成立“通达出租汽车公司”。随着时间推移和城内客运市场的发展，出租车行业便从小到大，从弱到强，公司化发展迅速。至1995年，市内先后成立“东风”“大众”等20多家出租公司，出租车400-500辆。1997年增至800多辆。至2000年，宿州市出租车猛增至1500多辆，车型主要为昌河、奥拓等。出租车公司经整合优化为9家，即意达、联华、新亚、平安、昌河、神州、达维、大众、神龙等。2005年，宿州市人民政府同意出租车辆进行更新，并按照“总量控制、减一增一、业主自愿、市场选择”的原则，更新后车型为羚羊、千里马、夏利、爱丽舍、捷达等。2007年，宿州城区出租车总量1298辆。

（一）管理机构

宿州市交通局出租车管理办公室成立于2000年12月，驻东昌路27号，系宿州市城区出租车客运市场管理、监督的行政执法职能部门。

1995年，宿州市（县级）交通局成立“出租车管理办公室”，加强对出租车行业的管理。1999年4月，撤地建市后，宿州市人民政府对埇桥区相关部门的工作权属进行调整。2000年12月，宿州市交通局成立“出租车辆管理办公室”，为科级事业单位，将埇桥区交通局“出租办”管理人员成建制移交市交通局管理。

2001年后，宿州市出租车管理办公室根据出租车行业创建文明和谐交通的需要，相继制定出租车驾驶员“行为、职业道德、文明用语、仪表、车容车貌、运营服务”等规范，同时还制定“文明优质服务驾驶员标准”和“文明优质服务车辆标准”，在出租车行业中争做文明驾驶员、争开文明车的活动蔚然成风。2005年1月，宿州市政府制定《宿州市出租汽车客运管理办法》，给出租车客运管理提供了规章依据。6月，市交通局印发《出租车驾驶员文明服务手册》，以保障乘客、经营者及驾驶员的合法权益。

（二）出租车管理

宿州市交通行政主管部门是出租车客运行业的主管机关，负责宿州行政区域内的出租车客运管理工作。公安、财政、城建、城管、工商、税务、物价、质监等有关部门按照各自职责，密切配合，共同做好出租车客运管理工作。

1.车辆管理

出租汽车在正常营运期间，各项技术性能指标必须符合国家标准，车辆设施和标志实行八个统一管理：即统一车体颜色（浅蓝色）、统一顶灯装置、统一喷制企业名称标识、统一安装座垫套、统一安装计价器、统一安装服务资格证架、统一安装营运标志牌、统一安装防护网。

2.经营管理

出租汽车客运经营者，应严格遵守国家有关法律法规及政策规定，依法经营，安全运行，文明服务，诚实守信，公平竞争，合理收费，按章纳税，自觉接受行业管理。

五、航政管理

（一）船舶管理

1986年《中华人民共和国内河交通安全条例》公布实施后，对船舶管理更加规范化、法制化，船舶出航必须具备航行有关证件：即船舶检验证书、船舶国籍证书、船舶产权证书、船舶最低安全配员证书、内河船舶防油污证书。

1994年，船舶换发新证书计400余份。1995年，因汴河水位不能保持正常通航，辖区船舶大都流失到苏南长江沿线从事水上运输，此后船舶不再集中年审。

1998年，辖区航政管理部门整顿水上运输市场秩序，对大船小丈量船舶通过船检换发新证，同时复核船舶主尺度、吨位等技术参数。

1999年，辖区船舶开始换发国家海事局印制的全国统一新版证书。船舶证书：1.船舶检验证书，包括船舶吨位证书、船舶载重线证书、船舶适航证书、船舶防止油污证书；2.船舶登记证书，包括船舶所有权证书、船舶国籍证书、船舶最低安全配员证书；3.船员证书，包括船员适任证书、船员服务簿、船员特殊培训合格证书。船舶文书包括船舶签证簿、船舶安全检查记录簿、油类记录簿、垃圾记录簿、航行日志、轮机日志。

2005年，根据国家安监局、国防科工委、交通部、农业部通知，对2002年及其后建造的船舶，船长在50米以上无图纸资料的低质量营运船舶及渔船进行专项治理，通过摸排，全市有45艘低质量船舶需进行附加检验，其中有38艘通过附加检验，有两艘船舶被交通部挂名重点治理，全部检验工作于2006年结束。2007年，市海事部门集中时间、地点和人员，对辖区船舶原有档案及新入户船舶规范建档，至6月，整理归档6000余份。

（二）船员管理

1988年后，辖区航运管理部门利用每年船舶集中年审之机，对新增船员进行理论、技术培训，考试合格后核发驾驶执照。

2003年，安徽省海事局将四等船长考试发证权下放到宿州市地方海事局。此后，每年分四期对四等及其以下船员进行培训、考试和发证。

2007年，国务院公布《中华人民共和国船员条例》，这是国家颁布的第一部关于船员管理的法规性文件，市海事部门依照“条例”，对船员依法规范管理。

六、纠风治乱

20世纪80年代初，有些单位和部门受经济利益的驱动，不顾党和政府的三令五申，擅自在干线公路上乱设站卡、乱罚款、乱收费，“行车难”已成为社会普遍反映的热点、难点问题。

1990年后，国务院和安徽省人民政府加大治理公路“三乱”的力度，先后颁布了根治公路“三乱”的有关法规，省人民政府要求公安、交通、林业部门设置的检查站、收费站，应当按照“统一规划、合理布局、总量控制、保障畅通”的原则，提出设站方案和申请，报省人民政府审批。凡未经省政府批准，各级、各部门擅自越权批准或自行设立的各种站卡，一律无条件撤除。经过严查治理，辖区治理公路“三乱”工作取得了阶段性成效，1996年被省政府宣布为国、省道基本无“三乱”的地区。

1998年，国务院召开交通部、公安部、国务院纠风办负责人会议，决定治理公路“三乱”向县乡道路和水路延伸，为继续巩固治理公路水路“三乱”成果，防止反弹，对治理“三乱”提出“巩固成果、力度不减、突出重点、有效推进”的治理思路，建立常设机制，并与市政府纠风办密切配合，通过巡查、暗访、社会监督，使全市治理公路和水路“三乱”工作取得阶段性成果。至2007年，全市在治理公路水路“三乱”取得阶段性成果的基础上，交通行政执法部门，把工作重点由“治理”转向“巩固成果，防止反弹”上来，进一步遏制了“三乱”现象的滋生和慢延，实现了境内公路水路无“三乱”的目标要求。

第六节　交通工程质量管理

20世纪前，全市交通工程建设项目监理工作，以建设单位自监为主，行业主管机构进行抽监督查。2000年，为适应交通基础设施建设快速发展的需要，宿州市编制委员会以编办（2000）026号文，批准成立宿州市交通基本建设工程质量监督站，为正科级事业单位，定编5人，领导职数1正1副。2004年，该站人员及检测设施筹建基本完善，并经省交通厅考核验收合格，为宿州市交通基本建设工程质量进行监督管理的职能专职机构，其主要职责是对国、省、县道公路新、改（扩）建及大修工程、独立大中桥梁工程；500吨级以下码头工程及通航建筑物，4级以下航道等工程质量实施质量检测与鉴定，并按权限组织工程质量事故调查处理；负责全市交通工程造价管理及监理、试验检测行业管理和对县级质监机构的业务指导。

根据交通部和省交通厅关于交通工程质量监督工作有关文件精神，质监站监管范围内的公路、水运工程建设项目，必须遵循下列工作程序，并向质监部门提供相关资料。

1.工程质量监督期：公路工程办理施工许可证前三十日起至工程通过竣工验收止，为公路工程质量监督期；水运工程自招投标公告发布之日或投标邀请书发出之日起至工程保修期届满为止，为水运工程质量监督期。

2.工程建设单位在办理开工备案前三十日，填写《公路水运工程质量监督申请书》，到相应质监机构办理质量监督申请手续。列入省交通建设计划、跨省辖市区域的一级公路建设工程项目实行“省市联合，以市为主”的监督模式，建设单位应到所在地质监机构办理质量监督申请手续，并同时提交工程项目审批文件、施工图纸、地质水文勘察等相关资料。

3.质监机构对工程质量监督工作，采取综合督查、专项督查、巡视督查、备案督查等方式，对从业单位质量管理行为、施工工艺、工程实体质量等进行监督检查。

4.质监机构在开展质量监督过程中，应做好现场监督检查记录，填写《建设项目质量安全监督检查告知书》《建设项目质量安全管理不良行为记录表》。

5.质监机构对督查中发现的质量问题，应在现场提出整改要求，一般质量管理问题和质量缺陷，责令现期改正；对不合格工程，责令限期返修；对违法的质量行为依法予以纠正。

6.质监机构对工程质量问题的整改落实情况实行追踪检查，对严重质量问题的整改结果进行现场核验。

7.建设单位应按现行国家标准、行业标准规定的质量要求组织工程交工验收。工程验收之前，质监机构应出具《公路水运工程交工质量检测意见》；建设单位应向质监机构提交《公路水运竣工质量鉴定申请书》，两单位按有关规定确定竣工验收质量监测单位。质监机构依据交工验收质量检测资料、竣工验收复测资料、设计单位质量评价报告及监督过程中的检查资料，对工程进行质量鉴定，并出具《公路水运工程竣工质量鉴定报告》，未经质量鉴定或质量鉴定不合格的项目，不得组织竣工验收。

8.质监机构依据竣工验收结论，对通过竣工验收的公路水运工程各参建单位签发《参建单位工作综合评价等级证书》。

宿州市交通工程质检机构建立至2007年，全市在公路、水运质检范围内的建设工程项目，工程质量均达到优良，在全省交通工程质量综合检查评比中，工程质量合格率名列前茅。

第五章　电　力

宿县地区用电始于民国5年（1916年）。当年，宿县火车站西大有冷藏鸡蛋厂1台25千瓦发电机组投产，供厂区照明和生产用电。次年，由宿县商会发起，在宿城小东门内梓潼庙（今宿州农电公司院内）创办宿城电灯公司（后改名耀宿电灯公司），发电装机由10千瓦发展到120千瓦，主要用于城关照明，后因战乱和经营不善，于民国35年（1946年）2月停业。

新中国成立后，1950年兴办宿县电灯厂，在耀宿电灯公司的原址上，逐渐发展到装机7台，总容量1170千瓦，供宿城工业和照明用电。1953年起，泗县、灵璧县、砀山县、固镇、萧县陆续兴建小型发电厂，供各县城关工业和照明用电。20世纪50年代末和60年代初，为开发淮北煤田，建成以濉溪县渠沟电厂、宿县蔡桥电厂和宿东电厂为电源，连接萧县、濉溪和宿县的35千伏电力网。60年代中期，以发展粮棉高产地区电力排灌为重点的农田基本建设兴起，电力由城市延伸到农村，并逐渐扩大到农副产品加工、乡镇企业及农民生活用电。1969年，110千伏宿灵泗输电线路和灵璧县、泗县2个变电所建成投运。1970年，35千伏毛（毛庄变电所）黄（黄口变电所）线延伸到砀山县，35千伏砀山北关变电所建成投运，宿县地区各县城关及一些主要集镇实现由电网供电。1971年9月，首条联接淮南和淮北两个电网的110千伏田（田家庵电厂）宿（宿东电厂）线建成，宿县地区东部110千伏网架初步形成。

1976年7月1日，宿县地区供电局成立，在安徽省电力局和宿县地委、行署的领导下，统一管理宿县地区电网。1978年7月，110千伏淮（淮北电厂）砀（砀山）线和110千伏砀山变电所建成。自此，以110千伏电网为依托，连接宿县地区各县城乡的35千伏电力网初步形成。1978年年底，宿县地区共有发电厂1座（宿东电厂），发电机组1台1.2万千瓦。共有35-110千伏公用输电线路28条总长673.7公里；35-110千伏公用变电所27座，主变压器35台，总容量11.203万千伏安；6-10千伏配电线路3108公里，6-10千伏配电变压器2570台，总容量19.3万千伏安。

中共十一届三中全会以后，电力事业迎来改革开放、阔步发展的新局面。为了加快电力发展，20世纪80年代初，中央和安徽省政府陆续出台扶持农电发展的一系列政策，鼓励集资建设发电厂（或机组）和输变电工程。特别是1998年年底开始的城乡电网建设改造、农电体制改革和实行城乡用电“同网同价”，使得宿州市的发电生产、电网建设、供电、用电和农村用电都发生了巨大变化。

1989年以后，4次扩大宿东电厂装机，建设朱仙庄煤矸石电厂、安徽华电宿州电厂。为了综合利用资源，丰源生化、芦岭煤矿、祁东煤矿还兴建了自备电厂。2007年，宿州地区共有公用发电厂3个，装机8台共151.2万千瓦（其中宿东电厂4台共30万千瓦，朱仙庄煤矸石电厂2台共1.2万千瓦，安徽华电宿州电厂2台共120万千瓦）；共有企业自备电厂3个，装机5台共5.7万千瓦（其中丰原生化热电站1台0.3万千瓦，芦岭煤泥热电厂2台共2.4万千瓦，祁东煤泥矸石电厂2台共3万千瓦）。

1981年以后，电网建设迅速发展。姬村、刘尧、陇海3个220千伏输变电工程，六里、符离、红庙、城南、浍沟、东郊、北郊、黄桥、李园、栏杆等110千伏输变电工程和北苑等35千伏输变电工程相继投产或完成扩容改造。一个以220千伏和110千伏为主网架，35千伏输变电网络覆盖城乡的宿州电力网已经形成并不断发展完善。2007年，宿州电网共有35-220千伏公用输电线路141条总长1906.7公里，总长度比1978年增长1.83倍；共有35-220千伏公用变电所98座，主变压器160台，总容量199.87万千伏安，变压器总容量比1978年增长16.85倍；共有10千伏配电线路11395.7公里，比1978年增长2.67倍，10千伏配电变压器14243台共130.3万千伏安，配电变压器总容量比1978年增长10.63倍。

在发电和供电规模不断扩大的基础上，宿州地区用电水平不断提高。2007年，宿州地区最高用电负荷达到54.34万千瓦，比1978年增长9.18倍；全市用电量251102万千瓦时，比1978年增长10.67倍，年平均增长率8.84%。

第一节　发　电

一、公用发电厂

（一）宿州汇源发电有限责任公司

宿州汇源发电有限责任公司的前身是原宿东发电厂，位于宿州市北关，沱河北岸，北靠新汴河，东距津浦铁路约300米，西临206国道，交通便捷，用水条件好。

1961年5月，1.2万千瓦发电机组（1号机）投产后，宿东电厂由淮北供电局代管，1962年3月，由水利电力部徐州电业局接管，1973年7月，宿东电厂划归安徽省水利电力局管辖。1983年8月，与宿县地区供电局合并。1991年，恢复发电厂名称。1995年，成立安徽宿州汇源发电有限责任公司，实行董事会领导下的总经理负责制。1997年8月20日，安徽省电力工业局决定汇源发电公司与宿州电业局在机构、隶属关系上进行分离。

宿东电厂第一期（1.2万千瓦机组）工程于1960年6月破土动工。厂区占地14.7公顷。发电机组为上海汽轮机厂生产的国产第1台双水内冷汽轮发电机组。1961年5月1日，机组正式并网运行，编号为1号机发电机组。通过35千伏宿（宿县）马（马庄变电所）线，与徐州电网并列，主要供淮北地区煤矿用电，另有6千伏线路，供宿县县城和郊区工农业生产用电。1963年5月至9月，对一期工程进行填平补齐和机组完善，发电机换装为上海电机厂1962年12月出厂的TQSS-2-12双水内冷发电机，带同轴励磁机与汽轮机直接耦合传动。完成了电气主控制楼、35千伏开关室、110千伏升压站、循环水系统、机修车间及输煤栈桥和碎煤机房等基础工程，使该厂安全生产状况渐趋好转。翌年，该厂建成一条1320米电厂至宿县火车站的运煤铁路专用线，摆脱了板车运煤的状况。“文化大革命”期间，曾一度实行“一厂变两厂”运行发电，最高负荷达2.24万千瓦，日常带负荷1.8万千瓦。年耗原煤为7万吨左右。1993年，华东电管局以华东电集财（1993）195号文批准宿东电厂1号机（1.2万千瓦）机组报废，但仍作康复机组发电，至1996年4月3日，该机组正式停机退役，随后即被拆除。宿东电厂1号机从1961年至1996年累计发电量为229981万千瓦时。

1961-1996年宿东发电厂1号机情况表

表3-5-1

项目 年份	发电量 (万千瓦时)	综合厂 用电率(%)	供电标准煤耗 (克/千瓦时)	发电设备平均 利用小时(小时)
1961	896	14.67	1283	748
1962	2508	11.10	955	2090
1963	2793	11.63	783	2328
1964	2025	10.45	686	1688
1965	3471	9.94	657	2893
1966	4072	8.64	603	3393
1967	5155	10.01	677	4296
1968	3561	11.07	782	2968
1969	5480	10.06	768	4567
1970	7440	8.2	673	6200
1971	9652	8.8	714	8043
1972	9173	8.13	698	7644
1973	8593	9.27	744	7161
1974	6070	8.98	850	5058
1975	7154	7.84	756	5962
1976	8681	7.69	730	9234
1977	8413	7.39	736	7011
1978	7093	6.68	679	5911
1979	9385	7.58	705	7821
1980	7956	6.01	677	6630
1981	8279	6.23	658	6899
1982	6540	6.44	657	5450
1983	6545	6.45	663	5454
1984	6605	6.30	668	5504
1985	8444	5.84	667	7037

续表3-5-1

项目 年份	发电量 (万千瓦时)	综合厂 用电率(%)	供电标准煤耗 (克/千瓦时)	发电设备平均 利用小时(小时)
1986	8302	5.72	667	6918
1987	9140	5.91	667	7617
1988	9374	6.06	667	7812
1989	7772	6.0	667	6477
1990	6532	7.27	674	5443
1991	6775	7.32	674	5646
1992	6393	7.70	674	5328
1993	6053	8.16	677	5044
1994	6037	8.38	678	5031
1995	5880	8.69	677	4900
1996	1739	—	—	1449
合计	229981	—	—	—

1989年，宿县地区行署为缓解电力供应的紧张局面，决定自筹资金集资办电，采用预售电量和集资等方法筹措社会资金，在宿东发电厂扩建1台2.5万千瓦汽轮发电机组。由中国核工业第五研究设计院设计，河南省第二建筑工程公司承建，新征地2.67公顷。1989年5月开工兴建，1991年7月1日试运行72小时后，正式投入运行发电，编号为2号发电机组。工程决算总造价为5949.65万元，全部由宿县行署集资。为便于管理和协调，成立宿东发电厂二分厂，独立核算。1990年12月，宿县地区行署与安徽省电力局签订了《宿东发电厂2号机组代管协议》，委托省电力局代管，约定代管10年后2号机无偿移交安徽省电力局。1996年4月16日，宿县地区行署以行署秘（1996）10号文将2号机划归宿县地区电力发展公司。1999年1月1日，电厂资产重组，2号机并入汇源发电有限责任公司。

1995年，安徽省电力工业局决定在宿州组建全省第一个股份制发电企业，成立安徽宿州汇源发电有限责任公司。由安徽力源电力发展公司出资65%，宿县地区华源电力发展公司出资25%，安徽康源电热有限公司出资10%，在宿东电厂扩建1台12.5万千瓦汽轮发电机组（即3号发电机组），由安徽省电力设计院设计，安徽省电建二公司施工，工程于1995年12月18日正式开工兴建，1997年8月投产发电。

1996年，根据电厂周边工厂及居民区供热需求，安徽康源电热有限公司与宿州市电力投资公司共同出资1.1亿元组建安徽宿州裕源电热公司，在电厂原1号机厂房旧址安装1台1.5万千瓦汽轮发电机组（兼供热），由化工第三设计院设计，安徽电力建设二公司安装，1999年3月投产发电，仍编为1号机，随后并入宿州汇源发电有限责任公司经营管理。

2002年12月21日，汇源公司决定扩建4号机组，即13.5万千瓦热电联产工程，并获安徽省计委批准立项。2003年4月29日通过项目可行性报告。2003年9月5日，工程初步设计方案通过安徽省计委审查。汇源公司4号机是安徽省“863”计划和宿州市重点工程项目。由安徽力源电力发展有限责任公司、安徽明生电力发展股份合作公司、安徽康源电热有限公司、安徽宿州华源电力发展有限责任公司和安徽省裕源电力综合发展公司5家公司分别按40%、25%、10%、17%、8%比例出资兴建，静态投资为6.098亿元。该4号机组3大主机均采用哈尔滨三大动力厂产品。本期工程按照《宿州市城市热电联产规划》建设，系宿州市唯一的热源点集中供热项目。公司运煤采用铁路专线。采用一条220千伏线路在姬村变电所上电网。除尘采取四电场电除尘，增设1套气力除灰系统，可减少大气污染，提高城市环境质量，属环保型热电联产项目。

4号机组由安徽电力设计院负责设计，安徽电建二公司承建，2004年3月28日正式开工兴建。2005年7月投产发电。至此，汇源发电公司已形成投资多元化、产权多元化的格局。该公司拥有4台汽轮发电机组，总容量达到30万千瓦，年发电量20亿千瓦时，产值约6亿元，每年可上缴税款4000万元左右。

1991-2007年宿东发电厂1号（新）—4号机组情况表

表3-5-2

年度		1991	1992	1993	1994	1995	1996	1997	1998
1号（新）机组（1.5万千瓦）	发电量（万千瓦时）	—	—	—	—	—	—	—	—
	厂用电率（%）	—	—	—	—	—	—	—	—
	供电标准煤耗率（克/千瓦时）	—	—	—	—	—	—	—	—
	发电设备平均利用小时（小时）	—	—	—	—	—	—	—	—
2号机组（2.5万千瓦）	发电量（万千瓦时）	3737	15249	12885	18090	17455	17282	17263	13180
	厂用电率（%）	9.34	9.25	8.77	8.75	8.97	7.88	8.85	8.66
	供电标准煤耗率（克/千瓦时）	595	584	579	570	569	562	563	556
	发电设备平均利用小时（小时）	1495	6100	5154	7236	6982	6913	6905	5272
3号机组（12.5万千瓦）	发电量（万千瓦时）	—	—	—	—	—	—	9435	62194
	厂用电率%	—	—	—	—	—	—	8.7	8.23
	供电标准煤耗率（克/千瓦时）	—	—	—	—	—	—	418	389
	发电设备平均利用小时（小时）	—	—	—	—	—	—	755	4976

续表3-5-2

年度		1991	1992	1993	1994	1995	1996	1997	1998
4号机组（13.5万千瓦）	发电量（万千瓦时）	—	—	—	—	—	—	—	—
	厂用电率%	—	—	—	—	—	—	—	—
	供电标准煤耗率（克/千瓦时）	—	—	—	—	—	—	—	—
	发电设备平均利用小时（小时）	—	—	—	—	—	—	—	—

年度		1999	2000	2001	2002	2003	2004	2005	2006	2007
1号（新）机组（1.5万千瓦）	发电量（万千瓦时）	6068	7937	8734	6835	10443	10515	11547	10627	7207
	厂用电率（%）	7.78	9.02	8.80	7.70	9.07	9.63	8.01	8.14	8.99
	供电标准煤耗率（克/千瓦时）	454	487	478	456	460	469	464	462	461
	发电设备平均利用小时（小时）	3892	5291	5823	4557	6962	7050	7698	7085	4805
2号机组（2.5万千瓦）	发电量（万千瓦时）	14153	16837	15031	16074	19049	17626	19975	14607	1535
	厂用电率（%）	7.69	7.27	7.03	6.83	7.33	7.61	7.39	7.49	7.88
	供电标准煤耗率（克/千瓦时）	523	489	486	482	483	489	480	478	480
	发电设备平均利用小时（小时）	5661	6735	6012	6430	7620	7050	7990	5843	614
3号机组（12.5万千瓦）	发电量（万千瓦时）	59638	66373	69453	77830	88562	99317	89537	77707	91890
	厂用电率（%）	7.20	7.22	7.00	7.03	6.92	7.02	7.1	7.60	7.23
	供电标准煤耗率（克/千瓦时）	377	373	374	373	373	374	374	372	370
	发电设备平均利用小时（小时）	4771	5310	5556	6226	7085	7947	7163	5902	6807
4号机组（13.5万千瓦）	发电量（万千瓦时）	—	—	—	—	36424	87723	90723	—	—
	厂用电率（%）	—	—	—	—	—	6.63	7.17	—	—
	供电标准煤耗率（克/千瓦时）	—	—	—	—	—	372	371	367	—
	发电设备平均利用小时（小时）	—	—	—	—	—	2539	6419	6598	—

（二）煤矸石发电厂

宿州煤矸石发电厂（宿州电力有限责任公司）位于宿州市东郊朱仙庄镇，紧靠朱仙庄煤矿。属国家鼓励的资源综合利用、减少三废、有利环保并享受减免税待遇的坑口电站。每年使用煤矸石20万吨，减少煤矸石堆放占地20余亩，煤矸石燃烧后的沸腾渣是良好的水泥掺合材料，烟道小灰可做建筑砌块等深加工建筑材料。

宿州电力有限责任公司是由宿州明丽电力实业总公司、淮北矿业（集团）有限责任公司朱仙庄煤矿、安徽汇源电力有限责任公司、淮北凌云电力实业总公司、宿州市电力能源开发公司、安徽省电建二公司、安徽明达电力总承包有限责任公司合资联办的股份制企业，注册资本3270万元，三炉二机，装机容量2×0.6万千瓦，通过二条35千伏线路从220千伏姬村变电所35千伏母线上网，资产总额9500万元，年发电能力8500万千瓦时，职工242人。

煤矸石发电项目于1993年2月8日经安徽省计划委员会批准建设，1994年5月28日破土动工。1996年3月7日，1号机组并网运行。1997年6月9日，2号机组并网运行。该厂汽轮机、发电机均为洛阳发电设备厂制造，锅炉为江西锅炉厂制造。锅炉容量为35吨/小时。该厂主要燃用煤矸石发电，有时煤矸石热值较低，为了机组安全运行和正常生产的需要，必须掺入一部分次煤、煤泥等混合燃烧。燃料主要来源自朱仙庄煤矿、芦岭煤矿、祁南煤矿、临涣煤矿等。为了保障煤矸石电厂和电力系统安全稳定运行，充分发挥煤矸石电厂的经济效益，宿州电力有限责任公司与宿州供电局于1996年相继签订了《并网调度协议》《并网运行经济协议》和《宿州煤矸石发电厂委托（宿州供电局）管理协议》。

2001年4月，该厂顺利通过安全文明生产达部标考评验收，是安徽省第一个地方集资电厂“双达标”企业。该厂注重做好环境保护工作，严格执行国家环境保护标准，经宿州市环保局组织有关单位对该厂多次监测，均达到国家规定污染排放标准。2001年6月，安徽省环保局授予该厂“安徽省一控双达标”工作先进企业称号。该厂回收后的炉渣（沸渣）是良好的水泥掺合材料，除当地水泥厂使用外，还远销江苏徐州、安徽蒙城、凤阳、灵璧等地。

1996–2007年宿州朱仙庄煤矸石发电厂生产情况表

表3–5–3

年度	发电量(万千瓦时)	综合厂用电量(万千瓦时)	厂用电率(%)	厂供电量(万千瓦时)	标煤耗率	
					供电(克/千瓦时)	发电(克/千瓦时)
1996	724.38	105.99	14.51	619.29	796	681
1997	6179.44	849.92	13.75	5329.52	818	705
1998	8734	1104	13	7630	749	654
1999	9139	1132	12.4	8008	748	655
2000	9083	1146	12.6	7937	750	655

续表3-5-3

年度	发电量(万千瓦时)	综合厂用电量(万千瓦时)	厂用电率(%)	厂供电量(万千瓦时)	标煤耗率	
					供电(克/千瓦时)	发电(克/千瓦时)
2001	8838	1160	13.1	7678	756	656
2002	9190	1266	13.8	7924	790	682
2003	8864	1183	13.3	7681	787	682
2004	7920	1135	14.3	6785	802	687
2005	6794	958	14.1	5836	783	673
2006	3770	653	17.3	3117	821	679
2007	2074	306	14.7	1768	791	675

年度	标准煤耗量			原煤耗量（吨）	煤矸石耗量（吨）	低位发热量		
	小计（吨）	原煤折（吨）	煤矸石折（吨）			原煤（千焦/千克）	煤矸石（千焦/千克）	
1997	4931	1233	3698	3923	11768	18003	6280	1207
1998	43584	12988	30596	19430	131217	19626	6612	5150
1999	57158	—	57158	—	200878	—	8339	7278
2000	59881	—	59881	—	233561	—	7514	7616
2001	59491	—	59491	—	216136	—	8067	7569
2001	58027	—	58027	—	224901	—	7562	7365
2002	62634	—	62634	—	256290	—	7163	7658
2003	60449	—	60449	—	270440	—	6551	7386
2004	54419	—	54419	—	265281	—	6012	6600
2005	45697	—	45697	—	188347	—	7111	5663
2006	25604	—	25604	—	102928	—	7291	3142
2007	13991	—	13991	—	51527	—	7958	3457

（三）安徽华电宿州电厂

1.工程概况

安徽华电宿州电厂位于宿州市埇桥区符离镇以北3公里处，临近京沪铁路、206国道。该厂占地面积79.3公顷，建设用地性质为耕地、山坡地、山间谷地。电厂一期厂区用地面积为46.36公顷。2004年，安徽省建设厅同意该工程建设项目选址。

电厂规划容量为320万千瓦。一期（2×60万千瓦），建设工程由华电国际电力股份有限公司和安徽宿州华源电力发展有限公司共同出资建设，并于2003年成立安徽华电宿州发电有限公司，具体负责电厂的建设和营运。该项目以2003年价格水平估算，发电工程静态投资为399875万元，动态投资为470256万元，项目计划总投资472356万元。项目资本金占动态投资的20%，其中由中国华电集团公司出资97%，安徽宿州华源电力发展有限公司出资3%。资本金按工程建设的需要分5年投入，资本金以外的部分即80%由银行贷款解决。安徽电力设计院和西南电力设计院联合体负责该厂主体设计，中咨工程建设监理公司为工程监理单位。

华电宿州电厂一期工程于2005年3月8日由国家发改委以发改能源［2005］351号文予以批准。2005年5月28日开工建设，安徽省电力建设第二、第一工程公司为主体施工单位，一期工程安装2台60万千瓦超临界燃煤、全烟气除尘和脱硫的环保型机组，是国家“皖电东送”主力电厂和安徽省的“861”工程重点建设项目之一。2005年12月28日，安徽华电宿州电厂二期2台100万千瓦超超临界燃煤机组初步可行性研究报告通过华东电网有限公司组织的专家审查，总投资约80亿元。2007年9月2日和11月10日，1号机组和2号机组先后完成168小时满负荷试运行，相继投产发电。

2.电厂一期工程主设备及辅助设备

（1）三大主机

锅炉：采用东方锅炉厂引进日立——巴布科克技术生产的60万千瓦超临界自然循环直流炉，型号为DG1900/25.4——Ⅱ3，型式为单炉膛、前后墙对冲燃烧、一次再热、平衡通风、露天布置、固态排渣、全钢构架、全悬吊结构Ⅱ型锅炉。锅炉最低不投油稳燃负荷可达30%B-MCR。配备二台采用引进技术设计的三分仓式回转式空气预热器。锅炉燃烧系统采用低氮燃烧器，锅炉效率为93.63%。

汽轮机：采用上海汽轮机有限公司引进德国西门子技术生产的60万千瓦超临界汽轮机，型号为N600—24.2/566/566，型式为单轴、三缸四排气、双背压凝汽式汽轮机。汽机热力系统采用八级（3高+1除+4低）回热加热系统。设置汽动给水泵以满足机组的正常运行。电动给水泵作为机组启动兼事故备用。汽轮机效率（额定抽气工况）为47.45%。

汽轮发电机：采用上海汽轮发电机有限公司引进德国西门子技术生产的QFSN-600-2型水—氢—氢冷却发电机。励磁系统方式采用高起始响应的自并励静止励磁系统。发电机效率为99%。

（2）辅助设备

该工程部分关键设备部件、阀门、仪表和控制设备以及锅炉过热器、再热器、主汽管和高温集箱用钢管、汽轮机高、中压缸用钢铸件、低压转子铸件、钛合金长叶片等选用进口设备和材料，其余全部由国内生产制造，国产化率达80%以上。主要辅机设备中，包括超临界机组锅炉给水泵等拟引进技术，国内生产。在积极消化国外技术的基础上，以国外核心技术为依托，在设计和设备选型上支持三大风机、磨煤机、凝结水泵、高低压加热器、除氧器以及仪表与自控系统软件的开发和国产化生产。支持选用国产化超监界机组仪表和自动控制系统，在保证机组正常运行的前提下，支持超临界机组高压阀门国产化。

安徽华电宿州电厂一期60万千瓦机组效率及设计煤耗指标

表3-5-4

名称	数额	单位
锅炉效率	93.63	%
汽轮机热耗率(额定抽汽工程)	7892.6	千焦耳/千瓦时
发电机效率	99	%
汽轮机效率(额定抽汽工程)	47.45	%
发电标准煤耗	285.42	克/千瓦时
供电标准煤耗	305.26	克/千瓦时
全厂热效率	43.03	%
综合厂用电率	6.5	%

（3）电气系统

根据华东电网网架发展规划和国家电网公司以国网公司计项（2004）114号“关于印发华电宿州电厂一期（2×600兆瓦）接入系统设计（一次部分）审查意见的通知”，本期2×600兆瓦机组直接升压至500千伏母线，通过2回500千伏线路接至500千伏濉溪变电所（该变电所于2007年7月底建成投入运行），并网接入点至电厂线路为15公里。根据该厂对设备利用小时、固定资产折旧率、贷款利率、标煤价等方面进行的测算结果，该工程综合上网电价为0.2548元/千瓦时（其中，容量电价为0.1301元/千瓦时，电量电价为0.1247元/千瓦时）。

（4）燃料与运输

该厂锅炉燃料为烟煤，设计年燃煤耗量为301.4万吨（日耗煤按20小时，年耗煤按5500小时计）。燃料供应一是淮北矿业集团的祁南矿、孙疃矿、杨柳矿；二是皖北煤电集团的刘桥一矿、任楼矿。燃料运输均为铁路线，一是从淮北煤矿铁路至青阜线至符夹线至电厂新建专用线；二是从皖北煤矿铁路至符夹线至电厂专新建用线。

（5）水源与除尘

该厂机组循环冷却水采用扩大单元制循环供水系统。补给水源分别为宿州市城南污水处理厂的中水和新汴河河水，每小时供水量为2737吨。水源地距22.16公里。该厂除灰方式为干除灰，除尘装置为高效静电除尘器，效率为99.8%，并装设脱硫装置。同时预留脱硝装置。出灰场所位于宿州市鹰山和狼山之间的山间谷地，一期灰场占地面积为47.3公顷，使用年限设计为13.8年。

3.环境保护

（1）生态环境概况

根据宿州市（2002–2020年）城市总体规划，该市将在原有市区基础上向北扩展至符离镇。电厂厂址在该镇以北3公里处，南距宿州市18公里，符合国家关于不得在大中城市建成区和规划区新建扩建火电厂的政策规定，且已取得国家环保总局环审（2004）487号“关于华电宿州电厂一期2×600兆瓦机组工程环境影响报告书审查意见的复函”。宿州市的能源结构以燃煤为主，大气污染属煤烟型。该市环境监测站于2003年4月26-28日对该区域进行了大气环境质量监测，厂址周围没有大的工业污染源、区域TSP、SO_2和NOX日平均浓度值均未超过GB3095-1996《环境空气质量标准》中的二级标准，仍有较大环境容量。

（2）烟尘处理

本工程选用含硫量小于0.5%的低硫煤种，采用低氮燃烧技术，选用石灰石—石膏湿法脱硫装置，与电厂同步建设，脱硫效率为95%。两炉共用一座高度为240米的烟囱（出口内径为9米）排放烟气，并装设烟气排放连续监测装置。

该厂烟尘处理采用高效能电除尘器，最终烟尘排放浓度为34mg/Nm^3（校核煤种1为45mg/Nm^3，投核煤种2为29mg/Nm^3,）烟尘年排放总量为847吨，满足电力行业规定的《火电厂大气污染物排放标准。

（3）废水处理

该工程优先考虑选用节水设备以节约用水，减少废水排放。厂内排水采取雨污分流。生活污水经隔油后，采用接触氧化法处理，达标后的废水入复用水池。输煤系统废水经沉淀处理后回用。酸碱废水采取中和处理。含油废水采取油水分离。脱硫废水采用凝絮、沉淀处理。各类工业废水经处理后回收用于干灰调湿水、煤场喷淋、地面冲洗等。多余废水入循环水处理系统循环使用，废水基本不外排。工业废水重复利用率100%，循环水重复利用率99.7%，符合清洁生产要求。

（4）电厂噪声源防范

该厂在主要设备订货时即提出明确的限噪要求，提高设备安装精度，做好机器部件的静平衡和初平衡，以减少激发震动和动力。同时，采取各种有效的隔声、吸声和减震措施，对送风机、一次风机入口装设消声器；锅炉排气采用小孔消声器；厂房采取隔声、减震、内墙加贴吸声材料等降噪措施；对声功率较强的生产设备加装隔声罩；对各种管道接口采用软性连接，降低空气动力性噪声。另外合理确定厂房开窗比、提高绿化系数也属降噪的措施。为进一步减少厂里噪声的影响，宿州市建委发函同意禁止在电厂噪间隔离带内新建噪音敏感设施。由于采取积极的防噪措施，对电厂噪声的传播起到抑制作用。同时，由于噪声的衰减作用，厂区边界处的噪声能达到《工业企业厂界噪声标准》（GB12348-90Ⅲ类标准）。

（5）灰、渣、脱硫石膏综合利用

该厂电气除尘器二、三、四电场的干灰可直接用于水泥生产，灰渣磨细后可作为水泥掺和料，粉煤灰可代替部分黏土制成烧结砖，掺灰量最大可达60%左右，还可用作铺路或制造砌块等。本期工程年产灰80.102万吨，渣14.135万吨，电厂已与宿州明丽相山水泥有限公司签订了“安徽华电宿州电厂4×600兆瓦机组工程灰渣购销协议”；与宿州市公路局签订了“安徽华电宿州发电有限公司2×600兆瓦机组工程炉渣、石子煤综合利用协议”。年综合利用灰40万吨，渣14万吨，灰渣综合利用率为57.3%，另外，该厂与可耐福石膏板（芜湖）有限公司签订了“脱硫石膏供销购销协议”，每年可综合利用脱硫石膏6万吨，未及利用部分则用汽车运至渣场存放，待进一步开拓综合利用途径。

（四）华电宿州生物质能发电公司

华电宿州生物质能发电有限公司位于宿州市经济开发区东南部，占地200亩。2006年8月，该秸秆发电项目经国家发改委核准并被列入安徽省"861"行动计划。项目规划装机总容量5万千瓦。一期工程投资2.8亿元，安装2台1.25万千瓦发电机组，于2007年6月28日开工建设，计划2008年6月建成投产。

一期工程投产后，每天需要秸杆600多吨（相当1000多亩玉米地的秸秆产量），每年可消化秸秆20万吨。利用秸秆发电，改变了在田野燃烧秸秆烟雾弥漫城市农村的现象，使可再生能源得到充分利用，节能环保，与同规模燃煤电厂相比，每年可减排二氧化碳4万吨，不仅可改善空气质量，同时可增加农民收入。

二、企业自备电厂

为了综合利用资源，从1993年起，丰源宿州生物化工有限公司、芦岭煤矿和祁东煤矿先后兴建自备电厂。

（一）丰源生化热电站

该电站以供热（气）为主，不仅可以确保公司生产、生活用气负荷，还兼顾了生产所需的部分用电负荷，同时作为公司的保安电源。热电站1993年开工，1995年调试运行。设计最终规模为三炉二机，已建成二炉一机（发电机0.3万千瓦）。

（二）芦岭煤泥热电厂

该厂利用芦岭矿选煤厂副产品——煤泥、煤矸石等低热值燃料与洗末煤混烧，实现热电联产。电厂规模二炉二机（2台1.2万千瓦发电机）。1999年3月开工，2001年3月调试完毕投入运行。

（三）祁东煤泥矸石电厂

该厂利用祁东煤矿及选煤厂的副产品——煤泥、矸石为主要燃料生产电力，设计规模三炉三机（3台1.5万千瓦发电机组）。一期工程二炉二机（2台1.5万千瓦机组），预留一炉一机位置。于2004年5月开工，2006年8月并网运行。

第二节　供　电

一、供电企业

宿州供电企业，是安徽省电力公司宿州供电公司及其下属的6个县级供电公司。

宿州供电公司负责全市电力发展规划、电网建设、电力运行、调度、电力营销，对所辖6个县级供电公司业务指导和管理。直接管理全市所有220千伏和110千伏公用输电线路和变电所的运行和检修，负责宿州市城区及近郊35千伏公用输电线路和变电所、10千伏及以下公用配电设备运行和检修。各县（区）供电企业负责各自营业区的电力发展规划、35千伏公用输变电设备和10千伏及以下配电设备的建设、运行、检修、电力调度和电力营销。

（一）宿州供电公司

安徽省电力公司宿州供电公司的前身是安徽省宿县地区供电局。

1975年12月3日，成立安徽省宿县地区电业局。1976年，该局接管原由淮北供电局管理的宿县、萧县、固镇、濉溪4个直供县供电局，1977年，从淮北局接管了灵璧、泗县和砀山3个县的电力趸售业务。由于电网结构上的原因，当时隶属于宿县地区行署的五河、怀远两个县和固镇县曹老集地区的供电业务仍由蚌埠供电局管理。1979年3月，濉溪供电局划归淮北供电局管理。1983年8月31日，按照安徽省电力工业局（83）皖电劳字第948号通知要求，宿东发电厂（部属企业，1台1.2万千瓦发电机组）与宿县地区供电局合并，重新组建宿县地区供电局。1990年年末，宿县地区供电局共有职工1088人，其中发电308人，供电780人。1991年1月1日，固镇供电局移交给蚌埠供电局管理。此后，宿县地区供电局的供电营业区域稳定在宿县地区（1999年5月撤地建市，改设省辖宿州市）的砀山、萧县、宿县（1999年5月改为宿州市埇桥区）、灵璧、泗县。1991年11月13日，宿县地区供电局更名为宿州电业局。1997年8月20日，鉴于宿东发电厂1号1.2万千瓦发电机组已经报废拆除，2号发电机组（地方集资兴建2.5万千瓦）产权属于地方，正酝酿改制，新扩建的3号发电机组（12.5万千瓦）已组建宿州汇源发电有限责任公司，安徽省电力工业局决定，“汇源公司与宿州电业局在机构、隶属关系上进行分离，按照两个不同投资、不同管理性质的企业，实行独立建制和运作”。2001年7月11日，宿州电业局更名为宿州供电局。为适应电力体制改革和建立现代企业制度的需要，2003年6月11日，宿州供电局更名为安徽省电力公司宿州供电公司，当年8月1日正式挂牌，按公司化运营。2007年年末，宿州供电公司共有职工782人，固定资产原值98972万元。

1983年，进行企业全面整顿并经宿县地区行署和安徽省电力工业局验收合格。1985年起，实行局长负责制，在“抓管理、上等级、全面提高企业素质”的方针指导下，认真整顿充实企业管理的基础工作，建立安全质量、节能降耗和提高经济效益一系列保证体系和各种岗位责任制，各项经济技术指标不断刷新，企业整体素质明显提高，1989年度，晋升为省级先进企业。1994年7月，被华东电管局命名为“1993年度安全文明生产达标企业”。1997年6月，被电力部命名为“1996年度安全文明生产达标企业”。2000年7月，通过华东电力公司“1999年度华东电网一流供电企业”考评验收。2003年7月，被国家电网公司命名“2002年度国家电网公司一流供电企业”。2003年起，宿州供电公司贯彻国际先进的“质量、环境、职业健康安全”管理体系标准，2004年6月，通过中电联审核认证。

该局多次受到各级党委、政府和电力系统的表彰和奖励。1984年，获“安徽省最佳经济效益竞赛先进单位”称号。1987年和1991年，2次获“安徽省创优质服务争一流水平竞赛先进单位”称号。1993年，获“安徽省模范职工之家”称号，2005年，获“全国模范职工之家”称号。1993年至2005年，7次获得“安徽省文明单位”荣誉称号。1997年，获“安徽省整顿农村电价先进单位”荣誉称号。2000年起，连续8年获全国‘安康杯’竞赛优胜企业”称号。2001年起，连续4年获宿州市行风评议第一名和“宿州市行风建设标兵单位”称号，2005年，获“宿州市行风免评单位”。2006年，继续获得宿州市行风评议第一名。2002年，获“安徽省文明单位标兵”荣誉称号。2003年，获“安徽省先进集体”和“全国厂务公开先进单位”称号。2003年起，连续3年获“安徽省百万职工‘十五’发展创新工程先进单位”称号。2004年，获首届“安徽省创建文明行业工作先进单位”称号，2006年，再次予以确认。2005年，获“安徽省五一劳动奖状”和“全国精神文明建设先进单位”称号。2007年，获“全国五一劳动奖状”。

（二）县（区）供电公司

全市县级供电企业共6个。砀山、萧县、灵璧、泗县、埇桥5个供电公司是安徽省电力公司控股的有限责任公司，宿州农电公司是安徽省电力公司的子公司。

各县级供电公司的前身是各县供电局。

1992年7月，安徽省人民政府办公厅以政办〔1992〕49号文转发省体改委等六个部门《关于加强趸售县供电局管理问题的报告》。随后，宿县地区行政公署以行署发〔1992〕22号文，就切实加强对趸售县供电局的领导和管理，进一步落实“以电养电”的优惠政策，加速全区电力发展，提出了具体贯彻意见。至当年10月，宿州电业局先后与泗县、灵璧县、砀山县、宿县人民政府签订协议，对这4个县的趸售供电局（农电公司）实行行业归口管理。1995年10月10日，宿州电业局与萧县人民政府签订《关于加强萧县电力管理的协议》，萧县供电局退出政府行政序列，其生产经营和人财物由宿州电业局直接按电力系统企业化管理。1999年12月至2003年11月，随着农电“两改一同价”工作的推进，宿州市6个县级供电局先后完成体制改革，实现县乡（镇）电力一体化管理、公司化运营。

2007年，全市6个县级供电企业共有职工2253人，农村电工2316人，固定资产原值95054万元。

二、电网建设

宿州市用电始于民国5年（1916年）。当时，宿县大有冷藏鸡蛋厂自办发电机组（1台25千瓦）解决生产用电。随后各县县城陆续兴建电灯公司，以照明为主，兼顾工厂动力用电。20世纪50年代末和60年代初，随着淮北煤田的开发，建成以濉溪县渠沟电厂（1台0.5万千瓦发电机组）、宿县蔡桥电厂（1台0.15万千瓦发电机组）和宿东电厂（1台1.2万千瓦发电机组）为电源，连接萧县、濉溪、宿县的35千伏电力网和分散的6千伏电力网，向正在开发的各个矿区和濉溪、萧县、宿县3个县的城乡供电。60年代中期，宿县地区开展农田基本建设，大规模兴建电力排灌站和机电井灌溉，35千伏电力网延伸到固镇。1969年，110千伏宿灵泗输电线路和灵璧、泗县110千伏变电所建成投运，灵璧、泗县相继建设一批35千伏农村输变电工程。1970年，35千伏毛（毛庄变电所）黄（黄口变电所）线延伸到砀山县，35千伏砀山变电所建成投运。从此，宿县地区行署所在地、各县城关及主要集镇实现由系统电网供电。是年，35千伏马（淮北供电局马庄变电所）宿（宿东电厂）线完成110千伏升压改造。1971年9月，首条联接淮南和淮北两大电网的110千伏田（淮南田家庵电厂）宿（宿东电厂）线建成。自此，以两淮电网为依托，以宿东电厂为中心，辐射濉溪（东南部）、宿县、固镇、灵璧、泗县5个县的宿县地区东部110千伏网架初步形成。

1976年7月，宿县地区供电局成立，陆续从淮北供电局接收萧县、濉溪、宿县、固镇、灵璧、泗县和砀山的供电业务。由于电网结构上的原因，当时隶属宿县地区行署的五河、怀远两县和固镇县曹老集地区的供电业务仍由蚌埠供电局管理。

1978年5月，110千伏灵（灵璧变电所）屏（屏山变电所）线和110千伏屏山变电所2台1万千伏安的主变压器投运。7月，砀山县第一个110千伏输变电工程——110千伏淮（淮北电厂）砀（砀山变电所）线和110千伏砀山变电所首台2万千伏安主变压器投运。自此，以110千伏电网为依托，连接宿县地区各县城乡的35千伏电力网初步形成。年底，宿县地区电网共有110千伏公用输电线路5条，总长274公里；110千伏公用变电所4座，主变压器5台，总容量5.75万千伏安；35千伏公用输电线路30条536.3公里（其中固镇县4条68.4公里；濉溪县3条68.2公里）；35千伏公用变电所30座，主变压器39台，总容量6.783万千伏安（其中固镇县4座，主变压器6台总容量0.9万千伏安；濉溪县3座，主变压器3台，总容量0.43万千伏安）；6-10千伏配电线路3459公里（其中固镇县371公里），6-10/0.4千伏配电变压器2862台，总容量21.48万千伏安（其中固镇县292台2.2万千伏安）。当年12月，中共中央召开十一届三中全会，决定把工作重点转移到社会主义现代化建设上来，中国电力工业迎来了改革开放、阔步发展的新局面。

1979年9月，110千伏灵璧变电所增加1台1.6万千伏安主变压器。1980年9月，110千伏泗县变电所0.75万千伏安主变更换为2万千伏安主变压器。1981年5月，利用110千伏怀（怀远变电所）宿（宿东电厂）线开断引进兴建的110千伏六里变电所首台3.15万千伏安主变压器投运。1982年元月，徐州电业局把110千伏睢（睢宁变电所）屏（泗县屏山变电所）线安徽境内86号杆至屏山变电所一侧18.31公里线路资产，正式移交给宿县地区供电局管理（该线路后改从睢宁官山变出线，改称官屏线）。1983年11月和1985年8月，110千伏南（淮北局南坪变电所）六（六里变电所）线和110千伏南（南坪变电所）宿（宿东电厂）线相继投产，对改善宿州110千伏电网结构，提高供电可靠性和运行灵活性发挥了重要作用。

1987年9月，利用六（六里变电所）怀（怀远变电所）线“T”接建设的110千伏固镇变电所首台2万千伏安主变投运（1991年元月移交给蚌埠供电局）。1988年12月110千伏青（青龙山变电所）宿（宿东电厂）线符离变“T”接线建成，原35千伏符离变电所完成110千伏升压改造，首台2万千伏安主变压器投产。

1995年11月，萧县境内第一个110千伏输变电工程——110千伏纵（淮北局220千伏纵楼变电所）红（萧县红庙）线和110千伏萧县红庙变电所首台2万千伏安主变压器投运。自此，宿县地区各县境内都有了110千伏输变电工程。当年12月28日，宿县地区第一个220千伏输变电工程——220千伏南（南坪变电所）姬（姬村变电所）线和220千伏姬村变电所首台12万千伏安主变压器投运。原110千伏宿（宿东电厂）灵（灵璧变电所）线开断改造成宿姬Ⅰ回线和姬灵线。

1996年10月18日，110千伏六（六里变电所）城（城南变电所）线、姬（姬村变电所）城（城南变电所）线和新建城南变电所2台3.15万千伏安主变压器投产运行。1997年1月10日，110千伏灵（灵璧变电所）浍（浍沟变电所）线和110千伏浍沟变电所首台3.15万千伏安主变压器投运。5月30日，宿州汇源发电公司（宿东电厂）3号机（12.5万千瓦）上网线路——110千伏宿（宿东电厂）姬（姬村变电所）II回线投运。6月9日宿州朱仙庄煤矸石电厂2号发电机组（0.6万千瓦）投运。8月8日宿东电厂（宿州汇源发电公司）3号机（12.5万千瓦）竣工投运。11月19日110千伏姬（姬村变电所）符（符离变电所）线投运。12月110千伏姬（姬村变电所）东（东郊变电所）双回线路和东郊变电所升压改造（由35千伏升压110千伏）首台3.15万千伏安主变压器投运。1998年8月18日，完成110千伏宿（宿东电厂）宋（淮北局宋町变电所）开断改造，形成110千伏宿北线和北宋线，110千伏北郊变电所建成，2台主变压器（1台3.15万千伏安，1台2万千伏安）投产运行。1999年5月8日，110千伏泗县变电所与屏屏山变电所联络线建成投运。5月25日，宿县地区撤地建市，省辖宿州市正式挂牌。7月5日，220千伏国（淮北国安电厂）姬（姬村变电所）双回线投运，为姬村变电所提供了主供电源。2000年1月8日，220千伏姬（姬村变电所）刘（刘尧变电所）线和220千伏刘尧变电所首台12万千伏安主变压器投运。同时，完成110千伏灵璧变电所110千伏进出线调整改造，形成新的刘（刘尧变电所）泗（泗县变电所）线，刘屏（屏山变电所）线、刘灵（灵璧变电所）线和刘浍（浍沟变电所）线。

2002年4月19日，220千伏纵（淮北局纵楼变电所）陇（砀山县陇海变电所）输电线路和220千伏陇海变电所首台12万千伏安变压器投运。同时投运的还有陇海变电所至110千伏砀山变电所之间的110千伏联络线（陇砀线）。陇海变电所的运行，大大地提高了砀山县的供电可靠性。9月15日完成原35千伏六（六里变电所）城（城南变电所）线改造和原35千伏宿（宿东电厂）城（城南变电所）线开断，形成35千伏六（六里变电所）北（北苑变电所）线和宿（宿东电厂）北（北苑变电所）线，35千伏北苑变电所2台1.6万千伏安主变压器投入运行。2003年6月11日，110千伏纵（淮北局纵楼变电所）黄（萧县黄桥变电所）线和110千伏黄桥变电所首台4万千伏安主变压器投入运行，进一步提高了萧县的供电能力。10月29日，220千伏姬村变电所2号主变压器（12万千伏安）投运，提升了姬村变电所的供电能力和供电可靠性。2004年年底，完成110千伏泗县变电所1号主变压器增容（由2万千伏安更换成3.15万千伏安）和110千伏屏山变电所1号主变压器增容（由1万千伏安更换成2万千伏安）。2005年5月28日，110千伏红（红庙变电所）黄（黄桥变电所）联络线建成投运，使红庙和黄桥两个变电所110千伏互为备用，进而提高了萧县供电可靠性。7月220千伏汇（汇源发电公司）姬（姬村变电所）输电线路和汇源发电公司4号发电机组相继建成投运，4号机通过汇姬线并网。12月25日，220千伏刘尧变电所2号主变压器投运，提高了刘尧变电所的供电能力和供电可靠性。

2006年5月31日，110千伏李园变电所首台4万千伏安主变压器建成投运，同时，向京沪铁路曹村、陵家桥2个电力机车牵引变电站供电的6条110千伏输电线路相继建成投产，保证了京沪铁路电气化改造7月1日全线通车。7月25日，向陇海铁路文庄牵引变电站供电的2条110千伏输电线路建成投产，满足了陇海铁路电气化改造按时送电要求。2007年1月23日，110千伏萧县黄桥变电所2期工程（扩建主变压器1台4万千伏安）建成投产。6月26日110千伏栏杆变电所建成，首台4万千伏安主变压器投运。

6月28日220千伏宿州沱河变电所一期工程（首台主变压器15万千伏安）和华电宿州生物质能发电厂公司一期工程（2台1.25万千瓦发电机组）同时举行开工仪式。9月8日，110千伏萧县黄口变电所（首期1台4万千伏安主变压器）开工。12月28日李园变电所2号主变压器（4万千伏安）投产。

2007年，宿州已形成以皖北电力网为依托，以220千伏和110千伏为主网架，35千伏输变电网络覆盖宿州城乡的电力网。至当年年底，宿州供电网共有220千伏公用输电线路6条，总长218.8公里。220千伏公用变电所3座，主变压器5台，共60万千伏安。110千伏公用输电线路35条总长634.3公里。110千伏公用变电所14座，主变压器27台，共83.8万千伏安。35千伏公用输电线路100条共1053.6公里。35千伏公用变电所81座，主变压器128台，共56.07万千伏安。10千伏配电线路11395.7公里。10/0.4千伏配电变压器14243台共130.3万千伏安。

三、市区供电

宿州市区供电，始于民国6年（1917年）。当时，宿城电灯公司开始对外供电，主要是城区照明。1937年，宿城有2300伏高压配电线路1.5公里，220伏低压线路3公里，配电变压器6台，总容量52.5千伏安。1946年，宿城共有2300伏高压配电线10.85公里，220伏低压线15.4公里，配电变压器12台。中华人民共和国成立初期至1960年，由宿县发电厂供电，并兴建6千伏高压配电网，除用于照明外，逐步用于工农业生产。1960年和1961年蔡桥电厂、宿东电厂（宿州汇源发电公司前身）先后投运且并入徐州电网，分别通过宿城东关6千伏开关站和宿东电厂18号开关向市区（当时称宿城）6千伏配电网供电。当时，宿东发电厂不仅是淮北电网的重要电源，还担负向宿州市区及周边地区供电任务，其1号发电机6千伏母线，曾向市区、火车站、地县2个化肥厂供电（1995年电厂6千伏母线停止对外部用户供电）。其升压站35千伏开关室曾向芦岭煤矿、朱仙庄煤矿、宿东机修厂、前常铁矿、城南、符离、时村、四铺、蒙城县许町等农村变电所供电（2004年2月，35千伏出线按计划全部迁移出厂，终止对外35千伏供电）。1972年5月，35千伏城南变电所（主变压器变比35/6.6千伏，1台0.63万千伏安，另1台0.56万千伏安）投运，市区6千伏配电网逐渐形成。1976年7月，宿县地区供电局成立时，宿城共有6千伏配电线路182.8公里（其中系统公用线路82.6公里），6/0.4千伏配电变压器52台共7610千伏安（其中系统公用配电变压器39台5965千伏安）。1979年9月，地辖宿州市成立以后，市政建设迅速，工农业生产持续增长，用电负荷上升很快，供需矛盾突出。由于配电网是在原宿县城关镇的基础上发展起来的，网架单薄，电源点少，供电质量差，用户新建扩建用电得不到及时解决，市区配网急需升压改造。1981年5月，110千伏六里变电所首台主变压器（容量3.15万千伏安、110/38.5/11千伏）建成投运，为配网升压创建条件。宿县地区供电局利用六里变电所10千伏电源，把市区西部的6千伏配电网改造升压10千伏。1983年，把城南变电所2台35/6.6千伏主变压器退出，更换成2台各1万千伏安35/11千伏主变压器，并把城南变电所供电的原6千伏配电网改造升压为10千伏。至1984年2月，市区及近郊配电网升压改造全部完成。

1990年，保障市区用电的供电设施共有35千伏变电所2座（城南、东郊），主变3

台共3万千伏，110千伏变电所1座（六里），主变2台共6.3万千伏安。市区及近郊农村共有公用10千伏线路308.76公里（其中市区电力系统资产121.7公里，代管农电187.06公里），公用220/380伏低压线路365公里（市区90.9公里，农电274.1公里）；公用配变261台总容量23035千伏安（市区电力系统资产51台10300千伏安，代管农电210台12735千伏安）。

1998年，向市区供电的电力设施共有220千伏变电所1座（姬村变），主变1台，容量12万千伏安，110千伏变电所4座（六里、城南、北郊、东郊），主变7台，容量20.9万千伏安。各变电所均分散在市区周围，除担负市区的供电任务外，还担负着埇桥区和市区附近煤矿的供电任务。各变电所均存在70年代末期投运的老旧设备，其中六里主变和北郊主变分别为1980年和1978年生产的薄绝缘高耗能变压器，供电可靠性较差。

1998年，市区配网10千伏线路共有26条，其中公用线路21条375.4公里（其中市区163公里，近郊212.4公里），公用配电变压器408台61950千伏安（其中市区131台44320千伏安，近郊277台17630千伏安），专用变349台68275千伏安；10千伏用户专用线路5条26.5公里，专用变16台5560千伏安；公用低压线路614.2公里（其中市区220公里，近郊394.2公里）。配网结构薄弱，网络布局不合理。10千伏线路结线单一，均为单电源辐射式结线，主干线缺少分段开关，大部分线路与线路之间不能互备互用，运行灵活性差，设备故障或检修时无法缩小停电面积，供电可靠性低。多数线路供电半径过长，线径细，输送容量过大，导致线损大，线路末端电压低。同时，公用变容量规格多，60%以上的低压主干线采用辐射型结线方式，低压主干线分段运行不多，灵活性差，导线线径较细，台区之间无联络。公用变供电半径大，变压器负荷分配不合理，末端电压低，用电高峰时，一些台区出现日光灯、空调不能正常使用。

从1998年四季度开始，按照安徽省电力局（电力公司）的统一部署，宿州市城乡电网建设改造工程全面启动，经过四年多的艰苦努力，宿州市城网建设改造工程和郊区农村电网建设改造工程全面完成计划任务。经过改造，城网设备健康水平大大提高，市区变电容量已能满足负荷增长的需要，所有35千伏及以上变电所全部实现一主一备双电源和双主变运行，达到N-1准则，并全部实现无人值班。特别是北苑变的建成，解决了原有的几个变电所10千伏出线间隔缺少的局面，为配网的合理布局打下了坚实的基础。2002年至2007年，为适应城市发展，特别是配合市区东部经济开发区和西部行政新区建设，宿州供电公司共投资7200万元，新建10千伏线路136公里，改造10千伏线路30公里，新建改造0.4千伏低压线路210公里，新增和更换配电变压器260台，总容量8.19万千伏安。至2007年，向宿州市区供电的电力设施共有220千伏变电所1座（姬村变），主变2台，容量24万千伏安；110千伏变电所4座（六里、城南、北郊、东郊），主变8台，容量26.9万千伏安；35千伏变电所1座（北苑变），主变2台，容量3.2万千伏安。

市区及近郊35千伏用电由220千伏姬村变电所、110千伏六里变电所和北郊变电所供给。2007年，这3个变电所供电的35千伏专线用户有：芦岭煤矿、朱仙庄煤矿、祁东煤矿、宿东机厂、化工总厂、丰源生化、科苑集团、纺织厂、制药厂和玻璃纸厂等。

2007年，向市区及近郊配网供电的共有10千伏线路47条，其中10千伏公用线路41条582.7公里（其中市区331.8公里，近郊250.9公里），公用配电变压器724台20.06万千伏安（其中市区410台/18.27万千伏安，近郊314台/1.79万千伏安），10千伏用户专线6条30公里，用户专用配电变压器（包括专线用户和公用线路上的用户）972台15万千伏安；公用低压线路987.5公里（其中市区430公里，近郊557.5公里），10千伏线路断路器233台。10千伏配电线路基本实现“手拉手”接线，市中心主干道路基本形成了以10千伏架空绝缘线路为主的环网供电网架结构，具备了互供互备，相互联络的能力。10千伏柱上开关实现无油化。新技术、新设备、新工艺得到广泛应用，进一步提高了电网科技含量和现代化管理水平。城市供电能力、供电量、供电可靠性、电压合格率等指标较1998年城网工程启动前有了很大提高。

四、用电

“文化大革命”后，百废待兴，工农业生产用电和人民生活用电猛增，电力供需矛盾开始突现。1978年，宿县地区最高用电负荷5.34万千瓦，全年全区用电量21518万千瓦时。中国共产党十一届三中全会以后，随着改革开放的不断深入，宿县地区经济快速发展，拉动电力需求升温，缺电日益严重，电力供需矛盾更加突出。各级政府利用行政手段、技术措施和经济杠杆，大力开展计划用电、节约用电和安全用电，鼓励集资办电和实行多种电价制度，改变中央独家办电政策，吸引社会投资，加快电力工业发展。1991年7月，宿县地区行署集资兴建的宿东电厂2号发电机组（2.5万千瓦）投产。每年有1.6亿千瓦时的电量由地方政府安排，但对于严重缺电局面，无疑是杯水车薪，年电力缺口仍在5-6万千瓦，电量缺口3亿千瓦时。宿县地区行政公署为提高办电能力，增加电力投入，于1994年8月以行署发［1994］22号文下发《关于征收宿县地区电力发展基金的通知》，决定采取随电费集资办法，解决办电资金不足问题。决定除小化肥生产用电外，其他用户每度电加收2分钱，建立地区电力发展基金，由电力部门随电费代收，专款专用。至1996年10月停收，共收取集资办电资金2193万元。经行署审批，共安排电力基建和技术改造项目8个，合计投资2411万元（透支217.6万元，行署用城市附加收入弥补）。其中安排发电项目1个，投资600万元用于宿东电厂3号机建设。安排供电项目7个，投资1811万元。1996年3月和1997年6月由地方政府牵线煤矿和电力企业为主联合投资建设的宿州朱仙庄煤矸石发电厂2台0.6万千瓦发电机组相继投产，进一步缓解了全区用电紧张局面。

“九五”期间（1996-2000年），国家对经济发展进行宏观调控，经济过热现象得到抑制，1997年，社会用电首次出现供大于求的局面。供需矛盾的变化促进电力营销观念的转变，电力企业停止执行原来在计划经济和严重缺电情况下政府和电力部门所制订的限制用电有关规定，制订了一系列开拓电力市场和鼓励用电的优惠政策，刺激社会用电量增长。供电企业认真贯彻执行《中华人民共和国电力法》，大力推进电力体制改革和营销工作改革，努力提高服务质量，规范电力营销行为。

进入21世纪，宏观经济调控软着陆，社会用电量开始全面增长。2003年夏季，高峰时段开始出现电力供应缺口，宿州电网又采用调荷避峰的限电手段，最多一天曾限电5万多千瓦负荷。下半年，安徽电力公司根据国家发改委、国家电监会全面清理各地自行出台的优惠电价、纠正电价违规行为的要求，决定停止执行有关电价优惠政策。2004年以后，每年夏季高峰时段继续出现电力供应缺口，宿州供电公司加强电网特别是城市配电网建设改造和运行维护，加强需求侧管理和电力负荷管理系统建设，根据省调最大可用负荷指标，采取错、避峰用电和拉限电措施，推行峰谷分时电价，制定电网突发事件应急处理预案。2007年，宿州市最大用电负荷54.34万千瓦，全年全市用电量251102万千瓦·时。

1988–2007年宿州朱仙庄煤矸石发电厂生产情况表

表3-5-5

年份	1988	1989	1990	1991	1992	1993	1994	1995	1996
最高供电负荷（万千瓦）	9.83	11.0	11.5	11.94	14.04	12.7	14.3	16	21.2
供电量（万千瓦时）	68463	69307	70335	70152	76989	82220	90035	102602	114247
售电量（万千瓦时）	66128	66949	67987	68048	74699	77847	85277	97247	108406
损失电量（万千瓦时）	2335	2358	2348	2104	2290	4373	4758	5355	5841
线损率（%）	3.41	3.40	3.34	3.00	2.97	5.32	5.28	5.22	5.11
省电力局下达的线损率计划（%）	4.9	4.30	4.30	4.00	3.95	5.50	5.20	5.40	5.30

年份	1997	1998	1999	2000	2001	2002	2003	2004	2005	2006	2007
最高供电负荷(万千瓦)	24	26.5	26.8	27.5	28.8	35.3	37.7	37	44.5	47.0	57.34
供电量(万千瓦时)	127436	128508	125474	126791	134842	147542	157835	171504	201180	214650	251102
售电量(万千瓦时)	118825	120797	118813	119729	127314	139977	148872	162319	191134	204618	239800
损失电量(万千瓦时)	8611	7711	6661	7062	7528	7565	8963	9185	10046	10032	11302

续表3-5-5

年份	1997	1998	1999	2000	2001	2002	2003	2004	2005	2006	2007
线损率(%)	6.76	6.00	5.31	5.57	5.58	5.13	5.68	5.36	4.99	4.67	4.5
省电力局下达的线损率计划(%)	7.00	7.10	6.60	5.83	5.70	5.20	5.68	5.68	5.00	4.70	4.70

说明：1、宿县地区供电局1976年7月1日成立并正式对外营业，次年4月起根据安徽省电力局通知正式统计线损

2、省电力局下达的供电关口。1992年及以前为35千伏供电关口；1993年-1997年为110千伏供电关口；1998年-2002年为110千伏大关口（关口移至线路对端）；2003年起为220千伏大关口（关口在线路对端）

五、农电

（一）农村电网整改

宿州是个农业大市。其农村用电，发端于农田电力排涝、灌溉。20世纪60年代中期，以发展粮棉高产地区电力排灌为重点的农村电力基本建设在宿县地区兴起，并逐步扩大到农副产品加工、乡镇企业及群众生活用电。当时35千伏变电所随电力排灌站兴建，输电线路逐步延伸，形成“电跟水跑，顺藤结瓜”。输变电工程一般由水利、电业部门投资，也有社队集资（集体）兴建，产权不统一，致使农村电网布局不合理，线路长、电压低、线路损失大。“文化大革命”期间，片面追求降低造价，不顾工程质量，因陋就简，同时，盲目推行两线一地制，造成供电质量差，安全水平低。到1978年，只有86%的人民公社和48.5%的生产大队用上电。宿县地区供电局针对农村电网存在的问题，结合各县实际，制定了全区电网整改和发展规划，本着先急后缓，先易后难的原则，量力而行，逐年安排解决。电网整改和建设资金，除省电力局安排的拨款、贷款、更改和农电代管维护基金外，还利用县供电局的折旧、大修、低压电网维护费、地方财政补助和群众自筹，重点解决农村10千伏“两线一地”改三线，6千伏改造升压10千伏，更换黑铁皮铁芯配电变压器和高损耗配电变压器。1990年，宿县地区所有乡镇都用上电，村（行政村）通电率达91.9%，农户通电率达83.8%。

1985年，为了进一步提高农电管理水平，整顿生产秩序，提高设备合格率，逐步完善电网布局，依据《安徽省农电标准化管理条例》，大力开展农电标准化管理活动。至1997年，宿县地区共整改完善建成标准化35千伏线路48条756.9公里。标准化35千伏变电所53座，标准化10千伏配电线路224条3988公里，标准化配电台区2952个，标准化调度所5个，标准化计量所5个。

1994年，安徽省电力工业局为落实电力部“电力扶贫共富工程”，向全省电力系统发出“三年消灭‘无电村’，实现全省行政村村村通电目标”。当时，宿县地区未通电的行政村尚有198个（其中泗县85个，萧县59个，砀山县49个，原宿县5个），多是经济条件较差，偏离电源较远的村庄。为了弥补工程资金缺口，全区电力系统除从贴费

和自有资金挤出一部分作为自筹资金外，还在职工中开展“送光明、献爱心”捐款活动，全区电力职工三年内共捐款33.28万元。华东网局和安徽省电力局共向宿县地区无电村捐赠配电变压器62台，导线25吨。在宿县行署和县乡政府的支持下，农电职工和无电村干群共同奋斗，于1996年5月，全部解决了“无电村”，实现了村村通电目标。全区农户通电率提高到96.5%。

1997年，灵璧县为加快农村电网整改步伐，在原来“三个一点”解决办电资金的基础上，由县供电局集中向银行贷款，分步整改，利用整改后电价下降的电费空间，一部分留给农民，一部分用于归还贷款，以缓解农民集资或集中还贷的压力，取得了很好效果。灵璧供电局创造的“贷款整改、差价还贷、限期降价”的成功经验，很快在全省推广，引起国务院重视。1998年下半年，国务院部署的城乡电网改造工程在全国范围内展开。

（二）农村电价整顿

20世纪80年代末，农村电价高成为农民反映的焦点，社会关注的热点，供电管理的难点。当时形成农村电价高的主要原因是：（1）农村配电设施陈旧、标准低、质量差、线损高。（2）农村配电设备大部分属用户集体所有，用户要承担设备损耗电量，同时还要承担集体电力资产维护费。（3）配电设备主要由村电工管理，不规范、漏洞多，存在“人情电”“关系电”“权势电”“光棍用电，眼子出钱”，形成电费农民没少交，供电局没多收，少数人从中谋取私利。（4）一些地方乱收费、乱摊派、搭车收费。（5）偷窃电严重。

1990年7月，安徽省首次整顿农村电价工作会议在固镇召开，拉开了全省整顿农村电价的序幕。自此，宿县地区整顿农村电价工作全面展开。宿县地区供电局在宿县地区行署（宿州市政府）和安徽省电力局（电力公司）领导和支持下，依靠全区电力职工，一手抓管理措施，一手抓农村电网整改，使过高的农村电价得以控制。为提高电价、电费的透明度，便于群众监督，1996年供电企业开始实行台区用电“三公开”（电价公开、电量公开、电费公开）“一上墙”（每月一次按台区在布告栏公布）。1997年，宿州电业局把整顿农村电价列入县供电局局长业绩考核内容，与各县供电局长签订电价整顿目标责任书。地县供电企业开展优质服务活动，提倡城乡居民生活用电“一户一表”，实行四到户（销售到户、抄表到户、收费到户、服务到户）服务。行署物价局等政府部门也把降低农村电价作为一项重要工作，经常监督检查。1998年后，农村居民生活电价逐步回落。至2002年，除少数未整改台区居民生活电价执行最高限价每千瓦时0.85元外，已整改台区电价基本稳定在每千瓦时0.70–0.73元。

（三）两改一同价

全市农网改造在1998年年底开始，两期农网建设和改造工程共投入资金63995.1万元（其中一期工程投资32952.3万元，二期农网工程投资20190.8万元，农民下户线自筹10852万元），先后于2001年10月和2003年10月通过市级竣工验收。2004年5月根据国家电网公司和安徽省电力公司要求，全面开展农网工程“回头看”检查整改工作，于2005年7月通过国家发改委牵头的“两改一同价”整体验收确认。宿州市两期农村电网建设改造共完成：110千伏工程3项，其中2座110千伏变电所增容改造，新增110千伏主变压器2台，总容量6.3万千伏安，新建110千伏线路1条14公里；35千伏工程19项，其中建改35千伏线路174.32公里，建改35千伏变电所16个，新增35千伏主变压器11台共3.205万千伏安，更换35千伏主变压器13台共4.65万千伏安；4个县城网工程完成新建、改造台区144个，建改10千伏线路85.873公里，建改380/220伏线路371.3公里；新建、改造农村公用配电变压器台区7421个，占当时台区总数的93.79%，新建改造10千伏线路6375.67公里，新建改造380/220伏线路16283.15各米，新建下户线6011.08公里，整改农村居民下户线95.086万户。

灵璧供电局作为安徽省第一家改制的县级供电企业，于1999年12月改组为安徽省电力公司控股的有限责任公司。至2001年8月，泗县、砀山、萧县供电局和埇桥供电公司也相继改制成安徽省电力公司控股的有限责任公司。宿州供电公司郊区供电所于2003年11月改制成安徽省电力公司全资子公司。

乡（镇）供电所改革是农电体制改革的重点。从1999年起，历时两年，全部完成乡（镇）供电所体制改革。全市乡（镇）供电所由改制前的120个（原称乡镇电管站）减少到105个。农村电工经过考试考核，从原有6230人中择优录用2854人，实行持证上岗，合同管理。经过改制，由原来县、乡（镇）、村“三级管电”改为县、乡（镇）“两级管电”，取消了村级管电组织，由乡、镇供电所实行“四到户”服务。乡镇供电所作为县（区）供电公司的派出机构，其“人、财、物”全部由县（区）供电公司统一管理。

根据安徽省统一部署，从2004年4月1日起，宿州市全面执行城乡居民生活用电“同网同价”政策，所有用户全面取消电能表损耗，已改造的配电台区（占全市农村7937个配电台区的95.1%）和城市一样全部执行每千瓦时0.557元的居民生活到户电价，少数没有改造的台区，居民生活到户电价每千瓦时0.78元。

按照国家电网公司“新农村、新电力、新服务”的工作要求，进一步加强各县（区）供电公司的基础管理、经营管理和乡镇供电所建设。2006年，全面实现城乡各类用电同网同价。全面完成县城电网改造二期工程，累计完成投资8723万元。全面完成“户户通电”工程，解决了全市289户居住偏僻的农户用电问题。2007年，全市农村电网新建、扩建35千伏变电所7座，新增主变压器5.57万千伏安，新建35千伏线路128公里；建成3个电气化乡镇、87个电气化村，完成农网建设投资1.2亿元。2007年，全市农村用电96987万千瓦时，比农网改造前的1998年全市农村用电量35991万千瓦时，增长1.69倍，年均增长11.64%。

第六章 水 利

宿州市地处淮北平原，属南北冷暖气流交汇地带，冷暖空气交汇频繁，天气变化剧烈，是典型的灾害易发地区。

历史上主要河流有汴、睢、涣、蕲诸水。汴、睢、涣水均源于开封附近的鸿沟，平行东流。汴水、睢水分别于彭城、下相入泗水；涣水于五河与洨水混流入淮；蕲水乃睢水枝分而出，至临淮入淮水。由于受黄河多次南侵夺淮的影响，加之战乱水利长期失修，造成本地区洪水肆虐，旱魔频仍。曾发生水漫泗州城，砀山县、萧县县城也曾因洪水淹城而一再迁移的悲剧。新中国成立前，水利几乎毁坏殆尽。河道淤塞，堤防残缺，水系紊乱。

新中国成立后，党和政府带领全市人民持续开展除水害兴水利。20世纪50年代初，从解决洪涝灾害入手，对区内主要河道进行低标准疏浚、复堤、分流，重建排水系统。1966年，为解决濉沱河上游洪水出路，经三冬四春施工，人工开挖横跨皖、苏两省长达127.1公里的新汴河。1991年，淮河流域大水过后，淮河迎来第二次治理高潮，停工多年的怀洪新河工程，经批准正式复工。至此，境内的70条河道分属故黄河、奎濉河、安河、新汴河、南四湖、怀洪新河六大水系。至2007年，全市有各类河道70条，排水大沟354条，堤防长2691.3公里；水闸1167座，其中大型水闸7座；水库83座；固定机电排灌站483处，装机925台，容量38616.5千瓦；机电井61438眼。

1988-2007年，水利工作按照“全面规划、统筹兼顾、标本兼治、综合治理”的原则，坚持水利工程由资源水利、传统水利向现代水利、可持续发展水利转变。开展水利工程配套建设和新一轮治淮工程建设，水利事业呈现快速发展的良好势头。

加快骨干河道治理步伐。20世纪90年代，实施怀洪新河治理、包浍河治理、奎濉河近期治理工程建设。2003年淮河大水后，利用国家加大水利建设投入的契机，相继完成沱河城区段治理、节水灌溉、老鳖窝洼地治理、团结闸除险加固、利民河治理、小高电灌站技术改造等一批基建工程，实施病险水库除险加固，编制完成新汴河灌区续建配套与节水改造、大中型涵闸闸门及启闭机更新改造、湖洼地治理、城市防洪、中小河道治理等一批项目规划，开展淮水北调、新汴河引水工程前期工作，搭建防洪抗灾减灾体系主体框架。

加强农村水利工作。利用冬春季开展大规模的农田水利基本建设，整治面上工程，实行沟、渠、井、站、桥、涵、田、林、路综合治理，做到旱能灌、涝能排，有效改善农村水利基础设施薄弱的局面。在改善农村生产条件的同时，注重改善农村群众生活条件。2001-2003年，实施农村饮水解困工程，总投资5248.28万元，解决农村18.7万人的饮水困难问题；从2004年开始，继续实施农村饮水安全工程，到2007年，总投资11276万元，解决30.7万人饮水安全问题，提高群众生活质量和健康水平，密切党群、干群关系，使农民真正得到实惠。

坚持依法治水管水，促进水利可持续发展。20世纪90年代以后，出台《宿州市水利工程管理办法》《宿州市水资源管理办法》《宿州市凿井管理办法》《宿州市河道工程修建维护费征收管理办法》等规范性文件，各项社会水事活动逐步纳入法制轨道。1999年，借撤地建市之机，促成原县级宿州市水资源办公室整建制划归市水利局管理，理顺部门水资源权属关系。编制《宿州市地下水水资源开发利用规划》，规划研究成果达到国内先进水平。2000年以后，推行行政执法责任制和责任追究制，严格执行取水许可制度和水资源有偿使用制度，初步建立与取水许可制度相配套的水资源论证制度，落实取用水总量控制、定额管理制度。强化入河排污口监管和城区地下水动态监测，促进水资源的合理开发、利用、配置、节约和保护。

规范水利工程建设管理。认真落实项目法人制、招标投标制、质量监理制和合同管理制，完善以项目法人为主体、设计、监理、施工单位通过招投标和履行合同向项目法人提供服务的相互制约、相互合作、相互促进的项目建设管理运行机制，确保“工程安全、资金安全、干部安全”。

不断深化水利改革。20世纪90年代以后，开展小型水利工程产权制度改革，通过承包、租赁、股份合作等形式，调动了集体、个人兴办水利的积极性，走出一条依靠改革推进水利建设、推动农业生产和农村经济发展的新路子。根据国务院和省政府的部署，2005年启动水利工程管理体制改革工作，至2008年，市直和四县一区完成改革任务并通过省级验收。通过改革，初步建立符合市情、符合社会主义市场经济要求、符合水利工程管理规律的水利工程管理体制和运行机制。

切实加强防汛基础工作。开展全市防汛办公室规范化建设和防汛广域网建设，编制《防汛抗旱手册》、洪水风险图、洪涝灾情图、重要防汛工程位置图等资料，完善防汛行政首长负责制和防汛检查、汛情及水旱灾害统计汇报、防汛抗旱经费和物资管理、防汛值班等制度，编制完成《宿州市城市防洪预案》，出台《宿州市防汛应急预案》《宿州市抗旱应急预案》《宿州市防御台风应急预案》《宿州市城市抗旱应急预案》，促进防汛抗旱工作的规范化、制度化、现代化。

第一节　水资源管理与开发利用

一、水资源管理

水资源行政管理是国家对水资源所有权的统一管理。宿州市水利局按照规定权限，负责本地区水资源的统一管理和监督，主要职能是：组织实施水资源的勘查、规划、开发利用、保护水资源和水规费征收工作。

1988年“水法”颁布后，原宿县行署确定行署水利局为宿县行署的水行政主管部门。1990年，报经地区编委批准，行署水利局设立水政水资源办公室（科级事业单位），对全区水资源进行统一管理。1996年，地直机关机构改革，水政水资源办公室被地区编委列为机关科室，更名为水政水资源科。1999年4月，在撤地建市中，县级宿州市所属水资源办公室，人、财、物整建制划归市水利局，作为市水利局科级事业单位继续存在。市水利局制定市、埇桥区水政水资源管理范围，使市、区两级事权划分得以明确。2002年3月，砀山县率先在全市打破传统的水行政管理体制，改水利局为水务局，以实现城乡供水一体化和涉水事务的统一管理。撤地建市后，市、县水利局均设立水政水资源管理机构，从体制上理顺水资源权属关系。为能做到依法开展水资源行政管理工作，市水利局先后出台“宿州市水利局行政执法错案责任追究实施细则”“水行政执法程序”“水行政执法听证程序”“水政监察人员工作守则”等文件。对执法人员进行培训，全区有250人获得省行政执法资格证书。对城区所有的入河排污口进行GPS定位，截至2007年，城区内正在使用的排污口有10个。发放取水许可证2500份。

二、水资源规费征收

凡直接从地下、江河、湖泊取水的单位和个人，应向水行政主管部门缴纳水资源费；凡宿州埇桥区行政区域内受新汴河、沱河、奎濉河等河道工程防洪保护的机关、团体、部队、工矿企业、商业、学校、医院、个体工商户、农场等受益户，必须按照规定交纳河费；凡在宿州市规划区内从事生产建设、资源开发活动的单位和个人，必须交纳水土保持设施补偿费。

水资源费征收标准为（2005年后）：地表水0.06元/立方米、井深小于50米的浅层地下水0.15元/立方米、井深大于50米（含50米）的中深层地下水0.25元/立方米。河费征收标准为：工矿企业每年按销售额或营业额的2.5‰收取，商业企业每年按销售额或营业额的1.5‰收取、其他受益户每年按固定资产原值2‰收取。水土保持设施补偿费的征收标准为：占用、损坏梯田、人工草场、水土保持林专项水土保持设施的，按恢复其等效标准的现行造价一次性征收。占用、破坏植被，降低原有水土保持功能的，按实际占用地表面积每平方米0.5元一次性征收。以销售矿石、土料等为目的开矿、采石、取土生产经营活动，除按占用地表面积每平方米0.5元一次性征收外，按销售总额的4‰征收。

水资源费由取水工程所在地县级以上（含县级）水行政主管部门征收；河费由河道主管机关按年计算，分季收取；水土保持设施补偿费按照生产建设和资源开发项目水土保持方案的分组审批权限征收，上级水行政主管部门可以委托下级水行政主管部门代收。

三、水资源开发利用

为保证水资源的合理开发利用，市水行政主管部门先后编制《淮河流域片宿州市境内水资源开发利用现状的调查和初步规划》《宿州市地下水资源开发利用规划》《宿州市城区供水水资源规划》，各县先后制定《县城供水资源规划》。水利设施措施的建立，为合理地开发、利用水资源提供保障。

面对经济社会快速发展和社会水利需求的不断变化，水利部门转变思路，逐步由工程水利向资源水利、传统水利向现代水利转变。面对宿州市水资源短缺的状况，采取多方法、多渠道，积极为宿州市工农业发展提供保障，积极实施市污水处理厂中水回用、电厂循环水工程、煤矿矿坑水利用及淮水北调工程。

第二节　水利工程

一、主要河道

新汴河。新汴河位于安徽省北部的淮北平原，自宿州市西北戚岭子截沱河，向东穿津浦铁路，汇濉河引河后经灵璧、泗县南，过徐家岗切岭，于江苏省泗洪县入洪泽湖的溧河洼，全长127.1公里。因河线与隋代通济渠（唐宋称汴河）相仿佛，故名新汴河。

人工开挖的新汴河，河底宽95-115米，堤距350-560米。总计完成土方1.13亿立方米，石方10万立方米，混凝土9.9万立方米。完成大型水利枢纽三座，公路桥三座，地下涵三座，铁路桥一座，进水、分洪闸二座，国家投资1.1亿元。新汴河建筑工程采用尼龙橡胶坝袋、混凝土楔块代替不锈钢锚固坝袋、双曲拱桥、钢丝网正反向双曲薄壳闸门、钢丝网混凝土等压力线弧形闸门等先进技术，受到国内同行的重视。以混凝土楔块代替不锈钢螺栓锚固坝袋技术，获1978年全国科学大会科技进步奖。

新汴河于1970年5月完工，上承河南省来水，地跨豫、皖、苏三省十五个县市，横越新北沱河、唐河、石梁河三条河流，不仅为上游洪水另辟出路，解除长期制约宿州市农业生产的严重洪涝灾害，且为农业灌溉、城市供水、航运交通、水产养殖创造条件，为振兴豫东、皖北和苏北经济发挥重要作用。

奎濉河。奎濉河水系是奎河、濉河两河的合称，是跨苏、皖两省的骨干排水河道。奎河、拖尾河、濉河为三条主干河道，老汪湖为中游滞洪区。老汪湖原为奎河左岸的一片洼地，治淮初期定为蓄洪区，以拦蓄埇桥区柏山以上奎河的洪水，使其有控制的下泄，以保奎濉河大堤的防洪安全。湖区西北临山，东南部沿村庄筑堤，两端与山岗相连，围堤长27.8公里，设计堤顶高程28.6-27.0米，坡内外均有植物护坡和防浪林。湖区面积67.36平方公里，村庄17个，人口1.78万人，耕地7.8万亩，可滞蓄洪水1.35亿立方米。湖内拖尾河贯穿东西，奎河与老汪湖之间有柏山引河沟通，引河上建有柏山进水闸，湖东南侧大堤上建有小李庄退水闸。老汪湖蓄洪区可控制奎河柏山以上598.3平方公里、湖区本身来水171平方公里、洪山截水沟106.2平方公里等共875.5平方公里的上游山丘高地来水入湖，削减濉河和柏山以下奎河干流洪峰。

奎濉河治理工程。奎濉河流域经过解放初期的低标准治理，理清水系，搭起排水骨架，改善排水条件。但因奎河、濉河、拖尾河等干流河道40多年没有治理，排涝能力仅有3年一遇排涝标准的30%-50%；老汪湖蓄洪区年久失修，圈堤矮小单薄，过路缺口多；进水的柏山闸和退水的小李庄闸标准低，洪水难进难出，达不到预期的蓄洪作用；加上本流域地形西北高，东南低，主要支流均为南北走向，地面坡降大，顺势汇流较快，而作为排水骨干的濉河居流域最南面，地面较平缓，排水缓慢，汛期经常漫滩，大面积低洼地区受洪水顶托，积涝成灾。为尽早对奎濉河流域进行全面治理，1975年和1985年，宿县行署水利局编制上报《奎濉河流域规划报告》和《奎濉河流域修正规划报告》，后经有关部门审查、评估，2001年1月国家发展计划委员会以计农经（2001）37号文上报国务院，得到国务院批准进行综合治理。奎濉河水系干、支流众多，治理范围以干流及跨省支流为主。干流自徐州市袁桥闸至七里沟入溧河洼，包括奎河、濉河、拖尾河和老汪湖滞洪区。跨省支流治理范围自省界以上10公里开始入干流，包括灌沟河、琅溪河、阎河、看溪河、清溪河、申家沟、郭集沟、新运料河、老运料河及省界支流老濉河。主要工程包括：1.干支流河道疏浚、堤防加固工程。疏浚干流河道长度139.413公里；疏浚支流河道长度130.648公里。干流堤防加固长度275.8公里；支流堤防加固长度220.9公里。2.干支流河道拦河闸、沟口涵闸、排涝站和桥梁等配套建筑物新建和加固工程。新建、扩建和重建干支流河道拦河闸8座；新建或改建沟口涵闸25座。新建排涝站17座。新建或改建桥梁23座。3.老汪湖滞洪区治理工程。按3级堤防标准加高培厚老汪湖圈堤，长度24.482公里。湖内拖尾河疏浚16.2公里。按4级堤防等级修建刘寨圩、大尚庄圩、巍山圩、孙寨圩、孙寨南圩、夏鲁吴圩、贡西圩、贡山圩、前李、付桥圩9处保庄圩。外迁地势较低的钱楼、曹楼、小李庄、大李庄、化家5处村庄并新建安置区。4.影响处理工程。水文设施改建2座，包括栏杆、浍塘沟水文站。

奎濉河治理工程，自1998年11月开工至2007年9月结束，工期近9年。工程采用机械化施工，完成土方4177.36万立方米，石方11.407万立方米，混凝土及钢筋混凝土7.557万立方米，金属结构1329.3吨，完成总投资77260万元。

沱河。1966年开挖新汴河时，将戚岭子以上沱河和北沱河计3936平方公里流域来水截入新汴河。截源后的沱河从新汴河进水闸开始（上游有濉溪县戚家沟和新北沱河地下涵来水汇入宿东闸上），经埇桥区、灵璧县、泗县、固镇县、五河县，在泗县樊集西汇入沱湖。全长99.8公里，总流域面积1195.2平方公里。沱河在1952、1956年进行过疏浚，之后50多年来没有治理，河床淤积严重，堤防残缺不全。1958年，后在本干上修建的节制闸闸孔偏小，束水严重，并带病运行，尤其是王桥闸由于地基沉陷已成危闸。大沟口缺少防洪涵洞，汛期极易倒灌，沿河洼地缺少排涝站。河道除涝能力仅为5年一遇的40%-80%，防洪能力不足20年一遇。

2003年至2006年，主要进行沱河城区段河道整治，对沱河进水闸进行除险加固，完成土方87万立方米，砌体921立方米，混凝土1087立方米，完成投资3300万元。

浍河。浍河是条天然排水河道。全流域面积4850平方公里，其中安徽省2930平方公里，浍河在埇桥区境内河段长30公里，集水面积583平方公里。新中国成立以来，浍河中下游河道没有治理过，基本处于自然状态，河道排涝、行洪能力小，洪涝灾害频繁严重。

1994年6月，国家农业综合开发办公室批复了《包浍河初步治理工程可行性研究修订报告》，列入省“八五”重点水利工程。治理河道按3年一遇除涝流量的82%进行疏浚扩挖；20年一遇洪水标准筑堤，祁县闸以下河道为通航河道，通航标准为6级；堤防按20年一遇防洪标准修筑。南坪闸至祁县闸河段因河道现状达3年一遇的60%以上，故对其局部裁弯后，可满足初步治理标准。即对丁河套、小王庄、王州子、于渡口、陈楼5处长3847米进行裁弯取直。祁县闸以下河段，河槽设计为复式断面，将河道分为水上开挖与水下疏浚相结合的开挖方式。即沿主河槽疏浚，形成设计河道的主槽；在河岸挖土筑堤，形成边槽。堤防设计，祁县至湖沟段设计洪水位22.27-20.87

米，堤顶高程23.27-21.87米，堤顶宽度5米，为碾压式均质土堤。河道疏浚工程用机械进行水下开挖，采用200立方米/小时挖泥船和80立方米/小时挖泥船进行交叉作业。工程于1995年7月开工，1998年9月完工，完成水下土方1080万立方米。筑堤工程于1995年11月开工，为机械施工，投入大、中型铲运机、推土机24台。筑堤工程至1996年5月结束，完成土方83.2万立方米，完成投资485.18万元。同时兴建张老庄、曹塘、于庄三座穿堤防洪闸，于1999年完工。

宿州市主要河道基本情况统计表

表3-6-1

河道名称	流经县区	起讫地点	长度(公里)	集水面积(平方公里)	河底宽(米)	防洪			排涝		
						标准	水位(米)	流量(立方米/秒)	标准	水位（米）	流量(立方米/秒)
新汴河	埇桥区、灵璧、泗县	七岭子—溧河洼	127.1	6562.0	95–105	20年	28.21–15.90	930.0–1460.0	5年	27.23–14.85	535.0–900.0
濉河	埇桥区、灵璧、泗县	奎河口—小韩庄	86.94	2972.0	50–80	20年	26.12–18.20	810.0–1367.0	3年	23.09–16.03	317.0–505.0
奎河	埇桥区	灌沟河口—入濉河	41.82	1261.0	14–41	20年	30.38–26.12	282.0–660.0	3年	28.06–23.09	126.0–272.0
老濉河	泗县	周庄闸–小韩庄	39.26	626.0	12–53	20年	20.32–18.15	110.0–570.0	3年	18.40–16.03	43.0–233.0
沱河	宿州市城区段	进水闸—南外环路	9.9	361.7	20–40	20年	27.54–26.33	228.0–409.0	5年	26.07–24.91	120.0–217.0
沱河	埇桥区、灵璧、泗县	南外环路—樊集	102.8	1195.2	15–55	20年 24.9%–80.75%	26.33–18.00	409.0–240.0	<3年	24.91–16.00	51.3–304.0
北沱河	埇桥区、灵璧	一号沟—唐河	70.7	536.6	20–43	20年 30.2%–69.3%	26.03–18.20	43.6–231.3	5年 25.7%–63.7%	25.18–17.32	20.5–130.2
浍河	埇桥区	宿濉界—宿固界	27.0	3976.0	50	20年 44.29%–60.43%	24.12–21.23	1415.0	3年 60.0%–82.0%	21.59–19.09	603.0–410.0
萧濉新河	萧县、淮北市、埇桥区	瓦子口—濉河引河口	38.7	2477.0	55–70	20年 74.8%	34.94–29.26	477–1005	5年 65.3%	32.95–27.82	236.0–590.0

续表3–6–1

河道名称	流经县区	起讫地点	长度(公里)	集水面积(平方公里)	河底宽(米)	防洪			排涝		
						标准	水位(米)	流量（立方米/秒）	标准	水位（米）	流量（立方米/秒）
唐河	埇桥区、灵璧、泗县	牛栏沟—樊集	93.5	1443.5	15–77	20年 64.0%–102.3%	24.71–18.00	45.6–571.8	5年 64.2%–85.0%	23.53–16.00	31.0–411.4
黄河故道	萧县	砀萧界—萧铜界	49.0	292.0	—	20年	46.65–42.88	—	5年	45.91–41.67	17.0–175.0
故黄河	砀山	岳庄坝—高寨潭	33.7	1873.2	100	20年 33%–56%	47.69–43.87	280.0–518.0	5年 32.0%–100.0%	46.31–43.32	172.0–578.0
利民河	砀山	苏集—固口闸	31.1	723	3–60	20年 24.0%–50.0%	43.76–39.92	5.79–200.2	5年 43.0%–71.0%	43.37–38.44	2.23–169.4
石梁河	泗县	港河口–天井湖	23.3	411.0	10–20	20年 37.0%–48.0%	19.40–17.84	60.0–216.0	5年 34.0%–40.0%	18.09–16.34	42.0–121.0
闸河	萧县	省界—亭子桥	16.8	272	12–25	20年 58.7%–66.7%	40.20–37.9	83.0–198.0	5年 65.4%–83.0%	37.58–34.80	72.0–133.7
大沙河	砀山	徐庄—利民河	34.4	464	5–15	20年 40.0%–93.8%	45.82–39.93	6.96–283.3	5年 43.5%–100.0%	45.65–38.53	5.22–176.3
大沙河	砀山、萧县	唐官庄–萧濉新河	66.1	488.6	12–23	20年 42.0%–85.4%	44.55–34.81	5.7–279.5	5年 37.8%–95.8%	43.12–32.82	2.4–174.55
洪碱河	萧县	崔口—会楼	19.15	465	—	20年 66.7%–72.6%	36.63–33.50	145.8–231.0	5年 44.8%–50.8%	35.1–31.62	49.4–90.0
岱河	萧县、濉溪	董庄—萧濉新河	36.0	278	—	20年 39.22%–82.7%	36.82–34.81	13.7–212.43	5年 37.5%–71.04%	35.92–32.82	13.5–118.0

二、主要堤防工程

本市堤防长2691.3公里，保护耕地面积544.29万亩，保护人口378.59万人。堤防工程在控制洪水泛滥，减轻灾害损失方面发挥了重要作用。1988年至2007年间，先后有部分堤防险工险段得到处理。主要工程有：闸河：1991年，按20年一遇洪水位加高1.5米筑堤，投资939.4万元，完成土方94万立方米。1992年冬至1993年春，萧县段按3年一遇标准对河道进行治理。大沙河：1991-1992年，疏浚河道，堤防提高到10年一遇。唐河：1992年，按20年一遇防洪加安全超高1.5米筑防洪堤，完成土方1251.4万立方米。浍河：1993年，按20年一遇洪水标准筑堤，完成土方83.23立方米。故黄河：1995年，砀山县把黄河故道综合开发利用列入本县实施改善生态环境十项重大工程之首，自筹资金1400万元，分期治理黄河故道，疏浚河道5.6公里，完成土方485万立方米。奎濉河：1998-2007年，国家投资77260万元进行河道治理，本干、支流及老汪湖均按20年一遇防洪筑堤，完成土方4177.36万立方米。澥河：1998年，按3年一遇标准治理方店闸以下3.5公里。沱河：2003-2006年，对沱河城区段9.96公里，按50年一遇进行了提防加固。

宿州市主要堤防基本情况表

表3–6–2

堤防名称	所在县区	起讫地点	堤长（千米）	堤身断面				保护范围			存在问题
				堤顶高程（米）	堤顶宽度（米）	外坡	内坡	面积（平方千米）	耕地（万亩）	人口（万人）	
新汴河堤	埇桥区、灵璧、泗县	七岭—团结闸	216.0	30.0–21.2	50–10	1∶1–1∶3	1∶4	1300	150.0	170.0	多处险段
濉河堤	埇桥区、灵璧、泗县	奎河口—小韩庄	173.9	27.62–19.70	8	1∶3	1∶3	440	42.7	26.75	—
奎河堤	埇桥区	灌沟河口—入濉河	83.64	31.70–27.40	4–6	1∶3	1∶3	—	—	—	—
老濉河	泗县	周庄闸–小韩庄	78.5	21.30–19.65	4–6	1∶3	1∶3	—	—	—	—
沱河堤	宿州市城区段	进水闸—南外环路	19.8	29.54–28.33	8	1∶3	1∶3	20	—	30.0	—
沱河堤	埇桥区、灵璧、泗县	南外环路—樊集	171.6	28.33–19.50	—	1∶3	1∶2	—	—	—	多处险段,其中40公里与蚌埠以河为界
北沱河堤	埇桥区、灵璧、泗县	埇桥界–灵泗界	70.8	25.00–21.00	5–8	1∶3	1∶1.5	279	30.9	13.81	多处险段,泗县境内无堤防
萧濉新河堤	萧县、埇桥区	瓦子口—老符离集	30.8	36.52–32.50	6–15	1∶3–1∶1	1∶4–1∶3	—	—	—	部分堤身堤坝标准不够
唐河堤	埇桥区、灵璧、泗县	宿灵界—樊集	157.0	25.20–19.50	—	—	—	395	31.54	15.8	下游多处缺口

续表3-6-2

堤防名称	所在县区	起讫地点	堤长（千米）	堤身断面				保护范围			存在问题
				堤顶高程（米）	堤顶宽度（米）	外坡	内坡	面积（平方千米）	耕地（万亩）	人口（万人）	
故黄河堤	砀山	吴庄—高寨潭	77.8	49.19–45.37	40	1∶3	1∶5	100	4.4	6.66	—
故黄河堤	萧县	砀萧界—贾楼	98.0	48.37–44.37	4	1∶3	1∶4	290	22.0	17.8	右堤270米缺口
利民河堤	砀山	苏集—固口	62.2	45.87–41.67	3–10	1∶1	1∶3	53	4.47	4.65	堤防残缺不全
大沙河堤	砀山	徐庄—利民河	68.8	47.37–42.17	5–10	1∶1	1∶3	59	4.74	2.81	—
大沙河堤	砀山、萧县	唐官庄-萧濉新河	131.8	44.87–36.25	4	1∶3	1∶3	—	—	—	—
洪碱河堤	萧县	崔口—县界	25.3	38.62–36.30	4	1∶3	1∶4	356.5	35.8	26.5	堤身单薄,标准不够

三、蓄水工程

砀山县岳庄坝中型水库，位于砀山县西北部黄河故道上，总库容2815万立方米，兴利库容1400万立方米。灵璧县洪山、九顶；萧县永堌、马庄；埇桥区镇头、五柳、长山套、梁套、宣山及李院等小（一）型水库10座。马山、五眼泉、涂山、云台及龙潭等小（二）型水库72座。总库容4357万立方米，兴利库容2552万立方米，设计灌溉面积10.34万亩。全市83座中小型水库，在防洪、灌溉、解决人畜饮水和发展水产养殖等方面，发挥较大的作用。

中小型水库大都兴建于20世纪50-70年代，由于当时技术缺乏、资金有限及施工工艺落后等客观因素，建筑物工程普遍存在标准低、质量不高。加之年久失修，出现不同程度的病险情，有的坝身单薄，坝体渗水，甚至出现滑坡，有的溢洪道、护坡标准不足，泄水涵洞老化漏水等险象。到2004年，全市仅对部分水库进行局部、有限的除险加固，完成投资不足200万元。尚有52座中小型水库属于三类水库，其中急待除险加固、脱险保安的小水库有48座，其中小（一）型10座，小（二）型38座。计划将逐步解决小（一）型、小（二）型水库问题。有4座中小型水库的除险加固规划列入第二批中央补助病险水库除险加固项目，分别是砀山县岳庄坝中型水库和萧县永堌、埇桥区五柳、梁套小（一）型水库。计划申报列入全国第三批除险加固小水库的灵璧九顶水库完成安全鉴定。计划列入全省2007年除险加固小水库，有洪山、马庄和长山套3座小（一）型水库，计划有10座病险小（二）型水库列入全省2007年除险加固小水库，分别是丽山、黄山、杏山、圈里、上孟、茅山、卧里、龙潭、清水二库和牛口10座小水库。

四、涵闸工程

宿州市有浍塘沟闸、枯河闸、符离闸、宿县闸、灵西闸、团结闸及祁县闸7座大型枢纽工程。有柏山闸、草沟闸、唐河地下涵等88座中型涵闸。

1996年1月开工兴建草沟闸，1997年10月竣工，规模10孔×6米，闸孔净宽60米，工程总投资1304万元。

1999年5月，更换灵西闸北1、3孔，2004年5月，更换北4孔，2007年5月，更换北2孔，翻水站也进行部分维修，总投资300万元。

2005年，拆除浍塘沟闸重建，2005年3月开工，2007年3月竣工，总投资1941万元。

2007年，团结闸拆除重建，2007年9月开工，2008年6月竣工，总投资2100万元。

第三节　防汛抗旱

一、水旱灾害

（一）水旱灾害因素

宿州市发生水旱灾害的因素：一是降水量的不稳定，宿州市地处南北气候过渡带，同时又受黄河、淮河两大水系及海陆气候的影响，冷暖空气交汇频繁，天气变化剧烈，降水季节分布有明显差异，夏季降水占全年降水量的54.5%，春、秋季分别占全年降水量的19.4%、19.3%，冬季仅占6.8%，降水量的分布不均及明显的南多北少特征，因此，旱、涝灾害几乎每年都有发生。二是水资源短缺，宿州市人均水量570立方米，约为全省人均水量1100立方米的55%，亩均水量460立方米，为全省亩均水量1000立方米的46%，属水资源贫乏地区。三是人类活动影响，由于人们缺乏保护意识，陡坡开垦、滥砍乱伐，植被被破坏，在开矿、采石、修路时忽视水土保持，造成水土流失，使下游水库、河道逐年淤积，直接影响蓄水，危及防洪安全。随着时代的发展，工业的进步，工业废水和生活污水量急剧增加，而污染治理滞后，大小河道均受到不同程度的污染，地表水已不能作为生活用水。四是水利工程的抗灾能力，新中国成立以后，宿州市修建大批水利工程，这是抗灾、减灾的基础。水利工程的抗灾能力是有一定标准的，在相当长的时间内，不可能有较大的变化，在遇到水旱灾害时，通过人为的努力，尽可能使水旱灾害损失减到最低限度，但不可能完全消灭水旱灾害。水利工程多数设计标准为20年一遇，遇有较大水旱灾害尚显抗灾标准不足。

（二）洪涝及干旱特点

洪涝在宿州市绝大多数年份都有大面积或局部出现，历史上曾发生水漫泗州城，砀山县、萧县因洪水淹城而一再迁移的悲剧。洪涝的成因很复杂，它与宿州市气候特点、地理条件、水利工程抗灾能力均有关系，主要因素是降水量多少。宿州市平均每年洪涝面积在5万公顷以下占39%，5万–20万公顷的占37.3%，20万公顷以上的占23.7%。从统计数字看，宿州市洪涝灾害的特点是：出现频繁、危害严重、洪涝交织、涝灾多于洪灾，洪灾重于涝灾。

1987年至2007年，宿州市干旱几乎每年都有发生。1988年连续33天无雨；1989年8月6日至9月22日，萧县、砀山县基本无雨；1991年全区无雨日110天；1994年是大旱典型年，连续125天降雨量偏少；1995年1至4月，全区平均降雨比历年同期减少58.7%；1999年、2001年全年分别发生两次旱情；2002年、2004年年内先后出现3次旱情，宿州市干旱具有严重性、季节性、连发性、区域性特点。

二、防汛、抗旱主要措施

1.健全统一领导指挥系统。汛期成立“宿州市防汛抗旱指挥部”，由市政府主要负责人任指挥长。成员由水利局、计委、建委、经贸委、公安、民政、财政、供电、交通、邮电、农业、林业、广播电视、卫生、气象、水文、粮食、军分区等部门组成。市水利局下设防汛抗旱办公室，负责全市防汛抗旱日常工作。

2.加强信息化建设。2000年4月，全市投入20万元建成市与县、区防汛抗旱计算机局域网系统，并联通省防汛抗旱网络，县、区通过电话拨号进入网络系统。

2003年11月，建成市防汛抗旱决策支持系统。投资11万元，建成后实现与省、县区联网，健全三级网络，实现雨情、工情、旱情、墒情等数据的快速传输与处理，为水利工程科学调度奠定基础。

2006年8月，建成全市防汛抗旱会商系统，通过省防指验收。工程是根据国家防汛抗旱系统工程总体规划建设，是省防汛抗旱通信骨干网的一部分，总投资60万元。工程主要包括多用途交换机、通信电源系统和视频终端。工程建成后，实现与省防指视频会商和内网信息数据业务功能，与宿州水文局通过同城光纤电路互联，提高了防汛抗旱现代化水平。

3.防汛抗旱应急预案。为做好突发性水旱灾害事件的预防和处理工作，保证抗洪抢险、抗旱救灾有序进行，最大限度地减少人员伤亡和财产损失，市水利局于2005年拟定《宿州市防汛抗旱应急预案》，4月13日，宿州市人民政府第16次常务会议批准实施。《宿州市防汛抗旱应急预案》分总则、指挥系统及职责、预防预警机制、应急响应、应急保障、善后工作6部分。"预案"为水旱灾害应急抢险提供保障。制定宿州市主要河道的浇灌排涝、蓄水、灌溉、航运等闸堤控制系统工程设施的管理具体实施细则；按防患于未然的要求科学合理的备足防汛抗旱相关物资储备。

第四节　农田水利

宿州市易旱易涝，水旱灾害频繁。1988-2007年，全区累计受水灾面积6890.8万亩，受旱灾面积8119.9万亩。宿州市农田水利建设实行排灌并举，综合治理的原则。1987年后，全区的农田水利建设遵照"小型为主，配套为主，自力更生为主"的方针，坚持旱涝兼治，排灌并举，因地制宜，综合治理的原则。1997年，宿县地区行署专门制定并下发"关于进一步加强农田综合治理片建设的通知"规范农田水利综合治理。1998年，宿县地委、行署作出决定：要大力抓好农田综合治理片建设、即沟、渠、井、站、桥、涵、田、林、路综合治理。做到田成方、林成网、沟相通、渠相接。

在上述综合治理思想指导下农田水利建设经历防洪保堤、除涝保收、开挖沟河、修建蓄提水工程、开采地下水源、推广修筑台田条田、除涝防渍这样一个阶段。全市每年冬、春组织百万劳力出工投劳，冒严寒，占冰雪，奋战在上万处水利工地上。市直对各县区任务完成、重点工程、施工质量、建筑物配套、投入等情况进行全面督促检查，同时，由新闻媒体进行宣传。为推动农田水利基本建设，开展"汴河杯"竞赛评比活动，引入激励机制，广辟投资渠道，采取多种形式筹措农田水利建设资金，走社会办水利的路子。20年间，宿州市农田水利建设资金投入累计完成17.77亿元。

一、排灌工程

（一）机电站排灌工程

宿州市最早的机电站建于1955年，至2007年，全市建成机电排灌站483处，装机925台，容量38616.5千瓦。其中：电力灌溉站313处，装机540台，容量19680.5千瓦，实际灌溉面积58.9万亩；电力排涝站50处，装机111台，容量5165千瓦；实际排涝面积16.78万亩；电力排灌结合站95处，装机238台，容量13102千瓦；机械灌溉站24处，装机33台，容量537千瓦，实际灌溉面积1.55万亩；机械排灌结合站1处，装机3台，容量132千瓦。全市实际受益排涝面积58.7万亩、灌溉面积74.9万亩。

1.大史电灌站

大史电灌站位于泗县草庙镇境内，完工于1995年，水源为新汴河水，装机4台，容量520千瓦，设计灌溉面积2万亩，实灌0.4万亩。

2.尹北排灌站

尹北电力排灌站位于灵璧县尹集镇濉河左岸，该站以排涝为主，排灌结合。排涝装机4台，灌溉装机2台，总容量490千瓦，排涝面积13平方公里，于2004年2月兴建。

宿州市地处暖温带与北亚热带的过渡带，降水季节差异明显，水旱灾害几乎每年都有发生，这给人们的生活、农业发展带来一定的威胁。如何能做到旱能浇、涝能排，机电排灌工程将在其中发挥重要作用。宿州483处泵站是宿州市工农业经济发展的重要基础设施，自建设以来，对宿州市工农业生产和沿河城镇居民供水及航运事业发挥巨大作用。

宿州市中小型泵站基本情况表

表3-6-3

县区	站型	站数（处）	装机						
			设计			现有			
			台	千瓦	流量（立方米/秒）	台	千瓦	台	流量（立方米/秒）
砀山县	电力灌溉站	14	25	931	6.67	24	894	24	6.18
	机械灌溉站	5	9	242	1.71	9	242	9	1.52
	合计	19	34	1173	8.38	33	1136	33	7.7
萧县	电力灌溉站	34	49	1280.5	8.18	49	1280.5	27	6.68
	电力排灌结合站	9	23	1265	16.12	23	1265	22	16.12
	机械灌溉站	19	24	295	1.145	24	295	24	1.145
	机械排灌结合站	1	3	132	2.04	3	132	—	2.04
	合计	63	99	2972.5	27.485	99	2972.5	73	25.985
埇桥区	电力灌溉站	95	165	5885	48.74	160	5570	159	48.24
	电力排涝站	10	17	902	3.78	17	902	17	3.78
	电力排灌结合站	19	67	3962	38.16	56	3257	56	35.98
	合计	124	249	10749	90.68	233	9729	232	88
灵璧县	电力灌溉站	44	60	2328	15	60	2328	31	15
	电力排涝站	34	78	3343	30.9	78	3343	77	30.2
	电力排灌结合站	63	140	7635	69.1	140	7635	140	69.1
	合计	141	278	13306	115	278	13306	248	114.3

续表3-6-3

县区	站型	站数（处）	装机						
			设计			现有			
			台	千瓦	流量（立方米/秒）	台	千瓦	台	流量（立方米/秒）
泗县	电力灌溉站	125	237	8058	64.35	237	8058	237	66.35
	电力排灌结合站	4	19	945	8.5	19	945	19	8.5
	合计	129	256	9003	72.85	256	9003	256	74.85
市直	电力灌溉站	1	10	1550	10	10	1550	10	10
	合计	1	10	1550	10	10	1550	10	10
	电力排涝站	6	16	920	13.16	16	920	16	13.16
	合计	6	16	920	13.16	16	920	16	13.16
全市	电力灌溉站	313	546	20032.5	152.94	540	19681	488	152.45
	电力排涝站	50	111	5165	47.84	111	5165	110	47.14
	电力排灌结合站	95	249	13807	131.88	238	13102	237	129.7
	机械灌溉站	24	33	537	2.855	33	537	33	2.665
	机械排灌结合站	1	3	132	2.04	3	132	0	2.04
	合计	483	942	39673.5	337.555	925	38617	868	333.995

（三）井灌工程

20世纪70年代，宿县地区各地掀起打井热潮，大力开采地下水，解决地表水源不足的矛盾。至2007年年底，全市累计打机井61438眼，配套42135眼。20世纪80年代，农业实行联产承包责任制，由于没有处理好土地分散经营与灌溉设施集中管理的关系，一度忽视对原有机井的管理和恢复配套，致使井灌区出现机井淤塞、缺机少泵、井渠损毁的现象，井灌效率下降。

1986年，省政府作出《关于恢复和发展淮北地区灌溉的决定》，行署1989年元月向各县发出《关于抓好水利灌溉点的通知》，《宿县地区1988-1990年水利建设规划要点》把井、站恢复列为“七五”后三年全区水利建设的重点项目，明确三年井灌恢复发展的任务和要求。行署水利局编制《黄淮海治理宿县地区井灌规划》《世行贷款宿县地区井灌项目规划》。建立健全机井管理责任制：行政村领导下的井长负责制、统分结合的机井管理责任制、联户打井专人管理责任制、以田养井管理责任制等。由于这些政策和措施的落实，全地区截至1989年年底恢复机电井6183眼，购置喷灌机4176台，累计井灌面积增加到79.98万亩。

在新技术灌溉方面，建成塑料软管外护混凝土暗管灌溉片25处，薄壁塑料硬管灌溉片15处，滑模施工现场浇筑混凝土暗管灌溉片1处，预制混凝土管暗管灌溉片1处，灰土管暗管灌溉片1处，直埋塑料软管暗管灌溉片2处等形式的暗管灌溉工程，起到良好的节水灌溉示范作用。萧县水利局研制的低压管道输水灌溉工程活动式调压装置，为低压管道输水灌溉技术的推广应用解决技术难题，1991年元月获安徽省水利厅科技进步二等奖，12月获安徽省科技进步三等奖，1992年元月获实用新型国家专利（专利号：90225689.0）。

20世纪90年代起，随着水利改革的不断深入，出台《关于小型水利工程产权制度改革的意见》，对机井的体制、机制、发展目标进行改革，通过拍卖、租赁、承包、股份合作、民办民营等形式，明晰产权关系，促进责权利相结合，使广大农户真正成为投资建设、维修机井的主体。改革的同时，发展低压管灌、地面砼型U型防渗井渠、机井与“小白龙”连接退管灌，砀山县结合本县实际创造出塔式供水结合小管出流的机井农田灌溉技术。机井管理也由多种管理形式并存，趋向个体经营、社会化服务、企业化管理。

二、农村饮水工程

（一）山区人畜饮水工程

根据省农村饮水工程领导小组要求，解决农村饮水困难的范围是：以居民居住点到取水的水平距离大于1公里或垂直高差超过100米，正常年份连续缺水70天以上地区、重点山区、丘陵、高亢和地下水缺乏的农村居民生活用水困难地区。工程按照“统一规划、分步实施、特困优先、民办公助、分级负责、成片销号”的原则建设。建设的标准是：正常年份人均日供水量20–35升，干旱年份12–20升，水质达到国家规定的生活饮用水标准。

2005年，宿州市供水标准平均每人每天50千克，大牲畜每头每天50千克，生猪每天30千克。农村生活需水约为0.73亿立方米，大牲畜和生猪约为0.29亿立方米，合计为1.02亿立方米。乡村人畜饮水一般为地下水，除山丘和缺水地区外，多为浅层地下水。市内特殊的地理位置和地形、地貌及气象水文地质条件，导致局部和季节性干旱几乎年年发生，山丘区受多次地壳运动影响，岩石支离破碎，透水性强。人饮困难主要分布在萧、灵、埇的山丘区和砀山县故黄河高滩地区，共38个乡镇。1992年统计，在册未解决人饮困难人口11万人，新增待解决人饮困难人口38.33万人，合计为49.33万人。市内人饮困难成因主要是拦蓄地表水能力差，地表水极为缺乏，打深井汲取地下水是解决人饮困难工程主要措施。

20世纪70年代，掀起打井热潮，配备大、中型钻井设备，培训技术力量，开始在部分山区打深井，解决群众饮水困难。到80年代后期，由于资金投入不足，市场竞争激烈，经营管理不善，钻井队逐步走向衰败，致使国家资产减少，技术力量流失。1994年8月省水利厅召开农村人畜饮水座谈会，会后地区、县水利部门，出台人畜饮水规划，拟对缺水山区投资2453万元，兴建工程211处，解决22.07万人、5.89头大牲畜饮水困难。宿州市从2000年上半年开始启动农村饮水解困工程，2001年8月省水利厅批准宿州市三年内（2000-2003年）解决饮水困难人口24万人，规定国债资金和地方配套资金的比例为1：1.5。2002年按照“统一规划、分步实施、特困优先”的建设原则，实施一、二期农村饮水工程，总投资4125万元，兴建饮水工程地214处，解决13.9万人饮水困难问题。12月，省农村饮水工程领导小组对砀山县、泗县的饮水工程进行检查，顺利通过验收。2003年，省水利厅、计委分两批下达宿州市农村饮水解困建设任务4.8万人，总投资1123.58万元。2001年至2003年，宿州市兴建农村饮水工程263处，工程投资5248.28万元，其中利用国债资金2184万元。重点解决山区、高岗地区和黄河故道高亢地区40多个乡镇，260多个行政村，18.7万人的饮水困难问题。

（二）农村饮水安全工程

据2005年3月《农村饮水安全调查评估报告》统计，截至2004年，宿州市有182.84万农村人口饮水不安全，占全市农村人口的35.61%。其中含氟量超标120.09万人、含砷量超标0.65万人、含盐量超标7.37万人、水源严重污染41.87万人，其他饮用水质超标0.83万人、水量不达标5.05万人、水源保证率不达标6.92万人、用水方便程度不达标0.05万人。水质不达标严重影响当地人民群众的身体健康，制约当地生产力的发展。

在基本解决山区农村饮水困难后，水利部门将工作重点转向解决农村饮水安全问题，为做好全市农村饮水安全工作，2004年，组织四县一区编制《宿州市2004-2005年农村饮水安全工程近期实施规划》，组织有关人员参加省水利厅农村饮水安全培训，3月对宿州市农村饮水安全现状进行调查评估，2006年9月，制定《宿州市农村饮水工程运行管理办法》。2004-2007年，兴建农村饮水安全工程222处，总投资11276万元，解决30.7万人饮水安全问题。

2006年6月，制定“十一五”水利发展规划，在“十一五”期间计划解决60.9万人因含氟量严重超标、含砷量超标、含盐量严重超标、水源严重污染等农村饮水安全问题。在水源方面，规划对高氟区、高砷水、苦咸水、污染水采用开凿深井的办法，一般开凿深度要在100米以上，封闭浅层水，取中深层地下水饮用，以改善人民群众的饮用水条件。工程方面，根据村庄大小和人口多少，结合实际情况，合理布局新井孔，为解决集中用水高峰和一天内不间断供水，需建造高15米，容积为30立方米的水塔或简易水池，机电、输变电、输水管道、管理房等要配套。“十一五”期间农村饮水安全工程建设，计划新建供水工程568处，其中：砀山县53处、萧县91处、埇桥区175处、灵璧县153处、泗县94处。总投资2.17亿人民币。

三、湖洼地治理及河道疏浚

（一）湖洼地的分布范围及特点

宿州市地处淮北平原，易涝多灾。易涝范围大多分布在河道两岸和局部地势低洼地区。形成的原因：一是降雨量大、强度大、面积广、间隔时间短、且时空分布不均，集中降雨造成洼地积水。二是河道标准低。全市除新汴河除涝标准为三年一遇，奎濉河三年一遇，防洪标准均为二十年一遇外，其余中小河道除涝标准均不到三年一遇，防洪标准不到二十年一遇；部分河道下游出口未打开，阻水严重；大部分跨河建筑物老化束水；跨境河道下游受上游客水影响严重。三是面上排水系统不健全。普遍存在大、中沟串流，高低水不分，沟沟相通，又沟沟不通，排水标准低，面上工程少，中小沟密度低，配套不齐，排水系统不畅通的现象。四是严重缺少排涝设施。由于地面高程接近或低于河道除涝水位，受外河涝水顶托，自流排水机会很少，且受洪水倒灌影响，积水不能及时抽排，低洼地区成为全市洪涝灾害最为严重的区域。全市低洼易涝面积648.94万亩，其中砀山县63.26万亩，萧县126万亩，埇桥区166.28万亩，灵璧县161万亩，泗县132.4万亩。主要分布在故黄河、王引河、肖濉新河、潼河、老濉河、濉河、唐沱河、石梁河、浍河、澥河河道两岸。

（二）湖洼地治理及河道疏浚

新中国成立以后，通过多年的治理，洼地排涝条件较新中国成立初期有很大改善，到1987年年底，治理低洼易涝耕地457.93万亩，占易涝总面积648.94万亩的70.56%。为提高淮河流域洼地的排涝能力，为地区经济社会发展创造有利条件，1991年国务院《关于进一步治理淮河和太湖的决定》中提出“进行湖洼易涝地区配套工程建设，提高防洪除涝标准”，宿县地区实施了唐河治理，浍河治理、闸河治理、利民河砀城段治理、埇桥区老鳖窝洼地治理、沱河城区段河道治理工程等。

怀洪新河工程。停工多年的怀洪新河工程，经批准于1991年正式复工。11月16日在固镇县新马桥举行开工典礼。怀洪新河是国家“八五”期间一项治淮战略性骨干工程。其主要作用就是将茨淮新河分泄的加上淮河干流发生的超额洪水接力输送到洪泽湖，确保涡河口以下淮北大堤的防洪安全。西起怀远县涡河左岸的何巷子，经符怀新河、澥河洼、香涧湖、沱湖、南峰山、老窑河等地，东入江苏省境内的洪泽湖溧河洼。干流全长127公里，河道土石方总量1.53亿立方米。地委、行署对做好这项工作非常重视，10月成立“宿县地区怀洪新河指挥部”，由分管副专员任指挥。与此同时，所属县、市“怀洪新河工程指挥部”及人员也相应落实。1–3期工程本地区累计筹集配比资金3500万元。一期工程本地区工段位于固镇县新马桥区境内，西起澥河铁路桥，东至九湾，全长约12公里。整个施工工段的施工要求是以修筑防洪堤防为控制，结合切咀切滩，整治河床，开挖深槽。处于澥河洼内，河床弯曲，宽线岗弯交错，村庄、坟地、窑厂较多，施工难度大。由宿县、灵璧县、泗县、宿州市（县级）承担施工任务，于1991年11月16日开工。全部采取人力施工，上工人数最高达1万人。二期工程位于香涧湖左岸，段长13.5公里。该湖段畔地形复杂，岗咀交错，难方多，一些地段内淤泥厚达3.4米，适宜机械化施工。工程由当时全区承担施工，于1992年11月中旬开工，仅宿县就筹资上百万元，组建五支机械化施工队伍，调集近百台大型机械进行施工。三期工程位于怀远县境内符怀新河下段，是平行于新淝河的新开河，河底宽124米，挖深8米左右，一般堆土高7米，工段全长1052米。工程由砀山县、萧县、灵璧县、泗县、宿州市（县级）承担施工，于1993年12月18日陆续开工，上大型施工机械93台，各施工单位分组承包，进行施工。四、五两期施工工段位于五河县小圩镇，沱湖乡境内，长13.67公里，段内地形复杂，施工难度大。由宿、灵、泗、萧、砀四县一市参加施工，组建11个施工队，上150多台套大型施工机械，经10个月的日夜施工，于1995年10月提前完成两期工程400万立方米的施工任务。在2-5期机械化施工中，高峰期投入大型施工机械多达300台套。整个宿县地区工段上，现代机械化施工取代传统的肩挑、人抬、车子推的人海战术。五期工程完成土方1330万立方米，累计筑堤长约7公里（两岸），完成国家投资4822.5万元。为分泄淮河水，减轻怀远以下淮河防汛压力做出了新贡献。由于指挥员与施工人员共同艰苦奋斗，提前保质保量完成施工任务，1996年受到省政府通令嘉奖。2003年，淮河发生大水，于7月4日上午10时，怀洪新河何巷闸首次开闸分洪，15孔闸全部开启，分泄洪水流量每秒1000立方米，相当于同期蚌埠闸上淮河干流流量7450秒立米的13%，发挥了分洪效益。

唐河是澮潼河水系的主要支流，全长93.5公里，在草沟以上流域面积835.5平方公里，草沟以下流域面积1443.5平方公里。1992年，由群众出工利用以工代赈资金和1996-1998年由受益区群众筹集资金对唐河本干进行三期治理，疏浚河道93.5公里，完成土方1465.36万立方米，石方5730立方米，混凝土6588立方米，兴建草沟闸，重建潘集闸等2座拦河闸以及跨河桥梁8座，累计完成投资6905.15万元。

利民河砀城段治理主要包括利民河北关段清淤护岸、利民二支河入口改道护岸、新世纪桥、陈庄沟及支流清淤护岸、防汛管理设施等。2001年4月开工，2001年11月竣工。工程由砀山县水务局负责，由于利民河与陈庄沟两岸均为居民区，施工中首先疏通道路，保证进料和清除的河槽淤泥运输，河道清淤护岸的施工导流和施工排水采取分段筑围堰，用水泵逐级抽排污水的方法解决。完成工程量为土方2130立方米、砂石垫层1389立方米、砌体834.76立方米、混凝土817.25立方米，累计完成投资649.47万元。

阎河治理工程位于灵璧县境内，阎河全长14.45公里，流域面积121.8平方公里。安排拓挖疏浚河道长3公里，修筑堤防6公里。工程由宿州市湖洼及支流治理工程建设管理处负责实施，灵璧县水利水电建筑安装公司承建。于2007年12月开工，2008年5月全面完工。累计完成土方35.61万立方米。完成投资314万元。

沱河自1952年之后的50多年从未进行过治理。沱河穿城段河道长度9.96公里，河床淤积严重，河道内存在大量渔网、房屋、树木等阻水建筑物。河道除涝能力仅为五年一遇的40-80%，防洪能力不足二十年一遇，远低于五十年一遇的城市防洪要求。市人大代表多次提出要求治理沱河城区段，按照市政府安排，自2003年至2006年，主要进行沱河城区段河道整治、开发区三八河治理工程、沱河进水闸除险加固工程。工程由宿州市沱河治理工程建设管理处负责实施，宿州市水利水电建筑安装公司等施工单位负责承建，完成土方87万立方米，砌体921立方米，混凝土1087立方米，完成投资3300万元。

老鳖窝洼地位于宿州市埇桥区曹村镇北部。治理区总面积33.3平方公里。自1990年，曹村镇政府就对治理区中沟和部分主干沟分段进行疏浚，未能系统治理。为解决治理区的洪涝灾害问题，2002年，曹村镇政府以群众出义务工的形式对该治理区的宋秦沟、中心沟、肥河、望洲河四条干沟及部分中小沟进行开挖疏浚，完成土方54.83万方。2003年又新建、重建大中沟桥、涵、闸等12座及部分小洞涵。工程累计完成投资300万元。

自1988年至2007年，通过对中小河道进行扩挖疏浚和大力开展农田水利基本建设，打开排水出路，疏通大、中、小沟，拆除沟洫堵坝和兴建桥涵，提高河道防洪、排涝标准，改善农业生产条件。到2007年，全市除涝面积累计达到530.51万亩，占易涝耕地面积的81.75%，20年累计新增除涝面积72.57万亩，比20年前提高11.19%。

四、水土保持

宿州市位于黄淮平原南端，境内地形主要为冲积平原，山、丘区面积有1271.4平方公里。平原地区坡度平缓，有较好的植被，水土保持较好，山地和山坡地植被不完整，存在不同程度的水土流失现象。

1991年《中华人民共和国水土保持法》颁布实施。1999年安徽省人民政府在《关于划分全省水土流失重点防治区加强水土保持工作的通知》中，把全省水土流失重点防治区划分为“三区”，重点预防保护区、重点监督区和重点治理区。砀山县、萧县北部沿废黄河一线，控制面积818平方公里为水土流失重点预防保护区。萧县东南部，埇桥区、灵璧县北部的土石山区为重点监督区。

（一）水土流失状况

全市水土流失面积14.97万公顷。按《全国土壤侵蚀度分级指标》划分为四个等级：轻度流失面积5.93万公顷，占水土流失总面积的39.6%；中度流失面积4.17万公顷，占水土流失总面积的27.9%；极强度流失面积2.08万公顷，占水土流失总面积的13.9%；剧烈流失面积0.44万公顷，占水土流失总面积的3.0%。

（二）水土流失治理

1955年，萧县率先在永堌乡、皇藏乡成立水土保持站，设立水保小组，建立专业队伍，以夹山套为重点开展水土保持治理工作。宿县、灵璧县、泗县都开展不同形式的水土保持工作。

1982年后，积极贯彻国务院发布的《水土保持工作条例》，坚持“预防为主，全面规划，综合治理，加强管理，注重效益”方针，把水土保持工作列为每年水利兴修的重要内容，围绕着增强农业后劲，改善生态环境，促进脱贫致富奔小康这个大目标，建立两个体系：一是在山丘水力侵蚀地区以两侧山坡地形成的小流域为单元，建立水土流失综合防治体系；二是砀、萧北部黄泛区，采取开发水源，植树种草增加复被，设置网络林带，建立防风固沙防护体系。

1999年12月，省人民政府《关于划分全省水土流失重点防治区加强水土保持工作的通知》发出后，宿州市“重点预防保护区”“重点监督区”有关县、区，制定规划，推广实用科技成果，积极做好预防保护，先后兴建大批的防止水土流失工程，如：整修梯田、兴建库塘、修建沟坝、封山育林等。至2007年，宿州市累计治理水土流失面积5.36万公顷，涉及基本农田、水保林、经济林、种草、封禁治理等方面，治理度36%；累计投劳3039万工日；累计投资16674万元。

（三）开发建设项目水土保持

根据《中华人民共和国水土保持法》《中华人民共和国水土保持法实施条例》和国

家计委、水利部、环保局发布的《开展建设项目水土保持方案管理办法》，凡从事有可能造成水土流失的开发建设单位和个人，必须编报水土保持方案。水行政主管部门审批水土保持方案实行分组审批制度，以全面提高水土保持依法行政水平，推进水土保持"三同时"制度落实（同时设计、同时施工、同时验收），切实减少开发建设中的人为水土流失，维护水土资源和生态环境的可持续发展。

中央立项的开发建设项目，水土保持"三同时"制度落实较好，如：齐鲁—宿州成品油管道工程、华电宿州电厂一期工程、奎濉河近期治理工程水土保持通过验收；京沪高铁、宿淮铁路、泗许高速、徐明高速、祁县船闸、骑路孙煤矿等项目，水土保持方案已获省级批准，与主体工程同时实施。地方立项的开发建设项目水土保持"三同时"制度几乎没有落实。

五、节水灌溉与小型农田水利

（一）节水灌溉

宿州市是农业大市，也是水资源短缺地区，实行节水灌溉势在必行。根据本地具体情况，因地制宜地总结和推广渠道防渗技术、管道输水技术、喷灌技术、微灌技术和其他节水灌溉技术。

从1996年国家和省召开节水灌溉会议起，宿县地区的农业节水灌溉工程得到长足的发展。1996年，宿州市的砀山县、萧县、灵璧县被列为国家第一批节水灌溉重点县。2001年，宿州市的埇桥区、泗县又被列为国家第二批节水灌溉重点县。砀山县的官庄坝镇、陇海乡，萧县的杜楼镇、官桥镇，灵璧县的娄庄镇、浍沟镇，市直农业局紫芦湖农业科技园，泗县草沟镇、埇桥区褚兰镇、砀山县欣诚公司，被国家定为发展节水灌溉增效示范项目区，每项目区国家投资100万元，地方配套100万元，治理面积2000亩以上，主要是喷灌（大田作物）和微灌（果树、大棚蔬菜）。到2007年，宿州市发展节水灌溉面积169.45万亩。

（二）小型农田水利

农村实行联产承包责任制后，农田面上工程遭到不同程度的毁坏，1991年大水后，国家开展新一轮大江大河治理工程，农田面上投入逐步减少，旱涝灾害交替发生。从2005年开始，国家投入开始转向农村水利，开展以"民办公助"机制为核心内容的小型农田水利工程建设补助项目建设。2005-2007年，"民办公助"项目安徽省采取招标形式安排项目建设，宿州市2006年开始实施，2006年萧县中标，2007年砀山县和灵璧县中标，每个项目省级以上补助资金200万元，地方配套及受益农民投资投劳200万元。随着经济社会的发展和"民办公助"项目经验的积累，2008年，小型农田水利专项补助项目在所有县区展开，累计建设8个小型农田水利工程建设补助项目，完成省级以上专项资金1500万元，拉动地方投入和受益农民投资投劳1500万元，新增有效灌溉面积5.08万亩，除涝面积5.88万亩，较好地解决项目区灌排工程"卡脖子"问题，形成功能较为完备的排灌项目区，有效改善农业生产条件，增加农民收入，同时积累较为丰富的经验。

六、农田水利基本建设投入

（一）人工投入

1989-2003年，宿州市农田水利基本建设累计上工人数1335.2万人，平均每年95.37万人；累计完成劳动积累工64947万个，平均每年4639.07万个。

（二）机械投入

1988-1992年，宿县地区农田水利基本建设几乎是人海战术；1992-2002年，农田水利基本建设逐步由人工和大中小型机械共同完成，累计投入大中小型机械18.92万台套，平均每年1.89万台套；2002-2007年，农田水利基本建设大都是大中型机械化施工，累计投入大中型机械5158台套，平均每年737台套。

（三）资金投入

1998-2007年，宿州市农田水利基本建设资金投入累计完成17.77亿元，平均每年8464万元。

1988-2007年宿州市农田水利基本建设汇总表

表3-6-4

冬春年度		上工人数/积累工（万人/万个）	土方（万立方米）	开挖疏浚			配套桥涵（座）	修复/新打、建		改造村塘（面）	资金投入（万元）	机械投入（台套）
				大沟（条）	中沟（条）	小沟（条）		机井（眼）	机电站（座）			
1988~1989	计划	90/-	3520	56	557	5113	6797	8833	104	1500	—	—
	完成	102.5/-	4006	66	577	9168	5645	2936	138	3469	1521.4	—
1989~1990	计划	90/3866	3520	46	886	9830	10802	7201	101	—	—	—
	完成	110.3/5028	4515	68	718	11005	3211	3026	156	—	7801.2	—
1990~1991	计划	90/4950	3800	49	840	8295	9184	5473/2001	82/77	1558	—	—
	完成	108/4285	4605	66	645	8028	4241	2644/1013	92/56	1207	3980.5	—
1991~1992	计划	100/4980	4130	55	842	8171	6963	4117/1099	112/155	1080	—	—
	完成	74/4415	4447	35	802	6279	3042	3176/818	102/93	320	9735	以前为人海战术
1992~1993	计划	100/5240	4130	67	538	6300	7092	4205/1638	66/173	1559	—	大中小型2.6万
	完成	106.4/5500	4447	51	223	6509	2469	1260/827	45/53	661	5000	—
1993~1994	计划	90/4380	3520	55	798	7955	6901	2774/1293	39/94	1706	—	大中小型1.8万
	完成	88.4/4451	3677	33	853	10978	3116	1830/1216	2/20	3205	5000	—
1994~1995	计划	90/4060	3800	54	680	8331	5328	4820/4599	88/23	2980	—	大中小型0.59万
	完成	97.3/4640	4113	39	354	10536	3766	3807/1569	61/17	2739	3720.8	—

续表3-6-4

冬春年度		上工人数/积累工（万人/万个）	土方（万立方米）	开挖疏浚			配套桥涵（座）	修复/新打、建		改造村塘（面）	资金投入（万元）	机械投入（台套）
				大沟（条）	中沟（条）	小沟（条）		机井（眼）	机电站（座）			
1995~1996	计划	90/4660	4000	50	639	8958	5392	4714/3939	78/41	2709	—	大中小型3.32万
	完成	125.4/4520	4417.8	53	576	7918	3302	2683/2770	53/5	2048	7708.7	今年开始,省级开展“江淮杯”、市级“汴河杯”竞赛评标活动。
1996~1997	计划	90/4800	4200	81	713	10717	6997	4922/7396	93/56	2315	—	大中小型9958
	完成	111.7/4800	4897	75	954	11266	2993	3979/4516	67/11	2364	8401	
1998~1999	计划	146/6040	4800	84	931	6857	7753	4679/8346	117/78	1156	—	大中小型27673
	完成	112.8/6384	5821	96	519	7952	4096	4989/7010	59/23	1142	18977	
1999~2000	计划	100/5400	4800	84	741	7748	6990	5156/9032	76/39	6441	—	大中小型21097
	完成	91.9/5340	4888	84	741	7748	3767	3526/4797	57/20	6462	12353	
2000~2001	计划	90/3270	4800	57	558	6803	4478	4132/4208	34/17	1521	—	大中小型17970
	完成	74.9/3763	4841	29	1042	6433	1839	2675/3115	5/–	1380	7284.8	农村实行税费改革及“两工”逐步取消

续表3–6–4

冬春年度		上工人数/积累工（万人/万个）	土方（万立方米）	开挖疏浚			配套桥涵（座）	修复/新打、建		改造村塘（面）	资金投入（万元）	机械投入（台套）
				大沟（条）	中沟（条）	小沟（条）		机井（眼）	机电站（座）			
2001~2002	计划	80/2736	4000	42	1204	6671	4742	5852/6354	65/15	5373	—	大中小型 11489
	完成	69.5/3815	4235	43	656	6075	3061	4179/3543	17/10	2266	10037	—
2002~2003	计划	60/1642	2000	48	649	3382	4379	4484/4000	31/17	2165		大中型2041
	完成	46/1835	2418	48	649	3382	2862	3856/4958	30/18	1979	2807	—
2003~2004	计划	—	2036	50	591	4807	4634	3293/4302	46/14	1172	—	大中型1095
	完成	–/1817	2164	34	507	4828	2542	2379/3414	18/1	1077	5949	—
2004~2005	计划	—	1222	38	300	3893	2967	2236/2169	13/–	711	—	大中型897
	完成	—	1244	17	302	3818	1317	2127/2123	13/–	933	4147	—
2005~2006	计划	—	1320	34	357	4634	3651	3428/3011	5/–	645	—	大中型111
	完成	—	1180	19	280	3969	1907	1555/1841	2/1	336	2862	—
2006~2007	计划	—	1381	44	345	3800	2843	1873/2627	24/6	294	—	大型63
	完成	–/293	1262	16	245	3436	1269	914/1402	30/6	232	3160	—
1997~1998	计划	90/4800	4200	75	814	6654	5670	3761/6415	62/54	2040	—	大中小型 17950
	完成	118.6/6171	4700	76	711	8176	3518	3862/4349	69/23	2284	14300	—

第七章　邮政　电信

第一节　邮　政

宿州邮政始于清末，后与电信几分几合，1998年9月25日，宿县地区邮政局正式成立，隶属于安徽省邮政局，具有管理和经营双重职能，服务面积9786平方公里，服务人口550万，辖灵璧、泗县、萧县、砀山四个县邮政局。2004年，成立宿州市邮区中心局，被国家邮政局批准为三级中心局，隶属于宿州市邮政局管理。

一、基础设施

1998年后，随着现代科技的发展，邮政综合计算机网逐步建成并不断完善。邮政储蓄实现全国联网、通存通兑，完成“绿卡”宿州中心向省中心切换和“绿卡”统一版本上线；建成并开通综合计算机网上电子汇兑、集邮、报刊发行等应用系统；建成邮政“185”客户服务中心，继而进行技术改造，升级为“11185”；完成储蓄、汇兑两网互通工程、电子化支局和量收系统的建设、EMS3.0版本改造和物流管理等系统上线工程。

2003年，市局淮海北路邮政综合楼竣工并投入使用，随之完成邮区中心局生产作业和指挥调度两个子系统的建设和生产作业系统的3次大规模的升级改造及工艺设计，安装使用包裹分拣、邮袋推挂、储存开拆除尘、信息监控系统等设备，使邮件处理能力得到极大增强。2007年，月信函处理达到80万件，包件处理达到2万件。

2007年，全市邮政营业网点141个，邮路总长2146公里，其中自办汽车邮路1984公里；投递段道385个，其中农村投递段道330个，投递线路总长16941公里。全市共安装信报箱3.86万个，市区拥有报刊亭43个。全局拥有微机56台，在邮政生产管理中得到广泛应用。102个邮政局所实现电子化，业务操作一台清；部分网点设置多媒体邮政业务查询系统和电子大屏幕。报刊发行实行微机要数，看屏分发。特快邮件做到跟踪查询，给据邮件、总邮包可利用条码扫描器登单。包裹分拣实现机械化，郊区邮件投递实现摩托化。各储蓄网点安装电视监控系统，接送款实行武装押运。

二、邮政业务

1998年后，宿州邮政局除发展邮政储蓄、函件、包件、汇兑、集邮、报刊发行等传统业务外，新业务得到迅速推广，陆续开办物流配送、代办电信、速递礼仪、代收通信话费和电费、代发工资和奖金、代理保险、代理特快国内国际空运业务及其他非邮代理业务；开通一卡通、邮证通、邮保通、银联卡；还开发个性化邮票、企业年册、账单、邮送广告、企业拜年卡、邮资封片等新业务。

2005年，宿州市邮政局进入快速发展时期，至2007年，全市完成邮政业务总量1.7亿元，是1998年的5.8倍；完成邮政业务收入1.3亿元，是1998年的3.5倍。

（一）邮政储蓄

1986年5月，宿县地区邮电局始开办邮政储蓄业务，此后，邮政储蓄成为市民选择的主选储种之一，业务量逐年大幅度攀升。2007年全市储蓄余额净增7.6亿元，实现邮政金融业务收入8490万元，同比增长33.1%，邮储活期存款比重达到47.79%。

（二）函件包件

函件包件是邮政企业的基本业务，是利用邮政强大的网络资源优势迅速传递信息的平台。1998之后，包件数量平稳增长，函件数量快速增长。2000年宿州邮政函件数量突破l000万件，2007年函件1027.55万件，实现业务收入511万元。

（三）特快专递

为适应社会生活的快节奏，市邮电局于l988年始开办特快专递业务。1996年成立速递公司，2007年办理特快专递24735.5万件，实现业务收入478万元。

2007年，其他业务完成实绩：机要文件3730件；包裹10.62万件；订销报纸累计4025.88万份；订销杂志累计144.78万份；报刊流转额3185.98万元。

第二节　电　信

清光绪三十一年（1905年）设邮局，民国初设电报局。20世纪90年代之前，电信、邮政处于合营模式，其间1969年11月，邮电分设，1973年9月，合并。1998年9月，邮政与电信再次分设。

1987-1998年邮电主要指标表

表3-7-1

年份	邮电业务总量（万元）	邮电局所（处）	市内电话（部）	农村电话（部）	移动电话（部）	无线寻呼（部）	订销报纸累计数（万份）	订销杂志累计数（万份）
1987	1154	141	6673	2575	—	—	5433.65	525.77
1990	1749	146	9772	3611	—	—	4066.82	334.00
1992	2888	150	12605	3525	24	1729	4129.92	403.02
1995	10532	196	48796	16045	3301	19075	7215.96	373.71
1996	15262	149	60490	26709	6475	33945	6168.11	370.96
1997	2	152	92260	43170	14490	52872	6163.83	417.89
1998	29693	164	95577	63756	33514	71396	5997.83	393.10

一、电信公司

1998年9月，邮政与电信分设之后，11月电信寻呼业务及人员从地区邮电局整体剥离出去；1999年7月，移动通信分局整体从宿县地区邮电局分离出去；2001年1月，宿州电信局主业与实业分离；7月宿州市电信局正式更名为安徽省电信公司宿州分公司。2004年1月，更名为安徽省电信有限公司宿州市分公司。

（一）固定电话机线设备

1998年，宿州电信（宿州电信指宿州电信局所经营的电信产品）市内电话交换机总容量118000门、农村电话交换机总容量106616门。固定电话用户市内43563户，农村9696户。为配合淮海路、胜利路、汴河路改造工程，组织铺设62处2-4孔的过路管道7.44管孔公里，拆除架空交接箱12个，交接箱落地9个。完成宿州至萧县、砀山SDH622MB/S工程建设，完成京宁光缆SDH2.5GB/S设备安装调测，为宿州市提供长途出口电路126个2MB/S。

1999年，为配合城乡通信网改造工作，实现村村通电话工程。全市农村电话工程总体建设3627.67杆程公里，电缆皮长4018公里，光缆484.50公里，农村光缆线路总长800多公里。1999年，总计新增农村电话交换机容量20468门，实现村村通电话工程。为解决小隅口主干电缆出局难和城郊用户通信质量等问题，分别在技校、三八乡、六中及宿怀路长途线务局建成了光接入设备5000线。固定电话累计放号33592部，完成业务收入17054.52万元。交换机总容量24万门，电话用户总数182839部。另外，为配合市政道路改造先后新建通信管道28管孔公里。

2000年，全市固定电话放号88714部，完成业务收入20032.17万元，同比增长17.46%。

2001年，全年固定资产投资6579万元，新增局用交换机40000门，交换机总量达53.8万门。完成业务收入22562.96元，比2000年同期增长12.63%，增长率位居全省第一位；固定电话总数达到40.2万部。

建成了南关接口局，并对东关接口局进行扩容；增建了萧砀2.5GSDH传输网，宿州市中环传输由622MB/S升为2.5GB/S，新建ADSL系统接入端口达400线；建成可提供200、800等业务的智能网，配合京济宁干线工程64芯光缆130公里的敷设，并同沟敷设了鲍集—宿州—萧县48芯—36芯—20芯光缆150公里。

2002年，为提高网络适应能力，电信公司坚持对本地电话通信网络重点投资，不断扩大网络覆盖面，完善网络结构和功能。先后开工建设萧砀、灵泗光缆直埋工程、DDN工程、SDH传输环网工程、国际互联网节点和中国公众多媒体通信网节点及安装工程、ADSL接入工程、宽带IP城域网工程、网络监控工程及智能网等一系列工程。初步实现通信数字化、传输光纤化、交换程控化、监控智能化，网络覆盖全区四通八达。年末通信能力：交换机总容量达60万门；接入网点200多处；市区内投放200多部IC卡公用电话；小隅口中心局设立2个多媒体查询台。固定电话放号10.5万号，完成年计划的104%；业务收入完成2.34亿元，同比增长13.46%。

2003年，全年固定资产投资达15827万元。新增局用固定电话交换机15万门，交换机总量达75.6万门，扩建市区骨干光缆网和SDH传输环网光缆4777纤芯公里，新增宽带端口10600个，总容量达15600个，其中，100M端口288个。主干电缆73.44万对，配线电缆100.33万对。

2004年，新增局用固定电话交换机9.6万门，交换机总量达85.2万门。由于电缆被盗事件频发，电信公司实施光进铜退工程以减少损失，改、扩建接入网点22个，新增光缆3406.41纤芯公里。新增交换机容量9.6万线，新增主干106830对、配线120380对。端到端用户开通及时率为100%，光缆干线传输电路可用率为99.9%，网络运行全面完成各项预订维护指标，保障了网络的高效、安全和畅通。

2005年，为满足城市建设发展的要求，电信公司设有专职人员，对每个小区建设及对通信的需求情况及时跟进反馈。公司投资建设了经济开发区、光彩大市场、政务新区、西昌路新局等局点交换和宽带设备及配套设施。新增交换机容量111500门，交换总容量达97.3万门，新增主干209800对，配线215400对，新增宽带设备7000线，总容量达31804线；为稳步实施电话网智能化工程，投资兴建城域光缆网一期工程，逐步引入NGN先进技术，以提高网络技术的先进性，丰富网络提供业务的灵活性，进一步丰富电话增值业务，为网络智能化打下基础，大力提升了网络运行能力。

2006年，局用交换设备扩容10.71万线，交换设备总容量过百万门。其中新建有源节点24个；ADSL容量新增23472线，宽带有源节点覆盖率达到93%；传输设备新增32744个2M端口，新形成16372个2M通信能力。IP城域网新增5台BARS，新建5个节点，扩容814个端口。业务发展事态良好，分公司主营业务收入完成3.8344亿元，增长率全省排名第四；固话发展累计完成102979户，全省排名第五；宽带发展累计17538户，全省排名第一。

2007年，固定电话用户为1135035户、互联网用户95190户，完成电信业务总量245922万元；全年完成固定资产投资10541万元，完成年计划的99.8%。全年完成46个重要局站的机房综合整治和389个机房管理达标。不断扩大网络覆盖面，完善网络结构和功能，提高网络运行能力，以网络支撑发展、以能力支撑服务。加强工程建设管理，积极开展“光进铜退”，加大光缆网投资规模，宽带出口带宽成功扩容四倍，打造宽带信息高速公路。积极推进本地网综合化集中维护工作，网络运行全面完成省公司下达的各项维护指标，确保网络高效、安全和畅通运行。

（二）公用电话

2000年，IC卡公用电话机进入宿州市民生活中，电信公司开始在四县一区各主要街道、学校、宾馆、酒店及公共场所安装IC卡公用电话，到2002年，安装200多部；2004年，增至6629部；2006年，达8959部。2005年公话收入完成进度名列全省第一。

2006年，大力实施“村村进公话工程”，卓有成效地发展了公话产品，公话发展完成比例排名全省第一。

2007年，宿州电信坚持以品牌经营为统领，积极转变经营方式，公话发展维持现状，年末共拥有公用电话45403部。

（三）互联网业务

1998年，宿州电信局投资建成国际互联网（163）节点和中国公众多媒体通信网（169）节点。

1999年，宿州电信局承担着宿州市信息化领导小组有关“政府上网”“企业上网”“家庭上网”的全面启动任务，建成了大量值得推广的网上应用项目。同年网络基本IP用户全市已达到655户，完成年发展计划的117%。

2000年，宿州电信提出：在积极做好“政府上网”“企业上网”“家庭上网”工程及其他信息服务工作的同时，坚持“上网不涉密、涉密不上网”的原则，严格保密制度，防止泄露行业和企业情报、商务秘密事件的发生。IP用户发展迅猛，一年用户净增686户总数达8297，上网时长2233万分钟。

2001年5月，宿州市电信开通ADSL宽带上网业务。ADSL（AsymmetricDigitalSubscriberLine）技术中文名称为不对称数字用户线路，是一种新兴的高速通信技术，该业务的开通，大大提高上网速率，对于提高宿州市通信水平有着积极意义。

2003年，开通LAN（LocalAreaNetwork）中文翻译是“局域网”，是Ethernet（以太网）接入方式。属光纤接入宽带业务，上网速率可达10M、100M至千兆。由于宽带业务的方便、快捷、内容丰富等因素，宽带业务走进千家万户，进入快速发展阶段。

2006年，继续加大宽带业务发展，确保市场份额，加强电脑销售信息源收集和品牌电脑公司合作共同发展用户；与公安局联合下文加大私拉乱接整治力度，宽带发展卓有成效，获得省公司创新成果三等奖。全年宽带发展累计完成年计划的140.68%，排名全省第一。

2007年，在农村市场深入拓展乡情网和乡情信息网。全年组建乡情网2631个，乡情网用户达到389319户，渗透率达到55.49%，推进广度和签约率均排全省前列。在乡情网中添加信息内容，加快乡情信息网的发展，全年发展乡情信息网984个，荣获集团公司转型业务进步奖“农村通信”一等奖。信息社区建设得到突破，满足居民各种信息需求，全年发展宽带用户26673户，完成年计划105.72%。6月，有源节点实现宽带全覆盖，电信宽带达到上网顺畅，网速稳定。

（四）小灵通无线市话业务

2002年6月24日开始筹建，10月小灵通工程正式开工建设。初步完成小灵通一期、二期工程，共建设基站930个，交换容量5.88万号，至12月，完成211个基站的安装及调测工作。小灵通网络运行情况良好，网络覆盖宿州市区、四个县城以及符离、汴河、朱仙庄、北杨寨、桃园、祁县等乡镇。2003年1月20日，宿州市各县城及部分乡镇开通小灵通服务，并开始对公众放号，当年放号30208部。

2004年，根据小灵通通讯一年的运行情况，为进一步优化网络通迅质量，满足广大小灵通用户通讯需求，电信公司继续投资1602万元新增基站210个（基站总数达1140个），扩容通信信道1160个。小灵通放号36475部，排名全省第二。

2005年，电信公司继续加大小灵通设备的投资，新增小灵通设备26300线，总容量达12万线。

2006年，小灵通发展累计15947户，全省排名第六；为优化小灵通网络，增设基站55个，网络达到四县一区城市区域全覆盖，基本做到无缝链接，通信质量优。拥有114755个用户在使用小灵通业务。

2007年，小灵通各项指标均达到省公司考核标准，接通率>52%，掉话率<0.7%，短信发送成功率>97%；三个季度的小灵通用户满意度测评均名列全省前茅，其中第2季度第二名、第3季度第一名。为提高网络通话质量，提升基站的运行质量，针对基站地线和U口线进行专项整治，全年测试580多个基站的地线和U口线，整改不合格地线

60多个，更换不合格U口线85对。小灵通在网用户82317户，业务量发展呈下降趋势。

（五）增值业务

1999年3月，对168信息平台进行改造，以提高信息服务的综合能力，同时增开160分台5个，年底建成160语音信息中的121气象预报新系统。

2001年8月，开通来电显示业务。

2003年，安徽电信96800业务在宿州试点工作取得成功，市场认知度很高。

2005年12月1日，宿州电信开通号码百事通业务。

2006年，号码百事通客户渗透率达32%，人均拨打量排名全省第二。

2007年，我的e家发展28660户，渗透率40.7%。商务领航通信版套餐发展1394户，渗透率20.01%；信息版套餐发展827户，渗透率11.87%。全年号码百事通收入完成年计划的143%。全年非话收入完成年计划的129.15%，占比28.27%，增长率63.3%，位居全省第二。

（六）无线寻呼业务

1998年11月2日，宿县地区电信局的寻呼业务整体剥离给安徽国信寻呼有限责任公司宿州分公司。

2000年5月17日，安徽信达电讯寻呼有限责任公司宿州分公司开业。该公司由安徽电信主办，在全省范围内经营无线寻呼业务。设有96998（人工）、96999（自动）全省寻呼网络，能提供多功能、快捷、高效的寻呼服务。

2002年6月，小灵通无线市话业务筹建，12月，安徽信达电讯寻呼有限责任公司撤销，无线寻呼业务回归电信，业务逐渐萎缩。

（七）用户缴费

为解决电信用户缴费难、缴费路途远的问题，1998年5月，在道东（沱河邮电支局）增设电话交费点为周边群众提供缴电话费服务。1999年10月8日，首批开通工商银行代收电话费系统，设立4个代收点。随后，在总结经验完善市场机制的基础上，逐步将工商银行各网点全部开通，依次推广到其他商业银行。彻底解决用户缴费难的问题，用户可就近缴费，从而提高电信服务水平。

2007年，发展1244个村级代办点、55个综合信息服务代办点，平均每月收缴话费260多万元、代卖缴费卡70多万元，不但解决农村偏远区域缴费不方便问题，而且对于乡情网推广、有资源区域固话增量发展起到积极作用。

（八）其他

1.自动测量系统

1998年，112台开通集中测量系统实现自动受理、自动测量、自动排障，市话障碍修复及时率达到98.2%，装移机及时率达到96%，线路平均障碍率控制在3.82%内。

2.时钟同步系统

1998年，对电信三大支撑网之一的时钟同步网设备进行安装调测，并在全区传输网上应用。

3.基础设施建设

西昌路电信大楼于2002年10月25日奠基，2004年5月底，主体工程封顶，2005年

12月26日竣工，建设面积1.1万平方米。2005年11月26日，大楼具备使用条件，宿州电信分公司总部从小隅口搬迁进入大楼。

4.电报业务

随着通信技术的迅速发展，电信业务服务种类的不断增多，更多、更先进的通信手段正在逐步替代传统的电报业务，为适应通信业务发展及用户需求的变化，中国电信集团公司决定自2005年12月1日起，在全国31个省（区、市）取消公众礼仪和鲜花礼仪电报业务种类，停止办理公众和鲜花礼仪电报业务。延用百年的电报业务退出人们的生活。

二、移动公司

中国移动通信集团安徽有限公司宿州分公司（简称中国移动安徽公司宿州分公司）经历1998年9月，邮电分营；1999年7月，电信分营后，于1999年7月7日正式挂牌成立，公司下辖砀山、萧县、灵璧县、泗县4个县级分支机构，1个市区营业部和11个职能部门。2007年，客户突破100万户。

（一）网络发展

1999年7月，公司基站总数仅有39个，其中GSM基站33个、模拟移动基站6个。随着移动通信技术的不断发展，模拟移动通信逐步被GSM数字移动通信取代，至2000年年底，公司完成数字移动通信第五期扩容，模拟移动基站全部退网，GSM基站数增至70个，交换机容量上升至10万门。

2001年8月，公司建设移动通信本地传输网，铺设光缆总长110公里，经9个乡镇接入7个基站，包括一条SDH自愈光环线和一条支线。2005年，基站自有传输使用率达到100%。

1994年，宿州第一代移动通信电话投入使用；1996年，第一个数字通讯系统GSM基站建成，移动通讯逐步走进千家万户。1997年，随着技术革新，淘汰模拟交换机，新建了一台西门子数字交换机，网络容量6.8万户；2006年，华为软交换设备入网，交换机总数达4台，网络容量163万户。

截至2007年12月，公司共进行11期GSM移动通信网络建设，共建基站630个，交换机总数达5台，总容量达239万门。

（二）渠道规模

公司成立之初，只有5个营业厅，营业面积狭小，客户服务能力十分有限。随着市场的规模发展和服务要求的不断提高，营业厅承载能力显得严重不足。2003年9月16日，市中心站汴河中路营业厅正式营业，新建了业务办理厅，内设移动业务办理区、大客户接待室、新业务演示区等区域，是全市第一所标准化、现代化的市级主营业厅。截至2007年12月，公司在四县一区建成131个自办营业厅、495个特许经营店、244个授权代理店，基本建成“市、县、乡、村”四级实体营销渠道体系，服务能力及服务水平得到全面改善。伴随着互联网、手机上网等技术的兴起，除了传统的营业厅等实体服务渠道，网上营业厅、短信营业厅、掌上营业厅等服务渠道日渐普及，业务办理变得更加方便快捷。

（三）移动通讯业务

1999年11月，公司开办短消息业务，用户可用手机发送、接收信息。2000年3月，公司设立大客户室，为大客户开辟“绿色服务通道”；继开通“1860/1861”客户服务热线，用户既可使用移动电话，也可使用固定电话拨打服务热线。公司还推出“神州行”预付款、缴费卡业务，支持手机在全国漫游。

2001年，公司将业务扩展到IP网络电话和互联网方面，通过开展“17950”（记账式）、“17951”（充值式）移动IP卡业务，方便手机用户用固定电话拨打IP电话。

2002年，公司在GSM系统基础上，推出G023（通用分组）无线业务；继又开通“彩信”（传送文字和多媒体信息）、“12586”娱乐在线、“12590”音信互动等业务；2003年启动“随e行”业务，为客户提供无线上网服务。

随着信息技术的日益发展，不断推出新的数据业务。至2007年12月，公司相继推出面向个人客户的移动梦网、彩铃、MO手机上网、无线音乐、手机报、手机邮箱、飞信、12580等业务；面向集团客户的集团彩铃、集团V网、集团专线、移动OA、移动办公助理、移动总机、企业邮箱、企业建站等丰富的集团应用产品，同时推出警务通、银信通、医讯通、物管通、旅信通、税务通、酒店通、车务通、校讯通等行业信息化应用产品，提高了企事业单位及行业的信息化水平。公司还积极参与“百镇千村农信通示范工程”等社会公共项目实施，以自身的信息资源和网络优势，进一步推动数字宿州建设。1999年公司用户4.9万户，2005年达48.62万户，2007年突破100万户，达到104.60万户。公司运营收入也从1999年的6979.44万元猛增到2007年的56992.82万元，8年净增7.17倍。

三、联通公司

中国联通宿州市分公司成立于1999年10月28日，下辖灵璧、泗县、萧县、砀山4个县级分公司和埇桥区营销中心。

（一）网络规模

公司拥有固定资产总值超过10亿元，建成先进的移动通信网（含G网、C网）、数据固定网和基础传输网络。其中，G网移动通信基站400多个，C网移动通信基站200多个，实现了宿州市信号的广覆盖，能满足商务人士移动办公和行业数据互联网业务。

完成2.5G城域网建设，为加快数据固定业务发展提供了保障，全市可提供宽带互联网业务，并为政府、大型企事业、银行等单位提供丰富的数字电路业务；基础传输网网络建设得到了长足的发展，宿州联通拥有国家一级干线近300公里，二级干线100多公里，本地传输网3000公里，一干、二干采用DWDM（波分复用）的传输模式，本地传输网升级至10G光传输网络，大大提高了传输能力，为公司各项业务发展提供了有力的支撑。

宿州联通成立以来，始终将网络建设维护作为重点工作来抓，一是做好网络规划工作，不断加大网络建设工作，先后启动并完成11期移动网建设，实现无线信号全覆盖。二是加大网管建设力度。公司采用统一网管的方式对全网进行调度和监控，确保交换网、无线网、数据网、传输网安全运营，及时发现并处理网络运营过程中可能出现的种种问题，最大限度的降低网络故障，提高网络运营效率。三是做好网络优化工作。公司成立了专门的网络优化中心，定期进行全网路测和定点测试工作，积极解决网络运营过程中出现的问题，提出解决方案，提高通信质量。四是做好互联互通工作。公司积极同宿州电信、宿州移动开展网间互联互通工作，每逢重大节日，积极做好网络话务量预测，协调增开各局向电路，使得每线话务量低于0.6erl，确保通信服务畅通。

（二）市场经营

开网运营后，宿州联通锐意进取，经营业绩稳步提升，实现了收入不断增长，用户规模持续扩大。

创新，改变世界。这不仅是一句催人奋进的口号，更是宿州联通谋求发展的法宝。市场实施渠道分级管理，在城乡开展标准形象店建设，截至2007年年底，设立专营网点千余家，遍布城乡的渠道为广大用户提供了贴心服务。创新产品体系，成功组织设计、推广了“世界风”“如意通”“新势力”等一系列品牌产品，“亲民”资费赢得了广大用户盛赞。

（三）客户服务

服务是公司立身之本，宿州联通一直秉承“服务为本、发展为上”的理念和真理，全面推行民生问题服务承诺制度，铸就企业发展之灵魂；以为客户提供优质通信服务及促进社会和谐为己任，以服务提升客户价值，实施“服务致胜”战略，致力于让宿州人民充分享受信息技术的进步，倾力做到“消费请客户放心，服务让社会满意”。

10010咨询热线，10011话费充值专线，24小时全天候服务，为客户提供准确的服务信息和及时的咨询帮助。宿州联通严格执行国家《电信服务明码标价规定》等法律、法规，坚持守法经营、透明消费。客户话费信息均通过短信送达，明示收费方式和资费标准，增加消费透明度。

第三节 无线电管理

1986年，无线电管理由宿县地区军分区划归地方管理，宿县地区行署成立宿县地区无线管理委员会，简称无委会，下设办公室。1991年，成立宿县地区无线电监测站，隶属于宿县地区无委会。1998年12月，宿县地区无委会上划为安徽省无线电管理委员会办公室派出机构，更名为“安徽省无线电管理委员会办公室宿州管理处”。2001年1月，安徽省无线电管理委员会办公室与安徽省信息产业厅合并，宿州管理处属省信息厅派出机构。

一、设施建设

1991年，建立地区无线电C级监测站，地区财政拨款购置面包监测车、示波器、功率计、频率计、声控记录仪，M8监听电台、短波电台等等，增强了技术管理能力。

2002年，购置办公用房，面积570平方米改善了办公和监测机房，方便了工作的开展。在“十五”期间由安徽省无线电管理委员会办公室统一配发了三辆工作车和固定监测站、屏蔽室及综测仪、场强仪、频谱仪等一大批仪器设备，基础设施建设大大加强。

“十一五”期间，管理处添置安利频谱仪、R/S便携式频谱仪、IC-R20接收机、手枪式测向天线等监测设备。建立新版频率台站数据库，方便了管理工作。

无线电管理工作围绕“管理好频谱资源、管理好台站、维护好空中电波秩序”的三大基本任务，贯彻“科学管理、保护资源、保障安全、健康发展”的指导方针，实行行政、法律、技术和经济四种手段综合管理。无线电台站管理是无线电管理的一项基础性工作，加强设台审批管理并做好实时核查，全面、准确、实时掌握台站数据，提高工作效率。

二、无线电监测

1991年，为加强无线电管理，维护空中电波的秩序，保护党政机关、军事机关及其它重要部门无线电通信，保证党和国家机密安全，查处擅自出售、购置、使用无线电通信设备的现象，宿县地区行署发布通告。通过整顿，全区擅自占用频率，擅自出售、购置设备的现象得到有效遏制。

2007年，宿州市全面开展无线电台站数据清理登记工作。通过清理登记全市有各类广播电视台、卫星地球站、微波站、数传通信、GSM、CDMA和小灵通基站、超短波电台、短波电台、业务电台等各类无线电台站2727个，无线电通信广泛运用于社会生活的各个领域，频率资源在现代化经济建设中发挥了重要作用。

三、维护空中电波秩序

2002年1月，接到宿州寻呼公司的干扰投诉后，立即派出技术人员，带着仪器进行排查，很快查明是频段干扰，问题性质严重，造成的后果和在用户中产生影响很坏，省无委办最后作出行政处罚没收设备，罚款5000元。

四、检测

1998年7月，宿县地区首次开展无线电设备检测，共计检测设备56台，对合格的设备贴上标签。

2007年5月，对县、乡广播电视台进行专项检查和设备检测工作，对四县一区广播电视发射机进行检测检查，检测22调频广播发射机、16个电视发射机，其中调频广播技术指标不合格3个，电视1个，要求及时整改。由于一些设台单位人员技术力量薄弱，对损坏的设备给予免费维修；对如何正确维护保养提供技术指导意见，深得他们的赞扬。

五、无线电通信安全保障

作为政府的无线电管理职能部门，管理处积极为党政机关、军队、有关考试以及重大活动等提供无线电通信安全保障。2005年以来，注重防范打击利用无线电设备进行考试作弊。管理处考前精心组织、明确分工、责任到人，对考点周围的电磁环境进行测试，积累原始数据，掌握情况，并做好有关协调工作；考试中，认真监测，发现异常信号，及时查处。在公务员招考、医师资格、英语四六级和研究生等考试期间，查处作弊案件5起，其中抓获团伙作弊案件1起，没收作弊设备6套，阻断作弊信号3起，有效地制止利用无线电技术手段作弊，维护考试公平、公正和社会稳定，受到社会各界好评。

第八章　农　业

1988-2007年，是宿州市农业农村经济高速发展的重要时期，农业生产继续延续1978年以来的高速增长势头，并且完成从初期数量扩张型向质量效益型转变，产业结构调整取得重大成功。全市大宗农作物优质率达到90%，特色种植良种率100%，南粮、北果、中部经济作物的农业产业的区域化布局基本形成；农业产业化异军突起，农机化事业全面发展；农民合作经济组织、农村新型合作医疗、农民经纪人、土地流转、外出务工等新生事物层出不穷。

农民收入水平显著提高，收入构成呈现多元化。1988年，宿县地区农民年人均纯收入428元；到2007年，全市农民年人均纯收入跨过3000元大关，达到3052元。2007年，全市农林牧渔业总产值242.2亿元，按可比价计算，为1987年的2.91倍，主要农业经济指标均居全省前列。五个县区中，宿州市埇桥区、灵璧县、萧县、泗县是全省粮食大县；砀山县是全国著名的水果大县；宿州市埇桥区是全省蔬菜十强县；宿州市埇桥区、灵璧县是全国生猪调出大县。宿州市农业科技示范园是安徽省唯一一家国家级农业科技示范园。成功举办四届的中国·宿州黄淮海地区农资博览会成为国内知名的区域性农资展销平台，宿州光彩城农资大市场成为黄淮海地区经营种类最齐全、营销数量大、辐射范围广的农资集散中心。

第一节　农村经济体制改革

宿州市作为安徽省的农业大市，农村改革的步伐一直走在全省的前列。

农村合作基金建设。1994年，宿县地区在学习外地经验的基础上，开展农村合作基金会试点工作。截至1999年6月底，审批成立农村合作基金会79个，其中村级1个，累计融资总额为68154.2万元，累计投放资金18967.6万元，其中投放于农业占70%以上，成为农业生产投入一支不可忽视的力量。2000年6月，全市基本完成清理整顿农村合作基金会工作。

土地二轮承包。1995年，宿县地区开展农村土地二轮承包工作。2月，宿县地委出台《关于改革农村土地承包制度的若干规定》，全地区农村土地承包合同证书基本发放到户。同年，宿县地区、各县、各乡镇成立农村土地承包纠纷仲裁委员会，切实解决土地承包纠纷。1998年，宿县地区开展农村土地承包经营权证书发放工作，进一步稳定全地区农村土地承包关系。2002年10月17日，宿州市人民政府印发《关于进一步做好农村土地承包工作的通知》，全面落实党在农村的土地承包政策，切实保护农民的根本利益，维护农村社会稳定。

农业税费改革。2000年8月15日，中共宿州市委、宿州市人民政府印发《关于在农村税费改革试点过程中切实做好减轻农民负担工作的若干规定》，制定全市农村税费改革实施方案，取消三提五统等有关涉农收费项目，只向农民收取农业税、农业特产税及其两税附加。2001年，全市对农业税计税率实行上限控制，下调部分农业特产品的税率，缩小农业特产税征收范围。2002年，宿州市继续降低农业特产税税率，在萧县和砀山县进行取消农业特产税试点。4月，中共宿州市委、宿州市政府印发《关于做好2002年全市农村税费改革工作的意见》，使全市的农民负担保持稳定并进一步减轻，农村分配关系逐步规范，农民纳税意识逐步提高，党群、干群关系进一步改善。2003年，宿州市全面取消农业特产税。2004年，全市取消农业税附加，并降低农业税税率2.2个百分点。从2005年起，全面取消农业税，同时增加对农民的粮食直接补贴。

2002年7月29日，宿州市政府印发《批转市农委市财政局关于化解村级债务工作实施方案的通知》，进一步巩固农村税费改革成果，加强农村基层组织建设，维护农村稳定。

农民合作经济建设。2005年8月24日，中共宿州市委、宿州市政府印发《关于加快发展农民合作经济组织的意见》，标志着农民专业合作经济组织进入政府倡导发展阶段，发展步伐逐步加快。2007年7月1日《中华人民共和国农民专业合作社法》正式实施，全市农民专业合作经济组织呈现良好的发展势头。2007年年底，全市农民专业合作经济组织发展到475个，其中农民专业合作社69个。

第二节　种植业

一、粮食作物

宿州市是全国重要的粮食生产基地之一。受国家扶持粮食生产政策的影响，2003年到2007年，粮食生产快速发展，面积不断增加，总产连创新高。2007年粮食播种面积1156.6万亩，占农作物播种面积的77.5%，总产65.5亿斤，其中夏粮播种面积占54.56%，总产占粮食产量的59%。

（一）小麦

宿州市是全省小麦主产区之一，播种面积居农作物之首，占粮食总播种面积的50%。1987-2007年，小麦单产和总产大幅度提升，但年度间受自然灾害的影响，产量有一定的波动，小麦产量大幅度提高的原因是：小麦品种完成两次更新换代，化肥施用量进一步提高，增施钾肥，配方施肥面积不断扩大，病虫草害综合防治率稳步上升，播种机械和联合收割机从试点到基本普及，移动式灌溉方式大面积推广，取消农业税，实行农业多种补贴等惠农政策大范围实施，粮食价格稳步上升，调动了农民的生产积极性。1987年小麦亩产528斤，总产26.3亿斤，2007年小麦亩产731.2斤，总产39.9亿斤。

（二）玉米

宿州市是全省玉米主产区之一，种植面积全省第一，玉米生产受气候影响较大，产量年度间波动较大，20年来，单产提高幅度较小。1987年亩产512斤，总产7.9亿斤，2007年亩产580斤，总产16.6亿斤。

（三）大豆

是宿州市种植面积第三大作物，20年间大豆种植面积经历了下滑和恢复扩大两个阶段，1987年大豆种植面积209.7万亩，单产168斤。从20世纪90年代开始，大豆种植面积不断下滑，跌落到1991年的96万亩，总产1.57亿斤。2003年以后，大豆种植面积迅速恢复扩大，到2007年达到249万亩，总产21.6万吨。

二、经济作物

（一）花生

花生是宿州市种植面积最大的油料作物，在全省17个市中花生种植面积第一。1987年起花生种植面积不断扩大，到2003年面积达106.5万亩。全市1987年花生种植面积30万亩，单产268斤。到2007年达到63.7万亩，总产17.1万吨。20年间，花生种植方式发生较大变化。20世纪80年代末开始推广鲁花八号、鲁花九号等高产高油品种，并推广地膜覆盖，起垄种植等栽培技术，花生单产显著提高，从而带动面积扩大。灵璧县和泗县是安徽省的花生主产县。

（二）棉花

棉花是宿州市的主要经济作物，20世纪80年代和90年代前期发展较快，1990年前后，国家出台多项奖励植棉政策，提高棉花收购价格，种植面积逐步扩大，1991年种植面积达到160.6万亩的历史最高水平，单产86斤，总产6.8万吨。90年代开始，由于推广地膜覆盖，营养钵育苗，重施花铃肥，增施钾肥，病虫草害综合防治等技术，单产水平提高较快，由1986年的亩产116斤，提高到2004年的154斤。2000年以后，受国家鼓励粮食生产政策和农村外出打工农民大幅度增加的影响，劳动用工较大的棉花生产受到很大冲击，2000年以后棉花种植面积持续下滑，到2007年下降到78.6万亩。

1986–2007年宿州市主要农产品产量一览表

表3-8-1　　单位：万吨

年份	小麦	玉米	大豆	花生	棉花
1986	120.3	39.1	21.7	4.1	3.58
1987	131.5	39.5	17.6	4.0	4.86
1988	97	44.1	13.2	4.1	6.87
1989	114	59.8	15.1	4.5	4.32
1990	88.7	68.7	11.1	4.8	5.29
1991	87.7	59	7.9	2.4	6.83
1992	118.7	60.1	10	5.4	4.71
1993	124.7	80.7	15	8.3	4.44
1994	123	63.2	11.4	8.0	4.07
1995	131.5	107.3	12.7	12.3	6.49
1996	129	83.2	9.3	10.3	4.01

续表3-8-1

年份	小麦	玉米	大豆	花生	棉花
1997	179.9	86.4	23.1	14.9	4.47
1998	101	69.2	13.5	15.5	4.17
1999	164	89.3	17.1	27.0	4.24
2000	121.6	80.6	22.6	36.2	5.69
2001	154	91.6	22.5	33.1	8.01
2002	135.4	97	22.8	35.1	7.00
2003	121.1	47.9	11.8	15.2	4.00
2004	170.8	96.1	22.95	28.4	8.22
2005	168.2	78.3	21.6	19.8	6.52
2006	205.3	100.8	27.9	22.6	6.20
2007	197.7	82.8	21.6	17.1	4.33

三、菜篮子工程建设

为缓解全市副食品供应偏紧的矛盾，按照国务院要求，宿州市与全国其他城市同步启动“菜篮子工程”。一期工程以建立肉、蛋、奶、水产和蔬菜生产基地为主，重点是增加产量，解决城区市场供应短缺问题。20世纪90年代中期，重点是增加品种和均衡周年供应及促进农业增效、农民增收。在政府高度重视下，“菜篮子”产品生产持续快速增长，2003年，从根本上扭转全市副食品供应长期短缺的局面。到2007年，全市蔬菜、肉类、禽蛋、奶类、水产品和水果6大类鲜活农产品的产量以年均6%到12%的速度增长，“菜篮子”产品极大丰富，人均占有量均达到或超过全国人均水平，老百姓的餐桌变得越来越丰富，菜篮子工程建设取得巨大成功。

1981年，成立宿州市人民政府蔬菜产销办公室，主要负责蔬菜的生产和销售。在城郊建立一、二线专业菜地，政府投资建设沟、渠、路、井、水、电等配套设施。菜农和城市居民一样享受平价粮、油、煤等供应。菜农的生产开始是指令性的集体经营，所产蔬菜上交蔬菜公司统一销售。随着经济体制的改革，自1984年起，改指令性计划为指导性计划，蔬菜价格随行就市。

1990年，宿州市在全省首次引进日光温室反季节栽培，成立全省第一家日光温室推广中心。

1991年，由宿县地区首次提出蔬菜产销“四长负责制”（市长、县长、乡长、村长），在全省首次一、二线菜地建立菜田档案，并作为先进经验在全省推广；由于反季节蔬菜生产获得大发展，在全省率先取消冬储菜政府补贴的做法，全省各市纷纷效法相继取消冬储菜供应。

1993-1994年，先后在宿州市召开两次全省日光温室生产现场会和全省第九次菜篮子工程会议，全市的日光温室生产技术日渐成熟，并在全省推广。

1994年，在宿州市召开淮海经济区菜篮子工作联谊会。

1995-1998年，采取政府提供贴息贷款，统一购进建棚物资、统一技术指导等做法，大力推广、发展日光温室生产技术，蔬菜种植进入日光温室大发展时期。1989-1999年，在省政府组织的全省菜篮子工程建设检查评比中获“十连冠”（1997年因洪涝灾害未评）。

1999年，撤地建市，宿县地区农业局重新组建市菜篮子工程办公室，全面加强四县一区菜篮子工程建设，菜篮子工程进入由保供应的数量增长型向质量与安全并重型的新一轮发展时期。

第三节 畜牧业

宿州市位居全国重要的肉牛、生猪和肉羊产业带，是安徽省畜禽养殖大市，安徽省重要的生猪、肉牛、山羊和家禽生产基地。1988-2007年，是宿州市畜牧业全面发展时期，1986-1990年为开放发展时期，1991-1995年为快速发展时期，1996-2000年为争先进位时期，2001-2007年为富民转变时期。

2007年，全市实现畜牧业总产值89.4亿元，居全省第二位，占全市农业总产值的比重达36.9%。全市肉类总产量37.74万吨，居全省第三位；禽蛋总产量17.3万吨，居全省第一位。全市生猪存栏199.79万头，其中能繁母猪存栏22.24万头；牛存栏12.09万头，其中良种及改良种乳牛4161头；羊存栏177.84万只，家禽2218万只。

一、畜禽生产

宿州市畜禽饲养业发展历史悠久，主要饲养猪、牛、羊、禽等，是安徽省畜禽养殖大市。安徽省畜牧业“十一五”发展规划将宿州市列为生猪（埇、灵）、肉牛（埇、灵、泗）、肉羊（五县区）优势产区。

（一）养猪

1988-1991年，宿县地区生猪存栏量一直稳定在60万头左右。

1993-1996年，农村散养户开始购买微量元素添加剂加入饲料，但仍采用传统法饲养，部分养殖户开始实行规模化养殖，自己配制混合饲料饲喂，由于饲养管理技术差，经济效益不佳。

1997年，群众开始引入长白、大约克夏、杜洛克等良种瘦肉型猪，进行规模化养殖，实行二、三元杂交，生产商品肉猪。部分养殖户购买浓缩饲料，按一定比例掺入豆粕、玉米、麸皮等，搅拌均匀，制成配合饲料饲喂。生猪生产快速增长，到2004年，生猪存栏量达到223.66万头，出栏286.29万头，猪肉年产量达到26.19万吨。

2005年，养猪大户实行标准化养殖，规范化管理，科学化经营，收到良好效果，产业化程度快速提高。

2007年9月，市政府出台《关于促进我市生猪产业发展的意见》。2007年，全市五个县区均是全国商品瘦肉型猪生产基地县，生猪存栏量199.79万头，出栏299.69万头，猪肉产量25.47万吨，居全省第三位。

（二）养禽

禽蛋产业是宿州市畜牧业的四大支柱产业之一，养禽业生产发展稳定，蛋鸡饲养量及禽蛋产量一直名列全省第一。宿州市饲养的禽类品种主要有罗曼蛋鸡、AA肉鸡、海兰褐、淮北麻鸡、樱桃谷鸭、皖西白鹅等。

2007年，全市万只以上的蛋鸡养殖户有70家，万只以上规模养禽场78个，规模养殖的比重达90%。家禽存栏2218万只，出栏3859万只，蛋类总产17.3万吨，均居全省第一位。

（三）养羊

宿州市农户有着饲养山羊的习惯，主要饲养肉用山羊，是全省山羊主产区，属黄淮白山羊优势产区。丘陵山区以放牧为主，雪雨天补饲；平原地区以舍饲养殖为主。

1989年，全区羊存栏97.2万只。1998年，开始引进波尔山羊新品种，推广杂交改良技术，发展小规模养殖，建设优质无公害山羊生产基地。2007年，羊存栏177.8万只，出栏309.4万只，羊肉产量4.39万吨，均居全省第一位。

（四）养牛

20世纪80年代，农村推行联产承包责任制，各地也陆续将牛作价归户，牛存栏量逐年稳步增长，至1996年存栏达到91.2万头。

20世纪90年代中后期，随着机械化水平的提高，役用牛减少，牛存栏量逐年下降。牛种改良上开始向奶用、肉用方面发展，但由于起步较晚，发展较慢。

2000年，奶粉业走出低谷，鲜奶需求量增加，宿州市奶牛饲养开始升温。

2003-2007年间，农业部决定实施优势农产品区域布局规划，宿州市正处在规划中的中原肉牛带，随着肉牛优良品种的繁育和种草养畜推广力度的加大，牛的饲养水平也逐步提高。

1988-2007年宿州市畜牧业生产基本情况表

表3-8-2

年度	肉类总产(吨)	人均占有量(千克/人)	禽蛋总产量(吨)	人均占有量(千克/人)	奶类总产量(吨)	人均占有量(千克/人)
1988	59190	12.77	31471	6.79	272	0.06
1989	62981	13.31	30731	6.49	313	0.07
1990	69604	13.95	30546	6.12	213	0.04
1991	77008	15.18	35927	7.08	148	0.03
1992	87289	16.85	39410	7.61	163	0.03
1993	108295	20.60	41881	7.97	93	0.02
1994	133663	25.09	65186	12.23	181	0.03
1995	190743	35.32	88951	16.47	191	0.04

续表3-8-2

年度	肉类总产(吨)	人均占有量(千克/人)	禽蛋总产量(吨)	人均占有量(千克/人)	奶类总产量(吨)	人均占有量(千克/人)
1996	212786	38.80	99282	18.10	181	0.03
1997	291849	52.52	108797	19.58	366	0.07
1998	269808	47.91	157712	28.00	472	0.08
1999	282733	49.54	184995	32.41	423	0.07
2000	306152	53.00	187558	32.47	502	0.09
2001	342191	58.70	193629	33.22	1211	0.21
2002	356338	60.65	205731	35.01	2763	0.47
2003	398654	67.22	217912	36.74	3755	0.63
2004	440557	73.47	222791	37.16	4524	0.75
2005	465499	77.00	228731	37.84	4581	0.76
2006	359428	58.93	238296	39.07	4024	0.66
2007	377354	61.14	173003	28.03	5144	0.83

1988–2007年宿州市生猪生产基本情况表

表3-8-3

年度	存栏(头)	能繁母猪存栏(头)	出栏(头)	肉产量(吨)	人均猪肉占有量(千克/人)
1988	612162	38270	411846	37566	8.10
1989	638433	38113	435804	40583	8.57
1990	662314	34902	471824	43906	8.80
1991	671319	41611	525495	49102	9.68
1992	831136	55146	608745	56739	10.95
1993	944776	70821	760781	70750	17.39
1994	1144835	78922	851287	86340	16.20
1995	1295542	73778	1259659	125474	23.23
1996	1337808	70840	1429105	137708	25.11
1997	1573810	114388	1859110	179102	32.23
1998	1492596	120197	1735266	166774	29.61
1999	1549314	110762	1785694	171112	29.98

续表3-8-3

年度	存栏(头)	能繁母猪存栏(头)	出栏(头)	肉产量(吨)	人均猪肉占有量(千克/人)
2000	1700186	118072	2019748	191045	33.07
2001	1824920	133625	2287692	212574	36.47
2002	1975043	147532	2429196	220022	37.44
2003	2068295	162835	2638663	238972	40.29
2004	2236637	233864	2862912	261923	43.68
2005	2190167	244432	3066267	280290	46.37
2006	1645893	192846	2668894	236856	38.38
2007	1997942	222414	2996913	254738	41.28

1988-2007年宿州市牛生产基本情况表

表3-8-4

年度	存栏(头)	能繁母畜存栏(头)	出栏(头)	肉产量(吨)	人均牛肉占有量(千克/人)
1988	592008	242013	85701	9445	2.04
1989	620130	253385	91170	10187	2.15
1990	619519	244671	120768	12982	2.60
1991	584897	232185	144797	14518	2.86
1992	578416	224677	143845	15741	3.04
1993	628467	269787	174830	19067	3.63
1994	757977	315512	201138	24255	4.55
1995	877861	352461	281138	32845	6.08
1996	912056	391571	296344	34496	6.29
1997	872556	389381	423387	53149	9.75
1998	653702	295575	341443	41665	7.40
1999	599920	235399	334013	40114	7.03
2000	549486	232369	326707	39446	6.83
2001	535355	219813	334339	40363	6.92
2002	542736	246584	351661	42419	7.22
2003	538062	239610	367296	44129	7.44
2004	461418	225989	330209	42977	7.17

续表3-8-4

年度	存栏(头)	能繁母畜存栏(头)	出栏(头)	肉产量(吨)	人均牛肉占有量(千克/人)
2005	393918	189225	350868	43173	7.14
2006	243743	116671	284001	37563	6.16
2007	120883	53959	125569	18305	2.97

1988–2007年宿州市羊生产基本情况表

表3-8-5

年度	存栏(头)	能繁母畜存栏(头)	出栏(头)	肉产量(吨)	人均羊肉占有量(千克/人)
1988	903836	474573	624945	5498	1.19
1989	971921	504604	660556	5454	1.15
1990	926874	464183	622903	5749	1.15
1991	851199	404434	603918	5100	1.01
1992	857004	390392	593886	5440	1.05
1993	1008980	499692	783086	6748	1.28
1994	1278118	584973	944179	8322	1.56
1995	1743002	803222	1454304	11487	2.13
1996	1993275	804516	1718587	14488	2.64
1997	2101808	919100	1929590	17634	3.17
1998	1909224	822719	2045980	17638	3.13
1999	2144115	846551	2221965	18871	3.31
2000	2244095	903725	2370423	20382	3.53
2001	2592580	1033431	2828213	24372	4.18
2002	2858369	1253645	3197342	27833	4.74
2003	2941239	1349185	3491964	34151	5.76
2004	3192877	1269767	3842587	47413	7.91
2005	3049090	1237075	3948293	48477	8.02
2006	2517257	964301	3557943	49810	8.17
2007	1778375	572698	3094373	43897	7.11

1988-2007年宿州市家禽生产基本情况表

表3-8-6

年度	存栏(头)	出栏(吨)	禽肉产量(吨)	禽蛋产量(吨)	人均禽肉占有量(千克/人)	人均禽蛋占有量(千克/人)
1988	612	595	6546	—	1.41	—
1989	631	561	6490	30731	1.37	6.49
1990	637	584	6685	30546	1.34	6.12
1991	739	670	7657	35927	1.51	7.08
1992	822	733	8439	39410	1.63	7.61
1993	1011	884	11096	41881	2.11	7.97
1994	1647	1068	12656	65186	2.38	12.23
1995	1674	1532	18633	88951	3.45	16.47
1996	1879	1862	23253	99282	4.24	18.11
1997	2360	2889	40336	128797	7.26	23.18
1998	2623	3109	42388	157712	7.53	28.01
1999	2844	3628	50449	184995	8.84	32.41
2000	3048	3901	54212	187588	9.39	32.47
2001	3282	4396	62226	193629	10.67	33.22
2002	3649	4653	60661	205731	10.32	35.01
2003	3622	4984	77216	217912	13.02	36.74
2004	3593	5299	84618	222791	14.11	37.16
2005	3100	5634	89985	228731	14.89	37.84
2006	2929	5650	90436	238296	14.83	39.07

二、品种改良

1996年始，宿县地区陆续引入长白、大约克夏、杜洛克、斯格等猪品种，开展二、三元杂交改良，生产瘦肉型商品猪。2001年9月，养猪行业协会组织全市14个重点猪场的场长到国内大型原种猪场天津宁河原种猪场参观学习，并一次性引进丹麦长白种猪、英国大约克种猪和美国杜洛克种猪248头。2004年，灵璧县列为全省猪人工授精免费配种试点县。2006年，在全省优良种猪A级企业评选中，宿州市有4家名列其中，占全省的22.2%，其中AA级2家，占全省的28.6%。

20世纪90年代前，宿县地区主要饲养当地土种鸡淮北麻鸡，采取自繁自养。1992

年始，养鸡户引入罗曼蛋鸡、迪卡蛋鸡、AA肉鸡、艾维因肉鸡、三黄鸡等优良品种，进行规模化养殖。1996年，引入樱桃谷肉鸭、巢湖麻鸭、皖西白鹅等家禽品种。

牛的繁殖长期采用自然本交方式进行，1979年宿县地区开始黄牛改良工作，采用牛人工授精技术进行繁殖。1988年，砀山县获得农业部中原肉牛品种技术推广丰收奖二等奖，1992年，宿县地区畜牧兽医站、灵璧县获得农业部中原肉牛品种技术推广丰收奖一等奖。2007年国家奶牛良种冻精补贴项目的实施，推进了宿州市奶牛品种改良步伐。

1999年，砀山县波尔山羊纯繁场建成，引进纯种波尔山羊10只，萨能山羊350只。随后，宿州市农业局、灵璧县尤集镇、宿州市埇桥区栏杆镇苗庵乡相继建成波尔山羊养殖场，至2002年6月，共引进纯种波尔山羊280只。2007年全市畜禽良种普及率达90%。

三、技术推广

1991年，宿县地区畜牧兽医站承担的商品瘦肉型猪生产配套技术推广获得农业部丰收计划三等奖。

1999年，青贮氨化饲料技术的推广应用获宿县地区科技进步二等奖。

2000–2002年，实施“波尔山羊杂交改良本地山羊技术–黄淮白山羊提纯复壮杂交改良技术推广与示范”项目，项目通过省、市级科技成果鉴定，获得宿州市科技进步三等奖。

2001–2005年，实施“三元杂交瘦肉型猪综合配套技术推广”。根据其总结出符合宿州市现代养猪产业发展方向的《“123现代养猪模式”的研究与应用》获得省市科技成果登记，并获得市科技进步二等奖。

2006年，实施“蛋鸡标准化规模养殖关键技术集成与示范”研究课题，并在大型蛋鸡养殖企业示范应用，在取得显著成效的基础上，逐步在全市推广应用。

四、疫病防治

（一）动物防疫

1999年6月1日，经省政府批准，在宿州市新汴河大桥处设立宿州市新汴河大桥公路动物防疫监督检查站，对过往运输动物及其产品车辆进行查证验物、检疫消毒，为控制各类重大动物疾病传入和流出宿州市设立第一道屏障。

2001年2月5日，宿州市农业委员会动物检疫兽药饲料管理站成立，实行畜牧兽医独立执法。2002年10月8日，宿州市新汴河大桥公路动物防疫监督检查站被农业部批准为国家级省际间检查站。2007年9月30日，经宿州市编办批准，宿州市动物卫生监督所为正科级财政全额拨款的事业编制，健全动物卫生监督执法体系，动物卫生监督执法工作走上规范化、正规化、法制化轨道。

2007年，全市产地检疫生猪121.48万头、牛4.27万头、羊126.24万只、禽1583.75万只，全市规模养殖户畜禽产地检疫率达到100%，散养户畜禽产地检疫率达到80%。屠宰检疫92.27万头。运输检疫8315辆，检疫动物718.52万头，检疫动物产品827.2吨，皮张41.6万张；补检316车，动物16.3万头（只），动物产品114吨。无害化处理动物2180头（只），为保障畜产品质量安全做出重大贡献。

（二）防疫体系

2004年，市、县（区）两级较为健全，市农业委员会下设畜牧水产局、畜牧兽医站、动物检疫站，灵璧县、泗县、宿州市埇桥区设立畜牧局（正科级），萧县、砀山县设立畜牧中心（副科级），全市有畜牧兽医专业技术人员230人。乡镇畜牧兽医站处于不稳定状态，有106个乡镇畜牧兽医机构，有大集体兽医1136人，防疫员700余名。

2007年9月，根据《关于宿州市兽医管理体制改革方案的批复》，宿州市组建市畜牧兽医水产局，宿州市畜牧兽医站更名为宿州市动物疫病预防与控制中心（加挂宿州市畜牧兽医技术推广中心牌子），宿州市动物检疫站更名为宿州市动物卫生监督所。县级组建畜牧兽医水产局，整合组建县动物疫病预防与控制中心（加挂县畜牧兽医技术推广中心牌子）和县动物卫生监督所。乡镇设置99个乡镇畜牧兽医站，全市有畜牧兽医专业技术人员500多人，村级动物防疫员1306名，形成较为完善的市、县、乡镇、村四级动物防疫网络。每年至少开展两次布病、结核病、口蹄疫等疫病的监测工作。

（三）疫病防治

2003年，全市开始集中统一招标采购耳标，全面实行动物免疫标识制度。根据2001-2005年安徽省马传贫和布病防治规划，宿州市在“十五”承担马传染性贫血和布鲁氏菌病的监测工作。2005年1月17日，市政府印发《宿州市重大动物疫情突发事件应急预案》。

2007年秋起，动物集中强制免疫由以前的2种疫病（口蹄疫、禽流感）增加到4种疫病（口蹄疫、禽流感、蓝耳病、猪瘟）。

第四节　渔　业

1988年，全区水产养殖面积12.96万亩，水产品总产量为0.69万吨，每亩平均单产46千克，渔业总产值0.23亿元。从20世纪90年代起，随着精养鱼塘的开挖，水产养殖面积得以扩大，加之养殖业的快速发展，除大灾年份渔业生产受到影响外，一般都保持较高的增长幅度，养殖产量占总产量的比重逐年提高，捕养比90年代初为1：2，90年末上升到1：3，2007年达到1：6。

1990年，全区狠抓村塘改造，利用低洼地改造开发精养鱼塘，到1997年，累计开发改造精养鱼塘3.5万亩，养殖水面达16万亩，年平均增长0.5万亩左右。

2007年，全市养殖水面达24.3万亩，是1988年养殖水面的二倍，其中池塘15.9万亩，湖泊0.7万亩，水库1.6万亩，河沟6.1万亩。水产品总产量5.3万吨，是1988年的7.7倍。其中养殖产量4.5万吨，名特优新水产品的产量占水产品总产量35%，养殖单产240千克，是1988年的6.0倍。注重发展大中型水面养鱼，特别是塌陷区的水产养殖和河道等水面的网箱养鱼业得到快速发展。水产养殖业成为部分水产重点乡镇和新汴河、浍河、沱河和黄河故道等沿岸农民的重要收入来源。

一、养殖品种

1998-2007年，农村养鱼由常规的青鱼、草鱼、鲢鱼、鳙鱼、鲤鱼、鲫鱼和鳊鱼等常见的七大常规鱼类，发展到常规鱼类、湘云鲫、湘云鲤、异育银鲫、罗非鱼、淡水白鲳、沟鲶、革胡子鲶、黑鱼、黄颡鱼、鳜鱼等名优鱼类和黄鳝、泥鳅、青虾、龙虾、河蟹及甲鱼等特种水产品，其中甲鱼、河蟹、泥鳅、鳜鱼是特色品种，养殖的外来品种主要有淡水白鲳、罗非鱼、革胡子鲶、南美白对虾等。

（一）河蟹

20世纪80年代初期，全区的河道和湖泊等大中型水域相继开展河蟹的增养殖生产，全年养殖产量在3吨左右，2007年全市河蟹的产量已达64吨，是80年代初期的20多倍，养殖区域从原来的埇桥区扩大到全市的四县一区。

（二）甲鱼

1993年起，灵璧县长集特种水产养殖场实施的工厂化甲鱼养殖项目，揭开了全区甲鱼养殖的序幕，后在灵璧县长集特种水产养殖场的辐射带动下，甲鱼养殖业迅速发展，涌现出一批规模养殖场（大户），如泗县渔场、宿县北关渔场、朱仙庄甲鱼场等。2007年，灵璧长集特种水产养殖场的甲鱼养殖达年产甲鱼5万余只，产值200余万元，其养殖方式也由人工养殖转变为温室越冬外塘培育的半自然养殖，在宿州市南关菜场设立甲鱼销售专窗，其甲鱼销售至江苏、山东、河南和本省各地。

（三）罗非鱼

系引自非洲的热带优质速生鱼类，20世纪80年代投入养殖，主要品种有莫桑比克罗非鱼、奥尼罗非鱼和吉富罗非鱼。为解决罗非鱼的养殖苗种问题，宿州市水产站于1989年在郊区三八乡建立温室大棚进行罗非鱼的越冬保种，获得成功。苗种问题的顺利解决，带动全区罗非鱼养殖的迅速发展，既有池塘养殖，也有河道和塌陷区的网箱养殖。

（四）淡水白鲳

原产于南美亚马逊河流域，是集观赏食用于一体的鱼种，具有生长快、抗病能力强、易养殖等特点。1994年，宿州市水产良种繁育场建立锅炉加热，塑料大棚保温的越冬保种池。灵璧长集特种水产养殖场腾出部分甲鱼温室进行淡水白鲳的越冬保种，两地年保种淡水白鲳近50万尾，2007年全市养殖淡水白鲳20万尾，年产淡水白鲳200余吨，成为市场尤其是农村市场的畅销品种。

二、养殖方式

（一）池塘养殖

1988年，全区池塘养殖面积72800亩，约占养殖总水面的50%，平均单产54千克，总产4000吨。随着低产塘，特别是农村汪塘的改造，养殖面积持续扩大，加之池塘精养高产技术等项目的实施，同时池塘养殖方式品种由单一鱼类转向鱼、虾、蟹、鳖多品种的综合养殖。养殖设施如水、电、路、沟渠不断改善，增氧机、投饲机等养殖装备不断提升。近年来，随着高速公路的建设，取土后形成的连片鱼塘面积仍在逐渐扩大，2007年，池塘养殖面积达16万亩，单产240千克，总产3.8万吨，分别是1988年的2倍、4倍和10倍，池塘养殖产量占水产品总产量的三分之二强。

（二）围拦网养殖

围拦网养殖是河道、湖泊、水库和塌陷区的主要养殖方式，以鱼和蟹或二者混养为主。黄河故道、新汴河、沱河等水域均有围拦网养殖。1990年全区的围网养鱼达40

亩，拦网养鱼达2万多亩，与1987年相比，拦网养鱼面积扩大1倍，围网养鱼从无到有逐年增长。2007年围拦网养达3.1万亩，是1987年的3倍，产量达0.3万吨。由于围拦网养殖发展过多过快，对大水面尤其是湖泊的渔业资源环境均产生不良影响，开始控制其发展，以利于保护渔业的生态环境和可持续发展。

（三）网箱养鱼

网箱养殖系通过网箱内外水体交换，为箱中鱼类提供良好的水质环境和充分的天然饵料，具有高产高效节水的特点。1988年，在新汴河宿县渔场段开始试点，1990年，市水产站在朱仙庄煤矿塌陷区进一步扩大试点，设置网箱56只，面积3.5亩，网箱养殖获得成功。随着网箱养鱼特别是河道中利用天然饵料养殖花白鲢等滤食性鱼类的巨大成功，加之草鱼等吃食性鱼类网箱养殖中投饲机的使用，劳动强度大大降低，网箱养殖业的发展尤为迅猛，2007年，网箱养鱼成为大水面尤其是新汴河、浍河、沱河和黄河故道等水域的主要养殖方式，养殖户数800余户，养殖面积3万余亩，产量0.6万吨。

（四）稻田养殖

稻田养殖系利用稻鱼共生互利原理发展起来的生态养殖模式。宿州市稻田养殖始于90年代初期，开始主要集中在宿州市三八乡，养殖的品种以家鱼的大规格鱼种为主。后养殖品种由鱼类向鱼虾类转变，养殖面积逐年扩大，2007年全市稻田养殖面积近万亩，泗县稻田养殖龙虾6000余亩，产值3000万元。

（五）工厂化养殖

1994年，灵璧县长集特种水产养殖场从外地引进工厂化甲鱼养殖技术，开始实施工厂化的甲鱼养殖技术，随后甲鱼养殖的升温带动全区工厂化养殖业的发展，先后涌现出长集、朱仙庄、北关渔场、泗县渔场和萧县晁代顺渔场及许岗煤矿渔场等工厂化甲鱼养殖厂。不久由于全国的甲鱼养殖上马过多，甲鱼价格大幅度下跌，甲鱼养殖的暴利时代终结，一些无技术管理不善和不能自繁自育自养的养殖场纷纷倒闭，1990年年末，甲鱼养殖恢复正常状况，2007年，全市的工厂化养殖场仅有灵璧县长集一家，走自繁自育自养自售一条龙和温室培育苗种外塘养殖成甲鱼的路子，养殖效益大幅度增加。

三、水产品天然捕捞

1988年，全区天然水产品捕捞量为916吨，占水产品总产量的14.5%。后随水产养殖业的发展和渔业资源环境的变化，天然捕捞产量占水产品总产量比重越来越低，2007年全市有传统专业渔民4000多人，主要分布在泗县渔业社、灵璧县禅堂乡渔业大队和埇桥区的祁县渔业大队等渔业专业乡村及新汴河、浍河、沱河等水域沿岸从事渔业捕捞的人员，捕捞方式以设置簖箔、刺网和定置张网为主。

1988-2007年宿州市渔业生产情况表

表3-8-7

年份	淡水养殖				水产品(吨)		
	总面积	其中			总产量	其中	
		池塘	湖泊	其他		淡水养殖	天然捕捞
1988	12.96	7.1	0.37	5.49	6916	5954	962
1989	12.89	7.1	0.45	5.34	7084	5461	1623
1990	13.67	7.46	0.48	5.73	7566	5730	1836
1991	13.97	7.47	0.48	6.02	8521	6313	2208
1992	14.36	7.74	0.48	6.14	9273	6977	2296
1993	14.85	8.31	0.48	6.06	10523	7935	2588
1994	14.7	8.79	0.48	5.43	12240	9340	2900
1995	15.8	9.07	0.48	6.25	17050	13920	3130
1996	17.9	10.99	0.48	6.43	22200	18515	3685
1997	19.7	12.64	0.58	6.48	33905	28570	5335
1998	20.05	12.97	0.62	6.46	40025	35245	4780
1999	20.12	13.18	0.62	6.32	37070	32360	4710
2000	20.85	13.55	0.64	6.66	38200	33350	4850
2001	20.45	13.35	0.62	6.48	36860	32240	4620
2002	20.26	13.43	0.62	6.21	32730	28991	3739
2003	20.9	14.06	0.65	6.19	34850	29131	5719
2004	21.62	14.29	0.69	6.64	39870	34030	5840
2005	23.09	15.41	0.72	6.96	45710	38390	7320
2006	1.65	1.02	0.02	0.61	28612	25221	3391
2007	1.85	1.04	0.02	0.79	30565	26738	3827

四、种苗培养

（一）苗种场

1988年，全区有水产苗种繁育场24个，其中国有渔场5个，分别是宿县水产良种繁育场、泗县水产养殖场、灵璧县水产养殖场、砀山县水产养殖场和萧县渔场，是宿县地区水产苗种繁育的主力军。1988年全区鱼苗产量1.7亿尾，其中宿县、泗县等5个国有渔场生产1.6亿尾，占鱼苗生产总量的95%。由于国有渔场均在城郊，随着城市化进程的加快，多数国有渔场渔塘被政府征用，到2007年，全市国有渔场全部停止人工繁殖育苗生产，渔业生产所用水产苗种多来自省内或周边省份一些大型水产良种场，部分仍在生产的渔场和一些养殖大户主要从事水产苗种的培育。

（二）新品种的引进开发

20世纪80年代末90年代初，宿县地区水产部门先后从省内外引进罗非鱼20万尾，淡水白鲳30万尾，F4杂交鲤10万尾和革胡子鲶5万尾。90年代中后期，引进异育银鲫10万尾，购买河蟹幼苗0.5万千克，亲甲鱼0.1万只，后引进湘云鲫、湘云鲤、沟鲶、黄鮰等水产新品种。20年来，全市各级水产技术推广部门重点开发、引进20个名特优新品种，除上述品种外，还有青虾、黑鱼、黄鳝、泥鳅、黄颡鱼等。

（三）种苗生产

1988年，各水产苗种场以常规鱼类的种苗生产为主，年产种苗2.5亿尾，其中鱼苗产量1.7亿尾，鱼种产量0.8亿尾。

1989年，宿州市郊区三八罗非鱼场，年越冬保种罗非鱼20万尾，1994年，宿县水产良种繁育场和灵璧县长集水产养殖场年越冬保种淡水白鲳50万尾。

2007年，全市各类水产种苗产量达2亿尾，20年来苗种生产由初期的4种增加到近20种，其中常规鱼类有青、草、鲢、鳙、鲤、鲫、鳊等。地方特色品种有甲鱼、河蟹、青虾、黑鱼、泥鳅等，进口鱼类有淡水白鲳、罗非鱼、沟鲶等，并有日本锦鲤、金鱼、红鲫等观赏鱼类。

五、渔业技术

“七五”期间，地区和各县市成立水产站，科技力量增强，1990年，全区水产科技人员30人，是1988年的2倍，各区镇都配备农民渔技员，发展渔业重点户（含示范户）250户。形成以地县（市）水产站为龙头，区镇渔技员为骨干，渔业重点户、专业户和科技示范户为基础的技术推广网络。

1994年，经省编委批准增加宿县地区乡镇水产专项事业编制166名。部分乡镇成立畜牧水产站，每乡镇2名（标准镇3名）事业编制，其中有一名水产专项事业编制。

全市在渔业技术方面实施一批“丰收计划”项目，重点推广围拦网养鱼、网箱养鱼、80∶20池塘高产高效养鱼、甲鱼工厂化养殖、种草养鱼和颗粒养鱼技术及名特优水产品无公害养殖等先进实用技术。取得多项重要科技成果，其中80∶20池塘高产高效养殖技术获农业“丰收计划”三等奖。

六、渔政管理

1990年，经宿县地区编委批准成立宿县地区渔政监督管理站，与水产站一个机构两块牌子，各县也都成立专业渔政监督管理机构，其中泗县、灵璧县和埇桥区的渔政管理机构是单独设立，初步建立起渔业执法管理体系。

为有利渔业资源的保护，1994年，全区实行禁渔制度，规定每年的4月1日-6月30日对新汴河、浍河、沱河和黄河故道等大中型水面实行禁渔，禁渔面积6万多亩。为更好的有效的增殖渔业资源，宿州市组织开展人工增殖放流活动，累计放流1000万尾，同时加强对渔业法、水污染防治法、水生野生动物保护法等法律法规宣传，开展渔业秩序的专项整治工作。1994年起，每年都开展渔业秩序专项整治活动，严厉查处电鱼、毒鱼等严重违法案件。渔政管理的重点由以渔业资源的管理为主向渔业资源和水产养殖的管理并重转变，如养殖证的管理、水产苗种的管理和水产养殖环节的药品使用管理、渔药残留的检测等，确保水产品的质量安全。

七、渔船检验

2003年6月，国务院颁布《中华人民共和国渔业船舶检验条例》，宿州市的渔业船舶检验开始走上法制化的轨道。市及各县区的渔政站均将渔船检验纳入其职责范围。到2007年，各县区均配备2名以上的专职渔业船舶检验人员，其中有验船师3名，助理验船师10名，为渔业船舶检验工作的开展提供强有力的技术支撑。宿州市组织开展渔业船舶的登记、检验和渔船船员的培训工作，建立健全渔船档案，强制配备救生设备，有效地预防渔业安全生产事故的发生。

第五节　农业产业化

随着农业生产的不断提高，农产品加工企业和从事农产品流通的经纪人开始涌现，在企业的发展和大市场的带动下，农业生产逐步朝着产、供、加、销一体化经营形式迈进，“公司+农户、公司+农户+基地”、合同制、股份制、订单生产等各类协作的生产方式迅速发展。从2003年起，市政府审时度势，依据本地的农业生产形势、国家产业政策导向和先进发达农业地区的成功经验，提出发展农业产业化，同时确立以粮食、畜牧、水果、林业、棉花、瓜菜六大初具规模产业为主攻发展方向。市委、市政府设立“宿州市农业产业化工作指导委员会”，由市委分管副书记任指导委员会主任，委员会涉及市直24个成员单位，下设办公室，由政府副秘书长任办公室主任，办公室设在市农委，抽调专人负责具体工作，六大产业分别由市粮食局、市发改委、市财政局、市林业局、市供销社、市农委为牵头单位负责抓各产业产业化工作，制定指导委员会和六大牵头单位联席、会商制度。2004年，市产业化办公室出台“宿州市市级农业产业化龙头企业申报标准”，后经修正，不断完善。2005年，市政府印发《宿州市农业产业化“252强龙工程”实施意见》。2007年，市政府出台《关于扶持农业产业化龙头企业快速发展的决定》，制定一系列扶持龙头企业做大做强的奖励政策，由此，宿州市农业产业化工作迈入快速发展的轨道。在市委、市政府的推进下，全市农业产业化工作逐步形成“一个主导产业，一套班子，一批基地，一批龙头企业”和“政府推动，企业带动，农户联动”的良好局面，促进农业和农村经济的稳步发展。

截至2007年，宿州市有省市级农业产业化龙头企业113家，其中省级19家，市级94家；各类农村经济合作组织475个；省市级龙头企业资产总额50.57亿元，营销收入85亿元，其中规模以上加工企业营销收入72亿元；上缴税金1.32亿元，出口创汇2200万美元；建设生产基地403万亩，养殖小区40个；带动农户60万户，农民在从事产业化经营中人均获益186元。

一、六大主导产业

宿州市立足资源优势，紧紧围绕具有地方特色的水果、畜牧、粮食、棉花、蔬菜、林业六大主导产业作为农业产业化经营中优先发展的产业，集中主要精力，实行政策倾斜，成立专门机构，开展分工合作，寻求重点突出，初步形成具有鲜明特色的区域化布局、规模化生产和专业化经营的新格局。砀山县利用丰富的水果资源形成以丰原砀山梨业、宿州科技食品、兴达罐业有限公司等一批具有较强牵动力的水果加工企业，进而促进当地水果产业的快速发展。萧县把小麦加工作为产业化经营重点来抓，培育皖王面粉集团、新锦丰企业投资集团、银海面粉有限公司、金鸽面粉有限公司等大型面粉加工企业，消化当地小麦，使小麦价格比周边地区每斤高3分钱左右，还向江苏铜山县、埇桥区等地扩展。宿州三个县（区）的南部以种养业为主，培育埇桥龙翔种猪场、灵璧荷金来肉牛集团和林汇养鸡协会、泗县龙牧猪业集团等多家省市级龙头企业，有力促进当地畜牧业的发展。形成40个标准化养殖小区，培育1.2万多个专业养殖大户，全市畜牧业产值已占农业总产值的1/3，规模饲养比重达40%。

二、龙头企业

2003年，农业产业化发展初期，全市市级以上龙头企业仅有7家，资产总额2.21亿元，年营销收入6.88亿元，其中超亿元企业2家，出口创汇2.68万美元，到2007年，全市市级以上龙头企业发展到113家，资产总额达到50.57亿元，年营销收入85亿元，出口创汇2200万美元，特别是年营销收入超亿元企业达到25家，其中，超10亿元的1家（新锦丰），超5亿元的3家（万润、皖王、金鸽），超3亿元的2家（丰原宿州、皖北蔬菜）。年营销收入在0.5亿-1亿元之间的有27家，后备的超亿元企业成长也十分迅速。招商引资工作得到加强，一批引资企业在宿州市落户，如砀山熙可、海升、汇源等。原有的省、市级龙头企业如南虹棉业、龙牧猪业、荣华粮油、兴达罐业等企业都在扩大规模，投资建设新项目。在4年间，农业产业化龙头企业在数量、规模上的发展十分显著，带动和推进农业生产向规模化、集约化、专业化迈进的影响十分巨大。

三、基地建设

随着市场竞争、食品质量安全的要求和专用产品的需要，企业建设基地的规模和标准不断提高。2007年，全市建立粮食、棉花、水果、蔬菜原料加工基地403万亩，其中经过产地认证的无公害生产基地9个40.5万亩，标准化基地21个25万亩，绿色食品基地14万亩，合计79.5万亩。另有2个水果基地、2个瓜菜基地被农业部列为全国农业标准化创建基地，4个规模养殖业场（区）列为省级标准化养殖示范场（区）。这是农业产业化发展带来的丰硕成果，无公害、标准化基地建设从无到有，不断扩大，稳步推进，为全市现代农业的建设奠定坚实的基础。

四、品牌创树

在农业产业化的发展经营中，为拓展更大的市场和提高产品的竞争力，企业的质量、品牌意识得到不断增强，对生产技术改造、产品质量研发的科技投入逐年加大，打造一批具有地方特色和市场竞争力的名优品牌产品。1997年，安徽省东方面粉厂建立安徽省第一家粮食系统最大的科研开发中心，2003年被科技部批准为国家星火龙头企业，2004年科研投入415万元，“东鼎”牌系列小麦粉各项指标均优于国标。宿州科技食品有限公司以生产出口罐头为主，2007年销售收入2.7亿元，全年出口创汇650万美元。国内久负盛誉的符离集烧鸡和砀山酥梨畅销上海、北京等大中城市。2007年，全市18个产品拥有绿色食品标识使用权，科技食品等6个加工企业分别获得ISO、HACCP、GMP等国际质量管理体系认证。皖王面粉集团、新锦丰集团、东方面粉等企业研发和生产的系列面粉、营养挂面、方便面产品达300多个花色品种，有20个企业的43个产品被国家和省粮食行业协会授予“放心粮油产品”。在名牌农产品创建方面，6家企业的7个产品申报皖优农产品重新认定，皖王系列面粉和砀山果园场“翡翠牌”酥梨被评为中国名牌产品，实现“零”的突破。企业的品牌和质量意识的增强，对延续保持产品的市场魅力，深度发展宿州市产业化经营注入新的活力。

五、基地带农户

随着企业基地建设的不断扩大，带动农户的数量不断增多，农民从事产业化经营效益也不断提高。2007年龙头企业建设基地403万亩，带动农户达60万户，户均来自产业化经营的收益达186元。为解决农业产业化龙头企业与农户的对接难题，宿州市在发展农业产业化过程中积极探索和推行“公司+农户+基地”等多种利益联结机制，其中合同方式约占47%，合作方式占23%，股份合作方式占20%。企业为巩固和扩展基地，逐步由原先单纯划定面积，走向标准化设计、提供种苗、驻地技术指导、统购和赊销农资、高产田试验攻关、最低价回收、风险性保护等多种培育和扶持方式，各类合作所涵盖的内容更为广泛和深入。砀山县通过建立农民水果协会，带动果区79.8%的果农参与产业化经营。皖王集团与周边15万户农民签定优质小麦种植收购协议，使农民增收1350万元。萧县作为全省小麦加工第一县，不仅消化当地小麦，而且小麦回收价格比周边地区每斤高3分钱左右，使当地农民增收5000多万元。灵璧县林汇养鸡协会，发展会员2300人，辐射到苏、鲁、豫、皖部分地区。各类农民合作经济组织上挂企业或市场，下联基地与农户，为主导产品的发展提供配套服务，推动产业化的发展。

六、公司+基地连市场

埇桥区夏刘寨村是一个山区小村庄，1999年，村里从农民手中承租500多亩地搞良种繁育，与市农科所签订小麦良种购销合同，被承租的农民反聘到公司务工，形成“公司+基地连市场”的产业化运作模式。村里把几家企业联合成立“化东农业农科有限公司”。2006年被评为市级农业产业化龙头企业，公司在自身壮大的同时，不断增加新农村建设的力度，投入200多万元用于公益和农田水利建设，成为远近闻名的新农村建设典型。

第六节 农业科技示范园

宿州市农业科技示范园，核心区坐落在宿州东南郊外环南路南侧。园区始建于1995年，1999年起连续被评为省级现代农业科技示范园，2002年5月，被列为安徽省唯一一家国家农业科技园区（试点）。园区基本建成以企业为主体、产学研相结合的农业技术创新和示范推广基地，先后还被授予“全国农业引智先进集体”“全国农业引智示范基地”“省级现代农业培训基地”“安徽省新型农民培训基地”“省级菜篮子工程示范基地”，是中国科技大学、安徽农业大学、安徽省农科院、宿州学院、宿州职业技术学院等院校的产学研基地，实现经济效益、社会效益和生态效益的同步发展。园区自办企业有宿州种苗研究所、宿州市农业生物工程开发中心。园区主要以宿州种苗研究所为主体法人进行企业化运作。园区核心区面积150公顷，示范区面积2400公顷，主要建有生物工程实验室、脱毒种苗繁育基地、果树展示园、园艺园、农作物品种园、仓储加工中心、种畜场七个部分。园区的基础设施先进完备，品种技术领先，机制灵活，管理科学，效益卓著。园区以中国科技大学、中国农科院、安徽农业大学、安徽农科院为技术依托，聘请国内外专家28人为技术顾问，技术力量雄厚。

园区的主导产业是种苗繁育和配套生产技术研究与推广，兼营农产品。种苗主要包括：脱毒甘薯种苗、优质果苗、瓜菜制种及嫁接苗、花卉苗木及绿化、农作物良种和优良种畜新品种等。园区生产的脱毒甘薯、马铃薯、果树、瓜菜、花卉苗木畅销全国；园区引进国内外农业新品种5000余个、新技术100多项进行试验、研究，筛选出100余个新品种、70多项新技术，园区选育和研发出20余个甘薯、瓜果菜等新品种和配套高效栽培技术以及波尔山羊纯种繁育、杂交育种、胚胎移植技术等，得到广泛的应用，取得显著成效，由科技园引进并选育的5个新品种通过省农作物品种审定委员会的审定，园区在甘薯脱毒选育与推广、瓜菜育种与栽培研究、果树品种引进选优与栽培、经济作物无公害高效栽培模式等方面多次获得省、市级科技成果奖。

“脱毒甘薯技术应用研究与推广”于2003年8月17日，通过宿州市成果鉴定，并获市科技进步二等奖。

“丰华903辣椒新品种选育和优质高效栽培技术研究”成果于2006年5月获市科技进步三等奖。

“杨树引种选优和配套生产技术研究”，于2007年5月27日，通过宿州市科技成果鉴定。

园区采取“园区+协会+基地+公司”的模式就脱毒甘薯、马铃薯、水果、瓜菜进行产业化、标准化生产，规模化经营。在全市四县一区建立脱毒甘薯、马铃薯、无籽西瓜、西甜瓜、蔬菜、优质水果、果苗等优质农产品生产基地24个，面积8000多公顷，其中认证无公害农产品生产基地3000多公顷，带动农户6万余户。园区还承担国家、黄淮海和省玉米、小麦、油菜、旱稻等品种区试，参试品种300多个，筛选出一大批优新品种，在省内外推广。

第七节　林　业

1980年4月，宿县地区林业局成立，下设人秘科、营林科、种苗管理站、森林保护站。另有局属单位木材公司、镇町寺林场和二铺苗圃场。1981年，建立宿县地区林业科学研究所，1984年，森林保护站更名为森林病虫害防治检疫站，1984年5月，成立林业技术推广站，1986年4月，成立公安科、绿化办，1993年4月，成立资源站。1984年，镇町寺林场更名为夹沟林场，2002年，人秘科更名为办公室，公安科更名为森林公安分局（森林防火办公室），成立林政科。

一、森林资源

（一）林业用地

1988年以后，林业用地面积和有林地面积增长较快。林业用地面积从1988年204.2万亩上升到2007年421.9万亩，其中有林地由182.4万亩上升为401.99万亩；森林覆盖率从1988年的15.2%上升到2007年的27.38%，林木绿化率达到29.81%，活立木蓄积量1204.4万立方米。

（二）林木蓄积

改革开放以后，随着造林面积的扩大，造林主栽树品种的改良和进入20世纪90年代木材加工产业的崛起，活立木总蓄积量呈现较快增长趋势。1982年达317.6万立方米，比1976年将近翻一番；1990年达720.9万立方米，比1982年又翻一番多；2007年比1990年增长473.5万立方米。

（三）森林植被

森林植被属华北区系类型，为暖温带落叶阔叶林。有木本植物60科、110属、275种，其中被子植物56科、102属、260种；裸子植物4科、8属、15种。国家级保护植物有银杏、杜仲、青檀等。

由于战争和人为破坏，天然植被主要留存于萧县皇藏峪林场和宿州市夹沟林场境内，为天然次生林。林内计有木本植物190余种，乔木树种主要有青檀、栓皮栎、麻栎、槲栎、南京椴、五角枫、八角枫、黄檀、黄连木、化香、黄栌、栾树、山槐、大果榆、白榆、榔榆、朴树、皂角、桑、柘、丝棉木、棠梨、乌柏、枫杨、毛莱等。灌木主要树种有鸡麻、卫茅、山胡椒、五加、小叶鼠李、二色胡枝子、黄荆等；常绿灌木有小叶女贞和冬青等。草本有虎掌、半夏、兔儿伞、透骨草、阴行草、园叶藜、徐长卿等。这些天然植被为宿州市造林树种的天然基因库。

宿州市人工林和用材树种主要为杨树（包括黑杨派和白杨派品种）、侧柏、刺槐、国槐、泡桐、柳、铅笔柏、桧柏、水杉、柳杉、池杉、白榆、榔榆、楸树、梓树、桑、臭椿、香椿、楝、悬铃木、枫杨、重阳木等。

经济果木树种有：银杏、杜仲、板栗、苹果、梨、山楂、樱桃、杏、桃、葡萄、柿、枣、石榴、木瓜、紫藤、牡丹、玫瑰、花椒、乌柏、油桐、棕榈、白腊、杞柳和紫穗槐、油桐等。主要竹类资源为刚竹、淡竹、哺鸡竹等。值得一提的是夹沟林场在龙泉寺作业区引种的毛竹，由于小气候适于毛竹生长，几十年来生长良好，成为五柳风景区的一处靓丽的景观。

（四）古树名木

古树，是指树龄在100年以上的树木。名木，是国内外稀有的以及具有历史价值和重要科研价值的树木。宿州市古树名木资源较丰富，1999年、2001年进行两次古树名木调查，经调查统计受保护的古树名木857棵，是历史的重要见证和宝贵的植物基因库。

宿州市古树一览表

表3-8-8

县区	树种	树高（米）	胸径（厘米）	树龄（年）	古树			生长地点	生长状况	保护措施	备注
					一级	二级	三级				
砀山县	槐角树	12	100	350	—	√	—	县委院内	旺盛	建立护栏	2棵
	槐角树	8	40	180	—	—	√	葛集镇后毛庄村	一般	—	—
	杨树	20	160	110	—	—	√	关帝庙镇曹桥	一般	—	—
	梨树	8	70	140	—	—	√	良梨镇侯楼	旺盛	建立护栏专人管护	80棵
	梨树	10	70	140	—	—	√	良梨镇王暗楼	旺盛		310棵
萧县	银杏(雌)	37.5	124	1100	√	—	—	天门寺院内	旺盛	人工管护	—
	银杏(雄)	21	134	1100	√	—	—	庄里乡鲜沟小学	旺盛	人工管护	—
	银杏(雌)	18	130	1100	√	—	—	庄里乡城阳村西	旺盛	—	—
	银杏(雌)	21	72	1100	√	—	—	丁里镇浮绥小学	一般	—	—
	银杏(雄)	26	88	1100	√	—	—	皇藏峪瑞云寺后院	旺盛	人工管护	—
	银杏(雌)	18	68	1100	√	—	—	皇藏峪瑞云寺中院	良好	人工管护	—
	银杏(雌)	18	82	1100	√	—	—	白土中学	一般	建立护栏	—
	中槐	12	120	800	√	—	—	永堌中心小学	一般	建立护栏	—
	中槐	8	80	1200	√	—	—	龙城镇奶奶庙小学	一般	—	—
	中槐	10	70	800	√	—	—	龙城镇西关花园	一般	—	—
	中槐	11	120	800	√	—	—	龙城镇纵庄井旁	一般	—	—
	中槐	11.5	140	800	√	—	—	龙城镇五里寺	一般	—	—
	园柏	12	40-60	600	√	—	—	圣泉寺院内	一般	人工管护	4棵
	园柏	14	70	600	√	—	—	县博物馆院内	一般	建立护栏	—
	园柏	15	72	600	√	—	—	梅村小学	一般	—	—

续表3-8-8

县区	树种	树高（米）	胸径（厘米）	树龄（年）	古树			生长地点	生长状况	保护措施	备注
					一级	二级	三级				
萧县	侧柏	13	42	500	√	—	—	天门寺院内	一般	人工管护	—
	侧柏	13	40	500	√	—	—	许岗东山庙	一般	—	—
	侧柏	11	40	500	√	—	—	永堌凤凰山南头	一般	—	—
	侧柏	19	38	500	√	—	—	瑞云寺院内	旺盛	人工管护	—
	瓜子黄杨	9	28	1100	√	—	—	瑞云寺院内	一般	建立护栏	—
	金桂	7	32	1100	√	—	—	瑞云寺后院	旺盛	人工管护	—
	小叶朴	17	130	600	√	—	—	圣泉寺	旺盛	人工管护	—
	青檀	17	40-80	800	√	—	—	天门寺周围	一般	人工管护	236棵
	青檀	20-24	60-100	800	√	—	—	瑞云寺周围	一般	人工管护	177棵
埇桥区	园柏	16	130	2500 400	√	—	—	曹村镇闵贤村	旺盛	封闭管理	—
	园柏	11	90	400 2500	—	√	— —	解集乡宣山村	旺盛	专人管护	—
	园柏	10	80	400	—	√	—	夹沟镇黄町小学	旺盛	专人管护	—
	银杏	13	90	2500	√	—	—	曹村镇闵贤村	旺盛	封闭管理	—
	银杏	26	150	2000	√	—	—	夹沟镇二郎寺	旺盛	专人管护	—
	银杏	12	190	1000	√	—	—	夹沟镇夹沟林场	旺盛	专人管护	—
	银杏	28	90	500	√	—	—	栏杆镇老海寺林场	旺盛	封闭管理	—
	银杏	25	140	900	√	—	—	栏杆镇老海寺林场	旺盛	封闭管理	—
	国槐	7.5	360	不详	—	—	—	解集镇大尚庄村	旺盛	专人管护	—
	国槐	8	80	900	√	—	—	大店镇肖柳村	旺盛	专人管护	—

续表3-8-8

县区	树种	树高（米）	胸径（厘米）	树龄（年）	古树			生长地点	生长状况	保护措施	备注
					一级	二级	三级				
埇桥区	青檀	35	200	1500	√	—	—	夹沟镇大方寺	旺盛	专人管护	—
	柘树	10	190	200	—	—	√	汴河镇十里铺	旺盛	专人管护	—
	柘树	3	30	不详	—	—	—	西寺坡涉故台	旺盛	专人管护	—
	厚壳树	10	30	400	—	√	—	祁县镇戴庵村	旺盛	专人管护	—
	白腊树	12	60	100	—	—	√	夹沟镇镇头寺	旺盛	专人管护	—
灵璧县	中槐	8	87	500 430	√	—	—	尤集镇张桥村小学	一般	—	—
	君迁子	10.5	44.5	430	—	√	—	朝阳镇殷寨小学	旺盛	—	—
	唐槐	6	78	1000 600	√	—	—	虞姬山董村石头园	较差	—	—
	龙槐	7	47	600	√	—	—	朝阳镇独谷堆庄内	较差	—	—
	黄连木	13	81	120	—	—	√	渔沟镇赵井庄内	旺盛	—	—
泗县	中槐	10	107	1400 500	√	—	—	黑塔镇马场厂	一般	—	—
	中槐	15	105	500	√	—	—	泗城镇朱桥刘园	一般	—	—
	中槐	12	88	400	—	√	—	县人武部院内	一般	建立围台	—
	中槐	7	74	400	—	√	—	泗县中学院内	一般	建立围台	—
	皂荚	17	57	150	—	—	√	三湾粮库院内	旺盛	建立围台	—

二、植树造林

（一）政府造林

新中国成立后，为改变林业发展的落后面貌，党和政府十分重视平原绿化工作，积极带领广大干群向沙荒开战。首先在百里黄河故道大规模栽植防风固沙林，于1955年组建砀山县果园场、园艺场，萧县黄河故道、东阁、北城园艺场。1965年，新建官庄林场、李集园艺场、文庄果园场等14个国有果林场。两县又相继建立几百个集体乡村林场、果园场。一个集带（防护林带）、网（农田林网）、片（经济林）、点（村片林、四旁植树）为一体，乔灌结合的绿色生态工程，基本遏制“沙魔”的猖獗。全市各地大搞水利兴修，广建四级林网，大力发展四旁植树，加速发展村片林，全市平原绿化初见成效。中共十一届三中全会前，由于受“左”倾路线干扰，宿县地区林业建设进展缓慢，成效不大，乱砍滥伐林木的现象时有发生。

改革开放以后，全市各地逐步落实放宽林业政策，不断完善林业生产责任制，加速平原绿化进程。“六五”“七五”期间，具体主抓五项工程：一是突击荒山绿化主攻工程；二是狠抓农田林网主体工程；三是抓好沟河路渠林带骨干工程；四是抓好村片林、速生丰产林重点工程；五是建设好城镇和村庄绿化的基础工程。先后涌现出京沪铁路建成百里泡桐林带、埇桥区符离镇张庄村2.5万亩连片高标准农桐间作、新汴河长120公里、宽200多米的大型防护林带、萧县白土镇栽植经果林绿化万亩荒山及远看像森林、近看像公园的杜楼村等平原绿化典型。截至1986年春，全区累计保存成片造林面积174.97万亩，其中山区造林41万亩，村片林77.7万亩，经济林56.27万亩，农田林网庇护面积489.84万亩，农桐间种37.41万亩；“四旁”植树13870万株，人均31株，森林覆盖率由1980年的7%，提高到12%，活立木蓄积量473万立方米。1986年，宿县地区被全国绿化委员会评为平原绿化先进单位，1990年，全区实现平原绿化达标，通过国家验收，并被林业部授予绿化先进单位。

“八五”期间，宿县地区积极实施“五年消灭荒山、八年绿化安徽”造林绿化规划，通过深化林业产权制度改革，在承包的基础上，引入竞争机制，推行“四荒”的租赁和拍卖，把平原绿化与群众物质利益紧密结合起来，提高了群众植树造林的积极性，加速平原绿化步伐。全区拍卖和租赁“四荒”48万亩，筹集造林绿化资金3000多万元。“八五”期间全区累计投入7179万元，每年投入400多万个劳动日，完成造林61.7万亩，其中经果林40.9万亩，植树4000多万株，城镇、村庄和部门绿化较以往有明显的改观，1994年，宿县地区如期实现基本消灭宜林荒山目标，到“八五”期末，宿县地区成为全省三大后续森林资源基地之一。

“九五”期间，以建设比较完备的林业生态体系和比较发达的林业产业体系为重点，继续推进平原绿化的深入开展，掀起新一轮造林绿化的热潮。五年完成人工成片造林面积62万亩，其中建成23.2万亩以杨树为主的商品用材林和31.2万亩的经济林基地；同时完成淮防林造林40.8万亩，完成治沙工程造林10.9万亩，村庄绿化面积达97.5万亩。1997年，宿县地区全面实现“八年绿化安徽”目标，森林覆盖率由“九五”初的16.9%上升到24.9%。

随着平原绿化工作的不断深入和拓展，生态环境得到显著改善，昔日风沙弥漫的黄河故道变成绵延百里的果海绿洲。砀山县90万亩连片果园成为世界上连片面积最大的果树基地，砀山县成为全国生态农业示范县。“人人参与绿化、改善生态环境”的意识不断加强。平原绿化的深入开展，使以杨树、泡桐为主的用材林林木蓄积量和以砀山酥梨、萧县葡萄、红富士苹果等为主的经济林产品产量迅速增加，促进木材和经济林产品深加工业的蓬勃发展，大大推进林业产业化进程。

2000年以后，宿州市认真贯彻落实省委、省政府《关于建设万里绿色长廊工程的决定》和《中共中央、国务院关于加快林业发展的决定》精神，紧紧抓住加快森林培育和强化资源保护不放松，以实施万里绿色长廊、退耕还林、长防林、防沙治沙等一系列重点工程为突破口，加快推进森林生态网络体系建设。通过全市广大干群的不懈努力和扎实苦干，全市林业发展突飞猛进，展现出沟河路渠建林带，平原农田织林网，荒山秃岭披绿装，村村庄庄变“林场”等喜人景象。初步形成点、片、网、带结合的综合农田防护林体系。截至2007年，全市林地面积达401.99万亩，活立木总蓄积量达1204.4万立方米，森林覆盖率27.38%，林木绿化率29.81%。2000-2007年，宿州市绿色长廊工程建设连续7年在全省综合评比中夺取一等奖。市林业局多次被国家绿化委、国家林业局、安徽省人民政府、省林业厅评为“全国平原绿化先进单位”“全国防沙治沙先进单位”“全省造林绿化先进集体”“森林资源一类清查先进单位”“全省野生动植物保护暨自然保护区建设管理先进单位”等。1999年-2007年，市林业局连续8年被市政府岗位目标责任制考评为优秀单位。2004年，市林业局被市政府通令嘉奖。

万里绿色长廊工程扎实推进，生态建设的“绿色屏障”初步建立。1999年以后，全市完成工程线路绿化1304公里，林带建设2702公里，道路两侧各1公里范围内的农田林网面积达174万亩，造林质量标准和绿化管护水平均走在全省前列。2002年又实施二期工程，将长廊建设向县乡道路延伸，向沟河堤岸延伸，向荒山洼地延伸。206、303、104、201、329等10余条国省道两侧林带宽度都在30-50米，新汴河、奎濉河、黄河故道等几十条大型河道的两岸堤防全部造林，形成一条条纵横宿州市东西南北的巨大绿色屏障。

退耕还林工程取得显著成效，局部地区水土流失和土壤沙化问题得到缓解，广大农民得到实惠。宿州市退耕还林工程开始于2002年，至2007年，国家下达宿州市退耕还林任务57.063万亩，其中退耕地造林任务13.8万亩，退耕还林配套的宜林荒山荒地造林任务41.063万亩，退耕还林匹配的封山育林2.2万亩。

全市13.8万亩退耕地造林任务中，按年度分，2002年8.25万亩，2003年3.9万亩，2004年0.4万亩，2005年1.25万亩。全市累计实际完成退耕地造林13.8万亩，其中生态林12.66万亩，占91.7%；经济林1.14万亩，占8.3%。

全市退耕还林配套的宜林荒山荒地造林任务41.063万亩任务中，按年度分，2002年9.55万亩，2003年27.913亩，2004年1.6万亩。累计实际完成41.063万亩荒山荒地造林，其中生态林面积占97%左右。

全市还完成长防林工程造林9万余亩，萧砀防沙治沙造林5.8万余亩，平原绿化造林6.1万余亩。

（二）社会造林

宿州市非公有制林业形式多样，主要有责任山（田）经营、承包租赁经营、联合经营、股份合作制经营及林产工业（木材加工业）。

1.营造林和林业重点工程建设。据不完全统计，到2007年，全市有各类个体造林户15万多户，造林面积达160余万亩，营造用材林25万亩、防护林22万亩、经济林113万亩。按经营方式分：承包135万亩，租赁10万亩，拍卖15万亩。累计投入资金4.85亿元，其中自筹资金95%以上。其中承包荒山、荒滩1000亩以上的造林大户有100余户。萧县涌现各类荒山开发大户100多个，带动5万多户家庭，绿化荒山15万多亩。灵璧县对境内奎濉河堤7500亩、新汴河堤7400亩长防林和退耕还林规划宜林地及县内

530余条道路两侧林地使用权全部拍卖承包给个人，筹建造林和管护资金近千万元，使得大面积长期荒芜闲置、政府无力投资建设的宜林地，一年内全部高标准绿化起来，林木不仅栽得上、成活率高，而且有人管、管护得好，实现集约经营和科学管理，取得政府、投资者和社会“三赢”的效果。砀山县民营资本造林面积占60%以上，通过搞活利益机制，形成林业的良性循环。

2.苗木和花卉生产。全市有各类个体私营苗圃和育苗基地20余个，育苗面积2000余亩，另有个体育苗户3000余户，育苗8000余亩，生产的苗木品种有：杨树107、中林46、意扬69、72等用材树种，以及银杏、苹果、梨、柿、葡萄等多种经济林品种和花卉，苗木基本上可满足全市造林需求并销往周边市县。

三、森林资源保护

宿州市森林资源总量较大，是安徽省杨树栽培的优势区和杨木生产主产区，在皖北六市中宿州市杨树资源最多，杨树面积达246万亩，蓄积量达1200万立方米。全市经济林面积152.3万亩，栽植面积和产量分别占全省的60%和70%。随着社会的进步、科技的发展、法制的健全和依法治林力度的加大，森林资源得到较好的保护。

（一）森林防火

1998年年底，全区建立森林防火指挥机构6个，办事机构7个，从事防火工作人员39人，专职护林人员66人，兼职384人，当年发生火警2起。

2000年至2007年，全市建立瞭望台8个，修防火公路189公里，购防火车辆（含摩托车）16台，建防火物资储备库7座，计130平方米，配备风力灭火机5台，其他灭火机具1253台（把、套），累计投资200多万元。连续7年无火灾事故发生。为抓好全市的森林防火工作，市防火办每年召开一次护林防火会议。每年春冬两季都组织人员到各县、区重点防火单位检查防火工作，落实森林防火责任制，在防火紧要期加强值班巡逻。各地结合自己的实际，制定森林防火预案，年火灾发生率严格控制在0.5‰以下。

（二）森林病虫害防治

1980年3月–1981年，全区进行森林病虫害普查工作，摸清病虫害的种类、分布范围及危害程度，为病虫害防治，提供科学依据。采集大量的病虫害标本，填补森林病虫害方面的空白。80年代初，宿州市森林病虫害主要是“三虫二病”（大袋蛾、天牛、白杨透翅蛾、泡桐丛枝病、杨树溃疡病），危害萧县、砀山、宿县泡桐片林、杨树、法梧、有代表性的森林面积16.27万公顷，占有林地面积的35.4%。到1989年，全区发生面积上升到65万亩，给林业生产带来严重威胁。1989年，省森防总站把砀山、萧县、宿县列为“大袋蛾综合治理工程示范县”。为全面推进大袋蛾防治工作的深入开展，地区又把灵璧县、泗县纳入综防工程。连续四年累计组建防治专业队伍1200多个，形成比较稳定的防治网络，对集中连片的大型林带、片林采取飞机防治和机械喷雾等方法防治，集中力量，打一片，保一片，不扩大成果，飞防2.6万亩，共防治大袋蛾101.25万亩，通过综合治理，大袋蛾的发生面积由65万亩下降到14万亩，林木保叶率达95%以上，有虫林区的虫口密度都稳定在允许水平以下，实现有虫不成灾的目标。四年中使林木增产蓄积量28万立方米，折合8400万元，减去4年总投资136.7万元，仅此一项，其直接经济效益达8263.3万元，是投入的60倍，取得显著的经济效益。宿县地区（宿州市）“八五”“九五”顺利完成省林业厅下达的森林病虫害防治各项指标。大袋蛾实现零星发生，杨树天牛的虫株率明显下降，控制住森林病虫害严重发生局面。据统计，全市森林病虫害发生率由“八五”期间的12.9%下降到“九五”期间的10%以下，防治率由75.5%提高到80%，监测覆盖率由75.4%提高到77.6%，种苗产地检疫率保持在90%左右，有效减轻森林病虫灾害，保护森林资源。

全市建成6个森防站，其中3个达到国家级标准，建成2个国家级中心测报点，3个国家级无检疫对象苗圃。全市实现森防微机联网，微机发放、管理“植物检疫证书”。2003-2004年，全市开展林业有害生物普查，基本摸清林业有害生物的种类、发生面积、发生范围和危害程度，为开展防治奠定基础。全市年森林病虫害发生面积约35万亩左右，以桑天牛、杨树食叶害虫草履蚧、双条杉天牛为主。2002年，开展杨树食叶害虫为主的杨树病虫害综合治理工作，治理效果显著。全市森林病虫害防治目标管理工作全面达标，森林病虫害的成灾率降低到5‰，防治率提高到80%，监测覆盖率达到80%，产地检疫率达95%。全市林业有害生物得到有效防治，连续5年没有出现食叶害虫的大面积成灾，全市生态控制系统处在良性循环中。

（三）木材运输管理

多年来各级林业主管部门都十分重视宿州市木材运输管理工作。实行专人管理，木材运输证专人发放专人签证和以旧换新制度。坚持做到依法监管、持证上岗、文明执法、规范管理。各县区林业局和木材检查站是木材运输管理的主要执法单位，查处的林业行政案件主要为违法运输木材案件，占80%以上。宿州市砀山县北关木材检查站、灵璧县灵西木材检查站和泗县屏山三个检查站查处的违法运输木材案件约占违法运输木材案件的半数以上，卓有成效地维护了辖区的木材流通秩序。

（四）林业案件

1.林业刑事案件

据不完全统计，1993-2007年，全市查处林业刑事案件1800多起，逮捕42人，拘留110多人，其他形式犯罪近3600人，罚款50余万元，收缴木材2000多立方米，挽回经济损失1000多万元，收缴野生动物26万余只（头）。

2.林业行政案件

据不完全统计，1993年至2007年，全市查处各种涉林行政案件9270余起，没收各种非法所得45万余元，没收木材3260万立方米，赔偿、罚款、补征林业费金，累计达460余万元，行政处罚16360多人次。

（五）野生动植物保护

1992年4月，全地区开展野生动物资源调查活动，成立野生动物资源领导小组，并抽调人员成立调查队。经过一年多的调查，基本上查清宿州市豹猫、蛇类野生资源和黑熊饲养状况，于1993年编写《宿县地区黑熊、豹猫、蝮蛇资源调查报告》。

1995年12月，宿县地区开展安徽省湿地资源调查工作。根据省林业厅的统一部署，举办湿地资源调查培训班，在明确调查内容和调查方法的基础上，开展外业调查工作，于1997年12月，基本上完成调查工作，并提交《宿县地区湿地调查报告》。

1996年8月，宿县地区提出《关于加强对我区驯养野生动物管理的建议》，从六个方面，提出野生动物驯养表演团体的生存现状、困难及解决困难的途径。对加强驯养繁殖重点野生动物管理提出具体建议。使多数未能按要求及时办理“国家重点野生动物驯养繁殖许可证”的驯养团体有了解决问题的依据。省林业厅根据建议，解决数十个团体的发证问题。

1998年，开展对养熊业的发展情况调查，主要调查养熊场饲养的数量、繁殖情况和熊胆粉的产量、流通和销售情况及含有熊胆粉的中成药种类等。

1999年，宿州市组织开展省重点保护野生植物资源调查工作。通过调查，宿州市具有省以上重点保护树种近12万株，其中杜仲1.09万株，凹叶厚朴20株，榉树30株，鹅掌楸85株，青檀9200株。市林业局印发《关于加强天然林保护的紧急通知》，提出宿州市石质山区造林难度大，生态环境脆弱，仅有的天然林资源珍贵，一旦破坏，难以恢复，保护意义重大，要求严加保护。全市冻结办理有关猎捕、收购及经营利用野生鸟的审批手续。

2000年6月，全市开展野生鸟类资源保护执法检查，结合检查、广泛宣传爱护鸟类、保护野生动物的意义，主要工作是以保护野生动物资源为目的，以检查对野生动物的猎、购、售、运、食等为内容，以农资市场、宾馆、饭店、车站等场所为重点。在检查中，查获猫头鹰2只（活体1只放飞）、白枕鹤7只（2只放飞，5只送交省自然保护站）、苍鹭一只（放飞）。在活动中，收缴各类非法猎枪130余支。

2001年，全市组织开展全市古树名木调查工作，建立古树名木档案，并采取措施，进一步加强对古树名木的保护。

2003-2007年，每年4月，组织县区广泛开展“爱鸟周”宣传活动。县城悬挂横幅，新闻媒体进行报道。在活动中，还开展鸟类资源保护执法检查。检查主要农贸市场、宾馆饭店等。全市查处野生动物案件7起，罚款2万元，收缴野生动物10200只，处罚9人。

2004年，组织对宿州市境内部分古树名木挂牌工作。

（六）自然保护区建设

宿州市有省级自然保护区2处。萧县皇藏峪省级自然保护区为1982年批准建立的森林生态类型的自然区，大方寺省级自然保护区于2007年经省政府批准成立。

四、林业产业

（一）产业规模

宿州市木材加工业兴起于20世纪90年代中期，并以其独特的资源优势和强劲的市场推动，在短短几年里，迅猛发展成为乡镇企业中一支异军突起的生力军。2003年，仅泗县黄圩镇武圩村就有各类木材加工企业300多家，年销收入达到1亿多元。截至到2007年，全市各类木材加工企业1036家，从业人员5万多人，年销售收入达15亿元以上。其中规模以上加工企业30家，年营销收入达到10亿元，超亿元企业达到4家。有安徽绿洲人造板有限公司、宿州东大木业和佳华（宿州）木业等12家市级木材加工型龙头企业。产品的种类有细木工板、胶合板、纤维板、建筑模板等10余个品种。实现出口创汇650万美元，产品远销到美国、芬兰、韩国和东南亚等10余个国家。

（二）区域特色

经过几年的发展，宿州市木材加工业进一步趋向集中。在砀山县黄楼乡、萧县张庄寨镇、埇桥区顺河乡、灵璧县大庙乡和泗县大庄镇、黄圩镇等乡镇，引导企业集中连片建设。形成木材加工集群，产生规模效应和示范辐射带动作用。通过实行“大企业+中小企业+加工户”的联合共赢形式，促进生产要素的优化组合，产业布局上实现区域化，产业发展上实现集群化。

砀山县、埇桥区成为宿州市木材加工业发展的主阵地。砀山县有板材加工企业365家，其中规模以上企业9家。涌现出佳华木业、中林木业、汇金木业三家市级龙头企业。2007年，全县生产芯板、板皮13.5万立方米，胶合板17万立方米。年木材消耗量25万立方米，销售收入5亿元以上，出口创汇650万美元。其中规模以上板材加工业总销售收入超过4亿元。板材加工业成为砀山县经济发展的三大支柱产业之一。砀山县的板材加工业形成两个生产集群。一个是以薛楼苗圃为中心的板材工业园区，另一个是以周寨镇张老家村为中心的芯板工业园区。中林、佳华、汇金等15家规模以上企业先后入驻砀山县薛楼板材工业园区，吸纳农村剩余劳动力6000多人，该园区成为皖北最大的板材加工园区。薛楼板材工业园区主要生产胶合板，也有少量的芯板。张老家工业园区主要生产芯板、板皮，产品绝大部分供应薛楼板材加工园区。

埇桥区顺河乡有板材加工企业160多家，其中规模以上企业16家，有东平木业、东大木业、东建木业、东达木业、宿北木业5家市级板材加工龙头企业。2007年，生产胶合板21万立方米，其他木制品及装饰材料5万立方米，实现销售收入4.3亿元，吸纳本乡及周边乡镇6000多人就业。

萧县张庄寨率先在全市成立板材加工协会，该镇200多家企业成为会员，协会企业2007年板材生产量26万立方米，营销收入3亿多元。

（三）经济效益

木材加工企业的兴起，在一定程度上集聚和利用社会闲散资金，激活木材购销市场，延长林业产业发展链条，调动群众植树造林的积极性，促进农村产业结构的调整。埇桥区绿洲人造板厂2007年生产中高密度纤维板10万立方米，实现营销收入1.5亿元，上缴税金895.3万元，安排400人就业，带动周边地区100多户参与木材收购。年消耗杨树枝丫材21万吨，增加农民收入7000多万元。全市木材加工从业人员5万多人，年工资收入6亿元以上。

由于木材加工业的迅猛发展，2007年，杨木价格攀升到每立方米1000元左右，直径40厘米的大径材每立方米达到1200元以上。杨木价格的不断上扬，进一步激发广大农民群众植树造林的积极性，有力地拉动以资源培育为主的第一产业发展。据初步统计，农民来自林业的收入每年可达600多元，林业逐步成为宿州市经济发展、农民增收致富的亮点。

（四）产品结构

宿州木材加工业发展层次明显提升，全市形成以细木工板、胶合板为主体，密度板、建筑模板等高技术产品跟进的梯度发展态势。全市有锯材加工企业546家，人造板制造企业265家，胶合板加工企业199家，纤维板加工企业8家，木制装饰材料生产企业18家。与2003年相比，密度板制造在质量和数量方面实现较大突破，胶合板、细木工板规模不断扩大。

2007年8月27日，宿州森发纸业年产9.8万吨杨木化机浆、9万吨白卡纸项目通过省发改委核准，2007年10月29日在市经济开发区奠基。

五、森林保护区

（一）萧县皇藏峪省级自然保护区

1.自然概况

萧县皇藏峪位于萧县东南26公里的九龙山，地处北纬34°–34°06′，东经117°03′–117°06′之间，南起龙虎峪，北抵萧桃公路（即301省道），东接官桥镇，西连白土镇，面积31000多亩，区内公路4公里。

皇藏峪自然保护区的地貌类型为山东沂蒙山系向西南的延伸，统称龙岗山。最高峰为平顶山，海拔380米，一般山峰高度在100米–300米之间，山体多由寒武纪和奥陶纪石灰岩组成，上部平缓，中下部陡峭。土壤主要为褐色石灰土，山坡土层浅薄，山麓深厚肥沃。由于土地坡度较大，土层较薄，石灰岩大部呈薄层状露出，地表岩石裸露在20%–40%，呈中—碱性反应，极少数轻—重壤质呈微酸性反应。

2.生物资源

植物资源：在植被区划上属暖温带落叶阔叶林区，属北亚热带和暖温带过渡地带，森林植被以华北植物区系成分为主，如栓皮栎、槲栎、青檀、大叶朴、榉树等。同时混生有相当数量亚热带树种成分，如黄连木、黄檀、山槐、狭叶山胡椒等。南北物种交汇现象异常明显，全国罕见。皇藏峪有木本植物199种，分属60个科、110个属，这里的大果榆、大叶朴、毛黄栌、栓翅卫茅、小叶鼠李等树种是安徽省地理新分布。保护区的落叶阔叶林为北亚热带北缘，全国罕见。

动物资源：有鸟类12目26科58种，其中留鸟17种，夏候鸟21种，冬候鸟3种，旅鸟17种。留鸟中的石鸡为宿州市鸟类的新纪录。

3.风景名胜

瑞云寺，原名望云寺，因传说刘邦藏身处有祥云缭绕而得名。始建于南朝梁大同年间，背依悬崖，面临深渊奇险，甚得造化之妙。宋朝端拱二年，寺名改为“瑞云寺”。该寺呈三进三阶式院落，殿阁庑舍99间，古色古香，颇具匠心。

端云寺东约300米，有一天然巨石，其形如床，面平如砥，名曰“仙人床”；由瑞云寺往西南行，登高约140米，再攀岩越壁，可见一洞，即“皇藏洞”；从“皇藏洞”折而往北，赫然入目者是虎口峰，其峰腰有一洞，曰“美人洞”。

人文典故：还是少帅张学良、蒋经国、北洋政府国务院秘书长徐树铮的恩师徐道邻的故里。宋代大诗人苏轼曾经来此浏览并留下《石炭歌》《雾猪泉祈雪》千古名篇。

此外，还有雾猪泉、果老洞、龙泉洞、三仙洞、锁龙桥、九龙窝、白马寺、溶洞等胜景，各具神奇色彩，令人向往。

皇藏峪原名黄桑峪，因昔时峪内长满黄桑而得名。相传公元前205年春，项羽和刘邦大战彭城（今徐州），刘邦惨败，仅率10余随从逃入此峪藏匿才幸免于难，汉王登基称帝后，此峪改称皇藏峪。

瑞云寺西南有峭壁上有一天然洞曰“皇藏洞”，洞深10米，呈圆形，四壁光滑，底部平坦，可容10人盘坐。

4.保护措施

皇藏峪自然保护区每年拿出一定的资金，在保护区林间空地补植银杏、刺槐、山槐等树苗，不断提高森林覆被率。

在自然保护区内设立公安派出所，维护自然保护区内的治安秩序。建立群众护林制度，组建护林执法队，负责护林工作，组织群众护林，划定护林责任区，配备护林员，巡护森林，防止破坏森林的行为。

在峪内瑞云寺、皇藏洞、拔剑泉等风景名胜区划作为实验区开发森林旅游，在核心区内禁止和限制人为活动和建设任何生产设施。

建立森林防火制度。一是建立防火责任制度和军民联防制度。二是在防火期内禁止野外用火。三是加强防火设施建设，备齐防火设备。

建立森林病虫害防治制度。一是对林内各种有益生物加强保护。二是建立健全森林病虫害监测和预报制度。三是对病虫害的发生实行报告制度。四是对森林病虫害防治成绩显著者给予奖励。对不履行森林病虫害防治职责或义务者给予处罚。

建立管理机构，即安徽省萧县皇藏峪省级自然保护区管理处，有职工15人。

（二）大方寺省级自然保护区

1.地理概况

大方寺省级自然保护区原为宿州市夹沟林场，建场于1950年9月，按当时行政区划，将宿县夹沟镇、符离镇，萧县庄里乡和濉溪新蔡镇等三县区四镇部分山场划归新成立的夹沟林场管辖，经营至2007年，作为宿州市林业局直属林场，权属清楚，无争议。林场地理位置为北纬33°52.8′-33°56.9′，东经116°41.8′-116°47.6′，临津浦铁路，206国道和合徐高速公路，北距徐州50公里，南距宿州35公里，西行25公里到达淮北市。

大方寺省级天然林区位于林场场部的西南部，距林场场部7公里，面积460公顷，立木蓄积2.2万立方米。在山峪中天然次生林林相整齐、保存完好，为淮北地区非常宝贵的天然森林生态群落。其树种丰富，森林生态系统典型，具有较重要的保护利用价值。规划为大方寺自然保护区的核心区。

大方寺省级自然保护区地貌类型为山东沂蒙山系向西南延伸部分，属淮北平原萧县—濉溪一线以东的剥蚀低山丘陵区，境内最高峰老龙脊海拔365米，一般高程为100-300米，相对高度在20-200米之间，山顶较平，阳坡较缓，阴坡较陡，多在25度左右。山脉大至东北西南走向，整个山势略向西南倾斜，此一列山脉，分水岭以东河流，径向东流，以西则折向南流绕过山脉流向东南，均为淮河水系。除山区丘陵外，地势平坦广阔，河渠纵横，田连阡陌，土地肥沃，是著名的商品粮基地。

大地构造位于鲁台后背斜之徐蚌拗折带，属华北地区鲁西地层分区之徐州-宿县地层小区，岩石多由震旦纪至奥陶纪碳酸盐组成，土壤分属黑色古灰土和竭色石灰土两个土类，黑色石灰土均由石灰岩残积母质发育而成，广泛分布于石灰岩山地。一般土层深度20-50厘米，呈中碱性反应，含石量10%-30%。地表岩石裸露20%-40%，褐色土亚类淋深褐色土多为坡积母质发育而成，主要分布于山峪、山麓缓坡及阶地，土壤深度30-100厘米，多呈碱性和中性反映，含石量20%左右，地表岩石裸露较少。处暖温带和亚热带的过渡地区，属暖温带半湿润季风气候。并有南北气候特点，四季分明，雨量适中，光照充足，雨热同期。

2.植被及植物资源

大方寺省级自然保护区总面积2080公顷，天然林中植被茂盛，森林覆被率80%-90%。林分类型为暖温带落叶阔叶林。主要分布树种既有亚热带樟科的山胡椒，又有温带地区主要树种黄栌。林相呈现出暖温带和亚热带过渡类型。其中主要群落为青檀林、栓皮栎林、黄莲木、五角枫等，多呈水平分布，其树种之丰富，林相之整齐，保存之完好为华北地区少有。

核心区外围栽培植物多为侧柏、刺槐、油桐和毛竹等树种，有少量的马尾松、黑松和柳杉等。

大方寺省级自然保护区天然植被外貌基本反映着暖温带落叶阔叶林的特征，林木集中分布在峪内山坡中下部和峪底，形成高大茂密的乔木林。主要有：

青檀（P.tatarinowilMaxim）林：分布于寺庙两侧，海拔250-300米，乔木层除青檀占优势外，还混生少数黄莲木（P.chinensisBge）、山槐（A.macrophgllaa<Bge.>P.c.Huang）等树种，下木层有牡荆（Var.cannabifolia（S.etZ）Hand-Mazz）、圆叶鼠李（Rh.globosasBunge）、扁担杆子（C.biloba.C.Don）、小叶女贞（L.quihovicarr）等种类。草本层有华隐子草、中国卷柏、乱子草、野菊等。藤本植物有马兜铃、白蔹等。

栓皮栎（QvariabilisBl）林：分布于寺庙东北及东部，从海拔50米山脚台地到340米近山顶都有出现，是大方寺最大的一个典型区块。林地较湿润，树干基部常见苔藓植物，落叶层较深厚，土壤为石灰岩发育的褐色土，深达75厘米以上，PH值8左右。乔木层除栓皮栎，槲栎（Q.alienaBl）为建群种外，还有五角枫（A.monoMaxim）、黄莲木、榔榆（U.parvifoliaJacq）、臭椿（A.altissima（mill）Swingle）等树种生长较高大。下林木层有牡荆、柘树（C.tricuspidata（Carr）Bur）、山胡椒（L.glaucaBl）、算盘子（G.puberum（L.）Huteh）、圆叶鼠李、卫矛（E.alatus（Thunb）.Sieb）及黄檀（D.hupeanaHance）、山槐、栾树（K.paniculataLaxm）、椴树（T.miguelianaMaxim）等幼树；草本层以禾本科为主，有孚草、苕草、牡蒿、野菊、泽兰、蛇莓等。

黄莲木、五角枫林：分布于寺庙周围，其它山坡台地、山脚、山沟也有分布，海拔在230-260米，土质深厚肥沃，腐殖质丰富，林冠郁闭，林内湿度较大，落叶深厚。乔木层以黄莲木为建群种，其次为五角枫、大叶朴（C.koraiensisNakai）、朴树（C.tetrandraRoxb.Subsp.Sinensis（Pers）Y.C.Tang）、山槐、元宝槭（A.truncatumBeg）、榔榆、黄檀等树种。高度都在15-20米，胸径20-30厘米的居多。下木层有扁担杆子、圆叶鼠李、华瓜木（A.（Platanifolium（S.et.z）Harmz）、山胡椒、柘树、木半夏（E.multifloraThunb）、野山楂（C.cuneataS.etZ.）等。还有槲树被砍伐后的萌孽植物。草本植物内有沉阶草、犁头草、淡叶竹、三脉马兰、蛇莓、泽兰等较耐阴植物；藤本植物紫藤（W.sinensissweet）很多绕于树干上。还有三叶木通（A.trifoliata（Thunb）Coidz）、菝葜（Smilaxchina）、络石（T.josminoides（Lindl）Lem）等种类。林内少见常绿乔木，仅在林下偶有小叶女贞（L.quihouicarr），冬青（I.purpureaHassk）等常绿灌木。

板栗（C.millissimaBl）林：分布于寺庙西北角，海拔250米左右，多为高大乔木，林下植物稀疏，种类组成简单，主要为阴行草、苔草、禾叶麦冬等。

植物保存较好，随着人为活动的加剧，植被资源面临着威胁。

3.植物资源

据调查大方寺省级自然保护区分布有木本植物46科140余种，其中裸子植物4科7种，单子叶植物2科4种。可利用的药用植物200多种，如丹参、苦参、麦冬、百合、木瓜、半夏、天南星、络石、卫矛、柴胡、石竹、何首乌、瓦松、灵芝、山楂、酸枣、菝葜、夏枯草、青木香、漏芦、翻白草、王枣子等，其特产王枣子具有消炎、利尿等功效，为药书所记载。

4.动物资源

大方寺远离城市和工厂区，村野幽静，山地林木茂盛，鸟兽出没，动物种类较为丰富，珍稀动物较多。其地理类型以古北界型种类为主，兼有东洋界某些种类。据调查，栖有兽类、两栖类、爬行类和鸟类动物50余种，其中国家一、二级保护动物12种。具有经济价值鸟类18种，具观赏价值的4种，最多是具有保护农林意义的食虫类益鸟25种。在这些鸟类中，属于国家重点一级保护的1种，属国家二级保护的11种，省一级保护鸟类的10种，省二级保护鸟类20余种。

第八节　农业机械

一、　农机管理机构

宿州市农业机械化管理局成立于1972年，原名宿县地区机械工业局，局内设农业机械管理科。1975年，成立宿县地区农业机械管理局，负责全地区农机生产、科研、供应、使用、培训等工作。1984年，更名为宿县地区农业机械管理站，除将农机生产划归宿县地区机械工业公司管理外，其他职责范围不变。1989年，改为地区行署农业机械管理局。1977年2月11日建立局党委，1978年8月14日改建为党组。1999年5月，撤地建市后，更名为“宿州市农业机械化管理局”。2002年机构改革后，为市政府直属事业单位。

二、各类农机

1989年，农业机械原值达到5.3亿元，全市各类农业机械总动力为12.1万千瓦，其中砀山县2.0万千瓦，萧县2.3万千瓦，灵璧县2.2万千瓦，泗县1.9万千瓦，埇桥区（含地直等）3.7万千瓦，各类农机具23.6万台（套），其中大中型拖拉机1189台，大中小型拖拉机配套农具55116部，各类收获机械12403台，农业机械化处于起步阶段。

1994年年底，全市农业机械原值达到10亿元，农机总动力上升至170.6万千瓦，各类农机具43.8万台（套），其中大中型拖拉机977台，大中小型拖拉机配套农具12.4万部，各类收获机械2.4万台，全市农业机械化的发展进入成长期。

2003年，农业机械原值达到33.97亿元，农机总动力达到438万千万，由于市场的引导和政策的支持，农业机械化进入了快速发展时期。

2007年，全市农业机械化的发展再上新台阶，农业机械原值46.4亿元，农业机械总动力588万千瓦，各类农机具43.8万台（套），其中大中型拖拉机977台，大中小型拖拉机配套农具12.4万部，各类收获机械2.4万台，耕种收综合机械化水平78.5%，分别高于全国、全省平均水平37、30个百分点，在全省处于领先位置。全市农业机械化的发展进入成长期。全市广大农民正由花钱买农机向着花钱买农机服务转变。

三、农机技术推广

1989年以前，全市农民使用农业机械仅仅是取代繁重的人力劳动。随着农村经济的发展，广大农民已经不满足于农业机械代替手工劳动，不断探寻应用农机化新技术，追求农业产出率和劳动生产率。2002年，宿州市人民政府批准成立了宿州市农机技术推广站，全面负责全市农业机械、农业生产技术等方面的推广工作，加快农机化事业的进程。2004年，《中华人民共和国农业机械化促进法》赋予农机推广部门更多的权利和义务，从此，宿州市农机化技术推广工作迎来了发展春天。

经全市各级人民政府和农机管理部门的带动以及宿州市农机推广系统的共同努力，截至2007年年底，全市大中型拖拉机发展到17028台，联合收割机发展到10073台，深松机发展到198台，旋耕机58805台，精量半精量播种机39971台，化肥深施机24951台，秸秆粉碎还田机3499台，农田节水灌溉机械27353台，其他耕种、植保机械也有不同程度的增加。2007年年底，全市小麦全程机械化问题基本解决，玉米、大豆机耕、机播和机收取得了显著成效，尤其是机收问题取得了历史性的突破，全市玉米机收率突破了10%，大豆机收率达到了30%。同时，其他粮食作物和经济作物的机械化运用也取得了突破。在全市农作物种植方面，在促进农业增效和农民增收的前提下，充分利用了“土壤深松、精少量播种、化肥深施、秸秆还田”等农机化节本增效的新技术，农业综合生产能力逐年提高。

四、农机安全监理

随着改革开放的大力推进，土地承包制的深入实施，广大农民群众发展农业机械的主动性大大提高，自1988年起，全市农业机械拥有量不断增加，农机安全生产形势日趋严峻。1992年，宿县地区人民政府批准成立了宿县地区农机监理站，负责全市农业机械的安全监管问题，确保全市农机安全生产平稳推进。

自1992年开始，全市农机监理工作不断深入开展，全面履行全市农业机械的安全检验，农机牌照、驾驶证核发，农机报废监管，农机安全生产宣传教育及事故处理等安全监督管理职能，为全市农机化的发展保驾护航。从2004年的《中华人民共和国农业机械化促进法》到2006年的《安徽省农业机械化促进条例》的颁布实施，都对农机安全监管赋予了新的职责，从此，宿州市农机安全监管工作步入了依法监管的轨道。截至2007年年底，全市农业机械的纳管率显著提高，其中，拖拉机纳管达到3万多台，纳管率突破了30%；联合收割机纳管达到近1万台，纳管率达到60%。同时，全市农机监理装备的发展也基本满足了农业机械检测检验的需求。16年间，宿州市农机监理机构多次被省农机监理总站评为“全省农机安全监理先进单位”，被市政府多次评为“全市安全生产先进单位”。

五、农机跨区作业

1989年，全市有农机耕作、运输、副产品加工等服务专业户2512户，服务总收入达1775.46万元。这些服务专业户主要服务范围仅限于周边地区。

随着农民对农机化的认识和接受程度提高，政府和社会对农机化的关注、宣传和支持加强，1994年，全市农机经营总收入达到5.2亿元，宿州市开始出现联合收割机跨区收获小麦，农机服务社会化、市场化进程的加速。

由于市场的引导和政策的支持，农民购买重点开始由小型农业机械转向了大中型农业机械，由自机自用向着代耕、代种、跨区作业领域发展。随着跨区作业领域的发展，宿州市农机化服务的社会化、市场化进程也不断加快。

2007年，全市农机经营服务总收入达到23.2亿元，农机专业服务组织达到1.5万户（家），跨区作业收入达到16.8亿元，宿州市广大农民由花钱买农机向着花钱买农机服务转变。

第九节　乡镇企业

一、内设机构

根据1995年的机构改革方案，宿县地区乡镇企业局内设办公室、生产技术科、计划财务科、企业管理科、职工教育科等业务科室，另设纪检（监察）室。2004年以后，市乡镇企业局不复存在，原管理业务分散到其他部门。

二、业务范围

20世纪90年代，乡镇企业由原先的建材、食品两大门类，逐步扩大到纺织、造纸、机械、化工等20多个门类。乡镇企业生产的主要产品有水泥、砖瓦、石灰、水泥预制件、大理石板材、日用陶瓷、机制纸、皮革、服装、棉纱、棉布、丝织品、水果罐头、烧鸡、木制家具、制砖机、铁锅、饮料酒等。乡镇企业管理的业务，除乡镇工业外，还有建筑业、防腐业、饮食服务业等，这些非工业业务的营销收入，占乡镇企业营销总收入的近50%。

三、发展历程

（一）1988-1998年

20世纪80年代中期以后，国家的改革开放逐步深入，宿县地区进一步解放思想，为大力发展乡镇企业，制订一系列扶持政策和措施，使乡镇企业异军突起，迅猛发展，一批农村小城镇也应运而生。90年代中期，通过加大资金投入，实行目标责任制和奖惩办法，加大产权制度改革，强化企业管理，积极发展外向型经济等措施，乡镇企业发展更上一层楼。到省辖宿州市建立之前的1998年，全区拥有各类乡镇企业48590家，实现营业收入160.77亿元，出口产品交货值完成1.78亿元，实现利润总额12.19亿元，实缴税金2.04亿元，入库税金占全市财政收入的比重，由1978年的2%上升到1998年的17.2%。1998年，全区从事乡镇企业的职工达37万人，占乡村劳动力总数的14%，涌现出一大批农村新工人和农民企业家。在乡镇工业中，年营销收入500万元以上企业64家，千万元以上企业24家。

（二）1999–2004年

从省辖宿州市的成立到乡镇企业局的撤销，全市乡镇企业以发展为中心，以结构调整、体制创新为主线，多层次开发增量，多层次扩大存量，多渠道增加投入，保持了乡镇企业良好的发展势头。据2002年统计，全市乡镇企业共实现营销收入224.18亿元，完成增加值64.97亿元，分别比上年增长6.9%和7.4%。全市乡镇企业入库税金3.35亿元，占当年县、区财政收入的34.7%。乡镇企业发展的突出特点，一是大力推进结构调整。全市围绕“餐桌经济”“绿色经济”，大力发展农副产品加工、储藏、保鲜、运销企业，涌现出一批牵动性大、辐射面广的农业产业化的龙头企业。如砀山县围绕水果生产发展生物农药、水果加工、包装产业，并已具有一定的规模；萧县、灵璧县的面粉加工业势头强劲；泗县黄圩、埇桥区顺河、砀山县黄楼等乡镇的木业加工蓬勃发展。2002年年底，全市以农产品为原料的加工企业多达10658家，年销售收入49.3亿元；二是根据国家的产业政策，关停了一批小造纸厂、小煤窑、小水泥以及烟花爆竹等企业；三是加大改革力度，促进乡镇企业上规模、上水平。全市年销售收入超过500万元的乡镇企业，由1998年的64家增加到2002年的103家；四是大力发展个体私营经济和混合经济，个体私营经济和混合经济占全部乡镇企业的97.2%，占乡镇企业经济总量的75%；五是狠抓经济环境的综合治理，对重点企业实行“挂牌保护”，要求执法部门做到轻收费、重服务，“三乱”治理取得成效。

（三）2005–2007年

随着乡镇企业局的撤销，原管业务已实现与大农业、大工业、大流通的融合发展，成为城乡一体化发展的重要组成部分。特别是在促进农业产业化经营方面，发展变化较大。一大批原先的乡镇企业迅速上规模、上水平，业务横跨一、二、三产业，成为牵动农业现代化发展的“龙头”。到2007年，全市市级以上农业产业化龙头企业达113家，其中，省级19家，市级94家。龙头企业年营销收入96.8亿元，其中，规模以上加工企业营销收入69.4亿元，出口创汇2200万美元。龙头企业建立各类原料基地403万亩。全市有8家企业获得16个“绿色食品”使用商标，13个产品获省级名牌产品称号，“皖王牌”面粉获“中国名牌”产品称号。产业集群发展、产业链条延伸、主营业务横跨一、二、三产业，是乡镇企业发展的突出特征。2007年，全市共生产各类水果罐头13.8万吨，生产小麦粉166.2万吨，小麦粉的产量相当于当年小麦产量的83%。如果加上副产品麸皮，当年小麦的加工量已略大于小麦的产量。全市1036家木材加工企业主要“集群”在几个乡镇，其中，安徽绿洲人造板有限公司、宿州东大木业等8家为市级龙头企业。2007年，全市共生产各类板材50万立方米，营销收入14亿元，是当年林业产值9.3亿元的1.5倍。乡镇企业在增加农民收入、促进城乡一体化、提升全社会的城镇化水平中，发挥着愈来愈重要的作用。

第九章　工　业

第一节　工业综述

宿州市是传统的农业市，工业经济的发展起步于20世纪70年代初期所兴建的一批为农业生产服务的“五小工业”。经过改革开放30年的发展，特别是进入21世纪以后，市委、市政府坚持把工业强市、工业立市作为经济工作的重中之重，规划实施“6+3”工程；完善煤电加工、农副产品加工、加工制造业三个百亿元产业基地的发展规划；启动实施工业三年倍增计划；加快开发区和工业园区建设；精心打好“资源牌”，围绕发挥资源优势，加速推进工业化进程。截至2007年年底，全市工业企业总数近2500家，其中规模以上企业344家，规模以上工业拥有资产总额120亿元，职工人数7.9万人。全市规模以上工业实现工业总产值220亿元，工业增加值78.8亿元，销售收入207.3亿元，利税8.9亿元，工业经济效益综合指数161，创历史最好水平。市经济技术开发区和各县工业园区建设势头良好，载体功能日益显现，一大批招商引资的工业项目正在建设之中，建成投产的一批项目，成为全市工业经济新的增长点。

支柱产业。经过多年的精心培植，宿州市逐步形成煤炭、电力、化工医药、纺织、建材、机械、农副产品加工等一批对全市工业经济发展具有较强牵动作用的主导产业。煤炭和电力两个行业，2007年完成产值51.09亿元，分别占规模以上工业总量的15.5%和7.81%；化工医药完成产值9.88亿元，占工业总量的4.49%；纺织行业完成产值11亿元，占工业总量的5%；建材行业完成产值4.15亿元，占工业总量的2.05%；农副产品加工完成产值88亿元，占工业总量的40%。七大行业合计占全市规模以上工业总量的比例达到70%以上，成为工业经济发展的重要支撑。

骨干企业。随着工业强市理念的深化和发展环境的改善，骨干企业的数量和规模在不断壮大，对全市工业经济的增长起到明显的支撑和拉动作用。仅2007年，全年就新增规模以上工业企业103家，规模以上工业企业总数达到344家。工业产值超亿元的企业达46家，比上年末增加16家。安徽锦丰实业、皖王面粉集团、宿州福润食品、宿州汇源热电、萧县金鸽面粉等9家企业产值超5亿元，超10亿元的企业1家。

企业改革。以建立现代企业制度为目标，按照“产权清晰、权责明确、政企分开、科学管理”的要求，以有限责任公司和股份有限公司为主要形式，全面推进国有企业的公司制改革。通过改制，国有产权和职工身份得到置换，实现体制与机制的创新，促进企业自身的快速发展。皖北制药厂通过改制，拟销呆坏账，盘活存量资产企业轻装上阵，成为全国第二大洁霉素原药生产基地。2007年，列入省改制计划的142家企业，62家完成改制工作。

重点项目。2007年，全市完成工业投资56.6亿元，同比增长33.1%，华电一期2×600兆瓦机组、海升果业年产5万吨浓缩果汁、虹光集团年产30万吨玉米淀粉、安特生化年产10万吨酒精生产线、科佳实业年产200万套塑料夹板生产线、新锦丰集团年产5亿份碗面技改、欣诚食品年产2万吨速冻蔬菜及水果罐头生产线、皖王面粉年产12万吨优质小麦粉技改等42个项目建成投产。重点企业技术创新能力得到进一步增强。皖北药业、科苑集团、宝龙电器、新锦丰集团等9家企业跻身省级技术中心，实现重点技术创新项目27项，开发新产品、新工艺超过120项。皖北药业、雪龙纤维、宝龙电器等企业还开发出具有国内领先水平的新产品及新工艺，全面提高企业的自主创新能力，促进企业的快速发展。

企业管理。企业通过以现代化的管理手段替代传统的管理模式，应用于财务、采购、营销、质量管理的各个环节，提高企业的管理水平和市场竞争力。博洋纺织、信诚化工在全面质量管理活动中，荣获省优秀QC小组成果奖。宿州供电公司、汇源热电、皖北药业、安特生化以及雪龙纤维等一批企业注重加强企业管理，凝结企业文化，营造奋发向上的企业氛围，大大提升了企业的管理水平。皖王集团生产的“皖王”牌小麦粉荣获中国名牌产品称号，丰原宿州生化生产的“贝斯特”牌环氧乙烷、华洋啤酒生产的“华洋”牌系列啤酒、雪龙纤维生产的“雪麟”牌特种棉浆和萧县滤清器厂生产的“双叶”牌空气滤清器获2007年安徽省名牌产品称号。

节能降耗。按照管好增量、调整存量、上大压小、扶优汰劣、严格控制高耗能高污染行业的总体要求，扎实推行节能降耗和资源综合利用工作。2007年，全市万元GDP能耗1.344吨标准煤，比上年下降4.07%，完成省政府的目标任务。4家重点耗能企业2007年节能67639.92吨标准煤，比年度目标任务超额34089.92吨标准煤。安徽虹光集团、信诚化工、皖北药业等3家企业节能技术项目被列入国家节能财政奖励资金项目，争取国家资金2429万元，技改完成后，每年可节约标准煤9.72万吨。宿州市有11家企业的产品被认定为省级资源综合利用产品，年利用煤矸石、粉煤灰100万吨，利用“三废”20万吨。全市关闭泗县中南钢铁、萧县花家寺煤矿、萧县庄里一矿2号井、萧县闸河煤矿等4家产能落后企业。

民营经济。全市民营企业及个体工商户超过6万家，从业人员15万人左右，民营企业经营领域不断扩展，从传统的商贸、餐饮、维修逐步向加工制造、信息工程、中介咨询、物流配送等二、三次产业全面发展。与此同时，民营经济由发展初期的遍地开花，开始向相对集中发展，初步形成以皖王集团、银海集团为龙头的小麦加工产业群，宿州科技食品为龙头的水果深加工产业集群，以符离烧鸡骨干企业为龙头的烧鸡产业集群，以及初具规模的木材加工产业集群。安徽中元化工集团、雪龙纤维等一批民营企业逐步发展壮大，成为国内、省内知名企业，在地方经济中发挥着越来越重要的作用。

工业对全市经济增长的贡献。从增长速度看，2001-2006年，全市GDP年均增长9%左右，而工业增加值年均增速达24.4%，高于同期GDP年均增速11.4个百分点。工业经济占国民经济份额也不断提高，2007年，全市实现工业增加值108.7亿元，占GDP的比重为25.6%，比2001年提高11.2个百分点。工业对全市经济增长的贡献率从2001年的13.3%提高到2007年的50%，6年间提高36.7个百分点。

第二节 工业经济体制改革

宿州市国有企业产权制度改革始于1994年，到1999年，全市115家国有中小型企业有34家实现多种形式的改制，改制面29.6%，其中，实行股份制企业12家，租赁经营企业6家，出售企业3家，破产2家，“退二进三”企业2家，实行资产重组的企业9家。在改制的企业中，退出国有序列的企业有17家。

2000年以后，宿州市国有企业改革工作以中共十五届四中全会“决定”为指导，按照“有进有退，以退为主”的调整思路，解放思想，积极探索，大力推进国有经济结构的战略调整和战略改组，通过不同的退出通道，宿州市列入全省210家建立现代企业制度的国有大中型企业6家（市鸿鹏纺织集团公司、雪龙化纤有限公司、市信诚化工有限责任公司、安徽省皖北药业股份有限公司、安徽特酒总厂、砀山润达纺织有限公司），5家完成公司制改造，初步建立现代企业制度。

2001年，改革围绕“把优势企业做大做强，让劣势企业摆脱困境”的目标定位，积极探索，大力推进，全市有15家企业采取多种形式进行资产重组。宿州鸿鹏纺织集团加盟上海华源集团，萧县黄淮制药厂整体出售，市化工总厂租赁给山东信诚化工股份有限公司，市肉联厂整体转让给南京雨润集团。改革为企业注入新的活力。

2002年，全市115家中小国有企业有99家进行改组改制，占全部考核企业的86%，涉及资产31.6亿元，总负债23.7亿元，职工34170人（含在职、下岗、离退休人员）。其中，有48家企业实现国有资本的退出或不再占控股地位，占应退企业的41.7%。

2004年，省调度的未改制企业中，宿州市有76家（其中工业43家），完成改制的企业43家，占省调度数的56.58%。

2005年，全市有136家企业完成改制，其中国有企业96家，集体企业40家，盘活存量资产26.75亿元，被收购兼并企业10家，重组26家，安置4347名职工再就业。

2006年，宿州市完成改制企业上升到162家，其中国有112家，集体50家，盘活存量资产32.6亿元，安置6850名下岗职工再就业。

2007年，省下达宿州市142家国有集体中小企业改制任务。经过努力，至年底完成改制的有62家，正在进行改制和前期准备工作的有80家。

改革是促进地方工业发展的根本动力，在改革中，宿州市工业实力得到明显提高。

一是改革促进社会资源的有效配置，改变工业结构不合理状况，充分发挥市场经济在资源配置中的基础性作用。改革使行业结构、企业的组织结构、产品结构、所有制结构均得以有效调整，市场机制大幅度提升，企业普遍焕发生机与活力，促进整个企业的发展。

二是改革使一大批困难企业走出困境，焕发生机，大量闲置资产得到有效盘活。如皖北药厂、贝斯特公司、市化工总厂、纺织厂、灵璧荷金来等困难企业通过租赁重组、出售等改革方式重新走上健康运行的轨道，提升了宿州市工业经济的运行质量和效益。

三是改革为企业带来新的理念，实现管理创新和机制创新，培育一批优势骨干企业，对全市工业的支撑和拉动作用显著增强。安徽省科苑（集团）股份有限公司通过建立规范的现代企业制度，于2000年6月16日在深圳证券交易所挂牌上市，成为宿州市首家上市公司。受其鼓舞，皖北药业股份有限公司、安徽省宝龙电器股份有限公司、安徽省丰华种业股份有限公司等企业，通过改革正在积极向上市公司迈进。

四是通过改制，企业的经营机制得到转换，真正做到干部能上能下，职工能进能出，收入能高能低，企业的管理水平大大提高。

五是企业改制以后，对外地资金产生巨大的吸引力，外地大企业纷纷投资宿州市工业，对部分企业进行重组，不但使原有企业走出困境，而且不断地追加投资，使重组后的企业如虎添翼，迅速成长壮大。如南京雨润集团对市肉联厂进行资产重组，山东信诚化工有限公司对市化工总厂进行资产重组，安徽丰原集团有限公司对贝斯特轻工化学有限公司进行资产重组等，成为宿州市工业行业的重点骨干企业和宿州市工业经济的有力支撑。

与此同时，一批在20世纪70年代到90年代中期为宿县地区工业经济发展做出过很大贡献的企业，如宿州市柴油机厂，宿州市机械厂、宿州市印刷厂、宿州市丝绸厂、宿州市新华棉织厂、宿州市冠生园食品厂等，由于种种原因，在改革中退出了历史舞台。

第三节　煤　炭

一、煤炭资源

宿州市的煤炭资源是淮北煤田的重要组成部分，在全省8个产煤市中占有重要地位。煤层结构为石炭二迭系，其中，二迭系的山西组和石盆子组为主要含煤地层。煤炭资源分布集中在萧县、砀山县和埇桥区境内，总储量约16.8亿吨。煤炭品种主要为焦煤、肥煤、气煤等。煤质优良，具有中灰、低硫、低磷、高发热值等特点，含硫量一般在0.5%以下，水份小于10%，挥发份为30%左右，发热量一般在5000大卡/千克以上。

二、开发利用

宿州市煤炭资源的开发利用主要在新中国成立以后，淮北矿业集团先后在芦岭、朱仙庄、桃园、祁南等建设几个国营大矿，皖北煤电集团从20世纪80年代成立后，先后接管和建设孟庄、毛郢子、前岭以及祁东诸矿，地方矿主要分布在萧县，规模偏小。据统计部门统计，2007年，全市煤炭产量1090.5万吨，其中，市直1034.5万吨，萧县56万吨。煤炭开采和洗选业产值339231.2万元，占全市国有及年销售额500万元以上非国有工业总产值的15.45%。

宿州市拥有18对矿井，其中，国有2对，山东新矿集团接管3对，乡镇、村办2对，个体11对。在18对矿井中，生产矿井13对，生产能力为101万吨；在建矿井2对，生产能力为90万吨；1对设计能力为6万吨的矿井待建；2对生产能力为12万吨的矿井待关闭。全市煤矿企业从业人员0.7万人。

皖北煤电集团2007年生产原煤1041万吨，其中孟庄矿40万吨，祁东矿205万吨，其余为百善、刘桥、任楼和恒源公司所生产。

附：

皖北煤电集团

企业概况

皖北煤电集团是一个以煤炭开采和销售为主，涉及电力、化工、建材等领域的安徽省属重点企业集团，前身是皖北矿务局。1984年，省委、省政府为解决“坐在煤山无煤烧”的问题而设立，时辖5对矿井，其中3对是简易投产的小矿，设计年生产能力合计186万吨。1986年1月，皖北煤炭工业公司更名为皖北矿务局。1997年11月，皖北矿务局改制为皖北矿业集团有限公司。1998年7月，改制为皖北煤电有限责任公司。2000年5月，变更为皖北煤电集团有限责任公司。

集团成立以来，面对基础差、底子薄、装备水平低，尤其是作为地方煤矿，一直不能享受国家扶持原统配煤矿发展的一系列优惠政策等诸多困难，在省委、省政府的坚强领导和地方政府的大力支持下，“皖煤人”自强不息，艰苦创业，自我积累，滚动发展，将一个名不见经传的小型煤炭企业，建设成为在全国煤炭行业具有较高知名度的企业集团，在全国地方煤矿系统独树一帜。

集团拥有11家子公司（其中恒源煤电股份公司为上市公司），煤业拥有10对矿井，其中生产矿井7对，在建矿井3对，年生产能力1000万吨以上；非煤产业拥有1个煤化工企业（淮化集团）、4座电厂（3座煤泥煤矸石电厂、1座瓦斯电厂）、2个非金属材料加工企业（1个石膏开采及深加工、1个高岭土开采及深加工）以及房地产开发及酒店经营等。在岗员工38280人（淮化集团6700人）。

企业曾获“全国五一劳动奖状”“中华环境友好煤炭企业”等称号，连续多年被评为全国“安康杯”竞赛优胜企业、全国安全质量标准化企业。

集团所属矿井情况

2007年，集团公司生产矿井核定生产能力为1065万吨；其中孟庄矿40万吨，百善矿150万吨，刘桥一矿140万吨，恒源公司200万吨，任楼矿280万吨，祁东矿225万吨，前岭矿30万吨。

2007年，集团公司实际生产原煤1041万吨，其中，孟庄矿40万吨，百善矿150万吨，刘桥一矿140万吨，恒源公司200万吨，任楼矿280万吨，祁东矿225万吨，前岭矿26万吨。

企业改制情况

积极推动分离移交企业办社会的职能工作，矿区8所学校和公安系统由政府全面接管，涉及人员656人，资产2589万元。依法对总医院系统（共8所医院，涉及在册员工1084人，资产总额3458万元）进行整体改制，对员工解除劳动关系并进行一次性经济补偿，推行经营者持大股、技术骨干多持股和员工自愿持股，构建产权多元化的独立法人实体，实行社会化、市场化运作。2006年8月份，顺利分离各矿生活后勤服务系统，创立了置业公司，实行市场化运作、专业化管理，有效精干了企业主体，大物业管理格局初步形成。全面实施了多经公司及非煤厂点改制，撤销了各矿多经公司；同时，完成了毛郢煤矿关井闭坑工作。共处置60个非煤厂点，共分离、安置人员3806人，分离、处置资产1.88亿元。2006年上半年，采取转让、拍卖等方式，处置了恒信环保、恒通管材、恒欣化工、金环铜材4家企业，进一步优化了集团公司产业结构。

四、主要年份数字及主要财务指标

2000年，生产原煤678.70万吨，销售煤炭675.38万吨，实现销售收入10.33亿元，利润106万元。

2007年，生产原煤1041万吨，实现销售收入80亿元，利税9.55亿元，期末资产总额162亿元；在岗职工38358人，人均年收入全员达到3.3万元以上；安全生产形势始终保持稳定，百万吨死亡率控制在0.37之内。

淮北矿业有限公司所属煤矿

朱仙庄煤矿

朱仙庄矿位于宿州市15公里，矿井铁路专用线全长7.9公里，在宿东支线的三角线接轨，宿灵公路经矿通过，交通便利。

朱仙庄矿位于宿东煤田向斜盆地的北段和中段，南北走向长9公里，倾斜宽2.18公里，面积为26平方公里，矿井原设计地质储量为24385.7万吨，可采储量为12093.8万吨。矿井蕴藏的煤炭为良好的炼焦配煤，煤质较稳定。主要供应国内钢铁工业及其他工业用户。

朱仙庄矿井从1965年至1973年，分别由上海煤矿设计研究院、华东煤矿设计院、安徽煤矿设计院完成设计，确定井型为每年120万吨，服务年限为72年，1987年5月25日，煤炭工业部下达了“关于朱仙庄矿井扩建工程初步设计的批复”，矿井设计生产能力由每年120万吨，扩建到每年180万吨，服务年限45年。扩建主体工程朱仙庄矿南二风井于1988年破土动工，1997年3月，投入生产矿井使用。矿井自1975年12月25日破土动工，1982年12月26日建成，总投资9793.51万元，建有与之配套的坑口选煤厂1座，年入洗能力120万吨，总投资1653.06万元。

全矿拥有职工5440人，改革开放以后，在社会主义市场经济条件下，在建立现代企业制度的进程中，朱仙庄煤矿不断深化企业内部改革，强化内部经营管理，煤炭生产能力、安全、经济效益、煤矿基本建设、职工收入，生产机械化水平等方面一年一个台阶，一年一个新起点，为矿井的持续、稳定、快速发展奠定了基础，使朱仙庄矿成长为年产180万吨左右，具有较强盈利能力的矿井。

芦岭煤矿

淮北矿业股份有限公司芦岭煤矿位于安徽省宿州市东南30公里处，紧靠宿（州）灵（璧）公路和宿（州）固（镇）公路，与合（肥）徐（州）高速公路毗邻，矿区专用铁路与京沪大动脉相连，交通十分便利。芦岭矿是华东地区大型矿井，于1969年投产，原设计生产能力150万吨，经改扩建后，原煤年产量保持在200万吨左右。井口选煤厂建成于1981年，经多次改扩建后，年入洗能力提高到240万吨。多年来，芦岭矿的煤炭产品畅销华东各地，并出口日本等国家和地区。

祁南煤矿

淮北矿业股份有限公司祁南煤矿坐落在安徽省宿州市蕲县镇浍河南岸，北距宿州市23公里，南距蚌埠市70公里，206国道宿怀段从井田中部穿过 。1992年年底破土动工，2000年12月26日正式投产，占地面积622970平方米，矿井煤炭储量丰富，煤田面积50多平方公里，设计生产能180万吨/年，经改扩建后，2009年，核定生产能力300万吨/年，综采机械化程度达100%，综掘机械化程度达60%以上。2009年11月，矿井被评为全国煤炭工业协会“双十佳煤矿”，2009年10月，2010年11月，矿井两次被评为全国煤炭工业协会“行业一级安全高效矿井”。全矿干群在矿党政的领导下，求真务实、进取有为、拼搏奉献，逐步把祁南煤矿建设成为平安、和谐、生态、魅力的现代化矿井。

煤炭注册品牌为“祁南混煤（肥煤气煤1/3焦煤）”。其特征：“三低一高一良”，适用于发电，建材，造纸，锅炉等工业及民用。“三低”即低灰、低硫、特低磷砷氯等有害元素；“一高”即发热量高；“一良”即挥发份优良。

桃园煤矿

淮北矿业股份有限公司桃园煤矿是国家“八五”期间重点建设的大型矿井，经过扩能改造，生产能力达到150万吨。矿井位于宿州市南206国道边，铁路专用线直达京沪和京九线，交通便利。煤炭产品为优质动力煤和工业炼焦用煤，桃园牌系列煤炭产品，连续荣获国家质检协会“质量达标品牌”“连续检验合格产品”等称号，并通过了ISO 9000质量体系认证。矿井先后被评为煤炭部“质量标准化矿井”、煤炭加工利用协会“煤质管理标准化矿井”、安徽省“百家最佳经济效益企业”。

桃园煤矿煤种为1/3焦煤和气煤，为高发热量、低灰、特低硫、特低磷、挥发份适中的优质动力煤和良好的炼焦用煤，具有广泛的工业用途。

桃园煤矿坚持“质量第一，用户至上”的经营理念，实行了从生产设计、生产过程装运系统的全方位质量管理及保证体系；积极围绕产品结构和产品质量采取先进生产工艺，合理配采；加大筛选能力，保证了质量稳定、可靠。同时注重“名牌战略”，注册了“桃园”牌煤炭商标，不断提升桃园优质煤炭的市场信誉，“桃园”品牌2002年度被国家质量检验协会命名为“国家权威检测达标品牌”。

第四节　建　材

宿州市的建材工业起步于砖瓦窑厂，石灰烧制。水泥行业起步于20世纪50年代末，发展于“文化大革命”期间的大办“五小”。随着改革开放的东风，宿州市的建材工业也展现出新的姿容，新型建材逐步取代耗能高、大量消耗土地资源的传统建材产品。

水泥作为传统的建材产品，主要集中在灵璧县、萧县和埇桥区。经清理整顿，生产企业还剩下3家，到2007年又增加6家（包括水泥粉磨，生产能力达500万吨）。2006年，河南天瑞集团水泥有限公司投资6.5亿元兴建大型现代化水泥生产企业，即天瑞集团萧县水泥有限公司（位于萧县经济开发区），拥有一条日产5000吨新型干法熟料生产线（皖北最大），年生产熟料180万吨，生产P.042.5级、P.c32.5级优质水泥200万吨，它的落户投产，圆了宿州市拥有大水泥的梦。与此同时，海螺集团投资8亿元在宿州市曹村生产大水泥，一期工程日产优质熟料6000吨（在建）。2007年，全市水泥产量145.1万吨。其中，埇桥区48.2万吨，萧县30.5万吨，灵璧县62.4万吨，泗县4万吨。

2007年宿州市水泥企业生产能力统计表

表3-9-1

企业名称	生产能力(万吨)	备注
天瑞集团萧县水泥有限公司	200.00	水泥制造
萧县宝龙水泥有限公司	10.00	水泥制造
宿州市富豪水泥有限公司	10.00	水泥制造
宿州市淮海水泥有限公司	100.00	粉磨站
灵璧朱集水泥厂	15.00	水泥制造
宿州磐玉水泥有限公司	50.00	粉磨站
泗县合力水泥有限公司	40.00	粉磨站
萧县彩色水泥厂	5.00	白水泥
宿州泉兴相山水泥有限公司	70.00	粉磨站

利用地方资源和电厂废渣生产新型墙材的新型建材发展较快，到2007年，全市有近20家企业。1999-2004年，由地方投资改建、新建家全煤矸石砖厂，即宿州市仙珠工贸有限公司煤矸石烧结砖厂，宿州市金垣工贸有限公司煤矸石烧结砖厂。两个厂的年生产能力均为6000万块标砖。金垣公司还多次获得国家、省、市行业嘉奖，并在企业开过现场会，向全省宣传推广。

2006-2007年，由本地及外地投资新建两家利用页岩烧结空心砖厂。宿州市汇利新型建材有限公司，年产量（折标砖）1.2亿块，宿州市永盛新型建材有限公司年生产能力（折标砖）1.5亿块。其产品规格有：240×240×115毫米、240×200×115毫米、240×115×90毫米等系列产品。两家投产后，有力地推动宿州市新型墙材的发展，彻底改变用毛石、秦砖作为墙体材料的格局。汇利新型建材有限公司也多次获省、市主管部门的好评。

2006年、2007年，先后由地方投资新建蒸压加气粉煤灰砼砌块生产企业两家：宿州市建业工贸有限公司，年生产能力为20万立方米；宿州市永固新型墙体材料有限公司，年生产能力为60万立方米。主要产品规格为：600×250×240毫米、600×240×240毫米。蒸压加气粉煤灰砼砌块免烧、节能、环保、优质、保温，是新型墙材发展的方向。

2007年宿州市主要新型墙材企业生产能力统计表

表3-9-2

企业名称	产品名称	年生产能力（万块）
宿州市仙珠工贸有限公司煤矸石烧结砖厂	煤矸石烧结多孔砖	6000
宿州市金垣工贸有限公司煤矸石烧结砖厂	煤矸石烧结多孔砖	6000
宿州市鑫磊新型建材有限公司	煤矸石烧结多孔砖	9000
宿州市汇利新型建材有限公司	页岩烧结多孔砖	12000
宿州市永盛新型建材有限公司	页岩烧结多孔砖	15000
宿州市盛杰新型建材有限公司	页岩烧结多孔砖	12000
宿州市胜亚新型建材有限公司	水泥砌块	5500
宿州市建材工贸有限公司	蒸压粉煤灰砌块	10200
灵璧新科建材有限公司	水泥砌块	13700

1998年前，由地方投资新建投产的两家化学类建材企业：百通集团生产PVC管材管件，年产3500多万吨；科苑集团生产塑钢门窗，年产8万多平方米。化学类建材产品的投产为社会、为建筑行业做出较大的贡献，节约大量的钢材和木料，同时还填补宿州市长期没有塑料建材的空白。

2007年，新型建材中型材产量16750吨，塑料门窗75190平方米，PVC管材、管件1474.93吨。新型墙体材料总量折标砖20多亿块，近10年年均增长16%以上。新型墙材占墙材使用比例达70%以上，比“十五”期末提高30%。随着新型墙材的发展，全市陆续关停黏土砖瓦企业179家，盘活土地5000亩以上，复耕816亩。

附：

安徽百通高科塑业有限公司

公司成立于2006年，由原百通集团（成立于1989年）经过资产重组而成，注册资本3018万元。百通坐落于安徽省宿州市埇桥区宿永路888号，占地35亩，厂房建筑面积约1.2万平方米。职工187人，其中专业技术人员25人。

百通公司拥有各种制管生产线15条，注塑机10台，各种模具150余套，配套设备30余台。设备模具大多从德国、奥地利、新加坡及香港地区引进，良好的设备性能为生产优质的产品提供了物质保证。公司设计生产能力为年产1.5万吨塑胶管材管件。

百通公司主要产品为UPVC给排水管材、管件，UPVC无增塑阻燃电工套管、铝塑（PE）复合管、PP-R管、PE燃气管、PVC/PE双壁波纹管、PE-RT地暖管及PC-350新型墙体系统九大系列，其中新型墙体工厂建在上海市浦东新区。

产品技术指标达到或超过国家标准及国际标准，被国家科委和建设部列为“九五科技成果重点推广项目”和“2000年小康住宅推荐产品”；被省政府命名为“安徽省名牌产品”，被中国建筑业协会和化学建材委员会评定为“用户信得过产品”。产品曾在国内各类大型展销会上获得金奖，并获得“安徽省高新技术企业”“省级重合同守信用单位”“安徽省先进技术企业”等称号。

随着企业经济体制的改革，公司在日益激烈的市场竞争中，各项经济指标在同行业中雄踞榜首。多年来，百通实业有限公司沿着技术创新、管理创新和制度创新的道路不断前进，并得到了各级领导的关怀和指导。回良玉、邹家华等党和国家领导人先后视察公司，安徽省历届省委、省政府领导先后到公司调查研究，并经常关注公司的发展和进步。

第五节　食　品

宿州市食品工业在20世纪80年代中期之前，规模很小，每个县只有一家面粉厂和生猪屠宰厂，规模稍大一点的企业有萧县罐头厂、市肉联厂、东华食品厂等几个。1988-2007年的20年间，是宿州市食品工业大发展的时期，特别是进入21世纪，食品工业迅速发展，成为全市工业的重要支柱之一。

一、生产规模

到2007年，全市形成砀山水果加工基地、萧县小麦加工基地、宿州市及埇桥区肉类加工基地等有特色、上规模的食品加工体系。砀山县和萧县分别成为安徽省水果加工第一县和小麦加工第一县。全行业上规模的企业29家，其中达到和超过5000万元规模的13家。

宿州市重点食品工业企业生产规模一览表

表3-9-3

序号	企业名称	主要产品	生产规模	2007年工业总产值（亿元）
1	安徽宿州科技食品有限公司	水果罐头、果汁饮料	20000	0.64
2	砀山欣诚食品有限公司	水果罐头、果汁饮料	16000	0.52
3	丰原砀山梨业有限公司	水果罐头、果汁、果浆	30000	0.84
4	安徽皖王面粉集团公司	面粉、挂面	日处理小麦1200吨	8.17
5	安徽新锦丰企业投资集团	方便面	45亿包(袋)	11.6
6	安徽金鸽面粉有限责任公司	面粉、挂面、谷朊粉	日处理小麦1000吨	5.46

续表3–9–3

序号	企业名称	主要产品	生产规模	2007年工业总产值（亿元）
7	安徽银海粉业集团	面粉、速冻面食品	日处理小麦1000吨	1.1
8	熙可安粮安徽分公司	水果罐头、果冻	18800吨	0.38
9	安徽虹光企业投资集团有限公司	食用玉米淀粉	年加工玉米80万吨	2.13
10	安徽润发面业有限公司	面粉	日处理小麦800吨	1.12
11	宿州市福润肉类食品有限公司	肉类加工	年加工肉类80000吨	7.24
12	安徽华洋啤酒有限公司	啤酒	80000吨/年	1.22
13	安徽东方面粉有限责任公司	面粉、挂面	日处理小麦800吨	1.63

砀山县的水果加工业发展很快，全县各类水果加工业360余家，上规模的10家，年处理鲜果能力60万吨。萧县粮食加工业兴起较早，真正大发展在2000年以后。2007年，全县有小麦加工业50余家，上规模的10家，另有玉米加工业1家。2007年，全县规模以上工业产值41.6亿元，食品加工业（面粉、方便面、挂面、水果罐头、果冻等）占72.4%，达30.2亿元。

2007年主要产品产量：

（一）水果罐头：各类水果罐头总产量5.4万吨，其中规模以上工业产量占80%。产品中黄桃占65%，其余为白桃、洋梨、杏等。

（二）果汁及果汁饮品：总产量31200吨，规模以上工业占83%，梨汁占总量的55%。

（三）果冻：萧县熙可安粮（前身为萧县罐头厂）一家生产，2007年产量3600吨。

（四）小麦粉：全市仅规模以上企业总产量达875万吨，日处理小麦能力5600吨。

（五）方便面：萧县新锦丰一家生产，品牌为“味之家”，2007年产量14.4亿包（袋）。

（六）挂面：全市规模以上的有8家，2007年生产各种挂面3320吨。

（七）食用玉米淀粉：虹光企业投资集团有限公司生产，两条生产线全投产后年处理玉米为80万吨，生产食用玉米淀粉60万吨，玉米油8000吨，高能饲料40万吨。2007年第一条生产线投产，实际产量5.7万吨。

（八）啤酒：61000吨。

（九）肉类加工：仅福润一家，产能8万吨，实际产量3.8万吨。

二、产品质量

宿州市食品工业从1988年开始，将质量与生存联系起来，将质量与市场联系起来，实施全面的质量管理。由于企业抓质量的手段强硬而科学，经过多年坚持不懈的努力，产品质量大大提高。全市获省级以上优质产品称号的产品有22个。

宿州市食品工业产品荣誉一览表

表3-9-4

企业名称	产品名称	荣誉名称	颁发单位	备注
萧县罐头厂	长城牌芦笋罐头	优质产品	轻工部	—
萧县罐头厂	长城牌425g糖水洋梨	优质产品	安徽省政府	—
萧县罐头厂	长城牌325g咸羊肉	优质产品	安徽省政府	—
萧县罐头厂	梅林牌397g青豆	优质产品	安徽省政府	—
萧县罐头厂	梅林牌340g白头去皮芦笋	优质产品	安徽省政府	—
萧县罐头厂	梅林牌375g芦笋罐头	优质产品	安徽省政府	—
萧县罐头厂	双喜牌510g糖水葡萄	优质产品	安徽省政府	—
萧县罐头厂	萧隆牌470g葡萄汁	优质产品	安徽省政府	—
萧县罐头厂	长城牌375g芦笋汁	优质产品	安徽省政府	—
萧县罐头厂	长城牌510g黄桃罐头	优质产品	安徽省政府	—
安徽新锦丰集团	味之家牌方便面	国家级农业产业化龙头企业、绿色食品标志	国务院农业产业化办公室、农业部国家绿色食品办公室	—
安徽新锦丰集团	味之家牌方便面	名牌产品	省政府	—
安徽新锦丰集团	味之家牌方便面	质量免检产品	国家质检局	—
皖王集团	皖王系列面粉	国家级农业产业化龙头企业、绿色食品标志	国家绿色食品办公室国务院农业产业化办公室	—
皖王集团	皖王系列面粉	质量免检产品	国家质检局	—
皖王集团	皖王系列面粉	名牌产品	商务部	宿州市截至2007年唯一国家名牌
皖王集团	皖王系列面粉	名牌产品	安徽省政府	—
皖王集团	润发系列面粉	名牌产品	安徽省政府	—
皖王集团	润发系列面粉	质量免检产品	国家质检局	—

续表3–9–4

企业名称	产品名称	荣誉名称	颁发单位	备注
银海粉业集团	黄山松系列面粉	农业产业化龙头企业	安徽省农业产业化办公室	—
银海粉业集团	黄山松系列面粉	质量免检产品	国家质检局	—
银海粉业集团	黄山松系列面粉	名牌产品	安徽省政府	—
银海粉业集团	黄山松系列面粉	绿色食品标志	国家绿色食品办公室	—
金鸽面粉公司	慈鸽牌系列面粉	农业产业化龙头企业质量免检产品	国家质检局	—
金鸽面粉公司	慈鸽牌系列面粉	名牌产品绿色食品标志	安徽省政府国家绿色食品办公室	—
福润肉类食品公司	—	农业产业化龙头企业	安徽省农业产业化办公室	—

三、技术进步

（一）老企业技术改造。萧县罐头厂是1982年以葡萄酒厂的罐头车间为基础建立起来的，年生产能力为2600吨各类罐头，1986年扩大到6000吨，1995年，扩大到1万吨。由于国际、国内市场变化太大，生产连年亏损，先由省粮油食品进出口公司收购，后又由美国熙可食品有限公司出资对企业进行资产重组并进行技术改造，2007年6月投产，当年完成出口交货值314.6万美元。华洋啤酒有限公司的前身是宿县呵泉啤酒厂，通过两次大规模的改造，产能从当初的5000吨扩大到5万吨，2003年达到8万吨。福润肉类食品公司是在原地区肉联厂基础上由南京雨润集团出资进行重组的，重组后投入4000万元进行技术改造，原料肉的生产能力达到12万吨，产业链延伸，品种增加，2007年产值达7.48亿元。

（二）技术创新。安徽金鸽面粉有限公司与国家食品工业协会、食品工业研究所等共同研发的高营养食品谷朊粉项目，填补国内营养小麦粉的空白，日生产能力达到200吨。20年的时间，经过工艺改进、配方改进、营养搭配等，研发出一批获省、部级优新产品。长城牌425克糖水黄桃罐头、550克长城牌清蒸牛肉罐头获轻工部优秀新产品荣誉称号，梅林牌375克青豆罐头、冠隆牌425克酥梨汁获省政府优秀新产品荣誉称号。

附：

宿州福润肉类食品有限公司

公司于2001年8月成立，其前身为市肉联厂。2001年4月，宿州市肉联厂整体转让给南京雨润集团。在宿州市委、市政府及有关部门的大力支持帮助下，经过公司全体员工共同努力，企业得到长足发展，先后投入4000多万元对原厂房、生产设备等进行了大规模的技术改造和提升。公司始终秉承“食品工业是首先工业”的经营理念，以社会责任为己任，发挥“民族企业”“领跑企业”的优势，为消费者提供优质的产品和满意的服务。公司占地220亩，员工800余人，其中大中专以上学历180多人，中高级技术人员70多人，具有日屠宰6000多头、日分割2000多头的生产能力，冷鲜肉生产技术位于全国领先水平。公司有标准化冷藏库库容10500吨，急冻库库容280吨，并备有专门的外销库和铁路专用线。公司先后通过ISO 9001、ISO 14001、OHSMS 18000质量、环境安全管理体系认证、HACCP体系认证和安全食品认证，是安徽省农业产业化龙头企业、宿州市“十强”企业、安徽省“百强”企业，福润牌冷鲜肉及副产品已获批使用“无公害农产品”标志，是中国知名品牌。

2011年，公司屠宰生猪133万头，产量4.655万吨，产值14.11亿元，销售额14.38亿元，上交税收535万元，同比增长34%，公司资产总额76.63亿元，负债率36%。在安徽省率先突破屠宰生猪100万头大关，连续3年位于安徽省同行业第1位；2011年日最高屠宰量突破11118头，公司产品主销沪、宁、杭等大中城市。

公司注重发挥省级农业产业化重点龙头企业作用，围绕生猪屠宰、加工主业，积极开展农业产业化工作，充分发挥企业在屠宰、加工中的科技优势，加强基地建设。在埇桥区养猪基地发展到16处，同时还辐射带动灵璧、淮北、萧县和外省市等地30万养殖户。公司日销产品250吨左右，为当地提供了每年2000万元以上的物流产值，在当地的辅材采购额每年超过2亿元，同时解决了600多人就业问题，有力地推动了地方经济的快速发展。

随着公司的跨越式发展，现有的厂房和设备已经不能满足生产和技术进步的需要，为了进一步扩大产能，提高经济效益和社会效益，在市委市政府的大力支持下，公司投资3.05亿元，其中固定资产2.46亿元，引进新技术、新设备进行年屠宰300万头生猪项目建设。项目于2009年6月动工建设，各项建设已基本完工，经多次试宰，将正式投入生产。项目投产后，年生猪屠宰能力300万头，生产优质冷鲜肉18万吨，销售收入约23亿元。税收达千万元，新增就业岗位200多个。企业规模进入全国前三甲，直接带动30余万户发展生猪养殖，户均增加收入5000余元。在振兴宿州经济的大潮中将充分发挥农业产业化龙头企业的示范带头作用。

安徽宿州科技食品有限公司

公司是2003年在砀山投资兴建的以加工果蔬罐头、饮料、软包装罐头等农产品深加工企业，占地面积203亩，建筑面积6.9万多平方米，总资产2.19亿元，固定资产1.09亿元。公司拥有8条先进的果蔬罐头生产线，年均员工2000多人，年生产各类果蔬罐头5万多吨，果蔬罐头生产量、出口量、销售额均居全省第一。黄桃罐头生产量中国第一。2011年，公司完成工业总产值5.1亿元，销售收入5.29亿元，出口创汇1900多万美元，其中自营出口700多万美元。随着企业的发展，先后取得了农业产业化国家重点龙头企业、安徽省农产品出口示范基地、安徽省质量奖、安徽省名牌产品、中国罐头十强企业、中国罐头工业协会副理事长单位、安徽省皖北果蔬加工业商会会长单位，中国农业银行安徽分行AAA级授信企业、进出口检验检疫局A级企业、海关实施A类管理企业等荣誉称号。公司先后荣获国家自营进出口权、QS、ISO 9001、2000、HACCP、BRC、FDA、IFS、KOSHER、EUREPGAP等多项国际质量体系认证。公司主要生产"科技"牌212克-4500克多品种、多规格的软包装、瓶装、铁罐和易拉罐包装的黄桃、梨、苹果、芦笋、蘑菇、草莓、桔子、葡萄、枇杷、杏子、椰果、菠萝、什锦、杨梅等品种的果蔬罐头及果汁饮料。产品出口日本、美国、加拿大及欧盟等国，与百胜集团、喜之郎、亲亲、蒙牛等企业成为贸易伙伴。公司在国内20多个省、市地区已形成销售网络，全面进入家乐福、沃尔玛、欧尚、大润发、易初莲花、联华、苏果等超市。公司已发展成为安徽省及淮海经济区果蔬罐头加工行业的领头羊。公司秉持发展宗旨：打造产品最齐、品质最佳、外型最美、服务最好的知名企业。

安徽省砀山兴达罐头食品有限公司

公司是以加工、销售各类水果、蔬菜罐头为主营业务的出口企业，位于砀山县花园工业开发区，紧邻310国道和砀山火车站，交通便捷，环境优美。

公司成立于2003年4月，注册资本2000万元，占地8.7万平方米；有生产车间4500平方米，仓库1万平方米；生产流水线8条，年综合生产能力4万吨。

公司主要产品有200克-4500克规格的玻璃瓶装、铁罐装、塑杯装的40多个系列果蔬罐头品种，主要销往欧盟、美国、加拿大、新西兰、日本、韩国及中国的香港、台湾等地区。

公司各项制度健全，设备技术先进，管理科学规范，先后通过了美国FDA注册认证、ISO 9001认证、HACCP质量体系认证、以色列KOSHER（清真）认证以及BRC国际认证等，先后获"市优秀农业产业化龙头企业""省蔬菜产业化十强企业""省级农业产业化龙头企业"等荣誉称号，并获得中国农业发展银行安徽省分行AA+级信用等级评定。公司已拥有各类专利16项，通过安徽省高新技术产品认定3种，荣获安徽省名牌产品1种，建成果蔬标准化生产基地3万亩，并通过了安徽省无公害农产品产地认定和产品认定。2011年共加工各类罐头4.74万吨，实现销售收入3.33亿元，利税1420万元。

安徽金玉米农业科技开发有限公司

公司是以加工玉米淀粉为主的综合型企业，位于萧县城北循环经济产业园区，地理位置优越，交通便利，注册资本5000万元，占地面积约333335亩，2007年有办公室、研发楼、餐厅、职工宿舍楼、生产车间及仓库建筑面积4.8万平方米。

公司实行董事会领导下的总经理负责制，有员工1520人，其中专业技术人员297

人，下设生产技术部、销售部、财务部、供应部、综合部等部门。

公司拥有淀粉厂、自备热电厂、变电站、污水处理厂，经过多年的发展，已成为地域经济中工业企业的龙头，是宿州市十强企业、省级农业产业化龙头企业，省级粮食加工行业的排头兵。企业综合实力在安徽省玉米加工行业中名列前茅。

公司主营的业务为农产品收购、加工、销售，主导产品：玉米淀粉、蛋白粉、玉米胚芽、玉米浆、纤维、果糖。2011年工业产值突破16亿元。

2011年4月，公司与台湾青品生物科技有限公司共同筹建了20万吨的55型果糖项目，填补了安徽省果糖行业的空白，这标志着金玉米公司的玉米产业化链条又进一步延伸。届时，公司现生产的大部分淀粉等初加工产品将为公司内的深加工产业提供优质原料。公司通过不断引进技术和人才，接连上玉米深加工项目，奠定了金玉米公司向纵深发展的基础。

淀粉加工业是朝阳产业，由于能够带动农业发展而得到国家政策的支持。中国淀粉工业处在商品增长期，发展空间远大，前景广阔。

公司始终兼顾国家、公司、职工各方面的利益，注重经济和社会效益双赢，有力支持了当地经济的发展。公司将秉承对消费者提供绿色产品、为员工构筑就业平台、拉动地方经济、回馈社会、服务大众的经营宗旨，追求卓越、与时俱进、着眼未来、共创辉煌，建成以淀粉为主导产业的循环经济产业园区，为当地现代农业发展做出应有的贡献。

安徽皖王面粉集团有限公司

公司成立于1997年，总部坐落于苏、鲁、豫、皖四省交界的国家优质商品粮食基地——宿州市萧县黄口镇。公司已发展为集科研、粮食加工、粮食仓储物流、编织袋生产、产品出口、商业贸易、优质麦种繁育、种植、养殖、产业化经营于一体的以面粉加工为主业、不断向两头产业延伸的国家级农业产业化龙头企业。公司旗下共有9家全资子公司，分别是安徽皖北面粉有限公司、安徽润发面业有限公司、安徽皖王商贸有限公司、皖王大店粮食物流中心、萧县金麦粮油购销有限公司、皖王绿色养殖场、宿州三农服务公司、皖王集团研发中心等，占地总面积达30多万平方米，注册资金5668万元。2011年，企业总产值17.78亿元，同比增长20.7%；总销售收入17.43亿元，同比增长21.9%；利税总额1558万元；主要产品国内市场占有率约为6.3%，平均能耗水平为65.21度/吨。

集团公司先后被评为“安徽省百强企业”“安徽省产业化‘121强龙工程’重点龙头企业”“安徽省粮食产业化重点龙头企业”“省农业产业化行业排头兵”“省民营科技企业”“全国农产品加工示范企业”“中国名牌”“放心粮油进农村进社区全国先进单位”；2008年6月，被认定为农业产业化国家重点龙头企业。12月，被安徽省政府确定为全省代表各农产品加工产业15家“实施532提升行动、牵动示范龙头企业”之一；2009年，皖王集团被中国粮食行业协会评为“全国改革创新优秀企业”和“AAA重信用企业”，省民政厅授予“爱心慈善企业”；2011年，获得了中粮协授予的“全国小麦粉加工50强企业”荣誉称号。

2011年底，公司资产总额为4.98亿元，资产负债率为51.8%，职工总人数一千多名；公司生产的主要产品为各类专用粉、精制粉、营养强化面粉、营养挂面、杂粮挂面及各类馒头等，拥有5条国际一流的瑞士布勒专用粉生产线，日加工小麦2000吨；拥有4条营养挂面生产线，日加工挂面100吨；在全国同行业综合排名第7位，技术装备居国内领先水平，主要技术来源依靠自主研发的“皖麦优化加工技术”和“营养强化小麦粉加工技术”。公司于2006年就参与了中国粮食行业协会组织的《净含量变化较大的定量包装商品检测规则》的标准制定，2008年，参与了国家粮食局组织的《小麦粉》和《食用调和植物油》标准草案的研讨制订；2010年，参与了中国塑料加工工业协会组织的《塑料纺织袋通用技术要求》和标准制定；公司先后获得两项省级科研成果及四项发明专利；其中两项省级科研成果分别为“皖麦优化加工技术”及“营养强化小麦粉加工技术”，四项发明专利为“包装袋外观设计专利”“麦仓实用新型专利”“排气出风口实用新型专利”“手提袋外观设计专利”。

集团公司董事长吴秀芝先后被评为“省五十佳致富带头人”“安徽省劳动模范”“全国优秀创业企业家”“全国三八红旗手”“全国劳动模范”，并当选“安徽省十届、十一届人大代表”“中国粮食行业协会第四届理事会常务理事”“中国粮食经济学会第六届理事会常务理事”“中国粮食行业协会小麦分会理事长”。

安徽虹光企业投资集团有限公司

公司始建于1994年，占地面积约50万平方米，资产总额5亿元，员工1200名，主要产品有玉米淀粉、蛋白粉、胚芽粕、玉米油、淀粉纤维、玉米浆、复合包装膜（袋）等纸塑复合产品及高强度瓦楞纸、茶板纸、A级纸等。具备年加工玉米50万吨、彩印复合塑料包装袋3亿只、复合塑料自动包装膜5万吨、高强度瓦楞纸及箱纸板30万吨、6万吨玉米胚芽油的生产能力。公司自备热电厂，配备2台75吨循环流化床锅炉和1台装机容量为1.5万千瓦的背压式发电机组，实现年供热108万吨，供电450万千瓦时的能力，有效降低了企业产品成本；集团公司污水集中处理，拥有日处理能力6万吨污水处理站1座。虹光集团是安徽省最大的玉米淀粉生产企业，安徽省第二大复合包装袋彩印基地，皖北地区最大的造纸企业，安徽省农业产业化龙头企业，农业发展银行AA级信用企业。2011年度，公司实现产值12.7亿元，利税5900万元。

虹光集团拥有2项发明专利、11项实用型专利、2个高新技术产品。公司先后完成了《印刷、复合过程中静电解决办法》《淀粉技术指标内控标准》《玉米低酸浸泡工艺及应用研究》和《玉米低酸浸泡自动检测系统应用》等课题。玉米淀粉“一浸、二磨、三分离”的湿法生产工艺，达到国内先进水平。2010年，投入1.1亿元的《复合膜袋彩印技改项目》，引进日本富士彩印设备，运用了多项具有自主知识产权的技术成果，彩印项目达到国内领先水平。

十二五期间，规划《万吨级氨基酸高科技术项目》《30万吨结晶果糖生物科技项目》《能量饲料加工项目》三个重大项目，计划到2015年，集团公司将实现销售收入50亿元、利税8亿元，形成以玉米资源精深加工为主体，以玉米生物化工和玉米有机化工为两翼，造纸和彩印协调发展的综合型企业集团。

安徽新锦丰集团

集团是以方便面、面粉、调味品生产为主，兼营矿业、设备制造、印务包装等业务领域的集团企业。下辖萧县分公司、宿松分公司、广德分公司、合肥分公司、四川内江分公司、河北唐山公司6家全资公司和亚贝尔设备机械公司等2家控股子公司。2011年，集团资产总计35375万元，净利润1102万元。

集团先后获“农业产业化国家重点龙头企业”“全国农产品加工示范企业”“农产品加工企业技术创新机构”、中国农业发展银行“总行级黄金客户”、安徽省政府“残疾人就业先进集体”、安徽省国税局、地税局“A级纳税信用单位”等多项殊荣。集团主要品牌“味之家”系列方便面有近80个品种，100多种口味，被认定为“中国驰名商标”“安徽名牌产品”，集团还是宿州市的唯一一家被中国农业发展银行认定为“总行级黄金客户”的企业。产品覆盖全国1200多个县市、150万个营销网点，产销量位居方便面行业全国排名第六。集团高度重视企业创新文化和员工文化的培育和构建，在技术创新、品牌创建和员工文化建设方面，取得了良好的成绩。

2007年，新锦丰集团的产品开发从“跟随战略”转向塑造新锦丰特色的“味之家”品牌的自主开发战略。集团成立了以研究所牵头，精料部、生产部、销售部等共同参与的“汤馆”研发专案小组，摒弃原方便面“面饼+调味包”的生产模式，在方便面行业中独家开发了以“汤”类营养为诉求的“汤类调味品+面饼”的新品。专案小组完成新品的中试和工业化大生产，攻克了汤包的灭菌、消毒和运输等难关；“汤馆”新品已完成内部测试，全新概念的5个方便面新品投放市场，反响良好。

集团属下的研究所是企业自主创新的原动力。2007年被认定为省级技术中心，拥有科研人员30人，其中高级工程师5人、中级15人、初级10人，检化验人员15人，配置气象色谱仪、粉质仪等检化验仪器46台（套）。强大的科研力量决定了企业的长远发展，更多更好的新技术、新产品源源不断走向大众。

新锦丰集团2009年“味之家”品牌喜获“中国驰名商标”，实现了宿州市驰名商标零的突破。集团制定了企业品牌发展战略，加大媒体宣传力度，每年投入近千万元的广告费用，在安徽、河南、东北、华北、四川等地电视媒体、网站、大型报纸刊物进行宣传，扩大产品的市场影响力，提升品牌形象，传递企业文化，使味之家品牌知名度大幅提升。

安徽金鸽面业集团有限公司

安徽金鸽面业集团有限公司成立于1997年10月，注册资本3200万元，总资产2.7亿元。公司位于萧县官桥镇，地理位置优越，北近淮海经济区中心城市徐州，南临国家森林公园——皇藏峪，京沪、陇海两大铁路干线，连霍、徐合高速公路穿区而过，交通极为便利，又处于中国重要优质商品粮生产基地。公司是以生产通用粉、专用粉为主，兼营仓储、物流、娱乐业的大型股份制企业。占地面积12万平方米，仓储能力12万吨，年加工35万吨小麦，年产各种等级专用面粉26.6万吨，麸皮8.4万吨，2011年实现销售收入13亿元，创利税3000万元。2011年底拥有固定资产原值8300万元。

安徽金鸽面业集团有限公司，下辖一个母公司两个子公司，由安徽金鸽面业集团有限公司注册资金3200万元；金顺物流有限公司注册资金50万元；升平粮油购销有限公司注册资金50万元。子公司资产都属于母公司安徽金鸽面业集团有限公司。母公司设有人力资源部、市场营销部、财务部、质量技术研发部、品控部。

公司2007年有职工366人，其中管理人员26人，具有工程师、会计师、经济师中级职称18人，初级职称及中专以上职工占全体职工的20%以上。

公司2003年取得生产许可证，当年，产品被中国粮食行业协会评定为“放心面”，2004年4月通过了国家计量体系保障认证，2005年12月，通过产品GB/19001-2000质量体系认证及GB/T24001-2004环境管理体系认证和食品安全认证。2004年9月，被市政府认定为宿州市“市农业产业化龙头企业”，2005年9月，被认定为安徽省“粮食产业化龙头企业”，2006年2月，被安徽省银行协会认定为“首批安徽省银行诚信客户”。2005年以来，在省农业发展银行的历次信用等级评定时均被评定为“AA”级信用企业。2007年12月，被国家粮食局、国家农业发展银行批准为第二批重点支持企业，2006年、2007年、2008年，被市县政府评为先进龙头企业及质量管理奖。2008年8月，被省政府认定为“省级农业产业化龙头企业”。2011年5月，被国家粮食协会评为“全国面粉加工50强”。

公司有日处理小麦900吨进口瑞士布勒公司制粉生产线2条。2011年，技术研发投入160万元，公司大量引进技术人才和先进的管理理念，业绩不断提升，在省内外处于领先地位。

公司本部主要经营小麦及挂面的加工及小麦、面粉、挂面、玉米购销，兼营旅游娱乐业。小麦加工的主要产品有通用粉（精粉、特一粉、特二粉、麸皮），专用粉（面包粉、面条粉、馒头粉、水饺粉等系列专用小麦粉），公司注册有金鸽、慈鸽、彭城、神州牛、黄河雪、画乡等商标，2005年12月，慈鸽牌商标被省工商局认定为“安徽省著名商标”，2006年12月，被省质检局认定为“省名牌产品”。

安徽华洋啤酒股份有限公司

安徽华洋啤酒股份有限公司，是安徽省百强民营企业。公司是在1981年投产的宿县呵泉啤酒厂和1984年投产的宿州黄山啤酒厂合并的基础上，逐步发展壮大，经过改制成立的股份制企业。注册资金5000万元，总资产3.6亿元人民币，资产负债率68.5%，有职工387人。专业从事啤酒的生产和销售。2012年，被评为省级节能先进示范单位，安徽省诚信民营企业，宿州市十强企业和农业产业化龙头企业。

华洋公司位于宿州市循环经济示范园区内，占地23.8公顷。公司2010年在宿州市循环经济示范园新建的年产20万千升啤酒项目，为安徽“861”重点项目，于2011年3月29日投料，2011年4月24日，新产品下线。年啤酒灌装能力20万千升，发酵工程、灌装线填平补齐后可达年产40万千升啤酒。公司管理制度完善，生产工艺、设备水平先进，配备了国际先进的生产设备和全程电脑监控的工艺系统。企业严格按照GB/T15496-2003、GB/T15497-2003、GB/T15498-2003标准和ISO 9001国际质量管理体系组织产品的生产和管理。公司被银行评为“AA+信用企业”。

华洋公司有“华洋”“冰雪豪情”两个注册商标，其中“华洋”牌啤酒于2007年、2010年被授予“安徽省名牌产品”，2012年度，“华洋”牌、“冰雪豪情”牌商标被授予“安徽省著名商标”称号。其产品主要有300毫升、480毫升、500毫升、518毫升、550毫升、568毫升等规格的瓶装啤酒产品以及易拉罐（320毫升、500毫升）、扎啤（1升、1.4升、5升、10升、30升）等20多个产品。产品质量卓越，风味独特，深受消费者欢迎，畅销苏、鲁、豫、皖等省几十个大中城市。公司因质量管理工作突出，2008年，获安徽省质量奖，2012年，获安徽省卓越绩效奖。经过不断地努力，已成为安徽省本土啤酒品牌的领军企业。2008、2009、2010年度，销量在安徽省本土自主啤酒品牌中位居首位。

华洋公司2012年实现产值85546万元，实现销售收入22997万元，实现利润52万元，实现税金785万元。华洋已经进入发展的快车道，二期工程项目，年产40万吨啤酒罐装能力填平补齐，陆续投资建设，纯净水生产线2013年5月投产。

公司以“高举民族工业大旗，做优、做强、做久”为奋斗目标，致力于打造本土自主品牌，未来5年，华洋公司将尽一切努力，实现年产销20万吨啤酒的战略目标，全力打造省级节能、循环、环保、绿色、先进企业。

宿州市符离集刘老二烧鸡有限公司

公司位于宿州市符离集工业园区，占地面积7.13公顷，职工280多人，拥有刘老二烧鸡有限公司、调味品公司、金华农牧公司、爱尚超市4个子公司，产品销售逐步攀升，是享誉省内外的著名符离集烧鸡产品系列的加工企业，也是符离集烧鸡企业中生产加工能力最强、销路最广的企业。烧鸡加工能力每小时达3000只以上。企业依靠产品质量和诚信经营稳步发展，走出了一条特色经营之路，所生产的鲜烧鸡、真空包装烧鸡、烧鸡酱、调味品等十大系列，120个品种，远销全国20多个城市和地区。公司始终以“诚者有信，仁者无敌”为企业立身之道，把刘老二烧鸡品牌做大，把企业做强。

“刘老二”烧鸡系列产品，自创始至2012年，已历经30多年的发展。1999年，获中国农业产品博览会金奖；2000年，被团中央命名为“青年文明号”；2004年，被评为“安徽省著名商标”；2004年，通过ISO 9001质量管理体系认证；2005年，“刘老二”牌真空包装烧鸡通过无公害产品标志认证；2008年，通过国家地理标志产品保护，8月被评为安徽省生态经济示范基地；2009年，获“安徽名牌产品”称号；2010年10月，在上海世博会安徽主题周获金奖；被安徽省评为“省农业产业化龙头企业”“省优秀民营企业家”等光荣称号。

安徽国口酒业股份公司

安徽国口酒业股份有限公司是安徽金方投资集团全资控股子公司。2011年，金方集团以传承经典、重振古法酿酒传统为己任，大举进军白酒产业，先后斥巨资打造淮北、宿州两大优质基酒酿造基地。特别是宿州酿造基地将传统工艺与现代科技完美相融，是集“技术研发”“古法酿造”“生态窖藏”“产业观光”“酒文化馆”五位一体的综合性白酒生态产业集群，总建筑面积约35万平方米，具备年产优质基酒1.2万千升、商品酒5万千升的生产规模，是宿州目前最大的白酒生产基地。

国口酒业所酿造的国口窖酒源自名酒之乡——濉溪。史载2700年前，皖北宿淮人皆善酿，世称酒乡。南宋、金、元年代，宿州即已开始大量酿酒，濉溪最为突出；至明末清初，濉溪酒坊更加繁荣，多达72家。国口窖酒作为承袭徽派浓香的重要一脉，由来已久，最早可追溯至明朝万历年间的“俊源坊”〈“俊源坊”世代相传，后逢乱世，转卖他人，更名“国口烧坊”〉2003年成为安徽国口酒厂。历经多次波折之后，被金方集团并购，落户宿州，助力“白酒产业五年振兴计划”，为振兴宿州白酒产业添砖加瓦。

第六节　纺　织

宿州市纺织工业起源于20世纪40年代由新四军创建的新华棉织厂，经过半个多世纪的发展，形成以棉纺织为主体，服装、化纤、丝绸、针织、复制、产业用纺织品等全面发展的重点行业。2007年，全市纺织行业规模以上企业完成工业总产值11.02亿元，销售收入9.1亿元，利税3950万元，完成技改投资6900万元，出口创汇1300万美元，综合产销率96.5%，工业增加值3.75亿元。

一、产能产量

2007年，全行业拥有棉纺锭30.5万锭，气流纺4400头，棉精梳机149台，络筒机92台，缫丝机7200绪，棉布织机1600台，其中无梭织机350台，服装生产线60条，无纺布生产线5条。年生产能力为：6s-120s棉纱4万吨，棉布4500万米，服装1500万件，化纤及特种浆粕4万吨，白厂丝及丝织品400吨，无纺布3000吨，布鞋100万双。

1988-2007年宿州市纺织行业完成产值产量

表3-9-5

年份	1988	1998	2007
工业总产值(万元)	10309	56664	110200
棉纱(吨)	9494	14958	18900
棉布(万米)	2380	3262	2870
化纤用浆粕(吨)	0	9130	36625
白厂丝(吨)	99	126	159
服装(万件)	59	131	338
无纺布(吨)	0	694	2396
线毯(万条)	27	6	0
毛巾(万条)	179	58	6

续表3-9-5

袜子(万双)	197	—	—
鞋(万双)	287	18.54	21
色织布(万米)	496	511	621
纯化纤布(万米)	9.13	587	0

二、产品质量

从20世纪90年代开始，随着社会主义市场经济体系的确立，宿州市纺织行业以全新的质量观念不断地开发新产品，大力提高产品质量，以满足不断变化的市场需求。

1989年创省优2个，即宿州纺织厂的21s棉纱和新生布厂的拉绒布；开发新产品2个，即宿县丝绸厂的真丝针织布和灵璧丝绸厂的白厂丝。

1997年，开发新产品13个，花色品种28个，其中，新华色织厂的亚麻涤交织布和宿州色织印染总厂的纯亚麻色织布被评为省级新产品。

1999年，部分产品通过ISO 9001：2000质量体系认证，取得自营进出口经营权，而且品种增加，产品畅销国内外。

2003年，“三维”牌纯涤纶16-35克/平方米型热轧无纺衬基布获省高新技术产品称号。

2005年，武鹰牌职业服装获安徽省名牌产品称号；安徽武鹰制衣有限公司获司法部授予的质量管理奖；新林时装有限公司生产的睡衣、和服、时装出口日本、韩国、美国及欧洲等国家和地区；浆粕产品在国内、国际处于领先地位。

2006年，雪龙纤维科技股份有限公司生产的CP2250高粘度棉浆及碱——过氧化氢棉浆通过省科委高新技术成果鉴定。

2007年全行业再次推出名牌产品5个，新产品9个。

产品质量对比情况

表3-9-6

年份	1988	1998	2007
棉纱一级一等品率(%)	95.6	96	99
坯布入库一等品率(%)	91.21	94	96
毛巾入库一等品率(%)	55	82	90
桑蚕丝正品率(%)	92	95	99.2

三、技术进步

1988-2007年，纺织行业以提高产品质量为重点，坚持用高新技术改造传统产业，推动产业升级。

（一）棉纺业：重点发展棉纺高支纱、精梳纱和特种纱线，提高棉纺业的装备水平。1998年压缩落后的1.8万锭，到2007年，90年代棉纱锭占设备总量的80%左右，精梳机从无到有达149台套。设备的更新换代推动产品的更新换代，棉纱支数提高，纯棉纱、涤棉混纺纱、化纤纱质量达到97乌斯特公报水平。

（二）棉织业：90年代以后，淘汰落后布机600台，市纺织厂和雪龙化纤厂分别上喷气织机96台和喷水织机48台，新上宽幅新型面机780台。至2007年，全行业拥有布机1600台，其中无梭织机350台。

（三）化纤业：1997年朱仙庄纺织厂的热轧无纺布、砀山热风无纺布项目填补安徽省无纺布领域空白，到2006年无纺布产品品种达80多个，产品畅销国内外市场。2006年雪龙集团新增一条特种棉浆生产线，年产6500吨钞票纸浆和3500吨高粘棉浆，国内人民币生产用纸浆50%由雪龙集团提供，产品出口多个国家。2000-2007年，每年提供出口浆粕近1万吨，创汇1000万美元左右。

（四）服装鞋帽业：全市加速服装加工业的发展，从而带动整个纺织业的发展。泗县鞋厂生产的鹿鸣山牌药物保健鞋获轻工业部科技进步奖和全市星火计划成果适用技术银奖。

（五）丝绸业：1998年缫丝企业厂开展技术改造，其中泗县扩建自动缫丝机10组，灵璧高楼上立缫设备2400绪。

全市纺织行业投入的技改资金逐年上升，1988年300万元；1998年2000万元；2000年3650万元，2007年6900万元。

附：

安徽宿州润达纺织（集团）有限公司

安徽宿州润达纺织（集团）有限公司的前身是砀山县纺织厂，成立于1984年，2004年，改制为股份制民营企业，地处砀山县经济开发区道南纺织工业园区，全省纺织行业排在前五位，省级农业产业化龙头企业，市纺织企业排头兵，已发展成为集棉花生产、收购、加工、销售、纺纱、仓储、物流及包装制品为一体的国家中型企业。集团公司注册资本2000万元，下设润达纺织、润达棉业、润达物流及润达包装制品等子公司，有纺纱生产规模达10万锭、72台套精梳机、22台自动络筒机（日本进口），建立省级企业技术中心，并建有1座400型打包机轧花厂。公司有固定资产2.5亿元，员工980人，企业通过ISO 9001质量认证，被评定为企业标准化良好行为AAA级企业，被市委市政府授予“宿州市先进企业”“宿州市节能先进企业”等荣誉称号。

公司主导产品为“梨苑”牌精梳棉纱及色纺纱，与省内同行业相比，产品质量和档次均居前列，具有突出的竞争优势和产业引导作用，润达棉业有限公司每年皮棉加工能力达4000吨以上。多年来，公司狠抓技术进步，多次进行技术改造，调整产品结构，加强质量管理，产品质量稳定提高，经济效益逐年提升，生产规模逐年扩大，2011年度，产品销售量1.1万吨，销售收入达到3.1亿元，工业产值3.9亿元，上缴税金934万元。2009年，公司“梨苑”牌棉纱被评为“安徽名牌产品”。

安徽雪龙纤维科技股份有限公司

安徽雪龙纤维科技股份有限公司成立于2000年8月，是在1990年11月建成投产的宿州市玻璃纸厂进行改制的基础上成立的。2003年，改制为民营企业。公司位于宿州市经济技术开发区，占地17万平方米。注册资本1142万元，员工800余人。

公司坚持“精、专、特、新”发展战略，以科技为向导，以管理为支撑，狠抓产品研发，大力调整产品结构，主攻“两高一低”特种棉浆和造币浆（高附加值、高技术含量、低污染），并逐步淘汰高污染的化纤棉浆，从源头上治理污染。公司成为全国唯一同时拥有钞票纸棉浆、醚类纤维素棉浆、烟嘴丝束醋酸纤维棉浆、工业特种纸棉浆、粘胶纤维棉浆和精制棉六大系列产品生产技术和出口能力的企业。公司已通过ISO 9000：2000质量管理体系认证和ISO 14000：2004环境管理体系认证。公司特种棉浆被第九届中国国际高新技术成果交易会评为“优秀产品奖”；2009年，公司特种棉浆被评为“安徽省出口名牌产品”。2003年，公司自主研发的具有“两高一低”的特种棉浆粕新工艺，通过安徽省科技厅技术鉴定。2005年，公司特种棉浆粕被认定为安徽省高新技术产品。公司被省科技厅、省工商局、省国税局、省地税局等单位授予“安徽省优秀民营科技企业”。2007年，公司被评为安徽省高新技术企业。2006–2011年，公司连续被评为宿州市十强企业。

截至2011年底，公司申报了18项发明专利，6项科技成果通过了省级鉴定。同时，公司特种棉浆新品种从原来的2个系列6个品种，增加到6个系列30个品种，从而成为全国棉浆行业品种最齐全的龙头企业。科技创新，使公司的产品走出了国门。公司钞票纸棉浆国内、韩国、印尼市场占有率分别为50%、70%和60%；同时公司也是欧美4个国家钞票纸棉浆主要供应商。钞票纸棉浆年出口量占同类出口产品总量的80%，高粘度特种棉浆年出口量占同类出口产品总量的25%。

公司拥有3条棉浆生产线，2条精制生产线，年生产能力为6万吨。主要品种有钞票纸棉浆粕、醚类纤维素棉浆粕、特种纸棉浆粕。2011年，公司实现销售收入5.85亿元，实现出口创汇3800万美元，实现税收4321万元。

为响应宿州市政府的“退城进园”工作部署，对公司3条棉浆粕生产线进行整体搬迁改造，按照“产品品种高起点，生产线设备及设施配置高起点，节能减排高起点”的总体要求，坚持搬迁与技术改造、技术升级结合，借鉴吸收国内外同行业先进经验，在搬迁过程中对原生产线进行全面升级改造，努力实现“四个提升、三个下降”目标（四个提升：提升生产线技术装备水平、提升产品产能、提升产品质量、提升综合治污能力；三个下降：单位产品能耗下降、总排水量下降、总排污量下降）。搬迁改造项目总投资4亿元，占地20.62公顷，建成后，可生产特种棉浆6万吨/年，实现产值10亿元、税收5000万元、利润1.2亿元，出口创汇5000万美元。

第七节　医药化工

一、医药工业

截至2007年，宿州市医药工业有规模以上工业企业5户，全年实现工业总产值2.4亿元，销售收入2.9亿元，利润4340万元。主要产品有盐酸林可霉素原料药、制剂、乳膏等。主要企业有安徽省皖北药业股份有限公司、安徽省雪枫制药厂、安徽省新陇海制药厂等。

皖北药业股份有限公司是国家火炬计划重点高新技术企业，省100户“专、精、特、新”企业之一，省优秀民营科技企业，省医药行业“双优”企业，省创新型试点企业，是集原料药、注射剂、片剂、颗粒剂、胶囊剂为一体并以抗生素发酵原料药为主的综合性医药企业。企业总资产1.6亿元，2007年销售收入2.3亿元，利润2010万元，利税4610万元。公司有职工760人，其中各类专业技术人员188人，中高级技术人员72人，执业药师17人，拥有省级企业技术中心。主要产品盐酸林可霉素原料药年产能力900吨，克林霉素磷酸酯原料药100吨，水针剂5亿支，片剂、胶囊10亿粒，颗粒剂1000万袋。公司原料药、小容量注射剂、片剂等所有生产线均通过国家GMP认证。利用基因技术对林可霉素产生菌诱变，使发酵单位得以迅猛提高，各项技术经济指标居同行业前茅，国内市场占有率达40%，获“安徽名牌产品”“安徽省高新技术产品”以及其他多种荣誉称号。

安徽新陇海制药厂总资产为2638万元，职工200余人，其中各类专业技术人员72人，高中级技术职称18人。全厂有中药提取、制剂、片剂、软管、药用尿素、消毒液6个车间，12条生产线，能生产各类型剂药品49个品种、79个规格。“盐酸环丙沙星乳膏”被评为省高新技术产品，“复方地塞米松软膏”“尿素级E乳膏”获省优秀新产品。

二、化学工业

1990年，化工、冶金行业系统内19家企业完成产值6970万元，合成氨46594吨，磷肥15286吨，硫酸27188吨，全区优质品产值率为53%。

1991年，全行业碳酸氢铵全获省部双优，系统内磷肥全获省优。

1992年，产品质量稳定提高率为85%，优质产品产值比提高到86%。

1993年，新开发砀山化肥厂80%高铜农药、萧县化肥厂PVC三防布、砀山磷肥厂的胱氨酸和包裹肥、皖北化工厂的氨基磺酸系列产品。

1994年，全行业产值（含冶金）2.33亿元，其中化工2.17亿元，开发新产品有环氧树脂、氯化聚丙烯等。

1995年，化工行业产值2.77亿元，主要产品有合成氨12.63万吨，化肥实物量72万吨，完成国家固定资产投资3000万元，新增合成氨生产能力2万吨，开发新产品3个。1996年，全区完成固定资产投资5394万元，有8个项目建成投产，宿州化工总厂6万吨尿素改造工程开建。

1997年，全年实施的技改项目有16个，实现投资8700万元，有6家企业污水治理工程投入使用。全行业运行困难，企业改制全面推进。

1998年，全行业亏损581.5万元，但精细化工增幅较大，较上年增长140%。

1999年，行业运行仍很困难，亏损480万元。

2000年，企业改制迈出新的步伐，灵璧化肥厂内部成本买断、泗县化肥厂由职工集体租赁经营，另外还有几户退出国有序列，开始新的发展历程。

2001年和2002年，企业在改制中走向新生，随着信诚、虹飞的租赁经营，全行业的运行机制基本形成。到2003年，合成氨完成15.4万吨，4家氮肥厂产品均不再出现积压，产销率达97.2%。信诚化工新增2台10吨沸腾炉，并新上年产3000吨三聚氢胺工程；萧县三氯化磷厂新增亚磷酸生产装置1套；上海灵丰化工有限公司合成氨填平补齐，新增1万吨精甲醇。

2004年，随着改革改造的逐步深入，企业走向健康的发展道路。全行业实现销售收入4.6亿元，比上年增长57%；实现利润1091.4万元，增长46%。

2005年，生产稳步发展，改革深入进行。宿州化工总厂宣布破产，被宿州信诚买断；砀山化肥厂被北京一家公司买断，重组成砀山县景福肥业有限公司；灵璧化肥厂正式挂牌，对外招标。

2006年，由于煤、电等基础原材料涨价，企业生产成本大幅上升，效益下滑，灵璧、泗县两个化肥厂停产，全行业年销售收入4.14亿元。

2007年，化工行业实现产值44014万元，比上年增长17%，产销率达97.5%。新建企业市华运气体有限公司、科立华化工有限责任公司等运行良好。宿州信诚公司开始建设年产100万吨复合肥项目。

附：

安徽省皖北药业有限公司

安徽省皖北药业股份有限公司的前身是1990年12月建成投产的安徽省皖北制药厂，2000年改制为股份制企业，是集原料药、注射剂、片剂、颗粒剂、胶囊剂为一体的综合性企业。公司总资产3.8亿元，员工总数812人。公司为国家火炬计划重点高新技术企业，省100户“专、精、特、新”企业，省创新型企业，省优秀民营科技企业，省医药行业“双优”企业，省优秀非公有制企业，省产学研示范企业。银行信用等级AA级，省A级纳税信用单位。主产品盐酸林可霉素原料药年产900吨，克林霉素磷酸酯原料药70吨，那西肽预混剂1000吨，水针剂5亿支，片剂、胶囊10亿粒，颗粒剂1000万袋。所有生产线通过GMP认证，林可霉素原料药通过了美国FDA认证。

2011年，全年实现销售收入28078万元、净利润3500万元、上缴税金3173万元，比2010年分别增长6.42%、19.09%、42.16%。2011年，公司主产品盐酸林可霉素原料药出口376万美元，占销售总收入的10.5%，比2010年增长370%。各项指标均创历史最好成绩。

公司计划两年内，在宿州市经济技术开发区化工园投资5亿元人民币实施微生物药物生产基地建设项目。一期建设年产1500吨盐酸林可霉素原料药及其300吨衍生物生产线项目；二期建设年产20000吨1%那西肽预混剂及6000吨4%恩拉霉素预混剂两条环保型饲料添加剂生产线；三期建设年产30吨右旋糖酐酶生产线。投产后企业年销售收入可达10亿元，提升公司的综合盈利能力。上市工作正在紧锣密鼓进行中。通过上市融资确保公司发展规划得以实现。

2011年，公司被市政府授予“十一五”节能工作先进企业；被市委、市政府授予工业五年扩张工作十强企业；被省科技厅、省发改委、省经信委、省财政厅、省国资委、省总工会联合授予“安徽省创新型企业”。

宿州中粮生物化学有限公司

宿县地区合成洗涤剂原料项目是安徽省“八五”重点工程项目，是中国唯一一套以玉米取代石油为原料生产脂肪醇醚的联合生产装置，分别从芬兰、巴西、美国、意大利、挪威引进技术和全套装备，1993年3月10日正式开工建设。2002年8月，在省政府主持下，由丰原集团承债式收购重组，随后5套装置全部形成生产能力。2006年8月，又归属中粮旗下。

公司是中粮集团旗下中粮生物化学（安徽）股份有限公司的全资子公司，位于宿州市经济技术开发区港口南路8号，注册资金2000万元人民币，占地面积36万平方米，员工640人，是安徽省农业产业化龙头企业，连续五年被宿州市委、政府授予“十强企业”称号。

主要产品有食用酒精、无水酒精、环氧乙烷及精细化工原料脂肪醇醚。其中，“贝斯特”牌工业环氧2烷和食用酒精产品被安徽省授予“名牌产品”和“安徽省质量奖”等荣誉称号；“贝斯特”牌环氧乙烷、乙醇等产品畅销鲁、豫、皖、江、浙、沪、鄂、湘及东北地区，产品质量和服务上乘，深受下游用户好评。

2011年，面对不利的市场环境，公司在挖潜降耗、技术改造、基础管理等方面带领全员作了大量的工作，实现了持续提升。销售收入6.13亿元，完成全年计划的112%，同比增长14.88%；上缴税金3800多万元，挖潜降耗4000多万元；产品质量优良，环氧乙烷产品全部达优等品，ISO 9001/14000/18000和ISO　10015等体系运行正常；节能减排和清洁生产成效显著。公司实施外购乙烯替代酒精生产环氧乙烷，克服了无外界技术支持的困难，于2011年3月26日正式投入使用。环氧乙烷的电耗、汽耗大幅下降。

公司完成脂肪醇醚装置的反应器改造，增加了醇醚产品品种。抓酒精“消瓶颈”和“扩产”改造，顺畅酒精生产工艺，提升酒精产能30%，大大降低酒精生产粮耗和综合生产成本。积极实施锅炉燃烧系统和烟气脱硫节能改造，提升锅炉热效率。推进进口设备备件国产化进程，累计节约资金约200万元。

安徽科苑控股有限公司

公司主要从事精细化工、塑胶异型材、医药等产业的生产经营以及对外投资和资产管理。公司拥有国家脂肪酸技术推广中心、博士后工作站、省级企业技术中心等研发机构，下属7个经营性子公司、4家参股公司。总资产3亿元，员工400多人。

公司主要产品：塑料异型材、塑钢门窗、氯化聚乙烯、中药注射剂、胶囊、片剂、颗粒剂等。公司产品得到了社会广泛的认可，并获得“ISO 9001：2000质量管理体系认证证书”“安徽省著名商标”“名牌产品证书”“国家免检产品”等一系列荣誉。

公司在宿州市经济开发区建有占地28公顷的科苑工业园，园区的供水、供电、供汽、通讯、仓储、道路、消防、环保等基础设施完备。园区建设项目有：80000吨/年塑料型材扩建项目、8000吨/年氯化聚乙烯项目、年组装40万平方米塑钢门窗项目。

园区通过10多年的建设，形成以精细化工、塑胶型材等产业为主的专业化工工业园区，年销售收入超过3亿元。

公司将继续依托工业园区的资源优势，进一步加快与外来资金、技术等要素的对接，把工业园区的资源优势转化为进一步发展优势，以推动企业健康持续发展。充分挖掘博士后工作站与高等院校、科研院所的沟通和交流平台，加强项目对接和研发合作，提高自身的生产经营效益。

安徽中元化工集团

集团是集科、工、贸于一体的综合型化工企业，其前身为宿州市化工总厂。2007年有员工1300余人，总资产6亿多元。主要产品有系列高浓度优质复合肥、硫酸、氯代异氰尿酸等，年销售收入10亿元以上。企业为安徽省“专、精、特、新”工业企业，获“中国诚信企业示范单位”“安徽省化肥行业先进单位”“安徽省重合同、守信用单位”“安徽省优秀企业”等称号。集团党委被安徽省委评为“先进基层党组织”。

集团兴建的年产100万吨高浓度优质复合肥项目，列入安徽省“861”行动计划。项目所运用的熔体高塔造粒技术，填补了安徽省复合肥生产的空白。该项目二期工程已成功投产，形成年产100万吨复合肥的生产能力。既可生产高塔尿基系列复合肥和氨化复合肥，又可生产硝硫基系列复合肥，实现了产品的系列化生产。集团生产的“淮海”牌系列复合肥产品质量优良，被评为“安徽名牌产品”。在中国第三届农博会上，被评为“中国农民喜爱的农资产品”，获世博会金奖，畅销十多个省、市、自治区，在广大使用者中享有盛誉。

2011年，共生产复合肥34.75万吨，完成工业总产值105805万元；实现销售收入106037万元；年缴纳税收315万余元。

第二期50万吨高浓度复合肥项目、15万吨硫酸项目均竣工投产，2万吨氯代异氰尿酸项目在建。

安徽安特生物化学有限公司

公司的前身是安徽特酒总厂。2004年8月，通过收购安徽特酒总厂部分资产成立的股份制企业，公司是一家以进口泰国、越南木薯及当地盛产的玉米、地瓜干、小麦等为原料生产酒精的民营股份制企业。公司注册资金1000万元，总资产1.6亿元，有员工600余人，年生产各类酒精16万吨，是全国酒精行业骨干企业之一。主要产品有“安特”牌瓶装试剂系列、特级超中性酒精、香水酒精、药用酒精、医用酒精、四无酒精、无味酒精；谷朊粉、淀粉、变性淀粉、大颗粒淀粉、无碳复写纸淀粉、装潢粘合剂；伏特加酒、曹溪一滴系列曲酒等。2009年初公司被安徽省发展改革委员会、安徽省科学技术厅等部门授予“省认定企业技术中心”。公司先后通过了ISO 9001：2000版国际质量体系认证、HACCP认证、犹太认证等。2008年被评为安徽省循环经济试点单位。2009年，被推选为第四届酿酒工业协会常务理事单位，宿州市十强企业。“安特”商标是安徽省著名商标，“安特”牌试剂是安徽省名牌产品。2010年，被评为安徽省农业产业化龙头企业、安徽省民营企业100强企业和宿州市工业五年扩张十强企业。

为适应市场变化，实现可持续发展，公司大力调整产品结构，由过去的以玉米为单一原料生产方式，改变为以玉米、木薯、地瓜干、粉渣和小麦面粉等多元原料结构生产方式；产品由原来单一酒精产品，增加了小麦淀粉、谷朊粉及变性淀粉、医药酒精及香水酒精等，实现产品的多元化。2009年，上马了3万吨小麦面粉深加工及综合利用项目，该项目的建设既做到了小麦面粉的深加工，又实现了淀粉废浆水的综合利用，节能效果明显，符合国家的节能环保政策。

第八节　机械电子

一、生产经营

1988年，机械电子工业全系统共有17家企业，4600人，全年总产值5642万元，销售收入7922万元，实现利税总额604万元。

1990年，17家企业，5075人，产值8461万元，销售收入7425万元，利税143万元。

1995年，22家企业，5200人，总资产23130万元，年销售收入18583.4万元，实现利税467.6万元。从1991年到1995年，全行业投入技改资金2000万元，由于投入不足，加上企业设备老化，负担人员多，包袱重，运行较为困难。

2000年，全行业19家企业的资产总额24456万元，实现工业总产值18273万元，其中，机械行业14573万元，电子工业3700万元，全行业利润总额–128.9万元，较上年的–1195万元减亏1066万元。

2002年，完成工业总产值20122万元，其中机械工业15856万元。全行业销售收入17129.8万元，利税合计1556.9万元，比上年增长99.5%，实现利润581.5万元。工业总产值、工业增加值、实现利润、利税总额均创行业新高。

2005年，全系统8家企业，2444人，实现工业总产值23137万元，机械行业同比上升4.5%，电子工业产值5862万元，比上年增长31.2%。实现销售收入19150万元，利税327万元，机械利税–19万元，电子行业346万元。

2006年运行的企业仍为8家，实现总产值24957万元，其中，机械17411万元，电子7546万元。实现销售收入21022万元，其中，机械13874万元，电子7544万元。利税361万元，机械行业–63万元，电子行业424万元。

二、技术进步

“八五”时期，全行业先后开发出的新产品有砀山机械厂的双螺杆造粒机组、宿州矿机厂的YZJ16A型轧路机和QTZ型建筑塔机，灵璧机械厂的成套电缆辅机等。1995年安徽车桥厂被省政府授予省优秀技改项目称号。

“九五”时期，开发出机械工业部新产品2BDJM多用途精密播种机和5TFP-4S型多功能脱粒破碎机，并批量投放市场。煤矿机械厂等先后采用CAD技术。安徽车桥厂和宝龙集团进入省企业技术中心。继1999年机械行业开发三大类6种新产品后，2000年全系统又开发出10余种新产品。安徽车桥通过ISO 9001质量体系国际标准认证，成为宿州市机电系统继宿州煤矿电器厂后又一家通过论证的企业。

进入21世纪后，全行业加速技术进步，1991年投入技改资金1060万元，车桥厂年产5万根支承桥技改项目一期工程投产，二期工程又紧跟上马；煤矿电器厂在中国科技大学内建设的开发实验室建成并投入使用；从中科院安徽光机所引进的科研成果《可调谐红外线汽车尾气路边监测仪》项目产品批量生产，连同智能煤电钻的综合保护装置、有害气体快速检测仪等产品均达到国内领先水平，并被批准为国家级的技术创新项目。与此同时，宿州龙华矿机有限公司又开发出多种型号的新型绞车和塔式起重机；车桥厂开发凹型车桥、“一线两桥”和新型刹车调整臂等新产品。到2006年，由中国电光防爆电器有限公司独资投资1亿元的“煤矿机械、防爆电器”项目在开发区动工建设。安徽车桥厂进入安徽省机械行业“50强”企业。安徽车桥厂、得力机械制造有限公司、龙华机械制造有限公司、宝龙电器有限公司等重点企业又开发出一批新产品，为企业的发展增添了后劲。

附：

安徽龙华矿机集团

安徽龙华矿机集团成立于2011年7月4日，由母公司安徽省宿州市龙华机械制造有限公司与安徽省宿州市龙华防爆电器有限公司、安徽省宿州市龙华矿机设备有限公司、安徽省宿州市龙华机电有限公司3个子公司组建而成。母公司安徽省宿州市龙华机械制造有限公司是由1956年建立的国有企业宿州市矿山机械厂改制组建，成立于2005年3月4日，坐落在宿州市循环经济示范园龙华大道。东临京沪高铁，西临合徐高速公路，北临徐州观音机场，区位优势明显，交通十分便利。

集团占地20万平方米，注册资金5000万元，总资产1.8亿多元。机构设置7部2办，下辖6个车间、3个子公司、1个分厂，员工385人。

公司是安徽省机械行业骨干企业，中国煤炭机械工业协会会员，全国煤炭行业机电设备和配件定点生产企业，获得“全国矿业煤机优秀企业”“全国煤机放心产品”企业称号。公司先后获得省级诚信企业、安徽省厂务公开民主管理示范单位、安徽省“企业最佳雇主”先进单位、安徽省安康杯竞赛优胜企业；企业技术中心通过省级认定，获得高新技术企业证书，省科技厅认定高新技术产品9个；宿州市后勤保障工作先进企业、宿州市劳动竞赛先进企业、埇桥区专利工作先进单位（获得专利证书41个，累计申请专利突破100件）。

2011年，产值和销售收入双超亿元大关。2012年，在全球经济出现严重滑坡进而影响到中国，特别是在煤炭市场需求快速下滑、煤矿机械市场需求严重萎缩、市场竞争更加激烈、企业各方面成本上升的不利局面下，全年完成工业总产值13866万元，比

2011年度增加了3750万元，增长率为37.07%；上缴税金757.5万元，比2011年度的556.7万元增加201万元，增长率为36.1%。

母公司有冷热加工及检验设备360台套，生产能力3-5亿元。经过30多年矿山设备生产，积累了丰富的经验。工艺装备齐全，工艺成熟，产品设计、创新能力较强，部分产品技术参数优于同类产品。通过了ISO9001：2008质量体系认证，产品质量可靠，性能稳定。

公司有七大类上市销售的机械产品，26个品种，防爆电器类近50个品种。其中P系列耙斗装岩机全国产销量第一，并获得“安徽名牌产品”称号；JSDB系列双速多用绞车、JD系列调度绞车全国产销量第二；JH系列回柱绞车全国产销量第三。新开发高附加值的产品SQ、JW系列无极绳绞车即将上市销售。产品销往全国矿业、水利工程系统，深受广大用户的好评。

宿州柴油机厂

1980年10月25日，宿县地区柴油机厂县级更名为“宿州柴油机厂”，安徽省机械工业厅重点企业之一。主要产品S195柴油机、细纱机等。2004年6月14日，经埇桥区人民法院裁定宣告依法破产，其土地经拍卖后，由安徽同科房地产开发公司开发建设为同科城市花园。

宿州机械厂

1980年10月25日，宿县地区农业机械厂更名为“宿州机械厂”。主要产品有小四轮拖拉机、翻斗车等。2001年5月25日，经埇桥区人民法院裁定宣告依法破产，其土地变现给安徽骏达房地产开发公司，开发兴建了武夷商城。

1988-2007年二产占GDP比重示意图

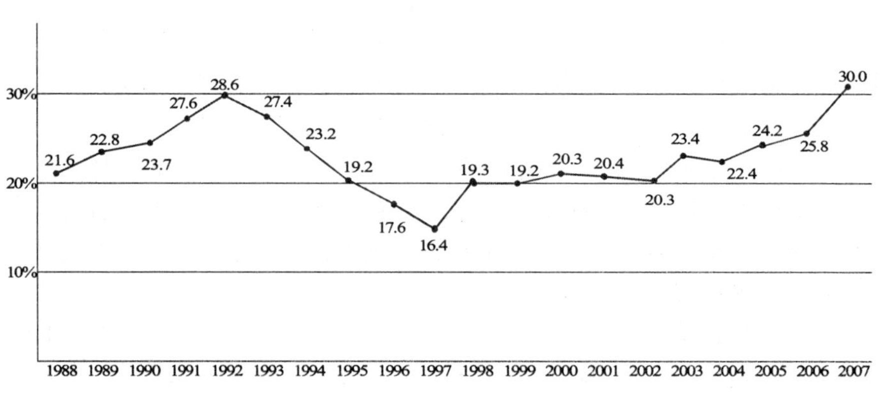

1992年宿县地区重点调度企业概况

表3-9-8　　单位：万元

企业名称	所有制性　质	职工人数	固定资产原值	固定资产净值	工　业总产值	利润总额	上缴税金
宿州柴油机厂	全民	746	1056	536	1916	18	34
宿州机械厂	全民	848	832	439	2553	0.4	
宿州矿山机器厂	全民	515	460	240	802.5	-5.20	33
宿州市纺织厂	全民	4012	6116	4975	10054.6	104	252
宿州市布厂	全民	176	74	41	155	-8.50	0.10
宿州市酒厂	全民	217	180	134	1003	15	257
宿州市家具二厂	全民	76	64	43	115	11.26	4.40
宿州玻璃纸厂	全民	530	1958	1800	3134.4	45	36.60
宿州市黄山啤酒厂	全民	367	1113	877	543.3	-210	86
宿州市东华食品饮料总厂	全民	370	962	651	2250	15	139
安徽百通塑胶有限公司	合资	158	1145	900	657.5	70	56.80
宿州市冠生园食品厂	全民	577	365	250	709.4	20	24
宿州市铝制品厂	全民	130	82	62	397	16	19
宿州市东风食品厂	全民	81	52	35	126	3	0
宿州市乳品厂	全民	113	34	26	173.1	6.70	2.30
宿州市自来水厂	全民	260	1186	990	625.6	170	19
宿州市方便面厂	全民	148	278	238	314	32	13
宿州市制药厂	全民	135	93	49	411.8	17	60
安徽省大泽酒厂	全民	1013	1365	1064	1783.3	4.08	604
安徽特酒总厂	全民	971	6763	5818	5707.1	-409	583
宿州市呵泉啤酒厂	全民	346	984	820	916.1	19	50
宿州市古沱酒厂	全民	452	364	253	1222.1	15	302
宿州市液糖厂	全民	480	909	724	1300	0	22
安徽省艳丽化妆品厂	全民	171	312	239	602.5	9	33
宿州塑料总厂	全民	172	311	256	501.5	23	20
安徽省新华色织厂	全民	971	633	424	1201.0	-55	15
宿州市第一针织厂	全民	670	196	103	567.1	-11	2.40
安徽真丝针织总厂	全民	1195	927	653	2608	-199	88
安徽车桥厂	全民	428	395	162	803.2	20	32
宿州市东风汽车修理总厂	全民	295	216	123	322.9	-33	10
宿州市无线电厂	全民	168	138	81	225	6.8	10

续表3-9-8

企业名称	所有制性　质	职工人数	固定资产原值	固定资产净值	工　业总产值	利润总额	上缴税金
宿州市第一农药厂	全民	484	579	442	1080	5	15
皖北化工厂	全民	370	853	744	753.2	1.30	3.50
安徽白云石矿	全民	521	423	280	800.4	34	46
宿州化工总厂	全民	1222	2567	1475	2628.6	26	
宿州市水泥厂	全民	507	867	592	735.2	14	74
宿州市砖瓦厂	全民	120	92	40	62.6	7.80	0.60
宿州市煤矸石砖厂	全民	200	175	126	159.8	5.07	0.10
宿州市第二面粉厂	全民	291	321	252	869	3	3
宿州市饲料厂	全民	88	131	106	620.3	−19	0.30
宿州市煤矿电器厂	全民	295	287	200	982.7	101	25
安徽省营养品总厂	全民	295	56	27	288.3	15	5
宿州市油厂	全民	273	425	286	1622	20	22
宿州市第一面粉厂	全民	278	385	274	1875	−112	31
宿州市挂车厂	集体	84	107	71	315.7	15	4
宿州市皮鞋厂	集体	79	40	30	40.8	−2	3
宿州市第一轧花厂	集体	218	645.30	579.60	1761.6	10	
宿州市第二轧花厂	集体	96	243	182.50	1306.8	5.8	
宿州市第三轧花厂	集体	111	186.70	133.90	1347.9	3.50	
宿州市第四轧花厂	集体	97	200.70	138.40	729.9	6.70	
宿州市第五轧花厂	集体	125	268320	218	1275.3	6.00	
宿州市塑料厂	集体	83	128.40	64.40	368.5	1.10	6.70
宿州市服装机械厂	集体	331	373	246	771.6	23	6.60
宿州市服装厂	集体	396	36.50	15.70	880	8	9
宿州市制革总厂	集体	240	278.80	142.90	544	−9.7	5.70
宿州市汽车修理厂	集体	102	66.20	39.30	235.4	13	5.30
宿州市元钉厂	集体	75	60.30	32.40	225.2	13	3.50
宿州市轻机一厂	集体	83	97.50	36.80	203	6.30	5.20
宿州市制镜厂	集体	50	48.40	29.70	135.5	4.20	2.20
宿州市纺织配件厂	集体	173	64.20	35.70	195.7	15.40	8.20
宿州市橡胶厂	集体	169	111.30	76.20	226.4	13.5	19.80
宿州市家具厂	集体	103	72	39	172.2	3	3.60
宿州市农药厂	集体	91	73	41	94.2	−8.3	2.10

续表3-9-8

企业名称	所有制性　质	职工人数	固定资产原值	固定资产净值	工　业总产值	利润总额	上缴税金
宿州市衡器厂	集体	81	29.90	8.20	203.6	1.8	5.10
宿州市印刷厂	集体	180	52.40	29.80	182.8	0.4	4.8
宿州市新华服装厂	集体	140	78.90	49.80	291	−18.2	1.3
砀山县化工总厂	全民	472	495	353	325.1	−112.7	51.1
砀山县磷肥厂	全民	248	197	109	327	25.4	
砀山县李庄砖瓦厂	全民	147	109.3	35.2	142.7	4.4	10.6
砀山县水泥厂	全民	76	144.5	90	184.3	3	
砀山县卷烟厂	全民	376	1814.9	1584.1	3721		1249.3
砀山县白酒厂	全民	472	242.2	189	804.5		144.2
砀山县棉纺织厂	全民	670	1318.3	1158	1143	5.2	31.5
砀山县助剂厂	全民	52	51.2	44.1	23.2	−12	2.1
砀山县纸箱厂	全民	140	28.4	18	89	−6.6	4.5
砀山县机械厂	全民	249	169.9	71.7	152.9	−9.9	2.6
砀山县邮电电缆厂	全民	110	165.9	135.6	591.1	53.8	60.1
砀山县印刷厂	全民	141	51	28.4	80.1	0.9	4.1
砀山县化肥厂	全民	803	1314.7	711.7	1615.7	5.8	0.4
砀山县供电局	全民	460	683.6	436.6	358.4	31.1	34
砀山县面粉厂	全民	196	171.8	125.1	669.2	17.1	0.3
砀山县榨油厂	全民	38	74.8	48.6	191.9	4.9	1.2
砀山县粮油食品厂	全民	62	15.1	14.7	49.5	1.3	1.3
砀山县饲料公司	全民	97	100.9	72.6	310.7	11.4	8.7
砀山县自来水公司	全民	67	9.2	85		6.9	1.4
砀山县瓷砖厂	全民	127	112.5	101.1	73.9	1.1	0.6
砀山县针织厂	全民	355	266.7	192.5	1014.9	34.6	8.4
砀山县砖瓦三厂	全民	160	104.3	91.8	63	−3.7	
砀山县果汁厂	全民	222	196.4	175.5	136.9	−48.7	1.5
砀山县服装一厂	集体	118	21.9	14.2	50.6	−3.1	0.9
砀山县线毯厂	集体	292	151.2	97.3	227.6	−5.6	5.1
砀山县纺织厂	集体	389	493.4	314.2	463.8	−40.1	0.1
砀山县通用机械厂	集体	169	38	24.5	32.5		0.5
砀山县木器厂	集体	76	27.8	11.8	84.3	0.5	3.5
砀山县防风胶厂	集体	115	55.9	42.4	114.9		9.7

续表3-9-8

企业名称	所有制性质	职工人数	固定资产原值	固定资产净值	工业总产值	利润总额	上缴税金
砀山县鞋厂	集体	83	19.3	12.9	31.4	-0.1	0.4
砀山县棉花联合加工厂	集体	372	1107	862	5200	142	28.7
砀山县李庄轧花厂	集体	293	136	92	1146.5	21	1
砀山县周寨轧花厂	集体	204	113	70	702.3	-46.6	1.7
砀山县侯寨轧花厂	集体	63	114.9	73.7	108.8	0.1	
萧县葡萄酒厂	全民	751	2604	1869	1379.3	-150.70	30.20
萧县罐头厂	全民	689	1575	1231	2244.2	4.74	27.10
萧县酒厂	全民	398	463.80	338	1058.5		224.70
萧县瓷厂	全民	91	44.40	25.10	3.9	-1.2	1.10
萧县印刷厂	全民	142	68.90	33.10	119.6	-2.64	4.10
萧县玻璃厂	全民		300.60	245.80	~	-4.40	0.50
萧县塑料厂	全民	246	106.30	92.70	301	-28.90	5.00
萧县磷肥厂	全民	270	333.60	168.00	264.2	-13.20	
萧县耐火材料厂	全民	568	816.50	679.60	860	-247.9	42.70
安徽省陇海制药厂	全民	226	363.80	274.20	1122	30.70	128.80
萧县新型建筑材料厂	全民	62	25.80	14.10	600	-2.90	0.04
萧县农机一厂	全民	305	295.00	132.40	708.6	0.72	2.00
皖北曲轴厂	全民	501	332.90	150.40	700.1	0.06	11.80
萧县汽车修理厂	全民	75	52.30	22.40	80	1.80	2.80
萧县砖瓦厂	全民	130	279.80	164.50	283.5	13.10	16.70
萧县水泥厂	全民	471	492.80	247.70	520	1.3	93.90
萧县化肥厂	全民	562	854.50	464.40	1279.3	18.89	
萧县面粉厂	全民	185	134.52	53.61	901	34.39	3.58
萧县油厂	全民	50	90.73	49.50	31.8	-8.42	0.24
萧县饲料公司	全民	68	175.60	146.53	632.7	4.25	6.98
萧县粮油食品厂	全民	59	36.79	31.45	52.7	1.80	0.17
萧县粮油食品局综合厂	全民	34	21.12	19.65	72	4.02	1.00
萧县酱品厂	全民	43	31.00	18.30	40.7	0.20	0.34
萧县黄口酱园厂	全民	68	12.00	5.50	5.7	-7.10	0.13
萧县自来水公司	全民	117	150.00	104.00	54.2	11.60	2.60
安徽省淮海轴承厂	集体	306	270.00	173.20	651	24.10	22.70
萧县鞋厂	集体	76	30.70	15.50	65	1.20	2.60

续表3-9-8

企业名称	所有制性　质	职工人数	固定资产原值	固定资产净值	工　业总产值	利润总额	上缴税金
萧县针织厂	集体	70	27.30	11.60	57	0.90	5.50
萧县棉织厂	集体	196	145.50	111.90	366	5.20	24.40
萧县张庄寨轧花厂	集体	240	284.00	238.00	1875.6	0.10	0.10
萧县杨楼轧花厂	集体	280	195.00	182.00	1513.3	-1.70	5.90
萧县吴丛轧花厂	集体	191	168.00	129.00	1699.8	4.80	0.80
萧县龙城轧花厂	集体	200	205.00	110.00	1315	1.90	
萧县黄口轧花厂	集体	255	197.00	142.00	2554	1.20	1.20
萧县包装材料厂	集体	291	181.70	130.70	318.1	-34.70	7.80
灵璧县化肥厂	全民	577	1275	842	1526.8	20	
灵璧县磷肥厂	全民	307	393	236	877.7	109	2
灵璧县酒厂	全民	541	602	324	2292.8	-147	345
灵璧县馗酒厂	全民	318	276	179	1415.3	27	231
灵璧县水泥厂	全民	268	473	326	579.8	50	62
灵璧县轮窑厂	全民	301	98	29	178.6	4	15
灵璧县砖瓦厂	全民	179	103	60	112.9	1	8
灵璧县机械厂	全民	235	125	52	360.1	16	11
灵璧县大理石厂	全民	372	588	371	473.1	2	
灵璧县印刷厂	全民	81	43	20	59.1	3	2
灵璧县面粉厂	全民	160	471	397	707.5	32	
灵璧县油厂	全民	147	684	631	1112.8	15	
灵璧县食品厂	全民	125	77	42	161.3	3	1
灵璧县粮油食品局浍沟油厂	全民	36	12	9	238.6	4	
灵璧县饲料厂	全民	82	143	117	729	8	3
灵璧县酿造厂	全民	50	27	13	130.2	6	3
灵璧县自来水厂	全民	80	43	26	51.6	16	2
灵璧县供电局	全民	528	1911	1078	303.3	16	38
灵璧县汽车大修厂	全民	40	14	6	16.9	2	2
灵璧县供销社棉纺厂	集体	197	429	350	258.6	-18	20
灵璧县浍沟轧花厂	集体	141	180	147	1797.7	18	1
灵璧县塑料溶剂厂	集体	351	702	477	690.3	-161	104
灵璧县丝绸厂	集体	340	160	104	575.6	-41	61
灵璧县麻纺厂	集体	698	701	610	427.2	-28	44

续表3-9-8

企业名称	所有制性质	职工人数	固定资产原值	固定资产净值	工业总产值	利润总额	上缴税金
灵璧县工艺厂	集体	147	91	64	62.4		4
灵璧县第一服装厂	集体	86	10	6	73.2	-2	2
灵璧县第二服装厂	集体	160	37	22	213.4		1
灵璧县鞋厂	集体	92	18	11	21.6		3
灵璧县农具厂	集体	98	45	20	82.1		1
灵璧县灵城轧花厂	集体	143	89	61	1370.1		
灵璧县九顶轧花厂	集体	261	113	90	1418.1	22	
灵璧县高楼轧花厂	集体	57	76	48	1150	17	
泗县化工建材总厂	全民	714	1414	1280	1168.8	33	70
安徽省泗州酒厂	全民	514	614	414	1630.2	0.1	185
泗县印刷厂	全民	98	43	21	60.5	-3.8	3
泗县塑料厂	全民	74	74	59	89.9	0.4	1
安徽省泗县阀门厂	全民	247	133	63	184	3	5
安徽省皖北电机厂	全民	101	75	57	66.3	0	3
泗县西关砖瓦厂	全民	150	94	51	87	0.6	3
安徽省泗县化肥厂	全民	677	1573	1086	1890.1	10	0.2
安徽省泗县面粉厂	全民	215	398	393	1024.5	8	0
安徽省泗县油厂	全民	218	309	220	1313	0	0
泗县饲料加工厂	全民	55	115	0	400	4	7
安徽省泗州孟仁寿眼药厂	全民	80	41	28	97.9	0.4	9
安徽省泗县兽药厂	全民	50	82	82		0.3	0.8
安徽省泗县豆酱厂	全民	35	22	5	128	2.6	1.3
泗县酱品厂	全民	52	19.9	9.3	126.5	1.3	2.6
泗县自来水厂	全民	120	144	116	31.3	2	3
安徽省泗县水泥构件厂	全民	20	49	33	50.4	-0.9	2.5
泗县供电局	全民	307	928	672	208.8	91	55
泗县丝绸厂	集体	1047	524	370	1426.8	0.1	22
泗县布鞋总厂	集体	595	600	489	1256	5.8	51
安徽省泗县服装厂	集体	151	115	100	178.6	-16	2.4
泗县泗城轧花厂	集体	158	234	187	1483	1.1	
泗县棉麻公司大庄轧花厂	集体	113	188	193	2057	18	
泗县屏山轧花厂	集体	120	340	260	2206.7	18	

续表3-9-8

企业名称	所有制性　质	职工人数	固定资产原值	固定资产净值	工　业总产值	利润总额	上缴税金
泗县刘圩轧花厂	集体	125	410	330	2271	30	
安徽省泗县汽车大修厂	集体	27	67	44	95.5	−2.3	3
安徽省泗县化工厂	集体	144	225	150	806.4	14.6	14.6
安徽省泗县砖瓦厂	集体	258	936	383	160	5.9	29.5
安徽省泗县木器厂	集体	120	20	11	90.5	0.4	3.3
安徽省沪泗棉纺厂	集体	430	495	405	444.6	−34.2	23
宿县地区水泥厂	全民	950	1618.6	987.1	856.1	−45	114.3
宿东电厂	全民	550	7359.6	5879.8	1559.5	253.1	342.8
皖北制药厂	全民	649	4306.7	4016.7	4235.0	68.4	36
宿州桐木厂	全民	467	912.7	622.7	852.5	2.6	31.9
宿县地区粮油食品加工厂	全民	126	303.6	211.8	338.8	12.3	
宿县地区饲料厂	全民	33	55.4	36.5	332	4	7.4
宿县地区肉类联合加工厂	全民	1570	2085	887	5228	−296	22
宿县地区木材加工厂	全民	56	26	7.2	16	7.1	5.1
宿县地区印刷厂	全民	463	403	204	594	−8.5	20

第十章　财税　金融

1984年，地委、行署决定财政、税务分设，成立宿县地区行署财政局。经编委批准成立宿县地区财税干部学校。1988年，成立“宿州会计师事务所”。1990年，成立“宿县地区国债服务部”。1991年，成立“宿县地区国有资产管理办公室”，后改为“宿县地区国有资产管理局”。1993年，成立“宿县地区资产评估交易所”。1995年，成立“宿县地区行政公署收费管理局”。1997年，编委批准行署财政局内设16个职能科室。2000年，成立“宿州市政府采购中心”和“宿州市农业税征收管理局”，2001年，撤销“宿州市国有资产管理局”。2002年，机构改革批准设立17个内部科室，成立“宿州市财政局国库支付中心”“宿州市农业综合开发项目办公室”。2005年，宿州市农业税征收管理局更名为“宿州市农村财政管理局”，宿州市收费管理局更名为“宿州市非税收入征收管理局”。

第一节　财　政

一、财政体制

（一）市级财政体制

1982-1993年，宿县地区总体上实行“划分收支、分级包干”的财政管理体制，从1994年1月1日起，实行分税制财政管理体制。

分税制改革的主要内容是按照中央与地方政府的事权划分，将税种统一划分为中央税、地方税和中央与地方共享税，并建立中央地方税收征管体系。中央收入包括关税、消费税、中央企业所得税等；中央与地方共享收入包括增值税（中央分享75%，地方分享25%）、证券交易税（中央与地方各分享50%）；地方收入包括营业税（不含铁道部门、各银行总行、各保险公司集中缴纳的营业税）、个人所得税、遗产和赠与税、土地增值税、城市建设维护税（不含上述铁路、银行、保险行业）、车船使用税、房产税、屠宰税、资源税（不含海洋石油资源税）、城市土地使用税、印花税、固定资产投资方向调节税、农牧业税和耕地占用税、农业特产税、地方税税款滞纳金、罚没收入、地方企业所得税（不含地方和外资银行及非银行金融企业所得税）、地方企业上缴的利润、国有土地使用权有偿收入、专项收入、其他收入等。省对宿县地区财政的税收返还以1993年为基期年，按上划中央的消费税和75%的增值税减去中央和省下划收入后的净额核定税收返还基数，全额返还。省确定的宿县地区税收返还基数为8170万元。为了保证省和地市的既得利益，省核定宿县地区上缴定额235万元，其中本级补助1328.6万元，按上缴定额确定宿县地区上缴递增比例为5%。

为了保证新体制顺利实施和新旧体制衔接，采取一系列配套改革和政策措施。分税制财政体制实施以来一直比较稳定，基本上没有大的调整。1994-2001年，因几个部门的上划、下划，宿州市定额上缴基数调整到4697.2万元，其中市本级定额补助

1144.5万元，县区定额上缴5841.7万元。

2004年，根据《安徽省人民政府关于实行省直管县财政体制改革的通知》精神，宿州市所辖砀山县、萧县、灵璧县、泗县的财政均由省直接管理（埇桥区财政仍由市管理），省财政对体制上解（补助）及定额补助基数以及金融业企业所得税和“两税”返还基数核定到市和直管县。以2003年省财政核定的各地财政体制基数和2003年市财政对县的年终结算为基础，将部分年终单独结算的固定补助收入、部分机构人员上下划经费、部分地区区划变动引起基数调整、市对县的固定补助收入等，相应调整体制上解（补助）、定额补助基数。调整后宿州市省财政补助总额为86919万元，其中本级补助为10224万元，县区补助为76695万元。2005-2007年，由于中央、省加大对宿州市财政转移支付力度、实施惠农政策和12项民生工程等原因，宿州市转移支付补助逐年增加。2007年，全市财力性转移支付补助265589万元，其中市本级（含埇桥区和经济技术开发区）体制补助64167万元，县级体制补助150644万元。

（二）县级财政体制

从1982年起至1993年，宿县地区各县（市）实行“划分收支、分级包干”财政管理体制，其间分别经历了“划分收支、分级包干（1982-1984年）”“划分税种、核定收支、超收分成、分级包干（1985-1987年）”“定额上缴递增、定额补助递减（1988-1993年）”等阶段。1994年8月，行署印发《宿县地区行政公署关于实行分税制财政管理体制改革的决定》，对所辖县（市）实行分税制财政体制改革，其收支范围的界定、税收返还基数的核定、体制上缴（补助）定额和定额递增上缴比例的确定均与省对地市分税制财政体制改革办法一致，对“两税”收入增量的分配作了调整，即对中央返还的税收增长额，省级留50%，行署留15%，返还县市35%。

在实行分税制财政体制改革的同时，为增强宏观调控能力，行署决定建立经济和社会发展奖励基金。从1994年起，各县（市）按当年地方一般预算收入的3%上缴行署财政，1994年当年按应缴数额的一半上缴，这一规定执行到2001年。2002年，省政府决定取消部分省辖市从所属县集中财力的做法，并对各市按2001年实际集中财力总额给予补助。当年市政府不再从县区集中财力。

2001年7月，宿州经济技术开发区经安徽省政府批准设立。2004年10月，市政府下发《关于宿州经济技术开发区实行分税制财政管理体制的通知》，决定从2005年起在开发区建立一级财政、划分收支范围，核定收入基数，坚持财权与事权相统一，实行分税制财政管理体制，以调动开发区立足自身发展经济、增收节支的积极性。

（三）乡镇财政管理体制

1985年，宿县地区各县（市）先后建立区（镇）财政组67个，乡镇财政所346个。全区大部分地方建立了乡镇财政管理体制，实行“定收定支，收入上缴，支出下拨，超收分成，结余留用，一定一年”的管理办法。从1986年，起各县（市）对乡镇财政管理体制作了调整和改进，实行“收支包干，一定几年”财政体制。1986-1994年，乡镇财政处于巩固提高和完善阶段，并逐步建立了乡镇金库。1995年，根据省财政厅《关于进一步完善乡镇财政体制的实施意见》的通知精神，对乡镇实行“分税制”财政体制。将与乡镇经济发展直接相关、适合乡镇管理的税种、收入下划给乡镇；将乡镇党政机关运转所需经费以及乡镇范围内经济、事业发展支出下划给乡镇。乡镇分税制财政管理体制一直执行到2004年。2004年2月，为深化农村税费改革、巩固农村税费改革成果，建立科学规范的公共财政管理体制，帮助乡镇财政尽快走出困境，省政府印发《关于全面推行乡镇财政管理体制改革的通知》，决定在全省全面实行乡镇财政管理方式改革，实行“乡财县管乡用”。

二、财政收入与支出

（一）一般预算收入与支出

1994-2001年，宿州市一般预算收入为地方一般预算收入加上划中央“两税”收入。2002年，国务院决定对企业所得税和个人所得税实行中央与地方分享改革，在实行分享范围之内的企业所得税和个人所得税，50%上划中央，50%作为地方收入。2002-2003年，宿州市一般预算收入分为地方一般预算收入加上划中央“四税”收入（增值税、消费税、企业所得税和个人所得税）。2004年，省政府完善所得税改革，企业所得税和个人所得税中央分享60%，省分享15%，市或县分享25%。宿州市一般预算收入分为地方一般预算收入、上划中央“四税”收入和上划省“两税”收入。根据省财政厅《关于规范我省财政总收入统计口径有关问题的通知》规定，从2005年起，宿州市一般预算收入分为地方一般预算收入、中央一般预算收入和出口货物退增值税三部分。其中中央一般预算收入包括增值税、消费税、企业所得税、个人所得税和中央其他收入。1994年，宿县地区一般预算收入42874万元，其中地方一般预算收入29867万元，上划中央收入13007万元；本级一般预算收入1598万元，其中地方一般预算收入948万元，上划中央收入650万元。随着经济和社会事业的迅速发展，财政收入逐年增长，2007年，宿州市一般预算收入已达213429万元，其中地方一般预算收入118897万元，中央一般预算收入91302万元，出口货物退增值税3230万元；本级一般预算收入58854万元，其中地方一般预算收入30446万元，中央一般预算收入28252万元，出口货物退增值税156万元。全市一般预算收入比1988年增长14.3倍。

1988–2007年宿州市一般预算收入情况一览表

表3-10-1 单位：万元

年度	一般预算总收入	中央一般预算收入	出口货物退增值税	地方一般预算收入															
				总计	税收收入									非税收入					
					合计	工商税收						农业税收		小计	其中				
						小计	其中					小计	其中		国有资产经营收益	行政性收费	罚没收入	专项收入	其他收入
							产品税	增值税	营业税	企业所得税	个人所得税		农业税						
1988	13921	—	—	13921	13752	10963	2527	1077	4563	1779	41	2789	2542	169	-191	—	305	50	5
1989	17393	—	—	17393	16312	12740	2094	1394	5705	1967	174	3572	2700	1081	-187	—	928	89	2
1990	18333	—	—	18333	17318	13516	2169	1347	5993	2030	289	3802	2675	1015	-201	—	653	94	176
1991	16579	—	—	16579	15222	12821	1699	1307	6293	1588	371	2401	1381	1357	-440	—	1134	221	236
1992	20886	—	—	20886	19488	15355	2699	1510	6994	1849	367	4133	2527	1398	-387	—	1032	286	255
1993	25350	—	—	25350	23123	18974	4153	2038	8365	1667	488	4149	2482	2227	48	—	1283	532	243
1994	42874	13007	—	29867	24048	14859	—	3855	5084	1880	729	9189	5536	5819	227	1163	2025	749	1619
1995	67886	16207	—	51679	41294	27105	—	4889	6606	2166	3957	14189	7331	10385	1487	1618	3036	907	3308
1996	86371	18779	—	67592	52059	33065	—	5712	6363	3494	6005	18994	9750	15533	1283	3267	4785	1215	4983
1997	97625	20914	—	76711	60678	39065	—	6372	7425	2723	10102	21613	9697	16033	2055	5358	4986	—	3634
1998	104544	26147	—	78397	62499	40559	—	7303	9397	1596	9601	21940	9370	15898	1672	6105	4875	1639	1164
1999	108484	26904	—	81580	62906	42048	—	7572	9589	2462	5859	20858	8670	18674	1606	5489	6748	1519	2853
2000	112217	30141	—	82076	66800	31796	—	7917	8680	2756	6065	35004	28690	15276	884	4899	6190	1613	1690

续表3-10-1

年度	一般预算总收入	中央一般预算收入	出口货物退增值税	地方一般预算收入																
				总计	税收收入									非税收入						
					合计	工商税收						农业税收		小计	其中					
						小计	其中					小计	其中		国有资产经营收益	行政性收费	罚没收入	专项收入	其他收入
							产品税	增值税	营业税	企业所得税	个人所得税		农业税						
2001	113831	31470	—	82361	68798	35315	—	8818	8845	5673	4521	33483	27750	13563	528	4404	6718	1756	157
2002	111709	34085	—	77624	63575	31553	—	9046	10866	2109	2306	32022	30510	14049	153	5098	6739	2003	56
2003	117153	36099	—	81054	65794	33557	—	10153	12874	818	2040	32237	30124	15260	92	5584	7447	1804	333
2004	125926	44409	—	79539	59601	36812	—	11669	14444	822	2473	22789	20958	19938	12	5648	11803	1982	493
2005	134183	61466	2652	70065	46467	41965	—	15149	14282	947	2587	4502	140	23598	11	8746	11842	2558	441
2006	168651	75517	2833	90301	60695	54276	—	18070	20548	1945	2863	6419	—	29606	515	11832	13691	2630	938
2007	213429	91302	3230	118897	81555	71607	—	20411	29922	3491	3629	9948	—	37342	605	13960	17931	3557	20

说明：2004年一般预算总收入中含上划省“两税”收入1978万元

1988-2007年宿州市本级一般预算收入情况一览表

表3-10-2　　单位:万元

年度	一般预算总收入	中央一般预算收入	出口货物退增值税	地方一般预算收入																
				总计	税收收入									非税收入						
					合计	工商税收						农业税收		小计	其中					
						小计	其中					小计	其中							
							产品税	增值税	营业税	企业所得税	个人所得税		耕地占用税		国有资产经营收益	行政性收费	罚没收入	专项收入	其他收入	
1988	159	—	—	159	546	537	—	—	—	537	—	9	9	-387	-389	—	—	—	2	
1989	301	—	—	301	637	631	—	—	—	631	—	6	6	-336	-461	—	77	—		
1990	347	—	—	347	570	552	—	—	—	552	—	18	18	-223	-450	—	112	—	57	
1991	240	—	—	240	577	564	—	—	—	564	—	13	13	-337	-469	—	86	—	3	
1992	283	—	—	283	709	690	—	1	—	675	—	19	19	-426	-517	—	33	—	26	
1993	841	—	—	841	1012	1000	263	5	128	562	—	12	12	-171	-278	—	74	—	9	
1994	1598	650	—	948	888	854	—	213	125	379	4	34	34	60	—	3	40	2	13	
1995	2757	908	—	1849	1495	1457	—	302	377	373	12	38	38	354	210	12	49	66	17	
1996	3686	1129	—	2557	1992	1925	—	373	532	580	52	67	67	565	—	106	330	98	31	
1997	4128	1340	—	2788	2618	2553	—	442	803	691	84	65	65	170	—	10	133	—	27	
1998	4734	1827	—	2907	2709	2669	—	604	708	225	79	40	40	198	—	—	7	191	—	
1999	7517	3027	—	4490	3560	3524	—	991	1142	691	80	36	36	930	—	586	116	228	—	
2000	9311	3927	—	5384	3620	3613	—	1255	808	729	125	7	7	1764	—	584	811	269	100	

续表3-10-2

年度	一般预算总收入	中央一般预算收入	出口货物退增值税	地方一般预算收入															
				总计	税收收入									非税收入					
					合计	工商税收						农业税收		小计	其中				
						小计	其中					小计	其中		国有资产经营收益	行政性收费	罚没收入	专项收入	其他收入
							产品税	增值税	营业税	企业所得税	个人所得税		耕地占用税						
2001	13371	4448	—	8923	6691	6615	—	1475	863	3326	370	76	76	2232	—	937	1118	177	—
2002	15158	7042	—	8116	5523	5405	—	1866	1421	1020	387	118	114	2593	103	599	1373	507	11
2003	19048	8364	—	10684	8090	7152	—	2468	2381	239	303	938	335	2594	92	531	1348	390	233
2004	23743	10320	—	13056	8450	8009	—	2878	3019	252	358	441	333	4606	12	683	3268	435	208
2005	38922	19424	499	18999	11246	9770	—	3967	3326	187	362	1476	45	7753	11	1188	5659	694	201
2006	48611	24141	165	24305	16617	14270	—	4251	5807	783	410	2347	529	7688	—	2153	4331	799	405
2007	58854	28252	156	30446	21992	19392	—	4563	8037	1308	590	2600	50	8454	—	1698	4944	1239	20

注:2004年,一般预算总收入中含上划省“两税”收入367万元。

1988-2006年，宿州市一般预算支出可分为行政费支出、文教科卫支出、农林水气支出、社会保障支出、经济建设支出等类别。随着国民经济和社会事业迅猛发展，财政收入逐年大幅增加，国家财政转移支付力度不断加大，各项扶持政策出台和12项民生工程（2007年拨付59844万元）实施等原因，宿州市一般预算支出规模不断扩大，支出结构得到比较合理的调整。1988年，全市一般预算支出仅为20259万元，其中本级2092万元，到2006年增长到396116万元，其中本级为69276万元。2007年，财政部实施政府收支分类改革，宿州市一般预算支出改按支出功能和支出经济分类。当年全市一般预算支出508459万元，其中本级67780万元，分别比1988年增长24.1倍和31.4倍。

1988-2006年宿州市一般预算支出情况一览表

表3-10-3　　单位：万元

年度	一般预算总支出	其中				
		行政费支出	文教科卫支出	农林水气支出	社会保障支出	经济建设支出
1988	20259	3356	8188	1055	1252	4972
1989	23662	4180	8919	982	1231	5891
1990	25804	5013	10488	1187	1721	5425
1991	28630	5325	11009	1248	3136	5130
1992	29780	6683	13574	1460	1475	3165
1993	32471	6619	14536	1577	1715	2435
1994	40433	9048	18989	1995	1724	2718
1995	63717	13899	27150	2671	2646	6350
1996	85836	15738	27899	3013	10131	14556
1997	92332	17649	32312	3542	11208	15847
1998	92962	19428	29944	3856	13241	17085
1999	106869	21732	36154	4539	17629	15768
2000	119994	24843	41195	5395	23290	12287
2001	144920	29314	49752	5485	31782	10781
2002	170083	30600	60420	6641	42165	13890
2003	194985	30080	70147	8981	49590	14680
2004	239868	38706	84582	10006	57269	20901
2005	262165	40892	91875	12560	64823	23243
2006	396116	66880	163780	22162	46726	45390

说明：2007年，宿州市一般预算支出508459万元。其中一般公共服务82304万元、国防318万元、公共安全29873万元、教育180748万元、科学技术2772万元、文化体育与传媒6795万元、社会保障和就业46648万元、医疗卫生35061万元、环境保护13459万元、城乡社区事务15080万元、农林水事务45928万元、交通运输13627万元、工业商业金融等事务30320万元、其他支出5526万元

1988–2006年宿州市本级一般预算支出情况

表3-10-4　　单位：万元

年度	一般预算总支出	其中				
		行政费支出	文教科卫支出	农林水气支出	社会保障支出	经济建设支出
1988	2092	423	789	193	79	457
1989	2422	555	924	237	68	380
1990	2505	658	1049	267	62	304
1991	2614	688	1094	299	82	205
1992	3029	861	1264	323	76	253
1993	3264	919	1145	328	115	239
1994	4278	1372	1315	401	68	302
1995	5236	2141	1509	407	147	397
1996	7302	2098	1538	479	761	1398
1997	8477	2623	1598	538	876	1775
1998	9104	2911	1881	392	1210	1751
1999	10262	3284	2008	423	1734	1595
2000	15697	4242	2870	494	3133	3585
2001	19655	4769	2973	528	3936	4145
2002	24443	6292	3966	776	4394	6447
2003	31059	6543	5675	1056	4366	10243
2004	34576	10455	6368	1257	4933	8173
2005	41517	13183	7511	1601	4685	8258
2006	69276	19508	9925	1756	8584	17964

说明：2007年，市本级一般预算支出67780万元。其中一般公共服务15014万元、国防140万元、公共安全12110万元、教育7273万元、科学技术1199万元、文化体育与传媒2788万元、社会保障和就业4138万元、医疗卫生3398万元、环境保护3541万元、城乡社区事务4589万元、农林水事务4804万元、交通运输358万元、工业商业金融等事务7027万元、其他支出1401万元

（二）基金预算收入与支出

宿州市纳入预算管理的政府性基金10多项。征收的基金涉及工交部门基金收入、文教部门基金收入、社会保险基金收入、农业部门基金收入、土地有偿使用收入、政府住房基金收入和地方财政税费附加收入。1997年，宿县地区基金预算收入12917万元，其中本级355万元。2007年，宿州市基金预算收入173572万元，其中本级43157万元，分别比1997年增长12.4倍和120.6倍。

1997年，宿县地区基金预算支出11466万元，其中本级393万元。2007年，全市基金预算支出165694万元，其中本级30555万元，分别比1997年增长13.5倍和76.7倍。

1997–2007年宿州市基金预算收入情况一览表

表3-10-5　　单位：万元

年份	合计	工业交通部门基金收入	文教部门基金收入	社会保险基金收入	农业部门基金收入	土地有偿使用收入	政府住房基金收入	地方财政税费附加收入	其他部门基金收入
1997	12917	173	11127	—	—	—	—	1210	407
1998	13800	121	11497	—	—	—	—	2182	—
1999	14567	105	12017	—	319	—	—	2126	—
2000	1004	186	93	—	175	240	—	310	—
2001	13394	248	—	12301	430	402	—	13	—
2002	19394	580	18	16662	722	1319	5	88	—
2003	28198	89	7	21797	683	5443	6	173	—
2004	37123	119	337	24755	900	10821	14	162	15
2005	62097	163	579	37141	1013	22824	23	294	60
2006	78215	323	628	45414	540	30734	35	367	174
2007	173572	263	858	75005	454	96405	—	389	198

1997–2007年宿州市基金预算支出情况

表3-10-6　　单位：万元

年份	合计	工业交通部门基金支出	文教部门基金支出	社会保险基金支出	农业部门基金支出	土地有偿使用支出	政府住房基金支出	地方财政税费附加支出	其他部门基金支出
1997	11466	173	10192	—	—	—	—	646	455
1998	11325	60	10772	—	—	—	—	493	—
1999	9500	125	9216	—	7	—	—	152	—

续表3-10-6

年份	合计	工业交通部门基金支出	文教部门基金支出	社会保险基金支出	农业部门基金支出	土地有偿使用支出	政府住房基金支出	地方财政税费附加支出	其他部门基金支出
2000	1484	179	786	—	53	161	—	305	—
2001	15662	202	2651	12305	92	358	—	45	9
2002	17334	514	5	16088	243	429	5	50	—
2003	27784	81	1124	21806	296	4292	6	179	—
2004	34516	126	305	23125	864	9946	10	128	12
2005	59129	142	414	36304	320	21654	23	250	22
2006	77236	1543	420	46108	433	27825	35	357	515
2007	165694	2576	404	76810	738	84001	—	435	730

说明：2006年，其他部门基金支出中含外贸发展基金支出293万元、2007年含529万元

（三）预算外资金收入和支出

预算外资金是政府财政资金的重要组成部分。

1998年宿县地区预算外资金收入15350万元，支出13551万元。

2007年，财政部实施政府收支分类改革，宿州市预算外收入和支出纳入政府性收入和支出。当年全市预算外财政专户资金收入60534万元，预算外财政专户支出52906万元，收入和支出的比1988年13551万元增长2.9倍。

1988-1995年宿县地区预算外资金收入情况

表3-10-7　　单位：万元

年度	合计	地方财政部门收入	行政事业单位收入	国营企业及其主管部门收入
1988	15350	591	5840	8919
1989	17629	926	7801	8902
1990	18791	972	8929	8890
1991	18004	961	9462	7581
1992	23956	1575	11539	10842
1993	16616	1395	15221	—
1994	22658	2517	20141	—
1995	46020	5400	40620	—

1996–2007年宿州市预算外资金收入情况

表3-10-8　　　　单位：万元

年度	合计	行政事业性收费	基金和附加收入	主管部门集中收入	乡镇自筹统筹资金	社会保障基金	地方财政收入	彩票资金收入	国有资源(资产)有偿使用收入	其他收入
1996	49800	20250	682	—	9053	5894	9533	—	—	4388
1997	62820	27067	2498	18	14052	8567	3913	—	—	6705
1998	59269	34920	8500	42	14555	—	—	—	—	1252
1999	43277	26356	380	5	14901	—	—	—	—	1635
2000	26702	26667	35	—	—	—	—	—	—	—
2001	24764	22786	72	598	1308	—	—	—	—	—
2002	31057	28488	2538	—	—	—	—	—	—	31
2003	31545	28492	2941	—	—	—	—	—	—	112
2004	38650	32593	4069	—	—	—	—	—	—	1988
2005	45064	41057	3177	—	—	—	—	—	—	830
2006	55835	47761	3058	—	—	—	—	—	—	5016
2007	60534	48878	—	—	—	—	—	154	2187	9315

1988–1995年宿县地区预算外资金支出情况

表3-10-9　　　　单位：万元

年度	合计	基本建设支出	城市维护费支出	科技三项费用支出	增补流动资金支出	福利支出	奖励支出	行政事业	上缴国家能源交通资金	上缴国家预算调节基金	其他支出
1988	13551	5378	152	28	301	1180	860	3258	395	—	1999
1989	16980	6251	168	101	293	1861	1230	3335	499	388	2954
1990	19641	7124	258	17	224	2103	988	4506	427	342	3652
1991	18369	6495	259	27	128	1978	946	5089	364	252	2831
1992	23028	7442	370	50	115	2413	1178	6828	323	249	4060
1993年	13987	1783	202	—	—	670		8133	19	39	3141
1994	20338	4850	647	—	—	1055		10985	31	26	2744
1995	44960	6780	890	—	—	2510		30300	60	—	4420

1996–2006年宿州市预算外资金支出情况

表3-10-10　　单位：万元

年度	合计	行政事业支出	基本建设支出	专项支出	乡镇自筹统筹资金支出	社会保障基金支出	城市维护支出	其他支出	附列资料：预算外资金调控	
									小计	纳入预算
1996	43553	21253	6423	—	8864	4735	1130	1148	4052	2897
1997	56409	23053	3731	2940	14533	6121	—	6031	1988	1988
1998	54844	26466	7167	1047	14399	—	—	5765	5550	3564
1999	38214	18291	3917	—	15067	—	34	905	3217	3217
2000	23128	18272	3917	—	—	—	34	905	2374	2374
2001	24968	18731	4707	—	1168	—	150	212	2082	2082
2002	29881	26093	2393	—	140	—	1252	3	3226	736
2003	27538	21889	4891	—	—	—	758	—	3732	950
2004	34292	28562	4924	—	—	—	708	98	3147	812
2005	37163	33529	3512	—	—	—	—	122	5093	700
2006	49743	46551	2980	—	—	—	—	212	2835	820

说明：2007年宿州市预算外资金支出52906万元，其中一般公共服务5138万元、公共安全214万元、教育32834万元、文化体育与传媒2076万元、社会保障和就业1963万元、医疗卫生1105万元、环境保护987万元、城乡社区事务5937万元、农林水事务1150万元、交通运输1104万元、工业商业金融等事务364万元、其他支出34万元。预算外资金调控900万元，纳入预算900万元

三、财政管理

（一）预算管理

宿县地区在1985年建立乡（镇）级预算管理制度，经过20多年的实践，在全市形成了市、县（区）乡（镇）三级预算管理体系。2004年5月，市政府批转《宿州市市级预算管理办法》，进一步明确和规范了市级预算管理，规定市级实行综合财政预算管理方式，对各类资金实行统一管理、统筹安排。收入预算应根据历年收入情况和变化因素来测算编制；支出预算采用零基预算方法编制。预算经人大批准后，即具有法律效力，非经法律程序不得调整。在预算执行中非因特殊情况不得提出追加支出的申请，必须追加支出的，要严格按规定程序办理审批。宿州市预算管理工作的重点是预算的编制和审核、预算的执行、决算的编制和审批。

（二）预算外资金管理

1986年以前，预算外资金是各部门、各单位根据国家有关规定自行收取、自行使用、不纳入国家预算的资金，财政管理仅局限在对单位预算外资金收支情况的不定期检查。1986-1994年4月，在资金所有权不变的前提下，对行政事业单位的预算外资金采取由财政部门“专户存储、计划管理、财政审批、银行监督”的管理方式；对国营企业及其主管部门的预算外资金，采取“计划管理、政策引导”的管理方式。1994年5月-2004年，政府下文明确规定预算外资金实行收支两条线管理并分类按比例征缴，授权财政部门直接参与预算外资金的再分配。财政局要求全额预算单位按预算外收入总额的25%、差额预算单位按抵顶后预算外资金净结余的10%、自收自支单位按核定收支余额的50%上交地区财政。

2005年，省政府发布《安徽省政府非税收入管理暂行办法》，规定政府非税收入是财政收入的组成部分，将政府非税收入纳入综合财政预算。未经财政部门批准，执收单位不得当场收取政府非税收入现款。此后市财政局、非税收入管理局还通过规范票据发放工作，把票据发放和资金管理结合起来进行管理，取得了较好效果。

（三）综合财政预算管理

宿州市综合财政预算从1995年建立第二预算开始并逐步完善。第二预算是地方政府对各种未纳入预算的预算外财力，按照国家预算的管理形式，收入缴财政，支出按计划，合理分配，监督使用，综合平衡的一种预算管理体制。1999年，根据《安徽省综合财政预算管理办法》，行署发文对综合预算的编制与审批、综合财政预算的执行、综合财政的决算、综合财政的监督、奖励与处罚都作了明确的规定。2006年4月，宿州市对政府各项收入、支出进行新的分类，形成新的政府收支分类体系，进一步完善了部门预算编制，加强了综合预算管理。

（四）财政国库管理

2002年6月，市财政局将财政国库与预算管理职能分设，8月，成立国库支付中心，开始建立国库单一账户体系，用于记录、核算反映财政预算资金和纳入预算管理的政府性基金的收入和支出，市本级预算内资金全面实行国库集中支付。2003年，市直所有54个部门174个单位预算资金全部纳入支付中心，实行集中支付。市直全额供给单位4810人工资实行统一发放，月统发工资500.7万元。2004年6月，市直建立工资统一发放信息系统，为113个全额拨款单位的4440名职工全部建立工资档案，实现了财政局、支付中心工资发放情况数据共享，财政对工资发放情况的监控进一步强化。2007年，市直54个部门168个单位实现国库直接支付48398.9万元，其中直接支付27468.9万元，授权支付20930万元。政府采购资金国库集中支付项目119项，金额5273万元。

（五）行政事业财务管理

1980-1997年，财政对行政单位实行“预算包干、结余留用、超支不补”的管理办法。1998年开始实行“收支统一管理，定额、定向拨款，超支不补，结余留用”的预算管理办法。

1997年以前，宿县地区对事业单位预算管理形式，根据其业务收入的多少分为全额预算管理、差额预算管理和自收自支管理。1997年1月，财政部《事业单位财务规则》实施后，对事业单位实行“核定收支、定额或者定项补助、超支不补、结余留用”的预算管理办法。2002年，公共财政支出改革，宿州市根据事业单位提供公共产品和公共服务的职能，对事业单位采取分类界定，实行全额拨款、定额定项补助、停止供给推向市场等多种管理办法。

工资性支出占人员支出的比重较大，1988年人员经费实行定员定额，超编人员不增加经费，并采取措施积极处理超编人员。

1995年，将地直机关会议实行分类管理，分级审批，各类会议一律实行综合定额包干。从2000年开始对党代会、人代会、政协会等大型会议实行管理、总额包干的办法。

1986年，对财政供给单位机动车辆维修车燃费每车每年5000元包干，并严格控制车辆购置。1993年要求车辆定点维修。2004年，实行车辆统一保险，保险费大幅下降。

2002年起一律停止用公款为各级人员安装、配备通讯工具，实行“定额补贴、节约归己、超支自理”的管理办法。

对出差人员的差旅费管理，1987年、1989年、1997年多次发文，出台较详尽的报销管理办法，严格控制差旅费支出。

（六）企业财务管理

1986年12月，国务院发布《关于深化企业改革，增强企业活力的若干规定》，明确提出“推行多种形式的经营承包责任制，给企业以充分的经营自主权”。1987年8月、1988年4月财政部先后发布《关于国营大中型工业企业推行承包经营责任制有关财务问题的暂行规定》和《全民所有制工业企业推行承包经营责任制有关财务问题的决定》等文件。宿县地区认真落实搞活企业的有关政策措施，对大中型企业实行承包经营责任制，小型企业实行租赁制，有计划、分期分批地全面推行厂长（经理）负责制。宿县地区承包经营责任制大体经历了两个承包期，1987-1990年，为第一轮承包期。1991-1993年，为第二轮承包期。1987年，行署财政局印发《关于下达地直企业1987年上缴财政所得税、调节税和利润计划的通知》，标志着全区企业正式实行承包经营责任制。1991年，在总结经验的基础上，对地直企业实行第二轮承包，下发《关于下达1991年度地直企业上交财政任务的通知》，二轮承包期三年。1994年，国务院实行分税制财政体制改革，明确规定从1994年1月1日起，国有企业统一按国家规定的33%税率缴纳所得税，取消各种包税的做法。宿县地区承包经营责任制随即停止执行，企业改按国家税法规定缴纳所得税。

从1992年开始，国家在财务会计制度方面进行重大改革，财政部相继发布《企业会计准则》《企业财务通则》、行业会计制度和行业财务制度（简称“两则”“两制”），自1993年7月1日起开始实施。这些财务会计制度的改革，是从传统计划经济模式向社会主义市场经济模式转变的一次重大变革。根据新的企业财务制度规定，宿县地区财政部门要求工交商贸等企业，建立以《企业财务通则》为基础，以行业财务制度为主体，以企业内部财务管理为补充的企业财务制度体系，从而规范了不同所有制性质，不同组织形式和不同经营方式的企业财务行为。

1994年7月，地委行署印发《中共宿县地委、宿县地区行署关于加快工商企业产权制度改革，大力推行股份制的决定》，全区企业开始进行以建立责权分明、产权清晰、自主经营、自负盈亏的现代企业制度为目的的企业改制工作。1997年8月-1998年年底，全市249户国有企业或国有控股企业参加改制。2000年，市直工交企业、供水公司、汽车运输公司和商贸企业燃料公司、盐业公司、糖酒公司等5家企业进行了改制，涉及国有资产总量4494.3万元。2003年6月，皖北药厂进行了规范化股份制改造，成立了皖北药业股份有限公司。截至2004年，全市15家重点调度企业全部进行了产权制度改革。151家中小企业有122家进行了多种形式的改革，核销银行呆坏账3.95亿元，企业资产负债率平均下降10个百分点，盘活存量资产近15亿元。

（七）农业财务管理

主要包括农业事业财务管理、农业企业财务管理、财政农业专项资金管理等。1987年，农业事业财务管理采取三种预算管理形式即全额供给、差额供给、自收自支管理形式。农业企业财务管理自1993年7月1日起执行新的《农业企业财务制度》。1998年，全区共有农业企业41家，其中盈利的27家，亏损的14家，盈亏相抵后亏损395万元。随着市场经济的发展，全市农业企业逐步走向市场。

涉农财政资金有各种农业专项资金，如农业科技示范资金、财政扶贫资金、支持贫困村后进村发展的村级集体经济发展专项资金以及退耕还林工程补助资金等。对于这些资金，要求是专户存储，专款专用，从严管理。财政部门还配合相关部门积极地向上申报项目，争取更多的资金支持。如2000-2007年，争取农业三增示范工程项目11个，扶持资金420万元；农业科技推广基地项目11个，扶持资金760万元等。

（八）经济建设财务管理

1994年以前，由建设银行代行财政管理国家预算内基本建设资金。1994年以后，财政部门对基本建设资金从三个方面进行管理：预算管理，主要抓好财政性资金投资项目的预决算审查和项目的效益评估等；拨款管理，即按照基本建设计划、支出预算、建设程序和建设进度进行拨款；加强服务和监督工作。

1998年，国家为扩大内需，安排大量的国债资金项目，到2004年，全市争取到各类预算内资金19838万元，如市污水处理厂、燃气工程、垃圾处理工程、运粮河综合治理、优质小麦基地建设等。2007年，争取到各类建设资金36021.35万元；各类粮补资金8322.22万元；农资综合补贴13439万元；退耕还林补贴2088.79万元；成品油价格补贴1514万元。

（九）社会保障财务管理

1.社会保障经费管理。市财政部门每年都将地方应承担的城市居民最低生活保障资金全额列入财政预算，使最低生活保障有可靠的资金保证。2000-2004年财政投入500万元支持收容遣送工作。1998-2007年拨17975万元救灾资金。1990年，大幅度提高优抚标准，2004年，再次提高标准，全市2007年各类优抚对象21008人享受优抚补助。社会保障资金实行专项调拨、专项管理。

2.社会保险基金财务管理。（1）养老保险：1997年国务院发布《关于建立统一的企业职工基本养老保险制度的决定》，宿县地区开始逐步统一养老金计发办法，以后采取多种办法扩大养老保险覆盖面，提高基金征缴率。2000年，全市养老保险缴费比例提高到20%，个人提高到8%。2007年，全市参保职工人数15.7万人，离退休42872人，发放养老金42565万元。（2）失业保险：1998年7月，提高全区失业保险基金缴费比例，由企业职工工资总额的1%调整为职工工资总额的3%，其中职工个人缴纳本人工资总额的1%，企业缴纳全部职工工资总额的2%。在基金入不敷出时，财政给予必要补贴，以增强基金支付能力。2007年起，按国家相关文件要求，企业失业人员直接纳入失业保险范畴，将下岗职工基本生活保障制度向失业保险制度“并轨”。全市下岗职工基本生活保障和再就业资金，1998年，为552万元；2000年，为2219万元；2005年2043万元；2007年3293万元。2007年，全市失业保险参保人数达21.8万人，支出1983万元。（3）医疗保险：2000年6月，宿州市开始实施基本医疗保险制度，基本医疗保险费由用人单位和职工共同缴纳，用人单位缴纳工资总额的6%，职工个人缴纳本人工资的2%，并建立统筹基金和个人账户相结合的管理模式。经多次扩大实施面，基本上做到全覆盖。2001年3月，实施城镇职工医疗救助和国家公务员医疗补助政策。职工医疗救助缴费标准每人每年60元，2005年提高到84元，2006年7月1日，又提高到120元，原则由用人单位缴纳，也可由用人单位和个人共同缴纳。公务员医疗补助按上年在职职工的工资总额和退休人员退休金总额之和的2%比例征集。2007年，全市基本医疗保险参保人数已达19.5万人，基金以收定支，运行平稳。

（十）会计管理

1.实施会计法规。1985年，《中华人民共和国会计法》颁布实施，1999年，二次修订后发布实施，地区财政局通过多种形式进行宣传，举办培训班26期，培训会计人员5300多人次。2001年，对执行会计法情况进行检查，对查出的无证上岗、未按规定填写会计凭证、私设小金库、账外设账、虚列资产、虚列利润等问题，财政部门依据《中华人民共和国会计法》进行限期整改、通报批评和罚款等处罚。新的企业会计准则发布实施后，财政部门加大对会计人员培训力度，1997年至2007年，培训5.3万人次。通过提高会计工作质量，加强了会计基础工作。

2.会计人员管理。1989年1月，在全区颁发会计证，到1998年，全区有13200多名会计人员取得会计证，占总会计人数的85%以上。1999年开始，实施会计从业资格证书，宿州市于2001年10月开始换发会计从业资格证，到2004年，10800人换发新证，以后3年又有1482人取得会计从业资格。1987至1989年，全区评审会计师546人，助理会计师2122人，会计员1825人。

1992年到2007年，共举行15次会计专业资格考试，5537人取得不同层次会计专业技术资格。1986年至2007年，41人通过省高级会计师评委会的评审，取得高级会计师职称。

（十一）国有资产管理

1991年，开始成立国有资产管理机构，1992年，对全区国有企业进行了新中国成立以来第一次初始产权登记，1993年4月，启动国有企业清产核资工作，通过试点到1995年全面完成，全区585家国有企业全部资产总额为618764万元，负债总额为

512877万元，所有者权益为105887万元，资产负债率为82.9%。1996年至1998年，对323家城镇集体工商企业进行清产核资，确认宿州地区城镇集体工商企业资产总额253890万元，负债239209万元，所有者权益14681万元，资产负债率94.2%。137家集体金融企业资产总额295759万元，负债293675万元，所有者权益2084万元，资产负债率99%。

1995年，结合清产核资，进行国有企业的产权界定。1997年，实施产权制度改革。1998年年底，大范围企业改制完成后，全区国有及国有控股企业479家，较改制前减少106家，国有资产总额15936万元，较改制前减少1891万元。1997年和1998年，对市纺织厂和华源电力发展公司、安徽省应用技术研究所实行国有资产授权经营，深化了国有资产管理体制改革。1993-2002年，经国有资产管理部门立项确认、核准备案的国有资产评估项目累计达665项，评估价值总计达93.39亿元，为国有企业改制、上市以及中外合资合作，提供了不可缺少的服务。

1993年，对全区行政事业单位进行清产登记，1992年，国有资产存量96.70亿元，比账面增加18.24亿元。2007年4月，资产清查，全市1406户行政事业单位资产总额60.51亿元，负债总额17.72亿元，净资产42.79亿元。

（十二）财政信用管理

1.财政周转金管理。主要包括企财周转金、行财周转金和支农周转金。1986-2003年，市本级自筹和上级借入共投放企财周转金15176万元，经清理到2001年，核销421万元，争取省豁免本金90万元。行财周转金主要用于支持文教行政事业发展，1986-2000年，累计投放922万元，1999年，经清理省核销40万元。1986-2003年，地直本级共投放支农周转金973万元，回收944.1万元，1999年，经批准核销29万元。

2.国债管理。1988-2000年，由财政部门负责发行四种国债（国库券、特种国债、特种定向债券、凭证式国债），财政部门认真做好国债发行和兑付工作，维护了国债信誉。1988-2000年，全市财政部门兑付各类国债18133万元，其中市国债服务部兑付国库券1596万元；银行兑付13647万元。

3.外债管理。从1992年开始，宿州市有6个项目借用国外政府贷款，合计本金6087.8万美元、339万欧元。其中洗涤剂原料项目部分债务由丰原集团承担外，中国进出口公司免除了除本金以外的全部息费1.9亿元，至2004年年底，仍拖欠债务2.78亿元。2005年，建立偿债机制，至2007年，仅欠外国政府贷款210万美元、339万欧元。宿州市加强灌溉农业项目为世行贷款，总投资35163万元，其中利用世行贷款1775.3万美元，折合人民币14735万元，通过项目实施，提高了抗灾能力，至2003年，基本还清。

（十三）政府采购管理

2000年8月，成立市政府采购中心，开始实施《宿州市政府采购管理暂行办法》。2001年市政府采购中心受39家委托、实施61次集中采购，采购金额592.3万元，节约107.9万元。2002年，市本级组织集中采购140余次，总金额2004.1万元，节约290.6万元，资金节约率12.7%。2003年，全市完成政府采购7962万元，节约资金1247万元，节约率13.5%。2005年，市直76家单位采购预算9011.8万元，实现合同采购8221.9万元，比预算节约789.9万元，节约率为8.7%。2007年，全市政府采购20818万元，比预算节约2810万元，节约率13.5%。

（十四）民生工程资金管理

2007年1月，省政府印发《关于实施十二项民生工程促进和谐安徽建设的意见》，宿州市立即制订出筹资方案，全年筹集资金7.2亿元，全部按项拨付到位。资金下拨后，财政部门严加管理，对发到个人的资金要求进行阳光操作；对公益项目资金进行专户管理，将资金下拨与工程进度、竣工验收相结合，保证资金安全运行，做到把好事办好，好事办实。

四、财政监督

1989年，全区开展税收、财务、物价大检查，查出各类公司违纪资金200万元；公安、交通、计生等单位截留、侵占罚没收入138万元；地直4所学校乱收费132万元；全区共查出扩大消费基金、请客送礼408万元。对查出的问题按有关规定进行处置。

为加强财政监督，自20世纪90年代以来每年都进行规模不等的财政执法性检查。如1990年，开展财政支农周转金清理检查。1992年，全区开展了“农业四税”及部分支农资金检查。1993年，宿县地区整顿财经纪律，对全区1个县、45个乡镇、4个办事处的财务管理情况进行了执法检查，共查出违纪金额95.74万元，上交财政34万元。控购部门对1992年以来的违控车辆进行检查，全区共查违控车辆194部，分别给予没收、罚款、补交控购附加费等处罚，全区入库134.4万元。1994年，会同物价部门对全区1251个基层单位进行了行政事业性收费年审。全区共检查收费项目4787项，收费总金额2.22亿元，共查出违纪收费项目22项，降低收费标准37项，对违纪比较严重的15个单位移交物价检查所查处。1996年，在全区开展财经纪律大检查，共查出违纪金额4239万元，入库3045万元。1997年，全区财经纪律重点检查了15504户，查出违纪金额4373万元，入库3470万元，对85个单位进行整改，查处乱收费项目177个，违规资金566.56万元。1998年，加强财政支出监督检查，大力压缩非生产性支出，认真清理移动电话，制定了《宿县地区地直机关住宅公务电话管理办法》和《宿县地区地直机关无线移动电话管理暂行办法》，全区共清理住宅电话2439部，移动电话837部，节约资金390.88万元。并对支农资金、农业综合开发支出、教育附加费、科技三项费用跟踪问效，确保了资金专款专用。从1985年开始，每年一次的税收、财务、物价大检查工作结束。1989-1997年，宿县地区共查出违纪金额29169万元，缴库18593万元。1999年，全面实施综合财政预算，制订规范性文件，把“收支两条线”工作纳入制度化、规范化、法制化的轨道。加强对执收执罚部门开设的银行账户的监管工作。认真清理行政事业单位银行账户，规定有执收执罚权的单位，经财政部门批准并取得人民银行的开户许可证后，可开设一个预算外资金支出户。在当年开展的财政监督中，全市共查出各种违纪资金3118.3万元，追缴入库1613.3万元。2000年，宿州市财政监督部门加强对实施票款分离的监督工作，市监察、财政等部门与执收执罚单位和定点银行签订了承诺书，保证罚没收入、行政事业性收费及时全额纳入国库和财政专户。对国有企业财务决算和社会审计机构审计决算的质量进行检查；对所属五个县区1999

年、2000年，特大防汛抗旱补助费管理使用情况进行了专项检查。2001年，规范财经秩序。全市开展了《中华人民共和国会计法》执法情况大检查和会计信息质量抽查工作。重点检查了107个单位，查出违纪单位82户。2002年，切实加强对非税收入征管的监督。2003年，开展收费专项检查，责令74个单位整改，查处违纪金额1610万元。2004-2006年，进一步规范财政监督检查，相继开展了"收支两条线"执行情况检查、行政事业性收费检查、会计信息质量抽查、各类财政专项资金检查、国有土地出让金收支情况专项检查等。2007年，加大财政监督力度，对39个非税收入单位进行检查，发现应缴未缴资金2353万元，要求整改。在收费年检中，查出13个乱收费项目，违纪资金397万元，降低收费标准6项。查出历年积欠土地出让金6876万元，有效避免土地流失在清理登记银行账户工作中，撤销银行账户12个，从源头上堵塞非税收入逃避财政专户管理的漏洞。

五、农村税费改革和公共财政支出改革

1.农村税费改革。为从根本上治理对农民的乱收费，切实减轻农民负担，从2000年起，对农村税费进行改革，主要内容是"三个取消，一个逐步取消，两个调整，一项改革"。"三个取消"：取消按农民上年人均纯收入比例征收乡村两级办学、计划生育、优抚、民兵训练、修建乡村道路费等乡统筹费；取消农村教育集资等行政事业性收费和政府性基金、集资；取消在生产收购环节征收的屠宰税。逐步取消统一规定的劳动积累工和义务工，2000年，每个劳动力最高不超过3个和7个，2003年，全部取消。"两个调整"：调整农业税的计税土地面积和计税常产，合理确定差别利率，税率最高不超过7%；适当调整部分农业特产税税率，实行一个应税品目只在一道环节征税。"一项改革"：改革村提留征收使用办法。采取新的农业税附加或农业特产税附加的方式统一收取，村干部报酬、五保户供养、办公经费支出从严确定。一事一议筹资额每人每年最高不得超过15元。

2000年是农村税费改革的第一年，3月，市、县区、乡镇都成立了税费改革领导小组和办公室。5月3日，市委、市政府印发《关于在全市开展农村税费改革工作的通知》，要求各地要精心组织，积极稳妥地推进改革工作。5月22日，各县区改革方案经市农村税费改革领导小组审核后获省政府批复。6月，将省统一印制的"纳税通知书"发放到农户。从7月开始，按照"八到户""十不准"的要求，开始征收农业税。各县区还开展了农业特产税普查建档、据实征收工作。为保证农村税费改革顺利进行，市委、市政府制订了系列配套文件。

2001年5月，市委、市政府印发《关于做好2001年全市农村税费改革工作的意见》。宿州市按照"巩固、规范、完善、配套"的要求，在认真贯彻落实农村税费改革政策的同时，通过调整和完善农业税收政策来不断完善税改方案。2002年，全市继续调整和完善农村税费改革各项政策，在原试点的基础上全面推行"三定征收（定时间、定地点、定税额）、微机管理"的新型征管模式，进一步规范农业税收征管。2003年5月，启动全市粮补改革，按省委、省政府印发的《关于扩大粮食补贴方式改革试点的通知》，将原来按保护价敞开收购农民余粮间接给农民的补贴，改为直接补给农民，补贴标准为粮食市场价低于政府保护价的差价。至12月全市已基本完成当年粮补资金兑付，全市农民直接得到粮食补贴资金5505.5万元，人均11.63元，户均44.73元。2004年，按省委、省政府印发《关于做好2004年全省农村税费改革工作的意见》，决定从2004年1月1日起，全面取消农业税附加，2003年，农业特产税改征农业税后新增的农业税附加也一并取消，并在全面取消农业税附加的基础上，再降低农业税税率2.2个百分点。对农村税费改革以来发生的农业税附加尾欠，一律豁免，不再追缴。同时从2004年起全面取消除烟叶税外的农业特产税。2005年，宿州市贯彻落实省委、省政府《关于进一步加大对“三农”支持力度的若干意见》精神，从当年起全面免除农业税，包括免除除烟叶以外由农业特产税改征的农业税和无固定收益农业税。同时对于农村税费改革以前形成的历年农业税尾欠和农村税费改革后新发生的农业税正税尾欠严格执行“继续清理，暂停征收”的政策，并豁免了农村税费改革后发生的全部农业税附加尾欠。各级财政部门严格按照政策要求，迅速采取有力措施，做细做实各项基础工作，保证了各项政策的落实。农业税负担全面免除，农民直接减负2.1亿元，人均44元。

2.公共财政支出改革。2001年1月，全市公共财政支出改革正式启动。改革以界定财政支出范围、优化资源配置为基础，以深化预算管理改革、实行国库集中收付制度、改革财政支出方式为主要内容，以加强全方位的财政监督为保障措施，着力构建公共财政支出框架。改革分市、县两级进行，先进行县区公共财政支出改革，再进行市级改革。为强化对公共财政支出改革的领导，2001年4月，市政府成立了以市长为组长的公共财政支出改革领导小组。

（1）县、区公共财政支出改革。2001年年初，宿州市四县一区根据省政府文件要求，借鉴五河县、霍山县、南陵县公共财政支出改革经验，根据各县、区实际情况，在充分调查研究的基础上，分别编制了公共财政支出改革方案，经市公共财政支出改革领导小组审核后报省，7月，省公共财政支出改革领导小组批复同意宿州市四县一区的支出改革方案。县（区）公共财政支出改革，经过“一年到位、两年完善、三年规范”，基本达到了改革的预期目标。

（2）本级公共财政支出改革。2002年年初，市本级公共财政支出改革全面推开。改革共分四个阶段进行：即方案制定阶段（2002年4至6月）、实施准备阶段（2002年7至12月）、全面实施阶段（2003年1至6月）、总结完善阶段（2003年7至12月）。主要做法是：合理界定财政支出范围，优化支出结构；深化预算管理改革，全面实行部门综合预算管理；推进国库管理制度改革，全面实行国库集中收付；深化“收支两条线”管理改革；创新支出方式改革，实行工资统一发放制度，全面推进政府采购制度，推行日常消费性支出货币化改革；加强“金财工程”建设，推进财政信息化管理；加强对公共财政支出的监督等。改革取得了良好成效，2003年全省公共财政支出改革评比，萧县获得了一等奖，市直及其他县区均获得二等奖。

第二节 税 务

1984年3月，成立宿县地区行署税务局，内设税政一科、税政二科、计会科、人秘科、稽征管理科、监察科。1991年4月，地区税务局成立税务稽查队，原稽征管理科更名为征收管理科。1991年9月，成立宿县地区行署税务局直属分局，主要负责地直单位新办的国营、集体企业及部分原地直企业的税收管理。1993年6月，设立涉外税收科，与税政一科一个机构、两块牌子。

宿县城区及各县城税收稽征模式，逐步由“一员到户，各税统管，集征管查于一身”的管理模式，向征、管、查“三分离”或征、管查“二分离”过渡。1988年3月，全区进行“专管员轮换制”和“征收与稽查双轨制”试点。1989年，城镇企业管理分局（所）开展“征收、管理、检查”三分离（以下简称“三分离”）为主的征管模式试点；城镇集贸管理分局（所）对固定个体工商业户，开展“征收”“管查”两分离征管模式试点；对农贸市场零散税收开展“划片定点，双人征管，按期轮换”的征管模式试点。

1990年4-8月，全区开展个体经营税务登记证换发工作，登记发证26300户；1992年6月，全区对国营、集体、事业单位换发税务登记证，登记发证3329户。

1987年，成立税收财务物价大检查办公室，负责税收检查。全区抽调430人，检查1037户纳税人，其中有问题的274户，查补税款262.1万元，查补能源交通重点建设基金25万元。1989年，抽调税务干部近600人，从8月开始，历时3个月，重点检查5524户，占应检查户的20%，查补税款328万元。1991年9月，开展个体税收和私营企业税收专项检查，历时3个月。重点检查3837户，检查面31.5%，查补税款375万元。

1987-1993年，全区管辖砀山县、萧县、宿县、宿州市（县级）、灵璧县、泗县。组织收入95513万元。按收入种类划分：流转税类178668万元，所得税类31751万元，奖金、调节税类951万元，其他税类16705万元，基金类2689万元，其他收入714万元。

宿县地区税务局期间税收收入分县市统计

表3-10-11 单位：万元

单位＼年度	1987	1988	1989	1990	1991	1992	1993	合计
砀山	1360	1580	1832	1882	1500	2036	2433	12623
萧县	1781	1856	2029	2163	2100	2425	3262	15616
宿县	2003	2089	2382	2559	2288	2936	—	14257
灵璧	1315	1388	1516	1697	1471	2019	2299	11705
泗县	889	971	1255	1383	1276	1468	1851	9093
宿州市	2588	3078	3726	4160	4477	4810	9380	32219
合计	9936	10962	12740	13844	13112	15694	19225	95513

宿县地区行署税务局期间税收收入分税种统计

表3-10-12　　　　单位：万元

税种＼年度	1987	1988	1989	1990	1991	1992	1993	合计
合计	9936	10962	12740	13844	13112	15694	19225	95513
一、工商税	8497	9654	11391	12345	11676	14223	17896	85682
产品税	2444	2527	2103	2169	1700	2699	4153	17795
增值税	487	1077	1394	1347	1307	1510	2038	9160
营业税	3942	4563	5705	5993	6294	6994	8366	41857
工商统一税	—	—	—	21	10	30	68	129
集体企业所得税	602	498	650	865	463	743	591	4412
城乡个体工商所得税	53	43	116	249	355	343	442	1601
个人收入调节税	—	—	58	39	16	23	46	182
城市维护建设税	343	398	417	439	408	444	487	2936
其他各税	302	311	382	432	537	555	664	3183
车照使用税	79	75	83	97	103	86	102	625
城市房地产税	191	209	274	315	411	413	512	2325
屠宰税	5	4	3	2	1	9	2	26
牲畜交易税	14	13	8	8	6	6	2	57
集市交易税	13	10	14	10	16	41	46	150
资源税	—	—	—	—	—	236	360	596
国营企业奖金税	17	6	44	94	46	15	11	233
事业单位奖金税	9	3	3	2	1	—	—	18
集体企业奖金税	14	14	11	27	27	12	6	111
印花税		11	59	22	20	25	25	162
建筑税	271	188	181	318	160	3		1121
固定资产投资方向调节税	—	—	—	—	57	320	359	736
盐税	13	—	—	—	—	25	—	38
城镇土地使用税	—	—	102	213	175	175	148	813
罚补税	—	15	166	115	100	71	132	599

续表3-10-12

二、国营企业所得税	1298	1281	1318	1166	1124	1106	1076	8369
三、国营企业工资调节税	141	27	31	5	20	26	2	252
四、能源交通重点建设基金	—	—	—	—	—	—	—	0
五、教育费附加	—	—	—	35		127	130	292
六、国家预算调节基金	—	—	—	293	292	212	121	918

1994年，实行分税制，税种统一划分为中央税、地方税和中央地方共享税，设立中央与地方两套税务机构，中央税和共享税由国家税务机构征收，地方税由地方税务机构征收。宿县地区行署税务局分解为国家税务局和地方税务局两个机构。

一、国家税务

1994年7月，根据国务院和安徽省人民政府关于组建两套税务机构文件规定，成立组建宿县地区国家税务局和地方税务局筹备组。8月24日，宿县地区国家税务局宣布成立。国税系统在机构设置、人员编制、经费开支、干部管理等方面实行垂直领导，下管一级的体制。

宿县地区国家税务局负责征收增值税、消费税、营业税（金融、保险）、企业所得税、个人所得税（储蓄存款利息所得个人所得税）、外商投资企业和外国企业所得税等税种。之后，国家对个别税率和少量税种的设置与征管进行调整：涉及宿州市国税部门的主要是金融、保险业营业税税率的调整、开征储蓄存款利息所得个人所得税、新办企业所得税的征收、车辆购置税由委托代征过渡为国税部门自行征收等。税制改革实施后，税种由32个减少到18个。

1999年5月24日，省国税局撤销宿县地区国家税务局设立宿州市国家税务局，内设机构不变。

（一）国税收入

1994–2007年，年组织收入从1.93亿元增长到11.5亿元，14年累计收入72.99万元。其中增值税571750万元，企业所得税47024万元，消费税37557万元，个人所得税（含储蓄存款利息个人所得税）36188万元，外商企业所得税738万元，车辆购置税21776万元（2005–2007年），其他税收14832万元。2007年比1994年增收95287万元，增长5.94倍。

1994-2007年宿州市国税收入情况

表3-10-13　　单位：万元

年　份	合　计
1994（综合）	28126
1994（国税）	19281
1995	23908
1996	25372
1997	28252
1998	34916
1999	36037
2000	41189
2001	46088
2002	47250
2003	49564
2004	61667
2005	77670
2006	95977
2007	114568
合计	729865

1994-2007年宿州市分税种收入情况

表3-10-14　　单位：万元

年份	合计	增值税	消费税	企业所得税	外商所得税	个人所得税	车购税	其他税收
1994综合	28126	15418	1443	2138	—	728	—	8399
1994国税	19281	15206	1395	594	—	586	—	1500
1995	23908	20389	1550	282	—	944	—	743
1996	25372	22901	1642	369	—	384	—	76
1997	28252	25696	1798	398	—	—	—	360
1998	34916	29977	4239	197	5	—	—	498
1999	36037	31089	4188	227	—	7	—	526

续表3-10-14

年份	合计	增值税	消费税	企业所得税	外商所得税	个人所得税	车购税	其他税收
2000	41189	32378	6390	518	—	1501	—	402
2001	46088	35852	5015	1121	—	3652	—	448
2002	47250	36901	2531	2387	12	3620	—	1799
2003	49564	41159	1352	3603	21	3383	—	46
2004	61667	48259	1489	7756	33	4095	—	35
2005	77670	61200	1062	5755	26	4186	5441	—
2006	95977	72821	1308	7972	357	6044	7475	—
2007	114568	82504	2155	13707	284	7058	8860	—

1994–2007年宿州市分县（区）税收收入

表3-10-15　　单位：万元

年份	埇桥区	开发区	砀山县	灵璧县	泗县	萧县	办税服务厅（车购办）	合计
1994	10049		2092	2308	1787	3045	—	19281
1995	13000.5		2535	2706.1	1960.1	3706.3	—	23908
1996	14497.2		2437.2	2550.4	1902.2	3985	—	25372
1997	16354.5		2749.5	2899.5	2070	4178.5	—	28252
1998	18432		6330.4	3237.4	2339.2	4577	—	34916
1999	20854		5958	3299	2348	3578	—	36037
2000	23112		7297	3361	2510	4171	—	40451
2001	28164		7727	2984	2515	4698	—	46088
2005	36637	18124	3499	3477	2890	7656	5387	77670
2006	46411	21303	4540	3702	3921	8672	7428	95977
2007	54378	23975	7354	4503	5200	10501	8657	114568

（二）征收管理

1994年，地区国税局实行“征、管、查”三分离的征管模式。1995年6月21日，地区国税局制定《宿县地区国家税务局税收征管改革实施方案》，实行了现代化技术手段，相互制约的“申报、代理、稽查”相结合税收征管新格局。1996年进一步推进和深化税收征管改革，确立以申报纳税和优化服务为基础，以计算机网络为依托，集中征收，重点稽查的征管模式。1997年，按照“属地管理、集中征收、重点稽查”的要求，城区征收分局实现税收征管专业化分工管理，农村征收分局推行专业化分工与分段兼岗相结合的工作方法，在管理服务、征收监控、税务稽查之间形成既相互监督制约又相互协调配合的运行机制。2000年3月16日，市国税局成立深化征管改革指导小组，对全市个体工商业户实行“三分定税”（分区域、分行业、分等级核定税负）。2003年，泗县国税局被省国税局列为税收征管现代化改革试点单位，主要开展业务重组、机构整合、流程再造等内容的征管改革。2004年4月1日，GTAIS（中国税收征管信息系统）成功上线，信息化建设上了新台阶。2004年1月，全市推行纳税申报“一窗一人一机”模式。2006年5月24日，印发《宿州市国税系统税收管理员工作规范（试行）》，规定税收管理员的工作职责、工作要求、监督管理、绩效考核等。2007年3月8日，市国税局建立税收分析、评估、监控、稽查互动机制的征管制度。

1996年4月24日，在全区范围内换发税务登记证18876户，统一税务登记证的式样、纳税人识别号、适用范围。2001年在全市范围内换发税务登记证24342户。2000年市国税局修订完善《税收征管质量考核方案》，规范以“十率”（登记率、申报及时率、申报准确率、入库率、欠税增减率、滞纳金加收率、立案率、结案率、处罚率、复议变更（撤销）率）为主要内容的基层税收征管质量考核体系。2002年，市国税局实施税收征管“七率”（登记率、申报率、申报准确率、入库率、欠税增减率、滞纳金加收率、处罚率）管理办法。2006年10月市国税局推行纳税评估工作。

（三）国税稽查

1994-2007年，宿州市国税系统稽查工作基本实现收入型稽查向执法型稽查、单一型稽查向复合型稽查、粗放型稽查向集约型稽查转变。

1994年，执行税务稽查工作报告制度，查处重大偷、骗税案件，金额在20万元以上的以及移送司法机关处理的案件，在立案时，一式两份报地区国税局备案，再由地区国税局转报省国税局备案。

1996年，地区国税局制定《宿县地区税务稽查工作办法》，采用日常稽查与重点稽查相结合的方式，全年查补入库税款2270万元。与检察、公安等部门配合，立案查处各类涉税案件24起，刑事拘留犯罪嫌疑人3名，逮捕1人，追缴税款400多万元。

1997年4月17日，执行稽查工作规程实施办法，按照选案、稽查、审理、执行等程序，分工负责，互相配合、互相制约。10月24日，总局明确省、地、县三级国家税务局设立的税务稽查局（分局），具有独立执法主体资格。

1998年7月，根据国家税务总局《关于进一步加强税务稽查工作意见》和省国税局《关于进一步明确税务分局与稽查分局职责及工作衔接的若干意见》，对税务分局与稽查局工作衔接作出规定。

二、地方税务

1994年7月，成立宿县地区行署地方税务局，承担实行分税制后地方税收的征管业务。

（一）税费种管理

1.地方税征管

营业税：1999年，进行娱乐业、体育业等营业税调查，2002年，规范应税医疗卫生机构的税收征管，2004年，对出租汽车公司、运输公司、个体车辆、农民拥有车辆纳税问题进行明确，2005年，规范饮食业税收征管，2007年，派员进驻市房地产交易大厅，实行先税后证，开征二手房交易环节营业税。

个人所得税：从1997年开始，对个人所得税税源进行监控管理专项检查。

土地增值税：1996年开始，单列计划。2004年，开展市区房地产企业土地增值税专项稽查，入库112万元。

城市维护费：2007年，印发《宿州市地方税务局城市维护建设税征管理暂行办法》，加强对这一税种的征管。

车船税：从1997年起，多次发文规范应税税种，在市交警支队设置窗口，在车辆年检时对未税车辆征收车船税。对于新车车船费则委托国税局代征。

房产税：1998年和2007年，三次发文进行规范，凡是在建制镇内的房产土地，一律征收房产税、土地使用税；市区内则按街道门牌建立台账。

屠宰税：1995-1997年，两次开展大检查，2006年6月1日起，停止征收。

资源税：2007年，出台管理办法，加强对建安业、山石开采业、水泥业、砖瓦业等代扣代缴力度。

城市土地使用税：2000年7月，发文进行规范，2005年和2007年，两度提高市区及各县区范围内的土地使用税使用等级税额标准，2007年，开征外资企业城镇土地使用税。

印花税：1996年，进行印花税专项检查，查补入库187万元。2007年，出台管理办法，加强印花税的委托代征工作。

固定资产投资方向调节税：从1995年开始，就要求纳税人在申请投资计划时，必须办理税务登记，依法申报税款。1999年，进行前几年的工程项目清欠和整改。2000年5月，停止征收。

企业所得税：1997年，发文要求纳税人按月或按季预缴税款；2004年，出台《宿州市地税局企业所得税汇算清缴操作规程》。

烟叶税：2006年开征，当年入库46万元。

2.基金征管

社会保险费：1998年9月，基本养老保险费征收移交地税部门征收；2000年12月，开征基本保险和失业保险费；2005年12月，开征工伤保险费；2007年10月，开征生育保险费。

水利建设基金：1992年开征。

文化事业建设费：自1997年1月1日起，在全市开征，缴纳义务人为各种营业性歌厅、舞厅、音乐茶座、台球等行业的单位和个人；广播电台、电视台、报纸、刊物等广告媒体单位和户外广告经营单位。

地方教育附加：1996年6月起，在市辖范围内征收旅客住宿教育费附加和广告教育费附加。

工会经费：2006年1月1日，工会部门代征，范围包括企事业单位和三资企业。

残疾人保障金：2005年2月1日，起由地税征收，征收范围为全市企业单位。

城镇居民医疗保险费：2007年9月，开始征收，范围为未纳入城镇职工基本医疗保险制度覆盖范围内的在校学生（不含在校大学生）、少年儿童和其他非从业城镇居民。

（二）税费收入

地税部门坚持“依法征税、应收尽收、坚决不收过头税、坚决防止和制止越权减免税”的组织收入原则，地税收入持续快速增长、收入结构和质量逐年改善。1994年，收入9297万元，2007年，达到136889万元，年平均递增23.0%。14年来累计征收各项税费总额达69.34亿元。2007年，组织的收入为1994年的14倍。

1994–2007年宿州市地方税收收入

表3–10–16　　单位：万元

年份	1994	1995	1996	1997	1998	1999	2000	2001
实绩	9297	22844	28242	33495	34389	35486	24937	27714
增长率(%)	—	145.71	23.63	18.60	2.67	3.19	–29.73	11.14
年份	2002	2003	2004	2005	2006	2007	—	合计
实绩	28303	28878	31175	33623	42238	59789	—	440410
增长率(%)	2.13	2.03	7.95	7.85	25.62	41.55	—	年均23

1994–2007年，累计组织地方税收入44亿元，其中埇桥区、市直、萧县贡献较大，分别占累计入库地方税收收入总量的比重为36.2%、19.4%和13.4%。

1994–2007年宿州市地方税收收入总量分县（区）

表3–10–17　　单位：万元

单位	全市	市直	砀山县	萧县	埇桥区	灵璧县	泗县
实绩	440410	75526	42618	61167	161109	57112	42878
占比重(%)	100	17.1	9.7	13.9	36.5	12.9	9.7

（三）征收管理

征管改革逐步深化。1995年，启动改革试点，逐步实行申报缴税、强化稽查、试行税务代理、淡化专责管户。1996年，启动信息管理系统。1997年，按照“以申报纳税和优化服务为基础，以计算机网络为依托，集中征收，重点稽查”的新征管模式，建成办税厅20个，“内抓服务、外抓稽查、内防不廉、外堵漏洞”的机制基本确立。1998年，城区成立稽查分局、管理分局、征收分局，实行管查收三分离。随着改革的深入，服务水平不断提高，征收手段不断完善。

发票管理从严控制。1995年，统一联运发票管理，1996年，试行个体饮食定额发票。以后曾多次规范整顿发票印刷业，加强发票的源头管理。2000年，按照“管票就是管税，管税就是管票”的工作思路，规范全市的旅店、宾馆、事业单位和社会团体的收费发票。2006年，推广发票告示牌，为加强发票管理，多次组织发票大检查，发现问题，严肃处理，彻底整改。

（四）税收稽查

1994年11月，成立宿县地区行署地税局稽查分局，代表地税局独立行使税收检查权和处罚权。1999年，以“执法机制完善，执法行为规范，执法依据合法，执法程序完备，执法责任明确，执法监督有效，执法保障有力，执法环境良好”为目标，全系统进行执法责任制的积极探索，逐步实现执法重心由原来的权力本位向责任本位转移。2005年至2007年，全面推行“阳光稽查”，加大查补入库税款力度，为国家挽回了经济损失。

第三节　银　行

一、金融改革与服务

（一）金融改革

1949年5月，中国人民银行宿县支行在原华中银行宿县办事处基础上建立。1951年1月，人民银行宿县支行改称人民银行宿县中心支行。在集中统一的金融体制下，经营各项信贷业务，组织和调节货币流通，进行金融监督和服务。后几经分合，至1985年1月，按照国务院《关于中国人民银行专门行使中央银行职能的决定》，该行改为中国人民银行宿县分行，同时，分设中国工商银行宿县地区中心支行，主要办理工商信贷、城镇储蓄和结算业务。1986年8月5日，国家外汇管理局宿县分局成立，与人民银行宿县分行合署办公，办理对外经济贸易、出口创汇等有关金融业务，开展外汇管理工作。

1955年，中国农业银行宿县支行成立，不久撤销。1964年2月24日，第二次成立农业银行宿县中心支行，机构于1965年5月二次撤销，业务并入同级人民银行。1980年1月，第三次成立中国农业银行宿县中心支行。统一管理支农资金，办理农业存款、贷款和结算业务，受人民银行委托领导农村信用合作社。

1996年11月，宿县地区第一家国家政策性银行——中国农业发展银行宿县地区分行由农业银行分设。

中国银行宿州办事处于1985年1月成立，隶属于中国银行蚌埠支行，1986年10月，升格为支行，1996年9月，改为中国银行宿州分行。主要经营本、外币储蓄、存款、贷款、外币兑换、侨汇解付业务。

中国人民建设银行宿县地区中心支行的前身是1952年9月在宿城设立的交通银行宿县支行，隶属于交通银行蚌埠分行，是监督水利拨款的专业银行，1954年10月，改为中国人民建设银行宿县专区支行。历经两次撤销于1972年再次恢复并改为中国人民建设银行宿县地区中心支行。是以管理固定资产信贷与投资为主的国家专业银行，具有财政和银行双重职能。1995年，建行淮北煤炭专业支行与原宿县地区中心支行合并，合并后使用宿县地区中心支行名称。1996年3月，中国人民建设银行宿县地区中心支行更名为中国建设银行宿县地区中心支行。9月，中国建设银行宿县地区中心支行更名为中国建设银行宿县分行。2000年，中国建设银行宿县分行更名为中国建设银行宿州分行。

1952年冬，宿县地区第一个农村信用合作社蒿沟信用社成立。农村信用合作社的主要任务是动员农村闲散资金，帮助农民解决生产、生活困难，促进农业的互助合作。后因机构归属几经变更、自身基础薄弱、经营手段落后等多种因素影响，业务发展缓慢。1996年11月农村金融体制改革后，农村信用合作社业务得到较快发展。2007年，宿州市农村信用合作社存、贷款余额分别达到703365万元、538719万元。

1986年8月，宿县地区邮电局开始办理邮政储蓄业务，逐步设置一批储蓄网点。1995年，邮电局内部设立储汇分局，行使邮政储蓄管理职能。2007年12月，开始筹建中国邮政储蓄银行宿州分行。

中国人民保险公司宿县中心支公司于1952年2月在宿城建立，1956年，迁蚌埠后撤并。1981年10月，宿县地区恢复保险机构，建立宿州保险公司。1983年5月，改为中国人民保险公司宿县地区中心支公司，受省保险公司和人民银行宿县中心支行双重领导。保险业务初期开办企业财产保险，后增至财产、人身、责任信用、农业以及涉外保险五大类。1996年，中保、平保按照人寿险、财产险分业经营的原则，在宿州市开办4家机构，后按照统一部署进行股份制改造。

宿州市证券业务起步较晚。1992年，中国人民建设银行宿州市信托投资公司证券营业部开业，开始从事国债、企业债券交易业务，是宿州市第一家证券部，后更名为国元证券宿州汴河路营业部。宿州证券营业部1994年4月18日在宿城“百惠园”正式营业，开展证券经纪服务业务，后更名为华安证券宿州汴河路营业部。

1998年11月，中国人民银行宿县分行更名为中国人民银行宿州市中心支行。1998年12月撤地建市后，中国农业发展银行、中国工商银行、中国农业银行、中国银行、中国建设银行在宿机构陆续更名为宿州分行。工行、农行、中行、建行在改革进程中由专业银行过渡为国有独资商业银行。2003年后，国有独资商业银行以建立现代产权制度和现代公司治理结构为核心，转换经营机制，建立现代金融企业制度，按照统一部署开始进行股份制改造，中国银行、建设银行、工商银行陆续上市，成为国有股份制商业银行。

2004年1月，中国银行业监督管理委员会宿州监管分局设立。

1988年，随着全国金融体制改革的逐步深入，宿州市金融业得到前所未有的发展，金融体系日趋完善并为经济发展发挥引导和推进作用。一个建立在人民银行执行货币政策宏观调控基础上，政策性金融和商业性金融分离，以国有股份制商业银行

(国有独资商业银行）为主体、农村信用社及邮政储蓄、保险、证券等多种金融机构并存的金融服务体系基本形成，金融推进宿州市经济发展的能力显著增强，金融基础设施不断完善，金融服务水平明显提高。

2007年，宿州市有1家中央银行分支机构（中国人民银行宿州市中心支行），1家政策性银行分支机构（中国农业发展银行宿州市分行），3家国有股份制商业银行分支机构（工商银行、中国银行、建设银行宿州分行），1家国有独资商业银行分支机构（中国农业银行宿州分行)。有5家县级农村信用合作社联合社、116个邮政储蓄网点（邮政储蓄银行宿州分行正在筹建之中)。设立中国人寿保险股份有限公司宿州分公司、中国人民保险股份有限公司宿州市分公司、中国平安人寿股份有限公司宿州中心支公司、中国平安财产保险股份有限公司宿州中心支公司及泰康人寿宿州中心支公司、中国太平洋人寿保险股份有限公司宿州中心支公司、华安财产保险有限公司宿州中心支公司、新华保险股份有限公司宿州中心支公司、天安保险股份有限公司宿州中心支公司、安邦保险宿州营销服务部等10家保险机构。国元证券宿州汴河路营业部和华安证券宿州汴河路营业部相继设立。

（二）流通货币

1987年4月27日，第四套人民币在宿县地区发行流通。第四套人民币面额主币有1元、2元、5元、10元、50元和100元六种；辅币有1角、2角、5角三种。1分、2分、5分三种纸币、硬辅币继续流通。第四套人民币钞券正面主景为人物头像，从1角至10元七种券别分别采用14个民族有代表性的人物头像；50元券用工人、农民、知识分子头像；100元券采用毛泽东、周恩来、刘少奇、朱德四位伟人头像。元票背面主景分别采用长城、南海一柱、长江三峡、珠穆朗玛峰、井冈山等名胜古迹和名山大川的图景。

第四套人民币发行后，在宿县地区市场上流通的，还有于1962年4月17日起发行的第三套人民币（面额主币有1元、2元、5元、10元四种；辅币有1角、2角、5角三种）

1998年5月，根据人民银行决定，宿州市自1999年1月1日起停止第二套人民币（纸、硬分币除外）在市场上流通。该套人民币持有者可在规定时限内到各商业银行的营业网点兑换。兑换时间为1998年6月1日至12月31日。

根据中国人民银行公告，第三套人民币1999年12月3日起在宿州市停止流通。停止流通的人民币可在2000年1月1日至6月30日期间在各商业银行营业网点兑换。

根据国务院第268号令，第五套人民币1999年10月1日起陆续在宿州市发行。第五套人民币有100元、50元、20元、10元、5元、1元、5角和1角八种面额，增加20元面额，取消2元面额，与第四套人民币混合流通。第五套人民币纸币正面图案均为毛主席头像，背面图案分别为人民大会堂、布达拉宫、桂林山水、长江三峡、泰山和西湖。1元、5角和1角硬币的正面图案均为行名、面额、拼音、年号，背面图案分别为菊花、荷花和兰花。第五套人民币采取“一次公布，分次发行”的方式，1999年10月1日宿州市开始发行100元券；2000年10月16日发行20元纸币、1元和1角硬币；2001年9月1日，发行50元、10元纸币；2002年11月18日，发行5元纸币、5角硬币；2004年7月30日，第五套人民币1元券在宿州市发行流通。

根据人民银行决定，第二套人民币纸分币从2007年4月1日起停止在市场上流通。

（三）金融服务

1989年，宿县地区人民银行按照统一安排建设金融数据通信网，开通地面卫星小站，运行资金清算系统。1996年，建设金融数据通信网地面骨干网，1997年，实现和全国200个地（市）以上城市的全网联通。在建立金融支付网络的过程中，进行信息系统建设。

1988年前后，宿县地区银行系统投入营业网点的电子化建设，主要是购置紫金、浪潮、长城等品牌系列微机，开发储蓄、会计等应用系统，取代手工操作。

1994年起，宿县地区银行系统开始推进金融电子网络建设。宿县地区建设银行通过建立专用机房，开通城市综合网，实现与全省建行系统的通存通兑。1994年，地区工商银行完成综合业务联网工程，实现与全国工行系统的通存通兑，同时开通实时电子汇兑。1996年，宿县地区农业银行入网全国电子汇兑系统。1997年，宿县地区农业发展银行实现省、市、县三级联网。

1998年，市工商银行开通办公自动化NOTES系统。2000年，市工商银行实现全国工商银行系统联网，实现数据（上海）大机集中处理。2001年，市农业银行开通新一代实时汇兑结算系统。2003年，市建设银行办公自动化OA系统投入使用。

2007年，市工商银行建成4个电子银行自助服务区，投入27台自助服务终端。工商银行推出的电子银行品牌“金融e通道”，通过电话银行、网上银行、手机银行的服务，实现快速、高效、安全的金融服务。市农业银行建立2个自助银行服务区、31个自助服务点，安装POS（电子收款机系统）75台。市中国银行建立10个自助服务点，安装POS（电子收款机系统）24台。市建设银行存取款一体机、取款机32台，多媒体自助终端达28台，商户自助销售终端120台。市邮政储蓄建立1个自助服务区，安装ATM机（自动柜员机）19台。

2007年5月，宿州市5家农村信用合作联社全部接入安徽省联社综合业务网络系统，实现与省内农村合作金融机构的通存通兑。宿州市银行系统基本实现办公自动化、管理信息化，资金清算、账户管理系统方便客户，提高金融服务效率。同时，通过对营业网点进行改造，添置现代化的服务设施，开展规范服务培训，配备保安人员，设置“一米线”、排队叫号机等，提高服务质量。

二、金融机构

（一）中国人民银行宿州市中心支行

位于淮海中路73号，为中国人民银行总行派出机构。其前身为1949年5月设立的中国人民银行宿县支行，1985年1月前，一直经营“大一统”的银行业务，其后改称中国人民银行宿县分行，专门行使中央银行职能，开展基层中央银行业务，负责对银行、证券、保险业的监管。内设货币信贷管理科、发行科、金融管理科、国库科等9个科室，员工42人，辖人民银行灵璧县、泗县、萧县、砀山县支行。1986年8月5日，挂国家外汇管理局宿县分局牌子，对内称外汇管理科。1996年，农村信用社管理移交人民银行。1998年11月，人民银行设立大区分行，宿县分行更名为中国人民银行宿州市中心支行，隶属于人民银行南京分行，不再对证券、保险业监管。2004年1月，银监分局分设，人民银行分支机构主要职能为执行货币政策、维护金融稳定和提供金融服务。2007年年末，中心支行内设办公室、货币信贷管理科、货币金银科、国库科、外汇管理科、调查统计科、营业室、科技科、事后监督中心、内审科、会计财务科、人事科、行政科、保卫科、宣传群工部、纪检监察室16个科室，员工145人。辖区4个县支行有员工140人。

（二）中国银行业监督管理委员会宿州监管分局

位于浍水路43号，为中国银监会派出机构。2004年1月依据《中华人民共和国银行业监督管理法》规定设立，负责依法履行对辖内银行业金融机构的监督职责，防范和化解银行业风险，保护存款人合法权益，维护公众对银行业的信心，促进银行业健康发展。内设办公室、监管一科、二科、统计信息科、人事科、财务会计科等7个科室，员工37人。辖区4个县设立监管办事处，工作人员14人。

（三）中国农业发展银行宿州市分行

位于汴河路411号，系中国农业发展银行二级分行，属国家政策性银行。1996年11月由农业银行分设。业务范围形成以粮棉油收购资金贷款业务为主体，以支持农副产品生产和加工转化为一翼，以支持农业和农村发展的中长期贷款为另一翼，以中间业务为补充的“一体两翼”业务发展格局。内设办公室、资金计划部、客户服务部、信贷与风险管理部、财务会计部、内部审计部、信息技术部、人力资源部、监察室9个职能部门，辖5个县（区）支行，全部员工160人，具有专业技术职称的105人，占65.63%。

（四）中国工商银行股份有限公司宿州分行

位于淮海中路58号，系中国工商银行二级分行，属国有股份制商业银行。前身为1985年从人民银行分设的工商银行宿县地区中心支行。随着金融体制改革，工商银行经历“专业银行”向“国有商业银行”至“股份制商业银行”过渡，内部机构设置由“以产品为中心”向“以市场为中心”转变。下设公司业务部、结算与现金管理部、个人金融业务部、运行管理部、内控合规部、财务会计部、办公室、监察保卫部、人力资源部9个部室；信贷管理中心、个人贷款审批中心、银行卡业务中心、电子银行中心、技术支持中心5个中心；业务处理中心、现金营运中心、监督中心、档案中心4个附属中心；辖9个一级支行、8个二级支行和6个分理处、1个储蓄所，员工552人，具有专业技术职称的占77.6%。

（五）中国农业银行宿州分行

位于淮海中路19号，系中国农业银行二级分行，属国有独资商业银行。其前身为1980年1月第三次建立的中国农业银行宿县中心支行。下设办公室、计财部、公司业务部、个人业务部、信贷管理部、机构业务部、中间业务部、农业信贷部、风险与监管部、法律与合规部、科技部、人事部、保卫部、监察室、机关党委、工会16个职能部门，辖11个支行和56个分理处，员工927人，具有专业技术职称的占55.02%。

（六）中国银行股份有限公司宿州分行

位于淮海中路192号，系中国银行二级分行，属国有股份制商业银行。前身为

1985年1月成立的中国银行宿州办事处，1986年10月升格为支行，1996年9月改为中国银行宿州分行。下设综合管理部、个人金融部、公司业务部、风险管理部、信息科技部、营业部、人力资源部、计划财务部、监察内控保卫部、工会10个职能部门，辖4个县支行、6个城区支行、4个分理处，员工313人，具有专业技术职称的占53%。

（七）中国建设银行股份有限公司宿州市分行

位于汴河中路152号，系中国建设银行二级分行，属国有股份制商业银行。前身为1972年恢复设立的中国人民建设银行宿县地区中心支行。下设办公室、个人金融部、公司业务部、风险管理部、住房金融与个人信贷部、营运管理部、信息技术与电子银行部、人力资源部、财务会计部、安全保卫部、纪检监察部、工会12个职能部门，辖4个县支行，6个城区综合性支行、10个城区直管网点。员工526人，具有专业技术职称的占78%。

（八）农村信用合作社

农村信用合作社是集体所有制性质的合作金融组织，是金融体系的重要组成部分。基本任务是筹集、融通资金，帮助农民和农村合作经济组织解决资金困难，支持农业生产和农村经济发展，引导农村民间借贷，稳定农村金融。1952年冬，人民银行宿县中心支行在萧县杜楼、宿县蒿沟进行建立信用合作社试点。各县从1953年起开始建社，到1954年末全区建成信用社758个，分布在706个乡中，占总乡数的65.4%。

1984年，农村信用社进行整顿，恢复组织上的群众性、管理上的民主性、经营上的灵活性。全区363个信用社以市、县为单位分别召开社员代表会议，成立农村信用社市、县联社。

1996年11月，宿县地区行署农村金融体制改革领导小组根据国务院的部署，按照合作制原则改革农村信用社管理体制。改革的重点是要把农村信用社逐步改为由“农民自愿入股、社员民主管理、主要为入股社员服务”的合作金融组织，规范农村信用社的股权设置、民主管理和服务方向。农村信用社由人民银行直接领导，农业银行不再管理农村信用社。

2005年4月，安徽省农村信用社联合社宿州办事处设立（位于淮海中路19号），专门行使行业管理职能。

2007年，宿州市农村信用合作社有以县（市区）为单位统一法人社5家，员工1882人，具有专业技术职称的占37.99%。

（九）城市信用合作社

1985年，为适应城市集体经济和个体工商户发展需要，宿城成立淮海、济通等4家城市信用社，灵璧县、泗县、萧县、砀山县各成立2家，全市有城市信用社12家。12家城市信用社后陆续撤并，业务分别并入原组建银行和农村信用社，宿州市城市信用合作社机构不复存在。

（十）邮政储蓄网点

1986年，按照邮电部、中国人民银行《开办邮政储蓄业务的联合通知》，宿县地区邮电局恢复办理个人邮政活期、定期储蓄业务。2007年，全市有邮政储蓄网点116

个，各项存款余额545178万元，各项贷款余额1176万元。从业人员650人。

三、金融业务

（一）存款

1988年，全区银行机构各项存款余额106608万元，其中企业存款28560万元、财政存款1372万元、机关团体部队存款2162万元、城镇储蓄存款44414万元、农村存款24534万元、信托存款1807万元、其他存款4313万元。在全部存款中，城镇储蓄存款占41.66%，这一比例一直呈现快速增长态势，1989年，达到46.18%，1990年，首次突破50%比例。

1997年，全区银行机构各项存款余额636784万元，其中企业存款138953万元、财政存款7938万元、机关团体部队存款5492万元、城镇储蓄存款482540万元、农村存款1536万元、信托存款325万元。各项存款余额是1988年年末的5.97倍，其中城镇储蓄存款余额是1988年年末的10.86倍，占各项存款余额的比例达到75.78%。

2007年，全市金融机构各项存款余额3783287.84万元，其中银行机构各项存款余额2422862.43万元，企业存款493120.03万元、财政存款12495万元、机关团体部队存款199469.35万元、城镇储蓄存款1637002.55万元、农村存款499万元。各项存款余额是1988年年末的22.73倍，其中城镇储蓄存款余额是1988年年末的36.86倍，占各项存款余额的比例为67.56%。

1.利率

1988年9月前，各金融机构执行中国人民银行于1985年8月制定的利率，年利率活期存款为2.88%；定期存款半年为6.12%、一年为7.20%、三年为8.28%、五年为9.36%、八年为10.4%。定期存款于1988年9月增加两年期，1989年2月增加三个月期，均执行相应的利率。1996年5月取消八年期定期存款。

至2007年，国家多次调整存款利率。1988年9月、1989年2月两次提高定期存款利率；1990年4月、8月和1991年4月三次调低定期存款利率，两次调低活期存款利率；1993年5月、7月两次调高定期和活期存款利率；1996年5月、8月和1997年10月三次调低定期和活期存款利率；1998年3月调低一年、两年定期存款利率，7月调低全部定期和活期存款利率，12月再次调低半年、一年、三年、五年定期存款利率；1999年6月、2002年2月两次调低全部定期和活期存款利率；2004年10月调高半年、一年、三年、五年定期存款利率。2007年，6次调高存款利率，1年期存款基准利率每次均上调0.27个百分点，由2.52%提高到4.14%。其间，1988年9月至1991年11月、1993年7月至1996年3月两度对三年期以上定期存款实行保值贴补。

2007年12月21日起，各金融机构执行2007年12月20日调整后的利率，年利率活期存款为0.72%；定期存款三个月为3.33%、半年为3.78%、一年为4.14%、两年为4.68%、三年为5.4%、五年为5.85%。

2.单位存款

1988年年末，地区工行、农行、中行、建行等银行吸收单位存款合计62194万元，其中以企业存款为主，为28560万元，比重占45.9%。

1997年，全区银行机构单位存款余额159525万元，其中企业存款138953万元，比

1988年末增长2.23倍，比重达87.1%。

2007年，全市银行机构单位存款余额775859.88万元，其中企业存款493020.03万元，比1988年增长17.26倍，比重为63.54%。

3.储蓄存款

1988年后，随着投资理财方式逐渐增多，加之医疗、教育、住房等开支的增加，形成一定程度的储蓄分流，但储蓄存款仍是城乡居民投资的主要方式，是银行信贷资金的主要来源。

储蓄存款是工商银行、农业银行的传统经营业务。地区中国银行、建设银行于1987年、1988年相继开办储蓄存款业务。地区邮电局于1986年开办代办性质的储蓄业务，于1990年1月将代办储蓄改为向人民银行转存款，邮政储蓄转为自营业务。2003年8月起，对邮政储蓄存款实行新老划断，新增资金开始自主运用。全区银行业在经营过程中，经历由分业经营向混合型经营的转变，在吸储方面竞争激烈。各家银行在开办活期、定期、零存整取、定活两便等传统储蓄种类的同时，还加强储蓄宣传，增设储蓄网点，竞相推出新的储蓄品牌。1989年，全区停止各种形式的“有奖储蓄”，取消各种贴水储蓄存款形式。

1988年，地区工商银行、农业银行、中国银行、建设银行储蓄存款余额分别为24399万元、14540万元、1241万元、3265万元。1997年年末分别为147334万元、124942万元、39361万元、114562万元。2007年，这四家银行储蓄存款余额分别达到439769.55万元、673573万元、151124万元、372536万元，分别是1988年年末的18.02倍、46.32倍、121.77倍和114.09倍。1988年，全区邮政储蓄存款余额970万元，2007年全市邮政储蓄存款余额达到545178万元，比1988年增长562倍。

1988年，由于通货膨胀因素的影响，宿县地区出现“抢购风”，存款利率水平远低于通货膨胀率而产生严重的负利率，为稳定经济和保护储户利益，根据国务院的决定，在1988-1991年和1993-1996年高通货膨胀时期，全区储蓄机构对定期储蓄（整存整取、存本取息、华侨人民币定期储蓄）3年期及以上存期除存款利息外给予保值贴补。保值补贴自1988年9月10日起实行。保值贴补率由人民银行按月公布。1991年12月1日，停办保值储蓄业务，1993年7月11日起，恢复保值储蓄，1996年4月1日起，根据国内经济形势的变化情况，不再办理新的人民币保值储蓄存款业务。

1989年后，全区多家银行推出“大额可转让存单储蓄”，分记名、不记名两种，面额最低500元，最高5000元，6年后停办。

1992年12月，国务院发布《储蓄管理条例》，规定储蓄机构办理储蓄业务要遵循存款自愿、取款自由、存款有息、为储户保密的原则。

1993年，随着电脑网络的运用，全区各家银行陆续推出银行借记卡，具有储蓄功能，方便储户使用。

1999年11月，全区按照国务院《对储蓄存款利息所得征收个人所得税的实施办法》，对从储蓄机构取得人民币、外币储蓄存款利息所得的个人，缴纳存款利息20%的个人所得税，个人所得税由结付利息的储蓄机构代为扣缴。宿州市开征利息所得税后，并没有显著影响城镇储蓄存款的快速增长趋势。

2000年3月，根据中国人民银行《教育储蓄管理办法》规定，全市办理储蓄存款业务的金融机构（除邮政储蓄机构外）开办“教育储蓄”。教育储蓄的对象为在校4年级（含）以上学生，为零存整取定期储蓄存款，采用实名制。“教育储蓄”所得利息免征利息税。

根据国务院《个人账户实名制规定》，宿州市储蓄机构自2000年4月1日起实行个人存款账户实名制。指个人在金融机构开立人民币存款账户、外币存款账户时，应当出示本人身份证件，使用实名。

2005年9月21日起宿州市金融机构按照《中国人民银行关于人民币存、贷款结息问题的通知》，对活期存款由按年计结息改为按季度计结息。

2007年，全市各类金融机构储蓄存款余额2845571.55万元，是1988年的32.89倍。其中，工行、农行、中行、建行4家国有商业银行储蓄存款余额1637002.55万元，比重为57.53%；农村信用社储蓄存款余额663391万元，比重为23.31%；邮政储蓄机构储蓄存款余额545178万元，比重为19.16%。

（二）贷款

1988-1989年，在“治理经济环境、整顿经济秩序”中，全区各银行机构落实“控制总量、调整结构”金融工作方针，贷款实行“限额管理、以存定贷”。控制贷款规模，调整信贷结构，扶优限劣，保重点，压一般。根据企业的经济效益进行分类排队，采取促一类，保二类，压三、四类的做法。结合宿县地区经济特点，对农副产品收购和人民生活必需品购进所需资金予以优先安排，以增加有效供给提高资金使用效益。1988-1989年全区银行机构各类贷款余额分别为180538万元、202693万元，1989年比1988年增加22155万元，其中农业贷款比1988年增加1907万元。全年农业银行和信用社累计发放农业贷款28505万元，重点支持粮食、棉花、养殖业的发展。

1997年，以抑制通货膨胀为首要任务的宏观调控经过三年多努力基本达到预期目标，全国金融工作会议要求继续实行适度从紧的货币政策，防范和化解金融风险。宿县地区金融形势保持稳定发展，1997年全区银行、信用社贷款余额首次突破100亿元达到1029325万元，比上年增加159929万元。其中工业贷款增加17999万元，商业贷款增加100826万元，农业贷款增加6939万元，固定资产贷款增加9291万元。

2007年年末，全市金融机构各项贷款余额1870947.97万元，是1988年末的8.93倍。其中农业发展银行宿州分行444767万元，工商银行宿州分行214561.97万元，农业银行宿州分行427658万元，中国银行宿州分行100967万元，建设银行宿州市分行143099万元，宿州市农村信用社538719万元。

1.利率

全市各金融机构贷款执行国家规定的利率政策和利率标准，不同贷款种类、期限的贷款利率有所区别。国家对存款利率调整时，原则上也对贷款利率做出相应调整。1988年9月1日起，一年期流动资金贷款利率和固定资产贷款利率由年息7.2%调整为年息9%。农村信用社存、贷款利率浮动按规定上报审批。1989年2月1日起，一年期流动资金贷款利率由9%调到11.34%，城乡信用社贷款利率可上浮50%，银行机构贷款利率可上浮30%（后下降为20%、10%）。

1991年4月贷款基准利率，半年期的为8.1%，一年期的为8.64%，一至三年期的为9%，三至五年期的为9.54%，五年期以上的为9.72%。

贷款基准利率作多次调整。2005年执行2004年10月核定的基准利率，半年期的为5.22%，一年期的为5.58%，一至三年期的为5.76%，三至五年期的为5.85%，五年期以上的为6.12%。

2007年，6次调整贷款基准利率。前5次均上调1年期贷款基准利率0.27个百分点，由6.12%提高到7.29%。2007年12月21日起，1年期贷款基准利率提高到7.47%。

2.重点贷款

（1）工业贷款

1988年前后，全区工业企业生产规模较小，经营状况普遍困难，工业贷款支持企业购进维持正常生产的原材料和周转需要，压一般、保重点，促进产业结构的合理化。1988年，工业贷款余额35432万元，工业贷款占银行机构各项贷款余额的17.5%，比上年年末净增7624万元，增长21.52%。当年全区乡以上工业产值133850万元，比上年年末增长14%，工业贷款增长幅度高于产值的增长幅度。主要是企业之间相互拖欠严重、产成品占用资金过多、资金周转缓慢、原材料涨价因素。工业贷款投向主要用于支持一、二类企业，工业贷款占全区90%比例的工商银行统计，新增贷款中，一类占42.2%，二类占42.5%，三、四类分别占5.2%和10.1%，其中用于支持轻纺工业生产适销对路产品的贷款占50.5%。

1997年，全区银行机构工业贷款余额142827万元，比1988年增加107395万元，增长403%。工业贷款占银行机构各项贷款余额的16.21%，主要用于支持骨干工业企业和能源交通等基础产业。

2007年，全市银行机构工业贷款余额228235.2万元，比1988年增加192803.2万元，增长544%。工业贷款占银行机构各项贷款余额的25.75%。

（2）商业贷款

1988年前后，全区商业贷款中农副产品收购贷款占很大比例。1988年年末，商业贷款余额126191万元，比上年年末增加10121万元，其中农副产品收购贷款余额61311万元，比上年增加2918万元。商业贷款占银行机构各项贷款余额的62.3%，其中农副产品收购贷款占商业贷款余额的48.6%。主要投向：支持粮棉油农副产品收购，年末全区入库订购粮食58332.8万斤，议购粮食55824万斤，油料1821.2万斤，棉花64.554万担；支持农资专营资金需要，农业银行年累计发放农资专营贷款26786万元，支持供销生资部门购进化肥569414吨，农膜839吨，农药2771吨；支持宿州市肉厂全年收购生猪16万头，年末贷款余额2490万元；支持人民生活必需品和生产资料的购进和库存，如地区石油公司调进汽、柴油增贷571万元。

1997年，全区银行机构商业贷款余额500548万元，比1988年增加374357万元，增长397%。商业贷款占银行机构各项贷款余额的56.8%，当年商业贷款增加主要是农副产品收购贷款增加97813万元，占商业贷款增量的97.01%。

2007年，全市银行机构商业贷款余额503251万元，比1988年增加377060万元，增长298%。商业贷款占银行机构各项贷款余额的37.8%。

（3）农业贷款

1988年年末，全区银行机构（主要是农业银行）农业贷款余额14202万元，比上年年末增加1907万元。当年农业银行、农村信用社按照优化结构的要求，贯彻农业倾斜政策，重点支持粮食、棉花和养殖业的发展，累计投放农业贷款28505万元。根据农业的季节性特点，为支持春耕生产，农业银行当年一季度放出贷款667.3万元，用于农民购买化肥、农药、种子资金需要。用于支持瓜果生产，砀山县、萧县农业银行适时发放贷款200多万元。

1997年，全区银行机构农业贷款余额20974万元，比1988年增加6772万元，增长47.68%。农村信用社积极发挥自身优势，日益成为发放农业贷款的主要力量。农村信用社累计发放农业贷款52790万元，适时解决农民购买生产工具和生产资料所需资金，支持全区种植、养殖业生产。

2007年年末，全市银行机构农业贷款余额7724万元。全市农村信用社农业贷款余额395518万元。当年农村信用社累计发放农业贷款246671万元，其中农户贷款47648万元，农业经济组织贷款7196万元，农户小额信用贷款188103万元，农户联保贷款3724万元。

（4）基本建设和技术改造贷款

全市建设银行开办基本建设贷款项目较早（始于20世纪80年代初），后工行、农行、中行相继办理此项业务。技术改造贷款1988年前称更新改造贷款（以工商银行为主），其投向、用途主要是支持企业设备更新、技术改造及科研开发等投资项目的资金所需，以提高企业生产能力、产品质量、改善经营、开发适应市场需要的产品品种，增强企业的竞争能力，基本建设贷款投向、用途大体与之相似。基本建设和技术改造贷款重点支持全市粮食加工贮备、纺织、化工、公路及能源等建设。

1988年，全市银行机构基本建设和技术改造贷款余额分别为1868万元、9349万元，其中工商银行发放技术改造贷款5216万元，中国银行发放基本建设和技术改造贷款80万元、1725万元，建设银行发放基本建设和技术改造贷款1776万元、1178万元。

1997年，全市银行机构基本建设和技术改造贷款余额分别为46994万元、47996万元，是1988年年末的25.16倍、5.13倍。其中农业发展银行发放基本建设和技术改造贷款400万元、2400万元，工商银行发放基本建设和技术改造贷款630万元、29098万元，农业银行发放基本建设和技术改造贷款745万元、2907万元，中国银行发放基本建设和技术改造贷款790万元、2538万元，建设银行发放基本建设和技术改造贷款44429万元、11053万元。

2007年，全市银行机构基本建设、技术改造贷款和其他中长期贷款余额451989.48万元，是1988年年末的40.29倍。其中农业发展银行发放7550万元，工商银行发放152695.48万元，农业银行发放148628万元，中国银行发放62398万元，建设银行发放

80718万元。全市农村信用社中长期贷款余额79282万元。

1988–2007年宿州市存贷款及居民储蓄存款一览表

表3-10-18　　单位：万元

年份	存款		贷款		居民储蓄存款	
	合计	银行业	合计	银行业	合计	银行业
1988	106608	78237	180538	165050	44414	22510
1989	127332	94626	202693	184830	58740	33045
1990	154349	114739	234485	214353	77546	46811
1991	192559	146805	289420	264028	100431	57763
1992	176585	123696	193984	161841	109264	60539
1993	219280	138364	240466	192830	148539	74090
1994	285343	154717	311595	236738	226818	102949
1995	420809	255013	612137	517789	315981	173704
1996	535463	335648	719867	596230	406315	231225
1997	636784	414109	881182	747166	482540	282172
1998	967186	739799	1201053	1055389	756671	540217
1999	1012689	763794	1359775	1199665	802771	576880
2000	1124140	873303	1176397	1000611	895650	656146
2001	1289154	996732	1228923	1015437	1041604	763650
2002	1526952	1182967	1278850	1024507	1236358	911524
2003	1896892	1507670	1326447	1019767	1498495	1130118
2004	2292970	1824706	1423612	1073888	1819965	1384398
2005	2778372	2260229	1387845	1003866	2166754	1671854
2006	3290440	2665022	1582414	1147714	2539811	2020839
2007	3791545	3088182	1872764	1334046	2851832	2201846

（三）外汇业务

1988年，宿县地区仅有中国银行经营外汇业务，是国家指定的外汇专业银行。1988年末，外汇存款余额14.78万美元，各类贷款余额1009万美元，同时开展配套人民币存贷款业务。中国银行宿州支行在全地区最早推出外币储蓄、兑换、汇款、支票托收等业务。外汇业务立足宿县地区外贸实际，组织外汇资金，提供外汇引进国外先进技术和设备，发展对外贸易，积极扶持企业走向国际市场。全区仍执行1979年起实行的“外汇留成”制度，创汇地方和企业留有一定比例的外汇。留成外汇实行指标控制，额度管理，有留成外汇的单位可通过外汇调剂市场卖给需用外汇的单位使用。

1990年，工商银行宿县地区中心支行经批准开始经营外汇业务，开办外汇存款、贷款、汇款、外币兑换、结汇售汇、国际结算、外汇担保等业务品种，并可为企业提供出口押汇、进口押汇、出口贴现、打包放款等外汇服务业务。

1994年1月1日起，宿县地区按照国家统一规定实行人民币汇率并轨，采取以市场供求为基础的、单一的、有管理的浮动汇率制，并轨时的人民币汇率为1美元合8.72元人民币。取消外汇留成，实行外汇指定银行结售汇制度。

外汇兑换券于1994年12月31日在宿县地区停止流通，1995年6月30日停止兑换。

1996年，全区按照国家的统一部署，继人民币经常项目（指国际收支中经常发生的交易项目，包括贸易收支、劳务收支、单方面转移等）有条件可兑换后，实现人民币经常项目下完全可兑换。

2001年，农业银行宿州分行经批准开始经营外汇业务，开办外汇存款、贷款、汇款、外币兑换、结汇售汇、国际结算等业务。

自2005年7月21日起，正式实施人民币汇率形成机制改革，实行以市场供求为基础、参考一篮子货币进行调节、有管理的浮动汇率制度。人民币汇率形成机制改革以来至2007年末，人民币对美元汇率累计升值13.31%。全市按照统一部署，取消企业经常项目外汇帐户限额，多次提高居民个人购汇额度，便利企业、个人持汇用汇。

2007年年末，宿州市金融机构结售汇总量6301万美元。国际收支、结售汇均为顺差。其中，宿州市中国银行外汇结算量903万美元；外币存款余额672万美元，是1988年的45.47倍。宿州市工商银行外汇结算量218万美元，外币存款余额183.49万美元，外币贷款余额248.68万美元。农业银行国际业务结算量4465美元。外币存款301万美元，结售汇3536万美元，外币理财产品发行411万美元。

（四）中间业务

1988年前后，全区银行机构中间业务品种较少，发展缓慢。除传统的结算业务外，仅有少量的代理客户（包括政府、财政、企业主管部门等）收付款业务。

2001年6月中国人民银行令发布的《商业银行中间业务暂行规定》，明确适用审批制的中间业务品种包括：票据承兑，开出信用证，担保类业务，贷款承诺，金融衍生业务，各类基金托管、注册登记、认购、申购和赎回业务，代理证券、保险业务等；适用备案制的中间业务品种包括：汇兑业务，出口托收及进口代收，代理发行、承销、兑付政府债券。代收代付业务，包括代发工资、代理社会保障基金发放、代理各项公用事业收费（如代收水电费），委托贷款业务，代理政策性银行、外国政府和国际金融机构贷款业务，代理资金清算，代理其他银行银行卡的收单业务，各类代理销售业务、见证业务（包括存款证明），信息咨询业务（包括资信调查、企业信用等级评估、资产评估、金融信息咨询），企业、个人财务顾问，企业投融资顾问，保管箱业务等。在此前后，适合宿州市银行机构的中间业务得到较快发展，品种逐步增多，业务量有较大提高，方便了企业生产和群众生活。2007年，全市工商银行中间业务种类有9大类项400多个品种，中间业务收入2454万元，占当年全部收入的14.9%。全市农业银行中间业务收入4858万元，中间业务收入是贷款利息收入的34.21%。中国银行中间业务收入940万元，占当年全部收入的14.41%。建设银行实现中间业务收入2186万元，比2006年增长2.3倍。

1988年，全区金融机构沿用托收承付、托收无承付、国内信用证、付款委托书、保付支票、省内限额结算等结算方式。1989年4月1日实行的《银行结算办法》和《银行结算会计核算手续》，是支付结算制度的重大变革。规定办理结算的原则是：恪守信用，履约付款；谁的钱进谁的帐，由谁支配；银行不垫款。上述结算方式废止（1990年4月1日恢复异地办理托收承付），改为实行银行汇票、商业汇票、银行本票、支票、汇兑、委托收款等6种结算方式。各家银行鼓励开户单位在经济活动中多采用转账方式结算，减少使用现金。

1994年11月1日起，全区按照《银行账户管理办法》规定，存款账户分为基本存款账户、一般存款账户、临时存款账户和专用存款账户。基本存款账户是存款人办理日常转账结算和现金收付的账户，存款单位的工资、奖金等现金的支取，只能通过基本存款账户办理。存款人只能在银行开立一个基本存款账户。

1996年1月1日实施的《中华人民共和国票据法》及与之配套的《票据管理实施办法》和《支付结算办法》，对各种票据行为、票据权利的行使、票据义务的履行等做出全面、系统的规定，是管理票据活动、办理结算业务的法律准绳。

1986年，地区中国银行发行第一张银行卡——“长城卡”。1990年后，随着计算机网络在金融业的推广应用和“金卡工程”的实施，全区工商银行、农业银行、建设银行分别发行“牡丹卡”“金穗卡”和“龙卡”，邮政储蓄于1998年发行“银联绿卡”，逐步在全国范围内联网通用。银行卡逐渐成为全区群众方便、快捷、安全的支付工具。2000年后，银行卡种类、功能逐步增多，如工商银行“牡丹卡”可分为国际卡、贷记卡、准贷记卡、借记卡等多种，可受理ATM（自动柜员机）、POS（电子收款机系统）、网上银行、电话银行、“银信通”、对账簿等业务；农业银行银行卡形成金穗系列品牌；建设银行“龙卡”可分为储蓄卡、生肖卡、信用卡等。大部分银行卡具有存款取款、转账结算、代收代付、异地存取、消费信贷、银税联网、个人自助等功能。2007年年末，全市中国银行、工商银行、农业银行、建设银行发放银行卡740068张，其中信用卡30911张，借记卡495357张。卡上交易额430452万元（中国银行发放银行卡85910张，其中信用卡7483张，借记卡78427张。卡上交易额62686万元；工商银行发放银行卡198958张，其中信用卡11028张，借记卡187930张。卡上交易额15.1亿元；农业银行发放银行卡215200张，其中信用卡5400张，借记卡20.6万张。卡上交易额196779万元；建设银行发放银行卡24万张，其中信用卡7000张，借记卡233000张。卡上交易额19987万元）。

2007年12月18日，全市农村信用合作社发行具有“安徽农金”品牌标识的银行卡——“金农卡”。

90年代后期，全市金融机构储蓄业务逐步实现“通存通兑”，ATM、POS业务量增多。1996年，建设银行在全市安装第一台ATM机，在宿州实现城区内通存通兑业务。1997年，农业银行使用计算机签发银行汇票，提高结算效率。2000年后，全市银行机构普遍开办电子银行业务，不仅可为客户提供传统的查询、转账、汇款、缴费等服务项目，还可提供银证转贴、网上支付等新型结算服务业务。2002年，全市工商银行设立票据业务中心，集中办理银行承兑汇票的贴现、转贴现及向人民银行申请再贴现，为客户提供高效的结算服务。

1986年，人民银行宿县分行设立同城票据交换所，办理金融机构之间同城票据清算业务。各交换单位配有专职票据交换员，按交换场次每交换日来交换所办理票据交换和资金清算业务。后由手工操作改为计算机软盘、电子网络交换，提高票据抵用率。2005年至2006年，随着人民银行大额支付系统和小额支付系统的运行，全市同城票据不再需要经过交换所清算。异地跨行支付清算实现从手工联行到电子联行，再到现代化支付系统的跨越式发展，在全市存续几十年的传统联行方式退出历史舞台。

2007年，全市工商银行建立个人电话银行17024户、企业电话银行329户，建立个人网上银行53293户、企业网上银行1390户，建立手机银行5812户；当年实现电子银行交易额124亿元。全市建设银行电子银行业务与柜面交易量之比达到25%，个人电子银行交易额2.5亿元，单位电子银行交易额60亿元。全市农业银行网上银行企业注册客户增加107户，个人注册客户增加6414户，电话银行个人签约客户增加8140户，手机银行签约客户增加28698户，网银交易金额1367593万元。

四、金融管理

（一）信贷管理

1988年，根据“控制总量，调整结构，压缩一般，保证重点”的信贷政策，地区人民银行严格控制各专业银行和其他金融机构的贷款规模，重点支持农副产品收购贷款和人民生活必需品生产的流动资金贷款，扶优限劣，清仓挖潜，保重点，压一般，加强对准备金缴存的管理。银行机构向人民银行缴存存款准备金分“一般存款”和“备付金存款”两个账户。

1989年，贷款管理实行“限额管理、以存定贷”的办法，对各家银行机构贷款最高限额实行“全年亮底、按季监控、按月考核、适时调节”。结合实际贯彻国家产业政策：运用计划、资金、利率等手段，“先收后调、优化增量”；对企业分类排队，区别对待，促进资金良性循环；从严掌握固定资产贷款。

1990年，为贯彻落实国务院清理“三角债”的部署，地区人民银行注入专项资金，帮助全区企业清理“三角债”。后实行“五优先”“五从严”“八不贷”的信贷政策，防止“三角债”前清后欠。

1990年10月，人民银行印发《农村信用合作社管理暂行规定》，明确农村信用社信贷资金管理的基本原则是：以存定贷，自主运用，比例管理。

1993年，全区金融系统认真执行“约法三章”，以清理违章拆借为突破口，制止“三乱”（乱拆借、乱集资、乱批设金融机构以及擅自或变相提高利率），整顿混乱的金融秩序。

1995年5月，《中华人民共和国商业银行法》颁布，规定商业银行贷款应当遵守资产负债比例管理的规定。贯彻“适度从紧”的货币政策，人民银行对商业银行的资金使用采取区别对待、逐步向比例管理过渡的办法，对工商银行、中国银行、建设银行按增量考核。

1996年起，全区金融机构实行贷款证制度，初步实现银行间信贷信息共享。1997年，全区银行机构陆续推行客户信用评级制度，一般分为三等五级。

1996年8月1日起，《贷款通则》在全区施行。规定贷款的发放应当遵循效益性、安全性和流动性的原则。借款人与贷款人的借贷活动应当遵循平等、自愿、公平和诚实信用的原则。

1997年，地区人民银行按照《农村信用社改进和加强支农服务十条意见》，指导农村信用社合理安排信贷资金，在信贷资金投向上实行农户贷款优先、社员贷款优先、农业贷款优先。对信誉良好的农户发放信用贷款，推行农户贷款公开制度，增强透明度。当年，全地区农村信用社累计发放农业贷款52790万元。

1998年1月1日起，根据人民银行《关于改进国有商业银行贷款规模管理的通知》，全区取消长期实行的对国有商业银行贷款限额的控制，在推行资产负债比例管理和风险管理的基础上，实行“计划指导、自求平衡、比例管理、间接控制”的新的管理体制。1998年年末，全市金融机构各项贷款余额1201053万元，比上年增加143355万元，其中工商银行、农业银行、中国银行、建设银行宿州分行分别增加15513万元、23104万元、7487万元、12116万元。

1998年7月起，全区银行业根据人民银行《关于全面推行贷款五级分类工作的通知》，开始试行贷款风险五级分类法。2002年1月1日起，将管理方式由按贷款时间划分的四级分类（正常贷款、逾期贷款、呆滞贷款、呆账贷款），改为按照风险程度划分的五级分类（正常贷款、关注贷款、次级贷款、可疑贷款、损失贷款）。

1998年起，全市农村信用社执行《农村信用合作社资产负债比例管理暂行办法》。

1999年起，为支持农村信用社壮大资金实力，人民银行宿州市中心支行对农村信用社发放支农再贷款、短期再贷款。至2007年，累计发放支农再贷款219610万元、短期再贷款1亿元。

2001年年初，全市银行信贷登记咨询系统投入运行。银行信贷登记咨询系统通过贷款卡将每户企业和银行机构联系起来，企业凭贷款卡向银行申请贷款，银行则凭贷款卡从该系统查询企业基本概况、借还款情况、逃废债情况等信息，发挥为贷款把关的作用，是建设统一的企业征信系统的开端。其后企业、个人信用信息系统初步建成，企业征信系统收录全市4557户企业基础信用信息，入库贷款资金132亿元；个人信用信息系统收录全市8.8万人信用信息。

2002年，全市启动金融安全区创建工作。按照人民银行《农村信用合作社农户小额贷款管理指导意见》，全市农户小额信用贷款采取“一次核定、随用随贷、余额控制、周转使用”的管理办法。

2004年，全市银行机构完善助学贷款工作，对学生贷款利息给予50%财政补贴改为全部由财政补贴；学生还清贷款本金由毕业后4年内改为6年内；高校每年借款总额按在校生总数20%的比例、每人每年6000元的标准计算确定。

2007年，全市组织落实专项中央银行票据资金政策，把握专项票据兑付考核标准，支持全市农村信用社转换经营机制。市区、灵璧县、泗县、萧县、砀山县农村信用社分别落实专项中央银行票据资金19946万元、1252.5万元、1000万元、7945.5万元、4669.5万元。

（二）现金管理

1988年9月，国务院颁发《现金管理暂行条例》，规定凡在银行开户的机关、部队、企业、事业等单位，须按规定收支和使用现金，接受开户银行监督。鼓励采取转账方式进行结算，减少使用现金。使用现金的范围是职工工资、津贴、奖金、劳保、福利费用等对个人的支出；向个人收购农副产品的价款；出差人员必须随身携带的差旅费及结算起点（1000元）以下的零星支出。人民银行多次组织检查，落实《现金管理暂行条例实施细则》，清理多头开户，防止套取现金。为治理通货膨胀，稳定金融，从10月1日起，提取现金一律维持在8月的水平上，超过部分银行不支付现金。

1990年4月，全区金融机构对企业多头开户进行清理整顿。专业银行按照“一业为主、适当交叉”的原则，确定企业单位在一家金融机构开立一个账户，办理转账资金的收付和按现金管理规定办理现金的收付。

1995年，全区落实国务院办公厅《关于进一步加强现金管理，控制现金投放的紧急通知》，对银行和城乡信用社执行现金管理规定情况进行检查，严禁行政企事业单位乱发奖金和补贴，现金支出只在一家开户银行的基本账户支取，不得挤占挪用农副产品收购现金，禁止印制、发售、使用代币购物券，搞好商品货币回笼。当年现金净回笼创历史最好水平，累计净回笼85473万元，完成现金回笼计划的239%。

1997年7月1日，人民银行《大额现金支付登记备案规定》在宿县地区施行，办理现金支付业务的商业银行、信用社建立大额现金（5万元以上）支付登记备案制度。开户银行对大额提现情况经常进行分析检查，重大嫌疑案件报经人民银行处理。

全市金融机构按照2000年2月发布的《中华人民共和国人民币管理条例》，加强人民币管理的宣传。禁止非法买卖、故意损毁人民币、在宣传品或其他商品上使用人民币图样等。公民出入境、外国人入出境携带人民币实行限额管理。同年，按照反假人民币奖励办法，反假币的奖励实行一案一报一兑现。

2003年6月29日至7月5日，人民银行宿州市中心支行组织开展为期一周的反假货币宣传活动。《假币收缴、鉴定管理办法》同时施行。该办法规定商业银行、信用社和邮政储蓄机构在办理存取款业务时，发现伪造、变造的假币，由两名以上业务人员当面予以收缴，并向持有人出具人民银行统一印制的假币收缴凭证。收缴的假币不再交予持有人，但其有异议可持凭证向当地人民银行或人民银行授权的鉴定机构提出书面鉴定申请。

2004年2月，为方便全市群众兑换残缺、污损的人民币，兑换机构由人民银行改为办理人民币存款业务的金融机构。有关机构营业网点设置兑换窗口，并按照调整后的残缺人民币兑换标准进行兑换。

1988年，全区金融机构现金累计收入33.21亿元，到2007年，现金累计收入722.64亿元，是1988年的21.76倍；1988年，全区金融机构现金累计支出36.48亿元，2007年，现金累计支出688.73亿元，是1988年的18.88倍。

（三）外汇管理

1985年，国家外汇管理局宿县分局成立，与人民银行宿县分行合署办公，行使外汇管理职能。全区金融机构经营外汇业务须经外汇管理局审批并颁发“经营外汇业务许可证”。

1988年时，全区仍实行留成外汇额度管理。创汇单位用汇时经外汇管理部门批准后用人民币将外汇额度购成现汇使用。

国家外汇管理局宿县分局设立外汇调剂中心，根据有关规定，通过有偿议价调剂办法办理本地区外汇额度和现汇的调剂业务，促进外汇资金融通。外汇管理局宿县分局根据有关规定，对全区“三资”（合资、独资、合作）企业、创用汇企业外资、外债进行统计监测，实行外汇登记证制度和进口付汇核销、进口收汇核销。

1994年1月1日，人民币汇率并轨，实行以市场供求为基础的、单一的、有管理的浮动汇率制，当日人民币兑美元汇价由5.8元人民币/美元下调到8.7元人民币/美元。实行银行结汇和售汇制度（结汇制：境内企事业单位、机关和社会团体的各类外汇收入必须及时调回境内。部分外汇收入必须按银行挂牌汇率售给外汇指定银行，部分外汇收入可以在外汇指定银行开立现汇账户保留；售汇制：取消经常项目正常对外支付用汇的计划审批，境内企事业单位、机关和社会团体在此项下的对外支付，持相关有效证明，用人民币到外汇指定银行办理兑付）。

1996年1月，根据国家的统一部署，全区建立国际收支统计申报制度。凡全区中国居民与非中国居民之间发生的一切交易均需向国家外汇管理局宿县分局申报其交易的内容。外汇管理部门组织统计、监督、检查。

1999年，全市外汇管理局建立与海关、银行间进口报关联网核查系统，对进出口真实性加强审核。国际收支申报与出口收汇核销、企业用汇挂钩，提高居民和企业国际收支申报的准确性。

2003年，完善资本项目外汇管理，加强对国际收支申报和外汇反洗钱的监测分析。建立大额和可疑外汇资金交易报告制度，组织监测分析和跟踪调查。推广计算机账户管理信息系统和新的出口收汇核销系统。

2005年7月21日起，国家实施人民币汇率形成机制改革，实行以市场供求为基础、参考一篮子货币进行调节、有管理的浮动汇率制度。晚7时，美元对人民币交易价格调整为1美元兑8.11元人民币。

2007年2月1日起，全市施行的《个人外汇管理办法》，对个人外汇管理政策进行调整和改进。对个人经常项目下外汇收支贯彻可兑换原则，对资本项目（国际收支中因资本输出和输入而产生的资产与负债的增减项目，包括直接投资、各类贷款、证券投资等）下外汇收支进行必要的管理。原有关个人外汇的16个管理规定废止。

（四）经理国库和国债管理

1988年，全区办理国库业务0.75万笔，总金额13920.6万元。

1991年，宿县地区成立乡级金库。成立118个乡级金库。

1994年，中国实行分税制体制。属于中央和地方的固定收入分别缴入中央国库和地方金库；属于中央、地方共享收入按分成比例划解到中央国库和地方金库；按照规定要求办理中央财政对地方财政的税收返还，随着国库业务量增加，国库会计核算手续日趋复杂，宿县地区地、县两级国库部门相继完成适应分税制的国库会计核算系统升级和参数维护等工作。

1994年，全区国库部门运用库款报解程序、国库统计分析程序、国债核算程序等，提高国库的规范管理程度和工作效率。后逐步加强电子化建设，实现国库业务电子网络覆盖。

1997年，全区办理国库业务4.21万笔，总金额89627.45万元。

2003年，人民银行宿州市中心支行国库部门配合财政部门进行国库集中收付改革和财政单一账户改革。

2004年9月，撤销辖内118个乡镇级金库。

2007年，全市办理国库业务14.96万笔，总金额21393.72万元。

1981年7月，全区重新开始发行国债。特点：周期较长（10年）、不可转让、对购券居民支付较高的利息、对企业支付较低的利息，1988年，国库券试行流通、转让。

1988年，人民银行宿县分行国库部门代理发行国家债券1581.3万元，组织兑付国库券本息3008.89万元。

1996年，国债发行由承购包销向公开招标过渡，发行方式从实物券为主转向以无纸化电子记账为主，二级市场交易采取电子化的方式。国库部门结合宿县地区实际组织发行方式的改革，开办兑付与储蓄一条龙服务。

1997年，人民银行宿县分行国库部门代理发行国家债券15081万元，组织兑付国库券本息4548.6万元。

2006年7月，皖北煤电集团成功发行10年期企业债券10亿元。

2007年，全市发行国家债券9148万元，兑付国库券本息11541.5万元。

第四节　证　券

一、机构

（一）国元证券宿州汴河路营业部

位于宿州市汴河路365号，隶属于国元证券股份有限公司，是经证监会批准从事代理A股、基金、国债等交易的证券经营机构。国元证券宿州汴河路营业部前身是1992年成立的建设银行宿州市信托投资公司证券营业部，1998年转让给安徽省信托投资公司。后安徽省国际信托投资公司和安徽省信托投资公司发起成立国元证券有限责任公司，营业部于2001年8月更名为国元证券有限责任公司宿州汴河路营业部，又因其母公司2007年10月30日在深圳证券交易所上市，更名为国元证券股份有限公司宿州汴河路营业部。营业部有1个散户大厅、2个中户大厅、20余间大户室和多个商务套间，客户终端500余台，营业面积2800平方米。内设客户服务部、咨询部、财务部、电脑部、综合部等部门，员工25人。在砀山县、泗县、萧县设立证券服务部。

（二）华安证券宿州汴河路营业部

位于宿州市汴河路育才巷口，隶属于华安证券有限责任公司，是经证监会批准从事A股、B股、基金、国债、企业债券等交易的证券经营机构。华安证券宿州汴河路营业部前身是1993年10月由人民银行宿县分行牵头，各银行机构共同发起成立的宿州证券营业部，于1994年4月18日在宿城“百惠园”正式开业。后由省证券公司归口管理，因省证券公司增资扩股更名为华安证券有限责任公司，该营业部遂于2001年3月更名为华安证券宿州汴河路营业部，有1个散户大厅、4个中户大厅、30余间大户室，客户终端420余台，营业面积5500平方米，有员工28人。在灵璧县、砀山县、萧县设立证券服务部。

二、业务

1988年，全区银行机构开展的证券业务主要是办理国库券买卖业务。

1992年宿县地区建设银行信托投资公司证券营业部开始办理国库券兑付、企业债券发行与兑付业务。

1993年，宿县地区开始有股票交易，当时股民主要是认购发行的“马钢股票”。后证券机构开始代理上海证券交易所A股交易业务，1994年年末，宿州证券营业部开户1820户，年交易量17500万元。开户数和交易量呈上升态势，证券经纪业务包括代理证券买卖、代理还本付息、分红派息、代理登记开户及证券代保管、鉴证等。

1996年，宿县地区证券机构开始代理深圳交易所证券交易业务。

2001年起，沪市、深市B股开始进入全市证券交易市场。

2000年6月，宿州市企业安徽省科苑集团在深圳证券交易所上市，2006年7月完成股份分置改革。

2007年末，国元证券宿州汴河路营业部开户19500户，年交易量1777500万元（其中沪市股占57.5%，深市股占42.5%）；华安证券宿州汴河路营业部开户26674户，年交易量2694743万元（其中沪市股占70.42%，深市股占29.58%）。

三、服务

全区证券经营机构开始办理业务时均是有形席位，客户以柜台委托、刷卡委托等方式，在办理相关手续后进行现场证券交易，证券经营机构在交易厅设置可视屏幕显示股市行情。

1996年，随着证券营业网点电子化建设的进展，全区证券经营机构开办无形席位，受理客户的电话委托、远程委托、网上委托，客户可通过网络实现非现场证券交易。设置大户室、中户室等，改善服务设施。

2000年，宿州市证券经营机构步入规范发展、稳健经营轨道，培养以客户为中心的理念，提供多方面服务。开辟投资咨询、客服中心，为客户实时解盘、答疑；定期开办股民学校，提供“每日（周）点评”“个股咨询”“配股提醒”等服务，举办专家股评讲座或报告会，对客户进行系统培训，引导股民理性投资。设立全国统一服务热线电话95578和咨询台，提供全方位咨询。与指南针公司合作，建立技术支持中心，提供免费咨询。提供钱龙、通达信、大智慧等多套分析系统，巨灵动态咨询系统，可使客户及时、准确获得国内外的财经信息及上市公司的动态、信息，并可辐射到各远程服务部。证券经营机构与宿州有线电视台、交通广播台、拂晓报社、中国电信、中国联通建立协作关系，使客户享受优惠和便利。机房建设按照中国证监会《规范》要求进行设计和管理，主要交易系统都有备份，提供安全、快捷的技术保障。开通电话委托、网上交易、手机证券等多种交易方式，使客户不在证券部时也能方便、快捷地进行查询、交易。全市证券经营机构还与建行、农行、中行、工行开通第三方存管业务，保证客户资产安全，方便客户的资金存取。

第五节　保　险

一、保险经营机构

1996年，国家改革保险体制，财产险与人寿险分业经营，中国人民保险公司分设财产保险公司、人寿保险公司，设在宿州的分公司相应分设为财险分公司和寿险分公司两个公司。

2007年，宿州市有市级保险机构10家，县支公司（营销服务部）112家，保险从业人员近5000人。10家市级机构中财产险单位5家，分别为：中国人民财产保险股份有限公司宿州市分公司、中国平安财产保险股份有限公司宿州中心支公司、华安财产保险股份有限公司宿州中心支公司、天安保险股份有限公司宿州中心支公司、安邦财产保险股份有限公司宿州营销服务部；寿险单位5家，分别为：中国人寿保险股份有限公司宿州分公司、中国平安人寿保险股份有限公司宿州中心支公司、新华人寿保险股份有限公司宿州中心支公司、泰康人寿保险股份有限公司宿州中心支公司、中国太平洋人寿保险股份有限公司宿州中心支公司。

（一）中国人民财产保险股份有限公司宿州市分公司，前身是中国人民保险公司宿县地区中心支公司。1996年10月，保险体制改革，设为中国人民保险（集团）财产保险有限公司宿州分公司。1998年12月，中保集团撤销，中保财险公司继承人保品牌，复名为中国人民保险公司。中保财险宿州分公司于1999年1月作相应更名。分公司位于宿州市浍水中路200号，下设8个部门、6个支公司，在职人员130人。

（二）中国人寿保险股份有限公司宿州分公司，前身是中保人寿保险公司宿州分公司。2006年，分公司总部位于汴河中路488号，下设综合部、人力资源部、区域收展部、团险销售部、监察室、信息技术部、财务会计部、个险销售部、教育培训部、A类柜面和城区营销部11个职能部门，2007年年底，增设收展部，2009年3月，增设教育培训部。在乡镇街道设代办网点70多个。保险从业人员3000多人。

（三）中国平安财产保险股份有限公司宿州中心支公司是中国平安旗下专业子公司，平保产险公司下属三级机构，位于宿州市浍水路259号。中国平安财产保险股份有限公司宿州中心支公司前身名称为中国保险公司合肥分公司宿州办事处，筹建于1995年8月。1996年4月，中国平安保险公司平安合肥分公司宿州办事处筹建期结束，办事处正式成立，有员工6人，下设经理室、综合部、业管部、业务部。6月，按照分业经营、分业管理的原则，平安产险和平安寿险分设。2003年1月，中国平安保险公司合肥分公司宿州办事处正式更名为中国平安财产保险股份有限公司宿州中心支公司。公司内设总经理室、综合部、市场部、理赔部、业务一部、业务二部、业务三部、综合开拓、银行专业团队，员工64名，其中正式员工45人。

（四）新华保险宿州中心支公司2004年成立，下设行政后援室、财务室、客户服务中心、营销服务部、保费室，下辖灵璧营销服务部、泗县营销服务部、萧县营销服务部、砀山营销服务部。

（五）华安财产保险股份有限公司宿州中心支公司于2005年11月成立，下设计划财务部、业务管理部等四个部门、一个县营销服务部，正式职工12人。

（六）2006年4月，天安保险股份有限公司（总部上海浦东，1994年成立）在宿州市设立分支机构，位于宿州市胜利中路德全大厦7层。支公司下设综合管理部、业务管理部、理赔客户服务部、市区业务部、下辖萧县营销服务部，有正式员工29人。

（七）安邦财产保险股份有限公司宿州营销服务部于2006年4月16日获准开业，营业地点位于淮河路182号（广电大楼东100米）。

（八）泰康人寿宿州中支于2004年3月进驻宿州市，有砀山、萧县两家支公司，灵璧、泗县两家县级营销服务部，11家乡镇网点，从业人员2400余人。

（九）中国太平洋人寿保险股份有限公司宿州中心支公司前身是宿州营销服务部，成立于2006年12月6日，后升格为中心支公司。位于宿州市胜利中路16号德全大厦，下设7个部门，从业人员580多人，其中正式员工41人。

二、保费及险种

1986年，全区保费收入616.4万元，保额14.93亿元，赔款支出571.8万元。开办险种有企业财产险、家庭财产险、机动车辆险、船舶险、自行车险、货运险、种植业险、养殖业险、简身险、养老金险、人身意外伤害险等12个险种。其中，农业保险金额2.64亿元；保费计23.6万元。人身险保额7.5亿元；保费27.3万元。

1996年，保险分业经营以后，随着保险市场的扩大、保险机构的增加以及保险消费意识的增强，全区保险规模不断增大。2007年，全市保费收入11.5亿元，其中财险保费收入2.1亿元，寿险保费收入9.4亿元。2007年保费总收入与1986年相比，增长185.57%，实现保险业的持续、稳定发展。

2007年，全市财险各类险种达160多种，基本涵盖财险服务的各种领域，有车险、财产险、意健险、住房按揭房屋保险、律师责任保险、会计师责任保险、医师责任保险、董事及高级职员责任险、个财期缴家财险等符合市场需求的新险种。寿险险种有近120种，有健康医疗、养老年金、意外伤害、普通人寿、投资分红5大类。

（一）财险

2007年，人保财险宿州市分公司保险金额达212.5亿元，保费收入1.3亿元。其中企业财产险和家庭财产险保费收入526万元；机动车辆险保费收入11467万元；货运险保费收入27.8万元；责任险保费收入473万元。平安财险宿州中心支公司2007年开办险种计84个，实现保费收入4222.47万元。其中车险：3606.7万元，财产险：425.74万元，意健险：189.96万元。华安财产保险公司宿州中心支公司主要经营各种财产险、责任险、信用保证险、农业险、意外伤害险和短期健康险及上述保险的再保险。2007年，全年保费收入1295万元。2007年，天安保险宿州中支实现保费收入1341.05万元；其中机动车辆保险保费收入1196.71万元；企业财产保险保费收入57.31万元。家庭财产保险保费收入1.54万元。货运险保险保费收入0.7万元；责任险保险保费收入26.42万元；信用保证保险保费收入1.34万元；短期意外保险保费收入54.44万元；余为船舶险、火险、工程险2.57万元等。安邦保险2006年全年实现保费收入549万元，2007年，实现保费收入924万元。

（二）寿险

中国人寿宿州分公司主要经营健康医疗、养老年金、意外伤害、普通人寿、投资分红5大类120多个险种，涵盖人的生老病死残等各个方面的风险保障。2005年，平安寿险种类大体分为传统和非传统两大类，中国平安人寿保险股份有限公司推出的险种体现公司特色，主要经营：人寿保险、人身意外伤害保险、健康保险等三大类100多个险种，2007年，保费收入15646.23万元。宿州新华从成立至2007年保费总额达3.3亿元，其中2007年保费为7000万元；中国太平洋人寿保险股份有限公司宿州中心支公司开办险种覆盖人寿保险、团险直销、银邮代理等多个领域。其中，人寿保险："长泰安康"终身保险、"华彩人生"万能保险、"鸿运年年""阳光丽人"两全保险；团险直销：团意险、外出务工保险、乘意险、旅意险；银邮代理保险：红福寿，红利发，红利发C，金诚利，金丰利。2007年，保费收入8386万元。

三、理赔

1986年，赔款支出571.8万元，2007年，保险赔款1.47亿元，增长2471%。

2003年，平安人寿宿州客户詹某某患恶性肿瘤身故案，给付保险金22.44万元，返还保费2.86万元。

2005年9月14日，宿州市雪龙化纤厂棉绒仓库发生火灾，原材料造成重大损失，人保财险公司赔付128万多元。2006年4月10日，宿州市粮运公司"解放"牌大货车在甘肃天水与客车发生碰撞造成多人死伤的特大交通事故，人保财险公司接到报案后，领导亲赴现场，给付赔偿款90多万元。2006年6月29日早上6时50分，一场罕见的龙卷风突袭泗县长沟镇朱彭小学，致两间教室及西侧围墙倒塌，十余间房屋瓦被掀掉。经初步统计核实，截至6月30日12时，死亡学生2名，住院治疗学生46名，其中3名病危，1人重伤。中国人寿公司赔款7.61万元。

四、服务

2007年，全市有10个市级保险机构。各保险机构为适应市场竞争，普遍建立营销员（代理人）队伍，上门宣传保险，扩大保险业务；同时，开展防灾防损工作，加强风险防范，有的还制定应急预案、建立应急小分队，到重点单位帮助做好防灾工作。同时认真受理赔付案件，及时办理赔款，维护投保人的权益，对少量骗保案件依法立案查处。

各保险机构分别开通服务热线，有专人值班，可为保户提供全天候承保、查询、咨询、报案、理赔、挂失、变更、投诉、回诉等系列服务。保险机构的服务号码：中保（财险）"95518"，中国人寿"95519"，平安财险"95512"，平安人寿"95511"新华人寿"95567"，泰康人寿"95522"，华安保险"95556"，天安保险"95505"，安邦保险"95569"，太平洋人寿"95500"。

各家保险公司适应保险业务拓展的需要，调整内部机构，设立承保中心（业务中心）、财务中心、理赔中心（客户中心）等。平安财险推出车险"万元以下，资料齐全，三天赔付"的服务承诺，以"你的平安、我的承诺"作为客户服务活动的主题。

中国平安人寿保险股份公司首开收展制服务，为孤儿客户提供更优质、全面的服务。中国平安人寿保险股份公司组织创立“P-star”工程，以“五星服务”为主题，制定客户服务流程和标准，提高服务质量；开展主题为“你的快乐，我的承诺”的客户服务节活动，加强企业社会责任和客户服务理念的结合。平安人寿宿州中心支公司开展“五星服务”，提高业务员素质，为宿州平安的客户服务。

新华保险宿州中心支公司开展以“诚信、沟通、维权”为主题的“3·15”客户服务活动，加强信用体系的建设。

五、保险业协会

宿州市保险行业协会成立于2007年10月18日，保险行业协会作为行业自律性组织，是政府监管的有益补充。

宿州市保险行业协会位于浍水路与市府巷交汇处凌枫大厦10楼1001室，是经安徽保监局、宿州市民间组织管理局批准成立的保险业自律性社团组织，业务主管单位为中国保险监督管理委员会安徽监管局。协会严格按照保监会的有关规定和《宿州市保险行业协会章程》开展各项工作。

宿州市保险行业协会的核心是服务。基本职责为：自律、维权、协调、交流、宣传。重点发挥自律职能，促进市场公平，维护消费公正。同时做好维权、协调、交流、宣传等工作，为会员和消费者提供优质服务。创造和维护公平合理的竞争环境，成为同业间交流、合作的平台和保险经营者与政府沟通的桥梁，加强宣传的窗口，促进同业及全市保险事业的健康、快速发展。

第十一章　商　贸

第一节　商贸市场

从中华人民共和国成立至1978年的30年间，宿州市市场规模十分狭小，交易商品品种少。特别是从1954年开始，对一些重要的生产和生活资料，根据供需情况的变化，实行计划供应、控制供应、特需供应等一系列供应政策，致使市场发育极其缓慢。“文化大革命”中还经历停滞、倒退阶段。直至1978年，全区市场仍停留在50年代初期骑路逢集和露天交易的格局，市场建设投资微乎其微。仅有的几个市场均为销售当地自产自销的农副产品及手工业品的低级市场，没有一个生产要素和生产资料市场。

一、市场建设

进入21世纪以后，经过多年培育和发展，以大型市场为龙头，中小市场为基础，多层次，宽领域，多元化的市场体系逐步建立。全市各类商贸流通业14084户，各类综合、专业和集贸市场104个，个体商业52392户，全市批发零售和食宿餐饮从业人员40万人。2007年年末，实现国内生产总值41.8亿元，占全市GDP的9.86%，占全市第三产业总值的28%。市场的辐射力、影响力逐步加大，基本形成以华夏集团零售商业为龙头的工业品交易市场集群，以宿州皖北蔬菜批发市场为龙头的农产品批发市场集群，以砀山果业生产基地为依托的水果交易市场集群。与此同时，以连锁经营、电子商务、物流配送为代表的现代流通方式迅速发展，各种形式的超市、专业店、专卖店、便民店、农家店遍布城乡，新型流通业正在逐步取代传统经营模式。特别是招商引资力度加大，一批大项目先后落地。随着武夷商城，金茂商城、恒丰大厦、汇源大酒店、光彩大市场、钢材市场、汽车配件市场、尚都家具、华润苏果购物广场、砀山惠丰农产品批发市场、泗县虹都大厦、文庙商城等为代表的一大批商业网点建成并投入使用，将彻底改变宿州市以往商业网点少、小、散、旧的落后状况。全市有经营面积2万平方米的大型综合商场2家，5000平方米以上的各类商业网点32个，年成交超亿元的大型综合和专业商品市场6家。

二、市场管理

中共十一届三中全会后，宿县地区作出了《关于加强市场建设的决定》，研究制定发展市场的规划和措施，使市场建设呈现出前所未有的繁荣兴旺景象。至1999年省辖宿州市成立时，全市基本形成以专业批发市场为龙头、县区综合市场为骨干、乡镇集贸市场为基础、各类市场齐全、结构较为合理的“买全国、卖全国”的市场体系。1998年，全市有登记注册的各类市场310个，有登记注册的“双生”市场16个，涉及到生产资料和生产要素领域的绝大多数行业。其中，1978年以后新建市场228个，建筑面积323万平方米，是1978年前的64倍；总投资5.3亿元，是1978年前的106倍。尤其是1995年以后的几年，每年投入市场建设的资金均在1亿元以上，乡镇一级的市场建设跨入全省先进行列。宿州市工业品市场、砀山果菜批发市场、砀山县农用车辆专业市场、萧县青龙集皮毛市场等一批年成交额逾亿元的大型专业批发市场蓬勃兴起。埇桥区和灵璧县的劳动市场和房地产交易市场也初具规模。至此，宿州市成为商贾云集、市场活跃、商品交易繁茂、交通便捷的皖东北中心城市。1998年市场成交额达50亿元，比1953年增长53倍。社会商品零售总额逐年增长，由1949年的0.33亿元增加到1998年的49.27亿元，年平均增长10.3%。集贸市场税费收入由1978年的不足30万元，达到1998年的3200万元，增长100多倍。

市场体系的发育，带动了个体私营经济的快速发展。到1998年年底，全市个体工商户97994户，从业人员195574人，拥有注册资金34358万元，比1978年的8.7万元增加3948倍，个体私营经济从业人员占全市人口的3.6%。1998年，个体私营经济实现营业收入19.9亿元。固定资产超千万元的有12户；向国家提供税金1.58亿元，占全市工商税收的23.8%，成为宿州地区本市经济发展新的增长点。

第二节　国内贸易

1978年以后，随着改革开放的步步深入，在市场放开搞活的同时，宿县地区开始以国有商业为重点的流通体制改革。在瞄准零售市场前景广阔、投资回报快、信息反馈敏捷的优势后，果断地进行第一次战略大调整，即以零售为主，批零结合，以零售带动批发，逐步摆脱亏损被动局面。随后又适时实施"向工业企业延伸，开展总代理、总经销"的第二次战略大调整。建立多种形式的联营联销，逐步转向少资金、低库存、小风险，摆脱商业进货批量大、占用资金大、商品库存大的大风险经营行为。第三步则采取"立足本业、多种经营"战略。形成工商一体化，走入大市场，融入大流通。市石油公司、盐业公司在站稳原有经营阵地的基础上，分别涉足餐馆、住宿、副食品零售业，先后兴建天都大酒店、百汇园食品总汇。华厦集团兴办服装厂、食品厂，效益显著。

1996年以后，宿州市国有商业在广泛研究国外大型商业企业运行轨迹的基础上，又大胆走上"连锁经营、集团发展、规模效益"的道路。华厦集团、华联连锁超市、百汇园联华超市、宏源捷强超市、环宇万家超市等10余家连锁店相继开业，其中华厦集团仅半年时间就办起六家连锁超市，集团规模迅速扩大，经营实力大大增强。为改变宿州市商品网点少、小、散、旧的状况，培植新的商业经济增长点，宿州市多方筹措资金，集中精力，高速度、高效率加快网点建设。从1991年到1998年，宿州市直属国有商业企业新增大中型商业零售网点10余处，建筑面积5万多平方米，总投资近亿元，比前40年总和还多。1998年全市国有商业固定资产原值达到4.83亿元，是1978年的34.3倍；20年累计上缴国家利税3.86亿元，是1978年国有固定资产原值的27.4倍；商品销售额1998年达到10.97亿元，是1978年的5.1倍。

进入21世纪以后，除国有商业继续走上规模、上水平的路子外，私营商业、有限责任公司、股份有限公司等业态亦迅速发展壮大，一些国内知名商业集团落户宿州市，共同铸就宿州市商品流通新的辉煌。2005年全市商贸流通业实现增加值31.6亿元，对GDP的贡献率由之前的7%-8%上升到9%以上。2006年实现增加值35.7亿元，比上年增长13%。在全市第三产业中，商贸流通业增加值占比也稳定在28%左右，比2004年增长3个百分点。全市总税收中，批发和零售商业贡献率在25%左右。2007年商贸流通业吸纳就业人员40万人，对保持社会稳定发挥了重要作用。

1987-2007年宿州市消费品零售总额

表3-11-1　　单位：万元

年份	零售额	年份	零售额
1987	119948	1998	492734
1988	146623	1999	512179
1989	151336	2000	534402
1990	146625	2001	565136
1991	163893	2002	626231
1992	175916	2003	680102
1993	219462	2004	751984
1994	284134	2005	853924
1995	369788	2006	970036
1996	42065	2007	1148097
1997	481366	—	—

第三节　对外贸易

自中华人民共和国成立到1978年，宿州市作为一个内陆欠发达地区，一直不直接对外开放，长期以来，地区的外贸部门只是省级外贸公司的出口商品“收购点”。出口商品收购按照省下达的收购计划进行，以农副土特产品为主，品种少而分散。

改革开放后的20世纪80年代，对外贸易日渐活跃，外贸收购额也逐年增加。但出口品种仍然是农畜产品为主。到1985年，全市收购量达到5421万元，产品主要出口到日本、美国、加拿大、英国、法国等国家和中国香港地区。

1993年，宿州市对外贸易公司被外经贸部批准获得自营进出口权，全市进出口业获得突破性的发展。从1993年到1999年省辖宿州市成立，有12家企业获得自营进出口经营权，使全市初步形成以外贸公司为主、生产企业、“三资”企业、科研单位共同进军国际市场的格局，结束宿州市长期不能直接从事进出口交易的历史。全市获得自营进出口经营权的企业积极开拓国际市场，调整出口商品结构，寻求出口渠道，坚持走以质取胜的路子，外贸业务年年扩大。在1993年40万美元的基础上，1994年167万美元；1995年501万美元；1996年868万美元；1997年1267万美元；1998年1587万美元。不但出口商品品种增加到20多种，而且和10多个国家和地区建立长期贸易关系。

进入21世纪以后，随着对外开放的进一步扩大，特别是在中国加入世贸组织以后，全市对外贸易进入一个全新的发展阶段。到2007年全市进出口额达到5571万美元，为2000年1014万美元的5.5倍。

2000–2007年宿州市外贸进出口额

表3–11–2　　　　单位：万美元

年度	进出口额	增幅(%)
2000	1014	128
2001	1554	53.2
2002	3000	93.1
2003	2292	−23.6
2004	2602	13.5
2005	4946	90.1
2006	4136	−16.4
2007	5571	34.7

宿县地区1986年与香港合资兴办华利箱包公司，总投资30万美元，从第一家合资企业诞生，至1999年全区累计审批外商投资企业135家，合同外资总额4735万美元，扣除被撤、注销33家，实有102家，实际到位外资2670万美元。利用外国政府贷款6240万美元，四个项目建成三个（轻工化学厂、灵璧荷金莱、萧县金鸡集团）；利用补偿贸易外资1051万美元，投入五个项目（符离速冻厂、特酒厂、淮光V模具、萧县葡萄酒交频矸罐设备、砀山园艺场冷冻设备）；利用世行贷款及其他金融商业贷款3300万美元。14年内利用外资1.39亿美元。利用外资的国别地区有：美国、加拿大、西欧、澳大利亚、日本、韩国、新加坡、菲律宾等国家和中国香港、台湾地区。

进入21世纪，利用外资的步伐加快。

2000–2007年，宿州市各年度实际利用外资分别为：

2000年，利用外资634万美元，增长153.6%；

2001年，利用外资806万美元，增长27%；

2002年，利用外资1533万美元，增长44.8%；

2003年，利用外资2030万美元，增长32.4%；

2004年，利用外资2330万美元，增长14.7%；
2005年，利用外资2720万美元，增长16.7%；
2006年，利用外资3250万美元，增长19.5%；
2007年，利用外资5473万美元，增长66.4%。

第四节　供销合作社商业

宿州市供销合作社联社前身是成立于1950年的皖北合作总社，1952年更名为安徽省合作总社宿县专区办事处。后与商业局分分合合，最后于1975年正式成立宿县地区供销合作社，1988年地区供销合作社所属企事业单位有地区棉麻公司、地区土产日杂果品公司、地区农资公司和地区供销干校。下辖砀、萧、宿、灵、泗五县和宿州市（县级市）六个县级社、109家基层社、81家所属企业，2530个门点。1999年6月更名为宿州市供销合作社联合社。

一、棉麻经营

1988年以后，全区棉花收购、加工、销售仍由地区棉麻公司和各县（市）棉麻公司统一经营，只是改变以往的计划调拨经营方式，由公司自找销路。体制的变化，令农民卖棉难的现象时有出现。1988年全区收购、加工、销售皮棉128.6万担。到2002年，棉花经营彻底放开，价格、销售等均由企业自主。2003年省政府把棉花纳入农业产业化十大主导产业之一，明确供销社是棉花产业化的牵头单位，棉花产销进一步发展。2007年，全市收购、加工皮棉95万担，棉花产业化龙头企业营销额达13.5亿元。

二、农资经营

1988年，化肥、农药和小型农机具统一由地区和各县、市农资公司经营，但实行的是计划调拨和市场调剂的“双轨制”经营形式。当年农资销售总额为2.1亿元。1996年以后，国家把农资公司作为化肥流通的主渠道，把农业植保站、土肥站、农技推广站和化肥生产企业作为辅助渠道，实际上导致化肥经营逐步放开。直到商务部于2005年推行“万村千乡市场工程”以后，灵璧县棉麻公司作为试点单位，建立农资配送中心，系统内的化肥经营才有所回升。到2007年，全市供销社系统农资销售额4.3亿元。

三、日用消费品经营

1988年，全区基层供销社作为农村商品流通的主渠道，连同县、市土产公司、工业品公司一起，当年销售额达1.76亿元。在激烈的市场竞争中逐渐走下坡路，遭遇经营亏损、倒闭、资不抵债的低谷时期，直至1999年，情况才逐步好转，2006年明显好转，2007年，全市供销系统消费品零售总额达2.5亿元，远远超过1988年。

四、物资回收经营

1988年全区供销社系统内废旧物资回收总额468.2万元，销售481.4万元。2003年市、区两家回收公司合资，成立汽车拆解厂，全市报废的汽车拆解业务主要由该厂来完成。到2007年，全市供销系统废旧物资收购11463.9万元，销售10483.5万元，业务量快速上升。

1988-2007年宿州市供销社系统主要商品购销一览表

表3-11-3　　单位：千元

年度＼项目	售给农民的农业生产资料	棉花		废旧物资		消费品零售额
		从生产者购进	售给生产者	购进	销售	
1988	195554	276037	168623	4682	4814	176379
1989	302683	223942	206984	7578	7709	179219
1990	257483	304630	235538	8497	8442	146172
1991	278702	417435	284431	11311	11532	125355
1992	275325	233099	351487	14217	14711	115635
1993	285822	201723	222892	24689	23711	101443
1994	363437	307349	343096	13785	12837	129381
1995	568470	577670	538629	13937	13939	159709
1996	793097	315286	532309	12682	12947	191755
1997	707742	409637	466267	10587	12058	207762
1998	636925	424355	558600	11608	13780	194303
1999	446350	228242	288042	17280	17887	179587
2000	341170	203126	357193	58584	58730	154677
2001	320402	338506	343074	31398	33218	171030
2002	230064	284145	335219	61855	62566	166659
2003	112515	213888	274784	278494	304341	184416
2004	153011	120037	67578	311446	322661	106624
2005	56015	67726	85548	226404	198508	53285
2006	89950	32098	36446	546904	477195	89930
2007	434483	64781	92753	114639	104835	249907

第五节　商品专营

一、烟草专卖

宿州市烟草专卖局（公司）始建于1981年，隶属于安徽省烟草专卖局（公司），实行“统一领导、垂直管理、专卖专营”的管理体制，是一家集卷烟经营、烤烟生产与专卖执法管理于一体、政企合一的国有独资中型企业。

2000年以前，卷烟批发业务主要是通过设置两种形式的批发店来开展对零售点的销售业务：即自批点和委托批发点（即转批点）。2000年以后，经整顿取缔非法卷烟批发市场，加强卷烟销售网络整合，化零为整，把星罗棋布的自建批发网点整合成辐射范围较广的卷烟配送中心，基本上控制卷烟批发市场。

卷烟流通网络建设始于1994年，经过调整、变革、提升、完善几个阶段，形成年配送能力22万箱、存储能力1.3万箱；拥有半自动分拣设备2台和包装设备4台、分拣速度达到150箱/小时；分拣和打码到户率100%；卷烟配送到户率100%；资金电子结算率100%；所有配送车辆实行GPS监视系统管理。宿州市卷烟物流配送中心达到国家局二类配送中心标准，初步具备现代物流特征。2007年，全市销售卷烟143703箱，年人均消费卷烟达6.52条。1988年至2007年的20年中，全市销售卷烟1590.25亿支，实现利税11.63亿元，年均增长86.7%。

宿州市北部低山残丘地区和南部高滩地均适宜优质烟叶种植，由于各种主客观因素影响，烤烟生产呈现出萎缩状态。最高种植面积达5.12万亩（1996年），最高收购量达12.01万担（1997年），但到2007年种植面积只有0.26万亩，收购量0.6万担。

二、食盐经营

安徽省宿州市盐业有限公司（宿州市盐务管理局）是政企合一的单位。前身是宿县地区盐业蔬菜公司，20世纪70年代，盐业与蔬菜分家后改名为安徽省盐业公司宿县分公司。1997年11月企业改制后成立宿县地区盐业有限公司，1999年7月撤地建市时变更为宿州市盐业有限公司。隶属于宿州市商业局管理。2002年12月，盐业体制整体上划后，改由安徽省盐业总公司管理，同时开始全面管理萧县、砀山、灵璧、泗县四个县级盐业公司，负责全市各类盐产品的供应以及盐业市场管理工作。

1991年，经宿县地区行政公署批准，恢复宿县地区盐务管理局。从1994年起，在全市全面供应加碘食盐。1994年，公司自筹资金200多万元购置一个1000平方米的商场，一个占地10多亩的塑编厂，五个建筑面积500多平方米的食盐专营店。为深入推动盐业改革发展，公司与酒鬼酒集团联营，将其中一个食盐专营店改造成酒鬼酒宿州专卖店；将其余四个食盐专营店改造成徽盐连锁经营店。公司又投资参股润淮汽车4S店项目以及皖北食盐配送中心建设项目。

截止到2007年12月底，全市盐业系统资产总额2587万元。2007年，全市购进食盐22379吨，销售各类盐产品28000余吨，其中食盐销售22169吨（含小包装食盐15888吨），销售收入5517万元。

三、石油经营

（一）*中石化宿州石油分公司*

中石化安徽宿州石油分公司的前身是安徽石油公司宿县地区石油分公司。隶属于宿县地区商业局管辖，属地方国营商业企业。截至1998年6月底，公司拥有加油站6座，4万立方米储油库1座，年销量6.2万吨。四县一区均设有石油支公司，属县商业局领导，与地区石油公司没有隶属关系，存在业务指导、被指导关系。

1998年前，中国石油天然气总公司负责陆地原油的勘探与生产，中国海洋石油总公司负责海上原油的勘探与生产，中国石油化工总公司负责原油的炼制与化工，中国化工进出口总公司独家垄断石油进出口贸易，几大巨头各自分业经营。在成品油的炼制与销售这一环节，市场主体是多元化的。除石化总公司外，地方政府亦投资兴建相当数量的炼油厂。成品油批发，石油总公司和石化总公司占有85%左右的市场份额，剩下的15%主要被民营企业瓜分。零售环节则由非国有企业唱主角，市场份额占到60%左右。1998年3月九届人大一次会议审议批准《国务院机构改革方案》，决定对国家石油石化工业实施战略性改组，分别组建中国石油和中国石化两个特大型集团公司，变分业经营为混业经营。1998年7月27日中国石油天然气集团公司和中国石油化工集团公司正式宣告成立。

宿县石油分公司和5个县级支公司随安徽省石油公司成建制划归中国石油化工集团公司管理。上划后，按照“三分三走”原则（主业与辅业分离、优良资产与不良资产分离、企业职能与社会职能分离，人随资产走、工资总额随人走、社会保险交纳随工资走），通过资产置换等方式，将股份公司中非主业的部分人员分流到存续企业。同时，对辅业继续开展承包、租赁等改革，促进存续企业转换经营机制、降低生产经营成本、促进扭亏增盈。在改革用工制度方面，选择合适的岗位系列，实行全民工转合同工、正式工转临时工等新的用工制度，结合企业关闭、停产、合并、转产等企业结构调整措施，搞好下岗职工分流安置工作。

2000年2月，随中石化集团公司重组上市，成为主业突出、资产优良、销售网络完备、具有较强竞争力的国家控股股份制企业，主营汽油、柴油、煤油、润滑油、燃料油等石油制品，担负着宿州乃至整个皖东北地区成品油的供应任务。

2007年，完成纯销售量27.92万吨，完成全年任务的104.96%；直销配送量完成5.68万吨，完成全年任务量的113.6%；零售量完成21.86万吨，完成全年任务量的104%；润滑油完成3765吨，其中长城润滑油销售2430吨，占总销售量的65%，完成省公司长城销售任务的115%；发售IC卡5241张，充值29597.15万元，总消费量52437吨，消费总额30189.29万元，持卡消费比率25.88%，单卡充值56472.33元。

中石化宿州分公司（包括四县一区）有员工751人，拥有10万立方米现代化在营中心油库1座，分销油库1座，加油站148座，总资产9.28亿元。

（二）中国石油宿州分公司

中石油宿州分公司，成立于2002年4月，主要从事宿州、淮北两地汽油、柴油、润滑油等成品油的批发和零售业务以及加油站便利店经营业务。有员工454人，资产总额2.8亿元，加油站40余座，拥有存储能力2.73万立方米的全资油库1座，网络覆盖淮北、宿州两城市。

2006年，中石油宿州分公司实现销售量7.69万吨，占宿州市场份额的14%，实现销售总额35210.3万元，上缴各项税费543.12万元。

2007年，公司实现销售量9.01万吨，占市场份额的16%，实现销售总额43780.7万元，上缴各项税费565.2万元。

四、药品经营

2002年以前，宿州市药品监督管理呈职能分散，多头管理状况，生产经营企业小而散，出租证照、挂靠经营等违规行为大量存在，2000年省政府实施政府机构改革，不再保留医药管理局，组建药品监督管理局。2002年5月28日成立宿州市药品监督管理局，2004年组建食品药品监督管理局。确立“以整顿促规范，以规范促发展”的监管思路，标本兼治，强化监管力度，规范药品生产经营行为，从而消除诱发药品市场混乱的隐患，使药品生产经营企业在公平、有序的药品市场环境里得到共同发展。2007年，宿州市辖区内有药品生产企业9家，药品批发企业25家，药品零售企业810家，独立的医疗器械企业43家，医疗机构3066家。

经营企业选介：

宿州市曼迪新药业有限责任公司

宿州市曼迪新药业有限责任公司位于宿州市汴河路金茂商城4-36号。为安徽省乡镇医疗机构基本药物定点配送单位，农村药品“两网”建设定点单位。有员工70人，其中执业药师2人，从业药师3人，药师16人，药士9人，药学技术人员占职工总数的43%。公司经营办公场所面积162平方米，仓库面积1930平方米。公司具有专用的计算机、服务器、视频监控系统、中央数据处理系统。仓库具备全立体货架、新型托盘、升降机、电动叉车、液压叉车、药品电子监管手持终端、25平方米（50立方米）冷库、双路电路、RC-600型自动温湿度记录仪，仓库中安装18台“格力”柜式空调以及制冰机、冷藏箱、灭蝇灯、灭火器、排气扇、鼠夹等设施设备。公司拥有配送车辆10台，其中1台冷藏车和1部车载冰箱。

安徽华康医药集团有限公司

安徽华康医药集团有限公司成立于1993年，公司经过18年的拼搏努力与不断创新，发展成为拥有注册资金3000万元、6680平方米仓储大楼、配送能力上亿元的医药集团。公司有员工580名，其中具有大专及以上学历毕业生145人，药学专业人员232人，执业药师12人，主管药师5人，从业药师4人，药师、药士近100人，会计师3人。公司还与安徽中医学院、宿州市委党校及宿州卫校等大中专院校联合办学，培养一大批为企业所用的专业骨干人员。

华康医药集团内设质量管理部、采购部、药品配送中心、药品营销中心、仓储部、财务部、审计科、人力资源部、综合管理部、信息中心，下设华康大药房连锁有限公司、埇桥分公司、砀山县华康医药有限公司、华康医疗器械有限公司、华康生物化学有限公司及美廉美超市有限公司等分支机构。公司经营范围主要包括中成药、中药饮片、中药材、化学药制剂、抗生素、生化药品、生物制品、保健食品、医疗器械、消毒用品等，销售区域覆盖皖北、苏北，成为皖北地区具有一定影响力的药品经营企业。

2006年，成立华康大药房连锁有限公司，以“济世向善、呵护健康”为宗旨，在宿州城区各主要干道及部分乡镇开设具有统一标识、统一经营模式的零售药房，拥有29家连锁药房，其中14家药房被定为宿州市城镇居民医疗保险定点单位。

面对越来越激烈的医疗竞争，华康医药集团从战略上果断调整，2007年在宿州市开发区新征地60亩，投资建设华康医疗器械有限公司、生物化学有限公司两个生产型企业，从一、二类医疗器械、碘伏、医用氧气的生产入手，拓展经营渠道，走工贸互为一体的发展道路。

华康生物化学有限公司占地4.67公顷，建筑面积1万多平方米，具有完善的生产线，以公司原有的药品销售网络为依托，生产无污染医用气体以及酒精、碘伏、84消毒液等产品，集开发、生产、经营为一体，满足宿州市及周边地区对医用气体及消毒用品的需求。

华康医疗器械有限公司占地近4万平方米，标准化器械生产厂房3000平方米，拥有高度现代化的生产设备及设施齐全的检验监测仪器，拥有工程师，高级技工的专业生产人员及高效的管理团队。公司位于宿州市经济技术开发区金江路，临近京沪铁路、合徐高速、泗许高速，交通便捷，信息通畅。公司可提供医用床、医用推车等系列产品。

第六节　物资经营

一、经营机构

1963年3月成立宿县专员公署物资局和宿县专区物资综合公司，一个机构，两块牌子。物资局自成立以后的40多年中，数度变更，或保留，或撤并，但一直承担全地区物资行业管理职能，直到2007年仍是物资企业的主管部门。

物资局下属公司中，金属、机电、化工、生资四个公司成立于1977年。1978年煤炭公司从商业局析出交物资局管理，后更名为燃料公司。1979年从化工公司中分出建材，一度交城建局，1993年又划回物资局管辖。以后又成立了物资化工公司、液化气公司等。到1999年撤地建市时，物资局管辖8个公司：金属材料公司、机电设备公司、化工轻工材料公司、燃料公司、建筑材料公司、生产资料公司、物资化工材料公司、液化气公司。2006年生资公司在市国资委的指导下，职工身份置换，企业工商登记注销。

二、物资管理

新中国成立后，宿县地区认真贯彻中央、安徽省的指示精神，坚持“集中统一、分级管理”的物资管理体制。物资局建局前，物资管理工作由地区计划委员会下设的物资科负责，建局后，地区计委负责国家、省分配的计划物资指标分配，物资的调拨、供应业务由物资局承担，按照农、轻、重的秩序组织物资供应，非计划不交易。地方三类物资的管理分配，则由地区物资局根据工农业生产、建设的需要，组织计划供应和经营，开展代购、代销、代加工、代运输和组织调剂串换的“四代一调”业务。

1963年，地区行署计委管理350多种金属材料、机电产品、化工、建筑材料等物资。地区物资局成立之初，承担了大部分计划物资的调拨供应，同时经营200多个三类物资和地方产品。

1973年，国家对物资下放管理，地区物资局管理的物资为373种，地区计委管理的物资只有58种。

1978年，地区物资局管理的物资为518种，地区计委为210种。其他物资下放到各专业公司，根据工农业生产建设需要，平衡管理，自主经营。

中共十一届三中全会以后，逐步贯彻执行改革开放政策，物资管理由“计划经济为主，市场调节为辅”逐步走向市场化，物资作为商品进入市场。自主经营的范围逐步扩大，品种逐年增加，“六五”“七五”期间，地区物资局得到较快的发展。

1984年，国家实行计划体制改革，地区计委管理的物资下降为23种，地区物资局除掌握少量物资管理外，全部下放到专业公司经营管理。随着物资市场逐步开放，物资的管理分为计划内、计划外，实行“双轨制经营”。物资经营逐步打破物资部门独家经营局面，国营和集体企业以及个体经营户相继进入物资流通行业，开展物资经营业务。1985年企业实行“经济责任制”，“承包经营”是物资企业普遍采用的经营方式，开始用经济手段管理企业。

1985年以后，地区物资局作为政府的职能机构与物资企业实行政企分开，不再直接管理经营，物资的调拨、购进和供应、销售由专业公司经营，地区物资局的职能为管理、监督、协调和服务。

中共十四大以后，中国确立建设有中国特色的社会主义市场经济体制，物资企业的经营思想、经营方式发生重大变化，物资企业逐步成为“自主经营、自负盈亏、自我约束、自我发展”的经济实体，物资企业得到了空前的发展。

1997年下半年，在以股份合作制为主要形式的新的一轮企业改革中，物资局下属企业燃料公司、机电公司、生产资料公司、物资化工公司和液化气公司实行股份合作制改革，企业选举产生董事会、监事会和经营管理的组织机构。企业自主管理，依法经营。地区物资局按照行署的要求，职能调整为“指导、监督、协调和服务”，不再直接管理企业。

1998年，物资局的企业逐步停止经营，职工下岗。1999年，金属、化工和建材3个公司职工全员下岗，进入再就业服务中心，3年后解除劳动关系，与失业保障并轨。

三、物资经营

随着改革开放的不断深入，宿州市物资经营不断发展、壮大，进销总量逐年递增。改革开放前的1977年，全区（含固镇、怀远、五河三县）物资销售额只有3754万元，利润39万元，没有上缴利税。1984年销售额增长到6713万元，实现利润141万元，上缴利税76万元。1987-1997年，平均每年销售额22030万元，平均每年实现利润435万元；平均每年上缴利税310多万元，其中1992年销售额达到52513万元，利润934万元，上缴税收606万元。

（一）金属材料经营

金属材料由金属材料公司经营。计划经济时期，由计委负责计划分配，金属材料公司负责组织资源的调拨、供应以及购销存物资管理。

金属材料分为黑色金属和有色金属两大类。黑色金属主要经营钢材、生铁，有色金属主要经营电解铜、铝、铅、锌、纯锡、焊锡和铜材、铝材等。

钢材资源在计划经济时期取自于全国订货会和安徽省订货会。全国订货会主要货源为马鞍山、北京、包头、本溪、抚顺、唐山、武汉、攀枝花、重庆、上海等地钢铁企业，全省订货会主要资源为马鞍山、合肥、芜湖、繁昌、蚌埠等钢铁企业和省金属材料公司；有色金属资源，主要是铜陵、合肥和省金属材料公司。

改革开放后，企业逐步以经济效益为中心，以销定进，自主经营，公司推行经理负责制和经营承包责任制，企业不断转变经营思想、经营方式，不断发展横向经济联系，资源的组织以及销售渠道更加广阔。1987-1996年，平均每年金属材料销售额为10551万元，钢材平均每年销售4.5万吨。其中，1993年实现销售额25836万元，销售钢材75109吨，1996年以后，公司经营困难，1997年逐渐停止经营。

（二）机电设备经营

机电产品在1963年以前，由地区计委统管，以后归地区物资局计划调拨，综合经营。1977年以后，由地区机电设备公司经营管理。

机电产品的经营，主要包括统配、二、三类机电产品。如机械设备、电工产品、工量刀具、轴承、电工仪表、电线电缆、摩托车等，1981年以后，开展汽车贸易。

机电产品的资源，除统配调拨及合同订货外，还通过收购社会积压、来料加工、调剂等方式组织资源。1978年以前，按照“层层申请、统一计划、综合平衡”的原则组织供应，基本是以调拨为主，1980年以后，除有少量的统配机电产品计划分配调拨以外，二、三类机电产品基本放开，面向市场，机电产品的经营打破机电公司专营的局面，市场上出现集体个体多家经营、自由选购、竞争销售的购销形势。

汽车及其配件的经营从1981年开始，逐步发展为机电设备公司经营的主导产品。

1983年全区机电产品销售额只有1367万元，汽车销售只有244辆。1987-1996年，机电产品平均每年销售10021万元以上，汽车销售每年平均1100多辆。其中，1992-1993年每年销售额近2亿元。

（三）化工轻工材料经营

化工轻工原材料是化学工业、轻纺工业、重工业生产的重要原材料。

化工轻工原材料经营，1963年前，由地区计委统管，地区物资局成立后，由物资局负责管理经营。1977年以后，由地区化工建材公司经营，1979年后，由地区化工轻工材料公司专业经营，业务范围逐渐扩大。

化工轻工材料主要有有机、无机、橡胶及其制品等四大类88种产品。1978年以前，平均每年销售额不足400万元（含建材）。1984年化工轻工销售额达到1172万元。随着经济体制改革的不断深入，化工轻工材料开始跨地区经营，打破行政区域的限制，进货渠道进一步拓宽，企业和社会效益逐步提高，公司得到快速发展。1987-1996年，化工轻工材料平均每年销售额为3751万元，其中轮胎平均每年销售近2万套。1993年销售额达到6549万元，轮胎销售26364套。

（四）燃料经营

燃料经营主要包括煤炭和石油液化气。煤炭资源一直是以国家计划调拨分配为主。改革开放以后，计划不足部分，开始市场调节，1992年基本放开经营，以销定进，敞开供应。

煤炭按照生产用煤和生活用煤，采取不同的供应办法。工业用煤在60年代以前，年供应量很少，70年代以及改革开放以后，全区工业用煤量迅速增加。燃料公司充分利用矿区的资源优势，进一步拓展煤炭经营的空间，销售量逐年递增，极大地满足工农业生产建设的需要。

1984年全区煤炭销售47.91万吨，1987-1997年，平均每年销售煤炭72万吨，1992年销售煤炭达87万多吨。

节约煤炭，是节约能源的重要内容之一，按照“管供、管用、管节约、管回收”的要求，开展节约煤炭的工作，公司大力推广节煤炉灶，利用余热蒸汽为生产、生活服务。

1997年，燃料公司煤炭经营停滞。

1987年，在全区首家开始经营石油液化气，投资建设储气站，设立销售门点，逐步形成储、运、销一条龙的经营能力。1997年，成立宿县地区液化气公司，专业经营石油液化气。

（五）建筑材料经营

宿县地区建筑材料，原由地区计委统管，实行计划调拨。1963年后，由地区物资局集中管理，1977年后，由地区化工建材公司组织供应，1979年，化工、建材公司分立，由地区建材公司专业经营。

建筑材料的经营主要包括水泥及其制品、平板玻璃、油毡、石棉及其制品、卫生陶瓷、釉面砖等。

建筑材料经营量，60年代水泥供应量每年只有2000多吨，1988年达到1.5万吨，随着经济建设的不断发展，水泥及其制品、平板玻璃等建筑材料的需要量逐年递增，到1992年水泥销量近3万吨。1984-1995年，建材公司平均每年销售额达1000多万元。

1996年后，地区建材公司经营业务停滞。

（六）生产资料服务

1977年成立地区生产资料服务公司，主要经营地方产品和计划外物资，办理代购、代销、代运输、代加工和组织调剂串换“四代一调”业务。公司的人员较少，业务量也不大，到1983年生产资料服务的销售额只有264万元。随着改革开放的深入，生产资料服务公司开始自主经营钢材、水泥、汽车等生产资料，由于经营范围扩大，1987-1997年，平均每年销售额为2500多万元，最高1993年销售额达到5661万元。

1998年后，公司生产资料经营、服务业务停滞。公司进行自有土地的房地产开发，企业资产得到较大增值。

第七节　粮油购销

一、粮油收购

国家对粮食生产和粮食收购、储藏向来十分重视。随着市场经济的发展，粮食流通渠道由单一向多元发展。1985年，国家决定对粮食实行全国定购，定购品种为小麦、玉米、稻谷和主产区大豆。

1987年，由于经营粮食的单位和个人越来越多，粮食收购大战迭起，粮价越抬越高，定购粮收购发生困难。鉴于此，国家实行粮食定购与化肥、柴油、预购定金挂钩，给农民以补偿。当年全区收购粮食68.36万吨，较上年减少6.6万吨；定购完成28万吨，占任务的99.12%。

1990年，继续实行粮食定购奖售办法，定购完成28.89万吨，占任务的99.4%。议购24.35万吨。

1992年农业大丰收，全区粮食总产达249.5万吨，是有史以来粮食产量最高的一年，粮食收购完成78.17万吨，其中，定购完成28.52万吨。

1994年，根据粮食市场供求情况，要求粮食部门必须收购社会商品粮的70%-80%，即9000万吨左右，其中5000万吨为国家下达任务，其余4000万吨为各省、自治区、直辖市按照价格随行就市的原则组织收购。全区当年收购粮食76.83万吨，其中定购完成26.42万吨，占任务的99.8%。

1997年为保护农民利益，按保护价敞开收购农民余粮，全区粮食收购完成89.57万吨，其中定购完成51.71万吨。

2003年，安徽省在全国率先放开粮食市场和粮食购销价格，不再按保护价收购农民余粮，一律随行就市收购。当年粮食因灾减产，全市仅收购粮食40.90万吨，比上年减少28.46万吨。

从2004年开始，国务院公布在全国放开粮食价格和购销市场，对种粮农民实行直接补贴，农业出现"超常规的增长"，宿州市粮食总产达到332.26万吨，全市完成购粮58万吨。

2005年国家给种粮农民多种补贴，但当年粮食因灾减产。2006年小麦实行最低收购价格，当年粮食大丰收，全年收购粮食96万吨，比上年增加44.4万吨。2007年全年入库粮食52.77万吨。

油脂收购，1985年实行合同定购，1998年不再安排油脂收购计划，实行随行就市收购。1998年收购油脂1.1万吨，2001年984吨，2004年收购176吨，2005年以后没有收购量。

二、粮食销售

1988年农业受灾，粮食减产，粮食销售增加。全区销售粮食52.11万吨，其中，非农业销售10.49万吨，农业（主要是灾区口粮）6.77万吨。议价销售36.33万吨。

1990年局部地区受灾，全年销售粮食45.11万吨，其中非农业销售8.71万吨，农业7.19万吨，议价和其他销售29.21万吨。

1993年4月1日，宿县地区全面放开粮食购销价格，除军粮外，城乡居民粮油一律按市场价供应。1993-1994年国家对农村口粮销售达10.6万吨，非农业39.82万吨，议价销售和其他销售92.63万吨。

1996-1998年，宿县地区部分地区连续遭受自然灾害，农作物减产，三年销售粮食80.43万吨，其中供应灾区口粮3.04万吨。

1999年粮食总销量54.78万吨，其中，市场售粮39.54万吨，定购粮销售15.83万吨。

2001年粮食销售总量为72.13万吨，其中，纯销售40.53万吨，对粮食企业销售31.6万吨。

2005年销售总量60.63万吨，其中纯销售12.53万吨，对国际销售11.53万吨，对其他企业销售34万吨，转作储备粮2.57万吨。

2007年销售量仅为19.81万吨，其中纯销售1.37万吨，对国有粮企销售3.99万吨，对其他粮食经营企业销售13万吨，转作储备粮1.4万吨。

三、粮食储备

（一）仓储设施

宿州市粮食储备体系比较健全，有中央储备、省级储备、市级储备、县（区）级储备。2007年，全市有储备库14个，其中，中央储备粮直属库1座、国家储备库5座（包括宿州兴远粮食储备库），省级储备库5座、市储备库1座、县（区）储备库2座。总库容38.35万吨。

1975-1983年的主要仓型为房式仓，堆装高度3-3.5米；1983-1991年，随着粮食产量和粮食收量的增加，库容量不够使用，国家投资大批资金和地方及企业自筹部分资金，新建一大批粮仓，装粮高度达到4.5-5.0米。截至1995年，全区粮仓建筑面积达35.19万平方米，库容量87.53万吨。同时，兴建油罐76个，容量8843吨。粮仓的类型主要是：基建房式仓（包括苏式仓）、简易房式仓、拱型仓和钢砼筒库等。1998年以后，由于收储粮食的增多和旧仓库需要维修改造，宿州市利用国家投资和国债资金等新建32万吨仓容，仓型大多是平房仓、高大平房仓和浅圆仓，装粮高度达到6.0-15.0米。截至2007年，全市粮食企业有效仓容98万吨（不包括中储粮系统的23.5万吨和民营企业的24万吨仓容）。新仓型、大粮堆、深粮层、新设施的出现，使储粮特性发生变化，储粮水平大有提高。

新建的平房仓、高大平房仓和浅圆仓都具有下列性能：第一，从仓房结构上满足安全储粮的需要，仓房坚固耐用，具有防潮、防渗、防火、隔热、抗震、通风与气密的性能，门窗孔洞设置便于储粮日常管理的需要，粮仓具备安全储粮的性能，防虫、防鼠雀，粮食不霉烂、不虫蚀；第二，各作业环节实现机械化、自动化，可进行粮食进出仓、清理、检斤、除尘等操作，粮食进得来、出得去；第三，储粮设施完善，能够随时检测粮情变化，具有检测、通风、熏蒸、冷却等多种保粮手段，确保储粮安全。

（二）储粮技术

随着科学的发展，储粮技术不断提高，一些新技术被广泛采用。宿州市采用较为普遍的有粮情电子测温、机械通风、环流熏蒸、“双低”和“三低”储粮、谷物冷却机低温绿色储粮等。中储粮直属库、各级粮食储备库和重点粮站使用电子测控粮温。机械通风是利用通风机械产生的压力，实现外界空气与粮堆内空气进行交换，改变粮堆内的空气状态，达到通风降温降湿，以增强储备粮稳定性。全市有各类通风机1300多台（套）。

（三）害虫防治

宿州市粮食储备中主要的害虫有玉米象、米象、谷蠹、螨类、麦蛾等20多种。主要防治方法分为物理防治法和化学防治法，宿州市主要采用化学防治法。在管理工作中做到有虫粮和无虫粮分仓存放、杜绝农民站内晒粮、在仓库周围定期喷洒防虫剂、布设防虫线，安装防虫门（网）等，也是有效的防虫举措。

（四）机械设备

随着科学技术的迅猛发展和储粮规模的不断扩大，仓储机械化水平大幅度提高，全市拥有各种仓储机械设备6000多台（套）。其中，输送机439台，通风机1327台，清理设备328台，电子镑270台，扒谷机84台。全市260多个收购点均实现电子称重打印、机械清理、机械入库、机械出仓等。

1988-2007年宿州市粮食购销存实绩统计表

表3-11-4　　单位：吨

项目＼年度	粮食产量		总购进		总销量		粮食库存数量				
	总产	其中小麦	数量	其中政策性收购	数量	其中定量口粮	合计	其中:各级储备粮库存			
								中央储备	省级储备	市级储备	县级储备
1988	2139570	912281	637975	275085	521085	88523	336480	—	—	—	—
1989	2478345	1113119	620100	293100	353530	95145	346305	—	—	—	—
1990	2381420	850765	532425	288910	451105	87090	316735	62500	—	—	—
1991	2082440	854543	469865	188755	499855	115495	162865	77500	—	—	—
1992	2495040	1174911	781650	285225	596635	171420	307320	—	—	—	—
1993	2794670	1227976	699495	280750	582960	137210	260910	—	—	—	—
1994	2498000	1206963	768335	264155	741505	140005	240165	184462	—	—	—
1995	3138300	1296718	590231	278005	415832	121227	244664	149182	—	—	—
1996	2840218	1278006	617845	281602	285852	—	607233	120920	21962	—	—
1997	3468143	1283246	895724	517065	277693	—	885439	120920	21962	—	—
1998	2265452	1001515	443920	227233	240765	—	1020602	100974	21962	—	—
1999	3190332	1628890	761106	159422	547764	—	1254956	101365	21962	—	—
2000	2755947	1202075	705922	471672	490184	—	1168988	97303	21962	—	—
2001	3065659	1504879	544153	447062	721247	—	995476	119118	21962	—	—
2002	2995309	1311621	693645	536887	828417	—	881192	135296	18027	—	—
2003	2058819	1173753	409019	—	981751	—	222260	62601	18027	—	—
2004	3322608	1708458	580039	—	378978	—	427554	62601	18027	5928	16012
2005	3057566	1681579	515930	—	606320	—	358853	62601	34027	7000	22012
2006	3676900	1769000	960060	796687	370427	—	890610	62601	37000	7000	12012

2007	3677900	2163000	527713	331694	198142	—	602487	62601	37000	9000	22012

1988–2007年宿州市油脂购销存实绩统计表

表3-11-5　　　　单位：吨

项目＼年度	产量	收购量		销售量				库存量
		合计	其中议购	数量	非农业	农业	议价销售	油脂
1988	58790	10180	9320	11705	2495	295	8915	3145
1989	81753	9995	6515	8140	2450	170	5520	3825
1990	74444	10180	4450	8445	2450	165	5830	5665
1991	62062	8375	5115	9480	2770	180	5630	4685
1992	101403	12495	11625	15975	2980	85	12910	1140
1993	125416	7750	7750	11515	6745	20	4750	585
1994	118210	8210	8210	9685	5980	475	3230	3655
1995	190487	8365	5877	8313	820	19	7474	9264
1996	133375	4746	—	13946	—	—	—	2620
1997	202831	28272	—	8919	—	—	—	1445
1998	180919	11098	—	16414	—	—	—	1038
1999	319373	585	—	1493	—	—	—	2190
2000	404994	405	—	449	—	—	—	54
2001	405195	984	—	1000	—	—	—	39
2002	415983	117	—	261	—	—	—	39
2003	209078	86	—	78	—	—	—	44
2004	349849	176	—	177	—	—	—	16

2005	240583	—	—	14	—	—	—	—

第十二章　旅　游

第一节　旅游线路

历史绵长的宿州，文化积淀丰富，名胜古迹众多，旅游资源十分丰富且品位较高。陈胜、吴广领导的中国历史上第一次农民起义发生在这里，留有盟誓诛暴的涉故台；国家森林公园——皇藏峪，曾是汉高祖刘邦避秦兵之地，其独特的暖温带森林景观在皖北大地独一无二；楚汉相争的垓下战场，留有“虞姬墓”“垓下聚”等古迹名胜和“霸王别姬”的百世美传，灵璧奇石、钟馗画盛誉海内外；国家级生态示范县砀山县境内的果海面积之大，居世界之首，是得天独厚的自然生态旅游资源。另外，宿州还有五柳省级风景名胜区、中国古鞋博物馆、灵璧渔沟奇石一条街、萧县国画之乡等著名景区景点；历史文化名人白居易曾在这里生活十几年，并写下“离离原上草，一岁一枯荣，野火烧不尽，春风吹又生”的千古绝唱；美国女作家赛珍珠曾在这里居住四年多，她以此地生活素材为基础创作的作品《大地》三部曲，获得诺贝尔文学奖，其故居保存完好。

依托旅游产品的总体布局，加快旅游交通、旅游设施、旅游景区、旅游配套服务、旅游产品市场的建设力度，20年来，宿州市重点打造六条特色精品旅游产品线路。

一、砀山黄河故道和果园生态专线

沿京台高速、连霍高速经张庄寨至省道101线至中国梨都砀山县为主要线路的果园生态旅游。建立万亩果园生态保护区及相关旅游服务区，开发梨花观赏游、水果采摘体验游、农家乐体验旅游、特色美食游、水果加工工业旅游等特色产品。

二、楚汉历史文化和森林生态专线

沿国道206线经符离镇至夹沟镇五柳风景名胜区、曹村镇、皇藏峪国家森林公园为主要线路的森林生态旅游。开发团体自驾游、野外宿营游、登山健身游、森林有氧游等旅游产品。

三、奇石书画专线

沿省道303线经灵璧县灵璧奇石市场、钟馗画院经埇桥区乐石砚、书画市场，沿京台高速、连霍高速至萧县书画市场、农民书画院等为主要线路的特色文化产品游。欣赏奇石书画、学习书画创作、开展奇石书画交易。

四、战争遗址专线

沿省道303线经垓下战役战场遗址公园至埇桥区涉故台，沿京台高速、连霍高速至萧县淮海战役总前委会议旧址、淮海战役战场为主要线路的历史战争与爱国主义教育基地游。通过收集战争相关残遗武器、历史资料，建立博物馆及影视基地，运用多媒体技术手段重现战争场面，培养游客爱国主义精神。

五、湿地生态专线

沿宿州市埇桥区河岸湿地，经省道303线至泗县国家湿地公园石龙湖湿地为主要线路的东线湿地生态游、经徐州至国道310线至萧县、砀山黄河故道湿地为主要线路的西线湿地生态游。建立国家湿地公园石龙湖湿地与黄河故道湿地保护示范区；在缓冲区内开发认知湿地功能、深入湿地探险、体验湿地魅力的专项旅游活动。

六、历史文化专线

沿国道310线至砀山县宴嬉台，经国道206线至曹村镇闵子骞祠、埇桥区扶疏亭、赛珍珠故居，经省道303线至灵璧县虞姬墓为主要线路的历史文化游。建立展览馆、博物馆、纪念堂，弘扬宿州历史文化特色。

第二节　旅游市场开发

旅游市场定位，一般分为一级市场、二级市场和三级市场或核心市场、中程市场和远程市场。一级市场指本地及周边近处主体客源市场。二级市场指离本地中等距离的市场。三级市场指离本地最远的客源市场，也称边缘市场。根据旅游资源特色和市场需求强度规划如下：

（一）近期以周边一级客源市场为主，即300公里以内的徐州、淮北、商丘、合肥、蚌埠、淮南、阜阳、亳州等周边主要城市。主打产品为皇藏峪国家森林公园—五柳景区。

（二）中期重点发展二级客源市场。即500公里以外的南京、上海、杭州、北京、天津、郑州等国内中东部大中城市。主打产品为皇藏峪—砀山黄河故道生态果园—灵璧奇石—淮海战役总前委会议旧址—涉故台等知名特色旅游产品。

（三）远期发展潜在三级客源市场。即国内远程市场和海外汉文化圈市场及欧美市场。主打产品为中国梨都—砀山黄河故道生态果园—虞姬墓、垓下之战遗址—赛珍珠故居等特色著名旅游产品。这些产品在全国独一无二，新奇、独特、稀有，因此在国内外具有很强的吸引力。通过赛珍珠在海外的国际名人品牌效应，和镇江等地市旅游局联合推出。

第三节　旅游业建设

一、旅行社

2007年年底，全市旅行社（独立法人社）30家。按照旅游业发展状况和区域布局的原则，争取“十二五”期末再发展20家旅行社，全市旅行社达到50家。各县区分布3-5家。规范旅行社经营行为，提高导游业务能力和水平。随着城市旅游功能提升和旅游景区的发展，逐步实现旅行社由组团社向地接社的功能转化。

宿州部分旅行社简介：

1.宿州市教育旅行社。是宿州市成立较早的旅行社之一，为省旅游质量信得过旅行社，拥有市内首家航空票务服务中心，主要从事国内旅游业务，同时为旅游团体、个人提供导游服务以及代订酒店、机票、车票等单项委托业务。

2.宿州市风光旅行社。宿州市成立较早的旅行社之一，为省旅游质量信得过旅行社，与国内旅游商建有广泛的业务联系，形成自己固定的客源市场和经营特色，拥有一支经验丰富的导游队伍，是宿州市规模较大的旅行社之一。

3.宿州市交通旅行社。是宿州市成立较早的旅行社之一，由宿州市国营企业汽车运输公司经营主办，拥有宿州市规模最大的旅游汽车运输团队，提供代订酒店、车票及旅游汽车租赁等单项委托业务，能够广泛满足广大游客在节假日等旅游旺季出游的需求。

二、旅游星级饭店

截至2007年年底，全市旅游星级饭店7家，四星级1家。随着宿州市经济社会发展水平提高和旅游业的发展，争取在“十二五”期末，全市的星级饭店增加到20家；其中，五星级饭店2-3家，四星级饭店4家，各县至少1家高星级饭店。规范星级饭店行业标准，提高星级饭店管理和服务质量，努力提升全市旅游服务业的接待水平。

1.宿州汇源大酒店。是由安徽裕源电力综合发展公司投资兴建的四星级旅游饭店。汇源大酒店是一家集住宿、餐饮、娱乐健身于一体的综合型商务酒店，位于宿州市北关206国道东侧，距火车站仅5分钟车程。酒店外观气势宏伟，占地十余亩，总建筑面积为16438平方米，主楼十四层，裙楼三层，其中，一层有大堂，精品商场、商务中心和大堂吧，二层为可供500人同时就餐的豪华宴会大厅和19间装修风格各异的餐饮包厢以及功能齐全的大中小型会议室，三层为康乐休闲中心、酒店及健身房。酒店客房均拥有中央空调、卫星电视、高速宽带互联网等服务设施。

2.宿州度假村。建于1992年，2002年12月18日被评为三星级旅游饭店。宿州度假村占地近60亩，建筑面积13420平方米。客房100套，床位197张；2007年宾馆餐厅有大厅2个、小厅12个，可同时容纳800多人就餐，提供中餐诸多菜系，能提供西式早点。娱乐设施有桑拿、舞厅、室内外游泳池、网球场等为入住客人提供优质服务。

3.皖煤大酒店。是由皖北煤电集团投资兴建的一家三星级酒店。酒店装修豪华、典雅，有大宴会厅2个和功能齐全的中餐厅10余间，提供中餐诸多菜系。酒店拥有几十间不同规格的客房，为住宿客人提供满意舒适的优质服务，并附设综合性娱乐中心：桑拿、KTV包厢、健身房等，是休闲、美食、商务的理想会所。

三、旅游景区

截至2007年年底，全市A级旅游景区7家，AAAA级景区1家。随着近年全市旅游资源开发和旅游项目建设的快速发展，力争“十二五”期末，全市A级景区达到15个，其中AAAA级景区6个，各县区规划建设1-2家国家AAAA级旅游景区。规范、提高旅游景区发展水平，着力推动旅游业发展的核心要素建设。

四、旅游餐馆及农家乐

截至2007年年底，全市星级餐馆3家，四星级餐馆1家；农家乐3家。力争“十二五”期末，全市星级餐馆达15家，各县区分布2-3家；农家乐10家，各县区分布1-2

家。探索发展旅游购物定点企业，争取发展5家。

五、旅游商品生产厂家

争取在“十二五”期末，发展宿州市旅游商品生产厂家10家。努力争取将宿州市的符离集烧鸡、香稻米、灵璧奇石、钟馗画、萧县葡萄和砀山酥梨等特色旅游产品的生产，挂牌为旅游商品生产厂家。

第四节　旅游管理

一、管理机构

宿州市旅游局位于宿州市淮海中路。1999年，省辖市宿州市成立，设立宿州市旅游局。主要职能：贯彻执行国家关于旅游业发展的方针政策，并监督实施。研究拟定全市旅游业发展规划和国际国内旅游市场开发战略；组织宿州市旅游整体形象的对外宣传和重大促销活动；组织、指导重要旅游产品的开发。

二、旅游规划

1.宿州市旅游发展总体规划。2004年8月宿州市第二届人民代表大会常务委员会第三次会议通过由南京大学编制的《宿州市旅游发展总体规划》，市政府制定下发《宿州市旅游发展总体规划实施方案》，标志着宿州市旅游业发展的规划蓝图正式实施。

“规划”以充分的资源调查和宿州市的旅游发展设想为基础，重点提出打造精品与创新拉动战略，提炼出宿州市八大特色旅游资源，构建三轴二片九区一中心“3291”的旅游发展框架，创建四大特色旅游拳头产品，开发数十条旅游路线，并规划大小17个景区（点），争取到2015年实现旅游总收入相当于全市GDP中的8%左右。

“规划”通过对全市的旅游环境和旅游资源的全面调查和评估，提出一些关键性旅游项目的设置依据，确定旅游开发的重点项目、线路和旅游市场的独特卖点；提出旅游支持体系和旅游保障体系，进而最终构筑宿州旅游发展的核心竞争力和招商引资的独特吸引力。规划旅游线路并确定发展目标、发展战略与景区规划建设。

2.砀山生态旅游区旅游发展总体规划。2007年9月，由中科院地理所旅游研究与规划设计中心编制的《砀山生态旅游区旅游发展总体规划》获县级旅游发展规划评审通过。

《梨都砀山黄河故道生态旅游区》的规划范围为砀山县所辖行政区，总面积为1192.92平方公里，其中规划重点为砀山酥梨种质资源保护区与砀山县城两大区域。

在协调农业与旅游业关系的前提下，将具有浓郁地方特色的梨资源、黄河故道生态旅游资源与相关资源进行有效整合，通过发展生态旅游带动相关产业的发展，促进砀山社会经济与生态环境的可持续发展。整合相关资源以及其他优势条件，制定有效的开发策略，将砀山打造成为全国一流、国际闻名、特色鲜明的农业生态旅游区与苏、鲁、皖、豫四省交界地域的主要旅游目的地，为砀山创造良好的投资环境。

3.安徽省灵璧县旅游发展总体规划。2005年，由南京大学城市与资源学系编制的《安徽省灵璧县旅游发展总规划》获得旅游规划专家组评审通过。

安徽省地方志丛书

宿州市志

1988–2007

下

宿州市地方志编纂委员会 编

方志出版社

下册目录

第四篇　教科文卫体

第一章　教育……………… (759)
　第一节　教育改革…… (759)
　第二节　教育规模…… (761)
　第三节　教育经费与设施……………… (762)
　第四节　教育结构…… (765)
　第五节　教学研究…… (779)
　第六节　教育行政管理……………… (781)
第二章　科学技术………… (796)
　第一节　科技机构与队伍……………… (796)
　第二节　科技成果与开发……………… (799)
　第三节　科普活动…… (813)
　第四节　科技管理…… (815)
　第五节　气象服务…… (818)
　第六节　防震减灾…… (825)
　第七节　农业科学研究与推广……………… (828)
　第八节　地质水文勘探　(830)
第三章　文化……………… (833)
　第一节　文化机构…… (833)
　第二节　文艺创作…… (838)
　第三节　群众文化…… (844)
　第四节　文化市场管理……………… (846)
　第五节　文物保护…… (847)
　第六节　电影放映与图书发行……………… (848)
　第七节　考古发掘…… (850)
第四章　广播电视报刊…… (854)
　第一节　机构体制…… (854)
　第二节　广播………… (859)
　第三节　电视………… (861)
　第四节　报刊………… (862)
第五章　卫生……………… (868)
　第一节　医疗卫生体制与机构……………… (868)

第二节　卫生防疫保健………………（871）
第三节　医疗服务和管理………………（879）
第六章　体育………………（882）
第一节　体育机构……（882）
第二节　群众体育……（882）
第三节　学校体育……（886）
第四节　竞技体育……（887）
第五节　体育设施……（889）

第五篇　社　会

第一章　民政………………（890）
第一节　机构设置……（890）
第二节　基层政权建设………………（890）
第三节　救灾救济……（891）
第四节　社会福利……（894）
第五节　社会管理……（897）
第六节　军人安置……（901）
第七节　拥军优属……（903）
第八节　优抚…………（906）
第九节　老龄工作……（915）
第二章　人口和计划生育…………………………（917）
第一节　人口…………（917）
第二节　人口构成……（918）
第三节　计划生育……（921）
第三章　社会生活…………（931）
第一节　人民生活……（931）
第二节　社会保险……（932）
第三节　精神文明建设（934）
第四章　民族　宗教………（947）
第一节　民族…………（947）
第二节　宗教…………（950）
第五章　方言　民俗………（954）
第一节　方言…………（954）
第二节　民俗…………（972）

第六篇　特色宿州

第一章　特色经济…………（980）
第一节　水果产业……（980）
第二节　特色农产品…（985）
第二章　地方文化…………（989）
第一节　书画之乡……（989）
第二节　奇石文化……（991）
第三节　地方戏………（992）
第四节　马戏之乡……（996）
第三章　名胜古迹…………（998）
第一节　风景名胜……（998）

第二节　古遗址　古墓葬古建筑 …… (1002)
第四章　文化节与饮食 … (1016)
第一节　文化节 …… (1016)
第二节　特色饮食 … (1019)

第七篇　县区和开发区简介

一、埇桥区 ………… (1024)
二、砀山县 ………… (1029)
三、萧县 …………… (1036)
四、灵璧县 ………… (1041)
五、泗县 …………… (1049)
六、市经济技术开发区 ………………… (1055)

第八篇　人　物

第一章　人物传 ………… (1060)
第一节　古代人物 … (1060)
第二节　现代人物 … (1068)
第二章　人物简介 ……… (1112)
第三章　人物表 ………… (1148)

第九篇　宿州丛谈

一、渊源深厚的宿州文化 ………………… (1167)
二、隋唐大运河与宿州 ………………… (1173)
三、宿州城池的历史变迁 ………………… (1180)
四、蹇叔 …………… (1183)
五、朱温与砀山 …… (1185)
六、白居易与宿州 … (1188)
七、朱元璋出生地考 ………………… (1189)
八、马皇后 ………… (1190)
九、赛珍珠与宿州 … (1192)
十、武念兹与“万言书” ………………… (1194)
十一、宿州商代“截”地考 ……………… (1204)

十二、子贡山与会盟台 ……………… （1204）
十三、垓下古战场遗址考 ……………… （1207）
十四、宋代宿州虹桥考 ……………… （1209）
十五、《圆明园全景图》画案始末 …… （1210）
十六、割股奉母 …… （1211）

附　录

一、宿州旧志综录与旧志序选 ………………… （1212）
二、宿州历史上的重大事件 ………………… （1230）
三、历代文选 ……… （1245）
四、诗词选 ………… （1250）
五、历史图辑 ……… （1264）
六、“十一五”经济社会发展简述 …………… （1279）
七、宿州市2013年国民经济和社会发展统计公报 ………………… （1281）
八、重要文件辑存 … （1291）
九、撤地建市纪略 … （1318）

编委名单 …………… （1320）
撰稿人员名单 ………… （1322）
索引 ………………… （1334）
主题索引 …………… （1334）
人名索引 …………… （1357）
表格索引 …………… （1359）
编后记 ……………… （1365）

第四篇　教科文卫体

第一章　教　育

1989年9月，行署教育局更名为教育委员会。教委是行署管理全区国民教育的职能部门。主要职责是：参与全区国民教育发展战略目标的研究，制定中长期发展规划，会同有关部门组织编制、下达和实施全区教育发展年度计划；负责全区教育改革和发展的组织、协调、检查、督导和指导工作；负责全区高等、中等专业学校和普通高中、职业高中的招生计划管理以及高中的学籍管理工作；参与地直学校领导班子的考察考核工作。

教委内设9个行政科室：办公室、人事科、中学教育科、初等教育科、职业教育科、成人教育科、计划财务科、监察科、督导室，下辖7个事业单位：招生办公室、师资培训办公室、教学仪器供应站、电化教育馆、勤工俭学办公室、教育教学研究室和教育工会。

2002年1月，宿州市教育委员会更名为宿州市教育局。市教育局是主管全市教育工作的市人民政府组成部门。职业教育科与师资培训办公室合并为职业与师范教育科(行政科室)。

2006年3月，教育电视台由市教育局划归市广电局管理。教育局内设7个行政科室：办公室、人事科、基础教育科、职业教育科、成人教育科、计划财务科、教育督导室；下辖7个事业单位：招生办公室、师资培训办公室、教学仪器供应站、电化教育馆、勤工俭学办公室、教育教学研究室和教育工会。

第一节　教育改革

1988年，为了配合在农村推行的“星火计划”“丰收计划”的实施，原宿县行署和教育部门开始按照国家教委统一实施的“燎原计划”，广泛开展以推广实用技术为重点的试验示范、技术培训、信息服务等活动，着力提高农民的文化科技水平。同时，强化教育为经济建设服务的理念，促进职业教育进一步发展；在高中阶段，以发展职业教育为宗旨，深入推进中等教育结构改革，提高职业学校在校生的比重，在较短时间内为经济建设培养了一批适用人才。1994年，为适应农村教育综合改革的需求，行署成立“农科教办公室”，办公地点设在行署教委，为副处级建制。

1993年2月，中共中央、国务院发布《中国教育改革和发展纲要》。宿县地区各项教育改革在纲要的推动下，得到全面深化。同年起，社会力量办学开始进入学历教育，逐步形成了以公办教育为主，政府企事业单位、社会力量共同办学的格局。根据中共十四大提出的“到21世纪末基本扫除青壮年文盲、基本普及九年义务教育”的目标，进一步加大“两基”实施工作力度，1997年，提前实现“两基”目标，后转入巩固提高阶段。

一、中等教育结构改革

进入20世纪80年代，为适应经济建设对一般人才的需求，对以普通中学为主的中等教育结构进行改革，扩大职业教育所占的比重，宿州市城区先后有四中、七中（原崔园中学）改建为职业高中，仍保留初中部。新建轻工业学校（现为工业学校）。各县也都相继有部分一般普通中学改为职业中学，如灵璧九顶中学、泗县黑塔中学、砀山四中、萧县黄口农业中学等，职业教育呈现蓬勃发展的势头。

1987年起，按照“改建、创建、扩建、渗透”的路子，广泛采取鼓励社会参与、行业联合办学等方法，在全地区大力发展职业教育。到20世纪90年代初，全市有中专和职业中学21所，普通高中和职业高中之比达7∶3。在此期间劳动部门、人事部门相继发展职业技能培训，职业培训机构和培训中心，为全地区培训了大批中初等建设人才。

1999年后，受普通高校、普通高中扩大招生和职业学校毕业生分配难的影响，职业学校发展走低，生源减少。为维持职业学校生源和制止招生滑坡，一段时间内采取在职业学校招收普通高中班的方式，保证了部分职业高中的运转。

二、中小学课程改革

为贯彻落实《中共中央国务院关于深化教育改革全面推进素质教育的决定》（中发〔1999〕9号）和《国务院关于基础教育改革与发展的决定》（国发〔2001〕21号），教育部2001年6月8日印发《基础教育课程改革纲要（试行）》的通知，从2002年秋季开始，宿州市城区义务教育阶段学校（含市直高中初中部，埇桥区城区初中、小学）作为省级课改实验区率先实施课程改革。从2002年秋季开始，灵璧县和埇桥区农村义务教育阶段学校作为市级课改实验区进行课程改革。2004年秋季，宿州市义务教育阶段学校全部实施新课程改革实验。在义务教育阶段课程改革顺利进行的基础上，2006年秋季，普通高中课程改革在宿州市各县区全面展开。

在课程结构上，整体设置九年一贯制的义务教育课程。小学低年级设品德与生活、语文、数学、体育、艺术（或音乐、美术）等课程；小学中高年级开设品德与社会、语文、数学、科学、外语、综合实践活动、体育、艺术（或音乐、美术）等课程。初中阶段设置的课程主要包括思想品德、语文、数学、外语、物理、化学、生物、历史、地理、体育与健康、艺术（或音乐、美术）以及综合实践活动。普通高中主要开设政治、语文、数学、外语、物理、化学、生物、历史、地理、信息技术、通用技术、艺术等课程。普通高中在开设必修课的同时，开设丰富多样的选修课程。积极试行学分制管理和学生综合素质评价。从小学到高中设置综合实践活动并作为必修课程。其内容主要包括：信息技术、研究性学习、社区服务与社会实践以及劳动与技术教育。为改变课程管理过于集中的状况，实行国家、地方、学校三级课程管理，增强课程改革对地方、学校及学生的适应性。

教材版本多样化也是这次课程改革的一个突出特点。在教材编写理念、主要知识体系和能力培养符合国家统一制定的各学科课程标准的前提下，全国多家出版社出版了新教材，供各地选用。宿州市从小学到高中选用的教材多达20多种，主要有人教版、北师大版、苏教版、沪教版、鲁科版等。宿州市还组织地理、历史两学科骨干教师编写了《可爱的宿州》一书，作为地方教材供初中学生使用。

为推进课程改革的顺利实施，市、县区教育局分别成立以局长为组长的课改工作领导小组，以分管教学工作的副局长为主任的专家指导委员会，统筹安排，指导全市中小学的课改工作。其中，把新课程培训工作作为课改的关键环节来抓。每年除组织市、县区教育局部分局长、校长、骨干教师参加国家级、省级培训外，市、县区教育局均利用暑期对各学科教师进行全员培训。采取专家报告、看录像、研讨交流等方式，学习各学科课程标准和新教材。2001年到2007年，市、县区举办各学科培训班、专题研讨会近200场次。从北京师范大学、华东师范大学等10多所高等院校，人教社、北师大等10多家出版社，省内外教育科研院所，省内外著名中小学，聘请专家、教授、教育科学研究人员、中小学特级教师、骨干教师近150人到宿州市做学术报告或传授课改经验。7年期间，全市参加培训的教师达4.2万人次。在参加培训的同时，市、县区教育局每学期均组织教研室教研员深入学校听课，开展调研活动，指导学校加强校本培训和校本教研，及时解决实施过程中存在的问题。省教育厅和省教科所对宿州市课改培训和调研等工作给予充分肯定，在铜陵召开的全省基础教育暨课程改革工作会议上予以表扬。埇桥区被命名为全省课改样本县（区），宿城一中、泗县二中、萧县黄口中学被命名为全省课改样本校。

第二节　教育规模

1988年，宿县地区教育事业经过几十年的发展，在学历教育方面形成包括初等教育、中等教育、高等教育在内的较为完整的教育体系，初等、中等、高等教育中又分普通教育和职业教育两大类。在残疾与弱智儿童中开展特殊教育。是年，全区学历教育有各级各类学校3381所，在校生总数90.31万人。其中：高等教育3所，在校生1230人；中等专业教育7所，在校生3775人；中等职业教育26所，在校生7334人；普通高中教育43所，在校生22603人：初中与小学教育学校3242所，在校生82.82万人；特殊教育学校1所，在校生139人；幼儿园61所，在园幼儿39820人。非学历教育，在幼儿和城镇职工、农民及其他成人中广泛开展，对成人中的文盲半文盲人口积极开展扫盲教育。开办多类函授教育；完善高等教育自学考试制度，考生经过自学，接受统考合格后亦可获得国家确认的学历。

此后10年，在学历教育方面，各级各类学校数变动不大，在校学生随人口结构变化和提高文化程度需求的增长，接受中等和高等教育的学生呈增加趋势。

1997年，全区学历教育有学校3135所，在校生总数111.43万人。其中：高等教育3所，在校生3044人；中等专业教育6所，在校生5783人；中等职业教育28所，在校生11159人；普通高中教育44所，在校生32813人；初等教育学校2792所，在校生94.1万人；特殊教育学校7所，在校生1695人；幼儿园255所，在园幼儿11.77万人。1988年起，社会力量办学介入非学历教育，1993年起又介入学历教育。

1996年，开始加大整合教育资源的力度，主要是在确保九年义务教育的前提下，整合小学，扩大高中和中等学校办学规模，以更好地适应提高人口文化素质的需求。高中教育和中等教育学校数大体稳定，但入学人数逐年有较大幅度的增加。在教学方式上，适应现代信息化社会的特点，小学高年级以及中等以上学校普遍推广电化教育，进一步提高教学水平。

随着城市发展及省要求城区义务教育阶段学校划片就近入学的需要，从2006年开始着手对城区学校布局进行规划、调整，2007年，市政府出台《关于印发宿州市城区中小学校近期实施方案（2007—2008年）的通知》，规划改造中小学校4所（有十一中、八中、沱河中学、四小）；新建中小学校6所（含普通高中2所）；撤并中小学校6所。到2007年年底，20年间全市累计减少普通初中139所、普通小学1304所。普通高中增加9所、职业高中增加1所，有7所成人中专学校办成职业学校。

2007年，全市在学历教育方面有各级各类学校2061所，在校生总数115.18万人。其中：高等院校3所，在校生20180人；中等专业教育6所，在校生20937人；职业高中教育27所，在校生36731人；成人中等职业教育有7所，在校生6020人；普通高中教育52所，在校生130677人；初中与小学教育学校1799所，在校生88.85万人；特殊教育学校6所，在校生1597人；幼儿园161所，在园幼儿47181人。

20年间，通过教育事业的发展，提高了人民群众的受教育水平。2007年据人口抽样调查，全市大专及以上文化程度人口比重由1988年的0.4%上升到3.5%，高中、中专文化程度人口比重由3.89%上升到8.6%，6周岁以上文盲半文盲人口比重则由26.2%下降到13.64%。

第三节 教育经费与设施

一、办学经费

1988年，公办学校（不含事业单位办学和社会力量办学）经费主要来源于财政拨款和少部分预算外收入及教育附加费，财政拨款是主渠道。当年教育经费支出10002万元，其中：地方财政预算内拨款支出6084.6万元，预算外收入支出3918.4万元。教育经费支出中公用经费支出占36.69%，其中：预算内公用经费支出占预算内教育经费支出的9.5%；人均教育经费21.57元，生均预算内教育经费67.3元，生均预算内公用经费6.42元；教育事业费占财政支出的49.38%，预算内教育经费支出占财政总支出的30.28%。此后，每年财政教育经费拨款一般逐年有所上升。另外，亦有部分企事业单位、群众团体和个人捐资。各学校对学生收取的学杂费用于学校办公，学校的勤工俭学收入等用于改善办学条件。

1988年，国家开征教育费附加，城市按增值税、营业税、消费税的3%计征，农村按上年人均纯收入的1.5%计征，所征费用用于改善中小学办学条件。当年征收1730.5

万元，支出1694.6万元。“普九”期间，各地开征多项地方教育附加费，教育集资数额较多，尤其是各县农村形成高潮。县级宿州市还成立教育基金会，征收、使用情况较好。

2002年，国家全面实行税费改革后，农村教育费附加停止征收，改由地方财政转移支付。

2007年，教育经费投入的主渠道是以财政拨款为主和辅以征收税费等多渠道筹措。全市教育经费收入220821.2万元，比上年增长22.25%。教育部门教育经费总收入203009.4万元，比上年增长20.34%。教育部门教育经费总收入中：(1)国家财政性教育经费169304.6万元，比上年增长42.33%：其中：预算内教育经费168143.5万元，比上年增长44.77%；教育经费拨款158684.6万元，比上年增长63.56%；各级政府征收用于教育的税费1127.2万元，比上年增长63.21%。(2)社会捐赠集资收入194.3万元，比上年增长3.7%。(3)事业收入47388万元，比上年下降33.7%；其中：学杂费收入33692.6万元，比上年下降42.6%；(4)其他收入2977.4万元，比上年下降30.8%。

2007年，教育部门教育经费总支出200701.3万元，比上年增长21.44%。其中：财政预算内拨款支出166300万元，预算外收入支出34401.3万元。教育经费支出中公用经费支出占25.24%，其中：预算内公用经费支出占预算内教育经费支出的16.14%；人均教育经费325.2元，生均预算内教育经费1630.5元，生均预算内公用经费263.18元。

2007年，全面实施城乡义务教育经费保障机制改革情况：

全市免学杂费补助资金预算为22628.2万元（其中：市级配套94.6万元、县级配套230万元），补助公用经费资金预算为1369.5万元（其中：市级配套13.7万元、县级配套128万元），受益学生86万人（其中城市50276人）：免费提供教科书资金预算为951.1万元，享受免费教科书学生数为104288人。补助贫困寄宿生生活费资金，全市实际拨付398.8万元，农村中小学贫困家庭寄宿生生活费补助，受益学生17950人，其中：初中16745人，小学1205人，占寄宿学生156727人的11%。各县基本上按省定标准进行安排（每生每年239天、每天1元）。各项资金各县区按省要求年底前全部拨付到校。

全市义务教育经费保障机制改革实施工作严格按照国家、省规定进行。市、各县区高度重视，迅速成立了实施领导小组及办公室。领导小组组长由政府负责人担任，有关部门负责人为成员。

各县区切实加强资金管理，按照国库集中支付、收支两条线、政府采购等规定，办理各项业务，保证义务教育免杂费资金、提高公用经费补助资金拨付；对中央财政保障机制改革专项资金的下拨全部通过县区财政特设专户，确保资金不长期滞留专户，不被截留挪用；加强中小学财务管理，严格按照预算办理各项支出，推进中小学财务公开，接受师生和群众监督，保证学校的正常运转；按照要求试编2007年中小学预算，并进行预算编制培训；县区安排并拨付农村中小学贫困家庭寄宿生生活费补助。

市教育局实行工作月报制度，督促各县区及时上报义保情况；深入基层，认真调研改革实施情况，积极上报有关信息，为改革顺利推进提供翔实依据，方便上级决策。2007年，市教育局先后多次组织专项督查和综合性的检查，仅8月份和9月初，就组织4次督查。8月24—26日，市教育局班子成员分别带队对各县区义保改革和危改工作进行督查，发现问题，当场要求整改，不能立即整改的，要求限期整改，同时要求上报整改结果，确保工作真正落到实处。9月5—6日，市教育局配合省教育厅开学工作督查组，9月12—15日，配合省民生工程检查组，重点对埇桥区、萧县和灵璧县的义保改革和危改工作情况进行督查指导。市政府于2007年10月18—26日组织市教育局、市财政局、市审计局、市发改委、市建委、市房管局、市监察局等危改成员单位，对各县区城乡义务教育经费保障机制改革的实施情况和中小学危房改造情况进行督查。

督查后下发督察通报，督促县区对存在问题进行整改。12月5日，市教育局召开义保工作汇报会，进一步督促县区对存在问题进行整改。12月21日，市政府召开全市义保暨危改工作会议，各县区汇报两项工作实施情况。

20年来，除政府办学外，民办学校有长足发展。2007年有各类民办学校61所，其中：中学33所、小学25所；有教职工5169人；在校生85580人；2007年教育经费投入14246.3万元，主要是举办者投入及收取学杂费，政府无投入。支出15001万元，其中：个人部分7084.2万元，公用部分3639.4万元，基本建设部分1145.6万元。

在学校收费管理方面，针对部分学校存在的乱收费问题，教育部门及时出台一系列规章制度，规范收费行为，同时对违规的单位和个人予以查处。市教委（教育局）每年及时公布学校、幼儿园的收费项目和标准。2002年起，实行教育收费公示制度。通过规范管理、积极治理，教育乱收费现象得到遏制。尤其是实施义务教育经费保障机制改革以后，义务教育阶段乱收费现象明显减少。

二、校舍建设

1988年，全区中小学校舍面积252.83万平方米，普通中学校舍面积78.76万平方米，职业中学校舍面积5.81万平方米，小学校舍面积139.2万平方米，生均分别为3.4、6.8、2.2平方米。有危房8万平方米，约占校舍总面积的3.16%。

后随着时间的推移，每年都新增危房。进入20世纪90年代初，安徽省实施校舍改造要求“一无两有六配套”，即校校无危房，班班有教室，人人有课桌凳，有大门、围墙、道路、旗杆、厕所、操场。全区按照要求积极实施。

1991年，全区遭受特大洪涝灾害，危房面积增加到13.2万平方米，危房率5.4%。宿县、灵璧、泗县受灾较重，北京市对上述三县给予210万元资金支持（每县70万元），行署教育局和三县均派人专门去北京市教育局联系接洽有关事宜、并致感谢。此后几年，加大危房改造力度，到1997年，全区中小学危房改造基本达到“普九”验收标准（应该说是低标准的）。

2001年起，国家启动新一轮农村中小学危房改造工程（一期危改工程）。5年间，全市累计改造危房109.5万平方米，其中改造D类危房51.8万平方米，投入资金3.4亿元（其中：中央资金1.2亿元、省资金1561万元），建设项目1270个，使危房问题得到一定程度的解决。

2006年起，国家启动二期危改工程。2006年到2007年全市累计改造危房31.6万平方米，其中改造D类危房29.7万平方米，投入资金1.582亿元（其中中央资金4376万元、省资金11414万元)，建设项目396个。

全市危房改造工作始终按省里要求进行实施。坚持以县为主实施，坚持做到“四个结合”，坚持“五统一”管理办法，并严把“五关”，实行“四制”等。同时加强项目管理和资金的管理，严格按工程进度拨款，做到专款专用，规范拨付。具体程序是工程基础验收合格并砌墙后拨付工程款的30%；工程主体验收合格后拨付工程款的30%；工程竣工验收合格后并将有关资料上报齐全后拨付工程款的30%；质保期满后拨付剩余的10%。加大督查力度，定期深入项目学校，实地对危改工作进行督促检查，为项目学校营造良好施工环境，及时发现和解决各类问题。

2007年，全市教育部门办中小学校舍面积548.8万平方米，其中：普通中学235.1万平方米、小学257.5万平方米、职业高中31.4万平方米、幼儿园3.1万平方米。生均校舍面积：普通中学6.2平方米、小学4.3平方米、初中5.6平方米、职业高中8.52平方米。有危房38.5万平方米（普通中学14.2万平方米、小学23.3万平方米、职业高中0.8万平方米)，危房率7%（属于近几年新增)。

20年间，生均校舍面积：小学由2.2平方米提高到4.3平方米，普通中学由3.4平方米提高到6.2平方米，职业中学由6.8平方米提高到8.52平方米。学校办学条件得到较大改善，校舍面貌发生较大变化。在乡村学校绝大多数学校都有教学楼，原有危房基本上消除。90年代提出的“一无、两有、六配套”的目标基本实现，且有一部分是质量较高的校舍。

学校环境普遍得到整治，运动场馆扩大。中学和小学体育运动场馆面积达标学校各有200所与495所，总占地面积分别为275.79万平方米、388.81万平方米。少部分学校建有塑胶跑道。

第四节　教育结构

1986年，根据国家颁布的《中华人民共和国义务教育法》，全地区在普及初等教育的基础上，开始实行九年义务教育（以下简称“普九”），并在城乡分类实施，逐步推进。为此改革小升初考试制度，由原来按分数高低限额录取改为统考后由重点中学和一般中学全额录取。此举，逐步拉大了重点学校和一般学校的差距，为义务教育的不平衡埋下伏笔。

1992年后，“普九”力度加大，纳入法制轨道，为解决“普九”教育经费不足的困难，发动社会广泛集资捐款，并提出“人民教育人民办，办好教育为人民”的口号。1995年6月，砀山县率先在全地区普及九年义务教育，1996年10月原宿州市通过省级验收，1997年10月到年底，宿县、灵璧、萧县、泗县分别通过了省级“普九”验收评估，砀山县、宿县（原县级宿州市）被国家授予“两基”工作先进县称号，1998年起，九年义务教育转入到巩固提高阶段。全地区“两基”工作比省政府规划时限提前一年完成，省媒体以《筑就“两基”工程，奠定千秋大业》为题，全面报道宿县地区实现“两基”情况。

一、幼儿教育

（一）幼儿教育

20世纪80年代后期，全地区有各类幼儿园213所，其中大部分集中在县城区。在上述幼儿园中，政府办幼儿园4所，分别为地直幼儿园，市直（原县级宿州市）一幼、二幼，县直幼儿园。其余以企事业单位办园为主。如当时的柴油机厂、二机厂、矿机厂、地区医院、矿建公司、皖北矿务局、三勘等，不但办园条件较好，而且规模较大，质量较高，此后，幼儿园数逐年减少。

进入90年代中期，企业和部分事业单位办园减少，但入幼儿园的儿童呈增多之势，民办幼儿园应运而生，在一定程度上缓解了城区幼儿入园问题。

2001年起，社会上兴起公办幼儿园改制风潮，即把幼儿园推向社会。后虽经政策调整，刹住此风，但公办幼儿园元气大伤，尤其是农村乡镇公办幼儿园，部分教师由于职评等原因进入小学，有的幼儿园撤并入中心校改为学前班，幼儿教育跌入低谷。

2004年起，宿州市城区兴办一批规模和影响较大的社区民办幼儿园，在一定程度上缓解了入园难问题，但入园费用较高，引起家长不满。随着城市的扩容，新开发生活小区开办幼儿园成为一种趋势。全市有幼儿园249所（其中公办园86所，宿州城区4所，各县城保留1所，其余均在乡镇），民办幼儿园163所。在园幼儿60109人，专任教师1749人。

（二）幼儿园教学

1987年起，幼儿园一般在中、大班（4—5岁）年龄段开设社会、健康、科学、语言、艺术方面的课程，采取直观具体、形象的教学方法，从认知到常识，开发幼儿智力，重视对幼儿的思想品德和养成教育，举行升旗仪式，教育幼儿守纪律、懂礼貌、讲文明、爱祖国、爱人民。

1993年起，国家和省教育部门先后制定《幼儿园工作评估细则》《对幼儿园（学前班）进一步加强管理的意见》《关于加强对社会力量开办幼儿园管理的意见》。通过经常性的检查、督导评估，促进幼儿园办园水平进一步提高。

2007年，全市有市级一类园7所，县级示范园16所，是全省没有省级一类园的市之一。

二、小学教育概况

（一）小学教育

1987年，全地区有小学1984所，在校学生52万人，此规模一直延续到1994年，全市小学校数大体稳定，在校生数随人口出生率的缓慢下降而有所减少。

1995—1998年，全区小学校数大致维持在1600所，在校学生50万人，1999年起，结合中小学布局调整，重点在农村适当调整和压缩一些规模较小、办学效益较差的学校，平均每年减少20所左右，随着城市的扩大和人口集中，宿城区小学数没有减少，但在校学生数逐年增多。

2005年，全市有小学1480所。宿城区小学通过扩容改造和扩大班额，在校生大大增加，宿州市城区小学生数，从1999年的不到2万人，增加到2007年的3万人。

2007年，全市适龄儿童入学率99.5%，其中宿城区99.8%，小学毕业生升学率

99.7%，其中宿州市城区99.9%。

（二）小学教育教学

1987年，全地区小学均实行五年制学制，开设课程为思想品德、语文、数学、社会、自然、体育、音乐、美术、劳动人口与环境。由于全地区普及初等教育，小学教育重心转移到加强管理，提高质量方面。

1996年，行署教委为加强小学教育管理，出台《宿县地区小学常规管理制度选编》，对全地区小学管理起到积极作用。同时还制定《小学办学水平综合评估方案》，逐年、分期分批对全地区小学加以评估，使小学办学水平和质量有了较大幅度提高。

2002年起，为使小学生从小适应现代信息技术，市区有条件的学校高年级增开信息技术课，2004年至2005年，要求县城小学和有条件的农村小学开设信息技术课，2004年开始，全市各小学逐步由五年制向六年制过渡。

20世纪90年代，由于完成初等教育，全地区小学教育向管理要质量，均各自培育自己的办学特色。宿城一小实验班办得有声有色，被省命名为省级实验小学，接着，埇桥区十一小、砀山小学、灵璧城关一小，先后被省命名为实验小学。雪枫小学被命名为“德育特色学校”。灵璧渔沟小学被评为省级示范小学。到2006年，全市先后建成，省、市级示范小学11所，县级示范、特色学校33所，全市初等教育的发展、教育教学管理、课程改革起到很好带头和辐射作用。

1988—2007年宿州市初等教育发展概况

表4-1-1

年份	学校数（所）	毕业生数（人）	招生数（人）	在校学生数（人）	专任教师数（人）	民办教师数（人）	普及率（%）
1988	554	62271	69282	207871	9853	2426	94.5
1989	460	62553	70826	206757	10309	2225	97.4
1990	453	62361	72989	212018	10753	2086	98.3
1991	451	62726	74396	210031	11054	—	98.31
1992	447	60424	76285	213301	11127	—	62.2
1993	431	62469	83924	218249	11337	—	80.75
1994	435	61985	91082	234221	11934	—	79.4
1995	426	67485	94679	253567	12349	—	88.8
1996	406	75921	97501	263640	12341	—	95
1997	397	79565	107962	285202	12698	—	93
1998	379	86217	114393	301570	13118	—	92
1999	372	87954	114562	318984	13457	—	90.48

续表4-1-1

年份	学校数（所）	毕业生数（人）	招生数（人）	在校学生数（人）	专任教师数（人）	民办教师数（人）	普及率（%）
2000	363	96590	126333	336003	13732	—	95.59
2001	371	102321	129991	350517	14555	—	94.78
2002	360	106064	140917	374730	14450	—	97.49
2003	361	107898	142039	403489	14642	—	99.07
2004	348	120478	143313	419022	15247	—	97.31
2005	343	131938	143867	422628	15745	—	97.22
2006	332	138127	114872	386445	15895	—	96.51
2007	315	129697	91773	344627	15734	—	97.78

1998—2007年宿州市小学发展概况

表4-1-2

年份	学校数（所）	毕业生数（人）	招生数（人）	在校学生数（人）	职工数（人）	专任教师数（人）	民办教师数（人）	适龄儿童入学率（%）
1988	2788	101276	96465	620419	24615	22184	14762	98.3
1989	2782	101130	81492	588462	24718	22526	14331	98.7
1990	2778	106241	91594	566273	24984	22838	13943	99.3
1991	2772	100619	97536	553962	24899	22515	13638	99.5
1992	2640	96126	104285	558416	24943	21875	13584	99.6
1993	2659	103030	113441	561288	24863	21867	13239	99.5
1994	2452	97723	123837	581043	25506	22505	12718	99.8
1995	2436	98749	126981	603951	25181	22540	—	99.9
1996	2459	103027	131491	628685	25466	23121	—	100
1997	2395	110802	141816	656833	27242	25078	—	99.8
1998	2338	121231	137938	670521	26829	24705	—	99.8
1999	2285	133963	119858	683902	27431	25528	—	99.87
2000	2181	128444	137361	695130	27673	25910	—	99.79
2001	2170	125604	172629	750389	27859	26343	—	99.96
2002	2159	138839	143630	747940	27332	25860	—	98.34

续表4-1-2

年份	学校数（所）	毕业生数（人）	招生数（人）	在校学生数（人）	职工数（人）	专任教师数（人）	民办教师数（人）	适龄儿童入学率（%）
2003	2157	141642	108596	704941	26816	25231	—	99.41
2004	2083	140894	90588	649324	26648	25181	—	99.69
2005	1595	142058	77999	580992	26604	25111	—	99.79
2006	1645	112634	74106	538972	26537	20620	—	99.96
2007	1484	79327	84795	543865	26430	25174	—	99.89

三、中等普通教育

1987年，随着《中华人民共和国义务教育法》的颁布，初级中等教育按照《中华人民共和国义务教育法》的要求，宿县行署教委出台《宿县地区依法制止中小学生辍学的十项规定》，开展“无流失生活动月”等活动，全地区初中在校学生数稳中有增，出现了前所未有的大发展的势头，为全地区1997年全面“普九”打下良好的基础，1997年，全地区初中达369所，在校学生30万人。而后几年，由于人口较为稳定，教育主管部门加大控流保学工作力度，全市初中基本保持在320所左右，在校学生30余万人。

普通高中的发展起伏较大，由于20世纪80年代末中等教育结构改革力度较大，一部分普通高中改为职业高中，使全地区普高数有所减少，1997年，全地区普通高中38所，在校生32800人。

2000年起，受高等教育学校扩招的影响，全市普通高中开始大幅扩招。几年间，扩招比例翻了一番，由于民办、普通高中大力发展，普通高中学校急骤增加，到2007年，达到52所，在校生13万人。

2007年，全市初中学龄人口入学率98.5%，升学率60%，高中阶段毛入学率52.3%。

（一）中学教育教学

1987年，宿城区初中和普通高中除个别教改学校外，学制均为三年，初中开设课程为思想政治、语文、数学、外语、历史、地理、物理、化学、生物、音乐、体育、美术、劳动技术，高中开设课程为思想政治、语文、数学、外语、信息技术、物理、化学、生物、历史、地理、体育和保健、艺术（音乐、美术）、综合实践活动（研究性学习、劳动技术）、社区服务、社会实践以及地方和学校选修课程。高一新生入学后参加一周军训。

1993年，初级中学课程作了调整，分为学科类课程（如上列课目）和活动类课程（晨会、班团队活动、科技活动）两大板块，同时规定每周一个课时。

2000年后，部分初级中学开设信息技术课。

（二）示范性学校

20世纪90年代，地区教育部门开始组织示范初中、示范高中和特色中学的创建评估工作，在创建中，各县区和学校积极整合教育资源，改造薄弱学校，提升师资水平，更新教育设施、加大教育投入，提高教育质量，创建工作对中等教育发展起到极大的影响作用。砀山中学、宿城一中、宿州二中为全省首批25所重点中学。2001年，全市创建省级示范高中6所，分别为砀山中学、萧县中学、宿城一中、宿州二中、灵璧一中、灵璧中学。2005年泗县一中、萧城一中进入省级示范高中行列。2007年，泗县二中进入省示范高中行列，至此全市有省级示范高中9所。宿州九中、宿州十一中等示范初中13所。

1988—2007年宿州市普通高中发展概况

表4-1-3

年份	学校数（所）	毕业生数（人）	招生数（人）	在校学生数（人）	专任教师数（人）	占高中阶段比例（%）
1988	43	6663	7729	22603	1273	67
1989	40	7379	7052	21935	1366	65.6
1990	41	7531	7632	22385	1443	66
1991	42	7034	7658	22861	1563	65.2
1992	43	7140	7219	23077	1664	66.9
1993	45	8172	7613	21808	1672	66.9
1994	45	7562	8714	22715	1666	65
1995	45	6553	10091	25818	1724	64.85
1996	45	7245	10813	28793	1773	63.5
1997	44	8193	12612	32813	1851	66
1998	44	9497	14223	37142	1915	71.8
1999	41	10749	15654	41177	2102	67.62
2000	48	11503	22748	52640	2465	73.11
2001	52	13747	28575	66437	2940	89.6
2002	51	16181	29294	76362	3223	74.7
2003	53	20853	32858	88638	3603	71.8
2004	54	25982	40055	103872	4079	69.78
2005	52	31619	44462	116369	4594	69.99

续表4-1-3

年份	学校数（所）	毕业生数（人）	招生数（人）	在校学生数（人）	专任教师数（人）	占高中阶段比例（%）
2006	54	32994	46074	129348	4890	69.91
2007	52	39428	42124	130677	4954	67.23

1988—2007年宿州市普通高校录取情况统计

表4-1-4

分类 年份	录取数（人）	其中本科（人）	分类 年份	录取数（人）	其中本科（人）
1988	2187	857	1998	3781	2016
1989	1619	520	1999	5857	3089
1990	2206	783	2000	7759	4352
1991	2088	867	2001	9839	5428
1992	2319	970	2002	14777	6283
1993	2931	953	2003	17007	7370
1994	3044	1420	2004	21957	9418
1995	3172	1521	2005	26339	9805
1996	3554	1522	2006	26474	9662
1997	4411	2095	2007	30459	11370

1988—2007年宿州市学历教育办学基本情况

表4-1-5

年份	学校总数（所）	在校学生总数（人）	中等职业教育		普通高中教育		初中教育		小学教育		特殊教育	
			学校数（所）	在校生数（人）	学校数（所）	在校生数	学校数（所）	在校生数（人）	学校数（所）	在校生数（人）	学校数（所）	在校生数（人）
1988	3319	862141	33	11109	42	22603	454	207871	2788	620419	1	139
1989	3323	828808	29	11485	40	21935	460	206757	2782	588462	2	169
1990	3313	812451	28	11540	41	22385	453	212018	2778	566272	3	235
1991	3307	799228	29	12218	42	22861	451	210021	2772	553962	3	256
1992	3176	806589	42	11439	42	23077	447	212301	2640	558416	4	256

续表4-1-5

年份	学校总数（所）	在校学生总数（人）	中等职业教育		普通高中教育		初中教育		小学教育		特殊教育	
			学校数（所）	在校生数（人）	学校数（所）	在校生数	学校数（所）	在校生数（人）	学校数（所）	在校生数（人）	学校数（所）	在校生数（人）
1993	3178	813717	29	11977	45	21808	421	218249	2659	561288	4	395
1994	2973	850693	24	12217	45	22715	435	234221	2452	581043	7	497
1995	2948	897892	34	13989	45	25818	426	253567	2436	603951	7	568
1996	2952	929076	35	16517	45	28793	406	262640	2459	628685	7	1441
1997	2877	992485	34	16942	44	32812	397	285202	2395	656833	7	1695
1998	2802	1028965	35	17991	44	27142	379	301570	2338	670521	7	1741
1999	2740	1065862	35	19716	41	41177	372	318984	2285	682902	7	2083
2000	2637	1105237	38	19361	48	52640	363	226003	2181	695120	7	2103
2001	630	1188485	30	19257	52	66437	371	350517	2170	750389	7	1885
2002	2611	1226163	34	25383	51	76362	360	374730	2159	747940	7	1748
2003	2619	1233457	41	34744	53	88638	361	403489	2157	704941	7	1645
2004	2535	1218668	43	44981	54	103872	348	419022	2083	649324	7	1469
2005	2038	1171373	41	49889	52	116369	342	422628	1595	580992	7	1495
2006	2077	1111790	39	55678	54	129348	332	386445	1645	538972	7	1347
2007	1897	1130038	40	63688	52	130677	315	344627	1484	543865	6	1597

四、中等职业教育

20世纪80年代末90年代初，部分农业中学、普通中学相继改办为中等职业学校。办学模式仍沿袭计划经济，普通中专按国家计划招生、职业高中以举办地方中专班为主，招生人数、办学规模尚属中等职业教育初始阶段。“十一五”时期，市委、市政府大力发展职业教育，提高劳动者素质，努力将丰富人力资源转化为人力资本，建设经济大市、农业强市。牢固树立“抓职教就是抓经济，抓经济必须抓职教”的指导思想。制定抓发展、抓质量、抓示范、重效益的工作思路。以深化教育改革为动力，以加强重点职业学校建设和督导评估为手段，以培养大批生产、服务第一线的应用型技术人才为目的，上下一致，同心同德，使职业教育有长足发展。全市职业教育办学规模迅速壮大，办学质量稳步提高，办学效益显著增强，办学空间日益扩张，服务经济社会能力明显增强，从而迈上新的发展起点。

（一）职业教育发展举措

1998年12月28日，召开高规格全市职业教育工作会议。1999年2月颁发《关于加快职业教育改革和发展的决定》，同年3月，印发农村职业教育“511工程”实施方案。

2001年2月，市政府印发《宿州市职业教育和职业高中评估方案（试行）》。

2002年，修订并下发《2002年宿州市职业教育和职业高中评估方案》。

2005年4月21日，全市职业教育工作会议召开。并下发《中共宿州市委、宿州市人民政府关于加快发展职业教育的实施意见》，安排部署当前和今后一个时期宿州市职业教育各方面工作。

2005年6月20日，建立全市职业教育工作联席会议制度，并下发《关于建立宿州市职业教育工作联席会议制度的通知》，建立了由党委分管教育的负责人牵头，政府分管经济工作和分管教育工作的负责人协助领导，政府有关部门参加的全市职业教育工作联席会议制度，每年定期召开一至两次会议，研究解决职业教育发展中的重要问题，落实政府有关职能部门发展职业教育的职责。12月19日召开学习、贯彻全国职业教育工作会议精神专题座谈会。12月20日，参加学习、贯彻全国职业教育工作会议精神专题座谈会的与会人员到芜湖、常州等地考察、学习当地先进职业教育发展经验。

2006年2月10日至11日，市教育局召开“宿州市职业教育2006年度工作、市职教协会筹备、职业教育管理规范年启动会议”。进一步贯彻落实全省职业教育工作会议和省教育厅在巢湖召开的“安徽省贯彻全国职业教育工作会议精神座谈会”精神，推进宿州市职业教育的改革和发展。

开展职业教育管理规范年活动。为规范全市职业教育办学行为，提升职业教育办学水平，提高职业教育质量，于2006年初启动“宿州市职业教育管理规范年活动”。从全市职业教育的实际出发，结合职业教育的基本要求，在充分酝酿的基础上，拟定并下发《宿州市职业教育规范化管理基本要求》（教职师〔2006〕18号），从办学行为、软硬件设施、师资配备、教学管理等进行全面的规范，对职业教育健康发展起到明显促进作用。

2007年，开展“宿州市2007年职业教育质量年”活动，出台《关于开展“宿州市职业教育质量年”活动的通知》及《职业教育质量年活动基本要求》。从活动主要内容、学校总体要求、教学计划、教学管理、师资队伍建设、实习实训、专业建设和教学研究、德育、招生与就业安置和后勤与安全管理等十个重点方面，对职业学校教育教学工作提出全面规范化要求。

是年，举办“宿州市首届职业教育技能大赛”。分数控车工、工具钳工、电工电子、普通车工、计算机操作、学校安全知识和普通话水平七项竞赛内容。要求所有职业学校都要参加全部或部分项目竞赛，所有职业学校“一把手”都要参加普通话演讲和学校安全知识竞赛。以此为契机加快技能型人才培养，提高劳动者素质，提升全市职业教育内涵，加快培养职业学校学生适应社会需要和需求的社会实践能力和创新创业能力。

（二）职业教育成就

1.职业教育规模不断扩大。全市招生学校由1999年的10余所发展到2007年的35所

（职业高中27所、普通中专6所、成人中专2所）；职业教育年招生数由2000年6700多人，增至2006年22581人（职业高中招生13058人、普通中专招生7914人、成人中专招生1609人）；设置种植、养殖、计算机、财经、机电、艺术、烹饪、旅游、文秘、建筑、电子、服装、护理、法律等20多类专业，有多个专业逐步形成拳头专业，师资队伍进一步加强，教职工学历、职称得到进一步提升，中等职业学校教职工总数为2385人，其中专任教师1688人，“双师型”教师约占42%。2007年，市中职招生形势良好，到校人数达18863人。宿州一职高、宿州工业学校单校年招生均超过2000人。

1990—2007年宿州市职业教育年度招生情况

表4-1-6

年份	毕业生数（人）	招生人数（人）	住校生数（人）
1990	2507	3875	9818
1991	2543	4552	10621
1992	2621	3060	9748
1993	2036	3017	7557
1994	2049	3324	7542
1995	1912	3449	8757
1996	2421	5420	11197
1997	3034	3535	11159
1998	3733	3306	11016
1999	5535	4754	10302
2000	4373	3581	9791
2001	4169	3842	9190
2002	4557	4246	9019
2003	4156	9586	21080
2004	7306	12436	27602
2005	11902	22985	49889
2006	13570	22581	55678
2007	16613	25921	63688

2.职业教育办学档次和内涵得到提升。①骨干示范职业学校建设步伐加快。宿州一职高、宿州二职高和宿州工业学校是省内知名度较高的国家级重点职业学校；宿州一

职高和宿州工业学校为省重点建设示范学校。灵璧县职高和砀山县职教中心为省级示范中等职业学校。②职业教育办学行为进一步规范。办真职教，真办职教，进一步端正职业学校的办学思想，从现有招生资质中等职业学校的认定、加强学籍管理及禁止“买卖生源”等多方面规范职业学校的办学行为，提升了职业教育办学层次和育人内涵。③“三重”建设取得突破性进展。全市加大“三重”建设力度，使一批职业学校为全市的中等职业教育发挥领军和示范作用。

宿州市“三重”建设项目情况一览表

表4-1-7

年份	招生数（人）	在校生数（人）	“三重”建设项目学校校数及项目清单
2004	22283	44981	1.宿州工业学校（国家重点建设示范学校）、宿州工业学校机电技术应用（省级重点专业）、宿州工业学校电子电器应用与维修（省级重点专业） 2.泗县长沟职高农学（省级重点专业）
2005	22677	49889	砀山县职业教育中心果树种植（省重点建设实习实训基地）
2006	22240	55678	1.泗县长沟职高农学（省级重点专业） 2.宿州工业学校数控技术（省级重点基地） 3.宿州市二职高职教中心（省级重点支持县级职教中心）
2007	26291	63688	1.宿州市一职高电工电子专业（省级重点专业） 2.砀山县职教中心（省级重点县级职教中心建设项目） 3.灵璧县职高（省级重点县级职教中心建没项目）

3.职业教育改革稳步推进。①各级政府对职业教育的统筹管理力度逐步加强，大力推进职业教育管理体制和办学体制改革，走产学研三结合办学之路取得较快发展。②普、职、成“三教统筹”及社会力量举办职业教育，吸纳民间资本的能力增强，多元化投入职业教育的机制正在形成。③坚持实行学校、公司相结合及实施“订单式”培养模式，增强了学校与市场的联系。④中等职业学校的招生、教学和毕业生就业制度改革稳步推进。

4.职业教育办学效益逐步提高。①毕业生就业安置总体顺利，就业安置质量进一步提高。非农专业毕业生连续呈现供不应求态势。全市中等职业学校凡涉及专业技能资格认定毕业生通过率在95%以上，职业学校毕业生就业率在98%以上。②经济效益和社会效益持续增长。就业率最高的三个专业：机电、电子、数控专业的毕业生就业率达到100%，人均月收入在1200元以上。对缓解就业压力，推动全市全面建设小康社会进程起到积极作用。

2003年，报名参加对口高考考生总数达2100多人，实际参考2062人，达专科线以上1848人，合计达线率为90%，其中本科达线人数312人，超过全省职高考生本科达线总数的六分之一，比2002年提高40%。灵璧县教育局、灵璧九顶职高、泗县黑塔职高等受到市政府嘉奖。

2007年7月，教育部职成司举办第四届全国中等职校“文明风采”竞赛活动，宿州市一职高陈可老师辅导学生潘倩获“我爱我的专业”征文比赛一等奖（全省4个一等奖），郑玉和老师辅导学生朱子露获“动漫制作”比赛全国优秀奖（全省没有一、二、三等奖，仅有二个优秀奖）。10月，全省第二届中等职校英语教师基本功大赛中，宿州市一职高李传文老师一人获“英语教学基本功竞赛”三等奖和“英语基础水平竞赛”二等奖；宿州市二职高吕珊珊老师获“英语教学基本功竞赛”三等奖。10月20—21日，省教育厅、省劳动和社会保障厅、合肥市人民政府、省工业经济联合会和安徽职业与成人教育学会联合主办“2007安徽省首届职业院校技能大赛”，全市参赛队伍在“中职组”全部五个项目的比赛中，取得一等奖6项，二等奖7项，三等奖6项，优胜奖2项计21项个人单项奖优异成绩。在17个参赛市中，宿州市获团体总分第一名和优秀组织奖第一名。

（三）中师教育

1988年，宿县地区有砀山师范学校、萧县师范学校、泗县师范学校、灵璧师范学校、宿县师范学校5所中等师范学校。其培养方向为招收初中毕业生，通过师范3年的教育主要由教育部门分配至原宿县地区四县一市（县级宿州市）任小学教师。

作为教育“母机”的中等师范，在当时教育改革与发展的新形势下，其培养任务相当繁重。鉴于此，宿县行署教委加强了中等师范的管理工作，自1990年起，根据上级要求与本地师范教育发展的实际，为确保师范能培养高素质的师资后备力量，对当时5所师范先后进行了调整，仅保留灵璧师范、萧县师范、宿县师范3所学校。同时，在调研基础上，对中等师范教育的教育教学管理工作采取十大举措。一是强化中师学校领导班子建设，灵师、萧师、宿师3所学校被升格为副处级建制。二是强化师德建设和教师业务素质训练，优化教师队伍结构。三是进一步完善各项规章制度，深化中师管理体制改革。四是建立地区级中师教育教研网络，开展以教促学的评教评学活动。坚持做到“确保必修课主体地位，上好选修课，加强课外活动，重视教育实践”的原则，全面提高中师教育教学质量。五是强化中师生十大基本功训练，严把文化课毕业考试与基本功考核关。六是强化中师学籍管理，严格执行升留级和各项奖惩制度。七是建立稳固的城乡小学实习基地，强化中师生教学能力的培养。八是拓宽教育投入渠道，加强办学条件的改善，提高办学效益。九是开展创建一流教学水平、一流管理水平、一流教育质量、一流学校的“四个一”活动。十是建立健全中师评估制度，加强中师标准化建设步伐。由于措施得力，中师教育质量在1990—1993年间有较快提高。1993年，全省中师考核中，宿县地区3所师范教育教学总体水平位居全省前列。当年，毕业生文化考核与基本功考核成绩合格率分别为99%和95%，毕业优秀率分别为28%和22%。灵师“双推”（推广普通话，推广规范字）工作通过省教委验收；宿师体卫工作通过省验收；萧师教研水平有较大提高。

五、成人教育

（一）扫盲教育

20世纪80年代，国务院下达基本扫除青壮年文盲的指示，根据这一要求，制定具体规划，并于20世纪90年代初按规划完成任务。

1992年10月，中共十四大提出“到21世纪末基本扫除青壮年文盲，基本实现九年义务教育”奋斗目标，国家教育部门又把基本扫除青壮年文盲的指标由非文盲率85%提高到95%。根据这一新的要求，以1990年“四普”资料为依据，在反复调查论证的基础上，以行署名义下发《宿县地区扫除青壮年文盲的规划》，把扫盲任务分解到县，安排到点，落实到村到人。为进一步促进扫盲工作进度，1995年年底，又对扫盲规划进行调整，下发“加大力度，继续扫除剩余文盲”的通知，把全区完成基本扫除青壮年文盲时间从1997年提前到1996年，要求做到有文盲的地方都要开展扫盲工作，宜班则班，宜组则组，个别文盲少的地方可采取包教包学。各级政府、各级教育部门层层签订责任书，推进“双线承包”责任制，一级抓一级，一级对一级负责，把扫盲工作切实落到实处，确保扫盲任务的提前完成。1998年验收时，全区扫除青壮年文盲39.2万人，青壮年文盲率由“四普”时的18.36%下降到3%以下。

（二）职工教育

20世纪80年代末90年代初，宿县地区职工教育主要以补习和中等学历教育为主，职工电视中专、商干校、粮干校、供销干校、农校、农广校、农机校、农干校等学校每年招生3000人左右。

进入90年代，重点实施全员职工岗位培训，培训率一直保持在30%以上。同时，适应计划经济向市场经济的转轨，职工教育由指令性改为指导性，在宏观管理上坚持“主动适应，积极服务”方针，不少企业为适应市场激烈竞争的需要，亦主动开办多种形式职工文化、技术培训工作。

1997年至2007年，下岗职工普遍增多，为实施再就业工程，各级各部门重视开展下岗职工再就业前技能培训工作，每年培训数千人次。

根据宿州市企事业2007年度职工教育统计报表统计，2007年，全市职工参加学历教育的2000人，参加各种培训达20万人次，用于职工教育经费2000多万元。

（三）农民实用技术教育

20世纪80年代末90年代初，为适应农民尽快致富的要求，各县区农村大量开办种植、养殖、果树栽培方面的培训班，开展多形式、多层次、多样化培训活动，采取学历教育与非学历教育相结合，脱产与业余相结合，长班、短班相结合的方式，培养了大批农村各类人才。同时，各地狠抓农村成人文化技术学校建设，本着“实际、实用、实效”的原则，对回乡初、高中毕业生进行生产技术提高型培训，对乡镇企业职工进行岗位技能培训，对脱盲人员开展巩固提高和实用技术培训，不少成人技校开办“3+X”班，进行“绿色证书”培训工作。到1997年，农技校初具规模，全市创办乡镇成人文化技术学校111所，达到了“一乡一校”要求，85%行政村成立成人文化技校，涌现出一批先进典型。

砀山曹庄成人技校、埇桥区汴河成人技校、灵璧长集成人技校，分别受到国家和省有关部门的表彰与奖励。

初步形成以各类农校为龙头（宿地农校、农干校、农广校、农机校），乡镇成人文化技术学校为骨干，村成人文化技术学校为基础的三级农村成人教育办学网络。

2001年，市里拿出专项经费为48所一类成技校挂了牌，并为一类成技校配备《农民读本》《安徽省乡村干部规范化培训教材》等图书资料，促进农村成人文化技术学校办学条件不断充实、完善。

（四）成人继续教育

1986年，全国成人高校统一招生考试开始举行，全市每年报名参加各类成人高、中等教育学习人数8000人左右，录取率达70%以上。

2000年以后，成人报考中等学校人数逐年减少，报考成人高校和电大人数仍然较多，每年在5000人以上，录取率达80%左右。截至2007年，全市有各类成人高等教育函授站（点）10所，专职管理人员46人，在籍学生总数2853人。

六、民办教育

宿州民办教育20世纪80年代末期开始起步，主要以非学历培训机构为主，1986年9月第一所民办中学——宿州下关中学成立，20世纪90年代末进入发展期，民办教育不断壮大，成为全市教育的重要组成部分。从学校类别看，从幼儿园到小学、初中、高中以及非学历教育培训门类齐全；从分布区域看，各县区均有；从规模看，从无到有，从小到大，不断发展；从效益看，产生很好社会效益和经济效益。截至2006年年底，全市民办教育机构发展到280所，在校生增加到118851人，其中幼儿园174所，小学47所，初中35所，普通高中10所，职业高中3所，非学历培训机构13所，学校占地面积1852678平方米，教职工6808人，各类学校资产总值6亿6000多万元。

2005年，市政府组织宿州市民办教育考察团赴江苏宿迁市和山东省滕州市进行考察学习，借鉴外地先进经验制定出台《宿州市加快民办教育发展若干规定》。2006年11月，陶研会民办教育专业委员会2006年年会在萧县召开。2007年，全市开展“集中开展规范民办学校办学行为”活动，至此，全市民办教育由量的扩张转入规范办学行为、走内涵发展道路的质的提升阶段。

2007年，全市有各级各类民办教育机构272所，在校生125300人，其中幼儿园169所，小学37所，初中39所，普通高中10所，职业高中1所，非学历培训机构21所，学校占地2204221平方米，教职工7796人，各类学校资产总值达9亿5千多万元。

七、教师培训

1986年，全区从事学历教育的教职工总数38172人，其中专任教师32402人，占83.89%，教职工中，普通中学12408人，小学24764人，各占35.12%和64.87%。专任教师中，普通中学9857人，小学22165人，各占30.78%和69.21%。小学专任教师中，具有中师毕业及以上学历的22165人，占61.43%：普通中学专任教师中，具有专科毕业及以上学历的9859人，占21.58%。在全省居于较低的水平。为有效提高教师整体素质，在省教育厅的统一部署下，宿县地区自1987年开始，在中小学教师中实施了以“教材教法合格证书”和“专业合格证书”为主要内容的岗位培训工作，教师通过学习培训，参加规定科目的考试，取得相应的合格证书，即可视为岗位合格。90年代初期，在小学和初中教师中又实施以学历补偿教育为主要内容的学历培训工作，即小学教师通过“高中补学换证”“专业合格证换证”，初中教师通过“全员培训”，从而使全市中小学教师学历合格率大幅度提高，1999年年底，全市小学、初中、高中教师学历合格率分别达到99.23%、85.6%、59.77%。

1999年至2002年，进入第一轮中小学教师继续教育周期。在此期间，开展以“三字（钢笔字、粉笔字、毛笔字）、两画（话）”为主要内容的基本功训练，并参加相关科目理论（教材教法、教具制作等）的学习和考试，成绩全部合格即可取得“基本功训练合格证书”。同时举办初中、小学教师继续教育试点班，培训时间240学时，480人获得结业证书。自2003年至2007年，进入第二轮中小学教师继续教育周期。第二轮中小学教师继续教育，包括骨干教师培训、全员岗位培训两大块内容，培训以新课改为核心内容，采取集中培训、校本培训、统考（新世纪教师素养）三种模式，全市45987人参加培训并取得合格证书。此间，为全面提高教师素质，还开展英特尔培训、信息技术培训、普通话培训与测试、教学业务大练兵活动等，至2007年年底，全市拥有国家级、省级、市级骨干教师1200人，省、市级“教坛新星”550人，县级“教学能手”3550人。与此同时，全市进一步加大对高中专任教师学历补偿和小学、初中教师学历提高培训工作，在职教师通过成人高考、自学考试、脱产进修等多种形式提高学历层次，2007年，全市中小学专任教师总数达到46195人，小学、初中教师学历提高率分别达到61.7%和39.5%，高中教师学历合格率达到85.98%。

第五节　教学研究

一、教育教研

从1998年至2000年，为贯彻《中共中央关于教育体制改革的决定》和《中华人民共和国义务教育法》，加快“普九”步伐，巩固“普九”成果，提高中小学教育教学质量，市、县区教育局普遍充实教研室，加强教研员队伍建设，改善工作条件和生活待遇，调动开展教育教学研究积极性。全市教育科学研究以组织开展听课、评课、帮助教师解决教学中的疑难问题等常规教研活动为主，同时也借鉴当时国内一些先进地区经验，开展一些专题教学研究和实验。范围和影响比较大的有在全市各县区中小学多数学科开展的课堂目标教学实验，以埇桥区为主开展的异步教学法实验，以砀山县为主开展的大语文教学实验等。

市教育局和砀山县、泗县等县区还分别邀请全国著名特级教师宁鸿彬、钱梦龙、陈钟梁、魏书生、余映潮、姚竹青等前来讲学、上观摩课，面对面给予指导。这些实验既促进教学方法改进和教学质量的提高，也培养锻炼一批教师。泗县和砀山县实验方案具体，措施得力，效果明显，受到省教科所表彰。

2007年，市教育局新一届领导审时度势，提出促进学校内涵发展，努力提升教育教学质量工作目标，并把规范学校办学行为、实施科研兴校战略、建设学校文化作为三项重点工作来抓。市教育局领导召开专题会议研究教科研工作，提出加强全市教科研工作十点意见。10月，组织各县区教育局分管教科研工作副局长、市县区教研室主任和部分中小学校长50多人，专程前往山东省德州市、聊城市学习教科研工作经验。在全市基础教育工作会议上，又对如何做好全市教科研工作作了具体部署，并形成文件印发各县区和学校。全市教科研工作呈现出从未有过的新局面。

1988年至2007年，全市中小学教育科学研究工作虽然遇到许多困难和波折，但也取得许多值得肯定的成绩。一是通过组织开展常规教研活动等方式，促进全市广大中小学教师学习业务、钻研教材、改进教法、提高教学水平和教学质量。20年间，全市的高考本科达线率稳步上升，上线总人数位居全省前列。1992年，灵璧一中程海泳同学高考全省文科状元，被北京大学录取；2005年，灵璧一中耿泉同学高考全省理科状元，被清华大学录取。二是指导帮助一批有才华的教师进步成长，并为他们提供展示机会和平台。20年间，全市有65名教师被省政府评为特级教师，99名青年教师被评为安徽省教坛新星。三是一些教科研成果受到省教育厅奖励。《宿州市中小学素质教育评价体系》《中学语文目标教学实验总结报告》、《梨都语文资源的开发和利用》等分获省教育科研成果一、二、三等奖。四是市教育局教研室被评为全省“先进教研室”，10多名教研员被评为全省“优秀教研员”。五是通过组织学科竞赛协助学校发现和培养一批学习成绩优异学生。20年间，全市中小学生在国家级竞赛获奖约有120名，获省级奖约有1500名。六是每年开展的论文评选、优质课评选等活动，调动广大教师结合教学实际开展教学研究积极性，提高研究水平。每年均有一批教师论文在报刊上发表或在国家、省、市级论文评选中获奖，部分教师还出版学术专著。七是在全市城乡基本形成市、县区、学校、各学科教研组四级教研网络和以各学科骨干教师为主体教科研队伍，为开展各种教科研活动奠定良好基础。

2004年，全市“农村中小学现代远程教育”项目试点工作开展以后，灵璧县、砀山县、泗县、萧县、埇桥区相继实施项目建设，并建成项目学校1969所。始终把教育摆在优先发展的战略位置，紧抓国家农村中小学现代远程教育工程的历史机遇，把实施农村中小学现代远程教育工程作为加强全市农村教育，促进教育均衡发展、构建和谐社会、建设社会主义新农村的战略举措。围绕工程项目管理和使用做文章，完善管理制度、强化管理措施、开展教师培训、以教育教学应用为切入点，积极探索，大胆尝试，把“农远”设备潜能充分发挥出来。

通过工程的实施，全市农村学校建有教学光盘播放点（模式一）551所、卫星教学收视点（模式二）1168所、多媒体计算机教室（模式三）275所，基本形成卫星电视教育、互联网教育和光盘播放教育为一体的现代远程教育体系，初步建立科学规范的现代远程教育工作机制和农村远程教育网络，为全市教育教学手段现代化，促进全市农村信息化发展迈出坚实一步。

二、电教活动

为推动信息技术在教育教学中的有效应用，依托各种活动的开展，积极促进信息技术与学科整合，提高教育教学质量。开展现代教育技术实验课题、电教学术课题研究活动，1994年至2007年，全市有21所国家、省市级现代教育技术实验学校开展课题研究，并顺利结题；开展全市中小学生电脑制作活动。2006年，推荐的学生电脑作品获国家三等奖；积极开展多媒体教育软件、电教论文、教育叙事、课题研究、“农远”

教学研究、教学设计方案、教师个人主页评奖活动。2007年，针对“农远”学校开展教学应用新星评选活动。

三、现代教育技术应用

1994年至2002年，有70所学校的电教设备达省颁一类标准。2006年，全市的皖北教育软件开发基地开发制作了中学系列模拟实验教学软件。80年代末利用幻灯机教学开展全国农村小学语文教学实验活动，在这种教学与应用的结合下，赋予起步中的电教事业强大生命力，同时也推动全市电化教育发展。1990年，开展闭、开路教学和优质课录像教学活动，进一步推动电视教学发展。1995年起筹建宿州教育电视台，1997年正式开播，在全省教育电视台率先并入广播电视有线网，有线和无线同时并发，使全市电教事业进入一个飞速发展时代。随着互联网发展，电化教育进入一个新的发展阶段。全市的电化教育开始把研究重点转向以网络环境下学与教理论和方法的探究为主。2005年，承担全市教育信息化管理工作，建立《宿州教育》市教育局门户网站并管理前后台。

第六节 教育行政管理

一、教育督导

为推进“两基”工作，行署教委设立教育督导室。虽为教委的内设机构，但承担对区域内下级政府的教育工作和教育部门与学校的工作进行检查、指导、评估、验收任务。1994—1997年，教育督导室对全区108个乡镇的“两基”工作逐个进行验收。对所有乡镇都达到“两基”标准的县和县级宿州市，逐个进行审核，报省政府验收。宿县地区于1997年11月实现“两基”目标，通过省政府验收。

1998年，全区“两基”目标实现后，教育督导工作仍然以督政督学为主。一是建立“两基”监测考核制度，每年对县（区）的“两基”巩固提高工作进行一次监测考核。二是为推进素质教育启动中小学办学水平的督导评估。依据国家教委颁发的《普通中小学督导评估指导纲要》和安徽省教育督导办公室制订的《安徽省普通高级中等学校、初级中等学校、完全小学办学水平督导评估方案》，制订《宿州市普通高级中等学校办学水平督导评估（特色附加指标）操作细则》《宿州市普通初级中等学校办学水平督导评估实施细则》，委托各县区教育督导室依据《安徽省全日制完全小学办学水平督导评估指导方案》，结合县区实际，制订适合本县区情况的完全小学办学水平督导评估实施细则。明确分工，制订规划，分类实施。普通高中、完中由市教育督导室组织督导评估，初中和乡镇中心小学由县区教育督导室组织督导评估，村级完全小学和教学点由乡镇组织督导评估。根据这一原则，市、县区、乡镇分别制订督导评估规划和分年度实施计划，落实到每所学校，一轮周期定为三年。到2002年年底，市中小学办学水平督导评估第一轮基本结束。

在这期间，教育督导室还协同基教科开展市级示范高中、示范初中、示范小学评估；协同职教科开展县区职业教育和职业学校督导评估；协同成教科开展民办学校的督导评估。

2002年至2007年，教育督导主要工作是继续坚持对各县区进行一年一次的“两基”监测考核和中小学办学水平督导评估，同时对税费改革后教育投入情况以及“以县为主”农村义务教育管理体制改革作专项督导，配合省政府教育督导团和省教育厅，开展县级党政领导干部教育工作督导考核。

二、家长学校

1998年，为加强学校教育与家庭教育的协调与沟通。部分中小学幼儿园先后办起家长学校，后逐年递增。至2000年，全市中小学、幼儿园办家长学校比例城区达85%以上，农村达50%以上。

2000年，埇桥区被省确定为全省首批家庭教育现代实验区（全省5个实验区）。2003年，灵璧县被省确定为全省第二批家庭教育现代化实验区（全省18个实验区）。埇桥区家庭教育现代化实验区，经过6年实验，于2006年通过国家级与省级实验结题验收。灵璧县家庭教育现代化实验区实验工作于2007年完成省级实验任务。

2002年，全市中小学幼儿园家长学校办学率城区85%以上，农村75%以上。在此基础上，全市中小学幼儿园家长学校开展了争创省市级家教名校的活动。2002年5月18日，经省、市两级评估认定，省教育厅〔2002〕394号文件确认宿州二中等16所中小学、幼儿园家长学校为全省首批家教名校（全省190所）。宿州二中是全市唯一一所高中被命名为“省家教名校”并编入《安徽省家教名校概览》一书。

2004年，《中共中央国务院关于进一步加强和改进未成年人思想道德建设的若干意见》印发后，市教育局关工委组织全市教育系统各级关工委认真学习“若干意见”精神。在全市教育系统掀起大办家长学校的热潮。是年，全市有72所中小学、幼儿园家长学校被市教育局确认为“市家教名校”。与此同时，全市又有16所中小学、幼儿园家长学校被省教育厅确认为全省第二批家教名校。

2006年，宿州市教育系统关工委暨家长学校工作现场会在宿州二中召开，会上，宣布宿州二中等9所省示范性普通高中家长学校为家庭教育预案制度试点校。

2007年，宿州二中被全国妇联、教育部授予“全国优秀家长学校”称号。市教育局关工委杨权被授予“全国家庭教育先进个人”称号。

在家庭教育和家长学校工作中，一支专兼职队伍正在成长。市教育局关工委因势利导，成立由在职专业教师和离退休老教师组成的“宿州市家教讲师团”。这支队伍中有6人被省评为“省家教名师”。

截至2007年，全市中小学、幼儿园家长学校办学率，城区达100%，乡镇达98%。全市建成家教社区指导站33个，家教校园网站82个。全市各校均能在教学中使用《中华家庭教育网》开展教学活动。宿州市教育系统家长学校办出了自己的特色，在引入留守儿童教育的实验课题研究中，又打出自己的品牌，被省教育厅关工委肯定并表彰。

三、《宿州教育》

1995年5月，《宿州教育》报纸在教育改革与发展新阶段中应运而生。《宿州教育》开设栏目有：“教育时政”“教育新闻”“教育管理”“教学管理”“教育科研”“教学研究”“校长论坛”“教导主任工作谈”“教师讲坛”以及文艺副刊“百草园”。《宿州教育》填补宿州市教育史上无教育报刊的空白，从一问世就引起党政、教育界以及社会注目，尤其受到教育系统教师、专家、教育工作者追捧。《宿州教育》弘扬主旋律，坚守主阵地，沟通主渠道，为党的教育方针政策鼓与呼，为各类学校搭建展示教育成果的平台，为教师开辟一块丰腴科研沃土，成为教师、专家、教育工作者良师益友。

《宿州教育》每期印刷量6000份。由局机关工作人员兼职组稿、编辑、印发。由于刊物的印发、交流，对展示宿州教育形象，产生积极影响和良好的社会效益。1996年《宿州教育》被评为全省教育系统优秀内刊，宿州市教育局被评为全省教育宣传先进集体。

至2000年，新闻出版署整顿行业报刊，《宿州教育》在成功办刊100期后，奉命停刊。

四、教育工会

1996年，教育工会以萧县为试点，开展“教职工参与学校民主管理”的活动，并在中小学教职工中开展“师德标兵”评比活动。

1999年12月，组织举办宿州市首届《相聚世纪之交》教职工艺术节，截至2007年，举办两次教职工艺术节，为丰富教职工文化生活，提高教师文化素质，提供很好平台。

2000年，市教育工会组织启动全市《校务公开》《民主评议领导干部》工作，促进全市民主管理学校进程。

2006年组织参加市全运会获团体总分第二名和多个单项冠亚军。

2006年元月，组织教育局机关参加全市“迎新春”歌咏比赛，获全市第一名。

2006年，在全市范围内组织选拔师德典型人物，第一次将砀山县魏庄小学查文红老师推荐参加省级师德标兵评选，并在全市范围内组织“弘扬师德，无私奉献”查文红老师报告活动。

2007年9月，组织全市首届题为“一切为了学生，为了学生的一切，为了一切学生”师德演讲和表彰活动。

附：重点院校选介

宿州学院

宿州学院是一所省属应用型普通本科高校。学校前身是“宿县地区师范专科学校”，创办于1949年12月。2004年5月经教育部批准升格为综合性应用型本科高校“宿州学院”。截至2007年，校舍建筑面积23.3万平方米，教学仪器设备总值3438万元，馆藏纸质图书61万册。1988年，学校全日制普通教育在校生1000余人。从1997年起，随着全国高等教育大众化发展，学校招生规模快速增长，到2007年秋季，全日制普通教育在校生10411人。学校有本科专业24个（汉语言文学、数学与应用数学、应用化学、电子信息工程、计算机科学与技术、电子商务、英语、艺术设计、生物技术、地理科学、体育教育、市场营销、人文教育、音乐学、人力资源管理、会计学、电气工程与自动化、生物科学、资源环境与城镇规划、学前教育、美术学、应用物理学、地质工程、财务管理）。

（一）教学工作

1.学校积极推进教学改革，切实加强教学管理。1988年，发布《关于完善和强化教学管理体系、明确管理职责的几条意见》。1993年，制定《关于完善和强化教学管理体系的几点意见》《关于教育和教学改革工作的意见》。1994年，制定《教师教学评估办法（试行）》《学生三级管理规定（试行）》等文件。2000年，制定《关于加强教学检查评议整改工作的通知》《教学工作规范》《教学事故界定及处理办法（试行）》。2003年，制定《教学工作管理条例》。2005年，提出并积极实施深化改革发展“十大工程”，制定《本科教学工作规范（试行）》。2007年10月制定《关于完善教学质量监控体系的若干意见》。

2.学校积极适应社会对人才需求，修订专业教学计划、教学大纲和人才培养方案。2001年，制定《素质教育工程实施意见》，从加强政治思想教育、文化素质教育、专业素质教育、身体素质教育和心理素质教育等方面提出详尽规划和具体措施。2006年5月，成立公共教学工作领导小组，9月印发《公共选修课管理暂行办法》，12月制定《本科学生参加学术讲座学分制管理办法》，加强学生素质教育，培养多种能力。2007年1月，成立大学生创新教育领导小组，进一步加大改革力度，出台《辅修专业暂行办法》《双语教学管理办法》。

（二）师资队伍

学校高度重视师资队伍建设，采取积极措施，制订规划，出台政策，努力改善师资队伍学历结构、职称结构和学缘结构，提升教师队伍整体素质。实施“研究生工程”，积极鼓励现有教师攻读硕士、博士学位，提升职称。2000年，学校硕士仅2人，教授数量为零。当年秋季，教授数量实现了“零”的突破。此后，教授数量和研究生数量逐年增加，到2007年，有教授27人，博士研究生5人，硕士研究生87人，专任教师达到436人。

（三）科研工作

2001年，学校在全省62所高校中公开发表学术论文被SCI等三大检索系统收录的数量排名第11位，2002年，在全省71所高校中排名第14位。2006年，学校制定《关于进一步加强科研工作的意见》《纵向科研项目管理暂行办法》《横向科研项目管理暂行办法》《学术活动管理办法》和《学术道德规范（暂行）》，进一步加强科研工作管理，并主动出击，加强与地方企业行业的联系，开展横向合作项目研究与开发，努力提升科技服务能力。到2007年，学校共获得国家发明专利、省级自然科学奖、人文社会科学奖、科技进步奖及教学成果奖20余项；获得省自然科学基金、省“十一五”科技攻关项目、省高校自然科学重大项目、重点项目等100余项；获省级重点专业2个、省级精品课程9门；教师共发表学术论文1500余篇，其中国家级期刊151篇、国家级重点期刊230篇、被四大检索系统收录88篇，出版教材、论著59部，教学科研项目申报和成果方面已凸显优势，数量和质量在全省同类高校中均处于领先水平。院长、博士生导师桂和荣教授主持的“厚松散层及超薄覆岩条件下回收防水（砂）煤柱资源防水防砂关键技术研究”成果通过专家鉴定，处于国内领先水平。

（四）成人教育

1985年1月，宿县行署同意学校开办夜大学，同年9月招生169人。1987年，学校夜大学经国家教委批准认可。1994年设立成人教育处，2006年设立继续教育学院，开始实现本科招生，成人教育在籍生达1562人。学校成人教育认真执行招生政策，瞄准市场需求，积极拓宽办学渠道，切实加强内部管理，努力提高教学质量，创造良好社会效益和经济效益。1996年6月，顺利通过安徽省教委组织的专家评估，结果为优秀。积极拓展继续教育渠道，2006年，成立继续教育学院职业中专部。2007年，学校向省教育厅申请在宿州市辖四县设立继续教育函授站。组织多期干部、商务英语、会计、中小学教师等培训，与宿州市人事局联合设立宿州市人事考试培训基地。

（五）党的建设

学校认真贯彻落实党的教育方针，坚持社会主义办学方向，在坚持教学工作中心地位的同时，切实加强党的建设。加强党政领导班子建设，实现党政工作制度化、规范化、科学化。1997年，学校下发《党委工作制度》《校长办公会议制度》，2000年11月，又制定《中共宿州师专委员会工作规则（试行）》《关于加强民主决策的意见》《中心组学习制度》《关于领导班子廉洁自律的规定》等。2002年3月制定《关于进一步加强党委自身建设的意见》。2005年，制定《中共宿州学院委员会议事规则》《宿州学院院长办公会议事规则》《宿州学院党委书记办公会议事规则》《宿州学院党政联席会议事规则》，强化党委领导下的院长负责制。加强二级机构党政班子建设，2006年，制定《宿州学院系（院）党政联席会议制度（试行）》《处级单位党员领导干部民主生活会制度》。加强干部选拔、教育和管理，多次举办各级干部培训班，1999年制定《宿州师专党政干部选拔任用工作暂行办法》，2001年、2005年两次开展处科级干部聘任工作，优化干部结构，提高干部队伍整体素质和能力。加强党的基层组织建设，2005年制定《基层党组织工作目标》。切实加强思想建设，坚持用邓小平理论、“三个代表”重要思想和科学发展观教育广大干部和党员，认真开展“双学”“三讲”“保持共产党员先进性教育活动”等。切实加强组织建设，认真做好在青年教师和大学生中发展党员工作，充分发挥其推动发展、服务群众、凝聚人心、促进和谐作用。切实加强作风建设，积极推进依法治校、民主治校进程，开展党务公开、校务公开。加强制度建设，健全党委会、党内民主生活会等制度，完善党委领导下的院长负责制，健全集体领导与个人分工负责相结合的制度。充分发挥教代会、工会在学校重大决策中的民主管理、民主监督作用。创造性地做好统战工作，营造团结和谐的政治生态。加强反腐倡廉建设，坚持标本兼治、综合治理、惩防并举、注重预防的方针，以完善惩治和预防腐败体系为重点，抓好各级领导干部廉洁自律教育和党性党风党纪教育，全面落实党风廉政建设责任制，重点加强对人财物重点部门和重点环节监督力度。2005年，制定《关于实行党风廉政建设责任制的规定》。2006年，制定《惩治和预防腐败体系建设主要工作任务分解表》，开始贯彻执行《关于领导干部报告个人重大事项的规定》，成立治理商业贿赂专项工作领导小组，在全校开展治理商业贿赂工作。2007年，制定《对不正当交易行为自查自纠工作检查评估实施细则》。2003年，学校被省委组织部、宣传部、教育工委评为“党建和思想政治工作先进高校”。

（六）精神文明建设

学校坚持育人为本、德育为先，坚持开展校园综合治理和精神文明建设，广泛深入地开展校园文化节、科技活动、运动会、学生社团活动等。切实加强大学生思想政治工作，加强社会主义、爱国主义、集体主义和社会公德、职业道德、家庭美德教育。2005年起，大力弘扬优秀学子孟二冬精神，积极建设宿州学院大学精神，建设孟二冬纪念馆，积极开展孟二冬精神和大学文化研究，在海内外产生了积极的影响。1996年，获“安徽省高校治安综合治理和校园精神文明建设标兵单位”。1999年，获“全国大学生艺术节活动优秀组织奖”，2001年，被国家体育总局授予“1996—2000年度全国群众体育先进单位”称号，2003年10月，被授予“全省思想政治工作先进单位”，2003年，获“市文明单位标兵”，2004年，获“市第三届文明单位”，2006年，获“市第四届文明单位”。

宿州职业技术学院

学院前身为宿县农校，始建于1950年2月，1980年、2000年被评为全国重点中专学校，2001年6月，升格为高职学院，2007年7月，宿州职业技术学院、宿州教育学院重组合并，是一所以农科为办学特色的综合性普通高职院校。建校60多年，为社会培养和输送合格大中专毕业生6万余人。

学院行政上隶属于宿州市人民政府，业务上接受安徽省教育厅领导。在职教职工282人，其中专兼职教师215人。教师中，教授1人、副教授（副研究员、高级工程师）77人，博士3人、硕士84人，享受政府津贴的专家1人、省级专业带头人7人、省级教坛新星2人。设有农艺系、动物科学系、经济管理系、计算机信息系、机电工程系、人文社科系、外语系、基础教学部等八个教学机构和高等成人教育函授站、职业技能鉴定站，开设园艺技术、机电一体化技术、汽车整形技术等46个专业，其中省级教改专业1个、示范专业1个、特色专业2个，全日制在校生5000余人，年短期培训学员6000人左右。学院主办的学术性刊物《宿州教育学院学报》面向国际国内公开发行。

学院占地51公顷，拥有实验实训室（基地）59个、图书资料62.9万册、教学行政用房11万平方米、学生宿舍4.3万平方米，各类教学科研仪器设备值2710万元，初步建成与办学规模相匹配的教学及管理设施。

学院坚持“以服务为宗旨，以就业为导向，走产学结合发展道路”办学方针，狠抓学生技能训练和综合素质培养，毕业生深受社会欢迎，就业率一直保持在95%以上。学院先后被教育部、农业部等部门评为中央职业教育实训基地（园艺技术专业）、国家电子信息产业技能人才培养实训基地、农业部现代农业技术培训基地和农民专业合作社培训实训基地、安徽省中职骨干教师培训基地（农林畜牧类），获安徽省文明单位、“三下乡”社会实践活动先进集体、毕业生就业工作先进集体等多项荣誉称号。

一、内设机构

教学机构：农艺系、动物科学系、经济管理系、计算机信息系、机电工程系、外语系、人文社科系、基础教学部。

党政管理机构：党政办公室、组宣部、人事处、财务处、招生就业办公室、教务处、学生处（团委）、总务处、保卫处、成教处。

教学辅助机构：实验实训中心、图书馆。

二、教师队伍建设

充实数量，满足基本办学需要。2007年年初，学院全日制在校生3600人、专职教师136人，随着在校生数量的增加，原有教师队伍无法适应规模扩大对教学基本要求。为此，自2007年以后，从高校、企事业单位正式录用教师70余名，从行业企业聘请兼职教师近200人次，较好满足教学基本要求。

提高素质，优化师资队伍结构。加强师德建设和加强业务培训，培养骨干教师。评选院级专业带头人21人、骨干教师31人。搭建发展平台。制定《“教学质量与教学改革工程”实施方案》《精品课程建设实施办法》等制度，成立博士工作站、“三农”研究所、台皖生态农业技术研究所，举办优秀教案展评、讲课比赛等教学竞赛活动，为教师成长搭建平台。优化双师结构。面向行业、企业一线聘用具有丰富实践经验的工程技术人员和能工巧匠，基本做到实践技能课程主要由兼职教师担任。学院基本形成专兼结合、结构合理、德艺双馨的专业教学团队。广大教师精于教学，勤于科研，近年开展教科研项目研究80余项，主编、参编教材50多部，发表学术论文600余篇。

三、基础设施建设

搞好规划设计。制定学院“十二五”发展规划，确立学院发展定位、发展目标和发展战略。同时，根据学院发展规划，按照100公顷占地面积对校园建设进行整体规划设计。“规划”紧贴安徽省和宿州市经济社会发展需要，站在现实与未来、育人与服务、生态与文化的交汇点上规划未来发展，既体现科学性和前瞻性，又突出现实性和可操作性。

加大基建投资。2007年以后，投资4000多万元建成3幢学生公寓楼、1幢教学实训综合楼、1幢综合服务楼，总建筑面积4.7万平方米。投资1500万元对教学楼、实验楼、学生公寓楼、工科实训车间、校园基础设施等进行扩充改造。正在抓紧建设10号、11号学生公寓、农科教学实验实训中心、工科实训中心、综合体育运动场、教工住宅小区等，总建筑面积7万平方米，总投资约1.2亿元。

改善教学条件。学院投资2000余万元购置教学仪器设备和图书资料。学院拥有实验实训室（基地）59个，多媒体教室座位3960个、语音室座位328个，图书62.9万册、纸质期刊604种、电子期刊386种，教学仪器设备值2710万元；采用多媒体、教学管理系统、书目检索系统等多种先进教学和管理手段。

四、教育教学改革

深化人才培养模式改革。探索、形成“定、融、做”人才培养特色。“定”：依据市场需求设定专业，依据职业岗位要求确定专业课程，依据企业要求制定人才培养方案，实行订单培养。“融”：通过专业与产业融合、课程内容与职业标准融合、教学过程与生产过程融合、学历证书与职业资格证书融合，提高学生实践技能和就业能力，增强学校服务企业、服务区域发展能力。“做”：通过实验、实训、实习、实岗操作，让学生学中做、做中学、教学做一体，提高学生职业素质和职业技能。

深化专业建设改革。紧紧围绕区域产业发展设置专业，如：适应中国现代制鞋产业城建设需要设置鞋类设计与工艺专业，适应“安徽省汽车产业调整和振兴规划”需要设置汽车检测与维修技术专业等。让企业参与专业建设。学院成立有行业企业人员参加的专业建设指导委员会，专业设置、人才培养方案制定、教学计划安排等均深入企业调研，充分听取、吸收行业企业意见建议，校企共同实施教学、培养人才。加强重点专业建设。学院拥有4个省级特色（示范）专业，8个院级重点建设专业。通过重点（特色）专业建设，创新办学模式和人才培养方式，提高人才培养质量。

深化课程建设改革。积极构建以能力为本位的课程体系，各专业实践教学与理论教学学时比例达到或接近1：1；充分发挥实验实训室（基地）作用，开发教、学、做一体化课程和模块化教学课程；结合农时季节和生产流程，整合教学内容，建设基于生产过程的应用性课程；推行课证融通，将专业课程设置与社会“考证”课程相对接，提高学生“双证”获取率；建设13门精品课程，优化教学资源配置。

实施素质教育，促进全面发展。学院与100多家企业建立长期稳定合作办学关系，用人单位、毕业生对学院就业工作满意度均在90%以上。2005年以后，学院毕业生就业率一直保持在95%以上，获“全省普通高校毕业生就业工作先进集体”称号。

发挥自身优势，服务区域发展。学院始终坚持“以服务为宗旨”的办学指导思想，充分发挥人才、技术和设备优势，为区域经济社会发展服务。先后承担新型农民创业培训、大学生“村官”培训、农技推广人员能力提升培训、乡镇公务员培训、职业技能鉴定培训等多项培训任务，年均培训6000人次。积极参与地方重大项目实施。学院积极承担埇桥区国家级现代农业示范区培训园区建设任务。开展应用技术研究。2007年开始，学院教师主持10项省级、2项市级应用技术项目研究，获得两项国家发明专利。机电工程系与宿州福明机械有限公司、中煤71处等企业联合开展茶叶自动包装机研制、直径1.6米单筒绞车改双钩提升等6项技术研究，取得良好经济效益。

宿州电大

宿州电大，位于汴河路宿州市科技文化（中心）广场东南侧，成立于1979年2月，是一所依托中央电大和省电大系统优势开展现代远程教育的新型高等学校。

学校设有办公室、教学处、教务处、学生处、培训处、技术中心等机构。在职教职工35人。其中副教授6人，讲师6人，助教9人，其它专业技术人员14人。学校拥有一支相对稳定的外聘教师队伍，外聘教师60余人，其中副高级以上职称20人，承担不同专业的教学任务。

学校拥有初具规模的适应现代化教育的远程教学设施。有电子网上阅览室、计算机及多媒体教室、多功能投影大教室、闭路电视系统、理工实验室、管理微机网络中心、语音室等，拥有校园网宽带接入、卫星接收系统、VBI/IP数据广播处理系统等。

宿州电大以现代远程电子信息技术为主要传播手段，采用网络、电视、广播、计算机课件、文字教材、音像教材、面授辅导等多种媒体和方式进行远程教学。突破时空局限，发挥投资少、见效快、覆盖面广的优势。

学校先后开设理工、文法、财经、金融、小教等8个科类40余个专业，为本地培养了高级本、专科应用型人才万余人，占同期分配到宿州的普通高校毕业生数的三分之一以上，为提高宿州市人口的综合素质做出积极的贡献。

2002年，学校通过教育部“中央电大人才培养模式改革和开放教育试点”项目中期评估，2006年学校通过教育部对开放教育人才培养模式的总结性评估。

一、办学模式

宿州电大分校创建于1979年2月。属于安徽广播电视大学的一个分校，执行的是中央电大、省电大所规定的教学计划和一整套管理制度，如招生制度、考试制度、学籍管理制度等。省电大对所属分校实行业务督促指导；分校对所属县区电大工作站及各系统教学班实行业务督促指导。办学近30年间，电大分校招收过成人业余班、成人脱产班、普通专科班、开放教育等多种办学模式的学生。

（一）1988年，开始招收自学生，这部分学生先入学上课后参加全国成人高校招生考试，达到录取分数线的被录取为在籍生。他们学完电大本专业教学计划规定课程后，还要通过安徽省自学考试办公室抽考相应专业7门课程，全部及格，才发给毕业证书。1997年，宿州电大分校经教育部批准，凭证（高中阶段毕业证书）免试入学，统设必修课程的考试由教育部考试中心命题、制卷，电大组织考试，自考办公室进行监督检查。原则上不以传统教学班组织教学活动，实行学分制。学生注册后，学籍在8年内有效。办学20年，毕业学员2701人，结业600人。

（二）1986年至2003年，招收普通专科班。这类学生是通过国家普通高考统一招生录取来的在籍生，列入国家普通高校统招计划，按全日制在校生管理，毕业后由省教育厅推荐派遣。截至2007年，培养此类学生1856人。

（三）1999年，教育部推行“人才培养模式改革和开放式教育试点”项目，泗县电大参与首批开放教育项目试点，2000年开放教育学生类型全面铺开。2007年秋季，泗县工作站率先办起“一村一名大学生”，在全市范围内展开。截至2007年12月底，宿州电大毕业开放教育学员4901人，其中本科毕业生约1030人。

（四）2005年春，宿州电大成立奥鹏远程学习中心。奥鹏远程学习中心是教育部批准的部分网络学院利用中央广播电视大学的网络平台搭建起来的公共学习服务体系，电大系统利用这一平台为他们招生、管理，网络学院负责考试、发证。截至2007年，奥鹏远程学习中心有在校生1200人。

（五）非学历教育与学历教育并重。从1986年开始，宿州电大充分发挥自身优势，采取自办或与其他系统、单位联办的形式，逐步扩大非学历教育和继续教育规模。先后开发实施多种技术和技能培训，包括计算机应用能力培训和等级考核培训、保险业务资格考试、中小学骨干教师计算机培训等十多个项目，考核和培训学员2万多人次。

宿州电大分校自办校以来，先后开设电子、机械、数学、语文、财政、金融、工业企业管理、商业企业管理、商业会计、管理工程、电器工程、机械工程、化学、土木建筑工程、党政干部专修科、汉语言文学、英语、法律、档案、图书馆、电气、工业与民用建筑、财会、审计、财政税收、政史、精细有机化工、乡镇企业经营管理、机电工程、物资管理、计算机应用、市场营销、行政管理、文秘、应用电子、教育管理、小学教育、护理、工商管理、水利水电、建筑施工、农业经济管理等40多个专业。有各类毕业生共计9458人，结业生约600人；在校生6687人。

二、资源建设

（一）校舍建设

1985年，经行署研究同意，建电大分校教学楼。在二中操场东北，占地3亩，教学楼2000平方米。1985年年底动工，1986年年底完工投入使用。为适应学校发展和管理需要，1995年，学校在教学楼东西两侧盖起1310平方米的办公和宿舍楼。

（二）硬件设施建设

1986年，学校引进计算机设备，1995年学校拥有计算机40台，计算机房1间。2000年，新建30座计算机机房1间，购置投影仪1台，学校开始拥有大屏幕投影教室投入教学。

2002年中央电大“人才培养模式和开放教育试点”项目中期评估，学校配备计算机室2个，有计算机100台。计算机管理中心1个，30座语音室1个。理工实验室2个。多媒体投影教室2个。建网络管理中心，从宿州电信接入100M光纤宽带网。新购分校级“电大在线”平台软件、VOD点播软件和其他计算机管理必备软件。新建卫星电视转播系统，具有C波段卫星接收机2台和KU波段数字卫星接收机2台，可同时转播四套节目。完成Ku波段IP设备的软硬件安装，投入使用，接收卫星IP课件资源。

2004年，新增计算机33台，17寸显示器，学校教职工达到一人一机。各办公室配置激光复印打印机。新增邮箱服务器1台。新建投影网上阅览室1间（32座）配计算机31台、投影仪1台。

2005年年底，为迎接中央电大“人才培养模式和开放教育试点”项目总结性评估，学校加大投资力度建立电子网上阅览室1个、多媒体教室3个，可以容纳近200人的多功能投影大教室1个，闭路电视系统1个，管理微机网络中心1个，校园网宽带接入、卫星接收系统、VBI/IP数据广播处理系统等。新购置50用户网络版杀毒软件（趋势科技）。网上超星电子图书拥有电子图书近2万册。

2006、2007年，学校更新计算机80余台。实现办公、教学、学籍、考务、成绩等计算机网络化管理。

（三）师资队伍建设

学校有在职教职工35人，97%以上的人员均具有本科学历，其中副教授6人，讲师6人，助教及见习生9人；其他专业技术人员14人，中级职称6人，初级职称8人。2000年至2005年，学校先后充实教师队伍6人、充实技术队伍2人、充实管理队伍4人、充实科研队伍6人。保证开放教育试点本科各专业至少配备专职教师1名和配有能满足试点工作正常需要的管理、技术和研究人员。学校拥有一支较稳定的兼职教师队伍64人，具有高级和中级任职资格。

三、教学管理

宿州电大在教学上充分体现现代远程教育的特征。以学生和学习为中心，探索出学生不受时间、空间的限制，利用现代信息技术，多种媒体资源进行自主学习的方法、经验。这种不同于传统的教学模式的改革成功，另辟了一条培养人才的途径。在教学管理上，为每一个专业配备一名专业责任人，负责本专业教学计划制定、教学方案设计与实施，在教学处领导下开展各种教学活动。在学生管理上，实行辅导员管理模式，为每一个教学班配备一名辅导员，负责对本班学生进行管理，包括组织学生思想政治工作、心理健康辅导、面授辅导、组织期末作业的收缴、期中和期末的考试、学校和专业组织的各种活动等。在教务管理上，严格学籍管理，实行学生每学年注册制度；实行毕业审核制度，建立毕业生档案；采用统一试卷、统一考试、统一阅卷的考试形式，学校保证考试严肃性和公平性。

宿州工业学校

宿州工业学校创建于1985年，是经省人民政府批准开办的一所培养实用型中、高职技能人才的工科中等职业学校。2003年被教育部认定为国家级重点中等职业学校。学校占地6.67万平方米，建筑面积5.3万平方米。在编教职工89人。开设机电技术应用、数控技术应用、电气运行与控制、模具设计与制造、电子技术应用、化学工艺、计算机及应用、汽车制造与检修等8个专业。其中机电技术应用、电子技术应用、模具设计与制造三个专业为省级重点建设专业。办学类别有五年制高职、三年制普通中专，设有安徽建筑工业学院、宿州职业技术学院、宿州学院3个联合办学点。

学校建有数控加工、机械加工、维修钳工、焊接加工、特种加工五个实训加工中心，建有电气控制、电工电子、电工工艺、机电一体化等8个专业实训室，同时开设有普通车床、数控车床、机修钳工、维修电工、焊接技术等5个工种的短期培训，平均年短期培训近2200人次。拥有普通车床、铣床、刨床、钻床及数控车床、数控铣床、加工中心、电火化、线切割大型机床68台，计算机1100多台，可提供实习工位2500多个。

学校现为中央财政支持的“数控技术职业教育实训基地”、省级“机械加工技术”实习实训示范基地，宿州市富余劳动力培训基地、安徽省农民工培训定点机构、劳动部国家职业技能鉴定站、安徽省半工半读试点单位、国家级示范中等职业学校创建单位。

2002年，学校机械加工实训基地被定为安徽省重点建设示范性实习实训基地；2003年，经国家发改委批准承建安徽省“861”重点建设项目——“宿州市农村富余劳动力跨地区转移培训项目”；2005年，经国家发改委批准建设宿州市劳务输出服务体系——信息服务及维权体系建设项目；2007年，参加安徽省首届职业院校技能大赛，获6金5银3铜优异成绩，奖牌数居全省第一。

宿州卫校

宿州卫校创建于1949年，在全省同类学校中，属于建校较早、历史悠久、社会声誉较高的老校。学校2006年搬入新校区，校园占地266400平方米（预留发展用地199800平方米），有实训大楼1幢、教学楼4幢、图书馆楼1幢、学生公寓5幢以及餐厅两个、礼堂和400米标准塑胶跑道运动场等，总建筑面积近7.5万平方米，固定资产1.5亿元，设备仪器价值1300万元。学历教育有三年制中专及五年制高职，设有护理、助产、药剂、康复技术、医学检验专业，95个全日制教学班，在校生近6000人。在开展学历教育的同时还面向农村及城镇社区举办职业技术培训，是宿州市重要的卫生人才培养基地。60多年间，宿州卫校形成中职与高职两个层次并进、护理教育与其他医学专业并举、学历教育与职业培训并重的办学格局，为社会培养输送3万余名合格的卫生技术人才，为医学教育事业，为卫生人才队伍建设做出积极而重大的贡献。

学校有教职工194人，其中附院职工27人，专任教师115人。教师中具备研究生学位教师14人，双师型教师33人，高级讲师32人。有20余位教师参加国家或省级规划教材的编写，其中有7人担任主编与副主编；由卫校教师主持或参与的国家及省级教育科研课题数十项，其中获省级重点优秀课题奖1项、省级优秀课题奖3项，还有4项正在研究中；每年发表在CN专业期刊上的教学学术论文有30余篇。

学校先后获“安徽省学校体育卫生工作先进单位”“安徽省中专招生先进学校”称号；2004年，被卫生部职业技能鉴定中心批准为“职业技能鉴定基地”，被教育部批准为“全国计算机应用技术证书考试培训基地”，同年卫校护理专业被省教育厅确定为“安徽省示范专业”。2005年，被教育部评定为“国家级重点中等职业学校”。

宿州逸夫师范学校

宿州逸夫师范学校创办于1952年，始称安徽省宿县师范学校。1991年，学校被国家教委确定为“新方案”试点学校，实施必修课、选修课、课外活动和教育实践四大块的教育模式。1992年，因香港著名人士邵逸夫先生捐资助学80万港元，被教育部批准命名为“安徽省宿县逸夫师范学校”。1999年年底，学校上划省辖宿州市后，更名为“安徽省宿州逸夫师范学校”。2002年，安徽省中师布局调整，批准招收幼师专业，学校定位为幼儿师范学校。

学校教学、生活设施先进齐全，拥有造型别致、风格各异的教学楼、实验楼、艺术楼、电教楼、图书楼、礼堂、餐厅和师生公寓，并按部颁标准配备现代化的设备设施，学校被教育部批准为NIT计算机应用技术考试和培训中心。

学校开设二年制成人幼师专业、三年制幼师专业、五年制学前教育专业，以及英语、计算机、音乐、美术、舞蹈、动漫、电子技术应用等多个专业方向，初步形成多层次、多元化办学格局。

学校加大教改力度，调整课程设置，构建适应学生实际、适应就业、适应幼师特点的新的教学模式，注重实践，瞄准市场，突出提升学生各项技能水平，促进学生全面发展，扎实推进素质教育，为学生终身发展服务。学校自2005年开始，每年举办幼师毕业生供需见面会，用人单位代表云集，场面火爆，幼师毕业生成“香饽饽”，供不应求。

学校注重艺术教育、素质教育。多次应邀参加宿州市组织的文艺演出或艺术比赛。学校艺术团排练的大型舞蹈《霸王别姬》《兰花赋》及《文化节歌》《明天更辉煌》，在中国宿州第二、第三届灵璧石文化节的开幕式和闭幕式上演出，受到国内外嘉宾交口称赞。学校健美操队代表宿州市参加安徽省第二届体育大会获得金奖。参加安徽省组织普通话及各类艺术比赛，成绩均位前列。

学校先后获宿州市第一、二、三、四届“文明单位”“爱国主义教育示范学校”“卫生先进单位”“依法治校示范学校”，安徽省“师陶学陶”“艺术教育”“三五”“四五”普法先进单位，“安徽省语言文字规范化示范学校”“体卫工作达标学校”“省电化教育一类达标学校”“安徽省未成年人思想道德建设示范学校”“国家职业技术教育系统体育工作先进单位”等荣誉称号。

2007年9月，全省中等专业学校开始评估，经专家组评估，获全市中等职业学校总分第一，成为省级优秀学校。

一、教学管理

1998年10月，学校参加全国中（专）学生“爱祖国，讲文明”读书演讲比赛获组织金奖，在全省首届中师艺术节中，学校获组织金奖。1999年暑假，学校举办两期埇桥区幼儿教师继续教育培训班；9月，学校招最后一批转正民师学员300余人；10月，省教育厅对全省中师学校进行评估，学校获得很高评价。2002年9月，学校三年制普师专业停止招生，经教育厅批准只招幼师专业，当年招收329人，为适应形势发展需要，学校在幼师专业内开设计算机、英语特长班。2003年4月，为加强对学生的教育管理，促进学生学业成绩评定的规范化、科学化，教务科、学生科、教研室联合制定《宿州逸夫师范学校关于学生学业成绩评定的暂行规定》；暑假，举办两期全市幼儿教师和埇桥区小学教师继续教育培训班，共培训1400余人；10月，为充分利用地方办学资源，与蚌埠电视中专幼儿教育中心联合办学。2005年，与宿州教育学院联合办学，招收学前教育、计算机教育和英语教育专科班；暑期，开办附属实验幼儿园，马丽和于帮辉老师分别任园长和副园长。2006年3月，获“安徽省语言文字规范化示范学校”荣誉称号；暑期，挂靠宿州学院，招收学前教育专科学生；9月，经市教育局批准，开招艺术高中班。2007年1月，教务科制定《宿州逸夫师范学校教师监考守则》《宿州逸夫师范学校考场规则》；5月，教务科制定《宿州逸夫师范学校教师教学工作规程》；9月，继续挂靠宿州学院，招收学前教育专科学生；12月，教务科制定《宿州逸夫师范学校教师教学工作考评细则》。

二、教师队伍

1997年，4位教师参加省普通话测试员培训班学习，取得省级测试员资格。1999年9月，9位教师参加安徽师范大学研究生课程班学习，2001年7月，获得安徽师范大学研究生课程班结业证书。2003年7月，派语文、数学等教师到安徽教育学院参加省级骨干教师培训班学习，获得骨干教师称号。2007年，在学校140名教职工中，专任教师88人，高级讲师36人，讲师36人，毕业和在读研究生22人。

宿城一中

安徽省宿城第一中学，前身是由中国同盟会早期会员王雪渔先生创办的宿县县立初级中学，后成为皖北地区第一所近代中学。1952年定名为安徽省宿城第一中学。1953年被确定为省首批重点中学。1959年被评为“全国教育战线的一面红旗”，受到国务院的表彰。1999年10月被省政府命名为“安徽省示范高中”。2011年9月，宿城一中搬迁至新校区。

学校占地21万平方米，建筑面积15万平方米，有108个教学班，在校学生5700多人，在职教职工386人，专任教师339人，其中特级教师10人，高级教师146人，中级教师126人，研究生25人。

学校先后被评为国家级现代教育技术实验学校、全国教育科研先进单位、全国特色学校、安徽省教育系统先进单位等。学校以“美丽一中，幸福教育”为办学理念，秉承“励学敦行，见贤思齐”的校训，努力使学生具备德才学识，具备国际视野和爱国情怀。百年来，宿城一中为国家、社会培养了成千上万的栋梁之材。

宿州二中

宿州市第二中学前身为意大利人创办的崇真私立中学。新中国成立后，由人民政府接管，迁址重建，定名宿城第二中学。1978年被县政府确定为县重点中学，1985年晋升为安徽省25所重点中学之一。1993年县市合并，学校更名为宿州市第二中学。1999年被评为安徽省示范高中，同年上归省辖宿州市管理。2009年搬迁至市经济开发区新校区。

宿州二中新校园占地面积16公顷，校园环境优美，各类教育教学设施齐全，拥有109个教学班，在校学生6500多人。特级教师4人，高级教师150人，一级教师158人；获得省市学科带头人、教坛新星和骨干教师称号的18人，省市级优质课评比获奖29人。

学校现为全国科研兴教示范单位、国家体育后备人才试点学校、全国科技创新特色学校、全国首批现代学校联盟行动计划加盟学校、安徽省首批创新特色高中试点学校、安徽省现代教育技术试点学校。学校先后被评为全国教育科研先进集体、安徽省基础教育课程改革先进单位、安徽省教育系统先进集体。

灵璧一中

安徽省灵璧县第一中学创办于1978年，当年即为宿县地区重点中学，2001年被评为省级示范高中，2002年被评为省级绿色学校，现为省级语言文字规范化示范学校、省级文明单位、全国青少年科普示范学校、全国教育科研重点课题实验基地、中国素质教育百强示范学校、中国综合实力百强学校、全国家庭教育指导实验基地。

灵璧一中现有教学班181个，在校生1万多人。专任教师589人，其中国家级模范教师、优秀教师4人，国家级骨干教师6人，省特级教师2人，省先进工作者2人，省师德标兵、优秀教师3人，省教坛新星3人，省级骨干教师25人，市级教坛新星15人，市模范教师、优秀教师36人。

2010年，县委、县政府投资近3亿元，在滨河新区建设灵璧一中新校区。新校区占地360多亩，建筑面积13.9万平米。

泗县第一中学

泗县第一中学创建于1906年，前身是泗州日新中学堂。1949年，更名为泗县中学。1958年，扩建为完全中学，被宿县行署命名为地区重点中学。1999年，泗县中学实行高、初中分离，高中部迁至原泗县师范学校校址独立办学，被命名为“安徽省泗县第一中学”。

学校位于经济开发区中心，占地12公顷，建筑面积50000平方米，绿化面积18000平方米。现有107个教学班，在籍学生5000余人。拥有专任教师300余人，其中高级教师占32%，中级教师占40%。国家级优秀教师3人，省级优秀教师7人，省级教坛新星3人，市级骨干教师、学科带头人35人。

学校始终坚持“面向全体学生，优化教育过程，培养素质特长，促进全面发展”的教育原则，把“求知、创新、发展、责任感”作为学生培养目标，逐步形成了以“面向全体，分层教学，培优补差，人人成才”为主要特色的教学模式，促使不同层次的学生都得到转化、提高和发展。

砀山中学

砀山中学，前身是共产党早期创建的苏鲁豫边区中学。1960年被确定为省重点中学，1999年首批通过省示范性高中验收，2009年又顺利通过新标准省示范高中验收。学校先后被评为“全国教育战线先进集体”“全国群众体育活动先进集体”“安徽省教育系统先进单位”，2014年被安徽省人社厅、教育厅授予“安徽省教育系统先进集体”称号。

学校占地20万平方米，建筑面积8万多平方米。2幢教学楼宽敞明亮，6幢学生公寓楼整洁舒适，学生食堂环境优雅，实验楼设备先进，逸夫楼大气磅礴，校史馆图文并茂，图书馆藏书丰富，校园区位分明，环境优雅，为师生提供了良好的工作、学习和生活环境。

砀山中学师资力量雄厚。现有90个教学班，5300多名学生；教职工357人，专任教师296人，其中特级教师1人，高级教师115人，中级教师136人，硕士学位者19人，还拥有一批在省、市、县有影响的模范教师和学科带头人。

砀山中学坚持“以人为本，以德为先，全面发展，彰显特色”的办学理念，注重思想引领和文化浸润，重视发挥学生的特长，在各级各类学科竞赛中，硕果累累。

第二章　科学技术

第一节　科技机构与队伍

一、科技管理机构

宿州市科技管理机构的前身为宿县地区行署科学技术委员会，级别为县处级，编制35人，其中事业编制10人。内设机构有办公室、工交科、农医科、科技干部管理科、科技情报研究所、技术开发中心。下设单位有应用技术研究所。

1989年9月，宿县行署将科技干部管理职能划归行署人事局，科技干部管理科全建制移交给行署人事局，带走编制4人。

1996年，科委增设人事科、财务科，科委名称未变，级别仍为县处级，行政编制20人，内部机构设置有办公室、工业科技科、农业科技科、技术市场管理科。下属单位有科技情报研究所、乡镇工业科技研究所、科学技术实验站。

1999年5月，撤销宿县地区建立省辖宿州市。宿县地区行署科学技术委员会更名为宿州市科学技术委员会。

2002年，宿州市科学技术委员会更名为宿州市科学技术局，级别县处级，编制18人，内设5个职能科室：办公室、工业科技科、农业科技科、成果与技术市场科、专利管理办公室，其中办公室加挂科技动员办公室，与办公室实行一个机构两块牌子。有两个下属单位：宿州市科学技术情报所、科学技术实验站。

2006年9月，宿州市科学技术局增挂宿州市知识产权局的牌子，内设机构专利管理办公室更名为知识产权办公室。

二、科研机构

1986年，宿县地区地直科研机构有7家，县属科研机构8家。2000年以后，宿州市市直科研机构有研发活动的有4家：安徽省科苑（集团）股份有限公司、市农科所、市轻化工塑料研究所和市农机研究所。

（一）市直科研机构

1.安徽省科苑（集团）股份有限公司

安徽省科苑（集团）股份有限公司，前身是宿县地区应用技术研究所，属宿县地区科委的下属单位。该所建立于1981年4月，所址在宿州市浍水西路，当时科技人员26人，设有工业发酵、罐头食品、有机化工、轻工机械和化验室5个研究室，为有关方面提供技术转让和技术服务。1995年6月成立科苑集团，转型为科技型企业，后进行股份制改造。1997年8月，成立安徽省科苑（集团）股份有限公司，有职工520人，大专以上学历技术人员占职工总数的62.5%，从事科研和工程技术开发人员205人，中高级职称技术人员307人，4人享受国务院特殊津帖，2人享受省政府特殊津帖。2000年6月16日，经中国证监会批准，在深圳证券交易所发行4000万社会公众（A股）股票，成为安徽省首家由科研单位转制进入资本市场的科技型上市公司，也是宿州市第一家上市企业。

2.宿州市农业科学研究所

宿州市农科所有从业人员118人，其中专业技术人员41人（高级职称10人，中级20人，初级11人）。土地面积由1986年的460亩减少到2003年的314.65亩。2003年固定资产1832.95万元。2007年，从业人员为107人，其中从事科技活动人员67人，固定资产1916.30万元。

市农科所原是单纯科研机构，下设小麦、杂粮、经济作物、土肥、植保、花卉等研究室，另外配有资料仪器设备管理室和农业试验场。随着科研体制改革不断深入，农科所探索出一条科研—开发—生产经营推广相结合的路子。1992年以来，先后成立19个实体，其中因各种原因撤销11个实体，还有8个实体在运营。经营实体的收入已超过国家拨款数字。2007年，宿州市农科所被评为“国家农业科技创新体系建设”试点单位，并被农业部确定为安徽、江苏两省唯一的一个国家玉米综合实验站。

3.宿州市轻化工塑料研究所

宿州市轻化工塑料研究所，原名为宿县地区塑料研究所，1999年5月，更名为宿州市轻化工塑料研究所，是以轻化工塑料为研究发展方向，开发应用型事业单位。2003年年底，在职职工30人，各类专业技术人员14人，其中高级职称1人，中级职称9人。管理人员6人，技术工人10人。内设办公室、档案室、研究室、财务科。办起两个实体，一是聚氨酯生产车间（厂），二是封箱胶带车间（厂）。净资产110万元。2007年，在职人员26人，其中从事科技活动人员16人，固定资产111万元。

4.宿州市农机研究所

宿州市农机研究所主要从事农业收获机械、耕种机械、农副产品加工机械、农田排灌机械以及机械电子产品的引进、开发、试制和推广工作。内设机构有：办公室、科研一室、科研二室、农机经营推广站。有固定资产500余万元。到2007年年底，在职职工20人，各类专业技术人员10人，其中高级职称（务）2人，中级6人，初级2人。

（二）企业科研机构

1990年，宿县行署下发《关于推进企业科技进步工作的决定》，提出“科技兴工”战略口号，要求大中型企业都要建立科研机构，开展科研和新产品开发。1991年，全地区工业企业开展了创建科技先导型企业的活动。确定15个工业科技示范企业，这些企业全部建立厂办科研机构。

1999年全国科技大会之后，市政府出台《宿州市工业技术创新工程实施方案》，要求加强企业技术中心建设，使企业成为技术创新的主体。在大中型企业建立技术开发机构的基础上，开始建设企业技术中心。2000年，符合市级以上条件的有10家，其中省级技术中心有3家。2002年，全市有4家企业建立的技术中心符合市级以上条件。2003年年底，全市有市级以上企业技术中心13家，其中省级企业技术中心5家。

2002年，车桥厂技术中心开发新产品5项，其中2项已推向市场，销售收入1800万元。科苑集团技术中心全面负责企业科研、开发、小试和中试，2002年，有两项产品通过省级鉴定，申报5项发明专利。宿州市煤矿电器厂技术中心承担的国家“863”计划项目“可调谐远红外汽车尾气路边监测仪”，在2002年完成样机试制，经专家鉴定其技术达到国际领先水平。该产品在国际招标中已中标2台。到2004年12月有40台样机定购。呵泉啤酒厂技术中心开发出银杏、暖啤、苦瓜等多个啤酒新产品，投放市场后十分抢手，为企业创造了较好的经济效益。皖北制药厂技术中心研制开发林可霉素优质菌种选育工艺，菌种发酵水平提高50%，使洁霉素和林可霉素原料药生产成本为全国最低，生产规模跃居全国第二。

三、科技人才队伍

（一）国家科技队伍

随着全国教育事业的发展和国家对科技工作的重视，宿州市国家机关、全民企事业单位的科技人员数量增长很快。为了给专业技术人员应有的政治地位和经济待遇，1987年开始了专业技术人员职称改革工作。地、县（市）都成立了职改领导小组。地区职改办公室设在行署科委，各系列主管部门相应成立了专业职改办公室。到1989年，行署将职改工作划归行署人事局负责。行署职改办随之从科委全建制迁至人事局。

据2003年统计，全市有各类专业技术人员67237人（不含党政机关）。从单位性质分，各类事业单位占92%，企业单位占8%；从行业分，教育部门的专业技术人员占专业技术人员总数的68.26%，卫生部门占5.37%，工程技术人员占4.89%，农业技术人员占2.4%，科研人员占0.1%，其他占18.99%。从技术职称（务）分，全市正高职称（务）的29人，副高2138人，中级18904人，初级36884人，其他9282人。

（二）民间科技队伍

民间科技队伍由农民技术员、乡镇企业技术人员和民营科技企业技术人员等组成。

农民技术员在科技示范户、科技示范村、示范乡的基础上发展起来的。1985年开始，宿县地区科委系统根据农村四级“农科网”网破人散的实际，为抓好农业技术的引进推广，在抓好区（镇）、乡、村科技管理组织的同时，狠抓科技示范乡、示范村和示范户工作。在农村涌现出许多科技种田能手，萧县、砀山县许多果农、菜农应聘到省外进行技术指导，为提高种田的积极性，方便他们应聘外出，根据党中央的有关精神，参照国家有关规定，在全地区为农民评定技术职称。农业部门还实施了“绿色证书工程”活动。

随着乡镇企业的发展，涌现出一大批能工巧匠，为乡镇企业的发展做出了很大的贡献。在这些企业里还有相当数量的建筑、装修、防腐等工程队，外出承包工程，为了给这些自学成才的能工巧匠相应的待遇和方便他们外出承包工程，在乡镇企业也开展了职称评定工作。

在改革开放中，涌现一批民营科技企业。这些企业以科技为支撑，理应为其技术人员评定职称。

据不完全统计，到2003年年底，全市获农业和乡镇企业技术职称人员达16497人。其中埇桥区5320人，砀山县3467人，萧县3213人，灵璧县4507人。泗县是以专业技术协会发展科技队伍的，全县有13个专业技术协会，会员2581人。

在全市农村实施“绿色证书工程”，对农民开展技术培训，到2001年，有6320位农民获得了“绿色证书”。全市获“绿色证书”的农民为3.5万人。

在市委、市政府高度重视下，全市民营科技企业发展很快。到2003年底，据销售收入百万元以上的民营科技企业统计显示，有技术人员2642人，其中高级职称（务）609人，中级1460人。

第二节　科技成果与开发

科技成果是指科技人员通过辛勤劳动取得的、经过鉴定的、具有一定学术意义或实用价值的创造性成果。1987年，行署科委出台《科技成果管理办法》。科技成果管理任务有科技成果鉴定、科技成果登记、科技成果奖励和科技成果推广四个方面。

一、科技成果

（一）科技成果鉴定

宿州市科技成果鉴定工作是遵循科技部、省科技厅的文件开展的，指定有关科室负责成果鉴定，使科技成果管理正规化、经常化。据统计，从1988年到2007年全市有343项科技成果通过市级以上科技成果鉴定。

（二）科技成果登记

按照科技部2000年颁布的《国家科技成果登记办法》，执行各级、各类科技计划（含专项）产生的科技成果应当登记；非财政投入产生的科技成果自愿登记；涉及国家秘密的科技成果，按照国家科技保密的有关规定进行管理。宿州市科技成果登记工作在1988年以前开展的不太正常，1989年以后，采取逐年随时登记的方法，使科技成果管理走上经常化和正规化。除对本市的科技成果进行审查登记外，对符合省级成果登记条件的成果，推荐到省科技厅进行登记。1986年至2003年，宿州市登记各类科技成果343项。2007年，进一步完善科技成果鉴定、登记备案制度，按照规定程序和要求，对符合条件的科技成果及时进行鉴定和登记，组织鉴定和登记成果28项，发布市科技成果公告二期。

（三）科技奖励

1988年，行署科委出台《宿县地区科学技术奖励暂行办法》，从此拉开宿州市科技奖励的序幕。2003年，市政府出台《宿州市科学技术奖励办法》。该办法合并重复设置的奖项，减少奖励等级，精减奖励项目，加大奖励力度。决定从2003年起科技奖励经费列入年度财政经常性支出预算，每年10万元。

《宿州市科学技术奖励办法》把科技奖励分为科技进步类奖和技术合作类奖。科技进步类奖授予的对象和条件是：1.运用科学技术知识在产品、工艺、方法、材料及其系统等方面做出重大技术发明的人员。2.在实施技术开发项目中，完成重大科技创新、科技成果转化、创造显著社会效益的人员或组织。3.在实施社会公益性项目中，长期从事科学技术基础性和社会公益性工作，创造显著效益的人员或组织。4.在实施重大工程项目中，采用先进技术方法，保障工程达到国内先进水平的组织。

技术合作类奖授予的对象是市外、境外的人员和组织。条件是：1.在宿州市传播先进科学技术知识、培养人才，成效特别显著的。2.与宿州市合作进行技术开发和科学技术成果转化，产生重大经济、社会效益的。3.促进宿州市与市外、境外进行科学技术合作，做出突出贡献的。新的《宿州市科学技术奖励办法》规定，其奖励每两年评审一次，每次奖励项目总数不超过10项，奖励等级分一、二、三等。2004年3月召开宿州市科学技术奖励大会。

1988年科技进步奖一、二等奖获奖项目

表4-2-1

一等奖（5项）

序号	行业	项目名称	主要完成单位	主要完成人	申报部门
001	冶金	硫化碱转炉高铝质衬砖	萧县耐火材料厂、大连市染料厂	沈长月、崔万昌、杜佐臣、周世华、李松凡、李凡坤	萧县科委
002	食品	出口脱皮芝麻生产技术开发	宿县小磨香油厂、脱皮芝麻技术科研小组	花纯桂、朱德顺、马志俭、高　英、杨长会、孙　冠	宿县科委
003	农业	砀山酥梨保鲜贮藏技术成果应用推广	砀山县科委、砀山县供销社	王钦孔、王献忠、史继康、王永堂、唐玉成、朱格言、阚　鹏、翟坤兰、翟传祥、史　文	砀山县科委
004	食品	符离集烧鸡保鲜技术	符离集烧鸡保鲜技术开发小组、宿县符离集烧鸡罐头一厂、国营宿县符离集烧鸡厂	张信仁、盛国英、花纯桂、朱德顺、李从仁、王承福、王洪珍、余德杰、胡玉山、孙清雨	宿县科委
005	林业	铅笔柏种子育苗技术和石山造林研究	萧县铅笔柏繁育场	蒋贵银	萧县科委
二等奖（23项）					
006	农业	小麦新品种“肖农11”	萧县农科所	吴德修、谢庆春	萧县科委
007	农业	安徽省淮北碱地棉花均衡增产综合栽培技术体系开发研究	萧县科委、萧县农牧渔业局	慎效田、朱世岭、高永田、王吉善、王清杰	萧县科委
008	农业	砀山县第二次土壤普查	砀山县农牧渔业局土肥站、砀山县农科所	陈子强、袁印轩、徐洪涛、刘树鼎、范增英、胡永强	砀山县科委
009	医药	“接骨宁”膏	砀山县医院	姚大瑞	砀山县科委

续表4-2-1

序号	行业	项目名称	主要完成单位	主要完成人	申报部门
010	轻工	SXY-1型防治足癣药物保健鞋	泗县制鞋总厂	孙成儒	泗县科委
011	机械	金属复砂铸造球铁曲轴工艺研究应用	皖北曲轴厂	宋公亭、苏玉才、宋宗茂、杜发君、黄继永	萧县科委
012	农业	宿县地区饲料资源调查研究	宿县地区饲料资源调查协作组	郭景安、盛国英、魏　斌、梁兴池、张光前、徐　恺、邵伟华	宿县地区科委
013	农业	小麦新品种“宿育一号”的选育	宿县地区农科所	刘治同、程守忠、刘敏禄	宿县地区科委
014	化工	2.5%溴氰菊脂可湿性粉剂	安徽省化工研究所、宿县农药厂	吴青壬、凌世海、刘长祥、李光荣、刘正甲	宿县科委
015	水利	宿县地区水利规划	宿县地区水利局	徐仰宇、苏　亚、于振云、杨　成、张应侠	宿县地区农经委
016	农业	砀山酥梨保鲜贮藏自然通风窖型研究	砀山县科委、砀山县供销社科研站	史承文、唐玉成、王献忠、朱玉林、史继康	砀山县科委
017	冶金	镁炭质转炉出钢口套砖	萧县耐火材料厂、武汉钢铁学院、马钢公司三厂	王存义、沈长月、王忠启、张文杰、赵仁友、武克华、周世华	萧县科委
018	电力	电度量遥测及分时计量系统	宿县地区供电局	董庆红、张　强、杨　传	宿县地区经委
019	科技管理	参与开发、参与实施、强化重点“星火”项目管理	宿县地区科委、宿县科委	梁兴池、盛国英、花纯桂、朱德顺、王春峰	宿县地区科委
020	农业	沙区葡萄优质丰产栽培技术研究	萧县科委、萧县葡萄酒罐头公司园艺总场、萧县农牧渔业局、砀山县科委、砀山县果科所、砀山县果园场	郭俊仁、刘冠业、朱世岭、曹啸晨、唐玉成、魏　野、代启蒙、王献忠	萧县科委

续表4-2-1

序号	行业	项目名称	主要完成单位	主要完成人	申报部门
021	林业	宿县地区林业规划	宿县地区林业局营林科	刘书元、杨文华、葛廷训、彭克珍、张从义	宿县地区农经委
022	农业	宿县地区主要土壤中微量元素含量及其肥效试验	宿县地区科委农业科	朱格言、张传伦、王玉阶	宿县地区科委
023	软科学	宿县综合发展规划	宿县农业区划办公室 宿县地区农业区划办公室	汪明清、王之民、杨再德、唐朝玲、孟庆云、杨　辉、李三妹、马　正	宿县科委
024	农业	粮饲兼用玉米新杂交种“宿单2号”的选育	宿县地区农科所	李祥昭、樊贵义、李文英、陈现平	宿县地区科委
025	农业	宿县地区综合农业区划	宿县地区农业区划办公室	张从义、胡玉民、李三妹、韩思平	宿县地区农经委
026	软科学	宿县地区国土规划	宿县地区计委国土规划课题组	欧兴安、张民生、刘　励、李三妹、岳德玺、李献民、钱友三、张从义	宿县地区计委
027	机械	A513C型棉细纱机	宿州纺织机械厂	夏长金、纪全今、张景华、何兴斌、胡桂安	宿州市科委
028	软科学	新汴河水资源综合开发可行性研究	宿县地区新汴河水资源综合开发研究组	郜洪秋、许纯一、刘　励、黄继瑞	宿县地区农经委

1993年科技进步奖一、二等奖获奖项目

表4-2-2

一等奖（6项）

序号	项目名称	主要完成单位	主要完成人	申报部门
93-1-01	合成氨生产蒸汽自给	安徽省灵璧县化肥厂	朱良镨、刘寿人、王兴俊、贾新民	灵璧县科委
93-1-02	黏合剂系列产品	安徽省宿州市服装机械厂	徐振武、廖恒耀、牛家良、张明善、王先芳	宿州市科委

续表4-2-2

序号	项目名称	主要完成单位	主要完成人	申报部门
93-1-03	DJSBA-1矿用隔爆兼本质安全型胶带纵向撕裂保护装置	宿州市煤矿电器厂	洪顺坤、崔　凯	宿州市科委
93-1-04	低压管道输水灌溉活动式调压装置及开发利用	萧县水利局	李祥允、李令建、张功远、孟凡平、孙公平、李效堂	萧县科委
93-1-05	砀山县塑料大棚蔬菜技术推广	砀山县农业局 砀山县科委	汪家栋、谷连廷、陈钦洪、石作诗、张　静、黄永丰、陈朝军、常宗信、洪启金、解　洪	砀山县科委
93-1-06	玉米夏播制种高产栽培技术体系研究	宿县地区农科所 宿地气象局 宿地种子公司	樊贵义、张伯忍、陈洪俭、陈现平、戚尚恩、李文英、建　理、吴兰云、李祥昭、刘良伯	宿县地区农科所
二等奖(13项)				
93-2-01	ZS系列挂车车轴总成	安徽车桥厂	浦兆灵、王学亮、顾明亮、王爱政	宿州市科委
93-2-02	矿用选线漏电保护器	宿州市煤矿电器厂 中国矿业大学	王哲华、胡业孝、洪顺坤、张友权、李思祥	宿州市科委
93-2-03	呵泉牌10度干啤酒	宿县呵泉啤酒厂	徐玉英、李正华、赵振伍、郭文清、苗兴彦	宿州市科委
93-2-04	电脑流量检测系统	宿县化工总厂	顾汉石、陶应琳、陈正连、孙永启	宿州市科委
93-2-05	棉花加工除尘工艺及设备研究	宿县地区农机研究所 砀山县城关轧花厂	李万忠、王乃光、孙晓恩、石树清、杨华西、李学德、焦利生	宿县地区农机所
93-2-06	宿县地区仓库昆虫调查研究	宿县地区粮油食品局 安徽省蚌埠粮食学校	董向东、吴孝忠、沈宗海、郭莉华、缪有河、刘楚明	宿县地区粮油食品局

续表4-2-2

序号	项目名称	主要完成单位	主要完成人	申报部门
93-2-07	宿县地区低压暗管输水灌溉试验研究与推广应用	宿县地区行署水利局 萧县水利局 砀山县水利局	陆金安、单永玉、李祥允、宋进杰、范汝实、孙公平、刘启荣、张化鹏	宿县行署水利局
93-2-08	大袋蛾综合治理研究与开发利用	①宿县地区森防站②萧县森防站③砀山县森防站④宿县森防站⑤灵璧县森防站⑥泗县森防站	孔祥贞、陈复华、义周、李素英、刘书元、蒋　干、王善华、单永华、谢继任、张兴印	宿县行署林业局
93-2-09	缩节安在棉花生产上的推广应用	①宿县行署棉办室②砀山县棉办室③萧县棉办室④宿县棉办室⑤灵璧棉办室⑥泗县棉办室	孟继方、毛淑春、王培生、马成才、吴树冉、董克刚、陶　静、费玉森	宿县行署棉办室
93-2-10	葡萄新品种引进栽培试验及配套技术研究	萧县科委 萧县园艺总场	郭俊仁、张长俭、黄树德、朱世岭、刘世强、孟凡振、苏吉亮、王成立	萧县科委
93-2-11	安徽省宿县地区经济社会发展战略	①宿县地区发展研究中心②地区农业区划办③宿州市发展研究中心④行署计委⑤地委讲师团⑥行署统计局	倪漫江、张从义、王怀璞、王宏靖、王习文、庄　琪、欧兴安、徐则冉	宿县地区发展研究中心
93-2-12	把握我省气候特征搞好档案保护工作	灵璧县档案局	马仁杰	灵璧县科委
93-2-13	繁荣我区技术市场对策研究	宿县地区行署科委	刘民权、张　儒、陈　宁	宿县行署科委

1999年科技进步奖特等奖和一、二等奖项目

表4-2-3

特等奖（1项）

序号	项目名称	主要完成单位	主要完成人	申报部门
99—特	皖麦19的选育	宿州市农科所	刘治同、程守忠、李纯佑、李明兵、朱卫生、杨　杰、陈明语、王子忠、李运民、马公村	宿州市农科所
一等奖（6项）				
99—1—1	年产5000套支承桥技术改造	安徽车桥厂	薄兆灵、王学亮、顾明亮、王爱政、刘传太、丁　连、王慰元、蒋正叶、杜长芹	埇桥区科委
99—1—2	铝塑复合管	安徽尤尼克制管有限公司	孙安民、俞兴华、张兰星、徐　建、姚勤建、马光青、郑海侠、李永君	埇桥区科委
99—1—3	塑杯灌装封口机系列	安徽省科苑应用技术开发（集团）有限公司	孙晓东、梁　磊、唐照山、俞永祥、王晓斌	科苑集团
99—1—4	BBM1—2.5矿用隔爆型照明变压器综合保护装置	安徽省宿州市煤矿电器厂	洪顺坤、韩菊娣、崔　凯、赵德壁、郑桂标、胡学军	埇桥区科委
99—1—5	新丰四号辣椒	安徽省新丰辣椒研究所	杜　峰、胡广明、胡玉美	萧县科委
99—1—6	无籽西瓜嫁接稀植高产栽培技术	1.宿州市无籽研究会 2.埇桥区科学技术协会	刘广善、刘孝科	埇桥区科委
二等奖（7项）				
99—2—1	BTM22—72型包子、饺子、馒头三用自动成型机	安徽省科苑应用技术开发（集团）有限公司	潘炳义、冯丙千	科苑集团
99—2—2	香豆胶	泗县香豆胶厂、石油勘探开发研究院廊坊分院、南京野生植物综合利用研究所、吉林石油集团公司、长庆油田井下作业处	刘道忠、石　平、郭少武、赵　珍、毛　斌、王春山	泗县科委

续表4-2-3

序号	项目名称	主要完成单位	主要完成人	申报部门
99—2—3	利用硫酸尾气生产亚硫酸铵	灵璧县通惠化工有限责任公司	王佰胜、田德春、何振强	灵璧县科委
99—2—4	砀山县生态示范区建设总体规划	砀山县生态办公室	张立柱、马　俊、王康寅、惠彦君、国丽华、郭遵守、单　波、曹玉梅	砀山县科委
99—2—5	砀山酥梨矮、乔密植早期丰产技术研究	砀山县园艺场	蒋书良、蒋　进、于道平、朱贵峰、陈海顺、李超启、田　娟、于文立	砀山县科委
99—2—6	宿县地区青贮氨化技术推广应用	宿州市畜牧兽医站、埇桥区畜牧水产中心、灵璧县畜牧水产技术服务中心、泗县畜牧水产局、萧县畜牧中心、砀山县畜牧兽医总站	杨根祥、赵德强、李尚敏、牛魁英、李香兰、葛明永、杨步省、朱效雨、解安林、黄桂明	宿州市农业局
99—2—7	砀山酥梨优质无公害生产技术研究	宿州市农业局、砀山县园艺场、砀山县果科所、砀山县力集园艺场、萧县东阁园艺场、砀山水果站、萧县园艺站	刘怀成、马述松、马　虹、杜良修、杜法礼、蒋书良、张　杰、李超启、张学堂、刘冠业	宿州市农业局

2002年科技进步奖一、二等奖项目

表4-2-4

一等奖（1项）

序号	项目名称	主要完成单位	获奖人员
2003—1—1	APM—2000型全自动无菌包装机	安徽省科苑（集团）股份有限公司	马明驼、刘彦明、胡　明、毕道军、魏明桃、黄重阳、马　伟、邵则先
二等奖（5项）			
2003—2—1	活性碳纤维毡、布	安徽省宿州市碳纤维厂	梁继选、王桂华、张　俭、朱振汉、靳丽娟、夏友刚

续表4-2-4

序号	项目名称	主要完成单位	获奖人员
2003—2—2	超临界CO_2萃取小麦胚芽油中试技术开发	安徽省东方面粉厂	牛文俊、张桂德、王登云、邵　波、姚　华、刘长江
2003—2—3	脱毒甘薯技术应用研究与推广	宿州市农业科技示范园 宿州市农业委员会 安徽省脱毒甘薯种薯繁育中心 泗县农技推广中心	陶建理、任怀富、赵晓春、郜锦亭、吴清云、刘　艳
2003—2—4	牛、羊胚胎移植开发利用研究	安徽省宿州市东都生态科技有限公司、埇桥区畜牧水产局	朱　敏、刘兴舟、张　梅、李德伟、潘　琪、朱领贤
2003—2—5	电解催化氧化降解废水中染料新技术的研究	宿州市环境科学研究所	许爱梅、李方同、张道峰、雷　涛、高　勇、郭　勇

2005年科技奖突出贡献奖和一、二等奖项目

表4-2-5

突出贡献奖（2人）

序号	获奖者	工作单位
2005—T—1	程守忠	宿州市农业科学研究所
2005—T—2	高　远	安徽煤田地质局物探测量队

一等奖（2项）

序号	项目名称	主要完成单位	获奖人员
2005—1—1	利用基因工程等新技术改良林可霉素产生菌及产业化开发	安徽省皖北药业股份有限公司	刘瑞华、吕正兵、朱立元、李　利、傅利海、李为全、夏守友、刘金荣
2005—1—2	无籽西瓜新品种选育及标准化技术研究与示范	安徽省丰田无籽西瓜技术有限公司	刘广善、马述松、李　旭、方休宁、张安文、王朋成、刘　浩、欧三青

二等奖（3项）

序号	项目名称	主要完成单位	获奖人员
2005—2—1	CP2550高粘棉浆	安徽雪龙化纤有限公司	尚　韧、谢文琦、常　寿、杨江淮

续表4-2-5

序号	项目名称	主要完成单位	获奖人员
2005—2—2	杂交辣椒高产制种技术的研究与应用	萧县农业技术推广中心	郑玉美、王顺建、徐为领、谢长兰、王　建、李升明
2005—2—3	獭兔品种选育及综合开发	泗县康力兔业有限责任公司	岳喜菊、渔　迅、庞　本、杨伟庆、高　东、方思兰

2007年科技奖技术合作类和一、二等奖项目

表4-2-6

技术合作类奖

序号	获奖者	工作单位
2007—H—1	姚大年	安徽农业大学

一等奖（3项）

序号	项目名称	主要完成单位	获奖人员
2007—1—1	超高和超低聚合度特种棉浆清洁生产技术	安徽雪龙纤维科技股份有限公司	陶振家、尚　韧、谢文琦、常　寿、赵之光、张建平、韩海鹰、郑洪河
2007—1—2	宿州电网电气化铁路谐波污染监测及综合管理研究	安徽省电力公司宿州供电公司	王友富、杜永平、董昌宝、陈　芸、史先君、罗亚娇
2007—1—3	淮北东部旱作区小麦丰产优质综合技术研究与示范	灵璧县农业委员会	张玉敏、姚大年、张召智、黄正来、陈翠昌、张文明、马良刚、张　昕

二等奖（6项）

序号	项目名称	主要完成单位	获奖人员
2007—2—1	矿用隔爆兼本质安全型KXJT127(36)语言声光信号器	宿州科力电器有限公司	王哲华、张　剑、闫桂芝、王　鹏、王　勃
2007—2—2	小麦产业化关键技术研究-抗营养因子降解	安徽省东方面粉厂	牛文俊、陈必仁、邵　波、雷彩侠、杨芳伟、陈恩龙

续表4-2-6

序号	项目名称	主要完成单位	获奖人员
2007—2—3	2.4%阿伟·高氯油膏杀虫剂	砀山县生物农药厂	张　侠、李文杰、张绪龙、朱　平、宋继亮、张晓梅
2007—2—4	设施油桃优质、高效栽培技术研究与示范	砀山县白腊园村水果技术协会	刘瑞莲、周占宏、王连华、王丕吉、于志良、王志强
2007—2—5	三元杂交瘦肉型猪综合配套技术推广应用研究	宿州市畜牧兽医站	杨根祥、李尚敏、陶占海、车跃光、陈晓红、赵德强
2007—2—6	La位掺杂(Sm、Dy、Gd、Er)对La0.7Sr0.3MnO3体系磁电性质的影响	宿州学院	彭振生、刘　宁、郭焕银、蔡之让

（四）科技推广

宿州市从1988年到2007年，先后开展6次科技奖励评审，有243个项目获奖，其中宿州市突出贡献奖2人，特等奖1项，一等奖23项，二等奖57项，三等奖91项，四等奖68项，技术合作类1项。在做好本级科技进步奖励的同时，宿州市每年还向国家和省积极推荐科技进步奖和星火奖、农村科技奖项目。有一大批项目获得国家和省级奖励。1986年到2007年，全市获省科技进步奖49项，省星火奖26项，省农村科技奖7项，省科学技术奖17项。获国家星火奖3项。

1.三个体系建设

农村科技推广服务体系建设。为进一步深化农业科技推广工作，20世纪90年代，市科委、市农委联合开展农业科技推广体系现状的调查，提出加强农业科技服务体系建设的意见。经过几年的努力，市、县（区）、乡镇三级农业技术推广体系基本稳定下来。到2000年，全市有农技推广人员近2000人，其中高级农艺师110人，中级技术人员400多人。这些农技人员在成果推广的实践中创造出“企业+农户”、技术承包、专业协会或专业合作社带动型等新型的农技推广模式。农村科技培训体系。1988年到1990年，全市农村建有农民科技学校89所，做到师资、教材、场地三落实。各地采取一技一训、专业系统培训、送科技下乡、赶科技大集等形式开展农业技术培训。每年办班都在千场以上。参加培训的农民100万人次以上。到2002年，全市有6320个农民经过系统培训拿到“绿色证书”。2004年年底达3.5万人。试验示范体系建设。1988年至2007年，建有农业生物中心、脱毒种苗繁育基地、果树新品种新技术示范基地、农作物良种繁育基地、种畜繁殖场。引进国内外农业新技术项目27个，先进适用技术82项。建成后推广农业先进适用技术35项，培训农民和农业技术员1.2万人次。园区面积达1400公顷，带动农户2万户。其产业化项目推广到7个省60多个县区。摸索出“园区+基地+农户”的科技成果转化和产业化模式。到2003年，全市建48个，其中国家级1个，市级7个，县级40个，面积达15万亩，辐射带动300多万亩。2007年，继续加强特色科技服务组织建设，重点指导全市种、养协会，每个县区抓3—5个特色科技服务组织，引导农民进行种植、养殖、加工业产、供、销一条龙服务，结合农村科技信息化，开展网上技术报务、技术咨询、供销产品。建成种猪养殖繁育、符离集麻鸡选育、夹沟香稻开发三个标准的农业大院和沟西温室棚菜、永安养鸡等十个示范点。

2.企业技术中心建设

为切实加速企业新技术的应用，1988年，科技系统树立16个乡镇工业科技示范点。1990年，行署出台《关于推进工业企业科技进步工作的决定》，提出“科技兴工”的战略。在原有乡镇工业科技示范点基础上，又抓11个工业企业科技示范点，其中有9个被省政府命名为“121”科技示范企业。1993年，全地区确立15个科技先导型示范企业。1997年，在全区工业企业中开展“四个一”活动，其中要求工业企业有一个科研开发机构、每年有一个新产品投放市场。全国技术创新大会后，2000年，市政府出台《工业技术创新工程实施方案》，要求企业在技术创新中加强企业技术中心建设。到2007年，全市有市级以上企业技术中心13家，其中有5家为省级。这些技术中心搞科研开发、技术创新，加速了科技成果的转化。

3.科技成果转化

企业与大专院校、科研单位联合搞技术开发，加速科技成果的转化。积极组织项目单位申报国家级、省级各类科技计划项目，鼓励企业多种形式的产学研联合。到2007年，帮助企业申请国家科技型中小企业技术创新基金、国家农业科技成果转化资金及省科技厅各类科技计划等各类计划项目30项，承担省级火炬计划、重点新产品计划、攻关计划等各类科技计划项目29项，获各类支持资金873万元；先后与合肥工业大学、安徽农业大学签订合作协议，并为22家企业搭桥与国内的一些大专院校、科研院所建立产学研合作协议，每年都组织多家企业参加深圳高新技术交易会、中国合肥项目资本对接会、皖北地区产学研对接会。

4.加强高新技术项目库

从1996年开始，市科委每年在科技三项费中列出专题，支持高新技术项目库的建设。每年都组织人力外出调研，收集、整理、筛选适合宿州市需要的高新技术成果，每年编印一本，及时提供给经济主管部门和企业。2001年，市科技局在省科技厅支持下，建起市科技局内部局域网和省科技信息中心宿州分中心，与省科技信息中心联网。宿州民营科技网网站、中技联宿州工作站建成并投入运行，成为宿州市民营科技企业和高新技术产品信息发布和交流的平台。

1986年到2003年，全市获市级以上科技成果343项，是1986年前35年的近6倍。随着科技成果的推广，高新技术的应用，有力促进市经济总量的增长，还提高产品质量档次和科技含量。以对外出口为例，2003年全市对外出口总额为2030万美元，其中高新技术企业产品和高新技术产品的出口多达1696万美元。2007年，全市高新技术企业实现技工贸总收入22.48亿元，总产值22.16亿元，出口创汇3068万美元。

二、科技开发

科学技术是商品，要上市流通，需要一个市场。1985年，行署举办第一届科技成果交易会，拉开技术交易的序幕。

（一）技术市场

1988年，成立宿县地区技术市场领导小组。领导小组成员由科委、财委、计委、农委、财政、税务、工商、审计和人民银行等单位负责人组成，下设办公室。各县市也都成立相应的机构。1989年，行署科委设立技术市场管理科，从事全区技术市场管理工作。行署科委与工商局、财政局、税务局、人民银行五家联合制定并下发《宿县地区技术市场管理实施细则（试行）》。

1989年，行署科委组织人力，开展技术市场调研，对全区技术市场现状作全面分析，对技术市场与实物商品市场、金融市场、人才市场的关系作了阐述，并提出了繁荣全区技术市场的对策。

1990年，出台《关于清理整顿全区各类技术商品经营机构若干规定》和《加强技术市场管理的通告》，对全区技术经营机构进行全面整顿，在全区统一实行技术经营许可证制度。

1991年，经过整顿，全区有技贸机构210个，其中全民性质19个，集体性质156个，个体35个。有技贸人员1380人，其中科技人员670人。加强农村技术市场的管理，在农村建技术市场管理机构48个，工作人员282人。由于工作出色，地区技术市场管理办公室获国家颁发的“技术市场金桥奖”。为进一步加强技术市场管理执法力度，行署科委制作技术市场“检查证”。

1997年2月，砀山县提出加入全国农村技术市场试点县的申请。1998年1月国家科委批准了砀山县的申请，砀山县成为安徽省唯一的全国农村技术市场试点县。砀山县在县、乡建立健全技术市场管理领导小组，制定农村技术市场建设实施方案。

2001年，宿州市常设技术市场建成，面积200平方米，具备技术展示、信息发布、技术培训等功能。5月，全市第一个专业技术市场—宿州市电子技术市场建成开业，入驻商家25家。

2003年，全省网上技术市场建设正式启动，宿州分市场建成并与全省网上技术市场联网运行。

2007年，加强对企业技术合同认定、登记服务工作，累计认定技术合同15项，成交额115.07万元，初步实现了技术合同的网上登记。

（二）技术贸易合同

从1987年起，实行技术合同登记制。为进一步规范技术合同登记行为，1991年，行署科委与税务局联合下发《关于使用“技术贸易专用发票”的通知》，行署科委下发《关于认真做好技术合同登记工作的通知》，转发国家科委《技术合同认定登记管理办法》和《技术合同认定规则》等文件。加强技术合同监督，查处违法乱纪活动，做到有法可依，有法必依，执法必严，违法必究。

（三）技术交易会

继1985年之后，1991年宿县地区举办第二届科技成果展交会。这次展交会是由宿县地区行署和省科委联合举办的。从5月16日到19日，历时4天。应邀参展的有北京、天津、上海、南京、合肥、济南、西安、郑州等10多个地区，70多家大专院校和科研单位150多人。参展项目1300多项。会议期间全区有4100多人到会参观洽谈，签订各类技术合同361项，交易额6600.30万元，其中正式合同36项，成交额1820.30万元。另外还签订技术依托协议书62份，引进农业新技术10项。9月，地区又举办一期建筑系统计算机及办公自动化专业实用技术展交易会。

1994年，地区技术市场管理办公室组织20多个技贸机构，参加河南信阳技术成果交易会和安徽省技术成果展示会，签各类技术合同150多份，交易额达1200万元。

从1999年起，宿州市还每年组团赴深圳参加国际高新技术成果交易会和陕西杨陵农业科技成果博览会。

（四）民营科技企业

宿州市的民营科技企业是随着经济体制和科技体制的改革而逐步发展起来的。1986年到1987年，随着区、乡科委的建立，区、乡科技服务站也建立起来。这些科技服务站开始阶段采取技物结合（即经营生产资料商品加技术服务）的方法，提供农业产前、产中、产后技术服务。在长期技术服务中，有的技贸机构逐渐发展成为科技型企业，用自己的专有技术或引进新的技术，开发新产品。到1988年，出现一批民办科技机构，其中民办科技机构16个，63人；厂办科研所14个，65人。标志着宿州市民营科技企业进入到一个发展的初级阶段。到1991年，全区民营技贸机构发展到210个，有技贸人员1380人。1996年，技贸机构发展到318个，从业人员2493人。其中各类科技人员1207人，中级以上299人。

这些民办科技机构可分为两类：一是以民营科研所为主体，以自己的专利技术和专有技术，试制开发生产新产品、新品种，形成科技产业。二是以农业技术推广组织为主体。以技术服务和配套物质供应相结合，引进先进适用技术、新农药和新品种，在当地实验、示范和推广。

1998年以后，国家相继出台一系列加快民营科技企业发展的扶持政策，鼓励各类科技人员创办、领办科技企业，使民营科技企业得到快速发展。1999年11月，宿州市人民政府下发《关于促进民营科技企业发展若干问题的决定》，使宿州市民营科技企业走上新的发展阶段。民营科技企业成为宿州市经济发展具有活力的增长点。

为了促进民营科技企业向产业化方向发展，使全市的民营科技企业再上一个新台阶，1999年，市政府提出筹建宿州市民营科技园（宿州科技园）。2000年2月，市政府召开第五次常务会议，把搞好民营科技园区建设列入市政府2000年要抓的12件实事之一。3月，成立宿州科技园筹建领导小组，并设立办公室。租用市人事局军培中心大楼作为科技园办公地址。2000年7月，市政府下发《关于印发<宿州市民营科技园优惠政策暂行规定>的通知》。有12家民营科技企业先后入驻科技园。为加强对入驻企业的管理，2001年科技园筹建办出台《宿州市民营科技园（筹）管理暂行办法》和《关于进一步加强宿州科技园物业管理的通知》。

2001年，科技园筹建办建立为入驻企业服务的支撑服务体系。常设技术市场、农业专家咨询服务中心、科技园信息中心和宿州市科技企业创业服务中心。建立局域网，建成宿州民营科技网站和中国技术联播网宿州工作站，帮助企业开展网上信息查询和发布等工作。2002年，在完成技术市场多功能大厅硬件建设的基础上，重点加强技术市场信息网络建设，与国家和省技术市场网联网。开展民营科技企业网站建设、产品展示、技术培训、信息发布、科技招商、政策法规咨询服务等。发布全市参加西安贸洽会、第二、三、四届深圳高交会、合肥高新项目资本对接会等技术项目600多项。

2002年1月，省科技厅批准市政府建立省级"宿州科技企业创业服务中心"。2004年6月，市政府办公室《关于理顺宿州科技园管理体制的通知》，宿州科技园并入市创业服务中心，实行一个机构两块牌子，隶属于市科技局领导。2005年，市科技企业创业服务中心在市开发区建成使用。最高时入驻企业28家，至2007年毕业5家。毕业后的"安徽丰田无籽西瓜技术有限公司""安徽科力电器有限公司""安徽金世纪农业科技有限公司""安徽佳力奇碳纤维有限公司""安徽德诚科贸有限公司""宿州元邦金属制造有限公司""宿州安琪生化有限公司""宿州市百年育种生物科技有限公司"8家企业，有7家企业在市开发区建厂，且成长性较好。2007年，入驻企业实现技工贸总收入5763万元，产值5827万元，企业员工380人，其中大专以上技术人员195人。自2005年开始，为入驻企业争取省以上各类科技计划项目11项，其中国家级项目2项，省级9项，为企业争取资金478万元。到2007年年底，累计毕业企业5家，另据统计，2007年，这5家企业实现技工贸总收入2650万元，产值2660万元，提供利税645万元。初步显出科技企业服务中心对科技型小企业孵化作用和对推动全市经济快速发展的重要意义。

第三节　科普活动

1991年，地委宣传部和行署科委联合下发《关于搞好"科学技术是第一生产力"宣传的通知》。1992年4月，地委宣传部和行署科委联合召开各县市委宣传部部长、科委主任和地直有关部门负责人参加的全区科技宣传工作会议，对科技宣传工作作出部署。《拂晓报》开辟"科技园地"专栏。县（市）电视台、广播电台，开辟了"科技之声"。1986年到2007年，宿州市召开7次科技大会，进行科技工作宣传。

一、科技宣传月和科技下乡活动

1996年2月到3月，由地委宣传部和行署科委牵头，在全地区组织科技宣传月活动。成立科技宣传月活动领导小组，1200多名专家分专业组成讲师团，下乡开展科技培训、科技咨询和科技知识讲座。印简报240期，发资料40多万份，制科技展板960块，科技赶集320场，放映科普影片600多场次。活动结束后，评选、表彰一批先进个人。

1997年1月到2月，行署科委下发《关于开展科技下乡宣传月活动的通知》，并组织专家到乡镇进行科普知识宣讲。

1998年到2001年，每年1—2月都开展科技宣传月活动。

2002年，根据国科办字（2001）499号和省科技厅科策字（2002）5号文件关于开展“科技活动周”安排的意见，市科技局牵头，于5月18日到25日在全市组织“科技创造未来”为主题的第一届科技宣传周活动。

2003年4月28日到5月3日，由市科技局组织，在全市开展“依靠科学，战胜非典”为主题的第二届科技宣传活动周。进行预防非典宣传，散发《传染性非典型肺炎防治60问》和预防非典宣传画册。

2007年，在有关部门的配合下，组织32位农业和医疗卫生专家到萧县、埇桥区有关乡镇进行宣传活动，现场接受群众咨询3000余人次，为有关农民解答相关农业科技问题、洪涝灾害后的防疫等问题，发放各类农业科技、疾病防治等资料8000余份，为符离镇送科技图书220册。

二、科技信息与刊物

（一）科技信息网络建设

1978年，建立宿县地区科技情报研究所，1999年改为宿州市情报研究所。各县区科技管理机构也都成立科技情报室，主要任务是搜集、整理、加工国内外科学技术信息资料，编印后提供给各级领导、科研机构和生产部门，为领导决策服务，为经济建设服务。在全地区城乡建立起科技信息网络。1989年，除地区科技情报所和各县的科技情报室外，还建立科技咨询机构110个，一批骨干企业也建起科技信息资料室，从事科技信息的人员有264人。

随着计算机的广泛应用，为加快科技信息传递，2000年，宿州市科技局局域网开始筹建。2001年，建成安徽省科技信息中心宿州市分中心，并与省科技信息网联网，自建网页。各县区也配备计算机，信息传播实现现代化。2004年，自建宿州市科技工作网。2005年，宿州市科技局局域网和信息中心网络升级。自建网络办公系统，使无纸化办公向前迈进一步，自建宿州市科技信息收录和申报平台，建成埇桥区科技工作网。此后，更加注重集成现有专业信息网，实现与国家、地方科技信息网和技术数据库的连通，将科技信息服务网络延伸到县，并拓展到有条件的乡镇、村、龙头企业和专业户。

（二）科技信息传播与科技刊物

2001年以前，宿州市科技信息传播主要靠科技信息刊物来实现的。各级科技情报机构，通过对科技期刊和报纸搜集整理适合本地的科技信息，编印成册，发给各级领导和工农业生产部门，供他们使用。各级科委参加各类技术展交会，搜集科技信息，然后编印成册发布。加强信息调研，搜集整理高新技术项目，组织本地专家为科技成果推广项目制定操作规程，编印下发。搜集用户需求，为用户提供专题科技信息，通过科技信息中心，在网上发布。

主要刊物有：1985年，编印《科技信息》期刊，每月1期，每年12期。发布科技信息500多条，反馈信息100多条。2002年5月，改版为《宿州科技》。1986年，编印内部刊物《科技工作动态》，100多期。根据中心工作需要，编印《科技兴农简报》《科技富民工程简报》《工业技术创新工程简报》《高新技术项目汇编》《“九五”宿县地区农业技术重点推广项目》《农业高新技术精编》《科技富民之花》《科技富民工程十项技术操作规程》《经济适用型大棚栽培模式简介》等系列丛书。

砀山科技局编印《砀山科技》《农业实用技术手册》和《精品砀山酥梨无公害栽培技术规程》丛书等。2001年，开辟首家专家电话咨询业务，围绕水果生产与省863专家智能系统结合建立砀山电脑专家咨询平台。萧县科技局编印《萧县科技》每季一期。有12个乡镇从1992年起办起乡镇科普小报。埇桥区围绕农业科技，先后编印《病虫情况》《农技推广》等定期或不定期刊物7种。泗县科技局自1986年开始，编印期刊《科技情报》64期，1995年，更名为《科技信息》，2000年9月，编印《泗县实用技术手册》，2002年，开辟《泗县科技》网页。

三、科技创先及科技进步考核

1997年，宿州开始开展创建全国科技工作先进县活动。砀山县、萧县在1997年申请开展创先活动，1999年4月，两县通过省科委的验收，11月，通过科技部的批准，两县同时步入全国科技工作先进县的行列。2000年3月，埇桥区被批准为全国科技工作先进县。2001年，科技创先改为科技进步考核。2003年，砀山县、萧县和埇桥区顺利通过两年一次的科技进步考核，砀山县由于成绩更突出，被评为全国科技进步先进县。2003年，灵璧县首次通过全国科技进步考核。

在“创先”工作中，各县区先后多次召开大会，从上到下层层发动，县区政府还和乡镇政府、企业、县直主要部门签订“创先”责任状，制定奖惩办法，大力开展“创先”宣传，张贴科技标语，悬挂科技横幅，制作科技展牌，传播科技信息，解决科技难点，开展技术创新。到2007年，全市四县一区，全部通过全国科技进步考核。

第四节　科技管理

一、专利

1989年，行署科委设技术市场管理科，负责专利工作。随着社会主义市场经济的发展，中国加入世贸组织，知识产权保护工作显得越来越重要。2002年，行政机关机构改革，市科技局增设专利管理办公室，专利管理工作走上经常化、正规化。

（一）专利申请

每个公民，对自己的发明创造要求保护，必须提出申请。所谓发明创造是指：发明、实用新型和外观设计三种。申请专利权的发明和实用新型，应当具备新颖性、创造性和实用性。申请外观设计专利权的，应是与申请日以前在国内外出版物上公开发表过或国内公开使用过的外观设计不相同或者不相近似的。1988年至2007年，全市申请专利1897件，其中发明专利455件，实用新型专利1145件，外观设计专利307件。

（二）专利实施

到2007年年底，宿州市在1897件申请专利中，已经实施的发明专利97件，约占发明专利的21.5%；实施的实用新型专利有307件，约占实用新型专利的26.8%；实施的外观设计专利有184件，约占外观设计专利的60.4%。

（三）专利宣传与执法

1.专利宣传

自1985年4月《中华人民共和国专利法》实施到2007年，每年的4月举办知识产权活动周。市科技局与工商局、版权局联合做好专利执法与宣传工作。

2.专利执法

为了做好专利执法工作，宿州市对专利管理人员进行专利执法培训，坚持持证执法。

1998年5月，协助省专利局调解宿州市粮食局方便面条厂仿造广东省中山富乐食品厂五鲜伊面外观设计纠纷。8月至12月，用5个月的时间对坐落在宿州市城区的大中型商业企业所经营的专利商品进行普查。

2003年4月，市科技局与市工商局、版权局及埇桥区科技局等部门举行全市范围内联合执法活动，对宿州市较大商场和部分医药、保健品、建材等商业部门进行执法检查。检查内容为盗版音像、假冒名牌商品、假冒专利商品和有关知识产权商品宣传广告。检查商业部门50多家，查处各类假冒知识产权产品100多件，纠正违法专利宣传20多处。

2003年，市科技局被省科技厅、省专利局评为全省2003年度专利执法先进单位。科苑集团被人事部、国家知识产权局评为全国知识产权保护先进集体。

2007年，科技局开展5次规模较大的专利执法活动，先后检查了淮海路和汴河路的医药商业企业，宿州市规模较大的武夷商城、东仙桥小商品批发市场、联络街小型机电、建材等市场。对汴河路、淮海路的多家经营单位进行了突击检查。检查商品街8条，经营户26户，检查商品470多件，与专利有关的商品44件，处理专利案件5件。

二、科技工程

（一）三个百亿元工程

“三个百亿元工程”是安徽省人民政府在1994年科教兴皖中提出的，全称是“促进科技经济一体化三个百亿元工程”。即：一是大力发展高新技术企业，到20世纪末实现技工贸总收入100亿元；二是用高新技术、先进适用技术改造传统工业和发展乡镇企业，到20世纪末依靠科技进步新增利税100亿元；三是用现代科学技术改造传统农业，大力发展“一优两高”农业和农业经济，到20世纪末依靠科技进步新增产值100亿元。这个科技工程的任务指标分解到各个地市，从1996年开始正式实施，

1996年，行署科委、经贸委、农委和乡镇企业局组成“三个百亿元工程”办公室。制定《宿县地区落实省“三个百亿元工程”实施意见》和《宿县地区落实省“三个百亿元工程”考核奖励实施细则》等文件。召开有关部门会议，将任务分解到各县市，并两次用内部传真电报督促任务落实。

在实施中，行署各任务主管部门都制定具体规划和措施，加强领导，并将任务以项目形式落实到各承担单位。行署在年中和年末召开会议，检查进度，解决实际问题，总结工作。从1996年到1999年4年中，全区年年超额完成省下达的任务指标，由于成绩突出，1999年获省科技工程管理奖第二名，受到省政府表彰。

（二）农村科技富民工程

为贯彻落实中共中央、国务院《关于加强技术创新，发展高科技，实现产业化的决定》精神，1999年11月，根据全市农村工作会议和市政府意见，宿州市科委、农经委联合下发《关于印发〈宿州市实施农村“313”科技富民工程的意见〉的通知》，决

定在全市农村组织实施“313”科技富民工程。即从2000年到2002年，用3年时间在全市农村支柱产业中重点推广10项先进适用技术，使全市农民人均每年增收100元。

2000年，成立“宿州市农村科技富民工程领导小组”和办公室，各县区也都相应成立领导组织。领导小组对年度项目任务、增收目标进行分解、细化，落实到相应责任单位。各县区还把工程实施情况列入乡镇党政干部考核指标，从而加快工程进村入户步伐。

在加强领导的同时，还加大科技培训力度。市科技局组织编写“10项技术操作规程”和“经济适用型大棚栽培模式简介”，印发到县区和乡镇，办各类技术培训班1800多期，培训农民250多万人次，印发资料325万份。并通过10项技术推广建立示范园、示范村、示范户360多个。各级农技人员、乡村农民技术员，积极开展技术承包、有偿咨询服务、全程跟踪服务等，加快良种良法在农村应用步伐。

2003年，通过10项技术推广，农村科技富民工程取得可喜成绩。运用“优质专用小麦高产栽培技术”，新增优质专用小麦60万亩，平均单产370公斤以上，比普通小麦每亩增产25公斤。2004年，全市种植优质麦突破200万亩，午季收购订单小麦22.4万吨，占粮食总收购量38.3万吨的58.5%。订单种植收购优质小麦超额完成了科技富民任务要求。运用“花生丰产栽培技术”，增加60万亩，亩产由原来的125—175公斤，提高到300—350公斤，增产效益十分明显，并建起花生加工厂，使花生生产逐步实现产业化。运用“三元杂交猪生产”技术累计出栏三元杂交猪249.50万头，每头比普通猪多卖60元。运用“波尔山羊改良本地山羊技术”，改良本地山羊153万只。运用“脱毒山芋应用技术”，推广种植174.5万亩，每亩增产20%以上。运用“农地膜覆盖栽培技术”，累计新增覆盖面积180万亩。运用“节水灌溉技术”，推广86万亩，每亩增收150元以上。运用“无籽西瓜嫁接稀植高产栽培技术”，推广38万亩，每亩增收300—500元。运用“改进半地下式自然通风水果贮藏窖技术”，推广和改进贮藏窖3.9万个，每个果窖可增值千元以上。运用“砀山酥梨优质无公害生产技术”，种植面积：2000年25万亩，2001年30万亩，2002年35万亩。

2007年，国家和省“十一五”粮食丰产科技工程“淮北东部旱作小麦丰产优质综合生产技术研究与示范”项目，示范种植的5000亩核心区平均亩实产513公斤，较非项目区平均增产135.10公斤，增产率达35.80%。示范区10万亩平均亩实产436.40公斤，较非项目区平均增产58.50公斤，增产率达15.50%。2007年开展的宿州市“121”农业科技富民强县示范工程在全市推广应用10项先进适用农业技术，搭建20个农业技术平台，建设10个科技创新示范乡镇。

以上10项技术推广，三年使全市农民增收15.173亿元，实现了全市农民依靠科技进步每年每人增收100元预期目标。

（三）工业技术创新工程

1999年，全国技术创新大会召开，为落实这次大会精神，进一步提高宿州市工业企业产品创新、工艺创新、管理创新和市场创新的能力，推动宿州市工业经济持续快速健康发展，2000年1月，市政府出台《宿州市工业技术创新工程实施方案》，决定在全市组织实施工业技术创新工程，并列入市政府工作计划。该工程主要任务是抓一批技术创新工程重点实施单位，使企业真正成为技术创新的主体；抓重点行业技术研究中心建设，使其成为宿州支柱产业技术创新的基地；抓社会化中介服务机构建设，使其成为宿州市技术创新的社会支撑。

1.组织领导体系

工业技术创新工程从2000年开始实施。为加强领导，市县区都成立工业技术创新领导小组，由分管科技副书记任组长、分管科技和工业副市县区长任副组长。科委是牵头责任单位，经贸委、财政局、国税局、地税局是各项分解目标任务的主要责任单位，有关经济主管部门为协同责任单位，各主要责任单位负责人为领导小组成员，领导小组办公室设在各级科委。

2000年，全市确定25家企业为技术创新工程重点实施单位，其中科苑集团等10家为市级重点实施单位。呵泉啤酒厂等15家企业为县区级重点实施单位。各重点实施单位企业都建立主要负责人挂帅的技术创新领导机构，并制订规划，明确任务和落实的责任措施。

2.企业技术中心建设

加强企业技术中心建设是实施工业技术创新工程的重点工作。市工程领导小组深入企业搞调研，在原有大中型企业建起企业技术开发机构基础上，制定市级技术中心标准，并按标准加强市级技术中心建设。

2000年，建起市级技术中心10个，其中符合省级条件的有3个；2001年省级技术中心发展到4个。2003年，市级以上技术中心增加到17个，其中省级9个。

3.产学研合作

实施技术创新工程中，借用“外智”，加强产学研结合组织工作。市政府每年组织开展技术需求和难题征集工作，然后与大专院校和科研单位联系开展招标。全市25家重点实施企业都与大专院校或科研院所建立不同形式产学研合作关系。产学研联合，为企业新产品开发、高新技术项目的研制开辟新天地。不少项目被列入国家、省重点科技计划，有的产品被认定为高新技术产品，不少企业被认定为高新技术企业，使市工业产品科技含量和技术水平迈上新台阶。高新技术产品和高新技术企业产品的出口量年年增加，占全市出口总额的90%以上，成为拉动全市外贸出口主要力量。

4.高新技术企业和高新技术产品

工业技术创新工程的实施，培育一批高新技术企业和高新技术产品。截至2007年年底，全市有高新技术企业27家，其中国家级3家，省级18家，2007年，全市高新技术企业实现技工贸总收入22.48亿元，总产值22.16亿元，出口创汇3068万美元，其中超亿元以上企业10家，超5000万元以上企业5家；省级高新技术产品14项；国家级重点新产品1项，省级重点新产品6项。

第五节　气象服务

一、机构设置及沿革

1986年年初，宿县地区行政公署气象局内设办公室、政工科、业务科、气象台、农试站、服务科，下辖砀山县、萧县、灵璧县、泗县4个气象站，均为正科级单位。

1992年11月1日，全局性结构调整方案实施，市气象局形成综合服务中心、气象台、人秘科（科技服务、业务、行政）三大块。

1996年2月，内设科级机构6个：办公室、人事劳动科、业务发展科、气象台、农业气象试验站、科技服务与产业科。

1997年4月4日，宿县地区人工影响天气工作机构恢复，取名“人工增雨防雹办公室”，6月18日举行揭牌仪式，挂靠气象台。

1999年5月，宿县地区撤地建市，建立省辖宿州市，地区气象局改为“宿州市气象局”。

2002年，进行机构改革，市气象局分为局机关和直属事业单位。局机关内设办公室（计划财务科）、业务科技科（政策法规科）、人事教育科（监察审计室）3个职能科室；直属事业单位设气象台（农业气象试验站）、科技服务中心（专业气象台）、防雷减灾中心、农村综合经济信息中心。

2006年12月，进行业务技术体制改革，成立宿州市国家气象观测站（农业气象试验站规划观测站），原防雷减灾中心与科技服务中心合并，合并后的直属事业单位为：气象台、国家气象观测站、科技服务中心、农村综合经济信息中心。

2007年5月，成立财务核算中心，市气象局直属科级事业单位增加到5个。

二、公益气象服务

气象科技成果转化为生产力的最有效途径就是服务。气象科学不能直接创造社会财富，然而通过气象防灾减灾宣传，通过为国民经济生产建设服务，可以转化为生产力，促进生产发展，保护人民生命和国家财产安全，最大限度地减少损失，取得社会、经济效益。

（一）决策气象服务

在国民经济建设和保护人民生命财产中，及时发布重大灾害性天气预报警报等决策气象服务，是气象服务长期不变的中心工作。决策气象服务是为各级党、政领导和决策部门指挥生产、组织防灾减灾，以及在气候资源合理开发利用和环境保护等方面进行科学决策提供气象信息。决策服务产品主要有：重要天气专报、重要气象信息专报、重大活动气象服务专报、气象灾情报告、气象灾害评估报告、气候影响评价、专题气候分析、气候展望、农业气象灾害评估报告。

（二）防汛抗旱气象服务

汛期气象服务是气象工作的重中之重。进入主汛期，市气象台都要派专人日夜轮流守班，密切监视天气变化，及时提供雨情服务。2005年8月初，宿州北部符离等地的暴雨灾害；2006年6月27日，宿州城区的短时雷雨大风等，市气象局都提供了优质的服务。

干旱是宿州市主要气象灾害。据研究，20世纪90年代干旱平均成灾率16.4%，比70至80年代增加约7—10个百分点。1997年，恢复人工增雨工作后，全市先后购买16门三七高炮、一个火箭发射架。每当旱情或冰雹天气出现后，气象局都及时抓住有利时机，开展人工增雨作业服务，全市每年有210个（次）乡镇受益，覆盖保护农田

2960万亩（次）。

（三）主要农事季节气象服务

每年春季、午收、秋季，随着春耕春种、夏收夏种、秋收秋种工作的逐步展开，气象台都及时发布5天滚动天气预报。春播气象服务的发布除5天天气预报服务外，还增加浅层地温等项目。午收、秋收期间，每天数次发布5天滚动天气预报，并针对特殊天气及时发布预警服务，并通过手机短信、广播、电视等快速传送天气警报，提请有关单位和农民朋友做好相关准备，最大限度地减少损失。

（四）重点工程建设项目气象服务

1996年7月，投资7.4亿元的安徽省贝斯特公司从国外引进一台180吨和一台570吨的大型先进设备运抵上海，因铁路和公路无法承运，行署决定改走水路运回宿州。当时全区唯一一条新汴河河道水位太浅，设备无法运抵，为确保这两台设备安全运达，保证按期安装调试，行署决定从下游的洪泽湖向新汴河翻水1000万立方米，以使水位升高，并于7月2日开始实施翻水，同日，行署要求市气象台提供未来半个月的气象预报。面对这次重要的决策服务，市气象台迅速组织长中短期预报员，运用最新预报方法进行会商，果断做出“7月7日后的20天内以阴雨天气为主，雨量集中，7—9日有一次暴雨过程，建议不要翻水”的预报。7月3日下午，气象局领导亲自向行署汇报，行署非常重视，决定停止翻水。

7月7—26日，有雨日17天，雨量达280毫米，新汴河水位迅速升至6米。8月12日装载2台巨型设备的货轮，通过新汴河航道顺利抵达宿州。由于市气象台预报准确，减少翻水740万立方米，节约翻水经费达100余万元。

在华电宿州电厂、合徐高速公路等重点工程开工建设前后，市气象局为确保重点工程建设需要，积极提供气象资料进行工程论证；根据工程特点，每天提供5天滚动天气预报，紧急情况时，电话及时通知施工单位，提前做好防范或调整工作，为工程建设做出大量气象保障服务。

（五）公众气象服务

20世纪80年代，社会公众气象服务主要是通过电台广播实现。

跨入90年代，公众气象服务发展进入快车道。1994年，甚高频电话网开通，为开展气象服务创造了良好条件。1996年，电视天气预报制作系统在宿州落户，社会公众每天能从电视上按时收看天气预报栏目。2007年，在全市6个电视台、8个频道播放天气预报，每天播放19个时次，成为当地收视率最高的节目之一。

2000年，公众气象服务快速发展。数字式天气预报“121”电话自动答询系统建成，社会公众随时、随地可以方便地通过电话咨询天气状况，后转换成“96121”系统。

宿州农村经济信息网在全市111个乡镇建立了信息站，农民可以方便地利用互联网技术，通过计算机上网了解气象信息、生产技术，进行网上交易。《宿州农网信息联播》电视节目，每天三次播出，设立《气象天地》《全国部分城市蔬菜行情》《牵线搭桥》《农业科技》《综合信息》等分栏目。与埇桥区栏杆、芦岭、符离、夹沟、大营、时村等六个乡镇广播差转台合作，开办《埇桥区农网信息联播》节目，覆盖埇桥区全境。

《宿州气象网》立足宿州，面向黄淮，发布天气预报、天气警报、重要天气公报、气象灾害、生活气象指数、气象科普、防灾减灾、农业气象情报预报等信息，提供政府决策、生活气象、工商企业生产等气象服务，成为全市民众获取气象信息的一个重要窗口，点击率不断攀升。

《宿州农经信息》报，每年12期，每期5000份，全部免费发送到全市111个乡镇、3000多个行政村、种养大户和涉农部门。内容包括气象信息、农网动态、政策之窗、供求专递、种养科技、新品种、市场预测、农民信箱等栏目。

致富信息机、虚拟寻呼平台、“1606110”人工咨询热线、农网“一键通”热线等先后在全市推行。适时提供各项政策法规、农业科技、气象科普、灾害防御、大众保健、生活妙招等公共信息、常规服务、专家服务、紧急呼叫服务和个性化服务。

在2005年开通的手机短信气象服务中，免费为各级政府领导、中小学校长等提供重大灾害性天气预警服务。

三、专业气象服务

1987年，为把天气预报、天气警报和专业气象服务信息送到有关工矿企事业单位和广大乡村，打破过去传统服务方式，依靠科技进步，利用气象专用频率(149.825MHZ)，组建由50米高的发射塔、甚高频发射机、广播录放等设备组成的气象警报网。客户端配置专用的气象警报接收机，具有自动接收和扩音功能，可自动打开农村有线广播和扩音喇叭。用无线方式快捷传递气象信息，每天上午8时、11时，下午3时、5时准时向各专业用户单位发布本地未来24小时、48小时和未来5天的滚动天气预报以及本地当时的雨情、水情，气温、相对湿度，日最高、最低气温等；另外，还定期向各专业用户单位提供短时、短期天气预报、警报服务和旬、月、季中长期天气预报服务资料。在雷雨、大风、冰雹等重大灾害性天气到来前，气象广播电台通过城市气象警报网及时向各专业用户单位发布危险天气警报，提醒用户单位及时采取防范措施。起步时先在供电、供水、工矿企业等单位试行，到1989年形成了覆盖全市的气象科技服务警报网。服务对象包括工矿、砖瓦窑厂、企事业单位、乡镇政府和行政村等各行各业各类用户。1998年服务单位增加到500多个。2004年，天气警报网停止运行，它作为一种有效服务手段在1987年至1998年气象科技服务中发挥不可替代的作用，创造显著社会效益和经济效益，为全区减灾防灾做出巨大贡献。

随着科学技术的发展，手机、计算机、网络传输、多媒体电视天气预报等现代化气象服务手段不断更新换代，专业气象服务产品和渠道不断拓展，服务产品的专业化程度也在不断提高。在重点工程合徐高速公路建设中，根据需要增加“一周天气预报”服务内容，并利用传真及时发布，以便施工单位安排和调整生产计划。2006年开始使用电子显示屏气象服务，替代落后的气象警报机。

宿州是雷电多发地区，常因雷击事件造成人、畜伤亡和重大财产损失。为减少雷击灾害给社会公众和企事业单位造成的人、畜伤亡和财产损失，宿州市防雷中心在全市各大、中型企事业单位、中小学校等进行防雷设施检测，对一些不符合防雷要求的避雷工程提出整改意见，特别是对一些易燃易爆及防火重要单位，每年雷雨季节前都要进行检测，消除隐患。

四、气象现代化建设

（一）地面测报

1986年4月，在宿州、砀山两个基本气象站测报工作中使用pc-1500袖珍计算机。主要用于数据输入及编报，这是计算机技术首次在全区地面测报工作中应用。

20世纪90年代，地面测报现代化建设进入快车道。1993年6月，EN型测风仪用于测报，将风向风速经过微机处理后以数字形式打印输出，使测风首次实现数字化。1994年、1997年配备较为先进的微型计算机及打印机，使观测、发报、制作报表完全由计算机完成，测报工作在数据处理方面基本上实现了现代化。

1999年11月，遥测站建成，使测报工作发生根本性变化，实现风向、风速、气压、气温、湿度、地温、降水七要素完全自动遥测和实时数据自动传输，使测报工作现代化程度达到空前水平，全市建成5个自动气象遥测站。

2003年8月至2005年11月，全市先后安装45部自动雨量站（埇桥区10部，砀山10部，萧县10部，灵璧9部，泗县6部），全部升级为太阳能供电，GPRS方式传输数据。资料和数据在省气象局开发的网页上显示，适时提供给用户使用。

2004年4月至2006年6月，新增安装使用紫外线观测仪、土壤湿度自动观测站、GPS/MET水汽观测站等观测项目。

2005年10月—2006年7月，全市安装四要素自动气象站19部（埇桥区6部，砀山、萧县、灵璧各3部、泗县4部），采用GPRS方式传输数据。加大气象要素探测密度，增强气象灾害监测能力。

（二）天气预报

1993年，建成地面气象卫星接收站，为天气预报提供适时卫星资料。

1997年，建成“9210”工程（卫星通讯工程）VAST站。自此，全部气象资料通过卫星传输，彻底停用电传、传真等通讯工具，提高传输实效，丰富信息内容，使预报准确率大大提高。2000年，全市各县站均建成气象卫星资料“单收站”。

2003年，率先在全国市级台站完成风云二号——中规模接收站安装调试工作，使卫星云图接收处理更加快捷，天气预报制作再上新台阶。

（三）通信网络

1991年，建成省—市高频电话网，1992年3月建成市—县高频电话网。

1993年11月，省市局通信方式采用单机X.25卡拨号调用，实现远程资料的调用，但速度比较慢，网络性能不稳定。1994年，系统升级，采用X.25分组交换网，通信速率达到9600BPS，系统比较稳定，7月，市局初步建立以novell386为服务器的局域网，实现气象业务资料共享。

1994年，安装卫星云图接收处理系统，接收日本gms5卫星信号；10月，市—县通信方式采用无线数传方式，实现市局、县局气象资料和卫星云图资料传输、共享。

1996年，完成县级网络升级改造，提高数据传输质量。

1997年10月，9210工程投入使用，采用以卫星通讯为主，地面以X.25为辅助通信模式。以unix操作系统、sybase数据库为平台，TCP/IP为通讯协议，每天接收主站广播信息。初步建立地市级micaps平台，可以对每天下发资料进行定时处理，实现卫星广播下发资料共享。

1998年11月，完成Sybase分布式数据库和业务应用软件安装，建立实时气象资料数据库系统，并实现对实时气象资料有效存储和快速检索，气象信息传输和计算机数据处理、加工能力大大提高。

1999年6月，建成县级地面卫星单收站。地面观测天气报实现以卫星方式上传，并正式业务运行。

2000年5月，地市安装9210工程Pcvase多媒体播放卡，接收多媒体信息，实现网上会议，业务培训功能。12月底对原有地面分组网进行网络改造，配备100兆交换机和路由器，网络带宽达10兆；局域网任何一台机器，都能以TCP/Ip协议经X.25与远程机器通信，有效解决卫星通信网备份和省、地、县之间网络互通问题，使观测发报成功率大幅度提高。

2001年6月—7月，对原有Netware局域网改造，更换服务器、通信机，配置FTP服务器，开通气象办公网和农网。

2002年10月，市气象局网络全面改造，接入10兆宽带互联网。

2003年6月，完成市气象局VPN业务网络的改造工程，安装华为8020视频会商系统，在非典和汛期服务发挥巨大作用。

2004年3月，开通市—县预报会商系统，在汛期气象服务中发挥重要作用。11月，对原有10兆VPN宽带网络进行优化和改造，整个网络升级为100兆，有效解决VPN宽带网络的互通、网络瓶颈问题。

2005年10月，对原有风云—2号气象卫星中规模接收站设备进行改造，使系统解决了死机故障，系统运行稳定。

2006年11月，全市安装华为2611路由器，完成VPN网络升级、观测实景监控系统，市局安装安博士杀毒服务器。有效解决VPN宽带网络市县互通、网络安全、病毒防护等问题。使系统速度和网络的可靠性有显著提高，保证VP报正常传输报。

2007年6月，完成DVB-S系统升级改造工程，7月实现气象频道落地接收，8月，完成风云C星和D星安装调试，实现双星资料接收，用较小成本投入，最大限度获得多颗遥感卫星资料，是宿州市遥感应用现代化发展的重要里程碑。

五、气象科学研究

宿州是农业大市，农业气象研究始于20世纪50年代，80年代初农业气象工作恢复后，建立农业气象试验站，各项试验研究工作得到发展。先后获得省部级科技进步奖8项，市厅级科技进步奖16项。

（一）农业气象灾害研究

宿州地处气候过渡带，干旱、洪涝、大风、冰雹、连阴雨、低温霜冻等气象灾害常有发生，不同程度影响当地农业生产稳步发展。为最大程度减轻气象灾害的影响，先后开展“小麦干热风研究”“淮北地区初冬冻害分析预报及对策研究”“淮北地区夏播期间灾害性天气对策的试验研究”“安徽省霜冻气候分析及区划的研究”等一批科研项目，撰写“淮北冬小麦冻害及防御措施”“宿州旱涝特点与减灾对策”等有关论文数十篇，著有《农业气象灾害防御问答》等科普图书，为气象台站开展气象灾害预报及地方领导和农业部门防灾减灾提供科学依据。

（二）农业气候资源及区划研究

20世纪80年代初开始，对宿州市农业气候资源进行深入调查，分析其主要特征、优劣势及其合理利用方向。在此基础上，根据农业生产特点和气候规律，提出各种单项或综合农业气候区划。这方面的研究主要有：宿县及各县“农业气候资源分析及利用”“宿县地区农业气候资源分析与区划”“玉米夏播制种高产稳产的农业气象条件研究”“夹沟香稻高产栽培生态气候条件研究”“宿州优质烟草生产的环境条件研究”等。公开发表代表性论文主要有“淮北地区小麦干热风气候区划”“黄河故道果树生产的农业气候分析”“萧县葡萄气候资源分析及利用”“淮北平原大豆气候生态条件的初步分析”“宿州水资源现状分析及开发、利用和保护”等。

（三）农业气象预报研究

开展农业气象预报研究主要包括农作物（冬小麦、夏大豆、夏甘薯、粮食总产等）产量预报、砀山酥梨花期预测、土壤水分预报、农业气象灾害预报等，它们既是科研性的，又是服务性工作。

20世纪80年代后，广大农业气象工作者围绕农业生产和气象条件的关系，研究出一整套农业气象预报模式，开展小麦干热风预报；主要农作物播种期预报；主要农作物的关键生育期预报；全市冬小麦、大豆、甘薯等主要农作物的年景和产量预报，以及全市的粮食总产预报等。这些预报在政府指挥农业生产中均起到一定作用，收到较好社会经济效益。这方面的研究及代表论文主要有“小麦干热风轻重年型预报”“试用环流因子预测冬小麦产量”“淮北地区夏玉米最佳收获期研究”“宿县地区冬小麦产量预报方法”“宿州市新一代冬小麦、夏大豆、夏甘薯产量预报模型研究”等。

（四）天气预报研究

天气预报研究一直是气象部门科研重要内容，其目的是稳步提高预报预测准确率，进一步延长预报时效，提高专业气象预报预测科技含量，切实增强防御和减轻气象灾害能力，为国民经济和社会发展以及人民福祉安康提供更加优质的气象服务。重点是数值预报产品使用、新型探测资料应用。短时临近预报技术等。其研究及代表论文有：“人工消雹全程自动决策系统的研究应用”“宿州市雨量分析和显示系统”“宿州市分县温度预报系统”“淮北地区强对流天气短时预警系统”“宿州市大雾预报及预警系统”“麦场火灾的气象条件分析及火险等级预报”“B模式48小时晴雨MOS预报方法”“PP法在短期晴雨预报中的应用”“宿县地区特大暴雨分析及短时预报”“宿州市冰雹分析及预报”等。

（五）设施农业研究

宿州设施农业发展迅速，设施栽培面积逐年扩大，达2万公顷以上。研究设施内小气候变化规律以及相应小气候农技管理措施，为设施农业的增产、增效和绿色生产提供指导服务意义重大。主要研究有“淮北地区主要蔬菜品种设施栽培的小气候指标与控制模型研究”、“正确确定设施栽培果树扣棚升温时间”等。著有《温棚蔬菜栽培实用气象技术》等科普图书。

（六）其他研究

水果生产研究。宿州境内黄河故道是驰名中外的砀山酥梨和萧县葡萄主产地，是安徽省最重要水果生产基地，拥有120万亩全国最大连片水果产区，面积和产量均占全省70%以上，2006年，水果总产达120多万吨。从20世纪80年代起，农业气象工作者开始果树生产气候条件探讨，对果树生产气候优势和主要不利因素进行分析研究。这方面研究及代表论文主要有“砀山酥梨花期气象灾害分析及对策研究”“砀山梨产量与气象条件关系探讨”“黄河故道苹果栽培的气候条件分析”“萧县葡萄栽培与气象”“萧县葡萄栽培气候条件探讨”等。

其他方面研究。主要有“宿县浅层地下水变化规律及其对小麦、大豆的影响”“宿县地下水活动及其对农业生产的影响”“淮北夏棉高产与农业气象”“土壤湿度测站合理布局研究”“宿州市2005年玉米病害暴发流行原因分析及防治对策”“黄淮平原农田节水灌溉服务系统”“黄淮平原农业干旱与综合防御技术研究”“小麦接茬棉优质高产栽培试验研究”“宿县烟草优质丰产农业气象适用技术试验研究”。

第六节　防震减灾

一、机构沿革及设置

宿州市地震局的前身是成立于1975年3月的宿县地区地震办公室。地区地震办公室成立后，属地区革委会二级机构，由科技组代管。1978年10月5日，宿县地区革发〔1978〕86号，决定将地区地震办公室升格为地区地震局，各县地震办公室亦明确属于县革委会局一级机构。1983年机构改革时，地委决定保留地区地震办公室。1983年11月20日，省政府印发《关于调整地、市县地震工作机构问题的通知》，规定宿县地区定事业编制10名，萧县定事业编制4名，调整后的地、市县地震工作机构统称地震局，其他各县地震办公室未作规定。1983年12月27日地委宿地发〔1983〕55号，规定“地区地震局改为事业单位”。

1984年9月23日，地编字〔1984〕134号同意地震局内设人秘科、科技监测科，各设科长一人。1996年8月10日，行办发〔1996〕51号《关于印发宿县地区地震局职能配置、内设机构和人员编制方案的通知》，规定地震局机关事业编制9名，内设办公室、地震科技监测科、地震灾害防御科。1999年2月1日，宿地发〔1999〕1号《关于地改市后市、区事权划分机构调整若干问题的决定》将埇桥区地震办公室整建制划归市地震局。2000年3月22日，宿编字〔2000〕014号《关于设立宿州市地震局埇桥区办事处的批复》，经市编委研究同意设立宿州市地震局埇桥区办事处，正科级事业单位，作为地震局的派出机构，核定编制8名。2002年6月20日，宿政办发〔2002〕40号《关于印发宿州市地震局职能配置、内设机构和人员编制规定的通知》，市地震局内设3个职能科（室）。2002年8月28日，宿编字〔2002〕027号《关于宿州市地震台规格的批复》，同意宿州市地震台为科级事业单位。至2007年年底，市地震局有办公室（防震减灾行政执法队）、地震科技监测科、地震灾害防御科、驻埇桥区办事处、地震台5个内设科级单位和一个执法队。2007年11月12日，宿人发〔2007〕131号《关于转发省人事厅<关于宿州市地震局等36个政府直属事业单位列入参照公务员法管理的批复>的通知》，市地震局为参公单位。

二、台站观测

（一）宿州市地震台（33°46′24″N，117°01′21″E，高程65米）

1971年建台，设DD-1型微震仪，1976年由省地震局移交至宿县地震办公室管理，1999年5月，撤地建市，地震机构合并归市地震局管理，2002年8月升格为科级地震台。

（二）萧县地震台（34°11′18.7″N，116°56′14.1″E，高程60米）

1.测震。1979年开始观测，DD-1型微震仪，省局1992年台网优化时由二类台降为三类台，1992年12月31日停测。1999年12月15日更换仪器DD-2型微震仪，2000年4月18日调试仪器，恢复观测，自行管理。

2.电磁波观测。框型天线，DD-1型记录器，入省局网。

（三）泗县地震台

数字化地震监测仪：2003年，争取到省地震局100万元“十五”期间地震台站建设重点项目资金支持，其中30万元用于地震台办公用房和生活用房改建，70万元用于数字化地震监测仪配套工程建设。第一期工程为房屋改建工程，2004年10月18日基建动工，于2005年11月30日完工，建成办公用房128平方米、生活用房135平方米。第二期工程为数字化仪器改造工程，于2006年5月15日动工。（1）KS-2000型数字化地震监测仪于2006年5月15日开始动工，5月23日安装并投入试运行（模拟测震仪2006年底停测）。（2）2006年6月28日SS-Y型应变伸缩仪、DSQ型水管仪数字化形变仪器墩基础坑（槽）挖好，7月10日省局专家安装仪器，8月27日形变仪器安装调试完毕，投入试运行。（3）9月27日，中国局和省局专家安装SSQ-2型数字化石英摆形变监测仪，9月29日投入试运行。

（四）地下水位观测

1.萧县瓦子口水井（34°05′10″N，116°48′00″E）。1986年市地震局选井试测，1987年1月1日投入观测，使用SW-40型日记录仪。

2.市政府浅井（33°38′28″N，116°58′45″E）。1979年10月开始观测，2007年2月8日停测，使用SW-40型日记录仪，7151型半导体温度计。

3.宿县陵家桥井、灵璧大崔家井、泗县刘塘坊井于1992年省地震局地下水网优化时取消。

（五）宏观观测

1986年年底，全区建立14个宏观联系点，由各县管理。2005年年底建成市级地震群测群防网（点）20个，由各县管理，同时各县建有地震群测群防网（点）20个，全市有群测点40处，均由所在县的地震机构管理。

（六）电台通讯

1992年，行署地震局安装单边带15瓦电台，属省局通讯电台网，1999年12月9日，更换为100瓦电台。1999年12月9日，泗县安装单边带15瓦电台。1997年开始，市地震局、泗县科技局、泗县地震台、灵璧地震办公室、萧县地震局陆续实现地震信息传输网络自动化。

（七）成绩

市地震局防震减灾综合评比处于全省先进位次，2003年被评为全国先进，并受到市政府通报表彰。在精神文明创建活动中，连续三届被市文明委评为“市文明单位”。

泗县地震台形变观测资料质量评比，1989年至2007年一直被评为全国优秀。

萧县地震台电磁波观测资料质量评比，1989年至1995年连续七年获全省第一名。1995年1月电磁波异常，该台做出“注意东部地区有震”预报意见，对应日本坂神大地震，受到行署、省地震局嘉奖。

三、防震减灾行政执法

宿州市地处淮北平原，在大地构造位置上，位于华北断块区的东南缘，临处在冀鲁断块与豫皖断块东段衔接部位。在地震区、带划分上，处在华北地震区河淮地震带东段。著名郯庐断裂带从宿州市东部通过，历史上曾受过地震严重打击。为保证全市经济建设顺利进行，必须树立起强烈防震减灾意识。1996年《安徽省防震减灾条例》颁布实施，地震局依法开展抗震设防管理工作。

（一）规章制度

1997年12月，《中华人民共和国防震减灾法》颁布实施，宿县地区行署于1998年6月4日，在全省率先印发《宿县地区工程建设场地地震安全性评价管理办法》，使全区抗震设防要求管理工作走上法制化轨道。1998年12月26日，地震局制订《宿县地区地震行政执法责任制分解方案》《宿县地区地震局法律、法规学习宣传制度》《宿县地区地震局行政执法责任制》《宿县地区地震局执法人员岗位培训考核制度》《行政执法回访制度》《行政执法公示制度》《抗震设防要求管理程序图》。

（二）成果

1997年开始，开工的符合安评标准的建设工程，大部分都做场地地震安全性评价工作。分别是：宿州市工商行大楼（21层）、宿州市广电大楼（21层）、宿州市汇源大厦（14层）、宿州市公路局培训中心（10层）、宿州市财政局大楼（10层）、泗县枯河节制闸、宿州市移动通讯大楼、宿州学院东校区等。

1999年，省局将行政执法列为全省防震减灾工作单项评比内容。市地震局1999年、2000年、2001年获全省第二名，2002年获第一名。

2001年6月，市局申报的《宿县地区工程建设场地地震安全性评价管理办法》的出台与实施，获安徽省地震局防震减灾优秀成果三等奖。2002年4月，市局申报的《宿州市震后早期趋势快速判定工作预案》的出台及应用，获安徽省地震局防震减灾优秀成果三等奖。

四、防震减灾宣传

注重领导层宣传。市地震局每年编印12—20期《地震工作》《震情》简报，报送市委、市政府及防震减灾领导小组成员单位。广泛宣传防震减灾方针、政策、法律法规、震情趋势。

市地震局一直把防震减灾教育列为中小学安全教育的内容，1996年，组织市区部分中学地理教师到地震台参观。1997年，地区教委、地震局联合发文（教中字

〔1997〕16号），要求在中小学进行防震减灾安全教育，2006年，市教委、地震局联合发文（市教正〔2006〕89号），要求在中小学进行防震减灾安全教育。从省地震局订《中小学防震减灾知识》读本，编印万余份《中小学防震减灾常识》。每年10月选择5所中小学校开展宣传活动。

1994年开始，每年3月和10月都组织人员用1—2天时间，走上街头，开展防震减灾知识咨询，散发宣传材料。

由于气候异常变化和周边地区地震谣传影响，宿州市每年都出现范围大小不等的地震谣传。其中影响较大的，1997年7月17日，灵璧县境内普降暴雨，恶劣天气导致地震谣传。1998年4月16日，受沙尘暴及邻区影响，砀山、萧县发生地震谣传。每次谣传，市地震局一般在24小时内就能平息，从未发生因谣传而导致人员伤亡事件。

五、地震应急

（一）宿县、固镇间Ms3.0级地震

1992年1月5日04时10分30.1秒，在宿县、固镇间（33°27′N，117°09′E）发生Ms3.0级地震。震后地震局赴现场调查，宿州市桃园、大店、芦岭等乡镇震感明显，家具发出响声，有地声，没有损失。

（二）砀山关帝庙Ms2.4级地震

1992年8月12日22时07分14.0秒，在砀山关帝庙附近（34°18′N，116°24′E）发生Ms2.4级地震。当夜下大雨打雷，无感。

（三）山东苍山Ms5.3级地震

1995年9月20日11时14分31.4秒，山东苍山（35°00′N，118°06′E）发生Ms5.3级地震。地震波及宿州市大部分地区，其中宿城、萧县、泗县震感明显，没有造成经济损失。

（四）宿城北关Ms2.0级地震

1999年11月29日01时56分30.6秒，在宿城北关沱河桥附近（33°39′N，116°58′E）发生Ms2.0级地震，现场调查无震感。

（五）宿县、固镇间Ms3.3级地震

2001年11月30日上午，在宿县、固镇间发生2次有感地震：05时57分01.7秒，33°26′N，117°10′E，震源深度15公里，Ms2.3级地震；08时22分21.9秒，33°25′N，117°09′E，震源深度20公里，Ms3.3级地震。此次地震震中区震感较强，但有感范围不大，主要是西寺坡、芦岭、龙王庙及固镇的任桥、湖沟等乡镇。地震时有地声，家具门窗晃动，个别房屋有掉瓦墙裂现象，没有经济损失。

第七节　农业科学研究与推广

一、历史沿革

宿州市农业科学研究所的前身是1937年宿城一所“省立第四农业职工学校”，在宿城南关置地170亩，作为该学校实习农场。1948年冬，宿城解放，当年11月在此建立“宿县专区农场”，土地修正为170亩。1978年，地委明确为正县级单位，名称为“宿县地区农业科学研究所”，隶属于地区农林水办公室，下设政秘科、生产科和技术科。

1985年机构调整，地区农林水办公室撤销，隶属于行署，下设办公室、小麦、杂粮、经济作物、土肥、植保研究室、资料仪器设备管理和农业试验场等8个室、场。经费由地方财政拨给人头费。

1994年，地委调整所领导成员，隶属于行署，内设办公室、后勤科、科研管理科、经济开发科、小麦室、杂粮室、经作室、土肥室、质保室、农试场及工会等11个中层机构。

1998年，根据科研工作需要，将小麦研究室更名为小麦一室，将土肥研究室更名为小麦二室，其他机构名称不变。

1999年5月，撤地建市，宿县地区农业科学研究所更名为宿州市农业科学研究所，为全民所有制事业单位，是安徽省重点公益性农业科研单位，隶属于市政府。内设办公室、后勤科、科研管理科、科技开发科、小麦一室、小麦二室、玉米室、经济作物室、值保室、农试场及工会等11个中层机构。至2007年，所核定人员编制150人，在岗职工103人，其中管理人员2人，专业技术人员35人（其中高级职称8人，中级职称17人，初级职称10人），工勤人员66人（其中高级工34人，中级工11人，初级工21人）。当年拥有实验用地298亩。

二、选育主要农作物新品种及取得的社会效益

（一）小麦

先后育成安徽3号、安徽4号、安徽5号、安徽6号、安徽7号、安徽8号、新宿6号、新宿7号、新宿8号、新宿9号和宿育1号以及皖麦11、皖麦19、皖麦46、皖麦50、皖麦53、皖麦68、宿553等近20个小麦品种。累计推广面积超过3亿亩，创社会效益超300亿元。

（二）玉米

先后育成宿单2号、宿单3号、宿单9号、安农8号、宿糯2号、安隆4号、宿糯1号、宿糯3号、皖玉708等十余个玉米品种。累计推广面积超过4000万亩，创社会效益近60亿元。

（三）大豆

先后育成皖宿01-15、皖宿5717、皖宿2156等3个大豆品种。累计推广面积超过1000万亩，创社会效益超10亿元。

（四）蔬菜

先后育成甘蓝宿甘7号和宿甘9号、西瓜甜心2号、胡萝卜红参七寸和皖参一号、辣椒丰华903、羽衣甘蓝宿羽1号等近20个蔬菜品种。累计推广面积超过1000万亩，创社会效益近30亿元。

三、科研工作发展和改革的进程

回顾宿州市农科所70年的历程，是一个不断发展和改革的进程。特别是改革开放以后，农业科学研究才真正进入蓬勃发展的春天。

1985年，中共中央发布了科学技术体制改革的决定。为适应形势发展的需要，1986年制定“目标管理岗位责任制实施细则”，全面实行承包责任制，农试场土地承包到工人，科研用地承包到研究室、课题组和工人。同时对科研范围进行调整，主要开展小麦、玉米、大豆、芝麻、蔬菜等方面的研究。1987年成立“科技开发服务中心”，以经济实体的形式开展科技服务工作。1990年又进一步制定“科研管理暂行条例”，出台改革后的科研管理办法。制定科研成果评定及发表论文奖励办法，开启所内评定科研成果及奖励的先河，大大激发了科研人员的工作热情。逐步完善研究室、课题组承包责任制，加大自由选择课题和自主支配科研经费的权力，加强出成果出效益的责任。这些措施的实施，促进了科研面向生产、面向经济建设选题，加强科研同生产的结合，加速了科研出成果的机率及科研成果转化为生产力的进程。

1994年，所领导班子提出“兴所富所”的奋斗目标，制定《经济开发暂时管理办法》，提倡鼓励研究室、课题组及职工兴办经济实体，开发科研成果，实行科研开发一肩挑。同时制定了经济效益分配方案，增强了科研人员和职工参与科研成果开发推广的积极性。这一重大改革措施的实施，很快形成了科研、示范、推广一条龙的工作模式。当时以该所选育的小麦新品种皖麦19为开发载体，各研究室、经济实体分到各县有关乡镇。农场联络建良种生产基地，定期到现场讲授农业科学知识，指导生产。不到两年的时间在浍水路以农科所地段为中心，有各种大小开发公司参与市场，形成了浍水路农业生产资料一条街。农科所各研究室成为农业科技咨询场所，每天来咨询人员络绎不绝。至1997年，小麦新品种皖麦19成为安徽省新中国成立后小麦品种推广速度最快、面积最大、效益最为显著的小麦品种。

进入21世纪，随着国家对农资市场管理要求日趋规范完善，大型公司网络垄断经营突显优势。为更好更快地加速成果转化，2003年该所采取将科研成果转让给大型公司或与公司合作的方式开展科技开发，与此同时出台相应的分配办法，激励科研人员积极工作，多出成果。

第八节　地质水文勘探

一、地质勘探

安徽省煤田地质局第三勘探队，组建于1965年2月，它的前身可以追溯到1955年首次进入淮北地区煤田地质勘探队伍。当时，为寻找新的煤炭基地，华东煤田地质勘探局120勘探队派出一支预查队到淮北地区进行煤炭勘查，基地驻扎在宿县。1959年7月，为适应安徽省煤田地质勘探发展需要，120勘探队第二队更名为安徽省煤炭工业厅地质局178勘探队，成为安徽省一支独立的煤田地质勘探队伍。1964年年初，华东煤田地质勘探公司根据煤炭部指示，为加速煤矿建设，早日出煤，以满足华东地区工业发展需要，采取集中力量打歼灭战办法，调集安徽178勘探队、120勘探队，江苏169勘探队、171勘探队和河北138勘探队共34台钻机1770名职工组成会战指挥部，统一领导，开始宿东会战。会战于当年11月胜利结束。1965年2月，参加会战队伍就地组成华东煤炭工业基本建设公司第三勘探队，安徽煤田地质勘探队伍最终形成。建队时有钻机24台，职工1428人，隶属于中国煤炭部煤田地质总局，40多年间，伴随着国家煤田地质事业一起不断发展壮大。

1998年，该队随安徽省煤田地质局由中国煤炭地质总局下放至安徽省属地化管理，安徽省直县（处）级事业单位。肩负着国家煤炭资源调查、勘查工作，为地方经济发展提供煤炭资源保障重要职责。主要从事煤田地质勘探、矿井建设服务、水源勘探、地质灾害治理、城市地质、环境地质等公益性地质勘查工作以及多种经营和社会综合服务等。综合技术水平属全国领先水平，综合实力是全国同行业最强的现代化勘探队。

40多年间，先后完成煤炭资源勘探工作量400多万米，提交各类地质报告和资料500余件；探明各类煤炭储量及预测储量380多亿吨，经三队勘探提交的地质报告已建矿井32对、在建矿井12对、拟建矿井7对，在全国参与矿井施工建设65对。矿井冻结造孔施工工程量占全国冻结造孔市场近60%。为国家煤炭资源开发建设和安徽地方经济建设做出巨大贡献。

在全力完成国家资源勘探任务的同时，积极开拓市场，大力发展地勘延伸业及多种经营，1997年，以安徽两淮地质基础工程公司第三工程处为核心企业，组建“安徽华地集团”，施工足迹遍及全国14个省区，施工完成多项国家重点工程建设。

积极参与宿州经济建设。积极投资宿州经济技术开发区建设。完成宿州市政主干道银河一路东段工程施工方案。承揽施工宿州市拂晓大道北延工程和宿州市宽度最大的新汴河大桥和三八沟、戚家沟大桥。2007年起，承担起宿州市有史以来最大规模的旧城改造项目——两淮宿州新城项目，该项目是宿州市人民政府与安徽省煤田地质局合作的一项旧城改造重点项目，是惠及宿州数万市民的一项民心工程。新城项目规划土地面积20多万平方米，形成“2个商业中心区”“3条商业带”“3条商业街”、5大主题特色园区、沿河景观带、娱乐休闲区，住宅及完善的公共、生活配套等特色布局。该项目拆迁是宿州市老城区旧城改造一次性拆迁规模最大、情况最复杂、难度最大、人口密度最大、旧房容积率最大、拆迁速度最快、社会影响最大、各方面关注程度最高、效果最好的一个项目。

开展灵璧石资源储量勘查、矿石资源储量勘查、环境资源评估、水资源勘查，实施矿山灾害治理。全省“两权核查”报告，每年提交地质设计、地质报告和环评报告40余件。支持社会公益事业、大力开展拥军优属和社会服务工作、营造和谐社会人文环境，为社会解决就业岗位千余个，安置社会就业人员3000余人。

1992年，被国家及有关部委授予“全国地质勘查功勋单位”，1994年，获“全国煤田地质系统两个文明建设先进单位”，2005年开始，连续获安徽省第六届、第七届、第八届“文明单位”称号。2007年，获“全国地质勘察行业先进集体”。

二、安徽省煤田地质局水文勘探队

1981年1月，安徽省煤田地质局水文勘探队在宿州市组建成立，为安徽省属正县级事业单位。该队主要从事煤田地质勘探、水文地质勘探、矿井冻结造孔、矿山注浆堵水、市政建筑工程、灾害地质防治、水源凿井、机械加工制造、工程勘察等业务，被授予“全国煤炭工业地质勘查先进单位”“国土资源系统西南抗旱找水打井工作先进集体”“安徽省直机关五一劳动奖状”“安徽省直机关创先争优先进基层党组织”“安徽省重合同守信用单位”“宿州市文明单位”等荣誉称号。

水文勘探队有职工640余人（其中水工环、钻探、物探、测绘等各类专业技术人员150余人），具有水文地质、工程地质、环境地质调查甲级资质，液体矿产勘查、固体矿产勘查、地质钻探甲级资质，市政工程总承包一级资质，地基与基础工程一级资质，气体矿产勘查、工程勘察、地质灾害防治工程乙级资质；拥有TSJ1600钻机、SPS2000钻机、TSJ2000型钻机、DX2000顶驱钻机、DJ2000顶驱钻机、BQ-350注浆泵、GPS全球卫星定位仪、陀螺测斜仪、螺杆定向纠偏仪、井下彩色成像系统、数字测井仪等各类先进钻机和现代化辅助设备100余台/套。通过了ISO 9001质量/职业健康安全管理体系认证。

建队30多年间，该队立足安徽，面向全国，足迹遍布安徽、上海、山东、陕西、山西、新疆、河南、河北、湖南、黑龙江等十多个省（区、市），承担和完成了煤田地质勘探、水文地质勘探、矿井冻结造孔、矿井注浆堵水、房屋建筑、道路桥梁、非开挖管网铺设等一大批重点工程项目，为30多对矿井找到了理想的水源地，查明地下水资源储量14.9亿立方米，累计完成钻探工程量57万米，探明煤炭储量4.3亿吨，为国家能源工业和基础设施建设以及安徽省亿吨煤炭基地建设提供了有力的资源保障和技术支撑。

第三章　文　化

第一节　文化机构

一、行政机构

市文化局的前身是1961年设立的行署文化局，1965年，文化、教育合并为文教局，1968年，隶属于宿县地区革命委员会政工组宣传小组。1975年，文化局与教育局分家，成立文化局，隶属于地委宣传部。1975年以前，文化局内设文艺组和剧目组2个科室。1975年，增设政秘科、文艺科、创作组。1985年，增设演出公司。1992年，增设文化市场管理科。1999年，撤地建市后，文化局隶属于市委宣传部。2002年，成立文化市场稽查队。

二、艺术研究机构及成果

宿州市剧目研究室。始建于1962年，隶属宿县行署文教局，“文化大革命”期间被解散，1981年恢复后更名为“宿县地区行政公署文教局剧目研究室”，1984年机构改革又改为“宿县行署文化局剧目研究室”，1999年撤地建市，正式更名为“宿州市文化局剧目研究室”，是一个专业艺术创作研究机构，编制8人。截至2005年，剧研室创作一批充满时代精神、富有艺术感染力的戏剧作品，在国家、省级刊物发表大戏20余出、小戏30余出。其中影响较大的戏：泗州戏《秋月煌煌》《爱心如虹》《这里也风流》，梆子戏《大树参天》《闪光的国徽》《伍子胥告状》《金星寨》，坠子戏《人生配方》《故土情深》《潘金莲》等，在省六届、七届、八届艺术节上获得优异成绩，《爱心如虹》《大树参天》，坠子戏《故土情深》分别获省委宣传部“五个一工程”奖；小戏《八月桂》《一条大鱼》《仨婆媳》《刘老实送礼》《跪妻》等均获安徽省小戏调演一等奖。梆子戏《楚宫恨》被安徽电视台拍成6集电视戏曲片。艺术片《西楚霸王》16集，在中央电视台一套、二套、八套，多次播放，并获安徽省委宣传部全国“五个一工程”提名奖，2005年5月，获安徽省人民政府颁发的文学二等奖。创作并拍摄的《地火》（7集）和《村支书》在中央电视台播放。

1984年，剧目研究室承担着一些省艺术重点研究项目，主要有：国家艺术科学重点科研项目《中国戏曲志·安徽省卷》《中国戏曲音乐集成·安徽省卷》。每十年便编辑出版《优秀剧本选》《宿州剧本集》等选集。剧目研究室每年召开多次戏剧创作研讨会，还包括戏曲音乐、表演、导演、舞台美术研讨会和重点剧本讨论会，同时承担全市专业戏剧创作评奖活动和市艺术节剧（节）目和群众戏剧剧目的选拔、评选活动。

泗县文艺创作研究室。1990年8月27日，泗县文艺创研室成立后，围绕以“优秀作品鼓舞人”为主线，推出一系列思想性、艺术性较高的作品。其中，1996年，周德平创作的大型戏剧《红杏出墙》在安徽新戏第五期发表，1997年，获华东六省一市田汉戏剧一等奖，1998年，获第四届“安徽文学”奖。

埇桥区文化广播电视局剧目研究室。1992年，宿县文化局和宿州市（县级）文化局合并，2家剧目研究室合并组建剧目研究室。1985年，剧目研究室以繁荣发展戏曲事业为己任，创作辅导10个剧目，挖掘整理一批民间戏曲艺术。其中，杜介创作的剧本《灰飞烟灭》被编入《中国戏剧集》。高正文先后出版20部个人专著，计400余万字。张祥志创作的大戏《春风秋雨总是情》，获“安徽省大戏题材规划奖”。

三、文化馆

埇桥区文化馆。1993年，由宿州市（县级）文化馆和宿县文化馆合并组建的文化馆，内设办公室、创作室、文艺室、美术室、艺术培训中心，常年开展书法、美术、声乐、器乐、舞蹈、曲艺等辅导活动和民间文化的挖掘、整理工作。并承担埇桥区重大节庆的文艺活动以及城乡各单位、学校、企业、社区、农村的文化辅导工作。埇桥区有28个乡镇文化站，2001年以后，文化站与广播站合并，更名为文化广播电视工作站。符离、栏杆、时村3个乡镇文化站为国家“杜鹃花”工程项目单位。大营、大店、支河3个乡镇文化站为国家综合文化馆站项目建设单位。

砀山县文化馆。砀山县以“百花齐放、百家争鸣”为指针，把“促进全县文化艺术发展繁荣和组织创作，出作品、出人才”作为重要任务，深入开展各项文化艺术活动，取得了丰硕的成果，共组织开展各类文化艺术活动四百余场次，为全县业余群众文化活动大发展、大繁荣做出了积极的贡献。

萧县文化馆。萧县文化馆建筑面积2800平方米，文化馆经常组织书画家在县广场及农村义务为群众写春联活动，送春联达5万多幅。1997—2007年间，先后举办萧县文化系统书画家迎春书画联展，如郑正、王培明、周光明、宋久峰、纵兰凌、胡长亮、周德召等几位当代优秀书画家个人书画展展览。2000年，文化馆举办了萧县青少年书画比赛获奖作品暨特邀名家书画精品联展。到2004年，文化馆在县委、县政府及县委宣传部的布置下组织举办了四届萧县书画民间艺术节。2007年，开展非物质遗产普查工作，出版《宿州印记》萧县篇。此外，文化馆还创作了一批优秀的获奖戏曲作品。

灵璧县文化馆。原名为灵璧县人民文化馆，1954年正式更名为灵璧县文化馆。1995年5月，在原址兴建新的文化大楼。文化大楼交由文化馆、图书馆、文物管理所、文化市场稽查队四个单位共同使用，其中文化馆使用面积最多。新馆投入使用后，设有舞蹈室、美术室、阅览室、多功能展厅，为群众文化活动提供了良好的硬件设施。

文化馆着力发挥专业优势，进行群众文化艺术辅导与培训，节假日期间举办美术、书法、音乐、舞蹈等文化培训班，参加培训的学员历年累计达2000多人次。因师资雄厚、辅导认真、培训成果显著，深受社会好评。灵璧县文化馆还积极组织参加省市各类艺术比赛，并取得优秀成绩。注重保护民间文化资源，非物质文化搜集整理工作成绩斐然。灵璧县文化馆历时两年，共搜集整理医药卫生、文艺体育、民间文学、商贸习俗、人生礼俗等17大类523项，集册成书。

泗县文化馆。1987年，自筹资金在馆内增建一栋三层400平方米的楼房，于1987年年底投入使用。文化馆面积增大后，办公条件得到改善，开设如书画活动室、乒乓球室、阅览室、曲艺厅、舞厅等活动室。1988年，副馆长张玉英任校长的“业余艺校”，培养和发现一大批文化艺术人才。1999年秋，文化馆又自筹资金37万元，新建700平方米的文化馆北楼，2000年，新楼启用。文化馆实用面积增至1581.8平方米，院内可用面积为200多平方米。创建泗县第一家青少年宫。2002年，县政府拆迁百货大楼、文化馆、电影公司三家，建“虹都大厦”。文化馆获得赔偿面积为1500多平方米，由于赔偿部分处于商场的中心区，不适合做文化活动，文化馆在异地办公。泗县各乡镇文化站15个。

2000年，砀山县文化馆春节举办全县小戏调演。农民唢呐演奏家张连生吹奏的唢呐入选省群艺馆组编《民间音乐集成》。2001年6月举办建党八十周年大型图片展、书画展、文艺晚会。2007年7月至9月举办暑期“纳凉晚会”二十余场次。9月22日举办砀山县果蔬论坛“相约花戏楼”文艺演出活动。组织“盛世年华”“和谐梨都”等一年一度的春节联欢晚会和梨花节、果蔬论坛等大型文艺活动。坚持每年暑期都举办美术、书法、二胡、舞蹈等各类艺术培训班，每年培训近500人次。

四、图书馆

宿州市埇桥区图书馆（原名宿县图书馆），建于1950年，原址在宿县符离集，后迁到宿城中山街69号，前身为宿县文化馆的图书室。1979年，从文化馆分离出来，独立建制，更名为宿县图书馆，后随行政区划的变动，更名为宿州市图书馆（县级宿州市）。1999年宿县行署撤销，建立省辖宿州市，图书馆更名为宿州市埇桥区图书馆。原馆舍为清末所建的雷公馆，馆舍面积150平方米，建筑年代久远，已成危房。1999年，根据政府对中山街的改造，在文化局统一领导下，自筹资金建设新馆，历经重重困难，新馆于2005年建成并对社会开放，新馆建筑面积500平方米，设有：文献外借室、报刊综合阅览室、采编室、资料室等。图书馆实行全年365天向社会开放，每周开放时间达45.5小时。

五、戏曲表演专业团体

宿州市梆子剧团。建于1949年7月，原名芒砀剧社，1952年改为砀山县人民梆剧团。1958年6月，上升为蚌埠专区梆子剧团，整理推出现代戏《重要一课》和传统剧目《孟姜女》《采桑女》《红色三少女》等一批剧目，使梆子戏在安徽的戏曲舞台上大放光芒，成为众多安徽戏曲剧种中引人注目的剧种之一。1959年，安徽省人民政府为集中力量挖掘整理淮北梆子剧种，抽调宿州、阜阳担纲演员张福兰、顾锡轩、关仲翔等著名演员，成立安徽省淮北梆子剧团。期间，拍摄安徽省第一部戏曲影片《寇准背靴》并进京演出。1964年，剧团下放到原宿县行署后，充实蚌埠专区艺术学校部分毕业生，遂改名为宿县地区梆子剧团。1999年撤地建市后，更名为宿州市梆子剧团。

2000年后，剧团再次焕发青春，排演《大树参天》《闪光的国徽》《伍子胥告状》《土经理外传》《刘老实送礼》等大量生活情趣浓厚、紧扣时代脉搏的精彩剧目。1987年，省电视台把宿州市梆子剧团创作演出的历史古装戏《楚宫恨》摄制成6集电视戏曲连续剧。团创作演出的大型现代戏《大树参天》于1999年获省“五个一”工程奖，并在2000年省“第六届艺术节”上获演出二等奖。2001年应邀参加“第六届‘映山红’戏剧节”，古装戏《穆桂英》、现代戏《大树参天》获编剧、导演、作曲一等奖，演员演出一等奖等奖项。2002年晋京汇报演出现代戏《大树参天》和古装戏《穆桂英》，得到文化部、中国文联剧协等部门专家好评。宿州市梆子剧团长期扎根农村，送戏下乡，多次获省级、国家级先进集体等荣誉称号。

埇桥区淮北花鼓戏剧团。成立于1949年11月，原名宿县工农剧团，1957年4月更名为宿县淮北花鼓戏剧团，是全国唯一的国有淮北花鼓戏剧团。淮北花鼓戏是全国稀有剧种，也是安徽省主要地方剧种之一，距今有500多年历史，在淮北地区有着很大影响。1985年以后，随着戏曲市场的逐年下滑，剧团不断创新，加大宣传，使花鼓戏艺术一直在城乡较受欢迎，特别是每年的校园展演，引起众多青少年对花鼓戏的关注。在演艺技术上恢复“压花场（旦角舞）”“盘鼓（生角舞）”“四门八叉”“大武场（群舞）”“垫子功”“顶碗灯”“玩石磙”等花鼓戏独有的特技表演，大大增强剧种的观赏性，吸引广大观众观赏的兴趣，扩大市场需求。

花鼓戏是在淮北花鼓歌的基础上发展起来的，是一种曲牌板腔综合体制的戏曲剧种。演出时，女角前额饰以绸缎带扎成的彩球，男角腰中挎一30厘米长的卧式腰鼓，以舞为主。主要曲调有宿州调、浍北调、八句子、平板、寒板等，演出内容丰富多彩。1985年至2007年，剧团先后创作演出《送军马》《王小赶脚》《榴花照眼明》《马大婶招聘》，以及戏剧小品《三保险》《俺从灾区来》《重逢》《巧查违纪人》和大型儿童剧《爷爷、奶奶和孙子》《阳光下的呼唤》等剧目，获得多个省级以上奖项，其中儿童剧《爷爷、奶奶和孙子》受宣传部邀请在中南海怀仁堂为党和国家领导人演出，为安徽省、为家乡争得荣誉。

宿州市泗州戏剧团。宿州市泗州戏剧团于1950年成立于安徽省明光市，当时，由民间散落的拉魂腔班社合并而成。后改为蚌埠专区泗州戏剧团。1961年划归宿县地区，更名为宿县地区泗州戏剧团。1999年撤地建市，剧团改为宿州市泗洲戏剧团。

小戏《懒大嫂赶会》继1993年获安徽省小戏节金奖之后，获首届中国博兴国际小戏节金奖。1994年，大型清装喜剧《四换妻》获安徽省第四届艺术节演出金奖等10个单项大奖。1998年，戏歌《要听还是拉魂腔》进京演出。2002年，小戏《懒大嫂赶会》进京汇报演出。小戏《三婆媳》2004年获安徽省小戏调演金奖，同年获第二届中国博兴国际小戏节演出金奖，10月获全国“映山红”戏剧节演出金奖，同年大型现代戏《爱心如虹》获安徽省“五个一工程奖”。2006年6月，小戏《二嫂挡车》进京汇报演出，同年该剧种被国务院批准为首批国家级“非物质文化遗产”保护项目。2007年，大型现代泗州戏《秋月煌煌》获安徽省第八届艺术节演出金奖及多项单项大奖。

宿州市坠子戏剧团。宿州市坠子戏剧团始建于1955年。坠子戏20世纪40年代初起源于安徽萧县一带。它是由单口坠子经过“大扬琴”“道情班”和“曲艺剧”的过程逐步衍变而成为坠子戏的。安徽省委于1959年批准成立了“安徽省坠子戏剧团”。1999年撤地建市收归宿州市文化局管理（全民事业单位，编制63人，其中副高级职称9人，中级24人，初级12人。）。坠子戏的舞台上曾先后涌现出被号称为坠子戏“三大元”的刘元芝、陈元孝、陈元萍和朱月梅、张立峰等著名表演艺术家以及孟敏、邢亚东、张高彦、张莉、李玲、李连民等一大批优秀青年演员。

宿州市坠子剧团始终坚持“两为”方针，上山下乡，为工矿、农村的广大观众送戏上门。积累了传统、现代剧目近200出。代表性剧目有《小菜园》《小包公》《窦娥冤》《潘金莲》《公主求情》《大脚娘娘选总管》《魂诉》《一条大鱼》《人生配方》《打赌》《今天是个好日子》《故土情深》等。20世纪80年代末至90年代，一大批具有坠子戏特色的优秀剧目脱颖而出，如《金妹和银娃》参加安徽省首届现代戏调演，《包三黑赶考》获安徽省首届儿童戏创作、演出双一等奖，《潘金莲》《公主求情》分别获安徽省首届艺术节创作奖、演出奖。1999年11月，坠子戏《魂诉》在第六届安徽省艺术节上，一举夺得了编导、作曲、演出等五项一等奖。2002年，坠子戏的剧目《魂诉》《一条大鱼》等进京汇报演出。2003年10月，在湖南长沙“第七届中国映山红民间戏剧节”上，宿州坠子剧团参赛演出的两个剧目《人生配方》和《窦娥冤》在40个参赛剧目中双双获银奖，李玲、王芳和李连民还分别获得个人表演的一、二、三等奖，宿州市文化局荣获了“集体育花奖”。

六、民间艺术团体

宿州市泗州戏研究会。2000年，“宿州市泗州戏研究会”成立。研究会是由市文化局牵头，宿州市泗州戏剧团承办的艺术研究机构，主要由退休的老艺人和在职主要演员组成，如周凤云、苏婉琴、许良志、张友鹤、李书君、陈若梅等，吕士民担任会长，张友鹤任秘书长。研究的主要课题是泗州戏的唱腔风格和剧种起源。

宿州市夕阳红艺术团。宿州市夕阳红艺术团建于1995年3月22日，由原行署副专员王沛、行署办公室主任袁大政、文化馆馆长韦大兰等离退休老干部集资筹建，属于非赢利性的民间群众组织。以“老有所乐，老有所学，老有所为”为宗旨，以“自筹资金、自编自演、自娱自乐”为契机，配合重大节日和党的中心工作开展文化活动。有团员208人，设合唱队、舞蹈队、拳术队、腰鼓队、时装队、小品队、乐器队、后勤队8个内设机构。在表演形式上，有花鼓灯、戏曲、曲艺、小品、歌舞等。表演地点遍布全市市区、农村、街道小巷、机关企业、广场庙会、露天舞台、剧院等。

建团后，宿州市夕阳红艺术团获全国金奖16项、省级一等奖28项。曾登上北京人民大会堂、香港元朗大剧院、威海体育馆、昆明世博园等艺术殿堂。多次被中央、省、市新闻媒体报道与宣传。先后参加全国、省、市汇演、调演以及为社会各界义演300多场次。

泗县泗州戏剧团。泗县主要戏曲专业表演团体，1985年以后，剧团出演过的有影响的大型古装戏包括:《泪洒相思地》《恩仇记》《王华买父》《打金枝》《卷席筒》《四换妻》《梁祝》《陈妙常追舟》《画龙点睛》《慈母恨》《姊妹异嫁》《守狱产子》《乔太守》《春草闯堂》《三卷寒桥》《秦香莲》《借纱帽》《霸王别姬》等；大型现代戏有：《焦裕禄》《刘胡兰》《孔繁森》《啼笑姻缘》《苦菜花》《盼儿记》《三结合变奏曲》《二嫂上轿》《家庭公案》《女儿泪》《风流窝囊官》等。

1987—1997年，剧团坚持常年送戏下乡，平均每年演出达200多场，最高峰为1994年的320多场，观众达10万人，反映强烈，《农民日报》《拂晓报》等报刊均有报道。1996年、1997年连续两年被评为全省“三下乡、三反对、一提倡”先进集体。1996年，排演的小戏《一品鲜饭店》赴省城参加戏剧调演获得优秀奖。1999年8月排演的《三结合变奏曲》，经过省、市层层筛选，晋京参加全国计生系统文艺调演，获第八届“中国人口‘广厦杯’文化奖”。

1997年后，因电视媒体的冲击，戏剧市场一度不景气，为扩大演出范围，开拓市场，1998年，剧团经常深入附近的省、市煤矿区，为矿区职工演出。《中国文化报》《安徽日报》《中国农村报》《农村大世界》等报刊都曾先后予以报道，一时成为泗县演艺界一大亮点。1997年，配合法制宣传活动，组建“县文艺法制宣传团”。2001年，泗县被评为“全省文化先进县”，泗县泗州戏剧团被评为“全省文化先进集体”。2002年年底，剧团为了便于送戏下乡，自筹资金，购置1辆流动大篷车和1台客车。

泗县是泗州戏的发源地。全县辖15个乡镇就有15个乡镇剧团，另外还有民间演出团体125个。每逢节假日或婚庆喜事，民间演出团体便异常红火、应接不暇。演员们大都来源于农村，在服务农村的同时，既增加收入，又活跃了农村的文化生活。如长沟镇的“小九剧团”，曾在2002年泗县举办的“泗州戏大赛”中，获一等奖；大路口乡“横刘村业余小剧团”，采取“闲聚忙散”的形式，农闲时，为农民演出自娱自乐、自编自导、健康向上的文艺节目，丰富农村的文化生活。2005年，曾被中宣部、文化部授于“全国服务基层、服务农民先进集体”。

砀山县豫剧团。中国共产党十届三中全会后，砀山县豫剧团实行机构改革，1983年开始实行分队承包，1985年将“砀山梆剧团”“砀山四平调剧团”“砀山曲艺队”三团合一，1987年在省文化局注册为“砀山县豫剧团”。由于经费拮据，加之演出市场不景气，几任团长相继被辞退和调出，出现团长空缺局面。在这种情况下，县文化局文艺股长许友谊兼任剧团团长，后来业务股长苏联营兼任剧团团长，许友谊改任剧团党支部书记。

为求生存，剧团“化整为零”，演员自找出路，有的自发成立小型演出队，有的加盟民间演出团体，还有的改行。在这种背景下，原砀山县豫剧团退休演员曹素贞，利用自己的影响，成立隶属县豫剧团的一个演出队，坚持演出，多次承担各种汇演和节日庆祝活动等演出任务。

萧县梆子剧团。1953年建立，1986年以后，剧团立足本县，面向农村，本着“多出好戏、多出人才”的原则，采取多种形式改革剧团的体制，每年为农民演戏200场以上，极大地提高了社会效益和经济效益，剧团用演出收入添置演出设备和服装，更新灯光和音响设备，有车辆3台。1996年，在全省“第六届艺术节的戏剧会演”中，剧团创作演出的小戏《五条黄瓜》（许飞作曲）获创作二等奖、演员优秀奖。1997年，在“全省反腐倡廉文艺会演”中，演出的渔鼓《刘县长查访》（许飞作曲）获全省演出一等奖，创作二等奖，并应邀参加“全国信访工作会议”演出。2003年，被评为全省“送戏下乡先进集体”。

第二节　文艺创作

一、戏曲

（一）泗县

朱世贵创作的剧本《杨三姐》发表于《千家万户》报，1987年参加市小戏调演被评为一等奖。

1987年，周德平创作的大型戏剧《曹操、关羽、貂蝉》发表于1989年第二期《安徽新戏》，并于1990年5月，获华东六省一市戏剧期刊“田汉杯”三等奖。后被安徽省徽剧团改为《情义千秋》到香港演出。

1990年，姚韬创作的《生儿子的秘密》获省计生系统计划生育戏剧小品演出三等奖。

1991年，由闵麟、柏文立创作的《一品鲜饭店》在《安徽新戏》第二期发表，并在1991年7月宿县地区“建党70周年戏剧调演”中获优秀创作奖；1995年参加“安徽现代小戏、传统小戏、折子戏调演”获创作三等奖。

1992年，张玉英改编的少儿寓言童话剧《蚕和蜘蛛》在《安徽新戏》发表。

1993年，由闵麟执笔与丁持彩共同创作的现代小戏《卖油郎》在《安徽新戏》第三期发表。

1994年，省群艺馆副研究员、总导演陈金凤在泗县组织拍摄《泗州戏小戏集锦》《打干棒》《走娘家》《一品鲜饭店》《懒大嫂赶会》《迎妈妈》，并由安徽影像出版社出版发行。

1996年，周德平创作的大型戏剧《红杏出墙》在《安徽新戏》第五期发表，1997年获华东六省一市“田汉戏剧”一等奖，1998年又获第四届“安徽文学”奖。

1996年，周德平创作的小品《找妈妈》，文化馆组织排演于11月下旬参加“第十届全省戏剧小品大赛”，获二等奖。

1999年，周德平创作的现代戏《嫂子的故事》在《安徽新戏》第六期发表，后改为《二嫂上轿》由泗县剧团排演。

2001年，周德平创作的大型戏剧《天骄雄风》获省编剧创作一等奖。

（二）砀山县

1985年以后，砀山县豫剧团创作演出的传统古装豫剧有《秦香莲》《桃花庵》《审诰命》《大祭桩》《三哭殿》《李天宝吊孝》《五凤岭》《抬花轿》《孙安动本》《洛阳桥》《水淹泗州》《孟姜女》《铡赵王》《王宝钏》《秦雪梅吊孝》《三凤求凰》《穆桂英挂帅》《风衣恨》等20多个剧目。现代豫剧有《宝石戒指》《三个光棍汉》《尿检记》《追舟》《乡长过河》《王小二还家》《责任》《两个审判官》《夫妻俩》《夫妻情话》《为民除害打假币》等10多个剧目。

张阜文作品：1990年创作小品《家教》、1993年创作小戏曲《活沙发》、1998年创作小戏曲《明天再约会》、1999年创作小品《责任》在《安徽新戏》上发表；1999年创作小戏曲《辣妹子》《借“保姆”》、2003年创作小品《两个审判官》《夫妻俩》《真诚的谎言》《我的爸爸》《灵丹妙药》《尿检记》《除夕夜》《宝石戒指》（合作）在《文化时空》上发表；2003年出版《张阜文剧作选》。

（三）萧县

1991年现代小梆戏《寡妇门里》在《剧本》上发表；现代小梆戏《五条黄瓜》在《安徽新戏》发表，在省艺术节演出获二等奖。

（四）埇桥区

1990年9月，由淮北花鼓戏剧团创作演出的花鼓戏《送军马》，在安徽省军区、省文化厅、省广电厅举办的“安徽省首届‘我爱国防’文艺调演”中，获表演一等奖、编剧二等奖、导演二等奖。该剧围绕部队军马丢失、回归的曲折过程，深刻反映了军民鱼水之情。编剧：海涛；导演：华立仁；作曲：杨春；演员：吕金玲、孔兆生。

1996年元月，由淮北花鼓戏剧团重新改编的传统花鼓戏《王小赶脚》，获安徽省文化厅举办的“全省小戏调演”一等奖。编剧、策划、作曲：杨春；导演：吕金玲；演员：张华春，阚云侠。

1997年9月，由淮北花鼓戏剧团创作演出的花鼓戏《榴花照眼明》，获安徽省文化厅举办的“第五届艺术节导演”一等奖、编剧二等奖、演出二等奖。编剧：海涛；导演：吕金玲；作曲：杨春。

2003年9月，由张祥志创作，华立仁执导，杨春作曲，吕金玲、王雷、朱云燕表演的淮北花鼓戏《马大婶招聘》，获宿州市“第二届艺术节导演”一等奖、演出二等奖、编剧二等奖。

2005年，由张祥志编剧，华立仁导演，杨春作曲的大型儿童剧《阳光下的呼唤》，在宿州市城乡巡回演出100多场，受到中小学生、老师和社会的普遍好评。演员：武强、朱云燕、秦怀雪、张程程、王阿娜。

泗州戏《拾棉花》（许成章词、许飞曲）在1997年由省文联、文化厅主办的“全省小戏调演”活动中，获二等奖。

花鼓戏《洞房里来了我王翠平》，在1987年安徽省首届中年戏曲演员大奖赛上，淮北花鼓戏剧团演员吕金玲获大赛一等奖。

二、歌曲

女声独唱《望月行》熊永词、许飞曲，在1988年由文化厅主办的“安徽省首届艺术节”活动中，获优秀创作奖（最高奖）。

通俗歌曲《老掉牙的儿歌》（郭辉词、许飞曲），《自己跌倒自己爬》（郭辉词、许飞曲），在1989年由文化厅、省音协主办的“全省首届华夏之声通俗歌曲新作大赛”活动中，获特等奖。

女声独唱《走千走万不及淮河两岸》（许成章词、许飞曲），在1991年由省文化厅主办的“安徽省首届民歌歌会会演”活动中，获二等奖。

通俗歌曲《秋千》（陈小奇词、许飞曲），在1991年由省文化厅、省音协主办的“安徽省第二届‘华夏之声’新作大赛”活动中，获二等奖。

合唱《党旗上有咱的锤和镰》（志伟词、许飞曲），在1991年由省委宣传部、省文联、文化厅主办的“安徽省第三届‘华夏之声’——在党的旗帜下新作大赛”获二等奖；同年，又获中宣部“庆祝建党70周年征歌”活动二等奖，并被中央电视台录制成音乐片，滚动播放。

童声合唱《小雨点的歌》（志伟词、许飞曲），《童心向党唱赞歌》（党中奄词、许飞曲），《农村孩子去上学》（康明词、许飞曲），在1992年由文化厅主办的“安徽省第二届小百灵歌会”活动中，分别获2个一等奖、1个二等奖。

合唱《腾飞的合肥》（阎肃词、许飞曲），在1993年由文化厅主办的“安徽省华夏之声——‘腾飞的合肥’征集市歌”活动中，获二等奖（一等奖空缺）。

独唱《铜唢呐》（朱继胜词、许飞曲），在1993年由国家十二部委联合主办的“南开杯”首届全国优秀新歌电视大赛活动中，获二等奖。并被中央电视台录制成音乐片，滚动播放。

女声独唱《汴河岸上的明星》（张孝德词、许飞曲），在1994年由文化厅、乡镇企业厅联合主办的“安徽省首届企业文化艺术节”活动中，获一等奖；在1995年由全国总工会、中国音协主办的“中国工人歌曲新作征歌”活动中，获二等奖。

女声独唱《微机员的情怀》（海涛词、许飞曲），在1994年由中国工商总行主办的“中国工商银行征歌”活动中，获二等奖。

独唱《黄山松》（王和泉词、许飞曲），在1996年由省委宣传部、省文联、文化厅主办的“安徽省‘黄山松精神’创作演唱大赛”活动中，获二等奖。

独唱《永青的故事》（白榕词、许飞曲），《宿州丝绸美》（田耀德词、许飞曲），在1996年由全国总工会、中国音协主办的“全国工人新歌大赛”活动中，同时获一等奖。

童声独唱《妈妈教我剪窗花》（海涛词、许飞曲），《照镜子》（朱继胜词、许飞曲），在1998年由省文联、文化厅主办的“安徽省黄梅戏歌大赛”活动中，分别获一、二等奖；《妈妈教我剪窗花》于1999年获省委宣传部“五个一工程”奖，2000年获文化部“群星”奖。

女声独唱《红盾情》（晓河词、许飞曲），在2000年由省文化厅主办的“省艺术节”活动中，获二等奖。

童声合唱《走向世界的中国》（海涛词、许飞曲），《校园小树》（尹成金词、许飞曲），在2002年由省委宣传部、省文化厅、教委主办的“全国读书活动文艺比赛”活动中，同时获一等奖。

女声独唱《雨夜中的思念》（陈爱民词、许飞曲），在2004年由省文联、省安全局主办的“安徽省‘生命之歌’征歌”活动中，获一等奖。

三、舞蹈

2000年9月，宿州市夕阳红艺术团创作的花鼓灯《我们正年轻》代表安徽省参加由中国文联、中国舞蹈家协会在山东威海举办的“首届全国中老年广场舞蹈大赛”获一等奖，并作为压轴节目在闭幕式上隆重演出。2002年5月，《我们正年轻》剧组又受中国舞协的邀请，参加在昆明举办的“首届中国舞蹈节暨舞蹈博览精品展演”活动，剧照被中国博览馆收藏并展出。2003年，宿州市夕阳红艺术团创作的大型舞蹈《凤阳花鼓敲起来》参加由中国舞协、广东省文联主办的“第二届全国中老年广场舞蹈大赛”活动，获“民族民间舞表演大奖”。2007年，《好一个花鼓灯》代表省赴香港参赛，获两项大金奖和组织金奖。

（一）泗县

2000年8月，单人舞蹈《化蝶》（编导：吴娟）在宿州市“第一届艺术节舞蹈大赛”中，获一等奖。

2001年，泗县城关第二小学少儿集体舞《石榴花开》（编导：栗荣英、苏新、王芳）在安徽省“第二届少儿艺术节”中，获二等奖。

2001年11月，群舞《茶香》（编导：吴娟；领舞：王娟）在安徽省“第五届花鼓灯艺术节舞蹈大赛”中，获二等奖。

（二）萧县

1998年，群舞《画乡娃》（编舞：胡素玲；作曲：许飞），在“全省少儿舞蹈大赛”中，获一等奖，1999年，《画乡娃》参加中央电视台少儿舞蹈大赛获佳绩。

（三）埇桥区

1989年，宿州市（县级）文化馆编排的少儿舞蹈（群舞）《赶小鸭》（编舞：黄正祥；作曲：许飞），获得安徽省少儿文艺调演一等奖。宿州市（县级）文化馆编排的少儿舞蹈（群舞）《淮北妞》（编舞：黄正祥；作曲：晨见），获得安徽省少儿文艺调演一等奖。宿县文化馆编排的双人舞《淮北姑娘爱大兵》（编舞：黄正祥；作曲：杨春；表演：容辉、李晓梅），获安徽省人民政府、安徽省军区举办的全省国防文艺调演一等奖。歌舞剧《昨天·今天·明天》（杨葆华词、许飞曲）；舞蹈音乐《车工舞》（许飞曲），在由省司法厅主办的“安徽省‘两劳’文艺调演”活动中，获一等奖。

1991年，宿县文化馆编排的双人舞《七鼓戏妞》（编舞：黄正祥；作曲：杨春；表演：贺效怀、付侠），获得华东地区6省1市舞蹈大赛一等奖。

1995年，宿州市文化馆编排的少儿舞蹈《花鼓童谣》（黄正祥编舞、晨见作曲），获得安徽省少儿文艺调演一等奖。同年，获得由国家教委举办的全国少儿舞蹈大赛二等奖。舞蹈音乐《喜庆》（傅霞编导、许飞曲），在1995年由文化厅、省少工委主办的“安徽省少儿文艺调演”活动中，获一等奖。歌伴舞《老师·妈妈》（石顺义词、许飞曲），在1997年由省文化厅主办的“省百灵歌会”活动中，获一等奖。

四、小品

小品《三保险》（海涛编剧，华立仁导演，吕金玲、孔兆生、杨美珍表演），在1992年省委宣传部、省文化厅等8个单位联合举办的“保险杯·全省计划生育小品电视大赛”活动中，获演出一等奖、导演一等奖、优秀演员奖，吕金玲被评为“最佳演员奖”。

话剧小品《俺从灾区来》（海涛创作，华立仁导演，花鼓戏剧团演员吕金玲、孔兆生、杨美珍演出），在1992年由省文化厅举办的全省小品选拔赛活动中，获编剧一等奖、导演一等奖、演员一等奖。同年获文化部“群星杯”铜奖。

小品《送旮旯存款》（杨有玲创作，华立仁执导，花鼓剧团演员孔兆生、周菲表演），在1993年全国总工会举办的“全国职工小品大赛”上获编剧、导演、演出3个二等奖。

戏剧小品《卷席筒》（海涛创作，吕金玲执导，花鼓剧团演员曹秀、刘代泉、赵钢表演），在1997年全国总工会举办的“第三届全国职工小品大赛”上获演出、导演、编剧三等奖。

五、乐曲

1990年，舞蹈音乐《大鼓钗》（黄正祥编导、许飞曲），在省文化厅主办的“安徽省首届花鼓灯艺术节”活动中，获二等奖。

1996年，板胡独奏《喜庆》（许飞曲），在省司法厅主办的“安徽省‘两劳’文艺调演”活动中，获一等奖。

1997年，渔鼓《吹牛现行记》（萧县纪委集体词、许飞曲），在省纪委、省文联、文化厅主办的“全省反腐倡廉文艺调演”活动中，获一等奖。

2002年，舞蹈音乐《瑞雪兆丰年》（尹璐编舞、许飞曲），童声合唱《新世纪序曲》（海燕词、许飞曲），在2002年省文化厅主办的“省少儿文化艺术节”活动中，分别获一、二等奖。

2005年，舞蹈音乐《渔鼓情韵》（陈艳莉编导、许飞曲），在2004年省文化厅主办的“省花鼓灯艺术节”活动中，获一等奖。在省文联主办的“安徽省曲艺节”活动中，获一等奖。

六、书画

1988—2007年，随着改革开放的不断深入和人们对于文化的渴望和需求增加，宿州书画事业呈现繁荣局面，体现在“书画活动频繁、书画组织林立、书画教育进一步普及”，以及产生了诸多书画界大家、名流。泗县杨剑华创作的国画《乡魂》入选文化部主办的“迎97香港回归中国画”，并获优秀奖；扇面画《醉仙图》，入选文化部主办的“北京首届国际扇面书画艺术展”；张善明书写的春联，由安徽省美术出版社出版发行。具有代表性书画家有萧龙士、李百忍、孟繁青、王少石、欧阳龙、周本信、阎梓昭、郑正、薛志耘、赵琦、姜秀真等。

宿州书画的繁荣发展引起市委、市政府、市委宣传部和各级文联、文化等部门的高度重视，多座书画院、书画名家纪念馆、陈列馆得以建设并投入使用。2007年，成功举办“宿州市书画家进京展”，《宿州书画》出版发行。市、县书协、美协大力做好服务协调工作，书画队伍不断扩大，全市有国家级美协会员4人，省级会员385人，国家级书协会员32人，省级会员845人。在萧县，各类书画协会、研究会17个，全县书画爱好者3万余人，每年被二本以上美术院校录取近200人。在埇桥区，国家级书协会员20人，省级会员204人，书法爱好者约5万人。萧县是“中国书画之乡”、埇桥区是“中国书法之乡”、灵璧县是“中国钟馗画之乡”。

七、文学

1988—2007年度，宿州文学事业逐步走向繁荣。具体表现为：主管文学创作研究的群团组织“文学艺术界联合会”在全市四县一区基本恢复；各县区文学创作队伍呈阶梯状发展，老中青文学队伍齐整；文学作品发表、出版、获奖呈逐年递增趋势；文学活动频繁。代表性的作家有耿春海、庄稼、黄孝义、尹洪波、高正文、梁长峨、陈曙光、张璘、李德民、韩旭东、周恒等。

宿州文学工作者以优秀的作品屡获国内大奖。据不完全统计，宿州市作家所获重要文学奖项有：高正文1994年获金盾文学奖，2007年被中共安徽省委宣传部授予“安徽省六个一批（文艺类）拔尖人才”称号；黄孝义、尹洪波2000年获安徽文学奖二等奖；陈曙光、李德民2003年获冰心儿童文学新作奖、陈曙光2004年获第六届安徽省图书奖二等奖。

泗县出版闵麟选编的《晚香诗词选》，编辑出版《曲艺志》和《民间文学集成》。

2006年，出版发行《话说宿州》一书。

第三节 群众文化

一、文艺活动

1987年10月，在“第一届安徽省艺术节”上，宿州市夕阳红艺术团参演节目《这里也风流》（戏曲）、《公主求情》（戏曲）、《望月行》（歌曲）、《乡情》（歌曲）、《香甜的日子开了头》（器乐篇）获创作奖；《潘金莲》获演出奖、舞美设计奖；《这里也风流》获导演奖；马水艳（演唱《望月行》）、刘云贵（坠胡演奏《香甜的日子开了头》）获演员一等奖。

1989年10月，在“第二届安徽省艺术节”上，戏剧专场参演节目，宿县地区梆剧团的梆子戏《土经理外传》获演出奖；张晓东、李金桥获演员奖。民间歌舞专场参演节目宿县地区代表队的表演唱《泗州情曲》获创作奖，同时获表演奖；宿县地区文化局的许成章、谢侠山、张子良、张立新、黄正祥获创作、辅导奖。

1991年5月31日，安徽省“六一”儿童戏剧小品调演，宿州市第四小学的小品《爷爷、奶奶和孙子》、宿州市第十二小学的《我心中的红领巾》、宿州市第一小学的《开发票》获优秀演出奖；小品《爷爷、奶奶和孙子》（编剧海涛）、《蚕和蜘蛛》（编剧张玉英）、《我心中的红领巾》（编剧郭辉）、《开发票》（编剧庄稼）获优秀创作奖；小品《爷爷、奶奶和孙子》的导演华立仁、《我心中的红领巾》的导演王兴浩、《开发票》的导演华演红获优秀导演奖；吴楠、许燕、于楠、愈乐、贺扬、王小毛获优秀表演奖；宿县地区文化局获组织工作奖。

1991年5月，在“安徽省民歌会”上，女声独唱《淮河妹子夸家乡》（演唱者李颖）、男女对唱《双错桥》（演唱者孟敏、刑亚东、张高彦）、女声独唱《忆故乡》《走千走万不及淮河两岸》（演唱者马冰燕）获演唱一等奖；《淮河妹子夸家乡》（杨在葆词、晨见曲）、《双错桥》（郭辉词、晨见曲）、《走千走万不及淮河两岸》（许成章词、许飞曲）获创作一等奖。

1992年5月，在第二届安徽省少年儿童“小百灵”赛歌会上，宿县地区代表队的陈智获独唱组一等奖；《小雨点的歌》（许飞曲）、《农村孩子去上学》（许飞曲）获作品奖一等奖，朱文、江莉莉获新苗奖。

1992年9月，在“安徽省第二届花鼓灯会”上，宿州市坠子戏剧团获演出奖；宿州市文化局获组织奖。

1992年11月，淮北花鼓戏剧团创作演出的儿童剧《爷爷、奶奶和孙子》获由文化部、国家教委、全国妇联、全国少儿文化艺术委员会、中央电视台、全国少儿基金会等单位举办的“全国少儿文艺大赛”一等奖。1993年5月，受组委会之邀，该剧被选调过京，在中南海怀仁堂为中央领导演出。作者：海涛，导演：华立仁，演员：尹伟、徐艳、余楠楠。

1994年6月，在安徽省第九届“六一”儿童歌舞调演中，舞蹈《喜庆》（编舞傅霞、作曲许飞）获一等奖。

1994年10月，在“安徽省第四届艺术节”上，宿县地区文化局获组织奖；陶万侠、荣爱坡、陈若梅获演员一等奖。

1996年6月，在安徽省“六一”少儿文艺调演中，宿州市直机关幼儿园演出的幼儿舞蹈《比兜兜》（编导金莉莉、李晓玲）获一等奖。

1999年8月，泗州戏剧团排演灵璧县王为民创作的现代戏《三结合变奏曲》进京参加全国计生系统文艺调演，获第八届“全国小戏小品短剧”三等奖。

2000年10月，在“第六届安徽省艺术节”上，宿州市坠子戏剧团的坠子戏《魂诉》获演出一等奖；梆剧《小村长的大麻烦》（编剧文硖）获编剧一等奖；坠子戏《魂诉》（作曲晨见、刘云贵）获作曲一等奖；张莉获表演一等奖；李金桥、张晓东获新剧目调演表演一等奖。

2002年5月，泗州戏《二嫂上轿》参加在厦门举行的“全国小戏调演”，获“曹禺杯”戏剧节“创作一等奖”“演出一等奖”，周德平获优秀编剧奖，吴佳英获优秀导演奖，王娟获优秀演出奖，王怀斌、姚玉友获优秀演员奖。2005年，又被中央电视台选中，参加全国第五届CCTV小戏小品大赛，周德平获优秀编剧奖，吴佳英获优秀导演奖，王娟获最佳女演员奖，王怀斌、姚玉友获优秀演员奖。

2002年，宿州市梆子剧团进京在北京报国寺人民剧场汇报演出3场，演出了现代戏《大树参天》、古装戏《穆桂英》,得到了中央文化部、中国文联剧协等部门专家好评。

2003年10月，宿州市坠子剧团参赛演出的两个剧目《人生配方》和《窦娥冤》在40个参赛剧目中双双获银奖，团长李玲、演员王芳和李连民分别获得个人表演的一、二、三等奖，宿州市文化局获“集体育花奖”。

2003年，宿州市泗州戏剧团进京在首都人民剧院演出泗洲戏《懒大嫂赶会》，中国剧协有关负责人、专家观看演出，并上台接见演员。2004年，参加“首届山东博兴国际小戏节演出”，获演出金奖。陶万侠、陈若梅获表演金奖，张友鹤获作曲一等奖。该剧首演于1989年10月。

2004年10月，坠子戏《一条大鱼》参加“中国博兴国际小戏艺术节”，张莉获表演金奖。

宿州市梆子剧团舞蹈队参加第二届安徽省花鼓灯艺术节，剧团的《渔鼓情韵》（编导陈艳丽）获一等奖。

2006年6月，泗州小戏《二嫂挡车》进京汇报演出，得到专家的好评。

2007年，大型现代泗州戏《秋月煌煌》在安徽省第八届艺术节获演出一等奖；周德平获编剧一等奖；陈若梅、李书君获表演一等奖；赵士鼎获导演二等奖；张友鹤获作曲三等奖；王小振获舞美设计三等奖；梁山绪、梁磊、赵绍山获灯光设计三等奖；孙立海获表演三等奖；宿州市文化局获优秀组织奖。

二、文化活动

泗县广场文化活动。在泗县新建的文庙广场、泗州体育广场、登达雅苑广场、府前广场、东方广场等地，每天晚上均有群众自发组织的健身舞蹈、羽毛球、戏曲演唱表演等群众文体活动。前来休闲娱乐锻炼的人络绎不绝，各大广场聚集的人群少则几千人，多则上万人。

泗县文化部门为丰富群众的文化生活，自1997年起，每年都在泗州体育广场举办

10至20场纳凉晚会。晚会节目一是县剧团编排，二是组织社会上文艺团体选送，三是从外省外县调演节目，省歌舞团、黄梅戏剧团、徐州青年歌舞团均曾应邀加盟演出。1997年邀请到斯里兰卡歌舞团，2005年邀请到俄罗斯歌舞团。这些有组织、上规模的群众文化活动，吸引了上万名观众参与和观看。东方广场除每年举办百部红色经典电影展映外，还聚集着众多的休闲者和民间艺人，有唱小曲、唱泗州戏、唱琴书、唱大鼓、唱京剧、唱黄梅戏等等。这些民间艺人自由组合，随聚随分，自娱自乐，形成一个个小乐队。每日晚上，吹弹拉打、吟唱歌舞，非常热闹。

泗县老年文化活动。以“老有所乐，老有所养，老有所为”为宗旨，体现社会主义新时期老年人安享晚年，其乐融融的精神风貌。泗县老年大学，自1991年至2007年，创作书画、诗词作品1.3万余首（幅），其中在国家、省市级报刊杂志发表作品4000余首（幅）；出版诗词专辑18本，其中集体出版3本，个人出版15本。另外，老年大学组织了舞蹈队、腰鼓队和文艺宣传队。每逢县里开展大型节庆活动，老年大学均有精彩节目参演。在2002年“全国‘泰迪杯’无极健身球比赛”中，获老年组优秀奖；创作演出的《金婚银发上大学》，应邀参加“第二届中国家庭文化艺术节”安徽分会场演出，并在中央电视台录制节目。2003年，泗县参加市艺术节，在老年文艺调演中，老年大学创作演出的《老树新花》获一等奖。

埇桥区社区文化活动。活动对象以中年及离退休老同志为主，文化活动包括书画、诗词、歌舞、戏曲、曲艺等。活动开展较好的有观李社区、马号社区、环宇银河绿苑社区等。其中，观李社区获“全国文化先进社区”称号，马号社区知青合唱团参加全省合唱比赛获得二等奖。

埇桥区广场文化活动。主要集中在节庆期间和市里举办的艺术节等，节目内容以腰鼓、旱船、高跷、舞龙狮等为主。

埇桥区企业文化活动。主要有华洋集团每年举办的“5·19啤酒节”，活动内容为文艺演出、踩街及企业产品宣传。

埇桥区少儿文化活动。埇桥区文联每年举办一届“少儿书画大赛”，埇桥区文化馆每年一届“宿城少儿文化艺术节”，截至2005年，成功举办八届，活动内容包括声乐、器乐、舞蹈等项目。

埇桥区老年文化活动。主要集中在社区，埇桥区老干部局长年举办书画、声乐、器乐、歌舞、太极拳、饮食等活动，并在节庆时举行展演。

第四节　文化市场管理

经市机构编制委员会批准，于2002年设立宿州市文化市场稽查队，正科级单位，为文化局所属的文化市场执法机构，事业编制5人，设队长1名；文化市场稽查队主要工作职责为贯彻执行文化市场法律法规，查处演出娱乐、网吧及互联网上网服务、电子游戏、音像制品批发、零售、出租、美术品销售、文物经营等违法行为，承担“扫黄打非”有关工作任务，监督指导各县、区文化市场执法工作。

1.开展全市互联网上网服务营业场所专项整治工作，严厉查处网吧违规接纳未成年人以及未按规定核对上网人员身份证件等违规经营行为，积极协助工商、公安加大对黑网吧的查处力度，2000年至2007年，共取缔违规经营的黑网吧15家。

2.积极开展打击侵犯知识产权和制售假冒伪劣商品专项行动，会同公安、工商等相关部门开展集中行动，加大对文化市场不间断的监督与检查，取得明显效果，2000年至2007年，执法行动开展以来，累计出动执法人员6100人次，共检查音像、网吧、歌舞厅、游戏厅等文化市场经营单位1300家次，查缴盗版音像制品9000盘（盒）、游戏机电路版180块、整机73台。

3.积极开展校园周边综合治理，加大对校园周边文化市场监管力度，对市区中小学校周边的文化市场经营单位进行反复清理，净化校园周边文化市场环境，为广大师生营造良好学习和生活环境。

4.开展平安校园、平安亚运等专项整治工作，对市区歌舞娱乐、电子游戏、网吧、营业性演出等文化经营单位进行全方位执法检查，由于加大检查和处罚力度，经营秩序良好。

5.开展文化娱乐场所消防安全大检查，督促经营单位建立健全消防安全规章制度和消防安全责任制，牢固树立文化市场安全生产警钟长鸣，教育从业人员增强安全防火意识，做到熟练正确操作消防器材，检查中坚决做到安全隐患不留死角，杜绝文化娱乐场所安全事故的发生。

6.为进一步加强文化市场行政执法队伍建设，努力提高执法队伍综合素质和业务技能，组织开展全市文化市场行政执法人员法律法规培训及行政执法技能大赛，通过培训努力打造一支政治坚定、业务精通、作风优良、纪律严明、行为规范、保障有力的文化市场行政执法队伍。

第五节　文物保护

一、组织机构

（一）宿州市文物管理所

宿州市文物管理所的前身为宿县文物工作组，时属宿县革委会文化局，成立于1979年，编制2人，主管全县文物工作。1986年1月30日，正式更名为宿县文物管理所，编制4人，股级单位，1993年宿县和县级宿州市合并时，使用“宿州市文物管理所”称谓。根据国函〔1998〕102号《国务院关于同意撤销宿县地区设立地级宿州市的批复》，1999年12月1日，中共宿县地委宿县地区行署《关于地改市后市、区事权划分机构调整若干问题的决定》，将埇桥区文化局所属的文物所整建制划归为市文化局管理，“宿州市文物管理所”一名沿用至今，编制12人，正科级建制全额拨款事业单位。

（二）文物管理委员会办公室

1991年1月4日，经宿县人民政府批准，成立“宿县文物指导委员会”，下设办公室，办公地点设在文物管理所。宿县、原宿州市合并后，于1993年9月3日，经宿州市人民政府办公室宿办秘〔1993〕63号文件批准，启用“宿州市文物管理委员会”和

“宿州市文物管理委员会办公室”印章，又于1995年5月25日，刻制“宿州市文物管理委员会”钢印一枚。2005年11月23日，由市政府主持，再次成立“宿州市文物管理委员会”，有17个成员单位，各司其职、分工明确，下设办公室，办公地点设在宿州市文物管理所。

二、地面文物概况

宿州市地处皖北平原，下辖四县一区。历史悠久，文化资源丰富，古文化遗址和古墓群分布密集，发现各类不可移动文物点1542处。宿州市有全国重点文物保护单位1处：萧县蔡洼淮海战役总前委旧址；安徽省重点文物保护单位15处：陈胜、吴广起义旧址、蕲县古城遗址、杨庄林探花府、褚兰九女坟汉画像石墓、闵子骞祠及墓、小山口遗址、古台寺遗址、萧县文庙、花甲寺遗址、白土寨遗址、灵璧虞姬墓、玉石山遗址、磬石山摩崖造像、泗县文庙大成殿、砀山天主教堂；市级文物保护单位10处：灵璧县正学书院、垓下古战场遗址，萧县瑞云寺、天门寺、圣泉寺、金寨遗址、祖庄铸钱遗址、砀山清真寺、宿州市福音堂（含赛珍珠故居）及民爱医院（市立医院内）、隋唐大运河遗址。县级文物保护单位67处。宿州市的地面文物特点是：类型多样、分布密集、范围广、时代早、延续性强。

三、馆藏文物情况

宿州市馆藏文物总数2万多件。全市馆藏文物已鉴定10963件（套），国家珍贵文物1475件（套），其中一级文物24件、二级文物74件、三级文物1377件。配合宿州市基本建设进行考古发掘，又出土文物1万余件，特别是宿州市城区的大运河遗址，两次抢救性考古发掘，出土文物完整和可修复文物近5000件。宿州市馆藏文物以新石器时代玉器、汉代玉器、汉画像石、汉代青铜器和唐宋元时期瓷器为代表，其中精品众多，极具文物价值，特别是汉画像石和大运河遗址出土的唐宋元时期瓷器，在安徽省乃至全国都占有重要地位。

第六节　电影放映与图书发行

一、电影放映

宿州市电影放映工作起源于20世纪60年代初，随着1961年宿县地区电影公司成立，宿城相继建成人民电影院、东方红电影院、宿州大戏院、曙光电影院等6家影剧院。原宿县地区所辖的8个县，每个县均设1家电影公司、1家影院及1个剧场。这些县级电影公司和影院，担负着各乡镇的电影放映管理工作，其中，镇村级影剧院16家、农村放映队297个，覆盖全地区，形成电影发行放映网络，全区电影从业人员达2000多人。此项工作担负着宣传党的方针政策，丰富城乡人民群众的精神生活的作用。

20世纪80年代，电视、网络等新型传媒工具的大量应用，逐步取代电影放映，全市整个电影市场全面瘫痪。加之城市化进程的快速发展，宿州市原6家影剧院，因长期闲置，得不到发展，被迫全部拆迁。

90年代，新农村建设工程开展，解决农民看电影难的问题，是加强农村文化建设，发展农村电影事业，满足广大农村人民群众日益增长的精神文化需求的一项重点文化工程。宿州市落实1998年文化部、国家广播电影电视总局提出的农村电影放映“2131”目标，即在21世纪初，在广大农村实现一村一月放映一场电影的目标。截至2007年，全市农村的电影网络得到全面恢复，且确保每个自然村，每个月均能看到一场公益电影。

二、图书发行

2004年3月26日，正式挂牌成立宿州新华书店有限公司。隶属于安徽新华发行（集团）控股有限公司，是宿州市唯一的国有文化企业。

公司坐落在宿州市淮海中路繁华的商业地段，下辖砀山、萧县、泗县、灵璧四个分公司，注册资金5797.99万元。公司内部设有办公室、人力资源部、计划财务部、市场拓展部、信息技术部、纪检监察室、工会等管理机构，并设有教材发行部、卖场营销部、物业管理三个经营机构。有员工266人，其中大专以上学历248人。

公司主要经营图书、音像、教材教辅、电子出版物、电子产品，同时承担全市中小学的教材发行任务。在经营主业的同时，建立了“一业为主、多业并举、相互促进”的多元化产业结构，兼营文化用品物业管理等项目。

随着改革开放的不断深入，图书市场竞争愈加激烈。公司及时抓住机遇，转变经营思路，齐心协力、狠抓管理，本着“大力传播知识、强化服务社会”和“在竞争中求生存、在探索中谋发展”的经营理念，充分发挥规模经营优势和员工的能动性，大步跨上坚实的改革创新之路。自1989年至2007年，公司本部和所辖四个分公司的各项经营管理指标连续多年在全省系统中名列前茅。1999年至2006年连续八年获“全省新华书店经营管理目标先进单位”称号。2006年2月，被省人事厅、新闻出版局授予“全省新闻出版系统先进单位”称号；9月，被团中央等13家部委、局授予全国“优秀青少年维权岗”荣誉称号；2005年被安徽省版权局授予“正版产品销售示范单位”称号；2003年和2005年分别被安徽省劳动和社会保障厅授予“安徽省劳动保障管理信得过单位”和“安徽省劳动保障管理示范单位”称号。所辖砀山分公司2000年被新闻出版总署评为“全国农村图书发行先进单位”；泗县分公司2001年和2003年连续被新闻出版署授予“全国书刊发行行业双优单位”称号，连续被省委、省政府授予安徽省第四、第五、第六届“文明单位”。公司本部连续六届被宿州市委、宿州市人民政府授予“文明单位”称号。

为适应改革的逐步深入发展，更好地为宿州市广大人民群众提供舒适文雅的购书环境，公司经过认真调研，自筹资金兴建一座总面积达5600平方米集办公、营销、多元经营于一体的八层现代化综合营业大楼，同时安装了同步电梯。综合营业大楼建成后，又在道东兴建能容纳全市（包括埇桥区）各乡镇中小学教材仓库，面积为1570.27平方米，保障教材的及时供应。

为贯彻落实国家文化大繁荣、大发展的重要举措，根据安徽新华发行集团关于建设校园书店的战略部署，更好地服务学校、方便学生，积极为广大师生提供内容健康、格调高雅、适应发展的优质图书，经与宿州二中协商，由该校提供100多平方米的场地，作为校园书店。校园书店开业后，受到学校师生及政府的一致好评。

在拓宽发展渠道，面向基础服务方面，公司不仅在本部扩大经营规模，下属四个分公司也先后扩建图书经营场所。泗县分公司于1998年和2008年，分别在县城中心地段建设两处总面积1301.92平方米的综合营业大楼；灵璧分公司于2001年，在县城中心地段建成1672平方米的图书城；砀山分公司于2002年在县城繁华地段建成总面积为1120平方米的图书城；萧县分公司于2007年，在县城繁华商业地段建成一座最具规模的总面积为1634.63平方米的现代化图书城，为城市广大读者提供方便。

公司根据当地文化需求，及时增添新的图书、音像品种。建成14个混业经营的“便民店”，为农村的经济、文化建设做出贡献。门市图书卖场的图书、音像品种由2005年的3万多种增加到2007年的6万多种，极大地满足多层次读者需要。

1990—2007年图书销售情况表

表4-3-1

年份	销售额（万元）	年份	销售额（万元）
1990	1854.07	1991	2030.76
1992	2346.41	1993	2713.06
1994	3414.48	1995	5069.74
1996	8300.08	1997	10392.41
1998	12426.06	1999	13728.68
2000	13305.87	2001	15511.96
2002	14037.24	2003	14999.99
2004	15723.93	2005	16964.30
2006	18483.29	2007	20169.19

第七节　考古发掘

一、连霍高速公路建设中的考古发掘

1999—2001年，为配合连霍高速公路安徽省萧县段工程建设，安徽省文物考古研究所受安徽省文物局委派，会同宿州市文物管理所、萧县文物管理所联合组成考古队，对工程建设中发现的古墓葬进行了抢救性发掘。共发掘墓葬318座，以两汉墓葬为主，另有少量战国和唐宋时期的墓葬。出土器物近千件，出土器物有陶、釉陶、玉、石、漆木、骨、铜、铁等。其中以陶器居多，主要有鼎、豆、罐、壶及明器等。铜器有镜、钱币、盆、印章等。铁器有刀、剑、灯、铲、钉。玉器有璧、琀、塞。

连霍高速考古发掘主要有以下五个发掘区。1.张村发掘区。位于萧县县城东南部白土镇张村村北山坡上。1999年1月至4月，安徽省文物考古研究所和萧县文物管理所对该墓区进行发掘，发掘面积约1.35万平方米，发掘墓葬22座，土圹墓19座、砖室墓3座。其中，两汉时期墓葬13座。2.冯楼发掘区。位于萧县县城东南白土镇冯楼村村南

山坡上。1999年1月至5月安徽省文物考古研究所与宿州市文物管理所、萧县文物管理所联合组成考古队，对墓地进行抢救性考古发掘。发掘面积约4.8万平方米，发掘墓葬88座，其中土圹墓葬51座、砖室墓37座，除M64为战国时期墓葬外，余均为两汉时期墓葬。3.王山窝发掘区。位于萧县县城西南部丁里镇王山窝自然村村北山坡上。1999年6月至8月，对工程建设取土过程中发现的古墓葬进行抢救性考古发掘。发掘面积约1.6万平方米，此次发掘墓葬50座，均为砖室和砖石结构墓葬。除M35为唐宋时期墓葬外，余均为两汉时期墓葬，多数墓葬遭不同程度破坏。4.破阁发掘区。位于萧县县城西南部孙圩子乡破阁村东南山坡上。1999年12月至2000年4月，安徽省文物考古研究所与宿州市文物管理所、萧县文物管理所联合组成考古队，对工程建设取土过程中发现的古墓葬进行抢救性发掘。发掘面积约4.1万平方米。发掘墓葬114座，其中土圹墓77座、砖室墓20座、砖石结构17座。5.车牛返发掘区。位于萧县县城西南杜楼镇车牛返自然村东山坡上。2000年9月至2001年4月，安徽省文物考古研究所与宿州市文物管理所、萧县文物管理所联合组成考古队，对工程建设取土过程中发现的古墓葬进行抢救性考古发掘。发掘面积约2.3万平方米，发掘墓葬44座，其中土圹墓25座、砖室墓12座、砖石结构墓7座，除M31、M34和M36为唐宋时期墓葬，余均为两汉时期墓葬。

二、宿州王楼遗址考古发掘

2004年10月中旬至2005年4月底，为配合位于埇桥区符离镇王楼村的宿州电厂工程建设，安徽省文物考古研究所协同宿州市文物管理所组成考古队，对电厂一期厂址、二期煤场范围进行抢救性发掘。经过近6个月紧张有序的工作，累计进行考古勘探面积31.7万平方米，发掘古遗址700多平方米，清理古墓葬152座、水井5口、房址1处、窑址1处。出土各类文物100多件。

发掘的152座墓葬，多为二次葬，方向以南北向居多，排列有序，其结构有砖室墓、石室墓、土坑墓三种。砖室墓占总数的三分之二，其形式多样，最具有特点和研究价值，形式有船形、蝉形、腰鼓形、马蹄形、圆形、长方形、龟形等，保存比较完整。部分墓室内壁有仿木建筑结构，制作考究，主题内容多是反映墓主生前居住环境及部分生活用具，主要是用砖镶砌出立柱、斗拱、棂窗、门扇等建筑构件及桌椅床柜等家具形状。M106的西壁上有阴刻的剪刀，东壁刻有礁斗等。M64用砖砌出斗拱前檐，反映了高超的建筑水平。大多数墓室内骨骼叠压错落在一起，其骨架1-7具不等。发掘的这批墓葬，时代多在北宋晚期至金代。

遗址主要是新石器时代、汉及唐宋时期的遗存，发现了新石器时代灰坑、灶坑和汉代房址及唐宋时期的灰坑、窑址、水井。出土大汶口文化晚期陶器标本，扁凿形鼎足等具有典型皖北地区特色。

出土器物100多件，有陶器、瓷器、石器、铜器等。陶器均为常见的鼎、罐、盆、杯等生活用具；瓷器有四系黄釉瓶、罐、执壶、白釉碗等；石器有镞、纺轮等；还有较多唐、宋、金铜钱币。出土一些较为珍贵的文物，如白釉刻花缠枝牡丹碗，制作规整，纹饰精美。酱釉高足盘、黄釉执壶、青釉印花碗，纹饰细腻。铜镜3面，其中一面带“千秋万岁”铭，是五代、宋初的典型铜镜。

配合华电宿州电厂的考古发掘，面积大，遗址时代跨度大、延续长，文化内涵丰富，具有重要研究价值。大量集中的宋金时期二次葬的发现在安徽省还是首次，墓葬形制丰富多样，值得深入研究，对于研究宋金时期的葬俗、葬制、建筑技术及当时的民族融合和政治经济有着重要作用。这次发掘提供了多方面的研究实物资料，对于补史证史也有重要作用。2005年5月至7月，安徽省考古研究所和宿州市文物管理所对发掘资料进行整理，发掘报告在国家级专业刊物《东南文化》上发表。

三、蕲县古城考古勘探和发掘

蕲县古城位于埇桥区蕲县镇，浍河北岸，位于宿州市区南30千米。该城近方形，总面积约1平方千米，东、西、北面城墙形状基本完整，南面城墙临浍河，残存较少，城墙外建有护城河。2005年4月至8月，为配合淮北矿业集团宿州蕲南矿建设，安徽省考古研究所和宿州市文物管理所对蕲县古城墙进行考古勘探和发掘。通过考古勘探掌握了古城墙内外分布和基本结构。在勘探的基础上，对西城墙中部进行了考古发掘，发现城门一处，夯土台一处，在城墙内侧发现一条水沟。出土了大量陶器、瓷器及少量青铜器、骨器等各类文物，器型有罐、壶、碗、骨簪、瓦当、铜箭镞。通过此次考古勘探和发掘，结合出土文物分析，了解蕲县古城墙的始建年代为战国时期，并一直沿续到元代，蕲县古城存续时间约1500余年。元世祖至元二年（1265年），蕲县废置，变为宿州辖区的一个集镇，伴随着蕲县政治地位下降，城墙防卫功能下降，逐渐废弃，明初则被拆除。此次考古勘探与发掘为全面了解蕲县古城的平面布局、使用年代及功用提供了可靠的实物材料。

四、宿州市西关大街隋唐大运河遗址考古发掘

2006年4月至8月，为配合宿州市埇桥区西关大街东段开发建设，安徽省考古研究所和宿州市文物所联合组成考古队对位于建设用地范围内的隋唐大运河遗址进行考古发掘。考古勘探面积2万平方米，发掘大运河遗址600平方米，清理水井4眼、墓葬1座、灰坑1个，出土各类珍贵文物1500余件及大量陶瓷片，取得了重大考古收获。

此次发掘首次完整科学地解剖了隋唐大运河通济渠段的基本结构。发掘地点大运河河口宽32米左右、河底宽约20米、深近6米，南堤较完整，北堤残存，南北相对高度落差1米。通过发掘基本了解隋唐大运河开凿技术、疏浚、使用等信息。

西关大街隋唐大运河遗址考古发掘出土文物种类繁多，主要是瓷器，同时发现陶器、铜器、玉器、琉璃器等。器型主要有：碗、钵、盘、盏、盆、罐、瓶、坛等生活用品类；药碾、压舌板、脉枕等医类用具；哨、动物模型、堆塑等玩具类。出土瓷器涉及唐宋时期著名窑口近20个，有寿州窑、长沙窑、越窑、吉州窑、定窑、耀州窑等。其中磁州窑珍珠地花卉白釉钵、巩县窑绞胎枕、三彩枕、长沙窑褐釉象座枕等造型典雅、工艺精，是不可多得的文物精品。

为展示大运河出土文物，让更多的人认识大运河、了解大运河，2006年9月20日至27日在宿州市展览馆举行大运河出土文物精品展。

五、宿州市埇上嘉院隋唐大运河遗址考古发掘

2007年4月至8月，为配合宿州市埇桥区老城区埇上嘉院开发建设，安徽省考古研究所和宿州市文物所联合组成考古队对位于建设用地范围内的隋唐大运河遗址进行考古发掘。

埇上嘉院隋唐大运河遗址发掘面积464平方米。通过发掘揭示出该段完整的大运河断面，大运河河道宽26.6米，河底深11.5米，河道内填土可分为9层，其中1—3层属近现代到南宋时期，4—6层分属北宋早中晚期，7—8层属唐代时期，9层为隋时期。

本次发掘的主要收获体现在以下几个方面：1.军事壁垒：在探方东壁的中部的南宋地层中，发掘出数块加工过的石板东西向堆砌成战壕状的遗迹，其周围发现30多个大小不等的擂石（应为作战用的），故推测其为军事建筑壁。2.宋代码头：该码头位于河道两侧，南北对称，加工过石板错缝顺砌、灰浆粘缝。码头间距20米，砌筑在夯土上，夯土中夹木桩，分层夯筑。南侧长2米、宽1.3米、深2米。北侧长2米、宽2米、深1.05米。码头周侧有保护码头的木排，上下叠压二层，北坡计26根原木，最大直径32厘米。3.宋代木船：东西向，头西尾东，船体残长12.7米、宽2.4米、厚5厘米。船体大部分构件已残，船底板部分保存完好，靠船尾部有三根加工过的木条均匀摆放在底板平面上。船板底部出土10余件北宋中期遗物，表明船的年代应为北宋中期或早期。4.出土遗物：本次发掘出土陶、瓷、木、石器2300余件及大量陶瓷片等。主要是瓷器，器型有：碗、钵、盘、盏、盆、罐、瓶、坛等生活用品类；礌石、锚石锭、船等工具类，时代自隋唐至元。出土瓷器涉及隋唐至宋元时期全国南北方众多窑口，有定窑、建窑、龙泉窑、吉州窑、景德镇窑、临汝窑、长沙窑、肖窑等，其中不乏珍品。

宿州市埇上嘉院隋唐大运河遗址的发掘科学地揭示了大运河河道以及码头的结构，大量精美遗物的出土为大运河使用状况的研究和瓷器的研究提供了重要资料。

第四章　广播电视报刊

第一节　机构　体制

一、机构沿革

1984年，宿县地区行署、宿州市及各县的“广播事业局”更名为“广播电视局”。宿州市、泗县、灵璧县等广播电视局纳入县市政府组成机构。

宿县行署广播电视局内设人秘科、宣传科、技术管理科、音像市场管理科。先后下辖电台、电视台、转播电台、广播电视报社、宿县地区广播电视器材公司、宿县地区音像制品发行站等。

1992年年底，国务院决定撤销宿县建制，合并为新的县级宿州市，市、县广播电视机构也全建制合并，成立新的县级宿州市广播电视局。

1998年，地委决定：县级宿州市广播电视局“实行整建制上划，对口合并。即宿州市的广播电视局和宿县地区行署广播电视局机关合并，播出机构对应合并。宿州市局所属其他机构全建制划归为宿县地区行署广播电视局局属机构，由地区局领导和管理。”（宿地办［1998］9号文）。至此，宿城设立三个广播电视机构的现象得到了彻底解决。

1999年5月，撤地建市，省辖宿州市正式成立，宿县地区广播电视局更名为宿州市广播电视局。

市广播电视局内设人事科、办公室、总编室、社会管理科、科技事业科5个科室。鉴于地市合并后机构较大，人员较多，党员已超过130名，经批准于1999年成立“中国共产党宿州市广播电视局机关党委”。宿州市广播电视局下辖宿州人民广播电台、宿州电视台、宿州有线电视台，单位级别全部为副县级，独立法人机构。2001年8月，有线电视台改称为有线电视网络中心，2005年9月全建制转让给安徽省广播电视信息网络股份有限公司，成立“安广网络宿州分公司”，同时撤销宿州市有线电视网络中心。

1999年，启动广播电视中心建设工程。广播电视中心主楼设计19层，设有广播电视600、250、100、80平方米演播室各一个，各类制作、播出、办公用房，总设计面积1.8万余平方米。

2007年，宿州市广播电视局、宿州人民广播电台、宿州电视台除发射机构外，全部迁入广播电视中心办公。

二、管理体制

（一）行政管理

1986年前，宿县地区本身不设播出机构，宿县地区广播电视局是纯管理机构，负责对下属科室和下属单位的管理，并承担对所属县（市）广播电视局的业务领导。财政体制改革前，县（市）及县以上广播电视机构的日常经费由国家供给，纳入国家财政预算。地区广播电视局负责管理各县市广播电视的财政预算、财政拨款和计划物资分配。县（市）广播事业局一直属地方政府和地区广播电视局双重领导。

（二）宣传管理

为有效地管理宣传工作，1998年前，原地区广播电视局设宣传科，原宿州市广播电视局设立局总编室，负责管理、协调宣传工作。宣传科和总编室协助局长做好宣传工作管理，负责两台节目编排审查、大型宣传活动组织、策划和协调，重点栏目的参与和把关及局领导安排的其他事宜。

1.建立机关监听监视制度。为牢牢把握正确的舆论导向，弘扬主旋律，监督指导局直电台、电视台、广电报，切实提高节目和出版质量，围绕中心，服务大局，1998年，宿州市广播电视局制定局机关工作人员监听监视制度。规定局机关工作人员监听监视必须利用业余时间，每人每月监听监视要在12次以上，每次不少于1小时。每月底前，每人要写一份500字以上的监听监视报告。报告要有分析，有具体意见或建议。每月进行一次综合评奖汇总反馈。

2.开展大练兵活动。根据省委宣传部和省广播电影电视局的要求，自2005年3月，在全市广播电视系统开展大练兵活动。举办大练兵专题讲座。多次举办各种形式的专业技术讲座，市局领导、各单位负责人担任主讲任务。聘请宿州学院汉语言文学专业的教授、副教授作《现代汉语》《形式逻辑》《语法修辞》专题讲座。举行大练兵活动演讲比赛和全市广播电视主持人大赛。主持人大赛通过基础知识和专业知识两部分比赛，评出全市广播电视主持人一等奖2名，二等奖4名，三等奖7名。组织广播电视节目观摩讲评。针对在节目阅评中发现的节目质量问题和播出中存在的问题，随机录制一部分广播电视节目，于月初召集电台、电视台、报社等相关单位编、采、制、播有关负责人和业务骨干，集中播放节目，观摩座谈，请大家提问题、找缺点、讲看法，在提高节目质量和工作人员素质方面起到较大作用。

3.建立新闻宣传工作10项制度。为更好地贯彻落实市委、市政府关于进一步加强新闻宣传工作的要求，更好地落实中央、省和市委宣传部关于新闻宣传工作的有关规章，更好地明确广电系统新闻宣传工作规范，2005年5月制定《宿州市广电局新闻宣传工作制度》。

（1）新闻宣传分工负责制度。新闻宣传工作是市广播电视工作的中心，局长为第一责任人，分管局长具体负责统一管理广电系统的新闻宣传工作；局总编室在分管局长领导下，负责对外和对本系统单位间的新闻宣传监督协调工作；本系统各单位的分管负责同志主要是抓好内部管理，严格执行宣传纪律，努力提高新闻宣传水平。

（2）新闻信息通联制度。①每周与市五大班子办公室联系一次，由市局总编室负责每周一上午联系，接受办公室分管新闻宣传负责同志的指示，向特约通联员取有关材料；②市各主要工作部门确定通联员，每月提供报道要点；③各县局每日督促所属台向市台报送新闻；④局总编室负责组织专职和兼职通联队伍；⑤每年召开一次通联工作会议。

（3）新闻通气会制度。每周二上午9点召开由局直电台、电视台、广电报社分管负责人、总编室、新闻部主任参加的新闻通气会，通报中央和省委的重要部署，通报近期市委、市政府、市人大、市政协、市纪委近期的工作要点，通报各地各部门近期报道计划和安排，讨论新闻单位需要协商解决的问题。遇到紧急情况可随时召开新闻通气会。

（4）新闻宣传监听监视制度。建立“内监”（局机关监听监视组和台监听监视组）和“外监”（离退休干部和社会各界人士监听监视组）两个监听监视组。局机关监听监视组每周一上午汇总上周的监听监视情况，局总编室在周二新闻通气会上向各台、报通报；各台监听监视组每天上午汇报前一天的监听监视情况，并同时提出监听监视建议，离退休干部和社会各界人士监听监视组每月一日集中在局会议室交流监听监视情况，由局总编室整理后反馈到各单位。

（5）新闻阅评制度。每月月初，召开新闻节目阅评会，随机阅评上月广播电视节目，重点是新闻、专题节目。总编室负责整理阅评意见，及时反馈各单位，阅评意见还要刊登在《宿州广播电视报》上。对阅评会提出的意见和建议，各台要及时研究改进，对屡提不改的，要在下次阅评会上说明原因。参加新闻阅评人员：分管台长、总编室主任、新闻部主任、专题部主任和特邀阅评员。阅评内容要注意新闻和专题结合、广播电视结合、阅和评结合。

（6）新闻宣传信息反馈制度。多渠道获取新闻宣传信息，向全社会公布电台、电视台、广电报社和部分重要栏目的联系电话、地址和电子信箱网址，各单位安排专人值班；多渠道征询社会各界对广播电视节目的意见和建议。公布局和台总编室的联系电话、地址和电子信箱网址，组织专人收集汇总；通过互联网建立新闻信息定向反馈系统，向市直各有关单位和通讯员发送报道要点，征询意见，互通信息。

（7）重要新闻报审制度。下列内容须向党委宣传部、局或有关部门报审：新闻敏感性强的热门话题、专题、专栏或节目选题；重大意外事件、突发事件的报道；涉及党委政府重大决策、重要会议、重要活动、全局工作评价性的报道或重要评论。

（8）新闻宣传奖惩制度。每年评选一次“宿州广播电视新闻奖”；适时开展新闻宣传工作先进集体、新闻宣传工作先进个人评奖活动；进一步拓宽和完善宿州市广播电视新闻奖奖励基金；对模范执行新闻宣传管理规定的单位和个人，局里进行通报表扬并记录备案，作为年度评先、干部考核、职务晋升、职称评聘的重要依据。

（9）新闻宣传资源共享制度。局总编室负责新闻宣传资源共享的协调通气工作，重要新闻信息及时通报各单位，安排组织社会采访，避免重复和资源浪费；各单位获取新闻信息要加强通气；对重大新闻和宣传专题，广播、电视和报纸要互相配合，努力营造全方位多侧面的宣传效果。

（10）外宣工作制度。紧紧围绕全市工作大局，全面客观地向全省、全国介绍宿州，让全省、全国了解宿州，使宿州走向全省、全国乃至全世界，为实现“两个跃升，一个崛起”营造良好的舆论环境。充分利用中央和省广播电视媒体宣传宿州，提高在这些媒体上的上稿率，努力完成和超额完成外宣任务。

4.做好节目审查、优秀节目评选工作。（1）节目审查。从1998年开始，由局长带领总编室的同志到电台、电视台对重要会议、重要活动和重要稿件进行审查。通过看、听等方式对节目导向是否正确、内容是否真实、细节是否准确、图像结构是否合理、信号质量是否符合技术规范等要素进行检查、评估，发现问题，及时解决。一般性自办节目，由分管新闻工作的副台长、总编室主任、部主任、制片人、责任编辑（专题节目的主创人员）等进行播出前审查。（2）优秀节目（作品）评选。从1986年起，按省广播电视局要求，每年进行一次广播电视系列政府奖评选活动。由县、区预评、送评，评选出的优秀节目和作品送到省、国家参评。

5.社会监督与群众调查。2004年，局里成立社会监听监视小组（离退休干部和社会各界人士组成）。离退休干部和社会各界人士监听监视组每月一日集中在局会议室交流监听监视情况，由局总编室整理后反馈到各单位。

向党政机关、学校、部队、公安、工厂、农村等方面聘请7名行风建设评议监督员，及时对宿州人民广播电台、宿州电视台行风进行监督。

三、社会管理

（一）行政执法管理

1986年，随着录像放映队伍的不断增加，宿县地区广播电视局开展音像管理工作，开始由宣传科代管，后正式成立音像市场管理科。各县（市）设音像管理站。具体负责本行政区域的录音、录像及录像放映管理。对社会上的音像放映单位及个人放映点进行管理监督，对社会上的音像制品出租及零售商店进行监督管理。同时，地区和部分县（市）广电局设音像发行站，和音像管理一个机构，两块牌子。地区广电局音像发行站负责本地区的音像发行工作。

1998年，地市广播电视系统合并后，地区广播电视局设立社会管理科，负责宿县地区的广播电视社会管理工作。各县相继设社会管理股，负责本县（区）广播电视社会管理。

按照三定方案，宿县地区社会管理科的职能是：对全区的个人及单位卫星电视地面接收设施进行管理、颁发许可证、监督检查；对全区的播出机构播出内容、各种参数及所播放的电视剧版权进行监督；对全区播出机构播出的各类医药、医疗、食品、化妆品等广告依照国家有关规定进行监督检查；对全区的广播电视行政执法人员进行监督、检查、培训；按照国务院有关法律、法规及规章及时处理全区在广播电视方面所发生的案件，保证全区广播电视健康有序的发展。

（二）录像放映管理

1984年开始，顺应录像市场的开放，各县和地区先后建立录像放映队，从事经营性录像放映工作，随着录像放映队伍的不断扩大，从1985年起，各县（市）相继建立音像发行管理站。

1996年10月，宿县地区音像放映管理职能全部划归地区文化系统管理。地区音像发行管理站依然存在，主要从事音像发行、音像资料馆和音像社会管理工作。

四、技术管理

（一）无线广播电视技术管理

1984年以后，按照广播电视无线覆盖规划要求，根据辖区内各级的事业发展需求，完成各级电台、电视（转播）台的报批手续。如各县（市）的广播站改台，乡镇电视转播台，市电台、电视台的报批。

1996—1998年，为了解决农村有线广播使用专线传输费用高、维护难、常响率低的问题，报请省厅批准同意乡镇使用小功率调频，无线发射传输乡镇广播信号。

长期负责对辖区内广播电视无线电波互相干扰和遭遇干扰及广播干扰其他问题，依照法规进行协调和查处。对系统内使用广播电视专用频段外的设备产生的干扰或被干扰，配合无线电管理部门进行查处。

（二）广播电视设施维护

依照国家广播电影电视总局（部）《技术维护管理竞赛评比办法》《国家广播电影电视总局技术维护奖励办法》，对辖区内各台的播出运行及技术维护情况实行月统计、季度上报制度。每年对停播率低的台及技术维护工作突出的集体和个人进行评先表彰。2005年，根据总局、省局要求，全市各级广播电视部门制定广播电视安全播出应急预案。在每年省局（厅）组织的技术维护评比、技术能手竞赛、节目制作技术评比等活动中，获得较好成绩。

（三）技术革新与技术进步

1984年，地区广播电视局提出实施以地区为中心至各县（市）的广播电视微波传输网工程项目建设，重点解决各县（市）电视转播台及广播站信号源问题。工程项目得到地委、行署的高度重视，专门筹措资金，购买微波设备。广播电视微波传输网新建7个微波站（地区中心站、灵璧站、泗县站、淮北704台中继站、黄口中继站、砀山站、萧县站），其中灵璧、砀山两县配合微波站建设，对电视台实行整体搬迁。初建微波传输网时，由于资金问题，购买6套北京广播器材厂援外速调管微波设备。下传1套电视、8路广播节目，各县可上传广播电视信号开电视电话会议。1988年，开通东线（至灵璧、泗县方向），1989年年底全线开通。项目获1990年度安徽省广播电视厅合理化建议和技术改进三等奖。

1991年，实施对速调管微波设备进行固态化改造工作。项目获1994年度安徽省广播电视厅合理化建议和技术改进三等奖。

1996年，地区中波转播台多机共塔项目获安徽省广播电视厅合理化建议和技术改进三等奖。王庆波参与的“中波同频同步精密偏置技术应用”，获2005年度省广播电视厅合理化建议和技术改进一等奖。

五、职工队伍管理

（一）队伍结构和编制管理

1998年5月，地区广播电视局和宿州市广播电视局全建制合并后，有职工466人，其中干部229人，工人237人（根据档案室原登记统计，含112名宿州市乡镇广播电视站工作人员）。

1999年2月，鉴于原宿州市广播电视局与地区行署广播电视局合并，设立埇桥区广播电视办公室，作为市局的派出机构，管理区属乡镇的广播电视工作。

2001年4月20日，经宿州市委宣传部、宿州市广播电视局和埇桥区委宣传部协商，宿州市广播电视局将埇桥区乡镇广播电视站在职人员140人、待分配人员14人全部移交埇桥区宣传部管理。

经数次合并、整合，截至2007年，宿州市广播电视局有人员编制293名。其中机关行政编制21名；宿州人民广播电台副处级事业单位编制45名；宿州电视台副处级事业单位编制125名；宿州市微波站（原地区微波站）正科级事业单位，编制3名；宿州教育电视台正科级事业单位，编制25名；宿州市广播电视报社正科级事业单位，编制12名；宿州市广播电视管理服务中心，正科级事业单位，编制20名；“天波公司”（宿州市广播电视服务部）正科级事业单位，编制45名。

实有职工236人。其中，干部193人（含市管干部）、工人43人。具有专业技术职称人员165人（高级职务15人、中级职务52人、初级职务84人），事业单位管理人员13人。

（二）人才培养

宿县地区广播电视局、宿州市广播电视局及各县广播电视局都非常重视职工业务培训和在职职工的再教育问题。早在20世纪70年代，宿县专区广播网办公室就多次举办县及县以下机线员、播音员、编辑、记者培训班。全区2000多名职工都分期分批地参加培训。规模最大的一次机线员学习班有300多名职工参加，时间长达40天。

1996年6月，成立宿县地区广播电视局“宿县地区广播电视中专学校”（1999年更名宿州市广播电视学校），共开设新闻采编、电子工程大专班两个；无线电技术、家电维修中专班两个。学校采用全日制脱产或函授教学的办法，聘请广播电视系统具有中级职称以上人员和宿州师专讲师职称以上人员授课。截至2007年，为宿州市广播电视系统培养专业人才900余人。

第二节 广 播

一、机构改革

宿州人民广播电台是由宿县人民广播电台、（原县级市）宿州市人民广播电台和宿县地区人民广播电台先后合并而成。

1955年3月，宿县人民广播站经安徽省人民政府正式批准设立。隶属于县委宣传部领导。

1958年年末，宿县人民广播站搬至县政府后院扶疏亭，利用邮电电话线路恢复部分公社的广播，每天广播3次。

1968年，利用普及农村广播网的资金，宿县人民广播站增加部分设备，架设部分线路并改善广播站的工作条件，广播站的播出工作走入正轨。

1980年4月，宿县广播站经宿县地区无线电管理委员会批准，建成功率为一瓦的调频发射台，对符离镇实行无线定向发射广播信号；1983年5月，改用5瓦调频发射机；年底，经安徽省广播电视厅批准，安装了50瓦调频电台，对全县16个区（镇）实行无线传输，呼号为“宿县人民广播电台”（107兆赫）。1984年元月，宿县人民广播电台开播，覆盖全县2793平方公里的面积。此后，先后有大店、灰古、永安、栏杆、桃园五个区建成小调频发射台，还有54个乡安装了调频接收机，直接收转县广播电台信号。

1988年，宿县广播电台的录、放、播、控设备得到更新、添置，达到部颁乙级水平。机器功率由50瓦增加到100瓦。1991年，宿县人民广播电台经中央广播电影电视部正式批准。

1986年，广播电影电视部以（1986）广地发建字598号文、省广播电视局以皖广网字（1986）第069号文批准设立宿县地区人民广播电台，是安徽省第一家地区行署所属的广播电台。事业编制10名。

1988年2月14日，宿县地区人民广播电台开始播音。每天播出两次，时间6小时。使用频率调频91.1兆赫，呼号为“宿县地区人民广播电台”。调频播出功率为50瓦，同时使用中波干扰频率播出地区台广播，频率为1250千赫，功率1000瓦，覆盖约30公里。

从1991年7月1日起，地区电台每天播出三次，早、中、晚共8个小时。

1989年10月，广播电影电视部批准宿州市建立中波人民广播电台。呼号为：“宿州人民广播电台”。指配工作频率为1098千赫，发射机功率为1千瓦。为适应中波广播电台的工作需要，购置了一批广播器材，改善了广播电台的基本装备。

1990年元旦，宿州人民广播电台中波发射台正式开始工作。这样，宿州人民广播电台就同时采用中波、调频、有线三种方式进行广播。

因1098千赫和徐州人民广播电台同频，报经广播电影电视部和省广播电视局批准，1991年，改为1071千赫。1992年宿县和县级宿州市合并，县市广播电台亦同时合并。

1998年，按中共宿县地委办公室地办发〔1998〕9号文件精神，“宿州市广播电视局机关与宿县地区广播电视局机关合并，播出机构对应合并”。宿州人民广播电台和宿县地区人民广播电台合并后，呼号依然使用“宿州人民广播电台”。1999年，经行署批准，宿州人民广播电台升格为副县级。

宿州人民广播电台在办好新闻综合频率的同时，为适应媒体改革，设立面对部分听众的“交通音乐频率”，于2003年元旦正式开播。2005年，电台开办城市音乐台，自筹资金购置了全套中心设备和3KW调频发射机，开始多种力量办广播的尝试。

二、主要业务

广电中心大楼的建成为广播电台发展奠定坚实基础，三套节目分别设立专门的直播室，另备一个80平方米录音室供生产文艺节目。直播室、文艺录音室都配备先进的以音频工作站为中心的直播设备，构建具有四套节目播出能力的广播播控中心系统，广播播出质量达到历史最高水平。

2007年，投入资金在大乾山安装新天馈系统，提高广播节目覆盖率，解决全市边远地区收听不到电台信号问题。为适应全市广大农民喜爱故事需求，投入资金利用原有设备，建立“农村故事频率”，开始试播。

宿州人民广播电台新闻综合频道，是宿州市的主流媒体之一，开办《新闻早八点》《财经聊聊吧》《宿州时间》《四民之声》《与法同行》《健康下午茶》《评书连播》《戏曲大观园》《新闻广场》《美食宿州》《七彩桥》等节目，深受广大听众关注和喜爱。

第三节　电　视

宿州电视台是由原宿县地区电视台和原宿州电视台合并而成。

1988年1月，宿县地区电视台获国家广播电影电视部批准，工作频率电视13频道，功率3000瓦。

宿县地区电视台开办初期，有编制8名，科级建制。1993年6月，经行署编委批准，地区电视台升格为副县级建制。办有《宿县地区新闻》《淮海大地》等新闻、专题类节目，播放电视剧等文艺节目。发射机房设在北关微波站，节目在编辑室制作完成后，录像带送北关发射台播出，每天播出约5小时。

为适应广播电视事业发展的需要，宿县地区广播电视局自筹资金，于1993年购买位于百惠园一栋六层大楼作为技术和办公用房。地区电台、电视台于1994年搬入新址办公。节目制作、播出、发射依然在顺河路电视巷15号机房楼（原牛奶厂大院）。

1994年7月，经省教委批准同意设立宿县地区教育电视台，地区无线电委员会同意使用电视27频道工作，批准功率3千瓦。1996年3月，宿县地区编办批准定编20人，财政定补事业单位。1999年9月10日正式开播。台址：环城北路宿州市教育局院内，节目同时在宿州有线电视台播出。1999年撤地建市后，宿县地区教育电视台更名为“宿州教育电视台”。

宿州教育电视台开办有《教育新闻》《空中课堂》《农科教天地》《智慧树》和《情系万家》等栏目。

为确保全国自上而下的广播电视信号传输安全，1997年开始筹备，1998年开工建设的国家广播电视光缆干线工程途径宿州约160公里，于1999年圆满完成施工任务，并建设光缆中继机房1座，当年投入使用，解决中央台、省台、市台广播电视信号传输和市、县电视节目回传问题。

1998年5月，按地委办公室（1998）16号文件精神，宿县地区、宿州市广播电视系统整建制合并，宿县地区电视台和宿州电视台亦同时合并。合并后电视台在百惠园广播电视大楼办公，对外呼号为“宿州电视台”。所有编采、办公机构全部迁入新址，节目制作和播出机构全部集中到顺河路电视巷15号机房楼。

1999年4月，正式启动宿州市广播电视中心工程建设。

2000年，电视台更新了部分电视采访和编辑设备。

2004年，省广电局正式批准设立宿州大乾山发射台。为解决宿州电视台新闻综合频道发射机输出功率严重不足问题，电视台投入95万元，购买日本“东芝”10千瓦电视发射机，更换大乾山发射台浙江宏远的机器，长期以来困扰电视台发射机功率不足问题得到彻底解决。宿州电视台无线覆盖半径达到100公里左右。为保证不间断播出，还配置了50千瓦发电机1台、修复改善了大乾山发射台高压供电线路，确保电视信号优质、高效传输。

2004年1月，市政府决定将宿州教育电视台划归市广电局管理，2006年，宿州教育电视台整建制划归广播电视局，节目称为“宿州电视台科教频道”。保留“宿州教育电视台”建制。

2006年，完成宿州教育电视台与宿州电视台的资源整合工作。市级广播电视机构搬迁进新广电中心，电视台更换宿州教育电视台27频道3千瓦电视发射机和天线、馈线系统，播出宿州电视台科学教育频道节目。

2007年，电视台紧紧抓住启用广播电视中心的契机，着力推进数字化改造，完成非线性编辑网络系统、四套节目的硬盘播出系统、机房监控系统、网络媒资管理系统的安装调试，使全市电视节目制作、播出、管理和发射网络系统达到国内先进水平。

第四节　报　刊

一、《拂晓报》

《拂晓报》是在无产阶级革命家、军事家、新四军第四师师长彭雪枫将军亲自倡导和组织下，于1938年9月29日创刊。抗战时期，《拂晓报》在豫皖苏边区和淮北抗日民主根据地享有盛名，同拂晓剧团、四师骑兵团一起，成为彭雪枫将军的三件宝。在抗日战争时期，《拂晓报》先后为新四军游击支队（新四军第四师最初的番号）机关报、八路军第四纵队机关报、新四军第四师机关报。新中国成立后先后为中共宿县地委机关报、中共蚌埠地委机关报、中共宿县地委机关报、中共宿州市委机关报。新中国成立后曾两度奉命停刊，1981年元月1日再次复刊。

（一）历史沿革

1938年9月29日在河南省确山县竹沟镇创刊。1939年2月在河南省永城县南书案店正式成立拂晓报社。此后大致经历了四个历史发展阶段：

抗战时期。《拂晓报》创刊之初，报社设在部队宣传科，由科长王子光兼任社长。在缺乏印刷工具和油墨纸张的情况下，彭雪枫将军发动官兵献计献策，弄到两支铁笔，两块钢板，两筒油墨，一把油刷，一块木板和半筒“高乐牌”蜡纸。靠这些最原始最简陋的设备，由阿乐、易河、单斐三位年轻人办起了报纸。“拂晓”代表光明就要来临的意思。在创刊号上，彭雪枫将军亲笔挥毫为《拂晓报》题写报头，并撰写题为《拂晓报——我们的良友》的创刊词。1939年春，《拂晓报》从宣传科分立出来，成立拂晓报社，王少庸任社长。《拂晓报》由最初印刷出版一二百份，随着部队影响力的不断扩大，报纸印数逐渐增加到两千余份。1939年年初，按照彭雪枫指示要求，《拂晓报》出版首期《拂晓副刊》，十六开油印竖排版。1939年12月，在《拂晓报》迎来百期纪念之时，毛泽东、刘少奇、张闻天、王稼祥等中央领导人相继题词。此后，新四军代军长陈毅、副军长张云逸在视察淮北根据地时也先后为《拂晓报》题词。毛主席亲笔题写：“坚持游击战争”，并在给彭雪枫将军的信中写到：“《拂晓报》看了几期，报纸办得好。祝同志们继续努力，作出更好的成绩。”

《拂晓报》在党领导下，随着豫皖苏边根据地抗日力量的发展壮大，报纸的影响力不断扩大。1940年年初，通过交通网线《拂晓报》发行到华中、华北根据地，并冲破国民党封锁延伸至重庆、桂林、昆明等国民党大后方城市。随后还通过宋庆龄主持的“保卫中国同盟”和“国际新闻社”，寄往东南亚各国，以及印度的新德里、法国的巴黎、英国的伦敦，美国的华盛顿、纽约等地。1941年皖南事变后，18集团军第四纵队改编成新四军第四师，《拂晓报》为四师机关报，由师政治部宣传部部长陈其五兼任社长。1943年1月，《拂晓报》与淮北区党委的《人民报》合并，成为中共淮北区党委机关报，由区党委宣传部部长冯定兼任社长。1943年5月1日起，报纸油印改铅印。

解放战争时期。《拂晓报》先后两次与淮北三地委机关报《团结报》合并，并出版《拂晓报》的部队版和《拂晓报》的地方版。1945年8月15日，日本侵略军无条件投降，中国人民八年抗战取得最后胜利。此时，新四军江北根据地苏中、苏北、淮南、淮北连成一片，拥有52座县城。中共中央决定撤销原四个区党委，成立中共中央华中分局，下辖8个地委，淮北路东为七地委，以《拂晓报》为机关报。同年10月，原淮北三地委的《团结报》并入《拂晓报》，由邓岗任报社社长，兼新华社华中分社七支社社长。欧远方任报社副社长，戴邦任七支社副社长。《拂晓报》出版四开四版日报。1948年根据中共中央决定，原淮北地区划为江淮二地委，以《拂晓报》为机关报，由王化东任社长，王克为总编辑，开展轰轰烈烈的淮海战役宣传报道。1949年年初淮海战役结束，宿城解放，江淮二、三地委合并，成立宿县地委，《拂晓报》作为地委机关报奉命迁入宿县城内，由地委宣传部长周宇明任社长，王克任副社长。

新中国成立后。《拂晓报》于1950年年初奉命停刊至1955年年底。1956年元月，宿县、滁县两专区合并，成立蚌埠地委，《拂晓报》复刊，《拂晓报》作为蚌埠地委机关报在蚌埠出版。1961年，蚌埠地委划分为宿县与滁县两个地委，《拂晓报》回迁宿县，仍为中共宿县地委机关报。1966年“文化大革命”开始后，报社负责人更迭频繁。1972年7月1日被迫停刊。

改革开放时期。1981年元月1日，《拂晓报》复刊，报纸为四开四版周三刊黑白铅印，仍为中共宿县地委机关报。1986年元月1日起，《拂晓报》增出周六套红版，强化各版言论专栏，贴近群众生活，办出地方特色。经省委宣传部批准，同年开始全省发行。1988年9月29日，《拂晓报》创刊50周年报庆，邀请老同志王子光、李波人、戴邦、杨居人、王维、杨琪华、单斐、王克、孟昭升来宿参加纪念大会。同时举办《拂晓报》书画、图片展，编辑出版《拂晓报五十周年纪念文集》。大会收到张爱萍、张震、萧望东、邓岗、欧远方发来的贺信、题词，收到中宣部新闻局、全国记协、省记协、省新闻学会及《解放日报》《文汇报》《新闻出版报》《安徽日报》等百余家新闻单位发来的贺信、贺匾、锦旗等。

1998年9月下旬，为纪念《拂晓报》创刊60周年，报社举办系列纪念活动。9月23日至25日，中国记协党组书记、常务副主席郑梦熊及《中国记者》《新闻战线》《新闻出版报》有关部门负责人，复旦大学、安徽师范大学、安徽大学的专家教授，共20多人应邀前来参加学术研讨会。为丰富纪念活动内容，拂晓报社编辑出版画册《闪光的足迹》和《拂晓报史回忆录》《拂晓报优秀作品选》。画册收录张爱萍将军、中共中央军委副主席张震将军等领导的题词，张震为画册题写了书名“闪光的足迹”。1999年5月，宿县地区撤地建市，《拂晓报》为中共宿州市委机关报。

（二）新闻宣传

《拂晓报》始终坚持“政治家办报”方针，全面宣传中央、省、市委的大政方针和重大部署，始终坚持团结稳定鼓劲、正面宣传为主方针，大力弘扬爱国主义、集体主义、社会主义的主旋律，坚决把好舆论导向关。

2006年2月12日，宿州市委、市政府启动工业三年倍增计划，《拂晓报》在要闻版开辟《加快工业发展，推动宿州崛起》专栏，全面展示全市工业发展成就，系统介绍全市工业经济发展中的典型经验和做法，并编发《锻造宿州立市的脊梁》《撬动宿州崛起的支点》和《奋力奏响宿州崛起的新乐章》等重头稿件，把宣传报道引向深入。与此同时，《拂晓报》不失时机地做好招商引资、全民创业和劳务输出的宣传，发稿量大，效果显著。按照物质文明、精神文明、政治文明和社会文明协调发展的要求，围绕全市园林城市创建、科学发展观大讨论和作风建设年、宿州精神大讨论等活动的开展，不断加大主题宣传报道的力度。

2007年年初，《皖北晨刊》开辟《2007，让宿州的百姓生活更美好》栏目，连续刊发涉及百姓生活的十余个部门的惠民措施。此后又从百姓角度开辟《我的2007愿望》，先后选择十余种不同境况的群众代表，让群众自己说出他们在2007年的心声。注重对弱势群体的报道，先后对20多个贫病家庭和贫困学生给予特别的关注。在采编人员的共同努力下，社会各界先后为这些贫病家庭、贫困学生捐款数十万元，为他们排扰解难，帮助他们圆上求学深造的大学梦。2007年8月，针对宿城餐饮业协会集体以“温馨提示”的方式向消费者收取“开瓶费”事件，报社对此事进行跟进式报道，报纸在显著位置连续刊发社会各界的态度和反应，终于让该协会撤掉“温馨提示”，促成问题圆满解决。对百姓反映较为强烈的其他热点问题，报纸本着客观报道、积极引导的思想，先后对宿城小街小巷道路严重毁坏，学校周边环境脏乱差，运粮河污染严重，城市噪音超标等问题进行深入采访，连续报道。上述报道引起有关方面的重视，有的问题很快得到解决，损害群众利益的事件得到及时制止，媒体舆论对不良现象和行为起到有效的监督作用。

2007年10月，中共十七大召开。报社编辑部在制定细致报道方案的基础上，先后在《拂晓报》一版开辟《辉煌宿州》《十七大报告精神解读》《贯彻十七大精神，加快宿州发展》等专栏，全面准确细致地解读中共十七大报告精神内涵，帮助广大干群学习理解和把握十七大报告精神。以落实科学发展观、构建社会主义和谐社会、全面建设小康社会所取得成效为主要内容，分民生工程、重点项目、新农村建设、党的建设等六个系列，点面结合，全方位、多角度、立体化、多层面开展十七大宣传，做到宣传成就充分实在，解读十七大报告精神准确细致，贯彻落实大会精神，正确引导社会舆论。

（三）事业发展

1981年复刊到2007年，《拂晓报》经历一个改革创新发展的历程。由铅字排版到激光照排，结束“刀耕火种”历史；由耳听、脑记、手写到使用电脑网络平台，告别纸和笔；由四开周三黑白小报到对开彩印日报；由几间低矮破旧平房到现代化的报业大楼；广告经营收入从无到有，逐年增加，实现400万元突破，《拂晓报》靠改革创新的动力，靠艰苦奋斗和几代报人坚持不懈的努力，20余年迈出了事业发展的五大步。

复刊初期，报社印刷厂采用铅字排版印刷，工作条件非常简陋。1991年元月，报社从山东潍坊引入使用激光照排系统，并培训出自己的一批技术操作人员，《拂晓报》由此告别铅与火，走向光与电。1996年12月，报社引进北京人民机器厂生产的“北人”牌高速轮转印刷机，新机器取代使用了十几年的老式印刷机，让报纸印刷技术实现了更新换代。1999年由市政府投资60万元，报社自筹60万元，共投资120万元，购置了华光彩色激光照排系统、天承电子新闻采编系统和新华社图文卫星接收系统，现代化的硬件设备，实现报纸出版网络化管理大提速。2001年9月，报社再次投入197万元，购置上海高斯彩色印报机和部分配套设备，实现《拂晓报》彩色印刷出版。

1991年8月15日，中共宿县地委批复同意《拂晓报》改办日报。1998年4月，地委书记徐立全、行署专员陈树德到报社检查指导工作，同意将《拂晓报》改为对开大报，2000年1月1日，由四开四版改为对开四版的第一张《拂晓报》正式出版。为拓展党报的宣传领域，完善报业结构，在《皖北周刊》的基础上，经过省新闻出版局批准，2004年1月1日，《皖北晨刊》正式出版面世。晨刊的办刊定位为——宿州市民的都市报，并打出“新闻传播、信息平台、生活服务、人文关怀”办刊旗帜。2007年年底，报社再次对《皖北晨刊》进行改版扩版，编辑出版四开十六版彩印报纸，并以“关注民生、反映社会、服务百姓、引领生活”办刊宗旨和众多的版面、丰富的内容、活泼的版面样式，受到广大市民欢迎。

2005年11月18日，报社新址建设正式动工。经过两年多的紧张建设，一座六层建筑面积达6200余平方米的报业大楼、三层印刷生产综合楼及占地400余平方米的纸库相继建成使用。随后投入50多万元，更新电脑设备，初步建成以《拂晓报》为主体的新闻传播“一报一厂一刊一网一中心”多媒体事业发展格局。

（四）队伍建设与管理改革

报社高度重视抓学习、抓教育，坚持“请进来、走出去”，内强素质，外树形象，抓住机遇，加强队伍建设。一是抓业务学习。根据采编人员不同业务岗位实际，订购《报纸编辑学教程》《新闻采访写作新编》《深度报道原理》等一大批业务书籍，组织开展读书活动。二是先后多次邀请省内新闻界的专家举办业务讲座。就新时期媒体发展的前瞻性问题，围绕经济新闻的采访报道、新闻现象的分析透视及精彩新闻标题的制作等，进行辅导讲座。三是组织骨干人员外出观摩学习。先后安排40余名编采业务骨干，分别到省内外市级党报媒体对口考察学习，学习借鉴外地媒体先进编采技能技巧、经营管理经验和思想观念作风。四是开展新老人员结对子拜师学艺。选择一批中级以上职称的业务骨干和采编部室的负责人，与年轻记者结对子进行传帮带，以老带新，传授方法技巧，不断总结经验教训，不断学习进取。与此同时，积极“走出去”，先后组织多名编辑记者到北京、南京、合肥等地高校进修学习，并与安徽大学新闻传播学院建立培训业务合作关系。五是开展业务研讨活动。围绕党报党性原则、马克思主义新闻观，围绕如何坚持正确的舆论导向，更好地服务中心大局，服务基层群众；如何搞好深度报道，多出精品，以及培养名编辑、名记者等重要内容，列出专题，组织开展业务理论研讨，以研讨促学习、育新风，在全报社大兴勤奋学习之风、钻研业务之风、扎实工作之风和敬业奉献之风。

改善人员结构，给报社新闻采编队伍注入生机和活力。1999年和2007年，报社两次面向社会公开招考编辑、记者、校对人员，并在全市事业单位率先改革用人机制。在体制机制上大刀阔斧地进行三项改革：即改革用人及分配体制，改革广告经营体制。在内部管理上，加强制度和机制建设，先后修订和完善《拂晓报社各部室科厂工作职责及工作目标》《拂晓报社稿件编审制度》《拂晓报社记者采访制度》以及报社工作人员定量考评、报纸好作品推荐评选、印刷厂质量管理等28项规章制度，并汇编成册。规范出版印刷各环节流程，使全报社初步形成科学、规范、高效运作机制。

二、《农村孩子报》

《农村孩子报》1985年10月13日正式创刊，时任国务委员、国防部部长张爱萍题写报头。

《农村孩子报》办报宗旨是“帮助农村孩子树立远大理想，启迪聪明才智，增长科学文化知识，丰富文化生活”。《农村孩子报》在成长的过程中，得到各级党委和政府支持，党和国家领导人及各界人士胡锦涛、胡乔木、张爱萍、雷洁琼、康克清、茅以升等都曾为《农树孩子报》题词，对报纸工作提出希望和要求。著名作家冰心、魏巍，著名漫画家华君武、英韬等都曾先后为该报题词和题写刊名。

《农村孩子报》作为全国唯一一家面向农村孩子的综合性少儿报纸，始终坚持全心全意为农村孩子服务宗旨，“为农村孩子说话，让农村孩子说话，说农村孩子的话”，注重乡土气息和儿童情趣，形成自己鲜明办报特色。

《农村孩子报》设有编辑部、办公室、发行部、广告部、新闻出版部、财务室六个部室，在职人员28人。1991年自投资金创办农村孩子报社印刷厂，固定资产上千万元。报纸由创办初期一张小学中高年级版，发展成为小学低年级版、小学中高年级版、小学作文版、中学版四张系列报纸。《农村孩子报》为周报，四开四版，彩色印刷，最高发行量曾达到42万份。

《农村孩子报》创刊20多年间，先后获首届全国少儿报刊奖；全国少儿报刊好作品编辑奖；1997年参加在北京举办的“中国少儿报刊成就展”，中央电视台一套《新闻30分》播发介绍《农树孩子报》新闻，《新闻出版报》《中国教育报》等首都媒体作采访报道。1998年、2000年连续两次被国家新闻出版署授予“全国地方报社管理先进单位”称号。2005年，获中国优秀少儿报刊奖，安徽省“十佳”报纸管理先进单位；多次被国家新闻出版署评为全国优秀少儿报纸并向全国少年儿童推荐，并指定为参加“辉煌60周年—中华人民共和国成立60周年成果展”文化展品进京参展。

三、《宿州广播电视报》

《宿州广播电视报》创刊于1992年，是以服务广播、电视受众为主的生活服务类周刊。创刊初期为四开四版，内容以广电信息、影视资讯和节目预告为主。20世纪90年代，随着广播电视事业发展，原有版面容量不能适应读者需求，经过4次改扩版，逐步实现由影视信息节目预告为主向大众生活娱乐服务为主的转变，在细化版面、扩张内容、贴近百姓、服务生活方面实现质的飞跃。2007年全新改版后，报纸以铜版纸彩印封面、杂志式包装的崭新面貌和读者见面，报纸更精美，版面更丰富，内容更贴近，特色更明显，在宿州平面媒体中独树一帜，广受读者赞誉。

《宿州广播电视报》每周28个版面：四个铜版纸封面，色彩逼真，影像清晰，装帧精美，可读性强；四个彩版，图文并茂，醒目突出，表现力强；二十个套红版面，布局严谨，相得益彰。有四个板块组成：《新闻周刊》围绕中心，贴近群众，社情民意，焦点热点，一览无余；《生活周刊》平民视角，贴近生活，衣食住行，时尚健康，应有尽有；《娱乐周刊》娱情动态，剧情明星，一周节目，一目了然；《扶疏亭》副刊，美文荟萃，文学园地，怡情养性，陶冶身心。发行覆盖四县一区及各乡镇，年发行总量达300多万份，是全市家庭入户率最高报纸，堪称“宿州家庭第一报”。

第五章 卫 生

第一节 医疗卫生体制与机构

一、管理机构

宿州市卫生局（原安徽省宿县地区行署卫生局）是宿州市主管卫生行政管理工作的主管部门。1987年前，宿县地区行署卫生局机关设有政秘科（1984年改为人秘科）、业务科（1988年改为医政科）两个科室，配工作人员14名；另设行署公费医疗办公室和地区爱国卫生运动委员会办公室两个事业编制科室，配工作人员4名。下设直属卫生事业单位有宿县地区人民医院（副县级）、宿县地区精神病院（正科级）、宿县地区中医院（正科级）、宿县地区卫生防疫站（正科级）、宿县地区妇幼保健站（正科级）、宿县地区机关公费医疗门诊部（正科级）、宿县地区药品检验所（正科级）、宿县地区医学检验中心（正科级）、宿县地区卫生学校（正科级）9家单位，编制1500余人。

1988年至1992年，宿县地区行署卫生局机关科室设置及职能发生较大变化，增设监察科，原人秘科除具有机关管理、组织人事、总务后勤等工作职能外，根据工作需要分解增设财务科、老干部科；原业务科划分设立医政科、药政科、中医科、防保科、红十字会办公室。同时，所属卫生事业单位的行政级别也有所变化，宿县地区卫校和宿县地区中医院升格为副县级单位。1993年，宿县地区人民医院和宿县地区卫校升格为正县级单位，宿县地区卫生防疫站与地区精神病院升格为副县级单位，同时宿县地区精神病院更名为宿县地区第二人民医院，宿县地区直属机关公费医疗门诊部隶属宿县地区人民医院管理。1994年，宿县地区卫生局人秘科与老干部科调整为人事科与办公室。1996年，地直机关公费医疗门诊部从宿县地区人民医院划出，脱离卫生部门，隶属于宿县地区行管局管理。1997年8月，宿县地区卫生局机关科室重新调整，财务科和地区公费医疗办公室并入局办公室，新成立局监察科。1997年10月成立宿县地区中心血站（正科级），隶属于卫生局管理。1998年，宿县地区妇幼保健站更名为宿县地区妇幼保健所。

1999年，宿县地区撤地建市，卫生局及所属卫生事业单位名称除由“安徽省宿县地区某某”变更为“宿州市某某”外，“宿县地区人民医院”名称变更为“宿州市立医院”，“宿县地区卫生学校”名称变更为“宿州卫生学校”。2002年，市卫生局将公费医疗管理职能交由市劳动局管理；将药政科、市药品检验所划出，交由市药品监督管理局管理。此外，市卫生局科室设置调整，撤销中医科，将中医管理职能划归医政科，将原防保科管理的卫生监督工作划出，成立卫生监督科，将办公室管理的计财工作划出成立计财科，将宿州市红十字会办公室交由市政府直接管理。

2002年，宿州市机构改革，市卫生局内设编制科室7个，即办公室、人事科、计财科、监察室、医政科、防保科、卫生监督科，编制人员21名；下设直属卫生事业单位9个，即宿州市立医院（正县级）、宿州卫校（正县级）、宿州市第二人民医院（副县级）、宿州市中医院（副县级）、宿州市疾病预防控制中心（2003年市卫生防疫站撤站新设，副县级）、宿州市卫生监督所（2003年市卫生防疫站撤站新设，副县级）、宿州市妇幼保健所（正科级）、宿州市中心血站（正科级）、宿州市医学检验中心（正科级），编制1600余名。

二、医疗卫生机构

（一）医疗卫生机构概况

1988年，共有各级各类医疗卫生机构477个，开设床位5418张，卫生人员7665人，其中卫生技术人员6582人；县及县以上医院12个，卫生院88个，村卫生室4010个，卫生防疫站7个，妇幼保健站（所）7个，药品检验所3个，麻风病村1个，县级卫生进修学校5个，其他卫生事业机构1个，中等医药学校1个。

1997年，全地区设有各级各类医疗卫生机构358个，开设床位6134张，卫生人员9290人，其中卫生技术人员7840人；有县以上医院13个，中心卫生院29个，乡镇卫生院79个，门诊部（所）213个，眼病防治所1个，卫生防疫站7个，妇幼保健所7个，药品检验所4个，麻风病村1个，县级卫生进修学校5个，其他卫生事业机构1个，中等医药学校1个。全地区设有村卫生室3761个，乡村医生和卫生人员4641人，农村接生员741人。

1999年宿县地区撤地建市，全市设有各级各类医疗卫生机构300个，开设床位6693张，卫生人员12291人，其中卫生技术人员10378人；县级以上医院17个，城镇街道卫生院6个，中心卫生院29个，乡镇卫生院82个，门诊部（所）136个，眼病防治所1个，卫生防疫站6个，妇幼保健站（所）6个，药品检验所6个，县（区）卫生进修学校5个，中等卫校1个，其他卫生事业机构4个。全市设有村卫生室2863个，乡村医生和卫生员5687个，农村接生人员350人。

2007年，全市设有各级各类医疗卫生机构168个，开设床位7250张，卫生人员12946人；卫生技术人员中执业医师2352人、执业助理医师1756人，注册护士3026人、药剂人员668人、检验人员532人、其他卫生技术人员2101人。全市医疗机构中，设有县以上医院18个，社区卫生服务中心6个，乡镇卫生院109个，采供血机构1个，妇幼保健所6个，专科防治所站1个，疾病预防控制中心6个，卫生监督所5个，中等卫校1个，其他卫生机构4个。

（二）重点医院介绍

宿州市立医院。宿州市立医院始建于1913年，前身是美国基督教会创办的民爱医院。是一所集医疗、教学、科研、保健、预防、康复为一体的综合性三级甲等医院，是安徽医科大学临床学院、蚌埠医学院教学医院、上海长海医院协作医院、国家爱婴医院、卫生部国际紧急救援中心网络医院。

医院有编制床位1000张，建制学科44个，其中临床医学学科31个，38个病区，1个省级临床医学重点培育学科，9个市级临床医学重点学科。医院技术力量雄厚，诊疗设备齐全，拥有核磁共振、多排螺旋CT、多探头彩色B超、钬激光治疗仪、全自动生化分析仪、C型臂、电子胃镜、电子十二指肠镜、腹腔镜、体外循环机、电子直线加速器、血液透析机、普放实现数字化等多种先进诊疗设备。

宿州市立医院是医保、新农合和多家商业保险公司定点医疗机构，是埇桥区、萧县、砀山县、灵璧县、泗县、濉溪县新农合定点医疗单位。医院坚持“病人至上，安全为天”的服务宗旨，坚持依法执业，狠抓医疗质量，确保医疗安全。先后获得全省优质护理服务先进单位、省首届院前急救大赛团体第一名、省诚信单位、市级文明单位、十佳文明窗口单位等称号。

宿州市第二人民医院。宿州市第二人民医院（原名宿县地区精神病院），始建于1966年，坐落于宿州市淮海南路与迎宾大道交叉处，交通便利，环境宜人，占地面积44亩，医疗使用面积1.7万平方米，床位设置500张。

医院科室设备齐全，拥有脑彩超、脑电地形图机、500MA进口日立胃肠X光机、全自动生化仪、进口彩色B超、心电监护除颤仪、全自动洗胃机、全自动多功能推拿牵引床和流动健康体检车等先进仪器及过硬的专家队伍。40多年来收治病人数十万例，在皖北地区享有较高声誉。科室设置有普内科、神经内科、儿科、康复科、糖尿病专科，老年病科、酒精依赖戒治、网瘾戒治、健康体检等科室，是一所集医疗、预防、保健、司法鉴定、残疾评定为一体的大专科小综合医院。为宿州市精神疾病鉴定机构，城镇居民医疗保险、新型农村合作定点医疗机构。

先后获得司法部举办的“司法文书”比赛全国第二名、全国法律服务和法律援助“先进集体”、全省司法鉴定案卷评查优秀单位等称号。

宿州市中医院。宿州市中医院是集医疗、教学、科研为一体的国家“二级甲等中医院”，承担着宿州市的医疗、保健、康复任务。医院始建于1984年，经过几十年的努力奋斗，发展成为一所专科突出、人才聚集、设备精良，具有较强竞争实力的现代化综合性中医院。

科室设置有心病科、脑病科、肝病专科、骨伤科、外科、肛肠科、妇产科、针灸科、推拿科、泌尿外科、腹腔镜外科、儿科、急诊科、神经内科、消化内科、皮肤科等20个临床科室；设有检验科、放射科、CT室、B超室、电子胃镜室、动脉硬化检测室、万倍显微仪室、心电图室、脑电图室等10个医技科室。并建有规范的职业健康体检中心。拥有国家级重点肝病专科1个，市级重点学科心血管内科、妇科、针推科、骨伤科4个，市级重点专病盆腔炎1个。

皖北煤电集团总医院。皖北煤电总医院（原名皖北矿务局职工医院），为省属大型国有企业皖北煤电集团公司企业医院。1991年建院初期仅为企业内部职工服务，1997年正式向社会开放。

医院占地面积60余亩，建筑面积3万平方米。2007年，医院床位600余张，设置有心内科、内分泌科、肾内科、呼吸内科、神经内科、儿科、新生儿科、重症医学科、心胸外科、肿瘤外科、放疗科、化疗科、普外科、神经外科、泌尿外科、骨一科、骨二科、妇产科、肛肠小儿外科、麻醉科、精神科等20多个病区。2003年挂牌为蚌埠医学院第三附属医院。

2005年，实施医院改制，总医院从皖北矿务局脱离出来，成立“皖北医院医疗集团”。改制以后，医疗集团各单位实行人、财、物统一管理，医疗资源共享，仍然承担皖北煤电数十万职工及家属的医疗、保健、工伤、急救任务。2006年，经淮北市卫生局批准正式更名为“皖北煤电集团总医院”。

中煤矿建总医院。中煤矿建总医院是一所有着40年建院史的集医疗、教学、科研、创伤急救、康复为一体的国家二级甲等综合性医院，为皖北卫生职业学院附属医院，国家安监总局矿山医疗救护淮北分中心成员单位，安徽省职业病（尘肺）、职业健康监护（粉尘）诊断定点医疗机构，市级新农合、各类医保定点和工伤、交通事故救治定点医院。总医院下辖六所分院和淮北市创伤与关节置换研究所、职业病（矽肺）防治所。占地总面积55286.88平方米。其中医疗用房面积17696.46平方米，开放床位465张，全院共设23个临床科室，15个医技科室。

拥有全新1.5T核磁共振、64排128层CT、数字化全景口腔X光机、实时四维彩超、干式生化分析仪、数字胃肠X光机、大型C臂X光机、血液透析机、电子胃肠镜、关节镜、腹腔镜、前列腺汽化电切镜、白内障超生乳化治疗仪、激光治疗仪和臭氧发生器、心脏动态监护仪、呼吸机、麻醉机等高精尖医检设备。

医院先后获得安徽省“价格诚信承诺单位”、安徽省卫生系统“先进单位”称号，连续八届获宿州市“文明单位”、淮北市“诚信医院”等称号。

第二节　卫生防疫保健

一、疾病预防控制

1988年，宿县地区卫生防疫站编制66人，全地区各级卫生防疫站有工作人员202名，区、乡镇卫生院设有卫生防疫组，形成三级卫生防疫网。1993年，地区卫生防疫站由正科级事业单位升格为副县级事业单位，内设8个科室。1999年5月，宿县地区卫生防疫站更名为宿州市卫生防疫站，其编制规格与人员不变。2003年，调整市卫生防疫站职能，撤销“宿州市卫生防疫站”，组建成立“宿州市疾病预防控制中心”与“宿州市卫生监督所”，均为副县级事业单位，其中市疾病预防控制中心编制65人，内设机构13个。

（一）疫情报告

疾病预防控制工作关系着广大人民群众的身体健康和生命安全。《中华人民共和国传染病防治法》颁布后，各级政府高度重视疾病预防工作，各级卫生部门加强疫情管理工作，落实疫情报告制度。发生疫情后，按照属地管理原则，各级医疗卫生机构及时向县（区）卫生防疫站报告。地区（市）卫生防疫站负责全区（全市）疫情管理工作规划和组织实施，对下级单位进行业务培训，对县（市、区）站和各级医院、医疗单位进行检查指导。2004年，全面实行传染病网络直报后，提高了疫情报告的及时性。

随着传染病网络直报质量的提高，漏报率减少，每年报告发病率不断小幅上升，至2007年全市甲乙类传染病报告发病率为238.1/10万，低于全省平均报告发病率。在法定传染病中，全市报告发病19种，即AIDS/HIV、病毒性肝炎、麻疹、出血热、狂犬病、乙脑、痢疾、肺结核、伤寒副伤寒、流脑、百日咳、淋病、梅毒、疟疾、流行性感冒、流行性腮腺炎、风疹、急性出血性脑膜炎、其它感染性腹泻，其中乙类14种，丙类5种，无甲类传染病报告发生。

（二）儿童计划免疫

在加强疾病预防控制工作中，重点抓好儿童计划免疫工作。1988年，全地区县级以上单位完成冷链冰箱的配置，以后逐年对农村乡镇卫生院进行冷链冰箱的配置。1995年，各县区卫生防疫站开始开设常年接种门诊。1999年实行预防接种人员资格认证制度。2001年，全市农村均实行以乡镇卫生院为接种点的定点计划免疫门诊接种。坚持儿童凭预防接种卡入托入学制度。2007年，全市儿童计划免疫“四苗”（卡介苗、脊髓灰质炎疫苗、百白破联合疫苗、麻疹减毒活疫苗）全程接种率以乡镇为单位始终保持在90%以上。从2002年起将乙肝疫苗纳入计划免疫，计划免疫疫苗增加到“五苗”。2007年，全市新生儿乙肝疫苗首针及时接种率达75%，全市基本消灭曾经严重危害人民群众健康的脊髓灰质炎、破伤风、白喉、百日咳等疾病。

（三）传染病防治

在艾滋病防治方面，开展多种形式的艾滋病防治宣传活动。多次举办党政领导干部、长途司机、外出人员、羁押场所人员及卫生系统相关人员参加的艾防知识讲座，组织防病知识电视大赛，提高艾滋病预防能力和防病知识知晓率。开展高危人群干预及艾滋病病人和孤儿孤老关怀救助工作。在结核病防治方面，2003年全市启动对涂阳或重症涂阴肺结核病人实行“减免”政策，2005年实行“肺结核防治项目管理”，每年必须完成发现率指标的报病数，通过加强主动搜索和报病奖励政策，当年报告发病率为82.01/10万。至2007年年底，全市肺结核发病率始终处于稳定状态，保持现代结核病控制策略覆盖率达100%；对于新发现的3000余名活动性肺结核病人实施免费抗结核治疗管理，新涂阳治愈率96%，涂阴病人治疗完成率99%。宿州市获“全国结核病防治先进市”称号。在疟疾防治方面，全市每年组织开展休根服药工作和“疟疾传染病清除行动”，2007年全市疟疾发病率为63.04/10万，疟疾发病率逐年下降。

（四）疾病控制建设项目

2003年“非典”疫情发生后，全市疾病预防控制体系建设加快，公共卫生体系逐步健全。2004年，全市共争取到疾病控制建设项目和传染病医疗救治体系建设项目10个，其中国债资金地方配套资金6000余万元。2007年年底，所有建设项目已经全面完成，建筑房屋面积达3.38万平方米，其中市传染病院和县传染病区项目5个，建筑面积1.72万平方米，设立床位290张；市与县疾控中心项目5个，建筑面积1.66万平方米。加强疫情监测报告体系建设，形成覆盖全市城乡的疫情监测网络，实现“一个平台、两个延伸、三个连接”，即乡有电脑，村、社区有电话延伸，疾控与医院之间、各级卫生部门之间、卫生部门与政府之间有相互连接的卫生信息网络报告体系。县以上疾病预防控制中心均独立运行，各乡镇卫生院明确公共卫生人员，主要承担疾病预防与妇幼卫生保健任务等，基本形成覆盖全市的疾病预防控制网络。疫情处置机制逐步完善，制定《宿州市突发公共卫生事件应急预案》《宿州市突发公共事件医疗救援应急预案》《宿州市防汛救灾医疗救援和卫生防疫应急预案》《宿州市流行性腮腺炎工作方案》及重大传染病单项应急预案，同时加强应急演练和队伍建设以及应急储备。各级卫生部门妥善处置多起突发公共卫生事件。

2003年发生的传染性非典型肺炎疫情，严重威胁人民群众的身体健康和生命安全。面对突如其来的重大灾难，各级政府和卫生部门全力以赴，把非典防治工作作为一项重大的政治任务和卫生工作的重中之重，坚持主动应对、正面宣传、突出重点、城乡并举、全民参与、群防群控、依法管理、科学防治的工作思路，做了大量细致的工作。建立指挥体系，市县区成立非典防控领导小组及办公室。建立防治应急机制，建立覆盖全市城乡的疫情监测报告体系、反应快速的疫情处理体系和技术精湛的医疗救治体系，构筑交通关口检疫、返乡人员健康随访、发热门诊筛查三道防线。规范发热门诊，加强收治医院建设，确定9家医院为非典病人定点收治医院，市第二人民医院为市区集中收治医院，全市共设立发热门诊119个。建立疫情监测报告与处理系统，全市共建立疫情指导组9个、疫情处理小分队51个，设置疫情监测点1068个，实行日报告、零报告制度，17部咨询和疫情值班电话，实行24小时值班。加强农村地区“非典”防治工作，下发《关于加强村卫生室非典型肺炎防治工作的通知》，全市农村外出返乡人员26万人，随访体检率达100%。加强疫情报告与医疗救治工作，全市收治医院、发热门诊共接诊发热病人8.8万人次，收治可疑留观病人1189人次、医学观察64人次；紧急处理报告疫情1275人次，排除“非典”可疑病例965例，追踪调查“非典”病人密切接触者7人；市县专家组共会诊38次，排除“非典”疑似病人9例。加强卫生监督工作，对287家宾馆、饭店等服务场所进行执法检查，对2家酒店进行处罚；对177家消毒产品生产、经营单位进行执法检查，对市区104家民办医院、个体诊所进行了检查，取缔无证行医27家，对截留收治发热病人的15家诊所进行处罚。加强培训，普及“非典”防治知识，全市共举办各类培训班454期，培训人员达4.6万人次。全市开展了形式多样的非典防治知识宣传。共编写宣教材料701种，印发宣教材料667万份，设置宣传专栏约5000个。

2005年6月17日，泗县大庄镇300多名小学生因集体接种甲肝疫苗引发群体性心因反应，累计住院311人，其中一名6岁小学生住院期间因突发重症感染死亡。事件发生后，在卫生部和省卫生厅专家的指导下，市卫生局科学制定救治方案，统筹调配全市医疗卫生资源，全力做好医疗救治工作；积极开展流行病学调查，为事件处理决策提供依据；积极采取心理干预措施，正确引导舆论，消除群众恐慌情绪。党中央、国务院和社会各界高度关注，温家宝总理作出重要指示，卫生部长高强现场指导处理工作并举行新闻通气会。随后事态逐渐得到控制，病人陆续出院，群众心理趋于稳定。对此次事件的发生原因，经卫生部、省专家组认定是一起“与集体接种甲肝疫苗有关的群体性心因反应”事件。

2005年12月11日，宿州市立医院眼科与上海舜春杨科技贸易有限公司违规合作，开展超声乳化白内障手术，导致10位患者眼球感染。事件发生后，迅速开展医疗救治和调查处理工作，并将病人转诊至上海耳鼻喉科医院，省卫生厅和市政府领导及时赶赴上海看望病人，积极与上海市卫生局磋商，加强救治工作。市政府成立调查组，全面调查事故发生原因，控制事态发展，积极做好善后处理，合理制定赔付原则和标准，做好病人住院就诊和日常生活服务工作，保证理赔工作顺利完成。同时在全市范围内，深入开展“整顿医疗秩序，提高医疗质量”专项行动，对各医疗卫生单位安全隐患逐个排查，规范医疗服务行为，确保医疗安全，避免类似事件的发生。

二、妇幼卫生保健

宿州市妇幼保健所前身是宿县地区妇幼保健所，成立于1950年，当时主要工作是培训基层接生员，开展普及新法接生。20世纪70年代后，开展妇科病普查普治，对妇女“五期”（月经期、孕期、产褥期、哺乳期、更年期）卫生开展调查，制定相应的工作措施。1986年以后开展婚前医学检查、孕产妇保健系统管理、落实计划生育措施和儿童保健管理。1987年开始实行孕产妇死亡评审与围产儿死亡评审制度，开展妇女“五期”卫生保健和儿童保健工作。1988年开展以婚前医学检查、孕产妇保健系统管理、落实计划生育措施、儿童保健管理为主要内容的妇幼保健服务。1990年孕产妇系统管理和儿童系统管理进入规范化管理轨道，孕产妇系统管理达到要求。

1995年《中华人民共和国母婴保健法》《中国妇女发展纲要》《中国儿童发展纲要》颁布实施，全地区妇幼卫生保健工作的重点是宣传贯彻“一法两纲”。1996年，各级医疗卫生机构开展爱婴医院创建工作。2001年，全市共有6家医疗卫生机构被评为爱婴医院，33所卫生院被评为爱婴卫生院。

2000年，全市各级妇幼保健机构将婚前医学检查工作作为年度妇幼工作重点，婚检人数10901对，婚检率达93.77%。2001年至2002年，加强对托幼机构的管理，定期检查托幼机构儿童保健措施落实情况，组织托幼园所儿童进行健康体检，对托幼园所人员进行健康体检和考核。2003年，全市妇幼卫生保健工作继续加强两个系统管理，规范孕管、儿童工作，对城区3岁以下儿童进行体检建册，提高儿童系统管理的质量。举办母婴保健技术与从业人员培训班，向合格人员颁发《母婴保健技术合格证》。市立医院、市第一人民医院、矿建总医院三家爱婴医院正式启动新生儿疾病筛查工作。2004年，全市开展托幼机构卫生保健管理执法检查，对全市110家托幼机构进行执法大检查，85家托幼机构合格，20家托幼机构责令限期整改，5家托幼机构责令关闭。当年，全市发放“托幼机构工作人员健康证明书”350件，管理托幼机构儿童9564人，集居儿童管理率达96%。全市3岁以下城市儿童系统管理率达61.29%，农村儿童系统管理率达53.21%；城市孕产妇系统管理率达77.93%，农村孕产妇系统管理率达55.91%，全年发放《出生医学证明》45700份。

宿州市儿童、孕产妇管理率（2004年）

表4-5-1

类别	管理率（%）
集居儿童管理	96
3岁以下城市儿童	61.29
农村儿童	53.21
城市孕产妇	77.93
农村孕产妇	55.91

2005年，举办全市年报信息网络知识培训班、全市新生儿疾病筛查知识培训班、新生儿窒息复苏技术培训班，全年开展新生儿疾病筛查3856例，其中6例为先天性甲状腺功能低下症、2例为苯丙酮尿症。当年，开展婚检4576对，检查出各类疾病患者296人。当年全市妇幼卫生保健项目建设中，三网监测覆盖58个乡镇、6家综合医院和妇幼保健机构。除砀山县外，其余县区启动国家“降低孕产妇死亡率、消除新生儿破伤风”项目，积极落实配套经费。全市培训乡镇卫生院助产人员510人、乡村医生4900人，对4800名贫困孕产妇实施救助。

2006年，各级妇幼保健机构充分利用“世界卫生日”“六一儿童节”“母乳喂养周”“预防出生缺陷宣传周”“世界艾滋病日”等，开展义诊宣传活动。培训妇幼保健业务技术人员491人，救助贫困孕产妇9339人。

2007年，市政府下发《关于规范宿州市出生医学证明的发放和管理工作的通知》，全市签发《出生医学证明》8.6万件。埇桥区、萧县、泗县、灵璧县累计接收中央妇幼卫生保健项目补助资金119.6万元，用于贫困孕产妇救助的经费112万元，共救助7873人。全市高危孕产妇管理率99.88%，新法接生率99.33%，农村孕产妇住院分娩率96.43%，城区孕产妇住院分娩率99%，新生儿出生缺陷发生率8.8%。宿州市妇幼保健所获“全省巾帼建功先进集体”称号。

宿州市孕产妇及新生儿管理基本情况表（2007年）

表4-5-2

类别	比重
高危孕产妇	99.88%
新法接生	99.33%
农村孕产妇住院分娩	96.43%
城市孕产妇住院分娩	99%
新生儿出生缺陷发生率	8.8%

三、公共卫生管理

从1987年开始，国家先后颁布《传染病防治法》《食品卫生法》《职业病防治法》《公共场所卫生管理条例》《放射性同位素与射线装置防护条例》《尘肺病防治条例》《化妆品卫生监督条例》《食盐加碘消除碘缺乏病危害管理条例》等法律法规，有力推动预防性卫生监督工作向法制化、规范化方向发展。1988年，全地区共有食品卫生监督、检验人员83人。2007年，全市共有食品卫生监督、检验人员180名，形成一支健全的食品卫生监督队伍。

各级卫生行政部门及食品卫生监督队伍采取广播、电视、报纸与印发宣传品等多种形式，向社会广泛宣传食品卫生法律法规和相关食品卫生知识。1988年至2007年，全市共开展食品卫生宣传活动340余次，印发宣传材料20万份，在广播、电视、报纸等媒体上播放、刊登宣传稿件200余篇。各级卫生防疫站（卫生监督所）开展餐饮业餐具、经销食品采样检测，及时对餐饮业服务环境进行检查。全地区饮食业餐具消毒合格率1988年为45%，1998年为78%，2007年为98%。1988年至2007年，共监测各类食品样品3.6万份，合格率92%。

食品卫生监督工作坚持经常性与突击性检查相结合，专项检查与综合执法相结合，2001年，对违反食品卫生法律法规经营的529户给予行政处罚，销毁伪劣、变质食品186914千克，没收非法所得3600元，罚款103360元，吊销卫生许可证3户，取消非法经营41户次，查封收缴假冒伪劣保健食品21盒、夸大食品疗效的宣传材料700份，并对当年发生的4起食品中毒事件依法进行查处。

为预防夏秋季食物中毒事件的发生，1988年以后，各级卫生行政部门，每年组织开展食品卫生执法检查，检查内容包括肉及肉制品专项检查、粮食制品生产经营单位的监督检查、学校食堂卫生监督检查、保健食品市场检查以及冷冻饮品（冷食）卫生监测等。对于检查结果均向社会公布，对不合格的单位责令改正，并依法给予没收违法所得、罚款等行政处罚。为加大食品卫生执法力度，维护人民群众的健康权益，多次集中开展餐饮消费和保健食品安全专项整治行动，实现无卫生许可证经营单位查处率100%，食品卫生监督量化分级管理制度实施率达95%，建立食品原料进货索证制度的单位达100%，对餐饮业食用病死或死因不明的畜禽及其制品以及使用有毒有害物质加工食品的行为监督检查覆盖率达100%。1988年至2007年，全市共核发食品卫生许可证3810件。在此期间，因违反《中华人民共和国食品卫生法》给予警告并限期改进362户，吊销食品卫生许可证3户。

1987年国务院颁布《公共场所卫生管理条例》，1989年国务院颁布《化妆品卫生监督条例》，1996年建设部、卫生部颁布《生活饮用水卫生监督管理办法》。各级卫生防疫机构认真组织全区公共场所、水质水源、化妆品卫生监督监测工作，核发“公共场所卫生许可证”478户，“饮用水卫生许可证”20家。组织开展公共场所卫生监督监测检查600余次，监督覆盖率达75%。组织公共场所从业人员卫生知识培训1000余次，培训人员1.3万人次；进行公共场所从业人员健康体检1.5万余人，对违规公共场所经营户进行处罚230家。全市23家集中式供水单位领取“集中式供水卫生许可证”，2家二次供水单位领取“二次供水卫生许可证”。开展直接从事供水、管水人员健康检查，共组织健康体检和卫生知识培训1200人次。2007年查集中式供水单位23家，共有10家单位安装了自动加氧设施，对水质进行加氧消毒。对批发、零售户进行化妆品卫生监督监测管理，定期与不定期组织市场检查，对化妆品经营人员进行卫生知识培训，对检查中发现的伪劣产品依法进行处理。

《中华人民共和国职业病防治法》颁布实施后，全市多次开展宣传活动，向社会广泛宣传《中华人民共和国职业病防治法》和职业病防治知识，举办多期职业卫生监督员培训班和有关企业负责人《中华人民共和国职业病防治法》培训班，集中开展工业企业建设项目职业卫生审查和劳动者职业健康监护情况专项执法检查，对存在问题的企业进行行政处罚。对65家单位车间空气毒物浓度实施监测，合格率78%；对39家单位车间空气粉尘浓度实施监测，合格率75%；检测发现尘肺病人12人，其中Ⅰ期尘肺

2人、Ⅱ期尘肺10人；开展职业卫生监测，及时发现职业中毒与职业病人。

2004年，市卫生局设立市卫生监督所，把医疗市场管理作为重要任务。截至2007年，全市共查处各类卫生违法案件1680起，取缔非法行医机构1282户次，没收医疗器械2088件，没收药品1257箱，没收非法所得6.1万元，罚款484.17万元，追究行政责任43人，移送司法机关查处案件4起。

四、爱国卫生运动

20世纪80年代，宿县地区爱国卫生运动委员会紧密结合“五讲四美三热爱”为中心的社会主义精神文明建设，积极开展“除四害、讲卫生”和“门前三包（包卫生、包绿化、包秩序）”活动，治脏治乱，除害灭病，推动爱国卫生运动的发展。

1990年至1998年，地区爱卫会主要工作是在农村组织开展改水改厕，在城镇开展“把马路让出来，把垃圾装起来，把门前包起来”的创建文明城市（城镇）活动。1998年4月，地委、行署在砀山县召开农村改水改厕工作现场会议。

1999年至2002年，市爱卫会主要工作是在全市组织开展环境卫生整治和农村改水改厕。1999年8月，宿州市委成立市改水改厕工作领导小组，市委、市政府下发《关于进一步加强农村改水改厕工作的通知》和《宿州市农村改水改厕工作实施方案》。2000年3月，市委、市政府在埇桥区召开农村改水改厕工作现场会，在全市重点抓59个乡镇的100个示范村改水改厕工作。2001年10月，市委、市政府又召开全市农村改水改厕工作电视电话会议，总结经验，部署工作，推进全市农村改水改厕工作的深入开展。市爱卫会根据农村改水改厕工作进展，组织督导检查，开展卫生宣传、技术培训等，结合“三下乡”活动，组织市直机关事业单位送厕下乡达1000余座。2000年5月至6月，萧县发生出血性大肠杆菌感染性腹泻疫情，市、县爱卫会根据防病工作需要，重点开展了群众性爱国卫生运动，把卫生防病知识送村到户。爱卫会成员单位分片包干，责任到人，确保环境清理、粪便管理、饮水消毒、消灭蚊蝇、预防服药等措施落实到位，为疫情的及时控制发挥了积极的作用。2001年至2002年，市、区机关干部职工和学生2万余人投入市区环境卫生清扫活动，清运垃圾600多车，治理环城河、运粮河道3500米，拆迁河道违章建筑物2000余间，改变了城区脏乱差的状况。

2003年，面临防范“非典”和防汛防涝的艰巨任务，市爱卫会把爱国卫生工作与“非典”防治和救灾防病工作有机结合起来，4月中下旬，组织开展防病爱国卫生月活动，与市文明委联合动员全市广大人民群众积极参加以预防呼吸道传染病为目的，以环境卫生清理、卫生知识宣传为主要内容的爱国卫生月活动。7月，市政府下发《关于开展救灾防病爱国卫生运动的紧急通知》，市直及各县区积极组织广大群众参加活动。全市展出卫生知识宣传展板5287块，印发防病知识宣传品91.2万份，新闻媒体开设卫生防病知识专栏208期，设立“非典”防治投诉电话92部，受理解决环境卫生投诉157件，灾区清理垃圾18563吨，高温堆肥10.35立方米，保证灾区86万余人引用消毒安全卫生水。

2004年，市爱卫会围绕防治禽流感向人群传播和“非典”防控，积极组织开展春季防病爱国卫生月活动和夏季防病爱国卫生活动，及时做好农村饮用水水源水质的普查和现状调查，围绕第十七个世界无烟日“控制吸烟，减少贫困”这一活动主题开展宣传活动。市、区四大班子领导、机关干部职工到“三八沟”清理垃圾杂草，进小区、街巷清扫路面，清理城市牛皮癣。全市有993个机关企事业单位和2145个村共94万余人参加环境卫生清理工作。砀山县夏季局部地区水灾严重，县、乡镇及时成立防病领导组织，组织医疗队、消杀队、健康教育宣传队进村入户进行环境和饮水消毒，有效保证受灾群众的身体健康。第十七个世界无烟日宣传活动期间，萧县发起“拒吸第一支烟，永做不吸烟一代”的倡议活动，在全县18所中学开展“百万青少年签名”活动，有12万师生签名。在全市开展创建“无烟医院”活动中，宿州市妇幼保健所率先被命名为“无烟医院”。

2005年，各县区认真贯彻落实全国爱国卫生工作电视电话会议精神，市爱卫会提出要以争创文明城市先进市为契机，促进群众性爱国卫生运动的广泛深入开展。围绕呼吸道传染病的预防，组织开展春季爱国卫生活动。宿州城区以治脏为重点，加强环境卫生设施的建设管理，强化专业清扫保洁管理措施的落实；市、区党员及机关干部等利用双休日进行环境卫生清理，受到人民群众的好评。活动期间出动宣传车辆20台次，悬挂宣传横幅50条，宣传展板100多块，散发宣传单6万余份，清理垃圾杂草500多吨，清除蚊蝇孳生地和卫生死角400余处。为配合防病救灾工作，全市开展以防病为主的夏秋季爱国卫生运动。各县区组织开展以清理垃圾和降低蚊蝇密度为重点的环境卫生综合整治，减少传染病的传播和流行。全市派出医疗防疫小分队240支、医务人员1000人次，分赴灾区进行卫生防病，同时发放价值72万元的消杀灭药品，用于灾区饮水和污染区的消毒，保证了灾区群众喝上安全卫生或经过消毒的水。组织开展重点行业的卫生检查，全市检查餐饮业401家，从业人员1872人，检查餐饮具消毒设施392个，检查加工营业场所卫生情况1544家，印发宣传单13.5万张。

2006年，市爱卫会组织制定《宿州市爱国卫生工作“十一五”规划》，重点围绕疾病预防控制，组织开展群众性爱国卫生运动。春节前后，针对防控人禽流感的严峻形势，全市组织开展春季爱国卫生活动，利用多种宣传形式加大卫生防病知识的宣传力度，加强人禽流感的防控措施。4月，在全市城乡开展以“爱环境、讲卫生、讲科学、树新风”为主题和以“治脏、治污、治乱”为重点的第十八个爱国卫生月活动。夏末秋初，宿州市部分地区发生病媒生物传播性疾病疫情，市和有关县爱卫会大力宣传，积极组织发动群众对环境卫生进行突击治理，加强人畜粪便的管理，开展灭蚊蝇活动，有效控制了疫情的发生和传播。埇桥区完成省政府委托开展的“黄河流域疟疾爆发与回升的控制对策研究”项目的媒介调查。泗县、灵璧县完成省级农村生活饮用水卫生监测任务。全市农村改水累计受益人口489.61万人，受益率99.69%，自来水累计受益人口126.5607万人，受益率25.77%，其中当年自来水受益人口4.3317万人；全市农村卫生厕所普及率36.99%，无害化卫生厕所普及率10.72%；有30所中心卫生院建造了卫生公厕，普及率60%，14所一般乡镇卫生院建造了卫生公厕，普及率26.92%。当年共有37个乡镇的68个行政村开展改厕示范，完成3319户卫生户厕的新建和改建。

宿州市改水改厕基本情况表

表4-5-3　（截至2006年底）

项目	受益人口	受益率	普及率
农村改水	489.61万	99.69%	——
自来水	126.5607万	25.77%	——
农村卫生厕所	——	——	36.99%
无害化卫生厕所	——	——	10.72%
中心卫生院卫生公厕	——	——	60%
一般乡镇卫生院卫生公厕	——	——	26.92%
行政村改厕示范	3319户	——	——

2007年，市委、市政府下发《关于广泛开展爱国卫生运动深入整治环境卫生的决定》，成立宿州市广泛开展爱国卫生运动深入整治环境卫生总指挥部，力争用三年左右时间，使全市环境卫生发生明显转变，为创建文明卫生城市奠定基础。4月3日，市委、市政府召开电视电话会议，下发《宿州市广泛开展爱国卫生运动深入整治环境卫生实施方案》。4月28日，在宿城开展一场集中整治环境卫生活动，市领导及市、区党政机关、社会团体、企事业单位干部职工踊跃参加义务劳动。6月21日，市政府印发《宿州市除四害工作管理规定》，市爱卫会印发《宿州市老鼠、苍蝇、蚊子防治技术方案》，市疾病预防控制中心开展苍蝇、蚊子的密度监测工作。7月17日，总指挥部召开全市统一灭蚊蝇暨疟疾防治爱国卫生月活动动员会议，各县区、各有关单位集中对蚊蝇滋生场所进行环境清理和药物消杀，有效降低蚊蝇密度，促进疟疾的防控。《拂晓报》、电视台及广播电台对活动进行了连续报道，并开辟专栏，制作专题栏目进行宣传。同时，积极推进农村改水改厕，改善农村居民生活环境卫生；全面开展集中供水的卫生监测，保证生活饮用水的安全卫生；积极组织开展卫生创建活动，组织制订《宿州市市级卫生村、卫生先进单位考核评分标准》《宿州市市级卫生村、卫生先进单位考核命名办法》，成立卫生创建市级专家组，指导全市卫生创建工作，32家单位被命名为“宿州市卫生先进单位”。

第三节　医疗服务和管理

一、中医服务

1984年6月，为加快中医机构的恢复和建设，成立宿县地区中医院。省财政和地区财政共同投资开工建设地区中医院门诊楼，1988年年初地区中医院开诊。1988年8月，地区卫生局设立“中医管理科”。1989年，中医院在宿州市西昌北路征地建设中医院住院部用房。1991年，中医院住院部大楼建成并投入使用，开设住院病床100张，配备工作人员140名。2001年，选派12名青年技术骨干赴外地学习深造；审核筛选出全市11个中医专科专病项目上报省中医管理局；各级中医医疗机构共100余名医护人员开展社会义诊2000余人次，发放宣传材料3000余份。

2007年，全市设有中医医院5个、中医药卫生技术人员750人，开设中医床位450张，全部综合性医院和大多数乡镇卫生院都设立中医科与中医药科；各级中医院实施名医、名科、名院“三名”工程，中医特色和优势进一步显现，中医服务能力不断拓宽。

二、社区卫生服务

2005年，市政府下发《宿州市城镇社区卫生服务2005—2010年发展规划》，明确市区及各县社区卫生服务建设目标任务及政府相关部门的职责。市卫生局举办全市社区卫生服务培训班，各医疗卫生机构70名负责人参加培训，指定宿州卫校作为宿州市全科医学培训中心，市立医院为临床培训基地。北苑社区卫生服务中心于2005年经省卫生厅验收合格，被授予“省级社区卫生服务示范中心”称号。2006年，市卫生局继续加强全市社区卫生服务网络建设和社区卫生服务人才培养工作，组织开展社区高血压、糖尿病适宜技术等技能培训。全市共有87名医师与护士通过安徽省卫生厅的统一考试，获得全科医学岗位培训合格证书。2006年，全市新增社区卫生服务机构16家，其中服务中心8家，服务站8家。有执业登记社区卫生服务机构53家，其中服务中心9家，服务站44家，城镇居民覆盖率53.46%。

2007年，市卫生局制订《宿州市城市社区卫生服务体系建设实施方案》，该实施方案作为市政府十二项民生工程配套文件下发。市卫生局举办“宿州市2007年度社区卫生服务管理能力培训班”和“公共卫生适宜技术培训班”，培训146人。全市56名医师和48名护士完成全科医学岗位理论学习、临床实习及社区实习，取得全科医学岗位培训合格证书。截至2007年年底，全市共有社区卫生服务机构62家，其中社区卫生服务中心11家、社区卫生服务站51家。

三、医疗秩序管理

1988年，全地区各级各类医院以创建“文明医院”为抓手，全面开展医疗质量管理工作，内容包括改善院容院貌、优化服务流程、规范病历书写、提高护理质量，逐步从经验管理步入量化科学管理的轨道，并对年度考核排名前10位的医院给予表彰。

为缓解“看病贵、看病难”问题，从2004年起，全市深入开展以“以病人为中心，以提高医疗服务质量为主题”的医院管理年活动。通过开展“医院管理年”活动，促进医疗机构规范医疗行为，改进服务流程，改善服务态度，降低医疗费用，提高医疗质量和服务水平。1994年，地区卫生局成立“宿县地区医院评审委员会”，对辖区内的各级医疗机构进行评审。截至2007年，全市有二级甲等综合医院3所、二级乙等综合医院4所、二级甲等中医院1所、二级乙等中医院3所、一级甲等医院34所、一级乙等医院9所。

四、医务人员管理

1998年，《中华人民共和国执业医师法》颁布实施，卫生技术人员管理工作纳入法制化管理轨道，按照规定对过去已经取得医师资格的卫生技术人员进行认定，完成全市3900余人的执业医师资格认定工作。从1999年起，每年组织卫生技术人员参加全国执业医师资格统一考试。截至2007年，全市有2000余人经全国医师资格考试取得执业医师资格。

20世纪90年代开始，特别是等级医院评审期间，地区卫生局根据等级医院评审标准，制定护理质量考核细则，对病房管理、消毒隔离质量管理、抢救药品器械管理、基础护理、特级危重病人护理、护理文件书写等提出明确的考核要求，采用月查和随机抽查相结合的方式，实行每季度考核、年终总结评比，并将考核结果与医院评先评优结合起来，提高护理工作质量。2007年年底，全市共办理护士注册3000余人次。1990年宿县地区护理学会成立，进一步加强全地区范围内的护理专业技术指导工作，密切各级医疗机构的护理工作交流。2006年“5.12”国际护士节庆祝活动中，市卫生局与市护理学会组织举办“护理技术操作比赛”。在2006年度省级优秀护士评选活动中，宿州市评选出的6名护士被省卫生厅授予省级“优秀护士”称号。

五、血液管理

全市各级卫生行政部门和采供血机构积极贯彻实施《中华人民共和国献血法》，加大无偿献血和血液安全知识宣传，改变服务模式，不断完善血源征集机制、质量管理机制和应急供血机制，1988年至2007年，全市无偿献血人次和无偿献血量逐年增加，已实现街头自愿献血100%，无政府计划献血100%，临床用血100%来自无偿献血的目标。1999年、2001年、2005年宿州市被卫生部、中国红十字总会授予“全国无偿献血先进城市”称号，被安徽省卫生厅、省红十字会授予“全省无偿献血先进城市”称号。

六、医疗援助

从1999年开始，市卫生局积极组织开展卫生下乡活动和青年志愿者卫生扶贫接力计划，市直到各县区卫生部门、医疗卫生单位都建立卫生扶贫和卫生下乡联系点，定期派出医疗队送医送药，帮助培训医务人员，指导开展农村医疗预防与保健工作。2007年，全市县级以上医疗卫生机构共开展卫生下乡与卫生扶贫1000余次、派出医疗卫生人员5000余人次、为群众义诊20万人次，受到广大农村人民群众好评。

宿州市一直承担安徽省卫生厅“援助也门民主共和国医疗队”选派队员任务。1997年5月，首次选派地区医院骨科副主任医师吴建生、妇产科副主任医师年丽、普外科副主任医师朱革非、地区中医院针灸科副主任医师徐文亮等4人参加安徽省卫生厅赴也门医疗队。4人在也门工作期间，克服生活环境、语言交流等方面的困难，努力工作，积极支援所在地区开展医疗工作。截至2007年年底，宿州市卫生局先后10次派遣出国医疗队员22人次，受到也门政府和中国卫生部、安徽省卫生厅的高度评价。

第六章 体　　育

第一节 体育机构

1984年，宿县地区体育运动委员会成立，编制人数14名，设主任、副主任各一名。内设机构：办公室、竞赛训练科、群众体育科。地区业余体校事业编制23名；地区体育场事业编制5名；成立地区体委劳动服务公司，为事业单位，实行企业管理。

1996年，地区业余体校改为地区体育运动学校，开设体育中专班。

1999年撤地建市，宿县地区体育运动委员会改为宿州市体育运动委员会，机关内设科室不变，宿县地区体育运动学校改为宿州市体育运动学校，人员编制增加至29名；宿县地区体育场改为宿州体育场。

2002年机构改革，宿州市体育运动委员会改为宿州市体育局，编制14人。内设机构有：办公室、竞赛训练科、群众体育科、体育经济科，市体育运动学校改为市体育职业中学。

第二节 群众体育

1988年，全区广泛开展具有地方特色的群众性体育活动，很多中型企业有较高水平的运动队，农村出现乒乓球之家，乡镇建立农民篮球队，全市民办武术馆校近百所，有的武术学校的规模超过千人。

1988年3月，省体委批准萧县为全省体育先进县。1988年9月，国家体委命名萧县为全国第一批体育先进县。

1993年11月，国家体委命名砀山县为全国首批“武术之乡”。

1996年，宿县地区作为省体委全民健身工作试点单位，积极开展群众体育活动，突出搞好“全民健身宣传周”活动。开办第一期社会体育指导员培训班，培养50余人。在群众体育评先创优工作中，邮电局被评为全国群众体育先进单位，周建军被评为全国群众体育工作先进个人，韩胜宜、时近远、王金宝等被评为全省群众体育先进个人。

1997年年初，举办“一汽杯”地直机关篮球比赛，10多支队伍，100多名运动员参加比赛，历时一个星期。12月，在全国第八届运动会表彰大会上，宿县地区体委、体育职业中学、宿城一中、电业局等十几个单位被评为“全国群众体育先进单位”，王西仁等被评为“全国群众体育先进个人”。全地区建立三百多处全民健身活动点，让更多群众参加体育活动。

1998年，地委、行署召开“全民健身启动仪式暨群众体育表彰大会”。宿城一中等单位介绍开展群众体育工作先进经验。当年，宿县地区体委在地委大院开展第八套广播体操推广活动，工间休息时间，做20分钟工间操。11月，宿县地区体委、萧县体委被省体委授予“全民健身宣传周活动优秀组织奖”，灵璧县被评为“体育宣传先进单位”。

1999年1月，残疾人乒乓球运动员刘美丽、任桂香在曼谷“远南残疾人运动会”乒乓球比赛上，勇夺4枚金牌、1枚银牌；9月，在台北“远东残疾人运动会”乒乓球比赛上，获金牌3枚；10月，在新西兰“世界残疾人轮椅运动会”上获金牌4枚，为祖国争得荣誉。9月，在安徽省第二届残疾人运动会上，宿州市残疾人体育代表团，取得团体总分第四名优异成绩。10月，安徽省第三届农民运动会上，宿州市农民体育代表团夺得金牌总数第二、团体总分第四的优异成绩，并获“体育道德风尚奖”，受到市政府通令嘉奖。12月，举办声势浩大“迎澳门回归长跑比赛”，数千人参加长跑，场面蔚为壮观。举办首届“市直机关运动会”。埇桥区杨庄乡被国家体育总局、全国农民体育协会授予“全国亿万农民健身先进乡镇”。

2000年，市体委把“健康迈向二十一世纪”作为全市全民健身活动的主题，举办的活动有：全国四省男子篮球邀请赛，黑龙江、福建、河南、安徽省的四支篮球队来宿州市参赛；在埇桥区夹沟镇五柳乡风景区举行“龙年登龙脊、迈向新世纪”登山活动；市直机关第一届运动会；武汉体院、上海体院、安徽省体工队等单位参加的“汇源杯”拳击散打精英赛；开展“省九运会形象小姐”的评选工作；在市中心广场组织“安徽九运圣火”火炬传递活动；市乒乓球协会于国庆节期间，举办五省八市少儿乒乓球邀请赛，来自新疆、山东、江苏、安徽、山西等省市100多名选手参加比赛；组织泗县木兰拳代表队参加在江西南昌举行的全国木兰拳（剑）比赛，受到省体育局通报表扬；埇桥区南关办事处组队参加全省第二届健身路径运动会，获得四个第一名，获“优秀组织奖”；老年大学代表队参加11月份举办的全省中老年太极拳（剑）、木兰拳比赛，获团体冠军。

2001年，大力实施全民健身计划第二期工程。全市开展各项（类）全民健身活动及群体竞赛活动60余次，直接参与人数2万余人。是年，市体育局举办首届全市“中心镇篮球锦标赛”，20个中心镇参加比赛，历时7天。“五一”黄金周期间，副市长刘统海做题为“弘扬奥运精神，推动全民健身运动”电视讲话。是年，刘美丽、任桂香在日本大阪、中国台北、中国香港举办的国际残疾人乒乓球比赛中，共获金牌12枚，市体育局被市政府评为“助残工作先进单位”。是年，市体育职业中学、宿州师专等7个单位，获“全国群众体育先进单位”称号，姚玉峰、王西仁等5人被评为“全国群众体育先进个人”。宿州市体委被省残联、省体育局授予“全省助残先进单位”荣誉称号。

2002年元月28日至2月3日，组织“迎新春行业系统职工篮球赛”“2002年宿州市全民健身演示大会”和“宿城迎春长跑比赛”。2月21日至23日，举办“宿州市中国象棋锦标赛”。“五一”期间，举办“市直机关干部职工篮球赛”“机关干部拔河比赛”活动。门球协会举办“全市中老年门球比赛”。举办“全省军队离退休干部门球比赛”，市体育局老年门球队获全省第二名，并代表安徽省参加国家体育总局在武汉举办的“全国老年门球比赛”，取得较好成绩。11月份，举办“市直机关第四届运动会”。参加

5月25日至6月3日在四川省绵阳市举行的“第二届全国体育大赛”，宿州市选手获安徽省唯一一块金牌，在全国45个代表团中名列金牌榜12位和总分第十位，受到省里表彰。10月3日至6日，宿州市代表队在安庆市举行的“全省第八届体育舞蹈锦标赛”中，获2金、3银、3铜，团体总分第四名，并获得“体育道德风尚奖”。宿州选手杨家平、朱桂萍代表安徽省参加在辽宁抚顺举行的“全国首届交谊舞比赛”，获得银牌。健美运动员李勇在全省第十四届健美比赛中获得男子组第四名。11月18日至24日，举办有全市21个中心镇参加的宿州市“体育彩票杯”中心镇篮球赛、中国象棋比赛，参赛农民运动员达300多人。萧县残疾人乒乓球运动员任桂香、刘美丽、王彩丽分别于5月在法国里昂举行的“世界轮椅十强赛”和8月在中国台北举行的“国际残奥会世界乒乓球锦标赛”中，获7枚金牌；9月份，在韩国釜山举行的第八届远东南太平洋地区伤残人运动会上，取得了5金、1银、1铜好成绩。灵璧县朱集乡被国家体育总局、农业部、中国农民体协授予全国“亿万农民健身活动”先进乡镇称号，灵璧县长集乡、灵璧县禅堂乡、萧县龙城镇、萧县张庄寨镇、埇桥区曹村镇、砀山县良梨镇六个单位被授予全省第四批“亿万农民健身活动先进乡镇”称号。萧县龙城镇被省体育局授予“全省全民健身活动示范乡镇”。

2003年，“宿城元旦春节迎春长跑”拉开全年群体活动的序幕，灵璧县的县级运动会、砀山县的县直机关运动会、埇桥区连续多年的农民篮球赛、萧县的全民足球赛、泗县国庆节期间开展的全民健身周活动都颇具规模，很有影响。萧县残疾人运动员代表安徽省参加全国第六届残疾人运动会，获得金牌4枚、银牌2枚、铜牌2枚。10月28日在新西兰举行的2003年世界轮椅运动会上，宿州籍运动员任桂香获乒乓球比赛3枚金牌。全市成立单项体育运动协会81个，市体育局直接管理的16个，埇桥区8个，砀山县13个，萧县31个，灵璧县9个，泗县4个。有社会体育指导员300多名，其中4人参加国家级社会体育指导员的培训，9人被评为“安徽省优秀社会体育指导员”，2人被省体育局报批“全国优秀社会体育指导员”。全市城镇经常开展群众健身活动的晨晚练点219个，其中20个被省体育局评为“安徽省示范晨晚练点”。全市安装全民健身路径17套，本年度省体育局又批准安装10套健身路径和一个健身广场。经省局统一批准的“青少年体育俱乐部”有四所。参加全省第四届农民运动会，获金牌8枚、银牌7枚、金牌总数名列全省第三位。十月份，组团参加全省第一届老年人运动会，获金牌1枚、银牌3枚，被大会授予优秀组织奖。

2004年，元旦期间，在宿城举办“宿城元旦迎春长跑”比赛，迎新春“亚细亚杯”男子篮球邀请赛，“新大洲本田杯”摩托车慢骑赛，全市中国象棋赛，市区职工篮球、乒乓球、羽毛球比赛，累计参赛人员近万人。市篮球协会从10月21日至11月17日，举办“肯德基”全国青少年三人篮球挑战赛，历时近一个月（利用每周休息日比赛）。宿州赛区12个队70余名运动员参赛。是年，参加全省首届体育大会，获金牌10枚、银牌13枚、铜牌11枚，宿州市代表团被授予体育道德风尚奖。2004年6月29日在萧县龙城镇举行“体育三下乡”活动启动仪式；在“体育三下乡”活动中市体育局从体育彩票公益金中拨出3万元，购置乒乓球台、篮球架、羽毛球拍以及省体育局下发的体育健身科普读物，送到先进乡镇和边远学校，并把农村体育工作纳入对各乡镇的文明创建的考核体系。全市成立单项体育运动协会84个，社会体育指导员发展到618人。全市城镇经常开展群众健身活动的晨晚练点近300个，其中35个先后被省体育局评为“安徽省示范晨晚练点”；安装全民健身路径37套，有2个社区被评为省先进单位，有3个健身广场。经省局统一批准的“青少年体育俱乐部”有5所，萧县龙城镇、埇桥区祁县镇被命名为“安徽省全民健身示范乡镇”，灵璧县长集乡等13个单位被评为“亿万农民健身活动先进乡镇”。

2005年，“元旦长跑比赛”成为全市传统的活动项目。春节期间，举行全市“体育大拜年活动”。3月8日，举办市直“三八”节健身秧歌比赛。“五一”期间，举办“宿州市职工运动会”。9月20日，在合肥举行的“全国首届四种健身气功比赛和展示大会”活动中，宿州市代表队获得1个“一等奖”和3个“三等奖”。“十一”期间，开展网球、篮球、门球、乒乓球、中国象棋等项目的竞赛活动。11月9日至13日，举办“2005年宿州‘地税杯’行业系统运动会”。市体育局、市第二中学、埇桥区体育局、萧县龙城镇、埇桥区祁县镇等五个单位和朱晓军、朱雪峰、刘成珍三人，在全国第十届运动会期间被国家体育总局授予全国群众体育“先进单位”和“先进个人”称号；赵登洲在2005年全国体育人才状况调研工作中被国家体育总局评为先进工作者；市体育职业中学等七个单位和周建军等八人被评为全省群众体育“先进单位”和“先进个人”。市体育局被国家体育总局授予2005年“全国健身周优秀组织奖先进单位”称号。全市全民健身工程建设成果显著。全市有省示范乡镇2个，青少年体育俱乐部5个，全民健身路径27套，健身活动中心3个，省示范晨晚练点40个；砀山县体育场被评为“优秀全民健身晨晚练点”，萧县龙城镇被评为省“优秀全民健身示范乡镇”。

2006年，1月1日至3日在市青少年宫举办宿州市首届围棋段位赛；1月7日至9日举办宿州市首届老年运动会；3月8日举办“三八”妇女节女子健身跑活动；“五一”期间，举办中国象棋、围棋比赛，“中国E航杯”足球比赛、宿城台球精英赛、“电信杯”乒乓球邀请赛；8月13日，举办“祥福杯”百名市民畅游三八河比赛活动；9月22日举办宿州市“国税杯”职工运动会；12月举办“宿州市新华杯首届射击比赛”“宿州市首届冬泳比赛”“宿州市桥牌比赛”等体育赛事活动。5月16日至18日宿州市承办“安徽省第七届老年人健身球操”比赛，全市的3个参赛队取得2个第一名，1个第二名的好成绩；在安徽省体育舞蹈锦标赛上参赛队组获得6金、7银、4铜，团体总分第五名的优异成绩；宿州市选手代表安徽省参加4月份第三届全国体育大会体育舞蹈西安赛区预选赛，随后参加5月份在苏州举行的第三届全国体育大会体育舞蹈总决赛，获“体育道德风尚奖”。参加安徽省第四届残疾人运动会，取得5金、8银、10铜的好成绩，11月份，参加安徽省第五届少数民族运动会，取得2金、2银、4铜的优异成绩，均获得“体育道德风尚奖”。5月25日，召开宿州市体育总会第二届委员会一次会议，选举产生新一届市体总领导集体，批准成立“宿州市形意八卦掌研究会”和“宿州市太极拳运动协会”。宿州市单项体育运动协会和体育社团组织达到112个。在“全国城市体育先进社区”评比工作中，埇桥区北关办事处第三勘探队社区居委会被国家体育总局授予“全国城市体育先进社区”荣誉称号；全市社会体育指导员增至1056人。

2007年，2月2日至4日市老年体协在市老年活动中心举办中国象棋、麻将、台球比赛；组队参加全省“亿万妇女健身展示大会”；4月6日至8日在“第六届全国城市体育舞蹈锦标赛”上，宿州市选手孙磊、孔蓓，获得师生B组拉丁舞冠军，少年组选手张柯、郑婷分别获得少年BB组和BC组拉丁舞冠军；5月11日至16日，举办市“体彩杯”农民篮球赛；6月份，在市电信公司举办“电信杯”全市县处级以上领导干部乒乓球比赛；7月份，组织全市军民友谊篮球赛；8月份，在市经济技术开发区举办“南方国际花园杯”千名市民畅游龙河比赛；8月8日，在市文化科技广场举行“迎奥运倒计时一周年”暨“全民健身与奥运同行”全民健身活动月活动启动仪式；10月19日至21日，举办宿州市首届老年人运动会，组队参加11月4日的安徽省第二届老年人运动会。

2007年，在第七届全国残运会上，刘美丽获得女子乒乓球TT6—TT10级团体金牌、TT9级单打银牌、公开赛铜牌，记一等功一次、二等功一次。

第三节　学校体育

认真贯彻落实《学校体育工作条例》，全面实施《国家体育锻炼标准》《学生体质健康标准》，广泛开展适合青少年特点、丰富多彩、健康向上的体育活动。每年除各校举办运动会以外，市体育、教育部门联手举办的“体育传统校暨示范高中田径比赛”形成制度；全市四县一区相应举办“中小学生田径运动会”“中小学生篮球赛”和“中小学生乒乓球比赛”等活动，每年参加活动人数超过百万人次。全市有国家级体育传统项目学校一所（宿州学院附属实验中学），省级传统项目学校六所（宿州二中、宿州十一中、宿州十一小、宿州一小、灵璧一中、宿城一中），市级传统项目学校十六所（宿州十二小、砀山县第二中学、砀山中学、萧县实验小学、砀山县师范附属小学、砀山县朱小楼中学、灵璧实验小学、萧县中学、萧县黄口中学、萧县黄口一小、埇桥区符离镇小学、泗县中学、宿州市第九中学、泗城一小、灵璧中学、泗县三中），青少年体育俱乐部5个（市体育职业中学、宿州二中、市十一小、灵璧县体育场、萧县体育场）。

市体育局下属事业单位宿州市体育职业中学，1975年建校，1979年被省体委命名为重点业余体校，1993年改为宿县地区体育中学，2003年改为宿州市体育职业学校。1988年以来，体育职业中学为国家队、省优秀运动员训练中心和体育院校、部队体工队培养输送三百多名优秀运动员。为各县区各基层培养数百名群众体育活动骨干，多次被省体育局评为“体育事业贡献奖”“体育人才输送贡献奖”，十余次被评为全国先进集体。1992年，宿县地区体育中学被评为七运会的群众体育先进单位，1994年，被评为全国体育科研先进单位，1997年，在上海举行的第八届运动会上，连续第五次被评为全国群众体育先进集体，实现五连冠。1993年至2007年，宿州市体育职业中学在全省范围内的综合考核评估中一直处于全省先进行列。有七名教练员先后十三次被评为全国优秀教练员，九名教练员三十余次被评为全省优秀教练员。

全国体育先进县萧县的各级中学都建立起400米跑道的田径场，创建乒乓球、古典跤、篮球和田径训练基地，十几所武馆相继成立，向市以及各体育院校输送百余名合格的运动员后备力量。全国“武术之乡”砀山县每年定期举行全县武术大赛和中小学武术比赛，梨花节等节日活动都有武术表演。砀山县年轻一代武术精英，儿童少年武术后备新秀在全省全市武术比赛中成绩显著。市体委开展恢复县级业余体校工作，县办体校蓬勃兴起。萧县体委在恢复本身体校同时，又在黄口中学和张庄寨武校建起两所县办体校；砀山县在砀山五中建起县级体校；埇桥区将体校办在宿州武校；灵璧县体校在灵璧一中、灵璧二中、灵璧三中挂牌；泗县在城关镇一小、泗县中学和泗县三中分别办起三所体校。

1999年4月，在萧县梅村中学举办全市第一届体育传统项目学校田径运动会。

2000年4月14日—16日，在砀山中学举办第二届体育传统项目学校田径运动会。

2002年4月，省教育厅、省体育局对全市22所体育传统项目学校进行重新确定，其中省级6所、市级16所。举办第三届市重点中学传统项目学校田径运动会，第二届全市中小学生航空、航天、航海模型比赛，第一届市小学篮球赛等比赛。

2003年4月，全市11所省级体育传统项目学校和县办业余体校接受省体育局、省教育厅组织的检查评估。4月份由宿城一中承办的全市体育传统校暨重点中学田径运动会，共有十三个单位近300名中学生参加比赛。11月29日，举办全市中小学四驱车模型比赛。

2004年，举办四项大型赛事。一是举办全市青少年散打锦标赛；二是举办市传统项目学校、重点中学田径运动会，参赛的重点中学和传统项目学校18所，参赛运动员200余名；三是举办全市中小学航天、航空及航海模型比赛；四是举办重点中学篮球比赛，全市12所中学近200名运动员参加比赛。

2005年，在体育职业中学、业余体校招生的同时对各项目队组进行调整、补充，深入各中小学招生，在2004年的基础上又增补注册145人。

2007年，举办宿州市“交通杯”第三届运动会。

第四节　竞技体育

宿州市在训运动员为200人左右，开设篮球、田径、举重、射击、皮划艇、赛艇、拳击、武术套路（散打）等20个训练项目。有专职教练员28人，其中高级教练4人，中级教练13人，初级教练11人，兼职教练10余人。

国家运动健将阚利民，砀山县人，1989年、1990年蝉联全国拳击金牌，1989年获国际A级邀请赛亚军，1991年获国际A级邀请赛冠军。1990年，年仅11岁的砀山县小将邵芳，在全省青运会上一人独得四枚金牌。运动健将曹希云，泗县人，1992年获射击男子步枪60发卧射个人赛全国冠军，同年代表国家队参加世界锦标赛，进入前八名。运动健将侯胜利，萧县人，1994年，获108公斤级全国举重锦标赛亚军，并以挺举201公斤的成绩打破亚洲记录。1995年，砀山县运动员田中在全国百县武术之乡散打比赛中夺得75公斤级冠军。全国著名摔跤运动员姚鸿昌，砀山县人，他所带的运动员两获奥运会铜牌、两获亚运会金牌，1992年至2007年，九获全运会和全国比赛冠军。柔道教练员于桂清，砀山县人，1990年至2007年，带领安徽省及宿州市运动员在亚洲和全国大型柔道比赛中两获金牌、五获银牌。

省六运会、七运会上宿县地区代表队成绩优异。1992年9月，宿县地区代表队参加在合肥举行的全省第六届运动会，以39枚金牌和1162的总分再次闯入全省四强，举重运动员侯胜利打破三项省纪录，另有两项省纪录也被宿县地区运动员改写。1996年9月，省七运会在马鞍山举行，宿县地区290名运动员参加比赛，获25.5枚金牌，总分933分名列全省第六位。举重运动员侯胜利第九次打破省纪录，少年田径运动员周浩一人独得三枚金牌。

2000年，成立"宿州市迎接省九运会工作办公室"，办理六个项目的运动员交流手续，与兄弟地市交流运动员达56人，为在省九运会上夺牌拿分创造有利条件。确定385名运动员参赛资格。9月4日，市委、市政府在宿州宾馆隆重召开宿州市体育代表团成立暨参加省九运会誓师大会。10月18日至28日，安徽省第九届运动会在合肥举行。市体育代表团获金牌52.5枚，银牌43.25枚，铜牌39枚，总团体分559.5分，13人16次打破省纪录，金牌总数与总团体分均名列全省第四位，7支运动队被授予"体育道德风尚奖"，市体育代表团获省九运会组委会颁发的"体育道德风尚奖"，取得运动成绩与精神文明双丰收。获全省"竞技体育先进市"称号。

2002年10月12日至18日，省十运会在芜湖开赛。宿州市399名运动员参加24个大项中19个项目的比赛。获得63.5枚金牌、34枚银牌、35枚铜牌，总团体分2384.5分。金牌总数和总团体分均超过上届，居全省第五位。有9人破6项省青少年纪录，5个代表队获得"体育道德风尚奖"，市代表团获"体育道德风尚代表团"称号。教练员中6人荣立二等功，3人被授予市级"优秀教练员"称号，运动员和工作人员70多人受到表彰奖励。

2003年，在科技文化广场举办宿州市"迎客松杯"第二届运动会，历时5天，有16个代表团1500多名运动员参加12个大项比赛。三名水上项目运动员参加全国皮划艇锦标赛，获金牌2枚、银牌1枚，两名运动员入选国家队；拳击运动员参加全国少年锦标赛、获银牌1枚；8月至10月组织15个项目19个队组，240名运动员参加全省锦标赛，取得金牌28枚、银牌26枚、铜牌21枚。本年度输送到省以上专业运动队、省体育运动技术学院的优秀运动员101名，输送成绩名列全省第二位。

2004年，新增注册运动员122人，全市注册运动员总数达到577人。有23个队组、19个大项参加全省青少年锦标赛，取得金牌50枚，银牌39枚，铜牌31枚。本年度常规赛所得金牌总数位居全省4至5位。因输送的宿州籍运动员代表安徽省参加国际、国内重大比赛，取得较好成绩，省体育局授予宿州市"竞技体育贡献奖"荣誉。

2005年，完成宿州市参加全省第十一届运动会的运动员注册工作。全市参加省第十一届运动会项目注册17个大项，23个队（组），682名运动员。参加省常规比赛19次，23个队（组）的353名运动员参加比赛。获金牌47枚、银牌25枚、铜牌28枚、第四名12人次、第五名36人次、第六名18人次、第七名11人次、第八名11人次。

全市运动员代表安徽省参加"全国十运会"17人，夺得好成绩的有武术散打运动员杨明明，获+87.5公斤级第二名；宿州市六名运动员参加的省女子手球队，获十运会比赛第三名；赛艇运动员宋智获四人单桨第四名；年轻小将严闫获跆拳道比赛第四名；拳击运动员郭昌坤获64公斤级第五名。宿州输送的运动员有21名进入安徽省备战

2008年北京奥运会后备人才培训名单。

2006年10月16日，安徽省第十一届运动会在合肥市体育中心举行。宿州市体育代表团共派出23个队组、254名运动员参加15个大项的角逐。获得金牌51枚、银牌28枚、铜牌33枚，总团体分2027分，金牌、总团体分均列全省第七位，有6人破4项省青少年纪录，4个代表队获得“体育道德风尚奖”，并荣获“体育道德风尚奖代表团”荣誉称号。

宿州市散打运动员杨明明在西安举行的第三届世界武术锦标赛上夺得90公斤以上级冠军，实现了宿州市竞技体育历史突破。

2007年，市女子自由跤运动员许莉在俄罗斯举行的自由跤世界锦标赛中获得金牌，在全国2008奥运选拔赛中获金牌；10月，在全国第六届城市运动会自由跤55公斤级决赛中，再获冠军。古典跤运动员刘岗，在武汉第六届城运会上获得自由跤74公斤级冠军。宿州市直接组队参加全省比赛获得21枚金牌，21枚银牌，14枚铜牌。11月8日至15日，市体育局举办市“交通杯”第三届运动会，是宿州市“十一五”规划期间举行的一次重大体育盛会，也是改革开放以来宿州规模最大的一届综合性运动会。参加单位有市直各单位，大、中专院校，中央和省驻宿单位等。全市各行各业83个代表团近3000余名运动员参加比赛。运动会共决出329枚金牌、329枚银牌、342枚铜牌，产生出28个“体育道德风尚奖”代表团、14个“优秀组织奖”代表团。

第五节 体育设施

1988年，宿州公共体育场馆匮乏。2002年，市人均体育场地面积不仅低于全国平均水平，也低于全省人均数。全市有公共体育设施人均0.057平方米，离人均1.2平方米差距甚远。全国平均220万人拥有一座体育馆，而宿州市620万人口，却一座也没有。市本级公共体育设施仅有一个室外游泳池和一个没有看台的体育场。全市92%的体育场地集中在各中小学校、机关企事业单位。体育场地设施资源向社会公众开放率低，社区、居住小区体育设施规划建设滞后，公共体育设施满足不了群众体育健身需求。

2003年，全市体育设施建设驶入快车道。4月25日，市政府常务会议对公共体育设施建设情况进行专题研究，并作出“加快建设体育训练设施，抓紧启动市体育中心建设”的重要决定。一是原灯光球场以870万元成功拍卖。二是体育综合训练楼2003年8月10日正式开工，建筑面积为8000平方米，总投资700多万元，于2004年8月完工。9月体育职业中学搬入新楼，11月，局机关迁入。三是成立“市体育局体育中心筹备处”。2007年元月15日，市调整体育中心选址及用地规模，完成113.5亩征地工作。四是体育彩票销售工作。体育彩票的销售工作，是市体育经济发展重头戏。利用国家的优惠政策，多次组织即开型体育彩票销售工作。截至2004年陆续发行5次，为宿州市获取500万元左右的公益金。在宿州成立分中心电脑型体育彩票。2002年6月，省体彩中心对全省各市体彩分中心进行垂直管理。全市有电脑型体彩销售网点180多个，销售电脑型体育彩票2亿元。

第五篇 社 会

第一章 民 政

第一节 机构设置

1988年，宿县地区行署民政局内设政秘科、民政科、优抚科、生产救灾科、复退军人安置办公室、军队离退休安置科。

1989年，设立募捐办公室和宿县地区残疾人工作办公室。

1991年，宿县地区成立“双拥”工作委员会，民政局同时设立“双拥”办公室。

1992年，设社团登记科。

1993年，设立农村养老保险办公室。

2002年，宿州市社团管理科更名为民间组织管理局（升格为副处级），设立城乡最低生活保障管理科。

2003年，宿州市收容遣送站更名为宿州市救助管理站。

2005年，市人社局老龄委办公室划归民政局。

2006年，经市编委批准，民政局设立殡葬改革管理处。

第二节 基层政权建设

一、居民委员会

1988年至2005年，全市居民委员会数量，经过几次改组整合，由原来的146个减至105个。其中市区60个，开发区2个，砀山县城关镇10个，萧县龙城镇8个，灵璧县灵城镇11个，泗县泗城镇14个。

二、社区建设

2003年，成立由市政府领导任主任，相关部门主要负责人为成员的社区建设工作委员会，下设办公室，各县区同时成立相应领导机构。先后出台《关于推进我市社区建设工作的意见》《宿州市城市社区建设暂行办法》《宿州市社区建设工作责任目标分解》《关于开展创建文明社区的意见》等10余份文件。市民政局印发《社区建设指导手册》和《社区建设》，用以指导和推进社区建设。

动员社会各方面的力量，积极参与社区建设。建立多元化投资机制，采取市

（区）县财政解决一部分，驻区单位赞助一部分，开发商无偿提供一部分，省以奖代补资金补贴一部分的办法，2005年至2007年筹集460万元建设资金。新建、插建、改建、扩建、购买和置换等多种形式解决社区用房。2007年，全市85%的社区用房面积达到200平方米以上，83%市区社区达到300平方米以上。全面实施社区“四室一站一中心”工程，即：每个社区有一所市民学校，一个警务室，一个保健室，一个图书室，一个劳动保障服务站，一个文化活动中心。

社区工作坚持以创建文明社区为基础，倡导“一社区一特色”，全市开展社区文化艺术、图书阅览、体育健身、绿色社区创建、红十字会服务进社区、家庭美德等活动，先后涌现出一批服务型、安全型、共建型、经济型、文化型社区。2007年，制定下发《宿州市社区志愿者注册登记工作实施方案》，各社区普遍成立志愿者组织，志愿者3000余人。全市涌现出省级文明社区1个，市文明社区8个，市级创建文明社区工作先进单位6个。

三、村民委员会

1991年，全地区3225个行政村有1374个村委会进行选举工作，占总数的42%。

1992年，地区民政局、地委组织部、地区司法局、地委政研室在萧县新庄镇进行村委会选举工作试点。全地区举行村委会选举的占总数的58%。

1997年，全区有2304个村委会完成村换届工作，占总数80%。全地区建立健全村民代表会议制度，80%的村设有村务公开栏。地、市、县共命名表彰示范乡镇2个，示范村67个。

1998年，全面推行村务公开制度，地区确立泗县6个乡镇和10个村为示范点。

1999年，全省统一届次，确定为第四届，全市2786个村完成换届任务，占总数的97.7%，村民参选率达到80%。新选的班子成员平均年龄42.5岁，高中文化程度占21%，初中以上文化程度占61%，全市建成自治示范村585个，占村总数的20.5%，建成自治示范镇19个，泗县被省政府命名为村民自治先进县。

2000年，全市新命名269个村民自治示范村。14个乡镇向市政府申报村民自治示范镇。至2001年，全市累计建成自治示范村873个，占村委会总数的30.6%，建成村民自治示范乡镇35个，占全市乡镇总数的31.5%。2003年6月27日市在砀山县召开自治工作现场会，泗县再次被省政府命名为“村民自治模范县”。

2002年3月，全市进行第五届村委会换届，分为选举准备、完善配套组织、投票选举、建章立制、验收总结五个阶段。截至2002年年底，完成2761个村的换届工作，占应换届村总数的97%。新任村委会班子平均年龄41.8岁，其中35岁以下的占28.5%，高中以上文化程度占60.5%，党员占62.1%，女性占6.77%，年龄和文化结构及整体素质比上届有明显改善。

2005年，全市进行第六届村委会换届选举工作，全市2549个村完成村委会换届选举的有2415个，占95%，全市登记选民329万人，参选总人数286万人，选民参选率达86.9%。新一届村民委员会平均年龄40.7岁，高中文化程度占60%，大专以上文化程度382人，致富能人4898人。全市村委会成员总数为8011人，平均每个村3.15人。

第三节　救灾救济

宿州市位于黄淮海平原南端，辖四县一区，总面积9787平方公里，耕地面积738

万亩，人口605万，其中农业人口533.3万，是一个典型的农业大市。经济欠发达，而且洪涝、风雹、干旱发作最为频繁，范围广、危害大。

1991年、1996年、1998年、2003年、2005年、2007年洪涝，1994年、2000年旱灾，2001年萧县和2005年灵璧县的风雹灾直接经济损失超10亿元以上，损失十分惨重，对国民经济的发展造成严重影响。1989年至1990年，全区农作物受灾面积1563.4万亩，成灾面积1032.26万亩，其中绝收面积达51.83万亩，受灾人口388.65万人次。死亡大牲畜420头，因灾死亡37人，毁坏民房2.079万间，水利设施、公路、桥梁、通讯设施被洪水冲毁严重。冲坏堤防102处（长50.2千米）、水库12座、泵站77座、桥梁766座、通讯线路117.3公里，因各种灾害造成的直接经济损失达47.92亿元。按成灾人口计算午秋两季人均损失粮食173.1公斤，造成直接经济损失人均131元。省拨救灾款2380万元（含捐赠款250万元）、救济粮2.8亿斤、煤炭1600吨、化肥1170吨及其他物资。

1991年，中直机关及北京有关单位运送过冬衣被支援安徽受灾地区。宿县地区是第一站，主要负责接待工作。从9月21日首批车队入境到10月14日止，接待往返车辆3726台次，人员9116人次。宿县是全省重灾县之一，经省厅安排，直接接收过冬衣被毛毡12万件。次年宿县县政府派员专程赴京对邮电部、有色金属总公司表示感谢。11月份地直机关抽调77名干部（其中县处级干部13名）组成38个调查组，利用15天时间深入到38个受灾较重乡镇进行调查和帮扶。

1994年，全地区受灾面积1165万亩，成灾面积1001万亩，其中绝收面积230万亩，因灾减产粮食102万吨，受灾人口453.72万人次，成灾人口408.6万人次，直接经济损失19.81亿元，因灾造成243万人缺粮，全年下拨救灾款450.2万元，救灾衣被2000件（其中棉被500床），安排救灾粮1300万斤。全地区募捐救济灾民款34万元、衣被3万件，全地区普遍开展生产自救和互助救济活动。投入救灾1784591人次，其中医务人员489人，解放军4890人次，武警215人次，投入各类电机8098台次，水泵22557台次，各种车辆38596台次，化肥180吨，汽柴油2250吨，募集资金146.629万元，衣被2.7万件。减免农业税98.7万元。

2003年，省救灾中心紧急调拨500顶救灾帐蓬进行重点安置，调拨2000万斤粮食，发放大米56.55吨，方便食品7524箱，燃煤198吨，下拨救济款1090万元，下拨建房专项款3020万元，接收捐赠衣被2313万件，省政府拨给救灾棉被5800床，开展大型赈灾义演活动一次，接收捐赠274.47万元（含赈灾义演活动募捐资金81.7万元）。

2005年，全市受灾人口601万人次，倒房1.06万间，全市下拨救灾资金1620万元（其中市直单位个人捐款111万元，过冬衣被1万件），各县区及本级财政拨款130万元，省下拨485万元，北京市对口捐赠衣被14万件。

2006年，全市下拨救济款920万元，粮食448万斤，安排专项慰问资金50万元，重点慰问城区特困户、低保户、特困企业军转干部、农村五保户、烈属、伤残军人户。

2007年，全市遭受特大洪涝灾害的侵袭，农作物受灾面积421.9万亩，绝收152.3万亩，受灾人口235.5万人次，倒房0.47万间，农业直接经济损失4.3亿元，全市投入灾民紧急转移安置及生活安置费485万元，市直接收救灾款131.9万元，物资折款120万元，投入建房款1560.5万元，使用于重点建房2067户，计5344间。

1988—2007年宿州市灾情和救灾款物一览表

表5-1-1

年份	灾情类别	受灾面积（万亩次）	受灾人口（万人）	减产农作物（万吨）	毁坏房屋（万间）	直接经济损失（亿元）	支出经费（万元）	发放款物（含捐助）					
								衣被（万件床）	粮食（万公斤）	煤炭（吨）	钢材（吨）	化肥（吨）	其他
1988		—	—	—	—	—	—	—	—	—	—	—	—
1989	旱涝、风	334.8	230.62	2.7	0.85	2.91	429	2.9	2000	3000	30	4970	柴油15吨
1990	霜冻、低温、风雹	697.46	388.65	1.25	2.08	4.79	655	3706	115	—	—	—	—
1991	洪涝、低温、风雹	996.3	391.46		1.7	4.54		12	—	1600	—	1170	水泥60吨
1992	涝旱、风、病虫	309.5	147.4	9.25	0.48	1.63		—	—	—	—		—
1993	风雹、冰冻	287.9	128.57		3.55	6.6	270	—	—	530	—	120	—
1994	旱、病虫	1001.4	453.72	2.5		19.81		3.25		—	—	—	—
1995	旱、冰雹、涝、龙卷风	274.5	234.5	16.86	0.99	5.8	457.65	2.15	900	—	—	—	—
1996	风雹、洪涝	454.5	292.7	29	1.2	3.65	323	—	—	450	—	—	—
1997	旱涝、龙卷风	194.9	206.8	1.72	0.258	4.22	196.5	—	—	—	—	—	—
1998	低温、冰雹、洪涝	368.96	272.7	35	5.46	16.3	2211.9	180	—	—	—	—	—
1999	旱、风雹	6000	376.9	50.7	0.097	12.1	1339	1.2	—	—	—	—	—
2000	旱、冻、病虫	381	459	68.2	1.35	15.6	535.2	—	—	—	—	—	—
2001	低温、冷冻、冰雹、涝	303	242.2	41.9			808.5	拨款1.6万元购	—	—	—	—	—
2002	旱、风雹、病虫	371.5	287.6	13.5	0.49	3.3	1202.3	1.31	—	—	—	—	—
2003	洪涝、风雹、病虫	740	239.5	18.5	3.37	3.48	1090	2.48	153.1	—	—	—	—
2004	低温、风、病虫	396.3	286.2		0.93	12.89	1759	—	—	—	—	—	—
2005	洪涝、风雹	532.4	601		1.2	17.16	1620	1.4	购粮款311.1万元	—	—	—	帐篷500顶
2006	洪涝、风雹	201.7	221.3		0.36	6.45	920	—	44.8	—	—	—	—
2007	风雹、洪涝、病虫	609	235.4			4.3		—	—	—	—	—	—

说明：1.表中受灾面积及人口均按午秋两季成灾面积、人口计算

2.直接经济损失不含城镇

3.救灾粮食不含下拨款由灾民直接购粮数

4.其它小型救灾物品、器材表中未作反映

第四节　社会福利

一、社会救济

社会救济大体分为两类：城镇中的孤老、残、幼和“三无人员”。对1957年年底以前参加工作，1961年至1965年6月9日期间被精减职工、职业武警及福利院供养人员，分别给予定期定量救济或定期定量补助。1988年至2007年，享受定量救济补助对象共3630名（含其间增减数），其中职业武警973名（含其间增减数）。1991年，城镇“三无人员”标准由原来平均每人每月25.5元，提高到平均每人每月40.5元。1988年至1993年，享受定期定量救济、补助人员，平均每人每月15元。年合计总款为65.34万元。1994年至1996年，平均每人每月提高为25元，年合计总款为108.5万元。1997年至2002年，平均每人每月提高为40元，年合计总款为174.24万元。2003年，对20世纪60年代精减职工、职业武警的定期定量救济、补助，从初办时按退职前月工资40%的标准全部提高到每人每月80元，全年计348.48万元。

二、农村五保供养与敬老院建设

20世纪80年代，农村五保户绝大多数供养与代养相结合，仅有几所敬老院。1990年之后，全地区各县市普遍兴起建院高潮，采取社会捐助，乡镇筹集，县、市财政给予适当补助等方式，利用原乡村集体旧房，建造敬老院。1993年，全地区14所敬老院被评为地级敬老院，9个敬老院被评为省级敬老院。1995年，集体年供养标准达到年均752元／年，分散供养标准达700元。泗县大庄敬老院被民政部授予“全国模范敬老院”称号，有12个敬老院被评为省文明模范敬老院，26个敬老院被评为地区级文明敬老院。1997年，全地区有五保对象17700（户）人，集中供养3609（户）人，集体供养标准为1050元／年。1998年地区民政局制定《宿县地区农村敬老院会计核算暂行办法》。1999年至2004年，分散供养五保户对象年均供养标准为1020元，集中供养年标准为1404元／年。其中：泗县1700元、砀山县1200元、萧县1200元、埇桥区1560元、灵璧县1347元／年。2005年，省拨给宿州市五保供养转移支付资金1338.2万元，全市统一为五保对象办理银行卡和“五保供养证”，做到一人或一户一证一卡，全部实行社会化发放。2006年全市有敬老院120个，其中建成“五保老人之家”10个，有床位3746个，实际入住人数2974人。2007年，省政府将农村五保纳入十二项民生工程。全市33448名五保对象的供养标准达到1200元／年以上。居住条件进一步改善，设施建设力度有所加大。省、市、县（区）支付用于新建、改建、扩建敬老院专项资金122万元。全市五保对象入院率达9.4%，供养金发放全部通过财政涉农资金中一卡式发放到户。

三、城镇老人供养

1988年之前，全地区只有宿县、宿州市、灵璧县三所福利院。2005年，全市先后建成19所老年公寓，其中除4所属政府投资办，1所属合资办之外，其余14所均属社会力量兴办。随着城镇老龄人口逐年增多，家庭一对夫妇抚养四位老人现象比较突出，提倡民办老年公寓势在必行。

宿州市老年福利机构、老年公寓情况一览表

表5-1-2

单位名称	方式	建成时间（年月）	单位名称	方式	建成时间（年月）
宿州市星光老年公寓	个体	2004.6	埇桥区爱心养老院	个体	1999.8
萧县光荣敬老院	公办	1988	埇桥区夕阳红敬老院	个体	2000.10
砀山县爱馨老年公寓	个体	2004.4	埇桥区天泽幸福院	个体	2000.
萧县龙城镇老年公寓	合资	2000.3	埇桥区南苑老年公寓	个体	2000.8
砀山县康乐老年公寓	个体	2003.10	埇桥区皖北康乐老年公寓	个体	2004.12
砀山县夕阳红老年公寓	个体	2002.8	埇桥区西苑老年公寓	个体	2004.7
灵璧县社会福利院	公办	1994.4	埇桥区金色夕阳老年公寓	个体	2005.9
灵璧县绿岛老年公寓	个体	2004.2	埇桥区三星老年公寓	个体	2004.7
泗县社会福利院	公办	1984	埇桥区社会福利院	公办	1951.3
泗县陆李村老年公寓	公办	2004.6	埇桥区幸福敬老院	公办	1982.
埇桥区泰康颐养院	个体	2005.5	埇桥区长寿宫敬老院	个体	2005.2

四、生活救助

宿县地区“外流人口收容遣送站”始建于1958年，2003年8月1日更名为宿州市“救助管理站”，并与1997年成立的宿县地区“流浪儿童救助保护中心”一个机构两块牌子，下设办公室、财务科、接待审核管理科、救助安保科、宣传教育科，有职工40人（其中含流浪儿童救助中心7人，离退休10人）。

20世纪80年代，对生活无着落的乞讨人员及被公安部门解救的拐骗妇女，主要由宿县地区收容遣送站负责提供救助。90年代，农村外出打工人数逐年倍增，生活无着落人员也相应增多，收容、救助、中转遣送压力随之大增。

1992年，地区民政局多方筹集资金，建造6700平方米的综合性的“收容站”大楼，1993年正式投入使用。1988年至2007年20年间，收容、中转、遣送省内外流浪乞讨人员7.25万人次，平均每年3625人次。

2004年，省民政厅以民福字〔2004〕217号文件批准：宿州市救助管理站为安徽省四个跨省救助站之一，承担着上海、天津、甘肃、陕西、宁夏、重庆、河北、黑龙江八个省、市、自治区跨省受助的特殊困难救助对象接送任务。

五、医疗救助

医疗救助，主要是大病救助。2004年，砀山县、泗县率先启动农村医疗救助工作。2005年，农村医疗救助工作在全市范围内全面展开，全年累计救助1173人次，累计支出救助资金66.8万元。2006年，埇桥区开展城市医疗救助试点工作。2006年，全市农村医疗救助累计救助1657人次，累计支出救助资金163.7万元。2007年，全面建立城乡医疗救助制度，并纳入全省实施的十二项民生工程。全年城乡医疗救助累计救助166328人次，累计支出救助资金1041.787万元。

六、城乡低保

城镇低保。宿县地区城镇低保1997年开始启动，工作业务由民政科（股）负责。2002年，市、县、区分别成立城乡最低生活保障管理科（股），城镇的低保工作逐步实行制度化、规范化、动态化管理，保障水平逐渐提高。2004年，全年累计保障694776人次，月均保障57898人次，累计支出保障金3388.55万元，全市低保标准153元／人月。2005年，全年累计保障652608人次，月保障54384人次，累计支出保障资金3631.04万元。全市平均低保标准162.8元／人月，覆盖面达6.67%。2007年，全年累计保障587844人次，月保障48987人次，累计支出保障资金5172.428万元，全市城镇低保标准166.4元／人月。低保金实现社会化发放和按月足额发放，发放率达100%。

农村低保。2007年年初，启动实施农村低保工作，并纳入安徽省十二项民生工程，当年全市为农村22312户、140584人低保对象办理补助，覆盖面达2.6%，依据农村低收入683元标准，平均给予补差380元／人年，较好地保障低收入家庭生活水平。

七、福利企业

1988年至1996年，全地区有69家福利企业单位，安置就业人员1772人，其中“四残”人员917人，完成产值2.12亿元，实现利税1536万元，平均年度职工总收入631.5万元，人均年收入3560元。1997年，69家福利企业单位安置“四残”人员920人，年度完成产值15020万元，其中萧县福利企业完成10300万元，在全省县级福利企业中处领先位置，萧县曾在1994年实现利税1215万元，省民政厅在全省通报表彰。1989年至1998年期间，先后三次对全区福利企业进行清理整顿，撤销一批不合格或挂靠单位，保证福利企业健康发展。至2003年，全市有福利企业单位27个，职工935人，其中“四残”人员453人，年度人均收入6145元，年度总产值（销售总额）21497.9万元，年利税总额1440万元。

八、福利彩票

1989年，宿县地区成立社会福利有奖募捐委员会，同时设立“有奖募捐管理委员会办公室”，负责宿县地区行政区内彩票发行管理工作。福彩发行初期，组织即开型彩票大奖组发行，以实物兑奖为主。2000年，电脑福利彩票成为福彩发行主要方式。2006年9月网点即开票在宿州上市销售，成为福彩发行新的增长点。2007年6月“中福在线”视频彩票销售大厅开业，当年销售1059万元，筹集公益金370万元，成为全市福利彩票发行工作新的亮点。

宿州福彩发行狠抓站点管理，坚持专营专卖、增点扩面、合理布局、按期兑奖。至2007年，全市有福利彩票投注站310个，其中专营店248个，专营化率达80%，居全省17个地市之首。

1989年至2007年，宿州市销售福利彩票近3亿元，筹集公益金1.08亿元。按规定上缴国家财政6786.4万元，本级留用3389.8万元公益金逐年投入到残疾人服务、社区服务、老年“星光计划”“明天计划”“爱心救助工程”等福利事业中，资助项目270多个，同时安排再就业人员400余人，为宿州市促进社会公平、维护社会稳定、推动和谐社会建设发挥积极作用。2007年，市民政局拿出14万元福彩公益金救助市直五所中学贫困大学生，并下拨福彩公益金40.1万元资助四县一区贫困大学生，让他们得以顺利进入大学校园，走上继续深造之路。

九、专项社会福利行动

“微笑列车”行动。2001年，国际儿童慈善组织在中国启动“微笑列车”行动，全市所有“唇腭裂”患儿，由民政部门出具证明均可到全省定点医院蚌医附属医院免费进行手术治疗。至2007年，全市有897名患者得到免费手术治疗，95%以上均为少儿。

“星光计划”。2001年6月，开始实施民政部推行的社区老年福利服务“星光计划”建设项目。至2003年，所批准“星光计划”项目93个，其中社区54个，敬老院30个，福利院4个，光荣院3个，军休所1个，为社区和敬老院老人增添了学习、娱乐、休养场所。

“明天计划”。2004年5月，民政部推出全国性残疾孤儿手术康复明天计划。蚌医附属医院承担宿州市残疾孤儿手术治疗，资金来源主要是社会捐助和国家福利彩票公益金。

第五节　社会管理

一、勘界、区划、地名管理

（一）勘界

1996年4月，宿县地区行署成立勘界工作领导小组，下设勘界办公室，办公室设在行署民政局。

1996年5月，全地区勘界工作全面展开。勘界的任务是：勘定省与省之间的界线，市（地）与市（地）之间的界线，县与县之间的界线，乡（镇）与乡（镇）之间的界线。目标是核定法定线，法定习惯线，解决争议线，并在实地树立界桩。

1999年撤地建市，“宿县地区勘界工作领导小组”更名为“宿州市勘界工作领导小组”。

2000年10月，全市勘界任务全面完成，完成省、市、县、乡四级勘界总长度为4099.2千米，实地埋设界桩66颗。其中，省级界线724.56千米；地市级界线506.8千米；县区级界线280.8千米；乡镇级界线2587千米。每条界线勘定均附有边界走向说明书及附图和双方达成的界线勘定协议书。勘界形成文字材料8624页，标绘界线图3185张，整理完成勘界档案80套。

宿州市边界线勘定工作解决几十处争议地段，其中有7处边界地段矛盾十分突出。经过当地政府协调，勘界人员开展深入细致的工作，全部达成协议。为以后处理边界纠纷提供法定依据，为平安边界打下良好基础。

2003年，“宿州市勘界领导小组办公室”被评为“全国勘界工作先进集体”，受到人事部、民政部通报表彰。

（二）区划

1995年，宿县地区总面积9787平方公里，总人口5400535人。辖县级宿州市、砀山县、萧县、灵璧县、泗县一市四县、118个乡镇（街道办事处）、2899个村委会。

1999年5月，撤销宿县地区，设立地级宿州市，撤销县级宿州市设立埇桥区。地级宿州市辖埇桥区、砀山县、萧县、灵璧县、泗县。

2001年7月，经安徽省人民政府批准成立“宿州经济技术开发区”，规划面积15平方公里。

2007年，宿州市总人口6045168人。宿州市辖埇桥区、砀山县、萧县、灵璧县、泗县及经济技术开发区，110个乡镇（街道办事处），2685个村委会，105个居委会。

（三）地名管理

1.地名命名

全市地名命名遵循“尊重历史、符合科学、体现规划、好找好记”原则，充分体现地名的地域性、方向性，方便日常使用。

城区道路命名。2006年11月，市人民政府批准命名城区道路名称共43条，名称分别是：拂晓大道、磬云路、人民路、宿怀路、鹏程路、迎宾大道、沱河路、环城东路、环城南路、环城北路、环城西路、惠民路、金海大道、金海二路、金海三路、金海五路、金海六路、金河路、东昌路、西昌南路、西昌北路、淮海路、浍纺路、港口路、曙光路、商场路、韩池子路、建设路、公园路、胜利路、西关大街、中山街、东关大街、道东大街、汴河路、浍水路、淮河路、纺织路、外环南路、洪河路、银河一路、银河二路、银河三路。

居民小区命名。桃园小区、物测小区、银杏小区、锦绣江南小区、人和花园、恒丰花园、矿建小区、梅园小区、农科苑、瑞和苑、金鼎花园、金穗小区、三勘小区、阳光花园、33处小区、银河绿苑、美庐花园、东方明珠花园、城市花园、华电小区、东景园、水木华庭、恒丰嘉苑、怡海花园、温馨花园、祁东新村、南苑小区、新世纪花园、东苑小区、东苑西区、墅园小区、碧御豪庭小区、东昌小区、银沱小区、汇源新村、明日世纪花园、新都市华庭、现代嘉园、皖北煤电新村、东风小区、龙德苑、光华园、明丽园、凤池新村、新港名门小区、锦绣家园、南方国际花园、众德祥福园、圣玛帝苑、伟业家园、博洋家园、新都明珠苑、怡心苑、林泉苑、北苑小区、同科花园、雪枫新村等。

广场、公园、体育中心命名。沱河公园、文化广场、火车站广场、雪枫广场、运粮河公园、环城公园、宿州烈士陵园（雪枫公园）、宿州市体育中心。

2.地名设标

2003年8月，埇桥区对路、街、巷设标牌512块，门牌7万块；砀山县设置路、街、巷标牌109块，楼门牌2.2万块；萧县设置路、街、巷标牌60块，楼门牌1.6万块；灵璧县设置路、街、巷标牌90块，楼门牌1.5万块；泗县设置路、街、巷标牌128块，楼门牌1万块。

2006年至2007年12月，市民政局负责对市区路、街、巷标牌统一设置。

1999年12月，宿州市地名区划委员会办公室被民政部、交通部、公安部、建设部评为“国道地名标志设置工作先进单位”，受到通报表彰。

2006年11月，宿州市被省评为“安徽省城市地名标志设置工作先进城市”。

二、婚姻与收养管理

（一）结婚登记

20世纪80年代，宿县地区的结婚登记工作是由当地区公所、镇政府办公室负责登记。1992年撤区并乡时，各乡、镇全部配专职婚姻登记员。市县统一印制《婚姻状况证明》《结婚登记表》，同时将一纸式的结婚证书改为红本式证件。证件内套印县人民政府结婚登记印章，各乡、镇另加盖结婚登记专用章。1994年，全地区各县（市）统一制作钢印，统一编排序号，较好地杜绝假冒结婚证件现象。

2001年4月新修订的《中华人民共和国婚姻法》实施。至2004年，婚姻登记改由县（区）民政局集中办理。2004年5月，全市启用全国统一样式“结婚登记证”。2005年至2007年，全市结婚登记率达到96.5%。2000年至2007年，全市离婚率呈波动上升态势，离婚率城市高于农村。全市涉港澳台婚姻由省民政厅统一办理。

（二）收养登记

20年间，全市收容弃婴约600余名，有近70%左右为轻度或重度生理残疾，一般轻度残疾婴儿被社会认领抚养，无认领的由县（市）、（区）福利院收容抚养，部分由社会无子女家庭和有抚养能力家庭收养。1988年至2007年，办理收养登记1164件，其中男性235名，女性929名。

1988—2007年宿州市婚姻登记、收养登记一览表

表5-1-3

年度	结婚登记（对）	离婚登记（对）	补登（对）	收养登记
1988	—	—	—	—
1989	24306	254	0	67
1990	27954	298	0	83
1991	39164	318	230	75
1992	48862	427	325	64
1993	48000	456	317	45
1994	50029	459	218	55
1995	55587	483	216	73
1996	53000	575	197	68
1997	55140	597	184	54
1998	51786	546	220	38
1999	55502	531	215	92
2000	53113	557	125	87

续表5-1-3

年度	结婚登记（对）	离婚登记（对）	补登（对）	收养登记
2001	54700	638	104	76
2002	52460	656	109	53
2003	49220	793	113	44
2004	50950	1697	126	53
2005	50212	1913	130	57
2006	49548	2304	119	42
2007	48673	2408	123	38

说明：复婚对数此表未作反映

三、民间组织管理

根据1989年国务院颁布的《社会团体登记管理条例》，1990年8月起将社团管理工作交由民政部门统一管理。地、市、县民政局抽专人负责此项工作。1992年地、市、县民政局增设社团管理科（股）。2002年设立“民间组织管理局”。1992年，据调查摸底全地区有各类社团组织约1000多个，分布在城乡各个领域。

1992年，对过去的社团组织、基金会等各种类型的组织进行清理、整顿，采取同类型的合并，不符合条例规定的不予登记或予以撤销，按条件暂未达到要求的暂缓登记。为了规范社团组织名称、类别、审批手续，国务院1998年以250、251、252号令发布《社会团体登记管理条例》《民办非企业单位登记管理暂行条例》《事业单位登记管理暂行条例》。2000年，对气功协会、香功研究会进行取缔注销。1992年至2007年对申请成立社团组织的，只要符合条件、有利于现代化建设、有活动资金、有固定活动场地、有法定会员人数、且法人代表资格符合规定要求均可注册登记。至2007年，全市依法登记社团组织397个。其中：萧县29个，砀山县21个，灵璧县69个，泗县50个，埇桥区105个，市直123个。依法登记民办非企业单位111个，其中：萧县6个，砀山县7个，灵璧县8个，泗县16个，埇桥区41个，市直33个。1992年至2007年，合并组织5个，注销3个，缓登13个，免登5个。

四、殡葬管理

（一）殡葬改革

1988年，全地区有殡仪馆5个，火化遗体数量不多，火化率仅有4%，其中城区火化率较高，农村基本以土葬为主。

国务院《关于殡葬管理条例》发布后，1989年，宿县地区行署下发19号文件《批转行署民政局关于切实做好殡葬改革工作的报告》，行署民政局、公安处、工商局、民族宗教事务所联合下发《关于坚决制止丧葬中的封建迷信活动的通知》。1994年，行署向各县、市政府下发《关于认真组织实施贯彻安徽省殡葬管理办法的通知》内部传真电报，为殡葬改革启动工作做充分准备。

1996年，中共宿县地委下发《中共宿县地委、地区行署关于加强殡葬管理推行殡葬改革的决定》，各县市采取措施，在全地区掀起殡葬改革高潮。全地区推行火化，改革土葬，破除封建迷信，大力倡导节俭、文明办丧事；开展平坟还田，切实保护耕地。全地区殡葬改革工作取得重大突破，火化遗体数量是1995年的3倍，1997年火化遗体数量是1996年的8倍，1998年全地区火化遗体27419具，火化率首次达到100%，甩掉落后的帽子，受到省政府、省民政厅表彰和奖励。每年冬春两季开展声势浩大的殡改突击月活动，并通过表彰会、调度会，巩固殡改工作成果，火化率连续5年保持在100%。

2003年，成立宿州市殡葬协会并召开第一次理事会议。

2006年，为加强殡葬管理工作，经市编办的批准，成立"宿州市殡葬管理处"。全市召开殡葬改革专项治理工作会议，对殡葬改革工作进行再部署、再动员。宿州市人民政府下发《关于印发规范我市村级公益性公墓建设意见的通知》，市纪委出台《关于共产党员、国家工作人员违反殡葬管理政策给予党纪政纪处分的暂行规定》。

（二）殡仪馆及公墓

1995年，埇桥区殡仪馆自筹资金，在顺河乡马山建设经营性公墓，灵璧县、萧县、砀山县相继建设经营性公墓。1999年，全市农村建成村级公墓设施178个。

2003年，灵璧县凤凰山公墓被省民政厅授予文明窗口单位。

至2007年，全市有殡仪馆5座，各殡仪馆为配合殡葬改革，相继更新火化设备15台套。其中高档火化炉2套，中档火化炉6套，其他火化炉具7套。各殡仪馆开办接尸、防腐、骨灰寄存、悼念大厅租用等殡葬服务业务。

第六节　军人安置

一、退伍军人安置

宿州市过去曾被称为兵员大区，工业欠发达，每年退出现役的城镇士兵安置任务相当艰巨，但由于各级政府的高度重视，双拥氛围浓厚，全社会支持，退伍军人理解，每年退出现役的士兵数量虽多，但都能给予妥善安置。

1988年，城镇退役士兵安置：凡入伍前有工作单位的，一般由原单位安置；父母有单位的原则上由父母所在单位安置；父母无工作单位的或党政机关无法安置的，由市、县安置办统一分配，对有专业特长的军地两用人才，尽量照顾其特点，做到对口安置或用人单位择优录用。

1990年，在城镇义务兵应征时即实行"安置卡"。从宏观上控制入伍比例，在一定程度上缓解安置难度。

2000年，民政部门鼓励城镇退役士兵自谋职业，并建立待安置期间基本生活保障机制，对符合安置条件暂未安置的退役士兵给予生活补助。市政府2003年下发《关于认真落实城镇退役士兵待安置期间生活补助费的通知》，待安置期间生活补助费标准以当年城市最低生活保障水平为准。

2003年，为提高退役士兵个人素质和就业能力，市民政部门联合劳动就业管理局、财政局，对符合安置条件的退役士兵进行免费培训，培训合格者颁发职业资格证。

2004年，市政府出台《宿州市鼓励退役士兵自谋职业和实行安置任务有偿转移暂行办法》，鼓励退役士兵自谋职业，自谋职业补助标准按上年度当地城镇在职职工年平均的2—5倍发放。

2005年10月，市政府下发《关于进一步做好全市退役士兵安置工作的通知》，对1998年以后，非个人原因未能上岗的退役士兵采取重新安排工作和给予一次性经济补助的方式，妥善解决退役士兵安置工作中的遗留问题。

2006年，市政府下发《关于印发2005年度市直城镇退役士兵公开考试考核录用暂行办法的通知》，对52名退役士兵进行公开考试考核，市政府提供13个事业单位工作岗位，在社会上产生积极影响。

20年间，全市接收退役军人48906人，其中符合安置条件的17439人，安置16790人，自谋职业1195人。

1988—2007年宿州市退伍军人安置一览表

表5-1-4

年度	退伍总数（人）	应安置数（人）	已安置数（人）
1988	2156	698	690
1989	2550	867	845
1990	2274	1254	1219
1991	2172	1316	1271
1992	2146	1166	962
1993	2608	1476	1391
1994	2152	1100	1018
1995	2187	812	567
1996	1902	606	595
1997	2153	699	679
1998	2178	810	810
1999	2620	884	862
2000	2501	700	830
2001	2415	687	687
2002	2889	709	709
2003	2930	736	736

续表5-1-4

年度	退伍总数（人）	应安置数（人）	已安置数（人）
2004	3648	767	767
2005	2441	632	632
2006	2464	735	735
2007	2520	785	785

二、军队离退休人员安置

1988年至2007年，全市分批分期接收军休人员124人，其中离休干部22人，退休干部56人，无军籍职工40人，退休士官6人。

20年间，全市各级军休服务部门不断完善各项管理制度，认真落实军休干部"两个待遇"。每年春节、"八一"建军节、中秋节等重大节日坚持登门慰问，并定期组织老干部参加政治学习、外出参观访问和各项文体活动，丰富军休干部生活。

三、军运供应

宿州军供站始建于1970年，地处苏、鲁、豫、皖四省交界处，军运工作十分重要。市军供站占地总面积2464.58平方米，建筑面积3273.83平方米。日供应能力3000人次，平均年供应量1万人次。20年间，圆满完成新兵入伍、老兵退役的接送任务。1998年接待抗洪救灾解放军及转运新兵入伍达10156人次，是建站以来最多的一次。

第七节　拥军优属

20年间，党委、政府始终把"双拥"工作摆在"两个文明"建设的重要议事日程。

1991年，宿县地区成立"拥军优属、拥政爱民"工作委员会（简称双拥工委），各县、市也相继成立"双拥工委"或"双拥领导小组"，均下设双拥办公室。

1992年，全地区各乡、镇、街道办及大中型企业成立"拥军优属组织"，驻军团以上单位成立"拥政爱民工作领导小组"，营以下单位成立"拥政爱民服务小组"或"学雷锋服务小组"。全区"双拥"服务网络形成"上下一条线、左右连成片"的格局。

1991年，制订《拥军优属职责》和《拥军优属、拥政爱民公约》。

1993年，下发《军地共创双拥模范城活动的决定》和《宿县地区拥军优属若干规定》。

1994年，制订各"双拥"成员单位《双拥工作职责》。1997年进行修订，把双拥工作具体任务分解到各成员单位。出台《双拥工作考核办法》。

2000年，在市科技广场举办"双拥模范城"创建工作的万人签名活动。2004年，市民政局、城管局、军嫂集团联合举办"八一"双拥晚会。

2007年，市双拥办、市广播电台、驻市部队联合举办双拥知识竞赛活动。

20年间，为创建"双拥模范城"活动，先后几次更新，增设宣传标语达980个，出双拥简报120多期。

宿州市的双拥工作在继承中发展，在实践中提高。1991年宿县地区被评为全省“拥军优属”先进单位，灵璧县1988年被民政部、总政治部授予“拥军优属”先进单位称号。1992年宿县、宿州市被授予全省双拥模范县和拥军优属模范城称号。宿州于1994年、1997年、2000年、2003年、2007年连续五届被国家命名为“双拥模范城”称号。

驻军某部队1991年获省“拥政爱民先进单位”，被授予全国“拥政爱民先进单位”。宿县地区武警支队1992年获全省“拥政爱民先进单位”。

获省、国家级“双拥”先进单位36个，先进个人40名。市委、市政府、市军分区命名表彰的拥军优属先进单位266个，拥政爱民先进单位74个，拥军优属先进个人212名，拥政爱民先进个人60名，优抚对象先进个人36名。

每逢春节、“八一”建军节等重大节日，地方各级都要组织人员慰问驻军部队和烈军属，并以召开纪念会、茶话会、座谈会、报告会、联欢会、团拜会、议军会等不同形式，广泛开展拥军优属活动。

各县、区人民政府根据优抚对象人数每年印慰问年画10—12万张，给当年新入伍士兵家庭制作“光荣之家”牌已成惯例。

各县、区人民政府每年都专门下发“关于做好农村优抚对象优待工作”的通知，并将当年优待的范围、标准、优待比例作具体规定成为惯例。

1991年，地、市、县出台《军人抚恤优待条例》。1997年出台宿县地区《随军家属工作安置、子女入学政策规定》。1996年出台宿县地区《军事设施保护规定》。1993年宿县与83568部队联合开展“军、地、家”三模范活动，进一步增强了做好拥军优属的责任感和支持士兵安心服役的积极性。

20年间，驻军部队某师在褚兰境内每年都要进行军事训练，曾三次进行大规模的军事演习，每次演习都要给褚兰镇的农业生产造成一定损失。为保障部队军事演习顺利进行，褚兰镇政府及群众不惜牺牲眼前利益，处处为部队演习提供方便。2002年6月下旬，驻山东某部队奉命参加的机动演习途经宿州市，受到宿州市多方面大力支持，训练结束返回后，给市委、市政府发来感谢信。2002年，市政府拨款200万元支持军分区营房搬迁重建。1994年，宿州市政府为分区贴息200万元贷款，帮助建“武装干部培训中心”，拨款20万元作为居民搬迁补偿费。2003年，市广电局投资40万元完成光缆架设及终端设备安装，让远离市区的部队官兵在6月能看到40多个频道电视节目。1988年至1995年，为驻军部队粮油、燃料贴补资金16.1万元，其他38.2万元。

全市充分发挥各级双拥服务网络作用，积极采取各种形式的拥军优属“送温暖”活动。据1998年统计，全区有拥军优属、学雷锋服务小组5428个，做好事19485件。

每年救灾、扶贫都把优抚对象户、烈军属户作为重点给予优先照顾。1993年鉴于在乡复员军人已进入老龄时期，为了让他们安度晚年，解决他们“生活难、住房难、治病难”问题已成为优抚工作的重中之重，并作为创建双拥模范城的主要条件之一。1995年3月，市县民政局双拥办与卫生部门在市区和各县城区重点医院，为8927名优抚对象办理了看病减免“挂号费、门诊费、床位费”的三免一优先证卡，1993年至

2005年为优抚对象减免医疗费用87万元。1993年至2003年，全市为重点优抚对象修缮房屋875间，新建房屋380间（含1997年省双拥办拨付的专项建房款20万元资助的98间）。1998年，地区双拥工委下发《关于开展对优抚对象结对帮扶活动的通知》。地委、行署、人大、政协及有关部门主要领导29名，95个部门和企事业单位与全区231名重点优抚对象结对帮扶。到2000年底，全市老复员军人的“三难”问题基本得到解决，至2007年，三次大幅度提高定期补助标准。2000年，抗美援朝50周年，省厅按参加抗美援朝的人员及遗孀每人每户100元慰问资金发放。2005年，在抗日战争胜利60周年前夕，为全市2000多名抗日战争老战士颁发纪念章。1988年至1992年先后为25户特、一等伤残军人33名亲属办理农转非户口，并保留原承包地。为其子女招工、当兵退伍安置提供优惠条件。1995年至2004年，先后为20名军嫂办理挂靠单位，为15名军嫂安排工作，为58名未随军家属调整工种和班次。2003年，为全市企业困难军转干部支付临时救助资金30万元，为258名军转干部家属办理低保补助。

宿州市双拥工作受表彰情况表

表5-1-5

表彰时间	被表彰单位、个人荣誉名称	数量	表彰机关、部门名称
1988	灵璧县被评为双拥先进单位	1	民政部、总政治部
	宿县地区17个单位被评为拥军优属先进单位	17	省政府、省军区
	宿县地区13名个人被评为拥军优属先进个人	13	省政府、省军区
1990	萧县孟庆美被授予军人好妻子、三八红旗手	1	省民政厅、省军区政治部、省妇联
1991	宿县地区18个单位被评为拥军优属先进单位	18	省委、省政府、省军区
	解放军83219部队被评为拥政爱民先进单位	1	省委、省政府、省军区
	宿县地区22名个人被评为拥军优属先进个人	22	省委、省政府、省军区
1992	宿州市埇桥街道办事处民政股股长王传昆被评为拥军优属先进个人	1	民政部、总政治部
	宿州市、宿县被授予双拥模范城（县）	2	省委、省政府、省军区
	宿县地区武警支队被授予拥政爱民先进单位	1	省委、省政府、省军区
1994	宿县、萧县被授予双拥模范县	2	省委、省政府、省军区
	宿州市被授予全国双拥模范城	1	民政部、总政治部
1996	宿县、萧县、砀山被授予双拥模范城（县）	3	省委、省政府、省军区

续表5-1-5

表彰时间	被表彰单位、个人荣誉名称	数量	表彰机关、部门名称
1997	宿州市朱仙庄镇被评为拥军优属先进单位	1	省双拥工作委员会
	地委书记耿广宽被评为拥军优属先进个人	1	省双拥工作委员会
	解放军83219部队被授予拥政爱民先进单位	1	民政部、总政治部
	宿州市被命名为全国双拥模范城	1	民政部、总政治部
1998	通报表彰宿县地区双拥工作	1	南京军区、省军区
1999	宿州市、萧县、泗县被授予双拥模范城（县）	3	省委、省政府、省军区
	灵璧县下楼镇政府被评为优抚工作先进单位	1	省委、省政府、省军区
	解放军83219部队被评为拥政爱民先进单位	1	省委、省政府、省军区
	萧县张志和、灵璧胡崇银被评为优抚对象先进个人	2	省委、省政府、省军区
2000	宿州市被命名为全国双拥模范城	1	民政部、总政治部
2002	宿州市被命名为全省双拥模范城	1	省委、省政府、省军区
	灵璧县、砀山县、泗县被命名为全省双拥模范县	3	省委、省政府、省军区
	解放军73066部队被命名为省拥政爱民模范单位	1	省委、省政府、省军区
2003	宿州市被命名为全国双拥模范城	1	民政部、总政治部
2005	宿州市被命名为全省双拥模范城	1	省委、省政府、省军区
2007	宿州市被命名为全国双拥模范城	1	民政部、总政治部

第八节　优　抚

一、优待

1988年，全区评定烈军属优待对象9679户，年发优待金427.9万元，户均437.50元，其中三属（烈士家属，因公牺牲、失踪军人家属，病故军人家属）430元，军属445元。

从1992年开始，每年都专门下发关于做好农村优抚对象优待工作的通知，并将烈、军属，复员、退伍、伤残军人的优待标准及优待面比例作具体规定。在达到优待标准的同时，具体实行“四统一”和“五做到”（“四统一”：统一评定，统一负担，统一筹款，统一兑现；“五做到”即：优待证发到户，优待名单公布到群众，优待通知书寄到部队，优待名单报到县，优待金订到合同）。对烈属、因公牺牲、病故军人家庭凡符合条件的给予优待，其标准按本乡镇上年度农民纯收入标准。义务兵家属（不含军事院校学生和地方直接接收的文艺、体育人员）按百分之百优待，一户二名的按二人户优待，其优待标准按各乡镇上年度农民纯收入标准发给优待金。奖励优待：每年从优待金总额中提取不低于5%的奖励金，对在服役期间荣立一等、二等、三等功，受师团以上单位通令嘉奖及被评为优秀义务兵的，分别给予300、200、100、50元的奖励金。1993年起，调为500、300、200、100元。分等优待：对超期服役、进藏服役及边防、海岛服役的义务兵分别在原标准上增加10%—15%的优待金。城镇户口入伍的义务兵入伍前有工作单位的正式职工（含集体单位），服役期间按原工资标准的70%发给其家庭，1995年起按100%发给。复员军人优待：其优待标准按照本乡镇上年度农民纯收入标准的1／2发给优待金，优待面从25%、35%、50%到1996年全市达到100%优待。退伍军人优待：其优待标准按本乡镇上年度农民纯收入1／3给予优待，优待面从1.5%、2%、2.3%，1996年增加到3%。复员、退伍军人中的伤残军人在享受国家抚恤补助的同时均可享受农村的优待金，其标准与复员军人同等。优待金兑现的时间（除个别年份部分乡镇严重受灾外）均在每年“八一”前一次兑现。

2004年，农村税费改革后，优待金统筹方式、兑现时间、优待形式出现了新问题，为了不影响广大优抚对象的切身利益，市、县、区人民政府及民政、财政等部门及时应对，根据党和政府的优抚政策，重新制定出台优待办法。

2005年市民政局转发安徽省民政厅“关于做好2005年优待工作的通知”。结合宿州市实际，制定下发2005年优待工作的通知。其内容：（一）义务兵服役期间其家庭由县级人民政府发给优待金，标准按不低于县（市区）上年度城乡人均消费性支出发给。有条件的县（市区）可实行城乡一个优待标准。烈士、因公牺牲、病故军人的遗属和在乡复员军人享受定期抚恤、补助金，若生活仍有困难的按照不低于义务兵家庭优待标准的50%发给；残疾军人和生活特殊困难的带病回乡退伍军人按不低于35%发给。（二）对义务兵家庭、在乡复员军人实行普遍优待。烈士、因公牺牲、病故军人的遗属优待面不低于50%，残疾军人优待面不低于20%，带病回乡退伍军人优待面不低于2%。（三）在校大学生服役期间，其家庭享受军属待遇。由其入伍前户口所在地按照义务兵家庭优待的规定给予优待。（四）优待金由享受优待的优抚对象户口所在地县级民政部门负责发放。

2007年，全市评定优待对象15539户，年发放优待金1780.7万元，户均2416元，其中三属1105元，城市1154元，农村4989元。

1988—2007年宿州市优待工作一览表

表5-1-6

年份	优待对象	优待金	三属			军属			复员			退伍			伤残		
	总户数	总额万元	户人	款万元	均元	户人	款万元	均元	户人	款万元	均元	户人	款万元	均元	户人	款万元	均元
1988	9679	427.9	1934	83.2	430	7745	344.7	445	—	—	—	—	—	—	—	—	—
1989	13036	439.6	1926	87.3	453	7786	352.3	452.5	—	—	—	—	—	—	—	—	—
1990	14526	638.6	1883	89.6	475.5	8284	473.5	571.5	2573	43.5	169	1409	25.5	180	377	6.6	175
1991	14911	653.1	1735	83.3	480.2	8356	486.3	582	2856	48.6	170	1541	27.4	178	423	7.5	178
1992	15732	696.8	1846	96.9	525	7960	465.6	584.9	3349	84.4	252	2055	34.3	167.1	5227	15.6	250
1993	18997	807.7	1838	100.6	547	8552	506.1	591.8	4999	127.9	255.9	2657	47.1	177	951	26	273
1994	22447	1138.4	1721	109.6	637	9052	669.6	740	7460	256.5	344	2867	59.6	208	1347	43.2	314
1995	23105	1408.3	1756	146.8	836	8942	783.6	876.3	7880	331.1	420	3177	89.9	283	1350	56.8	420
1996	23846	22291.2	1714	230.5	1344	9113	1219.7	1338	8230	539.35	655	3324	144	433	1465	95.5	651
1997	23115	23968.6	1616	251.1	1554	8220	1238.9	1507	8137	611.8	752	3712	187.4	505	1430	107.7	753
1998	23178	2683.9	1598	265.9	1663	8320	1425.5	1713	8061	663.3	823	3770	211.3	560	1429	117.9	825
1999	22878	2576.5	1604	273.7	1706	8313	1355.6	1630	7735	621.6	804	3691	200.5	543	1535	124.9	812
2000	21798	1834.2	1393	170.1	1221	7969	995.7	1249	7045	426.4	605	3522	153.1	435	1509	89	589
2002	20308	1912.9	1487	154.9	1042	6716	991.3	1476	6943	504	726	3656	173.2	475	1461	89.5	613
2003	19583	1877.5	1224	136.9	1118	6212	954.5	1536.5	6418	475.6	741	4358	223.1	512	1371	87.6	638
2004	18512	1480	1272	110.7	870	6141	757.1	1232	6555	392.1	598	3209	144.8	451	1335	75.2	563
2005	16925	1470.4	1239	93.6	755	5801	783.8	1351	6471	426.1	658	2572	119.1	463	842	47.6	565
2006	15902	1476	797	65.2	818	城1687 农4976	223.5 668.2	1324 1342	6210	410.9	662	1704	77.6	455	528	30.6	579
2007	15539	1780.7	713	68.8	1105	城1154 农4989	193 843.3	1672 1690	5039	427.7	848	2228	124.5	558	704	73.9	1049

二、烈士褒扬

1988年至2007年，全市通过修建、扩建，将新中国建立前分散安葬的烈士墓集中在新建的乡级中小型烈士陵园内，累计建有中小型烈士陵园23个，烈士墓群92个，陵园及烈士墓群均有明显的标志，如墓碑、围墙、绿化、纪念碑等。

20年间，省政府批准宿州市在抢险救灾、见义勇为中牺牲的烈士17名，批准追认新中国建立前牺牲的烈士43名，接收在部队因抢险救灾、见义勇为、空军新机型试飞和执行其他特殊任务中牺牲的烈士8名，因公牺牲的12名，市批准因公牺牲的工作人员及群众34名。

（一）宿州市烈士陵园

坐落在宿城东北角，是缅怀杰出的无产阶级革命家、军事家、功勋卓著的抗日英雄彭雪枫将军以及革命烈士而建的，1957年开始建设，1959年对外接待参观。占地10.4公顷，陵园中央高27.7米的英雄纪念碑上，是陈毅元帅亲笔题写的“革命烈士永垂不朽”八个大字，纪念碑南百米处有彭雪枫将军征战立马汉白玉塑像，陵园北部有1989年筹建的全木仿古式的纪念馆，存有历史文物资料及党和国家领导人、全国著名书画家真迹数百幅。以彭雪枫汉白玉塑像、革命烈士纪念碑、彭雪枫纪念馆为主体的纪念建筑物，南北向依次排列在陵园中心轴线上。1989年，被安徽省人民政府列为第一批重点保护单位，1998年，被安徽省人民政府命名为“爱国主义教育基地”和省级“烈士纪念物重点保护单位”，被民政部列为“全国百个爱国主义教育基地”。

在彭雪枫将军殉国50周年期间，市政府先后投资780万元，对陵园进行整修、扩建、绿化、增设纪念设施，使陵园、公园融为一体。2006年1月起，烈士陵园全日制免费向市民开放。

每逢清明节，宿州市党、政、军领导，机关工作人员及社会各界人士都到雪枫烈士陵园开展祭扫瞻仰活动。

（二）泗县江上青烈士陵园

为纪念抗日战争和解放战争中牺牲的革命烈士，1994年筹建“江上青烈士陵园”，2003年，投资2000万元实施第二期工程建设，改造纪念馆。2006年经市政府批准升为市级烈士纪念文物重点保护单位。

（三）萧县“萧、宿、铜、灵边区革命烈士陵园”

1993年11月，由孙象涵等几位老将军发起，在萧县皇藏峪景区新建“萧、宿、铜、灵边区革命烈士陵园”，占地3500平方米，园内建有纪念碑、碑廊，碑上刻有在抗日时期牺牲的烈士名录。1997年9月，萧县人民政府批准为县政府重点保护单位。

（四）萧县烈士陵园

建于1958年10月，1989年8月、1990年2月、1995年4月三次改建、扩建，占地27200平方米，陵园围墙330米，园内有纪念设施多处，其中烈士墓85座，纪念碑18处。经多次绿化，风景优美，气势壮观。

（五）灵璧县烈士陵园

1990年1月建成，占地13320平方米，县政府批准为事业单位，1993年批准为县级重点保护单位。

（六）砀山县烈士陵园

位于砀山县城南，面积0.7公顷，建于1972年，园中有烈士墓、纪念碑和骨灰堂。

三、光荣院建设

至2007年，全市有光荣院5所。其中灵璧县、埇桥区光荣院始建于20世纪50年代末，后多次修缮、改建、扩建。泗县光荣院建于1991年。据2001年统计，5所光荣院占地面积105亩，建筑面积7358平方米，院民住房105间，办公用房22间，医务室8间，活动室12间，餐厅12间，浴室11间，院内设施配有冰箱、彩电、消毒柜、热水器、取暖器、空调、电风扇及健身器材等。2001年支出维修费9.6万元，院民服装费1.78万元，院民生活费13.96万元，医疗费6.26万元。其他费用支出2.05万元，院内经济收入0.3万元。

四、三属抚恤

“三属”（烈士家属，因公牺牲、失踪军人家属，病故军人家属）一次性抚恤。1988年至2004年9月30日，烈士一次性抚恤标准（军官、志愿兵）按其牺牲时40个月工资计发，低于正排级工资的士兵按排级第三档40个月工资计发，因公牺牲（军官、志愿兵）按牺牲时20个月工资计发，士兵按排级20个月工资计发，病故（军官、志愿兵）按病故时10个月工资计发，士兵按排级10个月工资计发。

立功受奖和获得荣誉称号的现役军人牺牲、病故，一次性抚恤金按下列比例增发：被国家主席或者中央军委授予荣誉称号的，增发35%，被军区（方面军）授予荣誉称号的增发30%，一等功增发25%，二等功增发15%，三等功增发5%。

2004年10月1日起，烈士一次性抚恤金按80个月工资计发，因公牺牲的按40个月工资计发，病故的按20个月工资计发。士兵及被授予荣誉称号和立功受奖的增发标准仍按2004年10月1日前标准执行。发款单位是入伍前户口所在地的县级人民政府。已随军原籍无直系亲属的由随军后户口所在地的县级以上人民政府发给。

“三属”定期抚恤。享受“三属”定期抚恤的对象主要包括：烈士父母、不满18周岁子女或已满18周岁但仍在校学习及军人自幼依靠抚养长大的抚养人。自1988年8月1日国务院颁布《军人抚恤优待条例》后，1989年，市、城镇户口烈士家属每人每月50元，因公牺牲军人家属每人每月45元，病故军人家属每人每月40元。农村：烈士家属、因公牺牲军人家属每人每月40—45元，病故军人家属每人每月35—40元。

宿州市部分年份“三属”抚恤标准一览表

表5-1-7 单位：元

年份	农村		城镇		执行时间
	烈士家属及因公牺牲、失踪军人家属	病故军人家属	烈士家属及因公牺牲、失踪军人家属	病故军人家属	
1994	50—55	45—50	60—65	55—60	1月1日
1996	55—60	50—55	65—70	60—65	7月1日

续表5-1-7

年份	农村		城镇		执行时间
	烈士家属及因公牺牲、失踪军人家属	病故军人家属	烈士家属及因公牺牲、失踪军人家属	病故军人家属	
1998	65—75	65—70	75—85	70—75	1月1日
1999	90—100	90—95	100—110	95—100	1月1日
2000	110—120	110—115	120—130	115—120	1月1日
2001	130—140	130—135	140—150	135—140	1月1日
2002	155—165	155—160	180—190	175—180	7月1日
2003	190—195	180	250—255	245	7月1日
2004	210—220	195	325—350	300	10月1日
2006	245—260	230	385—415	355	1月1日
2007	285—300	275	450—500	425	8月1日

1989年，全地区有“三属”1926人，全年抚恤款127.1万元。1999年有“三属”1604人，全年抚恤款151.7万元。2004年，全市有“三属”1480人，全年抚恤款473.6万元。2007年，全市有“三属”1023人，全年抚恤款536.4万元。

五、伤残抚恤

伤残人员：包括伤残军人、伤残人民武装警察、参战伤残民兵民工、国家机关伤残工作人员。1988年8月1日，国务院颁布《军人抚恤优待条例》，伤残军人根据伤残性质确定为：因战致残、因公致残、因病致残。并将“革命残废军人”称谓改称为“革命伤残军人”。1990年，全区统一换发伤残抚恤证。2004年，国家颁布《军人抚恤优待条例》，将“革命伤残军人”改称为“残疾军人”。2004年至2005年，分批分期统一换发新的残疾抚恤证，将使用年限定为20年和长期。同时还将残疾等级由原来四等六级，即：特等、一等、二等甲级、二等乙级、三等甲级、三等乙级套改为1—10级。1—6级分为因战、因公、因病，7—10级分为因战、因公。原特等、一等及整改后的1—4级还发给护理费，其标准：1988年至1991年每人每月50元，1992年至1993年每人每月70元。1994年，按全市1993年社会平均2100元标准，特等按工资50%每年发给护理费1050元，一等因战按40%工资标准发给护理费840元，因病按30%工资标准发给护理费700元。1997年，按1996年社会平均工资3957元标准，特等按50%，护理费为1980元；一等因战按40%，护理费1580元，因病按30%，护理费为1190元。1997年以后，各县（市）均按上述计算标准逐年增加护理费标准。

宿州市部分年份伤残抚恤标准

表5-1-8　　　　单位：元/年

伤残等级	类别	伤残性质	抚恤标准执行时间						
			1988.1.1	1991.1.1	1994.1.1	1996.1.1	1998.1.1	2001.1	2003.7
特等	在职	因战	240	1560	450	600	3540	1500	2140
	在乡		1200		2240	3240		7000	9960
	在职	因公	216	1440	420	570	3380	1470	2110
	在乡		1020		2100	3080		3840	9800
一等	在职	因战	204	1260	374	500	2760	1200	1720
	在乡		1020		1860	2460		5400	7680
	在职	因公	184	1170	342	460	2630	1160	1680
	在乡		950		1740	2330		5270	7550
	在职	因病	860	1060	332	450	2500	1150	1670
	在乡				1620	2200		5140	7420
二等甲级	在职	因战	156	920	258	380	1550	600	810
	在乡		740		1250	1430		2900	3880
	在职	因公	140	830	268	360	1440	580	790
	在乡		660		1150	1320		2790	3770
	在职	因病	600	760	250	340	1350	560	770
	在乡				1070	1230		2700	3680
二等乙级	在职	因战	135	656	231	300	1080	500	680
	在乡		538		856	960		1940	2600
	在职	因公	122	590	214	280	1000	480	660
	在乡		480		780	880		1860	2520
	在职	因病	450	554	210	270	960	470	650
	在乡				740	840		1820	2480
三等甲级	在职	因战	108	416	174	220	748	380	510
	在乡		336		536	628		1180	1560
	在职	因公	98	400	160	200	728	360	490
	在乡		332		516	608		1160	1540

续表5-1-8

伤残等级	类别	伤残性质	抚恤标准执行时间						
			1988.1.1	1991.1.1	1994.1.1	1996.1.1	1998.1.1	2001.1	2003.7
三等乙级	在职	因战	90	342	132	170	846	320	430
	在乡		272		442	526		1050	1390
	在职	因公	82	342	122	160	846	310	420
	在乡		272		442	526		1050	1390

宿州市2004年整改后伤残抚恤标准执行情况表

表5-1-9 单位：元/年

年度	伤残等级	伤残性质		
		因战	因公	因病
2004	一级	11200	10800	10400
	二级	10080	9600	9200
	三级	8960	8400	7800
	四级	7280	6600	6000
	五级	5600	5040	4560
	六级	4480	4200	3600
	七级	3360	3000	—
	八级	2240	1920	—
	九级	1680	1440	—
	十级	1120	960	—
2006	一级	14560	14040	13570
	二级	13100	12480	11960
	三级	11650	10920	10140
	四级	9470	8580	7800
	五级	7280	6550	5930
	六级	5820	5460	4680
	七级	4350	3880	—
	八级	2880	2840	—
	九级	2180	1870	—
	十级	1460	1250	—

续表5-1-9

年度	伤残等级	伤残性质		
		因战	因公	因病
2007	一级	18900	18300	17700
	二级	17100	16200	15600
	三级	15000	14100	13200
	四级	12300	11100	10200
	五级	9600	8400	7800
	六级	7500	7080	6000
	七级	5700	5100	—
	八级	3600	3300	—
	九级	3000	2400	—
	十级	2100	1800	—

说明：伤残人员抚恤标准2004年为10月1日执行，2006年为1月1日，2007年为8月1日执行

1997年，全地区有2985名伤残人员，其中：伤残军人2848名，伤残工作人员77名，伤残人民武装警察31名，伤残民兵民工29名。特等6名，一等65名，二等甲231名，二等乙796名，三等甲955名，三等乙932名。2000年，全市有伤残人员2918名，其中：在乡1586名，在职1332名。2003年，全市有伤残人员2911名，其中：伤残军人2763名，伤残工作人员111名，伤残武装警察25名，伤残民兵民工11名。2007年，全市有伤残人员2816名。

六、复员军人定期定量补助

（一）复员军人补助

1988年，全地区有在乡复员军人9357名，其中：抗日战争时期入伍的2320名，解放战争时期入伍的3798名，新中国建立后入伍的3139名。享受补助人数为7486名，占复员军人总数的84.4%，抗日战争占92.3%，解放战争占86.5%，新中国建立后占74.6%，平均月补助17.5元。1989年省厅给复员军人每人每月增加5元，孤老复员军人或荣立二等功以上的可在原标准上另增加3元，鉴于当时定补面偏窄，还有1800多名一直未享受补助，从增加补助经费中拿出一部分用以扩大补助面。1991年，县级财政支出一部分款仍主要用于扩大面。1993年，全地区复员军人全部享受定期补助。1994年全地区复员军人补助平均每人每月达到28.5元，1997年每人每月52.3元，1999年调整为每人每月80元，2006年每人每月提高到116元。从2004年1月1日起，抗日战争时期入伍的每人每年补助2680元，解放战争时期入伍的每人每年补助1940元，新中国建立后1949年10月1日至1954年10月31日入伍的每人每年补助1820元。2006年1月1日起，抗日战争入伍的年补助2920元，解放战争入伍的年补助2180元，新中国建立后

入伍的年补助2060元。

（二）带病回乡退伍军人补助

1988年每人每月平均6.5元，1994年每人每月16元，2000年每人每月40元，2006年每人每月82元。2007年全市带病回乡退伍军人享受补助的共5674名。

（三）“三红”人员补助

1988年至2002年，全市有2名“三红”（红军老战士、西路军红军老战士、红军失散人员）人员，1989年每人每月补助85元，2002年年补5000元，2004年年补8640元。2005年，全市已无“三红”人员。

第九节　老龄工作

1984年，成立宿县地区老龄委员会；1990年9月，成立宿县地区老龄委办公室，正科级规格，办公室设在行署人事局；1992年3月，地区老龄办升格为副处级。老龄工作对象包括机关、企事业单位离退休人员和城镇、农村的广大老年人。地、县市老龄委每年组织若干次大型老年人活动，包括：举办老年人运动会，举办书画展、摄影展、演唱会等老年人喜闻乐见的活动，开展“五保”老人和百岁老人慰问活动等。各地还重视发挥老年人的余热，组织他们做一些力所能及工作，如担任校外辅导员、从事技术咨询、调解邻里纠纷等。1990年至1993年，重点推进村级老年协会建设，截至1993年年底，全区90%以上的行政村建立老年协会，大多数行政村建立了老年人活动室。1994年后，开展培育和推广老龄工作先进典型工作，要求每个县市都有2—3个老龄工作先进典型，以点带面，推动全区老龄工作进一步发展。埇桥区西二辅乡后张庄村老年协会和砀山县程庄老年协会评为全省村老年协会示范点。后张庄村是老龄工作的突出典型。1999年12月，市政府做出《关于对高龄老人实行优待服务的通知》，规定宿州市70周岁以上老年人可免费乘坐市内公交车，公交公司减少的收入，由财政部门给予补贴，高龄老人还可享受其他六大项优待服务。宿州市成为全省最早实行老年人优待服务的城市之一。

据2000年全国第五次人口普查资料，全市60岁以上老年人共614940人，占总人口的11.15%，其中百岁以上老年人189人，百岁老人比1990年增加101人。

1999-2005年，市、区老龄办核发“高龄老年人优待证”近2万份。

2004年12月，市、县区分别成立老年体育协会，设美术、摄影、舞蹈、太极拳、集邮、骑游等专业协会，市、区直属单位有近万名老年人参加协会活动。

2005年7月，老龄工作机构整建制划转市民政局。2005年，老龄工作委员会办公室由市人事局划归市民政局管理，负责日常工作。四县一区相继成立老龄工作委员会办公室。

2007年，全市有60岁以上老年人口78万人，占总人口的13%，百岁老人200人，宿州市进入老龄化社会。

一、老年优待

2001年10月起，根据《安徽省实施〈中华人民共和国老年人权益保障法〉办法》，全省统一颁发“安徽省老年人优待证”，宿州市规定，60岁以上老年人可享受免费进公园和使用收费公厕等6项优待，并开始为老年人免费办理“老年优待证”，市老龄办与市财政局、市星辰巴士公司协商，为70周岁以上老年人办理免费乘公交车IC卡。制定下发《宿州市老年人免费乘坐公交车明白卡》和《爱心卡》5万份，营造全社会都来维护老年人权益的氛围，还给百岁以上老人每月发100元长寿保健金。

二、尊老敬老活动

从2006年开始，每年重阳节（老人节）、春节、国庆等重大节日，市领导、市老龄办负责人及各县区老龄委办干部，走访慰问孤寡老人、“空巢”老人、残疾老人、特困老人及百岁老人，社会敬老氛围日益浓厚。埇桥区西二铺乡后张庄村老年协会创建于1988年，协会的活动和行为享誉全省，闻名全国，《人民日报》多次刊发他们的事迹，相继获“全省先进老年协会示范点”“全省老龄工作先进集体”“全国农民自办老年节第一村”“全国敬老模范村居、社区”等称号。

三、老年活动

从2000年开始，各级老龄工作组织多次举办书画展、摄影展、运动会等老年文化艺术活动。市委、市政府决定，每四年举办一届老年文化节、老年运动会。2007年成功举办第一届老年运动会，并筹办第一届老年文化艺术节。

第二章　人口和计划生育

第一节　人　口

2007年，全市总人口为6171734人，其中，埇桥区人口1784907人，砀山县955422人，萧县1361512人，灵璧县1182941人，泗县886952人。随着城市化水平的逐年提高，人口不断地流向市区和各县城，农村实际人口越来越少。

1988—2007年宿州市总人口一览表

表5-2-1　　单位：万人

年份	年末总人口	农业人口	非农业人口	男性	女性
1988	463.57	423.11	40.46	237.40	226.17
1989	473.30	430.44	42.86	242.10	231.20
1990	499.00	454.43	44.57	254.39	244.61
1991	507.40	461.26	46.14	258.50	248.90
1992	518.09	467.78	50.31	263.49	254.60
1993	525.60	472.62	52.98	267.59	258.01
1994	532.81	476.98	55.83	272.09	260.72
1995	540.04	482.45	57.59	275.83	264.21
1996	548.38	488.64	59.74	279.64	268.74
1997	555.64	492.78	62.86	283.33	272.31
1998	563.16	499.09	64.07	286.66	276.50
1999	570.77	504.84	65.93	290.51	280.26
2000	577.64	510.13	67.51	294.25	283.39
2001	582.95	513.99	68.96	297.31	285.64
2002	587.66	517.23	70.43	300.46	287.20
2003	593.08	521.24	71.84	303.89	289.19
2004	599.62	527.26	72.36	307.06	292.56
2005	604.52	530.85	73.67	310.00	294.52
2006	609.94	533.30	76.64	313.32	296.62
2007	617.17	538.08	79.09	316.69	300.48

第二节　人口构成

一、自然变动

全市户籍人口自然变动情况主要受出生人口影响，人口死亡率变动区间不大。随着人口出生率逐步降低，人口生产方式逐步转向“低出生、低死亡、低增长”模式。

1989—1993年，由于处于人口生育高峰期，5年间出生人口53.28万人，同期死亡人口12.21万人，净增加人口41.07万人，年均增加人口8.21万人。

21年间，户籍人口累计出生171.24万人，累计死亡54.43万人，净增加116.81万人，平均每年净增加5.56万人。

1988—2007年宿州市人口统计表

表5-2-2

年度	年末户籍人口（人）	出生人口（人）	死亡人口（人）	出生率（‰）	死亡率（‰）	人口自然增长率(‰)
1988	463.57	88375	21854	19.20	4.80	14.40
1989	473.30	95834	21788	20.45	4.65	15.80
1990	499.00	140580	23142	28.90	4.80	24.10
1991	507.40	101080	24566	20.09	4.88	15.21
1992	518.09	101528	26780	19.80	5.22	14.58
1993	525.60	93787	25846	17.97	4.95	13.02
1994	532.81	87438	27072	16.52	5.12	11.40
1995	540.04	86984	26999	16.22	5.03	11.19
1996	548.38	85450	26862	15.70	4.94	10.76
1997	555.64	79020	25248	15.40	4.89	10.51
1998	563.16	79074	27555	15.34	5.26	10.08
1999	570.77	81202	26165	15.19	5.82	9.37
2000	577.64	79872	28777	13.91	5.01	8.90
2001	582.95	71502	27833	12.36	5.20	7.16
2002	587.66	70232	29727	11.60	5.40	6.20
2003	593.08	70186	30740	12.03	5.21	6.82
2004	599.62	74820	33300	12.46	5.36	7.10
2005	604.52	71958	30118	12.47	5.66	6.81
2006	609.94	74351	28856	12.79	5.69	7.10
2007	617.17	79150	31044	12.90	5.06	7.84

二、人口构成

（一）性别构成

2007年，全市户籍人口中，男性316.69万人，比重为51.30%；女性300.48万人，比重为48.70%。性别比（以女性为100，男性对女性的比例）为105.39。

（二）年龄构成

2007年，全市常住人口569万人，其中0—14岁人口比重21.31%；15—64岁人口比重68.26%；65岁及以上比重为10.43%。总抚养比46.49%，其中少儿抚养比31.21%、老年抚养比15.28%。

（三）文化结构

2007年，6岁及6岁以上各种文化程度人口占总人口的比重分别为：不识字或识字很少的占13.64%、小学占28.74%、初中占45.52%、高中（含中专）8.60%、大学（含大专）3.50%。

2007年宿州市6岁及6岁以上各种文化程度人口占总人口比重

表5-2-3 单位：%

指标	合计	埇桥区	砀山县	萧县	灵璧县	泗县
大学（含大专）	3.50	3.57	1.84	1.86	1.73	1.74
男	65.05	62.21	64.26	64.31	65.98	70.03
女	44.95	37.79	35.74	35.69	34.02	29.97
高中（含中专）	8.60	9.69	8.14	8.36	8.05	7.63
男	59.77	58.98	61.01	63.11	62.12	62.77
女	40.23	41.02	38.99	36.89	37.88	37.23
初中	45.52	46.74	43。12	45.57	41.46	40.28
男	55.62	49.96	51.57	53.12	53.67	55.19
女	44.38	50.04	48.43	46.88	46.33	44.81
小学	28.74	26.76	33.04	29.68	33.8	34.48
男	49.02	49.16	51.21	50.73	50	49.96
女	50.98	50.84	48.79	49.27	50	50.04
不识字或识字很少	13.64	13.24	13.86	14.53	14.96	15.87
男	29.39	28.99	34.07	32.58	33.27	33.06
女	70.61	71.01	65.93	67.42	66.73	66.94

宿州市分年龄人口结构状况

表5-2-4　　单位：%

年龄组	2006年	2007年
0岁	1.28	1.34
1～4岁	4.15	4.86
5～9岁	8.64	5.88
10～14岁	10.16	9.23
15～19岁	12.17	9.67
20～24岁	5.21	5.36
25～29岁	6.22	5.44
30～34岁	9.6	7.08
35～39岁	9.87	10.53
40～44岁	6.46	9.69
45～49岁	3.1	4.24
50～54岁	5.66	6.17
55～59岁	4.1	5.9
60～64岁	3.37	4.18
65岁及其以上	10.01	10.43

2000年户数、人口数和性别比

表5-2-5

户数	人口数			性别比
	合计	男	女	
1467381	5516423	2818699	2697724	104.48

2000年分性别的农业户口、非农业户口人数

表5-2-6

全市总人口			农业户口人数			非农业户口人数			非农业户口人数占总人口的比例（%）		
合计	男	女	小计	男	女	小计	男	女	小计	男	女
4668107	2385564	2282543	4912571	2486083	2426488	581182	320574	260608	10.58	11.42	9.7

2000年分性别、受教育程度的6岁及6岁以上人口

表5-2-7　　　　单位：人

总计	6岁及6岁以上人口			未上过学			扫盲班			小学			初中		
	合计	男	女	小计	男	女	小计	男	女	小计	男	女	小计	男	女
	5104034	2584246	2519788	576992	171101	405891	104184	32778	71406	1950913	917487	1033426	2030746	1180751	849995
总计	高中			中专			大学专科			大学本科			研究生		
	小计	男	女	小计	男	女	小计	男	女	小计	男	女	小计	男	女
	269152	179062	90090	93339	50632	42707	61623	39464	22159	16847	12787	4060	238	184	54

2000年年龄构成指数

表5-2-8

总计	人口数				占总人口数的百分比（%）			
	合计	0～14岁	15～64岁	65岁及以上	合计	0～14岁	15～64岁	65岁及以上
	5516423	1560131	3510049	446243	100	28.28	63.63	8.09

第三节　计划生育

实行计划生育是国家的一项基本国策。宿州市辖区自实行计划生育政策以来，人口得到有效控制，人们整体素质有较大提高，群众的物质和文化生活有很大改善，人口与经济、社会、资源、环境进一步协调发展。

一、生育状况

20世纪80年代以前，宿县地区受“多子多福、重男轻女、传宗接代”等封建传统观念的束缚，导致人口增长迅速。80年代以后，随着人口与计划生育政策的不断深入，计划生育工作方式、思路和措施的不断完善，广大群众的生育观念明显转变，晚婚晚育、少生优生逐步成为年轻夫妇的自觉行动。据统计，2003年全市有近2000对夫妇主动放弃生育二孩指标，5000对夫妇推迟生育二孩。2007年全市已婚育龄妇女晚婚率为47.3%，独生子女领证率为16.01%。1988年以后，育龄妇女生育一孩的比率逐年提升，生育三孩及以上的比率呈逐年下降趋势；人口出生率、自然增长率总体呈下降趋势。1988年，育龄妇女生育一孩比率为22.83%、生育三孩及以上比率为40.34%；人口出生率为15.73‰、自然增长率为11.07‰。2007年，育龄妇女生育一孩比率为37.39%、生育三孩及以上比率为18.15%；人口出生率为12.9‰、自然增长率为7.84‰。

宿州市人口基数大，已婚育龄妇女比重高，人口增长较快。1988年年末总人口是4635700人，已婚育龄妇女占总人口的14.94%，2007年年末总人口达到6172000人，已婚育龄妇女占总人口的18.77%。1988年年底至2007年年底，全市平均每年净增人口

8万余人。1986年，宿县地区出现人口生育高峰，且持续8年之久。1990年，人口生育达到顶峰，人口出生率达28.9‰，自然增长率达24.1‰，净增人口257034人，是1988年以后平均每年净增人口的3倍之多。1998年是全地区计划生育工作压力较大的一年，全地区有4个县、市被列为全省1997年度计生工作重点管理单位。

出生人口性别比偏高。正常范围值是103—107。宿州市出生人口性别比严重超出正常范围值，且持续攀升。2004年出生人口性别比为120.18，2005年出生人口性别为120.91，2006年出生人口性别比是123.58。

人口老龄化问题严重。一个地区65岁及以上人口占总人口数的7%，标志这一地区进入人口老龄化。据2000年全国第五次人口普查资料显示，宿州市65岁及以上人口达446243人，占总人数的8.09%，超过标准1.09个百分点。

人口文化水平低、素质不高。2005年全市大学（含大专）学历占总人口的2.83%、高中（含中专）占9.11%、初中占40.49%、小学占33.38%、不识字或识字很少占14.19%。

1988—2007年宿州市育龄妇女结构状况

表5-2-9

年份	年末总人口数	15～49岁育龄妇女人数			
		人数	占总人口数（%）	已婚育龄妇女	
				人数	占总人口数（%）
1988	4635700	975259	21.04	692783	14.94
1989	4733019	1009022	21.32	738933	15.61
1990	4990053	1093384	21.91	803250	16.10
1991	5074024	1208630	23.82	858710	16.92
1992	5180966	1228898	23.72	884963	17.08
1993	5255973	1222714	23.26	912255	17.36
1994	5328097	1258751	23.62	917081	17.21
1995	5404435	1306298	24.17	962621	17.81
1996	5483849	1314319	23.97	975133	17.78
1997	5556400	1332442	23.98	992454	17.86
1998	5631583	1323241	23.50	996858	17.70
1999	5707797	1355814	23.75	1019111	17.85
2000	5776432	1359296	23.53	1025831	17.76
2001	5829472	1374668	23.58	1033964	17.74

续表5-2-9

年份	年末总人口数	15～49岁育龄妇女人数			
		人数	占总人口数（%）	已婚育龄妇女	
				人数	占总人口数（%）
2002	5876596	1389870	23.65	1037884	17.66
2003	5930813	1419247	23.93	1040288	17.54
2004	5996202	1579773	26.35	1084251	18.08
2005	6045168	1648934	27.28	1111587	18.39
2006	6099394	1675869	27.48	1132803	18.57
2007	6172000	1727001	27.98	1158194	18.77

说明：数据主要来源计生部门统计报表，其中1999、2000年度的数据为计生统计年度（上年度的10月1日到该年度9月30日）数据，其他为公历年度数据。另外，年末总人口数采用统计部门提供的数据

1988—2007年宿州市已婚育龄妇女生育状况

表5-2-10

年份	已婚育龄妇女人数	未生		一孩		二孩		三孩及以上	
		人数	占总人口（%）	人数	占总人口（%）	人数	占总人口（%）	人数	占总人口（%）
1988	692783	49512	7.15	158187	22.83	205627	29.68	279457	40.34
1989	738933	55776	7.53	177534	24.03	222384	30.1	283239	38.33
1990	803250	63195	7.87	185425	23.08	248606	30.95	306024	38.10
1991	858710	64549	7.52	192800	22.45	276400	32.19	324952	37.84
1992	884963	65121	7.36	201768	22.80	295814	33.43	322260	36.42
1993	912255	68752	7.54	217756	23.87	318205	34.88	307542	33.71
1994	917081	69019	7.53	214520	23.39	347085	37.85	286457	31.24
1995	962621	63533	6.60	231510	24.05	368780	38.31	298798	31.04
1996	975133	56363	5.78	249634	25.60	367332	37.67	301804	30.95
1997	992454	52799	5.32	266077	26.81	381896	38.48	291682	29.39
1998	996858	47956	4.81	277729	27.86	385849	38.71	285324	28.62

续表5-2-10

年份	已婚育龄妇女人数	未生		一孩		二孩		三孩及以上	
		人数	占总人口（%）	人数	占总人口（%）	人数	占总人口（%）	人数	占总人口（%）
1999	1019111	46064	4.52	290243	28.48	379720	37.26	303084	29.74
2000	1025831	41835	4.08	307814	30.01	384954	37.53	291228	28.39
2001	1033964	38423	3.72	332129	32.12	392718	37.98	270694	26.18
2002	1037884	39662	3.82	346743	33.41	397935	38.34	253544	24.43
2003	1040288	38216	3.67	361176	34.72	405922	39.02	234974	22.59
2004	1084251	41696	3.85	377397	34.81	419298	38.67	245860	22.68
2005	1111587	43393	3.90	401271	36.10	434227	39.06	232696	20.93
2006	1132803	44195	3.90	417496	36.86	450580	39.78	220532	19.47
2007	1158194	46355	4.0	433021	37.39	468549	40.46	210269	18.15

说明：数据来源计生部门统计报表，1999、2000年度的数据为计生统计年度（上年度的10月1日到该年度9月30日）数据，其他为公历年度数据。“%”表示占已婚育龄妇女人数的比

1988—2007年宿州市人口自然增长状况

表5-2-11　　率单位：‰

年份	出生率	死亡率	自然增长率	年份	出生率	死亡率	自然增长率
1988	15.73	4.66	11.07	1998	15.34	5.26	10.08
1989	20.45	4.65	15.80	1999	15.19	5.82	9.37
1990	28.9	4.8	24.10	2000	9.86	4.74	5.12
1991	20.09	4.88	15.21	2001	12.36	5.20	7.16
1992	19.80	5.22	14.58	2002	11.60	5.40	6.20
1993	17.97	4.95	13.02	2003	12.03	5.21	6.82
1994	16.52	5.12	11.40	2004	12.46	5.36	7.10
1995	16.22	5.03	11.19	2005	12.47	5.66	6.81
1996	15.7	4.94	10.96	2006	12.79	5.69	7.10
1997	12.01	3.79	8.23	2007	12.9	5.06	7.84

说明：数据主要来源统计部门，1988、1997、2000年度的数据来源计生部门统计报表

二、人口控制

（一）人口计划

20世纪80年代，宿县地区逐步实行人口计划，但当时人口计划比较简单。进入20世纪90年代，人口计划逐步规范和完善起来。本着“依法管理、指标管理、计划调节、持证生育、张榜公布、群众监督”的原则，采取自下而上、自上而下、上下结合的办法，利用各种资料，搞好人口预测，当年制定第二年人口计划，并采取签订责任书等措施加以落实。把计划生育各项指标与考核各级干部政绩及经济奖惩相结合。实行双线目标管理责任制，一是地区行署同各县（市）负责人签订承包责任合同，主要承包人口计划和节育任务，实行奖惩，强化责任；二是由地区行署计生委和县（市）计生委签订承包责任合同，主要承包如何发挥职能部门的作用。1991年年初，地区行署专员同各县（市）长签订计划生育工作目标责任书，各县（市）长与各乡镇长签订责任书，一直签订到村和村民小组。责任书明确规定年终完不成人口控制计划，其他工作做得再好，也不能评为先进，并追究主要领导责任。

（二）避孕节育

宣传普及避孕节育知识，提高群众对落实避孕节育的认识，是调节生育、控制人口数量、提高人口素质的关键性措施。2002年9月1日《中华人民共和国人口与计划生育法》《安徽省人口与计划生育条例》施行，避孕节育由公民知情选择安全、有效、适宜的措施。育龄夫妻应当自觉落实避孕节育措施，接受计划生育技术服务指导，提倡已生育夫妻选择长效避孕措施。在实施避孕节育的同时，宿州市实行孕环情监测，由村民委员会、居民委员会对已婚育龄妇女进行分类，实施不同次数的孕检或环检，了解已婚育龄妇女用避孕节育措施的效果，及时发现孕情。

（三）育妇建档

育妇建档是对育龄群众进行有效管理，掌握生育、避孕节育等情况的一项基础性工作。1991年前，宿县地区乡级分村建立育妇卡片。1992年开始，乡、村级分别对育龄妇女建档。村（居）建立常住人口登记簿、育龄妇女登记卡、孕情监测登记簿、环情监测登记簿、村级计划生育台账、村级计划生育统计台账，台账内容含结婚、怀孕、避孕节育、人口变动（迁入、迁出、出生、死亡）、处罚凭证、生育指标等。各类统计数据清楚，基本摆脱年年摸底排查的困扰。1996年，宿县地区各乡镇逐步配备微机，育龄妇女档案管理进入微机管理阶段。2003年，全市使用《孕龄妇女管理系统》（wis），育龄群众档案管理进入信息化管理阶段。

（四）齐抓共管

人口与计划生育工作，是涉及全社会的一项系统工程，须相关部门配合，齐抓共管。宿县地区从1989年开始，地委、行署对与计划生育工作有密切联系的相关部门明确职责范围，共同抓好计划生育工作。1991年，成立地区计划生育工作领导小组，2003年，成立宿州市计划生育综合治理办公室，办公地点在市计生委，市直相关部门各抽一人合署办公。2004年年初，成立综合治理出生人口性别比集中整治领导小组，常设出生人口性别比综合治理办公室，从卫生、公安、药监、计生部门及埇桥区抽调专人联合办公。2005年，建立综合治理性别比市长联席办公制度，增加市人大、市政协等20个单位为成员。2007年，建立关爱女孩综合治理出生人口性别比联谊会制度，“党委政府负责、纪检监察牵头、部门认真履职、群众积极参与、区域密切协作”的综合治理长效机制基本建立。市人口和计划生育工作领导小组得到加强，市委副书记张国富任组长，市人大、市政府、市政协分管负责人任副组长，32个市直单位主要负责人为成员。

三、考核奖惩

“计划生育工作”称为“天下第一难”。针对难点，20世纪90年代开始采取“分类管理、分类考核”的办法。1991年，随着《计划生育目标责任书》的签订，计划生育工作的管理和考核越来越规范。全地区把各乡镇分成一、二、三类，每年进行考核和管理。对年终完不成人口控制计划的，实行一票否决。1996年，实行“乡乡到”的计划生育目标责任考核，每年两次，考核由宿县地区计划生育工作领导小组具体组织，地区计生委负责实施，对完成年度计划生育目标责任制的县（市）党政主要负责人、分管领导、计生委主要负责人予以立功授奖；对未完成或被省列为重点管理的，对上述五职予以诫勉，诫勉期间不提拔、不调动、不评先、不晋级、不调资。连续两年出色完成计划生育目标责任制的县（市），除全地区通报表彰外，上述五职（任职满两年）予以立功授奖；连续两年未完成或连续两年被省重点管理的，上述五职（任职不到两年的除外）予以免职。当年有10个乡镇列入重点管理，实行一票否决，乡级党政主要负责人、分管负责人、计生办主任实行诫勉一年。随着“乡乡到”的计划生育目标责任制考评弊端日益显现，2003年，采取对全市118个乡、镇（办事处）定期考核的办法，实行年终一锤定音式考核，同时将市、县（区）直机关和企业单位落实职责情况，也纳入年度人口与计划生育目标责任制考核。经考核对工作落后的10个乡镇进行重点管理或重点帮助，18个乡镇主要负责人，分管负责人和计生办主任受到诫勉一年的处分，4个乡镇受到降级处理，2个办事处、15个市直单位受到通报批评，先后处理科级以上干部24人。同时对计生工作前30名的乡镇和市直单位前2名的予以表彰奖励。有24个乡镇、3个办事处、20个省、市直单位受表彰，13人被市政府记二等功。从2004年开始，对农村地区的计划生育工作考核进一步简化和完善。宿州市人口计生委只抽查部分乡镇，县区人口计生委每年对所辖乡镇考核3—4次，并将结果报市人口计生委综合评定，列入全年人口和计划生育目标责任制考核。对综合排序后8名的乡镇，纳入重点帮助或重点管理。2005年，对信访较多的县、乡，作为考核样本点进行不打招呼的调查，并列入县、乡目标责任制考核总分。2007年全省人口和计划生育目标责任制考核，宿州市综合排名位列皖北地区第1名，受到安徽省人民政府表彰。

四、社会抚养费征收

按国务院和省政府颁发的“计划生育条件”及相关法规，2003年，宿州市计生委出台《关于依法征收社会抚养费的试点方案》，当年全市征收社会抚养费2300多万元。2007年宿州市社会抚养费征收工作进一步规范征收对象、征收主体、征收程序、征收标准。“县级征收、乡级协助、村级配合、法院保障”的社会抚养费征收长效机制逐步建立。2007年1月至9月，全市社会抚养费入库资金达6135.65万元。

五、专项清理

1999年1月至3月，宿县地区开展以清理党员干部计划外生育、清理已婚育龄妇女底数和长效节育措施欠账、清理计划外生育“小分队”、清理计划外生育费为主要内容的计划生育专项治理活动，成立领导小组，明确相关部门职责，落实办公地点、办公人员。此次活动全区清理自1988年以后出生人口1060718人，比计生报表888513人多出生172205人，清理绝育、放置宫内节育器手术欠账16453例，清理出自1984年12月1日以后计划外生育的党员干部22702人，清理各类“小分队”人员755人。2002年，利用春节期间流动人员返乡的有利时机，开展清理生育指标、清理“两检”对象、清理流动人口、清理出生错漏报、清理“四术”欠账活动，为育龄群众提供宣传教育、规范管理、优质服务为一体的综合服务。全年清理出生错漏报600多例，四项手术欠账1231例，错批生育指标475例，流动人口漏报4679例。2004年，再次对历年计划外生育漏报及“四术”欠账人员进行清理。另外，开展专门清理市直机关、企事业单位政策外生育活动。2007年年底，全市开展计划生育集中服务月活动和“五上门服务活动”，共落实政策外怀孕补救措施6000多例，为下年度人口控制打下良好基础。

六、优惠政策

2005年，宿州市出台《宿州市农村部分计划生育家庭奖励扶助制度扩大试点工作实施细则》，并在全市全面推开。按国务院和省政府颁发的对计划生育家庭奖励扶助政策规定的相关标准，对年满60周岁以上每年发放600元—1320元不等的奖励扶助金。2005年3月，按“严把政策、公平公正、疑者从非、宁补勿冒”的原则，全市确定奖励扶助对象2874人。2006年，各县区成立以县区委、政府分管负责人为组长，纪检、宣传、财政、审计、民政、计生、信用联社等部门共同参加的奖励扶助工作领导小组，就奖扶宣传、资格确认、资金管理、发放、监督办法等工作出台文件。2007年，宿州市出台《农村部分计划生育家庭奖励扶助制度实施方案》，纳入宿州市人民政府《十二项民生工程》。

1988年，《安徽省计划生育条例》对晚婚晚育者给予延长婚假、产假等待遇。2002年，“条例”规定对晚婚的初婚者，延长婚假20天；晚育的初产妇，延长产假30天；在产假期间申请领取独生子女父母光荣证的，再延长产假30天，男方享受10天护理假；夫妻异地生活的，护理假为20天。

1988年，夫妻双方自愿不生育第二个孩子，并领取独生子女证的，从领证之月起，每月发给儿童保健费（男孩五元、女孩六元），至独生子女满十四周岁止。1999年，自愿只生育一个孩子的夫妻，并领取独生子女父母光荣证的，从领证之月起，每月发给独生子女保健费5至15元，至独生子女满16周岁止。2002年，自愿终身只生育一个子女或者只收养一个子女后不再生育的夫妻，并领取独生子女父母光荣证的，从领证之月起，每月发给独生子女保健费5元至15元，至独生子女满16周岁止。

宿州市农村部分计划生育家庭奖励扶助情况统计表

表5-2-12　　单位：人

年份	埇桥区	砀山县	萧县	灵璧县	泗县	市开发区
2005	2874	543	467	807	701	356
2006	4166	772	839	1218	847	490
2007	5436	865	1428	1694	916	521

说明：2005年奖励扶助数据为当年确定数据，其他年度为累计数据

1988—2007年宿州市领取独生子女父母光荣证情况

表5-2-13

年份	持证人数	持证率（%）	年份	持证人数	持证率（%）
1988	22412	14.17	1998	48802	17.57
1989	24206	13.63	1999	52903	18.23
1990	24630	13.28	2000	72622	23.59
1991	27143	14.08	2001	80258	24.16
1992	28206	13.98	2002	107450	30.99
1993	32603	14.97	2003	109896	30.43
1994	41867	19.52	2004	87034	23.06
1995	42751	18.47	2005	75504	18.82
1996	45457	18.21	2006	70639	16.92
1997	47508	17.85	2007	69343	16.01

七、技术服务

计划生育技术服务是计划生育工作的重要组成部分。计划生育服务站（所）承担着对育龄人群开展人口与计划生育宣传，对已婚育龄妇女开展孕情检查、技术服务、药具发放、随访服务、生殖保健服务等工作。宿县地区计划生育服务站始建于1984年，县（市）计生服务站建于20世纪80年代中期，乡级计生服务所建于20世纪90年代中期。1988年，宿县地区全区计生技术人员94名。2007年，全市有市、县级服务站6所，乡级服务所95所。2005年，全市县区以上计生技术服务机构中在编人员108名，其中技术人员78名、非医学专业人员30名。乡级计生服务所在编人员590名，其中专业技术人员366名、非医学专业人员224名。在职高级职称4名，中级职称40名，初级职称134名。随着计划生育工作思路和工作方法的转变，1995年，国家计生委提出开展以技术服务为重点的计划生育优质服务，并在全国逐步试点。2002年，实行计划生育的育龄夫妻免费享受发放避孕药具、孕环情监测等基本项目的计生技术服务。2000年，开展以“查环、查孕、查病、治病“为主要内容的优质服务月活动，落实节育手

术78065例，查环、查孕250多万人次，查病80多万人次，治病6万多例。2006年，全市开展“计生服务阵地建设年”活动，全市各级投入资金1008.2万元，用于乡所村室建设，新建国家统一标准的服务所7个，80%以上的乡所村室按国家、省、市的要求环境得到改善。

八、工作机制建设

20世纪80年代，提出计划生育“三为主”，即以宣传教育为主、以避孕节育为主、以经常性工作为主。2000年，全市所有的乡、村都建立计划生育服务所、室，80%以上的乡镇配备B超及红外线治疗仪等技术设备，经常性工作制度和工作规范建立健全，计划生育基础工作得到加强，基本实现“三为主”。

2001年，提出“县指导、乡负责、村为主”工作机制。2005年，全市全面推行计划生育合同管理，当年全市签订计划生育合同460754份，签订率为85%。2005年7月，“村为主”实行“月考核、月积分、月调度、月奖惩”工作制度。乡镇月初把村级的各项计划生育工作任务下发到村，中旬督促检查各村工作完成情况，月末对村进行打分排序，实施积分奖惩。2006年宿州市委、市政府出台《宿州市计划生育村为主工作规范》，在年初全市人口计生总结表彰大会上全面部署“村为主”工作。2000年，提出计划生育村（居）民自治。2002年，宿州市在灵璧县虞姬乡山董村等4个村实行试点，2003年全市有100个行政村为试点单位，为组织编制《计划生育村民自治资料汇编》收集大量经验。

九、宣传教育

宣传教育是计划生育工作的先导，宿州市在抓计划生育工作中，始终把宣传教育工作放在重要位置。1991年，宿县地区组织四次大规模的计划生育政策宣传，动用400多辆宣传车，书写街匾408个、墙字6870多幅。1993年，不少乡镇计生协举办人口基础知识教育学习班，建立计划生育学校，配备桌椅、电教设备，室内悬挂计划生育宣传标语、图画等，组织育龄群众进校学习，或借孕环检时机，向育龄群众宣传计划生育政策、避孕节育技术、优生优育等知识。1998年，利用各级党校、各种会议、各类培训班，对党员干部进行计划生育政策和形势教育。

1999年，开展“计生政策进万家”活动。2000年，开展“婚育新风进万家”活动，利用广播、电视、报纸等媒体，宣传“晚婚晚育、少生优生、生男生女都一样”的新型生育文化。2003年，实行“关爱女孩工程”。

1998年宿县地区各乡镇都在当地广播站或电视差转台开办计生专栏，每周定期将人口与计划生育知识送到千家万户。2003年宿州市电视台开设“人口与计生”专栏。2004年宿州市电台开设“365四季谈人口”等专题栏目。

十、计划生育协会

计划生育协会是党和政府联系广大育龄群众的桥梁和纽带，是协助政府动员广大群众自觉实行计划生育的群众团体。宿县地区计划生育协会1988年成立，2007年宿州市计划生育协会被列入参照公务员法管理范围。2007年年底，全市拥有各级计生协组织2581个，会员小组16774个，个人会员381664个。宿州市各级计生协充分发挥带头、宣传、服务、监督、交流等作用，积极维护广大育龄群众的合法权益。

“三结合”。自1996年宿县地区计划生育“三结合”试点工作开始，到1997年，全地区确定43个行政村试点，成立51个少生快富合作社，涉及养殖、种殖等17个项目，帮助计生户资金840万元，帮助借贷17万元。1997年10月，地委、行署在泗县召开全地区计生“三结合”试点工作现场交流会。1999—2002年中国计划生育协会在砀山县葛集镇高寨村开展妇女发展“三结合”项目，着重帮助计划生育育龄妇女发展养殖，参加项目的已婚育龄妇女在该项目结束时，人年均收入增加1000余元。

计划生育保险。计划生育保险是计生协与保险公司共同开展的一项活动。1988年省计划生育协会、省中国人民保险公司在全省开展计划生育保险工作。险种有“独生子女保险”“计划生育夫妇养老保险”“绝育手术平安保险”。1990年，宿县地区推行独生子女平安保险、两女户结扎养老保险及计生专干人身意外伤害保险。1998年，开办妇幼幸福保险。2004年，省计划生育协会、省中国人寿保险公司联合在宿州市召开全省计划生育保险工作会议。2006年全市各级计生协办理妇幼幸福保险33755例，保费收入1687600元，为771户出险户提供理赔506843元。2007年开办外出务工人员及计生干部人身意外伤害保险。

生育关怀。生育关怀行动是汇集社会力量、救助贫困计生家庭的社会公益活动，是完善计生利益导向的重要举措。按照中国计生协要求，2007年宿州市出台文件，成立领导小组，筹集捐款4万余元，救助生育关怀对象87名。全市确定生育关怀对象507名。

十一、流动人口计划生育管理

宿州市是流动人口大市，多年来，呈现大流量、多流向的趋势。1988年流出人口不足2万人。2006年超过110万人，流入人口由不足万人增到24445人。宿州市流动人口计划生育工作，从20世纪80年代开始管理。

1994年，宿县地区五个县市和118个乡镇都成立流动人口计生管理办公室，配齐专职工作人员。2002年，宿州市成立以市委、市政府分管负责人为组长，以公安、劳动、卫生、民政、城建、房管、计生等部门为成员的流动人口计生工作领导小组，同时宿州市计生委增设流动人口计生管理科。2003年，成立流动人口计划生育综合治理办公室，制定联合办公制度。

流动人口计划生育工作由其户籍所在地和现居住地的地方人民政府共同管理，以现居住地为主。2001年，实行《流动人口婚育证明》发放和查验制度，一人一证，有效期3年。2001年，对外出人口实行计划生育合同管理。对连续6个月无寄回全国统一格式的《流动人口避孕节育情况报告单》而又未返乡孕环检者，限期返乡补检。2004年，流动人口享有与户籍人口同等的计划生育技术服务。全市建立“逐户建卡、依房管人、同住同管、综合服务”的现居住地管理模式。2005年，形成“政府领导、部门指导、各方配合、群众参与、条块结合、齐抓共管”的流动人口计生管理工作机制。2007年年初，流入人口实行“属地化管理、市民化服务”，把流动人口计划生育工作纳入本地经常性工作范围。对流出人口主要实行“四个一”管理，即：办理一份婚育证明，签订一份计划生育合同，明确一名联系人，建立一个流动人口联系点。2007年，宿州市城市和流动人口计划生育工作位列全省第5名，受安徽省人口和计划生育工作领导小组表彰。

第三章　社会生活

第一节　人民生活

宿州城镇居民人均可支配收入，由2000年的4177元增长到2007年的10562元；农村居民人均纯收入，由1987年的423元增长到2007年的3102元。消费水平和储蓄余额大幅增加，城镇居民和农民人均生活消费支出，分别由1978年的385元、75元提高到2007年的7113元和2057元。城乡居民全部储蓄余额，由1987年的6.55亿元上升到2007年的284.6亿元；人均储蓄，由1987年的144元提高到2007年的4906.9元。

饮食，从吃得饱到注重质量和健康。恩格尔系数由1985年的60.9%下降到2007年的44.9%，标志着全市人民生活水平由温饱阶段进入基本小康阶段，向富裕阶段发展。城乡居民主食消费减少，副食类消费量有较大增长，人们膳食习惯结构发生很大变化，从只求吃饱，不饿肚子，到讲究吃精吃好，营养搭配科学合理，有利健康，讲究色香味，新鲜可口。人均主食用粮，由1978年的319公斤降为2007年的200公斤，下降37.3%，副食消费量，2007年比1978年增长6.8倍。

衣着，从穿得暖到追求舒适时尚。城乡居民衣着消费支出较1987年大幅度增长，穿衣由过去的单纯遮体防寒的一衣多季、一衣多人、一衣多场合，变为一人多衣、一季多衣，讲究时尚舒适。在改革开放前，城乡居民衣着差别很大，农民基本上是手工自做中式粗布衣裤、穿草鞋，只有出门做客，才会换上稍整洁衣服或穿双布鞋，城镇则是中山装或制式工装，一般也是穿布鞋，衣着色彩城乡差不多，只有蓝黑灰白几种单色调。1987年后讲求时尚、典雅、俏丽、舒适，根据个人爱好、审美、情趣的不同自由选择，色彩绚丽，款式多样，西装、休闲装、牛仔服、正装、便装、家居晚装，丰富多彩，任由各自爱好随意选取，且城乡差别不大。

用品，从简单到实用高档。家庭拥有耐用消费品的数量及质量大大提升。1987年前，城乡居民家庭生活日用品，大多是木制品、铁制品和竹草编制品。许多农家甚至连木制箱柜床具、桌椅都少见。手表、收音机、缝纫机在城乡居民中被视为高档奢侈品，出门远行，家有自行车代步就很不错了，客运汽车也很难坐得上，电话、手机更是想都不敢想。1987年后家庭生活日用品种类繁多，应有尽有，精美实用。基本实现电器化、现代化，彩电、冰箱、洗衣机等家庭基本耐用品实现了从无到有，全面普及，品质也有极大的提升，各种小家电普遍使用，电脑、小轿车进入寻常百姓家，居民生活走向现代化的重要体现是现代交通和通讯设备及用品的广泛运用。2007年，城镇居民平均每百户拥有彩电116台，固定电话97部，手机114部，电脑29台，摩托车37辆，汽车2辆。电话手机在农村也基本普及，尤其是中青年人大多用上手机，许多农户家庭添置电脑，装上互联网，至于彩电、冰箱、洗衣机等更不在话下。

住房，从拥挤到宽敞。农村居民基本普及砖混瓦房或是二层三层砖混小楼；城镇居民则基本告别砖木平房，住进多层或高层厨卫设施齐全、宽敞明亮的单元式住房，有的还住进别墅。城乡居民住房面积大幅提高，农村平均每户拥有住房面积122.4平方米，99.9%的住户拥有自己的住宅，10.1%的住户使用自来水。城乡居民人均住房面积达27平方米，比1987年增加近10平方米，楼房从无到有，楼房占到全部住房一半以上。作为基本生活条件的居住状况大大改善。

娱乐，从单调到多样。文化娱乐用品拥有量迅速增加，电视机、录像机、影碟机、音响等快速进入居民家庭，照相机及健身器材、体育器材等明显增长。休闲娱乐形式多种多样，旅游、健身等成为城乡居民新消费热点。2007年，城乡居民人均用于娱乐教育文化服务支出915元，占全部消费支出的12.9%，比1978年提高10.5个百分点。

宿州市城乡居民收入情况

表5-3-1　　单位：元

	1987年	1990年	1995年	2000年	2005年	2007年
城镇居民人均可支配收入	—	—	—	4177	7909	10562
农村居民人均纯收入	423	499	1327	1801	2156	3102
职工平均工资	1088	1456	3549	5778	12255	18296
城乡居民人均储蓄存款	144	279	912	1560	3576	4611

宿州市城乡居民消费结构情况

表5-3-2　　单位：%

	城镇居民			农村居民		
	1995年	2000年	2007年	1995年	2000年	2007年
食品类	—	45.1	39.7	57.1	53.1	44.9
衣着类	—	9.7	11.1	8	5.6	5
用品及其他	—	36.5	38.9	21.5	32	34.4
居　住	—	8.7	10.3	13.4	9.3	15.7

第二节　社会保险

一、基本养老保险

宿州市养老保险从1987年艰难起步，逐步步入健康有序发展轨道。建立基本养老保险、企业补充养老保险和个人储蓄性养老保险相结合养老保险体系，合理确定政府、企业、个人三方负担筹资模式。从1995年起，全地区进一步建立起社会统筹与个人账户相结合的养老保险制度。1998年，与全国养老保险制度改革同步，制定出台

《宿县地区统一企业职工基本养老保险制度实施办法》，实行统一养老保险制度模式。《社会保险征缴暂行条例》出台后，养老保险参保范围扩大到个私企业和个体工商户。

1988年以后，养老保险取得显著成果。建立确保养老保险按时足额发放的目标责任制，1988年到2007年，支付参保单位离退休职工养老金18亿元，4万名离退休职工按时足额领取养老金；全面推动养老保险扩面征缴，到2007年年底，全市养老保险参保人数达121801人，国有企业覆盖率100%；全面落实养老保险基金收支两条线管理，养老保险费全部移交地税部门征收，实行财政专户与支出户分开管理，确保基金安全运转与保值增值；逐步加强养老保险基础管理工作，加大养老保险政策落实力度，解决弱势群体生活保障问题。为企业退休职工和1953年年底前参军的退休老战士及时调整退休金待遇和生活补助，积极开展企业离退休人员和遗属资格认证工作，为34326名企业退休人员调增养老金615万元。2007年，认真落实未参保集体企业退休人员基本生活费待遇，对未参保集体企业退休人员的低保金、生活费发放情况认真审核确认，为4000多名符合发放条件的未参保集体企业退休人员办理发放手续，月发放金额56万元。

二、基本医疗保险

2000年6月，宿州市医疗保险制度改革从市直率先启动，年底全市各县区全面实施。基本医疗保险制度以县（区）为统筹单位。埇桥区和市直在统一制度、统一政策、统一费率、统一定点（包括定点医疗机构和定点药店）基础上，基金分别管理、分块运作。基本医疗保险采取用人单位缴费和个人缴费相结合方式，确定单位缴费比例为6%，个人缴费比例为2%。基本医疗保险费实行社会统筹和个人账户相结合管理方式。全市还根据各年龄段人员实际发生医疗费用情况，合理确定不同年龄段划入个人账户比例。进一步明确统筹基金和个人账户各自的支付范围，根据全市经济发展水平，合理确定统筹基金起付标准和最高支付限额。建立健全多层次医疗保障制度体系。相继建立公务员补助、补充医疗保险、医疗救助办法。

（一）扩面征缴

1999年7月，宿州市医疗保险制度改革正式启动，按照先机关后企业，先国有后私营，先城区后乡镇办法，医疗保险覆盖面逐年扩大。

（二）完善定点医疗机构服务协议

坚持定点医疗机构的协议管理，不断完善管理办法，加强医疗费用支出审核，加大对医疗服务行为约束力。

（三）调整完善医疗保险政策

不断调整完善医疗保险各项政策规定，制订《完善基本医疗保险制度有关问题的通知》等文件，建立住院确认和术前、术后三项确认制度，个人负担水平从启动初期的45%降到25%。

医疗保险制度改革，实现福利型公费劳保医疗制度向保险型城镇职工医疗保险制度平稳转换，全市医疗参保人数以平均每年2万人速度递增，到2007年，达21.8万人，363名离休干部正常享受医疗保险待遇，不再发生新的医疗费拖欠，城镇居民医疗保险参保28.67万人，基金累计征缴近5亿元，实现医保基金收支平衡，安全运行。

三、失业保险

失业保险制度，是国家依据《中华人民共和国劳动法》设立社会保障制度的一项保险制度。宿州市失业保险工作1986年10月正式启动，先在国有企业征缴，保障失业人员生活，1992年起，扩大到集体企业和实行企业化管理的事业单位，1997年扩大到全部事业单位和所有类型企业及个体劳动者。

2007年，失业保险制度参保覆盖已由最初不足300家企业扩大到近1700家，由单一国有企业发展到国有、集体、私营、民营、外企、外资、合资、个体工商户和事业单位中的自收自支、差补、全额拨款单位，参保人数由最初几万人发展到19.7万人。1998年7月以后，征缴基金比例由1%提高到3%，缴费比例提高到单位2%、个人1%。基金征缴从1988年至1995年，每年征缴几十万元，到1996年突破100万元，1997年突破200万元，1999年突破1000万元，2002年突破2000万元，失业保险基金累计征缴1亿多元，全市失业基金支出近8000万元，为登记失业人员28458人发放救济金，为19.5万特困职工春节一次性救济，用于培训下岗失业人员16万多人（免费或部分补贴），用于再就业和下岗职工生活补助、职业介绍补贴、扶持企业生产自救、保障失业人员失业期间住院资金补贴、死亡丧葬和亲属抚恤等，充分发挥失业保险的保障作用。

四、工伤保险

1997年，新的工伤保险条例颁布后，宿县地区制定《宿县地区企业职工工伤保险实施办法》，做好工伤保险的职能划转和衔接工作，全面推进新工伤保险制度的启动实施。加强对高风险企业安全监督管理，切实保障企业职工受事故伤害及时得到医疗救治和经济补偿。落实“捆绑式”征收模式，积极探索缴费新模式，在费率标准模式上进行创新。全面推进高风险行业和建筑行业农民工参加工伤保险，扩大工伤保险覆盖范围。2007年，全市工伤保险参保人数达11.89万人，其中全市参加工伤保险的高风险企业有35家，参保人数7468人。工伤保险基金累计收入1150万元，基本确保企业因工致伤致残职工工伤保险待遇。

五、生育保险

生育保险是对女性劳动者因为生育期间中止劳动失去工资给予的补偿，是妇女劳动者的社会保险制度。生育保险制度是五个社会保险险种启动实施最晚的一个。它的启动实施标志着宿州市社会保险制度全部建立。生育保险费率是0.5%左右。2007年，宿州市生育保险制度正式启动实施，率先在机关事业单位中施行，生育保险参保登记人数达4.2万人。

第三节　精神文明建设

宿州市精神文明建设指导委员会办公室（简称市文明办），前身是“五讲四美三热爱”活动委员会办公室（简称“五四三”办公室），成立于1984年7月。1987年8月，宿县地委、行署撤销“五讲四美三热爱”活动委员会及其办公室，设立宿县地区社会主义精神文明建设委员会（简称地区文明委），至1999年撤地建市。

省辖宿州市成立以后，市文明办升格为正处级单位，核编6人，其中主任一名、副主任一名，内设综合科、创建科，是全市精神文明建设指导委员会（简称市文明委）的具体办事机构，由市委宣传部主管。主要职责是：按照市文明委的部署，研究分析全市精神文明建设的重大问题和新情况，及时提出意见、对策和建议；制定全市群众性精神文明创建活动的总体规划、实施意见和工作方案，并对创建活动进行指导、协调；组织开展多种形式的公民思想道德教育实践活动和未成年人思想道德建设，负责组织全市文明城市、文明县城、文明单位、文明村镇、文明社区的创建工作，组织开展精神文明建设先进集体、先进个人、道德模范、“十佳人物”等评优创先活动；总结推广精神文明建设工作的典型经验，负责文明委全委会议和全市精神文明建设工作会议的组织筹备工作；负责抓好创建活动的统一规划、任务分解和督查考评工作，履行与各文明委成员单位的联系与沟通；承办市文明委交办的其他工作。

一、社会主义精神文明建设

（一）开展“五讲四美三热爱”教育活动

中共十一届三中全会后，宿县地区按照中央、省委的要求，深入贯彻两个文明一起抓的指导思想，在全地区范围内，自上而下开展以“五讲四美三热爱”（讲文明、讲礼貌、讲卫生、讲秩序、讲道德，心灵美、语言美、行为美、环境美，热爱祖国、热爱社会主义、热爱中国共产党）为主要内容的社会主义精神文明建设活动，取得丰硕成果。

1985年，宿县地区“五四三”活动委员会按照中央、省委的统一部署，鉴于“文明礼貌月”活动从“窗口”单位发展到各行各业，从突出整治活动发展到有计划的综合治理，完成宣传发动、群众参与的作用，活动委员会办公室适时作出调整，改变突击式活动方式，引导活动向创建城乡文明单位、文明行业、加强精神文明的基础性和制度化建设的方向发展。以此为契机，在全区启动“三优一建”竞赛活动（三优：优良秩序、优美环境、优质服务；一建：创建文明集镇），组织10个副县级建制镇（标准镇）和10家“窗口”服务行业开展评比竞赛活动，群众性精神文明创建活动蓬勃开展起来。8月，地委宣传部制定下发《关于加强精神文明建设的指导意见》，对全区精神文明建设的指导思想、目标任务、工作重点、指导措施、组织领导等方面作出明确的规定。

1986年，宿县地区“五讲四美三热爱”活动特别是精神文明建设坚持以点带面，常抓不懈，深化提高，重点在典型推动、强化宣传、共创共建等方面取得新突破、新进展。4月，地委、行署召开“宿县地区精神文明建设工作会议”，首次表彰108个地区文明单位和“三优一建”先进集体。全地区不断加强和改进精神文明建设工作，并在重质量、重实效、重典型、提高水平上下功夫。全地区表彰各级各类文明单位400多家，评出“五好文明家庭”7000多户，涌现出“五讲四美三热爱”先进集体60家、先进个人276人。活动的蓬勃开展和先进典型的不断出现，充分彰显人的思想意识、精神面貌发生的根本变化。

1987年，宿县地区以培育社会主义“四有”新人为目标，以争当文明市民（村民）、争创文明学校为主要阵地，在全区上下广泛开展城乡社会主义教育、革命传统教育、改革开放教育，以及加强职业道德教育，反对和纠正带有行业特点的不正之风，进一步坚定干群的社会主义信念。年初，地委、行署在广泛调查研究的基础上，制定《关于新时期加强社会主义精神文明建设的实施意见》，实质上就是“七五”规划。“实施意见”明确提出，在新的历史时期，全地区社会主义精神文明建设的重点是加强爱国主义教育、党的基本路线教育和法制教育，注重将精神文明建设同基层工作紧密结合起来，同人民群众生产生活结合起来，着力把宿县地区建成一个政治上安定团结，人民群众安居乐业，广大干群思想道德素质和科学文化素质有明显提高，教、科、文、卫、体等事业有较快发展，生活环境整洁优美的社会主义精神文明建设先进区域。地委宣传部和“五四三”办公室投入大量人力狠抓党政机关和“窗口”行业的职业道德建设。地直党政机关和一些企事业单位针对本部门的职业特点，以“三优一建”竞赛活动为抓手，深入进行党员干部公仆意识教育、职业道德教育，机关作风明显改善，办事效率不断提高。5月，地委宣传部召开宣传工作会议，对全地区精神文明建设和“三优一建”竞赛活动进行总结通报，表彰20家“三优一建”先进单位和10个“十佳”文明集镇。8月，地委、行署撤销“五讲四美三热爱”活动委员会及其办公室，设立宿县地区社会主义精神文明建设委员会（简称地委文明委），下设办公室（简称文明办），仍然挂靠地委宣传部，具体负责指导、协调全地区精神文明建设工作。

1989年，宿县地区社会主义精神文明建设活动主要以突出竞赛、提高质量、立足基层为重点。突出竞赛，指一市（县级宿州市）九镇（标准镇）的创建竞赛活动，以及城镇环境卫生建设的竞赛活动；提高质量，指地区和各县、市拟定文明单位管理的暂行规定，使文明单位建设更趋于科学化、制度化；立足基层，指抓精神文明建设“进村入户”工作，最广泛地吸引人民群众参与，充分发挥区、乡、村等民事协调组织、妇女禁赌会等群众性自治组织的作用。当年通过各地各级的共同努力，涌现出省级文明单位、文明村3个，地区级文明单位、文明村79个。

（二）实施社会主义精神文明建设“五大工程”

进入20世纪90年代，全区社会主义精神文明建设的重点放在推进移风易俗工作上，逐步把移风易俗工作纳入全地区社会主义思想教育活动中，把加强思想道德建设作为精神文明建设的主要任务，通过广泛开展“五爱”“四有”教育和学雷锋、学先进等活动，不断深化思想道德教育。相继开展创建文明单位、文明村、文明户、小康文明之家和五好家庭活动。在继续抓好区、镇、乡之间，行业与行业，单位与单位之间的竞赛活动和创建文明城镇竞赛活动和环境卫生竞赛评比活动的同时，进一步强化基层文化阵地建设，丰富农村、农民文化生活。以此为契机，全区农村逐步建立、健全推进繁荣文化事业的工作机制，尤其是区公所所在地、镇（乡）所在地建有文化站、电影院或者文化活动室，安排专人负责，加强农村精神文明建设的领导和指导。

1991年，地委、行署适应本地经济社会发展的需要，组织专人制定具有纲领性的《宿县地区精神文明建设“八五”规划》，把精神文明建设的内容和任务概括为思想道德、移风易俗、文明集镇、文化科技、体育卫生、社会治安等几个方面，落实思想保障和措施，使精神文明建设逐步走上制度化、规范化轨道。全地区精神文明建设工作重点放在“六抓一加强”：一抓贯彻，以中共中央《关于社会主义精神文明建设指导方针的决议》为指南，深入贯彻党中央国务院关于综合治理是社会主义精神文明建设的重要组成部分的意见，积极探索新思路、新方法，适应新形势；二抓教育，把加强思想道德建设作为精神文明建设的主要任务，以“五爱”、“四有”教育和学雷锋、学先进活动为主题，广泛开展思想道德教育；三抓创建，继续开展创建文明单位、文明村、文明户、小康文明之家和“五好文明家庭”等活动；四抓活动，抓好区、镇、乡之间，行业与行业之间，单位与单位之间的各种竞赛活动；五抓评比，文明城镇和城区环境卫生年度评比；六抓阵地建设，在农村逐步建立“四位一体”（集思想教育、文化娱乐、科技普及、信息功能于一身）的文化阵地。一加强，加强对精神文明建设的领导。1991年，全区90%以上的区、乡镇、村建成文化中心或文化站所，大部分国有企业或私营企业组建独具特色的业余文艺团队。

1992年，经地区文明委同意，全面启动农村集镇“十佳十差”评比活动，为发展农村市场经济和建设小康生活创造良好的社会环境。宿县地委、行署选择30个基础较好、发展潜力大、具有一定集镇规模的农村小集镇参加“十佳十差”评比活动，地直六个职能单位参与考核评选，制定统一标准、办法，一年评比一次，通过检查评比，评出十个最佳镇和十个最差镇，分别予以表彰和批评。10月，在泗县召开全区首届“十佳十差”集镇评选活动总结表彰会，会上颁发“十佳集镇”匾牌和荣誉证书，受表彰集镇分别作交流发言，会后实地参观大庄镇“十佳集镇”现场，对首次评选的100个地区级文明单位进行命名。

1993年，社会精神文明建设从抓基层党建入手，广泛深入地开展城乡社教、革命传统教育、改革开放教育，提倡有益的文化活动，反对聚众赌博和传看反动、淫秽书刊、录像。3月份，经常性的“扫黄打非”工作在全地区展开。出动600多人次，清查250多家书店摊点和印刷厂，收缴非法出版物2万多本、录音录像带800多盒，促进文化市场的净化和繁荣。6月，地区文明委重新修订《宿县地区文明单位管理试行办法》，并以地委、行署的名义下发。全区出现争创文明单位、比学赶超的热潮，命名表彰208个地区级文明单位。12月7日文明委在灵璧县召开全地区农村集镇“十佳十差”评选活动总结表彰会，宿州市符离镇、时村镇，砀山县李庄镇、唐寨镇，萧县杨楼镇、张庄寨镇，灵璧县渔沟镇、杨疃镇，泗县大庄镇、刘圩镇被评为“十佳集镇”，受到表彰和奖励。

“八五”期间，宿县地区社会主义精神文明建设工作按照中央文明委“讲文明、树新风”的要求和省委、省政府“一个坚持、两个拓展”的工作部署，以思想道德教育特别是社会公德、职业道德、家庭美德教育为主线，精心设计以“五大工程”为载体的群众性精神文明创建活动，经过启动和试点，逐步达到全面覆盖，并取得了明显成效。“五大工程”具体表述为：开展“星级文明户”评选活动，实施精神文明建设的“细胞工程”，为切实抓好农民思想教育找到有效结合点和途径；开展文明村、文明单位创建活动，实施精神文明建设的“基础工程”，推进社会主义新农村建设；开展文明集镇创建活动，实施精神文明建设的“龙头工程”，带动农村两个文明建设的协调发展；开展文明城市创建活动，实施精神文明建设的“重点工程”，市民素质和城市文明程度得到进一步提升；开展“十大行业创十佳”活动，实施精神文明建设的“示范工程”，着力推动行业风气的进一步改善。从90年代中期开始，“五大工程”创建成为宿县地区精神文明建设的知名“品牌”，在省内外乃至全国引起高度关注，涌现出一批精神文明创建活动的先进典型：泗县大庄镇被命名为“全国文明村镇建设先进镇”，萧县交警大队被命名为“全国精神文明建设先进单位”，萧县1997、1998连续两年被省文明委命名为“创建文明城市工作先进县城”；砀山县唐寨镇热爱残疾人事业、自办残疾人康复医院的李清纯和到砀山县曹庄镇魏庙小学义务支教的上海女工查文虹，被省委、省政府命名为“精神文明十佳人物”，受到表彰。

二、群众性精神文明创建活动

（一）开展“十星级文明户”评选活动

1994年，为使全地区精神文明建设的各项任务落到实处，坚持做到“两手抓、两手硬”，地委宣传部在总结经验的基础上，进一步深化“三优一建”竞赛活动，选取十个条件比较好的副县级建制镇（原标准镇），注重在“优良秩序、优质服务、优美环境”等方面开展创建文明城镇竞赛活动，并根据省文明委提出的“长城计划”和“万年青计划”的安排，及时调整部署，使内容更充实，制度更完善，形式更灵活。在广大农村普遍开展争创“十星级文明户”活动，内容包括勤劳致富、科学种田、热爱集体、遵纪守法、重视教育、移风易俗、家庭和睦、邻里团结、计划生育、讲究卫生十个方面，涵盖精神文明的诸多方面，内容更加科学化、细化、量化，使精神文明建设有看得见、摸得着的“星牌”，有衡量的标准和尺度。人人参评，户户定星，群众唱主角戏，至12月，全地区40%的农户参加“创星”评选。为人民群众自我教育、自我管理、自我约束的好形式，也是加强农村思想政治工作和精神文明建设的有效方法。广大农民群众由被动教育变为积极主动参与，真正成为群众性精神文明活动的主力军。这一做法作为典型经验在全省进行交流，受到省文明委领导的重视，并逐步在其他地市推广。

1995年，地委、行署把精神文明建设着力点放在突出活动、重在建设、抓巩固提高上。精神文明建设的“五大工程”成果不断扩大和深入。其中，以星级文明户评选的“细胞工程”建设稳步推进，全地区参评农户比例直线上升；以文明村、文明单位评比的“基础工程”建设效果明显，在上年的基础上，又命名地区级文明单位、文明村70个，总数达340个；以农村集镇“十佳十差”评比活动的“龙头工程”建设又上新台阶，呈千帆竞发态势，氛围浓厚。9—10月份，在广大农村普遍开展“创文明、奔小康”活动，精心组织“全区农村创文明、奔小康报告演讲团”赴各地巡回报告，每个县（市）分别举办报告会两场，有1万多名乡、镇、村基层干部接受教育，在广大干部群众中产生强烈反响。

1996年，地区文明办与各县（市）文明办签订目标管理责任书，就抓好省文明委制定的“长城计划”和“万年青计划”的贯彻落实、农村精神文明建设、“五大工程”建设等重点任务进行分解和量化。同时开展对“窗口”行业、行政执法部门、垄断性行业的职业道德和社会公德评比活动。10月19日，为贯彻全省精神文明建设工作会议精神，学习张家港经验，地委召开高规模的动员大会，号召地直和各县市迅速行动起来，狠抓落实，集中整治，加大力度开展“把马路让出来、把垃圾装起来、把门前包起来”（即：三个起来）活动。经过几个月对市容环境脏乱差的治理，城区、县城面貌大为改观。

（二）推进“四个延伸”覆盖全城

1997年，全年精神文明创建活动的工作思路是“重点突破，巩固成果，突出重点，着力抓好文明城市、文明县城、文明村镇、文明行业、文明单位、星级文明户等创建活动”，并使之不断深入发展。4月，全地区强力推进“三个起来”工作初战告捷，城市主要道路和重点场所面貌大为改观，地区文明委按照省文明委的工作思路和部署，及时提出“四个延伸”和“一个坚持、两个拓展”的新的工作目标。“四个延伸”是指创建工作向居民小区延伸、向集贸市场延伸、向小街小巷延伸、向单位内部延伸。“一个坚持、两个拓展”，即坚持不懈地开展群众性精神文明创建活动，不断向思想道德领域、科学文化领域拓展。10月，开展为期两个月的精神文明建设“集中整治活动月”，发动群众，实施重点突击，集中治理，一些长期得不到解决或易于反复的“老大难”问题得到解决。

1998年，地区文明委逐步建立和完善党委统一领导、党政一把手亲自抓、各方齐抓共管的精神文明建设领导格局，把精神文明创建活动同经济发展和社会进步统一起来，一起部署、一起落实、一起检查、一起考核，坚持推进“四个延伸”覆盖全城与落实领导岗位目标考核责任制结合起来，坚持把精神文明建设工作当作各级领导“创文明、保稳定、促发展”的政治责任，与年终岗位政绩考核挂起钩来，采取签订责任书、立军令状等形式，一级抓一级，层层抓落实。4月，地区文明委制发《1998年精神文明建设工作目标管理责任考核办法》，年底组织开展对市区和各县城“四个延伸”工作进展情况的检查评比，考核结果由地委、行署予以通报。

在行政机关和企事业单位，积极推进全行业、全岗位规范化服务，重点在“窗口”行业开展“十大系统创十佳”活动，倡导优质服务，打造优良秩序，营造优美环境。8月8日，召开全地区十大系统（行署经贸委、商务局、工商局、卫生局、教委、公安局、地税局、电业局、邮政局、人民银行宿县分行）创“十佳”表彰总结会，十大系统的主要负责人在会上汇报交流本系统创“十佳”活动的进展和成效。讲文明、树新风的热潮在各大系统逐步兴起，增强干部职工爱岗、敬业、奉献的自觉性，一些陈规陋习得到有效遏制，文明风尚发扬光大。

12月，地区文明委组织地直有关单位负责人，对四个县城创建文明县城工作进行检查评比。检查的内容，主要是“四个延伸”“三个覆盖全城”的落实，强化市民文明意识，形成人人争做文明市民、人人为争创文明县城做贡献良好态势。

萧县被地区推荐为全省“创建文明县城先进县”。

（三）开展市容环境综合治理“百日会战”

1999年，全市精神文明建设工作继续以开展“五大工程”创建活动为抓手，紧紧围绕“一年见成效、三年大变样、五年初步步入良性循环”的总体目标，分阶段、分步骤实施“三个起来”“四个延伸”“三个覆盖”和“五个突破”，各项工作取得较大进展和成效，初步建立适应创建工作发展的管理体制和运行机制，始终坚持把精神文明创建活动同经济发展和社会进步统一起来，一起部署、一起落实、一起检查、一起考核，真正形成一把手抓两手的良好局面。在具体工作中，坚持三个结合：把创建工作与落实领导岗位目标考核责任制结合起来，在市委、市政府的统一领导下，市文明委充分调动党政各部门和工会、共青团、妇联等人民团体的积极性，形成齐抓共管、综合治市的合力；通过市文明办的经常性明察暗访，促进工作。制定日常考核工作方案，坚持对市区每月两次、各县每月一次的暗访，公布结果，督促工作；通过群众的有效监督，提高工作水平。设立举报电话，发挥“市长热线”的作用，针对群众反映强烈的问题，协调相关职能部门解决。坚持重在建设的方针，不断加大对创建工作的投入力度，每年对基础设施和文化事业基本建设的投入都有大幅度增加。按照合理布局、优化结构、突出重点的要求，在加强城市硬件建设的同时，加快市区宣传文化事业的基本建设，把有限的资金更多地用在重要的文化设施建设上，城市亮点不断增加，品位逐年提高。

7月，在市区开展市容环境综合治理“百日会战”。市区环境综合治理“百日会战”，是省辖宿州市成立以后第一次高标准、大范围的城市市容环境综合整治活动，是树立宿州市新形象的第一仗。“百日会战”主要解决五个方面的问题：通过集中清理整治“骑路”市场、占道经营，实现市容秩序的迅速改观；通过加强各种车辆的管理，实现城市交通规范化，达到秩序井然、畅通有序；通过再次集中清理市区垃圾，全面落实“门前三包”责任制，强力推行垃圾袋装化，实现环境卫生水平的迅速提高，达到环境优美、文明整洁；通过加快硬化、绿化、美化、亮化进程，实现市容景观的改善；通过修订、完善市区管理章程，加大95号令的宣传力度，加大执法力度，提高市民素质，达到市容环境管理法制化、规范化。通过短短三个多月的综合治理，市容市貌、环境卫生、交通秩序等方面都有较大改观，达到了预期目的，社会各界反映较好。

（四）文明县城、文明单位、文明行业创建活动

进入21世纪，全市精神文明创建工作实施精品工程，注重典型示范，以点带面，重点放在创建文明县城、文明单位、文明行业等基础工作上面。

2000年是新世纪开元之年，是实现“十五”计划的第一年。按照市委、市政府提出的5年创建省级文明城市先进市目标和省委、省政府“一个坚持、两个拓展”的工作部署，精神文明建设工作以思想道德教育特别是社会公德、职业道德、家庭美德教育为主线，以群众性精神文明创建“五大工程”为载体，求真务实，常抓不懈，取得较为显著成绩。“星级文明户”评选活动，为抓好农民思想教育，找到有效途径。全市近50万农户参与活动，占全市农户总数的40%左右。省文明委把宿州市的做法和经验，带到全国会议上进行宣传和推广，并在中央电视台作过多次专题报道，推进社会主义新农村建设。

5月，市委宣传部、市文明办联合下发文件，不断深化“三下乡”活动，完善基层文化基础设施建设。各级各地充分利用文化室、广播室、电视插转台、科技学校、致富学校、文明学校等设施和阵地，经常向农民群众传授科技知识、传递经济信息、传播精神文明，提高农民的科学文化素质。以制定“村规民约”为重点，对农民进行爱祖国爱集体爱社会主义教育，提高农民的思想道德素质。全市85%以上的行政村普遍制定“村规民约”。6月，在全市全面启动“三改”工作，各地采取典型示范、分步实施、面上推开、政府鼓励等形式，强力推进农村“三改”工作。全市一年新建卫生厕

所35.81万座，普及率达28%，其中无害化厕所12万座，公共卫生厕所2000座。成片改厕50户以上的示范村有650个。涌现出一批改水、改厕先进乡、镇、村。

市文明委把文明城市、文明县城等创建工作作为当年一项形象工程、德政工程，摆上十分突出的位置，创建文明城市工作力度不断加大，管理水平进一步提高，整体水平上一个台阶。市区的创建工作，初步形成群众广泛参与、社会普遍关注的浓厚氛围，初步形成"两级政府、三级管理、四级网络"的创建工作体系，初步形成责权明确、常抓不懈的工作基础。把创建工作的重心放在市区，对辖区内的单位、小区、街巷、市场等重新进行摸排，集中力量攻坚破难，逐步解决创建中的矛盾和问题。为强化创建工作力度，又把群众是否满意、是否接受、是否欢迎，作为评价创建工作效果根本依据，从多方面完善对创建工作监督机制。设立举报电话，发挥"市长热线"作用，针对群众反映强烈的问题，协调相关职能部门解决。市人大、市政协也经常组织力量对创建工作进行督查评议。

2001年，按照市文明委的部署和要求，对全市的精神文明建设工作特别是群众性精神文明创建活动适时作出调整和充实，紧紧围绕"加快发展、富民强市"这个主题，以"三大创建、两大建设"（创建文明城市、文明县城、文明村镇，加强社会主义思想道德建设和社会主义文化建设）为重点，以实现良性循环为目标，认真抓好精神文明建设各项任务落实。

各地继续抓住文明言行、服务质量、环境卫生、交通秩序四个方面的突出问题，紧密结合创建文明行业、文明单位等活动，不断加大工作力度，进行专项治理，并结合公民行为"三德"（社会公德、职业道德、家庭美德）、"三做"（在社会做一个好公民、在单位做一个好职工、在家庭做一个好成员）、"三管好"（管好自己的口，不随地吐痰，不说不文明的话；管好自己的手，不乱画乱扔乱倒垃圾，不做不文明的事；管好自己的腿，不违反交通规则，不践踏花木草地，不走不文明的路）教育和《公民道德建设实施纲要》的宣传贯彻，把文明素质教育与道德实践活动结合起来，把宣传发动与重点实施结合起来，把自我教育与法律约束结合起来，广大公民的思想道德素质和科学文化素质不断提高，良好的社会风尚正在形成。

2002年，全市精神文明建设工作，紧紧围绕"加快发展，富民强市"这个中心，以实现良性循环为目标，以贯彻落实《公民道德建设实施纲要》和攻克"两薄"（创建工作中的薄弱时段、薄弱环节）为重点，扎实推进"三大创建"活动。把认真宣传贯彻《公民道德建设实施纲要》和省委的《贯彻意见》，摆在创建工作十分突出的位置。各地、各单位紧紧围绕"爱国守法、明礼诚信、团结友善、勤俭自强、敬业奉献"20字的基本道德规范，大力加强社会公德、职业道德、家庭美德建设，广泛开展公民道德教育和实践活动。

6月，紧紧围绕创建工作实现良性循环总体目标，相继组织开展以清理环境卫生、治理交通秩序、整顿出店经营、铲除"牛皮癣"为重点的"四大战役"。按照"主干道严禁、次干道严控、小街小巷规范"要求，进一步加大对夜市排档管理力度。制定摊群点自治管理的"五化（垃圾袋装化、用水洁净化、污水桶装化、燃料液气化、食品卫生化）、五统一（统一规范定点、统一事棚台案、统一着装、统一经营时间、统一自备垃圾容器和污水桶）”标准，大力推行“两员一长”（协售员、监督员和摊群长）管理模式，对摊群点和夜市排档实行划片定点，分类管理，在全省产生积极影响。以开展“双项活动”为契机，以树立宿州新形象、改善发展环境为目标，全面推进创建工作整体上水平。市委、市政府分步骤、分阶段实施了基础设施配套建设，全面启动以大外环为主体的道路建设，精心实施小区综合开发和公园建设，继续拓展“见缝插绿”工程的覆盖面，新增绿地面积7000多平方米，给宿城增添现代文明品位。

2003年6月，全市精神文明建设工作会议召开。会议期间，文明委与市直16家重点创建单位签定《创建省级文明城市目标管理责任书》。7月，在市区实行路段长责任制，下发《关于开展路段长责任制的工作方案》，把11条主干道分为若干个责任区，实行路段长承包制，根据路段、路况、人流、车流等实际，划段包干到市直40多家单位，设立劝导台，安排专人值勤。同时内引外联，加大投入，全面启动城市基础设施建设，完善城市功能，改造完成“淮海文明示范路”。组织开展科教、文体、法律、卫生“四进社区”活动，8月，进行首届“文明社区”争创评比活动，宿州市推荐的祁东新村社区被评为“全省文明社区”，结合开展防“非（非典型性肺炎）”治“脏”突击月活动，清理清运市区卫生死角和裸露垃圾，“治脏”工作取得很大进展。市政府出台《宿州市“门前三包”责任制实施意见》，率先在淮海路、胜利路、汴河路等主干道进行推广。制定铲除户外小广告（牛皮癣）活动方案，发动市、区直机关企业单位全体人员走上大街小巷开展清除“牛皮癣”的义务劳动。为巩固创建成果，提升创建文明县城工作整体水平，年底，省文明委对县城的创建工作进行检查考评。萧县脱颖而出，被命名为“安徽省创建文明县城工作”先进县，受到省文明委表彰。

（五）社会诚信建设

2003年，全市精神文明创建工作认真贯彻中共十六大精神和“三个代表”重要思想，围绕“加快发展、富民强市，全面建设小康社会”主题，广大人民群众经历抗击非典、抗洪抢险斗争的严峻考验，以公民道德建设和诚信教育为主线，以提高广大市民思想道德素质和城乡文明程度为目标，以推进体制改革和机制创新为重点，群众性精神文明创建活动扎实推进，全市创建工作保持积极进取、稳步发展的态势。把突出抓好公民道德建设和诚信教育放在首位，全面实施“2 + 3”工作方案（突出两个重点：诚信教育与实践和交通秩序专项整治工作；三个全面推进：全面推进环卫体制改革、相对集中行政处罚权、摊群点自治管理工作）。深入贯彻“纲要”和省委《贯彻意见》，印发《加强诚信教育与实践工作方案》，隆重开展“讲诚信、树新风、改陋习”万人签名活动，集中开展“打造诚信机关”“创诚信单位，做诚信干部”“创诚信经营户”等形式多样的道德教育与实践活动；组织开展以“弘杨雷锋精神，参与志愿服务，建设精神文明”为主题的大型青年志愿者活动。

市委、市政府建立社会诚信制度，出台加强信用环境建设意见，制发加快政府诚信体系建设、促进政府正确行使职能的系列规范性文件，并以政府、经贸、金融、工商和民政部门为重点，建立社会信用管理体系。建立市场监管机制，坚持打击假冒伪劣不放松，坚决维护企业合法权益，深入推进“四企”（察企业所想，解企业所忧，为企业服务，助企业发展）活动，为入驻企业排忧解难。全年处理制假售假违法行为

1000多起，查处假冒伪劣及不合格产品价值800多万元。扎实开展窗口行业优质服务。以交通、供电、供水、卫生、通讯、金融、税务等十大行业为重点，组织全市100多个基层单位开展优质服务竞赛和文明诚信窗口评选活动，有力促进服务水平的提高和行业风气转变。

（六）未成年人思想道德建设

2004年4月，在宿州市未成年人保护委员会和关心下一代工作委员会的指导下，各县（区）进一步完善相应的领导和组织机构，加强领导。根据国家有关法律、法规和条例，团市委制订《关于深化共青团爱心助学行动的意见》，市教育局制订《关于中小学德育工作的意见》《宿州市中小学生礼仪规范》，市妇联将有关家庭保护、学校保护和司法保护等内容纳入推进未成年人思想道德建设全年发展规划。坚持抓住有利时机，挖掘思想道德教育资源，集中开展思想道德宣传活动，举行各种庆祝、纪念活动和必要仪式，引导未成年人弘扬民族精神，增进爱国情感，提高道德素质。清明节期间，组织全市广大中小学生开展“缅怀革命先烈、弘扬民族精神”主题团日活动。“五四”期间，团市委等部门牵头，通过集中宣誓的形式，在5个县区和市直同时举行中学生18岁成人仪式，引导广大中学生增强公民意识，以弘扬“五四”精神、肩负历史使命为主题，举办纪念“五四”运动85周年晚会。7月，以“同在一片蓝天下，手拉手共同成长”为主题，组织开展全市城市少年儿童与农村儿童“手拉手”活动，引导他们互相关心，相互学习，共同进步。开展“爱心助成长”志愿服务活动，组织发动优秀青年志愿者和志愿服务集体，就近就便与少先队组织结对，协助学校开展思想道德教育工作。8月6日，全市开展未成年人权益保护和预防青少年违法犯罪工作，召开全市预防青少年违法犯罪工作会议，着重研究对社会闲散青少年管理与教育。面向广大少年儿童广泛开展自护教育，提高未成年人自我保护意识和能力。围绕侵害未成年人权益的突出社会问题，开展“青少年维权岗在行动”系列活动。市委宣传部积极协调计生、妇联、共青团等部门，通过“爱心助学”“春蕾计划”等活动，认真实施“关爱女孩”工程。宿州市与全国少工委、深圳电影制片厂联合摄制的电影《我们手拉手》，在北京、合肥、深圳和宿州市分别举行首映式，在广大青少年中引起强烈反响。国家六部委、安徽省七部委分别下文把《我们手拉手》作为加强和改进未成年人思想道德建设的优秀教材向广大青少年推荐。

8月28日，各地广泛宣传《中华人民共和国未成年人保护法》《中华人民共和国预防未成年人犯罪法》和《安徽省未成年人保护条例》等法律法规。司法部门发挥自身优势，放映警示教育片，组织开展对未成年人犯罪的帮教活动，文化、公安系统坚持开展“扫黄打非”、规范网吧经营、校园周边秩序等专项整治行动，对学校周边的“三室一厅一吧”进行集中清查治理，取缔一批非法营业户。开展毒品预防宣教活动，努力净化未成年人成长的社会环境。

（七）创建省级文明城市工作

2005年，市委、市政府审时度势，立足实际，适时提出“两步走”战略：即2000年至2006年市区要实现全省创建文明城市工作先进市目标，2008年至2010年要达到全省文明城市水平，实现全省文明城市的目标。根据创建工作需要，成立“争创省级创建文明城市先进市工作指挥部”，市委书记、市长分别任总指挥和第一副总指挥，市委两名分管副书记、市委秘书长、宣传部部长、分管副市长以及人大、政协的负责人任副总指挥，指挥部下设办公室，与考评标准、内容相对应成立6个专项工作组，把创建任务的各个方面内容，29项分类指标，逐一量化分解到市、区20多家重点职能部门。3月9日，宿州市正式向省文明委递交《关于呈送宿州市申报“全省创建文明城市工作先进城市”的报告》，争创工作进入实施阶段。

为迎接省文明委对宿州市创建全省先进市的检查验收，10月份，在市区开展规模较大、为期40天的市容环境脏乱差治理活动。首先突击整治夜市摊点大排档。进一步摸底排查，分门别类，对管理失控的摊点排档摸清情况，重新划片定点，制定规范，取缔临时占道经营摊位20余处，更换一些责任心不强、工作不力摊群长，下发摊群点自治管理公约，重点培植东昌路、佳佳乐、一人巷三处亮点。并将摊群点自治管理逐步向农贸市场、专业市场延伸。“门前三包”工作率先在淮海、汴河、胜利三条文明路上进行强力推动，与沿街门点签订责任书3000多份，采取市区联动办法向小街小巷、单位内部和集贸市场延伸，全面拆除露天垃圾池，添置生活垃圾投放点，垃圾清运采取封闭式，从源头上加大控制力度，裸露垃圾、垃圾围城现象得到有效遏制。5月，会同宣传部门在市区集中开展道路交通安全管理办法宣传月活动，开展声势浩大的交通秩序整治工作，重点治理机动车、非机动车违章，客运车辆任意下客，出租车违反单双号行驶。取缔非法营运站点6个。完善城区道路交通标线，新建路口安装交通信号灯，新划隔离线，安装自行车护栏。通过规范管理和集中整治，广大干部群众遵守法律法规的意识明显增强，人车混流的状况明显好转，乱停乱放、非法营运、违章行驶、占道揽客等现象明显减少。采取三项措施（从源头上治理、充分发动群众和严管重罚）综合治理城市“牛皮癣”（小广告）。通过修订过街横幅、设置户外广告管理办法，对市区主干道路随意悬挂过街横幅、设置彩虹门、有碍观瞻等不文明现象进行全面治理，得到市民的一致好评。

市文明委逐步建立多管齐下的监督机制，充分发挥监督在文明创建工作中的重要作用，长期安排专职新闻媒体记者搞督查，长年明察暗访不间断，定期召开指挥部督查领导小组会议，通报创建工作督查情况，研究部署任务。通过“行风热线”“市长热线”“新闻110”“直播宿州”等形式的群众监督机制，为广大市民及时了解创建工作情况、反映创建中的问题、知晓问题处理结果提供便利渠道。

为推进争创省级先进城市工作进程，积极营造更加浓厚的宣传氛围。通过多形式、多层次、动态与固定相结合的社会宣传，对市民进行直观、形象的宣传教育，提高全社会对“争创”活动的知晓率和影响力、凝聚力。相继制定《全市创建省级文明城市工作先进市系列宣传教育活动和行业窗口创建活动的实施方案》《关于进一步做好争创省级创建文明城市工作先进市社会宣传工作的通知》，对争创工作的新闻宣传、社会宣传和宣传的具体步骤等都作了明确规定。在新闻媒体刊登和播放创建宣传内容，设立创建专题栏目，电视台启动“文明创建大家谈”，设置大型户外公益广告，开办市民学校，印刷1.5万份“致广大市民的一封公开信”，制作30条“创建文明城市宣传口号”和数十条“创建文明城市活动常用词语”，印制文明创建基本知识宣传张贴画，开通创建文明城市短信课堂，每天向手机用户发送短信。还利用宿州之窗、政府网站等互联网加大宣传力度，使创建活动家喻户晓。

6月，市、区两级上下联动，及时调整社区布局，制定实施《关于进一步加强社区建设的意见》。按照社区构成要素和便于服务、便于社区资源配置、便于居民自治、便于文明创建等原则，对市区84个居委会先后进行规模调整。按照科教、文体、法律、卫生“四进社区”具体要求，创造性地开展工作。大多数社区建立便民服务站、医疗卫生服务站、文化活动室、老年娱乐中心和治安联防队，配置文体、健身设备，为居民提供全方位、多形式生活服务和法律咨询活动，为民排忧解难，使困难群众老有所依、难有所助、贫有所济、孤有所援，及时化解社区居民的各种矛盾和问题，不断提高居民的生活质量。10月11日，全市争创省级文明城市工作先进市誓师大会在市委礼堂召开。大会总结通报争创工作进展情况，总结经验，找出差距，对最后阶段的工作任务进行再动员再部署。

2006年1月，省文明委创建文明城市工作考评组对宿州市申报工作进行为期6天的考评验收，各项指标、要求均达到申报标准。

4月20日，在黄山召开的全省精神文明建设工作会议上，省文明委隆重表彰“全省创建文明城市工作先进市”，宿州市荣列榜中，并颁发奖牌，市文明委副主任、副市长陈卫东代表宿州市在大会上作题为“重建强管、多措并举，扎实推进创建工作迈上新台阶”的典型发言。宿州争创省级先进市目标顺利实现。

5月，市委宣传部、市文明办联合举办宿州市首届文明市民评选活动，经过层层推荐、市民投票、组委会审议、媒体公示等程序，首届宿州市文明市民产生。

按照市文明委领导对文明单位要“严格标准、动态管理、加强考核、宁少勿滥”和实行届期制的要求，市文明办组成联合考评组对当年度所有候选单位逐个进行实地考察，好中选优，同时在新闻媒体进行为期一周的公示，接受社会各界的监督，经市文明委全委会6月12日研究决定，市纪律检查委员会等425家单位符合文明单位评选条件，被命名为“宿州市第四届文明单位”。

7月13日，全市精神文明建设及城市管理工作会议在市委礼堂召开。会议总结2005年精神文明建设工作，安排部署2006年精神文明建设和加强城市管理工作的各项目标任务，表彰先进，分析形势，确立2006年总体工作思路：围绕一个重点，强化三项措施，抓好六项工作。一个重点，就是市区要用3年的时间努力争创全省文明城市、县城要实现全省先进县。三项措施，就是巩固成果、完善机制、提高创建水平。六项工作，要抓好公民道德建设，大力张扬社会主义荣辱观，创新教育载体，进一步提升公民文明素质；要抓好城市建设管理，加快城市化进程，提高城市品位，进一步打造文明城市品牌；要抓好文明社区创建，培育新的亮点，健全服务体系，进一步夯实创建工作基础；要抓好窗口优质服务，树立诚信意识，提升城市形象，进一步优化最佳发展环境；要抓好农村文明创建工作；要抓好工作机制创新，强化责任意识，提高工作标准，进一步推动文明城市创建工作常抓不懈。

3月，在市区分步实施“拆墙透绿”和“见缝插绿”工程，分期、分批、分步增加市区绿量，通过实施高开路生态景观建设工程、三八路绿化充实工程、城市主要道路增荫工程、外环路绿色项链工程等系列化增绿举措，至12月，市区新增绿地面积85.84万平方米，绿化覆盖率达到30.16%。继上年政府筹资200万元高标准改造17条小街巷之后，专门划拨300万元采取以奖代补的形式用于更新改造小街小巷。按照以市为核心、区为重点、街道为基础的属地管理原则，重新划分界定小街小巷和主次干道管理事权，进一步理顺小街巷管理关系。

2007年，市委、市政府为进一步强化公民思想道德建设和社会主义荣辱观教育，在全市上下广泛开展社会主义荣辱观教育进学校、进机关、进企业、进社区、进农村、进家庭活动，普及“八荣八耻”的基本内容和要求，营造知荣明耻的浓厚氛围。举办社会主义荣辱观知识竞赛、演讲比赛、图片展览以及“知荣辱、讲文明、懂礼仪”宣传教育活动；编排、公演音乐话剧《荣辱就在你身边》；创作发行以“八荣八耻”为主题的系列漫画。加强未成年人思想道德建设，命名表彰全市未成年人思想道德建设“百千万工程”首批示范社区（乡镇）、示范学校和示范家庭。在部分初中和小学开展“关注留守儿童，呵护七彩人生”等主题班会活动，组建“留守儿童”校外辅导员队伍，创办“留守儿童”寄宿班级，落实关爱措施，优化学习环境。萧县梅村初中被全国妇联和国家教育部授予“全国流动人口子女、农村留守儿童示范家长学校”称号，宿州二中被授予“全国优秀家长学校”。市文明办举办各种形式的英模讲座、升旗仪式、入队宣誓、祭扫活动达100多场次，受教育儿童数十万人。

5月，市文明委围绕争创省级文明城市目标，开展“移动杯”“迎奥运、讲文明、树新风”礼仪知识竞赛和“文明就在我身边”主题演讲比赛、征文比赛等系列活动。以第二届安徽省公民道德论坛和评选全国道德模范为契机，隆重推出王荣辉、卢丙会两个道德宣传典型，卢丙会获得全省道德模范人物和全国道德模范提名奖。9月，为迎接中共十七大召开和建国58周年，在市区集中开展市容环境集中整治活动。各县城也根据自身实际，组织开展多项专项整治活动。萧县注重“五抓一强化”工作的落实，对老城区、新区、开发区和15条道路进行为期三十天的集中治理，效果明显；泗县突出“改造旧城、建设新区，完善功能、提高品位”的工作重点，综合开发力度加大，县城脏乱差状况大为改观；砀山县采取全县动员、全民发动、综合整治等措施，开展“百日环境治理”；灵璧县在主要道路实行“定段包干、一扫全保”的办法，推行“点、线、片”相结合的管理手段，全面治理环境秩序，工作基础进一步夯实。

12月24日，市委、市政府召开全市精神文明建设工作汇报会。会议对2007年的精神文明建设、特别是争创省级文明城市工作进行全面总结和部署，会上对118家城市管理工作先进单位和首届“十佳文明行业”“十佳文明窗口”“十佳文明工地”“十佳出租车驾驶员”进行表彰。对45家安徽省文明单位、416家市级文明单位、3个市级文明系统进行命名和奖励。

第四章　民族　宗教

1990年以前，宿县地区的民族宗教管理机构为宿县地区行署民族宗教科。1990年9月20日经地区编委下文，更名为行署民族宗教事务处。

1995年8月18日，宿县地委、行署根据省委、省政府关于地区党政机构改革方案，民族宗教事务处更名为行署民族事务委员会（宗教事务局），实行一个机构两块牌子，归行署办公室管理。

1997年，机构改革保留民族宗教处，并更名为地区行署民族事务委员会（宗教事务局），一个机构两块牌子，由行署办公室管理，副县级建制。

1999年5月，宿县地区行署撤地建市，更名为宿州市民族事务委员会(宗教事务局)。

2002年1月，宿州市民族事务委员会（宗教事务局）为正县级建制，1正1副，2个内设机构（民族科、宗教科），科级领导职数3名。

第一节　民　族

1990年，第四次人口普查统计，宿县地区有少数民族44个，人口11443人，占总人口的2.3‰。

2000年，第五次人口普查统计，全市有少数民族46个，包括回族、蒙古族、藏族、维吾尔族、苗族、彝族、壮族、布依族、朝鲜族、满族、侗族、瑶族、白族、土家族、哈尼族、哈萨克族、傣族、黎族、傈僳族、佤族、畲族、拉祜族、水族、纳西族、景颇族、土族、达翰尔族、仫佬族、羌族、布朗族、撒拉族、仡佬族、锡伯族、阿昌族、普米族、塔吉克族、怒族、俄罗斯族、鄂温克族、德昂族、京族、独龙族、赫哲族、门巴族、基诺族，另有未识别1个，少数民族人口为16140人，占总人口的比例为2.92‰。在少数民族人口中，回族9718人，占60.2%；蒙古族1468人，占9.1%；彝族1015人，占6.3%；千人以下百人以上的民族10个，苗族620人，满族638人，哈尼族335人，布依族315人，壮族318人，白族295人，藏族280人，维吾尔族224人，朝鲜族318人，土家族124人，共3467人，占21.4%；百人以下民族33个，人口472人，占3%。各县（区）少数民族人口分别为：埇桥区3154人，砀山县8566人，萧县1099人，灵璧县2049人，泗县1272人。

2003年，全市少数民族集中地主要有：砀山县曹庄镇许庄村2500人，城关镇南关村1445人，东关、西关及县直机关2694人，玄庙镇马良村320人，陇海乡许园、许窑、高庄、王楼村890人，黄楼乡八一农场50人。

2007年，全市有46个少数民族，人口20890人，大分散小聚居，其中回族人口14450人，约占少数民族人口70%，大多聚居在砀山县。

一、民族经济

1978年以后，回族人主要从事工商贸易、屠宰业和饮食业。

2003年，全市有少数民族企业156家。其中初具规模的5个：砀山县曹庄镇回民许庄兴旺工贸有限公司，经营棉花收购、加工、棉纱、皮毛、农副产品购销、食品加工销售等，年销售额1700万，实现利税33万元；砀山县世纪实业有限公司，主营生产、销售玻璃瓶罐，固定资产800万元，设备年生产能力2.4万吨玻璃制品，年工业产值1600万元，实现利税100万元；砀山县兴达皮革有限公司，主要生产山羊皮张，固定资产560万元，流动资金220万元，年销售额近千万元，实现利税52万元；砀山县天创实业养殖有限公司，以养殖獭兔、北极狐、乌苏里貉、黑豚等稀珍毛皮动物为主，存栏獭兔6000余只，北极狐100余只，乌苏里貉300多只、黑豚1000多只，初具规模；砀山县长江宾馆建筑面积5000多平方米，有标准客房30多套，豪华套房3套，豪华包厢30套，可以容纳200多人同时就餐，是一座既具有民族特色，又荟萃名菜名点的多功能宾馆。另外，砀山县城内有临街个体商店53处，个体饭店29处，个体屠宰62户。埇桥区集体企业1个，个体6个。

2005年，市政府从省财政厅、省民委为砀山县许庄回民村争取4万元发展桃树示范园，为权集乡林屯村争取3万元发展少数民族黄河养鱼，为砀山县许庄争取7万元自来水安装工程款，为砀山县少数民族特种獭兔养殖基地争取7万元少数民族发展资金。

2006年，全市涌现一批少数民族企业，砀山县世纪玻璃实业有限公司，固定资产1200万元，年产值1600万元，实现利税100多万元；另有百万左右产值的企业近十家，10万左右产值的企业50多家；砀山县黄河故道养鱼场和天创实业特种养殖有限公司初具规模。

2007年，全市少数民族企业主要有11家，主要分布在砀山县：砀玻世纪实业有限公司、砀山县华正商贸有限公司、天创特种养殖场、长江宾馆（餐饮）、兴达皮革有限公司、兴旺工贸有限公司、梨乡棉业有限公司、天丰棉业有限公司、顺鑫棉花加工厂、谢集棉花加工厂、黄河养鱼厂。

二、民族社会事业

1949年前，砀山县有一所回民小学，名为砀山回民小学，20世纪50年代初期位于砀山县南关清真寺，经过两次改址。后更名为南关民族小学。

1994年，砀山民族中学成立，民族中学是从过去的南关民族小学发展起来的。

1999年，砀山民族中学被省民委、体委批准为民族传统体育项目学校。

2003年，全市主要是砀山县有民族学校2所（中、小学），在校学生3276人，教师154人。少数民族适龄儿童入学率达98%。在校大专生31人，约每300人中有一名在校大专生；在校高中、中专生133人，约每70人中有一名在校高中、中专生，比例均大于当地汉族群众。

2005年，为砀山县南关、许庄、马良清真寺解决修缮费各1万元，为砀山县许庄民族小学解决教室维修费2万元。

2005年，砀山县投资60万元，对许庄回民小学校舍进行危房改造；投资80万元为许庄回民村修筑3.9公里水泥道路；投入50万元联通许庄三个自然村的水泥路；投资45万元建设砀山民族公墓。

2006年，市政府落实3万元少数民族发展资金，省财政为砀山县许庄回民村落实7

万元自来水安装工程款。少数民族教育、体育等各项事业均有所发展。省财政为砀山县民族小学拨2万元教室维修费。

2006年，市民委、市体育局积极筹备、精心组队参加全省第五届少数民族传统体育运动会。夺得2枚金牌（其中一枚团体金牌）、2枚银牌、4枚铜牌，宿州市代表团获体育道德风尚奖。

2007年，市财政增加少数民族发展工作经费10万元。泗县财政投资14万元兴建清真饭店，整修清真寺。投资15万元建设许庄回民村医疗室。砀山县中医院挂牌成立砀山民族医院。

少数民族的文化、教育、体育事业有长足的进步。全市有民族中小学校2所，一所是砀山民族中学，一所是许庄民族小学。民族中学有教师176人，在校学生3450人，少数民族适龄儿童入学率达100%，九年义务教育达100%，高中升学率为40%。少数民族群众由过去的“重经商，轻教育”转变为“重视教育，诚信经营”，少数民族人民的整体文化科技素质大大提高。

三、民族团结

2000年起，伊斯兰教开斋节，市、县区领导到所在地清真寺慰问穆斯林群众，宿州电视台、拂晓报、宿州电台等新闻媒体进行宣传报道，各县、区分别采取广播电视、标语、宣传车、宣传站、咨询点、编印宣传手册等形式向广大干部和群众宣传党的民族政策和民族知识。

2002年，市委选拔1名优秀少数民族干部任民委副主任。

2003年，全市有少数民族干部84人，其中县级3人，科级23人，一般干部58人。全市有省人大代表2名，省政协委员2名。市人大代表4名，市政协委员7名（其中常委1名）。

2006年，全市配备副科级以上少数民族干部32人，其中县级3人，科级13人，副科级16人。砀山县属少数民族人口万人左右的县，配副县长1人，政协副主席1人，基本上达到省委关于少数民族领导干部配备数额要求。政治上安排民族宗教界人士省人大代表2名，省政协委员2名；市人大常委1名，市人大代表10名；市政协常委2名，市政协委员7名。

2006年起，每年开展“民族团结进步宣传月”活动，市委宣传部、市委统战部和市民委（宗教局）均制定宣传月实施方案，将中央、省有关文件精神下发，各县区结合实际制定具体活动方案，分步实施。市“两台一报”（电台、电视台、拂晓报）按照宣传方案，采取专栏和访谈等形式每周至少报道1次。

2007年10月，市民委选拔接收1名少数民族研究生军转干部充实民族干部队伍。全市配备科级以上的少数民族干部38人，其中县级6人、科级15人、副科级17人，砀山县属少数民族万人的县，配人大常委会副主任、副县长和政协副主席各1人。安排省人大代表2名、省政协委员2名；市人大常委1名、市人大代表10名；市政协常委2名、市政协委员7名；全市民族宗教部门配备6名少数民族干部。

第二节 宗 教

1991年，成立宿县地区行署宗教工作领导小组。全地区有信教群众135516人，其中：佛教91人、道教1人、伊斯兰教199人、天主教16032人、基督教119193人；全地区有教职人员66人，其中：佛教28人、道教1人、伊斯兰教12人、天主教23人、基督教12人；全地区有批准宗教活动场所347处，其中：基督教堂6处、基督教活动点323处、天主教堂6处、天主教活动点7处、佛教寺庙2处、清真寺3处。

2003年，全市有信教群众232152人。其中佛教5915人，伊斯兰教14337人，天主教19188人，基督教192712人。各县（区）信教人数分别为：砀山县56000人，萧县22797人，埇桥区58141人，灵璧县43475人，泗县51318人，市直421人。信教群众占全市总人口的4.1%，属全省宗教重点市。全市有批准登记宗教活动场所574处。其中天主教22处，基督教536处，佛教寺庙13座，伊斯兰教清真寺3座。全市有宗教教职人员73人。其中天主教神父3人、修女10人；基督教牧师7人、长老7人；伊斯兰教阿訇3人、海里凡7人；佛教和尚24人、尼姑12人。

一、天主教

1882年，德国籍圣言会传教士开始在砀山县侯家庄传教。1892年，法国神甫莱沃在侯家庄建立教堂和学校。在此前后，萧县马井亦建立一所教堂。1892年，天主教传入泗县。1898年，在泗城成立天主教泗州总铎区，隶属江南教区，德国籍神甫卞良弼任总本堂14年之久。1902年，法国传教士侯晋康到宿县城里购地建堂，聚众传教。意大利传教士沙里诺到宿县后，又将传教范围扩大到农村，在宿县四乡或动员教友捐献，或出款购置房产，先后兴建公所9个，开辟堂口2个。宿县信教之风一时大盛，有教友约2000人。灵璧县天主堂在1909年建立，初名“苦瑟堂”，后于城内又建“安多尼堂”，继之发展4个公所，教徒约400多人。

1929年，蚌埠教区成立，宿县、灵璧、泗县的教务统归蚌埠教区管辖，萧县、砀山隶属于江苏徐州教区。

1949年前，各县教堂都兴办一些学校、诊所及慈善事业，规模稍大的有宿县崇真中学、砀山县的晨光中学等。至1949年10月，全区有天主教堂13处，神职人员38人，教徒15161人。

1949年10月后，教会活动中断。1979年后，宗教政策得以落实，发还没收的教产，宗教活动逐渐恢复起来。1987年，全地区有天主教徒4684人。2003年，全市天主教徒19188人。

宿州市埇桥区天主教堂历时百年，1902年，由天主教意大利传教士从上海传入宿州。1907年在宿州购地建堂，教堂坐落于宿城东北药店巷，坐东面西，南北长176米，东西174米，占约地33亩。1951年许钦忠神父登记时，教会拥有土地9.3亩，房屋54间，工作人员15人，外国神父1人，教友4480人。辖区为五河、泗县、怀远、永城、临涣。属意大利传教区，由意大利神父坐堂，上海耶稣会社派遣，隶属蚌埠教区，也曾为总铎区。1931年，办医院一所，办崇真男中、女中，崇真男小、女小四部，收中国儿童上学。2007年有教友约1200人。自1921年至2007年，有16位神父、11位修女在堂工作。坐落在药店巷的天主堂经历两次搬迁。1995年，天主堂由宿州市政府协调置换给市第十一中学使用，教堂搬迁至西北银河新区，1995年建成，启用不久，为服从市政府市政建设统一规划，又经市政府协调，再次搬迁至港口北路沱河二桥北首西侧。占地5.5亩，建新堂一座，700平方米，办公楼1幢，400多平方米，2007年年初启用。

二、基督教

宿州市最早的基督教会创建于1908年，先后建立福音堂和福音村，民爱医院，含光男校、启秀女校等教会学校，启德妇女学校，农业科学试验部（农事部）。美国康乃尔大学毕业的著名农业经济专家柏克曾是农事部早期负责人，他的妻子、诺贝尔文学奖得主赛珍珠曾在启秀女校任教，获诺奖作品《大地》是以宿州农村农民为原型。赛珍珠于1917年5月13日在镇江同美国传教士农艺家柏克结婚后，遂到宿县定居，传教，布道，任教师，搞农事活动。柏克在宿城南关创办农场（教会农事部），赛珍珠任教于教会启秀女子中学。1924年，教会利用募捐所得资金在宿城大河南街建宫殿式琉璃瓦顶大礼拜堂。1927年，美国人撤走，教会由中国人管理。

泗县基督教活动最早由美国传教士卜牧师于1911年从江苏宿迁到泗县传教创始。1912年民国建立后，因行政区划变更，泗县归属安徽，基督教会划归宿县基督教会管辖。1914年在泗城购民宅一处作为教堂，兼创办含贞女校和含宏男校。教会学校于1931年停办，教堂宗教活动一直延续到新中国成立初几年，到1958年以后则基本停顿。1978年开始恢复活动。

灵璧县基督教活动始于1912年，德国人胡维德、美国人傅乐士等人到灵传教，于1924年成立“灵城中华基督教会”并在县城建立教堂。至新中国成立前夕，全县城乡基督教聚会点达21处，教徒近1000人。1951年教徒发展到1058人，至1965年前后仍有教徒200余人，以后完全停止宗教活动。1978年开始恢复活动。

砀山县基督教活动始于1912年，由德国人谷约翰从山东单县转入砀山县传教并建立教堂。在抗日战争爆发前后教徒曾发展到1200多人。1938年谷约翰之子保罗曾在砀山县开办圣经学院一所，招收砀山县和河南永城、夏邑等县青年教徒学习圣经。至1941年停办。1942年以后由砀山人薛民轩牧师主持教务。新中国成立初期仍有教徒706人，至1964年还有教徒200余人，以后完全停止宗教活动。1978年开始恢复活动。

萧县基督教传入稍晚一些。先是英国传教士于1929年到萧县传教，次年美国传教士在萧城买民宅一处作教堂，基督教在萧县开始发展起来。先后在县城周边建立6个分堂，有教徒数百人，至1956年仍有教堂及分堂6个，聚会点29个，1966年以后完全停止活动，1978年开始恢复活动。

1932年至新中国成立前，美国人又曾两度到宿县直接掌握教会，并于1947年在蚌埠成立江安大会，宿县教会属其管辖。

新中国成立初期，宿县教会属于淮北区会，全区有教堂28处，神职人员43名，教徒5473人。1951年，成立“三自爱国委员会”，实行“自治、自养、自传”的“三自”革新方针，照常开堂传教。1979年以来，随着宗教政策的落实，始恢复传教活动，开放基督教堂6处，各县农村有基督教活动点205处。1987年年底，全地区有基督教徒76365人。2003年，全市基督教徒192712人。

宿州基督教会福音堂位于宿州市区中心大河南街45号。福音堂有着百年厚重历史，建筑风格独特，设计独具匠心，是全国罕见的宫殿式教堂建筑，是宿州市重点文物保护单位。2006年8月，中央电视台国际频道摄制组拍摄专题片。

2007年，福音堂有3000多信徒，每周大小聚会7次，每年有4次圣餐崇拜、1次洗礼崇拜，每次接受洗礼人数有300多人。福音堂是一座典型的东西文化结合的教堂。有中国北方典型的四合院式的牧师院、中国仿古式建筑的小礼拜堂、典型的宫殿式的大礼拜堂、三层古典式的钟楼、徽派建筑的客厅、中国特色建筑的南楼。美国人赛珍珠女士于1917—1921年生活在宿城，并常在福音堂参加教会生活。

三、伊斯兰教

新中国成立初期，全区有伊斯兰教清真寺5处，阿訇8人。1979年以来，开放清真寺4处，伊斯兰教活动逐渐恢复。

砀山县南关清真寺。砀山县清真寺有600余年历史。据史料记载，明朝洪武三年（1370年），全国实行大移民政策，从山西洪洞县迁居砀山县的移民很多，其中有31户回族居民，有三姓（史称7苏、8马、16许），人丁156口。最初居住在县城（旧城）西南隅的小校场旁，第二年，砀山回民捐款出资兴建清真寺。1898年，砀城回民许世亨任云南省开花镇总兵，捐资扩建清真寺。1935年，砀城南关回民再次捐资扩寺，清真寺成为砀城的一大景点。1938年5月24日，砀城沦陷时，清真寺也受到日军炮火的袭击重创，战争结束后，回族居民雇用工匠，将清真寺修葺一新。1979年之后，省、地、县相继拨出专项资金，重新修缮清真寺，并从河南专门聘请阿訇掌管教务。1994年，砀山回民捐款40余万元，对清真寺进行翻新和扩建。

泗县清真寺。泗县信奉伊斯兰教的回民多聚居在旧泗城南关外南小街，他们原籍山东。文化大革命前，有清真寺一座，阿訇一名，文革期间，清真寺被毁，阿訇死去。1978年后，由当地回族群众在原址建成上房瓦顶清真寺，供伊斯兰教民活动之用。2007年，在地方政府支持下，在清真寺原址建起三层475平方米的清真寺。

宿州市清真寺。宿州市城区伊斯兰教活动始于1912年，由当时旅居宿城的天津回族人士吴子轩先生出资在火车站对面联络街马号巷内建一座清真寺。有水房4间，大殿3间，讲堂3间，阿訇住房3间，厢房7间，聘请山东籍张阿訇主持教务活动。回族群众大多以做小买卖为生，居住在清真寺周围和附近的各街道内，另有部分汉族人士信奉伊斯兰教。

1978年后，随着宿州城市建设加快和煤矿开发需要，从全国各地支援宿州市的各族人民落户宿州，宿州伊斯兰教活动恢复正常，先后有4位阿訇主持教务活动。市区有信奉伊斯兰教群众3890多人，大部分为回族群众，主要分布在市区各街道和埇桥区朱仙庄、芦岭、祁县、桃园、符离等乡镇，大多是支援宿城建设落户宿州的山东、河南、江苏、河北等省的回族群众，还有部分西北回族群众。

四、佛教

宿州最早的佛教寺院是建于晋惠帝太安年间（302年）的萧县九圣寺，灵璧县、泗县境内在唐代亦有寺院。明清时期，佛教在各县兴盛，大小庙宇达200多处。著名的有萧县皇藏峪瑞云寺、泗县释迦寺、灵璧县禅堂集的大兴寺等。

萧县瑞云寺。瑞云寺始建于南朝梁大同年间（535年），重建于唐，初名“望云寺”，北宋端拱二年（989年）更名“瑞云寺”。1986年至2002年，由县民宗局聘请源升、纯一和尚为寺院负责人。1998年，瑞云寺被安徽省政府确定为佛教重点寺院。2003年以来聘请演陆为寺院主持。2006年被列为市级文物保护单位。

萧县天门寺。天门寺约建于元至正年间（1341年），历经元、明、清三朝，均香火鼎盛。天门寺在安徽省萧县东南戴村，是皇藏峪国家森林公园的一部分，属于历史遗产、省级自然保护区和重点风景区。有殿堂20余间，供有缅甸玉佛6尊及各种佛象40余尊，颇具规模。

萧县圣泉寺。圣泉寺有800多年历史，1994年批准开放，恢复佛教活动场所。台湾智渡、美国乐渡二位法师多次出资塑三尊金身佛像并新建山门。2006年僧人入住以后，制定建设规划，新建2层14间寮房。

泗县释迦寺。位于泗县县城内。建于宋治平四年（1067年），原名寿圣寺。明洪武年间重建，改名释迦寺。内有大雄宝殿、藏经楼（建于明正德年间）、银壳树、罗汉石、九畝松。外有琵琶井、香水桥、白莲溪、透亮碑诸胜迹，是泗县有名的古刹。建国前，该寺有僧36人，方丈1人，房间81间，土地277亩，僧人生活主要靠地租收入。新中国成立后，该寺曾改为城关粮站。现存大雄宝殿3间，被列为省级重点文物保护单位。

五、道教

在宿州市一向不兴盛，有的县无迹可寻，如泗县的天宝观，后毁于战乱。清同治年间，萧县只存有2处道观。1930年，宿县境内成立有“道教会”组织，有道士20多人。新中国成立初期，全区尚有道观17处，道士、道姑29人。此后，道教活动近于停止。

第五章　方言　民俗

第一节　方　言

宿州市地处苏鲁豫接壤的黄淮平原腹地，从语言大系来讲，仍属北方语系，若再细化一下，则应属于中原语系的徐（州）商（丘）宿（州）淮（安）小区语系。其地方语言，和普通话差别不大，只是在少数字词的语音、语调上和普通话略有差异，主要表现在语音的轻重、语调的高低、语速的缓急上略有不同。而在词汇、语法上则基本相同，但个别地方的口头短语也有动宾颠倒的现象。如把“回家”“去家”说成“家走”，把“不知道”说成“知不道”等。

就宿州市辖区县各地而言，由于区位环境的不同，也有许多微小的差异，民间有“五里不同风，十里不同俗”之说，故而表现在方言土语上也有差别。但大体上可以划分为三个小区块：一是泗县、灵璧县、埇桥区的北部地区和萧县的大部分地区与苏北徐州一带的方言土语相近；二是砀山县和萧县偏西的小部地区则受豫东商丘一带方言影响较大；三是宿州市城区新汴河以南，或是大体以宿城到泗城公路一线为界以南的泗县、灵璧县和埇桥区的南部地区，又自成一个小体系。这是从乡村语言来说的，而城镇语言则由于公众社交、经贸往来，人员流动面广，频率较大，多使用接近普通话的大众语言。若就各地的方言土语而言，各地还有一些特色鲜明的地方语音和常用短语，使人一听就可大致判断某人来自某县区。如泗县、灵璧县北部地区常说的“可”“该（gāi）”，萧县、砀山县一带常说的“抓（zuā）拉”“格（gē）拔的”，埇桥区一些地方的“啥黄子”“弄啥?”等，其地域色彩都很浓厚。

一、声母

宿州市方言的声母和普通话声母的数量、读音相同，但在具体音节的拼读上，局部区域则对某几组声母混用现象较多。如把zh、ch、sh读为z、c、s；亦有将z、c、s混读的，如埇桥区中南部及灵璧县北部将“zào”读作“cào”，“zhǔ”读作“chǔ”；还有一些地方将j、q、x读成z、c、s，如俊“（jùn）”读作“zùn”，“七（qi）”读作“cǐ”，“选（xuǎn）”读作（suán）；泗县、灵璧县北部的一些地方对唇齿音“f”与舌根音“h”混淆不分，如“饭（fàn）”读成“huàn”，“花（huā）”读作“fǎ”等。

比较下来，尚有十几个与普通话声母不符的音节。

方言与普通话读音对照

表5-5-1

例字	普通话读音	方言读音
湃	pài	bài

续表5-5-1

例字	普通话读音	方言读音
粕	pò	bò
括	kuò	guǒ
谬	miù	niù
濒	bīn	pīn
捕	bǔ	pǔ
庸	yōng	rōng
导	dǎo	tào
缔	dì	tì
拟	nǐ	yí
嫩	nèn	lùn
润	rùn	yùn

另外，有些地方（如埇桥区）在零声母ai前加上半声母y，如把“捱、挨、埃、矮、隘”读成yě。

二、韵母

宿州市方言与普通话不符的韵母，约可找出有规律性可循的四组：

（一）把ai读成ei的有：掰、白、百、柏、麦、脉、宅、摘、窄、稗；

（二）e读成ei的有：德、额、厄、扼、革、格、赫、克、色、特、择……；

（三）e读成uo的有：和、乐、科、课、禾……；

（四）ong和eng互相颠倒的有：横、聪、弄、冻、铜、宗……（灵、泗及埇桥区南部）。

普通话uei和uen在与d、t、z、c、s等声母相拼时，把其中的介音u丢掉的读法在灵璧县、泗县一带较为普遍，如将“崔”读作cei音，“吞”读作ten，还有“敦、论、尊、村、孙”等。

还有若干与普通话读音不符，但规律又不明显的常用字，如赫、国、粥等等。

三、常用方言词语注释

方　言	普通话
老公公	公公
老头子	老汉
老婆婆	婆婆
老马子	老年妇女
大大（dā　da）	爸爸

大爷	伯父
大娘	伯母
老叔公	丈夫的叔叔
大伯子	女性对自己丈夫的哥哥的称呼
妗子	舅母
外头人	妻子对丈夫的称谓
家里人	丈夫对妻子的称谓
妇道人家	家庭妇女
打闪	闪电
雹子	冰雹
吸铁石	磁石
月明地儿	有月亮的时间或有月光的地方
月老娘	月亮
今个儿	今天
明个儿	明天
昨个儿	昨天
第天	第二天
清起来	清早
年时	去年
夜黑儿	傍晚
正晌午头儿	中午
五更头儿	黎明
后晌	下午
上冻	结冰
春上	春天
舐牛	母牛
牤牛	公牛
老犍	阉割过的公牛
骒马	母马
叫驴	公驴
草驴	母驴
猪秧子	仔猪
獗猪	种公猪
骚羊	公羊
牙狗	公狗
郎猫	公猫
迷猫	母猫
草鸡	母鸡

老鸹	乌鸦
麻嘎子、花喜鹊	喜鹊
夜猫子	猫头鹰
山碴子	喜鹊
麻燕子	麻雀
蝎虎子	壁虎
螺螺蛛	蜘蛛
光光蜓、官蜻蜻	蜻蜓
蜗拉牛	蜗牛
爬拉猴、哆拉猴	蝉的幼虫
蛐蜒	蚯蚓
长虫	蛇
蚂虾	虾
蚂蚱	蝗虫
蛤蟆	青蛙
癞蛤蟆	蟾蜍
蛐蛐儿	蟋蟀
树栽子	树苗
棒子、大秫秫	玉米
秫秫、小秫秫	高粱
树柯杈子	树枝
葵花头、转莲	向日葵
甜杆子	甘蔗
地蛋	马铃薯（土豆）
洋槐树	刺槐
金金菜	黄花菜
豆子	大豆
酸拉红子、山红	山楂
猪耳朵棵子	车前草
毛地李子	香附
脖梗子	脖子
腚帮子	屁股
腮帮子	腮
额拉盖子、额头子	额头
牙花子、牙根子	牙龈
眼子毛、眼毛毛	睫毛
脚丫子	脚
指甲盖子	指甲

胳拉肢、胳肢窝	腋下
胳膊肘子	肘
脊梁骨	脊背
腰子	肾
肩膀子	肩
踝骨疙瘩	外踝
胳拉拜子	膝盖
坎夹子	背心
锅胳巴	锅巴
锅饼	贴在锅帮上烧熟的馍
扁食	饺子
浅子	小碟子
胰子	肥皂
香胰子	香皂
锅拍子	锅盖
门欠子	门坎、门槛
风筝子	风筝
盖的	被子
铺的	褥子
外头	外面
里头	里面
溜地上	地上
墙旯旮子	墙角
上头	上面
自家（自个）	自己
早晚	什么时候
半吊子、二百五、窑顶	对不通事理的人的贬称
搅毛手	对不讲道理、胡搅蛮缠人的贬称
犟劲头	对做事主观、不听劝告人的贬称
楞头青	对态度强硬、粗野、好出风头人的贬称
恶水	污水
小子	1.男婴；2.男性，含轻蔑的意思（这小子真坏）
死气头	指死板、不灵活的人
惦心	挂念
拉把	拉扯
眼热	眼红
有喜	怀孕

使唤	使用
剋架	打架
剋（搿）骨碌	摔跤
剋饭	吃饭
格架	吵嘴、打架
扒豁子	从中挑拨、拆台
钢、加摽子	怂恿（你别钢他了。你别加摽子）
断	追赶（我能断上他）
发癔识	说梦话
喝汤	吃晚饭
瞎诈胡烹	连诈带吓唬
搿倒	摔倒
困觉	睡觉
治啥去	干什么去
打涕喷	打喷嚏
现世	丢人、出丑
捣咕	嘀咕、琢磨
搜抠	吝啬
不如适	有小病，身体不舒服
不通星	不懂道理
努死	用最大的力气（这活，一个人努死也干不完）
陈年论辈子	向来、长久、总是
吃（要）紧当忙	关键时刻
滴溜打挂	1.挂满； 2.衣服破烂、长短不齐（我穿的滴溜打挂，能见得人吗？）
迭不得	来不及
恶喽歹怪	味道不正
二黄	半新不旧
不犯如	不值得
憨瓜	傻子
憨脸刁	表面憨厚，而实际刁滑
胡闹台	行动没有道理，无理取闹
阔阔的	绰绰有余
老棒	1.成熟（这瓜还生，等老棒老棒再摘）； 2.老练（他做事很老棒）。
离眼	花眼（你拣东西离眼了）
滴滴拉拉	断断续续（不知什么时候粮袋破了，滴滴拉拉撒半路）
皮脸	顽皮

偏亮	敞亮，宽广无遮挡
搡	表示力气大、厉害、干活下力气、快得很（他干活真搡）
死八板	不灵活
晕头奄脑	无精打采
瞎巴	坏了
稀流斜歪	松懈、不认真、不整齐
行壮	老年人身体健康
洋眼	傲慢、看不起人
一色虎	全都是
拉茬了	剩下的次劣物品
恣儿	痛快
刺毛	质量(或水平)不高;差劲(这戏演的真刺毛;这个人真刺毛)
刷刮	爽利
中不中	行不行
大样	洒脱大方；目中无人（如这个人大大样样的，这个人太大样了）

四、谚语

（一）农业谚语

八月麦，草上飞。

蝉喊豆子晚。

大暑前，小暑后，二暑夹当种绿豆。

饿死爷娘，不吃种粮。

谷雨前后，种瓜种豆。

蛤蟆打哇哇，四十八天吃锅巴。

十月麦，泥里追。

秫秫除九遍，给麦都不换。

头伏萝卜二伏菜，头伏芝麻二伏豆。

人误地一时，地误人一季。

庄稼不认爹和娘，深耕细作多打粮。

要想庄稼长得好，伏天多锄几遍草。

庄稼根边草，赛过毒虫咬。

七遍棉花八遍瓜，白芋少锄是行家。

干锄棉花湿锄瓜，雾雾拉拉锄芝麻。

五月金，六月银，错过光阴无处寻。

人瘦面皮黄，地瘦不打粮。

积肥如积粮，粮在肥里藏。

水利修得好，收成才能保。

有肥没有水，庄稼撅着嘴。

水是田的娘，无水苗不旺。

增产措施千万条，兴修水利最重要。
好种出好苗，好葫芦开好瓢。
种子胖，苗儿壮。
种田选好种，一垄抵两垄。
栽禾看秧，娶媳看娘。
谷雨前，播早棉；谷雨后，点早豆；芒种后，种秋豆。
三月三，黄瓜茄子地下安。
秋分早、霜降迟、寒露种麦正当时。
种豆不怕早，麦后赶着跑。
要得豌豆肥，多施草木灰。
豆锄三遍，果生成串。
小麦种迟没头，油菜种迟没油。
芝麻瓜，怕重茬。
除虫和除草，一定要趁早。
除虫如治病，不治丢了命。
冬天把田翻，害虫命归天。
人无疾病身体好，庄稼无虫长得好。
豆不让场，麦不让晌。
立冬不砍菜，冻了你别怪。
麦怕胎里旱，人怕老来穷。
二月阴，麦死根。
麦怕二月寒，棉怕八月连阴天。
有钱难买五月旱，六月连阴吃饱饭。
小满晴，麦穗响铃铃。
麦黄不要风，久风没收成。
春天耕种忙，秋天多打粮。
秋天划破皮，胜过春天犁一犁。
保墒如保命，缺墒难播种。
冬天下雪麦盖被，小孩枕着馒头睡。
夜里阴，白天晴，收的棉花没处盛。
正月十五雪打灯，今年必有好收成。
今年大雪飘，明年收成好。
麦到芒种秫到秋，黄豆白露往家收。
芒种忙，麦满场。
深耕又细耙，种地不用问行家。
地是刮金板，喜勤不喜懒。
种地不上粪，等于瞎胡混。
种地不除草，庄稼似蛇咬。

防病治虫早，庄稼长得好。
天河南北，该种荞麦；天河东西，该穿棉衣。
清明晒干柳，秋面窝窝噎死狗。
晒伏头，淋伏脚，打的粮食没处搁。
白盖黑，吃陈麦。
冬无雪，麦不结。
九九加九九，麦子入了口。
棉花不打杈，光长柴禾架。
耕田深又早，百样庄稼好。
耕三耙四锄八遍，天不下雨也耐旱。
谷钻圈，麦露齿，豌豆痛收挤扁粒。
夏至种黄豆，一天一夜扛榔头。
枣树发芽种棉花。
立秋锄把丢。
立秋三天遍地红。
麦怕胎里旱，又怕三月寒。
七月十五定旱涝，八月十五定年成。
秋分不分，拿刀割根。
九九尽，地韭长一寸。
小满不满，麦有一闪。
干红豆，烂小豆。
四月八日雨洒洒，高岗地里种芝麻。
四月十二湿了老鸹毛，小麦必在水里捞。
黑油土，土中王，百年不薄多打粮。
二月二湿了场，麦子谷子一把糠。
今收槐花明收麦。

(二) 畜牧业谚语

温食暖圈，一天斤半。(养猪)
寸草铡三刀，无料也添膘。
草膘料劲水精神。
饥不急喂，渴不急饮。
鸡抱鸡，二十一；鸡抱鸭，二十八；鸡抱鹅，一月往外挪。
驴打滚，牛倒沫，有病也不多。
母猪衔草，产期要到。
能走千里远，就怕一套撵。
你也打，他也揍，喂得再好也得瘦。(家畜饲养)
牝牛下牝牛，三年两犋牛。

秋雨如刀刮，瘦牛不瘦马。
入秋不加料，开春不顶套。
上买一张皮，下买四个蹄。
上坡要站，下坡要慢。
牲口一跑三分膘。
少给勤添，越吃越欢。
头歇轻，二歇倒，三歇使重套。
夏秋多割一筐草，省得冬天满湖跑。
夏喂湿，冬喂干。
有料无料，四角拌到。
要吃蛋，粮来换。

（三）林业谚语
村庄无树难发财，四旁栽树沙不来。
雨打梨花减一半，沙打梨花不见面。
七月枣子八月梨，九月柿子红了皮。
高栽桐，低栽杨，柳树栽在洼地上。
家有百棵树，走上致富路。
人怕丧志伤心，树怕剥皮伤根。
山上多栽树，等于修水库，雨大它能吞，无雨它能吐。
山枣嫁大枣，满山都是宝。
树木全身都是宝，衣食住行少不了。
松柏旱死不下水，杨柳淹死不上山。
桃三杏四梨五年，小枣当年就还钱。
要想富，多栽树。
栽树要成功，切记别漏风。
近年富，抬粪土；远年富，多栽树。
山上林是宝，没林富不了。
村上无树锅难开，四旁绿化沙不来。
一棵果树三分田，百棵果树十亩园。
山脚板栗河边柳，荒岗坡上种石榴。
旱枣涝梨水栗子，不旱不涝宜柿子。
干榆湿柳水白杨，桃杏栽在山坡上。
栽树在河畔，防洪保堤岸。

（四）天气谚语
八月十五云遮月，正月十五雪打灯。
春分无雨秋分补。

春寒多有雨，夏寒断水流。
冬至一场风，夏至一场雨。
惊蛰刮大风，冷到五月中。
惊蛰闻雷，小满发水。
雷打立春早，惊蛰雨不歇。
立夏不下，高挂犁耙。
立夏南风夏雨多。
芒种西南风，夏至雨连天。
四月初三初四雨，麦从泥里取。
清明夜雨，连到谷雨。
五月南风发大水，六月南风井也干。
秋后雨水多，来年雨水缺。
霜降被雨打，来年踩泥巴。
桃花落在烂泥里，麦子收在干土里；桃花落在干土里，麦子收在烂泥里。
头九二九下了雪，头伏二伏雨不缺。
头九下，九九下；头九晴，九九晴。
头九雨雪多，夏天雨水少。
一场春风，一场秋雨。
夜雾伴秋月，来年雹打春。
一年两个春，黄牛贵如金。
过了冬，长一葱。
吃了冬至饭，一天长一线（白天长了，夜间短了）。
交了七月节，夜寒白天热。
六月六雨湿衣，连阴四十一（天）。
六月六雨湿衣，湿了龙衣烂蓑衣。
重阳无雨看十三，十三无雨一冬干。
四季东风下，只怕东风刮不大。
春风带哨，秋后易涝。
东风下雨东风晴，再起东风就不灵。
西风刹雨脚，有雨也不多。
雨后西南风，三天不落空。
南风不过三（天），过三不雨就阴天。
秋前北风秋后雨，秋后北风干河底。
黑风头，黄风尾，光打雷，不下雨。
伏里西北风，腊月船不通。
正月十五雨打灯，滴滴哒哒到清明。
六月六湿龙衣，一直下到七月七。
淋了伏头，锈了锄头。

东风不倒，神仙难保（要下雨）。
南风不过三，过三不雨也阴天。
南风转东风，三天不落空（下雨）。
迎风过云，不用问神（下雨）。
西北风刮三天，云彩都归东南山。
云向东一场空，云向西披蓑衣。
云绞云，雨淋淋。
日落乌云长，半夜雨点响。
黑云风，白云雨。
有雨四方亮，无雨天顶光。
西北起黄云，冰雹要来临。
黑云镶白边，冰雹将会来。
日出胭脂红，不雨便有风。
晚看西北明，明日定天睛。
早晨烧霞，傍晚沤麻。
早霞不出门，晚霞行千里。
月亮长毛，有雨明朝。
日晕后，天要漏。
日晕三更雨，月晕午时风。
闪电无光，风大雨狂。
东虹睛、西虹雨。
虹吃雨天要晴，雨吃虹下不停。
烟搭棚，阴转晴。
早晚烟扑地，老天有雨意。
长虫（指蛇）过路，大雨将注。
蠓虫打睑，有雨不远。
水缸出汗地返潮，不久雨来到。
蛤蟆叫连声，下满壕坑。
泥鳅跳，雨来到。
春起东风雨绵绵，夏起东风井断泉，秋起东风秋不论，冬起东风雪连天。
春雾当日晴，夏雾雨来临，秋雾凉风，冬雾雪。
东风湿，西风干，北风寒，南风暖。
狗吃青草阴，猫吃青草晴。
早刮东风不雨，涝刮西风不晴。
旱天西北闪，有雨没多远。
急雷快晴，闷雷难晴。
久晴出现露，有雨在明后。
久晴大雾必转阴，久雨大雾将转晴。

久雨见星光，明日雨更狂。
雷打天顶雨不大，雷打天边大雨降。
雷声像拉磨，大风夹冰雹。
蚂蚁垒窝蛇过道，燕子低飞雨来到。
母鸡斗，天要漏。
日出眯猫眼，有雨不到晚。
日出有云杠，天气就要变。
晚上星星稠，明天热死牛。
响雷雨不凶，闷雷下满坑。
云从东南涨，有雨不过晌。
早上下雨当日晴，晚上下雨到天明。
早起浮云走，中午晒死狗。
早雾晴，晚雾阴。
早上瓦瓦云，中午热死人。
日落乌云长，半夜听水响。
天上钩钩云，地上水淋淋。
乌云在天顶，有雨也不凶。
阴云满天跑，天气要转好。
日出红云升，劝你别远行。
喜鹊叫得欢，一定是晴天。
端午东南风，当年泥洼坑。
早上满天雾，尽管洗衣裤。
星星眨眼，有雨不远。
雷轰头顶，有雨不猛；雷轰天边，大雨连天。
锅底出汗，天气要变。
是晴是阴，摸摸烟筋。
八月初一下一阵，旱到来年五月尽。
天黄有雨，人黄有病。
天色黄，午后风必狂。
早霞不出门，晚霞行千里。
早看东南，晚看西北。
东闪日头西闪雨，南闪火门开，北闪有雨来。
风来雨就来，老和尚背个鼓就来（鼓指雷声）。
烟不出门天转阴。
早晚烟扑地，苍天有雨意。
早虹出，出太阳；晚虹出，有雨降。
早蛙阴，晚蛙晴，中午蛙叫晒死人。
雨天听蝉叫，预告晴天到。

（五）生活谚语

打人不打脸，骂人不揭短。

逮鱼摸虾一顿饭。

过头事不做，过头话不说。

良言一句三春暖，恶语伤人六月寒。

勤是摇钱树，俭是聚宝盆。

饱带干粮晴带伞，丰年也要防灾年。

会打会算，钱粮不断：细水长流，吃穿不愁。

只有勤来没有俭，好比有针没有线。

常将有日思无日，莫待无时思有时。

智慧从实践中来，办法从群众中来。

常下河才知水深浅，细调查才有发言权。

遇事肯干，有难不难；遇事怕麻烦，不难也难。

不知羞耻的人，决不会有美德。

刻苦攀高峰，功到自然成。

学问学问，学了要问；学习学习，学了要习。

不懂装懂，永世饭桶。

补漏趁天晴，读书趁年轻。

星多天空亮，人多智慧广。

众人齐心，黄土变金。

莫学灯笼千只眼，要学蜡烛一条心。

包了工，联了产，又治穷来又治懒。

政策好不好，下乡问父老。

国正人心顺，官清民自安。

人心齐，泰山移。

单手拍不响，独木不成林。

众人拾柴火焰高。

三个臭皮匠赛过诸葛亮。

精打细算，钱粮不断。

细水长流，吃穿不用愁。

不吸烟不喝酒，身体健康钱在手。

三年不吸烟，省个大老犍。

争之不足，让之有余。

路遥知马力，日久见人心。

没有不下雨的天，没有用不着的人。

害人之心不可有，防人之心不可无。

心中无邪事，不怕鬼敲门。

不当家不知柴米贵。
好借好还，再借不难。
儿不嫌母丑，狗不嫌家贫。
上梁不正下梁歪。
宁吃甜桃一口，不吃烂杏一筐。
有理走遍天下，无理寸步难行。
好事不出门，坏事传千里。
人急反常，狗急跳墙。
人穷莫说方便，人老莫话当年。
有志不在年高，无志空活百岁。
在家千日好，出外当时难。
在家靠父母，在外靠朋友。
饱汉子不知饿汉子饥，骑马不知步撵的累。

五、歇后语

矮子踩高跷——取长补短
矮子上山——步步登高
八月里的石榴——红透了
八月里的天气——一会晴，一会阴
半夜里生孩子——害（亥）人
裤子改围嘴子——臭一圈子
白芋秧子烤火——甜不嘞的脸
扁担上睡觉——翻不了身
菜园里的辘轳——任人摆布
曹操的心——多疑
草帽子烂顶——露头了
刀子嘴豆腐心——假厉害
电话总机——耳听八方
断线的风筝——下落不明
董永娶七仙女——喜从天降
狗咬叫化子——畜牲欺人
罐子打掉耳——别提了
光膀子扛秫秸——里外夹皮
过河拆桥——不顾后人
和尚的木鱼子——挨打货
孙悟空登基——非人君主
后娘打孩子——暗中使劲
黄连树下吹笛子——苦中求乐
饥饿虱子——死叮

见兔子撒鹰——稳逮着
贱价买老驴——自夸（骑）其得
脚脖子拴绳——拉倒
井里打锣——有原因（圆音）
琢木鸟叨石碌——全仗嘴硬
被窝里划拳——没有外手
擀面杖吹火——一窍不通
上鞋的不用锥子——针（真）管
肉包子打狗——有去无回
龙王爷搬家——厉害（离海）
豆腐渣贴门神——不粘板
口袋里装锥子——冒尖
口袋里装牛梭头——内里有弯
坐飞机吹喇叭——想（响）得高
元旦撕日历——头一张
导演不登台——幕后指挥
猪八戒犁地——全凭嘴（指责光说不干活的人）
猪八戒照镜子——里外不是人
猪鼻子插葱——装相（象）
哑巴吃扁食——心里有数
哑巴吃黄连——有苦难言
秃子打伞——无法（发）无天
秃子头上的虱子——明摆着
瞎子跟着秃子走——先明后不争（睁）
瞎子点灯——白费蜡（啦）
屎克螂打喷嚏——满嘴喷粪（不说好话）
灶画卷门神——话（画）里有话（画）
秋蝉落地——哑了
小孩吃泡泡糖——吞吞吐吐
罗锅上山——钱（前）心重
蚂蚁拖蚂蚱——齐心合力
麻袋片子绣花——底子差
媒人的话——两头瞒
庙里的菩萨——木雕泥塑
庙台上长草——慌（荒）了神
木匠的刨子——好管不平的地方
墙壁上挂门帘——没门
荞麦面包饺子——皮黑心里好

三九天穿单衣——抖起来了
三九天穿裙子——美丽动（冻）人
石灰泥墙——表面光
宋江的军师——无（吴）用
塑料制花——常开不谢
抬着棺材上战场——拼了
铁棒制针——全靠磨工
头上顶孩子——举人
包公断案——六亲不认
屋里挂钟馗——避邪
屋檐下的溜溜——根子在上头
下雨不打伞——轮（淋）着你了
香炉前打喷嚏——碰（喷）了一鼻子灰
鞋子没了底——脚踏实地
兄弟分家财——便宜不出外
秀才的钱褡子——书呆（袋）子
牙缝里剔肉——解不了馋
哑巴结婚——喜不可言
羊群里跑出驴来——就显你个子大
一分钱掰成两半个花——会过日子
张果老倒骑驴——只向后看
钟馗改行——不管邪事
钟馗开饭馆——鬼不敢上门
保温瓶打炮——没胆了
孕妇抱孩子——里外有人
奶妈子抱孩子——人家的
猫哭耗子——假慈悲
周瑜打黄盖——一个愿打，一个愿挨
芝麻开花——节节高
卖梨膏的盖楼——得几年熬
姐妹俩出嫁——各人招呼各人的
泥菩萨过河——自身难保
树叶子过河——浪劲大
老妈子跳井——坚（尖）决（脚）到底
正月十五贴门神——晚了半个月
大水冲了龙王庙——一家人不认一家人
棉穗子掉进井里——现（线）透了
裁缝丢掉剪子——光落吃（尺）了

屎壳螂打哈哈——张开臭嘴
睡棺里搽粉——死要好看
玩皮人遇上短路（劫道的）的——人多没有动手的
文姬归汉——别胡来
一枝红杏出墙来——对外开放
千里马拉车——大材小用
疤眼照镜子——自找难看
六指挠痒——快活加一
夜明珠长腿——活宝
黄鼠狼钻磨套——自充大尾巴驴
猫咬猪尿泡——瞎欢喜
借帐买藕吃——窟窿套窟窿
十五里路不换肩——死抬杠
箩筐捉鳖——圆（鼋）套圆
狗皮挂在山墙上——不象话（画）
癞蛤蟆爬在脚面上——不咬人怪麻煞人
老牛掉到枯井里——有力无处使
失火挨板子——双晦气
捋胡子过河——谦虚过度（牵须过渡）
孔明哭周瑜——收买人心
塑神匠不给神磕头——知道底的
连鬓胡子吹喇叭——毛估（鼓）
丈母娘嫂子——大约摸（大岳母）
独眼龙赶考——　一言难尽（一眼难进）
二大娘的闺女——远一门子
阴天没柴禾——没什么可烧的
蚂虾顶门——瞎（虾）撑劲
二月二的褶子——各人围的（各人为的）
黄杨木刻宝盒——是正经木头
蚂虾炒韭（九）菜——十样还有余（鱼）
打柴人下山——两头担心（薪）
八月的核桃——满人（仁）
野地里烤火——　一面子热
狗撵鸭子——呱呱叫
楼上学瓦工——高抹
兔子枕着狗腿睡——胆子不小
麻杆子打狼——两头害怕

第二节 民 俗

一、礼仪习俗

宿州市地处中原，是中华古文明重要发祥地之一，文化底蕴深厚，受孔孟儒家思想、传统礼教影响较深，人际相处，社交往来，遵守相应的礼仪和行为规范。待人处事，谦恭诚信，宽厚和善，尊老爱幼，扶弱济困，互助关爱，团结和谐，素有礼仪之乡的美誉。

（一）家庭成员间的礼仪

家庭成员间讲究孝敬恭顺，关爱和睦，追求“家和万事兴”。晚辈对长辈要孝敬恭顺，长辈对晚辈要关爱仁慈，叫“上慈下孝”。晚辈见长辈，要先打招呼先问候；遇事要听听长辈的意见、忠告，遇有不同意见、见解，可以慢慢说理、解释，不可硬行顶撞；长辈对晚辈的正确意见、合理要求，要尊重、尽可能满足，也不要硬性压服；兄弟姊妹或姑嫂妯娌同辈间，要平等坦诚相待，互相关爱，大让小、小尊大，和睦相处。生活中，衣食住行等应先满足老人、小孩的需求，然后才考虑青壮年成员。在家中一般情况下，长辈不落座，晚辈不能坐下，更不能长辈站着，晚辈坐着；如晚辈先已坐着或正在做事，见长辈过来，应主动站起打招呼、让座或稍停做事先招呼问候后，再继续做事。家庭成员间如遇重大事项或出远门，要事先告知；如事发突然，也要及时通报并说明原因，出远门后要及时向家人以书信或电讯方式通报行止，报平安，以免家人牵挂。如晚辈和长辈不同居一处，晚辈要经常抽空探视问候，如遇特殊情况，不能亲往，也应以书信、电讯方式请安问候。若长辈年老体衰，经济上不能自立，生活上不能自理，晚辈要尽赡养义务，患病应及时请医诊治，侍奉护理；病危临终前，更要不离左右，去世后要及时妥善料理后事。如远在外地，因国事、工作、社会大局等重要事务脱不开身，忠孝不能两全者，长辈临终前不能亲见一面或及时奔丧的除外。否则即被认为是没有亲情味，不尽孝道，不懂做人道理。若不尽赡养义务，甚或有虐待老人者则被视为不孝或忤逆；如遇重大传统节日或老人寿诞、家人生日等，因故不能和家人团聚，不能当面祝贺问候的，也要以书信、电讯或其他方式表达祝福问候之意。

（二）社交往来中的礼仪

亲友、同事、同学、街坊邻里之间讲究平等善待、友好互尊、和谐相处，平时相见要主动打招呼问好，以“早安!”“晚安!”“忙不?”“身体还好?”等类寒暄客套语问候，若是在饭前饭后不多时，则以“吃了没有?”相问候。和平素交往不多，不大熟悉的人相见，则要先握手，然后主动通报姓名，或奉上公函、介绍信、名片之类，说明情况；无论是客是主，接送信函名片都要站立，双手接送，以示恭敬尊重。谈话办事结束，要起身握手告别，说声“再见!”，如系请托则以“拜托了!”“谢谢!”致意。亲友熟人在行走间相见，则要稍停叙话，如骑车或坐车最好是停车下来再相互问候，如因特殊情况，不便停车则要以减速、摇铃、鸣笛、招手或用语言致意。遇尊长或老幼孕残，则要礼让，主动让道、让座、让方便。出门拜客或到公众场合，发要梳理、脸要洗净、衣服要整洁大方；蓬头垢面、衣冠不整则视为不恭、不雅。和人说话戴墨镜、太阳镜，戴口罩者都要先摘下来再同人说话打招呼（近视者或患传染者除外）。咳嗽、打喷嚏要以手帕、纸巾掩住口鼻，低头转向不能直对着人进行。戴手套者和人握手时应先摘除手套。

有客人到访，如系尊长或同事同辈，主人应出门迎候，立于门右侧，双手掌心朝上平伸至与腰齐，口称"请进!"请来客坐于左侧上座，主人陪于右边下座，双手献茶敬烟后，再行叙谈。客人告别，主人应送出大门外，再握手话别，道声"再见!"。若登门拜访，至主人家门前，不可径直进入，需先敲门或按门铃叫门，听主人允许或说"请进!"再行进入，主人请坐或献茶敬烟时需先行告谢，然后再落座，接茶接烟亦要起身，双手接下。如遇来访或被访者是晚辈，虽不要出迎或送出，也要起身招呼一下或欠欠身、点头示意，或让家中年青同辈人代为招呼迎送。

询路问事，要先下车近前，点头示意，再根据对方年龄性别尊称，然后再发问，对方应答后，要说声"谢谢!"或"麻烦了。"对方多回答："不用谢!""没啥"等。若有过失于他人，多是主动说声"恕我""对不起""请原谅"等，以表歉意。对方也多是以"没什么""不要紧""没关系"等回应。

此外，在人际社交往来中还有一些活动不可忽视。亲友同事间若有婚嫁、升学、晋升、生子、店堂开业、房屋落成、乔迁新居等类喜庆事，都要前往祝贺，并要视情送上贺仪、礼品；遇亲友同事家人患病住院，则要备礼品、花篮或礼金前往慰问探视；遇亲友同事家人亡故，要前往事主家吊唁、祭奠，并送上花圈或相应的奠仪。

社交礼仪方式：握手是最常见的，一般以右手相握为宜，特殊情况不得已时才会以左手代握。遇尊长，应双手迎握尊长，以示谦恭；和女性相遇，女方主动伸手后再出手迎握，一般不要先伸手强握，可以用点头、微笑等其它方式示意。再者握手用力大小、时间长短，也要因关系疏密、尊幼、性别等差异适度把握。

抱拳：同辈朋友间相见迎送，也可以抱拳方式致意。抱拳要双手并握，左手在外，右手在内，呈半握状，半举于身前和双眼平齐，稍作晃动。

鞠躬：遇尊长老师，可行鞠躬礼。至尊长老师前站立，双臂下垂，双腿并拢，低头弯腰至九十度，同时问好。吊唁祭祀友朋同辈，也可行鞠躬礼。行鞠躬礼时如戴帽，则要先脱帽、再鞠躬。

作揖：站立抱拳先低首弯腰，抱拳划弧线至膝上方再慢慢直立上举至额头平齐。作揖一般用于祭奠父母祖宗、尊长或为其祝寿场合，是行跪拜礼之前的礼仪，称"先揖后拜"。如祭祀同辈或为其贺寿道喜，亦可采取以揖为拜。

跪拜，是礼仪程式中最为隆重的一种。先静息肃立，左脚进前半步，屈膝跪地，低首弯腰，以头触地，双手平托掌心向上，以肘腕撑地。跪拜大礼，用于殡葬大典、祭祀供奉父母祖上、结婚大典或为长辈祝寿、拜年等场合。跪拜时一般是连叩三个头为一拜，大多是先揖后拜，一揖三叩首，隆重些的要三揖九叩首，称"三拜为敬"。

二、节令习俗

（一）春节习俗

春节（农历正月初一）是中国民间最盛大、最热闹的一个古老传统节日，它紧挨“除夕”，辞旧迎新，喜庆相连，所以民间往往把它们合在一起，统称为“过年”。

进入腊月，人们即开始为过年忙碌了。一般从腊月初八就开始。民间有“吃了腊八饭，就把年货办”的说法。“腊八祭灶，新年来到，小闺女要花，小小子要炮，媳妇儿要穿新褂子，老爷们要戴新礼帽。”旧时，城乡居民生活大多不富裕，穷苦人家辛劳一年，平时省吃俭用，过年时总想把年货办得丰富些，让一家老小开开心心过个好年。出门在外远离家乡的人一定要在除夕前到家。在家的人们为迎新年做准备：置办年货，清扫房屋，写春联，买门神和年画等。

腊月的市场特别繁荣，商家准备充足的年货，农家也把土特产品拿到市场上出售。农村集市也不再是隔天逢集，而是天天热闹非常，一直持续到年二十九上午。旧时，二十九上午俗称“光蛋集”，年前只剩下这半天集了，一般人家年货已置办好，所以商家把剩余货物在此时降价处理，也算照顾一下穷人，买年货的人大多是“穷光蛋”，故称“光蛋集”。

除夕，宿州一带称大年三十。年三十上午，家家忙着贴春联，以示辞旧迎新。贴春联，有许多讲究。家庭和商铺不相同，区别在于春联上写的内容。中午，全家老少共进“团圆饭”，称作“大年饭”，是最重要的一顿饭。饭前要鸣放鞭炮。菜肴丰盛，要有鸡，表示来年吉利，有鱼，表示连年有余，要有圆子，表示团团圆圆。饭后，或休息，或睡觉，养足精神，以便晚上守岁。

年夜饭一般是吃饺子，吃完饺子，人们到街上去看玩会的（即文娱演出）。妇女们忙着包年初一早晨的饺子。除夕夜，全家在一起守岁，欢声笑语，或打牌，或下棋，也可讲故事、猜谜语、做游戏。此时，长辈给晚辈分发压岁钱。有了电视后，多是看春节晚会等电视节目。半夜子时，爆竹声声，震耳欲聋，新年到了。

春节，即正月初一，黎明开门，放爆竹，自己家人也要互相道贺，说吉利话。早饭家家要吃素水饺，传说如吃荤食，家养畜禽不兴旺。家长常在饺子中包藏钱币或麦麸，吃到这种饺子的被认为是新年大吉财气好或有福气。

当天的主要活动是互相拜年，请安、祝福，走访邻里友朋，加强联谊，纵是平时稍有嫌隙，一声“拜年”“恭财发财”也就顿释前怨，和好如初了。迎来送往，热闹惬意。人们普遍沉浸在欢乐、庆贺、幸福、美满的节日氛围之中。

从正月初二起，亲戚间相互拜年、一般是初二拜舅舅，初四拜岳父，初五、初六拜姑姑，而后是其他亲朋好友，大抵在正月初十前后结束。初五是迎接财神下凡的日子，故初四之夜，商家多等到半夜，初五子时一到，立即爆竹齐鸣，欢迎财神到来，初五白天，商家开门营业。初五白天，开展各种活动，如舞龙、舞狮、花车、旱船、踩高跷、扭秧歌，锣鼓咚咚、管弦和鸣、狂舞欢歌、丰富多彩，城镇各社区、农村各庄大都组织文艺演出队，走村串户，巡回演出民间称之为“玩会”的。有时还组织多支队伍在一起比赛，看谁演得精彩，吸引人，叫“赛会”。活动持续多天，大多到初十以后就少了，最迟到正月十五日结束，叫“收会”。

（二）元宵节习俗

农历正月十五夜，是传统的元宵节，又叫“上元节”（道教将它视为三元节之首，中元节为七月十五日，下元节为十月十五），为天官赐福之辰。

宿州有蒸灯的习俗。正月十五前，人们把豆面掺小麦面和成面团，捏成各种形状的面灯，如龙形、凤形、元宝形、圆形等，放在锅内蒸熟。元宵节晚上，在蒸的面灯里加入香油，放上棉花捻子，即可点亮。孩子们打着面灯去找小伙伴赛灯，大人们则把面灯放在桌上或粮囤上，观看面灯灯花形状、大小以及多少来预测当年各种农作物收成的好坏，这种面灯点过之后，仍可食用，且更香，一举两得，是宿州人民既朴实又热爱生活的创意和杰作。

元宵节一到，张灯结彩，所以又叫“灯节”。元宵张灯习俗由汉代祭星与佛教燃灯礼佛仪式融合而成，唐宋时期的元宵灯会繁盛，明清以至近代，规模虽不及前朝宏阔，但其张灯时间更长，灯具品类更多，灯具设计更精巧，元宵张灯习俗也更为丰富多彩。元宵灯会热闹非凡，火树银花，星群灿烂，观灯者人山人海，欢声笑语，人声鼎沸，正是“车马纷纷白昼月，万家灯火暖春风”。

猜灯谜是元宵节重要的游戏方式。人们将谜条系于五彩缤纷的花灯上，供人猜射，称作“灯谜”。猜中者可获得巾扇、香囊、果品、食物等奖品。除了观灯、猜灯谜之外，元宵节的表演活动还有玩龙灯、玩旱船、舞狮、放烟火等。

元宵节吃元宵。元宵又叫“汤团”“汤圆”“圆子”。用糯米细粉制成，圆形，制作上分为两种。一种为实心，没有馅儿的，下时汤里放酒酿。另一种是有馅的，有香、辣、甜、酸、咸五味，馅分为肉馅、豆沙、猪肉、白糖、芝麻、果仁等，制作精巧，称五味元宵；用芥、葱、蒜、韭、姜组成的菜馅元宵，称五辛元宵，有表示勤劳、长久、向上的意思。

（三）二月二习俗

农历二月初二日，俗称二月二“龙抬头”，二月二处在农时节气“惊蛰”前后，天气转暖，淮北农村春耕生产开始。为希冀丰收，各农户早起，在晒场上或院内空隙处，用灶灰圈成一层层的圆圈，圆圈正中放杂粮和铜钱，表示五谷丰登，财宝进门。因此有“二月二，龙抬头，大仓满，小仓流”的谚语。城乡人们有爆玉米花、炒糖豆、蒸菜角子的习惯，此外，也是男孩剃头的日子。到龙抬头的日子剃头，取剃“龙头”吉语之意。

（四）清明节习俗

清明，既是农时节令，又是中国民间传统节日，在中国大部分地区都是“春和景明”的景象，故曰清明。宿州一带对清明节非常重视，往往提前五天甚至十天就去扫墓，故有“清明上坟可前，十月一日上坟可后”之说。清明扫墓还有添坟（为坟培土）的任务。其它时间上坟则只化纸钱，不能添坟，即使坟有损坏，也要等清明才能添，所以，人们特别重视清明上坟扫墓。

宿州人对柳树也情有独钟，每到清明，不但家家门前要插柳，而且还把柳条插在井边，“井井有条”这一成语即由此而来。另外，人人还要戴柳，女孩子还把柳条去骨做成团花卡在发际，尤为别致。流传着“清明不戴柳，红颜成皓首”的谚语。男孩子则把柳条的外皮完整地从柳条上拧下来，做成柳笛，吹奏小曲。

新中国成立后，机关干部、学校师生等在清明节为革命烈士祭扫坟墓，敬献花圈，开展革命传统教育。清明节的活动内容更加丰富和有意义。

三月清明，春回大地，自然界到处呈现出一派生机勃勃的景象，正是郊游的大好时光。踏青之风古已有之，在宿州也很盛行。踏青又叫探春、寻春。人们或观赏梨花、桃花、杏花，或郊游野炊，或采集花草，或郊外放风筝，怡然自得，其乐融融。

（五）端午节习俗

农历五月初五为端午节。端午节在中国传统节日中叫法最多，达二十多个，别名有端阳节、重五节、夏节、五月节、菖节、蒲节、龙舟节、浴兰节、粽子节等等。

宿州人在端午节这天也爱吃粽子。不过和南方人不同，宿州的粽子是用芦苇叶包裹的，因宿州盛产芦苇，以芦苇叶包粽子不仅就地取材，而且粽子煮熟后有一种清香。宿州粽子以夹果粽子最流行。因为宿州是水果之乡，所以夹果粽子品种繁多，既有夹包枣、柿、银杏的，也有夹包桃脯、杏脯、梨脯的，香甜可口，很有特色。

宿州一带端午节习俗还有在屋檐下插艾条、喝雄黄酒、戴香荷包，小孩戴端午索、穿黄鞋、带“五毒”（蝎子、蜈蚣、蛇、蟾蜍、壁虎）图案的肚兜等。

谚云：“清明插柳，端午插艾。”由于端午节时在初夏，多雨潮湿，细菌繁殖快，人易生病，借助于艾的气味，可驱除邪气，清洁空气，故人们插艾戴艾。

雄黄有除毒的功效，因此，每逢端午节，人们把房屋打扫干净，洒上雄黄水。家人团聚时，喝雄黄酒，并用雄黄酒在小孩的额头上写个“王”字，以避邪防病。

端午节又称女儿节，姑娘们有戴香荷包的习俗，包内装上雄黄、苍术、香草与香料，作为驱虫的佩物。

小孩子在端午节还要穿母亲亲手做的黄布鞋，男孩的鞋上绣虎头，女孩的鞋上绣石榴花。外祖母要为小外孙制“五毒”红肚兜。另外，大人还要用彩绒线为小孩束手腕，绕脚脖谓之端午索。至农历七月初剪下，扔在屋上，让喜鹊衔去为牛郎织女搭鹊桥。

（六）六月一与六月六习俗

农历六月初一，是中原民间比较重视的节日。皖北一带，有六月初一过小年的说法。宿州地处皖北，农村都比较重视六月初一这个节。人们把六月初一当作庆祝丰收、祈求丰年的节日。因这时，年已近半，麦子收过打下不久，丰收的喜悦洋溢在农民心头和眉梢。人们在屋中、院内、麦场里摆上供桌，放上馒头、枣山（一种带枣的圆形饼）和桃、李等五种瓜果，用斗盛满新收的小麦，上贴红色“福”字，然后焚香燃炮，祭祀神灵，祈求秋季风调雨顺，五谷丰登。然后，人们高高兴兴地吃上一顿用猪肉、青菜、粉条、海带做成的“杂烩”菜，或包饺子吃。大人们在麦场上猜拳行令，孩子们边吃边要，共同享受丰收喜悦和劳动果实，十分尽兴。

六月初六，中原民间称“炒面节”“望夏节”“闺女节”等。农村的各家各户，在六月初六期间，都要把出嫁的姑娘接回家，款待后再送回婆家。俗语有：“六月六，请姑姑。”“六月六，叫了大姑叫小姑。”

宿州一带还把六月初六称为天中节，人们认为，六月六太阳重入中天，是晒书、晒衣的好日子。故有“六月六晒龙衣，湿了龙衣烂蓑衣（主年成涝）”的民谣。因为梅雨即将来临，曝晒书籍、衣物，防霉度夏，故又称“晒书节”“晒衣节”。

（七）七月七夕乞巧节习俗

七月七夕，中国民间有乞巧的习俗，故称“乞巧节”，是女性最重视的节目，又称“女儿节”，是中国传统节日中最具浪漫色彩的节日。

相传农历七月初七的夜晚，是天上织女与牛郎相会之时。织女是一个美丽聪明、心灵手巧的仙女，凡间的妇女在七月七晚上向她乞求智能和巧艺，向她求赐美满姻缘。

中原一带乞巧风俗是在每年的农历七月初七晚上，未出嫁的姑娘七人凑成一组（以应“七仙女”之数），每人兑面兑物，为织女准备供品。还有的买葡萄、石榴、西瓜、枣、甜瓜、桃等七样瓜果，烙七张油烙饼或糖烙饼，包七碗小饺子，做七碗面条等。除此之外，还要单独包七个大饺子，饺子馅由七样蔬菜做成，除了菜馅外，还要包进用面做成的七样东西，即面针、面织布梭、面弹花槌、面纺花锭、面剪刀、面算盘子等。七位姑娘把供品摆在瓜棚下或清静的地方，跪在月下向织女祈祷。然后分吃水果和七碗小饺子。七张油饼和七个大饺子则放在竹篮内，挂在椿树上。晚上，七个姑娘一起守夜，看守竹篮，称为“守巧”，是防止爱开玩笑的男孩偷嘴吃，把“巧”（大饺子）偷去。

七月七日，夜半近子时许，七个姑娘闭着眼睛，在竹篮内各摸一个大饺子。谁摸出的饺子内包有面针、面剪刀等物，谁就是未来的巧手。

宿州农村，还有“七夕”对歌的习俗，少女们按村或乡分成小组，每组七人、九人、十一人均可，但一定要单数。对歌时，轮换唱，俗称“拉歌”。男孩们则当拉拉队为本村的姑娘们加油。对歌结束后，有情男女则偷偷约会，在夜深人静的时刻，对着星空祈求姻缘美满。

七夕节的来源与爱情有关，又富有浪漫色彩，已发展成为华人的“情人节”。

（八）中秋节习俗

农历八月十五，是中国的中秋节。

中秋节和农历新年一样，是家人大团圆的节日。中秋之夜，月亮最圆、最亮，月色也最姣美。根据古代天人合一的观念，月圆之日也应是亲人团聚之时。所以，人们又把中秋节叫做“团圆节”。

中秋节原是庆丰收的日子，俗语有“八月十五定穷富”之说，年成丰欠，大致成形。在中国农业社会，农民在丰收的季节里，总是庆祝一番。

中秋节夜晚，各家陈瓜果、月饼于庭中，全家老幼烧香拜月，放鞭炮、吃瓜果、赏明月，尽享天伦之乐。随着生活水平的提高，过节越来越讲究。外出或在外工作的人一般要回家团聚。亲友之间相互馈赠中秋礼品，如：小公鸡、大鲤鱼、烟酒、月饼之类。家家烤糖火食（圆形，用面包芝麻拌糖）。20世纪80年代，农民富裕起来，中秋节时女婿，尤其是未婚女婿，要给岳父母送厚礼。

此外，在宿州地区还有一个有趣的“摸秋求子”习俗。在中秋节这天，久婚不孕或想要孩子的妇女偷偷地潜入别人的菜园瓜地里，摸摘到一只瓜，当即带回家，以为是得子之兆。因为中秋时节瓜熟籽成，且瓜的种籽繁多，人们认为这是多子的吉祥征兆。再者，田园里瓜藤绵绵，瓜果累累，这也便有了“瓜瓞绵延”、传宗接代的象征意义。至于在夜晚去“摸秋”，一是妇女认为在晚上有太阴庇护，二是可以遮羞，避免张扬。其实不是什么太阴庇护，而是这里的农民厚道，知道“摸秋”的习俗，愿意成全妇女们的心愿，所以不会去“捉贼”。

（九）重阳节习俗

金秋九月，丹桂飘香，国人对重阳佳节历来有着特殊的感情。农历九月九日为重阳节，又称“重九节”“登高节”“老人节”。何谓“重阳”呢？《易经》：“以阳爻为九”，将“九”定为阳数，九月九日，两九相重是为“重九”，日月并应，阳阳相迭，是为“重阳”。

重阳节活动丰富，有登高、赏菊、喝菊花酒、插茱萸、放风筝、吃重阳糕等。

“登高”除了健身之外，也有步步高升的含意。这就是旧时人们非常重视重阳节登高的一个重要原因。“登高”特别受老年人重视的另一个重要原因，是“高”有高寿的意思，因此，人们又称九月九日为“老人节”。

（十）祭祖节习俗

农历十月初一，谓之“十月朝”，又称祭祖节。

中国自古以来就有秋收后祭祀祖宗的习俗，以示孝敬、不忘本。古人们也在十月初一用新收的谷物祭祀祖先。十月初一祭祀祖先，有家祭，也有墓祭，南北方都是如此。有些地区还有十月初一祭新坟的习俗。

（十一）腊八节习俗

中国的农历十二月，又叫腊月。在远古时期，“腊”本是一种祭祀。人们在新旧交接时，用猎获的禽兽和一年的收获来祭祀祖先、祭祀众神，称为“腊祭”。汉朝以后，人们把冬至以后第三个戌日作为腊祭的日子（即冬至后干支纪日第三个逢戌的日子，大约距冬至25—36天）。到南北朝时，腊祭才固定在腊月初八。

“腊八”这天，也是佛教徒的节日，称为“佛成道节”。据说释迦牟尼舍弃王族的豪华生活，出家修道。一天，他来到尼连河的附近，因劳累饥饿过度昏倒在地。有一位牧女看见了，便把身边带着的杂粮加些野果，用清泉水煮熬成乳糜状的粥，一口一口地喂他。释迦牟尼吃了粥饭，顿觉精神振奋，就在尼连河里洗了澡，然后静坐在菩提树下沉思。终于大彻大悟，得道成佛。按佛历折算成农历，正是腊月初八，所以佛家把“腊八”称为“成道节”。

腊八粥已有一千多年的历史。佛家在庆祝“佛成道节”时，常于腊八诵经，并效仿牧女在佛成道前献一种“乳糜”之物的传统做法，煮粥敬佛，这便是腊八粥的来历。民间也争相效仿，于是喝腊八粥开始流行。用小米（或大米）、花生米、大豆、红枣、红豆、糖、豆腐（或豆腐皮）、海带、蔬菜等做成粥，俗称“腊八粥”，有庆丰收之意。人们常以腊八粥抹在枣树上，传说来年能多结枣。

（十二）祭灶节习俗

中国春节，一般是从腊月二十四日揭开序幕的，俗称“小年夜”，民间有“祭灶神”的习俗，又叫“祭灶”。宿州流行“官祭三民祭四帝王家祭二十五”的说法，是指官府在二十三日祭灶，一般民家在二十四祭灶。

祭灶又称送灶神，宿州一带多在黄昏入夜时举行。人们把灶神像贴在厨房灶前的墙上，两边还有对联：“上天言好事，下界保平安”，横批为“一家之主”。有的地方灶王像是一个人，宿州地域的灶王像一般是雕版套彩印刷，印的是男女两人，男的是灶王爷，女神是“灶王奶奶”。二十四日黄昏时，先在灶王像前摆张桌子，放上供品，最重要的是要供上用饴糖和面做成的糖瓜。意在让灶王爷甜甜嘴，或者说是用糖塞住灶王爷的嘴，让他别说坏话。因为灶神从大年三十晚上来到人间，腊月二十四上天汇报，一年都在凡间，每家的家长里短是瞒不过他的。所以人间百姓都希望他上天向玉皇大帝汇报时，能为自家说好话，以便来年有好运。

在祭祀完毕后，就将灶君像揭下连同纸马和草料点火焚烧，送灶王升天。一家人围着火叩头，边烧边祷告：“今年又到二十三（四），敬送灶君上西天。有壮马，有草料，一路顺风平安到。供的糖瓜甜又甜，请对玉皇进好言。”

第六篇　特色宿州

第一章　特色经济

第一节　水果产业

宿州市地处安徽省最北部，属暖温带半湿润季风气候，适宜多种落叶果树的生长。从20世纪50年代黄河故道综合治理开始，有规划地发展果树生产，果业发展变化巨大，成为宿州市农业生产中的支柱产业、农业产业化发展的重点产业和现代农业发展的先行产业，在全省果品生产中占有重要地位。

一、果园面积不断扩大

果园面积的扩大主要在“七五”和“八五”期间。为充分发挥自然资源优势，开发商品农业，振兴农村经济，经过调研，地委和行署决定：“七五”期间，全地区果园面积发展到100万亩，总产达到4亿斤，把宿县地区建设成为水果商品生产基地。1985年，全地区果园面积仅为16.78万亩，果品总产1.34亿斤，苹果、梨、葡萄为三大主栽树种。根据“七五”规划提出的“提高老园、发展新园、干鲜并举、量质并进、贮加结合”的发展思路，通过各级政府和业务部门的共同努力，到1990年，全地区果园面积发展到103万亩，果品总产4.1亿斤，全面完成了“七五”计划的目标任务。在果园总面积中，苹果40.35万亩、梨24.5万亩、桃18.01万亩、葡萄7.69万亩、其它杂果12.45万亩。在品种结构中，国光、金帅、元帅占苹果面积的73%，红富士占苹果面积的27%；砀山酥梨占梨面积的76%，马蹄黄、紫酥等占梨面积的24%；制罐黄桃和巨峰系列葡萄在其树种中均占较高的比例。

“八五”期间是果园面积扩大的又一个高峰期，由于前期果园面积发展较快，而不耐贮运的葡萄、桃发展面积又较大，存在着品种结构不合理现象，深加工技术及管理措施滞后，1989年，葡萄和桃的卖果难问题开始显现。1991年，果业生产中又连续遭受春季低温多雨、夏季洪涝风雹、秋季少雨干旱三次自然灾害，果品总产显著下降，果农积极性受挫，果园面积从103万亩锐减至76.6万亩，减少的面积主要为低产低效的老果园，卖果难、收入低的葡萄和桃园，新果区不懂技术、管理粗放的果园。虽然果园面积和果品总产均大幅下降，但当年各类果品的销售价格却有所回升。1993年，砀山酥梨价格达到了历史最高，综合价格0.8—1.2元／斤，果园面积也随着果园效益的增加而扩大。1995年，全地区果园面积达到了120万亩，果品总产10亿斤。其中苹果65

万亩（红富士40万亩），产量3亿斤；酥梨45万亩，产量5亿斤；其他树种10万亩，产量2亿斤。

“九五”期间，果业发展具有以下特点：一是果园面积保持稳定；二是果品产量显著增加；三是果品价格波动较大。这一时期果业发展总的指导思想是：稳定面积，优化结构，主攻质量，提高单产，扩大贮加，提高效益。1996—2000年，全市果园面积始终稳定在120万亩，果品产量从11亿斤增加到了20.5亿斤。2000年的主要栽培树种为苹果43万亩、梨68.1万亩、桃5.6万亩、葡萄2.3万亩、其它杂果1万亩。1996年苹果和梨的价格开始下降，葡萄和桃的价格稳中有升，当年苹果和梨有3亿斤库存待销，销售形势严峻。1999—2000年间，由于全国性的苹果、梨、柑桔三大果树生产过剩，且砀山酥梨又是全国栽培面积最大的单一梨品种，销售价格持续走低，均价0.35元/斤左右，严重挫伤了果农的生产积极性，制约了果业的进一步发展。市水果主管单位加强调研，及时召开专业科技人员研讨会，肯定了砀山酥梨的自身优势，找出了卖果难问题的原因所在，明确了下一步的工作重点：推技术、限单产、提质量、降成本、促流通、大力发展深加工。

“十五”和“十一五”期间是宿州市水果产业结构大调整、从传统农业向现代农业转变的关键时期，由于前期卖果难问题的出现，2001年，果园面积减少为110万亩。2002年，砀山酥梨和苹果开始更新，苹果园更新为早、中熟品种及杂果类，加工桃、加工葡萄，酥梨园更新为日、韩梨及黄冠等，当年更新面积3万亩。2002年至2003年，全市果园面积恢复到115万亩。2004年，恢复到120万亩，至2007年，果园面积始终保持稳定，果品产量不断提高。特别是2004年以后水果产业化工作的开展，有力地促进了宿州水果产业的发展。

二、贮藏加工同步发展

苹果、梨、桃、葡萄是宿州果业生产中的四大主栽树种，均以鲜销为主。以地下窖和半地下窖为主要贮藏方式，1988年，全地区有各类果窖4179个，贮藏能力4500万斤，大型冷库2座，贮藏量1000吨；有大中型果酒、罐头、果汁加工厂9家，小型加工厂84家，加工能力7800万斤（消耗水果原料）。随着果品产量的增加，果窖及中小型加工厂的数量也在不断增多。到2000年，全市果窖数量约为4万个，贮藏能力4亿斤，大型冷库4座，贮藏量2000吨；大中小型加工厂300多家，加工能力3亿斤左右。2003年，水果主产区砀山县通过招商引资引入了安徽丰源集团2.5万吨浓缩梨汁项目和浙江黄岩科技有限公司2.5万吨水果罐头项目。2004年，在省财政厅的大力支持下，微型节能冷库和2600吨的大型气调库开始在砀山县兴建。随着招商引资力度的加大和水果产业化工作的深入开展，更多的加工企业入驻水果主产区，水果加工和贮藏能力显著提高。

三、产业链条逐步延伸

从2004年开始，宿州市的水果产业步入了产业化发展时期，走上了产加销一条龙、贸工农一体化的发展之路。2003年8月，安徽省人民政府制订了《关于进一步加快发展农业产业化经营的实施意见》，水果产业被列入全省十大主导产业之一。2004年2月，安徽省人民政府办公厅又下发了《关于印发农业产业化十大主导产业发展规划

（2003—2007年）的通知》文件，明确了“发展大市场、扶持大企业、建设大基地、完善大服务”的总体发展思路。2004年3月，宿州市人民政府成立了“宿州市水果产业化经营领导小组”，办公室设在市农委。2004年4月，“全省水果产业化经营对接会议”在砀山县召开，会议明确了水果主产区的工作方向和工作重点，研究、确定了省财政厅对口帮扶宿州市和淮北市发展水果产业化的相关事宜。随后水果产业化工作在全市广泛开展。

依据《安徽省水果产业化发展规划》的总体目标，结合宿州的生产实际，在广泛调查研究和充分论证的基础上，编制了《宿州市水果产业化经营实施意见（2003—2007）》，明确了全市水果产业化经营的指导思想、发展目标和工作重点。并将各项目标任务分解，明确责任单位和责任人，确保各项措施落实到位。水果产业化工作开展以来所取得的主要成就和特点是：

1.结构调整成效显著。根据《宿州市水果产业化发展规划》的总体要求，全市果业在稳定果园总面积的前提下，加强果业内部的结构调整和优势区域布局，形成了以黄河故道及黄泛区为中心的水果产业带。2007年全市果园面积继续稳定在120万亩，结果面积112万亩。其中苹果16.7万亩、梨64.8万亩（酥梨41.5万亩，新品种梨23.3万亩）、桃20.9万亩（鲜食11.2万亩，加工9.7万亩）、葡萄9.2万亩（鲜食6.2万亩，加工3万亩）、杂果类8.4万亩。经过调整，砀山酥梨面积得到了压缩，新品种梨、加工黄桃和杂果类面积有所扩大。

2.产量产值逐年增加。由于科技投入力度的加大，果园生产管理水平日益提高，果品总产量和总产值呈现逐年增加的趋势。2007年，各类果品总产量39.94亿斤，果品总产值24.81亿元，分别比2003年的22亿斤和9.4亿元增长81.5%和163.9%。

3.机械贮藏能力提高。至2007年，在省财政厅的大力支持下，全市新建800—2600吨机械冷库5座，微型节能冷库52座，机械贮藏总量达到了2.5万吨，实现了机械贮藏的新突破。随着果品产量的不断增加，果农自建的果窖数量也达到了4.5万个，贮藏能力为5亿斤。

4.龙头企业日益壮大。通过招商引资和政策扶持，一批果品生产及加工企业发展壮大起来。2007年，全市已有14家省、市级水果产业化龙头企业，其中省级6家。14家龙头企业营销收入总额10.7亿元；创树名优质品牌19个，其中省级以上8个；产品出口创汇832万美元；各类水果加工企业消耗水果原料75万吨，占全市果品总产量的37.55%。这些企业的发展，显著提高了宿州市果品的加工能力，在很大程度上缓解了果品的鲜销压力，并实现了加工增值。

5.基地建设得到加强。随着市场经济的发展、农业部门技术推广力度的加大、科研部门科技攻关项目的不断实施、企业自身生产规模的逐步扩大，一批优质果品标准化生产示范基地和加工原料基地相继建立。2007年，全市建立各类生产基地40万亩。不仅农业部门建立了生产示范基地，而且多家大型加工企业（如科技食品、欣诚食品、丰源集团、萧县园艺总场等）也相继建立了原料生产基地，并同农户签定了相关协议，规定了双方的权利、义务和责任，密切了市场、企业和农户之间的关系。企业和农户共同关注基地抵御自然灾害的能力建设，使果园基础设施建设得到进一步加强。

6.资金支持力度加大。全省水果产业化工作开展以来，各类资金对果业的投入显著增多，特别是2005年全省“121强龙工程”的实施，为企业的发展注入了新的活力。据不完全统计，到2007年，各类金融扶持资金的投入数额已达3000多万元。大量资金的投入，各类项目的实施，有力地促进了整个产业的发展与升级，促进了全市水果产业向优质高效良性循环方向发展。

7.合作组织空前发展。随着市场经济的发展，一家一户的小生产与千变万化的大市场之间的矛盾愈来愈突出，迫切需要增强市场竞争主体。水果产业化经营工作的开展，促进了全市果业经济合作组织的快速发展。在农业职能部门的积极引导下，各地坚持“民办、民管、民受益”的原则，遵循市场规律和产业发展的需求，组建了不同类型的农村经济合作组织。到2007年，全市共建立水果专业合作组织153个，带动农户20万户。这些合作组织在企业、基地和农户之间充分发挥了纽带作用，有效地提高了农民生产的组织化程度。

8.生态农业方兴未艾。经过多年的试验与示范，果—草—牧—沼—肥和枝—菌—肥生态循环型生产技术日益成熟，并逐步推广，成为农业生产中新的经济增长点。这两种生产模式不仅实现了资源的高效配置，同时促进了生态循环和农业的可持续发展。特别是水果主产区利用果树枝条发展食用菌生产，势头强劲。2007年，食用菌生产面积超过100万平方米，果园放牧天鹅鸭和皖西白鹅的生产规模也在不断扩大。

四、科技创新引领发展

黄河故道是中国苹果生产的南缘地区，宿县地区开始苹果生产的初期，其品种和技术均来自北方老果区，由于自然条件的差异，宿县地区苹果生产始终存在着技术不配套、产量上不去、果品质量差、果园效益低的问题，1987年底，全地区有苹果园22.7万亩，结果面积7.04万亩，其中有2.4万亩单产在千斤以下。为彻底改变这种状况，1988年初至1990年底，地区园艺站协同各县共同开展了苹果低产园改造工作，地区成立了苹果低产园改造协作组，乡、镇成立了技术指导组，制定了《宿县地区苹果低产园改造实施方案》和《宿县地区苹果低产园改造技术方案》。通过三年努力，全地区2.4万亩苹果低产园树势得到恢复，平均单产由1987年的257公斤增加到784公斤，三年累计增产2121.1万公斤，累计增值1711.92万元。1991年3月，该项目通过专家组鉴定，同年获安徽省农牧渔业厅科技进步一等奖。

“七五”后期及“八五”初期，针对果园面积的大发展，全地区各地开展了大量的技术培训工作，地区委托宿县农校开办了果树培训班，团省委、砀山团县委在园艺场开办了园艺学校，部分乡镇自筹资金成立了园艺学校或职业中学，水果主产区利用广播电台、广播站开办了果树专题节目，地区统一组织多批次科技人员赴北方老果区学习，这一时期共有29.8万人次接受了专业技术培训，地区及各县共印发技术资料24.3万份，通过各种形式的培训，农民的生产技术水平显著提高。其间，还引入了短枝型红星、金矮生、乔纳金、北斗等20多个苹果新品种及25个鲜食葡萄、加工葡萄新品种、15个桃、梨新品种。同时开展了《红富士苹果大面积早期优质丰产技术示范与推广》工作，采取多点示范、加强培训等措施，达到了乔化树四年、矮化树三年亩产2000斤以上的水平。1994年，获农牧渔业部丰收计划二等奖。在新品种选育方面，萧县农技推广中心针对全县鲜食桃面积大、上市集中、效益低下的状况，1990年，开展了鲜食桃杂交育种工作，培育出了果个大、质量优、色泽亮、硬肉型的中晚熟品种萧国圣桃，填补了9月中下旬市场供应淡季的空白。2001年，《萧国圣桃新品种选育》获安徽省科学技术三等奖。

砀山酥梨是宿州市的传统产品和主栽品种，为挖掘其生产潜力，1993年，经地区科委立项，宿县地区园艺站组织砀山县、萧县技术骨干开展了《砀山酥梨优质无公害生产技术研究》工作，从树型改造、科学施肥、病虫防治、果实套袋、花果管理五个方面进行全面探索，经过六年的科技攻关，总结出了适应当地生态条件的砀山酥梨优质无公害生产配套技术，生产出的酥梨质量大幅度提高。1997年，应用该项技术生产的产品获得绿色食品认证。1998年，该项目获宿县地区科学技术进步奖二等奖，安徽省农村科技奖四等奖，并获2001—2003年度安徽省金桥工程优秀项目一等奖。砀山县园艺场于1994年组织科技人员开展了"砀山酥梨密植优质丰产栽培技术研究"工作，通过栽植密度、整形方式、管理措施等方面的试验，总结出了定植后第三年亩产5000斤以上，优质果率达80%以上的栽培技术，1998年，该项目获安徽省科技进步二等奖。

1995年，为给予全地区果业结构调整提供更多的资源储备、品种储备和技术储备，宿县地区农牧渔业局加强农业引智工作，同日本多位果树专家建立了合作关系，地区园艺站还同日本苹果专家熊谷俊一、葡萄专家酒德重夫两位先生在埇桥区高滩村共同建立了"中日友好果树示范园"，广泛开展技术交流和新品种引进工作，当年共引入苹果新品种52个、葡萄新品种13个，并安排专业科技人员开展相关试验研究和技术集成等工作。由于引智工作突出，1996年，地区园艺站被国家科委、国家计委、国家外专局、农业部联合授予"全国农业引智先进集体"称号。经过科研人员九年的努力，筛选出了适宜皖北地区生态条件的早、中、晚熟苹果优良品种12个，葡萄优良品种2个，总结出了相应的优质高效配套技术，并在生产中推广应用。2003年，《苹果引种选优与优质丰产技术研究》项目获安徽省科学技术二等奖。

2003年以来，市园艺站加强同省农科院园艺所的技术交流与项目协作，先后共同开展了《砀山酥梨优良变异筛选》、《鲜食葡萄安全、高品质栽培技术研究》两个科研项目的攻关工作，其中《鲜食葡萄安全、高品质栽培技术研究》于2007年获得了安徽省科学技术二等奖。这些项目的实施不仅推动了全市果业生产的科技进步，也同时促进了标准化生产技术体系的建立。砀山县园艺场、果园场和水果协会三家企业以优良的果品质量，被国家质检总局批准获准使用"砀山酥梨地理标志产品"专用标志。

科技水平不断提升。由于众多科研项目的实施及农业部门技术推广力度的加大，全市果业生产的科技含量日益提高，到2007年，各级业务部门共推广果树优质无公害生产技术65万亩，每年实施果实套袋15亿只左右，科技的发展，有力地促进了产量、产值的增加和果品质量的提高，提升了全市果业生产的科技水平。

五、水果经济渐呈特色

在各级政府的积极引导下，通过科技投入、财政支持、市场化运作和产业化发展，宿州市的水果产业已经成为宿州市乃至安徽省的特色经济。2007年，宿州市的水果产量达39.94亿斤，相当于1988年的12.44倍。

1988—2007年宿州市水果产业生产情况统计表

表6-1-1

年份	果园面积（万亩）	果品产量（亿斤）	贮藏（亿斤）	加工（亿斤）	备注
1988	92.1	3.21	0.45	0.78	有果窖4179个，大中型加工厂9家，小型加工厂84家
1989	103	3.8	0.6	1.2	有果窖5800个，当年新建冷库2座
1990	103	4.1	0.8	0.65	有果窖7500个
1991	76.6	3.6	0.258	0.3	当年遭受春季低温多雨、夏季洪涝风雹、秋季少雨干旱自然灾害，低档加工品难销售
1992	76.6	4.3	0.8	0.67	
1993	100	3.8	0.8	0.5	花期遭受低温冻害，当年酥梨价格较高
1994	110	7	0.9	0.8	
1995	120	10	1.5	1.5	
1996	120	11	2	1.5	大宗果品价格开始下降
1997	120	13	3.2	1.8	
1998	120	16	3.5	2.3	
1999	120	20	3.7	2.6	
2000	120	20.5	4	3	果窖数量达4万个
2001	110	22.5	4	3	
2002	115	25	4	3	砀山酥梨开始高接换种
2003	115	22	2.8	2.5	全年降雨量超过1400毫米，50多万亩果园遭受涝灾，1.4万个果窖不同程度损毁
2004	120	26.5	3	4.2	开始水果产业化工作，微型节能冷库、大型气调库正在兴建
2005	120	31.4	3.4	6	
2006	120	34.2	5	10	果窖数量达4.5万个，机械贮藏能力2.5万吨
2007	120	39.94	5	15	龙头企业快速发展

第二节　特色农产品

一、夹沟香稻米

产于宿州市埇桥区夹沟镇风景区镇头寺呵泉灌区，稻种珍异，依水而生。曾被列为清朝贡品，安徽名特产。

夹沟香稻属于浓香型，米粒修长，色如汉玉，腹部有一个白眼点，在稻谷成熟的季节，随风飘香。种植香稻米土壤为肥沃的山淤黑土，有机质含量丰富，土壤呈弱酸性，很适合香稻生长。经由深地质无污染天然呵泉水灌溉，含有钙、锶、锌等17种矿物质和微量元素，优质的泉水润育了著名的夹沟香稻米，其蛋白质与赖氨酸含量极高，经常食用具有滋补养颜、温胃补肾、明目醒肝、抗衰老作用。

夹沟香稻栽培历史悠久，早已记入国内特色品种之中。元代农学家王祯所著《农学》、明代农学家王象所著《群芳谱》中对夹沟香米均有记载。《养生要集》载："香米味甘，主利五脏，长肌肤，好颜色"；《理生玉镜》曰："以五十粒入它米数升炊之，芬芳馨美"；李时珍《本草纲目》记载："香米能润心、肺，和百药久服健身延年。"

据传，香稻米起源于宿州陴湖里村的野生稻种，被镇头寺的住持发现后移植到寺前水田种植，经天然泉水灌溉，成熟后香味奇特。由于"夹沟香稻米"在煮饭的时候会发出扑鼻的清香，固有"一家煮饭十家香，十家煮饭香满庄"之美誉，亦有民间诗人为"夹沟香稻米"题诗："呵泉水秀地，镇头米飘香。"

清朝嘉庆年间，曾作为贡品进京，史称"贡米"。新中国成立后被省政府列为"安徽省名特产品"，从1960年起，在全国历届农业博览会、交易会展出，在"99中国国际农产品博览会"获名牌产品证书。

20世纪50年代以后，经科技部门的不断研发，品质得到进一步提升，品种也由过去单一的香糯米，扩大到香粳、香糯、珍珠香、黑香、红香、绿香等六大系列十余个品种。"夹沟香稻米"从培育、插秧、收割、脱粒到碾米，都是人工化，并对香稻米的筅谷、筛选、抛光、免淘等进行技术处理，保持了米质纯度、色泽亮度、味道的香度。

"夹沟香稻米"是无公害、免淘洗的绿色食品，成为馈赠亲友的礼品。

二、泗县山芋

泗县地处苏皖交界，全县总面积1787平方公里，有耕地180多万亩，人口90万人。盛产小麦、玉米、山芋等粮食作物。1980年以前，山芋是当地人民的主要口粮之一。1986年以后，全县山芋的种植面积在25万亩左右，亩产400—500公斤（芋干）。20世纪90年代后，随着小麦产量的增加，山芋已退出主食系列，成为加工淀粉、粉丝、饲料和酿酒的主要原料。1997年后，引进优质、高产的脱毒山芋新品种，其中，黑美人、黄香蕉、淀粉王等品牌山芋已经走向市场，大受消费者青睐。山芋亩产量大幅增加。

在推进农业产业化建设中，泗县突出抓好山芋这一特色产业，盯住山芋"保健益寿"的食用价值，以及在制糖、制淀粉、制果胶、制酒精等工业领域中的增值效益，大力推广山芋种植。全县山芋的种植面积已超过30万亩，产量12亿公斤。2007年，全县有山芋淀粉加工企业46家，粉丝加工企业28家，年加工淀粉3亿公斤、粉丝2亿公斤，形成了一条山芋生产、加工的产业链。被中国特产协会授于"中国山芋之乡"称号。

三、砀山酥梨

砀山县总面积1193平方公里，以盛产酥梨闻名于世，为世界上最大的连片果园，被誉为"果海绿洲""世界梨都"和"酥梨之乡"。2010年，全县果树面积100万亩，其中酥梨面积75万亩。全县有百年以上树龄的老梨树超过6万株，酥梨年产量150万吨，年产值占全县农业总产值的70%以上。

砀山酥梨栽培历史悠久，享有盛誉，相传秦汉年间已有栽培。《砀山县志》载，明隆庆年间，砀山梨已作为贡品进京，久负盛名。清雍正《铜山县志》中记载有当地流传的民谣："黄里（萧县）石榴砀山梨，义安（铜山县）柿子压满集"。砀山酥梨品质优良，果皮光洁，个大，心小，皮薄，汁多，果肉酥脆，味香质甜，清香爽口，素有"蜜罐"之美称，是国内名梨之一。果内含糖量12%，还含有机酸、多种维生素和矿物质，营养丰富。除食用外，还可以加工成梨汁、梨酒、梨脯、梨膏、罐头等。砀山酥梨既是水果，又是良药，被中医誉为"果中甘露子，药中圣醍醐"，"生可清六腑之热，熟可滋五脏之阴"，深受消费者欢迎。1985年，在全国名优水果产品评比会上，获农牧渔业部优质水果奖。1989年，获农牧渔业部优质产品奖。产品畅销美国、澳大利亚、东南亚等地。

四、萧县葡萄

萧县葡萄历史悠久，负有盛名，为全国四大葡萄生产基地之一。明嘉靖《萧县志》载，萧县产葡萄。1915年，东南大学从烟台引入玫瑰香葡萄，在邵庄、大庄一带形成集中产区，并积累了独特的栽培经验，成为萧县著名果品。抗日战争前，葡萄生产曾有一段兴盛时期。新中国成立后，兴办果园场，葡萄生产迅速发展。1986年，又从法国引进8个优良品种，从美国引进20多个无病毒品种，全县约有近百个葡萄品种，栽培面积近10万亩。其中，以"玫瑰香"葡萄为最佳，果实圆满，紫里透红，很像珊瑚玛瑙，而且有穗大、粒饱、肉脆、多汁、甘甜、清香可口、食后生津等优点。"白羽"葡萄犹如水晶碧玉，果实严密，皮薄汁多，香郁可口。萧县葡萄营养丰富，一般含糖15%，还含有多种维生素、胡萝卜素和十多种氨基酸，并具有药用价值。从葡萄皮中可提取丹宁、酒石酸，用作镇静和食物防腐。萧县葡萄的三分之一供应市场，三分之二用于制罐和酿酒。萧县葡萄酒的生产有50多年历史，酒质清亮透明，柔和可口，回味绵长，具有浓郁的葡萄果香和陈酒的醇香。1984年，"双喜牌"白葡萄酒获国家优质产品银奖，"双喜牌"红葡萄酒被评为轻工业部部优产品，产品畅销国内外。

五、黄桃罐头

桃这种水果，早在三四千年前，在中国大地上就已进行人工栽培，到秦汉时代，桃已培育出很多品种，用柿子嫁接出的金桃，延续繁衍，就成为现在的黄肉桃种群。黄桃在中国的西北、西南栽培较多，随着罐藏加工事业的发展，在华东、华北等地栽培面积逐渐扩大。安徽省宿州市出产的黄桃质量上乘。

黄桃罐头是以成熟的黄桃加工而成。果块与汤汁均呈黄色，晶亮，果型均匀洁净，软硬适中，果香浓郁，微酸爽口，具有独特的风味。

黄桃罐头的营养十分丰富，它的主要营养成分有：丰富的维生素C和大量的人体所需要的纤维素、胡萝卜素、番茄黄素、红素及多种微量元素。硒、锌等含量明显高于普通桃子，还含有苹果酸、柠檬酸等成分。常食可以起到通便、降血压、降血糖、降血脂、祛除黑斑、延缓衰老、提高免疫功能等作用。

早在20世纪90年代，宿州市生产的黄桃罐头就被评为省、部优质产品。如砀山县生产的“梅林牌糖水黄桃罐头”（省优）、萧县生产的“长城牌475克糖水黄桃罐头”（部优）、“皇藏牌567克黄桃罐头”（省优）等。进入21世纪以来，砀山县的水果加工产业获突破性发展。宿州科技食品有限公司的黄桃罐头产量已跃居全国第一。“科技牌糖水黄桃罐头”“姥山牌糖水黄桃罐头”“冠隆牌糖水黄桃罐头”等质量在全国最优，产品畅销世界各地，深受国内外消费者的喜爱。

六、高滩萝卜

“宿州市有一怪，萝卜当成水果卖”，说的就是高滩萝卜。高滩萝卜产在宿州市埇桥区蒿沟乡高滩村，产区方圆约5平方公里，种植面积约400公顷。品种有红、青两种。红萝卜以质地甘脆、水分大、肉红质嫩而别具一格；青萝卜以内外皆青、甘甜爽口在市场上独领风骚。高滩萝卜具有悠久的种植历史，明万历年间即为朝中贡品。

七、帽山萝卜

帽山位于萧县龙城镇西南约五公里。帽山萝卜，皮肉纯青，味甜爽口似水果。又名水果萝卜、里外青、弯腰青。帽山青萝卜已有600余年种植历史。清朝乾隆皇帝下江南路经此地，品尝后赞不绝口。帽山青萝卜从此名声大振，成为贡品。1958年萧县人民政府将此萝卜送往北京展览，1961年被列入国家土特产展品项目，载入国家土特产品史册。

萧县龙城镇蔬菜协会的帽山萝卜生产基地，面积250公顷，年产量8000吨。2004年获安徽省农委无公害农产品产地认定。2005年8月，经农业部农产品质量安全中心审定，获全国无公害农产品认证。

八、泗县山羊板皮

泗县山羊资源丰富，品种为安徽白山羊，系黄淮山羊的一个地方类群，该羊肉皮兼用，板皮属“汉口路”，质量优良，是制革工业的上等原料。

第二章　地方文化

第一节　书画之乡

作为一个完整的书画流派，“龙城画派”口头相传已久。其称谓正式见诸报章，是权威书画刊物《朵云》1982年9月第三辑刊载的《国画之乡——安徽萧县》一文，作者是著名记者郝长恩。1984年11月28日，南京师范大学教授杨建侯在《新华日报》上发表《扎根泥土根深叶茂——评“国画之乡”萧县画展》一文，也提到“龙城画派”。1987年5月15日，著名国画大师刘海粟为贺萧龙士百岁寿辰，在《安徽日报》上发表《德艺寿齐辉》一文，文中盛赞“自同治末至民国肇造，龙城画派，名震徐淮……”，自此，“龙城画派”的形成、发展、规模、影响、风格，逐渐引起书画家、书画评论家、史学界、新闻界的重视和研究，“龙城画派”便频频出现在《人民日报》《中央电视台》《安徽日报》《安徽电视台》等上百家报刊以及电台、电视台等媒体上，并载入安徽省文化史志。

“龙城画派”，发端于明末，形成于清代中期，发展壮大于清末民初。这一时期，影响较大的书画家有王之麟、许辉祖、吴作樟、张太平、路荫南、侯子安、谢来占、王为翰、袁汝霖、刘云巢等，他们冲破笼罩画坛的“四王”（清朝初期的四位著名画家：王时敏、王鉴、王原祁和王翚。）画风，追逐时代新潮，以强烈的个性纵笔写意，以泼辣豪放的笔触写实，师法自然，具有浓厚的生活气息。他们艺术思想趋于一致，技法意趣趋于相同，融合南北，形成一种新的画风和流派。因其影响较大，活动中心又在龙城，故称“龙城画派”。

辛亥革命后，新文化运动、新美术运动迅速兴起，使“龙城画派”的发展有新的契机，如果说，清代萧县画家，其影响还囿于“徐淮”一带的话，那么，此后王子云、刘开渠、王肇民、朱德群、王青芳等一批大师级书画艺术家的出现，真正使萧县画家走向全国，乃至海外，他们对“龙城画派”的继承和发展，起到承先启后的推动作用。

新中国成立后，人民当家作主，书画艺术真正回归大众。“龙城画派”进一步发展壮大，一大批艺术人才脱颖而出，老、中、青、少书画创作队伍齐整，书画创作硕果累累，书画活动有声有色，书画教育如火如荼，开创了萧县书画事业空前繁荣的新局面，“龙城画派”的发展进入了黄金时期。1993年，中华人民共和国文化部命名萧县为“中国书画艺术之乡”。这一时期，萧县书画的繁荣体现在以下三个方面：

一、“龙城画派”出现新的领军人物。萧龙士是萧县书画繁荣时期“龙城画派”的领军人物。他跨越几个历史时期，在萧县执教数十年，博采众长，既继承优良传统，又刻意创新，自成一家。同时，一批立足本地、功力深厚的书画名家，继承“龙城画派”的优秀传统，广纳百家，形成自己的艺术风格，如欧阳南荪、刘梦笔、刘惠民、冯雨郇、郑正、阎梓昭、欧阳龙、薛志耘、姜秀真、祖爱民等。一批实力雄厚的萧县籍书画家，以独特的风格活跃于国内书画界，诸如天津的吴燃、北京的卓然、合肥的郭公达、葛庆友、张翰，徐州的宋德安、朱沛然、淮北的周本信、纵横，西安的王蒙等等,他们和身在家乡的书画家们一起,遥相呼应,使得“龙城画派”的影响,远播四方。

二、萧县书画队伍阵容庞大、书画社团众多、书画活动频繁。书画社团的成立，是萧县书画繁荣时期的重要标志。为弘扬萧县书画艺术，适应广大人民群众日益热爱书画和参与书画活动的需要，1981年成立全国第一家县级书画院“萧县书画院”，之后，群众性的书画组织相继建立起来。截至2007年，萧县城乡成立十多个学习、研究、交流书画艺术的群众团体。

1992年、1995年、1999年、2004年，中共萧县县委、县政府先后在萧县、中国历史博物馆成功举办四届“中国书画艺术之乡——萧县”艺术节，累计征得国内外萧县籍书画家作品数千件。书画艺术节的成功举办，是对萧县书画艺术成果的展示和检阅，深受社会各界好评。

萧县书画队伍庞大、画展频繁，创作成果可观，众多书画作品被地方文艺部门、书画院、博物馆和国内外艺术馆、纪念馆、博物馆收藏。全县书画艺术家，除在报刊发表大量书画作品和理论文章外，还出版60多部书画艺术专集。

三、书画创作普及度高，民间研习书画蔚然成风。随着物质生活水平的提高，人们的审美观念开始改变，在萧县，一些土生土长的画家应运而生，其中有建筑工、屠宰工、裱糊匠、油漆匠、教师、营业员、理发师、机关干部和农民。他们的作品，风格朴实无华，生活情趣浓厚，已毫无愧色地登上各级的大雅之堂，特别是闻名全国的萧县农民书画家，成长为萧县书画界的一支新军。萧县农民书画不是农民画。萧县书画的主体是“龙城画派”，风格主流是文人画，新时期的萧县农民书画，骨子里还是传承“龙城画派”的“重笔墨、重情趣、重师承”精华，以水墨写意和讲究章法的书体画风见长，是萧县文人书画走向民间的一个例证。

在萧县乡村书画的普及发展中，刘套镇的乡村书画是典型代表。这里曾走出以萧龙士、刘惠民、刘梦笔、郑正为代表的一批书画家。1987年，全国第一家乡村画院——“刘套书画院”宣告成立，郑正当选为院长，同时成立“刘套书画研究会”，一时间，十里八村的男女老幼书画爱好者蜂拥而至。在刘套书画院的带动和影响下，萧县其他乡镇的书画活动，也风起云涌，他们和刘套书画院交相辉映，共同构成萧县民间书画的蓬勃兴盛局面，为萧县书画事业的繁荣，增添亮丽多姿的一笔。

2007年，萧县的书画家中，国家及省级美协、书协会员近百人；全县具有可书可画之技者3万多人；笔墨成趣者3000多人；作品参加县以上展出者1200多人（作品6000余幅、件）；在省级以上报刊、杂志发表作品者200多人（作品近400幅、件），出版书画专著68部。

第二节　奇石文化

灵璧石，石质坚硬，具有玉石的品质。灵璧奇石是文化石、哲人石。西方人称之为“第二宝石”。它让欣赏者学会多角度看问题，学会宽容，启发人的想象力和好奇心，培养人们的独立精神和创新意识。

灵璧奇石是“神物”，是天然形成的艺术品，“上帝”的艺术杰作。其妙在似与不似之间。作为象形石，灵璧奇石的审美特征，可以概括为：似象非象。或象人物，或象动物，或象山水。其似象非象的审美特征巧合了美术创作的基本原理，给观赏者以充分的想象空间。

灵璧县是“中国观赏石之乡”。宿州市是“中国观赏石之城”。古人以“灵璧”二字名县，是取“山川灵秀，石皆如璧”之义，产生于此的灵璧石石类繁多，特色迥异。早在北宋时灵璧石就被列为贡品，和英石、太湖石、昆石同被誉为“中国四大名石”。这里有“中国灵璧石国家公园”“中国灵璧石国际交易中心”“灵璧石汇展中心”“天一园”“一品石园”以及“宋代采石坑遗址”。

灵璧县东北部绵延十几座山脉均产灵璧石，以渔沟、朝阳等10个乡镇为主。其中渔沟镇钓台村郑巷自然庄南、磬云山西北麓的“宋代采石坑遗址”，在2004年被灵璧县人民政府批准为县级文物保护单位，并立碑为记。据史料记载，古时开采灵璧石工具简陋，主要依靠人力挖掘、起运，开采范围相对集中。采石坑遗址地处磬云山脚下，是当时人们采挖奇石首选之地，从而形成采石大坑。

灵璧石产生于约9亿至7亿年前。由于地壳变动、岩浆喷发，大量藻类形成礁体，又经过沉积形成一块块奇形怪状的碳酸岩类灵璧石。灵璧石种类分为磬石、纹石、白灵璧、透花石、皖螺石等几大类数十个品种。

灵璧石的特征表现在声、色、形、质等方面。在声音方面，灵璧磬石之声闻之如金声玉振，余音绕梁，远在三千年前的殷代就被人们发掘并用于制作当时重要的乐器——磬；在颜色方面，其皮表颜色古朴自然，特别是久玩的奇石，因长久被手摩挲和汗水浸润，火气尽去，而显得更加墨黑光洁，韵味尤足；在形状方面，由于灵璧石原在古浅海泻湖之中，经过亿万年的自然风化，使其形包罗万象，浑然天成，毫无雕琢之迹，细视之，江河湖海，层峦秀峰尽揽其中，令人拍案叫绝。

灵璧石在历史上久享盛名，尤其是宋代。宋代杜绾所著的《云林石谱》汇载石品116种，灵璧石被放在首位介绍，明人文震亨撰写的《长物志》中称：“石以灵璧为上，英石次之”。清代赵希鹄所著《洞天清禄集》中，也把灵璧石排在第一位。另外，明代林有麟的《素园石谱》、张应文的《论异石》、清代的《金玉琐碎》等专著中都对灵璧石进行详细的记载。明代王守谦的《灵璧石考》，专门研究和探考灵璧石。灵璧石，大者可置于园林、庭院之中，小者可置于几前案头。闲暇之余把玩之，可以陶冶情操，怡养性情。因此，历代的文人雅士对其钟爱有嘉。据《苏子瞻集》载：宋元丰八年（1085年），苏东坡离黄州去金陵、扬州等地，道经灵璧，访张氏兰皋园，见一块“作麋鹿宛颈状”的灵璧石，甚爱，意欲得之，乃作《丑石风竹图》于张氏临华阁壁上，主人喜，以此石相赠。嗣后，东坡先生还专门作《灵璧张氏园亭记》一文以表纪念。“石痴”米芾更与灵璧石结下奇缘，以至每见灵璧石必拜，并口称“石兄”。清代学者赵尔丰论石说：“石体坚贞，不以媚悦人，孤高介节，君子也，吾将以为师。石性沉静，不随波逐流，扣之温润纯粹，良士也，吾将与为友。”从这几例观之，古人愿与其进行感情和心灵上的交流与沟通，与之为师为友，使人石合一，赏石的意念达到至高的境界。

乱世藏金，盛世藏宝。随着人们生活水平的提高，奇石的收藏热度不断增加，全国各地的奇石馆、奇石展如雨后春笋般兴起。宿州作为灵璧石的原产地，珍贵的奇石资源和深厚的文化底蕴形成了宿州市的特色文化——奇石文化。

第三节　地方戏

一、泗州戏

“泗州戏”被国家命名为首批“国家级非物质文化遗产保护项目”以后，宿州市相继采取保护措施，组织有关人员对泗州戏的传统剧目进行挖掘整理，恢复排演了《鞭打芦花》《拾棉花》《卖甜瓜》《四换妻》等剧目。采取上级扶持与自筹相结合的方式筹集资金，更新演出设备，并排练新剧目《三审奇石》。大型现代戏《秋月煌煌》首次在中央电视台戏剧频道播出，反响极大。一些精品唱段相继在安徽省电视台“相约花戏楼”栏目、中央电视台“地方戏之窗”栏目中播出，如《拾棉花》《离娘》等。对推介宣传泗州戏艺术，扩大影响力和传承保护起到了推动作用。招收青年学员，由专门老师辅导培训，为泗州戏传承输送新生力量。配备专人负责整理、搜集历史资料，并分门别类做好资料归档工作。寻求演出市场，把泗州戏精品剧目送到基层，让人民群众欣赏泗州戏艺术，感受其魅力，同时增加经济收入。陈若梅被确定为首批泗州戏项目传承人后，她演出的剧目、唱段被录制成光盘，主要作品：《秋月煌煌》《休丁香》《拾棉花》《离娘》《懒大嫂》《要听还是拉魂腔》等，有些剧目在中央电视台播出。唱段被中国唱片社、上海唱片公司录制对外发行，团内作为资料永久保存。在艺术传承工作上，陈若梅认真辅导学员，在唱腔、发声、韵味方面均给予耐心的指导。

泗州戏旧称“拉魂腔”，是安徽省的四大剧种之一，分布于皖北的淮河两岸，尤其流行于淮北地区。历史上曾多次代表宿州人民晋京汇报、献礼演出，并在诸多省级、国家级演出活动中获很高的名次，涌现出一大批有成就的泗洲戏表演艺术家。据有关资料推算以及老艺人回忆，“拉魂腔”起源于清代乾隆年间，有200多年的历史。在其发展演变过程中，逐渐分化为南、北、东三路，南路为泗州戏，北路为柳琴戏，东路为淮海戏。南北路总体风格接近。南路的艺人多为泗县籍，因而唱腔有“泗州调”的叫法，而泗县古称泗州，故1952年该剧种定名为“泗州戏”。传说“拉魂腔”的发源地是苏北的海州，其腔调是由丘、葛、张3位民间艺人以“太平调”为基础，再加以丰富整理，逐渐形成原始的“拉魂腔”。后来，丘姓艺人到了皖北泗州一带，又吸纳糅合了当地民间音乐素材，最终形成具有安徽地方特色的、为皖北人们所喜爱的“拉魂腔”。泗洲戏的表演、唱腔具有强烈的地域文化特色，独具魅力风采，融入了北方民族文化。它与山东、江苏的柳琴戏、淮海戏，有着一定的血缘关系，同是由“拉魂腔”发展而来，在中国戏曲史上占有不可忽略的地位。

“拉魂腔”初期说唱形式，以民歌、小调为基础，演唱的篇子和段子，多半是以“压花场”的形式来表演，有时也演一些小戏，多是“对子戏”，即“两小戏”（小生、小旦）。清咸丰、同治年间，形成简单的班子，并有乐器伴奏。到清末，便有了半职业和专业的泗州戏艺人，演出的小戏有：《雁门关》《小金锁》《打干棒》，大戏有：《大书观》《皮秀英四告》等，泗州戏板腔体系基本形成，且有了独特的行头和乐队，逐步从农村走向城市。

宿州市泗州戏剧团成立于1950年。由散落民间的“拉魂腔班社”合并而成。后改为蚌埠专区泗州戏剧团。1959年划归宿县地区，更名为“宿县地区泗州戏剧团”。1999年撤地建市，更名为“宿州市泗洲戏剧团”。2001年，被安徽省文化厅授予安徽省文化系统“先进单位”称号。

1954年，在上海举办的首次“华东戏曲汇报演出”中，该团参演的小戏《拾棉花》引起轰动，其载歌载舞的表演形式和优美的唱腔倾倒了上海观众。著名音乐家贺绿汀评价：“太美了，唱腔与表演充满着泥土的芳香。”1958年《拾棉花》被上海电影制片厂摄制成电影。

1957年年初，安徽省地方戏组团晋京汇报演出，泗洲戏剧团参演了《三踡寒桥》《樊梨花》《四告》《拾棉花》《打干棒》等剧目。5月7日，在中南海怀仁堂为党和国家领导人毛泽东、周恩来、刘少奇、朱德等演出，演出剧目有《打干棒》《思盼》。演出结束后，毛泽东主席、周恩来总理、刘少奇副主席等上台接见了全体演职人员。周总理与演员进行长达40分钟的交谈，询问剧团的情况，并作重要指示。

1959年，安徽省成立省政府慰问团赴新疆慰问演出，泗洲戏剧团约60人随行。演出剧目《樊梨花》《杨八姐救兄》，小戏《拾棉花》《卖甜瓜》等。

1973年，参加安徽省水利电力厅慰问团，赴江苏、河南、安徽省河工工地慰问演出。

1975年泗洲戏《深山问苦》、1979年建国30周年大庆泗洲戏《摔猪盆》、1998年戏歌《要听还是拉魂腔》、2002年小戏《懒大嫂赶会》晋京汇报演出。

2006年，泗州戏被国家批准为非物质文化保护遗产。泗县被命名为“泗州戏之乡”。

二、坠子戏

“坠子戏”是安徽省稀有的地方戏剧种，入选国家级非物质文化遗产保护名录。因其主奏乐器为大坠胡、唱腔使用坠子的基本曲调而得名。坠子戏属于民间说唱类型。流行分布于皖、豫、苏、鲁、冀等省部分地区。在安徽以萧县、砀山、宿县、濉溪、涡阳、蒙城、灵璧、固镇及怀远等县为活动基地。新中国成立后，淮南、滁州、合肥、镇江、扬州、菏泽、泰安、济南、开封等地亦留其演出足迹。

坠子戏起源于安徽萧县。1940年，以淮北琴书艺人陈兴兰（萧县丁目集人）为首发起，与王从金、赵尧顺、邵理信等琴书艺人组成民间演唱班社。将琴书的第三人称叙事体变化为第一人称的代言体，以戏曲形式首次出现在淮北大平原上。并为该演唱班社取名为“清音大扬琴班”，首演剧目为《洞宾戏牡丹》。1942年，杜庆祥（艺名永真）加入该班。演唱曲调以沿袭琴书的“四句腔”“垛子板”“凤阳歌”和“叠断桥”

等为主，偶尔加进一点“拉魂腔”和“梆子腔”。口传工尺谱，无男女腔之分，班内无女性。生、旦均为男艺人扮演，谓之“生、旦、净、丑一篮子挎”。剧目以“三小戏”为主。如《王汉喜借年》《潘金莲拾麦》《王林休妻》《拾棉花》等。最初的活动仅限于萧县的农村，以“撂明地儿”（即打地摊）演出为主，艺人多出身于农民或乡村曲艺艺人，农忙务农，农闲唱戏。

1944年，萧县著名坠子艺人李教令（绰号黑大个）和他的弦手王永玉及坠子女艺人史凤侠（坠子戏的第一个女艺人），先后加入“清音大扬琴班”。由于李教令艺辈最高，艺术造诣颇深，原班主杜庆祥等人均拜其为师，并推其为班主。在李教令的倡导和影响下，班内开始废其琴书曲调，改唱坠子的“平腔”和“扎板”，并改班名为“萧县道情班”。因该班敬奉“邱祖龙门派”（金代道教“北七真”之一的邱处机所创建的教派）。其艺辈按：道德通玄境、真常守太清、一阳来复本、合教永元明……排列，李教令为“龙门派”第十七辈弟子。早年的坠子是由皖北道情、莺歌柳结合三弦书演变而成，故该班称“道情班”。“道情班”的唱腔以李教令的东路男腔“大口”坠子和史凤侠的女腔“坤口”（或称“小口”）唱法为代表。在此期间，演出化妆技法简陋，小生戴礼帽、穿大褂，旦角着花平布褂、红裙，头顶印花毛巾，老生戴麻制髯口，丑角抹白鼻，并模仿日常生活动作的身段表演。1946年以前，道情班的活动仅限淮北的萧、砀、宿、濉一带，后逐步扩展到豫东、苏北等地。演出场所偏重于集镇的“缅会”（即牧畜交易会）、庙会，后逐步进入县城。剧目增加了《龙青海》《审姚大》《大红袍》等公案、袍带戏。部分花鼓戏、梆子戏艺人也陆续加入道情班，如：郭占才、余华荣、吴广志、牛家太、蔡可彬、李乐善、刘德才等，就连“花鼓状元”马敬君也曾改唱过坠子戏。该剧种的音乐除坠子本腔以及保留的部分琴书、拉魂腔、梆子腔外，还糅合了花鼓调等。兄弟剧种演员的加盟，不同剧、曲种的艺人云集一台，丰富了坠子戏的音乐和表演。坠子戏剧目分为“正本戏”和“小戏”两类，分别由原单口坠子中的“蔓子活”与“段子活”改编而成。

1948年，淮海战役爆发后，为避战乱，道情班两次西下河南游艺，把这一新兴剧种传入河南。豫东知名坠子艺人吴宗简等在此班的影响和帮助下，也建立道情班。1951年年底，道情班被萧县人民政府接收，成立坠子戏专业表演团体——萧县曲艺实验剧团（后来也称为“曲艺剧”）。经过整编，充实了艺术人才（如号称“三元”的刘元芝、陈元孝、陈元萍等），又培养出以朱月梅为代表的第二代坠子戏演员。陈元孝在坠子戏中糅进了安徽大鼓，刘元芝擅用“脑后音”和“喷口”，陈元萍清秀洒脱的小生唱腔都具有安徽坠子戏独特的地方风格和鲜明的音乐特点。

1956年，坠子戏《小菜园》参加安徽省第一届戏曲观摩演出大会，获演员、乐师、音乐等五项奖；青年演员朱月梅崭露头角，首次把这个长期生长在淮北平原上的新兴剧种带上了省剧坛。刘羽君发表了《看曲艺剧〈小菜园〉》文章加以评述。音乐上由“即兴演唱”逐步发展成为“排腔记谱”，乐队为“提纲伴奏”。

1958年到1959年，该团自编自演的大型坠子戏《白云五女》献礼演出，并多次为中央领导人刘少奇、董必武、谭震林等作专场演出，坠子戏这一新兴地方剧种以崭新的姿态饮誉江淮，轰动全省。为扶植这一新兴地方剧种，安徽省委于1959年11月决定成立“安徽省坠子戏剧团”（先后由蚌埠专区和宿县地区代管）。坠子戏从1963年起，配合党的各项方针政策，在安徽领先大演现代戏，上山下乡，送戏上门。《人民日报》《解放日报》《文汇报》《安徽日报》等刊物发表社论和文章，该团被评为全国“乌兰牧骑”式的“红旗剧团”。

在此期间，该团在音乐上对传统唱腔进行挖掘整理，创作了“喂鸡”“思盼”等坠子戏曲牌。并先后对唱腔板式和打击乐进行初步规范和改革，重点设计唱段，创作移植了《雷锋》《夺印》《芦荡火种》《智取威虎山》等大型现代戏。

“文化大革命”中，该剧种被砍掉，人员被遣散，所有的资料被焚之一炬。

1978年，恢复后的安徽省坠子剧团注重对剧目、表演、音乐、语言音韵的艺术探讨，音乐干部陈健（晨见）、郑忠良深入挖掘坠子戏渊源，在记录整理了大量传统音乐、文字资料的基础上，对诸类唱腔板式进行正式规范和命名。对“净行”和小生、老旦的行当唱腔作了探索性的尝试，初步解决转调问题。改革创新坠子戏男女腔［慢板］、［送板］和［小黑驴］以及坠子戏锣鼓与伴奏曲牌。为更好地塑造各种不同身份和性格的人物，又编创了部分综合板式的唱腔，丰富了坠子戏的表现力，改变了以前“一板到底”的单调格局。改革后的唱腔板式，通过大量的舞台实践，均成为坠子戏音乐中具有一定保留价值、不可缺少、新型的音乐程式，并广为使用。与此同时，还整理创作出一大批具有坠子戏特色的优秀剧目，如《金妹和银娃》参加安徽省首届现代戏调演，《包三黑赶考》获安徽省首届儿童戏调演创作、演出双一等奖，坠子戏清唱《请到淮北走一趟》和大坠胡独奏《闹花灯》在“江淮之秋歌舞节”上获一、二等奖。《潘金莲》《公主求情》分别获安徽省首届艺术节创作奖、演出奖。朱月梅、张立峰、张玲、孟敏、赵娟、邢亚东、沈艳秋、张莉、李玲、张高彦等多次在省级以上戏曲演唱评比中获个人表演奖。20世纪50年代起，坠子戏先后有《小菜园》《小包公》《窦娥冤》《潘金莲》和《公主求情》等戏的唱腔被录制成唱片或盒带发行。著名坠子戏演员朱月梅、张立峰的演唱艺术先后由安徽省电台、电视台和中央人民广播电台录音、录像并播放。

1999年，安徽省坠子剧团更名为宿州市坠子剧团。2000年11月，坠子戏《魂诉》在第六届安徽省艺术节上，一举夺得编导、作曲、表演、演出等五项一等奖。由坠子戏主奏乐器演奏的双坠胡与乐队《农家晨曲》获比赛二等奖。2002年，坠子戏《魂诉》和《一条大鱼》晋京汇报演出，得到首都观众和戏剧界专家们的一致好评。其中《一条大鱼》还在2004年获得了第二届中国滨州·博兴国际小戏艺术节金奖。坠子戏《窦娥冤》《人生配方》《一条大鱼》《打赌》《魂诉》《水晶颂》《大脚娘娘选总管》《今天是个好日子》等一大批优秀剧目被相继推出，并分别在文化部、中国剧协等单位举办的中国第七届、第八届“映山红”戏剧节及省文化厅举办的各类戏曲艺术活动中获奖。

三、淮北花鼓戏

淮北花鼓戏为国家级非物质文化遗产。1995年，为保护、挖掘、抢救和整理淮北花鼓戏艺术，宿州市（县级）花鼓戏剧团成立以杨春、海涛、赵士鼎、华立仁、彭杰、李仁、吕金玲7人组成的专家小组，专门从事花鼓戏艺术的遗产抢救整理工作。该小组记录整理了30万字的《淮北花鼓戏音乐》上下集。撰写了《淮北花鼓戏初探》，在中国艺术研究院戏曲刊物《戏曲研究》第51期上发表；参加中国戏曲音乐理论国际研讨会第五届年会暨第二届中国戏曲音乐理论论文评选，《淮北花鼓戏音乐的艺术特色》博得专家好评，被评为三等奖；在《中国戏曲曲艺词典》《中国戏曲剧种大辞典》《中国戏曲志·安徽卷》上，发表淮北花鼓戏剧种介绍和历史沿革；在中国文联出版的《乐海涛声》中发表《淮北花鼓戏的调式》；《淮北花鼓戏音乐研究》，被人民音乐出版社列入“21世纪音乐学文库”计划；在中央人民广播电台“空中舞台”上，制作播出《千里淮北一枝花》，专门介绍淮北花鼓戏剧种及音乐艺术，时间30分钟。其次是挖掘整理。2005年以后，先后进行优秀唱腔、舞蹈和传统剧目的收集整理，召集有影响的老艺人进行录音录像工作，形成较为完整的视听资料，并在此基础上，整理复排花鼓戏优秀传统剧目，包括《墙头记》《姐妹易嫁》《四宝珠》《王小赶脚》《新人骏马》等。第三是不断创新花鼓戏艺术，使花鼓戏在唱腔、舞蹈、表演等方面更符合时代性，更具观赏性，更加贴近群众。

四、砀山四平调

四平调戏曲发源于砀山县周寨镇，流行于苏、鲁、豫、皖交界地区。1986年，砀山县最后一个四平调剧团解散后。砀山县在搜集资料、建立四平调戏曲艺术档案的同时，整理材料，申报省级非物质文化遗产保护。

五、淮北梆子

淮北梆子戏入选国家级非物质文化遗产保护名录，宿州市人民政府在《关于印发宿州市文化产业发展实施方案》中将淮北梆子作为戏曲文化产业的一项重要内容列入规划。建立优秀剧目演出专项资金，用以扶持、奖励优秀剧目。

市政府在实施重点保护淮北梆子老艺人的同时，还邀请他们到宿州市梆子剧团教学，培养艺术新人。投入10万元组织有关人员整理挖掘、复排淮北梆子老艺人的代表剧目和优秀传统剧目，并将剧本、唱腔及复排的音像资料整理成册，归档保存。为扩大淮北梆子的影响，把整理、复排和新创作的优秀剧目推荐到省内外参加戏曲汇、调演活动。在“华东”大赛、中国“映山红”戏剧节上，尽最大努力弘扬、传播淮北梆子这一濒危的传统剧目。

为缓解淮北梆子演员青黄不接的局面，该剧团开办淮北梆子艺术训练班，学制三年，招生45人。自2002年以来，投入剧目创作经费50万元，其中政府投资20万元，市梆子剧团投资30万元。宿州市财政拨款60万元，用于专业队伍建设。

第四节 马戏之乡

2006年9月27日，中国文联、中国杂技家协会在北京人民大会堂正式命名埇桥区为“中国马戏之乡”。这是首次授予此项称号，也是全国唯一的一个。全国人大常委会副委员长何鲁丽、中宣部副部长李化军、文化部副部长陈晓光、中国文联党组书记胡振民、中国杂技家协会主席夏菊花出席命名大会。为更好展示埇桥马戏的风采，埇桥区于2006年10月19日—23日，举办“中国·埇桥首届马戏艺术节”。

埇桥马戏艺术，始于明末清初，由民间杂技发展而成，到清朝末年，已具有相当规模。20世纪20年代，宿县蒿沟、桃沟、柳沟一带，以尹清云、顾传标、吴清云为代表的杂技名人，率先将马、猴子、狗等动物表演引入演出，取得很大成功，并在业内留下“宁走三江口，不过蒿桃柳”的佳话。

20世纪30年代，蒿沟乡的尹清川自筹资金买来一批动物，成棚流动外出谋生。这些动物在长期展演过程中很受群众喜爱，后来他们开始尝试以杂技表演形式来驯化动物，并很快收到成效，至30年代末，便形成诸如狗熊站立行走、羊蹬花瓶、猴子拉车、老虎钻圈、狗识数等节目，埇桥区真正意义上的马戏艺术由此逐步形成。当时比较有名的是李同仁的“胜利棚”和郑继荣的“大众棚”。

新中国成立后，宿县人民政府将广大马戏艺人组织起来，成立国有动物表演团，1965年定名为“宿县动物表演团”。有狗熊钻火圈、狗熊走晃板、双猴飞人、警犬追捕等20多个节目。1969年该团被解散。1977年，在各方的努力下得到恢复。在恢复表演团当年的国庆节上，安排一场动物表演，业务团长吴源民坐在由自己驯化的狗熊骑着的自行车的后座，来到表演场地。30分钟的路途，狗熊知道拐弯避人，引来路人驻足观看，无不称奇。当晚的观众人山人海，拥挤不动。从此，恢复后的动物表演团踏上流动表演的征途，先后到过北京、上海、南京、哈尔滨等数十个大城市，接待过美国、加拿大、新加坡等国外宾和港澳同胞。在农村、工厂、军营演出，备受观众欢迎。1982年，北京、上海电影制片厂分别为该团摄制名为《快乐的动物园》的立体电影。马戏艺术从此成为宿县最大的文化产业。

改革开放以来，以蒿沟乡为中心的民间马戏艺术得到快速发展，到20世纪90年代，全区民营马戏团发展到近160家，而且驯兽水平和演出效果得到很大提高。以安徽明星大马戏团为代表的马戏艺术大军，步入全国一流的马戏队伍，他们创作的充满阳刚之美和惊险刺激的虎口夺肉、虎踏人桥、双人飞天等节目，让观众赞叹不已。全区马戏演出市场遍及全国各地，年创收2亿多元，占据全国演出市场的半壁江山。

附：

宿州动物表演六团

宿州动物表演六团团长潘海波，1975年出生。2001年，在缅甸鑫熊集团从事驯化工作；2002年，在西双版纳原始森林公园从事驯化工作，所驯狗熊“盼盼”成功参加了《新天龙八部》的拍摄；2003年，在重庆野生动物世界担任表演负责人。他是宿州马戏年轻一代创业者中的代表人物。该团表演的主要马戏节目有《与狼共舞》《老虎写字》《狮虎过桥踏美人》《狮虎拜年》《公鸡灯泡跳芭蕾》《小狗走钢丝》《小猪跳水》《狗熊直立踩球》《猴子杂技》《羊蹬花瓶》《狗熊花样走钢丝》《狼狗考试》《人鳄同眠》《人鳄接吻》。其中《老虎写字》《狮虎过桥踏美人》《人虎摔跤》《新版武松打虎》等高难度表演，成为经典之作。

第三章 名胜古迹

第一节 风景名胜

一、皇藏峪景区

位于萧县县城东南21公里的九龙山中，南北长约20公里，东西宽约4—5公里。皇藏峪原名黄桑峪，古时因为峪中长满黄桑树而得名。相传汉高祖刘邦称帝前，秦始皇为压天子气而东巡，刘邦为躲秦兵隐藏峪中。其妻吕雉不期而至。人问其故，吕雉答道：刘邦所到之处，上有瑞云缭绕不散，故能寻觅。刘邦称帝后，黄桑峪亦因此改名“皇藏峪”。另一传说，汉王刘邦被项羽楚军战败，曾藏匿于此，故得名。再一说，王莽追赶刘秀，刘秀藏于峪内之山洞中躲避，因而得名。

皇藏峪群峰突起，谷幽林密，涧溪长流，自然景色优美。峪内有3100多亩天然森林，146种树木，58种鸟类，700多种草药，属温带阔叶落叶林残存地区。次生林区树种最多，亦有不少千年古树，为淮北之稀有珍品，反映了淮北地区暖温带生物群落面貌，被列为国家级森林公园、省级风景名胜区和自然保护区。

皇藏峪不仅自然景色优美，而且人文景观也较为丰富，同时，又是避暑胜地，三伏酷暑之时，峪外烈日炎炎，峪内凉爽宜人，宛若两个世界。峪中景观主要有瑞云寺、皇藏洞、拔剑泉、仙人床、洗钵池、美人洞、果老洞、观景峰、雾猪泉等。

皇藏峪密林深处，有一古刹，名曰“瑞云寺”。始建于南北朝梁武帝大同年间（535—546年），名曰“登云寺”或“望云寺”。后因汉高祖曾藏于此，俗称“皇藏寺”。北宋端拱二年（989年）复建时，更名“瑞云寺”。旧有碑记：“众山环合，卫基如城，间有古寺，名曰瑞云”。

瑞云寺建筑布局颇具匠心，背负悬崖，面临深渊，左右有山溪环绕，上下有古树伞盖。林深石奇，飞鸟不惊，僧人安居。古人曾题“萧国福地”，中经隋、唐、宋、元、明，屡有兴废。明末清初，度遇和尚开山扩建，以后几经扩建，初具规模。殿堂楼阁共99间，呈三进三阶式院落。前院是藏经楼，楼下斋堂，楼上藏经；中院是大雄宝殿5间，飞檐拱壁，气势雄伟，原塑有释迦牟尼、药师、南无阿弥陀佛、十八罗汉等金身佛像；后院是方丈室，明三暗五，高大轩敞，清雅宜人，左右楼阁，廊腰迂回，飞檐钩天。整个寺院石级层迭，回廊交错，门楣多变。殿前腊梅掩映，黄杨相衬，左侧有一株1300多年树龄的银杏，主干下生有二枝，雌雄同株，一大一小，雄株高24米，雌株高13米，枝叶繁茂，犹如“携子抱孙”，又号称“母子树”，饶富天趣，为一奇景。右侧是一株挺拔古松，树高18米，树龄上千年，昔年香火盛时，终年香烟缭绕，松枝在缥缈的雾霭中时隐时现，故有“虬须佛气”之称。东西厢房前有老桂两株，一名金桂，一名银桂，合称姐妹树，树龄800多年。秋高气爽时节，满院桂花飘香，沁人肺腑。该寺几经战乱，寺院颓败，经书、塑像荡然无存，殿宇严重毁坏。

1978年以后，政府曾拨款修葺，部分建筑恢复原貌，以后又进行多次整修。瑞云寺被省列为重点保护寺庙之一。

二、圣泉寺景区

位于安徽省萧县县城西北三里泉山北坡。泉原名“菩萨泉”。相传古时有一书生路过此地，寻水解渴，见一妪端坐石上，书生以礼相问，妪静坐不语，再问，笑指背后岩下。书生前往观看，果有一水泉，饮毕欲谢老人，老妪已不知去向。泉因此得名。泉旁的岩石上原刻有碗大的“菩萨泉”三字。明代更泉名为“圣泉”。清雍正十年（1732年），知县温长发在泉上建有一亭，亭前砌一蓄水池，亭外修渠道通入台边石龙头，水满自溢，流往龙嘴，泻往山下，不再见流。俗称：“上有圣泉水，下有柯（渴）家林，泉水流不断，流下荡无存。”圣泉是萧县著名的一处泉水，涓涓细流，虽一勺之泽，却四季不涸，水质清澈味甘。清人王维翰《题圣泉》诗赞云：

瀑布山腰老树前，僧寮一簇锁寒烟。

不经陆羽煮茶过，谁定江南第几泉？

盛夏，周围村民来山汲泉消暑，引以为快。有“圣泉寺的水喝一梆子”的歇后语，并戏称“喝死不伤人”，堪称萧县第一泉。主要景观有圣泉寺、郑公墓、二子书声洞等。

圣泉寺位于亭西。北宋时，乡贤窦师道隐居于此，卒后，其侄窦明远（墩礼）于泉旁建“拱翠堂”。金明昌三年（1192年）改为“龙泉禅院”，始为佛教寺院。明时改称“圣泉寺”，后寺庙倒塌。明嘉靖十九年（1540年），知县孙重光于泉旁建“虚谷堂”。嘉靖三十七年（1558年）“虚谷堂”毁于大风。隆庆二年（1568年）满聪和尚化缘重修并勒石铭文。庙依山势，殿庑门廓，颇为壮观。清朝后期，开始败落，殿宇坍塌。1979年后寺庙修葺。

三、天门山景区

位于萧县县城东南17.5公里，白土镇境内，皇藏峪之北4公里。景观主要有天门山、天门寺。

天门山一山中劈，双峰壁立如门，过此步步登高，如上天门，故名。中有益泉，溪流清滢，林木深蔚。峭壁之上镌有“仰之弥高”“难于蜀道”等石刻。天门山石土相杂，树木其间，土失之后，树石相盘交错，石怪树奇，有“树驮碑”“碑驮树”“飞来峰”“蚂蚁泉”等胜景，组成一幅自然奇观图。峰顶有约2亩方圆的草坪，杂草丛生。相传为孔子游此遇雨晒书之处，故名“圣人场”。书压山草皆向东斜，人称“晒书台”。场侧有水池，水色墨黑，涝天不溢，旱天不涸，名为“洗砚池”。

天门寺位于天门山口，始建于元至正元年（1341年）。原有大殿三间，东西廊房，殿内塑有金身佛像。明永乐年间，寺庙倒塌，但佛像尚存。明宣德四年（1429年），徐州知府杨秘重修天门寺，寺院坐北朝南，佛殿三间，伽蓝院一间，僧房三间，厨房三间，更名为“禅院”。后因遭战火，僧走寺毁。新中国成立后，清除神像，先后在此办过学校、林场，殿房因年久失修毁坏。院内尚存1400多年树龄银杏一株，高35米，胸径1.7米，材积约30多立方米，为淮北稀有珍品。树旁有一清泉，穿石过涧，汇为一池，味甘，四季不竭，水中常见蚂蚁戏游，故人称“蚂蚁泉”。寺周围古木参天，怪石嶙峋，如牛羊虎豹。寺北悬崖之巅，有洞，洞外松柏倒悬，凌空欲飞，游人可望而不可及。明人有诗云：

一线崎岖入寺门，山围廊宇昼长昏。
当头蹲虎悬崖石，掉尾乘龙老树根。

清道光至咸丰年间，先后两任萧县知县的赖以平曾作《游天门寺》诗记其胜。这是首回文诗，正读倒读都很优美。

前来翠霭积烟村，兴触诗人醉酒樽，
涧悬水声琴入韵，屏列山景画留痕。
泉飞带雨穿虹架，树曲盘崖抱石吞，
天接路高登步步，烟云起落碧当门。

四、大五柳景区

初唐诗人王绩，辞官在宿州武里山隐居，于房前种了五棵柳树，那块地方便被称为大五柳。诗人在《新园旦坐》中咏道：

林宅资余构，园亭今创营。
接梨过半箸，从此近全生。
凿沼三泉漏，为山九仞成。
草香罗户穴，茅茹结檐楹。
松栽一当半，柳种五为名。
独对三春酌，无人来共倾。

大五柳地处宿州市北约30公里的夹沟镇武里山区，为省级风景名胜区。风景区北起闵子骞故里，南至大方寺，南北长18公里，面积46平方公里。鸟瞰武里山脉，呈南北走向，连鹰嘴山、秦山、龟山、龙顶山、钓鱼台、十里长山、金盆山、雏凤山、牛头山、芳岩山、龙脊山诸山，逶迤起伏，宛若游龙。人们把龙顶山（龙）、雏凤山（凤）、龟山（龟）、鱼山（麟）相连，合称“四灵”之山；又把龙顶山、雏凤山美喻为“龙凤呈祥”。

大五柳风景区，山势呈半合围之态，重峦叠嶂，山水相依，藏风聚气。龙泉、珍珠泉、呵泉、哗哗泉、秦山泉、老山泉是古老名泉，喷珠溅玉，常年不竭；大方寺、龙泉湖、流沟寺、长山套、老山口、秦山寺、草坊等处，青山绿水，茂林修竹，灵泉奇洞，宝刹名寺，古墓神木，浑然一体。

主景区内，龙泉湖碧波荡漾。岸边垂柳、龙柏、雪松、红樱相托，生机盎然。景区的盆山洞内，石笋、石柱千姿百态，给人以丰富的联想；五柳矿泉水，质优味甜，所含矿物质丰富，自古便是润育“夹沟香稻米”的乳汁，使“一家煮饭十家香，十家煮饭香满庄”的夹沟香米，成为“贡米”。五柳景区除优美的自然景色外，还有龙泉寺、大方寺、闵祠、殷商文化遗址及古汉墓群等众多人文景观，实为黄淮海大地上少有的旅游佳境。

漫步大五柳，人工装点的景观和自然天成的野趣交相映衬。沿着平展的水杉林荫大道进入景区核心——龙泉湖，纵目四望，满眼新绿，无处不呈现着勃勃生机。左盘右绕的环湖路和纵横交错的曲径旁，遍植龙柏、银杏、芙蓉、赤枫、红叶李和五角枫等风景树。每一条道路,栽植一个树种,错落有致,各具特色。新开辟的翠竹园、石榴园、牡丹园、苹果园、枣园、桃园、柿园、梅园、桂园……春来繁花似锦,秋来硕果飘香。

山清、水秀、洞奇、泉灵、稻香,大五柳景色赛江南。

五、湿地

（一）*泗县石龙湖湿地*

国家级湿地公园石龙湖，位于泗县南部，距县城12公里，104国道东侧800米。石龙湖中间有一处酷似龙眼、龙鼻、龙嘴的形状物，常年水流不断。当地民间传说，明太祖朱元璋的军师刘伯温曾经在此建过土窑，破坏了龙脉，导致龙眼滴水，后来形成湖泊，故名石龙湖。石龙湖东起墩集镇霸王村、石龙岗村，西部、北部靠大路口乡龙湖村、石霸村，南接五河县武桥镇界沟村，规划总面积为1695公顷，园区湿地面积达1100公顷，占总面积的65%。该区域地处石梁河下游，天岗湖上游，龙须沟和石梁河交界处。石梁河起于城北八里桥邓沟口，经泗县城区向南穿过新汴河入天岗湖，全长21公里，流域面积411平方公里。历史上，石梁河与唐宋汴河、老濉河相沟通。2009年12月，国家林业局批准石龙湖为国家级湿地公园。

石龙湖湿地位于暖温带向亚热带过渡地带，生物资源较为丰富，区域内碧水常清，绿波荡漾，芦苇丛生，景观优美。随着环境改善和保护加强，湖区留鸟日益增多。石龙湖湿地以平原为主，地势平坦，以河流和沼泽湿地为主要生境（即栖息地）特征。石龙湖也是泗县脊椎动物最为集中的分布地之一。湿地鸟类计有15目37科98种，其中国家一级重点保护鸟类有东方白鹳，国家二级重点保护鸟类有小天鹅、鸢、普通鵟、白尾鹞、红隼、灰鹤、白枕鹤、长耳鸮、短耳鸮共9种，安徽省重点保护动物有30种。浮游动物33种，鱼类6目12科31种。两栖、爬行动物9科15种。湿地植物44科129种，其中属国家二级重点保护的有野大豆、莲、野菱3种。主要经济作物有芦苇、白杨、菰、莲、菱、薹草等十几种，其中以菊科、禾本科、莎草科、蓼科等为优势料。

园区内具有丰富的历史文化资源。园区北部邓公村是明朝开国名将邓愈故里。邓愈，初名友德，字伯颜，虹县龙宿里人（今泗县大路口乡邓公村）。邓愈幼时聪慧好学，稍长即怀平定天下之志。后任征西将军，平定吐蕃反抗势力，抵昆仑山而还，至寿春病卒，年41岁，被追封为宁河王，谥号武顺。园区东部霸王城是楚汉相争时，西楚霸王项羽驻兵地，垒土成城，故而得名。这座霸王城是在淮北地区同名的三座霸王城中保存最为完好的一座。

龙须沟相传为龙游过留下的水系。相传曾有两只石龟伏于明朝卫国公邓愈的墓上，后来一只石龟思乡难耐，想爬回虹县（即泗县）故里，在爬到石梁河南段，眼看家乡在望，这时遇一老妪，石龟羞愧难当，便卧于此，后来成了石梁河。石梁河的底部确有许多石头。

赵姑堆位于区内西南侧的赵庄附近。相传明朝刘伯温路过此地，看到这座堆一天比一天长高，又得知有一名叫凤姑的女子入住村中，预计这里可能要出真龙天子。刘伯温唯恐明朝的天下被他人夺去，使用法术破坏此地龙脉。赵姑堆四角各有1个石桩，据民间传说，这是当年刘伯温施法遗留下的遗迹。

石龙湖沉淀的丰富历史文化，是石龙湖湿地公园的重要组成部分。与石龙湖的湿地景观和自然资源一起，共同构成了石龙湖湿地园区独特的内涵。

（二）砀山黄河故道湿地

公元12世纪宋金对峙之际，由于人为的和自然的原因，黄河改道经由汉魏古汴水夺淮入海。700多年后，即清咸丰五年（1855年）六月，黄河在河南兰阳（今兰考）决口，直冲东北，夺山东大清河（古济水），复归由渤海湾入海。大水消退后，兰阳以东的原黄河河道逐渐被废弃，成为废黄河，世称黄河故道。故道沿线地势相对低洼，形成一些大小不等的湖泊，即黄河故道湿地。夏秋多雨季节，黄河故道各河段可以互相沟通，成为季节性河流。黄河故道，大致保持着汉魏古汴水和宋金至清代黄河的走向。

砀山黄河故道湿地是黄河故道全程的一个段落，西段起于砀山县中北部官庄坝镇。它以黄河故道河槽为中轴，延伸到两岸，呈西北东南走向，全长约46.6公里，宽度在1.5—2.2公里，总面积100多平方公里。湿地位于黄淮平原腹地，属于季节性沼泽湿地，常年水面面积在12.5至14平方公里，其中洁净无污染水面10多平方公里。湿地区域内生态功能稳定，人为活动干扰破坏较少，保存有完整的湿地系统和极其丰富的生物资源。

砀山黄河故道湿地位于温带大陆性季风气候区，处于北亚热带和暖温带的过渡带，兼有南方和北方气候特点，在全球同一气候带中，是具有代表性及典型性的区域。区域内生态系统结构复杂，类型多样，包括河流、湖泊、沼泽、滩地、森林和农田等。湿地中的植被是以禾本科与莎草科的中生、湿生、沼生及水生植物为优势的草甸、沼泽、水生植被类型。在湿地内有植物38科68种，主要水生维管植物有19科30种，其中国家二级保护植物3种，分别为野菱，野大豆和莲。动物资源更具备生物的多样性，其中浮游和底栖动物23种，鱼类34种，两栖爬行类14种，哺乳兽类10种。由于气候适宜、环境优良、饵料充足，这里更是鸟类的天堂。初步统计，湿地内的鸟类达14目32科95种，其中国家一级保护鸟类1种（大鸨），二级保护鸟类11种（小天鹅、鸳鸯、鸢、赤腹鹰、红隼、灰鹤等），省级重点保护动物22种（鸿雁、灰雁及野鸭类、伯劳类、杜鹃类、燕类等）。湿地两边外侧除防护林外，即是砀山酥梨的原产地和主产区，被誉为“世界果林公园”和“梨都”。

进入21世纪，砀山县加强了对黄河故道湿地的保护。一是对湿地资源进行全面调查，绘制资源分布图，建立资源档案；二是加强资源保护宣传以增强公众保护湿地的意识；三是动员沿湿地区域农民退耕还湿地；四是强化管护措施，建立砀山县黄河故道湿地自然保护区，使湿地资源得到更加切实有效的保护；五是以项目建设促进湿地资源保护。

第二节　古遗址　古墓葬　古建筑

一、古遗址

（一）萧县蔡洼——淮海战役总前委旧址

位于安徽省宿州市萧县丁里镇蔡洼村。1948年12月17日，在此召开的淮海战役总前委会议。由邓小平、刘伯承、陈毅、粟裕、谭震林组成华东、中原野战军总前委。此次会议，对于夺取淮海战役和渡江战役的全面胜利，对于解放全中国，都起到极为重要的作用。在中国的革命史和军事史上，处于十分重要的位置。

淮海战役总前委旧址的主体建筑，就在蔡洼村中心的杨家台子，为清末古建筑群落，房主是一位姓杨的开明地主，其主体建筑原为三排三进9个小院组成，共54间房屋，东侧为三进院，中间和西侧皆为二进院，计48间。解放初期土地改革时，房屋分给部分农民，因此风貌有不同程度改变，但基本保持杨家台子原来的建筑格局。当年总前委开会用的房屋保存较好，室内桌、椅、条几、马灯，粟裕、邓小平用过的床、文件柜、水桶等部分实物保存完好。

2004年，安徽省人民政府公布其为省级重点文物保护单位；2005年，国家发改委等4部委列其为全国100个“红色旅游”重点景区之一；2006年6月，国务院公布为第六批全国重点文物保护单位。

（二）陈胜、吴广起义遗址——涉故台

位于宿州市埇桥区西寺坡镇刘村南2公里处，距宿州市城区约25公里。

陈胜、吴广起义遗址是陈胜、吴广等九百戍卒揭竿而起的首义之地，是中国第一次农民大起义（史称“大泽乡起义”）的历史遗存。其主体文物“涉故台”为土质高丘，呈覆斗形，始筑于秦二世元年（公元前209年），距今2200多年，保存基本完好。根据司马迁《史记·陈涉世家》记载，此台系起义的盟誓台和祭坛（为坛而盟，祭以尉首）。

涉故台上原有明代所建的楼台寺。民国初僧人云散，在抗日战争时期，利用空余僧舍设立涉故台小学。建国后尚存大殿三间，钟楼一座。明万历，清道光、光绪，民国残碑四块。

遗址上有柘龙树、古碑、古井等珍贵遗迹。台前70米中轴线上矗立一座陈胜、吴广起义大型雕塑（1986年建成），台东南建有陈胜、吴广起义纪念馆“鸿鹄苑”（1991年建成），内有名家碑刻数十方，陈列室一处。传说故事遗址如鱼腹天书湾、篝火狐鸣处等多已湮没。

陈胜、吴广起义遗址是中国历史上第一次农民大起义遗留下来的历史遗存，具有较高的历史价值和社会科学研究价值，是历史的载体和见证，是一座伟大的历史丰碑。

1961年，安徽省人民政府公布其为省级重点文物保护单位。

（三）蕲县古城址

位于宿州市南22.5公里的埇桥区蕲县镇。蕲县交通便利，古老的浍水从古城南侧自西向东流过。古城为秦所筑，属地有大泽乡，陈胜吴广起兵于此，名震千古，城郭周长5820米，具有相当规模。

古蕲周末属楚；秦代置县；汉袭秦制为县，隶属沛郡；王莽改蕲县为蕲城。三国时先隶谯郡、后属汝阴郡。晋时复属谯郡。南北朝时先隶属南兖州，并侨置巢县境；后设蕲郡，辖蕲县旧地；又改蕲郡为蕲城郡，治蕲城，领秦汉故地。隋复蕲县，隶属彭城郡；唐先隶徐州后属宿州。五代、宋、金沿袭不改。元代并入宿州，为集至今。

历经2000多年的沧桑，蕲县古夯土城垣大部尚存，仍保留在浍河北岸上。据调查、勘测，古城平面接近方形，南北长约1.5公里，东西宽约1公里，周长约5公里，内有蕲县集和五个自然村，面积约2.2平方公里。南依浍水为天然屏障；东、西、北三面有人工护城河，虽堙淤尚能看出低洼处有20余米宽，城墙似用护城河的土夯筑，夯土层厚约15厘米左右，东西各有一座城门，南北各有一座水门。运粮河自浍河从南水门入城穿越而过，从北水门出城向北至符离县境与濉水相连。城垣上宽约15米左右，墙古基宽约30米左右，残高3至5米不等。城内屡有战国、秦汉文物出土。

古蕲，因经济富庶和交通便利，历来为兵家必争之地。公元前224年，秦将王翦率兵六十万，大战楚将项燕于蕲南，项燕战败自杀。公元前209年7月，以陈胜、吴广等九百名派往渔阳（今北京密云）戍边的士卒，为反抗秦暴政，在陈、吴二人的领导下，于蕲县大泽乡起义，蕲县成为秦末农民大起义的首克县城。经短暂休整，义军主力溯浍河西进，矛头直指秦王朝统治中心的地区，势如破竹，连克铚、酂、谯、楉等县，攻克陈县（今河南淮阳），宣告“张楚”政权成立，队伍迅速壮大到数万人马，给秦王朝沉重打击，在中国农民革命战争史上写下了光辉的一页。

蕲县历史悠久。据考古发现，早在新石器时代人类即繁衍生息在这方肥沃的土地上。古城址周围区域分布着新石器和商、周、秦、汉时代的古文化遗址，可谓星罗棋布。蕲县古城即夯筑在古文化遗址上，它的南墙既利用浍水北岸，又利用西上航遗址，所谓“西上航”处就是西周先民在浍水北岸的一个生活聚落遗址。从城址南城墙叠压下的浍河北岸剖面采集到网坠、鹿角和鬲、豆、罐等绳纹陶片，再现西周文化面貌。大约到了战国时期，楚东渐略，这里成为楚国疆域而具有重要的战略地位。“西上航”可能始为运输集散物资的码头，随之逐渐繁荣起来，进而成为古代淮北地区一个地方政治、经济、文化中心。

1986年，安徽省人民政府公布其为省级重点文物保护单位。

（四）小山口遗址

位于宿州市埇桥区曹村镇小山口村北1公里处，西部紧邻萧县，北部为江苏铜山县，东部靠京沪铁路。

小山口遗址地势平坦，面积约3万平方米，早在20世纪七八十年代，小山口附近的村民雨后经常能在遗址西北部捡到小件玉器，如玉管、玉璜等。20世纪80年代中期，文物普查时将其定为一处新石器时代遗址。1990年春，中国社会科学考古研究所再次对其调查，并于1991年秋对小山口遗址进行发掘，发现该遗址含新石器早期、大汶口文化和晚期龙山文化遗存，文化层丰富、出土遗物较多，为探寻皖北地区新石器文化发展序列演化提供了丰富的实物资料。

据1991年发掘情况，仅发掘探沟一条（3米×10米），文化层内发现新石器早期灰坑1个，大汶口文化时期墓葬1座和龙山文化时期灰坑2个。早期文化遗物主要有陶器、石器和骨角器。陶器多为夹砂红陶，火候低，较松软，陶胎粗厚，以素面为主，均为手制，器形有罐、钵、杯和支座等。石器有刮削器、尖状器、石锛、石斧及磨盘、磨棒。骨角器则有骨笄、骨管、骨锥等，数量不多，遗址发掘部分的大汶口文化层较薄，出土器物较少，但器物已较规整并出现彩绘陶器。小山口遗址的龙山文化遗物出土较多，以陶器、骨器为主，石器较少，龙山文化陶器多为泥质灰陶或黑陶，红陶和白陶较少。从小山口遗址出土的新石器早期到晚期龙山文化遗物，器物的种类和数量不断增加，制作质量和精美程度也不断提高，反映出先民生产技术、生活水平不断提高，社会生活的审美意识和审美情趣也在不断发展提高。

发掘报告表明：小山口遗址包含新石器早、中、晚三个时期的文化遗存，对研究淮北地区大汶口文化和龙山文化，特别是淮北地区新石器早期文化的面貌和性质提供了丰富的实物资料，填补了宿州市新石器早期文化研究的空白。经中国社会科学院考古所碳十四测定，小山口早期文化分别为公元前6077—前5700年和公元前5958—前5650年，距今约8000年，是已确定的安徽省最早的新石器文化，暂定为“小山口一期文化”。

2005年，安徽省人民政府公布其为省级重点文物保护单位。

（五）古台寺遗址

位于埇桥区曹村镇腰庄村南约200米，与小山口遗址相距10公里，西边是京沪铁路，东边是206国道。

古台寺遗址高出地面约10米，南北长约300米，东西宽约200米，总面积至少有6万平方米。小山口遗址的地层堆积包括龙山文化、大汶口文化、新石器时代早期文化；而古台寺遗址层堆积除耕土层外，还包括汉代堆积、大汶口文化堆积和新石器时代早期文化堆积。

考古发掘报告表明：小山口和古台寺的新石器时代早期遗存的文化面貌有许多相同之处，二者的陶器均为手制，火候低，陶质软，制作粗糙，以夹砂红陶为主，其中夹蚌片、夹草木灰的陶片占较高的比例。陶色不纯，有的呈橘黄色、有的呈灰褐色，但多以外红内黑为特点。两遗址在陶质数量上的百分比较接近。例如，小山口遗址的夹砂红陶占陶片总数的89%，古台寺占91%；小山口泥质红陶占11%，古台寺占8%；小山口和古台寺的夹蚌和夹草木灰陶片分别占3%和4%；两遗址有陶衣的各占2%。陶器以素面为主，纹饰较简单，主要有附加堆纹、指甲纹及戳印纹。器形单调，直口器和口沿外有一周凸棱比较普遍，釜、钵、碗等为基本器物组合。据此，小山口遗址和古台寺遗址的新石器朝代早期遗存应属同一文化类型。

2005年，安徽省人民政府公布其为省级重点文物保护单位。

（六）花甲寺遗址

位于安徽省宿州市萧县白土镇花甲寺自然村东，距县城12.5公里。

花甲寺遗址是20世纪60年代在皖北地区发现最早的大汶口文化遗存，属于新石器时代中晚期遗址，比小山口和古台寺遗址晚了两三千年。遗址原为一台形，后为一寺庙，再后为农田，四面环山，面积约6万平方米。1957年倒流河改道穿过遗址，分割为东西两部分。

1960年12月12日，安徽省博物馆胡悦谦、葛介屏实地调查、征集文物，在花甲寺遗址两段采集到彩陶片，在东段采集到残穿孔石斧一件。并于15日在东段的西部开南北4米×3米探沟一条（T1），16日又在T1的西面开东西3米×2米探沟一条（T2），发掘面积18平方米，1961年1月8日试掘工作结束。探沟1和探沟2材料表明土质虽然有不同，但从陶片的陶质、陶色、纹饰和器形分析，属同一个类型的文化遗址，为同一个时期的文化遗存。试掘出土的遗物有石凿、有孔石斧、石锛、骨器、刮削器、石箭镞、骨针、化石、陶纺轮、网坠等大量遗物。从器形、制作手法、陶质、陶色、纹饰等方面都含有大汶口文化和龙山文化的特征。同时又在被挖除的上层灰土层中发现商代尖锥形高足尖的灰陶鬲足。

1990年，安徽省考古研究所对遗址再次进行考古调查。在遗址的地表及断面暴露遗物较丰富，采集的陶片以夹砂黄褐陶为主，其余均为泥质灰陶，能识别器形的有豆、罐、杯、盆、壶、鼎足、鬲足等，纹饰有彩绘、篮纹、条纹、方格纹、附加堆纹、划纹、绳纹等。

1991年9月8日，安徽省人民政府公布其为省级重点文物保护单位。

（七）白土寨窑址

位于宿州市萧县县城东南15公里的白土寨村，以产白土而出名。

白土寨窑址较为集中的有三处：白土粮站南窑遗址、白土村南窑址、白土文化馆门前窑址。三处面积约1.9万平方米。

白土寨丰富的瓷土，给萧窑的产生奠定丰厚物质基础。萧窑始于隋唐，兴于宋，在金达到鼎盛。萧窑初建时，用木柴做燃料，北宋时，用煤作燃料。唐时，因寿州窑胎土原料缺乏，一些作坊迁到白土镇烧制白瓷，中国成熟的白瓷制瓷技术出现于隋唐。萧窑是较早掌握这一先进技术的地方之一。白土寨遗址是民窑，由于资源丰富，烧窑者众多，给窑匠们探索技术、互相借鉴带来便利。萧窑借寿州窑的先进技术，也借宋代五大名窑之一的定窑技术，仿制过大量定窑的产品。

萧县白土寨窑址在唐代烧制的产品主要为黄、白、黑釉瓷器，特征是：黄瓷产品均为平底碗，底心微凹，底边修坯时旋掉；胎体厚重，胎质不纯，呈焦黄色，胎体内杂有不少黑色、白色或红褐色微粒，且有小气泡。釉色黄中闪绿，流釉处呈黑绿色，积釉处有小开片。

宋代起，以烧白瓷为主。白瓷是在青瓷的基础上出现的，它首先出现在北方，时称“南青北白”，五代时期，白瓷的生产中心仍旧在北方，以后逐渐南移，至明代永乐年间景德镇窑烧制的“甜白瓷”和福建德化窑烧制的“象牙白”（或称“猪油白”“奶白”）瓷，取得白瓷烧制史上的最高成就。萧瓷是北方白瓷品种的一部分，胎色有焦黄、灰白两种。灰白的萧瓷胎质较细，为精品，胎色焦黄者为制作粗放的产品。采用三足支钉或托珠叠烧，故碗、盘等器内心和底足留有支钉或托珠痕，一般3个。器形除碗以外，还有枕、双耳罐、小件瓷塑动物等。其中底足宽而边浅，口径大而侈的碗，是当时一种比较特殊的造型。其烧制的产品主要为民间日常用瓷和陶瓷工艺品。如碗、盏、枕、壶、瓶、罐、钵、佛像、佛龛、佛塔饰，瓷玩具狗、鸡、鸭、牛、马等。

1981年9月8日，安徽省人民政府公布其为省级重点文物保护单位。

（八）玉石山遗址

位于灵璧县城西南10公里处的玉石山，属于新石器时代遗址。

遗址东为龙山，南为虎山，呈东高西低之势，面积约50万方米。此处遗址是在1983年夏季，由县文物组在文物普查时发现的。地表暴露遗物有石器（已残）、鼎足、鬲足、鹿角、陶棒、绳纹陶片。陶鼎侈口，足呈圆锥状，施压印痕三道，还有叶脉纹陶拍。陶鬲鼓腹，粗短足，呈乳顶状，陶质坚硬，红胎，多系手制。其文化面貌有自己的独特风格。

1988年，安徽省人民政府公布其为省级重点文物保护单位。

（九）磬石山摩崖造像

位于灵璧县北部渔沟镇东，磬石山上。

磬石山摩崖造像属宋代，古时泗水流经山下，据《禹贡》记载："泗滨浮磬"，就是指此处。磬石：其色清润，其音清越，历代采以供郊庙乐器之用，古磬，又称"八音石"。

磬石山遗址有宋代摩崖造像数百个，位于磬石山上南侧，相传为古废寺。它是在一块巨石上雕凿的，东西长16米，高2米，中部有两处刻文（阴文）。宋代至和三年（1065年）雕制，系浮雕。其西旧有茶庵，康熙中有僧出游江南，既而还山更庵名曰"玉磬"，刻石记之，文虽不佳，而仿圣教序，可观也。其摩崖造像，后遭人为破坏，但对研究古代雕刻艺术有一定科学价值。

1980年，灵璧县革命委员会公布其为县级文物保护单位；1988年，安徽省人民政府公布其为省级重点文物保护单位。

（十）金寨遗址

位于萧县庄里乡金寨村。金寨遗址属新石器中晚期遗址，面积约20万平方米，文化层厚约2.5米左右。出土文物以玉器为主，还出土大量陶器、石器，遗址西部为生活居住区，有明显的红烧土层；东部为墓葬区，出土大量玉器、陶器等随葬品。

2005年，萧县人民政府公布其为县级重点文物保护单位。2006年8月，宿州市人民政府公布其为市级重点文物保护单位。

（十一）祖庄铸钱遗址

位于萧县龙城镇村北100米左右的田间。祖庄铸钱遗址为汉代铸钱遗址，长约50米，宽约30米，出土"大泉五十"红陶钱范、汉代陶片及红烧土等遗物。时代为西汉末年新莽时期。

2005年，萧县人民政府公布其为县级重点文物保护单位。2006年8月，宿州市人民政府公布其为市级重点文物保护单位。

（十二）隋唐大运河遗址

横贯宿州市区和埇桥区、灵璧县、泗县。自宿州市埇桥区的西二铺乡进入宿州市境，由西向东横贯市区和埇桥区、灵璧县、泗县入江苏省，沿途经过近20个乡镇和3个城区，全长约140公里。通济渠亦称"汴河"，在埇桥区和灵璧县境仍有故堤残存，历来淮北地区当地民众称之为"隋堤""汴堤""槽子路"。在泗县境内尚存一段故道，地方群众仍然称之为"汴河"，继续发挥水利作用。宿（州）永（城）公路基本建筑在通济渠故堤上。通济渠全长650公里，新开河道400公里，通漕约500年。安徽省境内遗址长约180公里，宿州市境内140多公里。2006年和2007年，分别对宿州城区大运河遗址进行考古挖掘，出土大量精美的文物。大运河遗址宿州段沿线主要有宿州城区宋代码头遗址、埇桥遗址、灵璧县花石纲遗址、张氏园亭遗址，泗县故道段、濉河与古汴河交接处等文化遗址。

2006年8月，宿州市人民政府公布其为市级重点文物保护单位；2007年，国家文物局将运河遗址列为国家级重点文化遗产申遗项目，曾先后两次召开全国性的运河遗址保护会议和规划，申报世界文化遗产。

（十三）垓下古战场

位于灵璧东南24.5公里沱河北岸以老庄胡村为中心的范围之内，地理坐标为北纬33°20'、东经117°38'，高程为▽18.77－▽15.22米，高程差3.55米，南部陡峭，北部平缓，呈半岛状由北向南伸展，属自然形态的高岗绝崖地形。唐人张守节《史记正义》中称“垓下是高岗绝岩，今犹高三四丈”，与其现有地貌完全相符合。遗址东临泗县，南界五河，西与城后村金银山相望，北与虞姬墓相通，面积约250万平方米。沱河（古称洨水）从遗址南端700米处大幅度转弯流向东南，固镇至泗县的公路从老庄胡村村北穿过。村中有一条东北—西南向的古驿道，东连泗县，西接固镇县濠城集。当年楚汉双方在这一带集结的军队有项羽的10万兵马，韩信的30万大军，加上周勃和刘邦统领的二、三线军队，合计起来不下六七十万，战役所涉及的地域，应该是涵盖灵璧、固镇、五河、泗县交界处的百余平方公里的辽阔区域。

垓下古战场分布着多处汉墓群，与沱河北沿城后村一带汉墓群连成一片，东西长13.5公里，南北宽4公里。在这里，农民平整土地或兴修水利工程，时常挖掘出秦砖汉瓦以及古兵器。涉及这场战役的遗址，除垓下以外，在灵璧县境内还有霸王城、虞姬墓、吹箫台、散楚山等。遗址内还有汉井、汉桥、古树“榆抱桑”、虞姬梳妆台、韩信点将台等人文景观。

二、古墓葬

（一）九女坟

位于宿州市埇桥区褚兰镇夏疃村东的墓山上，东距褚兰镇1.5公里，南距市区66公里，北距江苏省徐州市30公里，是东汉晚期的一座大型石构古墓葬。

“九女坟”系多室组成的大型夫妻合葬墓，墓室四壁用石刻壁画装饰，为皖北地区仅有的一座大型画像石墓，保存十分完整。

“九女坟”建在墓山的顶部，背依群山，面对平川，地势高敞，视野开阔。经科学发掘工作揭示九女坟的建筑由地面上的石祠、墓垣、墓封土和地下墓室组成，地面建筑因年代久远，只留下断壁残垣。土堆和墓垣平面呈长方形，东西长9.8米，南北宽6.5米，墓垣高0.5米。石祠为单开间，屋顶为两坡式，祠门向南敞开，面阔1.4米，进深0.9米，墓座由厚石板平铺而成，内壁布满画像。

地下墓室由双甬道、横前室、双后室和一个耳室组成。墓门向西，墓向285度。整个地下室全部由巨石构筑。甬道长1.8米，宽1米，高1.54米，设有石门，高1.1米，宽0.9米，两个甬道间有隔墙。由甬道进入前室，前室呈长方形，南北横置，前室长3.46米，宽1.93米，高2.74米。由前室东行进入两间后室，前室相当于生活中的客厅，后室是存放棺椁的，相当于生活中的卧室。后室长3.24米，宽1.46米。耳室在前室的北侧，相当于生活中的灶房，近方形，长1.4米，宽1.2米，高1.37米。墓室底部全部由大石板铺就，墓室顶部采用大石条叠放收缩封顶，抗拒巨大的封土堆带来的压力，保障墓室安然无恙。整个地下墓室呈东西长方形，长7米，宽4.84米，建筑面积约35平方米。画像石内容丰富，栩栩如生，具有很高的学术和观赏价值。

1961年，安徽省人民政府公布其为省级重点文物保护单位。

（二）闵子骞祠及墓

位于宿州市埇桥区曹村镇闵贤镇集北闵子村，为先贤闵子故里。

闵子（公元前536—前487年），名损，字子骞，春秋鲁国人，后居宋相邑（今淮北市）之东，为孔子弟子，名列七十二贤之首，以德行和颜渊并称。闵子以孝名天下，少失母，父续弦，继母孤恩虞骞。某岁冬，骞随父驱车外出。行至半途，天骤雪，骞衣厚而慄，其两弟反之。父震怒，鞭打出芦花，遂悟速返，逐其妻，骞哀告曰："母在一子单，母去三子寒"。遂罢，母亦感悟而待骞如己出。孔子赞曰："孝哉！闵子骞，人不间于父母昆弟之言。"闵子一生从事教育事业，后世历代皇帝赐匾封公，褒为"畿圣"，唐开元八年（720年），从祀孔庙，骞位列十哲之首，宋大中祥符元年封费国公。闵子骞以孝名天下，传千古，昭后人，传为千古佳话。

闵祠之东有骞山，又左为闵子铺，西侧有洗须沟，环境幽雅，交通便利。东邻206国道，南有高大的闵子晒书台，东有一潭碧水，传说为闵子洗砚池。祠北部有闵子骞墓，座北朝南，高6米，直径40米，近旁北侧有两座中型墓，是闵子骞的两个弟弟闵革、闵蒙，墓高2米，直径24米，总占地面积约6400平方米。墓地松林茂密，"闵墓松风"素为宿州八景之一，松涛声成为一绝。

墓南建祠，存房屋14间，祠前影壁已不存在。门厅、二堂、三堂各是三间，墓前五间为正堂，正堂闵子塑像因破"四旧"被拆除，存历代碑刻8块，嵌于墙壁。祠堂占地1360平方米。祠堂建筑结构特点为清代，祠内有千年银杏和传说闵子手植的千年古柏。祠前有古井，仍使用，名曰"孝泉"。

闵子骞祠始建年代无考。明《弘治宿州志》载："第祠久而毁落于宋元间""闵祠元季毁于兵，遗址尚存"。可见宋代以前就有闵祠，成化年间重修房屋十间，立石门一座。至嘉靖年间重修正堂五间，门外碑亭两座。门上有匾镌刻"闵子祠"三字。祠东公路旁有牌坊一座，上书"先贤闵子故里"。祠内有历代碑碣一百零八块，均赞颂闵子之孝。闵祠地处宿徐古驿道，为历代交兵之所，许多珍贵文物毁于兵火。

1982年，宿县人民政府公布其为县级文物保护单位；1992年，安徽省人民政府公布其为省级重点文物保护单位。

（三）虞姬墓

虞姬（？—公元前202年），秦末人，项羽姬妾，貌美性柔，能歌善舞，世称虞美人，常随出征。公元前202年，楚汉决战于垓下，项羽被刘邦层层包围，兵少食尽，清风夜月，四面楚歌。项羽自知众寡悬殊，心中惶恐不安，虞姬伴在项羽身边温言宽慰。项羽夜饮帐中，悲歌慷慨，虞姬献舞进酒，和歌一首："汉兵已略地，四面楚歌声，大王意气尽，贱妾何聊生。"歌罢拔剑自刎于项羽面前。败军途中，筑冢葬在灵璧城东约7.5公里处，宿泗公路南侧，唐河西首。原墓区范围较小，南北约20米，东西约100米，墓地有大量汉砖汉瓦出土。"文化大革命"中，虞姬墓遭到严重破坏。墓冢封土被挖去一半，墓碑被挖掉砸烂。1979年，县文物管理组覆土增高。1980年，县拨款修复墓冢，并将清代和民国时期的三块碑修复后立于墓地，且绿化墓地。1982年，灵璧县又征用土地扩大墓区，筑起围墙，建有门楼，上书方毅题“虞姬墓”三字，墓前石刻横额为“巾帼千秋”，两旁刻“虞兮奈何，自古红颜多薄命；姬耶安在，独留青冢向黄昏”联语，面积扩展为3942平方米。墓区东南建一小型纪念馆。1986年，安徽省人民政府公布其为省级重点文物保护单位。

“霸王别姬”的故事广为流传，历代达官贵人、文人墨客途经灵璧，留有大量诗词：

垓下（唐）胡曾

拔山力尽霸图隳，倚剑空歌不逝骓。
明月满营天似水，那堪回首别虞姬。

咏虞姬墓（宋）苏轼

帐上佳人拭泪痕，门前壮士气如云。
仓皇不负君王意，只有虞姬与郑君。

虞美人（宋）辛弃疾

当年得意如芳草，旧日春风好。
拔山力尽忽悲歌，饮罢虞兮从此奈君何。
人间不识精诚苦，贪看青青舞。
蓦然敛袂却亭亭，怕是曲中犹带楚歌声。

虞姬墓（明）叶志淑

散楚歌残霸业空，虞兮无计转江东。
可怜愁染荒原草，犹带当年剑血红。

（四）皮日休墓

皮日休系晚唐著名诗人。墓地坐落在宿州市北顺河集濉河北岸，存冢丘和石门牌坊一座，上镌“皮日休之墓”，为区级文物保护单位。

（五）徐王陵

在宿州市北35公里夹沟镇北，望庄村南，龟山之左，丰山之右。望庄是明太祖孝慈高皇后马氏故里。徐王陵为马氏之父徐王之墓。徐王姓马，名不详，排行第二，人称马二公，早卒。洪武二年（1369年）追封为徐王，洪武四年在墓前建庙和祭祀署，立庙奉祀。马二公无后，其敕封田产由孝慈高皇后之表舅武忠一族配享。相传洪武二年，为奉祀徐王事，朱元璋下诏，要武忠晋见，令其跑马圈地，作为奉祀田产。武忠是个粗人，答道：臣民不惯跑马，请赐四望之地。即望到哪里，哪里就是他的属地。朱元璋恩准。望地之日正逢大雾，但皇帝令旨无法更改。武忠只得登村前冈子，四望九里许，是为封地。田360顷、鸡园50亩。朱元璋闻知，又拨闵子乡580顷，以供祭祀，并敕曰：尔勿谓官小，与国同休。

永乐七年（1409年），成祖朱棣北巡，道经宿州，亲往祭祀，下令拓展墙垣，广增花木，陵区规模扩大，遂为宿州胜迹，“徐园芳树”为宿州八景之一。永乐九年重修，永乐十五年成祖又往祭祀，园内树木参天，葱郁蔽日。崇祯四年，重修享殿。清末，寝陵、享殿俱毁于兵火。解放后，武姓花园尚存，颇具规模，1966年毁，存孤冢。武姓族人，仍年年奉祀。清朝诗人李心锐曾作《徐园芳树》诗：

寝殿巍然在，园高树树芳。
恩波缘马后，汤沐赠徐王。
竹影摇风翠，松花带雨香。
符离谁吊古，墓上几斜阳。

三、古建筑

（一）林探花府

位于宿州市埇桥区杨庄乡林庄村，距宿州城区75公里，距徐州25公里，是清代武科探花林方标的府第。

林探花府系清代建筑，原有房屋81间，因年久失修，遗存58间，原有全部建筑占地面积4000平方米，存房屋南北150米，东西100米，面积1500平方米，为砖、瓦、木结构，建筑风格特别，装饰精雕细刻。府第计有四进院落，为明三暗五式。建筑平面构成东西两条轴线。东轴为敕建，建筑由门厅、倒座、正厅、二门、堂楼与四进院落中的厢房组成，是该建筑群的建筑价值所在。据其建筑特点及木构断代推测，其建筑年代应是同治时期，为其致仕作准备而修建。西轴基本是后续仿照东轴添建，计有门屋、敞厅、二门、堂楼及三进厢房，少东轴一进院落，使门屋前构成明堂格局，门厅前有练武场，主体建筑后院设有花园、鱼池。

林探花名叫林方标，字锦堂，生卒年月不祥。根据其生平考证，林方标生于乾隆后期，卒于同治年间。其幼年时，父母双亡，随哥嫂度日，家境贫寒。林方标少时力大过人，又善使兵器，武艺高强，因此以武获得功名。据道光十年（1830年）修订的《铜山县志》十三卷科举篇记载：“林方标，探花，现任甘肃甘州提标，城守参将，差赴塔尔巴哈屯防。”又，同治甲戌冬（1874年）修订的《徐州府志·八卷》科举篇载：“林方标，嘉庆辛未科探花，浙江衢州总兵，署浙江提督。”

林探花府建筑宏伟壮观，是皖北地区保存较为完整的古建筑，且融合江南园林手法和西北建筑风格。

1988年，宿县人民政府公布林探花府为县级文物保护单位。1998年，安徽省人民政府公布其为省级重点文物保护单位。

（二）砀山天主教堂

位于宿州市砀山县城。加拿大和法国传教士合建，1914年动工，1917年竣工，历时三年。砀山天主教堂建筑风格独特，建筑技艺精湛，保存较为完好。教堂由圣堂、钟楼、更衣室三部分组成，总建筑面积770平方米，教堂占地面积9246.15平方米。

圣堂为全木架结构，从外形上看，整座圣堂酷似巍峨的十字架，匠心独具，寓意深长。除外观独特，它的建筑风格相当考究，圣堂外观为青砖青瓦，白石灰勾缝，朴实无华、干净圣洁，与教会意蕴契合。而圣堂的室内建构则显得相当复杂和华贵，它的主体建筑是由上万件大小不同的红松木构件镶套、榫卯组合而成，排36根高6米多方形巨大抱柱，擎起整座圣堂的木架和屋顶。另有4根巨型抱柱擎起两处三角形框架，构筑起十字架的外观形象，抱柱与三角形框架用红、黑、绿、白油漆套色修饰，刻出不同的符号，这些符号代表着不同的宗教含义，体现其建筑艺术的精妙，糅进神秘莫测的宗教教旨。值得一提的是圣堂的十字堂部分：其立体三角结构使用数百种构件，这数百种构件的连接不用钉铆，全部靠镶套、榫卯和穿锁，各构件之间严丝合缝，几乎看不出组合痕迹，木工手艺之高超，令人叹为观止。圣堂的屋顶同样精巧、科学实用，屋顶两坡面设计出弧度，上面施以青色小瓦，一是缓解暴雨冲刷，分均屋顶重量；二是美观大方，张扬个性。

教堂钟楼在圣堂的正前方，建筑面积不大，60多平方米，高却达30多米，钟楼尖顶给人以高耸入云的感觉。钟楼四面分别镶有大钟，在夜间，报时的钟声响起，附近十多里都能听到响亮的钟声，这夜半钟声更增添教堂的神秘感。

历经“文化大革命”（“文化大革命”时，作为砀山白酒厂的仓库），砀山天主教堂保存完好，全省少见。1988年，安徽省人民政府公布其为省级重点文物保护单位。

（三）泗县文庙大成殿

位于宿州市泗县县城中心偏北的文庙商城院内。泗县文庙大成殿由青砖筒瓦构建，有600多年的历史，据《泗虹合志》等志书记载，明洪武三年（1370年），知县乐徽创建学宫（即文庙），万历二十八年（1600年）迁于旧址稍东。清代康熙十三年（1674年）对学宫进行大修，并创建尊经阁（见于知县伍元正的《尊经阁记》）。乾隆四十二年（1777年），因泗洲迁到虹县改为州学。嘉庆九年（1804年），大成殿毁坏严重，州守顾浩重修。咸丰三年（1853年），州守裘宝对学宫进行扩建维修，从而形成以大成殿为中心的宏伟建筑。

大成殿只是整个文庙的中心部分，在大成殿的周围，前有戟门、泮池、棂星门、大成坊，后有明伦殿、训导署，还有东西厢房、崇圣祠、尊经阁等建筑，现仅存文庙的主体建筑大成殿。大成殿长21米，宽12米，面积252平方米。砖木结构，殿房由8根廊柱顶起，周围有20根廊柱。斗拱上的雕刻粗犷不失华丽、壮观挺秀，充分体现明清时期北方的建筑风格，大殿的脊梁上还保留两处文字，记录着嘉庆和咸丰两朝时大成殿的整修情况，另有御制《至圣先师孔子赞》石碑一块，御制的《颜子赞、曾子赞、子思子赞、孟子赞》石碑一块。

1986年7月，安徽省人民政府公布其为省级重点文物保护单位。

（四）萧县文庙

位于宿州市萧县县城内。文庙正门石坊上书“太和元气”四字。据考，萧县文庙始建于北宋绍圣元年（1094年），地址在北城（旧城）。元末毁于兵火。明洪武初年重建，永乐十六年（1418年）重修，成化年间（1465—1487年）、嘉靖年间（1522—1566年）相继修葺，万历五年（1577年）大成殿与旧城俱圮于水。迁至今城重建，明万历四十六年建成。清顺治《萧县志》对其建筑布局描述：“中为先师庙，东西两厢。前为庙门，门外东为名宦，西为乡贤二祠。前为泮池，跨以石桥。又前为棂星门，门之前为屏墙，棂星门西为儒学大门，由大门直北，东向为仪门。先师庙后为明伦堂，堂东为崇德斋，东北为启圣祠；堂西门为敬一箴亭。”今存建筑唯大成殿（大成殿原名“宜圣殿”，宋崇宁三年（1104年）徽宗赐名）五间，高15米，长20米，深10米，殿基

200平方米。东西厢房各五间，二道门九间，崇圣祠三间。后院明伦堂在文革期间拆除。现存的这些建筑，仍存古代木结构、木屋顶、宫殿式建筑艺术的特点。

2004年，安徽省人民政府公布其为省级重点文物保护单位。

（五）正学书院

位于灵璧县灵璧中学院内西侧。“正学书院”系明代建筑，占地面积494平方米，有“学道堂”和“内卷厅”，其中讲学堂五间，道学堂三间，房屋均为木框架结构，斗拱、雕梁，高8.9米，宽7米。

2005年，灵璧县人民政府公布其为县级重点文物保护单位。2006年8月，宿州市人民政府公布其为市级重点文物保护单位。

（六）瑞云寺

位于萧县皇藏峪中寺庙。梁武帝大同年间（535—546年）始建，初名望云寺。相传刘邦藏皇藏峪时，上有瑞云缭绕不散。由此更名瑞云寺。瑞云寺呈三进三阶式院落，殿阁房舍九十九间，飞檐垂铃，巍峨壮观。是皖北徐淮地区风景名胜佳绝处，被命名为国家森林公园。

1980年，萧县革命委员会公布其为县级重点文物保护单位。2006年8月，宿州市人民政府公布其为市级重点文物保护单位。

（七）释迦寺

位于泗县县城内。建于宋治平四年（1067年），原名寿圣寺。明洪武年间重建，改名释迦寺。内有大雄宝殿、藏经楼（建于明正德年间）、银壳树、罗汉石、九敧松。外有琵琶井、香水桥、白莲溪、透亮碑诸胜迹，是泗县有名的古刹。建国前，该寺有僧36人，方丈1人，房间81间，土地277亩，僧人生活主要靠地租收入。新中国成立后，该寺曾改为城关粮站。现存大雄宝殿3间，被列为省级重点文物保护单位。

（八）天门寺

位于萧县白土镇，距皇藏峪13公里处。天门寺始建于元代至元年间，因东南之谷号天门，故命寺名曰“天门寺”，是皇藏峪国家森林公园内的又一风景名胜处，古木参天，怪石绝壁，异境天开，宛如仙境，是誉满皖北的风景名胜区。

1980年，萧县革命委员会公布其为县级重点文物保护单位。2006年8月，宿州市人民政府公布其为市级重点文物保护单位。

（九）圣泉寺

位于萧县县城西1.5公里的泉山北坡。圣泉原名菩萨泉，相传古时该泉为一菩萨点化而成。泉水四季不涸，清凉甘甜。北宋乡贤窦师道（窦沔）筑茅舍隐居於此，建“拱翠堂”，是文人雅士集结之场所。金明昌三年（1192年）“拱翠堂”改为“龙泉禅院”，始为佛教寺院。明时改为“圣泉寺”。庙依山势，殿庑门廊，颇为壮观。

1981年，萧县革命委员会公布其为萧县重点文物保护单位。2006年8月，宿州市人民政府公布其为市级重点文物保护单位。

（十）清真寺

位于砀山县砀城南关外清真巷。清真寺约建于明永乐15年（1417年），是穆斯林兄弟活动场所，寺院占地面积两亩。明崇祯15年，首次复修；清乾隆年间，二次复修；清光绪24年（1898年）云南开化镇总兵许世亨（砀山回族）再次修大殿，寺院规模扩大。民国24年（1935年）又重修盖二门及望月楼，大殿彩绘花墙，油漆抱柱等。1938年，遭日军破坏，“文化大革命”期间，破坏惨重。现存大殿三间，讲堂三间。

1991年，砀山县人民政府公布其为县级重点文物保护单位。2006年8月，宿州市人民政府公布其为市级重点文物保护单位。

（十一）宿州市福音堂（含赛珍珠故居）及民爱医院旧址（市立医院内）

宿州市福音堂（含赛珍珠故居）位于宿州市大河南街45号，民爱医院旧址在市立医院内。

宿州市福音堂由美国基督教（北）长老会在华“江安分会”建于清末民初。福音堂是一座典型的东西方文化结合的宗教式建筑群，有中国北方典型的四合院式的牧师楼（1908年建）、中国仿古代建筑的小礼拜堂（1910年建）、典型的宫殿式大礼拜堂（1924年建）、三层古典式钟楼（1923年建）、徽派建筑式的客厅、具中国特色建筑的南楼。整个建筑东西70米，南北77米，占地面积5390平方米，是淮北地区保存较完整的基督教堂建筑群体。福音堂内西侧一间20平方米左右的西式平楼，是获得诺贝尔文学奖的美国女作家赛珍珠，在宿期间最初居住的地方（1917—1922年居住于此），也是保存最完整的故居，而她的获奖作品《大地》描写的则是当时宿州人民生活的场景。

民爱医院，始建于1913年，原有4座病房楼和30多间平房，1916年建成开业，次年正式定名为民爱医院，是美国基督教会创办的教会医院，其规模和诊疗水平在当时的皖北地区都是最好的，其建筑风格中西合璧，存1幢两层硬山顶楼，并有面积较大的阁楼和地下室，砖木结构、青砖小瓦，楼内全是木质地板、楼梯、隔墙，楼有壁炉三处和暖气管道，每间房均有贮藏室，二楼有卫生间、浴盆。楼的四周有下雨排水管和下水。2006年8月，宿州市人民政府公布其为市级重点文物保护单位。

（十二）燕喜台

亦作宴喜台，位于砀山县城东郊。据《江南通志》记载，该台为汉梁孝王刘武所建，原名平台，又名鹿园，台下有池，名“雁池”。唐朝时更名为“宴喜台”。据《砀山县志》载，燕喜台位于旧城（即下邑古城）东一里许，三面环水，台上有亭，台下有池名华池。天宝三载（744年），唐朝诗人李白受馋，被玄宗“赐金还山”后，与杜甫、高适等同游大梁、宋中等地，曾至砀山县，与砀山县令刘某秋夜泛舟燕喜亭池，饮酒赋诗《秋夜与刘砀山泛舟燕喜亭池》：“明宰试舟楫，张灯宴华池。文招梁苑客，歌动郢中儿。月色望不尽，空天交相宜。令人欲泛海，只待长风吹。”宋政和三年（1113年），真州知府李釜为书“宴嬉台”三字，授知县许戬刻石碑于台侧，碑高175厘米，宽80厘米，遂讹称台为“宴嬉”。元延祐三年（1316年），曾在宴嬉台上建谯楼，后废，碑刻移至县治前。自唐以来，历朝都曾对宴嬉台加以维修，最末一次修于清乾隆三年，后圯于水灾。亭台华池均废，楷书碑刻幸存，宴嬉台已经重修。

（十三）扶疏亭

坐落在宿州市旧城池西北隅城墙上，始建于宋。扶疏，本意是枝叶茂盛、高低疏密有致。明弘治《宿州志·古迹志》记载：“东坡守徐时，遗墨竹一本于宿，好事者刻诸石，构亭贮之，名曰扶疏。元季毁于兵。明弘治间，知州曾显追寻旧刻，得残碑两块，构亭以复其旧。”碑为横式，长约1米，宽约0.66米。碑上有几枝风竹和东坡居士五言诗：

寄卧虚寂堂，月明浸疏竹，
泠然洗我心，欲饮不可掬。

清《宿州志》记载，明崇祯末知州李燕林、清康熙间知州高其佩等递加修葺，保留至今。新中国成立后，在原处重建扶疏亭，有中间高两旁低的殿堂五间。苏轼竹碑和历代重修扶疏亭碑记，列为埇桥区重点文物保护单位。清人董柴有《扶疏亭怀古》诗：

突兀孤亭墨迹留，扶疏二字几经秋。
春深老树犹啼鸟，雨后新池不泛鸥。
疏影半宿思渺渺，清风千载韵悠悠。
而今也有徐州牧，送竹何人到宿州？

第四章　文化节与饮食

第一节　文化节

一、奇石节

奇石节，全称为“中国宿州灵璧石文化节”，简称奇石节。

灵璧县是“中国观赏石”之乡。灵璧石与英石、太湖石、昆石同被誉为“中国四大名石”，灵璧石高居“四大名石”之首。灵璧奇石享誉中外，名冠古今。1978年以后，随着人们生活水平的不断提高，奇石的收藏热度不断增加，宿州也和全国各地一样，奇石馆如雨后春笋般兴起。宿州市委、市政府贯彻落实省委、省政府文化发展战略，借灵璧石独特的资源优势，创办灵璧石文化节，以石会友，以石招商，全面推动宿州的对外交流与合作，加快实现宿州的跨越式发展。简言之，叫做“打奇石牌，搭文化台，唱经济戏。”

第一届奇石节于2004年11月8日在灵璧县城龙山广场举办，名称为“中国灵璧石文化节”，主办方为灵璧县委、县政府，安徽芜湖卷烟厂等7家单位协办，为期11天。省委、省政府、市委、市政府领导出席开幕式，省委副书记张平宣布“中国灵璧石文化节”开幕。奇石节的主要活动为：奇石展、奇石评奖、磬石工艺品和钟馗画展、奇石精品拍卖、灵璧石保护与开发座谈、文艺展演等。北京虹川奥泰商贸有限公司等7家企业与灵璧县政府签订投资协议，协议资金1.65亿元。

奇石节每两年举办一次。2006年10月18日，第二届奇石节在宿州市的光彩城大市场中心广场举行。奇石节更名为“中国宿州灵璧石文化节”，举办地自第二届开始，移至宿州市。主办方为宿州市委、市政府、省政府、国土资源部中国地质调查局、中国观赏石协会。中国观赏石协会会长寿嘉华为灵璧石专业委员会授牌。活动主题为“和谐、发展”。蚌埠、温州、商丘等地领导及本地群众共万余人参加，节庆活动由招商引资、展示宣传、奇石展览、文艺活动四大板块组成。在灵璧石拍卖会上，22块灵璧石成交额达318万元。

第三届奇石节于2008年11月8日举行。开幕式上还举行了第三届中国宿州灵璧石文化节暨央视“激情广场——走进宿州”文艺演出。文化节签约项目46个，总投资109.8亿元。精品灵璧石拍卖成交金额400万元。有36件精品灵璧石和40件无底价商品参加拍卖，其中44号拍品——组合石“四方之神”（青龙、白虎、朱雀、玄武）以241万元价值成交，被一浙商拍得。11月14日，文化节闭幕。

第四届奇石节于2010年10月29日举行。全国人大常委会副委员长华建敏，国务院参事郭瑞，解放军总后勤部原副政委董宜胜中将，全国人大财经委委员、首钢总公司党委书记、董事长朱健民，文化部原副部长常克红，解放军总装备部原副部长马国慧中将，国家地质调查局党组副书记、副局长钟自然，以及省人大、省政府、省政协、省军区等领导出席开幕式。奇石节11月3日闭幕，共签约项目59个，协议投资204.36亿元，29件31枚灵璧石拍卖成功。

宿州市观赏石协会为中国观赏石协会副会长会员单位。成立于1998年。下设中国灵璧石研究院，中国灵璧石鉴评委员会和各工作部，有会员三百余人。

2004年至2012年，在宿州市委、市政府大力支持下，由宿州市观赏石协会承办，中国宿州灵璧石文化节第二、三、四、五、六届石展部工作。先后编辑出版《中国灵璧石文集》《中国宿州灵璧石名典》《灵璧石谱》《中国赏石名家文选》《中国灵璧石论》《中国灵璧石文化史记》《中国灵璧石欣赏》等，创建了“中国灵璧石官方网站”。宿州市灵璧石文化节规模之大，规格之高，影响之广，被认为是最大赏石文化活动之一，大大提高了宿州和灵璧石的知名度和美誉度。还相继设立了徐州、沈阳、常州、苏州、江阴等灵璧石研究分院，为灵璧石文化的弘扬奠定了组织基础。

2010年8月，中国观赏石协会授于宿州市“中国观赏石之城”国内称号。2011年1月，中国观赏石协会在第二届一次代表大会上，表彰了全国十二个先进会员单位，宿州市观赏石协会是全国市级协会的唯一授牌者。

二、梨花节

砀山酥梨，驰名中外，连片70万亩果园，载入吉尼斯世界纪录。梨都砀山，是宿州市的一张靓丽名片。

每年清明节前后，砀山县数十万亩梨花吐蕊绽蕾，竞相开放，一片花海。

砀山县委、县政府为了弘扬酥梨传统文化，宣传砀山，振兴梨都，从1989年开始，组织筹办梨花节，开展梨花观赏活动。为了使梨花节不断扩大规模，办得越来越深入，县委、县政府还专门成立了新的常设机构——砀山县梨花观赏办公室。

梨花节期间，宿州市委、市政府及砀山县委、县政府邀请国内文学、艺术界朋友，以笔会的形式，开展诗书画友谊比赛，宣传砀山酥梨，弘扬宿州文化；邀请经济理论界、工商企业界、新闻界的专家、学者，就砀山梨的品牌战略、酥梨产品深加工、招商引资进行研讨，为砀山酥梨的开发献计献策；邀请国内外酥梨技术、质检专家，向果农现场提供种植、采摘、储存等方面的技术指导，帮助果农进行科学化、标准化、规模化生产，实现专家、厂家、商家和果农的互动式参与。

组织梨花观赏，把梨花节与富有地方特色的民俗文化结合起来，如：演出富有民族特色的文艺节目，开展传统的斗羊、斗鸡、斗狗、唢呐比赛和古老的抬花轿活动等等。

在万里花海中观赏梨花，有八处主要景点：乌龙披雪、鳌头观海、瑶池烟霞、武陵胜境、故黄映雪、古渡晓月、贡梨园、高寨河胜境。

乌龙披雪。此景位于良梨镇东南部。这是一块万亩老梨园，梨树多有百年高龄。园中有一株“梨树王”，树龄200余年，占地0.3亩，年产酥梨1000公斤。满园古树，铁干嶙峋，乌鳞斑驳，曲折苍劲，如虬龙舞空，春来繁花满枝，似雪峰兀立，故曰“乌龙披雪”。

鳌头观海。此景位于园艺场和良梨镇接壤部，残存的故黄坝头向前凸现，如鳌头探望。站在坝头上，放眼俯瞰，花的浪丛从脚下铺开，向天边涌去，使人如登鳌头，如临云海。

瑶池烟霞。此景位于县园艺场西北部的故黄渡口。一湾故道水，清澈绿透。近水，岸柳拂风；高岸，繁花竞妍；远望，桃花灿如烟霞。

武陵胜境。此景位于西南门镇蒋营村北。古有武陵胜境，即《桃花源记》里描写的世外桃源。这里是砀山的桃花源，清明时节，万株桃花如火似霞，香雪海中一片粉红，微风吹过，如霓裳羽衣舞动，虽是人间世界，却胜似武陵胜境。

故黄映雪。此景位于砀山县果园场之南，黄河堤桥之侧。一桥横波，锁住一河春光。桥之两侧，花掩碧水，影随波动，正是“故黄波映漫天花，疑为环宇尽是雪。”

古渡晓月。过古黄河，到达南岸，一土丘突起，相传为谪仙李白把酒赏月之处。古诗赞曰：“风止花眠横扁舟，香凝古渡月如钩。酒仙把盏不忍去，遗落雅韵化诗丘。”

贡梨园。此景位于西南门镇东南门村。口门子系黄河决口冲击而成，是砀山酥梨发源地之一，这里的梨子果大型美皮薄多汁，酥脆甘甜，明、清时被列为贡品。明万历帝、清乾隆帝路过此地，品尝后极为赞赏。毛泽东、胡耀邦到砀视察，亦呈为餐后佳果。贡梨之名，名扬四海；梨园新貌，古韵犹存。

高寨河胜境。高寨河位于砀山最东北部，与江苏省丰县接壤。这里有大面积水面，是鸟类等栖息的天然场所。清咸丰元年（1851年），黄河在砀山县东北高寨蟠龙集决口，冲出个面积达四五千亩的湖泊。现在，河面大部分种植莲藕。与众不同的是，其荷多开红花。盛夏时节“映日荷花别样红”，颇为壮观。

三、伏羊节

宿州人爱食羊肉，萧县人尤其爱食羊肉。伏羊节于21世纪初起于萧县，称萧县伏羊文化节，后淮北一带的人们都过此节日。

中医认为，夏天气温高、湿度大，人体极易受湿热风邪侵袭，造成诸多病痛。羊肉属热性食品，有补脾胃、壮阳、治虚劳寒邪、安心神、止疼等多种功效。特别是炎炎夏日，可以将人体之风湿邪气排除出来，这就是伏天多吃羊肉的来历。

伏羊节期间，宿州周边市县的宾客纷纷云集宿州，品尝伏羊宴，届时，市内大小羊肉馆，食客爆满，常出现一餐难求之繁荣景象。正是“囊括徐淮之肴馔，无席不羊；汇通南北之珍馐，有宴皆鲜。”

伏羊宴选材十分考究。应选取有三四颗牙齿的活山羊，公羊最好，肥瘦适中。烹饪的要求也很严格。比如中午吃，早上就要将羊宰好，煮汤2至3小时。所有的菜都要现做现卖，绝不能剩到第二天。伏羊宴的名菜主要有：羊肉汤、鱼咬羊、烧羊脑、烧羊骨髓、地锅烧羊肉、清炖羊头、孜然羊鞭、干煸羊血、手抓羊肉、全羊席等等。

羊肉汤：汤汁乳白醇厚，鲜而不膻，缀以香菜与红油，再加上羊肉原有的醇香，风味隽永，独具特色。

鱼咬羊：鱼与羊二者合烧，鲜美异常，风味无穷，正所谓“鱼羊成鲜”。

烧羊脑：软稀细嫩，汤醇汁厚，配以香菜、红油，菜色素雅。

烧羊骨髓：汤汁乳白，髓汁凝脂，鲜香怡人，油而不腻。

地锅烧羊肉：菜色金黄油亮，入口酥脆，香鲜味美。

清炖羊头：羊头扒烂，鲜香滑嫩，色素雅，味极美。

孜然羊鞭：菜色金黄油亮，香脆可口，味道浓郁，壮阳作用明显。

干煸羊血：菜色清亮，淡雅，食之脆口，不膻不腻，香辣可随口味调整。

手抓羊肉：肉色白中透红，香辣适中，配以专用调味粉，独具风味。

全羊席：由整只羊的各部位搭配做出的宴席。全羊席一般为一烧一汤、四炒、四盘共九菜一汤，寓含九九归一之意。

伏羊节是一种时尚，也是一种饮食文化，体现着皖北的独特风情。伏羊节的兴起，带动了宿州养殖业、饮食业、旅游业的发展。据不完全统计，伏羊节开幕当天，仅萧县一县就接待食客5万多人。

第二节　特色饮食

一、符离集烧鸡

符离集烧鸡，因其营养丰富，色、香、味、形俱佳而闻名海内外。与德州扒鸡、河南道口烧鸡、辽宁锦州沟帮子熏鸡并称“中国四大名鸡”，是中华美食文化中的一朵奇葩。

符离集烧鸡历史悠久。徐州龟山汉墓出土文物中，有“符离鸡”陶盘。证明“符离鸡”有2000多年的历史。1910年，原在山东德州经营“五香扒鸡”的管再州，因其独生女儿嫁到符离集，而迁居符离集，继续经营“五香扒鸡”。后为适应顾客口味，在制作工艺上作了改进，成了当时有名的“管家红曲鸡”，兴盛一时。1915年，江苏丰县人魏广明来符离经营烧鸡，他在管再州制作的“红曲鸡”的基础上，增加配料，美化造型，初步形成了具有地方特色的符离集烧鸡。1952年，符离人韩景玉吸取管魏两家制作烧鸡的优点和特长，在配料上力求齐全，在技艺上精益求精，逐步发展成为色、香、味、形俱佳的名特产品。

符离烧鸡选料考究，制作工艺精细，要求相当严格。选料一般选用当地的麻鸡，这种鸡体如元宝形或梭形，昂首翘尾，羽毛束体，黑腿、黑爪、黑嘴，肌肉柔韧紧密丰满，水分含量少，营养丰富，肉质具有野鸡的特性。

符离集烧鸡制作工艺相当精细。要经过宰、烫、搓、洗、扒、磕、漂、别、晾、炸、卤等十多道工序，严格按操作规程进行。卤鸡时，加入砂仁、白芷、肉寇、八角、小茴香、桂皮、辛夷、草果、三乃、良姜、花川、丁香、元茴等13种香料。这样精心制作出来的烧鸡，皮褐肉白，肉嫩酥软，肥而不腻，芳香浓郁，营养丰富，色佳味美。

符离集烧鸡多次获奖，美名传遍海内外。1956年，在中国第一届食品博览会上，符离集烧鸡被评为中国名菜，列入《中国名菜谱》。1959年，烧鸡技师韩景玉被推选到北京参加全国群英会，受到党和国家领导人的接见。1982年，在全国食品评比会上，符离集烧鸡蝉联优质名特产品称号。1984年，在全国肉禽蛋制品评比会上，蝉联部优，荣获第一名。1987年，在全国禽制品评比会上，三连冠荣获名特产品。1992年，符离“刘老二烧鸡”在北京中国国际农业博览会上，评为名牌产品。2001年，中华烧鸡厂生产的符离“荣毅牌烧鸡”，被中华著名特产专家认定委员会认定为中华著名特产。2002年，在上海首届绿色产业博览会上被评为金奖。2003年，符离陈广生烧鸡厂生产的“陈广生烧鸡”，在中国长春国际农业食品博览会上被评为名牌产品。2005年8月，符离集烧鸡经过国家质量监督检验总局审核，被列为原产地域保护产品，实施地理标志产品保护。2006年5月，符离烧鸡申报国家标准，国家标准化协会9位专家一致通过符离集烧鸡国家标准。

符离集烧鸡的生产，解放前属私人生产经营，当时经营烧鸡者80多户，新中国成立初期发展到300多户，全镇几乎家家经营烧鸡。1951年组成3个烧鸡联社，1956年3个经营联社组建国营符离烧鸡厂，该厂位于符离火车站附近，占地7000平方米，建筑面积700平方米。1980年建100吨冷库1座。全厂有职工近百人。1978年改革开放以后，符离烧鸡产业生产规模不断扩大，1983年，符离烧鸡罐头试产成功。至1987年，符离集烧鸡产业已形成年产烧鸡1000万只、产值1.5亿元的规模。产品除内销外，还出口俄罗斯、朝鲜、韩国、日本等国家。

二、宿州䏂汤

宿州风味小吃中的汤类食物，有䏂汤、辣汤和油茶三种。其中，䏂汤名气最大，以其味道鲜美、营养丰富，深受人们喜爱。“䏂”字，读“shā”，一般字典不载，唯《中华大字典》收录，注曰：“悉盍切音及合韵，肉杂也。”释义正好说明汤的用料。

传说䏂汤是从上古的雉羹变化而来，为中国烹饪鼻祖篯铿首创。“䏂”字为会意字，“月”即肉，“韭”为佐料，“天”示制作方法，即要熬一天，汤才好喝。

䏂汤作为宿州名特小吃，制作非常考究。需要特制的锅，是用鲜紫柳木箍成，圆桶状，上小下大，下有铁锅作底，上有木盖。䏂汤制作选料也非常严格。要选用老母鸡、猪骨头；麦仁要用当年的，五香十余味，加上生姜、大葱、料酒、淀粉、胡椒等作料，调料有的要早放，有的要等汤熬成后再放，十分讲究。熬汤用时很长，傍晚时分，将老母鸡及猪骨头投入锅中，加葱、姜等佐料，猛火烧开，后用文火慢烧，约11小时后，鸡肉烂如丝、鸡骨软如泥，再投入麦仁继续煮，最后勾面打芡。第二天早晨即可上市。食用时，每碗冲鸡蛋一只，味道更为鲜美。

三、桂花酥糖

桂花酥糖，又称秦邮酥糖，也有称为董糖的。桂花酥糖是在制作秦邮酥糖时配加桂花，所以秦邮酥糖又称为桂花酥糖。桂花酥糖是宿州传统名特产品，特别是春节期间，走亲访友，往往是必备礼品。

关于秦邮酥糖的来历，说法有二。一是说春秋战国时期，宿地一位姓董的商人，有位亲戚从秦国某地给他寄来酥糖礼物，董食之颇佳，便雇糕点师仿制，在市场出售。因酥糖是从秦地寄来的，故名曰：“秦邮酥糖”。当地人又称之为“董糖”。二是说宋朝人秦观，字少游，苏北高邮人，在南京为官时，常吟诗饮酒，吃茶品点，根据长期积累的经验，而制作的酥糖，故称为“秦邮酥糖”。

桂花酥糖的制作，全凭手工。芝麻、精面粉、蜂蜜、江米、麦芽糖、白砂糖、南桂花等，是桂花酥糖的主要原料。制作时，先用文火将芝麻炒熟，加入面粉、白糖，一起碾碎，制成酥糖馅子，再加上用江米制成的拌有桂花汁的白糖浆，然后把馅子层层裹在糖浆制成的皮子里，切成每个二两五钱重的小块，再放入模子里，压成宽高各4

厘米、长7厘米的长方形酥糖块，最后用油纸包封加盖戳记即成。

成品的桂花酥糖，色泽弱白，抓起成块，提起成带，进嘴酥甜，细嚼齿间留香。由于它润喉适胃、营养丰富又易于吸收，所以老幼咸宜。桂花酥糖可以直接食用，又能沸水冲饮。冲饮时，香气馥郁，营养滋润，更受中老年人青睐。

桂花酥糖,在宿州的各县均有生产,仅埇桥一地,每年生产的酥糖就在百万斤上下。

四、皇藏峪蘑菇鸡

皇藏峪蘑菇鸡，历史悠久。相传刘邦兵败彭城，藏身萧县皇藏峪，吃过蘑菇鸡，夸奖道："餐中佳肴，当属彭地一绝"。皇藏峪蘑菇鸡因受食客喜爱，遂名传周边省市，"游皇藏峪，吃蘑菇鸡"，成为来萧游客一大乐趣。蘑菇鸡是由山上散养的本地公鸡加上皇藏峪的野蘑菇烹饪而成。鸡要选用3年左右的公鸡，以重1.5千克至2千克为最佳。蘑菇是选用皇藏峪山上野生的黑蘑、白蘑、灰蘑、青蘑、红蘑等名贵蘑菇。蘑菇鸡的烹制方法比较独特，是用柴草烧地锅完成。烹制时，加入料酒、葱、姜等10多种佐料，出锅时，辣香扑鼻，入口只觉蘑菇细腻绵软，鸡肉嫩滑醇厚，鲜香可口，让人回味无穷。所以，游览过皇藏峪的人都会发出"不吃蘑菇鸡，白到皇藏峪"的感慨。除皇藏峪景区外，县城40多家餐馆常年均有蘑菇鸡供应。2003年，瑞云山野食品有限公司开始生产软包装蘑菇鸡，注册商标是"皇藏峪蘑菇鸡"。

五、御膳白鸡丝

御膳白鸡丝是从御膳房传出来的名菜，徐淮一带最早只有萧县人会烹制。清末民初，萧县名厨丁西銮经袁世凯的卫戍司令范乐田（龙城人，号蓝溪）举荐，应召进京，在袁世凯的御膳房当掌灶事官。丁西銮烹得一手好菜，特别是御膳白鸡丝是他的拿手绝活，深得宫廷喜爱。袁世凯垮台后，丁西銮返回故里，把御膳白鸡丝的手艺带回萧县，在县城"和昇馆"掌勺带徒。御膳白鸡丝手艺遂流传至今，成为徐淮地区一道名菜。御膳白鸡丝的特点是色白素雅，味道鲜醇，酸嫩可口，极富营养。

白鸡丝的制作方法并不复杂，先把鸡两侧腱肉（也叫里脊肉）撕下，顺丝伐成肉丝，加鸡蛋清一个，淀粉少许，以及麻油，搅拌成浆。此后将灶锅坐在灶上，加一两半芝麻油，待至六成热时下料，顺鸡丝搅拌，加上姜丝、葱丝，再加适量白醋，后加高汤（鸡汤），盛起时撒白胡椒面，浇明油，即可吃。要趁热吃，味道鲜纯，凉了跑味。

六、马蹄酥烧饼

埇桥区蕲县镇的马蹄酥烧饼是当地非常有名的小吃，因其造型小巧玲珑，状如马蹄，因此取名马蹄酥烧饼。刚烤好的烧饼，色泽金黄，薄如竹纸，浓香四溢，香酥可口，久嚼不腻，让人回味无穷。

蕲县马蹄酥烧饼历史悠久，据说它起源于秦末，有2000多年历史。蕲县一位老翁用驴油、黑芝麻、小麦面粉加上盐和成的面，用豆秸火烤制，吃起来香脆可口，深受当地人的喜爱。由于老翁无儿无女，就把制作马蹄酥的秘方传给了弟子周师傅。在周师傅的家族中，蕲县马蹄酥的传统制作工艺代代相传。后来，周姓人又传给李姓人，经过李姓人的不断改进，才有了现代风味俱佳、老少皆宜的蕲县马蹄酥。蕲县镇有谢、周、李三家制作坊，年售量300万个，年产值150万元。

蕲县马蹄酥的制作过程较为复杂，大致过程如下：1.制作工具。特制铁皮烤箱、木制案板。2.和面、醒面。3.制作配料。驴油、猪油、葱末、黑芝麻、盐、调和明油。首先，在案板上涂上一层明油，把发醒好的面放在带有明油的案板上进行搓和揉拉，使面更加金黄、柔韧。接着把揉好的面揪成2两重的面剂。其次，把每个面剂在案板上进行拉、按，拉成8厘米宽、35厘米长的面皮状，再在上面放上备好的佐料，将铺好佐料的面皮卷在一起揉成面剂。最后，在上面撒上一层黑芝麻上炉。这样，一个个透明流油、香气四溢的马蹄酥烧饼就做成了。

蕲县马蹄酥烧饼是当地劳动人民生产和生活智慧的结晶，它历经漫长的历史岁月，成为远近闻名的地方风味食品。为了更好地继承和发展这一传统工艺，蕲县镇政府加大扶持力度，创办马蹄酥烧饼培训班，使这一传统工艺不断发展壮大。

七、沙家枣糕

砀山沙家枣糕，风靡城乡，是很受欢迎的著名早点。1983年，中共中央总书记胡耀邦到砀视察，吃了枣糕，连声称好。来砀的英、法、日、美、加（加拿大）等国的友人以及海外侨胞、台港澳同胞品尝砀山枣糕后，皆交口称赞。

正宗的砀山枣糕出在砀山城南关沙家，故又称“沙家枣糕”，有百余年历史。清朝年间，沙家高祖曾是专为宫廷制作八宝贡糕的大师傅，后来落户砀山，他用当时老百姓最常食用的黍子加枣泥，制出了价廉物美、具有八宝贡糕风味的糕点，取名“枣糕”，很受百姓欢迎，沙家枣糕便成了砀山的著名小吃。

沙家枣糕的制作是将黍子或稷子打成面粉，用开水加食用油把面烫至八成熟，包上以红枣为主原料配以冰糖、南桂等10多种作料的枣泥馅，温油炸制而成。其特点是色泽鲜亮，酥香脆甜，是一种大众化名点。沙家枣糕已传至第7代。

沙家枣糕在省、地、县烹饪技艺大赛中，多次获金奖。砀山县政府为光大本地特色食品文化，县工商局多次举办培训班，请沙家传人授艺，更好地保证沙家枣糕的正宗地位。

八、朝牌

朝牌，是泗县的一种民间食品，因形状似古代官员上朝时手持的朝圣的牌子（笏）而得名。朝牌起先是在室内制作，主要是给赶考的人留作路上充饥之用，后来逐渐扩大到其他人，由室内转到室外，并在日常生活中受到欢迎，吃朝牌的习俗，代代相传，直到现在。

朝牌呈长方形。制作方法：和面时，掺入一点葱花和盐，将面团拉成长条，然后用擀面杖擀平，宽约5至6厘米，长约52厘米（视具体情况而定），用刷子将一面刷上麻油，上撒芝麻，用刀斩上斜纹，切成若干长约8至9厘米的面块，用手指将面抹在饼炉（饼炉为圆柱形，开口朝上）内壁烧烤。大约四五分钟后，从炉口便弥漫出诱人的饼香，待面色烤微黄后，即可用铁夹取出。朝牌的制作多在街口或路边，饼炉放在小车上，走动方便。

九、大庄牌豆瓣酱

泗县大庄豆瓣酱厂生产。主要配方有大豆、精料、食盐及部分香辛料，通过昼晒夜露自然形成，含有糖分、氨基酸、蛋白质等多种营养，质纯味美，能增加食欲，帮助消化，并有解热化痰之功效。

大庄豆瓣酱，历史悠久，负有盛名。早在1850年，泗州州官曾把该产品进贡给清朝道光皇帝。绿瓷罐一斤装豆瓣酱，被誉为馈赠佳品。在1958年广交会上，大庄牌豆瓣酱深受好评，并出口到东欧十几个国家和地区。1983年，被安徽省商业厅授予地方名特产品称号，并颁发了奖品、奖状、奖金等。1988年，经县、地、省三级卫生防疫站及县标准计量局鉴定为优佳产品，并连续九年被评为卫生质量信得过单位。1990年，在上海商报等5家新闻单位举办的数千名同行业和各界人士品尝、评比会上，获金奔马奖，获奖品和荣誉证书。

十、绿色食品“爬拉猴”

爬拉猴，也称解了猴、碟拉猴，是蝉的幼虫。宿州各县区都有，以砀山县、萧县北部的黄河故道多产。爬拉猴为树木的害虫，但因其含有大量的蛋白质和脂肪，营养丰富，口感甚佳；更因其由卵到幼虫，整个发育全在地下，靠吸收树根汁液演变，不见天日，露头即被捉，所以是纯天然的优质绝佳食品。

宿州地区的人们喜食爬拉猴，每年夏至季节过后，集市上便有大量爬拉猴上市，人们争相购买。宾馆饭店也将其作为一道名菜上桌。爬拉猴的吃法很多。一是干炕。将爬拉猴洗净，放在铁锅里，文火慢炕，等香气溢出，外焦内熟，即可装盘。二是油炸。将其放在油锅里，文火慢炸，待颜色变黄，立即出锅，趁热撒上盐末、胡椒粉、味精等，装盘食用。三是火烤。将爬拉猴用竹签串起来，架在木炭火上，来回翻身，边烤边撒孜然粉等调料，其味不比烤羊肉串逊色。四是将爬拉猴掐头去壳，剁成肉泥，与芹菜一齐包饺子，也确是美味佳肴。

据说，蝉从卵到幼虫需三年时间，生长期长，且捉之者多，食之者众，渐现供不应求之势。精明的黄河故道人，便想出人工种植爬拉猴，即把枯枝上的蝉卵逐年埋在地下，每年到固定地点收获。

第七篇　县区和开发区简介

一、埇桥区

一、建制沿革

埇桥区的前身是宿县。周朝天子将此地封为“宿国”。孔子在此演习周礼，先哲门生子贡、闵子皆生息于斯；晋代“竹林七贤”之首稽康诞生于此；白居易在此成长至青年始赴长安成名。境内有秦末大泽乡起义遗址——涉故台，闵子祠、墓，汉墓群和东林草堂（白居易故居遗址）等古迹。隋大业元年（605年），隋炀帝为巡游东南开挖汴河。唐宋年间，韩愈、白居易、苏轼、范成大、皮日休等曾在此留下许多脍炙人口的诗篇。埇桥也是画家梅雪峰、梅纯一父子、书法家李百忍、当代著名电影演员杨在葆、京剧表演艺术家李炳淑的故乡。

埇桥区周代为宿国。春秋时，宋国曾一度迁都于宿地的相城。七雄纷争时，宿地属楚。秦朝统一后，宿地属泗水郡，置蕲县、符离等县。西汉时属沛郡。东汉属沛国。三国鼎立时，曹操曾划部分宿地入魏之谯郡；魏明帝时分沛国置汝阴郡，宿地大部属之。西晋时，宿地分属沛国和谯郡，南北朝对峙，宿地长期沦为战场，归属无定。隋代统一南北，宿地属彭城郡。唐宪宗元和四年（809年）置宿州于甬桥镇（当时称“甬”，后演变为“埇”），符离、虹、蕲、临涣四县属之。宿州，宋代属淮南路，元代属河南行省归德府，明代属江南临濠府，清代属安徽省凤阳府。民国肇建，废宿州称宿县，属安徽省。中华人民共和国建立后，宿县属安徽省宿县地区。

1979年，由于城镇经济体制改革的需要，经国务院批准，以宿县的城关镇为基础，设立宿州市（县级）。1980年8月，宿州市（县级）成立。自此，原宿县行政区划一分为二，变成宿县和宿州市（县级）。1992年12月，为精简机构，宿县和宿州市（县级）合并，成立新的宿州市（县级）。1998年12月，宿县行署撤销后，设立省辖市——宿州市。随之，1992年成立的宿州市（县级）改为埇桥区。埇桥区是省辖宿州市政府所在地，是全市的政治、经济、文化和商贸中心。是中国马戏之乡、中国书法之乡、中华烧鸡之乡。

1979年，宿县划为1镇（符离）、14区（褚兰、栏杆、曹村、夹沟、符离、永安、时村、苗庵、大店、三铺、桃园、西寺坡、大营、城西）。1980年，分置宿州市，划去城西区，另增划灰古、蕲县2个区。

1985年全区划分为16个镇（区）、87个乡（镇）、5个镇办事处。其中标准镇3个（符离集镇、芦岭镇、朱仙庄镇）。区级镇4个（夹沟镇、时村镇、桃园镇、蕲县镇）。区镇并存2个（褚兰区（镇）、栏杆区（镇））。7个区（曹村区、永安区、灰古区、大营区、苗庵区、大店区、西寺坡区)。乡级镇6个(曹村镇、永安镇、灰古镇、大店镇、大营镇、西寺坡镇)。

2000年,埇桥区辖8个街道(埇桥街道、沱河街道、道东街道、东关街道、三里湾街道、南关街道、西关街道、北关街道)、16个镇(符离镇、芦岭镇、朱仙庄镇、褚兰镇、曹村镇、夹沟镇、栏杆镇、时村镇、永安镇、汴河镇、灰古镇、大店镇、西寺坡镇、桃园镇、蕲县镇、大营镇)、13个乡(杨庄乡、支河乡、解集乡、桃沟乡、顺河乡、蒿沟乡、苗庵乡、龙王庙乡、北杨寨乡、永镇乡、三八乡、西二铺乡、城东乡)。

2004年,经省政府同意,省民政厅于2004年12月31日下发,决定将埇桥区龙王庙乡整建制并入埇桥区西寺坡镇,办公地点设在西寺坡镇。

2005年9月29日,撤销三八、汴河、城东3个乡镇,成立三八街道办事处、汴河街道办事处、城东街道办事处。

2006年,埇桥区辖11个街道(埇桥街道、沱河街道、道东街道、东关街道、三里湾街道、南关街道、西关街道、北关街道、汴河街道、三八街道、城东街道)、15个镇(符离镇、芦岭镇、朱仙庄镇、褚兰镇、曹村镇、夹沟镇、栏杆镇、时村镇、永安镇、灰古镇、大店镇、西寺坡镇、桃园镇、蕲县镇、大营镇)、10个乡(杨庄乡、支河乡、解集乡、桃沟乡、顺河乡、蒿沟乡、苗庵乡、永镇乡、西二铺乡、北杨寨乡)。

二、自然概况

埇桥区地处淮北平原北部,南接蚌埠,北连江苏省徐州,辖境南北长91千米,东西宽44千米,总面积2868平方千米。埇桥交通便利,区位优势明显。京沪铁路、京沪高速铁路、合徐高速、泗许高速、206国道以及101、303省道等穿境而过,北上南下、东进西出方便快捷。水上运输从新汴河可达长江入东海,空运经徐州观音机场与全国20多个大城市通航。

埇桥区地处暖温带与北亚热带的过渡带,在中国气候区划中属于暖温带半湿润季风气候区。主要气候特点是:四季分明,雨热同季,光照充足,降雨适中,无霜期长。

埇桥区属于黄淮海平原的一部分,地势由西北向东南倾斜,地貌大体上分为丘陵和平原。其中,丘陵主要分布在该区的北部,面积61045.23公顷,占全区土地面积的21%;平原面积229646.38公顷,占全区土地总面积的79%。地势平缓,坡度很小。分为河间平原和黄泛平原。河间平原位于境内中部和南部,面积117500公顷,占土地总面积的43%。黄泛平原分布在唐河以北,面积98190公顷,占土地总面积的36%。埇桥区土壤质地的主要类型有:黏土,主要分布在褚兰、栏杆、符离、汴河、支河、永安、时村等乡镇的地势低洼地区;轻黏土,是其主要耕作土壤,在全区各乡镇均有分布;壤黏土,呈点状分布在曹村镇和解集乡境内;重壤土,在全区各乡镇均有分布,但主要集中分布在汴河以南的大营、蕲县、永镇、芦岭、大店、桃园和北杨寨等乡(镇);中壤土,多呈带状分布在浍河、唐河、濉河、奎河等天然河流两岸;沙壤土,在汴河以南除沿隋堤有辐射性带状分布以外,其余均分布在汴河以北的濉河两岸和奎河流域。

埇桥区北部和东北部,分布有岛状低山残丘,系淮阳山脉余脉。全区有大小387座山,高度一般在100至200米之间。

埇桥区河流均属淮河水系。流经全区的大小河流有20多条，河道总长400多千米。2002年至2006年，埇桥区获全省农田水利基本建设“江淮杯”铜奖，4年投入水利建设资金2.5亿元，奎濉河治理工程征地拆迁、移民安置工作基本完成。

埇桥资源丰富，物产富饶。矿产资源比较丰富。主要开采利用的矿产有：煤炭、冶金用白云岩、陶瓷土、高岭土、建筑石料用灰岩等30种。其中，煤炭资源最为丰富，累计查明资源储量18.56亿吨，占全市煤炭资源总量的69%左右。农副产品丰富多样。埇桥区既是全国“超级产粮大区”“产油大区”“国家级绿色农业示范区”，又是全国重要的商品粮基地、高品质棉基地、畜牧业基地和林木业基地。旅游资源丰富。境内名胜古迹众多，有闵子祠、墓，陈胜吴广起义遗址——涉故台，白居易故居遗址，赛珍珠故居，林探花府，九女坟，老海寺等诸多历史遗存，更有省级风景名胜区五柳风景区和省级自然保护区埇桥区大方寺。

2007年，全区森林覆盖率由18.9%提高到21.3%，投资858万元完成长防林工程河道绿化2200公顷。全区森林面积为5.67万公顷，当年造林面积794公顷。环境污染治理完成投资额15755万元，增长605.1%；全年工业二氧化硫排放量1094吨，下降60.9%；工业废水排放量达标率为95%；工业烟尘排放量达标率为94%，比上年减少1.0个百分点。

埇桥区围绕“全市率先、皖北领先、全省争先”目标，着力推进工业化、城镇化、农业现代化进程，经济社会发展保持良好态势。埇桥经济开发区、城东宿州循环经济示范园、符离新型乡村工业试验区三大工业园区建设快速推进，化工、机械、食品、板材、纺织、建材6大产业初步形成。现代农业稳步发展，夏粮单产、总产再创历史新高，连续4年获“全国粮食生产先进县（区）”“全省蔬菜产业化十强县（区）”等殊荣。城乡第三产业不断繁荣，尤其是城市服务业进一步完善和提升，三产增加值居全省同级首位。与之同步，埇桥马戏、淮北花鼓戏入选国家级非物质文化遗产名录，获“全国社区红十字服务示范区”、“全省平安县（区）”等称号。

三、经济发展

2004年，国民经济快速增长。全年全区生产总值94.47亿元，按可比价格计算，比上年增长16%，为近10年以来首次跃上两位数的增幅。2005年，综合实力显著提升。全区生产总值实现119.4亿元，比上年增长7.5%。2006年，全区生产总值实现136.5亿元，比上年增长12.3%。人均生产总值7769元，在全市率先突破1000美元标志性关口。财政收入完成6.57亿元，比上年增长24.6%。2007年，生产总值（GDP）160.83亿元，按可比价格计算，比上年增长10.1%。

埇桥区气候适宜各种农作物的种植。主要产小麦、油菜、玉米、大豆、棉花、高粱、水稻、花生、芝麻、红芋等作物，另外烟叶、三麻（红麻、黄麻、苎麻）、薄荷、香菜籽、西瓜、甜叶菊等亦多产。1985年，农业总产值达3.77亿元，粮食总产量61万吨，其中小麦总产近32万吨。2006年，农业总产值完成58.6亿元，比上年增长7.7%，年均增长10.1%。粮食总产达到历史最高水平，连续3年获“全国粮食生产先进县（区）”称号。农业产业化步伐加快，拥有省级农业产业化龙头企业2家，市级龙头企业12家，各类农村经济合作组织55个。优质安全农产品生产取得进展，农产品优质率比重上升至56%，被命名为国家级“绿色农业示范区”，新增绿色食品2个、无公害农产品5个，“符离集烧鸡”通过国家原产地域产品保护认证。2007年，埇桥区粮食种植面积粮食总播种面积为223615公顷，比上年增长2.6%；总产量达102.5万吨，同比增长0.2%；夏粮单产、总产同创历史新高。农业产业化步伐加快，连续4年获“全省蔬菜产业化十强县（区）”称号，新增市级农业产业化龙头企业14个。国家级“绿色农业示范区”建设扎实推进，新增国家级认证绿色食品2个、无公害农产品8个、无公害基地认定4个。新农村建设进展顺利，省级示范点“一镇十村”规划全部完成。农村综合改革全面实施，乡镇（街道）政务服务中心全部建成。林权制度改革开始启动，完成造林面积2666.67公顷。涉农收费专项治理扎实开展，惠农富民政策落实到位，兑付粮食直补资金2588万元、农业综合补贴资金3796万元。

埇桥区现代工业始于晚清，在修筑津浦铁路时，英国人便在黄山头开办了采石厂。而工业基础的奠定，则是在19世纪70年代中后期。1980年，工业总产值首次突破亿元大关。1985年，生产的主要工业品70多种，年产各类曲酒4400多吨、啤酒4200多吨、酒精近4000吨、液糖4400多吨、棉布250多万米、毛呢86千米、生丝近60吨、丝织品60多万米、轧花6000多吨、水泥3.7万多吨、糕点1000多吨、油桶2.6万余只……至此，全县工业已敞开大门，实行全方位开放，开展横向经济联合，多渠道、多层次、多形式地促进资金、技术、人才和信息的交流。到1985年底，全区有各种经济联系项目62个，引进资金500多万元，引进各类技术人员230多人。乡镇企业也如雨后春笋。1985年，全区各类企业有1.9万多家。其中乡办企业350多家、村办130多家、合作和联产企业2400多家、个体企业1.6万多家。从事各类乡镇企业生产的人员达5.7万多人，完成企业总产值1.53亿元，实现利润1700万元。埇桥区始终把工业发展放在首要位置，全区工业经济迅猛发展。2006年，全区49家规模以上企业实现工业总产值21.2亿元，比上年增长64.1%；完成增加值5.74亿元，比上年增长56.3%；年销售收入超5000万元企业达到16家，其中超亿元企业6家。围绕工业提速增效，着重抓企业技改和工业项目建设，加大扶持力度，设立工业企业发展专项资金，扶优壮强重点产业和重点骨干企业，培育规模企业，全力推进工业化进程。安特生化、信诚化工、雪龙化纤、绿洲板材、润发面业、华洋啤酒、宝龙电器、龙华矿机等骨干企业持续保持强劲发展势头，纺织、机械、化工、建材、食品、板材等产业逐步形成集聚态势。2006年，全年国有及年主营业务收入500万元以上的非国有工业企业49家，实现增加值57392万元，增长56.3%；工业总产值211578万元，增长64.1%；主营业务收入185039万元，增长67.4%；实现利税7914万元，增长71.3%；工业产品销售率98.66%，增加2.6个百分点。2007年，国有及年主营业务收入500万元以上的非国有工业企业70家实现增加值96667万元，增长50.5%；工业总产值330745万元，增长56.7%；实现利税15678万元，增长84.7%；埇桥经济开发区完成固定资产投资1.4亿元，润维无纺布等4个项目一期工程竣工投产，新远大木业、佳力奇碳纤维等12个项目在建，方展机械等6个重大项目即将进场；宿州循环经济示范园获批省级试点，路网建设开始启动；符离农产品深加工集中区、朱仙庄轻工业集中区完成规划，数10家企业入驻；206国道沿线工业集聚初具规模。完成外贸进出口总额550万美元，拥有进出口经营权企业31家。

埇桥区水陆交通便利，古代驿道纵横穿越宿境，南接寿春、濠州，北及彭城，东连淮泗，西通大梁。境内大店、睢阳、百善、夹沟四大驿站，旧址尚存。1912年，设立邮政局、所，但发展缓慢，到新中国成立时，仅有邮路160多千米。新中国成立后，邮电事业得到迅速发展，1985年全县邮路达4000多千米，邮路网遍及城乡各个角落。2006年，全年交通运输、仓储和邮电通信业实现增加值7.36亿元，比上年增长9.5%。全社会货物运输量1817万吨，比上年增长5.9%，货物周转量15.14亿吨千米，比上年增长12.3%。旅客运输量588万人，客运周转量2.85亿人千米，全年民用汽车的拥有量4795辆，其中：个人汽车903辆。全年邮电业务总量10.29亿元，比上年增长16.9%。年末全区住宅电话用户数26.5万户，增长6.0%，其中：农村电话用户数17.1万户，增长26.7%。移动电话用户数41.76万户，增长56.5%。2007年，全年交通运输、仓储和邮电通信业实现增加值9.36亿元，比上年增长12.7%。全社会货物运输量1998万吨，比上年增长10.0%；货物周转量14.66亿吨千米，比上年下降3.2%；旅客运输量1006万人，比上年增长71.1%；客运周转量3.83亿人千米，比上年增长34.4%。全年民用汽车的拥有量25149辆。全年邮电业务总量9.92亿元，比上年下降9.3%。年末全区住宅电话用户数27.5万户，增长3.9%，其中农村电话用户数17.9万户，增长4.5%。移动电话用户数39.11万户，下降6.3%。

埇桥区利用宿州城区大开发机遇，充分利用城镇地缘优势，大力发展商贸流通、餐饮娱乐、文化旅游、社区服务等产业。2006年，第三产业实现增加值59.7亿元，比上年增长13.6%，年均递增14.4%。完成社会消费品零售总额27.4亿元，比上年增长11.8%，年均递增8.5%。新建改建农家店398家，村级覆盖率达45%。

埇桥区把招商引资作为经济工作的重中之重，积极实施东向发展战略，主动加强与发达地区交流和对接，先后举办温州、台州、上海、金华、徐州、埇桥马戏艺术节等项目推介会10多次，取得积极成效。招商平台建设取得突破，省级埇桥经济开发区获批筹建，核心区基础设施建设加速推进，12个工业项目入驻开工。2006年，全区招商引资实际到位资金13.2亿元，比上年增长41%。2007年，参加国际徽商大会、昆山项目对接会、黄淮海农博会等招商会展，重点面向徐州、长三角等重点区域，运用专业招商、产业招商、以商招商等多种方法，开展招商引资工作，全年落实招商项目300个，实际到位资金21.7亿元，增长64%；其中工业项目215个，实际到位资金11亿元；总投资1000万元以上的工业项目70个，总投资5000万元以上工业项目18个。

四、科教文卫

“士勤学问，民务农桑，有朴厚之风、礼让之俗”，是埇桥区人民的传统美德。古有文山、培菁、正谊、古睢四大书院，散馆私塾，随地而设。民国元年之后，开办学堂，改良私塾。被誉为“皖北高等学府”的安徽省第四中等职业学校，传播新文化、新思想，培育了大批具有先进思想的爱国青年。但由于国民党政治腐败，给人民带来沉重灾难，文化、教育、卫生等发展极为缓慢。到新中国成立前夕，全县仅有小学200余所，而且绝大部分是初小，在校学生仅2万多人；普通中学12所（其中高中1所），在校学生1800人。淮海战役的硝烟未散，宿县的教育事业即开始恢复，在人民政府的关怀下，文化教育事业恢复、发展迅速。1985年全县拥有小学688所，在校学生

171500多人；中学122所（其中高中6所），在校学生51300多人。教职员工近9000人。从1978年起恢复了60年代初停办的宿县师范学校，开办中等师范函授学校1所、电视大学2个班。高等师范函授3个班、农民函授大学1所、农业广播学校1所、农民业余中学2所、农民业余小学566所。2007年年末，全区有普通中学108所，专任教师5511人，在校学生10.5万人。小学465所，专任教师7179人，在校学生13.65万，学龄儿童入学率达99.75%。年末全区各种医疗机构156个，床位数1856张，卫生技术人员2828人，其中，有执业（助理）医师1298人，注册护士762人。

2007年，埇桥区科技取得进步，8对校企建立产学研关系。“文化工程”得到推进，“中国书法之乡”获得认定，埇桥马戏协会挂牌成立，中国文联“送欢乐下基层”大型演出和中国·宿州埇桥首届摄影艺术节成功承办。

五、社会事业

2007年，埇桥区全面落实农村税费改革及粮食直补、义务教育“两免一补”等各项惠农政策，农民人均受益154元。落实就业再就业扶持政策，金凤创业园、金港创业街就业援助工程全面启动，城镇登记失业率控制在4.1%以内。社会保障体系进一步完善，区、乡镇（街道）、社区三级社会保障平台基本建立，基本养老、基本医疗、失业和工伤保险覆盖面不断扩大，养老金征收突破亿元，城市低保实现动态管理下的应保尽保，人均补差达到80元。农村特困救助步入新阶段，困难群众生活、五保户供养得到改善。廉租住房制度全面实施，对首批188户无房“双困”家庭发放租赁住房补贴。完成采煤塌陷区25个村庄、7所学校搬迁，安置村民10700多人。

六、居民生活

2006年，城镇居民人均可支配收入8945元，农民人均纯收入2671元，分别比2002年增加3430元、558元，年均增长12.9%、6%。2007年，全年城镇居民人均可支配收入10562元，比上年增长18.1%，城镇居民人均消费支出7113元，增长14.1%。在岗职工平均工资13620元，增长28.5%。农民人均纯收入为3156元，增长18.2%。年末全区参加城镇基本养老保险人数为3.98万人，比上年增加1830人。参加城镇基本医疗保险人数为5.36万人，增加5075人。参加城镇最低生活保障人数为1.63万人，参加失业保险人数为5.34万人。

二、砀山县

砀山县位于安徽省最北端，与皖、苏、鲁、豫4省6县接壤，东连萧县，东南部至西部与河南省永城市、夏邑县、虞城县相接，西北至东北部分别与与山东省单县、江苏省丰县毗邻。县境地理坐标在北纬34°16’—34°39’，东经116°09’—116°38’，县境南北长约42.8千米，东西宽约44千米，总面积1193平方千米。2008年，全县辖13个镇和经济开发区、薛楼板材加工园、县园艺场、155个村民委员会、10个社区委员会，另有省直单位砀山果园场，总人口955422人。

一、建置沿革

砀山县历史悠久，建置沿革多变。自隋开皇十八年（598年）改安阳县始置砀山县，至2007年已有1409年，自秦置砀郡、砀县、下邑县至2007年已有2228年。历史上与今周边河南永城市、夏邑县、虞城县、山东省单县、江苏省丰县及萧县之间，行政区域范围分和多变、关系密切。据明崇祯十二年（1639年）版、清乾隆三十二年（1767年）版、1996年版《砀山县志》记载，自春秋战国时期，今砀山县境及其周边属砀郡、砀邑之地；自秦统一中国推行郡县制，砀山县境属秦置砀郡所辖的砀县、下邑；汉代属梁国砀县、下邑；三国时期仍属之；晋代砀县并入下邑县，属梁国；南北朝时期复置砀郡、砀县，下邑县治西迁至栗城（夏邑县境内），在下邑县治所置砀郡治，后废砀郡、置安阳县；隋代隋开皇十八年（598年）改安阳县始置砀山县（因芒砀山脉一带在境域内而取砀山名），属宋州。唐代至宋代时期，隶属于境域发生多次变化，唐光化二年（899年）县境至辉州治所，后唐属单州；金、元朝时期，黄河改道流经砀山县境，隶属关系和境域数变；明洪武八年（1375年）砀山县属徐州；清雍正八年（1730年）属江苏徐州府；民国元年至37年11月（1912—1948年11月）属江苏省徐州；民国37年11月至49年元月（1948年11月—1949年元月）属豫皖苏三分区；1949年元月—1949年9月，属中原行政区商丘专署；1949年10月1日中华人民共和国成立后，属皖北行政区宿县专署；1953年2月属江苏省徐州专署；1955年2月属安徽省宿县专署；1956年属蚌埠专署；1961年属宿县专署；2000年4月属宿州市。

在1988年至2007年间，砀山县境域没有变化，县内行政区划发生数次变动。1988年2月，撤区并乡，将全县11个区、1个镇、63个乡、584个行政村改设为11个镇、7个乡，分别为城关镇、李庄镇、玄庙镇、周寨镇、葛集镇、唐寨镇、朱楼镇、关帝庙镇、官庄坝镇、曹庄镇、西南门镇和赵屯乡、陇海乡、权集乡、黄楼乡、赵楼乡、良梨乡、刘暗楼乡。1992年3月，从唐寨镇、赵楼乡划出部分区域设立文庄镇。1994年11月，李庄镇再次升格为标准镇。1996年6月，赵楼乡更名为程庄镇，良梨乡更名为良梨镇。2000年4月，将赵屯乡的苇子园、于楼、高庄、花园4个行政村（12个自然村），陇海乡的刘阁、毛园、冯园、七神庙、土山、杨楼、屈楼、双里庙8个行政村（42个自然村）划入城关镇。2004年12月，城关镇更名为砀城镇，陇海乡整建制并入砀城镇。2005年年底，全县将358个村民委员会合并调整到161个。2006年9月，经省政府批准，在砀城东部筹建砀山经济开发区。从砀城镇划出6个村民委员会、2万人口、20平方公里区域，筹建砀山经济开发区，设立开发区管理委员会。2007年12月，将全县18个乡镇合并调整为13个镇：李庄镇、葛集镇、朱楼镇、官庄坝镇、曹庄镇、良梨镇区划及名称不变，西南门镇整建制并入砀城镇、文庄镇整建制并入唐寨镇、刘暗楼乡整建制并入周寨镇、权集乡整建制并入玄庙镇、黄楼乡除神湖村委会外，并入关帝庙镇、赵屯乡更名为赵屯镇。薛楼苗圃场、神湖村委会合并设立薛楼板材加工园，为县政府直属机构。

二、自然概况

黄河曾流经砀山县687年（1168—1855年），其间“悬河”决堤、主干改道不断，县治数迁，灾难连连，最后给砀山留下了一条46.6千米的黄河故道，完全改变了境域内原有的地质地貌、水系河流、田园村落、地上资源、自然环境等自然景观。故道两岸，形成堪称世界之最的近百万亩连片果园，年产砀山酥梨、加工用黄桃、红富士苹果等水果30亿斤，被誉为“水果之乡”“中国梨都”。据国家统计局农业经济调查总队最新统计，1997年砀山水果总产量位居全国第6位，进入中国水果强县之列。

砀山的水资源主要来源于天然降水。多年平均降雨量761毫米，年最大值1129毫米，年最小值413.3毫米，水资源总量2.9856亿立方米，可利用量2.1793亿立方米。年可总供水量为1.5531亿立方米，其中地表水0.1569亿立方米，地下水1.3962亿立方米。灌溉工程可供水量1.2244亿立方米，工业用水可供水量0.1281亿立方米，城镇生活可供水量0.0184亿立方米，农村人畜用水可供水量0.1822亿立方米。地下有丰富的煤、石油、天然气、高岭土、耐火黏土、砖瓦用黏土、煤层气。已探明储量的煤炭资源达3.2亿吨，高岭土1.5亿吨。

砀山县的人口在1988年至2007年间，全县共增加250850人。1987年年底，全县总人口704572人。1990年第四次人口普查，全县总户数177883，总人口765866人。2000年第五次人口普查，全县总户数228789户，总人口911421人。2005年12月，砀山县总户数233095户，总人口929131人，其中非农业人口91989人。2006年12月，全县总户数23.84万户，总人口936705人，其中非农业人口9.7万人。2007年12月，全县总户数26.56万户，总人口955422人，其中非农业人口10.6万人。人口中包含汉、回、苗、侗、壮、藏、布依、土家、独龙、白、朝鲜、哈尼、蒙古、满、赫哲、鄂温克、维吾尔、畲、土、羌、拉祜等22个民族，其中汉族约占总人口的98.9%，少数民族中以回族人口最多，占全县少数民族的99%。

砀山县交通运输业发展较快。砀山火车站线路由四股道增加到十三股道，车站通讯、信号、照明全部实现现代化。1998年，砀山县公路密度为全省之最，县、乡、村三级公路193条，公路密度为每百平方公里146公里，是全省平均水平的3.6倍。至2007年，砀山县境内除了有国道1段长41.69公里、省道2段长73.57公里之外，还拥有县、乡、村三级公路计1935.5公里和专用公路20.5公里，公路密度为每百平方公里158.3公里，其中油路密度为每百平方公里44.7公里。2006年，县乡公路建设被评为全省第二、淮北片区第一。1990年后，砀山县各类机动车辆飞速发展，到1997年，农用机动三轮车达到7万辆，拖拉机1.2万台，货运、客运汽车2000多部，摩托车3万多辆。2003年，全县个体营运车辆有1600多台。8月成立砀城顺砀出租公司。2004年8月成立兴世出租公司，砀山县汽车分公司增开徐商客运专线，有18台厦门金龙客车。2005年以后，经批准成立了益民、金利、永昌、西城、顺达、保民、平安7家农客班线运输公司，拥有华夏、东风、江淮、迎客松、安凯等8种型号的（14—19座）客车134台，班线18条，基本形成了以砀城为中心，通向全县各个乡镇、行政村的公路客运网络，日发车520班次，输送乘客近万人次。砀山县汽车客运站为国家二级站，日发车60余班次，输送旅客约1000人次，承担着通往全省7个地市和北京、浙江、江苏、山东、河南、上海等地跨省公路旅客运输任务。2007年，砀山县运输企业共完成公路客运量549万人次，客运周转量19518万人公里；货运量929万吨，货运周转量60751万吨公里。

砀山县电力通信发展加快。有1座220千伏变电所、1座110千伏变电所、1座35千伏变电所，容量65400千伏安，可双回路供电，供电可靠率大于99.9%。1998年，砀山县实行邮电分营，1999年组建安徽省电信有限公司砀山县分公司、中国移动通信集团安徽有限公司砀山分公司、中国联通有限公司砀山分公司。193长途专用网开通305个城市，国际通达200个国家和地区，推出具有联通特色的“宝视通”电视会议业务。砀山县移动通信公司拥有固定资产超过1亿元，通讯网络基本实现在县城和农村的无盲点覆盖，各项业务向全面、完整、细化、多层次快速发展。

三、经济发展

1988—1990年，是实施“七五”计划的后三年，全县国民经济生产总值由1987年的31995万元增加到1990年的58862万元。“八五”期间（1991—1995年），国内生产总值达到127230万元，年平均增长19.85%，高出全省、全国平均增长水平，1994年，砀山的经济实力跃居全省68个县市第23位，在全地区5县市中经济实力增长速度位居首位；1995年财政收入首次突破亿元大关。“九五”期间（1996—2000年），前3年是砀山财政收入快速增长的3年。分别比上年增长3600万元、4200万元、3900万元，1998年达到2.22亿元；“九五”期末，国民生产总值达到219154万元。“十五”期间（2001—2005年），砀山正确面对因农业税和农业特产税相继取消、砀山卷烟厂政策性关闭导致财政收入锐减的新矛盾、新问题，努力克服水果价格持续下滑、连续遭受多种自然灾害侵袭对农业和农民收入造成的不利影响，找准工作着力点，抓好现有企业培育扶持，强力推进招商引资和项目建设，积极发展私营企业和个体工商户，拓宽农业增效农民增收途径，培育壮大财源，增强发展后劲，较好地实现了“十五”计划目标，国内生产总值达到30.50亿元。进入“十一五”后，县十二次党代会提出“决战‘十一五’、建设新砀山，奋力争崛起、实现新跨越”的奋斗目标，按照“生态立县、工业强县、林果富民、统筹发展”的思路，大干快上。2006年实现四个突破：地区生产总值突破40亿元、全社会固定资产投资突破10亿元、社会消费品零售总额突破10亿元、金融机构各项存款余额突破40亿元。到2007年年底，地区生产总值完成50.81亿元；人均地区生产总值为5371元；财政收入完成1.6亿元；全社会固定资产投资额完成21.19亿元；职工年平均工资为15403元、农民人均纯收入为3209元。在2007年全省县域经济运行考核中，砀山县综合排名位居第49位，动态排名位居第11位，分别比2005年上升了7个位次和33个位次。“十一五”以来，主要经济指标增长均为砀山县历年来最好水平，GDP增幅比“十五”时期提高了10个百分点。

砀山是传统农业大县、水果大县。1990年前，粮食作物和经济作物占总种植面积的96.3%。1991年后，种植结构不断调整，到1996年，全县水果面积达到70万亩，瓜菜面积20万亩。水果、瓜菜、粮食区域化种植格局初步形成。地膜覆盖、高产栽培、西瓜嫁接、间作套种、配方施肥等农技推广应用，科技贡献率达到50%。耕地复种指数达到2805%。2006年，砀山县进入全国水果总产量百强县，水果经济成为砀山农村经济的最重要的支柱。畜牧养殖业生产快速发展，畜牧业总产值占农业总产值的比重达到30%左右。农村合作经济组织和农业产业化经营得到健康发展。1997年，成立砀山县水果协会，发展县镇协会13个、村级协会119个、驻外分会8个，会员达到26万人。2007年年底，全县省、市级水果加工龙头企业达到11家，全年粮食总产量24.37万吨，水果总产量150万吨，油料总产量3.29万吨，全年农林牧渔业总产值完成35.51

亿元。被省命名为“全省农业产业化先进县”。

砀山县域工业发展形成了以纺织、建材、化学、机械、食品和水果加工为主体的工业结构。乡镇企业发展一度在皖北地区处于领先地位，砀山县化肥厂、砀山卷烟厂、砀山县棉纺织厂、砀山县轧花厂、砀山县白酒厂成为远近闻名的“五朵金花”。自1997年起，砀山开始启动以转换企业经营机制为目标，以产权制度改革为重点，以股份制和股份合作制为主要形式的企业改制工作，通过企业改制重组、盘活资产、嫁接改造、依法破产、一企一策、转制转型、“退二进三”、打包处理不良债务等，对全县国有集体企业分期分批进行改制。1993年开始实施招商引资，引进一批台资企业，2002年以后，丰原梨业、宿州科技等果蔬加工项目和中林、佳华等木材加工项目在砀落户。2005年，20家规模以上工业企业增加值3.06亿元，同比增长41.33%，增幅居全市第一，创八年来最好水平。进入“十一五”后，县委、县政府把工业强县作为第一方略，主攻工业突破。总投资超亿元的北京汇源、陕西海升、北京申安、湖南熙可、强英鸭业养殖加工、瑞丰板材加工等大项目纷纷落户砀山。全国前十位的农业产业化龙头企业半数在砀山投资建厂。2006年、2007年，全县固定资产投资分别增长23.1%、96.1%，规模以上工业企业分别新增13家、21家。砀山经济开发区、城西民营工业集中区、城南轻纺生态工业园、薛楼板材工业园、张老家板材加工园、金利工业园建设齐头并进，园区工业总产值达到30亿元以上。2007年年底，全县共有520多家工业企业，完成工业增加值14亿元，其中规模以上工业企业54家，实现总产值26.74亿元、工业增加值突破9亿元，达到9.16亿元。

砀山县研创出酥梨半地下式通风贮藏窖，到20世纪90年代中期，半地下式通风窖增加到4万多个。2007年，全县有半地下窖3万多个；中小型冷藏库、气调库100多座；大型冷库3座；总贮藏能力35万吨，约占水果年产量的1／3。在20世纪八九十年代，全县建立400多个村级综合服务站和100多个农民专业技术协会，组成了有1000多个组织、数万人参与的各类经营服务队伍，全县形成了水果、蔬菜、西瓜、粮油、服装、皮毛、建材、农资、农机、小工业品十大类专业市场；在水果主产区，建成了以李庄大型水果市场为龙头，以100多个中小型市场为骨干的水果专业市场体系。在上海、广州、深圳、南宁、南京、长沙、武汉、青岛等各大中城市，基本上都有砀山人开办的果行。

自1989年起，砀山县连续举办19届梨花观赏活动或梨花旅游节。2007年9月，在农业部农产品加工局的大力支持下，在省、市领导和有关部门的高度关注和帮助下，成功承办了首届中国果蔬加工（砀山）论坛、首届中国·砀山酥梨交易会、砀山县项目对接会等系列活动。

砀山县金融保险业发展。1988年12月，设立中国银行砀山支行。1997年1月，设立中国农业发展银行砀山县支行。2004年1月，设立中国银行业监督管理委员会宿州监督分局砀山监督办事处。1997年年末，当年净回笼货币2.6641亿元；全县吸收各项存款13.0147亿元；各项贷款12.1762亿元。2005年年末，全县各项存款余额34.7012亿元；各项贷款余额11.725亿元。2007年，中国人民银行砀山县支行发行库通过总行考核验收，成为安徽省唯一的县支行发行一级库。中国人民保险公司成立于1983年7

月，1996年4月实行财、寿险分业经营。砀山财险公司当年保费收入620万元，1998年增加到1000余万元；2005年、2006年、2007年分别实现保费收入1400万元、1200万元、1380万元。砀山寿险公司1996年各项保费收入600.5万元，1997年1139.8万元；2004年保费收入首次突破亿元，2005年、2006年、2007年保费收入均超过亿元，连续三年被中国人寿安徽分公司评为先进单位。

四、社会事业

1986—2004年，砀山科技工作先后取得各类成果104项，其中获得省、部、市级科研成果奖26项，达到国内领先水平的10项。1997年，科技部确定砀山县为安徽省唯一的农村技术市场试点县。1999年11月2日，科技部正式批准砀山县为全国科技工作先进县。2000—2004年，连续通过全国科技进步考核，再次获得全国科技进步先进县称号。2001年2月10日，砀山承担的国家“863”智能化信息技术应用示范工程项目通过专家组验收，获优秀奖。到2005年年底，全县各行业科技工作者计18320人，有职称的农民技术员3830人。全县有“庄稼医院”、各种科技服务部等技术服务机构80余家。2005—2007年，先后推广科技成果10项；承担国家星火计划2项，省级科技计划1项，安排县级科技计划19项；全县专利申请数36项，其中发明专利6项；专利授权数17项，其中发明专利1项。

20世纪80年代，砀山成为宿县地区第一批基本扫除文盲县。90年代开始发展职业技术教育和中小学布局调整，基础教育通过省“两基”复查验收；成立砀山第一所民办中学——砀山县铁路中学；筹建砀山第五中学；创办砀山第一所私立高中——梨都中学。普及九年义务教育基本完成，普及人数约60万人；基础教育师资队伍稳定，学历合格率达标，教师地位与待遇得到不断提高和改善。教学条件不断改善，累计建设标准化校舍15万平方米。全县共有小学273所，各类公办中学69所，中等职业教育学校7所，特殊教育学校1所。2007年有在校学生180980人，其中，普通中学在校生80607人，小学在校生92350人。专任教师人数6982人。1997年至1998年，砀山县向高、中等院校输送合格新生1636人，其中本科统招录取811人。1999年至2003年，全县高考本科上线9599人。2004年至2007年，连续四年本科上线人数均超过3000人，其中2006年本科上线3800人。2005年，砀山县启动九年义务教育，2006年正式实施，2007年义务教育经费全部纳入财政预算，实施完成14个定点初中、14个九年一贯制学校和119所小学标准化建设。20世纪80年代，获全国基础教育先进县称号；1993年，被安徽省教委命名为特殊教育先进县；1996年，被国家教委命名为幼儿教育先进县；1999年，被国家教育部命名为全国农村中小学艺术教育实验县；2001年，被安徽省政府命名为两基教育（基本普及九年义务教育、基本扫除青壮年文盲）先进县；2003年，被安徽省教育厅命名为艺术教育先进县。

砀山县文化工作始终名列全市前列，在周边地区也颇有影响。创作大戏16部，小戏曲200余个，小品300个，在省级以上报刊杂志发表文艺作品50余部（篇）。写生作品11180余幅，其中有数千幅作品入选全国、省级美展和发表于各类报刊杂志上。琴书《女会计》进京参加全国文艺汇演；电影剧本《老少爷们》由峨嵋电影制片厂拍摄成电影，在全国播放；8集电视剧《梨花湾》在中央电视台播出；电视剧《跑婚》由安徽电影制片厂拍摄；《空园记》获首届中国戏曲文学奖银奖。2007年，全县印刷、出版经营户100家。砀山县文化局被省文化厅授予“全省文化工作先进集体”称号。

广播电视事业快速发展。20世纪80年代，1000瓦彩色电视发射机安装调试成功，取代50瓦黑白电视发射机，相继建成了电视卫星地面接收站、微波机房、120米广播电视综合铁塔、广播电视综合大楼。20世纪90年代，经广电部批准升格为“砀山县广播电视台”“砀山电视台”，相继添置了采、编、录、制、放等设备，建造了两个演播厅和5间专用制作室。进入21世纪，组建《砀山文艺》频道，投资75万元，添置设备。2007年，新建农村有线电视前端机房一座，共传输36套有线电视节目。全县11个镇、果园场、圆艺场的有线电视网络整合，开通农村有线电视站16个，新放光缆架空主干线路55公里。高标准完成广播电视卫星转星调整。

1992年，砀山县被国家体委命名为“全国武术之乡”。1996年至1998年，砀山县承办了全省十地市摔跤锦标赛、全省中学生田径运动会、全省青少年古典式摔跤锦标赛。1997年，砀山中学被评为全国群众体育活动先进单位。1998年，砀山县被宿县地区确定为全民健身试点单位。1997—2007年，砀山县在省级运动会中共获得田径、武术、古典跤、女子跤、武术、民族运动项目等团体冠军2个、团体亚军5个、团体第三名4个、团体第四名2个、团体第六名1个、金牌33枚、银牌44枚、铜牌25枚。

砀山县有医疗卫生机构24所（不包括村卫生室、民营医院），床位数1279张，专业技术人员共1975人。全县医疗机构万元以上设备约有300余台。砀山县医院被评为二级甲等医院。1995年实现“无脊灰”状态；1997年达到基本消灭疟疾的目标，连续十年无霍乱、百日咳、白喉、伤寒病例的发生，传染病总发病率控制在300／10万以下。妇幼保健院年接收孕产妇住院分娩达1000多人次，门诊量达2万余人次。全县儿童系统管理率达60%以上，孕产妇系统管理率达80%以上。2007年，县财政拿出480万元，在全县推行新型农民医疗保险。

1989年之前，砀山县的计划生育工作形势严峻。1990年后，工作力度不断加大，在全县开展大清理、大整顿、大服务，成立县人口和计划生育执法监察大队，计划生育工作落后局面逐步扭转。2002年元月，砀山县计划生育工作由三类县晋升为二类县，几年来逐年进位，稳定低生育水平工作得到进一步巩固和提高，人口控制效果明显。2007年，人口出生率为8.99‰。

20世纪90年代，砀山县实行社会保险制度改革，在职职工开始参加基本养老保险费用社会统筹，养老保险工作一直走在全市前列。到2007年年末，全县参加养老、医疗、失业、工伤保险人数分别达到1.94万人、3.5万人、3.3万人、0.68万人。出台了城镇居民医疗保险办法和失地农民养老保险办法。城镇登记失业率由2003年的4.45%降至2007年的4.0%。先后与县外、省外20多个城市建立了良好的劳务协作关系。1997年建立城市居民最低生活保障制度，共有城镇低保人口10110人，发放低保费用1080万元，农村低保人口22424人，农村最低保障标准为每人每年860元。2004年被列为全省城乡医疗救助示范县之一，至2007年，全县城乡医疗大病救助1108人，救助资金235.67万元。

五、居民生活

1988—2007年期间，全县人民的生活水平也有较大提高。2007年与1988年比较，城镇在岗职工年人均工资由1191元增加到15403元，农民人均纯收入由430元增加到3209元，城乡居民年末储蓄余额由7846万元增加到441354万元。城镇居民住房条件得到很大改善，平房变楼房，公房变为商品房，人均住房面积增加到30平方米以上，农村人均住房面积由不足20平方米增加到40平方米以上，且草房变瓦房、瓦房变楼房。全县居民自行车变为摩托车，客货车、小轿车、彩色电视机等陆续进入城乡居民家庭。

三、萧　县

一、建制沿革

萧县古为萧国，春秋时附庸于宋，秦（公元前221—前206年）置萧县，属泗水郡，汉时为沛郡并为沛郡治所在地。北齐天保七年（556年）改为承高，隋开皇三年（583年）改为龙城、临沛，大业初复为萧县。唐、宋、元、明均属徐州，清属江苏省徐州府。辛亥革命后仍属江苏省。1955年由江苏省划归安徽省，属宿县专区。1988年，全县设3镇、10区、74个乡（镇），744个行政村，人口103.5万人。1992年撤区并乡，后经几次区划调整，至2007年，全县辖23个乡镇，一个经济开发区，710个行政村，8个社区居委会，人口136.2万人。有汉、回、满等26个民族，汉族人口占总人口的99.9%。

二、自然概况

萧县处于安徽省最北部，苏、鲁、豫、皖四省交界处，淮北平原北部，总面积1885平方公里。主属黄淮海冲积平原，地面高程由西北向东南缓倾，略介于32—50米之间。地形大致可分为两个单元：东南部分布着一些低山丘陵，由东北向西南延伸，属相山山脉，海拔180—350米，最高峰为永堌境内的官山，海拔395米。其余为黄泛平原，有废黄河高滩平原、黄河决口扇形平原、黄泛微倾斜平原。山丘、谷地占总面积22.2%，多为山淤土、山淤黑土；平原约占77.8%，多为沙土、沙质黏土；低洼地多为盐碱土或淤土。全县土地总面积185531.9公顷，人均0.14公顷。河流，主属新汴河水系。

萧县位于北纬33°56′—34°29′，东经116°31′—117°12′，属暖温带半湿润性季风气候区。四季分明，春季回温快，雨水渐增；夏季炎热，雷雨集中；秋季旱涝不均，或晴旱少雨，或水涝成灾；冬季严寒、干旱少雨。常年平均气温为14.3℃，一月份最冷，平均气温为-0.2℃，七月份最热，平均气温为27.3℃，年积温达5268℃。年降雨量854.6毫米左右。全县地表、地下水资源基本上可满足农业用水需要。自然灾害主要是旱、涝、霜冻、冰雹。

由于自然条件比较优越，萧县的农业、林果业开发较早，许多土特产品驰名一方。棉花产量居安徽省首位，定为国家重点产棉县；小麦产量丰、质量高，被国家定为优质小麦商品粮基地县。萧县是安徽省水果生产大县，水果中的葡萄、黄白桃、巴斗杏、萧国圣桃、水晶梨闻名国内，葡萄酒、大蒜、芦笋罐头、山羊板皮享誉国内外市场。矿产资源也很丰富，为国家重点产煤县，境内除东部、南部煤田由国家开采外，宜于地方开采的总储量在7.5亿吨以上。此外，耐火材料、石灰石、大理石、白云砂、砚墨石、石英石、高岭土、矿泉水等质地优良，分布甚广，储量亦丰。

自然景观优美怡人，旅游资源独秀于淮北地区。县内有皖北名胜——皇藏峪，1992年被评定为国家级森林公园。园内林木葱茂，种类繁多，号称天然氧吧。峪内风景名胜星罗棋布、交相辉映，游客常年不断。另外，还有天门寺、卧佛山“天一角”、圣泉寺、淮海战役总前委旧址、黄河故道等各有特色的旅游景点。萧县不仅开发了自然观光游，还充分利用物产丰富、文化底蕴深厚、革命历史悠久等特点开展“农家乐”休闲生态游、“书情画意”文化游、“红色之旅”经典游，吸引着八方游客。

交通四通八达。萧县东邻江苏徐州，南接安徽淮北，北依山东济宁，西毗河南商丘。古有“四省通衢”之称，今有黄淮名珠之美誉。陇海铁路、连霍高速横穿县域东西，符夹铁路、京台高速纵贯南北，还有311、310、206三条国道，101、202、301三条省道通过萧县，全县乡乡、村村通公路，公路总长2717.9公里。县境内高速公路、国道、省道、县道及乡村道路里程分别为72.5、82.6、103.8、380、2079公里。此外，徐州观音机场距离县城50公里，构成了立体、便捷的交通网络。

三、经济发展

萧县虽然自然条件优越，区位优势明显，但在漫长的封建社会和半封建半殖民地的旧中国，经济发展比较缓慢，抵御自然灾害的能力较差，统治者亦无能力真正解决民生问题。

新中国建立后，1949—1988年的39年中，萧县同全国其他地区一样，经历国民经济恢复时期、1—6个五年计划建设时期。其间，尽管遭受过自然灾害的频繁袭击，受到过西方国家对中国进行的一度封锁，出现过“大跃进”等经济建设上的指挥错误，还受到“文化大革命”等运动的严重破坏。但是，中国共产党能够及时总结经验，纠正错误，使经济建设和各项社会事业得以向前发展。特别是中共十一届三中全会以后，中共萧县县委、萧县人民政府认真总结经验教训，重新认识县情，避短扬长，发挥优势，逐步形成有地方特色的经济发展格局，就是在决不放松粮食生产的同时，狠抓两个支柱（加工业、开采业），三个重点（乡镇企业、林果业、畜牧业），使萧县的工农业生产和道路、邮电、通讯等各项基础设施建设取得长足进步，为以后全县经济、社会实现新的飞跃奠定了基础。1988年年底，全县工农业总产值87204万元，其中工业总产值41567万元，农业总产值45637万元，分别为解放初期（1949年）的16.6倍、132倍、9.3倍，是1978年的4.1倍、9.2倍、2.7倍。

1988—2007年，是萧县解放以来变革最大的20年，也是萧县历史上发展最快的20年。全县上下在中共萧县县委、县人民政府的领导下，坚持解放思想，深化改革，扩大开放，经济社会取得显著成就。至2007年，全县工农业总产值108.4亿元，其中农业总产值44.5亿元，工业总产值63.9亿元，分别为1988年的12.4倍、9.7倍、15.4倍，地方财政收入1.52亿元（取消农业税后数），农民人均收入3266元。

农业在全县国民经济中居于基础地位。1988年前，粮经作物主要有小麦、玉米、黄豆、山芋、棉花、水果、蔬菜等。1985年，全县农业总产值占国民生产总值的

59.9%。1986年后，县委、县政府带领全县干部群众，在第一轮联产承包责任制的基础上，进一步深化农村经营体制改革。1994年开始第二轮土地承包，到1996年基本结束。明确规定农民承包的土地再延长三十年不变，在承包期内提倡增人不增地，减人不减地，给农民吃了定心丸，极大地调动起农民的生产积极性。县委、县政府为解决“三农”问题，下功夫调整农村产业结构，走产业化经营之路。其间，在提高粮食品质、建设近7万公顷优质小麦、4万公顷玉米基地的基础上，倾力培育水果、蔬菜、畜牧、棉花等最具本地特色和发展潜力的六大主导产业，并围绕主导产业，逐步建起40多个上规模的芦笋、黄桃、葡萄、山区干杂果、优质棉、孙圩子胡萝卜、马井韭黄等生产基地，建起山羊、奶牛、猪、羊、鸡鸭等十多个上规模的养殖小区，扶植发展新锦丰、皖王、银海、步强饲料、虹光投资集团、隆安食品等10多家上规模的龙头企业，与此同时，各级党委、政府还积极引导、扶植发展农村专业合作组织，帮助农民解决个体想办办不了或办不好的事情。特别是2005年9月，萧县被定为全省农村专业合作组织试点县之后，县政府将赵庄镇种植业协会、黄口镇杨阁养猪协会、圣泉乡萧国圣桃协会、黄口镇萧砀边界养猪协会、孙圩孜乡胡萝卜种植协会等十个专业合作组织作为试点单位，给予指导和扶植，大大推动了全县农村专业合作经济组织的发展。截至2005年年底，全县共有农村专业合作组织92个，拥有会员1.2万多人，辐射带动农户3.3万户，约占全县农户的11%，其中种植业协会38个，养殖业协会29个，农产品经纪人协会3个，其它22个。其中，萧县农民致富协会和葡萄技术协会还被定为省级示范合作组织。这些经济合作组织，在引导、帮助农民务工、经商、种植、养殖上发挥了积极作用，推动了农村商品经济的发展。2005年，全县实现农业总产值39.77亿元，粮食65.68万吨，棉花18.07万吨，水果18.8万吨，肉类8.2万吨，蔬菜62万吨，水产品5100吨。粮经比例由1985年的8：2调整到6：4。

1988年，全县共有工业企业1536家，其中国营工业企业247家，县办城镇集体工业企业24家，其余为乡村集体或私营企业。主要有煤炭开采、防腐建筑、粮油加工、水果加工、红白酒酿造、棉花加工、造纸印刷、医药化工、建材、机械制造10个行业，工业总产值26.57亿元，1988—1991年，萧县在工业企业中进行经营机制转换，推行厂长经理负责制和经营承包责任制，企业经营有了一定起色。20世纪90年代中期，县办和乡镇办工业，终因经营体制、资金、市场等原因，一半以上的企业亏损甚至严重亏损，处于停产半停产状态。1994年下半年，萧县组织企业主要负责人三赴山东诸城参观学习，之后结合萧县实际在全县推行以“诸城模式”为主的多种形式的产权制度改革，至1999年，全县有一半以上的国有企业和县办集体企业改制为股份公司或有限责任公司。进入21世纪，特别是2002年以后，县委、县政府把招商引资作为加快发展的重中之重，强力落实政策最优惠、环境最宽松、服务最优良的承诺，以招商引资激活民资为重点，围绕农业和县内资源办工业，并将招商引资与国有企业的改制、改组结合起来。至2005年年底，基本完成了36家，国有企业国退民进的改制，促进了民营企业的大发展。特别是萧县的民营防腐业队伍及工程遍布国内外，是工业中的支柱产业之一。2000年之后，防腐蚀业年产值16亿元，年收入6亿元，从业人员近10万人。2005年11月20日，萧县被中国工业防腐蚀技术协会命名为“中国防腐蚀业第一县”。2007年年底，全县民营企业总户数发展到720户，个体私营企业占全县工业企业总数的90%以上，占年度营销收入的67.4%。全县引进项目467个，协议引资59.5亿元，实际到位资金19.1亿元。有新锦丰集团、皖王集团、步强饲料、金黄庄煤矿等25家企业、项目被列入省“861”行动计划和市“6+3”重点工程项目。2007年，全县工业增加值达20.05亿，其中规模以上工业增加值14.01亿元，比三年前分别增长172%和235.2%。

商业、贸易也有很大发展。改造了百货商场、龙城市场、花园市场，新建黄淮商业大厦、外贸大厦、萧国宾馆、商贸城等。新建、改建商贸门面（店）房360余间，总面积2.9万平方米。20年间，全县城乡兴建农贸、工业品、生产资料市场等78个，其中上规模的大型农贸市场、工业品市场6个。商业网点遍布城乡，从事商贸经营的个体私营工商户8122户，城乡市场繁荣，购销两旺，2007年，社会商品零售额242175万元，为1988年40136万元的6倍。

四、科教文卫

萧县历史悠久，文化底蕴丰厚。1961年，县境内发现的新石器文化遗址，如花甲寺、金寨、大蔡庄、陶墟等，出土不少石斧、石锛、彩陶、玉器和汉画像石等珍贵文物，其中玉璧、玉刀、玉锥等，光艳如新，为中国同类出土文物所罕见。花甲寺遗址还被安徽省列为省级文物保护单位。萧县的书画艺术以中国画、水墨写意著称于世，且源远流长。早在明代就形成气候，出现一大批乡土书画家群体和书画高手。清朝中晚期，形成的龙城画派，更是名震徐淮，享誉国内外。近代，特别是萧县解放前后，萧县的书画艺术风起云涌，书画大家层出不穷。20世纪30年代，就走出了10多位享誉中外的美术大师。萧县解放后，又培育出50多位驰名海内外的艺术名流，而且使书画艺术达到全县范围内的广泛普及。全县能挥毫泼墨者近3万人，其中大多数是干部、农民、工人、中小学生。上至古稀老人，下至学龄儿童，均能在自如间展现出自己的艺术风采。就连屠宰户、理发匠、炸油条的个体经营者中，也产生出几位远近闻名的书画家，其作品被“宿州市书画晋京展”选中，在中国美术馆展出。1980年，全国第四届“文代会”期间，国画大师李苦禅，为萧县题写了“国画之乡”的赞语。1993年，文化部命名萧县为“中国书画艺术之乡”。

俗语说，一方水土养一方人。萧县优越的自然气候条件，丰富的地上地下资源，悠久的文化历史，养育了一代又一代勤劳勇敢、聪慧能干的开拓者和时代精英。春秋时期的著名三贤（闵子骞、颛孙子张、颜子柳），东汉大将、新息侯朱浮，后汉吏部尚书朱尚，南朝宋开国皇帝刘裕，唐中宗的宰相朱敬则，民主革命先驱刘云昭，著名儒将徐树铮、李明扬，民主人士彭笑千、张云川，建国后一代哲人孙叔平、著名社会学家邓伟志，艺苑名流王子云、刘开渠、萧龙士、朱德群、王肇民、卓然、吴燃、郭公达，军界一代名将王克、辛明、单印章、董宜胜以及党政界省部级主要负责人李砥平、张平、张德勤、刘星等，均为萧县人士。其中，朱德群为法国艺术院首位华人院士，王文兴为中国工程院院士。萧县素有教授县、高工县（高级工程师）之称。据初步调查，萧籍在国内外工作的各类人才4000余人（正处及副高职称以上），分布在全国各省、市、自治区和国外几十个国家。其中军政界600余人，自然科学和社会科学人才

3500余人，仅县内各种专业科技人员近千人，其中自然科学类900人，社会科学类近百人。

科教、文卫等社会事业协调发展。1995年12月，县委、县政府提出科教兴县口号。经过多年努力，成绩显著，科普工作多次获省、市先进。2004年，萧县被评为全国科普示范县，2005年，又被农业部评为“全国农业科技入户工程样板县”。全县教育事业蓬勃发展。2007年年底，共有学校366所（小学266所、初中80所、高中13所、职业中学6所、教师进修学校1所）。其中，萧县中学、萧城一中均已跻身为安徽省示范中学。另外，还有上规模的民办中学11所。2007年全县在校中、小学生244950人。20年间共为国家高等院校输送本科大学生21502人。萧县的成人教育、幼儿教育、职业教育也都取得了较好成绩。萧县的医疗卫生事业发展较快。2007年，全县共有医疗机构49个，其中县直医疗机构6个，乡镇卫生院、所43个，村卫生室655个，个体诊所18个，乡村医生1766人。计划生育工作也取得了较好成绩，实现了“九五”“十五”期间制定的奋斗目标。萧县的文化工作，一直在全市处于先进行列。特别是书画艺术、文学创作、文物保护成果累累。1992—2004年成功举办四届书画艺术节、出版文学作品专著近百部、按规程发掘汉墓400座、出土汉代文物3000多件。1998年萧县被评为全省、全国体育先进县，全县参加体育活动的人数由1988年的36万人增加到55万人，占总人口的43%。全县广播电视事业发展迅速。1987年1月，萧县人民广播电台调频台建成，之后乡镇调频台普遍建立，有线广播随之被取代，群众可用调频接收机自由收听县、乡（镇）调频台的节目。1984年，萧县电视差转台建成，1989年、1996年、1997年又先后建成黄口、庄里、官桥3个电视转播台。1993年5月，萧县有线电视台建成，之后与中国电信萧县分公司合作，不断扩大有线电视网络。县城有线电视用户近万户，农村网内用户达2万余户。萧县旅游事业近几年发展较快。建成皇藏峪、天门寺、圣泉寺、黄河故道等风景区6个，其中皇藏峪风景区成为全省17个名山风景区之一。

精神文明建设与时俱进。文明创建活动年年有主题，有特色。1989年，县委将“五讲四美三热爱活动委员会”更名为“萧县社会主义精神文明建设委员会”，县委书记任主任亲自抓。1991—1992年在全县农村开展“红五星”文明之家创建活动；1993年县委作出“关于加强全县文明建设的决定”，提出九项目标和九条措施；1994年4月，县文明委制定文明单位创建与管理办法；1996年，又作出在全县城乡开展评选文明新风户与创建小康之家同步进行的决定，全县10万农户和108个“小康示范村”参与评选；1996—1998年在县城开展“创建文明县城，做文明市民”活动。1996年、1998年，全地区两次文明县城创建检查评比中，萧县都被评为第一名。2003年，萧县被评为全省文明县城创建先进集体，并获得5万元奖金。2005年，县委、县政府制定《加强文明县城、文明村镇建设的意见》，并提出了43条工作细则。至2007年年底，全县共有国家级文明单位2个，省级文明单位6个，市级文明单位97个，县级文明单位198个，“文明之家”3500余户，“五好家庭”标兵2000多户。

五、社会事业

随着改革开放的深入和全县经济不断发展，农民进城务工经商的越来越多，城镇建设步伐加快。1988年，县城城区面积3平方公里，人口35316人。2007年年底，城区面积扩大到16平方公里，人口增加到15.86万人，其中城区非农业人口6.5万人。

伴随城区面积的增加，县城道路不断延伸、拓宽、改造、新建，至2007年，县城道路长度由1988年的18公里增至45公里，形成5纵7横的格局。2001年，龙城公交公司成立，运营线路6条，开创建县以来县城通公交的新局面。2003年，县交通局引进"兴萧"面的85辆，有效地改变城区居民乘车难的状况。1985年，从县城出发的客运线路仅有38条，2007年增至55条，其中县内35条，通往（安徽省）邻市、县的线路10条，外省市10条。市政建设大力改观，20年间，对旧城不断改造，共拆除城区旧房、危房面积57228平方米，新建、改建机关、企事业单位办公楼522幢，面积12266平方米，干部、职工和居民住宅48824平方米。其中，县法院、检察院、地税局、外贸局、工商银行、葡萄酒厂办公楼均在五层以上。城区不断拓展绿化空间，坚持有路必栽树、新修道路必植绿。先后改造了龙湖公园和体育场，新建龙霄公园和西山、蓝天等4座小游园。县城绿化面积37万平方米，人均公共绿地7平方米。1988年前，县城电话用户389户，使用的是手摇电话，1996年，县城及乡镇电话实现传输数字化、电话交换程控化。2007年年底，城区程控电话用户30000户。20年前，县城没有有线电视，20世纪90年代初闭路电视开始起步。1993年，县城设立有线电视台。至2007年，城区可收视中央和其它省市电视节目36套，用户达1.5万多户。在加快县城基础设施建设的同时，各级党委、政府狠抓乡镇所在地及农村集镇的小城镇建设。至2007年年底，全县建制镇（中心镇）由1985年的2个发展到6个，其中杨楼镇为全省小城镇建设示范镇，也是全国小城镇建设改革试点镇之一。

六、居民生活

随着改革的深入和经济的发展，全县经济实力和综合县力明显增强。2007年与1988年比较，全县生产总值由59617万元，增加到749373万元。财政收入由1988年的2424万元（含农业税）增加到23743万元（取消农业税后数字）。2007年年底，全县各项存款余额由1.6亿元增加到61.93亿元，各项贷款余额由4.2亿元增加到17.88亿元。保险业务费收入也居全市县（区）之首，特别是人寿保险连续3年突破亿元大关，位列全省县级第一名，受到中国人寿的表彰。

全县人民的生活水平也有较大提高。2007年与1988年比较，城镇职工年人均工资由1183元增加到32737元，农民人均纯收入由433元增加到3266元，城乡居民年末储蓄余额532808万元。城镇居民住房条件得到很大改善，人均住房面积由9.7平方米增加到30.18平方米，农村人均住房面积由16.5平方米增加到42.51平方米。全县居民购买的客货车及小轿车总数居全市各县之首。

四、灵璧县

一、建置沿革

灵璧县位于安徽省东北部黄淮海平原。县境呈狭长带状，南北长82.5公里，东西宽36.5公里。东接泗县，南濒南沱河与五河、固镇两县相望，西与宿州市埇桥区为邻，北与江苏省睢宁县和徐州市铜山区接壤。县人民政府驻灵城镇。

灵璧县历史悠久。据1953年至1976年间考古队考古发现，在县城东7.5公里三注山山脚下蒋庙村，在城西15公里娄庄镇蒋圩村玉石山及县境南部韦集镇南沱河中段“大谷堆”均发掘出古人类遗址，出土新石器早期遗物有石斧、蚌刀、陶鼎、鬲足、陶网坠、绳纹等文物，属龙山文化早期，有5000多年历史，这些文物出土，足以证明灵璧县境内5000多年前已有人类生产生活生息繁衍。

秦时，灵璧属泗水郡。汉分属虹、谷阳、符离、夏丘、下邳诸县领辖。汉置潼侯国（高楼镇潼郡村），北齐废为县，后又置潼郡，辖今县境北部。三国属魏之下邳。西晋属沛国，东晋属阳平郡。南北朝改阳平郡为谷阳郡，后改属下邳郡。唐初属谷阳县，唐高宗显庆元年（656年），境内分属虹、蕲两县。五代十国分属宿州、泗州。宋元祐元年（1086年），零壁镇从虹县析出置零壁县，属宿州，七月（农历）复为镇。宋哲宗元祐七年（1092年）二月，复为县。宋政和七年（1117年），诏改“零壁县”为“灵璧县”。此后几经建废。元初，复立灵璧县，属宿州，后分属归德府、泗州、临濠府、凤阳府，清康熙六年（1667年）改属安徽省。中华民国元年（1912年）4月，灵璧县直属安徽省。民国37年（1948年）11月25日，共产党领导的人民政权在灵城成立。中华人民共和国成立时，灵璧隶属于皖北行署宿县专区，1956年元月改属蚌埠专区，1961年4月复属宿县专区。1999年5月，撤销宿县地区设立省辖宿州市，灵璧县属宿州市。据2007年统计，灵璧县境总面积2054平方公里，耕地181万亩，山地28.2万亩。全县19个乡镇，301个村民委员会。

灵璧县为多民族集聚县。在全国56个民族中，灵璧县有40个，其中汉族人数最多，1998年统计占总人口的99.86%。

1949年，全县总人口595064人。至2007年，灵璧人口发展经历了自然增长，非自然减员、人口失控和计划生育四个阶段。1949年至1958年为自然增长阶段，此期人口发展平稳，年平均自然增长率为15.3‰。1959年至1961年为非正常减员阶段，年平均人口自然增长率出现负千分比，据统计局数据显示人口减少约11万。1962年至1974年为人口失控阶段，全县人口增长较快，年平均增长率为33.15‰。1975年至2007年为计划生育阶段，全县人口增长速度减缓，自然增长率接近正常水平，至2007年年底，全县总人口为118.29万人。

二、自然概况

灵璧县地处平原，地势低平，自西北向东南倾斜。海拔27米—18.5米。平原面积占总面积的89.6%，黄泛冲击土层较厚，土壤肥沃，适宜于机械化耕作。除平原外，境内还零星分布着孤山残丘和碟形洼地。境内主要山丘属淮阴山系徐淮山脉余脉，主要山脉有54座，海拔超100米的有24座，最高峰为县西北境的灵觉山，海拔189.7米，境内河流为淮河水系，计有主要支流18条，总长度387.3公里。

灵璧地理坐标为北纬33°18′—34°02′，东经117°17′—117°44′，属北温带与北亚热带过渡带的半温润气候区，因受季风影响，冬季寒冷干燥，夏季炎热多雨，雨热同季，四季分明，光照充足，年平均气温14.7℃，平均降水935.3毫米。

土地宽广，山脉起伏。常用耕地面积181万余亩，林地面积52.07万亩，森林覆盖率16.9%，山体总面积28.2万亩，山脉在境内东北部、西北部、南部和西南部，其中断续绵延最长的有22公里，面积37平方公里。宽广的土地，连绵的山脉，温和的气候，为植物、动物生存生长创造了良好条件。

河流纵横，下水富足。境内河流分属4条水系，各水系干支流合计15条，总长389公里。安河水系为老濉河本干和潼河本干；奎濉河水系的干支有新濉河本干、拖尾河、新杨河、运料河、三渠沟和虹灵沟6条；新汴河水系为本干；漴潼河水系的干支流有唐河、阎河、岳洪河、北沱河和南沱河6条。境内地下水净储量约14.6亿吨，地下水补给量（不含渠道、河道补给量）主要来自大气降水，按丰水年降水1200毫米、一般年降水900毫米、旱年降水650毫米计算，累计地下水补给量为：丰年4.7亿吨，一般年3.3亿吨，旱年2.1亿吨。补给量大于消耗量。

灵璧县无金属矿床，非金属矿点虽多，形成矿床并具备开发价值的只有大理石、观赏石和水泥灰岩矿。大理石矿床，矿点较多，品种有10余种，分莱玉、皖螺和墨玉三大类。皖螺矿床有灰皖螺、红皖螺、灰红兼杂和棕红色4种，其花纹美观、质地细腻，色泽艳丽，可加工板材，制作工艺品等，储量约40.22万立方米；莱玉矿床，为混合矿体，上伏墨玉，下伏莱玉，品种有墨玉、灰云、采云等，总储量为76943立方米；磬云石矿床，品种为纯磬云墨，加工后墨黑有光，明亮如镜，扣之有声，加工制作成乐器编磬和高档的建筑材料，储量达100多万立方米；灵璧石（观赏石）享誉中外，精美绝伦，价值等同金玉，具有很高的艺术欣赏价值、收藏价值，其储藏分布于县境的中北部。

生物资源丰富，门类繁多。植物资源6门，28科，30余种，动物资源5门，9纲，79种，花卉品种250余种。

灵璧地理环境优越，气候条件宜人，造就了得天独厚的区位优势和丰富的自然资源。为社会经济的发展提供了充足的基础条件。

三、经济发展

灵璧县在历史上是有名的重灾区和贫困县。古代宋金之战以后，杜充决黄河大堤以水漫金军，自此以后，黄河经常泛滥，致使境内河道淤塞，排泄不畅，再加上历代统治者治水乏力，形成了“大雨大灾，小雨小灾，无雨旱灾”的多涝易旱的自然环境。虽然有着得天独厚的自然条件和丰富的自然资源，依然是农业萎缩，百业凋敝，民不聊生，挣扎于生死线上。

1949年，在中国共产党领导下建立了人民政权，开启了人民当家做主的新时代，人民以国家主人身份参与了各项建设。从灵城解放的1948年11月25日开始到1953年，灵璧开展生产救灾，兴修水利，基本解决水灾问题，最低限度地保障了人民的生产生活。从1954年到1956年，灵璧打破旧秩序，建立新制度，使人民走上了社会主义道路。从1957年到1966年，灵璧开展了十年经济建设，因违背经济发展规律而走了一条曲折的路。从1966年“文化大革命”开始到1976年“文化大革命”结束，灵璧经济发展缓慢，人民依旧生活在贫困线上，甚至连基本的温饱问题都没有解决。

中共十一届三中全会后，特别是1986年以后的二十多年间，灵璧坚持以经济建设为中心，改革开放谋大局，因地制宜调结构，使经济快速健康发展，综合经济实力显著增强，社会各项事业全面进步。统计数据显示，1986年全县地区生产总值（当年价）44518万元，其中第一产业增加值31274万元，第二产业增加值5143万元，第三产业增加值8101万元，到2007年末，全县地区生产总值65.8亿元，其中一产增加值33.2亿元，二产增加值12.7亿元，三产增加值19.9亿元。1986年，县财政收入2083万元，到2007年则达到1.3293亿元，是1986年的6.4倍。与此同时，交通通信、城乡面貌、社会各项事业及居民生活等都发生了巨大变化。

农业　灵璧是农业大县，农业在县域经济中有着举足轻重的地位。改革开放，使灵璧不断深化改革，加快农业产业化进程。1986以后，在逐步完善家庭联产承包责任制，狠抓粮食生产，发展多种经营的基础上，不失时机地调整农业产业结构，增加农业投入，挖掘农村生产潜力，探索振兴农村经济的新路子，如发展多种经营、开发商品农业、发展乡村工业、建立农村社会化服务体系，建立村级合作经济组织，以创建小康村统揽农村工作全局，发展“两高一优”农业等方式，千方百计地增长农村农民收入。特别是“黄淮海农业综合开发”“沃土工程”“丰收计划”“创建农业科技示范场”等形式，有效地促进了农业发展。至2007年，短短的二十多年时间里，农业实现了飞速发展。2005年以后，农村发生了一项历史性变化，免征农业税，并享受三补贴（种粮、农作物播种、农机具购置），资金发放一卡通，更进一步促进了农村经济的发展。1986年，农机总动力138233千瓦，2007年发展为1279800千瓦，是1986年的9.26倍。1986年农业有效灌溉面积22087公顷，到2007年为72627公顷，是1986年的3.29倍。1986年农业用电2897万千瓦时，2007年则为8000万千瓦时，是1986年的2.76倍。1986年，农业总产值（当年价）44978万元，其中种植业59370万元，林业1038万元，牧业6716万元，渔业302万元。农业增加值（当年价）为31274万元，2007年农业总产值65.8亿元，农业增加值332078万元，其中农业种植业199525万元，林业12297万元，牧业107154万元，渔业7889万元，农林牧渔服务业5213万元。

灵璧县农林牧渔及各项服务业全面发展，特别是畜禽渔等养殖业成为农村经济新的增长点，为灵璧的农业发展做出了突出贡献。1990年，农业部授予灵璧县“全国商品牛生产先进县”称号，1992年获农业部“全国农林牧渔业丰收计划一等奖”，安徽省政府于1995年、1996年、1999年、2000年分别授予灵璧县“畜牧业生产十强县”称号。

工业　新中国成立时，只有手工店铺和作坊，并且产品数量少，质量低，年末全县工业总产值仅42万元。在1949年至1985年间，灵璧坚持以农业为基础，以工业为主导的发展国民经济的总方针，积极兴办与农业生产和人民生活密切相关的工业企业，形成以国营企业为主，集体企业和乡镇企业为辅的工业企业格局，门类较为齐全，生产初具规模。至1985年全县有266个工业企业，其中国有企业从接收改造一家私营作坊起步，发展成为拥有22个地方独立核算单位，4021名职工，年产值3289万元的企业规模，成为灵璧企业骨干。集体所有制企业95家（乡镇企业76家），乡村办工业143家，工业总产值8957万元。改革开放以后，国有工业企业为适应市场经济发展需求而进行改制，通过向外承包经营，股份制改造等形式，在20世纪90年代，国有资产基本退出生产领域，众多国有企业通过整体出售，依法破产等形式，实现企业性质和职工身份双置换。集体企业也通过改制，到2004年，基本退出生产领域。而乡镇企业在改革开放前期发展迅猛，行业涉及轻纺、机械、造纸、酿造、制粉、食品、化工、建材等领域，因受市场经济及管理水平和国家宏观政策等因素影响，出现较大波动，不少企业经历停产、破产的阵痛。进入21世纪，受东部发达地区辐射，灵璧县工业逐渐进入健康发展轨道，通过“大开发，大招商”，一批新的个体私营企业、股份合作制企业迅速兴起壮大，促进了灵璧县工业经济发展实力，为灵璧区域经济发展做出了重大贡献。从经济数据指标来看，1986年全部工业总产值（当年价）15024万元。1997年，实现工业总产值29.7亿元，到2006年年底，工业生产总值（当年价）54.9亿元。

商业贸易　新中国成立初期，私营商业发展迅速。全县10个集镇，商户3262家，从业人员4308人，商业零售额占全社会商品零售额的90%以上。从1953年到改革开放前夕，通过私商合作化等形式，集体商业、国营商业得到发展。中共十一届三中全会以后，个体私营商品重新活跃在历史舞台上，通过经济体制改革，国营商业、集体商业逐步退出市场，私营商业贸易繁荣了灵璧城乡市场。1985年时，全县国营商业，集体商业有5998家，从业人员13767人，个体商户3584户，从业人员5970人，社会商品零售总额15688万元，为1949年的27.87倍。集镇贸易成交额2050万元，为1952年的21.35倍。随着市场经济的逐步深入，计划经济成分逐步退出。1986年，灵璧县认真贯彻放开搞活方针，在流通领域进行一系列探索，通过商业体制改革，对小型企业进行租赁、转让、承包，疏通流通渠道，扩大流通范围，加快流通速度。粮油收购部门在全县各地增设网点，既抓合同定购，又抓议价收购，积极参与市场调节和竞争，充分发挥主渠道面广腿长的优势，实行国家、集体、个体一齐上，从而改变了几十年国家收购独家经营的局面，当年全社会商品零售总额1.87亿元，比1985年增长14.45%。1987年至1989年间，全县国营商业按“放开零售，搞活批发”的要求，把改革的重点放在批发环节上，完善多种形式经营责任制。1990年至1992年在县百货公司，尤集供销社等商业企业进行价格、用工、经营、分配“四开放”试点。1993年至1997年，对商业企业实行国有民营，租赁承包，加快城乡市场建设，促进产业协调发展，壮大新的经济增长点。到1997年新建改建各类市场62个，全社会消费品零售总额6.5亿元。1998年至2002年间，第三产业发展迅速，经济增长份额不断加大，市场建设有新进展。2002年，全社会消费的零售总额8.07亿元。2003年至2007年间，个体私营经济发展较快，城乡市场活跃，国营集体经营逐步退出灵璧市场，但整个社会贸易产品丰富、货源充足、市场繁荣、流通活跃。2007年，全社会消费品零售总额13.47亿元。

四、科教文卫体

新中国成立前，灵璧县谈不上什么科教文卫体事业。新中国成立后，经过37年的发展，各项事业均有显著进步，特别是改革开放，各项事业迅速发展，达到前所未有的进步程度。

科技　全县科技紧紧围绕经济建设大局，为社会发展服务。1986年，灵璧落实振兴农村经济“星火”计划，引进新型产品、应用技术、科研成果186项，1987年至1989年3年间引进工农业生产先进技术115项，组织科技开发138项。1990年至1992年间重点推广18项科技成果。1993年至1997年推广科技项目108个，城乡科技推广网络基本形成，科技对经济增长的贡献率大大提高，以县涉农部门为龙头，以乡镇站所社为中心，以村级科技服务大院为基地，以公司加农户为纽带，把各项农业科技和服务送到千家万户的农村社会化科技服务体系逐步完善。1995年，全县拥有各类专门技术人才6000人，农民技术人员2500人，比1985年分别增加2倍和3倍，到2007年，专业技术人员达6734人。随着社会经济的发展，科技越来越深入到人民的生产生活中。

教育　灵璧县自元代到民国年间相继建有儒学、书院、私塾、学堂及学校，能够接受教育的只是少数人。新中国成立后，国家大力兴办教育事业，通过成人扫盲、普及小学教育、推行九年义务教育，及群众集资、公办民助、财政拨款等形式推动教育事业的发展。1986年，全县有各级各类干校711所，各级各类在校学生161530人。由于九年义务教育的普通推行，学龄儿童入学率95.9%，巩固率97.5%，毕业率97.2%，普及率95.1%，达到国家规定标准。随着社会经济的发展，改革开放的深入，教育事业迅速发展，重点加强基础教育和职业教育，整顿重复教育。在1993年至1997年间，围绕“两基”目标，实施五大工程，调整中小学布局，加大教育投入，改善办学条件，先后创办了卫生中专学校，灵璧职业高中、聋哑学校等学校，顺利通过省政府验收和国家复核。1998年至2007年间，灵璧县实施科教兴县战略，教育体制改革日益深化，素质教育全面推进，建立健全了“以县为主”的义务教育管理体制，办学条件不断改善，教育素质不断提高，教育质量屡攀新高。2005年，全省理科“状元”、文科“榜眼”落户灵璧，年年均有莘莘学子考入北大、清华、人大、科大等高等学府，为国家输送了大批优秀人才。至2007年，灵璧有普通中学52所，小学254所，教师7683人，普通中学在校生91144人，小学在校学生103555人，小学入学率100%，巩固率100%。

文化　新中国成立前，灵璧文化比较落后，基本处于自发状态，主要活动形式有民间表演，民间说唱等。新中国成立后，县区乡相继建立了各类文化机构，组成了专业和业余文化队伍，兴建了相应的文化设施，群众性文化娱乐活动由县城集镇普及到乡村。20世纪80年代前，全县除经营性的电影放映和剧团演出外，民间只有曲艺杂技艺人从事经营性活动，文化市场不健全。自中共十一届三中全会以后，随着改革开放的深入国民经济的发展，全县文化市场逐步繁荣，到1995年，全县发展有图书、娱乐、音像、电影、演出、美术、印刷、艺术培训八大市场，有各类文化经营单位519户。1991年10月，陈光林创办的灵璧钟馗画苑的开业开创了灵璧美术品开店经营的先例。进入21世纪以后，文化市场更加开放，各类艺术协会、剧社、戏班、唢呐班、专业演出团体活跃于城乡的各个角落，服务于广大民众，丰富着人们的文化生活。

灵璧县历史古迹遗址众多，比较著名的有垓下之战遗址，睢水之战遗址，宋金之战老营湖遗址，项羽当年屯兵的霸王城遗址，三注山新石器遗址，玉石山新石器遗址，宋代摩崖石刻造像，虞姬墓及众多汉墓群。丰富的历史文化资源，是灵璧的宝贵财富。

灵璧石是境内独有的天然资源。灵璧石的收藏鉴赏起源于南北朝时期，到宋代达到顶峰，以后各朝均有文人雅士、达官贵人收藏把玩，清中期以后因战乱出露较少，直至销声匿迹。20世纪80年代，灵璧石因其独特性再放异彩，享誉海内外，到2005年形成开采、清洗、配座、鉴赏、研究、交流、评估等完善的活动体系，使灵璧石资源在社会经济发展中发挥着重要作用，灵璧石独特的文化特性在新时代焕发出奇异的光彩。

钟馗画，是中国绘画一种独特的画种。灵璧钟馗画有别于其他木版年画作品，它以手工绘画形成，具有独特的民间风味，历经宋元明清而不衰。1915年“巴拿马万国博览会”上，翟光远的钟馗画获得金奖，使钟馗画蜚声国内外。灵璧民间画师韩本贵在20世纪40年代被《申报》称为“韩百馗”，其作品早就被传入东南亚，50年代多次在合肥、北京等地展出，其作品《钟馗图》被中国美术馆收藏。此后灵璧民间画师尹玉林继承传统钟馗画风格，对20世纪80年代改革开放初期钟馗画传承作出了重要贡献，为后来的钟馗画创作、钟馗文化的发展发挥了重要作用。1990年5月，灵璧钟馗画参加新加坡举办的“中国民间艺术作品及名艺人作品展”，参展作品被海外人士争相购藏，促进了灵璧钟馗画的进步发展，此后一批有影响的钟馗画作家如孙淮滨、赵英汉、赵基、陈光林、尹明林等人推动了钟馗画创作的繁荣及钟馗文化产业的发展，对社会经济的发展做出了重要贡献。

2000年，灵璧在文化领域着力打好灵璧石、钟馗文化两张牌。此后，充分发挥灵璧特有人文资源和自然资源优势，加快灵璧文化旅游产业资源开发，围绕“奇丑美”，重点打好三张牌：奇石牌，筹备全国性奇石博览会和灵璧奇石文化节，把灵璧石推向世界，以石引路，招商引资，促进经济发展；虞姬牌，围绕美做文章，扩建虞姬楚汉文化园；钟馗牌：围绕“丑”做文章，筹建钟馗文化园旅游景点。2004年11月，成功举办首届灵璧石文化节。2005年聘请南京大学、中南大学专家制定灵璧县文化旅游产业发展规划。依照总体规划，以灵城、虞姬、渔沟、韦集等乡镇为中心，开发建设文化旅游景区，逐步形成渔沟灵璧石旅游区，虞姬陵园旅游区、韦集垓下古战场遗址公园旅游区和县城综合旅游区。2007年，灵璧县被国家授予“中国观赏石之乡”称号。

卫生　新中国成立前，灵璧卫生事业十分落后，人民无医疗健康保障。1948年11月灵璧解放，县政府从缴获的战利品中收集部分药品药械，成立最初的医疗机构。1958年时，建成17个公社卫生院，48个生产大队卫生室，71个生产队医疗保健室。1986年，全县有卫生机构70个，医院26个、卫生防疫站1个，妇幼保健站1个，卫生机构人员1384人，卫生技术人员1131人，医生262人，卫生机构床位数791张，每万人9.5张，农村医疗点717个，从业卫生人员1669人。随着改革开放的逐步深入，社会经济的进一步发展，医疗机构科室建设日趋全面，医疗技术和设备水平逐年提高，基本满足了全县医疗卫生需求。至2007年，全县共有卫生院24所，床位1093个，卫生技术人员1630个（其中医生651人），卫生防疫人员257人，5岁以下儿童死亡率9.48%，产妇住院分娩率96.27%，婴儿死亡率7.68‰。

体育　灵璧体育事业起步于1953年，1958年走上正轨。1986年以后，体育事业探索改革发展的路子，体育牵头、企业赞助、官办民助使体育事业稳步发展，体育队伍不断壮大，竞技水平不断提高。1986年14个区均成立“农民体育协会”。象棋、围棋、桥牌、信鸽、武术、汽车摩托车、乒乓球、篮球、太极拳等13个协会相继成立。1997年县政府及各乡镇又成立“全民健身领导小组”，体育设施遍布城乡、机关、学校、街头、广场。从1958年到1985年灵璧共举办了五届运动会，从1986年至2007年又举行了五届运动会。在职工体育方面，从1986年至2007年间，每年元旦、春节期间均有不同类型的体育赛事出现。灵璧同朱仙庄煤矿、芦岭煤矿、宿州肉联厂联合举办的“协作杯”篮球赛，及冠名为“邮电杯”“灵丰杯”“烟草杯”“消防杯”“信合杯”及“宁宿徐”等不同形式的友好赛，丰富了灵璧人民的社会生活。1986年以来，灵璧十分重视体育人才培养选拔，建立了以县业余体校为主体，以省属传统学校及地属田径传统项目为后援的业务培育体制，对全县体育尖子，特别优秀的定期输送到上级体校。灵璧籍运动员在省、全国比赛中屡屡获奖，杨明明获得世界杯武术散打锦标赛冠军，实现了灵璧籍运动员在世界大赛中冠军“零的突破”。

五、社会事业

广播电视　1986年全县广播均为有线，有线广播站92座，村通广播率89.5%。广播覆盖率75%左右，入农户喇叭3929户，占总农户2.4%，县城电视转播台1座。1986年5月开播卫星地面站，实现全年播出2375小时。1990年以后，广播电视快速发展。1993年1月建灵璧县电视台，10月建有线电视台。2000年添置一套数字前端自动化播出系统。2005年建成音频工作站。2006年安装全固态千瓦广播发射机，电台音响覆盖率达100%。2001年增加一套非线性编辑系统，解决了县台自办节目图像信号差的问题。2002年购置三千瓦全固态发射机，提高了收视率，2004年又改造五千瓦发射机。在有线电视方面，2002年以前，有线电视归县局管理。2002年以后，人财物上划省网络公司。2003年有线电视网络公司对城区HFC网络改造，铺设16.6千米，开通光节点36个。2006年又对老城区架空线路，实施落地工程，新建管道4.8公里。有线电视还是模拟信号。两年以后数字化工程启动，有线电视在乡镇开始建设。

交通运输　邮电通信　新中国成立前，灵璧交通邮电落后，全县只有乡村土道6条，运输全靠人力、畜力，水路航程短，工具落后，运载量微不足道。邮政业务量小，全靠人力传送。20世纪50年代开始修建泥结碎石公路，开办汽车客货运输业务。60年代末第一条沥青渣油路建成，70年代末，全县干支线公路网建成，客货运量成倍增加。邮电各业务机构也相继建立，报刊发行、长途电话、市内电话、乡村电话及电报业务相继开办。1986年，全县共有干线公路9条，支线公路14条，通车里程402公里，货物运输量21万吨，客运量207万人。邮电业务总量126万元。随着改革开放进程加快，社会经济的深入发展，全县主干道公路里程达到533公里。1986年时民间汽车还很少，到2007年，民间汽车拥有量达到8872台，邮电业务量达到41853万元（1990年价格计算）。1986年时，固定电话378部，移动电话，互联网用户还极其稀少，到2007年，家庭电话156825户，其中农村138680户，移动电话164414户，互联网接入10840户。

城市建设　灵璧县城是一座具有900多年历史的古城。几经战乱，几经兴废。解放后虽有较大变化，但缺少科学规划。20世纪80年代中期，灵璧把县城建设作为拉动县域经济的重要一环，突破环城河向四周延伸，走灵璧特色的扩建之路。1986年，完成4.2平方公里灵城总体规划，加强基础设施建设，拓宽西环路和农民大街，兴建凤仪市场等农贸市场，完成部分路面、水道、环保等基础工程，绿化美化城市环境。1990年对环城河进行清淤疏浚，并砌石护坡，绿化美化。1993年至1997年，县城建设步伐加快，以一桥（新汴河大桥）、二路（凤山路、南二环）、两街（光明大街、花园街）为标志的新区开发，灵城面貌大为改观。1998—2002年间，灵城街巷全面硬化，四关大街、省道穿城路、钟馗路等骨干工程陆续建成，环城河治理工程竣工，灵城面貌大为改观。2004年，灵城总体规划再次成型，形成了向北为主，适度东进，向西向南发展，即“东进、南扩、西连、北展”格局，新一轮灵城建设拉开序幕，并形成“大拆迁、大建设、大发展”态势。旧城改造步伐加快，新区建设开始启动，龙山广场、福茂特商城、宏泰商城、新国线客运站及城区道路改造等重点工程先后完成。在不断加强县城建设的同时，灵璧城乡一体化发展加速，农村集镇和乡村规划纳入正规化标准化轨道，一些乡镇村庄改水改厕环境监测治理工作得到重视，乡村道路建设、供电、通信、广播电视等都有长足进步，社会信息化获得了新发展。

六、居民生活

1978年中共十一届三中全会以后，随着改革开放的深入和社会经济的发展，近30年间，居民生活发生了巨大变化。1986年，农民年均纯收入385元，比1985年增长19.6%，国家集体职工工资普遍增加，年人均工资965元，比1985年增加19.5%。1992年农民人均纯收入450元，比上年增加50元。城镇职工年平均收入1600元，比1989年净增361元。五年以后的1997年，农民人均纯收入1865元，城镇居民人均纯收入4200元。2002年，农民收入结构趋向多元化，增收渠道拓宽，年人均纯收入1950元，城镇在岗职工人均6200元。2007年，农民人均纯收入突破3000元，达到3052元，比上一年增长28.9%。城镇在岗职工年均工资14946元，比上年增长26.9%。存款方面，1986年城乡居民储蓄存款6005万元，2002年城乡居民存款7.5亿元，是1986年的接近11倍，到了2007年，城乡居民储蓄存款达到40.4亿元，是1986年的67倍。居住条件也发生了巨大变化。以农村为例，70年代土墙草顶房，80年代砖瓦起脊房，90年代盖平房，新世纪住楼房。城乡居民逐步摆脱贫困奔小康，生活质量进一步提高，消费水平进一步提升，电视、电脑、洗衣机不再是稀罕物，汽车也开始进入百姓人家。

灵璧民生工程始于2007年，当年实施12项民生工程，总投入13140万元，其中义务教育4738.3万元，农村居民最低生活保障1073万元，农村五保供养518.6万元，农村中小学危房改造4175.3万元，农村安全饮水工程2059.1万元。城乡居民更好地分享改革开放成果，3.1万人被纳入农村低保，5695名农村五保户享受每年每人不低于1200元的供养标准。城镇未参保集体企业退休人员全部领到基本生活费，3.4万人参加城镇居民基本医疗保险，500位重大传染病病人得到医疗救助，17万名学生享受“两免一补”，新型农村合作医疗正式启动。

五、泗　县

一、建制沿革

泗县古名夏丘，属徐州。西汉置夏丘县。唐武德四年（621年），置虹县。六年废夏丘入虹。之后，虹县移治夏丘，属仁州。贞观八年（634年），废仁州，虹县属泗州。元和四年（809年）改属宿州。太和四年（830年）废宿州，复属泗州。后复置宿州，治于虹，虹县再属宿州。五代时沿唐制。宋绍兴九年（1139年），改属淮东路泗州。建炎后没于金，虹县属南京路泗州。清康熙六年（1667年），江南省分置安徽省。雍正三年（1725年），泗州升为直隶州。乾隆四十二年（1777年）迁州治于虹，并虹县入泗州，虹县降称虹乡。民国元年（1912年）废州治，改称泗县，直属安徽省。民国29年（1940年），中国共产党组织接管国民政府在皖东北政权，建立抗日民主政府。1952年，属安徽省宿县专署。1956年属蚌埠专署。1961年属宿县专署。1985年，泗县辖10区、2镇和1个国营场站；1992年撤区并乡，辖19个乡镇；后又经两次撤并，2007年辖12个镇、3个乡和1个省级经济开发区，人口88.7万。县内居民绝大多数是汉族，新中国成立后因婚嫁和工作分配亦有满、黎、苗、蒙、壮等族迁入，居住零散。2000年人口普查，少数民族1272人。

二、自然概况

泗县位于安徽省东北部，地处北纬33°16′—33°46′，东经117°40′—118°10′，面积1787平方公里，耕地9.21万公顷。东部与北部分别与江苏省泗洪县、睢宁县接壤，南部与五河、西部与灵璧为邻，处在两省四县交界地带。境内大部分为坦荡平原，海拔在20米以下的平原面积占总面积的90.9%；境内有朱山、老山、屏山等17座山丘，海拔50—157米。

泗县属暖温带半温润季风气候，四季分明，光照充足，雨量适中，雨热同期。四季之中春、秋季短，冬、夏季长，春季天气多变，夏季高温多雨，秋季天高气爽。年日照时数为2284至2495小时，日照率52%至57%，年气温14℃，年均无霜期200至220天，年均降水量800至930毫米，雨季降水量占全年的56%。较为优越的气候资源，有利于农作物生长，尤其是农林牧生产条件得天独厚。主要气象灾害有旱、涝、风、霜、冻、冰雹等，冬季寒潮频袭。

泗县境内有龙河、潼河、老濉河、新濉河、石梁河、唐河、沱河、汴河（古汴河）和新汴河等主要河道，属淮河流域下游，其中汴河和新汴河是人工河。地下水资源丰富，正常储水105亿立方米。

泗县境内有昆石、红泥、矿泉水等，尤昆石为奇。生物资源主要植物分属禾本科、蓼科等61科、160多种，主要的动物分属鸟纲、鱼纲、爬行纲等12纲、80多种。

2007年，有林业用地3万公顷，活立木蓄积量460万立方米，树林覆盖率25%，年采伐量55万立方米。

三、经济发展

农业　泗县是传统农业县，中共十一届三中全会前，农业基础设施差，应对自然灾害能力脆弱，粮棉产量低而不稳，农民收入少，大部分农民生活在贫困线以下。1978年后，泗县农村实行以家庭联产承包责任制为主要内容的农村经济体制改革，极大地调动了农民的生产积极性，推动了农村经济的发展。中共泗县县委、县人民政府坚持以稳定农业为基础，大力加强农业基础设施建设，大搞农田水利建设。利用国家农业综合开发项目实施的有利时机，全面进行林、田、路、沟、渠综合治理，新打和修复机井6873眼，新增和改善除涝面积2.4万公顷，改造中低产田4.51万公顷。1998—

2005年，全县投资8510万元进行农电网改造，完成新建改建项目47项，新建改建配电台区1183个，改造高低压输电线路4640.96千米，农户用电设施整改16.56万户。全县结合小城镇开发建设，新建扩建集贸市场和专业市场85个，农村经纪人队伍发展到近万人，各种专业合作组织27家，种植、养殖协会46个。在全县十大生产基地、八大产业链、17家农业产业化龙头企业和八大专业市场带动下，初步形成粮、棉、蔬、林、果、畜六大主导产业，农业结构在调整中得以优化。1982年，泗县成为全国138个农业翻番县之一，被确定为国家优质小麦商品粮基地县、优质棉花基地县。1989—1992年，蚕茧产量保持在330—630吨，泗县被定为安徽省蚕桑生产基地县。1978—1980年全县山羊存栏量连续超11万只，成为全国山羊生产基地县、安徽省畜牧养殖业十强县。2007年，泗县农业总产值28.1亿元，居全省第7位；粮食产量68.76万吨，居全省第14位；油料产量5.15万吨，居全省第9位，棉花1.16万吨、肉类总产8.15万吨，均居全省第8位。

工业　改革开放前，泗县工业发展缓慢，1960年代以前无现代工业。1978年后，泗县工业经济得到健康发展，1980年，泗县工业结束了“生产靠计划，资金靠银行，产品靠分配”的计划经济生产模式。农村乡村合作集体办的工业企业迅速发展，1984年年底，乡办工业企业88个。1985年，县以下各类企业4331个，工业总产值2011万元（1980年不变价），销售收入3404万元，利税332万元。

1986年后，泗县工业企业先后实施“简政放权”“利改税”“转换经营机制和产权制度”等一系列改革，逐步建立起“产权清晰、责权明确、政企分开、管理科学”的管理制度，工业经济发展速度较快，全县共有各类工业企业119家（含年工业产值50万元以上的乡镇企业72家），工业总产值7618万元，实现利税总额584万元（均为当年价）。20世纪90年代开始，泗县加大了招商引资的力度，民营工业开始发展壮大，并逐步成为泗县工业经济的主力军。2007年，实现工业总产值25亿元。工业增加值13.61亿元，按可比价格计算比上年增长28.8%，其中规模以上工业实现增加值7.99亿元，同比增长54.6%，规模以上工业经济效益综合指数达到212.75%，产品销售率98.91%，实现利润4055万元，比上年增长41.6%。

商贸　1978年前，泗县国营供销合作商业作为商品流通的主渠道，在计划经济条件下，肩负着全县商品调拨、批发业务，发挥着商品供需调节的指导作用。1986年后，商业经营体制改革不断深入，计划经济时代独家经营、封闭式的商业经营模式被打破，1992年后试行经营、价格、用工、分配制度“四放开”，在商贸购销领域，允许多种经济成分和多种经营方式并存，鼓励发展民营、个体商业，商贸领域更加灵便活跃，城乡市场繁荣兴旺。2007年全县有大型商贸企业10余家，各类专业市场30家，华联、苏果等全国著名连锁超市入驻泗县；品牌专营、物质配送、代理销售和大型购物中心等现代物流业发展迅速。2007年，市场销售活跃，全年社会消费品零售总额11.34亿元。

交通邮电　新中国成立前，泗县的公路都是土路。1978年，20%以上的乡镇（时称人民公社）不通公路。改革开放之后，泗县公路建设进入大发展时期，1985年底统计，全县公路里程为360.629公里，比建国前增长近3倍，公路里程中，晴雨通车里程有248.629公里，占63.6%。随着经济的发展，境内公路四通八达，104国道，303、329省道以及在建的泗许高速和明徐高速在泗县境内通过，宿淮铁路批准立项。2006年，全面实施“村村通”工程，总计237.5公里；全县拥有国道45.2公里、省道67.2公里、县道306.4公里、乡道716公里、村道737.2公里，全县公路总里程达1872公里，公路密度每百平方公里105公里，全县15个乡镇全部实现了路面硬化，各行政村基本实现了晴雨通车。县境内航运里程292公里，新汴河和龙河四季通行。

1952年，泗县汽车站建成并投入运营，1978年，县汽车站旅客日流量达3000余人次。1985年，个体户开始从事旅客运输并得到迅速发展。1994年进行体制改革，逐步转让车辆产权，由个人租赁线路经营。2007年，全县公路运输共完成客运量379.8万人，旅客周转量23177万人公里；货运量410.8万吨，货运周转量44457万吨公里。

清乾隆四十二年（1777年）泗洲知州刘作垣设邮传总铺，专为候递紧要公文。光绪年间泗城南关私人始设邮政代办所。民国5年（1916年）设中华邮政局，民国9年（1920年）始通电话。1950年，正式成立泗县人民邮政局。1973年，邮、电二局合并，名泗县邮电局。改革开放后，邮电通信快速发展，县内建成交换程控化、传输数字化、有线与无线相结合、综合通信全覆盖的现代化电信网络。2007年，邮政业务量1998.7万元，电信业务总量13306.3万元。固定电话15.73万户，住宅电话年末用户13.44万户，农村电话用户11.12万户；移动电话用户12.63万户。年末计算机互联网用户8749户。

城乡建设　泗城古为土堡，明弘治筑砖石城，清重修加固，城门有5，汴河水从西向东穿城而过。新中国成立前，泗城寺庙、学宫、仓库30多座，楼房少见，主要有中城街、官巷口、铁市街等8条老街。中共十一届三中全会后，房屋数量增长很快，楼房林立，新辟6个居民区，新建国防路、汴河路、环城路等9条街道。

随着改革开放的深入，特别是2002年后，城市规模不断扩大，全县累计完成城市基础设施投资50多亿元，确立以商贸为主的城市老区和以工业及文化办公为主的城市新区的发展格局。城区面积25平方公里，人口12余万人。

2000年后，全县每年旧城改造面积平均在20万平方米，中心广场、府前广场、环城公园等重点市政工程投入使用；虹都大厦、文庙商城等一批商业中心投入运营。房地产业发展迅速，华夏园、阳光小区、渔园小区、东港花苑、登达雅苑等环境优美、设施齐全的住宅小区相继建成，东城虹郡、万诚家园等12个规模小区正在开发建设，城区开发工程总面积达110万平方米，竣工100万平方米，人均居住面积达30平方米。

城市排水主管网4.9万米。2007年年底，污水处理厂建成，县城污水处理率达85%，进一步改善县城生态环境。城区绿化覆盖率达到15%，主干道亮化率达到90%，人均绿化面积达6平方米；投资近200万元，在城区主干道及重要路口按标准设置交通标志和标牌；投资850万完成主干道沿线的路灯安装和更换，亮化工程完成90%。城市垃圾做到日产日清，严格管理建筑渣土运输，控制渣土污染，改善城市环境。

小城镇建设形成了以泗城为中心，长沟镇、大庄镇、草沟镇、刘圩镇4个中心镇为重点，一般建制镇和集镇为基础，规模适度、布局合理、各具特色、协调发展的城镇体系。

泗县工业园区坐落于泗城东侧，始建于2003年，规划面积22.31平方公里。建成面积6.5平方公里，铺设10.7公里混凝土结构“三横二纵”5条主干道，规划工业、行政、教育、商贸服务、居住、绿地、广场等区域，配套高标准的基础设施，其中，绿化覆盖率40%。2003年年初起步的“六通一平”（即道路、供电、通讯、有线电视、供水排水、土地平整）等基础设施累计投资达2亿多元。开发区以高规划、多功能、环保型建设标准设计，以“规划科学、市场运营、机构创新、机制灵活、管理高效”为原则，建成招商引资的载体，城市发展的新区。2007年，开发区入园项目74个，协议引进外资31.4亿元，累计到位资金14.05亿元。其中工业项目45个，建成投产28家，规模以上企业16家。2007年园区完成销售收入10.3亿元，创税3989万元，企业用工达到6000人。开发区形成纺织服装、机械电子、农产品加工三大主导产业格局。

四、科教文卫体

文化 泗县历史悠久，文化底蕴深厚，泗州戏、瑶剧（泗县独有剧种）、京剧等传统戏剧深受群众喜爱。泗县传统曲艺有10多种形式，大鼓、琴书深受群众喜爱，近百年来盛行城乡。民间流行龙灯、旱船、花挑等集体性舞蹈，主要特点是热情、刚健、明快，一般在春节、元宵等传统佳节表演，俗称“玩会”。民间文艺以版画、雕刻工艺、剪纸为主要形式。2000年，泗县被省政府授予“全省文化工作先进县”。

泗州戏起源于清乾隆年间海州一带，发展于泗州。因唱腔明快、野艳动听，乡土气息浓郁，民间俗称“拉魂腔”。李宝琴、霍桂霞、包桂珍、马方元、吴佳英、杨惠华等是泗州戏著名表演艺术家。1957年5月，安徽省组织剧目赴京汇演，马方元与李宝琴在中南海怀仁堂联袂演出传统神话戏《打干棒》，受到毛泽东、周恩来、刘少奇等党和国家领导人亲切接见。2002年，泗州戏《三结合变奏曲》进京演出获银奖，《二嫂上轿》获曹禺戏剧节一等奖，2005年，该剧又在中央电视台播出，获优秀奖。2006年，举办首届中国（泗县）泗州戏文化艺术节，泗州戏被国家列为首批非物质文化保护遗产，泗县被安徽省戏剧家协会命名为“泗州戏之乡”。

泗县书画艺术源远流长。晚唐时期，泗州才女薛媛善诗词歌赋、琴棋书画，得到大文豪苏东坡盛赞并为其画作配诗。受殊荣的还有泗州雍秀才，其《草虫八物》最著名。清代傅二槐有自传体诗集《大外人传》及山水画作品传世。清末民国书法家张启后名震一时。另一位是王天铎，擅长国画花鸟、指头画，与宿州名家梅雪峰、梅纯一父子齐名。21世纪初，泗县书画进入新的发展时期，杨剑华的人物画，画艺娴熟，屡次在国家大赛中获奖。

教育 新中国成立前，泗县教育落后，全县中、小学校和学生数，最多分别为民国9年（1920年）的140多所和民国36年（1947年）的9471人。新中国成立后，教育事业发展，1965年，全县小学达1000余所，学生6.2万多人；中学7所，学生0.28万多人。同时办有师范、农技、兽医、卫生等专业教育。“文化大革命”时期，教育受到冲击，教学秩序混乱，教育质量严重下降。1978年后，学校教学恢复正常，教育结构趋于合理。1985年年底，全县中、小学分别调整巩固到54所和452所。师范、卫生、农职业等专业教育和职工文化补习、师范函授、广播电视教学、高等自学考试等成人业余教育，也都有了较大发展和提高。随着教育改革的深入和发展，泗县统筹城乡教育资源，均衡推动城乡间、乡镇间、校际间、学段间、公办和民办间的全面协调发展，教育事业蓬勃发展。2007年，泗县普通高中7所，其中公办6所，民办1所；职业高中3所、职教中心一所（大规模的职教中心正在积极筹建中）；初级中学45所，其中，公办初中（含完中初中部）37所，民办8所；小学278所（含私立7所），其中公办完全小学204所。义务教育阶段公办学校在校学生11.9万人，其中小学生7.8万人，初中生4.1万人；幼儿园41所，在校生1.37万人；高中生1.9万人。专任教师6543人。

医疗卫生　1977年，全县15个县区（镇）医疗卫生单位、491名医务人员、373张简陋病床。2007年，全县共有医疗卫生单位27个。其中，县级医疗机构2所，疾病预防控制中心1个，卫生监督所1个，妇幼保健所1个，新型农村合作医疗管理办公室1个，乡镇卫生院18所，民营医疗机构3所，拥有核磁共振、大型CT、彩超以及自动生化检测仪等先进设备。全县医疗用房总面积11.5万平方米。县乡村三级公共卫生网络、医疗救护网络、妇幼保健网络逐步建立与完善，人民健康水平进一步提高。全县在职卫生工作人员1757人，其中专业技术人员1435人，高级职称48人，中级职称218人，初级职称1171人，平均每千人拥有医护人员1.08人，开设床位1065张，平均千人口病床数1.19张。此外，全县还有乡村医生1230名，卫生技术人才资源总量进一步扩大。全县集医疗、预防、保健、康复、健康教育为一体，种类齐全、功能完善、结构合理的医疗预防保健网络遍布城乡，为全县人民群众的身体健康提供了有力保障。2007年试点实施新型农村合作医疗制度。

科技　20世纪70年代至90年代中期，泗县科技主要是进行科普宣传、开展农业实用技术的引进示范应用，促进粮、油、肉、蔬单产及总产的提高。从20世纪90年代末开始，实施科教兴县，重点围绕推进产业结构的调整，促进经济增长方式的转变开展工作。鼓励工业企业开展科技创新，在节能降耗及新产品、新工艺、新材料应用等方面增加研发投人，提高企业自主创新能力。至2007年，泗县共计组织实施科技项目38项，取得科技成果23项，其中8项科技成果获得省市县科技进步奖。泗县的科技对工业经济增长的贡献率超过45%，科技对农业经济增长的贡献率高达50%。全县共建立科技示范乡镇6个，科技示范户500个。农民专业经济合作社21家，农民专业技术协会35个，会员34162人，年创产值达6.8亿元，占全县农业总产值的14%。

体育　1977年前，全县只有一个体育场和部分学校设有篮球场，场地及设施十分简陋。1988—2002年，泗县体育设施发展较快，泗城修建了2个带有看台的灯光球场，11个水泥球场，一个标准室内游泳池，一个8直道6弯道的400米带看台标准田径场，3个健身房，1个保龄球馆，一批乒乓球室。乡镇所在地也兴建了室内、室外活动场地，为泗县落实全民健身计划纲要和增强人民体质提供了必要的物质基础。群众性体育活动十分活跃，篮球、乒乓球、棋类、武术表演等全县性比赛经常举办，共向各类大中专院校输送体育人才1000多名。2006年泗县被评为全省“十五”期间群众性体育先进县和全省体育系统先进单位。2007年泗县举办第六届全民运动会，主题是“全民健身，与奥运同行”，是泗县范围内参赛人数历年最多的一次大型赛事。泗县被评为安徽省全民健身活动先进单位。竞技体育也取得良好成绩，至2007年，泗县在市级以上比赛中，共获得奖牌352枚（金牌96枚、银牌120枚、铜牌146枚）。

五、社会生活

1985年后，泗县人民生活逐年改善，2008年，城镇职工年人均工资从859元增加到17711元，农民年人均纯收入从287元增加到3780元；城乡年人均消费从146.4元增加到1545元，城镇居民人均住房面积从15.6平方米增加到30.4平方米，农民人均住房面积从16.2平方米增加到26.9平方米。

1986年至2008年，随着泗县城乡居民收入不断提高，泗县居民消费由原来的“生存性资料”向“发展性资料”“享受性资料”转化，由于国家在住房、医疗、教育等重大改革措施出台，城乡居民在医疗保健、住房、教育、旅游文化等方面消费支出有所增加，轿车的消费支出从无到有，消费支出增长势头强劲。1986年，泗县城乡人均消费支出146.4元；2007年，城乡人均消费支出1545元，人均消费支出增长10.6倍。

1986年，泗县城镇居民住房面积人均15.6平方米，农民人均住房面积16.2平方米；2007年，城镇居民人均住房面积30.4平方米，比1986年增加14.8平方米，40%的城镇居民住上拥有自主产权的套房；农民人均住房面积26.9平方米，比1986年增加10.7平方米。随着经济的发展，房屋结构也由原先砖木结构的砖瓦房向钢混结构的平房和楼房发展。

六、市经济技术开发区

市经济技术开发区位于宿城东南部，2001年7月11日，经省政府批准成立，为省级经济技术开发区。成立时的开发区西至宿怀路西500米，东濒沱河，南起外环路，北至纺织路，规划面积6.8平方公里。第一期开发区面积3.8平方公里。截至2007年年底，管辖面积17平方公里，下辖2个居委会和6个行政村，人口12000余人。

一、机构设置

2001年9月25日，经省人民政府批准，宿州经济技术开发区设立管理委员会，并成立中共开发区工委会，分别为宿州市政府、市委派出机构，代表市政府、市委对开发区的政务、党务、经济和社会事务实行统一领导，统一规划，统一组织建设。开发区工委、管委会按照精简、统一、效能的原则，建立开发区内部管理机构：工委、管委会办公室、经济发展局、规划建设局和社会事业局，之后又增设财政局。

二、基础设施建设

2002年，开发区处于起步阶段。由于市政府财政比较困难，难以注入必要的资金，银行实行资产负债比例管理和风险管理，对贷款的约束机制增强。在此大背景下，开发区不等不靠，采取多渠道、多层次、多形式筹集基本建设所需要的资金。一是积极争取国债资金和省政府专项扶持资金。通过多方努力，积极运作，到位国债自来水管网建设资金500万元；落实省政府扶持资金1000万元。二是通过土地资源的资本化运作，筹集资金。购进土地200余亩，待完善基础设施后，再公开招标拍卖。三是以部分闲置土地为抵押，争取银行贷款。四是采取基础设施建设谁投资、谁受益的方式，将供水、供电、通讯等类投入期限短、见效快、收益高的项目进行公开推介招标，吸引相关行业和民间资金投资兴建。

2003年，开发区的路网及配套工程建设，总投资7000万元。建设内容有：金海大道，长2000米，宽40米，总投资1400万元；金河路，长1000米，宽34米，总投资600万元。3条道路的给排水管网、污水管网、通讯管网、电网等配套工程建设总投资2300万元。开发区具备了水、电、路、气、通讯、广播电视和场地平整的“六通一平”条件，可以满足入驻企业生产经营需要。

2004年，开发区边抓基础设施建设，边抓招商引资。完成金海大道、金湖大道、金河路的收尾工程；新建3条道路——金海三路、金江路、金泰路，完成投资约1800万元，年底实现通车，达到“五通一平”的标准；建成1560平方米的标准厂房和二幢农民安置楼。金海大道、金湖大道、金河路路灯、绿化及三八河景观设计等工程完成招投标。

2005年，开发区基础设施加大投入。开发区管委会采取一系列措施，克服资金短缺困难，运用多种方式筹集资金，加大基础设施建设力度。施工建设道路7条，总长9500米，总投资6017万元。开发区内绿化、亮化、美化建设以及供水、供电、排水、电讯、有线电视、宽带网等配套工程同步建设，区内4.5平方公里实现了“七通一平”。完成流经开发区3.4公里长的三八河清淤、护坡、绿化工程。科技与企业服务中心也建成投入使用。开发区硬件环境得到很大地改善，为入区企业提供较为完善的生产、经营、生活和服务环境。

2006年，开发区基础建设稳步推进，全年完成基础设施投资8176万元。新建、续建道路11条，全长6公里；供水、供电、电信、有线电视、宽带网以及绿化、亮化、美化等配套工程同步实施；对贯穿开发区的三八河进行综合治理。

2007年，基础设施建设步伐加快，城市化功能初步显现。全年完成基础设施投资4500万元。新开工建设道路7条，分别是：纺织东路、金江二路、金江三路、金泰三路、科技园路、金海六路、金江东路，道路全长7000米，形成铁路以西开发区路网，铁路以东路网形成框架，基本满足入区企业的建设及生产需要；开工建设沱河220千伏变电站；开发区还加强城市化功能开发力度，不断提升开发区品味；建成南方国际花园、众德祥福园、东方明珠三个生活住宅小区；加大生态环境治理力度，绿化、美化、亮化道路8条，并对区内三八河在清淤、护坡的基础上进行绿化、美化，建设龙河公园和河滨浴场。与此同时，还对铁路运河和梁家沟进行综合治理。开发区的硬件条件得到进一步提高完善。

三、招商引资

2003年，开发区先后组织两批小分队，随从领导到江苏、上海、浙江、福建、广东等省数十个地区和城市，主动与沿海发达地区进行接触，瞄准这些区域的大企业、大财团，进行定向招商；积极参加省、市组织的厦洽会，皖苏沪地区经济合作会等，宣传宿州开发区，推介项目，结交朋友，寻求客商。签约项目22个，占地面积4300亩，协议引资20亿元。其中，投资超亿元项目3个，利用外资项目2个。

2004年，先后数次组织招商小分队，积极参加省、市组织的厦洽会，皖粤、皖鲁经济合作会等，全年签约项目8个，协议引资5亿元。投资超亿项目有：宁波博洋集团

10万纱锭和5000万米高档织物项目；香港启骏纺织有限公司30万纱锭项目。洽谈的有河北省五得利面粉加工项目等。全年累计开工项目达22个，其中工业项目17个，完成固定资产投资9000万元。投资规模较大的有：宿州南方置业有限公司房地产项目、开发区企业与科技服务中心项目、安徽乔富企业有限公司年产1200万只节能灯项目等。建设速度较快、年内投产的项目有：宿州聚园堂药业有限公司年产6000万粒楂丸项目、宿州北方服饰有限公司服装加工项目等。

2005年，签约项目42个，协议引资18.7亿元，实际到位资金6亿元；新开工项目30个，建成投产项目10个。开发区招商引资呈现出数量增多，投资额增大，工业项目比重增加的局面，一批投资规模较大，有牵动力的项目纷纷入驻开发区。如：宁波博洋纺织集团总投资4亿元、年产20万纱锭、1500台织机及服装加工和物流项目；温州电光防爆电器有限公司投资1亿元煤矿防爆电器生产项目：安徽桑铌科技股份公司投资6000万元重型钢结构项目；南京博丰混凝土有限公司投资2500万元、年产30万吨混凝土项目；四川希望集团投资2000万元、年产12万吨全价饲料项目；上海三维公司投资5000万元彩印包装和印刷项目等。开发区作为宿州市推进工业化进程的重要平台，功能日趋凸显。

2006年，全年签约项目33个，协议引资35亿元，到位资金10.2亿元，固定资产投资6.1亿元，新开工项目31个，建成投产20个。招商引资呈现出两个特点：一是大项目越来越多，一批投资额超亿元项目开始入驻开发区；二是工业项目比重逐年增加，2006年达80%以上。经济运行态势良好。全年实现地区生产总值2.55亿元，完成年初下达任务的125%；实现工业总产值5.78亿元，完成年初下达任务的200%；财政收入实现4105万元。各项经济指标均呈快速、良性增长势头。

2007年，成立开发区招商服务中心，组建4支专业招商小分队，开展以驻点招商为重点的招商引资工作。成功举办浙江乐清投资说明会等招商活动。全年开发区签约项目36个，协议引资43亿元，实际到位资金16.6亿元。新签约的重点工业项目主要有：投资6亿元的安徽信诚化肥股份有限公司100万吨高塔优质复合肥项目；投资5亿元的江苏雨润集团300万头／年生猪屠宰加工项目；投资5亿元的宿州生物技能公司秸秆发电项目；投资1.28亿元的安徽京田机械销售服务有限公司农用机械生产项目；投资7000万元的宿州万上纸业有限公司印刷项目；投资6000万元的安徽三维无纺布有限公司无纺布基地项目；投资6600万元的合肥银联彩印包装有限公司纸制品包装项目；投资5000万元的安徽天邦工贸有限公司钢材加工项目；投资5000万元的上海宝光集团变压器生产项目；投资4000万元的杭州新地食品有限公司甜玉米、果蔬类速冻项目等。全年新开工项目25个，建成投产项目16个，固定资产投资完成6亿元。新开工项目主要有：信诚化工集团100万吨高塔复合肥项目；华电宿州生物技能公司秸秆发电项目；宿州明丽电力公司高压开关成套设备制造项目；中煤第三建设（集团）有限公司新建装备制造项目；安徽京田机械销售服务有限公司农用机械生产项目；安徽天邦工贸有限公司钢材加工项目；安徽桑铌科技股份公司重型钢构项目；安徽向明置业有限公司年产2000吨扩散件项目；安徽佳力奇碳纤维公司碳纤维生产项目；宿州兆鑫有限公司汽车改装销售项目。建成投产的重点项目主要有：温州电光集团煤矿电器生产项目；希望集团万千公司全价饲料生产项目：宿州博洋服装加工项目；光明电力公司电力设备生产项目；宿州正德汽车制动器项目；华地公司机械加工项目；中矿机电矿山设备生产项目；三星科贸电子陶瓷生产项目；宿州市海波副食品公司食品生产项目；宿州市天娇制衣公司服装加工项目等。

四、培育主导产业

开发区依托宿州市资源优势和产业基础，明确产业定位，实行产业化招商。经过努力，至2007年年底，初步形成具有自己特色和优势的四大主导产业：一是以温州电光、元邦金属制造、乔富电子、江淮重工、中煤三建煤矿设备项目等为龙头的煤矿设备和农业机械为主的机械电子产业，涉及该产业的项目签约28家，总投资22亿元。项目全部建成后总产值可达52亿元，建成12家，在建14家，完成投资4.6亿元；二是以雨润集团、希望集团万千饲料、杭州大汇食品等为龙头的农产品深加工和食品加工产业，签约项目13个，总投资15.6亿元，全部建成后可实现产值45亿元，已建成3家，在建7家，完成投资2.1亿元；三是以博洋集团、新北方服饰等为龙头的纺织服装加工产业，签约项目6家，总投资5.5亿元，全部建成后可实现产值11亿元，建成4家，在建2家，完成投资1.3亿元；四是以丰原集团、信诚化工、科苑集团为龙头的化工产业，签约9家，总投资35.7亿元，全部建成后可实现产值40亿元，建成3家，在建5家，完成投资2.7亿元。

五、经济运行情况

到2012年，区划面积170平方公里，总体规划面积63平方公里，建成面积20平方公里。辖金海街道办事处、北杨寨行政管理区，总人口约12万人。

2012年，开发区实现地区生产总值36.3亿元，同比增长22%；实现规模以上工业增加值24.32亿元，同比增长22%；实现工业总产值100.2亿元，同比增长31%；完成财政收入8.68亿元，同比增加3.11亿元，增长55.82%；完成固定资产投资62.16亿元，同比增长28%，其中工业固定资产投资41.2亿元，同比增长35.4%；实际利用外资1.4亿美元。

开发区依托现有资源优势和产业基础，着力延伸产业链，推动产业集聚发展。经过多年精心培育，初步形成以安特生化、皖北药业、中元化肥为龙头的医药化工产业；以电光防爆、大盘压力为龙头的机械电子制造产业；以中科汽车、湛蓝光电为龙头的汽车及零配件制造产业；以名人食品、福香源食品为龙头的食品及农产品深加工产业；以中豪建材市场、白马商场、合肥百大农副产品市场为龙头的商贸物流产业五大主导产业。

到2012年，开发区累计投入基础设施建设资金32亿元，建成道路50余条，总长约90公里。区内水、电、气、污水管网设施正日益完备，金融服务、学校、医院、购物中心、专业市场等配套设施日趋完善，园区品味得到进一步提升。

开发区自成立以来，共签约项目333个，累计实现招商引资到位资金429亿元；建成或部分建成项目172个；区内有规模以上企业达71家，产值超亿元企业11家。中国中部（宿州）制鞋产业城名声鹊起，到2012年底，签约入驻项目86个，协议资金243亿元。其中整鞋类项目和鞋材类项目约占三分之二，包装、物流及其它类项目约占三分之一。百丽鞋业、东艺鞋业、康奈鞋业、泰马鞋业、帮尔福鞋材、恒力源鞋材、意丰鞋材、金雅丽鞋材等十几个项目建成投产。

作为全市经济发展的“主战场”和招商引资的“主阵地”，开发区将紧紧围绕“思想解放的先导区、特色产业的示范区、优质要素的集聚区、幸福生活的新城区”的“四区”目标，不断优化经济发展环境，切实做到以客商的呼声为第一信号，以客商的需要为第一要务，以客商的满意为第一追求，竭尽全力为客商提供优质高效的服务，力争让更多客商在园区安心投资、顺心办事、舒心生活。

第八篇　人　物

第一章　人物传

第一节　古代人物

蹇　叔，春秋时宋国人，秦国上大夫，辅佐秦穆公使秦国成为“春秋五霸”之一。蹇叔有知人之明，识势之智；怀大志雄才，献强国方略；淡泊名利，志趣高雅；忠诚耿直，一谏再谏。他的事迹在《春秋》三传、《史记》《吕氏春秋》《春秋繁露》《东周列国志》《古文观止》等历史名著中均有记载。蹇叔墓在安徽省濉溪县临涣镇，墓碑上写着：“高山仰止，景行行止，可为蹇叔咏焉。”

闵　子，名损，字子骞，春秋时期鲁国人，后迁居今安徽宿州市闵贤集。闵子骞师从孔子，学习勤勉，德行与颜渊齐名。一生从事教育事业，以贤孝著称。闵子早年丧母，其父续娶，又生二子。一年冬天，闵子兄弟三人随父驾车外出，车行至萧县县城西南十多里一个乡村时，适逢天降大雪，闵子冻得打颤，缩成一团，但两弟却安然无惧，其父震怒，用牛鞭抽打闵子。闵子衣服绽开，落出芦花，其父恍然大悟，遂掉转车头回家欲休其妻。闵子泣求其父说；“母在一子单，母去三子寒”。其父感动，听其劝而未休妻，继母亦愧悔。孔子听说此事后称道：孝哉闵子骞。以后，该地乡贤士绅就在回车处立了碑，铭曰：《鞭打芦花处》，碑文为：“孝哉闵子骞，人无间言，比在汶上，忠操靡坚。哀今之人，忠孝荡然，求则得之，效法前贤”。以此纪念闵子和宣扬封建孝道。车牛返村也因此而得名。后人把闵子列“二十四孝”之一。唐开元八年（720年）从孔庙祀。今闵贤集存有闵子墓，闵子祠。

申屠嘉（？—公元前155年），西汉大臣，砀山人。他以一个能拉强弓硬弩的武士的身份，跟随刘邦攻打项羽，因军功升任队率。跟随刘邦攻打黥布叛军时，升任都尉。在孝惠帝时，升任淮阳郡守。汉文帝元年（公元前179年），选拔那些曾经跟随刘邦南征北战，年俸在二千石的官员，一律封为关内侯的爵位，得封此爵的共二十四人，而申屠嘉得到五百户的食邑。张苍任丞相之后，申屠嘉升任为御史大夫。张苍免去丞相之后，孝文皇帝就任命申屠嘉为丞相，就以原来的食邑封他为故安侯。景帝时，反对晁错变更法令，拟杀晁错未成，气愤吐血而死，谥号为节侯。

桓　谭（约公元前23—公元前56年），字君山，沛国相（原属宿州，今淮北市）人。哲学家、政论家。他爱好音律，善鼓琴，遍习五经，擅长作文。桓谭博学多识，非议俗儒，反对神学。

王莽时任掌乐大夫，朝野都为王莽歌功颂德，独桓谭默然无言。桓谭在光武帝时做过议郎，有朴素的唯物主义思想。他认为灾异是自然界常有的现象，与人事无关，曾提出“以烛火喻形神”的观点；“精神居形体，火之然烛；烛火，火亦不能独行于虚空”，指出精神不能离开形体独立存在，像烛火不能离开烛体一样。这个观点对同时代的无神论者王充和南北朝时期的范缜都有重大的影响。

桓谭将人的生死看作是一种自然规律，认为“生之有长，长之有老，老之有死，若四时之代谢矣”，对当时统治阶级宣传的人能长生不老的迷信思想进行了有力的抨击。

桓谭坚决反对谶纬神学。光武帝会集儒生讨论建立“灵台”之事，问桓谭：“我想用图谶来决定如何？”桓谭沉默良久，最后说：“我不研究图谶。”光武帝问他什么缘故，桓谭说：“图谶没有道理。”光武帝大怒，指斥桓谭“非圣无法”，要把他杀掉。桓谭叩头流血，才得免死，遂贬为六安郡丞。桓谭在赴六安途中病死，时年79岁。

桓谭著有《新论》29篇，多散佚，存《新论·形神》1篇，收入《弘明集》内。

朱　浮（？—约66年），东汉沛国萧（今安徽萧县）人，字叔元。初从刘秀为大司马主簿，改任偏将军，从定河北。后拜大将军领幽州牧，驻蓟城。建武二年（26年）封舞阳侯，食邑3县。不久为渔阳太守彭宠所攻，汲郡太守张丰也起兵反汉，朱浮兵败弃城。尚书令侯霸奏朱俘“败乱幽州，构成宠罪，徒劳军师，不能死节，罪当伏诛。”刘秀念其有才有功不忍加罪，降为执金吾，掌管京师治安，改封父城侯。建武二十年官至大司空，因事免。明帝时被杀。

朱浮是武将，兼有文才。他写文章，下笔如行云流水，文采斐然，论理立意，引经据典，警语时出。他的《为幽州牧致彭宠书》，言词犀利，脍炙人口。其中“凡举事无为亲厚者所痛，而为见仇者所快”一句，颇为后人传诵。

朱浮重视人才。在做幽州牧时，广揽州中名流，就是在王莽政权中做过官的，也在延揽之列，并从各县调集粮食，供养他们的妻子儿女。建武七年（31年），朱浮以国学既兴宜广开博士之选，谏止刘秀在洛阳一地选博士的做法，刘秀采纳了他的意见。

刘秀即位后，以御史监察州郡官员，只要有所弹劾，立即加以处置，出现官不安其位的现象。于是朱浮上书奏称：陛下听信监察官员的话，监察官员又听信手下随从的话，这样的结果只能是任免年俸几千石的高官，完全取决于年俸百石的低级小官。不让三府查勘核对，就无法知道所奏是否属实，处理是否得当，容易造成冤假错案。刘秀把朱浮的奏疏交群臣共议，结果多数人赞同，从此吏治一清。

永平中有人无凭地告发他，显宗怒，赐朱浮死。死后入乡贤祠受百代敬仰。

嵇　康（224—263年），字叔夜，三国时期魏国谯郡铚县人。著名思想家、音乐家、文学家、玄学家。正始末年与阮籍等竹林名士共倡玄学新风，主张“越名教而任自然”“审贵贱而通物情”，为“竹林七贤”的精神领袖。他是曹魏宗室的女婿，曾娶曹操曾孙女，官曹魏中散大夫，世称嵇中散。而被司马昭处死，年仅39岁。

戴　逵（326—396年），字安道，谯郡铚县人，东晋著名美术家、音乐家。博学能文，善鼓琴，工书画，各种技艺在当代享有盛名，尤以绘画和雕塑技术风靡一时。

他擅长人物画和山水画。他的《七贤图》（描绘嵇康、阮籍、山涛、向秀、王茂、刘伶、阮咸“竹林七贤”形象的画）、《嵇康像》《嵇阮十九首诗图》，均列入《历代名画记》。南齐谢赫对他的人物、山水画有“情韵连绵，风趣巧技”之评语。

他在少年时代，曾用鸡卵汁调拌白瓦粉屑制成一块石碑，既坚实，又美观，把自己撰写的悼念汉代学者郑玄的碑文刻在上面，悼文和雕技被后人誉之为“奇丽独绝”。他在雕刻艺术上精益求精，从不自满却步。他为会稽灵宝寺雕塑佛像，制成后，自觉像过于“朴拙”，于是隐于帷幕后，密听观众评语，反复修改，用了3年时间，才把佛像最后雕成。同时代的唐道称赞他雕刻的佛像为历代所未曾有的杰作。他为建康瓦宫寺塑的五世佛像，和东晋画家顾恺之的壁画《维摩诘像》，狮子国（斯里兰卡）所献玉佛在当时并称“三绝”。

戴逵极其厌恶豪门贵族的腐朽生活，终身不慕名利，寄迹山林以琴书自娱。东晋帝的儿子司马晞不学无术，依仗贵族做了太宰，听说戴逵善鼓琴，使人召见。戴逵当着来使的面把琴摔碎，并气愤地说：“戴安道不为王门伶人。”不久，即到会稽剡县隐居。朝廷屡次要他出来做官，他不肯。他反对佛教因果报应说，著《释疑论》，曾与高僧慧远等多次辩论。后病死于家中。

皮日休（约834—883年），晚唐著名诗人，原籍襄阳，字逸少，后改袭美，又号醉吟先生，亦称醉士，又曰醉民。与陆龟蒙、温庭筠、李商隐合称为晚唐四才子。皮日休早年住鹿门山，自号鹿门子，又号间气布衣。咸通年间（860—876年）进士，曾任太常博士。太中末年，移家宿州，寓居符离县顺河集（今宿州市顺河乡所在地）。后漂泊吴越，晚年病卒符离，葬于顺河集近郊濉河北岸，墓冢犹存。

朱　温（852—912年），即后梁太祖，五代梁王朝建立者，砀山县午沟里人，兄弟3人，长兄朱全昱，次兄朱存。父朱诚死后，家贫，不能为生，与其母佣食萧县人刘崇家。唐乾符四年（877年），朱温与朱存参加黄巢起义军，朱存战死，朱温发迹。黄巢建立大齐政权时，任同州防御使。

唐中和二年（882年）九月，朱温叛黄巢降唐，唐僖宗授其左金吾卫大将军。充任河中行营招讨副使，赐名“全忠”。次年，加授宣武节度使。中和四年，与李克用等联兵镇压黄巢起义军。后进封梁王，成为割据势力，同李克用父子混战多年。朱温曾实行在军士脸上刺字制度。因战功屡升，唐光启二年（886年），唐僖宗加授其为检校太傅，改封吴兴郡王，食邑3000户。

唐天复三年（903年），唐昭宗封其为检校太师，兼中书令、诸道兵马副元帅。曾为天子执辔，行十余里，人见之都以为忠。唐昭宗赐其“回天再造竭忠守正功臣”。唐天祐二年（905年），朱温被封为相国，总百揆，入朝不拜，剑履上殿，言赞拜不名，兼备九锡之命。天祐四年，朱温杀了唐王朝末代皇帝李柷，灭唐称帝，易名朱晃，改天祐四年为开平元年，建都汴，国号大梁。乾化二年（912年），被其子朱友珪惨杀，洞其腹，肠胃皆流，葬于伊阙县（今河南伊川县）境内，号宣陵。

孟　祺（1231－1281），宿州符篱人，字德卿。幼从父徙居东平（今山东），入严实幕府，掌书记。廉希宪等荐于朝，累迁为山东劝农副使。元初曾参与编撰《农桑辑要》。此书为国内最早的官修农书。明代徐光启编著的《农政全书》中称，孟琪为《农桑辑要》主编。至元十二年（1275），孟祺被诏选为伯颜行省咨议，进郎中，甚得伯颜信任，政无大小，均参与裁决。曾任元朝廷使节，出使临安（今杭州），征南宋降表。宋亡，以功升嘉兴路总管佩虎符。至元十八年（1281），晋升浙东海右道提刑按察使。因病未赴任，卒于东平，追赠鲁郜公，谥文襄。

李 二（？—1352年），元末红巾军首领。萧县人。因遇灾荒，家中有芝麻一仓，尽以赈济灾民，人称芝麻李。

至正十一年（1351年）秋与赵均用、彭大等八人，烧香聚众，在萧县起义，响应刘福通，攻克徐州，众至十余万人。便分兵四出，据有附近许多州县。次年秋元右丞相脱脱率重兵来攻，徐州失守，全城惨遭屠杀。一月后，他被俘，在雄州（今河北雄县）就义，也有说他逃跑后，削发为僧。

康茂才（1313—1370年），字寿卿，蕲县（今宿州市埇桥区）人。明朝开国大将。

元末明初，他联结义兵保卫家乡，并以功授都元帅。朱元璋克集庆后，他原是陈友谅部将，后率部起义，授秦淮翼水军元帅，守龙湾，后任督水营田使，督修水利，率将士屯田，兼帐前副总亲兵左副指挥使。陈友谅攻陷太平后，并谋取应天，他奉朱元璋之命诈降，约以"老康"为号令，诱陈友谅轻进，结果陈友谅大败于龙湾。此后，追随朱元璋破江州，并攻占蕲、黄，战鄱阳湖，因功进大都督府副使，又从灭张士诚，迁同知大都督府事。1368年，从徐达经略中原，攻取汴、洛，后留守陕州二年，继续从征定西，进取兴元，后病死于归途中，追封蕲国公。

邓 愈（1337—1377年），名友德，字伯颜，虹县龙宿里（今泗县大路口乡大营）人，军事家，元惠宗至元三年（1337年）二月十五日生。幼时聪明好学，稍长即怀平定天下的大志。元末，各地农民纷纷起义，反抗当时的黑暗统治。父邓顺兴，重气节，讲信义，被乡人推为练总，率领人马，保境安民。后与元军作战，中箭身亡，邓友德之兄邓友隆接掌兵权。不久，邓友隆病故，16岁的邓友德继掌兵权，亲率人马与元军作战。邓友德足智多谋，身高体壮，武艺高强，每战均身先士卒，冲锋陷阵，奋力拼杀。元军多不敢与之交锋。泗州、灵璧、盱眙等地人民闻风归附，求其保护。

元至正十五年（1355年），邓友德率所部万余人投奔朱元璋。朱元璋命他为总管，赐名邓愈，时年18岁。

朱元璋为了统一江南，命邓愈与常遇春领兵自巢湖乘船南下，先后攻占牛渚矶、太平、溧阳、溧水、句容、芜湖。元将海牙率水军集结于采石，准备进攻太平。邓愈出奇兵直捣敌寨，俘其精锐；又以木船两只，满载柴薪，内藏火药，灌以油腊，冲入元军水师之中。火烈风猛，满江红赤，元军大败，死伤无数。自此，元军无力扼守长江。邓愈等乘胜渡江，进攻金陵。元南台御史福寿督兵死守。邓愈等浴血苦战，终于攻破金陵，杀死福寿。后与徐达又顺势占领镇江、丹阳、金坛、广德。朱元璋因邓愈战功卓著，提升为广兴冀主帅。

元至正十七年，朱元璋又提升邓愈为枢密院院判。七月，命邓愈为征南将军，以胡大海（虹县人）为副将，攻取旌德、绩溪、休宁，并乘胜攻占江南重地徽州。元苗帅左丞杨完者率兵数万来反夺徽州。当时徽州城郭残破，守御之器未备，而胡大海率师攻婺源未回，邓愈身边只有少数士兵，情况危急，于是激励士兵，明立赏罚，大开四门，布下疑兵计。苗军见状，不敢入城。胡大海得到消息后，昼夜兼程赶回，与邓愈里应外合，协力拼杀，苗兵大败而逃。邓愈又先后攻占婺源、休宁、严州，转战皖、浙、赣等地，战无不胜，攻无不克，敌军望风而降。所到之处，军纪严明，秋毫无犯，各地民众争持酒肉慰劳。进攻江西时，陈友谅部将邓克明以省印及抚州、建昌、临川等23州印请降。

至正二十二年，邓愈率兵攻占陈友谅所占重镇南昌，被提为江西行省参知政事，镇守南昌，为朱元璋抽调兵力全歼陈友谅赢得时间。朱元璋赏赐邓愈金千两，缎百匹。消灭陈友谅后，邓愈奉命平定江西南安、南雄、韶州、赣州诸郡。28岁的邓愈被提升为江西行省右丞、湖广行省平章，镇守襄阳等处。30岁任御史大夫。

朱元璋登基，建元洪武（1368年），加封邓愈为太子谕德。大军平定中原后，命邓愈为征戍将军正总兵，平取江淮等地未归附的州县。不到两年，唐州、南阳、均州、商州、房州等地均归附明朝。洪武三年，朱元璋任命邓愈为征虏左副将军，协同徐达西征。邓愈率兵奋战元残军王保保部，斩2000首级，俘获王公以下百余人，士兵8万多，骆驼、马匹、辎重不计其数。八月，进克河州（今甘肃临夏）、乌斯藏（今西藏中、西部）诸部，招降吐蕃（今川、青、藏交界地区），追击元豫王至西黄河，在黑松林斩杀元大将阿撒秃，大军深入甘肃西北数千里。因此，河州以西皆属明朝版图。十一月，班师还京，因功赐宅第于南京洪武正街，赐虹县城南良田500顷，佃户73家，守坟户150户，仪仗户19家；赠开国辅运推诚宣力武臣，特进荣禄大夫、右柱国，封卫国公，同参军知事，食俸禄3000石。

洪武十年，吐蕃残部抢劫乌斯藏贡使辎重。邓愈任征西将军，兵分三路，深入吐蕃腹地，追杀至昆仑山，俘斩万人，获马、牛、羊20余万，招降诸国，开辟疆土数千里。朱元璋见到捷报后，降旨嘉奖邓愈，赐红蟒暖袍一件、玉带一围。十月，凯旋到达寿春。不久，因病去世，时洪武十年十一月初九日，年41岁。

朱元璋闻讯大哭，停朝3日，亲迎灵柩祭奠，并追封邓愈为宁河王，谥号武顺，肖像挂在太庙中享祭。他还亲自选择墓地，安葬在南京雨花台西安德门里的西山，墓前置六对石翁仲石马，山上遍植松柏，禁止樵猎。朱元璋追忆邓愈的战功时，对礼部尚书朱梦炎说："友德随我二十二年，东征西讨，尝尽辛苦，镇守八州，有功无过。你当撰文刻诸石上，以昭不朽。"邓愈的墓碑上刊文曰："王器量宏伟，沉毅简重，谦恭慎密，奉公守法，临大敌而不惧，有大功而不矜；又能礼贤下士，宽惠待人，事母夫人能至其孝，抚弟幼孤能至其爱，不独有将略之雄，兼有君子之行，宜乎为国元勋，光辅帝业。"朱元璋并为邓愈像题辞："天生元辅兮辅我定乎九州，溯其功勋德业兮实无人以可侔，垂凛凛于尺幅兮直与河岳而长流。"并命将邓愈的功绩载入《洪武功臣录》，垂不朽。后人又将其事迹载入《明史》《明通鉴》《续藏书》《明史记事本末》等书中。

马皇后（1332—1382年），朱元璋妻，朱称帝时封后，生于宿州市北70里闵子乡新丰里。其父因仗义杀人携女逃往定远，将女儿托付给郭子兴。郭子兴夫妇遂把她收为义女，授以史书，教以女红。马氏端庄温柔，老成干练，善解人意，知诗书，精女工，博得养父母的欢心和乡亲们的称赞。

元顺帝至正十二年（1352年），郭子兴率数千人响应刘福通领导的红巾军起义，占据濠州（今凤阳）。在皇觉寺当和尚的朱元璋参加了郭子兴领导的红巾军，由于他有勇有谋，连立战功，得到郭子兴的青睐，便将义女马氏许配给朱元璋为妻。

马氏不仅为丈夫掌管文札，而且还经常出谋划策，甚至朱元璋没料到的事，她都预见到了。一次，朱元璋主力渡江，“后多智，恐元兵蹑其后，必相隔”，于是马氏便立即带领眷属和后勤也随之渡江。“而元兵果扼渡，如后虑”，马氏的足智多谋使义军避免了一场惨重的损失。

大军过江，占据了江宁（今南京）。朱元璋戎马倥偬，战无虚日。兵将席不暇暖。马氏亲自率领将士眷属给士兵缝洗浆补，有时彻夜不眠。士兵们很受感动，打起仗来都以一当十拼命向前。

洪武元年（1368年），朱元璋在金陵即位，册封马氏为皇后。

马后共生五子，教子很严。一次，因小王子顽皮，不听管教，老师李希颜一气之下，不慎用笔管戮伤了他的额角。小王子哭着跑去告状，朱元璋听后勃然大怒，马皇后忙从旁边劝解：“几有使制锦而恶其翦者；夫曲谨妇辈之爱也，而以责师傅可乎？”朱元璋听了，觉得有道理，不但没有惩办老师，反而把他提升为左春坊右赞善。朱元璋对马皇后十分敬重和信赖，要求女吏官把她的见解、建议记入史册，用来教育后代。

洪武十五年马皇后病故，终年51岁。后与朱元璋合葬于明孝陵。

胡大海，字通甫，虹（今安徽泗县）人。长身铁面，智力过人。朱元璋刚刚起兵时，胡大海就到滁阳谒见朱元璋，任命为前锋。从朱元璋渡江，与诸将攻取地盘，因功授予右翼统军元帅，宿卫帐下。从大军破宁国，协助院判邓愈戍守，于是占领徽州，平定境内。元将杨完者派十万兵前来进攻，胡大海在城下迎战，元军大败而逃。和邓愈、李文忠自昱岭关一直攻打到建德。在淳安打败元军，攻克建德。再次打败杨完者，降服溪洞兵三万人。晋升为枢密院判官。攻克兰溪，从取婺州，晋升为枢密院事。

薛　显（？—1387年），砀山县人，元朝末年赵均用据徐州，用薛显为元帅，令守泗州（在今江苏盱眙境内）。赵均用死后，薛显以泗州降朱元璋，授为亲军指挥，随军征伐南昌。南昌平，受命从大都督朱文正守之。陈友谅进犯南昌，薛显率军坚守章江、新城二门，奋勇抵抗，乘隙出精兵斩陈友谅部将刘进昭，擒其副枢赵祥，固守两个月，围解。南昌平定后，邓中谦据新淦，攻克不下。薛显率军攻之，斩邓中谦，新淦平定，声威大震，不少郡县前来归附。

薛显因战功升任江西行省参政，随魏国公徐达等人收复淮东，征伐自立为吴王的张士诚。薛显与开平王常遇春进征湖州，取德清，攻升山水寨。张士诚派其五太子率重兵来援。常遇春受挫。薛显率水军奋击，烧毁张士诚战船。张军大溃。五太子、朱暹、吕珍等人投降。薛显得兵6万。常遇春对薛显说：“今日战，将军功。遇春弗如也。”五太子等投降，吴人震恐，湖州遂克，吴地平定后薛显晋升为行省右丞。

朱元璋令薛显从大将军徐达攻取中原，临行时，朱元璋晓谕诸将说：“薛显、傅友德勇略冠军，可当一方。”薛显率军进克青、济等地，回师收取河南，直抵关陕，又率军渡黄河，取卫辉、彰德、广平、临清。率马、步、舟师攻取德州。遂克元大都。进征山西，攻保定，取太原，与大将军徐达会师平阳，遂从徐达入关中，进抵临洮，逐元将扩廓贴木儿于塞外，平陕西。

洪武三年（1370年）冬，朱元璋大封功臣时，面数薛显擅杀胥吏、兽医、火者、马军及千户吴富之罪，封薛显为永城侯，不予世券，谪居海南。分薛显俸禄为三，一份用于赡养所杀吴富及马军之家，一份用于赡养薛显母妻。薛显居海南逾年，朱元璋念及召还，给予世券，食禄一千五百石。复从大将军远征漠北，守边关。洪武二十年冬召还，行至山海卫去世，赠永国公，谥桓襄，葬于砀山县城南6公里薛口村。

唐　铎（1329—1397年），字振之，虹县（今安徽泗县）人。明太祖初起兵，即侍左右。守濠州，从定江州，授西安县丞。召为中书省管勾。洪武元年（1368年），汤和克延平，以铎知府事，拊辑新附，士民安之。居三年，入为殿中侍御史，复出知绍兴府。六年十二月，召拜刑部尚书。明年改太常卿。丁母忧，特给半俸。十四年，服阕，起兵部尚书。

明年，初置谏院，以为谏议大夫。帝尝与侍臣论历代兴废，曰："使朕子孙如成、康，辅弼如周、召，则可祈天永命。"铎因进曰："豫教元良，选左右为辅导，宗社万年福也。"帝又谓铎曰："人有公私，故言有邪正。正言务规谏，邪言务谤谀。"铎曰："谤近忠，谀近爱。不为所眩，则谗佞自远。"未几，迁监察御史。请选贤能京官遍历郡县，访求贤才，体察官吏。选历练老成、望隆名重者，居布政、按察之职。帝从之。既复擢为右副都御史，历刑、兵二部尚书。二十二年，置詹事院，命吏部曰："辅导太子，必择端重之士。三代保傅，礼甚尊严。兵部尚书铎，谨厚有德量，以为詹事。食尚书俸如故。"以铎尝请豫教故也。其年，致仕。

二十六年，起太子宾客，进太子少保。二十八年，龙州土官赵宗寿以奏郑国公常茂死事不实，被召，又不至。帝怒，命杨文统大军往讨。而命铎招谕。铎至，廉得茂实病死，宗寿亦伏罪来朝。乃诏文移兵征奉议诸州叛蛮，即以铎参议军事。逾月，诸蛮平。铎相度形势，请设奉议卫及向武、河池、怀集、武仙、贺县诸处守御千户所，镇以官军。皆报可。

铎为人长者，性慎密，不妄取予。帝以故旧遇之，尝曰："铎自友及臣至今三十余年，其与人交不至变色，绝亦不出恶声。"又曰："都御史詹徽刚断嫉恶，胥吏不得肆其贪，谤讪满朝。唐铎重厚，又谓懦而无为。人心不古，有若是耶！"后徽卒坐罪诛死，而铎恩遇不替。三十年七月，卒于京师，年六十九。赙赠甚厚，命有司护其丧归葬。

韩　成（？—1363年），虹县（今安徽泗县）人，有勇略，明代封高阳侯。从明太祖起兵，率先陷阵，攻滁、克泗，破诸山寨，取金陵，屡建大功。升帐前亲军指挥专侍帷幄。伪汉陈友谅罄举所有兵，号骑兵六十万围南昌，太祖与之大战于鄱阳湖。自戊子至庚寅三胜后，贼众复合不退。太祖因被围计无所出，召诸将设奇谋，成进曰：臣闻古人有杀身成仁者，臣不敢辞。遂赐成龙袍冠冕与太祖同，对贼众投水而死，贼遂退。及友谅败死，明太祖封他为高阳侯，建忠臣祠于康郎山，成位列第一。

陈　翌（1404—1472年），虹县（今安徽泗县）东关外校场陈庄人。明永乐二年（1404年）六月二十四日生。父名鉴，是位很有德行的人。母周氏，早死，陈翌两岁时由继母文氏抚育。年岁稍长，从师习举业，立志要做个对国家有用的人。正统元年（1436年），陈翌乡试、会试连捷，授主事。八年，明朝派大军出喜峰口征讨兀良哈，陈翌奉命往永年县筹办粮饷。他筹办有方而不扰乱民用，百姓得以安居乐业。事毕回京复命，请支国库白银数万两前往辽东购买粮米，充实边境粮库。完成之后，升为郎中。不久，奉命到江西一带督运漕粮。景泰（1450—1456年）初年，上《六事疏》。未报，得到父丧的消息，请命回家守孝。

陈翌服满回京，任山西布政使。到任后，即推行有利农民休养生息的措施，免缴农民拖欠的租税，废除伐五台山树木的禁令，释放代替州军戍守的人，因而声誉很高。

明英宗二次即位（1457年）后，奉召到京，任右副都御史。巡视宁夏时，由于边境地区连年用兵，百姓疲劳贫困。他便到处安抚，统计人口，按人口发放救济粮食；申奏朝廷宽免两税（人口、土地税），每年只上缴布帛，并请求免除拖欠的租税，废除徭役。后来明军与入侵者作战失利，敌寇更加猖狂，陈翌便对边军各部发表檄文，要求修好城堡，整饬兵甲武器；并招募农村中的勇士与官军共同把守重要的地方，终使敌寇不敢进犯，引兵而去。不久，陈翌被提升为户部侍郎，兼任总理督办粮草、管理屯田和修理粮仓的要务。他查劾废免不称职的所属官吏数人，推荐有才智的人担任。灾荒之年，陈翌向皇帝呈上《宽恤民生》等奏折。后继母去世，皇帝赐予葬祭之品。陈翌感念继母抚育之恩，恳请回家守孝。服满回京，任户部尚书。成化八年（1472年）六月二十六日，卒于南京官舍，享年69岁。

陈翌素来刚正，廉于持身，勤于职守，信于任人，敏于建功，广得百姓称誉。

张启后，字燕昌，号若曾，安徽泗州人，光绪三十年（1906年）二甲一名进士，散馆授编修，官任陕西榆林知府，辛亥后，任国会议员，安徽政府秘书长，善诗文，工书法。

胡燏芬（？—1906年），字芸楣，清末安徽泗州（今泗县）人，祖籍浙江萧山（今属杭州）。为清末大臣，力主洋务。

同治元年（1862年）以泗州籍举江南试，同治十三年中进士，授翰林院庶吉士。后被李鸿章招为幕府，经并其举荐担任天津候补道，分发直隶，授天津兵备道，擢广西按察使，署布政使。1894年中日甲午战争时，受命办东征粮，期间深感中国交通道路落后，影响战事，即上书倡道修筑铁路，朝议决定修建津芦铁路，命燏芬充督办，简为顺天府尹，兼董其役。光绪二十四年（1898年）上书请命神机营兵士改习德操，允之，即后来历史上有名的“小站练兵”。二十六年留京办理京畿善后事宜，联军撤后，命收回关内外铁路，旋又督筑京张铁路，历礼、刑、工部侍郎。其一生力倡维新，主张向西方学习，振兴国家，天津曾立其祠以纪念之。

杨士骧（1860—1909年），字萍石，号莲府，安徽泗州人。16岁成了秀才，光绪十二年（1886年）中进士，入翰林院，选庶吉士，授编修，从此步入仕途。

杨士骧为官，“以干练称于时”，从翰林院外放直隶通永道，不久升为按察使，又迁江西布政使。短短十余年时间，他春风得意，成为清廷的高级官吏。光绪三十年（1904年）12月，清廷宣布杨士骧（接替袁世凯，袁世凯升任直隶总督）为山东巡抚。他在任近三年，其政绩斐然，值得一书的至少有二。

光绪二十二年（1896年），两名德籍教士在曹州巨野被义和团所杀，德国以此为借口出兵强占胶州湾及胶州（今胶州市）、即墨等地。1898年，德国侵略者也模仿英国“租借”香港新界那样，向清政府提出租借胶州湾，租期99年，准许德国享有修筑胶济铁路的特权。德人还提出为了保证铁路沿线的“安全”，“自胶至高密悉为德兵所驻守”，并拥有沿线两侧30华里内矿产开采权。德国的无理要求理所当然地遭到山东及全国人民的反对。清廷也以山东距京师近在咫尺，一直未在不平等的《胶澳租界条约》上签字。杨士骧到任后，整饬曹州一带，“行清乡法”，严厉督捕“盗贼”，沿铁路线地区的社会治安有了明显好转，使德人找不到沿线驻军的口实。然后，他以隆重的礼仪与“德酋”谈判，“以欢结之”，“渐以理势开晓”，与之进行有理有节的斗争。《辛丑条约》签定以后，八国联军相继撤出京津地区。杨士骧趁势进一步与“德酋”交涉，终于使“德人竟撤兵还我利权”。德军首领“且请其国主赉杨以宝星也”。“宝星”是何物，不得而知，大概是勋章、纪念品之类东西，总之杨士骧在外交上取得了重大的成功。

光绪三十三年（1907年），杨士骧“代袁世凯为直隶总督”，袁改任北洋大臣。袁为筹办近代新军，需大量经费，杨士骧积极为其筹划，“承其后一切奉行罔有违，财政日竭难乎为继而周旋因应。”袁与杨私谊极好，杨随袁亦步亦趋，使朝中官员“侧目视之”，成为当时炙手可热的人物。光绪三十四年（1908年），永定河泛滥，殃及京津地区。杨士骧经过实地考察，上疏认为永定河成灾“一由下口高仰，宣泄不畅”，“一由减坝失修，分消无路”。永定河流经京城西南芦沟桥以下，以前有一条“减坝”，由于年久失修，淤塞严重，每到汛期，不能起分洪泄洪作用，而且支流也常泛滥，增大了受灾面积，杨士骧请“拨帑四十六万两”，得到朝廷的批准。光绪皇帝驾崩，其陵寝移西陵，兴师动众，民怨沸腾。杨士骧提出“所需不得摊派民间”。作为干练的高级官吏，他清醒地看到清政权积重难返，大厦将圮，从维护封建王朝统治出发，上书直言“国初因明季加派纷繁，民生凋敝”，特别京畿地区徭役摊派更重，农民不堪重负，纷纷揭竿而起，导致明王朝的灭亡，应从中吸取历史教训。主张改革京畿地区田赋和徭役负担。直隶农民多负担了徭役则“田赋应较各省轻”，徭役应折为银两，冲交赋税。朝廷新政，如办巡警、兴新学等费用不能向老百姓摊派。每年，“拟官绅合查常年应官差徭，实系公用者，酌定数目折交。州县自办（工程）不得滥派折钱。”杨士骧的上书虽然得到朝廷的重视，但在当时情况下，根本没有得到认真的执行。他的种种努力当然也挽救不了清王朝覆灭的命运。

第二节　现代人物

党政军界

徐树铮（1880—1925年），字又铮，号铁珊，自号则林，萧县官桥镇醴泉村人，自幼聪颖过人，才气横溢。3岁识字，7岁能诗，13岁中秀才，17岁补廪生，有神童之称。光绪二十七年（1901年），他弃文就武到济南上书山东巡抚袁世凯，陈述经武之道，未得赏识。后被荐为段祺瑞记室。光绪三十一年由段祺瑞保送至日本陆军士官学校步兵科就学。学成回国，先后任段祺瑞军事参谋、参谋总长等职。

民国初年，徐树铮位居要津，叱咤风云。先后任军学司司长、军马司司长、将军府事务厅长，民国3年（1914年）5月，徐树铮任陆军部次长，年仅34岁，为次长中最年轻者。袁世凯帝制失败，黎元洪继任总统，段祺瑞为国务院总理，徐树铮复任陆军次长兼国务院秘书长。在府院之争中，他同总统府秘书长被先后革职。张勋复辟，徐随段讨张，后冯国璋任总统，段祺瑞复任总理兼陆军总长，徐树铮任陆军次长兼西北筹边使，升为上将。在冯段之争中，徐为段穿梭奔波，他一方面借参加欧战之名，向日借巨款，编“参战军”，为段扩兵争雄；一方面组织“安福俱乐部”，包办选举，成立安福国会，以强固段之政权。

民国8年，徐树铮任西北筹边使。历经5个月的周旋，外蒙取消自治，孙中山电贺其成就可与傅介子、班超相比。民国9年直皖两系军阀斗争激烈，他被免职，任远威将军，留北京代职。直皖战后，段祺瑞下台。他被指控为“十大祸首”之最通缉拿办，借日本使馆之助逃到天津，后潜入上海英租界内匿居。

民国10年，孙中山以非常大总统名义在桂林组织大本营，计划北伐讨直。此时直奉两系矛盾日趋尖锐，孙中山联合段祺瑞、张作霖组成三角同盟。民国13年（1924年）9月，盘距在江苏的直系军阀齐燮元为夺取被浙江的皖系军阀卢永祥控制的上海，爆发江浙战争。徐树铮任浙沪联军总司令。皖系失败，他在租界的寓所里被支持直系军阀的英国人拘捕，并强迫他乘英轮去欧洲。在途经香港时，直奉战争结束，段祺瑞被推为临时执政，徐获得自由，被任命为考察欧美日各国政治专使。遂率考察团15人，先后考察法国、英国、瑞士、意大利、德国、苏联、波兰、捷克斯洛伐克、比利时、荷兰、美国、日本等12个国家。在考察法国期间，孙中山在北京逝世，徐树铮电致挽联。

徐树铮于民国14年12月11日考察结束回到上海。段祺瑞电嘱其暂缓赴京，但他认为考察回国，理应复命，即赴京。复命后，于12月19日晚乘专车离开北京南下，途经京津间廊坊车站，被冯玉祥部杀害，时年45岁。翌年，归葬故里，有《建国铨真》《视昔轩文稿》《兜香阁诗集》《碧梦庵词》等著作传世。

吴　可（1900—1927年），安徽宿州市人。自幼父母双亡，被徐州外国基督教会办的“教养院”收养长大，后上了半工半读教会中学。辛亥革命后，光复军将教会中的孤儿带至南京，故收养于南京政府内政部孤儿院，直到中学毕业。“五四”运动前夕，在友人资助下，专程赴北京，以官费考入中国大学。1920年参加李大钊在北京组织的共产主义小组（对外称俄文补习班），并多次组织以反封建教育为目标的学潮，配合工农群众开展反封建军阀、反帝国主义的斗争，同时联络在北京各高等院校的宿县籍学生，组成安徽宿县旅京同乡会，在北京凤阳会馆学习共产主义理论。1923年暑假，他回到宿县，组成宿县旅外同乡会，传播共产主义思想，在宿县一带影响很大。同年秋，因在校外集会结社，反对校长吕复，被校方无辜关押七、八天后予以开除学籍。1924年秋，受党组织委派，来到香山脚下的慈幼院，秘密从事革命工作。期间，介绍胡健加入共产党组织，并与其一起在学生中宣传革命，组织他们起来斗争。1926年，他被选为中共北京市委委员，并担任国民党北京特别市党部劳工部长，直接在李大钊领导下进行革命活动。1926年“三一八”惨案后，曾受到奉、直系军阀的通缉，但他始终在白色恐怖中迎风傲雪，坚持不懈地进行斗争，并先后在香山慈幼院建立党的支部和共青团支部。在北京农学院、法政学院、中国大学以及电话总局、财政部印刷厂等处建立党的组织。同年底，随北方领导机关一起，迁入东交民巷苏联公使馆两院的兵营里，继续秘密活动。1927年4月，为扩大活动范围，他辗转到海淀区燕京大学，不久，又把活动地点转移到碧云寺内。28日，李大钊等20位革命志士残遭杀害，他悲愤交加，立誓报仇雪恨。6月受中共北京市委指示，成立一个以家庭为掩护的地下机关。为此他在协和医院后面一个僻静的胡同里租下一座独门独户的两间小楼，与乐懿以夫妻名义住进吉兆胡同8号的秘密机关。为了恢复和发展党的地下组织，他昼伏夜出，四处奔波，曾因在燕京大学召集积极分子会议，和在师范大学宣传“八一”南昌起义而先后两次被捕。为迎接新的高潮到来，中共北方区委决定举行武装起义。他被任命为暴动总司令和北京市工会党团书记。10月15日，因叛徒告密，他在去西单藤牌营4号北京市总工会机关时被捕，经过秘密审讯后，于农历10月18日凌晨3时，被害于北京安定门外剑垛西边。1949年12月11日，周恩来总理及中共北京市委有关领导亲临八宝山，祭奠吴可及著名的北京18烈士。

马祥斌（？—1927年），字文伯，安徽灵璧人。幼年就读于私塾，稍长入凤阳府经世公学。清光绪三十三年（1907年）春，他考入安徽巡警学堂（在安庆）。7月6日，革命党人、学堂会办徐锡麟率众起义，枪杀安徽巡抚恩铭，被捕殉难。巡警学堂受株连解散，马祥斌返归家乡。

那时，在宿县一带土匪蜂起，打家劫舍，日益猖狂。当地官府鉴于马祥斌有一定的军警知识，便委其任乡团团总，不久又升任宿州警务所所长。他带领警队打击匪盗，一举歼灭以绰号“鳖螺嘴”为首的一伙匪帮。

民国2年（1913年）底，倪嗣冲督皖，马祥斌所属警队作为地方武装被收编，马被任武卫右军右路第三营后哨哨官，翌年又升为倪嗣冲安武军第三路第四营管带，继升任团长。

津浦铁路通车，蚌埠成为南北经济交会地之一，在蚌的倪嗣冲为安靖地方，于民国6年调任马祥斌为蚌埠警察专局局长。马上任后，亲自上街巡察，采取果断措施，惩治地痞流氓，枪决与匪徒勾结的侦缉队长郭华亭。

民国8年（1919年）4月11日，蚌埠街市突发大火，“延烧商民一千余家，毙人50余名”。火灾后，马下令拓宽马路，修建新街道，并以“中华民国”四字，命名一批街道，如中兴街、华盛街、民安里、国安街等。从此，街市面貌一新。

蚌埠一时成为军阀拉锯战的要冲之地。民国13年（1924年），军阀马联甲任命他为补充团团长。

民国15年（1926年），北伐军挥戈北上，节节胜利。时任军阀陈调元部第二混成旅旅长的马祥斌，深感军阀的腐败和前程的没落，在革命形势的推动下，遂密遣代表与北伐军联络，于翌年春接受武汉国民政府委以国民革命军暂编第五师师长的职务。马部进驻合肥、六安一线，随即通电宣布起义，参加北伐。民国16年4月，直鲁联军总司令张宗昌驱兵南下，亲自指挥围攻合肥。马祥斌不畏强敌，率部死守抵抗，激战22天，终于在北伐军的配合下挫败张宗昌的进攻。由于合肥保卫战有功，马祥斌被升任暂编第十一军军长。此战后，张宗昌悬赏20万银元，捉拿马祥斌。农历七月七日深夜，马祥斌在亳县被归附的部将袁家骥、张敬尧派兵劫持，押送济南，向张宗昌邀功。11月6日，张宗昌下令将马祥斌秘密杀害。民国20年（1931年），马祥斌遗骨运至蚌埠，葬于小南山麓，并立铜像以为纪念。

江上青（1911—1939年），原名江世侯，清宣统三年（1911年）三月十二日生于江苏扬州江都县仙女镇一中医世家。

民国16年（1927年）江上青考取南通中学，阅读了一些进步书刊，特别是李大钊、陈独秀的文章，开始参加学生运动。11月加入共青团，民国17年，转学杨州中学，仍秘密从事学生运动，引起国民党当局警觉。不久在东关江家桥的家中被捕，关押于苏州司前街监狱。其后请律师辩护，法院判“年幼无知”予以释放。

江上青出狱后，至上海艺术大学文学系学习。改名为“江上青”，转为共产党员。民国18年10月，担任中共上海艺术大学支部书记。

民国18年冬，江上青在四川北路粤商大酒楼参加中共江苏省委召开的会议再次被捕，被关在提篮桥监狱。民国19年刑满出狱，由于狱中的苦难生活，患严重的哮喘病，组织安排回南通父亲处养病。

“九一八”事变前夕，江上青受党组织派遣，到上海暨南大学社会系读书，同时继续开展学运工作，组织反日斗争。

民国21年，江上青重新回到扬州。在家乡，他与一些热血青年办起《新世纪同行》，以此推动扬州的学运工作。江上青不断在上面发表文章，针砭时弊，号召全国人民一致对敌。

抗日战争爆发后，江上青积极投身到抗日宣传工作中去。在郭沫若、夏衍、钱俊瑞等组织的“上海市文化界救亡协会”的影响下，他发起组织“江都县文化界救亡协会”。协会四处活动，宣传抗战。为扩大影响，他们出版《抗敌周刊》。刊物由著名爱国将领冯玉祥题写刊名。协会和刊物在扬州地区产生积极影响，同时也引起恶势力的极端仇视，在恶势力的干扰下被迫停刊。但协会活动没有停止，他组织的“江都文化界救亡协会宣传团”，从扬州出发，经过仪征、合肥、六安等地，沿途画宣传画、贴标语、作演讲、演剧目，他还作词写了《宣传团团歌》。

民国27年8月，宣传团溯江而上到达武汉，与武汉八路军办事处取得联系。董必武建议宣传团到桂系第十一集团军中工作，担负起抗日民族统一战线的宣传任务。于是，宣传团改编为“十一集团军政治部救亡工作团二组”。不久，党组织派江上青到安徽立煌县（今金寨），在中共安徽省工委的领导下，加入安徽省民众总动员委员会第八工作团，继续在大别山区进行抗日宣传工作。

民国27年秋，国民党六安县县长盛子瑾升任安徽省第六行政区专员兼保安司令。盛系黄埔军校第六期毕业生，精明而有胆识，懂得一些革命道理，也有一定的爱国思想。他为能在皖东北地区站稳脚跟打开局面，向省动委会要求派些青年干部协助他去敌后开辟工作。为建立统一战线，一致对日，中共安徽省工委宣传部长张劲夫以动委会名义，派江上青率赵敏、周郇等人，组成中共特别支部，江任书记，随盛子瑾至皖东北。

在皖东北，江上青的公开身份是安徽省第六区行政督察专员公署秘书和第五战区第五游击队司令部政治部主任。因此，他不但要领导开展中国共产党的秘密工作，在公开场合还要站在盛子瑾的立场上为其出谋划策。

接着，他又协助盛子瑾成立“第六区抗敌保安司令部”（简称“六抗”）和“第五保安游击司令部”（简称“五游”）。这两部由盛子瑾任司令，江上青任政治部主任，统辖皖东北的地方武装。

民国27年12月，在江上青的推动下，盛子瑾创办皖东北军政干校，自兼校长。江上青为副校长，实际工作由江上青主持。

在干校，江上青倡导以陕北抗大的校风为干校的校风，以抗大的校歌为干校的校歌，学校呈现一派“团结、紧张、严肃、活泼”气氛。军政干校及干训班为党开辟和建设皖东北抗日民主根据地准备和培养了大批基层青年干部。

盛子瑾部与中国共产党建立统一战线后，深得群众的拥护。但也引起反动地主的恐惧，他们纷纷向省国民政府控告盛子瑾被共产党“收买”。民国政府灵璧县县长许志远指使所属雷杰三部进犯盛子瑾部。虽然盛部在新四军、八路军的协助下击溃雷杰三部，但双方部队仍然剑拔弩张，严重影响皖东北团结抗日的局势。

8月下旬，张爱萍、刘玉柱出于团结抗日的诚意，邀请盛、许二人在灵璧县北张大路许志远驻地进行调解。盛子瑾在江上青等人陪同下，前往灵璧赴会。会谈由张爱萍主持，在中共的劝说下，许志远表示愿意接受盛子瑾的政令，会谈表面上圆满结束。张爱萍对许志远早有警惕，劝盛散会后不经小湾子绕道马厂回专署。盛子瑾未听劝告，执意走原道。8月29日，盛和江上青等人沿濉河岸返专署。在泗县小湾子附近遭许志远指使的地主武装枪击。江上青不幸中弹牺牲，时年28岁。

江上青牺牲后，追悼会数千人参加，悼念皖东北抗日民主根据地的开拓者。

彭雪枫（1907—1944年），又名彭修道，河南省镇平县人。贫农家庭。自幼读书，喜诗文、武术。在北京育德中学就读时，利用课余时间，阅读《共产党宣言》《社会发展史》等书籍，萌生救国救民之心。民国14年（1925年）6月加入中国共产主义青年团。民国15年10月转为中共党员任北京汇文中学党支部书记。

民国16年，彭雪枫先后在烟台、福山等地从事党的秘密工作。民国19年5月，调任中国工农红军第三军团第八军第一纵队政治委员、党委书记。在进攻长沙时，他率第一纵队，化装成国民党军混入城内，里应外合，将城攻破。民国20年9月。改任红军第三军团第二师政委。转战赣州期间，因环境困难，师长郭炳生阴谋率第五团投敌。他闻讯后，连续追赶5昼夜，将第五团劝回，获中央军委红星奖章一枚。民国22年11月，在八角亭战斗中腿部负伤。民国23年，调任江西军区政委，旋调任红军大学政委。长征途中，先后调任中央军委作战局局长、军委纵队第一队队长、第五师师长、第十三团团长、第一军团第四师政委。参加四渡赤水、攻占娄山关、遵义、直罗镇战役，累积战功。民国25年6月，红军到达陕北后，调至红军大学高级指挥科学习。

民国26年11月下旬，抗日战争爆发后，彭雪枫以中共中央代表、北方局联络局书记的身份，被派往太原开展统一战线工作。民国27年2月，调任中共河南省委军事部长。他根据周恩来指示，至河南确山县竹沟镇训练干部，组建部队，发动敌后游击战争，开展统一战线工作。9月2日，根据周恩来、叶剑英指示，他与张震等将在竹沟镇创建的2个连，加上延安派去的373名干部，组成新四军游击支队，誓师东征。10月11日，他又在华西杜岗将吴芝圃领导的豫东人民抗日游击第三支队，及肖望东领导的抗日先遣大队并入新四军游击支队，中共中央任其为司令员、政委、党政军委员会主席。民国28年1月上旬，他率部继续东征，开辟豫东、皖北商（丘）亳（县）永（城）地区。日军侦知后，即调集伪豫东"剿共"第一路曹大中部，占领亳县东北芦家庙，袁天柱部集结于亳县以北宋集，预定于1月10日，三路会攻亳县。彭雪枫等游击支队领导决定，趁敌立足未稳之机，夜袭芦家庙。夜，他指挥所部向敌发起进攻，激战2小时，歼曹大中部300余人，俘伪参谋长崔学善，敌残部向坞墙溃窜，使亳县转危为安。1月19日，他率游击支队主力进抵以永城、宿县、萧县、夏邑为中心的豫皖苏边区，与伪军展开激战。在永城东北刘集俘伪旅长李颜良以下多人；在城东南姜家庄消灭汉奸黄殿臣、黄殿雨、周德新各一部；在城南双桥消灭伪军王福来团大部；在城东张家寨消灭土匪陈传思、陈得胜大部，建立豫皖苏边区抗日民主根据地。6月14日，游击支队划归新四军江北指挥部领导，其主力向淮河以北、浍河以南、津浦铁路以西之宿县、蒙城、凤台等地区发展。民国28年8月，回师涡阳县北新兴集，经中共中央中原局批准，成立豫皖边区党委，彭雪枫任书记。民国29年2月1日，新四军军部命令游击支队改为新四军第六支队，彭雪枫继任司令员。3月，他根据中共中央、毛泽东关于加强皖北、皖东抗日民主根据地建设，为八路军、新四军出入中原准备条件的指示，大力加强豫皖苏边区抗日民主根据地党政军建设，先后成立了中内淮上、陇海路南、皖北、豫皖等4个地委，2个中心县委，5个县委和1个县工委。在皖东成立军政委员会，建立豫皖苏边区联防委员会。抽调大批干部充实永城、夏邑、萧县、宿县、亳北等5个县政权机构，成立边区参议会。巩固和扩大主力部队及地方武装，扩建抗日军政大学第四分校。广泛开展统一战线，团结志士仁人，共同抗日。领导人民群众开挖新兴沟和加固大柳巷淮河大堤，开展减租减息斗争，恢复和发展生产，改善人民生活。毛泽东致信彭雪枫称："你们的工作很起色，中央对你们取得的成绩深表满意。"

民国29年6月，新四军第六支队与八路军第二纵队第三四四旅及新第二旅5个团，合编为八路军第四纵队，彭雪枫任司令员。民国30年1月，新四军重建军部后，八路军第四纵队改编为新四军第四师，彭雪枫任师长兼政委。

民国30年春，国民党顽军汤恩伯集团进占豫皖苏边区抗日民主根据地后，又继续东犯苏北抗日民主根据地。国民政府江苏省主席韩德勤积极配合，遣第一一七师、第三十三师各一部和2个保安团占领泗县陈道口、淮阴和涟水间大兴庄地区，企图控制运河西岸，构成横贯淮北、淮海抗日民主根据地的东西走廊。彭雪枫率所部会同第二、第三师及独立旅，在军长陈毅指挥下发起陈道口战役、以粉碎国民党顽军夹击淮北、淮海地区新四军的阴谋。激战中，彭雪枫利用江苏保安第七旅旅长兼第三纵队司令王光夏与其第一支队长孙玉波的矛盾，冒险进入孙玉波部，向其晓以抗日救国的大义。在彭雪枫的力劝下，孙玉波番然悔悟，投向新四军。10月19日上午，在洋河镇里应外合，全歼王光夏第二支队，俘支队长李守宽以下100余人，对夺取陈道口战役的胜利起了重要作用。民国31年11月，中共中央根据抗日斗争需要，实行主力部队地方化，决定建立淮北区党委、淮北军区，彭雪枫任区委常委、淮北军区司令员。11月11日，驻徐州日军第十七师团、独立第十三混成旅团各一部及伪军第十五、第二十八师6000余人，向淮北抗日民主根据地进行大“扫荡”。彭雪枫指挥所部队主力跳出敌包围圈，进行外线作战，地方部队和民兵就地坚持，困扰敌人，三打青阳镇，四打马公店，拔据点，收失地，终于将敌击溃，粉碎了日军33天的大“扫荡”的计划。民国32年3月14日，韩德勤无视新四军的劝告，竟率部偷渡运河，进入淮北抗日民主根据地中心区金锁镇地区。国民党顽军第三十一集团军王仲廉部也乘机东进，妄图夹击新四军第四师。彭雪枫指挥部及第三师第七旅，远途奔袭，冒雨对韩德勤部发起自卫还击，全歼韩德勤指挥部、独立第六旅、保安第三纵队，俘韩德勤以下千余人。战后，陈毅从国共共同抗日的大局出发，对韩德勤晓以大义，发还人枪，礼送出境，拔除了国民党顽军设在津浦铁路东抗日民主根据地的反共堡垒。

民国33年8月15日，彭雪枫根据中共中央关于开发河南、控制中原的指示，率新四军第四师主力5个团，誓师进军津浦铁路西，恢复豫皖苏边区抗日民主根据地。8月23日，首战萧县小朱庄，全歼国民党顽军第四十纵队王伟授部3个团共1500人，乘胜恢复萧县、永城、宿县和15个区的抗日民主政权。9月2日，国民党顽军汤恩伯调动34个团兵力，分4路对新四军第四师西进部队进行围攻。9月11日凌晨，彭雪枫指挥所部在夏邑东八里庄包围国民党顽军第二十八纵队第二支队李光明部1000余人，歼灭其大部，俘其500余人。当彭雪枫登上大围子南门围墙，指挥结束即将胜利的战斗时，不幸胸部中弹牺牲。在清理彭雪枫遗物时，只有2套军装、1床被子、1双草鞋、1双布鞋、1个搪瓷缸，没有一文钱。中共中央在延安杨家岭大礼堂为其举行追悼大会，挽联：“为民族，为民众，二十年奋斗出生入死，功垂祖国；打日寇，打汉奸，千百万同胞自由平等，泽被长淮。”中共淮北区党委将永城县改称“雪枫县”，在涡北曹市集“辉山烈士陵园”立彭雪枫碑，宿州市建“雪枫烈士公园”以表纪念。

张中立（？—1944年），萧县人，字矫成。民国初从军，在孙传芳部升至师长、副军长，晋级陆军中将官阶。在北伐军进军浙江时起义，任东路军先遣副司令。与司令李明扬紧密配合，越江淮而进至东海之滨，在徐海一带激战多场。进军鲁冀时，所向披靡，使北洋军阀闻风丧胆，不敢与之交锋。北伐胜利后，李明扬任江苏省保安处长，张中立任江苏省民政厅第三科长。民国20年，张中立为国民党政府财政部长宋子文所器重，延揽入财政界，委以统辖全国盐税警总队长，后改任盐税警局长，长芦豫岸盐税局长。在整顿盐税缉私方面颇有政绩。1935年，奉命赴东京任驻日学生监督，暗中观察日本侵华动静，“七七”事变后，奉调回国任云南盐税警局长。抗战胜利前夕，于民国33年在云南昆明病逝。

杜冰坡（1893—1958年），萧县永堌镇杜庄村人。北大史学系毕业后即留校任教，并到图书馆工作，正巧与后到的毛泽东同事。同事时间虽不太长，但因相同的志趣以及同庚，遂结为至交。后辗转于广东中山大学、上海暨南大学、武汉大学等任教。1927年随邓演达参加北伐。杜坚决拥护邓的政治主张。1930年邓创立新党（农工党前身），杜参加并任干事（中央委员），与周谷城共同负责上海党务。1933年李济深等人发动著名的“福建事变”，成立人民政府，杜以第三党领导人身份参加。后辗转香港。抗日战争爆发后，原邓的部下陈诚任军委会总政治部部长（周恩来时为副部长），因杜与陈在邓部时交谊甚笃，陈对杜的胆识、政见、道德文章极为推崇，特敦聘杜为设计委员会委员，后又聘为中将参议。陈改任第六战区长官后又聘杜为顾问。抗战胜利后，冯玉祥旧部孙连仲任十一战区长官驻节北平，聘杜为中将顾问。杜遂由渝飞平，参加华北地区受降典礼。孙对其备极礼遇。其间，杜利用特殊身份在北平秘密联络各方民主人士，多方掩护中共地下工作人员。他家经常有各方民主人士秘密聚议。特别是在北平解放前夕，他为迎接解放而联络、奔走。后来的农工党中央副主席方荣欣等，当时是座上宾之一。不久，他欢欣鼓舞地迎来中华人民共和国的成立大典。

刘云昭（1885—1962年），字汉川，萧县吴庄乡薛庄人，幼读私塾，后考入清江江北师范学堂，宣统二年（1910年）毕业后回家乡萧县。他胸怀救国教民之大志，提倡妇女放足，男子剪辫子，号召妇女识字，兴办学堂。民国5年（1916年），约同社会名流，在县城文昌宫南仓等处创办男女学堂，请萧城具有新思想的刘昆南（字鹏举）主持校政，并让他到江南聘请3位女教师至萧县女子学堂任教。一时，新学大兴，铜山、砀山、丰县、沛县等地许多女学生来萧就读，开一代新风。刘云昭是萧县早期传播新思想、热心兴学的代表人物。清末，他在萧城建立共和党组织，为推翻满清王朝四处奔走。辛亥革命后加入国民党，在萧城组建国民党支部，自任支部长。民国元年2月，受江苏省民政公署委任为萧县民政长（即县长）。任职期间，县境西部土匪猖獗，他亲率领警队清剿，迫使土匪逃往河南保安山一带，不敢窜扰县境。他执法如山，不徇私情，族兄犯有窝藏土匪及拦路抢劫罪，被其依法处决。

孙中山在南京就任中华民国临时大总统时，刘云昭被选为国会议员。民国元年6月，他离开萧县到南京任临时大总统府参议。曹锟贿选总统时，曾向选他的每个国会议员贿赂5000大洋，刘拒绝受贿，坚留南方跟随孙中山从事革命活动，坚决支持孙中山“联俄、联共、扶助农工”三大政策。民国13年，出席在广州召开的国民党第一次全国代表大会，被选为中央委员。此后，应邀去河南任延津县县长。到任即严厉打击土豪劣绅，兴修水利，筑路架桥，为民谋利。中秋节，他不与当地土豪苟合同饮，而是在县公署前广场宴请全城的贫民、乞丐数百人，一时传为佳话。为缅怀孙中山，他在延津县建筑全国第一个中山堂。

民国15年初，大革命在南方诸省风起云涌，刘云昭卸政去广州任国民革命军第七军李宗仁部高参，后随李部北伐，直取徐州、济南等地。

民国17年初，任江苏省政府委员兼南京特别法庭庭长。一次，徐州商会会长赵毅斋、副会长郑心如纵火焚毁帐目一案落在刘云昭手中，赵、郑2人买通刘云昭的好友、蒋介石的秘书长陆复亭，用3000元支票贿赂刘云昭。他把支票收下来，在蒋介石召开的一次高级军政会议上，突然拿出3000元的支票，声明是陆秘书长复亭送给他的贿赂款，并痛斥这种以权徇私、掩盖罪责的卑劣行径。蒋介石被迫下令将陆撤职查办，徐州商会赵毅斋、郑心如二人被押进苏州陆军监狱。不久，刘云昭被免去特别法庭庭长的职务。为防蒋介石暗算，他化名余祖范，寓居在上海法租界。后应李济深之邀，参加倒蒋活动。他受李宗仁委派代表桂系赴山西约阎锡山共同倒蒋。抗日战争前，回原籍潜居。

“七七”事变后，李宗仁任第五战区司令长官。刘云昭应邀赴徐州任第五战区抗敌总动员委员会秘书长，参与筹办抗日青年军团，招收训练知识青年入伍抗日。台儿庄战役前，徐州形势险恶，青年军团转移至河南潢川，萧县不少抗日青年前往受训。嗣后，刘云昭又随军转移到湖北省老河口、均县一带武当山区，接触了一些共产党人，受抗日民族统一战线思想影响，曾不顾个人安危，掩护共产党人活动，被国民党特务觉察，因形势所迫乃至安徽省太和、界首等地经商，开设中华贸易公司。

抗战胜利后，刘云昭任国民党江苏省参议员，国民政府立法委员。民国37（1948年）年初，迁居上海。上海解放前夕受中共地下党组织的委托，曾多次去国民党上海警备司令刘昌义处，争取其起义。

1949年10月1日，刘云昭应邀出席开国大典，到天安门观礼台观礼，此前出席了第一届全国政治协商会议。1950年任国民党革命委员会团结委员。年底，毛泽东任命他为苏北人民行政公署委员，周恩来任命他为苏北行署政治法律委员会委员，次年春赴扬州上任。此后，在扬州曾任苏北行署救灾委员会主任、扬州市政协副主席、江苏省政府参事室参事、第一任民革扬州主任委员等职。1957年，刘云昭被错划为右派，1962年甄别后任江苏省对台工作委员会主任委员，未到职，因病逝世。

陈荫南（1890—1963年），字树人，泗县人。8岁入私塾，1905年考进安徽省安庆东北12省私立中学读书，1911年毕业于安徽陆军测绘专科学校。后秘密加入中国同盟会，参加攻打安庆城战斗，失败后又进浙江讲武堂学习，结业后任浙江警备司令部副官兼第一路第一营帮代，1917年任泗县警察所所长、安徽省警备队驻泗县第一营帮代。1927年再次从军，任国民革命军第三十七军先遣军司令部副官兼第一团团长。大革命失败后弃职返乡。1939年7月受中共影响，投身于抗日救亡运动，先任安徽省泗县赈济委员会主任，再任皖东北军政推进委员会委员兼宣传部部长。1940年8月，当选为淮北苏皖边区参议会驻会委员兼泗南县参议长。翌年10月任淮北苏皖边区行政公署副主任。1949年5月任苏皖边区行政公署委员，皖北人民法院院长，皖北行署副主席。建国初，曾任华东及皖北土地改革委员会委员，安徽省人民政府委员兼省政治法律委员会副主任。1951年加入中国民主同盟，当选为民盟第二、第三届中央委员、民盟安徽省主任委员、安徽省政协副主席，1956年5月任安徽省副省长、省政协副主席。是第一届全国政协委员、第一届全国人大代表。1963年6月9日因病去世。

张云川（1904—1965年），安徽萧县寿楼乡张寿楼村人。原名张长浚。

民国8年（1919年）考入徐州江苏省立第七师范。毕业后，回乡任小学教员、校长等职。1926年考入黄埔军校第四期，因对“中山舰事件”和“孙文主义学会”等组织的反革命活动不满，发表一些批评时政、反对蒋介石的言论，被视为左倾激进分子。“四一二”政变后，被迫离开广州赴武汉，参与国民党江苏省的地下反蒋活动。“七一五”事变后，在国民党第五路军政治部供职，随军北伐。1928年离开部队，到山东金乡、诸城等县师范学校任教。在金乡因支持民众反对县长吞没公款，被捕入狱，不久获释。1930年加入“中国国民党临时行动委员会”，1935年该会易名为“中华民族解放行动委员会”，他被推为中央委员，奉派至北平、山东、河南、绥远等地进行抗日宣传和组织工作。

1938年到重庆，在李济深主持的“战地党政委员会”任视察。1942年，中国民主政团同盟成立，他被选为中央委员。6月，去香港筹办《光明报》，任副社长。1944年，解放区军民抗战情绪高涨，他再次到苏北解放区，相机对汪伪军策反。经过1年多努力，汪伪淮海省省长郝鹏举于日军投降后宣告向新四军投诚（后被国民党收买叛变，被解放军歼灭）。1947年1月，中华民族解放行动委员会在上海举行会议，改名为“中国农工民主党”，张云川当选为中委、常委。次年5月，他到北平与聂荣臻取得联系，参加了策动傅作义起义的工作。1949年9月，张云川以中国农工民主党代表的身份参加中国人民政治协商会议。

新中国成立后，任国务院参事室参事，1954年当选为第一届全国人民代表大会代表、人大常委会法案委员会委员、第二届全国政协地方工作委员会委员，兼任民盟中央副秘书长、农工民主党中央执行局委员。1957年年底，被错划为右派。1965年3月22日病逝。1980年，错划的右派冤案得以平反。

冬岭法师（1882—1966年），萧县皇藏峪瑞云寺方丈。

冬岭出生在山东峄县（今枣庄市峄城区）刘姓贫苦人家，周岁时随父母逃荒要饭到安徽省灵璧县尹集村落户。8岁时父母为生活所迫，把他舍到三官庙为僧，法名本秀，后改冬岭。光绪二十八年（1902年）在南京宝华山受戒；光绪三十四年任萧县关帝庙当家；宣统二年（1910年）任萧县皇藏峪瑞云寺方丈、萧县佛教会会长。民国15年（1926年），萧县六、七、八各区纷纷要求提高庙产办学。冬岭即召开佛教会，决定由全县各庙出款，在萧县城南门火神庙办一所佛教会小学，不收学费，培养贫民子女。次年，淮北大旱，逃荒要饭的人不计其数。冬岭召集寺内大小推事、僧俗人等，相约寺内节衣缩食、改食稀饭，将节余粮食救济附近的灾民；并开放山禁，任灾民上山打柴，以度荒年。附近村民集资勒石以志不忘。宣统二年至民国25年，冬岭奉师命朝拜普陀山、九华山、五台山、峨嵋山等佛教圣地，参访高僧，探讨佛教经典，先后任杭州海潮寺首座、上海清凉寺西堂、徐州云龙山戒期教授、南京石林寺左僚等职。

民国26年，抗日战争爆发，冬岭回到瑞云寺。他拥护抗日，派人给在皇藏峪一带活动的湖西人民抗日义勇队第十八大队送去小麦10石、柴草7000斤，还派人招待100人以内的过往抗日游击队的食宿，给抗日活动以有力的支持。

民国28年后，冬岭应邀任北京广济寺尊证，拈花寺尊证、西山八大处灵光寺首座兼腾进小学教师等职。民国33年，冬岭回到瑞云寺。民国37年，应邀至济南，任净居寺法会首座。

新中国成立后，冬岭从济南回到灵璧县三官庙，受到人民政府多方照顾。抗美援朝时，他积极响应中国佛教会的号召，捐款捐粮，购买“中国佛教号”飞机。1952年土地改革时，人民政府分给他5亩半土地，和徒孙一起过自耕自种的生活。1958年，冬岭先后参加在上海召开的华东五省一市和在安徽省九华山召开的佛教整风运动座谈会，他认真宣传贯彻中国共产党的宗教政策。

1960年，冬岭回瑞云寺任方丈。“文化大革命”中，皇藏峪瑞云寺的古碑诗文等文物被破坏殆尽。冬岭把工笔抄录的两万三千多字的《瑞云寺建始碑文、名人游记、诗、历代和尚略历》、皇藏峪瑞云寺之起源命名，以及历代和尚绿化造林、建筑寺院的略写等资料献出，对修复和开发皖北胜地——皇藏峪瑞云寺作出贡献。1966年8月17日，冬岭法师受林彪“四人帮”极左路线迫害致死，1980年1月27日恢复名誉。

孟　雨（1894—1967年），原名孟宪鼎，号棱崖，萧县永疃镇疃里村人。6岁起，先后在本村、卯山、葛塘等地读私塾，后考入省立南京第一农业学校。民国8年（1919年）因积极参加“五四”运动，被学校开除。为寻求救国救民的道理，在小叔孟昭范及同乡会的帮助下，赴法勤工俭学。先后在巴黎的农业实习学校、农具厂、汽车制造厂、凡尔赛苗圃场等处半工半读。民国14年考入巴黎大学理科。民国16年，参加王会元领导的华工总会工作。民国20年，“九·一八”事变后，在中共旅欧支部主办的刊物《祖国抗日情报》社做宣传工作。民国21年（1932年），到巴黎巴斯德学院霉菌室任技术员，不久加入中国共产党。他在节假日经常深入到华工和留法学生中宣传中国共产党的抗日主张，介绍国内革命斗争形势，留法学生钱三强、李风白等人经孟雨介绍在巴黎加入中国共产党。

民国34年，邓发代表解放区职工出席在巴黎召开的世界工会代表大会时，秘密重建中共巴黎支部，袁宝华和孟雨分别任正、副书记。次年，在孟雨领导下，由方墉主持出版《华侨时报》，传播中国共产党的声音。年底，全国掀起“反饥饿、反内战、反迫害”的民主爱国运动。中共巴黎支部为声援这一运动，组织旅法华侨国内和平促进会，主办刊物《和平呼声》。孟雨为之到处奔走，筹集资金。这一爱国行动，得到驻法使馆参事孟鞠如的暗中资助。民国36年，刘宁一、陈家康、区棠亮等人先后几次到过巴黎，他们的护照居留证都是孟雨通过孟鞠如、钱能欣等关系办理的。这一年，刘宁一、孟雨和孟鞠如、钱能欣先后进行3次谈话，从国内政治、军事形势谈到革命发展和个人的前途，促进了孟鞠如、钱能欣向人民的立场转变。孟雨又向他二人介绍了马克思经典著作和《群众》《中国文摘》等进步书刊，同他们建立更加密切的联系。秋，解放战争由战略防御转入战略进攻。孟雨时常将国内胜利消息传到驻法使馆，鼓舞使馆人员向革命靠拢。民国38年8月，驻法使馆人员3个月没领到薪水。孟雨同意孟鞠如提出发起“索薪运动”的建议。以孟鞠如、钱能欣等几位进步人士为骨干，联络其他驻法机构人士向大使施加压力。9月，孟鞠如、钱能欣、凌其翰等10余人在使馆内秘密讨论起义宣言稿。孟雨与国内联系并征得同意，于10月10日，在旅法华工总会（位于比映古）举行的庆祝成立大会上，孟鞠如等人宣布起义，成为国民党当局驻外使馆人员起义的先声，在国民党驻各国使馆和驻外机构中产生极大影响。年底，孟雨回到阔别30年的祖国。

孟雨回国后，任中华全国总工会国际联络部长。1950年2月，任中国人民保卫世界和平大会委员会的联络部长兼秘书。他多次随同中国代表团、艺术团体出席国际会议和进行友好访问。

1953年5月，孟雨调任卫生部北京生物制品研究所党委副书记兼副所长，后兼任卫生部学习苏联法规委员会副主任、卫生部生物制品委员会副主任。孟雨曾任全国人民代表大会第一届和第三届代表，中国共产党第八次全国代表大会代表。

1964年后，孟雨患胃癌、肺炎、巴特金斯病，步履艰难，仍坚持率北京生物制品研究所学习代表团，到兰州、武汉、上海等兄弟单位学习先进经验。病情恶化，不能到办公室，他还在家里召集会议。1967年9月16日病故于北京友谊医院。

朱玉林（1904—1975年），原名朱玉珂，安徽萧县新庄区李集乡朱小楼人，自幼读书，高小毕业。民国17年3月加入中国共产党。秋，发动农民向土豪作斗争。次年春，在郝集、朱小楼等地组织农民协会。民国18年春在国民党清党时被捕。后押至镇江，以政治嫌疑犯的罪名判刑三年。出狱后，全县共产党组织遭到严重破坏，革命处于低潮，他积极寻找党组织，把失散的共产党员组织起来，恢复中共朱小楼支部。

民国26年，朱玉林任四区（黄口）区员。萧县沦陷后，他把四区区队40多名队员拉到萧铜边境，建立抗日游击队。民国29年初他领导的抗日游击队编入萧县独立团六营，他任营教导员。次年4月，随新四军四师东撤至津浦路东。5月，奉命返回萧县，任中共萧东临时县委（次年春改为中共萧铜县委）书记，同在萧东坚持抗日的许西连等人密切合作，领导萧东的抗日斗争，先后建立九、十区抗日政权。民国31年9月，朱玉林不幸被驻徐日军捕去。但始终未暴露身份，经党组织多方营救出狱，被调往淮北区党委党训班学习。民国33年，任中共萧县县委副书记。

民国36年元旦，中共豫皖苏边区党委召开回师东进的誓师大会，成立豫皖苏第三地委，朱玉林任第三地委组织部副部长。11月，地委任命他为中共萧县县委书记兼县长、县大队大队长，集党政军于一身，随陈毅、粟裕大军东进。在军分区第五团的支持下打回萧县，很快建立起王寨、石林、朔里、大屯、黄口、红庙等地的区、乡政权。萧县人民几经国民党军的蹂躏，热切盼望解放军到来，纷纷要求参军，在不到两个月的时间内，县大队由一个排发展到5个连，扩大到600余人，控制萧西大部地区民国37年淮海战役爆发，萧县民主政府成立支前指挥部，任政委，组织全县13000多民兵支援前线，为淮海战役的胜利做出贡献。

新中国成立后，1951年调任中共宿县地委农委书记、农会主任，后任宿县专署副专员、专员，国家纺织工业部检察局第一副局长，湖南省轻工业厅副厅长、湖南省监察委员会候补委员、湖南省监委派驻省商业厅监察组组长等职。1971年5月离休后住在宿城，1975年12月22日病逝。

苌宗商（1897—1976年），原名锡琏，又名路沙，字宗商，泗县人。清光绪二十三年生于中小地主家庭。

苌宗商幼读私塾，聪敏好学，后来学于南京上江实业学校。民国10年毕业于泗县甲种师范讲习所。先任大庄小学教员、校长。后因盗贼蜂起，民不安生，民国15年被乡民推举为泗县第七区西段团防派驻所（在大庄）团董，以防匪保民。民国18年夏，任第七区自卫团（在四山）团总（即团练局长）。苌宗商攻剿土匪，每战均归功于属下，深孚众望。时中共地下党员王侠民任团练局文牍员，地下党员陈欣然等从事秘密革命活动，经常来往食宿其处，与其情谊深厚。苌宗商受王、陈熏陶，逐渐倾向革命。民国19年秋，泗县石梁河农民暴动，国民政府泗县县长张海洲令其率部去唐沟堵击农民起义军。苌宗商巧与周旋，拖而未往。暴动失败，泗县行动委员会书记丁超伍被民练长周佐然捕获，苌宗商设法暗中将丁超伍释放。

张楼大地主张海生，有一个拥有200多名家丁的自卫团，敲诈勒索，鱼肉乡民，镇压农民革命，捕杀革命人员，与倾向革命的苌宗商抗衡，并企图杀害苌宗商，以巩固其统治地位。

民国22年1月，苌宗商辞去团总职务，在家闲居，加入“安清帮”，广收徒弟，扩充势力，与张海生对抗。

“七七”事变后，张海生投靠日本侵略者，任日伪军一支队司令兼自卫团团长。在此形势下，苌宗商认为只有跟随坚决抗日的共产党，才有出路，于是毅然命婚期已定的独生子苌征（原名苌献敬）去延安抗日军政大学学习（后任人民解放军四野某团政治部主任，解放天津时牺牲），并以文天祥的《正气歌》自勉。

民国27年年初，苌宗商任泗县第四区区长，次年6月任灵璧县许志远部财政处长。7月，张爱萍、刘玉柱等来皖东北开展抗日革命工作，因苌宗商系开明士绅，民国29年3月，引荐他任苏皖边区淮北财粮处副处长。苌宗商经过长期革命陶冶，抗击日本侵略、救国救民的意志日益坚定，民国31年1月加入中国共产党。年底，调任泗灵睢县县长。时泗灵睢县处于开辟的初期，日伪、国民政府军的实力大，而泗灵睢县只有百余人武装，必须仰仗统战工作的成功，才能使抗日革命工作得到开展。该地区的帮派头子，多系苌宗商的亲戚朋友，他的独特身份起到别人起不到的作用，利于打开局面。

民国32年3月，曹场恶霸地主曹五城扩大武装，修筑据点，勒索抢粮，坑害百姓。苌宗商以“安清帮”的身份与曹谈判，暗中做曹部下的分化瓦解工作。6月25日下午4时，新四军四师十一旅三十一团一营配合某部骑兵进袭曹五城据点，曹的部属里应外合，率众来投，并击毙曹五城。同时，苌商宗开展扩军工作，一呼百应，壮大武装，从而奠定了泗灵睢县濉南区抗日民主根据地的基础。

民国33年3月中旬，苌商宗指挥泗灵睢县革命武装歼灭伪军刘树西部。5月，苌宗商任泗灵睢县县委书记，在攻克苌郭家日伪据点后，配合新四军主力部队攻下朱开大桥伪军据点，消灭邱集伪军邱锡康部。7月，配合新四军打垮张海生，泗灵濉县抗日民主根据地得到巩固。

抗日战争胜利后，苌宗商曾任淮北七专署副专员。解放战争时期，苌宗商先后任鲁中渤海支前司令部粮食部副部长、南下干部大队队长、江淮二专署第一副专员、华东支前司令部蚌埠储运处处长、皖北粮食储运总处处长、皖北行署财政处副处长等职。

民国37年3月13日，在急性土改、打垮“还乡团”反动势力的关键时刻，为发动群众，苌宗商给本村贫雇农写公开信，要求尽快分掉自家的土地和所有财产，分得越彻底他越满意，公开信发表在《拂晓报》上。

1950年至1955年，苌宗商任长江水利委员会下游工程局局长；1955年至1956年，任南京浦口下关护岸工程指挥部副指挥；1956年至1958年，任长江流域规划办公室秘书长。此后，他还任过黄河下游工程局局长、安徽省视察室副主任等职。

苌宗商生活俭朴，一生连皮鞋都没穿过。在合肥工作期间，他住在三面靠马路，一面靠厕所的两间小房子里，连保姆的一张小床都很难安放，但他从来未向组织提过要求，更未说过一句怨言。他把多年积蓄的一大笔钱款捐给泗县化肥厂，又用1.5万元购买一台55型拖拉机赠给苌圩大队，支援家乡农业生产。

“文化大革命”期间，安徽省委副书记李任之遭“红卫兵”批斗，苌宗商多次托人设法保护，并把李的箱笼什物转移到自己的陋室掩藏，因而遭株连，受批斗。他的夫人也遭到迫害。

1975年苌宗商离休回泗县定居。1976年1月病逝，安葬在泗县城东公墓。

李明扬（1891—1978年），字思广，号敏来，逊吾，曾名李健，萧县张庄寨镇李石林村人。家资殷实，幼入乡塾读书，光绪三十年（1904年）入萧县龙城小学堂，后入徐州师范学校简易科、南京江苏陆军小学、陆军第四中学就读。卒业后投效孙中山门下，参加中国同盟会。因受清廷迫害，宣统三年（1911年）8月离开南京赴鄂投军，被派往九江海军部队当见习。辛亥革命爆发时，他在安徽都督李烈钧部任参谋，后任总部直属机关炮大队长、陆军步兵第十团团长兼湖口要塞司令。民国2年（1913年），随同李烈钧在湖口首举讨袁之旗，失败后赴日本入大森浩然学社学习军事。民国3年冬，前往德国柏林大学学习哲学、研究军事，认识了在柏林大学学习的朱德。民国4年底，应护国军第二军总司令李烈钧电召，回广西桂林，任总部少将高级参谋，后兼警卫团团长。民国9年任赣军第一梯团司令，出师北援湖南，率领数千人直抵衡阳，绕道抄北洋军阀湖南督军张敬尧的后路，痛歼张军两个师。继而广东告急，应孙中山电召，回师援粤，挽救危局，不久，擢任建国赣军司令。

在北伐时期，李明扬任国民革命军第三军第九师副师长兼二十六团团长，由中路从广东北伐，取湖南，攻江西，克复南昌后，任东路先遣司令官，再由浙江入上海。民国16年，蒋介石发动“四一二”政变。李明扬掩护和帮助一些中国共产党党员脱险。由于李在北伐中屡建战功，升任国民革命军第三十一军中将副军长。因与蒋介石政见不合，调动频繁，先后在海州、杭州、蚌埠以及河南与湖北段的平汉铁路沿线等地驻防。民国19年又调镇江，任江苏省政府委员兼保安处处长。民国21年被免职在上海闲居。

“七·七”抗战开始，李明扬应李宗仁之邀任第五战区游击总指挥兼江苏省政府委员、江苏第九行政区（徐州）督察专员、徐州防空司令兼苏北第二、第四游击区总指挥官。他赞成国共合作，团结抗战。徐州沦陷后，他赴苏北泰州任鲁苏皖游击总指挥。民国28年初，新四军第一支队司令员陈毅为建立苏北抗日根据地，派挺进纵队攻占扬中、大桥等地。江苏省政府主席、鲁苏战区副总司令韩德勤命令李明扬出兵“讨伐”，他按兵不动。陈毅采取“抗敌、联李、孤顽”的方针，三进泰州。李明扬第一次见到陈毅后说：“这位陈司令谈吐直爽，一身正气，似可信托。”他派人慰问新四军伤病员，并恳请新四军助运弹药。陈毅二进泰州，带了毛泽东、朱德给李明扬的信，希望他以民族利益为重，与新四军团结抗战。李明扬感动地说：“我在这里打垮了，到延安去，玉阶（朱德字）会招待我的。”并请陈毅给他的教导队训话。事后回拜陈毅，请新四军派政治干部帮助开办政工人员训练班。陈毅三进泰州时，他隆重款待，借路让新四军东进。民国29年7月底，新四军占领黄桥，争取朱履先、韩国钧等有威望的人士参与政权建设。韩德勤如坐针毡，调集3万余兵力，分3路围攻仅有5000多人4000多支枪的新四军，密令李明扬配合西路军夹击陈毅。此时，陈毅从江南调来两个主力营增援，通过李明扬防区。李明扬为应付韩德勤，按照双方约定，命令部队朝天放枪，并"攻击前进"5华里，礼送出境。黄桥战役结束后，陈毅为答谢李明扬的严守中立，将战利品数十挺轻重机枪赠给他。李明扬对陈毅文才武略甚为钦佩，遂结成开诚合作的友军。

民国32年底，李明扬先后任鲁苏战区副总司令、长江下游挺进军总司令兼江苏特别行政区主任、第十战区副司令兼江苏省淮南行署主任、国民党中央监察委员会委员。抗日战争胜利后，他离开军界，在上海扬子木材厂任董事长。

民国38年春，蒋介石隐退，李宗仁任代总统。夏，李明扬应召为总统府国策顾问。他热切盼望当局能以民心为依归，停止内战，以免生灵涂炭。后奉李宗仁之命，赴苏北就近与解放军商谈和平事宜。过江后，先到扬州见到中国人民解放军第三野战军副司令粟裕，又到淮阴第三野战军司令部见到陈毅司令员。陈毅立即电告毛泽东。毛泽东回电说："欢迎李明扬，来我处亦可，留在你那里也可。"后李明扬见和平无望，终于起义。9月，他赴北京参加中国人民政治协商会议，任第一届全国政协委员。后任华东军政委员会委员、政协江苏省第一届委员会副主席、江苏省人民政府委员兼农林厅长、华东行政委员会委员，及第一、二、三、五届全国人民代表大会代表，国防委员会委员，中国国民党革命委员会团结委员会委员等职。他关心台湾回归祖国，并为此竭尽全力。

1978年11月，李明扬突发脑血栓症住进医院，因年事已高，治疗无效，于11月17日病逝。

许西连（1905—1979年），萧县人，9岁入学，先后就读于私塾、萧县第一高等小学及江苏第七师范。民国21年临近毕业时，因参加学潮被开除，回乡受聘于实验小学任教务。

民国24年，许西连考入山东邹平乡村建设研究院。回县后担任梅村实验乡乡长，兼任萧县师武乡村教育课教师，推行梁漱溟的政教合一制度，办了一些学校、医疗站、配种站、合作社等公益事业。约半年，调任合作指导员。"七·七"事变后投入抗战工作，担任县动员委员会委员、一区区长等职。

民国27年5月萧县沦陷后，许西连与中共萧县陇海路南区工委书记李忠道取得联系，共同组织武装，打垮驻在县城的汉奸维持会。随后建立共产党领导的抗日游击队——十七大队，组建萧县抗日民主政权。8月23日，与李忠道、冯家平等带领十七大队部分人员，以化装奇袭的方式消灭驻黄庙日军一个小队，极大地鼓舞了当地群众的抗日士气。10月，全县10个区、108个乡政权普遍建立，抗日武装发展到近千人。在第一次县政委员会上，许西连被选为常务委员，并担任抗日民主政府行政科长。民国29年代理萧县县长职务。

民国30年5月，新四军四师反磨擦斗争失利撤至津浦路东，许西连等人转至萧东皇藏山区坚持斗争。不久，淮北区党委派朱玉林、路少棠、王尚三等七八位党员干部返回萧东，与许西连等人成立萧东办事处和中共萧东临时县委，许西连任办事处主任，朱玉林任县委书记，依靠"亢营"一个连的武装坚持山区游击战争。11月，淮北区党委指示许西连"巩固路西，发展路东"，并派来顾寒星、孙明远、寿松涛等一大批党政军干部充实其领导力量，将“亢营”扩建为“萧铜总队（团）”，经过艰苦的武装斗争，创建了沿津浦铁路两侧方圆百余里的抗日游击根据地。民国33年4月，萧宿铜灵抗日民主政府成立，许西连任县长。8月，新四军四师西进，从萧宿铜地区顺利通过津浦路，首战小朱庄，歼灭国民党鲁苏豫皖边区游击第四十纵队王传绶部，争取国民党二十八纵三支队吴信元部起义，迅速收复豫皖苏边区。11月萧铜分建，许西连带领萧铜三分之二的干部重建萧县抗日民主政权，许西连任县长。

民国35年6月，国民党交警二总队和五十八师大举向解放区进犯。许西连带领县政府及其武装人员转战萧永夏一带，担任萧永办事处主任及萧永支队长。年底，部队到河南鹿邑集结，成立豫皖苏第三专署，许西连任专员。次年元月，三分区武装首战龙岗集，打垮国民党五十八师，三分区局面随之而打开，恢复和建立12个县政权，使豫皖苏三分区连成一片。淮海战役开始后，豫皖苏三分区成立支前指挥部，寿松涛任总指挥，许西连任副总指挥。战役期间，组织100万民工，6万付担架，调动106615辆牛车，22270辆小车，437000头牲口，15500万斤粮食，确保解放大军的供应。战役结束后，许西连与冯蕴言赴徐州向部队和邻省募捐大批军马、车辆和衣物救济战区灾民。许西连经李时庄、朱振东介绍，加入中国共产党。

民国38年2月，豫皖苏三分区随军南下，许西连即调中原临时人民政府农林部任秘书。不久，中原临时人民政府南迁，许西连留在河南省农林厅工作，先后担任副厅长、厅长、农林水办公室副主任等职。1952年3月参加中国农民代表团赴苏联参观学习。回国后，大量吸收社会青年，培训1000余名技术干部，建立18个专业机构，大力推广优良品种和改良农具，疏浚河道，防治病虫害，并在豫东风沙区营造防护林，大大改善农业生产条件，促进河南农业生产的发展。1956年5月，调任河南农学院院长。1979年4月26日因心脏病复发，病逝于郑州。

彭笑千（1897—1980年），字效骞，原名彭其峰，又名彭其汝，安徽萧县人。光绪二十三年（1897年）生于一般实农民家庭，民国8年于徐州府铜山县高等小学毕业后，受聘于萧县第一高等小学任会计。民国11年考入萧县甲种师范学校读书，不久，升任该校校长。“五卅”运动爆发后，彭笑千因支持学生声援上海工人反帝爱国斗争被调离，任萧县教育局文牍会计，后任财务科长。民国24年，因不满县长对农民的苛政与暴行而愤然辞职，前往江苏省淞江专署任第二科科长。

“七·七”芦沟桥事变爆发后，日军侵占华北，出兵华中。8月，上海失守，淞江沦陷，彭笑千回到家乡萧县。当时，萧县县长卷款潜逃，县政府机构陷于瘫痪。鼓笑千利用他在萧县的声望及与上层人士的关系，奔走呼号，动员各阶层人士起来抗日，共赴国难。在中共党员郭子化和郭影秋的举荐下，国民党第五战区民众总动员委员会主任李宗仁任命王雪琴为萧县县长，彭笑千为县政府秘书。民国27年5月18日，日军攻陷萧县城，王雪琴守城阵亡。中共萧县党组织决定成立萧县抗日民主政府，由彭笑千出任代理县长。10月，彭笑千被推选为县长，兼任政委会主任委员，成为淮北地区共产党领导的第一个抗日政府县长。为了组建抗日武装，彭笑千从旧县政府存款中拿出几万元作为经费，购买大批枪支弹药。他曾随抗日游击队到王寨、朔里等地进行武装宣传，动员群众，武装群众。在中共萧县中心县委的领导下，利用政权的力量，组建300余人的萧县常备大队，由彭笑千兼任总队长。他率领常备队积极开展反“扫荡”斗争，先后取得程蒋山、纵三座楼和吴蒋庄等战斗的胜利，创建萧县抗日根据地。民国28年底，日军对萧县进行报复性“扫荡”。彭笑千家中财产被抢劫一空，大儿子彭哲民和侄儿彭捷三被捕。日军以此威胁彭笑千。他不为所动，带领抗日武装，粉碎日军的“扫荡”。

在彭笑千主持下，县政府制定根据地建设条例，颁布减租减息章程，采取合理负担和累计征粮，发行抗日流通卷，制定工商税收条例等。这些政策的实施，提高了根据地人民的生产积极性与抗日热情，活跃了根据地的经济。鼓笑千注重群众运动，全县建立青救会、妇救会和农救会等群众抗日团体，仅农救会员全县发展到12万人。到民国28年底，萧县抗日根据地初具规模，被上级党组织誉为抗日模范县。民国29年，彭笑千被调任豫皖苏边区联防委员会（边区抗日民主政权）民政处副处长。

民国30年5月，新四军第四师奉中共中央华中局和新四军军部命令，撤离豫皖苏边区，转移到皖东北地区。中共豫皖苏边区委员会决定，留彭笑千等人在萧县做国民党耿蕴斋和吴信容部队的争取工作。民国33年8月，新四军第四师师长彭雪枫率第四师主力部队西征豫皖苏边区，当西征部队进入萧县作战时，在地下党员彭笑千等人的争取下，吴信容的弟弟吴信元率部1700余人起义，西征部队解放萧县全境，建立萧县抗日政府，彭笑千任县长。年底，西进部队收复原豫皖苏边区失地，建立淮北第二行政区专员公署，彭笑千任专员，领导津浦路以西8个县抗日政权工作。

抗战胜利后，彭笑千历任苏皖边区政府第八专署专员、豫皖苏边区行政工作委员会副主任、豫皖苏边区行政公署副主任及中原临时人民政府委员兼农业部部长等职。

中华人民共和国成立后，彭笑千一直从事农业工作，先后担任河南省农业厅厅长、中南军政委员会委员兼农业部副部长、中南行政委员会委员兼农业局局长、中南财经委员会副主任、河南省副省长、河南省政协副主席等职。1959年，因坚持实事求是，反对浮夸，受到严重打击。“文化大革命”期间，多次遭到抄家批斗，被打断腿骨，终生致残。《河南日报》刊登他的所谓“罪行材料”，点名批判，组织声讨。彭笑千顽强不屈，进行坚决斗争。1976年1月25日，中共河南省委为其彻底平反，恢复名誉。1980年，1月27日，彭笑千在郑州病逝，终年83岁。

陈淑贞（1925—1980年），女，宿县城西陈郢村人。出身于贫农家庭。1952年，她组织一个有8户农民一头毛驴的互助组，并担任组长，成为宿城郊区走合作化道路的带头人之一。接着，她带领农民成立初、高级农业合作社，任社长。1958年，成立“三八人民公社”，陈淑贞任社长和公社党委副书记，被选为中共安徽省第二届代表大会的代表，中共宿县第三次代表大会代表和省、地、县妇女代表大会代表，省妇联常委、县政协委员。陈淑贞多次被评为县特等劳动模范、省一等劳动模范。1957年2月，刘少奇、邓小平、彭真等党和国家领导人到宿县视察，接见陈淑贞。1959年出席全国妇女建设社会主义积极分子大会，参加北京庆祝建国十周年观礼活动，还与申纪兰、张秋香、李开等劳动模范到周恩来总理家作客。11月，参加中国妇女代表团赴苏联参观访问。“文化大革命”期间遭受迫害。1976年10月，陈淑贞重新被任命为三八公社的领导人。她深入基层，辛勤工作，被评为优秀党员、全国三八红旗手。1980年1月因车祸去世。

孔子寿（1899—1982年），原名孔昭顾，曾化名王村正，宿州市人。民国13年，孔子寿在北京农业大学学习时加入中国共产党。民国15年暑假回宿城参与成立中共宿县临时支部，之后在安徽省立第四农业学校任教。1928年起，先后任中国共产党宿县县委书记、徐海蚌地区特委委员等职。1933年，因叛徒出卖被捕、与党失去联系。1937年8月，由于国共合作被释放。抗日战争初期，曾和赵一鸣等人发起组织抗日救亡社，动员广大群众投入抗日救亡运动。

新中国成立后，孔子寿任皖北联合中学副校长、宿城一中校长、宿县专署教育科副科长。1956年调到安徽省教育厅工作，并参加中国民主同盟，任民盟安徽省委办公室主任。

李士怀（1911—1983年），河南商城人。1930年参加中国工农红军，加入中国共产党。土地革命战争时期，任鄂豫皖独立第四师十团排长，红二十八军第82师244团排长，连政治指导员，鄂东北独立团政治委员，坚持南方3年游击战争。抗日战争时期，任新四军第4支队9团副营长，第14营长，副团长。1941年起任新四军第2师6旅17团副团长，第5旅15团团长。解放战争时期，任山东野战军第二纵队5旅15团团长。1948年起任华东野战军第二纵队5师参谋长，第4师副师长，江淮军区第三军分区司令员。参加苏中、孟良崮、南麻、济南、淮海等战役。中华人民共和国成立后，任皖北军区宿县军分区司令员，省公安总队队长，安徽军区阜阳军分区司令员，安徽省武装警察总队总队长，安徽省公安厅副厅长，政治部副部长，安徽生产建设兵团副司令员。1962年晋升为少将军衔。1983年10月22日在合肥逝世。

赵一鸣（1908—1983年），原名赵双起，曾用名朱继臣，安徽省宿县城关镇（今宿州市）人。原籍山东，幼年随家人逃荒到宿县定居。赵双起家境清贫，小学毕业后，于民国11年考入宿县乙种商业学校，以期及早就业谋生。在校就读期间，受到进步教师的熏陶和革命报刊的影响，逐渐产生了反对帝国主义和军阀统治的爱国思想，民国13年加入非基督教大同盟。次年经教师杨梓宜（时为中国共产主义青年团宿县地方组织负责人）介绍，加入中国国民党，以期实现反帝反封建的国民革命。民国16年春，国民革命军北伐攻占宿县，各界群众革命热情空前高涨，他在县学联会开展工作，又参加县总工会筹备委员会，并在郊区组织农民协会。5月，经王东藩、江汉伯介绍加入中国共产党。入党后转入中国共产主义青年团，先后任共青团宿县县委委员、书记。大革命失败后，赵双起退出国民党，在共青团宿县县委组织连遭两次摧残后极其困难的条件下，领导团员转入地下秘密状态，坚持革命斗争。民国18年4月底，赴徐州二马路招商旅馆参加共青团徐海蚌特委扩大会议。5月1日，被当地反动当局侦知，同参加会议的其他人员同时被捕。7月，押解至苏州高等法院司前街看守所，被判处有期徒刑3年（狱名：朱继臣）。在狱中保持革命气节，在中共地下组织领导下，积极参加革命斗争，同年因参加绝食斗争，要求改良生活，被加判有期徒刑3个月。民国19年，被高等法院以“宣传与三民主义不相容之主义”的罪名加判徒刑；10月，在第三模范监狱进行建立中共地下组织的活动，又被高等法院以“在监狱组织反革命团体”的罪名加判1年2个月有期徒刑。事隔30多年以后，当时的难友们仍清晰地回忆起“小侉子”朱继臣在狱中英勇坚决的斗争精神。民国22年6月，被移解至苏州反省院，直至翌年6月才取保释放。出狱后，曾在上海以公共汽车售票员为临时职业，设法寻找中共组织，未果。民国24年7月回家乡隐蔽。

抗日战争爆发后，中共关于国共合作、共同抗日、建立抗日民族统一战线的主张传到宿县，赵一鸣积极进行抗日宣传工作，在宿县教育界爱国人士中发起成立抗敌救亡社，并任县抗敌救亡社委员。次年春，宿县被日本侵略军占领后，同王恒照、沈连成、王烽舞、戴蕴山等组成千人抗日武装，编为宿东游击总队，下辖3个大队，任第二大队教导员。随后，袭击日军据点，发动抗击百余日军的蔡桥战斗。冬，队伍剩下三四百人，由沈连成、王烽舞、戴蕴山带至鲁西南，编入八路军苏鲁豫支队（彭明治部）。赵一鸣、王恒照留在后方，以联庄会、自卫队为基础组织第二批有600多人抗日武装，不久即同萧县地方抗日武装孙象涵部汇合，编入新四军第六支队第四纵队为一个团。此时，经中共萧县中心县委决定，恢复赵一鸣中共党籍。随后，任第四纵队三团一营教导员、团政治处组织科长。民国28年7月，转入地方，从事抗日根据地的党政工作，任中共宿东县委委员、宿东县县长。解放战争时期，在豫皖苏边区工作，历任八分区第三联防办事处主任、县委书记、工委书记和县长等职。民国37年8月，任江淮行署宿县分区专员后，积极动员地方力量全力支援人民解放军进行淮海战役、渡江战役。

中华人民共和国成立后，历任皖北行署劳动局局长、安徽省劳动局局长、芜湖市市长、安徽省卫生厅厅长、合肥师范学院副院长等职。1952年7月至1983年，长期在合肥工业大学工作，先后担任过校党委代理书记、书记、校长等主要领导职务，尽心尽责，努力团结和依靠广大知识分子，注意发挥知识分子的作用，为国家培养大批社会主义建设的专业技术人才。

方先觉（1903—1983年），字子珊，1903年出生于安徽省宿州市埇桥区解集乡清湖村方家寨的一个乡绅家庭。

他幼年在家乡读书，高小毕业后考入江苏省徐州省立中学，后又相继毕业于南京第一工业学校、中央大学工学院电机系。

方先觉1926年毕业于黄埔军校第3期步兵科。后又入黄埔军校高教班第2期、陆军大学乙级将官班第4期受训。

在黄埔军校毕业后，被派到国民革命军第20师担任排长。此后他相继参加中原大战和围剿红军的军事行动，官至团副。1937年抗日战争全面爆发后，方先觉被调任新组建的预备第10师任团长。1937年12月，方先觉升任预备第10师师长。1941年底，预10师师长方先觉守备长沙城南门，加入长沙战斗。1943年，方先觉升任第10军军长，同时兼任衡阳警备区司令。1944年5月，倭寇开始向国军发起了豫湘桂战役。方先觉率领第10军全体官兵，固守衡阳市，负责指挥了中国抗战史上最成功的战役——衡阳保卫战。在抵抗48天倭寇疯狂攻城后，方先觉与日军谈妥签订停战协议。衡阳保卫战震撼敌军，日军大将前往讨教神秘守城战术。三个多月后，方先觉逃离日军的看管，经接应，顺利抵达重庆。1945年初，任青年军第207师师长，旋又调任第206师师长、第88军军长。1946年，他所在的第88军改编为整编第88师。其后，担任第十绥靖区的副司令官、福州绥靖公署副主任、第22兵团副司令官、第1编练司令部副司令官、东南军政长官公署高参。1949年底，携眷前往台湾。1953年2月，调任澎湖防卫副司令官。1954年6月，入国防大学联战系第三期学习。毕业后陆续担任第一军团副司令官、联合勤务总司令部研究督察委员会主任。1983年3月3日，方先觉在台北病逝。其遗著有《子珊行述》《衡阳坚守战回忆》。

徐风笑（1899—1986年），原名徐清奎，字风笑，安徽省濉溪县祁集镇徐楼人（今韩村镇）。民国8年，在淞沪护军使衙门供职，因不满卢永祥镇压“废督裁军”的请愿学生，离沪返乡，在临涣县立第二高等小学任教。民国10年春，因组织和领导二高师生反对封建势力代表人物段砚农被迫去职，入凤阳中学补习英语。民国11年1月，与朱务平、刘之武等在临涣创建进步青年组织群化团，在报刊上发表成立宣言，公开提出“大家合起来，求得真知识，改造恶环境，推翻旧制度，实现真人生”的战斗纲领。考入宿县师范讲习所，任讲习所学生会委员长和宿县学生联合会委员。民国12年任宿县西南区小学教职员联合会委员长。民国13年5月，经朱务平、江喜夫介绍加入中国社会主义青年团，参与创建中国国民党宿县区党部，任区党部执行委员和临涣区农民协会副委员长。民国14年夏，转为中国共产党党员，任中共临涣小组组长和临涣党支部书记。民国15年，任中共临涣特别支部干事会干事、中共临涣（宿县）独立支部代理书记、中国国民党宿县党部书记和县党部中共党团书记。冬，赴武汉，入中国国民党（左派）安徽省临时党部举办的安徽省党务干部学校学习，任校中共党组织的宣传委员。民国16年3月，随北伐军去安庆，任国民党安徽省政府农业厅秘书，参加国民党左派召开的安徽省第一次代表大会。4月，国民党左派省党部派徐风笑去六安筹建省党部办事机关，因六安被奉军占领，折返湖北省黄梅县，路遇柯庆施，决定借助黄梅县的农民武装举行暴动，攻打宿松县城。后敌人反扑，宿松县中共党组织负责人徐文藻牺牲，农民自卫队长钟汉国被捕，宿松暴动失败。7月，徐风笑回到武汉，中共安徽省临时委员会委任他为中共宿县临时委员会书记，8月，回到宿城，正式组建中共宿县临委。民国17年秋，调任中共上海市法南区区委委员。民国18年春，赴苏联莫斯科中国劳动者共产主义大学学习。瞿秋白奉中共中央指示，负责处理中大风潮。徐风笑在瞿秋白主持召开的会议上，揭发王明包庇贪污分子和破坏丁景吉、孟庆树恋爱关系的卑鄙行为。王明怀恨在心，后借故给徐风笑以党内警告处分。徐风笑回到国内以后，王明为报复徐风笑，长期不安排他的工作，继之又诬陷徐风笑有“托派”嫌疑，掐断他与党组织的关系。民国23年春，徐风笑在上海与在中共中央军委工作的中大同学胡公冕接上关系，被派往浙江温州组织武装暴动。后因胡公冕被捕牺牲，徐风笑再次失去与党组织的联系。民国25年春，徐风笑返回家乡，创办“共学处”平民识字班，组织抗日宣传活动。民国26年抗日战争爆发后，在家乡组建抗日救亡社，任临涣民众抗日动员委员会委员。民国27年5月徐州失守，徐风笑参加王化荣领导的抗日游击队，任政治部主任。同年秋，任国民党豫东保安司令部所辖第三总队政训处长。民国28年3月，中共豫皖边区省委决定在永城建立豫皖边区第一个县级抗日民主政府，徐风笑任县长，兼县参议长和自卫军司令。他在职期间，发行流通券，征收农业和贸易税，创办《光明报》，组建“永光剧团”，举办抗日家属子弟学校和医院，为抗日根据地的建设作出重要贡献。11月，调任豫皖苏边区联防委员会常务委员兼司法处长。民国30年5月，随新四军第四师撤往皖东北地区。8月，淮北苏皖行政公署成立，徐风笑先后任行政公署委员、常务委员、司法处长和法院院长。抗日战争胜利后，任苏皖边区政府高等法院副院长和党组书记。民国35年6月蒋介石发动全面内战，部队被迫撤出两淮地区，苏皖边区的党政干部组编成黄河大队，徐风笑先后任队长、大队长、政委和党委书记。新中国成立后，先后任中共河南省委委员、司法厅长、高等法院副院长、中南军政委员会司法部副部长、武汉市政法委员会副主任和武汉市政治协商会议第一至第五届副主席。1986年11月在北京逝世。

杨紫霞（1887—1987年），女，宿县人，3岁丧父，随母亲邱藕清在外祖母家生活。

杨紫霞三舅邱河清是革命党人，在他的教育和影响下，杨紫霞接受了民主革命思想。22岁那年，她女扮男装，改名换姓，跟着舅舅加入革命军。

到军队中，杨紫霞学会骑马，并能用双手打枪，枪法亦准。武昌起义前后，她曾参加攻占杭州、湖州，光复南京等战斗。上级曾想论功提升她为营长，只因其舅父的朋友讲出杨是女子而未任命。之后杨紫霞使用本名，但仍着男装。民国元年南京国民政府成立，命陈干（陈明侯）为三十九混成旅旅长，率军讨伐张勋的辫子兵。杨紫霞跟着陈干从南京一直追击张勋到徐州，便卸下戎装与陈干结婚。4月，女子参政同盟会在南京成立，并发表宣言书。杨紫霞在徐州极力响应，提出男女平等，废止妇女缠足，并和陈干一道把长期禁锢在守节祠中的寡妇全部放回家，动员他们再嫁。年底，三十九混成旅被袁世凯遣散，杨紫霞入济南女子师范学校深造。不久，又随陈干在山东昌邑县闲居。民国4年跟随陈干去北京，积极参与反袁世凯斗争，经常把密信藏于发髻之中，穿梭于章太炎和众反袁党人之间。袁世凯死后，陈干到山东省任职，杨紫霞陪同前往。民国12年，积极协助陈干参与对日本谈判，力争收回青岛。民国16年，陈干参加北伐革命军，任中将司令，不久即死去。杨紫霞于陈干死后一直住青岛，曾经在同仁医院工作，赖以维持生计，抚育子女。

抗日战争期间，杨紫霞回宿县定居。曾经向日本人提出要保障农民安全收获麦子，反对日本人霸占民舍和耕地，她不畏险阻，护送4名女青年到青岛求学。日军曾以每月100元车马费为钓饵，派教会牧师诱逼杨紫霞参与宣传中日亲善，被她拒绝。

1978年以后，杨紫霞被聘为山西省政协文史馆馆员，当选为太原市政协常委。1987年太原市政协为其祝贺百年寿辰，誉其为辛亥老人。

戴晓东（1904—1988年），原名戴瑞璞，字蕴川，化名徐蔚华。安徽省萧县戴楼村人。12月加入中国共产党，历任党支部书记、区委书记、萧县县委书记、萧宿永中心县委书记、鲁西南地委书记、冀鲁豫区党委委员、社会部长、平原省委委员、公安厅长、平原省人民政府副主席、华北行政委员会监委副主任、全国供销合作总社监事会副主任。1958年任贵州省委常委、副省长。1977年后，任贵州省政协副主席、省五届人大常委会副主任、党组成员。

徐彬如（1902—1990年），原名徐文雅。安徽萧县丁里镇徐王庄人。曾任农工党中央副主席。他于1920年在徐州上中学时加入中国社会主义青年团。1924年考入广东大学（后改为中山大学），次年在中大加入中国共产党，1926年担任中大党总支书记，粤区区委学生运动委员会委员。此时陈延年任区委书记，周恩来任该区军委书记。二人相识之后，周曾让徐做国民革命军第三师师长李明扬（萧县人）的工作。其间，徐按陈延年指示做刚到中大任文学院院长的鲁迅的统战工作，成为鲁迅重要转变期的第一个共产党人朋友。

民国16年转移上海，参加中央军委工作，后又协助王若飞领导无锡一带的秋收暴动，再调任中共江苏省委沪中区委宣传部长。民国17年10月，与陈潭秋同船北上，筹备并出席中共顺直省委扩大会议，会后以特派员身份巡视唐山、丰润、玉田、迁安等地的工人农民运动。民国18年调省委宣传部，编辑省委内部刊物《火线》。民国19年1月，在担任天津河北区委书记期间被捕，坚贞不屈，9月经组织营救出狱。1935年秋，与谢华奉命去西安，成立西北特别支部，领导西北的民众抗日运动，并任西北各界救国联合会宣传部负责人。“西安事变”发生后，周恩来到达西安后接见徐彬如，对其工作给予充分肯定。周恩来指示徐以“西救”发言人的名义，在电台上宣传放蒋的意义。此后，他任陕西省委对外代表，兼做八路军西安办事处的统战工作，并借《西北》周刊发起人身份，接待要求奔赴延安的革命青年。1940年春天，徐同博古一道到达延安。周曾将徐介绍给毛泽东，说：“我同徐彬如早年在广州一起工作，在党内可以说是一块儿长大的。”1940到1945年先后担任陕甘宁边区参议会秘书长、八路军留守兵团联络部长、中央党校秘书处长等职。中央党校迁往东北，留任晋察冀边区行政委员会交际处长兼社会部副部长。解放战争一开始，任东北局土改检查团副团长。东北人民政府成立，任公路总局局长。

新中国成立，任交通部公路总局局长。1952年主持筹建中国革命博物馆，为中国的文博事业做了大量工作，是党内少有的文博喜剧之王和党史专家。1977年12月，各民主党派开始恢复活动后，他参与农工党恢复工作。1979年和1983年，农工党第八、第九次全国代表大会，徐彬如均被选为中央副主席。

王仲廉（1903—1991年），字介人，萧县张庄寨镇王衍庄人。民国5年入王寨县立第二高等小学堂，毕业后考入徐州中学。时校长顾子扬早年参加同盟会，主持徐州党务，受其影响参加国民党。民国13年，顾赴广州参加国民党一大返回，受其鼓励考入黄埔军校第一期，毕业后充教导二团少尉排长，随陈果夫赴上海担任军校第三期招生及募兵工作，返回后任特别官佐，继任军官第二团第一连上尉连长。1926年赴上海、汉口、徐州及鲁、豫等地从事宣传、兵运、情报及组织民众等工作。1927年4月后任徐淮别动队二队司令，上校团长、少将旅长，1932年参加对豫南中共根据地的“围剿”，升任中将师长，后参加对中共中央苏区的第五次“围剿”，任85军军长。1938年参加台儿庄大战。之后参加鄂南、鄂北等会战。1940年任第31集团军副总司令兼鄂豫边区游击总指挥，调兼鲁苏边区第二路挺进军总指挥，驻军太和县，先后兼江苏省保安处处长、徐海行署主任及皖西区行政督察专员等职。其间既抗日、策反伪军，又搞反共磨擦，也创办国立21中学。1943年先后任第19集团军和31集团军总司令，参加中原会战和西峡口战役。1945年10月被选为国民党第六届中央监察委员。蒋介石挑起内战后，1946年改任整26军军长，1947年升任第四兵团司令，在鲁西阻止解放军南下未逞。1949年随蒋介石集团撤逃台湾。退役后曾任台湾“行政院”顾问及国民党中央监察委员。晚年撰写《征尘回忆》一书，眷念家乡，期盼祖国早日统一。

房玉殿（1922—1991年），安徽省萧县人，1938年12月参加革命，1944年4月加入中国共产党，历任战士、班长、排长、连长、营长、副大队长、灵璧县兵役局局长、灵璧县人武部部长等职，行政13级。离职休养后享受副师职待遇。1955年，被授予少校军衔，1962年，晋升中校军衔。战争年代主要参加过陇海、泗县、宿北、莱芜、孟良崮、南马、林渠、诸诚、昌南、高来、来牙、益林、延南、淮海等战役。因作战勇敢，荣获“战斗模范”称号并荣立二等功1次，三等功3次。1955年，荣获二级独立自由勋章和三级解放勋章各1枚。1988年，经中央军委批准授予独立功勋荣誉章1枚。

王兆成（1928—1993年），山东省胶南人。1948年3月加入中国共产党。1947年7月入伍，华东军区一纵队独立师3团1营3连战士。参加过山西临汾、太原攻坚战、晋中战斗、陕西咸阳阻击战、小五台攻击战、秦岭追击战。中华人民共和国成立后，历任步兵第181师543团排长、政治指导员、政治教导员，步兵第180师炮兵团政治处主任，安徽省军区独立师团政治处主任、团政治委员、独立2师政治部主任，滁县军分区副政治委员、宿县军分区政治委员、安徽省军区副政治委员。1985年12月—1989年7月期间，任安徽省军区纪律检查委员会副军职专职副书记。1951年4月参加抗美援朝。1988年9月被授予少将军衔。1993年7月荣获胜利功勋荣誉章。

张　杰（1913—1996年），安徽省萧县人。1931年参加中国工农红军，1935年加入中国共产党。历任医生、团卫生队队长、师卫生部部长、冀察军区卫生部部长兼政治委员、兵团后勤部副部长兼卫生部部长、公安部队后勤部副部长兼卫生部部长、华北军区后勤部卫生部副部长、公安部队后勤部副部长、第二炮兵后勤部顾问等职。第二次国内革命战争时期，他在中央苏区参加大湖邱坪、草台岗战斗。抗日战争时期，他一直在冀察敌后抗日根据地担任卫生领导工作，在耿镇白求恩实习班学习时曾协助白求恩工作。解放战争时期，他参加石家庄、平津战役和解放太原的战斗。1996年8月15日在北京逝世，享年83岁。

赵汇川（1913—1996年），1933年加入中国共产党，同年参加察绥抗日同盟军。抗日战争时，任宿县抗日游击队副司令员、新四军第六支队十一团团长，淮北军区第三军分区司令员。解放战争时，任华中军区第七军分区副司令员，华东野战军第九纵队参谋长，淮北挺进支队副司令员，江淮军区参谋长，第三野战军九兵团司令部参谋处长，华东军区海军司令部作战处处长。1949年后，任中国人民解放军海军航空学校校长，海军航空部参谋长。1953年入苏联伏罗希洛夫海军学院学习，1957年毕业。回国后任海军航空兵部副司令员兼参谋长，北海舰队副司令员。1961年晋升为少将军衔。赵汇川因病于1996年5月27日在青岛逝世，享年83岁。

李忠信（1916—1997年），安徽省萧县人。1938年参加八路军，加入中国共产党。抗日战争时期，任八路军苏鲁豫抗日游击队排长，苏鲁豫支队连指导员，八路军一一五师教导第五旅十四团营教导员，县大队副政治委员，山东滨海军区第四团营教导员。解放战争时期，任山东军区第二师四团参谋长，东北民主联军第一纵队二师四团副团长、团长，东北野战军第一纵队二师副参谋长，第四野战军三十八军一一三师参谋长。中华人民共和国成立后，任中国人民志愿军副师长、师长，中国人民解放军副军长，成都军区副参谋长，四川省军区顾问，沈阳军区司令部顾问。1964年晋升为少将军衔。荣获二级独立自由勋章、二级解放勋章、独立自由勋章。曾获朝鲜民主主义人民共和国二级国旗勋章、二级独立自由勋章。

王烽午（1914—1997年），宿州市人。1932年考入安徽省蚌埠乡村师范学校读书，1937年，投笔从戎，参加抗日救亡活动。1938年参加中国共产党，成为宿县抗日战争期间的第一批党员。在中国共产党的领导下，在家乡农村，他发动群众，组织抗日武装，在宿（县）东抗日游击支队任第1大队大队长。1939年1月，宿东抗日游击支队编入八路军山东纵队挺进支队第4大队，王烽午任大队长，多次率队参加战斗。11月，调任115师教导五旅任宣传科长，跟随八路军115师罗荣桓政委，赴鲁南抗日前线进行抗日、剿围和反顽斗争。1942年2月初，奉命从八路军115师调回淮北，被淮北区党委、新四军第4师任命为宿东游击支队政治处主任、宿东地委委员。

解放战争时期，任苏皖辖区第七专署副专员，华野九纵淮北挺进支队政治部副主任，1948年6月，江淮三分区成立，任副政委兼政治部主任。1949年3月，任皖北军区宿县军分区副政委兼政治部主任、中共宿县地委委员。1950年1月，任宿县专署专员。1952年，调任安徽省委统战部副部长。1954年后，调离安徽，参加国防工业建设，历任山西908厂、743厂、内蒙617厂和山西541总指挥部总指挥、厂长和党委书记等职。1978年任兵器工业部科学研究院党委副书记。1982年离休。

孟亦奇（1921—2000年），原名孟宪忠，曾用名孟周、周岱，1921年2月生于安徽泗县草沟一个农民家庭。1935年夏在泗县草沟小学毕业后，考入安徽省立第五中学（凤阳中学）。凤阳中学是一所历史悠久、有较大革命影响的学校，在这里，青少年时代的孟亦奇接受地下共产党员和进步民主人士的教育，促使他较早地走上革命的道路。

抗日战争全面爆发后，凤阳中学停课。国民党安徽省政府发出布告，招收学生集中到安庆，组建安徽省政府战时服务训练总队（简称“战训总队”）。孟亦奇和一大批同学报名参加“战训总队”。因安庆遭日机轰炸，“战训总队”迁到桐城。历经一个多月，“战训总队”在兵荒马乱中结束。“战训总队”结束后，省政府把这些学生编为安徽省民众总动员推动队。1938年3月，安徽省政府迁到六安，队员在六安北大营集训。1938年5月，孟参加省民众总动委会直属工作团第二十四工作团。7月，孟秘密加入中华民族解放先锋队，其间曾与江上青相见，交谈甚欢。10月，孟亦奇调任第十二工作团为副团长，后升任团长。

1939年下半年，国民党反动派掀起第一次反共高潮，省动委会地下党组织将在大别山一带工作的同志撤退到皖东新四军抗日根据地。9月，孟在庐江县东汤池新四军江北游击纵队教导队参加学习并加入中国共产党。教导队后来扩大为教导大队，从教导大队学习结业的人员，后来绝大多数都成为党和政府的领导干部和军队中的指挥员，为革命建立功勋。

1940年3月，孟亦奇被分配到中共舒（城）无（为）地委任秘书、地委民运组组长。6月，孟亦奇任定远县抗日民主政府下属的永康中心区青洛乡党支部书记，不久继任区委副书记、区委书记。在反击日伪军“扫荡”和反摩擦中，孟亦奇发动群众，带领游击队出击，紧密配合主力作战，起到很大的作用。

1943年冬，孟亦奇任中共定（远）合（肥）县委副书记。1944年秋，带职到华中局党校学习。1945年3月，调淮北根据地任中共泗（县）五（河）灵（璧）凤（阳）县委副书记。1946年7月，国民党军向淮北解放区大举进攻，疯狂围剿，使孟亦奇带领的游击队遇到极大困难。1946年12月，孟离开凤阳山区，几经周折，于1947年1月到山东临沂，找到华中分局，见到邓子恢、刘瑞龙等领导。莱芜战役打响后，北撤到山东的淮北地方干部，参加支前工作，并参加渤海地区的土改工作。5月上旬，解放军发起孟良崮战役，孟奉命全程参加孟良崮战役支前工作。

1947年11月，孟亦奇任中共泗五灵凤县委书记，开展恢复和重建泗五灵凤根据地。县委、县政府采取“避广打土”“避强打弱”的方针，经过几个月艰难困苦的拉锯式作战，消灭一大批土顽，武装力量得到发展壮大，总兵力达2000多人，从根本上改变局面。淮海战役期间，孟亦奇率全县党政军民支援前线，参加支前民工多达万人。淮海战役胜利后，孟率部于1949年1月5日顺利解放五河县城。1949年2月，泗五灵凤县撤销，恢复五河县建制，孟亦奇任五河县委书记。

新中国成立后，孟亦奇历任中共五河县委书记、灵璧县委书记，中共宿县地委书记，中共滁县地委书记，中共蚌埠地委第一书记等职。1956年10月，任中共安徽省农村工作部副部长兼林业厅厅长。“文化大革命”中，孟亦奇遭受迫害。1973年2月，孟亦奇任安徽农学院党委书记、革委会主任。1977年8月复任中共宿县地委书记。1981年5月任中共安徽省委农村工作部部长。1984年12月，任中共安徽省顾问委员会常委。1986年4月起，任安徽省第五届、第六届政协副主席。孟亦奇是安徽省第一届至第六届人大代表，第五届省人大常委，中共十二大代表。

葛忠泰（1924—2000年），山东省平邑县人。1940年1月参加革命工作，1940年5月加入中国共产党。抗日战争和解放战争时期，历任青救会会长、区委书记。1948年南下后，在阜阳县任区委书记。全国解放后，历任凤台县县长，阜阳地委办公室副主任，颍上县委书记，阜阳地区检察院党委书记、检察长，宿县地委副秘书长，宿县行署副专员。1984年1月离休。

徐圣邦（1921—2000年），安徽省宿州市人。1944年参加革命，1945年加入中国共产党。先后任宿北区队连长、指导员，晋冀鲁豫军政大学学员，濉溪区副区长、区长、区委书记，濉溪县委城工部部长、副县长、县委第二书记、书记，五河县委书记，宿县地区新汴河指挥部副指挥，宿县地区水利局局长，宿县县委书记，宿县地区行署农林办公室副主任，宿县地区行署副专员、顾问。1987年12月离休。

刘春廷（1926—2001年），亦名刘春霆，宿县濉溪镇（濉溪县城关镇）人。祖父刘梦圃为萧、宿、铜、睢一带名医。伯父刘子恒、父亲刘敬一在宿城经营酿酒和榨油业，有独资汇海、合资允成等字号。刘春廷4岁时随家迁入宿城。高中学历。

民国末年，刘春廷随父辈见习工商经营，人称“小老板”。1948年11月，解放军中野三纵攻克宿城，他冒险为解放军加洗敌将黄维照片200张，为活捉黄维提供参照。此后，积极参加宿县人民政权建设，维护宿城社会治安。

解放后，刘春廷将汇海、允成生产设备和濉溪房地产全部无偿献给政府。1953年以后，将名下商铺8间无偿交给政府，以金戒指14枚、金砖800多克、全部公债券参加公私合营，引导宿城工商业者走社会主义改造道路。其间，任宿县工商联常委和组宣科长。1956年，当选为宿县政协副主席。1957年以后，受"左"的错误冲击长达20年。

1976年以后，刘春廷重返政治生活。1977年至1997年，当选为安徽省第四、五、六、七届工商联常委；任安徽省第四届政协委员，当选为第五、六、七届常委。1981年至1992年，任原县级宿州市第一、二、三、四届政协副主席。1985年至1995年，任原县级宿州市工商联第一、二届主委和第三届名誉主委。1983年加入中国农工民主党，1986年加入中国民主建国会，为两个党派在宿州市的发展奠定组织基础。

刘春廷作为皖北著名爱国民主人士，备受省、地、市各级中共党委重视。他与中共各级干部交往秉承"说真话、交真心、办真事"的"三真"原则，与社会各界人士交往秉承"诚实、诚心、诚恳"的"三诚"原则，是宿州统一战线中的旗帜性人物，在参政议政工作中卓有建树。

陈玉才（1917—2003年），安徽省嘉山县人，民国24年（1935年）8月，参加中国工农红军。民国25年（1936年）4月加入中国共产党。土地革命战争时期，任中国工农红军第十五军团75师225团连指导员。抗日战争时期，历任八路军5师344旅688团2营教导员，八路军第五纵队2营营长，新四军盐阜区涟东独立大队副大队长，新四军第3师10旅29团长。解放战争时期，先后任中国人民解放军华东野战军第十二纵队35旅副旅长，第三十军89师副师长。参加过淮海战役、渡江战役、上海战役。建国后，任中国人民解放军第二十军60师副师长。1951年，参加志愿军，赴朝作战。1952年，入南京军事学院学习，1955年1月毕业，调任第六十军炮兵副军长、炮兵司令员。1963年3月，调安徽省军区任宿县军分区司令员。1964年10月，任阜阳军分区司令员，1969年11月，任巢湖军分区司令员，1970年，任安徽省军区副司令员，1981年，任安徽省军区顾问。1955年，陈玉才被授予大校军衔。1982年离休。被授予三级八一勋章、二级独立自由勋章、二级解放勋章，荣获朝鲜人民民主共和国二级自由独立勋章。1988年，被授予二级红星功勋荣誉章。

李砥平（1909—2007年），安徽省萧县人。萧县师范毕业后当过两年小学教员。1931年9月参加中国共产党领导的反帝大同盟，积极组织抗日活动。1932年8月，加入中国共产党，1938年2月，任中共萧县陇海路南地区工委书记，7月任中共萧县陇海路南县工委书记，10月任中共萧县中心县委组织部部长。1939年7月，任中共萧县中心县委书记兼独立团政委。1940年9月，任陇海路南地委书记兼萧县独立旅政委。1941年9月，任淮北、邳、睢、铜、灵、萧东地委书记兼军分区政委。1943年2月，赴延安学习，任支部委员。1944年1月，在延安中央党校学习，任党校二部十六支部书记。1946年2月，任辽北省一地委书记兼军分区政委，4月任辽北省委民运部部长，5月，任辽宁二地委书记兼军分区政委。1948年12月起历任辽北省省委常委、组织部部长，辽西省省委常委、组织部部长。1950年5月，任辽西省省委常委、秘书长。1952年下半年任辽西省委第二副书记。1954年8月起，历任吉林省委第一副书记，吉林省纪律检查委员会第一书记兼省政协主席，吉林省委第三书记兼纪律检查委员会第一书记、省政协主席，吉林省委书记处书记兼纪律检查委员会第一书记、省政协主席。“文化大革命”中受迫害被关押审查。1972年2月，下放到农场、制药厂劳动。期间，李砥平与林彪、“江青”反革命集团进行坚决斗争。1979年8月后，任中共吉林省委书记兼纪律检查委员会第一书记、省政协主席。1983年3月，任吉林省政协主席。李砥平是第一、二、三届全国人大代表，政协第六届全国委员会委员。

张祚荫（1915—2008年），安徽省萧县人。安徽省原人大副主任。1938年参加基层农救会工作，历任抗大四分校学员，区县秘书、县长、副专员。新中国成立后任宿县专署副专员，省政府副秘书长，淮委副书记，省委基建部长兼省水电厅长，省委常委、副省长，阜阳地委第一书记等。第四、六届全国人大代表。

单劲之（1923—2009年），安徽省萧县人。1939年参加革命并入党，历任萧县、涡阳等地区委书记，萧县副县长兼公安局长、商南行政办事处主任兼工委书记。解放后任县委书记兼县长，宿县专署秘书长、专员，蚌埠地委副书记、专员，蚌埠、宿县地委第二书记，省农业厅副厅长，徽州地委副书记、革委会副主任，安农淮北分院副书记、副院长，省农干校书记、代理院长，宿县地区行署顾问。

钱亦山（1916—2009年），安徽省五河县人，共产党员，1938年2月参加革命，加入地方抗日游击队，开始从事抗日活动。抗日战争期间，曾先后任区公所区员、区（镇）长、区委书记、泗五灵凤县武委会主任和公安局副局长。曾先后在皖东北军政干训班、皖东北区党委高级研究班和华东局党校学习培训。解放战争期间随军东撤苏北，先是在洪泽湖打游击；1947年2月至1947年9月，先后任泗县、淮泗县和淮宝县公安局局长。1947年10月至1949年4月任泗五灵凤县政府县长，1949年5月任五河县政府县长。新中国成立后，历任五河县政府县长、中共五河县委书记、宿县专员公署建设科科长、宿县地区水利工程处处长、宿县地区治淮指挥部副总指挥；蚌埠专员公署水利局局长、蚌埠专员公署副专员、宿县专员公署副专员；1972年5月至1977年11月，任宿县地区怀洪新河工程指挥部领导小组成员、副总指挥；1977年11月至1980年2月，任宿县地区革委会农林办公室副主任。1980年3月至1984年10月任宿县地区行政公署副专员。1984年12月离休。

沈　浩（1964—2009年），安徽萧县人，毕业于铜陵学院。2011年9月20日，在第三届全国道德模范评选中荣获全国敬业奉献模范称号。1986年7月加入中国共产党，同年在省财政厅参加工作。2004年2月，作为优秀年轻党员干部，他积极响应省委号召，作为全省第二批选派到农村任职干部到凤阳县小岗村，任小溪河镇党委副书记，小岗村党委第一书记、村委会主任等职务。在小岗村任职近6年，沈浩始终以党和人民的事业为重，干事创业，勤奋务实，勇于创新，无私奉献，以实际行动践行科学发展观，忠实履行共产党员的神圣职责，在广大干部群众心中竖起一座巍峨的丰碑。2009年11月6日，沈浩在小岗村去世，年仅46岁。中共中央总书记胡锦涛对沈浩的去世表示沉痛悼念，对沈浩的亲属和小岗村村民表示亲切慰问。

周尽农（1921—2010年），男，安徽省来安县人。1939年10月参加革命，同年加入中国共产党。1939年10月至1940年7月担任来安县屯仓乡石固集农抗会理事长、保长、乡指导员；1940年8月任来安县志凡乡党支部书记；1943年12月起，担任来安县陆山乡党支部书记，来安县雷官区、付家湾区、水口区区委书记；1946年6月至1947年6月，选派华东军政大学学习；1947年7月至1948年11月任盱嘉工委长淮工委书记、来安县张屯工委书记；1948年12月至1952年9月，先后担任来安县委民运部长、组织部长、副书记；1952年10月至1954年3月，任安徽省凤阳县委书记；1954年4月至1955年1月，任淮光集体农庄工委副书记；1955年2月至1955年12月，任滁县地委农村工作部部长；1956年1月至1959年4月，任蚌埠地委农村工作部长、书记处书记、地委副书记；1959年5月至1960年8月，任蚌埠地委副书记兼定远县委第一书记；1960年9月，任宿县地委委员兼宿县县委书记；1966年4月任宿县地委秘书长；1970年起，任宿县地区革委会生产指挥组组长、革委会副主任，宿县地委副书记；1980年9月任蚌埠市人大常委会常务副主任；1982年任宿县地委顾问。1986年离休。

朱　诚（1922—2010年），男，江苏阜宁县人。1942年加入中国共产党，参加革命工作。1942年8月起，历任解放区小学教师，阜宁县医院支部书记，华中公学中队副指导员，江淮干部队副指导员，江淮四地委宣传部干事，组织部干事、机关总支书记。1949年6月起，历任滁县地委直属机关总支书记，地委组织部秘书、干部科长、副部长，蚌埠地委组织部副部长、地委委员，蚌埠地委组织部长、地委常委，灵璧园艺场副场长。1962年9月起，任宿县地委委员、组织部长、地委常委。1969年8月起，任五河县革委会副主任、党的核心小组副组长、县委副书记、革委会主任、宿县地区革委会政工组副组长、地委组织部副部长，地区人事局长，地区科委主任,地委常委。1981年9月起，任地委纪检会书记，地委副书记。1983年12月离休。

卓　枫（1940—2013年），原名卓之友，安徽省宿州市灵璧县高楼镇卓海村人。1965年安徽大学毕业后分配到江西老革命根据地工作，先后在中共江西省上饶地委组织部、乐平县公安局、上饶地区公安处、江西省公安厅工作，历任公安处副处长、地委“两案”（审查林彪、“江青反革命集团”）办公室副主任、主任，省公安厅党组副书记、副厅长，兼任江西省武警消防总队党委书记。1992年，调到公安部任刑事侦察局局长，国家禁毒委员会常务副秘书长，禁毒办公室常务副主任，兼任中央社会治安综合治理委员会办公室副主任，1993年，被授予一级警监警衔，1997年3月，任公安部边防局政治委员，1997年7月，被授予武警少将警衔。

教科文卫界

李月华（1939—1971年），女，江苏省宿迁县人，出生在一个贫苦的农村医生家庭。小时随父亲过着漂泊的行医生活，后定居泗县曹场乡。初中没毕业，便在泗县曹场医院参加工作。1965年8月，到宿县专区医院进修结业后，先后在泗县草沟、丁湖公社医院工作。

李月华工作负责，和蔼可亲，走村串户为农民防病治病，视病人如亲人。不论寒冬腊月，总是病人一到就看病，病家一叫就出诊，一夜出诊数次是常事。医院病床不足，她在家设立“家庭病室”，有时还把自己的床让给病人住，为病人准备火炉，烧水、做饭。

李月华对医术精益求精。在专区医院进修时她除进修外科、妇科外，还利用一切可以利用的时间，学习内科、儿科、牙科、眼科、骨科等，努力使自己成为贫下中农所需要的多面手。为练习吻合手术，她买猪大肠切断练习，直到把肠子缝得灌水不漏为止；为了练习外科手术打结，她晚上利用废线练习到深夜，为了掌握针灸位，她在自己身上练扎针。

李月华患有低血糖病，后又患脑型虐疾，身体虚弱，但她想的不是自己，而是病人，她经常抱病坚持工作。为抢救窒息婴儿，口对口吸出婴儿口中的羊水，进行人工呼吸。为解决一个产妇因病缺奶的困难，她忍痛给自己的孩子断奶，而每天按时代病妇哺乳婴儿，6个月中，从不间断，直到婴儿断奶喂饭。在手术时，常因时间过长而眩晕、跌倒。1971年8月31日终因带病抢救垂危产妇，劳累出汗过多，引起脱水和酸中毒，抢救无效，光荣殉职。

中国共产党宿县地区委员会根据李月华生前的申请，追认她为中国共产党党员。中华人民共和国卫生部送了花圈。《人民日报》和绝大部分省市级报纸及时地刊载了她的事迹，人民出版社出版易云著《人民的好医生李月华》。中共安徽省委号召全省广大党员、干部和群众向李月华学习，全国10多个省市卫生局也相继发出通知，号召学习李月华。她的事迹迅速传遍祖国各地，向李月华学习的活动在全国城乡广泛展开。

赛珍珠（Pearl S.Buck1892—1973年），美国作家，1938年籍小说《大地》获诺贝尔文学奖。赛珍珠生前曾加入中国国籍。1937年抗日战争爆发后，为中国人民的反侵略战争奔走呐喊。许许多多美国人正是通过赛珍珠的小说了解到中国，为中国人民的抗日战争解囊相助。赛珍珠的作品被译成145种不同的语言出版。

《大地》的创作背景是宿州。赛珍珠和丈夫在宿州生活的日子里，曾接触了许多目不识丁从未见过西方人的农民，亲眼看到他们如何在艰难困苦与天灾人祸中挣扎拼搏。她发现这些农民承担着生活的重负，做得最多，挣得最少。他们与大地最亲近，无论是生是死，是哭是笑，都是最真实的。她深深为他们的纯朴、善良和顽强所感动，认为他们才是中华民族的真正代表。她决意替这些不善言辞的中国农民说话，写下他们生活的艰辛、理想和追求。她说："我不喜欢那些把中国人写得奇异而怪诞的著作，我最大的愿望就是要使这个民族在我的书中如同他们自己原来一样的真实正确地出现。"这就是赛珍珠创作《大地》的初衷。小说越过东西方文化间当时存在的巨大鸿沟，向西方读者展示了一个并不神秘的中国。

徐道邻（1906—1973年），名审交，字道邻。原籍官桥镇醴泉村，徐树铮第三子，出生于日本东京。先后就学于家馆、上海，曾随徐树铮到欧美各国考察。民国14年（1925）年底徐树铮在廊坊遇害后，徐道邻回国奔丧。1926年赴德国柏林大学就读，师从阿道夫·西蒙德教授研习公法理论，获法学博士学位。回国后被蒋介石聘为南昌行营国防设计委员会及侍从室第二处第五科秘书，专供蒋介石备询德国问题，被称为"八大秘书"之一。1937年3月，蒋介石指派徐道邻在奉化溪口雪窦寺，为刚从苏联回国的蒋经国讲授传统文化，同时陪学的还有被软禁的张学良。1938年，徐道邻任国民政府驻意大利使馆代办，1941年，中意断交后回国，任考试院铨叙部甄核司司长。1945年4月，任行政院政务处长。11月，为报父仇，辞去公职，在重庆北碚法院控告张之江，在军事委员会控告冯玉祥，法院以诉讼时效已过为由，未予受理。1947年5

月，徐任台湾省政府秘书长，因不满省主席魏道明的夫人干政而辞职。不久任江苏省政府秘书长。解放后去台湾。历任同济大学法学院、台湾大学、东海大学教授，1962年去美国，历任西雅图华盛顿大学、哥伦比亚大学等大学教授。著作有《唐律通论》《中国法制史论略》《中国法制史论集》《诗意学概要》《行为科学概论》等。

陈粹吾（1894—1973年），名泰运，又名陈怡村，宿州市城北乡人。曾拜名医施今墨研习中医。民国5年到民国8年，在南京高等师范学校就读。民国16年，参加国民革命军，在北伐战争中任三十三军政治处组织科长。后加入共产党。民国19年冬起，在宿县简易师范、安徽省立第六中学任教员，从教之余，仍研习中医。民国25年，弃教从医。抗日战争爆发后，他又弃医从军，在宿城参与组织抗日救亡社。民国27年秋，任皖东北专员公署代理专员。民国30年，患病返乡就医，和中共组织失去联系。后以行医为主，兼做一些革命工作。

解放战争期间，陈粹吾在宿城及蕲县集一带，开设“粹吾诊所”。建国后，除继续行医外，还从教多年，曾任宿县地区卫校、合肥卫校和合肥医专校长、安徽省卫生厅副厅长兼安徽中医学院院长，并先后被选为安徽省第一届人民委员会委员、安徽省第二届人民代表大会代表、安徽省政协第二届委员会委员、全国人民代表大会第三届代表。

陈粹吾自以行医为主要职业后，刻苦研究，成为一方名医。50年代，曾两次应邀到庐山为中央领导人看病。1958年，受到毛泽东接见并合影。他推重中西医结合，为安徽省最早倡导中西医结合的医师之一。

陈粹吾去世后，安徽中医学院整理、编选出版《陈粹吾医案选》。

王可风（1911—1975年），原名王继尧，萧县孙圩子乡王桃园村人。6岁随师启蒙，后入王寨小学，萧县师范，徐州中学高级师范科读书。民国22年8月，曾在朔里，王寨小学任教。抗战开始投笔从戎，受训于国民党第五战区（李宗仁办）潢川青年军团。萧县沦陷后，他从青年军团返回故乡，参加了中共领导的抗日游击队，历任萧县抗日民主政府三区区长，人民救国会宣传部长，县政府教育科长，萧县《实报》社社长。此时，他在中共的领导下，尽力发展人民教育事业，全县中小学蔚然兴起。他依靠热心教育事业的当地教育工作者自编教材，石印书刊，在文化教育素有基础的萧县，吸收一大批知识分子，培养一批青少年学生，为革命增添了力量。

民国30年5月，中共豫皖苏边区军事斗争失利，新四军四师奉命东撤。王可风同许西连等经上级批准，留在皇藏山区坚持游击战争。在日伪和国民党夹缝里开展活动，处境维艰，但他仍不忘发展人民教育事业，随着武装力量的壮大，先后在4个区办起几十所初级小学，6所高级小学，1所瞻凤中学，入学学生四五千人。他任教育科长兼任瞻凤中学教师，不辍为革命培养人才之志。

抗日战争胜利后，蒋介石集团发动全面内战，国民党军向解放军进攻，王可风随部队转战陇海铁路北。不久，调到太行山区晋冀鲁豫北方大学图书馆工作。他认真钻研图书馆学，编制一套图书管理表册，使图书管理工作逐渐系统化，科学化。他根据学校的决定，到晋南各地，历时3个月搜集大批图书，解决学校教学工作中资料严重不足的问题。在图书馆工作时，他开始注意专门化知识的学习，注重搜集整理史料。撰写《中国文字的起源和变迁》，以及揭露帝国主义利用宗教进行侵略活动的《天堂呢地狱呢》等文章。民国36年7月，调任华北大学历史研究室研究员，8月，加入中国共产党。此时，他编写《抗日战争史讲稿》，并在财经学院讲授，同研究室的同事一起完成了中共中央交给编写初中《中国近代史》课本的任务，开始了中国近代史的系统研究工作。

民国38年1月，北平和平解放。王可风在华北大学正定分校兼任中国近代革命史教员。1950年年初，华北大学改建为中国人民大学，他任历史研究员、教员，5月任中国科学院近代史研究员，奉派到中共中央《毛泽东选集》编委会参加注释工作。年底，他遵照中共中央和政务院的指示，受中国科学院近代史研究所所长范文澜委派，前往南京接收国民政府中央机关的历史档案，筹建南京史料整理处。1951年2月1日，中国科学院近代史研究所南京史料整理处成立，王可风任主任。为把散在各地的民国档案集中起来进行整理，他不辞辛苦，足迹踏遍大江南北，到1953年，基本上把国民党逃离大陆时沿途散失的档案资料集中到南京。他依靠热心于档案资料工作的同事，在很短的时间内，把浩如烟海而庞杂零乱的档案进行了初步整理、立卷、编目，及时提供利用。南京史料整理处遂成为集中保存民国历史档案的中心。在整理档案中，他十分注意研究工作，把带规律性的问题，认真加以总结，将之上升为理论。1955年，他主编的《历史档案整理方法》一书，摒弃了教条主义的束缚，实事求是地提出整理历史档案的理论和方法，为新中国档案学的发展做出可贵的贡献。

1956年，为配合中央政治研究室编写中共党史，并适应历史教学和科研的需要，他主持编辑《中国现代政治史资料汇编》《中国现代政治史大事月表》，以及70多个专题档案资料，共4000多万字，同时总结史料编辑经验。1960年他撰写《关于整理档案史料的方法和问题》《史料学是一门科学》，并在南京大学历史系讲授《史料学》课程，开拓了档案史料编纂学的新领域。在长期工作实践中，他积累了丰富的管理和建设档案馆的经验，并高瞻远瞩，主持制定了宏伟的远景规划。1964年春，南京史料整理处改名为中国第二历史档案馆，王可风任副馆长。王可风在南京工作期间，还参加地方党政工作，曾当选为中共江苏第三，第四次代表大会代表，江苏省政协第一，第二，第三届委员，南京市第一至第六届人大代表。

1966年“文化大革命”开始，王可风主持开创的历史档案事业被全盘否定，他经受了残酷的“迫害”，人身失去了自由，但仍实事求是，坚持真理，坚持原则，相信中国的档案科学事业一定会发展。1969年4月，他被下放到“江苏省五七干校”，1970年1月，患有多年高血压、心脏病的王可风及其全家被放逐到句容县大茅山的东进林场落户。

王可风投身革命几十年，在革命战争年代忘我工作，解放后矢志治学，从投笔从戎到著书立说，大半生躬身于党的事业，在“江青反革命集团”的迫害下，不幸于1975年3月4日，在江苏山乡去世，时年64岁。

董正钧（1917—1980），萧县杨楼镇董楼村人。民国30年（1941年）毕业于西北农学院。大半生时间在西北各省从事农业经济学和经济植物的研究工作。他是中国罗布麻研究的奠基者、创始人。1952年，他在新疆罗布泊地区发现这一野生经济植物，即以产地定名为“罗布麻”。1957年，他到中国科学院任副研究员以后，就一直从事和领导罗布麻研究工作，曾任兰州罗布麻研究室主任，出版《罗布麻》等专著两本，发表论文几十篇。他在对罗布麻系统研究的同时，精心培养一批研究骨干，为中国进一步研究罗布麻打下坚实的基础。“文化大革命”中，他被加上莫须有的罪名遣送回家，在董楼监管改造，仍不改初衷，自费进行罗布麻解烟毒的动物试验，取得重要成果。“文化大革命”后，他为之呕心沥血20余年的罗布麻，开始大量利用，罗布麻布、罗布麻药、罗布麻无（低）毒香烟，生产上市。他的成果，受到国内外的重视。罗布麻科教影片，发行到海外。电台、报刊曾多次报道罗布麻研究的消息，美、英、苏、澳等国的科技人员，曾先后在著作中引用中国罗布麻研究资料。

粉碎“江青反革命集团”后，董正钧到安徽大学任教，为安大副研究员、安徽省植物学会副会长。他在继续研究罗布麻的基础上，写出《关于安徽省研究利用与发展罗布麻的意见》及《新发现罗布麻有解毒的性能及研制罗布麻无毒香烟的初步试验》（发表于《安徽大学学报》1979年第二期），并向中共安徽省委写了《关于罗布麻研究工作的意见》的专题报告。对安徽省罗布麻的研究利用做出历史性的贡献。直至临终前，他还在写《向南京植物综合利用研究所提供罗布麻的研究建议》。1980年1月25日因患脑溢血医治无效在合肥逝世。

韩景玉（1908—1983），原籍山东省泗水县。民国6年随父母逃荒到宿州市符离集，靠卖烧饼为生，后兼卖卤鸡。

清宣统二年（1910年）至民国4年，山东德州的管再洲、江苏丰县的魏广明分别到宿县符离集经营德州扒鸡和红曲鸡。20年代初，韩景玉集两家所长，加上11味中药材，精心制作。他制作出的烧鸡，不仅色、香、味、形俱佳，而且还具有舒气、健胃效用。另外又增加了剪断软骨和折断肋骨两道工序，使造型更加美观，遂命名为“符离集烧鸡”。后来津浦铁路通车，赢得顾客的好评，很快誉满省内外。

1956年符离集成立烧鸡联营社，韩景玉任副社长，后扩大为国营符离集烧鸡厂，他任副厂长。他以特等技师的身份到北京参加全国食品展览会，受到刘少奇、朱德等党和国家领导人接见。韩景玉1982年退休，1983年病逝。

孙叔平（1905—1983），又名颛孙钧、颛孙叔陶、孙劲秋，萧县王寨镇孙小庄人。幼读私塾，民国8年入高等小学，毕业后考入江苏第二中学，民国15年（1926年）又以同等学历考入武昌大学。在大革命高潮中，他拥护国共合作的“国民革命”，积极参加革命宣传，“七一五”事变后，回到家乡，加入中国共产党。

民国17年，孙叔平任中共萧县第一届委员会书记。次年2月以后，曾先后任中共睢宁县特别支部书记、县委书记，中共徐州特委书记等职。民国22年7月被捕，民国24年）出狱后，到丰县中学任教。在学校里，他阅读英译本马克思著作，并自学德语，阅读马克思德文原著。民国27年萧县沦陷后，他毅然投笔从戎，参加中国共产党领导的抗日游击队，宣传党的抗日主张，动员民众参加抗日。萧县抗日民主政府成立，他任民运科科长。曾自编一至六年级教材，编写《抗日农民运动讲话》教材，对恢复教育事业、动员群众抗日起了重要作用。

民国29年4月，孙叔平调到抗日军政大学第四分校任训练部长，他除负责行政工作外，还负责向全校师生讲授马克思主义理论课程。

抗战胜利后，他被调到淮北做整编地方部队工作，后任华中建设大学教育长，中国人民解放军特种纵队特种科学校副校长、校长。渡江战役后，他随军进驻南京，任南京军管会高教处副处长、南京市教育局局长兼文教委员会主任。他经常为全市干部、教师讲授马克思主义理论。1951年，他作为军代表进驻南京大学。次年进行院系调整，他任党委书记兼副校长。他很重视对全校师生进行马克思主义理论教育，亲自承担讲课任务，先后系统地讲授马克思主义哲学、政治经济学和科学社会主义理论。他讲课生动活泼，内容丰富，通俗易懂，深受欢迎。师生们公认孙叔平是他们学习马克思主义的启蒙老师。

1958年，孙叔平创办哲学社会科学刊物《江海学刊》，并任主编，亲自审阅来稿，进行修改，有时亲自撰写文章。这时出现的许多“新”观点，与他平日所学大相径庭，他就着力于阐述马克思主义基本原理。先后用孙叔平以及苏平、秋阳、秋萍、江枫、海英、海风、江海文、杜致远、包政哲等笔名发表20余篇论文。他主编《江海学刊》之余，整理出版他的历史唯物主义讲义，定名《历史唯物主义纲要》。

1959年11月，孙叔平调离南京大学，筹建江苏哲学社会科学研究所，担任所长。由于专业人员缺乏，他招来一批年轻人，努力把他们培养成为骨干力量。同时主编《辩证唯物主义纲要》。1961年，他调到上海，主持编写供华东地区高校使用的《辩证唯物主义和历史唯物主义》。次年，整理出版他的政治经济学讲义的资本主义部分，定名为《资本主义经济规律》。此后，他开始研究中国哲学史，以惊人的勇气和毅力用4年的时间，阅读从孔子到孙中山近百个中国哲学家的原著，编出先秦、西汉、魏晋南北朝、隋唐、宋元、明清、近代7册《中国哲学家论点汇编》。准备写作《中国哲学史稿》时，“文化大革命”开始，他的研究工作被迫中断。

1974年，孙叔平从干校回到家中，利用“靠边”的机会，开始《中国哲学史稿》的写作，他不理睬什么“评法批儒”、批宋江的恶浪，用大约3年的时间，完成一部近百万字的初稿。粉碎“江青反革命集团”后，由上海人民出版社出版发行，受到全国学术界的重视，教育部选为大学文科教材。

中共十一届三中全会以后，孙叔平被选为江苏省人大常委会委员、江苏社会科学联合会副主席、江苏哲学学会会长。他在全国学术界、理论界有着广泛影响，是国务院学位委员会学科评议组成员、中国大百科全书哲学卷顾问、全国历史唯物主义研究会顾问、中国哲学史学会顾问、中国无神论学会副会长、南京大学学术委员会委员、哲学系主任、教授、硕士和博士研究生导师。他不顾年老多病，积极参加领导学术活动，为推动全国学术研究事业的发展而不懈地努力，为国家培养7名硕士研究生和2名博士研究生。

孙叔平的晚年，大部分时间是在医院里度过的，他多次不顾医生的劝阻出院工作，终因工作劳累，心脏病突然发作，于1983年10月24日病逝。

沙　洪（1920—2004），原名王敦和、沙虹，安徽萧县龙城镇王大庄人。民国26年（1937年）“七七”事变时，正在徐州一中就读的他，参加共产党领导的秘密学联，被学校除名。1937年冬去延安，在抗大六大队学习并任区队长。1938年5月入党，12

月，根据中央军委命令，以六大队为基础成立抗大一分校，挺进到敌后的山东办学。经历被毛泽东誉为“一次小长征”的长达5000多里历时一年多的两次东迁，至山东沂南县弥祖乡。1940年7月1日，抗大一分校召开党代表大会上，由沙洪作词、王久鸣作曲的《永远跟着共产党走》的歌曲，向党代会献上一份厚礼。此歌在大会上演唱，博得全体代表热烈的掌声和赞美声。从此，这首歌唱遍了全校，沂蒙老区、齐鲁大地、大江南北，后来唱遍全国。新中国成立后，这首歌传唱不衰。1943年，沙洪调至山东《大众日报》任副刊主编、通联科长。日本投降后，他任随军东进的记者团首席记者。1949年初徐州解放，他任徐州军管会出版部部长兼《新徐日报》社长。1950年青岛解放又调任青岛市宣传部副部长兼《青岛日报》社长、总编。

1954年2月他调入中央宣传部，先后任《宣传通讯》主编、卫生体育处副处长、处长（正局）。1969年到宁夏贺兰山下中宣部干校劳动3年。1973年调任中医研究院党委副书记。1976年任卫生部党组成员、政策研究室主任。1978年调任中央组织部宣教干部局长、副秘书长、中央干部教育领导小组和中央知识分子联系小组办公室负责人。其间，他坚持实事求是，反对“两个凡是”，在平反冤假错案、落实知识分子政策、开创干部教育新局面等方面做了大量工作，受到胡耀邦等领导的赞赏和群众好评。1985年任北京现代管理学院院长。后任宋庆龄基金会副主席、党组副书记。离休后，受聘任《民主与法制》社长，同时与夫人姚明创办《老人天地》杂志，并任名誉社长、编委主任。江泽民、李鹏等为该刊题词。著名作家魏巍题词道：“鲁师遗训铭心底，痴牛永俯孺子前。胸中自有青松气，尽瘁不唱夕阳残。”1991年，中组部为表彰全国先进离退休老干部，拍摄电视剧《朝阳和夕阳》，在中央台播放。沙洪为该剧创作了《同是一个太阳》的插曲歌词：“朝阳和夕阳，同是一个太阳，只不过东升西降，推动着历史巨轮向前方。啊！人生易老志不老，枫林红叶更傲霜，有一分热就发一分热，有一分光就发一分光，推动着历史永远向前方！”

孟二冬（1957—2006），安徽省宿州市人。中国共产党的优秀党员，北京大学中国语言文学系教授，博士生导师；学科专长为中国文学史及中国文学批评史，研究方向为魏、晋、南北朝、隋、唐、五代文学。他淡泊名利，甘于寂寞，潜心治学，撰写《中国诗学通论》（合著）、《中唐诗歌之开拓与新变》《韩孟派诗传》《千古传世美文》《陶渊明集译注》《中国文学史》（参编）等400多万字的专著；获北京市第八届哲学社会科学优秀成果一等奖以及北京大学第九届人文社会科学研究优秀成果一等奖，得到全国文学界和史学界的高度评价。

为支援新疆高等教育事业的发展，2004年3月，孟二冬主动要求参加北京大学对口支援石河子大学教学的工作；2004年4月26日，他在剧烈的咳嗽中坚持讲完《唐代文学》最后一节课，倒在讲台上，经医院诊断，他已患食管恶性肿瘤。2006年4月22日，年仅49岁的孟二冬因病情加重，医治无效，在北京去世，正在国外访问的中共中央总书记胡锦涛专门打来电话表示哀悼，对其亲属表示慰问，并以个人名义送了花圈。

2006年4月，孟二冬获首都精神文明建设奖。2007年，人事部、教育部授予孟二冬“全国模范教师”荣誉称号，中华全国总工会向孟二冬颁发全国五一劳动奖章；中组部追授孟二冬“全国优秀共产党员”荣誉称号。2009年9月14日，他被评为100位新中国成立以来感动中国人物之一。

单树模（1916—2010），萧县杨楼镇任庄村人。民国30年（1941年）国立中央大学理学院地理系毕业。新中国成立后任南京师范大学教授，国家教委中小学教材审查委员会委员、江苏地名委员会委员，中国地名学研究会理事，《中国大百科全书·中国地理》编委会副主任、华东片主编，中国民主促进会中央委员，江苏省政协常委、教育文化委员会主任等职，另任江苏省地理学会理事、副秘书长，全国高等院校中国自然地理教学研究会秘书长、理事长、名誉理事长，《简明不列颠百科全书》中文版编审。

艺术界

梅其藻（1888—1968），字鉴衡，号雪峰，宿州市人，祖籍安徽定远县。梅其藻于宿县正谊中学毕业后，先后在宿城的仓院小学、县立高等小学、省立第四甲种农校、宿县县立中学、毓秀女中、启秀女中教美术课和书法课，前后达40年之久。新中国成立后，梅其藻专门从事艺术活动。50年代初期，在宿县文化馆研究美术、书法。1956年后，任省文史馆馆员、安徽省文教委员、理事、省政协第一届委员，省人民代表大会第二、第三届代表。1965年文艺界极左思潮泛滥，梅返居桑梓，三年后病逝。

梅其藻早年长于山水画，蜚声画坛，历次举行的全国美术作品展览中，多有他的作品。全国美术画册收有他的山水画，《潇湘白云图》《三峡归云》是其代表作。新中国成立后，以花鸟画为主，所画的松、梅、竹、荷、牡丹、石榴、枇杷、水仙等，神韵飞动，笔力浑厚。1956年由全国美协组织的美术作品到苏联展出，他画的荷花受到好评。日本编制的世界名画集中，收有他的一幅山水画。1957年，安徽人民出版社出版他的荷花条幅。其他报刊上也发表过他的不少作品。

梅其藻的书法精于篆、隶。他把篆、隶、草三者结合起来，形成自己的独特风格。1957年全国书法展览展出他的隶书——《沁园春·雪》，后又在日本展出，受到日本书法界的赞赏。

梅其藻在诗文和篆刻方面也有一定成就。诗和画的内容配合紧凑，相映生辉。他的作品具有画面、题款、诗文、印章四者融而为一的整体美。

梅其藻严于律己，热心助人。对求画者，不分贵贱，一律认真为之。有时抱病作画，以应求者。

尹明山（1911—1981），砀山县赵楼乡王屯村人。宣统三年（1911年）二月初八出生，家境贫寒，一家8口，靠7亩地为生。11岁那年双目失明，只好在家里或在门口摸着墙根走。他虽失明，但有灵敏听觉，非常喜欢听民间艺人吹奏笛子和唢呐。他家门前不远，有条大路通往县城，经常有抬花轿吹唢呐的打门前过，他总是跌跌爬爬赶去听，唢呐声远去了，他还歪着脑袋听余音入了迷。

十二三岁时，有个货郎担歇在门口，吹起竹笛《孟姜女》。货郎忙着卖货，他轻声告诉爹："爹，把笛子拿给俺摸摸好吧？"爹征得货郎同意，把笛子拿给他："别弄坏。"他接过笛子，摸摸笛子有几个孔，用手指量量笛子有多长问："爹，笛子是啥做的？"爹说："是竹竿挖的。"问："爹，俺来试试能不能吹响？"爹说："你试吧。"他嘟噜一声吹响笛子，货郎一把夺回笛子："小瞎子，瞎吹啥？"他臊得满脸通红。货郎吹起笛子走了。爹问："你想学吗?"答："想。"后来他爹花了几个铜板，买支小竹笛，嘱咐他："你就慢慢摸吧。"从此笛子成为他的终身伴侣。

初期，他学吹民间小调。后来，每天早晨他拄着棍，拿着笛，向山坡树林走去，听各种鸟鸣，反复描摹。吹累了，在树荫下躺一会再吹，变化无穷的鸟鸣，仅凭一般的笛子吹奏技艺是很难表现出来，他利用一个孔眼吹出满孔音、大半孔音、半孔音、小半孔音……再加上手指按孔的"松、紧、颤、滑"等方法，形成滑音，从而能够完美地把百鸟的美妙声音摹拟下来。鸟声学到手，又来琢磨走兽音，并且向大人、同伙们询问各种飞禽走兽的形状、颜色，一一记在心里，吹奏技艺不断提高。一天，他在村头树下吹奏《黄麦割过》，把大人和孩子都吸引过来，都说："这孩子灵，吹得像，将来可以靠笛子谋生。"可也有人说："靠笛子不行，还得学算卦。"

十三四岁时，因收成不好，交不起租税，在家呆不下去。娘带他到宿县逃荒要饭，每到一处，吹着笛子，挨户乞讨。人们听到他把鸟兽声音和一些民间小调揉在一起吹奏，感到非常惊奇："小瞎子非凡，笛子吹得妙!"

后来想学喇叭（唢呐），父亲不允许，而让他跟人家算卦。他对算卦不感兴趣，学了一段时间学不会，就不干了。18岁那年，爹去世。他向娘乞求："娘，让我学喇叭吧，将来你老了，我靠谁?我多学一门手艺，讨饭也好要一些呀!"娘含泪答应。他离家跟随师傅刘宝琴学艺4载。

26岁那年，娘又去世，哥哥给人帮工，剩下他孤单一人，过着乞讨流浪生活。今天是东庄地主大寿，明天是西村富户娶亲，严冬酷暑，刮风下雨，都要去。到晚上，破庙、牛车棚、草堆旁便是他的住处，有一年冬天踩着一二尺深的雪，走六七十里路，赶去办活，两天回来后一双脚全冻烂了，脚底板沾在鞋底上脱不下鞋来，生怕瞎了双眼，又成了瘸子，想不干这一行可又没法生活下去。只有在卖艺、乞讨生命线上继续挣扎。在解放前的38年里，他背着乐器，拿着问路棍，走遍砀山、宿县、涡阳、蒙城、五河一带，过着乞丐般生活。

民国37年（1948年）冬天，淮北解放了，他迎着旭日吹奏起"解放区的天，是明朗的天"。乡政府开大会、青年参军、合作社成立、村上玩灯，他都去吹奏，不管你唱的声音多高或是多低，他在笛子上两下一翻，就能跟着你的高低音描上去，不用更换笛子，也无法更换，只有跟音描摹。这个硬功夫，是他在民间跟班伴奏时，长期摸索出来的多把位变换法，是他独创的高超技艺。吹奏的《百鸟音》最受乡亲们欢迎，声誉由民间传到县城。

1956年县政府派人去采访，把他请到县城开会，请他传授演奏经验。又请他到专区会演，第一次登舞台演奏，仿佛登上天堂，激动得流出热泪。10月到合肥参加安徽省第一届民间音乐舞蹈会演，笛子独奏《百鸟音》《走兽音》获得特等奖。除奖金外，还奖给他一支新笛子、一套新棉制服。晚上，他坐在省政府招待所的床上，手拿新竹笛，身披新棉衣心里说不出的暖和，彻夜难眠，深夜创作试奏洞箫《感谢共产党、感谢毛主席》。

1957年2月到北京参加全国第二届音乐舞蹈汇演，演奏《百鸟音》以满（满音）半（半个音）翻（翻上翻下）滑（滑音）堪称一绝。他的特技表演，把百鸟啼鸣吹得活灵活现，获得笛子演奏家称号。报刊发表赞扬他演奏的文章。总理周恩来等党和国家领导人在怀仁堂观看他的演奏，并和他握手合影留念，祝贺他演奏成功。安徽省委宣传部长陆学斌把他送去医院，请眼科专家会诊，终因失明太久，无法治愈，只好在他上眼皮动个小手术，让他有些光感，给了他珍贵的一线光明。

北京汇演后，他被正式调到安徽省歌舞团担任笛子演奏员。1958年他和洞箫演奏家张奎明（盲人）、唢呐演奏家刘凤鸣多次到农村、部队、工厂演出。一天，他正在黄山脚下演出，忽然接到通知，要他和张奎明去武汉演出，由团长刘汉文带领，乘坐飞机飞往武汉，给在那里视察的毛主席演奏。回来后，他以真情实感完成洞箫独奏曲《感谢共产党、感谢毛主席》的创作，乐曲的主旋律以相同的歌曲为基调，加上亲身感受，曲调婉转动听，感人肺腑。当他奏起这首曲子时，门前窗外行人，往往驻足聆听。

1958年年底，他被调到安徽艺术学校任教。1959年经上海音乐学院笛子演奏家陆春龄介绍去上海民族乐团任教3个月，把《百鸟音》传授给青年演奏员孔庆宝，由孔灌成唱片播放全国。1960年他受聘到上海音乐学院任教一学期，传授笛子演奏技艺。

尹明山的《百鸟音》由音乐家蒋小凤记谱整理，发表在1985年《中国音乐》期刊上。他创作演奏的还有《走兽音》《凡字调》《小寡妇上坟》等曲。1963年他在《安徽日报》上发表《笛子春秋》一文（夏学柱记录整理），先后收到100多封全国各地读者来信，赞扬他苦学成才，技艺精湛，向他求教。中央人民广播电台全文转播《笛子春秋》并配上他的笛子独奏曲《百鸟音》，受到全国听众好评。不久，他去北京参加全国聋盲哑残疾人代表大会，并被选为全国聋盲哑协会理事，《大公报》全文转载他的大会发言。

1981年6月9日，尹明山病故于原籍，终年71岁。他那清脆悦耳的笛声，永远留在人间。

张庆林（1911—1982），原名陈怀玉，安徽省萧县马井镇郝庄乡陈坡村人。他于民国19年（1930年）在上海沪西区做工运工作，8月任中共扬州中心县委书记。

民国25年（1936年），他在萧县陇海路北恢复建立党组织，为革命积聚力量。民国26年8月，受党组织委派，到陇海路南进行抗日动员。

民国28年（1939年），任中共鱼台县委组织部长、书记。民国31年（1942年）任沛滕边区中心县委书记，后任鲁南一地委组织部长、代理书记、书记，兼任临城县委书记。在此期间，他发展壮大微山湖水上游击队、铁道游击队等抗日武装，建立新四军和山东通往延安的交通干道，曾安全护送刘少奇、陈毅、陈光、朱瑞等领导人，完成重要的交通任务。

解放战争期间，他任鲁南一地委副书记。在国民党军向山东发动重点进攻时，主力部队和领导机关全部转移，他和少数人就地坚持敌后斗争。民国37年（1948年），解放战争进入决战阶段，他任华东支前办事处副主任。淮海战役，带领山东30万民工支前；渡江战役，负责安徽支前司令部的工作；京沪杭战役（上海战役），兼任苏南支前司令部副指挥；上海解放后，他任南下工作团（西南服务团）副团长，以南下干部为骨干，并招收南京、上海的大学生、高中生随主力部队进军大西南，团长是宋任穷；四川解放，他任江津地委书记兼军分区政委。1962年调任中国科学院办公厅副主任、人事局副局长、管理局副局长、局长、生物部副主任。1961年调任全国供销合作总社果品局局长。因“文化大革命”中身心受到严重摧残，长期患病，医治无效，于1982年2月12日在北京逝世。

刘光禄（1933—1984），萧县杨楼镇刘土楼村人。少年时在萧县中、小学读书，后考入徐州师范学校，1951年1月参加济南军政干部学校学习，不久，选送至山东省团校学习，结束后分配至山东泰安团地委工作。1955年参加中国共产党，考入中国人民大学档案系。在校期间，担任学习班长、党支部委员等工作，并多次被评为优等生、三好学生。1959年8月毕业留校，先后在中国人民大学档案系、北京师范大学历史系任教，讲授《中国档案史》《中国古代史》《中国方志学》等课程。并从事上述课程及《中国历史编纂学》《中国家谱学》的教材编写、资料编辑等研究工作。

刘光禄平生喜爱历史，尤热心于方志学的研究。自20世纪60年代起，即广泛涉猎并收集方志资料，翻阅、考校古今有关方志论著和大量旧地方志，撰写方志学、历史学等有关论著。如《中国方志学概要》《方志学》《方志史略》《清代方志概述》《谱牒述略》等近60万字，受到方志界的广泛重视。刘光禄对全国修志事业十分关心，利用教学之余帮助各省、市审议县、市志纲目；审阅和修改方志初稿，为学习班讲授方志学，或作专题报告。几年来，他看过数十个县篇目及县志初稿，读过40多部专志。于1984年6月7日，因病去世，年仅51岁。

欧阳南荪（1906—1988），萧县龙城镇人。出身于书画世家，其祖父欧阳小南擅长小写意花卉，名重一方。他在第一高等小学读书时，先后受业于王子云、陈云程先生。民国16年考入徐州美术学校，为该校首届毕业生。三年后以公费入国立杭州西湖艺术学院。经李可染介绍加入“一八书社”，后转入上海艺专。毕业后回萧县民众教育馆，从事美术教育工作。其间，他曾组织“美术研究会”，在民众教育馆展出会员作品及会员收藏的古画。民国20年（1931）在县实验小学展出他在杭州艺院学习期间的油画作品40余幅，开萧县油画展之先河。

他擅长写意花鸟，章法简练，用笔浑厚，有传统，有创新。1963年，《荷花》参加安徽省美展；1981年，《荷塘》参加安徽省画院展，《荷鸭图》在《安徽群众画刊》上发表；1985年，《双鸭》在《朵云》上发表。还有些作品先后在合肥、南京、上海、广州、成都等地参加展出。

王子云（1897—1990），萧县大屯镇守备庄人。民国5年就读于上海美术专科学校，民国9年后在北京从事美术教学和“五四”新美术活动，民国15年任国立中央大学民众教育馆艺术部主任。民国17年受聘为国立杭州西湖艺术院绘画系讲师。民国20年至民国25年自费留学法国，入法国国立巴黎艺术学校雕塑系，并以优异成绩步入法国著名雕塑家多维斯克教授的教室。在巴黎学习期间，他的油画作品《杭州之雨》《巴黎协和广场》和雕塑作品《少女》等先后参加了巴黎“春季沙龙”“秋季沙龙”等美术展览会。王子云是20世纪30年代载入法国《现代艺术家辞典》的唯一中国画家。民国26年回国后，先后任杭州艺术专科学校、南京艺术专科学校雕塑系教授，国立西北大学历史系教授兼文物学习室主任。民国30年到达敦煌，对莫高窟历代壁画、雕塑进行临摹和系统研究，在重庆举办全国第一次敦煌艺术展览，同时敦促国民政府成立敦煌文物管理所。民国34年到民国37年，自费徒步到陕西，对文物古迹，特别是唐陵墓艺术进行多次调查研究，编写了《汉唐陵墓艺术》《中国古代装饰艺术》《秦汉瓦当图录》等书稿。建国后任国立成都美术专科学校美术史教授，西北艺术学院、西北美术学院教授。曾先后为解放川西烈士建造《无名英雄像》，设计解放临汾、太原攻城雕塑模型、革命圣地延安模型、延安革命纪念馆内雕塑等。他还在国外有关刊物上发表大量学术研究和美术论文，出版《唐代雕塑选集》《中国古代石刻线画》《中国美术简史》《中国古代雕塑百图》《陕西石雕刻》《中国雕塑艺术史》《中外美术考古游记》等专著。王子云是中国著名雕塑家、美术史论家、美术教育家，还曾任中国美术家协会顾问、陕西文联顾问、中国美术家协会陕西分会名誉主席、陕西国画院顾问、西安美术学院教授等职。1990年逝世。

萧龙士（1889—1990），原名品一，号翰云。安徽省萧县刘套镇萧场村人。自幼入塾时就善画，临摹《芥子园画谱》。先在刘套小学和萧师讲习所任教师，教美术、历史等。教书的同时常和当地及徐州画友相切磋。民国12年，经李可染介绍，入上海美专二年级就读，在刘海粟、潘天寿、诸闻韵等名家指导下，刻苦学习徐渭、石涛、八大山人、杨州八怪、吴昌硕诸家绘画艺术。与人联办画展；其一幅《乞丐图》画的是一条恶狗叮住一个手拿讨饭棍的乞丐不放，并题款道："我讨我的饭，与你甚相干，可恨势利眼，单咬破衣衫"。他与王继述、闫咏百、王子云、李可染等人共创徐州美术学校，任国画系主任。立志要在画坛不愧为龙城一士，故易名"龙士"。抗日战争期间，他以画笔为武器，先后在徐州、南京、镇江等地举办书画义展，将收入捐给抗日救亡工作。他在画坛上最为人称道的是1949年春，以61岁高龄赴北平拜齐白石为师。白石老人看了他的作品连声赞叹，并在多幅作品上题评。如"龙士先生画荷，白石自谓不及。国有此人而不知，深以为耻。""龙士为白石弟子，白石自谓不及也"等。并特以"龙士"印章一枚为赠。

新中国成立后，萧县遭水灾，萧龙士拿出多年的收藏在徐州义展，将其收入全部捐给政府救灾。1951年，何香凝等著名人士发起"抗美援朝义展"，他毫不犹豫地拿出身边所有的包括白石老人给他题款的珍品献给义展。他常说："人民的艺术，就应该让人民来享受。"因此，他无论官民雅俗，有求必应。在他九十六七岁高龄时，还深入农村、矿区为工农画画。

1987年4月，《萧龙士百寿画集》出版，5月16日他提前过百岁诞辰，他德高望重，曾担任过许多社会职务。历任安徽省文史馆馆员、省国画院副院长、省政协常委、北京齐白石艺术开发交流中心艺术指导委员会副主席，中国民主同盟盟员。其国画作品《香飘万里》被收入1989年版《萧县志》书画艺术篇。萧县博物馆建立"萧龙士艺术作品陈列馆"。

刘开渠（1904—1993），萧县坡里乡刘窑村人。幼年时期就有绘画爱好。上学前，他就常用泥巴捏小动物。在读初小和高小期间，美术老师王子云见他天资聪慧，喜爱画画，求知欲强，富有发展潜力，千方百计帮助他，使他的绘画技法进步很大。1920年，当他高小毕业时，王子云鼓励他去北京考美术专科学校，并为他在萧县教育部门争取到一部分留外资金，应考录取，榜列第四。

在北京的6年里，他积极投入反帝反封建的学生运动，潜心研究中国画和水彩画，在几次联展和个人展上，他的画都以清新的笔调受到好评。毕业后，几经周折在南京大学找到一个刻腊板差事，不久，到杭州艺专当助教兼图书馆主任。1928年，经南京大学校长蔡元培推荐和资助，赴法国留学，入巴黎高等美术学校专攻雕塑，成为中国去西方学习雕塑的第一人。"九·一八"事变后回国。

1933年起，刘开渠任教于国立杭州艺专，1949年出任杭州艺专校长，1951年任中央美术学院华东分院院长，1959年任中央美术学院副院长，1990年当选为国家教委艺术教育委员会副主任。他从教数十年，桃李满天下，造就当代一大批卓有成就的雕塑家。

在70年的雕塑生涯中，他将西方的雕塑观念和技巧与中国的民族精神相融合，努力表现人民大众和中华民族杰出的人物形象，讴歌中国人民的革命业绩和英雄气概，创立现代中国的写实风范，形成朴素、洗炼、沉稳和重于内在生命表现的艺术风格，成为中国现代雕塑的奠基人之一。他的代表作品如《"一·二八"淞沪抗战阵亡将士纪念碑》(1934年)、《川军抗日英雄纪念碑》(即无名英雄纪念碑，1944年)、浮雕《农工之家》(1945年)、《胜利渡江解放全中国》(1955—1957年)等群像雕塑和《毛泽东主席像》《周恩来总理像》《蔡元培像》《鲁迅像》《李劼人像》《萧友梅纪念像》《梅兰芳像》等及先后出版的《刘开渠雕塑选集》《中国古代雕塑集》《刘开渠美术论文集》《刘开渠雕塑集》等著作，在中国现代美术史上占有重要的位置，是一代美术宗师。

刘开渠是中国社会主义时代美术事业特别是雕塑事业杰出的领导者和组织者。1952年他担任北京天安门广场人民英雄纪念碑设计处处长和雕塑组组长。1982年他相继担任全国城市雕塑规划组组长、城市雕塑建设指导委员会主任，为中国城市雕塑事业的蓬勃发展作出巨大贡献。1950年以后，刘开渠先后当选为上海美术工作者协会主席、华东美术工作者协会主席、中国美术家协会副主席、中国文联委员。

刘开渠是中国当代美术馆事业的奠基者和创始人，自1963年起一直担任中国美术馆馆长、收藏委员会和艺术委员会主任。刘开渠一生坚持真理，追求光明，为人正直，作风正派。他晚年加入中国共产党，实现多年的夙愿，成为中国共产党优秀党员。他曾当选第一、第二、第三届全国人大代表，历任第五、第八届全国政协委员，第六、第七届全国政协常委，民盟中央常委、文化委员会主任和参议委员会副主席等职。1993年6月25日病逝。

梅纯一（1906—1997），中国美术家协会会员，安徽省美术家协会理事，宿县地区文联名誉主席，宿州师专艺术系副教授，红叶书画研究社理事长。

梅纯一生于1906年4月，安徽宿州人。自幼跟随其父习画练字，耳濡目染，终日苦练。1930年考入南京中央大学艺术系，受教于吕凤子、徐悲鸿、张玉良、陈之佛等诸位大师。毕业后赴湖南、重庆、西安投入抗日救亡运动，从事艺术教育和美术创作活动。境内解放后，先后在宿县省立中学、毓秀女中、崇真中学、宿城一中、二中、宿州师专从事美术教育工作。1955年国画《鹰石图》参加华东地区美术展。"文化大革命"前，其作品参加历届安徽省美展。1979年为人民大会堂安徽厅绘制巨幅国画《春华秋实图》。1981年率红叶书画研究社赴上海展出。1982年应邀参加南京师范学院美术系建系80周年活动。1984年率红叶书画研究赴新疆乌鲁木齐展出。1986年中国画《梅花图》获全国“卫士之光”画展优秀奖。1986年，其作品《秋实图》参加全国首届花鸟画邀请展，作品被江西省博物馆收藏。1988年，国画《梅花图》两幅被毛主席纪念堂收藏。1988年作品《梅石图》参加全国第三届花鸟画邀请展，作品被徐州展览馆收藏。1990年作品《梅花图》参加全国第五届花鸟画邀请展，作品被武汉展览馆收藏。

1992年应邀参加南京师范学院90周年校庆暨美术系建系90周年，作品在江苏美术馆展出。1996年，获“徐悲鸿教育基金会”荣誉奖。其作品被美国、日本、新加坡、德国等国家名人收藏。其传略收入《中国当代国画家辞典》《中国美术家人名辞典》《中国现代书画篆刻家名鉴》。

冯雨郇（1909—1998），安徽省萧县龙城人。出身诗书门第，幼年随父云生公习书画，后师从著名书法家路荫南、侯子安、王芙生，专攻书法。18岁时，受聘任县政府文书。抗战期间，在八路军萧永独立旅任职，参加地方党组织出版的《实报》《边区报》和《拂晓报》的编辑工作。境内解放后进修于华东师大历史系，毕业后执教于萧县中学、龙城初中任美术教师兼教务员。

冯雨郇曾为安徽省书协理事，萧县书画学会副会长，萧县墨龙书画联谊会名誉主席。其书法在省内外特别是徐淮地区颇有影响。作品多次参加省内外联展，受到广泛好评。1987年，获华东六省一市“黄山杯”首届书画大奖赛书法类一等奖；1988年，参加在合肥举办的皖籍书画名人作品联展，10月作品在日本展出；作品先后参加在上海美术馆和徐淮地区书画名人作品联展。其行书作品被荣宝斋和安徽省博物馆收藏，还有被作为礼品远涉重洋。其书法落笔沉稳坚定，擅用中锋，雄浑质朴，风神劲健，隽秀之中见老辣，典雅之中存风骨。同时他爱好广泛，诗词歌赋，剑术医道，戏曲国画，皆有相当造诣。他长期从事书画艺术教育工作，慧眼识才，爱生如子。书画名家萧龙士称其为“良师益友”，刘惠民盛赞他是“墨林之人瑞、鲁殿之灵光”，当代的“萧国书魂”。

刘梦笔（1906—1999），安徽省萧县杨楼镇郝集村人。早年入徐州美专学习。民国20—25年（1931—1936年）在杭州国立西湖艺院绘画系学中西绘画，亲受潘天寿、李可染、李苦禅、林风眠诸名家的指导。毕业后长期从事中等学校美术教育工作。他潜心钻研中国画数十年，画艺日臻精练。他特别擅长花鸟。在艺术创作中，他既注重吸收古今名家的营养，又注重描摹天趣。他用笔潇洒，点染自如，清新淡雅，构图严谨，形成了隽秀飘逸、刚健婀娜兼备的独特风格。

20世纪80年代，他的作品先后在三市联展中展出，在萧县举办“刘梦笔书画展”，刘梦笔、刘惠民、欧阳南荪“三老书画展”，七市联展，苏鲁皖十市县区书画联展，徐州市人大、教育局、文化局、美协、书画院和萧县政协等九单位，在徐州博物馆为他举办了画展。先后在南京、上海、广州、成都等地展出，深受美术界好评。他的《荷花》《秋菊》参加法国圣太田文化交流展览。《江苏画刊》等省内外报刊发表过他的画作。其国画作品《菊》被收入1989年版的《萧县志》书画艺术编。退休后直至病逝前，从未辍笔。一生画作，大都收藏于民间。

刘惠民（1907—1999），号金蟾溪上人，又号香雪轩主、借庵、墨耘才人、老耘。

祖籍砀山，清宣统三年（1911年）举家迁于萧县杨楼镇迎风口村。自幼打下文武兼备书画双修的功底。中年便成名扬一方的医生、拳师和才华过人的书画家。1949年，他曾持草书作品谒见齐白石，齐翁当即题赠：“惠民笔墨活脱灵动，再努力必不让张癫醉素也！”齐白石悉心指点，刘惠民专事绘画九个多月，画技为之大进。

他长期安于田园生活。对书法讲求“作真如草，作草如真”。其作品浓淡适中，疏密有致，草而不失其真，线条柔中有刚，风格独具。他坚持“有人品方显书品，人格高画格自高”的信条，他有一怪：对求字画者，地位越低，他越照顾，尽量慨赠。所以，徐淮一带民间，他的字画藏量丰富，知名度较高。20世纪50年代初，安徽省博物馆就收藏他的字画。他的作品先后在合肥、南京、上海、广州、成都、北京等地参展。有《老耘书法集》《老耘书画集》一集、二集等行世。曾任萧县政协第一、二届委员，安徽省文史馆馆员，安徽省书协名誉理事，萧县书画院名誉院长。

李百忍（1927—1999），安徽宿州市人，号蕴威，别署老汪湖人，以“绿竹书屋”名其斋，中国著名书法艺术家、理论家、国家一级美术师。1950年考入华东军大艺术系就读，1957年又入南京师范学院美术系深造，拜沈子善教授为师从艺。曾任华东军区文化部文艺助理员，宿县地区文联主席，省政协书画社常务理事等。

先后当选中国书协理事，安徽省书协主席，第五、六届省政协委员，全国第六届文代会代表。其作品参加国内外一系列重大展览，入编大型典集辞书、并被国内外重要馆院收藏和诸多园林刻碑。先后在合肥、上海、南京、杭州、徐州、济南、荷泽等地举办个人书法展览，受到各地热烈欢迎和得到高度评价。

他先后出版诸多个人专著和学术论文，诸如《楷书字贴》《李百忍行草书法集》《李百忍书艺文录》《书法初步》《张旭与草书艺术》《书法创作之我见》等。

欧阳龙（1938—2000），字云涛，当代花鸟画家，安徽萧县人。中国美术家协会江苏分会会员。他自幼师从萧龙士，1963年毕业于安徽省皖南大学艺术系。后拜李苦禅为师，专攻写意花鸟，尤擅画鹰，笔墨苍劲。李苦禅对其笔墨功夫极为赞赏，曾亲笔题写“云涛书画，尽进佳景”。

欧阳龙自幼从师老画家萧龙士，后拜师李若禅先生。系中国书法家协会会员、中国美术家协协会员。曾任江苏省徐州国画院院长、国家一级美术师。欧阳龙先生自幼酷爱美术，少年时即拜乡贤赵宗基为师。及长，又拜师国画大师萧龙士先生，得其真传。1972年又入京到国画大师李若禅先生门下研习画鹰技法。由于欧阳龙先生功力深厚、谦虚勤勉，深得苦禅老人垂爱。欧阳龙治学严谨，于诗词、金石、书法、绘画诸业兼工。他的书画作品用笔恣肆、雄浑厚重、大气磅薄。先后被人民大会堂、天安门城楼、齐石白纪念馆等单位收藏，并多次参加全国重大美术展览。1992年到法国举办画展，获得极大成功，并得到法国总统希拉克的赞誉。回国后，欧阳龙先生创作一张“鹏程万里图”寄赠希拉克总统。希拉克总统亲笔回信致谢。《人民日报》以“总统和画家情缘”为题进行报导。他低调处世，毕生潜心书画艺术。他热爱家乡，为萧县获得全国“书画之乡”的盛誉和在徐州创办萧龙士纪念馆做出贡献。在任徐州国画院院长期间，为徐州书画走向全国起到了重要作用。

王肇民（1908—2003），安徽萧县人。中国著名美术家、美术教育家，他对于素描、水彩、国画、油画无不擅长，而且善作古体诗词。以素描、水彩为专业。王肇民为当代水彩画大家，一生坎坷。

1929年入国立杭州艺专，并参加左联领导的进步艺术团体“一八艺社”，任研究干事。1932年转学到国立北平大学艺术学院西画系，并组织北平木刻研究会。1933年毕业到南京，入国立中央大学师范学院艺术系旁听。1934年复至北平，任私立北京艺专教授及艺术科职业学校训育主任。1937年“七七事变”后，任新四军萧宿永边区萧县人民政府民运科及教育科科员。1942年因父丧至重庆，在小学任教。1949年新中国成立后，任南京市委文工团团员。1951年至武汉，任中原大学中南文艺学院讲师。1953年任中南美专讲师。1958年随学校迁至广州，任广州美术学院教授。1979年被选为中国美术家协会广东分会理事、广东省文联及全国文联代表，并出席第四次全国文联代表大会。1987年离休后被聘为广东省美协顾问、广东画院顾问。1992年获广东省第四届“鲁迅文艺奖”；1993年获广州美术学院“教书育人”特等奖和“终身教授”称号；2000年12月获教育部颁发的“全国学校艺术教育先进个人”光荣称号。

1962年起先后在广州、武汉、西安、北京、深圳等地举办九次个人画展，深受画界和群众的好评。他的水彩画被称为“国画的笔法，油画的色彩，素描的基础，诗的境界”。1980年10月，在巴黎举办个人画展，以其丰富多彩、精美独到的艺术手法创造的艺术作品，取得了极大的成功。出版有《画语拾零》《水彩画选集》，诗词选《红叶》等。

荣爱坡（1944—2006），安徽省宿州市人。宿州市泗州戏剧团国家一级演员，中国戏剧家协会会员，工老生，师承泗州戏老艺人杨桂荣。1961年加入宿县地区泗州戏剧团。主演的剧目有《智取威虎山》（饰演栾平）、《吴汉杀妻》（饰吴汉）、《李双双》（饰孙喜旺）、《摔猪盆》（饰大成）等，深受观众喜爱。他一直致力于泗州戏生行唱腔的发展与革新，虚心向柳琴戏著名演员学习，把柳琴戏中优美的男腔吸收到泗州戏中来，收到良好的效果。他的演唱在皖北、苏北、鲁南、豫东一带较有影响。他在《王小赶脚》一剧中的唱段，被上海唱片社灌制成唱片发行。

1979年至2003年，荣爱坡参演泗州戏《摔猪盆》《四换妻》《八月桂》《拙大姐》《爱心如虹》等剧目，多次获得国家级和省级奖项。

欧阳儒秋（1918—2007），女，安徽省萧县人。中国著名电影演员、译制片导演。1938年徐州高中肄业后投入抗敌演剧队任演员，演出《八百壮士》等抗日戏剧。后赴延安任鲁艺实验剧团、东北电影厂演员，参拍《赵一曼》等，并导演苏联几部译制片。后任北京电影学院表演系教师、系主任等。并在《樱》《巴山夜雨》等影片中饰演角色。1981年获第一届最佳男女配角集体“金鸡奖”。

周凤云（1933—2012），女，山东省枣庄市人。宿县地区泗州戏剧团副团长，是北路泗州戏艺人，20世纪中叶泗州戏四大花旦之一。1951年参加宿县劳动剧团（泗州戏），后并入宿县地区泗州戏剧团。主演作品有《杨八姐救兄》《樊梨花诉堂》《四告》《樊梨花点兵》《思盼》等。1957年晋京汇报演出，受到毛泽东、刘少奇、周恩来等党和国家领导人的亲切接见；1959年参加安徽省慰问演出团赴新疆、福建等地慰问演出。其唱腔特点别具一格，擅长演出大戏，在舞台上一唱就是上百句，闪板夺词，一气呵成，一些唱段是青年演员的必修课程。

薛志耘（1945—2013），号老卧、半闲馆主，安徽萧县人。擅长中国画大写意花鸟及书法。先后师从郑正、萧龙士、李苦禅、许麟庐先生并继承明清以来文人画优秀传统。其作品以书入画，气势雄浑，水墨淋漓，清新隽逸、自然天成；轻松随意而不造作，章法独具匠心而不露人工痕迹，既传统又标新立异，国画大师许麟庐先生赞曰："画法不落窠臼，天趣洋溢前人未之有也。"著名艺术大师刘开渠先生在其画集序言中作以评价，"他豁达诚善的品格同他的绘画一样，给我留下深刻的印象。……其作品敢破传统之围，能容前贤之长。又多标新立意之举；又因其学画之初便以青藤、八大为风范。且未忘师法自然，故其作品始终保持着较高的格调与品位。"曾数十次参加国家级及国际展览，并多次在国内外有影响的报刊上发表。1988年元月在北京中国美术馆举办过个人画展。30余件作品分别由中国美术馆、人民大会堂等单位收藏。数十件作品由国家领导人作为礼品馈赠国际友人。

薛志耘为国家一级美术师，中国美术家协会会员，安徽省人大代表，省文史馆馆员，安徽省美协理事，宿州市政协常委，宿州市美术家协会主席，宿州市书画院院长，新疆大学客座教授。传略载入《中国美术名人大辞典》《中国美术家年鉴》、英国剑桥传记中心《世界名人录》等。

出版有《薛志耘画集》《薛志耘中国画集》《薛志耘花鸟挂历》等。《荣宝斋画谱（薛志耘卷）》（荣宝斋出版社）。

第二章 人物简介

党政军界

王更生 1908年生，安徽省萧县人。民国17年（1928年）7月加入中国共产党。民国26年任永城县民众抗日救亡动员委员会常委兼驻会秘书。民国27年任苏鲁豫皖特委工委组织委员。民国29年9月任中共鲁南第二地委巡回工作团团长。民国32年任莒北县县长兼县大队队长。民国34年10月任滨海行政公署民政处长。民国37年8月任豫皖苏八地委副专员、专员，汝南地委副专员、专员。1951年2月任广东潮汕地区专员兼粤东行署副主任。1953年任广东省农林厅厅长。1957年任农业部党组农科院分党组专职副书记兼机关常委书记。1958年被选为中国园艺学会理事长、党组书记。1960年任北京农业机械化学院书记兼代院长。1978年任学院党委副书记、副院长。1982年离休，享受副部级待遇。

熊玉坤 1919年生，四川省北川县人，1935年4月入伍，1936年4月加入中国共产党。1935年4月任红四军11师32团特务连战士，1937年11月任129师供给部警卫连排长，1938年4月任129师供给部警卫连副连长，1938年10月任129师供给部警卫连连长，1941年1月任18军总部供给部警卫连副连长，1941年12月任18军总部供给部警卫连连长，1943年2月任18军总部供给部警卫营四连连长，1945年4月任18军总部朱德部警卫团2营副营长，1947年4月任二野3纵7旅补充营营长，1947年6月任二野3纵教导团1大队3中队队长，1948年1月任皖西军区2分区教导大队大队长，1950年11月任皖北军区安庆分区司令部作战科科长，1951年4月任皖北军区安庆分区干管部副部长，1952年9月任安徽军区政治部干部科科长，1954年9月任安徽宿县军分区副政治委员，1958年1月任安徽阜阳军分区副政治委员，1961年11月任安徽省合肥市人民武装部第二政治委员，1965年9月任安徽省巢湖军分区第二政治委员，1970年7月任安徽省军区副政治委员，1981年6月任安徽省军区政治委员。

任慎修 1914年生，安徽省萧县人。宿县地委副书记、专员，省农牧渔业厅副厅长。解放前在上海加入“社会主义联盟”，后任国民党临泉县科长，解放后任临泉县县长，阜阳地区副专员，皖北农村处处长，省农林厅副厅长，省农工部秘书长，芜湖地委书记处书记兼马鞍山、当涂县委书记，合肥市委副书记。

王保哲 1915年生，安徽省萧县人。1938年参加革命，曾任乡农救会主任。因叛徒出卖被捕入狱。在狱中不屈斗争，秘密组建临时党支部，经组织营救出狱。继任萧县独立团营长，华野团政委，解放后任空军漳州基地政治部主任，空八军副军长等。先后参加莱芜、孟良崮、淮海、渡江及解放杭州、上海、舟山群岛等战役，荣获三级自由、三级解放勋章，独立荣誉勋章等。

王　枫 1917年生，原名王华章。四川平昌人。1935年5月加入中国共产党。

1933年3月参加中国工农红军。红军时期历任红四方面军11师32团、红一方面军4师11团、红二十九军6团战士、班长、排长，参加川陕苏区历次反围剿作战和红四方面军长征。抗日战争时期，历任八路军留守兵团警备五团作战参谋，抗大学员，新四军6支队2团作战参谋，新四军4师32团副营长兼连长、营长，淮北军区泗南总队参谋长，独立1团团长，12旅35团团长，参加淮北路西反顽斗争，路东反扫荡战斗。解放战争时期，历任豫皖苏军区独立旅35团团长兼政委，第六军分区参谋长，阜阳军分区副司令兼参谋长。参加平汉、陇海、豫东、开封、挺进大别山、淮海、皖北剿匪等战役战斗。新中国成立后，任宿县军分区副司令员，华东军区干部文化总校校长，解放军第三政治干校校务部部长，第四步兵预备学校校长，安徽合肥军分区司令员，滁县军分区司令员。1970年7月至1983年4月期间，任安徽省军区副司令员。荣获三级八一勋章，二级独立自由勋章，二级解放勋章。1988年7月被授予中国人民解放军二级红星功勋荣誉章。

薛 光 1918年生，字宇明，安徽省萧县人。贵州省军区副政委、顾问，正军职。1938年入伍，历任县武工队长、二野五兵团政治部秘书科科长。新中国成立后任贵阳军管会军事接管部秘书长，省军区副政委、党委常委，省委委员、省政协常委，省文史委副主任等。负责修建湘黔铁路时受国务院、军委通令嘉奖。

卢文光 1920年生，安徽省萧县人。历任抗日义勇军战士、宣传干事，《前线》编辑、《战旗》报社社长、军政治部宣教部副部长，《人民海军》报社社长，海军总部《人民海军》杂志第一主编、副社长，主持创刊人民海军报，后任海军政治部秘书长，海军离休干部安置办主任（副军）。

王成美 1920年生，安徽省萧县人。民国28年（1939年）参加八路军，次年加入中国共产党。历任新四军第三师连指导员、团组织股长、团政委等职。解放战争时期任辽北军分区团长兼政委。1950年调长寿航校任警卫团政委。1951年学习飞行。1953年任航空兵团长，1956年任航空兵师长，1962年任福州空军军训部部长。1966年任空军副军长。1977年任中国民航总局副局长，1980年任福州军区空军副司令员。1983年离休。获二级独立自由勋章、三级解放勋章。

田启松 1920年生，安徽省萧县人。民国27年（1938年）10月加入中国共产党。

民国28年10月起先后任萧县六区青年报国团团长、区委书记、萧县独立团第一营教导员、涡北县四区区长、区委书记、区大队教导员。民国30年6月部队东撤，田启松奉命留路西，任涡北、宿西、永南地下党的县委书记。民国33年8月新四军四师西进，收复豫皖苏边区，建立党政军各级政权，田启松任中共宿西县委副书记、书记，萧宿永县委副书记。淮海战役时任百善兵站站长。民国38年春，宿西、宿东、宿城市合并组建宿县，田启松任中共宿县县委书记、县独立团政委。

1950年任中共濉溪县委书记、县长。1951年8月调任宿县专员公署副专员、中共宿县地委统战部部长。1952年2月，田启松奉调去上海参加“五反”运动，后留任上海嵩山区区长、中共嵩山区委书记、邑庙区委书记兼区政协主席。1958年调上海市农委，先后任农委工业部长、农村工作部副部长、政治部副主任。1965年调江西，任中共九江地委第一书记、军分区第一政委、党委第一书记、赣州地区革委会副主任、中共赣州地委副书记、书记、吉安地委书记，江西驻沪办事处主任。1985年春调任国务院上海经济区规划办公室领导小组成员、农业大组组长、老城改造建设办公室主任等。1991年离休。

郑英保 1921年生，男，汉族，安徽宿州人，1940年4月参加革命加入中国共产党，学历高中。1940年4月至1946年11月，任宿灵县花庄区支部书记、乡长、区委宣传委员、组织委员、区委副书记、区长、区委书记。1946年11月至1949年3月，任中共豫皖苏区党委组织部部长、亳县县委组织部长、县委委员。1949年3月至1949年4月，任江淮三分区担架运输团副政委。1949年5月至1955年8月，任宿县县委委员、组织部长，县委副书记，县委书记兼宿县人民武装部政委，中共宿县地委组织部长、地委委员。1954年9月带职在中共中央高级党校学习，1955年7月毕业。1955年8月至1959年4月，任中共安徽省委党校党委委员，党建、党史教研室主任。1959年4月至1961年3月，任蚌埠地委常委、地委书记处书记兼泗县县委第一书记、兵役局政委、人民武装部政委。1961年3月至1963年6月，任宿县地委书记处书记兼泗县县委第一书记、人民武装部政委。1963年6月至1969年11月，任宿县地委副书记兼泗县县委书记、人民武装部政委。1969年11月至1983年7月，宿县革委会副主任、主任、县委副书记，宿县地区革委会副主任、地委常委、地委副书记。1985年5月离休。

李　昭 1921年生，女，胡耀邦夫人。安徽宿县人。1937年参加抗日救亡活动，1940年加入中国共产党。曾任石家庄市民政局人事科副科长，中共四川省南充市委组织部部长，北京第一棉纺厂厂长、党委书记，北京市纺织局副局长、政治部主任，北京市纺织工业总公司顾问，北京市顾委常委。

秦　岩 1921年生，女，安徽宿县人。王铮夫人。1938年参加革命，加入中国共产党。曾任军委机关报务员，通讯部机要秘书，第三机械工业部十局外事处处长，经贸部局长，对外经济联络委员会处长。

杜庆璜 1921年生，安徽省萧县人。南京军区后勤部营房部部长，副军职。1939年入伍，历任苏鲁豫支队教导队会计、科长等。参加过抗日游击战、淮海战役。新中国成立后任华东空军后勤部供给部副部长。入朝参战。后任南京军区财务部工程企业处处长、基建营房部副部长。获三级独立自由勋章和独立功勋章。

罗　健 1923年生，女，安徽宿县人。王政柱夫人。1937年参加革命，1939年加入中国共产党。历任八路军总部机要员，第一野战军司令部机要处秘书，第九兵团留守处助理员，中国人民志愿军西海岸指挥部秘书组组长，青岛基地干部子弟学校校长，红四方面军战编室资料组副组长，海军南海舰队离退休办公室主任。八路军副总参谋长左权在救罗健时被弹片击中、牺牲，罗健痛哭三天。罗健曾说："彭总（彭德怀）像慈父一样关心部下"。

杨海波 1923年生，安徽砀山人。1939年加入中国共产党。曾任中共宿东县区委书记、组织部部长，安东县委宣传部部长。新中国成立后，历任中共中央东北局青委副书记，青年团辽宁省委书记，共青团中央宣传部部长、书记处书记，杭州大学、浙江大学、中国科技大学党委书记，中共安徽省委副书记，安徽省第五届政协主席，国家教委副主任，是中共第十二届中央候补委员、第一至三届全国人大代表、第七届全国人大常委、第四届全国政协委员。

单印章 1923年生，安徽省萧县人。1937年先后在徐州参加五战区学生军团游击队、八路军。历任分队长、股长；后赴东北战场，参加辽沈、渡江、解放两广及海南岛诸战役，任营团政委等。新中国成立后任海南军区副政委、广州军区副政委。荣获三级独立自由、二级解放勋章等。曾任中共十二届中纪委委员，全国第七、八届政协委员。

辛 明 1924年生，安徽省萧县人，原空军指挥学院政委，空军中将。1938年入伍，1941年加入中国共产党。革命生涯中，历任游击队文化教员、干事、编辑、秘书、股长、科长、处长、师政治部副主任、空军报社副社长兼总编辑、空军报社社长、北京市仪表局党委副书记、空军政治部副主任等职。辛明是第七届全国人大代表，1988年被授予空军中将军衔。获中国人民解放军独立功勋奖章。

周祖昌 1926年生，中共党员，江苏海门人。1941年10月参加工作。1941年10月至1941年12月在苏中财务训练班学习。历任海中区工商管理所所长，江浦财粮科副科长、粮食局局长，滁县专署财粮科农税组组长、财委秘书，滁县专署办公室副主任兼专署财经办副主任，蚌埠专署财经办副主任、主任，蚌埠地委财贸部副部长兼商业局局长、地委副秘书长，1963年5月至1966年12月任宿县专区保健委员会副主任、专署财贸办副主任、主任、地委副秘书长、财办主任，1967年1月至1971年5月"文化大革命"中受审，1971年6月至1972年10月任宿县地区生产指挥组计划小组组长、生产指挥组副组长，1972年10月至1980年2月任宿县地区革委会副主任兼生产指挥组副组长、计委副主任，1980年3月至1981年6月任宿县地区行政公署副专员，1981年6月至1983年1月任宿县地委常委，1983年1月至1987年5月任宿县地委书记，1991年10月离休。

唐 震 1927年生，江苏盐城人，初中，1945年4月加入中国共产党。1945年4月—1949年5月先后任镇长、指导员、游击队班长、乡支书、区委组织干事、组织科科长、副区长兼组织科科长，1949年5月—1959年2月先后任天长县区长、代区委书记、县委宣传部副部长、部长、滁县地委党训班副书记、副主任、蚌埠地委宣传部科长、宿县县委组织部长，1959年2月—1968年5月先后任宿县县委书记处书记、副书记兼组织部部长、监委书记，1968年5月—1976年6月先后任宿县革命委员会副主任、五河县革命委员会副主任、副书记，1976年6月—1977年10月先后任五河县委副书记、县革命委员会主任，1977年10月—1980年3月先后任五河县委书记、革命委员会主任、宿县地区农办副主任兼农业局局长，1980年3月—1981年9月任怀远县委第一书记、第一政委，1981年9月—1983年5月任宿县地委委员、怀远县第一书记，1983年6月—1987年5月任宿县地委副书记、行署专员、武委会主任，1987年5月—1988年1月任宿县地委顾问，1988年1月—1991年4月任淮南市政协主席，1991年4月—1993年5月任宿县地区行署顾问，1993年6月离休（省八次党代会代表、市三届人大代表、市三次党代会代表）。

陈品德 1931年生，安徽省萧县人，南京军事学院毕业，中共党员。民国33年（1944年）参加革命，民国35年参军，历任营长、团参谋长、团长、军分区参谋长、司令员等职。1983年5月，任芜湖市人民武装部部长。1984年3月，任芜湖军分区司令员。1985年离休。曾参加过解放大西南战役。参加抗美援朝金城阻击战，先后荣立一等功一次、二等功一次、三等功五次，并荣获朝鲜人民共和国二、三级国际勋章各一枚。

王　克　1931年生，安徽萧县人。上将军衔。大学学历。1944年8月参加新四军，任华中淮北萧县武工队宣传员（新四军4师派出）。1945年9月任华东2纵队（后为第21军）5师15团2连文化教员。1947年10月加入中国共产党。1949年9月任第21军184团教导队副指导员、师作战科参谋。1952年10月任陆军营参谋长、炮兵团营长，军炮兵司令部作训科科长。1956年8月任志愿军第21军343团第1副团长兼参谋长。1958年9月在沈阳高级炮校学习，任北京炮校科研室主任、教务科科长。1962年5月任武威炮校教务科科长、训练部副部长。1970年1月任陆军军司令部炮兵处处长。1972年6月任兰州军区守备师副师长。1978年8月任兰州军区守备师政委。1979年3月为高等军事学院高级系学员。1980年1月任兰州军区守备师师长。1983年5月任陆军军长、集团军军长。1986年5月任新疆军区副司令员。1990年4月任兰州军区副司令员、党委常委、党委副书记。1992年6月兼新疆军区司令员（1992年8月—1994年12月在中央党校领导干部函授班经济管理专业学习）。1992年12月任兰州军区司令员。1992年11月任沈阳军区司令员、党委副书记、书记。1995年9月任中共中央军委委员，总后勤部部长、党委书记，中华人民共和国中央军事委员会委员（1995年10月起）。2002年11月－2003年3月任中华人民共和国中央军事委员会委员。获解放奖章。1988年9月被授予中将军衔。1994年5月晋升为上将军衔。中共十四届、十五届中央委员。

张德勤　1933年生，安徽省萧县人。1957年7月毕业于复旦大学中文系。1957年至1958年，在中央广播事业局对外部（今国际广播电台）任编辑、记者。1978年至1981年，在中国社科院新闻研究所做研究工作，担任新闻研究生辅导老师。1981年至1985年，任中共中央办公厅秘书局综合处负责人、中央领导同志秘书、中办办公室副主任。1985年至1986年，任经济日报副总编。1986年至1988年，任文化部办公厅主任。1988年至1996年，任国家文物局局长。

丁文昌　1933年生，安徽宿州人。上将军衔。大专学历。1951年7月参军，为解放军第16步兵学校、空军第5预科总队、第10航空学校学员。1954年1月任空军师军械员、师政治部组织科监察助理员、飞行大队副政委。1956年5月加入中国共产党。1966年3月任空军军政治部秘书处秘书。1970年10月任空军军政治部干部处副处长、处长，沈阳军区空军政治部干部部副部长。1980年5月任空军航空兵师副政委。1981年7月任沈阳军区空军政治部干部部部长。1983年5月任空军副政委（1983年9月—1984年1月在中央党校干部轮训班学习）。1985年11月任空军政治部副主任。1988年4月任空军政治部主任、党委常委（1989年3月—5月在国防大学高级干部进修班学习）。1992年11月—1999年1月任空军政委、党委书记。七届全国人大代表。1988年9月被授予空军少将军衔。1990年7月晋升为空军中将军衔。1996年1月晋升为空军上将军衔。中共十四、十五届中央委员。

徐振宾　1933年生，安徽宿县人。1949年7月参加工作，同年12月加入中国共产党。1949年8月至1953年10月先后任宿县地委反匪反霸工作队队员、宿县团地委干事、地直机关团总支书记、地委办公室机要干事、宿县地委宣传部干事。1953年11月至1956年2月任宿县地委办公室助理秘书、秘书，1956年2月至1961年3月任蚌埠地委办公室秘书、副主任、主任，1961年3月至1969年4月任宿县地委办公室主任，1969年5月任宿县地区革委会政工组宣传组组长，1970年1月任宿县地区革委会办事组副组长（1971年4月起为宿县地委委员），1976年3月任宿县地委副秘书长兼地委办公室主任和地区外事处处长，1980年7月任灵璧县县委书记兼县人武部第一政治委员、党委第一书记，1983年4月任宿县地委秘书长，1983年7月任宿县地委副书记兼地纪委书记（1984年3月起为安徽省纪律检查委员会委员），1987年5月至1991年2月任安徽省人民防空办公室党组副书记、副主任（主持全面工作），1991年3月任安徽省委统战部副部长。1993年11月离休。

吕保成　1934年生，又名吕信元，安徽省无为县人。1951年入伍，1954年12月加入中国共产党。曾任巢湖行署副专员，宿县行署专员、地委副书记，宿县地委书记，巢湖地委书记。

吴立义　1936年生，中共党员，安徽砀山人。安徽农学院大学毕业，高级农艺师，1956年1月参加工作。原宿县地区人大工委主任。历任砀山县农业局孟楼乡农技站工作人员，宿县农校、安徽农学院学生，宿县地区农林局工作人员，宿县地区革委会生产组农业小组、政秘小组工作人员，宿县地区组织部党总支副书记，宿县地区行署科委科技干部科副科长、科长，1982年5月任宿县地区行署科委副主任，1983年8月任宿县地委委员、组织部部长，1989年3月任中共宿县地委副书记，1996年8月任宿县地区人大工作委员会主任，1999年5月至2001年12月任宿州市委督察组组长。

李彩銮　1938年生，安徽省灵璧县人，大学文化。1957年参军，在部队历任营长、团副参谋长、副团长、副旅长、旅长、南京军区工程兵部部长、江西省军区参谋长等职。在党内历任：党支部副书记，营党委委员。南京军区直属党委委员，江西省军区党委常委，江西省军区司令部党委书记。其他任职：总参兵种学术委员会委员，南京军区保密委员会委员，南京军区战备交通指挥成员，南京军区学术委员会委员，南京军区人民防空委员会委员。

1979年，奉中央军委命令，参加云南边防保卫战，受到广州军区表彰。

1983年，任旅长期间，奉总参和南京军区党委的指示，组织特种舟桥第三十一旅和重型八十三团，首次在洪水期间，在长江上驾通载重50吨、长1331米的浮桥，保障重型装备顺利过江，圆满完成演习任务，受到总参谋部总参谋长来电嘉奖，个人被南京军区党委批准荣立三等功一次，并在《人民前线》上通报嘉奖。

1991年，任部长期间，组织特种舟桥第三十一旅和南京军区所属工程兵投入百年未遇的特大洪涝灾害的抢险救灾工作，抢救大批受灾群众和数百万吨物资，保障江泽民主席、李鹏总理等中央和军委领导视察灾区工作的顺利进行。由于救灾工作出色，个人被南京军区党委批准荣立三等功一次。工程兵所属部队、特种舟桥第三十一旅被中央军委批准荣立集体二等功，二团、三团分别荣立集体三等功。1994年晋升少将军衔。

武秀玲 1938年生，女，安徽宿州市人，大学学历。1965年9月参加工作，六安地区四清分团任工作队员；1966年9月，六安地区霍邱县长集区砖红公社转林大队基层工作锻炼；1967年7月，宿县地区农林局任技术员；1969年2月，下放固镇县任桥公社任桥大队劳动锻炼；1972年9月，加入中国共产党，宿县地区农林局任技术员；1978年1月，任宿县地区农林局农业科副科长；1980年2月，任宿县地区农业技术推广站站长；1981年3月，任宿县地区农业局副局长、党组成员；1981年11月，任泗县副县长；1983年7月，任宿县地委副书记；1987年9月，任宿县地区行署副专员；1998年12月，任政协宿县地区工作委员会主任；1999年5月任政协宿州市委员会主席；2004年9月退休。

陈瑞鼎 1939年生，安徽宿州人。1964年6月加入中国共产党，8月参加工作。中央党校研究生学历。1964年8月毕业于安徽大学历史系。毕业后任“四清”工作队队员。1967年11月任固镇县公安局人保组、秘书组组长，团县委书记，磨盘张公社党委书记、革委会主任。1979年4月任安徽省种子公司副经理。1983年8月任安徽省司法厅厅长、党组书记（1984年9月—1986年7月在中央党校培训班学习）。1992年1月任省公安厅厅长、党委副书记、书记，省武警总队第一政委、党委书记。1999年12月任省委政法委书记。后任安徽省九届人大常委会副主任、省法学会会长。

耿光宽 1941年生，安徽巢湖人。大学学历，农艺师。1961年9月至1965年8月在安徽农学院农学系土化专业学习，毕业后任六安地区“四清”工作队员，1966年8月加入中国共产党。1967年10月起先后任砀山农科所技术员、县园艺场政工组副组长、县农科所副所长，1975年12月任砀山县农林局领导小组副组长，1980年1月任砀山县唐寨区区委副书记、区长，1982年2月任砀山县委常委，唐寨区区委副书记、区长，1984年1月任灵壁县委副书记、县长，1987年3月任灵壁县委书记，1989年3月任宿县地委委员、地区纪委书记，1991年10月任宿县地委副书记，1992年2月任宿县地委书记，1998年1月任省九届人大常委会秘书长、党组成员，1998年4月任省九届人大常委会秘书长、党组成员，机关党组书记。是中共十四大、十五大代表。

董宜胜 1941年生，安徽省萧县人。解放军原总后勤部副政委兼纪委书记、中央军委纪委副书记，中将。1962年参军。历任战士、师政委、集团军政委、书记等。曾为七、八届全国人大代表，十五、十六届中纪委委员。

孙育海 1942年生，江苏盐城人，大学学历，中国人民大学毕业。宿州市人大常委会副主任，级别为正市级。历任五河县农场工作人员，五河县革委会宣传小组办事员、副组长，五河县委宣传部副部长，五河县委办公室副主任，五河县城郊区委副书记、区长，1981年6月任五河县委常委、宣传部部长，1983年8月任宿县地委委员、宣传部部长，1991年8月任宿县地委委员、组织部长，1996年8月任地委副书记、地委党校校长，1999年4月任宿州市委副书记、市委党校校长。2002年3月至2004年2月任宿州市人大常委会副主任。

杨传玺 1943年生，山东茌平人。大学学历，安徽工学院汽车专业毕业，工程师。1969年7月—1972年7月，安徽工学院学习；1972年7月，任固镇县交通局技术员；1974年8月加入中国共产党。1976年12月，任宿县地区交通局副局长；1983年8

月，任宿县地区行署副专员（1988年9月任地委委员）；1991年10月，任宿县地委副书记、行署专员；1994年5月，任宿县地委副书记；1999年4月，任宿州市委副书记；2002年3月，任宿州市委督查组组长；2008年7月退休。

汪怀志 1944年生，安徽阜阳市人。宿县军分区司令员，大校军衔。大专学历。1962年6月至1971年1月，任安徽省军区警卫营战士、班长、排长、副连长、连长，1965年3月加入中国共产党。1971年2月任安徽省军区司令部作训处参谋，1978年6月任安徽省军区司令部作训处副处长，1981年7月任安徽省军区教导大队大队长，1983年5月任合肥军分区参谋长，1986年9月任滁县预备役师参谋长，1990年2月任巢湖军分区参谋长，1993年2月任宿县军分区司令员，2000年1月离任。

陈树德 1945年生，安徽宿州人，研究生学历，中共党员，1963年10月参加工作。原宿州市委书记、市人大常委会主任。历任宿县地区水利局工作人员、县地委“四清”工作队员、共青团砀山县委书记、宿县地区水利局政工小组副组长、地区革委会工作人员、直属机关党委副书记。1979年8月任共青团宿县地委副书记；1981年11月任灵璧县委副书记、组织部部长；1983年7月任宿县地委委员，在中央党校研究生班脱产学习；1986年11月任宿县地委委员、纪委书记；1989年3月任宿县地委副书记；1996年11月任宿县地委副书记、地区政协工委主任、党组书记；1998年4月任宿县地委副书记、行署专员、行署党组书记；1999年4月任宿州市委副书记、市长、党组书记；2001年4月任宿州市委书记、市长、市政府党组书记；2001年9月任宿州市委书记、市人大常委会主任；2003年4月任省委副秘书长。

雷　杰 1945年生，安徽省萧县人。1959年参加工作，1965年应征入伍，历任政治处宣传股股长、政治处副主任等职。1978年11月调任解放军总后勤部政治部干部部干事。1984年学习于中国人民解放军政治学院基本系，1986年毕业，任后勤学院政治部干部处处长，1988年任总后干部部部长，被授予陆军大校军衔。1991年任总后政治部副主任（副军职）。

张　平 1946年生，安徽萧县人。中专学历。1963年9月在安徽省银行学校信贷专业学习。1966年9月留校待分配。1967年7月任中国人民银行安徽省巢县支行夏阁营业所会计，县支行信贷员、副股长、股长。1978年3月任巢县财贸办公室干事。1979年8月加入中国共产党。1980年9月在中共安徽省委党校理论班学习。1981年8月任巢县工商局副局长。10月任安徽省政府办公厅调研处秘书，第2办公室副主任、主任（副厅级）。1985年12月任安徽省计委副主任、党组副书记。1991年10月任安徽省计委主任、党组书记。1992年8月任中共安徽省芜湖市委书记、芜湖市代市长、市长。1995年4月任安徽省省长助理、省政府秘书长。1996年9月任安徽省副省长。1999年9月任中共安徽省委常委、安徽省副省长。2003年5月任中共安徽省委副书记、安徽省副省长。2003年6月任中共安徽省委副书记。2005年8月任国家发展和改革委员会副主任、党组成员（正部级）。2005年12月任国务院副秘书长（正部级）、机关党组副书记。2008年3月任国家发展和改革委员会主任。2013年3月14日当选十二届全国人大常委会副委员长。第八届全国人大代表。中共第十六届中央候补委员，第十七届中央委员。

王胜俊 1946年生，安徽宿州人。大学学历。副总警监警衔。1964年8月在合肥师范学院历史系学习。1968年9月留校。1968年12月为安徽省六安县木厂铺农场职工，六安县革委会办事组秘书、党的核心小组成员，中共六安县委办公室副主任，中共六安县苏家埠区委副书记，中共安徽省六安地委宣传部宣传科干事、科长。1972年12月加入中国共产党。1983年7月任中共六安地委副书记（1983年12月兼任六安县委书记）。1984年12月任中共安徽省委常委、安徽省经济体制改革领导小组常务副组长（1985年3月—7月在中共中央党校进修1班学习）。1985年8月任中共安徽省委常委、省委政法委书记，安徽省公安厅厅长、党委书记。1992年2月任中共安徽省委常委、省委政法委书记，安徽省公安厅党委书记（1992年9月—11月在中共中央党校进修1班学习）。1993年2月任中共中央政法委员会副秘书长。1998年3月任中共中央政法委员会秘书长。2005年至2008年任中央政法委员会委员、秘书长，中央社会治安综合治理委员会副主任，2008年3月当选最高人民法院院长。2013年3月14日，当选为十二届全国人大常委会副委员长。1992年9月被授予人民警察副总警监警衔。中共十五大中纪委委员，第十六、十七届中央委员。

陈维席 1947生，安徽固镇县人，大学本科学历。1965年9月至1970年3月在清华大学工程化学系化工专业学习，毕业后在解放军6377部队锻炼；1971年3月起历任宿县地区化肥厂技术员、车间副主任、主任；1980年6月起任县级宿州市环保办公室办事员、秘书；1980年3月加入中国共产党。1983年6月任县级宿州市环保办公室副主任；1984年3月任县级宿州市副市长；1985年9月任县级宿州市委副书记、代市长、市长；1990年1月任县级宿州市委书记；1991年10月任宿县地委委员、县级宿州市委书记；1992年12月任宿县地委委员；1993年5月任宿县行署副专员；1993年12月任宿县地委委员、行署副专员；1994年5月任宿县地委副书记、行署专员（其间：1995年9月至1996年7月在中央党校中青年干部培训班学习）；1996年8月任淮南市委书记；2003年1月任淮南市委书记、市人大常委会主任；是中共十五大、十六大代表。

姜 元 1949年生，江苏盐城人，1969年2月入伍，1969年8月加入中国共产党，杭州大学党政专业毕业，大专学历。1992年4月至1994年5月六安军分区政治部主任、分区党委委员、常委；1994年5月至12月任宿县军分区政委、分区党委书记；1994年12月至1998年7月任宿县地委委员、宿县军分区政委、分区党委书记；1998年7月至1999年4月任宿县地委委员、纪委书记；1999年4月至2002年7月任宿州市委常委、纪委书记；2002年7月至2003年12月任宿州市委副书记、纪委书记；2003年12月至2004年2月任宿州市委副书记；2004年2月至4月任宿州市委副书记、市政协主席、党组书记；2004年4月至2006年9月任宿州市委副书记，市政协主席、党组书记，市委政法委第一书记；2006年9月至2007年8月任宿州市政协主席、党组书记，市委政法委第一书记；2007年8月任宿州市政协主席、党组书记。

1988年被授予中校军衔，1990年3月晋升为上校，1994年3月晋升为大校。1997年6月被评为南京军区“优秀党务工作者”，受到南京军区政治部的通报表彰。

顾秉生 1949年生，江苏启东人。大学本科学历。宿州军分区政治委员，大校军衔。1969年2月入伍，12月入党。入伍后任安徽省军区通信站2分队战士、正排职书记员。1976年6月任安徽省军区通信站2连政治指导员，1982年10月任安徽省军区通信站政治教导员，1983年7月任安徽省军区警备团政治部主任，1985年12月任安徽省军区司令部直工处处长，1993年7月任安徽省淮南军分区政治部主任，1999年2月任宿州军分区政治委员。

刘统海　1950年生，安徽省砀山县人，安徽大学函授中文专业毕业。1968年8月参加工作，1973年6月加入中国共产党。历任砀山县官庄公社吴庄村知青，宿县地区拂晓报编辑、记者，宿县地委宣传部办事员，宿县地委办公室工作人员、秘书，宿县地委办公室秘书科长。1987年12月任宿县地委政策研究室主任，1992年8月任中共宿县地委副秘书长、政研室主任，1993年3月任灵璧县委书记，1998年6月任宿县行署副专员、灵璧县委书记，1998年8月任宿县地区行署副专员，1999年5月任宿州市副市长，2003年12月宿州市委常委、宿州市常务副市长，2009年2月任宿州市人大常委会党组副书记、副主任，级别为正市级。

胡家驹　1950年生，江苏省句容市人。大学学历。宿州军分区司令员，大校军衔。1968年3月入伍，1969年12加入中国共产党。1994年8月任蚌埠军分区参谋长。2000年2月任宿州军分区司令员。

刘亚洲　1952年生，安徽宿县人，浙江宁波出生。大学学历。1968年3月参加中国人民解放军，1970年11月加入中国共产党。1972年在武汉大学外语系英文专业学习。1975年毕业，在民航北京管理局（首都机场）宣传处工作。1979年任空军政治部联络部1处干事。1984年年底任中国作协理事。1986年任空军政治部文化部文艺创作室副团职创作员。1986年5月—1987年为美国斯坦福大学访问学者。1987年回国后立三等功一次，任正团职创作员。1988年8月任中央军委办公厅政治部副师职干事，被授予空军上校军衔。1990年8月任总参装甲兵装备技术研究所政委、党委书记。1993年1月任北京军区空军政治部副主任。1993年晋升为空军大校军衔。1996年6月晋升为空军少将军衔。1997年任北京军区空军政治部主任。2002年1月任成都军区空军政委。2003年晋升为空军中将军衔，2003年12月任空军副政委兼纪委书记。2009年12月任国防大学政委。2012年7月晋升上将。中共17大当选为中央纪律检查委员会委员。中国共产党第十八届中央委员会委员。

刘长功　1953年生，安徽灵璧人，大学本科学历，中共党员，1973年1月参加工作。1978年9月—1982年7月，在安徽大学哲学系读书。1982年7月，在宿县地委宣传部工作，1983年任宿县地委宣传部理论科科长，1985年8月，任共青团宿县地委书记，1989年11月，任县级宿州市市委副书记、市长，1992年11月，任宿县地区行署教委主任、党组书记，1995年任宿县地委秘书长，1996年8月，任宿县行署副专员，1998年4月，任中共宿县地委副书记，1999年4月，任中共宿州市委副书记，2002年6月，任中共滁州市委副书记、安徽省预备役师副政委、滁州市预备役团第一政委。2004年9月，任中共安徽省委党校副校长、校委委员。2005年12月任中共安徽省委党校常务副校长（正厅级）、校委委员。2013年6月，任安徽省人民政府参事，兼任宿州市委督查组负责人。

汪　洋　1955年生，安徽宿州人。中央党校大学学历、硕士学位。1972年6月参加工作任安徽省宿县地区食品厂工人、车间负责人。1975年8月加入中国共产党。1976年2月任宿县地区“五七”干校学员，教研室副主任，校党委委员。1979年3月在中共中央党校理论宣传干部班政治经济学专业学习。1980年9月任中共宿县地委党校教员。1981年10月任共青团宿县地委副书记。1982年10月任共青团安徽省委宣传部部长。1983年8月任共青团安徽省委副书记。1984年10月任安徽省体委副主任、党组副书记。1987年8月任安徽省体委主任、党组书记。1988年11月任中共安徽省铜陵市委副书记、铜陵市代市长、市长（1989年8月—1992年6月在中共中央党校函授学院本科班党政管理专业在职学习），1992年8月任安徽省省计委主任、党组书记，省长助理。1993年2月任安徽省副省长，9月任中共安徽省委常委、安徽省副省长（1993年9月—1995年7月在中国科技大学管理科学系管理科学专业研究生课程班在职学习，获硕士学位；1997年3月—5月在中共中央党校省部级干部进修班学习）。1998年12月任中共安徽省委副书记、安徽省副省长。1999年9月任国家发展计划委员会副主任、党组成员（2001年9月—11月在中共中央党校省部级干部进修班学习）。2003年3月任国务院副秘书长（正部级）、机关党组副书记。2005年12月任中共重庆市委书记。2006年1月任中共重庆市委书记、重庆市人大常委会主任。2007年10月任中共中央政治局委员，中共重庆市委书记、重庆市人大常委会主任。2007年11月任中共中央政治局委员，中共广东省委书记。2013年3月任国务院副总理。第八至十届全国人大代表。中共第十六届中央候补委员，第十七届中央委员、中央政治局委员、十八届中央政治局委员。

吴旭军 1955年生，安徽桐城人，中共党员，1970年12月参加工作，中央党校函授学院本科班经济管理专业毕业，中央党校大学学历。历任上海警备区一师机务员。安徽省芜湖地区公路总站工人，政工干事。宣城地区行署交通局交管科办事员，副科长。1991年5月—1998年6月，任宣城地区绩溪县副县长，绩溪县委常委、副县长兼公安局局长，县委副书记、代县长、县长，县委书记、县人大常委会主任。1998年6月—1999年1月，任宣城地区宁国市委书记、市人大常委会党组书记。1999年1月—2002年1月，任宣城地区宁国市委书记、市人大常委会主任。2002年1月—2006年4月，任亳州市委常委、谯城区委书记（其间：挂职任江苏省张家港市委副书记）。2006年4月任宿州市委副书记、代市长。2007年2月，任宿州市委副书记、市长。2010年12月，任安徽省民政厅党组书记、厅长。

梁卫国 1955年生，安徽宿州人，1970年8月参加工作，清华大学电子工程系无线电技术专业毕业，中央党校研究生学历，工程师。历任淮北市邮电局机务员，办公室副主任、主任、局长助理、副局长，1984年8月加入中国共产党，1988年7月任淮北市邮电局局长、党委书记，1993年1月任淮北市政府副市长（1995年1月任市委委员，其间：1994年9月—1997年1月参加中央党校研究生院在职研究生班经济管理专业学习），1999年1月任淮北市委常委、常务副市长（其间：2001年3月—5月参加省委党校市厅级干部培训班学习），2001年5月任淮北市委副书记、副市长，8月任淮北市委副书记，2001年9月任宿州市委副书记、代市长，2002年3月任宿州市委副书记、市长，2003年4月任宿州市委书记、市长，10月任宿州市委书记，2004年2月任宿州市委书记、市人大常委会主任（其间：2005年6月—9月参加国务院发展研究中心与美国哈佛大学合办的公共管理高级培训班学习），2006年4月任蚌埠市委书记，2007年1月任蚌埠市委书记、市人大常委会主任，2008年7月任安徽省政府党组成员、省长助理，2009年11月任安徽省政府党组成员、办公厅党组书记，安徽行政学院（安徽经济管理学院）院长（兼），12月任安徽省政府秘书长、党组成员，办公厅党组书记，安徽行政学院（安徽经济管理学院）院长（兼）。2012年2月任安徽省政府副省长。中共十七大代表，第十届全国人大代表，省委委员。

徐立全　1956年生，安徽合肥人，合肥工业大学电气工程系工业电气自动化专业毕业，大学学历，工学学士，复旦大学经济学硕士。1976年8月加入中国共产党，1978年3月在合肥工业大学电气工程系工业电气自动化专业学习，1982年2月任合肥仪表总厂研究所二次仪表车间技术组组长、厂党委副书记，1983年9月任共青团合肥市委副书记、党组副书记、市青联主席，1985年7月任共青团安徽省委副书记、党组成员，1990年5月任共青团安徽省委书记、党组书记（其间：1991年3月—1991年7月在中央党校进修班学习，1992年12月—1994年9月挂职中共安徽省蚌埠市委副书记），1994年9月任安徽省外事（侨务）办公室主任、党组书记（其间：1995年9月—1996年7月在中央党校中青年干部培训班学习），1996年8月任安徽省宿县地委副书记、行署专员（其间：1993年9月—1997年1月在复旦大学经济学系政治经济学专业读在职研究生，获经济学硕士学位），1998年2月任安徽省宿县地委书记、行署专员、宿县军分区党委第一书记，1998年4月任安徽省宿县地委书记、宿县军分区党委第一书记，1999年4月任安徽省宿州市委书记，5月任安徽省宿州市委书记、宿州市人大常委会主任，2001年4月任安徽省政府党组成员、办公厅党组书记，5月任安徽省人民政府秘书长、党组成员，办公厅党组书记，安徽行政学院（安徽经济管理学院）院长，2003年1月任安徽省政府副省长、党组成员，2005年5月任安徽省委常委、省委政法委书记，副省长、省政府党组成员，6月任安徽省委常委、省委政法委书记，2006年12月起任安徽省委常委、省委政法委书记、省公安厅厅长、党委书记。中共十七大代表，第七届、八届、九届全国人大代表。

刘晓云　1956年生，女，安徽省灵璧县人，安徽师范大学蚌埠分校音乐专业毕业，中央党校在职研究生。1984年12月加入中国共产党。宿州市政协主席。1970年7月，在灵璧县高楼大队下放知青。1971年1月，灵璧县文工团工作。1978年9月，安徽师范大学蚌埠分校学生。1980年7月，灵璧师范学校任教。1983年1月，任共青团宿县地委学少部副部长、部长。1990年10月，任共青团宿县地委副书记（主持工作）、书记。1996年2月任中共宿县地区纪律检查委员会副书记（其间分别在全国纪检监察干部培训班、省委党校县处级干部进修班学习）。1997年7月—1999年6月，任泗县县委副书记（挂职）。1999年4月，任中共宿州市委常委，6月，任中共宿州市委常委、宿州市委宣传部部长。2004年2月，任中共宿州市委常委、宿州市委副书记、宿州市纪委书记。2013年1月，任宿州市政协主席。

丁明德　1956年生，河南永城县人。宿州军分区政治委员，大校军衔。1956年7月出生，1974年11月加入中国共产党，12月入伍。大学本科学历。1993年4月任江西省景德镇军分区政治部副主任，1998年4月任景德镇军分区政治部主任，2003年11月任江西省吉安军分区政治部主任，2005年3月任宿州军分区政治委员。

李宏鸣 1957年生，河北巨鹿人，中国科技大学马列主义原理研究生毕业，在职研究生学历。1975年4月参加工作，1976年8月加入中国共产党。历任来安县下放知青、合肥工业大学学生、安徽工学院教研室教师兼政治辅导员、安徽工学院团委副书记，1986年1月任安徽工学院团委书记（其间：1987年9月至1990年1月在中国科技大学马列主义原理专业在职研究生班学习），1991年10月任安徽省委政研室政调处一级巡视员，1992年12月任省委政研室政调处副处长，1993年1月任安徽省体改委生产体制处副处长，1995年9月任省体改委企业体制处处长，1995年11月任安徽省政府发展研究中心副主任、党组成员（其间：1997年8月至1998年8月参加省首期高级管理人才培训班学习，在美国马里兰州大学学习半年），2000年3月任省政府发展研究中心主任、党组书记，2001年2月任省委政研室主任，2001年4月任省委副秘书长、政研室主任，2003年6月任黄山市委副书记，代市长，黄山风景区管委会主任，9月任黄山市委副书记、市长，黄山风景区管委会主任。2008年2月任宿州市委书记、市人大常委会党组书记；2009年2月任宿州市委书记、市人大常委会党组书记、主任。

孙建辉 1957年生，安徽枞阳人。宿州军分区司令员。1972年12月入伍，1976年12月入党。2000年7月授予大校军衔。2008年12月任宿州军分区司令员。

李卫华 1958年生，安徽萧县人，1974年10月参加工作。大学学历，理学学士，教授。1991年6月加入中国民主促进会，全国政协常委，全国工商联常委，安徽省政协副主席，省工商联（总商会）主席（会长），省人大常委。在国内外学术刊物上发表论文80余篇，出版学术著作1部。省级优秀教师。

1974年10月，为安徽省萧县黄口区刘店公社高楼村知青（其间：1976年9月—1978年7月在宿城二中学习）；1978年10月，在北京大学化学系分析化学专业学习。1982年7月，为同济大学化学系教师。1984年5月，任宿州师范专科学校化学系助教。1985年3月，任宿州师范专科学校化学系副主任（正科级）。1987年1月，任宿州师范专科学校化学系讲师。1994年3月，任宿州师范专科学校试验管理中心副主任（正科级），1995年9月，任宿州师范专科学校试验管理中心主任（副处级），12月，任宿州师范专科学校副教授（1997年9月—1998年7月，为北京大学访问学者）。1999年5月，任宿州市人民政府副市长，9月，任宿州市人民政府副市长、民进宿州市委主委（其间：2000年10月—11月，参加中央统战部组织的赴美国市场经济高级研修班学习）。2002年5月，任宿州市人民政府副市长，民进十一届中央委员（2002年12月）、民进安徽省委副主委、民进宿州市委主委、宿州市中华职业教育社主任（2002年12月—2007年9月）（其间：2006年7月—8月参加中央统战部组织的赴英国行政管理高级研修班学习）。

2007年9月，任安徽省工商联（总商会）主席（会长）；2007年11月，任十届全国工商联常委，安徽省工商联（总商会）主席（会长）；2008年1月，任十届全国工商联常委，安徽省工商联（总商会）主席（会长），省十一届人大常委；3月，任十一届全国政协常委，十届全国工商联常委，安徽省工商联（总商会）主席（会长），省十一届人大常委；2011年1月，任十一届全国政协常委，十届全国工商联常委，十届安徽省政协副主席，安徽省工商联（总商会）主席（会长），省十一届人大常委；2013年1月，任十一届安徽省政协副主席。民进安徽省第五、六届委员会副主委，宿州市第一、二届委员会主委，第九届省政协常委，宿州市人大代表。第八届省政协委员、九届安徽省政协常委。2013年3月当选十二届全国政协委员会常务委员。

杨成山　1958年生，安徽亳州人。大校军衔。大学学历。汉族。1976年12月入伍，入伍后任陆军某军某师步兵某团1营机枪连战士、班长，1979年3月任步兵某团1营营部书记，1979年8月加入中国共产党。1982年8月任某师某团1营机枪连司务长，1984年3月任团司令部军务装备股副连职参谋，1985年2月任司令部作训股副连职参谋，1986年3月任淮北军分区政治部副连职干事，1987年11月任淮北军分区正连职秘书，1990年11月任淮北军分区副营职干事，1993年12月任安徽省军区政治部组织处正营职干事，1996年12月任安徽省军区政治部组织处副团职干事，1998年10月任安徽省军区政治部组织处处长，2004年5月任安徽陆军预备役步兵师政治部主任，2008年12月任宿州军分区政治委员。

史　翔　1963年生，安徽广德人，1982年7月参加工作，1989年8月入党，中央党校函授学院在职研究生班经济管理专业毕业，中央党校研究生学历。

1980年7月—1982年7月在合肥粮校油脂制取专业学习，1982年7月，任省粮食局办公室办事员、科员（其间：1984年9月—1987年9月，在省广播电视大学电气工程专业大专班学习）。1990年5月，任省粮食局办公室副主任科员，1992年5月，任省粮食局办公室主任科员，9月，任省粮食局办公室副主任（其间：1993年8月—1995年12月，在中央党校经济管理专业函授本科班学习）。1996年10月—2003年9月，任省粮食局办公室主任（其间：1998年9月—2001年7月，在中央党校函授学院在职研究生班经济管理专业学习；2001年9月，在省委党校县处级干部进修班学习）。2003年9月，任省粮食局副局长、党组成员。2005年9月，任省委、省政府信访局副局长、党组成员。2008年5月，任宿州市委常委、纪委书记（其间：2008年3月—2009年1月在中央党校中青年干部培训班学习）。2011年7月，任宿州市委副书记。2013年7月任宿州市委副书记、市长。

唐承沛　1964年生，安徽桐城人，1985年2月加入中国共产党，1985年7月参加工作，在职研究生学历，法学硕士、管理学博士，副教授。历任合肥工业大学党委宣传部干部，合肥工业大学学生工作部干部、秘书，合肥工业大学团委副书记（其间：1990年3月—6月在国家教委华东教育管理干部培训中心学习）。1991年5月任合肥工业大学团委书记（副处级），1993年4月任合肥工业大学团委书记兼学工部副部长（正处级）（1993年3月—6月在机械工业部中青年干部培训班学习），1995年4月任合肥工业大学人事处处长（1993年7月—1995年7月挂职任怀宁县委副书记），1997年2月任共青团安徽省委副书记，1998年1月任共青团安徽省委副书记、省政协常委（1995年9月—1998年6月参加中国科技大学哲学社会科学部马克思主义理论教育专业在职硕士研究生班学习），1998年9月任安徽农业技术师范学院院长、常委副书记、省政协常委，2000年5月任安徽省科技厅厅长、党组书记，省政协常委，2001年1月任安徽省科技厅厅长、党组书记（2002年5月—9月参加国务院发展研究中心、清华大学、哈佛大学举办的公共管理高级培训班学习），2003年9月任安徽省宿州市委副书记、代市长，2004年2月任安徽省宿州市委副书记、市长，2006年4月任安徽省宿州市委书记、市人大常委会党组书记，2007年2月任安徽省宿州市委书记、市人大常委会主任（其间：2004年3月起同济大学管理科学与工程专业在职博士研究生），2008年1月任安徽省政府副省长、党组成员，宿州市委书记、市人大常委会主任，2008年2月任安徽省政府副省长、党组成员。2011年10月—2012年2月，任中共安徽省委常委、宣传部部长、安徽省人民政府副省长、党组成员。2012年2月，任中共安徽省委常委、省委宣传部部长。2012年6月，任中共安徽省委常委、省委秘书长。中共十七大代表，中共安徽省七届、八届委员会委员，八届省政协常委。

张曙光 1966年生，安徽涡阳人。1985年6月入党，1988年7月参加工作，毕业于安徽农业大学，研究生学历。1988年7月任安徽农学院牧医系辅导员、助教。1991年7月任安徽农学院团委副书记（副科），1992年12月任安徽农业大学（安徽农学院）团委副书记（正科）。1997年1月任阜阳市对外贸易经济委员会副主任。1997年4月任阜阳市对外贸易经济委员会副主任兼阜阳市工商业联合会副会长（其间：1994年9月—1997年7月在安徽农业大学农经管理专业在职研究生学习）。2001年2月任阜阳市颍泉区委副书记、代区长，4月任阜阳市颍泉区委副书记、区长（其间：2002年4月—6月挂职山东省安丘市委副书记；2002年6月—8月在安徽行政学院市县党政领导干部赴美培训班学习；2002年11月—2003年3月安徽省赴美经济管理研究班学习）。2003年10月，任池州市政府副市长。2006年9月，任池州市委常委、市政府副市长。2008年9月任池州市委副书记，市委党校校长（其间：2005年9月—2008年11月在中国科学技术大学行政管理专业学习）。2010年11月，任宿州市委副书记、宿州市政府副市长、代理市长。2011年1月任宿州市委副书记、宿州市政府市长。2013年6月任宿州市委书记。

教科文卫界

王家廉 1918年生，安徽省萧县人。民国32年（1943年）毕业于西北工业学院，留校任助教。次年任重庆天府煤矿工务员。抗战胜利后在淮南矿路公司矿务局九龙岗煤矿任工程师井主任。新中国成立后任九龙岗煤矿工程师，1953年任淮南煤矿专科学校教授兼系主任，后任合肥工业大学教授兼教务长。1979年任山东矿业学院济南研究部主任。主要著作有：《煤炭工业知识》《煤炭地下井开采方法》《煤炭安全手册》等。1966年编写了《辞海》有关采煤条目，1979年参加《中国大百科全书·矿冶卷》的编审。

王振环 1924年生，安徽省宿县人。新中国成立前就读于南京中央大学医学院、上海临时大学医学院、镇江江苏医学院。1949年新中国成立后历任南京华东军区总院、直属医院、妇幼保健院住院医师、妇产科住院医师，南京军区82医院妇产科主治医师，上海警备区85医院妇产科主任医师，芜湖市中医院妇产科主任医师。在长期的临床实践中，对滋养叶细胞肿瘤的处理和妊娠期、分娩期的疑难病的诊治积累了宝贵经验，曾成功地做了大量剖腹及子宫切除手术，挽救了很多危重病人。年迈之后，还多次下工厂、农村、学校对妇女进行定期体检，对子宫颈癌的防治、妇女常见病、多发病的治疗作出了较大贡献。

王文兴　1927年生，安徽省萧县人。中国工程院院士、教授。曾赴苏联进修。先后在沈阳、北京化工研究院工作，天津化工研究院副院长、天津市环保局副局长，中国环科研究院副院长、学术委员会主任。中国环境科研院顾问，北京化工大兼职教授、博导，山大环科院院长、博导。早期从事工业催化研究，后转向环境科研。先后完成国家“六五”至“九五”期间科技攻关重大项目。兼国家环境咨询委员会委员、大气环境分会理事长等。获国家大奖多项。发表论文150多篇及多部学术专著。

吴　伟　1930年生，安徽省萧县人。1952年调安徽日报社后担任过记者、记者站副站长、理论组组长、群工部副主任、记者部副主任、总编室主任等职；安徽日报高级记者、安徽省新闻学会理事、安徽省新闻界联谊会副会长。主要代表作有《接过红旗以后》《为了人民的安危》《果海绿洲》《激流勇进、志在革命——记曹获秋的女儿曹晓兰》《春风得意马蹄疾》等。

徐召勋　1933年生，安徽省萧县人。1956年毕业于武汉大学图书馆学专业。先后在中共中央宣传部、安徽省图书馆、安徽大学中文系文学研究室工作。1984年任安徽大学图书馆学专科主任，1985年任安徽大学图书馆学系主任，1986年晋升为教授。《国书发行研究》杂志主编、中国图书评论学会常务理事、全国高校出版教材编审委员会委员、全国图书发行大专教材编审委员会委员、全国首届高校优秀教材（国家级奖）评审委员会委员、安徽省图书发行学会会长、安徽省图书馆学会副理事长等职。

王兆全　1935年生，安徽省萧县人。1957年毕业于四川医学院药学系，先后在安徽医学院、安徽省医学科学研究所工作，现任研究员、中国药学会高级会员，被聘为日本京都大学化学研究所客座研究员。曾获省科学大会奖，省科学技术进步奖。在国内外发表论文60余篇。1993年享受经国务院批准的政府特殊津贴。

周邦英　1935年生，女，安徽省宿州市人，篮球高级教练员。1954年为安徽省女篮主力队员，1958年后任省女篮主教练、总教练。先后为国家输送5名篮球健将。1963年，周邦英荣立二等功。1986年获体育“开拓杯奖”，评为省“十佳”教练员。多年来，在省级以上学术刊物上发表10余篇论文，其中《试论篮球教练员工作》获1985年安徽省科协三等奖。

黄孝义　1935年生，安徽省萧县人。国家一级编剧。安徽省宿县地区文化局剧目研究室研究员、主任，宿县地区戏剧家协会主席。中国戏剧家协会会员，安徽省戏剧家协会理事，安徽省作家协会会员。

1954年毕业于萧县师范学校。早年从事教育工作，热爱文学创作，在《诗刊》《安徽日报》等报刊上发表作品多篇。1979年调入宿县地区文化局剧目研究室专业从事戏剧创作，成就颇丰。戏剧作品主要有：大型历史故事连台本戏《楚宫恨》，该剧流行十余个省市，成为宿县地区梆剧团的代表剧目之一，被安徽省电视台作为优秀剧目录制成舞台艺术片并多次播放，被中国京剧院改编为京剧《楚宫恨》。另有大型历史戏曲《唐王纳谏》，大型现代戏曲《金星寨》《闪光的国徽》《云开山高》及大型古装剧《伍子胥告状》等出版上演。其代表作已收入1993年安徽文艺出版社出版发行的《黄孝义剧作自选集》。20世纪80年代末致力于影视剧创作，先后有电视连续剧《双河集》《西楚霸王》《吕后外传》《地火》等作品问世。其中《西楚霸王》由中央电视台中国电视剧制作中心巨资制作，著名演员宁才、白志迪、许还山、施懿担纲主演。中央电视台一套、二套、八套、多次播放，影响广泛，并发行至东南亚地区，获安徽省委宣传部“五个一工程”奖及安徽省人民政府颁发的文学创作二等奖。长篇纪实文学《地火》由百花文艺出版社出版发行，并被长春电影制片厂摄制为电视连续剧，在中央台一套播放。

朱守华 1935年生，男，汉族，大学，中共党员，河南省尉氏县人。宿州市中医院中医主任医师、教授、名誉院长。历任科主任、院长、党支部书记。兼任安徽省中医药学会理事，安徽省肝脾病学会委员，宿县地区中医药学会副理事长，省中医药管理局《中医临床与保健杂志》编委，淮海经济区中西医结合委员会委员，地区医疗事故技术鉴定委员会委员，地区中医中级技术职务评审委员会副主任委员，宿州市政协委员。

自幼随父，深得家传。1956年参加工作，任河南省尉氏县中医诊所所长，1958年考入河南中医学院修业六年。从事临床工作60余年，在中医治疗内科疾病方面临床经验丰富，倡导辨证与辨病相结合，注重辨证论治（原则性）和随症加减（灵活性）处理疑难杂症，享有崇高威望。发表学术论文十余篇，编撰《常见病单验方选编》及《职业健康与科学生活》。1993年应邀参加在美国纽约举办的首届东方医学研讨会，《水肿危症的治疗体会》选入大会论文汇编并在会上宣讲，受到与会者的好评。他经常组织中医学术研讨会，并评为科技先进代表，参加省、地科技先代会。举办宿县地区五期“西医学习中医班”，历时五年，培养两百多名“西学中”医务人员。对继承和发扬祖国医学作出一定贡献，被评为优秀共产党员，安徽省首届名老中医，享受国务院特殊津贴。并载入《安徽省高级专家人名辞典》《中国当代名医辞典》《中国名医刊传当代卷》。出版《朱守华从医心得》一书。

郑　重 1935年生，安徽宿县人。《文汇报》高级记者、中国作协会员，享受国务院专家津贴。中学先后就读于宿城二中、宿城一中，1956年考入复旦大学新闻系。1962年入《文汇报》社从事新闻报道工作。郑重在中国医学、尖端科学、文化考古诸领域的报道，开风气之先。郑重代表作有《时代风云录》《毛泽东和〈文汇报〉》《林风眠传》《海上收藏世家》《寻找中国的金字塔》等。

陆永品 1936年生，安徽省宿州市人。中学先后就读于宿城二中、宿城一中，1958年考入复旦大学中文系。1963年进入中国社科院文学研究所从事古典文学研究工作。历任中国社科院文学研究所党委副书记，研究员。重要专著有《老庄研究》《庄子通释》《老庄新论》《老子通解》《司马迁研究》等，校点整理《史记论文·史记评议》，主要编著有《庄子选集》《李商隐诗选》等。

李　凡 1936年生，安徽省萧县人。中国科学院海洋研究所教授、研究员，全球海洋通量中国委员会委员、中国海洋地理专业委员会委员。1959年毕业于山东师范大学地理系，分配到中科院海洋研究所，主攻海洋动力地貌学、海洋沉积和灾害地质学。先后在国内外发表论文40多篇和20多篇调查研究报告，参加渤海地质、黄海地质、京津塘自然生态环境图集等5种专著的编写。获国家经委专业一等奖1项、中科院科技进步二等奖4项、自然科学三等奖1项及多篇优秀论文奖。由于在学术上的突出贡献，自1992年10月起享受国务院特殊津贴。

许成章　1937年生，生于上海。中学毕业后，考入蚌埠市文工团任演奏员，“文化大革命”期间下放至泗县劳动，1973年借调县文化局，1984年任县文化局副局长。1986年调宿县地区文化局任剧研室副主任、主任。国家一级编剧，中国戏剧家协会会员，省作家协会会员，省电影家协会会员，曾任县级宿州市政协委员、常委和宿县地区作协副主席。自20世纪50年代以来，陆续创作发表剧本、小说、诗歌、散文、曲艺等文艺作品200余万字。与他人合作的神话剧《龙女》（安徽文艺出版社出版），由上海电影制片厂拍摄成黄梅戏艺术片，作为国庆35周年献礼片；大型现代泗州戏《这里也风流》（发表于国家级刊物《剧本》）获省第一届艺术节剧本创作奖；改编的大型古装泗州戏《四换妻》，获省第四届艺术节剧本二等奖；大型现代黄梅戏《遥指杏花村》，获省第二届艺术节优秀编剧奖，参加中国第二届艺术节（华东·南京）演出，再获“田汉戏剧奖”剧本一等奖，后改编成同名电视连续剧，获第十届“飞天奖”戏曲片二等奖和第五届“黄河奖”二等奖及煤炭部“乌金奖”；十集电视连续剧《玩灯人》，由广东电视台和蚌埠电视台联合摄制。结集著作有《自乐斋剧本选》《自乐斋小说选》《自乐斋乱弹选》《自乐斋书法篆刻选》等。个人事迹收入中国文联主编的《中国文艺家传集》。

彭广志　1938年生，安徽省萧县人。中科院青海盐湖研究所研究员、硕导、书记兼副所长。历任组长、常务副所长。主要研究无机功能材料的合成、离子交换材料合成及应用等，承担完成16个科研项目（2项国际项目），获17项科研成果（有11项达国际先进水平）。获1978年全国科学大会奖。获美国南德克萨斯地区最佳论文奖。第五届全国人大常委。

朱功勤　1938年生，安徽省萧县人。1962年毕业于吉林大学数学系计算数学专业，合肥工业大学任教，历任数学系副主任、主任等职。1978年破格晋升为副教授，1986年晋升为教授。任合肥工业大学应用数学力学系主任、安徽数学学会副理事长、安徽省高等数学教研会理事长、中国计算数学学会理事、安徽计算数学分会副理事长兼秘书长。发表论文40余篇。载入《世界数学家人名录》。

邓伟志　1938年生，安徽省萧县人。1960年毕业于上海社会科学院工贸系。后在上海社会科学院、中共中央华东局政治研究室、《自然辩证法》杂志社、《红旗》杂志社、中国科学院研究室工作。曾任《中国大百科全书》天文学卷编辑、社会学卷编委、分支主编，《中国百科年鉴》社会科学组组长、科技组组长、领导小组成员、《社会报》常务副编辑、《环球》文学主篇、《杂家》编委、《生活方式》编委、《魅力》责任编辑。任民进上海市委副主委、民进中央副主席，上海市政协委员、中国统一战线研究会理事、上海社会主义学院院务委员，《方法》副主编、《社会》编委、《编辑学刊》编委、《改革》编委、上海市社会学学会副会长、中国社会学学会常务理事、上海妇女学学会副会长、上海市未来研究会副理事长、上海市社联常务理事，华东师范大学、上海大学、同济大学、彭城大学、华东化工学院、南京青年学院兼职教授。

主要著作有：《天体的来龙去脉》《人类的继往开来》《科学入口处》《庐山》《家庭问题种种》《生活的觉醒》《婚姻史趣话》《家庭面面观》《家庭的明天》《中国家庭的演变》《唐前婚姻》《方法集》《学派初探》《我就是我》等10余种书。主编的有《中国革命历史人物》《姐妹丛书》《现代生活知识丛书》《新生活文库》《上海社会发展四十年》《社会科学争鸣·社会学》卷，参与主编的有《观念变革丛书》《中国各民主党派人物传》等。发表论文100余篇、杂文400余篇。其中有的著作在中国获奖，有的被译成英、日、德等多种文字出版。1986年被评为上海十大文化新闻人物。

庄怀先 1938生，笔名庄稼，安徽省灵璧县人。1957年毕业于宿县中师，1963年从事文艺创作。出版过长篇评书《杜鹃山》《虎口游刃》《燕山虎将》，中篇小说集《乾隆推磨》《大总统和他的私生女》等。戏剧小品集《瓜园小夜曲》曾获奖。发表作品约250万字。2007年，集中出版《庄稼文艺作品选》四卷，160万字。作品《开发票》《童言无忌》《爱的承诺》等戏剧小品获国家级优秀创作奖。故事《糊涂县长》、快板《生死球赛》获国家级最佳创作奖。1984年成为中国曲艺家协会会员，1986年成为中国戏剧家协会会员，1988年被选为安徽省曲艺家协会副主席、省戏剧家协会理事，1992年被选为安徽省通俗文学家协会副会长，1998年退休。

退休之后，仍笔耕不辍。2004年创作大戏《爱心如虹》，获安徽省“五个一”工程奖，小戏《打赌》获全国“映山红杯”优秀创作奖，小戏《巧二嫂》获全国“曹禺杯”一等奖，小戏《和谐拆迁》获华东小戏大赛银奖。

耿春海 1939生，笔名海涛，安徽萧县人，中共党员。1958年在宿县地区农校学习期间，即在《拂晓报》《江淮文学》等刊物上发表小说。毕业后留校任教，1960年调入宿县文联。主要创作小说、戏剧，兼及诗歌、散文、报告文学和曲艺。中国作家协会会员，国家二级编剧，省剧协会员，省报告文学学会副会长。曾任宿县文化局副局长，后调任地区文联副主席。之后任作家协会主席、省作家主席团成员、省儿童文学创作委员会常务理事、省民间文艺家协会常务理事。1964年，安徽人民出版社出版了他的短篇小说集《红高粱》。1978年4月，安徽人民出版社出版了他的长篇小说《硝烟》。在从事小说创作的同时，还创作了大量的戏剧作品。其中，《出差记》《三枝莲》《彩云滩》在社会上受到广泛好评。《俺从灾区来》获安徽省和华东地区小戏小品大赛一等奖；《爷爷奶奶和孙子》获文化部群星奖一等奖，并被选拔进入中南海为党和国家领导人演出；《山外青山》和《我和奶奶是战友》在全国儿童剧汇演中，分获金奖和银奖；《八月桂花》获省第五届文化节一等奖。1999年退休之后，仍笔耕不辍，在从事戏剧创作的同时，还参与了《话说宿州》《宿州文物》《宿州文化春秋》《宿州民间文学》等书籍的撰稿、统稿和审稿工作。获得宿州市首届文艺奖的突出贡献奖。1999年出席全国第四届文代会。2006年，出席全国第七届作家代表大会。

张中太 1940年生，安徽省萧县人。清华大学教授、博导。清华大学毕业后留校任教，三次赴日本作访问学者、读博和研究。长期从事功能材料教研，承担国家项目10项、省部委4项。发表论文300余篇，出版专著2部，发明专利16项。多次获奖。

唐长金 1944年生，安徽省肥东县人，中共党员。1969年8月毕业于安徽中医学院中医学专业，从事血吸虫防治工作，1972年来宿县地区工作。先后工作于宿县地区卫校、宿州市立医院及埇桥区中医院。1993年10月到宿州市中医院工作。

经过几十年的教学、临床、科研，对中医理论及实践有较高造诣。对常见病多发病有丰富的治疗经验；对部分疑难杂症具有独特的治疗方法及治疗效果；从肺论治病毒性肝炎，有独特的经验及体会。

1998年12月取得省卫生厅高评委中医类主任医师资格；2009年7月获得安徽省第二批名老中医称号；2012年8月获国家中医药管理局第五批名老中医称号；2012年9月获安徽中医学院中医内科学教授及硕士生导师资格。

杨善栋　1944年8月生，安徽萧县人。1969年毕业于安徽中医学院（现为安徽中医药大学）中医系本科，毕业后一直从事临床、科研、教学工作45年。1979年、1980年在中国中医研究院广安门医院学习，从师于路志正、刘志明国医大师。1985年在上海中医学院附属龙华医院进修学习中医妇科。

任主任医师，教授，研究生导师，全国名老中医药专家，安徽省名中医，第五批全国名老中医药专家学术经验继承工作指导老师，首批安徽省名中医学术经验继承工作指导老师。

历任宿州市立医院中医科主任，中华中医妇科学会委员，安徽省中医妇科学会理事，宿州市中医学会副会长，宿州市专业技术职务资格评审委员会委员等职。

杨善栋在治疗乙肝、肝硬化、慢性胃炎、慢性支气管炎、慢性肾炎、慢性腹泻、冠心病等有丰富的临床经验，晚年尤精于妇科。先后在医学核心刊物上发表论文34篇，指导学生发表论文2篇，其中7篇获国家级及省级优秀论文奖，参加编写《中国百年百名中医临床家·徐志华》一书，任编委。其《安宫止血汤》被安徽省卫生计生委确定为2014年科研项目。

赵士鼎　1947年生，安徽省蚌埠市人，宿州市文化局剧目研究室主任，一级导演。中国戏剧家协会会员、安徽省导演学会理事。

1959年考入蚌埠专区艺术学校戏曲表演专业，1962年毕业参加宿州市梆剧团任演员、导演、副团长。1978年考入上海戏剧学院导演系，1980年毕业返团。1990年调宿州市文化局剧目研究室任创作员、副主任、主任。

多年来，市直三个团参加省以上和全国的文艺赛事的作品大多由他导演。导演大型戏曲30余部。其中：泗州戏《秋月煌煌》《爱心如虹》《仨婆媳》，梆子戏《大树参天》、新编历史剧《穆桂英》，坠子戏《人生配方》《国事家事》、庐剧《村长娘子》《杜鹃啼血》、黄梅戏《卖花郎》、徽剧《老佛爷打包》等。有多部戏剧作品获得省以上大奖和导演一等奖。其中梆子戏《金星寨》《大树参天》（获全国映山红戏曲调演导演一等奖）导演小戏《鞭打芦花》《三婆媳》获全国小戏调演一等奖。退休后被六安市皖西演艺集团公司聘为艺术总监。

创作发表剧本《闪光的国徽》《伍子胥告状》《土经理外传》《高原红柳》《鞭打芦花》《钟馗审妹》等十余部。在导演的剧目中善于寻找新的舞台语汇和风格样式。在教学和排演剧目中，重视本土艺术人才的培养和创作队伍建设。发现一批对戏剧创作有培养前途的年轻作者，使宿州市艺术创作有新的进展和突破。相继推出一批优秀的剧目，有多部戏剧作品获得省以上大奖，为宿州市戏剧艺术的繁盛作出贡献。

2008年执笔撰写梆子戏申遗工作，为梆子戏成功申报第二批“安徽省非物质文化遗产保护项目”做了大量工作。

高正文 1949年生。安徽来安人。中共党员。1967年毕业于安徽省濉溪中学。1969年入伍，历任南京部队临汾旅战士、班长、连长。1976年因公负伤，系一等革命伤残军人。部队转业后任中共濉溪县委办公室秘书，濉溪县文化局创作股股长，宿州市文化局专业作家。1978年开始发表作品。1990年加入中国作家协会。任宿州市作家协会主席，安徽省作家协会第四届主席团副主席，第五届主席团顾问。安徽省散文家协会第一副主席、安徽省报告文学学会副会长。当选为中国作家协会第8次全国代表大会代表。著有报告文学集《部长家的枪声》《法官受审记》《医道怪杰》《关山难越》《高正文作品选》《啊，苍天》，长篇纪实文学《痛苦与冲决》《凭谁踏过天险》《拐卖人生》《十年河西》《调查牛群》《蔡玉昊》《壮怀激烈》，长篇小说《酒缘》《暗害》，短片小说集《捕风》，散文集《短笛真情》《正文序曲》，诗集《正文情诗》，电影文学剧本《琵琶行》《花鼓灯魂》，电视剧本《八公山敢死队》《花祭》等。报告文学《部长家的枪声》获1982年《安徽文学》佳作奖，报告文学《虎啸》获第二届全国乌金文学奖，报告文学《共和国第一文物大盗案》获1994年金盾文学奖，报告文学《啊，苍天》《气吞万里如虎》分获第一、第四届上海“申花杯”文学大奖赛一等奖；长篇小说《暗害》获2008年第九届金盾文学奖。2007年被安徽省委宣传部授予“安徽省六个一批（文艺类）拔尖人才”称号；2014年获宿州市首届政府文艺奖“特殊贡献奖”。

周德平 1952年生，安徽泗县人。1974年参加工作，在泗县文化馆从事群众业余创作的组织辅导工作。1990年调入泗县文化局文艺创研室任副主任，1999年任主任。2004年调入宿州市文化局，2013年退休。其间曾任宿州市文化局剧目工作室副主任，宿州市政协委员，宿州市剧协副主席，国家一级编剧。2007年，入选全省宣传文化系统“六个一批”拔尖人才。

创作以戏剧为主，发表（演出）《风吹杨柳绿》《情义千秋》《女人也是太阳》《红杏出墙》《秋月煌煌》《风摇二月天》《歪脖子树上落凤凰》等大型戏剧和《迎妈妈》《二嫂上轿》《月照东窗》等小戏二十余部（出），并先后十余次获安徽文学奖、省五个一工程奖、省艺术节剧本奖、省年度题材规划剧本奖等省级奖项，三次获田汉戏剧奖，中国地方戏优秀剧目调演剧目奖、中国曹禺戏剧奖·小品小戏奖、中央电视台小品大赛优秀节目奖等国家级奖项。其中由安徽省徽剧团排演的大型戏曲《曹操·关羽·貂蝉》和省黄梅戏剧院排演的大型戏曲《逆火》《霸王别姬》分别应邀参加了香港“中国地方戏展演”“北京国际戏剧演出季”、第八届中国艺术节的展演以及2008北京奥运重大文化活动。创作黄梅戏电视连续剧《墨痕》和黄梅戏电影《逆火》也分别由汤池影视文化产业有限公司和安徽电影制片厂摄制，在全国发行。同时，发表曲艺、小说等各类体裁文艺作品约40余万字。

孟凡义 1955年生，安徽省萧县人。广州第一军医大学附属南方医院血液科主任、主任医师、教授、博导，技术5级。1972年入伍，军医大毕业后在解放军总医院血液科从事医疗教研10多年，曾担任刘伯承元帅的保健工作。兼美国血液学会会员、全军血液专委会副主任及8家杂志编委、863项目评审专家等。主攻难治性白血病。主持国家及省军课题7项，发表论文180余篇，参编著7部，获军队科技成果二、三等奖11项。

王　笳　1955年生，安徽省萧县人，生于重庆市，萧县体育局乒乓球教练。1965年获安徽省少年乒赛冠军。1991年组建“萧县残疾儿童乒乓球队”。队员多次获国内外大奖。1999年被省政府记二等功一次。国务院残工委授予“全国志愿者助残先进个人”称号。获国家、省、市、县多项奖励。享受省政府津贴。萧县政协委员。

许　辉　1957年生，安徽省宿州市人。安徽省作家协会主席，安徽省文联副主席，中国作家协会全国委员会委员，中国作家协会全国散文委员会委员，茅盾文学奖评委，安徽省八、九、十届政协委员，国家一级作家，安徽大学兼职教授、硕士生导师，安徽省学术带头人，1993年享受国务院特殊津贴。作品多次获国内文学大奖。

他的短中篇小说《碑》《夏天的公事》《幸福的王仁》《焚烧的春天》等多次入选北大、复旦等高校教授主编的大学教材或权威选本，入选《中国新文学大系》等权威选本，翻译成英、日等文字。他的中短篇小说被评价为“独树一帜”、“非经典时代的经典”。长篇小说《尘世》被誉为“为新时期文学树立了一个新的参照系”。长篇小说《王》被评论界定义为东方文学中的“圣经”。他的散文则极具浓厚的文化意涵，呈现了明显的文体创新、个性思考和开阔视野。

黄　琦　1959年生，女，安徽泗县人，工学硕士、教授。历任山东科技大学副校长、山东省教育厅副厅长、山东财政学院院长等职，山东省委高校工委副书记（正厅级）。

黄琦先后从事理论物理学教学、控制爆破机理及其力学效应方面的研究与实践、高等教育研究及管理工作。主持或参与国家科委、省科技厅、省教育厅的科研项目多项。在《化学物理学报》《煤炭学报》和《应用声学》《工程爆破》《中国高等教育》等专业杂志上发表论文多篇，曾获国家科委科技成果奖和煤炭部科技进步奖。

在任大学校长期间，注重借鉴先进的办学理念，把握高等教育改革发展的规律和趋势，研究经济全球化及深化改革宏观背景下高等教育的内在发展需求和规律，在学校文化建设、学科专业建设、学校特色发展等方面有独到的见解，并取得显著成绩。

王　韬　1960年生，安徽省萧县人。香港理工大学教授、理学博士。获美国乔治亚理工学院地球与大气科学系博士学位，后在美国密歇根大学博士后研究。先后担任国际学术团体负责人、国家酸雨项目首席科学家。

高　松　1964年生，安徽省泗县人。中国科学院院士，教授。无机化学家。北京大学副校长兼教务长。1981年高中毕业于安徽泗县中学；1985年毕业于北京大学，获理学学士学位；1988年和1991年先后获北京大学化学系硕士和博士学位。1988年7月留校任教，1999年晋升教授，2002年被聘为教育部长江学者特聘教授。1995年至1997年初，作为洪堡学者在德国亚琛工业大学访问研究。2007年当选为中国科学院化学学部院士，同年当选英国皇家化学会会士（FRSC）。2013年9月，当选发展中国家科学院院士。2006—2010年任北京大学化学与分子工程学院院长。化学学院学术委员会主任，北京分子科学国家实验室副主任，中国晶体学会理事长、中国化学会和中国稀土学会常务理事。兼任国务院学位委员会第六届学科评议组化学组成员、国家基金委员会第七届全委会委员、教育部化学基础课程指导委员会主任委员、全国名词委员会化学名词审定委员会委员等。目前，还担任Chemical Society Reviews、Chemical Science等期刊顾问编委，Inorganic Chemistry Frontiers期刊主编，National Science Review副主编。

高松教授长期从事配位化学与分子磁性研究，在发展新的分子纳米磁体和铁电分子磁体等方面做出了重要贡献。分子纳米磁体（MNMs）为理解介观世界的磁量子现象提供一个很好模型，并在超高密度信息存储、量子计算和分子自旋电子学方面具有潜在应用。而多铁材料由于其科学意义和潜在应用前景备受关注。

探索新的单分子磁体高松开创性地发展了构筑单链磁体的策略，2003年在国际上首次设计合成"同自旋单链磁体"；发展了一种新的途径，以Mn3单元串联成链从而增强单轴磁各向异性获得单链磁体；发现通过非共价超分子作用构筑单链磁体方法。

2000年前后，他及其合作者在一些单离子顺磁体系发现外磁场依赖慢磁弛豫这一新现象，2010年以来，在此基础上，他们发展了几类新的稀土单离子磁体，例如，稀土－二酮配合物，和金属有机化合物（Cp*）Er（COT），后者在低温表现出磁滞行为。美国化学与工程新闻专文评述，称"这一真正金属有机单分子磁体的发现，将磁双稳态这一主题带给全新的合成化学领域，绝对会迎来广阔的新发展"。该成果开辟了金属有机单离子磁体新领域，为发展分子自旋电子学奠定材料基础。最近，他及其合作者发现一类新的过渡金属单离子磁体，弛豫能垒109K，是迄今过渡金属基单分子磁体中能垒最高的。

探索铁电分子磁体以氰根、叠氮、二氰胺、氰胺、甲酸等短桥配体，构建了多个系列结构新颖的分子磁体，特别是发展以自旋倾斜策略构筑分子弱铁磁体方法。在此基础上，发现系列金属甲酸框架化合物表现出铁磁有序和铁电有序共存的性质。这一研究为发展新的平行于传统钙钛矿结构的多铁性分子材料打开了新的大门。剑桥大学Cheetham教授评论，"很少有人致力于发展铁性和多铁性MOFs材料，虽然这种材料具有巨大的技术上的重要性。"

他还发展了一种以配合物为单一分子前驱体制备磁性和发光纳米材料EuS和Ln2O2S的方法。

高松及其研究组的工作，在国内外产生了广泛和重要的学术影响，对中国在该领域的快速进步起了重要作用。截至2013年9月中旬，发表SCI论文400余篇，累计被引用1.5万余次，h指数67。他还60余次应邀在重要国内外学术会议上做报告。2010年作为大会主席成功主办国际分子磁体会议。2006年和2011年，分别作为第一和第四完成人，两次获得国家自然科学二等奖。2013年获何梁何利科技进步奖。

作为一名教师，高松一直承担本科生和研究生基础课程教学，注重通过科学研究培养本科生和研究生，不断推动研究生培养机制的改革，积极参与和促进化学教育与学术交流。指导的博士生1人获2002年全国百篇优秀博士论文奖，1人获2006年度全国百篇优秀博士论文提名奖。在担任北京大学化学学院院长期间，积极稳步推进机制改革，努力营造宽松自由的环境和学术氛围，积极从世界各地引进了10余名优秀青年学术带头人，为学院科学发展做出贡献。在学院全体师生的共同努力下，北大化学学科排名位于全国高校第一，并且跨入世界前列。

马仁杰　男，1965年8月生，安徽灵璧人，中共党员，历史学博士，安徽大学三级教授、博士生导师，安徽省学术和技术带头人，安徽省高校首批拔尖人才，安徽大学档案馆馆长兼书记，享受安徽省人民政府特殊津贴专家。中国档案学会理事、中国档案学会档案学基础理论学术委员会委员、中国高等教育学会档案工作分会副理事长兼学术部主任、安徽省高校档案工作协会副理事长兼学术部主任。历任安徽省灵璧县档案局（馆）业务指导股股长、副局长、档案馆馆长，安徽大学管理学院信息资源管理系主任、文秘与档案学系主任、院党委委员、学术委员。

在《光明日报》《新华文摘》《档案学通讯》《档案学研究》《中国档案》以及其它核心期刊上发表学术论文125篇；出版学术专著和教材6部：《管理学原理》《现代管理学教程》《档案学原理》《秘书学》《中小学档案管理》《办公室管理》；主持完成若干科研项目。

恺　蒂　本名郑海瑶。1966年生，安徽省宿州市人。享誉海内外的著名文化专栏作家。1984年就读于复旦大学中文系，1991年获复旦大学外文系比较文学硕士学位，赴英就读于伦敦城市大学。常年旅居英国、印度、南非等国。代表著作有《书缘·情缘》《温一碗怀旧的酒》《南非之南》《约堡黄昏》《话说格林》等，重要译作有《莎士比亚书店》《我自己的世界——梦之日记》等。

王　慧　1969年生，女，安徽省萧县人。清华大学环境科学与工程系教授，博导。曾在美国麻省理工学院生物系从事两年博士后研究。参与完成国家和部委及国际合作项目近30项，发表论文70多篇，发明专利8项。参编国家十五规划教材《水处理生物学》。获奖多项。

王彩丽　1981年生，女，安徽萧县人。国际残疾“远南”运动会TT5级女乒金牌获得者。1994年开始打乒乓球。在1997年、1998年、2000年、2001年举办的全国残运会上分别荣获团体、单打冠亚军。第八届“远南”运动会获1枚金牌。

任桂香　1981年生，女，安徽萧县人。残奥会TT5级女乒金牌获得者。1994年开始打乒乓球。先后多次参加过省（市）、国家、国际残运会，共获国家级金牌6枚、银牌3枚，亚洲和国际残奥会金牌34枚，银牌2枚。省政府记二等功一次。宿州市第一届政协委员。获“三八红旗手”“五四青年杰出贡献奖”“五一劳动奖章”。

刘美丽　1983年生，女，安徽萧县人，残奥会TT9级女乒金牌获得者。1994年开始打乒乓球。先后多次参加过省（市）、国家、国际残疾人运动会，共获国家级金牌5枚、银牌8枚，亚洲和国际残奥会金牌19枚，银牌7枚。省政府记一等功一次。获“江淮体坛五十杰”“三八红旗手”“五四青年杰出贡献奖”“五一劳动奖章”。

艺术界

朱德群　1920年生，安徽萧县人。1935年进入国立杭州艺术专科学校学习西画，1941年毕业于国立杭州艺专（今中国美术学院）。1945年任教南京中央大学建筑系。

1949年任教台北师大艺术系。1951年至1955年任教于台湾师范学院。1955年定居巴黎，从事绘画创作。1980年入籍法国。1997年当选法兰西学院艺术院终身院士。朱德群是当今著名海外华人艺术家之一。

朱德群，原名朱德萃。他的祖父朱汉山、父亲朱禹成世代行医，也都喜爱书画，父亲暇时常作画自娱，他也随父画画，临习草书。家里收藏的书画作品，成为他的艺术启蒙教材。小学毕业后，到徐州上中学。1935年投考杭州国立艺专，因当时中学尚未结业，他借用堂兄朱德群的毕业证书报名，从此成为朱家第二个“朱德群”。

朱德群在1941年的抗日烽火中以优异的成绩毕业，留在母校当助教。1944年任南京中央大学工学院建筑系讲师。1951年在台湾师范大学艺术系任教授。他在世界各地开了五十多次个展，佳评如潮。他的作品被巴黎艺术博物馆、台北历史博物馆、美国圣路易大学、比利时现代美术馆、法国国家现代艺术基金会等二十多家国际著名博物馆收藏。他多次荣获艺术大奖。他的名字列入《国际传记辞典》《欧洲名人录》。无论是他的具象画还是抽象画，东西方评论家都众口一辞：朱德群是用油画画出了中国水墨画精神的大师，他用浓郁泼辣的色块轰入画的深层，追求深远的宇宙空间感和无限激情的笔墨之韵，超以象外得圆中。由法兰西院士、著名雕塑家亚贝尔·费洛专门为朱德群设计的“法兰西院士宝剑”非常特别，剑柄上镶了四块中国传统文人借以抒发高洁情怀的玉石，一块汉白玉，两块扁平中空的绿松石，还有一块刻着战国时代兽面纹的琥珀。

卓　然　1924年生，安徽省萧县人。一级美术师，专业书画家，师从陈之佛、傅抱石等。文化部聘为终身画家。香港中国文物展览馆和文化部曾在香港联合举办他的画展。其狮虎画被评为“掳人神魂”，山水花卉“新奇的幻境”。中国美协、中国书协会员，兼中国书画函授大学名誉教授，香港九星天艺苑高级顾问等。

郑　正　1925年生，安徽萧县人。1938年小学毕业。时因抗日战争爆发而辍学。1945年考入徐州师范美术科。1948年毕业后，从事美术教学工作，1983年离休。他自幼跟舅父萧龙士先生学画，深得家传。1949年春，曾随舅父去北平学艺，先后拜见齐白石、李苦禅、李可染、许麟庐诸画师，以所绘之墨竹、兰向名师求教。当时，白石大师在其所画之墨竹上题词：“吾亦画竹六十年，未能似郑正先生之秀雅，先生年才二十，再用功。追到板桥易也。”苦禅画师亦在其所画之墨兰上题词：“写兰是老年人作或有不工者，郑正老弟写之自是老练，从此努力，当不亚于板桥。”在北平学艺期间，深得诸画师的教诲、勉励，作画意境为之大开。

郑正书画以“兰”“荷”“竹”“牡丹”等写意花鸟著称。

孟繁青　1926年生，宿州市人，笔名皓叟、灵静子。二级美术师。中国书法家协会会员，安徽书法家协会名誉理事，安徽美术家协会会员，中国老年书画研究会会员，安徽省老年书画联谊会名誉理事，安徽省宿州乐石砚研究所高级艺术顾问、李百忍书法艺术研究会名誉会长。

14岁做童工，对书法有浓厚兴趣。工余每临池至夜半。初从师于著名书法家余松龄、梅雪峰，深得其教益。从学汉隶、魏碑入手，再学二王及欧、虞、褚、薛、颜、柳诸唐贤名帖。后确定主攻魏体，寒暑不辍，技法大进。其书法端庄秀雅，气势雄劲，拙朴中蕴华贵，雍容中见奇突。从1960年起，即在上海、南京等地展出，作品流传海外，深受美、日、法及东南亚各国友人好评。作品曾参加全国第二届书展、全国第三届正书大展、建国40周年全国老年书画展，作品在国内外和安徽省多次展出。获黄山杯书赛二等奖，省优秀作品奖，省十佳作品奖。书法刻于南京中山陵定林王安石诗碑及和县刘禹锡陋室铭碑。辞条辑入《安徽高级专家名人词典》《中国现代书法界名人辞典》《当代中国书法艺术大成》《中国当代艺术界名人录》《中国当代文艺群星辞典》《中国当代文艺家辞典》。

王涌泉　1927年生，安徽省萧县人。1949年毕业于国立河南大学工学院水利系。早年曾任电力工业部水电科学研究院工程师、泥沙组组长，主持全国水电工程泥沙问题试验研究。后任中国科学院、水利电力部水利水电科学研究院工程师，中苏重大科技合作项目三门峡水库泥沙淤积和渭河四水发展对西安影响研究负责人，国家科学技术委员会1987年日环蚀联合观测研究倡议人、协助组成员、文集编委会常务编委，中国水利学会泥沙专业委员会委员，水利部黄河水利委员会水利科学研究院教授高级工程师，华北水利水电学院院兼职教授，国家自然科学基金委员会太阳活动和中国主要河流水文异常研究项目负责人，中国天文学会河南天文学组组长，中国地球物理学会天灾预测专业委员会委员、总结组组长。他对交叉边缘学科长期坚持探索，其研究成果多次获奖，共发表合著、专著11种，论文百余篇。

吴　燃　1928年生，安徽省萧县人。天津美协副主席，天津画院一级美术师，中国版画家协会理事。读过私塾、师范。1948年春考入民间艺术班学习绘画及木刻。次年于上海参军，在部队文工团搞美术并从事业余木刻创作。后调北京，结识版画家古元，推荐他参加全国美协版画组活动。其套色木刻《饮马》参加第一届全国版画展。作品除多次参加全国性展览，还被选送至亚欧美及非洲、拉丁美洲许多国家展览，被誉为优秀版画家。出版有作品集多部。

刘世龙　1930年生，安徽省萧县人。中国著名电影演员。1939年参加新四军文工团后任文化干事，成为萧宿铜总队宣传队骨干队员，二野豫皖苏军区戏剧队队长。随军进入大别山、大西南兼剿匪中队长。后任48师戏剧队队长、文工队队长，东影演员。此后在40余部影片中扮演过主角，如《刘三姐》的阿牛、《英雄儿女》的王成等。获第十届“金凤凰”特别荣誉奖。

张福兰　1931年生，安徽省砀山县人，中国戏剧家协会会员，著名梆子戏表演艺术家。工花旦、青衣，艺名“九妮”。出身梨园世家，父亲张殿奎是淮北地区著名的梆剧演员，被同行称为“巧八角”。张福兰8岁起随父学艺，13岁正式登台。1947年起在河南省夏邑县参加解放军的“翻身剧团”、蚌埠专区梆剧团、安徽省梆剧团担任主演、副团长、名誉团长。退休后享受地市级工资待遇。

张福兰是淮北梆子戏省级传承人，为淮北梆子这一宿州地方戏曲剧种的延续、发展、成熟，作出了巨大贡献，培养了朱琴、丁士兰、张晓东等一批梆子戏杰出表演人才。她的唱腔清晰，字字入耳，声音圆润，表演细腻，特别是在唱法上有独具的特色，土改时期，就以主演梆子戏《白毛女》《九件衣》轰动江淮大地。她主演的《寇准背靴》曾被拍摄成电影戏曲片。《采桑女》《红色三少女》进京汇报演出获得成功，多次受到党和国家领导人的接见。主要代表作有《白毛女》《九件衣》《采桑女》《孟姜女》《穆桂英挂帅》《义烈女》《白素贞》《花打朝》《桃花庵》等。

郭公达 1931年生，安徽萧县人。1961年毕业于浙江美术学院中国画系，分配到安徽艺术学院任教（后改学院为艺术学校）。教学之余，长期从事中国画的研究和创作。创作大量的人物画和山水画，尤以山水画见长，其作品浑厚洒脱，淋漓酣畅，烟云流泉，飘然欲出。所作小品尤为精到，疏密有致，简约有神。先后在合肥、南京、上海、厦门、深圳、北京等地举办个展和联展，一些作品被送到日本、美国、意大利、西德等国展出，博得海内外广大观众的好评。1986年江苏美术出版社出版《郭公达山水画册》，1989年安徽省美术出版社出版《郭公达山水画集》，1992年中国画报社出版《郭公达画集》。中国美术家协会会员，安徽美术家协会名誉主席，安徽省政协书画社副社长，1987年评为一级美术师。

孙淮滨 1932年生，安徽灵璧县人。书画家、赏石家、学者。主攻书画。为安徽省文史馆馆员，中国非物质文化遗产安徽灵璧钟馗画代表性传承人。著作有《中国灵璧钟馗画渊源探赜》《中国灵璧石宝典》《孙淮滨论文集》《孙淮滨书画集》等。

孙淮滨于1961年调入灵璧县文化馆，创作了许多反映农村文化生活的年画。1963年他创作的反映农村生活的《祖国颂》为安徽人民美术出版社出版。1972年，《四季花鸟屏》为安徽人民出版社出版，并被评为最佳出版作品。1976年，《龙虎尊·菊花》为国家对外文委组展在香港展出。1990年，《鼎鼐长春》参加全国第五届《中国花鸟画邀请展》。

为了传承珍贵的民族文化遗产，孙淮滨毅然投身于灵璧钟馗画的挖掘抢救工作，对灵璧钟馗画积极挖掘抢救，为恢复灵璧钟馗画这一民间传统艺术得以弘扬传承做出了重要贡献。为此，安徽省文化厅授予他“安徽省非物质文化遗产项目（钟馗画）代表性传承人”称号。

杨在葆 1935年生，安徽省宿州市人，是中国当代著名表演艺术家、导演。1959年毕业于上海戏剧学院表演系，后任上海青年话剧团演员。1965年起在上海电影制片厂工作。先后在《年轻的一代》《甲午风云》《红日》《从奴隶到将军》《双雄会》《代理市长》《血总是热的》等影片中饰主要角色，多次获电影金鸡奖、百花奖。

朱月梅 1939年生，女，中共党员，坠子戏表演艺术家，宿州市坠子剧团艺术指导，坠子戏国家级非遗传承人，山东菏泽人。1954年考入萧县曲艺实验剧团，师从皖北坠子戏名艺人刘元芝，工花旦、青衣。

1956年，在《小菜园》里主演王翠云，获蚌埠专区戏曲汇演表演一等奖。同年秋参加安徽省第一届戏曲观摩演出大会，获个人表演三等奖。曾多次为刘少奇、董必武、谭震林、康克清等国家领导人演出。1958年，在坠子戏《白云五女》中主演李雪梅，参加省现代戏调演；1959年，在坠子戏《小包公》中饰疯婆，参加安徽省向国庆十周年的献礼演出。2003年，在《窦娥冤》中饰蔡婆，被文化部第七届映山红戏剧节组委会授予“戏曲育才奖”。

从艺的几十年中，在古装戏《窦娥冤》《大祭桩》《陈三两》《五姑娘》和现代戏《李二嫂改嫁》《槐树庄》《党的女儿》《江姐》《李双双》《沙家浜》《朝阳沟》等大戏中担纲主演，成功塑造50多个不同时代、性格迥异的中国妇女形象。其音像曾由中国唱片社等出版发行。中央人民广播电台、海峡之声电台等还制作播出《艺苑名秀朱月梅演唱艺术》；为坠子戏的传承做出突出贡献。培养出一批批新秀，亲传弟子有孟敏、张莉等。曾获省级“三八红旗手”“三好演员”“先进工作者”“优秀共产党员”等光荣称号；历任安徽省坠子剧团副团长、支部委员、名誉团长等职；为宿州市一、二届人大常委会委员、中国戏剧家协会会员、安徽剧协理事、宿州市剧协名誉主席。

王少石　1940年生，安徽宿县人，宿州市书画院院长、国家一级美术师、中国书法家协会会员、安徽省书法家协会艺术顾问安徽书法家协会理事，安徽省篆刻研究会理事。政协安徽省委员会第五、六、七、八届委员、安徽省人民政府参事，2006年被聘为安徽省文史研究馆馆员。

幼嗜金石书画，1960年拜萧龙士为师，1964年毕业于合肥师范学院中文系，1972年师从许麟庐。擅篆书，所作融石鼓文、金文、秦简、汉碑为一体，沉浑雄厚，蕴藉隽永。尤精篆刻，章法平稳而富变化，严整而寓流动，刀法冲切结合，方圆兼得，拙中生巧。作品多次入选国内外重大书法篆刻展及在报刊发表。所作《红楼梦印谱》，制有《红楼梦》之书名印、人名印、斋馆印、选句印、作者批者印约200方，或古朴醇厚、或秀逸俊雅，别开生面。《继往开来，各领风骚——论历史对书法和书法家的选择》入选1987年全国“书法新十年学术论辩会”。

张良勋　1941年生，字伯耀，号若水，安徽省宿州市人。安徽艺术专科学校中国画专业、安徽艺术学院美术系毕业，中国书法家协会首批会员，中国书法家协会第四、五届理事。安徽省文史馆馆员，《安徽日报》主任编辑，江淮诗书画院院长，安徽省书法家函授院院长，第三届安徽省书法家协会主席。张良勋早年师从当代著名书画家梅纯一、孔小瑜、童雪鸿等先生。1965年从事新闻工作，且从事美术创作和书籍插图等。版画《丰收时节》《乡村姐妹》同时参加“国庆十五周年全国美术展”，并远赴亚洲、非洲、欧洲一些国家展出，并获奖。1979年，草书作品在上海“全国职工书法竞赛”上获三等奖；1980年，行书作品在沈阳选入“全国第一届书法展”。

李炳淑　1942年生，女，安徽省宿县人。1958年入上海戏剧学校深造，受教于言慧珠、杨畹农、魏莲芳等梅派名师，为上海京剧一团主要演员。李炳淑功底深厚，工青衣，嗓音圆润清亮，唱腔深得梅派三昧，被誉为中国现代京剧“十小名旦”之一。其擅长剧目有《杨门女将》《凤还巢》《宇宙锋》《玉堂春》《白蛇传》等，曾多次受到毛泽东、周恩来的接见，并当选为全国人民代表大会第四、第五届代表。

赵承金　1943年生，安徽省宿州市人。铁书画民间工艺美术师，非物质文化遗产传承人。中国民主建国会宿州市委员会副主任委员，市政协第一、第二届常务委员会委员。20世纪80年代初，由赵承金发起着手编写《机械工程词典》，并撰写了初稿、二稿，绘制了相关条目中的全部插图，后由合肥工业大学蔡秉九等113位专家、教授、工程技术人员参与审编。赵承金任副主编。该词典于1987年由安徽省科技出版社出版，系国内第一部机械工程类词书。2009年10月退休。

赵承金，钣金世家出身，1956年入宿县白铁合作社学习钳工，自学成才，为八级钳工，高级工程师（机械类），系宿州赵氏百炼堂铁书画工艺二代传承人。数十年来，业余制作铁书画艺术作品近千幅，工艺精湛、惟妙惟肖、形神兼备、精美绝伦。赵氏百炼堂铁书画技艺源自民国初年寓居宿县城关的河南许昌人夏氏。夏氏亦是钣金艺人，和同是钣金艺人的赵承金父亲赵克君交谊很深，遂将冷作铁书画技艺传授给赵克君。赵承金在其父的言传身教下，刻苦学艺，深得其中三昧，以纯熟高超的铁书画制作技艺闻名于世，受到社会各界的一致好评。

宿州赵氏百炼堂铁书画是以铁质板材冷作为主、辅以线材冷、热锻制作而成。取名家书法、国画为原稿，经剪裁、手工锤击、冲、压、钻、锉、剋、剁等冷作或热锻、焊接、整形、涂漆、安装等工艺，以锤代笔，以铁代墨、以板代纸，依据中国书画的风骨神韵、意境、造型、参照木刻、剪纸、浮雕、金银饰品之造型技艺、结合铁金冷作技术特长，在传统手工艺与新技术结合上，使金属遁材料力学原理在铁砧或低融点合金模具墩砧上，经手工冷锻、热锤、剋、剁，使材料产生塑性或永久变形，达到与原著书画风韵之点、线、面、形态神韵、幅面相一致铁质中国书画。

赵氏百炼堂铁书画和芜湖铁画以热锻为主的制作工艺完全不同，是风格迥异的两种流派。其特点是表面圆匀、线条光滑流畅，随运笔刚柔变化，块面凹凸起伏，纤丝细挺悬浮、笔锋刚劲、枯笔及断笔逼真，突出块面与线条的结合，局部、点划独立，黑白突出，对比强烈，保持原作的根本风骨神韵形态，即变平面纸墨艺术为铁质立体浮雕艺术，是富有浓厚的中国民族特色的纯手工的铁书画艺术品。

葛庆友 1944年生，安徽省萧县人。16岁考入安徽艺术学院美术系，毕业后一直从事中国画创作。为安徽省书画院专业画家，中国美术协会会员，国家一级美术师。

1982年曾与郭公达等人在上海举办“安徽五人”画展；1983年在南京博物院举办《郭公达、葛庆友山水画联展》；江苏画刊作专题介绍，十数幅作品被刊用。其中《黄山云起》《栖霞多金秋》被江苏省美术馆及南京博物院收藏。《笑语落红叶》《江南春》被国家选送到国外参加艺术展。这期间，《西海群峰》《峡江图》在美国圣福西艺术博物馆展出，《屯田诗意》《竹掩深处》《信天游》《明月出天山》赴西德展出。《一水护田将绿绕，两山排闼送青来》《人家数点火，同物一川云》入选全国命题画竞赛。进入20世纪90年代，作品《风雪大别山》《大河奔流》《情系高原》《新安暮霭》等先后参加由中华人民共和国文化部和中国美术家协会主办的第六届、第八届全国美展；全国首届山水画展，中国现代山水画名家邀请展等。1996年10月，应国务院及中国美协之邀，为中南海紫光阁绘巨制《太平湖秀色》。安徽美术出版社为他出版《葛庆友画集》。

姜秀真 1944年生，女，安徽省萧县人，中国书法家协会会员，安徽省书法家协会理事，安徽省妇女书法家协会名誉主席。1984年作品获《全国职工美术书法摄影展览》二等奖、《安徽省职工美术书法摄影展览》一等奖，1987年获《全国教师书法绘画摄影展览》三等奖。1986年作品在《人民日报》（海外版）发表，上海《书法》杂志刊登作品并作专题介绍。作品和传略被收入《中国当代书法家辞典》《中国现代文艺家传集》《中国当代美术家书法家汉英辞典》《日、中、新妇女书法展览作品集》《当代中日著名女书法家作品精选》等。作品还被国内外多家碑林、博物馆、纪念馆展览、刻石、收藏，并被作为礼品馈赠给海外友人。1995年春，以安徽省书法家代表团成员访问日本；2004年夏，随中国书法家协会女书法家代表团赴日本举办中日女书法家交流展览和友好访问。

朱　琴　1945年生，女，安徽砀山县人。文化程度高中，中共党员。国家一级演员，中国戏剧家协会会员，中国戏剧家协会安徽分会理事，安徽省梆子戏研究会会员，宿州市戏剧家协会副主席。历任宿县地区梆剧团团长，宿州市梆剧团名誉团长，安徽省六届、七届人大代表，埇桥区一、二、三、四、五、六届政协委员，宿州市第一届政协委员。

1958年参加梆剧团，主攻小生，四十多年来，塑造了《必正与妙常》潘必正、《何文秀私访》何文秀、《看御妹》封加进、《白蛇传》许仙、《南阳关》伍云昭、《穆桂英下山》杨宗保、《蝶恋花》杨开慧、《杜鹃山》柯湘、《红灯记》李铁梅、《重要一课》郑老师、《大树参天》大树婶等五十多个舞台人物的艺术形象，扮相英俊、嗓音优美、表演细腻，深受观众喜爱和专家赞誉。1965年参加华东调演《重要一课》担任主要角色郑老师，1975年参加省调演，并赴京汇报演出，《两张发票》饰主要角色赵小梅。"重要一课""南阳关"被灌制唱片，1987年在电视连续剧《楚宫恨》中饰主要角色毕建。1990年安徽省梆子戏小品折子戏大奖赛评委。1999年主演"大树参天"饰大树婶，获安徽省"五个一工程"奖。1999年9月宿州市电视台"宿州人"专栏节目作个人专访报道。曾在安徽戏剧、中国戏剧、安徽文化周报发表"知难而进，在困境中拼搏""谈戏曲演员表演""贴进生活、贴近民众"等文章。1985年宿县地委给记功一次；1987年安徽省中年演员大奖赛二等奖；1988年获宿县地区戏剧创作一等奖；1990年获宿县地区宣传系统先进工作者；1991年获安徽省文化系统先进工作者；1992年获宿县地区人事局晋升一级工资奖励。在担任宿县地区梆剧团团长期间，该团获全国文化工作先进集体称号。

晨　见　1949年生，安徽宿州埇桥区人，作曲家，大专文化，中共党员，本名陈健，字修仁，蚌埠市文广新局创研室国家一级作曲、宿州市坠子剧团艺术指导；国家级非遗坠子戏主笔撰稿人；1965年考入安徽省坠子剧团，后调宿县杂技团；1975年就学于安师大。1997年兼任宿州市音乐舞蹈家协会主席，1998年调蚌埠市文化局创研室。

曾在《歌曲》等刊物发表作品400多件，获国家级、省部级奖励120余次。其中《醉了花鼓乡》《老侉头》《拉魂腔》等分别获中央电视台国家级金奖、银奖；连续四次获安徽省"五个一工程奖"。

创作舞蹈音乐近百个，《淮北妞》《娘》《瞧这帮鼓架子》《兰花赋》等分别获文化部"群星奖"；中国舞蹈荷花奖、桃李杯舞蹈大赛银奖。作品曾赴欧美非、港澳台演出。

创作坠子戏《潘金莲》《窦娥冤》，泗洲戏《八月桂》《还牛》，梆剧《大树参天》等音乐三十多部；电视剧音乐《情难忘》等九部；器乐曲《闹花灯》《皖风戏韵》等。

承担了艺术科学国家重点研究项目《中国戏曲音乐集成》《中国戏曲志》和《中国戏曲剧种大词典》等典籍中的部分条目撰文20万字；音乐学术论文多篇。

中国音乐家协会会员、中国戏剧家协会会员、中国舞蹈家协会会员、中国民族管弦乐学会会员、安徽音协理事，蚌埠市音协副主席、蚌埠学院教授，享受省政府特殊津贴，蚌埠市专业技术拔尖人才。

吕金玲 1951年生，女，安徽省蚌埠人，第三批国家级非物质文化遗产淮北花鼓戏代表性传承人，安徽省宿州市埇桥区淮北花鼓戏剧团副团长，国家二级演员。1968年由蚌埠市一中下放至宿县，1970年选调进入花鼓戏剧团，拜牛正印、李孔兰为师。多年来，在继承传统表演和唱腔的基础上，大胆借鉴、创新，形成了自己独特的风格。其可塑性强，戏路宽，生旦丑俱佳，唱腔高亢圆润、穿透力强、表演细腻、兼顾内外部技巧，创造数十个栩栩如生的艺术形象。代表作《新人骏马》（饰赵小莲），该剧三次进京演出并参加国庆26周年献演，中央电视台全国播放，中国唱片社灌制唱片，《人民日报》《光明日报》等国内十几家大报纸发表评论文章及演出剧照。《王小赶脚》（饰二姑娘），获安徽省首届中青年演员大奖赛金奖。《站花墙》（饰王宝童），该剧被上海唱片社灌制唱片。退休后被文广局继续留任业务团长，从事教学、演出和传承工作，所教学生均成为剧团骨干力量，多次获得省市文艺汇演的奖项。

李正丙 1956年生，大专学历，国家二级演员，安徽明星大马戏团团长，国家级马戏艺术传承人。

李正丙出身于马戏世家，其父李同仁就是埇桥现代马戏开创人之一，因此，他从小便十分喜爱马戏艺术。1979年，李正丙从宿县五七大学畜牧兽医系毕业后，便来到宿县动物表演团。由于他从小便熟知各种动物的习性，加上学到的兽医知识，知道怎样发挥各种动物的特长，更好地展示马戏艺术，他的优势很快在团里得到体现，30岁便成为团里公认的驯化和医治大师。

1985年，李正丙参加了上海电影制片厂拍摄的立体电影《驯狮三郎》，并扮演罗毅角色，1986年参与湖北电视台拍摄的《动物王国盗窃案》《猴探长探案记》。2003年受邀中央三套《走进幕后》、2007年受邀中央10套《人物》专访，并在埇桥首届马戏艺术节上被授予“最佳驯兽奖”，是马戏界公认的马戏专家。

邵家干 1956年生，安徽省砀山县人，安徽省《碧云轩》毛笔厂厂长，安徽省文史馆馆员，安徽省省级工艺美术大师（制笔）、非物质文化遗产代表性传承人（制笔）、中央文史馆书画院安徽创作基地负责人。其从事毛笔制作40多年，始终坚持按照传统工艺一丝不苟、精益求精。所制之笔，尖园齐健四德兼备，集实用，观赏、收藏价值于一身，深受国内外书画界专家学者，艺术大师和社会名流的青睐和珍爱。尤以制作高档羊毫笔而闻名于世，堪称国内制笔业一绝，被誉为“神州笔王”。

刘銮玉 1957年生，安徽省灵璧县人，灵璧县工艺厂高级石雕工艺师。1990年获安徽省总工会授予的“自学成才奖”，1995年被国务院授予“全国劳动模范”称号，并赴京参加表彰大会，受到党中央、国务院领导的亲切接见。

1978年为寿县春秋时期的水利工程安丰塘纪念馆雕刻碑文。中国著名书法家司徒越看后甚感惊奇，赞道：“銮玉你保持了书法家的风神，如同墨迹展现。一个好的刻字家比书法家还要难得，你是一个了不起的人才，将来对保留祖国的文化遗产你会做出很大贡献的！”

1986—1988年，刘銮玉通过学习和钻研，研制发明大理石专用烫金材料和大理石上直接印刻技术，解决多年来生产上的难关，工效提高了十倍。他还先后为山东曲阜孔庙、湖北随县博物馆及有关艺术团体研制出大理石、磬石乐器、编钟、鱼磬、条磬等10余种石质乐器，使失传多年的磬石乐器再现人间。

1989年在全国首届民间艺术挂品及名艺人作品评选活动中，他的作品“灵璧纹磬”深受好评，荣获该届全国雕塑系列五个优秀奖之一，并在新加坡等地展出。1992年石版画“灵璧钟馗”入选“中国当代版画新作展”，填补了“钟馗画之乡”无石刻钟馗的空白。

刘銮玉利用工余时间，苦干百余日，将杨尚昆、李先念等领导人为彭雪枫烈士题词的手迹，精心镌刻在14块大理石碑上，终于在建党70周年前夕完工，无偿地将这批价值10万元的碑刻捐赠给江苏泗洪县雪枫墓园。此举受到灵璧、泗洪两县县委、县政府及江苏省军政领导的高度赞扬。1992年，安徽省政府授予他“全省劳动模范”的荣誉称号。

许 飞 1959年生，中国音乐家协会会员、国家一级作曲、安徽省音乐家协会副主席、安徽省作曲家协会副主席、宿州市音乐舞蹈家协会主席，宿州市剧目研究室主任。宿州市埇桥区文化馆馆长、埇桥区文化广播电视新闻出版局副局长。许飞创作的音乐作品《故土情深》获（2009）安徽省委宣传部“五个一工程入选作品奖”；《田野春光》获（2009）全国“田野的春天”征歌大赛优秀创作奖；《吃水不忘挖井人》获（2009）全国第三届新创歌曲、歌词大赛二等奖；《矿工酒歌》获（2010）全国第五届新创歌曲、歌词大赛二等奖；《报答祖国》获（2011）全国第六届新创歌曲、歌词大赛一等奖；2012年，《金唢呐》在全国第二届“民族之声”声乐、器乐作品征集大赛和“中国杯”第三届全国优秀词曲、歌手展演赛两项评选活动中，同时荣获一等奖；2013年荣获（2013）安徽省委宣传部“五个一工程入选作品奖”；文化部群星奖。同时，在国家级核心刊物发表《浅谈戏曲唱腔及其行腔原则》等论文。

2004年，当选宿州市第二届人大代表；2006年被市委宣传部授予“十佳文艺工作者（创作类）荣誉称号；2007年被市政府授予劳动模范称号；2008年批准享受市政府特殊津贴。2010年至2012年连续三年被中国舞蹈家协会评为先进个人。2013年被省委宣传部授予全省宣传文化领域拔尖人才（文艺类）荣誉称号。

李金桥 1959年生，安徽省砀山县人，文化程度高中，1972年参加工作，党员，安徽省戏剧家协会会员，国家一级演员，省级传承人，主工须生。历任宿县地区梆子剧团副团长、团长、党支部书记。

主演作品有《徐策跑城》（饰徐策）、《伍子胥告状》（饰伍子胥）、《穆桂英挂帅》（饰杨延景）、《姐妹皇后》（饰管淑贤）、《鞭打芦花》（饰闵德仁）、《双上吊》（饰郑友文）、《焦裕禄》（饰焦裕禄）、《红灯记》（饰李玉和）、《土经理外传》（饰肖天拨）、《大树参天》（饰大树叔）、《闪光的国徽》（饰赵振华）、《连任》（饰村长）、《良心》（饰王德）、《夫随妇唱》（饰丈夫）、《刘老实送礼》（饰刘老实）等，6集电视剧《楚宫恨》（饰伍子胥）。其中，在《土经理外传》中饰肖天拨，获安徽省第二届艺术节优秀演员奖；在《徐策跑城》中饰徐策，《连任》中饰村长，分别获安徽省戏曲小品、折子戏大赛最佳演员奖和优秀演员奖；《夫唱妇随》中饰丈夫，获安徽省“抗洪救灾”短剧小品大赛表演二等奖。《焦裕禄》《徐策跑城》《真假太子》《金猴闹春》《新辕门斩子》等剧均由安徽人民广播电视台多次播放。《徐策跑城》剧照被中国戏剧家协会《剧本》杂志选用。是宿州市第二届“十佳文艺工作者”。

张晓东 1959年生，女，江苏泰州人，一级演员。1970年5月随父母下放到皖北，7月考入阜阳地区临泉县梆子剧团。1980年调入宿县地区梆子剧团。1983年考入河南省戏曲学校，毕业回宿县地区梆子剧团工作。1984年至1989年任安徽省青联委员。1985年被安徽省戏剧家协会吸收为省剧协会员，现是中国戏剧家协会会员。1987年评为国家“三级演员”（中级职称）。1998年被评为国家“二级演员”（副高职称）。2001年荣获中国戏剧“梅花奖”。2002年被破格评为国家“一级演员”（正高职称）。2004年被宿州市民主促进会主委会发展为民进会员。2004年任宿州市二届政协委员。2004年被宿州市艺术学校聘请为艺术顾问。2005年任宿州市政协二、三届常委。2005年被市委宣传部授予“十佳文艺工作者”荣誉称号。2007年被省委宣传部授予省“六个一批”文艺类拔尖人才称号。2008年被宿州市梆子剧团聘请为“名誉团长”，被宿州市戏剧、曲艺家协会聘请为市剧协“名誉主席”。2008年被民进安徽省委评为“宣传工作先进个人”。

王玉明 1964年生，河南永城人，党员，1976年参加工作，大专学历，历任市梆子剧团党支部书记，国家一级演奏员，任职于宿州市梆子剧团，中国音乐家协会会员、中国民族管弦乐学会会员、全国民族器乐演奏艺术水平考级高级考官。

1976年起多次参加安徽省艺术节、小戏及全国性大型戏曲比赛演出活动，并获得演出奖、演奏奖及作曲奖。2000年主胡作曲《大树参天》获省第六届艺术节作曲二等奖。2001年《大树参天》获第六届“映山红”戏剧节作曲一等奖、优秀乐手奖、优秀伴奏奖。2002年《大树参天》《穆桂英下山》晋京演出。2002年主胡作曲《射雁比武》获省小戏调演一等奖。2003年主胡作曲《鞭打芦花》获省“公德建设文艺调演”银奖。2003年主胡作曲《鞭打芦花》获（博兴）国际小戏节金奖、个人音乐奖。2005年主胡作曲《月照东窗》获第八届“映山红”戏剧节节目奖。2006年主胡作曲《刘老实送礼》获省第三届小戏大赛一等奖、作曲二等奖。2008年作曲《秋胡戏妻》获省小戏比赛作曲一等奖，2011年主胡作曲《乡长下跪》获省小戏节一等奖。2012年主胡作曲《村官牛小乐》获省小戏节一等奖、中国（博兴）国际小戏节金奖。发表论文5篇。2009年应邀赴香港参加全国梆子戏展演《穆桂英山寨招亲》《抬花轿》获得成功。

陈若梅 1964年生，女，原籍安徽省濉溪县，著名泗州戏表演艺术家，国家一级演员。系中国戏剧家协会会员、安徽省戏剧家协会副主席、国家级非物质文化遗产“泗州戏”艺术项目传承人。2007－2012年任宿州市泗州戏剧团团长、宿州市戏剧曲艺家协会名誉主席。宿州市政协委员、享受政府特殊津贴。

陈若梅出身于梨园世家，1979年考入淮北市戏曲学校，1984年调入宿州市泗州戏剧团。主演剧目有《皮秀英四告》《休丁香》《白玉楼》《四换妻》《林娘》《借纱帽》《八月桂》《爱心如虹》《秋月煌煌》等。1994年，在安徽省第四届艺术节《四换妻》中扮演“刘翠芝”，获表演一等奖；1997年，在安徽省第六届戏剧节上，她扮演《八月桂》中的“丹妹”，获表演一等奖；1998年，泗州戏戏歌《要听还是拉魂腔》获国家级演唱二等奖；2003年，在首届山东国际小戏节上，扮演《懒大嫂》中的“玉兰”，获表演金奖；2004年，在现代戏《爱心如虹》中扮演主要角色，获安徽省“五个一工程”

奖；2004年，在小戏《三婆媳》中扮演“婆婆”，获表演金奖；2005年，在现代小戏《二嫂挡车》中扮演“二嫂”，获“中国映山红民间戏剧节”表演金奖；2007年6月，在安徽省第八届艺术节上，扮演《秋月煌煌》中的“桂姐”，获表演一等奖，10月，参加山东枣庄柳琴戏艺术周暨高层论坛活动，在《秋月煌煌》中扮演“桂姐”，获表演一等奖。

2005年3月，陈若梅当选宿州市“十佳文艺工作者”。陈若梅既是泗州戏著名演员、宿州市泗州戏剧团团长，又是泗州戏艺术传承人，平时非常重视泗州戏艺术的新人培养。在戏路传承中，她把《皮秀英四告》（青衣）技艺传授给学员张婷、刘荣芝；把《四换妻》中的刘翠枝（花旦）技艺传授给青年演员刘莉；把《卖甜瓜》中的李迎春（小花旦）技术传授给演员高侠。这些学员与青年演员基本能胜任角色的要求，在剧团巡回演出中，担当一些主要角色，深受观众的欢迎。

陶万霞　1964年生，女，安徽省蒙城县人，宿州市泗州戏剧团一级演员，泗州戏省级传承人，中国戏剧家协会会员。宿州市政协委员，享受政府特殊津贴。出生于梨园世家，1976年，参加濉溪县艺训班；1989年，调入宿县地区泗州戏剧团；1993年，小戏《懒大嫂》（饰大嫂）参加安徽省小戏调演，获表演一等奖；1994年，《四换妻》（饰乓氏）参加安徽省第四届艺术节，获表演一等奖；1995年，小戏《三姐思春》（饰李三姐）参加安徽省小戏调演，获表演一等奖；1999年，小戏《拙大姐》（饰王素梅）参加安徽省小戏调演，获表演一等奖；2003年，小戏《懒大嫂》（饰大嫂）参加首届“中国滨州国际小戏艺术节”，获表演一等奖；2005年，小戏《二嫂挡车》（反串大顺）参加“中国映山红戏剧节”获表演一等奖；2007年，大戏《秋月煌煌》（饰大奶奶）参加山东枣庄戏剧节，获表演二等奖。2011年，第八届安徽省艺术节现代戏《母亲的嘱托》（饰沈母）获表演二等奖。

吴河江　1966年生，宿州市灵璧县人，字观川，号可工，金石居士，观川居士，高级工艺美术师、安徽省工艺美术大师、中国工艺美术协会会员、安徽省传统工艺美术保护和发展促进会理事、省工艺美术行业协会理事、省工艺美术学会理事。自幼酷爱书法绘画、金石篆刻艺术。2000年创办“点睛斋石刻线画艺术创作室”，着重对这一传统技艺进行反复论证和研究，逐渐形成现代石刻线画艺术之特点。由于作品的历史厚重感强，屡次在全国各项工艺美术大展中获大奖。作品深受藏界青睐。

李书君　1966年生，中共党员，中国戏剧家协会会员、宿州市戏剧家协会副主席，泗州戏省级传承人，宿州市泗州剧团团长。

从1984年考入剧团，到成为泗州戏艺术代表性传承人，李书君用勤学苦练，自尊自强，实现了启蒙老师李景洲“学戏先做人，做人当做梅”的谆谆教诲，为泗州戏艺术的发扬光大，服务大众作出应有的贡献。从1985年登台，到成为骨干力量，在舞台上成功塑造了几十个个性鲜活的人物形象。6次荣获国家级戏曲大赛奖，8次荣获省级戏曲大赛表演一等奖。被安徽省委宣传部授予首批“拔尖人才”荣誉称号，享受政府特殊津贴。

李　英　1968年生，女，安徽宿州市人，大专文化。宿州市乐石雕刻厂厂长、宿州市乐石工艺品有限公司法定代表人、宿州市乐石文化研究会会长、安徽省工艺美术家协会常务理事、中国文房四宝协会会员、中国民主促进会会员。

在工艺专业上，经国家有关部门考核，审定为安徽省工艺美术大师、中国高级工艺美术师、安徽省首批非物质文化遗产乐石砚雕代表性传承人。被评为安徽省杰出创业人物、安徽省创业先锋、安徽省非公有制经济优秀创业者。

2005年，由她亲手创作的40余件乐石砚、乐石壶，被市政府作为宿州市文化名片，在中国国际徽商大会上隆重展出，倍受国内外广大客商关注，为促进国内外经济、文化交流起到传播使者的积极作用，李英受到省、市主要领导人的热情接待和鼓励。

李英创作的各种乐石工艺品，在国际和国内的重大博览会及各种展赛中，多次荣获大奖。其产品远销海内外，有的作品被作为国礼赠送国际友人。自乐石砚、乐石壶重新问世以来，先后被中央电视台、安徽电视台、宿州电视台、《人民日报》《书法报》《香港大公报》及《中国文房四宝》《收藏》《中国工艺美术》、中国台北《砚台天地》等数十家报刊杂志作过广泛宣传报道。当代文坛书画、文学界名流赵朴初、李可染、刘开渠、陈大羽、李百忍、谢稚柳、陆石、张恺帆、沈鹏、冯其庸、刘炳森、王成喜等都曾欣然命笔，题词留赞。

张　莉　1969年生，女，砀山县人。本科文化，中共党员，宿州市坠子剧团国家一级演员、坠子戏省级非遗传承人；中国戏剧家协会会员，宿州市剧协副秘书长；省“六个一批拔尖人才”，省级先进工作者，市级优秀党员，市十佳文艺工作者。享受市政府津贴。

1979年考入砀山县四平调剧团学习戏剧表演；1982年考入安徽省坠子剧团师从坠子戏表演艺术家朱月梅；工青衣、花旦。

曾在坠子戏《潘金莲》《窦娥冤·魂诉》《冯香罗》《南归怨》《柜中缘》《小包公》《封神榜》《姐妹皇后》和现代戏《勾魂》《苦情》《一条大鱼》《人生配方》《跪妻》《故土情深》《歪脖子树上落凤凰》《认娘》等戏中担任主要角色。塑造了诸多性格各异、时期不同、纯朴善良的妇女形象。

获奖作品：《潘金莲》饰潘金莲，获安徽省首届艺术节表演二等奖；《魂诉》饰演窦娥，获安徽省第六届艺术节表演一等奖；《窦娥冤》饰窦娥获中国第七届“映山红”戏剧节表演一等奖；在《一条大鱼》饰他妈，获“中国滨州·博兴国际小戏艺术节”表演金奖；《跪妻》饰兰兰，《认娘》饰母亲，均获安徽省小戏、折子戏调演表演一等奖；《故土情深》饰钱淑兰，获安徽省精神文明建设“五个一工程奖”；《歪脖子树上落凤凰》饰桂芹，省“五个一工程奖”等。

李连民　1971年生，河南鹿邑县人。本科文化，宿州市坠子剧团国家一级演员（兼导演），坠子戏省级非遗传承人。1982年考入安徽省坠子剧团，师从坠子戏表演艺术家张立峰。工须生。中国戏剧家协会会员、宿州市十佳文艺工作者，享受市政府津贴。

曾在大型坠子戏《小包公》《苦情》《人生配方》《歪脖子树上落凤凰》《故土情深》《八张村的笑声》和小戏《今天是个好日子》《一条大鱼》《跪妻》《大脚娘娘选总管》等剧目中担纲主演。

获奖作品有：2002年，《推销》中饰演曲二皮，获全国曹禺杯戏剧小品小戏大赛表演二等奖；2003年，《人生配方》中饰演顾仁德，获全国‘映山红’戏剧节表演二等奖；2004年，《一条大鱼》中饰演他爸，获山东博兴全国小戏大赛表演金奖；2005年，《大脚娘娘选总管》中饰演马毕，获省小戏小品大赛表演一等奖；2008年，《跪妻》中饰演阿里，获省小戏大赛表演一等奖；2009年，《故土情深》中饰演王华东，获安徽省第十一届“五个一工程奖”；2010年，在安徽省第九届艺术节上《歪脖子树上落凤凰》获表演一等奖，该剧获安徽省第十二届“五个一工程奖”；合作导演的《跪妻》获安徽小戏大赛导演一等奖、《奇缘》获省剧协小戏调演导演二等奖、三农小戏《打赌》参加全国第八届‘映山红’戏剧节优秀剧目奖。

王　芳　1972年生，女，安徽萧县人，本科文化，宿州民主促进会会员，宿州市坠子剧团国家一级演员；坠子戏市级非遗传承人。中国戏剧家协会会员，省“六个一批”双百青年优秀人才。

1982年考入安徽省坠子剧团，工小生、青衣、花旦。曾在坠子戏《人生配方》《大脚娘娘选总管》《故土情深》《惊梦》等剧目中饰演主要角色；2001年，在央视七套和宿州电视台联合录制的春节特别节目《宿州春晓》中表演《王三姐赶集》。

获奖作品有：2003年至2004年，先后在大型现代戏《人生配方》中饰虎荔荔，在中国第七届“映山红”戏剧节和安徽省第七届艺术节上均获表演二等奖；小戏《一条大鱼》中饰贵妇获“中国滨州·博兴国际小戏艺术节”表演二等奖；2006年，古装坠子戏《大脚娘娘选总管》中饰马娘娘，获全省小戏调演表演二等奖；2011年，小戏《惊梦》中饰女主角获全省小戏调演表演一等奖；同年10月，该剧参加“中国滨州·博兴国际小戏艺术节”参赛，获剧目奖和优秀表演奖；2008年，大型现代坠子戏《故土情深》中饰春花，该剧获安徽省精神文明建设“五个一工程奖”；2013年，坠子小戏《送礼》中扮演马杨，获安徽省第六届小戏、小品大赛优秀演出奖和表演奖。

第三章 人物表

宿州市全国党代会代表情况一览表

表8-3-1

姓名	性别	籍贯	出生年月	工作单位及职务	届次	备注
寿银玲	女	安徽省灵璧县	1967.3	灵璧县高楼区沙滩乡寿口村妇联主任	中国共产党第十四次全国代表大会	1992.10
耿光宽	男	安徽省巢湖市	1941.2	宿县地委书记	中国共产党第十四、十五次全国代表大会	1992.10 1997.9
陈树德	男	安徽省宿州市	1945.11	宿州市委书记、市人大常委会主任	中国共产党第十六次全国代表大会	2002.11
刘瑞莲	女	安徽省砀山县	1957.10	砀山县葛集镇白腊园村党支部书记	中国共产党第十六次全国代表大会	2002.11
唐承沛	男	安徽省桐城市	1964.9	宿州市委书记、市人大常委会主任	中国共产党第十七次全国代表大会	2007.10
王化东	男	安徽省宿州市	1967.1	埇桥区夹沟镇夏刘寨村党支部书记、村委会主任	中国共产党第十七次全国代表大会	2007.10

宿州市全国人大代表情况一览表

表8-3-2

姓名	性别	籍贯	出生年月	工作单位及职务	届次	参会时间
吕保成	男	安徽无为	1934.12	宿县地区行署专员	七届	1988.3
杨传玺	男	山东茌平	1943.5	宿县地区行署专员	八届	1993.3
徐立全	男	安徽合肥	1956.2	宿县地区行署专员	八届	1997.3
何　平	男	安徽无为	1956.1	宿州教育学院院长	九届、十届	1998.3 2003.3
李向玲	女	安徽宿州	1970.12	宿州市纺织厂工人	九届	1998.3
陈献宝	男	安徽宿州	1950.8	宿州市纺织厂厂长	十届	2003.3
梁卫国	男	安徽宿州	1955.11	宿州市人民政府市长	十届	2003.3

宿州市全国劳动模范（全国先进工作者）一览表

表8-3-3

年份	姓名	单位
1989	王　征	萧县百货公司
	李长福	宿县地区汽车运输公司
	王桂兴	宿县大营乡荒南村
	訾言绪	砀山县良梨乡訾庄行政村
	衡世斌	砀山县吴庄职业中学
	高国忠	中国工商银行萧县支行南关储蓄所
1995	刘銮玉	灵璧县工艺厂
	王丽春（女）	中国工商银行宿州支行百货大楼储蓄所
	陈长乐	安徽省黄淮海农贸总公司
	刘湘盘	安徽龙盘集团公司
	高献英	泗县城乡建设环境保护局
	欧阳书强	萧县人民法院
	王秀珍（女）	宿州市公安局西关派出所
2000	李向玲（女）	安徽宿州鸿鹏纺织（集团）有限责任公司
	仰士玲（女）	安徽省皖北制药厂
	刘孝科	宿州无籽西瓜协会
	况保华	萧县公安局交通警察大队
	宁广辉	安徽省灵璧中学
2005	庄宗昶	上海灵丰化工有限公司灵璧分公司
	王化东	宿州市埇桥区夹沟镇夏刘寨村
	李　杰	泗县三元猪养殖协会
	张振传	宿州市农业委员会

说明：单位依照当时称谓

宿州市全国五一劳动奖章获得者一览表

表8-3-4

年份	姓名	单位
1988	李长福	宿州市汽运总公司

续表8-3-4

年份	姓名	单位
1990	张德山	宿州市埇桥区交通局
1991	朱贤胜	宿州市第一棉麻公司
1991	郜振飞	宿州市柴油机厂
1993	王子荣	萧县宾馆
1996	李荣林	宿州市化肥厂
1997	程守忠	宿州市农科所
1998	庄宗昶	灵璧县化肥厂
1999	李桂军	砀山县供电公司
2000	任桂香	萧县残疾人联合会
2001	王玉柱	灵璧县酒厂
2001	邱坤秀	宿州汇源电厂
2002	张锦涛	宿州鸿鹏纺织厂
2003	胡业奎	宿州电信分公司
2004	陈庆标	宿州市信诚化工有限公司
2004	吕　涛	埇桥区林业局
2006	杨　剑	宿州市商之都
2007	张忠义	宿州市建筑设计院
2007	施　进	宿州市立医院

宿州市省劳动模范（先进工作者）名录

（按姓氏笔画排列）

1988年（23人）

于为立　王　征　王培生　王瑞龙　尹雪茹（女）　孙成儒
孙毅民　何传玲（女）　谷相玲　张德安　陈晓林
邵体婷（女）　周鸿庆　孟凡阳　赵　勇　赵先瑞
钱业凡　彭　凯　董庆红（女）　蒋敬忠　谢乾士
褚贺琴（女）　蔡书汉

1992年（37人）

马秀娥（女） 王少华 王化礼 王贞和 王志武
王怀宗 王丽春（女） 王美荣（女） 毛新华
尹正厚 毕英昌 朱金修 刘銮玉 刘艾梅（女） 苏兆娥（女）
李山茅 李广福 李书贵 李看珍（女） 何祖新
陈 忠 陈元庆 陈占红 陈树华 陈修英（女） 季家功
周思德 赵光明 赵希良 郝德存 耿保媛（女） 候成芝
梁 荣（女） 尉传礼 程秀娟（女） 魏正建

1997年（34人）

王少华 王玉柱 王庆习 王学亮 申秀云（女） 仰士玲（女）
刘孝科 刘瑞莲（女） 孙成环 李丰收 李向玲（女）
时近远 吴太志 吴忠梅（女） 吴淑芳（女） 邱坤秀
何光军 张 虎 张朝龙 张德民 张孝兰（女） 陈会红
陈怀庆 陈绍宽 周广云 周志银 胡志刚 祝会光
袁成彬 徐志连 高义仁 阎公侠 程箴胜 薛 鹏

2002年（35人）

王敬文 牛文俊 尹洪波 冯 辉 朱 鹏 朱家荣
朱甜明 刘金华 刘宗博 孙 峰 李 林 李 杰
李令政 李新建 李 伟（女） 杨圣杰 杨荣华
吴秀芝（女） 宋 军 张仲华 张庆东 张振传
陈献宝 金瑞华（女） 周俊荣 庞思梅（女） 郑克敏（女）
胡业奎 胡桂芹（女） 骆俊超 侯本秀 侯立刚
靖 权 阚灿光 魏俊玲（女）

2007年（37人）

马步怀 王向阳 王守兴 王连贞 王运宏（女） 王淑芹（女）
王翠兰（女） 支玉良 孔祥华（女） 代 劲
冯 军 朱士宇 朱卫生 刘 长 刘 涛 刘崇标
刘 丽（女） 刘月梅（女） 刘秀丽（女） 李剑锋
杨本科 杨礼辉 张化军 张良元 张茂义 张德月
陈庆标 陈明义 岳喜菊（女） 周桂冉 孟祥永
夏本亚 高 鹏 扈祥超 程 书 窦贤君 魏兴智

宿州市享受国务院特殊津贴人员一览表

表8-3-5

姓名	性别	单位	职务	职称	享受年度
蒋贵银	男	萧县铅笔厂	厂长	高级工程师	1992

续表8-3-5

姓名	性别	单位	职务	职称	享受年度
朱守华	男	宿县地区中医院	院长	主任医师	1992
李学尧	男	砀山县农技推广中心	主任	高级农艺师	1992
徐振武	男	宿州市服装机械厂	厂长	高级工程师	1993
张成印	男	灵璧县畜牧站		高级畜牧师	1993
陈欣洪	男	砀山县农技推广中心		高级农艺师	1993
孟庆田	男	砀山县农技推广中心		高级农艺师	1993
刘贯业	男	萧县园艺站	站长	高级农艺师	1993
刘　勇	男	宿县地区应用技术研究所	副所长	副研究员	1995
李　健	男	宿县地区应用技术研究所	副所长	副研究员	1995
汪德荣	男	宿县地区应用技术研究所	所长	副研究员	1996
汪蓓蕾	女	宿县地区应用技术研究所		副研究员	1997
胡　明	男	安徽科苑集团		副研究员	1999
蒋书良	男	砀山县园艺场		高级农艺师	1999
刘治同	男	宿州市农科所		副研究员	2000
张晓东	女	宿州市梆剧团		一级演员	2004

宿州市享受省政府特殊津贴人员一览表

表8-3-6

姓名	性别	单位	职务	职称	享受年度
王培生	男	萧县农技站		高级农艺师	1993
孙成儒	男	泗县药物布鞋厂	厂长	副主任药师	1993
陈海顺	男	砀山园艺厂		高级农艺师	1994
朱　敏	男	宿州市畜牧中心	主任	高级畜牧师	1994
汪德荣	男	宿县地区应用技术研究所	所长	副研究员	1995
梅声应	男	萧县中学		中学高级教师	1995
汪家栋	男	砀山蔬菜科研所		高级农艺师	1995
胡　名	男	宿县地区应用技术研究所		副研究员	1996

续表8-3-6

姓名	性别	单位	职务	职称	享受年度
马明驼	男	宿县地区应用技术研究所		副研究员	1997
程守忠	男	宿州市农科所		研究员	1999
马述松	男	宿州市农机局		高级农艺师	1999
张化运	男	宿州市埇桥区农技站		高级工程师	1999
王　茄	男	萧县体委		教练员	2000

在宿州市工作部分正高级职称人员一览表

表8-3-7

姓名	性别	出生年月	籍贯	职称	单位
宋建国	男	1953	宿州	高级编辑	宿州拂晓报社
吴晓玲	女	1958	江苏睢宁	高级编辑	宿州拂晓报社
张化运	男	1954	宿州	正高级工程师	宿州市农业机械化管理局
赵松岩	女	1966	阜阳利辛	一级美术师	宿州市书画院
许　飞	男	1959	砀山县	研究员	宿州市剧目研究室
马　虹	男	1964	宿州	农业技术推广研究员	宿州市园艺站
白广京	男	1953	宿州	农业技术推广研究员	宿州市植检植保站
许　诺	女	1965	萧县	农业技术推广研究员	宿州市土壤肥料站
李尚敏	男	1963	宿州	农业技术推广研究员	宿州市动物疾病预防与控制中心
吴兰云	女	1964	宿州	研究员	宿州市农业科学院
杨　杰	女	1962	宿州	研究员	宿州市农业科学院
沈维良	男	1963	宿州	研究员	宿州市农业科学院
吕长淮	女	1959	合肥	主任药师	宿州市食品药品检验所
巩　辉	女	1955	宿州	（妇幼保健）主任医师	宿州市妇幼卫生保健所
刘培銮	男	1963	灵璧县	主任医师	宿州市中医医院
朱　鹏	男	1968	砀山县	正高级工程师	宿州交通投资有限责任公司
李文华	女	1961.10	宿州	主任医师	宿州市第二人民医院
胡学政	男	1940.1	阜阳	主任医师	宿州市第二人民医院

续表8-3-7

姓名	性别	出生年月	籍贯	职称	单位
王怀印	男	1941.12	宿州	主任医师	宿州市第二人民医院
朱世璋	男	1943	五河	主任医师	宿州市第二人民医院
张子诚	男	1956	淮北	主任医师	宿州市立医院
年　丽	女	1958	怀远	主任医师	宿州市立医院
朱革非	男	1957	宿州	主任医师	宿州市立医院
黄启凌	女	1954	宿州	主任医师	宿州市立医院
施　进	男	1955	和县	主任医师	宿州市立医院
钟　平	男	1966	无为	主任医师	宿州市立医院
王志金	男	1957	砀山县	主任医师	宿州市立医院
王继灵	男	1957	太和	主任医师	宿州市立医院
葛丽娟	女	1957	宿州	主任医师	宿州市立医院
张　华	女	1955	宿州	主任医师	宿州市立医院
高惠敏	女	1955	江苏	主任医师	宿州市立医院
程银树	男	1962	歙县	主任医师	宿州市立医院
倪进斌	男	1955	萧县	主任医师	宿州市立医院
邵正明	男	1954	宿州	主任医师	宿州市立医院
刘　丽	女	1964	宿州	主任医师	宿州市立医院
王　辉	男	1962	泗县	主任医师	宿州市立医院
陈　军	男	1964	固镇	主任医师	宿州市立医院
曾小松	男	1964	四川	主任医师	宿州市立医院
杨大平	女	1963	蚌埠	主任医师	宿州市立医院
周杜鹃	女	1965	宿州	主任医师	宿州市立医院
辛　毅	男	1962	山东	主任医师	宿州市立医院
井　水	女	1963	宿州	主任医师	宿州市立医院
郭志强	男	1962	宿州	主任医师	宿州市立医院
郑德群	男	1963	宿州	主任医师	宿州市立医院
魏　苏	男	1963	四川	主任医师	宿州市立医院
张　澍	男	1963	宿州	主任医师	宿州市立医院

续表8-3-7

姓名	性别	出生年月	籍贯	职称	单位
张力人	男	1964	宿州	主任医师	宿州市立医院
黄利军	女	1955	宿州	主任医师	宿州市立医院
高尚龙	男	1962	宿州	主任医师	宿州市立医院
郑　刚	男	1962	蚌埠	主任医师	宿州市立医院
范秀英	女	1963	砀山县	主任药师	宿州市立医院
鲁卫民	男	1966	砀山县	主任医师	宿州市立医院
李国强	男	1965	阜阳	主任医师	宿州市立医院
于志勇	男	1969	江苏	主任医师	宿州市立医院
王　芳	女	1964	萧县	主任护师	宿州市立医院
张长江	男	1963	砀山县	主任医师	宿州市立医院
李正丙	男	1956	宿州	一级演员	埇桥区动物表演团
李庆洋	男	1965	宿州	主任医师	西寺坡镇卫生院
涂仲连	男	1941	六安	主任医师	泗县人民医院
王家祥	男	1935	江苏沛县	主任医师	泗县人民医院
刘传汶	男	1935	江苏铜山	主任医师	泗县人民医院
张国权	男	1939	泗县	主任医师	泗县人民医院
魏礼芝	男	1954	泗县	主任药师	泗县人民医院
孙成珍	男	1960	泗县	主任医师	泗县人民医院
姜　红	女	1957	泗县	农业技术推广研究员	泗县动物卫生监督所
杨丙建	男	1955	泗县	农业技术推广研究员	泗县动物卫生监督所
孙孝义	男	1964.3	萧县	主任医师	萧县人民医院
赵光明	男	1964.9	萧县	主任医师	萧县人民医院
刘元真	男	1960.1	萧县	主任医师	萧县人民医院
王　军	男	1963.12	萧县	一级美术师	萧县书画院
刘光荣	男	1954.9	萧县	农业技术推广研究员	萧县农技推广中心
郑玉美	女	1953.12	萧县	农业技术推广研究员	萧县农技推广中心
陈静芬	女	1967.11	萧县	农业技术推广研究员	萧县农技推广中心
王向阳	男	1966.11	萧县	农业技术推广研究员	萧县农技推广中心

续表8-3-7

姓名	性别	出生年月	籍贯	职称	单位
王月英	女	1967.9	萧县	农业技术推广研究员	萧县农技推广中心
王顺建	男	1967.7	萧县	农业技术推广研究员	萧县农技推广中心
吕洪波	男	1961.4	灵璧县	主任医师	灵璧县人民医院
洪孝飞	男	1964.1	灵璧县	主任医师	灵璧县人民医院
张加功	男	1962.2	灵璧县	主任医师	灵璧县人民医院
郭　飞	男	1964.5	灵璧县	主任医师	灵璧县人民医院
王　勇	男	1963.7	灵璧县	主任医师	灵璧县中医院
张计臣	男	1967.11	灵璧县	主任医师	灵璧县中医院
王　兵	男	1965.1	砀山县	主任医师	砀山县人民医院
张玉期	男	1963.6	砀山县	主任医师	砀山县人民医院
魏连军	男	1963.8	砀山县	主任医师	砀山县人民医院
王忠生	男	1962.1	砀山县	主任医师	砀山县人民医院
邵　磊	男	1963.12	砀山县	农业技术推广研究员	砀山县土壤肥料服务中心
岳兰菊	女	1968.6	砀山县	农业技术推广研究员	砀山县土壤肥料服务中心
蒋书良	男	1948.1	砀山县	农业技术推广研究员	砀山县土壤肥料服务中心
姚大瑞	男	1943.5	砀山县	主任医师	砀山县人民医院
翟厚全	男	1941.7	砀山县	主任医师	砀山县人民医院
张桂兰	女	1940.1	砀山县	主任医师	砀山县人民医院
周咸振	男	1939.12	砀山县	主任医师	砀山县人民医院
边春和	男	1942.1	砀山县	主任医师	砀山县人民医院
陈静颖	男	1943.5	砀山县	主任医师	砀山县人民医院
程克敏	男	1940.6	砀山县	主任医师	砀山县人民医院
单兆隆	男	1942.3	砀山县	主任医师	砀山县人民医院
范红侠	男	1943.8	砀山县	主任医师	砀山县人民医院
焦福兰	女	1950.4	砀山县	主任医师	砀山县人民医院
李耻门	男	1942.7	砀山县	主任医师	砀山县人民医院
李传轩	男	1943.5	砀山县	主任医师	砀山县人民医院

续表8-3-7

姓名	性别	出生年月	籍贯	职称	单位
张祚敏	男	1936.9	萧县	研究馆员	宿州市档案局
解维领	男	1950.4	灵璧县	教授	中共宿州市委党校
夏　莉	女	1963.8	宿州	哲学教授	宿州职业技术学院

宿州市美术家协会国家级会员统计表

表8-3-8

序号	姓名	性别	出生年月	籍贯	单位
1	陈光林	男	1956.3	灵璧县	宿州市政协
2	李宏勋	男	1945.5	宿州	宿州学院
3	赵松岩	女	1966.7	砀山县	宿州书画院
4	王永法	男	1971.7	霍山	宿州三中

宿州市曲艺家协会国家级会员统计表

表8-3-9

序号	姓名	性别	出生年月	籍贯	单位
1	庄　稼	男	1938.9	灵璧县	宿州市文联
2	王宪斌	男	1924（已故）	河南永城	
3	李元同	男	1928（已故）	萧县	
4	刘元芝	女	1928（已故）	萧县	
5	荣爱坡	男	1944.8	宿州	宿州市泗州剧团
6	赵士鼎	男	1950.4	蚌埠	宿州市文广新局
7	赵德亮	男	1937.10	山东曹县	宿州市泗州剧团
8	朱月梅	女	1940.4	山东曹县	宿州市坠子剧团
9	朱　琴	女	1946.6	砀山县	宿州市梆子剧团

宿州摄影家协会国家级会员统计表

表8-3-10

序号	姓名	性别	出生年月	籍贯	单位
1	韩　飞	男	1958.2	宿州	宿州市文联兼摄协主席

续表8-3-10

序号	姓名	性别	出生年月	籍贯	单位
2	要振刚	男	1959.11	河北	省煤田第三地质队
3	李庆矿	男	1956.6	宿州	省煤田第三地质队
4	卜召军	男	1965.8	灵璧县	灵璧金太阳集团
5	王　磊	男	1965.10	萧县	中煤三十处
6	宋海存	男	1972.8	山东滕州	宿州市信威化工
7	邱诗楠	女	1962.11	宿州	宿州市亚泰医药有限公司
8	张培志	男	1964.7	宿州	宿州建设银行
9	宁　波	男	1957.11	泗县	泗县中行
10	耿广泉	男	1939.11	宿州	中煤三建工会
11	黄　健	男	1968.8	宿州	宿州建行
12	高传业	男	1935.5	蚌埠	文化局
13	周家富	男			市政协
14	陈志训	男		固镇	原埇桥文化馆
15	单　勇	男	1955.7	宿州	市供电局
16	祝　伦	男	1954.08	泗县	市供电局
17	陈　韧	男	1954.10	江苏泗洪	埇桥区交通局
18	武正润	男	1956.6	宿州	拂晓报社
19	张　勇	男	1962.9	宿州	市供电局埇桥分局
20	胡　峰	男	1962.3	宿州	宿州市恒丰商贸公司
21	刘会选	男	1955.10		市地税局
22	刘雪峰	男	1962.8		市重点项目办公室
23	孟　明	男	1953.11		皖北煤电集团
24	牛金岭	男	1954.10	萧县	萧县红双喜葡萄酒罐头集团
25	王　梅	女	1974.12	萧县	萧县龙城工商分局
26	姬长瑞	男	1957.10	萧县	萧县教育摄影中心
27	许　方	男	1968.5	萧县	萧县人民银行
28	葛成生	男	1952.10	砀山县	砀山县电视台

宿州市书法家协会国家级会员统计表

表8-3-11

序号	姓名	性别	出生年月	籍贯	单位
1	孟繁青	男	1926（已故）	宿州	《拂晓报》社印刷厂
2	冯维韬	男	1938.12	宿州	市文联
3	姜秀真	女	1944.3	萧县	宿州学院
4	赵　琦	男	1948.8	宿州	埇桥区文联
5	邢培林	男	1957.1	宿州	区政协
6	李　杰	男	1958.4	宿州	宿州学院美术学院
7	陈晓辉	男	1958.10	江苏铜山	宿州市公安局
8	张丽华	女	1958.10	亳州	
9	陶　勇	男	1959.11	宿州	宿州市美伦书画院
10	周　军	男	1960.2	江苏徐州	中煤三建
11	朱绍俭	男	1961.12	萧县	区文联
12	杨继乾	男	1962.2	宿州	区法院
13	谢海民	男	1963.5	宿州	宿州老年大学
14	张良明	男	1963.9	宿州	区文联
15	杨苏安	男	1963.10	江苏丰县	萧县司法局
16	郭　峰	男	1963.11	萧县	市文联
17	戴振军	男	1963.12	宿州	市委党校
18	唐　亮	男	1964.11	灵璧	灵璧师范
19	董正夫	男	1964.11	萧县	萧县检察院
20	周茂健	男	1965.5	芜湖	宿州市公安局
21	邵　晨	男	1965.7	宿州	宿州市美伦书画院
22	董宜夫	男	1966.6	萧县	萧县石林乡
23	耿红亮	男	1966.6		萧县第二中学
24	张光旭	男	1967.1	宿州	皖北矿务局
25	王　永	男	1967.1	灵璧县	
26	李胜春	男	1968.1	宿州	宿州火车站
27	孟春晗	男	1968.10	萧县	萧县统战部

续表 8-3-11

序号	姓名	性别	出生年月	籍贯	单位
28	张铁建	男	1968.10	宿州	
29	马端兵	男	1969.12	泗县	泗县粮食局
30	王锰	男	1970.3	灵璧县	灵璧县工商局
31	冯晓进	男	1971.8	砀山县	砀山县文联
32	张　照	男	1974.7	宿州	
33	张兵民	男	1976.10	宿州	
34	秦　建	男	1977.2	宿州	

宿州市戏剧家协会国家级会员统计表

表 8-3-12

序号	姓名	性别	出生年月	籍贯	单位
1	张志翔	男	1956.10	江苏淮安	宿州市文广新局
2	李小兵	男	1965.6	宿州	宿州市文广新局
3	陈若梅	女	1964.5	濉溪	宿州市泗州剧团
4	李书君	男	1964.12	涡阳	宿州市泗州剧团
5	张晓东	女	1959.11	江苏泰州	宿州市梆子剧团
6	李金桥	男	1959.9	砀山县	宿州市梆子剧团
7	李　玲	女	1971.10	萧县	宿州市坠子剧团
8	李连民	男	1971.12	河南鹿邑	宿州市坠子剧团
9	张　莉	女	1969.11	砀山县	宿州市坠子剧团
10	王　芳	女	1972.1	萧县	宿州市坠子剧团
11	王　骏	男		宿州	市文化局
12	黄孝义	男	1935	萧县	市文化局
13	许成章	男	1937	上海	市文化局
14	庄　稼	男	1938	灵璧县	市文化局
15	张福兰	女	1938	砀山县	市梆子剧团
16	朱　琴	女	1943	砀山县	市梆子剧团
17	荣爱坡	男	1942	宿州	市泗州剧团

续表8-3-12

序号	姓名	性别	出生年月	籍贯	单位
18	朱月梅	女	1940	萧县	市坠子剧团
19	赵德亮	男	1937	山东	市梆子剧团
20	赵士鼎	男	1948	蚌埠	市文化局剧研室
21	嵇培武	男	1928（已故）	江苏	市文化局
22	朱广华	男	1940（已故）	泗县	市泗州剧团

宿州市作家协会国家级会员统计表

表8-3-13

序号	姓名	性别	出生年月	籍贯	单位
1	梁长峨	男	1948.12	怀远	宿州市文联
2	耿春海	男	1938.12	萧县	宿州市文联
3	韩心荣	男	1944	宿州	市广电局
4	刘楚仁	男	1970	萧县	宿州市公安局
5	于吉瑞	男	1955	萧县	宿州市技术学院
6	陈曙光	男	1964	萧县	市文广新局
7	高正文	男	1949	来安县	埇桥区文化局
8	孟青禾	男	1933	宿县	埇桥区文化馆
9	许桂林	男	1953	上海	埇桥区委宣传部
10	胡秋源	男	1954	宿州	埇桥区文联
11	张　璘	男	1971	宿州	埇桥区宣传部
12	周鹏飞	男	1951	宿州	埇桥区夹沟
13	周　恒	男	1960	灵璧县	灵璧中医院
14	王善廉	男	1941	灵璧县	灵璧县教育局

宿州市音乐舞蹈家协会国家级会员统计表

表8-3-14

序号	姓名	性别	出生年月	籍贯	单位
1	杨绍鑑	男	1935.3	巢湖	宿州师专音乐系
2	杨　春	男	1936.6	宿州	宿州市文联

续表8-3-14

序号	姓名	性别	出生年月	籍贯	单位
3	赵永顺	男	1944.9	怀远	宿州市文联
4	许　飞	男	1959.3	砀山县	安徽省音乐家协会
5	王启清	男	1954.9	宿州	宿州市逸夫师范
6	顾景梅	女	1953.6	灵璧县	宿州学院音乐学院
7	朱秀明	男	1945.8	砀山县	宿州学院音乐学院
8	刘　扬	女	1963.8	宿州	宿州市一职高
9	王　琦	女	1971.1	五河县	宿州学院音乐学院
10	刘亚军	男	1956.5	萧县	宿州市坠子剧团

宿州学院正高职称统计表

表8-3-15

姓名	性别	籍贯	出生年月	所属院（部）
李加强	男	灵璧县	1967.7	外国语学院
孟　方	男	萧县	1958.10	文学与传媒学院
唐爱华	女	宿松	1963.9	文学与传媒学院
鄢化志	男	怀远	1952.11	文学与传媒学院
张雪涛	男	砀山县	1952.12	文学与传媒学院
蒋宗霞	女	含山	1964.11	文学与传媒学院
张英彦	男	宿松	1963.1	经济管理学院
祖　明	男	当涂	1963.6	经济管理学院
孙世强	男	白城	1965.6	经济管理学院
徐公伟	男	宿州	1964.2	经济管理学院
吴　玲	女	萧县	1963.6	管理工程学院
李　杰	男	宿州	1958.4	美术与设计学院
宁　群	男	萧县	1964.11	数学与统计学院
陈　浩	男	宿州	1952.11	数学与统计学院
张明玉	男	无为	1963.4	机械与电子工程学院
郭焕银	男	宿州	1963.7	机械与电子工程学院

续表8-3-15

姓名	性别	籍贯	出生年月	所属院（部）
彭振生	男	怀远	1953.3	机械与电子工程学院
唐永刚	男	宿州	1971.8	机械与电子工程学院
高贵珍	女	蚌埠	1962.4	生物与化学工程学院
赵　亮	男	宿州	1965.11	生物与化学工程学院
蔡　红	女	宿州	1957.3	生物与化学工程学院
张　莉	女	宿州	1967.9	生物与化学工程学院
杨　光	男	宿州	1952.10	生物与化学工程学院
曹稳根	男	东至	1964.7	生物与化学工程学院
刘小阳	男	怀宁	1963.5	生物与化学工程学院
王红艳	女	砀山县	1973.4	生物与化学工程学院
卓　馨	女	灵璧县	1969.9	生物与化学工程学院
方雪梅	女	宿州	1972.11	生物与化学工程学院
徐基贵	男	安庆	1963.4	生物与化学工程学院
桂和荣	男	舒城	1963.2	地球科学与工程学院
张　生	男	宿州	1960.11	地球科学与工程学院
黄淑玲	女	亳州	1954.8	地球科学与工程学院
袁新田	男	阜阳	1963.5	地球科学与工程学院
张　强	男	山东临沂	1974.6	地球科学与工程学院
宋启祥	男	宿州	1963.6	信息工程学院
陈国龙	男	凤阳	1966.5	信息工程学院
蔡之让	男	五河县	1962.3	信息工程学院
李　鸿	男	灵璧县	1965.5	信息工程学院
徐连军	男	阜阳	1963.11	体育学院
李　亮	男	利辛	1963.1	体育学院
方吉泉	男	黄山	1963.12	体育学院
刘文波	男	徐州	1970.12	体育学院
李玉才	男	宿州	1963.6	思想政治理论教研部

续表8-3-15

姓名	性别	籍贯	出生年月	所属院（部）
常守柱	男	怀远	1963.6	思想政治理论教研部
刘　超	男	灵璧县	1967.7	思想政治理论教研部
杨钰侠	女	蚌埠	1956.6	思想政治理论教研部
钱福新	男	怀远	1953.1	思想政治理论教研部
张立今	男	萧县	1954.6	管理工程学院

宿州市观赏石协会国家级会员名录

表8-3-16

序号	性名	性别	出生年月	籍贯	职级	单位
1	孙淮滨	男	1934.1	灵璧县	中国观赏石协会顾问	
2	陈民府	男	1949.8	宿州	副会长一级鉴评师高级评估师	宿州市人防办
3	巩　杰	男	1955.8	蒙城县	副会长一级鉴评师高级评估师	宿州市公安局
4	陈传国	男	1956.7	定远县	副会长一级鉴评师	宿州市人大
5	王占东	男	1965.5	宿州	副会长一级鉴评师高级评估师	宿州市政协
6	孔雪飞	男	1962.8	宿州	常务理事	宿州市民建
7	池百合	男	1959.9	宿州	常务理事二级鉴评师	埇桥区财政局
8	张　旭	男	1959.12	萧县	副会长一级鉴评师	宿州市人大常委会
9	居永立	男	1963.4	砀山县	理事	宿州市档案局、方志办
10	李国庆	男	1959.9	宿州	常务理事二级鉴评师	宿州市工商行
11	刁双喜	男	1962.2	宿州	副会长一级鉴评师评估师	
12	江多昌	男	1958.1	淮南	常务理事二级鉴评师	宿州市公安局
13	卓祥龙	男	1973.5	宿州	理事二级鉴评师	
14	吴子辉	男	1968.2.	宿州	二级鉴评师	
15	李　森	男	1963.2	灵璧县	二级鉴评师	
16	刘云升	男	1947.7	萧县	常务理事一级鉴评师	萧县建行
17	武廷春	男	1964.5	泗县	理事二级鉴评师	
18	赵　飞	男	1975.5	萧县	副会长	
19	马浩瀚	男	1976.9	宿州	会员	宿州市城管局

续表8-3-16

序号	性名	性别	出生年月	藉贯	职级	单位
20	张化军	男	1966.7	灵璧县	副会长	灵璧渔沟会展中心
21	张丽华	女	1958.8	蒙城	一级鉴评师	
22	陈　侠	女	1961.3	淮南	理事	皖北矿务局
23	任树文	男	1956.6	灵璧县	理事	灵璧县奇石办
24	韩　飞	男	1958.3	宿州	常务理事	宿州市文联

宿州市革命烈士英名录

表8-3-17

姓名	性别	出生年月	籍贯	生前所在单位	职务	牺牲时间、地点和原因
尹传亮	男	1961.12	灵璧县	灵璧县尹集粮站	仓库保管员	1988年10月11日为保护国家财产与犯罪分子斗争中牺牲
卢　山	男	1969.12	泗县	青岛消防支队	文书	1989.8.12在黄岛油库灭火战斗中牺牲
赵守湖	男	1970.3	泗县	青岛消防支队	战士	1989.8.12在黄岛油库灭火战斗中牺牲
沈　雷	男	1972.2	灵璧县	总参通讯总站三连一分队	战士	1991年1月7日通讯坑道意外起火，为保护通讯电源机房及设备牺牲
王守亮	男	1954.3	埇桥区	宿州市蕲县镇代安村	计生专干	1992年3月18日在代安村因计划生育工作被杀害
盛怀敏	男	1944、5	灵璧县	灵璧县浍沟镇水利站	干部	1994年4月14日在灵璧县浍沟街同歹徒搏斗中牺牲
王　甫	男	1975.5	埇桥区	西藏成都军区日喀则军分区亚东县56189部队	副班长	1994年8月24日在亚东县执行任务时牺牲
王中玉	男	1970.1	萧县	埇桥区芦岭矿淮北救护中队	队员	1996年6月13日，芦岭矿抢险救灾中牺牲
雷　鸣	男	1970.6	埇桥区	埇桥区芦岭矿淮北救护中队	队长	1996年6月13日，芦岭矿抢险救灾中牺牲
李子田	男	1952.2	利辛县	埇桥区芦岭矿宿防大队芦岭中队一小队	副小队长	1996年6月13日芦岭矿抢险救灾中牺牲

续表8-3-17

姓名	性别	出生年月	籍贯	生前所在单位	职务	牺牲时间、地点和原因
金家余	男	1969.4	泗县	泗县大路口乡程庙村	农民	1998年2月2日在泗县新汴河抢救落水人员牺牲
赵树敏	男	1950.7	灵璧县	灵璧县浍沟镇	农民	1998年6月24日在浍沟镇占赵村抗洪抢险时牺牲
李　永	男	1972.7	灵璧县	北京丰台区杨桥派出所	民警	2000年3月17日在北京丰台区解救人质时牺牲
吴清慧	女	1987.8	萧县	萧县赵庄镇吴西村	学生	2001年8月8日在吴西村后塘抢救落水儿童牺牲
邢　军	男	1964.2	埇桥区	宿州市公安局永镇派出所	所长	2003年11月12日凌晨，在206国道执行抓捕犯罪嫌疑人的任务中，遭遇车祸因公牺牲
王德虎	男	1982.3	泗县	新疆马兰63658部队汽车36团	班长	2004年4月2日在新疆井下救人牺牲
侍国祥	男	1971.2	泗县	辽宁省解放军空军65529部队	副中队长、工程师	2004年5月11日在辽宁执行飞行训练任务中牺牲
蔡玉昊	男	1965.12	埇桥区	埇桥区符离镇镇委	党委书记	2005年8月2日，在符离镇抗洪抢险中，被洪水吞噬殉职。
王光宇	男	1977.7	埇桥区	新疆乌鲁木齐93841部队	中队长	2005年9月21日执行飞行任务，在新疆乌鲁木齐南山牺牲
马良孚	男	1980.3	埇桥区	内蒙古武警中队内勤总队特教队	副队长	2006年4月13日在内蒙三空战斗中牺牲
史德义	男	1985.7	萧县	萧县酒店乡刘寺村	农民	2007年8月24日在刘寺村东南水塘抢救落水者壮烈牺牲

第九篇 宿州丛谈

一、渊源深厚的宿州文化

宿州地处安徽省最北部，黄淮海平原南部，北接中国秦汉以来大一统文化的核心——齐鲁文化的发源地山东省；西邻被称作中华文明摇篮的河南省，其中原文化是中华文化的重要源头和重要组成部分；与宿州近在咫尺、同属皖北地区的涡阳和蒙城则分别是道家文化的创始人老子和道家文化重要代表庄子的故乡；战国后期，随着楚国疆域的扩展，包括宿州在内的皖北地区又成为晚期楚文化的中心。特殊的地理位置和人文环境使得宿州地区深受周边各种文化的影响，形成了以多样性和复杂性为其基本特征的地域文化。

宿州文化最早可追溯到新石器文化时期，和山东南部的文化遗存同属于大汶口文化，两地有着共同的文化起源。宿州有明确记载的历史最早可追溯到西周初年。周武王伐纣后，以纣之庶兄微子启为国君，建立宋国，都商丘，范围主要包括今河南东部，安徽北部和西北部，江苏北部。《汉书》记载“今沛、楚……皆宋分也”，这里所说的沛郡即是秦朝时期的泗水郡，治所是相县（今安徽淮北市），包括江苏徐州、淮安、邳州、安徽凤阳、宿州、泗州等。宿州地区在春秋中后期时大部分属宋，公元前286年，齐、魏、楚灭宋而三分其地，宿州地区及现在的徐州、沛、邳等地皆归于楚。《史记》记载：“自淮北、沛、陈、汝南、南郡，此西楚也，彭城以东，东海、吴、广陵，此东楚也。……衡山、九江、江南豫章、长沙，是南楚也。”也就是说，三楚之域分这时既已形成，宿州一带纳入西楚地域。楚势力的东进使得楚文化风靡于淮泗一带，与当地原有文化相互融合，至战国末已成为江淮乃至淮北地区的主流文化。

道家的创立是中国文化史上的一件大事。据《史记》记载，道家创始人老子，约出生于公元前570年，苦县厉乡曲仁里人，名耳，字聃，姓李。据姚鼐《老子章义》：“孔子南之沛见老子，沛者宋地”。也就是说，老子应该是构想酝酿道家学说于苦县而居住治学于宿州地区。庄子（前369—前286）：姓庄名周，字子休，战国时期文哲大家，宋国蒙人，是老子之后道家理论重要开创者，与老子并称“老庄”，代表作品为《庄子》。随着楚国的扩张，公元前478年楚惠王灭陈，苦地入于楚。前286年，楚灭宋，蒙地入楚。至此，老子、庄子的家乡和宿州地区都尽归楚，楚国的扩张客观上为道家文化在宿地的传播创造了条件，道家中心亦随老子行迹东徙于宿州一带。

儒家文化在宿州的发展也具有得天独厚的优势。从文化传播理论来看，某种文化在一个地域的传播程度，一方面取决于该地域自身的文化特质，另一方面取决于该地与文化中心的距离。首先，从文化特质看，宿州文化和齐鲁文化有着共同的文化起源，而且同属于东夷文化，共同的文化起源使宿地更易于接纳儒家文化。其次，从空间距离看，宿州地区在春秋中后期绝大部分属于宋国，而宋国和鲁国接壤，使得宿地不仅处于儒家文化的辐射范围之内，而且也成为儒风南渐的首当其冲之地。根据历史记载，孔子周游列国曾经数次到过宋国。孔门弟子中也有很多来自宋，如闵子骞、宓子贱、司马耕、郑邦、颜祖等。被韩非列为儒家八派之首——子张之儒的创始人子张则在孔子去世后长居宿地。清人冯云鹓《圣门十六子》引《掘坊志》云："孔子没，子张在鲁守丧三年毕，与其友闵子骞同归于萧。厥后，闵子徙宿，子张与子申祥守萧不变。及终，葬于掘坊村"。

儒学在宿州的发展深刻影响了另一个儒家思想的代表白居易。白居易生于唐代宗大历七年（772年），11岁时随父到符离，在这里前后生活长达十七年之久。白居易对符离有着深厚的感情，有多首诗描述了他在那里的生活，可以说，符离就是白居易的第二故乡。

来自于鲁文化背景的儒家思潮与宋楚文化背景的道家思潮在宿州地区相激相融，使宿州地区成为传统文化的荟萃之地。

（一）儒家文化

儒家学说为春秋时期孔丘所创，主要代表人物有孔子、孟子、董仲舒、韩愈、程颢、程颐、朱熹等。其经典文献主要有儒学十三经，即《诗经》《尚书》《仪礼》《周易》《春秋》《论语》《孝经》《周礼》《礼记》《春秋公羊传》《春秋穀梁传》《尔雅》《孟子》。儒家学说的主要思想可以概括为"内圣外王"。内圣即是指通过格物、致知、正心、修身等内心修养成为圣贤，外王即是在内心修养的基础上通过齐家、治国、平天下等社会活动推行王道，创造和谐社会、大同社会。儒家认为，在"内圣外王"两个层面中都必须以"仁"为核心。而"仁"的中心思想则包括孝、悌、忠、信、礼、义、廉、耻。儒家学说经历代统治者的推崇，以及孔子后学的发展和传承，对中国文化的发展起了决定性的作用，在中国文化的深层观念中，无不打着儒家思想的烙印。战国时期儒家内部分化形成八个学派，据《韩非子·显学》记载："自孔子之死也，有子张之儒，有子思之儒，有颜氏之儒，有孟氏之儒，有漆雕氏之儒，有仲良氏之儒，有孙氏之儒，有乐正氏之儒。"

子张，姓颛孙，名师，字子张，春秋末战国初人，为孔子晚年的著名弟子，小孔子四十八岁，约生于公元前503年。韩非把子张之儒列为儒家八派之首，可见，子张在继承发展孔子思想方面还是非常重要的。

子张继承了孔子重德的思想，强调以"仁"为目标，以"礼"为规范，通过"修己"之道提高人的品格与价值，教人自觉履行对他人、社会和国家所应尽的责任。这从《论语》中子张向孔子问仁的记载可以看出，孔子告诉他："能行五者于天下为仁矣"。所谓"五者"是指"恭、宽、信、敏、惠"五种道德品质。可见，在重德方面，子张是深受孔子影响的。

作为子张之儒的创始人，子张对孔子的思想又有所创新和发展。一是重政事而轻修养。子张也强调个人的修养，但他认为一个政治家能够有所作为，取得丰硕的政治效果比修身更重要。《论语》中记载的关于子张向孔子请教的内容都是与现实政治密切相关的问题，如“子张学干禄”“问十世可知”“问令尹子文”“问善人之道”“问明”“问崇德辨惑”“问政”“问行”“问仁”“问从政”等。子张认为：“执德不弘，信道不笃，焉能为有，焉能为亡！”，就是说：一个政治家，执守其德，不能弘大；虽信善道，不能笃厚。在政治上无所作为，对于社会也就无所谓什么轻重。二是由“亲亲之爱”到“泛爱众”。孔子的仁学在某种意义上也可称之为“仁爱”的哲学。然而，孔子所提倡的仁爱是一种有亲疏厚薄之分和严格的选择性的“亲亲之爱”，首先从爱父母兄长做起，然后由近及远。同孔子的仁爱相比较，子张之儒更强调把交往扩大到一切人，对个体自身以外的所有人采取宽容的态度。他说：“君子尊贤而容众，嘉善而矜不能。”子张的这个主张，实际上是通过各种交往活动把“仁爱”不加区别地扩大到一切人，并且带有明显的功利主义的企求。

曾长期生活在宿州的白居易是唐朝最为著名的儒家文化代表之一。白居易的一生可谓是历经风雨，但不论顺境还是逆境，白居易都从来没有放弃他那“穷则独善其身，达则兼济天下”的儒家思想。

白居易“兼济天下”的思想表现在文学创作和实际行动两个方面。从文学上来看，白居易创作了大量讽刺贪官污吏急敛暴征、关心民生疾苦、激烈为人民鸣不平的优秀诗篇。在《杜陵叟》中，白居易怒斥不顾百姓死活、横征暴敛的酷吏“虐人害物即豺狼，何必钩爪锯牙食人肉?”在《卖炭翁》中则表达了对贫困人民的深切同情，揭露了唐代“宫市”的罪恶：“可怜身上衣正单，心忧炭贱愿天寒。”“一车炭，千余斤，宫使驱将惜不得。半匹红纱一丈绫，系向牛头充炭直。”

从实际行动来看，当白居易在长安任职期间，他“有阙必规，有违必谏，朝廷得失无不察，天下利害无不言”，勇敢地为民请命，希望通过统治阶级的改良来使唐朝复兴，进而实现自己兼济天下的理想。当他被贬谪担任地方官员时，他依旧坚持自己的政治理想，把兼济天下变成为天下百姓造福的实际行动。比如他在忠州时，采取“劝农”“均赋税”“省事宽刑”等措施，使之呈现出政通人和的景象。在杭州时，“筑堤捍钱塘湖，锺泄其水，溉田千顷，复浚李泌六井，民赖其汲。”并对杭州的役政、赋税、文化等方面都进行了改进和完善，使杭州人民的生活质量得到很大提高，以至当白居易离任时，杭州出现“耆老遮归路，壶浆满别筵”的现象。

儒家文化特别是子张之儒和白居易民本思想对宿州地域价值观念和伦理规范的形成和演变产生了深刻影响。在人际交往中，宿州人民多讲求恭敬宽厚、以礼相待，认为在任何场合、任何地点做出有损别人人格的事都是非常失礼、不可原谅的。深受儒家文化熏陶的宿州人民在工作生活中也形成了诚信为本的优良传统，“守信光荣、失信可耻”是宿州人民的共识，社会成员之间以诚相待、持信予人，构建了和谐友爱的人际关系，也打造了名副其实的“诚信宿州”。

同时，儒家思想也有一些不符合时代要求的糟粕，比如轻视工商、宗族观念、特权意识、等级观念等。这些消极思想在当代宿州都或多或少的存在，对宿州的发展也产生了一定的不利影响。

（二）道家文化

道家是中国古代主要哲学派别之一，主要代表人物有老子、列子、庄子、慎到、杨朱、嵇康、刘伶等。主要著作除了《老子》《庄子》外，还有《淮南子》《黄帝四经》《列子》和《管子》中的《内业》《白心》《心术上下》等。道家学派著名的有六大派：杨朱学派、黄老易学派、彭蒙田骈慎到学派、宋尹学派、老子关尹文子学派、老庄易学派。其中老庄易学派流传最广，延续时间最长。

老庄易派以大道为根，以自然为伍、以天地为师、以天性为尊，以无为为本，主张清虚自守、无为自化、万物齐同、道法自然、远离政治、逍遥自在，体现了“离用为体”的特点。所谓以大道为根，就是认为道是万物的根本，而万物都按自己的天性自然而然地变化，所以大道本身也按自然而然的规律变化。正如魏晋学者王弼所说，道法自然就是“在圆法圆，在方法方”。道家所谓的无为也并不是无所作为，而是根据道、无、自然、天性等核心理念提出的无为而治、以雌守雄、以柔克刚、清虚自在等政治、军事、修身策略。无为而治是指宽刑简政、休养生息；官无为而民自化；上无为而下有为；有所为有所不为等几种意思。逍遥自在则主要是庄子的思想，他认为现实中充满了束缚和限制，为了摆脱所有的束缚，达到完全“无所恃”的精神自由，就需要“齐物”“逍遥”，也就是尊重天性、逍遥处世的生活态度。

道家文化特别是老庄思想对中国乃至世界的文化都产生了巨大的影响，也因此成为历代文人雅士远离残酷现实的精神家园，魏晋南北朝时期兴起的魏晋玄学正是对老庄的重新阐释，其中尤以竹林七贤最为著名，此后老庄成为道家正统，一直延续至今。

竹林七贤中的嵇康和刘伶均为宿州人，他们是老庄思想的继承者和践行者，魏晋时代的耀眼之星，尤以嵇康的思想最具代表性。嵇康所作的《广陵散》，荡气回肠、声调绝伦，可谓是“前无古人，后无来者”的千古绝唱，而他那一身飘逸、放达不羁的才子形象，更如“清莲之士”“出淤泥而不染，濯清涟而不妖”，永远能够不为世俗所染而超凡脱俗。当然，他的思想更引起了后人的无尽遐思，可谓魏晋时代，乃至整个中国思想史中的焦点。

魏晋作为中国历史上的乱世，不仅继承了汉以来的儒家传统，同时也使道家思想得以重生。“名教”与“自然”之辩成为当时的一个焦点。所谓“名教”，在《后汉书·献帝记》中有一解释：“夫君臣父子，名教之本也。然则名教之作，何为者也？盖准天地之性，求自然之理，拟议以致其名，因循以弘其教。”可见，名教是制定等级名分、遵循道德教化、处理社会生活的准则。但在司马氏集团取代曹氏集团的过程中，名教这种传统价值体系日益演变为扭曲、戕害人性的工具。

嵇康认为名教会使人“惟五谷是见，声色是耽；目惑玄黄，耳务淫哇；滋味煎其府藏，醴醪煮其肠胃，香芳腐其骨髓，喜怒悖其正气，思虑销其精神，哀乐殃其平粹。”也就是说，如果人执着于名利，放任感官欲望，沉溺于声色享乐之中而不加以限制，其结果会使人因纵情恣意而使其五脏六腑遭受损伤，并且喜怒无常、神情焦虑，又会打破其内心的平和，使个体生命在众多贪欲和乖戾之情的多重威胁下而日渐消亡。

名教除了执着于名利，还推崇名分。对此，嵇康也指出：“今子立六经以为准，仰仁义以为主，以规矩为轩乘，以讲诲为哺乳，由其途则通，乖其路则滞；游心极观，不睹其外；终年驰骋，思不出位。”当仁义、规矩、讲诲等规范体系被认为是一切善的根源之后，沉迷于其中的人不仅会使其视野被限定在特定的领域之内，而且，由于因循守旧而丧失一切创造性的思考能力。更为可怕的是，有人会披着“仁义礼法”的外衣而牟取私利，他们“假廉以成贪，内险而外仁。罪至不悔过，幸遇则自矜。驰此以奏除，故循滞而不振。”

在这种情况下，嵇康提出“越名教而任自然”的核心命题。他说：“夫称君子者，心无措乎是非，而行不违乎道者也。何以言之？夫气静神虚者，心不存乎矜尚；体亮心达者，情不系于所欲。矜尚不存乎心，故能越名教而任自然；情不系于所欲，故能审贵贱而通物情。物情通顺，故大道无违；越名任心，故是非无措也。”这种放达就是要使人们能够顺欲而不纵欲、省欲而不禁欲，清虚静泰，少欲寡私，使人们成为具有无私之心的真君子，使人们的自然本性得到充分舒展，使人成为真正的人，体现了他对于“任自然”的自由、放达、逍遥的境界的追求。

一方水土养育一方人，宿州能够产生嵇康这样崇尚老庄、继承发展道家思想的文化巨子，充分说明了道家思想在宿州地区的广泛流传和巨大的影响力。在道家思想及嵇康玄学思想的影响下，宿州人民形成了粗犷、放达、淡泊名利、崇尚自由的人生态度。人们在交往中，心无猜忌，坦荡相处，没有那么多的机关算计，较少执着于名利之争。但同时，也有一些宿州人走向了另一个极端，他们或者由粗犷放达演变为随心所欲，缺乏起码的时间观念和制度意识，在工作生活中随心所欲，自由散漫，造成了不少的负面影响；或者由淡泊名利演变为得过且过、不思进取，缺乏创新观念和竞争意识，不能跟上当前经济和社会的发展步伐。

（三）孝贤文化

孝贤思想是儒家文化中最为重要的组成部分，但因为宿州是以孝贤著称的孔子高徒闵子骞的故乡，同时孝文化本身又包含着极为深邃博大的理论内涵，因此，有必要对孝贤文化作重点介绍。

“孝”字最早见于甲骨文，有4000多年的历史。“百善孝为先”，孝贤文化是儒家文化的理论基础，也是中国传统文化中最为优秀的思想精华。在中国传统道德体系中，躬行孝道是德行的最高表现。著名的德国传教士花之安甚至将之评价为“中国人思想的中心和对世界的贡献”。

具体来说，传统的孝文化包括以下几方面内容：一是父慈子孝。慈与孝是维持人类生存和发展的原发情感，是维系人类世代更替中父辈和子女之间情感的桥梁和纽带。孔子特别强调“孝”不仅仅是能赡养父母，更是源于内心的实实在在的真挚情感。《为政》有云：“子游问孝。子曰：‘今之孝者，是谓能养，至于犬马，皆能有养，不敬，何以别乎？’”二是以礼为孝。孔子明确提出无论在父母生前还是在父母死后，为孝都必须合礼。“生，事之以礼；死，葬之以礼，祭之以礼。”孔子认为父母去世，为父母服丧三年是最根本的伦理道德，无论在服丧期间损失多少物质价值都是值得的，其孝行也是受人尊敬的。《阳货》记载，宰我主张为亲守丧一年，孔子斥责道：“予之不仁也。子生三年，然后免于父母之怀。夫三年之丧，天下之通丧也。予也有三年之爱于其父母乎？”三是孝为仁本。“仁”是孔子思想体系的根基。对于“仁”的含义，孔子又进一步强调说“仁者人也，亲亲为大”，也就是说，人所具有的各种美德属于仁，但是这些美德并不是平等的，必须将爱父母亲放在第一位。正如孔子在《论语》中说："君子务本，本立而道生，孝悌也者，其为仁之本与。"孝才是"仁"的根本。四是孝慈则忠。《孝经·广扬名》记载："子曰：君子之事亲孝，故忠可移于君，事兄悌，故顺可移于长。"也就是说，亲子关系之慈孝可以自然演绎为君臣之忠。《臣轨·至忠》则说："欲求忠臣，出于孝子之门，非纯孝者，则不能立大忠。"大孝必大忠，大忠为大孝，不孝则不忠，不忠则不孝，这正是历代帝王"以孝治天下"的动因。

闵子骞（公元前536—公元前487），名损，字子骞，春秋末期（现宿州埇桥区曹村镇闵祠村）人，孔子高徒，在孔门中以德行与颜回并称，为七十二贤人之一。元朝编撰的《二十四孝图》中，闵子骞排在第三，是中华民族文化史上的先贤人物。关于闵子骞的历史记载，除《论语》外，最有权威的应该是《史记》。这一方面是因为司马迁生活的汉武帝时期距离闵子骞生活的时代较为接近；另一方面是因为司马迁本人，他作为太史令，有机会阅读到一般人难得一见的文献史料，同时司马迁写史极为严谨，甚至敢于为此触怒汉武帝。

《史记·仲尼弟子列传》关于闵子骞的记载只有三处，一处是："孔子曰：'受业身通者七十有七人'，皆异能之士也。德行：颜渊、闵子骞、冉伯牛、仲弓。"另一处是："闵损，字子骞，少孔子十五岁。"第三处是："孔子曰：'孝哉闵子骞！人不间于父母昆弟之言。'不仕大夫，不食污君之禄。'如有复我者，必在汶上矣。'"可见，司马迁并没有说闵子骞的籍贯，后来郑玄的《史记集解》说闵子骞是鲁国人，由于时代相隔较远，可信度就有问题了。既然闵子骞的籍贯没有定论，而宿州有历史遗存闵祠、闵墓、闵氏后人及鞭打芦花发生地，作为闵子骞故里还是最有根据的。

《论语》记载："鲁人为长府。闵子骞曰：'仍旧贯，如之何？何必改作？'子曰：'夫人不言，言必有中。'"国家要扩建新库房，征寻他的意见时，他说：原来的库房就很好，为什么再劳民伤财去改造，孔子听了这话，赞扬说闵子骞平时不大讲话，讲出话来就说得很中肯。由闵子骞的言行可以看出他的孝贤思想具有三个方面的特点：一是尊敬父母。二是关爱他人。三是爱惜民力。

闵子骞既继承了孔子孝贤思想的精华，又结合实际赋予孝贤思想以新的内涵，更重要的是，他能够把儒家孝贤思想运用到实际生活中去，处处以孝贤的标准要求自己。闵子骞以自己的身体力行，以身作则，有力地推动了儒家孝文化在宿地的传播。

改革开放后，市场经济的发展极大提高了人民的生活水平，但同时也带了一些负面作用。比如孝亲观念淡漠化、人际交往功利化。但绝大多数宿州人民深受孝文化的影响，依然保留着孝贤的可贵品质。

在孝敬父母方面，宿州人民常说"父母对子女不但有生育之恩，更有养育之恩""虐待父母，禽兽不如""家有老娘，黄金万两"，这充分表达了他们对孝亲的重视。在他们看来，父母对子女的爱是最无私、最深沉的爱，正如《诗经·小雅·寥我》所云："父兮生我，母兮鞠我。拊我畜我，长我育我，顾我复我，出人腹我"。因此，子女赡养父母，既是个人的道德品质，也是为了报答父母的养育之恩。更为可贵的是，宿州人民不但在生活中赡养父母，而且还能从内心发出对父母的真诚的尊敬之情，在情感上给父母以关怀与慰藉。在生活中对父母和颜悦色，即使在父母犯错误的时候，也能做到不对父母发火，而是轻微委婉地劝说。

在对待他人方面，宿州人民努力做到真诚和关爱，这在淡漠情感、唯利是图、尔虞我诈的不良社会风气和孝心缺失、亲情缺位、友情缺乏、诚信缺失大量存在的情况下是尤为难得的。其根源就在于作为闵子骞的故乡，宿州人民深受“入则孝，出则悌”的传统孝贤思想的影响，全社会都在提倡基于传统孝贤思想的尊老爱幼、善待他人的社会风气，在家孝敬父母，关爱兄弟，出外尊敬长者，关爱同辈，从而构建了和谐友好社会环境。

综上所述，我们可以得出如下结论：受地缘关系所决定，宿州已经形成了以儒家文化为主体，兼容法家理念、老庄主张的独具特色的多元文化。充分挖掘这一传统文化，对于提升宿州的文化品位，增强宿州文化软实力，优化宿州社会环境，都具有重要的现实意义。

（任百成）

二、隋唐大运河与宿州

（一）隋代通济渠开凿以前的宿州地域发展情况

宿州是古老的，历史悠久，底蕴深厚。早在万余年前的新石器时代，先人就在黄淮平原这方最古老的土地上繁衍生息，渔猎垦植，播撒着文明的火种，是中华文明发祥地中的重要组成部分。从已经发掘的埇桥区小山口、古台寺，萧县的花甲寺，灵璧的玉石山和泗县的佘家台等众多的新石器时代早期的大汶口、龙山文化时期的历史遗存，就可以充分地证明。在原始社会后期，这一带是徐夷、淮夷部落族群聚居区。在夏代、商代亦是夏商部落活动中心区域。大禹封地就在今泗县境内，是故泗县古称夏丘。大禹治水会盟诸侯就在与此毗邻的怀远涂山（怀远涂山古时亦属宿地），禹沉九鼎于泗水等传说都发生在这一带，“逐鹿中原”“问鼎中原”就是缘此而生的成语。大禹儿子夏启废禅让为世袭家天下，建立中华民族第一个王朝国家，就是以黄淮平原为中心的。商汤代夏，亦是得到淮夷、徐夷的大力支持，才夺得政权的。最后商纣王也是因征伐人方（徐夷）之地，而大伤元气，最终被周武王打败失国的。周代分封诸侯，此域有宋国、蕲国、徐国等众多小诸侯国。在春秋时期，从宋国中又分封出一个萧国（今萧县）。周庄王十三年（公元前684年）宋闵公将原封地在今山东东平县境内的伏羲氏后裔风姓诸侯小国——宿国，强迁于宋地今皖苏接壤地区，以为宋国的附庸，此为该地域和“宿”字结缘之始，至今已近2700年。春秋战国期间，该地域是国内重要的相对发达的农牧渔业区，粮食主要产区之一，因而其人口也相对密集，民居聚落星罗棋布，今宿州城的前身——古埇桥亦应是当时众多聚落中的一个较大聚落。

秦统一中国后直至隋开通济渠之前，历代王朝为加强对全国各地郡县的联络掌控，促进各地物资文化交流、调剂余缺、互通有无，搜刮各地资财以供皇室和京都之用，都非常注重修驿道，建驿站、开水运，水陆交通网络体系渐次形成，从而也就在陆路或河流等交通运输沿线上先后相继兴起了一大批城镇或水陆码头。隋以前的古埇桥镇也就是在这种大环境下逐步兴起的。自秦建驿道始，这儿就是北接徐州古彭城，南联濠（今凤阳）寿（今寿县），西通洛（阳）宋（今商丘），东达淮（安）泗（州），沟通南北、东西两条纵横驿道干线的交汇点，加之又有一条横贯东西的古蕲河穿境，兼具水运之便，水陆运输互为补充，相得益彰，使古埇桥镇自秦汉以后便成为黄淮地区冲要之地和为数不多的重要的人流、物流集散地。为适应这一形势的需要，集贸市场、手工业生产、餐饮旅店乃至娱乐业也就逐步发展起来，小商小贩、工匠渐次增多，居民聚落逐年扩展，古埇桥镇规模初具。

（二）隋开通济渠，宿州因唐宋运河而兴起

隋炀帝大业元年（605年），为更好地经略江淮及江南南方各地，从军事、政治上强化其对这些地域的驭控，加强对黄淮、东部沿海和江南及南方、西南各地经济上的掠夺，便于大批量集中调运粮油、布帛、盐铁及各类物资以供京都之用，先后征调河南、淮北等地百余万民工，历时半年左右，开挖“通济渠”，以通漕运。这条“通济渠”西起洛阳，引谷、洛二水入黄河，再从河南汜水县东北的板渚引黄河水入汉魏时期的古汴河，在开封至商丘间转入淮河支流濉河和古蕲河故道。经今河南夏邑、永城进入今皖北濉溪、宿州市、灵璧、泗县入江苏泗洪县、盱眙县境，在淮河北岸入淮。全长约700公里左右，这条河之所以能在半年时间修通，主要是沿途借用原有的古河道，通过疏浚拓宽，裁弯取直，大大减少了工程量，缩短了工期，使之很快形成了能通行大型船舶的水运大动脉。因通济渠中有一部分是借用汉魏时期古汴水的河道，故尔隋唐，尤其是在北宋以后人们多习惯称之为“汴河”或“汴水”。为和汉魏古汴河相区别，史称这段运河为“唐宋汴河”，而“通济渠”之名却渐渐为多数人所遗忘。今从皖东北泗县通往河南永城的泗永公路基本上就是沿这条汴河的河堤修建的。从灵璧虞姬墓东泗县边界起至江苏泗洪的马公店公路北侧至今还遗存有一段数十公里长的唐宋汴河的古河道。这条汴河将黄河与淮河两大水系连接沟通起来，又通过淮河入楚州（今江苏淮安），经古山阳渎（即今大运河）进入长江，再通过长江南岸的江南运河进太湖、钱塘江，把长江钱塘江两大水系又沟通起来了。黄、淮、江、钱四大水系沟连贯通，通江达海，使大半个中国的疆域都可借助这些水道连接起来。军事、政治上的掌控和促进经济文化的交流融汇就大大便捷有效了。

隋开运河以利漕运，尤其是在其后唐宋时期的五百多年间，汴河都曾是唐陪都洛阳和北宋首都开封，连接东西，沟通南北交通的大动脉。汴河乃封建王朝生死存亡的国脉所系，对巩固中央集权，维护国家统一发挥过重大作用。新旧“唐书”和“宋史”的“食货志”上对通过汴河每年漕运的庞大数量都有记载。在唐初每年漕运约在二、三十万石粮食，至唐末已达四百万石左右，在宋代最多时年漕运粮达七百多万石。除粮食外，布帛、铜铁、食盐、木材、茶叶及手工制品、杂品百货亦从汴河运输。《宋史·河渠志》中说汴河是“横亘中国，首承大河，漕引江湖，利尽南海，天下之半财赋并山泽之百货，悉由此路而进。”宋太宗赵匡义曾说过：“东京（今开封）养甲兵数十万，居民百万家，天下转漕仰给此一渠水。”正如唐人李敬方诗所言：“汴水通淮利最多，生人为害亦相合，东南四十三州地，取尽膏脂是此河。”宋仁宗时宰相兼枢密使张方平言“汴河之于京师，乃是建国之本，非可与区区沟洫水利同言也。”因汴河中往来船只多，商旅人流量巨大，于是一些沿汴城镇便借势而兴。如开封、宋州（今商丘）、泗州（在今江苏盱眙县境，已沉入洪泽湖底），楚州（今淮安）等郡州城市及一大批县城。在今宿州辖区也兴起了以古埇桥镇为首的如灵城、虹城（今泗县城）、静安（今大店）、娄庄、通海等一批较为繁荣的集镇。

在隋至唐代中期以前，埇桥镇之所以引起世人及官府的高度重视，是因为其地西距汴州（今开封）七百里，东南距泗州四百二十里，处汴河下游的要津，位居徐州、濠州（凤阳）、泗州（古泗州，在今盱眙境内）、宋州（今商丘）等四大战略要地中心，总绾水陆交通的枢钮。北宋地理学家欧阳修在其所著《舆地广记》对埇桥的重要性曾作过这样的描述："隋氏凿汴以来，徐州南控埇桥以扼汴路，故其镇尤重。"正如唐宪宗时宰相李吉甫在其编著的《元和郡县图志》中所言："有埇桥为舳舻之会，运漕所历，防虞是资。"战略地位凸显，乃汴河的咽喉之地。守住了埇桥，守住了汴河，就可以确保漕运畅通，就可以保证京师宫廷和军民的财粮物资的供给。汴运通则江山稳，反之则受困，则为乱。这从唐代安史之乱后，唐肃宗年间（756—761年），叛军史朝义兵分出宋州（今商丘），汴运由是阻断，漕船只能溯汉水而上，但这条运道既遥远又不安全，能运到长安的已为数不多，运量很小，使得京城长安"米斛万钱，官厨无兼时之粮，在畿甸者，拔谷挼穗，以供禁军。"比起开元十五年（725年）"东都斗米十五钱"真是天壤之别。因此，此后的数十年间，控制汴河漕运，就是唐朝的中央政权与地方藩镇割据势力激烈争夺的中心。唐德宗建中二年（781年）六月，淄青节度使李正己为争取藩镇世袭制，与魏博、成德等地藩镇联兵叛乱，派兵扼控埇桥、涡口（今怀远涡河入淮之处）等地，汴淮漕运为之断绝，人心震恐，直至李正已病死，其堂兄李洧以徐州归顺，汴河漕运始通。德宗兴元元年（784年）初，淮西节度使李希烈沿汴东下，意图据江淮以叛，后被官军击败，汴运才再次勉强打通，德宗及宫廷和各部衙官吏才得以重返京都。贞元二年（786年）四月，关中粮尽，京都无粮，禁军军心不稳，两浙节度使韩光通过汴河运米三万斛至陕州（今河南陕县），德宗闻讯大喜急忙赶至东宫，告诉太子（后来的唐顺宗）："米已至陕，吾父子得生矣。"由是可见汴河漕运之于唐王朝，确是其生死存亡的命脉所系。在汴河漕运因藩镇叛乱而动荡不稳之时，唐代宗时任吏部尚书，兼度支盐铁转运租庸使的刘晏，力主确保汴运畅通，在疏浚汴河的基础上，改进漕运组织，以十至三十船为一纲，每纲根据船只多少配备三十至五十名训练有素的兵士充当船工兼护卫，每船配篙工五人，由州县官员充纲押运，纲船安全无失的给予奖励。改漕运无偿劳役制为"以盐利为漕佣"。用官卖盐利支付漕运劳役费用。并在沿淮汴江河漕运各州县设盐铁转运巡奏院管理漕运，储聚钱帛，征收税赋。全国共设十三个巡奏院，埇桥即是其中之一。由此可见埇桥地位之重要。非州非县治所的埇桥正是因为有了汴河，才使这个在隋唐以前的乡间小集镇，一跃而成为具有与州县治所等同的地位。

自"安史之乱"后的数十年间，中央政权与藩镇势力对汴河漕运的激烈争夺使唐王朝深切认识到，要确保漕运畅通，必须加强对汴河的防御，加强沿河重镇的军事守备力量。重点是上游的汴州（今开封）、中游的徐州埇桥和下游的泗州，在守住汴州的同时，只有徐泗濠（凤阳）三州密切配合，才能确保汴河漕运畅通无忧。因此德宗贞元四年（788年）宰相李泌上言德宗："江淮漕运，以埇桥为咽喉，地属徐州，临于李纳（李正已之子，时任平卢淄青节度使），若李纳窃居徐州，是失江淮也，国用何从而至！”并建议割濠州（今凤阳）及泗州（今盱眙北）和徐州一起置徐泗濠三州节度使治徐州。获朝廷批准后，调“为政宽厚而有纲纪”的寿庐濠都团练使、名将张建封镇徐州，以加强对这一地区的控制，保证汴运畅通。到唐宪宗元和四年（809年）为防御淮西叛藩吴少诚势力对汴运的威胁，廷议诏令割徐州的符离、蕲县和泗州的虹县（今泗县）等三县于汴河的咽喉要冲的埇桥设州驻兵以镇，因其地古为“宿国”，故取名“宿州”。元和九年（814年）又割亳州的临涣县（今濉溪县西南部）入宿，此为宿州建置之始。自此之后，直至辛亥革命清王朝灭亡，此处一直是州衙治所所在地。因此，我们说古宿州是一座因隋唐大运河——汴河的开凿，漕运的繁兴而成长勃兴起来的一座州城。

（三）宿州，唐宋汴河上的咽喉要地

宿州设置的初衷便是从扼控汴河漕运的军事战略角度而设的。这从唐文宗太和三年（829年）徐泗观察使崔群，“顷以蔡孽未平，遂割三县并徐州兵一千四百人权置宿州，扼其奔轶，事关备御，非务使人”的奏报中就可以看出宿州设置的军事意图。唐懿宗咸通三年（862年）在宿州设置宿泗都团练使，隶武宁军节度使节制（在唐代，团练观察使是介于道州之间的军事单位）。咸通九年（868年）七月，以庞勋为首的戍守桂林的的徐州兵士哗变，自行引兵北归，十月攻陷汴河要冲宿州，接着又攻陷徐州，庞勋在徐州站稳之后，队伍迅速扩大，立即派兵扼守宿州，切断汴河漕运，使运往京都的财赋粮帛断绝，威胁唐王朝生存。官军在都虞侯元密的率领下全力反攻宿州，庞勋见势觉得难以守住宿州，遂使妇人夜以持更守城惑敌，自带精兵，抢掠宿州城中大船三百余艘，备载资粮，顺流而下，欲入江湖为盗。一年后庞勋战死在宿州蕲县附近，兵变失败。由此亦可见，当时宿州城内汴河码头停泊漕运及商船等官民船只之多。唐末，王仙芝、黄巢起义，集兵攻占汴州（今开封）掐断漕运命脉，加速了唐王朝的灭亡。此后的20多年间政局陷入动乱时期。地处汴河冲要的宿州，自然是日益坐大的藩镇势力激烈争夺的战略要地。时任宣武、武宁节度使的梁王朱温（即后来篡唐建立后梁王朝，开“五代”先河的朱全忠）和淮南节度使杨行密为控制两淮而争夺宿州，相互间争战拉锯多年，互有胜负，宿州饱受战乱兵燹之苦。五代期间，南北方政权为取得御控中原战略要地，也曾先后多次在宿州展开了争夺战，直至后周占领宿州及淮河流域，与南唐划江而治，方得以获短暂和平间隙。

北宋建都开封，对汴河的依赖更超过唐代，宿州作为汴河的咽喉要地，东京开封的屏障，战略地位更为重要，清人顾祖禹在其《读史方舆记要》中曾对宿州战略地位作过这样的描述：“西翼梁（开封）宋（商丘）、北控邳（州）徐（州）、南襟濠（凤阳）寿（寿县），东限淮（安）泗（州），舟车会要，战守所资也。”宋太祖建隆元年（960年）在宿州设置防御使，开宝五年（972年）升格为保靖节度使。宋哲宗元祐年间，知州周秩等人以“恐有盗窃据，以断运路”为由，奏请朝廷扩建宿州城池，朝旨已准，后虽因费用过巨，且多有异议而罢，但也显见宿州战略地位的重要性。北宋末年金兵南下攻陷东京（开封）后，宋室仓惶南迁临安（今杭州），史称“南宋”。此后数十年间，宿州一直是宋金对峙争夺的战场。宋高宗绍兴六年（1136年）宋将韩世忠引军渡淮希图收复宿州，军至符离、宿州，为金兵所困，宋军奋战突围而出。绍兴八年（1138年），金兵三路进犯宿亳二州，宋将张浚派兵反击，收复宿州。绍兴十年（1140年）宿州再陷于金，宋将张浚命寿县王德攻取宿州，后因杨沂中军溃柳子镇（今濉溪县内），宿州孤城无援，只得退出宿州，宿州失陷于金，惨遭屠城。此役后宋金议和，以淮河为界，宿州沦于金。宋孝宗隆兴元年（1163年）宋将李显忠、邵洪渊率师北伐，攻占宿州，成为震动南宋朝野的北伐大捷。后因李、邵二将失和，军心瓦解，以致数万宋军兵败符离，宿州复陷于金。由此可以看出，宿州自建置以来，就从原先的水陆码头，交通冲要之地转变为兵家必争的军事重镇。

（四）唐代北宋时期的宿州城经济社会繁荣盛况

自唐宪宗元和四年（809年）建置宿州，作为州衙治所，宿州城实现从埇桥镇到州城的历史性大跨越。其经济社会发展也就迎来了史上第一个长达近320年的繁荣兴盛期。

为适应统辖四县的上州州衙治所及扼控汴运的需要，建置后的宿州城便在原埇桥镇的基础上进行扩建。埇桥镇原是夹河而居，设州后不久，即围建了土城墙，亦是夹河而建。在城的东西两边建立了白天能开启以便于船只进出，晚上能关闭以保停泊城内船只安全的水门。沿河两岸作为商肆作坊，交易场所，城南半部主要为商家、民居之地，故有大河南街、小河南街，大隅口、小隅口之称，城北部主要为州衙、学宫、兵营、官仓等设置。沿汴两岸旅舍、饭庄、南北日用杂货店铺和各种各样的手工作坊、货栈等栉比鳞次；汴河水面，桅樯林立，帆影片片、桨橹咿呀；大街上南来北往的商旅行人，步履匆匆，商贩的叫卖声不绝于耳，组成了一幅热闹非凡，生机勃勃，生活气息浓厚的世态百相图。由此亦可看出当时的宿州城是四方客商云集，一派繁荣兴盛的景况。

从宿州辖区在唐代、北宋年间的人口密度来看，也可反映当时宿州的经济社会发展繁荣富庶景况在国内及周边各地也是不多见的。据《元和郡县图志》记载，唐宪宗元和年间，宿州建置之初，当时徐州辖区统居民3858户，乡89个；泗州4015户，乡50个；宋州（今商丘）5200户，83个乡；亳州6520户，乡61个；颍州（今阜阳）11529户，乡60个。而当时宿州却有居民8676户，乡36个。到了北宋前期，据《太平环宇记》记载，当时徐州辖居民主户16846户，客户17580户；泗州辖居民主户7330户，客户14596户；颍州（今阜阳）辖主户15715户，客户17300户；宋州（今商丘）辖主户21250户，客户24200户；而宿州当时辖居民主户112542户，客户14693户，主客户居民总数倍于周边各州。至北宋中后期，宿州城内人口也急剧增加，城内已容纳不下了，连四郊都住了许多民户，以致想扩大城池，又因动迁过多、费用过多而作罢。其经济社会发展繁荣富庶情况不难想象。

（五）金元明清时期，汴河湮废，宿州步入衰落期

自1126年底，金兵攻陷汴京（今开封），宋室南迁江南临安（今杭州）后，黄淮地区从此步入了一个战乱频仍、黄患肆虐、水旱蝗瘟祸连踵接，多灾多难，长达八百多年的经济社会发展迟滞衰落期。由唐、北宋时期全国较为发达繁荣的区域，跌落为田园荒芜，经济萧条，民不聊生的贫困落后地区。地处黄淮腹地的宿州，在此期间也难逃衰落的厄运。

金国南宋对峙，黄淮地区沦为拉锯争夺之战场，直至宋金议和，以淮河为界，前后30余年，宿州数度失陷、收复且惨遭屠城，元气大伤。黄淮地区虽属金辖区，但却为宋金分疆的边界地区，远离政治经济文化中心。横贯东西，连结黄河淮河，沟通南北的交通大动脉的汴河，漕运功能尽失，加之数十年南北争夺拉锯，无暇顾及对汴河的修治疏浚，于是汴河渐被湮废。作为因汴河漕运而兴起的宿州，交通枢纽地位大大降低。汴河漕运不通，导致宿州城的物流量、人流量大为减少，城市的集散作用衰减，导致商贸服务业和手工业的衰落。古宿州城从此步入了长达数百年的衰落期。南宋孝宗乾道五年（1169年），楼钥以随员的身份出使金国，在其《北行日录》记载了他途经宿州时的所见："自离泗州，循汴而行，至此（指宿州）河亦湮塞，几与岸平；车马皆行其中，亦有作屋其上。""汴河底多种麦"。次年南宋著名诗人范成大出使金国，由泗州陆行北上，在其"咏汴河"一诗中，首句便是"指顾河枯五十年，"并自注说："汴河自泗州以北皆涸，草木生之。"当其夜宿宿州时又感慨道："狐鸣鬼啸夜茫茫，原是官军旧战场，土伯不能藏碧磷，三三两两照前岗。"自注云"五更出城，鬼火满野。"一派萧条荒凉的景象。要知道这时距北宋灭亡仅仅只有四十多年啊！

金元明清时期，由于国家行政管理体制的变革和行政区划的调整，加之黄河南泛夺淮入海，黄患频发，改朝换代，争夺霸权的战争此伏彼起，给宿州地域带来更为沉重的灾难，宿州走向进一步衰落，由唐宋时期朝廷以下的二级行政机构变为三级散州，几和县级等同。

（六）民国时期的宿州，州城降为宿县城关镇

辛亥革命爆发，中华民国成立，行政管理体制和行政区划再次调整，宿州改为宿县，州城改为县城关镇。此后北洋军阀混战，北洋军阀冯国璋、雷震春、张勋、倪嗣冲等直皖奉系各路军阀都曾先后为争夺宿县而激战，并一度占领宿县城。直至1927年国民革命军北伐，王天培部收复宿县，才结束这场近20年的混战局面。抗日战争爆发，1938年宿县沦为敌占区，全民抗日战火在宿县各地熊熊燃起，经过8年浴血奋战，终于打败了日本侵略者，取得了抗日战争的全面胜利。解放战争中宿县地区的人民群众在中国共产党领导下，为民主解放而战，积极配合解放军，武装反抗蒋介石、国民党反动独裁统治，为创立新中国进行了艰苦卓绝的斗争。淮海大决战前夕，今宿州辖区各县都先后于1948年下半年获得解放。解放军也是先解放宿城，卡断了国民党军队南逃去路，实现了对徐州国民党军队的包围聚歼。最后围歼北援的黄维兵团和南逃的杜聿明集团军各部，也都是在宿城附近展开，并聚歼的。淮海战役的胜利，迫使国民党军队退守江南一线，为解放军横渡长江，解放全中国奠定了雄厚的基础。

在城市发展上，这一时期的宿城也有了一些新的变化。1912年，津浦铁路通车，相对于1300年前开挖的汴河，交通更便捷，技术更现代化。在一定程度上讲，铁路，便是现代大工业的象征。津浦铁路在宿城设站，是皖东北最重要的县级站，随着人流物流的大幅度增加，给宿城的未来发展带来了历史新机遇，使其交通枢纽地位再次得到了提升。此时的宿城，已成为黄淮地区以粮油棉、畜牧等农副产品外运和南北方物资货物、人员交流的重要集散地之一。各种交易场所，货栈、商贸店铺等比比皆是，遍布大街小巷，人流、物流量的大增，也进一步带动了旅舍、饭店、酒楼等各类服务业的发展。一些以机械电力为代表的现代工业雏形如电灯厂、纺织厂、面粉厂及半机械化的榨油、酿酒行业工厂已开始兴起，较大规模的手工作坊也呈较快发展之势。在教育方面，一些现代意义的中等职业学校、中小学校已开始兴办。如省立宿县蚕桑学校，宿县省立第四农校、宿县中学及高、初等小学等都已先后创立，仅宿县城内就有中职、中小学校十余所。

古老的宿城，在历史进程变革中，也在不断地为适应时局形势的变化而嬗变，在不断的涅槃重生。其间，虽也经历过许多风雨沧桑、曲折磨难，步伐也许有些蹒跚趔趄，但总的趋势还是在一步一步的穿越历史的丛林，坚定不移地由传统向现代走来。

（七）新中国成立以后，宿州逐步建设成为皖东北地区的政治、经济、文化中心

宿州市作为一座具有1200多年历史的古城，由于饱受战争与黄河泛滥之害，到解放初期城区面积仅1.2平方千米，城内有东西走向的街道4条和南北走向的街道一条，街道狭窄，石板地面高低不平。共和国的建立，使古老的宿州重获新生，开始步入恢复发展的历史新时期，但也不可否认，在计划经济时代，由于国家在宏观政策上对黄淮地区经济社会发展重视不够，产业结构布局不尽科学合理，宿州城市的发展速度还是较为缓慢的。到1978年，城区面积只有5—6平方千米，人口仅5—6万人。真正为宿州市带来快速发展，繁荣崛起的历史新机遇的是改革开放新时代，1979年10月，随着县级宿州市的设立，宿州从此步入了一个崭新的时代。1983年城区面积12平方千米，人口12万人。到2007年，城区面积跃升到50.7平方千米，人口45万人。随着市区的扩大和人口的增加，各项市政工程、城市绿地建设等同步发展，市容市貌焕然一新。特别是近年来，随着工业化、城市化步伐加快，古老的宿州更加日新月异。

宿州地处中国南北和东西两大通道的交汇处，即由京沪高铁、京沪铁路、京台高速和206国道组成的中国东部的南北交通大通道和由陇海铁路、连霍高速、泗许高速、310国道以及建设中的郑徐高铁所组成的东西大通道，其便捷的交通正在吸引越来越多的客商前来投资兴业。

宿州市城市发展目标是建成中国中部现代鞋服产业基地；京沪铁路沿线重要的现代工业和商贸物流基地；面向华东重要的能源和原材料供应基地；省际区域性综合交通枢纽；皖北地区重要的战略性新兴产业基地；皖北地区的中心城市。城市建设方向是东进、北扩、南展、西优，重点向北、向东发展，适当向南发展，向西优化发展，形成“一主三副两星三园”的现代城市格局。即一个主城——中心城区；三个副城——汴北新区、城东新区、城南新区；两个卫星城——符离和蒿沟；三个生态园——濉唐河、芦岭湖、桃园湖。近期（2015年）城市规模占地75平方千米、75万人口；远期（2030年）城市规模将占地110平方千米、110万人口。城市六纵十横的路网已经基本形成，多条国、省、县道经过合理改线，形成城市环状快速通道，并开辟多条宿州至观音机场的快速通道。

城市是经济的载体，交通是经济发展的命脉。随着城市化步伐的加快和交通上形成的独特优势，宿州市经济、社会均呈现快速发展之态。2011年，全市生产总值达到802.4亿元，比上年增长13.7%。其中，第一产业217.5亿元，第二产业325.7亿元，第三产业259.2亿元。人均国内生产总值1.50万元，折合2317美元。全市聚焦工业扩张，大力做大主导产业，做强现有企业，转变发展方式，大力加强园区建设，改革开放取得新的突破。农业围绕“三农”改革发展步代进一步加快，农业产业化转型升级，大力发展现代农业，大力拓宽农民增收渠道，大力改善农村发展环境，农村经济发展一直保持快速增长势头。与城市发展的东向高铁、北跨汴河、南展新城、西越高速的规划相适应，一大批物流企业、大型批发市场、国际国内知名零售商业大鳄入住宿州，将宿州市皖东北商贸中心的地位提升到一个新的高度。

（摘自《宿州城市变迁史》）

三、宿州城池的历史变迁

明嘉靖《宿州志》卷六开篇即说：“城池以设险，公署以施政，学校以育才，仓廪以广储，凡此数者，无一可缺。”

（一）宿州城池的变迁

隋之前，埇桥为符离县的一个小镇，地当古蕲水与徐州到濠州（凤阳）的官道交汇处，虽有人烟居住，但不会太多，也不会有城池的出现。隋大业元年（605年），隋炀帝开挖通济渠，永城以东利用古蕲水拓宽加深，形成一条水上运输大动脉。为了方便南北官道人来车往，在埇桥通济渠（汴河、汴水，亦称隋唐大运河）上架起一座过河桥。随着大运河往来船舶的增加，四面八方的人们逐渐聚集在埇桥四周，务工经商，夹河而居，形成较大的聚落。但尽管埇桥的商业活动日益繁盛，官府每年都能从这里收到相当数量的赋税，并于唐代宗大历十四年（779年），设置了直属朝廷的盐铁巡院，直接收取赋税，却亦然不可能形成城池。

唐宪宗即位后，朝廷与淮西叛藩之间对汴渠的争夺日益激烈。为确保漕运的安全与畅通，唐宪宗元和四年（809年），朝廷决定在埇桥设宿州，并派遣重兵驻防。建州以后，官府聚土筑城，开挖护城河，深沟高墙，以资守备。依礼制规定，城墙周围为六里三十步，东西南北各设一个城门。由于汴河从城中东西方向穿过，所以东门和西门为水门；南门和北门为旱门。南北门之间的汴河上建有一座桥即为埇桥，地址经多方考证在今大隅口处。这就是最初的宿州古城池，它修建于宿州设州之初。

到了宋代，随着社会的稳定，经济的发展，宿州作为汴水之咽喉，南北之要冲，交通、商业空前繁荣。由于城池较小，大量居民只能居住在城外，特别是东西门外，均已形成闹市。宋哲宗元祐七年（1092年），宿州知州周秩根据一些居住在城外大户的请求，以有利于保障漕运安全为由，奏请朝廷，要求展筑宿州外城达11里多，朝旨已见准，并已支赐扩建费用一万贯，以备来年春兴工。经苏轼实地踏勘，认为宿州土质疏恶，若不用砖砌，待五年工期毕，则东城未了，西城已坏，因而耗资巨大。再加上展筑外城不仅要动迁城外许多居民，还要动迁大批坟茔。城外仅大的坟茔就要动迁六千九百座，小者犹不在其数。他认为“劳费公私，痛伤存殁，……展城一事有大害而无小利”，因此以《乞罢宿州修城状》呈献皇帝。皇帝采纳了苏轼的意见。宋代的城池仍沿袭旧貌。

宋金对峙时期，汴渠逐渐堙废，宿州失去了昔日的繁华。金朝统治期间，官府也很重视对城池的维修。金世宗大定二十六年（1186年）官府重建宿州北城楼，竣工后立《瞻宸楼记》碑。碑文记载，宿城四门名称沿袭唐宋，东曰望淮门，西曰连汴门，南曰阜财门，北曰拱辰门。这四座城门命名，具有鲜明的时代文化内涵。由于运河穿城而过，所谓“望淮”，即指汴渠抵达泗州进入淮河，时人登上东门城楼，凭栏眺望，汴渠蜿蜒东流，淮水依稀在望，这分明是一种充满诗意的遐想；所谓“连汴”，即指汴渠迤逦东来，宿州西承睢阳重镇，东接淮水干道，具有“咽喉”一般的重要战略地位。如果说东西两座城门的命名，彰显了宿州的战略地位，而南北两座城门的命名，则表达了古代中国的政治经济理念。所谓“拱辰”，出自《论语·为政》：“子曰‘为政以德，譬若北辰，居其所而众星共之’”。孔子说这句话的意思是，用道德来治国理政，自己便会像北极星一般，别的星辰都环绕着它。主政者以至圣先师的教诲来为城门命名，显示德治的重要性，意在告诫后来为官者。所谓“阜财”，其掌故出自先秦古歌《南风歌》，其歌曰：“南风之薰兮，可以解吾民之愠兮。南风之时兮，可以阜吾民之财兮。”所谓阜财即希望万民的财物丰富。主政者以《南风歌》的诗意命名宿城南门，反应了官民对财富的追求与期盼。试想当年位居汴渠漕运咽喉之地的宿州，城内城外的河道上，帆樯林立，能不为宿州人带来财富吗？在古城墙拆除以前，四个城门的名称赫然镌刻在城门楼的门额上，许多知情老人至今记忆犹新。

进入明朝，穿城而过的汴河久已湮废，明太祖洪武十年（1377年），官府在州城原夯土城墙外侧，垒石为基，墙面以大砖砌筑，同时加固城垛，设置雉堞。城墙周围仍维持六里三十步的旧制，共长一千一百一十五丈。每丈筑两个雉堞（城上设置的齿状矮墙，作掩护用），共计二千二百三十个，城墙高三丈三尺，厚二丈五尺。四个城门上各建城楼一座，城门外筑一月城（俗称瓮圈）。墙上每一里设八个铺，环城共四十九铺。每铺驻守卫百户一人，铺兵八人，共四百四十一人。城设四门，西门连汴门和东门望淮门已由前朝的水门变成了旱门。在城墙之外，护城河也被拓宽加深，深度在一丈左右，河面宽度为五丈，周长八里一百八十八步。城墙与城壕相互依托，形成了城高池深、设施完备、易守难攻的淮北名城。据史载，“正德辛未，流贼环而攻之，凡九日，弗克。”宿州城墙改建以后，又经多次维修，数百年间一直高固雄伟，形成金城汤池。如明万历二十三年（1595年），知州崔维岳对年久淤塞的护城河加以疏浚，并在河内种荷，而两岸则遍植杨柳。明崇祯十年（1637年），宿州学正王域再次对护城河进行疏浚。

入清以后，官府对城墙的修葺和护城河的疏浚更加重视。康熙十一年（1672年），因连降暴雨，东城墙倾塌百余板，知州吕云英亲自监修，底部用大型石条为基础，再砌筑大砖于其上，并用浓江米汁加新石灰浇灌，以使城墙永固。城上倒塌的数百个雉堞也一并加以修复。乾隆年间官府又先后四次对城墙进行修复加固。嘉庆八年（1803年），知州傅文炳重修城墙，令城墙、雉堞为之一新。嘉庆十九年（1814年），知州刘用锡主持疏浚城河，修筑护城堤，西起西关以西，东至东关以东，绵亘九里有余。咸丰三年（1853年），知州郭世亨在城西北角添筑炮台，后经安徽巡抚周天爵奏请朝廷批准，以工代赈疏浚护城河并维修城墙。光绪年间，东南角城墙倒塌，知州何庆钊监修，恢复如初。原城门四座戍楼，在咸丰年间的动乱中倾塌，何庆钊又拨款重建，宣统三年（1911年），津浦铁路宿州段正式通车，为方便上下火车的人员出入城，在东门之北增开一城门，谓之小东门。

民国时期，曾先后三次对城墙加以修补。民国21年（1932年）秋天，宿州遭洪涝灾害，北门吊桥附近城墙倒塌约30米，旋即修复。民国27年（1938年），日本侵略军攻城，用大炮轰塌西门以南城墙50米，三年后始修补恢复原状。民国36年（1947年）夏秋之交，大小东门之间的城墙倾塌，当时解放战争正在进行中，当局为应付军事需要，由县长李寿林主持修复。

1948年11月16日，宿州解放。新中国成立以后，古城池已不适应经济、社会发展的要求，从有利于城市建设和发展出发，政府于1954年开始将宿州古城墙拆除，在旧城基的基础上建成环城路。宿县县政府沿袭民国旧例，依然驻于州衙院内，北城墙西段作为县政府的后院墙得以保存下来。1975年为拓宽环城路，将遗留下来的唯一城垛拆除，并原地南移2米左右重建，改造后的城垛用石料砌成外墙。城垛东边的一段因修路时已成为濒危建筑物，拆除后利用旧砖重建，且于2004年夏季暴雨期间再次倒塌，再次修复。只有城垛以西的一段，尚保留明清时期的原貌。古城历尽天灾兵燹，仅存这么一小段作为市级重点文物保存下来，成为宿州古城池历尽沧桑的见证。环城河几经疏浚治理，现已建成树木葱茏、花草繁茂的环城公园，供宿州人民休闲娱乐。

（二）埇桥的变迁

埇桥的变迁大体经历了小石桥、大石桥、无柱飞桥、湮废等几个阶段。

早在隋代及其以前，古蕲水自河南永城东流，而从徐州通往濠州（凤阳）的官道与蕲水呈十字状交汇于埇桥。为了方便南北官道的车马行人往来，于古蕲水上建一石桥，以有利于官路往来。

隋炀帝大业元年（605年），开挖通济渠，其河南永城以下基本上是沿古蕲水的河道走向加以拓宽、加深，此时的埇桥已无法适应这条黄金水道的运行要求，埇桥自然而然地拆除重建，由小石桥变成大石桥。这时的埇桥建于何时，据多方考证，大约在隋末、唐初，最迟建于盛唐。当时汴河河宽约四十米，底宽十五米，河堤为夯土层结构，坡度较小，根据当时的建桥技术，不太可能为单孔，水中必有桥基、桥墩。汴河由于上游夏季来水迅猛，大石桥也难于抵挡洪水的冲刷侵袭，时间稍长就会损坏而不得不重修。这样既耗废了人力财力，又影响漕运、官道的正常通行。到了北宋时期宿州来了一位“智慧”型的知州陈希亮，建了一座无柱飞桥。

北宋陈希亮，字公弼，眉州青神人（今属四川），进士出身，他从政三十多年，政绩卓著，路有颂声。他在任宿州知州期间，一年夏天，天降暴雨，汴河上的埇桥又一次被大水冲垮。陈希亮闻讯即冒雨赶到河边，察看实情。据当地百姓介绍，汴河夏天水势太猛，再坚固的桥墩都要被冲垮，在此建桥真比登天还难。眼下桥又一次被冲垮，来往行人只能靠渡船了，极不方便。况且，由于水势汹猛，渡船也容易翻沉。陈希亮看后，陷入深深的沉思之中，他在想，汴河上必须建桥，但如何才能不被水冲垮呢？回衙后他终日伏案思索，不停地在纸上写写画画，涂涂改改，经过他没日没夜地筹划、思索，终于创造出一种新的造桥方案。这就是不在湍急的河水中造桥墩，而是修建一种木制拱型结构的直接飞跨两岸的桥梁。由于桥的跨度较大，两岸的桥基必须坚固，桥身要如同彩虹一般飞架南北，夏不惧洪水冲击，四季不误汴河行船。飞桥架好以后，蔚为壮观，受到朝廷的嘉奖，并诏令推而广之（宋仁宗："自畿邑至于泗州，皆为飞桥"）。

随着宋室南迁，汴河逐渐淹废，埇桥也完成了自己的使命，消失在历史的长河之中。二十世纪八十年代，位于市中心的埇桥楼在做基础时，挖出了大桥桥墩，见证了埇桥的准确位置。桥已废，名尚存，今天的市辖区即以"埇桥"名之。如再追溯到1200多年前的因桥名镇，更彰显了"埇桥"在宿州人民心目中的位置和份量。

（三）城池内建筑物布局

从605年隋唐大运河的开挖到宿州建州的809年，前后200年间，作为宿州前身的符离县埇桥，从最初汴水上的一个关津渡口逐渐发展成为聚落集镇，居民以大桥为中心，夹河而居。随着居民的增多和商业的繁荣，在大河南岸已经形成街道，时至今日仍然保留的大河南街和小河南街，就是那时形成的。

唐宪宗元和四年（809年）建州以后，作为州府所在地，必须建城设防。州城建成以后，城中心为东西向的隋唐大运河，整个城池被分割为河南河北两个部分。在大河以南主要为商业区、居民区、码头等，数百艘官私船只晚上进城后，停靠在码头附近，人们可以上岸休息、吃喝玩乐。可以想象，唐宋时期的大河南街、小河南街等大街小巷，白天四方商贾云集，人头攒动，晚上灯红酒绿、歌舞弹唱，一派繁荣景象。大河以北，为州署、仓廪、神庙、学校等公用建筑。州署在城池的西北隅，唐、北宋、元、明、清均在此处。宿州设州建城由于处于唐朝后期，社会动荡、唐王朝由盛转衰，州衙的规模和设施都不可能很大，也不会太豪华。到了宋代，随着社会的稳定和经济的繁荣，必然对州衙及附属建筑进行改扩建。众所周知的州署花园"扶疏园"等，就大约建于北宋神宗末年或哲宗初年。园内建亭，名曰"扶疏亭"，后来人们又将苏轼所绘墨竹图刻于石碑之上，竖之于亭中。据明代嘉靖《宿州志》所述，州署"元末毁于兵"。明洪武三年知州吴彦中在原址上重建，成化十九年知州万本重建州署，并于州署西边"筑圃凿池，种花栽柳，名曰'西湖景'"。清代州署沿袭明代，"西湖景"变成了"西花池"，扶疏亭已移建于州署后城墙之上。

仓廪位于大河以北，州署附近。明代称"预备仓"，有"积谷防饥"之意，清代曰"征粮仓"。城隍庙是众多神庙中比较重要的庙宇，在州署东。明代的儒学、清代的培菁书院、学宫、义学等均分布在城隍庙前和左、右两侧。现在的一小就是明清时代的学宫所在位置，目前仍作为古迹文物保留下来的棂星门和院内一颗历尽沧桑的元代古槐，似在向现代的人们诉说宿州城池的历史变迁。

（摘自《宿州城市变迁史》）

四、蹇　叔

蹇叔，春秋时宋国人，秦国上大夫，辅佐秦穆公使秦国成为"春秋五霸"之一。蹇叔有知人之明，识势之智；怀大志雄才，献强国方略；淡泊名利，志趣高雅；忠诚耿直，一谏再谏。他的事迹在《春秋》三传、《史记》《吕氏春秋》《春秋繁露》《东周列国志》《古文观止》等历史名著中均有记载。蹇叔墓在安徽省濉溪县临涣镇，墓碑上写着："高山仰止，景行行止，可为蹇叔咏焉。"

有知人之明　识势之智

百里奚，虞国人，字井伯。三十多岁游于齐，求事襄公，无人荐引。四十多岁时仍穷困乞食于铚。蹇叔留奚于家，结为兄弟。值公子无知弑襄公，新立为君，悬榜招贤。奚欲往应招。蹇叔曰："先君有子在外，无知非分窃立，终必无成。"奚乃止。后闻周王子颓好牛，乃辞蹇叔如周。蹇叔戒之曰："丈夫不可轻失身于人。仕而弃之，则不忠；与同患难，则不智。此行弟其慎之！吾料理家事，当至周相看也。"蹇叔与百里奚一同见过周王子颓后，对百里奚说："颓志大而才疏，其所与皆谗谄之人，必有觊觎非望之事，吾立见其败也。不如去之。"后来，虞公拜奚为中大夫。蹇叔曰："吾观虞君见小而自用，亦非可与有为之主。"奚曰："弟久贫困，譬之鱼在陆地，急欲得勺水自濡矣！"蹇叔曰："弟为贫而仕，吾难阻汝，异日若见访，当于宋之鹿鸣村。其地幽雅，吾将卜居于此。"蹇叔辞去。（据《东周列国志·第二十五回》）

穆公五年，晋献公灭虞、虢，虏虞君与其大夫百里奚，以璧马赂于虞故也。既虏百里奚，以为秦穆公夫人媵于秦。百里奚亡秦走宛，楚鄙人执之。穆公闻百里奚贤，欲重赎之，恐楚人不与，乃使人谓楚曰："吾媵臣百里奚在焉，请以五羖羊皮赎之"。楚人遂许与之。当是时，百里奚年已七十余。穆公释其囚，与语国事。谢曰："臣亡国之臣，何足问"。穆公曰："虞君不用子，故亡，非子罪也。"固问，语三日，穆公大悦，授之国政，号曰五羖大夫。百里奚让曰："臣不及臣友蹇叔，蹇叔贤而世莫知。臣常游困于齐而乞食铚人，蹇叔收臣。臣因而欲事齐君无知，蹇叔止臣，臣得脱齐难，遂之周。周王子颓好牛，臣以养牛干之。及颓欲用臣，蹇叔止臣，臣去，得不诛。事虞君，蹇叔止臣。臣知虞君不用臣，臣诚私利禄爵，且留。再用其言，得脱，一不用，及虞君难，是以知其贤。"于是穆公使人厚币迎蹇叔，以为上大夫。（司马迁《史记·秦本纪第五》）

怀大志雄才　献强国方略

蹇叔既至，穆公降阶加礼，赐坐而问曰："井伯数言先生之贤，先生何以教寡人乎？"蹇叔对曰："秦僻在西土，邻于戎狄，地险而兵强，进足以战，退足以守。所以不列于中华者，威德不及故也。非威何畏，非德何怀；不畏不怀，何以成霸？"穆公曰："威与德二者孰先？"蹇叔对曰："德为本，威济之。德而不威，其国外削；威而不德，其民内溃。"穆公曰："寡人欲布德而立威，何道而可？"蹇叔对曰："秦杂戎俗，民鲜礼教，等威不辨，贵贱不明，臣请为君先教化而后刑罚。教化既行，民知尊敬其上，然后恩施而知感，刑用而知惧，上下之间，如手足头目之相为。管夷吾节制之师，所以号令天下而无敌也。"穆公曰："诚如先生之言，遂可以霸天下乎？"蹇叔对曰："未也。夫霸天下者有三戒：毋贪、毋忿、毋急。贪则多失，忿则多难，急则多蹶。夫审大小而图之，乌用贪？衡彼已而施之，乌用忿？酌缓急而布之，乌用急？君能戒此三者，于霸也近矣。"穆公曰："善哉言乎！请为寡人酌今日之缓急。"蹇叔对曰："秦立国西戎，此祸福之本也。今齐侯已耄，霸业将衰。君诚善抚雍渭之众，以号召诸戎，而征其不服者。诸戎既服，然后敛兵以俟中原之变，拾齐之遗，而布其德义。君虽不欲霸，不可得而辞矣。”穆公大悦曰：“寡人得二老，真庶民之长也!”乃封蹇叔为右庶长，百里奚为左庶长，位皆上卿，谓之“二相”。自二相兼政，立法教民。兴利除害，秦国大治。(见《东周列国志·第二十六回》)

忠诚耿直　一谏再谏

秦穆公野心勃勃，想灭郑攻晋，进霸中原。他利令智昏，不听蹇叔一再劝阻，坚持出兵袭郑，结果不出蹇叔所料，被晋军在殽山打得全军覆没。蹇叔哭送秦军，说明了他对形势分析的透彻和对战局预测的准确，更体现了他的忠诚耿直。

秦伯将袭郑，百里子与蹇叔子谏曰：“千里而袭人，未有不亡者也。”秦伯曰：“子之冢木以拱矣，何知!”师行，百里子与蹇叔子送其子，而戒曰：“汝死必于殽之岩岭之下，我将尸汝于是。”师行，百里子与蹇叔子随其子而哭之。秦伯怒曰：“何为哭吾师也?”二子曰：“非敢哭师也，哭吾子也。”晋人与姜戎要击之殽，匹马倚轮无反者。(《春秋穀梁传·僖公三十三年》)

董仲舒《春秋繁露》中评曰：“秦穆侮蹇叔而大败。”

《吕氏春秋》中以“悔过”为篇名，记述了秦晋殽之战的经过。“悔过”篇着重论述“智亦有所不至”的危害。“说者虽辩，为道虽精，不能见矣”，则“不至之为害大矣”。以“悔过”为篇名，意在说明君主虽然“智不至”，只要能悔过更新，就能成就霸业。

(居永立)

五、朱温与砀山

(一) 史料与传说中的朱温

朱温，小名朱三，唐大中六年，即公元852年10月21日，生于砀山县的午沟里。自幼丧父，家境贫寒，母亲王氏便带他和两个哥哥(大哥朱全昱、二哥朱存)，在萧县刘崇家当佣工。当时的朱温，饭量特大，体格强健，以雄勇自负。

公元877年，黄巢农民起义军经过砀山，朱温与二哥朱存一起参加起义队伍。不久，朱存战死，朱温继续随黄巢南征北战。他作战勇敢，又有谋略，屡立战功，从担任起义军最基层军官做起，不断得到提升，仅四五年时间，就成为黄巢心爱的大将之一。公元881年1月，黄巢率60万义军攻陷唐朝都城长安，建立了大齐政权。黄巢派朱温统兵驻屯东渭桥，任命他为东南面行营先锋使。不久朱温率兵攻南阳，得胜而归。回师长安时，黄巢亲往灞上迎接。之后，黄巢又令他多次出击，均所向无敌。公元882年2月，黄巢任命他为同州(今陕西大荔)防御史，统兵10万。

黄巢取得了伟大的胜利，建立了大齐政权。但这时他犯了一个重大的战略错误，就是没有乘胜追击，彻底消灭唐朝中央政府(唐僖宗逃亡到成都)；组织新政府以后，又没有进一步考虑应该实行哪些措施来巩固斗争成果，唐僖宗便发布诏令，号召天下藩镇出兵镇压义军。随着军事斗争形势的发展，义军渐渐由主动变为被动。

公元882年9月，朱温率领的义军遭到唐军河中节度使王重荣所部的重创，吃了败仗。紧急之下，朱温先后10次向黄巢请求增派援军，但由于黄巢帐下的知右军使孟楷对朱温早有嫉妒之心，乘人之危，故意将朱温的请援书信扣压。朱温等不到援兵，走投无路，一筹莫展，加上义军内部混乱腐败，他的朋友谢瞳等人极力蛊惑，便决定叛变投唐。这时，唐王朝又召来了沙陀（古代西北少数民族，勇猛好战）贵族、雁门节度使李克用，率领4万骑兵进攻长安。李克用和朱温联手，造成了黄巢起义军的严重危机。

朱温叛变投唐后，唐僖宗喜出望外，赐名“全忠”，任命他为河中行营招讨副使，后又任汴州刺使、宣武节度使，坐镇大梁（今开封）。从此，他就卖力地效忠唐王朝，血腥镇压起义军。当起义军撤退到河南，朱温和李克用对其联合围攻。公元884年，黄巢攻打陈州（今河南淮阳）失败，元气大伤，准备率部退回山东家乡发展，但朱温、李克用和其他唐军咬住不放，紧紧追赶，最后退到泰山狼虎谷（在今山东莱芜县境），再无路可走，黄巢自刎而死。轰轰烈烈持续11年之久的黄巢农民大起义至此彻底失败。

黄巢起义虽然失败了，但唐王朝也受到了沉重打击。唐僖宗这个皇帝已是名存实亡。因为在镇压农民起义军的过程中，各地藩镇都趁机争夺地盘，扩大势力，割据一方。

黄巢兵败后，唐僖宗回到长安，封朱温为检校司徒平章事，晋爵为沛郡侯，后又晋升为平郡王，以后又晋升为梁王、魏王。朱温有了上述名义，又占据了汴州，于是便借着皇帝的名义，不断向蔡州的秦宗权，徐州的时博，关中的韩建，凤翔的李茂贞，浙闽的杨行密、马殷，河东的李克用等大小藩镇用兵，历经大小数十次战役，均取得胜利。这使他的势力范围东到徐兖、西到川狭、南到浙闽、北到燕蓟。唐僖宗之后的唐昭宗赞扬他“宗庙社稷，赖卿再造；朕与戚属，赖卿再生”，赐号为“回天再造竭忠守正功臣”，并亲解玉带赐之，从而使他成为唐王朝中举足轻重的人物。

朱温在攻伐大小藩镇割据势力过程中，最大的劲敌是河东节度使李克用。历史上有名的“上源驿厮杀”，是朱温与李克用权势斗争的一幕，也是五代史的先声。公元884年5月，李克用率沙陀部骑兵在封丘大败黄巢军后，穷追不舍，一连数日未能追及，马乏粮尽，只好先回汴州休整。汴州是宣武镇治所，节度使朱温先时慑于黄巢军的优势，曾向李克用告急求援。因此，朱温视李克用为上宾，遂请其入城，住在“上源驿”（汴河城里一所最好的驿馆）。朱温设盛宴款待。李克用自以为功大兵强，乘酒使气，口出不逊。朱温心愤难平，加上他早就打算除掉李克用，于是乘夜派兵包围驿馆，四处放火，企图烧死李克用。正当危急时刻，一阵雷雨袭来，李克用遂乘天黑雨大，逾墙突围，只身逃回大营。侍卫三百，全部战死。从此，朱温与李克用反目成仇，相互攻伐，战争连连。最终李克用只保住河东地区，朱温却越打势力越大，成为一个拥有强大军队，占据广大地区的最强大的新军阀。

公元888年，唐僖宗病死，他的弟弟李晔即了位，就是唐昭宗。唐昭宗想摆脱宦官的控制，一再利用朝中大臣来反对宦官，企图削弱宦官的力量。这就惹火了那些掌权的宦官。公元900年11月，以宦官刘季述为首，把唐昭宗软禁起来，另立一个皇帝。这时期，唐朝政治腐败，朝中大臣与宦官的斗争也日益尖锐，宰相崔胤密谋杀掉宦官，争取了朱温的支持，先杀掉了宦官头刘季述，让昭宗复位。昭宗复位后，想把所有的宦官都杀了。剩下的宦官见势不妙，抢先下手，劫持唐昭宗到凤翔，投靠了凤翔节度使李茂贞。

崔胤见皇帝被劫走，忙向朱温求救。朱温立即率精兵5万进攻凤翔，理直气壮地要李茂贞交出唐昭宗。李茂贞兵败后，束手就擒。朱温把昭宗抢到手，回到长安，杀掉全部宦官，然后又寻找借口杀了宰相崔胤。从此朝中大权就落到了朱温一人手中。

公元904年，朱温提出要把京城从长安迁到洛阳去。唐昭宗只有服从。半路上，朱温派人秘密处死了昭宗身边的几个要员和200多个侍从。到了洛阳，朱温把他的心腹将领全部安置在京城和皇宫里外的一切军事要职上，然后就派亲信大将杀了唐昭宗。昭宗殉难时年仅38岁。三天后，立了一个13岁的孩子李柷做傀儡皇帝，就是哀帝。

朱温虽有篡唐之意，但始终慑于各藩镇不服和反对，不敢赤裸裸地登位。直到公元907年3月，在朱温威逼下，唐哀帝写下禅让的“御札”，向朱温“禅让”。这样朱温才以合法的形式正式即位称帝，改国号为梁（史称后梁），以大梁（今开封）为国都，自己改名叫朱晃，就是梁太祖。大唐王朝从此宣告结束。五代十国时期由此开始。

后梁王朝所统治的区域约为今河南、山东两省，陕西、湖北大部，河北、安徽、江苏、山西、甘肃、宁夏、辽宁的一部分。历三主，共17年（907年—923年）。朱温于公元912年被其子朱友珪惨杀，葬于河南伊阙县。

（二）朱温故里今何在？

史载：“朱温，宋州砀山午沟里人。”宋州为今河南省商丘，历史上砀山曾隶属宋州。至于午沟里在砀山什么地方？则一直是个谜。这主要是自然灾害造成的。自1168年，黄河改道流经砀山县境，至公元1855年再改道北移至现在的位置上，近700年间，在砀山境内的黄河河床改道就达4次，在县境内的决口也多达10多次，几乎遍及全县境。现有人口中，多数是明、清两代从外地移民过来的后裔。对明朝之前的史实，文献资料很少，仅存一些传说。所以，对朱温故里的准确方位就比较难以确定。

据传说，午沟里故址在砀山县境有三处。一是县境东南30里老邵楼村南。那里有一片洼地，过去是朱姓村庄林地，后淹没于水患。这个传说有一定依据。因为这里距萧县县境较近，朱母带着朱温兄弟三人到刘崇家当佣工的可能性大，但无具体考证。二是砀城东北10里许的朱砦村。这个村在黄河故道南大堤之北，全村近千人多为朱姓。传说依据是，清朝年间，有个戏班子在该村演唱《朱温卖母》，遭到强烈反对。但是前几年朱姓续家谱时，已与江苏沛县为中心的朱姓连谱，并与明太祖朱元璋家乡的朱姓结为同宗。三是砀城东北5里许的常楼村附近。因为这里在历史上曾建有“朱温庄寺”（家庙），并有遗址。前寺始建于五代时期，毁于元朝水患。后寺始建于明朝，毁于近代兵祸。为什么叫“朱温庄寺”，也有一定说法。因为砀山境内屡遭水患，朱温故里午沟里被洪水淹没，一部分族人为避水患搬来地势较高的寺院周围居住，“庄”“寺”合一，“庄”是族人居住地，“寺”是供奉朱温的，此名一直流传至今。据此推论，午沟里也不会距此太远。

据史料记载：朱温建后梁做了皇帝以后，也同历代皇帝一样大肆庆典，昭告天下，文武百官论功行赏，同时建宗庙社稷，光宗耀祖。并于公元909年修四祖陵，将砀山封为赤县，命县令兼四陵台令。朱温建的这四祖陵，若不是因黄水而淤汜至今存在的话，将是砀山一道亮丽的风景线。

（庞家齐　庞振月）

六、白居易与宿州

“离离原上草，一岁一枯荣。野火烧不尽，春风吹又生”。中唐大诗人白居易写作这首题为《赋得古原草送别》的诗歌时，年仅16岁。诗中所说的古原，就在今天的宿州市古符离一带地方。

白居易（772—846年），字乐天，号香山居士，下邽　（今陕西省渭南市）人，生于河南新郑。唐德宗建中元年（780年），白居易之父白季庚由宋州司户参军除授徐州彭城令，次年升任徐州别驾。当时他的六兄任徐州符离县主簿。白父为躲避藩镇战乱，把家眷送往符离安居，家在毓村东林草堂（今古符离东莱园）。少年时代的白居易在符离一带的川原游冶留连，身历寒暑往返，目睹草木荣枯，即兴写下这首诗坛千古名篇。

贞元五年（789年），年仅18岁的白居易游学长安，携带自己的诗作干谒著作郎顾况。唐人张固在《幽闲鼓吹》中写道，“白尚书应举，初至京，以诗谒顾著作况。顾睹姓名，熟视白公，曰：“米价方贵，居亦弗易”。乃披卷首篇（按即《赋得古原草送别》），即嗟赏曰：“道得个语，居即易矣”。因为之延誉，声名大振。一段诗坛佳话，不仅使诗人身价倍增，而且为符离增光添彩。

贞元九年（793年），白父移官襄阳，白居易随侍父亲莅任。次年，65岁的老父病故于襄阳官邸，白家的经济来源当即断绝。白居易无力扶灵榇回籍，只得把先人灵柩寄在襄阳城南，然后护送亲人回到符离旧居。他在符离为父亲守孝三年，并写下了怀念父亲的《重到毓村有感》：“欲入中门泪满襟，庭花无主两回春。轩窗帘幕皆依旧，只是堂前欠一人！”

白居易自11岁随家迁移符离，33岁移家长安，其间外出避乱、游学，在符离断断续续生活了22个春秋。符离的山水陶冶了他的情操。符离的粟米养育了他的生命，符离的乡邻温暖着他的心田。符离，这是诗人终身梦萦魂牵的故乡！

一是对青年时代恋人的怀念。贞元六年（790年），白居易与邻女湘灵由青梅竹马的伙伴发展成心心相印的恋人。白居易经常教湘灵识字、读诗，并称她婵娟子。湘灵也给白居易送过香荷包、盘龙镜等信物。由于门第差异，两位有情人因白家的干预而未能结成连理。白父以求学为名，把儿子带往襄阳任上。白居易与湘灵分手时，含泪写下《潜别离》：“不及哭，潜别离；不及语，暗相思。两心之外无人知，深笼夜锁独栖鸟，利剑斩断连理枝。河水虽浊有清日，乌头虽黑有白时。惟有潜离与暗别，彼此甘心无后期。”在赶赴襄阳的途中，诗人回首渐行渐远的符离，涕泗交流，哀吟“泪眼凌寒冻不流，每往高处即回头。遥知别后西楼上，夜凭阑干独自愁”。在此后的岁月里，两个虽然都分别婚嫁，但诗人对湘灵的怀念仍不释于怀。唐穆宗长庆元年（821年），年已半百的老诗人仍饱含热泪为湘灵写下《寄远》：“欲忘忘未得，欲去去无由。两腋不生翅，二毛空满头。坐看新落叶，行上最高楼。暝色无边际，茫茫尽眼愁。”湘灵安在？可曾收到这怀旧的诗作？往事已矣，千载之下，读之令人凄绝！

二是对共同生活在符离包括人在远方的亲人的牵挂。贞元十五年（799年），河南道两处藩镇叛乱，战火漫延到白氏新郑故家。白居易身在符离心中却惦念着飘零四方的同胞及同族兄弟的安危，写下《自河南经乱，关内阻饥，兄弟离散，各在一处。因望月有感，聊书所怀，寄上浮梁大兄、於潜七兄、乌江十五兄，兼示符离及下邽弟妹》，慨叹“时难年荒世业空，弟兄羁旅各西东”，战乱频繁、家园荒芜、手足离散，如同千里孤雁、九秋飘蓬。此时此刻，此情此景，星散各地的兄弟们应是“共看明月应垂泪，一夜乡心五处同，”都在思念着河南故园吧！

三是对符离旧居凋敝的感叹。长庆四年（824年），白居易自杭州刺史卸任，取道大运河前往洛阳，途中由汴水经过宿州，在埇桥登陆后直奔符离故居。老诗人目睹弟侄辈家产破落，悲凉之感难以抑制，留下了他在符离的最后两首诗，一为《汴河路有感》：“三十年前路，孤舟重往还。绕身新眷属，举目旧乡关。事去唯流水，人非但见山。啼襟与愁鬓，此日两成斑”。“二为《埇桥别业》：“别业埇桥北，抛来二十春。改移新路径，变换旧村邻。有税田畴薄，无官弟侄贫。田园何用问，强半属他人。”诗人离开符离20年，弟侄辈既无官职俸禄，又不善营生置业，先人遗留田产被卖去大半。山水依旧，物是人非，抚今追昔，不胜沧桑之叹。

（王彩法）

七、朱元璋出生地考

明朝开国皇帝朱元璋的出生地，人们一般认为在濠州钟离（今安徽省凤阳县）。然而，通过考证，可以肯定地说，朱元璋的出生地不在濠州钟离，很可能在虹县（今安徽省泗县）、灵璧一带。

历史学家、明史专家吴晗著《朱元璋传》中写道：元至正四年（公元1344年），疫瘟大起，五四（朱元璋父亲）六十四岁了，四月故去。这一年朱元璋“算是十七岁，是天历元年（公元1328年）九月十八日未时生的，属龙，抠准了还不满十六足岁。父亲是老实本分人，辛苦了一辈子，头发胡子全白了，搬了一辈子家，从泗州盱眙县迁到灵璧县，又迁到虹县，到五十岁时又迁到钟离东乡，住了十年，活不下去，再迁到西乡，四年前才搬到孤庄村来。”（吴晗引：危素撰皇陵碑，天潢玉牒，明太祖实录卷一）。对于这段史实，《明史卷一·本纪第一·太祖一》中记载：“至正四年，旱蝗，大饥疫。太祖时年十七，父母兄弟相继殁。”《御制皇陵碑记》中朱元璋自己陈述：“昔我父皇，寓居是方。农业艰辛，朝夕彷徨。俄尔天灾流行，眷属罹殃。皇考终于六十有四，皇妣五十有九而亡。”以上这些文字告诉我们：朱元璋父亲64岁去世时，元璋约17岁。也就是说，元璋出生时，其父47岁。其父50岁时迁家到钟离，此时朱元璋已经3岁。因此可以断定朱元璋不是出生在钟离。

朱元璋对自己的出生地是怎么样说的呢？他在亲自撰写的《明太祖御制朱氏世德碑记》中说：“先伯娶刘氏，生子四人：重一公、重二公、重三公生于盱眙，重五公生于钟离。先考君取妻陈氏，泗洲人，生子四：长重四公生盱眙，重六公、重七公生五河，某其季也，生迁盱眙后。”朱元璋没有明确地说出自己的出生地，只说：“生于迁出盱眙以后。”

朱元璋究竟出生在哪里呢？寻找朱元璋的出生地，就要寻找其家搬到钟离之前的迁徙路线。据吴晗在《朱元璋传》中记述：“从泗州盱眙县，迁到灵璧县，又迁到虹县，到五十岁又迁到钟离东乡”，结合《明太祖御制朱氏世德碑记》中所述元璋诸兄长的出生地，我们可以推出元璋家的迁徙路线：盱眙县→五河县→灵璧县→虹县→钟离。经过前面的论证，可以推断：朱元璋出生地很可能在虹县、灵璧一带，而生在虹县的可能性更大，虹县是其家迁往钟离以前的最后住地。

到这里，不禁要问：为什么朱元璋对自己的出生地只含糊地说：“生迁盱眙后”呢？笔者认为，他不知道自己的出生地可能性较小，故意匿而不宣的可能性较大。《明太祖御制朱氏世德碑记》中所述表明，他能清楚地知道自己四位堂兄及三位胞兄的出生地，而唯独不知道自己的出生地，显然这种可能性较小。他对自己的出生地故意匿而不宣的目的，是为了神化自己，为编造神奇的故事提供契机。请看《明史卷一・本纪第一・太祖一》中的述说：“母陈氏，方娠，梦神授药一丸，置掌中有光，吞之寤，口余香气。及产，红光满室。自是夜数有光起，邻里望见，惊以为火，辄奔救，至则无有。”显然，他出生后满屋数夜放光的现象是不可能有的，纯属编造。编造这种谎言来证明他是“真龙天子”，在当时有着普遍的迷惑和欺骗作用。倘若明确说出自己的出生地，谎言很容易被戳穿。故弄玄虚、神化自己，是封建统治者的共同特征。

（居永立）

八、马皇后

“太祖孝慈高皇后马氏，宿州人。父马公，母郑媪，早卒。马公素善郭子兴，遂以后托子兴。”这是《明史后妃传》第一篇对马皇后身世的介绍。元至顺元年（1332年），马皇后生于宿州市闵贤乡的新丰里（今前旺村），幼小时父母即去世，由郭子兴养为义女。一相士曾见过马氏，对郭子兴说：“此女天相，不可等闲视之！”所以郭子兴把她视同己出，爱如掌上明珠，把她当作男孩一样惯养，故得免女子的裹足之苦，有一双天然大脚，所以能在郭子兴的起义军中，随父征战。

郭子兴在凤阳起兵不久，在皇觉寺当和尚的朱元璋便投奔到他的旗下。由于朱元璋作战十分勇猛，且颇有谋略，屡战屡胜，深得郭子兴赏识，便把马氏许配朱元璋为妻。马氏长相虽不出众，但端庄贤淑，好书史，有智鉴，成为朱元璋平时的贤内助。曾有人在郭子兴面前进谗言，诋毁朱元璋，郭子兴信谗怀疑朱元璋，马氏殷勤侍奉郭子兴的夫人，取得信任，才把嫌隙解释清楚，使朱元璋转危为安。当时，正值歉年，朱元璋外受猜疑，内受饥饿，马氏就常常从厨房偷出炊饼，揣在怀里然后溜出来送给朱元璋吃，以至于胸脯常被炊饼烫烂，而且她自己常常要饿肚子。一次，朱元璋主力渡江攻克太平，马氏料到元兵可能前来袭击后方营地，便率众将士亲属渡江，后来元兵果然来袭朱元璋老营，因马氏早已防范，得以免遭此劫。在江南时，战无虚日，马氏发动女眷并亲自为战士缝衣做鞋，还拿出自己所有的金帛来犒赏前方将士。马氏常劝说朱元璋，定天下要体恤百姓，不可滥杀人，朱元璋很以为然。《明史》称“所过不杀，收召贤才，由是人心日附”。可见马氏确有远见卓识，巾帼不让须眉。

洪武元年（1368年），朱元境在南京即皇帝位，马氏被册封为皇后。关心民间疾苦的马氏当了皇后之后，仍然亲民，爱民。有一日，朱元璋从朝中回宫，她问道：“今天下老百姓安居乐业吗？”朱元璋说：“这不是你应该问的。”马皇后说：“皇帝是天下的君父，我是皇后，就应是天下之母，子女们是否安好，做母亲的怎能不问。”

马皇后十分重视人才，爱护人才。元都大都被攻克后，诸将缴获了许多宝物，献给皇上。马皇后说：“这些宝物都是元朝皇帝的，他守不住又有什么用，帝王应该有自己的宝。”朱元璋说：“我明白你的意思，皇帝应该以贤为宝。”马皇后说：“正是如此，愿陛下得贤人共同统治天下。”

一次，朱元璋视察太学回来，马皇后问太学生有多少，朱元璋说有数千。马皇后连忙称赞人才众多，接着问：“这些太学生有廪食，他们的妻子靠什么生活？”一句话提醒了朱元璋，从此朝廷设立红板仓，积贮粮食发给这些太学生家属，并成为制度。

宋濂是明代开国时的著名文臣，参与制定典章法度、礼乐仪制，为太子师，为人忠诚恪慎，辅佐明太祖19年，被誉为“开国文臣之首”。于洪武十年（1377年），也就是宋濂六十岁时，告老还乡。三年后，因其孙宋慎附胡惟庸逆党，宋濂受到牵连，被逮捕回京城，论为死罪。马皇后向太祖说道：“民家为子弟延师，尚以礼全终始，况天子乎？且濂家居，必不知情。”朱元璋不听。第二天，马皇后侍奉朱元璋午膳，摆出的全是素食，不见酒肉，朱元璋问是何故，马皇后垂泪回答：“我在为宋先生作福事。”朱元璋不由得恻然心动，放下筷子站了起来。第二天，赦免宋濂死罪，改为流放茂州。

马皇后十分贤良宽厚，从不忘本。当了皇后，还亲自侍候皇帝用膳，平时穿的衣服很俭朴，即使破旧了，仍不肯换，把宫里的零碎余帛积起来，做成衣服，赐给诸王妃公主，使他们知道蚕桑之艰难。官员的夫人去朝拜她，她待她们像亲人一样。对老百姓更是宽厚为怀：民间相传，一次，朱元璋与军师刘伯温微服于元宵夜出宫，到民间观灯。在一商铺前有一则灯谜留住了他们的脚步，谜面画的是一中年妇人，赤着一双大脚，怀里还抱着一个北瓜，笑嘻嘻的模样十分滑稽。朱元璋猜不出谜底，便询问足智多谋的刘伯温，刘伯温看了看皇上，不假思索地答道：“这是淮北大脚女人啊！”朱元璋不知影射谁，继续问指谁，刘伯温则诡笑着说：“你回去问问皇后娘娘，她没准知道。”当晚回宫后，朱元璋向马皇后提起此事，马皇后粲然一笑：“我是在淮北长大的，又是大脚，谜底想必就是我了。”朱元璋大怒：“小小刁民，胆大包天，竟敢用灯谜嘲讽皇后！”就要传旨捉拿制造灯谜的人。马皇后赶忙劝解道：“元宵佳节，咱应该与民同乐才是，何况臣妾本来就是大脚，老百姓说说又有什么大不了的？不必小题大做，否则会贻笑大方的！”朱元璋觉得皇后说得有理，便不再计较。

马皇后对老家宿州颇为怀念，每当说到父母早逝，就悲哀流泪。朱元璋要寻访马皇后的族人，给予封赏，她却表现出一代贤后的正气。她感谢皇帝的好意，但说：“你把国家的官职俸禄给自己家里的人，这不合法也不合民意。”于是朱元璋就不再寻访她亲属，而是追封其父马公为徐王，母郑媪为王夫人，在宿州为马皇后的父母修墓建庙，春秋祭祀。

洪武十五年（公元1382年）八月，历尽磨难、殚尽心力辅佐朱元璋的马皇后染上了重病，在生命的最后时光，她还不忘叮咛朱元璋："愿陛下求贤纳谏，慎终如始，子孙皆贤，臣民得所。"马氏这位一代贤后去世后，人们十分怀念她，长久传唱着思念她的歌："我后圣慈，化行家邦。抚我育我，怀德难忘，……"

（常　洪）

九、赛珍珠与宿州

（一）

赛珍珠1892年6月26日生于美国弗吉尼亚州，在襁褓中被父母带到遥远的东方，从此与中国结下了不解之缘。她的英文名字是Pearl S.Buck。其父赛兆祥到中国后选择了"赛"姓，她也随父姓"赛"，于是有了"赛珍珠"这个中西合璧的名字。

赛珍珠第一次婚姻选择的是布克（John·Lossing·Buck）。布克1890年生于纽约地达齐斯郡，一位农民的儿子。1916年7月，布克在牯岭学习汉语时与赛珍珠相遇，他写信给母亲说："我有幸接受一位年轻漂亮的女士邀请去共进晚餐，而且是在她自己家中。她实在很好，是个地道的弗吉尼亚女孩。"之后布克的家信中，充满了有关"牯岭最棒的女孩"的报道，并说："她是我见过的女孩中最有头脑的一个。"1917年2月，他们订婚，不久结婚。婚后她与布克一起搬到安徽宿州开始了他们的共同生活。当时布克忙于农田实验和农业专著，赛珍珠则加深了对中国北方农民生活的了解和感受。这一时期中国农村的生活经验成为她写作《大地》三部曲的主要素材。

布克是以传教士身份来到安徽宿州的，但中国农村的现实几乎使夫妇二人忘掉传教的"本职"，而把主要精力用于劝说农民接受西方农业技术上。布克所著的《中国农家经济》长达500页，对宗教只字不提，而附上了大量的内容涉及安徽宿州及山东、江苏等地农业的插图、表格、地图和7个省2866个乡村的数据。布克的工作使赛珍珠有了更多的机会接触近在咫尺的贫苦农民。她经常陪同丈夫下乡调查农业生产的情况，最常去的地方是宿城西北70华里的濉溪口。布克骑脚踏车，一去就是好几天。当丈夫与农民交谈有语言障碍时她就热心地上前充当翻译。冬天里，她和贫苦农民围坐在火堆旁取暖、闲谈。庄稼收成、父子分家、娶亲嫁女、婆媳不和等都是常谈的话题。正如她在自传中所说："在宿州居住的时间越长，我就越了解那些住在城外村庄里的贫苦农民，在农民当中，我找到了人类最纯真的感情。"在宿州时，她还经历了各种自然灾害和军阀混战，使她感觉触目惊心。因此，与布克的婚姻对赛珍珠的创作事业起了相当大的作用。

赛珍珠的第二位丈夫是出版商沃尔什，这使她后半生的大量作品可以顺利地出版。赛珍珠回国后的文章中，热情讴歌了中国的历史和文化，她说这让她寻找到了那个让她一往情深的祖国——中国。

1972年赛珍珠要求访华被拒后一病不起。她生命最后几个月，每当问起"还要回到中国吗"这一直刺心灵伤口的问题时，她的回答一直是："我从来就没有离开中国！我属于中国，我的童年时代、少女时代，结了婚后直到我死，都属于中国！"1973年5月6日，赛珍珠在纽约逝世。美国总统尼克松在悼词中称她是"一座沟通东西方文明的桥梁，一位伟大的艺术家，一位敏感而富于同情心的人。”

赛珍珠的墓碑没有刻她的英文本名，只用中文刻下“赛珍珠”三个字。此中蕴涵的无穷意义和语言，后人也许很难作出完整阐释，但仍可以从她生前表述中感受到其魂牵梦绕的中国心。

（二）

赛珍珠不仅以《大地》向世界介绍了中国、宿州，而且对宿州的文化教育做出了至今尚未被充分认识的贡献。

在《大地》之前，赛珍珠就以宿州三里铺的王姓农民为原型创作了短篇小说《革命者》，主人公也叫王龙，尽管和《大地》中的王龙区别很大，但启发了她对中国农民命运的思考，形成了《大地》创作的前奏。

赛珍珠参加了《中国农家经济》一书中对宿州土地、人口、经济、饮食等方面100多张表的调查、统计，仅符离集一地就调查了286个家庭。在和丈夫布克共同调研基础上完成的《中国农业管理》中，收有大量宿州的照片，真实记录了百年前宿州的城墙、土房、古桥、马车、田野、坟丘、民居及牲畜放牧、集市贸易状况，以及各种年龄的宿州农民的形象。这些图文与数据记录作为珍贵的第一手资料，和《大地》一样，都是赛珍珠对宿州经济文化研究所作的独特贡献。

赛珍珠在宿州教会办的启秀女校任英文教员，并一度任校长。此期间张太太（原名周淑贞）在她影响下开办女子小学，让女儿张雅青任校长多年。张雅青原名张纯贤，为宿州的妇女教育做出一定贡献。

赛珍珠向教会建议：女校还应为已婚妇女提供读书机会，教会因此招收了不少比教师还大的妇女学生。赛珍珠的学生有不少成为杰出人才。如冯玉淑（1920—1976），后改名冯秀媛，毕业后先后考入南京汇文女中、金陵神学院，又返宿州母校启秀女校任教，不久升任校长、民爱医院（今市立医院前身）副院长，屡次周济贫困女孩入学，并出资帮助学生赴南京学习深造，一时有“淮北吴贻芳”之称。

女弟子岳继先（1897—1988）在赛的鼓励下考入南京明德女中，后又考入北平女子文理学院（北京师大前身）攻读数学。她原本羸弱，在赛珍珠规劝下加强锻炼，不仅增强了体质，而且在大学期间被选入国家田径队远征东南亚，在菲律宾赛场上夺得一枚银牌，代表宿州一洗“东亚病夫”之辱。

另一位学生汪培珍（1895—1987）家贫勤学，深得赛珍珠关爱。鉴于宿州妇女多难产死亡，就引导汪培珍考取了南京“中华妇产专业学校”，汪于1930年偕同丈夫来宿州开设“福民医院”，造福桑梓的妇女儿童，深得信赖好评。赛对宿州教育、卫生事业所做的贡献，值得宿州人认真研究。

作为女作家和母亲，赛珍珠对宿州的妇女儿童寄予了特别多的关注。她在《我的中国世界》中多处讲到：她每随丈夫下濉溪、符离等地乡村，都用自小学习的汉语和妇女们说笑，了解她们的快乐与烦恼。她经常接触张太太、吴太太、李家媳妇、王妈、卢妈等闺中密友。赛珍珠真实记录了宿州妇女的分娩之险，溺婴之惨，缠足之痛，因愁苦绝望乃至自缢身亡等等，关注宿州妇女生活状态。赛珍珠亲自救助过难产妇女，目睹了婴儿死胎。有次和十多个宿州女友说起溺婴，泣不成声。赛珍珠聪慧敏感的年青女邻居在三从四德的束缚下自缢而死，赛珍珠要为她做人工呼吸也遭拒绝。另一个被称为刘嫂的妇女，其“不中用丈夫”去法国当民工回宿州，钱未赚到却带回一个法国女人，还责怪刘嫂做的农家饭菜不合法国女人口味！这些宿州妇女的生活状态都在《大地》里得到了体现，这类关注和描绘，令人想到鲁迅笔锋的犀利辛辣。

在“哀其不幸”的同时，赛珍珠也礼赞了宿州妇女的善良、坚毅、勤劳、智慧。又老又聋的王妈靠为人缝衣换碗饭吃，是“可怜寡妇中更可怜的一个”，然而她桌子上那个有缺口的瓶子里，整个夏天都插有不知她从哪儿弄来的鲜花。“当我硬是要送她一个碧绿的小花瓶时，她竟高兴得流出了眼泪。”女仆卢妈来自卢家庄（今市委党校一带），淳朴近于愚昧。但在兵乱杀戮中，她冒着极大危险保护了赛珍珠及家人亲友。赛珍珠在回忆中称她为“女英雄”，并和布克在其农舍前为之拍了“合家欢照”，让后代铭记中国农民的义举善德。

对儿童，赛珍珠悲悯而无奈地写道：宿州的孩子到处泥里滚，土里爬，满脸污垢，不停地吸吮着肮脏的手指。赛珍珠曾花费很大精力教年青妇女给接生的剪刀、布块、棉花消毒，但宿州及整个北方仍坚持用剥去外皮的苇篾或芦叶来切断脐带，以致经常造成“十日风”，使许多婴儿在出生两周即夭折。宿州经历使赛珍珠创作了《中国儿童的邻居》《东方童话集》《水牛娃儿》《孩子的欢乐》等作品，而且回美国后领养了一批被遗弃的混血儿童，1949年创立了美国第一家儿童收养机构——欢迎之家。1964年，赛珍珠又设立了“美亚儿童慈善基金”，命名管理机构为“赛珍珠基金会”。1967年，75岁的赛珍珠把700万美元积蓄捐献给基金会，以推动慈善事业在世界更大范围内开展。

赛珍珠的慈善事业，一方面可视为她对怀孕于宿州、生育于南京的残疾女儿卡洛尔母爱的延伸，同时与她在宿州对儿童问题的体察与感受，也有着情感和心结的渊源。

（鄢化志）

十、武念兹与“万言书”

武念兹（1922—1999），出生于宿县农村，早年读过私塾，新中国成立后曾任符离公社（后改为符离区）书记、宿县县委委员兼县农村工作部副部长，因熟悉农业生产，并有较高的理论水平，被同志们称为“武马列”；又因其敢于提意见，也有个外号“二炮筒”。1962年，武念兹因上书毛主席及党中央，保荐责任田，被点名批判，文化大革命中更是倍受摧残。改革开放后得到平反，复任区委书记和县农科所主任等职。1999年1月病逝。

（一）

事情还要从1960年说起。

由于众所周知的天灾人祸诸方面的原因，1959年年底，全国严重缺粮，安徽严重缺粮，宿县严重缺粮，符离公社同样也是严重缺粮。1960年春天，青黄不接的问题愈加严重。

当时任符离公社书记的武念兹，同时又是宿县县委委员兼县农村工作部副部长。

他出生于宿县农村，曾在西寺坡区委工作过，对农业生产很在行，又是个敢于提意见的人，人们给他起了个外号叫“二炮筒”。面对严峻形势，武念兹心如火灼、寝食不安。他曾向县里反映情况，希望争取能调拨一些救济粮来，结果却被县领导狠狠批评一顿。

眼看情势紧迫，武念兹想起到附近的王楼大队（后来改为王楼公社）求救，王楼大队的书记宋玉凡搞农业生产有一套办法，还曾瞒着上级，给社员每人一亩包产田，社员生活过得都不错，大队多年来也积攒了不少粮食。幸亏宋玉凡讲义气，给了武念兹六万斤红芋干，才让符离公社暂时度过了难关。在这个过程中，武念兹深深体会到让农民们自己支配土地是多么的重要。

在当时，同样能够自己支配土地的，还有符离北部的一个农民刘庆兰，这位老农没有参加人民公社，而是带着多病的儿子在看守山林的同时，开垦了十几亩地，一年时间，他们爷俩向人民公社无偿上交了几千斤粮食。刘庆兰的事让安徽省委震惊，正在为粮食问题上下求索的安徽省委书记曾希圣决定，向全省推广这种方式，也就是把土地包给农民，农民们向上级交粮食产量的一定比例，剩下的留给农民自己。

在当时，这种方式就被称为“责任田”。

（二）

1961年2月，春回大地，万物复苏，农场的生产气象也随之有了起色。3月，符离公社正式改为符离区，其范围和原公社一样大，下辖几个公社。武念兹任区委书记。1961年3月7日，安徽省委下发文件《关于包产到田责任到人问题》的草案，这让武念兹看到了农业生产的希望，他按照县委的布置，积极安排推广责任田办法。经过研究，决定于麦收前在各公社普遍展开，把田包给社员耕种，实行“五统一”管理。

种上责任田，社员们的生产积极性空前高涨，有的全家老少齐上阵，早出工晚收工，与以前的“磨洋工”形成鲜明对比，再也不用谁来监督他们干活。生产队长的工作比以前轻松得多了，用不着再忙着派工、领工、监工、评工分了。

虽然干部们清闲了，但是武念兹更忙了，在开始推行责任田的时候，遇到的问题很多，情况很复杂，这让他忙得不能回家。他常常骑着一辆破自行车，到各个生产队检查指导工作。当时大食堂已经解散，他视察都是被当地的村干部安排到农民家中吃饭，吃过之后，付给村民粮票和钱。天黑他就在当地住下，哪里都可能是他的家。

有的干部看到武书记整天忙于工作，而且又不计较在生活方面的保养，很担心他的健康，劝他要注意保养身体。但武念兹却说：“实行责任田了，社员积极性高了，能放开肚皮吃饭了。先前在这方面愁帽子一直压着头，而现在思想轻松得多了。干工作嘛，累一点没有什么，再累心里也是痛快的。

责任田让符离农村出现了翻天覆地的新变化，用当地俗话说：只有一年，符离区的危难情况就被“扳”过来了。1961年底，武念兹在县委会议上汇报全年生产的粮食情况时说：“今年初我只报了全年可收1700多万斤产量。后来嫌少，又要我重报。我重报报到1850万斤。可是年底一统计，全区实际收获2000万斤。”

（三）

然而好景不长，正当宿县县委把责任田如火如荼地推展开来之际，正当宿县全县干部和社员沉浸在推行责任田办法后所取得的第一个秋季大丰收的喜悦气氛中时，一股否定责任田的风头出现了。

1962年3月，改组之后的安徽省委下发了新文件，这个名为《中共安徽省委关于改正责任田办法的决议》认为：责任田是走资本主义道路，要求各地改正责任田，重新回到农业集体生产的老路上。这就像是一盆冷水，浇到了武念兹和符离农民的头上，到处都出现了抵触情绪，农民们都不愿意放弃责任田。

在县委传达这个文件的会议上，武念兹当时就提出：责任田是符离的救命田，无论如何责任田都不应改，如果真的要改，就请让我们干两年之后再改。不仅是武念兹，其他各级干部也是这个态度，于是，在会议休息的时候，武念兹和当时担任宿县县委书记处书记的张德群等人，联合县、区、公社三级干部共7人，给党中央、毛主席写信，诉说责任田的好处。

但是，回到符离之后，作为县委委员的武念兹还必须按照县委的布置，及时传达安徽省委关于改正责任田办法的决议。在传达之前，他提醒自己，尽管已经参与了县里三级干部的联合上书，但回到区里绝不把此事向外讲，以免发生“情绪感染”。他打定主意：要保持主要领导者应有的镇定和严肃，在会上原原本本地传达省委决议和县委的相应部署，以观同志们的反应，然后因势利导，以达目的。

宣读完省委的新决议，他让大家讨论。讨论十分激烈，第一个发言的是王楼公社书记宋玉凡，他说：“新省委刚上任，就要改正责任田，大概是中央不了解责任田的好处，我们应该派人去北京，面见毛主席，向他老人家细细说说责任田给咱们符离带来的新变化”。宋玉凡的话引起共鸣，大家都认为，责任田是救命田，责任田是社会主义。应该派人带着干粮去北京，面见毛主席。

武念兹一听大家的发言，心里有了谱儿：这和自己在县委会上讨论时唱的是一个调！他便趁热打铁说：“实行责任田办法才一年，看咱符离发生了多大的变化，咱宿县、宿县地区又发生了多大的变化。近两个月里，咱宿县的红薯干子及其他粮食通过火车、汽车大量运往河南、江苏两省。若是马上改正责任田，就会挫折社员的生产积极性。我们都是共产党员，如实向上级反映情况是共产党员的光荣义务，当官要为民作主。现在可以说是替老百姓讲话的时候了。大老宋（指宋玉凡）说要别着馍馍去北京，心肠是好的，我也有过这种想法，但这不容易行得通。我考虑一下，觉得还是写封信给毛主席比较合适，不知大家怎么看?”

最后经过商讨，与会人员最后一致决定：给中共中央政治局和毛主席写信，保荐“责任田”！

（四）

区委会上作出决议的第三天，武念兹就正式筹划上书的写作班子、办公地点以及所需搜集的资料等。写作班子由办公室主任关德明牵头，组成人员有张文彬、周培建。武念兹吩咐，将区委后院一间较为僻静的房子腾出来作为写作室。

据关德明多年后回忆：武念兹早年读过私塾，有着较高的理论水平，被同志们称为“武马列”。他对给毛主席上书这个事非常重视和关心，在写这封信的时候，他投入了大量精力和时间。“在那段时间里，武念兹一有闲空就到写作室去。或者问问写作进度，或者提供一些资料，有时还坐下来看看稿子，给提提意见。”

大约在1962年5月中旬，信的初稿就形成了。信中通过列举大量事实，以理论与实际相结合的办法，雄辩地阐明“责任田”不是方向错误，没有“复辟资本主义”的危险。信中还列出“责任田”在当地实行以来所显示的“八大优点”，最后更是含蓄地表明了这样一种请求：退一步讲，即使推行“责任田”这种办法犯了方向性的错误，也不要一下子把它扼杀掉，让它作一个“反面教员”也是好的。言下之意是：为了探求强国富民的正确的农业方略，区委一班人甘愿作反面教员。只要能够多打粮，能让社员吃饱饭，即使以后挨批斗、受处分也心甘情愿。其赤诚之心可掬可见！

初稿完成后，武念兹于5月下旬县委召开区委书记会议时，将其交与当时担任宿县县委第一书记的周尽农，周尽农对武念兹和符离区委的做法表示了支持，并安排在县委办公室工作的马道奎对初稿进行了修改润色。

信写好后，武念兹派人誊清一份，然后召开区委会，会议是在严肃、紧张而又带着顾虑的气氛中召开的。读完这封信后，大家基本上没有什么意见。为了表示真正是代表社员的意愿而写的，信上就没有加盖区委的公章，而是根据自愿的原则采取签名的形式。对于这一史实，由中国文史出版社出版，戴兴华、北辰编写的《春风秋雨责任田》一书中这样描写道：

“签名开始了。武念兹大笔一挥，带了个头。紧接着签名的区委副书记有王同生、刘道允、张厚业、董志云。后面是区委委员宋玉凡、丁传祥、陈维志、刘言义、赵开泰、关德明等。除1名委员因事未能参加会议。其余16人全都签了名。”

（五）

就这样，此时符离区委并没有马上改正责任田，武念兹还指望他的上书出现奇迹。奇迹似乎出现了——7月中旬的一天，符离区委盼来了来自中央的调查组。这个调查组是国务院副总理邓子恢派出的。

原来，符离区委的两封信最后被交给了中央农村工作部，当时邓子恢是农村工作部的负责人，他知道责任田的好处，看到这两封信，他十分为难：因为毛主席已经否定了责任田的进步意义，但如果不管，符离人民的愿望就会落空。最后，他还是决定派出了以张其瑞为首的四人工作组。

张其瑞在王楼公社等多处作了调查，深切感受到了责任田给农村带来的好处，但他也不能为责任田翻案，他得出的结论是：“责任田不能一棍子打死，全盘否定，这是一个很值得研究的问题。”张其瑞的报告交到邓子恢的手上，邓子恢深深领悟了这个报告的内涵，一次次地面见毛主席，竭力向他保荐安徽的责任田。在那段时间内，河南省委也给党中央写信，说安徽的责任田曾经给河南人带来了救命的粮食，请求中央让安徽再干几年责任田。面对这些问题，中央书记处也召开过会议，专门讨论安徽的责任田问题。不仅刘少奇赞同，邓小平也在那个时期说出了：“不管黄猫黑猫，只要捉住老鼠就是好猫”的著名言论。

但是，在毛泽东看来，责任田只是在困难时期解决粮食问题的一种手段，不能长久干下去，再干下去，就走到资本主义的道路上去了。

（六）

1962年8月，中央在北戴河召开工作会议，随后，又在北京召开八届十中全会。这几次会议大批“单干风”，中央农村工作部因被批为“自成立以来没干过一件好事”而被撤销，邓子恢被撤职。安徽的“责任田”被作为“复辟资本主义”的“单干风”的突出代表，受到严厉批判，标志着关于责任田的讨论彻底结束。

10月12日，安徽省委召开会议，传达中共八届十中全会精神，坚决地纠正“责任田”。武念兹及宿县县委、符离区委被点名批判。符离区委不得不在12月间召开检讨会。看到很多人的担心，武念兹把全部的责任都承揽到自己身上，他说：“上书毛主席是我提议的，我一人承担全部责任，共产党员坚持真理，随时修正错误。我先代表区委写检讨，如果不能过关，再以全体区委委员的名议写检讨。”武念兹的提议得到了大家的认可，几天之后，武念兹把“犯了方向性错误”的检讨书交到了宿县县委。

幸好，1962年的政治气氛尚显温和，没有人因此而受到处分。

四年之后，席卷全国的“文化大革命”开始了，既然武念兹当年承认给毛泽东上书都是他一人的责任，此刻他也必然要承担全部责任。为此，接受了一次又一次的批斗，当时造反派还成立了专业批判队，他常常被带到泗县、五河、固镇、怀远、砀山甚至合肥等地批判。在批判会上，“武念兹”三个字被读成“武念资”，造反派称他是死心塌地保荐责任田，闹单干，“念念不忘资本主义。”

其实，会场上的社员都是心中有数的，都是同情武念兹的。有一次，在老符离公社召开批斗会的时候，万桥大队批判队员在会场上历数武念兹企图复辟资本主义的罪状，说他想让农民走回头路，受二茬罪。他正声嘶力竭地说着，张庄队有个姓熊的生产队长走到面前，说：“你说的算个屁，你们是吃饱撑的，在这里胡说八道。”他又转身对社员说：“走，咱们不参加这样的批判会了！”于是人们一哄而散。

（七）

就这样，武念兹一直被“挂”了十多年，他没有被安排什么职务，整天就是居家反省，接受批斗，生活很是艰苦。

从1982年起，党中央就农村改革问题在五年的时间里共发出了5个1号文件。1982年的第1号文件肯定了包产到户的社会主义性质，称之为家庭联产承包责任制。1983年的1号文件对包产到户做了很高的评价，说它是“在共产党领导下中国农民伟大的创造，是马克思主义关于合作化的理论在我国实践中的新发展”。在五年的时间里，连续发表的这5个1号文件当时是很有名的，对全国的农村改革起到良好的指导作用和巨大的推动作用。

1982年年初，第一个1号文件发表的时候，武念兹刚刚复职。他曾拿着这个文件对同志们说：“党中央给包产到户立了‘正式户口’了，咱们大家不必再有顾虑了，社员也都吃了定心丸。”他也曾把第二个1号文件反复看了几遍，认为其中对包产到户的评价很高。每念及此，武念兹内心便得到很大的安慰，20年间的风风雨雨，酸甜苦辣，似乎都置之度外了，干起工作来，劲头似乎比以前还要大。

老牛自知夕阳晚，不用扬鞭自奋蹄。党中央一连5个第1号文件发表之后，武念兹便临近退休了。也就在这个时候，由于身心曾长时期受折磨，他的慢性病严重发作，体质每况愈下，渐渐地卧床不起了，饮食起居都需要家人的细心照料。这样的生活一下子持续12年。他本来就很衰弱，最后已是瘦骨嶙峋，自己在床上不能翻身。但各种媒体的记者还不断登门采访，他们有的来自省城，有的来自北京。他最后一次接受采访是在1997年11月，当时他已经病入沉疴，讲话有气无力，吐字不清，只是由家人根据他的意思代述了几句。

1999年元月，武念兹病逝。在他的追悼会上，有副挽联是："念兹在兹，甘霖普降责任田；兹念衍念，丹心永照万言书。"

（刘金明）

附：

关于"责任田"问题的报告

中共中央政治局：

省委于1961年3月推行了"田间管理责任制加奖励"的办法，即"责任田"办法。一年来，在生产上获得了很大成绩，深受广大干群的欢迎。但是，今年3月份，省委却又提出了"改正责任田"的决议，当我们听到后，在思想上起了一些波动，背上了思想包袱。我们全体同志对这个决议，虽然作了多次学习和讨论，思想仍是不通。

我们都是共产党员，有了意见不管正确与否，决不能放在思想里不提，我们知道：如实反映情况是每个共产党员的光荣任务。于是，我们又重新学习了党章，特别是听了传达中央扩大会议精神之后，对我们有很大的启发和鼓舞。壮大了胆子，决心倾吐肺腑之言，恳请调查了解，弄清情况，予以解决，现将我们所见所闻所想的东西，汇报一下：

我们认为"责任田"办法，在现阶段不仅不违背社会主义原则，而且简便易行，容易为广大农民群众所接受。它是与当前农业生产力水平，群众觉悟的水平和干部管理的水平相适应的。它可以实行以生产队为基本核算单位，克服了队与队之间的平均主义，调动了生产队的积极性。而推行"责任田"办法，则比较彻底地克服了社员与社员之间的平均主义，可以充分调动社员的积极性。

一年来的实践证明："责任田"办法确实是当前尽快恢复和发展农业生产的一条较好的办法。现在我们从各个不同时期来看一下吧，解放前土地大部分掌握在地主手里，广大劳动人民没有地种，过着饥寒交迫的生活，严重地束缚了生产力的发展。解放后，进行了土地改革，组织了互助组，生产力得到了很大的发展。但是，由于劳动力的多少，牲畜的强弱，农具和土地的好坏，而逐渐走向两极分化，有走回头路的危险。成立初级农业生产合作社以后，虽然较前有所改进，生产力得到进一步的发展，但是，仍然按照半劳半股进行分配，仍有少量的剥削，前途也有很大的危险。在成立高级社以后，完全消灭了剥削，实行了生产资料的集体所有制，为生产的发展开辟了更加广阔的道路。但是在生产管理制度上，实行一种繁琐、复杂、不易执行的"三包一奖"和评工记分的办法，出现了管理混乱，领导困难，评工记分麻烦的现象。社员反映说："不怕干活一天，就怕评工半夜"。自人民公社成立以来，仍没有好的办法。虽然推行了小段农活的包工，但这个办法还是毛病百出。因为生产队的各项农活是千头万绪，千变万化的，往往对所有农活虽然作了具体安排，但情况稍有变化各项计划都会落空。社员反映说："实行小段包工，农活天天不清，头天计划很好，第二天就大呼隆。"同时又加自然灾害和"五风"的影响，致使农业生产受到很大的损失。自61年3月份，实行"责任田"办法后，由于这个办法简便易行，适合当前干部管理水平和群众的觉悟水平，因而广大干群生产积极性空前高涨。在61年中，虽然受到数年来未有的霜、旱、涝、虫等自然灾害，减产面积达19.3万亩，但粮食却获得了大丰收。全年粮食总产3,600万斤（其中集体3,100万斤，社员自留地与开荒地500万斤），比60年风调雨顺的产量3,050万斤增长了18%，因而，不仅超额6%完成了粮食征购任务，口粮、种子、饲料也都按标准落实了，同时95%以上的社员还得到不同数量的超产粮。我们认为，去年生产取得的成绩，固然是贯彻了中央"十二条"、"六十条"的结果，但"责任田"办法却起到无法否认的巨大积极作用。

我们并不否认集体生产（指包产到队）的优越性，但是搞好集体生产的关键在于搞好评工记分，否则就会产生平均主义，调动不起社员的积极性。而评工记分则是比"三包一奖"更难办的办法，是一个极其繁琐的哲学，同当前干部的管理水平，社员的觉悟水平，文化水平极不适应。因此，吃力不讨好，干部累得不轻，生产却不能搞好，不如"责任田"办法简单易行，同时"责任田"办法也是集体生产的一种形式。

现在谈谈我们和有人对"责任田"办法认识上的分歧：

一、责任田办法是不是方向的错误，有没有单干的危险？我们认为，这个办法没有改变社会主义生产关系的性质，并不违背社会主义原则。因为土地、牲畜、大型农具都属集体所有，产品统一分配，大农活统一干，人与人之间的关系是平等的，仅仅是劳动的形式上有点不同，即田间管理农活采取分散劳动的形式。这种形式是以手工劳动为基础的，这怎么能说是方向性的错误呢？我们认为"责任田"办法是过渡到大规模现代化农业的一个桥梁，通过它恢复和发展生产力，随着机械化程度的提高，再逐步改为集体劳动。我们认为，也不会走上单干，因为我们有伟大的中国共产党和毛泽东同志的正确领导，只要采取一些必要的措施，加以限制，就决不会走上单干。同时所有制是集体的，分配是统一的，社员承包"责任田"都是按照每个人的劳动分担的，"责任田"也不是一成不变的，每年根据劳力的增减"责任田"随之调整。个别农民想走单干是不可能的。

二、实行"责任田"的办法，把产量包到户，前途是不是会有很大的危险呢？我们认为把产量包到户不但前途没有什么危险，相反，是责任制更具体化。它能够加强社员责任心，从而保证粮食不断增长。举个例子来说吧，在我们国家里，工厂、矿山的车间，实行以人定量，按件计资，超额奖励，这与包产到户有什么区别呢？我们符离农具厂生产镰刀，按任务每人每天五张，每盘炉三个人，每天15张，超额一张奖励三角钱，这不是和"责任田"包产到户一样吗？我们认为，大自然是农民的工厂，每块土地就是农民的车间，产量包到户也就是工厂车间实行的责任制，如果说有危险，为什么工业这样搞没有危险，而农业这样搞就有危险了呢？

三、有人超产多，有人会减产，会不会两极分化？我们认为实行"责任田"以后，社员包产以内的粮食是集体的，仅超产部分归社员所有。从这种现象的本质来看，是完全符合“各尽所能，按劳分配，多劳多得，不劳动者不得食”原则的。因为它承认了差别，克服了社员与社员之间的平均主义。拿我们的工资制来说，有的每月十几元，有的几十元，还有的几百元，尤其是工厂、矿山的技工，超出定额，还要得到大量的奖励金，这样每月就能得到更多的收入，一个工程师每月工资要比一个学徒工高几倍，难道说这样也能趋向两极分化吗？如果这样是对的，那么，社员在合理的包产后，多花了劳动代价，而多得点超产粮，多享受点生活资料，怎么会两极分化呢？同时包产指标还要逐年调整，超产总是有一定限度的。况且土地、牲畜、大型农具等生产资料都是集体所有，不准许私人买卖，不准许、也不可能雇工剥削，因为劳力强本身所承包“责任田”也多，没有剩余劳动，群众有点钱、粮只能改善自己的生活，不会成为不劳而获的剥削者。至于个别减产户，因为极少，只占百分之几，只要找出原因，通过教育，保证口粮，也不致于发生问题。

四、实行“责任田”办法和不实行“责任田”办法情况是否相同，不实行会不会更好些。我们认为，自60年底以来，在广大农村中，认真贯彻了中央“十二条”和“六十条”，经过整风整社，整掉了“五风”，这对发展生产起了决定性的作用。但实行了“责任田”办法后，则更进一步发展了生产。在我们区里有个王楼公社，有一个杨庄生产队，这个生产队自解放以来，尤其是高级社以来，粮食逐年增长，在全区、全县都是拔尖子生产队。而和这个队相距不到一华里的曹庄生产队，由于劳畜力和土地条件较差，自公社化以来粮食一直没有增长。但自61年以来，曹庄推行了“责任田”办法，充分发挥了人力、物力的作用，61年总产达19万斤，平均单产合331斤，比60年增长15%，而杨庄比曹庄低10.2%，杨庄社员说：“我们队要实行‘责任田’无论如何也得超过曹庄。”再如褚庄、芳寺两个老大队。芳寺大队对‘责任田’办法实行得早，因而社员思想稳定，生产积极性高，61年总产274.38万斤，单产125斤。而褚庄大队到61年8月份“责任田”还未落实。因而61年总产仅164.12万斤，单产115斤，比芳寺低4%。这两个大队土质条件和生产条件基本相同。褚庄大队的产量历来都高于芳寺，而今年却不如芳寺了，因此认为实行“责任田”办法是正确的，它可以促进生产的发展。

五、这个办法是否只能调动社员个体的积极性，不能调动社员集体积极性，今后集体活就不好干了呢？我们认为社员对个人利益的关心，即个体积极性是客观存在，是旧社会遗留下来的痕迹。我们社会主义社会，正是要利用这种对个体利益的关心，以发展生产。列宁说过：“对个人利益的关心能够提高生产，我们无论如何要首先增加生产。”我们现在积极贯彻的“按劳分配”原则，不正是考虑到群众有个体积极性吗？我们认为“责任田”办法已经把个体积极性和集体积极性结合在一起了。社员生产出的产品绝大部分都交给集体统一分配，这不也有了集体积极性吗？再说实行“责任田”办法后，社员对各种农活都能灵活安排，克服了等前侍后，一天不干半天活的窝工现象，劳动效率提高了，三天的活两天就干完了，更能抽出多余时间搞集体活。如褚庄公社数年来由于大呼隆干活，挤不出时间，许多小桥失修，自实行“责任田”办法后，去冬今春就修建了40多座大、中、小桥。因此，我们认为实行“责任田”办法既充分调动了社员个体积极性，也更好地调动了集体积极性，集体活也更好搞了。

六、实行“责任田”办法以后，会不会减少公共积累。我们认为，实行“责任田”办法公共积累只会增多不会减少。因为实行这个办法社员积极性高了，产量增长了，公共积累必然会多。如周段大队，60年不但征购任务没完成，种子、口粮，饲料也都未按标准留足，更没有机动粮。自实行“责任田”办法后，不但超额完成了征购任务，还留足了种子、口粮、饲料，同时，有机动粮25万斤，平均每人达100斤以上。褚庄公社松山孜大队，281户，1150人，自解放后，一直是落后队。尤其是近几年来，从未完成过包产任务。每年不仅征购任务完不成，还要国家供应大部分种子、口粮和饲料。实行了“责任田”办法不到一年，除超额完成征购外，还留足了种子、口粮和饲料，并有机动粮12万斤，每人平均100多斤。

七、实行“责任田”办法，干部会不会被腐蚀而变质。我们认为实行“责任田”办法，干部不是变坏了，而是变好了。这个办法对干部没有腐蚀作用，因为干部和社员同样承包了“责任田”，需要自己亲自参加劳动，这就克服了过去东湖一趟，西湖一趟，光指挥生产不参加生产的现象，由于亲自参加了生产，也就可以更好地指挥生产了，也能更好地联系群众了。同时，减少了干部的不必要的“催工”“监工”，也就有更多的时间学习党的方针政策，研究增产措施，提高了干部的工作能力，更好地领导生产。

“责任田”办法的好坏，是有大量事实作鉴证的。自实行这个办法以来，生产上出现了一片欣欣向荣的景象，主要表现是：

（一）社员自觉的积极性提高了，劳动出勤率提高了，劳动潜力得到充分的发挥，七、八岁的小孩，六、七十岁的老年人都积极地参加了生产。大秦家公社周段生产队，总人口224人，其中整半劳力增加了54%。顺河公社马厂生产队社员王振华的小孩名叫合理，今年十一岁就天天跟着干活。

（二）扩大了耕地面积，数年未种到头种到边的地，都种到头种到边了。许多数年未种的荒地，以及未开过的荒地都开起来了。据统计去冬今春开荒5268亩。社员家前、屋后、路旁、沟边，也都种起来了。

（三）社员干活认真，提高了质量，一般都能做到耕种适时，管理细致。灰古公社灰古大队社员赵应千，承包的二亩高粱锄了七遍。灵寺公社马山头生产队社员孙怀礼自己包的两亩地也不叫别人耕，自己用铁锸刨，并说：“深翻土一寸，抵上一遍粪。”

（四）广大社员都重视了积肥。原来无人管理的厕所，都争着管理。原来很少有人拾粪，现在都争着、抢着拾。没有厕所的地方修盖了厕所，没有粪坑的地方挖了粪坑。没有挖的污池，现在都争着挖。黄山公社总地亩是8414亩，去冬今春共追施粗细肥料5100万斤，每亩平均6000斤，超过了公社化三年来的总和。王楼公社梁套生产队的社员陈王氏，把埋上两年多的污池粪挖了出来。

（五）牲畜农具增加了，社员更爱公共财产了，原来无人管理的农具都争着管理了，许多农具坏了，社员自动去修补。一部分小农具也添上了，基本上满足了当前需要。褚庄公社褚南大队原来只有几张破犁子，现在又修添了21张，基本上满足了需要。牲畜增加更为显著，全区现有牲畜6557头，比60年增加了1364头，其中从外地买来1017头，繁殖347头。黄庄老大队从61年3月至62年初，购买了137头，比60年增加82.3%。个别社员还购买了牲畜，符离公社沈圩大队社员孙正耐，用自己储蓄了好几年的900块钱买了一头牛。

（六）公共积累增多。王楼公社曹庄大队曹西生产队64户246人，60年没有推行责任田办法时扣留的公共积累是3000元，61年是3600元，增加了20%。

（七）家畜家禽有了很大的发展。据统计61年实有猪4581头，比60年增长71.6%。羊11208只，比60年增长50.7%。鸡32083只，比60年增长145%。褚庄公社松山孜大队230户就养猪345头，平均每户一头半。

（八）青年社员积极学习农业技术了，老农也都积极教他们的子弟学习技术了。灵寺公社马山头社员孙玉兰，自参加农业生产五年，未认真学习技术，今年包了二亩高粱，便主动请教老农学习耪高粱技术。褚庄公社褚南生产队社员马成协，亲自教儿子耕地，并说："要不实行'责任田'，小孩长大也不会种地了。"

（九）增加了产量，完成了征购任务，安排好了社员生活。61年全区粮食征购任务553万斤，完成558万斤，超额9%。口粮、种子、饲料都按标准落实了，同时还有机动粮106万斤。猪、羊、鲜蛋收购任务也超额完成了。由于社员生活安排得好，因而思想安定，生产情绪高涨，修盖房屋、结婚、生孩子的大大增加。农村集市贸易也空前活跃，广大农村出现一片欣欣向荣的景象。

（十）广大干部参加了劳动，作风大大改变，与群众商量，更具体地领导生产，更准确地贯彻执行党的政策，干群关系更加密切了。

总之，"责任田"办法可以增产，可以迅速恢复和发展农业生产力。如果说这个办法不好，为什么我们安徽这个"五风"破坏特别严重的省份，能恢复得这样快呢？这不值得很好地调查研究吗？

当然，这个办法在具体执行过程中也出现了一些问题，主要是没坚持好"五统一"，个别地方对困难户照顾不够。但这不是主要的，只不过是具体工作中的缺点，只要注意，是可以而且很容易克服的。

这个办法在我们这里仅仅是一年的时间，成绩是很大的。当然它还不是十全十美的，还没有经过更长时间的考验，今后在它的发展过程中，还会产生一些问题。但任何办法也不是一开始就尽善尽美，都是在发展过程中，不断改进，一次比一次好的。"责任田"办法，也要在它的发展过程中不断补充和改进，使它能适应情况的发展和变化。

我们全体同志，经过反复讨论，觉得在当前很难找出比"责任田"办法更简便易行，更能有效增产，更容易为广大干群所接受的办法，所以我们一致认为"责任田"办法是个比较好的办法。

以上是我们的认识，正确与否，请批评指正。

安徽省宿县符离区委会全体同志

1962年7月2日

十一、宿州商代“𢦏”地考

长期以来，人们以为宿州市境内的地名最早见于文献记载的是符离塞。符离塞为战国时期楚国所置的军事要塞，位于今宿州市稍偏东北，属泗水郡。查《中国历史地图集》第1册与陈楚家《殷墟卜辞综述》，宿州市境内最早出现的地名是商朝后期的“𢦏”地。陈楚家以为“𢦏”为商代邑名，是商王帝乙征讨人方所至之地。人方作为当时的方国，位于今山东江苏接壤一带。陈氏所谓“𢦏”即汉代甾丘县。

今据《中国历史地图集》第1册《商时期全图》与《商时期中心区域图》实测，“𢦏”地坐标为东经117°03＇与北纬33°52＇之交，距今宿州市区中心约35公里，当在夹沟与支河两个集镇之间。此坐标与两汉甾丘县地理坐标相吻合，由此可见陈氏所言不虚。按“𢦏”与“甾”同音，汉代以“𢦏”易名为“甾”，当系同音通假，或者是“𢦏”字至汉代失传已久，作为地名公有读音，时人遂以“甾”而名之。因此地多低山丘陵，当为甾丘地名之由来。

商王帝乙是暴君商纣王之父，在位时间为公元前1101年——公元前1075年，征讨人方自当在这个时段以内，约当公元前11世纪初年。以帝乙征讨人方经过“𢦏”地之后，文献始有该地名记载推断，“𢦏”地历史至今已有3100多年。战国时期楚国设符离塞最早应在公元前4世纪，距“𢦏”地见诸甲骨文字晚700年左右。《中国历史地图集》第1册所确定的“𢦏”邑地理位置，实际上是将宿州市见诸文献的历史推前了700余年。由此可见，早在殷商时代，宿州地面人口相对较多，已形成城邑聚落。“𢦏”地至汉代为甾丘县，位于宿州境内，已成定案。作为省辖市，宿州历史之悠久，在全省并不多见。

（赵承金）

十二、子贡山与会盟台

在宿州市埇桥区解集乡的老汪湖畔有一座小山叫贡山，山脚下有个村庄叫鲁营，附近还有个村庄叫吴庄，不远处的老汪湖畔还有一个东西长约60米、南北宽约20米、高约4.5米的覆斗型大土堆子，当地人称之为古盟台。这些看似寻常的地名、村名，若是和一件久远的历史掌故联系起来，你也许就会较容易领悟破解其命名的缘由含义了。其所叙说的就是在春秋末期，孔老夫子得意门生子贡，代表鲁国出使吴国，游说吴国攻齐救鲁，并在此处筑台和吴国签订同盟条约的历史佳话。

在春秋末期，宿州解集乡一带正是鲁国和吴国边界接壤地区。吴鲁两国在此都设有戍守边疆的驻军营地，老百姓分别称之为“吴营”或“鲁营”，也就是后来“鲁营”和“吴营”庄名的缘起。此时也正处在诸侯大国争相称霸，相互攻伐，侵吞弱小诸侯国的混战时期。鲁哀公十一年（公元前484年），握有齐国重权的田常意欲篡权代齐，但又忌惮大臣中较有实力的鲍氏、晏氏及高氏等人从中作梗。故欲遣鲍氏、晏氏作将帅领兵伐鲁，以便乘隙叛乱。孔子听说齐欲遣大军攻鲁，很是焦虑。就召集他的学生说：“鲁国是我的祖籍所在，父母之邦。齐国大军压境，鲁国危在旦夕。你们中有谁能代鲁出使，解鲁困厄？”子路首先请缨，孔子不同意，子张、子石先后报名请行，孔子说：你俩个也不中。子贡说：我愿作鲁使，解鲁难，行否？孔子说：好。于是子贡代表鲁国出使各相关诸侯国，充分施展其外交才干，导演了一幕纵横捭阖、精彩绝伦的外交活剧。

孔子独选子贡当此重任，说明他对子贡的外交才能是非常了解认可的，是知人善任。子贡，复姓端木，名赐，字子贡。春秋末年卫国人，生于公元前520年，其家庭系卫国商贾富豪，本人从青年时代就喜欢从事商业经营活动。《尸子》有云：“子贡，卫之贾人也。”其特点是能言善辩，“辩人也，丘（指孔子自己）弗如也。”孔子称赞其可比之“瑚琏”，乃宗庙之贵器，由此可见孔子对子贡的器重。子贡师从孔子后，就曾公开流露出想当外交使节的志向。一次孔子与颜回、子路、子贡等人在一起聊天，问及各人的志向，当问到子贡：“赐尔何如？”子贡回答说：“得素衣缟冠，使于两国间，不持尺寸之兵，升斗之粮，使两国相亲如兄弟。”孔子说：“辩士哉！”（《韩诗外传》）

子贡受命以后，首先来到齐国。对田常说：你出兵伐鲁得不偿失啊！莫如伐吴。田常问道：此话怎讲？子贡说：你听我说，鲁国城小地狭，大臣无才智，士民厌甲兵，不可与战。而吴国城坚地广，兵多将广，可与之战。何也：我听人说：忧患在内者攻其强，忧在外者攻其弱。以我观察，你的忧患在内而不是在外，你之所以曾先后三次晋封而不能如愿，是因为高、鲍、晏等氏的大臣不服气，挡道也。今派兵攻弱鲁很容易取胜，齐国拓展疆土了，齐主便会更加骄傲，鲍、晏等领兵将帅将会因破鲁有功而倍受尊宠，而你却不会得到什么好处，齐主会对你有所疏远，大臣们也会恃功自傲，不听你的。主上骄纵就会恣意妄为，臣下骄纵，则会与你争权。要想成大事就更难了。如此，你在齐国就更危险了。所以说不如伐强吴，伐吴不能取胜，消耗兵力国力，领兵将帅无功有过，在宫廷内无说话权利。所以你在朝内就没有竞争劲敌；在民间也无失败之过，齐主就只好听从你的摆布了。田常一听觉得很有道理。就说：好，但我伐鲁之兵已派出，中途突然转道去攻吴，大臣们会产生怀疑，怎么办？子贡说：这好办。你先暂缓攻鲁，我即刻赶往吴国，让他发兵救鲁伐齐，你再驱兵迎战，不就成了。田常听后完全同意。子贡便匆匆赶往南方的吴国。

子贡到了吴国对吴王夫差说：我听说王者不绝世，霸者无强敌。今强齐欲攻弱鲁，与吴国争强，鲁国若亡，恐怕吴国也就危险了。不如发兵救鲁伐齐，有名有利。既安抚收拢了泗水流域的诸侯民心，又可以收抗强齐而使晋国钦佩服气，名义上保住了弱鲁，使鲁国对你感恩戴德，实际上是削弱齐国势力，这是有远见的战略家所干的大事啊！吴王一听说：好。但我曾打败越国，把越王困在会稽，越王勾践卧薪尝胆，蓄积力量，时时都想打败我，报仇雪恨，待我灭了越国之后，再按你说的发兵救鲁伐齐。子贡一听便说，这样不可，越国和鲁国一样，都很弱小，以吴国实力也不比齐国强多少。待大王灭越以后再去伐齐，齐早就把鲁灭亡了，这时也就失去救鲁的名义机会了，这是对齐国示弱，并非有勇有谋者所为。有勇谋者不畏强敌，有仁义者不违约，有智谋者不失时机。大王和越王已有不亡越的约定，今使越继续保留而去救鲁伐齐，让诸侯们看到大王有仁有义，并借此以震慑晋国，诸侯们必然会相率而臣服于吴，大王的霸业就成功了。如果大王担心越国有异动不臣之心，我请求大王让我去见越王，让他出兵跟随大王一道伐齐，这既可使越国无攻吴之兵，又使大王收率诸侯伐齐之名，不是更好吗？吴王夫差一听，非常高兴，就同意让子贡去越国转达吴王意见。

子贡来到越国，越王亲自驾车迎至城郊，回到越宫后问道：此蛮夷小国，大夫何以光临？子贡说：我已说动吴王救鲁伐齐，他已答应想发兵，但又担心越国会反攻吴国，说等我打败越之后才行。如此看来，越国必亡。以我之见，若无报仇的想法而让人生疑，这太笨拙了；有报仇的想法，让人知道了，也不成；事情还未开始做，就让人觉察了，这就更危险了。这三种情况是成大事的忧患。越王顿首拜谢道，我曾不自量力，与吴争战致败，困守会稽，后悔透了，日夜所思，就想和吴王拼个同归于尽。请问大夫有什么良策助我。子贡说：吴王为人鲁猛残暴，群臣不堪忍受，国家长期四处征伐，士卒厌战，百姓怨上，大臣内变，伍子胥因谏被杀，太宰嚭专权用事，暗藏祸心，这是国家败亡之相也。今大王如能派兵协助他，坚定他攻齐志向，献重宝以取悦他，用卑微的言语奉承他，吴王必然会出兵伐齐。若其伐齐失败，是越国的福气；若是吴胜，吴王必会乘胜攻晋。我将去晋国，让晋王乘吴国兵疲将困之际攻之，削其锐气，耗其实力，吴国必变强为弱。这时大王可乘吴国劳师远征，精兵消耗于对齐之战，重兵困于对晋之役，后方空虚，难以相顾之机起兵灭吴必胜。越王勾践听了甚合心意，决心依计而行。并要送子贡黄金百镒、宝剑一柄、长矛两支。子贡婉谢不受，告辞返吴。

子贡回到吴国，向吴王报告说，我将大王的旨意转告越王，越王非常害怕。说，我很不幸，年青时候失去先人，又不自量力，获罪吴国，军败身辱，全赖吴王宽恕，使我还能保住宗庙得以祭祀，至死都不敢忘记大王之恩，哪里还敢有反叛之心啊！过了五天，越王勾践果然派遣大夫种前来吴国，对吴王夫差说，奴臣勾践派我来报告大王，听说大王举大军救弱鲁伐强齐，请求允许勾践亲自带领越国所有三千士卒为先锋，随大王出征。并送上先人收藏的最好的兵器盔甲剑矛，以备军用。吴王夫差听了，甚是高兴。转而问子贡，越王想亲随我出征伐齐，行不行？子贡却说：不行。你调走他国家的全部兵士，又让其国王跟着你一起出征，是有些不够仁义，不如收下他的礼品，许其派兵随征，而让他勾践在国内呆着。吴王听信子贡之言，不叫越王随征，并下决心证调九郡之兵以攻齐。

子贡又从吴国匆匆赶往晋国，告诉晋王说，齐国与吴即将开战。如果吴国不胜，越国就会起而攻吴。吴若胜齐，必然会乘势来攻晋。晋王听了有些恐慌，问道，那如何办？子贡道，整顿军队待机，有备无患！晋王依策而行。

经过一番奔波游说之后，子贡回到鲁国，报告鲁王后即和吴国相约，各派使者在吴鲁边界筑台签订盟约。于是子贡就代表鲁国来到地处今宿州埇桥区解集乡的鲁国军营，令军士在营前筑了一个大大的土台子和吴国派来的使者在台上隆重举行结盟仪式。此后，事态进展一切皆如子贡预料策划的那样，吴国果然出兵攻齐。吴军大破齐军于艾陵，而后又果以乘胜之师转而伐晋，晋国早有防备，以逸待劳，与吴军战于黄池，大败吴军。越王勾践听说吴军大败，当即带领国内所有兵士，渡过钱塘江，大举攻吴。此时吴已兵疲力衰，强势已失，和越国相持数年后，终被打败，夫差被杀，越国开始称霸江淮及吴越之间。是故后人总结子贡这次代鲁出使游说各国的结果，保住了鲁国，乱了齐国，亡了吴国，而使晋越势强称霸，打破了诸侯间原有的均势，五国各有巨变。

因为有了这么一段历史掌故，后人们为纪念子贡，便将其曾暂住的军营称"鲁营"，将其背依的小山称为"子贡山"。

（时学爱）

十三、垓下古战场遗址考

关于垓下古战场遗址，我认真查阅了有关历史资料并对资料进行了梳理。根据历史资料，我认为垓下古战场遗址主要在灵璧县韦集镇以老庄湖为中心的沱河北岸，而不是在固镇县的濠城。

关于"垓下"的位置，历史学家曾作过诸多考证，且一次比一次明确。最早出现的考证为《史记·集解》《史记·索隐》和《史记·正义》，均为《史记》注本。《集解》注："（垓下）洨县聚邑名也。"《索引》注："（垓下）堤名，在沛郡。"《汉书》和《后汉书》均有记载，《汉书·地理志》云："沛国洨有垓下聚。"《水经·淮水注》记载较为详细，注云："洨水又东南流经交县故城北，县有垓下聚，汉高祖破项羽所在也。"以上史籍只云"垓下"为"洨县聚邑名""洨有垓下聚""县有垓下聚"等等，均较简略。当代著名考古学家和历史学家郭沫若先生考证严谨，愈加明确，他在主编《中国史稿地图集》（上册）第27页"楚汉战争"（前205年—前202年）图中就具体标出"垓下"在灵璧东南，北纬33°21′、东经117°38′的位置。当代著名历史学家翦伯赞先生编著的《中国史纲》"秦汉史"部分（1983年5月版）所载与郭沫若先生考证相一致。《辞海》（1980年版）534页"垓下"辞目云："垓下，古地名，在今安徽省灵璧南，沱河北岸，公云前202年，楚汉军在此作战，项羽被击溃于此。""垓下遣址"2000多年的历史悬案得到定论，这是中国考古史上的重大成果。

关于"垓下遣址"，历代史家曾有二说。一说是在"河南省鹿邑"，一说是在"安徽省灵璧"。"河南省鹿邑"说是范文澜先生在《中国通史简编》中的倾向，此说在郭沫若先生等人考证否定以后，已为史学界共识。《汉书·地理志》记载："沛国洨有垓下聚。"郦道元在《水经·淮水注》里祥细地记述了洨水与洨县故城的位置："洨水首受于蕲县，东南流经谷阳——又东向流经洨县故城北，县有垓下聚，汉高祖破项羽所在也。"《水经·淮水注》只说洨水"流经洨县故城北"，并说"县有垓下聚"，并没有把"洨县故城"与"垓下聚"混同一地。郦道元生于公元466年，卒于527年，北朝人，他为《水经》作注，实地考查了北朝的大小河流。淮河是中国的主要水系之一，当时又在北朝境内，更应该是他考查的重点，其记载应该是可信的。因为无论是"洨侯国"还是后来的"洨县"，其辖区决不会只限于今日濠城集这个小小的地域，必然还包括其周围数十里范围。而垓下就在濠城北部不远的沱河北岸，直线距离不过二三里，因此说，"洨有垓下聚"也完全说得通。就是说"垓下"属"古洨县"辖区，并非说“垓下”就是“濠城”。《中国历史地名辞典》（673页）载：“洨水自今安徽宿县北分蕲水东南流，循今沱河至五河县西北与涣水（今浍水）合流入淮河。”《辞海》亦云：“洨水，古水名，据《水经注》，首受蕲水于安徽宿县北，东南流，与涣水（今浍河）合流入淮，大致相当于当今沱河。”根据资料现在可以明确：古洨水即今之沱河，并非浍河。

根据《中国历史地名辞典》和《辞海》关于洨水的解释，可知古洨水即今之沱河。根据《水经注》“洨水东向流经洨县城北，县有垓下聚，汉高祖破项羽所在也”的记载可知，洨县故城在沱河南，与垓下不是一个地方。根据《中国历史地名辞典》（第673页）记载，“洨县，东汉改洨侯国为县，治所即今安徽固镇县东濠城。”可知，洨县故城则是现在的固镇县的濠城。综上所论，可知濠城与垓下是两个不同的地点。

垓下的确切位置，早在中国历史地图集编辑组编辑、中华地图学社出版的《中国历史地图集》（谭其骧主编）（1975年版）第二册第9—10页秦汉时期“山东南部诸郡图”中准确标出“垓下在沱河北岸”，北纬33°21″、东经117°38″的位置，与郭沫若先生标注的图集一致；第36—37页西汉时期“豫州、亳州、徐州、青州刺史部图”也标出“‘垓下聚’在沱河北岸”的上述所指位置，其所不同的，只是将“垓下”标为“垓下聚”，实为一地。复旦大学历史地理研究所、中国历史地名辞典编委会在1985年10月编纂出版的《中国历史地名辞典》578页：“垓下在今安徽省灵璧县东南，沱河北岸，前202年楚汉两军作战，项羽被击败于此。”根据上述文献的记载，尤其是历史地图的具体标注，已确切地证实“垓下遗址”的地理位置是在今安徽省灵璧县南韦集镇以老庄胡村为中心的沱河北岸之范围。该处为北纬33°21″，东经117°38″。此“垓下遗址”立有灵璧县人民政府文物保护碑。这里的地形特异，北部高阜突兀，标高18.77米，南部濒临沱河，陡峭绝岸，最低处标高15.22米，高程差3.52米（见安徽省淮委测绘的《灵璧县南部高程图》），呈半岛状，是自然形态的高岗绝岸地形。沱河（古洨水）从南端700米处绕个大弯流向东南，与《水经·淮水注》所述一致。其地形恰如《辞海》所注“垓”字作“阶次”解的字义相符合，并与《史记·索隐》“张辑《三苍注》云‘垓’，堤名，在沛郡。聚邑在堤侧，故名垓下聚”所注一致。遗址正北与虞姬墓南北相直，其北并有“吹箫台”“霸离铺”和“虞姬乡”等与“垓下之战”有关的山名、地名。地表文物层丰富，古墓群密布，东从双龙沟，西至刘沟沿，形成一个连续13.5公里的古墓群落带。秦砖、汉瓦、古兵器、战马铜饰等出土频频，可以想象当时战场之辽阔、战争之激烈。历代诗人也留下很多凭吊感怀的诗篇，如唐高适诗：“次灵璧之逆旅，面垓下之遗墟，嗟鲁公之慷慨，闻楚声而抑郁”等等。

对于“垓下遗址”的位置，历代史学家、古地理学家曾作过诸多考证，史料翔实，位置明确，已无可质疑。至于说垓下即濠城则证据不足，也难以站得住脚。“垓下之战”是“楚汉战争”长达4年之久的最后一次殊死决战，双方投入总兵力达七八十万人，范围一定很广。濠城距垓下很近，可能也在垓下之战的范围之内，但濠城绝不是垓下。

（赵承金）

十四、宋代宿州虹桥考

关于宋代宿州汴河“飞桥”，究为何等样式，因史料匮乏，无明确记载。有说是石拱桥，有说是有柱墩石板桥，也有说是用巨木排成筏的浮桥的。众说纷纭，莫衷一是。很有必要进行一番认真的考证扒梳，以求正解。今据宋代杰出画家张择端《清明上河图》及相关史料考证研究，认为是一座木拱桥。

（一）历史背景与环境

隋唐以前，埇桥只是徐州符离县属古蕲水边一个名不见经传的乡村小集镇。大业元年（605年）隋炀帝开凿“通济渠”，即后人所说的“唐宋汴河”。这条运河自河南永城至江苏泗洪一段就是利用古蕲水水道裁弯取直拓宽疏浚而成的，使埇桥这一乡村集镇发生了巨大变化。此地北与睢水，南和浍河相通，距淮河已不远。实际上是往来船只入淮、出淮的水运要冲，史称“埇口”或埇桥，为隋、唐、宋运河的重要港口之一，江淮漕运咽喉，战略地位极为重要。唐代宗大历十四年（779年）在埇桥设盐铁巡院，凸显其战略重要性。唐德宗贞元四年（788年）纳李泌言：以张建封为徐、泗、濠节度使，并派兵驻屯保护运道咽喉埇桥，史称“埇桥部署”。唐宪宗元和四年（809年）析徐州符离县、蕲县，又析泗州虹县置宿州治埇桥。

宿州（埇桥）自古以来就是水陆交通的重要枢纽。秦“治驰道，东穷燕齐，南极吴楚。”据有关史料记载：“有史可考的驰道段：自彭城（徐州）南下经宿州（埇桥）、蕲县入怀远境渡淮至寿县，再南下经六安至湖北黄冈、江陵一带。”隋开通济渠（汴河），堤上修御道，并在宿州（埇桥）建有桥，为舟车会要之地，形成了一个人流、物流集散地，成为一个专为军事漕运和集市贸易服务的水陆码头大型城镇，继而筑城置宿州，至北宋年间，宿州更为繁荣兴盛，乃至成为黄淮中原地区及江淮、江南一带少有的大城邑，被苏轼称誉为“此去淮南第一州”。

（二）陈希亮与宿州飞桥（虹桥）

河与桥总是相关共存的，有河多会有桥，古汴河亦然。宿州南北陆路商旅车马，行军辎重在跨汴河的桥上通行。隋、唐、宋初宿州埇桥之桥当是有柱或有墩的桥。元·脱脱《宋史》卷二九八陈希亮传：“宿州跨汴为桥，水与桥争，常坏舟。”直至宋仁宗庆历年间（1041—1048年）“陈希亮知宿州，始作‘飞桥’，无柱，以便往来，诏缣以褒之，仍下其法，自畿邑至于泗州皆作‘飞桥’”。

茅以升《中国古桥技术史》记载：自陈希亮学习效法青州牢城狱卒的建桥方式，叠巨石固其岸，取大木数十相贯，皆以巨木虚架。北宋年间，在宿州汴水上建造一座木拱桥，由于结构简单，制作方便，架设时间短，又称“飞”桥，因外形似虹，故又名虹桥。《清明上河图》所展示的虹桥，净跨20米左右，高5米，宽8米，桥下净空5.5—6米，基本满足通航要求。在当时汴水上，普遍推广这一桥型，其桥无柱，皆以巨木虚架，饰以丹雘，宛如长虹，使用寿命可达五、六十年。北宋末年，金兵南进，毁于战火。《土木工程概论》述其结构：“用木梁像斗拱那样多层外挑，或加上斜撑以增加悬挑能力直至在跨中合拢成跨度可达30余米的拱形桥梁，这种工艺是中国古代工匠独创”。

宋·王辟之《渑水燕谈录》卷八·事志：庆历中（1048年），陈希亮守宿，以汴桥坏，率尝损官舟，害人，乃命法青州所作飞桥。至今沿汾、汴皆飞桥，为往来之利，俗曰“虹桥”。日本僧人成寻（俗姓藤原氏）著《参天台山五台山记》，宋神宗熙宁五年（1072年）来宋参拜佛教圣迹，从泗州溯汴西上，沿途经泗州、虹县，宿州、柳子镇、永城、宋州（今商丘），至汴京所见“大桥”皆大木相贯而无柱，其势如飞虹。日本学者青山定雄在《唐宋汴河考》中亦记载证实成寻所述各城镇大桥（飞桥）多处。

宋徽宗崇宁二年（1103年），孟元老撰《东京梦华录》卷一·河道：“从东门外七里，曰“虹桥”，其桥无柱，皆以巨木虚架，饰以丹雘，宛如飞虹，其上下二桥亦如之”。这就是说同一形制的虹桥在汴京就有三座。史称：“自畿至于泗州皆飞桥”，沿1300里汴河上就有13座同一形制的飞桥。而且山西汾河上亦有此型飞桥。这种贯插众木成拱而无柱飞桥，为世界桥梁史上独有。而且这种桥型，在元朝时曾被蒙古军队带至欧洲，架设了一座跨越多瑙河的桥梁。

（三）桥形制结构拱骨系统和制作工艺

主要由二组拱骨系统。一组是3根长拱骨，称系统Ⅰ；另一组为2根长拱骨和2根短拱骨，称系统Ⅱ。每2根拱骨端，搁于另一系统拱骨中部横木之上，错开排比搭架，用索捆绑起来，一横木作联系，并起横向分配力的作用，这样就把单片不稳定的拱架，组合成为稳定、高次超静定的结构。学术上冠名“贯木拱”或“编梁木拱”。

桥的制作工艺简便，拱骨与横木间的连接，既可以捆绑，也可以用特制的箍行铁件（如扒钉）。每根横端钉有长方形木板一块，上画兽头；拱骨上横铺板面板，顺拱势到接岸处成反弯曲线。与道路平顺衔接。并增加桥的美观。其Ⅰ、Ⅱ拱骨系统主要内力是纵向受压，重要的关键是Ⅰ、Ⅱ拱骨系统之间必须紧靠横木捆紧挤压形成整体。用方正的石条砌筑成桥台，承受拱推力，台前留有纤道，以供纤夫将逆水而上的舟船拉过桥下，还为纤夫的安全设置了纤道栏枋，计四柱12间隔。

北宋庆历8年（1048）陈希亮知宿州首创跨汴河飞桥（虹桥）营造图

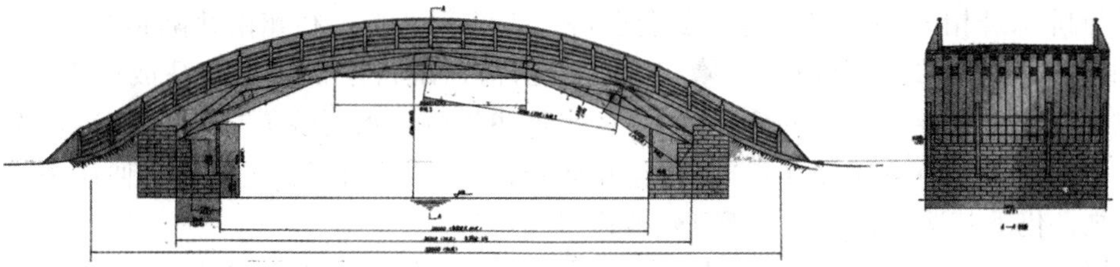

（赵承金）

十五、《圆明园全景图》画案始末

中国著名园林绘画家王劲枝，原名王竞之，1974年退休后，原打算回家乡——萧县安度晚年。但出于对祖国的热爱和对园林绘画艺术的追求，他偕同老伴曾秀自费去北京绘制《香山》《北海》《颐和园》全景图。1975年他开始作绘制世界第一园林——

圆明园全景图的准备工作，当时国内外仅发现该园一部分残缺不全的分景图。他四处奔波，搜集整理素材，向历史学家、建筑专家请教，现场勘测、写生，摸索绘画技法。历经八个春秋，到1984年绘画出精确的总体设计图、平面计算图、立体透视图和7个草图。放大的定位透视图上数百万个坐标点，几十万个透视格，是作者八年如一日的心血结晶。此时，只待上绢勾勒、敷彩，即可成为轰动国内外的全景图，引起了社会的关注，也引起了心怀叵测的人的觊觎。

1984年9月，他在北京租用的住房主人的女儿，一要拜他为师，二要王老和一姓周的合作，绘成后便可得两三万元，并给一套住房。遭到王老拒绝后，他们便于10月6日清晨，由房东女儿的一个女友用谎言把王老骗出家门很远，由房东的女儿潜入王老住室，将画稿偷走。出门碰见王夫人，谎称是王爷爷让她拿去复印的。

案发后，王劲枝当即报告圆明园学会，学会责成一工作人员立即索回画稿。这位工作人员别有用心，却示意房东的女儿再去偷平面图。此后，王老被房东撵了出来，寄居在朋友家里，整天打“劫画案”官司，先后反映到北京市委、中央组织部、中纪委、公安部、最高人民法院。最后杨永青等三十二位全国人大代表连续两年向全国人大提出提案，要求坚决查处，严明法纪，《光明日报》等4家报纸曾为此发表文章。北京西城区人民法院，终于在1986年作出判决，追回画稿。

画稿失而复得，王老约青年画家张得翔为助手，经过三年努力，最后完成了圆明园全景图。这幅巨型画卷长8米，高2米，由2000多座亭台楼阁、40多个建筑群体组成，规模宏大，绘制精细，景物繁而不乱，色彩绚丽清秀，是科学与艺术紧密结合罕见的珍品，对修复圆明园具有重要的参考价值，是对中华民族的一大贡献。此画采用广阔视野的透视画法，在中国也属创举。国家已决定作为国宝收藏。并公开出版向国内外发行。有诗赞曰：“一生作画多磨难，血泪终成传世卷”。

（摘自《萧县志》）

十六、割股奉母

宿州西南半铺店后张庄，有一位割股奉母的人，他的名字叫张彦顺。

民国十七年（1928年）夏季，瘟疫流行，张彦顺连天加夜救治病人。其母不幸染病，久病不愈。听说用亲人的肉做药引子能治病，决定割自己的肉来为母亲治病。为了减轻割肉时的疼痛，他从傍晚跪到半夜，腿跪麻了，咬紧牙关从腿肚子割下一块肉，给其母包饺子吃下。母亲病愈。

民国宿县政府颁“萓寿萱龄”匾额以褒奖。

（董金贵）

附 录

一、宿州旧志综录与旧志序选

（一）旧志综录

宿州历史上自元代起，至清代光绪止，先后纂修州志13次。凡山川形势、疆域景物、节序风俗、物产民情、建置沿革、仕宦人物、教育艺文、兵事武备、忠节孝行等各方面，记载较详，实属极有价值的地方文献。因屡遭战乱，或毁或佚，现仅存6部。

据《大明一统志·卷七》，元代已修《宿州志》，已佚。

明永乐年间，由宿州知州张敬山主修，原志已散失无存。

明景泰年间，由宿州知州黎用显主修，原志已散失无存。

明弘治十三年（1499年），宿州知州曾显主修，分上、下两卷。原刊本存安徽省图书馆。

明嘉靖十六年（1537年），由宿州添注判官余鍧主修的《宿州志》，两册共八卷。体例比较合理，内容依次分地理图、地理志（沿革、郡名、疆域、风俗、形胜、山川、土田、坊乡）、食货志（户口、物产、贡赋、征役、课程、孳牧）、职官志（历任、名宦）、兵志（卫兵、屯田、民兵）、人物志（名贤、勋旧、选举、贞节）、建设志（城池、公署、学校、仓储、铺舍、桥梁、恤典、祀典、坊）、古迹志（故城、宫室、丘墓）、杂志（寺观、灾祥）。记载了大量的历史资料，特别是山川形势、疆域景物、建制沿革、仕宦人物、兵事武备、忠节孝行等方面的内容尤为丰富，实属极有价值的地方文献。现存宁波天一阁，宿州市埇桥区档案馆存有其影印本。已点校出版。

明万历二十四年（1596年），由宿州知州崔维嶽主修，汪文奎等编纂的《宿州志》。该志凡14纲69目。现国家图书馆存有自日本影印胶卷一部。

明崇祯年间，据清光绪《宿州志》记载：明崇祯年间，任柔节著有《宿州志》，稿成未付印，现稿已佚。

清康熙五十七年（1718年），由宿州知州董鸿图主修，潘仁樾编纂的《宿州志》。原刊本北京故宫博物院有存。

清乾隆十五年（1750年），由宿州知州王锡蕃主修，已散失无存。

清道光五年（1825年），由宿州知州苏元璐主修，徐用熙编纂的《宿州志》42卷，另有卷首1本，共9纲52目。今安徽省博物馆有据道光五年刻本传抄本。

清光绪十五年（1889年），由宿州知州何庆钊主修，丁逊之、吴振生编纂的《宿州志》36卷，共12纲83目。稿成，在宿州刻板刊印。现安徽省博物棺、扬州古籍书店等据此复印。已点校出版。

（二）宿州旧志序选

明·万历《宿州志》序一

宿州，禹贡徐州之域也。今属中都凤阳府，为高皇帝龙飞之地，与周酆镐并称焉。厘而为州者，二百余年①矣。士大夫过其地者，仰帝都之重，思帝乡之亲，欲考其疆域、稽其建置、察其风俗、辨其名物者，必于志焉是稽。乃岁历事繁，政有因革，刺是州者往往困于薄书稽会之间，因循故辙，善政罕闻。乃大夫崔公，毅然以纂修为已任，学博诸君为之搜辑，诹询咨度，殚精竭思，援古证今。上自春秋战国，旁考百家纪事之言，有关于民风土俗者，汇而成书。缺者补之，重者删之，芜者去之，讹者正之，疑者缺之，阅九月而书成。乃不远千里走使属书，欲余序其首。且余季子日兴，以左迁判斯州，于大夫有同寅之义，余焉得而无言？

今观其目录，曰郡纪、曰舆地、曰建置、曰食货、曰礼制、曰兵防、曰古迹、曰职官、曰选举、曰武选、曰人物、曰杂书、曰著作，甬卷二十有一，井井然有条不紊，灿然若日星为昭焉。观者不下堂墄②而山川之险易、风土之美恶、徭赋之轻重如在目中矣。然则大人之功也，不既多乎？且大夫之为政也，本忠恕诚一之心，无雕琢修饰之行。今观其听讼三异，发奸擿伏，殆若神明。其治民也，严焉而不急，宽焉而不弛，惠溥而化。行人徒知大夫之贤，而不知所得是书之益为多也。

余老矣，无能文矣，不能殚述以彰厥美，今姑序其大略，如此云。

万历二十四年秋七月吉日

光禄大夫、柱国少保兼太子太保、兵部尚书　嘉鱼樗野　方逢时　撰

注：①宿州置州为809年，到作者为万历《宿州志》作序，已700多年。如从明朝开国计起，则为200多年。

②墄：音ce，台阶。

（据清光绪《宿州志》点注）

明·万历《宿州志》序二

宿之有志，繇来旧已。始自永乐初年，再修于景泰，再修于嘉靖间，盖凡三举矣。万历甲午，余叨承乏，将考古问俗，采风观民，用俾政理。时取郡志阅之，则或舛而弗信，或靡而弗精，或俚而弗文，盖殊弗当余衷者。余时亟欲一删正而订葺之。顾莅土方始，诸凡倥偬，兼之地方久敝，即日图振刷而弗之逮。顷乃属之学博汪君四三辈及诸弟子员共图之。蒐古今、览史传、採故实、核舆论，如此而阅月者九，易稿者四，乃卒业。纲凡十四，目凡六十有九，编汇成帙，挈以示余。且曰：“志，郡邑史也。史可易言哉？斯役也，遵指画、据旧章、黜奢谀、崇质实，惟以正讹订误，用备

采览。至于斟酌损益，要诸至当，往之光前绪，后之垂来祀，则岂谫劣所及，願请载焉。”

余受而读之再过，乃跃然起曰：“嗟夫！志之作，类失则冗、则略、则舛、则诞，四者起而君子亡睹焉。兹志也，据事直书，无所回护，其事核，其体严，其义断。且也，合数人之精神而若出一人，经三季之笔削而若出一笔，靡所为冗、为略、为舛、为诞！即质之史氏，且无愧者，余焉用裁之？”学博褚君、诸弟子员復固请，余復受而读之，復再过乃又跃然起曰：“兹志也，岂徒然哉，披而阅之，可以对四境民风于一眉睫之间，可以览数百里延袤于不出户庭之内，可以上下千百载往哲先猷、元勋钜卿、英芳茂轨于一朝暮之际，余復焉用裁之，焉用裁之！”于是遂用锓梓①。

学博汪君文奎，休宁人；管君护，兰阳人；卢君邦俊，金溪人；王君应期，龙里人。弟子员则杨生效时、沈生一麟、瘳生世科、赵生大试也。

万历丙申夏五月

奉直大夫知宿州大名崔维岳书

注：①锓梓：刻书板。

（据光绪《宿州志》点注）

明·万历《宿州志》跋

国家设立郡邑，必有乘①以纪一郡之事，盖世道升降、风俗淳漓、政治得失、人才高下咸于此乎系之。

宿志由嘉靖丙申以来，又越六十有一祀矣。夫世历久则人事不无变通，更阅多则旧章不无残损。我郡牧崔公之来守兹土也，甫半期（jī）而百废犂然振举，尤以其有余精神加意于郡志一节，盖以宿为我圣祖龙兴畿郡，其典章遗物固不可使之一日而残且逸也。爰属诸博士汪君等诸弟子员合力而校雠之。事在丙申以前，则取其往者而删之订之，事在丙申以后则取其来者而条之附之，既六月业已成书矣。乃郡牧公犹未已也，以郡志即郡史也，古史类一家言，如鲁邱明、汉子长、晋董狐具然也。不以俊谫鲜无，似独命俊从诸公后而览成焉。俊辞之凡再四，弗克，乃亦不敢低昂已意。而幸诸公绪之可寻也。于是凡所收载，一禀诸郡牧公之所指画，汪大博诸君子之所雠校，否则勿宁阙焉。其间或有所当厘正，则亦不得已求为忠臣，于以拾遗补缺焉耳。从诸君子后又阅三月而书成。

嗟夫！昔朱考亭守南康，下车问志，君子谓其政知所先，郡牧公固考亭意也。如俊不材，执笔于诸君子之后，将不蹈崔鸿之著作、伯饶之笔削乎？奈何逭其愆与辜也②！是用战慄题于末简。

万历丙申夏六月上浣③之吉

金溪　卢邦俊孟吁　甫识

注：①乘：此处音shèng（剩），春秋时晋国史书叫“乘”，后用此称一般史书为“史乘”。

②句中所说崔鸿为北魏史学家。伯饶即张霸，字伯饶，博览五经，曾将严氏公羊春秋删减为二十万言。

③上浣：上旬。唐代规定官吏每十天休息洗浴一次叫浣，后引伸为每月上旬、中旬、下旬

为上浣、中浣、下浣。

（据清光绪《宿州志》点注）

清·康熙《宿州志》序一

古人有仕宦登朝而恨未获亲民者，诚以宣上德、达下情，惟司牧者为甚近且甚捷也。顾膺斯职也，有牧民之任，亦有守土之任，有抚字之任，亦有催科之任，必熟悉其山川之险易，疆域之广狭，土田原隰之饶脊，习俗之刚柔美恶，赋役之轻重烦简，而后因而整齐之，利导之，不致有胶柱鼓瑟之患。未来之得失，必取鉴于已往之利弊，此郡之有志所以不容略也。

余莅任伊始，即访求宿志阅之，得有明万历中旧本三册，乃州守大名崔公维岳手订也。若舆地、若形胜、若赋役、若礼制、学校、兵防以及古迹、职官、孝行、文章、人物、节烈，上自春秋，下迄元明，凡有裨治理、有关风化者，靡不考核精严，条分缕析，备载无遗。展卷之间，而一州之古今、风景四境之高卑，瞭然在目。可不谓一代良史乎？但胜国之遗文率皆往迹。

而本朝之因革厘定，与人物、节孝、文章、著作之应期而出者，概乎未有闻也。则纂辑之役非余之责而谁责欤？用是访之父老，询之名宿，得乡先正任君柔节家藏志稿一卷，其纪载近事甚悉，新编与旧志后先辉映，岂不快哉？然非史学素裕、才识兼优者未易胜任。久知廪贡周生开官，甬上名儒，理学渊源，博闻强识，延以操觚，用光简册〈同策，编制成册的竹简〉。发凡起例、列目提纲，一切由旧而增新，订舛益加精严，合前志以成书，亦窃比获麟笔绝①，而紫阳②之纲目继之，纲目局终，而文庄之续编继之之意云尔。庶几乎俾宣上德、达下情者有所考稽焉，而整齐之、利导之，以便于神明变化其间矣！因赘其略于篇端云。

康熙五十七年岁次戊戌孟夏谷旦

宿州知州、会稽董鸿图撰

注：①获麟笔绝：典出《春秋·哀公十四年》，“春，西狩获麟。”麟者仁兽，时无明主出，获麟乃王之嘉瑞。仲尼因伤周道之不兴，感嘉瑞而无应，故因鲁春秋而修中兴之教，笔绝于获麟。典用于此，即对志稿的充分肯定。

②紫阳：此指对前志之纲目不忘之意。宋大儒朱熹父松就读于安徽歙县城南紫阳<山名>，朱熹居福建崇安，仍将其所居听事堂名为“紫阳书屋”，以示不忘。

（据清光绪《宿州志》点注）

清·康熙《宿州志》序二

康熙五十三年，会稽董公来守兹邦。莅任之初，阅城池、理赋役，旧所贮典章靡不次第省览。于郡志一编，尤虑其世远文佚，无以鉴往跡而昭来训。然岁已云暮矣。明年正月，宣讲上谕于圣果寺，顧谓余曰：“郡之志国之史也，史无一代不修，而志顧听其世隔两朝、时经百载而漫不为之裒（póu，聚集）辑网罗，是将使前人之良法美意、因革损益之制度无所征述，吾之惧焉，子其念之。”

是年，公捐葺文庙，余鸠工是任，晨夕与匠作伍，终岁而始讫工，未遑也。明年春，余率诸弟子应试中都，往还者三。及秋，公适缮城垣，又未遑也。至丁酉，公历政三年矣，利无不兴，弊无不除，其于人庶亦既苗薅而栉理之。乃于退食余闲，思偿夙願，而又时抱一文献无征之惧也。既得周、任两先正续志一帙，喜畀余曰："是不可以备稽核而广见闻乎？"余受而考之。上自明季，下迄本朝，分门别类，历历可观，然由壬子至今近五十年则阙如矣。窃念此五十年中，风俗之移易几何？职官之迁除几何？以至选举之乘运而兴、节孝之逐时而见者，又不知几何。自非生长是邦、博闻强识者其孰能知之？因逡巡不能决。已而，廉得<访查到>周君建六，甬上耆儒，成均①宿学，遂言之于公，同事兹局，相与参考、阙疑、征信。或悉仍其旧，或递增其新，或旁稽之人，或内断之。己酉秋受事，越戊戌春而告成。

嗟呼！今之为吏者，钱谷、狱讼、盗贼、逋逃、送迎供张之繁。一人之身，而考成②之目以数十计。疲精耗神，思虑扰其中，耳目乱其外，庶几奉职救过。至于史乘文墨之林，非惟不能作也，寓目<过目>而浏览者，亦十不得一焉。公之为宿州也，政简刑清，不动声色而百务具举，又能博极群书，通知今古，尝自舁十三经、廿一史等书至署中，暇则披览，虽夜分弗少休。以故凡所著作，无不根底深厚，吐属典雅而迥绝时蹊。余非阿私所好也，即其序文暨咏闵祠、骞山诸诗读之，可以窥见一斑矣。兹役也，亦第就公平日所口授及手録者，补缀成编。籍手復命于公，究未能诩诩焉自抒一见，以驾乎其上而轶乎其外也。夫鑑水知貌，鑑古知政，后之莅此土者综核之下，必曰某事便民，某事厉民，其尚知公所从事为不朽也。谨序。

康熙戊戌孟夏月，宿州儒学学正桐城潘仁樾顿首拜撰。

注：①成均：西周的大学。唐高宗时改国子监为成均监。

②考成：考核州、县以上官员的政绩。

（据清光绪《宿州志》点注）

清·康熙《宿州志》序三

各国之疆域不同，其间之山川、城郭、土壤、田赋与夫人品之贤愚、物材之美恶以及政治之因革损益、习尚之华浮醇朴，亦皆各异。故国必有史所以纪事垂远，昭信足征佐休明之治，而备輶轩①之采者也。然非有良司牧博通淹雅倡化于上，经明行修之儒从而草创、讨论、修饰、润色之，亦乌能广採汇集，考核精详，焕然一代之巨观哉。

江南凤阳府属郡之宿州，粤稽职方②即古宿国，汉为铚县，宋为符离，负稽山，临濉水，踞梁、宋、吴、楚之冲，固淮北一大都会也。旧有志，惜其残废阙略已百二十余年矣。其山川虽旧，而人物、风土、天时、人事今昔改观，且百余年来，忠臣孝子、理学名宿、烈女节妇潜德幽光诸轶事，不知经历几何。有全无记忆者，亦有得之父老传闻者，更有前辈笔诸书册可取而证验者，若不急为修明，将年岁愈远，其淹没于荒烟蔓草中者，不知几何矣。

幸逢会稽董先生以名儒来刺是邦，清风夹毂，听讼严明，无枉无纵，惟恕惟公。下车以来励精图治，百废俱兴。首捐资修文庙，位置魁楼，以励多士。更念州治不修，何以纪事考绩，稽古衡今，以上佐天子文明之治，下开数百年维新之化乎？因索览旧志，见前之郡侯授事于周君廷栋、任君柔节者，皆未告竣，慨然以为己任。设局馆、聘高士、广谘诹、博见闻。而周君廷栋之季子开官与襄厥事，学博潘、胡两君校正、参考。公退食稍暇，即搦管辩论，绝请讬去疑议，务期详切有据，典雅得体，未数月而志成。按集披览，凡郡之山川城郭、土埌田赋与夫人品之贤愚，物材之美恶，以及政治之因革损益、习尚之华浮醇朴，无不瞭若指掌。即百余年之忠臣孝子、理学名宿、列女节妇潜德幽光亦不致淹没于荒烟蔓草中矣。此良司牧之博通淹雅，董率倡化，不遗余力，故得此书之聿观厥成，昭前徽而光后祀也。是为序。

康熙五十七年戊戌初夏

赐进士出身、分守广东肇高兼罗兵备按察司副使宿州人丁易　撰

注：①輶轩：轻车。古代帝王的使臣多乘輶车，称为“輶轩使”。

②职方：唐至清在兵部设职方司，主要掌管疆域图籍。

（据清光绪《宿州志》点注）

清·康熙《宿州志》跋

志也者，编年纪事之书也，必随时记载，以纪事实。而秉笔者采而辑之，以信今而垂后，久则无征，君子有遗憾焉。

宿志自万历丙申，州守崔公重修后，迄今百二十年无起而续之者，惟先君子豫章公，当国朝初，避喧山居，阅历时事，于政教风化、国计民生所攸关者，一一笔之于册，尝于过廷[①]之暇，窃谓余曰：假我数年，毕兹采辑，倘得一贤郡守有志修明，或可效一得之助耳。卒未酬所願。后耄年艰于载笔，因以副本属之定子任先生[②]，而先生亦颇多润色增补之功。迨先生既没，遂杳无其人。壬子至今近五十年，时事蔑如矣。

夫稽往诏来，士君子之责也。维风励俗，良有司之任也，孰忍听其废坠至斯耶。适会稽董父母来守是邦，才长政举，百废俱兴，復于莅治余暇，慨然以增修郡志为任，洵盛典也。而委其事于开官，义弗获辞。因同外翰潘君搜罗旧典，察验舆情，凡关于政教风化、国计民生者，为之条分缕析，互考参稽，讹者正之、芜者删之、疑者阙之、缺者补之，阅六月而书成。不揣固陋，勉事编摩，不知于百二十年来之事跡有所表彰否？于先君子暨任先生前后之采辑有所发明否？且于董父母增修之意、委任之专无所谬戾否？是在继起君子踵事增华、有以修饰而润色之，余不能无厚望焉。谨书之于后。

康熙戊戌夏四月，周开官

注：①过庭：受教于父亲。

②定子任先生：任柔节，字定子，明末清初宿州人，贡生，曾为濉溪酒题联：“隔壁千家醉、开坛十里香”。

清·乾隆《宿州志》序

志也者，昭往古，示来兹，纲举目张，一郡之山川疆域、土田习俗，与夫赋役、礼制、学校、兵防以及古跡、职官、文章、节义瞭若指掌，俾谘询得实，稽考有征，维世道而振人心，所系顾不重哉！

宿地幅员辽阔，当四方往来要道。考旧志辖临涣、蕲、灵璧、符离四县。元至元二年，并临、蕲、符三县入州，历前明至国朝相沿如故。古志云：“丰山障其后，浍河绕其前，右接徐豫，左揽江淮，郊原衍旷，陆路平夷”，信不诬也。

余于乾隆壬戌由铜陵擢宿，下车后检阅旧志，自康熙五十七年，前牧董公鸿图修辑后，阙有间者　阅三十余年。余不敏，以山川疆土虽旧，而其中政治之沿革，建置之废兴，与夫公卿士庶懿文淑行遗而未録、隐而弗彰者，又不知其凡几也。踵而增之，乌能已乎？祇以频年地方水旱，鞅掌[①]未遑。而余亦再觐天颜，往来仆仆，顧此心实未尝一日忘也。

岁在戊辰，金君鼎，以晋陵名宿秉铎[②]兹土。语及郡志一事，与余有同志焉。金君博雅淹贯[③]，素裕史学，又遴郡明经王生岩，国学周生国鼎，潜修士也，留心轶事，勤于记载，方拟捐俸设局，以偿夙願。己巳秋，适制府督修檄下，因会郡之人士，公延金君秉笔订修，王周二生与襄厥事。计两阅月而全帙告成。所载纲目，一遵旧志，间以己意增附数则。其三十年来政治之沿革，建置之废兴，公聊士庶懿文淑行，综核阐扬，崇实黜浮，宁缺毋滥。虽不敢比美前志，但过是都者，采风问俗，资稽考而备谘访，其有关世道人心，固后先一辙也。

溯余承乏[④]以来，于今八载矣！早作夜思，曷尝不欲竭其不敏之材力，以求无愧于圣天子责成守令之意？芸芸者，仰赖父母之心。而制锦无成，烹鲜寡效，循躬省咎尚復何言？然此不敢自暇自逸之一念，则宿之人士所共闻知矣。倘嗣是以往，污莱稍辟，户口粗安，而一二缙绅先生復能敦率乡间，酿成礼俗，庶几既富而教，蔚为乐邦。异时者，太史陈风，增光册府[⑤]，是虽兹郡之幸，而亦豈非余之所藉手焉，以共沐荣施者与？今续志既成，略叙梗概，用以明夙願之克酬，并以券〈凭证〉将来之后效云尔。

乾隆十五年岁次庚午孟春，知宿州事海城王锡蕃撰

注：①鞅掌：事务烦杂的样子。

②秉铎：古指掌文教的官。

③淹贯：淹博，贯通，指知识深广。

④承乏：旧时官员常用的谦词。指所任职务一时无适当人选，暂由自己来充数。

⑤册府：亦作策府，古时帝王藏书之所。

（据清光绪《宿州志》点注）

清·道光《宿州志》序一

我国家文物昌明，典章灿备，伏读《大清一统志》，义例精严，各省通志咸禀成式。唯安徽自分省以来，六十馀年，未有全书。余创意纂修，先檄所属各州县，凡岁久无志者，亟为增辑。并手定体例，以归画一。

乙酉孟春，展觐回皖，道经宿州，州牧苏君出所辑志稿谂余。余惟宿州为古符离，北枕徐郡，南控江淮，适当黄河下游，决渠浚川，岁有其役。又其地四达辽阔，民气劲悍，绥辑化导，较他处为尤难。苏牧履任后，凡筑堤挑河、团集保甲、兴立义

学诸大政，次第举行，具有成效。余甚嘉之，称此而为书，以其治宿者志宿，其于地方之利弊，民情之险易，风俗之贞淫厚薄，烛照计数，口陈指画，知必有异于俗吏为者。今进其书而览之，若舆地、水利、山川、风土、人物、食货、学校、武备诸门，综核条贯，稽考得实。因叹苏牧之能不愧是官，又以知是书之必能信今传后。而余昨过宿州诗有“因知政教能移俗，且喜田功已命信”之句，益堪共证也。苏君勉之，由此更讲求古贤化民成俗之方，孜孜不倦。行见易瘠土为沃壤，敦健俗为仁风，于此上副圣天子轸念黎元、厚生正德之至意。则斯志也，非徒为后来劝惩之所取资，抑亦贤牧令朝夕自儆之箴铭矣。爰书以弁之。

道光五年岁次乙酉仲夏月中浣，赐进士出身诰授资政大夫兵部侍郎巡抚安徽等处地方兼都察院右副都御史兼理军务兼提督衔前翰林院编修加三级楚南陶澍撰。

清·道光《宿州志》序二

志宿州难，治宿州尤难。非治之得其要，则志之不能尽其详，势相因也。宿州兼蕲县、临涣、符离四邑之地，幅员甚广，与铜山、萧县、永城、亳州、蒙城、怀远、灵璧七州县接壤。民风强劲，盗劫时有，而又为九省通衢，使车络绎。加以频年黄水下注，民生凋敝，灾荒屡告，此治之难也。幅员既广，沿革无常，南北纷争之时，乖离更甚。川渎为黄水淤填皆失其故道，闸坝堤防今昔屡改，此志之难也。

夫以繁治繁，则繁者愈棼；以简治繁，则繁者亦易。一州之事，非一人所能理也。《周礼·地官》，州长以下有党正、族师、闾胥、比长，县正以下有鄙师、酂长、里宰、邻长[1]，自上而下所治不过五人。于详密之中得易简之意，此周家一代之良法美意也。汉世三老、啬夫[2]皆命之以秩，颁之以禄，而文帝之诏，俾各率其意以道民，所以任之者甚重。明《洪武实录》所载，民间事不由里老处分径诉县官者，治以越诉之罪，犹得周家遗意。后世人才不古，若仍欲以县令一人之身坐理数万户口、赋税，而文网繁密又倍于昔时，繁剧之邑，上下督责救过不遑，问民间风俗不知，问山川脉络不知，其何以治其何以志？今碧山苏刺史之治宿州也，每集立约长、约正，优以礼貌，束以规条，一切催科、捕盗、读邦法、立乡学、治桥梁道路，皆取办于约长。吏不扰，民不烦，如身使臂，若网在纲，二年以来，宿州大治。其志宿州也，一以陶大中丞[3]所颁格式为准，为纲十，为目五十四。患疆域之难辨也，先为古地考，以溯其源；又以沿革表，以归于一。以地受减黄之害，则备载堤防，以资考镜；以地当南北之冲，则详稽形势，以资守御。其他食货、学校、武备、选举无不详简得宜，去取悉当。观其所以志宿州者，即可以知其治宿州矣。

中丞以皖省未有专志，令各州县先采辑成书，汇送志局。又患体例纷歧，为之提纲挈领，摘要举凡，酌定规条，颁为程式，亦既简而尽矣。二年以来，各州县之以成书告者无几，非以处冲要之地，驭强悍之俗，锄强诘奸，日不暇给乎？夫冲要强悍，宜莫如宿州矣！而刺史以简驭繁，政成而志亦成，非治得其要能如是乎？余莅庐凤道任四年矣，见前此治宿州者，非无武健明决，胜任愉快之员，而求其易俗移风，堪与古循良[④]媲美，则未有如刺史者也。故于其志之成，为推其所以治宿州者，以为之序。

道光五年，巡庐凤颍六泗滁和兵备道督理凤阳关税务加五级纪録十次浦阳戴聪撰

注：①周代地方组织单位：五家为邻，五邻为里，四里为酂（zàn）五酂为鄙（500户）。

②三老、啬夫：三老为古时掌教化的乡官，秦以后又增设县、郡三老。啬夫，秦汉时掌管诉讼和赋税的乡官，

③中丞：清时对巡抚的称呼。

④循良：旧称官吏守法而有治绩者。

（据清光绪《宿州志》点注）

清·道光《宿州志》序三

今夫邑乘者，其为治之圭臬乎？考民情，察风土，量时运，而后修教不易俗，齐政不易宜，地邑民居，必参相得也。兹书非其要欤？顧往往多历年所，滋深缺漶，奈何！则以为其事者之实难为之，延时日而又中止者之夥也。况经兵燹之煨烬，抚坠绪而搜求，其难，有倍出寻常万万者哉。宿州一志，自有明崔君维岳纂辑成书，规模略备，后之人权舆祖之。逮我国朝，一修于康熙戊戌，再修于乾隆庚午，值嘉庆壬戌之冬，小丑不靖，志板被灾，即欲访册卷，考旧章，靡有孑遗矣。守土者亦稍略焉。

尝考宿为古宿国，分野介房心之间[①]，秦汉以来，沿革不一。迄乎五代，兵戈纷扰，戎马倥偬，裂土分疆，朝置夕改，荐绅[②]先生难言之，故旧志多紊闇焉。其尤重者，地滨黄河汴堤联贯，所在滋水患，一沟一壑，民生攸关，又非人物里居，琐闻稗记[③]，仅供士君子网罗参订之资，已也。于此按形势以图要害，估工值以计岁脩[④]，国之利也，民生之福也，其裨益于治为何如耶？至其征求文献，分别规条，纲举以十，目次五十有四，阅是书者殆瞭如指掌，不待余之渎矣。

夫宿，俗近北方，民或尚气力，号称难治。守土者恒以簿书不报期会为虞。至于帖强起瘠[⑤]，使斯民知惩劝而向方，此则为治之操其圭臬者也。自我苏君碧山来刺是邦，劝农耕桑，兴士学校，期与民易俗而移风。余时因公戾止，其耆老子弟扶杖挟策欢然郊迊，盖齗齗然有古絃歌之意焉。其为治固可想矣。兹奉中丞方伯檄饬修州志，不惮烦难而辑成之，非为成之，且又速之。补偏救弊，征信阙疑，粲然超旧史而上焉，可为美善者已。余不徒美其博洽，而幸其勤于民生吏治，不敢畏难苟安，类如是也。故乐弁数言，以为守土者劝。

道光五年岁次乙酉秋八月，知安徽凤阳府事前刑部郎中总办秋审律例馆提调云梦程怀璟撰

注：①“分野”句：古代星占术概念，即地方各州、郡、邦国和天上一定的区域相对应。二十八宿之“房心”，对应地上的宋、豫州，古宿国属宋。

②荐绅，即缙绅。“荐绅先生难言之”语出《史记·五帝本纪赞》。

③琐闻稗记：指零碎的闾巷风俗、遗闻旧事的记录。

④脩（XIU）：干肉，此指酬金。

⑤帖强起瘠：指社会安定，民生改善。帖：安定，起：扶起。

（据清光绪《宿州志》点注）

清·道光《宿州志》序四

志者何？纪事也。纪事者何？纪一州之山川风土，人品文章，政治得失，因革祥异也。宿州春秋为宋地，汉属沛郡，至唐始建为州。枕徐豫而控江淮，洵南藩之要郡也。昔朱考亭守南康，下车问志，君子谓其知政之先务，诚以采风问俗、度地观民，必于志焉是稽。

余于癸未春始莅此土，检阅旧志，越岁已久，亟宜重纂。又虑非旬日匝月所能蒇事者，而政以教养为先，宿境水患频仍，田庐淹溺，匪徒出没，习俗嚣凌。于是劝民筑堤、修道、浚洫、挑沟，以奠安之；坊设总约之法，乡立便民之学，以化导之。修志事未遑，然刻系于怀而莫释。

甲申夏，适奉大宪[①]檄饬，汇修安省通志，遂与本州学师商确，设局而共图之。延得州中品端学优之士，如贡士宋生长鸾、沈生钦玙者次第编辑，属司训徐董其成而撰修焉。公余之暇，时与商订参校。顾山川、疆域、礼制、风俗、赋税、兵防、建置沿革犹有册籍可稽，惟人物一条，时隔七十余年之久，地周六百余里之遥，更须采访得人。脱令搜求弗广，不能补其阙遗，是谓渗漏；鉴别弗精，不能正其讹谬，是谓混淆；务为新奇粉饰之词，上无关于政治得失，下无系乎风俗淳漓，其失则浮；喜为索瘢摘瑕之论，或以一眚掩大德，或以末节概生平，其失则刻而且，阿好徇私，无美而谀之，轻贫薄富，有善而抑之，其失则偏而不公。诸弊勿绝，是传信而转以传疑，其何以动后人之观感，发潜德之幽光也哉？

闲尝望骞山而思孝，登嵇山而悯忠[②]，以及贤豪节义，文人逸士，代有其人。今之视昔，安见古今人不相及耶。余不敏，两易寒暑，稿成付梓，惴惴焉，诚恐征文考献之未极精详，贻讥大雅。其所堪自信者，遵宪程式，事记其实，三载以来，不敢自暇自逸，惟冀民之衣食足而礼仪兴，孝友成风，人文蔚起。阐已往而励将来，俾异时之续修是志者，后人视今更有胜于今之视昔，则幸甚矣。

道光五年岁次乙酉季夏之吉，钦加同知衔知宿州事上党苏元璐撰

注：①大宪：旧时朝廷委派驻各行省的高级官员。清代称抚、藩、臬三司为三大宪。

②“骞山”“嵇山”：指闵子骞和嵇绍<嵇康子>，皆为宿州人　。闵子为孔门弟子，以孝行著称，孔子曾称“孝哉闵子骞”。公元304年，嵇绍在战场上以身卫帝，血溅帝衣，被封建统治者推为忠君的典范。骞山在闵祠东北，嵇山在临涣。明嘉庆《宿州志》载：闵子骞“近墓又有所谓’骞山’者，皆因闵子而名”。又：嵇康“其先人本上虞，姓奚，以避怨徙家于铚之嵇山。”

（据清光绪《宿州志》点注）

清·道光《宿州志》跋

昔唐韩退之不作史官，其友柳子厚责以规避，各有独存之意，实见相知之深。邑志亦史也，小大虽殊，指视较切。故擅史家三长[①]者，恒绌于此。况乎宿州舆地纷而难纪，文献少而无征，欲修明之，尤非易易矣。旧志草创，不免阙略，史书歧误，既无人辨復于前，省志纂修，又无人赞襄。于后因之，名贤胜迹，久郁翰墨之光；田赋籍编，常为风雨所蚀。任其散佚，日渐消亡，则邦宪将何所考稽，士庶其何所观法耶？

“夫提其要以正其体者，端需良史之材，诚不可视为易也。而莅其境与生其地者，均有修明之责，又不可惮其难也。先府君焕章公隐居治东，阐明道法，庭训之余，亦尝及此，并为指示规模。乾隆丙午，中州赵名亭先生霖调任宿州，玙蒙特达之知，又以相属未敢遽承，而窃有志焉。窃惟志以传信，首戒附会，必本载籍，遂搜罗家藏及所游历诸郡秘阁书肆，古本新编，凡有关宿乘者咸为采择。又访于遗老，询于朋侪，四十年来集成志稿四十卷。嘉庆壬申、乙亥间，州尊熊公载升，刘公用锡与州人梅海等征取志稿，欲重修而未果。

道光癸未，山右苏公碧山来莅是邦，精勤任事，辑暴安良，经理逾年，百废俱兴。以志乘久阙，方图补辑。适抚宪饬修檄下，并颁有格式，遂延学師绅士设局纂修，玙与其列。窃幸素所见闻得以就正宗工质诸同人，相与参互考订，广思集益。公莅政之暇，常为董率，多所裁成，凡阅岁余而剞劂[②]工竣。第志乘之修纯备为难，马班范欧[③]尚有遗议，后之视今亦犹今之视昔。旧志所载，昔曾称其精祥，乃为今人所指斥。则今之所编，安能无所疏漏，不为后人所瑕訾乎？至于敦典庸礼，旌善惩恶，为政教之资，造桑梓之福，治愈求治，进而益上，乃玙所厚望于无极者。是以从诸君子竭其驽钝，不敢避绍述[④]之难，而终不敢以修明为易也。编中所采，因众见不同，增删更易，与原搞多不相符，琐屑仍之。其有关典要不可损益者，復订拾遗五卷附之于后，以自存其实云尔。

道光五年年冬，沈钦玙玉川氏谨述。

注：①史家三长：唐代刘知几提出的史学观点，包括史才、史学、史识。

②剞劂（jījué）：雕板。

③马班范欧：马指汉代司马迁，《史记》作者；班为班固，《汉书》作者；范为北宋范仲淹，政治家、文学家，从政有敢言之名，存有《范文正公文集》二十九卷；欧即欧阳修，与宋祁合修《新唐书》，独撰《新五代史》。

④绍述：继承。特指宋哲宗时继承宋神宗所实行的新法。泛指继承前人所为。

（据清光绪《宿州志》点注）

清·光绪《宿州志》序一

宿州，一强悍之区，比豫控徐，棼然难治。自遭兵燹，十室九空，绥辑尤关窾要，非学道而会其通，師古而酌其宜，未易胜任而愉快也。

敬甫何牧，固始人，与余同乡里。为诸生时，文名藉藉，久而未得一第，乃投笔从袁端敏公，治军转饷，多所赞襄，叙功留皖为司牧。余时在京師，闻其弃觚，惜之。会余仕滇，开藩江左，旋授安徽布政使，而何牧先任宿州矣。历年课殿最，求循良，无出其右者。两荐卓行，一报秩满当入都，而开府留之不令去。余先入觐，奉命视漕，仍共事一方。盖何牧学有根柢，以鼓歌絃诵之身，播涵育薰陶之化，不斤斤于俗吏之所为，用能易移民风，感召和气。十年抚字，物阜年丰，知非以无本之治治也。

岁丁亥，何牧具详修志，谓自道光五年，苏牧元璐纂叙，迄今又六十余年，中间发捻交讧，智名勇功之士振拔于风云，节烈忠孝之人昭垂于日月。不及时编葺，恐泯没于荒烟蔓草间，守土之咎也。余既重其吏才，弥钦其卓识。昔考亭下车问志，人以为知务。志者，史之权舆[①]也，睹山川之险易，可以设防；稽田赋之虚盈，可以制用；核户口之多寡，可以休息闾阎；辨风俗之贞淫，可以维持教化。以何牧治宿州，而今日之宿州治；以何牧志宿州，而异日之宿州亦治。

余心藏心写，不待其缮呈志稿，窃愿多得良吏如何牧其人者。谨撰言邮寄，聊弁简端，何牧其勉之矣！是为序。

光绪十三年岁在丁亥嘉平月赐进士出身、诰授光禄大夫、头品顶戴兵部都察院右副都御史总督漕运兼理河防军务光州卢士杰撰

注：①权舆：草木萌芽状态。引深为起始。

（据光绪《宿州志》点注）

清·光绪《宿州志》序二

余通籍官京华。从乡先达遊。乡先达相与语曰："吾豫何君庆钊，牧宿州，有吏治。"心窃向往之，不能忘。洎余奉命分巡凤颍，晤何牧，与之言，口陈指画，纚纚动人。其于地方之利弊、机务之重轻，山川事跡之变迁、土俗民风之险易，无不了然于心，了然于口，如肉贯串，如丝在杼。乃叹乡先达不余欺也。

岁己丑，以上考移广德，将行矣，出所续州志问序于余。夫宿，古符离，控带江淮，比连徐豫，民气劲悍，自古征战之区。咸同间，发捻交讧，川原凌猎，国殇遍野，刿目怵心。且龙山既划如分陕[①]，旧乘即若遗珠，非得贤有司起而表彰更订之，其何以视吏民而昭来兹乎？何牧牧斯土十余年，修文庙、备仓储、赈水灾、除蝗患，诸善政彰彰在人耳目。而又出其余力，征文考献，显微阐幽，当兵燹蹂躏之后，老成凋谢之秋，而为此一发千钧之举，何其难与！何其伟与！行矣勉乎哉！

皖南北地异而民不同，然官，父母也，民，子也。以父母斯民之怀，行父母斯民之事，不愧朝廷设官之意，不负吾儒自待之心，则胡越一家也。爰书数语，弁诸简端，以为临别之赠。

光绪十五年岁次己丑夏五月，赐进士出身翰林院编修安徽凤颍六泗兵备道大梁王廉谨序

注：①分陕：陕即今河南陕县。相传周初周公旦、召公奭分陕而治，周公治陕以东，召公治陕以西。后谓封建王朝官吏出任地方官为"分陕"。此处指龙山等十九堡由宿州划归涡阳，分而治之，尤如周初二公分陕而治。

（据清光绪《宿州志》点注）

清·光绪《宿州志》序三

天下郡邑志书，汗牛充栋，鲜称善本。旧闻皖省名志最夥，以和州、亳州、广德、泾县、凤台、怀远六处为著，而凤、怀俱隶凤郡。翘丙戌出守斯土，下车即访求属志，唯宿州及凤阳呈有旧本，余均以兵燹无存，盖地方之凋残久矣。晚近吏道多杂，速化为心，视官府如传舍，况值此疲难烦剧之地[①]，朝夕奔遑之不暇，又谁能与民休息、计其久远、出余力以考订志乘哉！

固始何君敬甫，牧宿十二载，政平讼理，官民洽孚。州系冲途，饷车络绎，敬甫

改民办为官捐，闾阎岁省钱万缗，尤为惠政。兹当受代将去，以旧志失修，力为经理而毕其事。是虽政事之润色，亦可见其优优异于俗吏矣。志内首重褒扬节烈，漭瀁劲区，树防名义，幽光既阐，可振颓风。若明疆界之拨分，清田赋之错杂，舆图版籍俱资以定，斯二者已得应修之大端。其余斟酌损益，已足备征文考献之用。非率尔操觚者可得而拟焉。翘嘉敬甫之为善，靡已而有成也。忘其谫陋，用勉为叙。

诰授朝议大夫、凤阳府知府、前刑部郎中、总办秋审处律例馆管理提调长安赵舒翘撰

注：①清雍正年间，分定全国州县为冲、繁、疲、难四类，以便选派官吏。州、县的等第高，字数就多，反之字数就少。按雍正的解释：交通频繁曰冲；行政业务多曰繁；税粮滞纳过多曰疲；风俗不纯、犯罪事件多曰难。

（据清光绪《宿州志》点注）

清·光绪《宿州志》序四

宿州为南北之冲，地处襟要，俗尚朴悫。官善治之，则四民率教，喁喁相安，吁可取也。庆钊光绪三年冬卸涡阳篆，来宰是邦。披览舆图，拨涡阳者十九集，山川疆域既与旧志不符，且烈妇贞媛，自乾隆以来注籍待旌者，裒然成帙，均未具详。咸、同间[①]，发捻交讧，捐躯蹈刃之人，戡乱定邦之士，相望于里。大节丰功，炳炳麟麟，尤未可听其湮没。盖修志之心，怦然动矣。

夫志者，史之权舆，所以信今而传后者也。庆钊以诸生忝膺民牧，下车后，修文庙，备仓储，振水灾，除蝗患。自惟谫劣，方昕夕补过之弗遑，尚何余力以征文考献？以故，逡巡者数年。岁丙戌，仪征陈六舟中丞来抚皖疆，下令劝办伐蛟[②]捕蝗、筹振当牛因利各事。宿州虽小，幸从诸君子后，次第毕举。而百余年来待旌节烈，亦上其事于大府，分起具题，得旨俞允。于是州之父老欢欣鼓舞，揖庆钊而言曰："自公之来，百废俱兴，唯志乘未备，良用阙然，敢以重修为请"。庆钊虽不文，重以大中丞之照临，都人士之敦迫，敢不黾勉从事哉！

爰访得州人邵耕山贰尹所辑志稿，纪兵乱始末以及荷戈敌忾、阖门殉义诸大事至祥至确，有所依据。遂延固始丁竹樵农部主纂修事，以洪蒙珊、吴景周两广文为之副，开纂于丁亥七月，锓版[③]于己丑四月。凡节孝贞烈详载于篇；其舆地、食货、学校拨隶涡阳者，为之条分缕析；官爵、选举、人物、艺文则踵旧志而增益之。大率仿《通志》体例，未敢以己意轩轾[④]其间。以庆钊之材之识，力本不足与闻斯役，顾今日者将移任广德以去，而在宿且十二年之久，上怀宪德，下徇舆情，不得不强作解人，以存十一于千百。将付剞劂[⑤]，犹掩卷徬徨而不能自信也。是为序。

光绪十五年己丑初夏，诰授朝议大夫盐运同衔准补广德直隶州宿州知州固始何庆钊谨撰。

注：①咸同间：清咸丰、同治年间。

②蛟：古代传说中的动物，能发洪水，或能害人的鱼属动物。

③锓版：刻书板，亦称锓梓、锓木。

④轩轾：车子前高后低叫轩，前低后高叫轾，喻抑扬轻重。

⑤剞劂：雕板。

（据清光绪《宿州志》点注）

清·光绪《宿州志》序五

皖境包络江淮布政使行省，实临大江。宿之为州，则逾淮而北，距行省八百馀里，山川修阻，风会或殊焉。论者谓皖北民情刚劲，官其地者，多威刑权略是尚，途辙相循，匪伊朝夕矣。顾尝考西汉循吏如文翁治蜀郡，龚遂治渤海，兴文学，重农桑，一时翕然称盛。夫以蜀郡俗近蛮夷，渤海盗贼数泽，得文翁、龚遂治之，而人心风俗蒸蒸上于变，岂非教化所转移者速耶？惜西汉贰千年来，鲜有嗣其遗徽者，徒令后世披览史册，为之慨慕无已也。

宿州当皖北冲要地，自昔兵戎战争，风气号为刚劲。显勋以非材承乏，光绪己丑，甫到官，州人以修志来乞序。盖前刺史固始何君敬甫，司牧有年，娴于此邦黎献[①]，集州人，考旧志，勤采访，斟酌要最，经始于丁亥，告成于己丑。书将成，而何君迁擢已去。显勋既自愧无状，不克颉颃[②]前规。复自维：生当晚季，无由得西汉循良奉为师表，今幸得志书读之，于以考历代名宦，观其设施，究其因革利弊，益以稽人文之兴替，辨习俗之庞淆，则是书裨益政令者甚大，岂曰备掌故[③]、续方闻已哉？

念洪、杨倡乱[④]以来，东南文献荡焉靡存。兹则干戈底定，数十年中，兵事，民事待纪简牍者，所在州邑，胥未可视为缓图。而唯宿志尤所亟亟者，则以同治二年改雉河集而设涡阳县，割宿境十九堡入涡。不唯经界画分，方隅瓯脱，为载籍所宜详，即田庐、户口、水利、贡赋，壹是规制，因之而量减而移易者，及时不加考证，经历久远，恐有莫可究诘者矣。又，捻匪兴于蒙、亳，而渠魁张乐行起自雉河集，宿州受害最酷。其间贼踪之起灭，大军之机宜，与夫成仁取义、死忠死节者，不胜缕述。及今资父老，询刍荛[⑤]，犹可令往事有征。正气昭诸不朽，是固有土者所当引为己任，亦重赖在事诸君子，搜讨集事，以期信今而传后。庶州之人有所观感而兴起也，则斯编固亦教化转移之所系也。

显勋不谋其始，而乐观厥成，姑抒鄙见以为之序。若夫脩辑体例与在当事者备述者，前刺史能详及之，无待赘言矣。

诰授朝议大夫赏戴花翎运同衔知凤阳府宿州事卓异加一级山阴陆显勋撰。

注：①黎献：古谓众贤人。

②颉颃（xié háng）：鸟飞上飞下，喻不相上下。

③掌故：旧制，旧例。

④洪杨倡乱：指洪秀全、杨秀清领导的太平天国起义。

⑤刍荛：打柴的人。

（据清光绪《宿州志》点注）

清·光绪《宿州志》序六

州之有志，犹国之有史也。山川之险易，疆域之广狭，风俗之美恶，赋役之轻重，以及节烈忠义，礼乐兵农，莫不备载。为政者披而览之，不下堂阶，而一州之风土人情，民生国计，洞悉于胸中。然则志书一役，其为政之权舆乎？昔朱考亭守南康，下车问志，君子谓其知所先务，胥是道也。

宿州当南北之冲，前临浍水，后绕丰山，左控江淮，右邻徐豫，周围七百里，固南疆一大都会也。安可以无志？道光五年，苏碧山先生来牧是邦，曾续修之，迄今六十余年矣。咸丰初元，金田起事，苗捻交讧，十数年间，天时人事，今昔改观。捐躯者不知几何人，赴义者不知几何人，投笔从戎、立功异域者，又不知几何人。倘不及时修辑，恐老成凋谢，记忆无人，忠臣孝子，烈妇贞媛，不将湮没于荒烟蔓草间哉？予用是忧之，屡以重修请，而当事者以为难。

丁亥春，復偕黄君建甫等请于敬甫何公祖，[1]乃慨然以为己任，设局筹款，锐意重修。而秉笔未得其人，即殚一己之精神，以广为搜罗，援古证今，表其微而阐其幽。芜者删之，缺者补之，讹者正之，疑者仍之。笔则笔，削则削，游、夏[2]不能赞[3]一辞。以良吏之才，参良史之政，其识精，其体严，其事确，其笔健，条分缕析，灿然成一代之书，不可与班、马、范、欧后先辉映欤？他日輶轩采风，用光简册，何莫非公祖之精神有以彪炳于无穷哉！然而，莫为之前，虽美弗彰；莫为之后，虽盛弗传。使继起君子，果能体公祖之苦心纂修勿替，则宿之忠臣孝子、烈妇贞媛，有裨于世道人心者非浅鲜也。

予谫陋无文，敢云作序？不过聊赘数语，弁诸简端，以期后日之重修是书者，与予有同志焉耳。

光绪十五年岁次己丑夏五，郡人李心锐谨撰

注：①公祖：明士绅称知府以上的地方官为“祖公”，清又称为“公祖”。

②游夏：孔子学生子游、子夏，二人均长于文学。

③赞：佐助。

（据清光绪《宿州志》点注）

清·嘉庆《萧县志》序

邑志者，志一邑之山川、风土、人民、政治，以见古今变迁得失之故也。萧县处万山之中，冈峦起伏，四围如环，探其幽峭，类多奥区名胜。故其士敦朴而淳茂，其民质直而好义，古所称地近邹鲁，习俗相同，诚非虚语。然而襟带砀、丰，错峙永、宿，道里辽阔，奸宄易生，岂风教之果异，抑良莠有不同也？且萧向称泽国，淇、汴二水为之经流，姬村、永固诸湖为之潴蓄，东南半境，都患沮洳。自黄流夺汴，水挟沙行，时有冲决。及水退归槽，而千顷渟渊，淤为平陆。近百余年间，黄河异涨，复益以洪闸，两河每一漫溢，或污莱之地变为上腴，或籽壅之区积为沙卤。按九等以定赋，而变易靡常，难拘成格。至于修堤堰，凿陂渠，应摊征于民者，自正赋以外，又不下数十余万。牧斯土者，抚字催科，颇难兼善。况水旱遍灾，岁恒迭告。倘砀汛漫工，萧当下游之冲，为害尤烈。时致上廑宸衷，仰邀惠典，蠲赈频施，是邑之民受患最深，亦受恩最渥。不为之编辑成书，则凡形势之阻，安戢之难，田赋之殊，饥馑之荐，膏泽之多，何以昭示后人，资镜来者，为是邦陈其利害哉？

然则邑志之修，当务为急。余于己巳春莅任兹邑，即索县志读之。其书已阅百二十余年之久，前后易辙，今乃异于古所云。然亟思重辑之，案牒旁午，亦未遑暇。迨癸酉冬，自江都奉调复来，始与邑士大夫共谋纂集，阅一岁而书成。夫志乘之大端，在乎纪纲时务，经纬人伦，必使一邑利弊如指掌之示，观火之洞，不徒粉饰藻绘，矜人文山水之灵已也。抑更有说者，志书之体，与史家义同而例异。史家褒贬予夺，严于一字，以上承笔削大权；志则于征文考献之中，仍寓隐恶扬善之意。今我皇上命在廷诸臣续修《一统志》，直省大吏亦有增修《通志》之举。用是下邑闻风，辑为是书，以成一方典要，其古今变迁得失之故，凿凿具在，而善善从长，其义亦当窃取焉。后之君子，或不以余言为河汉否？

嘉庆十九年，岁次甲戌，十一月既望，知萧县事吴兴潘镕序。

清·康熙《灵璧县志》序

岁壬子，廷臣上议，我国家统一四海，车书伦物，灿然大备，宜继图经一统志，以昭一代大典。先令郡县各修厥志，乃集词臣纂集成书。既得允，事下藩省及府、州、县，以部颁《河南通志》为式，令州县依式编辑上之府，府为一书上之藩省，省为一书上之春官。

时，灵璧前令为有事，除荒审丁不得间，属笔于客以报命。实则欲得徐以其手笔成邑乘也，不意其上记白玉楼矣。所遗残编朱墨，复不一手，邑士夫遂若嗛焉。

予不敏，承乏兹邑，首以为请。会有军兴，从事刍饷无暇，乃于前学博假馆中，资其翰墨，诸生讨论，而余润色之。秋深成书，为简三百六十余例，得序卷首。乃序之曰：志系于邑重哉！是官守之方策，贤士良日亡之指南，而铁船渡海之所不欲也。地无大小，有文有献；时无难易，有图有史。太古无文字，尚须结绳；《周官》《周礼》，战国皆去其籍。即如钱谷，有全书，又有由单，编给版氓。岂多文哉，为有稽也。推而准焉，事岂止此；推而准焉，时岂止此？故志之系于邑重也。

《灵志》，自庚申以来，近六十年中遭寇燹，事之不可公据者什之五，然且考之。而况，一经综核，再经厘定，全书所不载，碑记所不刊，功德事业不可泯，节义文章不可略乎。此志之修，所以不徒从文字起见也。

书成八卷，《外纪》附之。志舆地者，有社稷且职守也；志食货者，有民人且职贡也；志河防，邑之大事，为民虑也；志秩官，明官守，垂法定治也；志学校，起教化也；志选举，征贤才也；志人物，事久论定，可法传也；志艺文者，国华也，图书也。虽有不逮，唐魏之风诗也。志毕矣，然而未毕，如幽轶，如遗事，如丛言，可为鉴戒且助谈柄者，附为《外纪》，不言志；如《韩诗外传》，不得言疏。较之旧志，据史册实录改正如：城池、沿革；增补如：后妃、封建、河渠、人物，诸本俱无及者不一而足。原在中都等志，虽一姓字，概不敢芟。惟重出误笔者订之，昭谨严也。昔，康对山编《武功县志》，学者谓可直作一篇文字，余何敢望此。但踵杜、别二公后，未知得免扶植凌云之讥否？唯以一日尽心，作世纪之结绳，华衮之赤芾，庶乎近之。至于资考索，备遗忘，与鉴前知后，见微知著，铸鼎象物，先文后质之微义，错综其间，或且于为政颇有裨欤！谨序。

康熙十有三年，岁在甲寅九月上浣之吉，赐进士出身、文林郎、灵璧县知县内江吴嵩书于勤思阁。

清·乾隆《砀山县志》序

郡邑之有志，所以俟輶轩之采择，供史馆之取裁者也。故其名虽限于方域，而实则达于朝廷。苟或摭拾未当，源流未晰，其不贻讥于大雅者鲜矣。综直省而计，各有成书，以备掌故。而世之称许者，独以崔后渠之《彰德府志》，康对山之《武功县志》为尽善。则是草创于一邦，而传闻于四境。要当为有目者所共识也。砀为汉高发迹之地，界梁宋之间，经学实萃于此，宜乎记载之详。此中自有文献。而何以旧志三修犹令人人遗憾也耶？瑗不敏，承乏兹土，簿书之暇，偶一展卷，叹纰缪之实繁，恨阐扬之未尽。盱衡上下，每思厘定而损益之。盖志之分类虽多，而举其纲领以数大端为最要。姑以旧志论，如考沿革，则与正史相乘。明疆域则与舆图无准。星野未原乎？古祥异仅始于晋，户口忘登夫载籍，典礼不著于胶庠。选举滥及吏员，人物谬存。帝系书祠庙则岁月无稽。艺文则后先倒置。本汉人，而错列五代，非士著而竟纪功勋。挂漏支离，未易枚举。而鲁鱼亥豕犹其小焉者也。我国家幅员万里，统志之修编，行直省上之职方氏者屡矣。瑗恭逢圣世，分符古邑。虽才愧三长，而心期一得。乃与邑之绅士踵旧增亲，更为部署，字栉而句枇之。以为异日采取之选。虽不敢媲美崔康，而斟酌无遗，或亦可备一邑之藏弆也已。乾隆三十二年，岁次丁亥仲冬中浣谷旦，知砀山县事武缘刘王瑗谨序。

清·光绪《泗[①]虹[②]合志》序

郡邑皆有志，非独资考镜、识变迁，亦人心风化所系也。发逆之变，皖省各城沦陷殆尽，存者仅二三，泗州其一也。癸未冬，予捧檄守是郡。喜其地处完善，想民间之藏书、官署之案牍，靡不毕具。受篆数日，索州志，书吏佥曰无之，闻而愕然。嗣与士绅见，始知自泗城沉于水，旧志罕有，有亦残阙。迨移泗署于虹邑，有志重修者，惟前直牧叶公，又未竟其事而去。

噫！叶公去后，转瞬百余年矣。过此以往，重修未卜何日，时愈远则稽考愈难。慨然欲补叶公未了之愿，惟是民贫地瘠，岁屡俭，无款可筹，为耿耿者久之。丁亥春，薄有所措，集士绅筹议，就文昌宫设局，勉强举事。各士绅或司采访，或搜残志。而执笔者泗州岁贡生江殿飏，虹乡廪生许湘甲。自四月起，九月止。幸有叶公遗卷足供参校，越半载而告葳。非求速也，恐蹈叶公故辙耳。

书成，就政于予。屈计筮仕几三十年，笔墨久废，且此间著名繁剧，簿书鞅掌，无暇细阅。其中，体例或有未合，考核或有未精，去取或有未当。然予之初志，不过留此备将来采择，固远胜茫无依据也。若谓是书之成遂称美备，予固不敢自信，恐执笔者亦不敢自信。区区苦衷，惟后之君子惊之。

光绪十三年，岁丁亥，秋九月，候补知府知泗州直隶州事中州方瑞兰撰。

注：①泗：泗州，北周改安州置，时治所在宿豫（今江苏宿迁东南），辖境相当于今江苏泗洪、泗阳、宿迁、涟水、灌南、邳州、睢宁及安徽泗县一带。唐开元间移治临淮（今盱眙县境内）。清康熙十九年（1680年），州城陷入洪泽湖。乾隆四十二年（1777年），移治原虹县城。民国初（1912年），改泗州为泗县。

②虹：古县名，治所原在今固镇县境内。唐贞观十三年（639年），移治原夏邱县城（即今泗县城）。宋元祐七年（1092年）割虹县灵璧镇设灵璧县。清乾隆四十二年裁虹归泗，为泗州。民国初年改为泗县。中华人民共和国成立，以泗县东半部旧泗州辖域设泗洪县，1955年又将泗洪县从安徽划归江苏。今之泗县，大体为宋以后虹县地域。

二、宿州历史上的重大事件

（一）战国时期秦楚蕲南之战

公元前224年，一代名将王翦率领秦国六十万大军，遵照秦王嬴政灭亡楚国的军令，由秦都咸阳出发，一路浩浩荡荡，直扑楚国泗水郡的蕲县。秦统一全国进程中的关键性战役——蕲南之战，在宿州南部的蕲县展开了。

讲到蕲南之战，还得从秦国伐楚时临阵换将说起。秦王以老将王翦代替青年将领李信，才取得了这场决战的胜利。

公元前225年，秦国在攻灭了韩、赵、魏三国，又大败了燕国，迫使燕迁都辽东，黄河流域及以北五国，除偏居今山东东部一隅的齐国以外，大部已入秦国版图，北方大势已定。于是就积极谋划着灭掉南方楚国的重大战略，意欲将江淮流域及其以南的疆土纳入版图。

公元前225年，秦王在出师前夕召开军事会议，研究制定作战方案。秦王问青年将领李信："我想攻取楚国，将军考虑一下需要动用多少兵力？"李信随口答道"不过用二十万人"。秦王征求战功卓著的老将王翦的意见，王翦坚定地回答说："非六十万人不可！"要知道这是秦国的倾国兵力啊！秦王叹道："王将军老了，何等怯懦啊！李将军果然年轻有为，他说的正确啊！"于是命李信及蒙恬率领二十万军队南伐楚国。身经百战的王翦深知灭楚任务的艰巨性，二十万军队又怎能灭掉这个东方大国？既然君王不采纳自己的意见，那就称病告老，回到频阳（今陕西富平东北约20公里）故里以静静地等待战争的结局吧。

秦军一路东来，横扫中原，直抵今河南东部。李信攻占了平舆（今河南平舆），蒙恬攻克了寝（今安徽临泉），大败楚军，两支军队在城父（今安徽涡阳西北）会师。两位将军万万没有料到，楚军在大将军项燕率领下一路尾随而至，三天三夜穷追不舍，大破李信之军，杀了七名都尉。秦军不得不败走，灭楚战争遭遇到严重挫折。

前线失利的战报传到秦都咸阳，秦王闻讯勃然大怒，同时意识到自己用人和作战方案的失误。调整方案是当务之急，秦王也顾不得九五之尊的颜面了，亲自快速赶赴频阳请老将王翦出山。见到王翦后，秦王真诚地向他道歉："我没有采纳将军的建议，导致李信丧师辱国。现在楚兵一天天地向西进军，将军虽然生病，但不至于忍心舍弃寡人吧！"王翦推辞说："老臣重病缠身且精神错乱，请大王再选择优秀将领吧！"秦王再次致歉："算了吧，将军不要再说推辞话了！"王翦答道："大王果真是不得已而起用我，那非给我六十万人的军队不可。"秦王答应："一切都听从将军的安排。"

公元前224年，经过秣马厉兵，积极备战，缜密筹划之后，王翦率领六十万大军东征伐楚，秦王亲自送行到咸阳以东的灞上。楚国得知王翦代替李信为将，增兵而来，仍以项燕为帅，动用了全部兵力以抗拒秦军。王翦率军到达今河南淮阳、平舆一带安营扎寨。面对倾巢而出的楚军并不急于作战，而是指挥军队修筑工事坚守阵营数月不战。楚国军队多次挑战，秦军就是不出兵。王翦天天让士兵休息洗沐，提供最好的饮食以养壮士兵的体魄，并亲自与士兵同餐共饮，以此来增强人格感召力和军队凝聚力。时间长了，王翦使人问军中现在有什么游戏活动？调查者回答："正在进行投掷石块和跳跃突击活动。"王翦看到军队士气旺盛，于是说："士兵可以使用了。"

楚军多次挑战而秦军不出阵迎敌，和秦军对峙相持一年多，一是以为秦军怯懦吧，不敢战；二来，楚军因战未遂，军心懈怠，人困马乏，粮草接济也出现了困难。于是回师东撤。一生戎马倥偬的楚军统帅项燕做梦也没有想到王翦趁机发兵追击，不得不仓促应战。王翦命令敢死队在前面冲锋，直把楚军打得落花流水。双方在蕲县以南的大平原上展开了决战，要知道这是双方都以倾国兵力作赌注的决战啊，国家安危，社稷存亡就在此一举了！可以想象，当时的战场上旌旗蔽空、鼓角争鸣、刀闪枪舞、尘飞土扬，双方官兵血肉模糊，肝脑涂地，大地上叠压着一堆堆身首异处、四肢不全的尸骨，又是那样的一望无际。享有崇高威望而又身系国家安危的楚国将军项燕被秦军杀死了，残余的军队败走了。蕲南之战尘埃落定，楚国在中国历史大舞台上距离最后谢幕的时刻已是为期不远了！至于秦军乘胜攻克楚国各地城邑，一年后俘虏楚王负刍，如同探囊取物一般，那只是这部历史活剧的余响尾声了。

（二）秦末陈胜、吴广大泽首义

"天下苦秦久矣"！这是对秦朝暴政的强烈控诉；"伐无道，诛暴秦"！这是黎民黔首乃至六国遗族的共同要求；"楚虽三户，亡秦必楚"！这是楚人对秦朝的激愤诅咒！公元前209年，又一幕震撼天地的历史活剧，在今宿州市南部，当年秦楚蕲南决战邻近的大泽乡上演了。

公元前210年，秦始皇死于东巡途中，本来应由长子公子扶苏继位，但宦官赵高串通丞相李斯，发动沙丘政变，矫诏另立秦始皇少子胡亥，是为秦二世。这位青年皇帝不仅治国乏术，而且宠信奸佞，暴政较之乃父有过之而无不及，这时，秦朝已到了政治危机总爆发的边缘了。秦二世元年（公元前209年）七月，秦朝政府征发今天豫东皖北交界一带地方的贫苦农民以及在政治上受歧视者九百人戍守渔阳（郡治在今北京密云怀柔之间），先在蕲县大泽乡（宿州东南20公里左右）集中宿营。当时正值初秋时节，大雨滂沱。大泽乡一带的地势本来就很低洼，这时更是一片汪洋。道路被洪水冲坏，戍卒不能按期到达渔阳。按秦律规定，戍卒不能按时抵达指定地点者一律处斩。陷入绝境的九百戍卒如何能死里求生，这是摆在陈胜（字涉）、吴广两个屯长（小队长）面前的严峻问题，生死抉择的时刻到了！此时此刻，陈胜、吴广显示了出奇的冷静、高度的理智和非凡的见识。他们经过合谋认为，现在前往渔阳是死，逃亡也是死，做一番大事业也是死，同样是死，死于国事不是更好吗？陈胜在发出"天下苦秦久矣"的浩叹后，深感两名戍卒小头目在全国各类群体中是缺乏号召力的，只有借助名人声望，才能树立义旗。素有声望的公子扶苏和楚国名将项燕不正是可以利用的对象吗？秦二世作为秦始皇的少子，本不应继承皇位，有资格继位的是长子扶苏。扶苏是由于多次劝谏秦始皇缓解暴政，引起始皇的不满，才被派到边地去统兵的。现在听说，秦二世把扶苏杀了。百姓多数知道他很贤明，不知道他死了。项燕作为楚国名将，屡建战功，关怀士兵，深受楚人的崇敬和爱戴。有的人以为他死了，有的说他逃亡在外。当地原属楚、戍卒也是楚人、都痛恨秦，现在假如我们诈称是扶苏、项燕的军队，打出兴楚灭秦的旗号，为天下人做起义的带头者，肯定会有很多人响应。经过一番分析，两人决定立即采取各种方式，制造反秦舆论，准备发动起义。他们先去找人占卜起事的吉凶，占卜人深知其用意，便说，你们的大事本是可望成功的，不过最好还是求求鬼神相助吧。陈胜、吴广听了大喜过望，认为这不是教我们利用鬼神名义在戍卒当中树立威信吗？他们于是用丹砂写了“陈胜王”的帛书，悄悄塞进渔民准备出卖的鱼腹中。戍卒买鱼烹食时，发现了这种帛书，感到十分蹊跷。夜间，陈胜又密令吴广潜入戍卒驻处附近荒野丛林中的神祠里，燃起若明若暗的篝火，学着狐狸的嚎叫声，高呼“大楚兴，陈胜王”。戍卒们听到后更是惊恐不已。等到天刚亮，他们便以奇特的心情谈论着陈胜，纷纷传说着与他有关的“鱼腹丹书”“篝火狐鸣”的奇闻异事。这时，在戍卒心目中，陈胜显然已是一位具有神奇色彩的人物了。

陈胜、吴广经过一番舆论准备后，迅速采取果断措施。这时适逢押送戍卒的将尉喝醉了酒，吴广便故意再三扬言自己打算逃亡，竭力激怒将尉。果然，将尉一听吴广要逃亡，就当众辱打他，而且拔剑刺之。一时间，戍卒们群情激愤，怒不可遏。吴广乘势夺剑杀了一名将尉，陈胜协助他把另一名也杀死了。至此，陈胜、吴广实际上已是九百戍卒的首领。他们下令全体集合，陈胜作了起义的动员，郑重宣告：“公等遇雨，皆已失期，失期当斩。藉令毋斩，而戍死者固十六七。且壮士不死即已，死即举大名耳，王侯将相宁有种乎！”这是一篇农民起义的宣言书，阐明了人们当时面临的严峻处境及可供选择的最佳出路，表达了起义农民蔑视秦代等级秩序，敢于斗争，宁死不屈的精神，也是对传统的贵族血统论的有力抨击。陈胜、吴广的号召得到了全体戍卒的热烈响应。大家筑起祭坛，以将尉的首级为祭物，袒露右臂盟誓，诈称公子扶苏、项燕的军队，号称大楚。陈胜自立为将军，吴广为都尉，“斩木为兵，揭竿为旗”，迅速组织起一支农民起义军，中国历史上第一次大规模的农民革命战争爆发了。

起义军首先攻克蕲县。接着，陈胜命令符离人葛婴带兵向蕲县以东进军，自己率领主力向西北进击，连克铚（今安徽濉溪临涣）、酂（今河南永城西南）、苦（今河南鹿邑）、柘（今河南柘城）、谯（今安徽亳州）等地。大军所至，人们纷纷携带军粮参加。当起义军逼近陈（今河南淮阳）时，已是一支拥有战车六七百乘、骑兵千余、步卒数万人的队伍了。起义军集中兵力攻陈，陈的郡守、县令都不在，只有郡丞带领秦兵作了徒劳的抵抗，最后死于兵刃之下。陈胜乘势入据了这座古城。这里自西周以来先后是陈和楚的都城，秦灭六国后改设陈县，对于朝廷来说，是重要的统治据点，具有一定的战略意义。

起义军入陈后，为适应军事形势发展的需要，陈胜迅速召集当地三老、豪杰等讨论大事，决定正式建立农民革命政权。三老、豪杰都以为，“将军被坚执锐，伐无道，诛暴秦，复立楚国之社稷，功宜为王”。在大家拥戴下，陈胜自立为王，国号张楚，即张大楚国之意。陈胜这样做，并不是真正为了“复立楚国之社稷”，而是出于一种策略上的考虑。秦朝在故楚地区的残暴统治，激起当地人民眷念故国的心态，“从民欲”、“从民望”，能够顺利地扩大起义规模。

陈胜在大泽乡举起义旗后，各地民众纷纷响应，不到两个月，天下郡县皆反，“诸郡县苦秦吏者，杀之以应陈涉”，“当此时，楚兵数千人为计者，不可胜数”。吴广围攻荥阳，将军周文率军西进，行抵函谷关时，已经集结了战车千乘，士卒数十万。周文率部进军到戏（今陕西临潼东），直威胁到秦朝统治中心咸阳。

秦二世闻讯大为震惊，召集群臣商议对策，章邯建议赦免修筑骊山陵工程的刑徒和奴隶，授以兵器，以迎战起义大军。秦二世接受建议，宣布大赦天下，武装上述人员，命令章邯统领这支临时组成的军队，击破了孤军深入的周文所部。周文被迫向东退却，一直退到渑池（今河南渑池西），遭到章邯军主力的攻击。十一月，全军惨败，周文自杀。

章邯率军东进击破围攻荥阳的吴广所部，吴广在内部争斗中丧生。章邯的军队又相继击破多支陈胜属下起义军部队。十二月，陈胜转战到下城父（今安徽亳州附近），被他的车夫庄贾卑鄙地杀害了。

陈胜起义虽然从起事到失败只经历了六个月时间，但是他号召和鼓舞了各地各阶层民众的反秦斗争，从根本上动摇了秦朝的统治。正如司马迁所说：“陈胜虽已死，其所置遣侯王将相竞相亡秦，由涉首功也。”陈胜个人虽然陷于悲剧结局，但是他所分立派遣的其他军事政治集团首领终于灭亡了秦朝，完成了“伐无道，诛暴秦”的历史使命。大泽首义，天下轰动；陈涉称王，万民景从；群雄并起，卒灭暴秦。诛秦复楚，为后来汉朝的建立开辟道路，这一切又都是从宿州的大地上开始的。

（三）楚汉战争中的垓下之战

历史的残酷性时常以悲剧的形式表现出来。楚人的复国运动在宿州大地上首树义旗，又在宿州大地上黯然谢幕。公元前202年，刘邦与项羽的垓下之战，为复楚运动演唱了一曲悲凉的挽歌！

公元前206年，残暴的秦王朝在陈胜吴广点燃的起义的烽火中覆灭了，但各路诸候争夺皇冠霸权的争斗却并没有止息。其中最为强大的当数以刘邦为首的汉军和以项羽为首的楚军，他们逐鹿中原，都想问鼎皇位，于是惨烈的楚汉战争就开始了。楚汉战争历时五年后，胜利的天平开始向刘邦方面倾斜，项羽在军事上渐处劣势。双方在中原一带相峙三年，没有大后方根据地的项羽日渐陷入困境，刘邦派侯公游说项羽，双方约定以鸿沟为界，以东归楚，以西归汉。盟约达成，项羽于公元前202年秋九月引兵东归，表示他不再与刘邦争天下了。

然而，兵不厌诈。正当刘邦准备西归的时候，他的谋士张良、陈平却看到了非常有利于汉军的民情态势。于是，二人进谏道：“汉有天下大半，而诸侯皆附之。楚兵疲粮尽，此天亡楚之时也，不如因其机而遂取之。今释弗击，此所谓‘养虎自遗患’也。”汉王恍然大悟，背信弃义，撕毁盟约，反身杀来。这年十月，固陵（今河南太康南20公里）之战遭遇挫折后，刘邦再次采纳张良的建议，承诺向拥汉的韩信、彭越、英布裂土封王为条件，要求他们与汉军合击项羽。强大的反项军事联盟合围过来，把楚军锁定在垓下（今安徽灵璧东南25公里）。垓下地处坦荡开阔的大平原上，最适合铁骑突出，军卒肉搏，双方的兵力都可以得到极致的发挥。

公元前202年十二月，项羽的军队困守于军事壁垒中，尚有十万之多，但粮食已用尽了。决战前夕，刘邦作了重大军事部署，令带兵多多益善的韩信担任主攻，自己身居二线，准备接应。周勃等人在三线待命。战斗开始，统帅三十万大军的韩信佯败后退，楚军追击。韩信令埋伏军队从左右侧出击，楚军大败退回军垒。韩信在垓下设下天罗地网，楚军已是插翅难逃。寒冬腊月，朔风呼啸，午夜时分，围困楚营的汉军将士唱起了楚歌。项羽的旧部多是楚中子弟，听到这熟悉而哀怨的思乡之歌，军心大为动摇。项羽闻歌大惊，说："汉军全部得到了楚的地面了吗？为什么楚人这么多啊！"这样的夜晚是难以成寐的，项羽只能在军帐中置酒为自己的生命饯行了。身处绝境的英雄头脑依然十分清醒，败局已是无可挽回，但难以割舍的是长期宠幸的美人虞姬和乘坐五年的乌骓骏马。回首八年征战，项羽感慨万千，慷慨悲歌："力拔山兮气盖世，时不利兮骓不逝。骓不逝兮可奈何，虞兮虞兮奈若何！"反复歌咏数次，美人含泪相和，项羽泪流满面，左右皆泣不成声。美人只能自刎以谢君王，英雄只能再作最后的搏杀了！

项羽歌罢，翻身上马，连夜带领壮士八百余人骑马突围南下，汉军灌婴率5000骑，穷追不舍，天明后项羽领残军渡过淮河，从骑只剩百余人。项羽到达阴陵（今安徽凤阳南定远北部的丘陵地带）迷失了方向，向路旁一位老农问路。老农故意指给错误的方向，于是陷入大泽之中，被汉军快骑追上。

项羽引兵向东，跟随的将士只剩下二十八骑，追击他的汉军骑兵却有数千人。陷入重围的项羽，自知无法逃脱，对左右追随者说："吾起兵至今八岁矣，身经七十余战，未尝败北，遂霸有天下。然今卒困于此。此天之亡我，非战之罪也！"这时他还要显示他"溃围，斩将，刈旗"的勇气，大呼驰下，汉军披靡。三次溃围，斩杀汉将数人，直冲斗牛的勇气令左右慑服。

项羽一路冲杀到乌江（今安徽和县东北、长江北岸）边上，乌江亭长准备船只渡他过江，并希望他能在江东重建霸业。项羽笑道："天之亡我，我渡何为！且籍与江东子弟八千人渡江而西，今无一人还，纵江东父兄怜而王我，我何面目见之？纵彼不言，籍独不愧于心乎？"说罢把心爱的乌骓马赠予亭长，并令随从下马步行，与汉军短兵接战。在生命的最后关头，项羽斩杀汉军数百人，自身负伤十余处，最后自刎而死，时年32岁！

一代战争枭雄死去了，一场酷烈的战争结束了，汉朝大一统的时代已经来临。

（四）西汉初刘邦与英布的会甀之战

"大风起兮云飞扬，威加海内兮归故乡，安得猛士兮守四方！"是什么缘故让身为九五之尊而荣归故里的汉高祖刘邦发出这样悲凉的感叹？刚从蕲县会甀讨伐叛乱的淮南王英布回师，手抚尚未痊愈的战伤，汉高祖深感自己年事已高，汉家江山谁来守护？每念及此，不禁泣下数行！

刘邦能够在短期内彻底打败项羽，主要靠对诸侯裂土封王的承诺而建立起来的反项联军。汉朝开国之初，刘邦面对诸侯王均握有重兵的现实，不能不兑现当初的承诺，封异姓王八人，即齐王韩信（后徙为楚王）、梁王彭越，淮南王英布、韩王信、赵王张耳、燕王臧荼（后更立卢绾）、衡山王（后改为长沙王）吴芮、闽越王亡诸。这些异姓诸侯王国，封域大致相当于汉朝疆域的一半。朝廷直接管辖的地面，只有以长安为中心的24个郡。

一心想独霸天下的刘邦，对于诸侯分疆裂土的局面是心有不甘的，从当了皇帝的第二年（公元前201年）开始，他就着手逐一收拾这些异姓王了。韩王信投降匈奴后，赵王张敖（张耳之子）被废。公元前196年，汉高祖与皇后吕雉里应外合，捕杀了有谋反行为的韩信和彭越。除去这两个心腹之患后，铲除淮南王英布，已是势在必行了。

物伤其类，兔死狐悲。韩信、彭越的结局，自然令英布惴惴不安。当彭越被剁成肉酱并被朝廷送一份抵达淮南时，英布正在围猎。见到这份血腥的礼物后，英布惊恐不已，暗中令人聚集军队，观察等待军事时机，走上了谋反之路。

英布，六（今安徽六安）人。秦朝时，英布因犯法被处以黥刑，又称为黥布。在骊山陵作刑徒时，结交其中的豪杰，逃亡江湖为“群盗”。陈胜起义后，英布率数千人响应。投奔项氏集团后，曾立下不少战功。项羽坑杀秦朝降卒，追杀义帝，英布都是具体执行者。楚汉战争期间，权衡利弊得失，他又叛楚归汉。垓下之战后，受封淮南王，据有九江、庐江、衡山、豫章诸郡，成为汉朝中央政府在南方的一大威胁。

就在他举棋不定的时候，他所宠幸的爱姬又为他种下了祸根。爱姬因病外出就医，医家与中大夫贲赫对门。贲赫以为这是讨好英布的难得机会。爱姬数次去医家，贲赫赠送她很多贵重礼物，并在医家设宴招待她。爱姬果然对英布称赞贲赫是个忠厚长者。英布闻言大怒说：“你是从哪里知道的?”爱姬讲述了前后经过，英布不仅不相信，反而怀疑他们二人私通。英布召贲赫来见，贲赫恐惧，称病不敢前来。英布更加恼怒，想抓捕贲赫。贲赫慌忙向长安方向逃窜，英布派人追捕没有赶上他。他到长安后，立即上书朝廷举报说，英布有谋反的迹象，可以在他没起事前把他消灭掉。汉高祖读了举报书后，征求相国萧何的意见？萧何说：“布不宜有此，恐仇怨妄诬之。”并要求关押贲赫，派人前往观察淮南王的动静。英布见贲赫惧罪逃亡，本来就怀疑他将到长安上书告发淮南方面的不轨行动，现在朝廷的使者又到来了，恰好验证了自己的判断是正确的。他错误地认为，事已至此，没有回旋的余地了，紧接着杀了贲赫全家，发兵谋反。谋反的信息传到长安，反而证明了贲赫并非诬陷，汉高祖赦免了贲赫，还封他为将军。

汉高祖召集诸将询问对策，诸将群情亢奋，叫嚷着要求朝廷发兵征讨。汝阴侯滕公召见故楚令尹薛公，请教计策。薛公却说英布应当谋反，因为“往年杀彭越，前年杀韩信。此三人者，同功一体之人也。自疑祸及身，故反耳”。滕公向汉高祖推荐薛公有平叛之策，高祖召见了他。薛公陈述己见说，英布谋反不足怪，可供他选择的战略有上中下三计。东取吴，西取楚，并齐取鲁，传檄燕赵，固守淮南大本营。这样，山东地面就不属汉朝所有了。东取吴，西取楚，进入河南占有敖仓的粮食，堵死成皋的关口，这样前景胜败难卜。东取吴，西取下蔡，重兵驻防东南越地，自己投奔长沙，那么汉朝就可以安枕而卧，太平无事了。薛公断言，英布是骊山刑徒出身，最后成为雄踞一方的诸侯王，都是为了自身利益，从来就没有考虑过百姓的利益，是个极端自私的人，一定会使用下计。

果然不出薛公所料，英布选择了下计。他错误地估计形势，认为皇帝已年老，讨厌战争，必定不会亲征。他所惧怕的彭越、韩信都已死去，汉将无人可与他抗衡。他出兵击杀荆王刘贾后，尽得其兵，继而渡淮掉转兵向西，与亲征的汉高祖在蕲县西面的会甀（今埇桥区大营镇）相遇。此时正值公元前195年十月。

英布的军队十分精锐。汉高祖在会甀北面的庸城（今埇桥区蕲县西部）设置壁垒。汉高祖看到英布象当年项羽那样布置军阵，马上就意识到这是与他争夺天下的大决战，从内心深处痛恨不已。两军交战，汉高祖在远处望见英布，气愤地指责英布“何苦而反”？对方不假思索地回答：“欲为帝耳！”汉高祖破口大骂英布忘恩负义，一场决定汉朝统治能否巩固的血战开始了！

汉军攻势锐不可挡，英布军队大败，渡淮向南撤退。数战再败后，英布与剩下百余人逃往江南。他打算投奔妻族长沙王（番君），没料到长沙王已打算把他出卖。长沙王使人前来欺骗他说，愿与他共同逃往越地。英布听信其言，南下逃到鄱阳，被当地民众杀死在田舍间。谋反的结果以全军覆没而告终。

会甀决战时，汉高祖被流矢射中，伤势不轻。他只好命令其他将领追击败逃的英布，自己回师长安。途经沛县故里，与家乡父老子弟相会。一番狂饮之后，汉高祖唱出了为长治久安而担心的《大风歌》，“安得猛士兮守四方”！那就封刘氏子弟为王以守四方吧。

汉高祖返回长安的途中，伤势恶化导致重病，回到长安后不久就撒手人寰了。

（五）唐末庞勋据宿

在唐代，汴河（即隋代开凿的通济渠）漕运乃是其社稷国脉之所系。公元8世纪中期安史之乱以后，唐朝中央政府与藩镇节度使以及各种政治军事力量在宿州地面的汴河展开了激烈的争夺。唐懿宗咸通九年（868年）爆发的庞勋起义，是宿州建置60年后遭遇的一场浩劫。

安史之乱后，大唐帝国的辉煌早已成为过去，边地各少数民族政权也不大驯服了，纷纷起兵反叛。唐朝后期，今天云南一带的南诏政权势力东扩，威胁到岭南各州县。唐朝在应对与南诏战争的同时，还要抽调一部分兵力去戍守岭南。徐州一带“风土雄劲，甲士精强”，成为朝廷征调兵员的主要地区。庞勋领导的兵变起义就是由戍守桂州（今广西桂林）的徐州一带戍卒为主要力量发动的。

咸通三年（862年），朝廷从徐州等地抽调兵力戍守岭南，庞勋等800人被派驻桂州戍边。这些戍卒们跋山涉水，备尝艰辛，到达岭南已经死去不少。更令他们揪心的是家中老小因缺乏劳动力，处在饥寒交迫的窘境中。按旧制，戍卒三年一更替，但庞勋他们戍守六年后，徐泗观察使崔彦曾以本州财政经费困难为由，拒绝派人前往调换。戍卒们思乡心切，在咸通九年（868年）七月发动兵变，杀死都将王仲甫，公推粮料判官庞勋为首，抗命北归。

朝廷闻讯后，表面发布赦免庞勋等人的诏书，实际上是在准备镇压。庞勋率戍卒约千人左右北归，时刻都面临沿途各地官军镇压的威胁。他们沿途扩军，几经辗转，在同年九月初就兵抵徐州城下。庞勋在城下向崔彦曾提出，整编归来的戍卒，请朝廷授予他节度使称号。事态的发展证明了那只是庞勋的一厢情愿。

崔彦曾趁戍卒一路远来疲惫不堪，决定先发制人，派元密等人带三千军卒出城镇压，同时又命宿州与泗州出兵向庞勋背后杀来。十月间，庞勋掉转兵锋南下，避开唐军主力，一举攻克宿州。克城之日，“悉聚城中货财，令百姓来取之，一日之中，四远云集，然后选募为兵”，“自旦至暮，得数千人”。元密尾追至宿州城下后，以为庞勋必将固守，因而做长期围攻的准备，不料庞勋又在城中取得大船三百艘，满载军需兵器，沿汴河顺流东下，“欲入江湖为盗”。元密发现庞勋转移后，又衔尾紧追，结果被对方打得一败涂地。元密等将领也战死了。庞勋从降卒口中得知徐州人心惶惶，守备空虚，决计乘胜北上夺取。

庞勋攻克徐州，崔彦曾成了阶下之囚。接下来他派梁丕驻屯宿州，这等于掐断了唐朝的漕运咽喉，朝廷上下惊恐不已。这时，黄淮一带各州县，农民起义如火如荼，群起响应庞勋。十一月间，朝廷以右金吾大将军康承训为义成节度使、徐州行营都招讨使率大军前来镇压。第二年正月，康承训率唐军七万余人驻屯柳子（今安徽濉溪境内、在宿州西约40公里）。经过数十次战斗，起义军损失惨重。庞勋此时对朝廷彻底绝望，杀了崔彦曾等一批被俘官僚，与唐军在徐州一带展开了殊死争夺。

十月底，宿州守将张玄稔的降唐是庞勋起义最后失败的关键性事件。庞勋曾派归降自己的徐州旧将张玄稔代替梁丕镇守宿州。当时起义军在宿州尚有数万之众，城外环水自固，列壁相望，唐军远非一朝一夕所能攻陷。康承训率大军围攻月余，死者数千人，宿州城依然固若金汤，屹立不动。康承训改变了战术，对起义军遣使招谕，进行分化和收买。张玄稔原来就是唐朝的将领，曾经戍边有功，被卷入起义的漩涡后，心里在朝廷与庞勋之间犹豫不决。在康承训的诱降下，张玄稔又投降了唐军。这个叛降无常之徒利用徐州等地不知道自己已经投降的消息，伪装成被击溃的农民军，混入古符离，杀死守将，卷走该地驻军上万人，北上徐州。事出仓促，徐州起义军不了解来者虚实，自然无力应变。守城的路审中是崔彦曾的故吏，开城迎降。守城的起义军将领在战斗中多数牺牲，很多将士投水而死，表现了英勇不屈的气概。

康承训围攻宿州的时候，庞勋自徐州引兵而西，直趋宋州（今河南商丘）、亳州（今安徽亳州），打算吸引康承训西进，以解宿州之围。唐军攻破徐州后，立即以八万大军西追庞勋。在康承训等人的追击下，庞勋由亳州东撤，回到宿州地面，在蕲县被唐军打败。庞勋在战斗中为反抗唐朝的暴政献出了生命。

庞勋起义反映了唐末的社会危机。唐朝虽然镇压了这次起义，但规模更大的农民起义风暴正在酝酿之中。史家所谓“南诏内侮，屯戍思乱，庞勋乘之，倡戈横行。虽凶渠歼夷，兵连不解，唐遂以亡。……唐亡于黄巢，而祸基于桂林”。

庞勋起义事虽不成，唐朝统治的根基却开始动摇了。

（六）宋金宿州（符离）之战

北宋末年，宋金中原逐鹿，最终以北宋败亡而结束。靖康元年（1126年）11月，金朝大军南下，攻陷宋都东京（今河南开封），靖康二年（1127年）3月，俘虏宋徽宗、宋钦宗父子北去，史称“靖康之乱”。在一批大臣和将领拥戴下，北宋宋徽宗第九子康王赵构在南京（今河南商丘）即皇帝位，是为宋高宗。宋都南迁临安（今杭州）是为“南宋”。自此江淮之间成为两国拉锯的主战场，宿州自然不能幸免于难。

江淮地区深受金军铁骑掳掠之害，以岳飞为代表的南宋军民进行了长期的抗金斗争。但是，宋高宗与秦桧等一伙当权者一直奉行求和政策，终于杀害岳飞，向金朝投降。绍兴十一年（1141年）十一月，南宋与金朝订立了屈辱的和议，即南宋向金称臣，并划东起淮水西到大散关为双方疆界，史称“绍兴和议。”

绍兴三十二年（1162年）六月，长期奉行投降政策的宋高宗黯然退位，主张抗金的皇太子赵昚继位，是为宋孝宗。孝宗任用抗金老将张浚为枢密使，开府江淮，督师北伐，一举收复扬、和、邓、蔡、汝、陈诸州。金世宗完颜雍顿时惊慌起来，责成左副元帅纥石烈志宁向张浚发来带有威胁口气的文书：“可还所侵本朝内地，各守自来划定疆界，凡事一依皇统以来旧约。如必欲抗衡，请兵相见”。张浚的回答更是义正词严：“疆场之一彼一此，兵家之或胜或负，何常之有？当置勿道。”一纸文书最终把宿州推向战争的前沿。

当时的灵璧和虹县，是金军囤积粮草的重地，因此成为南宋北伐的首攻目标。宋隆兴元年、金大定三年（1163年）四月，张浚以李显忠为淮东招抚使，出定远，攻灵璧；邵宏渊为副使出盱眙，围虹县。李显忠一举克复灵璧，初战告捷，邵宏渊围虹则久攻不下。李显忠遂派遣灵璧降卒入虹，向金军守将周仁、蒲察徒穆陈说利害，二人被迫出降。邵宏渊以为功不归己，嫉恨在心。

五月十一日，李显忠兵临宿州城下，约邵宏渊共同发动攻击，邵心怀怏怏不予配合。李显忠独自出击，杀死金军左翼都统，金军死伤数千。邵宏渊到达宿州后，不无讽刺地对李显忠说：“招抚真关西将军也！”李显忠让士卒闭营休整一天，做好攻城的准备，邵宏渊则再次表示不予合作。五月十三日，李显忠自引部下杨椿攻城，很快攻破北门。双方战斗十分激烈，金军顽强抵抗，南宋将领王琪战死。李显忠攻下城池后，邵宏渊这才着了忙，率所部渡过城濠，登上城墙配合作战。宋军与金军的巷战中，斩杀金军官兵数千人，生俘八十余人。从李显忠率军北伐到宿州光复，前后仅用了十八天时间。这一胜利，震动了中原各地，很多州县表示归顺宋朝。朝廷在加封官职的同时，又升任李显忠为淮南、京东、河北招讨使，邵宏渊为副。宋孝宗阅览捷报，兴奋不已，亲笔致函张浚：“近日边报，中外鼓舞，十年来无此克捷。”按照宋孝宗的意图，攻克宿州后，下一个战略目标就是收复故都东京了！

在没见到最后的胜负之前，战争是充满变数的。金国已经察觉到宋方的战略意图，急令纥石烈志宁率骑兵万余自睢阳（今河南商丘）、孛撒率步骑十万自汴梁（今河南开封）会攻宿州。与此同时张浚以“盛夏人疲”为由急召李显忠还师。文书未达宿州，金军已于五月二十日兵临城下，双方的生死决战是不可回避的了！

李显忠以较小的代价收复宿州，以为金军战斗力不过尔尔。大敌当前，李与降将括里等人置酒高会。听说纥石烈志宁仅率万余军队而来，李显忠轻蔑地说："我军十万，可十打一，何惧哉？"孛撒兵抵城下，李显忠率军在城南御敌，双方大战数十回合，金军大败而退。第二天，金军增加攻城兵力。李显忠请邵宏渊合力夹击，邵按兵不动。李显忠独率所部出城力战，与金军大战百余回合，杀死金军都统、千户、万户，斩杀五千余人。不久金军再次增兵攻城，李显忠用克敌弓奋力射杀金军，邵宏渊却在宋军士兵中煽动说："当此盛夏，摇扇于清凉犹不堪，况烈日中披甲苦战乎！"于是军心浮动，斗志丧失。当天夜里，宋军统制周宏鸣鼓大噪，"金兵来了！"遂与刘先、邵世雍等将领各自带领所部逃跑。

这时，纥石烈志宁的援军赶到。这位久经沙场的骁将感到，照孛撒的硬攻方式不仅损失太大，还会久攻不下。他下令部卒尽执旗帜驻城西作为疑兵，分三个偏师驻扎城南，自率主力驻屯城东南，截断宋军的退路。

五月二十二日，双方决战的时刻到了。李显忠见城西旌旗蔽野，认为敌军重兵在西，城东南兵少，不足为虑，下令数万步兵手执盾牌，背城为阵，前设行马阻挡金军骑兵冲击，另外派三千将士出城东门，想从背后攻击纥石烈志宁的军队。城东堙废的汴水两岸，成了宋金鏖兵的战场。短兵相接，金军大起。宋军抵挡不住对方的攻势，纷纷败退。金将夹谷清臣追杀至城下，宋将多数逃走。李显忠入城，准备将败将问罪处斩。统制常吉惊惧而投奔金营，将城中虚实全部告诉金军。第二天，纥石烈志宁指挥各路金兵攻城，杀死宋军骑兵一万五千余人，步卒三万余人。宋军自相践踏，僵尸枕藉，城门被堵死，无法入城。无奈之下，宋军攀援城墙而上，金兵在城濠外以乱箭射杀，宋兵坠城而死者不可胜数。金军趁势攻城，李显忠竭力抵御，歼敌二千余人，城下积尸堆垒到城墙垛口。这时金兵二十余人已自城东北角爬上城墙，李显忠取过士兵的战斧，一阵砍杀后，金兵暂时后退。李显忠感慨地对诸将说："若使诸军相与犄角，自城外掩击，则敌兵可尽、金帅可擒、河南之地指日可复矣。"邵宏渊以为不然，"金添生兵二十万来，倘我军不返，恐不测，生变"。李显忠知道邵宏渊没有固守之意，自己如果坚持下去肯定势单力孤，仰天长叹曰："天未欲平中原耶？何沮挠若此！"只得收拾残军突围，军资器械几乎全部丧失。

由于南撤路线已被金军堵死，宋军只剩下北去一条生路。五月二十三日，宋军退至古符离。金军尾随杀来，宋军被四面合围。失去城池为依托的宋军虽然拼死抵抗，但已不是金军骑兵的对手。一番厮杀之后，宋军战死四千余人，跌落濉水而死者不计其数。李显忠侥幸杀出重围，大军丧失殆尽。回到淮南后，李显忠哭拜在统帅张浚帐下，纳印待罪。

金军大军压境，宋朝被迫与之议和。隆兴二年（1164年）十二月，双方达成妥协，金宋为叔侄之国，恢复"绍兴和议"时的旧疆界。宋金时代，符离县与宿州同城，因此史家把这场血战称为"符离之战"。这场血战，对于南宋来说，永远失去了淮北重镇宿州，在以后的宋金、宋元战争中已经没有任何战略优势可言了。当然，五六百年来肩负着国家漕运重任的汴水，也随着这场战争的结束而彻底堙废了。

（七）明“靖难之役”中的灵璧之战

洪武三十二年（1398年），年逾七旬的明太祖驾崩了！他把如何处置这一群骠悍难御且其中不乏觊觎皇位的亲王们的政治难题留给了皇太孙朱允炆。这位皇太孙似乎有点生不逢时，本来应该由他父亲皇太子朱标解决的政治难题，但朱标在六年前就过早地离开人世。年仅二十一岁的朱允炆隔代继承了祖父的皇位，改明年为建文元年，史家称其为建文帝。建文帝自幼生长深宫之中，接受传统的儒学教育，秉性仁柔，谈不上有什么政治才干。面对这一群虎视鹰瞵的叔王们，建文帝如锋芒在背，不寒而栗。他决定先发制人，与政治才干同样有限的亲信文臣齐泰、黄子澄、方孝孺等人策划削藩。当时太祖诸子中，次子秦王、三子晋王均已去世，就数封藩北平（今北京市）的四子燕王朱棣年龄最长，且长期统兵作战，尤为建文君臣所惧。明太祖晚年曾以燕王雄才大略十分类似自己为理由，一度打算改立燕王为皇太子。由于受宗法制度的制约，加上一些大臣的谏阻，明太祖最终没能改立储君。然而燕王对父皇身后的皇位早已是志在必得，与建文君臣一决胜负不过是迟早而已。建文帝采用黄子澄“剪燕手足”之策，先废除燕王同母弟周王等五位藩王，同时在北平周围部署兵力监视燕王。这种带有试探性的举措，反映了建文君臣政治心理的虚弱，不敢作“擒贼先擒王”的政治和军事冒险。物伤其类，兔死狐悲，燕王已经做好了充分的应对准备。建文元年（1399年）六月，建文帝密敕逮捕燕王，燕王则抢先调遣护卫军攻夺北平各个城门，控制了藩地。图谋皇位已久的燕王捕捉到这个千载难逢的时机，随即援引《皇明祖训》的规定，以“清君侧”，诛除朝中“奸臣”齐泰、黄子澄等人为名起兵叛乱。叛军不用建文年号，仍称是年为洪武三十二年。因为燕王自称“靖难”即为平定朝廷祸难而起兵，史称此事为“靖难之役”。

靖难之役初起，朝廷与叛军各有胜负。战争持续了三年，叛军所占之地旋得旋失，进展不大。建文三年底，燕王得到朝中奸细密报，知道京师防卫空虚，立即决定押上全部政治和军事赌注，大举南下，表示要与建文君臣“临江一决，不复反顾”。叛军取道河北和山东西侧南下，攻城略地，于建文四年三月绕过徐州重镇，直下宿州，在淮北大地上与朝廷军队摆开了战场。

燕王孤军南下，与朝廷军队作战以速战速决为宜。在睢宁（今属江苏）与灵璧一带的几次交战中，叛军遇到朝廷劲旅何福、平安等军队。朝廷方面深知这场战争的重要性，派重臣徐辉祖率领援军并押解粮草赶来，以增强何福、平安等军队的实力。四月二十二日，两军会战于齐眉山（今灵璧西南约8公里）。自中午鏖战到傍晚，胜负大致相当。

齐眉山之战后，朝廷军队本来处于有利的地位，但未能抓住时机大举反攻。有些廷臣错误地认为叛军将要北撤，危机已经过去；京师也不可没有良将守备，建议将徐辉祖调回。徐辉祖是开国元勋徐达的长子，也是燕王的内兄。尽管他坚定地站在朝廷方面，建文帝仍因他与燕王的姻亲关系而不十分放心，仅凭叛军即将北撤的传闻和几个书生的迂见就把他调回京师。然而，就朝廷方面而言，知军善战如徐辉祖者，实在找不出第二人。

徐辉祖一撤，何福一军陷于孤立。因粮饷不继，何福下令军队移往灵璧就食。朝廷得知何福军队的困境后，连忙派军押运大批粮食北援。叛军哨骑侦查到朝廷军队的粮饷将到，及时将情报呈递给燕王。燕王略作分析便对诸将说，敌人害怕袭击运粮军，一定分兵保护粮饷，而分兵必然势弱，我们正可以趁机出击。当时，朝廷军队运粮五万石，由平安率领骑兵和步兵六万人，分布在两侧加以保护。四月二十八日，燕王派一万多名壮士阻击运粮军，自己亲自率军从齐眉山一带的大本营出发以迎击敌军。另外，燕王命令骁勇善战的次子朱高煦率领一队人马埋伏在运粮军必经之路附近的密林间，叮嘱他在两军激战到疲劳时分再出击敌军。燕王以骑兵为两翼，径直向北上的朝廷军队扑来。他没有想到，平安对这种突然袭击早有准备。还没等叛军发起攻击，平安就率军冲来，矢如雨下，当即杀死叛军数千人。燕王毕竟老于征战见多识广，立即指挥步兵纵向攻击，将朝廷军队切断为二，平安与左右顿时乱了阵脚。这时，何福从灵璧率军冲出，与平安合兵一处，夹击叛军。叛军抵挡不住，只得退却，被杀数千人。朱高煦在林间窥伺到朝廷军队长时间作战已经疲惫，立即率兵从密林间疯狂杀出，燕王也回师掩击，这才算挽回了败局。在这场战斗中，朝廷军队被杀万余人，丧失战马三千多匹，粮饷尽被叛军夺去。何福与平安收拾余部逃入灵璧城内，闭关固守。

起初，何福凭借灵璧城池的深沟高垒与叛军对峙，打算将大批粮饷运到城中，作持久对抗之计。现在，朝廷增援的粮饷被叛军夺走，对原本就严重缺粮的城中军民来说可谓是雪上加霜！军心已经开始涣散。面对严酷的军情，何福不得不下令，明天拂晓时分，将士们听到三声炮响后，全力以赴突围出城，南下淮河就食。

四月二十九日，燕王率叛军围攻灵璧，命令朱高煦带着数千勇士在前面冲杀，其余将士蚁蚋而上。叛军连放三声炮，意在威慑朝廷军队，命令将士开始攻城。朝廷军队听到炮声后，误认为是自己军队的突围信号，便打开城门往外涌出。城门比较狭窄，突围的士兵挤成一团；城中纷纷扰扰，失去了有效的统一指挥。城上的朝廷军队因看到从城门口难以外出，便纷纷将石块等物投下，很快就把城壕填平。他们想缒城而下，从这里突围，没想到反而为叛军攻城创造了条件。叛军四面围击，朝廷军队突围难以奏效，很快便溃不成军，灵璧陷落了。何福在战乱中单骑落荒而逃，平安等一批将领以及一批督战的朝廷官员近二百人都成了叛军的俘虏。投降叛军的兵士不计其数，大多数都被燕王遣散了。叛军不仅击败了朝廷这一支劲旅，而且夺得战马两万多匹，有力地补充了自身的需要。很明显，灵璧之战是叛军这次南下的最大胜利，成为燕王“靖难之役”中扭转战局的关键。

灵璧之战后，朝廷精锐之师丧失殆尽，很难再对叛军实施有力的反击。燕王乘胜前进，势如破竹。叛军很快渡过淮河，横扫江淮大地，攻破长江天险，直扑京师。

靖难之役是中国古代大一统皇朝中绝无仅有的一次藩王以叛乱成功夺取皇位的事例。双方胜负原因，史家自有评说，但灵璧之战是燕王夺取皇位的关键性战役则是他们的共识。

（八）解放战争中的淮海决战

解放战争进入第三个年头，军事政治局势急剧逆转。1948年下半年，国共双方的战略决战已为在弦之箭。1948年11月初，国民党军统帅部决定将徐州“剿匪”总司令部刘峙、杜聿明所属的四个兵团、四个绥靖区共约70万兵力，以徐州为中心，沿津浦铁路、陇海铁路十字展开，以攻势防御确保该段交通，拱卫南京、上海；如不能战，则南撤淮河、据守长江。针对这种部署，中共中央军委迅速作出“隔断徐州，歼灭刘峙主力”的决定。以刘伯承、邓小平为首的中原野战军与陈毅、粟裕率领的华东野战军发动了“以徐州为中心，东起海州、西达商丘，北起临城（今山东薛城），南至淮河”的大决战，共产党方面称之为“淮海战役”，国民党方面称之为“徐蚌会战”。位于徐（州）蚌（埠）之间的宿县，是人民解放军在整个战役中攻击的第一座城市。

这场战役对于宿县来说，其规模、其范围、其酷烈，都是史无前例的。战役从1948年11月6日开始，至1949年1月10日结束，共分三个阶段，每一阶段都与宿州大地密切相关。

1948年11月6日，战役的第一阶段开始。华东野战军将在徐州东部国民党黄百韬兵团10万余人，紧紧围困，待机聚歼。中原野战军配合作战，于11月16日攻克宿县，切断徐蚌交通线，完成对徐州的战略包围。

宿县县城在战役开始前，是华中国民党军队的重要补给基地。蒋介石视此城为咽喉重镇，部署的守备力量主要有二十五军一四八师、陆军第六支队、第七装甲营和交警十六总队、二总队三大队等共1.29万人，由津浦铁路护路副司令兼城防司令张绩武中将为总指挥，武器装备精良，并在城内外构筑了坚固的城防与野战工事相联系的防御体系。华东野战军攻占海州后，切断国民党军队的海上运输线，陇海铁路随即瘫痪，津浦铁路就成为华中国民党军队调整兵力与补给军需物资的生命线，战略地位更加重要。蒋介石急调孙元良第十六兵团驰援，妄图保住宿城重镇，中共中央军委和毛泽东主席更是志在必得。

毛泽东决计要把国民党军主力歼灭在徐州附近，多次电示刘伯承、陈毅、邓小平、粟裕等，要攻克宿县，截断宿蚌路，阻止敌人南窜。11月10日的电报指示：“你们应集中全力攻取宿县，歼灭孙元良，控制徐蚌段，断敌退路，愈快愈好，至要至盼。”当天，刘伯承率中原野战军前敌指挥部与陈毅、邓小平会合，立即研究中央指示并作出复命，于11日夜晚发起攻克宿城的战斗。刘陈邓首长认真审议了作战部署，决定把战斗任务交给陈锡联任司令员的中野第三纵队，并将一纵和九纵的炮兵营配属三纵，以强化攻城兵力。

陈锡联接受战斗任务后，分析了敌我态势，宿县城墙高厚，工事坚固，又有环城宽约三丈，水深没顶的护城河，易守难攻，加上敌军近1.30万人，装备精良；我军总兵力不过1.20万人，装备薄弱，因此攻城难度较大，只能采取肃清外围、占领四关、包围城厢、瓮中捉鳖的作战方针。11日夜晚，大雨滂沱。陈锡联在宿县西二铺召开旅以上干部会议，明确各旅战斗任务：八旅从东、北面包围宿城，占领东关、北关和宿县火车站，扫清敌军外围据点，破坏符离集至宿城的铁路，尔后为纵队预备队；七旅担任东门主攻；九旅从西南面包围宿城，切断宿县至固镇间铁路，从西门攻城；九纵八十团为攻城西的预备队。严令各部，不惜任何代价，迅速包围宿城。

各旅团接受任务后，冒雨连夜向宿城进攻，从12日中午到14日拂晓，分别完成了各自的包围任务。当天夜晚，中野三纵七旅和八旅奉命由城东发起攻击，直逼城东门；九旅和纵队直属队则于15日凌晨4时攻占了西关。东西两关民房靠近城垣，便于部队隐蔽集结，因此成为总攻的重要据点。

总攻发起前，担负南北两关佯攻的部队提前15分钟发起攻击，以迷惑守敌。11月15日下午5时30分，两颗红色信号弹腾空而起，总攻开始了！负责主攻东门的七旅，组织30门重炮向城墙碉堡和大、小东门猛轰30分钟，并组织4次工兵爆破，将小东门城墙炸开一丈多宽的缺口。七旅十九团突击部队冲向突破口，二连排长杨永保冒着敌军炮火冲到突破口下，将身体伏在缺口上，让战士们踩着他的身躯奋力登上城墙，抢占了这一要害部位。后续部队迅速占领小东门，二十一团与十九团协同作战，冲向中山大街，击毁敌军装甲车多辆。八旅二十二团从城东北角攻入城内，与守敌展开巷战，攻占天主教堂、电报局等处。

九旅二十五团担负主攻西门的战斗任务。由于敌军暗堡火力密集，前锋七连在多次冲锋、损失惨重的情况下，完成在护城河上架设木桥的任务。接着，工兵连续实施爆破，将城墙炸开一个斜坡缺口。八连冒着敌军炮火，飞速跨过木桥，从缺口跃上城墙，抢占了西门，后续部队很快攻入城内。守敌从三面实施反扑，战斗异常激烈。攻城各营连协同作战，二十五团乘胜攻占县政府，但伤亡数量太大，八连最后只剩下14名战士。二十六团及时突入城内，在西大街歼敌一四八师师部。夜间11时，各攻城部队在城中心大隅口胜利会师。

在城破兵败的窘境中，为稳定军心，张绩武将残兵300余人退守南城福音堂司令部，并派出4辆装甲车挡住路口，给徐州总部发电报说："尽我力量，坚守核心据点到底！决心与宿县共存亡，不成功，便成仁！"妄图负隅顽抗。16日凌晨，在劝降无效的情况下，七旅十九团向顽敌发起攻击，冲进福音堂，抢占了守敌司令部。企图逃窜的残敌在被包围后纷纷缴械投降，其中就有满脸抹了锅灰、自称为商丘兵营管理所中尉书记，化名方小分的张绩武。

1948年11月16日凌晨3时许，中野三纵全歼宿城守敌，除毙伤外，俘虏敌军张绩武以下1万多人，缴获大批武器装备和军用物资。当天，中共中央军委决定由刘伯承、陈毅、邓小平、粟裕、谭震林组成总前委，邓小平为书记，统一军事指挥，淮海战役进入第二阶段。

从11月23日至12月15日，是淮海战役的第二阶段。宿县被解放军攻克后，蒋介石惊恐不已，急令在豫南的黄维兵团驰赴徐蚌战场，火速收复宿县，保证津浦铁路畅通，以解徐州之围。黄维兵团约12万人，是蒋介石的嫡系部队，其中第十八军是国民党军队五大主力之一。中原野战军主力和华东野战军一部采取"围三缺一，网开一面，虚留生路，暗设口袋"的打法，于25日将孤军深入的黄维兵团包围在浍河以南的双堆集地区（今属濉溪县）。在东西不足10公里，南北不足8公里的地带上，黄维兵团进退维谷。为援救黄维兵团，蒋介石令杜聿明部邱清泉、李弥、孙元良三兵团由徐州南下，刘峙部刘汝明、李延年两兵团北上，但援军或被歼，或受阻。12月1日，杜聿明按蒋介石的部署，率邱李孙三兵团27万人马弃守徐州，向西南逃窜。华东野战军经三天猛烈追击，在12月4日将杜部三个兵团合围在永城东北青龙集陈官庄地区。孙元良兵团企图突围，结果被全部歼灭，孙元良本人侥幸逃脱。12月6日，中原解放军向黄维兵团发起总攻，至15日，被困19天的黄维兵团被全部歼灭。突围不成、混迹于溃兵队伍中的黄维，被中野三纵队七旅俘虏。此后，为配合平津战役，按照中共中央军委的统一部署，中野、华野部队休整20天，同时对围困在陈官庄地区的杜聿明集团，展开强大的政治攻势。

从12月15日至1949年1月10日，淮海战役进入第三阶段，解放军的主要作战目标是歼灭杜聿明集团。淮海战役总前委设在萧县蔡洼村，邓小平、刘伯承、陈毅、粟裕和谭震林五大首长于12月17日召开军事会议，部署作战计划。平津战役部署就绪后，针对粮草断绝、饥寒交加的杜部，解放军责成他们放下武器，但杜聿明等仍想孤注一掷，向南突围逃窜。1月6日，解放军向拒降的杜部发起总攻，经四昼夜激战，全歼邱、李两个兵团，共中包括国民党军队五大主力之一的第五军。邱清泉在穷途末路中开枪自尽，李弥逃离战场，潜入砀山化妆后亡命青岛。杜聿明等人逃窜到距陈官庄东北30多里的萧县张老庄村被俘虏，淮海战役宣告结束。

（王彩法）

三、历代文选

（一）祭符离六兄[①]文

唐·白居易

维贞元十七年[②]某月某日，从祖弟居易等，谨祭於苻离主簿[③]六兄之灵。

呜呼！圣人忘情[④]，愚不及情，情所钟者，唯居易与兄。岂不以亲莫爱於弟兄，别莫痛於死生。斯亲也而有斯别也，孰能不哀从中来而失声？去年春，居易南游，兄亦东适，黟歙之间，欣然一觌，相顾笑语，相勉行役，中途遽别，情甚感激。孰知此别，为生死隔？矧[⑤]兄遇疾於路，路无药石；归全於家，家无金帛。环堵之室，不容吊客；稚齿之子，未知哀戚，自古孔怀[⑥]之痛，亦莫我之与剧！

古人有言："神福仁，天福敬。"又曰："恶有馀殃，善有馀庆。"惟兄道源乎太和，德根乎至性，以孝友肥其身，以仁信膻[⑦]其行，而位不登於再命，年不及於知命[⑧]，何报施之我欺？俾吾兄之不幸！

呜呼！已焉哉！既卜远日，就宅新阡，春草之中，画为墓田，濉水南岸，苻离东偏，其地则迩，其别终天。惟弟与家人，俨拜哭於车前。魂兮有知，鉴斯文，歆[⑨]斯筵，知居易之心茕茕然[⑩]。

注：①白居易从祖兄白幼文，为符离县主簿，病殁于任所。白居易在葬兄时写了这篇祭文。

②贞元十七年：即公元801年。

③主簿：典领文书、办理事务的属员，设于知县之下，与县丞同为佐官之一。

④忘情：对喜怒哀乐的事不动感情，淡然若忘。

⑤矧（shěn音审）：况。

⑥孔怀：本义为极其思念，后指兄弟。源自《诗经·棠棣》"死葬之戚，兄弟孔怀"的诗句。

⑦膻：使人仰慕，如蚁之逐膻腥。

⑧知命：孔子说："五十而知天命。"故五十岁称"知命"。

⑨歆（xīn音心）：鼻嗅、口吸。古谓祭祀时鬼神先享用祭品的气味。

⑩茕茕（qióngqióng音穷）：孤零零的样子。

（二）祭小弟[①]文

唐·白居易

维元和八年[②]，岁次癸巳，二月，某朔[③]二十五日，仲兄居易、季兄行简，以清酌之奠，致祭於亡弟金刚奴。

呜呼！川水一逝，不复再还，手足一断，无因重连，惟吾与尔，其苦亦然。黄土白日，相见无缘，每一念至，肠热骨酸，如以刀火，刺灼心肝。

况尔之生，生也不夭，苗而不秀，九岁夭焉。昔权殡尔，濉南古原[4]，今改葬尔，渭北新阡[5]。附先茔之北次，就卑位於东偏，冀神魂之不孤，庶窀穸[6]之永安。

呜呼！自尔舍我，归於下泉，日来月往，二十二年。吾等罪逆不孝，殃罚所延；一别尔后，再罹凶艰。灰心垢面，泣血涟涟，松槚之下，其生尚残。昔尔孤於地下，今我孤於人间，与其偷生而孤苦，不若就死而团圆。欲自决以毁灭，又伤孝於归全。进退不可，中心烦冤，仰天一号，痛苦万端。

呜呼！尔魂在几[7]，尔骨在棺。吾亲奠酹，於尔床前，苟神理之有知，岂不闻吾此言。尚飨。

注：①白居易的胞弟金刚奴，字幼美，夭折并葬于符离，改葬于渭北下邽时写此祭文。

②元和八年：即公元813年。

③某朔：即夜半。周代以夜半为朔。

④雎南古原：雎南郡，东魏置，治所在符离，领斛城，新丰两县。

⑤阡：本为田间小路，后称墓前小路，代墓穴。

⑥窀穸（zhūn xì音谆细）：窀，长埋，穸，长夜，合指埋葬。这里代墓穴。

⑦几：供桌之类。

（三）乞罢宿州修城状

宋·苏轼

元祐七年九月某日，龙图阁学士左朝奉郎新除兵部尚书苏轼状奏。臣近自淮南东路钤辖被召，过所部宿州，体访得本州见将零壁镇改作零壁县，及本州见准朝旨展筑外城两事，各有利害，既系臣前任部内公事，而改镇作县，又系兵部所管，所以须至奏陈，谨具条件如后。

一、零壁镇人户靳琮等，先经本路及朝省陈状，乞改零壁镇为县。却准转运使赵偁状称，看详得元只是本镇官势有力人户，意欲置县，增添诸般营运，妄有陈状。寻准敕依奏，依旧为镇。后来有转运使张修等及知州周秩别行奏请，却欲置县，仍取得本镇人户状称，所有置县费用，情愿自备钱物。致朝廷信凭，许令置县。臣今体访得零壁人户出办上件钱物，深为不易。元料置县用钱四千五十余贯，至今年八月终，已纳二千八百五十余贯，其余未纳钱数，认是催纳不行，纵使尽行催纳，亦恐使用不足。看详始议置县，只为本镇居民曾被惊劫，及人户输纳词讼，去县稍远。然未置县时，本镇已有守把兵士八十人，及京朝官一员，专领本镇烟火盗贼，别有监务官一员，又已移虹县尉一员，弓手六十人，在本镇足以弹压盗贼。而本镇去虹县六十里，至符离县一百二十里，至蕲县一百里，即非地远，又至符离县，各系水路，本不须添置一县。委只是本镇豪民靳琮等私自为计，却使近下人户一时出钱，深为不便。

二、宿州自唐以来，罗城狭小，居民多在城外。本朝承平百余年，人户安堵，不以城小为病，兼诸处似此城小人多，散在城外，谓之草市者甚众，岂可一一展筑外城。近年周秩奏论，过为危语，以动朝廷。意谓恐有盗贼窃据，以断运路，遂奏乞展筑外城一十一里有余，役兵及雇夫共五十七万有余工，每夫用七十省钱，召募雇夫及物料，合用钱一万九千余贯，约五年毕工。已蒙朝廷支赐抵当息钱一万贯，欲取来年春兴工。臣体访得元只是宿州豪民，多有园宅在外，扇摇此说，官吏不察，遂与奏请。况宿州土脉疏恶，若不用砖砌甃，随即颓毁，若待五年毕工，则东城未了，西城已坏，或更用砖，其费不赀。又七十省钱，亦恐召募不行，官吏避罪，必行差雇，搔扰不细，其间一事，深害仁政。缘今来踏逐外城基址，合起遣人户大坟墓六千九百所，小者犹不在数。不知本州有何急切利害，而使居民六千九百家暴露父祖骸骨，费耗擘画改葬，若家贫无力，便致弃捐，劳费公私，痛伤存殁，已上并有公案，可以覆验。

右臣今相度上件改镇作县事，系已行之命，兼构筑廨宇，略已见功，恐难中辍。而展城一事，有大害而无小利，兼未曾下手，犹可止罢。欲乞速赐指挥，更不展筑，却于已支赐一万贯钱内，量新置县合用数目，特与支拨修盖了当。其人户未纳到钱数，均乞与放免。谨录奏闻，伏候敕旨。

（四）灵璧张氏园亭记

宋·苏轼

道京师而东，水浮浊流，陆走黄尘，陂田苍莽，行者倦厌。凡八百里，始得灵璧张氏之园于汴之阳。其外修竹森然以高，乔木蓊然以深，其中因汴之余浸，以为陂池；取山之怪石，以为岩阜。蒲苇莲芡，有江湖之思；椅桐桧柏，有山林之气；奇花美草，有京洛之态；华堂厦屋，有吴蜀之巧。其深可以隐，其富可以养。果蔬可以饱邻里，鱼鳖笋菇可以馈四方之宾客。余自彭城移守吴兴，由宋登舟，三宿而至其下。肩舆叩门，见张氏之子硕，硕求余文以记之。

维张氏世有显人，自其伯父殿中君，与其先人通判府君，始家灵璧，而为此园，作兰皋之亭以养其亲。其后出仕于朝，名闻一时。推其馀力，日增治之，于今五十馀年矣。其木皆十围，岸谷隐然。凡园之百物，无一不可人意者，信其用力之多且久也。

古之君子，不必仕，不必不仕。必仕则忘其身，必不仕则忘其君。譬之饮食，适于饥饱而已。然士罕能蹈其义、赴其节。处者安于故而难出，出者狃于利而忘返。于是有违亲绝俗之讥，怀禄苟安之弊。今张氏之先君，所以为子孙之计虑者远且周，是故筑室艺园于汴、泗之间，舟车冠盖之冲。凡朝夕之奉，燕游之乐，不求而足。使其子孙开门而出仕，则跬步市朝之上；闭门而归隐，则俯仰山林之下。于以养生治性，行义求志，无适而不可。故其子孙仕者皆有循吏良能之称，处者皆有节士廉退之行。盖其先君子之泽也。

余为彭城二年，乐其风土。将去不忍，而彭城之父老亦莫余厌也，将买田于泗水之上而老焉。南望灵璧，鸡犬之声相闻，幅巾杖屦，岁时往来于张氏之园，以与其子孙游，将必有日矣。元丰二年三月二十七日记。

（五）重修扶疏亭记

清 · 王人杰[①]

予生平有山水癖，遇崇岩邃谷，辄徘徊登眺，久之不能去。至如名贤胜士，流风余韵，散见于天壤之间而未尽湮没者，虽历岁千百，未尝不流连俯仰，想见其为人。盖自宦游以来至于今，发已种种[②]，而此心犹如一日也。岁在壬戌，大儿锡蕃自铜陵蒙恩擢授宿守，迎余就养。宿故冲疲[③]，境内山水未闻有卓卓在人耳目者，而官舍亦荒颓特甚，予心窃闷然，其不乐也。

居顷之，按行署中，望署后踞城有亭名扶疏[④]者。问诸宿人，佥曰：此宋苏长公轼之遗迹也。长公帅徐日，曾手画墨竹一纸遗宿守。宿守镌诸石，构亭贮之，颜曰“扶疏”，并种竹千竿，以益其胜。今石刻已久废，竹已荡然无余，而亭以长公之故，屡圮屡葺，尚岿然如鲁灵光云[⑤]。予闻之喜甚，爰命扶其倾，补其坏，卫以曲槛，饰以疏棂，无侈前人，无废后观。当风日清美，便服曳屐，偕三四姻旧，循城阴而登焉。城既踞州之上，而亭复冠城之巅。凭栏南望，千家烟火，一览无遗。依城北瞩，则苻离远水，丰阜遥岚，东拂西萦，胥油油然，迥巧献伎于杖履之下。若乃麦浪翻风，荷香挹露，银蟾夜皎，玉屑晨飞，四时之观，亦皆有可乐者。然则宿地虽无名山秀水，而日登斯亭，不如入崇岩邃谷中耶？予因之有感矣。

宿在春秋时，为宋都邑。洎秦二世，而陈隐王涉实崛起其间。予尝登城四顾，欲求子氏故事与张楚[⑥]驰骋经营之迹，既已化为荒烟蔓草，而区区一亭，徒以长公翰墨之遗，独得与闵里[⑦]桓山[⑧]久而并峙，岂名贤胜士之流风余韵，果什伯[⑨]于霸王哉！何其入人之深，感人之切。更千百载，犹足令好事如予者，殷殷慨慕而不能自已也。

予既修治斯亭，以为晨夕登眺之所。异时者，尚将裹粮策杖往游于徐，升黄楼而眄河流，入云龙而招白鹤，以慰予平生山水之癖与怀古之情而后快。深惧斯亭而复就圮也，染翰记此，陷诸壁间，用告后来者，俾嗣葺之。乾隆岁次癸亥秋七月上浣记。

注：①王人杰：宿知州王锡蕃之父。王锡蕃奉天（今辽宁省）海城县人，乾隆七年任宿州知州，精勤有威。

②种种：形容头发短少，含有老迈衰颓之意。

③冲疲：清分县为四等：冲、繁、疲、难。交通频繁曰冲，税粮滞纳过多曰疲。

④扶疏亭：在宿州北城上，苏轼遗墨竹一本于宿，好事者刻诸石，构亭贮之，亭曰“扶疏”。元季毁于兵，明弘治间，知州曾显追寻旧刻，得残碑二块，构亭以复其旧。

⑤鲁灵光：这里借鲁殿灵光之意。灵光，汉代宫殿名。为景帝子鲁恭王馀所建。后遭盗贼奔袭，未央、建章(宫殿名)皆被毁坏，而灵光岿然独存。后因借称硕果独存者为鲁殿灵光或鲁灵光。

⑥张楚：秦末农民起义领袖陈胜建立的革命政权。

⑦闵里：指春秋时闵子骞的住所。现在城北七十里有闵子祠。

⑧桓山：指东汉哲学家、经学家桓谭。桓谭字君山，故里沛国城（今淮北相山）。现仍有桓君山“藏书楼”遗址。

⑨什伯：或作“什佰”，十倍百倍。

（六）移泗州治记

清·张佩芳[1]

泗州在皖东北，辖天长、盱眙、五河，旧治在其疆域之南、淮水之北，去盱眙二里，康熙十九年淮涨城圮[2]，後建治盱眙山之麓，其所治乃在西北，悬绝淮湖，远者至百十五里。虹属凤阳府，地小而高，邻於泗，乾隆四十二年，巡抚闵公，以治隔淮湖，控驭不便，虹最近泗，请裁虹为泗版图，民赋一并於泗。而以其城为州治，又於泗之半城增设州判一员，上从其请。四十五年，余由寿迁泗，士民请曰：移治三年矣，两地之人称便，皆抚军之赐，乞为文记之。

古者建国必相形势之宜，所以勤民而出政也，上之于下，犹父母之于子，子远於其亲，亲而不能煦噢其子，则情意乖离，不可一日为治。古之圣人，有因河患而属迁者。当其时，民皆安土重迁，一旦越山逾河，定居於千里之外，故民之从之也难，迨至事已定，居已奠，夫犹孜孜于鞠谋，盖移此以就彼，必使彼之亦乐有此，凡以为民而已。泗之为患莫大於淮，然河未南趋，淮固不能病泗；河遏於外，淮涨於内，斯无岁不忧沉溺。有谓泗旧治徐，唐移之为非，今泗城已没水中，古志之不足恃如此。虹故属泗，今越泗之五河一百八十里而远属之凤，亦非虹之便。故以虹为泗，不劳力，不动众，泗故乐有虹，虹亦乐为泗也，盖其於泗也无涉淮逾湖之险，其於虹也有去远即迩之逸，法无有善於此者矣。或曰虹北去河不二百里，使如异日之淮於泗将如何？余曰：自河失故道，中原皆其糜烂之区，昔之人常欲大徙濒河之民，决堤防而导之，讫不能行，非一世之故已。且有天下之利害，有一郡之利害，不可以天下之害废天下之利，尤不可以天下之害废一郡之利，况公之所为，推之岂为一郡之利害也欤？

注：①张佩芳：直隶泗州知州，本文作于乾隆四十五年（1718年）

②清康熙十九年（1680年）水淹泗洲：由于黄河决口改道，黄水夺淮，长期淤塞清河口，淮河下游渲泄不畅。康熙十九年（1680年）淮河上游山水猛泄，下游淮水高出堤外数尺，泗洲一带连降七十多天暴雨，积水不下。加之洪泽湖水迅增倒灌，致使千年名城泗洲淹没于洪泽湖的万顷波涛之中。

四、诗词选

垓下歌

项　羽

力拔山兮气盖世，时不利兮骓不逝。
骓不逝兮可奈何，虞兮虞兮奈若何。

虞姬绝命诗

汉兵已略地，四面楚歌声。
大王意气尽，贱妾何聊生。

注：诗载《楚汉春秋》

野　望

（唐）王绩

东皋薄暮望，　徙倚欲何依。
树树皆秋色，　山山唯落晖。
牧人驱犊返，　猎马带禽归。
相顾无相识，　长歌怀采薇。

注：王绩（585—644年），初唐诗人，性简放，年轻时即辞官隐居符离北武里山，结庐东皋。死后葬五里山下，龙泉寺旁。

秋夜与刘砀山泛舟燕喜亭池

（唐）李白

明宰试舟楫，张灯宴华池。
文招梁苑客，歌动郢中儿。
月色望不尽，空天交相宜。
令人欲泛海，只待长风吹。

埇桥夜宴叙别

（唐）权德舆

满树铁冠琼树枝，樽前烛下心相知。
明朝又与白云远，自古河梁多别离。

注：权德舆（759—818）字载之。略阳（今甘肃秦安东）人，唐宪宗时迁至礼部尚书，同中书门下平章事。

赋得古原草送别

（唐）白居易

离离原上草，一岁一枯荣。
野火烧不尽，春风吹又生。
远芳侵古道，晴翠接荒城。
又送王孙去，萋萋满别情。

注：古原即指唐代符离濉水南岸的“濉南古原”，白居易故居毓村东林草堂一带。

重到毓村宅有感

（唐）白居易

欲入中门泪满巾，庭花无主两回春。
轩窗帘幕皆依旧，只是堂前欠一人。

注：本诗写于唐德宗贞元十一年（794年），其父白季庚病逝于襄阳别驾任所，作者料理丧事后，护送家人回到符离故居时触景生情而作。

埇桥旧业

（唐）白居易

别业埇城北，抛来二十春。
改移新径路，变换旧村邻。
有税田畴薄，无官弟侄贫。
田园何用问？强半属他人。

注；唐宪宗长庆四年（824年），作者离杭州刺史任经汴水至宿州时重访旧宅而作。

汴河路有感

（唐）白居易

三十年前路，孤舟重往还。
绕身新眷属，举目旧乡关。
事去唯留水，人非但见山。
啼襟与秋鬓，此日两成斑。

望月有感

（唐）白居易

自河南经乱，关内阻饥，兄弟离散，各在一处。因望月有感，聊书所怀，寄上浮梁大兄、於潜七兄、乌江十五兄，兼示符离及下邽弟妹。

时难年荒世业空，弟兄羁旅各西东。
田园寥落干戈后，骨肉流离道路中。
吊影分为千里雁，辞根散作九秋蓬。
共看明月应垂泪，一夜乡心五处同。

注：唐德宗贞元十六年（公元800年），在符离作。

隋堤柳

（唐）白居易

隋堤柳，岁久年深尽衰朽。
风飘飘兮雨潇潇，三株两株汴河口。
老枝病叶愁杀人，曾经大业年中春。
大业年中炀天子，种柳成行夹流水。
西自黄河东至淮，绿阴一千三百里。
大业末年春暮月，柳色如烟絮如雪。
南幸江都恣佚游，应将此柳系龙舟。
紫髯郎将护锦缆，青娥御史直迷楼。
海内财力此时竭，舟中歌笑何日休。
上荒下困势不久，宗社之危如缀旒。
炀天子，自言福祚长无穷，岂知皇子封酅公。
龙舟未过彭城阁，义旗已入长安宫。
萧墙祸生人事变，晏驾不得归秦中。
土坟数尺何处葬，吴公台下多悲风。
二百年来汴河路，沙草和烟朝复暮。
后王何以鉴前王，请看隋堤亡国树。

醉后走笔酬刘五①主薄长句之赠，兼简张大、贾二十四先辈昆季

（唐）白居易

刘兄文高行孤立，十五年前名翕习②。
是时相遇在符离，我年二十君三十。
得意忘年心迹亲，寓居同县日知闻。
衡门③寂寞朝寻我，古寺萧条暮访君。
朝来暮去多携手，穷巷贫居何所有？
秋灯夜写联句诗，春雪朝倾暖寒酒。
陴湖④绿爱白鸥飞，濉水清怜红鲤肥。
偶语闲攀芳树立，相扶醉踏落花归。
张贾弟兄同里巷，乘间数数来相访。
雨天连宿草堂中，月夜徐行石桥上。
我年渐大忽自惊，镜中冉冉髭须生。
心畏后时同励志，身牵前事各求名。
问我栖栖⑤何所适，乡人荐为鹿鸣客⑥。
二千里别谢交游，三十韵诗慰行役。
出门可怜唯一身，弊裘瘦马入咸秦。
咚咚街鼓红尘暗，晚到长安无主人。
二贾二张⑦与余弟，驱车逦迤来相继。

操词握赋为干戈，锋锐森然胜气多。
齐入文场同苦战，五人十载九登科。
二张得隽名居甲，美退争雄重告捷。
棠棣[8]辉荣并桂枝，芝兰芳馥和荆叶。
唯有元犀屈未伸，握中自谓骇鸡珍[9]。
三年不鸣鸣必大，岂独骇鸡当骇人。
元和运启千年圣，同遇明时余最幸。
始辞秘阁吏王畿，遽列谏垣升禁闱。
蹇步何堪鸣佩玉？　衰容不称著朝衣。
阊阖[10]晨开朝百辟，冕旒[11]不动香烟碧。
步登龙尾上虚空，立去天颜无咫尺。
宫花似雪从乘舆，禁月如霜坐直庐。
身贱每惊随内宴，才微常愧草天书。
晚松寒竹新昌第，职居密近门多闭。
日暮银台[12]下直回，　故人到门门暂开。
回头下马一相顾，尘土满衣何处来？
敛手炎凉叙未毕，先说旧山今悔出。
岐阳旅宦少欢娱，江左羁游费时日。
赠我一篇行路吟，吟之句句披沙金。
岁月徒增白发貌，泥涂不屈青云心。
谁会茫茫天地意，短才获用长才弃。
我随鹓鹭[13]入烟云，　谬上丹墀为近臣。
君同鸾凤栖荆棘，犹著青袍作选人。
惆怅知贤不能荐，徒为出入蓬莱殿。
月慚谏纸二百张，岁愧俸钱三十万。
大底浮荣何足道，几度相逢即身老。
且倾斗酒慰羁愁，重话符离问旧游。
北巷邻居几家去？　东林旧院何人住？
武里村[14]花落复开，流沟山色应如故。
感此酬君千字诗，醉中分手又何之。
须知通塞寻常事，莫叹浮沉先后时。
慷慨临歧重相勉，殷勤别后加餐饭。
君不见买臣衣锦还故乡，五十身荣未为晚

注：①刘五，符离人，名不详，贞元进士，任岐阳主薄，硖州司马，与白居易相友善。

②翕习：威盛貌。此指名声远播。

③衡门：比喻简陋的房屋。

④障湖：在今符离集东北，康湖、鸭湖、藩湖、吕湖乃至三山湖一带，方圆数百里，唐为宿徐之界。

⑤栖栖：忙碌不安之貌。

⑥鹿鸣客：参加考试的人。

⑦二贯二张：二张即张仲素、张美退，符离人。张仲素，字绘之，善诗文，唐贞元进士，宪宗时为中书舍人。张美退，张仲素之弟，同是贞元进士。二贯，即贯握中，贯沅犀，符离人。贯握中贞元进士，隐障湖不仕。其弟贯沅犀刻苦好学。当时二贯二张与符离刘五齐名，时称“符离五子。”

⑧棠棣：兄弟情谊的代称。

⑨骇鸡珍：这里借骇鸡犀之意，以自谓成就很小。犀，是犀角名。以角盛米，鸡欲啄之，未至数寸，即惊却退。故名骇鸡犀。

⑩阊阖：宫之正门。

⑪冕旒：古代帝王诸侯等的礼冠。外黑内红。盖在顶上 面的叫延。以五彩缫丝绳穿玉垂在延前的叫旒。

⑫银台：宫门名。唐时翰林院、学士院，都设在银台门内。

⑬鵷鹭：鵷，是传说为凤凰一类的鸟。鹭，是水鸟。鵷鹭二鸟群飞有序。以此比喻朝官班行。

⑭武里村：在今宿州夹沟集西壮马山下（现五柳村）。地甚清幽，唐白居易等常游于此。

（本文注释据《宿县古今》）

潜别离

（唐）白居易

不得哭，潜别离。

不得语，暗相思。

两心之外无人知。

深笼夜锁独栖鸟，利剑春断连理枝。

河水虽浊有清日，乌头虽黑有白时。

惟有潜离与暗别，彼此甘心无后期。

注：本文为白居易含悲告别青梅竹马的初恋女友、符离邻女湘灵所作。

汴河直进船

（唐）李方敬

汴水通淮利最多，生人为害亦相和。

东南四十三州地，取尽膏脂是此河。

汴河曲·咏柳

（唐）李益

汴水东流无限春，隋家宫阙已成尘。

行人莫上长堤望，风起杨花愁煞人。

汴河怀古（二首）

（唐）皮日休

万艘龙舸绿丝间，载到扬州尽不还。

应是天教开汴水，一千馀里地无山。

尽道隋亡为此河，至今千里赖通波。
若无水殿龙舟事，共禹论功不较多。

寓居宿州奉和陆鲁望白菊

（唐）皮日休

已过重阳半月天，琅花千点照寒烟。
蕊香亦似浮金靥，花样还如镂金钱。
玩影冯妃堪比艳，炼形萧史好争妍。
无由擿向牙箱里，飞上方诸赠列仙。

汴　河

（唐）胡曾

千里长河一旦开，亡隋风浪九天来。
锦帆未落干戈起，惆怅龙舟更不回。

石炭并序

（宋）苏轼

彭城旧无石炭，元丰元年12月，始遣人访获于州之西南白土镇之北，冶铁作兵，犀利胜常云。

君不见前年雨雪行人断，城中居民风裂骭。
湿薪半束抱衾裯，日暮敲门无处换。
岂料山中有遗宝，磊落如盘万车炭。
流膏迸液无人知，阵阵腥风自吹散。
根苗一发浩无际，万人鼓舞千人看。
投泥泼水愈光明，烁玉流金见精悍。
南山栗林渐可息，北山顽矿何劳锻。
为君铸作百炼刀，要斩长鲸为万段。

次韵答刘泾

（宋）苏轼

吟诗莫作秋虫声，天公怪汝钩物情，使汝未老华发生。
芝兰得雨蔚青青，何用自燔以出馨。
细书千纸杂真行，新音百变口如莺。
异议蜂起弟子争，舌翻涛澜卷齐城。
万卷堆胸兀相撑，以病为乐子未惊。
我有至味非煎烹，是中之乐吁难名。

绿槐如山暗广庭，飞虫绕耳细而清。
败席展转卧看经，亦自不嫌翠织成。
意行信足无沟坑，不识五郎呼作卿。
吏民哀我老不明，相戒毋复烦鞭刑。
时临泗水照星星，微风不起镜面平。
安得一舟如叶轻，卧闻邮签报水程。
莼羹羊酪不须评，一饱且救饥肠鸣。

注：刘泾（约1043—1100），字巨济，简州阳安人，熙宁六年进士，画家，苏轼友人。苏轼任徐州知州时，刘泾为宿州州学教授。苏轼去徐州任职和离任时均从宿州下船、乘船，受到刘泾的热情接待。

宿州次韵刘泾

（宋）苏轼

我欲归休瑟渐希，舞雩何日著春衣。
多情白发三千丈，无用苍皮四十围。
晚觉文章真小技，早知富贵有危机。
为君垂涕君知否，千古华亭鹤自飞。

南乡子·宿州上元

（宋）苏轼

千骑试春游。小雨如酥落便收。
能使江东归老客，迟留。白酒无声滑泻油。
飞火乱星球。浅黛横波翠欲流。
不似白云乡外冷，温柔。此去淮南第一州。

宿州道中

（宋）苏轼

眼明初见淮南树，十客相逢九吴语。
旅程已付夜帆风，客睡不妨背船雨。
黄柑紫蟹见江海，红稻白鱼饱儿女。
殷勤买酒谢船师，千里劳君勤转橹。

朱陈村嫁娶图（二首）

（宋）苏轼

何年顾陆丹青手，画作《朱陈嫁娶图》。
闻道一村惟两姓，不将门户买崔卢。

我是朱陈旧使君，劝农曾入杏花村。

而今风物那堪画，县吏催租夜打门。

注：朱陈村仅朱陈二姓，世为婚姻，唐白居易曾有诗咏之。崔卢为魏晋时期北方高门士族，此处代指门第。此图为陈季常所藏，苏轼在黄州所题。作者自注朱陈村在萧县，据考即今白土镇朱圩孜。

泗州除夜雪中黄师是送酥酒

（宋）苏轼

暮雪纷纷投碎米，春流咽咽走黄沙。
旧游似梦徒能说，逐客如僧岂有家。
冷砚欲书先自冻，孤灯何事独成花。
使君半夜分酥酒，惊起妻孥一笑哗。

虞姬墓

（宋）范成大

刘项家人总可怜，英雄无策庇婵娟。
戚姬葬处君知否，不及虞兮有墓田。

注：范成大：南宋爱国诗人，字致能，号石湖居士，吴郡人。曾出使金国。此诗是他途经宿州时所作。

宿州

（宋）范成大

狐鸣鬼啸夜茫茫，原是官军旧战场。
土伯不能藏碧磷，三三两两照前冈。

注：土伯即土地神。作者自注“五更出城，鬼火满野”。

汴河

（宋）范成大

指顾河枯五十年，龙舟早晚定疏川。
还京却要东南运，酸枣棠梨莫蓊然。

宿州道中

（宋）傅希说

山势崚嶒拥宿州，汴河迢递几经秋。
隋堤高下桑麻长，无复牙樯锦缆舟。

书宿州惠义堂

（元）金元素

空城落落柳依依，州是苻离旧县基。
山势西来连汴泗，河流东下接宿邳。

扶疏亭畔多荒草，惠义堂前有断碑。
官府不须频赋敛，乡民比屋正号饥。

注：宿邳指宿迁、邳州。惠义堂为州衙之三堂。

重游永堌湖抒怀

（元）芝麻李

忆昔曾为海上豪，胭脂马下赤连刀。
此时新分陈总管，彼时砍断莫军曹。
固知今日由天定，方信当年漫自劳。
英雄每每天常在，战袍着尽又方袍。

宿州口号

（明）周献玉

远寺钟声入枕低，绿槐荫重翠烟迷。
闲庭睡起不知晓，山雨乍晴山鸟啼。

早过宿州

（明）杨士奇

月转西楼晓雾收，霜华如雪拥貂裘。
马前清景山无数，带得余酣过宿州。

注：杨士奇（1366—1444），明代大臣，学者，名寓，字士奇，江西泰和县人，官至礼部侍郎兼华盖殿大学士，兼兵部尚书。历五朝，为辅臣四十余年，首辅二十一年。

过宿州汴堤

（明）彭勗

春风匹马汴河堤，西望秦川路已迷。
只为看花人未返，满沟杨柳乱鸦啼。

隋　堤

（明）李化龙

锦帆无复返天涯，隐隐长堤阵阵沙。
最苦垂杨风雨夜，两行清泪怨琼花。

符　离

（明）李化龙

荒原一望暮烟平，草木曾闻风鹤声。
汴水不消亡国恨，至今犹抱符离城。

夹　沟

（明）曾棨

东风吹暖柳枝柔，十里青山绕夹沟。

马上行人相借问，计程两驿到徐州。

注：①曾棨，永丰人，字子启。永乐殿试第一，授修撰，帝爱其才，为文如泉涌，一泻千里。

②两驿：两个驿站。夹沟驿到徐州驿中间还有个桃山驿。

华池对月

（明）李嘉言

太白风流绝代高，开樽对月兴尤豪。

华池一调垂千古，不向湘江学楚骚。

乙亥宿州作

（清）侯方域

宿州前路上，衰草尚纵横。

旷野龙蛇迹，荒原雉兔行。

马饥鸣后队，寇乱泊孤城。

将略书生在，凭谁欲请缨。

隋　堤

（清）侯方域

隋家天子绿杨堤，万古春风野鸟啼。

几处吹箫云漠漠，经时拾翠草萋萋。

龙舟想象牙樯入，彩袖虚无簇仗齐。

寂寞荒城南北望，老人独自杖青藜。

注：作者商丘人，为明末清初四公子之一，能诗文。

登扶疏亭

（清）吕云英

文士胸中有成竹，坡翁墨寄千秋馥。

构亭增起凤高岗，遗迹扫空花万谷。

世远犹存君子称，人遥欲动湘妃哭。

后来名笔也同芳，莫道残碑当刮目。

宿州道中

（清）袁枚

问路沙何阔，思乡草又生。

客填茅店杂，火傍马头明。

雪色遥争市，河声欲进城。

施鞭共僮仆，弹指记春晴。

注：作者为清代乾隆年间著名诗人。

登高皇山远眺

（清）陶澍

乱石如羝卧夕阳，符离集北此重岗。

凭高尽览长堤水，设险曾经古战场。

尚睹遗词题汉帝，因怀宅土自殷商。

登临别有关心处，岁晚饥鸟慕稻粱。

注：作者为湖南安化人，晚清名臣，官至两江总督。道光年间，筹划安徽荒政至宿州。

归次符离

（清）王渔洋

万里归来两鬓苍，阅他南汉与南唐。

短衣射虎心犹壮，重过符离古战场。

注：王渔洋，本名王士禛，死后因避雍正（胤禛）讳，改士正，乾隆诏命改为士祯。字子真，号阮亭，又号渔洋人，山东新城〈今桓台〉人。顺治进士，官至刑部尚书。善诗文，生前即享盛名，门生众多，影响很大。

吊闵子骞

（清）王久叔

闵子祠堂官道西，芦花满地草萋萋。

庭前几株长松树，不是慈鸟不敢栖。

南辕杂诗

（清）曹寅

野山齾齾草飕飕，遥指飞云入宿州。

头白与斯相顾笑，马啼不似少年游。

注：①曹寅：清军镶蓝旂人，官至江宁织造等，曹雪芹的祖父。著有《栋亭诗词钞》。

②齾（yà）：缺齿。齾齾：参差貌。

③原诗末自注："夹沟驿呼鹰处，往来廿十年矣。"

黄花洞

（清）爱新觉罗·弘历

草色青青云色霞，黄桥湖畔几人家。

孤家面临黄花洞，未见黄花见杏花。

注：传说乾隆下江南时曾于黄桥湖（即三山湖）畔写下这首七绝。

七律二首

（清）郑燮

一、项羽

已破章邯势莫挡，八千子弟赴咸阳。
新安何苦坑秦卒，灞上焉能杀汉王！
玉帐深宵悲骏马，楚歌四面促红妆。
乌江水冷秋风急，寂寞野花开战场。

二、虞姬墓

半堤杨柳数株松，玉骨沉沙万鬣封。
霸业一场无片土，美人千载有芳踪。
花沾剑血红犹湿，草认香魂绿正浓。
泣绝阴陵山下路，残碑谁吊女英雄。

扶疏亭怀古

（清）董荣有

突兀古亭墨迹留，扶疏二字几经秋。
春深老树犹啼鸟，雨后新池不泛鸥。
疏影半窗思渺渺，清风千载韵悠悠。
而今也有徐州牧，送竹何人到宿州。

过白香山韩昌黎符离寓居处有感

（清）蔡霖苍

符离古孔道，前贤流寓多。
白韩二巨公，到处迹不磨。
白年方二十，五岁居此邑。
每从刘使君，与张伯仲集。
韩以仕建封，三年羁客踪。
建封殁乃去，而致足音跫。
今过两公宅，离离湮黍稷。
何处共啸吟，渺茫不可识。
幸有遗文在，千年星日垂。
《原道》《新乐府》，触目系人思。

注：①白韩：指白居易、韩愈（昌黎）。
②建封：指驻徐州武宁军节度使张建封。

辨　讹

（无名）

青谷何曾葬许卿，何曾武里住渊明。
相山香火传讹谬，浍水文波借染成。
误认埇桥为甬上，岂知宿国在东平。
莽新一改吾符县，山下符离失姓名。

无　题

（清）何庆钊

剖竹符离十二年，临行洒泪取一钱。
两袖清风别父老，一腔肝胆对青天。

注：作者为清光绪年间宿州知州，连任12年，为官清廉。离任时百姓夹道跪送，拦车挽留，何庆钊触景生情口占此诗以示惜别。

燕喜台

（清邑令）郭浩

柳色湖光绕槛开，千秋明月几登台。
谪仙去后留题少，却爱农歌到耳来。

咏宿州八景

（清）李心锐

扶疏余韵

墨宝真千古，坡仙妙笔留。
烟云曾画竹，风雨自鸣秋。
潇洒心如寄，婆娑影不收。
此间无俗韵，亭外月衔钩。

谯楼暮鼓

叠叠衙前鼓，听来暮色幽。
霜风催画角，星月动谯楼。
响震三更梦，声传四野秋。
渔阳同感慨，挝破古今愁。

符离晓渡

谁唤符离渡，苍茫送客舟。
野烟低水面，初日上滩头。
两岸人声聚，中流浪影浮。
前村鸡唱晓，黄叶一鞭秋。

徐园芳树

寝殿巍然在，园高树树芳。
恩波缘马后，汤沐赠徐王。
竹影摇风翠，松花带雨香。
符离谁吊古，墓上几斜阳。

闵墓松风

墓门风扫地，松老作龙吟。
节夺权臣气，声传孝子心。
芦花空洒泪，汶水自流音。
德行齐颜氏，千秋俎豆歆。

烟寺晨钟

红尘飞不到，古寺锁秋烟。
塔影浮空界，钟声度晓天。
敲残僧带梦，惊醒鹤参禅。
谁向云中听，悠然断复连。

相灵叠翠

峥嵘凌碧落，山势聚相灵。
雨涤螺痕翠，云穿鸟道青。
轻烟团古寺，老树锁孤亭。
乘月来峰顶，扪天欲摘星。

睢阳古道

揽辔睢阳道，山川感慨中。
饭牛多隐逸，逐鹿几英雄。
柳剩堤边绿，尘消陌上红。
符离谁驻马，月照战场空。

注：作者为安徽潜山人，清光绪年间宿州训导。

五、历史图辑

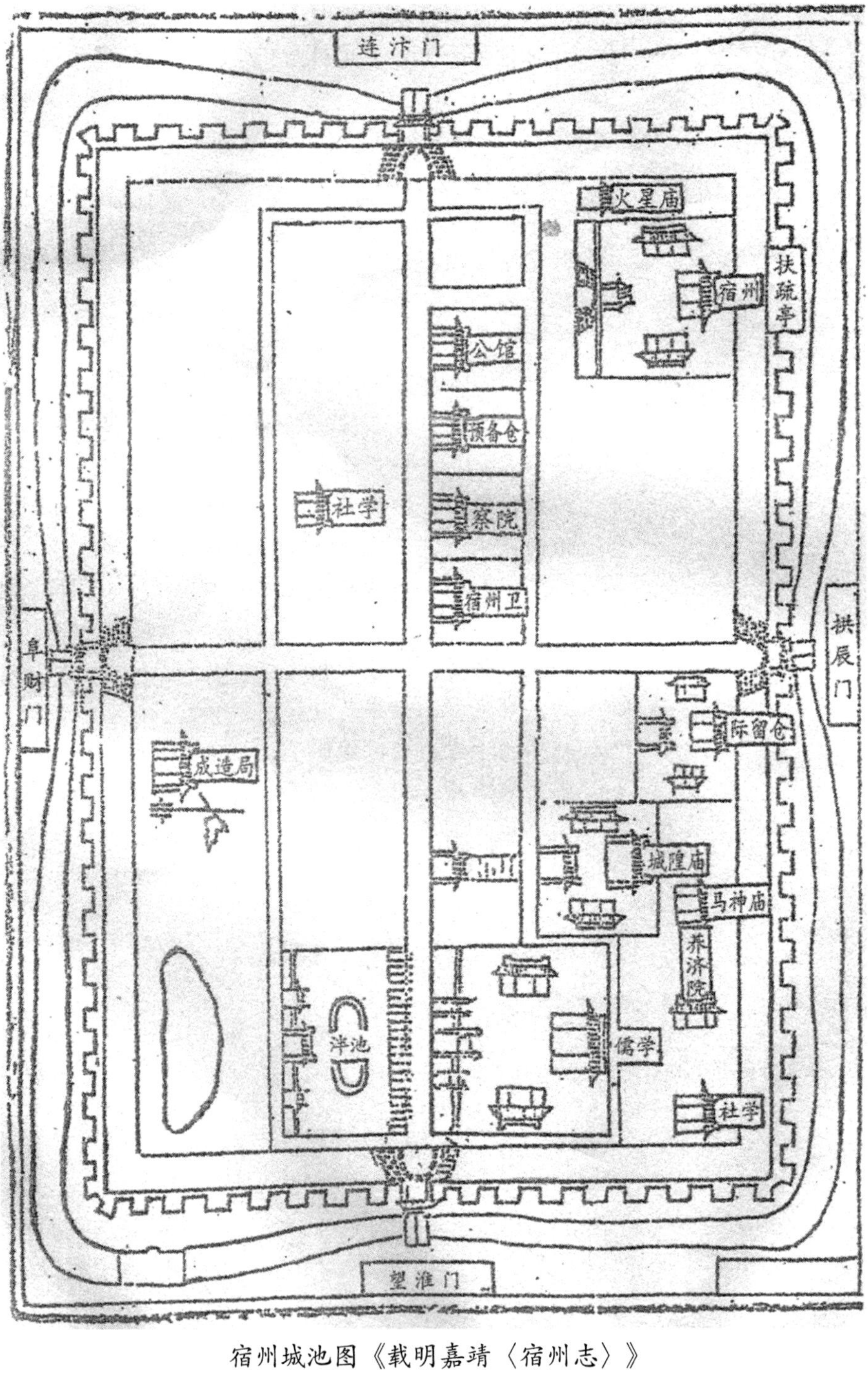

宿州城池图《载明嘉靖〈宿州志〉》

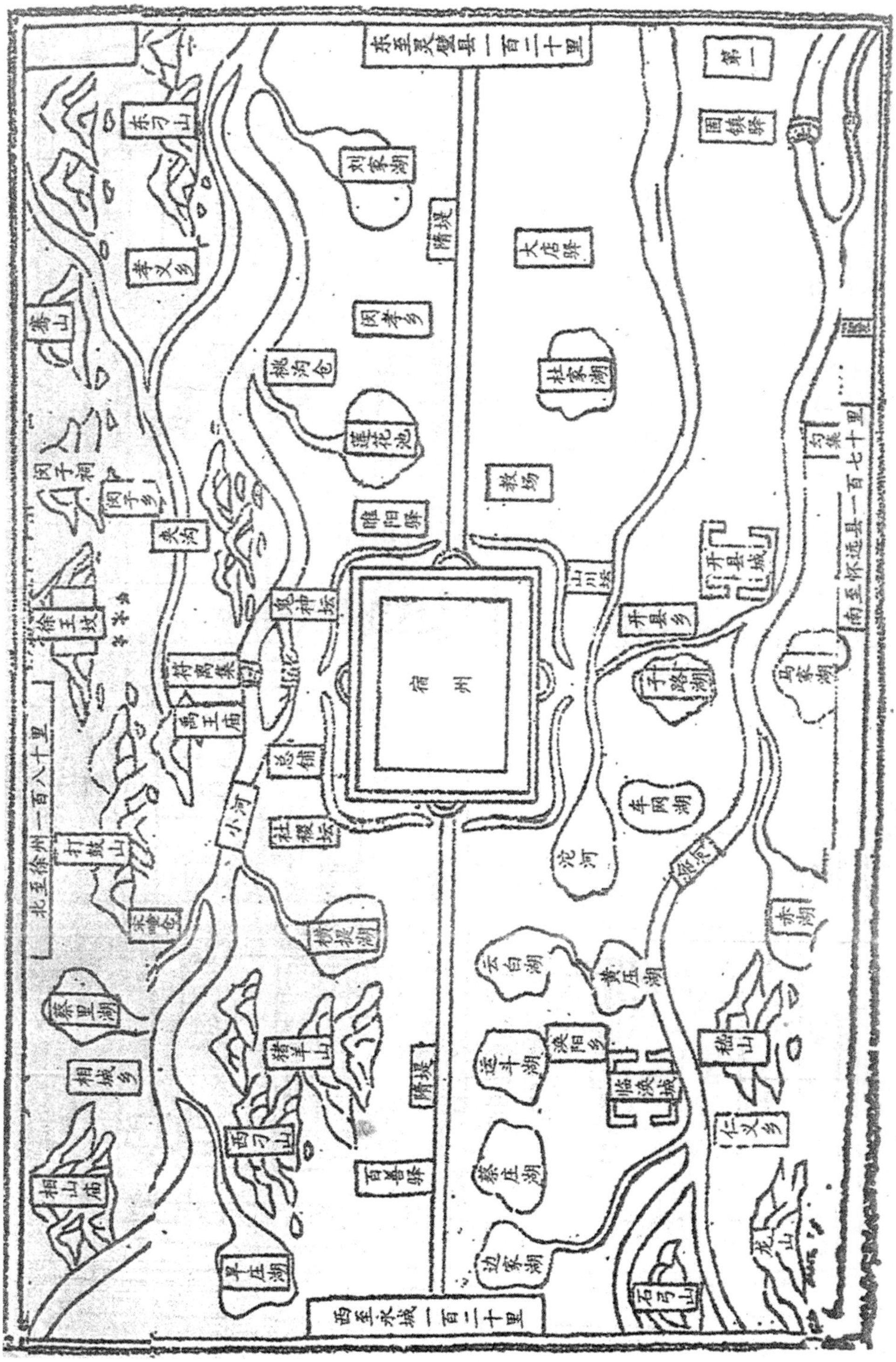

宿州州境图（载明嘉靖《宿州志》）

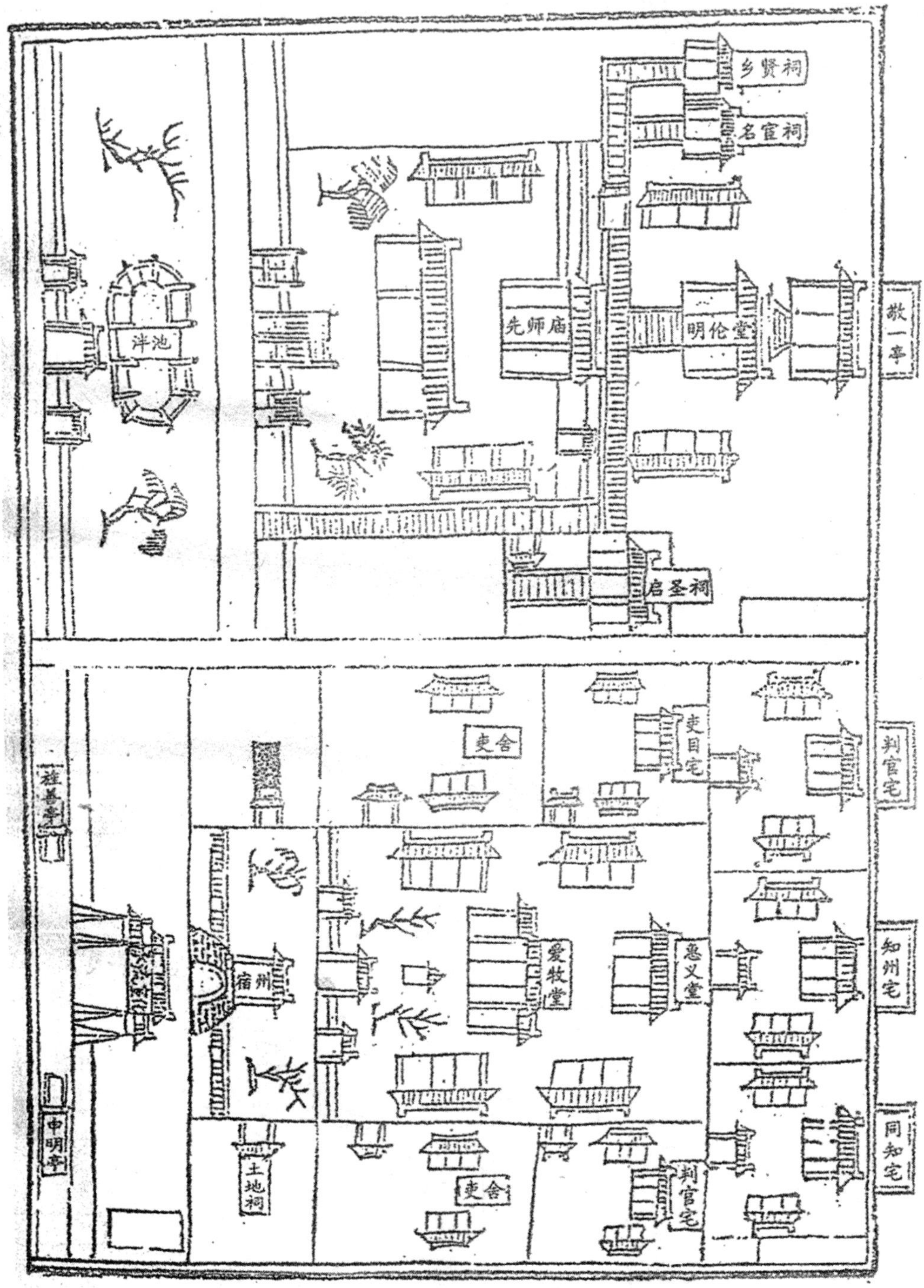

宿州州学图、州治图

（载明嘉靖《宿州志》）

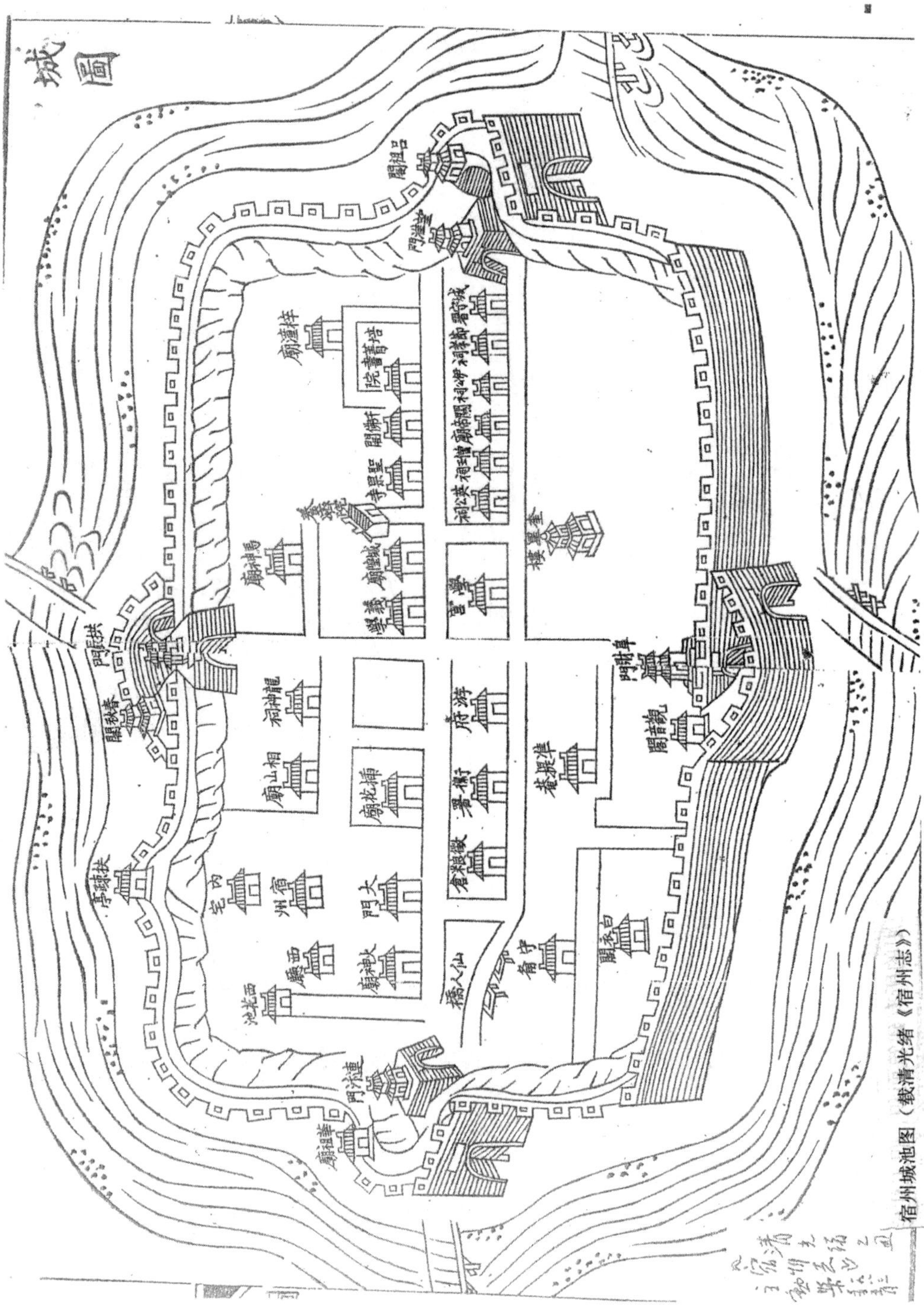

宿州城池图（载清光绪《宿州志》）

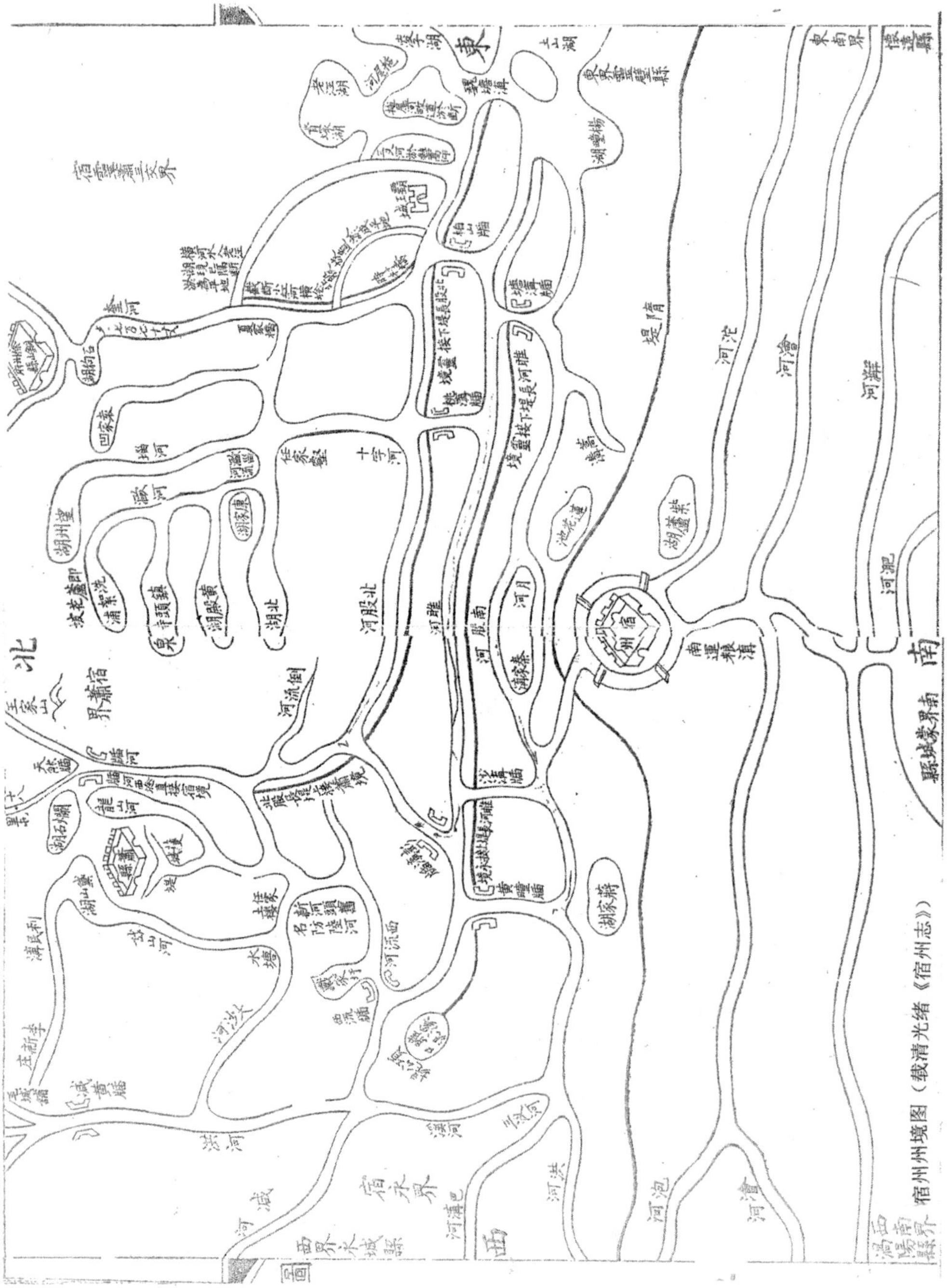

宿州州境图（载清光绪《宿州志》）

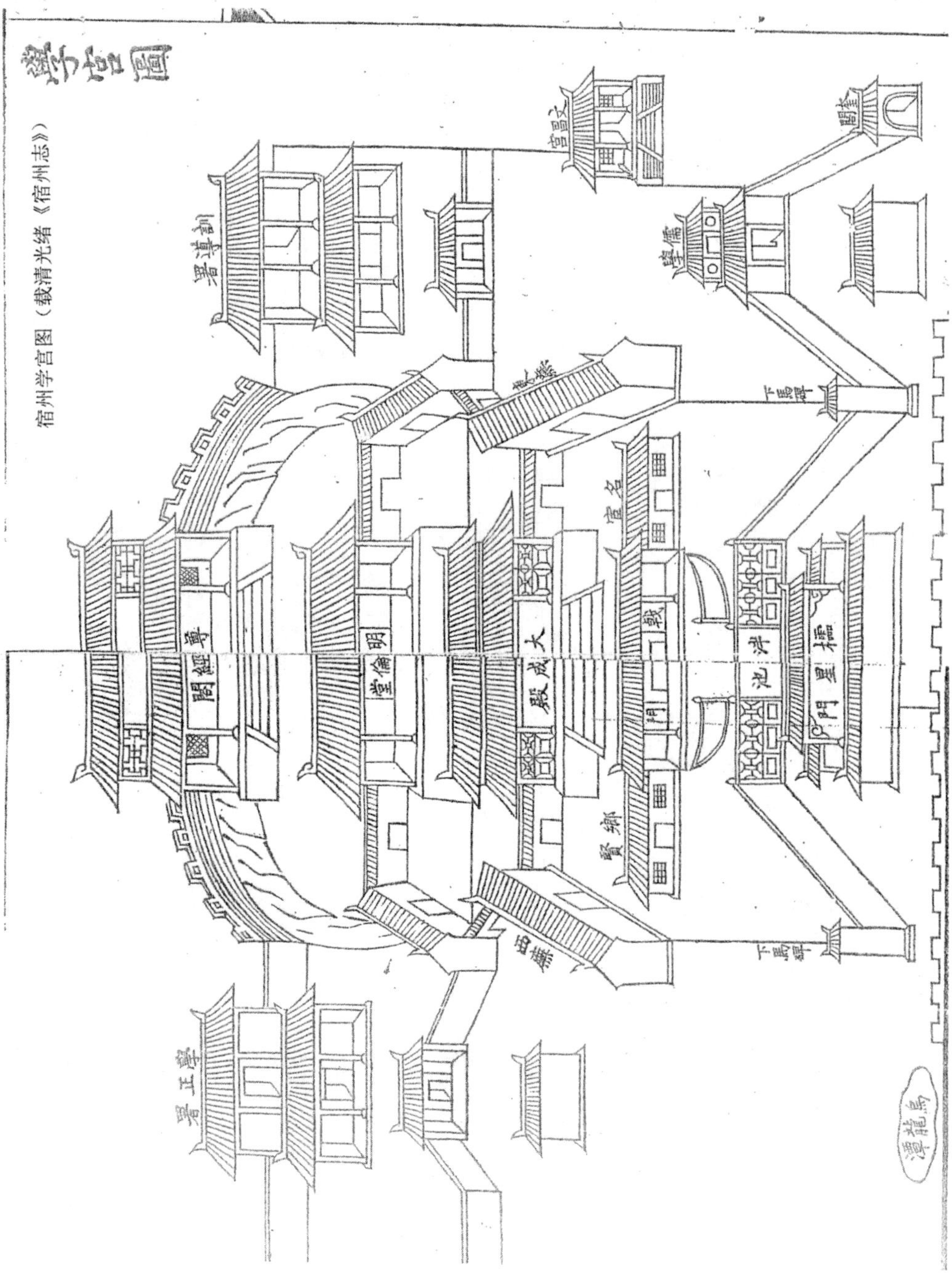

宿州学宫图（载清光绪《宿州志》）

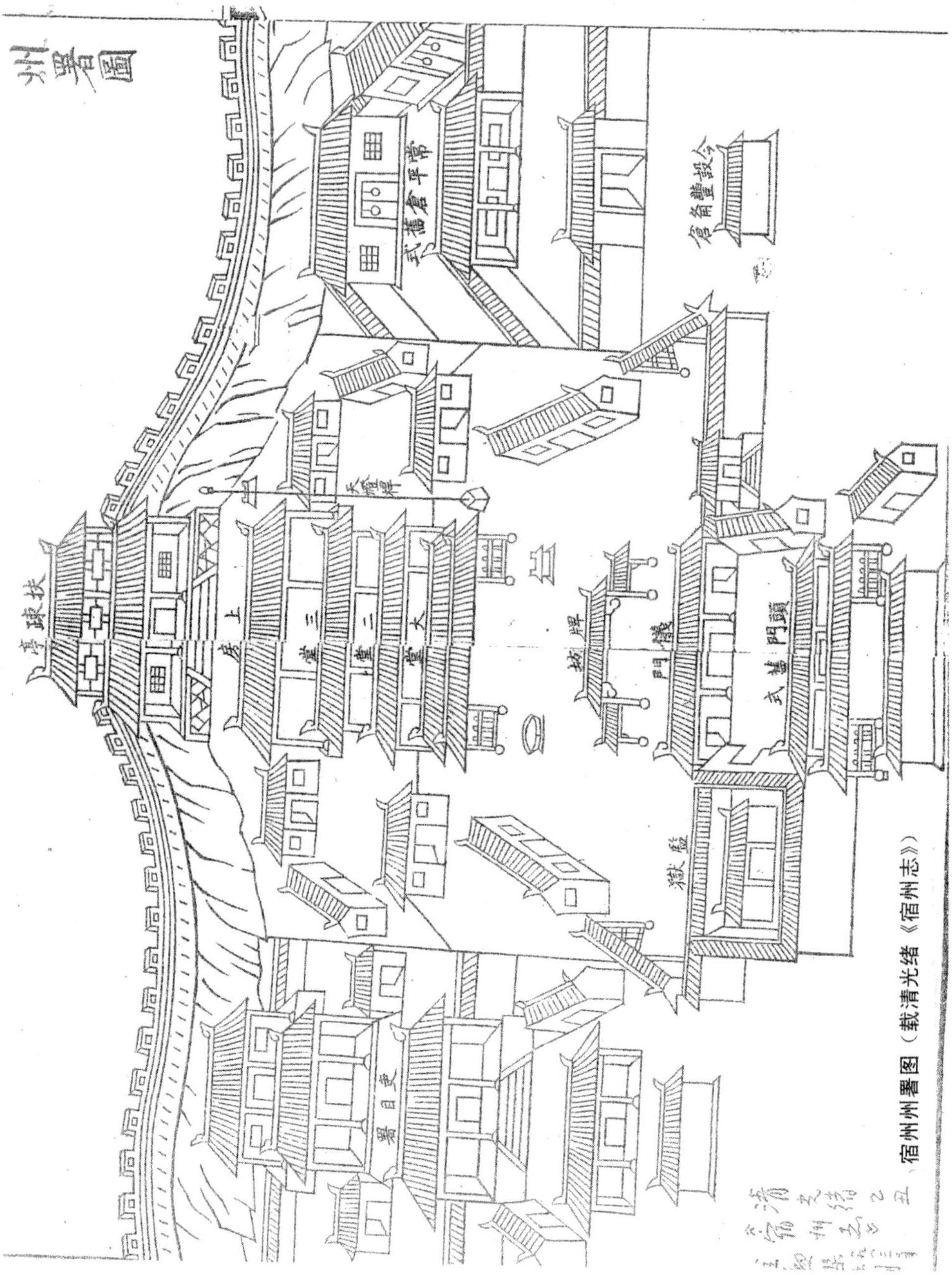

宿州州署图（载清光绪《宿州志》）

清宿州八景图（载清光绪《宿州志》）

渡曉雞村
圖七

睢陽官道

烟寺晨鐘

凮松臺閣

六、“十一五”（2006—2010年）经济社会发展简述

“十一五”规划期间，是宿州调整思路，积聚实力，全面进入快速发展新阶段的重要准备时期。市委、市政府紧紧依靠和带领全市人民，坚持以邓小平理论和“三个代表”重要思想为指导，全面贯彻落实科学发展观，抢抓新一轮经济增长机遇，围绕“两个跃升，一个崛起”奋斗目标，以“两区两园”建设为抓手，大力实施工业扩张、城镇扩容、农业提升三大战略，努力克服各种自然灾害和突发事件的不利影响，成功地应对了金融危机带来的经济发展压力，摆脱了国民经济低速低效运行状态，进入快速发展期。

综合实力显著增强。宿州市生产总值连跨三个百亿元台阶，达到650.3亿元，年均增长11.5%左右，高于“十五”3个百分点；人均生产总值超过1700美元，实现了经济总量指标和人均指标双翻番。财政收入连跨三个10亿元台阶，达到43.2亿元，年均增长26.4%，高于“十五”14.9个百分点。固定资产投资累计完成1148亿元，是“十五”的3.8倍，年均增长36.7%，高于“十一五”规划指标11.8个百分点。主要经济指标平均保持两位数增速，经济发展的稳定性显著提高，综合实力不断增强。

结构调整步伐加快。二次产业增加值于2008年首次超过一产增加值，三次产业比例由2005年的40.5：24：35.5调整为2010年的27.9：37.9：34.2，其中二产提高了13.9个百分点，对全市经济增长起到了决定性的拉动作用。工业扩张战略效果显著，规模以上企业数量达到893户，其中产值过亿元的企业140户。工业化率达到33.2%，对经济的贡献率超过45%，标志着宿州市已进入加速工业化进程的新阶段。主导产业不断发展壮大，煤炭能源、农副产品加工等八大支柱产业完成增加值占规模以上工业增加值总量的73%。农村经济持续增长，农业提升战略成效显著，粮食生产连续六年丰收，农业产业化、农机化综合水平保持全省领先，现代农业综合示范区开局良好。节能减排目标全面完成，全市万元GDP能耗比“十五”末下降20%。

城乡建设日新月异。城乡统筹发展步伐加快，城镇扩容战略顺利推进。经济开发区、埇桥循环经济示范园和汴河新区的建设使城市发展空间快速拓展，市区建成区面积由五年前的30平方公里扩大到50平方公里，人口由34万人增加到50万人，中心城市经济承载能力和辐射力进一步增强。“三城同创”成效明显，城市品位不断提升。城镇化进程进一步加快，城镇化率上升到35%，五年提高10个百分点，基本形成主城区为中心，四县县城为骨干，各重点镇、中心镇为补充，分工明确、层次清晰、布局合理的城镇体系。

交通区位优势快速提升。实现通达皖、苏、鲁、豫四省省会公路高速化，区域交通枢纽地位凸显。京沪高铁、宿淮铁路、泗许高速、徐明高速、济祁高速工程进展顺利，郑徐客运专线、宿州－淮北－徐州城际铁路开工在即。市级道路建设总投资约9亿元，改建总里程约650公里，新增二级公路约320公里；100%的行政村通达农村公路，建设维护累计完成投资预计超过13亿元，市域交通综合路网体系初具规模。

自主创新能力不断增强。涌现出一批自主创新的骨干企业，认定高新技术企业达到31家、高新技术产品53项，省级创新型（试点）企业5家。全市共申请专利1202件，专利授权量672件， 分别比“十五”期间增加了207%、159%。承担省级以上科技计划项目110项，获资金支持4000余万元。81项科技成果通过鉴定（审定）并登记，获市科技奖励项目38项，获省科技三等奖11项。科技创业服务中心建成运转，国家级农业科技示范园通过科技部验收。

改革开放深入推进。外事活动取得突破进展，分别与美国奥克兰市、墨西哥阿坎巴罗市缔结为友好城市。招商引资成效显著，五年累计落地项目3300多个，实际到位资金855亿元，连续多年居皖北六市前列。成功举办中国国际腐蚀控制大会、中国宿州灵璧石国际文化节、黄淮海地区农资博览会和中国果蔬加工砀山论坛，展示了对外开放新形象。新一轮机构改革深入推进，行政效率明显提高。国企改革迈出坚实步伐，全市142户国有和集体中小企业进入改制程序，完成改制62家。非公有制经济发展加快，占经济比重不断提高。农村综合改革、土地流转制度改革稳步推进，基层医药卫生体制综合改革试点、扩权强镇试点顺利开展，农村科技创新和金融创新试点走在全省前列。

民生改善富有成效。33项民生工程进展顺利，累计投入财政资金65.5亿元。城乡居民收入不断增加，城市居民人均可支配收入和农民人均纯收入分别达到14669元和4766元。累计新增就业14.1万人，再就业下岗失业人员5.8万人，城镇登记失业率控制在4.3%以内。城镇基本医疗保险参保率达87.35%，城乡最低生活保障覆盖面达到100%，城镇职工养老保险、基本医疗保险和失业保险的综合覆盖率均达90%以上。人口自然增长率稳定在7‰。

和谐社会全面加强。扎实开展“四民”活动、“四企”活动和“四型机关”创建活动，发展环境明显优化，干群关系进一步改善，社会大局和谐稳定。安全生产形势总体平稳，产品质量和食品药品市场专项整治深入推进。教育事业、文化事业、卫生事业、体育事业全面进步，公民科学文化素质、思想道德水平、身体健康水平得到明显提高。

综上所述，“十一五”期间是全市综合经济实力迈上新台阶的五年，是以工业化、城镇化和农业现代化为主线的结构调整取得积极进展的五年，是全面稳步改善民生实现社会和谐稳定的五年。“十二五”时期，宿州市已具备加速崛起的坚实基础。

七、宿州市2013年国民经济和社会发展统计公报[1]

宿州市统计局　国家统计局宿州调查队

（2014年3月27日）

2013年，在市委、市政府的正确领导下，全市上下认真贯彻落实中央和省委省政府各项方针政策，紧紧围绕“整体承接、双轮驱动、三区共进、四化同步”发展战略，持之以恒“抓主抓重、苦干实干、提速提效、争先争优”，国民经济运行平稳有序，各项社会事业取得新的进步，社会民生持续改善。

一、综合

年末全市总人口641.93万人，全年出生人口8.97万人，出生率13.87‰；死亡人口4.96万人，死亡率7.67‰；自然增长率6.2‰。出生人口性别比119.4。全市常住人口543.1万人。城镇化率36.2%，比上年提高1.4个百分点。

2013年年末人口数及其构成

单位：万人

指　标	年末数	比重（%）
总人口	641.93	100.0
男性	332.15	51.7
女性	309.78	48.3
18岁以下	139.01	21.7
18－35岁	188.27	29.3
35－60岁	217.07	33.8
60岁以上	97.58	15.2

初步核算，全年生产总值（GDP）[2] 1014.33亿元，按可比价格计算，比上年增长10.5%。分产业看，第一产业增加值251.17亿元，增长4.0%；第二产业增加值425.95亿元，增长13.9%；第三产业增加值337.2亿元，增长10.8%。三次产业结构比为24.8：42.0：33.2。其中，二、三产业比重分别比上年提高0.5、0.6个百分点，工业增加值比重提高0.7个百分点。人均生产总值18784元（折合3081美元），比上年增加1746元。全社会劳动生产率28129元/人，比上年增加2976元/人。全年民营经济增加值[3]

562.8亿元，增长18.9%。

2009~2013年全市生产总值及其增长速度

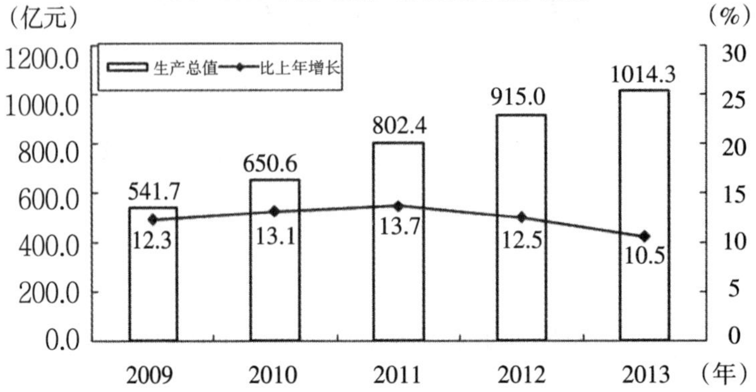

2013年全市生产总值及其增长速度

单位：亿元

指标	绝对数	比上年增长（%）
生产总值	1014.33	10.5
第一产业	251.17	4.0
第二产业	425.95	13.9
工业	376.52	14.4
建筑业	49.43	10.4
第三产业	337.21	10.8
交通运输、仓储和邮政业	52.80	9.9
批发和零售业	77.95	9.5
住宿和餐饮业	14.77	6.6
金融业	10.64	6.6
房地产业	20.52	18.9
营利性服务业	70.54	13.9
非营利性服务业	89.99	9.6

居民消费价格基本稳定。全年居民消费价格（CPI）上涨2.3%。其中，食品上涨4.2%。商品零售价格上涨1.3%，农业生产资料价格上涨4.0%。

2013年全市居民消费价格比上年涨跌幅度

类别	涨跌幅度（%）
居民消费价格	2.3
食品	4.2
烟酒	-0.1
衣着	2.7
家庭设备用品及维修服务	0.7
医疗保健及个人用品	0.7
交通和通信	-0.3
娱乐教育文化用品及服务	3.1
居住	1.4

全年财政收入100.31亿元，比上年增长20.8%。其中，地方财政收入66.35亿元，增长24.5%。从部门看，国税收入37.18亿元，增长12.4%；地税收入44.64亿元，增长27.3%。从结构看，税收收入80.52亿元，增长20.2%。非税收入19.79亿元，增长23.3%。从主体税种看，增值税增长1.3%，营业税增长17.8%，企业所得税增长43.2%，个人所得税增长33.5%。全年财政支出222.4亿元，增长14.8%。民生支出178.02亿元，增长13.1%。其中，教育支出下降4.4%，医疗卫生支出增长25.3%，社会保障和就业支出增长30.2%，住房保障支出增长23.9%。

2009~2013年公共财政总收入及其增长速度

年末全市从业人员362.1万人，比上年增加3万人。分产业看，第一产业153.9万人，比上年减少3.7万人；第二产业101.4万人，比上年增加4.1万人；第三产业106.8万人，比上年增加2.6人。城乡私营企业从业人员和个体劳动者33.1万人，比上年减少2万人。

全年城镇新增就业7.5万人，安置下岗失业人员再就业1.7万人，转移农业劳动力6.8万人，4064人参加创业培训。城镇登记失业率控制在3.88%以下。

二、农业

全年完成农业总产值448.09亿元，比上年增长4.0%。其中，种植业产值243.16亿元，增长3.6%；林业产值16.81亿元，增长7.3%；畜牧业产值160.96亿元，增长3.9%；渔业产值9.65亿元，增长8.6%；农林牧渔服务业产值17.51亿元，增长6.4%。

全年粮食种植面积80.6万公顷，比上年增长0.4%。其中，小麦面积35.37万公顷，增长0.2%；油料种植面积5.27万公顷，下降5.2%；棉花种植面积2万公顷，下降14.1%；蔬菜及食用菌种植面积7.41万公顷，增长5.3%。

全年粮食产量379.14万吨，比上年增长0.6%；其中，夏粮229.62万吨，增长2.6%；秋粮149.53万吨，下降2.4%。棉花产量2.6万吨，下降13.2%；油料总产量22.62万吨，下降2.2%；蔬菜及食用菌产量288.55万吨，增长4.9%。

2013年主要农产品产量及其增长速度

单位：万吨

产品名称	绝对数	比上年增长（%）
粮食	379.14	0.6
油料	22.62	－2.2
花生	20.65	－1.4
油菜籽	1.63	－8.5
棉花	2.60	－13.2
蔬菜及食用菌	288.55	4.9
园林水果	170.21	－4.3

全年肉类总产量49.77万吨，增长3.1%；水产品产量4.21万吨，增长6.3%；奶类产量1.6万吨，增长4.2%；禽蛋产量25.73万吨，增长5.6%。

年末全市农业机械总动力804.98万千瓦，大中型拖拉机保有量4.3万台，联合收割机保有量1.86万台，大中型拖拉机配套比1：2.03，耕种收机械化水平达到84.2%。全年农用化肥施用量（折纯）34.24万吨，增长1.9%。其中复合肥16.55万吨，增长11.1%。农村用电量8.46亿千瓦时，增长6.2%。

全年耕地灌溉面积410.99千公顷，新增耕地灌溉面积6.93千公顷；新增节水灌溉面积2.12千公顷。

三、工业和建筑业

全年全部工业增加值376.52亿元，增长14.4%。其中，规模以上工业增加值[4] 300.69亿元，增长14.6%。全年战略性新兴产业产值65.3亿元，增长27.6%。农产品加工业产值644.6亿元，增长25.8%。

2009~2013年公共财政总收入及其增长速度

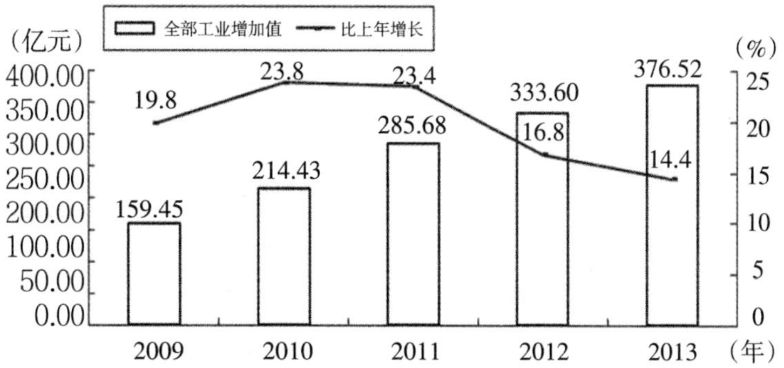

2013年规模以上工业增加值及其增长速度

单位：亿元

指标	绝对数	比上年增长（%）
规模以上工业	300.69	14.6
其中：轻工业	126.29	16.7
重工业	174.40	13.2
其中：国有企业	31.36	-6.3
集体企业	0.89	11.8
股份合作企业	0.54	15.4
股份制企业	214.57	18.2
外商及港澳台投资企业	21.64	13.7
其中：国有控股企业	81.33	6.8
其中：大中型工业企业	136.51	7.7

全年规模以上工业中，九成以上大类行业增加值保持增长。其中，非金属矿物制品业增长27.5%，木材加工和木、竹、藤、棕、草制品业增长19.2%，皮革、毛皮、羽毛及其制品和制鞋业增长18.8%，电力、热力的生产和供应业增长12.5%，农副食品加工业增长6.6%。

全年规模以上工业企业实现主营业务收入1121.83亿元，增长22.4%。全年规模以上工业效益综合指数为273.2，产品销售率达到98.1%。

2013年主要工业产品产量及其增长速度

产品名称	单位	绝对数	比上年增长（%）
煤炭	万吨	1556.00	−3.8
小麦粉	万吨	482.25	3.3
饲料	万吨	52.35	17.8
布	万米	4808	24.5
服装	万件	5363	2.2
纱	万吨	8.27	−5.9
饮料酒	万升	10502.1	14.9
罐头	万吨	39.57	15.9
轻革	万平方米	10.07	16.8
发电量	亿千瓦时	129.72	24.5
水泥	万吨	845.38	55.1
化肥	万吨	49.02	−3.3
机制纸及纸板	万吨	28.04	−9.3
塑料制品	万吨	11.26	9.5

全年建筑业总产值170.25亿元，增长20.3%。实现利税19.54亿元，增长103.5%。房屋建筑施工面积765.70万平方米，增长17.9%。

四、固定资产投资

全年固定资产投资[5] 773.30亿元，比上年增长26.0%。其中，城镇固定资产投资431.31亿元，增长18.8%；农村非农户投资199.49万元，增长35.6%。

分产业看，第一产业投资14.65亿元，下降0.04%；第二产业投资440.64亿元，增长21.4%；第三产业投资318.01亿元，增长34.8%。全年工业投资435.87亿元，增长20.7%。

全年房地产开发投资142.5亿元，增长37.7%。商品房销售面积420.33万平方米，增长45.4%。

2009~2013年固定资产投资及其增长速度

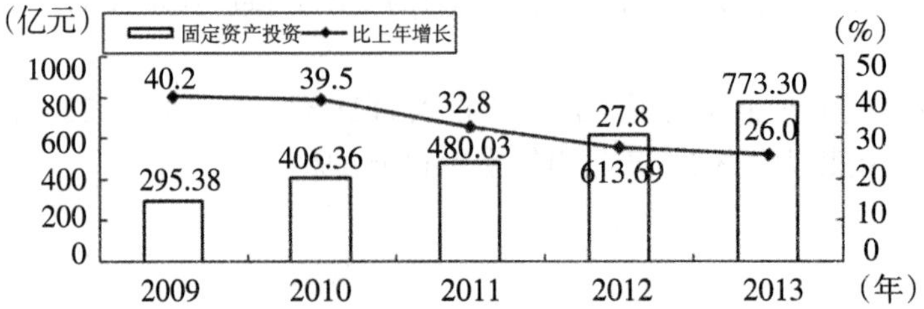

全年重点项目建设加快。宿淮铁路、泗许高速二期建成通车，郑徐客运专线、徐明高速、济祁高速、大外环加快建设，民航机场、符夹线扩能改造等项目前期工作扎实开展。冠军建材、惠丰新能源、海螺水泥二期、金黄庄煤矿等项目建成或投入试生产。官山风电场并网发电，深能集团符离光伏电站、阳光电源埇桥和萧县光伏电站、钱营孜及祁县低热值煤发电等项目前期工作快速推进。姬村至沱河、曹村、草庙等输变线路建成运营。河流治理、水闸水库除险加固、农村饮水安全工程、新汴河灌区续建配套与节水改造、沱河洼地治理外资等项目年度任务顺利完成。

2009~2013年社会消费品零售总额及其增长速度

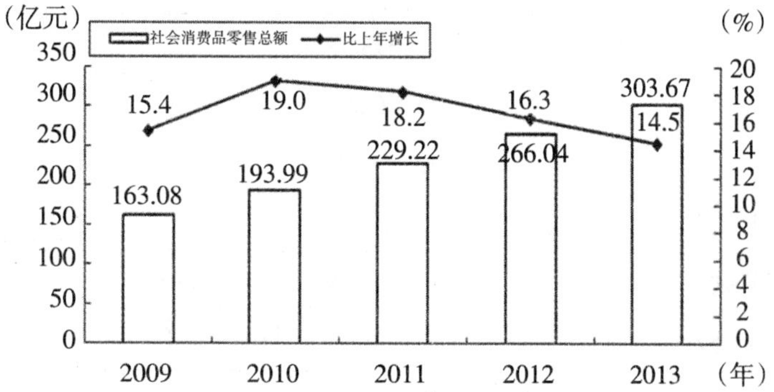

五、国内贸易和对外经济

全年社会消费品零售总额303.67亿元，增长14.5%。其中，限额以上消费品零售总额145.72亿元，增长22.4%。从商品零售类值看，粮油、食品、饮料、烟酒类增长28.3%；服装鞋帽、针、纺织类增长23.1%；日用品类增长33.3%；中西药品类增长32.4%；家用电器和音像器材类增长28.1%；化妆品和金银珠宝类分别增长30.2%和32.8%。

全年海关进出口总额5.35亿美元，增长31.6%。其中，进口总额0.63亿美元，增长48.5%；出口总额4.72亿美元，增长29.7%。

全年利用内资实际到位资金1100.07亿元，增长56.6%；实际利用外商直接投资4.68亿美元，增长26.4%。

六、交通、邮电和旅游

全年交通运输仓储和邮政通信业实现增加值52.80亿元，增长9.9%。全年公路客运量7209万人，旅客周转量423576万人公里。公路货物运输量25179万吨，货物周转量7265642万吨公里。

全年邮电业务总量29.53亿元，增长20.2%；年末移动电话用户334.84万户，比上年增加34.64万户，增长11.5%；年末固定电话用户52.60万户，减少12.07万户；计算机互联网用户达到39.97万户，比上年增长29.3%。

全年入境旅游人数2.35万人次，比上年同期增长13.4%；国际旅游外汇收入1241.78万美元，增长37.8%；旅游总收入69.06亿元，增长18.8%；国内旅游人数1149.45万人次，增长17.8%。

七、金融和保险

年末金融机构各项存款余额达1155.88亿元，增长13.9%。其中储蓄存款762.96亿元，增长14.7%。年末金融机构各项贷款余额558.60亿元，增长20.6%。

2013年末金融机构存贷款余额及比年初增减

单位：亿元

指标	年末数	比年初增减
各项存款余额	1155.88	141.11
其中：单位存款	338.58	44.76
储蓄存款	762.96	97.88
财政性存款	41.42	－7.38
各项贷款余额	558.60	95.27
其中：短期贷款	256.38	29.40
中长期贷款	284.44	63.61

全年保险业保费收入36.99亿元，增长22.0%。其中，财产险保费收入10.97亿元，增长21.8%；人寿险保费收入26.02亿元，增长22.1%。赔款和给付支出13.12亿元，增长60.6%。其中，财产险赔款5.66亿元，人寿险赔款和给付7.46亿元。

八、教育、科学技术和文化

教育科技文化事业持续发展。全年普通高等学校招生0.97万人，在校学生3.39万人，毕业生1.02万人。高中阶段招生3.21万人，在校生10.64万人，毕业生3.21万人。高中阶段毛入学率77.85%。中等职业学校招生3.13万人，在校生6.10万人，毕业生1.34万人。初中阶段招生5.71万人，在校生17.70万人，毕业生6.44万人。初中学龄人口入学率99.87%。小学招生7.89万人，在校生37.16万人，毕业生5.67万人。小学学龄儿童入学率99.97%。幼儿园在园幼儿16.81万人。特殊教育在校学生0.08万人。

全年研究与试验发展（R&D）经费支出4.66亿元，增长113.1%。全市院士工作站2家。23家企业列入省培育库，高新技术企业26家，其中新增企业12家。新认定高新技术产品31项，实现产值112亿元，增加值28.4亿元，分别增长39.0%、33.7%。全市专利申请量2275件，增长39.5%，其中发明专利申请量1037件，增长81.6%。

全市共有公共图书馆5个，图书馆藏书量27.38万册（张）。群众文化事业馆、站107个。年末有线电视入户率13.82%，广播节目综合人口覆盖率92.77%；电视节目综合人口覆盖率93.98%。全年开展各类文艺演出3372场，体育活动7248场，放映电影14448场，更新农家书屋出版物13.04万册。

年末全市审批等级运动员125人。全市共有等级裁判员2833人，社会体育指导员2055人。全市举办各项类群众性体育93项次，开展各项全民健身活动58次。省及省级以上比赛共获得金牌30枚，银牌34枚，铜牌37枚。完成农民体育健身工程205个，全民健身广场10个，全民健身苑18个，社区俱乐部5个，省示范晨晚练点46个。

九、卫生和社会服务

全市拥有卫生机构1852个。其中，基层医疗卫生机构1689个，专业公共卫生机构96个，其他卫生机构4个。医院、卫生院171个。全市实有床位1.68万张，其中医院1.06万张，乡镇卫生院0.56万张。全市卫生技术人员1.88万人，其中，执业医师和执业助理医师0.77万人，注册护士0.70万人。

各类社会福利收养性单位216个，福利收养性单位床位1.54万张。全市城镇社区服务设施109处。其中，社区服务中心24个。各种社会福利收养性单位216个，床位1.54万张。年末全市共有4.24万人享受城镇居民最低生活保障，27.72万人享受农村居民最低生活保障。

全年销售社会福利彩票3.56亿元，筹集福利彩票公益金0.36亿元。

十、人民生活和社会保障

全年城镇居民人均可支配收入21713元，增长10.0%；城镇居民家庭恩格尔系数[6]为40.23%，比上年下降1.2个百分点。城镇居民人均住房建筑面积36.16平方米，比上年增加1.1平方米。

全年农民人均纯收入7571元，增长14.1%；人均生活消费支出5069元，增长13.4%；农村居民家庭恩格尔系数为40.2%，比上年下降0.4个百分点。农村居民人均拥有住房面积37.2平方米。

年末人均储蓄存款11884元，比上年增加1678元，增长16.4%。

全年参加城乡居民养老保险人数331.49万人。其中，城镇居民参保7.63万人，农村居民参保323.86万人。年末医疗保险参保人数88.55万人，增长4.2%。其中，城镇职工参保28.95万人，增长0.3%；城镇居民参保59.6万人，增长6.3%。年末参加农村新型合作医疗人数达527.26万人，参合率达98.34%。

十一、资源、环境和安全生产

全年降水量925.0毫米。全年平均气温16.1℃。极端气温最高39.4℃，极端气温最低－9.2℃。全年日照时数2360.1小时。

全市当年造林面积7516公顷，四旁（零星）植树1103.7万株。

全市省级生态乡镇8个，省级生态村45个。

城市集中式饮用水源地水质、水量达标率均为100%。

环境空气质量二级。城区空气质量优良率为91.5%，空气污染指数API年均值为77.8。

城市区域声环境等效声级均值和城市道路交通噪声等效声级均值分别为48.8dB（A）和64.6dB（A）。

全年废水排放总量14980万吨，废水中COD排放总量10.65万吨；废水中氨氮排放总量1.01万吨；废气中二氧化硫排放总量3.51万吨，废气中氮氧化物排放总量6.63万吨。全年化学需氧量较上年削减1.16%，氨氮较上年削减1.49%，二氧化硫较上年削减1.27%，氮氧化物较上年削减2.96%。

年末城市污水处理厂日处理能力达28万吨。

城市污水处理率达到89.7%。城市集中供热面积19万平方米，建成区绿地率达到28.2%。

全年全社会综合能源消费量（等价值）690.89万吨标准煤，增长7.06%，单位GDP能耗0.7514吨标准煤／万元，下降3.09%。

全年各类生产安全事故共死亡85人。工矿商贸企业生产安全事故死亡人数为8人，下降57.1%；道路交通死亡人数为77人，下降36.0%。

注：

［1］公报中数据均为初步统计数。

［2］生产总值和各产业增加值按当年价格计算，增长幅度按可比价格计算。

［3］民营经济增加值为2012年数据。

［4］［5］2011年国家统计制度改革，规模以上工业统计范围为年主营业务收入2000万元及以上的企业；固定资产投资统计范围为计划总投资500万元及以上项目和房地产。

［6］恩格尔系数是指居民食品消费支出占全部消费性支出的比重。

八、重要文件辑存

关于印发宿州市城区最低收入家庭廉租住房保障办法的通知

宿政发〔2006〕13号

各县、区人民政府，市政府各部门、各直属单位：

《宿州市城区最低收入家庭廉租住房保障办法》已经2006年6月26日市人民政府第26次常务会议通过，现印发给你们，请遵照执行。

二〇〇六年六月二十八日

宿州市城区最低收入家庭廉租住房保障办法

第一条 为建立和完善城镇廉租住房保障制度，保障本市最低收入家庭的基本住房需要，根据建设部《城镇最低收入家庭廉租住房管理办法》、《安徽省城镇廉租住房管理办法》的有关规定，结合本市实际，制定本办法。

第二条 本市城区最低收入家庭，其住房面积低于本市最低住房面积保障标准的，均有权依照本办法获得廉租住房保障。

第三条 本办法所称廉租住房保障是指政府向符合城镇居民最低生活保障标准且住房困难的家庭，提供住房租金补贴或者以低廉的租金配租普通住房的一种社会保障。

第四条 最低收入家庭廉租住房保障主要以发放租赁住房补贴为主，实物配租、租金核减为辅。

本办法所称租赁住房补贴，是指市、区人民政府向符合条件的申请对象发放补贴，由其到市场上租赁住房。

本办法所称实物配租，是指市、区人民政府向符合条件的申请对象直接提供住房，并按照公布的住房保障租金标准收取租金。

本办法所称租金核减，是指公有住房产权单位按照有关规定，在一定的时期内对现已承租公有住房的城区最低收入家庭给予租金减收。

第五条 市住房制度改革办公室（以下简称市房改办）负责本市廉租住房的管理工作，埇桥区住房制度改革办公室（以下简称区房改办）负责本市城区廉租住房初审及廉租住房的日常管理工作。

财政、房产、民政、劳动和社会保障、建设、国土资源、税务等部门按照各自职责分工，负责城区最低收入家庭住房保障的相关工作。

第六条 本市城区廉租住房保障的具体标准为：

（一）住房面积保障标准为家庭住房使用面积16平方米或家庭人均住房使用面积8平方米；

（二）租赁住房租金补贴按照获保障家庭住房面积不足住房面积保障标准的差额部

分每月每平方米使用面积3.5元；

（三）实物配租和租金核减后的租金标准为每月每平方米使用面积0.5元。

本市城区廉租住房保障标准，如需调整由市房改办会同市财政、房产、民政等有关部门制定，报市政府批准后执行。

第七条 申请廉租住房家庭人口的核定，以民政部门认定享受城镇最低生活保障的人口为准。

第八条 下列住房使用面积须核定为申请家庭现住房使用面积：

（一）家庭成员的私有住房；

（二）家庭成员在申请前5年内已转让的自用住房；

（三）待入住的拆迁安置住房和实行货币化补偿的被拆迁房屋；

（四）未被拆除的违章搭建的住房。

现住房建筑面积与使用面积换算比例为1.33∶1。

第九条 廉租住房资金的来源主要包括：

（一）市、区财政按5∶5预算安排的专项资金；

（二）住房公积金增值收益中按规定提取的城市廉租住房补充资金；

（三）社会捐赠的资金；

（四）其他渠道筹集的资金。

廉租住房资金实行财政专户管理，专项用于租赁住房补贴的发放、廉租住房的购、建、维修和物业管理等，不得挪作他用。

第十条 实物配租的廉租住房来源主要包括：

（一）政府出资收购的住房；

（二）社会捐赠的住房；

（三）腾空的公有住房；

（四）政府出资建设的廉租住房；

（五）其他渠道筹集的住房。

实物配租的廉租住房来源以收购现有旧住房为主，限制集中兴建廉租住房。

实物配租主要面向孤、老、病、残等特殊困难家庭及其它急需救助的家庭。

第十一条 政府新建的廉租住房建设用地实行划拨方式供应；对廉租住房的购置、廉租住房租金收入，应当按照规定给予税收优惠。

第十二条 同时符合下列条件的家庭，可以申请廉租住房：

（一）连续领取最低生活保障金12个月以上；

（二）住房使用面积不超过住房面积保障标准；

（三）家庭成员中至少有1人取得本市城区5年以上非农业常住户口；

（四）家庭成员之间有法定的赡养、扶养或者抚养关系。

第十三条 申请廉租住房保障，由家庭户主向户口所在地的街道办事处提出书面申请，并提交下列材料：

（一）户籍证明、家庭成员身份证明；

（二）民政部门出具的《城镇居民最低生活保障金领取证》；

（三）已接受民政部门连续救助12个月以上证明；

（四）现有住房情况证明；

申请人可以根据自身条件，在申请书中明确其申请的廉租住房保障的具体形式。

第十四条　对符合本办法规定条件的，户口所在地的街道办事处予以受理，并由申请人填写《宿州市城区最低收入家庭廉租住房申请表》；材料不齐全的，告知其5日内补齐。

第十五条　街道办事处将申请人提交登记的相关材料报区房改办汇总，由区房改办会同区民政部门组成审核小组，并通过入户调查，邻里访问以及信函索证等方式对申请人的家庭收入和住房状况进行核实，自受理之日起15日内完成审核。

第十六条　市房改办自收到区房改办报送的有关材料后5个工作日内，作出准予登记或不予登记的决定，并将登记结果予以公示。公示期限为15日。不予登记的，应当书面说明理由。

第十七条　对于获准租金核减的，由市房改办出具租金核减认定证明，由产权单位按照规定予以租金减收；对于获准租赁住房补贴或实物配租的，市、区房改办根据准予登记家庭的实际情况，实行排队轮候，但对军烈属、丧失劳动能力的残疾人、孤寡老人应当优先安排。

市房改办应当根据轮候顺序，对申请人发放租赁住房补贴或者配租廉租住房，并将发放租赁住房补贴和配租廉租住房的结果予以公布。

在轮候期间，申请人家庭基本情况发生变化的，申请人应及时向区房改办申报，经审核不符合申请条件的取消轮候。

第十八条　准予租赁住房补贴的家庭，应当与区房改办签订《廉租住房租赁补贴协议》。协议应当明确租赁住房补贴标准，停止租赁住房补贴的规定及违约责任等内容，其家庭凭协议到市房改办领取租赁住房补贴。

第十九条　准予实物配租的家庭，应当与廉租住房产权人签订《廉租住房租赁合同》。合同应当明确廉租住房情况、租金标准、腾退住房的方式及违约责任等内容。实物配租的承租人，应按合同约定缴纳租金。

第二十条　享受廉租住房保障的最低收入家庭应于每年的12月31日前如实向区房改办申报家庭收入、家庭人口及住房变动情况。市、区房改办每年度会同房产、民政、街道办事处等有关部门对其申报情况进行复核，并按照复核结果调整租赁住房补贴或廉租住房。对不再符合享受廉租住房保障条件的，由区房改办对其进行审核汇总，报市住房制度改革办公室批准后，取消其廉租住房保障资格。

区房改办应对享受廉租住房保障的最低收入家庭的收入情况和住房情况定期进行核查。

第二十一条　廉租住房申请人对市、区房改办的审核、轮候、配租结果有异议的，可以向同级人民政府或上一级主管部门申诉。

第二十二条　最低收入家庭申请廉租住房时违反本办法，不如实申报家庭收入、家庭人口及住房状况的，取消其申请资格；已骗取廉租住房保障的，责令其退还已领取的租赁住房补贴，或者退出廉租住房并补交市场平均租金与廉租住房标准租金的差额，或者补交核减的租金；情节恶劣的，并可处1000元以下的罚款。

第二十三条 享受廉租住房保障的承租人有下列行为之一的，由市房改办作出取消保障资格的决定，停止发放租赁补贴或停止租金核减或收回承租的廉租住房：

（一）将承租的廉租住房转借、转租的；

（二）擅自改变房屋用途的；

（三）连续6个月以上未在廉租住房居住的。

决定收回廉租住房的，应当同时决定给予承租家庭必要的退房期限。

第二十四条 从事廉租住房管理的工作人员，有以下行为之一的，依法给予行政处分；情节严重，构成犯罪的，依法追究其刑事责任：

（一）未按规定程序和时限办理的；

（二）弄虚作假，协助当事人隐瞒真实情况的；

（三）索取和收受他人财物的；

（四）不依法履行监督管理职责，或者监督管理不力的。

第二十五条 各县最低收入家庭廉租住房保障管理可参照本办法执行。

第二十六条 本办法由市住房制度改革办公室负责解释。

第二十七条 本办法自2006年8月1日起实施。

关于深入实施十八项民生工程的意见

宿政发〔2008〕6号

各县、区人民政府，市政府各部门、各直属单位：

为认真落实科学发展观，全面完成全市经济工作会议和政府工作报告确定的“重点实施民生工程、推动统筹发展”的目标任务，根据省政府《关于深入实施民生工程的意见》（皖政〔2008〕3号）精神，市政府决定在继续实施十二项民生工程的基础上，深入实施十八项民生工程。现就我市2008年民生工作提出如下意见：

一、实施提标扩面，进一步完善民生工程政策措施

围绕省政府提出的“巩固、完善、规范、提高”八字要求，进一步提高民生工程政策保障标准，扩大政策覆盖面。一是进一步完善农村居民最低生活保障制度。在现有农村低保制度基础上，实施扩面提标，将符合政策规定的农村居民全部纳入低保范围。2008年将农村居民最低生活保障线从683元提高到860元；增加农村低保对象5.5万人，全市保障人数达到19.5万人。二是建立覆盖全市的新型农村合作医疗制度。全面推进新型农村合作医疗制度建设，在2007年砀山县、泗县、埇桥区建立新型农村合作医疗制度的基础上，将新型农村合作医疗制度覆盖到全市所有县区，进一步提高参合农民受益水平、扩大受益面。新型农村合作医疗筹资标准，在2007年人均50元的基础上提高到100元，其中：中央财政补助标准由20元提高到40元，省财政补助标准由15元提高到30元，县区财政补助标准由5元提高到10元，农民个人缴费标准由10元提高到20元。三是全面实施城乡义务教育经费保障机制改革。2008年，继续免除城乡义务教育阶段学生学杂费，对农村义务教育阶段学生免费提供国家课程教科书，并补助贫困寄宿生生活费，提高农村义务教育阶段中小学的生均公用经费基本标准。

农村“五保户”供养制度、城镇未参保集体企业退休人员基本生活费保障机制、城镇居民基本医疗保障制度、城乡医疗救助制度、重大传染病病人医疗救治和艾滋病病人生活救助保障机制、城乡卫生服务体系建设、农村中小学危房改造、农村饮水安全工程建设、农村部分计划生育家庭奖励扶助制度等九项民生工程，继续按市政府办公室宿政办发〔2007〕13号文件规定执行。

二、新增六项工程，进一步拓展民生工程内容

按照省政府统一部署，2008年我市民生工程由十二项增加至十八项。2008年增加的六项民生工程：一是实施广播电视“村村通”工程。2008年全面完成147个20户以上已通电广播电视盲村“村村通”建设任务，完成省第一套电视节目无线发射设备的更新改造，新增省第一套调频广播节目无线发射设备的安装运行；在农村有线广播电视网内安排专用频道（频率）完整转播宿州第一套电视节目和第一套广播节目。到2010年底，全面完成国家下达的全市207个20户以上通电广播电视盲村的广播电视节目的覆盖任务。二是建立高校和中等职业学校家庭经济困难学生资助制度。建立健全普通本科高校、高等职业学校和中等职业学校家庭经济困难学生资助政策体系，通过提供国家奖学金、国家励志奖学金和国家助学金，从制度上解决家庭经济困难学生的就学问题。三是完善大中型水库移民后期扶持政策。自2006年7月1日起，20年内对大中型水库移民每人每年补助600元，并及时足额将直补资金发放到移民个人，确保库区和移民安置区社会稳定。2010年，基本解决移民安置区基础设施薄弱、生态环境脆弱等突出问题。四是实施农村公路“村村通”工程。2008年开工建设农村公路“村村通”工程750公里，做好2009年建设项目的前期准备工作。五是建立城市低收入家庭住房困难保障机制。2008年，对全市2000户符合规定条件的城市最低收入住房困难家庭实行应保尽保。到2010年末，全市廉租住房制度保障范围由住房困难的城市低保家庭扩大到低收入住房困难家庭，实物配租户数占廉租住房保障户数的比例原则上不低于30%。六是实施贫困白内障患者复明工程。加快实现2015年残疾人“人人享有康复服务”的目标进程，解决贫困白内障患者复明的迫切需求。2008年对全市400名低保对象、五保户、优抚对象及其他贫困家庭的白内障患者实施免费复明手术。

三、强化工作措施，确保各项民生工程政策落到实处

十八项民生工程政策性强、涉及面广，为确保各项民生工程政策真正落到实处，让更多的群众享受到改革发展的成果，各地各部门要切实强化工作措施，加大工作力度。一是加强组织领导，建立长效推进机制。各县区和有关部门要进一步增强责任感、使命感，把实施民生工程摆在更加突出的位置，主要领导负总责，分管领导具体抓，层层落实工作责任，建立健全政府统一领导、部门协调落实、上下联动推进的工作机制。市民生工程协调小组办公室要充分发挥牵头、抓总作用，积极主动做好工作。各成员单位要各负其责，加强工作调度，完善制度措施，强化指导检查，确保各项工作有序推进。二是尽快修订和制定相关配套政策，为民生工程顺利实施提供政策保障。各县区和有关部门要按照新的政策规定，尽快修订和制定相关政策措施，对已实施的十二项民生工程配套文件中三个提标扩面项目内容，按照省政府要求进行修订。同时，对新增六个项目进行认真测算、摸底，尽快制定新的配套政策文件。三是认真做好资金测算工作，确保配套资金落实到位。各级财政部门要认真做好十八项民生工程配套资金的测算，准确统计基础数据，千方百计扩大资金筹措渠道，压缩一般性开支，调整优化支出结构，保证2008年度民生工程配套资金足额到位。同时，要根据工作进度，及时足额拨付资金，保障各项民生工程实施需要。切实加强对民生工程资金管理使用情况的监督，严禁挤占、挪用、滞留以及虚报冒领等行为，切实提高资金使用效益。四是加强政策业务培训，规范基层基础工作。针对民生工程工作政策性强、涉及面广的特点，切实加强对从事民生工作的工作人员的政策学习和业务培训，以利于协调落实相关政策。同时强化基层基础工作，大力推广金寨县“一线实”做法，加强信息化建设，完善和落实各项管理制度，真正把工作做实、把对象核实、把效果落实，保障各项补助到人的资金及时足额发放到位。五是加大督促检查力度，确保各项政策落到实处。市民生办要在借鉴去年检查工作经验的基础上，认真总结，定期组织有关部门对2008年度民生工程实施进程中的各个环节全面检查，及时发现和解决工作实施中的问题，切实抓好落实。市直各牵头单位要结合工作实际，适时开展专项检查，积极帮助各地解决实际困难，同时，对检查中发现的违规违纪问题，要督促有关地方和部门认真整改，情节严重并造成重大影响的，要追究相关负责人的责任。六是加大宣传力度，努力营造良好氛围。各地各有关部门要统筹谋划民生工程宣传工作，有计划、有重点地组织开展专题宣传，创新宣传方式，提高宣传实效。广泛宣传民生工程政策措施，做到进村入户、家喻户晓，积极引导广大群众和社会各界广泛参与、支持民生工程的实施。加大民生工程建设成果宣传力度，及时总结推广各地的好经验、好做法，鼓励先进，鞭策落后，推动民生工程实施向纵深推进。七是严格实行目标管理考核，真正做到奖惩兑现。市政府将对各县区2008年度民生工程任务完成情况进行综合考核，兑现奖惩。对按要求完成既定目标的县区和部门给予表彰奖励；对没有按时完成任务的，由县区和部门的主要负责人说明原因；因组织不力导致任务完不成的县区和部门取消评优资格；对敷衍了事、推卸责任、工作不力、群众意见大的县区和部门，将严格责任追究。

二〇〇八年三月二十五日

中共宿州市委　宿州市人民政府
关于实施工业五年扩张战略的意见

宿发〔2009〕14号

（2009年9月4日）

为进一步加快工业化进程，增强工业经济对全市经济发展的支撑能力和带动作用，市委、市政府决定从2009年至2013年，全面实施工业五年扩张战略，现提出如下意见：

一、明确指导思想和目标任务，推动工业跨越式发展

1.指导思想：以邓小平理论和“三个代表”重要思想为指导，深入贯彻落实科学发展观，以推进结构调整和转变发展方式为主线，以产业集群化发展为方向，以项目建设为抓手，以做大做强企业为重点，以自主创新为支撑，以改革开放为动力，以优化环境为保障，加快发展速度，提高发展质量，走科技含量高、经济效益好、资源消耗低、环境污染少的新型工业化道路，促进工业经济总量扩张和质量提升，推进全市经济又好又快发展。

2.目标任务：

——扩张工业总量。到2013年，全市工业增加值总量达到400亿元，其中规模以上工业增加值达到350亿元左右，年均增长25%；力争工业固定资产投资累计完成1000亿元，年均增长30%以上。

——提升发展质量。引导产业升级和结构调整，推动以信息化带动工业化，发展资源精深加工，延伸产业链条，全面推动科技创新，提高产业整体素质和竞争实力。到2013年，工业企业入库税金占财政收入的比重提升10个百分点。

——增强创新能力。新培育高新技术企业30家以上，新开发高新技术产品50项，新增省级以上企业技术中心6家以上，力争建成国家级企业技术中心1家。

——壮大骨干企业。规模以上工业企业超过1000家，其中年销售收入超亿元企业200家，超10亿元企业30家，超20亿元企业5家，超50亿元企业2家。新增上市公司2—3家。

——建设工业园区。各类开发区、工业园区工业集聚力显著增强，乡村工业平台建设初具规模，建成市级新型乡村工业基地（农民工返乡创业园）30个，各类园区工业总量占全市工业总量的比重达到35%左右。

——培育产业集群。大力发展以煤电、医药化工、矿山机械、建材、粮食、果蔬、板材、畜禽加工等为主的优势产业，力争培育1—2个销售收入超百亿元、产业链条及配套优势明显的产业集群。

二、加大招商引资力度，推动工业项目建设

3.推动工业项目建设。把招商引资工作摆在更加突出的位置，主动承接发达地区产业转移，着力抓好产业招商，重点引进工业项目。准确把握国家宏观政策导向，千方百计做好项目谋划、储备和争取工作。加强重点项目调度，加快工作节奏，形成争取一批、开工一批、竣工一批、推进一批的重点项目工作机制。建立项目审批“绿色通道”办理机制，为企业和投资者提供优质、高效、快捷的审批服务。

4.支持项目前期工作。对有利于促进我市产业结构优化调整的工业项目和重大技术改造项目，开工建设后，根据实际支付前期费用（项目申请报告、可行性研究报告、环境影响评价报告等），由同级财政部门给予相应补助，其中，固定资产投资5亿元以上的，单个项目一次性给予最多10万元补助；1亿元以上（含1亿元）5亿元以下的，单个项目一次性给予最多5万元补助；3000万元以上（含3000万元）1亿元以下的，单个项目一次性给予最多2万元补助。

5.支持技改项目建设。引导金融机构加大对以内涵改造为主的技术改造项目的贷款。对列入市重点调度的技术改造项目，由同级财政给予一定的贴息补助。对符合国家产业政策的重点技术改造项目，购买设备和技术总投资在2000万元及以上的，项目竣工投产当年，由同级财政部门一次性给予不低于20万元的补助。

6.加快项目建设进度。新建工业项目建设期内，当年新增固定资产投资完成序时进度，且当年投资1亿至5亿元的项目，由同级财政按实际投资额一次性给予适当补助，最高不超过30万元。

7.支持重大项目建设。对固定资产投资在5亿元以上或经济带动力强、科技含量高的新建工业项目，以及跨国、跨省、跨市工业企业将总部、生产基地及研发中心入驻我市的，采取“一企一议”、“一事一议”的办法，给予政策支持。采取“一企一议”、“一事一议”的项目，不重复享受上述政策扶持。

三、加快工业园区建设，打造工业发展平台

8.促进工业园区发展。新办和整体搬迁的企业原则上必须进入工业园区，促进产业集聚。加快乡村工业园区规划和基础设施建设，鼓励乡镇建立乡村工业园（农民工返乡创业园）或工业集聚区，促进乡村工业加快发展。

9.鼓励开发区、工业园区节约利用土地。对在开发区、工业园区建设三层以上（含三层）标准化工业厂房的，由同级财政按当年实际投资额给予一次性奖励，最高奖励金额不超过30万元。

10.鼓励开发区、工业园区加快产业集聚步伐。各县区、乡镇引进的工业项目，按我市工业布局要求推荐到其他开发区、工业园区落户的，该项目招商引资指标全部纳入引荐县区、乡镇。由此实现的税收，五年内，由引荐县区、乡镇和落户县区、乡镇按5∶5的比例分享。推进企业退城进园，在土地、资金、规划等方面进一步研究鼓励政策，调整好利益分配关系，解决退城进园过程中遇到的困难和问题，最大程度让利于退城进园企业。

四、壮大企业规模，促进企业加快发展

11.发展培育大企业集团。围绕优势资源开发，积极引进特大型企业（集团），开展战略合作，参与重点项目建设，加速产业发展。鼓励优势企业通过兼并收购、合资合作、引进战略投资等方式，实施强强联合；支持优势资源和生产要素向重点企业聚集，打造一批核心竞争力强的大企业、大集团。推动企业改制重组，加快企业改制步伐，指导企业实施股份制改造，完善法人治理结构；积极引进外来资金、管理、技术等要素，支持改制企业引进战略合作者，扩大增量，盘活存量，延长产业链，做大做强。

12.鼓励县区培育骨干企业。按县区、市经济开发区培养骨干企业数量，分别予以奖励，奖金由市财政列支。每净增1户销售收入1—5亿元的企业，一次性奖励2万元；每净增1户销售收入5—10亿元的企业，一次性奖励5万元；每净增1户销售收入10—20亿元的企业，一次性奖励10万元；每净增1户销售收入20—50亿元的企业，一次性奖励20万元；每净增1户销售收入50亿元以上的企业，一次性奖励50万元。

13.鼓励企业壮大规模。对首次年销售收入超过1亿元的工业企业，一次性奖励1万元；对首次年销售收入超过5亿元的工业企业，一次性奖励2万元；对首次年销售收入超过10亿元的工业企业，一次性奖励5万元；对首次年销售收入超过20亿元的工业企业，一次性奖励10万元；对首次年销售收入超过50亿元的工业企业，一次性奖励20

万元。

对入库税金首次超过500万元的工业企业，一次性奖励1万元；对入库税金首次超过1000万元的工业企业，一次性奖励2万元；对入库税金首次超过2000万元的工业企业，一次性奖励5万元；对入库税金首次超过5000万元的工业企业，一次性奖励10万元；以5000万元为一个台阶，每新上一个台阶，一次性奖励10万元。同时符合上述两项条件的，按其中的最高奖励数额进行奖励，奖金分别从同级财政列支。

14.扶持企业上市。企业进入上市辅导期的，市财政给予50万元的扶持资金。

五、推动企业技术进步，增强自主创新能力

15.提升企业自主创新能力。大力发展高新技术产业，加快运用高新技术、先进适用技术和清洁生产技术改造传统产业，加大对产业集群关键、共性、配套技术的开发力度，提升优势产业的核心竞争力。增强企业自主创新能力，加快建立以企业为主体、市场为导向、产学研相结合的技术创新体系，引导和支持创新要素向企业聚集，加快形成一批竞争力强的创新型企业。认真组织实施一批重大科技创新工程，加强重点领域的聚焦突破。健全和落实鼓励技术创新和科技成果产业化的政策措施，完善科技创新服务体系。

16.推动企业技术进步。支持企业技术研发，改善企业装备水平，重点支持有条件的企业创建国家和省级技术中心，提升企业自主创新能力。对新建国家级企业技术中心（工程技术中心、工程研究中心），由市财政一次性给予50万元奖励；对新建省级企业技术中心（工程技术中心、工程研究中心），由同级财政一次性给予10万元奖励。

17.加快信息化和标准化建设。新列入国家级、省级企业信息化试点的工业企业，由同级财政按信息化项目投资额的10%给予一次性奖励，最高奖励额不超过20万元。主持制定国家标准并获得认可和实施的企业，由市财政一次性给予50万元奖励；主持制定行业标准并获得认可和实施的企业，由同级财政一次性给予10万元奖励。

18.推动品牌建设和质量管理。加大品牌产品营销力度，鼓励企业争创国家级、省级名优品牌，增强地域品牌影响力。对新获得中国名牌产品、中国驰名商标、国家地理标志保护或全国质量奖的企业，由市财政一次性给予15万元奖励；对新获得安徽省名牌产品、安徽省著名商标或安徽省质量奖的企业，由同级财政一次性给予5万元奖励。新通过ISO9001质量管理体系、ISO14001环境管理体系、OHSAS18001职业安全健康管理体系或SA8000社会责任标准的，三证合一认证，且“三合一”体系有效运行1年以上的，由同级财政一次性给予1万元奖励。

六、大力加强节能减排，促进可持续发展

19.推进节能减排。认真落实节能降耗和减排目标责任制，重视发展低碳经济，大力推行资源综合利用和企业清洁生产，抓好重点耗能企业的节能降耗，加强节能统计和节能核算，确保完成节能降耗和减排任务。

20.建立和用好节能专项资金。2009年市财政安排节能专项资金220万元，今后资金规模随财政收入的增长作相应增长。节能专项资金主要用于补助节能降耗和提高资源综合利用的示范项目、技术与产品的推广，以及节能宣传、培训、表彰奖励等专项活动。各县区也要安排节能专项资金。

21.推进资源综合利用。对于企业购置的符合国家规定的环境保护、节能节水等专用设备，由同级财政按当年实际完成投资额的5%给予一次性补助，最高补助额不超过20万元。

22.支持企业开展清洁生产。对于列入国家、省循环经济、清洁生产试点或示范项目的企业，考核达标后，给予奖励。

七、加大金融支持企业力度，努力破解融资难题

23.全面提升金融服务水平。积极拓宽融资渠道，支持引导金融机构加大信贷投放力度，改进银政、银企合作，加大对骨干企业、重点项目的支持力度。鼓励适合中小企业的金融创新，大力发展各种担保机构，切实增强融资担保能力。扩大多种形式的直接融资，拓宽企业上市融资渠道，积极引导民营企业开展资本运作，发展风险投资机构，促进民间资金转化，争取外地金融机构增加对我市企业的信贷投入。加快发展各类金融机构，完善金融机构考核办法，不断优化金融生态环境。

24.降低担保公司担保费率。财政性资金担保机构应主要为工业企业提供贷款担保，对担保机构担保费率低于2%的，由同级财政对低于2%的部分给予补助；市中小企业投资担保公司为县域企业提供贷款担保，担保费率低于2%的，由企业所在地县级财政对不足2%的部分给予补助。以上资金从风险补偿资金中列支。

25.鼓励金融机构支持和培育优良客户。金融机构当年对工业企业贷款增量有较大幅度增加的，予以奖励。

八、加强组织领导，强化工业发展政策支持

26.加强组织领导。市委、市政府成立工业五年扩张工作领导小组，领导小组下设办公室，办公室设在市工业委，具体负责工业五年扩张工作的组织实施和日常调度。各县、区要抓紧制定工业五年扩张战略的实施意见，成立相应工作机构。建立工业指标评价体系，工业目标完成情况纳入对各县区党政领导班子和市直有关部门目标考核内容。加强各级各部门的协作配合，形成一级抓一级、层层抓落实，全面实施工业五年扩张战略的良好氛围。

27.建立工业发展专项基金。从2009年起，市财政每年安排2000万元工业发展专项基金，用于工业经济发展，优先支持市重点调度的骨干企业和重点项目建设。市工业发展专项基金管理由市工业委会同财政局制定实施细则，报市政府批准。各县区也要建立工业发展专项基金。

28.加强工业经济运行调度。坚持和完善经济运行调度制度，及时协调解决企业运行中存在的突出问题。逐步建立市、县（区）、乡（镇）三级政府组成的垂直调度体系和政府相关部门、生产要素服务部门等组成的平行调度体系，全面监测分析工业经济运行状况。加强统计基层基础建设，加强基层统计力量，确保统计数据质量。市工业五年扩张工作领导小组办公室每年组织对县区、市经济开发区及规模以上工业企业进行考核。

29.加强工业人才队伍建设。加大培养选拔熟悉工业、善抓工业的党政人才力度。鼓励支持从各级党政机关选派优秀干部以挂职方式到企业锻炼和服务。加强企业家队伍建设，努力形成培养和支持企业家的氛围。每年组织免费培训骨干企业中层以上管理人员。对年纳税500万元以上工业企业，其高级管理、技术人员优先推荐为人大代表、政协委员人选，企业法定代表人可列入市保健委服务对象，费用由企业承担，子女需要就学入托的，可在企业所属市（县、区）中小学范围内自主选择学校，并由教育部门办理入学手续。支持各类企业引进优秀管理和专业技术人才，对做出突出贡献的专业技术人才予以奖励。进一步加大投入，建设一批人才公寓。充分发挥我市劳动力资源优势，加快推进职业教育发展，加强职工培训，为我市工业经济发展提供充足的优质劳动力资源。

30.优化发展环境。牢固树立工业强市理念，做到精力向工业集中，资源向工业汇集，政策向工业倾斜。切实减轻企业负担，各项涉企收费项目必须正式公布，进入行政服务中心办理。严禁搭车收费，各行业协会收取会费时间和主管部门审证、办证时间分开。进企业检查需持有“两证一书”（工作证、执法证、进企业检查通知书）。各部门、各单位对入驻园区企业进行检查、考评、处罚等，需征得园区管委会同意，对园区企业的各项检查、收费集中在月末3—5天进行。在开发区、工业园区试行一个口子收费、一站式服务、全程代理等制度。市纪检、监察等部门要加大企业投诉受理和查处力度，对阻碍工业发展的单位和个人及时采取措施，严肃处理。

本《意见》自印发之日起施行，由市工业五年扩张工作领导小组办公室负责解释。

附件1：宿州市县区工业经济考核办法

附件2：宿州市工业企业考核办法

附件1：

宿州市县区工业经济考核办法

一、考核对象与方法

考核对象为各县、区政府，市经济开发区管委会。由市工业五年扩张工作领导小组办公室组织考核。以统计数据为依据的考核指标，均按“在地统计”原则进行。按得分高低确定名次，报市工业五年扩张工作领导小组审定。

二、考核指标和分值

1.全部工业增加值占县区GDP的比重：满分10分，比上年每增加一个百分点加1分；

2.规模以上工业入库税金占规模以上工业增加值比重：满分10分，按名次计分，第1—6名的县区分别得10、8、6、4、2、0分；

3.规模以上工业企业户数：满分10分，增幅达到市下达水平得基本分5分，每增（减）1个百分点增（减）1分，加满或扣完为止；

4.规模以上工业增加值：满分15分，增幅达到市下达目标得基本分10分，每增（减）1个百分点增（减）0.5分，加满或扣完为止；

5.工业固定资产投入：满分15分，增幅达到市下达目标得基本分7分，每增（减）1个百分点增（减）0.1分，加满或扣完为止；

6.工业入库税金：满分10分，增幅达15%得基本分5分，每增（减）1个百分点增（减）0.5分，加满或扣完为止；

7.经济效益综合指数：满分10分，达到市下达目标得基本分5分，每增（减）1个百分点增（减）0.5分，加满或扣完为止；

8.销售收入超亿元工业企业：净增销售收入1—5亿元企业每户得2分，净增销售收入5—10亿元企业每户得3分，净增销售收入10—20亿元企业每户得5分，净增销售收入20—50亿元企业每户得8分，净增销售收入50亿元以上企业每户得15分。

9.工业统计数据上报质量：满分5分，由市工业委、统计局依据每月各县区统计数据上报情况考核打分，每缺、漏、错报1次扣1分。

10.附加分：考核年度获高新技术企业、省级企业技术中心（工程技术中心、工程研究中心）的，每获1个加1分；获中国名牌产品、中国驰名商标和国家级企业技术中心（工程技术中心、工程研究中心）的，每获1个加2分；每培育1户上市企业加10分。

三、表彰奖励

对考核得分前2名的，由市委、市政府授予“工业五年扩张工作先进县（区）第*名”奖牌，分别奖励工业发展专项资金50万元、30万元；对考核得分排在末位的，予以通报批评。对发展工业做出突出贡献的30名（全市工业系统和统计系统各5名）先进个人予以表彰奖励。

附件2：

宿州市工业企业考核办法

一、考核对象

全市规模以上工业企业。

二、评选条件

十强企业：参加评选的企业年销售收入1亿元以上（含1亿元）、年入库税金500万元以上（含500万元），其中农业产业化龙头企业年入库税金300万元以上（含300万元）。

先进企业：参加评选的企业年销售收入4000万元以上（含4000万元）、年入库税金200万元以上（含200万元），其中农业产业化龙头企业年入库税金100万元以上（含100万元）。

三、十强企业考核指标及分值

1.销售收入：达到年销售收入1亿元得基本分5分，每增加1亿元增加5分。

2.入库税金：达到年入库税金500万元（农业产业化龙头企业年入库税金300万元）得基本分5分，每增加100万元增加1分。

3.工业产值：达到上年水平得基本分10分，比上年每增加10%加1分，最高分20分。

4.固定资产投入：企业当年实际完成固定资产投入达到1000万元的得基准分10

分，每增加200万元加1分，最高分20分。

5.利润水平：基本分5分，每赢利100万元增加1分，最高分10分。

6.附加分：满分5分，考核年度获高新技术企业、省级企业技术中心（工程技术中心、工程研究中心）的，每获1个加1分；获中国名牌产品、中国驰名商标和国家级企业技术中心（工程技术中心、工程研究中心）的，每获1个加2分；企业上市加3分。

四、先进企业考核指标及分值

1.销售收入：达到上年水平得基本分10分，比上年每增长10%加1分，最高分30分。

2.入库税金：达到上年水平得基本分15分，比上年每增长10%加2分，最高分30分。

3.工业产值：达到上年水平得基本分7分，比上年每增长10%加1分，最高分10分。

4.固定资产投入：企业当年实际完成固定资产投入达到500万元的得基本分1分，每增加200万元加1分，最高分20分。

5.利润水平：基本分5分，每赢利50万元增加1分，最高分10分。

五、考核方法

1.市工业五年扩张工作领导小组办公室会同有关部门组成考核组，通过据实核查报表资料、召开企业座谈会等形式进行评分，确定名次，报市工业五年扩张工作领导小组审定。

2.各县区政府及市经济开发区管委会审核推荐县区、市经济技术开发区企业，市工业经济委员会审核推荐市直企业。

3.被考核单位如在考核指标上弄虚作假，一经发现，收回奖牌，退回奖金。同时对在评比中负有直接责任的有关人员给予纪律处分。

六、表彰奖励

“十强企业”每两年评选一次，先进企业每一年评选一次。以得分高低排序，考核结果由市工业五年扩张工作领导小组审定后，分别授予“工业五年扩张工作十强企业”或“工业五年扩张工作先进企业”奖牌，并分别奖励2万元、1万元。市“十强企业”和“先进企业”优先享受申报省市各项发展专项资金等政策扶持。

中共宿州市委 宿州市人民政府
关于推进自主创新的意见

宿发〔2010〕8号

（2010年4月26日）

为贯彻落实全省自主创新会议精神，推进创新型宿州建设，现提出如下意见：

一、基本原则、主要目标

（一）基本原则

1.进一步解放思想，勇于突破。以敢为人先的精神推进创新创业，为自主创新提供制度保障和良好环境。

2.政府推动，市场主导。在强化政府引导的同时，充分发挥市场的作用，以产业为支撑，以利益为纽带，突出开放创新，广泛集聚国内外相关领域创新要素，激发创新活力。

3.突出重点，形成特色。坚持有所为有所不为，把握主攻方向，确定有限目标，选择若干具有明显优势的重点产业和关键领域，集中力量突破。

（二）主要目标

在今后五年，实现在自主创新的体制机制和培育新兴产业上取得突破；高新技术产业增加值占生产总值的比重每年提高0.5个百分点以上，全社会研发投入占生产总值的比重每年提高0.15个百分点以上；新增高新技术企业30家、新开发高新技术产品50项；新增省级以上工程技术研究中心6家以上；培育若干具有自主知识产权、自主品牌和国际竞争力的亿元级新兴产业、十亿元级支柱产业和一批创新型企业群体。初步建立起以企业为主体、以市场为导向、产学研紧密结合的创新体系。

二、主要任务

（一）大力培育新兴产业，加速提升支柱产业创新水平

重点抓好一批事关全局的自主创新重大项目建设，着力打造有特色的产业基地。围绕矿用电器、精细化工、生物医药、节能环保、高性能材料及电子信息等领域，培育和引进新兴产业，集聚国内外创新要素，形成一批极具增长潜力的新兴产业群。充分运用高新技术改造传统产业，做大做强优势产业。提升工艺水平、产品质量，争创名牌产品。重点围绕机电装备制造、煤化工和精细化工、高性能材料、农产品精深加工等，加强创新能力建设，实施重大科技专项，突破核心关键技术，增强市场竞争力。大力发展循环经济，加强资源节约和环境保护，提高综合效益。（责任单位：各县、区政府，市经济开发区、市发改委、市经信委、市科技局、市农委）

（二）建立和完善创新产业体系

围绕新兴产业和产业链中的薄弱环节，制定专项扶持政策，组织定向招商活动，发展相关配套产业和物流等现代生产性服务业，提高科技成果转化的承接能力，努力打造具有核心竞争力的创新型产业集群，形成较为完整的产业体系。（责任单位：市发改委、市经信委、市科技局、市商务局、市招商局）

（三）促进科技型中小企业大量涌现

支持市内外科技人员以技术、专利等作价创办科技型企业或科技中介机构。建设、完善科技企业创业服务中心等孵化器的功能，根据企业不同特点和阶段，给予经费资助和创业扶持。加大对发展势头好、前景广的中小企业培育力度，促其做强做大。（责任单位：各县、区政府，市经济开发区、市科技局、市经信委）

（四）提升大中型企业创新能力

在重点产业领域，依托骨干企业创建一批工程（技术）研究中心和企业技术中心，提高企业对创新资源的市场配置能力。通过政府资助等方式，支持和鼓励规模以上工业企业建立技术中心。（责任单位：各县、区政府，市经济开发区、市发改委、市经信委、市科技局）

（五）加强创新型人才集聚和职业技师的培养

牢固树立人才资源是第一资源的观念。把招商引资和招才引智紧密结合起来，以项目为载体，以各类创新平台为支撑，提供优良的生活、科研和创业条件，培养和引进创新领军人才和创新团队，以及金融、管理等专业人才和应用型创新人才。强化企业家在自主创新中的核心作用，培养和造就具有强烈创新意识的企业家队伍。完善人才考核评价和职称评定制度，将科技成果和产业化等指标作为评价的重要依据，引导人才从高校和科研院所向企业流动、向产业集聚。建立人才流动绿色通道，积极探索人才、智力、项目相结合的柔性引进机制。充分利用我市教育资源，加强对优势产业和企业所需熟练工人、技师的培育，为我市企业发展提供人力支撑。支持企业加强对技术工人、技师的继续教育和培训力度，进一步提高技能。（责任单位：各县、区政府，市委组织部、市经济开发区、市人社局、市教育局、市国资委、市发改委、市经信委）

（六）加大科学技术奖的奖励力度

鼓励科技人员创新创业，多出成果，快出成果，适度提高市级科技奖奖金额度。（责任单位：市财政局、市科技局）

（七）加强产业园区建设

建设集约化、特色化的产业园区，引导创新型企业、人才、研发机构向园区集聚；鼓励经济技术开发区、农业科技示范园及工业园区建设特色高新技术产业园。（责任单位：各县、区政府，市经济开发区、市农委、市招商局、市科技局、市发改委、市经信委）

（八）打造多种类型的创新载体，完善公共创新平台

鼓励和支持市、县（区）、企业、高等院校、科研院所建立科技企业孵化器，为各类创新创业活动创造条件。重点抓好市科技企业创业服务中心二期工程和县、区科技孵化器建设。着力推动一批行业性公共技术创新平台建设，提高重大科技攻关能力。依托专业化检测和研究机构，建立检测、科技信息、成果转化、咨询等创新服务平台，为中小科技企业提供技术服务。（责任单位：各县、区政府，市经济开发区、市科技局、市质监局）

（九）打造科技中介服务群体

大力发展技术开发、交易、评估、咨询、知识产权服务等中介机构，建立健全网络化的创新服务体系。深化行业协会等社会组织改革，推进多形式、多层次专业、行业协会的组建，提高企业自主创新的自我协调能力。加快建立技术经纪人队伍。（责任单位：各县、区政府，市经济开发区、市经信委、市科技局、市工商局、市民政局）

（十）加强产学研合作

鼓励企业与科研院所、高校通过联合开发、委托开发共建经济实体和共同申报各类科研项目等形式，建设产学研战略联盟。以技术或其它生产要素互相参股，实现利益共享和优势互补，加速科技成果转化。支持企业在市外设立研发机构，加大技术引进力度，推进科学技术交流与合作。（责任单位：市科技局、市发改委、市经信委、市农委）

（十一）进一步加强知识产权的运用保护和管理

鼓励各类市场主体依法运用知识产权，提升运用知识产权的能力，推动专利技术产业化。实施知识产权战略。建立知识产权部门联动管理机制，加大知识产权保护执法力度，营造尊重和保护知识产权的环境。（责任单位：各县、区政府，市经济开发区、市科技局、市工商局、市质监局、市农委）

（十二）强化政府创新投入，建立和完善多元化创新投资体系

设立自主创新专项资金，重点用于高新技术产业化、创新能力建设、创业投资引导、担保体系建设、公共服务平台建设、知识产权开发和保护、产学研合作、创新人才和创新型企业的奖励等，优先解决市场机制不能有效解决的早期投入问题。强化《中华人民共和国科学技术进步法》的落实，根据财政收入逐年增加应用技术研究与开发资金。引导境内外创业投资基金、私募基金、金融类公司等投资机构在我市开展创投业务。支持科技型中小企业上市融资。支持高新技术企业发行企业（公司）债券。（责任单位：各县、区政府，市政府金融办、市经济开发区、市财政局、市国资委、市发改委、市经信委、市人社局、市科技局）

（十三）培育创新文化和法治环境，创造宜居宜业环境

把自主创新理论、政策的学习宣传作为深入学习实践科学发展观活动的重要内容。大力弘扬崇尚科学、鼓励创新、宽容失败、开放包容的社会风尚，形成浓厚的创新氛围。把创新文化建设与社会主义精神文明建设紧密结合起来，以丰富多彩的形式传播创新文化。举办创新和科技论坛、科技活动周、科普日、知识产权日和科技讲座等活动，加大对自主创新的宣传力度。坚持以人为本，完善生活设施，改善生态环境，提升城市品位，打造宜居环境。提升城市载体功能，广泛集聚人流、物流、资金流、信息流，降低创业成本，提高创业成功率，使我市成为适宜干事业、办企业、聚产业的新型区域。（责任单位：各县、区政府，市委组织部、市委宣传部、市经济开发区、市科技局、市法制办、市监察局、市招商局、市科协）

（十四）深化分配制度改革

鼓励企业采取股权奖励、期权分配、技术入股等方式，对技术人员和经营管理人员予以激励。尽快制定企业经营者按管理要素、科技人员按科技要素参与分配的具体办法。创新型企业和高新技术企业技术人员和高管的个人所得税市留成部分，全部用于奖励个人创新创业。（责任单位：各县、区政府，市经济开发区、市国资委、市财政局、市地税局）

（十五）创新土地利用管理模式

积极开展城乡建设用地增减挂钩试点和建设用地置换工作，探索新增耕地指标异地有偿调剂使用和建设占用耕地与补充耕地相平衡的有效途径。优先保障创新型项目的土地供应。在各类园区内按照政府引导、市场化运作的模式建设“科技产业用房”，提高研发、产业化等用房的配置效率。（责任单位：各县、区政府，市经济开发区、市国土局）

（十六）深化科技、教育和行政管理体制改革

加强对科技工作的总体规划和指导协调，促进科技资源整合和优化配置；创新科

技投入机制，充分发挥政府科技资金对自主创新的引导、放大和辐射作用，形成职责明确、管理科　学、鼓励创新的财政科技资金运行机制。支持高等院校开展创业教育，培养创新型人才。大力发展职业技术教育，为创新型产业培养高素质的技能型人才。以建设创新服务型政府为重点，深化行政体制改革和政府管理创新，加大效能建设力度，进一步清理行政审批、行政许可、行政收费事项，提高行政效能。（责任单位：各县、区政府，市经济开发区、市法制办、市科技局、市财政局、市人社局、市教育局、市国资委、市发改委、市住建委、市国土局、市环保局、市编办、市工商局、市国税局、市地税局、市政务公开办）

三、政策措施

（一）进一步提高科技成果产业化水平和产业核心竞争力

1.获得国家科技部立项的重大科技专项、高新技术产业化项目，由市财政给予30万元的资助；获省科技厅立项的重大科技专项、高新技术产业化项目，由同级财政给予10万元的资助。

2.对经省认定的高新技术产品，由同级财政每项给予2万元的一次性奖励。

3.对发明专利申请给予一定资金的资助。对在本地投产的发明专利项目，由同级财政给予10万元的一次性奖励。

4.对被国家认定的高新技术企业（创新型企业、知识产权示范企业），由市财政给予10万元的一次性奖励；对被省命名的创新型企业、知识产权优势企业，由同级财政给予5万元的一次性奖励。

（二）加快推进科技成果产业化载体建设

5.获省级以上批准或认定的高新技术产业基地，市政府给予产业基地所在县区政府或市经济开发区30万元一次性奖励，用于产业基地建设。

6.对新认定的国家级科技企业孵化器，由市财政给予20万元的一次性奖励；对新认定的省级科技企业孵化器，由同级财政给予10万元一次性奖励。

（三）切实加强科技创新投入和金融支持

7.市政府设立市自主创新专项资金。市财政每年安排不少于200万元的专项资金，用于落实本政策措施各类项目资金、资助、奖励等支出。

8.对落户我市的各类创业风险投资机构，因投资未上市科技型中小企业，在执行国家、省相关税收优惠政策后仍有风险亏损的，由同级财政给予风险亏损额的10%、最高20万元的资助。

9.建立健全适应科技型、创新型中小企业特点的信贷管理体系。支持金融机构和担保机构联合开展知识产权质押、股权质押、动产质押等新型质押贷款。鼓励设立担保公司、小额贷款公司。

10.鼓励企业上市融资。对组织实施上市的高新技术企业和科技型企业，给予一定的启动资金资助。高新技术企业、创新型企业因上市补交的企业所得税地方留成部分，全额奖励企业。

（四）激励创新创业人才发挥更大作用

11.鼓励全民创新创业。高校、科研院所等单位的科技人员携带科技成果在我市创办企业的，给予一定资金的资助。对列入省“百人计划” 来我市创新创业的博士，予以重点扶持和资助。

12.高新技术企业高层技术人员，年薪10万元以上的，实际缴纳的个人所得税地方留成部分，全额奖励个人创新创业。

13.对企业聘请国内外知名科学家、高端技术专家、创新咨询专家来我市工作的，一次性给予相应的聘用费资助。

14.改革职称评价办法，强化实际贡献和创新能力的考核。高校、科研院所从事技术开发、科技成果转化或中介服务的人员，取得显著经济效益的，可作为评定专业技术资格的重要依据。评聘农业技术职务时，拥有的品种权视同专利权。

15.国有及国有控股的创新型企业，可比照执行国有高新技术企业股权激励试点政策，对企业科技和管理人员进行股权激励。

（五）强力推进自主创新工作

16.加强组织领导。成立技术创新工程工作领导小组，领导小组下设办公室，办公室设在市科技局，具体负责自主创新和技术创新工程工作的组织实施。

17.强化主体责任。各县区、市经济开发区要以自主创新为龙头，带动整体发展水平再上新台阶。成立主要负责同志亲自挂帅的专门机构，强力推进；制定实施方案、年度目标和政策措施，逐一落实；切实加大投入力度，确保创新投入明显增长；加快体制机制创新步伐，着力打造良好的宜居宜业环境，广泛集聚国内外创新人才和创新资源；大力培育创新型企业和创新型产业，抢占发展制高点。

18.切实搞好协调服务。市直有关部门要进一步解放思想，认真落实各项政策，抓紧制定实施细则和配套措施，千方百计帮助地方和企业排忧解难。进一步改进服务，简化程序，积极支持企业申报高新技术企业、创新型企业、工程技术研究中心、企业技术中心和高新技术产品、重点新产品、专利等，帮助企业提升创新能力，争取国家有关部门更多的支持。政府采购中优先支持创新企业和产品。对自主创新工作做得好的单位给予表彰。

19.编制推进计划。根据总体目标和重点任务，确定年度目标和具体任务，并分解落实到市直各有关部门。

关于印发宿州市人民政府安全生产职责规定的通知

宿政发〔2011〕12号

各县、区人民政府，市政府各部门、各直属单位：

《宿州市人民政府安全生产职责规定》已经2011年4月12日市政府第20次常务会议审议通过，现印发给你们，请各地、各部门、各单位对照规定要求，进一步细化责任，强化措施，认真履行安全生产职责，确保安全生产工作平稳有序，为全市经济社会又好又快发展创造良好的安全环境。

宿州市人民政府

二〇一一年四月二十五日

宿州市人民政府安全生产职责规定

第一条　为了加强安全生产监督管理，进一步明确和落实安全生产职责，根据《中华人民共和国安全生产法》、《安徽省安全生产条例》和《安徽省人民政府安全生产职责规定》等法律法规，结合本市实际，制定本规定。

第二条　市人民政府全面领导本市行政区域内安全生产工作。其主要职责是：

（一）组织实施有关安全生产的法律、法规、规章和政策措施，制定和发布有关安全生产的规定；

（二）将安全生产工作纳入国民经济和社会发展规划，支持、督促有关部门依法履行安全生产监督管理职责，定期研究、分析本市安全生产形势，及时协调、解决安全生产重大问题；

（三）建立健全安全生产监督管理体系和安全生产考核制度，对安全生产工作实行目标管理，实行一票否决制；

（四）安排资金用于安全生产基础设施建设，对国家安排的安全生产专项资金加强监督管理，保证专款专用，并安排相应配套资金；

（五）组织制定重大、特大生产安全事故应急救援预案，建立应急救援体系，保障应急救援投入，组织对重大、特大生产安全事故应急救援和善后处理；

（六）组织、授权或者委托有关部门对较大生产安全事故进行调查处理，负责对事故调查报告作出批复；

（七）组织实施对不具备安全生产条件的生产经营单位的关闭工作和对非法生产经营活动的取缔工作；

（八）对在安全生产工作和事故抢救中做出显著成绩的单位、个人给予表彰，对在生产安全事故中负有责任的单位和个人实施责任追究；

（九）法律、法规、规章规定的其他安全生产职责。

安全生产工作实行一岗双责，市长对本市行政区域内安全生产工作负全面领导责任，分管安全生产综合监督管理的副市长协助市长负分管领导责任，其他副市长对其主管工作中涉及的安全生产事项协助市长负主管领导责任。

第三条　对安全生产负有监督管理职责的市人民政府有关部门或者机构，依照《中华人民共和国安全生产法》、《安徽省安全生产条例》和其他有关法律、法规的规定，在各自职责范围内对有关的安全生产工作实施监督管理。其主要职责是：

（一）贯彻执行有关安全生产的法律、法规、规章和政策措施，加强安全生产的法律、法规、规章和安全生产知识的宣传教育；

（二）定期向市人民政府安全生产委员会（以下简称市安委会）和主管副市长报告安全生产工作情况，及时将安全生产工作中的重要问题报告市安委会和主管副市长；

（三）监督、检查生产经营单位执行安全生产法律、法规、规章和标准情况；

（四）制定并实施安全生产责任制，落实安全生产行业监督管理责任，检查安全生产目标任务进展情况，加强对下级人民政府有关部门安全生产工作的协调、指导和监督；

（五）依法对生产经营单位安全教育、培训工作进行监督、检查，推进安全生产标准化工作；

（六）组织开展本行业、本系统生产经营单位生产安全事故隐患排查治理工作，建立重大、特大生产安全事故隐患和重大危险源信息库，督促生产经营单位治理重大、特大生产安全事故隐患，对重大危险源实施监控管理；

（七）建立举报制度，公开举报电话、信箱或者电子邮件地址，对受理的安全生产举报进行调查处理；做好本行业、本系统生产安全事故的统计、分析工作，按照规定向市人民政府安全生产监督管理部门报送生产安全事故统计报表；建立安全生产信息沟通制度，互相通报有关安全生产的政策措施和执法监督信息；

（八）接到生产安全事故报告后，按照规定向市人民政府及其安全生产监督管理部门报告，及时组织事故抢救，并按照事故等级和分类，依照法定权限和程序进行调查处理，不得对生产安全事故隐瞒不报、谎报或者拖延不报；

（九）依法对涉及安全生产的事项进行审查批准（包括批准、许可、注册、颁发证照、验收等），并对依法取得批准的单位和个人实施监督检查，发现其不再具备安全生产条件的，应当撤销原批准；

（十）对安全生产工作中做出显著成绩的单位和个人给予表彰，对违反安全生产法律、法规和规章的行为依法进行处罚；

（十一）法律、法规和规章规定的其他安全生产职责。

对安全生产负有监督管理职责的市人民政府有关部门或者机构的正职负责人，是本部门、本单位安全生产工作的第一责任人，对本部门、本机构职责范围内的安全生产工作负全面领导责任；副职负责人对其分管工作中涉及的安全生产事项负分管领导责任。

第四条　市政府安全生产监督管理部门负责安全生产综合监督管理，指导、协调和监督、检查本市行政区域内安全生产工作。其主要职责是：

（一）承担市安委会办公室的工作，定期向市安委会报告安全生产工作；

（二）研究、分析本市安全生产形势和安全生产工作重大政策措施，并向市安委会提出建议；组织起草有关安全生产的地方性规章和标准；

（三）组织制定并实施本市安全生产中长期规划和年度计划；

（四）负责分解落实本市安全生产控制指标，组织实施对市人民政府有关部门、机构和县区人民政府安全生产目标管理考核工作；

（五）负责非煤矿山、危险化学品、烟花爆竹行业和冶炼、石油天然气管道运输的安全生产监督管理；

（六）承担非煤矿山、危险化学品、烟花爆竹生产企业安全生产准入管理责任，并对其安全生产风险抵押金的存储、使用情况以及安全生产费用的提取、使用情况进行监督检查；

（七）依法对有关生产经营单位的主要负责人、安全生产管理人员、特种作业人员进行培训、考核；

（八）依法承担工矿商贸作业场所（煤矿作业场所除外）职业卫生监督检查责任，

组织查处职业危害事故和违法行为；

（九）组织开展全市性的安全生产监督检查，协调、监督跨地区、跨部门、跨行业的特大生产安全事故隐患的治理；负责对市安委会督办的重大生产安全事故隐患进行督查；

（十）负责编制生产安全事故应急救援预案，按照国家和省有关规定组织、实施较大以上生产安全事故的应急救援；经市人民政府授权或者委托，组织开展较大生产安全事故的调查处理；

（十一）负责本市安全生产伤亡事故的统计、分析工作；

（十二）法律、法规和规章规定的其他安全生产职责。

第五条 市政府公安行政主管部门负责道路交通、消防安全、民用爆炸物品、危险化学品运输和大型群众性活动安全的监督管理工作。其主要职责是：

（一）依法实施道路交通安全监督管理，查处道路交通违法行为，组织道路交通事故的抢救，处理道路交通事故，维护道路交通秩序；负责机动车登记，核发检验合格标志，办理驾驶许可，开展道路交通安全宣传工作，会同有关部门对道路交通安全事故隐患进行排查治理；

（二）依法实施消防安全监督管理，纠正和查处违反消防安全法律、法规的行为，监督检查有关单位落实消防安全的责任和措施，组织实施火灾事故的扑救和调查处理，负责公众聚集场所的消防安全监督管理；

（三）依法实施民用爆炸物品公共安全和民用爆炸物品购买、运输、爆破作业的安全监督管理，监控民用爆炸物品流向；依法对民用爆炸物品购买、运输、爆破作业单位实施行政许可，负责对爆破作业人员的培训、考核；

（四）依法实施危险化学品公共安全监督管理，审查核发剧毒化学品购买凭证和准购证、公路运输通行证，对危险化学品道路运输安全实施监督；

（五）依法实施烟花爆竹公共安全监督管理，监督检查烟花爆竹在道路交通运输环节的安全，负责焰火晚会烟花爆竹燃放安全监督管理；

（六）依法查处涉及安全生产的刑事犯罪案件，按照规定组织或者参加生产安全事故的应急救援和调查处理；

（七）法律、法规和规章规定的其他安全生产职责。

第六条 市政府经济行政主管部门负责煤炭、电力、工业企业等行业安全监督管理工作。其主要职责是：

（一）编制和实施年度煤炭生产计划，督促、指导煤矿企业加大安全投入，监督煤矿企业及时消除生产安全事故隐患；

（二）指导检查非煤矿山标准化建设和行业管理工作；

（三）负责对煤矿企业安全生产风险抵押金的提取、存储、使用情况以及安全生产费用的提取、使用情况进行监督检查；

（四）负责指导铁路无人监护（地方监护）道口监护管理工作；

（五）负责电力设施和电能保护的监督管理；

（六）负责工业企业、信息化相关行业的质量管理和安全生产管理工作；

（七）依法参与生产安全事故的调查处理；

（八）法律、法规和规章规定的其他安全生产职责。

第七条 市政府交通行政主管部门负责内河通航水域水上交通安全和职责范围内的公路安全监督管理工作。其主要职责是：

（一）依法实施公路、水路建设工程施工安全监督管理，指导、监督公路、水路交通建设和运输领域生产安全事故隐患整改工作；

（二）负责全市道路运输从业人员管理工作和监督检查；

（三）依法对本市公路、水路客货运输及相关辅业安全实施监督管理；负责危险化学品运输企业及其驾驶、装卸、押运管理人员资质和资格的认定、监督检查以及进行有关安全知识的培训工作；

（四）负责干线公路（包括桥涵）、航道的交通安全设施（包括路标、航标、交通安全标志、标线、安全护栏等）的设立、维护与管理，督促地方人民政府做好辖区内农村公路交通安全设施的设立、维护和管理；负责国省干线公路安全事故隐患路段桥梁的整治和改造；

（五）按照规定参加水上交通安全事故的调查处理；

（六）负责城市客运（含出租车）行业管理和监督检查；

（七）法律、法规和规章规定的其他安全生产职责。

第八条 市建设行政主管部门负责各类建筑、装饰装修、拆迁等安全生产的监督管理工作。其主要职责是：

（一）依法对各类房屋及其附属设施的建造实施安全监督管理；

（二）依法对建筑物拆除工程实施安全监督管理；

（三）指导、监督建筑施工等单位的安全生产工作；

（四）依法对负责建筑施工企业主要负责人、项目负责人、专职安全生产管理人员的安全生产知识和管理能力考核；

（五）负责建筑起重机械设备特种作业人员的培训、考核和发证；

（六）按照规定组织或者参加建筑施工企业生产安全事故的调查处理；

（七）监督、指导县、区人民政府城乡规划行政主管部门依法实施城乡规划，确保建设工程的选址安全；

（八）法律、法规和规章规定的其他安全生产职责。

第九条 市政府质量技术监督行政主管部门负责锅炉、压力容器、压力管道、电梯、起重机械、客运索道、大型游乐设施和场（厂）内机动车辆等特种设备的安全监督管理工作。其主要职责是：

（一）依法开展锅炉、压力容器、电梯等特种设备的安全检查、监督工作，依法查处其违法行为；

（二）依法管理特种设备的检验检测机构和检验检测人员的资质资格；

（三）监督管理特种设备作业人员的资质资格；

（四）按照规定权限组织或者参加特种设备生产安全事故的调查处理，并进行统计分析；

（五）法律、法规和规章规定的其他安全生产职责。

第十条 市政府国土资源行政主管部门负责矿产资源勘查、开采监督管理工作。其主要职责是：

（一）依法对矿产资源开采实施行政许可；

（二）负责矿产资源开发秩序的监督管理，实施矿产资源总体规划、专题规划，依法查处无证勘查、开采矿产资源以及越层越界开采等违法行为；

（三）负责组织、协调、指导和监督本市地质灾害防治工作，建立地质灾害调查、规划、监测、预报制度和应急机制；

（四）法律、法规和规章规定的其他安全生产职责。

第十一条 市政府环境保护行政主管部门负责危险化学品环境污染事故、生态破坏事件、突发性环境污染事件应急监测及调查处理，负责废弃危险化学品处置的监督管理和进口危险化学品的登记。

第十二条 市政府农业行政主管部门负责渔场、渔船的安全生产监督管理工作。其主要职责是：

（一）负责组织实施对渔场、渔船的安全生产监督检查；

（二）依法组织实施渔船检审；

（三）按照规定参加渔场、渔船生产安全事故的调查处理；

（四）法律、法规和规章规定的其他安全生产职责。

第十三条 市政府林业行政主管部门负责本市林业系统安全生产监督管理工作，组织、协调、指导和监督本市行政区域内森林防火工作。

第十四条 市政府水利行政主管部门负责水利工程设施（包括水库、水闸、堤防等）的安全监督管理工作。其主要职责是：

（一）加强对县区政府水行政主管部门的检查、指导，督促其采取有效措施，切实加强对病险水库的调度管理，防范决堤、垮坝事故的发生；

（二）除泄洪特殊需要外，开闸泄水必须保证上下游船舶、房屋、农田和人民生命、财产安全；

（三）法律、法规和规章规定的其他安全生产职责。

第十五条 市政府教育行政主管部门负责教育单位和学生在校活动的安全监督管理工作。其主要职责是：

（一）督促学校加强对教师和在校学生的安全教育，提高教师和学生的安全意识和防范事故能力；

（二）加强对学校组织学生进行劳动技能教育和参加公益劳动、爱国主义教育等社会实践活动的安全监督，确保学生安全；

（三）严禁学校以任何形式、任何名义组织学生从事接触易燃、易爆、有毒、有害等危险品的劳动或者其他危险性劳动；

（四）严禁将学校场地出租作为从事易燃、易爆、有毒、有害等危险品的生产、经营场所；

（五）负责对校园内建筑物、道路、设施、设备以及涉及安全的教学、实验用危险品的安全监督管理，组织对学校校舍进行安全检查，保障学生在校学习、生活安全；

（六）法律、法规和规章规定的其他安全生产职责。

第十六条 市政府卫生行政主管部门负责职业病防治和医疗卫生单位安全生产的监督管理工作。其主要职责是：

（一）负责对用人单位职业健康监护情况进行监督检查，规范职业病的预防和保健，查处违法行为；

（二）负责危险化学品毒性鉴定管理工作；

（三）负责组织、实施各种突发性事故的紧急医疗救援工作；

（四）负责检查、督促市直医疗卫生单位落实安全生产法律、法规和标准，负责检查、指导本市行政区域内医疗卫生单位的安全管理工作；

（五）法律、法规和规章规定的其他安全生产职责。

第十七条 市政府体育行政主管部门负责体育运动安全和体育经营活动安全的监督管理工作。其主要职责是：

（一）负责体育比赛及比赛器械的安全监督管理；

（二）依法对涉及人身安全和公共安全的体育经营项目进行审批；

（三）负责督促公共体育设施管理单位对公共体育设施安全进行管理；

（四）法律、法规和规章规定的其他安全生产职责。

第十八条 市政府旅游行政主管部门负责协助有关部门做好旅游行业安全生产监督管理，会同有关部门做好旅游黄金周和小长假期间的旅游安全管理工作，制定并落实旅游突发公共事件应急预案。

第十九条 市政府人力资源社会保障行政主管部门负责本市行政区域内工伤保险和劳动保护工作。其主要职责是：

（一）依法实施工伤保险监督管理，按照规定协助有关部门做好生产安全事故的防范工作；

（二）负责职工工伤保险待遇及其供养的直系亲属抚恤待遇等有关工作；

（三）法律、法规和规章规定的其他安全生产职责。

第二十条 市政府发展和改革行政主管部门负责将安全生产工作目标纳入本市国民经济和社会发展规划，促进安全生产与国民经济和社会发展相适应；在建设项目核准、可行性研究和初步设计审查以及组织竣工验收（包括联合试运转验收，煤矿初步设计审查以及竣工验收除外）时，严格执行国家有关建设项目安全设施的“三同时”规定。

第二十一条 市政府农机行政主管部门负责农业机械的安全监督管理工作。其主要职责是：

（一）依法对农业机械的安全生产实施监督管理，组织做好有关农业机械检审工作；

（二）按照规定负责道路外农业机械事故责任的认定和调查处理；

（三）负责全市拖拉机、联合收割机及其驾驶操作人员牌证管理及违规操作使用的处罚；

（四）法律法规规定的其他安全生产职责。

第二十二条　市政府人民防空行政主管部门负责本市行政区域内人民防空工程的安全监督管理工作，依法对人民防空工程建设的设计、施工、质量实施监督管理，对人民防空工程的安全管理实施监督检查，督促其管理单位采取有效措施，防范重大、特大生产安全事故的发生。

第二十三条　市政府财政行政主管部门负责将安全生产专项经费列入财政预算，保证安全生产经费落实；协助安全生产监督管理部门和经济行政主管部门对生产经营单位安全生产费用的提取、使用以及安全生产风险抵押金的存储、使用情况进行监督检查；对涉及有关安全生产的经济政策和措施给予支持、协助。

第二十四条　市政府文化广播新闻宣传行政主管部门应当加强对有关安全生产法律、法规、规章和安全生产知识的宣传；积极开展安全生产公益宣传活动，坚持正确的舆论导向和舆论监督。

第二十五条　市政府工商行政主管部门负责依法管理企业的登记注册。对申请设立按照法律、行政法规规定必须办理安全生产前置审批的企业，在未取得相关许可证书或者审批文件前，不予核准登记注册；对负责安全生产前置审批的部门认定不具备安全生产经营条件、撤消原批准的企业，依法取消相关经营范围或者吊销其营业执照。督促集贸市场开办者做好集贸市场的安全管理工作。

第二十六条　市政府食品药品监督管理部门负责药品和医疗器械质量安全的监督管理,依法对药品和医疗器械的研究、生产、流通、使用环节的质量安全实施监督检查。

第二十七条　市政府行政监察主管部门依照《行政监察法》的规定，对地方各级人民政府和市人民政府各部门及其工作人员履行安全监督管理职责实施监察，按照规定参加生产安全事故的调查，依法追究有关责任单位及人员的行政责任，并对行政责任追究的落实情况进行监督。

第二十八条　市政府气象主管机构负责灾害性天气的监测、预报、预警，依法监督、指导防雷减灾工作和对升放无人驾驶自由气球或者系留气球活动的安全监督管理工作。其主要职责是：

（一）依法组织对防雷装置设计审核和竣工验收；

（二）依法组织对相关场所和设施的防雷安全监督检查，重点加强对公众聚集场所和易燃易爆场所、设施的防雷安全监督检查；

（三）依法组织编制防御雷电灾害风险规划，开展雷电灾害影响评估等工作；

（四）依法组织对升放无人驾驶自由气球、系留气球单位资质认定；

（五）依法组织对升放无人驾驶自由气球、系留气球活动的审批；

（六）法律、法规和规章规定的其他安全生产职责。

第二十九条　市政府城市管理部门负责城市道路、排水管网等市政基础设施的安全监督管理工作；负责城市供热、燃气行业管理工作。其主要职责是：

（一）依法对公用设施的设计、安装、使用安全实施监督管理，及时消除、防范公用设施中存在的事故隐患；

（二）负责户外广告设置的安全监督管理；

（三）负责城市供热、燃气行业的管理工作，依法承办经营资质审批工作；

（四）法律、法规和规章规定的其他安全生产职责。

第三十条 市总工会依法组织职工参加本单位安全生产工作的民主管理和民主监督，协助有关部门做好生产安全事故的防范工作，依法参加企业职工伤亡事故的调查与处理。

第三十一条 市人民政府其他有关部门或者机构的主要负责人，是本部门、本单位安全生产工作的第一责任人，对本部门、本单位职责范围内涉及安全生产的事项负全面领导责任，按照规定加强对本部门、本单位和直属企业、事业单位安全生产的监督检查，并对本部门、本单位和直属企业、事业单位的安全生产负责。

第三十二条 县区、乡镇人民政府及有关部门、单位的安全生产职责，由县区、乡镇人民政府参照本规定制定。

第三十三条 本规定自发布之日起施行。2001年11月15日市人民政府发布的《宿州市人民政府安全生产职责暂行规定》（宿政发〔2001〕32号）同时废止。

宿州市人民政府关于进一步加快外经贸发展的实施意见

宿政发〔2012〕45号

各县、区人民政府，市政府有关部门：

为进一步加快我市外经贸发展，根据《安徽省人民政府关于促进经济平稳较快发展的若干意见》（皖政〔2012〕50号）和《安徽省人民政府办公厅关于进一步促进外贸加快发展的若干意见》（皖政办〔2012〕33号）精神，结合我市实际，现提出如下实施意见：

一、进一步增强加快外经贸发展的责任感、紧迫感

（一）主动作为寻求新发展。近年来，我市深入实施大开放战略，积极承接产业转移，全市外经贸保持平稳较快发展。2012年1—10月，全市外贸进出口累计实现3.55亿美元，同比增长88%，增幅居全省前列。但我市外经贸总量、结构和发展方式在全省依然落后，发展后劲不足。当前，受欧债危机等影响，国际市场低迷，国内各种要素成本上升，加之我市出口产品多为劳动密集型产品，致使外经贸发展受阻，增速减缓。因此，要充分认识外经贸发展面临的严峻形势，切实增强加快发展的责任感、紧迫感，正确研判形势，抓住用好政策机遇，化危为机，主动作为，千方百计帮助外经贸企业排忧解难，提振信心，全力寻求外经贸发展的新突破、新提升。

二、进一步强化对外经贸发展的政策支持

（二）建立外经贸发展专项资金。市财政每年安排600万元专项资金，支持外经贸扩总量、调结构、促增长，重点用于支持政策叠加、培育进出口增长点、外经贸业务培训、加大外经贸工作考核等方面。各县区也要安排一定量的专项资金，促进区域外经贸发展。

（三）发挥政策叠加效应。配套国家、省外经贸促进政策，重点对企业进出口增量、参加市统一组织的境内外展会、出口信用保险、国际市场开拓资金、出口品牌、出口基地和外贸公共服务平台建设、进出口企业孵化、重点外贸企业和中小成长企业培育、贸易摩擦应对、“走出去”及进口先进设备、核心技术、关键零部件等方面给予资金支持。

（四）培育进出口增长点。培育骨干企业，力促做大做强。对当年进出口实绩突破300万美元、1000万美元、5000万美元、1亿美元的企业，给予重点支持。积极承接产业转移，对引进的外向型企业在本地实现进出口实绩当年超100万美元的，给予资金支持。引导供货企业自营出口，对由代理出口转为自营出口的企业当年实绩超100万美元的，给予资金支持。

（五）支持企业建设保税仓库、保税物流中心等海关特殊监管区。对企业为扩大进出口规模、加大投入建设并经海关部门审批认定的保税仓库、保税物流中心等，给予资金支持，引导加工贸易区向海关特殊监管区集中。

三、进一步优化外经贸发展环境

（六）大力争取国家和省支持。认真做好外经贸企业出口信用保险费补贴、中小企业国际认证、进出口贴息、“走出去”补助、出口基地建设资金、中小企业国际市场开拓资金、公共服务平台、融资担保等申报工作，完善各项前期准备和程序，积极争取国家、省专项资金支持。

（七）做好出口退税和金融服务。国税部门要加快出口退税审批进度，确保准确及时退税。市县区、宿州经济技术开发区、宿马现代产业园区、宿州高新技术开发区等融资平台，要积极为中小进出口企业提供融资担保。各金融机构进一步对中小进出口企业增加信贷规模，拓宽融资渠道，降低贸易融资成本。

（八）提高贸易便利化水平。海关、国检部门进一步简化审批手续，降低收费标准，提高通关效率，降低企业通关成本。外汇管理部门要进一步提高服务水平，积极推动进出口企业开展跨境贸易人民币结算业务。

（九）加强对外经贸企业业务培训和跟踪服务。鼓励职能部门和有资质培训机构对各类进出口企业开展单证员、外销员、报关员、报检员、出口退税、外汇管理、出入境检验检疫法规等业务培训，并给予资金支持。深入开展企业包保服务、进出口促进政策宣传、重点调度等行之有效的特色服务。

四、进一步强化组织协调、政策落实和目标考核

（十）健全外经贸发展协调机制。成立市开放型经济工作领导小组，建立外经贸工作联席会议制度，由市政府分管负责人为会议召集人，日常工作由市商务局承担，各县区政府、宿州经济技术开发区、宿马现代产业园区、宿州高新技术开发区、市直有关部门为成员单位，着力解决外经贸企业存在的困难和问题，增强工作针对性和实效性。

（十一）确保各项政策落实。各地、各部门要创造性地开展工作，认真兑现政策。本意见中的（三）（四）部分涉及的支持资金，由市和县区、宿州经济技术开发区、宿马现代产业园区、宿州高新技术开发区各按50%比例承担。各项资金奖补政策实施细则，由市商务局会同市财政局另行制定。

（十二）强化目标责任考核。外经贸工作继续纳入各县区年度工作目标责任考核范围，加强调度，强化督查。为全市外经贸发展做出突出业绩的部门，市政府将给予表彰奖励。

宿州市人民政府

2012年11月30日

九、撤地建市纪略

经地委、行署研究批准，宿县地区地改市工作启动于一九九五年六月。六月初正式成立地改市筹备办公室，由地委副秘书长孙金道具体负责，办公室成员有杜尚民、阮传业、张登高等四人。在地委、行署的直接领导下，着手进行地改市工作。

一九九五年下半年至一九九六年上半年，地改市筹备办公室的主要工作是按照国务院有关地改市的文件〔国发（1993）38号〕要求，搜集整理资料，学习借鉴外地经验，与省民政厅等有关部门进行磋商协调，以取得各有关方面的帮助支持。准备工作基本就绪后，于一九九六年四月二十二日，经地委、行署研究同意，以行署名义向省政府第一次提出地改市的申报。由于第一次报告中关于区划设置问题和上级要求差距过大，被退回重议。后经地改市筹备办公室和省民政厅反复磋商协调，并与国家民政部进行咨询协商。根据国家民政部区划司的意见，并经地委、行署认真研究同意，于一九九六年八月二十九日，再次向省政府呈报地改市报告。在此次报告中，关于区划设置问题即确定为“设立符离县和埇桥区（一县一区）方案”。一九九六年十二月底，省政府省长办公会对宿县地区地改市报告进行了初议，因对符离县县城设置问题存有疑虑，议而未决。

此后，在地委书记徐立全、行署专员陈树德、常务副专员武秀玲等主要负责人的直接关怀和大力支持下，加大地改市力度。地委、行署主要负责人亲自带领办公室的同志前往北京做有关方面的工作，加快了进程，并按民政部、国务院办公厅要求，先后以省政府名义两次向国务院补报有关材料。民政部通过审核，统一上报国务院待批。同年十月下旬，接国务院办公厅通知，认为设“一县一区”在当前机构改革、精减人员的形式下难以通过，若同意“一市区”设置方案，请急报补充材料。于是，地委、行署再次进行研究，经反复斟酌，权衡利弊，最终按国务院要求，改为“一市区”设置。省政府以〔皖政秘（1998）202号〕文件再次向国务院提出申请。国务院一九九八年十二月六日审批同意“撤销宿县地区和县级宿州市设立地级宿州市和埇桥区”，至此，地改市工作宣告成功。

附件一：

关于同意安徽撤销宿县地区设立地级宿州市的批复

（国函【1998】102号）

安徽省人民政府：

你省《关于撤销宿县地区成立地级宿州市的请示》（皖政秘【1997】203号）及有关补充报告收悉，现批复如下：

一、撤销宿县地区和县级宿州市，设立地级宿州市。市人民政府驻新设立的埇桥区。

二、宿州市设立埇桥区，以原县级宿州市的行政区域为埇桥区行政区域。区人民政府驻胜利路。

宿州市辖原宿县地区的砀山县、萧县、泗县、灵璧县和新设立的埇桥区。

宿州市的各类机构均应按照“精简、效能”的原则设置，所需经费和人员编制由你省自行解决。

国务院

1998年12月6日

附件二：

关于撤销宿县地区设立地级宿州市的通知

（1998年12月23日皖政秘【1998】261号）

宿县地区行政公署：

根据《国务院关于同意撤销安徽省宿县地区设立地级宿州市的批复》（国函【1998】102号），现通知如下：

一、撤销宿县地区和县级宿州市，设立地级宿州市。市人民政府驻新设立的埇桥区。

二、宿州市设立埇桥区，以原县级宿州市的行政区域为埇桥区行政区域。区人民政府驻胜利路。

三、宿州市辖原宿县地区的砀山县、萧县、泗县、灵璧县和新设立的埇桥区。

宿州市的各类机构均应按照“精简、效能”的原则设置，所需经费和人员编制请自行解决。

以上通知请遵照执行，并抓紧组织实施。

安徽省人民政府

1998年12月23日

编 委 名 单

宿州市地方志编纂委员会（2003年）

主　任： 唐承沛

副主任： 张国富　刘统海　黄忠超　高士宏　殷玉林　任杰进

委　员： 王克金　王超英　牛厚勤　孙杏仪　李从玉　吴治龙
时学爱　张振传　陈　民　陈　杰　赵永生　饶兴民
胡兴超　徐　艳　梁　琦　程大文　薛守书

宿州市地方志编纂委员会（2004年）

主　任： 唐承沛

副主任： 刘晓云　李卫华　高士宏　黄忠超　殷玉林

委　员： 郑　光　夏忠道　李华民　高德刚　牛洪杰　吴治龙
石文庆　陈　民　韩春明　王克金　孙杏仪　梁　琦
张振传　陈　杰　王超英　王玉平　李从玉　吴　健
王汉武　张治淮　李时新　许承通　张存秀　王宗元
何志中　许广斌　杨　光　王心建　王成俊

宿州市地方志编纂委员会（2007年）

主　任： 吴旭军

副主任： 刘统海　李晨阳　李卫华　高士宏　殷玉林

委　员： 于光明　马建军　马鹏飞　王心建　王玉平　王克金
王宗元　王超英　毋保良　牛洪杰　石文庆　刘文利
刘烈忠　孙杏仪　齐功搏　李从玉　李华民　吴　健
张治淮　张振传　杨　光　卓传计　郑　光　范祥杰
晏金星　高昌淼　曹志庆

宿州市地方志编纂委员会（2009年）

主　任： 吴旭军

副主任： 李晨阳　陈卫东　孟宪会　许广斌　何志中　殷玉林

委　员： 齐功搏　孟凡敬　牛洪杰　沈建平　石文庆　张建华
马鹏飞　李华民　王锦程　王汉武　王宗元　刘文利
李淮秋　王超英　张　林　张存秀　张治淮　高昌淼
郭德宏　朱守坤　韩维礼　朱学亮　卓传计　王　娟
曹志庆　黄忠超　王心建

宿州市地方志编纂委员会（2011年）

主　任： 张曙光

副主任： 李晨阳　陈卫东　孟宪会　许广斌　何志中　殷玉林

委　员： 马鹏飞　王　娟　王汉武　王共伟　王宗元　王超英
王锦程　牛洪杰　石文庆　朱　敏　朱守坤　朱学亮
刘　萌　刘文利　齐功搏　李华民　李淮秋　沈建平
张　林　张存秀　张治淮　张建华　卓传计　孟凡敬
夏　莉　高昌淼　郭德宏　曹志庆　黄忠超　韩维礼

宿州市地方志编纂委员会（2013年）

主　任： 史　翔

副主任： 邵　郁　马建军　居永立

委　员： 沈志刚　李华民　马红钟　孟　伟　魏建华　解福来
郭德宏　汝　刘　李淮秋　胡　强　王锦程　祖钧公
王小强　李　励　左　飞　朱　松　王汉武　马志刚
江利亚　黄　健　樊振宿　韩维礼　张建华　卓传计
朱　海　吴　健　张明权　朱爱民　张宝平　雷云启
刘　光　张合颖　刘文利　郭贤生　李晓宁　甘大庆
储昭海　朱晓军　乔　森　刘　萌　杨松涛　朱　敏
戚　军

撰稿人员名单

第一篇　自然地理

第一章　第二章　第三章

编纂责任单位：宿州市地方志办公室

第四章　自然灾害

编纂责任单位：宿州市气象局

撰稿：戚尚恩

审稿：张学贤

第二篇　政治

第一章　党委

第一节　第二节　第三节

编纂责任单位：中共宿州市委办公室

撰稿：张艳飞

审稿：张爱飞

第四节　组织

编纂责任单位：中共宿州市委组织部

撰稿：魏　艳　唐　明　李　峰　刘　浩　周广申

审稿：魏建华

第五节　宣传

编纂责任单位：中共宿州市委宣传部

撰稿：高纯宇　邵长凯　庞　壮　曾　伟　吴良栋　陈　虎　梁　静

审稿：马鹏飞

第六节　政法

编纂责任单位：中共宿州市委政法委

撰稿：阎海涛

审稿：史　耘

第七节　统战

编纂责任单位：中共宿州市委统战部

撰稿：刘　朋

审稿：何秀玲

第八节　政策研究

编纂责任单位：市委政研室

撰稿：刘　丽

审稿：侯家春

第九节　党史研究
　　编纂责任单位：市委党史研究室
　　撰稿：徐慧芳
　　审稿：马剑晖
第十节　地（市）直工委
　　编纂责任单位：市直机关工委
　　撰稿：牛民主
　　审稿：陈殿魁
第十一节　老干部工作
　　编纂责任单位：市委老干部局
　　撰稿：钱荣海
　　审稿：潘　雷
第十二节　档案
　　编纂责任单位：市档案局
　　撰稿：张　民　张学志　柴培华　孙　洁
　　审稿：居永立
第十三节　党校
　　编纂责任单位：市委党校
　　撰稿：吴春林
　　审稿：戴振军
第二章　人大
　　编纂责任单位：市人大办公室
　　撰稿：亢金华　李同功　欧磊
　　审稿：张保平
第三章　政府
第一节　第二节　第三节　第四节
　　编纂责任单位：宿州市政府办公室
　　撰稿：陈明军
　　审稿：王锦程
第五节　依法行政
　　编纂责任单位：市法制办
　　撰稿：王　楠
　　审稿：李云新
第六节　政务信息
　　编纂责任单位：市行政服务中心
　　撰稿：李荣忠
　　审稿：孟振东
第七节　政务服务
　　编纂责任单位：市政府办公室

撰稿：陈明军
审稿：王锦程
第八节　外事侨务
编纂责任单位：市外事（侨务）办
撰稿：薛林海　张　博
审稿：薛林海
第九节　招商引资
编纂责任单位：市招商局
撰稿：刘学杰
审稿：孟　斌
第十节　行政事务
编纂责任单位：市行政事务管理局
撰稿：孙万修
审稿：王怀宇
第十一节　人民来信来访
编纂责任单位：市信访局
撰稿：王胜昌
审稿：葛德莲
第十二节　地方志
编纂责任单位：市地方志办公室
撰稿：张友伟　赵红萍
审稿：居永立
第四章　政协
编纂责任单位：市政协办公室
撰稿：李勇抗
审稿：孟凡敬
第五章　纪检监察
编纂责任单位：市纪检委（监察局）
撰稿：毛德清
审稿：马实忠
第六章　民主党派和工商联
第一节　民革
编纂责任单位：市民革
撰稿：温绍东
审稿：董靖华
第二节　民盟
编纂责任单位：市民盟
撰稿：王彩法
审稿：谷化龙

第三节　民建

编纂责任单位：市民建

撰稿：闫　旭

审稿：何　平

第四节　民进

编纂责任单位：市民进

撰稿：邓端庭

审稿：佟　涛

第五节　农工民主党

编纂责任单位：市农工党

撰稿：祁　宦

审稿：祝　美

第六节　九三学社

编纂责任单位：市九三学社

撰稿：陈莉莉

审稿：王克金

第七节　工商联

编纂责任单位：市工商联

撰稿：杨　林

审稿：马　杰

第七章　人民团体

第一节　工会

编纂责任单位：市总工会

撰稿：马　克

审稿：代香龙　谢玉坤　毛学英　张召龙　姜晓宏　张华庭

第二节　共青团

编纂责任单位：团市委

撰稿：周心成

审稿：胡大为

第三节　妇联

编纂责任单位：市妇联

撰稿：何　波

审稿：李芳茹

第四节　科协

编纂责任单位：市科协

撰稿：祁彦启

审稿：苏兴佳

第五节　文联

编纂责任单位：市文联

撰稿：时念刚
审稿：黄正祥
第六节　残联
编纂责任单位：市残联
撰稿：孔庆军
审稿：刘　化
第七节　红十字会
编纂责任单位：市红十字会
撰稿：朱曙文
审稿：徐淑敏
第八章　军事
第一节　第二节　第三节　第四节　第五节　第六节　第七节
编纂责任单位：宿州军分区
撰稿：王光林
审稿：汝　刘
第八节　人民防空
编纂责任单位：市人防办
撰稿：任玉华
审稿：魏富财
第九节　武警
编纂责任单位：武警宿州支队
撰稿：周　文
审稿：胡　平
第十节　消防
编纂责任单位：宿州市消防支队
撰稿：唐　尧
审稿：戚庆收
第九章　公检法司
第一节　公安
编纂责任单位：市公安局
撰稿：周曙明
审稿：尹成斌
第二节　检察
编纂责任单位：市检察院
撰稿：王沛涛
审稿：郜亚伟
第三节　审判
编纂责任单位：市中级人民法院
撰稿：张　超

审稿：董　林

第四节　司法行政

编纂责任单位：市司法局

撰稿：陈震杰

审稿：黄家宏

第十章　劳动人事

编纂责任单位：市人劳局

撰稿：姬　磊

审稿：张建华

第三篇　经济

第一章　综合经济管理

第一节　经济综述

编纂责任单位：市地方志办公室

第二节　发展改革

编纂责任单位：市发改委

撰稿：欧兴安

审稿：周恩永　梁　琦

第三节　统计

编纂责任单位：市统计局

撰稿：张体超

审稿：沈　永

第四节　工商管理

编纂责任单位：市工商局

撰稿：季　鹏

审稿：张　涛

第五节　审计

编纂责任单位：市审计局

撰稿：张　挺

审稿：陈志强

第六节　质量监督

编纂责任单位：市质监局

撰稿：冯思敏

审稿：李　旭

第七节　物价管理

编纂责任单位：市物价局

撰稿：王　海

审稿：马　勇

第八节　安全生产管理

编纂责任单位：市安监局

撰稿：李荣超
审稿：王　耿
第九节　国土资源管理
编纂责任单位：市国资局
撰稿：张自泉
审稿：贺　平
第十节　食品药品监管
编纂责任单位：市食品药品管理局
撰稿：黄忠宇
审稿：黄家宏
第二章　城乡建设
第一节　第二节　第三节　第四节　第五节
编纂责任单位：市住建委
撰稿：田克栋
审稿：朱　海
第六节　房地产业
编纂责任单位：市房改办　市房产局
撰稿：陈相林　曹维国　单淑兰
审稿：王　波　邓晓玲　赵德志
第三章　环境保护
编纂责任单位：市环保局
撰稿：叶　涛
审稿：季新亚
第四章　交通
第一节　基础设施建设
编纂责任单位：市交通局　市公路局
撰稿：谢世文　宁　斌　吴　昊
审稿：谢祖太　李庆旺
第二节　铁路
编纂责任单位：市铁路办
撰稿：徐　宁
审稿：伯　林
第三节　公路
编纂责任单位：市公路局
撰稿：宁　斌　吴　昊
审稿：李庆旺
第四节　航运
编纂责任单位：市海事（航运）局
撰稿：孙　辰

审稿：张柏涛

第五节　交通管理

编纂责任单位：市交通局

撰稿：谢世文

审稿：谢祖太

第五章　电力

编纂责任单位：市电力公司

第六章　水利

编纂责任单位：市水利局

撰稿：张治华

审稿：苏　亚

第七章　邮政　电信

第一节　邮政

编纂责任单位：市邮政局

撰稿：王　婧

审稿：唐成义

第二节　电信

编纂责任单位：市电信分公司　市移动分公司　市联通分公司

撰稿：金宁生　付慧元　汪修远

审稿：王新立　张元柱　杨　勇

第三节　无线电管理

编纂责任单位：市无线电管理委员会

撰稿：张雪松

审稿：栾　伟

第八章　农业

第一节　第二节　第三节　第四节　第五节　第六节

编纂责任单位：市农委

撰稿：安　琪　李　峰

审稿：刘文利　李振奎

第七节　林业

编纂责任单位：市林业局

撰稿：吴　峰

审稿：姜维成

第八节　农业机械

编纂责任单位：市农机局

撰稿：韩玺辉

审稿：徐志连

第九节　乡镇企业

编纂责任单位：市地方志办公室

第九章　工业
　　编纂责任单位：市经信委
　　撰稿：耿万兵
　　审稿：王学华
第十章　财政金融
第一节　财政
　　编纂责任单位：市财政局
　　撰稿：朱柏茂　寇　智　王运粮
　　审稿：王超英　王　辉
第二节　税务
　　编纂责任单位：市国税局　市地税局
　　撰稿：鲁家灵　黄道新
　　审稿：常先刚　张　雷
第三节　第四节　第五节
　　编纂责任单位：市人民银行
　　撰稿：程武杰
　　审稿：李晓光
第十一章　商贸
第一节　第二节　第三节
　　编纂责任单位：市商务局
　　撰稿：杨　健
　　审稿：张兆银
第四节　供销合作社商业
　　编纂责任单位：市供销社
　　撰稿：邢义三
　　审稿：赵　杨
第五节　商品专营
　　编纂责任单位：市烟草局　石油分公司　石化分公司　市食品药品管理局
　　撰稿：武海彦　王　涛　赵　虎　黄忠宇
　　审稿：姜　平　吴　萍　张　琳
第六节　物资经营
　　编纂责任单位：市物资局
　　撰稿：周　超
　　审稿：王广金
第七节　粮食购销
　　编纂责任单位：市粮食局
　　撰稿：张光前
　　审稿：邵长金
第十二章　旅游

编纂责任单位：市旅游局
撰稿：纵文华
审稿：耿志国

第四篇　教科文卫体

第一章　教育
编纂责任单位：市教育局　宿州学院　宿州职业技术学院
宿州电大　宿州工业学校　宿州卫校
撰稿：杨　权　赵国付　李玉峰　邱　铭　代　奇　郝　蕾　李炳南
审稿：史春芬　李　亮　夏　莉　金　梅　郭思源　左　飞

第二章　科学技术
编纂责任单位：市科技局
撰稿：史继国　刘梦露
审稿：朱　松

第五节　气象服务
编纂责任单位：市气象局
撰稿：戚尚恩
审稿：张学贤

第六节　防震减灾
编纂责任单位：市地震局
撰稿：王建国
审稿：汤晓春

第七节　农业科学研究与推广
编纂责任单位：市农科所

第八节　地质水文勘探
编纂责任单位：煤田地质局第三勘探队、水文勘探队
撰稿：张　斌　王耀汉
审稿：叶晓辉　郭开庆

第三章　文化
编纂责任单位：市文化局　新华书店
撰稿：赵彦志　王　磊　涂　乔　李志成　吴树江
审稿：沈　凌　胡长仁

第四章　广播电视报刊

第一节　第二节　第三节
编纂责任单位：市广电局
撰稿：彭林绪
审稿：高　勇　营先利

第四节　报刊
编纂责任单位：拂晓报社　农村孩子报社
撰稿：周宗胜　任　晨

审稿：解福来　赵　华

第五章　卫生

编纂责任单位：市卫生局

撰稿：陈树森

审稿：王　凯

第六章　体育

编纂责任单位：市体育局

撰稿：赵登洲

审稿：陈　杨

第五篇　社会

第一章　民政

编纂责任单位：市民政局

撰稿：陈万超

审稿：蔡先德

第二章　人口和计划生育

编纂责任单位：市人口与计生委

撰稿：张　献

审稿：王海树

第三章　社会生活

第一节　人民生活

编纂责任单位：市地方志办公室

第二节　社会保险

编纂责任单位：市人劳局

撰稿：姬　磊

审稿：张建华

第三节　精神文明建设

编纂责任单位：市文明办

撰稿：谢亚清

审稿：王　琼

第四章　民族　宗教

编纂责任单位：市民委

撰稿：苏　奎

审稿：李晓松

第五章　方言民俗

第一节　方言

编纂责任单位：市地方志办公室

第二节　民俗

编纂责任单位：市地方志办公室

第六篇　特色宿州

第一章　特色经济
　　编纂责任单位：市农委
　　撰稿：安　琪　李　峰
　　审稿：刘文利　李振奎
第二章　地方文化
第一节　第三节　第四节
　　编纂责任单位：市文化局
　　撰稿：赵志彦　王　磊　涂　乔
　　审稿：沈　凌
第二节　奇石文化
　　编纂责任单位：宿州市观赏石协会
　　撰稿：陈民府
　　审稿：居永立
第三章　名胜古迹
　　编纂责任单位：市文化局
　　撰稿：赵志彦　王　磊　涂　乔
　　审稿：沈　凌
第四章　文化节与饮食
　　编纂责任单位：市地方志办公室

第七篇　县区和开发区简介
　　编纂责任单位：埇桥区方志办　砀山县方志办　萧县方志办　灵璧县史志办　泗县方志办　市经济技术开发区
　　撰稿：张　忻　庞遵峰　李明升　王　伟　周宏宇　焦　红　魏　景
　　审稿：赵　辉　尉彩梅　刘永杰　高　强　娄有明　张忆秋

第八篇　人物
　　编纂责任单位：市地方志办公室

第九篇　宿州丛谈
　　编纂责任单位：市地方志办公室

索　引

说明：本索引分主题索引、人名索引、表格索引。其中主题索引按分析法选项，按汉语拼音字母顺序排列；人名索引是指“人物篇”所收录人物姓名，以姓氏笔画为序；表格索引按表格在书中顺序排列。索引词后的阿拉伯数字表示该词所在页码。

主题索引

A

爱国卫生运动877
安邦财产保险734
安全生产措施451
安全生产管理451
安全生产监督452
安全生产职责规定1308
安特生物化学673
案件检查256

B

白居易与宿州1188
白土寨窑址1006
百通高科技塑业654
板材加工638
办学经费762
梆子剧团835
保费734
保险733
保险业协会736
保险制度414
报刊862
暴雨110
被装319
毕业生就业409
避孕节育925
标准化管理439
表彰奖励415
殡仪馆及公墓901
殡葬改革900
殡葬管理900
冰雹111
兵员征集325

C

财务管理263
财险733
财政684
财政管理696
财政国库管理697
财政监督702
财政收入与支出686
财政税收物价检查447
财政体制684
财政信用管理701
财政预算执行和决算审计433

财政制度改革270
财政周转金701
菜篮子工程612
残疾人抽样调查308
残疾人教育307
残疾人就业307
残疾人康复307
残疾人维权308
残联306
残联代表大会307
仓储设施751
测绘管理455
产品质量监督439
产学研合作818
常务委员会会议247
常用方言词语注释955
长务公开289
朝牌1022
潮土98
车号牌清理261
车辆和驾驶员管理357
撤地建市1318
陈胜、吴广大泽首义1231
陈胜、吴广起义遗址1003
成本调查450
成人继续教育778
成人教育777
城建档案管理470
城建监察469
城市标志性建筑476
城市测绘491
城市道路471
城市防洪479
城市房屋拆迁511
城市概况470
城市供气475
城市供水484
城市排水与防洪478
城市环境综合整治517
城市水利设施478
城市水系478
城市信用合作社718
城市照明477
城市总体规划467
城乡低保896
城乡规划467
城乡建设467
城镇老人供养894
池塘养殖621
重阳节习俗978
出境审批354
出入境管理354
出租车业管理546
储粮技术751
储蓄存款720
楚汉历史文化和森林生态专线754
传染病防治872
船舶管理547
船员管理547
创作成果306
春节习俗974
春蕾计划298
村民委员会891
村镇规划481
村镇建设480
存款719
存款利率719

D

打黑除恶348
打击毒品犯罪350
打击拐卖妇女儿童犯罪349
打击经济犯罪349
打击流窜犯罪348
大豆610

大方寺省级自然保护区640
大风111
大气环境质量519
大史电灌站586
大事记14
大五柳景区1000
大雾111
大型普查活动427
大庄牌豆瓣酱1022
代表工作203
代表会议199
代表活动203
代表联络工作203
代表选举和代表人数199
贷款721
贷款利率721
单位存款719
淡水白鲳621
党代表大会130
党风党纪监督员271
党风党纪宣传教育267
党风廉政建设责任制259
党史编研171
党史宣传活动172
党史研究171
党外人士工作162
党委127
党校184
党员教育149
党员教育与管理137
党政机构改革394
党政领导班子建设138
党组织设置317
砀山黄河故道和果园生态专线754
砀山黄河故道湿地1002
砀山四平调996
砀山酥梨986
砀山天主教堂1011
砀山县1029
砀山县人武部315
砀山县豫剧团838
砀山兴达罐头食品660
砀山中学795
档案181
档案开放184
档案设备183
档案学会182
档案征集与利用184
道家文化1169
道教953
稻田养殖622
堤防工程581
地（市）直工委173
地表水资源107
地方金融机构审计436
地方税务710
地方文化989
地方戏992
地方志238
地方志编纂238
地籍登记456
地籍调查456
地籍管理456
地貌90
地面测报822
地面文物848
地名管理898
地区联大410
地市级领导接访日237
地税征收管理712
地委、市委常委会131
地委决策131
地下水位观测826
地震应急828
地质90
地质环境管理460

地质勘探830
地质水文勘探831
第二次党代表大会131
第三次党代表大会131
第一次党代表大会130
典型事故452
电报业务605
电教活动780
电力550
电视861
电台通讯826
电网建设563
电信600
电信公司600
电影放映848
电子政务基础网络221
电子政务220
调查研究167
动物104
动物防疫619
冻害110
毒化药品及场所管理350
渎职侵权检察364
端午节习俗976
队伍建设160
对台工作164
对外贸易739
对外宣传155

E

儿童计划免疫872
二月二习俗975

F

发电551
发挥老干部作用181
发展改革424
法规制度335
法律服务所387
法律顾问处382
法律监督201
法律援助389
法医检验371
法制宣传381
反腐倡廉宣传教育269
方言954
防腐安装500
防洪工程479
防火管理宣传344
防汛基础工作574
防汛抗旱584
防汛抗旱气象服务819
防震减灾825
防震减灾行政执法827
防震减灾宣传827
房地产价格管理445
房地产开发504
房地产开发建设管理510
房地产开发企业资质管理505
房地产市场505
房地产业503
纺织667
非公有制经济人士工作163
非公有制林业634
非金属矿产106
丰源生化热电561
风光旅行社756
风景名胜998
风向风速97
佛教952
伏羊节1018
扶疏亭1014
《拂晓报》862
拂晓大道472

服装鞋帽业668
符离集刘老二烧鸡665
符离集烧鸡1019
福利彩票896
福利企业896
福利制度414
福润肉类食品659
妇联294
妇女代表大会294
妇女儿童纲要298
妇女权益保护297
妇幼卫生保健874
复员军人定期定量补助914

G

垓下古战场1008
垓下古战场遗址1207
垓下之战1233
干部调动405
干部工作156
干部管理404
干部管理制度改革401
干部监督142
干部教育培训140
干部轮训、培训186
干部培训156
干部人事制度改革270
干部吸收录用404
干部制度改革144
干旱110
干热风111
港口539
高速公路527
高新技术产品817
高新技术企业817
高新技术项目库810
割股奉母1211
歌曲840
个体私营经济430
耕地保护458
耕地占补平衡458
工厂化养殖622
工程建设监察265
工程造价管理499
工会286
工会代表大会286
工会基层组织288
工伤保险934
工商管理429
工商联281
工商银行717
工业646
工业贷款722
工业技术创新工程817
工业经济体制改革648
工业普查427
工业统计改革428
工业污染治理515
工业五年扩张战略1296
工资和福利保险412
工资制度413
工资制度改革403
工作机制建设929
工作监督201
公安347
公安法制工作354
公安管理体制399
公共财政支出改革704
公共交通484
公共卫生管理875
公检法司347
公路“三乱”治理262
公路527
公路货运536
公路客运537

公路客运站537
公路水路“三乱”治理548
公路运输533
公平交易执法432
公司+基地连市场627
公务员考试录用406
公务员培训407
公益气象服务819
公用电话602
公用发电厂551
公用事业484
公有住房出售503
公园广场管理490
公园桥梁473
公证工作385
公众气象服务820
供电562
供电企业562
供销合作社商业741
共青团290
共青团代表大会290
古代人物1060
古建筑1011
古墓葬1008
古树名木629
古台寺遗址1005
古遗址1002
骨干河道治理573
固定电话机线设备601
观赏石协会1017
观赏石之乡991
馆藏档案183
馆藏文物842
光彩事业283
光荣院建设910
广播859
广播电视854
广播电视设施维护858
广告监督管理432
规划管理469
桂花酥糖1020
国道主干线527
国防动员333
国防动员委员会333
国防教育336
国际金融组织贷款项目审计437
国家公务员队伍406
国家公务员制度403
国家金融机构审计435
国家科技队伍798
国家赔偿378
国家税务707
国民经济和社会发展统计公报1281
国内贸易738
国税稽查710
国税收入707
国税征收管理712
国土资源管理453
国外智力引进417
国有资产管理700
国元证券731
国债管理701
国债资金管理使用情况专项检查266
果园面积980

H

害虫防治751
函件包件600
函授教育187
涵闸工程584
航道538
航运538
航政管理547
行风评议265
“行风热线”　264

合同管理431
河道管理491
河道疏浚590
河道水系92
河流92
河蟹621
红色石灰土103
红十字会308
红十字青少年活动310
红十字宣传311
宏观观测826
洪涝110
虹光企业662
后备干部培养139
后勤保障社会化320
后勤工作319
湖洼地治理590
互联网业务602
户籍管理354
户籍管理制度改革353
花鼓戏剧团836
花甲寺遗址1005
花生611
华安财产保险734
华安证券731
华电宿州电厂557
华康医药745
华洋啤酒664
化工轻工材料经营748
化纤业668
化学工业670
化学类建材654
怀洪新河工程591
淮北梆子996
淮北花鼓戏995
淮北矿业651
淮海战役总前委旧址1003
淮海决战1242
淮河流域群众饮水519
环保宣传522
环保专项行动516
环境保护512
环境保护科学学会512
环境管理512
环境规划512
环境能力建设523
环境统计516
环境影响评价制度514
环境质量519
环境治理515
环卫管理489
皇藏峪景区998
皇藏峪蘑菇鸡1021
黄桃罐头987
汇源大酒店756
汇源发电551
会议服务233
会议制度208
会员代表大会281
会甄之战1234
浍河538
浍河河道治理577
浍河蕲县港区539

J

机电设备经营748
机电站排灌工程586
机关安全保卫233
机关党委157
机关档案182
机关环境234
机关事业单位技工等级考试考核410
机械电子674
机械设备752
机械投入595

基本建设和技术改造贷款723
基本农田保护458
基本养老保险932
基本医疗保险933
基层单位普查427
基层法律服务387
基层司法行政387
基层政权890
基层组织136
基础设施建设220
基地带农户627
基督教951
基金征管711
基金预算收入与支出693
缉捕逃犯348
激励机制152
疾病控制建设项目872
疾病预防控制871
集资建房504
计划的编制与实施426
计划管理体制424
计划生育921
计划生育保险930
计划生育技术服务928
计划生育考核奖惩926
计划生育协会929
计划生育宣传教育929
计划生育政策927
计划外生育专项清理927
计量管理438
纪检监察255
技术革新与技术进步858
技术管理857
技术交易会811
技术贸易合同811
技术市场811
技术推广619
祭灶节习俗978
祭祖节习俗978
夹沟香稻米985
家长学校782
甲鱼621
价格服务449
价格改革442
价格公共服务450
价格管理444
价格监测449
价格监督检查447
价格认证449
监督法律实施199
监督指导182
监所管理警察支队355
监所管理355
监所检察368
减轻农民负担264
减轻企业负担264
检察359
检察技术370
检察信息化建设371
蹇叔1183
建材652
建设工程招投标管理496
建设工程质量498
建设监理498
建设科技498
建设银行718
建议案249
建议及其办理情况202
建章立制220
建置沿革82
建筑安全管理497
建筑安装工程500
建筑材料经营749
建筑工程493
建筑管理496
建筑技术491

建筑企业资质管理496
建筑设计492
建筑市场管理497
建筑业491
降水95
交通524
交通安全管理356
交通工程质量管理548
交通管理542
交通基础设施524
交通旅行社756
交通设施357
交通违章357
教师培训778
教学研究779
教育759
教育督导781
教育改革759
教育工会783
教育规模761
教育教研779
教育结构765
教育经费与设施762
教育旅行社755
教育乱收费治理262
教育收费管理446
教育行政管理781
接待工作232
结婚登记899
节令习俗974
节目审查856
节水灌溉594
节制闸工程478
巾帼建功296
金鸽面业663
金桥工程304
金融服务716
金融改革713
金融管理727
金融机构716
金融审计435
金融业务719
金玉米农业科技开发660
金寨遗址1007
金属材料经营747
金属矿产106
近期建设规划（2007-2010）467
经费管理232
经济420
经济承包399
经济环境监察266
经济建设财务管理699
经济普查427
经济适用房（安居工程）504
经济协作226
经济责任审计434
经济作物611
经理国库和国债管理730
精神文明建设934
井灌工程588
竞技体育887
竞争机制402
竞争上岗和轮岗403
敬老院建设894
纠风治乱261
九女坟1008
九三学社279
旧志序选1213
旧志整理240
旧志综录1212
救护培训310
救灾救济891
救灾救助309
就业指导287
居民身份证353
居民委员会890

决策131
决策气象服务819
军队建设315
军队离退休人员安置903
军队转业干部安置416
军粮319
军人安置901
军人医疗320
军事313
军事训练341
军械管理342
军运供应903

K

勘界897
看守所356
考古发掘850
考核奖惩415
考试录用402
科技成果799
科技成果登记799
科技成果鉴定799
科技成果转化810
科技创先815
科技大会300
科技工程816
科技管理815
科技活动周302
科技机构796
科技奖励799
科技进步考核815
科技开发811
科技刊物814
科技论坛303
科技人才队伍798
科技食品659
科技推广809
科技下乡活动813
科技信息814
科技信息传播814
科技信息网络814
科技宣传月813
科普报告会301
科普活动813
科普示范创建302
科普展览301
科普志愿者队伍302
科协299
科学技术796
科研工作发展和改革829
科研机构796
科苑控股672
客户服务607
客货运输527
客运价格管理445
空中电波秩序608
控告举报370
控告申诉检察369
会计管理700
矿藏105
矿产资源105
矿产资源储量460
矿产资源分布459
矿产资源管理459
矿产资源规划455
矿产资源开发459
奎滩河治理576
困难职工帮扶288

L

拉魂腔992
腊八节习俗978
来信来访234
劳动391

劳动教养审批 355
劳动就业 392
劳动力市场 393
劳动用工制度改革 391
劳动争议处理 391
劳务输出 295
老案复查 404
老鳖窝洼地治理 592
老干部工作 179
老龄工作 915
老年活动 916
老年优待 915
雷暴 111
梨花节 1017
礼仪习俗 972
理论教育 145
理论宣传 146
理论学习 145
理论研究 146
理论研究工作 192
理赔 735
历代文选 1245
历史图辑 1264
历史文化专线 755
立案 380
立案监督 362
利民工程 215
利民河清淤护岸 592
连霍高速考古发掘 850
连阴雨 110
联通公司 606
廉政档案 261
廉政建设 257
廉租住房保障制度 504
粮食储备 751
粮食销售 750
粮食作物 610
粮油购销 750
粮油收购 750
两节送温暖活动 286
“两金”监察 266
烈士褒扬 909
烈士陵园 909
林木蓄积 629
林探花府 1011
林业 628
林业案件 636
林业产业 637
林业刑事案件 636
林业行政案件 636
林业谚语 963
林业用地 629
林业重点工程 634
灵璧港区 540
灵璧石 991
灵璧石文化节 1016
灵璧县 1041
灵璧县航运码头 540
灵璧县南李码头 540
灵璧县人武部 314
灵璧一中 794
灵璧之战 1240
灵西乡码头 540
领导干部经济责任审计 270
领导干部廉洁自律 257
流动人口计划生育管理 930
流通货币 715
留守儿童 296
六大主导产业 626
六月一与六月六习俗 976
龙城画派 989
龙华矿机 675
龙卷风 111
龙头企业 626
芦岭煤矿 651
芦岭煤泥电厂 522

芦岭煤泥热电561
录像放映管理857
路标设置544
路损理赔545
路障清除545
路政法规宣传544
路政管理544
路政管理措施545
旅行社755
旅游754
旅游餐馆及农家乐756
旅游管理757
旅游规划757
旅游景区756
旅游商品生产厂家757
旅游市场开发755
旅游线路754
旅游星级饭店756
旅游业建设755
律师工作382
律师协会383
绿色社区创建522
绿色学校创建523
乱着装清理261
论文评选302
罗非鱼621
落实老干部生活待遇180
落实老干部政治待遇179

M

马皇后1190
马蹄酥烧饼1021
马戏之乡996
曼迪新药业745
煤矸石发电556
煤炭649
煤炭资源649
煤炭资源开发利用649
煤炭资源利用圈521
棉纺业668
棉花611
棉麻经营741
棉织业668
苗木和花卉生产635
苗种场623
民爱医院旧址1014
民办教育778
民兵329
民兵分类建设与训练331
民兵政治教育332
民革272
民间科技队伍798
民间艺术团体837
民间组织管理900
民建275
民进277
民盟274
民商事审判375
民生工程资金702
民师选招405
民事行政检察368
民俗972
民营科技企业812
民政890
民主党派272
民主党派工作161
民主评议253
民族947
民族经济947
民族社会事业948
民族团结949
闵子骞祠及墓1009
名胜古迹998
明崇祯《砀山县志》240
明码标价检查448

木材加工业637
木材运输636
目标考核415

N

内部单位安全保卫351
内部审计437
能源矿产105
年度考核402
年鉴编纂239
年鉴出版239
女子监狱390
农产品价格445
农村电价571
农村电网570
农村妇女小额信贷295
《农村孩子报》866
农村合作基金609
农村经济体制改革609
农村科技富民工程816
农村人才开发409
农村水利573
农村税费改革703
农村统计改革427
农村五保供养894
农村信用合作社718
农村饮水安全工程590
农村中小学现代远程教育780
农电570
农电价格444
农工民主党278
农机安全643
农机技术推广643
农机跨区作业644
农机研究所797
农技协建设302
农民负担调研264
农民合作经济610
农民实用技术教育777
农事季节气象服务820
农田水利586
农田水利基本建设投入595
农业609
农业财务699
农业产业化625
农业贷款723
农业发展银行717
农业机械642
农业基地626
农业科技示范园627
农业科学研究所797
农业科学研究与推广828
农业农村档案182
农业普查427
农业气候资源824
农业气象预报研究824
农业气象灾害研究823
农业税费改革609
农业谚语960
农业银行717
农业与资源环保审计436
农用地转用及征用458
“农转非”工作405
农资经营741
女干部及党外干部工作140

P

爬拉猴1023
排灌工程586
排污申报和许可证制度514
排污收费514
庞勋据宿1236
皮日休墓1010
品牌创树626

品种改良618
平安财产保险733
平原绿化632

Q

七月七夕乞巧节习俗977
祁东煤泥矸石电厂561
祁南煤矿652
奇石节1016
奇石书画专线754
奇石文化991
蕲县古城考古勘探和发掘852
蕲县古城址1003
企业财务698
企业登记429
企业工资分配制度391
企业科技进步810
企业技术中心建设810
企业审计434
企业自备电厂561
气候93
气温93
气象服务818
气象科学研究823
气象现代化建设822
浅层地下水资源107
墙体材料654
桥梁531
秦楚蕲南之战1230
青少年进步科技教育305
轻化工塑料研究所797
清房工作504
清明节习俗975
清真寺1013
磬石山摩崖造像1007
区划897
区域环境噪声污染520
渠道规模605
全国“科普日”301
全体会议245
群团活动178
群众体育882
群众文化844
群众性精神文明创建活动938
群众性劳动竞赛活动289

R

燃料经营748
人才机构408
人才交流408
人才培养859
人才市场408
人才选拔141
人才资源开发408
人大195
人工投入595
人口917
人口构成919
人口计划925
人口控制925
人口普查427
人民财产保险733
人民调解388
人民防空338
人民防空法制宣传340
人民防空工程339
人民防空知识教育340
人民防空指挥通信338
人民来信来访234
人民路472
人民生活931
人民团体286
人民银行716
人事394

人事代理409
人事考试418
人事制度改革401
人寿保险735
人武部314
人物1060
人物表1148
人物传1060
任免市国家机关工作人员199
日用消费品经营741
日照97
儒家文化1168
入境人员管理354
瑞云寺1013
润达纺织668

S

赛珍珠故居1014
赛珍珠与宿州1192
“三乱”治理261
三属抚恤910
扫黄打非154
扫盲教育777
森林保护区639
森林病虫害防治635
森林防火635
森林植被629
森林资源629
森林资源保护635
沙家枣糕1022
砂礓黑土100
山脉92
山区人畜饮水工程589
山头码头541
商标管理431
商贸737
商贸市场737
商品专营742
商业贷款722
设备检测608
设施农业研究824
社会保险932
社会保障财务699
社会保障审计436
社会保障资金专项检查266
社会诚信建设942
社会福利894
社会抚养费征收926
社会管理897
社会救济894
社会审计437
社会生活931
社会宣传147
社会造林634
社会治安综合治理157
社会主义精神文明建设935
社会主义市场经济体制425
社情民意信息反映253
社区档案182
社区服务310
社区建设890
社区矫正388
社区警务352
社区卫生服务880
涉农收费446
深层地下水资源108
审查批捕359
审查起诉361
审计433
审判371
审判监督379
生产经营320
生产资料服务749
生活救助895
生活谚语967

生态家园富民计划522
生态建设520
生态农业983
生态示范区520
生育保险934
生育关怀930
生育状况921
声环境520
声母954
省道529
省级文明城市创建943
省煤田地质局水文勘探队831
圣泉寺1013
圣泉寺景区999
失业保险934
诗词选1250
施政纪略208
湿地1001
湿地生态专线755
十八项民生工程1294
“十一五”经济社会发展1279
石油经营743
食品655
食品安全监管464
食品技术进步658
食品药品监管461
食品药品专项整治465
食盐经营743
市场管理430
市场价格444
市场经营607
市场主体429
市第二届人大会议200
市地震台826
市第二人民医院870
市第一届人大会议200
市福音堂1014
市级财政体制684
市经济技术开发区1055
市立医院869
市区供电566
市人大常委会196
市人大常委会会议198
市人民政府206
市容管理488
市委决策133
市文物管理所847
市政工程490
市政建设470
市中医院870
市总工会286
示范性学校770
事故处理357
事业单位法人登记和年检401
事业单位改革399
事业单位管理体制改革401
视察调研251
视听技术371
收费公示446
收费监督检查448
收费年审446
收费清理整顿447
收养登记899
寿险735
受理人民群众来信来访199
书画843
书画创作990
书画队伍990
书画之乡989
蔬菜产销612
“双学双比”竞赛活动294
水产品天然捕捞622
水产养殖面积620
水稻土103
水电设施的维修维护233
水果产业980

水果加工业656
水果经济984
水果贮藏加工981
水果专业合作组织983
水旱灾害584
水环境功能区划513
水环境质量519
水利573
水利改革574
水利工程576
水利工程建设管理574
水利水电建筑安装500
水泥行业652
水土保持593
水土流失治理593
水运企业541
水资源107
水资源规费征收575
水资源开发利用575
水资源行政管理574
税费收入712
税费种管理711
税收稽查713
税务705
丝绸业668
司法会计鉴定371
司法所387
司法行政381
司法助理员387
思想建设174
思想政治工作148
四级信访网络237
泗县1049
泗县地震台826
泗县第一中学794
泗县港区540
泗县粮食局直属库码头541
泗县码头541
泗县人武部315
泗县山芋986
泗县石龙湖湿地1001
泗县泗州戏剧团837
泗县文庙大成殿1012
泗州戏992
泗州戏剧团836
宋代宿州虹桥1209
宿城一中793
宿县地区行政公署204
《宿县地区志》238
宿州（符离）之战1238
宿州柴油机676
宿州车站526
宿州城池的历史变迁1180
宿州电大788
宿州度假村756
宿州二中794
宿州工业学校791
宿州供电公司562
《宿州广播电视报》866
宿州机械676
宿州监狱390
《宿州教育》782
宿州军分区313
宿州历史上的重大事件1230
《宿州年鉴》239
宿州青年科技奖306
宿州市城区最低收入家庭廉租住房保障办法1288
《宿州市志》239
宿州汤1020
宿州卫校791
宿州文化1167
宿州学院783
宿州逸夫师范学校792
宿州职业技术学院786
濉河引河539

隋唐大运河遗址 1007
隋唐大运河遗址考古发掘 852
隋唐大运河与宿州 1173

T

台站观测 826
太平洋人寿保险 734
泰康人寿 734
贪污贿赂检察 363
唐河治理 592
桃园煤矿 652
讨论、决定重大事项 198
特快专递 600
特色经济 980
特色农产品 985
特色饮食 1019
特邀监察员 271
特种设备安全监察 441
特种行业、场所管理 351
提案 248
提案办理 249
提案表彰 249
提租发补贴 503
体育 882
体育设施 889
天安保险 734
天门山景区 999
天门寺 1013
天气谚语 963
天气预报 822
天气预报研究 824
天主教 950
铁路 526
通信网络 822
统计 426
统计分析 429
统计服务 428
统计改革 427
统计信息 428
统计执法 428
统战 161
图书发行 849
图书馆 835
土地二轮承包 609
土地监察 460
土地开发复垦整理 458
土地开发整理规划 454
土地利用总体规划 454
土壤 97
推介宿州 227
推进自主创新 1303
退耕还林工程 634
退伍军人安置 901
沱河 538
沱河景观带 473
沱河引河 539
沱河治理 592

W

外国政府贷款项目审计 437
外汇管理 729
外汇业务 724
外经贸发展 1316
外商投资企业登记管理 430
外事管理 224
外事接待 224
外事侨务 223
外债管理 701
外资运用审计 437
皖北煤电集团 650
皖北煤电集团总医院 870
皖北药业 671
皖煤大酒店 756
皖王面粉 661

万里绿色长廊工程 633
王楼遗址考古发掘 851
网络发展 605
网络规模 606
网箱养鱼 622
危爆物品管理 351
微机管理户口 353
为老干部服务 234
围拦网养殖 621
维护稳定 159
维护职工劳动经济权益 290
维权服务 283
委托高校培养人才 411
委员视察 251
卫生 868
卫生防疫保健 871
未成年人思想道德建设 943
文化 833
文化产业 154
文化馆 834
文化活动 845
文化建设 152
文化节 1016
文化市场管理 846
文化事业 152
文件检验鉴定 371
文联 305
文史工作 253
文物保护 847
文学 843
文艺创作 838
文艺活动 844
无偿献血 311
无毒社区 350
无线电管理 607
无线广播电视技术 857
无线电监测 608
无线电通信安全保障 608
五好文明家庭 297
武警 340
武警值勤 340
武念兹与“万言书” 1194
武器装备 316
舞蹈 841
物价管理 442
物业管理 511
物资管理 746
物资回收经营 741
物资经营 746

X

现代人物 1068
夕阳红艺术团 837
戏曲 838
戏曲表演专业团体 835
下岗职工再就业 287
先进典型宣传 148
险种 734
县（区）供电公司 563
县（区）人武部 314
县级财政体制 685
现代教育技术应用 781
现金管理 729
现行文件利用中心 184
乡村书画 990
乡镇财政管理体制 685
乡镇干部选聘 405
乡镇企业 644
乡镇事业单位改革 400
详细规划 468
消防 343
消防设施 343
消费者权益保护 432
萧濉新河 539
萧县 1036

萧县梆子剧团838
萧县地震台826
萧县皇藏峪省级自然保护区639
萧县葡萄987
萧县人武部315
萧县文庙1012
小城镇建设482
小灵通无线市话业务603
小麦610
小品842
小山口遗址1004
小型农田水利594
小学教育766
孝贤文化1171
校舍建设764
新汴河538
新汴河码头539
新华保险733
新锦丰663
新陇海制药670
新生劳动力安置392
新濉河539
新闻队伍建设152
新闻发布156
新闻管理151
新闻宣传150
新闻职评157
信贷管理727
信访干部培训238
信访接待369
信访制度237
刑事检察359
刑事赔偿370
刑事申诉370
刑事审判372
刑事诉讼监督362
刑事侦查347
刑释解教人员安置帮教388
行政管理体制改革218
行政监督219
行政决策机制218
行政区划84
行政审判377
行政审批制度改革270
行政事务232
行政事业财务697
行政事业审计433
行政事业性收费446
行政效能监察267
行政执法219
行政执法管理857
性别构成919
休闲广场473
修志机构238
徐王陵1010
畜牧业613
畜牧业谚语962
畜禽生产613
蓄水工程584
宣传145
宣传管理855
宣传教育147
选育主要农作物新品种829
学会组织305
学术活动302
学校体育886
雪枫公园4745
雪龙纤维科技669
血液管理881
巡逻防控352
循环经济521
循环经济生态示范区521

Y

烟草专卖742
严打斗争347
岩溶裂隙水资源量109
阎河治理工程592
谚语960
燕喜台1014
养牛614
养禽614
养羊614
养殖方式621
养殖品种620
养猪613
药品管理263
药品集中招标采购263
药品技术监督464
药品经营745
药品生产企业监管461
药械经营企业监管463
野生动植物保护636
“110”指挥中心351
“148”法律服务专线389
一般国道528
一般预算收入与支出686
伊斯兰教952
衣着931
医疗服务和管理879
医疗管理263
医疗救助895
医疗卫生机构869
医疗卫生体制868
医疗援助881
医疗秩序880
医务人员880
医药工业670
医药购销不正之风263
医药化工670
医药价格445
医药市场整治263
依法行政218
移动公司605
移动通讯业务606
艺术研究833
议案及其办理情况203
议案建议202
疫病防治619
疫情报告871
银河公园474
银河一路472
银监会717
银行713
尹北排灌站586
引智成果417
引智交流活动417
饮食931
饮用水水源保护规划514
应急抢险346
迎宾大道471
营院建设320
营造林634
拥军优属903
拥政爱民337
埇桥港区539
埇桥区1024
埇桥区人武部314
用地审批456
用电568
用工制度391
用户缴费604
用品931
优待906
优抚906
优秀节目评选856
邮政599

邮政储蓄600
邮政储蓄网点718
幼儿教育766
娱乐932
渔船检验625
渔业620
渔业技术624
渔政管理624
虞姬墓1009
玉米610
玉石山遗址1006
育才关怀行动287
育妇建档925
预备役328
预备役登记328
预备役军官授衔329
预防与治理腐败270
预算管理696
预算外资金管理697
预算外资金清理262
预算外资金收入和支出694
御膳白鸡丝1021
元宵节习俗975
园林绿化487
《圆明园全景图》画案1210
月度经济运行监测429
乐曲842
运粮河公园474
运输企业533
运输市场543
韵母955

Z

灾害种类110
载体建设170
再就业工作392
暂住人口管理353
增值业务604
渣土管理491
战备建设315
战争遗址专线754
招商引资225
侦查活动监督362
征兵321
征兵法规322
征兵机构321
蒸发量97
正学书院1013
证券731
政策研究164
政风评议265
政府204
政府采购工作270
政府采购管理701
政府机构改革398
政府造林632
政府职能转变218
政工职评157
政务服务222
政务公开263
政务信息220
政协241
政协第二届宿州市委员会246
政协第一届宿州市委员会246
政协论坛252
政协宿州市委员会242
政治127
政治工作317
执法监察265
执法检查182
执行378
职称考试411
职称评审411
职称制度改革403
职代会民主管理289

职工队伍858
职工教育777
职务犯罪检察363
职务犯罪预防366
职业技能培训393
植树造林632
植物104
志书编纂238
志书出版239
制度建设218
治安辅助力量352
治安管理349
治安行政拘留所356
质量监督438
质量兴市440
中等教育结构改革760
中等普通教育769
中等职业教育772
中共宿县地委127
中共宿州市委128
中国石油744
中国银行717
中间业务725
中粮生物化学672
中煤第七十二工程处501
中煤第三建设（集团）501
中煤矿建总医院871
中秋节习俗977
中师教育776
中石化743
中小学课程改革760
中药材105
中医服务879
中元化工673
种苗培养623
种苗生产624
种植业610
重大活动宣传147
重大火灾345
重点贷款722
重点工程建设项目气象服务820
重点建设审计435
重点项目引进228
重要会议253
重要活动252
重要文件辑存1291
朱温与砀山1185
朱仙庄煤矸石发电厂522
朱仙庄煤矿651
朱元璋出生地考1189
主题活动宣传148
主要河道576
主要自然灾害111
住房931
住房分配货币化503
住房公积金制度503
住房制度改革503
专家管理412
专利815
专利申请815
专利实施815
专利宣传815
专利执法816
专项社会福利行动897
专业规划468
专业技术（管理）人员404
专业技术人员411
专业气象服务821
坠子戏993
坠子戏剧团836
资金投入595
资源综合利用522
子贡山与会盟台1204
自然保护区637
自然变动918
自然地理82

自然环境90
自然灾害110
自然资源104
宗教950
综合经济管理420
综合性统计改革428
综合治理157
棕壤102
组织136
组织代表开展工作199
组织建设175
祖庄铸钱遗址1007
尊老敬老活动916

人名索引

说明：人名索引是指“人物篇”所收录人物姓名，以人名首字汉语笔划顺序排列。人名后的阿拉伯数字表示该人名所在页码。

二划

丁文昌　1116
丁明德　1123

三划

马皇后　1064
马仁杰　1135
马祥斌　1070

四划

王　克　1116
王　芳　1147
王　枫　1112
王　箊　1133
王　韬　133
王　慧　1135
王子云　1105
王少石　1139
王文兴　1127
王可风　1097
王玉明　1144
王仲廉　1089
王兆全　1127
王兆成　1090
王成美　1113
王更生　1112
王保哲　1112
王胜俊　1120
王振环　1126
王涌泉　1137
王家廉　1126
王彩丽　1135
王烽午　1091
王肇民　1109
方先觉　1086
尹明山　1102
孔子寿　1085
邓　愈　1063
邓伟志　1129

五划

卢文光　1113
申屠嘉　1060
田启松　1113
史　翔　1125
冯雨郇　1108
皮日休　1062
冬岭法师　1077

六划

吕金玲　1142
吕保成　1117
朱　琴　1141
朱　温　1062
朱　浮　1061
朱　诚　1095
朱月梅　1138
朱玉林　1079
朱功勤　1129
朱守华　1128
朱德群　1135
任桂香　1135
任慎修　1112
庄怀先　1130
刘云昭　1075
刘开渠　1106

刘长功 1121
刘世龙 1137
刘亚洲 1121
刘光禄 1105
刘春廷 1092
刘美丽 1135
刘统海 1121
刘晓云 1123
刘梦笔 1108
刘惠民 1108
刘銮玉 1142
江上青 1071
许 飞 1143
许 辉 1133
许西连 1082
许成章 1129
孙叔平 1099
孙育海 1118
孙建辉 1124
孙淮滨 1138

七划

苌宗商 1079
陆永品 1128
杜庆璜 1114
杜冰坡 1074
李 二 1063
李 凡 1128
李 英 1145
李 昭 1114
李士怀 1085
李卫华 1124
李月华 1095
李书君 1145
李正丙 1142
李百忍 1109
李连民 1146
李宏鸣 1124
李明扬 1081
李忠信 1090
李金桥 1143
李炳淑 1139
李砥平 1093
李彩銮 1117
杨士骧 1067
杨在葆 1138
杨成山 1125
杨传玺 1118
杨海波 1114
杨善栋 1131
杨紫霞 1088
吴 可 1069
吴 伟 1127
吴 燃 1137
吴立义 1117
吴旭军 1122
吴河江 1145
辛 明 1115
闵 子 1060
汪 洋 1121
汪怀志 1119
沙 洪 1100
沈 浩 1094
张 平 1119
张 杰 1090
张 莉 1146
张云川 1076
张中太 1130
张中立 1074
张庆林 1104
张良勋 1139
张启后 1067
张祚荫 1094
张晓东 1144
张福兰 1137
张德勤 1116
张曙光 1126
陈 翌 1066
陈玉才 1093
陈若梅 1144
陈荫南 1076
陈树德 1119
陈品德 1115
陈淑贞 1084
陈维席 1120
陈瑞鼎 1118
陈粹吾 1097
邵家干 1142

八划

武秀玲 1118
欧阳龙 1109
欧阳南荪 1105
欧阳儒秋 1110
卓 枫 1095
卓 然 1136
罗 健 1114
周凤云 1110
周邦英 1127
周尽农 1094
周祖昌 1115
周德平 1132
郑 正 1136
郑 重 1128
郑英保 1114
单印章 1115
单劲之 1094
单树模 1102
房玉殿 1090
孟 雨 1078
孟 琪 1062
孟二冬 1101

孟凡义　1132
孟亦奇　1091
孟繁青　1136

九划

赵一鸣　1085
赵士鼎　1131
赵汇川　1090
赵承金　1139
荣爱坡　1110
胡大海　1065
胡家驹　1121
胡燏芬　1067
姜　元　1120
姜秀真　1140
恺　蒂　1135

十划

秦　岩　1114
耿光宽　1118
耿春海　1130
桓　谭　1060
顾秉生　1120
钱亦山　1094
徐风笑　1087
徐立全　1123
徐召勋　1127
徐圣邦　1092
徐树铮　1068
徐振宾　1116
徐彬如　1088
徐道邻　1096
高　松　1133
高正文　1132
郭公达　1138
唐　铎　1066
唐　震　1115
唐长金　1130
唐承沛　1125
陶万霞　1145

十一划

黄　琦　1133
黄孝义　1127
萧龙士　1106
梅纯一　1107
梅其藻　1102
晨　见　1141
康茂才　1063
梁卫国　1122

十二划

彭广志　1129
彭笑千　1083
彭雪枫　1072
葛庆友　1140
葛忠泰　1092
董正钧　1098
董宜胜　1118
韩　成　1066
韩景玉　1099
嵇　康　1061

十三划

雷　杰　1119

十四划

赛珍珠　1096
熊玉坤　1112

十五划

薛　光　1113
薛　显　1065
薛志耘　1111

十七划

戴　逵　1061
戴晓东　1088
蹇　叔　1060

表格索引

表1-1-1　1988年年末宿县地区行政区划和国土面积 …… 84
表1-1-2　1988年年末宿县地区乡镇、街道办事处名录 …… 85
表1-1-3　1998年宿县地区行政区划和国土面积 …… 86
表1-1-4　1998年宿县地区乡镇、街道办事处名录 …… 86
表1-1-5　2000年宿州市行政区划和国土面积 …… 87

表3-10-14　1994-2007年宿州市分税种收入情况……………………… 708　709
表3-10-15　1994-2007年宿州市分县（区）税收收入 …………………………… 709
表3-10-16　1994-2007年宿州市地方税收收入 ……………………………………… 712
表3-10-17　1994-2007年宿州市地方税收收入总量分县（区） ………………… 712
表3-10-18　1988-2007年宿州市存贷款及居民储蓄存款一览表 ………………… 724
表3-11-1　1987-2007年宿州市消费品零售总额 …………………………………… 739
表3-11-2　2000-2007年宿州市外贸进出口额 ……………………………………… 740
表3-11-3　1988-2007年宿州市供销社系统主要商品购销一览表 ………………… 742
表3-11-4　1988-2007年宿州市粮食购销存实绩统计 ……………………………… 752
表3-11-5　1988-2007年宿州市油脂购销存实绩统计 ……………………………… 753
表4-1-1　1988-2007年宿州市初等教育发展概况……………………… 767　768
表4-1-2　1998-2007年宿州市小学发展概况…………………………… 768　769
表4-1-3　1988-2007年宿州市普通高中发展概况……………………… 770　771
表4-1-4　1988-2007年宿州市普通高校录取情况统计 ……………………………… 771
表4-1-5　1988-2007年宿州市学历教育办学基本情况………………… 771　772
表4-1-6　1990-2007年宿州市职业教育年度招生情况 ……………………………… 774
表4-1-7　宿州市“三重”建设项目情况一览表 ……………………………………… 775
表4-2-1　1988年科技进步奖一、二等奖获奖项目……………… 800　801　802
表4-2-2　1993年科技进步奖一、二等奖获奖项目……………… 802　803　804
表4-2-3　1999年科技进步奖特等奖和一、二等奖项目…………………………… 805
表4-2-4　2002年科技进步奖一、二等奖项目 ……………………… 806　807
表4-2-5　2005年科技奖突出贡献奖和一、二等奖项目 ………………… 807　808
表4-2-6　2007年科技奖技术合作类和一、二等奖项目 ………………… 808　809
表4-3-1　1990-2007年图书销售情况表 …………………………………………… 850
表4-5-1　宿州市儿童、孕产妇管理率（2004年） ………………………………… 874
表4-5-2　宿州市孕产妇及新生儿管理基本情况表（2007年） …………………… 875
表4-5-3　宿州市改水改厕基本情况表（截至2006年底） ………………………… 879
表5-1-1　1988-2007年宿州市灾情和救灾款物一览表 …………………………… 893
表5-1-2　宿州市老年福利机构、老年公寓情况一览表 …………………………… 895
表5-1-3　1988-2007年宿州市婚姻登记、收养登记一览表………………… 899　900
表5-1-4　1988-2007年宿州市退伍军人安置一览表…………………… 902　903
表5-1-5　宿州市双拥工作受表彰情况表 ………………………………… 905　906
表5-1-6　1988-2007年宿州市优待工作一览表 …………………………………… 908
表5-1-7　宿州市部分年份“三属”抚恤标准一览表 ……………………… 910　911
表5-1-8　宿州市部分年份伤残抚恤标准 ………………………………… 912　913
表5-1-9　宿州市2004年整改后伤残抚恤标准执行情况表 ……………… 913　914
表5-2-1　1988-2007年宿州市总人口一览表 ……………………………………… 917
表5-2-2　1988-2007年宿州市人口统计表 ………………………………………… 918

表1-1-6　2000年宿州市乡镇、街道办事处名录 …… 87
表1-1-7　2004年宿州市行政区划和国土面积 …… 88
表1-1-8　2004年宿州市乡镇、街道办事处名录 …… 88
表1-1-9　2007年宿州市行政区划和国土面积 …… 89
表1-1-10　2007年年末宿州市乡镇、街道办事处名录 …… 89
表1-2-1　宿州站各月气温要素 …… 94
表1-2-2　宿州站各月平均降水量、降水日数、暴雨日数 …… 95
表1-2-3　宿州市各站降水强度资料（建站至2005年） …… 96
表1-2-4　1998-2007年宿州市土地资源情况一览表 …… 98
表2-1-1　中共宿县地区委员会书记、副书记、委员 …… 127　128
表2-1-2　中共宿州市委书记、副书记、常委 …… 129　130
表2-1-5　1999-2007年宿州市档案馆馆藏档案资料表 …… 183
表2-1-6　1978-2007年党校干部轮训、培训情况一览表 …… 186　187
表2-1-7　中共安徽省委党校函授学院宿州市委党校教学区大专函授办学统计表 …… 188　189
表2-1-8　中共安徽省委党校函授学院宿州市委党校教学区本科函授办学统计表 …… 190　191　192
表2-1-9　1980-2007年理论科研成果一览表 …… 192　193　194
表2-2-1　宿州市第一、二、三、四届人大常委会组成人员 …… 196　197
表2-3-1　宿县地区行政公署专员、副专员 …… 205　206
表2-3-2　宿州市人民政府市长、副市长 …… 206　207　208
表2-3-3　宿州市、县（区）志书出版情况表 …… 239
表2-3-4　全市年鉴出版情况一览表 …… 239
表2-5-1　1999-2007年宿州市党风廉政建设责任制追究统计表 …… 260
表2-7-1　送科技下乡活动表 …… 300
表2-7-2　科普展览活动表 …… 301
表2-7-3　科普报告会表 …… 301
表2-7-4　金桥工程获奖项目表 …… 304
表2-8-1　1988-2007年宿州军分区历任领导人名录 …… 313
表2-8-2　1988-2007年军分区党委主要领导人名录 …… 317
表2-8-3　国动委主要领导人 …… 334
表2-9-1　1999-2007年宿州市出入境人员统计表 …… 354
表2-9-2　1988-2007年道路交通事故四项指标统计表 …… 358　359
表2-9-3　全市律师事务所名录 …… 383　384
表2-9-4　1988-2007年律师业务统计表 …… 384　385
表2-9-5　1988-2007年公证业务统计表 …… 386
表2-9-6　1988-2007年基层法律服务所业务情况 …… 387　388
表2-9-7　1996-2007年法律援助工作情况 …… 389

表2-10-1　2002年市、县区机构设置和编制分配情况表 …… 398
表2-10-2　1994-2006年全市考试录用国家公务员（机关工作人员）情况 … 407
表2-10-3　1999-2007年宿州市人事局接收非师范类高校毕业生基本情况 …… 409　410
表2-10-4　1985年、1993年和2006年宿州市直机关事业单位工资基本情况　414
表2-10-5　1999-2007宿州市农业引智工作情况 …… 418
表3-1-1　宿州市主要年份生产总值及构成 …… 423　424
表3-1-2　宿州市主要年份固定资产投资 …… 423
表3-1-3　1990-2007年宿州市获得安徽名牌产品生产企业及产品名录 …… 441
表3-1-4　1990-2007年宿州市居民消费价格指数一览 …… 450
表3-1-5　2006年宿州市城区综合定级土地级别面积统计 …… 457
表3-1-6　2006年1月1日宿州市城区级别基准地价更新成果 …… 457
表3-1-7　2003-2007年宿州市区土地挂牌出让金收入情况 …… 458
表3-1-8　2000-2007年宿州市药品药材技术监督任务完成情况 …… 464
表3-2-1　宿州市控制性详细规划编制一览 …… 468
表3-2-2　宿州市专项规划编制一览 …… 468
表3-2-3　1999-2007年宿州市规划区内查处违法建设情况 …… 470
表3-2-4　2003-2007年宿州市区城市道路建设统计一览 …… 472　473
表3-2-5　2003-2007年宿州市区广场、公园、桥梁工程建设统计一览… 474　475
表3-2-6　宿州市高层建筑（15层以上）一览 …… 477
表3-2-7　1988-2007年宿州市公交公司经营实绩 …… 485
表3-2-8　2007年宿州市公交车营运线路一览表 …… 486　487
表3-2-9　宿州主要年份建筑业总产值 …… 491
表3-2-10　省优“黄山杯”工程情况表 …… 493　494
表3-2-11　省级标化工地情况表 …… 494
表3-2-12　获得省级“用户满意工程”的项目情况表 …… 495　496
表3-2-13　宿州市房地产开发企业资质一览表 …… 506　507　508　509　510
表3-3-1　2004-2007年宿州市重点污染企业的排污费收费情况表 …… 514
表3-3-2　宿州市“环境影响评价”执行情况表 …… 514
表3-3-3　2000-2007年宿州市污染企业排污申报情况表 …… 515
表3-3-4　2001-2007年宿州市主要污染指标环境统计表 …… 516　517
表3-4-1　2007年宿州市交通基础设施建设一览表 …… 524　525　526
表3-4-2　2007年县、区公路运输企业一览表 …… 534
表3-4-3　1988-2007年宿州市交通部门营运车辆数量表 …… 534　535
表3-4-4　1988-2007年宿州市交通部门客运运量表 …… 535　536
表3-4-5　1988-2007年宿州市交通部门货运运量表 …… 536　537
表3-4-6　2007年宿州市水上运输集体和民营企业统计表 …… 541　542
表3-5-1　1961-1996年宿东发电厂1号机情况表 …… 552　553

表3-5-2　1991-2007年宿东发电厂1号（新）—4号机组情况表 …… 554　555
表3-5-3　1996-2007年宿州朱仙庄煤矸石发电厂生产情况表………… 556　557
表3-5-4　安徽华电宿州电厂一期60万千瓦机组效率及设计煤耗指标 …… 559
表3-5-5　1988-2007年宿州朱仙庄煤矸石发电厂生产情况表………… 569　570
表3-6-1　宿州市主要河道基本情况统计表 ………………………… 579　580
表3-6-2　宿州市主要堤防基本情况表 ……………………………… 582　583
表3-6-3　宿州市中小型泵站基本情况表 …………………………… 587　588
表3-6-4　1988-2007年宿州市农田水利基本建设汇总表 ……… 596　597　598
表3-7-1　1987-1998年邮电主要指标表 ……………………………………… 600
表3-8-1　1986-2007年宿州市主要农产品产量一览表……………… 611　612
表3-8-2　1988-2007年宿州市畜牧业生产基本情况表……………… 614　615
表3-8-3　1988-2007年宿州市生猪生产基本情况表………………… 615　616
表3-8-4　1988-2007年宿州市牛生产基本情况表…………………… 616　617
表3-8-5　1988-2007年宿州市羊生产基本情况表 ……………………… 617
表3-8-6　1988-2007年宿州市家禽生产基本情况表 …………………… 618
表3-8-7　1988-2007年宿州市渔业生产情况表 ………………………… 623
表3-8-8　宿州市古树一览表 ……………………………… 630　631　632
表3-9-1　2007年宿州市水泥企业生产能力统计表……………………… 653
表3-9-2　2007年宿州市主要新型墙材企业生产能力统计表…………… 654
表3-9-3　宿州市重点食品工业企业生产规模一览表 ……………… 655　656
表3-9-4　宿州市食品工业产品荣誉一览表 ………………………… 657　658
表3-9-5　1988-2007年宿州市纺织行业完成产值产量……………… 666　667
表3-9-6　产品质量对比情况 …………………………………………… 667
表3-9-8　1992年宿县地区重点调度企业概况
………………………… 677　678　679　680　681　682　683
表3-10-1　1988-2007年宿州市一般预算收入情况一览表………… 687　688
表3-10-2　1988-2007年宿州市本级一般预算收入情况一览表……… 689　690
表3-10-3　1988-2006年宿州市一般预算支出情况一览表 …………… 691
表3-10-4　1988-2006年宿州市本级一般预算支出情况 ……………… 692
表3-10-5　1997-2007年宿州市基金预算收入情况一览表 …………… 693
表3-10-6　1997-2007年宿州市基金预算支出情况……………… 693　694
表3-10-7　1988-1995年宿县地区预算外资金收入情况 ……………… 694
表3-10-8　1996-2007年宿州市预算外资金收入情况 ………………… 695
表3-10-9　1988-1995年宿县地区预算外资金支出情况 ……………… 695
表3-10-10　1996-2006年宿州市预算外资金支出情况 ………………… 696
表3-10-11　宿县地区税务局期间税收收入分县市统计 ………………… 705
表3-10-12　宿县地区行署税务局期间税收收入分税种统计 ……… 706　707
表3-10-13　1994-2007年宿州市国税收入情况 ………………………… 708

表5-2-3　2007年宿州市6岁及6岁以上各种文化程度人口占总人口比重 … 919
表5-2-4　宿州市分年龄人口结构状况 …………………………………… 920
表5-2-5　2000年户数、人口数和性别比 ………………………………… 920
表5-2-6　2000年分性别的农业户口、非农业户口人数 ………………… 920
表5-2-7　2000年分性别、受教育程度的6岁及6岁以上人口 ………… 921
表5-2-8　2000年年龄构成指数 ………………………………………… 921
表5-2-9　1988-2007年宿州市育龄妇女结构状况 ……………… 922　923
表5-2-10　1988-2007年宿州市已婚育龄妇女生育状况 ………… 923　924
表5-2-11　1988-2007年宿州市人口自然增长状况 ………………… 924
表5-2-12　宿州市农村部分计划生育家庭奖励扶助情况统计表 ……… 928
表5-2-13　1988-2007年宿州市领取独生子女父母光荣证情况 ……… 928
表5-3-1　宿州市城乡居民收入情况 …………………………………… 932
表5-3-2　宿州市城乡居民消费结构情况 ……………………………… 932
表5-5-1　方言与普通话读音对照 ………………………………… 954　955
表6-1-1　1988-2007年宿州市水果产业生产情况统计表 …………… 985
表8-3-1　宿州市全国党代会代表情况一览表 ……………………… 1148
表8-3-2　宿州市全国人大代表情况一览表 ………………………… 1148
表8-3-3　宿州市全国劳动模范（全国先进工作者）一览表 ……… 1149
表8-3-4　宿州市全国五一劳动奖章获得者一览表 ………… 1149　1150
表8-3-5　宿州市享受国务院特殊津贴人员一览表 ………… 1151　1152
表8-3-6　宿州市享受省政府特殊津贴人员一览表 ………… 1152　1153
表8-3-7　宿州市工作部分正高级职称人员一览表
…………………………………… 1153　1154　1155　1156　1157
表8-3-8　宿州市美术家协会国家级会员统计表 …………………… 1157
表8-3-9　宿州市曲艺家协会国家级会员统计表 …………………… 1157
表8-3-10　宿州市摄影家协会国家级会员统计表 …………… 1157　1158
表8-3-11　宿州市书法家协会国家级会员统计表 …………… 1159　1160
表8-3-12　宿州市戏剧家协会国家级会员统计表 …………… 1160　1161
表8-3-13　宿州市作家协会国家级会员统计表 ……………………… 1161
表8-3-14　宿州市音乐舞蹈家协会国家级会员统计表 ……… 1161　1162
表8-3-15　宿州学院正高职称统计表 ……………………… 1162　1163　1164
表8-3-16　宿州市观赏石协会国家级会员名录 ……………… 1164　1165
表8-3-17　宿州市革命烈士英名录 …………………………… 1165　1166

编 后 记

《宿州市志（1988—2007）》编纂工作于2010年秋开始进行总编合成。2012年8月志稿初成，召开评审会议，征求意见。从2013年4月起着手修改完善，其间，多次召开专家学者座谈会，听取意见，修改补充。历经五度寒暑，八易其稿，于2014年底，送方志出版社审阅出版。

这部200万字的《宿州市志（1988—2007）》得以付梓，首先感谢中共宿州市委、宿州市政府的正确领导，在人力、物力、财力上给予大力支持，对市志编写工作提出具体要求。其次，感谢安徽省地方志办公室的有力指导。朱文根、刘成典、王守亚、黄玉华、史五一等领导，多次来宿州市检查指导修志工作，提出指导性意见，审阅志稿。第三，感谢一批退休的老领导和专家学者。杨传玺、孙育海两位退休的老领导，市直单位退休的牛厚勤、徐友智、时学爱、宋建国、赵承金、毛德清等老同志，对修志工作提出了十分宝贵的意见。第四，感谢市委秘书长侯家春，市政府秘书长马红钟、副秘书长李华民对市志编修工作所给予的关心支持和指导帮助。第五，感谢市直各单位和各县区提供了大量翔实的资料，按照分工，认真撰写各分志。保密局和统计局还对志书分别作了保密审查和数据审核。第六，社会各界的有识之士、专家学者对修志工作十分关心，王彩法、韩飞、任百成、赵彦志、傅文学、沈玉梅、许晗、董虎、于传利、黄琨、伯德衡、罗军辉、武正彪、姬长瑞、苗地、侯磊等参加志稿修改座谈会，撰写文章、提供资料、图片、彩板设计。第七，曾任主编殷玉林、曾任副主编周宝芳、曾任编辑孙洁、江勇等也都为市志编修做了大量的工作。在此对为《宿州市志（1988—2007）》编辑出版工作做出贡献的所有人员，致以诚挚的谢意。

由于《宿州市志（1988—2007）》内容涉及面广，时间跨度大，有些资料难以搜集齐全，加上编修经验不足，学识水平有限，难免有疏漏、错讹之处，敬请读者指教、斧正。

《宿州市志（1988—2007）》编辑部

2015年8月